检 察 手 册

2011

最高人民检察院法律政策研究室 编

中国检察出版社

图书在版编目（CIP）数据

检察手册.2011/最高人民检察院法律政策研究室编.—北京：中国检察出版社，2015.5
ISBN 978 – 7 – 5102 – 1385 – 4

Ⅰ.①检…　Ⅱ.①最…　Ⅲ.①检察 – 文件 – 汇编 – 中国 – 2011
Ⅳ.①D926.3 – 62

中国版本图书馆 CIP 数据核字（2015）第 054159 号

检察手册 2011

最高人民检察院法律政策研究室　编

出版发行：中国检察出版社
社　　址：北京市石景山区香山南路 111 号（100144）
网　　址：中国检察出版社（www.zgjccbs.com）
编辑电话：(010) 68650028
发行电话：(010) 68650029
经　　销：新华书店
印　　刷：保定市中画美凯印刷有限公司
开　　本：850 mm×1168 mm　32 开
印　　张：49.75 印张
字　　数：1783 千字
版　　次：2015 年 5 月第一版　2015 年 5 月第一次印刷
书　　号：ISBN 978 – 7 – 5102 – 1385 – 4
定　　价：180.00 元

目　录

总　类

刑事法律类

民事法律类

经济法律类

国际法类

检察工作类

总　类

全国人民代表大会常务委员会关于
《中华人民共和国香港特别行政区基本法》
第十三条第一款和第十九条的解释

(2011 年 8 月 26 日第十一届全国人民代表大会常务委员
会第二十二次会议通过)

第十一届全国人民代表大会常务委员会第二十二次会议审议了委员长会议关于提请审议《全国人民代表大会常务委员会关于〈中华人民共和国香港特别行政区基本法〉第十三条第一款和第十九条的解释（草案）》的议案。委员长会议的议案是应香港特别行政区终审法院依据《中华人民共和国香港特别行政区基本法》第一百五十八条第三款的规定提请全国人民代表大会常务委员会解释《中华人民共和国香港特别行政区基本法》有关规定的报告提出的。

香港特别行政区终审法院在审理一起与刚果民主共和国有关的案件时，涉及香港特别行政区是否应适用中央人民政府决定采取的国家豁免规则或政策的问题。为此，香港特别行政区终审法院依据《中华人民共和国香港特别行政区基本法》第一百五十八条第三款的规定，提请全国人民代表大会常务委员会解释如下问题："（1）根据第十三条第一款的真正解释，中央人民政府是否有权力决定中华人民共和国的国家豁免规则或政策；（2）如有此权力的话，根据第十三条第一款和第十九条的真正解释，香港特别行政区（'香港特区'）（包括香港特区的法院）是否：①有责任援用或实施中央人民政府根据第十三条第一款所决定的国家豁免规则或政策；或②反之，可随意偏离中央人民政府根据第十三条第一款所决定的国家豁免规则或政策，并采取一项不同的规则；（3）中央人民政府决定国家豁免规则或政策是否属于《基本法》第十九条第三款第一句中所说的'国防、外交等国家行为'；以及（4）香港特区成立后，第十三条第一款、第十九条和香港作为中华人民共和国的特别行政区的地位，对香港原有（即 1997 年 7 月 1 日之前）的有关国家豁免的普通法（如果这些法律与中央人民政府根据第十三条第一款所决定的国家豁免规则或政策有抵触）所带来的影响，是否令到这些普通法法律，须按照《基本法》第八条和第一百六十条及于 1997 年 2 月 23 日根据第一百六十条作出的《全国人民代表大会常务委员会的决定》的规定，在适用时作出必要的变更、适应、限制或例外，以确保关于这方面的普通法符合中央人民政府所决定的国家豁免规则或政策。"香港特别行政区终审法院上述提请解释的做法符合《中华人民共和国香港特别行政区基本法》第一百五十八条第三款的规定。

根据《中华人民共和国宪法》第六十七条第（四）项和《中华人民共和国香港特别行政区基本法》第一百五十八条的规定，并征询全国人民代表大会常务委员会香港特别行政区基本法委员会的意见，全国人民代表大会常务委员会就香港特别行政区终审法院提请解释的《中华人民共和国香港特别行政区基本法》第十三条第一款和第十九条的规定以及相关问题，作如下解释：

一、关于香港特别行政区终审法院提请解释的第（1）个问题。依照《中华人民共和国宪法》第八十九条第（九）项的规定，国务院即中央人民政府行使管理国家对外事务的职权，国家豁免规则或政策属于国家对外事务中的外交事务范畴，中央人民政府有权决定中华人民共和国的国家豁免规则或政策，在中华人民共和国领域内统一实施。基于上述，根据《中华人民共和国香港特别行政区基本法》第十三条第一款关于"中央人民政府负责管理与香港特别行政区有关的外交事务"的规定，管理与香港特别行政区有关的外交事务属于中央人民政府的权力，中央人民政府有权决定在香港特别行政区适用的国家豁免规则或政策。

二、关于香港特别行政区终审法院提请解释的第（2）个问题。依照《中华人民共和国香港特别行政区基本法》第十三条第一款和本解释第一条的规定，中央人民政府有权决定在香港特别行政区适用的国家豁免规则或政策；依照《中华人民共和国香港特别行政区基本法》第十九条和本解释第三条的规定，香港特别行政区法院对中央人民政府决定国家豁免规则或政策的行为无管辖权。因此，香港特别行政区法院在审理案件时遇有外国国家及其财产管辖豁免和执行豁免问题，须适用和实施中央人民政府决定适用于香港特别行政区的国家豁免规则或政策。基于上述，根据《中华人民共和国香港特别行政区基本法》第十三条第一款和第十九条的规定，香港特别行政区，包括香港特别行政区法院，有责任适用或实施中央人民政府决定采取的国家豁免规则或政策，不得偏离上述规则或政策，也不得采取与上述规则或政策不同的规则。

三、关于香港特别行政区终审法院提请解释的第（3）个问题。国家豁免涉及一国法院对外国国家及其财产是否拥有管辖权，外国国家及其财产在一国法院是否享有豁免，直接关系到该国的对外关系和国际权利与义务。因此，决定国家豁免规则或政策是一种涉及外交的国家行为。基于上述，《中华人民共和国香港特别行政区基本法》第十九条第三款规定的"国防、外交等国家行为"包括中央人民政府决定国家豁免规则或政策的行为。

四、关于香港特别行政区终审法院提请解释的第（4）个问题。依照《中华人民共和国香港特别行政区基本法》第八条和第一百六十条的规定，香港原有法律只有在不抵触《中华人民共和国香港特别行政区基本法》的情况下才予以保留。根据《全国人民代表大会常务委员会关于根据〈中华人民共和国香港特别行政区基本法〉第一百六十条处理香港原有法律的决定》第四条的规定，采用为香港特别行政区法律的香港原有法律，自1997年7月1日起，在适用时，应作出必要的变更、适应、限制或例外，以符合中华人民共和国对香港恢复行使主权后香港的地位和《基本法》的有关规定。香港特别行政区作为中华人民共和国一个享有高度自治权的地方行政区域，直辖于中央人民政府，必须执行中央人民政府决定的国家豁免规则或政策。香港原有法律中有关国家豁免的规则必须符合上述规定才能在1997年7月1日后继续适用。基于上述，根据《中华人民共和国香港特别行政区基本法》第十三条第一款和第十九条的规定，依照《全国人民代表大会常务委员会关于根据〈中华人民共和国香港特别行政区基本法〉第一百六十条处理香港原有法律的决定》采用为香港特别行政区法律的香港原有法律中有关国家豁免的规则，从1997年7月1日起，在适用时，须作出必要的变更、适应、限制或例外，以符合中央人民政府决定采取的国家豁免规则或政策。

现予公告。

关于《全国人民代表大会常务委员会关于〈中华人民共和国香港特别行政区基本法〉第十三条第一款和第十九条的解释（草案)》的说明

——2011年8月24日在第十一届全国人民代表
大会常务委员会第二十二次会议上

全国人大常委会法制工作委员会副主任 李 飞

全国人民代表大会常务委员会：

我受委员长会议委托，现对《全国人民代表大会常务委员会关于〈中华人民共和国香港特别行政区基本法〉第十三条第一款和第十九条的解释（草案）》作说明。

2011 年 6 月 30 日，香港特别行政区终审法院（以下简称香港终审法院）依据《中华人民共和国香港特别行政区基本法》（以下简称香港基本法）第一百五十八条第三款的规定，提请全国人大常委会对香港基本法第十三条第一款和第十九条进行解释。

全国人大常委会委员长会议审议了香港终审法院提请解释香港基本法有关条款的报告，认为香港终审法院在审理有关案件中，涉及对香港基本法关于中央人民政府管理的事务及中央和香港特别行政区关系条款的解释，而该条款的解释又影响到案件的判决，香港终审法院依据香港基本法第一百五十八条第三款的规定，在对该案作出不可上诉的终局判决前，提请全国人大常委会对有关条款作出解释，符合香港基本法的规定，是必要和适当的。

香港终审法院提请全国人大常委会对香港基本法有关条款进行解释的背景是：2008 年 5 月，一家在美国注册的公司（FG Hemisphere Associates LLC）向香港特别行政区高等法院原讼法庭提起诉讼，要求执行两项国际仲裁裁决。该诉讼以刚果民主共和国为被告、中国中铁股份有限公司及其三家子公司为连带被告。刚果民主共和国和中国中铁股份有限公司及其子公司主张，刚果民主共和国享有国家豁免，香港法院对刚果民主共和国无司法管辖权。刚果民主共和国多次通过外交渠道向我国政府提出交涉。鉴于案件涉及国家主权和中央人民政府的外交权力，经授权，外交部通过驻香港特派员公署向香港特别行政区政府政制及内地事务局先后发出三封函件，说明中央人民政府关于国家豁免问题的立场，指出我国一贯坚持的国家豁免原则并且统一适用于全国，包括香港特别行政区；香港特别行政区如果实行与中央立场不一致的国家豁免原则将对国家主权造成损害等。上述函件均由香港特别行政区政府律政司司长作为证据转交香港特别行政区法院。由于案件涉及香港基本法实施的重大法律问题，香港特别行政区政府律政司司长依法以介入人身份参与诉讼。此案先后经香港高等法院原讼法庭、上诉法庭、终审法院开庭审理。2011 年 6 月 8 日，香港终审法院作出临时判决，裁定香港特别行政区应遵循中央人民政府决定采取的国家豁免规则，刚果民主共和国享有国家豁免，香港法院对刚果民主共和国无司法管辖权。鉴于上述临时判决涉及对香港基本法关于中央人民政府管理的事务及中央和香港特别行政区关系条款的解释，按照香港基本法第一百五十八条第三款的规定，香港终审法院认为有责任在作出终局判决前提请全国人大常委会解释香港基本法第十三条第一款和第十九条。在全国人大常委会对香港基本法有关条款作出解释后，香港终审法院将依据全国人大常委会的解释作出最终判决。香港终审法院提请解释以下4个问题：

"（1）根据第十三条第一款的真正解释，中央人民政府是否有权力决定中华人民共和国的国家豁免规则或政策；

（2）如有此权力的话，根据第十三条第一款和第十九条的真正解释，香港特别行政区（'香港特区'）（包括香港特区的法院）是否：

①有责任援用或实施中央人民政府根据第十三条第一款所决定的国家豁免规则或政策；或

②反之，可随意偏离中央人民政府根据第十三条第一款所决定的国家豁免规则或政策，并采取一项不同的规则；

（3）中央人民政府决定国家豁免规则或政策是否属于《基本法》第十九条第三款第一句中所说的'国防、外交等国家行为'；以及

（4）香港特区成立后，第十三条第一款、第十九条和香港作为中华人民共和国的特别行政区的地位，对香港原有（即1997年7月1日之前）的有关国家豁免的普通法（如果这些法律与中央人民政府根据第十三条第一款所决定的国家豁免规则或政策有抵触）所带来的影响，是否令到这些普通法法律，须按照《基本法》第八条和第一百六十条及于1997年2月23日根据第一百六十条作出的《全国人民代表大会常务委员会的决定》的规定，在适用时作出必要的变更、适应、限制或例外，以确保关于这方面的普通法符合中央人民政府所决定的国家豁免规则或政策。"

根据《中华人民共和国宪法》第六十七条第（四）项和香港基本法第一百五十八条的规定，委员长会议提出了《全国人民代表大会常务委员会关于〈中华人民共和国香港特别行政区基本法〉第十三条第一款和第十九条的解释（草案）》，并依照香港基本法的规定，征询了全国人大常委会香港特别行政区基本法委员会的意见。现就草案的内容说明如下：

一、国家豁免属于外交事务范畴

国家豁免是国际社会普遍接受的国际法原则。国家豁免的具体含义是：（一）未经一国放弃司法管辖豁免，另一国不得受理和审判以该国为被告的诉讼；（二）即使一国已放弃了司法管辖豁免，如未经该国放弃执行豁免，另一国法院不得对该国国家财产采取强制措施。国家豁免建基于国家主权和平等的原则，既是一个法律问题，又是一个涉及国家对外关系的政策问题。作为法律问题，它涉及一国法院对外国国家及其财产是否拥有管辖权，外国国家及其财产在一国法院是否享有豁免权。作为国家对外政策问题，它直接关系到一国与外国国家的关系和该国对外政策的实施，直接涉及国家的对外关系和利益，各国都按照本国国情需要和对外政策，

采用符合本国利益的国家豁免制度。因此，香港基本法第十三条第一款规定的"外交事务"，包括有关决定和实行国家豁免规则或政策方面的事务。

二、决定国家豁免规则或政策是中央的权力

我国是单一制国家，外交政策从来都是统一的，这是维护国家主权、统一和领土完整的必然要求，因此，我国政府对香港的基本方针政策中，十分强调外交权属于中央的原则。1984 年 12 月 19 日签署的中英关于香港问题的联合声明规定，外交事务属中央人民政府管理。1984 年 11 月 6 日吴学谦国务委员兼外交部长向全国人大常委会所作的《关于中英关于香港问题协议文件的报告》中特别强调，"外交和国防是国家主权的重要标志，外交事务由中央人民政府统一管理。"我国采用何种国家豁免原则，涉及我国与外国的关系，涉及我国的国际权利和国际义务，是国家外交事务的重要组成部分。我国宪法第八十九条第（九）项规定国务院管理对外事务，基于此项规定，中央人民政府有权决定我国的国家豁免规则或政策，并在全国范围内统一实施。香港基本法第十三条第一款规定"中央人民政府负责管理与香港特别行政区有关的外交事务"，体现了外交权属于中央，处理外交事务不属于香港特别行政区高度自治权范围。因此，按照香港基本法第十三条第一款的规定，管理与香港特别行政区有关的外交事务属于中央人民政府的权力，中央人民政府有权决定在香港特别行政区适用的国家豁免规则或政策。这一理解与我国宪法规定的中央人民政府在这方面的权力完全一致。

三、我国目前实行的国家豁免规则或政策

我国坚持奉行国家豁免这一维护国家间关系正常发展的重要法律原则，即我国法院不管辖、实践中也从未处理以外国国家为被告或针对外国国家财产的案件；同时，我国也不接受外国法院对以我国国家为被告或针对我国国家财产的案件享有管辖权。我国采取的这种国家豁免立场，通常被称为"绝对豁免"。我国的国家豁免立场，体现在我国政府对外正式声明和实践之中，这是一个法律事实，并为国际社会广泛了解。在国与国之间实行国家豁免的实践中，有些国家对国家豁免规定了例外情况，把国家的商业活动和用于商业活动的财产等排除在国家豁免的范围之外，这种做法通常被称为"限制豁免"。这里需要说明的是，2005 年 9 月 14 日，我国签署了《联合国国家及其财产管辖豁免公约》，该公约在赋予外国国家及其财产管辖豁免和执行豁免的同时，对国家豁免规定若干例外，把国家的商业活动和用于商业活动的财产等排除在国家豁免的范围之外。但该公约尚未生效，全国人大常委会也未批准该公约，目前我国仍然实行一贯坚持的国家豁免规则和政策。

四、香港特别行政区须遵循国家统一的国家豁免规则或政策

按照香港基本法第十三条第一款的规定，中央人民政府有权决定在香港特别行政区适用的国家豁免规则或政策，同时按照香港基本法第十九条的规定，香港特别行政区法院对中央人民政府决定国家豁免规则或政策的行为无管辖权，因此，香港特别行政区，包括香港特别行政区法院，必须遵循中央人民政府决定的国家豁免规则或政策。这是1997年7月1日中国政府对香港恢复行使主权的必然结果，是香港基本法第一条和第十二条规定的香港特别行政区地位所决定的，也是贯彻落实香港基本法第十三条第一款规定的内在要求。基于上述，根据香港基本法第十三条第一款和第十九条的规定，香港特别行政区，包括香港特别行政区法院，必须适用和实施中央人民政府决定采取的国家豁免规则或政策，不得偏离这种规则或政策，也不得采取与这种规则或政策不同的规则。

五、决定国家豁免规则或政策的行为属于国家行为

我国作为一个主权国家享有国家豁免，同时，我国也赋予外国国家及其财产在我国享有国家豁免。中央人民政府决定国家豁免规则或政策的行为，体现了国家主权，是涉及外交的国家行为。决定适用于香港特别行政区的国家豁免规则或政策，是中央人民政府在《中华人民共和国宪法》赋予的职权范围内，履行《中华人民共和国香港特别行政区基本法》规定的管理与香港特别行政区有关的外交事务的权力的行为。香港基本法第十九条第三款规定，"香港特别行政区法院对国防、外交等国家行为无管辖权"，这里规定的"国家行为"包括中央人民政府决定国家豁免规则或政策的行为。香港特别行政区作为我国的一个地方行政区域，依法享有高度自治权，但不具有决定国家豁免规则或政策的权力。需要特别指出的是，香港基本法第十九条第三款专门规定香港特别行政区法院对国防、外交等国家行为无管辖权，是与香港基本法关于中央与香港特别行政区权力关系的界定紧密联系在一起的。香港基本法起草委员会主任委员姬鹏飞在香港基本法草案及其有关文件的说明中指出，"草案所规定的由全国人大常委会或中央人民政府行使的职权或负责管理的事务，都是体现国家主权所必不可少的"。香港基本法第十三条第一款明确规定，管理与香港特别行政区有关的外交事务属于中央人民政府的权力，与此相适应，香港特别行政区法院对涉及外交的国家行为无管辖权。

六、香港原有法律中不符合我国国家豁免规则或政策的规定不再有效

对于香港原有法律，香港基本法第八条规定，"香港原有法律，即普通法、衡平法、条例、附属立法和习惯法，除同本法相抵触或经香港特别行政区的立法机关作出修改者外，予以保留。"第一百六十条第一款规定，

"香港特别行政区成立时，香港原有法律除由全国人民代表大会常务委员会宣布为同本法抵触者外，采用为香港特别行政区法律，如以后发现有的法律与本法抵触，可依照本法规定的程序修改或停止生效。"1997年2月23日通过的《全国人民代表大会常务委员会关于根据〈中华人民共和国香港特别行政区基本法〉第一百六十条处理香港原有法律的决定》明确规定："采用为香港特别行政区法律的香港原有法律，自1997年7月1日起，在适用时，应作出必要的变更、适应、限制或例外，以符合中华人民共和国对香港恢复行使主权后香港的地位和《基本法》的有关规定"；"除符合上述原则外，原有的条例或附属立法中：（一）规定与香港特别行政区有关的外交事务的法律，如与在香港特别行政区实施的全国性法律不一致，应以全国性法律为准，并符合中央人民政府享有的国际权利和承担的国际义务"。根据香港基本法第十三条第一款和第十九条以及解释草案第一条、第二条和第三条规定，香港特别行政区必须适用或实施中央人民政府决定的国家豁免规则或政策。如果香港特别行政区适用或实施与中央人民政府决定的国家豁免规则或政策不同的规定，将与香港基本法第十三条第一款和第十九条相抵触，不符合香港特别行政区作为中华人民共和国的地方行政区域的地位。因此，依照1997年2月23日《全国人民代表大会常务委员会关于根据〈中华人民共和国香港特别行政区基本法〉第一百六十条处理香港原有法律的决定》采用为香港特别行政区法律的香港原有法律中有关国家豁免的规则，从1997年7月1日起，在适用时，应作出必要的变更、适应、限制或例外，以符合中央人民政府决定采用的国家豁免规则或政策；凡不符合中央人民政府决定采用的国家豁免规则或政策的香港原有法律中的有关国家豁免规则，不得继续适用。

基于以上所述，解释（草案）对香港终审法院提请解释的四个问题，作出如下解释：

一、关于香港特别行政区终审法院提请解释的第（1）个问题。依照《中华人民共和国宪法》第八十九条第（九）项的规定，国务院即中央人民政府行使管理国家对外事务的职权，国家豁免规则或政策属于国家对外事务中的外交事务范畴，中央人民政府有权决定中华人民共和国的国家豁免规则或政策，在中华人民共和国领域内统一实施。基于上述，根据《中华人民共和国香港特别行政区基本法》第十三条第一款关于"中央人民政府负责管理与香港特别行政区有关的外交事务"的规定，管理与香港特别行政区有关的外交事务属于中央人民政府的权力，中央人民政府有权决定在香港特别行政区适用的国家豁免规则或政策。

二、关于香港特别行政区终审法院提请解释的第（2）个问题。依照

《中华人民共和国香港特别行政区基本法》第十三条第一款和本解释第一条的规定，中央人民政府有权决定在香港特别行政区适用的国家豁免规则或政策；依照《中华人民共和国香港特别行政区基本法》第十九条和本解释第三条的规定，香港特别行政区法院对中央人民政府决定国家豁免规则或政策的行为无管辖权。因此，香港特别行政区法院在审理案件时遇有外国国家及其财产管辖豁免和执行豁免问题，须适用和实施中央人民政府决定适用于香港特别行政区的国家豁免规则或政策。基于上述，根据《中华人民共和国香港特别行政区基本法》第十三条第一款和第十九条的规定，香港特别行政区，包括香港特别行政区法院，有责任适用或实施中央人民政府决定采取的国家豁免规则或政策，不得偏离上述规则或政策，也不得采取与上述规则或政策不同的规则。

三、关于香港特别行政区终审法院提请解释的第（3）个问题。国家豁免涉及一国法院对外国国家及其财产是否拥有管辖权，外国国家及其财产在一国法院是否享有豁免，直接关系到该国的对外关系和国际权利与义务。因此，决定国家豁免规则或政策是一种涉及外交的国家行为。基于上述，《中华人民共和国香港特别行政区基本法》第十九条第三款规定的"国防、外交等国家行为"包括中央人民政府决定国家豁免规则或政策的行为。

四、关于香港特别行政区终审法院提请解释的第（4）个问题。依照《中华人民共和国香港特别行政区基本法》第八条和第一百六十条的规定，香港原有法律只有在不抵触《中华人民共和国香港特别行政区基本法》的情况下才予以保留。根据《全国人民代表大会常务委员会关于根据〈中华人民共和国香港特别行政区基本法〉第一百六十条处理香港原有法律的决定》第四条的规定，采用为香港特别行政区法律的香港原有法律，自1997年7月1日起，在适用时，应作出必要的变更、适应、限制或例外，以符合中华人民共和国对香港恢复行使主权后香港的地位和《基本法》的有关规定。香港特别行政区作为中华人民共和国一个享有高度自治权的地方行政区域，直辖于中央人民政府，必须执行中央人民政府决定的国家豁免规则或政策。香港原有法律中有关国家豁免的规则必须符合上述规定才能在1997年7月1日后继续适用。基于上述，根据《中华人民共和国香港特别行政区基本法》第十三条第一款和第十九条的规定，依照《全国人民代表大会常务委员会关于根据〈中华人民共和国香港特别行政区基本法〉第一百六十条处理香港原有法律的决定》采用为香港特别行政区法律的香港原有法律中有关国家豁免的规则，从1997年7月1日起，在适用时，须作出必要的变更、适应、限制或例外，以符合中央人民政府决定采取的国家豁免规则或政策。

全国人民代表大会常务委员会关于《中华人民共和国香港特别行政区基本法》第十三条第一款和第十九条的解释（草案）和以上说明是否妥当，请审议。

全国人民代表大会常务委员会关于
《中华人民共和国澳门特别行政区基本法》
附件一第七条和附件二第三条的解释

（2011 年 12 月 31 日第十一届全国人民代表大会常务委员会第二十四次会议通过）

第十一届全国人民代表大会常务委员会第二十四次会议审议了委员长会议关于提请审议《全国人民代表大会常务委员会关于〈中华人民共和国澳门特别行政区基本法〉附件一第七条和附件二第三条的解释（草案）》的议案。经征询全国人民代表大会常务委员会澳门特别行政区基本法委员会的意见，全国人民代表大会常务委员会决定，根据《中华人民共和国宪法》第六十七条第四项和《中华人民共和国澳门特别行政区基本法》第一百四十三条第一款的规定，对《中华人民共和国澳门特别行政区基本法》附件一《澳门特别行政区行政长官的产生办法》第七条"二○○九年及以后行政长官的产生办法如需修改，须经立法会全体议员三分之二多数通过，行政长官同意，并报全国人民代表大会常务委员会批准"的规定和附件二《澳门特别行政区立法会的产生办法》第三条"二○○九年及以后澳门特别行政区立法会的产生办法如需修改，须经立法会全体议员三分之二多数通过，行政长官同意，并报全国人民代表大会常务委员会备案"的规定，作如下解释：

一、上述两个附件中规定的二○○九年及以后行政长官的产生办法、立法会的产生办法"如需修改"，是指可以进行修改，也可以不进行修改。

二、上述两个附件中规定的须经立法会全体议员三分之二多数通过，行政长官同意，并报全国人民代表大会常务委员会批准或者备案，是指行政长官的产生办法和立法会的产生办法修改时必经的法律程序。只有经过上述程序，包括最后全国人民代表大会常务委员会依法批准或者备案，该修改方可生效。是否需要进行修改，澳门特别行政区行政长官应向全国人民代表大会常务委员会提出报告，由全国人民代表大会常务委员会依照《中华人民共和国澳门特别行政区基本法》第四十七条和第六十八条规定，根据澳门特别行政区的实际情况确定。修改行政长官产生办法和立法会产生办法的法案，应由澳门特别行政区政府向立法会提出。

三、上述两个附件中规定的行政长官的产生办法、立法会的产生办法如果不作修改，行政长官的产生办法仍适用附件一关于行政长官产生办法的规定；立法会的产生办法仍适用附件二关于立法会产生办法的规定。

现予公告。

关于《全国人民代表大会常务委员会关于〈中华人民共和国澳门特别行政区基本法〉附件一第七条和附件二第三条的解释（草案）》的说明

——2011 年 12 月 26 日在第十一届全国人民
代表大会常务委员会第二十四次会议上

全国人大常委会法制工作委员会副主任　李　飞

全国人民代表大会常务委员会：

我受委员长会议的委托，现对《全国人民代表大会常务委员会关于〈中华人民共和国澳门特别行政区基本法〉附件一第七条和附件二第三条的解释（草案）》作说明。

澳门基本法附件一第七条规定："二〇〇九年及以后行政长官的产生办法如需修改，须经立法会全体议员三分之二多数通过，行政长官同意，并报全国人民代表大会常务委员会批准。"附件二第三条规定："二〇〇九年及以后澳门特别行政区立法会的产生办法如需修改，须经立法会全体议员三分之二多数通过，行政长官同意，并报全国人民代表大会常务委员会备案。"2011 年 11 月 15 日，澳门特别行政区行政长官崔世安在施政报告中提出，随着 2013 年第五届立法会选举、2014 年第四任行政长官选举的临近，特区政府决定把处理两个产生办法是否修改问题作为 2012 年施政的一项重要内容。特区政府将在以往工作的基础上，按照澳门基本法的规定，坚持从澳门实际情况出发，在继续广泛听取社会各界意见的基础上，就 2013 年第五届立法会和 2014 年第四任行政长官的产生办法是否修改以及如何修改问题，提出处理方案。2011 年 11 月 17 日，行政长官崔世安致函吴邦国委员长,来函提出,"考虑到澳门基本法附件一和附件二有关修改两个产生办法的规定与香港基本法的有关规定大体相同,而全国人大常委会曾经对香港基本法附件一第七条和附件二第三条作出解释,明确修改两个产生办法的程序,因此,对澳门基本法附件一第七条和附件二第三条的规定是否需要作出解释,谨请全国人大常委会酌定。"澳门社会对特区政府将修改两个产生办法列入施政议程表示广泛赞同,对于修改两个产生办法的程序,有不少意见认为,澳门基本法附件一和附件二有关两个产生办法修改程序的规定与香港基本法的有关规定大体相同,应当由全国人大常委会加以明确,以利于澳门特区两个产生办法修改工作顺利进行。

委员长会议认为,澳门基本法附件一和附件二分别规定,行政长官和立法会产生办法"如需修改",可依照有关附件规定的程序进行修改,至于如何确定是否需要修改两个产生办法,有需要加以明确。为了保证澳门基本法的正确实施,根据宪法第六十七条第四项关于全国人大常委会行使解释法律职权的规定和澳门基本法第一百四十三条第一款"本法的解释权属于全国人民代表大会常务委员会"的规定,委员长会议认为,由全国人大常委会对澳门基本法附件一和附件二有关条款作出解释,是必要和适当的。

为此,委员长会议提出了《全国人民代表大会常务委员会关于〈中华人民共和国澳门特别行政区基本法〉附件一第七条和附件二第三条的解释(草案)》(以下简称解释草案),依照澳门基本法第一百四十三条第四款的规定,征询了全国人大常委会澳门特别行政区基本法委员会的意见,并听取了澳门特别行政区全国人大代表、全国政协委员、澳门特别行政区政府的意见。现将草案内容说明如下:

一、关于"如需修改"的含义问题

澳门基本法第四十七条规定:"澳门特别行政区行政长官在当地通过选举或协商产生,由中央人民政府任命。""行政长官的产生办法由附件一《澳门特别行政区行政长官的产生办法》规定。"澳门基本法第六十八条规定:"澳门特别行政区立法会议员由澳门特别行政区永久性居民担任。""立法会多数议员由选举产生。""立法会的产生办法由附件二《澳门特别行政区立法会的产生办法》规定。"澳门基本法附件一规定,行政长官由一个具有广泛代表性的选举委员会依照澳门基本法的规定选出,由中央人民政府任命。选举委员会委员共300人,由四部分人士组成。附件一还就选举委员会的组成、委员产生办法、行政长官候选人提名和选举等作了具体规定。澳门基本法附件二规定第一届、第二届立法会的具体产生办法,接着规定了第三届及以后各届立法会的组成和产生办法。澳门基本法第四十七条、第六十八条和附件一、附件二关于行政长官和立法会产生办法的规定，体现了澳门特区政治体制必须符合澳门特区法律地位、符合澳门实际情况、保持基本政治制度稳定等重要原则。同时考虑到随着澳门社会发展进步，可能需要对行政长官和立法会产生办法作出修改的情况，澳门基本法附件一第七条和附件二第三条分别规定，2009 年及以后行政长官的产生办法和立法会的产生办法"如需修改"，可以依照法定程序进行修改。据此，澳门基本法附件一第七条和附件二第三条规定的"如需修改"，应当理解为 2009 年及以后可以进行修改，也可以不进行修改。因此，解释草案第一条规定，"上述两个附件中规定的二〇〇九年及以后行政长官的产生办法、立法会的产生办法'如需修改'，是指可以进行修改，也可以不进行修改。"

二、关于"如需修改"应由谁确定和应由谁提出修改法案的问题

澳门特别行政区是直辖于中央人民政府的享有高度自治权的地方行政区域。澳门特别行政区的高度自治权来源于中央的授权。澳门特别行政区的政治体制是由全国人大制定的澳门基本法予以规定的。我国是单一制国家，地方无权自行决定或改变其政治体制。澳门政治体制的发展涉及中央和特别行政区的关系，必须在澳门基本法的框架内进行。修改行政长官的产生办法和立法会的产生办法，是澳门政治体制发展中的重大问题。是否需要修改和如何修改，决定权在中央。这是宪法和澳门基本法确立的一项极为重要的原则，是"一国两制"方针的应有之义。

澳门基本法附件一第七条和附件二第三条规定，修改行政长官的产生办法、立法会的产生办法，须经立法会全体议员三分之二多数通过，行政长官同意，并报全国人大常委会批准或备案。这一规定，一是指修改时必经的法律程序，二是通过"批准"或"备案"才能生效表明了中央的决定权。如认为确需修改，根据行政长官对中央负责的原则，特别行政区行政长官应向全国人大常委会提出报告，由全国人大常委会依照澳门基本法第四十七条和第六十八条的规定，根据澳门特区的实际情况予以确定。这是中央对澳门特别行政区政制发展所必须承担的责任，对于维护澳门社会各阶层、各界别、各方面的利益，维护澳门的长期繁荣稳定和发展，是十分必要的。

对于在修改两个产生办法时，应当由谁提出修改法案，也是一个需要加以进一步明确的问题。根据澳门基本法确立的政治体制，澳门特别行政区实行行政主导，行政长官是特别行政区的首长，代表澳门特别行政区，对中央人民政府和澳门特别行政区负责；同时澳门基本法第七十五条还规定，"澳门特别行政区立法会议员依照本法规定和法定程序提出议案。凡不涉及公共收支、政治体制或政府运作的议案，可由立法会议员个别或联名提出"。因此，立法会议员无论个别或联名都不得提出涉及政治体制的法律草案。据此，修改行政长官产生办法和立法会产生办法的法案，应由特别行政区政府向立法会提出。

基于以上所述，解释草案第二条规定："上述两个附件中规定的须经立法会全体议员三分之二多数通过，行政长官同意，并报全国人民代表大会常务委员会批准或者备案，是指行政长官的产生办法和立法会的产生办法修改时必经的法律程序。只有经过上述程序，包括最后全国人民代表大会常务委员会依法批准或者备案，该修改方可生效。是否需要进行修改，澳门特别行政区行政长官应向全国人民代表大会常务委员会提出报告，由全国人民代表大会常务委员会依照《中华人民共和国澳门特别行政区基本法》第四十七条和第六十八条规定，根据澳门特别行政区的实际情况确定。修改行政长官产生办法和立法会产生办法的法案，应由澳门特别行政区政府向立法会提出。"

三、关于如果不作修改是否适用现行规定的问题

如果澳门特区行政长官和立法会的产生办法不作修改，届时行政长官的选举和立法会议员的选举适用什么产生办法，需要加以明确。按照"如需修改"的立法原意，在不作修改的情况下，行政长官的产生办法理应适用附件一规定的现行行政长官产生办法，立法会的产生办法理应适用附件二规定的现行立法会产生办法。对此，解释草案第三条按照上述内容作了规定。

《全国人民代表大会常务委员会关于〈中华人民共和国澳门特别行政区基本法〉附件一第七条和附件二第三条的解释（草案）》和以上说明是否妥当，请审议。

刑事法律类

世界史大系

中华人民共和国刑法修正案（八）

（2011 年 2 月 25 日第十一届全国人民代表大会常务委员会第十九次会议通过　2011 年 2 月 25 日中华人民共和国主席令第四十一号公布　自 2011 年 5 月 11 日起施行）

一、在刑法第十七条后增加一条，作为第十七条之一："已满七十五周岁的人故意犯罪的，可以从轻或者减轻处罚；过失犯罪的，应当从轻或者减轻处罚。"

二、在刑法第三十八条中增加一款作为第二款："判处管制，可以根据犯罪情况，同时禁止犯罪分子在执行期间从事特定活动，进入特定区域、场所，接触特定的人。"

原第二款作为第三款，修改为："对判处管制的犯罪分子，依法实行社区矫正。"

增加一款作为第四款："违反第二款规定的禁止令的，由公安机关依照《中华人民共和国治安管理处罚法》的规定处罚。"

三、在刑法第四十九条中增加一款作为第二款："审判的时候已满七十五周岁的人，不适用死刑，但以特别残忍手段致人死亡的除外。"

四、将刑法第五十条修改为："判处死刑缓期执行的，在死刑缓期执行期间，如果没有故意犯罪，二年期满以后，减为无期徒刑；如果确有重大立功表现，二年期满以后，减为二十五年有期徒刑；如果故意犯罪，查证属实的，由最高人民法院核准，执行死刑。

"对被判处死刑缓期执行的累犯以及因故意杀人、强奸、抢劫、绑架、放火、爆炸、投放危险物质或者有组织的暴力性犯罪被判处死刑缓期执行的犯罪分子，人民法院根据犯罪情节等情况可以同时决定对其限制减刑。"

五、将刑法第六十三条第一款修改为："犯罪分子具有本法规定的减轻处罚情节的，应当在法定刑以下判处刑罚；本法规定有数个量刑幅度的，应当在法定量刑幅度的下一个量刑幅度内判处刑罚。"

六、将刑法第六十五条第一款修改为："被判处有期徒刑以上刑罚的犯罪分子，刑罚执行完毕或者赦免以后，在五年以内再犯应当判处有期徒刑以上刑罚之罪的，是累犯，应当从重处罚，但是过失犯罪和不满十八周岁的人犯罪的除外。"

七、将刑法第六十六条修改为："危害国家安全犯罪、恐怖活动犯罪、黑社会性质的组织犯罪的犯罪分子，在刑罚执行完毕或者赦免以后，在任何时候再犯上述任一类罪的，都以累犯论处。"

八、在刑法第六十七条中增加一款作为第三款："犯罪嫌疑人虽不具有前两款规定的自首情节，但是如实供述自己罪行的，可以从轻处罚；因其如实供述自己罪行，避免特别严重后果发生的，可以减轻处罚。"

九、删去刑法第六十八条第二款。

十、将刑法第六十九条修改为："判决宣告以前一人犯数罪的，除判处死刑和无期徒刑的以外，应当在总和刑期以下、数刑中最高刑期以上，酌情决定执行的刑期，但是管制最高不能超过三年，拘役最高不能超过一年，有期徒刑总和刑期不满三十五年的，最高不能超过二十年，总和刑期在三十五年以上的，最高不能超过二十五年。

"数罪中有判处附加刑的，附加刑仍须执行，其中附加刑种类相同的，合并执行，种类不同的，分别执行。"

十一、将刑法第七十二条修改为："对于被判处拘役、三年以下有期徒刑的犯罪分子，同时符合下列条件的，可以宣告缓刑，对其中不满十八周岁的人、怀孕的妇女和已满七十五周岁的人，应当宣告缓刑：

"（一）犯罪情节较轻；

"（二）有悔罪表现；

"（三）没有再犯罪的危险；

"（四）宣告缓刑对所居住社区没有重大不良影响。

"宣告缓刑，可以根据犯罪情况，同时禁止犯罪分子在缓刑考验期限内从事特定活动，进入特定区域、场所，接触特定的人。

"被宣告缓刑的犯罪分子，如果被判处附加刑，附加刑仍须执行。"

十二、将刑法第七十四条修改为："对于累犯和犯罪集团的首要分子，不适用缓刑。"

十三、将刑法第七十六条修改为："对宣告缓刑的犯罪分子，在缓刑考验期限内，依法实行社区矫正，如果没有本法第七十七条规定的情形，缓刑考验期满，原判的刑罚就不再执行，并公开予以宣告。"

十四、将刑法第七十七条第二款修改为："被宣告缓刑的犯罪分子，在缓刑考验期限内，违反法律、行政法规或者国务院有关部门关于缓刑的监督管理规定，或者违反人民法院判决中的禁止令，情节严重的，应当撤销缓刑，执行原判刑罚。"

十五、将刑法第七十八条第二款修改为："减刑以后实际执行的刑期不能少于下列期限：

"（一）判处管制、拘役、有期徒刑的，不能少于原判刑期的二分之一；

"（二）判处无期徒刑的，不能少于十三年；

"（三）人民法院依照本法第五十条第二款规定限制减刑的死刑缓期执行的犯罪分子，缓期执行期满后依法减为无期徒刑的，不能少于二十五年，缓期执行期满后依法减为二十五年有期徒刑的，不能少于二十年。"

十六、将刑法第八十一条修改为："被判处有期徒刑的犯罪分子，执行原判刑期二分之一以上，被判处无期徒刑的犯罪分子，实际执行十三年以上，如果认真遵守监规，接受教育改造，确有悔改表现，没有再犯罪的危险的，可以假释。如果有特殊情况，经最高人民法院核准，可以不受上述执行刑期的限制。

"对累犯以及因故意杀人、强奸、抢劫、绑架、放火、爆炸、投放危险物质或者有组织的暴力性犯罪被判处十年以上有期徒刑、无期徒刑的犯罪分子，不得假释。

"对犯罪分子决定假释时，应当考虑其假释后对所居住社区的影响。"

十七、将刑法第八十五条修改为："对假释的犯罪分子，在假释考验期限内，依法实行社区矫正，如果没有本法第八十六条规定的情形，假释考验期满，就认为原判刑罚已经执行完毕，并公开予以宣告。"

十八、将刑法第八十六条第三款修改为："被假释的犯罪分子，在假释考验期限内，有违反法律、行政法规或者国务院有关部门关于假释的监督管理规定的行为，尚未构成新的犯罪的，应当依照法定程序撤销假释，收监执行未执行完毕的刑罚。"

十九、在刑法第一百条中增加一款作为第二款："犯罪的时候不满十八周岁被判处五年有期徒刑以下刑罚的人，免除前款规定的报告义务。"

二十、将刑法第一百零七条修改为："境内外机构、组织或者个人资助实施本章第一百零二条、第一百零三条、第一百零四条、第一百零五条规定之罪的，对直接责任人员，处五年以下有期徒刑、拘役、管制或者剥夺政治权利；情节严重的，处五年以上有期徒刑。"

二十一、将刑法第一百零九条修改为："国家机关工作人员在履行公务期间，擅离岗位，叛逃境外或者在境外叛逃的，处五年以下有期徒刑、拘役、管制或者剥夺政治权利；情节严重的，处五年以上十年以下有期徒刑。

"掌握国家秘密的国家工作人员叛逃境外或者在境外叛逃的，依照前款的规定从重处罚。"

二十二、在刑法第一百三十三条后增加一条，作为第一百三十三条之一："在道路上驾驶机动车追逐竞驶，情节恶劣的，或者在道路上醉酒驾驶机动车的，处拘役，并处罚金。

"有前款行为，同时构成其他犯罪的，依照处罚较重的规定定罪处罚。"

二十三、将刑法第一百四十一条第一款修改为："生产、销售假药的，处三年以下有期徒刑或者拘役，并处罚金；对人体健康造成严重危害或者有其他严重情节的，处三年以上十年以下有期徒刑，并处罚金；致人死亡或者有其他特别严重情节的，处十年以上有期徒刑、无期徒刑或者死刑，并处罚金或者没收财产。"

二十四、将刑法第一百四十三条修改为："生产、销售不符合食品安全标准的食品，足以造成严重食物中毒事故或者其他严重食源性疾病的，处三年以下有期徒刑或者拘役，并处罚金；对人体健康造成严重危害或者有其他严重情节的，处三年以上七年以下有期徒刑，并处罚金；后果特别严重的，处七年以上有期徒刑或者无期徒刑，并处罚金或者没收财产。"

二十五、将刑法第一百四十四条修改为："在生产、销售的食品中掺入有毒、有害的非食品原料的，或者销售明知掺有有毒、有害的非食品原料的食品的，处五年以下有期徒刑，并处罚金；对人体健康造成严重危害或者有其他严重情节的，处五年以上十年以下有期徒刑，并处罚金；致人死亡或者有其他特别严重情节的，依照本法第一百四十一条的规定处罚。"

二十六、将刑法第一百五十一条修改为："走私武器、弹药、核材料或者伪造的货币的，处七年以上有期徒刑，并处罚金或者没收财产；情节特别严重的，处无期徒刑或者死刑，并处没收财产；情节较轻的，处三年以上七年以下有期徒刑，并处罚金。

"走私国家禁止出口的文物、黄金、白银和其他贵重金属或者国家禁止进出口的珍贵动物及其制品的，处五年以上十年以下有期徒刑，并处罚金；情节特别严重的，处十年以上有期徒刑或者无期徒刑，并处没收财产；情节较轻的，处五年以下有期徒刑，并处罚金。

"走私珍稀植物及其制品等国家禁止进出口的其他货物、物品的，处五年以下有期徒刑或者拘役，并处或者单处罚金；情节严重的，处五年以上有期徒刑，并处罚金。

"单位犯本条规定之罪的，对单位判处罚金，并对其直接负责的主管人员和其他直接责任人员，依照本条各款的规定处罚。"

二十七、将刑法第一百五十三条第一款修改为："走私本法第一百五十一条、第一百五十二条、第三百四十七条规定以外的货物、物品的，根据情节轻重，分别依照下列规定处罚：

"（一）走私货物、物品偷逃应缴税额较大或者一年内曾因走私被给予二次行政处罚后又走私的，处三年以下有期徒刑或者拘役，并处偷逃应缴税额一倍以上五倍以下罚金。

"（二）走私货物、物品偷逃应缴税额巨大或者有其他严重情节的，处三年以上十年以下有期徒刑，并处偷逃应缴税额一倍以上五倍以下罚金。

"（三）走私货物、物品偷逃应缴税额特别巨大或者有其他特别严重情节的，处十年以上有期徒刑或者无期徒刑，并处偷逃应缴税额一倍以上五倍以下罚金或者没收财产。"

二十八、将刑法第一百五十七条第一款修改为："武装掩护走私的，依照本法第一百五十一条第一款的规定从重处罚。"

二十九、将刑法第一百六十四条修改为："为谋取不正当利益，给予公司、企业或者其他单位的工作人员以财物，数额较大的，处三年以下有期徒刑或者拘役；数额巨大的，处三年以上十年以下有期徒刑，并处罚金。

"为谋取不正当商业利益，给予外国公职人员或者国际公共组织官员以财物的，依照前款的规定处罚。

"单位犯前两款罪的，对单位判处罚金，并对其直接负责的主管人员和其他直接责任人员，依照第一款的规定处罚。

"行贿人在被追诉前主动交待行贿行为的，可以减轻处罚或者免除处罚。"

三十、将刑法第一百九十九条修改为："犯本节第一百九十二条规定之罪，数额特别巨大并且给国家和人民利益造成特别重大损失的，处无期徒刑或者死刑，并处没收财产。"

三十一、将刑法第二百条修改为："单位犯本节第一百九十二条、第一百九十四条、第一百九十五条规定之罪的，对单位判处罚金，并对其直接负责的主管人员和其他直接责任人员，处五年以下有期徒刑或者拘役，可以并处罚金；数额巨大或者有其他严重情节的，处五年以上十年以下有期徒刑，并处罚金；数额特别巨大或者有其他特别严重情节的，处十年以上有期徒刑或者无期徒刑，并处罚金。"

三十二、删去刑法第二百零五条第二款。

三十三、在刑法第二百零五条后增加一条，作为第二百零五条之一："虚开本法第二百零五条规定以外的其他发票，情节严重的，处二年以下有期徒刑、拘役或者管制，并处罚金；情节特别严重的，处二年以上七年以下有期徒刑，并处罚金。

"单位犯前款罪的，对单位判处罚金，并对其直接负责的主管人员和其他直接责任人员，依照前款的规定处罚。"

三十四、删去刑法第二百零六条第二款。

三十五、在刑法第二百一十条后增加一条，作为第二百一十条之一："明知是伪造的发票而持有，数量较大的，处二年以下有期徒刑、拘役或者管制，并处罚金；数量巨大的，处二年以上七年以下有期徒刑，并处罚金。

"单位犯前款罪的，对单位判处罚金，并对其直接负责的主管人员和其他直接责任人员，依照前款的规定处罚。"

三十六、将刑法第二百二十六条修改为："以暴力、威胁手段，实施下列行为之一，情节严重的，处三年以下有期徒刑或者拘役，并处或者单处罚金；情节特别严重的，处三年以上七年以下有期徒刑，并处罚金：

"（一）强买强卖商品的；

"（二）强迫他人提供或者接受服务的；

"（三）强迫他人参与或者退出投标、拍卖的；

"（四）强迫他人转让或者收购公司、企业的股份、债券或者其他资产的；

"（五）强迫他人参与或者退出特定的经营活动的。"

三十七、在刑法第二百三十四条后增加一条，作为第二百三十四条之一："组织他人出卖人体器官的，处五年以下有期徒刑，并处罚金；情节严重的，处五年以上有期徒刑，并处罚金或者没收财产。

"未经本人同意摘取其器官，或者摘取不满十八周岁的人的器官，或者强迫、欺骗他人捐献器官的，依照本法第二百三十四条、第二百三十二条的规定定罪处罚。

"违背本人生前意愿摘取其尸体器官，或者本人生前未表示同意，违反国家规定，违背其近亲属意愿摘取其尸体器官的，依照本法第三百零二条的规定定罪处罚。"

三十八、将刑法第二百四十四条修改为："以暴力、威胁或者限制人身自由的方法强迫他人劳动的，处三年以下有期徒刑或者拘役，并处罚金；情节严重的，处三年以上十年以下有期徒刑，并处罚金。

"明知他人实施前款行为，为其招募、运送人员或者有其他协助强迫他人劳动行为的，依照前款的规定处罚。

"单位犯前两款罪的，对单位判处罚金，并对其直接负责的主管人员和其他直接责任人员，依照第一款的规定处罚。"

三十九、将刑法第二百六十四条修改为："盗窃公私财物，数额较大的，或者多次盗窃、入户盗窃、携带凶器盗窃、扒窃的，处三年以下有期徒刑、拘役或者管制，并处或者单处罚金；数额巨大或者有其他严重情节的，处三年以上十年以下有期徒刑，并处罚金；数额特别巨大或者有其他特别严重情节的，处十年以上有期徒刑或者无期徒刑，并处罚金或者没收财产。"

四十、将刑法第二百七十四条修改为："敲诈勒索公私财物，数额较大或者多次敲诈勒索的，处三年以下有期徒刑、拘役或者管制，并处或者单处罚金；数额巨大或者有其他严重情节的，处三年以上十年以下有期徒刑，并处罚金；数额特别巨大或者有其他特别严重情节的，处十年以上有期徒刑，并处罚金。"

四十一、在刑法第二百七十六条后增加一条，作为第二百七十六条之一："以转移财产、逃匿等方法逃避支付劳动者的劳动报酬或者有能力支付而不支付劳动者的劳动报酬，数额较大，经政府有关部门责令支付仍不支付的，处三年以下有期徒刑或者拘役，并处或者单处罚金；造成严重后果的，处三年以上七年以下有期徒刑，并处罚金。

"单位犯前款罪的，对单位判处罚金，并对其直接负责的主管人员和其他直接责任人员，依照前款的规定处罚。

"有前两款行为，尚未造成严重后果，在提起公诉前支付劳动者的劳动报酬，并依法承担相应赔偿责任的，可以减轻或者免除处罚。"

四十二、将刑法第二百九十三条修改为："有下列寻衅滋事行为之一，破坏社会秩序的，处五年以下有期徒刑、拘役或者管制：

"（一）随意殴打他人，情节恶劣的；

"（二）追逐、拦截、辱骂、恐吓他人，情节恶劣的；

"（三）强拿硬要或者任意损毁、占用公私财物，情节严重的；

"（四）在公共场所起哄闹事，造成公共场所秩序严重混乱的。

"纠集他人多次实施前款行为，严重破坏社会秩序的，处五年以上十年以下有期徒刑，可以并处罚金。"

四十三、将刑法第二百九十四条修改为："组织、领导黑社会性质的组织的，处七年以上有期徒刑，并处没收财产；积极参加的，处三年以上七年以下有期徒刑，可以并处罚金或者没收财产；其他参加的，处三年以下有期徒刑、拘役、管制或者剥夺政治权利，可以并处罚金。

"境外的黑社会组织的人员到中华人民共和国境内发展组织成员的，处三年以上十年以下有期徒刑。

"国家机关工作人员包庇黑社会性质的组织，或者纵容黑社会性质的组织进行违法犯罪活动的，处五年以下有期徒刑；情节严重的，处五年以上有期徒刑。

"犯前三款罪又有其他犯罪行为的，依照数罪并罚的规定处罚。

"黑社会性质的组织应当同时具备以下特征：

"（一）形成较稳定的犯罪组织，人数较多，有明确的组织者、领导者，骨干成员基本固定；

"（二）有组织地通过违法犯罪活动或者其他手段获取经济利益，具有一定的经济实力，以支持该组织的活动；

"（三）以暴力、威胁或者其他手段，有组织地多次进行违法犯罪活动，为非作恶，欺压、残害群众；

"（四）通过实施违法犯罪活动，或者利用国家工作人员的包庇或者纵容，称霸一方，在一定区域或者行业内，形成非法控制或者重大影响，严重破坏经济、社会生活秩序。"

四十四、将刑法第二百九十五条修改为："传授犯罪方法的，处五年以下有期徒刑、拘役或者管制；情节严重的，处五年以上十年以下有期徒刑；情节特别严重的，处十年以上有期徒刑或者无期徒刑。"

四十五、将刑法第三百二十八条第一款修改为："盗掘具有历史、艺术、科学价值的古文化遗址、古墓葬的，处三年以上十年以下有期徒刑，并处罚金；情节较轻的，处三年以下有期徒刑、拘役或者管制，并处罚金；有下列情形之一的，处十年以上有期徒刑或者无期徒刑，并处罚金或者没收财产：

"（一）盗掘确定为全国重点文物保护单位和省级文物保护单位的古文化遗址、古墓葬的；

"（二）盗掘古文化遗址、古墓葬集团的首要分子；

"（三）多次盗掘古文化遗址、古墓葬的；

"（四）盗掘古文化遗址、古墓葬，并盗窃珍贵文物或者造成珍贵文物严重破坏的。"

四十六、将刑法第三百三十八条修改为："违反国家规定，排放、倾倒或者处置有放射性的废物、含传染病病原体的废物、有毒物质或者其他有害物质，严重污染环境的，处三年以下有期徒刑或者拘役，并处或者单处罚金；后果特别严重的，处三年以上七年以下有期徒刑，并处罚金。"

四十七、将刑法第三百四十三条第一款修改为："违反矿产资源法的规定，未取得采矿许可证擅自采矿，擅自进入国家规划矿区、对国民经济具有重要价值的矿区和他人矿区范围采矿，或者擅自开采国家规定实行保护性开采的特定矿种，情节严重的，处三年以下有期徒刑、拘役或者管制，并处或者单处罚金；情节特别严重的，处三年以上七年以下有期徒刑，并处罚金。"

四十八、将刑法第三百五十八条第三款修改为："为组织卖淫的人招募、运送人员或者有其他协助组织他人卖淫行为的，处五年以下有期徒刑，并处罚金；情节严重的，处五年以上十年以下有期徒刑，并处罚金。"

四十九、在刑法第四百零八条后增加一条，作为第四百零八条之一："负有食品安全监督管理职责的国家机关工作人员，滥用职权或者玩忽职守，导致发生重大食品安全事故或者造成其他严重后果的，处五年以下有期徒刑或者拘役；造成特别严重后果的，处五年以上十年以下有期徒刑。

"徇私舞弊犯前款罪的，从重处罚。"

五十、本修正案自 2011 年 5 月 1 日起施行。

关于《中华人民共和国刑法修正案(八)(草案)》的说明

——2010 年 8 月 23 日在第十一届全国人民代表
大会常务委员会第十六次会议上

全国人大常委会法制工作委员会主任　李适时

全国人民代表大会常务委员会：

我受委员长会议的委托，作关于《中华人民共和国刑法修正案（八）（草案）》的说明。

1997 年第八届全国人大第五次会议全面修订了刑法。此后，全国人大常委会又根据惩治犯罪的需要，先后通过了一个决定和七个刑法修正案，对刑法作出修改、补充。一些全国人大代表、社会有关方面提出，近年来，随着经济社会的发展，又出现了一些新的情况和问题，需要对刑法的有关规定作出修改。中央关于深化司法体制和工作机制改革的意见也要求进一步落实宽严相济的刑事政策，对刑法作出必要的调整和修改。从 2009 年下半年开始，法制工作委员会即着手对当前刑事犯罪中出现的新的情况和问题进行深入调查研究，反复与最高人民法院、最高人民检察院、国务院法制办、公安部、国家安全部、司法部等部门进行研究，多次听取一些全国人大代表、地方人大代表、地方人大常委会以及专家学者的意见。在充分论证并取得基本共识的基础上，形成了刑法修正案（八）（草案）。现就主要问题说明如下：

一、关于调整刑罚结构

这次刑法修改的重点是，落实中央深化司法体制和工作机制改革的要求，完善死刑法律规定，适当减少死刑罪名，调整死刑与无期徒刑、有期徒刑之间的结构关系。

经与各有关方面反复研究，一致认为我国的刑罚结构总体上能够适应当前惩治犯罪，教育改造罪犯，预防和减少犯罪的需要。但在实际执行中也存在一些问题，需要通过修改刑法适当调整。一是，刑法规定的死刑罪名较多，共68个，从司法实践看，有些罪名较少适用，可以适当减少。二是，根据我国现阶段经济社会发展实际，适当取消一些经济性非暴力犯罪的死刑，不会给我国社会稳定大局和治安形势带来负面影响。三是，判处死刑缓期执行的犯罪分子，实际执行的期限较短，对一些罪行严重的犯罪分子，难以起到惩戒作用，应当严格限制减刑。据此，建议对刑法作以下调整：

1. 适当减少死刑罪名

建议取消13个经济性非暴力犯罪的死刑。具体是：走私文物罪，走私贵重金属罪，走私珍贵动物、珍贵动物制品罪，走私普通货物、物品罪，票据诈骗罪，金融凭证诈骗罪，信用证诈骗罪，虚开增值税专用发票、用于骗取出口退税、抵扣税款发票罪，伪造、出售伪造的增值税专用发票罪，盗窃罪，传授犯罪方法罪，盗掘古文化遗址、古墓葬罪，盗掘古人类化石、古脊椎动物化石罪。以上拟取消的13个死刑罪名，占死刑罪名总数的19.1%。

2. 限制对被判处死刑缓期执行犯罪分子的减刑

刑法第五十条规定，判处死刑缓期执行的，在死刑缓期执行期间，如果没有故意犯罪，二年期满以后，减为无期徒刑；如果确有重大立功表现，二年期满以后，减为十五年以上二十年以下有期徒刑。根据刑法罪刑相适应的原则，应当严格限制对某些判处死缓的罪行严重的罪犯的减刑，延长其实际服刑期限。据此，建议对上述规定作出修改，将其中"十五年以上二十年以下有期徒刑"的减刑幅度修改限定为"二十年有期徒刑"。对其中累犯以及因故意杀人、强奸、抢劫、绑架、放火、爆炸、投放危险物质或者有组织的暴力性犯罪被判处死刑缓期执行的犯罪分子，人民法院根据犯罪情节等情况，可以同时决定在依法减为无期徒刑或者二十年有期徒刑后，不得再减刑。

3. 完善假释规定，加强对被假释犯罪分子的监督管理

刑法第八十一条第二款规定，对累犯以及因杀人、爆炸、抢劫、强奸、绑架等暴力性犯罪被判处十年以上有期徒刑、无期徒刑的犯罪分子，不得假释。考虑到这次修改，对上述犯罪分子中判处死刑缓期执行的，已经规定人民法院可以决定不得减刑，对这部分人，在给予严厉惩罚的同

时，经必要的审批程序，也要给予出路，以促使他们接受改造，认罪服法，通过教育改造成为新人，从而实现刑罚目的。建议规定：原判死刑缓期执行，减为无期徒刑，经人民法院决定不得再减刑的犯罪分子实际执行二十年以上，原判死刑缓期执行，减为二十年有期徒刑，经人民法院决定不得再减刑的犯罪分子实际执行十八年以上，如果认真遵守监规，接受教育改造，确有悔改表现，人民法院认为犯罪分子没有再犯罪的危险，对其假释后能够进行有效监管的，可以假释。

4. 适当延长有期徒刑数罪并罚的刑期

根据刑法第六十九条的规定，判决宣告以前一人犯数罪，需要并罚的，并罚后有期徒刑最高不能超过二十年。有关方面提出，上述规定总体上是适当的，但实践中有一些犯罪分子一人犯较多罪行，被判处有期徒刑的总和刑期较高，如果只判处最高二十年有期徒刑，难以体现罪刑相适应的刑法原则，应当适当提高这种情况下数罪并罚时有期徒刑的上限。据此，建议对因犯数罪被判处有期徒刑，总和刑期在三十五年以上的，将其有期徒刑的上限由二十年提高到二十五年。

二、完善惩处黑社会性质组织等犯罪的法律规定

1. 完善黑社会性质组织犯罪的法律规定

近年来，随着经济社会的发展，黑社会性质组织犯罪出现了一些新的情况，为维护社会治安秩序，保障人民利益，有必要进一步加大对黑社会性质组织犯罪的惩处力度，经与有关部门共同研究，建议对刑法作以下修改：

第一，明确黑社会性质组织犯罪的特征，加大惩处力度。刑法第二百九十四条对黑社会性质组织犯罪作了规定。2002年全国人大常委会《关于〈中华人民共和国刑法〉第二百九十四条第一款的解释》，对"黑社会性质的组织"的特征作了明确界定，为打击黑社会性质组织犯罪提供了法律依据。建议将全国人大常委会法律解释的内容纳入该条，对黑社会性质组织的特征在法律上作出明确规定；同时，增加规定财产刑，对这类犯罪除处以自由刑外，还可以并处罚金、没收财产。

第二，调整敲诈勒索罪的入罪门槛，完善法定刑。刑法第二百七十四条规定，敲诈勒索公私财物，数额较大的，处三年以下有期徒刑、拘役或者管制；数额巨大或者有其他严重情节的，处三年以上十年以下有期徒刑。敲诈勒索是黑社会性质组织经常采取的犯罪形式，建议将敲诈勒索罪的构成条件由"数额较大"修改为"数额较大或者多次敲诈勒索"；将敲诈勒索罪的法定最高刑由十年有期徒刑提高到十五年有期徒刑；并增加罚金刑。

第三，完善强迫交易罪的规定，加大惩处力度。刑法第二百二十六条规定了强迫交易罪。以暴力或者暴力威胁等手段非法攫取经济利益，是当前黑社会性质组织犯罪的一种重要犯罪形式，严重侵害公民合法权益，破坏经济社会秩序。建议对该条规定作出修改：一是将以暴力、威胁手段强迫他人参与或者退出投标、拍卖，强迫他人转让或者收购公司、企业的股份、债券或者其他资产，强迫他人进入、退出特定的经营领域行为具体列举增加规定为犯罪。二是将法定最高刑由三年有期徒刑提高到七年有期徒刑。

第四，完善寻衅滋事罪的规定，从严惩处首要分子。刑法第二百九十三条规定了寻衅滋事罪，规定处以五年以下有期徒刑、拘役或者管制。一些地方提出，一些犯罪分子时常纠集他人，横行乡里，严重扰乱社会治安秩序，扰乱人民群众的正常生活。由于这类滋扰群众行为的个案难以构成重罪，即使被追究刑事责任，也关不了多长时间，抓了放，放了抓，社会不得安宁，群众没有安全感。据此，建议在该条中增加规定：纠集他人多次实施寻衅滋事行为，严重破坏社会秩序的，处五年以上十年以下有期徒刑，可以并处罚金。

2. 扩大特殊累犯的范围，加大对恐怖活动犯罪、黑社会性质组织犯罪的惩处力度

刑法第六十六条规定，危害国家安全的犯罪分子在刑罚执行完毕或者赦免以后，在任何时候再犯危害国家安全罪的，都以累犯论处。根据有关方面意见，建议规定对实施恐怖活动犯罪、黑社会性质组织犯罪的犯罪分子，在刑罚执行完毕或者赦免以后，在任何时候再犯的，也都以累犯论处。

此外，根据一些全国人大代表的议案、建议，经与有关部门共同研究，建议修改刑法第一百五十三条关于走私普通货物、物品罪的犯罪构成条件，将一年内曾因走私被给予二次行政处罚后又走私的"蚂蚁搬家"式的走私行为规定为犯罪。增加规定虚开普通发票和持有伪造的发票的犯罪，以进一步维护经济秩序。修改刑法第三百四十三条非法采矿罪的犯罪构成条件，增强该罪的可操作性，以进一步加大对矿产资源的保护。

三、完善从宽处理的法律制度，规范非监禁刑的适用

根据宽严相济的刑事政策，在从严惩处严重犯罪的同时，应当进一步完善刑法中从宽处理的法律规定，以更好地体现中国特色社会主义刑法的文明和人道主义，促进社会和谐。经与有关部门共同研究，建议对刑法作以下调整：

1. 完善对未成年人和老年人犯罪从宽处理的规定

对未成年人犯罪予以从宽处理，刑法中已有规定。对老年人犯罪予以从宽处理，刑法虽未明确规定，但在司法实践中一般也有体现。根据有关方面意见，建议对刑法作出补充：一是，对犯罪时不满十八周岁的人不作为累犯。二是，对不满十八周岁的人和已满七十五周岁的人犯罪，只要符合缓刑条件的，应当予以缓刑。三是，已满七十五周岁的人故意犯罪的，可以从轻或者减轻处罚，过失犯罪的，应当从轻或者减轻处罚。四是，对已满七十五周岁的人，不适用死刑。五是，对未满十八周岁的人犯罪被判处五年有期徒刑以下刑罚的，免除其前科报告义务。

2. 进一步明确缓刑适用的条件

刑法第七十二条规定，对于被判处拘役、三年以下有期徒刑的犯罪分子，根据犯罪分子的犯罪情节和悔罪表现，适用缓刑确实不致再危害社会的，可以宣告缓刑。各方面认为，应当进一步明确缓刑适用条件，以利于操作。据此，建议对刑法第七十二条作出修改：对于被判处拘役、三年以下有期徒刑的犯罪分子，根据犯罪分子的犯罪情节和悔罪表现，人民法院认为犯罪分子没有再犯罪的危险，对其缓刑后能够进行有效监督的，可以宣告缓刑。同时，对刑法第七十四条补充修改为，对累犯和犯罪集团的首要分子不得适用缓刑。

3. 完善管制刑及缓刑、假释的执行方式

管制是限制人身自由但不予关押的刑罚。有些人大代表提出，需要根据新的情况，对管制的执行方式适时调整，有针对性地对被判处管制的犯罪分子进行必要的行为管束，以适应对其改造和预防再犯罪的需要。据此，建议规定：对判处管制的罪犯，根据其犯罪情况，可以判令其在管制期间不得从事特定活动，不得进入特定区域、场所，不得接触特定的人。

同时，根据一些人大代表和地方的意见，建议在刑法中规定，对管制、缓刑、假释等犯罪分子实行社区矫正。

4. 进一步落实坦白从宽的刑事政策

刑法第六十七条规定，对于自首的犯罪分子，可以从轻或者减轻处罚。其中，犯罪较轻的，可以免除处罚。为进一步落实坦白从宽的刑事政策，建议规定：对虽不具有自首情节，但能够如实供述自己罪行的犯罪分子，可以从轻处罚。

四、加强对民生的保护，增加一些新的犯罪规定，加大惩处力度

近年来，一些全国人大代表多次提出议案、建议，要求对一些严重损害广大人民群众利益的行为，加大惩处力度。经与有关部门共同研究，建议对刑法作以下修改补充：

1. 对一些社会危害严重，人民群众反响强烈，原来由行政管理手段或者民事手段调整的违法行为，建议规定为犯罪。主要是醉酒驾车、飙车等危险驾驶的犯罪，不支付劳动报酬的犯罪，非法买卖人体器官的犯罪等。

2. 加大对弱势群体的保护和对某些犯罪的惩处力度。针对当前出现的新的情况，并与我国已加入的国际公约的要求相衔接，建议修改刑法第二百四十四条规定的强迫劳动罪，将法定最高刑由三年有期徒刑提高到七年，将为强迫劳动的个人或者单位招募、运送人员的行为规定为犯罪；修改刑法第三百五十八条，明确规定为组织卖淫的人招募、运送人员的，按照协助组织卖淫罪追究刑事责任。

3. 为加强刑法对广大人民群众生命健康的保护，建议修改刑法第一百四十一条生产、销售假药罪，第三百三十八条重大环境污染事故罪的法律规定，调整上述犯罪的构成条件，降低入罪门槛，增强可操作性。

此外，修正案草案还对危害国家安全的有关犯罪、盗窃罪的规定等作了修改或者补充。

中华人民共和国刑法修正案（八）（草案）和以上说明是否妥当，请审议。

全国人民代表大会常务委员会
关于加强反恐怖工作有关问题的决定

（2011 年 10 月 29 日第十一届全国人民代表大会常务委员会第二十三次会议通过）

为了加强反恐怖工作，保障国家安全和人民生命、财产安全，维护社会秩序，特就反恐怖工作有关问题作如下决定：

一、国家反对一切形式的恐怖主义，坚决依法取缔恐怖活动组织，严密防范、严厉惩治恐怖活动。

二、恐怖活动是指以制造社会恐慌、危害公共安全或者胁迫国家机关、国际组织为目的，采取暴力、破坏、恐吓等手段，造成或者意图造成人员伤亡、重大财产损失、公共设施损坏、社会秩序混乱等严重社会危害的行为，以及煽动、资助或者以其他方式协助实施上述活动的行为。

恐怖活动组织是指为实施恐怖活动而组成的犯罪集团。

恐怖活动人员是指组织、策划、实施恐怖活动的人和恐怖活动组织的成员。

三、国家反恐怖工作领导机构统一领导和指挥全国反恐怖工作。

公安机关、国家安全机关和人民检察院、人民法院、司法行政机关以及其他有关国家机关，应当各司其职、密切配合，依法做好反恐怖工作。

中国人民解放军、中国人民武装警察部队和民兵组织依照法律、行政法规、军事法规以及国务院、中央军事委员会的命令，防范和打击恐怖活动。

四、恐怖活动组织及恐怖活动人员名单，由国家反恐怖工作领导机构根据本决定第二条的规定认定、调整。

恐怖活动组织及恐怖活动人员名单，由国务院公安部门公布。

五、国务院公安部门公布恐怖活动组织及恐怖活动人员名单时，应当同时决定对涉及有关恐怖活动组织及恐怖活动人员的资金或者其他资产予以冻结。

金融机构和特定非金融机构对于涉及国务院公安部门公布的恐怖活动组织及恐怖活动人员的资金或者其他资产，应当立即予以冻结，并按照规定及时向国务院公安部门、国家安全部门和国务院反洗钱行政主管部门报告。

六、中华人民共和国根据缔结或者参加的国际条约，或者按照平等互惠原则，开展反恐怖国际合作。

七、认定恐怖活动组织及恐怖活动人员名单的具体办法，由国务院制定；冻结涉及恐怖活动资产的具体办法，由国务院反洗钱行政主管部门会同国务院公安部门、国家安全部门制定。

八、本决定自公布之日起施行。

关于《关于加强反恐怖工作
有关问题的决定（草案）》的说明

——2011 年 10 月 24 日在第十一届全国人民代表
大会常务委员会第二十三次会议上

公安部副部长　杨焕宁

全国人民代表大会常务委员会：

我受国务院的委托，现对《关于加强反恐怖工作有关问题的决定（草案）》作说明。

恐怖主义已成为影响世界和平与发展的重要因素，我国也面临着恐怖活动的现实威胁，反恐怖斗争的长期性、复杂性和尖锐性日趋突出。在这一形势下，进一步推进反恐怖立法，解决反恐怖斗争中遇到的法律问题和实际困难，对于维护国家安全和社会稳定，具有十分重要的意义。

我国一贯高度重视反恐怖法律制度建设，刑法、刑事诉讼法、反洗钱法、人民武装警察法等法律，对恐怖活动犯罪的刑事责任、打击恐怖活动犯罪的诉讼程序、涉恐资金监控等作出了规定；同时，我国还缔结、参加了一系列国际反恐怖条约。这些法律规定和条约，为反恐怖斗争提供了重要依据。但是，随着反恐斗争形势的发展，还有一些迫切需要从法律上解决的问题，主要是：现行法律对恐怖活动、恐怖活动组织、恐怖活动人员缺乏明确的定义；法律未规定恐怖活动组织、恐怖活动人员由哪个机关认定，通过什么程序认定，如何对外公布；金融机构及时冻结涉恐资产缺乏法律依据等。

近年来，国务院法制办、公安部、外交部、人民银行、全国人大常委会法工委等部门根据中央反恐怖工作的指示精神，共同对推进反恐怖立法进行了研究。经过广泛调研和反复论证，各方面一致认为，目前单独制定一部反恐怖法，立法条件尚不成熟，可以先由全国人大常委会制定专门的法律决定，解决反恐怖工作中迫切需要解决且各方面能够形成共识的问题。在多次征求有关方面意见的基础上，2011 年 8 月，人民银行、外交部、公安部向国务院报送了《关于进一步加强反恐怖工作有关问题的决定（送审稿）》。对此，国务院法制办征求了中央政法委、中央编办、高法院、高检院、外交部、发展改革委、公安部、国家安全部、人民银行、银监会、中央军委法制局、武警总部等部门、单位的意见，并与全国人大常委会法工委反复研究论证，形成了《关于加强反恐怖工作有关问题的决定（草案）》（以下简称草案）。草案已经国务院第 174 次常务会议讨论通过，现就草案有关问题说明如下：

一、恐怖活动、恐怖活动组织、恐怖活动人员定义

由于现行法律没有对恐怖活动、恐怖活动组织、恐怖活动人员的含义作出规定，直接影响到对恐怖活动的打击和对涉恐资产的控制，也影响到反恐怖国际合作。根据我国恐怖活动、恐怖活动组织、恐怖活动人员的实际情况，并借鉴我国参加的国际公约及相关国际文件的规定，草案对恐怖活动、恐怖活动组织、恐怖活动人员作了界定。草案规定：恐怖活动是指以制造社会恐慌、胁迫国家机关或者国际组织为目的，采取暴力、破坏、恐吓或其他手段，造成或者意图造成人员伤亡、重大财产损失、公共设施损坏、社会秩序混乱等严重社会危害的行为。煽动、资助或者以其他方式协助实施上述活动的，也属于恐怖活动。恐怖活动组织是指为实施恐怖活动而组成的犯罪集团。恐怖活动人员是指组织、策划、实施恐怖活动的人和恐怖活动组织的成员。

二、反恐怖工作领导机构和有关组织力量

目前，我国的反恐怖工作由国家反恐怖工作协调小组领导，在重大活动安保反恐工作、防范打击"三股势力"以及处理突发恐怖事件中发挥了重要作用。草案对国家反恐怖工作领导机构的领导和指挥职责作了规定，同时对反恐怖工作的有关组织力量作了规定。草案规定：国家反恐怖工作领导机构统一领导和指挥全国反恐怖工作。中国人民解放军、中国人民武装警察部队和民兵组织依照法律、行政法规、军事法规以及国务院、中央军事委员会的命令，防范和打击恐怖活动。人民法院、人民检察院和公安机关、国家安全机关、司法行政机关以及其他有关国家机关，应当各司其职、密切配合，共同做好反恐怖工作。

三、恐怖活动组织及恐怖活动人员名单认定

在打击恐怖活动犯罪过程中，司法机关依法对恐怖活动组织和人员进行惩治。为了更加有效地防范和打击恐怖活动，开展涉恐资产监控和冻结工作，在司法程序之外，还需要由法律授权机关对有关恐怖活动组织及恐怖活动人员名单进行认定并公布；在反恐怖国际合作中，联合国安理会有关机构定期发布的有关恐怖活动组织和个人名单，也需要由外交部核报国家反恐怖工作领导机构组织实施。世界上反恐怖任务比较重的国家，都通过立法确立恐怖活动组织、恐怖活动人员名单认定和公布机制。根据我国反恐怖工作开展的实际情况，草案规定由国家反恐怖工作领导机构认定恐怖活动组织、恐怖活动人员名单，由公安部公布。

四、涉恐资产冻结

金融机构和特定非金融机构及时冻结涉恐资产是预防恐怖活动的重要和有效的措施，联合国安理会的有关决议也对各国"毫不迟延"地冻结从事、参与、资助恐怖活动组织、个人的资产提出了要求。依照我国商业银行法规定，对存款等的冻结，需要通过立法提供法律依据。为进一步加强涉恐资产监控工作，推进反恐怖国际合作，草案规定：国务院公安部门公布恐怖活动组织及恐怖活动人员名单时，应当同时决定对涉及有关恐怖活动组织及恐怖活动人员的资金或者其他资产予以冻结。金融机构和特定非金融机构发现涉及国务院公安部门公布的恐怖活动组织及恐怖活动人员的资金或者其他资产的，应当立即予以冻结，并按照规定及时向国务院公安部门、国家安全部门和国务院反洗钱行政主管部门报告。

此外，草案还规定了反恐怖国际合作的内容。

考虑到反恐怖工作牵涉面广、情况复杂，许多工作还需要不断总结经

验，适时进行调整和细化，为适应反恐怖工作的需要，草案规定：恐怖活动组织及恐怖活动人员名单认定的具体办法，由国务院制定；涉及恐怖活动的资产冻结的具体办法，由国务院反洗钱行政主管部门会同国务院公安部门、国家安全部门制定。

《关于加强反恐怖工作有关问题的决定（草案）》及以上说明是否妥当，请予审议。

最高人民法院　最高人民检察院　公安部
印发《关于办理侵犯知识产权刑事案件适用
法律若干问题的意见》的通知

（2011 年 1 月 10 日　法发〔2011〕3 号）

各省、自治区、直辖市高级人民法院、人民检察院、公安厅（局），解放军军事法院、军事检察院，总政治部保卫部，新疆维吾尔自治区高级人民法院生产建设兵团分院，新疆生产建设兵团人民检察院、公安局：

为解决近年来公安机关、人民检察院、人民法院在办理侵犯知识产权刑事案件中遇到的新情况、新问题，依法惩治侵犯知识产权犯罪活动，维护社会主义市场经济秩序，最高人民法院、最高人民检察院、公安部在深入调查研究、广泛征求各方意见的基础上，制定了《关于办理侵犯知识产权刑事案件适用法律若干问题的意见》。现印发给你们，请认真组织学习，切实贯彻执行。执行中遇到的重要问题，请及时层报最高人民法院、最高人民检察院、公安部。

关于办理侵犯知识产权刑事案件适用
法律若干问题的意见

为解决近年来公安机关、人民检察院、人民法院在办理侵犯知识产权刑事案件中遇到的新情况、新问题，依法惩治侵犯知识产权犯罪活动，维护社会主义市场经济秩序，根据刑法、刑事诉讼法及有关司法解释的规定，结合侦查、起诉、审判实践，制定本意见。

一、关于侵犯知识产权犯罪案件的管辖问题

侵犯知识产权犯罪案件由犯罪地公安机关立案侦查。必要时，可以由犯罪嫌疑人居住地公安机关立案侦查。侵犯知识产权犯罪案件的犯罪地，包括侵权产品制造地、储存地、运输地、销售地，传播侵权作品、销售侵权产品的网站服务器所在地、网络接入地、网站建立者或者管理者所在地，侵权作品上传者所在地，权利人受到实际侵害的犯罪结果发生地。对有多个侵犯知识产权犯罪地的，由最初受理的公安机关或者主要犯罪地公安机关管辖。多个侵犯知识产权犯罪地的公安机关对管辖有争议的，由共同的上级公安机关指定管辖，需要提请批准逮捕、移送审查起诉、提起公诉的，由该公安机关所在地的同级人民检察院、人民法院受理。

对于不同犯罪嫌疑人、犯罪团伙跨地区实施的涉及同一批侵权产品的制造、储存、运输、销售等侵犯知识产权犯罪行为，符合并案处理要求的，有关公安机关可以一并立案侦查，需要提请批准逮捕、移送审查起诉、提起公诉的，由该公安机关所在地的同级人民检察院、人民法院受理。

二、关于办理侵犯知识产权刑事案件中行政执法部门收集、调取证据的效力问题

行政执法部门依法收集、调取、制作的物证、书证、视听资料、检验报告、鉴定结论、勘验笔录、现场笔录，经公安机关、人民检察院审查，人民法院庭审质证确认，可以作为刑事证据使用。

行政执法部门制作的证人证言、当事人陈述等调查笔录，公安机关认为有必要作为刑事证据使用的，应当依法重新收集、制作。

三、关于办理侵犯知识产权刑事案件的抽样取证问题和委托鉴定问题

公安机关在办理侵犯知识产权刑事案件时，可以根据工作需要抽样取证，或者商请同级行政执法部门、有关检验机构协助抽样取证。法律、法规对抽样机构或者抽样方法有规定的，应当委托规定的机构并按照规定方法抽取样品。

公安机关、人民检察院、人民法院在办理侵犯知识产权刑事案件时，对于需要鉴定的事项，应当委托国家认可的有鉴定资质的鉴定机构进行鉴定。

公安机关、人民检察院、人民法院应当对鉴定结论进行审查，听取权利人、犯罪嫌疑人、被告人对鉴定结论的意见，可以要求鉴定机构作出相应说明。

四、关于侵犯知识产权犯罪自诉案件的证据收集问题

人民法院依法受理侵犯知识产权刑事自诉案件，对于当事人因客观原

因不能取得的证据，在提起自诉时能够提供有关线索，申请人民法院调取的，人民法院应当依法调取。

五、关于刑法第二百一十三条规定的"同一种商品"的认定问题

名称相同的商品以及名称不同但指同一事物的商品，可以认定为"同一种商品"。"名称"是指国家工商行政管理总局商标局在商标注册工作中对商品使用的名称，通常即《商标注册用商品和服务国际分类》中规定的商品名称。"名称不同但指同一事物的商品"是指在功能、用途、主要原料、消费对象、销售渠道等方面相同或者基本相同，相关公众一般认为是同一种事物的商品。

认定"同一种商品"，应当在权利人注册商标核定使用的商品和行为人实际生产销售的商品之间进行比较。

六、关于刑法第二百一十三条规定的"与其注册商标相同的商标"的认定问题

具有下列情形之一，可以认定为"与其注册商标相同的商标"：

（一）改变注册商标的字体、字母大小写或者文字横竖排列，与注册商标之间仅有细微差别的；

（二）改变注册商标的文字、字母、数字等之间的间距，不影响体现注册商标显著特征的；

（三）改变注册商标颜色的；

（四）其他与注册商标在视觉上基本无差别、足以对公众产生误导的商标。

七、关于尚未附着或者尚未全部附着假冒注册商标标识的侵权产品价值是否计入非法经营数额的问题

在计算制造、储存、运输和未销售的假冒注册商标侵权产品价值时，对于已经制作完成但尚未附着（含加贴）或者尚未全部附着（含加贴）假冒注册商标标识的产品，如果有确实、充分证据证明该产品将假冒他人注册商标，其价值计入非法经营数额。

八、关于销售假冒注册商标的商品犯罪案件中尚未销售或者部分销售情形的定罪量刑问题

销售明知是假冒注册商标的商品，具有下列情形之一的，依照刑法第二百一十四条的规定，以销售假冒注册商标的商品罪（未遂）定罪处罚：

（一）假冒注册商标的商品尚未销售，货值金额在十五万元以上的；

（二）假冒注册商标的商品部分销售，已销售金额不满五万元，但与尚未销售的假冒注册商标的商品的货值金额合计在十五万元以上的。

假冒注册商标的商品尚未销售，货值金额分别达到十五万元以上不满二十五万元、二十五万元以上的，分别依照刑法第二百一十四条规定的各法定刑幅度定罪处罚。

销售金额和未销售货值金额分别达到不同的法定刑幅度或者均达到同一法定刑幅度的，在处罚较重的法定刑或者同一法定刑幅度内酌情从重处罚。

九、关于销售他人非法制造的注册商标标识犯罪案件中尚未销售或者部分销售情形的定罪问题

销售他人伪造、擅自制造的注册商标标识，具有下列情形之一的，依照刑法第二百一十五条的规定，以销售非法制造的注册商标标识罪（未遂）定罪处罚：

（一）尚未销售他人伪造、擅自制造的注册商标标识数量在六万件以上的；

（二）尚未销售他人伪造、擅自制造的两种以上注册商标标识数量在三万件以上的；

（三）部分销售他人伪造、擅自制造的注册商标标识，已销售标识数量不满二万件，但与尚未销售标识数量合计在六万件以上的；

（四）部分销售他人伪造、擅自制造的两种以上注册商标标识，已销售标识数量不满一万件，但与尚未销售标识数量合计在三万件以上的。

十、关于侵犯著作权犯罪案件"以营利为目的"的认定问题

除销售外，具有下列情形之一的，可以认定为"以营利为目的"：

（一）以在他人作品中刊登收费广告、捆绑第三方作品等方式直接或者间接收取费用的；

（二）通过信息网络传播他人作品，或者利用他人上传的侵权作品，在网站或者网页上提供刊登收费广告服务，直接或者间接收取费用的；

（三）以会员制方式通过信息网络传播他人作品，收取会员注册费或者其他费用的；

（四）其他利用他人作品牟利的情形。

十一、关于侵犯著作权犯罪案件"未经著作权人许可"的认定问题

"未经著作权人许可"一般应当依据著作权人或者其授权的代理人、著作权集体管理组织、国家著作权行政管理部门指定的著作权认证机构出具的涉案作品版权认证文书，或者证明出版者、复制发行者伪造、涂改授权许可文件或者超出授权许可范围的证据，结合其他证据综合予以认定。

在涉案作品种类众多且权利人分散的案件中，上述证据确实难以一一取得，但有证据证明涉案复制品系非法出版、复制发行的，且出版者、复制发行者不能提供获得著作权人许可的相关证明材料的，可以认定为"未经著作权人许可"。但是，有证据证明权利人放弃权利、涉案作品的著作权不受我国著作权法保护，或者著作权保护期限已经届满的除外。

十二、关于刑法第二百一十七条规定的"发行"的认定及相关问题

"发行"，包括总发行、批发、零售、通过信息网络传播以及出租、展销等活动。

非法出版、复制、发行他人作品，侵犯著作权构成犯罪的，按照侵犯著作权罪定罪处罚，不认定为非法经营罪等其他犯罪。

十三、关于通过信息网络传播侵权作品行为的定罪处罚标准问题

以营利为目的，未经著作权人许可，通过信息网络向公众传播他人文字作品、音乐、电影、电视、美术、摄影、录像作品、录音录像制品、计算机软件及其他作品，具有下列情形之一的，属于刑法第二百一十七条规定的"其他严重情节"：

（一）非法经营数额在五万元以上的；

（二）传播他人作品的数量合计在五百件（部）以上的；

（三）传播他人作品的实际被点击数达到五万次以上的；

（四）以会员制方式传播他人作品，注册会员达到一千人以上的；

（五）数额或者数量虽未达到第（一）项至第（四）项规定标准，但分别达到其中两项以上标准一半以上的；

（六）其他严重情节的情形。

实施前款规定的行为，数额或者数量达到前款第（一）项至第（五）项规定标准五倍以上的，属于刑法第二百一十七条规定的"其他特别严重情节"。

十四、关于多次实施侵犯知识产权行为累计计算数额问题

依照最高人民法院、最高人民检察院《关于办理侵犯知识产权刑事案件具体应用法律若干问题的解释》第十二条第二款的规定，多次实施侵犯知识产权行为，未经行政处理或者刑事处罚的，非法经营数额、违法所得数额或者销售金额累计计算。

二年内多次实施侵犯知识产权违法行为，未经行政处理，累计数额构成犯罪的，应当依法定罪处罚。实施侵犯知识产权犯罪行为的追诉期限，适用刑法的有关规定，不受前述二年的限制。

十五、关于为他人实施侵犯知识产权犯罪提供原材料、机械设备等行为的定性问题

明知他人实施侵犯知识产权犯罪，而为其提供生产、制造侵权产品的主要原材料、辅助材料、半成品、包装材料、机械设备、标签标识、生产技术、配方等帮助，或者提供互联网接入、服务器托管、网络存储空间、通讯传输通道、代收费、费用结算等服务的，以侵犯知识产权犯罪的共犯论处。

十六、关于侵犯知识产权犯罪竞合的处理问题

行为人实施侵犯知识产权犯罪，同时构成生产、销售伪劣商品犯罪的，依照侵犯知识产权犯罪与生产、销售伪劣商品犯罪中处罚较重的规定定罪处罚。

最高人民法院　最高人民检察院
关于办理诈骗刑事案件具体应用法律若干问题的解释

（2011 年 2 月 21 日最高人民法院审判委员会第 1512 次会议、2010 年 11 月 24 日最高人民检察院第十一届检察委员会第四十九次会议通过　2011 年 3 月 1 日最高人民法院、最高人民检察院公告公布　自 2011 年 4 月 8 日起试行　法释〔2011〕7 号）

为依法惩治诈骗犯罪活动，保护公私财产所有权，根据刑法、刑事诉讼法有关规定，结合司法实践的需要，现就办理诈骗刑事案件具体应用法律的若干问题解释如下：

第一条　诈骗公私财物价值三千元至一万元以上、三万元至十万元以上、五十万元以上的，应当分别认定为刑法第二百六十六条规定的"数额较大"、"数额巨大"、"数额特别巨大"。

各省、自治区、直辖市高级人民法院、人民检察院可以结合本地区经济社会发展状况，在前款规定的数额幅度内，共同研究确定本地区执行的具体数额标准，报最高人民法院、最高人民检察院备案。

第二条　诈骗公私财物达到本解释第一条规定的数额标准，具有下列情形之一的，可以依照刑法第二百六十六条的规定酌情从严惩处：

（一）通过发送短信、拨打电话或者利用互联网、广播电视、报刊杂志等发布虚假信息，对不特定多数人实施诈骗的；

（二）诈骗救灾、抢险、防汛、优抚、扶贫、移民、救济、医疗款物的；

（三）以赈灾募捐名义实施诈骗的；

（四）诈骗残疾人、老年人或者丧失劳动能力人的财物的；

（五）造成被害人自杀、精神失常或者其他严重后果的。

诈骗数额接近本解释第一条规定的"数额巨大"、"数额特别巨大"的标准，并具有前款规定的情形之一或者属于诈骗集团首要分子的，应当分别认定为刑法第二百六十六条规定的"其他严重情节"、"其他特别严重情节"。

第三条 诈骗公私财物虽已达到本解释第一条规定的"数额较大"的标准，但具有下列情形之一，且行为人认罪、悔罪的，可以根据刑法第三十七条、刑事诉讼法第一百四十二条的规定不起诉或者免予刑事处罚：

（一）具有法定从宽处罚情节的；

（二）一审宣判前全部退赃、退赔的；

（三）没有参与分赃或者获赃较少且不是主犯的；

（四）被害人谅解的；

（五）其他情节轻微、危害不大的。

第四条 诈骗近亲属的财物，近亲属谅解的，一般可不按犯罪处理。

诈骗近亲属的财物，确有追究刑事责任必要的，具体处理也应酌情从宽。

第五条 诈骗未遂，以数额巨大的财物为诈骗目标的，或者具有其他严重情节的，应当定罪处罚。

利用发送短信、拨打电话、互联网等电信技术手段对不特定多数人实施诈骗，诈骗数额难以查证，但具有下列情形之一的，应当认定为刑法第二百六十六条规定的"其他严重情节"，以诈骗罪（未遂）定罪处罚：

（一）发送诈骗信息五千条以上的；

（二）拨打诈骗电话五百人次以上的；

（三）诈骗手段恶劣、危害严重。

实施前款规定行为，数量达到前款第（一）、（二）项规定标准十倍以上的，或者诈骗手段特别恶劣、危害特别严重的，应当认定为刑法第二百六十六条规定的"其他特别严重情节"，以诈骗罪（未遂）定罪处罚。

第六条 诈骗既有既遂，又有未遂，分别达到不同量刑幅度的，依照处罚较重的规定处罚；达到同一量刑幅度的，以诈骗罪既遂处罚。

第七条 明知他人实施诈骗犯罪，为其提供信用卡、手机卡、通讯工具、通讯传输通道、网络技术支持、费用结算等帮助的，以共同犯罪论处。

第八条 冒充国家机关工作人员进行诈骗，同时构成诈骗罪和招摇撞骗罪的，依照处罚较重的规定定罪处罚。

第九条 案发后查封、扣押、冻结在案的诈骗财物及其孳息，权属明确的，应当发还被害人；权属不明确的，可按被骗款物占查封、扣押、冻结在案的财物及其孳息总额的比例发还被害人，但已获退赔的应予扣除。

第十条 行为人已将诈骗财物用于清偿债务或者转让给他人，具有下列情形之一的，应当依法追缴：

（一）对方明知是诈骗财物而收取的；

（二）对方无偿取得诈骗财物的；

（三）对方以明显低于市场的价格取得诈骗财物的；

（四）对方取得诈骗财物系源于非法债务或者违法犯罪活动的。

他人善意取得诈骗财物的，不予追缴。

第十一条 以前发布的司法解释与本解释不一致的，以本解释为准。

最高人民法院　最高人民检察院关于执行
《中华人民共和国刑法》确定罪名的补充规定（五）

（2011 年 4 月 21 日最高人民法院审判委员会第 1520 次会议、2011 年 4 月 13 日最高人民检察院第十一届检察委员会第 60 次会议通过　2011 年 4 月 27 日最高人民法院、最高人民检察院公告发布　自 2011 年 5 月 11 日起试行　法释〔2011〕10 号）

根据《中华人民共和国刑法修正案（八）》（以下简称《刑法修正案（八）》）的规定，现对最高人民法院《关于执行〈中华人民共和国刑法〉确定罪名的规定》、最高人民检察院《关于适用刑法分则规定的犯罪的罪名的意见》作如下补充、修改：

刑法条文	罪名
第 133 条之一 （《刑法修正案（八）》第 22 条）	危险驾驶罪
第 143 条 （《刑法修正案（八）》第 24 条）	生产、销售不符合安全标准的食品罪 （取消生产、销售不符合卫生标准的食品罪罪名）
第 164 条第 2 款 （《刑法修正案（八）》第 29 条第 2 款）	对外国公职人员、国际公共组织官员行贿罪

刑法条文	罪名
第 205 条之一 （《刑法修正案（八）》第 33 条）	虚开发票罪
第 210 条之一 （《刑法修正案（八）》第 35 条）	持有伪造的发票罪
第 234 条之一第 1 款 （《刑法修正案（八）》第 37 条第 1 款）	组织出卖人体器官罪
第 244 条 （《刑法修正案（八）》第 38 条）	强迫劳动罪 （取消强迫职工劳动罪罪名）
第 276 条之一 （《刑法修正案（八）》第 41 条）	拒不支付劳动报酬罪
第 338 条 （《刑法修正案（八）》第 46 条）	污染环境罪 （取消重大环境污染事故罪罪名）
第 408 条之一 （《刑法修正案（八）》第 49 条）	食品监管渎职罪

最高人民法院　最高人民检察院　公安部　司法部
印发《关于对判处管制、宣告缓刑的犯罪分子
适用禁止令有关问题的规定（试行）》的通知

（2011 年 4 月 28 日　法发〔2011〕9 号）

各省、自治区、直辖市高级人民法院、人民检察院、公安厅（局）、司法厅（局），解放军军事法院、军事检察院、总政治部保卫部，新疆维吾尔自治区高级人民法院生产建设兵团分院、新疆生产建设兵团人民检察院、公安局、司法局：

现将《关于对判处管制、宣告缓刑的犯罪分子适用禁止令有关问题的规定（试行）》印发给你们，请认真遵照执行。执行情况及遇到的问题，请分别及时报告最高人民法院、最高人民检察院、公安部、司法部。

关于对判处管制、宣告缓刑的犯罪分子
适用禁止令有关问题的规定（试行）

为正确适用《中华人民共和国刑法修正案（八）》，确保管制和缓刑的执行效果，根据刑法和刑事诉讼法的有关规定，现就判处管制、宣告缓刑的犯罪分子适用禁止令的有关问题规定如下：

第一条 对判处管制、宣告缓刑的犯罪分子，人民法院根据犯罪情况，认为从促进犯罪分子教育矫正、有效维护社会秩序的需要出发，确有必要禁止其在管制执行期间、缓刑考验期限内从事特定活动，进入特定区域、场所，接触特定人的，可以根据刑法第三十八条第二款、第七十二条第二款的规定，同时宣告禁止令。

第二条 人民法院宣告禁止令，应当根据犯罪分子的犯罪原因、犯罪性质、犯罪手段、犯罪后的悔罪表现、个人一贯表现等情况，充分考虑与犯罪分子所犯罪行的关联程度，有针对性地决定禁止其在管制执行期间、缓刑考验期限内"从事特定活动，进入特定区域、场所，接触特定的人"的一项或者几项内容。

第三条 人民法院可以根据犯罪情况，禁止判处管制、宣告缓刑的犯罪分子在管制执行期间、缓刑考验期限内从事以下一项或者几项活动：

（一）个人为进行违法犯罪活动而设立公司、企业、事业单位或者在设立公司、企业、事业单位后以实施犯罪为主要活动的，禁止设立公司、企业、事业单位；

（二）实施证券犯罪、贷款犯罪、票据犯罪、信用卡犯罪等金融犯罪的，禁止从事证券交易、申领贷款、使用票据或者申领、使用信用卡等金融活动；

（三）利用从事特定生产经营活动实施犯罪的，禁止从事相关生产经营活动；

（四）附带民事赔偿义务未履行完毕，违法所得未追缴、退赔到位，或者罚金尚未足额缴纳的，禁止从事高消费活动；

（五）其他确有必要禁止从事的活动。

第四条 人民法院可以根据犯罪情况，禁止判处管制、宣告缓刑的犯罪分子在管制执行期间、缓刑考验期限内进入以下一类或者几类区域、场所：

（一）禁止进入夜总会、酒吧、迪厅、网吧等娱乐场所；

（二）未经执行机关批准，禁止进入举办大型群众性活动的场所；

（三）禁止进入中小学校区、幼儿园园区及周边地区，确因本人就学、居住等原因，经执行机关批准的除外；

（四）其他确有必要禁止进入的区域、场所。

第五条 人民法院可以根据犯罪情况，禁止判处管制、宣告缓刑的犯罪分子在管制执行期间、缓刑考验期限内接触以下一类或者几类人员：

（一）未经对方同意，禁止接触被害人及其法定代理人、近亲属；

（二）未经对方同意，禁止接触证人及其法定代理人、近亲属；

（三）未经对方同意，禁止接触控告人、批评人、举报人及其法定代理人、近亲属；

（四）禁止接触同案犯；

（五）禁止接触其他可能遭受其侵害、滋扰的人或者可能诱发其再次危害社会的人。

第六条 禁止令的期限，既可以与管制执行、缓刑考验的期限相同，也可以短于管制执行、缓刑考验的期限，但判处管制的，禁止令的期限不得少于三个月，宣告缓刑的，禁止令的期限不得少于二个月。

判处管制的犯罪分子在判决执行以前先行羁押以致管制执行的期限少于三个月的，禁止令的期限不受前款规定的最短期限的限制。

禁止令的执行期限，从管制、缓刑执行之日起计算。

第七条 人民检察院在提起公诉时，对可能判处管制、宣告缓刑的被告人可以提出宣告禁止令的建议。当事人、辩护人、诉讼代理人可以就应否对被告人宣告禁止令提出意见，并说明理由。

公安机关在移送审查起诉时，可以根据犯罪嫌疑人涉嫌犯罪的情况，就应否宣告禁止令及宣告何种 禁止令，向人民检察院提出意见。

第八条 人民法院对判处管制、宣告缓刑的被告人宣告禁止令的，应当在裁判文书主文部分单独作为一项予以宣告。

第九条 禁止令由司法行政机关指导管理的社区矫正机构负责执行。

第十条 人民检察院对社区矫正机构执行禁止令的活动实行监督。发现有违反法律规定的情况，应当通知社区矫正机构纠正。

第十一条 判处管制的犯罪分子违反禁止令，或者被宣告缓刑的犯罪分子违反禁止令尚不属情节严重的，由负责执行禁止令的社区矫正机构所在地的公安机关依照《中华人民共和国治安管理处罚法》第六十条的规定处罚。

第十二条 被宣告缓刑的犯罪分子违反禁止令，情节严重的，应当撤销缓刑，执行原判刑罚。原作出缓刑裁判的人民法院应当自收到当地社区矫正机构提出的撤销缓刑建议书之日起一个月内依法作出裁定。人民法院撤销缓刑的裁定一经作出，立即生效。

违反禁止令，具有下列情形之一的，应当认定为"情节严重"：

（一）三次以上违反禁止令的；

（二）因违反禁止令被治安管理处罚后，再次违反禁止令的；

（三）违反禁止令，发生较为严重危害后果的；

（四）其他情节严重的情形。

第十三条 被宣告禁止令的犯罪分子被依法减刑时，禁止令的期限可以相应缩短，由人民法院在减刑裁定中确定新的禁止令期限。

最高人民法院　最高人民检察院关于办理妨害武装部队制式服装、车辆号牌管理秩序等刑事案件具体应用法律若干问题的解释

（2011 年 3 月 28 日最高人民法院审判委员会第 1516 次会议、2011 年 4 月 13 日最高人民检察院第十一届检察委员会第 60 次会议通过　2011 年 7 月 20 日最高人民法院、最高人民检察院公告发布　自 2011 年 8 月 1 日起试行　法释〔2011〕16 号）

为依法惩治妨害武装部队制式服装、车辆号牌管理秩序等犯罪活动，维护国防利益，根据《中华人民共和国刑法》有关规定，现就办理非法生产、买卖武装部队制式服装，伪造、盗窃、买卖武装部队车辆号牌等刑事案件的若干问题解释如下：

第一条 伪造、变造、买卖或者盗窃、抢夺武装部队公文、证件、印章，具有下列情形之一的，应当依照刑法第三百七十五条第一款的规定，以伪造、变造、买卖武装部队公文、证件、印章罪或者盗窃、抢夺武装部队公文、证件、印章罪定罪处罚：

（一）伪造、变造、买卖或者盗窃、抢夺武装部队公文一件以上的；

（二）伪造、变造、买卖或者盗窃、抢夺武装部队军官证、士兵证、车辆行驶证、车辆驾驶证或者其他证件二本以上的；

（三）伪造、变造、买卖或者盗窃、抢夺武装部队机关印章、车辆牌

证印章或者其他印章一枚以上的。

实施前款规定的行为，数量达到第（一）至（三）项规定标准五倍以上或者造成严重后果的，应当认定为刑法第三百七十五条第一款规定的"情节严重"。

第二条 非法生产、买卖武装部队现行装备的制式服装，具有下列情形之一的，应当认定为刑法第三百七十五条第二款规定的"情节严重"，以非法生产、买卖武装部队制式服装罪定罪处罚：

（一）非法生产、买卖成套制式服装三十套以上，或者非成套制式服装一百件以上的；

（二）非法生产、买卖帽徽、领花、臂章等标志服饰合计一百件（副）以上的；

（三）非法经营数额二万元以上的；

（四）违法所得数额五千元以上的；

（五）具有其他严重情节的。

第三条 伪造、盗窃、买卖或者非法提供、使用武装部队车辆号牌等专用标志，具有下列情形之一的，应当认定为刑法第三百七十五条第三款规定的"情节严重"，以伪造、盗窃、买卖、非法提供、非法使用武装部队专用标志罪定罪处罚：

（一）伪造、盗窃、买卖或者非法提供、使用武装部队军以上领导机关车辆号牌一副以上或者其他车辆号牌三副以上的；

（二）非法提供、使用军以上领导机关车辆号牌之外的其他车辆号牌累计六个月以上的；

（三）伪造、盗窃、买卖或者非法提供、使用军徽、军旗、军种符号或者其他军用标志合计一百件（副）以上的；

（四）造成严重后果或者恶劣影响的。

实施前款规定的行为，具有下列情形之一的，应当认定为刑法第三百七十五条第三款规定的"情节特别严重"：

（一）数量达到前款第（一）、（三）项规定标准五倍以上的；

（二）非法提供、使用军以上领导机关车辆号牌累计六个月以上或者其他车辆号牌累计一年以上的；

（三）造成特别严重后果或者特别恶劣影响的。

第四条 买卖、盗窃、抢夺伪造、变造的武装部队公文、证件、印章的，买卖仿制的现行装备的武装部队制式服装情节严重的，盗窃、买卖、提供、使用伪造、变造的武装部队车辆号牌等专用标志情节严重的，应当追究刑事责任。定罪量刑标准适用本解释第一至第三条的规定。

第五条 明知他人实施刑法第三百七十五条规定的犯罪行为，而为其生产、提供专用材料或者提供资金、账号、技术、生产经营场所等帮助的，以共犯论处。

第六条 实施刑法第三百七十五条规定的犯罪行为，同时又构成逃税、诈骗、冒充军人招摇撞骗等犯罪的，依照处罚较重的规定定罪处罚。

第七条 单位实施刑法第三百七十五条第二款、第三款规定的犯罪行为，对单位判处罚金，并对其直接负责的主管人员和其他直接责任人员，分别依照本解释的有关规定处罚。

最高人民法院　最高人民检察院　公安部 国家安全部　司法部关于印发《关于对 司法工作人员在诉讼活动中的渎职行为 加强法律监督的若干规定（试行）》的通知

（2010 年 7 月 26 日　高检会〔2010〕4 号）

各省、自治区、直辖市高级人民法院、人民检察院、公安厅（局）、国家安全厅（局）、司法厅（局），解放军军事法院、军事检察院、总政治部保卫部，新疆维吾尔自治区高级人民法院生产建设兵团分院、新疆生产建设兵团人民检察院、公安局、司法局、监狱管理局：

为落实中央关于"依法明确、规范检察机关调查违法、建议更换办案人等程序，完善法律监督措施"的改革任务，进一步深化司法体制和工作机制改革，最高人民法院、最高人民检察院、公安部、国家安全部、司法部制定了《最高人民法院、最高人民检察院、公安部、国家安全部、司法部关于对司法工作人员在诉讼活动中的渎职行为加强法律监督的若干规定（试行）》。现印发给你们，请认真遵照执行。各地在执行中遇到的问题，请及时报告最高人民法院、最高人民检察院、公安部、国家安全部、司法部。

最高人民法院　最高人民检察院　公安部
国家安全部　司法部关于对司法工作人员在诉讼
活动中的渎职行为加强法律监督的若干规定（试行）

第一条　加强对司法工作人员在诉讼活动中的渎职行为的法律监督，完善和规范监督措施，保证司法工作人员公正司法，根据《中华人民共和国刑法》、《中华人民共和国刑事诉讼法》、《中华人民共和国民事诉讼法》、《中华人民共和国行政诉讼法》等有关法律的规定，制定本规定。

第二条　人民检察院依法对诉讼活动实行法律监督。对司法工作人员的渎职行为可以通过依法审查案卷材料、调查核实违法事实、提出纠正违法意见或者建议更换办案人、立案侦查职务犯罪等措施进行法律监督。

第三条　司法工作人员在诉讼活动中具有下列情形之一的，可以认定为司法工作人员具有涉嫌渎职的行为，人民检察院应当调查核实：

（一）徇私枉法、徇情枉法，对明知是无罪的人而使其受追诉，或者对明知是有罪的人而故意包庇不使其受追诉，或者在审判活动中故意违背事实和法律作枉法裁判的；

（二）非法拘禁他人或者以其他方法非法剥夺他人人身自由的；

（三）非法搜查他人身体、住宅，或者非法侵入他人住宅的；

（四）对犯罪嫌疑人、被告人实行刑讯逼供或者使用暴力逼取证人证言，或者以暴力、威胁、贿买等方法阻止证人作证或者指使他人作伪证的，或者帮助当事人毁灭、伪造证据的；

（五）侵吞或者违法处置被查封、扣押、冻结的款物的；

（六）违反法律规定的拘留期限、侦查羁押期限或者办案期限，对犯罪嫌疑人、被告人超期羁押，情节较重的；

（七）私放在押的犯罪嫌疑人、被告人、罪犯，或者严重不负责任，致使在押的犯罪嫌疑人、被告人、罪犯脱逃的；

（八）徇私舞弊，对不符合减刑、假释、暂予监外执行条件的罪犯，违法提请或者裁定、决定、批准减刑、假释、暂予监外执行的；

（九）在执行判决、裁定活动中严重不负责任或者滥用职权，不依法采取诉讼保全措施、不履行法定执行职责，或者违法采取诉讼保全措施、强制执行措施，致使当事人或者其他人的合法利益遭受损害的；

（十）对被监管人进行殴打或者体罚虐待或者指使被监管人殴打、体罚虐待其他被监管人的；

（十一）收受或者索取当事人及其近亲属或者其委托的人等的贿赂的；

（十二）其他严重违反刑事诉讼法、民事诉讼法、行政诉讼法和刑法规定，不依法履行职务，损害当事人合法权利，影响公正司法的诉讼违法行为和职务犯罪行为。

第四条 人民检察院在开展法律监督工作中，发现有证据证明司法工作人员在诉讼活动中涉嫌渎职的，应当报经检察长批准，及时进行调查核实。

对于单位或者个人向人民检察院举报或者控告司法工作人员在诉讼活动中有渎职行为的，人民检察院应当受理并进行审查，对于需要进一步调查核实的，应当报经检察长批准，及时进行调查核实。

第五条 人民检察院认为需要核实国家安全机关工作人员在诉讼活动中的渎职行为的，应当报经检察长批准，委托国家安全机关进行调查。国家安全机关应当及时将调查结果反馈人民检察院。必要时，人民检察院可以会同国家安全机关共同进行调查。

对于公安机关工作人员办理危害国家安全犯罪案件中渎职行为的调查，比照前款规定执行。

第六条 人民检察院发现检察人员在诉讼活动中涉嫌渎职的，应当报经检察长批准，及时进行调查核实。

人民法院、公安机关、国家安全机关、司法行政机关有证据证明检察人员涉嫌渎职的，可以向人民检察院提出，人民检察院应当及时进行调查核实并反馈调查结果。

上一级人民检察院接到对检察人员在诉讼活动中涉嫌渎职行为的举报、控告的，可以直接进行调查，也可以交由下级人民检察院调查。交下级人民检察院调查的，下级人民检察院应当将调查结果及时报告上一级人民检察院。

第七条 人民检察院调查司法工作人员在诉讼活动中的渎职行为，可以询问有关当事人或者知情人，查阅、调取或者复制相关法律文书或者报案登记材料、案卷材料、罪犯改造材料，对受害人可以进行伤情检查，但是不得限制被调查人的人身自由或者财产权利。

人民检察院通过查阅、复制、摘录等方式能够满足调查需要的，一般不调取相关法律文书或者报案登记材料、案卷材料、罪犯改造材料。

人民检察院在调查期间，应当对调查内容保密。

第八条 人民检察院对司法工作人员在诉讼活动中的涉嫌渎职行为进

行调查，调查期限不得超过一个月。确需延长调查期限的，可以报经检察长批准，延长二个月。

第九条 人民检察院对司法工作人员在诉讼活动中的涉嫌渎职行为进行调查，在查证属实并由有关机关作出停止执行职务的处理前，被调查人不停止执行职务。

第十条 人民检察院对司法工作人员在诉讼活动中的涉嫌渎职行为调查完毕后，应当制作调查报告，根据已经查明的情况提出处理意见，报检察长决定后作出处理。

（一）认为有犯罪事实需要追究刑事责任的，应当按照刑事诉讼法关于管辖的规定依法立案侦查或者移送有管辖权的机关立案侦查，并建议有关机关停止被调查人执行职务，更换办案人。

（二）对于确有渎职违法行为，但是尚未构成犯罪的，应当依法向被调查人所在机关发出纠正违法通知书，并将证明其渎职行为的材料按照干部管理权限移送有关机关处理。对于确有严重违反法律的渎职行为，虽未构成犯罪，但被调查人继续承办案件将严重影响正在进行的诉讼活动的公正性，且有关机关未更换办案人的，应当建议更换办案人。

（三）对于审判人员在审理案件时有贪污受贿、徇私舞弊、枉法裁判或者其他违反法律规定的诉讼程序的行为，可能影响案件正确判决、裁定的，应当分别依照刑事诉讼法、民事诉讼法和行政诉讼法规定的程序对该案件的判决、裁定提出抗诉。

（四）对于举报、控告不实的，应当及时向被调查人所在机关说明情况。调查中询问过被调查人的，应当及时向被调查人本人说明情况，并采取适当方式在一定范围内消除不良影响。同时，将调查结果及时回复举报人、控告人。

（五）对于举报人、控告人捏造事实诬告陷害，意图使司法工作人员受刑事追究，情节严重的，依法追究刑事责任。调查人员与举报人、控告人恶意串通，诬告陷害司法工作人员的，一并追究相关法律责任。

对于司法工作人员涉嫌渎职犯罪需要立案侦查的，对渎职犯罪的侦查和对诉讼活动的其他法律监督工作应当分别由不同的部门和人员办理。

第十一条 被调查人不服人民检察院的调查结论的，可以向人民检察院提出申诉，人民检察院应当进行复查，并在十日内将复查决定反馈申诉人及其所在机关。申诉人不服人民检察院的复查决定的，可以向上一级人民检察院申请复核。上一级人民检察院应当进行复核，并在二十日内将复核决定及时反馈申诉人，通知下级人民检察院。

第十二条 人民检察院经过调查，认为作为案件证据材料的犯罪嫌人、被告人供述、证人证言、被害人陈述系司法工作人员采用暴力、威胁、引诱、欺骗等违法手段获取的，在审查或者决定逮捕、审查起诉时应当依法予以排除，不得作为认定案件事实的根据。有关调查材料应当存入诉讼卷宗，随案移送。

第十三条 人民检察院提出纠正违法意见或者更换办案人建议的，有关机关应当在十五日内作出处理并将处理情况书面回复人民检察院。对于人民检察院的纠正违法通知书和更换办案人建议书，有关机关应当存入诉讼卷宗备查。

有关机关对人民检察院提出的纠正违法意见有异议的，应当在收到纠正违法通知书后五日内将不同意见书面回复人民检察院，人民检察院应当在七日内进行复查。人民检察院经过复查，认为纠正违法意见正确的，应当立即向上一级人民检察院报告；认为纠正违法意见错误的，应当撤销纠正违法意见，并及时将撤销纠正违法意见书送达有关机关。

上一级人民检察院经审查，认为下级人民检察院的纠正违法意见正确的，应当及时与同级有关机关进行沟通，同级有关机关应当督促其下级机关进行纠正；认为下级人民检察院的纠正违法意见不正确的，应当书面通知下级人民检察院予以撤销，下级人民检察院应当执行，并依照本规定第十条第一款第四项的规定，说明情况，消除影响。

第十四条 有关机关在查处本机关司法工作人员的违纪违法行为时，发现已经涉嫌职务犯罪的，应当及时将犯罪线索及相关材料移送人民检察院。人民检察院应当及时进行审查，符合立案条件的，依法立案侦查，并将有关情况反馈移送犯罪线索的机关。

第十五条 检察人员对于司法工作人员在诉讼活动中的渎职行为不依法履行法律监督职责，造成案件被错误处理或者其他严重后果，或者放纵司法工作人员职务犯罪，或者滥用职权违法干扰有关司法机关依法办案的，人民检察院的纪检监察部门应当进行查处；构成犯罪的，依法追究刑事责任。

第十六条 本规定所称的司法工作人员，是指依法负有侦查、检察、审判、监管和判决、裁定执行职责的国家工作人员。

第十七条 本规定所称的对司法工作人员渎职行为的调查，是指人民检察院在对刑事诉讼、民事审判、行政诉讼活动进行法律监督中，为准确认定和依法纠正司法工作人员的渎职行为，而对该司法工作人员违反法律的事实是否存在及其性质、情节、后果等进行核实、查证的活动。

第十八条 本规定自公布之日起试行。

最高人民法院　最高人民检察院
关于办理危害计算机信息系统安全刑事案件应用法律若干问题的解释

（2011 年 6 月 20 日最高人民法院审判委员会第 1524 次
会议、2011 年 7 月 11 日最高人民检察院第十一届检察
委员会第 63 次会议通过　2011 年 8 月 1 日最高人民法
院、最高人民检察院公告发布　自 2011 年 9 月 1 日起试
行　法释〔2011〕19 号）

为依法惩治危害计算机信息系统安全的犯罪活动，根据《中华人民共和国刑法》、《全国人民代表大会常务委员会关于维护互联网安全的决定》的规定，现就办理这类刑事案件应用法律的若干问题解释如下：

第一条　非法获取计算机信息系统数据或者非法控制计算机信息系统，具有下列情形之一的，应当认定为刑法第二百八十五条第二款规定的"情节严重"：

（一）获取支付结算、证券交易、期货交易等网络金融服务的身份认证信息十组以上的；

（二）获取第（一）项以外的身份认证信息五百组以上的；

（三）非法控制计算机信息系统二十台以上的；

（四）违法所得五千元以上或者造成经济损失一万元以上的；

（五）其他情节严重的情形。

实施前款规定行为，具有下列情形之一的，应当认定为刑法第二百八十五条第二款规定的"情节特别严重"：

（一）数量或者数额达到前款第（一）项至第（四）项规定标准五倍以上的；

（二）其他情节特别严重的情形。

明知是他人非法控制的计算机信息系统，而对该计算机信息系统的控制权加以利用的，依照前两款的规定定罪处罚。

第二条　具有下列情形之一的程序、工具，应当认定为刑法第二百八十五条第三款规定的"专门用于侵入、非法控制计算机信息系统的程序、工具"：

（一）具有避开或者突破计算机信息系统安全保护措施，未经授权或者超越授权获取计算机信息系统数据的功能的；

（二）具有避开或者突破计算机信息系统安全保护措施，未经授权或者超越授权对计算机信息系统实施控制的功能的；

（三）其他专门设计用于侵入、非法控制计算机信息系统、非法获取计算机信息系统数据的程序、工具。

第三条　提供侵入、非法控制计算机信息系统的程序、工具，具有下列情形之一的，应当认定为刑法第二百八十五条第三款规定的"情节严重"：

（一）提供能够用于非法获取支付结算、证券交易、期货交易等网络金融服务身份认证信息的专门性程序、工具五人次以上的；

（二）提供第（一）项以外的专门用于侵入、非法控制计算机信息系统的程序、工具二十人次以上的；

（三）明知他人实施非法获取支付结算、证券交易、期货交易等网络金融服务身份认证信息的违法犯罪行为而为其提供程序、工具五人次以上的；

（四）明知他人实施第（三）项以外的侵入、非法控制计算机信息系统的违法犯罪行为而为其提供程序、工具二十人次以上的；

（五）违法所得五千元以上或者造成经济损失一万元以上的；

（六）其他情节严重的情形。

实施前款规定行为，具有下列情形之一的，应当认定为提供侵入、非法控制计算机信息系统的程序、工具"情节特别严重"：

（一）数量或者数额达到前款第（一）项至第（五）项规定标准五倍以上的；

（二）其他情节特别严重的情形。

第四条　破坏计算机信息系统功能、数据或者应用程序，具有下列情形之一的，应当认定为刑法第二百八十六条第一款和第二款规定的"后果严重"：

（一）造成十台以上计算机信息系统的主要软件或者硬件不能正常运行的；

（二）对二十台以上计算机信息系统中存储、处理或者传输的数据进行删除、修改、增加操作的；

（三）违法所得五千元以上或者造成经济损失一万元以上的；

（四）造成为一百台以上计算机信息系统提供域名解析、身份认证、计费等基础服务或者为一万以上用户提供服务的计算机信息系统不能正常运行累计一小时以上的；

（五）造成其他严重后果的。

实施前款规定行为，具有下列情形之一的，应当认定为破坏计算机信息系统"后果特别严重"：

（一）数量或者数额达到前款第（一）项至第（三）项规定标准五倍以上的；

（二）造成为五百台以上计算机信息系统提供域名解析、身份认证、计费等基础服务或为五万以上用户提供服务的计算机信息系统不能正常运行累计一小时以上的；

（三）破坏国家机关或者金融、电信、交通、教育、医疗、能源等领域提供公共服务的计算机信息系统的功能、数据或者应用程序，致使生产、生活受到严重影响或者造成恶劣社会影响的；

（四）造成其他特别严重后果的。

第五条 具有下列情形之一的程序，应当认定为刑法第二百八十六条第三款规定的"计算机病毒等破坏性程序"：

（一）能够通过网络、存储介质、文件等媒介，将自身的部分、全部或者变种进行复制、传播，并破坏计算机系统功能、数据或者应用程序的；

（二）能够在预先设定条件下自动触发，并破坏计算机系统功能、数据或者应用程序的；

（三）其他专门设计用于破坏计算机系统功能、数据或者应用程序的程序。

第六条 故意制作、传播计算机病毒等破坏性程序，影响计算机系统正常运行，具有下列情形之一的，应当认定为刑法第二百八十六条第三款规定的"后果严重"：

（一）制作、提供、传输第五条第（一）项规定的程序，导致该程序通过网络、存储介质、文件等媒介传播的；

（二）造成二十台以上计算机系统被植入第五条第（二）、（三）项规定的程序的；

（三）提供计算机病毒等破坏性程序十人次以上的；

（四）违法所得五千元以上或者造成经济损失一万元以上的；

（五）造成其他严重后果的。

实施前款规定行为，具有下列情形之一的，应当认定为破坏计算机信息系统"后果特别严重"：

（一）制作、提供、传输第五条第（一）项规定的程序，导致该程序通过网络、存储介质、文件等媒介传播，致使生产、生活受到严重影响或者造成恶劣社会影响的；

（二）数量或者数额达到前款第（二）项至第（四）项规定标准五倍以上的；

（三）造成其他特别严重后果的。

第七条　明知是非法获取计算机信息系统数据犯罪所获取的数据、非法控制计算机信息系统犯罪所获取的计算机信息系统控制权，而予以转移、收购、代为销售或者以其他方法掩饰、隐瞒，违法所得五千元以上的，应当依照刑法第三百一十二条第一款的规定，以掩饰、隐瞒犯罪所得罪定罪处罚。

实施前款规定行为，违法所得五万元以上的，应当认定为刑法第三百一十二条第一款规定的"情节严重"。

单位实施第一款规定行为的，定罪量刑标准依照第一款、第二款的规定执行。

第八条　以单位名义或者单位形式实施危害计算机信息系统安全犯罪，达到本解释规定的定罪量刑标准的，应当依照刑法第二百八十五条、第二百八十六条的规定追究直接负责的主管人员和其他直接责任人员的刑事责任。

第九条　明知他人实施刑法第二百八十五条、第二百八十六条规定的行为，具有下列情形之一的，应当认定为共同犯罪，依照刑法第二百八十五条、第二百八十六条的规定处罚：

（一）为其提供用于破坏计算机信息系统功能、数据或者应用程序的程序、工具，违法所得五千元以上或者提供十人次以上的；

（二）为其提供互联网接入、服务器托管、网络存储空间、通讯传输通道、费用结算、交易服务、广告服务、技术培训、技术支持等帮助，违法所得五千元以上的；

（三）通过委托推广软件、投放广告等方式向其提供资金五千元以上的。

实施前款规定行为，数量或者数额达到前款规定标准五倍以上的，应当认定为刑法第二百八十五条、第二百八十六条规定的"情节特别严重"或者"后果特别严重"。

第十条　对于是否属于刑法第二百八十五条、第二百八十六条规定的"国家事务、国防建设、尖端科学技术领域的计算机信息系统"、"专门用于侵入、非法控制计算机信息系统的程序、工具"、"计算机病毒等破坏性程序"难以确定的，应当委托省级以上负责计算机信息系统安全保护管理工作的部门检验。司法机关根据检验结论，并结合案件具体情况认定。

第十一条　本解释所称"计算机信息系统"和"计算机系统"，是指具备自动处理数据功能的系统，包括计算机、网络设备、通信设备、自动化控制设备等。

本解释所称"身份认证信息"，是指用于确认用户在计算机信息系统上操作权限的数据，包括账号、口令、密码、数字证书等。

本解释所称"经济损失"，包括危害计算机信息系统犯罪行为给用户直接造成的经济损失，以及用户为恢复数据、功能而支出的必要费用。

最高人民检察院　公安部关于印发《最高人民检察院、公安部关于公安机关管辖的刑事案件立案追诉标准的规定（二）的补充规定》的通知

（2011 年 11 月 14 日　公通字〔2011〕47 号）

各省、自治区、直辖市人民检察院，公安厅、局，军事检察院，新疆生产建设兵团人民检察院、公安局：

为及时、准确打击经济犯罪，根据《中华人民共和国刑法》、《中华人民共和国刑事诉讼法》等有关法律规定，最高人民检察院、公安部制定了《最高人民检察院、公安部关于公安机关管辖的刑事案件立案追诉标准的规定（二）》，对公安机关经济犯罪侦查部门管辖的刑事案件立案追诉标准作出了规定，现印发给你们，请遵照执行。各级公安机关应当依照此规定立案侦查，各级检察机关应当依照此规定审查批捕、审查起诉。各地在执行中遇到的问题，请及时分别报最高人民检察院和公安部。

最高人民检察院　公安部关于公安机关管辖的刑事案件立案追诉标准的规定（二）的补充规定

一、在《最高人民检察院公安部关于公安机关管辖的刑事案件立案追诉标准的规定（二）》（以下简称《立案追诉标准（二）》）中增加第十一条之一：［对外国公职人员、国际公共组织官员行贿案（刑法第一百六十四条第二款）］为谋取不正当商业利益，给予外国公职人员或者国际公共

组织官员以财物，个人行贿数额在一万元以上的，单位行贿数额在二十万元以上的，应予立案追诉。

二、在《立案追诉标准（二）》中增加第六十一条之一：［虚开发票案（刑法第二百零五条之一）］虚开刑法第二百零五条规定以外的其他发票，涉嫌下列情形之一的，应予立案追诉：

（一）虚开发票一百份以上或者虚开金额累计在四十万元以上的；

（二）虽未达到上述数额标准，但五年内因虚开发票行为受过行政处罚二次以上，又虚开发票的；

（三）其他情节严重的情形。

三、在《立案追诉标准（二）》中增加第六十八条之一：［持有伪造的发票案（刑法第二百一十条之一）］明知是伪造的发票而持有，具有下列情形之一的，应予立案追诉：

（一）持有伪造的增值税专用发票五十份以上或者票面额累计在二十万元以上的，应予立案追诉；

（二）持有伪造的可以用于骗取出口退税、抵扣税款的其他发票一百份以上或者票面额累计在四十万元以上的，应予立案追诉；

（三）持有伪造的第（一）项、第（二）项规定以外的其他发票二百份以上或者票面额累计在八十万元以上的，应予立案追诉。

最高人民检察院关于印发第一批指导性案例的通知

（2010 年 12 月 31 日　高检发研字〔2010〕12 号）

各省、自治区、直辖市人民检察院，军事检察院，新疆生产建设兵团人民检察院：

经 2010 年 12 月 15 日最高人民检察院第十一届检察委员会第五十三次会议讨论决定，现将施某某等 17 人聚众斗殴案、忻元龙绑架案和林志斌徇私舞弊暂予监外执行案等三个案例印发你们，供参考。

施某某等 17 人聚众斗殴案

（检例第 1 号）

【要旨】

检察机关办理群体性事件引发的犯罪案件，要从促进社会矛盾化解的角度，深入了解案件背后的各种复杂因素，依法慎重处理，积极参与调处矛盾纠纷，以促进社会和谐，实现法律效果与社会效果的有机统一。

【基本案情】

犯罪嫌疑人施某某等 9 人系福建省石狮市永宁镇西岑村人。

犯罪嫌疑人李某某等 8 人系福建省石狮市永宁镇子英村人。

福建省石狮市永宁镇西岑村与子英村相邻，原本关系友好。近年来，两村因土地及排水问题发生纠纷。永宁镇政府为解决两村之间的纠纷，曾组织人员对发生土地及排水问题的地界进行现场施工，但被多次阻挠未果。2008 年 12 月 17 日上午 8 时许，该镇组织镇干部与施工队再次进行施工。上午 9 时许，犯罪嫌疑人施某某等 9 人以及数十名西岑村村民头戴安全帽，身背装有石头的袋子，手持木棍、铁锹等器械到达两村交界处的施工地界，犯罪嫌疑人李某某等 8 人以及数十名子英村村民随后也到达施工地界，手持木棍、铁锹等器械与西岑村村民对峙，双方互相谩骂、互扔石头。出警到达现场的石狮市公安局工作人员把双方村民隔开并劝说离去，但仍有村民不听劝说，继续叫骂并扔掷石头，致使二辆警车被砸损（经鉴定损失价值人民币 761 元），三名民警手部被打伤（经鉴定均未达轻微伤）。

【诉讼过程】

案发后，石狮市公安局对积极参与斗殴的西岑村施某某等 9 人和子英村李某某等 8 人以涉嫌聚众斗殴罪向石狮市人民检察院提请批准逮捕。为避免事态进一步扩大，也为矛盾化解创造有利条件，石狮市人民检察院在依法作出批准逮捕决定的同时，建议公安机关和有关部门联合两村村委会做好矛盾化解工作，促成双方和解。2010 年 3 月 16 日，石狮市公安局将本案移送石狮市人民检察院审查起诉。石狮市人民检察院在办案中，抓住化解积怨这一关键，专门成立了化解矛盾工作小组，努力促成两村之间矛盾的化解。在取得地方党委、人大、政府支持后，工作小组多次走访两村所在的永宁镇党委、政府，深入两村争议地点现场查看，并与村委会沟通，制订工作方案。随后协调镇政府牵头征求专家意见并依照镇排水、排污规划对争议地点进行施工，从交通安全与保护环境的角度出发，在争议的排水沟渠所在地周围修建起护栏和人行道，并纳入镇政府的统一规划。这一举措得到了两村村民的普遍认同。化解矛盾工作期间，工作小组还耐心、细致地进行释法说理、政策教育、情绪疏导和思想感化等工作，两村相关当事人及其家属均对用聚众斗殴这种违法行为解决矛盾纠纷的做法进行反省并表示后悔，都表现出明确的和解意愿。2010 年 4 月 23 日，西岑村、子英村两村村委会签订了两村和解协议，涉案人员也分别出具承诺书，表示今后不再就此滋生事端，并保证遵纪守法。至此，两村纠纷得到妥善解决，矛盾根源得以消除。

石狮市人民检察院认为：施某某等 17 人的行为均已触犯了《中华人民共和国刑法》第二百九十二条第一款、第二十五条第一款之规定，涉嫌构成聚众斗殴罪，依法应当追究刑事责任。鉴于施某某等 17 人参与聚众斗殴的目的并非为了私仇或争霸一方，且造成的财产损失及人员伤害均属轻微，并未造成严重后果；两村村委会达成了和解协议，施某某等 17 人也出具了承诺书，从惩罚与教育相结合的原则出发以及有利于促进社会和谐的角度考虑，2010 年 4 月 28 日，石狮市人民检察院根据《中华人民共和国刑事诉讼法》第一百四十二条第二款之规定，决定对施某某等 17 人不起诉。

忻元龙绑架案

（检例第 2 号）

【要旨】

对于死刑案件的抗诉，要正确把握适用死刑的条件，严格证明标准，依法履行刑事审判法律监督职责。

【基本案情】

被告人忻元龙，男，1959 年 2 月 1 日出生，汉族，浙江省宁波市人，高中文化。2005 年 9 月 15 日，因涉嫌绑架罪被刑事拘留，2005 年 9 月 27 日被逮捕。

被告人忻元龙因经济拮据而产生绑架儿童并勒索家长财物的意图，并多次到浙江省慈溪市进行踩点和物色被绑架人。2005 年 8 月 18 日上午，忻元龙驾驶自己的浙 B3C751 通宝牌面包车从宁波市至慈溪市浒山街道团圈支路老年大学附近伺机作案。当日下午1时许，忻元龙见女孩杨某某（女，1996年6月1日出生，浙江省慈溪市浒山东门小学三年级学生，因本案遇害，殁年9岁）背着书包独自一人经过，即以"陈老师找你"为由将杨某某骗上车，将其扣在一个塑料洗澡盆下，开车驶至宁波市东钱湖镇"钱湖人家"后山。当晚10时许，忻元龙从杨某某处骗得其父亲的手机号码和家中的电话号码后，又开车将杨某某带至宁波市北仑区新碶镇算山村防空洞附近，采用捂口、鼻的方式将杨某某杀害后掩埋。8月19日，忻元龙乘火车到安徽省广德县购买了一部波导1220型手机，于20日凌晨0时许拨打杨某某家电话，称自己已经绑架杨某某并要求杨某某的父亲于当月25日下午6时前带60万元赎金到浙江省湖州市长兴县交换其女儿。尔后，忻元龙又乘火车到安徽省芜湖市打勒索电话，因其将记录电话的纸条丢失，将被害人家的电话号码后四位2353误记为7353，电话接通后听到接电话的人操宁波口音，而杨某某的父亲讲普通话，由此忻元龙怀疑是公安人员已介入，遂停止了勒索。2005年9月15日忻元龙被公安机关抓获，忻元龙供述了绑架杀人经过，并带领公安人员指认了埋尸现场，公安机关起获了一具尸骨，从其浙B3C751通宝牌面包车上提取了杨某某头发两根（经法医学DNA检验鉴定，是被害人杨某某的尸骨和头发）。公安机关从被告人忻元龙处扣押波导1220型手机一部。

【诉讼过程】

被告人忻元龙绑架一案，出浙江省慈溪市公安局立案侦查，于2005年11月21日移送慈溪市人民检察院审查起诉。慈溪市人民检察院于同年11月22日告知了忻元龙有权委托辩护人等诉讼权利，也告知了被害人的近亲属有权委托诉讼代理人等诉讼权利。按照案件管辖的规定，同年11月28日，慈溪市人民检察院将案件报送宁波市人民检察院审查起诉。宁波市人民检察院依法讯问了被告人忻元龙，审查了全部案件材料。2006年1月4日，宁波市人民检察院以忻元龙涉嫌绑架罪向宁波市中级人民法院提起公诉。

2006年1月17日，浙江省宁波市中级人民法院依法组成合议庭，公开审理了此案。法庭审理认为：被告人忻元龙以勒索财物为目的，绑架并杀害他人，其行为已构成绑架罪。手段残忍、后果严重，依法应予严惩。检察机关指控的罪名成立。

2006年2月7日，宁波市中级人民法院作出一审判决：一、被告人忻元龙犯绑架罪，判处死刑，剥夺政治权利终身，并处没收个人全部财产。二、被告人忻元龙赔偿附带民事诉讼原告人杨宝凤、张玉彬应得的被害人死亡赔偿金317640元、丧葬费11380元，合计人民币329020元。三、供被告人忻元龙犯罪使用的浙 B3C751 通宝牌面包车一辆及波导 1220 型手机一部，予以没收。

忻元龙对一审刑事部分的判决不服，向浙江省高级人民法院提出上诉。

2006 年 10 月 12 日，浙江省高级人民法院依法组成合议庭，公开审理了此案。法庭审理认为：被告人忻元龙以勒索财物为目的，绑架并杀害他人，其行为已构成绑架罪。犯罪情节特别严重，社会危害极大，依法应予严惩。但鉴于本案的具体情况，对忻元龙判处死刑，可不予立即执行。2007 年 4 月 28 日，浙江省高级人民法院作出二审判决：一、撤销浙江省宁波市中级人民法院（2006）甬刑初字第 16 号刑事附带民事判决中对忻元龙的量刑部分，维持判决的其余部分；二、被告人忻元龙犯绑架罪，判处死刑，缓期二年执行，剥夺政治权利终身。

被害人杨某某的父亲不服，于 2007 年 6 月 25 日向浙江省人民检察院申诉，请求提出抗诉。

浙江省人民检察院经审查认为，浙江省高级人民法院二审判决改判忻元龙死刑缓期二年执行确有错误，于 2007 年 8 月 10 日提请最高人民检察院按照审判监督程序提出抗诉。最高人民检察院派员到浙江专门核查了案件相关情况。最高人民检察院检察委员会两次审议了该案，认为被告人忻元龙绑架犯罪事实清楚，证据确实、充分，依法应当判处死刑立即执行，浙江省高级人民法院以"鉴于本案具体情况"为由改判忻元龙死刑缓期二年执行确有错误，应予纠正。理由如下：

一、忻元龙绑架犯罪事实清楚，证据确实、充分。本案定案的物证、书证、证人证言、被告人供述、鉴定结论、现场勘查笔录等证据能够形成完整的证据体系。公安机关根据忻元龙的供述找到被害人杨某某尸骨，忻元龙供述的诸多隐蔽细节，如埋尸地点、尸体在土中的姿势、尸体未穿鞋袜、埋尸坑中没有书包、打错勒索电话的原因、打勒索电话的通话次数、通话内容，接电话人的口音等，得到了其他证据的印证。

二、浙江省高级人民法院二审判决确有错误。二审改判是认为本案证据存在两个疑点。一是卖给忻元龙波导 1220 型手机的证人傅世红在证言中讲该手机的串号与公安人员扣押在案手机的串号不一致，手机的同一性存有疑问；二是证人宋丽娟和艾力买买提尼牙子证实，在案发当天看见一中年妇女将一个与被害人特征相近的小女孩带走，不能排除有他人作案的可能。经审查，这两个疑点均能够排除。一是关于手机同一性问题。经审查，公安人员在询问傅世红时，将波导 1220 型手机原机主洪义军的身份证号码误记为手机的串号。宁波市人民检察院移送给宁波市中级人民法院的《随案移送物品文件清单》中写明波导 1220 型手机的串号是 350974114389275，且洪义军将手机卖给傅世红的《旧货交易凭证》等证据，清楚地证明了从忻元龙身上扣押的手机即是索要赎金时使用的手机，且手机就在宁波市中级人民法院，手机同一性的疑点能够排除。二是关于是否存在中年妇女作案问题。案卷原有证据能够证实宋丽娟、艾力买买提尼牙子证言证明的"中年妇女带走小女孩"与本案无关。宋丽娟、艾力买买提尼牙子证言证明的中年妇女带走小女孩的地点在绑架现场东侧 200 米左右，与忻元龙绑架杨某某并非同一地点。艾力买买提尼牙子证言证明的是迪欧咖啡厅南边的电脑培训学校门口，不是忻元龙实施绑架的地点；宋丽娟证言证明的中年妇女带走小女孩的地点是迪欧咖啡厅南边的十字路口，而不是老年大学北围墙外的绑架现场，因为宋丽娟所在位置被建筑物阻挡，看不到老年大学北围墙外的绑架现场，此疑问也已经排除。此外，二人提到的小女孩的外貌特征等细节也与杨某某不符。

三、忻元龙所犯罪行极其严重，对其应当判处死刑立即执行。一是忻元龙精心预谋犯罪、主观恶性极深。忻元龙为实施绑架犯罪进行了精心预谋，多次到慈溪市"踩点"，并选择了相对僻静无人的地方作为行车路线。忻元龙以"陈老师找你"为由将杨某某骗上车实施绑架，与慈溪市老年大学剑桥英语培训班负责人陈老师的姓氏相符。忻元龙居住在宁波市的鄞州区，选择在宁波市的慈溪市实施绑架，选择在宁波市的北仑区杀害被害人，之后又精心实施勒索赎金行为，赴安徽省广德县购买波导 1220 型手机，使用异地购买的手机卡，赴安徽省宣城市、芜湖市打勒索电话并要求被害人父亲到浙江省长兴县交付赎金。二是忻元龙犯罪后果极其严重、社会危害性极大。忻元龙实施绑架犯罪后，为使自己的罪行不被发现，在得到被害人家庭信息后，当天就将年仅 9 岁的杨某某杀害，并烧掉了杨某某的书包，扔掉了杨某某挣扎时脱落的鞋子，实施了毁灭罪证的行为。忻元龙归案后认罪态度差。开始不供述犯罪，并隐瞒作案所用手机的来源，后来虽供述犯罪，但编造他人参与共同作案。忻元龙的犯罪行为不仅剥夺了被害人的生命、给被害人家属造成了无法弥补的巨大痛苦，也严重影响了当地群众的安全感。三是二审改判忻元龙死刑缓期二年执行不被被害人家属和当地群众接受。被害人家属强烈要求判处忻元龙死刑立即执行，当地群众对二审改判忻元龙死刑缓期二年执行亦难以接受，要求司法机关严惩忻元龙。

2008 年 10 月 22 日，最高人民检察院依照《中华人民共和国刑事诉讼法》第二百零五条第三款之规定，向最高人民法院提出抗诉。2009 年 3 月 18 日，最高人民法院指令浙江省高级人民法院另行组成合议庭，对忻元龙案件进行再审。

2009 年 5 月 14 日，浙江省高级人民法院另行组成合议庭公开开庭审理本案。法庭审理认为：被告人忻元龙以勒索财物为目的，绑架并杀害他人，其行为已构成绑架罪，且犯罪手段残忍、情节恶劣，社会危害极大，无任何悔罪表现，依法应予严惩。检察机关要求纠正二审判决的意见能够成立。忻元龙及其辩护人要求维持二审判决的意见，理由不足，不予采纳。

2009 年 6 月 26 日，浙江省高级人民法院依照《中华人民共和国刑事诉讼法》第二百零五条第二款、第二百零六条、第一百八十九条第二项、《中华人民共和国刑法》第二百三十九条第一款、第五十七条第一款、第六十四条之规定，作出判决：一、撤销浙江省高级人民法院（2006）浙刑一终字第 146 号刑事判决中对原审被告人忻元龙的量刑部分，维持该判决的其余部分和宁波市中级人民法院（2006）甬刑初字第 16 号刑事附带民事判决；二、原审被告人忻元龙犯绑架罪，判处死刑，剥夺政治权利终身，并处没收个人全部财产，并依法报请最高人民法院核准。

最高人民法院复核认为：被告人忻元龙以勒索财物为目的，绑架并杀害他人的行为已构成绑架罪。其犯罪手段残忍，情节恶劣，后果严重，无法定从轻处罚情节。浙江省高级人民法院再审判决认定的事实清楚，证据确实、充分，定罪准确，量刑适当，审判程序合法。

2009 年 11 月 13 日，最高人民法院依照《中华人民共和国刑事诉讼法》第一百九十九条和《最高人民法院关于复核死刑案件若干问题的规定》第二条第一款之规定，作出裁定：核准浙江省高级人民法院（2009）浙刑再字第 3 号以原审被告人忻元龙犯绑架罪，判处死刑，剥夺政治权利终身，并处没收个人全部财产的刑事判决。

2009 年 12 月 11 日，被告人忻元龙被依法执行死刑。

林志斌徇私舞弊暂予监外执行案

（检例第 3 号）

【要旨】

司法工作人员收受贿赂，对不符合减刑、假释、暂予监外执行条件的罪犯，予以减刑、假释或者暂予监外执行的，应根据案件的具体情况，依法追究刑事责任。

【基本案情】

被告人林志斌，男，1964年8月21日出生，汉族，原系吉林省吉林监狱第三监区监区长，大学文化。2008年11月1日，因涉嫌徇私舞弊暂予监外执行罪被刑事拘留，2008年11月14日被逮捕。

2003年12月，高俊宏因犯合同诈骗罪，被北京市东城区人民法院判处有期徒刑十二年，2004年1月入吉林省吉林监狱服刑。服刑期间，高俊宏认识了服刑犯人赵金喜，并请赵金喜为其办理保外就医。赵金喜找到时任吉林监狱第五监区副监区长的被告人林志斌，称高俊宏愿意出钱办理保外就医，让林志斌帮忙把手续办下来。林志斌答应帮助沟通此事。之后赵金喜找到服刑犯人杜迎涛，由杜迎涛配制了能表现出患病症状的药物。在赵金喜的安排下，高俊宏于同年3月24日服药后"发病"住院。林志斌明知高俊宏伪造病情，仍找到吉林监狱刑罚执行科的王连发（另案处理），让其为高俊宏办理保外就医，并主持召开了对高俊宏提请保外就医的监区干部讨论会。会上，林志斌隐瞒了高俊宏伪造病情的情况，致使讨论会通过了高俊宏的保外就医申请，然后其将高俊宏的保外就医相关材料报到刑罚执行科。其间高俊宏授意其弟高俊卫与赵金喜向林志斌行贿人民币5万元（林志斌将其中3万元交王连发）。2004年4月28日，经吉林监狱呈报，吉林省监狱管理局以高俊宏双肺肺炎、感染性休克、呼吸衰竭，批准高俊宏暂予监外执行一年。同年4月30日，高俊宏被保外就医。2006年5月18日，高俊宏被收监。

【诉讼过程】

2008年10月28日，吉林省长春市宽城区人民检察院对林志斌涉嫌徇私舞弊暂予监外执行一案立案侦查。2009年8月4日，长春市宽城区人民检察院以林志斌涉嫌徇私舞弊暂予监外执行罪向长春市宽城区人民法院提起公诉。2009年10月20日，长春市宽城区人民法院作出（2009）宽刑初字第223号刑事判决，以被告人林志斌犯徇私舞弊暂予监外执行罪，判处有期徒刑三年。

最高人民检察院关于印发
《最高人民检察院关于办理当事人
达成和解的轻微刑事案件的若干意见》的通知

(2011 年 1 月 29 日　高检发研字〔2011〕2 号)

各省、自治区、直辖市人民检察院，军事检察院，新疆生产建设兵团人民检察院：

《最高人民检察院关于办理当事人达成和解的轻微刑事案件的若干意见》已经 2010 年 12 月 2 日最高人民检察院第十一届检察委员会第五十次会议通过，现印发给你们，请认真贯彻执行。

最高人民检察院关于办理当事人
达成和解的轻微刑事案件的若干意见

为了保证人民检察院在审查逮捕和公诉工作中依法正确办理当事人达成和解的轻微刑事案件，根据《中华人民共和国刑法》、《中华人民共和国刑事诉讼法》等有关法律规定，结合检察工作实际，提出如下意见：

一、指导思想和基本原则

人民检察院办理当事人达成和解的轻微刑事案件的指导思想是：按照中央关于深入推进三项重点工作的总体要求，正确贯彻宽严相济刑事政策，充分发挥检察机关在化解社会矛盾和构建社会主义和谐社会中的职能作用，维护社会公平正义、促进社会和谐稳定。

办理当事人达成和解的轻微刑事案件，必须坚持以下原则：

1. 依法办案与化解矛盾并重；

2. 惩罚犯罪与保障人权并重；

3. 实现法律效果与社会效果的有机统一。

二、关于适用范围和条件

对于依法可能判处三年以下有期徒刑、拘役、管制或者单处罚金的刑事公诉案件，可以适用本意见。

上述范围内的刑事案件必须同时符合下列条件：

1. 属于侵害特定被害人的故意犯罪或者有直接被害人的过失犯罪；

2. 案件事实清楚，证据确实、充分；

3. 犯罪嫌疑人、被告人真诚认罪，并且已经切实履行和解协议，对于和解协议不能即时履行的，已经提供有效担保或者调解协议经人民法院确认；

4. 当事人双方就赔偿损失、恢复原状、赔礼道歉、精神抚慰等事项达成和解；

5. 被害人及其法定代理人或者近亲属明确表示对犯罪嫌疑人、被告人予以谅解，要求或者同意对犯罪嫌疑人、被告人依法从宽处理。

以下案件不适用本意见：

1. 严重侵害国家、社会公共利益，严重危害公共安全或者危害社会公共秩序的犯罪案件；

2. 国家工作人员职务犯罪案件；

3. 侵害不特定多数人合法权益的犯罪案件。

三、关于当事人和解的内容

当事人双方可以就赔偿损失、恢复原状、赔礼道歉、精神抚慰等民事责任事项进行和解，并且可以就被害人及其法定代理人或者近亲属是否要求或者同意公安、司法机关对犯罪嫌疑人、被告人依法从宽处理达成一致，但不得对案件的事实认定、证据和法律适用、定罪量刑等依法属于公安、司法机关职权范围的事宜进行协商。

双方当事人或者其法定代理人有权达成和解，当事人的近亲属、聘请的律师以及其他受委托的人，可以代为进行协商和解等事宜。双方达成和解的，应当签订书面协议，并且必须得到当事人或者其法定代理人的确认。犯罪嫌疑人、被告人必须当面或者书面向被害人一方赔礼道歉、真诚悔罪。

和解协议中的损害赔偿一般应当与其承担的法律责任和对被害人造成的损害相适应，并且可以酌情考虑犯罪嫌疑人、被告人及其法定代理人的赔偿、补救能力。

四、关于当事人达成和解的途径与检调对接

当事人双方的和解，包括当事人双方自行达成和解，也包括经人民调解委员会、基层自治组织、当事人所在单位或者同事、亲友等组织或者个人调解后达成和解。

人民检察院应当与人民调解组织积极沟通、密切配合，建立工作衔接机制，及时告知双方当事人申请委托人民调解的权利、申请方法和操作程序以及达成调解协议后的案件处理方式，支持配合人民调解组织的工作。

人民检察院对于符合本意见适用范围和条件的下列案件，可以建议当事人进行和解，并告知相应的权利义务，必要时可以提供法律咨询：

1. 由公安机关立案侦查的刑事诉讼法第一百七十条第二项规定的案件；

2. 未成年人、在校学生犯罪的轻微刑事案件；

3. 七十周岁以上老年人犯罪的轻微刑事案件。

犯罪嫌疑人、被告人或者其亲友、辩护人以暴力、威胁、欺骗或者其他非法方法强迫、引诱被害人和解，或者在协议履行完毕之后威胁、报复被害人的，不适用有关不捕不诉的规定，已经作出不逮捕或者不起诉决定的，人民检察院应当撤销原决定，依法对犯罪嫌疑人、被告人逮捕或者提起公诉。

犯罪嫌疑人、被告人或者其亲友、辩护人实施前款行为情节严重的，依法追究其法律责任。

五、关于对当事人和解协议的审查

人民检察院对当事人双方达成的和解协议，应当重点从以下几个方面进行审查：

1. 当事人双方是否自愿；

2. 加害方的经济赔偿数额与其所造成的损害是否相适应，是否酌情考虑其赔偿能力，犯罪嫌疑人、被告人是否真诚悔罪并且积极履行和解协议或者是否为协议履行提供有效担保或者调解协议经人民法院确认；

3. 被害人及其法定代理人或者近亲属是否明确表示对犯罪嫌疑人、被告人予以谅解；

4. 是否符合法律规定；

5. 是否损害国家、集体和社会公共利益或者他人的合法权益；

6. 是否符合社会公德。

审查时，应当当面听取当事人双方对和解的意见、告知被害人刑事案件可能从轻处理的法律后果和双方的权利义务，并记录在案。

六、关于检察机关对当事人达成和解案件的处理

对于公安机关提请批准逮捕的案件，符合本意见规定的适用范围和条件的，应当作为无逮捕必要的重要因素予以考虑，一般可以作出不批准逮捕的决定；已经批准逮捕，公安机关变更强制措施通知人民检察院的，应当依法实行监督；审查起诉阶段，在不妨碍诉讼顺利进行的前提下，可以依法变更强制措施。

对于公安机关立案侦查并移送审查起诉的刑事诉讼法第一百七十条第二项规定的轻微刑事案件，符合本意见规定的适用范围和条件的，一般可以决定不起诉。

对于其他轻微刑事案件，符合本意见规定的适用范围和条件的，作为犯罪情节轻微，不需要判处刑罚或者免除刑罚的重要因素予以考虑，一般可以决定不起诉。对于依法必须提起公诉的，可以向人民法院提出在法定幅度范围内从宽处理的量刑建议。

对被不起诉人需要给予行政处罚、行政处分或者需要没收其违法所得的，应当提出检察意见，移送有关主管机关处理。

对于当事人双方达成和解、决定不起诉的案件，在宣布不起诉决定前应当再次听取双方当事人对和解的意见，并且查明犯罪嫌疑人是否真诚悔罪、和解协议是否履行或者为协议履行提供有效担保或者调解协议经人民法院确认。

对于依法可能判处三年以上有期徒刑刑罚的案件，当事人双方达成和解协议的，在提起公诉时，可以向人民法院提出在法定幅度范围内从宽处理的量刑建议。对于情节特别恶劣，社会危害特别严重的犯罪，除了考虑和解因素，还应注重发挥刑法的教育和预防作用。

七、依法规范当事人达成和解案件的办理工作

人民检察院适用本意见办理案件，应当遵守《中华人民共和国刑事诉讼法》、《人民检察院刑事诉讼规则》等有关办案期限的规定。

根据本意见，拟对当事人达成和解的轻微刑事案件作出不批准逮捕或者不起诉决定的，应当由检察委员会讨论决定。

人民检察院应当加强对审查批捕、审查起诉工作中办理当事人达成和解案件的监督检查，发现违法违纪，情节轻微的，应当给予批评教育；情节严重的，应当根据有关规定给予组织处理或者纪律处分；构成犯罪的，依法追究刑事责任。

最高人民法院关于《中华人民共和国刑法修正案（八）》时间效力问题的解释

（2011 年 4 月 20 日最高人民法院审判委员会第 1519 次会议通过　2011 年 4 月 25 日最高人民法院公告发布自 2011 年 5 月 1 日起施行　法释〔2011〕9 号）

为正确适用《中华人民共和国刑法修正案（八）》，根据刑法有关规定，现就人民法院 2011 年 5 月 1 日以后审理的刑事案件，具体适用刑法的有关问题规定如下：

第一条　对于 2011 年 4 月 30 日以前犯罪，依法应当判处管制或者宣告缓刑的，人民法院根据犯罪情况，认为确有必要同时禁止犯罪分子在管制期间或者缓刑考验期内从事特定活动，进入特定区域、场所，接触特定人的，适用修正后刑法第三十八条第二款或者第七十二条第二款的规定。

犯罪分子在管制期间或者缓刑考验期内，违反人民法院判决中的禁止令的，适用修正后刑法第三十八条第四款或者第七十七条第二款的规定。

第二条　2011 年 4 月 30 日以前犯罪，判处死刑缓期执行的，适用修正前刑法第五十条的规定。

被告人具有累犯情节，或者所犯之罪是故意杀人、强奸、抢劫、绑架、放火、爆炸、投放危险物质或者有组织的暴力性犯罪，罪行极其严重，根据修正前刑法判处死刑缓期执行不能体现罪刑相适应原则，而根据修正后刑法判处死刑缓期执行同时决定限制减刑可以罚当其罪的，适用修正后刑法第五十条第二款的规定。

第三条　被判处有期徒刑以上刑罚，刑罚执行完毕或者赦免以后，在 2011 年 4 月 30 日以前再犯应当判处有期徒刑以上刑罚之罪的，是否构成累犯，适用修正前刑法第六十五条的规定；但是，前罪实施时不满十八周岁的，是否构成累犯，适用修正后刑法第六十五条的规定。

曾犯危害国家安全犯罪，刑罚执行完毕或者赦免以后，在 2011 年 4 月 30 日以前再犯危害国家安全犯罪的，是否构成累犯，适用修正前刑法第六十六条的规定。

曾被判处有期徒刑以上刑罚，或者曾犯危害国家安全犯罪、恐怖活动犯罪、黑社会性质的组织犯罪，在 2011 年 5 月 1 日以后再犯罪的，是否构成累犯，适用修正后刑法第六十五条、第六十六条的规定。

第四条　2011 年 4 月 30 日以前犯罪，虽不具有自首情节，但是如实供述自己罪行的，适用修正后刑法第六十七条第三款的规定。

第五条　2011 年 4 月 30 日以前犯罪，犯罪后自首又有重大立功表现的，适用修正前刑法第六十八条第二款的规定。

第六条　2011 年 4 月 30 日以前一人犯数罪，应当数罪并罚的，适用修正前刑法第六十九条的规定；2011 年 4 月 30 日前后一人犯数罪，其中一罪发生在 2011 年 5 月 1 日以后的，适用修正后刑法第六十九条的规定。

第七条　2011 年 4 月 30 日以前犯罪，被判处无期徒刑的罪犯，减刑以后或者假释前实际执行的刑期，适用修正前刑法第七十八条第二款、第八十一条第一款的规定。

第八条　2011 年 4 月 30 日以前犯罪，因具有累犯情节或者系故意杀人、强奸、抢劫、绑架、放火、爆炸、投放危险物质或者有组织的暴力性犯罪并被判处十年以上有期徒刑、无期徒刑的犯罪分子，2011 年 5 月 1 日以后仍在服刑的，能否假释，适用修正前刑法第八十一条第二款的规定；2011 年 4 月 30 日以前犯罪，因其他暴力性犯罪被判处十年以上有期徒刑、无期徒刑的犯罪分子，2011 年 5 月 1 日以后仍在服刑的，能否假释，适用修正后刑法第八十一条第二款、第三款的规定。

最高人民法院关于审理走私
犯罪案件适用法律有关问题的通知

（2011 年 4 月 26 日　法〔2011〕163 号）

各省、自治区、直辖市高级人民法院，解放军军事法院，新疆维吾尔自治区高级人民法院生产建设兵团分院：

《中华人民共和国刑法修正案（八）》（以下简称《刑法修正案（八）》）将于 2011 年 5 月 1 日起施行。《刑法修正案（八）》对走私犯罪作了较大修改。为切实做好走私犯罪审判工作，现就审理走私犯罪案件适用法律的有关问题通知如下：

一、《刑法修正案（八）》取消了走私普通货物、物品罪定罪量刑的数额标准，《刑法修正案（八）》施行后，新的司法解释出台前，各地人民法院在审理走私普通货物、物品犯罪案件时，可参照适用修正前的刑法及《最高人民法院关于审理走私刑事案件具体应用法律若干问题的解释》（法释〔2000〕30 号）规定的数额标准。

二、对于一年内曾因走私被给予二次行政处罚后又走私需要追究刑事责任的，具体的定罪量刑标准可由各地人民法院结合案件具体情况和本地实际确定。各地人民法院要依法审慎稳妥把握好案件的法律适用和政策适用，争取社会效果和法律效果的统一。

三、各地人民法院在审理走私犯罪案件中遇到的新情况新问题，请及时层报最高人民法院。

特此通知。

最高人民法院关于审理破坏广播电视设施等刑事案件具体应用法律若干问题的解释

（2011 年 5 月 23 日最高人民法院审判委员会第 1523 次会议通过 2011 年 6 月 7 日最高人民法院公告发布 自 2011 年 6 月 13 日起施行 法释〔2011〕13 号）

为依法惩治破坏广播电视设施等犯罪活动，维护广播电视设施运行安全，根据刑法有关规定，现就审理这类刑事案件具体应用法律的若干问题解释如下：

第一条 采取拆卸、毁坏设备，剪割缆线，删除、修改、增加广播电视设备系统中存储、处理、传输的数据和应用程序，非法占用频率等手段，破坏正在使用的广播电视设施，具有下列情形之一的，依照刑法第一百二十四条第一款的规定，以破坏广播电视设施罪处三年以上七年以下有期徒刑：

（一）造成救灾、抢险、防汛和灾害预警等重大公共信息无法发布的；

（二）造成县级、地市（设区的市）级广播电视台中直接关系节目播出的设施无法使用，信号无法播出的；

（三）造成省级以上广播电视传输网内的设施无法使用，地市（设区的市）级广播电视传输网内的设施无法使用三小时以上，县级广播电视传输网内的设施无法使用十二小时以上，信号无法传输的；

（四）其他危害公共安全的情形。

第二条　实施本解释第一条规定的行为，具有下列情形之一的，应当认定为刑法第一百二十四条第一款规定的"造成严重后果"，以破坏广播电视设施罪处七年以上有期徒刑：

（一）造成救灾、抢险、防汛和灾害预警等重大公共信息无法发布，因此贻误排除险情或者疏导群众，致使一人以上死亡、三人以上重伤或者财产损失五十万元以上，或者引起严重社会恐慌、社会秩序混乱的；

（二）造成省级以上广播电视台中直接关系节目播出的设施无法使用，信号无法播出的；

（三）造成省级以上广播电视传输网内的设施无法使用三小时以上，地市（设区的市）级广播电视传输网内的设施无法使用十二小时以上，县级广播电视传输网内的设施无法使用四十八小时以上，信号无法传输的；

（四）造成其他严重后果的。

第三条　过失损坏正在使用的广播电视设施，造成本解释第二条规定的严重后果的，依照刑法第一百二十四条第二款的规定，以过失损坏广播电视设施罪处三年以上七年以下有期徒刑；情节较轻的，处三年以下有期徒刑或者拘役。

过失损坏广播电视设施构成犯罪，但能主动向有关部门报告，积极赔偿损失或者修复被损坏设施的，可以酌情从宽处罚。

第四条　建设、施工单位的管理人员、施工人员，在建设、施工过程中，违反广播电视设施保护规定，故意或者过失损毁正在使用的广播电视设施，构成犯罪的，以破坏广播电视设施罪或者过失损坏广播电视设施罪定罪处罚。其定罪量刑标准适用本解释第一至三条的规定。

第五条　盗窃正在使用的广播电视设施，尚未构成盗窃罪，但具有本解释第一条、第二条规定情形的，以破坏广播电视设施罪定罪处罚；同时构成盗窃罪和破坏广播电视设施罪的，依照处罚较重的规定定罪处罚。

第六条　破坏正在使用的广播电视设施未危及公共安全，或者故意毁坏尚未投入使用的广播电视设施，造成财物损失数额较大或者有其他严重情节的，以故意毁坏财物罪定罪处罚。

第七条　实施破坏广播电视设施犯罪，并利用广播电视设施实施煽动分裂国家、煽动颠覆国家政权、煽动民族仇恨、民族歧视或者宣扬邪教等行为，同时构成其他犯罪的，依照处罚较重的规定定罪处罚。

第八条　本解释所称广播电视台中直接关系节目播出的设施、广播电视传输网内的设施，参照国家广播电视行政主管部门和其他相关部门的有关规定确定。

最高人民法院关于非法集资
刑事案件性质认定问题的通知

（2011 年 8 月 18 日　法〔2011〕262 号）

各省、自治区、直辖市高级人民法院，解放军军事法院，新疆维吾尔自治区高级人民法院生产建设兵团分院：

为依法、准确、及时审理非法集资刑事案件，现就非法集资性质认定的有关问题通知如下：

一、行政部门对于非法集资的性质认定，不是非法集资案件进入刑事程序的必经程序。行政部门未对非法集资作出性质认定的，不影响非法集资刑事案件的审判。

二、人民法院应当依照刑法和最高人民法院《关于审理非法集资刑事案件具体应用法律若干问题的解释》等有关规定认定案件事实的性质，并认定相关行为是否构成犯罪。

三、对于案情复杂、性质认定疑难的案件，人民法院可以在有关部门关于是否符合行业技术标准的行政认定意见的基础上，根据案件事实和法律规定作出性质认定。

四、非法集资刑事案件的审判工作涉及领域广、专业性强，人民法院在审理此类案件当中要注意加强与有关行政主（监）管部门以及公安机关、人民检察院的配合。审判工作中遇到重大问题难以解决的，请及时报告最高人民法院。

最高人民法院印发《关于进一步加强危害生产
安全刑事案件审判工作的意见》的通知

（2011 年 12 月 30 日　法发〔2011〕20 号）

各省、自治区、直辖市高级人民法院，解放军军事法院，新疆维吾尔自治区高级人民法院生产建设兵团分院：

现将最高人民法院《关于进一步加强危害生产安全刑事案件审判工作

的意见》印发给你们，请认真贯彻执行。本意见贯彻执行中遇到的问题，请及时报告最高人民法院。

关于进一步加强危害生产安全
刑事案件审判工作的意见

为依法惩治危害生产安全犯罪，促进全国安全生产形势持续稳定好转，保护人民群众生命财产安全，现就进一步加强危害生产安全刑事案件审判工作，制定如下意见。

一、高度重视危害生产安全刑事案件审判工作

1. 充分发挥刑事审判职能作用，依法惩治危害生产安全犯罪，是人民法院为大局服务、为人民司法的必然要求。安全生产关系到人民群众生命财产安全，事关改革、发展和稳定的大局。当前，全国安全生产状况呈现总体稳定、持续好转的发展态势，但形势依然严峻，企业安全生产基础依然薄弱；非法、违法生产，忽视生产安全的现象仍然十分突出；重特大生产安全责任事故时有发生，个别地方和行业重特大责任事故上升。一些重特大生产安全责任事故举国关注，相关案件处理不好，不仅起不到应有的警示作用，不利于生产安全责任事故的防范，也损害党和国家形象，影响社会和谐稳定。各级人民法院要从政治和全局的高度，充分认识审理好危害生产安全刑事案件的重要意义，切实增强工作责任感，严格依法、积极稳妥地审理相关案件，进一步发挥刑事审判工作在创造良好安全生产环境、促进经济平稳较快发展方面的积极作用。

2. 采取有力措施解决存在的问题，切实加强危害生产安全刑事案件审判工作。近年来，各级人民法院依法审理危害生产安全刑事案件，一批严重危害生产安全的犯罪分子及相关职务犯罪分子受到法律制裁，对全国安全生产形势持续稳定好转发挥了积极促进作用。2010年，监察部、国家安全生产监督管理总局会同最高人民法院等部门对部分省市重特大生产安全事故责任追究落实情况开展了专项检查。从检查的情况来看，审判工作总体情况是好的，但仍有个别案件在法律适用或者宽严相济刑事政策具体把握上存在问题，需要切实加强指导。各级人民法院要高度重视，确保相关案件审判工作取得良好的法律效果和社会效果。

二、危害生产安全刑事案件审判工作的原则

3. 严格依法，从严惩处。对严重危害生产安全犯罪，尤其是相关职务犯罪，必须始终坚持严格依法、从严惩处。对于人民群众广泛关注、社会反映强烈的案件要及时审结，回应人民群众关切，维护社会和谐稳定。

4. 区分责任，均衡量刑。危害生产安全犯罪，往往涉案人员较多，犯罪主体复杂，既包括直接从事生产、作业的人员，也包括对生产、作业负有组织、指挥或者管理职责的负责人、管理人员、实际控制人、投资人等，有的还涉及国家机关工作人员渎职犯罪。对相关责任人的处理，要根据事故原因、危害后果、主体职责、过错大小等因素，综合考虑全案，正确划分责任，做到罪责刑相适应。

5. 主体平等，确保公正。审理危害生产安全刑事案件，对于所有责任主体，都必须严格落实法律面前人人平等的刑法原则，确保刑罚适用公正，确保裁判效果良好。

三、正确确定责任

6. 审理危害生产安全刑事案件，政府或相关职能部门依法对事故原因、损失大小、责任划分作出的调查认定，经庭审质证后，结合其他证据，可作为责任认定的依据。

7. 认定相关人员是否违反有关安全管理规定，应当根据相关法律、行政法规，参照地方性法规、规章及国家标准、行业标准，必要时可参考公认的惯例和生产经营单位制定的安全生产规章制度、操作规程。

8. 多个原因行为导致生产安全事故发生的，在区分直接原因与间接原因的同时，应当根据原因行为在引发事故中所具作用的大小，分清主要原因与次要原因，确认主要责任和次要责任，合理确定罪责。

一般情况下，对生产、作业负有组织、指挥或者管理职责的负责人、管理人员、实际控制人、投资人，违反有关安全生产管理规定，对重大生产安全事故的发生起决定性、关键性作用的，应当承担主要责任。

对于直接从事生产、作业的人员违反安全管理规定，发生重大生产安全事故的，要综合考虑行为人的从业资格、从业时间、接受安全生产教育培训情况、现场条件、是否受到他人强令作业、生产经营单位执行安全生产规章制度的情况等因素认定责任，不能将直接责任简单等同于主要责任。

对于负有安全生产管理、监督职责的工作人员，应根据其岗位职责、履职依据、履职时间等，综合考察工作职责、监管条件、履职能力、履职情况等，合理确定罪责。

四、准确适用法律

9. 严格把握危害生产安全犯罪与以其他危险方法危害公共安全罪的界限，不应将生产经营中违章违规的故意不加区别地视为对危害后果发生的故意。

10. 以行贿方式逃避安全生产监督管理，或者非法、违法生产、作业，导致发生重大生产安全事故，构成数罪的，依照数罪并罚的规定处罚。

违反安全生产管理规定，非法采矿、破坏性采矿或排放、倾倒、处置有害物质严重污染环境，造成重大伤亡事故或者其他严重后果，同时构成危害生产安全犯罪和破坏环境资源保护犯罪的，依照数罪并罚的规定处罚。

11. 安全事故发生后，负有报告职责的国家工作人员不报或者谎报事故情况，贻误事故抢救，情节严重，构成不报、谎报安全事故罪，同时构成职务犯罪或其他危害生产安全犯罪的，依照数罪并罚的规定处罚。

12. 非矿山生产安全事故中，认定"直接负责的主管人员和其他直接责任人员"、"负有报告职责的人员"的主体资格，认定构成"重大伤亡事故或者其他严重后果"、"情节特别恶劣"，不报、谎报事故情况，贻误事故抢救，"情节严重"、"情节特别严重"等，可参照最高人民法院、最高人民检察院《关于办理危害矿山生产安全刑事案件具体应用法律若干问题的解释》的相关规定。

五、准确把握宽严相济刑事政策

13. 审理危害生产安全刑事案件，应综合考虑生产安全事故所造成的伤亡人数、经济损失、环境污染、社会影响、事故原因与被告人职责的关联程度、被告人主观过错大小、事故发生后被告人的施救表现、履行赔偿责任情况等，正确适用刑罚，确保裁判法律效果和社会效果相统一。

14. 造成《关于办理危害矿山生产安全刑事案件具体应用法律若干问题的解释》第四条规定的"重大伤亡事故或者其他严重后果"，同时具有下列情形之一的，也可以认定为刑法第一百三十四条、第一百三十五条规定的"情节特别恶劣"：

（一）非法、违法生产的；

（二）无基本劳动安全设施或未向生产、作业人员提供必要的劳动防护用品，生产、作业人员劳动安全无保障的；

（三）曾因安全生产设施或者安全生产条件不符合国家规定，被监督管理部门处罚或责令改正，一年内再次违规生产致使发生重大生产安全事故的；

（四）关闭、故意破坏必要安全警示设备的；

（五）已发现事故隐患，未采取有效措施，导致发生重大事故的；

（六）事故发生后不积极抢救人员，或者毁灭、伪造、隐藏影响事故调查的证据，或者转移财产逃避责任的；

（七）其他特别恶劣的情节。

15. 相关犯罪中，具有以下情形之一的，依法从重处罚：

（一）国家工作人员违反规定投资入股生产经营企业，构成危害生产安全犯罪的；

（二）贪污贿赂行为与事故发生存在关联性的；

（三）国家工作人员的职务犯罪与事故存在直接因果关系的；

（四）以行贿方式逃避安全生产监督管理，或者非法、违法生产、作业的；

（五）生产安全事故发生后，负有报告职责的国家工作人员不报或者谎报事故情况，贻误事故抢救，尚未构成不报、谎报安全事故罪的；

（六）事故发生后，采取转移、藏匿、毁灭遇难人员尸体，或者毁灭、伪造、隐藏影响事故调查的证据，或者转移财产，逃避责任的；

（七）曾因安全生产设施或者安全生产条件不符合国家规定，被监督管理部门处罚或责令改正，一年内再次违规生产致使发生重大生产安全事故的。

16. 对于事故发生后，积极施救，努力挽回事故损失，有效避免损失扩大；积极配合调查，赔偿受害人损失的，可依法从宽处罚。

六、依法正确适用缓刑和减刑、假释

17. 对于危害后果较轻，在责任事故中不负主要责任，符合法律有关缓刑适用条件的，可以依法适用缓刑，但应注意根据案件具体情况，区别对待，严格控制，避免适用不当造成的负面影响。

18. 对于具有下列情形的被告人，原则上不适用缓刑：

（一）具有本意见第 14 条、第 15 条所规定的情形的；

（二）数罪并罚的。

19. 宣告缓刑，可以根据犯罪情况，同时禁止犯罪分子在缓刑考验期限内从事与安全生产有关的特定活动。

20. 办理与危害生产安全犯罪相关的减刑、假释案件，要严格执行刑法、刑事诉讼法和有关司法解释规定。是否决定减刑、假释，既要看罪犯服刑期间的悔改表现，还要充分考虑原判认定的犯罪事实、性质、情节、社会危害程度等情况。

七、加强组织领导，注意协调配合

21. 对于重大、敏感案件，合议庭成员要充分做好庭审前期准备工作，全面、客观掌握案情，确保案件开庭审理稳妥顺利、依法公正。

22. 审理危害生产安全刑事案件，涉及专业技术问题的，应有相关权威部门出具的咨询意见或者司法鉴定意见；可以依法邀请具有相关专业知识的人民陪审员参加合议庭。

23. 对于审判工作中发现的安全生产事故背后的渎职、贪污贿赂等违法犯罪线索，应当依法移送有关部门处理。对于情节轻微，免予刑事处罚的被告人，人民法院可建议有关部门依法给予行政处罚或纪律处分。

24. 被告人具有国家工作人员身份的，案件审结后，人民法院应当及时将生效的裁判文书送达行政监察机关和其他相关部门。

25. 对于造成重大伤亡后果的案件，要充分运用财产保全等法定措施，切实维护被害人依法获得赔偿的权利。对于被告人没有赔偿能力的案件，应当依靠地方党委和政府做好善后安抚工作。

26. 积极参与安全生产综合治理工作。对于审判中发现的安全生产管理方面的突出问题，应当发出司法建议，促使有关部门强化安全生产意识和制度建设，完善事故预防机制，杜绝同类事故发生。

27. 重视做好宣传工作。对于社会关注的典型案件，要重视做好审判情况的宣传报道，规范裁判信息发布，及时回应社会的关切，充分发挥重大、典型案件的教育警示作用。

28. 各级人民法院要在依法履行审判职责的同时，及时总结审判经验，深入开展调查研究，推动审判工作水平不断提高。上级法院要以辖区内发生的重大生产安全责任事故案件为重点，加强对下级法院危害生产安全刑事案件审判工作的监督和指导，适时检查此类案件的审判情况，提出有针对性的指导意见。

最高人民法院公布危害食品安全犯罪典型案例

案例1

刘襄、奚中杰、肖兵、陈玉伟、刘鸿林
以危险方法危害公共安全案

（一）基本案情

被告人刘襄，男，1968年8月20日出生，汉族，个体工商户。

被告人奚中杰，男，1983年10月26日出生，汉族，个体工商户。

被告人肖兵，男，1968年5月25日出生，汉族，个体工商户。

被告人陈玉伟，化名刘建业，男，1974年11月10日出生，汉族，个

体工商户。

被告人刘鸿林，女，1976年1月6日出生，汉族，个体工商户。

2007年初，被告人刘襄与被告人奚中杰在明知盐酸克仑特罗（俗称"瘦肉精"）是国家法律禁止在饲料和动物饮用水中使用的药品，且使用盐酸克仑特罗饲养的生猪流入市场会对消费者身体健康、生命安全造成危害的情况下，为牟取暴利，二人商议：双方各投资五万元，刘襄负责技术开发和生产，奚中杰负责销售，利润均分。同年8、9月份，刘襄在湖北省襄阳市谷城县研制出盐酸克仑特罗后，与奚中杰带样品找到被告人陈玉伟、肖兵对样品进行试验、推销。肖兵和陈玉伟明知使用盐酸克仑特罗饲养的生猪流入市场后会对消费者身体健康、生命安全造成危害，仍将刘襄生产的盐酸克仑特罗出售给收猪经纪人试用，得知效果良好后，将信息反馈刘襄、奚中杰。此后，刘襄等人开始大量生产、销售盐酸克仑特罗。截至2011年3月，刘襄共生产、销售盐酸克仑特罗2700余公斤，销售金额640余万元。奚中杰与刘襄共同销售，以及从迟名华（另案处理）等人处购买后单独销售盐酸克伦特罗共1400余公斤，销售金额440余万元。肖兵从刘襄处购买盐酸克仑特罗1300余公斤并予以销售，销售金额300余万元。陈玉伟从刘襄处购买盐酸克仑特罗600余公斤，按照一定比例勾兑淀粉后销售，销售金额200余万元。被告人刘鸿林明知盐酸克仑特罗的危害，仍协助刘襄从事购买原料和盐酸克仑特罗的生产、销售等活动。五名被告人生产、销售的盐酸克仑特罗被分布在八个不同省市的生猪养殖户用于饲养生猪，致使大量含有盐酸克仑特罗的猪肉流入市场，给广大消费者身体健康造成严重危害，并使公私财产遭受特别重大损失。

（二）裁判结果

河南省焦作市中级人民法院一审判决、河南省高级人民法院二审裁定认为，被告人刘襄、奚中杰、肖兵、陈玉伟、刘鸿林明知使用盐酸克仑特罗饲养生猪对人体的危害，被国家明令禁止，刘襄、奚中杰仍大量非法生产用于饲养生猪的盐酸克仑特罗并销售，肖兵、陈玉伟积极参与试验，并将盐酸克仑特罗大量销售给生猪养殖户，刘鸿林协助刘襄购买部分原料、帮助生产、销售盐酸克仑特罗，致使使用盐酸克仑特罗饲养的生猪大量流入市场，严重危害不特定多数人的生命、健康，致使公私财产遭受特别重大损失，社会危害极大，影响极其恶劣，五名被告人的行为均已构成以危险方法危害公共安全罪，系共同犯罪。刘襄、奚中杰、肖兵、陈玉伟均系主犯，刘鸿林系从犯，且有重大立功表现，依法应当减轻处罚，依法判处被告人刘襄死刑，缓期二年执行，剥夺政治权利终身；判处被告人奚中杰无期徒刑，剥夺政治权利终身；判处被告人肖兵有期徒刑十五年，剥夺政治权利五年；判处被告人陈玉伟有期徒刑十四年，剥夺政治权利三年；判处被告人刘鸿林有期徒刑九年。

案例 2

孙学丰、代文明销售伪劣产品案

（一）基本案情

被告人孙学丰，男，汉族，1958 年 3 月 10 日出生，无业。

被告人代文明，男，汉族，1952 年 12 月 4 日出生，原河北省张北县鹿源乳业有限责任公司法定代表人。

2008 年 9 月至 10 月，被告人代文明将受"三鹿奶粉事件"影响而被客户退货的奶粉藏匿。2010 年 5 月，被告人孙学丰联系代文明，表示要购买代文明藏匿的奶粉，并因奶粉超过保质期要求更换包装。代文明将 38 吨奶粉更换外包装后销售给孙学丰，销售金额共计 42.56 万元。孙学丰将该奶粉以 62.51 万元的价格转售给他人。经鉴定，该 38 吨奶粉中三聚氰胺的含量严重超标。

（二）裁判结果

河北省张北县人民法院一审、河北省张家口市中级人民法院二审裁定认为，被告人孙学丰、代文明明知超过保质期的奶粉属伪劣产品，仍销售牟利，其行为均已构成销售伪劣产品罪。根据销售金额，判处被告人代文明有期徒刑七年，并处罚金 85.12 万元；判处被告人孙学丰有期徒刑十年，并处罚金 125.02 万元。

案例 3

叶维禄、徐剑明、谢维铣生产、销售伪劣产品案

（一）基本案情

被告人叶维禄，男，汉族，1966 年 3 月 23 日出生，原上海盛禄食品有限公司法定代表人。

被告人徐剑明，男，汉族，1963 年 10 月 4 日出生，原上海盛禄食品有限公司销售经理。

被告人谢维铣，男，汉族，1966 年 10 月 10 日出生，原上海盛禄食品有限公司生产主管。

上海盛禄食品有限公司（以下简称盛禄公司）法定代表人叶维禄为提高销量，在明知蒸煮类糕点使用"柠檬黄"不符合《食品添加剂使用卫生标准》的情况下，仍于2010年9月起，购进"柠檬黄"，安排生产主管、被告人谢维铣组织工人大量生产添加"柠檬黄"的玉米馒头。盛禄公司销售经理、被告人徐剑明将馒头销往多家超市。经鉴定，盛禄公司所生产的玉米馒头均检出"柠檬黄"成分，系不合格产品。2010年10月1日至2011年4月11日，盛禄公司共生产并销售添加"柠檬黄"的玉米馒头金额共计620927.02元。同期，盛禄公司还回收售往超市的过期及即将过期的馒头，重新用作生产馒头的原料，并以上市日期作为生产日期标注在产品包装上。

（二）裁判结果

上海市宝山区人民法院一审、上海市第二中级人民法院二审裁定认为，盛禄公司违反国家关于食品安全法律法规的禁止性规定，生产、销售添加"柠檬黄"的玉米馒头，以不合格产品冒充合格产品，销售金额62万余元，被告人叶维禄作为盛禄公司的主管人员，被告人徐剑明、谢维铣作为盛禄公司的直接责任人员，均已构成生产、销售伪劣产品罪。因盛禄公司已被吊销营业执照，依法不再追究单位的刑事责任。叶维禄系主犯；徐剑明、谢维铣系从犯，依法应当减轻处罚，徐剑明、谢维铣到案后能如实供述自己的罪行，依法可从轻处罚。法院依法判处被告人叶维禄有期徒刑九年，并处罚金65万元；判处被告人徐剑明有期徒刑五年，并处罚金20万元；判处被告人谢维铣有期徒刑五年，并处罚金20万元。

案例4

王二团、杨哲、王利明玩忽职守案

（一）基本案情

被告人王二团，男，汉族，1975年6月15日出生，河南省沁阳市柏香动物防疫中心站防疫员，柏香动物检疫申报点检疫员。

被告人杨哲，男，汉族，1979年9月20日出生，河南省沁阳市柏香动物防疫中心站负责人、防疫员，柏香动物检疫申报点检疫员。

被告人王利明，女，汉族，1965年1月28日出生，河南省沁阳市柏香动物防疫中心站防疫员，柏香动物检疫申报点检疫员。

被告人王二团、杨哲、王利明作为沁阳市柏香动物防疫检疫中心站的工作人员，违反职责，疏于职守，违反《中华人民共和国防疫法》和河南省有关规定，对出县境生猪应当检疫而未检疫，运输工具应当消毒而未消毒，且未进行盐酸克仑特罗（俗称"瘦肉精"）检测的情况下，违规出具《动物产地检疫合格证明》及《出县境动物检疫合格证明》、《动物及动物产品运载工具消毒证明》、《牲畜1号、5号病非疫区证明》（后三个证明，下称"三证"），致使3.8万头未经检测的生猪运往部分省市，其中部分生猪系使用"瘦肉精"饲养的生猪。此外，王二团、王利明委托或默许不具备检疫资格的牛利萍代开《动物产地检疫合格证明》和"三证"。

（二）裁判结果

河南省沁阳市人民法院一审判决、河南省焦作市中级人民法院二审裁定认为，被告人王二团、杨哲、王利明身为动物防疫、检疫工作人员，不履行职责，导致大量未经检疫、消毒和"瘦肉精"检测的生猪流入市场，危害消费者身体健康，扰乱食品市场秩序，造成恶劣的社会影响，其行为均已构成玩忽职守罪，且属于"情节特别严重"。根据各被告人职责大小，所开证明涉及生猪数量，判处被告人王二团有期徒刑六年，判处被告人杨哲有期徒刑五年，判处被告人王利明有期徒刑五年。

最高人民法院　最高人民检察院　公安部
关于信用卡诈骗犯罪管辖有关问题的通知

（2011年8月8日　公通字〔2011〕29号）

各省、自治区、直辖市高级人民法院，人民检察院，公安厅、局，新疆维吾尔自治区高级人民法院生产建设兵团分院、新疆生产建设兵团人民检察院、公安局：

近年来，信用卡诈骗流窜作案逐年增多，受害人在甲地申领的信用卡，被犯罪嫌疑人在乙地盗取了信用卡信息，并在丙地被提现或消费。犯罪嫌疑人企图通过空间的转换逃避刑事打击。为及时有效打击此类犯罪，现就有关案件管辖问题通知如下：

对以窃取、收买等手段非法获取他人信用卡信息资料后在异地使用的信用卡诈骗犯罪案件，持卡人信用卡申领地的公安机关、人民检察院、人民法院可以依法立案侦查、起诉、审判。

最高人民检察院　公安部　民政部
关于印发《看守所在押人员死亡处理规定》的通知

(2011 年 12 月 29 日　公通字〔2011〕56 号)

各省、自治区、直辖市人民检察院，公安厅、局，民政厅、局，新疆生产
建设兵团人民检察院、公安局、民政局：

现将《看守所在押人员死亡处理规定》印发给你们，请遵照执行。

看守所在押人员死亡处理规定

第一章　总　　则

第一条　为了规范看守所在押人员死亡处理工作，保障在押人员合法
权益，维护看守所安全和社会和谐稳定，根据《中华人民共和国刑事诉讼
法》、《中华人民共和国国家赔偿法》、《中华人民共和国看守所条例》等
有关法律、法规，结合看守所工作实际，制定本规定。

第二条　在押人员死亡分为正常死亡和非正常死亡。

正常死亡是指因人体衰老或者疾病等原因导致的自然死亡。

非正常死亡是指自杀死亡，或者由于自然灾害、意外事故、他杀、体
罚虐待、击毙等外部原因作用于人体造成的死亡。

第三条　在押人员死亡处理，公安机关、人民检察院、民政部门应当
分工负责，加强协作，坚持依法、公正、及时、人道的原则。

第四条　人民检察院依法对在押人员死亡处理情况实施法律监督。

第二章　死亡报告、通知

第五条　在押人员死亡后，看守所应当立即通知死亡在押人员的近亲
属，报告所属公安机关和人民检察院，通报办案机关或者原审人民法院。

死亡的在押人员无近亲属或者无法通知其近亲属的，看守所应当通知
死亡在押人员户籍所在地或者居住地的村（居）民委员会或者公安派
出所。

第六条　在押人员死亡后，公安机关、人民检察院应当按照有关规定分别层报公安部、最高人民检察院。

第三章　死亡调查、检察

第七条　在押人员死亡后，对初步认定为正常死亡的，公安机关应当立即开展以下调查工作：

（一）封存、查看在押人员死亡前十五日内原始监控录像，对死亡现场进行保护、勘验并拍照、录像；

（二）必要时，分散或者异地分散关押同监室在押人员并进行询问；

（三）对收押、巡视、监控、管教等岗位可能了解死亡在押人员相关情况的民警以及医生等进行询问调查；

（四）封存、查阅收押登记、入所健康和体表检查登记、管教民警谈话教育记录、禁闭或者械具使用审批表、就医记录等可能与死亡有关的台账、记录等；

（五）登记、封存死亡在押人员的遗物；

（六）查验尸表，对尸体进行拍照并录像；

（七）组织进行死亡原因鉴定。

第八条　公安机关调查工作结束后，应当作出调查结论，报告同级人民检察院，并通知死亡在押人员的近亲属。

人民检察院应当对公安机关的调查结论进行审查，并将审查结果通知公安机关。

第九条　人民检察院接到看守所在押人员死亡报告后，应当立即派员赶赴现场，开展相关工作。具有下列情形之一的，由人民检察院进行调查：

（一）在押人员非正常死亡的；

（二）死亡在押人员的近亲属对公安机关的调查结论有疑义，向人民检察院提出，人民检察院审查后认为需要调查的；

（三）人民检察院对公安机关的调查结论有异议的；

（四）其他需要由人民检察院调查的。

第十条　人民检察院在调查期间，公安机关应当积极配合，并提供便利条件。

第十一条　人民检察院调查结束后，应当将调查结论书面通知公安机关和死亡在押人员的近亲属。

第十二条　公安机关或者人民检察院组织进行尸检的，应当通知死亡在押人员的近亲属到场，并让其在《解剖尸体通知书》上签名或者盖章。

对死亡在押人员无近亲属或者无法通知其近亲属，以及死亡在押人员的近亲属无正当理由拒不到场或者拒绝签名或者盖章的，不影响尸检，但是公安机关或者人民检察院应当在《解剖尸体通知书》上注明，并对尸体解剖过程进行全程录像，并邀请与案件无关的人员或者死者近亲属聘请的律师到场见证。

第十三条　公安机关、人民检察院委托其他具有司法鉴定资质的机构进行尸检的，应当征求死亡在押人员的近亲属的意见；死亡在押人员的近亲属提出另行委托具有司法鉴定资质的机构进行尸检的，公安机关、人民检察院应当允许。

第十四条　公安机关或者死亡在押人员的近亲属对人民检察院作出的调查结论有异议、疑义的，可以在接到通知后三日内书面要求作出调查结论的人民检察院进行复议。公安机关或者死亡在押人员的近亲属对人民检察院的复议结论有异议、疑义的，可以向上一级人民检察院提请复核。

人民检察院应当及时将复议、复核结论通知公安机关和死亡在押人员的近亲属。

第十五条　鉴定费用由组织鉴定的公安机关或者人民检察院承担。死亡在押人员的近亲属要求重新鉴定且重新鉴定意见与原鉴定意见一致的，重新鉴定费用由死亡在押人员的近亲属承担。

第十六条　在押人员死亡原因确定后，由公安机关出具《死亡证明》。

第四章　尸体、遗物处理

第十七条　人民检察院、死亡在押人员的近亲属对公安机关的调查结论无异议、疑义的，公安机关应当及时火化尸体。

公安机关、死亡在押人员的近亲属对人民检察院调查结论或者复议、复核结论无异议、疑义的，公安机关应当及时火化尸体。对经上一级人民检察院复核后，死亡在押人员的近亲属仍不同意火化尸体的，公安机关可以按照规定火化尸体。

第十八条　除法律、法规另有特别规定外，在押人员尸体交由就近的殡仪馆火化处理。

公安机关负责办理在押人员尸体火化的相关手续。殡仪馆应当凭公安机关出具的《死亡证明》和《火化通知书》火化尸体，并将《死亡证明》和《火化通知书》存档。

第十九条　尸体火化自死亡原因确定之日起十五日内进行。

死亡在押人员的近亲属要求延期火化的，应当向公安机关提出申请。公安机关根据实际情况决定是否延期。尸体延长保存期限不得超过十日。

第二十条　尸体火化前，公安机关应当将火化时间、地点通知死亡在押人员的近亲属，并允许死亡在押人员的近亲属探视。死亡在押人员的近亲属拒绝到场的，不影响尸体火化。

尸体火化时，公安机关应当到场监督，并固定相关证据。

第二十一条　尸体火化后，骨灰由死亡在押人员的近亲属在骨灰领取文书上签字后领回。对尸体火化时死亡在押人员的近亲属不在场的，公安机关应当通知其领回骨灰；逾期六个月不领回的，由公安机关按照规定处理。

第二十二条　死亡在押人员的近亲属无法参与在押人员死亡处理活动的，可以书面委托律师或者其他公民代为参与。

第二十三条　死亡在押人员尸体接运、存放、火化和骨灰寄存等殡葬费用由公安机关支付，与殡仪馆直接结算。

第二十四条　死亡在押人员系少数民族的，尸体处理应当尊重其民族习惯，按照有关规定妥善处置。

死亡在押人员系港澳台居民、外国籍及无国籍人的，尸体处理按照国家有关法律、法规的规定执行。

第二十五条　死亡在押人员的遗物由其近亲属领回或者由看守所寄回。死亡在押人员的近亲属接通知后十二个月内不领取或者无法投寄的，按照规定处理。

第二十六条　公安机关应当将死亡在押人员尸体和遗物处理情况记录在案，并通报同级人民检察院。

第五章　法律责任

第二十七条　在调查处理在押人员死亡工作中，人民警察、检察人员以及从事医疗、鉴定等相关工作人员应当严格依照法律和规定履行职责。对有玩忽职守、滥用职权、徇私舞弊等违法违纪行为的，依法依纪给予处分；构成犯罪的，依法追究刑事责任。

第二十八条　看守所及其工作人员在行使职权时，违法使用武器、警械，殴打、虐待在押人员，或者唆使、放纵他人以殴打、虐待等行为造成在押人员死亡的，依法依纪给予处分；构成犯罪的，依法追究刑事责任，并由公安机关按照《中华人民共和国国家赔偿法》的规定予以赔偿。

对不属于赔偿范围但死亡在押人员家庭确实困难、符合相关救助条件的，死亡在押人员的近亲属可以按照规定向民政部门申请救助。

第二十九条　死亡在押人员的近亲属及相关人员因在押人员死亡无理纠缠、聚众闹事，影响看守所正常工作秩序和社会稳定的，公安机关应当依法予以处置；构成犯罪的，依法追究刑事责任。

第六章 附 则

第三十条 本规定由公安部、最高人民检察院、民政部负责解释。

第三十一条 本规定自印发之日起施行。

最高人民检察院关于印发《最高人民检察院
关于适用〈关于办理死刑案件审查判断证据
若干问题的规定〉和〈关于办理刑事案件排除
非法证据若干问题的规定〉的指导意见》的通知

（2010 年 12 月 30 日　高检发研字〔2010〕13 号）

各省、自治区、直辖市人民检察院，军事检察院，新疆生产建设兵团人民检察院：

《最高人民检察院关于适用〈关于办理死刑案件审查判断证据若干问题的规定〉和〈关于办理刑事案件排除非法证据若干问题的规定〉的指导意见》已经 2010 年 11 月 24 日最高人民检察院第十一届检察委员会第四十九次会议通过，现印发你们，请认真贯彻执行。

最高人民检察院关于适用《关于办理
死刑案件审查判断证据若干问题的规定》
和《关于办理刑事案件排除非法证据
若干问题的规定》的指导意见

为了正确适用最高人民法院、最高人民检察院、公安部、国家安全部、司法部《关于办理死刑案件审查判断证据若干问题的规定》、《关于办理刑事案件排除非法证据若干问题的规定》（以下简称两个《规定》），结合检察机关办案实际，提出如下指导意见。

一、认真贯彻执行两个《规定》，提高执法办案水平

1. 两个《规定》对于进一步完善我国刑事诉讼制度，规范执法办案行为，提高执法办案水平，依法保障人权，推进社会主义法治建设，具有十分重要的意义。各级检察机关要深入学习、准确理解和把握两个《规定》，统一思想，提高认识，坚持讲事实、讲证据、讲法律、讲责任，牢固树立打击犯罪与保障人权并重、实体公正与程序公正并重的观念，以贯彻两个《规定》为契机，全面提高执法办案水平。

2. 着力强化证据意识，严格依照两个《规定》收集、固定、审查、判断和运用证据。注重证据的综合审查和运用，既要认真审查证据的客观性、关联性，也要认真审查证据的合法性。要严把事实关、证据关、程序关和法律关，确保证据与证据之间、证据与案件事实之间不存在矛盾或者矛盾得以合理排除，做到事实不清的不定案，证据不足的不起诉，切实防止冤错案件。

3. 两个《规定》对办理死刑案件提出了更高的标准和更严格的要求，各级检察机关要全面加强死刑案件的办理和监督工作，认真履行法律赋予的职责，对证据进行更加严格的审查，坚持更加严格的证明标准，确保死刑案件的办案质量。

4. 各级检察机关应当认真履行监督职能，加强对证据收集与固定的监督，加强对证据采信与排除的监督。要坚持把监督纠正个案与纠正普遍性问题、经常性监督与专项监督、强化监督与协调配合有机结合起来，加强法律监督与加强自我监督并重，做到敢于监督、善于监督、依法监督、规范监督，保障刑事诉讼活动严格依法进行。

二、进一步规范职务犯罪案件办案程序，依法客观收集证据

5. 人民检察院办理职务犯罪案件，应当严格依法收集和固定证据，既要收集证明案件事实的各种证据，又要及时固定证明取证行为合法性的证据，确保案件事实清楚，证据确实、充分，取证程序合法。

6. 人民检察院办理职务犯罪案件，应当全面、客观地收集和固定证据。既要收集证明犯罪嫌疑人有罪、罪重的各种证据，又要收集证明犯罪嫌疑人无罪、罪轻的各种证据。

7. 严格执行讯问职务犯罪嫌疑人全程同步录音录像制度。因未严格执行相关规定，或者在执行中弄虚作假造成不良后果的，依照有关规定追究主要责任人员的责任。

8. 侦查监督、公诉、控告申诉等部门应当依照两个《规定》的要求，加强对检察机关侦查部门收集、固定证据活动的审查与监督，发现违反有关规定的，及时提出纠正意见。

三、严格审查、判断证据，确保办案质量

9. 严格遵守两个《规定》确立的规则，认真审查、鉴别、分析证据，正确认定案件事实。既要审查证据的内容是否真实客观、形式是否合法完备，也要审查证据收集过程是否合法；既要依法排除非法证据，也要做好瑕疵证据的审查补正和完善工作。

10. 对犯罪嫌疑人供述和证人证言、被害人陈述，要结合全案的其他证据，综合审查其内容的客观真实性，同时审查侦查机关（部门）是否将每一次讯问、询问笔录全部移送。对以刑讯逼供等非法手段取得的犯罪嫌疑人供述和采用暴力、威胁等非法手段取得的证人证言、被害人陈述，应当依法排除；对于使用其他非法手段获取的犯罪嫌疑人供述、证人证言、被害人陈述，根据其违法危害程度与刑讯逼供和暴力、威胁手段是否相当，决定是否依法排除。

11. 审查逮捕、审查起诉过程中第一次讯问犯罪嫌疑人，应当讯问其供述是否真实，并记入笔录。对被羁押的犯罪嫌疑人要结合提讯凭证的记载，核查提讯时间、讯问人与讯问笔录的对应关系；对提押至看守所以外的场所讯问的，应当要求侦查机关（部门）提供必要性的说明，审查其理由是否成立。要审查犯罪嫌疑人是否通晓当地通用语言。

12. 对犯罪嫌疑人的供述和辩解，应当结合其全部供述和辩解及其他证据进行审查。犯罪嫌疑人的有罪供述，无其他证据相互印证，不能作为批准或者决定逮捕、提起公诉的根据；有其他证据相互印证，无罪辩解理由不能成立的，该供述可以作为批准或者决定逮捕、提起公诉的根据。

13. 犯罪嫌疑人或者其聘请的律师提出受到刑讯逼供的，应当告知其如实提供相关的证据或者线索，并认真予以核查。认为有刑讯逼供嫌疑的，应当要求侦查机关（部门）提供全部讯问笔录、原始的讯问过程录音录像、出入看守所的健康检查情况、看守管教人员的谈话记录以及讯问过程合法性的说明；必要时，可以询问讯问人员、其他在场人员、看守管教人员或者证人，调取驻所检察室的相关材料。发现犯罪嫌疑人有伤情的，应当及时对伤势的成因和程度进行必要的调查和鉴定。对同步录音录像有疑问的，可以要求侦查机关（部门）对不连贯部分的原因予以说明，必要时可以协同检察技术部门进行审查。

14. 加强对侦查活动中讯问犯罪嫌疑人的监督。犯罪嫌疑人没有在决定羁押的当日被送入看守所的，应当查明所外看押地点及提讯情况；要监督看守所如实、详细、准确地填写犯罪嫌疑人入所体检记录，必要时建议采用录像或者拍照的方式记录犯罪嫌疑人身体状况；发现侦查机关（部门）所外提讯的，应当及时了解所外提讯的时间、地点、理由、审批手续和犯罪嫌疑人所外接受讯问的情况，做好提押、还押时的体检情况记录的检察监督。发现违反有关监管规定的，及时依照有关法律、规定提出纠正意见或者检察建议，并记录在案。

15. 审查证人证言、被害人陈述，应当注意对询问程序、方式、内容以及询问笔录形式的审查，发现不符合规定的，应当要求侦查机关（部门）补正或者说明。注意审查证人、被害人能否辨别是非、正确表达，必要时进行询问、了解，同时审查证人、被害人作证是否个别进行；对证人、被害人在法律规定以外的地点接受询问的，应当审查其原因，必要时对该证言或者陈述进行复核。对证人证言、被害人陈述的内容是否真实，应当结合其他证据综合判断。对于犯罪嫌疑人及其辩护人或者证人、被害人提出侦查机关（部门）采用暴力、威胁等非法手段取证的，应当告知其要如实提供相关证据或者线索，并认真核查。

16. 对物证、书证以及勘验、检查笔录、搜查笔录、视听资料、电子证据等，既要审查其是否客观、真实反映案件事实，也要加强对证据的收集、制作程序和证据形式的审查。发现物证、书证和视听资料、电子证据等来源及收集、制作过程不明，或者勘验、检查笔录、搜查笔录的形式不符合规定或者记载内容有矛盾的，应当要求侦查机关（部门）补正，无法补正的应当作出说明或者合理解释，无法作出合理说明或者解释的，不能作为证据使用；发现侦查机关（部门）在勘验、检查、搜查过程中对与案件事实可能有关联的相关痕迹、物品应当提取而没有提取，应当要求侦查机关（部门）补充收集、调取；对物证的照片、录像或者复制品不能反映原物的外形和特征，或者书证的副本、复制件不能反映原件特征及其内容的，应当要求侦查机关（部门）重新制作；发现在案的物证、书证以及视听资料、电子证据等应当鉴定而没有鉴定的，应当要求侦查机关（部门）鉴定，必要时自行委托鉴定。

17. 对侦查机关（部门）的补正、说明，以及重新收集、制作的情况，应当认真审查，必要时可以进行复核。对于经侦查机关（部门）依法重新收集、及时补正或者能够作出合理解释，不影响物证、书证真实性的，可以作为批准或者决定逮捕、提起公诉的根据。侦查机关（部门）没有依法重新收集、补正，或者无法补正、重新制作且没有作出合理的解释或者说明，无法认定证据真实性的，该证据不能作为批准或者决定逮捕、提起公诉的根据。

18. 对于根据犯罪嫌疑人的供述、指认，提取到隐蔽性很强的物证、书证的，既要审查与其他证明犯罪事实发生的证据是否相互印证，也要审查侦查机关（部门）在犯罪嫌疑人供述、指认之前是否掌握该证据的情况，综合全案证据，判断是否作为批准或者决定逮捕、提起公诉的根据。

19. 审查鉴定意见，要着重审查检材的来源、提取、保管、送检是否符合法律及有关规定，鉴定机构或者鉴定人员是否具备法定资格和鉴定条件，鉴定意见的形式要件是否完备，鉴定程序是否合法，鉴定结论是否科学合理。检材来源不明或者可能被污染导致鉴定意见存疑的，应当要求侦查机关（部门）进行重新鉴定或者补充鉴定，必要时检察机关可以另行委托进行重新鉴定或者补充鉴定；鉴定机构或者鉴定人员不具备法定资格和鉴定条件，或者鉴定事项超出其鉴定范围以及违反回避规定的，应当要求侦查机关（部门）另行委托重新鉴定，必要时检察机关可以另行委托进行重新鉴定；鉴定意见形式要件不完备的，应当通过侦查机关（部门）要求鉴定机构补正；对鉴定程序、方法、结论等涉及专门技术问题的，必要时听取检察技术部门或者其他具有专门知识的人员的意见。

20. 发现侦查人员以刑讯逼供或者暴力、威胁等非法手段收集犯罪嫌疑人供述、被害人陈述、证人证言的，应当提出纠正意见，同时应当要求侦查机关（部门）另行指派侦查人员重新调查取证，必要时也可以自行调查取证。侦查机关（部门）未另行指派侦查人员重新调查取证的，可以依法退回补充侦查。经审查发现存在刑讯逼供、暴力取证等非法取证行为，该非法言词证据被排除后，其他证据不能证明犯罪嫌疑人实施犯罪行为的，应当不批准或者决定逮捕，已经移送审查起诉的，可以将案件退回侦查机关（部门）或者不起诉。办案人员排除非法证据的，应当在审查报告中说明。

四、做好证据合法性证明工作，提高依法指控犯罪的能力

21. 对证据的合法性进行证明，是检察机关依法指控犯罪、强化诉讼监督、保证办案质量的一项重要工作。要坚持对证据的合法性进行严格审查，依法排除非法证据，进一步提高出庭公诉水平，做好证据合法性证明工作。

22. 收到人民法院送交的反映被告人庭前供述是非法取得的书面意见或者告诉笔录复印件等有关材料后，应当及时根据提供的相关证据或者线索进行审查。审查逮捕、审查起诉期间已经提出并经查证不存在非法取证行为的，按照查证的情况做好庭审应对准备。提起公诉后提出新的证据或者线索的，应当要求侦查机关（部门）提供相关证明，必要时可以自行调查核实。

23. 庭审中，被告人及其辩护人提出被告人庭前供述是非法取得，没有提供相关证据或者线索的，公诉人应当根据全案证据情况综合说明该证据的合法性。被告人及其辩护人提供了相关证据或者线索，法庭经审查对被告人审判前供述取得的合法性有疑问的，公诉人应当向法庭提供讯问笔录、出入看守所的健康检查记录、看守管教人员的谈话记录以及侦查机关（部门）对讯问过程合法性的说明，讯问过程有录音录像的，应当提供。

必要时提请法庭通知讯问时其他在场人员或者其他证人出庭作证，仍不能证明的，提请法庭通知讯问人员出庭作证。对被告人及其辩护人庭审中提出的新证据或者线索，当庭不能举证证明的，应当依法建议法庭延期审理，要求侦查机关（部门）提供相关证明，必要时可以自行调查核实。

24. 对于庭审中经综合举证、质证后认为被告人庭前供述取得的合法性已经能够证实，但法庭仍有疑问的，可以建议法庭休庭对相关证据进行调查核实。法庭进行庭外调查通知检察人员到场的，必要时检察人员应当到场。对法庭调查核实后的证据持有异议的，应当建议法庭重新开庭进行调查。

25. 对于庭审中被告人及其辩护人提出未到庭证人的书面证言、未到庭被害人的书面陈述是非法取得的，可以从证人或者被害人的作证资格、询问人员、询问程序和方式以及询问笔录的法定形式等方面对合法性作出说明；有原始询问过程录音录像或者其他证据能证明合法性的，可以在法庭上宣读或者出示。被告人及其辩护人提出明确的新证据或者线索，需要进一步调查核实的，应当依法建议法庭延期审理，要求侦查机关（部门）提供相关证明，必要时可以自行调查核实。对被告人及其辩护人所提供的证人证言、被害人陈述等证据取得的合法性有疑问的，应当建议法庭要求其提供证明。

26. 被告人及其辩护人在提起公诉后提出证据不合法的新证据或者线索，侦查机关（部门）对证据的合法性不能提供证据予以证明，或者提供的证据不够确实、充分，且其他证据不能充分证明被告人有罪的，可以撤回起诉，将案件退回侦查机关（部门）或者不起诉。

五、进一步健全工作机制，形成监督合力

27. 加大对刑讯逼供、暴力取证等违法犯罪行为的查办力度。侦查监督、公诉、渎职侵权检察、监所检察等各职能部门应当通力合作，完善情况通报、案件线索发现、证据移送、案件查办等各环节相互协调的工作机制。进一步提高对刑讯逼供、暴力取证等违法犯罪的发现能力和查办水平，通过对违法犯罪的及时有效追究，切实遏制非法取证等违法行为。

28. 完善审查逮捕、审查起诉对侦查活动监督的衔接机制和信息资源共享机制。对于批准或者决定逮捕但需要继续收集、补充、完善、固定证据的案件，以及不批准逮捕需要补充侦查的案件，侦查监督部门应当提出补充证据材料的意见，在送交侦查机关（部门）的同时，将副本送交公诉部门。侦查监督和公诉部门应当密切配合，跟踪监督，督促侦查机关（部门）补充完善证据。受理审查起诉的案件，应当审查侦查机关（部门）是否按照补充侦查意见补充相关证据材料。

29. 进一步健全和完善介入侦查，引导取证工作机制。侦查监督、公诉部门要加强与侦查机关（部门）的配合与制约。对于需要介入侦查以及侦查机关（部门）要求介入侦查的案件，应当及时介入，参与勘验、检查、复验、复查，参与对重大案件的讨论，对证据的收集、固定和补充、完善提出建议。发现侦查活动有违法情形的，应当及时依法提出纠正意见。

30. 充分发挥刑事科学技术在办案中的重要作用。职务犯罪侦查、侦查监督、公诉、监所检察、检察技术部门要密切合作，运用技术手段提高发现、收集、固定证据的能力，提高涉及专门技术问题证据材料的审查、判断、运用的能力和水平。

31. 加强与侦查机关、审判机关的沟通与协调。通过联席会议、案件质量评析通报等形式，研究分析证据的收集、审查、判断、运用中发现的问题，与侦查机关、审判机关共同研究解决办法，并且结合当地实际健全完善贯彻落实两个《规定》的相关机制和措施。

32. 上级人民检察院应当不断总结实践中的经验和问题，强化管理、检查和监督，加强对下级人民检察院的业务指导。对于重大犯罪案件、在全国或者当地有重大影响的案件、上级人民检察院督办的案件以及经有关部门协调、协调意见与检察机关不一致的案件，下级人民检察院应当及时向上级人民检察院报告。

最高人民检察院关于印发
《人民检察院国家赔偿工作规定》的通知

（2010 年 11 月 22 日　高检发〔2010〕29 号）

各省、自治区、直辖市人民检察院，军事检察院，新疆生产建设兵团人民检察院：

《人民检察院国家赔偿工作规定》已经 2010 年 11 月 11 日最高人民检察院第十一届检察委员会第四十六次会议通过，现印发你们，请认真贯彻执行。执行中遇到的问题，请及时报告最高人民检察院。

人民检察院国家赔偿工作规定

（2010 年 11 月 11 日最高人民检察院第十一届检察委员会第四十六次会议通过）

目　　录

第一章　总　　则

第一条　为了保障公民、法人和其他组织享有依法取得国家赔偿的权利，促进国家机关及其工作人员依法行使职权、公正执法，根据《中华人民共和国国家赔偿法》及有关法律，制定本规定。

第二条　人民检察院通过办理检察机关作为赔偿义务机关的刑事赔偿案件，并对人民法院赔偿委员会决定和行政赔偿诉讼依法履行法律监督职责，保障国家赔偿法的统一正确实施。

第三条　人民检察院国家赔偿工作办公室统一办理检察机关作为赔偿义务机关的刑事赔偿案件、对人民法院赔偿委员会决定提出重新审查意见的案件，以及对人民法院行政赔偿判决、裁定提出抗诉的案件。

人民检察院相关部门应当按照内部分工，协助国家赔偿工作办公室依法办理国家赔偿案件。

第四条　人民检察院国家赔偿工作应当坚持依法、公正、及时的原则。

第五条　上级人民检察院监督、指导下级人民检察院依法办理国家赔偿案件。上级人民检察院在办理国家赔偿案件时，对下级人民检察院作出的相关决定，有权撤销或者变更；发现下级人民检察院已办结的国家赔偿案件确有错误，有权指令下级人民检察院纠正。

赔偿请求人向上级人民检察院反映下级人民检察院在办理国家赔偿案件中存在违法行为的，上级人民检察院应当受理，并依法、及时处理。对依法应予赔偿而拒不赔偿，或者打击报复赔偿请求人的，应当依照有关规定追究相关领导和其他直接责任人员的责任。

第二章　立　　案

第六条　赔偿请求人提出赔偿申请的，人民检察院应当受理，并接收下列材料：

（一）刑事赔偿申请书。刑事赔偿申请书应当载明受害人的基本情况、具体要求、事实根据和理由，申请的时间。赔偿请求人书写申请书确有困难的，可以委托他人代书；也可以口头申请。口头提出申请的，应当问明有关情况并制作笔录，由赔偿请求人签名或者盖章。

（二）赔偿请求人和代理人的身份证明材料。赔偿请求人不是受害人本人的，应当要求其说明与受害人的关系，并提供相应证明。赔偿请求人委托他人代理赔偿申请事项的，应当要求其提交授权委托书，以及代理人和被代理人身份证明原件。代理人为律师的，应当同时提供律师执业证及律师事务所介绍函。

（三）证明原案强制措施的法律文书。

（四）证明原案处理情况的法律文书。

（五）证明侵权行为造成损害及其程度的法律文书或者其他材料。

（六）赔偿请求人提供的其他相关材料。

赔偿请求人或者其代理人当面递交申请书或者其他申请材料的，人民检察院应当当场出具加盖本院专用印章并注明收讫日期的《接收赔偿申请材料清单》。申请材料不齐全的，应当当场或者在五日内一次性明确告知赔偿请求人需要补充的全部相关材料。

第七条　人民检察院收到赔偿申请后，国家赔偿工作办公室应当填写《受理赔偿申请登记表》。

第八条　同时符合下列各项条件的赔偿申请，应当立案：

（一）依照国家赔偿法第十七条第一项、第二项规定请求人身自由权赔偿的，已决定撤销案件、不起诉或者判决宣告无罪终止追究刑事责任；依照国家赔偿法第十七条第四项、第五项规定请求生命健康权赔偿的，有伤情、死亡证明；依照国家赔偿法第十八条第一项规定请求财产权赔偿的，刑事诉讼程序已经终结，但已查明该财产确与案件无关的除外；

（二）本院为赔偿义务机关；

（三）赔偿请求人具备国家赔偿法第六条规定的条件；

（四）在国家赔偿法第三十九条规定的请求赔偿时效内；

（五）请求赔偿的材料齐备。

第九条 对符合立案条件的赔偿申请，人民检察院应当立案，并在收到赔偿申请之日起五日内，将《刑事赔偿立案通知书》送达赔偿请求人。

立案应当经部门负责人批准。

第十条 对不符合立案条件的赔偿申请，应当分别下列不同情况予以处理：

（一）尚未决定撤销案件、不起诉或者判决宣告无罪终止追究刑事责任而请求人身自由权赔偿的，没有伤情、死亡证明而请求生命健康权赔偿的，刑事诉讼程序尚未终结而请求财产权赔偿的，告知赔偿请求人不符合立案条件，可在具备立案条件后再申请赔偿；

（二）不属于人民检察院赔偿的，告知赔偿请求人向负有赔偿义务的机关提出；

（三）本院不负有赔偿义务的，告知赔偿请求人向负有赔偿义务的人民检察院提出，或者移送负有赔偿义务的人民检察院，并通知赔偿请求人；

（四）赔偿请求人不具备国家赔偿法第六条规定条件的，告知赔偿请求人；

（五）对赔偿请求已过法定时效的，告知赔偿请求人已经丧失请求赔偿权。

对上列情况，均应当填写《审查刑事赔偿申请通知书》，并说明理由，在收到赔偿申请之日起五日内送达赔偿请求人。

第十一条 当事人、其他直接利害关系人或者其近亲属认为人民检察院扣押、冻结、保管、处理涉案款物侵犯自身合法权益或者有违法情形，向人民检察院投诉，并在刑事诉讼程序终结后又申请刑事赔偿的，尚未办结的投诉程序应当终止，负责办理投诉的部门应当将相关材料移交被请求赔偿的人民检察院国家赔偿工作办公室，依照刑事赔偿程序办理。

第三章　审查决定

第十二条 对已经立案的赔偿案件应当全面审查案件材料，必要时可以调取有关的案卷材料，也可以向原案件承办部门和承办人员等调查、核实有关情况，收集有关证据。原案件承办部门和承办人员应当协助、配合。

第十三条 对请求生命健康权赔偿的案件，人民检察院对是否存在违法侵权行为尚未处理认定的，国家赔偿工作办公室应当在立案后三日内将相关材料移送本院监察部门和渎职侵权检察部门，监察部门和渎职侵权检察部门应当在三十日内提出处理认定意见，移送国家赔偿工作办公室。

第十四条 审查赔偿案件，应当查明以下事项：

（一）是否存在国家赔偿法规定的损害行为和损害结果；

（二）损害是否为检察机关及其工作人员行使职权造成；

（三）侵权的起止时间和造成损害的程度；

（四）是否属于国家赔偿法第十九条规定的国家不承担赔偿责任的情形；

（五）其他需要查明的事项。

第十五条 人民检察院作出赔偿决定，应当充分听取赔偿请求人的意见，并制作笔录。

第十六条 对存在国家赔偿法规定的侵权损害事实，依法应当予以赔偿的，人民检察院可以与赔偿请求人就赔偿方式、赔偿项目和赔偿数额，依照国家赔偿法有关规定进行协商，并制作笔录。

人民检察院与赔偿请求人进行协商，应当坚持自愿、合法原则。禁止胁迫赔偿请求人放弃赔偿申请，禁止违反国家赔偿法规定进行协商。

第十七条 对审查终结的赔偿案件，应当制作赔偿案件审查终结报告，载明原案处理情况、赔偿请求人意见和协商情况，提出是否予以赔偿以及赔偿的方式、项目和数额等具体处理意见，经部门集体讨论、负责人审核后，报检察长决定。重大、复杂案件，由检察长提交检察委员会审议决定。

第十八条 审查赔偿案件，应当根据下列情形分别作出决定：

（一）请求赔偿的侵权事项事实清楚，应当予以赔偿的，依法作出赔偿的决定；

（二）请求赔偿的侵权事项事实不存在，或者不属于国家赔偿范围的，依法作出不予赔偿的决定。

第十九条 办理赔偿案件的人民检察院应当自收到赔偿申请之日起二个月内，作出是否赔偿的决定，制作《刑事赔偿决定书》，并自作出决定之日起十日内送达赔偿请求人。

人民检察院与赔偿请求人协商的，不论协商后是否达成一致意见，均应当制作《刑事赔偿决定书》。

人民检察院决定不予赔偿的，应当在《刑事赔偿决定书》中载明不予赔偿的理由。

第二十条 人民检察院送达刑事赔偿决定书，应当向赔偿请求人说明法律依据和事实证据情况，并告知赔偿请求人如对赔偿决定有异议，可以自收到决定书之日起三十日内向上一级人民检察院申请复议；如对赔偿决定没有异议，要求依照刑事赔偿决定书支付赔偿金的，应当提出支付赔偿金申请。

第四章　复　　议

第二十一条　人民检察院在规定期限内未作出赔偿决定的，赔偿请求人可以自期限届满之日起三十日内向上一级人民检察院申请复议。

人民检察院作出不予赔偿决定的，或者赔偿请求人对赔偿的方式、项目、数额有异议的，赔偿请求人可以自收到人民检察院作出的赔偿或者不予赔偿决定之日起三十日内，向上一级人民检察院申请复议。

第二十二条　人民检察院收到复议申请后，应当及时进行审查，分别不同情况作出处理：

（一）对符合法定条件的复议申请，复议机关应当受理；

（二）对超过法定期间提出的，复议机关不予受理；

（三）对申请复议的材料不齐备的，告知赔偿请求人补充有关材料。

第二十三条　复议赔偿案件可以调取有关的案卷材料。对事实不清的，可以要求原承办案件的人民检察院补充调查，也可以自行调查。对损害事实及因果关系、重要证据有争议的，应当听取赔偿请求人和赔偿义务机关的意见。

第二十四条　对审查终结的复议案件，应当制作赔偿复议案件的审查终结报告，提出具体处理意见，经部门集体讨论、负责人审核，报检察长决定。重大、复杂案件，由检察长提交检察委员会审议决定。

第二十五条　复议赔偿案件，应当根据不同情形分别作出决定：

（一）原决定事实清楚，适用法律正确，赔偿方式、项目、数额适当的，予以维持；

（二）原决定认定事实或者适用法律错误的，予以纠正，赔偿方式、项目、数额不当的，予以变更；

（三）赔偿义务机关逾期未作出决定的，依法作出决定。

第二十六条　人民检察院应当自收到复议申请之日起二个月内作出复议决定。

复议决定作出后，应当制作《刑事赔偿复议决定书》，并自作出决定之日起十日内直接送达赔偿义务机关和赔偿请求人。直接送达赔偿请求人有困难的，可以委托其所在地的人民检察院代为送达。

第二十七条　人民检察院送达刑事赔偿复议决定书，应当向赔偿请求人说明法律依据和事实证据情况，并告知赔偿请求人如对赔偿复议决定有异议，可以自收到复议决定之日起三十日内向复议机关所在地的同级人民法院赔偿委员会申请作出赔偿决定；如对赔偿复议决定没有异议，要求依照复议决定书支付赔偿金的，应当提出支付赔偿金申请。

第二十八条　人民检察院复议赔偿案件，实行一次复议制。

第五章　赔偿监督

第二十九条　赔偿请求人或者赔偿义务机关不服人民法院赔偿委员会作出的刑事赔偿决定或者民事、行政诉讼赔偿决定，以及人民法院行政赔偿判决、裁定，向人民检察院申诉的，人民检察院应当受理。

第三十条　最高人民检察院发现各级人民法院赔偿委员会作出的决定，上级人民检察院发现下级人民法院赔偿委员会作出的决定，具有下列情形之一的，应当自本院受理之日起三十日内立案：

（一）有新的证据，可能足以推翻原决定的；

（二）原决定认定事实的主要证据可能不足的；

（三）原决定适用法律可能错误的；

（四）违反程序规定、可能影响案件正确处理的；

（五）有证据证明审判人员在审理该案时有贪污受贿、徇私舞弊、枉法处理行为的。

下级人民检察院发现上级或者同级人民法院赔偿委员会作出的赔偿决定具有上列情形之一的，经检察长批准或者检察委员会审议决定后，层报有监督权的上级人民检察院审查。

第三十一条　人民检察院立案后，应当在五日内将《赔偿监督立案通知书》送达赔偿请求人和赔偿义务机关。

立案应当经部门负责人批准。

人民检察院决定不立案的，应当在五日内将《赔偿监督申请审查结果通知书》送达提出申诉的赔偿请求人或者赔偿义务机关。赔偿请求人或者赔偿义务机关不服的，可以向作出决定的人民检察院或者上一级人民检察院申诉。人民检察院应当在收到申诉之日起十日内予以答复。

第三十二条　对立案审查的案件，应当全面审查申诉材料和全部案卷。

具有下列情形之一的，可以进行补充调查：

（一）赔偿请求人由于客观原因不能自行收集的主要证据，向人民法院赔偿委员会提供了证据线索，人民法院未进行调查取证的；

（二）赔偿请求人和赔偿义务机关提供的证据互相矛盾，人民法院赔

偿委员会未进行调查核实的;

（三）据以认定事实的主要证据可能是虚假、伪造的;

（四）审判人员在审理该案时可能有贪污受贿、徇私舞弊、枉法处理行为的。

对前款第一至三项规定情形的调查，由本院国家赔偿工作办公室或者指令下级人民检察院国家赔偿工作办公室进行。对第四项规定情形的调查，应当根据人民检察院内部业务分工，由本院主管部门或者指令下级人民检察院主管部门进行。

第三十三条　对审查终结的赔偿监督案件，应当制作赔偿监督案件审查终结报告，载明案件来源、原案处理情况、申诉理由、审查认定的事实，提出处理意见。经部门集体讨论、负责人审核，报检察长决定。重大、复杂案件，由检察长提交检察委员会讨论决定。

第三十四条　人民检察院审查终结的赔偿监督案件，具有下列情形之一的，应当依照国家赔偿法第三十条第三款的规定，向同级人民法院赔偿委员会提出重新审查意见:

（一）有新的证据，足以推翻原决定的;

（二）原决定认定事实的主要证据不足的;

（三）原决定适用法律错误的;

（四）违反程序规定、影响案件正确处理的;

（五）作出原决定的审判人员在审理该案时有贪污受贿、徇私舞弊、枉法处理行为的。

第三十五条　人民检察院向人民法院赔偿委员会提出重新审查意见的，应当制作《重新审查意见书》，载明案件来源、基本案情以及要求重新审查的理由、法律依据。

第三十六条　《重新审查意见书》副本应当在作出决定后十日内送达赔偿请求人和赔偿义务机关。

人民检察院立案后决定不提出重新审查意见的，应当在作出决定后十日内将《赔偿监督案件审查结果通知书》，送达赔偿请求人和赔偿义务机关。赔偿请求人或者赔偿义务机关不服的，可以向作出决定的人民检察院或者上一级人民检察院申诉。人民检察院应当在收到申诉之日起十日内予以答复。

第三十七条　对赔偿监督案件，人民检察院应当在立案后三个月内审查办结，并依法提出重新审查意见。属于特别重大、复杂的案件，经检察长批准，可以延长二个月。

第三十八条　人民检察院对人民法院行政赔偿判决、裁定提出抗诉，适用《人民检察院民事行政抗诉案件办案规则》等规定。

第六章 执 行

第三十九条 负有赔偿义务的人民检察院负责赔偿决定的执行。

支付赔偿金的,由国家赔偿工作办公室办理有关事宜;返还财产或者恢复原状的,由国家赔偿工作办公室通知原案件承办部门在二十日内执行,重大、复杂的案件,经检察长批准,可以延长十日。

第四十条 赔偿请求人凭生效的《刑事赔偿决定书》、《刑事赔偿复议决定书》或者《人民法院赔偿委员会决定书》,向负有赔偿义务的人民检察院申请支付赔偿金。

支付赔偿金申请采取书面形式。赔偿请求人书写申请书确有困难的,可以委托他人代书;也可以口头申请,由负有赔偿义务的人民检察院记入笔录,并由赔偿请求人签名或者盖章。

第四十一条 负有赔偿义务的人民检察院应当自收到赔偿请求人支付赔偿金申请之日起七日内,依照预算管理权限向有关的财政部门提出支付申请。向赔偿请求人支付赔偿金,依照国务院制定的国家赔偿费用管理有关规定办理。

第四十二条 对有国家赔偿法第十七条规定的情形之一,致人精神损害的,负有赔偿义务的人民检察院应当在侵权行为影响的范围内,为受害人消除影响,恢复名誉,赔礼道歉;造成严重后果的,应当支付相应的精神损害抚慰金。

第七章 其他规定

第四十三条 人民检察院应当依照国家赔偿法的有关规定参与人民法院赔偿委员会审理工作。

第四十四条 人民检察院在办理外国公民、法人和其他组织请求中华人民共和国国家赔偿的案件时,案件办理机关应当查明赔偿请求人所属国是否对中华人民共和国公民、法人和其他组织要求该国家赔偿的权利不予保护或者限制。

地方人民检察院需要查明涉外相关情况的,应当逐级层报,统一由最高人民检察院国际合作部门办理。

第四十五条 人民检察院在办理刑事赔偿案件时,发现检察机关原刑事案件处理决定确有错误,影响赔偿请求人依法取得赔偿的,应当由刑事申诉检察部门立案复查,提出审查处理意见,报检察长或者检察委员会决定。刑事复查案件应当在三十日内办结;办理刑事复查案件和刑事赔偿案件的合计时间不得超过法定赔偿办案期限。

人民检察院在办理本院为赔偿义务机关的案件时，改变原决定，可能导致不予赔偿的，应当报请上一级人民检察院批准。

对于犯罪嫌疑人没有违法犯罪行为的，或者犯罪事实并非犯罪嫌疑人所为的案件，人民检察院根据刑事诉讼法第一百四十二条第一款的规定作不起诉处理的，应当在刑事赔偿决定书或者复议决定书中直接说明该案不属于国家免责情形，依法作出予以赔偿的决定。

第四十六条 人民检察院在办理本院为赔偿义务机关的案件时或者作出赔偿决定以后，对于撤销案件、不起诉案件或者人民法院宣告无罪的案件，重新立案侦查、提起公诉、提出抗诉的，应当报请上一级人民检察院批准，正在办理的刑事赔偿案件应当中止办理。经人民法院终审判决有罪的，正在办理的刑事赔偿案件应当终结；已作出赔偿决定的，应当由作出赔偿决定的机关予以撤销，已支付的赔偿金应当追缴。

第四十七条 依照本规定作出的《刑事赔偿决定书》、《刑事赔偿复议决定书》、《重新审查意见书》均应当加盖人民检察院院印，并于十日内报上一级人民检察院备案。

第四十八条 人民检察院赔偿后，根据国家赔偿法第三十一条的规定，应当向有下列情形之一的检察人员追偿部分或者全部赔偿费用：

（一）刑讯逼供或者殴打、虐待等或者唆使、放纵他人殴打、虐待等造成公民身体伤害或者死亡的；

（二）违法使用武器、警械造成公民身体伤害或者死亡的；

（三）在处理案件中有贪污受贿、徇私舞弊、枉法追诉行为的。

对有前款规定情形的责任人员，人民检察院应当依照有关规定给予处分；构成犯罪的，应当依法追究刑事责任。

第四十九条 人民检察院办理国家赔偿案件、开展赔偿监督，不得向赔偿请求人或者赔偿义务机关收取任何费用。

第八章 附 则

第五十条 本规定自 2010 年 12 月 1 日起施行，2000 年 11 月 6 日最高人民检察院第九届检察委员会第七十三次会议通过的《人民检察院刑事赔偿工作规定》同时废止。

第五十一条 本规定由最高人民检察院负责解释。

附件：人民检察院国家赔偿案件文书样式（略）

最高人民检察院关于对涉嫌盗窃的
不满十六周岁未成年人采取刑事
拘留强制措施是否违法问题的批复

（2011 年 1 月 10 日最高人民检察院第十一届检察委员会
第五十四次会议通过　2011 年 1 月 25 日最高人民检察
院公告发布　自 2011 年 1 月 25 日起施行　高检发释字
〔2011〕1 号）

北京市人民检察院：

你院京检字〔2010〕107 号《关于对涉嫌盗窃的不满 16 周岁未成年人
采取刑事拘留强制措施是否违法的请示》收悉。经研究，批复如下：

根据刑法、刑事诉讼法、未成年人保护法等有关法律规定，对于实施
犯罪时未满 16 周岁的未成年人，且未犯刑法第十七条第二款规定之罪的，
公安机关查明犯罪嫌疑人实施犯罪时年龄确系未满 16 周岁依法不负刑事
责任后仍予以刑事拘留的，检察机关应当及时提出纠正意见。

此复。

最高人民检察院关于印发《最高人民检察院
关于适用修改后〈中华人民共和国国家
赔偿法〉若干问题的意见》的通知

（2011 年 4 月 25 日　高检发行申字〔2011〕3 号）

各省、自治区、直辖市人民检察院，军事检察院，新疆生产建设兵团人民
检察院：

《最高人民检察院关于适用修改后〈中华人民共和国国家赔偿法〉若
干问题的意见》已经 2011 年 4 月 22 日最高人民检察院第十一届检察委员
会第六十一次会议通过，现印发你们，请认真贯彻执行。执行中遇到的问
题，请及时报告最高人民检察院。

最高人民检察院关于适用修改后
《中华人民共和国国家赔偿法》若干问题的意见

（2011 年 4 月 22 日最高人民检察院第十一届检察委员会
第六十一次会议通过）

第十一届全国人民代表大会常务委员会第十四次会议于 2010 年 4 月 29 日通过的《关于修改〈中华人民共和国国家赔偿法〉的决定》，自 2010 年 12 月 1 日起施行。现就人民检察院处理国家赔偿案件中适用修改后国家赔偿法的若干问题提出以下意见：

一、人民检察院和人民检察院工作人员行使职权侵犯公民、法人和其他组织合法权益的行为发生在 2010 年 12 月 1 日以后的，适用修改后国家赔偿法的规定。

人民检察院和人民检察院工作人员行使职权侵犯公民、法人和其他组织合法权益的行为发生在 2010 年 12 月 1 日以前的，适用修改前国家赔偿法的规定，但在 2010 年 12 月 1 日以后提出赔偿请求的，或者在 2010 年 12 月 1 日以前提出赔偿请求但尚未作出生效赔偿决定的，适用修改后国家赔偿法的规定。

人民检察院和人民检察院工作人员行使职权侵犯公民、法人和其他组织合法权益的行为发生在 2010 年 12 月 1 日以前、持续至 2010 年 12 月 1 日以后的，适用修改后国家赔偿法的规定。

二、人民检察院在 2010 年 12 月 1 日以前受理但尚未办结的刑事赔偿确认案件，继续办理。办结后，对予以确认的，依法进入赔偿程序，适用修改后国家赔偿法的规定办理；对不服不予确认申诉的，适用修改前国家赔偿法的规定处理。

人民检察院在 2010 年 12 月 1 日以前已经作出决定并发生法律效力的刑事赔偿确认案件，赔偿请求人申诉或者原决定确有错误需要纠正的，适用修改前国家赔偿法的规定处理。

三、赔偿请求人不服人民检察院在 2010 年 12 月 1 日以前已经生效的刑事赔偿决定，向人民检察院申诉的，人民检察院适用修改前国家赔偿法的规定办理；赔偿请求人仅就修改后国家赔偿法增加的赔偿项目及标准提出申诉的，人民检察院不予受理。

四、赔偿请求人或者赔偿义务机关不服人民法院赔偿委员会在 2010

年 12 月 1 日以后作出的赔偿决定，向人民检察院申诉的，人民检察院应当依法受理，依照修改后国家赔偿法第三十条第三款的规定办理。

赔偿请求人或者赔偿义务机关不服人民法院赔偿委员会在 2010 年 12 月 1 日以前作出的赔偿决定，向人民检察院申诉的，不适用修改后国家赔偿法第三十条第三款的规定，人民检察院应当告知其依照法律规定向人民法院提出申诉。

五、人民检察院控告申诉检察部门、民事行政检察部门在 2010 年 12 月 1 日以后接到不服人民法院行政赔偿判决、裁定的申诉案件，以及不服人民法院赔偿委员会决定的申诉案件，应当移送本院国家赔偿工作办公室办理。

人民检察院民事行政检察部门在 2010 年 12 月 1 日以前已经受理，尚未办结的不服人民法院行政赔偿判决、裁定申诉案件，仍由民事行政检察部门办理。

六、本意见自公布之日起施行。

最高人民检察院关于印发
《最高人民检察院关于加强检察法律文书
说理工作的意见（试行）》的通知

（2011 年 8 月 9 日　高检发研字〔2011〕15 号）

各省、自治区、直辖市人民检察院，军事检察院，新疆生产建设兵团人民检察院：

《最高人民检察院关于加强检察法律文书说理工作的意见（试行）》（以下简称《意见》）已经 2011 年 7 月 11 日最高人民检察院第十一届检察委员会第六十三次会议通过，现予印发。检察法律文书说理是检察机关深入推进三项重点工作，化解矛盾纠纷，促进社会和谐的一项重要内容。各级人民检察院要提高认识，按照《意见》要求，积极推进检察法律文书说理工作。执行中的问题，请及时层报最高人民检察院。

最高人民检察院关于加强检察
法律文书说理工作的意见（试行）

为了进一步加强和规范检察法律文书说理工作，深化检务公开，提高办案质量，充分发挥人民检察院在促进社会和谐中的重要作用，根据《中华人民共和国刑事诉讼法》、《中华人民共和国民事诉讼法》和《人民检察院刑事诉讼规则》、《人民检察院民事行政抗诉案件办案规则》等相关规定，结合检察工作实际，提出如下意见：

一、充分认识检察法律文书说理的重要意义

检察法律文书说理，是指人民检察院对自身的执法行为和作出的决定所依据的事实、法律、事由进行分析论证、解释说明的活动。加强检察法律文书说理工作是提高检察机关执法水平和办案质量，增强检察工作透明度，强化检察机关自身监督，提升执法公信力，保障检察权依法公正行使的有效途径，有助于当事人和有关机关全面正确地理解人民检察院的执法行为和所作决定的事实、法律、政策依据，进而从源头上化解社会矛盾、促进社会和谐稳定。各级人民检察院要充分认识检察法律文书说理工作的重要意义，切实转变观念，不断创新机制，进一步提高检察人员释法说理的意识和能力，推动检察法律文书说理工作深入有序开展。

二、检察法律文书说理工作遵循的原则

（一）合法。检察法律文书说理应当依据法律或者司法解释，围绕案件事实、证据、程序和适用法律等进行。

（二）必要。检察法律文书说理应当有选择、有重点地展开，根据案件性质、案情复杂程度以及社会公众的实际需求来决定是否说理以及如何说理。

（三）讲究方法。检察法律文书说理应当结合说理对象的年龄阶段、文化程度、心理特征等具体情况，综合考虑案件的各种因素，采取说理对象便于接受的方法进行。

（四）注重效果。检察法律文书说理应当注重情理法相结合，注重化解矛盾、促进和谐，实现法律效果、政治效果与社会效果的有机统一。

三、检察法律文书说理的案件范围

开展检察法律文书说理工作应当突出重点，在影响诉讼参与人切身利益或者相关执法单位较为关注的办案环节，将人民检察院作出的终局性或者否定性处理决定以及其他有必要阐释、说明的决定作为说理的重点。当前，对于不进行释法说理容易造成相关执法单位或者诉讼参与人对人民检察院的执法活动产生质疑，可能引起复议、复核、申诉、上访、缠访等情况，影响或者损害人民检察院的执法公信力的以下环节，应当着重做好检察法律文书说理工作：

（一）职务犯罪侦查工作中，对有关实名举报、控告作出不立案或者撤销案件决定等。

（二）侦查监督工作中，作出不批准逮捕决定或者对在罪与非罪上有较大争议且社会关注的敏感案件作出批准逮捕决定，复议复核维持原不批准逮捕决定，向侦查机关发出立案通知、撤销案件通知、提出纠正违法意见，认为侦查机关立案、不立案、采取搜查、扣押、冻结等侦查措施以及其他侦查活动不违法向投诉人作出答复等。

（三）公诉工作中，作出不起诉决定、不抗诉决定或者对在罪与非罪上有较大争议且社会关注的敏感案件作出起诉决定，复议复核维持原不起诉决定等。

（四）监所检察工作中，向有关部门提出纠正违法意见或者提出纠正减刑、假释、暂予监外执行不当的意见，对有关被监管人羁押期限、被监管人死亡或者伤残问题向控告人作出答复等。

（五）民事行政检察工作中，作出不予受理、不立案、终止审查、不抗诉、不提请抗诉决定、不提出检察建议等。

（六）控告申诉检察工作中，对不服检察机关作出的刑事处理决定或者不服人民法院已经发生法律效力的刑事判决、裁定的申诉作出的复查决定，对国家赔偿案件作出的有关决定等。

四、检察法律文书说理的主体和对象

检察法律文书说理工作由作出决定的人民检察院负责。

人民检察院根据案件需要，由各相关业务部门分别向侦查机关、当事人及其法定代理人或者近亲属、举报人、控告人、申诉人、赔偿请求人或者其他有关人员进行说理；对于申诉案件，相关业务部门应当向控告申诉部门提供必要的说理材料。

五、检察法律文书说理的形式

人民检察院作出有关决定，需要向有关机关或者人员进行说理的，可以直接在相关的叙述式法律文书中进行说理。对于填充式法律文书，可以增加附页或者制作说明书进行说理。

向当事人及其法定代理人或者近亲属、举报人、控告人、申诉人或者其他有关人员开展说理工作时，可以根据情况进行口头说理，并制作笔录。

六、检察法律文书说理的基本要求

（一）明确事实。阐明人民检察院认定的事实及相关证据，对证据的客观性、合法性和关联性进行分析判断，阐明采信和不予采信的理由或者依据。

（二）阐明法理。结合法律文书的具体内容和结论，对人民检察院所作决定中依据的法律、司法解释条文的具体内容予以列明，解释法律适用的理由和依据。必要时，应当结合案件事实对条文的含义、法条适用进行解释和说明。

（三）讲明情理。在依据法律、政策说理的同时，注重情、理、法的有机结合，以理服人，增强执法办案的人文关怀和社会效果。

（四）针对争议焦点重点说明。根据当事人异议产生的原因，充分阐释决定的原因及依据，对于没有重大分歧或者争议的事实、证据，可以简要分析或者不作分析。

（五）语言规范，文字精练，繁简得当，明确易懂。

最高人民法院
关于适用《中华人民共和国国家赔偿法》
若干问题的解释（一）

（2011 年 2 月 14 日最高人民法院审判委员会第 1511 次
会议通过　2011 年 2 月 28 日最高人民法院公告发布
自 2011 年 3 月 18 日施行　法释〔2011〕4 号）

为正确适用 2010 年 4 月 29 日第十一届全国人民代表大会常务委员会第十四次会议修正的《中华人民共和国国家赔偿法》，对人民法院处理国家赔偿案件中适用国家赔偿法的有关问题解释如下：

第一条　国家机关及其工作人员行使职权侵犯公民、法人和其他组织合法权益的行为发生在 2010 年 12 月 1 日以后，或者发生在 2010 年 12 月 1 日以前、持续至 2010 年 12 月 1 日以后的，适用修正的国家赔偿法。

第二条　国家机关及其工作人员行使职权侵犯公民、法人和其他组织合法权益的行为发生在 2010 年 12 月 1 日以前的，适用修正前的国家赔偿法，但有下列情形之一的，适用修正的国家赔偿法：

（一）2010年12月1日以前已经受理赔偿请求人的赔偿请求但尚未作出生效赔偿决定的；

（二）赔偿请求人在2010年12月1日以后提出赔偿请求的。

第三条 人民法院对2010年12月1日以前已经受理但尚未审结的国家赔偿确认案件，应当继续审理。

第四条 公民、法人和其他组织对行使侦查、检察、审判职权的机关以及看守所、监狱管理机关在2010年12月1日以前作出并已发生法律效力的不予确认职务行为违法的法律文书不服，未依据修正前的国家赔偿法规定提出申诉并经有权机关作出侵权确认结论，直接向人民法院赔偿委员会申请赔偿的，不予受理。

第五条 公民、法人和其他组织对在2010年12月1日以前发生法律效力的赔偿决定不服提出申诉的，人民法院审查处理时适用修正前的国家赔偿法；但是仅就修正的国家赔偿法增加的赔偿项目及标准提出申诉的，人民法院不予受理。

第六条 人民法院审查发现2010年12月1日以前发生法律效力的确认裁定、赔偿决定确有错误应当重新审查处理的，适用修正前的国家赔偿法。

第七条 赔偿请求人认为行使侦查、检察、审判职权的机关以及看守所、监狱管理机关及其工作人员在行使职权时有修正的国家赔偿法第十七条第（一）、（二）、（三）项、第十八条规定情形的，应当在刑事诉讼程序终结后提出赔偿请求，但下列情形除外：

（一）赔偿请求人有证据证明其与尚未终结的刑事案件无关的；

（二）刑事案件被害人依据刑事诉讼法第一百九十八条的规定，以财产未返还或者认为返还的财产受到损害而要求赔偿的。

第八条 赔偿请求人认为人民法院有修正的国家赔偿法第三十八条规定情形的，应当在民事、行政诉讼程序或者执行程序终结后提出赔偿请求，但人民法院已依法撤销对妨害诉讼采取的强制措施的情形除外。

第九条 赔偿请求人或者赔偿义务机关认为人民法院赔偿委员会作出的赔偿决定存在错误，依法向上一级人民法院赔偿委员会提出申诉的，不停止赔偿决定的执行；但人民法院赔偿委员会依据修正的国家赔偿法第三十条的规定决定重新审查的，可以决定中止原赔偿决定的执行。

第十条 人民检察院依据修正的国家赔偿法第三十条第三款的规定，对人民法院赔偿委员会在2010年12月1日以后作出的赔偿决定提出意见的，同级人民法院赔偿委员会应当决定重新审查，并可以决定中止原赔偿决定的执行。

第十一条 本解释自公布之日起施行。

最高人民法院关于人民法院赔偿
委员会审理国家赔偿案件程序的规定

(2011 年 2 月 28 日最高人民法院审判委员会第 1513 次
会议通过 2011 年 3 月 17 日最高人民法院公告发布
自 2011 年 3 月 22 日施行 法释〔2011〕6 号)

根据 2010 年 4 月 29 日修正的《中华人民共和国国家赔偿法》(以下
简称国家赔偿法),结合国家赔偿工作实际,对人民法院赔偿委员会(以
下简称赔偿委员会)审理国家赔偿案件的程序作如下规定:

第一条 赔偿请求人向赔偿委员会申请作出赔偿决定,应当递交赔偿
申请书一式四份。赔偿请求人书写申请书确有困难的,可以口头申请。口
头提出申请的,人民法院应当填写《申请赔偿登记表》,由赔偿请求人签
名或者盖章。

第二条 赔偿请求人向赔偿委员会申请作出赔偿决定,应当提供以下
法律文书和证明材料:

(一)赔偿义务机关作出的决定书;

(二)复议机关作出的复议决定书,但赔偿义务机关是人民法院的
除外;

(三)赔偿义务机关或者复议机关逾期未作出决定的,应当提供赔偿
义务机关对赔偿申请的收讫凭证等相关证明材料;

(四)行使侦查、检察、审判职权的机关在赔偿申请所涉案件的刑
事诉讼程序、民事诉讼程序、行政诉讼程序、执行程序中作出的法律
文书;

(五)赔偿义务机关职权行为侵犯赔偿请求人合法权益造成损害的证
明材料;

(六)证明赔偿申请符合申请条件的其他材料。

第三条 赔偿委员会收到赔偿申请,经审查认为符合申请条件的,应
当在七日内立案,并通知赔偿请求人、赔偿义务机关和复议机关;认为不
符合申请条件的,应当在七日内决定不予受理;立案后发现不符合申请条

件的，决定驳回申请。

前款规定的期限，自赔偿委员会收到赔偿申请之日起计算。申请材料不齐全的，赔偿委员会应当在五日内一次性告知赔偿请求人需要补正的全部内容，收到赔偿申请的时间应当自赔偿委员会收到补正材料之日起计算。

第四条　赔偿委员会应当在立案之日起五日内将赔偿申请书副本或者《申请赔偿登记表》副本送达赔偿义务机关和复议机关。

第五条　赔偿请求人可以委托一至二人作为代理人。律师、提出申请的公民的近亲属、有关的社会团体或者所在单位推荐的人、经赔偿委员会许可的其他公民，都可以被委托为代理人。

赔偿义务机关、复议机关可以委托本机关工作人员一至二人作为代理人。

第六条　赔偿请求人、赔偿义务机关、复议机关委托他人代理，应当向赔偿委员会提交由委托人签名或者盖章的授权委托书。

授权委托书应当载明委托事项和权限。代理人代为承认、放弃、变更赔偿请求，应当有委托人的特别授权。

第七条　赔偿委员会审理赔偿案件，应当指定一名审判员负责具体承办。

负责具体承办赔偿案件的审判员应当查清事实并写出审理报告，提请赔偿委员会讨论决定。

赔偿委员会作赔偿决定，必须有三名以上审判员参加，按照少数服从多数的原则作出决定。

第八条　审判人员有下列情形之一的，应当回避，赔偿请求人和赔偿义务机关有权以书面或者口头方式申请其回避：

（一）是本案赔偿请求人的近亲属；

（二）是本案代理人的近亲属；

（三）与本案有利害关系；

（四）与本案有其他关系，可能影响对案件公正审理的。

前款规定，适用于书记员、翻译人员、鉴定人、勘验人。

第九条　赔偿委员会审理赔偿案件，可以组织赔偿义务机关与赔偿请求人就赔偿方式、赔偿项目和赔偿数额依照国家赔偿法第四章的规定进行协商。

第十条　组织协商应当遵循自愿和合法的原则。赔偿请求人、赔偿义务机关一方或者双方不愿协商，或者协商不成的，赔偿委员会应当及时作出决定。

第十一条　赔偿请求人和赔偿义务机关经协商达成协议的，赔偿委员会审查确认后应当制作国家赔偿决定书。

第十二条　赔偿请求人、赔偿义务机关对自己提出的主张或者反驳对方主张所依据的事实有责任提供证据加以证明。有国家赔偿法第二十六条第二款规定情形的，应当由赔偿义务机关提供证据。

没有证据或者证据不足以证明其事实主张的，由负有举证责任的一方承担不利后果。

第十三条　赔偿义务机关对其职权行为的合法性负有举证责任。

赔偿请求人可以提供证明职权行为违法的证据，但不因此免除赔偿义务机关对其职权行为合法性的举证责任。

第十四条　有下列情形之一的，赔偿委员会可以组织赔偿请求人和赔偿义务机关进行质证：

（一）对侵权事实、损害后果及因果关系争议较大的；

（二）对是否属于国家赔偿法第十九条规定的国家不承担赔偿责任的情形争议较大的；

（三）对赔偿方式、赔偿项目或者赔偿数额争议较大的；

（四）赔偿委员会认为应当质证的其他情形。

第十五条　赔偿委员会认为重大、疑难的案件，应报请院长提交审判委员会讨论决定。审判委员会的决定，赔偿委员会应当执行。

第十六条　赔偿委员会作出决定前，赔偿请求人撤回赔偿申请的，赔偿委员会应当依法审查并作出是否准许的决定。

第十七条　有下列情形之一的，赔偿委员会应当决定中止审理：

（一）赔偿请求人死亡，需要等待其继承人和其他有扶养关系的亲属表明是否参加赔偿案件处理的；

（二）赔偿请求人丧失行为能力，尚未确定法定代理人的；

（三）作为赔偿请求人的法人或者其他组织终止，尚未确定权利义务承受人的；

（四）赔偿请求人因不可抗拒的事由，在法定审限内不能参加赔偿案件处理的；

（五）宣告无罪的案件，人民法院决定再审或者人民检察院按照审判监督程序提出抗诉的；

（六）应当中止审理的其他情形。

中止审理的原因消除后，赔偿委员会应当及时恢复审理，并通知赔偿请求人、赔偿义务机关和复议机关。

第十八条　有下列情形之一的，赔偿委员会应当决定终结审理：

（一）赔偿请求人死亡，没有继承人和其他有扶养关系的亲属或者赔偿请求人的继承人和其他有扶养关系的亲属放弃要求赔偿权利的；

（二）作为赔偿请求人的法人或者其他组织终止后，其权利义务承受人放弃要求赔偿权利的；

（三）赔偿请求人据以申请赔偿的撤销案件决定、不起诉决定或者无罪判决被撤销的；

（四）应当终结审理的其他情形。

第十九条 赔偿委员会审理赔偿案件应当按照下列情形，分别作出决定：

（一）赔偿义务机关的决定或者复议机关的复议决定认定事实清楚，适用法律正确的，依法予以维持；

（二）赔偿义务机关的决定、复议机关的复议决定认定事实清楚，但适用法律错误的，依法重新决定；

（三）赔偿义务机关的决定、复议机关的复议决定认定事实不清、证据不足的，查清事实后依法重新决定；

（四）赔偿义务机关、复议机关逾期未作决定的，查清事实后依法作出决定。

第二十条 赔偿委员会审理赔偿案件作出决定，应当制作国家赔偿决定书，加盖人民法院印章。

第二十一条 国家赔偿决定书应当载明以下事项：

（一）赔偿请求人的基本情况，赔偿义务机关、复议机关的名称及其法定代表人；

（二）赔偿请求人申请事项及理由，赔偿义务机关的决定、复议机关的复议决定情况；

（三）赔偿委员会认定的事实及依据；

（四）决定的理由及法律依据；

（五）决定内容。

第二十二条 赔偿委员会作出的决定应当分别送达赔偿请求人、赔偿义务机关和复议机关。

第二十三条 人民法院办理本院为赔偿义务机关的国家赔偿案件参照本规定。

第二十四条 自本规定公布之日起，《人民法院赔偿委员会审理赔偿案件程序的暂行规定》即行废止；本规定施行前本院发布的司法解释与本规定不一致的，以本规定为准。

最高人民法院关于死刑缓期执行限制
减刑案件审理程序若干问题的规定

(2011 年 4 月 20 日最高人民法院审判委员会第 1519 次
会议通过 2011 年 4 月 25 日最高人民法院公告发布
自 2011 年 5 月 1 日起施行 法释〔2011〕8 号)

为正确适用《中华人民共和国刑法修正案（八）》关于死刑缓期执行限制减刑的规定，根据刑事诉讼法的有关规定，结合审判实践，现就相关案件审理程序的若干问题规定如下：

第一条 根据刑法第五十条第二款的规定，对被判处死刑缓期执行的累犯以及因故意杀人、强奸、抢劫、绑架、放火、爆炸、投放危险物质或者有组织的暴力性犯罪被判处死刑缓期执行的犯罪分子，人民法院根据犯罪情节、人身危险性等情况，可以在作出裁判的同时决定对其限制减刑。

第二条 被告人对第一审人民法院作出的限制减刑判决不服的，可以提出上诉。被告人的辩护人和近亲属，经被告人同意，也可以提出上诉。

第三条 高级人民法院审理或者复核判处死刑缓期执行并限制减刑的案件，认为原判对被告人判处死刑缓期执行适当，但判决限制减刑不当的，应当改判，撤销限制减刑。

第四条 高级人民法院审理判处死刑缓期执行没有限制减刑的上诉案件，认为原判事实清楚、证据充分，但应当限制减刑的，不得直接改判，也不得发回重新审判。确有必要限制减刑的，应当在第二审判决、裁定生效后，按照审判监督程序重新审判。

高级人民法院复核判处死刑缓期执行没有限制减刑的案件，认为应当限制减刑的，不得以提高审级等方式对被告人限制减刑。

第五条 高级人民法院审理判处死刑的第二审案件，对被告人改判死刑缓期执行的，如果符合刑法第五十条第二款的规定，可以同时决定对其限制减刑。

高级人民法院复核判处死刑后没有上诉、抗诉的案件，认为应当改判死刑缓期执行并限制减刑的，可以提审或者发回重新审判。

第六条 最高人民法院复核死刑案件，认为对被告人可以判处死刑缓期执行并限制减刑的，应当裁定不予核准，并撤销原判，发回重新审判。

一案中两名以上被告人被判处死刑，最高人民法院复核后，对其中部分被告人改判死刑缓期执行的，如果符合刑法第五十条第二款的规定，可以同时决定对其限制减刑。

第七条 人民法院对被判处死刑缓期执行的被告人所作的限制减刑决定，应当在判决书主文部分单独作为一项予以宣告。

第八条 死刑缓期执行限制减刑案件审理程序的其他事项，依照刑事诉讼法和有关司法解释的规定执行。

最高人民法院关于2011年作出的国家赔偿决定涉及侵犯公民人身自由权计算标准的通知

(2011年5月4日 法〔2011〕167号)

各省、自治区、直辖市高级人民法院，解放军军事法院，新疆维吾尔自治区高级人民法院生产建设兵团分院：

《中华人民共和国国家赔偿法》规定："侵犯公民人身自由的，每日赔偿金按照国家上年度职工日平均工资计算。"

根据国家统计局2011年5月3日发布的2010年城镇非私营单位在岗职工年平均工资（即原"全国在岗职工年平均工资"）数额，2010年城镇非私营单位在岗职工年平均工资为37147元。按照人力资源和社会保障部提供的日平均工资的计算公式，日平均工资标准为37147（元）÷12（月）÷21.75（月计薪天数）=142.33元。据此，各级人民法院在2011年作出国家赔偿决定时，对侵犯公民人身自由权每日的赔偿金应为142.33元。

特此通知，请遵照执行。

最高人民法院关于审判人员
在诉讼活动中执行回避制度若干问题的规定

（2011 年 4 月 11 日最高人民法院审判委员会第 1517 次
会议通过　2011 年 6 月 10 日最高人民法院公告发布
自 2011 年 6 月 13 日起施行．法释〔2011〕12 号）

为进一步规范审判人员的诉讼回避行为，维护司法公正，根据《中华人民共和国人民法院组织法》、《中华人民共和国法官法》、《中华人民共和国民事诉讼法》、《中华人民共和国刑事诉讼法》、《中华人民共和国行政诉讼法》等法律规定，结合人民法院审判工作实际，制定本规定。

第一条　审判人员具有下列情形之一的，应当自行回避，当事人及其法定代理人有权以口头或者书面形式申请其回避：

（一）是本案的当事人或者与当事人有近亲属关系的；

（二）本人或者其近亲属与本案有利害关系的；

（三）担任过本案的证人、翻译人员、鉴定人、勘验人、诉讼代理人、辩护人的；

（四）与本案的诉讼代理人、辩护人有夫妻、父母、子女或者兄弟姐妹关系的；

（五）与本案当事人之间存在其他利害关系，可能影响案件公正审理的。

本规定所称近亲属，包括与审判人员有夫妻、直系血亲、三代以内旁系血亲及近姻亲关系的亲属。

第二条　当事人及其法定代理人发现审判人员违反规定，具有下列情形之一的，有权申请其回避：

（一）私下会见本案一方当事人及其诉讼代理人、辩护人的；

（二）为本案当事人推荐、介绍诉讼代理人、辩护人，或者为律师、其他人员介绍办理该案件的；

（三）索取、接受本案当事人及其受托人的财物、其他利益，或者要求当事人及其受托人报销费用的；

（四）接受本案当事人及其受托人的宴请，或者参加由其支付费用的各项活动的；

（五）向本案当事人及其受托人借款，借用交通工具、通讯工具或者其他物品，或者索取、接受当事人及其受托人在购买商品、装修住房以及其他方面给予的好处的；

（六）有其他不正当行为，可能影响案件公正审理的。

第三条 凡在一个审判程序中参与过本案审判工作的审判人员，不得再参与该案其他程序的审判。但是，经过第二审程序发回重审的案件，在一审法院作出裁判后又进入第二审程序的，原第二审程序中合议庭组成人员不受本条规定的限制。

第四条 审判人员应当回避，本人没有自行回避，当事人及其法定代理人也没有申请其回避的，院长或者审判委员会应当决定其回避。

第五条 人民法院应当依法告知当事人及其法定代理人有申请回避的权利，以及合议庭组成人员、书记员的姓名、职务等相关信息。

第六条 人民法院依法调解案件，应当告知当事人及其法定代理人有申请回避的权利，以及主持调解工作的审判人员及其他参与调解工作的人员的姓名、职务等相关信息。

第七条 第二审人民法院认为第一审人民法院的审理有违反本规定第一条至第三条规定的，应当裁定撤销原判，发回原审人民法院重新审判。

第八条 审判人员及法院其他工作人员从人民法院离任后二年内，不得以律师身份担任诉讼代理人或者辩护人。

审判人员及法院其他工作人员从人民法院离任后，不得担任原任职法院所审理案件的诉讼代理人或者辩护人，但是作为当事人的监护人或者近亲属代理诉讼或者进行辩护的除外。

本条所规定的离任，包括退休、调离、解聘、辞职、辞退、开除等离开法院工作岗位的情形。

本条所规定的原任职法院，包括审判人员及法院其他工作人员曾任职的所有法院。

第九条 审判人员及法院其他工作人员的配偶、子女或者父母不得担任其所任职法院审理案件的诉讼代理人或者辩护人。

第十条 人民法院发现诉讼代理人或者辩护人违反本规定第八条、第九条的规定的，应当责令其停止相关诉讼代理或者辩护行为。

第十一条 当事人及其法定代理人、诉讼代理人、辩护人认为审判人员有违反本规定行为的，可以向法院纪检、监察部门或者其他有关部门举报。受理举报的人民法院应当及时处理，并将相关意见反馈给举报人。

第十二条 对明知具有本规定第一条至第三条规定情形不依法自行回避的审判人员，依照《人民法院工作人员处分条例》的规定予以处分。

对明知诉讼代理人、辩护人具有本规定第八条、第九条规定情形之一，未责令其停止相关诉讼代理或者辩护行为的审判人员，依照《人民法院工作人员处分条例》的规定予以处分。

第十三条 本规定所称审判人员，包括各级人民法院院长、副院长、审判委员会委员、庭长、副庭长、审判员和助理审判员。

本规定所称法院其他工作人员，是指审判人员以外的在编工作人员。

第十四条 人民陪审员、书记员和执行员适用审判人员回避的有关规定，但不属于本规定第十三条所规定人员的，不适用本规定第八条、第九条的规定。

第十五条 自本规定施行之日起，最高人民法院《关于审判人员严格执行回避制度的若干规定》（法发〔2000〕5号）即行废止；本规定施行前本院发布的司法解释与本规定不一致的，以本规定为准。

最高人民法院关于人民法院办理
海峡两岸送达文书和调查取证
司法互助案件的规定

（2010年12月16日最高人民法院审判委员会第1506次会议通过 2011年6月14日最高人民法院公告公布 自2011年6月25日起施行 法释〔2011〕15号）

为落实《海峡两岸共同打击犯罪及司法互助协议》（以下简称协议），进一步推动海峡两岸司法互助业务的开展，确保协议中涉及人民法院有关送达文书和调查取证司法互助工作事项的顺利实施，结合各级人民法院开展海峡两岸司法互助工作实践，制定本规定。

一、总　则

第一条 人民法院依照协议，办理海峡两岸民事、刑事、行政诉讼案件中的送达文书和调查取证司法互助业务，适用本规定。

第二条 人民法院应当在法定职权范围内办理海峡两岸司法互助业务。

人民法院办理海峡两岸司法互助业务，应当遵循一个中国原则，遵守国家法律的基本原则，不得违反社会公共利益。

二、职责分工

第三条　人民法院和台湾地区业务主管部门通过各自指定的协议联络人，建立办理海峡两岸司法互助业务的直接联络渠道。

第四条　最高人民法院是与台湾地区业务主管部门就海峡两岸司法互助业务进行联络的一级窗口。最高人民法院台湾司法事务办公室主任是最高人民法院指定的协议联络人。

最高人民法院负责：就协议中涉及人民法院的工作事项与台湾地区业务主管部门开展磋商、协调和交流；指导、监督、组织、协调地方各级人民法院办理海峡两岸司法互助业务；就海峡两岸调查取证司法互助业务与台湾地区业务主管部门直接联络，并在必要时具体办理调查取证司法互助案件；及时将本院和台湾地区业务主管部门指定的协议联络人的姓名、联络方式及变动情况等工作信息通报高级人民法院。

第五条　最高人民法院授权高级人民法院就办理海峡两岸送达文书司法互助案件，建立与台湾地区业务主管部门联络的二级窗口。高级人民法院应当指定专人作为经最高人民法院授权的二级联络窗口联络人。

高级人民法院负责：指导、监督、组织、协调本辖区人民法院办理海峡两岸送达文书和调查取证司法互助业务；就办理海峡两岸送达文书司法互助案件与台湾地区业务主管部门直接联络，并在必要时具体办理送达文书和调查取证司法互助案件；登记、统计本辖区人民法院办理的海峡两岸送达文书司法互助案件；定期向最高人民法院报告本辖区人民法院办理海峡两岸送达文书司法互助业务情况；及时将本院联络人的姓名、联络方式及变动情况报告最高人民法院，同时通报台湾地区联络人和下级人民法院。

第六条　中级人民法院和基层人民法院应当指定专人负责海峡两岸司法互助业务。

中级人民法院和基层人民法院负责：具体办理海峡两岸送达文书和调查取证司法互助案件；定期向高级人民法院层报本院办理海峡两岸送达文书司法互助业务情况；及时将本院海峡两岸司法互助业务负责人员的姓名、联络方式及变动情况层报高级人民法院。

三、送达文书司法互助

第七条　人民法院向住所地在台湾地区的当事人送达民事和行政诉讼

司法文书，可以采用下列方式：

（一）受送达人居住在大陆的，直接送达。受送达人是自然人，本人不在的，可以交其同住成年家属签收；受送达人是法人或者其他组织的，应当由法人的法定代表人、其他组织的主要负责人或者该法人、其他组织负责收件的人签收。

受送达人不在大陆居住，但送达时在大陆的，可以直接送达。

（二）受送达人在大陆有诉讼代理人的，向诉讼代理人送达。但受送达人在授权委托书中明确表明其诉讼代理人无权代为接收的除外。

（三）受送达人有指定代收人的，向代收人送达。

（四）受送达人在大陆有代表机构、分支机构、业务代办人的，向其代表机构或者经受送达人明确授权接受送达的分支机构、业务代办人送达。

（五）通过协议确定的海峡两岸司法互助方式，请台湾地区送达。

（六）受送达人在台湾地区的地址明确的，可以邮寄送达。

（七）有明确的传真号码、电子信箱地址的，可以通过传真、电子邮件方式向受送达人送达。

采用上述方式均不能送达或者台湾地区当事人下落不明的，可以公告送达。

人民法院需要向住所地在台湾地区的当事人送达刑事司法文书，可以通过协议确定的海峡两岸司法互助方式，请台湾地区送达。

第八条 人民法院协助台湾地区法院送达司法文书，应当采用民事诉讼法、刑事诉讼法、行政诉讼法等法律和相关司法解释规定的送达方式，并应当尽可能采用直接送达方式，但不采用公告送达方式。

第九条 人民法院协助台湾地区送达司法文书，应当充分负责，及时努力送达。

第十条 审理案件的人民法院需要台湾地区协助送达司法文书的，应当填写《〈海峡两岸共同打击犯罪及司法互助协议〉送达文书请求书》附录部分，连同需要送达的司法文书，一式二份，及时送交高级人民法院。

需要台湾地区协助送达的司法文书中有指定开庭日期等类似期限的，一般应当为协助送达程序预留不少于六个月的时间。

第十一条 高级人民法院收到本院或者下级人民法院《〈海峡两岸共同打击犯罪及司法互助协议〉送达文书请求书》附录部分和需要送达的司法文书后，应当在七个工作日内完成审查。经审查认为可以请求台湾地区协助送达的，高级人民法院联络人应当填写《〈海峡两岸共同打击犯罪及司法互助协议〉送达文书请求书》正文部分，连同附录部分和需要送达的司法文书，立即寄送台湾地区联络人；经审查认为欠缺相关材料、内容或者认为不需要请求台湾地区协助送达的，应当立即告知提出请求的人民法院补充相关材料、内容或者在说明理由后将材料退回。

第十二条　台湾地区成功送达并将送达证明材料寄送高级人民法院联络人，或者未能成功送达并将相关材料送还，同时出具理由说明给高级人民法院联络人的，高级人民法院应当在收到之日起七个工作日内，完成审查并转送提出请求的人民法院。经审查认为欠缺相关材料或者内容的，高级人民法院联络人应当立即与台湾地区联络人联络并请求补充相关材料或者内容。

自高级人民法院联络人向台湾地区寄送有关司法文书之日起满四个月，如果未能收到送达证明材料或者说明文件，且根据各种情况不足以认定已经送达的，视为不能按照协议确定的海峡两岸司法互助方式送达。

第十三条　台湾地区请求人民法院协助送达台湾地区法院的司法文书并通过其联络人将请求书和相关司法文书寄送高级人民法院联络人的，高级人民法院应当在七个工作日内完成审查。经审查认为可以协助送达的，应当立即转送有关下级人民法院送达或者由本院送达；经审查认为欠缺相关材料、内容或者认为不宜协助送达的，高级人民法院联络人应当立即向台湾地区联络人说明情况并告知其补充相关材料、内容或者将材料送还。

具体办理送达文书司法互助案件的人民法院应当在收到高级人民法院转送的材料之日起五个工作日内，以"协助台湾地区送达民事（刑事、行政诉讼）司法文书"案由立案，指定专人办理，并应当自立案之日起十五日内完成协助送达，最迟不得超过两个月。

收到台湾地区送达文书请求时，司法文书中指定的开庭日期或者其他期限逾期的，人民法院亦应予以送达，同时高级人民法院联络人应当及时向台湾地区联络人说明情况。

第十四条　具体办理送达文书司法互助案件的人民法院成功送达的，应当由送达人在《〈海峡两岸共同打击犯罪及司法互助协议〉送达回证》上签名或者盖章，并在成功送达之日起七个工作日内将送达回证送交高级人民法院；未能成功送达的，应当由送达人在《〈海峡两岸共同打击犯罪及司法互助协议〉送达回证》上注明未能成功送达的原因并签名或者盖章，在确认不能送达之日起七个工作日内，将该送达回证和未能成功送达的司法文书送交高级人民法院。

高级人民法院应当在收到前款所述送达回证之日起七个工作日内完成审查，由高级人民法院联络人在前述送达回证上签名或者盖章，同时出具《〈海峡两岸共同打击犯罪及司法互助协议〉送达文书回复书》，连同该送达回证和未能成功送达的司法文书，立即寄送台湾地区联络人。

四、调查取证司法互助

第十五条 人民法院办理海峡两岸调查取证司法互助业务，限于与台湾地区法院相互协助调取与诉讼有关的证据，包括取得证言及陈述；提供书证、物证及视听资料；确定关系人所在地或者确认其身份、前科等情况；进行勘验、检查、扣押、鉴定和查询等。

第十六条 人民法院协助台湾地区法院调查取证，应当采用民事诉讼法、刑事诉讼法、行政诉讼法等法律和相关司法解释规定的方式。

在不违反法律和相关规定、不损害社会公共利益、不妨碍正在进行的诉讼程序的前提下，人民法院应当尽力协助调查取证，并尽可能依照台湾地区请求的内容和形式予以协助。

台湾地区调查取证请求书所述的犯罪事实，依照大陆法律规定不认为涉嫌犯罪的，人民法院不予协助，但有重大社会危害并经双方业务主管部门同意予以个案协助的除外。台湾地区请求促使大陆居民至台湾地区作证，但未作出非经大陆主管部门同意不得追诉其进入台湾地区之前任何行为的书面声明的，人民法院可以不予协助。

第十七条 审理案件的人民法院需要台湾地区协助调查取证的，应当填写《〈海峡两岸共同打击犯罪及司法互助协议〉调查取证请求书》附录部分，连同相关材料，一式三份，及时送交高级人民法院。

高级人民法院应当在收到前款所述材料之日起七个工作日内完成初步审查，并将审查意见和《〈海峡两岸共同打击犯罪及司法互助协议〉调查取证请求书》附录部分及相关材料，一式二份，立即转送最高人民法院。

第十八条 最高人民法院收到高级人民法院转送的《〈海峡两岸共同打击犯罪及司法互助协议〉调查取证请求书》附录部分和相关材料以及高级人民法院审查意见后，应当在七个工作日内完成最终审查。经审查认为可以请求台湾地区协助调查取证的，最高人民法院联络人应当填写《〈海峡两岸共同打击犯罪及司法互助协议〉调查取证请求书》正文部分，连同附录部分和相关材料，立即寄送台湾地区联络人；经审查认为欠缺相关材料、内容或者认为不需要请求台湾地区协助调查取证的，应当立即通过高级人民法院告知提出请求的人民法院补充相关材料、内容或者在说明理由后将材料退回。

第十九条 台湾地区成功调查取证并将取得的证据材料寄送最高人民法院联络人，或者未能成功调查取证并将相关材料送还，同时出具理由说明给最高人民法院联络人的，最高人民法院应当在收到之日起七个工作日内完成审查并转送高级人民法院，高级人民法院应当在收到之日起七个工作日内转送提出请求的人民法院。经审查认为欠缺相关材料或者内容的，最高人民法院联络人应当立即与台湾地区联络人联络并请求补充相关材料或者内容。

第二十条 台湾地区请求人民法院协助台湾地区法院调查取证并通过其联络人将请求书和相关材料寄送最高人民法院联络人的，最高人民法院应当在收到之日起七个工作日内完成审查。经审查认为可以协助调查取证的，应当立即转送有关高级人民法院或者由本院办理，高级人民法院应当在收到之日起七个工作日内转送有关下级人民法院办理或者由本院办理；经审查认为欠缺相关材料、内容或者认为不宜协助调查取证的，最高人民法院联络人应当立即向台湾地区联络人说明情况并告知其补充相关材料、内容或者将材料送还。

具体办理调查取证司法互助案件的人民法院应当在收到高级人民法院转送的材料之日起五个工作日内，以"协助台湾地区民事（刑事、行政诉讼）调查取证"案由立案，指定专人办理，并应当自立案之日起一个月内完成协助调查取证，最迟不得超过三个月。因故不能在期限届满前完成的，应当提前函告高级人民法院，并由高级人民法院转报最高人民法院。

第二十一条 具体办理调查取证司法互助案件的人民法院成功调查取证的，应当在完成调查取证之日起七个工作日内将取得的证据材料一式三份，连同台湾地区提供的材料，并在必要时附具情况说明，送交高级人民法院；未能成功调查取证的，应当出具说明函一式三份，连同台湾地区提供的材料，在确认不能成功调查取证之日起七个工作日内送交高级人民法院。

高级人民法院应当在收到前款所述材料之日起七个工作日内完成初步审查，并将审查意见和前述取得的证据材料或者说明函等，一式二份，连同台湾地区提供的材料，立即转送最高人民法院。

最高人民法院应当在收到之日起七个工作日内完成最终审查，由最高人民法院联络人出具《〈海峡两岸共同打击犯罪及司法互助协议〉调查取证回复书》，必要时连同相关材料，立即寄送台湾地区联络人。

证据材料不适宜复制或者难以取得备份的，可不按本条第一款和第二款的规定提供备份材料。

五、附　　则

第二十二条　人民法院对于台湾地区请求协助所提供的和执行请求所取得的相关资料应当予以保密。但依据请求目的使用的除外。

第二十三条　人民法院应当依据请求书载明的目的使用台湾地区协助提供的资料。但最高人民法院和台湾地区业务主管部门另有商定的除外。

第二十四条　对于依照协议和本规定从台湾地区获得的证据和司法文书等材料，不需要办理公证、认证等形式证明。

第二十五条　人民法院办理海峡两岸司法互助业务，应当使用统一、规范的文书样式。

第二十六条　对于执行台湾地区的请求所发生的费用，由有关人民法院负担。但下列费用应当由台湾地区业务主管部门负责支付：

（一）鉴定费用；

（二）翻译费用和誊写费用；

（三）为台湾地区提供协助的证人和鉴定人，因前往、停留、离开台湾地区所发生的费用；

（四）其他经最高人民法院和台湾地区业务主管部门商定的费用。

第二十七条　人民法院在办理海峡两岸司法互助案件中收到、取得、制作的各种文件和材料，应当以原件或者复制件形式，作为诉讼档案保存。

第二十八条　最高人民法院审理的案件需要请求台湾地区协助送达司法文书和调查取证的，参照本规定由本院自行办理。

专门人民法院办理海峡两岸送达文书和调查取证司法互助业务，参照本规定执行。

第二十九条　办理海峡两岸司法互助案件和执行本规定的情况，应当纳入对有关人民法院及相关工作人员的工作绩效考核和案件质量评查范围。

第三十条　此前发布的司法解释与本规定不一致的，以本规定为准。

最高人民法院关于审理人民检察院
按照审判监督程序提出的
刑事抗诉案件若干问题的规定

（2011 年 4 月 18 日最高人民法院审判委员会第 1518 次
会议通过　2011 年 10 月 14 日最高人民法院公告发布
自 2012 年 1 月 1 日起施行　法释〔2011〕23 号）

为规范人民法院审理人民检察院按照审判监督程序提出的刑事抗诉案件，根据《中华人民共和国刑事诉讼法》及有关规定，结合审判工作实际，制定本规定。

第一条　人民法院收到人民检察院的抗诉书后，应在一个月内立案。经审查，具有下列情形之一的，应当决定退回人民检察院：

（一）不属于本院管辖的；

（二）按照抗诉书提供的住址无法向被提出抗诉的原审被告人送达抗诉书的；

（三）以有新证据为由提出抗诉，抗诉书未附有新的证据目录、证人名单和主要证据复印件或者照片的；

（四）以有新证据为由提出抗诉，但该证据并不是指向原起诉事实的。

人民法院决定退回的刑事抗诉案件，人民检察院经补充相关材料后再次提出抗诉，经审查符合受理条件的，人民法院应当予以受理。

第二条　人民检察院按照审判监督程序提出的刑事抗诉案件，接受抗诉的人民法院应当组成合议庭进行审理。涉及新证据需要指令下级人民法院再审的，接受抗诉的人民法院应当在接受抗诉之日起一个月以内作出决定，并将指令再审决定书送达提出抗诉的人民检察院。

第三条　本规定所指的新证据，是指具有下列情形之一，指向原起诉事实并可能改变原判决、裁定据以定罪量刑的事实的证据：

（一）原判决、裁定生效后新发现的证据；

（二）原判决、裁定生效前已经发现，但由于客观原因未予收集的证据；

（三）原判决、裁定生效前已经收集，但庭审中未予质证、认证的证据；

（四）原生效判决、裁定所依据的鉴定结论，勘验、检查笔录或其他证据被改变或者否定的。

第四条　对于原判决、裁定事实不清或者证据不足的案件，接受抗诉的人民法院进行重新审理后，应当按照下列情形分别处理：

（一）经审理能够查清事实的，应当在查清事实后依法裁判；

（二）经审理仍无法查清事实，证据不足，不能认定原审被告人有罪的，应当判决宣告原审被告人无罪；

（三）经审理发现有新证据且超过刑事诉讼法规定的指令再审期限的，可以裁定撤销原判，发回原审人民法院重新审判。

第五条　对于指令再审的案件，如果原来是第一审案件，接受抗诉的人民法院应当指令第一审人民法院依照第一审程序进行审判，所作的判决、裁定，可以上诉、抗诉；如果原来是第二审案件，接受抗诉的人民法院应当指令第二审人民法院依照第二审程序进行审判，所作的判决、裁定，是终审的判决、裁定。

第六条　在开庭审理前，人民检察院撤回抗诉的，人民法院应当裁定准许。

第七条　在送达抗诉书后被提出抗诉的原审被告人未到案的，人民法院应当裁定中止审理；原审被告人到案后，恢复审理。

第八条　被提出抗诉的原审被告人已经死亡或者在审理过程中死亡的，人民法院应当裁定终止审理，但对能够查清事实，确认原审被告人无罪的案件，应当予以改判。

第九条　人民法院作出裁判后，当庭宣告判决的，应当在五日内将裁判文书送达当事人、法定代理人、诉讼代理人、提出抗诉的人民检察院、辩护人和原审被告人的近亲属；定期宣告判决的，应当在判决宣告后立即将裁判文书送达当事人、法定代理人、诉讼代理人、提出抗诉的人民检察院、辩护人和原审被告人的近亲属。

第十条　以前发布的有关规定与本规定不一致的，以本规定为准。

民事法律类

最高人民法院关于印发修改后的
《民事案件案由规定》的通知

(2011 年 2 月 18 日　法〔2011〕42 号)

各省、自治区、直辖市高级人民法院，解放军军事法院，新疆维吾尔自治区高级人民法院生产建设兵团分院：

根据工作需要，对 2008 年 2 月 4 日制发的《民事案件案由规定》（以下简称 2008 年《民事案件案由规定》）进行了修改，自 2011 年 4 月 1 日起施行。现将修改后的《民事案件案由规定》印发给你们，请认真贯彻执行。

2008 年《民事案件案由规定》发布施行以来，在方便当事人进行民事诉讼，规范人民法院民事立案、审判和司法统计工作等方面，发挥了重要作用。近三年来，随着农村土地承包经营纠纷调解仲裁法、人民调解法、保险法、专利法等法律的制定或修订，审判实践中出现了许多新类型民事案件，需要对 2008 年《民事案件案由规定》进行补充和完善。特别是侵权责任法已于 2010 年 7 月 1 日起施行，迫切需要增补侵权责任纠纷案由。经深入调查研究，广泛征求意见，最高人民法院对 2008 年《民事案件案由规定》进行了修改。现就各级人民法院适用修改后的《民事案件案由规定》的有关问题通知如下：

一、要认真学习掌握修改后的《民事案件案由规定》，高度重视民事案件案由在民事审判规范化建设中的重要作用

民事案件案由是民事案件名称的重要组成部分，反映案件所涉及的民事法律关系的性质，是将诉讼争议所包含的法律关系进行的概括，是人民法院进行民事案件管理的重要手段。建立科学、完善的民事案件案由体系，有利于方便当事人进行民事诉讼，有利于对受理案件进行分类管理，有利于确定各民事审判业务庭的管辖分工，有利于提高民事案件司法统计的准确性和科学性，从而更好地为创新和加强民事审判管理、为人民法院司法决策服务。

二、关于民事案件案由编排体系的几个问题

1. 关于案由的确定标准。民事案件案由应当依据当事人主张的民事法律关系的性质来确定。鉴于具体案件中当事人的诉讼请求、争议的焦点可

能有多个，争议的标的也可能是多个，为保证案由的高度概括和简洁明了，修改后的《民事案件案由规定》仍沿用2008年《民事案件案由规定》关于案由的确定标准，即对民事案件案由的表述方式原则上确定为"法律关系性质"加"纠纷"，一般不再包含争议焦点、标的物、侵权方式等要素。但是，考虑到当事人诉争的民事法律关系的性质具有复杂性，为了更准确地体现诉争的民事法律关系和便于司法统计，修改后的《民事案件案由规定》在坚持以法律关系性质作为案由的确定标准的同时，对少部分案由也依据请求权、形成权或者确认之诉、形成之诉的标准进行确定，对少部分案由也包含争议焦点、标的物、侵权方式等要素。

对包括民事诉讼法规定的适用特别程序案件案由在内的特殊程序民事案件案由，根据当事人的诉讼请求直接表述。

2. 关于案由的体系编排。修改后的《民事案件案由规定》以民法理论对民事法律关系的分类为基础，以法律关系的内容即民事权利类型来编排体系，结合现行立法及审判实践，在2008年《民事案件案由规定》关于案由的编排体系划分的基础上，将侵权责任纠纷案由提升为第一级案由，将案由的编排体系重新划分为人格权纠纷，婚姻家庭继承纠纷，物权纠纷，合同、无因管理、不当得利纠纷，劳动争议与人事争议，知识产权与竞争纠纷，海事海商纠纷，与公司、证券、保险、票据等有关的民事纠纷，侵权责任纠纷，适用特殊程序案件案由，共十大部分，作为第一级案由。

在第一级案由项下，细分为四十三类案由，作为第二级案由（以大写数字表示）；在第二级案由项下列出了424种案由，作为第三级案由（以阿拉伯数字表示），第三级案由是司法实践中最常见和广泛使用的案由。基于审判工作指导、调研和司法统计的需要，在部分第三级案由项下又列出了一些第四级案由（以阿拉伯数字加（）表示）。基于民事法律关系的复杂性，不可能穷尽所有第四级案由，目前所列只是一些典型的、常见的，或者为了司法统计需要而设立的案由。

3. 关于侵权责任纠纷案由的编排。此次修改将侵权责任纠纷案由提升为第一级案由。按照侵权责任法的相关规定，在其项下增补相关的侵权责任纠纷案由。首先，按照侵权责任法相关规定，列出了该法规定的各种具体侵权责任纠纷案由。其次，协调好侵权责任纠纷案由与其他第一级案由之间的关系。根据侵权责任法相关规定，侵权责任法的保护对象为民事权益，包括生命权、健康权、姓名权、名誉权、荣誉权、肖像权、隐私权、婚姻自主权、监护权、所有权、用益物权、担保物权、著作权、专利权、商标专用权、发现权、股权、继承权等人身、财产权益。这些民事权益，分别包含在人格权、婚姻家庭继承权、物权、知识产权等民商事权益之中，而这些民事权益纠纷往往既包括权属确认纠纷也包括侵权责任纠纷，这就为科学合理编排民事案件案由增加了难度。为了保持整个案由体系的完整性和稳定性，尽可能避免重复交叉，此次修改将这些民事权益侵权责任纠纷案由仍旧保留在各第一级案由之中，只是将侵权责任法新规定的有关案由列在第一级案由"侵权责任纠纷"案由项下，并将一些实践中常见的、其他第一级案由不便列出的侵权责任纠纷案由也列在第一级案由"侵权责任纠纷"项下，并从"兜底"考虑，列在其他八个民事权益纠纷类型之后，作为第九部分。

4. 关于物权纠纷案由与合同纠纷案由编排与适用的问题。修改后的《民事案件案由规定》仍然沿用 2008 年《民事案件案由规定》关于物权纠纷案由与合同纠纷案由的编排体系。具体适用时，按照物权变动原因与结果相区分的原则，对于因物权变动的原因关系，即债权性质的合同关系产生的纠纷，应适用债权纠纷部分的案由，如物权设立原因关系方面的担保合同纠纷，物权转让原因关系方面的买卖合同纠纷。对于因物权设立、权属、效力、使用、收益等物权关系产生的纠纷，则应适用物权纠纷部分的案由，如担保物权纠纷。人民法院应根据当事人诉争的法律关系的性质，查明该法律关系涉及的是物权变动的原因关系还是物权变动的结果关系，以正确确定案由。

5. 关于第三部分"物权纠纷"项下"物权保护纠纷"案由与"所有权纠纷"、"用益物权纠纷"、"担保物权纠纷"案由的协调问题。"所有权纠纷"、"用益物权纠纷"、"担保物权纠纷"案由既包括以上三种类型的物权确认纠纷案由，也包括以上三种类型的侵害物权纠纷案由。物权法第三章"物权的保护"所规定的物权请求权或者债权请求权保护方法，即"物权保护纠纷"，在修改后的《民事案件案由规定》规定的每个物权类型（第三级案由）项下可能部分或者全部适用，多数可以作为第四级案由规定，但为避免使整个案由体系冗长繁杂，在各第三级案由下并未一一列出。在涉及侵害物权纠纷案由确定时，如果当事人的诉讼请求只涉及"物权保护纠纷"项下的一种物权请求权或者债权请求权，则可以适用"物权保护纠纷"项下的六种第三级案由；如果当事人的诉讼请求涉及"物权保护纠纷"项下的两种或者两种以上物权请求权或者债权请求权，则应按照所保护的权利种类，分别适用所有权、用益物权、担保物权项下的第三级案由（各种物权类型纠纷）。

6. 关于第九部分"侵权责任纠纷"项下案由与"人格权纠纷"、"物权纠纷"、"知识产权与竞争纠纷"等其他部分项下案由的协调问题。在确定侵权责任纠纷具体案由时，应当先适用第九部分"侵权责任纠纷"项下根据侵权责任法相关规定列出的具体案由。没有相应案由的，再适用"人格权纠纷"、"物权纠纷"、"知识产权与竞争纠纷"等其他部分项下的案由。如机动车交通事故可能造成人身损害和财产损害，确定案由时，应当适用第九部分"侵权责任纠纷"项下"机动车交通事故责任纠纷"案由，而不应适用第一部分"人格权纠纷"项下的"生命权、健康权、身体权纠纷"案由，也不应适用第三部分"物权纠纷"项下的"财产损害赔偿纠纷"案由。

三、适用修改后的《民事案件案由规定》时应注意的几个问题

1. 第一审法院立案时应当根据当事人诉争法律关系的性质，首先应适用修改后的《民事案件案由规定》列出的第四级案由；第四级案由没有规定的，适用相应的第三级案由；第三级案由中没有规定的，适用相应的第二级案由；第二级案由没有规定的，适用相应的第一级案由。地方各级人民法院对审判实践中出现的可以作为新的第三级民事案由或者应当规定为第四级民事案由的纠纷类型，可以及时报告最高人民法院。最高人民法院将定期收集、整理、筛选，及时细化、补充相关案由。

2. 各级人民法院要正确认识民事案件案由的性质与功能，不得将修改后的《民事案件案由规定》等同于《中华人民共和国民事诉讼法》第一百零八条规定的受理条件，不得以当事人的诉请在修改后的《民事案件案由规定》中没有相应案由可以适用为由，裁定不予受理或者驳回起诉，影响当事人行使诉权。

3. 同一诉讼中涉及两个以上的法律关系的，应当依当事人诉争的法律关系的性质确定案由，均为诉争法律关系的，则按诉争的两个以上法律关系确定并列的两个案由。

4. 在请求权竞合的情形下，人民法院应当按照当事人自主选择行使的请求权，根据当事人诉争的法律关系的性质，确定相应的案由。

5. 当事人起诉的法律关系与实际诉争的法律关系不一致的，人民法院结案时应当根据法庭查明的当事人之间实际存在的法律关系的性质，相应变更案件的案由。

6. 当事人在诉讼过程中增加或者变更诉讼请求导致当事人诉争的法律关系发生变更的，人民法院应当相应变更案件案由。

7. 对于案由名称中出现顿号（即"、"）的部分案由，应当根据具体案情，确定相应的案由，不应直接将该案由全部引用。如"生命权、健康权、身体权纠纷"案由，应根据侵害的具体人格权益来确定相应的案由；如"海上、通海水域货物运输合同纠纷"案由，应当根据纠纷发生的具体

水域来确定相应的案由；如"擅自使用知名商品特有名称、包装、装潢纠纷"案由，应当根据具体侵害对象来确定相应的案由。

修改后的《民事案件案由规定》适用过程中有何情况和问题，应当及时报告最高人民法院。

民事案件案由规定

[2007年10月29日最高人民法院审判委员会第1438次会议通过根据2011年2月18日最高人民法院《关于修改〈民事案件案由规定〉的决定》（法〔2011〕41号）第一次修正]

为了正确适用法律，统一确定案由，根据《中华人民共和国民法通则》、《中华人民共和国物权法》、《中华人民共和国合同法》、《中华人民共和国侵权责任法》和《中华人民共和国民事诉讼法》等法律规定，结合人民法院民事审判工作实际情况，对民事案件案由规定如下：

第一部分　人格权纠纷

一、人格权纠纷
1. 生命权、健康权、身体权纠纷
2. 姓名权纠纷
3. 肖像权纠纷
4. 名誉权纠纷
5. 荣誉权纠纷
6. 隐私权纠纷
7. 婚姻自主权纠纷
8. 人身自由权纠纷
9. 一般人格权纠纷

第二部分　婚姻家庭、继承纠纷

二、婚姻家庭纠纷
10. 婚约财产纠纷
11. 离婚纠纷
12. 离婚后财产纠纷
13. 离婚后损害责任纠纷

14. 婚姻无效纠纷

15. 撤销婚姻纠纷

16. 夫妻财产约定纠纷

17. 同居关系纠纷

（1）同居关系析产纠纷

（2）同居关系子女抚养纠纷

18. 抚养纠纷

（1）抚养费纠纷

（2）变更抚养关系纠纷

19. 扶养纠纷

（1）扶养费纠纷

（2）变更扶养关系纠纷

20. 赡养纠纷

（1）赡养费纠纷

（2）变更赡养关系纠纷

21. 收养关系纠纷

（1）确认收养关系纠纷

（2）解除收养关系纠纷

22. 监护权纠纷

23. 探望权纠纷

24. 分家析产纠纷

三、继承纠纷

25. 法定继承纠纷

（1）转继承纠纷

（2）代位继承纠纷

26. 遗嘱继承纠纷

27. 被继承人债务清偿纠纷

28. 遗赠纠纷

29. 遗赠扶养协议纠纷

第三部分 物权纠纷

四、不动产登记纠纷

30. 异议登记不当损害责任纠纷

31. 虚假登记损害责任纠纷

五、物权保护纠纷

32. 物权确认纠纷

（1）所有权确认纠纷

（2）用益物权确认纠纷

（3）担保物权确认纠纷

33. 返还原物纠纷

34. 排除妨害纠纷

35. 消除危险纠纷

36. 修理、重作、更换纠纷

37. 恢复原状纠纷

38. 财产损害赔偿纠纷

六、所有权纠纷

39. 侵害集体经济组织成员权益纠纷

40. 建筑物区分所有权纠纷

（1）业主专有权纠纷

（2）业主共有权纠纷

（3）车位纠纷

（4）车库纠纷

41. 业主撤销权纠纷

42. 业主知情权纠纷

43. 遗失物返还纠纷

44. 漂流物返还纠纷

45. 埋藏物返还纠纷

46. 隐藏物返还纠纷

47. 相邻关系纠纷

（1）相邻用水、排水纠纷

（2）相邻通行纠纷

（3）相邻土地、建筑物利用关系纠纷

（4）相邻通风纠纷

（5）相邻采光、日照纠纷

（6）相邻污染侵害纠纷

（7）相邻损害防免关系纠纷

48. 共有纠纷

（1）共有权确认纠纷

（2）共有物分割纠纷

（3）共有人优先购买权纠纷

七、用益物权纠纷

49. 海域使用权纠纷

50. 探矿权纠纷

51. 采矿权纠纷

52. 取水权纠纷

53. 养殖权纠纷

54. 捕捞权纠纷

55. 土地承包经营权纠纷

（1）土地承包经营权确认纠纷

（2）承包地征收补偿费用分配纠纷

（3）土地承包经营权继承纠纷

56. 建设用地使用权纠纷

57. 宅基地使用权纠纷

58. 地役权纠纷

八、担保物权纠纷

59. 抵押权纠纷

（1）建筑物和其他土地附着物抵押权纠纷

（2）在建建筑物抵押权纠纷

（3）建设用地使用权抵押权纠纷

（4）土地承包经营权抵押权纠纷

（5）动产抵押权纠纷

（6）在建船舶、航空器抵押权纠纷

（7）动产浮动抵押权纠纷

（8）最高额抵押权纠纷

60. 质权纠纷

（1）动产质权纠纷

（2）转质权纠纷

（3）最高额质权纠纷

（4）票据质权纠纷

（5）债券质权纠纷

（6）存单质权纠纷

（7）仓单质权纠纷

（8）提单质权纠纷

（9）股权质权纠纷

（10）基金份额质权纠纷

（11）知识产权质权纠纷

（12）应收账款质权纠纷

61. 留置权纠纷

九、占有保护纠纷

62. 占有物返还纠纷

63. 占有排除妨害纠纷

64. 占有消除危险纠纷

65. 占有物损害赔偿纠纷

第四部分　合同、无因管理、不当得利纠纷

十、合同纠纷

66. 缔约过失责任纠纷

67. 确认合同效力纠纷

（1）确认合同有效纠纷

（2）确认合同无效纠纷

68. 债权人代位权纠纷

69. 债权人撤销权纠纷

70. 债权转让合同纠纷

71. 债务转移合同纠纷

72. 债权债务概括转移合同纠纷

73. 悬赏广告纠纷

74. 买卖合同纠纷

（1）分期付款买卖合同纠纷

（2）凭样品买卖合同纠纷

（3）试用买卖合同纠纷

（4）互易纠纷

（5）国际货物买卖合同纠纷

（6）网络购物合同纠纷

（7）电视购物合同纠纷

75. 招标投标买卖合同纠纷

76. 拍卖合同纠纷

77. 建设用地使用权合同纠纷

（1）建设用地使用权出让合同纠纷

（2）建设用地使用权转让合同纠纷

78. 临时用地合同纠纷

79. 探矿权转让合同纠纷

80. 采矿权转让合同纠纷

81. 房地产开发经营合同纠纷

（1）委托代建合同纠纷

（2）合资、合作开发房地产合同纠纷

（3）项目转让合同纠纷

82. 房屋买卖合同纠纷

（1）商品房预约合同纠纷

（2）商品房预售合同纠纷

（3）商品房销售合同纠纷

（4）商品房委托代理销售合同纠纷

（5）经济适用房转让合同纠纷

（6）农村房屋买卖合同纠纷

83. 房屋拆迁安置补偿合同纠纷

84. 供用电合同纠纷

85. 供用水合同纠纷

86. 供用气合同纠纷

87. 供用热力合同纠纷

88. 赠与合同纠纷

（1）公益事业捐赠合同纠纷

（2）附义务赠与合同纠纷

89. 借款合同纠纷

（1）金融借款合同纠纷

（2）同业拆借纠纷

（3）企业借贷纠纷

（4）民间借贷纠纷

（5）小额借款合同纠纷

（6）金融不良债权转让合同纠纷

（7）金融不良债权追偿纠纷

90. 保证合同纠纷

91. 抵押合同纠纷

92. 质押合同纠纷

93. 定金合同纠纷

94. 进出口押汇纠纷

95. 储蓄存款合同纠纷

96. 银行卡纠纷

（1）借记卡纠纷

（2）信用卡纠纷

97. 租赁合同纠纷

（1）土地租赁合同纠纷

（2）房屋租赁合同纠纷

（3）车辆租赁合同纠纷

（4）建筑设备租赁合同纠纷

98. 融资租赁合同纠纷

99. 承揽合同纠纷

（1）加工合同纠纷

（2）定作合同纠纷

（3）修理合同纠纷

（4）复制合同纠纷

（5）测试合同纠纷

（6）检验合同纠纷

（7）铁路机车、车辆建造合同纠纷

100. 建设工程合同纠纷

（1）建设工程勘察合同纠纷

（2）建设工程设计合同纠纷

（3）建设工程施工合同纠纷

（4）建设工程价款优先受偿权纠纷

（5）建设工程分包合同纠纷

（6）建设工程监理合同纠纷

（7）装饰装修合同纠纷

（8）铁路修建合同纠纷

（9）农村建房施工合同纠纷

101. 运输合同纠纷

（1）公路旅客运输合同纠纷

（2）公路货物运输合同纠纷

（3）水路旅客运输合同纠纷

（4）水路货物运输合同纠纷

（5）航空旅客运输合同纠纷

（6）航空货物运输合同纠纷

（7）出租汽车运输合同纠纷

（8）管道运输合同纠纷

（9）城市公交运输合同纠纷

（10）联合运输合同纠纷

（11）多式联运合同纠纷

（12）铁路货物运输合同纠纷

（13）铁路旅客运输合同纠纷

（14）铁路行李运输合同纠纷

（15）铁路包裹运输合同纠纷

（16）国际铁路联运合同纠纷

102. 保管合同纠纷

103. 仓储合同纠纷

104. 委托合同纠纷

（1）进出口代理合同纠纷

（2）货运代理合同纠纷

（3）民用航空运输销售代理合同纠纷

（4）诉讼、仲裁、人民调解代理合同纠纷

105. 委托理财合同纠纷

（1）金融委托理财合同纠纷

（2）民间委托理财合同纠纷

106. 行纪合同纠纷

107. 居间合同纠纷

108. 补偿贸易纠纷

109. 借用合同纠纷

110. 典当纠纷

111. 合伙协议纠纷

112. 种植、养殖回收合同纠纷

113. 彩票、奖券纠纷

114. 中外合作勘探开发自然资源合同纠纷

115. 农业承包合同纠纷

116. 林业承包合同纠纷

117. 渔业承包合同纠纷

118. 牧业承包合同纠纷

119. 农村土地承包合同纠纷

（1）土地承包经营权转包合同纠纷

（2）土地承包经营权转让合同纠纷

（3）土地承包经营权互换合同纠纷

（4）土地承包经营权入股合同纠纷

（5）土地承包经营权抵押合同纠纷

（6）土地承包经营权出租合同纠纷

120. 服务合同纠纷

（1）电信服务合同纠纷

（2）邮寄服务合同纠纷

（3）医疗服务合同纠纷

（4）法律服务合同纠纷

（5）旅游合同纠纷

（6）房地产咨询合同纠纷

（7）房地产价格评估合同纠纷

（8）旅店服务合同纠纷

（9）财会服务合同纠纷

（10）餐饮服务合同纠纷

（11）娱乐服务合同纠纷

（12）有线电视服务合同纠纷

（13）网络服务合同纠纷

（14）教育培训合同纠纷

（15）物业服务合同纠纷

（16）家政服务合同纠纷

（17）庆典服务合同纠纷

（18）殡葬服务合同纠纷

（19）农业技术服务合同纠纷

（20）农机作业服务合同纠纷

（21）保安服务合同纠纷

（22）银行结算合同纠纷

121. 演出合同纠纷

122. 劳务合同纠纷

123. 离退休人员返聘合同纠纷

124. 广告合同纠纷

125. 展览合同纠纷

126. 追偿权纠纷

127. 请求确认人民调解协议效力

（3）植物新品种权转让合同纠纷

（4）植物新品种实施许可合同纠纷

134. 集成电路布图设计合同纠纷

（1）集成电路布图设计创作合同纠纷

（2）集成电路布图设计专有权转让合同纠纷

（3）集成电路布图设计许可使用合同纠纷

135. 商业秘密合同纠纷

（1）技术秘密让与合同纠纷

（2）技术秘密许可使用合同纠纷

（3）经营秘密让与合同纠纷

（4）经营秘密许可使用合同纠纷

136. 技术合同纠纷

（1）技术委托开发合同纠纷

（2）技术合作开发合同纠纷

（3）技术转化合同纠纷

（4）技术转让合同纠纷

（5）技术咨询合同纠纷

（6）技术服务合同纠纷

（7）技术培训合同纠纷

（8）技术中介合同纠纷

（9）技术进口合同纠纷

（10）技术出口合同纠纷

（11）职务技术成果完成人奖励、报酬纠纷

（12）技术成果完成人署名权、荣誉权、奖励权纠纷

137. 特许经营合同纠纷

138. 企业名称（商号）合同纠纷

（1）企业名称（商号）转让合同纠纷

（2）企业名称（商号）使用合同纠纷

139. 特殊标志合同纠纷

140. 网络域名合同纠纷

（1）网络域名注册合同纠纷

（2）网络域名转让合同纠纷

（3）网络域名许可使用合同纠纷

141. 知识产权质押合同纠纷

十四、知识产权权属、侵权纠纷

142. 著作权权属、侵权纠纷

（1）著作权权属纠纷

（2）侵害作品发表权纠纷

（3）侵害作品署名权纠纷

（4）侵害作品修改权纠纷

（5）侵害保护作品完整权纠纷

（6）侵害作品复制权纠纷

（7）侵害作品发行权纠纷

（8）侵害作品出租权纠纷

（9）侵害作品展览权纠纷

（10）侵害作品表演权纠纷

（11）侵害作品放映权纠纷

（12）侵害作品广播权纠纷

（13）侵害作品信息网络传播权纠纷

（14）侵害作品摄制权纠纷

（15）侵害作品改编权纠纷

（16）侵害作品翻译权纠纷

（17）侵害作品汇编权纠纷

（18）侵害其他著作财产权纠纷

（19）出版者权权属纠纷

（20）表演者权权属纠纷

（21）录音录像制作者权权属纠纷

（22）广播组织权权属纠纷

（23）侵害出版者权纠纷

（24）侵害表演者权纠纷

（25）侵害录音录像制作者权纠纷

（26）侵害广播组织权纠纷

（27）计算机软件著作权权属纠纷

（28）侵害计算机软件著作权纠纷

143. 商标权权属、侵权纠纷

（1）商标权权属纠纷

（2）侵害商标权纠纷

144. 专利权权属、侵权纠纷

（1）专利申请权权属纠纷

（2）专利权权属纠纷

（3）侵害发明专利权纠纷

（4）侵害实用新型专利权纠纷

（5）侵害外观设计专利权纠纷

（6）假冒他人专利纠纷

（7）发明专利临时保护期使用费纠纷

（8）职务发明创造发明人、设计人奖励、报酬纠纷

（9）发明创造发明人、设计人署名权纠纷

145. 植物新品种权权属、侵权纠纷

（1）植物新品种申请权权属纠纷

（2）植物新品种权权属纠纷

（3）侵害植物新品种权纠纷

146. 集成电路布图设计专有权权属、侵权纠纷

（1）集成电路布图设计专有权权属纠纷

（2）侵害集成电路布图设计专有权纠纷

147. 侵害企业名称（商号）权纠纷

148. 侵害特殊标志专有权纠纷

149. 网络域名权属、侵权纠纷

（1）网络域名权属纠纷

（2）侵害网络域名纠纷

150. 发现权纠纷

151. 发明权纠纷

152. 其他科技成果权纠纷

153. 确认不侵害知识产权纠纷

（1）确认不侵害专利权纠纷

（2）确认不侵害商标权纠纷

（3）确认不侵害著作权纠纷

154. 因申请知识产权临时措施损害责任纠纷

（1）因申请诉前停止侵害专利权损害责任纠纷

（2）因申请诉前停止侵害注册商标专用权损害责任纠纷

（3）因申请诉前停止侵害著作权损害责任纠纷

（4）因申请诉前停止侵害植物新品种权损害责任纠纷

（5）因申请海关知识产权保护措施损害责任纠纷

155. 因恶意提起知识产权诉讼损害责任纠纷

156. 专利权宣告无效后返还费用纠纷

十五、不正当竞争纠纷

157. 仿冒纠纷

(1) 擅自使用知名商品特有名称、包装、装潢纠纷

(2) 擅自使用他人企业名称、姓名纠纷

(3) 伪造、冒用产品质量标志纠纷

(4) 伪造产地纠纷

158. 商业贿赂不正当竞争纠纷

159. 虚假宣传纠纷

160. 侵害商业秘密纠纷

(1) 侵害技术秘密纠纷

(2) 侵害经营秘密纠纷

161. 低价倾销不正当竞争纠纷

162. 捆绑销售不正当竞争纠纷

163. 有奖销售纠纷

164. 商业诋毁纠纷

165. 串通投标不正当竞争纠纷

十六、垄断纠纷

166. 垄断协议纠纷

(1) 横向垄断协议纠纷

(2) 纵向垄断协议纠纷

167. 滥用市场支配地位纠纷

(1) 垄断定价纠纷

(2) 掠夺定价纠纷

(3) 拒绝交易纠纷

(4) 限定交易纠纷

(5) 捆绑交易纠纷

(6) 差别待遇纠纷

168. 经营者集中纠纷

第六部分　劳动争议、人事争议

十七、劳动争议

169. 劳动合同纠纷

(1) 确认劳动关系纠纷

(2) 集体合同纠纷

(3) 劳务派遣合同纠纷

（4）非全日制用工纠纷

（5）追索劳动报酬纠纷

（6）经济补偿金纠纷

（7）竞业限制纠纷

170. 社会保险纠纷

（1）养老保险待遇纠纷

（2）工伤保险待遇纠纷

（3）医疗保险待遇纠纷

（4）生育保险待遇纠纷

（5）失业保险待遇纠纷

171. 福利待遇纠纷

十八、人事争议

172. 人事争议

（1）辞职争议

（2）辞退争议

（3）聘用合同争议

第七部分 海事海商纠纷

十九、海事海商纠纷

173. 船舶碰撞损害责任纠纷

174. 船舶触碰损害责任纠纷

175. 船舶损坏空中设施、水下设施损害责任纠纷

176. 船舶污染损害责任纠纷

177. 海上、通海水域污染损害责任纠纷

178. 海上、通海水域养殖损害责任纠纷

179. 海上、通海水域财产损害责任纠纷

180. 海上、通海水域人身损害责任纠纷

181. 非法留置船舶、船载货物、船用燃油、船用物料损害责任纠纷

182. 海上、通海水域货物运输合同纠纷

183. 海上、通海水域旅客运输合同纠纷

184. 海上、通海水域行李运输合同纠纷

185. 船舶经营管理合同纠纷

186. 船舶买卖合同纠纷

187. 船舶建造合同纠纷

188. 船舶修理合同纠纷

189. 船舶改建合同纠纷

190. 船舶拆解合同纠纷

191. 船舶抵押合同纠纷

192. 航次租船合同纠纷

193. 船舶租用合同纠纷

（1）定期租船合同纠纷

（2）光船租赁合同纠纷

194. 船舶融资租赁合同纠纷

195. 海上、通海水域运输船舶承包合同纠纷

196. 渔船承包合同纠纷

197. 船舶属具租赁合同纠纷

198. 船舶属具保管合同纠纷

199. 海运集装箱租赁合同纠纷

200. 海运集装箱保管合同纠纷

201. 港口货物保管合同纠纷

202. 船舶代理合同纠纷

203. 海上、通海水域货运代理合同纠纷

204. 理货合同纠纷

205. 船舶物料和备品供应合同纠纷

206. 船员劳务合同纠纷

207. 海难救助合同纠纷

208. 海上、通海水域打捞合同纠纷

209. 海上、通海水域拖航合同纠纷

210. 海上、通海水域保险合同纠纷

211. 海上、通海水域保赔合同纠纷

212. 海上、通海水域运输联营合同纠纷

213. 船舶营运借款合同纠纷

214. 海事担保合同纠纷

215. 航道、港口疏浚合同纠纷

216. 船坞、码头建造合同纠纷

217. 船舶检验合同纠纷

218. 海事请求担保纠纷

219. 海上、通海水域运输重大责任事故责任纠纷

220. 港口作业重大责任事故责任纠纷

221. 港口作业纠纷

（1）职工破产债权确认纠纷

（2）普通破产债权确认纠纷

280. 取回权纠纷

（1）一般取回权纠纷

（2）出卖人取回权纠纷

281. 破产抵销权纠纷

282. 别除权纠纷

283. 破产撤销权纠纷

284. 损害债务人利益赔偿纠纷

285. 管理人责任纠纷

二十四、证券纠纷

286. 证券权利确认纠纷

（1）股票权利确认纠纷

（2）公司债券权利确认纠纷

（3）国债权利确认纠纷

（4）证券投资基金权利确认纠纷

287. 证券交易合同纠纷

（1）股票交易纠纷

（2）公司债券交易纠纷

（3）国债交易纠纷

（4）证券投资基金交易纠纷

288. 金融衍生品种交易纠纷

289. 证券承销合同纠纷

（1）证券代销合同纠纷

（2）证券包销合同纠纷

290. 证券投资咨询纠纷

291. 证券资信评级服务合同纠纷

292. 证券回购合同纠纷

（1）股票回购合同纠纷

（2）国债回购合同纠纷

（3）公司债券回购合同纠纷

（4）证券投资基金回购合同纠纷

（5）质押式证券回购纠纷

293. 证券上市合同纠纷

294. 证券交易代理合同纠纷

295. 证券上市保荐合同纠纷

296. 证券发行纠纷

（1）证券认购纠纷

（2）证券发行失败纠纷

297. 证券返还纠纷

298. 证券欺诈责任纠纷

（1）证券内幕交易责任纠纷

（2）操纵证券交易市场责任纠纷

（3）证券虚假陈述责任纠纷

（4）欺诈客户责任纠纷

299. 证券托管纠纷

300. 证券登记、存管、结算纠纷

301. 融资融券交易纠纷

302. 客户交易结算资金纠纷

二十五、期货交易纠纷

303. 期货经纪合同纠纷

304. 期货透支交易纠纷

305. 期货强行平仓纠纷

306. 期货实物交割纠纷

307. 期货保证合约纠纷

308. 期货交易代理合同纠纷

309. 侵占期货交易保证金纠纷

310. 期货欺诈责任纠纷

311. 操纵期货交易市场责任纠纷

312. 期货内幕交易责任纠纷

313. 期货虚假信息责任纠纷

二十六、信托纠纷

314. 民事信托纠纷

315. 营业信托纠纷

316. 公益信托纠纷

二十七、保险纠纷

317. 财产保险合同纠纷

（1）财产损失保险合同纠纷

（2）责任保险合同纠纷

（3）信用保险合同纠纷

（4）保证保险合同纠纷

（5）保险人代位求偿权纠纷

318. 人身保险合同纠纷

（1）人寿保险合同纠纷

（2）意外伤害保险合同纠纷

（3）健康保险合同纠纷

319. 再保险合同纠纷

320. 保险经纪合同纠纷

321. 保险代理合同纠纷

322. 进出口信用保险合同纠纷

323. 保险费纠纷

二十八、票据纠纷

324. 票据付款请求权纠纷

325. 票据追索权纠纷

326. 票据交付请求权纠纷

327. 票据返还请求权纠纷

328. 票据损害责任纠纷

329. 票据利益返还请求权纠纷

330. 汇票回单签发请求权纠纷

331. 票据保证纠纷

332. 确认票据无效纠纷

333. 票据代理纠纷

334. 票据回购纠纷

二十九、信用证纠纷

335. 委托开立信用证纠纷

336. 信用证开证纠纷

337. 信用证议付纠纷

338. 信用证欺诈纠纷

339. 信用证融资纠纷

340. 信用证转让纠纷

第九部分　侵权责任纠纷

三十、侵权责任纠纷

341. 监护人责任纠纷

342. 用人单位责任纠纷

343. 劳务派遣工作人员侵权责任纠纷

344. 提供劳务者致害责任纠纷

345. 提供劳务者受害责任纠纷

346. 网络侵权责任纠纷

347. 违反安全保障义务责任纠纷

（1）公共场所管理人责任纠纷

（2）群众性活动组织者责任纠纷

348. 教育机构责任纠纷

349. 产品责任纠纷

（1）产品生产者责任纠纷

（2）产品销售者责任纠纷

（3）产品运输者责任纠纷

（4）产品仓储者责任纠纷

350. 机动车交通事故责任纠纷

351. 医疗损害责任纠纷

（1）侵害患者知情同意权责任纠纷

（2）医疗产品责任纠纷

352. 环境污染责任纠纷

（1）大气污染责任纠纷

（2）水污染责任纠纷

（3）噪声污染责任纠纷

（4）放射性污染责任纠纷

（5）土壤污染责任纠纷

（6）电子废物污染责任纠纷

（7）固体废物污染责任纠纷

353. 高度危险责任纠纷

（1）民用核设施损害责任纠纷

（2）民用航空器损害责任纠纷

（3）占有、使用高度危险物损害责任纠纷

（4）高度危险活动损害责任纠纷

（5）遗失、抛弃高度危险物损害责任纠纷

（6）非法占有高度危险物损害责任纠纷

354. 饲养动物损害责任纠纷

355. 物件损害责任纠纷

（1）物件脱落、坠落损害责任纠纷

（2）建筑物、构筑物倒塌损害责任纠纷

（3）不明抛掷物、坠落物损害责任纠纷

（4）堆放物倒塌致害责任纠纷

（5）公共道路妨碍通行损害责任纠纷

（6）林木折断损害责任纠纷

（7）地面施工、地下设施损害责任纠纷

356. 触电人身损害责任纠纷

357. 义务帮工人受害责任纠纷

358. 见义勇为人受害责任纠纷

359. 公证损害责任纠纷

360. 防卫过当损害责任纠纷

361. 紧急避险损害责任纠纷

362. 驻香港、澳门特别行政区军人执行职务侵权责任纠纷

363. 铁路运输损害责任纠纷

（1）铁路运输人身损害责任纠纷

（2）铁路运输财产损害责任纠纷

364. 水上运输损害责任纠纷

（1）水上运输人身损害责任纠纷

（2）水上运输财产损害责任纠纷

365. 航空运输损害责任纠纷

（1）航空运输人身损害责任纠纷

（2）航空运输财产损害责任纠纷

366. 因申请诉前财产保全损害责任纠纷

367. 因申请诉前证据保全损害责任纠纷

368. 因申请诉中财产保全损害责任纠纷

369. 因申请诉中证据保全损害责任纠纷

370. 因申请先予执行损害责任纠纷

第十部分　适用特殊程序案件案由

三十一、选民资格案件

371. 申请确定选民资格

三十二、宣告失踪、宣告死亡案件

372. 申请宣告公民失踪

373. 申请撤销宣告失踪

374. 申请为失踪人财产指定、变更代管人

最高人民法院关于审理船舶油污损害
赔偿纠纷案件若干问题的规定

(2011 年 1 月 10 日最高人民法院审判委员会第 1509 次
会议通过 2011 年 5 月 4 日最高人民法院公布 自 2011
年 7 月 1 日起施行 法释〔2011〕14 号)

为正确审理船舶油污损害赔偿纠纷案件,依照《中华人民共和国民法
通则》、《中华人民共和国侵权责任法》、《中华人民共和国海洋环境保护
法》、《中华人民共和国海商法》、《中华人民共和国民事诉讼法》、《中华
人民共和国海事诉讼特别程序法》等法律法规以及中华人民共和国缔结或
者参加的有关国际条约,结合审判实践,制定本规定。

第一条 船舶发生油污事故,对中华人民共和国领域和管辖的其他海
域造成油污损害或者形成油污损害威胁,人民法院审理相关船舶油污损害
赔偿纠纷案件,适用本规定。

第二条 当事人就油轮装载持久性油类造成的油污损害提起诉讼、申
请设立油污损害赔偿责任限制基金,由船舶油污事故发生地海事法院
管辖。

油轮装载持久性油类引起的船舶油污事故,发生在中华人民共和国领
域和管辖的其他海域外,对中华人民共和国领域和管辖的其他海域造成油
污损害或者形成油污损害威胁,当事人就船舶油污事故造成的损害提起诉
讼、申请设立油污损害赔偿责任限制基金,由油污损害结果地或者采取预
防油污措施地海事法院管辖。

第三条 两艘或者两艘以上船舶泄漏油类造成油污损害,受损害人请
求各泄漏油船舶所有人承担赔偿责任,按照泄漏油数量及泄漏油类对环境
的危害性等因素能够合理分开各自造成的损害,由各泄漏油船舶所有人分
别承担责任;不能合理分开各自造成的损害,各泄漏油船舶所有人承担连
带责任。但泄漏油船舶所有人依法免予承担责任的除外。

各泄漏油船舶所有人对受损害人承担连带责任的,相互之间根据各自
责任大小确定相应的赔偿数额;难以确定责任大小的,平均承担赔偿责
任。泄漏油船舶所有人支付超出自己应赔偿的数额,有权向其他泄漏油船
舶所有人追偿。

第四条 船舶互有过失碰撞引起油类泄漏造成油污损害的，受损害人可以请求泄漏油船舶所有人承担全部赔偿责任。

第五条 油轮装载的持久性油类造成油污损害的，应依照《防治船舶污染海洋环境管理条例》、《1992年国际油污损害民事责任公约》的规定确定赔偿限额。

油轮装载的非持久性燃油或者非油轮装载的燃油造成油污损害的，应依照海商法关于海事赔偿责任限制的规定确定赔偿限额。

第六条 经证明油污损害是由于船舶所有人的故意或者明知可能造成此种损害而轻率地作为或者不作为造成的，船舶所有人主张限制赔偿责任，人民法院不予支持。

第七条 油污损害是由于船舶所有人故意造成的，受损害人请求船舶油污损害责任保险人或者财务保证人赔偿，人民法院不予支持。

第八条 受损害人直接向船舶油污损害责任保险人或者财务保证人提起诉讼，船舶油污损害责任保险人或者财务保证人可以对受损害人主张船舶所有人的抗辩。

除船舶所有人故意造成油污损害外，船舶油污损害责任保险人或者财务保证人向受损害人主张其对船舶所有人的抗辩，人民法院不予支持。

第九条 船舶油污损害赔偿范围包括：（一）为防止或者减轻船舶油污损害采取预防措施所发生的费用，以及预防措施造成的进一步灭失或者损害；（二）船舶油污事故造成该船舶之外的财产损害以及由此引起的收入损失；（三）因油污造成环境损害所引起的收入损失；（四）对受污染的环境已采取或将要采取合理恢复措施的费用。

第十条 对预防措施费用以及预防措施造成的进一步灭失或者损害，人民法院应当结合污染范围、污染程度、油类泄漏量、预防措施的合理性、参与清除油污人员及投入使用设备的费用等因素合理认定。

第十一条 对遇险船舶实施防污措施，作业开始时的主要目的仅是为防止、减轻油污损害的，所发生的费用应认定为预防措施费用。

作业具有救助遇险船舶、其他财产和防止、减轻油污损害的双重目的，应根据目的的主次比例合理划分预防措施费用与救助措施费用；无合理依据区分主次目的的，相关费用应平均分摊。但污染危险消除后发生的费用不应列为预防措施费用。

第十二条 船舶泄漏油类污染其他船舶、渔具、养殖设施等财产，受损害人请求油污责任人赔偿因清洗、修复受污染财产支付的合理费用，人民法院应予支持。

受污染财产无法清洗、修复，或者清洗、修复成本超过其价值的，受损害人请求油污责任人赔偿合理的更换费用，人民法院应予支持，但应参照受污染财产实际使用年限与预期使用年限的比例作合理扣除。

第十三条 受损害人因其财产遭受船舶油污，不能正常生产经营的，其收入损失应以财产清洗、修复或者更换所需合理期间为限进行计算。

第十四条 海洋渔业、滨海旅游业及其他用海、临海经营单位或者个人请求因环境污染所遭受的收入损失，具备下列全部条件，由此证明收入损失与环境污染之间具有直接因果关系的，人民法院应予支持：（一）请求人的生产经营活动位于或者接近污染区域；（二）请求人的生产经营活动主要依赖受污染资源或者海岸线；（三）请求人难以找到其他替代资源或者商业机会；（四）请求人的生产经营业务属于当地相对稳定的产业。

第十五条 未经相关行政主管部门许可，受损害人从事海上养殖、海洋捕捞，主张收入损失的，人民法院不予支持；但请求赔偿清洗、修复、更换养殖或者捕捞设施的合理费用，人民法院应予支持。

第十六条 受损害人主张因其财产受污染或者因环境污染造成的收入损失，应以其前三年同期平均净收入扣减受损期间的实际净收入计算，并适当考虑影响收入的其他相关因素予以合理确定。

按照前款规定无法认定收入损失的，可以参考政府部门的相关统计数据和信息，或者同区域同类生产经营者的同期平均收入合理认定。

受损害人采取合理措施避免收入损失，请求赔偿合理措施的费用，人民法院应予支持，但以其避免发生的收入损失数额为限。

第十七条 船舶油污事故造成环境损害的，对环境损害的赔偿应限于已实际采取或者将要采取的合理恢复措施的费用。恢复措施的费用包括合理的监测、评估、研究费用。

第十八条 船舶取得有效的油污损害民事责任保险或者具有相应财务保证的，油污受损害人主张船舶优先权的，人民法院不予支持。

第十九条 对油轮装载的非持久性燃油、非油轮装载的燃油造成油污损害的赔偿请求，适用海商法关于海事赔偿责任限制的规定。

同一海事事故造成前款规定的油污损害和海商法第二百零七条规定的可以限制赔偿责任的其他损害，船舶所有人依照海商法第十一章的规定主张在同一赔偿限额内限制赔偿责任的，人民法院应予支持。

第二十条 为避免油轮装载的非持久性燃油、非油轮装载的燃油造成油污损害，对沉没、搁浅、遇难船舶采取起浮、清除或者使之无害措施，船舶所有人对由此发生的费用主张依照海商法第十一章的规定限制赔偿责任的，人民法院不予支持。

第二十一条 对油轮装载持久性油类造成的油污损害，船舶所有人，或者船舶油污责任保险人、财务保证人主张责任限制的，应当设立油污损害赔偿责任限制基金。

油污损害赔偿责任限制基金以现金方式设立的，基金数额为《防治船舶污染海洋环境管理条例》、《1992年国际油污损害民事责任公约》规定的赔偿限额。以担保方式设立基金的，担保数额为基金数额及其在基金设立期间的利息。

第二十二条　船舶所有人、船舶油污损害责任保险人或者财务保证人申请设立油污损害赔偿责任限制基金，利害关系人对船舶所有人主张限制赔偿责任有异议的，应当在海事诉讼特别程序法第一百零六条第一款规定的异议期内以书面形式提出，但提出该异议不影响基金的设立。

第二十三条　对油轮装载持久性油类造成的油污损害，利害关系人没有在异议期内对船舶所有人主张限制赔偿责任提出异议，油污损害赔偿责任限制基金设立后，海事法院应当解除对船舶所有人的财产采取的保全措施或者发还为解除保全措施而提供的担保。

第二十四条　对油轮装载持久性油类造成的油污损害，利害关系人在异议期内对船舶所有人主张限制赔偿责任提出异议的，人民法院在认定船舶所有人有权限制赔偿责任的裁决生效后，应当解除对船舶所有人的财产采取的保全措施或者发还为解除保全措施而提供的担保。

第二十五条　对油轮装载持久性油类造成的油污损害，受损害人提起诉讼时主张船舶所有人无权限制赔偿责任的，海事法院对船舶所有人是否有权限制赔偿责任的争议，可以先行审理并作出判决。

第二十六条　对油轮装载持久性油类造成的油污损害，受损害人没有在规定的债权登记期间申请债权登记的，视为放弃在油污损害赔偿责任限制基金中受偿的权利。

第二十七条　油污损害赔偿责任限制基金不足以清偿有关油污损害的，应根据确认的赔偿数额依法按比例分配。

第二十八条　对油轮装载持久性油类造成的油污损害，船舶所有人、船舶油污损害责任保险人或者财务保证人申请设立油污损害赔偿责任限制基金、受损害人申请债权登记与受偿，本规定没有规定的，适用海事诉讼特别程序法及相关司法解释的规定。

第二十九条　在油污损害赔偿责任限制基金分配以前，船舶所有人、船舶油污损害责任保险人或者财务保证人，已先行赔付油污损害的，可以书面申请从基金中代位受偿。代位受偿应限于赔付的范围，并不超过接受赔付的人依法可获得的赔偿数额。

海事法院受理代位受偿申请后，应书面通知所有对油污损害赔偿责任限制基金提出主张的利害关系人。利害关系人对申请人主张代位受偿的权利有异议的，应在收到通知之日起十五日内书面提出。

海事法院经审查认定申请人代位受偿权利成立，应裁定予以确认；申请人主张代位受偿的权利缺乏事实或者法律依据的，裁定驳回其申请。当事人对裁定不服的，可以在收到裁定书之日起十日内提起上诉。

第三十条 船舶所有人为主动防止、减轻油污损害而支出的合理费用或者所作的合理牺牲，请求参与油污损害赔偿责任限制基金分配的，人民法院应予支持，比照本规定第二十九条第二款、第三款的规定处理。

第三十一条 本规定中下列用语的含义是：

（一）船舶，是指非用于军事或者政府公务的海船和其他海上移动式装置，包括航行于国际航线和国内航线的油轮和非油轮。其中，油轮是指为运输散装持久性货油而建造或者改建的船舶，以及实际装载散装持久性货油的其他船舶。

（二）油类，是指烃类矿物油及其残余物，限于装载于船上作为货物运输的持久性货油、装载用于本船运行的持久性和非持久性燃油，不包括装载于船上作为货物运输的非持久性货油。

（三）船舶油污事故，是指船舶泄漏油类造成油污损害，或者虽未泄漏油类但形成严重和紧迫油污损害威胁的一个或者一系列事件。一系列事件因同一原因而发生的，视为同一事故。

（四）船舶油污损害责任保险人或者财务保证人，是指海事事故中泄漏油类或者直接形成油污损害威胁的船舶一方的油污责任保险人或者财务保证人。

（五）油污损害赔偿责任限制基金，是指船舶所有人、船舶油污损害责任保险人或者财务保证人，对油轮装载持久性油类造成的油污损害申请设立的赔偿责任限制基金。

第三十二条 本规定实施前本院发布的司法解释与本规定不一致的，以本规定为准。

本规定施行前已经终审的案件，人民法院进行再审时，不适用本规定。

最高人民法院关于适用
《中华人民共和国婚姻法》若干问题的解释（三）

（2011 年 7 月 4 日最高人民法院审判委员会第 1525 次会议通过　2011 年 8 月 9 日最高人民法院公告公布　自 2011 年 8 月 13 日起施行　法释〔2011〕18 号）

为正确审理婚姻家庭纠纷案件，根据《中华人民共和国婚姻法》、《中华人民共和国民事诉讼法》等相关法律规定，对人民法院适用婚姻法的有关问题作出如下解释：

第一条　当事人以婚姻法第十条规定以外的情形申请宣告婚姻无效的，人民法院应当判决驳回当事人的申请。

当事人以结婚登记程序存在瑕疵为由提起民事诉讼，主张撤销结婚登记的，告知其可以依法申请行政复议或者提起行政诉讼。

第二条　夫妻一方向人民法院起诉请求确认亲子关系不存在，并已提供必要证据予以证明，另一方没有相反证据又拒绝做亲子鉴定的，人民法院可以推定请求确认亲子关系不存在一方的主张成立。

当事人一方起诉请求确认亲子关系，并提供必要证据予以证明，另一方没有相反证据又拒绝做亲子鉴定的，人民法院可以推定请求确认亲子关系一方的主张成立。

第三条　婚姻关系存续期间，父母双方或者一方拒不履行抚养子女义务，未成年或者不能独立生活的子女请求支付抚养费的，人民法院应予支持。

第四条　婚姻关系存续期间，夫妻一方请求分割共同财产的，人民法院不予支持，但有下列重大理由且不损害债权人利益的除外：

（一）一方有隐藏、转移、变卖、毁损、挥霍夫妻共同财产或者伪造夫妻共同债务等严重损害夫妻共同财产利益行为的；

（二）一方负有法定扶养义务的人患重大疾病需要医治，另一方不同意支付相关医疗费用的。

第五条　夫妻一方个人财产在婚后产生的收益，除孳息和自然增值外，应认定为夫妻共同财产。

第六条　婚前或者婚姻关系存续期间，当事人约定将一方所有的房产赠与另一方，赠与方在赠与房产变更登记之前撤销赠与，另一方请求判令继续履行的，人民法院可以按照合同法第一百八十六条的规定处理。

第七条　婚后由一方父母出资为子女购买的不动产，产权登记在出资人子女名下的，可按照婚姻法第十八条第（三）项的规定，视为只对自己子女一方的赠与，该不动产应认定为夫妻一方的个人财产。

由双方父母出资购买的不动产，产权登记在一方子女名下的，该不动产可认定为双方按照各自父母的出资份额按份共有，但当事人另有约定的除外。

第八条　无民事行为能力人的配偶有虐待、遗弃等严重损害无民事行为能力一方的人身权利或者财产权益行为，其他有监护资格的人可以依照特别程序要求变更监护关系；变更后的监护人代理无民事行为能力一方提起离婚诉讼的，人民法院应予受理。

第九条　夫以妻擅自中止妊娠侵犯其生育权为由请求损害赔偿的，人民法院不予支持；夫妻双方因是否生育发生纠纷，致使感情确已破裂，一方请求离婚的，人民法院经调解无效，应依照婚姻法第三十二条第三款第（五）项的规定处理。

第十条　夫妻一方婚前签订不动产买卖合同，以个人财产支付首付款并在银行贷款，婚后用夫妻共同财产还贷，不动产登记于首付款支付方名下的，离婚时该不动产由双方协议处理。

依前款规定不能达成协议的，人民法院可以判决该不动产归产权登记一方，尚未归还的贷款为产权登记一方的个人债务。双方婚后共同还贷支付的款项及其相对应财产增值部分，离婚时应根据婚姻法第三十九条第一款规定的原则，由产权登记一方对另一方进行补偿。

第十一条　一方未经另一方同意出售夫妻共同共有的房屋，第三人善意购买、支付合理对价并办理产权登记手续，另一方主张追回该房屋的，人民法院不予支持。

夫妻一方擅自处分共同共有的房屋造成另一方损失，离婚时另一方请求赔偿损失的，人民法院应予支持。

第十二条　婚姻关系存续期间，双方用夫妻共同财产出资购买以一方父母名义参加房改的房屋，产权登记在一方父母名下，离婚时另一方主张按照夫妻共同财产对该房屋进行分割的，人民法院不予支持。购买该房屋时的出资，可以作为债权处理。

第十三条　离婚时夫妻一方尚未退休、不符合领取养老保险金条件，另一方请求按照夫妻共同财产分割养老保险金的，人民法院不予支持；婚后以夫妻共同财产缴付养老保险费，离婚时一方主张将养老金账户中婚姻关系存续期间个人实际缴付部分作为夫妻共同财产分割的，人民法院应予支持。

第十四条 当事人达成的以登记离婚或者到人民法院协议离婚为条件的财产分割协议，如果双方协议离婚未成，一方在离婚诉讼中反悔的，人民法院应当认定该财产分割协议没有生效，并根据实际情况依法对夫妻共同财产进行分割。

第十五条 婚姻关系存续期间，夫妻一方作为继承人依法可以继承的遗产，在继承人之间尚未实际分割，起诉离婚时另一方请求分割的，人民法院应当告知当事人在继承人之间实际分割遗产后另行起诉。

第十六条 夫妻之间订立借款协议，以夫妻共同财产出借给一方从事个人经营活动或用于其他个人事务的，应视为双方约定处分夫妻共同财产的行为，离婚时可按照借款协议的约定处理。

第十七条 夫妻双方均有婚姻法第四十六条规定的过错情形，一方或者双方向对方提出离婚损害赔偿请求的，人民法院不予支持。

第十八条 离婚后，一方以尚有夫妻共同财产未处理为由向人民法院起诉请求分割的，经审查该财产确属离婚时未涉及的夫妻共同财产，人民法院应当依法予以分割。

第十九条 本解释施行后，最高人民法院此前作出的相关司法解释与本解释相抵触的，以本解释为准。

最高人民法院关于适用
《中华人民共和国企业破产法》 若干问题的规定 （一）

（2011 年 8 月 29 日最高人民法院审判委员会第 1527 次会议通过　2011 年 9 月 9 日最高人民法院公告公布　自 2011 年 9 月 26 日起施行　法释〔2011〕22 号）

为正确适用《中华人民共和国企业破产法》，结合审判实践，就人民法院依法受理企业破产案件适用法律问题作出如下规定。

第一条 债务人不能清偿到期债务并且具有下列情形之一的，人民法院应当认定其具备破产原因：

（一）资产不足以清偿全部债务；

（二）明显缺乏清偿能力。

相关当事人以对债务人的债务负有连带责任的人未丧失清偿能力为由,主张债务人不具备破产原因的,人民法院应不予支持。

第二条 下列情形同时存在的,人民法院应当认定债务人不能清偿到期债务:

(一)债权债务关系依法成立;

(二)债务履行期限已经届满;

(三)债务人未完全清偿债务。

第三条 债务人的资产负债表,或者审计报告、资产评估报告等显示其全部资产不足以偿付全部负债的,人民法院应当认定债务人资产不足以清偿全部债务,但有相反证据足以证明债务人资产能够偿付全部负债的除外。

第四条 债务人账面资产虽大于负债,但存在下列情形之一的,人民法院应当认定其明显缺乏清偿能力:

(一)因资金严重不足或者财产不能变现等原因,无法清偿债务;

(二)法定代表人下落不明且无其他人员负责管理财产,无法清偿债务;

(三)经人民法院强制执行,无法清偿债务;

(四)长期亏损且经营扭亏困难,无法清偿债务;

(五)导致债务人丧失清偿能力的其他情形。

第五条 企业法人已解散但未清算或者未在合理期限内清算完毕,债权人申请债务人破产清算的,除债务人在法定异议期限内举证证明其未出现破产原因外,人民法院应当受理。

第六条 债权人申请债务人破产的,应当提交债务人不能清偿到期债务的有关证据。债务人对债权人的申请未在法定期限内向人民法院提出异议,或者异议不成立的,人民法院应当依法裁定受理破产申请。

受理破产申请后,人民法院应当责令债务人依法提交其财产状况说明、债务清册、债权清册、财务会计报告等有关材料,债务人拒不提交的,人民法院可以对债务人的直接责任人员采取罚款等强制措施。

第七条 人民法院收到破产申请时,应当向申请人出具收到申请及所附证据的书面凭证。

人民法院收到破产申请后应当及时对申请人的主体资格、债务人的主体资格和破产原因,以及有关材料和证据等进行审查,并依据企业破产法第十条的规定作出是否受理的裁定。

人民法院认为申请人应当补充、补正相关材料的,应当自收到破产申请之日起五日内告知申请人。当事人补充、补正相关材料的期间不计入企业破产法第十条规定的期限。

第八条 破产案件的诉讼费用，应根据企业破产法第四十三条的规定，从债务人财产中拨付。相关当事人以申请人未预先交纳诉讼费用为由，对破产申请提出异议的，人民法院不予支持。

第九条 申请人向人民法院提出破产申请，人民法院未接收其申请，或者未按本规定第七条执行的，申请人可以向上一级人民法院提出破产申请。

上一级人民法院接到破产申请后，应当责令下级法院依法审查并及时作出是否受理的裁定；下级法院仍不作出是否受理裁定的，上一级人民法院可以径行作出裁定。

上一级人民法院裁定受理破产申请的，可以同时指令下级人民法院审理该案件。

最高人民法院关于发布第一批指导性案例的通知

(2011 年 12 月 20 日　法〔2011〕354 号)

各省、自治区、直辖市高级人民法院，解放军军事法院，新疆维吾尔自治区高级人民法院生产建设兵团分院：

为了贯彻落实中央关于建立案例指导制度的司法改革举措，最高人民法院于 2010 年 11 月 26 日印发了《关于案例指导工作的规定》（以下简称《规定》）。《规定》的出台，标志着中国特色案例指导制度初步确立。社会各界对此高度关注，并给予大力支持。各高级人民法院根据《规定》要求，积极向最高人民法院推荐报送指导性案例。最高人民法院专门设立案例指导工作办公室，加强并协调有关方面对指导性案例的研究。近日，最高人民法院审判委员会讨论通过，决定将上海中原物业顾问有限公司诉陶德华居间合同纠纷案等 4 个案例作为第一批指导性案例予以公布。现将有关工作通知如下：

一、准确把握案例的指导精神

（一）上海中原物业顾问有限公司诉陶德华居间合同纠纷案，旨在解决二手房买卖活动中买方与中介公司因"跳单"引发的纠纷。该案例确认：居间合同中禁止买方利用中介公司提供的房源信息，却撇开该中介公司与卖方签订房屋买卖合同的约定具有约束力，即买方不得"跳单"违约；但是同一房源信息经多个中介公司发布，买方通过上述正当途径获取该房源信息的，有权在多个中介公司中选择报价低、服务好的中介公司促成交易，此行为不属于"跳单"违约。从而既保护中介公司合法权益，促进中介服务市场健康发展，维护市场交易诚信，又促进房屋买卖中介公司之间公平竞争，提高服务质量，保护消费者的合法权益。

（二）吴梅诉四川省眉山西城纸业有限公司买卖合同纠纷案，旨在正确处理诉讼外和解协议与判决的效力关系。该案例确认：对于当事人在二审期间达成诉讼外和解协议后撤诉的，当事人应当依约履行。一方当事人不履行或不完全履行和解协议的，另一方当事人可以申请人民法院执行一审生效判决。从而既尊重当事人对争议标的的自由处分权，强调了协议必须信守履行的规则，又维护了人民法院生效裁判的权威。

（三）潘玉梅、陈宁受贿案旨在解决新形式、新手段受贿罪的认定问题。该案例确认：国家工作人员以"合办"公司的名义或以交易形式收受贿赂的、承诺"为他人谋取利益"未谋取利益而受贿的、以及为掩饰犯罪而退赃的，不影响受贿罪的认定，从而对近年来以新的手段收受贿赂案件的处理提供了明确指导。对于依法惩治受贿犯罪，有效查处新形势下出现的新类型受贿案件，推进反腐败斗争深入开展，具有重要意义。

（四）王志才故意杀人案旨在明确判处死缓并限制减刑的具体条件。该案例确认：刑法修正案（八）规定的限制减刑制度，可以适用于2011年4月30日之前发生的犯罪行为；对于罪行极其严重，应当判处死刑立即执行，被害方反应强烈，但被告人具有法定或酌定从轻处罚情节，判处死刑缓期执行，同时依法决定限制减刑能够实现罪刑相适应的，可以判处死缓并限制减刑。这有利于切实贯彻宽严相济刑事政策，既依法严惩严重刑事犯罪，又进一步严格限制死刑，最大限度地增加和谐因素，最大限度地减少不和谐因素，促进和谐社会建设。

二、切实发挥好指导性案例作用

各级人民法院对于上述指导性案例，要组织广大法官认真学习研究，深刻领会和正确把握指导性案例的精神实质和指导意义；要增强运用指导性案例的自觉性，以先进的司法理念、公平的裁判尺度、科学的裁判方法，严格参照指导性案例审理好类似案件，进一步提高办案质量和效率，确保案件裁判法律效果和社会效果的有机统一，保障社会和谐稳定；要高度重视案例指导工作，精心编选、积极推荐、及时报送指导性案例，不断提高选报案例质量，推进案例指导工作扎实开展；要充分发挥舆论引导作用，宣传案例指导制度的意义和成效，营造社会各界理解、关心和支持人民法院审判工作的良好氛围。

今后，各高级人民法院可以通过发布参考性案例等形式，对辖区内各级人民法院和专门法院的审判业务工作进行指导，但不得使用"指导性案例"或者"指导案例"的称谓，以避免与指导性案例相混淆。对于实施案例指导工作中遇到的问题和改进案例指导工作的建议，请及时层报最高人民法院。

附：上海中原物业顾问有限公司诉陶德华居间合同纠纷案等四个指导性案例

指导案例 1 号

上海中原物业顾问有限公司诉陶德华
居间合同纠纷案

（最高人民法院审判委员会讨论通过 2011 年 12 月 20 日发布）

关键词 民事 居间合同 二手房买卖 违约

裁判要点

房屋买卖居间合同中关于禁止买方利用中介公司提供的房源信息却绕开该中介公司与卖方签订房屋买卖合同的约定合法有效。但是，当卖方将同一房屋通过多个中介公司挂牌出售时，买方通过其他公众可以获知的正当途径获得相同房源信息的，买方有权选择报价低、服务好的中介公司促成房屋买卖合同成立，其行为并没有利用先前与之签约中介公司的房源信息，故不构成违约。

相关法条

《中华人民共和国合同法》第四百二十四条

基本案情

原告上海中原物业顾问有限公司（简称中原公司）诉称：被告陶德华利用中原公司提供的上海市虹口区株洲路某号房屋销售信息，故意跳过中介，私自与卖方直接签订购房合同，违反了《房地产求购确认书》的约定，属于恶意"跳单"行为，请求法院判令陶德华按约支付中原公司违约金 1.65 万元。

被告陶德华辩称：涉案房屋原产权人李某某委托多家中介公司出售房屋，中原公司并非独家掌握该房源信息，也非独家代理销售。陶德华并没有利用中原公司提供的信息，不存在"跳单"违约行为。

法院经审理查明：2008 年下半年，原产权人李某某到多家房屋中介公司挂牌销售涉案房屋。2008 年 10 月 22 日，上海某房地产经纪有限公司带陶德华看了该房屋；11 月 23 日，上海某房地产顾问有限公司（简称某房

· 171 ·

地产顾问公司）带陶德华之妻曹某某看了该房屋；11 月 27 日，中原公司带陶德华看了该房屋，并于同日与陶德华签订了《房地产求购确认书》。该《确认书》第 2.4 条约定，陶德华在验看过该房地产后六个月内，陶德华或其委托人、代理人、代表人、承办人等与陶德华有关联的人，利用中原公司提供的信息、机会等条件但未通过中原公司而与第三方达成买卖交易的，陶德华应按照与出卖方就该房地产买卖达成的实际成交价的 1%，向中原公司支付违约金。当时中原公司对该房屋报价 165 万元，而某房地产顾问公司报价 145 万元，并积极与卖方协商价格。11 月 30 日，在某房地产顾问公司居间下，陶德华与卖方签订了房屋买卖合同，成交价 138 万元。后买卖双方办理了过户手续，陶德华向某房地产顾问公司支付佣金 1.38 万元。

裁判结果

上海市虹口区人民法院于 2009 年 6 月 23 日作出（2009）虹民三（民）初字第 912 号民事判决：被告陶德华应于判决生效之日起十日内向原告中原公司支付违约金 1.38 万元。宣判后，陶德华提出上诉。上海市第二中级人民法院于 2009 年 9 月 4 日作出（2009）沪二中民二（民）终字第 1508 号民事判决：一、撤销上海市虹口区人民法院（2009）虹民三（民）初字第 912 号民事判决；二、中原公司要求陶德华支付违约金 1.65万元的诉讼请求，不予支持。

裁判理由

法院生效裁判认为：中原公司与陶德华签订的《房地产求购确认书》属于居间合同性质，其中第 2.4 条的约定，属于房屋买卖居间合同中常有的禁止"跳单"格式条款，其本意是为防止买方利用中介公司提供的房源信息却"跳"过中介公司购买房屋，从而使中介公司无法得到应得的佣金，该约定并不存在免除一方责任、加重对方责任、排除对方主要权利的情形，应认定有效。根据该条约定，衡量买方是否"跳单"违约的关键，是看买方是否利用了该中介公司提供的房源信息、机会等条件。如果买方并未利用该中介公司提供的信息、机会等条件，而是通过其他公众可以获知的正当途径获得同一房源信息，则买方有权选择报价低、服务好的中介公司促成房屋买卖合同成立，而不构成"跳单"违约。本案中，原产权人通过多家中介公司挂牌出售同一房屋，陶德华及其家人分别通过不同的中介公司了解到同一房源信息，并通过其他中介公司促成了房屋买卖合同成立。因此，陶德华并没有利用中原公司的信息、机会，故不构成违约，对中原公司的诉讼请求不予支持。

吴梅诉四川省眉山西城纸业有限
公司买卖合同纠纷案

（最高人民法院审判委员会讨论通过　2011 年 12 月 20 日发布）

关键词　民事诉讼　执行　和解　撤回上诉　不履行和解协议　申请
执行一审判决

裁判要点

民事案件二审期间，双方当事人达成和解协议，人民法院准许撤回上诉的，该和解协议未经人民法院依法制作调解书，属于诉讼外达成的协议。一方当事人不履行和解协议，另一方当事人申请执行一审判决的，人民法院应予支持。

相关法条

《中华人民共和国民事诉讼法》第二百零七条第二款

基本案情

原告吴梅系四川省眉山市东坡区吴梅收旧站业主，从事废品收购业务。约自 2004 年开始，吴梅出售废书给被告四川省眉山西城纸业有限公司（简称西城纸业公司）。2009 年 4 月 14 日双方通过结算，西城纸业公司向吴梅出具欠条载明：今欠到吴梅废书款壹佰玖拾柒万元整（￥1970000.00）。同年 6 月 11 日，双方又对后期货款进行了结算，西城纸业公司向吴梅出具欠条载明：今欠到吴梅废书款伍拾肆万捌仟元整（￥548000.00）。因经多次催收上述货款无果，吴梅向眉山市东坡区人民法院起诉，请求法院判令西城纸业公司支付货款 251.8 万元及利息。被告西城纸业公司对欠吴梅货款 251.8 万元没有异议。

一审法院经审理后判决：被告西城纸业公司在判决生效之日起十日内给付原告吴梅货款 251.8 万元及违约利息。宣判后，西城纸业公司向眉山市中级人民法院提起上诉。二审审理期间，西城纸业公司于 2009 年 10 月 15 日与吴梅签订了一份还款协议，商定西城纸业公司的还款计划，吴梅则放弃了支付利息的请求。同年 10 月 20 日，西城纸业公司以自愿与对方达成和解协议为由申请撤回上诉。眉山市中级人民法院裁定准予撤诉后，因西城纸业公司未完全履行和解协议，吴梅向一审法院申请执行一审判决。眉山市东坡区人民法院对吴梅申请执行一审判决予以支持。西城纸业公司向眉山市中级人民法院申请执行监督，主张不予执行原一审判决。

裁判结果

眉山市中级人民法院于 2010 年 7 月 7 日作出 (2010) 眉执督字第 4 号复函认为:根据吴梅的申请,一审法院受理执行已生效法律文书并无不当,应当继续执行。

裁判理由

法院认为:西城纸业公司对于撤诉的法律后果应当明知,即一旦法院裁定准予其撤回上诉,眉山市东坡区人民法院的一审判决即为生效判决,具有强制执行的效力。虽然二审期间双方在自愿基础上达成的和解协议对相关权利义务做出约定,西城纸业公司因该协议的签订而放弃行使上诉权,吴梅则放弃了利息,但是该和解协议属于双方当事人诉讼外达成的协议,未经人民法院依法确认制作调解书,不具有强制执行力。西城纸业公司未按和解协议履行还款义务,违背了双方约定和诚实信用原则,故对其以双方达成和解协议为由,主张不予执行原生效判决的请求不予支持。

指导案例 3 号

潘玉梅、陈宁受贿案

(最高人民法院审判委员会讨论通过 2011 年 12 月 20 日发布)

关键词 刑事 受贿罪 "合办"公司受贿 低价购房受贿 承诺谋利 受贿数额计算 掩饰受贿退赃

裁判要点

1. 国家工作人员利用职务上的便利为请托人谋取利益,并与请托人以"合办"公司的名义获取"利润",没有实际出资和参与经营管理的,以受贿论处。

2. 国家工作人员明知他人有请托事项而收受其财物,视为承诺"为他人谋取利益",是否已实际为他人谋取利益或谋取到利益,不影响受贿的认定。

3. 国家工作人员利用职务上的便利为请托人谋取利益,以明显低于市场的价格向请托人购买房屋等物品的,以受贿论处,受贿数额按照交易时当地市场价格与实际支付价格的差额计算。

4. 国家工作人员收受财物后,因与其受贿有关联的人、事被查处,为掩饰犯罪而退还的,不影响认定受贿罪。

相关法条

《中华人民共和国刑法》第三百八十五条第一款

基本案情

2003 年 8、9 月间，被告人潘玉梅、陈宁分别利用担任江苏省南京市栖霞区迈皋桥街道工委书记、迈皋桥办事处主任的职务便利，为南京某房地产开发有限公司总经理陈某在迈皋桥创业园区低价获取 100 亩土地等提供帮助，并于 9 月 3 日分别以其亲属名义与陈某共同注册成立南京多贺工贸有限责任公司（简称多贺公司），以"开发"上述土地。潘玉梅、陈宁既未实际出资，也未参与该公司经营管理。2004 年 6 月，陈某以多贺公司的名义将该公司及其土地转让给南京某体育用品有限公司，潘玉梅、陈宁以参与利润分配名义，分别收受陈某给予的 480 万元。2007 年 3 月，陈宁因潘玉梅被调查，在美国出差期间安排其驾驶员退给陈某 80 万元。案发后，潘玉梅、陈宁所得赃款及赃款收益均被依法追缴。

2004 年 2 月至 10 月，被告人潘玉梅、陈宁分别利用担任迈皋桥街道工委书记、迈皋桥办事处主任的职务之便，为南京某置业发展有限公司在迈皋桥创业园购买土地提供帮助，并先后 4 次各收受该公司总经理吴某某给予的 50 万元。

2004 年上半年，被告人潘玉梅利用担任迈皋桥街道工委书记的职务便利，为南京某发展有限公司受让金桥大厦项目减免 100 万元费用提供帮助，并在购买对方开发的一处房产时接受该公司总经理许某某为其支付的房屋差价款和相关税费 61 万余元（房价含税费 121.0817 万元，潘支付 60 万元）。2006 年 4 月，潘玉梅因检察机关从许某某的公司账上已掌握其购房仅支付部分款项的情况而补还给许某某 55 万元。

此外，2000 年春节前至 2006 年 12 月，被告人潘玉梅利用职务便利，先后收受迈皋桥办事处一党支部书记兼南京某商贸有限责任公司总经理高某某人民币 201 万元和美元 49 万元、浙江某房地产集团南京置业有限公司范某某美元 1 万元。2002 年至 2005 年间，被告人陈宁利用职务便利，先后收受迈皋桥办事处一党支部书记高某某 21 万元、迈皋桥办事处副主任刘某 8 万元。

综上，被告人潘玉梅收受贿赂人民币 792 万余元、美元 50 万元（折合人民币 398.1234 万元），共计收受贿赂 1190.2 万余元；被告人陈宁收受贿赂 559 万元。

裁判结果

江苏省南京市中级人民法院于 2009 年 2 月 25 日以（2008）宁刑初字第 49 号刑事判决，认定被告人潘玉梅犯受贿罪，判处死刑，缓期二年执行，剥夺政治权利终身，并处没收个人全部财产；被告人陈宁犯受贿罪，判处无期徒刑，剥夺政治权利终身，并处没收个人全部财产。宣判后，潘玉梅、陈宁提出上诉。江苏省高级人民法院于 2009 年 11 月 30 日以同样的事实和理由作出（2009）苏刑二终字第 0028 号刑事裁定，驳回上诉，维持原判，并核准一审以受贿罪判处被告人潘玉梅死刑，缓期二年执行，剥夺政治权利终身，并处没收个人全部财产的刑事判决。

裁判理由

法院生效裁判认为：关于被告人潘玉梅、陈宁及其辩护人提出二被告人与陈某共同开办多贺公司开发土地获取"利润"480 万元不应认定为受贿的辩护意见。经查，潘玉梅时任迈皋桥街道工委书记，陈宁时任迈皋桥街道办事处主任，对迈皋桥创业园区的招商工作、土地转让负有领导或协调职责，二人分别利用各自职务便利，为陈某低价取得创业园区的土地等提供了帮助，属于利用职务上的便利为他人谋取利益；在此期间，潘玉梅、陈宁与陈某商议合作成立多贺公司用于开发上述土地，公司注册资金全部来源于陈某，潘玉梅、陈宁既未实际出资，也未参与公司的经营管理。因此，潘玉梅、陈宁利用职务便利为陈某谋取利益，以与陈某合办公司开发该土地的名义而分别获取的 480 万元，并非所谓的公司利润，而是利用职务便利使陈某低价获取土地并转卖后获利的一部分，体现了受贿罪权钱交易的本质，属于以合办公司为名的变相受贿，应以受贿论处。

关于被告人潘玉梅及其辩护人提出潘玉梅没有为许某某实际谋取利益的辩护意见。经查，请托人许某某向潘玉梅行贿时，要求在受让金桥大厦项目中减免 100 万元的费用，潘玉梅明知许某某有请托事项而收受贿赂；虽然该请托事项没有实现，但"为他人谋取利益"包括承诺、实施和实现不同阶段的行为，只要具有其中一项，就属于为他人谋取利益。承诺"为他人谋取利益"，可以从为他人谋取利益的明示或默示的意思表示予以认定。潘玉梅明知他人有请托事项而收受其财物，应视为承诺为他人谋取利益，至于是否已实际为他人谋取利益或谋取到利益，只是受贿的情节问题，不影响受贿的认定。

关于被告人潘玉梅及其辩护人提出潘玉梅购买许某某的房产不应认定为受贿的辩护意见。经查，潘玉梅购买的房产，市场价格含税费共计应为 121 万余元，潘玉梅仅支付 60 万元，明显低于该房产交易时当地市场价格。潘玉梅利用职务之便为请托人谋取利益，以明显低于市场的价格向请托人购买房产的行为，是以形式上支付一定数额的价款来掩盖其受贿权钱交易本质的一种手段，应以受贿论处，受贿数额按照涉案房产交易时当地市场价格与实际支付价格的差额计算。

关于被告人潘玉梅及其辩护人提出潘玉梅购买许某某开发的房产，在案发前已将房产差价款给付了许某某，不应认定为受贿的辩护意见。经查，2006 年 4 月，潘玉梅在案发前将购买许某某开发房产的差价款中的 55 万元补给许某某，相距 2004 年上半年其低价购房有近两年时间，没有及时补还巨额差价；潘玉梅的补还行为，是由于许某某因其他案件被检察机关找去谈话，检察机关从许某某的公司账上已掌握潘玉梅购房仅支付部分款项的情况后，出于掩盖罪行目的而采取的退赃行为。因此，潘玉梅为掩饰犯罪而补还房屋差价款，不影响对其受贿罪的认定。

综上所述，被告人潘玉梅、陈宁及其辩护人提出的上述辩护意见不能成立，不予采纳。潘玉梅、陈宁作为国家工作人员，分别利用各自的职务便利，为他人谋取利益，收受他人财物的行为均已构成受贿罪，且受贿数额特别巨大，但同时鉴于二被告人均具有归案后如实供述犯罪、认罪态度好，主动交代司法机关尚未掌握的同种余罪，案发前退出部分赃款，案发后配合追缴涉案全部赃款等从轻处罚情节，故一、二审法院依法作出如上裁判。

指导案例 4 号

王志才故意杀人案

（最高人民法院审判委员会讨论通过　2011 年 12 月 20 日发布）

关键词　刑事　故意杀人罪　婚恋纠纷引发　坦白悔罪　死刑缓期执行　限制减刑

裁判要点

因恋爱、婚姻矛盾激化引发的故意杀人案件，被告人犯罪手段残忍，论罪应当判处死刑，但被告人具有坦白悔罪、积极赔偿等从轻处罚情节，同时被害人亲属要求严惩的，人民法院根据案件性质、犯罪情节、危害后果和被告人的主观恶性及人身危险性，可以依法判处被告人死刑，缓期二年执行，同时决定限制减刑，以有效化解社会矛盾，促进社会和谐。

相关法条

《中华人民共和国刑法》第五十条第二款

基本案情

被告人王志才与被害人赵某某（女，殁年 26 岁）在山东省潍坊市科技职业学院同学期间建立恋爱关系。2005 年，王志才毕业后参加工作，赵某某考入山东省曲阜师范大学继续专升本学习。2007 年赵某某毕业参加工作后，王志才与赵某某商议结婚事宜，因赵某某家人不同意，赵某某多次提出分手，但在王志才的坚持下二人继续保持联系。2008 年 10 月 9 日中午，王志才在赵某某的集体宿舍再次谈及婚恋问题，因赵某某明确表示二人不可能在一起，王志才感到绝望，愤而产生杀死赵某某然后自杀的念头，即持赵某某宿舍内的一把单刃尖刀，朝赵的颈部、胸腹部、背部连续捅刺，致其失血性休克死亡。次日8时30分许，王志才服农药自杀未遂，被公安机关抓获归案。王志才平时表现较好，归案后如实供述自己罪行，并与其亲属积极赔偿，但未与被害人亲属达成赔偿协议。

裁判结果

山东省潍坊市中级人民法院于2009年10月14日以（2009）潍刑一初字第35号刑事判决，认定被告人王志才犯故意杀人罪，判处死刑，剥夺政治权利终身。宣判后，王志才提出上诉。山东省高级人民法院于2010年6月18日以（2010）鲁刑四终字第2号刑事裁定，驳回上诉，维持原判，并依法报请最高人民法院核准。最高人民法院根据复核确认的事实，以（2010）刑三复22651920号刑事裁定，不核准被告人王志才死刑，发回山东省高级人民法院重新审判。山东省高级人民法院经依法重新审理，于2011年5月3日作出（2010）鲁刑四终字第2－1号刑事判决，以故意杀人罪改判被告人王志才死刑，缓期二年执行，剥夺政治权利终身，同时决定对其限制减刑。

裁判理由

山东省高级人民法院经重新审理认为：被告人王志才的行为已构成故意杀人罪，罪行极其严重，论罪应当判处死刑。鉴于本案系因婚恋纠纷引发，王志才求婚不成，恼怒并起意杀人，归案后坦白悔罪，积极赔偿被害方经济损失，且平时表现较好，故对其判处死刑，可不立即执行。同时考虑到王志才故意杀人手段特别残忍，被害人亲属不予谅解，要求依法从严惩处，为有效化解社会矛盾，依照《中华人民共和国刑法》第五十条第二款等规定，判处被告人王志才死刑，缓期二年执行，同时决定对其限制减刑。

最高人民法院发布五件侵犯
知识产权和制售假冒伪劣商品典型案例

为配合全国打击侵犯知识产权和制售假冒伪劣商品专项行动的开展，震慑不法分子，切实保护知识产权，维护社会主义市场经济秩序，最高人民法院发布了第二批共五件侵犯知识产权和制售假冒伪劣商品的典型案例：

一、被告人韦友军、钟世新侵犯著作权案

浙江省苍南县人民法院经审理查明：2010 年 3 月，被告人韦友军接受谢明齐（另案处理）的委托，印制一批由上海测绘科学院编制、上海科学普及出版社出版发行的"上海城区 2010 版交通图"。同年 3 月 12 日，韦友军委托浙江省平阳县新达印刷厂印刷该批盗版地图，并提供印刷用纸和菲林片。新达印刷厂法定代表人即被告人钟世新在无任何合法手续的情况下承接该笔业务，并印刷了 33000 余份"上海城区 2010 版交通图"，获利5000 余元。3 月 15 日，韦友军将该批印刷完毕的盗版地图运送至苍南县龙港镇友谊彩印厂准备折页加工时被查获。9 月 25 日，钟世新退出违法所得5000 元。

苍南县人民法院认定被告人韦友军、钟世新构成侵犯著作权罪，依法判处韦友军有期徒刑三年二个月，并处罚金 1 万元；判处钟世新有期徒刑三年，缓刑四年，并处罚金 1 万元；没收涉案盗版地图 33000 份。一审宣判后，二被告人均未提起上诉，该判决已发生法律效力。

二、被告人梁立勇侵犯著作权案

广西壮族自治区南宁市西乡塘区人民法院经审理查明：被告人梁立勇在南宁市西乡塘区北湖村出资成立并经营南宁市灵丰印刷厂。其以营利为目的，未经著作权人许可，复制他人享有著作权的图书 331739 册，经鉴定，价值人民币 848173 元。

西乡塘区人民法院认定梁立勇构成侵犯著作权罪，依法判处有期徒刑四年六个月，并处罚金 50 万元；扣押的盗版书籍予以没收。宣判后，梁立勇不服，提起上诉。广西壮族自治区南宁市中级人民法院经审理认为，原判定性准确，但梁立勇所印刷的盗版书籍没有销售流入社会，尚未获得非法利益，社会危害相对较小，可酌情予以从轻处罚，依法改判梁立勇有期徒刑三年六个月，并处罚金 50 万元。

三、被告人麦健兴假冒注册商标案

广东省中山市第一人民法院经审理查明：被告人麦健兴未经"ZIPPO"注册商标所有人许可，在其经营的中山市东凤镇卡路金属制品厂加工"ZIPPO"打火机外壳等配件，并委托中山市小榄镇利良五金加工店在上述打火机配件上用激光印制"ZIPPO"等图文标识，后在其租赁的出租屋内将配件组装成成品并进行包装和存储。经中山市质量技术监督局检查，在上述三处共查获假冒注册商标"ZIPPO"的成品打火机 360 个，价值 72000元，未包装的成品打火机 9750 个，价值 1852500 元，以及零配件、包装、生产工具一批。

中山市第一人民法院认定被告人麦健兴构成假冒注册商标罪，且系累犯，应当从重处罚，依法判处麦健兴有期徒刑五年，并处罚金人民币一百万元。宣判后，麦健兴不服，提起上诉。广东省中山市中级人民法院经审理，依法驳回麦健兴的上诉，维持原判。

四、被告人仇海营等假冒注册商标案

内蒙古自治区呼和浩特市中级人民法院经审理查明：2008 年 4 月至 7 月间，被告人仇海营、崔留芷、严双全、闫庆文、黄学礼未经注册商标所有人内蒙古伊利实业集团股份有限公司（以下简称伊利公司）许可，在河南省南乐县千口乡千口村内共同投资，合作生产假冒注册商标"巧乐滋"的雪糕产品共计 117571 件（箱），假冒注册商标"卡通人"（大布丁）的雪糕产品共计 3947 件（箱），非法经营数额共计人民币 3119998 元。五被告人的行为同时侵害了伊利公司对上述两种产品的外观设计专利权。其间，仇海营与被告人闫中波合作，在未经注册商标所有人内蒙古蒙牛乳业（集团）股份有限公司（以下简称蒙牛公司）许可的情况下，在河南省南乐县千口乡千口村加工生产假冒注册商标"绿色心情"的雪糕产品共计 110855 件（箱），非法经营数额共计人民币 1773680 元。二被告人的行为同时侵犯了蒙牛公司对该产品的外观专利设计权。

呼和浩特市中级人民法院认定被告人仇海营、崔留芷、严双全、闫庆文、闫中波、黄学礼均构成假冒注册商标罪和假冒专利罪，依法择一重罪以假冒注册商标罪处断。根据各被告人的犯罪情节及在共同犯罪中的地位作用，依法分别判处五年至二年六个月有期徒刑不等，并处人民币2446839 元至 311999.80 元罚金不等。宣判后，各被告人均未提起上诉，本判决已经发生法律效力。

五、被告人吴根创等销售伪劣产品案

浙江省杭州市中级人民法院经审理查明：2009 年 1 月，被告人吴根创、马陈嘉、萧泽民等人合谋在浙江省慈溪市设立运输假烟的中转站，3 月将中转地点转移至义乌市。2009 年 2 月至 4 月，吴根创、马陈嘉、萧泽民与被告人沈友才、陈建平、唐西朝及受雇用人员马肇杰、马显耀、马桂金等人，将从福建省运至中转站的假烟运输至杭州等地的下家处，共运输假烟 28 次，销售金额共计人民币 786 万元。吴根创、马陈嘉参与全部 28 次的运输假烟活动。

杭州市中级人民法院认定，被告人吴根创等九人均构成销售伪劣产品罪。根据各被告人的犯罪情节及在共同犯罪中的地位作用，判处吴根创、马陈嘉无期徒刑，剥夺政治权利终身，并处没收个人全部财产；其余各被告人分别被判处十五年至三年有期徒刑不等，并处罚金 150 万元至 6 万元不等。宣判后，吴根创、马陈嘉、萧泽民、马显耀、沈友才不服，提起上诉。浙江省高级人民法院经审理，依法驳回各上诉人的上诉，维持原判。

最高人民法院发布五件侵犯
知识产权和制售假冒伪劣商品典型案例

为配合全国打击侵犯知识产权和制售假冒伪劣商品专项行动的开展，震慑不法分子，切实保护知识产权，维护社会主义市场经济秩序，最高人民法院发布了第三批共五件侵犯知识产权和制售假冒伪劣商品的典型案例：

一、被告人申东兰等生产、销售假药案

江苏省南通市中级人民法院经审理查明：2007 年 3 月至 12 月，被告人申东兰购买假冒上海莱士血液制品股份有限公司生产的"人血白蛋白"、假冒福尔生物制药有限公司生产的"人用狂犬病疫苗"，连同伙同其女婿刘磊生产的假冒福尔生物制药有限公司的"人用狂犬病疫苗"，销售给被告人赵玉侠，销售金额共计人民币 17665 元。赵玉侠明知所购"人血白蛋白"、"人用狂犬病疫苗"为假药的情况下，将该假药销售给被告人高彪、郝传志（另案处理），销售金额共计人民币 25860 元。高彪又将该假药销售给被告人佘永红、申剑波（另案处理）、刘伟（另案处理）、肖正兰，销售金额共计人民币 145900 元。申剑波将购得的假药销售给叶宝进（另案处理）等人，被害人赵玉英被狗咬后由叶宝进注射涉案假"人用狂犬病疫苗"，后致狂犬病发作死亡。佘永红将购得的假药销售给李向阳等人，导致假药被逐层销售给终端患者使用，多名患者注射涉案假"人血白蛋白"后，出现不同程度不良反应，其中五人经鉴定为重伤，一人为轻伤。

南通市中级人民法院依法以生产、销售假药罪判处被告人申东兰死刑，缓期二年执行，剥夺政治权利终身，并处没收个人全部财产；以销售假药罪判处被告人赵玉侠无期徒刑，剥夺政治权利终身，并处没收个人全部财产；以销售假药罪判处被告人高彪有期徒刑十五年，剥夺政治权利三年，并处罚金人民币 20 万元；以销售假药罪判处被告人佘永红有期徒刑十四年，剥夺政治权利二年，并处罚金人民币 15 万元；没收各被告人违法所得。宣判后，被告人赵玉侠提起上诉。江苏省高级人民法院审理后，依法驳回赵玉侠的上诉，维持原判。

二、被告人刘志峰、刘磊等生产、销售伪劣产品案

四川省成都市中级人民法院经审理查明：2009 年 10 月至 2010 年 3 月，被告人刘志峰、刘磊为牟取利益，先后组织被告人刘波、刘月光，采取在玉米油中添加香精的方式，生产品名为"大丰香油"的产品，并冒充芝麻香油予以销售。至案发，刘志峰、刘磊共参与生产、销售假冒芝麻香油 87992.17 公斤，销售金额共计人民币 1437953.4 元；刘波参与生产、销售假冒芝麻香油 45117.73 公斤，销售金额共计人民币 722844.6 元；刘月光参与生产、销售假冒芝麻香油 4950 公斤，销售金额 80340 元。

成都市中级人民法院认为四被告人均构成生产、销售伪劣产品罪。刘志峰、刘磊系主犯，刘波、刘月光系从犯，且均未参与销售利润分配；刘波构成自首，可对刘波减轻处罚，对刘月光从轻处罚。成都市中级人民法院依法判处被告人刘志峰有期徒刑十二年，并处罚金人民币 100 万元；判处被告人刘磊有期徒刑十二年，并处罚金人民币 100 万元；判处被告人刘波有期徒刑三年，并处罚金人民币 50 万元；判处被告人刘月光有期徒刑一年，并处罚金人民币 5 万元。宣判后，四被告人不服，提起上诉。四川省高级人民法院审理后，依法驳回上诉，维持原判。

三、被告人卢广生销售假冒注册商标的商品案

黑龙江省哈尔滨市南岗区人民法院经审理查明：2010 年 4 月，被告人卢广生结识被害人明兴基，谎称自己是茅台酒集团东北三省总代理，明兴基遂向卢广生表示要购买 10 箱茅台酒。卢广生以每箱 2200 元的价格购进 10 箱（每箱 12 瓶）飞天牌 53 度假茅台酒，以每瓶 388 元的价格卖给明兴基。事后，被害人李钟鸣经明兴基引荐，向卢广生购买茅台酒。卢广生以每瓶 580 元的价格将 20 箱假茅台酒卖给李钟鸣。卢广生两次销售假冒茅台酒共计 185760 元，获利 119760 元。

南岗区人民法院认为，被告人卢广生的行为构成销售假冒注册商标的商品罪，鉴于认罪态度较好，并全部退赃，可酌情对其从轻处罚，依法判处卢广生有期徒刑一年，并处罚金 4 万元。一审宣判后，被告人卢广生未提起上诉，该判决已发生法律效力。

四、被告人李远民、孙言峰生产、销售伪劣产品案

江苏省丰县人民法院经审理查明：被告人李远民 2007 年注册成立徐州科棵旺肥业有限公司，在没有生产许可证的情况下，生产不合格"科棵旺"系列化肥，销售金额共计人民币 49 万余元。被告人孙言峰明知"科棵旺"系列化肥为不合格产品，仍将 31 吨化肥予以销售，销售金额共计人民币 6 万余元。

丰县人民法院认为，被告人李远民、孙言峰违反国家产品质量法规，

故意在生产、销售活动中以不合格产品冒充合格产品，其行为分别构成生产、销售伪劣产品罪和销售伪劣产品罪（该行为尚未使生产遭受较大损失，不按生产、销售伪劣化肥罪处理）。鉴于二被告人具有自首情节，依法可以从轻处罚，丰县人民法院依法判处李远民有期徒刑四年，并处罚金人民币25万元；判处孙言峰拘役四个月，缓刑八个月，并处罚金人民币3万元。宣判后，被告人李远民不服，提起上诉。徐州市中级人民法院审理后，依法驳回李远民的上诉，维持原判。

五、被告人罗中伟销售伪劣化肥案

河南省滑县人民法院经审理查明：被告人罗中伟在明知矿物元素增效剂需配合其他肥料一同使用，不能作为肥料单独使用的情况下，伙同他人将矿物元素增效剂作为肥料销售。2008年7月26日，罗中伟以南阳市宛城区新新天然矿植物制品厂的名义与滑县顺天种植养殖农民专业合作社签订了1000吨的肥料供销合同，约定每吨单价1350元。履行过程中，实际供货592吨。经农户使用后，造成6830亩小麦减产，造成直接经济损失人民币1836723元。

滑县人民法院以销售伪劣化肥罪，判处被告人罗中伟有期徒刑十二年，并处罚金人民币40万元。宣判后，罗中伟不服，提起上诉。安阳市中级人民法院审理后，依法驳回罗中伟的上诉，维持原判。

最高人民法院关于拐卖妇女儿童犯罪
案件的三起典型案例

案例1

邵长胜拐卖妇女案

（一）基本案情

被告人邵长胜，男，汉族，1986年8月12日出生，农民。

2008年10月29日晚，被告人邵长胜为牟利，伙同卢阿龙（同案被告人，已判刑）、卢仙杰（另案处理）在浙江省温州市火车站将前来准备会见魏彬（同案被告人，已判刑）的网友刘某某（女，被害人）诱骗至浙江省永嘉县岩头镇溪南村南垟亭边的农田。三人劫取刘某某现金170元，随即卢阿龙殴打刘，迫使其脱光衣服，对刘实施了强奸及猥亵，接着邵长胜也对刘进行了猥亵。尔后，邵长胜、卢阿龙分别对刘某某实施殴打、威胁，迫使其同意去卖淫。次日凌晨，邵长胜再次猥亵了刘某某。同月30日，卢阿龙联系周兰芬（另案处理），将刘某某卖给周，得赃款5000元。后刘某某被周兰芬之子金宁建（另案处理）带到浙江省德清县武康镇被迫卖淫，直至2009年4月13日被解救。

2008年12月13日，被告人邵长胜为牟利，以带出游玩为名将网友李某某（女，被害人）诱骗至温州市黄龙宾馆，后伙同卢阿龙、"长毛"（另案处理）以到楠溪江游玩的名义将李诱骗至永嘉县岩头镇溪南村外树林里，邵长胜殴打李某某，劫取其手机1部，强迫其脱光衣服，邵长胜、卢阿龙对李实施了轮奸，并以暴力迫使李同意去卖淫。同日晚，卢阿龙联系周兰芬，将李某某卖给周，得赃款5000元。后李某某被周兰芬之子金宁建、女婿金北平（另案处理）带到德清县武康镇被迫卖淫，直至2009年4月13日被解救。

2009年2月初的一天晚上，被告人邵长胜和江仁剑、洪鹏超（同案被告人，均已判刑）、洪鹏飞（另案处理）为牟利，将洪鹏飞的女友（被害人，身份不详）诱骗至永嘉县岩头镇溪南村外的树林里。邵长胜、江仁剑殴打被害人，强迫其脱光衣服，对被害人实施了轮奸，并借口洪鹏飞欠债迫使其同意去卖淫还债，后将其带到岩头镇仙清路266号顺发旅馆。次日，邵长胜联系买家，将被害人卖至德清县，得赃款5000元。

2009年2月14日17时许，洪海唯（同案被告人，已判刑）以请吃饭为由，将其通过网络游戏认识的网友蒋某某、段某（均系女性，被害人）约至温州汽车新南站碰面，后江仁剑、洪海唯将二被害人诱骗至永嘉县岩头镇，被告人邵长胜、尹南南（同案被告人，已判刑）随后赶到岩头镇会合。当晚19时许，邵长胜等四人将二被害人带到岩头镇溪南村外的树林里，殴打二被害人，劫取其现金100余元、手机2部、数码相机1台等物。接着逼迫二被害人脱光衣服，对其实施了轮奸，尔后又以暴力迫使二被害人同意去卖淫。23时许，洪鹏超、洪鹏飞、"黄毛"（另案处理）也赶到岩头镇溪南村外的树林会合。次日0时许，邵长胜等七人将二被害人带到岩头镇仙清路266号顺发旅馆，除洪鹏超、洪鹏飞外，其余人再次对二被害人实施了轮奸。当日，邵长胜联系周兰芬，将二被害人卖给周，得赃款1万元。后二被害人被金宁建、金北平等人带到德清县武康镇被迫卖淫，直至同年4月13日被解救。

2009年2月27日中午，江仁剑借口帮网友潘某某（女，被害人）介绍工作，将其诱骗至温州市将军桥附近的"天堂鸟"网吧。当晚，江仁剑和尹南南以给朋友过生日为由将潘某某及另外一名女子（被害人，身份不详）诱骗至永嘉县岩头镇溪南村自来水塔边的草地上，被告人邵长胜及洪海唯、洪鹏超等人随后赶到该地会合。邵长胜等人殴打二被害人，劫取其现金 10 余元、手机 2 部等物，接着逼迫其脱光衣服，邵长胜、江仁剑、洪海唯、尹南南等人对二被害人实施了轮奸，尔后又以暴力迫使二被害人同意去卖淫。次日凌晨，邵长胜等人将二被害人带到岩头镇仙清路 266 号顺发旅馆，由邵联系周兰芬，将潘某某卖给周，得赃款 7000 元，后潘某某被金宁建、金北平等人带至德清县武康镇被迫卖淫，直至同年 4 月 13 日被解救。另一被害人亦由邵长胜联系买家卖至浙江省金华市从事卖淫，邵长胜等人得赃款 3500 元。

2009 年 3 月底的一天晚上，洪海唯、尹南南借口给朋友过生日将一网友（女，被害人）诱骗至永嘉县岩头镇溪南村变电所后面的草坪上，被告人邵长胜和江仁剑、洪鹏超随后赶到该地会合。邵长胜、洪鹏超殴打被害人，强迫其脱光衣服，邵长胜、江仁剑、洪海唯、尹南南对其实施了轮奸并逼迫其答应去卖淫，后将被害人带到岩头镇仙清路 266 号顺发旅馆。次日上午，邵长胜联系买家，将被害人卖给对方，得赃款 4500 元。

（二）裁判结果

法院认为，被告人邵长胜伙同他人以出卖为目的拐骗妇女，其行为已构成拐卖妇女罪；邵长胜还以非法占有为目的，采用暴力手段劫取被拐卖妇女的财物，其行为又构成抢劫罪，依法应数罪并罚。在共同犯罪中，邵长胜参与拐卖妇女 8 人，对被害人均积极实施了殴打、威胁、轮奸等行为，并负责联系买家、商谈交易价格，还对其中 6 名妇女实施了抢劫，是共同犯罪中地位和作用最突出、罪责最为严重的主犯，且拐卖妇女多人，奸淫被拐卖妇女，还将被拐卖妇女卖给他人迫使其卖淫，犯罪情节特别严重，社会危害性极大，所犯罪行极其严重，应当依法惩处。据此，依法认定被告人邵长胜犯拐卖妇女罪，判处死刑，剥夺政治权利终身，并处没收个人全部财产；犯抢劫罪，判处有期徒刑十二年，剥夺政治权利三年，并处罚金人民币五千元，决定执行死刑，剥夺政治权利终身，并处没收个人全部财产。经最高人民法院复核核准，罪犯邵长胜已于今年 2 月 23 日被依法执行死刑。

案例 2

肖远德、肖远富等拐卖儿童案

（一）基本案情

被告人肖远德，男，汉族，1975 年 1 月 19 日出生，农民。

被告人肖远富，男，汉族，1979 年 1 月 5 日出生，农民。

被告人周志文，男，汉族，1978 年 11 月 24 日出生，农民。

被告人谢耀君，男，汉族，1988 年 6 月 22 日出生，农民。

被告人严茂生，男，汉族，1979 年 11 月 22 日出生，农民。

2008 年 10 月 21 日 16 时许，被告人肖远德、肖远富、严茂生密谋拐卖儿童，后驾驶摩托车来到广东省河源市源城区高塘工业园附近寻找作案目标。当车行至源城区高塘移民点 205 国道路边一水果摊处时，肖远富发现黄某标（男，时年 2 岁）适合下手，就打电话通知肖远德与其会合，然后由肖远德假意购买水果引开黄某标母亲的注意力，严茂生趁机将黄某标抱走，坐上肖远富开的摩托车向广东省东源县义合镇方向逃走。尔后，肖远德与严茂生雇用被告人周志文的小车将黄某标载到广东省连平县城，由肖远德联系买主，并以 26000 元将黄某标卖掉。肖远德支付周志文 1000 元作车费，与肖远富、严茂生平分其余的赃款。2009 年 5 月 2 日，黄某标被公安机关解救回家。

2009 年 2 月 26 日 20 时许，被告人肖远德、肖远富、周志文、谢耀君与刘国权（另案处理）密谋拐卖儿童，后乘坐由谢耀君驾驶的一辆白色小车（车牌：粤 PU1589）来到河源市源城区明珠工业园工业大道寻找作案目标。当发现在工业大道旁一烧烤摊处的温某杰（男，时年 2 岁）在玩耍时，经肖远德分工，肖远德与肖远富假意购买烧烤挡住摊主的视线，周志文趁机抱走温某杰，乘坐谢耀君的小车向连平县城方向逃走。同年 3 月 5 日，经肖远德联系，商定以 26000 元将温某杰卖出，后买家先行支付了6000 元，肖远德等人将所得赃款平分。2009 年 5 月 2 日，温某杰被公安机关解救回家。

2009 年 4 月 3 日 20 时许，被告人肖远德提议到河源市区黄子洞市场附近拐卖儿童，肖远富、周志文、谢耀君表示同意。谢耀君开着一辆白色小车（车牌：粤 PU1589）搭载肖远德、肖远富、周志文来到河源市区万绿湖大道"唐兴百货商行"时，肖远德选定该商行附近的唐某文（男，时年 3 岁）为作案目标。周志文、肖远德先后去该店假意购买东西引开店主的注意力，肖远富趁机抱走唐某文，坐上谢耀君的小车往连平县城方向逃走。约一星期后，肖远德通过他人将唐某文以27000元卖出，所得赃款与同案人平分。后由于买主怀疑唐某文是拐来的，遂将唐某文送回并要求退钱。肖远德等四人同意后，由肖远德退回20000元给买主。当得知唐某文的家属在四处寻找唐某文，肖远德等四人于同年4月30日将唐某文送回黄子洞附近路边，后唐某文在公安机关被其家属领回。

（二）裁判结果

法院认为，被告人肖远德、肖远富、周志文、谢耀君、严茂生以出卖为目的，共同偷盗幼儿进行贩卖，其行为均已构成拐卖儿童罪。其中，被告人肖远德、肖远富参与拐卖儿童3人；周志文、谢耀君参与拐卖儿童2人；严茂生参与拐卖儿童1人。在共同犯罪中，肖远德组织、策划，并联系买主和主持分赃，起主要作用，系主犯，应按其所参与的全部犯罪处罚；肖远富、周志文、谢耀君、严茂生起次要作用，均系从犯。周志文归案后揭发他人犯罪，带领公安机关抓获同案人，有立功表现。肖远德、肖远富、周志文、谢耀君在第三起犯罪活动中慑于司法威严与社会压力，主动将儿童送回，有悔罪表现。据此依法以拐卖儿童罪判处被告人肖远德无期徒刑，剥夺政治权利终身，并处没收个人全部财产。对被告人肖远富、周志文、谢耀君、严茂生依法从轻或减轻处罚，分别判处十三年至六年有期徒刑，并处罚金。

案例3

蔡顺光收买被拐卖的妇女案

（一）基本案情

被告人蔡顺光，男，汉族，1980年12月3日出生，农民。

2008年农历四月的一天上午，在福建省霞浦县下浒镇延亭村长沙自然村后门山一偏僻树林内，被告人蔡顺光从"陈伟"（另案处理）手中以33000元收买了被拐卖的被害人王某某"做老婆"。公安机关接到被害人父亲报案，前往解救王某某时，蔡顺光提前将王某某转移到霞浦县城松城街道燕窝里租房居住，由蔡顺光的母亲林水玉看管，自己则到霞浦县海岛乡渔船上打工。2010年1月3日，公安机关在蔡顺光的租住房内解救出王某某。两天后，王某某产下一男婴，现由林水玉抚养。王某某已返回原籍。同年2月1日，蔡顺光在霞浦县海岛乡一出租房内被公安机关抓获。

（二）裁判结果

法院认为，被告人蔡顺光明知被害人王某某是被拐卖的妇女而予以收买，并用转移被害人的方法阻碍解救，其行为已构成收买被拐卖的妇女罪，依法应当追究刑事责任。蔡顺光收买王某某后，没有实施摧残、虐待行为并欲与王某某形成稳定的婚姻家庭关系，可以从轻处罚。综上，根据蔡顺光的犯罪事实、性质、情节及对社会的危害程度，依法以收买被拐卖的妇女罪判处被告人蔡顺光有期徒刑八个月。

最高人民法院关于判决生效后当事人
将判决确认的债权转让债权受让人对该判决
不服提出再审申请人民法院是否受理问题的批复

(2010 年 12 月 16 日最高人民法院审判委员会第 1506 次会议通过　2011 年 1 月 7 日最高人民法院公告公布　自2011 年 2 月 1 日起施行　法释〔2011〕2 号)

海南省高级人民法院：

你院《关于海南长江旅业有限公司、海南凯立中部开发建设股份有限公司与交通银行海南分行借款合同纠纷一案的请示报告》〔(2009) 琼民再终字第 16 号〕收悉。经研究，答复如下：

判决生效后当事人将判决确认的债权转让，债权受让人对该判决不服提出再审申请的，因其不具有申请再审人主体资格，人民法院应依法不予受理。

最高人民法院关于人民调解协议
司法确认程序的若干规定

(2011 年 3 月 21 日最高人民法院审判委员会第 1515 次会议通过　2011 年 3 月 23 日最高人民法院公告公布自 2011 年 3 月 30 日起施行　法释〔2011〕5 号)

为了规范经人民调解委员会调解达成的民事调解协议的司法确认程序，进一步建立健全诉讼与非诉讼相衔接的矛盾纠纷解决机制，依照《中华人民共和国民事诉讼法》和《中华人民共和国人民调解法》的规定，结合审判实际，制定本规定。

第一条 当事人根据《中华人民共和国人民调解法》第三十三条的规定共同向人民法院申请确认调解协议的，人民法院应当依法受理。

第二条 当事人申请确认调解协议的，由主持调解的人民调解委员会所在地基层人民法院或者它派出的法庭管辖。

人民法院在立案前委派人民调解委员会调解并达成调解协议，当事人申请司法确认的，由委派的人民法院管辖。

第三条 当事人申请确认调解协议，应当向人民法院提交司法确认申请书、调解协议和身份证明、资格证明，以及与调解协议相关的财产权利证明等证明材料，并提供双方当事人的送达地址、电话号码等联系方式。委托他人代为申请的，必须向人民法院提交由委托人签名或者盖章的授权委托书。

第四条 人民法院收到当事人司法确认申请，应当在三日内决定是否受理。人民法院决定受理的，应当编立"调确字"案号，并及时向当事人送达受理通知书。双方当事人同时到法院申请司法确认的，人民法院可以当即受理并作出是否确认的决定。

有下列情形之一的，人民法院不予受理：

（一）不属于人民法院受理民事案件的范围或者不属于接受申请的人民法院管辖的；

（二）确认身份关系的；

（三）确认收养关系的；

（四）确认婚姻关系的。

第五条 人民法院应当自受理司法确认申请之日起十五日内作出是否确认的决定。因特殊情况需要延长的，经本院院长批准，可以延长十日。

在人民法院作出是否确认的决定前，一方或者双方当事人撤回司法确认申请的，人民法院应当准许。

第六条 人民法院受理司法确认申请后，应当指定一名审判人员对调解协议进行审查。人民法院在必要时可以通知双方当事人同时到场，当面询问当事人。当事人应当向人民法院如实陈述申请确认的调解协议的有关情况，保证提交的证明材料真实、合法。人民法院在审查中，认为当事人的陈述或者提供的证明材料不充分、不完备或者有疑义的，可以要求当事人补充陈述或者补充证明材料。当事人无正当理由未按时补充或者拒不接受询问的，可以按撤回司法确认申请处理。

第七条 具有下列情形之一的，人民法院不予确认调解协议效力：

（一）违反法律、行政法规强制性规定的；

（二）侵害国家利益、社会公共利益的；

（三）侵害案外人合法权益的；

（四）损害社会公序良俗的；

（五）内容不明确，无法确认的；

（六）其他不能进行司法确认的情形。

第八条　人民法院经审查认为调解协议符合确认条件的，应当作出确认决定书；决定不予确认调解协议效力，应当作出不予确认决定书。

第九条　人民法院依法作出确认决定后，一方当事人拒绝履行或者未全部履行的，对方当事人可以向作出确认决定的人民法院申请强制执行。

第十条　案外人认为经人民法院确认的调解协议侵害其合法权益的，可以自知道或者应当知道权益被侵害之日起一年内，向作出确认决定的人民法院申请撤销确认决定。

第十一条　人民法院办理人民调解协议司法确认案件，不收取费用。

第十二条　人民法院可以将调解协议不予确认的情况定期或者不定期通报同级司法行政机关和相关人民调解委员会。

第十三条　经人民法院建立的调解员名册中的调解员调解达成协议后，当事人申请司法确认的，参照本规定办理。人民法院立案后委托他人调解达成的协议的司法确认，按照《最高人民法院关于人民法院民事调解工作若干问题的规定》（法释〔2004〕12号）的有关规定办理。

（相关文书样式附后）

司法确认申请书

申请人：（申请人的姓名或名称等基本情况）

申请人：（申请人的姓名或名称等基本情况）

申请人　　因　　　纠纷，于　年　月　日经（调解组织）主持调解，达成了如下调解协议：

（写明调解协议内容，或者将调解协议作为附件）

现请求×××人民法院依法对上述协议予以确认。

申请人出于解决纠纷的目的自愿达成协议，没有恶意串通、规避法律的行为；如果因为该协议内容而给他人造成损害的，愿意承担相应的民事责任和其他法律责任。

此致

×××人民法院

附：……（人民调解协议书及有关证明材料）

申请人×××（签章）

申请人×××（签章）

年　月　日

<h1 align="center">×××人民法院</h1>

<h2 align="center">受理通知书（受理司法确认申请用）</h2>

（××××）调确字第××号

（申请人）：

你请求本院确认调解协议的申请已收到。经审查，你的申请符合条件，本院决定受理。现将有关事项通知如下：

一、申请人应当积极配合本院对调解协议进行审查，应当按照要求提供相关材料，如实回答问题；

二、在本院作出是否确认的决定前，申请人有权撤回司法确认申请；

三、如果本院依法确认调解协议有效，一方当事人拒绝履行或者未全部履行的，对方当事人可以向人民法院申请强制执行。如果本院决定不予确认调解协议效力，当事人可以通过人民调解方式变更原调解协议或者达成新的调解协议，也可以就相关纠纷向有管辖权的人民法院提起诉讼；当事人之间有仲裁协议的，可以向仲裁机构申请仲裁。

四、其他：

年　月　日

（院印）

<h1 align="center">×××人民法院</h1>

<h2 align="center">确认决定书（决定确认用）</h2>

（××××）调确字第××号

申请人：（申请人的姓名或名称等基本情况）

申请人：（申请人的姓名或名称等基本情况）

本院于　年　月　日受理了申请人关于确认调解协议的申请。本院依法指定审判人员审查此案，现已审查完毕。

申请人　因　纠纷，于　年　月　日经　　（调解组织）主持调解，

· 191 ·

达成了如下调解协议：

（写明调解协议内容）。

本院现依法确认上述协议有效。双方当事人应当按照调解协议的约定自觉履行义务。一方当事人拒绝履行或者未全部履行的，对方当事人可以向人民法院申请强制执行。

本决定书自即日起发生法律效力。

审判员

年　月　日

（院印）

本件与原本核对无异

书记员

×××人民法院
不予确认决定书（决定不予确认用）

（××××）调确字第××号

申请人：（申请人的姓名或名称等基本情况）

申请人：（申请人的姓名或名称等基本情况）

本院于　年　月　日受理了申请人　　关于确认调解协议的申请。本院依法指定审判人员审查此案，现已审查完毕。

经审查，申请人　于　年　月　日关于纠纷达成的调解协议，因（写明不予确认理由），不符合人民法院确认调解协议的条件。据此，本院作出如下决定：

对申请人　于　年　月　日达成的调解协议效力不予确认。当事人可以通过人民调解方式变更原调解协议或者达成新的调解协议，也可以就相关纠纷向有管辖权的人民法院提起诉讼；当事人之间有仲裁协议的，可以向仲裁机构申请仲裁。

审判员

年　月　日

（院印）

本件与原本核对无异

书记员

最高人民法院关于委托执行若干问题的规定

（2011 年 4 月 25 日最高人民法院审判委员会第 1521 次
会议通过　2011 年 5 月 3 日最高人民法院公告公布　自
2011 年 5 月 16 日起施行　法释〔2011〕11 号）

为了规范委托执行工作，维护当事人的合法权益，根据《中华人民共和国民事诉讼法》的规定，结合司法实践，制定本规定。

第一条　执行法院经调查发现被执行人在本辖区内已无财产可供执行，且在其他省、自治区、直辖市内有可供执行财产的，应当将案件委托异地的同级人民法院执行。

执行案件中有三个以上被执行人或者三处以上被执行财产在本省、自治区、直辖市辖区以外，且分属不同异地的，执行法院根据案件具体情况，报经高级人民法院批准后可以异地执行。

第二条　案件委托执行后，受托法院应当依法立案，委托法院应当在收到受托法院的立案通知书后作委托结案处理。

委托异地法院协助查询、冻结、查封、调查或者送达法律文书等有关事项的，受托法院不作为委托执行案件立案办理，但应当积极予以协助。

第三条　委托执行应当以执行标的物所在地或者执行行为实施地的同级人民法院为受托执行法院。有两处以上财产在异地的，可以委托主要财产所在地的人民法院执行。

被执行人是现役军人或者军事单位的，可以委托对其有管辖权的军事法院执行。

执行标的物是船舶的，可以委托有管辖权的海事法院执行。

第四条　委托执行案件应当由委托法院直接向受托法院办理委托手续，并层报各自所在的高级人民法院备案。

事项委托应当以机要形式送达委托事项的相关手续，不需报高级人民法院备案。

第五条　案件委托执行时，委托法院应当提供下列材料：

（一）委托执行函；

（二）申请执行书和委托执行案件审批表；

（三）据以执行的生效法律文书副本；

（四）有关案件情况的材料或者说明，包括本辖区无财产的调查材料、财产保全情况、被执行人财产状况、生效法律文书的履行情况等；

（五）申请执行人地址、联系电话；

（六）被执行人身份证件或者营业执照复印件、地址、联系电话；

（七）委托法院执行员和联系电话；

（八）其他必要的案件材料等。

第六条　委托执行时，委托法院应当将已经查封、扣押、冻结的被执行人的异地财产，一并移交受托法院处理，并在委托执行函中说明。

委托执行后，委托法院对被执行人财产已经采取查封、扣押、冻结等措施的，视为受托法院的查封、扣押、冻结措施。受托法院需要继续查封、扣押、冻结，持委托执行函和立案通知书办理相关手续。续封续冻时，仍为原委托法院的查封冻结顺序。

查封、扣押、冻结等措施的有效期限在移交受托法院时不足 1 个月的，委托法院应当先行续封或者续冻，再移交受托法院。

第七条　受托法院收到委托执行函后，应当在 7 日内予以立案，并及时将立案通知书通过委托法院送达申请执行人，同时将指定的承办人、联系电话等书面告知委托法院。

委托法院收到上述通知书后，应当在 7 日内书面通知申请执行人案件已经委托执行，并告知申请执行人可以直接与受托法院联系执行相关事宜。

第八条　受托法院如发现委托执行的手续、材料不全，可以要求委托法院补办。委托法院应当在 30 日内完成补办事项，在上述期限内未完成的，应当作出书面说明。委托法院既不补办又不说明原因的，视为撤回委托，受托法院可以将委托材料退回委托法院。

第九条　受托法院退回委托的，应当层报所在辖区高级人民法院审批。高级人民法院同意退回后，受托法院应当在 15 日内将有关委托手续和案卷材料退回委托法院，并作出书面说明。

委托执行案件退回后，受托法院已立案的，应当作销案处理。委托法院在案件退回原因消除之后可以再行委托。确因委托不当被退回的，委托法院应当决定撤销委托并恢复案件执行，报所在的高级人民法院备案。

第十条　委托法院在案件委托执行后又发现有可供执行财产的，应当及时告知受托法院。受托法院发现被执行人在受托法院辖区外另有可供执行财产的，可以直接异地执行，一般不再行委托执行。根据情况确需再行委托的，应当按照委托执行案件的程序办理，并通知案件当事人。

第十一条　受托法院未能在 6 个月内将受托案件执结的，申请执行人有权请求受托法院的上一级人民法院提级执行或者指定执行，上一级人民法院应当立案审查，发现受托法院无正当理由不予执行的，应当限期执行或者作出裁定提级执行或者指定执行。

第十二条　执行法院赴异地执行案件时，应当持有其所在辖区高级人民法院的批准函件，但异地采取财产保全措施和查封、扣押、冻结等非处分性执行措施的除外。

异地执行时，可以根据案件具体情况，请求当地法院协助执行，当地法院应当积极配合，保证执行人员的人身安全和执行装备、执行标的物不受侵害。

第十三条　高级人民法院应当对辖区内委托执行和异地执行工作实行统一管理和协调，履行以下职责：

（一）统一管理跨省、自治区、直辖市辖区的委托和受托执行案件；

（二）指导、检查、监督本辖区内的受托案件的执行情况；

（三）协调本辖区内跨省、自治区、直辖市辖区的委托和受托执行争议案件；

（四）承办需异地执行的有关案件的审批事项；

（五）对下级法院报送的有关委托和受托执行案件中的相关问题提出指导性处理意见；

（六）办理其他涉及委托执行工作的事项。

第十四条　本规定所称的异地是指本省、自治区、直辖市以外的区域。各省、自治区、直辖市内的委托执行，由各高级人民法院参照本规定，结合实际情况，制定具体办法。

第十五条　本规定施行之后，其他有关委托执行的司法解释不再适用。

最高人民法院关于人民法院委托
评估、拍卖工作的若干规定

（2010 年 8 月 16 日最高人民法院审判委员会第 1492 次
会议通过　2011 年 9 月 7 日最高人民法院公告公布　自
2012 年 1 月 1 日起施行　法释〔2011〕21 号）

为进一步规范人民法院委托评估、拍卖工作，促进审判执行工作公正、廉洁、高效，维护当事人的合法权益，根据《中华人民共和国民事诉讼法》等有关法律规定，结合人民法院工作实际，制定本规定。

第一条 人民法院司法辅助部门负责统一管理和协调司法委托评估、拍卖工作。

第二条 取得政府管理部门行政许可并达到一定资质等级的评估、拍卖机构，可以自愿报名参加人民法院委托的评估、拍卖活动。

人民法院不再编制委托评估、拍卖机构名册。

第三条 人民法院采用随机方式确定评估、拍卖机构。高级人民法院或者中级人民法院可以根据本地实际情况统一实施对外委托。

第四条 人民法院委托的拍卖活动应在有关管理部门确定的统一交易场所或网络平台上进行，另有规定的除外。

第五条 受委托的拍卖机构应通过管理部门的信息平台发布拍卖信息，公示评估、拍卖结果。

第六条 涉国有资产的司法委托拍卖由省级以上国有产权交易机构实施，拍卖机构负责拍卖环节相关工作，并依照相关监管部门制定的实施细则进行。

第七条 《中华人民共和国证券法》规定应当在证券交易所上市交易或转让的证券资产的司法委托拍卖，通过证券交易所实施，拍卖机构负责拍卖环节相关工作；其他证券类资产的司法委托拍卖由拍卖机构实施，并依照相关监管部门制定的实施细则进行。

第八条 人民法院对其委托的评估、拍卖活动实行监督。出现下列情形之一，影响评估、拍卖结果，侵害当事人合法利益的，人民法院将不再委托其从事委托评估、拍卖工作。涉及违反法律法规的，依据有关规定处理：

（1）评估结果明显失实；

（2）拍卖过程中弄虚作假、存在瑕疵；

（3）随机选定后无正当理由不能按时完成评估拍卖工作；

（4）其他有关情形。

第九条 各高级人民法院可参照本规定，结合各地实际情况，制定实施细则，报最高人民法院备案。

第十条 本规定自 2012 年 1 月 1 日起施行。此前的司法解释和有关规定，与本规定相抵触的，以本规定为准。

最高人民法院关于印发
《民事申请再审案件诉讼文书样式》的通知

（2011 年 4 月 21 日　法〔2011〕160 号）

各省、自治区、直辖市高级人民法院，解放军军事法院，新疆维吾尔自治区高级人民法院生产建设兵团分院：

2011 年 1 月，最高人民法院在广州召开第一次全国民事再审审查工作会议，各高级人民法院就修改和完善民事申请再审案件诉讼文书样式提出了很好的意见和建议。为了更好地指导各级人民法院正确适用民事诉讼法及相关司法解释，进一步规范和统一民事申请再审案件诉讼文书的制作，结合民事再审审查工作实际，特制定《民事申请再审案件诉讼文书样式》，现印发给你们。在适用本文书样式过程中有何问题，请及时报告最高人民法院。

特此通知。

附：1.《关于民事申请再审案件诉讼文书写作的基本要求》
　　2.《民事申请再审案件诉讼文书样式》

附件 1

关于民事申请再审案件诉讼文书写作的基本要求

一、关于当事人基本情况部分

（一）当事人、案外人申请再审的，列为"申请再审人"；各方当事人均申请再审的，均列为"申请再审人"；再审申请书载明的被申请人列为"被申请人"；未提出再审申请或者未被列为被申请人的原审其他当事人按照其在一审、二审、再审中的地位依次列明，如"一审原告、二审被上诉人"；对不予受理裁定申请再审的案件，只列申请再审人。

（二）"申请再审人"、"被申请人"后的括号中按照"一审原告、反诉被告（或一审被告、反诉原告），二审上诉人（或二审被上诉人）、原申请再审人（或原被申请人）"列明当事人在一审、二审、再审中的诉讼地位；民事申请再审案件经过两次以上再审的，括号中的再审诉讼地位按照

· 197 ·

当事人在最后一次再审中的诉讼地位列明；再审程序是由人民检察院抗诉或者人民法院依职权启动的，括号中的再审诉讼地位按照"原申诉人（或原被申诉人）"列明；案外人申请再审的，在括号中列明"案外人"。

（三）当事人名称变化的，在名称后加括号注明原名称。

（四）当事人是自然人的，列明姓名、性别、民族、出生日期、职业、住址；自然人职业不明确的，可以不表述；当事人是法人或者其他组织的，列明名称、住所和法定代表人或者主要负责人的姓名、职务。

（五）当事人是自然人的，住址写为"住（具体地址）"；申请再审书上载明的地址与生效裁判或身份证上载明的住址不一致的，住址写为"住（身份证上载明的住址），现住（申请再审书上载明的地址）"。当事人是法人或者其他组织的，住所写为"住所地：（营业执照上载明的住所）"。

当事人住址或住所在市辖区的，写为"××省（直辖市、自治区）××市××区（具体地址）"；当事人住址或住所在市辖县、市辖县级市的，写为"××省（直辖市、自治区）××县（市）（具体地址）"，不写所在地级市（地区）；如有两个以上当事人住址相同，应当分别写明，不能用"住址同上"代替。

（六）法人或者其他组织的法定代表人或主要负责人写为"法定代表人（或负责人）：×××，该公司（或厂、村委会等）董事长（或厂长、主任等职务）"。

（七）委托代理人是律师的，写为"委托代理人：×××，×××律师事务所律师"，并审核其律师执业证书、律师事务所函、授权委托书和代理权限；委托代理人是同一律师事务所律师的，应当分别写明所在律师事务所；同一律师事务所的实习律师与律师共同担任委托代理人的，实习律师写为"委托代理人：×××，×××律师事务所实习律师"；委托代理人是法律工作者的，写为"委托代理人：×××，×××法律服务所法律工作者"。

委托代理人是自然人的，写为"委托代理人：×××，性别，民族，出生日期，职业，住址"，并审核其身份证、授权委托书和代理权限；委托代理人是当事人近亲属的，还应当在姓名之后用括号注明其与当事人的关系；律师助理以委托代理人身份参加诉讼的，按照委托代理人是自然人的情形写明姓名、性别等基本情况；法人或者其他组织的工作人员受所在单位委托为诉讼的，写为"委托代理人：×××，该公司（或厂、村委会等）工作人员（可写明职务）"，并审核其身份证、授权委托书和代理权限。

（八）诉讼地位与当事人姓名或名称、代理人姓名之间用冒号隔开。

示例：

申请再审人（一审被告、二审被上诉人、原被申请人）：××生物技术工程有限公司（原××生物技术研究所）。住所地：××省××市××区××街××号。

法定代表人：×××，该公司董事长。

委托代理人：×××，该公司法律顾问。

委托代理人：×××，××律师事务所律师。

被申请人（一审原告、二审上诉人、原申请再审人）：××银行××分行。住所地：北京市××区××路××号。

负责人：×××，该公司总经理。

委托代理人：×××，××律师事务所律师。

委托代理人：×××，××律师事务所实习律师。

一审被告、二审上诉人：×××市城市管理局。住所地：××省××市××路××号。

法定代表人：×××，该局局长。

二、关于案件来源部分

（一）本部分在当事人全称后加括号注明简称。

（二）当事人简称应当保持一致，做到简明规范，体现当事人的特点。

（三）未提出再审申请或者未被列为被申请人的原审其他当事人应当在被申请人之后，按照其在一审、二审、再审中的诉讼地位依次列明。民事申请再审案件经过两次以上再审的，再审诉讼地位按照当事人在最后一次再审中的诉讼地位列明；再审程序是由人民检察院抗诉或者人民法院依职权启动的，再审诉讼地位按照"原诉人（或原被申诉人）"列明。

（四）申请再审的裁判文书表述为"不服××人民法院（××××）×法民×字第××号民事判决（裁定、调解书）"。

示例：

申请再审人天成生物技术工程有限公司（以下简称天成公司）因与被申请人中阳科技发展有限公司（以下简称中阳公司），一审被告、二审上诉人××市城市管理局（以下简称××城管局）居间合同纠纷一案，不服××省××人民法院（××××）×法民××字第××号民事判决，向本院申请再审。本院依法组成合议庭对本案进行了审查，现已审查终结。

三、关于申请再审的事实与理由部分

（一）本部分首句表述为"×××（申请再审人的简称）申请再审称"，中间与具体事实和理由以冒号隔开。

（二）对于申请再审的事实与理由应当进行总体概括，做到简洁、准确、全面，避免按照再审申请书罗列的具体事实和理由照抄。

（三）申请再审的事实与理由有多个，且分为多级层次的，结构层次序数依次按照"（一）"、"1."和"（1）"写明，应注意"（一）"和"（1）"之后不加顿号，结构层次序数中的阿拉伯数字右下用圆点，不用逗号或顿号；只有一级层次的，结构层次序数写为"1."、"2."、"3."；有两级层次的，写为"（一）"、"1."；有三级层次的，写为"（一）"、"1."、"（1）"。

（四）本部分应在结尾处写明申请再审的法律依据，表述为"×××依据《中华人民共和国民事诉讼法》第××条第×款第×项的规定申请再审。"

示例：

×××公司申请再审称：（一）本案一、二审判决存在被告主体不适格的问题。（概括理由）。（二）本案违反法律规定，管辖错误。1. 本案不属专属管辖。2. 本案属于合同纠纷。3. 当事人对管辖地进行了约定。（三）本案判决缺乏事实依据。××公司依据《中华人民共和国民事诉讼法》第一百七十九条第一款第（二）项、第（六）项和第（七）项的规定申请再审。

四、关于被申请人意见部分

（一）被申请人以书面或口头形式发表意见的，表述为"×××提交意见认为，×××的再审申请缺乏事实与法律依据，请求予以驳回"；也可以根据案件情况对被申请人的意见进行归纳。

（二）被申请人未提交书面或口头意见的，不作表述。

五、关于本院审查查明部分

驳回再审申请的案件，如在审查过程中查明了与申请再审事由相关的新的事实，可以在本部分写明，对于原审查明的事实不予表态。当事人诉讼主体资格变化的，应当在本部分写明。

六、关于本院经审查认为部分

本部分应针对申请再审事由和理由逐一进行分析评判，避免漏审。

七、几点技术性要求

（一）为避免引起歧义，裁定书中不使用"原审"的表述，应当指出具体审级，如"二审法院"、"再审判决"。

（二）在裁定书中指代本院时，应当使用"本院"，不应使用"我院"的表述。

（三）当事人有简称的，在当事人基本情况、案件来源和裁定书主文部分用当事人全称，裁定书其余部分均用简称指代该当事人，不使用"申请再审人、被申请人"等代称。出现次数很少的当事人不必使用简称。

（四）第一次引用法律或司法解释的，应写明全称并注明简称，如《中华人民共和国合同法》（以下简称合同法），此后使用该简称不加书名号。引用次数很少的法律或司法解释不必使用简称。

（五）引用法律法规条文，应当用汉字注明条文序号，如《中华人民共和国合同法》第六十六条。引用司法解释，司法解释条文序号使用汉字的，用汉字注明条文序号，如最高人民法院《关于适用〈中华人民共和国合同法〉若干问题的解释（二）》第十条；司法解释条文序号使用阿拉伯数字的，用阿拉伯数字注明条文序号，如最高人民法院《关于适用〈中华人民共和国民事诉讼法〉若干问题的意见》第1条。

（六）五位及五位以上的阿拉伯数字，数字应当连续写，数字中间不加空格或分节号，如123456元；尾数零多的，可以改写为以万、亿作单位的数，如100000元可以写作10万元。一个用阿拉伯数字书写的多位数不能移行。

本规定自公布之日起施行。

附件2

民事申请再审案件诉讼文书样式

目　录

13. 民事裁定书（终结对再审申请的审查用）

14. 民事调解书（审查中调解达成协议用）

样式1：民事申请再审案件受理通知书（通知申请再审人用）

×××人民法院
民事申请再审案件受理通知书

（××××）×民申（民再申）字第××号

×××（写明申请再审人的姓名或名称）：

你（你单位）因与×××（写明对方当事人的姓名或名称）、×××（写明原审其他当事人的姓名或名称）……（案由）纠纷一案，不服×××人民法院于××××年××月××日作出的（××××）×民××号民事判决（裁定或调解书），向本院申请再审，本院已立案审查。

特此通知。

注：如需向本院提交或补充材料，应列明材料清单，一并通过邮局邮寄给××省××市××路××号××人民法院××庭×××（写明案件承办人）；邮编：×××。

××××年××月××日

（院印）

说明：

1. 本受理通知书样式供上一级人民法院受理当事人提出的再审申请后，通知提出再审申请的当事人时使用。

2. 标题中的法院名称，应当与法院院印的文字一致，但基层人民法院应当冠以省、自治区、直辖市名称。

3. 根据《中华人民共和国民事诉讼法》第一百七十八条、第一百七十九条和第一百八十四条、最高人民法院《关于适用〈中华人民共和国民事诉讼法〉审判监督程序若干问题的解释》第一条、第七条的规定，当事人在法定的申请再审期限内，以民事诉讼法列明的再审事由，向原审人民法院的上一级人民法院申请再审，且其提交的再审申请书等材料符合规定条件的，上一级人民法院应当依法受理，在五日内完成向申请再审人发送受理通知书等登记受理手续。在受理通知书中，应告知当事人其再审申请已经立案审查。

样式2：民事申请再审案件受理通知书（通知被申请人用）

×××人民法院
民事申请再审案件受理通知书

（××××）×民申（民再申）字第××号

×××（写明被申请人的姓名或名称）：

×××（写明申请再审人的姓名或名称）因与你（你单位）、×××（写明原审其他当事人的姓名或名称）……（案由）纠纷一案，不服×××人民法院于××××年××月××日作出的（××××）×民××号民事判决（裁定或调解书），向本院申请再审，本院已立案审查。现依法向你（你单位）发送再审申请书副本。你（你单位）应当自收到再审申请书副本之日起十五日内提交书面意见；不提交书面意见，不影响本院审查。

特此通知。

注：如需向本院提交或补充材料，应列明材料清单，一并通过邮局邮寄给××省××市××路××号××人民法院××庭×××（写明案件承办人）；邮编：×××。

附：1. 再审申请书副本一份

2. 当事人送达地址确认书一份

××××年××月××日

（院印）

说明：

1. 本受理通知书样式供上一级人民法院受理当事人提出的再审申请后，通知被申请人时使用。

2. 根据《中华人民共和国民事诉讼法》第一百八十条、最高人民法院《关于适用〈中华人民共和国民事诉讼法〉审判监督程序若干问题的解释》第七条的规定，上一级人民法院受理再审申请后，应当在五日内向对方当事人发送案件受理通知书及再审申请书副本。对方当事人包括被申请人及原审其他当事人。

3. 为便于再审审查工作顺利开展，在向被申请人发送受理通知书及申请再审书副本时，应当附当事人送达地址确认书。

样式3：民事申请再审案件受理通知书（通知原审其他当事人用）

×××人民法院
民事申请再审案件受理通知书

（××××）×民申（民再申）字第××号

×××（写明原审其他当事人的姓名或名称）：

×××（写明申请再审人的姓名或名称）因与×××（写明被申请人的姓名或名称）以及你（你单位）……（案由）纠纷一案，不服×××人民法院于××××年××月××日作出的（××××）×民××号民事判决（裁定或调解书），向本院申请再审，本院已立案审查。现依法向你（你单位）发送再审申请书副本。你（你单位）应当自收到再审申请书副本之日起十五日内提交书面意见；不提交书面意见，不影响本院审查。

特此通知。

注：如需向本院提交或补充材料，应列明材料清单，一并通过邮局邮寄给××省××市××路××号××人民法院××庭×××（写明案件承办人）；邮编：×××。

附：1. 再审申请书副本一份
　　2. 当事人送达地址确认书一份

××××年××月××日
（院印）

说明：

1. 本受理通知书样式供上一级人民法院受理当事人提出的再审申请后，通知原审其他当事人时使用。

2. 根据《中华人民共和国民事诉讼法》第一百八十条、最高人民法院《关于适用〈中华人民共和国民事诉讼法〉审判监督程序若干问题的解释》第七条的规定，上一级人民法院受理再审申请后，应当在五日内向对方当事人发送案件受理通知书及再审申请书副本。对方当事人包括被申请人及原审其他当事人。

3. 为便于再审审查工作顺利开展，在向原审其他当事人发送受理通知书及申请再审书副本时，应当附当事人送达地址确认书。

样式4：

×××人民法院当事人送达地址确认书

案由	
案号	
告知事项	1. 为便于当事人及时收到人民法院诉讼文书,保证诉讼程序顺利进行,当事人应当如实提供确切的送达地址； 　　2. 确认的送达地址适用于民事申请再审案件； 　　3. 再审审查期间如果送达地址有变更,应当及时告知人民法院变更后的送达地址； 　　4. 如果提供的地址不确切,或不及时告知变更后的地址,使诉讼文书无法送达或未及时送达,当事人将自行承担由此可能产生的法律后果； 　　5. 有关送达的法律规定,见本确认书后页。
送达地址	当 事 人
	送达地址
	电 话(手机) 　　　　　　邮 编
	其他联系方式
当事人确认	我已经阅读(听明白)本确认书的告知事项,提供了上栏送达地址,并保证所提供的送达地址各项内容是正确的、有效的。 　　当事人(签章) 　　　　　　　　　　　　　　　年　　　　月　　　　日
备注	
法院工作人员签名	

收到后请于一周内填妥寄回

最高人民法院关于以法院专递方式
邮寄送达民事诉讼文书的若干规定
（节 选）

第一条　法院专递的适用范围

人民法院直接送达诉讼文书有困难的，可以交由国家邮政机构（以下简称邮政机构）以法院专递方式邮寄送达，但有下列情形之一的除外：

（一）受送达人或者其诉讼代理人、受送达人指定的代收人同意在指定的期间内到人民法院接受送达的；

（二）受送达人下落不明的；

（三）法律规定或者我国缔结或者参加的国际条约中约定有特别送达方式的。

第二条　法院专递的法律效力

以法院专递方式邮寄送达民事诉讼文书的，其送达与人民法院送达具有同等法律效力。

第三条　送达地址的提供或者确认

当事人起诉或者答辩时应当向人民法院提供或者确认自己准确的送达地址，并填写送达地址确认书。当事人拒绝提供的，人民法院应当告知其拒不提供送达地址的不利后果，并记入笔录。

第五条　送达地址的推定

当事人拒绝提供自己的送达地址，经人民法院告知后仍不提供的，自然人以其户籍登记中的住所地或者经常居住地为送达地址；法人或者其他组织以其工商登记或者其他依法登记、备案中的住所地为送达地址。

第十一条　法律后果及其除外条件

因受送达人自己提供或者确认的送达地址不准确、拒不提供送达地址、送达地址变更未及时告知人民法院、受送达人本人或者受送达人指定的代收人拒绝签收，导致诉讼文书未能被受送达人实际接收的，文书退回之日视为送达之日。

受送达人能够证明自己在诉讼文书送达的过程中没有过错的，不适用前款规定。

（××××）×民申（民再申）字第××号

×××人民法院：

　　申请再审人×××（写明申请再审人的姓名或名称）因与被申请人××
×（写明被申请人的姓名或名称）、×××（写明原审其他当事人的姓名或名
称）……（案由）纠纷一案，不服你院（××××）×民××号民事判决（裁定
或调解书），向我院申请再审。我院经研究，决定对本案调卷审查。请你院
接到本通知之日起 30 日内，检齐本案全部卷宗报送我院。

　　需调取卷宗的案件案号：

　　1. ×××人民法院（××××）×民××字第××号；

　　2. ×××人民法院（××××）×民××字第××号；

　　……

联系人：×××

电　话：×××

　　　　　　　　　　　　　　　　××××年××月××日

　　　　　　　　　　　　　　　（×××人民法院××庭印）

说明：

　　本调卷函供上一级人民法院调取民事申请再审案件的原审卷宗时
使用。

关于申请再审人×××与被申请人×××
……（案由）一案的审查报告

（××××）×民申（民再申）字第××号

一、案件来源

申请再审人×××（写明申请再审人的姓名或名称）因与被申请人××
×（写明被申请人的姓名或名称）、×××（写明原审其他当事人的姓名或名
称）……（案由）纠纷一案，不服××人民法院（××××）×民××号民事
判决（裁定或调解书），向我院申请再审。

简要概括诉讼经过，表述为"**本案原由×××（写明原告姓名或名称）于
×年×月×日向××人民法院提起诉讼，该院于×年×月×日作出（××××
×）×民××字第××号民事判决（裁定或调解书）。×××不服，向××人
民法院提起上诉，该院于×年×月×日作出（××××）×民××号民事
判决。**"

二、当事人基本情况

申请再审人（一审、二审诉讼地位）：××公司。住所地：××省××市
××区××街××号。

法定代表人：×××，职务。

委托代理人：×××，××律师事务所律师。

被申请人（一审、二审诉讼地位）：×××，性别，民族，出生日期，职业，
住××省××县××路××号。

委托代理人：×××，性别，民族，出生日期，职业，住××省××县××
路××号。

三、一审审理情况

概述一审查明的事实和裁判情况，写明原告诉讼请求。从本部分起，在
第一次使用当事人全称后注明简称，并注意保持简称同一。

四、二审审理情况

概述二审上诉人上诉请求和理由、二审查明的事实和裁判情况。

二审查明事实与一审相同的，不必重复。

五、申请再审事由和被申请人意见

概括申请再审人主张的再审事由及具体事实理由，做到简洁、准确、

全面。

概括被申请人的书面或口头意见,供合议庭评议时参考。

原审其他当事人以书面或口头形式发表意见的,亦应概括写明。

六、审查查明的事实

如在审查过程中查明了与申请再审事由相关的新的事实,以及当事人诉讼主体资格变化等情况,在这一部分写明。

七、承办人审查意见

针对申请再审事由和理由逐一分析评判,提出明确处理意见,避免漏审。

八、需要说明的问题

如有矛盾激化、社会影响大等其它特殊情况,可在这一部分予以说明。

九、合议庭意见

需要提交审判长联席会讨论的案件,写明合议庭意见。

承办人:(签名)

××××年××月××日

样式7:民事裁定书(本院提审用)

××××人民法院
民事裁定书

(××××)×民申(民再申)字第××号

申请再审人(一、二审诉讼地位):……(写明姓名或名称等基本情况)。

法定代表人(或负责人):……(写明姓名和职务)。

法定代理人(或指定代理人):……(写明姓名等基本情况)。

委托代理人:……(写明姓名等基本情况)。

被申请人(一、二审诉讼地位):……(写明姓名或名称等基本情况)。

法定代表人(或负责人):……(写明姓名和职务)。

法定代理人(或指定代理人):……(写明姓名等基本情况)。

委托代理人:……(写明姓名等基本情况)。

一审原告(或生效裁判中的其他称谓):……(写明姓名或名称等基本情况)。

法定代表人(或负责人):……(写明姓名和职务)。

法定代理人(或指定代理人):……(写明姓名等基本情况)。

委托代理人:……(写明姓名等基本情况)。

申请再审人×××因与被申请人×××、×××(写明原审其他当事人的姓名或名称)……(案由)纠纷一案,不服×××人民法院(××××)×民××号民事判决(裁定或调解书),向本院申请再审。本院依法组成合议庭对本案进行了审查,现已审查终结。

本院认为,×××的再审申请符合《中华人民共和国民事诉讼法》第一百七十九条第一款第……项(或第二款)规定的情形。依照《中华人民共和国民事诉讼法》第一百八十一条、第一百八十五条之规定(如果是针对调解书申请再审,则表述为"×××的再审申请符合《中华人民共和国民事诉讼法》第一百八十二条的规定。依照《中华人民共和国民事诉讼法》第一百八十二条、第一百八十五条之规定"),裁定如下:

一、本案由本院提审;

二、再审期间,中止原判决(裁定或调解书)的执行。

院　长　×××

×××年××月××日

(院　印)

本件与原本核对无异

书记员　　×××

说明:

1. 本裁定书样式供上一级人民法院对当事人提出的再审申请进行审查后,认为本案符合民事诉讼法第一百七十九条或第一百八十二条的规定,裁定由本院提审时使用。

2. 当事人的地位表述为"申请再审人(一、二审的诉讼地位)"、"被申请人(一、二审的诉讼地位)";其他当事人按原审诉讼地位表述,例如,一审终审的,列为"一审原告"或"一审被告"、"一审第三人";二审终审的,列为"一审原告、二审上诉人"或"一审被告、二审被上诉人"等。

3. 在阐述裁定理由时,指出本案符合《中华人民共和国民事诉讼法》第××条第×款第×项规定的情形即可,不需阐述具体理由,不作"原判确有错误"、"原判认定事实不清、适用法律有误"之类的表述;当事人在再审审查阶段达成调解协议申请由人民法院裁定提审后制作民事调解书的,提审裁定的提审理由表述为"本案符合《中华人民共和国民事诉讼法》的规定"。

4. 当事人双方申请再审,一方主张的再审事由成立,另一方主张的再审事由不成立的,本裁定书仅写明一方的再审申请符合《中华人民共和国民事诉讼法》第××条第×款第×项规定的情形,对于另一方再审申请是否成立不必表态。

5. 依据《中华人民共和国民事诉讼法》第一百八十五条的规定,本裁定书应当由人民法院院长署名。

样式8:民事裁定书(指令下级法院再审用)

××××人民法院
民事裁定书

(××××)×民申(民再申)字第××号

申请再审人(一、二审诉讼地位):……(写明姓名或名称等基本情况)。

法定代表人(或负责人):……(写明姓名和职务)。

法定代理人(或指定代理人):……(写明姓名等基本情况)。

委托代理人:……(写明姓名等基本情况)。

被申请人(一、二审诉讼地位):……(写明姓名或名称等基本情况)。

法定代表人(或负责人):……(写明姓名和职务)。

法定代理人(或指定代理人):……(写明姓名等基本情况)。

委托代理人:……(写明姓名等基本情况)。

一审原告(或生效裁判中的其他称谓):……(写明姓名或名称等基本情况)。

法定代表人(或负责人):……(写明姓名和职务)。

法定代理人(或指定代理人):……(写明姓名等基本情况)。

委托代理人:……(写明姓名等基本情况)。

申请再审人×××因与被申请人×××、×××(写明原审其他当事人的姓名或名称)……(案由)纠纷一案,不服×××人民法院(××××)×民××号民事判决(裁定或调解书),向本院申请再审。本院依法组成合议庭对本案进行了审查,现已审查终结。

本院认为,×××的再审申请符合《中华人民共和国民事诉讼法》第一百七十九条第一款第……项(或第二款)规定的情形。依照《中华人民共和国民事诉讼法》第一百八十一条、第一百八十五条之规定(如果是针对调解书申请再审,则表述为"×××的再审申请符合《中华人民共和国民事诉讼法》第一百八十二条的规定。依照《中华人民共和国民事诉讼法》第一百八十二条、第一百八十五条之规定"),裁定如下:

一、指令×××人民法院再审本案;

二、再审期间,中止原判决(裁定或调解书)的执行。

院　长　×××

×××年××月××日

(院　印)

本件与原本核对无异

书记员　　×××

说明:

1. 本裁定书样式供上一级人民法院对当事人提出的再审申请进行审查后,认为本案符合民事诉讼法第一百七十九条或第一百八十二条的规定,裁定指令下级人民法院再审时使用。

2. 在阐述裁定理由时,指出本案符合《中华人民共和国民事诉讼法》第××条××款××项规定的情形即可,不需阐述具体理由,不作"原判确有错误"、"原判认定事实不清、适用法律有误"之类的表述。

3. 当事人双方申请再审,一方主张的再审事由成立,另一方主张的再审事由不成立的,本裁定书仅写明一方的再审申请符合《中华人民共和国民事诉讼法》第××条××款××项规定的情形,对于另一方再审申请是否成立不必表态。

4. 依据《中华人民共和国民事诉讼法》第一百八十五条的规定,本裁定书应当由人民法院院长署名。

样式 9:内部函(指令下级法院再审用)

(××××)×民申(民再申)字第××号

×××人民法院:

申请再审人×××因与被申请人×××、×××(写明原审其他当事人的姓名或名称)……(案由)纠纷一案,不服你院(××××)×民××号民事判决(裁定或调解书),向我院申请再审。我院现以(××××)×民申(民再申)字第××号民事裁定指令你院再审。再审时请注意以下问题:

· 212 ·

……（根据案件具体情况指出需要注意的问题。需要分层次的，按照"（一）"、"1."、"（1）"的序号列明。）

请你院依法及时审理，并将审理结果报告我院。

$$×××× 年 ×× 月 ×× 日$$

（院　印）

审理结果反馈地址：××××人民法院××××庭

邮　编：××××××

联系人：×××办公电话：×××

说明：

1. 本内部函样式供指令再审时，与裁定书一并发下级人民法院时用。

2. 在内部函中，对于意见一致，有把握的问题，以肯定的语气明确指出。对于需要在再审中进一步研究或查明的问题，以商榷语气指出。

3. 在内部函中，一律用"我院"指代本院，不要用"本院"。

4. 为便于再审法院向上一级法院反馈再审结果，在内部函中，应当写明再审结果反馈联系人的姓名、联系电话。再审结果反馈联系人一般为案件承办人。

样式 10：民事裁定书（驳回当事人再审申请用）

××××人民法院
民事裁定书

（××××）×民申（民再申）字第××号

申请再审人（一、二审诉讼地位）：……（写明姓名或名称等基本情况）。

法定代表人（或负责人）：……（写明姓名和职务）。

法定代理人（或指定代理人）：……（写明姓名等基本情况）。

委托代理人：……（写明姓名等基本情况）。

被申请人（一、二审诉讼地位）：……（写明姓名或名称等基本情况）。

法定代表人（或负责人）：……（写明姓名和职务）。

法定代理人（或指定代理人）：……（写明姓名等基本情况）。

委托代理人：……（写明姓名等基本情况）。

一审原告(或生效裁判中的其他称谓):……(写明姓名或名称等基本情况)。

法定代表人(或负责人):……(写明姓名和职务)。

法定代理人(或指定代理人):……(写明姓名等基本情况)。

委托代理人:……(写明姓名等基本情况)。

申请再审人×××(以下简称×××)因与被申请人×××(以下简称×××)、×××(写明原审其他当事人的姓名或名称)……(案由)纠纷一案,不服×××人民法院(××××)民××号民事判决(裁定或调解书),向本院申请再审。本院依法组成合议庭对本案进行了审查,现已审查终结。

×××(申请再审人简称)申请再审称:……(概括申请再审的事实与理由,做到简洁、准确、全面,避免按照再审申请书罗列的具体事实和理由照抄)。

×××(被申请人简称)提交意见认为,×××的再审申请缺乏事实与法律依据,请求予以驳回。(根据案件情况,可对被申请人的意见进行归纳。被申请人未提交书面或口头意见的,不在此表述)。

本院审查查明:……(写明审查过程中查明的新的事实和证据,对于原审查明的事实不予表态。没有新的事实和证据的,不写这一部分)。

本院认为:……(针对申请再审事由和理由逐一进行分析评判,阐明应予驳回的理由)。

综上,×××的再审申请不符合《中华人民共和国民事诉讼法》第××条第×款第×项规定的情形。依照《中华人民共和国民事诉讼法》第一百八十一条第一款之规定,裁定如下:

驳回×××的再审申请。

(当事人对调解书申请再审的,表述为:)

综上,×××的再审申请不符合《中华人民共和国民事诉讼法》第一百八十二条的规定。依照《中华人民共和国民事诉讼法》第一百八十一条第一款、第一百八十二条之规定,裁定如下:

驳回×××的再审申请。

(再审申请超过法定期限的,表述为:)

×××的再审申请已超过《中华人民共和国民事诉讼法》第一百八十四条规定的申请再审期限。依照《中华人民共和国民事诉讼法》第一百八十一条第一款、第一百八十四条之规定,裁定如下:

驳回×××的再审申请。

(再审申请不属于法定再审事由范围的,表述为:)

×××的再审申请不属于《中华人民共和国民事诉讼法》第一百七十九条规定的再审事由。依照《中华人民共和国民事诉讼法》第一百八十一条第一款、《最高人民法院关于适用〈中华人民共和国民事诉讼法〉审判监督程序若干问题的解释》第十九条第二款之规定,裁定如下:

　　驳回×××的再审申请。

　　(案外人申请再审的,表述为:)

　　×××的再审申请不符合最高人民法院《关于适用〈中华人民共和国民事诉讼法〉审判监督程序若干问题的解释》第五条的规定。依照《中华人民共和国民事诉讼法》第一百八十一条第一款、最高人民法院《关于适用〈中华人民共和国民事诉讼法〉审判监督程序若干问题的解释》第五条之规定,裁定如下:

　　驳回×××的再审申请。

审　判　长　　×××

审　判　员　　×××

审　判　员　　×××

×××年××月××日

(院　印)

本件与原本核对无异

书　记　员　　×××

说明:

1. 本裁定书样式供上一级人民法院对当事人提出的再审申请进行审查后,认为本案不符合民事诉讼法第一百七十九条、第一百八十二条的规定,予以驳回时使用。

2. 本裁定由合议庭署名。

样式 11:民事裁定书(审查中准许或不准许撤回再审申请用)

××××人民法院
民事裁定书

(××××)×民申(民再申)字第××号

申请再审人(一、二审诉讼地位):……(写明姓名或名称等基本情况)。

法定代表人(或负责人):……(写明姓名和职务)。

法定代理人(或指定代理人):……(写明姓名等基本情况)。

委托代理人:……(写明姓名等基本情况)。

被申请人(一、二审诉讼地位):……(写明姓名或名称等基本情况)。

法定代表人(或负责人):……(写明姓名和职务)。

法定代理人(或指定代理人):……(写明姓名等基本情况)。

委托代理人:……(写明姓名等基本情况)。

一审原告(或生效裁判中的其他称谓):……(写明姓名或名称等基本情况)。

法定代表人(或负责人):……(写明姓名和职务)。

法定代理人(或指定代理人):……(写明姓名等基本情况)。

委托代理人:……(写明姓名等基本情况)。

申请再审人×××因与被申请人×××、×××(写明原审其他当事人的姓名或名称)……(案由)纠纷一案,不服×××人民法院(××××)×民××号民事判决(裁定或调解书),向本院申请再审。本院依法组成合议庭,对本案进行了审查。

本院审查过程中,……(简要写明申请再审人提出撤回其再审申请的情况,包括时间、理由等内容)。

本院认为,×××在本案审查期间提出撤回再审申请的请求,不违反法律规定,本院予以准许(如果审查后不准许撤回再审申请的,则写明不准许撤回申请的理由)。依照《中华人民共和国民事诉讼法》第一百四十条、最高人民法院《关于适用〈中华人民共和国民事诉讼法〉审判监督程序若干问题的解释》第二十三条第一款之规定,裁定如下:

(第一种情况,准许撤回再审申请)

准许×××(写明申请再审人的姓名或名称)撤回再审申请。

(第二种情况,不准许撤回再审申请)

不准许×××(写明申请再审人的姓名或名称)撤回再审申请。

审　判　长　×××

审　判　员　×××

审　判　员　×××

×××年××月××日

（院　　印）

本件与原本核对无异

书　记　员　×××

说明：

1. 本裁定书样式供上一级人民法院在审查申请再审案件过程中，当事人提出撤回再审申请的，人民法院准许或者不准许时使用。

2. 本裁定书简要阐明理由即可，无需涉及原生效裁判内容和申请再审理由等。

3. 对"不准许撤回再审申请"的，一般可用口头裁定，记入笔录；必要时也可使用书面裁定。

样式12：民事裁定书(审查中按当事人撤回再审申请处理用)

××××人民法院
民事裁定书

（××××）×民申(民再申)字第××号

申请再审人(一、二审诉讼地位)：……(写明姓名或名称等基本情况)。

法定代表人(或负责人)：……(写明姓名和职务)。

法定代理人(或指定代理人)：……(写明姓名等基本情况)。

委托代理人：……(写明姓名等基本情况)。

被申请人(一、二审诉讼地位)：……(写明姓名或名称等基本情况)。

法定代表人(或负责人)：……(写明姓名和职务)。

法定代理人(或指定代理人)：……(写明姓名等基本情况)。

委托代理人：……(写明姓名等基本情况)。

一审原告(或生效裁判中的其他称谓)：……(写明姓名或名称等基本情

况）。

　　法定代表人（或负责人）：……（写明姓名和职务）。

　　法定代理人（或指定代理人）：……（写明姓名等基本情况）。

　　委托代理人：……（写明姓名等基本情况）。

　　申请再审人×××因与被申请人×××、×××（写明原审其他当事人的姓名或名称）……（案由）纠纷一案，不服×××人民法院（××××）×民××号民事判决（裁定或调解书），向本院申请再审。本院依法组成合议庭，对本案进行了审查。

　　本院审查过程中，……（简要写明本院向申请再审人发出传票的情况，及其无正当理由拒不接受询问的事实）。依照《中华人民共和国民事诉讼法》第一百四十条、最高人民法院《关于适用〈中华人民共和国民事诉讼法〉审判监督程序若干问题的解释》第二十三条第二款之规定，裁定如下：

　　本案按×××（写明申请再审人的姓名或名称）撤回再审申请处理。

审　判　长　×××

审　判　员　×××

审　判　员　×××

××××年××月××日

（院　印）

本件与原本核对无异

书　记　员　×××

说明：

　　1. 本裁定书样式供上一级人民法院在审查当事人申请再审案件过程中，申请再审人经传票传唤，无正当理由拒不接受询问，人民法院按其撤回再审申请处理时使用。

　　2. 本裁定书简要写明本院向申请再审人发出传票的情况，及其无正当理由拒不接受询问的事实，无需涉及原生效裁判内容和申请再审理由等。

××××人民法院
民事裁定书

(××××)×民申(民再申)字第××号

申请再审人(一、二审诉讼地位):……(写明姓名或名称等基本情况)。

法定代表人(或负责人):……(写明姓名和职务)。

法定代理人(或指定代理人):……(写明姓名等基本情况)。

委托代理人:……(写明姓名等基本情况)。

被申请人(一、二审诉讼地位):……(写明姓名或名称等基本情况)。

法定代表人(或负责人):……(写明姓名和职务)。

法定代理人(或指定代理人):……(写明姓名等基本情况)。

委托代理人:……(写明姓名等基本情况)。

一审原告(或生效裁判中的其他称谓):……(写明姓名或名称等基本情况)。

法定代表人(或负责人):……(写明姓名和职务)。

法定代理人(或指定代理人):……(写明姓名等基本情况)。

委托代理人:……(写明姓名等基本情况)。

申请再审人×××因与被申请人×××、×××(写明原审其他当事人的姓名或名称)……(案由)纠纷一案,不服××××人民法院(××××)×民××号民事判决(裁定或调解书),向本院申请再审。本院依法组成合议庭,对本案进行了审查。

本院审查过程中,……(写明终结审查的事实根据)。依照《中华人民共和国民事诉讼法》第一百四十条、最高人民法院《关于适用〈中华人民共和国民事诉讼法〉审判监督程序若干问题的解释》第二十五条第×项之规定,裁定如下:

本案终结审查。

审 判 长　×××

审 判 员　×××

审 判 员　×××

××××年××月××日

(院　印)

本件与原本核对无异

书 记 员 ×××

说明：

1. 本裁定书样式供终结民事再审审查程序时使用。

2. 本裁定书简洁写明导致审查终结的特定情形，无需涉及原生效裁判内容和申请再审理由等。

样式 14：民事调解书（审查中调解达成协议用）

××××人民法院
民事调解书

（××××）×民提字第××号

申请再审人（一、二审诉讼地位）：……（写明姓名或名称等基本情况）。

法定代表人（或负责人）：……（写明姓名和职务）。

法定代理人（或指定代理人）：……（写明姓名等基本情况）。

委托代理人：……（写明姓名等基本情况）。

被申请人（一、二审诉讼地位）：……（写明姓名或名称等基本情况）。

法定代表人（或负责人）：……（写明姓名和职务）。

法定代理人（或指定代理人）：……（写明姓名等基本情况）。

委托代理人：……（写明姓名等基本情况）。

一审原告（或生效裁判中的其他称谓）：……（写明姓名或名称等基本情况）。

法定代表人（或负责人）：……（写明姓名和职务）。

法定代理人（或指定代理人）：……（写明姓名等基本情况）。

委托代理人：……（写明姓名等基本情况）。

申请再审人×××（以下简称×××）因与被申请人×××（以下简称×××）、×××（写明原审其他当事人的姓名或名称）……（案由）纠纷一案，不服×××人民法院（××××）×民××号民事判决（裁定或调解书），向本院申请再审。本院于××××年××月××日作出（××××）×民××号民事裁定，提审本案。

……（简要写明案件事实，也可以不写）。

本案审理过程中,经本院主持调解,双方当事人自愿达成如下协议(或"双方当事人请求本院确认其自行达成的如下协议"):

……(写明协议内容,包括原一审、二审诉讼费用的负担)。

上述协议,符合有关法律规定,本院予以确认。

本调解书经双方当事人签收后,即具有法律效力(如果当事人各方同意在调解协议上签名或者盖章后生效,并依据最高人民法院《关于人民法院民事调解工作若干问题的规定》第十三条的规定使调解协议发生法律效力的,可不写此句话)。

审　判　长　×××

审　判　员　×××

审　判　员　×××

××××年××月××日

(院　印)

本件与原本核对无异

书　记　员　　×××

说明:

1. 本调解书样式供上一级人民法院对民事申请再审案件进行审查时,组织当事人调解达成协议,将案件裁定提审后,制作民事调解书时使用。

2. 本调解书由审查民事申请再审案件的合议庭署名。

最高人民法院印发
《关于依法制裁规避执行行为的若干意见》的通知

(2011 年 5 月 27 日　法〔2011〕195 号)

各省、自治区、直辖市高级人民法院,解放军军事法院,新疆维吾尔自治区高级人民法院生产建设兵团分院:

现将《关于依法制裁规避执行行为的若干意见》印发给你们,请认真贯彻执行。

关于依法制裁规避执行行为的若干意见

为了最大限度地实现生效法律文书确认的债权，提高执行效率，强化执行效果，维护司法权威，现就依法制裁规避执行行为提出以下意见：

一、强化财产报告和财产调查，多渠道查明被执行人财产

1. 严格落实财产报告制度。对于被执行人未按执行通知履行法律文书确定义务的，执行法院应当要求被执行人限期如实报告财产，并告知拒绝报告或者虚假报告的法律后果。对于被执行人暂时无财产可供执行的，可以要求被执行人定期报告。

2. 强化申请执行人提供财产线索的责任。各地法院可以根据案件的实际情况，要求申请执行人提供被执行人的财产状况或者财产线索，并告知不能提供的风险。各地法院也可根据本地的实际情况，探索尝试以调查令、委托调查函等方式赋予代理律师法律规定范围内的财产调查权。

3. 加强人民法院依职权调查财产的力度。各地法院要充分发挥执行联动机制的作用，完善与金融、房地产管理、国土资源、车辆管理、工商管理等各有关单位的财产查控网络，细化协助配合措施，进一步拓宽财产调查渠道，简化财产调查手续，提高财产调查效率。

4. 适当运用审计方法调查被执行人财产。被执行人未履行法律文书确定的义务，且有转移隐匿处分财产、投资开设分支机构、入股其他企业或者抽逃注册资金等情形的，执行法院可以根据申请执行人的申请委托中介机构对被执行人进行审计。审计费用由申请执行人垫付，被执行人确有转移隐匿处分财产等情形的，实际执行到位后由被执行人承担。

5. 建立财产举报机制。执行法院可以依据申请执行人的悬赏执行申请，向社会发布举报被执行人财产线索的悬赏公告。举报人提供的财产线索经查证属实并实际执行到位的，可按申请执行人承诺的标准或者比例奖励举报人。奖励资金由申请执行人承担。

二、强化财产保全措施，加大对保全财产和担保财产的执行力度

6. 加大对当事人的风险提示。各地法院在立案和审判阶段，要通过法律释明向当事人提示诉讼和执行风险，强化当事人的风险防范意识，引导债权人及时申请财产保全，有效防止债务人在执行程序开始前转移财产。

7. 加大财产保全力度。各地法院要加强立案、审判和执行环节在财产保全方面的协调配合，加大依法进行财产保全的力度，强化审判与执行在财产保全方面的衔接，降低债务人或者被执行人隐匿、转移财产的风险。

8. 对保全财产和担保财产及时采取执行措施。进入执行程序后，各地法院要加大对保全财产和担保财产的执行力度，对当事人、担保人或者第三人提出的异议要及时进行审查，审查期间应当依法对相应财产采取控制性措施，驳回异议后应当加大对相应财产的执行力度。

三、依法防止恶意诉讼，保障民事审判和执行活动有序进行

9. 严格执行关于案外人异议之诉的管辖规定。在执行阶段，案外人对人民法院已经查封、扣押、冻结的财产提起异议之诉的，应当依照《中华人民共和国民事诉讼法》第二百零四条和最高人民法院《关于适用民事诉讼法执行程序若干问题的解释》第十八条的规定，由执行法院受理。

案外人违反上述管辖规定，向执行法院之外的其他法院起诉，其他法院已经受理尚未作出裁判的，应当中止审理或者撤销案件，并告知案外人向作出查封、扣押、冻结裁定的执行法院起诉。

10. 加强对破产案件的监督。执行法院发现被执行人有虚假破产情形的，应当及时向受理破产案件的人民法院提出。申请执行人认为被执行人利用破产逃债的，可以向受理破产案件的人民法院或者其上级人民法院提出异议，受理异议的法院应当依法进行监督。

11. 对于当事人恶意诉讼取得的生效裁判应当依法再审。案外人违反上述管辖规定，向执行法院之外的其他法院起诉，并取得生效裁判文书将已被执行法院查封、扣押、冻结的财产确权或者分割给案外人，或者第三人与被执行人虚构事实取得人民法院生效裁判文书申请参与分配，执行法院认为该生效裁判文书系恶意串通规避执行损害执行债权人利益的，可以向作出该裁判文书的人民法院或者其上级人民法院提出书面建议，有关法院应当依照《中华人民共和国民事诉讼法》和有关司法解释的规定决定再审。

四、完善对被执行人享有债权的保全和执行措施，运用代位权、撤销权诉讼制裁规避执行行为

12. 依法执行已经生效法律文书确认的被执行人的债权。对于被执行人已经生效法律文书确认的债权，执行法院可以书面通知被执行人在限期内向有管辖权的人民法院申请执行该生效法律文书。限期届满被执行人仍怠于申请执行的，执行法院可以依法强制执行该到期债权。

被执行人已经申请执行的，执行法院可以请求执行该债权的人民法院协助扣留相应的执行款物。

13. 依法保全被执行人的未到期债权。对被执行人的未到期债权，执行法院可以依法冻结，待债权到期后参照到期债权予以执行。第三人仅以该债务未到期为由提出异议的，不影响对该债权的保全。

14. 引导申请执行人依法诉讼。被执行人怠于行使债权对申请执行人造成损害的,执行法院可以告知申请执行人依照《中华人民共和国合同法》第七十三条的规定,向有管辖权的人民法院提起代位权诉讼。

被执行人放弃债权、无偿转让财产或者以明显不合理的低价转让财产,对申请执行人造成损害的,执行法院可以告知申请执行人依照《中华人民共和国合同法》第七十四条的规定向有管辖权的人民法院提起撤销权诉讼。

五、充分运用民事和刑事制裁手段,依法加强对规避执行行为的刑事处罚力度

15. 对规避执行行为加大民事强制措施的适用。被执行人既不履行义务又拒绝报告财产或者进行虚假报告、拒绝交出或者提供虚假财务会计凭证、协助执行义务人拒不协助执行或者妨碍执行、到期债务第三人提出异议后又擅自向被执行人清偿等,给申请执行人造成损失的,应当依法对相关责任人予以罚款、拘留。

16. 对构成犯罪的规避执行行为加大刑事制裁力度。被执行人隐匿财产、虚构债务或者以其他方法隐藏、转移、处分可供执行的财产,拒不交出或者隐匿、销毁、制作虚假财务会计凭证或资产负债表等相关资料,以虚假诉讼或者仲裁手段转移财产、虚构优先债权或者申请参与分配,中介机构提供虚假证明文件或者提供的文件有重大失实,被执行人、担保人、协助义务人有能力执行而拒不执行或者拒不协助执行等,损害申请执行人或其他债权人利益,依照刑法的规定构成犯罪的,应当依法追究行为人的刑事责任。

17. 加强与公安、检察机关的沟通协调。各地法院应当加强与公安、检察机关的协调配合,建立快捷、便利、高效的协作机制,细化拒不执行判决裁定罪和妨害公务罪的适用条件。

18. 充分调查取证。各地法院在执行案件过程中,在行为人存在拒不执行判决裁定或者妨害公务行为的情况下,应当注意收集证据。认为构成犯罪的,应当及时将案件及相关证据材料移送犯罪行为发生地的公安机关立案查处。

19. 抓紧依法审理。对检察机关提起公诉的拒不执行判决裁定或者妨害公务案件,人民法院应当抓紧审理,依法审判,快速结案,加大判后宣传力度,充分发挥刑罚手段的威慑力。

六、依法采取多种措施,有效防范规避执行行为

20. 依法变更追加被执行主体或者告知申请执行人另行起诉。有充分证据证明被执行人通过离婚析产、不依法清算、改制重组、关联交易、财产混同等方式恶意转移财产规避执行的,执行法院可以通过依法变更追加被执行人或者告知申请执行人通过诉讼程序追回被转移的财产。

21. 建立健全征信体系。各地法院应当逐步建立健全与相关部门资源共享的信用平台,有条件的地方可以建立个人和企业信用信息数据库,将被执行人不履行债务的相关信息录入信用平台或者信息数据库,充分运用其形成的威慑力制裁规避执行行为。

22. 加大宣传力度。各地法院应当充分运用新闻媒体曝光、公开执行等手段,将被执行人因规避执行被制裁或者处罚的典型案例在新闻媒体上予以公布,以维护法律权威,提升公众自觉履行义务的法律意识。

23. 充分运用限制高消费手段。各地法院应当充分运用限制高消费手段,逐步构建与有关单位的协作平台,明确有关单位的监督责任,细化协作方式,完善协助程序。

24. 加强与公安机关的协作查找被执行人。对于因逃避执行而长期下落不明或者变更经营场所的被执行人,各地法院应当积极与公安机关协调,加大查找被执行人的力度。

最高人民法院关于反规避执行的九起典型案例

1. 首都师范大学与中建物业管理公司供用热力合同纠纷执行案

【案情摘要】首都师范大学与中建物业管理公司供用热力合同纠纷一案,北京市海淀区人民法院判决中建物业管理公司给付首都师范大学供暖费2913715.7元以及利息270025.17元。一审判决后,中建物业管理公司提起上诉。北京市第一中级人民法院二审判决驳回上诉,维持原判。

由于中建物业管理公司未履行生效判决确定的义务,首都师范大学向北京市海淀区人民法院申请执行。执行法院要求中建物业管理公司申报财产情况。中建物业管理公司申报了中国工商银行和兴业银行两个银行账户,执行法院对两个账户进行了冻结,仅扣划到9800元。执行法院进一步调查发现,中建物业管理公司在中国建设银行还开立有一个账户,执行法院遂冻结了该账上仅有的存款13289.02元。执行法院要求中建物业管理公司负责人到庭说明为何没有如实申报财产,并要求中建物业管理公司提供3个银行账号的对账单和会计凭证供调查。中建物业管理公司负责人未到庭,且未提供对账单和会计凭证。鉴于此,执行法院对中建物业管理公司的办公场所进行了搜查。通过查阅搜查获取的会计账簿,发现中建物业管理公司以工资、药费、差旅费等名义向中建北配楼招待所支付了大笔费用,累计近百万元。执行法院调取了中建物业管理公司的中国建设银行账户交易记录,显示在执行法院发出执行通知书后,中建物业管理公司仍有多笔大额资金往来。执行法院到中建北配楼招待所的经营场所进行调查,发现招待所条件十分简陋,仅有 6 名员工,月经营收入为 20000 至 30000 元。

经过调查,执行法院掌握了大量确凿的证据,证明中建物业管理公司在收到执行通知书后,未如实申报财产情况,其将经营收入等大笔资金转入中建北配楼招待所的银行账户,以达到转移财产,规避执行的目的。因此,执行法院对中建物业管理公司的负责人采取了拘留措施,并决定对中建物业管理公司的账目进行审计。执行法院采取强制措施后,中建物业管理公司迫于压力,3 日内向法院支付了 180 余万元执行款,并与申请人首都师范大学达成了执行和解协议,并已分期履行完毕。

【典型意义】执行法院严格落实财产报告制度,加大依职权调查财产的力度,适当运用审计方法调查被执行人财产,使得该案得以顺利执结。

2. 张曲与陈适、吴洋英民间借贷纠纷执行案

【案情摘要】张曲与陈适、吴洋英民间借贷纠纷一案,福建省福州市中级人民法院判令陈适偿还张曲 188 万元及利息;被告吴洋英承担连带清偿责任。一审判决后,陈适、吴洋英提起上诉。福建省高级人民法院二审判决驳回上诉,维持原判。

由于陈适、吴洋英未履行生效判决所确定的义务,张曲向福州市中级人民法院申请强制执行。执行法院决定对诉讼阶段保全查封的吴洋英名下的位于福州市晋安区新店镇福飞北路 136 号福州新慧嘉苑 5 号楼一层 02 号房屋进行强制拍卖。被执行人吴洋英向法院出示了一份其与弟弟签订的关于上述房屋的租赁合同,合同约定每月租金 950 元,租期 15 年,租金一次性支付。吴洋英称,她在法院查封前已经将房屋出租给弟弟,并一次收取了租金 17 万元,其弟弟在签订合同后,又转租给第三人(次承租人)。吴洋英不能出具金融机构的相关转账凭证,证明她一次性收取了 17 万元租金。对此,吴洋英辩称,她是向弟弟借钱买了房屋,约定用该房屋的租金偿还。申请人张曲向执行法院提交报告,称她曾亲眼看到吴洋英亲自向次承租人收取租金,她认为吴洋英出示的租赁合同系吴洋英姐弟串通伪造而成。执行人员向房屋前后几个承租人调查了解情况,几个承租人证实,每个月租金均由吴洋英收取,租金为每月 3000 元。执行人员在掌握充分证据后,约谈了吴洋英的弟弟。吴洋英弟弟承认,吴洋英知道房屋被法院查封后,以他的名义将房屋转租给次承租人,转租合同上的签名系吴洋英所签,吴洋英直接向次承租人收取租金。

执行法院认为,查封财产上的租赁关系不影响对查封财产的处置。执行法院决定对查封房屋进行拍卖,并在拍卖公告中告知被执行人有权提出异议。吴洋英没有在规定期限内提出异议。吴洋英的弟弟在法院决定强制拍卖房屋之前,主动退出了租赁、转租的三方租赁合同关系。执行法院依法

对房屋进行了评估拍卖。拍卖成交后,原次承租人仍享有租赁权,改向买受人交付租金。

【典型意义】人民法院强化财产保全措施,加大对保全财产的执行力度,使得该案得以顺利执行。

3. 上海金地石化有限公司与上海立宇贸易有限公司侵权损害赔偿纠纷执行案

【案情摘要】上海金地石化有限公司(以下简称金地公司)与上海立宇贸易有限公司(以下简称立宇公司)侵权损害赔偿纠纷一案,上海市高级人民法院作出民事调解书,确认立宇公司支付金地公司 880 万元;杨丽萍在740 万元范围内对立宇公司的支付义务承担连带责任。

立宇公司与杨丽萍未履行调解书约定的付款义务,金地公司向该案一审法院上海市第一中级人民法院申请强制执行。执行法院查明,立宇公司因涉嫌刑事案件,经相关机构鉴定,已无偿债能力;杨丽萍名下原有四套房产,但在原告金地公司提起诉讼前两天,杨丽萍与龚某(杨丽萍之子)签订了3 份《上海市房地产买卖合同》,将其名下四套房产中的三套"售与"龚某,随后办理了房产过户手续。

执行立案后,金地公司向上海市闵行区人民法院提起撤销杨丽萍与龚某之间的房地产买卖合同的诉讼,上海市第一中级人民法院遂依法裁定该案中止执行。上海市闵行区人民法院在审理中查明,杨丽萍系立宇公司股东,其在接受公安机关讯问时,明确回答龚某实际未支付房款;龚某在受让房产时年仅二十岁,且一直在国外读书,生活来源需父母供给,并不具备支付房款的能力。法院认为,杨丽萍预见到可能承担责任后,将其房屋产权无偿过户至龚某名下,主观上具有逃避债务的恶意,且事实上致使其清偿债务能力减弱,损害了债权人的利益。因此,判决撤销了杨丽萍、龚某签订的3 份《上海市房地产买卖合同》。随后,金地公司申请恢复执行,要求处理已恢复至杨丽萍名下的房产。执行法院恢复执行后,金地公司与杨丽萍达成和解协议,杨丽萍将其名下的一套房产过户至金地公司名下,并补偿金地公司16 万元,金地公司放弃其他债权主张。案件执行终结。

【典型意义】被执行人无偿转让财产,对申请执行人造成损害,申请执行人依照《合同法》相关规定向有管辖权的人民法院提起撤销权诉讼,有效地反制规避执行行为。

4. 湖北宏鑫建设工程有限公司、团风县方高坪建筑公司与亿源科大磁性材料有限公司及黄冈中机汽车销售有限公司工程款担保纠纷执行案

【案情摘要】湖北宏鑫建设工程有限公司(下称宏鑫公司)、团风县方高坪建筑公司(下称方高坪建筑公司)与亿源科大磁性材料有限公司(下称亿源公司)、黄冈中机汽车销售有限公司(下称中机公司)工程款担保纠纷执行一案,湖北省黄冈市中级人民法院于2008年3月3日立案执行。亿源公司以其法定代表人丁某为市政协委员的特殊身份及无还款能力为由拒不履行生效判决确定的义务。经执行法院调查,亿源公司在人民银行登记备案的几个银行账户均只有几元到几百元不等的存款,公司不动产已设定抵押,无其他可供执行财产;中机公司早已歇业,无可供执行财产。2008年5月19日,申请执行人向执行法院提供线索,亿源公司有75万元货款从深圳汇回。执行人员随即查询亿源公司在人民银行登记备案的几个银行账户,未发现该笔款项。后执行人员查询到亿源公司于工商银行开立的一账户(该账户未在人民银行备案),查到该笔汇款,但款项已被转走。经调查,该款汇入当天即转入亿源公司会计邓某个人账户。根据上述情况,执行法院认为亿源公司有隐匿资产、规避执行的嫌疑,立即冻结了邓某个人账户上的65万元存款。邓某提出执行异议,称被冻结账户上的款项系亿源公司偿还他的借款,系其个人财产。执行法院依法对异议进行审查,经核对亿源公司和邓某账户,发现自2007年11月至2008年5月,亿源公司账户所有大额资金(共22笔,156.5万元)均于到账当日或次日转入邓某个人账户,邓某个人账户除由公司账户转入的22笔款项外,无其他存款记录。审查过程中,邓某出示一份盖有亿源公司印章、金额为86万元的借条。经对亿源公司会计账目进行调查,没有该笔借款记录。执行法院查明,邓某50多岁,下岗职工,配偶无职业,家庭生活拮据。据此推断邓某与亿源公司的借贷关系不合常理。执行法院要求邓某说明资金来源和给付方式,并告知虚假陈述的法律责任。邓某含糊搪塞,主动要求收回借据。执行法院遂依审查中查明的情况,认定亿源公司为邓某账户款项的实际所有人,依法裁定驳回邓某的异议。邓某签收裁定后,向执行法院提起异议之诉,又于开庭前撤诉。

执行法院以故意隐匿资产、妨碍执行为由,对亿源公司处以罚款,同时积极征得黄冈市政协的同意和支持,对亿源公司法定代表人丁某处以拘留。亿源公司及丁某均未提任何异议、复议或申诉。案件得以顺利执行。

【典型意义】被执行人虚假报告财产,虚构债务隐藏、转移财产,给申请执行人造成损失的,执行法院依法对被执行人及其相关责任人处以罚款、拘留,使得案件得以顺利执结。

5. 广东省惠东县建筑工程总公司与万事达商贸城(惠东)有限公司工程款纠纷执行案

【案情摘要】广东省惠东县建筑工程总公司与万事达商贸城(惠东)有限公司工程款纠纷执行一案,广东省惠东县人民法院于2010年1月13日向被执行人万事达商贸城(惠东)有限公司发出执行通知书及财产申报令,责令被执行人万事达商贸城(惠东)有限公司于同年1月20日支付80万元工程款给申请执行人。被执行人万事达商贸城(惠东)有限公司接到执行通知书后,派人到庭,但未申报公司财产状况,同时表示希望申请执行人在其指定的一家酒店消费30万元了结该案。经执行法院调查,被执行人万事达商贸城(惠东)有限公司为港资企业,法定代表人李幼生系香港居民,公司的银行存款仅有1000多元,登记在公司名下的房地产占地面积共计16357平方米,已在银行办理了抵押登记,且该房地产已被万事达商贸城(惠东)有限公司出租给某酒店,租赁期限为60年,且租金已由被执行人一次性收取,该房产无法处置变现。

因被执行人万事达商贸城(惠东)有限公司法定代表人李幼生系香港居民,执行法院决定对其采取限制出境措施。2010年3月25日晚,正准备在深圳罗湖口岸出境的李幼生被限制出境。随后,执行法院决定对其采取拘留措施。被拘留后,李幼生主动承认了不申报财产和不履行法律文书确定义务的错误。最终,申请执行人广东省惠东县建筑工程总公司与被执行人万事达商贸城(惠东)有限公司达成执行和解协议,被执行人分两期将80万元工程款全部支付给了申请执行人。

【典型意义】由于被执行人不履行法律文书确定的义务,执行法院依法对被执行人法定代表人采取限制出境和拘留措施,在强大的法律威慑力下,被执行人履行了义务,案件得以顺利执结。

6. 周明利拒不执行判决、裁定案

【案情摘要】被告人周明利,男,汉族,1972年4月6日出生于安徽省砀山县,初中文化,农民,捕前暂住于北京市海淀区永丰乡屯佃村。

2007年7月20日,被告人周明利驾驶车牌号为京HQ4771的吉利牌小客车在北京市海淀区太舟坞东路砖瓦厂路口发生交通事故,将行人孙爱龙撞伤。经交通管理部门认定,周明利负事故全部责任。后孙爱龙将周明利诉至北京市海淀区人民法院,北京市海淀区人民法院于2008年6月18日判令周明利赔偿孙爱龙人民币43398.26元。

上述判决生效期间,周明利从安邦财产保险股份有限公司领取事故赔偿款人民币62872.3元,但并未履行对孙爱龙的赔偿义务,而是挪作他用。其在得知孙爱龙申请执行后,又将所有的吉利牌小客车过户到他人名下。2008年8月15日,周明利被传唤至北京市海淀区人民法院后,如实交代了其为逃避执行而转移财产的行为。同日,周明利被北京市海淀区人民法院决定司法拘留,后被移送公安机关。

北京市海淀区人民检察院以周明利涉嫌构成拒不执行判决、裁定罪向北京市海淀区人民法院提起公诉。北京市海淀区人民法院经开庭审理后认

为,被告人周明利在对人民法院的判决有执行能力的情况下,采取转移财产的方式拒不执行,情节严重,其行为已构成拒不执行判决、裁定罪。鉴于周明利经电话传唤后主动到案,如实供述了其罪行,属于自首;同时结合其认罪态度较好,受到刑事追诉后履行了民事判决确定的赔偿义务,对其可从轻处罚。据此,以拒不执行判决、裁定罪判处被告人周明利有期徒刑八个月。

【典型意义】周明利发生交通事故后,在保险公司领取了专门用于赔付因交通事故造成的第三者经济损失的保险理赔款,未支付给受害人,而是挪作他用,且将车辆过户到案外人名下,造成生效判决无法执行,其拒不执行判决的行为受到了刑罚制裁。该案件的处理,对于当前在交通事故损害赔偿案件中,义务人存在的挪用机动车辆保险赔偿款以及转移、隐匿机动车辆等规避执行行为起到了较好的教育和示范效应,具有一定的典型意义。

7. 李永辉拒不执行判决、裁定案

【案情摘要】被告人李永辉,男,汉族,1964 年 7 月 30 日出生于新疆维吾尔自治区乌鲁木齐市,大学文化程度,系新疆协和天然物产有限公司法定代表人,捕前住乌鲁木齐市幸福花园 32 号楼 2 单元 402 室。

2007 年 4 月 20 日,新疆维吾尔自治区博尔塔拉蒙古自治州中级人民法院对原告新疆华冶国际贸易有限公司与被告新疆协和天然物产有限公司、李永辉买卖合同纠纷、代理合同纠纷两案依法作出判决,共判令新疆协和天然物产有限公司偿还新疆华冶国际贸易有限公司货款及利息等 900 余万元,李永辉个人承担连带清偿责任。判决生效进入执行程序后,博尔塔拉蒙古自治州中级人民法院依法向李永辉送达了执行通知书。李永辉不但不履行义务,反而将博尔塔拉蒙古自治州中级人民法院于 2007 年 4 月 11 日裁定扣押的新 A - 92691 号江淮客车、新 AC - 3362 号富康车以及 2007 年 8 月 24 日扣押的新 A67700 号桑塔纳轿车转移、隐藏至浙江省杭州市等地,其本人也藏匿于杭州市等地,并停止使用原来的手机号码,致使判决无法执行。

2008 年 1 月,李永辉被博尔塔拉蒙古自治州中级人民法院司法拘留,后被移送公安机关。同年 11 月,新疆维吾尔自治区博乐市人民检察院以李永辉涉嫌构成拒不执行判决、裁定罪向博乐市人民法院提起公诉。

博乐市人民法院经开庭审理后认为,被告人李永辉无视法院生效判决,有能力履行但拒不执行判决所确定的给付义务,采取转移、隐匿法院扣押的财产和停用手机号码并躲藏到外地的方式,逃避法院强制执行,情节严重,其行为已构成拒不执行判决、裁定罪,据此依法判处其有期徒刑二年六个月。宣判后,李永辉提出上诉。博尔塔拉蒙古自治州中级人民法院审理后认为,原审判决认定事实清楚,证据确实、充分,定性准确,适用法律正确,量刑适当,裁定驳回上诉,维持原判。

【典型意义】被执行人李永辉在执行过程中，隐藏、转移已被查封的财产，致使判决无法执行，依照最高人民法院司法解释规定，属于拒不执行人民法院判决、裁定的行为"情节严重"，依法应当以拒不执行判决、裁定罪追究刑事责任。本案的处理，对于依法打击实践中个别被执行人擅自隐藏、转移、变卖、毁损已被依法查封、扣押或者已被清点并责令其保管的财产等不法行为，具有一定的教育宣传作用。

8. 陈少欢、洪桂成拒不执行判决、裁定案

【案情摘要】被告人陈少欢，女，汉族，1969年2月2日出生，小学文化，农民。被告人洪桂成，男，汉族，1965年12月16日出生，小学文化，居民。二人系夫妻关系，捕前住广东省深圳市宝安区松岗镇洪桥头东三巷15号。

2008年4月3日，福建省建瓯市人民法院对原告建瓯市立伟塑料有限公司与被告深圳市德扬塑胶电木有限公司、陈少欢、洪桂成买卖合同纠纷一案依法作出判决，判令深圳市德扬塑胶电木有限公司向建瓯市立伟塑料有限公司支付货款人民币509250元及违约金，陈少欢、洪桂成个人对上述欠款承担保证责任。

该判决生效后，陈少欢、洪桂成夫妇于2008年5月8日将两人名下位于深圳市宝安区松岗街道塘下涌社区一村新区三巷18号的房产以220万元的价格出售；同年7月，二人又将深圳市德扬塑胶电木有限公司的机器设备以11.5万元的价格出售。二人并未将获得的款项用于履行生效判决所确定的债务，而是将款项转至别处，致使法院判决无法执行。

2009年4月8日，陈少欢被建瓯市公安机关刑拘；同月27日，洪桂成主动投案自首。案发后，二被告人与申请执行人建瓯市立伟塑料有限公司达成和解协议并于同年6月履行完毕。

福建省建瓯市人民检察院以陈少欢、洪桂成涉嫌构成拒不执行判决、裁定罪提起公诉后，建瓯市人民法院经开庭审理认为，被告人陈少欢、洪桂成在法院民事判决已发生法律效力的情况下，为逃避债务，故意将可执行财产予以变卖转移，造成法院判决无法执行，情节严重，其行为均已构成拒不执行判决、裁定罪。鉴于二人在案发后认罪态度好，全部履行了义务，洪桂成还具有自首情节，可分别从轻处罚。据此，以拒不执行判决、裁定罪分别判处陈少欢、洪桂成有期徒刑二年，缓期三年执行和有期徒刑一年六个月，缓期二年执行。

【典型意义】实践中，被执行人为逃避履行生效判决确定的义务，千方百计转移、隐匿财产，其中常见的手法是将名下房产予以变卖、处置，对这种行为必须予以严厉制裁。本案中，被执行人夫妇在判决生效后，出售房屋并转移售房得款，很显然属于有能力执行而拒不执行，依法应当追究刑事责任。

而且本案还从另一个角度说明，对于那些涉嫌构成拒不执行判决、裁定罪的被执行人，只要能认清形势，主动投案并积极履行义务，依照宽严相济的刑事政策，可以得到从轻处罚。

9. 李勇明与被执行人丁浙良虚假诉讼案

【案情摘要】被告人李勇明，男，汉族，1971年9月22日出生于浙江省嵊州市，初中文化，无业。曾因犯抢劫罪于1994年8月被判处有期徒刑三年六个月，1997年8月刑满释放。

被告人丁浙良，男，汉族，1977年6月28日出生于浙江省嵊州市，初中文化，农民，捕前住嵊州市崇仁镇福坑口村王龙湾60号。

2007年9月，丁浙良因与他人发生经济纠纷，致其位于嵊州市仙湖路877号锦绣嘉园东苑15幢二单元501室的房产被嵊州市人民法院查封。2008年，嵊州市人民法院陆续受理了4件以丁浙良为被执行人的案件，总标的额为140余万元。同年11月，丁浙良被查封的房产被以37万元的价格拍卖。

2006年，丁浙良因经营所需，曾先后向李勇明借款共计10万元。2007年12月，李勇明指使丁浙良与其伪造了一张房屋租赁合同，约定以10万元的价格承租上述房屋，租期为20年，落款时间为该房产被查封之前的2007年6月。2008年2月，李勇明为了多分得债权利益，又指使丁浙良与其伪造了一张由丁浙良向其借款35万元的借条，并于同年3月起诉至嵊州市人民法院，庭审前双方达成还款调解协议，嵊州市人民法院作出（2008）嵊民二初字第592号民事调解书予以确认。

李勇明依据嵊州市人民法院作出的前述民事调解书申请执行，要求参与分配，并以已向丁浙良一次性付清10万元房租为由，要求法院先行退还剩余的房屋租赁费。多名债权人依法受偿丁浙良房产拍卖款项时，对李勇明与被执行人丁浙良之间的借条提出异议。嵊州市人民法院经查发现，李勇明与丁浙良存在虚构债务的虚假诉讼情况，遂于2009年4月29日决定对该案进行再审，并于2009年7月15日作出撤销原民事调解书的判决。其后，嵊州市人民法院将李勇明、丁浙良虚假诉讼涉嫌犯罪的线索，移交公安机关立案侦查。2009年11月12日，李勇明、丁浙良主动向嵊州市公安局投案。

2010年4月9日，嵊州市人民检察院以李勇明、丁浙良分别涉嫌构成妨害作证罪、帮助伪造证据罪提起公诉。嵊州市人民法院经开庭审理后认为，被告人李勇明为多分得债权利益，指使他人伪造借条，向人民法院提起诉讼并申请执行，严重妨害了司法机关正常的诉讼活动，其行为已构成妨害作证罪。被告人丁浙良为使李勇明多分得债权利益，帮助其伪造借条，情节严重,其行为已构成帮助伪造证据罪。鉴于二人犯罪后能自动投案,如实供述自己的罪行,属于自首,均可从轻处罚。据此,以妨害作证罪判处李勇明有期徒刑一年,以帮助伪造证据罪判处丁浙良有期徒刑八个月。

【典型意义】司法实践中,债务人与个别债权人或案外人串通进行虚假诉讼,对债务人名下财产主张权利,侵害其他债权人利益的现象偶有发生,必须坚决依法予以打击。本案债权人李勇明为了多分得债权利益,指使债务人丁浙良与其伪造了一张由丁浙良向其借款35万元的借条,起诉到法院后以民事调解书予以确认,并据此申请参与分配,导致其他债权人受偿数额减少,侵害了他人合法权益。案发后,人民法院根据查明的事实,对李勇明、丁浙良分别以妨害作证罪、帮助伪造证据罪定罪量刑,准确适当。本案的处理给有关当事人能起到一定的警示作用,进行虚假诉讼,情节严重的,将依法追究刑事责任。

国家知识产权局关于修改《专利代理管理办法》的决定

(经国家知识产权局局务公议审议通过 2011年3月28日国家知识产权局第六十一号令公布 自2011年3月28日起施行)

我局决定对《专利代理管理办法》(2003年6月6日国家知识产权局令第30号发布)第二十三条予以修改,修改后的内容为:

第二十三条 中华全国专利代理人协会负责颁发、变更以及注销专利代理人执业证的具体事宜,国家知识产权局依法进行监督和指导。

本决定自公布之日起施行。

国家知识产权局专利实施许可合同备案办法

(经国家知识产权局局务会议审议通过 2011年6月27日国家知识产权局令第62号公布 自2011年8月1日起施行)

第一条 为了切实保护专利权,规范专利实施许可行为,促进专利权的运用,根据《中华人民共和国专利法》、《中华人民共和国合同法》和相关法律法规,制定本办法。

第二条　国家知识产权局负责全国专利实施许可合同的备案工作。

第三条　专利实施许可的许可人应当是合法的专利权人或者其他权利人。

以共有的专利权订立专利实施许可合同的，除全体共有人另有约定或者《中华人民共和国专利法》另有规定的外，应当取得其他共有人的同意。

第四条　申请备案的专利实施许可合同应当以书面形式订立。

订立专利实施许可合同可以使用国家知识产权局统一制订的合同范本；采用其他合同文本的，应当符合《中华人民共和国合同法》的规定。

第五条　当事人应当自专利实施许可合同生效之日起3个月内办理备案手续。

第六条　在中国没有经常居所或者营业所的外国人、外国企业或者外国其他组织办理备案相关手续的，应当委托依法设立的专利代理机构办理。

中国单位或者个人办理备案相关手续的，可以委托依法设立的专利代理机构办理。

第七条　当事人可以通过邮寄、直接送交或者国家知识产权局规定的其他方式办理专利实施许可合同备案相关手续。

第八条　申请专利实施许可合同备案的，应当提交下列文件：

（一）许可人或者其委托的专利代理机构签字或者盖章的专利实施许可合同备案申请表；

（二）专利实施许可合同；

（三）双方当事人的身份证明；

（四）委托专利代理机构的，注明委托权限的委托书；

（五）其他需要提供的材料。

第九条　当事人提交的专利实施许可合同应当包括以下内容：

（一）当事人的姓名或者名称、地址；

（二）专利权项数以及每项专利权的名称、专利号、申请日、授权公告日；

（三）实施许可的种类和期限。

第十条　除身份证明外，当事人提交的其他各种文件应当使用中文。身份证明是外文的，当事人应当附送中文译文；未附送的，视为未提交。

第十一条　国家知识产权局自收到备案申请之日起7个工作日内进行审查并决定是否予以备案。

第十二条　备案申请经审查合格的，国家知识产权局应当向当事人出具《专利实施许可合同备案证明》。

备案申请有下列情形之一的，不予备案，并向当事人发送《专利实施许可合同不予备案通知书》：

（一）专利权已经终止或者被宣告无效的；

（二）许可人不是专利登记簿记载的专利权人或者有权授予许可的其他权利人的；

（三）专利实施许可合同不符合本办法第九条规定的；

（四）实施许可的期限超过专利权有效期的；

（五）共有专利权人违反法律规定或者约定订立专利实施许可合同的；

（六）专利权处于年费缴纳滞纳期的；

（七）因专利权的归属发生纠纷或者人民法院裁定对专利权采取保全措施，专利权的有关程序被中止的；

（八）同一专利实施许可合同重复申请备案的；

（九）专利权被质押的，但经质权人同意的除外；

（十）与已经备案的专利实施许可合同冲突的；

（十一）其他不应当予以备案的情形。

第十三条 专利实施许可合同备案后，国家知识产权局发现备案申请存在本办法第十二条第二款所列情形并且尚未消除的，应当撤销专利实施许可合同备案，并向当事人发出《撤销专利实施许可合同备案通知书》。

第十四条 专利实施许可合同备案的有关内容由国家知识产权局在专利登记簿上登记，并在专利公报上公告以下内容：许可人、被许可人、主分类号、专利号、申请日、授权公告日、实施许可的种类和期限、备案日期。

专利实施许可合同备案后变更、注销以及撤销的，国家知识产权局予以相应登记和公告。

第十五条 国家知识产权局建立专利实施许可合同备案数据库。公众可以查询专利实施许可合同备案的法律状态。

第十六条 当事人延长实施许可的期限的，应当在原实施许可的期限届满前2个月内，持变更协议、备案证明和其他有关文件向国家知识产权局办理备案变更手续。

变更专利实施许可合同其他内容的，参照前款规定办理。

第十七条 实施许可的期限届满或者提前解除专利实施许可合同的，当事人应当在期限届满或者订立解除协议后30日内持备案证明、解除协议和其他有关文件向国家知识产权局办理备案注销手续。

第十八条 经备案的专利实施许可合同涉及的专利权被宣告无效或者在期限届满前终止的，当事人应当及时办理备案注销手续。

第十九条 经备案的专利实施许可合同的种类、期限、许可使用费计算方法或者数额等，可以作为管理专利工作的部门对侵权赔偿数额进行调解的参照。

第二十条 当事人以专利申请实施许可合同申请备案的,参照本办法执行。

申请备案时,专利申请被驳回、撤回或者视为撤回的,不予备案。

第二十一条 当事人以专利申请实施许可合同申请备案的,专利申请被批准授予专利权后,当事人应当及时将专利申请实施许可合同名称及有关条款作相应变更;专利申请被驳回、撤回或者视为撤回的,当事人应当及时办理备案注销手续。

第二十二条 本办法自2011年8月1日起施行。2001年12月17日国家知识产权局令第十八号发布的《专利实施许可合同备案管理办法》同时废止。

经济法律类

全国人民代表大会常务委员会关于
修改《中华人民共和国煤炭法》的决定

(2011 年 4 月 22 日第十一届全国人民代表大会常务委员
会第二十次会议通过　2011 年 4 月 22 日中华人民共和
国主席令第四十五号公布　自 2011 年 7 月 1 日起施行)

　　第十一届全国人民代表大会常务委员会第二十次会议决定对《中华人民共和国煤炭法》作如下修改:

　　将第四十四条修改为:"煤矿企业应当依法为职工参加工伤保险缴纳工伤保险费。鼓励企业为井下作业职工办理意外伤害保险,支付保险费。"

　　本决定自 2011 年 7 月 1 日起施行。

　　《中华人民共和国煤炭法》根据本决定作相应修改,重新公布。

中华人民共和国煤炭法

(1996 年 8 月 29 日第八届全国人民代表大会常务委员会
第二十一次会议通过　根据 2009 年 8 月 27 日第十一届全
国人民代表大会常务委员会第十次会议《关于修改部分法
律的决定》第一次修正　根据 2011 年 4 月 22 日第十一届
全国人民代表大会常务委员会第二十次会议《关于修改
〈中华人民共和国煤炭法〉的决定》第二次修正)

目　　录

第一章　总　　则

第一条　为了合理开发利用和保护煤炭资源,规范煤炭生产、经营活动,促进和保障煤炭行业的发展,制定本法。

第二条　在中华人民共和国领域和中华人民共和国管辖的其他海域从事煤炭生产、经营活动,适用本法。

第三条　煤炭资源属于国家所有。地表或者地下的煤炭资源的国家所有权,不因其依附的土地的所有权或者使用权的不同而改变。

第四条　国家对煤炭开发实行统一规划、合理布局、综合利用的方针。

第五条　国家依法保护煤炭资源,禁止任何乱采、滥挖破坏煤炭资源的行为。

第六条　国家保护依法投资开发煤炭资源的投资者的合法权益。

国家保障国有煤矿的健康发展。

国家对乡镇煤矿采取扶持、改造、整顿、联合、提高的方针,实行正规合理开发和有序发展。

第七条　煤矿企业必须坚持安全第一、预防为主的安全生产方针,建立健全安全生产的责任制度和群防群治制度。

第八条　各级人民政府及其有关部门和煤矿企业必须采取措施加强劳动保护,保障煤矿职工的安全和健康。

国家对煤矿井下作业的职工采取特殊保护措施。

第九条　国家鼓励和支持在开发利用煤炭资源过程中采用先进的科学技术和管理方法。

煤矿企业应当加强和改善经营管理,提高劳动生产率和经济效益。

第十条　国家维护煤矿矿区的生产秩序、工作秩序,保护煤矿企业设施。

第十一条　开发利用煤炭资源,应当遵守有关环境保护的法律、法规,防治污染和其他公害,保护生态环境。

第十二条　国务院煤炭管理部门依法负责全国煤炭行业的监督管理。国务院有关部门在各自的职责范围内负责煤炭行业的监督管理。

县级以上地方人民政府煤炭管理部门和有关部门依法负责本行政区域内煤炭行业的监督管理。

第十三条　煤炭矿务局是国有煤矿企业,具有独立法人资格。

矿务局和其他具有独立法人资格的煤矿企业、煤炭经营企业依法实行自主经营、自负盈亏、自我约束、自我发展。

第二章 煤炭生产开发规划与煤矿建设

第十四条 国务院煤炭管理部门根据全国矿产资源勘查规划编制全国煤炭资源勘查规划。

第十五条 国务院煤炭管理部门根据全国矿产资源规划规定的煤炭资源,组织编制和实施煤炭生产开发规划。

省、自治区、直辖市人民政府煤炭管理部门根据全国矿产资源规划规定的煤炭资源,组织编制和实施本地区煤炭生产开发规划,并报国务院煤炭管理部门备案。

第十六条 煤炭生产开发规划应当根据国民经济和社会发展的需要制定,并纳入国民经济和社会发展计划。

第十七条 国家制定优惠政策,支持煤炭工业发展,促进煤矿建设。

煤矿建设项目应当符合煤炭生产开发规划和煤炭产业政策。

第十八条 开办煤矿企业,应当具备下列条件:

(一)有煤矿建设项目可行性研究报告或者开采方案;

(二)有计划开采的矿区范围、开采范围和资源综合利用方案;

(三)有开采所需的地质、测量、水文资料和其他资料;

(四)有符合煤矿安全生产和环境保护要求的矿山设计;

(五)有合理的煤矿矿井生产规模和与其相适应的资金、设备和技术人员;

(六)法律、行政法规规定的其他条件。

第十九条 开办煤矿企业,必须依法向煤炭管理部门提出申请;依照本法规定的条件和国务院规定的分级管理的权限审查批准。

审查批准煤矿企业,须由地质矿产主管部门对其开采范围和资源综合利用方案进行复核并签署意见。

经批准开办的煤矿企业,凭批准文件由地质矿产主管部门颁发采矿许可证。

第二十条 煤矿建设使用土地,应当依照有关法律、行政法规的规定办理。征收土地的,应当依法支付土地补偿费和安置补偿费,做好迁移居民的安置工作。

煤矿建设应当贯彻保护耕地、合理利用土地的原则。

地方人民政府对煤矿建设依法使用土地和迁移居民,应当给予支持和协助。

第二十一条 煤矿建设应当坚持煤炭开发与环境治理同步进行。煤矿建设项目的环境保护设施必须与主体工程同时设计、同时施工、同时验收、同时投入使用。

第三章　煤炭生产与煤矿安全

第二十二条　煤矿投入生产前,煤矿企业应当依照本法规定向煤炭管理部门申请领取煤炭生产许可证,由煤炭管理部门对其实际生产条件和安全条件进行审查,符合本法规定条件的,发给煤炭生产许可证。

未取得煤炭生产许可证的,不得从事煤炭生产。

第二十三条　取得煤炭生产许可证,应当具备下列条件:

(一)有依法取得的采矿许可证;

(二)矿井生产系统符合国家规定的煤矿安全规程;

(三)矿长经依法培训合格,取得矿长资格证书;

(四)特种作业人员经依法培训合格,取得操作资格证书;

(五)井上、井下、矿内、矿外调度通讯畅通;

(六)有实测的井上、井下工程对照图、采掘工程平面图、通风系统图;

(七)有竣工验收合格的保障煤矿生产安全的设施和环境保护设施;

(八)法律、行政法规规定的其他条件。

第二十四条　国务院煤炭管理部门负责下列煤矿企业的煤炭生产许可证的颁发管理工作:

(一)国务院和依法应当由国务院煤炭管理部门审查批准开办的煤矿企业;

(二)跨省、自治区、直辖市行政区域的煤矿企业。

省、自治区、直辖市人民政府煤炭管理部门负责前款规定以外的其他煤矿企业的煤炭生产许可证的颁发管理工作。

省、自治区、直辖市人民政府煤炭管理部门可以授权设区的市、自治州人民政府煤炭管理部门负责煤炭生产许可证的颁发管理工作。

第二十五条　煤炭生产许可证的颁发管理机关,负责对煤炭生产许可证的监督管理。

依法取得煤炭生产许可证的煤矿企业不得将其煤炭生产许可证转让或者出租给他人。

第二十六条　在同一开采范围内不得重复颁发煤炭生产许可证。

煤炭生产许可证的有效期限届满或者经批准开采范围内的煤炭资源已经枯竭的,其煤炭生产许可证由发证机关予以注销并公告。

煤矿企业的生产条件和安全条件发生变化,经核查不符合本法规定条件的,其煤炭生产许可证由发证机关予以吊销并公告。

第二十七条　煤炭生产许可证管理办法,由国务院依照本法制定。

省、自治区、直辖市人民代表大会常务委员会可以根据本法和国务院的规定制定本地区煤炭生产许可证管理办法。

第二十八条　对国民经济具有重要价值的特殊煤种或者稀缺煤种,国家实行保护性开采。

第二十九条　开采煤炭资源必须符合煤矿开采规程,遵守合理的开采顺序,达到规定的煤炭资源回采率。

煤炭资源回采率由国务院煤炭管理部门根据不同的资源和开采条件确定。

国家鼓励煤矿企业进行复采或者开采边角残煤和极薄煤。

第三十条　煤矿企业应当加强煤炭产品质量的监督检查和管理。煤炭产品质量应当按照国家标准或者行业标准分等论级。

第三十一条　煤炭生产应当依法在批准的开采范围内进行,不得超越批准的开采范围越界、越层开采。

采矿作业不得擅自开采保安煤柱,不得采用可能危及相邻煤矿生产安全的决水、爆破、贯通巷道等危险方法。

第三十二条　因开采煤炭压占土地或者造成地表土地塌陷、挖损,由采矿者负责进行复垦,恢复到可供利用的状态;造成他人损失的,应当依法给予补偿。

第三十三条　关闭煤矿和报废矿井,应当依照有关法律、法规和国务院煤炭管理部门的规定办理。

第三十四条　国家建立煤矿企业积累煤矿衰老期转产资金的制度。

国家鼓励和扶持煤矿企业发展多种经营。

第三十五条　国家提倡和支持煤矿企业和其他企业发展煤电联产、炼焦、煤化工、煤建材等,进行煤炭的深加工和精加工。

国家鼓励煤矿企业发展煤炭洗选加工,综合开发利用煤层气、煤矸石、煤泥、石煤和泥炭。

第三十六条　国家发展和推广洁净煤技术。

国家采取措施取缔土法炼焦。禁止新建土法炼焦窑炉;现有的土法炼焦限期改造。

第三十七条　县级以上各级人民政府及其煤炭管理部门和其他有关部门,应当加强对煤矿安全生产工作的监督管理。

第三十八条　煤矿企业的安全生产管理,实行矿务局长、矿长负责制。

第三十九条　矿务局长、矿长及煤矿企业的其他主要负责人必须遵守有关矿山安全的法律、法规和煤炭行业安全规章、规程,加强对煤矿安全生产工作的管理,执行安全生产责任制度,采取有效措施,防止伤亡和其他安全生产事故的发生。

第四十条 煤矿企业应当对职工进行安全生产教育、培训;未经安全生产教育、培训的,不得上岗作业。

煤矿企业职工必须遵守有关安全生产的法律、法规、煤炭行业规章、规程和企业规章制度。

第四十一条 在煤矿井下作业中,出现危及职工生命安全并无法排除的紧急情况时,作业现场负责人或者安全管理人员应当立即组织职工撤离危险现场,并及时报告有关方面负责人。

第四十二条 煤矿企业工会发现企业行政方面违章指挥、强令职工冒险作业或者生产过程中发现明显重大事故隐患,可能危及职工生命安全的情况,有权提出解决问题的建议,煤矿企业行政方面必须及时作出处理决定。企业行政方面拒不处理的,工会有权提出批评、检举和控告。

第四十三条 煤矿企业必须为职工提供保障安全生产所需的劳动保护用品。

第四十四条 煤矿企业应当依法为职工参加工伤保险缴纳工伤保险费。鼓励企业为井下作业职工办理意外伤害保险,支付保险费。

第四十五条 煤矿企业使用的设备、器材、火工产品和安全仪器,必须符合国家标准或者行业标准。

第四章 煤炭经营

第四十六条 依法取得煤炭生产许可证的煤矿企业,有权销售本企业生产的煤炭。

第四十七条 设立煤炭经营企业,应当具备下列条件:

(一)有与其经营规模相适应的注册资金;

(二)有固定的经营场所;

(三)有必要的设施和储存煤炭的场地;

(四)有符合标准的计量和质量检验设备;

(五)符合国家对煤炭经营企业合理布局的要求;

(六)法律、行政法规规定的其他条件。

第四十八条 设立煤炭经营企业,须向国务院指定的部门或者省、自治区、直辖市人民政府指定的部门提出申请;由国务院指定的部门或者省、自治区、直辖市人民政府指定的部门依照本法第四十七条规定的条件和国务院规定的分级管理的权限进行资格审查;符合条件的,予以批准。申请人凭批准文件向工商行政管理部门申请领取营业执照后,方可从事煤炭经营。

第四十九条　煤炭经营企业从事煤炭经营,应当遵守有关法律、法规的规定,改善服务,保障供应。禁止一切非法经营活动。

第五十条　煤炭经营应当减少中间环节和取消不合理的中间环节,提倡有条件的煤矿企业直销。

煤炭用户和煤炭销区的煤炭经营企业有权直接从煤矿企业购进煤炭。在煤炭产区可以组成煤炭销售、运输服务机构,为中小煤矿办理经销、运输业务。

禁止行政机关违反国家规定擅自设立煤炭供应的中间环节和额外加收费用。

第五十一条　从事煤炭运输的车站、港口及其他运输企业不得利用其掌握的运力作为参与煤炭经营、谋取不正当利益的手段。

第五十二条　国务院物价行政主管部门会同国务院煤炭管理部门和有关部门对煤炭的销售价格进行监督管理。

第五十三条　煤矿企业和煤炭经营企业供应用户的煤炭质量应当符合国家标准或者行业标准,质级相符,质价相符。用户对煤炭质量有特殊要求的,由供需双方在煤炭购销合同中约定。

煤矿企业和煤炭经营企业不得在煤炭中掺杂、掺假,以次充好。

第五十四条　煤矿企业和煤炭经营企业供应用户的煤炭质量不符合国家标准或者行业标准,或者不符合合同约定,或者质级不符、质价不符,给用户造成损失的,应当依法给予赔偿。

第五十五条　煤矿企业、煤炭经营企业、运输企业和煤炭用户应当依照法律、国务院有关规定或者合同约定供应、运输和接卸煤炭。

运输企业应当将承运的不同质量的煤炭分装、分堆。

第五十六条　煤炭的进出口依照国务院的规定,实行统一管理。

具备条件的大型煤矿企业经国务院对外经济贸易主管部门依法许可,有权从事煤炭出口经营。

第五十七条　煤炭经营管理办法,由国务院依照本法制定。

第五章　煤矿矿区保护

第五十八条　任何单位或者个人不得危害煤矿矿区的电力、通讯、水源、交通及其他生产设施。

禁止任何单位和个人扰乱煤矿矿区的生产秩序和工作秩序。

第五十九条　对盗窃或者破坏煤矿矿区设施、器材及其他危及煤矿矿区安全的行为,一切单位和个人都有权检举、控告。

第六十条　未经煤矿企业同意,任何单位或者个人不得在煤矿企业依法取得土地使用权的有效期间内在该土地上种植、养殖、取土或者修建建筑物、构筑物。

第六十一条 未经煤矿企业同意,任何单位或者个人不得占用煤矿企业的铁路专用线、专用道路、专用航道、专用码头、电力专用线、专用供水管路。

第六十二条 任何单位或者个人需要在煤矿采区范围内进行可能危及煤矿安全的作业时,应当经煤矿企业同意,报煤炭管理部门批准,并采取安全措施后,方可进行作业。

在煤矿矿区范围内需要建设公用工程或者其他工程的,有关单位应当事先与煤矿企业协商并达成协议后,方可施工。

第六章 监督检查

第六十三条 煤炭管理部门和有关部门依法对煤矿企业和煤炭经营企业执行煤炭法律、法规的情况进行监督检查。

第六十四条 煤炭管理部门和有关部门的监督检查人员应当熟悉煤炭法律、法规,掌握有关煤炭专业技术,公正廉洁,秉公执法。

第六十五条 煤炭管理部门和有关部门的监督检查人员进行监督检查时,有权向煤矿企业、煤炭经营企业或者用户了解有关执行煤炭法律、法规的情况,查阅有关资料,并有权进入现场进行检查。

煤矿企业、煤炭经营企业和用户对依法执行监督检查任务的煤炭管理部门和有关部门的监督检查人员应当提供方便。

第六十六条 煤炭管理部门和有关部门的监督检查人员对煤矿企业和煤炭经营企业违反煤炭法律、法规的行为,有权要求其依法改正。

煤炭管理部门和有关部门的监督检查人员进行监督检查时,应当出示证件。

第七章 法律责任

第六十七条 违反本法第二十二条的规定,未取得煤炭生产许可证,擅自从事煤炭生产的,由煤炭管理部门责令停止生产,没收违法所得,可以并处违法所得一倍以上五倍以下的罚款;拒不停止生产的,由县级以上地方人民政府强制停产。

第六十八条 违反本法第二十五条的规定,转让或者出租煤炭生产许可证的,由煤炭管理部门吊销煤炭生产许可证,没收违法所得,并处违法所得一倍以上五倍以下的罚款。

第六十九条 违反本法第二十九条的规定,开采煤炭资源未达到国务院煤炭管理部门规定的煤炭资源回采率的,由煤炭管理部门责令限期改正;逾期仍达不到规定的回采率的,吊销其煤炭生产许可证。

第七十条　违反本法第三十一条的规定,擅自开采保安煤柱或者采用危及相邻煤矿生产安全的危险方法进行采矿作业的,由劳动行政主管部门会同煤炭管理部门责令停止作业;由煤炭管理部门没收违法所得,并处违法所得一倍以上五倍以下的罚款,吊销其煤炭生产许可证;构成犯罪的,由司法机关依法追究刑事责任;造成损失的,依法承担赔偿责任。

第七十一条　违反本法第四十八条的规定,未经审查批准,擅自从事煤炭经营活动的,由负责审批的部门责令停止经营,没收违法所得,可以并处违法所得一倍以上五倍以下的罚款。

第七十二条　违反本法第五十三条的规定,在煤炭产品中掺杂、掺假,以次充好的,责令停止销售,没收违法所得,并处违法所得一倍以上五倍以下的罚款,可以依法吊销煤炭生产许可证或者取消煤炭经营资格;构成犯罪的,由司法机关依法追究刑事责任。

第七十三条　违反本法第六十条的规定,未经煤矿企业同意,在煤矿企业依法取得土地使用权的有效期间内在该土地上修建建筑物、构筑物的,由当地人民政府动员拆除;拒不拆除的,责令拆除。

第七十四条　违反本法第六十一条的规定,未经煤矿企业同意,占用煤矿企业的铁路专用线、专用道路、专用航道、专用码头、电力专用线、专用供水管路的,由县级以上地方人民政府责令限期改正;逾期不改正的,强制清除,可以并处五万元以下的罚款;造成损失的,依法承担赔偿责任。

第七十五条　违反本法第六十二条的规定,未经批准或者未采取安全措施,在煤矿采区范围内进行危及煤矿安全作业的,由煤炭管理部门责令停止作业,可以并处五万元以下的罚款;造成损失的,依法承担赔偿责任。

第七十六条　有下列行为之一的,由公安机关依照治安管理处罚法的有关规定处罚;构成犯罪的,由司法机关依法追究刑事责任:

(一)阻碍煤矿建设,致使煤矿建设不能正常进行的;

(二)故意损坏煤矿矿区的电力、通讯、水源、交通及其他生产设施的;

(三)扰乱煤矿矿区秩序,致使生产、工作不能正常进行的;

(四)拒绝、阻碍监督检查人员依法执行职务的。

第七十七条　对不符合本法规定条件的煤矿企业颁发煤炭生产许可证或者对不符合本法规定条件设立煤炭经营企业予以批准的,由其上级主管机关或者监察机关责令改正,并给予直接负责的主管人员和其他直接责任人员行政处分;构成犯罪的,由司法机关依法追究刑事责任。

第七十八条　煤矿企业的管理人员违章指挥、强令职工冒险作业,发生重大伤亡事故的,依照刑法有关规定追究刑事责任。

第七十九条 煤矿企业的管理人员对煤矿事故隐患不采取措施予以消除,发生重大伤亡事故的,依照刑法有关规定追究刑事责任。

第八十条 煤炭管理部门和有关部门的工作人员玩忽职守、徇私舞弊、滥用职权的,依法给予行政处分;构成犯罪的,由司法机关依法追究刑事责任。

第八章 附 则

第八十一条 本法自1996年12月1日起施行。

全国人民代表大会常务委员会关于
修改《中华人民共和国建筑法》的决定

(2011年4月22日第十一届全国人民代表大会常务委员会第二十次会议通过 2011年4月22日中华人民共和国主席令第四十六号公布 自2011年7月1日起施行)

第十一届全国人民代表大会常务委员会第二十次会议决定对《中华人民共和国建筑法》作如下修改:

将第四十八条修改为:"建筑施工企业应当依法为职工参加工伤保险缴纳工伤保险费。鼓励企业为从事危险作业的职工办理意外伤害保险,支付保险费。"

本决定自2011年7月1日起施行。

《中华人民共和国建筑法》根据本决定作相应修改,重新公布。

中华人民共和国建筑法

(1997 年 11 月 1 日第八届全国人民代表大会常务委员会
第二十八次会议通过　根据 2011 年 4 月 22 日第十一届
全国人民代表大会常务委员会第二十次会议《关于修改
〈中华人民共和国建筑法〉的决定》修正)

目　　录

第一章　总　　则

第一条　为了加强对建筑活动的监督管理,维护建筑市场秩序,保证建筑工程的质量和安全,促进建筑业健康发展,制定本法。

第二条　在中华人民共和国境内从事建筑活动,实施对建筑活动的监督管理,应当遵守本法。

本法所称建筑活动,是指各类房屋建筑及其附属设施的建造和与其配套的线路、管道、设备的安装活动。

第三条　建筑活动应当确保建筑工程质量和安全,符合国家的建筑工程安全标准。

第四条　国家扶持建筑业的发展,支持建筑科学技术研究,提高房屋建筑设计水平,鼓励节约能源和保护环境,提倡采用先进技术、先进设备、先进工艺、新型建筑材料和现代管理方式。

第五条 从事建筑活动应当遵守法律、法规,不得损害社会公共利益和他人的合法权益。

任何单位和个人都不得妨碍和阻挠依法进行的建筑活动。

第六条 国务院建设行政主管部门对全国的建筑活动实施统一监督管理。

第二章 建筑许可

第一节 建筑工程施工许可

第七条 建筑工程开工前,建设单位应当按照国家有关规定向工程所在地县级以上人民政府建设行政主管部门申请领取施工许可证;但是,国务院建设行政主管部门确定的限额以下的小型工程除外。

按照国务院规定的权限和程序批准开工报告的建筑工程,不再领取施工许可证。

第八条 申请领取施工许可证,应当具备下列条件:

(一)已经办理该建筑工程用地批准手续;

(二)在城市规划区的建筑工程,已经取得规划许可证;

(三)需要拆迁的,其拆迁进度符合施工要求;

(四)已经确定建筑施工企业;

(五)有满足施工需要的施工图纸及技术资料;

(六)有保证工程质量和安全的具体措施;

(七)建设资金已经落实;

(八)法律、行政法规规定的其他条件。

建设行政主管部门应当自收到申请之日起十五日内,对符合条件的申请颁发施工许可证。

第九条 建设单位应当自领取施工许可证之日起三个月内开工。因故不能按期开工的,应当向发证机关申请延期;延期以两次为限,每次不超过三个月。既不开工又不申请延期或者超过延期时限的,施工许可证自行废止。

第十条 在建的建筑工程因故中止施工的,建设单位应当自中止施工之日起一个月内,向发证机关报告,并按照规定做好建筑工程的维护管理工作。

建筑工程恢复施工时,应当向发证机关报告;中止施工满一年的工程恢复施工前,建设单位应当报发证机关核验施工许可证。

第十一条　按照国务院有关规定批准开工报告的建筑工程,因故不能按期开工或者中止施工的,应当及时向批准机关报告情况。因故不能按期开工超过六个月的,应当重新办理开工报告的批准手续。

第二节　从业资格

第十二条　从事建筑活动的建筑施工企业、勘察单位、设计单位和工程监理单位,应当具备下列条件:

(一)有符合国家规定的注册资本;

(二)有与其从事的建筑活动相适应的具有法定执业资格的专业技术人员;

(三)有从事相关建筑活动所应有的技术装备;

(四)法律、行政法规规定的其他条件。

第十三条　从事建筑活动的建筑施工企业、勘察单位、设计单位和工程监理单位,按照其拥有的注册资本、专业技术人员、技术装备和已完成的建筑工程业绩等资质条件,划分为不同的资质等级,经资质审查合格,取得相应等级的资质证书后,方可在其资质等级许可的范围内从事建筑活动。

第十四条　从事建筑活动的专业技术人员,应当依法取得相应的执业资格证书,并在执业资格证书许可的范围内从事建筑活动。

第三章　建筑工程发包与承包

第一节　一般规定

第十五条　建筑工程的发包单位与承包单位应当依法订立书面合同,明确双方的权利和义务。

发包单位和承包单位应当全面履行合同约定的义务。不按照合同约定履行义务的,依法承担违约责任。

第十六条　建筑工程发包与承包的招标投标活动,应当遵循公开、公正、平等竞争的原则,择优选择承包单位。

建筑工程的招标投标,本法没有规定的,适用有关招标投标法律的规定。

第十七条　发包单位及其工作人员在建筑工程发包中不得收受贿赂、回扣或者索取其他好处。

承包单位及其工作人员不得利用向发包单位及其工作人员行贿、提供回扣或者给予其他好处等不正当手段承揽工程。

第十八条　建筑工程造价应当按照国家有关规定,由发包单位与承包单位在合同中约定。公开招标发包的,其造价的约定,须遵守招标投标法律的规定。

发包单位应当按照合同的约定,及时拨付工程款项。

第二节　发　　包

第十九条　建筑工程依法实行招标发包,对不适于招标发包的可以直接发包。

第二十条　建筑工程实行公开招标的,发包单位应当依照法定程序和方式,发布招标公告,提供载有招标工程的主要技术要求、主要的合同条款、评标的标准和方法以及开标、评标、定标的程序等内容的招标文件。

开标应当在招标文件规定的时间、地点公开进行。开标后应当按照招标文件规定的评标标准和程序对标书进行评价、比较,在具备相应资质条件的投标者中,择优选定中标者。

第二十一条　建筑工程招标的开标、评标、定标由建设单位依法组织实施,并接受有关行政主管部门的监督。

第二十二条　建筑工程实行招标发包的,发包单位应当将建筑工程发包给依法中标的承包单位。建筑工程实行直接发包的,发包单位应当将建筑工程发包给具有相应资质条件的承包单位。

第二十三条　政府及其所属部门不得滥用行政权力,限定发包单位将招标发包的建筑工程发包给指定的承包单位。

第二十四条　提倡对建筑工程实行总承包,禁止将建筑工程肢解发包。

建筑工程的发包单位可以将建筑工程的勘察、设计、施工、设备采购一并发包给一个工程总承包单位,也可以将建筑工程勘察、设计、施工、设备采购的一项或者多项发包给一个工程总承包单位;但是,不得将应当由一个承包单位完成的建筑工程肢解成若干部分发包给几个承包单位。

第二十五条　按照合同约定,建筑材料、建筑构配件和设备由工程承包单位采购的,发包单位不得指定承包单位购入用于工程的建筑材料、建筑构配件和设备或者指定生产厂、供应商。

第三节　承　　包

第二十六条　承包建筑工程的单位应当持有依法取得的资质证书,并在其资质等级许可的业务范围内承揽工程。

禁止建筑施工企业超越本企业资质等级许可的业务范围或者以任何形式用其他建筑施工企业的名义承揽工程。禁止建筑施工企业以任何形式允许其他单位或者个人使用本企业的资质证书、营业执照,以本企业的名义承揽工程。

第二十七条　大型建筑工程或者结构复杂的建筑工程,可以由两个以上的承包单位联合共同承包。共同承包的各方对承包合同的履行承担连带责任。

两个以上不同资质等级的单位实行联合共同承包的,应当按照资质等级低的单位的业务许可范围承揽工程。

第二十八条 禁止承包单位将其承包的全部建筑工程转包给他人,禁止承包单位将其承包的全部建筑工程肢解以后以分包的名义分别转包给他人。

第二十九条 建筑工程总承包单位可以将承包工程中的部分工程发包给具有相应资质条件的分包单位;但是,除总承包合同中约定的分包外,必须经建设单位认可。施工总承包的,建筑工程主体结构的施工必须由总承包单位自行完成。

建筑工程总承包单位按照总承包合同的约定对建设单位负责;分包单位按照分包合同的约定对总承包单位负责。总承包单位和分包单位就分包工程对建设单位承担连带责任。

禁止总承包单位将工程分包给不具备相应资质条件的单位。禁止分包单位将其承包的工程再分包。

第四章 建筑工程监理

第三十条 国家推行建筑工程监理制度。

国务院可以规定实行强制监理的建筑工程的范围。

第三十一条 实行监理的建筑工程,由建设单位委托具有相应资质条件的工程监理单位监理。建设单位与其委托的工程监理单位应当订立书面委托监理合同。

第三十二条 建筑工程监理应当依照法律、行政法规及有关的技术标准、设计文件和建筑工程承包合同,对承包单位在施工质量、建设工期和建设资金使用等方面,代表建设单位实施监督。

工程监理人员认为工程施工不符合工程设计要求、施工技术标准和合同约定的,有权要求建筑施工企业改正。

工程监理人员发现工程设计不符合建筑工程质量标准或者合同约定的质量要求的,应当报告建设单位要求设计单位改正。

第三十三条 实施建筑工程监理前,建设单位应当将委托的工程监理单位、监理的内容及监理权限,书面通知被监理的建筑施工企业。

第三十四条 工程监理单位应当在其资质等级许可的监理范围内,承担工程监理业务。

工程监理单位应当根据建设单位的委托,客观、公正地执行监理任务。

工程监理单位与被监理工程的承包单位以及建筑材料、建筑构配件和设备供应单位不得有隶属关系或者其他利害关系。

工程监理单位不得转让工程监理业务。

第三十五条 工程监理单位不按照委托监理合同的约定履行监理义务，对应当监督检查的项目不检查或者不按照规定检查，给建设单位造成损失的，应当承担相应的赔偿责任。

工程监理单位与承包单位串通，为承包单位谋取非法利益，给建设单位造成损失的，应当与承包单位承担连带赔偿责任。

第五章　建筑安全生产管理

第三十六条 建筑工程安全生产管理必须坚持安全第一、预防为主的方针，建立健全安全生产的责任制度和群防群治制度。

第三十七条 建筑工程设计应当符合按照国家规定制定的建筑安全规程和技术规范，保证工程的安全性能。

第三十八条 建筑施工企业在编制施工组织设计时，应当根据建筑工程的特点制定相应的安全技术措施；对专业性较强的工程项目，应当编制专项安全施工组织设计，并采取安全技术措施。

第三十九条 建筑施工企业应当在施工现场采取维护安全、防范危险、预防火灾等措施；有条件的，应当对施工现场实行封闭管理。

施工现场对毗邻的建筑物、构筑物和特殊作业环境可能造成损害的，建筑施工企业应当采取安全防护措施。

第四十条 建设单位应当向建筑施工企业提供与施工现场相关的地下管线资料，建筑施工企业应当采取措施加以保护。

第四十一条 建筑施工企业应当遵守有关环境保护和安全生产的法律、法规的规定，采取控制和处理施工现场的各种粉尘、废气、废水、固体废物以及噪声、振动对环境的污染和危害的措施。

第四十二条 有下列情形之一的，建设单位应当按照国家有关规定办理申请批准手续：

（一）需要临时占用规划批准范围以外场地的；

（二）可能损坏道路、管线、电力、邮电通讯等公共设施的；

（三）需要临时停水、停电、中断道路交通的；

（四）需要进行爆破作业的；

（五）法律、法规规定需要办理报批手续的其他情形。

第四十三条 建设行政主管部门负责建筑安全生产的管理，并依法接受劳动行政主管部门对建筑安全生产的指导和监督。

第四十四条　建筑施工企业必须依法加强对建筑安全生产的管理,执行安全生产责任制度,采取有效措施,防止伤亡和其他安全生产事故的发生。

建筑施工企业的法定代表人对本企业的安全生产负责。

第四十五条　施工现场安全由建筑施工企业负责。实行施工总承包的,由总承包单位负责。分包单位向总承包单位负责,服从总承包单位对施工现场的安全生产管理。

第四十六条　建筑施工企业应当建立健全劳动安全生产教育培训制度,加强对职工安全生产的教育培训;未经安全生产教育培训的人员,不得上岗作业。

第四十七条　建筑施工企业和作业人员在施工过程中,应当遵守有关安全生产的法律、法规和建筑行业安全规章、规程,不得违章指挥或者违章作业。作业人员有权对影响人身健康的作业程序和作业条件提出改进意见,有权获得安全生产所需的防护用品。作业人员对危及生命安全和人身健康的行为有权提出批评、检举和控告。

第四十八条　建筑施工企业应当依法为职工参加工伤保险缴纳工伤保险费。鼓励企业为从事危险作业的职工办理意外伤害保险,支付保险费。

第四十九条　涉及建筑主体和承重结构变动的装修工程,建设单位应当在施工前委托原设计单位或者具有相应资质条件的设计单位提出设计方案;没有设计方案的,不得施工。

第五十条　房屋拆除应当由具备保证安全条件的建筑施工单位承担,由建筑施工单位负责人对安全负责。

第五十一条　施工中发生事故时,建筑施工企业应当采取紧急措施减少人员伤亡和事故损失,并按照国家有关规定及时向有关部门报告。

第六章　建筑工程质量管理

第五十二条　建筑工程勘察、设计、施工的质量必须符合国家有关建筑工程安全标准的要求,具体管理办法由国务院规定。

有关建筑工程安全的国家标准不能适应确保建筑安全的要求时,应当及时修订。

第五十三条　国家对从事建筑活动的单位推行质量体系认证制度。从事建筑活动的单位根据自愿原则可以向国务院产品质量监督管理部门或者国务院产品质量监督管理部门授权的部门认可的认证机构申请质量体系认证。经认证合格的,由认证机构颁发质量体系认证证书。

第五十四条　建设单位不得以任何理由,要求建筑设计单位或者建筑施工企业在工程设计或者施工作业中,违反法律、行政法规和建筑工程质量、安全标准,降低工程质量。

建筑设计单位和建筑施工企业对建设单位违反前款规定提出的降低工程质量的要求,应当予以拒绝。

第五十五条 建筑工程实行总承包的,工程质量由工程总承包单位负责,总承包单位将建筑工程分包给其他单位的,应当对分包工程的质量与分包单位承担连带责任。分包单位应当接受总承包单位的质量管理。

第五十六条 建筑工程的勘察、设计单位必须对其勘察、设计的质量负责。勘察、设计文件应当符合有关法律、行政法规的规定和建筑工程质量、安全标准、建筑工程勘察、设计技术规范以及合同的约定。设计文件选用的建筑材料、建筑构配件和设备,应当注明其规格、型号、性能等技术指标,其质量要求必须符合国家规定的标准。

第五十七条 建筑设计单位对设计文件选用的建筑材料、建筑构配件和设备,不得指定生产厂、供应商。

第五十八条 建筑施工企业对工程的施工质量负责。

建筑施工企业必须按照工程设计图纸和施工技术标准施工,不得偷工减料。工程设计的修改由原设计单位负责,建筑施工企业不得擅自修改工程设计。

第五十九条 建筑施工企业必须按照工程设计要求、施工技术标准和合同的约定,对建筑材料、建筑构配件和设备进行检验,不合格的不得使用。

第六十条 建筑物在合理使用寿命内,必须确保地基基础工程和主体结构的质量。

建筑工程竣工时,屋顶、墙面不得留有渗漏、开裂等质量缺陷;对已发现的质量缺陷,建筑施工企业应当修复。

第六十一条 交付竣工验收的建筑工程,必须符合规定的建筑工程质量标准,有完整的工程技术经济资料和经签署的工程保修书,并具备国家规定的其他竣工条件。

建筑工程竣工经验收合格后,方可交付使用;未经验收或者验收不合格的,不得交付使用。

第六十二条 建筑工程实行质量保修制度。

建筑工程的保修范围应当包括地基基础工程、主体结构工程、屋面防水工程和其他土建工程,以及电气管线、上下水管线的安装工程,供热、供冷系统工程等项目;保修的期限应当按照保证建筑物合理寿命年限内正常使用,维护使用者合法权益的原则确定。具体的保修范围和最低保修期限由国务院规定。

第六十三条　任何单位和个人对建筑工程的质量事故、质量缺陷都有权向建设行政主管部门或者其他有关部门进行检举、控告、投诉。

第七章　法律责任

第六十四条　违反本法规定，未取得施工许可证或者开工报告未经批准擅自施工的，责令改正，对不符合开工条件的责令停止施工，可以处以罚款。

第六十五条　发包单位将工程发包给不具有相应资质条件的承包单位的，或者违反本法规定将建筑工程肢解发包的，责令改正，处以罚款。

超越本单位资质等级承揽工程的，责令停止违法行为，处以罚款，可以责令停业整顿，降低资质等级；情节严重的，吊销资质证书；有违法所得的，予以没收。

未取得资质证书承揽工程的，予以取缔，并处罚款；有违法所得的，予以没收。

以欺骗手段取得资质证书的，吊销资质证书，处以罚款；构成犯罪的，依法追究刑事责任。

第六十六条　建筑施工企业转让、出借资质证书或者以其他方式允许他人以本企业的名义承揽工程的，责令改正，没收违法所得，并处罚款，可以责令停业整顿，降低资质等级；情节严重的，吊销资质证书。对因该项承揽工程不符合规定的质量标准造成的损失，建筑施工企业与使用本企业名义的单位或者个人承担连带赔偿责任。

第六十七条　承包单位将承包的工程转包的，或者违反本法规定进行分包的，责令改正，没收违法所得，并处罚款，可以责令停业整顿，降低资质等级；情节严重的，吊销资质证书。

承包单位有前款规定的违法行为的，对因转包工程或者违法分包的工程不符合规定的质量标准造成的损失，与接受转包或者分包的单位承担连带赔偿责任。

第六十八条　在工程发包与承包中索贿、受贿、行贿，构成犯罪的，依法追究刑事责任；不构成犯罪的，分别处以罚款，没收贿赂的财物，对直接负责的主管人员和其他直接责任人员给予处分。

对在工程承包中行贿的承包单位，除依照前款规定处罚外，可以责令停业整顿，降低资质等级或者吊销资质证书。

第六十九条　工程监理单位与建设单位或者建筑施工企业串通，弄虚作假、降低工程质量的，责令改正，处以罚款，降低资质等级或者吊销资质证书；有违法所得的，予以没收；造成损失的，承担连带赔偿责任；构成犯罪的，依法追究刑事责任。

工程监理单位转让监理业务的，责令改正，没收违法所得，可以责令停业整顿，降低资质等级；情节严重的，吊销资质证书。

第七十条 违反本法规定，涉及建筑主体或者承重结构变动的装修工程擅自施工的，责令改正，处以罚款；造成损失的，承担赔偿责任；构成犯罪的，依法追究刑事责任。

第七十一条 建筑施工企业违反本法规定，对建筑安全事故隐患不采取措施予以消除的，责令改正，可以处以罚款；情节严重的，责令停业整顿，降低资质等级或者吊销资质证书；构成犯罪的，依法追究刑事责任。

建筑施工企业的管理人员违章指挥、强令职工冒险作业，因而发生重大伤亡事故或者造成其他严重后果的，依法追究刑事责任。

第七十二条 建设单位违反本法规定，要求建筑设计单位或者建筑施工企业违反建筑工程质量、安全标准，降低工程质量的，责令改正，可以处以罚款；构成犯罪的，依法追究刑事责任。

第七十三条 建筑设计单位不按照建筑工程质量、安全标准进行设计的，责令改正，处以罚款；造成工程质量事故的，责令停业整顿，降低资质等级或者吊销资质证书，没收违法所得，并处罚款；造成损失的，承担赔偿责任；构成犯罪的，依法追究刑事责任。

第七十四条 建筑施工企业在施工中偷工减料的，使用不合格的建筑材料、建筑构配件和设备的，或者有其他不按照工程设计图纸或者施工技术标准施工的行为的，责令改正，处以罚款；情节严重的，责令停业整顿，降低资质等级或者吊销资质证书；造成建筑工程质量不符合规定的质量标准的，负责返工、修理，并赔偿因此造成的损失；构成犯罪的，依法追究刑事责任。

第七十五条 建筑施工企业违反本法规定，不履行保修义务或者拖延履行保修义务的，责令改正，可以处以罚款，并对在保修期内因屋顶、墙面渗漏、开裂等质量缺陷造成的损失，承担赔偿责任。

第七十六条 本法规定的责令停业整顿、降低资质等级和吊销资质证书的行政处罚，由颁发资质证书的机关决定；其他行政处罚，由建设行政主管部门或者有关部门依照法律和国务院规定的职权范围决定。

依照本法规定被吊销资质证书的，由工商行政管理部门吊销其营业执照。

第七十七条 违反本法规定，对不具备相应资质等级条件的单位颁发该等级资质证书的，由其上级机关责令收回所发的资质证书，对直接负责的主管人员和其他直接责任人员给予行政处分；构成犯罪的，依法追究刑事责任。

第七十八条　政府及其所属部门的工作人员违反本法规定,限定发包单位将招标发包的工程发包给指定的承包单位的,由上级机关责令改正;构成犯罪的,依法追究刑事责任。

第七十九条　负责颁发建筑工程施工许可证的部门及其工作人员对不符合施工条件的建筑工程颁发施工许可证的,负责工程质量监督检查或者竣工验收的部门及其工作人员对不合格的建筑工程出具质量合格文件或者按合格工程验收的,由上级机关责令改正,对责任人员给予行政处分;构成犯罪的,依法追究刑事责任;造成损失的,由该部门承担相应的赔偿责任。

第八十条　在建筑物的合理使用寿命内,因建筑工程质量不合格受到损害的,有权向责任者要求赔偿。

第八章　附　　则

第八十一条　本法关于施工许可、建筑施工企业资质审查和建筑工程发包、承包、禁止转包,以及建筑工程监理、建筑工程安全和质量管理的规定,适用于其他专业建筑工程的建筑活动,具体办法由国务院规定。

第八十二条　建设行政主管部门和其他有关部门在对建筑活动实施监督管理中,除按照国务院有关规定收取费用外,不得收取其他费用。

第八十三条　省、自治区、直辖市人民政府确定的小型房屋建筑工程的建筑活动,参照本法执行。

依法核定作为文物保护的纪念建筑物和古建筑等的修缮,依照文物保护的有关法律规定执行。

抢险救灾及其他临时性房屋建筑和农民自建低层住宅的建筑活动,不适用本法。

第八十四条　军用房屋建筑工程建筑活动的具体管理办法,由国务院、中央军事委员会依据本法制定。

第八十五条　本法自 1998 年 3 月 1 日起施行。

关于《全国人民代表大会常务委员会关于修改煤炭法和建筑法个别条款的决定(草案)》说明

——2011 年 4 月 20 日在第十一届全国人民代
表大会常务委员会第二十次会议上

全国人大财政经济委员会主任委员　石秀涛

全国人民代表大会常务委员会:

　　我受全国人大财政经济委员会的委托,对《全国人民代表大会常务委员会关于修改煤炭法和建筑法个别条款的决定(草案)》作如下说明。

　　1996 年通过的《中华人民共和国煤炭法》第四十四条规定:"煤矿企业必须为煤矿井下作业职工办理意外伤害保险,支付保险费。"1997 年通过的《中华人民共和国建筑法》第四十八条规定:"建筑施工企业必须为从事危险作业的职工办理意外伤害保险,支付保险费。"这两条规定是在建立统一的工伤保险制度前,为及时救治和补偿因工作发生意外伤害的煤矿和建筑施工企业职工而作出的专门规定。2010 年 10 月,全国人大常委会通过的《中华人民共和国社会保险法》,以法律的形式确立了统一的工伤保险制度,要求职工参加工伤保险,由用人单位缴纳工伤保险费。社会保险法将于今年 7 月 1 日施行,经对相关法律进行清理,为保持法律之间的协调衔接,避免出现煤矿企业和建筑施工企业同时参加两项保障内容相同的强制保险的情况,应当在社会保险法施行前,对煤炭法、建筑法的上述规定进行修改。

　　为了了解煤矿企业、建筑施工企业为职工办理意外伤害险的情况,财政经济委员会、法制工作委员会组成调研组,赴河南省和内蒙古自治区进行调研,召开座谈会,听取有关部门、煤矿和建筑施工企业、职工的意见。据了解,目前煤矿和建筑施工企业参加的意外伤害保险,保险项目、保险金额、保险费率等各不相同,总体赔付标准低于工伤保险,而且不包括康复治疗费和辅助器具配置费用。因此,拟将煤炭法第四十四条 修改为:"煤矿企业在保证职工依法参加工伤保险的基础上,可以为井下作业职工办理意外伤害保险,支付保险费。"将建筑法第四十八条 修改为:"建筑施工企业在保证职工参加工伤保险的基础上,可以为从事危险作业的职工办理意外伤害保险,支付保险费。"这样修改,既明确煤矿企业和建筑施工企业履行工伤保险的法定义务,又将意外伤害保险改为自愿参加,使其成为工伤保险的补充,以提高对这两类职工的保障水平。

根据上述意见,财政经济委员会与国务院法制办公室、人力资源和社会保障部研究,形成了《全国人民代表大会常务委员会关于修改煤炭法和建筑法个别条款的决定(草案)》。该草案已于 2011 年 4 月 7 日经十一届全国人民代表大会财政经济委员会第五十次全体会议审议通过,现提请十一届全国人民代表大会常务委员会第二十次会议审议。

《全国人民代表大会常务委员会关于修改煤炭法和建筑法个别条 款的决定(草案)》和以上说明是否妥当,请审议。

全国人民代表大会常务委员会关于修改
《中华人民共和国个人所得税法》的决定

(2011 年 6 月 30 日第十一届全国人民代表大会常务委员会第二十一次会议通过 2011 年 6 月 30 日中华人民共和国主席令第四十八号公布 自 2011 年 9 月 1 日起施行)

第十一届全国人民代表大会常务委员会第二十一次会议决定对《中华人民共和国个人所得税法》作如下修改:

一、第三条第一项修改为:"工资、薪金所得,适用超额累进税率,税率为百分之三至百分之四十五(税率表附后)。"

二、第六条第一款第一项修改为:"工资、薪金所得,以每月收入额减除费用三千五百元后的余额,为应纳税所得额。"

三、第九条中的"七日内"修改为"十五日内"。

四、个人所得税税率表一(工资、薪金所得适用)修改为:

级数	全月应纳税所得额	税率(%)
1	不超过 1500 元的	3
2	超过 1500 元至 4500 元的部分	10
3	超过 4500 元至 9000 元的部分	20
4	超过 9000 元至 35000 元的部分	25
5	超过 35000 元至 55000 元的部分	30
6	超过 55000 元至 80000 元的部分	35
7	超过 80000 元的部分	45

(注:本表所称全月应纳税所得额是指依照本法第六条的规定,以每月收入额减除费用三千五百元以及附加减除费用后的余额。)

五、个人所得税税率表二(个体工商户的生产、经营所得和对企业事业单位的承包经营、承租经营所得适用)修改为:

级数	全年应纳税所得额	税率(%)
1	不超过 15000 元的	5
2	超过 15000 元至 30000 元的部分	10
3	超过 30000 元至 60000 元的部分	20
4	超过 60000 元至 100000 元的部分	30
5	超过 100000 元的部分	35

(注:本表所称全年应纳税所得额是指依照本法第六条的规定,以每一纳税年度的收入总额减除成本、费用以及损失后的余额。)

本决定自 2011 年 9 月 1 日起施行。

《中华人民共和国个人所得税法》根据本决定作相应修改,重新公布。

中华人民共和国个人所得税法

(1980 年 9 月 10 日第五届全国人民代表大会第三次会议通过　根据 1993 年 10 月 31 日第八届全国人民代表大会常务委员会第四次会议《关于修改〈中华人民共和国个人所得税法〉的决定》第一次修正　根据 1999 年 8 月 30 日第九届全国人民代表大会常务委员会第十一次会议《关于修改〈中华人民共和国个人所得税法〉的决定》第二次修正　根据 2005 年 10 月 27 日第十届全国人民代表大会常务委员会第十八次会议《关于修改〈中华人民共和国个人所得税法〉的决定》第三次修正　根据 2007 年 6 月 29 日第十届全国人民代表大会常务委员会第二十八次会议《关于修改〈中华人民共和国个人所得税法〉的决定》第四次修正　根据 2007 年 12 月 29 日第十届全国人民代表大会常务委员会第三十一次会议《关于修改〈中华人民共和国个人所得税法〉的决定》第五次修正　根据 2011 年 6 月 30 日第十一届全国人民代表大会常务委员会第二十一次会议《关于修改〈中华人民共和国个人所得税法〉的决定》第六次修正)

第一条　在中国境内有住所,或者无住所而在境内居住满一年的个人,从中国境内和境外取得的所得,依照本法规定缴纳个人所得税。

在中国境内无住所又不居住或者无住所而在境内居住不满一年的个人，从中国境内取得的所得，依照本法规定缴纳个人所得税。

第二条　下列各项个人所得,应纳个人所得税:

一、工资、薪金所得;

二、个体工商户的生产、经营所得;

三、对企事业单位的承包经营、承租经营所得;

四、劳务报酬所得;

五、稿酬所得;

六、特许权使用费所得;

七、利息、股息、红利所得;

八、财产租赁所得;

九、财产转让所得;

十、偶然所得;

十一、经国务院财政部门确定征税的其他所得。

第三条　个人所得税的税率:

一、工资、薪金所得,适用超额累进税率,税率为百分之三至百分之四十五(税率表附后)。

二、个体工商户的生产、经营所得和对企事业单位的承包经营、承租经营所得,适用百分之五至百分之三十五的超额累进税率(税率表附后)。

三、稿酬所得,适用比例税率,税率为百分之二十,并按应纳税额减征百分之三十。

四、劳务报酬所得,适用比例税率,税率为百分之二十。对劳务报酬所得一次收入畸高的,可以实行加成征收,具体办法由国务院规定。

五、特许权使用费所得,利息、股息、红利所得,财产租赁所得,财产转让所得,偶然所得和其他所得,适用比例税率,税率为百分之二十。

第四条　下列各项个人所得,免纳个人所得税:

一、省级人民政府、国务院部委和中国人民解放军军以上单位,以及外国组织、国际组织颁发的科学、教育、技术、文化、卫生、体育、环境保护等方面的奖金;

二、国债和国家发行的金融债券利息;

三、按照国家统一规定发给的补贴、津贴;

四、福利费、抚恤金、救济金;

五、保险赔款;

六、军人的转业费、复员费;

七、按照国家统一规定发给干部、职工的安家费、退职费、退休工资、离

休工资、离休生活补助费;

八、依照我国有关法律规定应予免税的各国驻华使馆、领事馆的外交代表、领事官员和其他人员的所得;

九、中国政府参加的国际公约、签订的协议中规定免税的所得;

十、经国务院财政部门批准免税的所得。

第五条 有下列情形之一的,经批准可以减征个人所得税:

一、残疾、孤老人员和烈属的所得;

二、因严重自然灾害造成重大损失的;

三、其他经国务院财政部门批准减税的。

第六条 应纳税所得额的计算:

一、工资、薪金所得,以每月收入额减除费用三千五百元后的余额,为应纳税所得额。

二、个体工商户的生产、经营所得,以每一纳税年度的收入总额减除成本、费用以及损失后的余额,为应纳税所得额。

三、对企事业单位的承包经营、承租经营所得,以每一纳税年度的收入总额,减除必要费用后的余额,为应纳税所得额。

四、劳务报酬所得、稿酬所得、特许权使用费所得、财产租赁所得,每次收入不超过四千元的,减除费用八百元;四千元以上的,减除百分之二十的费用,其余额为应纳税所得额。

五、财产转让所得,以转让财产的收入额减除财产原值和合理费用后的余额,为应纳税所得额。

六、利息、股息、红利所得,偶然所得和其他所得,以每次收入额为应纳税所得额。

个人将其所得对教育事业和其他公益事业捐赠的部分,按照国务院有关规定从应纳税所得中扣除。

对在中国境内无住所而在中国境内取得工资、薪金所得的纳税义务人和在中国境内有住所而在中国境外取得工资、薪金所得的纳税义务人,可以根据其平均收入水平、生活水平以及汇率变化情况确定附加减除费用,附加减除费用适用的范围和标准由国务院规定。

第七条 纳税义务人从中国境外取得的所得,准予其在应纳税额中扣除已在境外缴纳的个人所得税税额。但扣除额不得超过该纳税义务人境外所得依照本法规定计算的应纳税额。

第八条 个人所得税,以所得人为纳税义务人,以支付所得的单位或者个人为扣缴义务人。个人所得超过国务院规定数额的,在两处以上取得工资、薪金所得或者没有扣缴义务人的,以及具有国务院规定的其他情形的,纳税义务人应当按照国家规定办理纳税申报。扣缴义务人应当按国家规定办理全员全额扣缴申报。

第九条 扣缴义务人每月所扣的税款,自行申报纳税人每月应纳的税款,都应当在次月十五日内缴入国库,并向税务机关报送纳税申报表。

工资、薪金所得应纳的税款,按月计征,由扣缴义务人或者纳税义务人在次月十五日内缴入国库,并向税务机关报送纳税申报表。特定行业的工资、薪金所得应纳的税款,可以实行按年计算、分月预缴的方式计征,具体办法由国务院规定。

个体工商户的生产、经营所得应纳的税款,按年计算,分月预缴,由纳税义务人在次月十五日内预缴,年度终了后三个月内汇算清缴,多退少补。

对企事业单位的承包经营、承租经营所得应纳的税款,按年计算,由纳税义务人在年度终了后三十日内缴入国库,并向税务机关报送纳税申报表。纳税义务人在一年内分次取得承包经营、承租经营所得的,应当在取得每次所得后的十五日内预缴,年度终了后三个月内汇算清缴,多退少补。

从中国境外取得所得的纳税义务人,应当在年度终了后三十日内,将应纳的税款缴入国库,并向税务机关报送纳税申报表。

第十条 各项所得的计算,以人民币为单位。所得为外国货币的,按照国家外汇管理机关规定的外汇牌价折合成人民币缴纳税款。

第十一条 对扣缴义务人按照所扣缴的税款,付给百分之二的手续费。

第十二条 对储蓄存款利息所得开征、减征、停征个人所得税及其具体办法,由国务院规定。

第十三条 个人所得税的征收管理,依照《中华人民共和国税收征收管理法》的规定执行。

第十四条 国务院根据本法制定实施条例。

第十五条 本法自公布之日起施行。

个人所得税税率表一(工资、薪金所得适用)

级数	全月应纳税所得额	税率(%)
1	不超过 1500 元的	3
2	超过 1500 元至 4500 元的部分	10
3	超过 4500 元至 9000 元的部分	20

级数	全月应纳税所得额	税率（%）
4	超过 9000 元至 35000 元的部分	25
5	超过 35000 元至 55000 元的部分	30
6	超过 55000 元至 80000 元的部分	35
7	超过 80000 元的部分	45

（注：本表所称全月应纳税所得额是指依照本法第六条的规定，以每月收入额减除费用三千五百元以及附加减除费用后的余额。）

个人所得税税率表二（个体工商户的生产、经营所得和对企事业单位的承包经营、承租经营所得适用）

级数	全年应纳税所得额	税率（%）
1	不超过 15000 元的	5
2	超过 15000 元至 30000 元的部分	10
3	超过 30000 元至 60000 元的部分	20
4	超过 60000 元至 100000 元的部分	30
5	超过 100000 元的部分	35

（注：本表所称全年应纳税所得额是指依照本法第六条的规定，以每一纳税年度的收入总额减除成本、费用以及损失后的余额。）

关于《中华人民共和国个人所得税法修正案（草案）》的说明

—2011 年 4 月 20 日在第十一届全国人民代表大会常务委员会第二十次会议上

财政部部长　谢旭人

全国人民代表大会常务委员会：

我受国务院的委托，现对《中华人民共和国个人所得税法修正案（草案）》作如下说明：

我国现行个人所得税法自 1994 年实施以来，按照"高收入者多缴税，中等收入者少缴税，低收入者不纳税"的原则，在调节收入分配、组织财政收入等方面发挥了重要作用。2010年个人所得税收入为4837亿元,占全国税收收入的6.3%。

为了贯彻中央关于加强税收对居民收入分配调节的要求,降低中低收入者税收负担,加大对高收入者的调节,并考虑到居民基本生活消费支出增长的实际情况,有必要修订个人所得税法,进一步提高工资薪金所得减除费用标准,同时调整工薪所得税率结构和个体工商户及承包承租经营所得税率结构。为此,财政部、国家税务总局在认真调查研究的基础上,起草了《中华人民共和国个人所得税法修正案(草案)》(以下简称草案)。草案已经国务院常务会议讨论通过。现将有关问题说明如下:

一、关于提高工资薪金所得减除费用标准

个人所得税法规定,个人工资薪金所得以每月收入减除一定费用后的余额为应纳税所得额。规定工薪所得减除费用的目的,是为了体现居民基本生活费用不纳税的原则。当居民维持基本生活所需的费用发生较大变化时,减除费用标准也应相应调整。现行个人所得税法施行以来,已按照法律修改程序先后两次调整工薪所得减除费用标准:2006年1月1日起由800元/月提高到1600元/月,2008年3月1日起由1600元/月提高到2000元/月。据国家统计局资料,2010年度我国城镇居民人均消费性支出(包括基本生活支出和非基本生活必需品支出)为1123元/月,按平均每一就业者负担1.93人计算,城镇就业者人均负担的消费性支出为2167元/月。2011年按城镇就业者人均负担的消费性支出增长10%测算,约为2384元/月。综合考虑各方面因素,草案拟将减除费用标准由现行的2000元/月提高到3000元/月。调整后,工薪所得纳税人占全部工薪收入人群的比重,由目前的28%,下降到12%左右。

二、关于调整工资薪金所得税率级次级距

现行个人所得税法规定,工资薪金所得适用9级超额累进税率。为了有效地发挥税收对收入分配的调节作用,草案拟将现行工薪所得9级超额累进税率修改为7级,取消了15%和40%两档税率,扩大了5%和10%两个低档税率的适用范围。第一级5%税率对应的月应纳税所得额由现行不超过500元扩大到1500元,第二级10%税率对应的月应纳税所得额由现行的500元至2000元扩大为1500元至4500元。同时,草案还扩大了最高税率45%的覆盖范围,将现行适用40%税率的应纳税所得额,并入了45%税率,加大了对高收入者的调节力度。

这次修改个人所得税法,实行提高工薪所得减除费用标准与调整工薪所得税率结构联动,其目的除简化和完善税制外,主要是使绝大多数工薪所得纳税人能享受因提高减除费用标准和调整税率结构带来的双重税收优

惠,使高收入者适当增加一些税负。

三、关于相应调整个体工商户生产经营所得和承包承租经营所得税率级距

工薪所得税率级次级距调整后,为平衡个体工商户生产经营所得纳税人和承包承租经营所得纳税人与工薪所得纳税人的税负水平,草案维持现行5级税率级次不变,对个体工商户生产经营所得和承包承租经营所得(以下统称生产经营所得)税率表的级距作了相应调整,将生产经营所得税率表第一级级距由年应纳税所得额5000元调整为15000元,其他各档的级距也相应作了调整。

四、关于延长申报缴纳税款时间

现行个人所得税法规定,扣缴义务人和纳税人每月申报缴纳税款的时间为次月7日内。而缴纳企业所得税、增值税、营业税等其他税种的申报缴纳税款的时间一般为次月15日内。由于申报缴纳税款的时间不一致,造成了有些扣缴义务人、纳税人在一个月内要办理两次申报缴纳税款手续,增加了扣缴义务人和纳税人的负担。为方便扣缴义务人和纳税人办税,草案将扣缴义务人、纳税人申报缴纳税款的时限由现行的次月7日内延长至15日内,与企业所得税、增值税、营业税等税种申报缴纳税款的时间一致。

五、关于对财政收入的影响

经测算,与2010年相比,提高工资薪金所得减除费用标准,约减少个人所得税收入990亿元;调整工薪所得税率级次级距,减收约100亿元(税负减少的纳税人减税约180亿元,税负增加的纳税人增税约80亿元);调整生产经营所得税率级距,减收约110亿元,合计全年约减少财政收入1200亿元。

同时,我们将按照党的十七届五中全会精神和《中华人民共和国国民经济和社会发展第十二个五年规划纲要》的要求,继续抓紧研究进一步完善个人所得税制,积极创造条件,推进综合和分类相结合的个人所得税改革。

《中华人民共和国个人所得税修正案(草案)》和以上说明是否妥当,请审议。

国务院关于修改《中华人民共和国个人所得税法实施条例》的决定

（2011 年 7 月 19 日中华人民共和国国务院令第 600 号公布　自 2011 年 9 月 1 日起施行）

国务院决定对《中华人民共和国个人所得税法实施条例》作如下修改：

一、第十八条修改为："税法第六条第一款第三项所说的每一纳税年度的收入总额，是指纳税义务人按照承包经营、承租经营合同规定分得的经营利润和工资、薪金性质的所得；所说的减除必要费用，是指按月减除 3500 元。"

二、第二十七条修改为："税法第六条第三款所说的附加减除费用，是指每月在减除 3500 元费用的基础上，再减除本条例第二十九条规定数额的费用。"

三、第二十九条修改为："税法第六条第三款所说的附加减除费用标准为 1300 元。"

本决定自 2011 年 9 月 1 日起施行。

《中华人民共和国个人所得税法实施条例》根据本决定作相应的修改，重新公布。

中华人民共和国个人所得税法实施条例

（1994 年 1 月 28 日中华人民共和国国务院令第 142 号发布　根据 2005 年 12 月 19 日《国务院关于修改〈中华人民共和国个人所得税法实施条例〉的决定》第一次修订　根据 2008 年 2 月 18 日《国务院关于修改〈中华人民共和国个人所得税法实施条例〉的决定》第二次修订　根据 2011 年 7 月 19 日《国务院关于修改〈中华人民共和国个人所得税法实施条例〉的决定》第三次修订）

第一条　根据《中华人民共和国个人所得税法》（以下简称税法）的规定，制定本条例。

第二条 税法第一条第一款所说的在中国境内有住所的个人,是指因户籍、家庭、经济利益关系而在中国境内习惯性居住的个人。

第三条 税法第一条第一款所说的在境内居住满一年,是指在一个纳税年度中在中国境内居住365日。临时离境的,不扣减日数。

前款所说的临时离境,是指在一个纳税年度中一次不超过30日或者多次累计不超过90日的离境。

第四条 税法第一条第一款、第二款所说的从中国境内取得的所得,是指来源于中国境内的所得;所说的从中国境外取得的所得,是指来源于中国境外的所得。

第五条 下列所得,不论支付地点是否在中国境内,均为来源于中国境内的所得:

(一)因任职、受雇、履约等而在中国境内提供劳务取得的所得;

(二)将财产出租给承租人在中国境内使用而取得的所得;

(三)转让中国境内的建筑物、土地使用权等财产或者在中国境内转让其他财产取得的所得;

(四)许可各种特许权在中国境内使用而取得的所得;

(五)从中国境内的公司、企业以及其他经济组织或者个人取得的利息、股息、红利所得。

第六条 在中国境内无住所,但是居住一年以上五年以下的个人,其来源于中国境外的所得,经主管税务机关批准,可以只就由中国境内公司、企业以及其他经济组织或者个人支付的部分缴纳个人所得税;居住超过五年的个人,从第六年起,应当就其来源于中国境外的全部所得缴纳个人所得税。

第七条 在中国境内无住所,但是在一个纳税年度中在中国境内连续或者累计居住不超过90日的个人,其来源于中国境内的所得,由境外雇主支付并且不由该雇主在中国境内的机构、场所负担的部分,免予缴纳个人所得税。

第八条 税法第二条所说的各项个人所得的范围:

(一)工资、薪金所得,是指个人因任职或者受雇而取得的工资、薪金、奖金、年终加薪、劳动分红、津贴、补贴以及与任职或者受雇有关的其他所得。

(二)个体工商户的生产、经营所得,是指:

1. 个体工商户从事工业、手工业、建筑业、交通运输业、商业、饮食业、服务业、修理业以及其他行业生产、经营取得的所得;

2. 个人经政府有关部门批准,取得执照,从事办学、医疗、咨询以及其他有偿服务活动取得的所得;

3. 其他个人从事个体工商业生产、经营取得的所得；

4. 上述个体工商户和个人取得的与生产、经营有关的各项应纳税所得。

（三）对企事业单位的承包经营、承租经营所得，是指个人承包经营、承租经营以及转包、转租取得的所得，包括个人按月或者按次取得的工资、薪金性质的所得。

（四）劳务报酬所得，是指个人从事设计、装潢、安装、制图、化验、测试、医疗、法律、会计、咨询、讲学、新闻、广播、翻译、审稿、书画、雕刻、影视、录音、录像、演出、表演、广告、展览、技术服务、介绍服务、经纪服务、代办服务以及其他劳务取得的所得。

（五）稿酬所得，是指个人因其作品以图书、报刊形式出版、发表而取得的所得。

（六）特许权使用费所得，是指个人提供专利权、商标权、著作权、非专利技术以及其他特许权的使用权取得的所得；提供著作权的使用权取得的所得，不包括稿酬所得。

（七）利息、股息、红利所得，是指个人拥有债权、股权而取得的利息、股息、红利所得。

（八）财产租赁所得，是指个人出租建筑物、土地使用权、机器设备、车船以及其他财产取得的所得。

（九）财产转让所得，是指个人转让有价证券、股权、建筑物、土地使用权、机器设备、车船以及其他财产取得的所得。

（十）偶然所得，是指个人得奖、中奖、中彩以及其他偶然性质的所得。

个人取得的所得，难以界定应纳税所得项目的，由主管税务机关确定。

第九条　对股票转让所得征收个人所得税的办法，由国务院财政部门另行制定，报国务院批准施行。

第十条　个人所得的形式，包括现金、实物、有价证券和其他形式的经济利益。所得为实物的，应当按照取得的凭证上所注明的价格计算应纳税所得额；无凭证的实物或者凭证上所注明的价格明显偏低的，参照市场价格核定应纳税所得额。所得为有价证券的，根据票面价格和市场价格核定应纳税所得额。所得为其他形式的经济利益的，参照市场价格核定应纳税所得额。

第十一条　税法第三条第四项所说的劳务报酬所得一次收入畸高，是指个人一次取得劳务报酬，其应纳税所得额超过 2 万元。

对前款应纳税所得额超过 2 万元至 5 万元的部分，依照税法规定计算应纳税额后再按照应纳税额加征五成；超过 5 万元的部分，加征十成。

第十二条　税法第四条第二项所说的国债利息，是指个人持有中华人民共和国财政部发行的债券而取得的利息;所说的国家发行的金融债券利息,是指个人持有经国务院批准发行的金融债券而取得的利息。

第十三条　税法第四条第三项所说的按照国家统一规定发给的补贴、津贴,是指按照国务院规定发给的政府特殊津贴、院士津贴、资深院士津贴,以及国务院规定免纳个人所得税的其他补贴、津贴。

第十四条　税法第四条第四项所说的福利费,是指根据国家有关规定,从企业、事业单位、国家机关、社会团体提留的福利费或者工会经费中支付给个人的生活补助费;所说的救济金,是指各级人民政府民政部门支付给个人的生活困难补助费。

第十五条　税法第四条第八项所说的依照我国法律规定应予免税的各国驻华使馆、领事馆的外交代表、领事官员和其他人员的所得,是指依照《中华人民共和国外交特权与豁免条例》和《中华人民共和国领事特权与豁免条例》规定免税的所得。

第十六条　税法第五条所说的减征个人所得税,其减征的幅度和期限由省、自治区、直辖市人民政府规定。

第十七条　税法第六条第一款第二项所说的成本、费用,是指纳税义务人从事生产、经营所发生的各项直接支出和分配计入成本的间接费用以及销售费用、管理费用、财务费用;所说的损失,是指纳税义务人在生产、经营过程中发生的各项营业外支出。

从事生产、经营的纳税义务人未提供完整、准确的纳税资料,不能正确计算应纳税所得额的,由主管税务机关核定其应纳税所得额。

第十八条　税法第六条第一款第三项所说的每一纳税年度的收入总额,是指纳税义务人按照承包经营、承租经营合同规定分得的经营利润和工资、薪金性质的所得;所说的减除必要费用,是指按月减除 3500 元。

第十九条　税法第六条第一款第五项所说的财产原值,是指:

(一)有价证券,为买入价以及买入时按照规定交纳的有关费用;

(二)建筑物,为建造费或者购进价格以及其他有关费用;

(三)土地使用权,为取得土地使用权所支付的金额、开发土地的费用以及其他有关费用;

(四)机器设备、车船,为购进价格、运输费、安装费以及其他有关费用;

(五)其他财产,参照以上方法确定。

纳税义务人未提供完整、准确的财产原值凭证,不能正确计算财产原值的,由主管税务机关核定其财产原值。

第二十条　税法第六条第一款第五项所说的合理费用,是指卖出财产时按照规定支付的有关费用。

第二十一条　税法第六条第一款第四项、第六项所说的每次,按照以下方法确定:

(一)劳务报酬所得,属于一次性收入的,以取得该项收入为一次;属于同一项目连续性收入的,以一个月内取得的收入为一次。

(二)稿酬所得,以每次出版、发表取得的收入为一次。

(三)特许权使用费所得,以一项特许权的一次许可使用所取得的收入为一次。

(四)财产租赁所得,以一个月内取得的收入为一次。

(五)利息、股息、红利所得,以支付利息、股息、红利时取得的收入为一次。

(六)偶然所得,以每次取得该项收入为一次。

第二十二条　财产转让所得,按照一次转让财产的收入额减除财产原值和合理费用后的余额,计算纳税。

第二十三条　两个或者两个以上的个人共同取得同一项目收入的,应当对每个人取得的收入分别按照税法规定减除费用后计算纳税。

第二十四条　税法第六条第二款所说的个人将其所得对教育事业和其他公益事业的捐赠,是指个人将其所得通过中国境内的社会团体、国家机关向教育和其他社会公益事业以及遭受严重自然灾害地区、贫困地区的捐赠。

捐赠额未超过纳税义务人申报的应纳税所得额30%的部分,可以从其应纳税所得额中扣除。

第二十五条　按照国家规定,单位为个人缴付和个人缴付的基本养老保险费、基本医疗保险费、失业保险费、住房公积金,从纳税义务人的应纳税所得额中扣除。

第二十六条　税法第六条第三款所说的在中国境外取得工资、薪金所得,是指在中国境外任职或者受雇而取得的工资、薪金所得。

第二十七条　税法第六条第三款所说的附加减除费用,是指每月在减除3500元费用的基础上,再减除本条例第二十九条规定数额的费用。

第二十八条　税法第六条第三款所说的附加减除费用适用的范围,是指:

(一)在中国境内的外商投资企业和外国企业中工作的外籍人员;

(二)应聘在中国境内的企业、事业单位、社会团体、国家机关中工作的外籍专家;

(三)在中国境内有住所而在中国境外任职或者受雇取得工资、薪金所得的个人;

(四)国务院财政、税务主管部门确定的其他人员。

第二十九条　税法第六条第三款所说的附加减除费用标准为 1300 元。

第三十条　华侨和香港、澳门、台湾同胞,参照本条例第二十七条、第二十八条、第二十九条的规定执行。

第三十一条　在中国境内有住所,或者无住所而在境内居住满一年的个人,从中国境内和境外取得的所得,应当分别计算应纳税额。

第三十二条　税法第七条所说的已在境外缴纳的个人所得税税额,是指纳税义务人从中国境外取得的所得,依照该所得来源国家或者地区的法律应当缴纳并且实际已经缴纳的税额。

第三十三条　税法第七条所说的依照税法规定计算的应纳税额,是指纳税义务人从中国境外取得的所得,区别不同国家或者地区和不同所得项目,依照税法规定的费用减除标准和适用税率计算的应纳税额;同一国家或者地区内不同所得项目的应纳税额之和,为该国家或者地区的扣除限额。

纳税义务人在中国境外一个国家或者地区实际已经缴纳的个人所得税税额,低于依照前款规定计算出的该国家或者地区扣除限额的,应当在中国缴纳差额部分的税款;超过该国家或者地区扣除限额的,其超过部分不得在本纳税年度的应纳税额中扣除,但是可以在以后纳税年度的该国家或者地区扣除限额的余额中补扣。补扣期限最长不得超过五年。

第三十四条　纳税义务人依照税法第七条的规定申请扣除已在境外缴纳的个人所得税税额时,应当提供境外税务机关填发的完税凭证原件。

第三十五条　扣缴义务人在向个人支付应税款项时,应当依照税法规定代扣税款,按时缴库,并专项记载备查。

前款所说的支付,包括现金支付、汇拨支付、转账支付和以有价证券、实物以及其他形式的支付。

第三十六条　纳税义务人有下列情形之一的,应当按照规定到主管税务机关办理纳税申报:

(一)年所得 12 万元以上的;

(二)从中国境内两处或者两处以上取得工资、薪金所得的;

(三)从中国境外取得所得的;

(四)取得应纳税所得,没有扣缴义务人的;

(五)国务院规定的其他情形。

年所得 12 万元以上的纳税义务人,在年度终了后 3 个月内到主管税务机关办理纳税申报。

纳税义务人办理纳税申报的地点以及其他有关事项的管理办法,由国务院税务主管部门制定。

第三十七条　税法第八条所说的全员全额扣缴申报,是指扣缴义务人在代扣税款的次月内,向主管税务机关报送其支付所得个人的基本信息、支付所得数额、扣缴税款的具体数额和总额以及其他相关涉税信息。

全员全额扣缴申报的管理办法,由国务院税务主管部门制定。

第三十八条 自行申报的纳税义务人,在申报纳税时,其在中国境内已扣缴的税款,准予按照规定从应纳税额中扣除。

第三十九条 纳税义务人兼有税法第二条所列的两项或者两项以上的所得的,按项分别计算纳税。在中国境内两处或者两处以上取得税法第二条第一项、第二项、第三项所得的,同项所得合并计算纳税。

第四十条 税法第九条第二款所说的特定行业,是指采掘业、远洋运输业、远洋捕捞业以及国务院财政、税务主管部门确定的其他行业。

第四十一条 税法第九条第二款所说的按年计算、分月预缴的计征方式,是指本条例第四十条所列的特定行业职工的工资、薪金所得应纳的税款,按月预缴,自年度终了之日起 30 日内,合计其全年工资、薪金所得,再按 12 个月平均并计算实际应纳的税款,多退少补。

第四十二条 税法第九条第四款所说的由纳税义务人在年度终了后 30 日内将应纳的税款缴入国库,是指在年终一次性取得承包经营、承租经营所得的纳税义务人,自取得收入之日起 30 日内将应纳的税款缴入国库。

第四十三条 依照税法第十条的规定,所得为外国货币的,应当按照填开完税凭证的上一月最后一日人民币汇率中间价,折合成人民币计算应纳税所得额。依照税法规定,在年度终了后汇算清缴的,对已经按月或者按次预缴税款的外国货币所得,不再重新折算;对应当补缴税款的所得部分,按照上一纳税年度最后一日人民币汇率中间价,折合成人民币计算应纳税所得额。

第四十四条 税务机关按照税法第十一条的规定付给扣缴义务人手续费时,应当按月填开收入退还书发给扣缴义务人。扣缴义务人持收入退还书向指定的银行办理退库手续。

第四十五条 个人所得税纳税申报表、扣缴个人所得税报告表和个人所得税完税凭证式样,由国务院税务主管部门统一制定。

第四十六条 税法和本条例所说的纳税年度,自公历 1 月 1 日起至 12 月 31 日止。

第四十七条 1994 纳税年度起,个人所得税依照税法以及本条例的规定计算征收。

第四十八条 本条例自发布之日起施行。1987 年 8 月 8 日国务院发布的《中华人民共和国国务院关于对来华工作的外籍人员工资、薪金所得减征个人所得税的暂行规定》同时废止。

国务院关于修改《中华人民共和国资源税暂行条例》的决定

(2011年9月21日国务院第173次常务会议通过 2011年9月30日中华人民共和国国务院令第605号公布 自2011年11月1日起施行)

国务院决定对《中华人民共和国资源税暂行条例》作如下修改:

一、第一条修改为:"在中华人民共和国领域及管辖海域开采本条例规定的矿产品或者生产盐(以下称开采或者生产应税产品)的单位和个人,为资源税的纳税人,应当依照本条例缴纳资源税。"

二、第二条修改为:"资源税的税目、税率,依照本条例所附《资源税税目税率表》及财政部的有关规定执行。

"税目、税率的部分调整,由国务院决定。"

三、第三条修改为:"纳税人具体适用的税率,在本条例所附《资源税税目税率表》规定的税率幅度内,根据纳税人所开采或者生产应税产品的资源品位、开采条件等情况,由财政部商国务院有关部门确定;财政部未列举名称且未确定具体适用税率的其他非金属矿原矿和有色金属矿原矿,由省、自治区、直辖市人民政府根据实际情况确定,报财政部和国家税务总局备案。"

四、第五条、第六条合并作为第四条,修改为:"资源税的应纳税额,按照从价定率或者从量定额的办法,分别以应税产品的销售额乘以纳税人具体适用的比例税率或者以应税产品的销售数量乘以纳税人具体适用的定额税率计算。"

五、第四条作为第五条,修改为:"纳税人开采或者生产不同税目应税产品的,应当分别核算不同税目应税产品的销售额或者销售数量;未分别核算或者不能准确提供不同税目应税产品的销售额或者销售数量的,从高适用税率。"

六、增加一条,作为第六条:"纳税人开采或者生产应税产品,自用于连续生产应税产品的,不缴纳资源税;自用于其他方面的,视同销售,依照本条例缴纳资源税。"

七、第八条中的"课税数量"修改为"销售额或者销售数量"。

八、第十五条修改为:"本条例实施办法由财政部和国家税务总局制定。"

九、将所附的《资源税税目税额幅度表》修改为:

资源税税目税率表

税 目		税 率
一、原油		销售额的 5%—10%
二、天然气		销售额的 5%—10%
三、煤炭	焦煤	每吨 8—20 元
	其他煤炭	每吨 0.3—5 元
四、其他非金属矿原矿	普通非金属矿原矿	每吨或者每立方米 0.5—20 元
	贵重非金属矿原矿	每千克或者每克拉 0.5—20 元
五、黑色金属矿原矿		每吨 2—30 元
六、有色金属矿原矿	稀土矿	每吨 0.4—60 元
	其他有色金属矿原矿	每吨 0.4—30 元
七、盐	固体盐	每吨 10—60 元
	液体盐	每吨 2—10 元

本决定自 2011 年 11 月 1 日起施行。

《中华人民共和国资源税暂行条例》根据本决定作相应的修改并对条文顺序作相应调整,重新公布。

中华人民共和国资源税暂行条例

（1993 年 12 月 25 日中华人民共和国国务院令第 139 号发布　根据 2011 年 9 月 30 日《国务院关于修改〈中华人民共和国资源税暂行条例〉的决定》修订）

第一条　在中华人民共和国领域及管辖海域开采本条例规定的矿产品或者生产盐（以下称开采或者生产应税产品）的单位和个人，为资源税的纳税人，应当依照本条例缴纳资源税。

第二条　资源税的税目、税率，依照本条例所附《资源税税目税率表》及财政部的有关规定执行。

税目、税率的部分调整，由国务院决定。

第三条　纳税人具体适用的税率，在本条例所附《资源税税目税率表》规定的税率幅度内，根据纳税人所开采或者生产应税产品的资源品位、开采条件等情况，由财政部商国务院有关部门确定；财政部未列举名称且未确定具体适用税率的其他非金属矿原矿和有色金属矿原矿，由省、自治区、直辖市人民政府根据实际情况确定，报财政部和国家税务总局备案。

第四条　资源税的应纳税额，按照从价定率或者从量定额的办法，分别以应税产品的销售额乘以纳税人具体适用的比例税率或者以应税产品的销售数量乘以纳税人具体适用的定额税率计算。

第五条　纳税人开采或者生产不同税目应税产品的，应当分别核算不同税目应税产品的销售额或者销售数量；未分别核算或者不能准确提供不同税目应税产品的销售额或者销售数量的，从高适用税率。

第六条　纳税人开采或者生产应税产品，自用于连续生产应税产品的，不缴纳资源税；自用于其他方面的，视同销售，依照本条例缴纳资源税。

第七条　有下列情形之一的，减征或者免征资源税：

（一）开采原油过程中用于加热、修井的原油，免税。

（二）纳税人开采或者生产应税产品过程中，因意外事故或者自然灾害等原因遭受重大损失的，由省、自治区、直辖市人民政府酌情决定减税或者免税。

（三）国务院规定的其他减税、免税项目。

第八条　纳税人的减税、免税项目，应当单独核算销售额或者销售数量；未单独核算或者不能准确提供销售额或者销售数量的，不予减税或者免税。

第九条 纳税人销售应税产品,纳税义务发生时间为收讫销售款或者取得索取销售款凭据的当天;自产自用应税产品,纳税义务发生时间为移送使用的当天。

第十条 资源税由税务机关征收。

第十一条 收购未税矿产品的单位为资源税的扣缴义务人。

第十二条 纳税人应纳的资源税,应当向应税产品的开采或者生产所在地主管税务机关缴纳。纳税人在本省、自治区、直辖市范围内开采或者生产应税产品,其纳税地点需要调整的,由省、自治区、直辖市税务机关决定。

第十三条 纳税人的纳税期限为 1 日、3 日、5 日、10 日、15 日或者 1 个月,由主管税务机关根据实际情况具体核定。不能按固定期限计算纳税的,可以按次计算纳税。

纳税人以 1 个月为一期纳税的,自期满之日起 10 日内申报纳税;以 1 日、3 日、5 日、10 日或者 15 日为一期纳税的,自期满之日起 5 日内预缴税款,于次月 1 日起 10 日内申报纳税并结清上月税款。

扣缴义务人的解缴税款期限,比照前两款的规定执行。

第十四条 资源税的征收管理,依照《中华人民共和国税收征收管理法》及本条例有关规定执行。

第十五条 本条例实施办法由财政部和国家税务总局制定。

第十六条 本条例自 1994 年 1 月 1 日起施行。1984 年 9 月 18 日国务院发布的《中华人民共和国资源税条例(草案)》、《中华人民共和国盐税条例(草案)》同时废止。

中华人民共和国资源税暂行条例实施细则

(财政部部务会议和国家税务总局局务会议修订通过
2011 年 10 月 28 日中华人民共和国财政部、国家税务总局令第 66 号公布 自 2011 年 11 月 1 日起施行)

第一条 根据《中华人民共和国资源税暂行条例》(以下简称条例),制定本细则。

第二条 条例所附《资源税税目税率表》中所列部分税目的征税范围限定如下:

(一)原油,是指开采的天然原油,不包括人造石油。

（二）天然气，是指专门开采或者与原油同时开采的天然气。

（三）煤炭，是指原煤，不包括洗煤、选煤及其他煤炭制品。

（四）其他非金属矿原矿，是指上列产品和井矿盐以外的非金属矿原矿。

（五）固体盐，是指海盐原盐、湖盐原盐和井矿盐。

（六）液体盐，是指卤水。

第三条　条例第一条所称单位，是指企业、行政单位、事业单位、军事单位、社会团体及其他单位。

条例第一条所称个人，是指个体工商户和其他个人。

第四条　资源税应税产品的具体适用税率，按本细则所附的《资源税税目税率明细表》执行。

矿产品等级的划分，按本细则所附《几个主要品种的矿山资源等级表》执行。

对于划分资源等级的应税产品，其《几个主要品种的矿山资源等级表》中未列举名称的纳税人适用的税率，由省、自治区、直辖市人民政府根据纳税人的资源状况，参照《资源税税目税率明细表》和《几个主要品种的矿山资源等级表》中确定的邻近矿山或者资源状况、开采条件相近矿山的税率标准，在浮动 30% 的幅度内核定，并报财政部和国家税务总局备案。

第五条　条例第四条所称销售额为纳税人销售应税产品向购买方收取的全部价款和价外费用，但不包括收取的增值税销项税额。

价外费用，包括价外向购买方收取的手续费、补贴、基金、集资费、返还利润、奖励费、违约金、滞纳金、延期付款利息、赔偿金、代收款项、代垫款项、包装费、包装物租金、储备费、优质费、运输装卸费以及其他各种性质的价外收费。但下列项目不包括在内：

（一）同时符合以下条件的代垫运输费用：

1. 承运部门的运输费用发票开具给购买方的；

2. 纳税人将该项发票转交给购买方的。

（二）同时符合以下条件代为收取的政府性基金或者行政事业性收费：

1. 由国务院或者财政部批准设立的政府性基金，由国务院或者省级人民政府及其财政、价格主管部门批准设立的行政事业性收费；

2. 收取时开具省级以上财政部门印制的财政票据；

3. 所收款项全额上缴财政。

第六条　纳税人以人民币以外的货币结算销售额的，应当折合成人民币计算。其销售额的人民币折合率可以选择销售额发生的当天或者当月 1 日的人民币汇率中间价。纳税人应在事先确定采用何种折合率计算方法，确定后 1 年内不得变更。

第七条　纳税人申报的应税产品销售额明显偏低并且无正当理由的、有视同销售应税产品行为而无销售额的,除财政部、国家税务总局另有规定外,按下列顺序确定销售额:

（一）按纳税人最近时期同类产品的平均销售价格确定;

（二）按其他纳税人最近时期同类产品的平均销售价格确定;

（三）按组成计税价格确定。组成计税价格为:

组成计税价格 = 成本 × (1 + 成本利润率) ÷ (1 − 税率)

公式中的成本是指:应税产品的实际生产成本。公式中的成本利润率由省、自治区、直辖市税务机关确定。

第八条　条例第四条所称销售数量,包括纳税人开采或者生产应税产品的实际销售数量和视同销售的自用数量。

第九条　纳税人不能准确提供应税产品销售数量的,以应税产品的产量或者主管税务机关确定的折算比换算成的数量为计征资源税的销售数量。

第十条　纳税人在资源税纳税申报时,除财政部、国家税务总局另有规定外,应当将其应税和减免税项目分别计算和报送。

第十一条　条例第九条所称资源税纳税义务发生时间具体规定如下:

（一）纳税人销售应税产品,其纳税义务发生时间是:

1. 纳税人采取分期收款结算方式的,其纳税义务发生时间,为销售合同规定的收款日期的当天;

2. 纳税人采取预收货款结算方式的,其纳税义务发生时间,为发出应税产品的当天;

3. 纳税人采取其他结算方式的,其纳税义务发生时间,为收讫销售款或者取得索取销售款凭据的当天。

（二）纳税人自产自用应税产品的纳税义务发生时间,为移送使用应税产品的当天。

（三）扣缴义务人代扣代缴税款的纳税义务发生时间,为支付货款的当天。

第十二条　条例第十一条所称的扣缴义务人,是指独立矿山、联合企业及其他收购未税矿产品的单位。

第十三条　条例第十一条把收购未税矿产品的单位规定为资源税的扣缴义务人,是为了加强资源税的征管。主要是适应税源小、零散、不定期开采、易漏税等税务机关认为不易控管、由扣缴义务人在收购时代扣代缴未税矿产品资源税为宜的情况。

第十四条　扣缴义务人代扣代缴的资源税,应当向收购地主管税务机关缴纳。

第十五条　跨省、自治区、直辖市开采或者生产资源税应税产品的纳税人,其下属生产单位与核算单位不在同一省、自治区、直辖市的,对其开采或者生产的应税产品,一律在开采地或者生产地纳税。实行从量计征的应税产品,其应纳税款一律由独立核算的单位按照每个开采地或者生产地的销售量及适用税率计算划拨;实行从价计征的应税产品,其应纳税款一律由独立核算的单位按照每个开采地或者生产地的销售量、单位销售价格及适用税率计算划拨。

第十六条　本细则自 2011 年 11 月 1 日起施行。

附件:1. 资源税税目税率明细表(略,详情请登录财政部网站)

　　　2. 几个主要品种的矿山资源等级表(略,详情请登录财政部网站)

饲料和饲料添加剂管理条例

(1999 年 5 月 29 日中华人民共和国国务院令第 266 号发布　根据 2001 年 11 月 29 日《国务院关于修改〈饲料和饲料添加剂管理条例〉的决定》修订　2011 年 10 月 26 日国务院第 177 次常务会议修订通过　2011 年 11 月 3 日中华人民共和国国务院令第 609 号公布　自 2012 年 5 月 1 日起施行)

第一章　总　　则

第一条　为了加强对饲料、饲料添加剂的管理,提高饲料、饲料添加剂的质量,保障动物产品质量安全,维护公众健康,制定本条例。

第二条　本条例所称饲料,是指经工业化加工、制作的供动物食用的产品,包括单一饲料、添加剂预混合饲料、浓缩饲料、配合饲料和精料补充料。

本条例所称饲料添加剂,是指在饲料加工、制作、使用过程中添加的少量或者微量物质,包括营养性饲料添加剂和一般饲料添加剂。

饲料原料目录和饲料添加剂品种目录由国务院农业行政主管部门制定并公布。

第三条　国务院农业行政主管部门负责全国饲料、饲料添加剂的监督管理工作。

县级以上地方人民政府负责饲料、饲料添加剂管理的部门(以下简称饲料管理部门),负责本行政区域饲料、饲料添加剂的监督管理工作。

第四条 县级以上地方人民政府统一领导本行政区域饲料、饲料添加剂的监督管理工作,建立健全监督管理机制,保障监督管理工作的开展。

第五条 饲料、饲料添加剂生产企业、经营者应当建立健全质量安全制度,对其生产、经营的饲料、饲料添加剂的质量安全负责。

第六条 任何组织或者个人有权举报在饲料、饲料添加剂生产、经营、使用过程中违反本条例的行为,有权对饲料、饲料添加剂监督管理工作提出意见和建议。

第二章 审定和登记

第七条 国家鼓励研制新饲料、新饲料添加剂。

研制新饲料、新饲料添加剂,应当遵循科学、安全、有效、环保的原则,保证新饲料、新饲料添加剂的质量安全。

第八条 研制的新饲料、新饲料添加剂投入生产前,研制者或者生产企业应当向国务院农业行政主管部门提出审定申请,并提供该新饲料、新饲料添加剂的样品和下列资料:

(一)名称、主要成分、理化性质、研制方法、生产工艺、质量标准、检测方法、检验报告、稳定性试验报告、环境影响报告和污染防治措施;

(二)国务院农业行政主管部门指定的试验机构出具的该新饲料、新饲料添加剂的饲喂效果、残留消解动态以及毒理学安全性评价报告。

申请新饲料添加剂审定的,还应当说明该新饲料添加剂的添加目的、使用方法,并提供该饲料添加剂残留可能对人体健康造成影响的分析评价报告。

第九条 国务院农业行政主管部门应当自受理申请之日起5个工作日内,将新饲料、新饲料添加剂的样品和申请资料交全国饲料评审委员会,对该新饲料、新饲料添加剂的安全性、有效性及其对环境的影响进行评审。

全国饲料评审委员会由养殖、饲料加工、动物营养、毒理、药理、代谢、卫生、化工合成、生物技术、质量标准、环境保护、食品安全风险评估等方面的专家组成。全国饲料评审委员会对新饲料、新饲料添加剂的评审采取评审会议的形式,评审会议应当有9名以上全国饲料评审委员会专家参加,根据需要也可以邀请1至2名全国饲料评审委员会专家以外的专家参加,参加评审的专家对评审事项具有表决权。评审会议应当形成评审意见和会议纪要,并由参加评审的专家审核签字;有不同意见的,应当注明。参加评审的专家应当依法公平、公正履行职责,对评审资料保密,存在回避事由的,应当主动回避。

全国饲料评审委员会应当自收到新饲料、新饲料添加剂的样品和申请资料之日起 9 个月内出具评审结果并提交国务院农业行政主管部门；但是，全国饲料评审委员会决定由申请人进行相关试验的，经国务院农业行政主管部门同意，评审时间可以延长 3 个月。

国务院农业行政主管部门应当自收到评审结果之日起 10 个工作日内作出是否核发新饲料、新饲料添加剂证书的决定；决定不予核发的，应当书面通知申请人并说明理由。

第十条 国务院农业行政主管部门核发新饲料、新饲料添加剂证书，应当同时按照职责权限公布该新饲料、新饲料添加剂的产品质量标准。

第十一条 新饲料、新饲料添加剂的监测期为 5 年。新饲料、新饲料添加剂处于监测期的，不受理其他就该新饲料、新饲料添加剂的生产申请和进口登记申请，但超过 3 年不投入生产的除外。

生产企业应当收集处于监测期的新饲料、新饲料添加剂的质量稳定性及其对动物产品质量安全的影响等信息，并向国务院农业行政主管部门报告；国务院农业行政主管部门应当对新饲料、新饲料添加剂的质量安全状况组织跟踪监测，证实其存在安全问题的，应当撤销新饲料、新饲料添加剂证书并予以公告。

第十二条 向中国出口中国境内尚未使用但出口国已经批准生产和使用的饲料、饲料添加剂的，应当委托中国境内代理机构向国务院农业行政主管部门申请登记，并提供该饲料、饲料添加剂的样品和下列资料：

（一）商标、标签和推广应用情况；

（二）生产地批准生产、使用的证明和生产地以外其他国家、地区的登记资料；

（三）主要成分、理化性质、研制方法、生产工艺、质量标准、检测方法、检验报告、稳定性试验报告、环境影响报告和污染防治措施；

（四）国务院农业行政主管部门指定的试验机构出具的该饲料、饲料添加剂的饲喂效果、残留消解动态以及毒理学安全性评价报告。

申请饲料添加剂进口登记的，还应当说明该饲料添加剂的添加目的、使用方法，并提供该饲料添加剂残留可能对人体健康造成影响的分析评价报告。

国务院农业行政主管部门应当依照本条例第九条规定的新饲料、新饲料添加剂的评审程序组织评审，并决定是否核发饲料、饲料添加剂进口登记证。

首次向中国出口中国境内已经使用且出口国已经批准生产和使用的饲料、饲料添加剂的，应当依照本条第一款、第二款的规定申请登记。国务院农业行政主管部门应当自受理申请之日起 10 个工作日内对申请资料进行审查;审查合格的,将样品交由指定的机构进行复核检测;复核检测合格的,国务院农业行政主管部门应当在 10 个工作日内核发饲料、饲料添加剂进口登记证。

饲料、饲料添加剂进口登记证有效期为 5 年。进口登记证有效期满需要继续向中国出口饲料、饲料添加剂的,应当在有效期届满 6 个月前申请续展。

禁止进口未取得饲料、饲料添加剂进口登记证的饲料、饲料添加剂。

第十三条 国家对已经取得新饲料、新饲料添加剂证书或者饲料、饲料添加剂进口登记证的、含有新化合物的饲料、饲料添加剂的申请人提交的其自己所取得且未披露的试验数据和其他数据实施保护。

自核发证书之日起 6 年内,对其他申请人未经已取得新饲料、新饲料添加剂证书或者饲料、饲料添加剂进口登记证的申请人同意,使用前款规定的数据申请新饲料、新饲料添加剂审定或者饲料、饲料添加剂进口登记的,国务院农业行政主管部门不予审定或者登记;但是,其他申请人提交其自己所取得的数据的除外。

除下列情形外,国务院农业行政主管部门不得披露本条第一款规定的数据:

(一)公共利益需要;

(二)已采取措施确保该类信息不会被不正当地进行商业使用。

第三章　生产、经营和使用

第十四条 设立饲料、饲料添加剂生产企业,应当符合饲料工业发展规划和产业政策,并具备下列条件:

(一)有与生产饲料、饲料添加剂相适应的厂房、设备和仓储设施;

(二)有与生产饲料、饲料添加剂相适应的专职技术人员;

(三)有必要的产品质量检验机构、人员、设施和质量管理制度;

(四)有符合国家规定的安全、卫生要求的生产环境;

(五)有符合国家环境保护要求的污染防治措施;

(六)国务院农业行政主管部门制定的饲料、饲料添加剂质量安全管理规范规定的其他条件。

第十五条 申请设立饲料添加剂、添加剂预混合饲料生产企业,申请人应当向省、自治区、直辖市人民政府饲料管理部门提出申请。省、自治区、直辖市人民政府饲料管理部门应当自受理申请之日起 20 个工作日内进行书面审查和现场审核,并将相关资料和审查、审核意见上报国务院农业行政主管部门。国务院农业行政主管部门收到资料和审查、审核意见后应当组织评审,根据评审结果在 10 个工作日内作出是否核发生产许可证的决定,并将决定抄送省、自治区、直辖市人民政府饲料管理部门。

申请设立其他饲料生产企业,申请人应当向省、自治区、直辖市人民政府饲料管理部门提出申请。省、自治区、直辖市人民政府饲料管理部门应当自受理申请之日起 10 个工作日内进行书面审查;审查合格的,组织进行现场审核,并根据审核结果在 10 个工作日内作出是否核发生产许可证的决定。

申请人凭生产许可证办理工商登记手续。

生产许可证有效期为 5 年。生产许可证有效期满需要继续生产饲料、饲料添加剂的,应当在有效期届满 6 个月前申请续展。

第十六条 饲料添加剂、添加剂预混合饲料生产企业取得国务院农业行政主管部门核发的生产许可证后,由省、自治区、直辖市人民政府饲料管理部门按照国务院农业行政主管部门的规定,核发相应的产品批准文号。

第十七条 饲料、饲料添加剂生产企业应当按照国务院农业行政主管部门的规定和有关标准,对采购的饲料原料、单一饲料、饲料添加剂、药物饲料添加剂、添加剂预混合饲料和用于饲料添加剂生产的原料进行查验或者检验。

饲料生产企业使用限制使用的饲料原料、单一饲料、饲料添加剂、药物饲料添加剂、添加剂预混合饲料生产饲料的,应当遵守国务院农业行政主管部门的限制性规定。禁止使用国务院农业行政主管部门公布的饲料原料目录、饲料添加剂品种目录和药物饲料添加剂品种目录以外的任何物质生产饲料。

饲料、饲料添加剂生产企业应当如实记录采购的饲料原料、单一饲料、饲料添加剂、药物饲料添加剂、添加剂预混合饲料和用于饲料添加剂生产的原料的名称、产地、数量、保质期、许可证明文件编号、质量检验信息、生产企业名称或者供货者名称及其联系方式、进货日期等。记录保存期限不得少于 2 年。

第十八条 饲料、饲料添加剂生产企业,应当按照产品质量标准以及国务院农业行政主管部门制定的饲料、饲料添加剂质量安全管理规范和饲料添加剂安全使用规范组织生产,对生产过程实施有效控制并实行生产记录和产品留样观察制度。

第十九条 饲料、饲料添加剂生产企业应当对生产的饲料、饲料添加剂进行产品质量检验;检验合格的,应当附具产品质量检验合格证。未经产品质量检验、检验不合格或者未附具产品质量检验合格证的,不得出厂销售。

饲料、饲料添加剂生产企业应当如实记录出厂销售的饲料、饲料添加剂的名称、数量、生产日期、生产批次、质量检验信息、购货者名称及其联系方式、销售日期等。记录保存期限不得少于 2 年。

第二十条 出厂销售的饲料、饲料添加剂应当包装,包装应当符合国家有关安全、卫生的规定。

饲料生产企业直接销售给养殖者的饲料可以使用罐装车运输。罐装车应当符合国家有关安全、卫生的规定,并随罐装车附具符合本条例第二十一条规定的标签。

易燃或者其他特殊的饲料、饲料添加剂的包装应当有警示标志或者说明,并注明储运注意事项。

第二十一条 饲料、饲料添加剂的包装上应当附具标签。标签应当以中文或者适用符号标明产品名称、原料组成、产品成分分析保证值、净重或者净含量、贮存条件、使用说明、注意事项、生产日期、保质期、生产企业名称以及地址、许可证明文件编号和产品质量标准等。加入药物饲料添加剂的,还应当标明"加入药物饲料添加剂"字样,并标明其通用名称、含量和休药期。乳和乳制品以外的动物源性饲料,还应当标明"本产品不得饲喂反刍动物"字样。

第二十二条 饲料、饲料添加剂经营者应当符合下列条件:

(一)有与经营饲料、饲料添加剂相适应的经营场所和仓储设施;

(二)有具备饲料、饲料添加剂使用、贮存等知识的技术人员;

(三)有必要的产品质量管理和安全管理制度。

第二十三条 饲料、饲料添加剂经营者进货时应当查验产品标签、产品质量检验合格证和相应的许可证明文件。

饲料、饲料添加剂经营者不得对饲料、饲料添加剂进行拆包、分装,不得对饲料、饲料添加剂进行再加工或者添加任何物质。

禁止经营用国务院农业行政主管部门公布的饲料原料目录、饲料添加剂品种目录和药物饲料添加剂品种目录以外的任何物质生产的饲料。

饲料、饲料添加剂经营者应当建立产品购销台账,如实记录购销产品的名称、许可证明文件编号、规格、数量、保质期、生产企业名称或者供货者名称及其联系方式、购销时间等。购销台账保存期限不得少于 2 年。

第二十四条 向中国出口的饲料、饲料添加剂应当包装,包装应当符合中国有关安全、卫生的规定,并附具符合本条例第二十一条规定的标签。

向中国出口的饲料、饲料添加剂应当符合中国有关检验检疫的要求,由出入境检验检疫机构依法实施检验检疫,并对其包装和标签进行核查。包装和标签不符合要求的,不得入境。

境外企业不得直接在中国销售饲料、饲料添加剂。境外企业在中国销售饲料、饲料添加剂的，应当依法在中国境内设立销售机构或者委托符合条件的中国境内代理机构销售。

第二十五条 养殖者应当按照产品使用说明和注意事项使用饲料。在饲料或者动物饮用水中添加饲料添加剂的，应当符合饲料添加剂使用说明和注意事项的要求，遵守国务院农业行政主管部门制定的饲料添加剂安全使用规范。

养殖者使用自行配制的饲料的，应当遵守国务院农业行政主管部门制定的自行配制饲料使用规范，并不得对外提供自行配制的饲料。

使用限制使用的物质养殖动物的，应当遵守国务院农业行政主管部门的限制性规定。禁止在饲料、动物饮用水中添加国务院农业行政主管部门公布禁用的物质以及对人体具有直接或者潜在危害的其他物质，或者直接使用上述物质养殖动物。禁止在反刍动物饲料中添加乳和乳制品以外的动物源性成分。

第二十六条 国务院农业行政主管部门和县级以上地方人民政府饲料管理部门应当加强饲料、饲料添加剂质量安全知识的宣传，提高养殖者的质量安全意识，指导养殖者安全、合理使用饲料、饲料添加剂。

第二十七条 饲料、饲料添加剂在使用过程中被证实对养殖动物、人体健康或者环境有害的，由国务院农业行政主管部门决定禁用并予以公布。

第二十八条 饲料、饲料添加剂生产企业发现其生产的饲料、饲料添加剂对养殖动物、人体健康有害或者存在其他安全隐患的，应当立即停止生产，通知经营者、使用者，向饲料管理部门报告，主动召回产品，并记录召回和通知情况。召回的产品应当在饲料管理部门监督下予以无害化处理或者销毁。

饲料、饲料添加剂经营者发现其销售的饲料、饲料添加剂具有前款规定情形的，应当立即停止销售，通知生产企业、供货者和使用者，向饲料管理部门报告，并记录通知情况。

养殖者发现其使用的饲料、饲料添加剂具有本条第一款规定情形的，应当立即停止使用，通知供货者，并向饲料管理部门报告。

第二十九条 禁止生产、经营、使用未取得新饲料、新饲料添加剂证书的新饲料、新饲料添加剂以及禁用的饲料、饲料添加剂。

禁止经营、使用无产品标签、无生产许可证、无产品质量标准、无产品质量检验合格证的饲料、饲料添加剂。禁止经营、使用无产品批准文号的饲料添加剂、添加剂预混合饲料。禁止经营、使用未取得饲料、饲料添加剂进口登记证的进口饲料、进口饲料添加剂。

第三十条　禁止对饲料、饲料添加剂作具有预防或者治疗动物疾病作用的说明或者宣传。但是,饲料中添加药物饲料添加剂的,可以对所添加的药物饲料添加剂的作用加以说明。

第三十一条　国务院农业行政主管部门和省、自治区、直辖市人民政府饲料管理部门应当按照职责权限对全国或者本行政区域饲料、饲料添加剂的质量安全状况进行监测,并根据监测情况发布饲料、饲料添加剂质量安全预警信息。

第三十二条　国务院农业行政主管部门和县级以上地方人民政府饲料管理部门,应当根据需要定期或者不定期组织实施饲料、饲料添加剂监督抽查;饲料、饲料添加剂监督抽查检测工作由国务院农业行政主管部门或者省、自治区、直辖市人民政府饲料管理部门指定的具有相应技术条件的机构承担。饲料、饲料添加剂监督抽查不得收费。

国务院农业行政主管部门和省、自治区、直辖市人民政府饲料管理部门应当按照职责权限公布监督抽查结果,并可以公布具有不良记录的饲料、饲料添加剂生产企业、经营者名单。

第三十三条　县级以上地方人民政府饲料管理部门应当建立饲料、饲料添加剂监督管理档案,记录日常监督检查、违法行为查处等情况。

第三十四条　国务院农业行政主管部门和县级以上地方人民政府饲料管理部门在监督检查中可以采取下列措施:

(一)对饲料、饲料添加剂生产、经营、使用场所实施现场检查;

(二)查阅、复制有关合同、票据、账簿和其他相关资料;

(三)查封、扣押有证据证明用于违法生产饲料的饲料原料、单一饲料、饲料添加剂、药物饲料添加剂、添加剂预混合饲料,用于违法生产饲料添加剂的原料,用于违法生产饲料、饲料添加剂的工具、设施,违法生产、经营、使用的饲料、饲料添加剂;

(四)查封违法生产、经营饲料、饲料添加剂的场所。

第四章　法律责任

第三十五条　国务院农业行政主管部门、县级以上地方人民政府饲料管理部门或者其他依照本条例规定行使监督管理权的部门及其工作人员,不履行本条例规定的职责或者滥用职权、玩忽职守、徇私舞弊的,对直接负责的主管人员和其他直接责任人员,依法给予处分;直接负责的主管人员和其他直接责任人员构成犯罪的,依法追究刑事责任。

第三十六条　提供虚假的资料、样品或者采取其他欺骗方式取得许可证明文件的,由发证机关撤销相关许可证明文件,处 5 万元以上 10 万元以下罚款,申请人 3 年内不得就同一事项申请行政许可。以欺骗方式取得许可证明文件给他人造成损失的,依法承担赔偿责任。

第三十七条　假冒、伪造或者买卖许可证明文件的,由国务院农业行政主管部门或者县级以上地方人民政府饲料管理部门按照职责权限收缴或者吊销、撤销相关许可证明文件;构成犯罪的,依法追究刑事责任。

第三十八条　未取得生产许可证生产饲料、饲料添加剂的,由县级以上地方人民政府饲料管理部门责令停止生产,没收违法所得、违法生产的产品和用于违法生产饲料的饲料原料、单一饲料、饲料添加剂、药物饲料添加剂、添加剂预混合饲料以及用于违法生产饲料添加剂的原料,违法生产的产品货值金额不足 1 万元的,并处 1 万元以上 5 万元以下罚款,货值金额 1 万元以上的,并处货值金额 5 倍以上 10 倍以下罚款;情节严重的,没收其生产设备,生产企业的主要负责人和直接负责的主管人员 10 年内不得从事饲料、饲料添加剂生产、经营活动。

已经取得生产许可证,但不再具备本条例第十四条规定的条件而继续生产饲料、饲料添加剂的,由县级以上地方人民政府饲料管理部门责令停止生产、限期改正,并处 1 万元以上 5 万元以下罚款;逾期不改正的,由发证机关吊销生产许可证。

已经取得生产许可证,但未取得产品批准文号而生产饲料添加剂、添加剂预混合饲料的,由县级以上地方人民政府饲料管理部门责令停止生产,没收违法所得、违法生产的产品和用于违法生产饲料的饲料原料、单一饲料、饲料添加剂、药物饲料添加剂以及用于违法生产饲料添加剂的原料,限期补办产品批准文号,并处违法生产的产品货值金额 1 倍以上 3 倍以下罚款;情节严重的,由发证机关吊销生产许可证。

第三十九条　饲料、饲料添加剂生产企业有下列行为之一的,由县级以上地方人民政府饲料管理部门责令改正,没收违法所得、违法生产的产品和用于违法生产饲料的饲料原料、单一饲料、饲料添加剂、药物饲料添加剂、添加剂预混合饲料以及用于违法生产饲料添加剂的原料,违法生产的产品货值金额不足 1 万元的,并处 1 万元以上 5 万元以下罚款,货值金额 1 万元以上的,并处货值金额 5 倍以上 10 倍以下罚款;情节严重的,由发证机关吊销、撤销相关许可证明文件,生产企业的主要负责人和直接负责的主管人员 10 年内不得从事饲料、饲料添加剂生产、经营活动;构成犯罪的,依法追究刑事责任:

(一)使用限制使用的饲料原料、单一饲料、饲料添加剂、药物饲料添加剂、添加剂预混合饲料生产饲料,不遵守国务院农业行政主管部门的限制性规定的;

（二）使用国务院农业行政主管部门公布的饲料原料目录、饲料添加剂品种目录和药物饲料添加剂品种目录以外的物质生产饲料的；

（三）生产未取得新饲料、新饲料添加剂证书的新饲料、新饲料添加剂或者禁用的饲料、饲料添加剂的。

第四十条　饲料、饲料添加剂生产企业有下列行为之一的，由县级以上地方人民政府饲料管理部门责令改正，处1万元以上2万元以下罚款；拒不改正的，没收违法所得、违法生产的产品和用于违法生产饲料的饲料原料、单一饲料、饲料添加剂、药物饲料添加剂、添加剂预混合饲料以及用于违法生产饲料添加剂的原料，并处5万元以上10万元以下罚款；情节严重的，责令停止生产，可以由发证机关吊销、撤销相关许可证明文件：

（一）不按照国务院农业行政主管部门的规定和有关标准对采购的饲料原料、单一饲料、饲料添加剂、药物饲料添加剂、添加剂预混合饲料和用于饲料添加剂生产的原料进行查验或者检验的；

（二）饲料、饲料添加剂生产过程中不遵守国务院农业行政主管部门制定的饲料、饲料添加剂质量安全管理规范和饲料添加剂安全使用规范的；

（三）生产的饲料、饲料添加剂未经产品质量检验的。

第四十一条　饲料、饲料添加剂生产企业不依照本条例规定实行采购、生产、销售记录制度或者产品留样观察制度的，由县级以上地方人民政府饲料管理部门责令改正，处1万元以上2万元以下罚款；拒不改正的，没收违法所得、违法生产的产品和用于违法生产饲料的饲料原料、单一饲料、饲料添加剂、药物饲料添加剂、添加剂预混合饲料以及用于违法生产饲料添加剂的原料，处2万元以上5万元以下罚款，并可以由发证机关吊销、撤销相关许可证明文件。

饲料、饲料添加剂生产企业销售的饲料、饲料添加剂未附具产品质量检验合格证或者包装、标签不符合规定的，由县级以上地方人民政府饲料管理部门责令改正；情节严重的，没收违法所得和违法销售的产品，可以处违法销售的产品货值金额30%以下罚款。

第四十二条　不符合本条例第二十二条规定的条件经营饲料、饲料添加剂的，由县级人民政府饲料管理部门责令限期改正；逾期不改正的，没收违法所得和违法经营的产品，违法经营的产品货值金额不足1万元的，并处2000元以上2万元以下罚款，货值金额1万元以上的，并处货值金额2倍以上5倍以下罚款；情节严重的，责令停止经营，并通知工商行政管理部门，由工商行政管理部门吊销营业执照。

第四十三条　饲料、饲料添加剂经营者有下列行为之一的，由县级人民政府饲料管理部门责令改正，没收违法所得和违法经营的产品，违法经营的产品货值金额不足 1 万元的,并处 2000 元以上 2 万元以下罚款,货值金额 1 万元以上的,并处货值金额 2 倍以上 5 倍以下罚款;情节严重的,责令停止经营,并通知工商行政管理部门,由工商行政管理部门吊销营业执照;构成犯罪的,依法追究刑事责任:

(一)对饲料、饲料添加剂进行再加工或者添加物质的;

(二)经营无产品标签、无生产许可证、无产品质量检验合格证的饲料、饲料添加剂的;

(三)经营无产品批准文号的饲料添加剂、添加剂预混合饲料的;

(四)经营用国务院农业行政主管部门公布的饲料原料目录、饲料添加剂品种目录和药物饲料添加剂品种目录以外的物质生产的饲料的;

(五)经营未取得新饲料、新饲料添加剂证书的新饲料、新饲料添加剂或者未取得饲料、饲料添加剂进口登记证的进口饲料、进口饲料添加剂以及禁用的饲料、饲料添加剂的。

第四十四条 饲料、饲料添加剂经营者有下列行为之一的,由县级人民政府饲料管理部门责令改正,没收违法所得和违法经营的产品,并处 2000 元以上 1 万元以下罚款:

(一)对饲料、饲料添加剂进行拆包、分装的;

(二)不依照本条例规定实行产品购销台账制度的;

(三)经营的饲料、饲料添加剂失效、霉变或者超过保质期的。

第四十五条 对本条例第二十八条规定的饲料、饲料添加剂,生产企业不主动召回的,由县级以上地方人民政府饲料管理部门责令召回,并监督生产企业对召回的产品予以无害化处理或者销毁;情节严重的,没收违法所得,并处应召回的产品货值金额 1 倍以上 3 倍以下罚款,可以由发证机关吊销、撤销相关许可证明文件;生产企业对召回的产品不予以无害化处理或者销毁的,由县级人民政府饲料管理部门代为销毁,所需费用由生产企业承担。

对本条例第二十八条规定的饲料、饲料添加剂,经营者不停止销售的,由县级以上地方人民政府饲料管理部门责令停止销售;拒不停止销售的,没收违法所得,处 1000 元以上 5 万元以下罚款;情节严重的,责令停止经营,并通知工商行政管理部门,由工商行政管理部门吊销营业执照。

第四十六条 饲料、饲料添加剂生产企业、经营者有下列行为之一的,由县级以上地方人民政府饲料管理部门责令停止生产、经营,没收违法所得和违法生产、经营的产品,违法生产、经营的产品货值金额不足 1 万元的,并处 2000 元以上 2 万元以下罚款,货值金额 1 万元以上的,并处货值金额 2 倍以上 5 倍以下罚款;构成犯罪的,依法追究刑事责任:

（一）在生产、经营过程中，以非饲料、非饲料添加剂冒充饲料、饲料添加剂或者以此种饲料、饲料添加剂冒充他种饲料、饲料添加剂的；

（二）生产、经营无产品质量标准或者不符合产品质量标准的饲料、饲料添加剂的；

（三）生产、经营的饲料、饲料添加剂与标签标示的内容不一致的。

饲料、饲料添加剂生产企业有前款规定的行为，情节严重的，由发证机关吊销、撤销相关许可证明文件；饲料、饲料添加剂经营者有前款规定的行为，情节严重的，通知工商行政管理部门，由工商行政管理部门吊销营业执照。

第四十七条 养殖者有下列行为之一的，由县级人民政府饲料管理部门没收违法使用的产品和非法添加物质，对单位处 1 万元以上 5 万元以下罚款，对个人处 5000 元以下罚款；构成犯罪的，依法追究刑事责任：

（一）使用未取得新饲料、新饲料添加剂证书的新饲料、新饲料添加剂或者未取得饲料、饲料添加剂进口登记证的进口饲料、进口饲料添加剂的；

（二）使用无产品标签、无生产许可证、无产品质量标准、无产品质量检验合格证的饲料、饲料添加剂的；

（三）使用无产品批准文号的饲料添加剂、添加剂预混合饲料的；

（四）在饲料或者动物饮用水中添加饲料添加剂，不遵守国务院农业行政主管部门制定的饲料添加剂安全使用规范的；

（五）使用自行配制的饲料，不遵守国务院农业行政主管部门制定的自行配制饲料使用规范的；

（六）使用限制使用的物质养殖动物，不遵守国务院农业行政主管部门的限制性规定的；

（七）在反刍动物饲料中添加乳和乳制品以外的动物源性成分的。

在饲料或者动物饮用水中添加国务院农业行政主管部门公布禁用的物质以及对人体具有直接或者潜在危害的其他物质，或者直接使用上述物质养殖动物的，由县级以上地方人民政府饲料管理部门责令其对饲喂了违禁物质的动物进行无害化处理，处 3 万元以上 10 万元以下罚款；构成犯罪的，依法追究刑事责任。

第四十八条 养殖者对外提供自行配制的饲料的，由县级人民政府饲料管理部门责令改正，处 2000 元以上 2 万元以下罚款。

第五章 附　则

第四十九条 本条例下列用语的含义：

（一）饲料原料，是指来源于动物、植物、微生物或者矿物质，用于加工制作饲料但不属于饲料添加剂的饲用物质。

（二）单一饲料，是指来源于一种动物、植物、微生物或者矿物质，用于饲料产品生产的饲料。

（三）添加剂预混合饲料，是指由两种（类）或者两种（类）以上营养性饲料添加剂为主，与载体或者稀释剂按照一定比例配制的饲料，包括复合预混合饲料、微量元素预混合饲料、维生素预混合饲料。

（四）浓缩饲料，是指主要由蛋白质、矿物质和饲料添加剂按照一定比例配制的饲料。

（五）配合饲料，是指根据养殖动物营养需要，将多种饲料原料和饲料添加剂按照一定比例配制的饲料。

（六）精料补充料，是指为补充草食动物的营养，将多种饲料原料和饲料添加剂按照一定比例配制的饲料。

（七）营养性饲料添加剂，是指为补充饲料营养成分而掺入饲料中的少量或者微量物质，包括饲料级氨基酸、维生素、矿物质微量元素、酶制剂、非蛋白氮等。

（八）一般饲料添加剂，是指为保证或者改善饲料品质、提高饲料利用率而掺入饲料中的少量或者微量物质。

（九）药物饲料添加剂，是指为预防、治疗动物疾病而掺入载体或者稀释剂的兽药的预混合物质。

（十）许可证明文件，是指新饲料、新饲料添加剂证书，饲料、饲料添加剂进口登记证，饲料、饲料添加剂生产许可证，饲料添加剂、添加剂预混合饲料产品批准文号。

第五十条 药物饲料添加剂的管理，依照《兽药管理条例》的规定执行。

第五十一条 本条例自 2012 年 5 月 1 日起施行。

中华人民共和国船舶吨税暂行条例

（2011 年 11 月 23 日国务院第 182 次常务会议通过 2011 年 12 月 5 日中华人民共和国国务院令第 610 号公布 自 2012 年 1 月 1 日起施行）

第一条 自中华人民共和国境外港口进入境内港口的船舶（以下称应税船舶），应当依照本条例缴纳船舶吨税（以下简称吨税）。

第二条 吨税的税目、税率依照本条例所附的《吨税税目税率表》执行。

《吨税税目税率表》的调整,由国务院决定。

第三条　吨税设置优惠税率和普通税率。

中华人民共和国籍的应税船舶,船籍国(地区)与中华人民共和国签订含有相互给予船舶税费最惠国待遇条款的条约或者协定的应税船舶,适用优惠税率。

其他应税船舶,适用普通税率。

第四条　吨税按照船舶净吨位和吨税执照期限征收。

应税船舶负责人在每次申报纳税时,可以按照《吨税税目税率表》选择申领一种期限的吨税执照。

第五条　吨税的应纳税额按照船舶净吨位乘以适用税率计算。

第六条　吨税由海关负责征收。海关征收吨税应当制发缴款凭证。

应税船舶负责人缴纳吨税或者提供担保后,海关按照其申领的执照期限填发吨税执照。

第七条　应税船舶在进入港口办理入境手续时,应当向海关申报纳税领取吨税执照,或者交验吨税执照。应税船舶在离开港口办理出境手续时,应当交验吨税执照。

应税船舶负责人申领吨税执照时,应当向海关提供下列文件:

(一)船舶国籍证书或者海事部门签发的船舶国籍证书收存证明;

(二)船舶吨位证明。

第八条　吨税纳税义务发生时间为应税船舶进入港口的当日。

应税船舶在吨税执照期满后尚未离开港口的,应当申领新的吨税执照,自上一次执照期满的次日起续缴吨税。

第九条　下列船舶免征吨税:

(一)应纳税额在人民币50元以下的船舶;

(二)自境外以购买、受赠、继承等方式取得船舶所有权的初次进口到港的空载船舶;

(三)吨税执照期满后24小时内不上下客货的船舶;

(四)非机动船舶(不包括非机动驳船);

(五)捕捞、养殖渔船;

(六)避难、防疫隔离、修理、终止运营或者拆解,并不上下客货的船舶;

(七)军队、武装警察部队专用或者征用的船舶;

(八)依照法律规定应当予以免税的外国驻华使领馆、国际组织驻华代表机构及其有关人员的船舶;

(九)国务院规定的其他船舶。

第十条　在吨税执照期限内,应税船舶发生下列情形之一的,海关按照

实际发生的天数批注延长吨税执照期限:

（一）避难、防疫隔离、修理,并不上下客货;

（二）军队、武装警察部队征用。

应税船舶因不可抗力在未设立海关地点停泊的,船舶负责人应当立即向附近海关报告,并在不可抗力原因消除后,依照本条例规定向海关申报纳税。

第十一条 符合本条例第九条第五项至第八、第十条规定的船舶,应当提供海事部门、渔业船舶管理部门或者卫生检疫部门等部门、机构出具的具有法律效力的证明文件或者使用关系证明文件,申明免税或者延长吨税执照期限的依据和理由。

第十二条 应税船舶负责人应当自海关填发吨税缴款凭证之日起 15 日内向指定银行缴清税款。未按期缴清税款的,自滞纳税款之日起,按日加收滞纳税款 0.5‰的滞纳金。

第十三条 应税船舶到达港口前,经海关核准先行申报并办结出入境手续的,应税船舶负责人应当向海关提供与其依法履行吨税缴纳义务相适应的担保;应税船舶到达港口后,依照本条例规定向海关申报纳税。

下列财产、权利可以用于担保:

（一）人民币、可自由兑换货币;

（二）汇票、本票、支票、债券、存单;

（三）银行、非银行金融机构的保函;

（四）海关依法认可的其他财产、权利。

第十四条 应税船舶在吨税执照期限内,因修理导致净吨位变化的,吨税执照继续有效。应税船舶办理出入境手续时,应当提供船舶经过修理的证明文件。

第十五条 应税船舶在吨税执照期限内,因税目税率调整或者船籍改变而导致适用税率变化的,吨税执照继续有效。

因船籍改变而导致适用税率变化的,应税船舶在办理出入境手续时,应当提供船籍改变的证明文件。

第十六条 吨税执照在期满前毁损或者遗失的,应当向原发照海关书面申请核发吨税执照副本,不再补税。

第十七条 海关发现少征或者漏征税款的,应当自应税船舶应当缴纳税款之日起 1 年内,补征税款。但因应税船舶违反规定造成少征或者漏征税款的,海关可以自应当缴纳税款之日起 3 年内追征税款,并自应当缴纳税款之日起按日加征少征或者漏征税款 0.5‰的滞纳金。

海关发现多征税款的,应当立即通知应税船舶办理退还手续,并加算银行同期活期存款利息。

应税船舶发现多缴税款的,可以自缴纳税款之日起 1 年内以书面形式要求海关退还多缴的税款并加算银行同期活期存款利息;海关应当自受理退税申请之日起 30 日内查实并通知应税船舶办理退还手续。

应税船舶应当自收到本条第二款、第三款规定的通知之日起 3 个月内办理有关退还手续。

第十八条 应税船舶有下列行为之一的,由海关责令限期改正,处 2000 元以上 3 万元以下罚款;不缴或者少缴应纳税款的,处不缴或者少缴税款 50% 以上 5 倍以下的罚款,但罚款不得低于 2000 元:

(一)未按照规定申报纳税、领取吨税执照的;

(二)未按照规定交验吨税执照及其他证明文件的。

第十九条 吨税税款、滞纳金、罚款以人民币计算。

第二十条 本条例下列用语的含义:

净吨位,是指由船籍国(地区)政府授权签发的船舶吨位证明书上标明的净吨位。

非机动船舶,是指自身没有动力装置,依靠外力驱动的船舶。

非机动驳船,是指在船舶管理部门登记为驳船的非机动船舶。

捕捞、养殖渔船,是指在中华人民共和国渔业船舶管理部门登记为捕捞船或者养殖船的船舶。

拖船,是指专门用于拖(推)动运输船舶的专业作业船舶。拖船按照发动机功率每 1 千瓦折合净吨位 0.67 吨。

吨税执照期限,是指按照公历年、日计算的期间。

第二十一条 本条例自 2012 年 1 月 1 日起施行。1952 年 9 月 16 日政务院财政经济委员会批准、1952 年 9 月 29 日海关总署发布的《中华人民共和国海关船舶吨税暂行办法》同时废止。

附:

吨税税目税率表

税　目 （按船舶净吨位划分）	税　率（元/净吨）						备　注
	普通税率 （按执照期限划分）			优惠税率 （按执照期限划分）			
	1 年	90 日	30 日	1 年	90 日	30 日	
不超过 2000 净吨	12.6	4.2	2.1	9.0	3.0	1.5	
超过 2000 净吨,但不超过 10000 净吨	24.0	8.0	4.0	17.4	5.8	2.9	拖船和非机动驳船分别按相同净吨位船舶税率的50%计征税款
超过 10000 净吨,但不超过 50000 净吨	27.6	9.2	4.6	19.8	6.6	3.3	
50000 净吨	31.8	10.6	5.3	22.8	7.6	3.8	

中华人民共和国车船税法实施条例

（2011 年 11 月 23 日国务院第 182 次常务会议通过　2011 年 12 月 5 日中华人民共和国国务院令第 611 号公布　自 2012 年 1 月 1 日起施行）

第一条　根据《中华人民共和国车船税法》（以下简称车船税法）的规定,制定本条例。

第二条　车船税法第一条所称车辆、船舶,是指:

（一）依法应当在车船登记管理部门登记的机动车辆和船舶;

（二）依法不需要在车船登记管理部门登记的在单位内部场所行驶或者作业的机动车辆和船舶。

第三条　省、自治区、直辖市人民政府根据车船税法所附《车船税税目税额表》确定车辆具体适用税额,应当遵循以下原则:

（一）乘用车依排气量从小到大递增税额;

（二）客车按照核定载客人数 20 人以下和 20 人（含）以上两档划分，递增税额。

省、自治区、直辖市人民政府确定的车辆具体适用税额，应当报国务院备案。

第四条 机动船舶具体适用税额为：

（一）净吨位不超过 200 吨的，每吨 3 元；

（二）净吨位超过 200 吨但不超过 2000 吨的，每吨 4 元；

（三）净吨位超过 2000 吨但不超过 10000 吨的，每吨 5 元；

（四）净吨位超过 10000 吨的，每吨 6 元。

拖船按照发动机功率每 1 千瓦折合净吨位 0.67 吨计算征收车船税。

第五条 游艇具体适用税额为：

（一）艇身长度不超过 10 米的，每米 600 元；

（二）艇身长度超过 10 米但不超过 18 米的，每米 900 元；

（三）艇身长度超过 18 米但不超过 30 米的，每米 1300 元；

（四）艇身长度超过 30 米的，每米 2000 元；

（五）辅助动力帆艇，每米 600 元。

第六条 车船税法和本条例所涉及的排气量、整备质量、核定载客人数、净吨位、千瓦、艇身长度，以车船登记管理部门核发的车船登记证书或者行驶证所载数据为准。

依法不需要办理登记的车船和依法应当登记而未办理登记或者不能提供车船登记证书、行驶证的车船，以车船出厂合格证明或者进口凭证标注的技术参数、数据为准；不能提供车船出厂合格证明或者进口凭证的，由主管税务机关参照国家相关标准核定，没有国家相关标准的参照同类车船核定。

第七条 车船税法第三条第一项所称的捕捞、养殖渔船，是指在渔业船舶登记管理部门登记为捕捞船或者养殖船的船舶。

第八条 车船税法第三条第二项所称的军队、武装警察部队专用的车船，是指按照规定在军队、武装警察部队车船登记管理部门登记，并领取军队、武警牌照的车船。

第九条 车船税法第三条第三项所称的警用车船，是指公安机关、国家安全机关、监狱、劳动教养管理机关和人民法院、人民检察院领取警用牌照的车辆和执行警务的专用船舶。

第十条 节约能源、使用新能源的车船可以免征或者减半征收车船税。免征或者减半征收车船税的车船的范围，由国务院财政、税务主管部门商国务院有关部门制订，报国务院批准。

对受地震、洪涝等严重自然灾害影响纳税困难以及其他特殊原因确需减免税的车船,可以在一定期限内减征或者免征车船税。具体减免期限和数额由省、自治区、直辖市人民政府确定,报国务院备案。

第十一条　车船税由地方税务机关负责征收。

第十二条　机动车车船税扣缴义务人在代收车船税时,应当在机动车交通事故责任强制保险的保险单以及保费发票上注明已收税款的信息,作为代收税款凭证。

第十三条　已完税或者依法减免税的车辆,纳税人应当向扣缴义务人提供登记地的主管税务机关出具的完税凭证或者减免税证明。

第十四条　纳税人没有按照规定期限缴纳车船税的,扣缴义务人在代收代缴税款时,可以一并代收代缴欠缴税款的滞纳金。

第十五条　扣缴义务人已代收代缴车船税的,纳税人不再向车辆登记地的主管税务机关申报缴纳车船税。

没有扣缴义务人的,纳税人应当向主管税务机关自行申报缴纳车船税。

第十六条　纳税人缴纳车船税时,应当提供反映排气量、整备质量、核定载客人数、净吨位、千瓦、艇身长度等与纳税相关信息的相应凭证以及税务机关根据实际需要要求提供的其他资料。

纳税人以前年度已经提供前款所列资料信息的,可以不再提供。

第十七条　车辆车船税的纳税人按照纳税地点所在的省、自治区、直辖市人民政府确定的具体适用税额缴纳车船税。

第十八条　扣缴义务人应当及时解缴代收代缴的税款和滞纳金,并向主管税务机关申报。扣缴义务人向税务机关解缴税款和滞纳金时,应当同时报送明细的税款和滞纳金扣缴报告。扣缴义务人解缴税款和滞纳金的具体期限,由省、自治区、直辖市地方税务机关依照法律、行政法规的规定确定。

第十九条　购置的新车船,购置当年的应纳税额自纳税义务发生的当月起按月计算。应纳税额为年应纳税额除以 12 再乘以应纳税月份数。

在一个纳税年度内,已完税的车船被盗抢、报废、灭失的,纳税人可以凭有关管理机关出具的证明和完税凭证,向纳税所在地的主管税务机关申请退还自被盗抢、报废、灭失月份起至该纳税年度终了期间的税款。

已办理退税的被盗抢车船失而复得的,纳税人应当从公安机关出具相关证明的当月起计算缴纳车船税。

第二十条　已缴纳车船税的车船在同一纳税年度内办理转让过户的,不另纳税,也不退税。

第二十一条　车船税法第八条所称取得车船所有权或者管理权的当月,应当以购买车船的发票或者其他证明文件所载日期的当月为准。

第二十二条　税务机关可以在车船登记管理部门、车船检验机构的办公场所集中办理车船税征收事宜。

公安机关交通管理部门在办理车辆相关登记和定期检验手续时，经核查，对没有提供依法纳税或者免税证明的，不予办理相关手续。

第二十三条　车船税按年申报，分月计算，一次性缴纳。纳税年度为公历1月1日至12月31日。

第二十四条　临时入境的外国车船和香港特别行政区、澳门特别行政区、台湾地区的车船，不征收车船税。

第二十五条　按照规定缴纳船舶吨税的机动船舶，自车船税法实施之日起5年内免征车船税。

依法不需要在车船登记管理部门登记的机场、港口、铁路站场内部行驶或者作业的车船，自车船税法实施之日起5年内免征车船税。

第二十六条　车船税法所附《车船税税目税额表》中车辆、船舶的含义如下：

乘用车，是指在设计和技术特性上主要用于载运乘客及随身行李，核定载客人数包括驾驶员在内不超过9人的汽车。

商用车，是指除乘用车外，在设计和技术特性上用于载运乘客、货物的汽车，划分为客车和货车。

半挂牵引车，是指装备有特殊装置用于牵引半挂车的商用车。

三轮汽车，是指最高设计车速不超过每小时50公里，具有三个车轮的货车。

低速载货汽车，是指以柴油机为动力，最高设计车速不超过每小时70公里，具有四个车轮的货车。

挂车，是指就其设计和技术特性需由汽车或者拖拉机牵引，才能正常使用的一种无动力的道路车辆。

专用作业车，是指在其设计和技术特性上用于特殊工作的车辆。

轮式专用机械车，是指有特殊结构和专门功能，装有橡胶车轮可以自行行驶，最高设计车速大于每小时20公里的轮式工程机械车。

摩托车，是指无论采用何种驱动方式，最高设计车速大于每小时50公里，或者使用内燃机，其排量大于50毫升的两轮或者三轮车辆。

船舶，是指各类机动、非机动船舶以及其他水上移动装置，但是船舶上装备的救生艇筏和长度小于5米的艇筏除外。其中，机动船舶是指用机器推进的船舶；拖船是指专门用于拖(推)动运输船舶的专业作业船舶；非机动驳船，是指在船舶登记管理部门登记为驳船的非机动船舶；游艇是指具备内置机械推进动力装置，长度在90米以下，主要用于游览观光、休闲娱乐、水上体育运动等活动,并应当具有船舶检验证书和适航证书的船舶。

第二十七条 本条例自 2012 年 1 月 1 日起施行。

中华人民共和国招标投标法实施条例

(2011 年 11 月 30 日国务院第 183 次常务会议通
过 2011 年 12 月 20 日中华人民共和国国务院令
第 613 号公布 自 2012 年 2 月 1 日起施行)

第一章 总 则

第一条 为了规范招标投标活动,根据《中华人民共和国招标投标法》
(以下简称招标投标法),制定本条例。

第二条 招标投标法第三条所称工程建设项目,是指工程以及与工程
建设有关的货物、服务。

前款所称工程,是指建设工程,包括建筑物和构筑物的新建、改建、扩建
及其相关的装修、拆除、修缮等;所称与工程建设有关的货物,是指构成工程
不可分割的组成部分,且为实现工程基本功能所必需的设备、材料等;所称
与工程建设有关的服务,是指为完成工程所需的勘察、设计、监理等服务。

第三条 依法必须进行招标的工程建设项目的具体范围和规模标准,
由国务院发展改革部门会同国务院有关部门制订,报国务院批准后公布
施行。

第四条 国务院发展改革部门指导和协调全国招标投标工作,对国家
重大建设项目的工程招标投标活动实施监督检查。国务院工业和信息化、
住房城乡建设、交通运输、铁道、水利、商务等部门,按照规定的职责分工对
有关招标投标活动实施监督。

县级以上地方人民政府发展改革部门指导和协调本行政区域的招标投
标工作。县级以上地方人民政府有关部门按照规定的职责分工,对招标投
标活动实施监督,依法查处招标投标活动中的违法行为。县级以上地方人
民政府对其所属部门有关招标投标活动的监督职责分工另有规定的,从其
规定。

财政部门依法对实行招标投标的政府采购工程建设项目的预算执行情
况和政府采购政策执行情况实施监督。

监察机关依法对与招标投标活动有关的监察对象实施监察。

第五条 设区的市级以上地方人民政府可以根据实际需要,建立统一规范的招标投标交易场所,为招标投标活动提供服务。招标投标交易场所不得与行政监督部门存在隶属关系,不得以营利为目的。

国家鼓励利用信息网络进行电子招标投标。

第六条 禁止国家工作人员以任何方式非法干涉招标投标活动。

第二章 招 标

第七条 按照国家有关规定需要履行项目审批、核准手续的依法必须进行招标的项目,其招标范围、招标方式、招标组织形式应当报项目审批、核准部门审批、核准。项目审批、核准部门应当及时将审批、核准确定的招标范围、招标方式、招标组织形式通报有关行政监督部门。

第八条 国有资金占控股或者主导地位的依法必须进行招标的项目,应当公开招标;但有下列情形之一的,可以邀请招标:

(一)技术复杂、有特殊要求或者受自然环境限制,只有少量潜在投标人可供选择;

(二)采用公开招标方式的费用占项目合同金额的比例过大。

有前款第二项所列情形,属于本条例第七条规定的项目,由项目审批、核准部门在审批、核准项目时作出认定;其他项目由招标人申请有关行政监督部门作出认定。

第九条 除招标投标法第六十六条规定的可以不进行招标的特殊情况外,有下列情形之一的,可以不进行招标:

(一)需要采用不可替代的专利或者专有技术;

(二)采购人依法能够自行建设、生产或者提供;

(三)已通过招标方式选定的特许经营项目投资人依法能够自行建设、生产或者提供;

(四)需要向原中标人采购工程、货物或者服务,否则将影响施工或者功能配套要求;

(五)国家规定的其他特殊情形。

招标人为适用前款规定弄虚作假的,属于招标投标法第四条规定的规避招标。

第十条 招标投标法第十二条第二款规定的招标人具有编制招标文件和组织评标能力,是指招标人具有与招标项目规模和复杂程度相适应的技术、经济等方面的专业人员。

第十一条 招标代理机构的资格依照法律和国务院的规定由有关部门认定。

国务院住房城乡建设、商务、发展改革、工业和信息化等部门,按照规定的职责分工对招标代理机构依法实施监督管理。

第十二条 招标代理机构应当拥有一定数量的取得招标职业资格的专业人员。取得招标职业资格的具体办法由国务院人力资源社会保障部门会同国务院发展改革部门制定。

第十三条 招标代理机构在其资格许可和招标人委托的范围内开展招标代理业务,任何单位和个人不得非法干涉。

招标代理机构代理招标业务,应当遵守招标投标法和本条例关于招标人的规定。招标代理机构不得在所代理的招标项目中投标或者代理投标,也不得为所代理的招标项目的投标人提供咨询。

招标代理机构不得涂改、出租、出借、转让资格证书。

第十四条 招标人应当与被委托的招标代理机构签订书面委托合同,合同约定的收费标准应当符合国家有关规定。

第十五条 公开招标的项目,应当依照招标投标法和本条例的规定发布招标公告、编制招标文件。

招标人采用资格预审办法对潜在投标人进行资格审查的,应当发布资格预审公告、编制资格预审文件。

依法必须进行招标的项目的资格预审公告和招标公告,应当在国务院发展改革部门依法指定的媒介发布。在不同媒介发布的同一招标项目的资格预审公告或者招标公告的内容应当一致。指定媒介发布依法必须进行招标的项目的境内资格预审公告、招标公告,不得收取费用。

编制依法必须进行招标的项目的资格预审文件和招标文件,应当使用国务院发展改革部门会同有关行政监督部门制定的标准文本。

第十六条 招标人应当按照资格预审公告、招标公告或者投标邀请书规定的时间、地点发售资格预审文件或者招标文件。资格预审文件或者招标文件的发售期不得少于5日。

招标人发售资格预审文件、招标文件收取的费用应当限于补偿印刷、邮寄的成本支出,不得以营利为目的。

第十七条 招标人应当合理确定提交资格预审申请文件的时间。依法必须进行招标的项目提交资格预审申请文件的时间,自资格预审文件停止发售之日起不得少于5日。

第十八条 资格预审应当按照资格预审文件载明的标准和方法进行。

国有资金占控股或者主导地位的依法必须进行招标的项目,招标人应当组建资格审查委员会审查资格预审申请文件。资格审查委员会及其成员应当遵守招标投标法和本条例有关评标委员会及其成员的规定。

第十九条　资格预审结束后,招标人应当及时向资格预审申请人发出资格预审结果通知书。未通过资格预审的申请人不具有投标资格。

通过资格预审的申请人少于3个的,应当重新招标。

第二十条　招标人采用资格后审办法对投标人进行资格审查的,应当在开标后由评标委员会按照招标文件规定的标准和方法对投标人的资格进行审查。

第二十一条　招标人可以对已发出的资格预审文件或者招标文件进行必要的澄清或者修改。澄清或者修改的内容可能影响资格预审申请文件或者投标文件编制的,招标人应当在提交资格预审申请文件截止时间至少3日前,或者投标截止时间至少15日前,以书面形式通知所有获取资格预审文件或者招标文件的潜在投标人;不足3日或者15日的,招标人应当顺延提交资格预审申请文件或者投标文件的截止时间。

第二十二条　潜在投标人或者其他利害关系人对资格预审文件有异议的,应当在提交资格预审申请文件截止时间2日前提出;对招标文件有异议的,应当在投标截止时间10日前提出。招标人应当自收到异议之日起3日内作出答复;作出答复前,应当暂停招标投标活动。

第二十三条　招标人编制的资格预审文件、招标文件的内容违反法律、行政法规的强制性规定,违反公开、公平、公正和诚实信用原则,影响资格预审结果或者潜在投标人投标的,依法必须进行招标的项目的招标人应当在修改资格预审文件或者招标文件后重新招标。

第二十四条　招标人对招标项目划分标段的,应当遵守招标投标法的有关规定,不得利用划分标段限制或者排斥潜在投标人。依法必须进行招标的项目的招标人不得利用划分标段规避招标。

第二十五条　招标人应当在招标文件中载明投标有效期。投标有效期从提交投标文件的截止之日起算。

第二十六条　招标人在招标文件中要求投标人提交投标保证金的,投标保证金不得超过招标项目估算价的2%。投标保证金有效期应当与投标有效期一致。

依法必须进行招标的项目的境内投标单位,以现金或者支票形式提交的投标保证金应当从其基本账户转出。

招标人不得挪用投标保证金。

第二十七条　招标人可以自行决定是否编制标底。一个招标项目只能有一个标底。标底必须保密。

接受委托编制标底的中介机构不得参加受托编制标底项目的投标,也不得为该项目的投标人编制投标文件或者提供咨询。

招标人设有最高投标限价的,应当在招标文件中明确最高投标限价或者最高投标限价的计算方法。招标人不得规定最低投标限价。

第二十八条 招标人不得组织单个或者部分潜在投标人踏勘项目现场。

第二十九条 招标人可以依法对工程以及与工程建设有关的货物、服务全部或者部分实行总承包招标。以暂估价形式包括在总承包范围内的工程、货物、服务属于依法必须进行招标的项目范围且达到国家规定规模标准的,应当依法进行招标。

前款所称暂估价,是指总承包招标时不能确定价格而由招标人在招标文件中暂时估定的工程、货物、服务的金额。

第三十条 对技术复杂或者无法精确拟定技术规格的项目,招标人可以分两阶段进行招标。

第一阶段,投标人按照招标公告或者投标邀请书的要求提交不带报价的技术建议,招标人根据投标人提交的技术建议确定技术标准和要求,编制招标文件。

第二阶段,招标人向在第一阶段提交技术建议的投标人提供招标文件,投标人按照招标文件的要求提交包括最终技术方案和投标报价的投标文件。

招标人要求投标人提交投标保证金的,应当在第二阶段提出。

第三十一条 招标人终止招标的,应当及时发布公告,或者以书面形式通知被邀请的或者已经获取资格预审文件、招标文件的潜在投标人。已经发售资格预审文件、招标文件或者已经收取投标保证金的,招标人应当及时退还所收取的资格预审文件、招标文件的费用,以及所收取的投标保证金及银行同期存款利息。

第三十二条 招标人不得以不合理的条件限制、排斥潜在投标人或者投标人。

招标人有下列行为之一的,属于以不合理条件限制、排斥潜在投标人或者投标人:

(一)就同一招标项目向潜在投标人或者投标人提供有差别的项目信息;

(二)设定的资格、技术、商务条件与招标项目的具体特点和实际需要不相适应或者与合同履行无关;

(三)依法必须进行招标的项目以特定行政区域或者特定行业的业绩、奖项作为加分条件或者中标条件;

(四)对潜在投标人或者投标人采取不同的资格审查或者评标标准;

（五）限定或者指定特定的专利、商标、品牌、原产地或者供应商；

（六）依法必须进行招标的项目非法限定潜在投标人或者投标人的所有制形式或者组织形式；

（七）以其他不合理条件限制、排斥潜在投标人或者投标人。

第三章　投　　标

第三十三条　投标人参加依法必须进行招标的项目的投标，不受地区或者部门的限制，任何单位和个人不得非法干涉。

第三十四条　与招标人存在利害关系可能影响招标公正性的法人、其他组织或者个人，不得参加投标。

单位负责人为同一人或者存在控股、管理关系的不同单位，不得参加同一标段投标或者未划分标段的同一招标项目投标。

违反前两款规定的，相关投标均无效。

第三十五条　投标人撤回已提交的投标文件，应当在投标截止时间前书面通知招标人。招标人已收取投标保证金的，应当自收到投标人书面撤回通知之日起5日内退还。

投标截止后投标人撤销投标文件的，招标人可以不退还投标保证金。

第三十六条　未通过资格预审的申请人提交的投标文件，以及逾期送达或者不按照招标文件要求密封的投标文件，招标人应当拒收。

招标人应当如实记载投标文件的送达时间和密封情况，并存档备查。

第三十七条　招标人应当在资格预审公告、招标公告或者投标邀请书中载明是否接受联合体投标。

招标人接受联合体投标并进行资格预审的，联合体应当在提交资格预审申请文件前组成。资格预审后联合体增减、更换成员的，其投标无效。

联合体各方在同一招标项目中以自己名义单独投标或者参加其他联合体投标的，相关投标均无效。

第三十八条　投标人发生合并、分立、破产等重大变化的，应当及时书面告知招标人。投标人不再具备资格预审文件、招标文件规定的资格条件或者其投标影响招标公正性的，其投标无效。

第三十九条　禁止投标人相互串通投标。

有下列情形之一的，属于投标人相互串通投标：

（一）投标人之间协商投标报价等投标文件的实质性内容；

（二）投标人之间约定中标人；

（三）投标人之间约定部分投标人放弃投标或者中标；

（四）属于同一集团、协会、商会等组织成员的投标人按照该组织要求协

同投标;

（五）投标人之间为谋取中标或者排斥特定投标人而采取的其他联合行动。

第四十条 有下列情形之一的,视为投标人相互串通投标:

（一）不同投标人的投标文件由同一单位或者个人编制;

（二）不同投标人委托同一单位或者个人办理投标事宜;

（三）不同投标人的投标文件载明的项目管理成员为同一人;

（四）不同投标人的投标文件异常一致或者投标报价呈规律性差异;

（五）不同投标人的投标文件相互混装;

（六）不同投标人的投标保证金从同一单位或者个人的账户转出。

第四十一条 禁止招标人与投标人串通投标。

有下列情形之一的,属于招标人与投标人串通投标:

（一）招标人在开标前开启投标文件并将有关信息泄露给其他投标人;

（二）招标人直接或者间接向投标人泄露标底、评标委员会成员等信息;

（三）招标人明示或者暗示投标人压低或者抬高投标报价;

（四）招标人授意投标人撤换、修改投标文件;

（五）招标人明示或者暗示投标人为特定投标人中标提供方便;

（六）招标人与投标人为谋求特定投标人中标而采取的其他串通行为。

第四十二条 使用通过受让或者租借等方式获取的资格、资质证书投标的,属于招标投标法第三十三条规定的以他人名义投标。

投标人有下列情形之一的,属于招标投标法第三十三条规定的以其他方式弄虚作假的行为:

（一）使用伪造、变造的许可证件;

（二）提供虚假的财务状况或者业绩;

（三）提供虚假的项目负责人或者主要技术人员简历、劳动关系证明;

（四）提供虚假的信用状况;

（五）其他弄虚作假的行为。

第四十三条 提交资格预审申请文件的申请人应当遵守招标投标法和本条例有关投标人的规定。

第四章 开标、评标和中标

第四十四条 招标人应当按照招标文件规定的时间、地点开标。

投标人少于 3 个的,不得开标;招标人应当重新招标。

投标人对开标有异议的,应当在开标现场提出,招标人应当当场作出答复,并制作记录。

第四十五条　国家实行统一的评标专家专业分类标准和管理办法。具体标准和办法由国务院发展改革部门会同国务院有关部门制定。

省级人民政府和国务院有关部门应当组建综合评标专家库。

第四十六条　除招标投标法第三十七条第三款规定的特殊招标项目外，依法必须进行招标的项目，其评标委员会的专家成员应当从评标专家库内相关专业的专家名单中以随机抽取方式确定。任何单位和个人不得以明示、暗示等任何方式指定或者变相指定参加评标委员会的专家成员。

依法必须进行招标的项目的招标人非因招标投标法和本条例规定的事由，不得更换依法确定的评标委员会成员。更换评标委员会的专家成员应当依照前款规定进行。

评标委员会成员与投标人有利害关系的，应当主动回避。

有关行政监督部门应当按照规定的职责分工，对评标委员会成员的确定方式、评标专家的抽取和评标活动进行监督。行政监督部门的工作人员不得担任本部门负责监督项目的评标委员会成员。

第四十七条　招标投标法第三十七条第三款所称特殊招标项目，是指技术复杂、专业性强或者国家有特殊要求，采取随机抽取方式确定的专家难以保证胜任评标工作的项目。

第四十八条　招标人应当向评标委员会提供评标所必需的信息，但不得明示或者暗示其倾向或者排斥特定投标人。

招标人应当根据项目规模和技术复杂程度等因素合理确定评标时间。超过三分之一的评标委员会成员认为评标时间不够的，招标人应当适当延长。

评标过程中，评标委员会成员有回避事由、擅离职守或者因健康等原因不能继续评标的，应当及时更换。被更换的评标委员会成员作出的评审结论无效，由更换后的评标委员会成员重新进行评审。

第四十九条　评标委员会成员应当依照招标投标法和本条例的规定，按照招标文件规定的评标标准和方法，客观、公正地对投标文件提出评审意见。招标文件没有规定的评标标准和方法不得作为评标的依据。

评标委员会成员不得私下接触投标人，不得收受投标人给予的财物或者其他好处，不得向招标人征询确定中标人的意向，不得接受任何单位或者个人明示或者暗示提出的倾向或者排斥特定投标人的要求，不得有其他不客观、不公正履行职务的行为。

第五十条　招标项目设有标底的，招标人应当在开标时公布。标底只能作为评标的参考，不得以投标报价是否接近标底作为中标条件，也不得以投标报价超过标底上下浮动范围作为否决投标的条件。

第五十一条 有下列情形之一的,评标委员会应当否决其投标:

(一)投标文件未经投标单位盖章和单位负责人签字;

(二)投标联合体没有提交共同投标协议;

(三)投标人不符合国家或者招标文件规定的资格条件;

(四)同一投标人提交两个以上不同的投标文件或者投标报价,但招标文件要求提交备选投标的除外;

(五)投标报价低于成本或者高于招标文件设定的最高投标限价;

(六)投标文件没有对招标文件的实质性要求和条件作出响应;

(七)投标人有串通投标、弄虚作假、行贿等违法行为。

第五十二条 投标文件中有含义不明确的内容、明显文字或者计算错误,评标委员会认为需要投标人作出必要澄清、说明的,应当书面通知该投标人。投标人的澄清、说明应当采用书面形式,并不得超出投标文件的范围或者改变投标文件的实质性内容。

评标委员会不得暗示或者诱导投标人作出澄清、说明,不得接受投标人主动提出的澄清、说明。

第五十三条 评标完成后,评标委员会应当向招标人提交书面评标报告和中标候选人名单。中标候选人应当不超过3个,并标明排序。

评标报告应当由评标委员会全体成员签字。对评标结果有不同意见的评标委员会成员应当以书面形式说明其不同意见和理由,评标报告应当注明该不同意见。评标委员会成员拒绝在评标报告上签字又不书面说明其不同意见和理由的,视为同意评标结果。

第五十四条 依法必须进行招标的项目,招标人应当自收到评标报告之日起3日内公示中标候选人,公示期不得少于3日。

投标人或者其他利害关系人对依法必须进行招标的项目的评标结果有异议的,应当在中标候选人公示期间提出。招标人应当自收到异议之日起3日内作出答复;作出答复前,应当暂停招标投标活动。

第五十五条 国有资金占控股或者主导地位的依法必须进行招标的项目,招标人应当确定排名第一的中标候选人为中标人。排名第一的中标候选人放弃中标、因不可抗力不能履行合同、不按照招标文件要求提交履约保证金,或者被查实存在影响中标结果的违法行为等情形,不符合中标条件的,招标人可以按照评标委员会提出的中标候选人名单排序依次确定其他中标候选人为中标人,也可以重新招标。

第五十六条 中标候选人的经营、财务状况发生较大变化或者存在违法行为,招标人认为可能影响其履约能力的,应当在发出中标通知书前由原评标委员会按照招标文件规定的标准和方法审查确认。

第五十七条　招标人和中标人应当依照招标投标法和本条例的规定签订书面合同,合同的标的、价款、质量、履行期限等主要条款应当与招标文件和中标人的投标文件的内容一致。招标人和中标人不得再行订立背离合同实质性内容的其他协议。

招标人最迟应当在书面合同签订后 5 日内向中标人和未中标的投标人退还投标保证金及银行同期存款利息。

第五十八条　招标文件要求中标人提交履约保证金的,中标人应当按照招标文件的要求提交。履约保证金不得超过中标合同金额的 10%。

第五十九条　中标人应当按照合同约定履行义务,完成中标项目。中标人不得向他人转让中标项目,也不得将中标项目肢解后分别向他人转让。

中标人按照合同约定或者经招标人同意,可以将中标项目的部分非主体、非关键性工作分包给他人完成。接受分包的人应当具备相应的资格条件,并不得再次分包。

中标人应当就分包项目向招标人负责,接受分包的人就分包项目承担连带责任。

第五章　投诉与处理

第六十条　投标人或者其他利害关系人认为招标投标活动不符合法律、行政法规规定的,可以自知道或者应当知道之日起 10 日内向有关行政监督部门投诉。投诉应当有明确的请求和必要的证明材料。

就本条例第二十二条、第四十四条、第五十四条规定事项投诉的,应当先向招标人提出异议,异议答复期间不计算在前款规定的期限内。

第六十一条　投诉人就同一事项向两个以上有权受理的行政监督部门投诉的,由最先收到投诉的行政监督部门负责处理。

行政监督部门应当自收到投诉之日起 3 个工作日内决定是否受理投诉,并自受理投诉之日起 30 个工作日内作出书面处理决定;需要检验、检测、鉴定、专家评审的,所需时间不计算在内。

投诉人捏造事实、伪造材料或者以非法手段取得证明材料进行投诉的,行政监督部门应当予以驳回。

第六十二条　行政监督部门处理投诉,有权查阅、复制有关文件、资料,调查有关情况,相关单位和人员应当予以配合。必要时,行政监督部门可以责令暂停招标投标活动。

行政监督部门的工作人员对监督检查过程中知悉的国家秘密、商业秘密,应当依法予以保密。

第六章　　法律责任

第六十三条　招标人有下列限制或者排斥潜在投标人行为之一的,由有关行政监督部门依照招标投标法第五十一条的规定处罚:

(一)依法应当公开招标的项目不按照规定在指定媒介发布资格预审公告或者招标公告;

(二)在不同媒介发布的同一招标项目的资格预审公告或者招标公告的内容不一致,影响潜在投标人申请资格预审或者投标。

依法必须进行招标的项目的招标人不按照规定发布资格预审公告或者招标公告,构成规避招标的,依照招标投标法第四十九条的规定处罚。

第六十四条　招标人有下列情形之一的,由有关行政监督部门责令改正,可以处 10 万元以下的罚款:

(一)依法应当公开招标而采用邀请招标;

(二)招标文件、资格预审文件的发售、澄清、修改的时限,或者确定的提交资格预审申请文件、投标文件的时限不符合招标投标法和本条例规定;

(三)接受未通过资格预审的单位或者个人参加投标;

(四)接受应当拒收的投标文件。

招标人有前款第一项、第三项、第四项所列行为之一的,对单位直接负责的主管人员和其他直接责任人员依法给予处分。

第六十五条　招标代理机构在所代理的招标项目中投标、代理投标或者向该项目投标人提供咨询的,接受委托编制标底的中介机构参加受托编制标底项目的投标或者为该项目的投标人编制投标文件、提供咨询的,依照招标投标法第五十条的规定追究法律责任。

第六十六条　招标人超过本条例规定的比例收取投标保证金、履约保证金或者不按照规定退还投标保证金及银行同期存款利息的,由有关行政监督部门责令改正,可以处 5 万元以下的罚款;给他人造成损失的,依法承担赔偿责任。

第六十七条　投标人相互串通投标或者与招标人串通投标的,投标人向招标人或者评标委员会成员行贿谋取中标的,中标无效;构成犯罪的,依法追究刑事责任;尚不构成犯罪的,依照招标投标法第五十三条的规定处罚。投标人未中标的,对单位的罚款金额按照招标项目合同金额依照招标投标法规定的比例计算。

投标人有下列行为之一的,属于招标投标法第五十三条规定的情节严重行为,由有关行政监督部门取消其 1 年至 2 年内参加依法必须进行招标的项目的投标资格:

（一）以行贿谋取中标；

（二）3年内2次以上串通投标；

（三）串通投标行为损害招标人、其他投标人或者国家、集体、公民的合法利益，造成直接经济损失30万元以上；

（四）其他串通投标情节严重的行为。

投标人自本条第二款规定的处罚执行期限届满之日起3年内又有该款所列违法行为之一的，或者串通投标、以行贿谋取中标情节特别严重的，由工商行政管理机关吊销营业执照。

法律、行政法规对串通投标报价行为的处罚另有规定的，从其规定。

第六十八条　投标人以他人名义投标或者以其他方式弄虚作假骗取中标的，中标无效；构成犯罪的，依法追究刑事责任；尚不构成犯罪的，依照招标投标法第五十四条的规定处罚。依法必须进行招标的项目的投标人未中标的，对单位的罚款金额按照招标项目合同金额依照招标投标法规定的比例计算。

投标人有下列行为之一的，属于招标投标法第五十四条规定的情节严重行为，由有关行政监督部门取消其1年至3年内参加依法必须进行招标的项目的投标资格：

（一）伪造、变造资格、资质证书或者其他许可证件骗取中标；

（二）3年内2次以上使用他人名义投标；

（三）弄虚作假骗取中标给招标人造成直接经济损失30万元以上；

（四）其他弄虚作假骗取中标情节严重的行为。

投标人自本条第二款规定的处罚执行期限届满之日起3年内又有该款所列违法行为之一的，或者弄虚作假骗取中标情节特别严重的，由工商行政管理机关吊销营业执照。

第六十九条　出让或者出租资格、资质证书供他人投标的，依照法律、行政法规的规定给予行政处罚；构成犯罪的，依法追究刑事责任。

第七十条　依法必须进行招标的项目的招标人不按照规定组建评标委员会，或者确定、更换评标委员会成员违反招标投标法和本条例规定的，由有关行政监督部门责令改正，可以处10万元以下的罚款，对单位直接负责的主管人员和其他直接责任人员依法给予处分；违法确定或者更换的评标委员会成员作出的评审结论无效，依法重新进行评审。

国家工作人员以任何方式非法干涉选取评标委员会成员的，依照本条例第八十一条的规定追究法律责任。

第七十一条　评标委员会成员有下列行为之一的，由有关行政监督部门责令改正；情节严重的，禁止其在一定期限内参加依法必须进行招标的项

目的评标;情节特别严重的,取消其担任评标委员会成员的资格:

(一)应当回避而不回避;

(二)擅离职守;

(三)不按照招标文件规定的评标标准和方法评标;

(四)私下接触投标人;

(五)向招标人征询确定中标人的意向或者接受任何单位或者个人明示或者暗示提出的倾向或者排斥特定投标人的要求;

(六)对依法应当否决的投标不提出否决意见;

(七)暗示或者诱导投标人作出澄清、说明或者接受投标人主动提出的澄清、说明;

(八)其他不客观、不公正履行职务的行为。

第七十二条 评标委员会成员收受投标人的财物或者其他好处的,没收收受的财物,处3000元以上5万元以下的罚款,取消担任评标委员会成员的资格,不得再参加依法必须进行招标的项目的评标;构成犯罪的,依法追究刑事责任。

第七十三条 依法必须进行招标的项目的招标人有下列情形之一的,由有关行政监督部门责令改正,可以处中标项目金额10‰以下的罚款;给他人造成损失的,依法承担赔偿责任;对单位直接负责的主管人员和其他直接责任人员依法给予处分:

(一)无正当理由不发出中标通知书;

(二)不按照规定确定中标人;

(三)中标通知书发出后无正当理由改变中标结果;

(四)无正当理由不与中标人订立合同;

(五)在订立合同时向中标人提出附加条件。

第七十四条 中标人无正当理由不与招标人订立合同,在签订合同时向招标人提出附加条件,或者不按照招标文件要求提交履约保证金的,取消其中标资格,投标保证金不予退还。对依法必须进行招标的项目的中标人,由有关行政监督部门责令改正,可以处中标项目金额10‰以下的罚款。

第七十五条 招标人和中标人不按照招标文件和中标人的投标文件订立合同,合同的主要条款与招标文件、中标人的投标文件的内容不一致,或者招标人、中标人订立背离合同实质性内容的协议的,由有关行政监督部门责令改正,可以处中标项目金额5‰以上10‰以下的罚款。

第七十六条 中标人将中标项目转让给他人的,将中标项目肢解后分别转让给他人的,违反招标投标法和本条例规定将中标项目的部分主体、关键性工作分包给他人的,或者分包人再次分包的,转让、分包无效,处转让、分包项目金额5‰以上10‰以下的罚款;有违法所得的,并处没收违法所得;可以责令停业整顿;情节严重的,由工商行政管理机关吊销营业执照。

第七十七条 投标人或者其他利害关系人捏造事实、伪造材料或者以非法手段取得证明材料进行投诉,给他人造成损失的,依法承担赔偿责任。

招标人不按照规定对异议作出答复,继续进行招标投标活动的,由有关行政监督部门责令改正,拒不改正或者不能改正并影响中标结果的,依照本条例第八十二条的规定处理。

第七十八条 取得招标职业资格的专业人员违反国家有关规定办理招标业务的,责令改正,给予警告;情节严重的,暂停一定期限内从事招标业务;情节特别严重的,取消招标职业资格。

第七十九条 国家建立招标投标信用制度。有关行政监督部门应当依法公告对招标人、招标代理机构、投标人、评标委员会成员等当事人违法行为的行政处理决定。

第八十条 项目审批、核准部门不依法审批、核准项目招标范围、招标方式、招标组织形式的,对单位直接负责的主管人员和其他直接责任人员依法给予处分。

有关行政监督部门不依法履行职责,对违反招标投标法和本条例规定的行为不依法查处,或者不按照规定处理投诉、不依法公告对招标投标当事人违法行为的行政处理决定的,对直接负责的主管人员和其他直接责任人员依法给予处分。

项目审批、核准部门和有关行政监督部门的工作人员徇私舞弊、滥用职权、玩忽职守,构成犯罪的,依法追究刑事责任。

第八十一条 国家工作人员利用职务便利,以直接或者间接、明示或者暗示等任何方式非法干涉招标投标活动,有下列情形之一的,依法给予记过或者记大过处分;情节严重的,依法给予降级或者撤职处分;情节特别严重的,依法给予开除处分;构成犯罪的,依法追究刑事责任:

(一)要求对依法必须进行招标的项目不招标,或者要求对依法应当公开招标的项目不公开招标;

(二)要求评标委员会成员或者招标人以其指定的投标人作为中标候选人或者中标人,或者以其他方式非法干涉评标活动,影响中标结果;

(三)以其他方式非法干涉招标投标活动。

第八十二条 依法必须进行招标的项目的招标投标活动违反招标投标法和本条例的规定,对中标结果造成实质性影响,且不能采取补救措施予以纠正的,招标、投标、中标无效,应当依法重新招标或者评标。

第七章 附 则

第八十三条 招标投标协会按照依法制定的章程开展活动,加强行业自律和服务。

第八十四条 政府采购的法律、行政法规对政府采购货物、服务的招标投标另有规定的,从其规定。

第八十五条 本条例自 2012 年 2 月 1 日起施行。

最高人民法院关于审理期货
纠纷案件若干问题的规定(二)

(2010 年 12 月 27 日最高人民法院审判委员会第 1507 次会议通过 2010 年 12 月 31 日最高人民法院公告公布 自 2011 年 1 月 17 日起施行 法释〔2011〕1 号)

为解决相关期货纠纷案件的管辖、保全与执行等法律适用问题,根据《中华人民共和国民事诉讼法》等有关法律、行政法规的规定以及审判实践的需要,制定本规定。

第一条 以期货交易所为被告或者第三人的因期货交易所履行职责引起的商事案件,由期货交易所所在地的中级人民法院管辖。

第二条 期货交易所履行职责引起的商事案件是指:

(一)期货交易所会员及其相关人员、保证金存管银行及其相关人员、客户、其他期货市场参与者,以期货交易所违反法律法规以及国务院期货监督管理机构的规定,履行监督管理职责不当,造成其损害为由提起的商事诉讼案件;

(二)期货交易所会员及其相关人员、保证金存管银行及其相关人员、客户、其他期货市场参与者,以期货交易所违反其章程、交易规则、实施细则的规定以及业务协议的约定,履行监督管理职责不当,造成其损害为由提起的商事诉讼案件;

(三)期货交易所因履行职责引起的其他商事诉讼案件。

第三条 期货交易所为债务人,债权人请求冻结、划拨以下账户中资金或者有价证券的,人民法院不予支持:

（一）期货交易所会员在期货交易所保证金账户中的资金；

（二）期货交易所会员向期货交易所提交的用于充抵保证金的有价证券。

第四条 期货公司为债务人，债权人请求冻结、划拨以下账户中资金或者有价证券的，人民法院不予支持：

（一）客户在期货公司保证金账户中的资金；

（二）客户向期货公司提交的用于充抵保证金的有价证券。

第五条 实行会员分级结算制度的期货交易所的结算会员为债务人，债权人请求冻结、划拨结算会员以下资金或者有价证券的，人民法院不予支持：

（一）非结算会员在结算会员保证金账户中的资金；

（二）非结算会员向结算会员提交的用于充抵保证金的有价证券。

第六条 有证据证明保证金账户中有超过上述第三条、第四条、第五条规定的资金或者有价证券部分权益的，期货交易所、期货公司或者期货交易所结算会员在人民法院指定的合理期限内不能提出相反证据的，人民法院可以依法冻结、划拨超出部分的资金或者有价证券。

有证据证明期货交易所、期货公司、期货交易所结算会员自有资金与保证金发生混同，期货交易所、期货公司或者期货交易所结算会员在人民法院指定的合理期限内不能提出相反证据的，人民法院可以依法冻结、划拨相关账户内的资金或者有价证券。

第七条 实行会员分级结算制度的期货交易所或者其结算会员为债务人，债权人请求冻结、划拨期货交易所向其结算会员依法收取的结算担保金的，人民法院不予支持。

有证据证明结算会员在结算担保金专用账户中有超过交易所要求的结算担保金数额部分的，结算会员在人民法院指定的合理期限内不能提出相反证据的，人民法院可以依法冻结、划拨超出部分的资金。

第八条 人民法院在办理案件过程中，依法需要通过期货交易所、期货公司查询、冻结、划拨资金或者有价证券的，期货交易所、期货公司应当予以协助。应当协助而拒不协助的，按照《中华人民共和国民事诉讼法》第一百零三条之规定办理。

第九条 本规定施行前已经受理的上述案件不再移送。

第十条 本规定施行前本院作出的有关司法解释与本规定不一致的，以本规定为准。

最高人民法院关于适用《中华人民共和国公司法》若干问题的规定(三)

(2010 年 12 月 6 日最高人民法院审判委员会第 1504 次会议通过　2011 年 1 月 27 日最高人民法院公告公布　自 2011 年 2 月 16 日起施行　法释〔2011〕3 号)

为正确适用《中华人民共和国公司法》,结合审判实践,就人民法院审理公司设立、出资、股权确认等纠纷案件适用法律问题作出如下规定。

第一条　为设立公司而签署公司章程、向公司认购出资或者股份并履行公司设立职责的人,应当认定为公司的发起人,包括有限责任公司设立时的股东。

第二条　发起人为设立公司以自己名义对外签订合同,合同相对人请求该发起人承担合同责任的,人民法院应予支持。

公司成立后对前款规定的合同予以确认,或者已经实际享有合同权利或者履行合同义务,合同相对人请求公司承担合同责任的,人民法院应予支持。

第三条　发起人以设立中公司名义对外签订合同,公司成立后合同相对人请求公司承担合同责任的,人民法院应予支持。

公司成立后有证据证明发起人利用设立中公司的名义为自己的利益与相对人签订合同,公司以此为由主张不承担合同责任的,人民法院应予支持,但相对人为善意的除外。

第四条　公司因故未成立,债权人请求全体或者部分发起人对设立公司行为所产生的费用和债务承担连带清偿责任的,人民法院应予支持。

部分发起人依照前款规定承担责任后,请求其他发起人分担的,人民法院应当判令其他发起人按照约定的责任承担比例分担责任;没有约定责任承担比例的,按照约定的出资比例分担责任;没有约定出资比例的,按照均等份额分担责任。

因部分发起人的过错导致公司未成立,其他发起人主张其承担设立行为所产生的费用和债务的,人民法院应当根据过错情况,确定过错一方的责任范围。

第五条 发起人因履行公司设立职责造成他人损害,公司成立后受害人请求公司承担侵权赔偿责任的,人民法院应予支持;公司未成立,受害人请求全体发起人承担连带赔偿责任的,人民法院应予支持。

公司或者无过错的发起人承担赔偿责任后,可以向有过错的发起人追偿。

第六条 股份有限公司的认股人未按期缴纳所认股份的股款,经公司发起人催缴后在合理期间内仍未缴纳,公司发起人对该股份另行募集的,人民法院应当认定该募集行为有效。认股人延期缴纳股款给公司造成损失,公司请求该认股人承担赔偿责任的,人民法院应予支持。

第七条 出资人以不享有处分权的财产出资,当事人之间对于出资行为效力产生争议的,人民法院可以参照物权法第一百零六条的规定予以认定。

以贪污、受贿、侵占、挪用等违法犯罪所得的货币出资后取得股权的,对违法犯罪行为予以追究、处罚时,应当采取拍卖或者变卖的方式处置其股权。

第八条 出资人以划拨土地使用权出资,或者以设定权利负担的土地使用权出资,公司、其他股东或者公司债权人主张认定出资人未履行出资义务的,人民法院应当责令当事人在指定的合理期间内办理土地变更手续或者解除权利负担;逾期未办理或者未解除的,人民法院应当认定出资人未依法全面履行出资义务。

第九条 出资人以非货币财产出资,未依法评估作价,公司、其他股东或者公司债权人请求认定出资人未履行出资义务的,人民法院应当委托具有合法资格的评估机构对该财产评估作价。评估确定的价额显著低于公司章程所定价额的,人民法院应当认定出资人未依法全面履行出资义务。

第十条 出资人以房屋、土地使用权或者需要办理权属登记的知识产权等财产出资,已经交付公司使用但未办理权属变更手续,公司、其他股东或者公司债权人主张认定出资人未履行出资义务的,人民法院应当责令当事人在指定的合理期间内办理权属变更手续;在前述期间内办理了权属变更手续的,人民法院应当认定其已经履行了出资义务;出资人主张自其实际交付财产给公司使用时享有相应股东权利的,人民法院应予支持。

出资人以前款规定的财产出资,已经办理权属变更手续但未交付给公司使用,公司或者其他股东主张其向公司交付、并在实际交付之前不享有相应股东权利的,人民法院应予支持。

第十一条 出资人以其他公司股权出资,符合下列条件的,人民法院应当认定出资人已履行出资义务:

（一）出资的股权由出资人合法持有并依法可以转让；

（二）出资的股权无权利瑕疵或者权利负担；

（三）出资人已履行关于股权转让的法定手续；

（四）出资的股权已依法进行了价值评估。

股权出资不符合前款第（一）、（二）、（三）项的规定，公司、其他股东或者公司债权人请求认定出资人未履行出资义务的，人民法院应当责令该出资人在指定的合理期间内采取补正措施，以符合上述条件；逾期未补正的，人民法院应当认定其未依法全面履行出资义务。

股权出资不符合本条第一款第（四）项的规定，公司、其他股东或者公司债权人请求认定出资人未履行出资义务的，人民法院应当按照本规定第九条的规定处理。

第十二条　公司成立后，公司、股东或者公司债权人以相关股东的行为符合下列情形之一且损害公司权益为由，请求认定该股东抽逃出资的，人民法院应予支持：

（一）将出资款项转入公司账户验资后又转出；

（二）通过虚构债权债务关系将其出资转出；

（三）制作虚假财务会计报表虚增利润进行分配；

（四）利用关联交易将出资转出；

（五）其他未经法定程序将出资抽回的行为。

第十三条　股东未履行或者未全面履行出资义务，公司或者其他股东请求其向公司依法全面履行出资义务的，人民法院应予支持。

公司债权人请求未履行或者未全面履行出资义务的股东在未出资本息范围内对公司债务不能清偿的部分承担补充赔偿责任的，人民法院应予支持；未履行或者未全面履行出资义务的股东已经承担上述责任，其他债权人提出相同请求的，人民法院不予支持。

股东在公司设立时未履行或者未全面履行出资义务，依照本条第一款或者第二款提起诉讼的原告，请求公司的发起人与被告股东承担连带责任的，人民法院应予支持；公司的发起人承担责任后，可以向被告股东追偿。

股东在公司增资时未履行或者未全面履行出资义务，依照本条第一款或者第二款提起诉讼的原告，请求未尽公司法第一百四十八条第一款规定的义务而使出资未缴足的董事、高级管理人员承担相应责任的，人民法院应予支持；董事、高级管理人员承担责任后，可以向被告股东追偿。

第十四条　股东抽逃出资，公司或者其他股东请求其向公司返还出资本息、协助抽逃出资的其他股东、董事、高级管理人员或者实际控制人对此承担连带责任的，人民法院应予支持。

公司债权人请求抽逃出资的股东在抽逃出资本息范围内对公司债务不能清偿的部分承担补充赔偿责任、协助抽逃出资的其他股东、董事、高级管理人员或者实际控制人对此承担连带责任的，人民法院应予支持；抽逃出资的股东已经承担上述责任，其他债权人提出相同请求的，人民法院不予支持。

第十五条　第三人代垫资金协助发起人设立公司，双方明确约定在公司验资后或者在公司成立后将该发起人的出资抽回以偿还该第三人，发起人依照前述约定抽回出资偿还第三人后又不能补足出资，相关权利人请求第三人连带承担发起人因抽回出资而产生的相应责任的，人民法院应予支持。

第十六条　出资人以符合法定条件的非货币财产出资后，因市场变化或者其他客观因素导致出资财产贬值，公司、其他股东或者公司债权人请求该出资人承担补足出资责任的，人民法院不予支持。但是，当事人另有约定的除外。

第十七条　股东未履行或者未全面履行出资义务或者抽逃出资，公司根据公司章程或者股东会决议对其利润分配请求权、新股优先认购权、剩余财产分配请求权等股东权利作出相应的合理限制，该股东请求认定该限制无效的，人民法院不予支持。

第十八条　有限责任公司的股东未履行出资义务或者抽逃全部出资，经公司催告缴纳或者返还，其在合理期间内仍未缴纳或者返还出资，公司以股东会决议解除该股东的股东资格，该股东请求确认该解除行为无效的，人民法院不予支持。

在前款规定的情形下，人民法院在判决时应当释明，公司应当及时办理法定减资程序或者由其他股东或者第三人缴纳相应的出资。在办理法定减资程序或者其他股东或者第三人缴纳相应的出资之前，公司债权人依照本规定第十三条或者第十四条请求相关当事人承担相应责任的，人民法院应予支持。

第十九条　有限责任公司的股东未履行或者未全面履行出资义务即转让股权，受让人对此知道或者应当知道，公司请求该股东履行出资义务、受让人对此承担连带责任的，人民法院应予支持；公司债权人依照本规定第十三条第二款向该股东提起诉讼，同时请求前述受让人对此承担连带责任的，人民法院应予支持。

受让人根据前款规定承担责任后，向该未履行或者未全面履行出资义务的股东追偿的，人民法院应予支持。但是，当事人另有约定的除外。

第二十条　公司股东未履行或者未全面履行出资义务或者抽逃出资，

公司或者其他股东请求其向公司全面履行出资义务或者返还出资,被告股东以诉讼时效为由进行抗辩的,人民法院不予支持。

公司债权人的债权未过诉讼时效期间,其依照本规定第十三条第二款、第十四条第二款的规定请求未履行或者未全面履行出资义务或者抽逃出资的股东承担赔偿责任,被告股东以出资义务或者返还出资义务超过诉讼时效期间为由进行抗辩的,人民法院不予支持。

第二十一条 当事人之间对是否已履行出资义务发生争议,原告提供对股东履行出资义务产生合理怀疑证据的,被告股东应当就其已履行出资义务承担举证责任。

第二十二条 当事人向人民法院起诉请求确认其股东资格的,应当以公司为被告,与案件争议股权有利害关系的人作为第三人参加诉讼。

第二十三条 当事人之间对股权归属发生争议,一方请求人民法院确认其享有股权的,应当证明以下事实之一:

(一)已经依法向公司出资或者认缴出资,且不违反法律法规强制性规定;

(二)已经受让或者以其他形式继受公司股权,且不违反法律法规强制性规定。

第二十四条 当事人依法履行出资义务或者依法继受取得股权后,公司未根据公司法第三十二条、第三十三条的规定签发出资证明书、记载于股东名册并办理公司登记机关登记,当事人请求公司履行上述义务的,人民法院应予支持。

第二十五条 有限责任公司的实际出资人与名义出资人订立合同,约定由实际出资人出资并享有投资权益,以名义出资人为名义股东,实际出资人与名义股东对该合同效力发生争议的,如无合同法第五十二条规定的情形,人民法院应当认定该合同有效。

前款规定的实际出资人与名义股东因投资权益的归属发生争议,实际出资人以其实际履行了出资义务为由向名义股东主张权利的,人民法院应予支持。名义股东以公司股东名册记载、公司登记机关登记为由否认实际出资人权利的,人民法院不予支持。

实际出资人未经公司其他股东半数以上同意,请求公司变更股东、签发出资证明书、记载于股东名册、记载于公司章程并办理公司登记机关登记的,人民法院不予支持。

第二十六条 名义股东将登记于其名下的股权转让、质押或者以其他方式处分,实际出资人以其对于股权享有实际权利为由,请求认定处分股权行为无效的,人民法院可以参照物权法第一百零六条的规定处理。

名义股东处分股权造成实际出资人损失,实际出资人请求名义股东承担赔偿责任的,人民法院应予支持。

第二十七条 公司债权人以登记于公司登记机关的股东未履行出资义务为由,请求其对公司债务不能清偿的部分在未出资本息范围内承担补充赔偿责任,股东以其仅为名义股东而非实际出资人为由进行抗辩的,人民法院不予支持。

名义股东根据前款规定承担赔偿责任后,向实际出资人追偿的,人民法院应予支持。

第二十八条 股权转让后尚未向公司登记机关办理变更登记,原股东将仍登记于其名下的股权转让、质押或者以其他方式处分,受让股东以其对于股权享有实际权利为由,请求认定处分股权行为无效的,人民法院可以参照物权法第一百零六条的规定处理。

原股东处分股权造成受让股东损失,受让股东请求原股东承担赔偿责任、对于未及时办理变更登记有过错的董事、高级管理人员或者实际控制人承担相应责任的,人民法院应予支持;受让股东对于未及时办理变更登记也有过错的,可以适当减轻上述董事、高级管理人员或者实际控制人的责任。

第二十九条 冒用他人名义出资并将该他人作为股东在公司登记机关登记的,冒名登记行为人应当承担相应责任;公司、其他股东或者公司债权人以未履行出资义务为由,请求被冒名登记为股东的承担补足出资责任或者对公司债务不能清偿部分的赔偿责任的,人民法院不予支持。

最高人民法院印发《关于审理证券行政
处罚案件证据若干问题的座谈会纪要》的通知

(2011 年 7 月 13 日　法〔2011〕225 号)

各省、自治区、直辖市高级人民法院,新疆维吾尔自治区高级人民法院生产建设兵团分院:

现将《关于审理证券行政处罚案件证据若干问题的座谈会纪要》印发给你们,请结合审判工作实际参照执行。执行中遇到问题,请及时报告我院。

关于审理证券行政处罚案件
证据若干问题的座谈会纪要

为进一步完善证券行政处罚案件的证据规则,推动证券监管机构依法行政,保护广大投资者合法权益,促进资本市场健康发展,最高人民法院对证券行政处罚案件证据运用中存在的突出问题进行了专题调研,在充分听取有关法院和部门意见并反复论证的基础上,根据《中华人民共和国行政诉讼法》、《中华人民共和国行政处罚法》和《中华人民共和国证券法》等法律规定,起草了证券行政处罚案件中有关证据问题的意见。2011 年 6 月 23 日,最高人民法院会同有关部门在北京召开专题座谈会,对证券行政处罚案件中有关证据审查认定等问题形成共识。现将有关内容纪要如下:

一、关于证券行政处罚案件的举证问题

会议认为,监管机构根据行政诉讼法第三十二条、最高人民法院《关于行政诉讼证据若干问题的规定》第一条的规定,对作出的被诉行政处罚决定承担举证责任。人民法院在审理证券行政处罚案件时,也应当考虑到部分类型的证券违法行为的特殊性,由监管机构承担主要违法事实的证明责任,通过推定的方式适当向原告、第三人转移部分特定事实的证明责任。

监管机构在听证程序中书面明确告知行政相对人享有提供排除其涉嫌违法行为证据的权利,行政相对人能够提供但无正当理由拒不提供,后又在诉讼中提供的,人民法院一般不予采纳。行政处罚相对人在行政程序中未提供但有正当理由,在诉讼中依照最高人民法院《关于行政诉讼证据若干问题的规定》提供的证据,人民法院应当采纳。

监管机构除依法向人民法院提供据以作出被诉行政处罚决定的证据和依据外,还应当提交原告、第三人在行政程序中提供的证据材料。

二、关于电子数据证据

会议认为,证券交易和信息传递电子化、网络化、无线化等特点决定电子交易信息、网络 IP 地址、通讯记录、电子邮件等电子数据证据在证券行政案件中至关重要。但由于电子数据证据具有载体多样,复制简单、容易被删改和伪造等特点,对电子数据证据的证据形式要求和审核认定应较其他证据方法更为严格。根据行政诉讼法第三十一条第一款第(三)项的规定,最高人民法院《关于行政诉讼证据若干问题的规定》第十二条、第六十四条的规定,当事人可以向人民法院提供电子数据证据证明待证事实,相关电子数

据证据应当符合下列要求：

（一）无法提取电子数据原始载体或者提取确有困难的，可以提供电子数据复制件，但必须附有不能或者难以提取原始载体的原因、复制过程以及原始载体存放地点或者电子数据网络地址的说明，并由复制件制作人和原始电子数据持有人签名或者盖章，或者以公证等其他有效形式证明电子数据与原始载体的一致性和完整性。

（二）收集电子数据应当依法制作笔录，详细记载取证的参与人员、技术方法、步骤和过程，记录收集对象的事项名称、内容、规格、类别以及时间、地点等，或者将收集电子数据的过程拍照或录像。

（三）收集的电子数据应当使用光盘或者其他数字存储介质备份。监管机构为取证人时，应当妥善保存至少一份封存状态的电子数据备份件，并随案移送，以备法庭质证和认证使用。

（四）提供通过技术手段恢复或者破解的与案件有关的光盘或者其他数字存储介质、电子设备中被删除的数据、隐藏或者加密的电子数据，必须附有恢复或破解对象、过程、方法和结果的专业说明。对方当事人对该专业说明持异议，并且有证据表明上述方式获取的电子数据存在篡改、剪裁、删除和添加等不真实情况的，可以向人民法院申请鉴定，人民法院应予准许。

三、关于专业意见

会议认为，对被诉行政处罚决定涉及的专门性问题，当事人可以向人民法院提供其聘请的专业机构、特定行业专家出具的统计分析意见和规则解释意见；人民法院认为有必要的，也可以聘请相关专业机构、专家出具意见。

专业意见应当在法庭上出示，并经庭审质证。当事人可以申请人民法院通知出具相关意见的专业人员出庭说明，人民法院也可以通知专业人员出庭说明。专业意见之间相互矛盾的，人民法院可以组织专业人员进行对质。

人民法院应当根据案件的具体情况，从以下方面审核认定上述专业意见：（一）专业机构或者专家是否与本案有利害关系；（二）专业机构或者专家是否具有合法资质；（三）专业机构或者专家所得出的意见是否超出指定的范围，形式是否规范，内容是否完整，结论是否明确；（四）行政程序中形成的专业意见是否告知对方当事人，并听取对方当事人的质辩意见。

四、关于上市公司信息披露违法责任人的证明问题

会议认为，根据证券法第六十八条规定，上市公司董事、监事、高级管理人员对上市公司信息披露的真实性、准确性和完整性应当承担较其他人员更严格的法定保证责任。人民法院在审理证券法第一百九十三条违反信息披露义务行政处罚案件时，涉及到对直接负责的主管人员和其他直接责任人员处罚的,应当区分证券法第六十八条规定的人员和该范围之外其他人员的不同责任标准与证明方式。

监管机构根据证券法第六十八条、第一百九十三条规定,结合上市公司董事、监事、高级管理人员与信息披露违法行为之间履行职责的关联程度,认定其为直接负责的主管人员或者其他直接责任人员并给予处罚,被处罚人不服提起诉讼的,应当提供其对该信息披露行为已尽忠实、勤勉义务等证据。

对上市公司董事、监事、高级管理人员之外的人员,监管机构认定其为上市公司信息披露违法行为直接负责的主管人员或者其他直接责任人员并给予处罚的,应当证明被处罚人具有下列情形之一:(一)实际履行董事、监事和高级管理人员的职责,并与信息披露违法行为存在直接关联;(二)组织、参与、实施信息披露违法行为或直接导致信息披露违法。

五、关于内幕交易行为的认定问题

会议认为,监管机构提供的证据能够证明以下情形之一,且被处罚人不能作出合理说明或者提供证据排除其存在利用内幕信息从事相关证券交易活动的,人民法院可以确认被诉处罚决定认定的内幕交易行为成立:(一)证券法第七十四条规定的证券交易内幕信息知情人,进行了与该内幕信息有关的证券交易活动;(二)证券法第七十四条规定的内幕信息知情人的配偶、父母、子女以及其他有密切关系的人,其证券交易活动与该内幕信息基本吻合;(三)因履行工作职责知悉上述内幕信息并进行了与该信息有关的证券交易活动;(四)非法获取内幕信息,并进行了与该内幕信息有关的证券交易活动;(五)内幕信息公开前与内幕信息知情人或知晓该内幕信息的人联络、接触,其证券交易活动与内幕信息高度吻合。

最高人民法院
关于依法妥善审理民间借贷纠纷
案件促进经济发展维护社会稳定的通知

(2011 年 12 月 12 日　法〔2011〕336 号)

各省、自治区、直辖市高级人民法院,解放军军事法院,新疆维吾尔自治区高级人民法院生产建设兵团分院:

当前我国经济保持平稳较快发展,整体形势良好,但是受国际国内经济形势变化等多种因素的影响,一些地方出现了与民间借贷相关的债务不能及时清偿、债务人出逃、中小企业倒闭等事件,对当地经济发展和社会稳定造成了较大冲击,相关纠纷案件在短期内大量增加。为践行能动司法理念,充分发挥审判职能作用,妥善化解民间借贷纠纷,促进经济发展,维护社会稳定,现将有关事项通知如下:

一、高度重视民间借贷纠纷案件的审判执行工作。民间借贷客观上拓宽了中小企业的融资渠道,一定程度上解决了部分社会融资需求,增强了经济运行的自我调整和适应能力,促进了多层次信贷市场的形成和发展,但实践中民间借贷也存在着交易隐蔽、风险不易监控等特点,容易引发高利贷、中小企业资金链断裂甚至破产以及非法集资、暴力催收导致人身伤害等违法犯罪问题,对金融秩序乃至经济发展、社会稳定造成不利影响,也使得人民法院妥善化解民间借贷纠纷的难度增加。因此,人民法院应当高度重视民间借贷纠纷案件的审判执行工作,将其作为"为大局服务,为人民司法"的重要工作内容,作为深入推进三项重点工作的重要切入点,通过依法妥善审理民间借贷纠纷,规范和引导民间借贷健康有序发展,切实维护社会和谐稳定。

二、做好民间借贷纠纷案件的立案受理工作。当事人就民间借贷纠纷起诉的,人民法院要依据民事诉讼法的有关规定做好立案受理工作。立案时要认真进行审查,对于涉嫌非法集资等经济犯罪的案件,依法移送有关部门处理;对于可能影响社会稳定的案件,及时与政府及有关部门沟通协调,积极配合做好相关预案工作,切实防范可能引发的群体性、突发性事件。

三、依法惩治与民间借贷相关的刑事犯罪。人民法院在审理与民间借贷相关的非法集资等经济犯罪案件时,要依照《最高人民法院关于在审理经济纠纷案件中涉及经济犯罪嫌疑若干问题的规定》的有关规定,根据具体情况分别处理。对于非法集资等经济犯罪案件,要依法及时审判,切实维护金融秩序。对于与民间借贷相关的黑社会性质的组织犯罪及其他暴力性犯罪,要依法从严惩处,切实维护人民群众人身财产安全。要严格贯彻宽严相济的刑事政策,注意区分性质不同的违法犯罪行为,真正做到罚当其罪。

四、依法妥善审理民间借贷纠纷案件。人民法院在审理民间借贷纠纷案件时,要严格适用民法通则、合同法等有关法律法规和司法解释的规定,同时注意把握国家经济政策精神,努力做到依法公正与妥善合理的有机统一。要依法认定民间借贷的合同效力,保护合法借贷关系,切实维护当事人的合法权益,确保案件处理取得良好的法律效果和社会效果。对于因赌博、吸毒等违法犯罪活动而形成的借贷关系或者出借人明知借款人是为了进行上述违法犯罪活动的借贷关系,依法不予保护。

五、加大对民间借贷纠纷案件的调解力度。人民法院审理民间借贷纠纷案件，要深入贯彻"调解优先、调判结合"工作原则。对于涉及众多出借人或者借款人的案件、可能引发工人讨薪等群体性事件的案件、出借人与借款人之间情绪严重对立的案件以及判决后难以执行的案件等，要先行调解，重点调解，努力促成当事人和解。要充分借助政府部门、行业组织、社会团体等各方面力量，加强与人民调解、行政调解的程序对接，形成化解矛盾的最大合力，共同维护社会和谐稳定。

六、依法保护合法的借贷利息。人民法院在审理民间借贷纠纷案件时，要依法保护合法的借贷利息，依法遏制高利贷化倾向。出借人依照合同约定请求支付借款利息的，人民法院应当依据合同法和《最高人民法院关于人民法院审理借贷案件的若干意见》第6条、第7条的规定处理。出借人将利息预先在本金中扣除的，应当按照实际借款数额返还借款并计算利息。当事人仅约定借期内利率，未约定逾期利率，出借人以借期内的利率主张逾期还款利息的，依法予以支持。当事人既未约定借期内利率，也未约定逾期利率的，出借人参照中国人民银行同期同类贷款基准利率，主张自逾期还款之日起的利息损失的，依法予以支持。

七、注意防范、制裁虚假诉讼。人民法院在审理民间借贷纠纷案件过程中，要依法全面、客观地审核双方当事人提交的全部证据，从各证据与案件事实的关联程度、各证据之间的联系等方面进行综合审查判断。对形式有瑕疵的"欠条"或者"收条"，要结合其他证据认定是否存在借贷关系；对现金交付的借贷，可根据交付凭证、支付能力、交易习惯、借贷金额的大小、当事人间关系以及当事人陈述的交易细节经过等因素综合判断。发现有虚假诉讼嫌疑的，要及时依职权或者提请有关部门调查取证，查清事实真相。经查证确属虚假诉讼的，驳回其诉讼请求，并对其妨害民事诉讼的行为依法予以制裁；对于以骗取财物、逃废债务为目的实施虚假诉讼，构成犯罪的，依法追究刑事责任。

八、妥善适用有关司法措施。对于暂时资金周转困难但仍在正常经营的借款人，在不损害出借人合法权益的前提下，灵活适用诉讼保全措施，尽量使该借款人度过暂时的债务危机。对于出借人举报的有转移财产、逃避债务可能的借款人，要依法视情加大诉讼保全力度，切实维护债权人的合法权益。在审理因民间借贷债务而引发的企业破产案件时，对于符合国家产业政策且具有挽救价值和希望的负债中小企业，要积极适用重整、和解程序，尽快实现企业再生；对没有挽救希望，必须通过破产清算退出市场的中小企业，要制定综合预案，统筹协调，稳步推进，切实将企业退市引发的不良影响降到最低。

九、积极促进建立健全民间借贷纠纷防范和解决机制。人民法院在化解民间借贷纠纷的工作中，要紧紧围绕党和国家工作大局，紧紧依靠党委领导和政府支持，积极采取司法应对措施，全力维护社会和谐稳定。要加强与政府有关职能部门的沟通协调，充分发挥联动效能。要建立和完善系列案件审判执行统一协调机制，避免因裁判标准不一致或者执行工作简单化而激化社会矛盾。要结合民间借贷纠纷案件审判工作实际，及时提出司法建议，为有关部门依法采取有效措施提供参考。要加强法制宣传，特别是对典型案件的宣传，引导各类民间借贷主体增强风险防范意识，倡导守法诚信的社会风尚。

十、加强对民间借贷纠纷案件新情况新问题的调查研究。人民法院在民间借贷纠纷案件的审判工作中，要认真总结审判经验，密切关注各类敏感疑难问题和典型案件，对审理民间借贷纠纷案件过程中出现的新情况新问题，要认真分析研究成因，尽早提出对策，必要时及时层报最高人民法院。

国家发展改革委关于发布
《商品房销售明码标价规定》的通知

（2011 年 3 月 16 日　发改价检〔2011〕548 号）

各省、自治区、直辖市及计划单列市、副省级省会城市、新疆生产建设兵团发展改革委、物价局，深圳市市场监督管理局：

为了深入贯彻党中央、国务院关于保持价格总水平基本稳定的要求，落实《国务院关于坚决遏制部分城市房价过快上涨的通知》（国发〔2010〕10号）、《国务院办公厅关于促进房地产市场平稳健康发展的通知》（国办发〔2010〕4号）、《国务院办公厅关于进一步做好房地产市场调控工作有关问题的通知》（国办发〔2011〕1号）精神，切实加强房地产市场价格监管，着力解决商品房销售中存在的标价混乱、信息不透明、价格欺诈等问题，我委在征求各方面意见基础上，制定了《商品房销售明码标价规定》，现印发你们，请按照执行。执行过程中发现新情况、新问题，请及时报告我委（价格监督检查司）。

商品房销售明码标价规定

第一条 为了规范商品房销售价格行为,建立和维护公开、公正、透明的市场价格秩序,保护消费者和经营者合法权益,根据《中华人民共和国价格法》、原国家发展计划委员会《关于商品和服务实行明码标价的规定》,制定本规定。

第二条 中华人民共和国境内的房地产开发企业和中介服务机构(以下统称商品房经营者)销售新建商品房,应当按照本规定实行明码标价。

中介服务机构销售二手房的明码标价参照本规定执行。

第三条 本规定所称明码标价,是指商品房经营者在销售商品房时按照本规定的要求公开标示商品房价格、相关收费以及影响商品房价格的其他因素。

第四条 各级政府价格主管部门是商品房明码标价的管理机关,依法对商品房经营者执行明码标价和收费公示规定的情况进行监督检查。

第五条 已取得预售许可和销售现房的房地产经营者,要在公开房源时,按照本规定实行明码标价。

第六条 商品房经营者应当在商品房交易场所的醒目位置放置标价牌、价目表或者价格手册,有条件的可同时采取电子信息屏、多媒体终端或电脑查询等方式。采取上述多种方式明码标价的,标价内容应当保持一致。

第七条 商品房销售明码标价应当做到价目齐全,标价内容真实明确、字迹清晰、标示醒目,并标示价格主管部门投诉举报电话。

第八条 商品房销售明码标价实行一套一标。商品房经营者应当对每套商品房进行明码标价。按照建筑面积或者套内建筑面积计价的,还应当标示建筑面积单价或者套内建筑面积单价。

第九条 对取得预售许可或者办理现房销售备案的房地产开发项目,商品房经营者要在规定时间内一次性公开全部销售房源,并严格按照申报价格明码标价对外销售。

第十条 商品房经营者应当明确标示以下与商品房价格密切相关的因素:

(一)开发企业名称、预售许可证、土地性质、土地使用起止年限、楼盘名称、坐落位置、容积率、绿化率、车位配比率。

(二)楼盘的建筑结构、装修状况以及水、电、燃气、供暖、通讯等基础设施配套情况。

（三）当期销售的房源情况以及每套商品房的销售状态、房号、楼层、户型、层高、建筑面积、套内建筑面积和分摊的共有建筑面积。

（四）优惠折扣及享受优惠折扣的条件。

（五）商品房所在地省级价格主管部门规定的其他内容。

第十一条 商品房销售应当公示以下收费：

（一）商品房交易及产权转移等代收代办的收费项目、收费标准。代收代办收费应当标明由消费者自愿选择。

（二）商品房销售时选聘了物业管理企业的，商品房经营者应当同时公示前期物业服务内容、服务标准及收费依据、收费标准。

（三）商品房所在地省级价格主管部门规定的其他内容。

第十二条 对已销售的房源，商品房经营者应当予以明确标示。如果同时标示价格的，应当标示所有已销售房源的实际成交价格。

第十三条 商品房经营者不得在标价之外加价销售商品房，不得收取任何未予标明的费用。

第十四条 商品房经营者在广告宣传中涉及的价格信息，必须真实、准确、严谨。

第十五条 商品房经营者不得使用虚假或者不规范的价格标示误导购房者，不得利用虚假或者使人误解的标价方式进行价格欺诈。

第十六条 商品房经营者不按照本规定明码标价和公示收费，或者利用标价形式和价格手段进行价格欺诈的，由县级以上各级人民政府价格主管部门依据《中华人民共和国价格法》、《价格违法行为行政处罚规定》、《关于商品和服务实行明码标价的规定》、《禁止价格欺诈行为的规定》等法律、法规和规章实施行政处罚。

第十七条 价格主管部门发现商品房经营者明码标价的内容不符合国家相关政策的，要及时移送相关部门处理。

第十八条 省、自治区、直辖市价格主管部门可根据本规定制定商品房销售明码标价实施细则。

第十九条 本规定自 2011 年 5 月 1 日起施行。

国家发展改革委决定废止的规章和规范性文件目录

（2011 年 6 月 30 日中华人民共和国国家发展和改革委员会令第 10 号公布）

（规章 9 件，规范性文件 476 件）

序号	类别	名称及文号	发文单位及日期
1	规章	印发《关于鼓励发展小型热电联产和严格限制凝汽式小火电建设的若干规定》的通知（计资源〔1989〕973 号）	国家计委 1989 年 8 月 9 日
2	规章	关于颁发《火力发电厂节约能源规定（试行）》的通知（能源节能〔1991〕98 号）	能源部 1991 年 2 月 5 日
3	规章	农业化学物质产品行政保护条例实施细则（化工部令〔1992〕第 8 号）	化工部 1992 年 12 月 26 日
4	规章	煤矿企业煤炭生产许可证年检办法（煤生字〔1996〕123 号）	煤炭部 1996 年 4 月 10 日
5	规章	印发《国家计委关于基本建设大中型项目开工条件的规定》的通知（计建设〔1997〕352 号）	国家计委 1997 年 3 月 13 日
6	规章	电力工业部关于印发《火电厂实行新管理办法若干设计问题的规定》的通知（电规〔1997〕523 号）	电力工业部 1997 年 9 月 22 日
7	规章	印发《关于固定资产投资工程项目可行性研究报告"节能篇（章）"编制及评估的规定》的通知（计交能〔1997〕2542 号）	国家计委、国家经贸委、建设部 1997 年 12 月 19 日
8	规章	国家发展计划委员会关于下达水利第一批财政预算内专项资金的通知（计投资〔1998〕1504 号）—附件二：关于加强水利项目财政预算内专项资金管理暂行办法	国家计委 1998 年 8 月 9 日
9	规章	国家计委关于印发重大建设项目违规问题举报办法（试行）的通知（计稽察〔1999〕404 号）	国家计委 1999 年 4 月 16 日
10	规范性文件	印发《关于中药价格管理的改革意见》的通知（国药联材字〔1980〕236 号，价字〔1980〕93 号）	国家医药管理总局、国家物价总局 1980 年 5 月 10 日
11	规范性文件	关于停止扩大工业优待电价范围的通知（电财字〔80〕87 号，价字〔1980〕151 号）	电力工业部、国家物价局 1980 年 6 月 26 日
12	规范性文件	关于使用中国人民银行节能中短期专项贷款有关事项的通知（计综〔1981〕223 号）	国家计委、国家经委、中国人民银行 1981 年 4 月 11 日

序号	类别	名称及文号	发文单位及日期
13	规范性文件	关于制止地方进口食糖问题的复函（计贸〔1983〕142 号）	国家计委 1983 年 2 月 5 日
14	规范性文件	对《国务院关于严格控制固定资产投资规模的补充规定》中有关基本建设若干问题的说明（计资〔1983〕626 号）	国家计委、财政部、 国家统计局、 中国人民建设银行 1983 年 5 月 5 日
15	规范性文件	下达《关于更新改造措施与基本建设划分的暂行规定》的通知（计资〔1983〕869 号）	国家计委、国家经委、 国家统计局 1983 年 6 月 20 日
16	规范性文件	关于防止广播卫星接收设备技术引进及研制生产盲目铺点的通知〔计科（外）〔1984〕753 号〕	国家计委、外经贸部 1984 年 4 月 25 日
17	规范性文件	关于印发《技术改造贴息贷款暂行管理办法》的通知（经技〔1984〕324 号）	国家经委、财政部、中国 人民银行、中国工商银行 1984 年 5 月 18 日
18	规范性文件	关于下放省、自治区、直辖市自筹投资项目审批权的通知（计资〔1984〕1017 号）	国家计委 1984 年 5 月 30 日
19	规范性文件	关于下放计划外进口化纤审批权限的通知（计轻〔1984〕1712 号）	国家计委 1984 年 8 月 25 日
20	规范性文件	关于印发《基本建设项目投资包干责任制办法》的通知（计基〔1984〕2008 号）	国家计委、城乡建设 环境保护部、劳动人事 部、中国人民建设银行 1984 年 9 月 29 日
21	规范性文件	水利电力部关于积极开展签订供应电合同的通知	水利电力部 1984 年 11 月 9 日
22	规范性文件	关于采取紧急措施严格控制盲目引进电冰箱生产线的通知（计轻〔1985〕178 号）	国家计委、国家经委 1985 年 1 月 20 日
23	规范性文件	关于新乐县合资经营棉籽油加工厂的复函〔计贸（外）〔1985〕734 号〕	国家计委、对外经贸部 1985 年 5 月 10 日
24	规范性文件	关于基本建设自筹资金必须存入建设银行监督管理的紧急通知（计资〔1985〕902 号）	国家计委、中国人民银 行、中国人民建设银行 1985 年 6 月 10 日
25	规范性文件	关于加强对引进设备随主机进口化纤原料管理的通知（计轻〔1985〕921 号）	国家计委 1985 年 6 月 12 日
26	规范性文件	印发《关于简化限额以上技术改造项目审批程序的规定》的通知（计工〔1985〕949 号）	国家计委 1985 年 6 月 18 日
27	规范性文件	关于计划外进行棉花与化纤织物以货易货的复函（计贸〔1985〕1111 号）	国家计委 1985 年 7 月 16 日

序号	类别	名称及文号	发文单位及日期
28	规范性文件	关于利用外资兴建电厂或进口大型发电设备要严格遵守报批程序的通知[计燃(外)〔1985〕1092号]	国家计委 1985 年 7 月 18 日
29	规范性文件	关于基本建设项目保险问题的通知（计资〔1985〕1184 号）	国家计委、国家审计署、中国人民建设银行 1985 年 8 月 9 日
30	规范性文件	关于制发《物价违纪案件审理工作暂行规定》的通知（价检字〔1985〕208 号）	国家物价局 1985 年 8 月 10 日
31	规范性文件	关于各地方、各部门自借外资有关问题的通知（计外〔1985〕1284 号）	国家计委 1985 年 8 月 21 日
32	规范性文件	关于加强国家指令性计划电线电缆产品生产、分配管理的通知（计综〔1985〕1303 号）	国家计委 1985 年 8 月 24 日
33	规范性文件	关于怀仁县物价局处理违反物价纪律案件复议问题的函（价检字〔1985〕327 号）	国家物价局 1985 年 9 月 26 日
34	规范性文件	关于合资改造齐河棉籽加工厂建议书的复函（计贸〔1985〕1630 号）	国家计委、对外经贸部 1985 年 10 月 14 日
35	规范性文件	关于加强纱布计划管理问题的补充意见（计轻〔1985〕1649 号）	国家计委 1985 年 10 月 18 日
36	规范性文件	关于重新制发物价违纪查处情况统计报告制度的通知（价检字〔1985〕350 号）	国家物价局 1985 年 10 月 20 日
37	规范性文件	印发《关于加强基本建设调度工作的几项暂行规定》的通知（计基〔1986〕303 号）	国家计委 1986 年 3 月 11 日
38	规范性文件	关于改进以泡养地橡胶制品生产用胶分配供应办法的通知（计综〔1986〕481 号）	国家计委 1986 年 4 月 9 日
39	规范性文件	关于改进羊毛和毛纺织品生产流通问题的通知（计轻〔1986〕587 号）	国家计委、国家经委 1986 年 4 月 19 日
40	规范性文件	关于加强进口钢材管理的暂行规定（计综〔1986〕864 号）	国家计委 1986 年 5 月 29 日
41	规范性文件	关于国土资源普查卫星和尖兵一号卫星国内摄影底片、照片资料管理使用的补充规定（计土〔1986〕1442 号）	国家计委、总参谋部、国防科工委、国家经委 1986 年 8 月 11 日
42	规范性文件	关于中外合资、合作经营企业计算基本建设规模的暂行规定（计资〔1986〕1550 号）	国家计委 1986 年 8 月 25 日
43	规范性文件	印发《关于技术改造和技术引进项目管理程序的若干规定》的通知（经技〔1986〕648 号）	国家经委 1986 年 10 月 22 日
44	规范性文件	关于加强商品房屋建设计划管理的暂行规定（计资〔1987〕16 号）	国家计委、城乡建设环境保护部、国家统计局 1987 年 1 月 2 日

序号	类别	名称及文号	发文单位及日期
45	规范性文件	关于棉花奖售化肥单列指标问题的通知（计商〔1987〕153 号）	国家计委、农牧渔业部、商业部 1987 年 1 月 28 日
46	规范性文件	关于铁道部利用国际金融组织贷款或双边政府贷款购买铁路客车免征关税和进口环节增值税的通知（计贷〔1987〕319 号）	国家计委、财政部、海关总署 1987 年 2 月 26 日
47	规范性文件	水利电力部关于颁发"水利电力部劳动保护安全技术科研成果管理办法"（试行）的通知（水电劳字〔1987〕27 号）	水利电力部 1987 年 3 月 9 日
48	规范性文件	关于轻纺工业重点产品出口基地专项投资项目进口设备减税的通知（计综〔1987〕670 号）	国家计委、海关总署、财政部 1987 年 4 月 30 日
49	规范性文件	关于印发《绵羊毛市场管理暂行办法》的通知（计轻〔1987〕717 号）	国家计委、国家经委 1987 年 5 月 9 日
50	规范性文件	关于第二批轻纺出口产品基建项目中标的通知（计轻〔1987〕1475 号）—附件二：关于轻纺出口产品建设项目专项资金管理的暂行办法	国家计委 1987 年 8 月 29 日
51	规范性文件	关于发布《街道群众价格监督暂行规定》的通知（价检字〔1987〕488 号）	国家物价局 1987 年 10 月 1 日
52	规范性文件	水利电力部关于颁布《农村电工服务守则》的通知（水电农电字〔1987〕23 号）	水利电力部 1987 年 10 月 6 日
53	规范性文件	关于加强土地复垦的规定（计土〔1987〕1903 – 02 号）	国家计委 1987 年 10 月 17 日
54	规范性文件	关于民用爆破器材购销管理问题的通知（计综〔1987〕1939 号）	国家计委 1987 年 10 月 22 日
55	规范性文件	关于发展苎麻纺织品的意见（计轻〔1987〕2190 号）	国家计委 1987 年 11 月 16 日
56	规范性文件	关于解决盐业几个问题的通知（计轻〔1987〕2238 号）	国家计委 1987 年 11 月 23 日
57	规范性文件	关于改造城市房屋卫生洁具的通知（计资〔1987〕2391 号）	国家计委、国家经委、城乡建设环境保护部、轻工业部、国家建材局 1987 年 12 月 15 日
58	规范性文件	关于新疆棉花出口计划问题的复函（计商〔1987〕2416 号）	国家计委 1987 年 12 月 21 日
59	规范性文件	关于调整轻工"183"专项技术改造项目用汇的通知（计轻〔1987〕2412 号）	国家计委 1987 年 12 月 22 日
60	规范性文件	关于调整纺织"183"专项重大技术改造项目用汇的通知（计轻〔1987〕2413 号）	国家计委 1987 年 12 月 22 日

序号	类别	名称及文号	发文单位及日期
61	规范性文件	关于提高长绒棉加价比例等问题的复函（计商〔1987〕2483 号）	国家计委 1987 年 12 月 30 日
62	规范性文件	关于大中型和限额以上固定资产投资项目建议书审批问题的通知（计投资〔1988〕85 号）	国家计委 1988 年 1 月 14 日
63	规范性文件	关于国家统还外汇的国外贷款项目剩余金额使用问题的通知（计贷〔1988〕278 号）	国家计委 1988 年 2 月 23 日
64	规范性文件	关于转发《岩金地质勘探、工程设计和矿山建设三结合试行办法》的通知（计土〔1988〕311 号）	国家计委、国家经委、财政部、中国人民银行、中国人民建设银行 1988 年 2 月 29 日
65	规范性文件	关于限制骨粒出口处理意见的通知（计轻〔1988〕363 号）	国家计委、国家经委 1988 年 3 月 10 日
66	规范性文件	关于调整糖厂建设项目审批权限的通知（计轻〔1988〕615 号）	国家计委 1988 年 4 月 22 日
67	规范性文件	发布《国家物价局关于价格违法行为的处罚规定》的通知（价检字〔1988〕218 号）	国家物价局 1988 年 5 月 14 日
68	规范性文件	关于外贸兔毛积压问题的处理意见（计办轻〔1988〕115 号）	国家计委 1988 年 5 月 16 日
69	规范性文件	关于修订进口纺织原料配额管理办法的通知（计工二〔1988〕260 号）	国家计委 1988 年 7 月 18 日
70	规范性文件	能源部关于颁发《电网调度自动化系统实用化要求（试行）》的通知（能源调字〔1988〕30 号）	能源部 1988 年 8 月
71	规范性文件	关于解决盐业生产问题的通知（计工二〔1988〕391 号）	国家计委 1988 年 8 月 10 日
72	规范性文件	关于搞好军需纺织品生产供应的通知（计工〔1988〕763 号）	国家计委、纺织工业部、商业部、总后勤部 1988 年 10 月 19 日
73	规范性文件	关于建立白银地质勘查基金及其使用管理办法的通知（计国土〔1988〕1074 号）	国家计委 1988 年 12 月 22 日
74	规范性文件	对棉花实行统一进口经营问题的意见（计办经贸〔1989〕11 号）	国家计委 1989 年 1 月 11 日
75	规范性文件	关于统一煤炭运价的紧急通知（价重字〔1989〕52 号）	国家物价局 1989 年 2 月 1 日
76	规范性文件	关于外贸进出口货物港口装卸费问题的规定（价重字〔1989〕62 号）	国家物价局、国务院口岸领导小组、交通部、对外经贸部 1989 年 2 月 3 日

序号	类别	名称及文号	发文单位及日期
77	规范性文件	对江苏省在国际市场上用高级棉串换低级棉的意见（计办经贸〔1989〕88号）	国家计委 1989年3月6日
78	规范性文件	关于棉短绒出口问题的复函（计经贸〔1989〕248号）	国家计委 1989年3月8日
79	规范性文件	关于《中华人民共和国价格管理条例》第二十一条的解释（价检字〔1989〕143号）	国家物价局 1989年3月9日
80	规范性文件	关于要求在国际市场上用高级棉串换低级棉问题的复函（计经贸〔1989〕306号）	国家计委 1989年3月24日
81	规范性文件	关于用统配钢材在国内卖外汇进口铁矿石、铬矿石和洗精煤问题的通知（计综合〔1989〕304号）	国家计委 1989年3月24日
82	规范性文件	关于扩大啤酒出口问题的意见（计工二〔1989〕478号）	国家计委 1989年4月29日
83	规范性文件	关于申请调进纺棉问题的复函（计市场〔1989〕480号）	国家计委 1989年4月29日
84	规范性文件	关于要求动用储备棉问题的复函（计市场〔1989〕859号）	国家计委 1989年7月17日
85	规范性文件	对电冰箱行业实行生产许可证制度有关问题的意见（计办工二〔1989〕390号）	国家计委 1989年7月18日
86	规范性文件	关于进一步加强自筹基建资金管理的补充规定（计投资〔1989〕1245号）	国家计委、中国人民银行、财政部、审计署 1989年10月10日
87	规范性文件	关于有计划地发展聚酯的通知（计工二〔1989〕1594号）	国家计委 1989年12月21日
88	规范性文件	能源部关于颁发《乡电管站管理办法》的通知（能源农民〔1989〕1286号）	能源部 1990年1月19日
89	规范性文件	关于用棉花出口偿还日本"黑字还流"贷款问题的复函（计经贸〔1990〕64号）	国家计委 1990年1月31日
90	规范性文件	能源部关于输变电铁塔出口问题规定的通知（能源机〔1990〕69号）	能源部 1990年2月9日
91	规范性文件	关于加强进口矿石来料、进料加工管理有关问题的通知（计办调度〔1990〕105号）	国家计委 1990年4月2日
92	规范性文件	能源部、国家技术监督局关于加强进口电能计量仪表及其检验装置监督管理工作的通知（能源电〔1990〕115号）	能源部、国家技术监督局 1990年2月26日
93	规范性文件	关于标准定额工作分工意见的通知（计投资〔1990〕442号）	国家计委、建设部 1990年4月29日

序号	类别	名称及文号	发文单位及日期
94	规范性文件	能源部、公安部关于贯彻执行《关于严禁窃电的通告》的有关问题的通知	能源部、公安部 1990 年 5 月 28 日
95	规范性文件	能源部关于印发《对地方小火电厂治理整顿意见》的通知（能源农电〔1990〕538 号）	能源部 1990 年 6 月 14 日
96	规范性文件	对丝绸管理体制问题的意见（计办工二〔1990〕577 号）	国家计委 1990 年 7 月 24 日
97	规范性文件	关于印发《国家重点实验室建设管理办法》的通知（计科技〔1990〕1259 号）	国家计委 1990 年 9 月 19 日
98	规范性文件	关于印发《建设项目经济评价参数》的通知（计投资〔1990〕1260 号）	国家计委、建设部 1990 年 9 月 19 日
99	规范性文件	能源部关于做好电力系统通信与调度自动化规划建设与管理工作的通知（能源调〔1990〕818 号）	能源部 1990 年 9 月 22 日
100	规范性文件	关于发展农垦工业若干问题的通知（计综合〔1991〕173 号）	国家计委、农业部 1991 年 2 月 23 日
101	规范性文件	能源部、国家技术监督局关于颁发电力工业《计量考核评分标准的实施规定》的通知（能源电〔1991〕196 号）	能源部、国家技术监督局 1991 年 3 月 25 日
102	规范性文件	关于条形码服务收费的复函（价费字〔1991〕270 号）	国家物价局、财政部 1991 年 6 月 20 日
103	规范性文件	关于新建烟用二醋酸纤维丝束项目由国家烟草专卖局统一归口的通知（计轻纺〔1991〕1096 号）	国家计委 1991 年 7 月 18 日
104	规范性文件	能源部关于印发《全国县级电网通信与调度自动化"八五"规划纲要》等文件的通知（能源农电〔1991〕686 号）	能源部 1991 年 8 月 2 日
105	规范性文件	关于印发《物价监督检查统计工作规定》的通知（价检字〔1991〕364 号）	国家物价局 1991 年 8 月 5 日
106	规范性文件	关于动用储备棉问题的复函（计市场〔1991〕1248 号）	国家计委 1991 年 8 月 15 日
107	规范性文件	关于中国国际信托投资公司投资审批权限问题的通知（计外资〔1991〕1299 号）	国家计委 1991 年 8 月 22 日
108	规范性文件	关于援助圭亚那萨那塔纺织厂所需棉花出口问题的复函（计经贸〔1991〕1614 号）	国家计委 1991 年 10 月 17 日
109	规范性文件	能源部关于扩充和完善电力重点骨干企业信息系统的通知（能源信〔1991〕723 号）	能源部 1991 年 10 月 25 日
110	规范性文件	关于制止房间空调器盲目发展的通知（计轻纺〔1991〕1768 号）	国家计委、国务院生产办公室 1991 年 11 月 7 日

序号	类别	名称及文号	发文单位及日期
111	规范性文件	关于重新印发《国家重点实验室国际合作、交流专项经费管理办法》的通知（计科技〔1991〕1937号）	国家计委 1991年11月30日
112	规范性文件	能源部关于发布《电力工人技术等级标准》的通知（能源人〔1991〕1253号）	能源部 1991年12月
113	规范性文件	关于基本建设项目使用银行贷款评估工作的通知（计投资〔1992〕55号）	国家计委 1992年1月7日
114	规范性文件	国家物价局、财政部关于发布《工业产品生产许可证收费管理暂行规定》的通知（价费字〔1992〕127号）	国家物价局、财政部 1992年3月26日
115	规范性文件	国家物价局、财政部关于发布气象部门专业服务收费的通知（价费字〔1992〕128号）	国家物价局、财政部 1992年3月28日
116	规范性文件	关于防止固定资产投资项目资金拖欠的通知（计投资〔1992〕413号）	国家计委、国务院生产办、财政部、中国人民银行、国务院清理"三角债"领导小组 1992年4月10日
117	规范性文件	关于安排新疆生产建设兵团出口长绒棉问题的函（计经贸〔1992〕717号）	国家计委 1992年5月28日
118	规范性文件	国家物价局、财政部关于发布地震安全性评价收费项目及标准的通知（价费字〔1992〕399号）	国家物价局、财政部 1992年8月4日
119	规范性文件	国家物价局、财政部关于发布中央管理的经贸系统行政事业性收费项目及标准的通知（价费字〔1992〕401号）	国家物价局、财政部 1992年8月4日
120	规范性文件	国家物价局、财政部关于发布中央管理的新闻出版系统行政事业性收费项目及标准的通知（价费字〔1992〕402号）	国家物价局、财政部 1992年8月4日
121	规范性文件	国家物价局、财政部关于征收海洋废弃物倾倒费和海洋石油勘探开发超标排污费的通知（价费字〔1992〕434号）	国家物价局、财政部 1992年8月20日
122	规范性文件	印发《关于开展农村小城镇建设试点工作的若干意见（试行）》的通知（计办农经〔1992〕544号）	国家计委 1992年9月30日
123	规范性文件	国家物价局、财政部关于国际法制计量组织计量器具型式合格证书收费的通知（价费字〔1992〕532号）	国家物价局、财政部 1992年10月16日
124	规范性文件	关于兵团基数内棉花收购问题的复函（计市场〔1992〕1983号）	国家计委 1992年11月6日
125	规范性文件	关于加强利用日本能源贷款项目计划管理问题的通知（计外资〔1992〕2021号）	国家计委 1992年11月9日

序号	类别	名称及文号	发文单位及日期
126	规范性文件	国家物价局、财政部关于发布国务院经贸办行政事业性收费项目及标准的通知（价费字〔1992〕581号）	国家物价局、财政部 1992年11月10日
127	规范性文件	国家物价局、国家国有资产管理局关于发布《资产评估收费管理暂行办法》的通知（价费字〔1992〕625号）	国家物价局、 国家国有资产管理局 1992年12月10日
128	规范性文件	关于发布城市房屋拆运管理费的通知（价费字〔1993〕13号）	国家物价局、财政部 1993年1月18日
129	规范性文件	国家计委印发《关于调整供电贴费标准和加强贴费管理的请示》的通知（计投资〔1993〕116号）	国家计委 1993年2月2日
130	规范性文件	关于江西省出口棉花偿还世行贷款问题的复函（计经贸〔1993〕383号）	国家计委 1993年3月15日
131	规范性文件	关于收取航海类专业培养费的复函（价费字〔1993〕114号）	国家物价局、财政部 1993年3月30日
132	规范性文件	关于发布建设工程质量监督费的通知（价费字〔1993〕149号）	国家物价局、财政部 1993年4月24日
133	规范性文件	对一九九三年用电加价的意见（计办市场〔1993〕168号）	国家计委 1993年5月8日
134	规范性文件	电力工业部关于印发《供电工程贴费管理办法》的通知（电办〔1993〕87号）	电力工业部 1993年5月25日
135	规范性文件	电力工业部关于外商投资建设电力项目审批程序的暂行规定	电力工业部 1993年6月14日
136	规范性文件	关于成都、江油、珞璜电厂电价问题的批复（计物价〔1993〕1261号）	国家计委、电力工业部 1993年7月20日
137	规范性文件	关于印发《甘肃省电网电价表》的通知（计物价〔1993〕1392号）	国家计委、电力工业部 1993年8月7日
138	规范性文件	关于印发《国家指令性计划和国家订货的暂行规定》的通知（计综合〔1993〕1417号）	国家计委、国家 经贸委、国家体改委 1993年8月13日
139	规范性文件	电力工业部关于颁发《编制电力系统年度运行方式的规定》（试行）的通知（电办〔1993〕120号）	电力工业部 1993年8月26日
140	规范性文件	关于印发《宁夏自治区电网电价表》的通知（计物价〔1993〕1594号）	国家计委、电力工业部 1993年9月2日
141	规范性文件	关于化肥生产用电享受农业用电价格政策问题的复函（计物价〔1993〕1712号）	国家计委 1993年9月20日
142	规范性文件	电力工业部关于印发《电力行业股份制企业试点暂行规定》的通知（电政法〔1993〕391号）	电力工业部 1993年9月22日

序号	类别	名称及文号	发文单位及日期
143	规范性文件	电力工业部关于调整火电、变电工程取费标准的通知（电办〔1993〕124 号）	电力工业部 1993 年 10 月 14 日
144	规范性文件	关于提高三门峡水电站上网电价的通知（计物价〔1993〕2168 号）	国家计委、水利部、 电力工业部 1993 年 11 月 11 日
145	规范性文件	关于印发贵州省电网电价表的通知（计物价〔1993〕2231 号）	国家计委、电力工业部 1993 年 11 月 18 日
146	规范性文件	关于印发新疆电网电价表的通知（计物价〔1993〕2479 号）	国家计委、电力工业部 1993 年 12 月 14 日
147	规范性文件	关于哈尔滨第三发电厂三号机组六十万千瓦火电主机结算价格的通知（计物价〔1993〕2489 号）	国家计委 1993 年 12 月 14 日
148	规范性文件	电力工业部关于电力工业实行增值税的通知（电经〔1994〕29 号）	电力工业部 1994 年 1 月 17 日
149	规范性文件	对进一步依法加强盐业管理问题的意见（计办机轻〔1994〕26 号）	国家计委 1994 年 1 月 18 日
150	规范性文件	关于提高电力价格的通知（计价格〔1994〕87 号）	国家计委、电力工业部 1994 年 1 月 22 日
151	规范性文件	电力工业部关于印发电力行业股份制试点企业基本条件和审批程序暂行规定的通知（电政法〔1994〕63 号）	电力工业部 1994 年 1 月 26 日
152	规范性文件	国家计委、电力部关于吉林化学工业公司化肥厂用电价格问题处理意见的函（计价格〔1994〕109 号）	国家计委、电力部 1994 年 1 月 28 日
153	规范性文件	国家计委、财政部关于林业保护建设费收费标准的通知（计价格〔1994〕138 号）	国家计委、财政部 1994 年 2 月 3 日
154	规范性文件	国家经贸委印发《关于加强资源节约和综合利用工作的意见》的通知（国经贸资〔1994〕119 号）	国家经贸委 1994 年 3 月 11 日
155	规范性文件	国家计委关于统一降低洁霉素等药品价格的通知（计价格〔1994〕301 号）	国家计委 1994 年 3 月 17 日
156	规范性文件	国家计委关于征收水电开发前期费基金问题的复函（计价格〔1994〕464 号）	国家计委 1994 年 4 月 23 日
157	规范性文件	关于外资投资控股兼并和收购我国有企业有关问题的通知（体改函宏〔1994〕40 号）	国家体改委 1994 年 5 月 4 日
158	规范性文件	国家计委、财政部关于调整部分计量检定收费标准的通知（计价格〔1994〕643 号）	国家计委、财政部 1994 年 5 月 27 日
159	规范性文件	国家计委关于煤炭价格有关问题的通知（计价格〔1994〕566 号）	国家计委 1994 年 7 月 13 日

序号	类别	名称及文号	发文单位及日期
160	规范性文件	国家计委、国家环保局关于印发《环境保护计划管理办法》的通知(计国地〔1994〕1241号)	国家计委、国家环保局 1994年9月15日
161	规范性文件	国家计委、电力部关于京津唐电网峰谷分时电价实施办法的批复(计价格〔1994〕1538号)	国家计委、电力部 1994年10月26日
162	规范性文件	关于进一步学习、宣传和贯彻商品和服务实行明码标价的规定及实施细则的通知(计价检〔1995〕192号)	国家计委 1995年2月25日
163	规范性文件	国家计委、电力部关于天桥电厂供电价格问题的复函(计价格〔1995〕209号)	国家计委、电力部 1995年2月27日
164	规范性文件	关于加强进口粮食运输组织工作的通知(国经贸运〔1995〕230号)	国家经贸委 1995年5月25日
165	规范性文件	国家计委关于下放商标代理费审批权限的通知(计价格〔1995〕746号)	国家计委、财政部 1995年6月14日
166	规范性文件	国家计委、国家经贸委关于印发进一步完善原油、成品油流通体制改革意见的通知(计综合〔1995〕913号)	国家计委、国家经贸委 1995年7月5日
167	规范性文件	关于纠正省以下地方政府越权征收邮电附加费问题的通知(计价检〔1995〕976号)	国家计委、 邮电部、监察部 1995年7月18日
168	规范性文件	国家计委、财政部关于核定工程总承包资格证书副本收费标准的复函(计价格〔1995〕1333号)	国家计委、财政部 1995年9月12日
169	规范性文件	国家计委关于中国联通公司通信网与邮电公用网互联互通话费结算办法的通知(计价格〔1995〕1411号)	国家计委 1995年9月27日
170	规范性文件	关于外贸企业"三费"结余收入处理问题的复函(计价检〔1995〕2074号)	国家计委 1995年11月17日
171	规范性文件	国家计委办公厅对国家储备棉保管费用的意见的函(计办市场〔1995〕665号)	国家计委 1995年11月23日
172	规范性文件	国家计委关于城市车辆清洗站(场)收费管理问题的复函(计价格〔1995〕2208号)	国家计委 1995年12月6日
173	规范性文件	国家计委、财政部关于发布印刷产品质量委托检验收费标准的通知(计价格〔1995〕2284号)	国家计委、财政部 1995年12月26日
174	规范性文件	国家计委关于重申学校不得跨学年收取学费的通知(计价费〔1996〕126号)	国家计委 1996年1月25日
175	规范性文件	国家计委关于普通高等艺术类院校1996年招生收费并轨改革学费标准及有关问题的通知(计价费〔1996〕201号)	国家计委 1996年2月2日

序号	类别	名称及文号	发文单位及日期
176	规范性文件	国家计委办公厅关于基本建设小型项目申请银行贷款投资规范化管理的通知（计办投资〔1996〕138 号）	国家计委 1996 年 3 月 13 日
177	规范性文件	关于加强进口粮食、化肥国外订货和国内疏运衔接工作的通知（国经贸运〔1996〕132 号）	国家经贸委 1996 年 3 月 15 日
178	规范性文件	国家计委、铁道部关于下达铁路货物运价率表的通知（计价管〔1996〕564 号）	国家计委、铁道部 1996 年 3 月 27 日
179	规范性文件	关于明确高等院校收费检查中有关政策问题的通知（计价检〔1996〕749 号）	国家计委 1996 年 4 月 19 日
180	规范性文件	国家计委关于借用国外贷款实行全口径计划管理的通知（计外资〔1996〕751 号）	国家计委 1996 年 4 月 22 日
181	规范性文件	关于进口化肥运输计划实行归口管理的通知（国经贸运〔1996〕389 号）	国家经贸委 1996 年 6 月 7 日
182	规范性文件	国家计委办公厅关于印发委托中国国际工程咨询公司咨询评估的暂行办法的通知（计办投资〔1996〕398 号）	国家计委 1996 年 6 月 18 日
183	规范性文件	国家计委、财政部关于母婴保健技术服务许可证等工本费标准的通知（计价费〔1996〕1222 号）	国家计委、财政部 1996 年 7 月 1 日
184	规范性文件	电力部关于印发《电力系统工业普查评比表彰办法》的通知（电计〔1996〕494 号）	电力部 1996 年 7 月 30 日
185	规范性文件	国家计委关于整顿原料血浆及人血白蛋白等制品价格的通知（计价管〔1996〕1468 号）	国家计委 1996 年 8 月 1 日
186	规范性文件	国家计委、财政部关于调整社会团体登记收费标准的通知（计价费〔1996〕1602 号）	国家计委、财政部 1996 年 8 月 23 日
187	规范性文件	国家计委、邮电部关于调整国际及港澳包裹收寄资费的通知（计价费〔1996〕1620 号）	国家计委、邮电部 1996 年 8 月 26 日
188	规范性文件	国家计委、财政部关于对生产民品的军工、国防企业计量考核收费有关问题的复函（计价费〔1996〕2154 号）	国家计委、财政部 1996 年 9 月 16 日
189	规范性文件	关于印发《外贸运输计划管理办法》的通知（国经贸运〔1996〕647 号）	国家经贸委 1996 年 9 月 16 日
190	规范性文件	关于印发《"中国绿色照明工程"实施方案》的通知（国经贸资〔1996〕619 号）	国家经贸委 1996 年 9 月 18 日
191	规范性文件	国家计委、邮电部关于加强电信资费管理的通知（计价费〔1996〕1993 号）	国家计委、邮电部 1996 年 9 月 28 日
192	规范性文件	国家计委、财政部关于印发《世行贷款科技发展项目实施管理办法（暂行）》的通知（计科技〔1996〕1913 号）	国家计委、财政部 1996 年 9 月 29 日

序号	类别	名称及文号	发文单位及日期
193	规范性文件	国家计委、国家医药管理局关于调整和平衡部分化学药品价格的通知（计价管〔1996〕2180号）	国家计委、国家医药管理局 1996年10月18日
194	规范性文件	国家计委关于国有重点铁合金企业用电价格问题的报告（计价管〔1996〕2641号）	国家计委 1996年11月15日
195	规范性文件	国家计委关于印发《价格评估管理办法》的通知（计价费〔1996〕2654号）	国家计委 1996年11月18日
196	规范性文件	国家计委关于印发《价格评估机构管理办法》的通知（计价费〔1996〕2655号）	国家计委 1996年11月18日
197	规范性文件	国家计委关于提高煤矿专用铁路、铁路专用线收费标准的批复（计价管〔1996〕2811号）	国家计委 1996年12月4日
198	规范性文件	国家计委关于1997年电煤国家指导价格有关问题的通知（计价管〔1996〕2812号）	国家计委 1996年12月5日
199	规范性文件	国家计委关于联通公司GSM移动通信网与邮电公用网互联互通费用结算办法等有关问题的通知（计价费〔1996〕2917号）	国家计委 1996年12月23日
200	规范性文件	国家计委、财政部关于调整饲料添加剂登记收费标准的通知（计价费〔1997〕41号）	国家计委、财政部 1997年1月7日
201	规范性文件	关于外国籍和台、港、澳地区车辆在我境内行驶公路养路费征收标准的通知（计价费〔1997〕55号）	国家计委、财政部、交通部 1997年1月10日
202	规范性文件	国家计委关于四川省继续实行铁路分流运价问题的复函（计价管〔1997〕61号）	国家计委 1997年1月17日
203	规范性文件	国家计委、邮电部关于分组交换数据业务增加包月制收费方式的通知（计价费〔1997〕72号）	国家计委、邮电部 1997年1月18日
204	规范性文件	电力工业部关于印发《电力企业国有资产占有产权登记和1996年度检查登记工作的实施意见》的通知（电经〔1997〕85号）	电力工业部 1997年2月13日
205	规范性文件	国家计委、司法部关于印发《律师服务收费管理暂行办法》的通知（计价费〔1997〕286号）	国家计委、司法部 1997年3月3日
206	规范性文件	国家计委、电力部关于1997年电价调整方案有关问题的通知（计价管〔1997〕437号）	国家计委、电力部 1997年3月26日
207	规范性文件	国家计委关于切实做好减轻农民负担工作的通知（计价费〔1997〕485号）	国家计委 1997年3月28日
208	规范性文件	国家计委关于调整长江干线货物运价的复函（计价管〔1997〕604号）	国家计委 1997年4月15日
209	规范性文件	关于对国外和台、港、澳地区的计量检定及进口计量器具定型鉴定收费标准的通知（计价费〔1997〕897号）	国家计委、财政部、国家技术监督局 1997年5月22日

序号	类别	名称及文号	发文单位及日期
210	规范性文件	国家计委、邮电部关于调整港澳台地区电话资费标准的通知（计价费〔1997〕924号）	国家计委、邮电部 1997年5月26日
211	规范性文件	国家计委关于调整厦门市公交票价的批复（计价费〔1997〕1069号）	国家计委 1997年6月23日
212	规范性文件	国家计委关于调整合肥市公交票价的批复（计价费〔1997〕1070号）	国家计委 1997年6月23日
213	规范性文件	国家计委办公厅关于印发民航国内航线公布票价表的通知（计办价管〔1997〕446号）	国家计委 1997年6月26日
214	规范性文件	国家计委关于调整南宁市公交普票、自来水价格的批复（计价费〔1997〕1341号）	国家计委 1997年8月1日
215	规范性文件	国家计委关于调整昆明市公交票价的批复（计价费〔1997〕1361号）	国家计委 1997年8月6日
216	规范性文件	关于清理整顿金银饰品检验收费的通知（计价费〔1997〕1377号）	国家计委、国家经贸委、财政部、中国人民银行、国家技术监督局 1997年8月7日
217	规范性文件	国家计委、公安部关于加强居民身份证收费管理的通知（计价费〔1997〕1485号）	国家计委、公安部 1997年8月21日
218	规范性文件	国家计委关于同意成都市调整公交普票价格的批复（计价费〔1997〕1617号）	国家计委 1997年9月9日
219	规范性文件	国家计委办公厅关于用机采血浆生产的人血白蛋白、低PH静脉注射丙种球蛋白价格的批复（计办价管〔1997〕628号）	国家计委 1997年9月16日
220	规范性文件	关于印发《"出疆棉"供应工作实施细则》和《关于中华棉花总公司340万担新疆棉的销售办法》的通知（计市场〔1997〕1681号）	国家计委、财政部、全国供销合作总社、中国纺织总会 1997年9月18日
221	规范性文件	国家计委办公厅关于公布卡力等进口药品销售价格的通知（计办价管〔1997〕661号）	国家计委 1997年10月5日
222	规范性文件	印发《关于完善和规范商业银行基本建设贷款管理的若干规定》的通知（计投资〔1997〕1924号）	国家计委、中国建设银行、中国工商银行、中国银行、中国农业银行 1997年10月20日
223	规范性文件	国家计委办公厅关于原统配煤矿洗精煤价格有关问题的复函（计办价管〔1997〕702号）	国家计委 1997年10月20日
224	规范性文件	国家计委办公厅关于公布优宁等47种进口药品销售价格的通知（计办价管〔1997〕772号）	国家计委 1997年11月13日

序号	类别	名称及文号	发文单位及日期
225	规范性文件	国家计委关于同意太原市调整公交月票的批复（计价费〔1997〕2291 号）	国家计委 1997 年 11 月 21 日
226	规范性文件	国家计委、交通部关于加强长江干线上游高速客船运价管理的通知（计价管〔1997〕2309 号）	国家计委、交通部 1997 年 11 月 26 日
227	规范性文件	国家计委关于调整化工、有色企业自备车租用费标准的复函（计价管〔1997〕2374 号）	国家计委 1997 年 11 月 28 日
228	规范性文件	国家计委办公厅关于冻干低 PH 静注丙种球蛋白及机采血浆人血蛋白价格的批复（计办价管〔1997〕831 号）	国家计委 1997 年 12 月 2 日
229	规范性文件	国家计委、邮电部关于国际电话实行分时段计费办法的通知（计价费〔1997〕2495 号）	国家计委、邮电部 1997 年 12 月 12 日
230	规范性文件	国家计委、中国轻工总会关于印发《轻工业资源综合利用技术政策》的通知（计原材〔1997〕2516 号）	国家计委、中国轻工总会 1997 年 12 月 12 日
231	规范性文件	关于印发《移动电话价格管理暂行规定》的通知（计价费〔1997〕2517 号）	国家计委、国家经贸委、邮电部 1997 年 12 月 17 日
232	规范性文件	国家计委、邮电部关于降低部分电信业务资费标准的通知（计价费〔1997〕2518 号）	国家计委、邮电部 1997 年 12 月 17 日
233	规范性文件	国家计委办公厅关于公布爱可松等 150 种进口药品销售价格的通知（计办价管〔1997〕918 号）	国家计委 1997 年 12 月 31 日
234	规范性文件	修改原国家物价局关于价格违法行为的处罚规定有关条款的通知（计价检〔1997〕2615 号）	国家计委 1997 年 12 月 31 日
235	规范性文件	国家计委关于发布《中药材和中药饮片作价办法》的通知（计价管〔1998〕139 号）	国家计委 1998 年 1 月 26 日
236	规范性文件	国家计委关于核定大准煤矿专用铁路暂定价格的复函（计价管〔1998〕234 号）	国家计委 1998 年 2 月 19 日
237	规范性文件	电力工业部关于颁发《水电建设起重设备安全监察规定》等五项规定的通知（电综〔1998〕133 号）—附件二:《水电建设起重设备安全管理规定》	电力工业部 1998 年 2 月 21 日
238	规范性文件	国家计委关于南昆铁路货运临管运价的复函（计价管〔1998〕328 号）	国家计委 1998 年 3 月 5 日
239	规范性文件	国家发展计划委员会办公厅关于出具项目进口设备免税确认书有关问题的通知（计办规划〔1998〕211 号）	国家计委 1998 年 4 月 4 日
240	规范性文件	国家计委关于质量认证人员考核、注册和培训收费标准及有关问题的通知（计价费〔1998〕581 号）	国家计委 1998 年 4 月 7 日

序号	类别	名称及文号	发文单位及日期
241	规范性文件	关于颁布第二批中央管理的药品价格的通知（计价管〔1998〕676 号）	国家计委 1998 年 4 月 18 日
242	规范性文件	国家发展计划委员会、财政部关于《外派劳务培训合格证》和《外派研修生培训合格证》收费标准的通知（计价费〔1998〕710 号）	国家计委、财政部 1998 年 4 月 20 日
243	规范性文件	关于北京市调整养路费征收标准的批复（计价费〔1998〕870 号）	国家计委 1998 年 5 月 20 日
244	规范性文件	国家发展计划委员会、国家经济贸易委员会关于进口设备税收政策执行中有关问题的通知（计规划〔1998〕1063 号）	国家计委、国家经贸委 1998 年 6 月 8 日
245	规范性文件	国家计委、国务院机关事务管理局关于印发《中央国家机关宾馆招待所价格管理办法》的通知（计价费〔1998〕1076 号）	国家计委、 国务院机关事务管理局 1998 年 6 月 12 日
246	规范性文件	关于规范公路客货运附加费增加公路建设资金的通知（计价管〔1998〕1104 号）	国家计委、 财政部、交通部 1998 年 6 月 17 日
247	规范性文件	国家计委、信息产业部关于中国联通公司固定通信网与中国电信通信网间话费和工程费结算办法的通知（计价费〔1998〕1177 号）	国家计委、信息产业部 1998 年 6 月 23 日
248	规范性文件	关于价格行政处罚有关问题的复函（计价检〔1998〕1255 号）	国家计委 1998 年 7 月 1 日
249	规范性文件	国家发展计划委员会办公厅关于依诺沙星价格的批复（计办价格〔1998〕557 号）	国家计委 1998 年 7 月 21 日
250	规范性文件	国家发展计划委员会办公厅关于公布导升明等10 种进口药品销售价格的通知（计办价格〔1998〕556 号）	国家计委 1998 年 7 月 22 日
251	规范性文件	国家发展计划委员会办公厅关于克拉维酸钾/羟氨苄青霉（安奇）等三种药品价格的批复（计办价格〔1998〕558 号）	国家计委 1998 年 7 月 22 日
252	规范性文件	国家发展计划委员会、国务院机关事务管理局关于调整中央国家机关、中直机关宾馆招待所价格的通知（计价格〔1998〕1441 号）	国家计委、 国务院机关事务管理局 1998 年 7 月 27 日
253	规范性文件	国家计委办公厅关于对壬苯醇醚栓和拉西地平片两种药品价格的批复（计办价格〔1998〕663 号）	国家计委 1998 年 8 月 28 日
254	规范性文件	国家计委办公厅关于公布舒贝洛等 16 种进口药品销售价格的通知（计办价格〔1998〕665 号）	国家计委 1998 年 8 月 28 日
255	规范性文件	国家计委、财政部关于进出口食品所附食品标签检验收费标准的批复（计价格〔1998〕1707 号）	国家计委、财政部 1998 年 8 月 31 日

序号	类别	名称及文号	发文单位及日期
256	规范性文件	国家计委关于1998年电煤政府指导价格有关问题的通知（计价格〔1998〕1704号）	国家计委 1998年9月3日
257	规范性文件	国家计委办公厅关于注射用人粒细胞巨噬细胞集落刺激因子（特尔立）等两种药品价格的批复（计办价格〔1998〕708号）	国家计委 1998年9月17日
258	规范性文件	国家计委办公厅关于公布安贺拉等52种进口药品销售价格的通知（计办价格〔1998〕711号）	国家计委 1998年9月18日
259	规范性文件	国家计委办公厅关于公布尼美舒利等48种进口药品销售价格的通知（计办价格〔1998〕712号）	国家计委 1998年9月18日
260	规范性文件	国家计委办公厅关于奥扎格雷钠等5种药品价格的批复（计办价格〔1998〕731号）	国家计委 1998年9月21日
261	规范性文件	国家计委办公厅关于用机采血浆生产的人血白蛋白等血液制品价格的批复（计办价格〔1998〕734号）	国家计委 1998年9月21日
262	规范性文件	关于价格监督检查证颁发使用管理的通知（计价检〔1998〕1801号）	国家计委 1998年9月22日
263	规范性文件	国家计委关于下达1998年南方草山草坡综合开发示范工程投资的通知（计农经〔1998〕1882号）—附件：南方草山草坡开发示范工程项目管理办法（试行）	国家计委 1998年10月5日
264	规范性文件	国家计委、卫生部关于公民临床用血收费标准的通知（计价格〔1998〕1982号）	国家计委、卫生部 1998年10月14日
265	规范性文件	国家计委办公厅关于核定氟伐他汀（来适可）等20种进口分包装药品价格的通知（计办价格〔1998〕801号）	国家计委 1998年10月18日
266	规范性文件	国家计委办公厅关于冻干低pH静脉注射丙种球蛋白价格的批复（计办价格〔1998〕816号）	国家计委 1998年10月23日
267	规范性文件	国家计委关于将江西省价外加收的地方电力建设附加并入目录电价的通知（计价格〔1998〕2150号）	国家计委 1998年10月29日
268	规范性文件	国家计委办公厅关于人血丙种球蛋白等药品价格的批复（计办价格〔1998〕853号）	国家计委 1998年11月7日
269	规范性文件	国家计委办公厅关于公布氯苯达诺等24种进口（进口分包装）药品销售价格的通知（计办价格〔1998〕858号）	国家计委 1998年11月10日
270	规范性文件	国家计委关于1999年电煤政府指导价格有关问题的通知（计价格〔1998〕2481号）	国家计委 1998年12月4日

序号	类别	名称及文号	发文单位及日期
271	规范性文件	国家计委关于电解铝行业用电免征电力建设基金的通知（计价格〔1998〕2508 号）	国家计委 1998 年 12 月 10 日
272	规范性文件	国家计委办公厅关于单磷酸阿糖腺苷等药品价格的批复（计办价格〔1998〕951 号）	国家计委 1998 年 12 月 12 日
273	规范性文件	国家计委办公厅关于更昔洛韦、复合乳酸菌等两种新药价格的批复（计办价格〔1998〕965 号）	国家计委 1998 年 12 月 17 日
274	规范性文件	国家计委办公厅关于公布泰丝德等 11 种进口药品销售价格的通知（计办价格〔1998〕966 号）	国家计委 1998 年 12 月 17 日
275	规范性文件	国家计委办公厅关于公布瑞宁得等 37 种进口药品销售价格的通知（计办价格〔1998〕993 号）	国家计委 1998 年 12 月 29 日
276	规范性文件	国家计委办公厅关于公布尼莫地平等 15 种进口分包装药品销售价格的通知（计办价格〔1998〕996 号）	国家计委 1998 年 12 月 30 日
277	规范性文件	国家计委办公厅关于常规重组人胰岛素注射液价格的批复（计办价格〔1999〕12 号）	国家计委 1999 年 1 月 8 日
278	规范性文件	关于认真做好制止低价倾销工作及开展对低价倾销进行检查的通知（计价格〔1999〕42 号）	国家计委 1999 年 1 月 16 日
279	规范性文件	国家计委、民航总局关于加强民航国内航线票价管理制止低价竞销行为的通知（计价格〔1999〕74 号）	国家计委、民航总局 1999 年 1 月 25 日
280	规范性文件	国家计委关于调整艺术院校学费标准有关问题的通知（计价格〔1999〕79 号）	国家计委 1999 年 1 月 25 日
281	规范性文件	国家计委关于公布北京双鹤药业股份有限公司等 3 家通过 GMP 认证（达标）企业生产的部分药品价格的通知（计价格〔1999〕80 号）	国家计委 1999 年 1 月 25 日
282	规范性文件	国家计委、文化部关于艺术院校学费改革试点问题的通知（计价格〔1999〕84 号）	国家计委、文化部 1999 年 1 月 26 日
283	规范性文件	国家经济贸易委员会关于进一步做好农村电气化工作的通知（国经贸电力〔1999〕71 号）	国家经贸委 1999 年 2 月 1 日
284	规范性文件	国家计委办公厅关于对盐酸恩丹西酮等 4 种新药价格的批复（计办价格〔1999〕99 号）	国家计委 1999 年 2 月 10 日
285	规范性文件	国家计委办公厅关于金葡液等药品价格的批复（计办价格〔1999〕100 号）	国家计委 1999 年 2 月 10 日
286	规范性文件	国家计委办公厅关于公布青霉素 V 钾干糖浆等 27 种进口药品销售价格的通知（计办价格〔1999〕111 号）	国家计委 1999 年 2 月 13 日

序号	类别	名称及文号	发文单位及日期
287	规范性文件	国家计委办公厅关于公布头孢拉定胶囊等14种进口（进口分包装）药品销售价格的通知（计办价格〔1999〕138号）	国家计委 1999年3月5日
288	规范性文件	国家计委关于同意在北京经济技术开发区试行新电价改革方案的批复（计价格〔1999〕288号）	国家计委 1999年3月18日
289	规范性文件	国家计委办公厅对棉花贷款管理有关问题的意见的函（计办经贸〔1999〕201号）	国家计委 1999年3月23日
290	规范性文件	国家计委办公厅关于半乳糖－棕榈酸等20种进口（进口分包装）药品销售价格的通知（计办价格〔1999〕202号）	国家计委 1999年3月23日
291	规范性文件	国家计委办公厅关于印发中央管理药品价格申报审批办法的通知（计办价格〔1999〕208号）	国家计委 1999年3月25日
292	规范性文件	国家计委、财政部关于调整职业资格证书工本费标准的批复（计价格〔1999〕406号）	国家计委、财政部 1999年4月19日
293	规范性文件	国家计委关于进一步加强利用外国政府贷款项目计划管理工作有关问题的补充通知（计外资〔1999〕438号）	国家计委 1999年4月21日
294	规范性文件	关于降低加工贸易品质检验和外商投资财产鉴定收费标准的通知（计价格〔1999〕472号）	国家计委 1999年4月23日
295	规范性文件	国家计委、财政部关于重新制定进口废物环境保护审查登记费标准的通知（计价格〔1999〕467号）	国家计委、财政部 1999年4月27日
296	规范性文件	国家计委办公厅关于设立新疆棉花以出顶进海关监管库的复函（计办经贸〔1999〕301号）	国家计委 1999年4月29日
297	规范性文件	国家计委办公厅关于黄体酮等10种进口（进口分包装）药品销售价格的通知（计办价格〔1999〕311号）	国家计委 1999年5月5日
298	规范性文件	国家计委关于进一步做好国家重点建设项目信息月报工作的通知（计投资〔1999〕493号）	国家计委 1999年5月6日
299	规范性文件	国家计委办公厅关于增加设立新疆棉花以出顶进海关监管库的复函（计办经贸〔1999〕387号）	国家计委 1999年5月30日
300	规范性文件	国家计委关于降低西力欣等114种进口（进口分装）药品价格的通知（计价格〔1999〕617号）	国家计委 1999年6月3日
301	规范性文件	国家计委办公厅关于泛昔洛韦等新药价格的批复（计办价格〔1999〕400号）	国家计委 1999年6月5日
302	规范性文件	国家计委、民航总局关于暑期对教师、学生乘机实行优惠票价的通知（计价格〔1999〕708号）	国家计委、民航总局 1999年6月21日
303	规范性文件	国家计委办公厅关于公布法斯democ等17种进口药品销售价格的通知（计办价格〔1999〕480号）	国家计委 1999年6月25日

序号	类别	名称及文号	发文单位及日期
304	规范性文件	国家计委办公厅关于北京市公交地铁票价调整方案的复函（计办价格〔1999〕477号）	国家计委 1999年6月27日
305	规范性文件	国家计委办公厅关于公布佐米格等45种进口（进口分装）药品价格的通知（计办价格〔1999〕483号）	国家计委 1999年6月28日
306	规范性文件	国家计委关于降低药品"虚高"价格有关政策问题的通知（计价格〔1999〕813号）	国家计委 1999年7月6日
307	规范性文件	国家计委、科技部关于印发当前优先发展的高技术产业化重点领域指南（1999年度）的通知（计高技〔1999〕827号）	国家计委、科技部 1999年7月8日
308	规范性文件	国家计委关于珠算证书工本费标准的批复（计价格〔1999〕837号）	国家计委 1999年7月12日
309	规范性文件	国家计委办公厅关于增加设立新疆棉花以出顶进海关监管库的复函（计办经贸〔1999〕541号）	国家计委 1999年7月19日
310	规范性文件	国家计委关于重申严格执行基本建设程序和审批规定的通知（计投资〔1999〕693号）	国家计委 1999年7月29日
311	规范性文件	国家计委办公厅关于核定沙丁胺醇气雾剂等17种中管国产药品价格的通知（计办价格〔1999〕582号）	国家计委 1999年8月2日
312	规范性文件	国家计委、财政部关于降低电解铝等有色金属企业电费及免征有关政府性基金的通知（计价格〔1999〕977号）	国家计委、财政部 1999年8月4日
313	规范性文件	国家计委办公厅关于公布克赛等23种进口（进口分装）药品销售价格的通知（计办价格〔1999〕621号）	国家计委 1999年8月10日
314	规范性文件	国家计委、财政部关于学位证书工本费标准的批复（计价格〔1999〕1075号）	国家计委、财政部 1999年8月12日
315	规范性文件	国家计委办公厅关于重组人干扰a-2a栓等药品价格的批复（计办价格〔1999〕648号）	国家计委 1999年8月25日
316	规范性文件	国家计委办公厅关于公布爱巴苏等27种进口（进口分装）药品销售价格的通知（计办价格〔1999〕683号）	国家计委 1999年9月10日
317	规范性文件	国家计委关于纠正山东省擅自调整电价错误的通知（计价格〔1999〕1367号）	国家计委 1999年9月21日
318	规范性文件	国家计委办公厅关于公布萘普生等22种进口药品销售价格的通知（计办价格〔1999〕726号）	国家计委 1999年9月23日
319	规范性文件	国家计委、信息产业部关于降低部分电信资费的通知（计价格〔1999〕1461号）	国家计委、信息产业部 1999年9月30日

序号	类别	名称及文号	发文单位及日期
320	规范性文件	国家计委关于印发《国家重大建设项目稽察暂行办法》的通知（计稽察〔1999〕1496 号）	国家计委 1999 年 10 月 8 日
321	规范性文件	国家计委办公厅关于核定吗氯贝氨等 11 种中管国产药品价格的通知（计办价格〔1999〕795 号）	国家计委 1999 年 10 月 17 日
322	规范性文件	国家计委办公厅关于公布奥贝等 4 种进口（进口分装）药品销售价格的通知（计办价格〔1999〕796 号）	国家计委 1999 年 10 月 17 日
323	规范性文件	国家计委关于调整靖远电厂二期工程上网电价的通知（计价格〔1999〕1706 号）	国家计委 1999 年 10 月 21 日
324	规范性文件	国家计委关于下达动植物保护工程 1999 年中央财政预算内专项资金投资计划的通知（计投资〔1999〕1726 号）—附件二：中央财政预算内专项资金动植物保护工程项目建设管理办法（试行）	国家计委 1999 年 10 月 22 日
325	规范性文件	国家计委办公厅关于枯草芽孢杆菌活菌制剂等药品价格的批复（计办价格〔1999〕812 号）	国家计委 1999 年 10 月 23 日
326	规范性文件	国家计委、财政部关于进一步加强利用外国政府贷款限额以下项目管理有关问题的通知（计外资〔1999〕2103 号）	国家计委、财政部 1999 年 11 月 29 日
327	规范性文件	国家计委办公厅关于核定盐酸万拉法新等 10 种中管国产药品零售价格的通知（计办价格〔1999〕896 号）	国家计委 1999 年 11 月 29 日
328	规范性文件	国家计委、财政部关于核定民办非企业单位登记收费标准有关问题的通知（计价格〔1999〕2115 号）	国家计委、财政部 1999 年 11 月 30 日
329	规范性文件	国家计委办公厅关于公布必需磷脂等 11 种进口药品销售价格的通知（计办价格〔1999〕914 号）	国家计委 1999 年 12 月 4 日
330	规范性文件	国家计委、国家经贸委关于扩大地方鼓励类不需要国家综合平衡的外商投资项目审批权限有关问题的通知（计外资〔1999〕2147 号）	国家计委、国家经贸委 1999 年 12 月 6 日
331	规范性文件	国家计委关于进一步做好降低药品"虚高"价格工作有关问题的通知（计价格〔1999〕2176 号）	国家计委 1999 年 12 月 13 日
332	规范性文件	国家计委办公厅关于假单胞菌注射液等药品价格的批复（计办价格〔1999〕947 号）	国家计委 1999 年 12 月 15 日
333	规范性文件	国家计委、国家税务总局关于规范税务代理收费有关问题的通知（计价格〔1999〕2370 号）	国家计委、国税总局 1999 年 12 月 30 日
334	规范性文件	国家计委关于 2000 年电煤政府指导价格有关问题的通知（计价格〔1999〕2334 号）	国家计委 1999 年 12 月 31 日

序号	类别	名称及文号	发文单位及日期
335	规范性文件	国家计委关于降低机采人血白蛋白等部分生物制品价格的通知（计价格〔2000〕5号）	国家计委 2000年1月5日
336	规范性文件	国家计委、民航总局关于寒假期间教师、学生乘坐民航国内航班实行优惠票价问题的通知（计价格〔2000〕7号）	国家计委、民航总局 2000年1月5日
337	规范性文件	国家计委办公厅关于公布瑞格列奈等23种进口（进口分装）药品销售价格的通知（计办价格〔2000〕25号）	国家计委 2000年1月19日
338	规范性文件	国家计委、财政部关于氯碱行业生产用电实行优惠电价政策等有关问题的通知（计价格〔2000〕91号）	国家计委、财政部 2000年1月28日
339	规范性文件	国家计委办公厅关于流行性出血热灭活疫苗（双价）等药品价格的批复（计办价格〔2000〕153号）	国家计委 2000年3月1日
340	规范性文件	国家计委办公厅关于公布东莨菪碱等14种进口（进口分装）药品销售价格的通知（计办价格〔2000〕154号）	国家计委 2000年3月2日
341	规范性文件	国家计委、财政部关于出版物条形码胶片费收费标准等有关问题的通知（计价格〔2000〕221号）	国家计委、财政部 2000年3月2日
342	规范性文件	国家计委、司法部关于暂由各地制定律师服务收费临时标准的通知（计价格〔2000〕392号）	国家计委、司法部 2000年4月4日
343	规范性文件	国家计委、财政部关于事业单位登记费收费标准及有关问题的通知（计价格〔2000〕433号）	国家计委、财政部 2000年4月16日
344	规范性文件	国家计委、财政部关于价格鉴证师执业资格考试等收费标准的通知（计价格〔2000〕546号）	国家计委、财政部 2000年5月10日
345	规范性文件	国家计委、财政部关于自费出国留学中介服务机构资格认定书工本费标准的通知（计价格〔2000〕547号）	国家计委、财政部 2000年5月11日
346	规范性文件	国家计委办公厅关于公布米托蒽醌等17种进口（进口分装）药品销售价格的通知（计办价格〔2000〕359号）	国家计委 2000年5月15日
347	规范性文件	国家计委、财政部关于调整煤炭生产许可证资格审查费收费标准的通知（计价格〔2000〕621号）	国家计委、财政部 2000年5月25日
348	规范性文件	国家计委办公厅关于审定喷昔洛韦等部分中管国产药品价格的通知（计办价格〔2000〕401号）	国家计委 2000年6月1日
349	规范性文件	国家计委、铁道部关于调整铁路部分货运价格的通知（计价格〔2000〕797号）	国家计委、铁道部 2000年6月26日

序号	类别	名称及文号	发文单位及日期
350	规范性文件	国家计委办公厅关于公布吲达帕胺等 10 种进口（进口分装）药品销售价格的通知（计办价格〔2000〕476 号）	国家计委 2000 年 6 月 26 日
351	规范性文件	国家计委关于调整中央水运企业原油运价的批复（计价格〔2000〕847 号）	国家计委 2000 年 6 月 27 日
352	规范性文件	关于印发《整顿煤炭经营秩序工作验收办法》的通知（煤行管字〔2000〕101 号）	国家煤炭工业局、 国家国内贸易局、 国家工商行政管理局 2000 年 7 月 3 日
353	规范性文件	国家计委、财政部关于出海船舶户口簿等出海渔船船民证件工本费收费标准的通知（计价格〔2000〕932 号）	国家计委、财政部 2000 年 7 月 13 日
354	规范性文件	国家计委办公厅关于不同意调整国债专项资金国家重点技术改造项目投资与资金计划下达方式的函（计办投资〔2000〕521 号）	国家计委 2000 年 7 月 14 日
355	规范性文件	国家计委、财政部关于农业化学物质产品行政保护费收费标准的通知（计价格〔2000〕967 号）	国家计委、财政部 2000 年 7 月 20 日
356	规范性文件	国家计委、财政部关于调整证券交易监管费收费标准的通知（计价格〔2000〕1059 号）	国家计委、财政部 2000 年 7 月 28 日
357	规范性文件	国家计委办公厅关于供电工程贴费有关问题的复函（计办价格〔2000〕605 号）	国家计委 2000 年 8 月 11 日
358	规范性文件	国家计委办公厅关于公布盐酸氨溴索等 23 种进口（进口分装）药品销售价格的通知（计办价格〔2000〕631 号）	国家计委 2000 年 8 月 18 日
359	规范性文件	国家计委办公厅关于核定肤疡散等中管国产药品零售价格的通知（计办价格〔2000〕641 号）	国家计委 2000 年 8 月 18 日
360	规范性文件	国家计委办公厅关于上海"厂网分开、竞价上网"试点方案有关问题的意见的函（计办价格〔2000〕651 号）	国家计委 2000 年 8 月 28 日
361	规范性文件	国家计委办公厅对新疆棉花收购资金有关问题的意见的函（计办经贸〔2000〕662 号）	国家计委 2000 年 8 月 30 日
362	规范性文件	国家计委办公厅关于责令经营者退还多收价款有关问题的复函（计办价检〔2000〕804 号）	国家计委 2000 年 10 月 13 日
363	规范性文件	国家计委办公厅关于公布硫酸茚地那韦等 14 种进口（进口分装）药品销售价格的通知（计办价格〔2000〕805 号）	国家计委 2000 年 10 月 13 日
364	规范性文件	国家计委关于国内航线实行浮动票价问题的批复（计价格〔2000〕1760 号）	国家计委 2000 年 10 月 25 日

序号	类别	名称及文号	发文单位及日期
365	规范性文件	关于宣传、贯彻商品和服务实行明码标价规定的通知（计价检〔2000〕1942号）	国家计委 2000年11月7日
366	规范性文件	国家计委关于部分旅客列车票价实行政府指导价有关问题的批复（计价格〔2000〕1960号）	国家计委 2000年11月8日
367	规范性文件	国家计委、财政部关于贷款证（卡）收费标准及有关问题的通知（计价格〔2000〕2124号）	国家计委、财政部 2000年11月10日
368	规范性文件	国家计委、交通部关于长江旅客运输价格有关问题的批复（计价格〔2000〕2140号）	国家计委、交通部 2000年11月21日
369	规范性文件	国家计委关于印发《国家计委定价药品目录》的通知（计价格〔2000〕2141号）	国家计委 2000年11月21日
370	规范性文件	国家计委关于乙类药品价格制定调整有关问题的通知（计价格〔2000〕2143号）	国家计委 2000年11月21日
371	规范性文件	国家计委、财政部关于精算师（准精算师部分）和保险中介人资格考试收费标准及有关问题的通知（计价格〔2000〕2313号）	国家计委、财政部 2000年12月12日
372	规范性文件	国家计委办公厅关于公布雷米普利等53种进口（进口分装）药品销售价格的通知（计办价格〔2000〕983号）	国家计委 2000年12月15日
373	规范性文件	国家计委关于河南焦作爱依斯万方电力有限公司上网电价的批复（计价格〔2000〕2377号）	国家计委 2000年12月20日
374	规范性文件	国家计委办公厅关于印发国家大型商品粮生产基地建设项目管理办法的通知（计办农经〔2000〕1049号）	国家计委 2001年1月5日
375	规范性文件	国家计委关于集中招标采购药品有关价格政策问题的通知（计价格〔2001〕88号）	国家计委 2001年1月22日
376	规范性文件	国家计委、财政部关于调整测绘资格证书工本费标准的通知（计价格〔2001〕151号）	国家计委、财政部 2001年2月5日
377	规范性文件	国家计委办公厅关于确定集中招标采购药品价差分配比例问题的通知（计办价格〔2001〕250号）	国家计委 2001年3月16日
378	规范性文件	国家计委关于制定公布69种化学药品价格的通知（计价格〔2001〕632号）	国家计委 2001年4月19日
379	规范性文件	国家计委办公厅、财政部办公厅关于医师资格证书和执业医师证书费用有关问题的复函（计办价格〔2001〕616号）	国家计委、财政部 2001年5月25日
380	规范性文件	国家计委办公厅关于公布雷替斯等12种药品零售价格的通知（计办价格〔2001〕620号）	国家计委 2001年6月1日

序号	类别	名称及文号	发文单位及日期
381	规范性文件	国家计委、国务院机关事务管理局关于修订中央机关宾馆招待所价格管理办法的通知（计价格〔2001〕1168号）	国家计委、国务院机关事务管理局 2001年6月25日
382	规范性文件	国家计委、财政部关于边境通行证收费有关问题的通知（计价格〔2001〕1123号）	国家计委、财政部 2001年6月27日
383	规范性文件	国家计委关于制定公布49种中成药零售价格的通知（计价格〔2001〕1193号）	国家计委 2001年7月3日
384	规范性文件	国家计委关于审批成品油市场及加油站规划与项目职能有关问题的通知（计经贸〔2001〕1297号）	国家计委 2001年7月16日
385	规范性文件	关于印发《国家规划布局内的重点软件企业认定管理办法》（试行）的通知（计高技〔2001〕1351号）	国家计委、信息产业部、对外经贸部、国税总局 2001年7月24日
386	规范性文件	国家计委办公厅、财政部办公厅关于全国青少年摄影师预备资格等级考试收费标准的通知（计办价格〔2001〕925号）	国家计委、财政部 2001年8月7日
387	规范性文件	国家计委办公厅关于地震安全性评价收费有关问题的复函（计办价格〔2001〕1010号）	国家计委 2001年8月29日
388	规范性文件	国家计委办公厅关于制定公布69种化学药品补充剂型规格价格的通知（计办价格〔2001〕1028号）	国家计委 2001年9月1日
389	规范性文件	国家计委关于三峡库区地质灾害防治项目报批实施程序的通知（计地区〔2001〕1793号）	国家计委 2001年9月21日
390	规范性文件	国家计委办公厅关于建立棉花收购情况报告制度的通知（计办经贸〔2001〕1201号）	国家计委 2001年10月17日
391	规范性文件	国家计委、科技部关于印发当前优先发展的高技术产业化重点领域指南（2001年度）的通知（计高技〔2001〕2392号）	国家计委、科技部 2001年11月14日
392	规范性文件	国家计委、财政部、教育部关于坚决落实贫困地区农村义务教育阶段试行"一费制"收费制度的通知（计价格〔2001〕2477号）	国家计委、财政部、教育部 2001年11月16日
393	规范性文件	国家计委办公厅关于公路春运客运浮动价有关问题的通知（计办价格〔2001〕1429号）	国家计委 2001年12月4日
394	规范性文件	国家计委关于公布383种药品价格的通知（计价格〔2001〕2661号）	国家计委 2001年12月12日
395	规范性文件	国家计委办公厅关于公布4种抗感染类药品补充剂型规格价格的通知（计办价格〔2001〕1491号）	国家计委 2001年12月15日
396	规范性文件	国家计委关于取消铁路石油运价加成并适当降低民航国内航线票价上浮幅度的通知（计价格〔2001〕2741号）	国家计委 2001年12月21日

序号	类别	名称及文号	发文单位及日期
397	规范性文件	国家计委、财政部关于调整公派出国留学评审费收费标准的通知（计价格〔2002〕7号）	国家计委、财政部 2002年1月7日
398	规范性文件	国家计委、财政部关于核定特种作业操作证（IC卡）收费标准的通知（计价格〔2002〕434号）	国家计委、财政部 2002年3月25日
399	规范性文件	国家计委办公厅关于调整部分农产品成本调查方式及有关问题的通知（计办价格〔2002〕370号）	国家计委 2002年3月29日
400	规范性文件	国家计委、财政部关于暂住证卡收费标准有关问题的通知（计价格〔2002〕633号）	国家计委、财政部 2002年4月25日
401	规范性文件	国家计委、财政部关于教师资格证书工本费等收费标准的通知（计价格〔2002〕666号）	国家计委、财政部 2002年4月29日
402	规范性文件	关于危险化学品铁路运输有关问题的通知（国经贸运行〔2002〕286号）	国家经贸委 2002年5月8日
403	规范性文件	国家计委办公厅、财政部办公厅关于对营运人力三轮车是否收取公路运输管理费问题的复函（计办价格〔2002〕566号）	国家计委、财政部 2002年5月9日
404	规范性文件	国家计委办公厅关于制定公布262种药品补充剂型规格价格的通知（计办价格〔2002〕625号）	国家计委 2002年5月24日
405	规范性文件	关于降低加工贸易出口货物品质检验收费标准的通知（计价格〔2002〕974号）	国家计委、 财政部、国家质检总局 2002年6月19日
406	规范性文件	国家计委办公厅关于铁路建设项目招标投标有关问题的复函（计办稽察〔2002〕921号）	国家计委 2002年7月18日
407	规范性文件	国家计委、财政部关于导游证IC卡工本费收费标准的通知（计价格〔2002〕1421号）	国家计委、财政部 2002年8月20日
408	规范性文件	国家计委关于会计从业资格证书等收费有关问题的通知（计价格〔2002〕1575号）	国家计委 2002年9月6日
409	规范性文件	国家计委关于印发电子政务工程建设项目建议书与可行性研究报告编制大纲的通知（计高技〔2002〕1961号）	国家计委 2002年10月11日
410	规范性文件	国家计委办公厅关于价格评估资格有关问题的复函（计办价格〔2002〕1377号）	国家计委 2002年10月16日
411	规范性文件	国家计委、财政部关于法律职业资格证书工本费收费标准的通知（计价格〔2002〕2436号）	国家计委、财政部 2002年11月11日
412	规范性文件	国家计委办公厅关于规范限额以下外国政府贷款项目管理的通知（计办外资〔2002〕1585号）	国家计委 2002年11月28日
413	规范性文件	国家计委、财政部关于调整林木种子生产许可证和林木种子经营许可证工本费收费标准的复函（计价格〔2002〕2672号）	国家计委、财政部 2002年12月6日

序号	类别	名称及文号	发文单位及日期
414	规范性文件	国家计委关于办理价格鉴证师执业资格注册的通知（计价格〔2002〕2800号）	国家计委 2002年12月17日
415	规范性文件	国家计委关于公布199种西药价格的通知（计价格〔2002〕2822号）	国家计委 2002年12月20日
416	规范性文件	国家计委、财政部关于《对台劳务人员登轮作业证》等证件工本费收费标准及有关问题的通知（计价格〔2002〕2883号）	国家计委、财政部 2002年12月31日
417	规范性文件	国家计委办公厅关于中国建设银行收取电子汇划费用有关问题的复函（计办价检〔2003〕144号）	国家计委 2003年2月8日
418	规范性文件	国家计委办公厅关于调整农产品成本调查工作中税费核算口径的通知（计办价格〔2003〕152号）	国家计委 2003年2月19日
419	规范性文件	国家发展改革委办公厅关于下达全国农产品成本调查误工补贴标准的通知（发改办价格〔2003〕463号）	国家发展改革委 2003年7月9日
420	规范性文件	国家发展改革委、财政部关于社会团体分支（代表）机构登记费标准等有关问题的通知（发改价格〔2003〕851号）	国家发展改革委、财政部 2003年7月30日
421	规范性文件	国家发展改革委关于制定公布107种中成药价格的通知（发改价格〔2003〕1236号）	国家发展改革委 2003年9月19日
422	规范性文件	国家发展改革委、财政部关于外国专家证工本费收费标准的通知（发改价格〔2003〕2163号）	国家发展改革委、财政部 2003年12月10日
423	规范性文件	关于煤炭经营资格申请和审批程序的若干规定（国家发展改革委公告〔2003〕第39号）	国家发展改革委 2003年12月17日
424	规范性文件	当前优先发展的高技术产业化重点领域指南（2004年度）（国家发展改革委、科技部、商务部公告〔2004〕第26号）	国家发展改革委、科技部、商务部 2004年4月30日
425	规范性文件	国家发展改革委办公厅关于落实国家大型商品粮生产基地建设项目省级配套资金的通知（发改办农经〔2004〕793号）	国家发展改革委 2004年5月12日
426	规范性文件	国家发展改革委、财政部关于危险化学品经营许可证工本费收费标准及有关问题的通知（发改价格〔2004〕945号）	国家发展改革委、财政部 2004年5月24日
427	规范性文件	国家发展改革委关于著作权自愿登记收费有关问题的通知（发改价格〔2004〕968号）	国家发展改革委 2004年5月31日
428	规范性文件	国家发展改革委办公厅关于建立重要商品成本调查制度的通知（发改办价格〔2004〕1002号）	国家发展改革委 2004年6月15日

序号	类别	名称及文号	发文单位及日期
429	规范性文件	国家认定企业技术中心2004年度评价结果（国家发展改革委公告〔2004〕第53号）	国家发展改革委 2004年8月27日
430	规范性文件	国家发展改革委办公厅关于印发《煤炭生产许可证资格审查专家管理暂行办法》的通知（发改办运行〔2004〕1536号）	国家发展改革委 2004年9月3日
431	规范性文件	国家发展改革委关于印发《国家发展改革委委托投资咨询评估管理办法》的通知（发改投资〔2004〕1973号）	国家发展改革委 2004年9月15日
432	规范性文件	国家发展改革委关于金融资产管理公司对外转让不良债权有关外债管理问题的通知（发改外资〔2004〕2368号）	国家发展改革委 2004年10月29日
433	规范性文件	国家发展改革委办公厅关于开展设施农业成本调查工作的通知（发改办价格〔2004〕2009号）	国家发展改革委 2004年11月4日
434	规范性文件	国家发展改革委关于印发《煤矿生产能力核定的若干规定》的通知（发改运行〔2004〕2544号）	国家发展改革委 2004年11月12日
435	规范性文件	国家发展改革委办公厅关于中国化工建设总公司、华垦国际贸易有限公司化肥内贸经营权的复函（发改办经贸〔2004〕2216号）	国家发展改革委 2004年11月29日
436	规范性文件	国家发展改革委办公厅关于辽宁抚顺铝厂电价问题的复函（发改办价格〔2004〕2391号）	国家发展改革委 2004年12月21日
437	规范性文件	国家发展改革委办公厅关于印发畜牧业产品成本收益调查表指标解释的通知（发改办价格〔2005〕89号）	国家发展改革委 2005年1月17日
438	规范性文件	关于进一步加大价格检查力度稳定化肥等农资价格的通知（发改价检〔2005〕367号）	国家发展改革委 2005年3月10日
439	规范性文件	国家发展改革委办公厅关于价格鉴证师执业资格再注册有关问题的通知（发改办价格〔2005〕486号）	国家发展改革委 2005年3月15日
440	规范性文件	国家发展改革委、铁道部关于适当调整铁路货物运输价格的通知（发改价格〔2005〕477号）	国家发展改革委、铁道部 2005年3月25日
441	规范性文件	国家发展改革委关于调整部分计划免疫药品价格的通知（发改价格〔2005〕620号）	国家发展改革委 2005年4月15日
442	规范性文件	国家发展改革委办公厅关于推广四川省物价局向大中型化肥生产企业派驻价格监察员典型经验切实加强化肥价格监管工作的通知（发改办价检〔2005〕937号）	国家发展改革委 2005年5月14日

序号	类别	名称及文号	发文单位及日期
443	规范性文件	国家发展改革委办公厅关于部分地区调整居民生活用电价格有关问题的通知（发改办价格〔2005〕1059 号）	国家发展改革委 2005 年 5 月 26 日
444	规范性文件	国家发展改革委办公厅关于注册价格鉴证师签字制度有关问题的通知（发改办价格〔2005〕1864 号）	国家发展改革委 2005 年 9 月 5 日
445	规范性文件	国家发展改革委办公厅关于榄香烯等药品价格的批复（发改办价格〔2005〕2249 号）	国家发展改革委 2005 年 10 月 24 日
446	规范性文件	国家发展改革委办公厅关于黄体酮等药品价格的批复（发改办价格〔2005〕2250 号）	国家发展改革委 2005 年 10 月 24 日
447	规范性文件	国家发展改革委、民航总局关于延长燃油附加执行期限的通知（发改价格〔2005〕2479 号）	国家发展改革委、 民航总局 2005 年 11 月 23 日
448	规范性文件	国家发展改革委、农业部关于下达优质粮食产业工程 2005 年中央预算内专项资金投资计划的通知（发改办投资〔2005〕1886 号）—附件三：国家优质粮食产业工程和动物防疫体系建设项目投资计划管理办法	国家发展改革委、农业部 2005 年 11 月 27 日
449	规范性文件	国家发展改革委关于对部分药品从出厂环节制定价格进行试点的通知（发改价格〔2005〕2542 号）	国家发展改革委 2005 年 12 月 2 日
450	规范性文件	国家发展改革委办公厅关于注射用盐酸吡柔比星原研制和仿制药品价格问题的复函（发改办价格〔2006〕28 号）	国家发展改革委 2006 年 1 月 6 日
451	规范性文件	国家发展改革委、民航总局关于延长民航国内航线旅客运输燃油附加执行期限的通知（发改价格〔2006〕270 号）	国家发展改革委、 民航总局 2006 年 2 月 26 日
452	规范性文件	国家发展改革委办公厅关于加强纯碱工业建设管理促进行业健康发展的通知（发改办工业〔2006〕391 号）	国家发展改革委 2006 年 2 月 27 日
453	规范性文件	国家发展改革委关于加快焦化行业结构调整的指导意见的通知（发改产业〔2006〕328 号）	国家发展改革委 2006 年 3 月 22 日
454	规范性文件	国家发展改革委、民航总局关于调整国内航线燃油附加收取标准的通知（发改价格〔2006〕509 号）	国家发展改革委、 民航总局 2006 年 3 月 28 日
455	规范性文件	国家发展改革委办公厅关于糜蛋白酶等药品有关价格问题的复函（发改办价格〔2006〕656 号）	国家发展改革委 2006 年 3 月 31 日
456	规范性文件	国家发展改革委、民航总局关于国内航线燃油附加收取标准的补充通知（发改价格〔2006〕639 号）	国家发展改革委、 民航总局 2006 年 4 月 17 日

序号	类别	名称及文号	发文单位及日期
457	规范性文件	国家发展改革委办公厅关于做好焦化行业结构调整工作的通知（发改办产业〔2006〕939号）	国家发展改革委 2006年5月10日
458	规范性文件	国家发展改革委办公厅关于继续做好电石、焦化行业准入管理工作的通知（发改办产业〔2007〕1647号）	国家发展改革委 2006年7月10日
459	规范性文件	国家发展改革委、民航总局关于调整国内航线旅客运输燃油附加收取标准的通知（发改价格〔2006〕1683号）	国家发展改革委、 民航总局 2006年8月24日
460	规范性文件	国家发展改革委、水利部关于做好"十一五"全国水电农村电气化县项目建设管理有关工作的通知（发改农经〔2006〕2296号）	国家发展改革委、水利部 2006年10月25日
461	规范性文件	国家发展改革委关于加强固定资产投资项目节能评估和审查工作的通知（发改投资〔2006〕2787号）	国家发展改革委 2006年12月12日
462	规范性文件	国家发展改革委、民航总局关于降低国内航线旅客运输燃油附加收取标准的通知（发改价格〔2007〕76号）	国家发展改革委、 民航总局 2007年1月15日
463	规范性文件	国家发展改革委关于认真贯彻执行道路运输爆炸品和剧毒化学品等两个强制性国家标准加强爆炸品和剧毒化学品运输车辆管理的通知（发改产业〔2007〕547号）	国家发展改革委 2007年3月12日
464	规范性文件	国家发展改革委关于对经山海关入关铁路运输粮食收取铁路建设基金的通知（发改价格〔2007〕605号）	国家发展改革委 2007年3月20日
465	规范性文件	国家发展改革委、财政部关于设备监理单位资格评审收费标准及有关问题的通知（发改价格〔2007〕2210号）	国家发展改革委、财政部 2007年9月5日
466	规范性文件	国家发展改革委办公厅关于调整山西、内蒙古电厂送京津唐电网上网电价的通知（发改办价格〔2007〕2172号）	国家发展改革委 2007年9月9日
467	规范性文件	《新能源汽车生产准入管理规则》公告（国家发展改革委公告〔2007〕第72号）	国家发展改革委 2007年10月17日
468	规范性文件	国家发展改革委关于制定第一批城市社区和农村基本用药定点生产的处方药最高零售价格的通知（发改价格〔2007〕2877号）	国家发展改革委 2007年10月31日
469	规范性文件	国家发展改革委、民航总局关于调整国内航线旅客运输燃油附加收取标准的通知（发改价格〔2007〕2894号）	国家发展改革委、 民航总局 2007年11月2日
470	规范性文件	国家发展改革委、铁道部关于调整铁路货物运输价格的通知（发改价格〔2007〕2895号）	国家发展改革委、铁道部 2007年11月2日

序号	类别	名称及文号	发文单位及日期
471	规范性文件	国家发展改革委、财政部关于新版学位证书工本费收费标准及有关问题的通知（发改价格〔2008〕279 号）	国家发展改革委、财政部 2008 年 1 月 24 日
472	规范性文件	关于加强监督管理规范原料奶市场秩序的通知（发改价检〔2008〕714 号）	国家发展改革委、农业部、国家工商总局、国家质检总局 2008 年 3 月 4 日
473	规范性文件	国家发展改革委、铁道部关于调整铁路货物运输价格的通知（发改价格〔2008〕1558 号）	国家发展改革委、铁道部 2008 年 6 月 23 日
474	规范性文件	国家发展改革委、中国民用航空局关于调整国内航线旅客运输燃油附加收取标准的通知（发改价格〔2008〕1568 号）	国家发展改革委、中国民航局 2008 年 6 月 24 日
475	规范性文件	国家发展改革委关于提高华北电网电价的通知（发改价格〔2008〕1677 号）	国家发展改革委 2008 年 6 月 29 日
476	规范性文件	国家发展改革委关于提高东北电网电价的通知（发改价格〔2008〕1678 号）	国家发展改革委 2008 年 6 月 29 日
477	规范性文件	国家发展改革委关于提高西北电网电价的通知（发改价格〔2008〕1679 号）	国家发展改革委 2008 年 6 月 29 日
478	规范性文件	国家发展改革委关于提高华东电网电价的通知（发改价格〔2008〕1680 号）	国家发展改革委 2008 年 6 月 29 日
479	规范性文件	国家发展改革委关于提高华中电网电价的通知（发改价格〔2008〕1681 号）	国家发展改革委 2008 年 6 月 29 日
480	规范性文件	国家发展改革委关于提高南方电网电价的通知（发改价格〔2008〕1682 号）	国家发展改革委 2008 年 6 月 29 日
481	规范性文件	国家发展改革委办公厅关于委托评估工作有关事项的通知（发改办投资〔2008〕1486 号）	国家发展改革委 2008 年 7 月 2 日
482	规范性文件	国家发展改革委办公厅关于第一批城市社区和农村基本用药定点生产的非处方药品最高零售价格指导意见的通知（发改办价格〔2008〕1560 号）	国家发展改革委 2008 年 7 月 11 日
483	规范性文件	关于做好原料奶价格协调工作的通知（发改价格〔2008〕2302 号）	国家发展改革委、农业部、国家工商总局 2008 年 8 月 26 日
484	规范性文件	国家发展改革委、中国民用航空局关于降低国内航线旅客运输燃油附加收取标准的通知（发改价格〔2008〕3539 号）	国家发展改革委、中国民航局 2008 年 12 月 19 日
485	规范性文件	国家发展改革委、中国民用航空局关于暂停收取国内航线旅客运输燃油附加的通知（发改价格〔2009〕190 号）	国家发展改革委、中国民航局 2009 年 1 月 14 日

国家发展改革委决定宣布失效的规章规范性文件目录

（2011 年 6 月 30 日中华人民共和国国家发展和改革委员会令第 10 号公布）

（规章 3 件，规范性文件 331 件）

序号	类别	名称及文号	发文单位及日期
1	规章	印发《关于发展热电联产的若干规定》的通知（计交能〔1998〕220 号）	国家计委、国家经贸委、电力工业部、建设部 1998 年 2 月 17 日
2	规章	国家计委关于印发《中央直属储备粮库项目竣工验收办法》的通知（计粮办〔1999〕2245 号）	国家计委 1999 年 12 月 18 日
3	规章	农产品进口关税配额管理暂行办法（国家计委令〔2002〕第 19 号）	国家计委 2002 年 1 月 30 日
4	规范性文件	关于严格按计划供应顶重油烧的柴油的通知（计综〔1982〕232 号）	国家计委 1982 年 4 月 1 日
5	规范性文件	关于以煤代油压出口和石油部增产节约的原油转为国内销售办法的补充通知（计综〔1982〕272 号）	国家计委 1982 年 4 月 13 日
6	规范性文件	关于转发石油部"关于以煤代油压油出口和石油部增产节约的原油转为国内销售的具体实施办法"的函（计综〔1982〕382 号）	国家计委 1982 年 5 月 17 日
7	规范性文件	关于以煤代油压油出口和石油部增产节约的原油转供国内销售调整价格的通知（计综〔1982〕390 号）	国家计委 1982 年 5 月 20 日
8	规范性文件	电力生产调度工作条例（试行）	水利电力部 1983 年 1 月 25 日
9	规范性文件	关于微型汽车规划定点的通知（计机〔1983〕425 号）	国家计委、国家经委 1983 年 4 月 1 日
10	规范性文件	对"关于用高价油换电生产钢板加价出售的检查报告"的复文（价字〔1983〕81 号）	国家物价局 1983 年 6 月 1 日
11	规范性文件	关于增大大型火电机组、高压输变电和露天矿设备基本建设投资的通知（计机〔1983〕1744 号）	国家计委 1983 年 11 月 17 日
12	规范性文件	关于抓紧进行制止乱涨生产资料价格工作的通知（价字〔1983〕172 号）	国家物价局 1983 年 12 月 2 日
13	规范性文件	关于电力企业流动资金改由人民银行统一管理有关问题的通知（水电财字〔1983〕228 号）	水利电力部、中国人民银行 1983 年 12 月 30 日
14	规范性文件	关于一九八四年棉花出口有关事项的通知（计贸〔1984〕188 号）	国家计委、国家经委 1984 年 2 月 1 日

序号	类别	名称及文号	发文单位及日期
15	规范性文件	对唐山 212 汽车价格问题的复函（价检函字〔1984〕211号）	国家物价局 1984 年 6 月 16 日
16	规范性文件	关于加强物价监督检查的通知（价检字〔1984〕390 号）	国家物价局 1984 年 11 月 7 日
17	规范性文件	关于烧油项目审批问题的通知（计综〔1984〕2565号）	国家计委 1984 年 12 月 7 日
18	规范性文件	关于下达《关于国家预算内基本建设投资全部由拨款改为贷款的暂行规定》的通知（计资〔1984〕2580 号）	国家计委、财政部、中国人民建设银行 1984 年 12 月 14 日
19	规范性文件	关于取消"汽车生产供应证"有关事项的通知（计机〔1985〕204 号）	国家计委 1985 年 2 月 6 日
20	规范性文件	关于一九八五年大型发电设备专项进口储备钢材改由国内供应的函（计综〔1985〕548 号）	国家计委 1985 年 4 月 4 日
21	规范性文件	关于执行《关于国家预算内基本建设投资全部由拨款改为贷款的暂行规定》中若干问题的说明（计资〔1985〕653 号）	国家计委、财政部、中国人民建设银行 1985 年 4 月 23 日
22	规范性文件	对河南石油产品价格问题的答复（价检字〔1985〕196 号）	国家物价局 1985 年 7 月 26 日
23	规范性文件	恢复执行《关于改进废钢铁管理工作报告》第二条的通知（计综〔1985〕1131号）	国家计委、国家经委 1985 年 8 月 5 日
24	规范性文件	关于重申地方机动财力和城市维护建设资金（用于基本建设部分）必须专户存入建设银行的通知（计资〔1985〕1835号）	国家计委 1985 年 11 月 19 日
25	规范性文件	关于计综〔1985〕1131 号文件的补充通知（计综〔1985〕2124 号）	国家计委 1985 年 12 月 26 日
26	规范性文件	《关于进一步贯彻纺织品按质论价政策的暂行规定》的补充通知（价轻字〔1986〕3 号）	国家物价局、纺织工业部、商业部 1986 年 1 月 4 日
27	规范性文件	关于加强稀土工业管理有关问题的通知（经重〔1986〕207 号）	国家经委 1986 年 4 月 10 日
28	规范性文件	关于试行《丝绸出厂价格作价办法》的通知（价轻字〔1986〕93 号）	国家物价局、中国丝绸公司 1986 年 4 月 11 日
29	规范性文件	关于国家预算内基本建设"拨改贷"投资豁免本息有关问题的通知（计资〔1986〕1826 号）	国家计委、财政部、中国人民建设银行 1986 年 9 月 26 日
30	规范性文件	关于将国家补助三线企业调整的建行贷款改为拨款问题的复函（计资〔1986〕2484 号）	国家计委 1986 年 12 月 4 日

序号	类别	名称及文号	发文单位及日期
31	规范性文件	关于加强水文工作的意见(计办农〔1987〕51 号)	国家计委 1987 年 2 月 27 日
32	规范性文件	关于实行《钢铁企业主要生产设备缩短检修工期、增加产量奖励试行办法》的复函(经设〔1987〕164 号)	国家经委 1987 年 3 月 17 日
33	规范性文件	水利电力部关于开展农电标准化管理活动几点意见的通知(水电农电字〔1987〕5 号)	水利电力部 1987 年 4 月 11 日
34	规范性文件	关于淘汰产品 J02 电机价格问题的复函(价检字〔1987〕140 号)	国家物价局 1987 年 4 月 14 日
35	规范性文件	对首钢集资销售计划外钢材价格问题的复函(价检字〔1987〕145 号)	国家物价局 1987 年 4 月 15 日
36	规范性文件	水利电力部认真贯彻执行国务院《关于进一步加强节约用电的若干规定》的通知(水电电生字〔1987〕34 号)	水利电力部 1987 年 4 月 17 日
37	规范性文件	关于请勿派人专程来京要求新上项目、增加投资和用汇指标的函(计办综〔1987〕87 号)	国家计委 1987 年 4 月 20 日
38	规范性文件	关于交通监理单位滥罚款如何处理的复函(价检函字〔1987〕231 号)	国家物价局 1987 年 6 月 8 日
39	规范性文件	关于进一步加强稀土资源开发应用和出口管理的报告(经重〔1987〕373 号)	国家经委 1987 年 6 月 17 日
40	规范性文件	关于机电产品价格检查问题的复文(价检字〔1987〕370 号)	国家物价局 1987 年 8 月 10 日
41	规范性文件	关于用中低档工业品以工代赈继续帮助贫困地区修筑道路和水利工程的财务处理试行办法(计地〔1987〕1587 号)	国家计委、中国人民银行、财政部、商业部 1987 年 9 月 14 日
42	规范性文件	对湖北化肥厂尿素销售价格有关问题的复函(价检字〔1987〕475 号)	国家物价局 1987 年 9 月 22 日
43	规范性文件	关于解决老水泥企业改造资金问题的意见(经重〔1988〕37 号)	国家经委 1988 年 1 月 16 日
44	规范性文件	关于加强茶叶价格管理的通知(价农字〔1988〕81 号)	国家物价局、商业部 1988 年 3 月 1 日
45	规范性文件	关于暂停建设项目报批工作的通知(计投资〔1988〕688 号)	国家计委 1988 年 10 月 10 日
46	规范性文件	关于继续实行按自筹投资一定比例购买重点企业债券和加强自筹投资管理的通知(计投资〔1988〕765 号)	国家计委、中国人民银行、审计署 1988 年 10 月 20 日

序号	类别	名称及文号	发文单位及日期
47	规范性文件	关于颁发《关于棉花购销经营中价格违法行为的处罚实施办法》(试行)联合通知(价检字〔1988〕743 号)	国家物价局、国家技术监督局 1988 年 12 月 20 日
48	规范性文件	关于制定《能源工业产业政策实施办法》的通知(能源政法〔1989〕464 号)	能源部 1989 年
49	规范性文件	关于生产企业经营计划外生产资料如何划分用户和经营部门问题的答复(价检函字〔1989〕370 号)	国家物价局 1989 年 6 月 21 日
50	规范性文件	印发《关于用中低档工业品以工代赈帮助贫困地区修建道路和水利工程的财务结算办法》的通知(计地区〔1989〕737 号)	国家计委、财政部、中国人民银行、商业部 1989 年 6 月 22 日
51	规范性文件	关于严格限制生产、使用建筑用铝门窗及铝装修品的通知(计产业〔1989〕739 号)	国家计委、物资部、建设部、中国有色金属工业总公司 1989 年 6 月 22 日
52	规范性文件	关于下达扶持部分外商投资企业专项贷款的通知(计外资〔1989〕1091 号)	国家计委 1989 年 9 月 1 日
53	规范性文件	关于印发一九八九年全国物价大检查中检查木材价格的若干政策界限的通知(价检字〔1989〕701 号)	国家物价局 1989 年 9 月 27 日
54	规范性文件	关于印发一九八九年全国物价大检查中检查煤炭价格的政策界限的通知(价检字〔1989〕702 号)	国家物价局 1989 年 9 月 28 日
55	规范性文件	关于调整部分行业基本建设贷款差别利率有关问题的复函(计投资〔1989〕1414 号)	国家计委 1989 年 11 月 13 日
56	规范性文件	关于印发《国家级重点新产品试产计划管理办法》的通知(计科技〔1989〕1549 号)	国家计委、国税局、国家物价局、中国工商银行、物资部 1989 年 12 月 14 日
57	规范性文件	关于基建计划管理问题的复函(计投资〔1989〕1602 号)	国家计委 1989 年 12 月 23 日
58	规范性文件	关于开展一九九〇年国家重点建设项目后评价工作的通知(计建设〔1990〕54 号)	国家计委 1990 年 1 月 24 日
59	规范性文件	关于限期清理不正常在建工程的通知(计投资〔1990〕169 号)	国家计委、中国人民建设银行 1990 年 3 月 1 日
60	规范性文件	关于企业将国家平价原材料加价计入生产成本并相应提高产品价格的价格违法问题的复文(价政字〔1990〕159 号)	国家物价局 1990 年 3 月 19 日

序号	类别	名称及文号	发文单位及日期
61	规范性文件	关于暂缓审批汽车零部件项目的通知（计工二〔1990〕428号）	国家计委 1990年4月27日
62	规范性文件	关于整顿柞蚕茧收购价格的通知（价农字〔1990〕720号）	国家物价局、对外经贸部 1990年8月29日
63	规范性文件	关于今年出口棉花货源问题的函（计经贸〔1990〕1265号）	国家计委 1990年9月20日
64	规范性文件	转发加强自筹基建资金管理补充规定贯彻执行情况调查报告的通知（计办投资〔1990〕718号）	国家计委 1990年10月27日
65	规范性文件	对擅自将平价商品转议价销售的行为适用价格法规问题的复函（价政字〔1990〕907号）	国家物价局 1990年11月10日
66	规范性文件	关于印发《"国家级企业技术进步奖"奖励办法》的通知（计科技〔1990〕1615号）	国家计委 1990年11月10日
67	规范性文件	关于印发《国家级优秀新产品奖奖励办法》的通知（计科技〔1990〕1758号）	国家计委 1990年11月27日
68	规范性文件	关于印发《新产品鉴定验收办法》的通知（计科技〔1990〕1810号）	国家计委 1990年12月5日
69	规范性文件	关于电石产品免征电力建设资金的复函（价检字〔1991〕2号）	国家物价局 1991年1月7日
70	规范性文件	关于组织实施国外贷款项目管理信息系统的通知（计外资〔1991〕18号）	国家计委 1991年1月9日
71	规范性文件	关于公布第三批中外合资、合作经营企业机电产品以产顶进目录的通知（计办外资〔1991〕19号）	国家计委 1991年1月19日
72	规范性文件	关于整顿柞蚕丝价格的通知（价轻字〔1991〕58号）	国家物价局 1991年2月7日
73	规范性文件	关于处理基本建设不正常在建工程的通知（计投资〔1991〕129号）	国家计委 1991年2月8日
74	规范性文件	关于加强绵羊毛产销管理的通知（计市场〔1991〕667号）	国家计委、农业部、商业部、纺织工业部、轻工业部、国家工商局、国家技术监督局、国家物价局 1991年5月14日
75	规范性文件	关于林业基建银行贷款差别利率问题的函（计投资〔1991〕1070号）	国家计委、中国人民银行 1991年7月13日
76	规范性文件	关于严格控制今年新开工建设项目，集中资金加强水利工程和防汛抗洪工程建设的紧急通知（计投资〔1991〕1100号）	国家计委 1991年10月18日

序号	类别	名称及文号	发文单位及日期
77	规范性文件	关于物价大检查中有关问题的补充通知（价检字〔1991〕514号）	国家物价局，国务院税收、财务、物价大检查办公室 1991年10月31日
78	规范性文件	关于停缓建项目处理问题的通知（计投资〔1991〕1957号）	国家计委，国务院清理固定资产投资项目领导小组办公室 1991年11月29日
79	规范性文件	关于印发《计划生育补助地方专项投资管理办法》的通知（计办社会〔1992〕16号）	国家计委、国家计生委 1992年1月16日
80	规范性文件	关于加强流通领域卷烟价格管理的通知（价轻字〔1992〕56号）	国家物价局、国家烟草专卖局、商业部 1992年2月3日
81	规范性文件	关于解决国家专业投资公司注册资本问题的通知（计投资〔1992〕155号）	国家计委、财政部 1992年2月15日
82	规范性文件	关于核定大中型基本建设项目总投资的通知（计投资〔1992〕382号）	国家计委 1992年4月4日
83	规范性文件	关于印发《股份制试点企业宏观管理的暂行规定》的通知（计综合〔1992〕862号）	国家计委、国家体改委 1992年6月15日
84	规范性文件	关于柞蚕茧收购价格管理问题的通知（价农字〔1992〕362号）	国家物价局 1992年7月15日
85	规范性文件	关于在税收、财务、物价大检查中有关物价大检查的规定（价检字〔1992〕482号）	国家物价局，国务院税收、财务、物价大检查办公室 1992年9月19日
86	规范性文件	对粮棉奖售三挂钩物资价格由暗补改明补等改革措施的意见（计办市场〔1993〕11号）	国家计委 1993年1月15日
87	规范性文件	关于确保完成今年原油平衡分配计划的通知（计综合〔1993〕162号）	国家计委 1993年2月6日
88	规范性文件	关于一九九三年国防军工、农业、救灾用钢材执行国家指导价有关规定的通知（计综合〔1993〕445号）	国家计委 1993年3月22日
89	规范性文件	关于调整四川省国有林区上调木材销售价格的通知（计物价〔1993〕841号）	国家计委、国内贸易部 1993年5月20日
90	规范性文件	关于调整胎盘组织液等生物制品价格的批复（计物价〔1993〕876号）	国家计委 1993年5月27日
91	规范性文件	关于下达"组合售茧、缫丝计价"试点价格的通知（计物价〔1993〕909号）	国家计委 1993年6月3日
92	规范性文件	关于重申糖料收购指导价格的通知（计物价〔1993〕910号）	国家计委 1993年6月3日

序号	类别	名称及文号	发文单位及日期
93	规范性文件	关于一九九二年棉花年度奖售化肥、柴油问题的复函（计市场〔1993〕975 号）	国家计委 1993 年 6 月 14 日
94	规范性文件	关于清理定向募集股份有限公司内部职工持股不规范做法的通知（体改生〔1993〕115 号）	国家体改委 1993 年 7 月 5 日
95	规范性文件	转发国务院办公厅关于调整烟叶经济政策实施方案的通知（计办物价〔1993〕577 号）	国家计委 1993 年 8 月 21 日
96	规范性文件	关于华光国际运输总公司快运业务收费标准的复函（计办物价〔1993〕597 号）	国家计委 1993 年 8 月 31 日
97	规范性文件	关于提高大豆购销价格的通知（计物价〔1993〕1708 号）	国家计委、国内贸易部 1993 年 9 月 18 日
98	规范性文件	关于重申技工学校招生有关政策的通知（计办社会〔1993〕730 号）	国家计委 1993 年 11 月 19 日
99	规范性文件	关于社会募集股份有限公司向职工配售股份的补充规定（体改生〔1994〕15 号）	国家体改委、 国务院证券委 1994 年 2 月 1 日
100	规范性文件	国家计委办公厅关于卷烟计税基础出厂价格及烟草专项进口化肥问题的函（计办价格〔1994〕63 号）	国家计委 1994 年 2 月 14 日
101	规范性文件	国家计委关于调整桑蚕茧收购价格的通知（计价格〔1994〕504 号）	国家计委 1994 年 5 月 5 日
102	规范性文件	电力工业部关于继续抓好清理整顿乱收费工作的通知（电审计〔1994〕377 号）	电力工业部 1994 年 6 月 21 日
103	规范性文件	电力工业部关于电力工业企业所得税改革有关问题的通知（电经〔1994〕398 号）	电力工业部 1994 年 6 月 27 日
104	规范性文件	国家计委关于提高厂丝中准出厂价格的通知（计价格〔1994〕838 号）	国家计委 1994 年 6 月 27 日
105	规范性文件	国家计委关于锦西化工总厂天然气价格问题的复函（计价格〔1994〕880 号）	国家计委 1994 年 7 月 2 日
106	规范性文件	国家计委关于调整糖料收购指导价格的通知（计价格〔1994〕1009 号）	国家计委 1994 年 7 月 28 日
107	规范性文件	国家计委关于调整民用爆破器材产品出厂价格的通知（计价格〔1994〕1064 号）	国家计委 1994 年 8 月 9 日
108	规范性文件	国家计委关于临时降低汽油、柴油出厂价格的通知（计价格〔1994〕1067 号）	国家计委 1994 年 8 月 10 日
109	规范性文件	电力工业部关于继续深入开展电力"三为"服务工作的通知（电水农〔1994〕787 号）	电力工业部 1994 年 12 月 14 日

序号	类别	名称及文号	发文单位及日期
110	规范性文件	国家计委关于进口化肥代理手续费问题的通知（计价格〔1994〕2061号）	国家计委 1994年12月15日
111	规范性文件	国家计委关于四川天然气价格问题的复函（计价格〔1995〕400号）	国家计委 1995年4月10日
112	规范性文件	国家计委价格管理司关于中央电视台电影、体育、文艺卫星（有线）电视节目收视费标准的通知（计司价格函〔1995〕33号）	国家计委 1995年4月12日
113	规范性文件	国家计委关于核定增值税专用发票价格的通知（计价格〔1995〕441号）	国家计委 1995年4月20日
114	规范性文件	国家计委关于对黄河下游引黄渠首工程供水价格有关问题的复函（计价格〔1995〕2172号）	国家计委 1995年12月5日
115	规范性文件	国家计委收费管理司、财政部综合司关于水利建设工程质量监督收费标准及有关问题的复函（计司收费函〔1996〕2号）	国家计委、财政部 1996年1月8日
116	规范性文件	国家计委收费管理司关于畜禽及畜禽产品防疫检疫收费有关问题的复函（计司收费函〔1996〕3号）	国家计委 1996年1月8日
117	规范性文件	国家计委关于进一步明确原油、成品油价外收取管理费有关问题的通知（计价管〔1996〕260号）	国家计委 1996年2月12日
118	规范性文件	国家计委关于调整民用爆破器材产品出厂价格的通知（计价管〔1996〕288号）	国家计委 1996年2月16日
119	规范性文件	国家计委印发《关于进口化肥试行综合调拨价格的实施办法》的通知（计价管〔1996〕320号）	国家计委 1996年2月17日
120	规范性文件	国家计委办公厅关于建立国家计委与计划单列企业集团信息联系制度的通知（计办综合〔1996〕111号）	国家计委 1996年3月4日
121	规范性文件	国家计委收费管理司关于文化部直属艺术类院校其他收费项目和标准的复函（计司收费函〔1996〕13号）	国家计委 1996年3月6日
122	规范性文件	国家计委办公厅印发关于解决增加大型水电设备制造能力建设项目有关问题会议纪要的通知（计办机轻〔1996〕136号）	国家计委 1996年3月13日
123	规范性文件	国家计委、中国银行关于安排扶持外商投资企业专项贷款有关问题的通知（计外资〔1996〕731号）	国家计委、中国银行 1996年4月16日
124	规范性文件	关于贯彻落实国务院清理检查预算外资金有关文件几点意见的通知（计价检〔1996〕821号）	国家计委 1996年5月3日

序号	类别	名称及文号	发文单位及日期
125	规范性文件	国家计委收费管理司、财政部综合与改革司关于大中专毕业生改派费问题的复函（计司收费函〔1996〕28号）	国家计委、财政部 1996年5月6日
126	规范性文件	国家计委关于调整新疆地区成品油价格的通知（计价管〔1996〕1541号）	国家计委 1996年8月14日
127	规范性文件	国家计委收费管理司关于公安部门收取《121免检通行证》工本费问题的函（计司收费函〔1996〕55号）	国家计委 1996年8月28日
128	规范性文件	国家计委收费管理司关于养路费征收有关问题的复函（计司收费函〔1996〕60号）	国家计委 1996年9月10日
129	规范性文件	国家计委关于改进工业硝酸铵出厂价格管理办法的通知（计价管〔1996〕1840号）	国家计委 1996年9月18日
130	规范性文件	国家计委关于新疆棉花价格的通知（计价管〔1996〕2051号）	国家计委 1996年10月8日
131	规范性文件	国家计委办公厅关于处理未收回的1993年度扶持棉花生产贴息贷款问题的复函（计办市场〔1996〕678号）	国家计委 1996年10月11日
132	规范性文件	国家计委关于察尔森水库供水价格的批复（计价管〔1996〕2120号）	国家计委 1996年10月14日
133	规范性文件	印发《国家计委关于全国物价系统贯彻实施〈中华人民共和国行政处罚法〉的若干意见》的通知（计价检〔1996〕2578号）	国家计委 1996年11月5日
134	规范性文件	国家计委关于完善中央进口尿素、磷酸二铵综合作价意见的复函（计价管〔1996〕2644号）	国家计委 1996年11月15日
135	规范性文件	国家计委关于1997年工业盐出场（厂）保护价格问题的通知（计价管〔1996〕2660号）	国家计委 1996年11月19日
136	规范性文件	关于填报随电价（费）征收电力建设基金（资金）等情况登记表的通知（计价检〔1996〕2787号）	国家计委、电力部 1996年12月2日
137	规范性文件	关于雅安三九药业股份有限公司参麦注射液价格等问题的批复（计价管〔1997〕249号）	国家计委、卫生部、国家中医药管理局 1997年2月24日
138	规范性文件	国家计委收费管理司关于电子联行收费有关问题的复函（计司收费函〔1997〕25号）	国家计委 1997年4月9日
139	规范性文件	国家计委、国家外汇管理局关于印发《境外进行项目融资管理暂行办法》的通知（计外资〔1997〕612号）	国家计委、国家外汇管理局 1997年4月16日
140	规范性文件	国家计委关于质量体系认证机构认可收费标准及有关问题的批复（计价费〔1997〕692号）	国家计委 1997年4月21日

序号	类别	名称及文号	发文单位及日期
141	规范性文件	关于公布第一批严重污染环境（大气）的淘汰工艺与设备目录的通知（国经贸资〔1997〕367号）	国家经贸委、国家环保局、机械工业部 1997年6月5日
142	规范性文件	电力工业部关于颁发《电力工程建设项目大型设备运输招标投标管理办法》(暂行)的通知（电建〔1997〕343号）	电力工业部 1997年6月13日
143	规范性文件	国家计委、财政部关于贷款证收费标准的通知（计价费〔1997〕1057号）	国家计委、财政部 1997年6月17日
144	规范性文件	国家计委关于药品价格整改工作有关问题的通知（计价管〔1997〕1191号）	国家计委 1997年7月14日
145	规范性文件	国家计委关于油气产品实行价税分离问题的复函（计价管〔1997〕1193号）	国家计委 1997年7月14日
146	规范性文件	国家计委关于安排扶持外商投资企业中方人民币专项贷款有关问题的通知（计外资〔1997〕1258号）	国家计委 1997年7月25日
147	规范性文件	国家计委关于珠海市调整医疗服务收费标准的批复（计价费〔1997〕1490号）	国家计委 1997年8月27日
148	规范性文件	国家计委收费管理司关于校企联合办学收费有关问题的复函（计司收费函〔1997〕75号）	国家计委 1997年9月1日
149	规范性文件	国家计委办公厅关于水痘减毒活疫苗（冻干）国内销售价格的批复（计办价管〔1997〕648号）	国家计委 1997年9月23日
150	规范性文件	国家计委关于长庆油田天然气净化费问题的批复（计价管〔1997〕1787号）	国家计委 1997年10月6日
151	规范性文件	国家计委办公厅关于风疹疫苗（护贝法）等进口生物制品销售价格的批复（计办价管〔1997〕701号）	国家计委 1997年10月20日
152	规范性文件	国家计委关于整顿食盐价格有关问题的通知（计价管〔1997〕2066号）	国家计委 1997年11月3日
153	规范性文件	国家计委关于陕京管线输气价格的批复（计价管〔1997〕2111号）	国家计委 1997年11月5日
154	规范性文件	国家计委关于湛江东兴石油企业有限公司成品油价格管理问题的批复（计价管〔1997〕2127号）	国家计委 1997年11月7日
155	规范性文件	国家计委关于同意佛山市调整医疗服务收费标准的批复（计价费〔1997〕2288号）	国家计委 1997年11月20日
156	规范性文件	国家计委关于1998年工业盐出场（厂）保护价格问题的通知（计价管〔1997〕2293号）	国家计委 1997年11月21日

序号	类别	名称及文号	发文单位及日期
157	规范性文件	国家计委关于严格执行棉花价格政策的紧急通知（计价管〔1997〕2299 号）	国家计委 1997 年 11 月 24 日
158	规范性文件	国家计委办公厅关于进口分包装罗氏芬等药品价格的批复（计办价〔1997〕850 号）	国家计委 1997 年 12 月 8 日
159	规范性文件	国家计委关于印发《国家重点工业性试验项目管理办法》的通知（计科技〔1997〕2458 号）	国家计委 1997 年 12 月 9 日
160	规范性文件	国家计委、中国民航总局关于春运期间民航国内航线旅客运输实行浮动票价的通知（计价管〔1998〕1 号）	国家计委、民航总局 1998 年 1 月 5 日
161	规范性文件	国家计委收费管理司关于卫星电视加密频道收费标准的复函（计司收费函〔1998〕13 号）	国家计委 1998 年 1 月 10 日
162	规范性文件	国家计委关于调整江苏工业盐保护价格的通知（计价管〔1998〕33 号）	国家计委 1998 年 1 月 12 日
163	规范性文件	电力工业部关于印发《电力工程招标评标专家选聘和管理办法》并建立专家库的通知（电综〔1998〕60 号）	电力工业部 1998 年 2 月 9 日
164	规范性文件	国家计委关于收费票据工本费标准有关问题的复函（计价费〔1998〕374 号）	国家计委 1998 年 3 月 11 日
165	规范性文件	国家发展计划委员会关于储备化肥出库价格问题的通知（计价管〔1998〕719 号）	国家计委 1998 年 4 月 25 日
166	规范性文件	国家发展计划委员会关于抓紧清理价格法规文件的通知（计价调〔1998〕936 号）	国家计委 1998 年 5 月 25 日
167	规范性文件	国家发展计划委员会关于人事考试中心考试收费标准的批复（计价费〔1998〕1060 号）	国家计委 1998 年 6 月 10 日
168	规范性文件	国家发展计划委员会关于实验室认可收费标准及有关问题的批复（计价格〔1998〕1427 号）	国家计委 1998 年 7 月 25 日
169	规范性文件	国家发展计划委员会办公厅关于扩大新疆煤矿化工厂民爆产品出厂价格浮动幅度的批复（计办价格〔1998〕605 号）	国家计委 1998 年 8 月 8 日
170	规范性文件	关于印发清理整顿非试点外商投资商业企业名单的通知（计外资〔1998〕1524 号）	国家计委、对外经贸部、国家国内贸易局、国家工商管理局 1998 年 8 月 10 日
171	规范性文件	国家计委、财政部关于核定安徽省铁路地方建设附加费标准的通知（计价格〔1998〕1639号）	国家计委、财政部 1998 年 8 月 26 日
172	规范性文件	国家计委、国家粮食储备局关于印发《中央直属储备粮库设备采购管理办法》的通知（计粮办〔1998〕1759 号）	国家计委、国家粮食储备局 1998 年 9 月 10 日

序号	类别	名称及文号	发文单位及日期
173	规范性文件	国家计委关于单独核定深圳市成品油零售中准价的批复（计价格〔1998〕1785号）	国家计委 1998年9月18日
174	规范性文件	国家计委、财政部关于核定浙江省铁路地方建设附加费标准的通知（计价格〔1998〕1800号）	国家计委、财政部 1998年9月22日
175	规范性文件	国家计委办公厅关于对近几年部门年度预算内基建基金非经营性投资用于机关建设情况进行普查的通知（计办投资〔1998〕758号）	国家计委 1998年9月30日
176	规范性文件	国家计委办公厅关于公布新山地明等15种进口药品销售价格的通知（计办价格〔1998〕783号）	国家计委 1998年10月12日
177	规范性文件	国家计委办公厅关于冻干风疹活疫苗价格的批复（计办价格〔1998〕800号）	国家计委 1998年10月18日
178	规范性文件	国家计委关于下达中央直属储备粮库初步设计概算审批标准的通知（计粮办〔1998〕2622号）	国家计委 1998年10月31日
179	规范性文件	国家计委关于进一步加强财政预算内专项资金项目工程质量管理的通知（计投资〔1998〕2257号）	国家计委 1998年11月11日
180	规范性文件	国家计委关于产品质量认证机构认可收费标准有关问题的批复（计价格〔1998〕2528号）	国家计委 1998年12月11日
181	规范性文件	国家计委关于进一步改革化肥价格管理办法的通知（计价格〔1998〕2552号）	国家计委 1998年12月16日
182	规范性文件	国家计委关于进一步加强国外贷款项目信息系统建设的通知（计外资〔1998〕2555号）	国家计委 1998年12月17日
183	规范性文件	国家计委关于印发《游览参观点门票价格管理办法》的通知（计价格〔1999〕48号）	国家计委 1999年1月19日
184	规范性文件	国家计委价格司关于全国假肢与矫形器制作师执业资格考试费标准的函（计司价格函〔1999〕7号）	国家计委 1999年1月25日
185	规范性文件	国家计委办公厅关于食糖价格政策有关问题的通知（计办价格〔1999〕51号）	国家计委 1999年1月25日
186	规范性文件	国家计委办公厅关于培菲康药品价格的批复（计办价格〔1999〕248号）	国家计委 1999年4月8日
187	规范性文件	国家计委、财政部关于会计证收费标准的通知（计办价格〔1999〕465号）	国家计委、财政部 1999年4月26日
188	规范性文件	国家计委办公厅关于胞必佳价格的批复（计办价格〔1999〕341号）	国家计委 1999年5月16日
189	规范性文件	国家计委关于国家储备含铅汽油出库价格等问题的通知（计价格〔1999〕563号）	国家计委 1999年5月25日

序号	类别	名称及文号	发文单位及日期
190	规范性文件	国家计委关于进一步明确进口化肥价格政策的通知（计价格〔1999〕584号）	国家计委 1999年5月27日
191	规范性文件	关于制止向普通高校毕业生乱收费的通知（计价检〔1999〕738号）	国家计委、教育部 1999年6月28日
192	规范性文件	国家计委关于解决黑龙江省地方成品油批发企业油源问题的通知（计价格〔1999〕885号）	国家计委 1999年7月21日
193	规范性文件	国家计委、教育部、财政部关于普通高等院校扩招有关收费问题的紧急通知（计电〔1999〕82号）	国家计委、 教育部、财政部 1999年8月22日
194	规范性文件	国家计委、财政部、教育部、监察部关于督促落实国务院纠正招生收费"双轨制"决定的通知（计电〔1999〕87号）	国家计委、财政部、 教育部、监察部 1999年8月26日
195	规范性文件	国家计委关于调整食糖价格政策的通知（计价格〔1999〕1838号）	国家计委 1999年11月5日
196	规范性文件	国家计委、财政部关于保险业务监管费收费标准等有关问题的通知（计价格〔1999〕2119号）	国家计委、财政部 1999年11月25日
197	规范性文件	国家计委、财政部关于国际注册内部审计师报名考务费收费标准等有关问题的通知（计价格〔2000〕323号）	国家计委、财政部 2000年2月23日
198	规范性文件	国家计委办公厅关于人用精制狂犬病疫苗价格的批复（计办价格〔2000〕131号）	国家计委 2000年3月25日
199	规范性文件	国家计委关于命名规范化物价检查所的决定（计价检〔2000〕535号）	国家计委 2000年5月9日
200	规范性文件	国家计委、财政部关于煤炭经营资格证书收费标准的通知（计价格〔2000〕560号）	国家计委、财政部 2000年5月15日
201	规范性文件	国家计委、国家经贸委关于调整供电贴费标准等问题的通知（计价格〔2000〕744号）	国家计委、国家经贸委 2000年6月13日
202	规范性文件	国家计委办公厅关于移交企业和脱钩企业计划业务管理有关问题的通知（计办综合〔2000〕509号）	国家计委 2000年7月10日
203	规范性文件	国家计委、国家粮食局印发关于进一步加强国家粮库建设工作意见的通知（计综合〔2000〕1017号）	国家计委、国家粮食局 2000年7月22日
204	规范性文件	国家计委办公厅关于公布价格鉴证师执业资格认定考试合格人员名单的通知（计办价格〔2000〕642号）	国家计委 2000年8月24日
205	规范性文件	国家计委关于核定增值税防伪税控系统专用设备和技术维护价格的通知（计价格〔2000〕1381号）	国家计委 2000年9月12日

序号	类别	名称及文号	发文单位及日期
206	规范性文件	关于严格执行国家粮食统计和会计制度确保帐实相符的通知（计综合〔2000〕2331号）	国家计委、财政部、国家粮食局、中国农业发展银行 2000年12月13日
207	规范性文件	国家计委、国家粮食局关于印发"500亿斤仓容国家粮库建设项目竣工验收实施细则"的通知（计综合〔2000〕2354号）	国家计委、国家粮食局 2000年12月17日
208	规范性文件	关于印发进一步做好湖北、湖南、江西、安徽四省平垸行洪、退田还湖、移民建镇工作的通知（计农经〔2000〕2372号）	国家计委、财政部、国土资源部、建设部、水利部、农业部 2000年12月20日
209	规范性文件	国家计委、财政部关于延长鼓励煤炭出口政策执行期限的通知（计价格〔2001〕53号）	国家计委、财政部 2001年1月19日
210	规范性文件	国家计委、国家粮食局关于印发《国家粮库建设项目投资调整管理暂行办法》的通知（计综合〔2001〕79号）	国家计委、国家粮食局 2001年1月23日
211	规范性文件	国家计委、国家粮食局关于印发《国家粮库建设项目（预）可行性研究报告编制评估审批管理暂行办法》和《国家粮库建设项目初步设计编制和审批管理暂行办法》的通知（计综合〔2001〕80号）	国家计委、国家粮食局 2001年1月23日
212	规范性文件	国家计委办公厅对深化蚕茧流通体制改革的意见（计办价格〔2001〕214号）	国家计委 2001年3月6日
213	规范性文件	国家计委关于规范金融资产管理公司收购和处置不良资产过程中中介服务收费有关问题的通知（计价格〔2001〕391号）	国家计委 2001年3月23日
214	规范性文件	国家计委、国家粮食局关于印发《国家储备粮库建设项目施工招标管理办法》的通知（计综合〔2001〕406号）	国家计委、国家粮食局 2001年3月27日
215	规范性文件	国家计委、财政部关于商用密码产品特许销售年费等收费标准及有关问题的通知（计价格〔2001〕512号）	国家计委、财政部 2001年4月4日
216	规范性文件	关于进一步促进粮食顺价销售有关问题的通知（计综合〔2001〕563号）	国家计委、财政部、国家粮食局、中国农业发展银行 2001年4月12日
217	规范性文件	国家计委办公厅关于物价管理部门参与全国整顿和规范市场经济秩序工作有关问题的复函（计办价检〔2001〕495号）	国家计委 2001年4月30日
218	规范性文件	贯彻国务院关于整顿和规范市场经济秩序的决定的通知（计价检〔2001〕821号）	国家计委 2001年5月17日
219	规范性文件	国家计委办公厅关于人用精制狂犬病疫苗价格的批复（计办价格〔2001〕602号）	国家计委 2001年5月30日

序号	类别	名称及文号	发文单位及日期
220	规范性文件	国家计委办公厅关于利用日本国际协力银行日元贷款建设公路项目有关问题的通知（计办外资〔2001〕704 号）	国家计委 2001 年 6 月 21 日
221	规范性文件	国家计委办公厅关于价格主管部门参与整顿和规范市场经济秩序工作有关问题的通知（计办价检〔2001〕829 号）	国家计委 2001 年 7 月 23 日
222	规范性文件	国家计委关于调整原油管道运输价格的通知（计价格〔2001〕1377 号）	国家计委 2001 年 7 月 26 日
223	规范性文件	国家计委办公厅关于抓紧做好建设环境稽察中发现的乱收费问题处理工作的通知（计办价检〔2001〕969 号）	国家计委 2001 年 8 月 22 日
224	规范性文件	国家计委关于调整省际间粮食收购价格衔接区域及其成员的通知（计价格〔2001〕1733 号）	国家计委 2001 年 9 月 4 日
225	规范性文件	国家计委办公厅关于流行性出血热双价疫苗等药品价格的通知（计办价格〔2001〕1123 号）	国家计委 2001 年 9 月 24 日
226	规范性文件	国家计委办公厅关于福建省成品油价格有关问题的复函（计办价格〔2001〕1129 号）	国家计委 2001 年 9 月 25 日
227	规范性文件	国家计委办公厅、财政部办公厅关于副食品风险基金能否向企业和个体工商户征收的复函（计办价检〔2001〕1374 号）	国家计委、财政部 2001 年 11 月 20 日
228	规范性文件	关于委托中国煤炭工业协会承担煤炭生产许可证有关工作的通知（国经贸厅运行〔2001〕616 号）	国家经贸委 2001 年 11 月 28 日
229	规范性文件	国家计委办公厅关于调整《国内投资项目不予免税的进口商品目录（2000 年修订）》部分条目的通知（计办规划〔2001〕1424 号）	国家计委 2001 年 12 月 4 日
230	规范性文件	国家计委、财政部关于核安全技术审评费收费标准的通知（计价格〔2001〕2811 号）	国家计委、财政部 2001 年 12 月 28 日
231	规范性文件	国家计委关于调整增值税专用发票价格的通知（计价格〔2001〕2819 号）	国家计委 2001 年 12 月 31 日
232	规范性文件	国家计委关于免征粮食、棉花等大宗农产品铁路建设基金的通知（计价格〔2002〕463 号）	国家计委 2002 年 3 月 26 日
233	规范性文件	关于调整蜂窝公众通信网络频率占用费收费办法和标准的通知（计价格〔2002〕605 号）	国家计委、财政部、 信息产业部 2002 年 4 月 12 日
234	规范性文件	关于高等学校示范性软件学院收费标准及有关事项的通知（计价格〔2002〕665 号）	国家计委、财政部、 教育部 2002 年 4 月 30 日

序号	类别	名称及文号	发文单位及日期
235	规范性文件	国家计委关于强制性产品认证收费标准的通知（计价格〔2002〕889号）	国家计委 2002年6月11日
236	规范性文件	国家计委关于调整增值税防伪税控系统专用IC卡价格的通知（计价格〔2002〕928号）	国家计委 2002年6月18日
237	规范性文件	国家计委、水利部印发关于进一步做好农村人畜饮水解困工作的意见的通知（计农经〔2002〕1322号）	国家计委、水利部 2002年8月6日
238	规范性文件	国家计委关于贯彻落实全国减轻农民负担工作电视电话会议精神进一步做好涉农价格和收费管理工作的通知（计价格〔2002〕1608号）	国家计委 2002年9月17日
239	规范性文件	国家计委办公厅关于确定2002年度棉花收购贷款上限问题的复函（计办经贸〔2002〕1226号）	国家计委 2002年9月18日
240	规范性文件	关于工商和集贸市场收费检查有关问题政策界限的通知（计价检〔2002〕1807号）	国家计委 2002年9月30日
241	规范性文件	国家计委关于规范火力发电厂分散控制系统采购招标的通知（计办稽察〔2002〕930号）	国家计委 2002年10月17日
242	规范性文件	国家计委、国家粮食局关于印发《世行贷款粮食流通项目填平补齐管理暂行办法》的通知（计综合〔2002〕2357号）	国家计委、国家粮食局 2002年11月7日
243	规范性文件	国家计委、财政部关于运动员注册费等收费标准及有关事项的通知（计价格〔2002〕2632号）	国家计委、财政部 2002年11月25日
244	规范性文件	国家计委办公厅关于对各类开发区进行调查的通知（计办外资〔2002〕1609号）	国家计委 2002年12月5日
245	规范性文件	国家计委办公厅关于收费电视和视频点播业务收费的复函（计办价格〔2002〕1631号）	国家计委 2002年12月10日
246	规范性文件	国家计委办公厅关于建立稽察情况报告制度的通知（计办稽察〔2002〕1632号）	国家计委 2002年12月10日
247	规范性文件	国家计委关于核定中央直属水库库区建设基金标准有关问题的通知（计价格〔2003〕102号）	国家计委 2003年1月22日
248	规范性文件	国家计委办公厅关于中石化江汉油田分公司天然气出厂价格的批复（计办价格〔2003〕88号）	国家计委 2003年1月24日
249	规范性文件	国家计委办公厅、国家粮食局办公室关于调整世行贷款粮食流通项目填平补齐管理办法的通知（计办综合〔2003〕174号）	国家计委、国家粮食局 2003年2月21日
250	规范性文件	国家计委关于延长煤炭出口鼓励政策执行期限的通知（计价格〔2003〕309号）	国家计委 2003年2月28日

序号	类别	名称及文号	发文单位及日期
251	规范性文件	国家计委办公厅、财政部办公厅关于继续对部分铜原料进口实行统一代理有关问题的通知（计办综合〔2003〕276 号）	国家计委、财政部 2003 年 3 月 18 日
252	规范性文件	关于规范防治传染性非典型肺炎专用汽车生产和使用的紧急通知（发改产业〔2003〕286 号）	国家发展改革委、卫生部、科技部、国家环保总局、国家标准化管理委员会 2003 年 5 月 15 日
253	规范性文件	国家发展改革委关于做好当前投资工作促进经济发展的通知（发改投资〔2003〕305 号）	国家发展改革委 2003 年 5 月 20 日
254	规范性文件	国家发展改革委关于取消对价格鉴证资格考试培训单位审批和涉案财物价格鉴证人员认证等有关事项的通知（发改价格〔2003〕481 号）	国家发展改革委 2003 年 6 月 5 日
255	规范性文件	关于印发《整顿和规范价格秩序工作方案》的通知（发改价检〔2003〕513 号）	国家发展改革委 2003 年 6 月 10 日
256	规范性文件	国家发展改革委、国家粮食局关于做好提升国家储备粮库功能专项建设工作的通知（发改综合〔2003〕623 号）	国家发展改革委、国家粮食局 2003 年 6 月 28 日
257	规范性文件	国家发展改革委、国家粮食局关于做好东北地区国家粮食储备库地坪和罩棚专项建设工作的通知（发改综合〔2003〕626 号）	国家发展改革委、国家粮食局 2003 年 6 月 28 日
258	规范性文件	国家发展改革办公厅关于全国产品与服务统一代码服务收费问题的复函（发改办价格〔2003〕580 号）	国家发展改革委 2003 年 7 月 31 日
259	规范性文件	国家发展改革办公厅关于铁路专项用柴油供应价格等问题的复函（发改办价格〔2003〕601 号）	国家发展改革委 2003 年 8 月 5 日
260	规范性文件	国家发展改革委关于对航空煤油实行优惠价格的通知（发改价格〔2003〕867 号）	国家发展改革委 2003 年 8 月 5 日
261	规范性文件	关于对电价违法行为进行整改，规范电价管理有关问题的通知（发改价检〔2003〕1152 号）	国家发展改革委、国家电监会 2003 年 9 月 11 日
262	规范性文件	国家发展改革办公厅关于音乐著作权使用费问题的复函（发改办价格〔2003〕1253 号）	国家发展改革委 2003 年 11 月 24 日
263	规范性文件	国家发展改革委关于调整增值税专用发票价格问题的通知（发改价格〔2003〕2210 号）	国家发展改革委 2003 年 12 月 16 日
264	规范性文件	国家发展改革委关于印发《绿色食品认证及标志使用收费管理办法》的通知（发改价格〔2003〕2268 号）	国家发展改革委 2003 年 12 月 23 日
265	规范性文件	国家发展改革委办公厅、财政部办公厅关于继续对"专项"铜原料进口实行统一代理有关事项的通知（发改办综合〔2003〕1491 号）	国家发展改革委、财政部 2003 年 12 月 31 日

序号	类别	名称及文号	发文单位及日期
266	规范性文件	关于制定长江河道砂石资源费征收标准的通知（发改价格〔2003〕2356 号）	国家发展改革委、财政部、水利部 2003 年 12 月 31 日
267	规范性文件	国家发展改革委、财政部关于发布民航系统行政事业性收费标准的通知（发改价格〔2004〕90 号）	国家发展改革委、财政部 2004 年 1 月 16 日
268	规范性文件	国家发展改革委关于进一步加强化肥价格监管的通知（发改价格〔2004〕523 号）	国家发展改革委 2004 年 3 月 26 日
269	规范性文件	国家发展改革委办公厅关于调整部分药品价格核定时间的通知（发改办价格〔2004〕493 号）	国家发展改革委 2004 年 4 月 2 日
270	规范性文件	国家发展改革委办公厅关于世行贷款粮食流通项目财务竣工决算审批问题的通知（发改办经贸〔2004〕706 号）	国家发展改革委 2004 年 4 月 28 日
271	规范性文件	关于印发《库存陈水稻销售管理办法》的通知（发改经贸〔2004〕744 号）	国家发展改革委、国家粮食局、国家工商总局、国家质检总局 2004 年 4 月 30 日
272	规范性文件	国家发展改革委关于降低 24 种抗感染类药品价格的通知（发改价格〔2004〕881 号）	国家发展改革委 2004 年 5 月 19 日
273	规范性文件	国家发展改革委办公厅关于浙江省要求放开蚕茧收购价格问题的复函（发改办价格〔2004〕926 号）	国家发展改革委 2004 年 6 月 3 日
274	规范性文件	国家发展改革委办公厅关于清理整顿涉及煤炭生产企业收费的通知（发改办价格〔2004〕933 号）	国家发展改革委 2004 年 6 月 4 日
275	规范性文件	国家发展改革委、财政部关于翻译专业资格（水平考试收费标准及有关问题的通知（发改价格〔2004〕1086 号）	国家发展改革委、财政部 2004 年 6 月 10 日
276	规范性文件	国家发展改革委办公厅关于中央党校函授学院网络教育收费标准及有关问题的通知（发改办价格〔2004〕1064 号）	国家发展改革委 2004 年 6 月 25 日
277	规范性文件	国家发展改革委办公厅关于南水北调中线工程河北段筹措资金有关问题的复函（发改办价格〔2004〕1068 号）	国家发展改革委 2004 年 6 月 28 日
278	规范性文件	国家发展改革委办公厅关于南水北调工程基金有关问题的复函（发改办价格〔2004〕1153 号）	国家发展改革委 2004 年 7 月 8 日
279	规范性文件	国家发展改革委办公厅、国家电监会办公厅关于检查电价执行情况的通知（发改办价格〔2004〕1254 号）	国家发展改革委、国家电监会 2004 年 7 月 23 日

序号	类别	名称及文号	发文单位及日期
280	规范性文件	国家发展改革委关于调整引滦枢纽工程供水价格的通知（发改价格〔2004〕1593号）	国家发展改革委 2004年8月5日
281	规范性文件	国家发展改革委、财政部关于银行业机构监管费和业务监管费收费标准的通知（发改价格〔2004〕1663号）	国家发展改革委、财政部 2004年8月10日
282	规范性文件	国家发展改革委关于做好清理固定资产投资项目善后工作有关问题的通知（发改投资〔2004〕1912号）	国家发展改革委 2004年9月7日
283	规范性文件	关于印发2004年中晚稻最低收购价执行预案做好中晚稻收购工作的通知（发改经贸〔2004〕1949号）	国家发展改革委、财政部、农业部、国家粮食局、中国农业发展银行 2004年9月13日
284	规范性文件	关于印发整顿棉花流通秩序工作方案的通知（发改经贸〔2004〕2123号）	国家发展改革委、农业部、国家工商总局、国家质检总局、全国供销合作总社 2004年9月30日
285	规范性文件	国家发展改革委关于重新核定强制性产品认证收费标准的通知（发改价格〔2004〕2392号）	国家发展改革委 2004年11月1日
286	规范性文件	国家发展改革委办公厅关于缓释尿素出厂价格有关问题的批复（发改办价格〔2004〕2334号）	国家发展改革委 2004年12月14日
287	规范性文件	国家发展改革委、财政部关于新闻出版岗位培训费收费标准及有关问题的通知（发改价格〔2004〕3005号）	国家发展改革委、财政部 2004年12月28日
288	规范性文件	国家发展改革委办公厅关于做好各类开发区设立审核工作有关问题的通知（发改办外资〔2005〕133号）	国家发展改革委 2005年1月22日
289	规范性文件	国家发展改革委关于大亚湾核电站内销电上网电价的批复（发改价格〔2005〕177号）	国家发展改革委 2005年2月2日
290	规范性文件	国家发展改革委、财政部关于南水北调工程建设质量监督费收费标准的通知（发改价格〔2005〕312号）	国家发展改革委、财政部 2005年3月1日
291	规范性文件	国家发展改革委办公厅关于重组集成干扰素 α 价格问题的复函（发改办价格〔2005〕496号）	国家发展改革委 2005年3月16日
292	规范性文件	国家发展改革委关于调整西气东输天然气出厂基准价的通知（发改价格〔2005〕439号）	国家发展改革委 2005年3月18日
293	规范性文件	国家发展改革委关于国家碘盐基金停止征收后有关价格政策的通知（发改价格〔2005〕569号）	国家发展改革委 2005年4月6日
294	规范性文件	国家发展改革委关于印发《清理认定自行进口氧化铝生产原料的电解铝企业的暂行办法》的通知（发改运行〔2005〕633号）	国家发展改革委 2005年4月19日

序号	类别	名称及文号	发文单位及日期
295	规范性文件	国家发展改革委、财政部关于注册公用设备工程师等执业资格考试收费标准及有关问题的通知（发改价格〔2005〕747号）	国家发展改革委、财政部 2005年4月28日
296	规范性文件	国家发展改革委、财政部关于调整计量收费标准的通知（发改价格〔2005〕711号）	国家发展改革委、财政部 2005年4月30日
297	规范性文件	国家发展改革委关于调整民用爆破器材出厂价格的通知（发改价格〔2005〕841号）	国家发展改革委 2005年5月17日
298	规范性文件	关于进一步做好农村饮水安全工程建设工作的通知（发改农经〔2005〕920号）	国家发展改革委、 水利部、卫生部 2005年5月30日
299	规范性文件	国家发展改革委、国家粮食局关于做好地方机械化粮库项目贷款还款工作的通知（发改经贸〔2005〕1056号）	国家发展改革委、 国家粮食局 2005年6月17日
300	规范性文件	关于印发《中小学教材出版招标投标试点实施办法（修订）》和《中小学教材发行招标投标试点实施办法（修订）》的通知（发改经体〔2005〕1088号）	国家发展改革委、 新闻出版总署、教育部 2005年6月22日
301	规范性文件	国家发展改革委关于跨省区或规模较大的中小企业信用担保机构设立与变更有关事项的通知（发改企业〔2005〕1257号）	国家发展改革委 2005年7月10日
302	规范性文件	国家发展改革委、民航总局关于国内航线收取燃油附加有关问题的通知（发改价格〔2005〕1347号）	国家发展改革委、 民航总局 2005年7月25日
303	规范性文件	国家发展改革委办公厅关于开展输配电价测算工作有关问题的通知（发改办价格〔2005〕1631号）	国家发展改革委 2005年8月8日
304	规范性文件	国家发展改革委办公厅关于合成氨年生产能力30万吨以下氮肥生产企业尿素出厂价格有关问题的复函（发改办价格〔2005〕1729号）	国家发展改革委 2005年8月24日
305	规范性文件	国家发展改革委、财政部关于电力监管费收费标准及有关问题的通知（发改价格〔2005〕1851号）	国家发展改革委、财政部 2005年9月27日
306	规范性文件	国家发展改革委关于继续实行差别电价政策有关问题的通知（发改价格〔2005〕2254号）	国家发展改革委 2005年11月1日
307	规范性文件	国家发展改革委关于加强液化气气价格管理的通知（发改价格〔2005〕2782号）	国家发展改革委 2005年12月23日
308	规范性文件	国家发展改革委关于继续对粮食、棉花等大宗农产品免收铁路建设基金的通知（发改价格〔2005〕2818号）	国家发展改革委 2005年12月30日

序号	类别	名称及文号	发文单位及日期
309	规范性文件	国家发展改革委关于补办有关开发区审批手续的函（发改外资〔2006〕136 号）	国家发展改革委 2006 年 1 月 23 日
310	规范性文件	国家发展改革委关于调整岩石膨化硝铵炸药等产品价格的通知（发改价格〔2006〕143 号）	国家发展改革委 2006 年 1 月 23 日
311	规范性文件	国家发展改革委关于调整西气东输天然气出厂基准价的通知（发改价格〔2006〕141 号）	国家发展改革委 2006 年 1 月 24 日
312	规范性文件	国家发展改革委办公厅关于缓释尿素出厂价格有关问题的复函（发改办价格〔2006〕479 号）	国家发展改革委 2006 年 3 月 13 日
313	规范性文件	国家发展改革委关于吉林省继续实行优惠电价政策的通知（发改价格〔2006〕520 号）	国家发展改革委 2006 年 3 月 29 日
314	规范性文件	国家发展改革委关于印发精对苯二甲酸（PTA）、对二甲苯（PX）"十一五"建设项目布局规划的通知（发改工业〔2006〕646 号）	国家发展改革委 2006 年 4 月 15 日
315	规范性文件	国家发展改革委办公厅印发关于国家级专项规划公开发布管理暂行办法的通知（发改办规划〔2006〕992 号）	国家发展改革委 2006 年 5 月 17 日
316	规范性文件	国家发展改革委、财政部关于音像制品防伪标识费收费标准及有关问题的通知（发改价格〔2006〕1034 号）	国家发展改革委、财政部 2006 年 6 月 5 日
317	规范性文件	国家发展改革委办公厅关于印发医药行业"十一五"发展指导意见的通知（发改办工业〔2006〕1333 号）	国家发展改革委 2006 年 6 月 26 日
318	规范性文件	国家发展改革委关于请补办有关开发区设立手续的函（发改外资〔2006〕1451 号）	国家发展改革委 2006 年 7 月 24 日
319	规范性文件	国家发展改革委办公厅关于做好纺织行业加快结构调整转变增长方式专项资金使用和管理工作的通知（发改办运行〔2006〕1666 号）	国家发展改革委 2006 年 8 月 3 日
320	规范性文件	国家发展改革委办公厅关于加强规划审批工作意见的通知（发改办规划〔2006〕1892 号）	国家发展改革委 2006 年 8 月 31 日
321	规范性文件	国家发展改革委、财政部关于重新核定翻译专业资格（水平）考试收费标准及有关问题的通知（发改价格〔2006〕2308 号）	国家发展改革委、财政部 2006 年 10 月 26 日
322	规范性文件	国家发展改革委、财政部关于证券、期货市场监管费收费标准有关问题的通知（发改价格〔2006〕2437 号）	国家发展改革委、财政部 2006 年 11 月 8 日
323	规范性文件	国家发展改革委关于著作权自愿登记收费标准及有关问题的通知（发改价格〔2006〕2938 号）	国家发展改革委 2006 年 12 月 28 日
324	规范性文件	国家发展改革委、财政部关于调整民航系统行政事业性收费标准的通知（发改价格〔2007〕475 号）	国家发展改革委、财政部 2007 年 3 月 5 日

序号	类别	名称及文号	发文单位及日期
325	规范性文件	国家发展改革委办公厅、水利部办公厅关于做好丹江口库区及上游水土保持项目前期工作的通知（发改办农经〔2007〕514号）	国家发展改革委、水利部 2007年3月6日
326	规范性文件	国家发展改革委、水利部关于印发《全国农村饮水安全工程示范县建设管理办法》和《县级农村饮水安全工程"十一五"规划指南》的通知（发改农经〔2007〕1726号）	国家发展改革委、水利部 2007年7月24日
327	规范性文件	关于粮食加工企业作为委托收储库点有关问题的函（发改办经贸〔2007〕1854号）	国家发展改革委、财政部、国家粮食局 2007年8月1日
328	规范性文件	国家发展改革委、财政部关于运动马匹注册费收费标准及有关问题的通知（发改价格〔2007〕1923号）	国家发展改革委、财政部 2007年8月6日
329	规范性文件	国家发展改革委关于龙滩水电站电价问题的通知（发改价格〔2007〕2281号）	国家发展改革委 2007年9月9日
330	规范性文件	国家发展改革委、财政部关于稳定成品油市场供应,加强价格监管的通知（发国家发展改革委、财政部改价格〔2007〕3248号）	国家发展改革委、财政部 2007年11月26日
331	规范性文件	国家发展改革委办公厅关于当前新疆棉花购销有关问题的复函（发改办经贸〔2008〕2238号）	国家发展改革委 2008年10月15日
332	规范性文件	国家发展改革委办公厅关于解决甘肃省棉花销售困难问题的复函（发改办经贸〔2009〕2号）	国家发展改革委 2009年1月4日
333	规范性文件	国家发展改革委办公厅关于印发2009年全国粮食清仓查库检查方法的通知（发改办经贸〔2009〕117号）	国家发展改革委 2009年1月19日
334	规范性文件	2010年粮食、棉花进口关税配额数量、申请条件和分配原则（国家发展改革委公告〔2009〕第12号）	国家发展改革委 2009年9月28日

国家发展改革委决定修改的规章和规范性文件目录

(2011 年 6 月 30 日中华人民共和国国家发展和改革委员会令第 10 号公布)
(规章 5 件,规范性文件 3 件)

序号	类别	名称及文号	发文单位及日期
1	规章	供用电监督管理办法(电力部令〔1996〕第 4 号)	电力部 1996 年 5 月 19 日
2	规章	关于印发《煤矸石综合利用管理办法》的通知(国经贸资〔1998〕80 号)	国家经贸委、煤炭工业部、财政部、电力工业部、建设部、国税总局、国家土地管理局、国家建筑材料工业局 1998 年 2 月 12 日
3	规章	国家计委、建设部关于印发《城市供水价格管理办法》的通知(计价格〔1998〕1810 号)	国家计委、建设部 1998 年 9 月 23 日
4	规章	电力设施保护条例实施细则(国家经贸委、公安部令〔1999〕第 8 号)	国家经贸委、公安部 1999 年 3 月 18 日
5	规章	农药生产管理办法(国家发展改革委令〔2004〕第 23 号)	国家发展改革委 2004 年 10 月 11 日
6	规范性文件	关于依法惩处妨碍物价检查人员执行公务的违法犯罪活动的通知(计价检〔1994〕600 号)	国家计委、最高人民检察院、公安部 1994 年 5 月 21 日
7	规范性文件	关于印发《关于发展热电联产的规定》的通知(计基础〔2000〕1268 号)	国家计委、国家经贸委、建设部、国家环保总局 2000 年 8 月 22 日
8	规范性文件	国家计委关于印发水电工程建设征地移民工作暂行管理办法的通知(计基础〔2002〕2623 号)	国家计委 2002 年 11 月 30 日

工业和信息化部　统计局　发展改革委　财政部
关于印发中小企业划型标准规定的通知

（2011 年 6 月 18 日　工信部联企业〔2011〕300 号）

各省、自治区、直辖市人民政府，国务院各部委、各直属机构及有关单位：

为贯彻落实《中华人民共和国中小企业促进法》和《国务院关于进一步促进中小企业发展的若干意见》（国发〔2009〕36 号），工业和信息化部、国家统计局、发展改革委、财政部研究制定了《中小企业划型标准规定》。经国务院同意，现印发给你们，请遵照执行。

中小企业划型标准规定

一、根据《中华人民共和国中小企业促进法》和《国务院关于进一步促进中小企业发展的若干意见》（国发〔2009〕36 号），制定本规定。

二、中小企业划分为中型、小型、微型三种类型，具体标准根据企业从业人员、营业收入、资产总额等指标，结合行业特点制定。

三、本规定适用的行业包括：农、林、牧、渔业，工业（包括采矿业，制造业，电力、热力、燃气及水生产和供应业），建筑业，批发业，零售业，交通运输业（不含铁路运输业），仓储业，邮政业，住宿业，餐饮业，信息传输业（包括电信、互联网和相关服务），软件和信息技术服务业，房地产开发经营，物业管理，租赁和商务服务业，其他未列明行业（包括科学研究和技术服务业，水利、环境和公共设施管理业，居民服务、修理和其他服务业，社会工作，文化、体育和娱乐业等）。

四、各行业划型标准为：

（一）农、林、牧、渔业。营业收入 20000 万元以下的为中小微型企业。其中，营业收入 500 万元及以上的为中型企业，营业收入 50 万元及以上的为小型企业，营业收入 50 万元以下的为微型企业。

（二）工业。从业人员 1000 人以下或营业收入 40000 万元以下的为中小微型企业。其中，从业人员 300 人及以上，且营业收入 2000 万元及以上的为中型企业；从业人员 20 人及以上，且营业收入 300 万元及以上的为小型企业;从业人员 20 人以下或营业收入 300 万元以下的为微型企业。

（三）建筑业。营业收入 80000 万元以下或资产总额 80000 万元以下的为中小微型企业。其中，营业收入 6000 万元及以上，且资产总额 5000 万元及以上的为中型企业；营业收入 300 万元及以上，且资产总额 300 万元及以上的为小型企业；营业收入 300 万元以下或资产总额 300 万元以下的为微型企业。

（四）批发业。从业人员 200 人以下或营业收入 40000 万元以下的为中小微型企业。其中，从业人员 20 人及以上，且营业收入 5000 万元及以上的为中型企业；从业人员 5 人及以上，且营业收入 1000 万元及以上的为小型企业；从业人员 5 人以下或营业收入 1000 万元以下的为微型企业。

（五）零售业。从业人员 300 人以下或营业收入 20000 万元以下的为中小微型企业。其中，从业人员 50 人及以上，且营业收入 500 万元及以上的为中型企业；从业人员 10 人及以上，且营业收入 100 万元及以上的为小型企业；从业人员 10 人以下或营业收入 100 万元以下的为微型企业。

（六）交通运输业。从业人员 1000 人以下或营业收入 30000 万元以下的为中小微型企业。其中，从业人员 300 人及以上，且营业收入 3000 万元及以上的为中型企业；从业人员 20 人及以上，且营业收入 200 万元及以上的为小型企业；从业人员 20 人以下或营业收入 200 万元以下的为微型企业。

（七）仓储业。从业人员 200 人以下或营业收入 30000 万元以下的为中小微型企业。其中，从业人员 100 人及以上，且营业收入 1000 万元及以上的为中型企业；从业人员 20 人及以上，且营业收入 100 万元及以上的为小型企业；从业人员 20 人以下或营业收入 100 万元以下的为微型企业。

（八）邮政业。从业人员 1000 人以下或营业收入 30000 万元以下的为中小微型企业。其中，从业人员 300 人及以上，且营业收入 2000 万元及以上的为中型企业；从业人员 20 人及以上，且营业收入 100 万元及以上的为小型企业；从业人员 20 人以下或营业收入 100 万元以下的为微型企业。

（九）住宿业。从业人员 300 人以下或营业收入 10000 万元以下的为中小微型企业。其中，从业人员 100 人及以上，且营业收入 2000 万元及以上的为中型企业；从业人员 10 人及以上，且营业收入 100 万元及以上的为小型企业；从业人员 10 人以下或营业收入 100 万元以下的为微型企业。

（十）餐饮业。从业人员 300 人以下或营业收入 10000 万元以下的为中小微型企业。其中，从业人员 100 人及以上，且营业收入 2000 万元及以上的为中型企业；从业人员 10 人及以上，且营业收入 100 万元及以上的为小型企业；从业人员 10 人以下或营业收入 100 万元以下的为微型企业。

（十一）信息传输业。从业人员 2000 人以下或营业收入 100000 万元以下的为中小微型企业。其中，从业人员100人及以上，且营业收入1000万元及以上的为中型企业；从业人员10人及以上，且营业收入100万元及以上的为小型企业；从业人员10人以下或营业收入100万元以下的为微型企业。

（十二）软件和信息技术服务业。从业人员300人以下或营业收入10000万元以下的为中小微型企业。其中，从业人员100人及以上，且营业收入1000万元及以上的为中型企业；从业人员10人及以上，且营业收入50万元及以上的为小型企业；从业人员10人以下或营业收入50万元以下的为微型企业。

（十三）房地产开发经营。营业收入200000万元以下或资产总额10000万元以下的为中小微型企业。其中，营业收入1000万元及以上，且资产总额5000万元及以上的为中型企业；营业收入100万元及以上，且资产总额2000万元及以上的为小型企业；营业收入100万元以下或资产总额2000万元以下的为微型企业。

（十四）物业管理。从业人员1000人以下或营业收入5000万元以下的为中小微型企业。其中，从业人员300人及以上，且营业收入1000万元及以上的为中型企业；从业人员100人及以上，且营业收入500万元及以上的为小型企业；从业人员100人以下或营业收入500万元以下的为微型企业。

（十五）租赁和商务服务业。从业人员300人以下或资产总额120000万元以下的为中小微型企业。其中，从业人员100人及以上，且资产总额8000万元及以上的为中型企业；从业人员10人及以上，且资产总额100万元及以上的为小型企业；从业人员10人以下或资产总额100万元以下的为微型企业。

（十六）其他未列明行业。从业人员300人以下的为中小微型企业。其中，从业人员100人及以上的为中型企业；从业人员10人及以上的为小型企业；从业人员10人以下的为微型企业。

五、企业类型的划分以统计部门的统计数据为依据。

六、本规定适用于在中华人民共和国境内依法设立的各类所有制和各种组织形式的企业。个体工商户和本规定以外的行业，参照本规定进行划型。

七、本规定的中型企业标准上限即为大型企业标准的下限，国家统计部门据此制定大中小微型企业的统计分类。国务院有关部门据此进行相关数据分析，不得制定与本规定不一致的企业划型标准。

八、本规定由工业和信息化部、国家统计局会同有关部门根据《国民经济行业分类》修订情况和企业发展变化情况适时修订。

九、本规定由工业和信息化部、国家统计局会同有关部门负责解释。

十、本规定自发布之日起执行,原国家经贸委、原国家计委、财政部和国家统计局 2003 年颁布的《中小企业标准暂行规定》同时废止。

财政部关于公布废止和失效的财政规章和规范性文件目录(第十一批)的决定

(部务会议审议通过 2011 年 2 月 21 日
中华人民共和国财政部令第 62 号公布)

为了适应依法行政、依法理财的需要,根据《国务院办公厅关于做好规章清理工作有关问题的通知》(国办发〔2010〕28 号)的要求以及我部"第十一次财政规章和规范性文件清理工作方案",我部在前十次财政规章和规范性文件清理的基础上,对新中国成立以来至 2008 年 12 月发布的现行财政规章和规范性文件进行了第十一次全面清理,并逐一作出了鉴定。经过清理,确定废止和失效的财政规章和规范性文件共 864 件,其中,废止的财政规章5 件,失效的财政规章4 件,废止的财政规范性文件 415 件,失效的财政规范性文件440 件。现将这 864 件废止和失效的财政规章和规范性文件的目录予以公布。

废止和失效的财政规章和规范性文件目录(第十一批)

(864 件)

一、废止的财政规章目录(5 件)

1. 政府采购代理机构资格认定办法(2005 年 12 月 28 日财政部令第 31号)

2. 油气田企业增值税暂行管理办法(2000 年 3 月 13 日财政部、国家税务总局财税字〔2000〕32 号)

3. 农业综合开发财政有偿资金延期还款和呆账处理暂行规定(2000 年1 月 12 日财政部财发字〔2000〕2 号)

4. 预算外资金财政专户会计核算制度(1998 年 12 月 27 日财政部财综

字〔1998〕164 号)

5. 中华人民共和国企业所得税暂行条例实施细则(1994 年 2 月 4 日财政部(94)财法字第 3 号)

二、失效的财政规章目录(4 件)

1. 行政事业单位住房基金财务管理办法(1998 年 12 月 29 日财政部财综字〔1998〕168 号)

2. 预算单位清产核资办法(2000 年 4 月 7 日财政部财清字〔2000〕3 号)

3. 村合作经济组织财务制度(试行)(1996 年 3 月 14 日财政部财农字〔1996〕50 号)

4. 世界银行贷款项目采购管理暂行规定(1996 年 11 月 18 日财政部、国家机电产品进出口办公室财世司字〔1996〕167 号)

三、废止的财政规范性文件目录(415 件)

综 合 类

1. 关于印发《中央廉租住房保障专项补助资金实施办法》的通知(2007 年 10 月 10 日财政部财综〔2007〕57 号)

2. 关于发布《新型墙体材料专项基金征收和使用管理办法》的通知(2002 年 9 月 12 日财政部、国家经贸委财综〔2002〕55 号)

3. 关于军队有偿转让空余土地有关问题的通知(1993 年 7 月 7 日财政部、国家土地管理局、总后勤部(93)财综字第 159 号)

法 制 类

4. 关于建立和完善财政行政复议行政应诉和行政处罚案件统计报告制度的通知(2000 年 10 月 30 日财政部财法〔2000〕38 号)

5. 关于印发财政部行政处罚有关文书格式的通知(1999 年 10 月 2 日财政部财法字〔1999〕59 号)

税 收 类

6. 关于个人住房转让营业税政策的通知(2008 年 12 月 29 日财政部、国家税务总局财税〔2008〕174 号)

7. 关于 2008 年东北中部和蒙东地区扩大增值税抵扣范围固定资产进项税额退税问题的通知(2008 年 10 月 29 日财政部、国家税务总局财税〔2008〕141 号)

8. 关于地方商品储备有关税收问题的通知(2008 年 8 月 15 日财政部、国家税务总局财税〔2008〕110 号)

9. 关于印发《汶川地震受灾严重地区扩大增值税抵扣范围暂行办法》的通知(2008 年 8 月 1 日财政部、国家税务总局财税〔2008〕108 号)

10. 关于印发《内蒙古东部地区扩大增值税抵扣范围暂行办法》的通知

(2008 年 7 月 2 日财政部、国家税务总局财税〔2008〕94 号)

11. 关于二甲醚增值税适用税率问题的通知(2008 年 6 月 11 日财政部、国家税务总局财税〔2008〕72 号)

12. 关于在苏州工业园区进一步做好鼓励技术先进型服务企业发展试点工作有关税收政策的通知(2007 年 12 月 7 日财政部、国家税务总局、商务部、科技部财税〔2007〕143 号)

13. 关于扩大增值税抵扣范围地区 2007 年固定资产抵扣(退税)有关问题的补充通知(2007 年 9 月 6 日财政部、国家税务总局财税〔2007〕128 号)

14. 关于调整工业盐和食用盐增值税税率的通知(2007 年 7 月 26 日财政部、国家税务总局财税〔2007〕101 号)

15. 关于执行《企业会计准则》有关企业所得税政策问题的通知(2007 年 7 月 7 日财政部、国家税务总局财税〔2007〕80 号)

16. 关于调整证券(股票)交易印花税税率的通知(2007 年 5 月 30 日财政部、国家税务总局财税〔2007〕84 号)

17. 关于印发《中部地区扩大增值税抵扣范围暂行办法》的通知(2007 年 5 月 11 日财政部、国家税务总局财税〔2007〕75 号)

18. 关于企业政策性搬迁收入有关企业所得税处理问题的通知(2007 年 5 月 18 日财政部、国家税务总局财税〔2007〕61 号)

19. 关于促进创业投资企业发展有关税收政策的通知(2007 年 2 月 7 日财政部、国家税务总局财税〔2007〕31 号)

20. 关于促进农产品连锁经营试点税收优惠政策的通知(2007 年 1 月 10 日财政部、国家税务总局财税〔2007〕10 号)

21. 关于公益救济性捐赠税前扣除政策及相关管理问题的通知(2007 年 1 月 8 日财政部、国家税务总局财税〔2007〕6 号)

22. 关于建筑业营业税若干政策问题的通知(2006 年 12 月 22 日财政部、国家税务总局财税〔2006〕177 号)

23. 关于嵌入式软件增值税政策问题的通知(2006 年 12 月 20 日财政部、国家税务总局财税〔2006〕174 号)

24. 关于宣传文化增值税和营业税优惠政策的通知(2006 年 12 月 5 日财政部、国家税务总局财税〔2006〕153 号)

25. 关于 2006 年东北地区固定资产进项税额退税问题的通知(2006 年 11 月 17 日财政部、国家税务总局财税〔2006〕156 号)

26. 关于在苏州工业园区进行鼓励技术先进型服务企业发展试点工作有关政策问题的通知(2006 年 11 月 15 日财政部、国家税务总局、商务部、科技部财税〔2006〕147 号)

27. 关于支持天津滨海新区开发开放有关企业所得税优惠政策的通知（2006 年 11 月 15 日财政部、国家税务总局财税〔2006〕130 号）

28. 关于购进烟叶的增值税抵扣政策的通知（2006 年 10 月 8 日财政部、国家税务总局财税〔2006〕140 号）

29. 关于东北地区军品和高新技术产品生产企业实施扩大增值税抵扣范围有关问题的通知（2006 年 9 月 26 日财政部、国家税务总局财税〔2006〕15 号）

30. 关于进一步做好调整现行福利企业税收优惠政策试点工作的通知（2006 年 9 月 25 日财政部、国家税务总局财税〔2006〕135 号）

31. 关于企业技术创新有关企业所得税优惠政策的通知（2006 年 9 月 8 日财政部、国家税务总局财税〔2006〕88 号）

32. 关于调整企业所得税工资支出税前扣除政策的通知（2006 年 9 月 1 日财政部、国家税务总局财税〔2006〕126 号）

33. 关于经营高校学生公寓及高校后勤社会化改革有关税收政策的通知（2006 年 8 月 18 日财政部、国家税务总局财税〔2006〕100 号）

34. 关于纳税人以清包工形式提供装饰劳务征收营业税问题的通知（2006 年 8 月 17 日财政部、国家税务总局财税〔2006〕114 号）

35. 关于部分国家储备商品有关税收政策的通知（2006 年 8 月 16 日财政部、国家税务总局财税〔2006〕105 号）

36. 关于以三剩物和次小薪材为原料生产加工的综合利用产品增值税即征即退政策的通知（2006 年 8 月 3 日财政部、国家税务总局财税〔2006〕102 号）

37. 关于调整完善现行福利企业税收优惠政策试点工作的通知（2006 年 7 月 27 日财政部、国家税务总局财税〔2006〕111 号）

38. 关于纳税人向艾滋病防治事业捐赠有关所得税政策问题的通知（2006 年 6 月 27 日财政部、国家税务总局财税〔2006〕84 号）

39. 关于调整房地产营业税有关政策的通知（2006 年 6 月 6 日财政部、国家税务总局财税〔2006〕75 号）

40. 关于调整外商投资项目购买国产设备退税政策范围的通知（2006 年 5 月 10 日财政部、国家税务总局财税〔2006〕61 号）

41. 关于调整个体工商户业主、个人独资企业和合伙企业投资者个人所得税费用扣除标准的通知（2006 年 4 月 10 日财政部、国家税务总局财税〔2006〕44 号）

42. 关于个人所得税工资薪金所得减除费用标准有关政策问题的通知（2005 年 12 月 19 日财政部、国家税务总局财税〔2005〕183 号）

43. 关于2005年东北地区扩大增值税抵扣范围固定资产进项税额退税问题的通知(2005年12月6日财政部、国家税务总局财税〔2005〕176号)

44. 关于企业向农村寄宿制学校建设工程捐赠企业所得税税前扣除问题的通知(2005年9月29日财政部、国家税务总局财税〔2005〕137号)

45. 关于保险公司缴纳保险保障基金所得税税前扣除问题的通知(2005年9月17日财政部、国家税务总局财税〔2005〕136号)

46. 关于外商投资企业执行软件和集成电路企业所得税政策有关审批程序的通知(2005年7月1日财政部、国家税务总局财税〔2005〕109号)

47. 关于外商投资企业和外国企业购置国产设备有关企业所得税政策问题的通知(2005年7月20日财政部、国家税务总局财税〔2005〕74号)

48. 关于新疆出版印刷企业增值税政策的通知(2005年3月24日财政部、国家税务总局财税〔2005〕47号)

49. 关于铸锻、模具和数控机床企业取得的增值税返还收入征免企业所得税的通知(2005年3月8日财政部、国家税务总局财税〔2005〕33号)

50. 关于2005年东北地区扩大增值税抵扣范围有关问题的通知(2005年2月24日财政部、国家税务总局财税〔2005〕28号)

51. 关于东北老工业基地资产折旧与摊销政策执行口径的通知(2005年2月2日财政部、国家税务总局财税〔2005〕17号)

52. 关于扶持薄膜晶体管显示器产业发展税收优惠政策的通知(2005年2月22日财政部、国家税务总局财税〔2005〕15号)

53. 关于东北地区军品和高新技术产品生产企业实施扩大增值税抵扣范围有关问题的通知(2004年12月27日财政部、国家税务总局财税〔2004〕227号)

54. 关于进一步落实东北地区扩大增值税抵扣范围政策的紧急通知(2004年12月27日财政部、国家税务总局财税〔2004〕226号)

55. 关于电信企业有关企业所得税问题的通知(2004年12月10日财政部、国家税务总局财税〔2004〕215号)

56. 关于进一步扩大试点地区农村信用社有关税收政策问题的通知(2004年11月12日财政部、国家税务总局财税〔2004〕177号)

57. 关于以人民币结算的边境小额贸易出口货物试行退(免)税的补充通知(2004年10月29日财政部、国家税务总局财税〔2004〕178号)

58. 关于印发《2004年东北地区扩大增值税抵扣范围暂行办法》的通知(2004年9月20日财政部、国家税务总局财税〔2004〕168号)

59. 关于落实振兴东北老工业基地企业所得税优惠政策的通知(2004年9月20日财政部、国家税务总局财税〔2004〕153号)

60. 关于印发《东北地区扩大增值税抵扣范围若干问题的规定》的通知（2004 年 9 月 14 日财政部、国家税务总局财税〔2004〕156 号）

61. 关于暂缓执行低污染排放小汽车减征消费税政策的通知（2004 年 8 月 30 日财政部、国家税务总局财税〔2004〕142 号）

62. 关于企业再就业专项补贴收入征免企业所得税问题的通知（2004 年 8 月 11 日财政部、国家税务总局财税〔2004〕139 号）

63. 关于调整陕西省部分地区煤炭企业资源税税额的通知（2004 年 7 月 26 日财政部、国家税务总局财税〔2004〕128 号）

64. 关于调减台球保龄球营业税税率的通知（2004 年 6 月 7 日财政部、国家税务总局财税〔2004〕97 号）

65. 关于部分资源综合利用产品增值税政策的补充通知（2004 年 2 月 4 日财政部、国家税务总局财税〔2004〕25 号）

66. 关于调整进口卷烟消费税税率的通知（2004 年 1 月 29 日财政部、国家税务总局财税〔2004〕22 号）

67. 关于明确重庆市非统配矿煤炭资源税税额的通知（2004 年 1 月 16 日财政部、国家税务总局财税〔2004〕23 号）

68. 关于试点地区农村信用社税收政策的通知（2004 年 1 月 2 日财政部、国家税务总局财税〔2004〕35 号）

69. 关于以人民币结算的边境小额贸易出口货物试行退（免）税的通知（2003 年 12 月 12 日财政部、国家税务总局财税〔2003〕245 号）

70. 关于保险企业代理手续费支出税前扣除问题的通知（2003 年 9 月 12 日财政部、国家税务总局财税〔2003〕205 号）

71. 关于民航系统 8 项行政事业性收费不征收营业税的通知（2003 年 8 月 8 日财政部、国家税务总局财税〔2003〕170 号）

72. 关于代办外国领事认证费等 5 项经营服务性收费征收营业税的通知（2003 年 8 月 8 日财政部、国家税务总局财税〔2003〕169 号）

73. 关于小城镇建设中有关耕地占用税问题的批复（2003 年 7 月 3 日财政部、国家税务总局财税〔2003〕140 号）

74. 关于报废汽车回收拆解企业有关增值税政策的通知（2003 年 5 月 14 日财政部、国家税务总局财税〔2003〕116 号）

75. 关于下岗失业人员再就业有关税收政策问题的补充通知（2003 年 2 月 13 日财政部、国家税务总局财税〔2003〕12 号）

76. 关于下发不征收营业税的收费（基金）项目名单（第六批）的通知（2003 年 2 月 8 日财政部、国家税务总局财税〔2003〕15 号）

77. 关于金融企业应收未收利息征收营业税问题的通知（2002 年 12 月

12 日财政部、国家税务总局财税〔2002〕182 号)

78. 关于进一步鼓励软件产业和集成电路产业发展税收政策的通知(2002 年 10 月 10 日财政部、国家税务总局财税〔2002〕70 号)

79. 关于下发不征收营业税的收费(基金)项目名单(第五批)的通知(2002 年 8 月 12 日财政部、国家税务总局财税〔2002〕117 号)

80. 关于增值税一般纳税人向小规模纳税人购进农产品进项税抵扣率问题的通知(2002 年 7 月 10 日财政部、国家税务总局财税〔2002〕105 号)

81. 关于印发《国有文物收藏单位接受境外捐赠、归还和从境外追索的中国文物进口免税暂行办法》的通知(2002 年 6 月 25 日财政部、国家税务总局、海关总署财税〔2002〕81 号)

82. 关于外商投资企业追加投资享受企业所得税优惠政策的通知(2002 年 6 月 1 日财政部、国家税务总局财税〔2002〕56 号)

83. 关于苏州工业园区内资企业所得税优惠政策的通知(2002 年 5 月 22 日财政部、国家税务总局财税〔2002〕74 号)

84. 关于扩大新疆新华书店增值税退税范围的通知(2002 年 3 月 14 日财政部、国家税务总局财税〔2002〕45 号)

85. 关于旧货和旧机动车增值税政策的通知(2002 年 3 月 13 日财政部、国家税务总局财税〔2002〕29 号)

86. 关于加油机安装税控装置有关税收优惠政策的通知(2002 年 2 月 2 日财政部、国家税务总局财税〔2002〕15 号)

87. 关于提高农产品进项税抵扣率的通知(2002 年 1 月 9 日财政部、国家税务总局财税〔2002〕12 号)

88. 关于部分资源综合利用及其他产品增值税政策问题的通知(2001 年 12 月 1 日财政部、国家税务总局财税〔2001〕198 号)

89. 关于林业税收政策问题的通知(2001 年 11 月 1 日财政部、国家税务总局财税〔2001〕171 号)

90. 关于国有独资商业银行、国家开发银行承购金融资产管理公司发行的专项债券利息收入免征税收问题的通知(2001 年 10 月 8 日财政部、国家税务总局财税〔2001〕152 号)

91. 关于降低农村信用社营业税税率的通知(2001 年 10 月 8 日财政部、国家税务总局财税〔2001〕163 号)

92. 关于棉花进项税抵扣有关问题的补充通知(2001 年 10 月 1 日财政部、国家税务总局财税〔2001〕165 号)

93. 关于明确《中华人民共和国营业税暂行条例实施细则》第十一条有关问题的通知(2001 年 9 月 8 日财政部、国家税务总局财税〔2001〕160 号)

94. 关于停止执行以交付产品方式支付本息和租赁费免征利息及租金预提所得税优惠政策的通知(2001年9月8日财政部、国家税务总局财税〔2001〕162号)

95. 关于调整部分进口商品消费税税率的通知(2001年8月27日财政部、国家税务总局财税〔2001〕153号)

96. 关于明确调整营业税税率的娱乐业范围的通知(2001年8月23日财政部、国家税务总局财税〔2001〕145号)

97. 关于下发不征收营业税的收费(基金)项目名单(第四批)的通知(2001年8月23日财政部、国家税务总局财税〔2001〕144号)

98. 关于经营性公墓营业税问题的通知(2001年7月3日财政部、国家税务总局财税〔2001〕117号)

99. 关于废旧物资回收经营业务有关增值税政策的通知(2001年4月29日财政部、国家税务总局财税〔2001〕78号)

100. 关于农村信用社有关企业所得税政策问题的通知(2001年4月28日财政部、国家税务总局财税〔2001〕55号)

101. 关于调整部分娱乐业营业税税率的通知(2001年4月19日财政部、国家税务总局财税〔2001〕73号)

102. 关于"十五"期间对国有森工企业减免原木农业特产税的通知(2001年4月14日财政部、国家税务总局财税〔2001〕60号)

103. 关于车辆通行费有关营业税等税收政策的通知(2000年12月15日财政部、国家税务总局财税〔2000〕139号)

104. 关于中央所属有色金属企事业单位管理体制改革后企业所得税入库级次和征收管理问题的通知(2000年9月26日财政部、国家税务总局财税〔2000〕89号)

105. 关于证券基金管理公司缴纳企业所得税问题的通知(2000年9月21日财政部、国家税务总局财税〔2000〕90号)

106. 关于下发不征收营业税的收费(基金)项目名单(第三批)的通知(2000年8月9日财政部、国家税务总局财税〔2000〕31号)

107. 关于省级财政物价部门批准设立的行政事业性收费应否缴纳企业所得税问题的批复(2000年4月20日财政部、国家税务总局财税字〔2000〕48号)

108. 关于中外合作海上油(气)田放弃费财税处理的通知(2000年2月18日财政部、国家税务总局财税字〔2000〕21号)

109. 关于外商投资企业和外国企业购买国产设备投资抵免企业所得税有关问题的通知(2000年1月14日财政部、国家税务总局财税字〔2000〕49号)

110. 关于对国家储备肉、糖财政补贴收入免征营业税的通知(1999年12月31日财政部、国家税务总局财税字〔1999〕304号)

111. 关于印发《技术改造国产设备投资抵免企业所得税暂行办法》的通知(1999年12月8日财政部、国家税务总局财税字〔1999〕290号)

112. 关于调整计税工资扣除限额等有关问题的通知(1999年10月9日财政部、国家税务总局财税字〔1999〕258号)

113. 关于中关村科技园区软件开发生产企业有关税收政策的通知(1999年6月21日财政部、国家税务总局财税字〔1999〕192号)

114. 关于对育林基金不应征收营业税的通知(1998年12月30日财政部、国家税务总局财税字〔1998〕179号)

115. 关于调整含铅汽油消费税税率的通知(1998年11月30日财政部、国家税务总局财税字〔1998〕163号)

116. 关于调整增值税运输费用扣除率的通知(1998年6月12日财政部、国家税务总局财税字〔1998〕114号)

117. 关于贯彻国务院有关完善小规模商业企业增值税政策的决定的通知(1998年6月12日财政部、国家税务总局财税字〔1998〕113号)

118. 关于企业资产评估增值有关所得税处理问题的补充通知(1998年4月20日财政部、国家税务总局财税字〔1998〕50号)

119. 关于外国企业取得的特许权使用费在缴纳营业税后计算征收企业所得税问题的通知(1998年3月19日财政部、国家税务总局财税字〔1998〕59号)

120. 关于事业单位工资所得税前扣除问题的通知(1998年2月19日财政部、国家税务总局财税字〔1998〕18号)

121. 关于加强商业环节增值税征收管理的通知(1998年1月9日财政部、国家税务总局财税字〔1998〕4号)

122. 关于下发不征收营业税的收费(基金)项目名单(第二批)的通知(1997年12月3日财政部、国家税务总局财税字〔1997〕117号)

123. 关于发布《境外所得计征所得税暂行办法》(修订)的通知(1997年11月25日财政部、国家税务总局财税字〔1997〕116号)

124. 关于外商投资企业投资人民防空工程有关税收问题的通知(1997年10月22日财政部、国家税务总局财税字〔1997〕121号)

125. 关于事业单位、社会团体征收企业所得税有关问题的通知(1997年10月21日财政部财税字〔1997〕75号)

126. 关于对内资渔业企业从事捕捞业务征收企业所得税问题的通知(1997年10月20日财政部、国家税务总局财税字〔1997〕114号)

127. 关于企业资产评估增值有关所得税处理问题的通知(1997年6月23日财政部、国家税务总局财税字〔1997〕77号)

128. 关于调整行政事业性收费(基金)营业税政策的通知(1997年5月22日财政部、国家税务总局财税字〔1997〕5号)

129. 关于国有农口企事业单位征收企业所得税问题的通知(1997年5月8日财政部、国家税务总局财税字〔1997〕49号)

130. 关于外资金融机构经营人民币业务有关税收问题的通知(1997年5月5日财政部、国家税务总局、中国人民银行财税字〔1997〕52号)

131. 关于养路费铁路建设基金等13项政府性基金(收费)免征企业所得税的通知(1997年3月24日财政部、国家税务总局财税字〔1997〕33号)

132. 关于人民防空办公室收取人防工程使用费征收所得税问题的通知(1997年3月10日财政部、国家税务总局财税字〔1997〕36号)

133. 关于企业收取和缴纳的各种价内外基金(资金、附加)和收费征免企业所得税等几个政策问题的通知(1997年2月17日财政部、国家税务总局财税字〔1997〕22号)

134. 关于股份公司取得的新股申购冻结资金利息征收企业所得税问题的通知(1997年2月12日财政部、国家税务总局财税字〔1997〕13号)

135. 关于国有商业银行所得税计缴及有关问题的复函(1996年12月25日财政部、国家税务总局财税字〔1996〕106号)

136. 关于企业所得税几个具体问题的通知(1996年11月1日财政部、国家税务总局财税字〔1996〕79号)

137. 关于对国有粮食企业取得的储备粮油财政性补贴收入免征营业税问题的通知(1996年8月2日财政部、国家税务总局财税字〔1996〕68号)

138. 关于金融保险业以外汇折合人民币计算营业额问题的通知(1996年7月5日财政部、国家税务总局财税字〔1996〕50号)

139. 关于调整陕西榆林地区煤炭资源税税额的通知(1996年6月13日财政部、国家税务总局财税字〔1996〕36号)

140. 关于乡镇企业东西合作示范项目有关财税政策问题的通知(1996年3月26日财政部、国家税务总局财税字〔1996〕28号)

141. 关于继续对部分资源综合利用产品等实行增值税优惠政策的通知(1996年2月16日财政部、国家税务总局财税字〔1996〕20号)

142. 关于1995年进口铜原料进口环节增值税先征后返的补充通知(1995年12月1日财政部财税政字〔1995〕219号)

143. 关于追加计划内进口聚乙烯进口环节增值税先征后返指标的通知(1995年10月18日财政部、国家税务总局财税字〔1995〕99号)

178. 关于人武部修建民兵训练基地征收耕地占用税问题的复函(1990年6月22日财政部(90)财农税字第45号)

179. 关于耕地占用税有关政策问题的复函(1990年4月21日财政部(90)财农税字第16号)

180. 关于占用已开发的盐田应照征耕地占用税的复函(1990年1月31日财政部(90)财农税字第6号)

181. 关于耕地占用税实行预征办法的函(1989年12月9日财政部(89)财农税字第114号)

182. 关于统一公路建设用地耕地占用税税额标准的通知(1989年12月9日财政部(89)财农税字第106号)

183. 关于烈士陵园耕地占用税问题的复函(1988年12月27日财政部(88)财农税字第90号)

184. 关于利用台资、港资、侨资办的企业耕地占用税问题的复函(1988年10月10日财政部(88)财农税字第61号)

185. 关于环卫部门征用耕地扩大垃圾堆放场应缴纳耕地占用税的函(1988年9月17日财政部(88)财农税字第50号)

186. 关于猪场建房占地应征收耕地占用税的通知(1988年9月12日财政部(88)财农税字第44号)

187. 关于耕地占用税有关问题的复函(1988年9月10日财政部(88)财农税字第47号)

188. 关于采煤塌陷地耕地占用税问题的复函(1988年6月27日财政部(88)财农税字第27号)

189. 关于煤炭企业耕地占用税问题的复函(1988年6月27日财政部(88)财农税字第26号)

190. 关于切实做好耕地占用税征收管理工作的通知(1988年5月31日财政部(88)财农税字第18号)

191. 关于确保对非农业建设用地征收耕地占用税的联合通知(1988年5月26日财政部、国家土地管理局(88)财农税字第13号)

192. 关于银行扣缴耕地占用税拖欠税款的联合通知(1988年5月7日财政部、中国人民银行、中国人民建设银行、中国工商银行、中国农业银行(88)财农税字第8号)

193. 关于外商投资企业付给其职工的洗衣费用列支问题的批复(1988年4月1日财政部(88)财税外字第88号)

194. 关于三线调整企事业单位耕地占用税问题的复函(1988年2月11日财政部(88)财农税字第29号)

195. 关于中外合资经营企业的非本位币收支已折合成本位币的,在缴税时不再重新调整计算的通知(1987年2月27日财政部(87)财税外字第41号)

196. 关于租用外国船舶用于国际运输所支付的租金可暂免征所得税的通知(1984年1月27日财政部(84)财税字第32号)

197. 关于中外合资企业、华侨、侨眷拥有的房产、住宅以及使用国家土地征免税收问题的通知(1980年6月2日财政部(80)财税字第82号)

关 税 类

198. 关于2009年关税实施方案的通知(2008年12月15日国务院关税税则委员会税委会〔2008〕40号)

199. 关于调整出口关税的通知(2008年11月13日国务院关税税则委员会税委会〔2008〕36号)

200. 关于实施中国—新西兰自由贸易协定税率的通知(2008年9月8日国务院关税税则委员会税委会〔2008〕30号)

201. 关于调整铝合金、焦炭和煤炭出口关税的通知(2008年8月15日国务院关税税则委员会税委会〔2008〕25号)

202. 关于调整部分商品进口暂定税率的通知(2008年5月28日国务院关税税则委员会税委会〔2008〕21号)

203. 关于2008年关税实施方案的通知(2007年12月14日国务院关税税则委员会税委会〔2007〕25号)

204. 关于调整部分铝产品进出口关税的通知(2007年7月17日国务院关税税则委员会税委会〔2007〕17号)

205. 关于2007年关税实施方案的通知(2006年12月21日国务院关税税则委员会税委会〔2006〕33号)

206. 关于调整部分商品进出口暂定税率的通知(2006年10月27日国务院关税税则委员会税委会〔2006〕30号)

207. 关于实施中国—智利自由贸易协定税率的通知(2006年9月14日国务院关税税则委员会税委会〔2006〕22号)

208. 关于实施亚太贸易协定第三轮谈判成果的通知(2006年8月16日国务院关税税则委员会税委会〔2006〕19号)

209. 关于调整超、特高压输变电设备及其关键零部件进口税收政策的通知(2008年8月26日财政部财关税〔2008〕82号)

210. 关于调整大型煤化工设备及其关键零部件、原材料进口税收政策的通知(2008年8月26日财政部财关税〔2008〕80号)

211. 关于调整大型石化设备及其关键零部件、原材料进口税收政策的

通知(2008 年 8 月 26 日财政部财关税〔2008〕78 号)

212. 关于调整大功率风力发电机组及其关键零部件、原材料进口税收政策的通知(2008 年 4 月 14 日财政部财关税〔2008〕36 号)

213. 关于调整大型精密高速数控设备及其关键零部件进口税收政策的通知(2008 年 3 月 26 日财政部财关税〔2008〕32 号)

214. 关于调整大型非公路矿用自卸车及其关键零部件、原材料进口税收政策的通知(2008 年 2 月 27 日财政部财关税〔2008〕19 号)

215. 关于调整新型大马力农业装备及其关键零部件进口税收政策的通知(2008 年 2 月 1 日财政部财关税〔2008〕13 号)

216. 关于调整大型煤炭采掘设备及其关键零部件、原材料进口税收政策的通知(2007 年 12 月 28 日财政部财关税〔2007〕101 号)

217. 关于调整大型露天矿用机械正铲式挖掘机及其关键零部件、原材料进口税收政策的通知(2007 年 12 月 28 日财政部财关税〔2007〕99 号)

218. 关于实施大型全断面隧道掘进机零部件进口税收政策的通知(2007 年 8 月 22 日财政部财关税〔2007〕63 号)

219. 关于调整喷气织机和自动络筒机及其零部件进口税收政策问题的通知(2007 年 6 月 12 日财政部财关税〔2007〕48 号)

220. 关于落实国务院加快振兴装备制造业的若干意见有关进口税收政策的通知(2007 年 1 月 14 日财政部、国家发展改革委、海关总署、国家税务总局财关税〔2007〕11 号)

预 算 类

221. 关于修订《边境地区专项转移支付资金管理办法》的通知(2007 年 5 月 14 日财政部财预〔2007〕59 号)

222. 关于印发《中央部门财政拨款结余资金管理办法》的通知(2006 年 12 月 7 日财政部财预〔2006〕489 号)

223. 关于印发《边境地区专项转移支付资金管理办法》的通知(2006 年 4 月 29 日财政部财预〔2006〕62 号)

224. 关于印发《革命老区专项转移支付资金管理办法》的通知(2006 年 4 月 29 日财政部财预〔2006〕61 号)

225. 关于印发《中央部门财政拨款结余资金管理(暂行)规定》的通知(2005 年 2 月 21 日财政部财预〔2005〕46 号)

226. 关于部分行政事业性收费管理问题的通知(2003 年 12 月 24 日财政部财预〔2003〕559 号)

227. 关于部分企业所得税缴库问题的通知(2003 年 12 月 15 日财政部、中国人民银行、国家税务总局财预〔2003〕553 号)

228. 跨地区经营、集中缴库的企业所得税地区间分配办法（2003 年 8 月 15 日财政部、中国人民银行、国家税务总局财预〔2003〕452 号）

229. 西部地区基层政权建设资金管理暂行办法（2003 年 4 月 16 日财政部财预〔2003〕66 号）

国　库　类

230. 关于调整环境标志产品政府采购清单的通知（2008 年 7 月 3 日财政部、环境保护部财库〔2008〕50 号）

231. 关于调整节能产品政府采购清单的通知（2007 年 12 月 5 日财政部、国家发展改革委财库〔2007〕98 号）

232. 关于调整环境标志产品政府采购清单的通知（2007 年 3 月 14 日财政部、环保总局财库〔2007〕20 号）

233. 关于调整节能产品政府采购清单的通知（2006 年 7 月 18 日财政部、国家发展改革委财库〔2006〕57 号）

234. 关于政府收支分类改革后调整国库集中支付有关凭证和报表格式的通知（2006 年 6 月 2 日财政部财库〔2006〕43 号）

235. 关于印发《储蓄国债（电子式）代销试点管理办法（试行）》的通知（2006 年 3 月 21 日财政部、中国人民银行财库〔2006〕20 号）

236. 关于延长代理银行办理财政资金支付业务时间的通知（2003 年 11 月 30 日财政部财库函〔2003〕20 号）

237. 关于财政国库管理制度改革实施单位年终预算结余资金处理工作的通知（2002 年 12 月 20 日财政部财库〔2002〕70 号）

238. 财政国库管理制度改革试点预算结余资金处理的有关规定（2002 年 3 月 14 日财政部财库〔2002〕11 号）

239. 关于印发《〈财政总预算会计制度〉暂行补充规定》的通知（2001 年 11 月 19 日财政部财库〔2001〕63 号）

240. 关于建立省级粮食风险基金后有关会计处理问题规定的通知（1996 年 7 月 8 日财政部财预字〔1996〕271 号）

行政政法类

241. 关于印发《中央政法补助专款管理办法》的通知（2006 年 10 月 11 日财政部财行〔2006〕277 号）

242. 关于印发《监狱体制改革试点单位财务管理暂行规定》的通知（2003 年 11 月 10 日财政部、司法部财行〔2003〕165 号）

243. 关于印发《援外出国人员生活待遇管理办法》的通知（2001 年 12 月 20 日财政部、外经贸部财行〔2001〕336 号）

244. 关于受援国政府官员培训（研修）班学员中转费用问题的复函

(2000 年 8 月 11 日财政部财行〔2000〕145 号)

245. 关于印发《举办受援国专业技术培训(研修)班费用开支标准和财务管理办法》的通知(1999 年 12 月 24 日财政部财外字〔1999〕724 号)

246. 关于印发《举办受援国政府官员培训(研修)班费用开支标准及财务管理办法》的通知(1999 年 12 月 24 日财政部财外字〔1999〕725 号)

247. 关于做好工商行政管理部门行政性收费和罚没收入收支两条线管理工作的通知(1998 年 7 月 21 日财政部财公字〔1998〕11 号)

248. 关于下发《旅行社质量保证金财务管理若干问题的补充规定》的通知(1997 年 12 月 29 日财政部、国家旅游局财外字〔1997〕563 号)

249. 关于中央国家机关等单位参与定点扶贫人员生活补助问题的复函(1997 年 8 月 25 日财政部财文字〔1997〕444 号)

250. 关于印发《国家机关、事业单位驻外非外交代表机构财务管理的规定》的通知(1995 年 10 月 30 日财政部财外字〔1995〕365 号)

251. 中央行政机关汽车定点维修试行办法(1991 年 12 月 31 日财政部(91)财文字第 795 号)

252. 关于出差人员乘坐交通工具、住宿等级标准问题的复函(1990 年 7 月 25 日财政部(90)财文字第 323 号)

253. 关于定点常驻联系和帮助贫困地区工作的干部的生活补助问题的通知(1987 年 1 月 26 日财政部(87)财文字第 20 号)

教科文类

254. 关于印发《中央补助地方文化体育与传媒事业发展专项资金管理暂行办法》的通知(2007 年 6 月 20 日财政部财教〔2007〕83 号)

255. 关于印发《高等学校毕业生国家助学贷款代偿资助暂行办法》的通知(2006 年 9 月 1 日财政部、教育部财教〔2006〕133 号)

256. 关于完善中等职业教育贫困家庭学生资助体系的若干意见(2006 年 7 月 24 日财政部、教育部财教〔2006〕74 号)

257. 关于印发《中等职业教育国家助学金管理暂行办法》的通知(2006 年 7 月 24 日财政部、教育部财教〔2006〕73 号)

258. 关于印发《国家助学奖学金管理办法》的通知(2005 年 7 月 6 日财政部、教育部财教〔2005〕75 号)

259. 关于印发《中央与地方共建高等学校专项资金管理办法》的通知(2002 年 11 月 6 日财政部财教〔2002〕213 号)

260. 全国文化设施维修专项补助经费和全国万里边疆文化长廊专项补助经费管理办法(1999 年 11 月 11 日财政部、文化部财公字〔1999〕695 号)

261. 关于宣传文化发展专项资金使用问题的通知(1999 年 8 月 18 日财

政部财公字〔1999〕436 号)

262. 关于印发《行政事业单位国有资产处置管理实施办法》的通知(1995 年 9 月 5 日国家国有资产管理局国资事发〔1995〕106 号)

263. 关于印发《出国教师工资及有关生活待遇规定》的通知(1995 年 8 月 1 日财政部、国家教委财外字〔1995〕300 号)

264. 关于印发《宣传文化发展专项资金管理办法》的通知(1995 年 4 月 25 日财政部财文字〔1995〕314 号)

265. 关于印发《中央教育补助专款项目管理办法》的通知(1994 年 7 月 16 日财政部、国家教委财文字〔1994〕423 号)

266. 关于民族教育补助专款使用管理等有关问题的通知(1991 年 7 月 15 日财政部、国家教委、国家民委(91)财文字第 420 号)

267. 关于转发国家体委《关于国家体委各直属企事业单位、单项体育协会通过体育广告、社会赞助所得的资金、物品管理暂行规定》的通知(1989 年 10 月 16 日财政部(89)财文字第 627 号)

经济建设类

268. 关于印发《城镇污水处理设施配套管网以奖代补资金管理暂行办法》的通知(2007 年 11 月 22 日财政部财建〔2007〕730 号)

269. 关于印发《国外矿产资源风险勘查专项资金管理暂行办法》的通知(2005 年 10 月 31 日财政部财建〔2005〕637 号)

270. 关于发布《车辆购置税用于一般公路建设项目交通专项资金管理暂行办法》的通知(2005 年 6 月 14 日财政部、交通部财建〔2005〕241 号)

271. 粮食直补工作经费管理办法(2004 年 12 月 20 日财政部财建〔2004〕698 号)

272. 中央经济建设部门部门预算绩效考评管理办法(试行)(2004 年 10 月 18 日财政部财建〔2004〕354 号)

273. 行业规划与标准补助经费管理办法(2003 年 9 月 30 日财政部财建〔2003〕431 号)

274. 烟草商业税后利润征收使用管理办法(2003 年 5 月 30 日财政部财建〔2003〕238 号)

275. 无线电频率占用费管理暂行办法(2002 年 12 月 4 日财政部财建〔2002〕640 号)

276. 财政投资评审管理暂行规定(2001 年 10 月 12 日财政部财建〔2001〕591 号)

277. 电子信息产业发展基金管理暂行办法(2001 年 7 月 17 日财政部、信息产业部财建〔2001〕425 号)

278. 新增建设用地土地有偿使用费财务管理暂行办法（2001 年 6 月 10 日财政部、国土资源部财建〔2001〕330 号）

279. 关于进一步加强政府性基金支出管理的通知（1999 年 9 月 20 日财政部财经字〔1999〕725 号）

280. 关于国家财政预算内基本建设资金地质勘探费存款计息有关问题的通知（1999 年 2 月 9 日财政部财基字〔1999〕23 号）

281. 关于印发《民航机场管理建设费使用管理暂行办法》的通知（1997 年 12 月 18 日财政部、中国民用航空总局财工字〔1997〕467 号）

282. 关于民航机场管理建设费预算管理有关问题的通知（1997 年 8 月 18 日财政部、中国民用航空总局财工字〔1997〕296 号）

283. 关于对民航运输企业融资租赁飞机残值有关财务处理的通知（1994 年 6 月 4 日财政部财工字〔1994〕252 号）

农 业 类

284. 关于印发《中央财政现代农业生产发展资金使用管理暂行办法》的通知（2008 年 9 月 11 日财政部财农〔2008〕236 号）

285. 关于印发《中央财政森林生态效益补偿基金管理办法》的通知（2007 年 3 月 15 日财政部、国家林业局财农〔2007〕7 号）

286. 关于印发《中央财政小型农田水利工程建设补助专项资金管理办法（试行）》的通知（2006 年 8 月 11 日财政部、水利部财农〔2006〕124 号）

287. 关于印发《财政扶贫资金绩效考评试行办法》的通知（2005 年 12 月 26 日财政部、国务院扶贫办财农〔2005〕314 号）

288. 关于印发《林业贷款中央财政贴息资金管理规定》的通知（2005 年 5 月 24 日财政部、国家林业局财农〔2005〕45 号）

289. 水稻良种推广补贴资金管理暂行办法（2004 年 4 月 5 日财政部、农业部财农〔2004〕17 号）

290. 农作物良种推广项目资金管理暂行办法（2004 年 3 月 29 日财政部、农业部财农〔2004〕16 号）

291. 关于调整航空护林飞行费投入分担比例有关问题的通知（2003 年 12 月 3 日财政部办公厅、国家林业局办公室财办农〔2003〕126 号）

292. 关于发布《小型农田水利和水土保持补助费管理规定》的通知（1987 年 11 月 20 日财政部、水利电力部（87）财农字第 402 号）

社会保障类

293. 关于调整中央财政新型农村合作医疗制度补助资金拨付办法有关问题的通知（2007 年 1 月 31 日财政部、卫生部财社〔2007〕5 号）

294. 关于进一步加强就业再就业资金管理有关问题的通知（2006 年 1

月 20 日财政部、劳动保障部财社〔2006〕1 号）

295. 关于完善中央财政新型农村合作医疗补助资金拨付办法有关问题的通知（2004 年 6 月 21 日财政部、卫生部财社〔2004〕37 号）

296. 关于中央管理企业下岗职工出中心再就业有关问题的通知（2004 年 4 月 26 日财政部、劳动保障部财社〔2004〕23 号）

297. 关于中央财政资助中西部地区农民参加新型农村合作医疗制度补助资金拨付有关问题的通知（2003 年 8 月 25 日财政部、卫生部财社〔2003〕112 号）

298. 中国红十字会总会彩票公益金管理办法（2003 年 4 月 22 日财政部、中国红十字会总会财社〔2003〕44 号）

299. 关于做好药品监督管理体制改革有关财务管理和经费保障工作的意见（2001 年 2 月 16 日财政部财社〔2001〕6 号）

300. 关于卫生事业补助政策的意见（2000 年 7 月 10 日财政部、国家计委、卫生部财社〔2000〕17 号）

301. 关于印发《财政部拨付中国红十字基金会基金使用管理办法》的通知（1997 年 5 月 29 日财政部财社字〔1997〕92 号）

302. 关于印发《关于加强企业职工社会保险基金投资管理的暂行规定》的通知（1994 年 11 月 22 日财政部、劳动部财社字〔1994〕59 号）

303. 关于武装森林警察部队离休退休干部安置经费供给问题的通知（1992 年 7 月 4 日财政部、民政部、总政治部（92）财文字第 279 号）

304. 关于移交地方管理的军队离休干部荣誉金发放等有关问题的通知（1989 年 10 月 17 日财政部、民政部、总政治部、总后勤部（89）财文字第 539 号）

305. 关于全民所有制事业单位工作人员因公负伤致残抚恤问题的通知（1989 年 8 月 9 日财政部、民政部（89）财文字第 455 号）

306. 关于计发因公牺牲、病故一次抚恤金的工资基数如何计算问题的通知（1986 年 10 月 17 日财政部（86）财文字第 762 号）

307. 关于事业单位人员因公牺牲、病故一次抚恤金标准的通知（1986 年 6 月 25 日财政部（86）财文字第 276 号）

企 业 类

308. 关于印发《中央国有资本经营预算重大技术创新及产业化资金管理暂行办法》的通知（2008 年 12 月 19 日财政部财企〔2008〕431 号）

309. 关于印发《中小企业发展专项资金管理办法》的通知（2006 年 7 月 24 日财政部、国家发展改革委财企〔2006〕226 号）

310. 关于修订《外商投资环境建设补助资金管理办法》的通知（2003 年

10月15日财政部财企〔2003〕263号)

311. 关于国有股持股单位产权变动涉及上市公司国有股性质变化有关问题的通知(2002年9月26日财政部财企〔2002〕395号)

312. 委托社会中介机构开展企业效绩评价业务暂行办法(2002年6月6日财政部财统〔2002〕16号)

313. 企业集团内部效绩评价指导意见(2002年6月5日财政部财统〔2002〕17号)

314. 外商投资环境建设补助资金管理办法(2002年5月24日财政部财企〔2002〕174号)

315. 企业效绩评价操作细则(修订)(2002年2月22日财政部、国家经贸委、中央企业工委、劳动保障部、国家计委财统〔2002〕5号)

316. 资产评估准则——无形资产(2001年7月23日财政部财会〔2001〕1051号)

317. 中小企业国际市场开拓资金管理(试行)办法(2000年10月24日财政部、外经贸部财企〔2000〕467号)

318. 关于进一步做好国有企业效绩评价工作的通知(2000年4月26日财政部、国家经贸委、中央企业工委、劳动和社会保障部财统字〔2000〕3号)

319. 资产评估报告基本内容与格式的补充规定(1999年6月30日财政部财评字〔1999〕302号)

320. 关于印发《资产评估报告基本内容与格式的暂行规定》的通知(1999年3月2日财政部财评字〔1999〕91号)

321. 关于印发《对外国资产评估机构来中国境内执行资产评估业务的暂行规定》的通知(1997年5月19日国家国有资产管理局国资办发〔1997〕30号)

322. 关于印发《设立外商投资资产评估机构若干暂行规定》的通知(1997年4月7日国家国有资产管理局、外经贸部国资办发〔1997〕26号)

323. 关于印发《中央对外贸易发展基金财务管理实施细则(试行)》的通知(1996年11月18日财政部财商字〔1996〕461号)

324. 关于转发《资产评估操作规范意见(试行)》的通知(1996年5月7日国家国有资产管理局国资办发〔1996〕23号)

325. 关于《国有资产收益收缴管理办法》有关问题解答的通知(1995年2月9日财政部财工字〔1995〕31号)

326. 关于颁发《国有资产收益收缴管理办法》的通知(1994年9月21日财政部、国家国有资产管理局、中国人民银行财工字〔1994〕295号)

327. 关于资产评估报告制度的补充通知(1993年10月27日国家国有

资产管理局国资办发〔1993〕57号）

328．关于印发《关于资产评估报告书的规范意见》的通知（1993年10月15日国家国有资产管理局国资办发〔1993〕55号）

金　融　类

329．关于调整利用外国政府贷款项目申报及有关工作程序的通知（2005年4月20日财政部财金〔2005〕37号）

330．关于金融资产管理公司债权资产打包转让有关问题的通知（2005年2月2日财政部财金〔2005〕12号）

331．关于印发《中国进出口银行外国政府贷款项目提前还款资金管理规定》的通知（2005年1月20日财政部财金〔2005〕5号）

332．关于调整下岗失业人员从事微利项目小额担保贷款财政贴息资金申请审核程序有关问题的通知（2004年5月18日财政部、中国人民银行财金〔2004〕44号）

333．金融资产管理公司资产处置管理办法（修订）（2004年4月30日财政部财金〔2004〕41号）

334．关于规范利用外国政府贷款采购非贷款国货物的通知（2004年3月9日财政部财金〔2004〕17号）

335．关于印发《下岗失业人员从事微利项目小额担保贷款财政贴息资金管理办法》的通知（2003年6月11日财政部、中国人民银行、劳动保障部财金〔2003〕70号）

336．关于明确中央管理企业申请利用外国政府贷款转贷类别问题的通知（2002年8月17日财政部财金函〔2002〕86号）

337．关于做好金融、保险企业国有资本保值增值考核试点工作的通知（2002年8月27日财政部办公厅财办统〔2002〕16号）

338．关于进一步做好金融企业国有资产产权登记管理工作的通知（2002年3月22日财政部财金〔2002〕32号）

339．关于金融机构接收和处置抵债资产收入确认问题的通知（2002年1月7日财政部财金〔2002〕1号）

340．关于调整外国政府贷款一、二类项目转贷手续费年费率的通知（2001年9月29日财政部财金〔2001〕219号）

341．关于进一步加强外国政府贷款项目采购工作管理的通知（2001年7月19日财政部财金〔2001〕181号）

342．关于进一步规范外国政府贷款管理工作有关问题的通知（2000年11月2日财政部财金〔2000〕106号）

343．关于印发《外国政府贷款第一类项目财务代理委托协议》（范本）

的通知(2000 年 7 月 12 日财政部财金〔2000〕27 号)

344. 外国政府贷款转贷手续费收取办法（试行）(2000 年 3 月 29 日财政部财债字〔2000〕74 号)

345. 关于印发外国政府贷款第二类项目《还款保证书》标准格式的通知(2000 年 1 月 6 日财政部财债字〔2000〕7 号)

346. 关于印发《关于外国政府贷款转贷管理的暂行规定》的通知(1999 年 11 月 23 日财政部财债字〔1999〕230 号)

347. 关于授权财政监察专员办事机构对金融、保险企业就地实施监督管理有关问题的通知(1995 年 2 月 13 日财政部财商字〔1995〕24 号)

国 际 类

348. 关于将国际金融组织贷款项目专用账户利息收入纳入预算外资金进行管理的补充通知(2007 年 12 月 20 日财政部财国际〔2008〕288 号)

349. 关于重新确定利费返还资金使用范围和下拨世界银行 2001 财年利费返还资金的通知(2003 年 8 月 27 日财政部财际函〔2003〕33 号)

350. 地方财政部门参与国际金融组织贷款项目前期准备工作的实施办法(2003 年 5 月 22 日财政部财际函〔2003〕17 号)

351. 关于将世界银行贷款项目专用帐户利息收入纳入预算外资金进行管理的通知(1998 年 3 月 16 日财政部财世字〔1998〕59 号)

352. 关于印发《世界银行贷款项目财务报告暂行规定》的通知(1997 年 1 月 17 日财政部财世字〔1997〕6 号)

会计及注册会计师管理类

353. 关于印发《港澳台地区居民及外国籍公民参加中华人民共和国注册会计师统一考试办法》的通知(2008 年 4 月 8 日财政部财会〔2008〕4 号)

354. 关于印发《信贷资产证券化试点会计处理规定》的通知(2005 年 5 月 16 日财政部财会〔2005〕12 号)

355. 东北地区扩大增值税抵扣范围有关会计处理规定(2004 年 9 月 22 日财政部财会〔2004〕11 号)

356. 关于印发《从事银行卡跨行信息转接业务的企业会计核算办法》的通知(2003 年 8 月 3 日财政部财会〔2003〕23 号)

357. 关于在国家会计学院开展国有大中型企业总会计师岗位培训继续教育学时确认问题的通知(2002 年 8 月 23 日财政部财会〔2002〕13 号)

358. 保险公司投资连结产品等业务会计处理规定(2002 年 1 月 7 日财政部财会〔2002〕1 号)

359. 关于印发《金融企业会计制度》的通知(2001 年 11 月 27 日财政部财会〔2001〕49 号)

月 2 日财政部财会字〔1996〕1 号）

378. 关于境外上市的股份制试点企业利润分配问题的通知（1995 年 8 月 24 日财政部财会字〔1995〕31 号）

379. 关于外币业务会计处理中有关折合汇率问题补充规定的通知（1995 年 7 月 20 日财政部财会字〔1995〕25 号）

380. 关于对增值税会计处理有关问题补充规定的通知（1995 年 7 月 5 日财政部财会字〔1995〕22 号）

381. 关于调低出口退税率后有关会计处理的通知（1995 年 6 月 28 日财政部财会字〔1995〕21 号）

382. 关于印发《企业交纳土地增值税会计处理规定》的通知（1995 年 3 月 7 日财政部财会字〔1995〕15 号）

383. 关于调整金银首饰消费税纳税环节后有关会计处理规定的通知（1995 年 2 月 10 日财政部财会字〔1995〕9 号）

384. 关于减免和返还流转税的会计处理规定的通知（1995 年 1 月 24 日财政部财会字〔1995〕6 号）

385. 关于同意调整图书发行企业待结算款帐务处理办法的函（1994 年 12 月 2 日财政部财会字〔1994〕66 号）

386. 关于部分进口商品退税会计处理规定的通知（1994 年 10 月 24 日财政部财会字〔1994〕50 号）

387. 关于印发《企业所得税会计处理的暂行规定》的通知（1994 年 6 月 29 日财政部财会字〔1994〕25 号）

388. 关于企业缴纳矿产资源补偿费会计处理规定的通知（1994 年 5 月 19 日财政部财会字〔1994〕20 号）

389. 关于印发《关于资源税会计处理的规定》的通知（1994 年 2 月 21 日财政部财会字〔1994〕8 号）

390. 关于同意新华书店系统执行《图书类商品增值税帐务处理办法》的函（1994 年 2 月 19 日财政部财会字〔1994〕7 号）

391. 印发《关于外汇管理体制改革后企业外币业务会计处理的规定》的通知（1994 年 2 月 14 日财政部财会字〔1994〕5 号）

392. 关于印发《企业执行新税收条例有关会计处理规定》的通知（1993 年 12 月 30 日财政部（93）财会字第 83 号）

393. 新闻出版企业执行《工业企业会计制度》的补充规定（1993 年 6 月 25 日财政部（93）财会字第 40 号）

394. 关于印发《运输（民用航空）企业会计制度》的通知（1993 年 3 月 22 日财政部（93）财会字第 12 号）

395. 关于印发《邮电通信企业会计制度》的通知(1993 年 3 月 20 日财政部(93)财会字第 13 号)

396. 关于印发《运输(铁路)企业会计制度》的通知(1993 年 3 月 15 日财政部(93)财会字第 8 号)

397. 关于印发《中国注册会计师执业准则指南》的通知(2006 年 11 月 1 日中国注册会计师协会会协〔2006〕72 号)

监督检查类

398. 财政部门内部监督检查暂行办法(2002 年 1 月 16 日财政部财监〔2002〕3 号)

399. 关于印发《财政检查询问具体规则》的通知(1999 年 4 月 28 日财政部财监字〔1999〕72 号)

400. 关于印发《财政检查工作底稿具体规则》的通知(1999 年 1 月 30 日财政部财监字〔1999〕11 号)

401. 关于印发《财政检查报告具体规则》的通知(1999 年 1 月 30 日财政部财监字〔1999〕12 号)

402. 关于印发《财政检查审理工作具体规则》的通知(1999 年 1 月 19 日财政部财监字〔1999〕6 号)

403. 关于印发《财政检查通知书具体规则》的通知(1999 年 1 月 19 日财政部财监字〔1999〕10 号)

404. 关于切实做好行政性收费和罚没收入监缴工作的通知(1998 年 7 月 22 日财政部财监字〔1998〕191 号)

农业综合开发类

405. 关于印发《农业综合开发中央财政贴息资金管理办法》的通知(2005 年 3 月 23 日财政部财发〔2005〕4 号)

406. 关于调整中央财政农业综合开发资金土地治理和产业化经营项目投入比例的通知(2005 年 2 月 3 日财政部财发〔2005〕2 号)

407. 关于调整农业综合开发产业化经营项目分类项目设置和中央财政有偿无偿资金比例等事宜的通知(2005 年 1 月 14 日财政部财发〔2005〕1 号)

408. 关于调整农业综合开发资金若干投入比例的规定(2004 年 1 月 14 日财政部财发〔2004〕2 号)

409. 关于改革和完善农业综合开发若干政策措施的意见(2003 年 12 月 10 日财政部财发〔2003〕93 号)

410. 关于进一步加强农业综合开发资金管理的若干意见(2002 年 8 月 26 日财政部财发〔2002〕25 号)

411. 关于印发《农业综合开发项目调整、变更和终止有关事项的规定》的通知(2003 年 7 月 28 日国家农业综合开发办公室国农办〔2003〕193 号)

412. 关于贯彻落实《关于进一步加强农业综合开发资金管理的若干意见》的通知(2003 年 6 月 17 日国家农业综合开发办公室国农办〔2003〕165 号)

413. 关于县级农业综合开发工作规程(2001 年 9 月 25 日国家农业综合开发办公室国农办〔2001〕173 号)

414. 关于申请解决农业综合开发项目前期工作费的请示的批复(2000 年 3 月 20 日国家农业综合开发办公室国农办字〔2000〕67 号)

415. 关于黑龙江、海南垦区农业综合开发项目前期费和业务活动费问题的复函(2000 年 3 月 20 日国家农业综合开发办公室国农办字〔2000〕66 号)

四、失效的财政规范性文件目录(440 件)

综 合 类

1. 关于编制 2008 年中央行政事业单位住房改革支出决算的通知(2008 年 11 月 5 日财政部财综〔2008〕77 号)

2. 关于开展中央单位财政票据使用情况专项检查的通知(2008 年 1 月 16 日财政部财综函〔2008〕2 号)

3. 关于彩票机构利用互联网销售彩票有关问题的通知(2007 年 12 月 24 日财政部、民政部、国家体育总局财综〔2007〕84 号)

4. 财政部、公安部、民政部、信息产业部、国家体育总局公告 2007 年第 36 号(2007 年 11 月 6 日公告第 36 号)

5. 关于编制 2007 年中央行政事业单位住房改革支出决算的通知(2007 年 10 月 16 日财政部财综〔2007〕59 号)

6. 关于加强彩票发行销售管理促进彩票市场健康发展的通知(2007 年 9 月 29 日财政部财综〔2007〕55 号)

7. 关于制止彩票入侵校园有关问题的意见(2006 年 11 月 13 日财政部、教育部、公安部、民政部、国家工商行政管理总局、国家体育总局财综〔2006〕53 号)

8. 关于同意为中央国家机关后勤服务机构提供专用票据的函(2006 年 10 月 27 日财政部办公厅财办综〔2006〕91 号)

9. 关于对从事个体经营的下岗失业人员和高校毕业生实行收费优惠政策的通知(2006 年 1 月 13 日财政部、国家发展改革委财综〔2006〕7 号)

10. 关于减征葛洲坝电厂受电地区三峡工程建设基金有关问题的通知(2005 年 12 月 29 日财政部财综〔2005〕61 号)

11. 关于加强电脑系统发行销售彩票安全管理的紧急通知(2004 年 6 月 4 日财政部财综〔2004〕39 号)

12. 国家扶持青少年学生校外活动场所建设项目设备采购管理办法（2003 年 6 月 2 日财政部、全国青少年校外教育工作联席会议财综〔2003〕36 号）

13. 全国青少年学生校外活动场所建设及维护资金管理办法（2003 年 6 月 2 日财政部、全国青少年校外教育工作联席会议财综〔2003〕36 号）

14. 关于警惕伪造彩票管理批文欺骗行为的通知（2002 年 8 月 27 日财政部财综函〔2002〕19 号）

15. 关于加强彩票市场监管的紧急通知（2002 年 4 月 30 日财政部财综〔2002〕29 号）

16. 关于对中央单位行政事业性收费和政府性基金票据及罚款票据进行年检的通知（2002 年 4 月 25 日财政部财综〔2002〕27 号）

17. 关于中央和国家机关事业单位职工购房补贴资金筹集拨付和管理暂行办法（2000 年 10 月 30 日财政部财规〔2000〕48 号）

18. 关于认真做好彩票发行和管理工作的通知（2000 年 3 月 1 日财政部财综字〔2000〕17 号）

19. 关于接收彩票监管职能有关事项的通知（2000 年 1 月 11 日财政部财综字〔2000〕3 号）

20. 关于批准收取学位证书工本费的复函（1999 年 4 月 28 日财政部、国家计委财综字〔1999〕32 号）

21. 关于收取《外派劳务（研修生）培训合格证》工本费的通知（1998 年 3 月 5 日财政部、国家计委财综字〔1998〕13 号）

22. 关于机关、事业单位工人技术岗位证书收费的复函（1995 年 5 月 3 日财政部、国家计委财综字〔1995〕61 号）

23. 关于同意学位与研究生教育评估实行收费的函（1995 年 2 月 11 日财政部、国家计委财综字〔1995〕16 号）

24. 关于收取护士注册费的通知（1994 年 12 月 19 日财政部、国家计委财综字〔1994〕121 号）

法 制 类

25. 关于印发财政行政复议法律文书参考格式的通知（2000 年 11 月 6 日财政部财法〔2000〕42 号）

26. 关于建立财政法规贯彻实施情况信息反馈制度的通知（1989 年 9 月 12 日财政部（89）财法字第 41 号）

税 收 类

27. 关于第 29 届奥运会、13 届残奥会和好运北京体育赛事有关税收政策问题的补充通知（2008 年 9 月 28 日财政部、国家税务总局财税〔2008〕128 号）

28. 关于铁路企业分离办社会职能工作有关费用支出税前扣除问题的通知（2008年9月19日财政部、国家税务总局财税〔2008〕122号）

29. 关于明确国产重型燃气轮机税收政策执行期限的通知（2008年1月29日财政部、国家税务总局财税〔2008〕20号）

30. 关于2007年第二批森林消防专用车免征车辆购置税的通知（2007年12月23日财政部、国家税务总局财税〔2007〕166号）

31. 关于中小企业信用担保机构有关准备金税前扣除问题的通知（2007年12月19日财政部、国家税务总局财税〔2007〕27号）

32. 关于县级以上总工会捐赠所得税税前扣除政策问题的通知（2007年12月10日财政部、国家税务总局财税〔2007〕155号）

33. 关于吉林省由城市信用社更名改制的农村信用社有关税收政策问题的通知（2007年12月7日财政部、国家税务总局财税〔2007〕144号）

34. 关于河北省改革试点农村信用社有关企业所得税政策问题的通知（2007年12月7日财政部、国家税务总局财税〔2007〕152号）

35. 关于2007年母亲健康快车项目流动医疗车免征车辆购置税的通知（2007年10月12日财政部、国家税务总局财税〔2007〕140号）

36. 关于民族贸易企业销售货物增值税有关问题的通知（2007年9月30日财政部、国家税务总局、国家民委财税〔2007〕133号）

37. 关于《中华人民共和国企业所得税法》公布后企业适用税收法律问题的通知（2007年8月31日财政部、国家税务总局财税〔2007〕115号）

38. 关于2007年第一批森林消防专用车辆免征车辆购置税的通知（2007年8月15日财政部、国家税务总局财税〔2007〕104号）

39. 关于纳税人向第八届全国少数民族传统体育运动会捐赠税前扣除问题的通知（2007年8月6日财政部、国家税务总局财税〔2007〕98号）

40. 关于2007年防汛专用车免征车辆购置税的通知（2007年6月13日财政部、国家税务总局财税〔2007〕88号）

41. 关于海南省改革试点的农村信用社税收政策的通知（2007年5月18日财政部、国家税务总局财税〔2007〕18号）

42. 关于陕西省有线数字电视收入免征营业税的通知（2007年4月13日财政部、国家税务总局财税〔2007〕55号）

43. 关于杭州市有线数字电视收入免征营业税的通知（2007年4月4日财政部、国家税务总局财税〔2007〕56号）

44. 关于南京市有线数字电视收入免征营业税的通知（2007年4月4日财政部、国家税务总局财税〔2007〕57号）

45. 关于农村巡回医疗车免征车辆购置税的通知(2007年3月9日财政部、国家税务总局财税〔2007〕35号)

46. 关于宣传文化所得税优惠政策的通知(2007年2月6日财政部、国家税务总局财税〔2007〕24号)

47. 关于广播电视村村通税收政策的通知(2007年1月18日财政部、国家税务总局财税〔2007〕17号)

48. 关于北京市燃料电池试验示范车免征车辆购置税的通知(2007年1月10日财政部、国家税务总局财税〔2007〕12号)

49. 关于"母亲健康快车"项目专用车辆免征车辆购置税的通知(2006年12月29日财政部、国家税务总局财税〔2006〕176号)

50. 关于受赠流动眼科手术车免征车辆购置税的通知(2006年12月29日财政部、国家税务总局财税〔2006〕175号)

51. 关于模具产品增值税先征后退政策的通知(2006年12月5日财政部、国家税务总局财税〔2006〕152号)

52. 关于锻件产品增值税先征后退政策的通知(2006年12月5日财政部、国家税务总局财税〔2006〕151号)

53. 关于铸件产品增值税先征后退政策的通知(2006年12月5日财政部、国家税务总局财税〔2006〕150号)

54. 关于数控机床产品增值税先征后退政策的通知(2006年12月5日财政部、国家税务总局财税〔2006〕149号)

55. 关于继续执行供热企业相关税收优惠政策的通知(2006年11月27日财政部、国家税务总局财税〔2006〕117号)

56. 关于2006年第二批森林消防专用指挥车免征车辆购置税的通知(2006年11月21日财政部、国家税务总局财税〔2006〕159号)

57. 关于第29届奥运会补充税收政策的通知(2006年9月30日财政部、国家税务总局财税〔2006〕128号)

58. 关于国有控股公司投资组建新公司有关契税政策的通知(2006年9月29日财政部、国家税务总局财税〔2006〕142号)

59. 关于广播电视事业单位广告收入和有线收视费收入有关企业所得税问题的通知(2006年9月28日财政部、国家税务总局财税〔2006〕168号)

60. 关于免征大连市有线数字电视收入营业税的通知(2006年9月28日财政部、国家税务总局财税〔2006〕144号)

61. 关于2006年第二批防汛专用车免征车辆购置税的通知(2006年9月20日财政部、国家税务总局财税〔2006〕132号)

62. 关于延长家禽行业有关税收优惠政策的通知(2006年9月4日财政

部、国家税务总局财税〔2006〕113 号)

63. 关于延长中央和国务院各部门机关服务中心有关税收政策执行期限的通知(2006 年 8 月 18 日财政部、国家税务总局财税〔2006〕109 号)

64. 关于继续对民族贸易企业销售的货物及国家定点企业生产和经销单位经销的边销茶实行增值税优惠政策的通知(2006 年 8 月 7 日财政部、国家税务总局财税〔2006〕103 号)

65. 关于继续返还铁道部铁路建设基金营业税的通知(2006 年 6 月 30 日财政部财税〔2006〕94 号)

66. 关于免征深圳市有线数字电视收入营业税的通知(2006 年 6 月 30 日财政部、国家税务总局财税〔2006〕87 号)

67. 关于广西壮族自治区有线数字电视收入营业税问题的通知(2006 年 6 月 16 日财政部、国家税务总局财税〔2006〕86 号)

68. 关于 2006 年第一批森林消防专用指挥车免征车辆购置税的通知(2006 年 6 月 6 日财政部、国家税务总局财税〔2006〕71 号)

69. 关于 2006 年防汛专用车免征车辆购置税的通知(2006 年 6 月 4 日财政部、国家税务总局财税〔2006〕70 号)

70. 关于辽宁省农村信用社应收未收利息延期减除营业额问题的通知(2006 年 5 月 26 日财政部、国家税务总局财税〔2006〕72 号)

71. 关于延长试点地区农村信用社有关税收政策期限的通知(2006 年 5 月 14 日财政部、国家税务总局财税〔2006〕46 号)

72. 关于延长企业改制重组若干契税政策执行期限的通知(2006 年 3 月 29 日财政部、国家税务总局财税〔2006〕41 号)

73. 关于中央企业清产核资有关税收处理问题的通知(2006 年 2 月 21 日财政部、国家税务总局财税〔2006〕18 号)

74. 关于发布第一批不在文化体制改革试点地区的文化体制改革试点单位名单的通知(2005 年 12 月 12 日财政部、海关总署、国家税务总局财税〔2005〕163 号)

75. 关于 2005 年第二批森林消防专用指挥车免征车辆购置税的通知(2005 年 11 月 18 日财政部、国家税务总局财税〔2005〕158 号)

76. 关于 2005 年第二批防汛专用车免征车辆购置税的通知(2005 年 10 月 10 日财政部、国家税务总局财税〔2005〕139 号)

77. 关于 2005 年第一批森林消防专用指挥车免征车辆购置税的通知(2005 年 7 月 14 日财政部、国家税务总局财税〔2005〕111 号)

78. 关于 2005 年第一批防汛专用车免征车辆购置税的通知(2005 年 6 月 9 日财政部、国家税务总局财税〔2005〕96 号)

79. 关于广播电视事业单位 2004 年度广告收入和有线收视费收入所得税处理问题的通知(2005 年 5 月 30 日财政部、国家税务总局财税〔2005〕92 号)

80. 关于铁路企业分离办社会职能工作中有关费用支出税前扣除问题的通知(2005 年 5 月 16 日财政部、国家税务总局财税〔2005〕60 号)

81. 关于对外国政府无偿援助急救车辆免征车辆购置税的通知(2005 年 4 月 19 日财政部、国家税务总局财税〔2005〕59 号)

82. 关于文化体制改革中经营性文化事业单位转制为企业的若干税收政策问题的通知(2005 年 3 月 29 日财政部、海关总署、国家税务总局财税〔2005〕1 号)

83. 关于 2004 年底到期税收优惠政策问题的通知(2005 年 3 月 28 日财政部、国家税务总局财税〔2005〕49 号)

84. 关于第 6 届亚洲冬季运动会税收政策的通知(2005 年 3 月 22 日财政部、海关总署、国家税务总局财税〔2005〕24 号)

85. 关于救助打捞单位税收优惠政策的通知(2005 年 3 月 7 日财政部、海关总署、国家税务总局财税〔2005〕31 号)

86. 关于债转股企业有关税收政策的通知(2005 年 2 月 5 日财政部、国家税务总局财税〔2005〕29 号)

87. 关于 2004 年第二批森林消防专用指挥车免征车辆购置税的通知(2005 年 2 月 4 日财政部、国家税务总局财税〔2005〕7 号)

88. 关于证券公司缴纳证券结算风险基金所得税前扣除问题的通知(2004 年 12 月 31 日财政部、国家税务总局财税〔2004〕213 号)

89. 关于石油石化企业办社会有关企业所得税问题的通知(2004 年 12 月 31 日财政部、国家税务总局财税〔2004〕207 号)

90. 关于期货交易所风险准备金所得税前扣除问题的通知(2004 年 12 月 29 日财政部、国家税务总局财税〔2004〕216 号)

91. 关于延长海南省三亚亚龙湾旅游度假区土地增值税免税期限的通知(2004 年 12 月 22 日财政部、国家税务总局财税〔2004〕225 号)

92. 关于免征青岛市有线数字电视收入营业税的通知(2004 年 11 月 29 日财政部、国家税务总局财税〔2004〕186 号)

93. 关于 2004 年防汛专用车免征车辆购置税的通知(2004 年 9 月 2 日财政部、国家税务总局财税〔2004〕127 号)

94. 关于国产重型燃气轮机税收政策的补充通知(2004 年 9 月 2 日财政部、海关总署、国家税务总局财税〔2004〕124 号)

95. 关于 2004 年第一批森林消防专用指挥车免征车辆购置税的通知

（2004 年 7 月 2 日财政部、国家税务总局财税〔2004〕100 号）

96. 关于中国作协所属宣传文化单位"十五"期间享受所得税优惠政策有关问题的通知（2004 年 2 月 23 日财政部财税〔2004〕4 号）

97. 关于 2003 年第二批森林消防专用指挥车免征车辆购置税的通知（2003 年 12 月 18 日财政部、国家税务总局财税〔2003〕252 号）

98. 关于证券交易所风险基金、证券结算风险基金所得税税前扣除问题的通知（2003 年 12 月 16 日财政部、国家税务总局财税〔2003〕243 号）

99. 关于新疆生产建设兵团上市股份制企业所得税问题的补充通知（2003 年 10 月 17 日财政部财税〔2003〕217 号）

100. 关于促进下岗失业人员再就业税收优惠及其他相关政策的补充通知（2003 年 8 月 28 日财政部、劳动保障部、国家税务总局财税〔2003〕192 号）

101. 关于企业改制重组若干契税政策的通知（2003 年 8 月 20 日财政部、国家税务总局财税〔2003〕184 号）

102. 关于防治"非典"捐赠税前扣除优惠政策的补充通知（2003 年 7 月 31 日财政部、国家税务总局财税〔2003〕162 号）

103. 关于下岗失业人员再就业税收政策的补充通知（2003 年 6 月 12 日财政部、国家税务总局财税〔2003〕133 号）

104. 关于国产重型燃气轮机有关税收政策的通知（2003 年 6 月 12 日财政部、国家税务总局财税〔2003〕132 号）

105. 关于 2003 年第一批森林消防专用指挥车免征车辆购置税的通知（2003 年 6 月 12 日财政部、国家税务总局财税〔2003〕131 号）

106. 关于 2003 年防汛专用车免征车辆购置税的通知（2003 年 6 月 2 日财政部、国家税务总局财税〔2003〕125 号）

107. 关于吉林省燃料乙醇项目契税、城镇土地使用税政策的通知（2003 年 4 月 21 日财政部、国家税务总局财税〔2003〕82 号）

108. 关于增补和变更享受发射国外卫星税收优惠政策的企业名单的通知（2003 年 3 月 28 日财政部、国家税务总局财税〔2003〕85 号）

109. 关于北京市车辆通行费营业税问题的通知（2003 年 3 月 19 日财政部、国家税务总局财税〔2003〕57 号）

110. 关于第 29 届奥运会税收政策问题的通知（2003 年 1 月 22 日财政部、国家税务总局、海关总署财税〔2003〕10 号）

111. 关于二滩电站及送出工程增值税政策问题的通知（2002 年 12 月 31 日财政部、国家税务总局财税〔2002〕206 号）

112. 关于处置海南省和广西北海市积压房地产有关税收优惠政策的通

年5月8日财政部、国家税务总局财税字〔2000〕63号)

130. 关于调整享受模具产品增值税先征后返政策的部分企业名单的通知(1999年11月17日财政部财税字〔1999〕286号)

131. 关于民航系统租赁外国企业飞机租金征免预提所得税问题的通知(1999年9月21日财政部、国家税务总局财税字〔1999〕251号)

132. 关于调整房地产市场若干税收政策的通知(1999年7月29日财政部、国家税务总局财税字〔1999〕210号)

133. 关于保管储备棉财政补贴收入免征营业税的通知(1999年4月22日财政部、国家税务总局财税字〔1999〕38号)

134. 关于南沙渔业进口渔用化工原料进口环节增值税先征后返的通知(1998年6月30日财政部、国家税务总局财税字〔1998〕104号)

135. 关于对若干农业生产资料征免增值税问题的通知(1998年5月12日财政部、国家税务总局财税字〔1998〕78号)

136. 关于粮食类白酒广告宣传费不予在税前扣除问题的通知(1998年3月4日财政部、国家税务总局财税字〔1998〕45号)

137. 关于外国企业来源于中国境内的担保费所得税务处理问题的通知(1998年2月25日财政部、国家税务总局财税字〔1998〕1号)

138. 关于国有农垦等企业缴纳企业所得税问题的通知(1997年11月28日财政部、国家税务总局财税字〔1997〕143号)

139. 关于水利部直属企业缴纳企业所得税问题的通知(1997年11月28日财政部、国家税务总局财税字〔1997〕142号)

140. 关于林业部直属企业征收企业所得税问题的通知(1997年11月28日财政部、国家税务总局财税字〔1997〕140号)

141. 关于铁路运输多种经营国有企业继续免征企业所得税的通知(1997年3月17日财政部、国家税务总局财税字〔1997〕44号)

142. 关于电力部所属水电施工企业所得税问题的通知(1997年3月14日财政部、国家税务总局财税字〔1997〕40号)

143. 关于部分行业、企业继续执行企业所得税优惠政策的通知(1997年3月10日财政部、国家税务总局财税字〔1997〕38号)

144. 关于对港商投资企业征用耕地开发房地产征收耕地占用税问题的批复(1996年8月8日财政部财税政字〔1996〕154号)

145. 关于请纠正对劳动就业服务企业扩大减免税政策范围的通知(1996年3月8日财政部、国家税务总局财税字〔1996〕27号)

146. 关于经济特区内销售的消费税应税消费品征收消费税的通知(1995年10月5日财政部、国家税务总局财税字〔1995〕90号)

（1986 年 12 月 11 日财政部（86）财税字第 341 号）

164. 关于对外国企业常驻代表机构降低核定佣金率的通知（1986 年 11 月 4 日财政部（86）财税外字第 273 号）

165. 关于对外商提供计算机软件的使用所收取的使用费征税问题的批复（1986 年 8 月 29 日财政部（86）财税外字第 235 号）

166. 关于对外商接受中国境内企业的委托或与中国境内企业合作进行建筑、工程等项目设计所取得的业务收入征税问题的通知（1986 年 7 月 15 日财政部（86）财税外字第 172 号）

167. 关于经济特区和沿海开放城市引进专有技术有关税务问题的通知（1986 年 6 月 13 日财政部（86）财税外字第 135 号）

168. 关于对中外合资经营、合作生产经营和外商独资经营企业有关征收所得税问题几项规定的通知（1986 年 4 月 21 日财政部（86）财税外字第 102 号）

169. 关于确定常驻代表机构征税方法问题的通知（1986 年 3 月 3 日财政部（86）财税外字第 55 号）

170. 关于对常驻代表机构从事自营商品贸易和代理商品贸易区分问题的通知（1986 年 3 月 1 日财政部（86）财税外字第 53 号）

171. 关于对合作勘探开发和生产海洋石油的外国公司合同前费用列支问题的规定（1985 年 11 月 24 日财政部（85）财税字第 313 号）

172. 关于对外国企业常驻代表机构征收工商统一税、企业所得税问题的通知（1985 年 9 月 25 日财政部（85）财税外字第 197 号）

173. 关于对外国企业常驻代表机构征税方法问题的通知（1985 年 9 月 19 日财政部（85）财税外字第 200 号）

174. 关于对外国企业常驻代表机构核定收入额计算征税问题的通知（1985 年 9 月 19 日财政部（85）财税外字第 198 号）

175. 关于《对外国企业常驻代表机构征收工商统一税、企业所得税的暂行规定》的几个政策业务问题的通知（1985 年 5 月 13 日财政部（85）财税字第 122 号）

176. 关于华侨、港澳同胞在内地投资所得缴纳所得税适用税法问题的批复（1984 年 7 月 4 日财政部（84）财税字第 176 号）

177. 关于外国公司和外商个人转让股权所得和收取咨询服务费征税问题的批复（1984 年 4 月 11 日财政部（84）财税字第 114 号）

178. 关于我国公司、企业购进设备或租赁设备由对方提供贷款的利息征免所得税问题的通知（1984 年 2 月 24 日财政部（84）财税字第 61 号）

179. 关于我国公司、企业在国外投资举办的合营企业设在中国境内的

分支机构适用所得税法问题的通知(1984 年 1 月 21 日财政部(84)财税字第 31 号)

180. 关于合营企业预提费用或准备金在计算缴纳所得税时应如何列支问题的通知(1984 年 1 月 18 日财政部(84)财税外字第 10 号)

181. 关于经济特区的企业为我海洋勘探开发石油承包作业、提供服务业务纳税问题的通知(1983 年 9 月 9 日财政部(83)财税字第 271 号)

182. 关于对专有技术使用费减征、免征所得税的暂行规定(1982 年 12 月 13 日财政部(82)财税字第 326 号)

183. 关于对专有技术使用费计算征收所得税问题的通知(1982 年 10 月 14 日财政部(82)财税外字第 143 号)

184. 关于外国企业借款利息列支问题的通知(1982 年 3 月 10 日财政部(82)财税字第 141 号)

185. 关于对租赁贸易的租金收入征收所得税问题的复函(1982 年 3 月 10 日财政部(82)财税字第 80 号)

186. 关于华侨在国内独资经营或者合作生产、合作经营减免税优惠问题的通知(1982 年 2 月 10 日财政部(82)财税字第 24 号)

187. 关于华侨回国投资税收优惠问题的解释的通知(1981 年 6 月 30 日财政部(81)财税字第 229 号)

188. 关于华侨回国投资有关纳税问题的通知(1981 年 5 月 15 日财政部(81)财税字第 69 号)

189. 关于《中外合资经营企业所得税法》公布前已批准的合营企业合同有关税收问题的通知(1980 年 11 月 5 日财政部(80)财税字第 187 号)

关　税　类

190. 关于甲苯二异氰酸酯(TDI)反倾销措施期终复审期间继续征收反倾销税的决定(2008 年 10 月 31 日国务院关税税则委员会税委会〔2008〕35 号)

191. 关于聚氯乙烯反倾销措施期终复审期间继续征收反倾销税的决定(2008 年 9 月 18 日国务院关税税则委员会税委会〔2008〕32 号)

192. 关于对动植物肥料征收出口暂定关税的通知(2008 年 8 月 29 日国务院关税税则委员会税委会〔2008〕29 号)

193. 关于调整化肥类产品特别出口关税的通知(2008 年 8 月 29 日国务院关税税则委员会税委会〔2008〕28 号)

194. 关于丁苯橡胶反倾销措施期终复审期间继续征收反倾销税的决定(2008 年 8 月 26 日国务院关税税则委员会税委会〔2008〕27 号)

195. 关于邻苯二甲酸酐反倾销措施期终复审期间继续征收反倾销税的决定(2008 年 8 月 13 日国务院关税税则委员会税委会〔2008〕24 号)

196. 关于邻苯二酚反倾销措施期终复审期间继续征收反倾销税的决定（2008年7月30日国务院关税税则委员会税委会〔2008〕23号）

197. 关于对磷产品征收特别出口关税的通知（2008年5月14日国务院关税税则委员会税委会〔2008〕17号）

198. 关于化肥类产品加征特别出口关税的通知（2008年4月14日国务院关税税则委员会税委会〔2008〕15号）

199. 关于开征磷钾肥出口关税的通知（2008年3月18日国务院关税税则委员会税委会〔2008〕11号）

200. 关于延长黄大豆进口暂定关税实施时间的通知（2008年2月27日国务院关税税则委员会税委会〔2008〕6号）

201. 关于调整部分化肥出口关税的通知（2008年2月9日国务院关税税则委员会税委会〔2008〕4号）

202. 关于对原粮及其制粉征收出口暂定关税的补充通知（2008年1月8日国务院关税税则委员会税委会〔2008〕1号）

203. 关于对粮食原粮及其制粉征收出口暂定关税的通知（2007年12月31日国务院关税税则委员会税委会〔2007〕28号）

204. 关于对进口黄大豆实行暂定关税的通知（2007年9月29日国务院关税税则委员会税委会〔2007〕20号）

205. 关于调整磷酸二铵和磷矿石出口关税的通知（2007年5月8日国务院关税税则委员会税委会〔2007〕6号）

206. 关于拟给予非洲部分最不发达国家第二批免关税待遇商品清单的通知（2006年10月25日国务院关税税则委员会税委会〔2006〕29号）

207. 关于二氯甲烷反倾销措施期终复审期间继续征收反倾销税的决定（2006年7月28日国务院关税税则委员会税委会〔2006〕17号）

208. 关于在复审调查期间对原产于韩国的进口聚酯薄膜继续征收反倾销税的决定（2004年12月7日国务院关税税则委员会税委会〔2004〕19号）

209. 关于明确进口动物肉骨粉有关问题的通知（2001年7月12日国务院关税税则委员会税委会〔2001〕7号）

210. 关于2008年度进口废船进口环节增值税先征后返政策的补充通知（2008年12月10日财政部财关税〔2008〕98号）

211. 关于远洋渔船及船用设备和关键部件进口税收问题的通知（2008年11月12日财政部财关税〔2008〕93号）

212. 关于云南省2008年罂粟替代种植项下免税出口化肥数量的通知（2008年10月24日财政部财关税〔2008〕91号）

213. 关于2008年第三季度成品油进口税收问题的通知（2008年9月9

231. 关于2007年度营运国际航线和港澳航线的国内航空公司进口维修用航空器材税收问题的通知(2007年2月15日财政部财关税〔2007〕26号)

232. 关于国家林业局2007年度种子(苗)和种用野生动植物种源免税进口数量的通知(2007年1月31日财政部、国家税务总局财关税〔2007〕10号)

233. 关于2006年度中国海洋石油总公司勘探开发海洋地区石油(天然气)项目认定的通知(2007年1月24日财政部财关税〔2007〕8号)

234. 关于2006年度国土资源部勘探开发(天然气)项目认定的通知(2007年1月24日财政部财关税〔2007〕7号)

235. 关于2006年度中国石油天然气集团公司勘探开发(天然气)项目认定的通知(2007年1月24日财政部财关税〔2007〕6号)

236. 关于2006年度中国石油化工集团公司勘探开发(天然气)项目认定的通知(2007年1月24日财政部财关税〔2007〕5号)

237. 关于鼓励科普事业发展的进口税收政策的通知(2007年1月22日财政部财关税〔2007〕4号)

238. 关于铁路时速200公里电气化接触网进口税收问题的通知(2006年12月30日财政部财关税〔2006〕79号)

239. 关于第二批重型燃气轮机项目进口零部件税收问题的通知(2006年11月9日财政部财关税〔2006〕66号)

240. 关于柴油进口税收问题的通知(2006年10月11日财政部财关税〔2006〕63号)

241. 关于健康快车眼科显微手术培训中心进口仪器设备税收问题的通知(2006年6月2日财政部财关税〔2006〕41号)

242. 关于生产救助打捞船舶进口关键部件和设备进口税收优惠政策有关问题的通知(2005年10月14日财政部财关税〔2005〕40号)

243. 关于在公海执行任务的渔政船补给保税柴油问题的通知(2005年8月10日财政部财关税〔2005〕33号)

244. 国有文物收藏单位接受境外捐赠、归还和从境外追索的中国文物进口免税暂行办法(2002年6月25日财政部、国家税务总局、海关总署财税〔2002〕81号)

245. 关于调整部分进口商品消费税税率的通知(2001年8月27日财政部、国家税务总局财税〔2001〕153号)

246. 关于明确边贸进口铝锭税收政策问题的通知(2001年7月10日财政部、外经贸部、国家计委、海关总署财税〔2001〕101号)

247. 关于发布《国内投资项目不予免税的进口商品目录(2000年修订)》的通知(2000年9月7日财政部、国家税务总局财税〔2000〕83号)

265. 关于解决医疗经费历史挂账有关政策的通知(2006 年 12 月 12 日财政部财预〔2006〕491 号)

266. 关于编报 2007 年地方财政预算的通知(2006 年 11 月 21 日财政部财预〔2006〕480 号)

267. 关于修订 2007 年政府收支分类科目的通知(2006 年 7 月 26 日财政部财预〔2006〕401 号)

268. 关于编制 2007 年中央部门预算的通知(2006 年 6 月 28 日财政部财预〔2006〕373 号)

269. 关于修订 2006 年政府预算收支科目和 2007 年政府收支分类科目的通知(2006 年 6 月 28 日财政部财预〔2006〕383 号)

270. 关于做好政府收支分类改革工作的通知(2006 年 3 月 13 日财政部、国家税务总局、中国人民银行财办〔2006〕7 号)

271. 关于修订预算收支科目的通知(2006 年 2 月 10 日财政部财预〔2006〕39 号)

272. 关于印发政府收支分类改革方案的通知(2006 年 2 月 10 日财政部财预〔2006〕13 号)

273. 关于增设预算收支科目的通知(2006 年 1 月 9 日财政部财预〔2006〕2 号)

274. 关于清理累计欠退税检查中发现骗税给予奖励的通知(2004 年 3 月 18 日财政部、国家税务总局财预〔2004〕44 号)

275. 2003 年农村税费改革中央对地方转移支付办法(2003 年 7 月 17 日财政部财预〔2003〕355 号)

276. 关于加强乡镇预算外资金管理的通知(1996 年 12 月 24 日财政部财地字〔1996〕270 号)

277. 关于取消集贸市场税收分成问题的通知(1995 年 2 月 11 日财政部、国家税务总局财预字〔1995〕65 号)

278. 关于颁发乡(镇)财政管理办法的通知(1991 年 12 月 26 日财政部(91)财地字第 215 号)

国 库 类

279. 关于编制 2008 年度中央和地方财政决算(草案)的通知(2008 年 11 月 26 日财政部财库〔2008〕86 号)

280. 关于印发 2008 年度部门决算报表及编制说明的通知(2008 年 11 月 17 日财政部财库〔2008〕76 号)

281. 关于编制 2007 年中央和地方财政决算(草案)的通知(2007 年 12 月 3 日财政部财库〔2007〕103 号)

年 8 月 6 日财政部财库〔2002〕1020 号）

300. 关于 2002 年记账式（七期）国债发行工作有关事宜的通知（2002 年 6 月 10 日财政部财库〔2002〕1016 号）

301. 关于 2002 年记账式（六期）国债发行工作有关事宜的通知（2002 年 5 月 24 日财政部财库〔2002〕1015 号）

302. 关于 2001 年记账式（十五期）国债发行工作有关事宜的通知（2001 年 12 月 7 日财政部财库〔2001〕65 号）

303. 关于 2001 年记账式（十四期）国债发行工作有关事宜的通知（2001 年 12 月 4 日财政部财库〔2001〕64 号）

304. 关于财政国库管理制度改革试点有关事宜的通知（2001 年 10 月 18 日财政部办公厅、中国人民银行办公厅财办库〔2001〕65 号）

305. 关于 2001 年记账式（五期）国债发行工作有关事宜的通知（2001 年 6 月 13 日财政部财库〔2001〕36 号）

306. 关于 2001 年记账式（三期）国债发行工作有关事宜的通知（2001 年 4 月 16 日财政部财库〔2001〕31 号）

307. 政府采购资金财政直接拨付管理暂行办法（2001 年 2 月 28 日财政部、中国人民银行财库〔2001〕21 号）

308. 关于 2000 年记账式（十二期）国债发行工作有关事宜的通知（2000 年 12 月 12 日财政部财库〔2000〕22 号）

309. 关于 2000 年记账式（六期）国债发行工作有关事宜的通知（2000 年 8 月 9 日财政部财库〔2000〕4 号）

310. 关于 2000 年记账式（二期）国债发行工作有关事宜的通知（2000 年 4 月 10 日财政部财债字〔2000〕85 号）

311. 关于 1999 年记账式（二期）国债发行工作有关事宜的通知（1999 年 4 月 22 日财政部财债字〔1999〕79 号）

312. 关于 1998 年 10 年期付息债第二批缴款有关事宜的通知（1998 年 12 月 21 日财政部财债字〔1998〕76 号）

313. 中华人民共和国财政部公告 2000 年第 7 号（2000 年 11 月 13 日财政部公告〔2000〕7 号）

314. 中华人民共和国财政部公告 2000 年第 4 号（2000 年 5 月 22 日财政部公告〔2000〕4 号）

315. 中华人民共和国财政部公告 1999 年第 6 号（1999 年 9 月 22 日财政部公告〔1999〕6 号）

316. 中华人民共和国财政部公告 1999 年第 5 号（1999 年 8 月 31 日财政部公告〔1999〕5 号）

317. 中华人民共和国财政部公告 1999 年第 4 号(1999 年 8 月 18 日财政部公告〔1999〕4 号)

318. 中华人民共和国财政部公告 1998 年第 8 号(1998 年 9 月 3 日财政部公告〔1998〕8 号)

319. 中华人民共和国财政部公告 1997 年第 6 号(1997 年 9 月 2 日财政部公告〔1997〕6 号)

320. 关于新旧财政总预算会计制度衔接问题的通知(1997 年 11 月 4 日财政部财预字〔1997〕353 号)

321. 关于个人投资者在交易所场内买卖记账式国债试点办法的通知(1997 年 1 月 27 日财政部财国债字〔1997〕4 号)

322. 关于坚决制止国债券卖空行为的通知(1994 年 5 月 20 日财政部、中国人民银行、中国证监会财国债字〔1994〕20 号)

323. 关于预拨地方财政部门国债兑付资金有关帐务处理的通知(1993 年 3 月 1 日财政部(93)财预字第 26 号)

324. 关于重申不得将国家资金转存银行储蓄的通知(1990 年 8 月 25 日财政部(90)财预字第 90 号)

325. 转发中国人民银行、公安部《关于做好国家债券反假防假工作的通知》的通知(1990 年 6 月 19 日财政部(90)财国债字第 61 号)

326. 关于打击国债券非法交易活动的通知(1990 年 5 月 22 日财政部、中国人民银行、国家工商行政管理局、公安部(90)财国债字第 29 号)

327. 对审计署《关于申请在银行开设审计上缴收入专户的报告》的复函(1989 年 1 月 18 日财政部(89)财预字第 1 号)

328. 关于整顿和加强预算收入退库管理的通知(1978 年 12 月 8 日财政部(78)财预字第 123 号)

行政政法类

329. 关于做好 2009—2010 年出差和会议定点管理工作的通知(2008 年 12 月 22 日财政部、监察部财行〔2008〕603 号)

330. 关于严格控制一般性支出切实做到"四个零增长"的通知(2008 年 12 月 11 日财政部财行〔2008〕575 号)

331. 关于组织开展 2009—2010 年党政机关出差和会议定点饭店政府采购工作的通知(2008 年 6 月 16 日财政部财行〔2008〕152 号)

332. 关于中央级行政事业单位资产核实工作有关问题的通知(2007 年 6 月 19 日财政部财办〔2007〕30 号)

333. 关于进一步加强资产清查督导工作有关问题的通知(2007 年 3 月 23 日财政部财办〔2007〕16 号)

334. 关于印发《驻外使领馆现有车辆处理原则》的通知(2005 年 3 月 16 日财政部、外交部财行〔2005〕62 号)

335. 关于做好整顿统一着装工作的实施意见(2004 年 3 月 1 日财政部、监察部、国务院纠风办财行〔2004〕15 号)

336. 中央预算单位清产核资资金核实办法(2000 年 4 月 7 日财政部财清字〔2000〕4 号)

337. 关于参加黄淮海农业开发科技人员补助问题的复函(1991 年 6 月 3 日财政部(91)财文字第 153 号)

338. 关于选调干部去西藏支援工作有关待遇的复函(1988 年 3 月 16 日财政部(88)财文字第 21 号)

教科文类

339. 关于印发《备战 2008 奥运会训练经费财务管理办法》的通知(2007 年 1 月 29 日财政部财教〔2007〕3 号)

340. "面向 21 世纪教育振兴行动计划"专项资金管理办法(修订)(2001 年 11 月 20 日财政部、教育部财教〔2001〕214 号)

341. 关于颁发《事业单位非经营性资产转经营性资产管理实施办法》的通知(1995 年 9 月 13 日国家国有资产管理局国资事发〔1995〕89 号)

经济建设类

342. 关于地震灾区商业网点恢复和保障市场供应财政补贴问题的通知(2008 年 9 月 8 日财政部、商务部财建〔2008〕561 号)

343. 风力发电设备产业化专项资金管理暂行办法(2008 年 8 月 11 日财政部财建〔2008〕476 号)

344. 关于印发《地震灾区过渡安置房建设资金管理办法》的通知(2008 年 6 月 2 日财政部、住房城乡建设部财建〔2008〕360 号)

345. 关于印发《中央环境保护专项资金项目申报指南(2006—2010 年)》的通知(2006 年 6 月 20 日财政部、环保总局财建〔2006〕318 号)

346. 关于印发《低档卷烟发展资金管理暂行办法》的通知(2005 年 11 月 15 日财政部财建〔2005〕683 号)

347. 中央补助地方清洁生产专项资金使用管理办法(2004 年 10 月 13 日财政部财建〔2004〕343 号)

348. 环境监察执法能力建设专项资金使用管理办法(2004 年 9 月 27 日财政部财建〔2004〕319 号)

349. 烟草打假经费管理办法(2001 年 7 月 27 日财政部财建〔2001〕440 号)

350. 烟草行业发展资金管理办法(试行)(2001 年 8 月 31 日财政部财建〔2001〕530 号)

367. 关于切实加强良种补贴等春耕生产资金监管的紧急通知（2008 年 3 月 28 日财政部财农〔2008〕59 号）

368. 关于进一步加强灾后农业恢复重建资金监管工作的紧急通知（2008 年 3 月 28 日财政部财农明电〔2008〕1 号）

369. 关于印发《中央财政新型农民科技培训补助资金管理暂行办法》的通知（2006 年 12 月 30 日财政部、农业部财农〔2006〕349 号）

370. 关于调整扶贫贴息贷款财政贴息结算时间的通知（2003 年 2 月 18 日财政部、中国人民银行、国务院扶贫办、中国农业银行财农函〔2003〕2 号）

371. 关于印发《农业税灾歉减免财政专项补助资金管理办法》的通知（2001 年 9 月 18 日财政部财农〔2001〕132 号）

社会保障类

372. 关于编报 2008 年度全国社会保险基金决算的通知（2008 年 12 月 18 日财政部、人力资源社会保障部财社〔2008〕309 号）

373. 中国残疾人联合会专项彩票公益金管理办法（2004 年 1 月 7 日财政部财社〔2004〕2 号）

374. 关于进一步做好防治非典型肺炎资金保障和管理工作的紧急通知（2003 年 5 月 30 日财政部财社明传〔2003〕8 号）

375. 关于中央、军队、武警部队所属卫生医疗机构及相关医务人员参加"非典"防治工作有关补助问题的通知（2003 年 4 月 30 日财政部、卫生部、总后勤部财社〔2003〕40 号）

376. 关于"非典"防治经费补助政策有关问题的通知（2003 年 4 月 29 日财政部财社明传〔2003〕4 号）

377. 关于对防治非典型肺炎卫生医务工作者给予工作补助的通知（2003 年 4 月 18 日财政部、卫生部财社明传〔2003〕2 号）

378. 关于变更原行业统筹养老保险基金购买特种定向债券债权有关问题的通知（2000 年 9 月 6 日财政部财社〔2000〕58 号）

379. 关于中央财政支持地方国有企业下岗职工基本生活保障和再就业工作及解决企业离退休人员养老金发放问题专项借款使用管理办法的通知（1998 年 10 月 16 日财政部、劳动和社会保障部财社字〔1998〕102 号）

380. 关于清理和移交国有商业银行定期存款和国家债券有关事项的通知（1998 年 9 月 21 日财政部财社字〔1998〕100 号）

381. 关于实行系统统筹中央单位设立养老保险基金账户的通知（1998 年 5 月 19 日财政部财社字〔1998〕24 号）

企 业 类

382. 关于 2008 年中央国有资本经营预算重大技术创新及产业化项目

资金申报工作的通知（2008 年 11 月 23 日财政部财企〔2008〕342 号）

383. 关于 2006 年对外承包工程项目贷款财政贴息有关问题的通知（2007 年 2 月 4 日财政部、商务部财企〔2007〕26 号）

384. 关于促进我国纺织行业转变外贸增长方式、支持纺织企业"走出去"相关政策的通知（2006 年 7 月 26 日财政部、国家发展改革委、商务部财企〔2006〕227 号）

385. 关于对外经济技术合作专项资金支持政策有关问题的通知（2006 年 5 月 8 日财政部、商务部财企〔2006〕124 号）

386. 关于包装行业高新技术研发资金有关问题的通知（2005 年 7 月 21 日财政部财企〔2005〕107 号）

387. 关于印发《2003 年国有资本保值增值标准值》的通知（2003 年 3 月 4 日财政部办公厅财办统〔2003〕6 号）

388. 关于印发《2003 年企业效绩评价标准值》的通知（2003 年 3 月 4 日财政部办公厅财办统〔2003〕7 号）

389. 关于深入开展企业效绩评价工作、加强国有企业监督管理的通知（2001 年 3 月 23 日财政部、国家经济贸易委员会、劳动和社会保障部、国家发展计划委员会财统〔2001〕3 号）

390. 关于做好科研机构转制过程中清产核资工作的通知（1999 年 9 月 6 日财政部财清字〔1999〕10 号）

391. 清理甄别"挂靠"集体企业工作的意见（1998 年 3 月 24 日财政部、国家工商行政管理局、国家经贸委、国家税务总局财清字〔1998〕9 号）

392. 关于认真贯彻国办紧急通知加强外商投资企业国有资产管理的通知（1996 年 4 月 16 日国家国有资产管理局国资企发〔1996〕21 号）

金 融 类

393. 关于印发 2008 年度金融企业财务决算报表〔金融集团控股公司类〕的通知（2008 年 12 月 4 日财政部财金〔2008〕162 号）

394. 关于印发 2008 年度金融企业财务决算报表〔金融资产管理公司类〕的通知（2008 年 12 月 4 日财政部财金〔2008〕161 号）

395. 关于印发 2008 年度金融企业财务决算报表〔担保类〕的通知（2008 年 12 月 4 日财政部财金〔2008〕160 号）

396. 关于印发 2008 年度金融企业财务决算报表〔保险类〕的通知（2008 年 12 月 4 日财政部财金〔2008〕159 号）

397. 关于印发 2008 年度金融企业财务决算报表〔证券类〕的通知（2008 年 12 月 4 日财政部财金〔2008〕158 号）

398. 关于印发 2008 年度金融企业财务决算报表〔银行类（未执行新准

则）]的通知（2008 年 12 月 4 日财政部财金〔2008〕157 号）

399. 关于印发 2008 年度金融企业财务决算报表〔银行类（已执行新准则）〕的通知（2008 年 12 月 4 日财政部财金〔2008〕156 号）

400. 关于印发《原料奶收购贷款中央财政贴息管理办法》的通知（2008 年 9 月 26 日财政部财金〔2008〕107 号）

401. 关于印发《能繁母猪保险保费补贴管理暂行办法》的通知（2007 年 7 月 18 日财政部财金〔2007〕66 号）

402. 关于印发《中央财政农业保险保费补贴试点管理办法》的通知（2007 年 4 月 13 日财政部财金〔2007〕25 号）

403. 关于印发 2006 年度金融企业国有资本保值增值情况表的通知（2007 年 2 月 13 日财政部财金〔2007〕10 号）

404. 关于外国政府贷款地方拖欠项目清欠政策有关问题的通知（2006 年 8 月 29 日财政部财金〔2006〕72 号）

405. 关于延长重点家禽养殖、加工企业和疫苗定点生产企业流动资金贷款财政贴息政策期限有关问题的通知（2006 年 8 月 11 日财政部财金〔2006〕65 号）

406. 关于进一步做好试点地区农村信用社保值储蓄补贴工作的通知（2004 年 12 月 8 日财政部财金〔2004〕132 号）

407. 关于地方金融企业国有资产及担保行业管理权限问题的批复（2004 年 5 月 8 日财政部财金函〔2004〕49 号）

408. 关于印发《重点家禽养殖、加工企业流动资金贷款财政贴息资金管理办法》的通知（2004 年 4 月 8 日财政部、银监会财金〔2004〕30 号）

409. 关于农村信用社保值储蓄补贴资金账户管理问题的通知（2004 年 1 月 6 日财政部财金〔2004〕1 号）

410. 关于印发《农村信用社保值储蓄补贴办法》的通知（2003 年 11 月 14 日财政部财金〔2003〕123 号）

411. 关于小型工业项目申请使用外国政府贷款有关问题的通知（2000 年 8 月 8 日财政部财金〔2000〕55 号）

412. 关于利用荷兰政府贷款有关问题的通知（2000 年 2 月 29 日财政部财债字〔2000〕51 号）

国　际　类

413. 林业持续发展项目人工林营造部分的实施规定（2002 年 11 月 8 日财政部、国家林业局财际函〔2002〕72 号）

414. 世界银行第四期技术合作项目管理办法（2000 年 2 月 15 日财政部财际字〔2000〕15 号）

415. 关于对国际无偿援助项目征收管理费的补充规定的通知(1999 年 5 月 12 日财政部财际字〔1999〕123 号)

416. 关于世界银行贷款项目采购过程中税费问题处理办法的通知(1997 年 3 月 25 日财政部财世字〔1999〕35 号)

417. 关于印发《国际农业发展基金会贷款项目财务管理办法》的通知(1995 年 2 月 28 日财政部财外字〔1995〕16 号)

418. 关于颁发《世界银行贷款专用帐户使用管理的规定》的通知(1992 年 6 月 22 日财政部(92)财世字第 96 号)

419. 关于颁发《世界银行贷款项目国内竞争性招标采购指南》的通知(1990 年 8 月 17 日财政部(90)财世字第 86 号)

420. 关于重申财政部统一向世界银行来华人员颁发邀请函电的通知(1987 年 2 月 24 日财政部、外交部(87)财外字第 30 号)

会计及注册会计师管理类

421. 关于加强《小企业会计制度》贯彻实施工作的通知(2004 年 10 月 22 日财政部、国家税务总局财会〔2004〕15 号)

422. 关于印发《金融企业实施〈金融企业会计制度〉有关问题解答》的通知(2003 年 3 月 5 日财政部财会〔2003〕6 号)

423. 关于调整充实会计准则委员会人员组成的通知(2003 年 2 月 20 日财政部财会〔2003〕8 号)

424. 关于印发《电信企业会计核算办法》的通知(2002 年 9 月 22 日财政部财会〔2002〕17 号)

425. 关于贯彻落实国务院关于注册税务师行业与注册会计师行业实行"统一领导分行业管理"决定的通知(2002 年 9 月 10 日财政部财办〔2002〕35 号)

426. 关于企业销售处理"甲字、五〇六"储备粮油有关会计处理规定的通知(2002 年 5 月 21 日财政部财会〔2002〕4 号)

427. 关于印发《国有企业申请执行〈企业会计制度〉的程序及报送材料的规定》的通知(2001 年 7 月 31 日财政部财会〔2001〕44 号)

428. 关于西藏自治区注册会计师资格考核、注册有关政策的批文(1999 年 11 月 18 日财政部财协字〔1999〕145 号)

429. 关于印发中国注册会计师协会《外籍中国注册会计师注册审批暂行办法》的通知(1998 年 9 月 28 日财政部财协字〔1998〕9 号)

430. 关于印发《进一步规范会计工作秩序的意见》的通知(1997 年 11 月 21 日财政部、审计署、国家经济贸易委员会、国家税务总局、国家工商行政管理局财会字〔1997〕67 号)

431. 关于对外国会计核算软件应用情况加强监督管理的通知(1997年9月5日财政部财会字〔1997〕32号)

432. 关于"优化资本结构"试点城市国有工业企业补充流动资本会计处理规定的补充通知(1996年5月9日财政部财会字〔1996〕13号)

433. 关于"优化资本结构"试点城市国有工业企业补充流动资本会计处理规定的通知(1995年1月4日财政部财会字〔1995〕3号)

监督检查类

434. 关于切实做好中央财政抗震救灾资金管理使用监督工作的通知(2008年5月15日财政部财监〔2008〕27号)

435. 关于印发《财政监察专员办事处对中央财政燃料乙醇亏损补贴资金审核监督操作规程》的通知(2005年8月9日财政部财监〔2005〕95号)

436. 委托会计师事务所及聘用注册会计师等相关人员开展会计信息质量抽查暂行办法(2000年7月28日财政部财监〔2000〕17号)

农业综合开发类

437. 关于通报2005年度农业综合开发资金决算编报情况及布置2006年度资金决算工作的通知(2006年12月21日财政部财发〔2006〕72号)

438. 关于申报部门项目到期中央财政农业综合开发有偿资金呆账处理事项的通知(2006年11月22日财政部财发〔2006〕64号)

439. 关于申报2005—2006年到期中央财政农业综合开发有偿资金呆账处理事项的通知(2006年11月22日财政部财发〔2006〕63号)

440. 关于核减2003—2009年到期中央财政农业综合开发土地治理项目有偿资金债务的通知(2006年11月6日财政部财发〔2006〕59号)

财政部　商务部　工业和信息化部
关于印发《家电下乡政策执行监管及违规处理办法》的通知

(2011年4月12日　财建〔2011〕151号)

各省、自治区、直辖市、计划单列市财政厅(局)、商务主管部门、工业和信息化主管部门,新疆生产建设兵团财务局、商务局、工业和信息化主管部门:

为贯彻落实《家电下乡操作细则》(财建〔2009〕48号)、《关于加强家电下乡、家电以旧换新监管防止骗补等有关问题的紧急通知》(财建明电

〔2011〕1号)等文件有关规定,进一步强化家电下乡监管职责和违规行为处理,促进家电下乡工作顺利实施,我们研究制定了《家电下乡政策执行监管及违约处理办法》(见附件),现印发给你们,请遵照执行。执行中有何问题,请及时反馈。

家电下乡政策执行监管及违约处理办法

第一章　总　　则

第一条　为督促各地切实加强家电下乡政策执行监管,促进中标生产企业、中标流通企业及其备案销售网点(以下简称备案网点)规范经营,确保家电下乡工作有序开展,根据《家电下乡操作细则》(财建〔2009〕155号)等有关规定,制定本办法。

第二条　家电下乡政策执行监管的主要责任在地方,各省(自治区、直辖市、计划单列市、新疆生产建设兵团)财政、商务、工业和信息化等家电下乡主管部门、中标生产企业、中标流通企业及其备案网点及相关个人,应当遵守本办法规定。

第二章　家电下乡主管部门监管职责及违规处罚

第三条　省级财政、商务、工业和信息化部门应当会同有关部门督促地方加强日常监管,并开展重点检查和抽查,形成持续监管压力,督促各地严格执行家电下乡政策,保障工作顺利实施。

第四条　地方财政部门对家电下乡补贴资金审核兑付工作以及财政资金安全负有监管职责。省级财政部门要专项检查和重点抽查并举,督促县乡财政部门落实好家电下乡政策,防止骗补行为发生。

(一)省级财政部门收到中央财政预拨的补贴资金后,应当足额安排本级应负担的补贴资金,并根据各地补贴兑付情况及时预拨。实际兑付补贴资金如有缺口,省级财政部门应先行垫付。对检查发现未落实好本条规定的,将予通报批评。

(二)乡镇财政所应严格执行家电下乡政策,认真审核农民补贴兑付材料,仔细查验其完整性和真实性,及时准确兑付补贴资金。材料及信息不全的,应暂停兑付补贴,有作假嫌疑的,应会同有关部门进行彻底核查。采取商家代垫补贴方式的,乡镇财政所必须对购买发票、家电下乡产品标识卡(以下简称标识卡)以及购买人身份证、户口本等材料同时审核确认后,方可拨付补贴资金。对已补贴结果应当及时进行公示，方便群众监督。对检查发现未落实好本条规定的，给予通报批评，取消当年评先评优资格，并视情况核减工作经费。

（三）县乡财政部门对家电下乡信息管理系统（以下简称信息系统）显示已领取补贴的农民，要采取电话回访、实地调查等方式按一定比例进行定期抽查，抽查情况应专门造册。采取商家代垫补贴方式的，对补贴2台以上（含2台）及他人代领补贴的农民，乡镇财政所要实现100%抽查。对检查发现未落实好本条规定的，给予通报批评，取消当年评先评优资格。

（四）地方各级财政部门要会同商务部门对信息系统数据分析常态化，发现异常数据或疑似骗补行为，要及时核查处理并作好核查记录。对检查发现未落实好本条规定的，给予通报批评。

第五条　地方商务部门对行政区域内中标销售企业及其备案销售网点家电下乡产品销售、中标生产企业标识卡申领及使用等负有监管职责。要加大监督检查和重点抽查力度，切实规范企业家电下乡行为。

（一）省级商务主管部门应当加强对中标销售企业及备案网点的监督管理，制定家电下乡销售网点统一备案标准，指导和督促县级商务主管部门做好销售网点备案工作。对检查发现未落实好本条规定的，给予通报批评。

（二）省级商务主管部门应当会同工业和信息化、财政等部门加强对中标生产企业标识卡申领、生产、配发及流转的监督检查并不定期抽查，防止滥用标识卡。对中标生产企业标识卡申领、生产、配发及流转情况，每月至少抽查一次。遇中标生产企业特殊情况需超额申领标识卡的，省级商务主管部门应当对相关情况具实审核，及时提出建议并负责。对检查发现未落实好本条规定的，给予通报批评，取消当年评先评优资格。

（三）县级商务主管部门要严格按照有关规定对销售网点备案。符合备案标准的，应当在接到备案申请的5个工作日内完成备案，严禁以网点备案为条件向企业收费或以不正当理由拒绝备案。县级商务主管部门应当加强备案销售网点管理，督促备案销售网点严格遵守家电下乡政策规定，诚信经营。对检查发现未落实好本条规定的，给予通报批评，取消当年评先评优资格。

（四）县级商务主管部门要加强监督检查和抽查。要督促销售网点特别是代垫补贴网点建立完善家电下乡产品进销存台帐管理制度，定期核查台帐，确保真实销售，严防"机卡分离"。要会同有关部门对备案网点进行经常性现场抽查，每月抽查比例不得低于10%；对采取商家代垫补贴方式的备案网点，每月抽查比例不得低于20%，并建立《家电下乡检查记录》。对检查发现未落实好本条规定的，给予通报批评，取消当年评先评优资格，并视情况核减工作经费。

（五）地方各级商务主管部门应实现对信息系统数据分析常态化,发现异常数据或疑似骗补行为应当立即处理。对信息系统的预警信息,县级商务主管部门要会同有关部门进行 100% 检查。对检查发现未落实好本条规定的,给予通报批评。

第六条　地方工业和信息化主管部门主要监管职责:

（一）省级工业和信息化主管部门应当加强对中标生产企业的监督管理,加大监督检查和重点抽查力度,督促中标生产企业履行家电下乡承诺以及规范生产家电下乡产品。对检查发现未落实好本条规定的,给予通报批评。

（二）省级工业和信息化主管部门应配合商务等部门对中标生产企业标识卡在生产环节的使用进行监督检查和抽查,防止滥用标识卡。对检查发现未落实好本条规定的,给予通报批评。

（三）各级工业和信息化主管部门应配合商务、财政部门对中标流通企业及备案网点销售、补贴代审、补贴垫付、标识卡管理等进行检查。对检查发现未落实好本条规定的,给予通报批评。

第七条　对家电下乡主管部门监管职责落实不力或发现问题未及时处理造成骗补的,应当对所在地政府通报批评,并视情况核减工作经费;对直接责任人,依法依规处理;造成的损失要及时追缴。各地应将相关监督检查及违规处理结果及时上报。对地方自行检查发现并及时处理的案件,中央有关部门不再另行处罚。

第八条　中央有关部门专项检查中发现未按规定落实好政策的,对所在地政府及相关部门,实行通报批评,并视情况核减中央财政对地方家电下乡工作经费补助或扣减家电下乡补贴资金中央财政负担比例;对存在违规违纪的地方行政主管部门直接责任人,依法依规从严处理。

第三章　中标生产企业家电下乡职责及违规处罚

第九条　中标生产企业对标识卡申领、生产、配发合规性负总责,应当指定专人负责产品标识卡申领工作,设立专门的标识卡管理台账备查,登记内容应分别包括期初标识卡数量、当日标识卡号领取数量、当日标识卡生产数量、当日标识卡配发数量、当日标识卡出库(即随货销售)数量。对违反本条规定的,应限期整改;整改后仍不合格的,暂停其家电下乡产品发货。

第十条　中标生产企业应当及时将生产、发货信息于发货后 2 日内录入信息系统。对违反本条规定的,应限期整改,整改后仍不合格的,暂停其家电下乡产品发货。

第十一条　中标生产企业应当遵守标识卡使用要求,做到"一机一卡"、"卡随机走"、机卡严格对应,严禁以机卡分离的方式向其他地方转移标识卡。对违反本规定的,应立即取消该企业中标资格,并视情况采取扣缴保证金、取消投标资格、全国通报批评、取消国家优惠政策享受资格等措施予以严厉处罚。中标生产企业中标资格被取消所导致的纠纷和经济损失由中标生产企业自行承担。剩余履约保证金一年后视该企业的善后处理情况予以相应返还。

第四章　中标流通企业家电下乡职责及违规处罚

第十二条　中标流通企业应于收货后 2 日内将收货信息在信息系统中进行收货确认。对违反本条规定的,应督促其限期整改,整改不合格的,暂停其家电下乡产品销售资格。

第十三条　中标流通企业应当遵守对中标产品价格有关规定,不得向未备案的网点提供家电下乡产品,不得以备案为条件向网点收取任何费用。对违反本条规定的,应立即暂停其家电下乡产品销售资格,督促其限期整改;整改仍不合格的,应取消其中标资格及适当扣缴保证金。

第十四条　中标流通企业应当遵守标识卡管理规定,严禁以机卡分离方式转移标识卡,否则将视为骗补行为。一经查实,立即取消中标资格,扣缴保证金,并视情况采取全国通报批评、取消投标资格、取消国家优惠政策享受资格等措施予以严厉处罚。

第十五条　中标流通企业应当强化对下属备案网点的备案工作和日常监管,并对备案网点行为负连带责任。

第五章　备案网点家电下乡职责及违规处罚

第十六条　备案网点应当设立家电下乡产品进销登记册,并现场为购买人开具税务发票。违反本条规定的,应责令其限期改正;整改不合格的,应当暂停其家电下乡产品销售资格。

第十七条　备案网点应在规定时间内将家电下乡产品进销存及补贴备案相关信息全部如实录入信息系统,并将非补贴用户购买信息全部如实录入。违反本规定的,应责令其限期改正;整改不合格的,应暂停其家电下乡产品销售资格。

第十八条　备案网点应当严格遵守家电下乡产品价格规定,不得进行虚假宣传、误导或欺骗消费者,不得擅自更换家电下乡产品商标、型号,不得以家电下乡名义销售非家电下乡产品以及假冒伪劣产品。违反本条规定的,取消家电下乡产品销售资格,并追溯相应中标流通企业和中标生产企业责任;情节严重的,按照有关法律法规追究相关人员责任。

第十九条　备案网点应遵守家电下乡资料代审、信息录入等有关规定,不得滥用农民、国有农林场职工等补贴对象户口簿、身份证等资料,不得虚开销售发票或向信息系统录入虚假备案信息,不得将标识卡配发到非匹配产品上,不得抽取产品标识卡并将家电下乡产品作为非家电下乡产品销售,不得将非家电下乡产品作为家电下乡产品销售。违反本条规定的,立即取消家电下乡产品销售资格;同时,追溯相应中标流通企业或中标生产企业责任;情节严重的,商相关部门取缔该网点经营资格,按照有关法律法规追究相关人员责任。

第六章　家电下乡监管处罚种类及处罚权限

第二十条　家电下乡违规行为处罚权限:

(一)对省级家电下乡主管部门取消评先评优资格、通报批评、核减家电下乡工作经费、扣减家电下乡补贴资金中央财政负担比的处罚由财政部、商务部、工业和信息化部按家电下乡工作职责联合或分别作出。对省级以下家电下乡管理部门相应处罚由省级家电下乡牵头部门会同有关部门作出。

(二)取消中标生产企业中标资格、中标销售企业家电下乡产品销售资格、扣缴中标企业家电下乡履约保证金、取消家电下乡投标资格、全国通报批评、取消享受国家优惠政策资格的处罚由财政部、商务部、工业和信息化部按家电下乡工作职责联合或分别作出。

(三)暂停中标生产企业家电下乡产品发货、暂停中标销售企业家电下乡产品销售、责令中标企业整改的处罚由省级商务部门会同财政、工业和信息化部门作出,并报商务部、财政部、工业和信息化部备案后执行。

(四)责令备案网点限期整改、取消备案网点家电下乡产品销售资格的处罚由县级及以上商务部门作出。

(五)其他法律法规规定的处罚由相应主管部门作出。

第二十一条　经检查或接举报发现有违规嫌疑的,家电下乡主管部门应当立即会相关部门深入调查。对确认违规的单位及个人,应当在7个工作日内作出处罚,处理结果应当公告并报上级主管部门备案。对本级没有处罚权限的违规行为,接到举报的家电下乡主管部门应当进一步查实情况,及时上报有处罚权的部门处理。

第七章　附　　则

第二十二条　本办法自发布之日起执行。此前规定与本办法不符的,按本办法执行。其他未尽事宜按《家电下乡操作细则》(财建〔2009〕155号)

等有关规定执行。

第二十三条　本办法由财政部会同商务部、工业和信息化部负责解释。

财政部　工业和信息化部　能源局
关于印发《淘汰落后产能中央财政
奖励资金管理办法》的通知

(2011 年 4 月 20 日　财建〔2011〕180 号)

各省、自治区、直辖市、计划单列市财政厅(局)、工业和信息化主管部门、发展改革委(能源局)、新疆生产建设兵团财务局、工业和信息化主管部门、能源主管部门：

为加快产业结构调整升级,提高经济增长质量,深入推进节能减排,根据《国务院关于进一步加强淘汰落后产能工作的通知》(国发〔2010〕7 号)、《国务院办公厅转发环境保护部等部门关于加强重金属污染防治工作指导意见的通知》(国办发〔2010〕61 号)以及国务院制订的钢铁、有色金属、纺织行业等产业调整和振兴规划等文件要求,"十二五"期间,中央财政将继续采取专项转移支付方式对经济欠发达地区淘汰落后产能工作给予奖励。为加强财政资金管理,提高资金使用效益,我们制定了《淘汰落后产能中央财政奖励资金管理办法》,现印发给你们,请遵照执行。

淘汰落后产能中央财政奖励资金管理办法

第一章　总　　则

第一条　根据国务院节能减排工作部署和《国务院关于进一步加强淘汰落后产能工作的通知》(国发〔2010〕7 号)、《国务院办公厅转发环境保护部等部门关于加强重金属污染防治工作指导意见的通知》(国办发〔2010〕61 号)以及国务院制订的钢铁、有色金属、纺织行业等产业调整和振兴规划等文件要求,"十二五"期间,中央财政将继续安排专项资金,对经济欠发达地区淘汰落后产能工作给予奖励(以下简称奖励资金)。为规范奖励资金管理,提高资金使用效益,特制订本办法。

第二条　企业要切实承担起淘汰落后产能的主体责任,严格遵守节能、环保、质量、安全等法律法规,主动淘汰落后产能;地方政府要切实负担起本行政区域内淘汰落后产能工作的职责,依据有关法律、法规和政策组织督促企业淘汰落后产能。

第三条　本办法适用行业为国务院有关文件规定的电力、炼铁、炼钢、焦炭、电石、铁合金、电解铝、水泥、平板玻璃、造纸、酒精、味精、柠檬酸、铜冶炼、铅冶炼、锌冶炼、制革、印染、化纤以及涉及重金属污染的行业。

第二章　奖励条件和标准

第四条　奖励资金支持淘汰的落后产能项目必须具备以下条件:

1. 满足奖励门槛要求。奖励门槛依据国家相关文件、产业政策等确定,并根据国家产业政策、产业结构调整等情况逐步提高,2011—2013 年的奖励门槛详见附1。

2. 相关生产线和设备型号与项目批复等有效证明材料相一致,必须在当年拆除或废毁,不得转移。

3. 近 3 年处于正常生产状态(根据企业纳税凭证、电费清单、生产许可证等确定),如年均实际产量比项目批复生产能力少 20% 以上,落后产能按年均实际产量确定。

4. 所属企业相关情况与项目批复、工商营业执照、生产许可证等有效证明材料相一致。

5. 经整改环保不达标,规模较小的重金属污染企业应整体淘汰。

6. 未享受与淘汰落后产能相关的其他财政资金支持。

第五条　中央财政根据年度预算安排、地方当年淘汰落后产能目标任务、上年度目标任务实际完成和资金安排使用情况等因素安排奖励资金。对具体项目的奖励标准和金额由地方根据本办法要求和当地实际情况确定。

第三章　资金安排和使用

第六条　每年 3 月底前,省级财政会同工业和信息化、能源主管部门根据省级人民政府批准上报的本年度重点行业淘汰落后产能年度目标任务及计划淘汰落后产能企业名单,提出计划淘汰且符合奖励条件的落后产能规模、具体企业名单以及计划淘汰的主要设备等,联合上报财政部、工业和信息化部、国家能源局。中央企业按属地原则上报,同等享受奖励资金支持。

第七条　财政部、工业和信息化部、国家能源局审核下达奖励资金预算。

第八条　各地区要积极安排资金支持淘汰落后产能,与中央奖励资金一并使用。

第九条　省级财政部门会同工业和信息化、能源主管部门,根据中央财政下达的奖励资金预算,制定切实可行的资金使用管理办法和资金分配方案,按规定审核下达和拨付奖励资金。

第十条　奖励资金必须专项用于淘汰落后产能企业职工安置、企业转产、化解债务等淘汰落后产能相关支出,不得用于平衡地方财力。

第十一条　奖励资金由地方统筹安排使用,但必须坚持以下原则:

1. 支持的淘汰落后产能项目须符合本办法第四条和第五条规定。

2. 优先支持淘汰落后产能企业职工安置,妥善安置职工后,剩余资金再用于企业转产、化解债务等相关支出。

3. 优先支持淘汰落后产能任务重、职工安置数量多和困难大的企业,主要是整体淘汰企业。

4. 优先支持通过兼并重组淘汰落后产能的企业。

第四章　监督管理

第十二条　每年12月底前,各地区要按照《关于印发淘汰落后产能工作考核实施方案的通知》(工信部联产业〔2011〕46号)要求,对落后产能实际淘汰情况进行现场检查和验收,出具书面验收意见,并在省级人民政府网站或当地主流媒体上向社会公告本地区已完成淘汰落后产能任务的企业名单。

次年2月底前,省级财政、工业和信息化、能源等部门要将奖励资金安排和使用情况(详见附2)、落后产能实际淘汰情况和书面验收意见等上报财政部、工业和信息化部、国家能源局。同时,要将使用中央财政奖励资金的企业基本情况、录像、图片等相关资料整理成卷,以备检查。

第十三条　工业和信息化部、国家能源局、财政部组织对地方落后产能实际淘汰、奖励资金安排使用等情况进行专项检查。

第十四条　对有下列情形的,各级财政部门应扣回相关奖励资金,情节严重的,按照《财政违法行为处罚处分条例》(国务院令第427号)规定,依法追究有关单位和人员责任。

(一)提供虚假材料,虚报冒领奖励资金的;

(二)转移淘汰设备,违规恢复生产的;

(三)重复申报淘汰落后产能项目的;

(四)出具虚假报告和证明材料的。

第十五条　对未完成淘汰落后产能任务及未按规定安排使用奖励资金的地方,财政部将收回相关奖励资金,情节严重的,将对项目所在市县给予通报批评、暂停中央财政淘汰落后产能奖励资金申请资格等处罚,并依法追究有关单位和人员责任。

第十六条 各级财政部门应结合当地实际情况,可采取先淘汰后奖励、先制定职工安置方案后安排资金、按落后产能淘汰进度拨付资金等方式,加强资金监督管理,确保奖励资金的规范性、安全性和有效性。

第五章 附 则

第十七条 本办法由财政部、工业和信息化部、国家能源局负责解释,各省(区、市)要依据本办法和当地实际情况制订实施细则,明确奖励资金安排原则、支持重点、支持标准等,报财政部、工业和信息化部、国家能源局备案。

第十八条 本办法自印发之日起实施,同时《淘汰落后产能中央财政奖励资金管理暂行办法》(财建〔2007〕873 号)废止。

附:1. 淘汰落后产能中央财政奖励范围(略)

2. 淘汰落后产能财政奖励资金安排使用情况表(略)

关于修改《科技开发用品免征进口
税收暂行规定》和《科学研究和教学
用品免征进口税收规定》的决定

(财政部、海关总署、国家税务总局审议通过 2011 年 6 月 14 日中华人民共和国财政部、海关总署、国家税务总局令第 63 号公布 自 2011 年 1 月 1 日起施行)

经国务院批准,财政部、海关总署、国家税务总局决定对《科技开发用品免征进口税收暂行规定》和《科学研究和教学用品免征进口税收规定》的部分条款予以修改。

一、对《科技开发用品免征进口税收暂行规定》作如下修改:

(一)将第二条中的"在 2010 年 12 月 31 日前"修改为"在 2015 年 12 月 31 日前"。

(二)将附件《免税进口科技开发用品清单》中的第二项修改为:"(二)为科学研究、技术开发提供必要条件的科研实验用设备(用于中试和生产的设备除外)"。

二、对《科学研究和教学用品免征进口税收规定》作如下修改:

将附件《免税进口科学研究和教学用品清单》中的第二项修改为:

"(二)为科学研究和教学提供必要条件的科研实验用设备(用于中试和生产的设备除外)"。

本决定自 2011 年 1 月 1 日起施行。

《科技开发用品免征进口税收暂行规定》和《科学研究和教学用品免征进口税收规定》根据本决定作相应修改,重新公布。

科技开发用品免征进口税收暂行规定

(2007 年 1 月 31 日财政部、海关总署、国家税务总局令第 44 号公布 根据 2011 年 6 月 14 日《财政部、海关总署、国家税务总局关于修改〈科技开发用品免征进口税收暂行规定〉和〈科学研究和教学用品免征进口税收规定〉的决定》修订)

第一条 为了鼓励科学研究和技术开发,促进科技进步,规范科技开发用品的免税进口行为,根据国务院关于同意对科教用品进口实行税收优惠政策的决定,制定本规定。

第二条 下列科学研究、技术开发机构,在 2015 年 12 月 31 日前,在合理数量范围内进口国内不能生产或者性能不能满足需要的科技开发用品,免征进口关税和进口环节增值税、消费税:

(一)科技部会同财政部、海关总署和国家税务总局核定的科技体制改革过程中转制为企业和进入企业的主要从事科学研究和技术开发工作的机构;

(二)国家发展和改革委员会会同财政部、海关总署和国家税务总局核定的国家工程研究中心;

(三)国家发展和改革委员会会同财政部、海关总署、国家税务总局和科技部核定的企业技术中心;

(四)科技部会同财政部、海关总署和国家税务总局核定的国家重点实验室和国家工程技术研究中心;

(五)财政部会同国务院有关部门核定的其他科学研究、技术开发机构。

第三条 免税进口科技开发用品的具体范围,按照本规定所附《免税进口科技开发用品清单》执行。

财政部会同有关部门根据科技开发用品的需求变化及国内生产发展情

况,适时对《免税进口科技开发用品清单》进行调整。

第四条 依照本规定免税进口的科技开发用品,应当直接用于本单位的科学研究和技术开发,不得擅自转让、移作他用或者进行其他处置。

第五条 经海关核准的单位,其免税进口的科技开发用品可以用于其他单位的科学研究和技术开发活动。

第六条 违反规定,将免税进口的科技开发用品擅自转让、移作他用或者进行其他处置的,按照有关规定处罚,有关单位在 1 年内不得享受本税收优惠政策;依法被追究刑事责任的,有关单位在 3 年内不得享受本税收优惠政策。

第七条 海关总署根据本规定制定海关具体实施办法。

第八条 本规定自 2007 年 2 月 1 日起施行。

附件:

免税进口科技开发用品清单

(一)研究开发、科学试验用的分析、测量、检查、计量、观测、发生信号的仪器、仪表及其附件。

(二)为科学研究、技术开发提供必要条件的科研实验用设备(用于中试和生产的设备除外)。

(三)计算机工作站,中型、大型计算机。

(四)在海关监管期内用于维修依照本规定已免税进口的仪器、仪表和设备或者用于改进、扩充该仪器、仪表和设备的功能而单独进口的专用零部件及配件。

(五)各种载体形式的图书、报刊、讲稿、计算机软件。

(六)标本、模型。

(七)实验用材料。

(八)实验用动物。

(九)研究开发、科学试验和教学用的医疗检测、分析仪器及其附件(限于医药类科学研究、技术开发机构)。

(十)优良品种植物及种子(限于农林类科学研究、技术开发机构)。

(十一)专业级乐器和音像资料(限于艺术类科学研究、技术开发机构)。

(十二)特殊需要的体育器材(限于体育类科学研究、技术开发机构)。

(十三)研究开发用的非汽油、柴油动力样车(限于汽车类研究开发机构)。

科学研究和教学用品免征进口税收规定

（2007 年 1 月 31 日财政部、海关总署、国家税务总局令第 45 号公布 根据 2011 年 6 月 14 日《财政部、海关总署、国家税务总局关于修改〈科技开发用品免征进口税收暂行规定〉和〈科学研究和教学用品免征进口税收规定〉的决定》修订）

第一条 为了促进科学研究和教育事业的发展，推动科教兴国战略的实施，规范科学研究和教学用品的免税进口行为，根据国务院关于同意对科教用品进口实行税收优惠政策的决定，制定本规定。

第二条 科学研究机构和学校，以科学研究和教学为目的，在合理数量范围内进口国内不能生产或者性能不能满足需要的科学研究和教学用品，免征进口关税和进口环节增值税、消费税。

第三条 本规定所称科学研究机构和学校，是指：

（一）国务院部委、直属机构和省、自治区、直辖市、计划单列市所属专门从事科学研究工作的各类科研院所；

（二）国家承认学历的实施专科及以上高等学历教育的高等学校；

（三）财政部会同国务院有关部门核定的其他科学研究机构和学校。

第四条 免税进口科学研究和教学用品的具体范围，按照本规定所附《免税进口科学研究和教学用品清单》执行。

财政部会同国务院有关部门根据科学研究和教学用品的需求及国内生产发展情况，适时对《免税进口科学研究和教学用品清单》进行调整。

第五条 依照本规定免税进口的科学研究和教学用品，应当直接用于本单位的科学研究和教学，不得擅自转让、移作他用或者进行其他处置。

第六条 经海关核准的单位，其免税进口的科学研究和教学用品可用于其他单位的科学研究和教学活动。

第七条 违反规定，将免税进口的科学研究和教学用品擅自转让、移作他用或者进行其他处置的，按照有关规定处罚，有关单位在 1 年内不得享受本税收优惠政策；依法被追究刑事责任的，有关单位在 3 年内不得享受本税收优惠政策。

第八条 海关总署根据本规定制定海关具体实施办法。

第九条 本规定自 2007 年 2 月 1 日起施行。

附件:

免税进口科学研究和教学用品清单

（一）科学研究、科学试验和教学用的分析、测量、检查、计量、观测、发生信号的仪器、仪表及其附件。

（二）为科学研究和教学提供必要条件的科研实验用设备（用于中试和生产的设备除外）。

（三）计算机工作站，中型、大型计算机。

（四）在海关监管期内用于维修依照本规定已免税进口的仪器、仪表和设备或者用于改进、扩充该仪器、仪表和设备的功能而单独进口的专用零部件及配件。

（五）各种载体形式的图书、报刊、讲稿、计算机软件。

（六）标本、模型。

（七）教学用幻灯片。

（八）实验用材料。

（九）实验用动物。

（十）科学研究、科学试验和教学用的医疗检测、分析仪器及其附件（限于医药类院校、专业和医药类科学研究机构。经海关核准，上述进口单位以科学研究或教学为目的，在每5年每种1台的范围内，可将免税医疗检测、分析仪器用于其附属医院的临床活动）。

（十一）优良品种植物及种子（限于农林类科学研究机构和农林类院校、专业）。

（十二）专业级乐器和音像资料（限于艺术类科学研究机构和艺术类院校、专业）。

（十三）特殊需要的体育器材（限于体育类科学研究机构和体育类院校、专业）。

（十四）教练飞机（限于飞行类院校）。

（十五）教学实验船舶所用关键设备（限于航运类院校）。

（十六）科学研究用的非汽油、柴油动力样车（限于汽车类院校、专业）。

财政部　发展改革委　住房城乡建设部
关于印发《中央农村危房改造
补助资金管理暂行办法》的通知

（2011 年 6 月 22 日　财社〔2011〕88 号）

各省、自治区、直辖市财政厅（局）、发展和改革委员会、住房和城乡建设厅（局），新疆生产建设兵团财务局、发展和改革委员会、建设局：

　　为规范和加强中央农村危房改造补助资金管理，切实提高农村危房改造补助资金使用效益，特制定《中央农村危房改造补助资金管理暂行办法》。现印发给你们，请遵照执行。执行中如有问题，请及时反馈。

中央农村危房改造补助资金管理暂行办法

第一章　总　　则

　　第一条　为规范和加强中央农村危房改造补助资金管理，提高农村危房改造补助资金使用效益，根据国家关于农村危房改造的相关政策、财政部专项补助资金管理和国家发展改革委中央预算内投资管理有关规定，制定本暂行办法。

　　第二条　本办法所称中央农村危房改造补助资金是指中央设立的用于支持地方开展农村危房改造的专项资金，包括中央财政补助资金和中央预算内投资补助资金两部分。

　　第三条　中央农村危房改造补助资金分配使用遵循以下原则：

　　（一）科学合理，公正客观。公平、合理地分配补助资金，避免产生盲目性和随意性。

　　（二）突出重点，统筹兼顾。在优先支持贫困农户、并向财政困难地区倾斜的同时，整体推进全国农村危房改造。

　　（三）绩效评价，规范管理。建立绩效评价制度，创新项目实施和资金管理机制。

　　第四条　地方各级财政、发展改革、住房城乡建设部门要切实落实农村危房改造地方补助资金，加快推进农村危房改造工作。同时，不断创新农村危房改造投入机制，积极引导信贷资金、民间资本等社会各方面资金投入。

第二章　资金申请与资金分配

第五条　省级住房城乡建设、发展改革和财政部门根据各地实际需要，按规定时间提出下一年度危房改造任务和补助资金申请及实施方案，并以正式文件联合上报住房城乡建设部、国家发展改革委和财政部。

第六条　住房城乡建设部、国家发展改革委、财政部根据当年全国农村危房改造规划、中央补助资金预算安排情况以及省级有关部门申报危房改造任务和补助资金情况，统筹考虑各地农村危房户数、农户数、改造成本、改造效果、财力情况等因素，确定各地危房改造任务。

第七条　财政部会同国家发展改革委、住房城乡建设部根据改造任务和补助标准，分配下达中央农村危房改造补助资金。

第八条　省级财政部门会同发展改革、住房城乡建设部门，在接到中央补助资金文件后30天内，根据行政区域危房改造任务分配情况，将中央补助资金和本级政府安排的农村危房改造资金，拨付到下级财政部门。市、县级财政部门也要积极安排农村危房改造补助资金，并及时将上级和本级政府安排的补助资金于30日内及时拨付到位。

第九条　县级财政部门、发展改革、住房城乡建设等部门具体负责本地区农村危房改造补助资金的支付、管理以及日常监督检查工作，严格按照规定安排和支付农村危房改造补助资金。

第三章　资金使用管理

第十条　中央农村危房改造补助资金支持对象为，居住在危房中的农村贫困户，优先支持农村分散供养五保户、低保户、贫困残疾人家庭等贫困户危房改造。

第十一条　中央农村危房改造补助资金用途为，符合《住房城乡建设部关于印发〈农村危险房屋鉴定技术导则（试行）〉的通知》（建村函〔2009〕69号）等有关文件规定的农村危房翻建、新建和修缮加固等支出，以及农村危房改造建筑节能示范户节能建筑材料购置、节能技术使用、取暖方式改进以及可再生能源利用等方面的支出。

第十二条　中央农村危房改造补助资金实行专项管理、专款专用，不得用于车辆、通讯设备购置及生活补贴等与农村危房改造无关的支出。

第十三条　各地不得在中央补助资金中提取工作经费。地方财政可根据农村危房改造管理工作情况，安排必要的管理工作经费。

第四章　绩效考评

第十四条　中央建立农村危房改造补助资金绩效考评制度,对中央安排的农村危房改造补助资金绩效目标实现程度进行综合性的考核和评价。省级有关部门负责对行政区域内农村危房改造项目进行绩效考评。

第十五条　农村危房改造补助资金管理绩效考评的内容包括:

(一)地方资金安排:主要考核省级及以下地方政府安排农村危房改造资金规模以及资金到位情况。

(二)项目资金管理:主要考核有关资金管理制度建设、管理措施等情况。

(三)项目实施效果:主要考核危房改造任务完成和改造质量等情况。

(四)违规违纪行为:主要是被审计、财政监督机构、发改委稽察等部门查出或被新闻媒体曝光并经查实的违纪行为。

绩效考评结果是对各地农村危房改造补助资金管理工作的综合评价,上一年度绩效考评结果将作为下一年度中央补助资金安排的参考因素。

第十六条　省级住房城乡建设、发展改革、财政部门要在每年2月底前联合上报本省(自治区、直辖市)上年度农村危房改造进展情况、绩效考评情况以及中央补助资金使用管理情况。

第五章　监督检查

第十七条　地方各级住房城乡建设部门应会同财政、发展改革部门,建立健全农村危房改造工作监管机制。对农村危房改造补助对象的申请、评议、审核、审批意见和实际补助水平等情况,要实行公示公告制度。

第十八条　各级财政和发展改革部门要建立健全农村危房改造资金违规使用的责任追究制度。对于不按照规定使用和管理农村危房改造资金的,要严格按照《财政违法行为处罚处分条例》(国务院令第427号)和《中央预算内投资补助和贴息项目管理暂行办法》(国家发展改革委令第31号)等有关规定进行处理,并依法追究有关责任人员的行政责任。涉嫌犯罪的,移送司法机关依法追究刑事责任。

第十九条　各级财政、发展改革、住房城乡建设部门要自觉接受社会各界的监督,积极配合有关部门做好审计、稽查等工作。财政部驻各地财政监察专员办事处和各级发改稽察机构将对各地农村危房改造资金管理使用等情况不定期进行抽查。

第六章　附　　则

第二十条　各省级财政、发展改革、住房城乡建设部门可以根据本办法,结合各地实际,制定农村危房改造实施和资金管理细则。

第二十一条　本办法自下发之日起实施。

财政部关于印发《外国政府贷款项目监督检查办法》的通知

(2011 年 9 月 26 日　财金[2011]117 号)

国务院有关部委、有关直属机构,各省、自治区、直辖市、计划单列市财政厅(局),新疆生产建设兵团财务局,财政部驻各省、自治区、直辖市、计划单列市财政监察专员办事处,有关银行、采购公司、中央管理企业:

为了进一步贯彻实施《国际金融组织和外国政府贷款赠款管理办法》(财政部令第 38 号)和《外国政府贷款管理规定》(财金[2008]176 号),规范和加强对外国政府贷款项目的监督检查,督促各有关机构严格遵守制度规定,防范和纠正违规行为,提高贷款资金的使用效益,现将我部制定的《外国政府贷款项目监督检查办法》印发你们,请遵照执行。

外国政府贷款项目监督检查办法

第一章　总　　则

第一条　为了规范和加强对外国政府贷款项目和资金的监督检查,提高贷款项目的实施质量和资金的使用效益,根据《国际金融组织和外国政府贷款赠款管理办法》(财政部令第 38 号)、《财政检查工作办法》(财政部令第 32 号)及其他有关规定,制定本办法。

第二条　财政部门、转贷银行和采购公司对利用外国政府贷款资金建设项目的监督检查以及项目单位对自身贷款项目的自查,适用本办法。

第三条　监督检查工作以统筹规划、依法监督、注重预防、规范管理为原则,督促有关机构遵守贷款规章制度,防范和纠正违规操作,提高贷款资金使用的合规性和有效性。

检查结果是项目评价的重要依据,应当在有关监督检查机构之间共享。

第二章 机构职责

第四条 财政部履行下列职责:

(一)研究建立科学有效的监督检查机制,制定监督检查相关制度;

(二)组织实施对项目的监督检查;

(三)对有关机构履行监督检查职责进行督促、指导;

(四)对有关机构履行职责的情况进行检查、评价及奖惩;

(五)财政部驻各地财政监察专员办事处(以下简称专员办)对所在地区的项目进行监督检查。

第五条 省级财政部门作为本地区外国政府贷款工作的归口管理机构,履行下列职责:

(一)制定本地区的项目监督检查制度;

(二)制定年度检查计划并报财政部备案;

(三)组织实施对本地区项目的监督检查;

(四)配合有关监督检查机构对本地区项目的检查;

(五)落实或者督促有关单位落实对违规问题的处理。

第六条 按照财政部规定及委托,转贷银行履行下列职责:

(一)对项目进行贷后检查,识别、防范还款风险;

(二)监控贷款资金的运行,检查贷款资金使用的合规性;

(三)对可能存在问题的项目进行实地检查,向财政部和省级财政部门报告检查情况;

(四)配合有关监督检查机构的检查;

(五)履行财政部规定或者委托的其他监督检查职责。

第七条 按照财政部规定及委托,采购公司履行下列职责:

(一)监督项目的招标评标、合同签署、到货验收、安装调试等过程;

(二)对采购设备的到货或者运转情况进行现场核查,定期向财政部和省级财政部门报告核查情况;

(三)配合有关监督检查机构的检查;

(四)履行财政部规定或者委托的其他监督检查职责。

第八条 项目单位履行下列自查职责:

(一)完善项目的内部控制制度和监督检查制度;

(二)定期对贷款资金的使用情况和财务会计制度执行情况进行自查;

(三)配合财政部门、转贷银行和采购公司等监督检查机构对项目的

检查;

(四)按照检查处理决定进行整改。

第三章　检查范围、对象和内容

第九条　监督检查的范围包括在建项目和竣工项目。基本建设项目的竣工以通过验收并提交竣工报告为准;设备采购项目的竣工以设备安装使用并入账为准。

已全部偿还贷款本息的项目,不纳入监督检查范围。

第十条　监督检查的对象包括项目单位和与项目有关的财政部门、转贷银行、采购公司、供货商等其他单位。

第十一条　监督检查包括以下内容:

(一)项目财务制度的建立和执行情况;

(二)项目的实施进度以及影响项目实施的问题;

(三)项目申报过程的合规性;

(四)项目选取采购公司和贷款招标采购的合规性;

(五)贷款资金的提取和支付情况;

(六)设备采购的到货和运营情况;

(七)贷款本金、利息和费用的偿还和支付情况;

(八)项目机构变更及实施内容调整情况;

(九)完工项目的验收交付使用情况;

(十)项目目标的实现情况;

(十一)财务会计核算的合规性;

(十二)财政部要求的其他检查内容。

第十二条　项目单位应当归档整理和妥善保管贷款项目的可行性研究报告、项目建议书、资金申请报告、转贷协议、招标文件、投标文件、评标结果、商务合同、工程进度报告、监理报告、竣工报告、提款申请、还款指令、支付指令以及贷款管理部门对项目的批复文件等档案资料。

项目档案资料的保存期限按国家有关规定执行。没有规定保存期限的,应当自项目竣工之日起至少保存10年或者至项目还本付息完毕。

第十三条　监督检查主要包括日常检查和重点检查。

第四章　日常检查

第十四条　日常检查是指在项目实施过程中,由专员办、省级财政部门、转贷银行、采购公司以及项目单位对项目实施的各个环节进行的经常性检查。

日常检查主要针对在建项目。对于竣工项目,有关监督检查机构可以根据需要进行日常检查。

第十五条 各级财政部门、转贷银行和采购公司应当按照职责分工,及时审查项目的可行性研究报告、财务报告、工程进度报告、竣工报告、招投标文件、商务合同、提款申请、支付指令等各类材料,全面掌握项目实施和资金管理情况,确保项目实施符合各项规定。

第十六条 项目单位及其他有关单位应当按照规定的时限和要求,向有关部门报送项目书面材料,并对所报材料的真实性负责。

第十七条 省级财政部门每年应当对全部在建项目进行至少1次现场核查,掌握项目实施的进度和质量,协调解决项目存在的问题,确保项目实施符合规范。

省级财政部门可以委托下级财政部门或者中介机构进行现场核查。

省级财政部门应当于每年1月底前向财政部提交上一年度的现场核查汇总报告,其中包括对每个项目的核查时间、核查人员及结论等。现场核查汇总报告应当抄送当地专员办。

第十八条 转贷银行可以结合项目的提款支付、还本付息等情况,对项目进行现场检查。

财政部其他规定对转贷银行实施现场检查有具体要求的,转贷银行应当严格执行。

第十九条 采购公司应当对贷款项目采购到货情况进行现场核查,确保采购的货物与商务合同及有关部门的批复相符。

采购公司应当于每年1月底和7月底前向财政部报送现场核查工作半年汇总报告,其中应当包括对每个项目现场核查的时间、核查人员和结论等。现场核查工作半年汇总报告应当抄送省级财政部门。

第二十条 项目单位应当按照国外贷款机构的要求和国内贷款管理的有关规定建立内部控制制度,按季度对贷款资金的使用和采购设备的运行情况进行自查,发现问题应当及时向有关部门报告。

第二十一条 国外贷款机构或者国内其他管理部门对项目实施检查时,地方财政部门应当随时掌握情况,发现问题应当及时报告上级财政部门,重大问题应当报告财政部。

第五章　重点检查

第二十二条 重点检查是指由会计、审计等方面的专业人员对项目进行的全面、深入检查。

重点检查的范围包括在建项目和竣工项目。

第二十三条　重点检查的手段包括听取汇报、查阅档案资料、审核会计账目、核查原始凭证、现场盘点清查、分析性复核、外部延伸检查等。

第二十四条　财政部根据外国政府贷款管理的需要,可以自行或者组织专员办等机构开展重点检查。

第二十五条　专员办每年应当选取部分项目进行重点检查。具体检查的时间和项目由专员办自行确定。

其中,对于在建项目,每年专员办重点检查的项目个数原则上不少于在建项目总数的30%,或者项目金额不少于在建项目总金额的40%。

第二十六条　专员办应当于每年年底前向财政部报送当年重点检查情况报告和下一年度重点检查计划。

如在检查中发现重大违规问题,专员办应当及时向财政部报告。

第二十七条　省级财政部门应当根据项目实施进度、提款报账、资金支付、还本付息等情况,每年自行选择部分项目进行重点检查。检查结果应当抄报财政部,并抄送当地专员办。

第二十八条　专员办和省级财政部门之间应当加强配合,信息共享。省级财政部门应当及时向专员办提供有关信息和材料,专员办应当将检查情况定期告知省级财政部门。

在同一年度内,省级财政部门应当主要针对专员办检查范围之外的项目进行重点检查。

第六章　检查处理

第二十九条　财政部、专员办或者省级财政部门检查发现违规问题的,应当根据有关规定进行处理。转贷银行或者采购公司检查发现违规问题的,应当向财政部报告,财政部按照规定进行处理。涉嫌犯罪的,应当移交司法机关处理。

第三十条　处理决定下达后,被检查单位应当立即整改落实,并在90日内将整改情况报告监督检查部门。

出具处理决定的部门可以对被检查单位的整改落实情况再次检查。

第三十一条　有关机构未按规定履行监督检查及材料报送等职责的,视情节轻重作如下处理:

省级财政部门未按规定履行职责的,予以通报批评、限期整改、在有关问题得到妥善处理前暂停新项目安排。

转贷银行未按规定履行职责的,予以批评、限期整改、暂停或者取消参与贷款转贷业务。

采购公司未按规定履行职责的,予以批评、暂停或者取消参与贷款采购代理业务。

项目单位未按规定履行职责的,予以批评、限期整改、暂停贷款资金的提取和支付。

第七章 附 则

第三十二条 国务院有关部门、计划单列企业集团以及中央管理企业利用外国政府贷款项目的监督检查,参照本办法执行。

第三十三条 本办法自 2012 年 1 月 1 日起施行。

财政部关于印发《金融企业
非上市国有产权交易规则》的通知

(2011 年 9 月 28 日 财金〔2011〕118 号)

各省、自治区、直辖市、计划单列市财政厅(局),有关产权交易机构:

为统一规范金融企业非上市国有产权交易行为,促进国有金融资产有序流转,根据《金融企业国有资产转让管理办法》(财政部令第 54 号)、《财政部关于贯彻落实〈金融企业国有资产转让管理办法〉有关事项的通知》(财金〔2009〕178 号)等有关规定,我部制定了《金融企业非上市国有产权交易规则》,现印发给你们,请遵照执行。

金融企业非上市国有产权交易规则

第一章 总 则

第一条 为统一规范金融企业非上市国有产权交易行为,促进国有金融资产有序流转,根据《金融企业国有资产转让管理办法》(财政部令第 54 号)、《财政部关于贯彻落实〈金融企业国有资产转让管理办法〉有关事项的通知》(财金〔2009〕178 号)等有关规定,制定本规则。

第二条 本规则所称金融企业,包括所有获得金融业务许可证的企业、金融控股公司、担保公司以及其他金融类企业。

本规则所称非上市国有产权交易,是指县级以上(含县级,下同)人民政府财政部门(以下简称财政部门)、县级以上人民政府或者财政部门的授权投资主体、国有及国有控股金融企业(以下统称转让方),在履行内部决策和主管部门或控股公司批准程序后,通过产权交易机构发布产权转让信息、公开挂牌转让所持非上市国有金融企业产权(包括金融类和非金融类)的活动。

第三条　金融企业非上市国有产权交易应当遵守法律、行政法规和产业政策规定,遵循公平、公正、公开、有序竞争和等价有偿的原则。

第四条　各省级财政部门确定的承担金融企业国有资产转让业务的省级产权交易机构(以下简称产权交易机构)适用本规则。

产权交易机构应当按照本规则要求,建立信息管理系统,定期向省级以上财政部门报送信息,妥善保管产权交易档案,自觉接受政府相关部门的监督,加强行业自律管理,维护市场秩序,保证产权交易活动的正常进行。

第二章　受理转让申请

第五条　产权交易机构应当在工作场所内和信息发布平台上公告转让方转让金融企业非上市国有产权所需要提交的相关材料和交易程序。实行会员制的产权交易机构,应当公布经纪会员公司的名单,供转让方选择。

第六条　产权交易机构承担产权转让申请的受理工作。对已履行内部决策和主管部门或控股公司批准程序,且提交材料齐全的转让项目,产权交易机构应当予以受理,并进行统一编号,建立完整的项目受理、审理和流转体系。

第七条　产权交易机构应当建立转让信息公告的审核制度,对涉及转让标的信息披露的准确性和完整性、交易条件、受让方资格条件设置的公平性与合理性、竞价方式的选择等内容进行审核。对符合信息公告要求的,产权交易机构应当向转让方出具书面受理通知;对不符合信息公告要求的,产权交易机构应当及时书面告知转让方。

按照金融企业国有资产管理和金融行业监督管理规定,需经有关部门审批的转让项目,由转让方在转让信息公告前履行报批手续。转让方应明确转让标的基本情况、交易条件、受让方资格条件、交易方式的选择、交易保证金的设置、对产权交易有重大影响的相关信息等内容。转让方对所提交材料的真实性、有效性和完整性负责。

第八条　产权转让信息公告应当明确转让方和转让标的企业基本情况。包括但不限于:

(一)转让方、转让标的企业及委托会员经纪公司的名称;

(二)转让标的企业性质、成立时间、注册地、所属行业、主营业务、注册资本、职工人数；

（三）转让方的单位性质，及其持有转让标的企业出资比例；

（四）转让标的企业出资人构成情况；

（五）转让标的企业最近一个年度审计报告和最近一期财务报表中的主要财务指标数据，包括所有者权益、负债、营业收入、净利润等；

（六）转让标的企业资产评估备案或者核准情况，资产评估报告中总资产、总负债、净资产评估值和审计后账面值；

（七）产权转让行为的相关内部决策及批准情况。

第九条 产权转让信息公告应当明确需要受让方接受的主要交易条件。包括但不限于：

（一）转让标的产权的挂牌价格；

（二）转让价款支付方式，涉及分期付款的，应对首期付款比例、付款期限、价款支付保全措施提出明确要求；

（三）其他可能涉及产权变更和债权债务处置的要求。

第十条 产权转让信息公告可以明确转让方根据转让标的企业的实际情况设置的受让方资格条件，包括行业准入、主体资格、管理能力、经营状况、资产规模、财务状况和商业信誉等，但不得出现具有明确指向性或者违反公平竞争原则的内容。

转让标的企业为金融企业的，转让方应根据金融行业准入要求，明确受让方条件。产权交易机构应按照金融监管部门的要求，对受让方行业准入条件进行审核。产权交易机构认为必要时，可以要求转让方对确定受让方资格条件的判断标准提供政策依据、书面解释或者说明，并在产权转让信息公告中一并公布。

第十一条 产权转让信息公告应明确转让方对产权交易有重大影响的相关信息。包括但不限于：

（一）审计报告、资产评估报告有无保留意见或者重要提示；

（二）资产评估基准日后，发生的影响转让标的企业产权结构和价值变动的情况；

（三）管理层及其利益关联方拟参与受让的，应当披露其当前持有转让标的企业的股权比例、拟参与受让国有产权的人员或者公司名单、拟受让比例等；

（四）转让标的企业其他股东是否同意股权转让，是否放弃优先购买权。

第十二条 产权转让信息公告中应当明确，在征集到两个及两个以上符合条件的意向受让方时，采用何种公开竞价交易方式确定受让方。选择招投标方式的，应当同时披露评标方法和标准。

第十三条 产权转让信息公告中应当明确交易保证金的交纳和处置方式。

第三章 发布转让信息

第十四条 产权交易机构和转让方,应当将产权转让信息在转让标的企业注册地,或者转让标的企业重大资产所在地和产权交易机构所在地省级以上公开发行的经济金融类或者综合类报刊、产权交易机构网站和金融企业网站上进行公告。

第十五条 产权交易机构应当明确产权转让信息公告的期限。首次信息公告的期限应当不少于 20 个工作日,并以在省级以上报刊的首次信息公告之日为起始日。

第十六条 信息公告期按工作日计算,遇法定节假日以政府相关部门公告的实际工作日为准。产权交易机构网站发布信息公告的日期不应晚于报刊公告的日期。

第十七条 信息公告期间不得擅自变更产权转让信息公告中公布的内容和条件。因特殊原因确需变更信息公告内容的,应当由产权转让批准机构出具文件,由产权交易机构在原信息发布渠道进行公告,并重新计算公告期。

第十八条 在规定的公告期限内未征集到符合条件的意向受让方,且不变更信息公告内容的,经转让方同意,产权交易机构可以按照产权转让信息公告的约定,延长信息公告期限,每次延长期限应当不少于 5 个工作日。未在产权转让信息公告中明确延长信息公告期限的,信息公告到期自行终结。

第十九条 产权转让首次信息公告时的挂牌价格不得低于经备案或者核准的转让标的的资产评估结果。如在规定的公告期限内未征集到意向受让方,转让方可以在不低于评估结果 90% 的范围内设定新的挂牌价格并重新公告。如果新的挂牌价格拟低于评估结果 90% 的,转让方应当在重新履行报批手续后,设定新的挂牌价格并进行公告。

在转让方确定挂牌价格前,有条件的产权交易机构可提供第三方尽职调查和询价服务,促进转让交易。

第二十条 信息公告期间出现影响交易活动正常进行的情形,或者有关当事人提出中止信息公告书面申请和有关材料后,产权交易机构可以作出中止信息公告的决定。

第二十一条 信息公告的中止期限由产权交易机构根据实际情况设定,一般不超过 1 个月。产权交易机构应当在中止期间对相关的申请事由或者争议事项进行调查核实,也可转请相关部门进行调查核实,及时作出恢复或者终止信息公告的决定。如恢复信息公告,累计公告期不得少于 20 个工作日,且继续公告的期限不得少于 10 个工作日。

第二十二条　信息公告期间出现致使交易活动无法按照规定程序正常进行的情形,经当事人书面申请,并经产权交易机构调查核实后,产权交易机构可以作出终止信息公告的决定。

产权交易中出现中止、恢复、终止情形的,产权交易机构应当在原公告报刊和网站上进行公告。

第四章　登记意向受让方

第二十三条　在产权转让信息公告期限内,产权交易机构应当为意向受让方查阅转让标的企业的信息材料以及相关政策法规给予便利,并提示其根据行业准入标准,对自身是否符合要求进行确认。

第二十四条　产权交易机构应当对意向受让方进行登记,并对意向受让方提交的申请及材料是否符合信息公告中的要求进行审核,并出具资格初审意见书。对于转让标的企业为金融企业的,应重点审核意向受让方是否符合金融监管部门的市场准入要求。

第二十五条　产权交易机构应在信息公告期满后 5 个工作日内将意向受让方的情况及其资格初审意见书告知转让方,并要求其在收到资格初审意见书后 5 个工作日内予以书面回复。逾期未予回复的,视为同意产权交易机构作出的资格确认意见。

如对受让方资格条件存有异议,转让方应当书面说明理由。产权交易机构可就有关事项与转让方进行协商,必要时可征询主管财政部门、金融行业监管部门和政府其他社会公共管理部门的意见。

第二十六条　经征询转让方意见后,产权交易机构应当以书面形式将资格确认结果告知意向受让方,并抄送转让方。

第二十七条　通过资格确认的意向受让方,在事先确定的时限内,向产权交易机构交纳交易保证金(以保证金到达产权交易机构指定账户时间为准)后获得参与竞价交易资格。逾期未交纳保证金的,视为放弃受让意向。

第五章　组织交易签约

第二十八条　产生两个及以上获得参与竞价交易资格意向受让方的,产权交易机构应当按照公告披露的竞价方式组织实施公开竞价;只产生一个符合条件的意向受让方的,产权交易机构应当组织交易双方根据挂牌价格与意向受让方报价孰高原则签订产权交易协议。涉及转让标的企业其他股东依法在同等条件下行使优先购买权的,按照有关法律规定执行。产权交易机构应为其在场内行使优先购买权提供必要的服务。

第二十九条 公开竞价方式包括拍卖、招投标、网络竞价以及国家规定的其他公开竞价方式。为提高竞价率,产权交易机构和转让方可以共同设计交易竞价方案。

在设计交易竞价方案时,产权交易机构应根据《中华人民共和国公司法》等法律法规,不得采取发放信托产品等方式将交易产品拆分为均等份额,形成标准化交易单位,公开向超过200人以上的非特定对象转让;不得采取集中竞价等标准化的连续交易方式进行转让。

第三十条 产权交易机构应当在确定受让方后的次日起3个工作日内,组织交易双方签订产权交易协议。

第三十一条 产权交易协议包括但不限于:

(一)产权交易双方的名称与住所;

(二)转让标的企业产权的基本情况;

(三)转让方式、转让价格、价款支付时间和方式及付款条件;

(四)产权交割方式;

(五)转让涉及的有关税费负担;

(六)协议的生效条件;

(七)协议争议的解决方式;

(八)协议各方的违约责任;

(九)协议变更和解除的条件;

(十)转让方和受让方认为必要的其他条款。

第三十二条 产权交易机构应当依据法律法规的相关规定,按照产权转让信息公告,参考交易结果,对产权交易协议进行审核。

第三十三条 产权交易涉及政府社会公共管理和金融行业监督管理事项,如行业准入资格审查、反垄断审查等情形,相关部门批准的文件为产权交易协议的生效条件。交易双方应当将产权交易协议及相关材料报政府相关部门批准,产权交易机构应当出具政府相关部门审批所需的交易证明文件。

第六章 结算交易资金

第三十四条 产权交易资金包括交易保证金和产权交易价款,一般以人民币为计价单位。

产权交易机构实行交易资金统一进场结算制度,开设独立的资金结算账户,组织收付产权交易资金。产权交易机构应设立资金"防火墙",制定交易资金管理制度,确保交易资金安全,支付及时,不得挪用。

第三十五条　受让方应当在产权交易协议约定的期限内,将产权交易价款划入到产权交易机构的结算账户。受让方交纳的交易保证金可按照相关约定转为产权交易价款。转让价款原则上应当采取货币性资产一次性收取。如金额较大、一次付清确有困难的,可以在交易协议中约定分期付款方式,但分期付款期限不得超过 1 年。

采用分期付款方式的,受让方首期付款不得低于总价款的 30%,并在协议生效之日起 5 个工作日内支付。

受让方以非货币性资产支付产权转让价款的,交易双方应当按照有关规定进行资产评估,确定非货币性资产的价值,产权交易机构应当配合做好资产交割过户工作。

第三十六条　受让方将产权交易价款划入至产权交易机构结算账户后,产权交易机构应当向受让方出具收款凭证。对符合产权交易价款划出条件的,产权交易机构应当及时向转让方划出交易价款。转让方收到交易价款后,应当向产权交易机构出具收款凭证。

第三十七条　交易双方为同一实际控制人的,经交易双方提出书面申请,产权交易机构核实并出具书面意见后,交易资金可以场外结算。

第三十八条　产权交易的收费标准应当符合产权交易机构所在地政府物价部门的有关规定。产权交易机构应当在工作场所内和信息发布平台上公示收费标准。

产权交易机构在收到交易双方按照收费标准支付的交易服务费用后,应当出具收费凭证。

第七章　出具交易凭证

第三十九条　产权交易凭证是产权交易机构为交易双方出具的、证明金融企业非上市国有产权通过产权交易机构履行相关程序后达成交易结果的凭证。

产权交易机构应当在交易双方签订产权交易协议、受让方依据协议约定支付转让价款、且交易双方已支付交易服务费用后 3 个工作日内出具产权交易凭证。在全部转让价款支付完毕前或者未办理价款支付保全手续前,产权交易机构不得出具产权交易凭证。

第四十条　产权交易涉及政府相关部门审查的,产权交易机构应当在交易行为获得政府相关部门批准后出具产权交易凭证。

第四十一条　产权交易凭证应当载明:项目编号、签约日期、挂牌起止日、转让方全称、受让方全称、转让标的企业全称、交易方式、转让标的企业评估结果、转让价格、交易价款支付方式、产权交易机构审核结论等内容。

第四十二条　产权交易凭证应当使用统一格式打印,并加盖产权交易机构印章,手写、涂改无效。

第八章　附　　则

第四十三条　产权交易过程中发生争议时,相关当事人可以向产权交易机构申请调解。争议涉及产权交易机构时,当事人可以向产权交易机构的监管机构申请调解,也可以按照约定向仲裁机构申请仲裁或者向人民法院提起诉讼。

第四十四条　产权转让过程中,出现可能影响国有金融资产合法权益的,主管财政部门可以要求产权交易机构中止或终止产权交易。

第四十五条　中国人民银行总行所属企业,以及金融类企业依法投资的其他非金融类企业的非上市国有产权交易,适用本规则。

第四十六条　各产权交易机构应按照本规则制定金融企业非上市国有产权交易实施细则。参照本规则探索规范金融企业非股权性不良资产处置流程,制定相关交易操作规则。

第四十七条　本规则自 2012 年 1 月 1 日起施行。

财政部关于印发《小企业会计准则》的通知

(2011 年 10 月 18 日　财会〔2011〕17 号)

国务院有关部委、有关直属机构,各省、自治区、直辖市、计划单列市财政厅(局),新疆生产建设兵团财务局:

为了规范小企业会计确认、计量和报告行为,促进小企业可持续发展,发挥小企业在国民经济和社会发展中的重要作用,根据《中华人民共和国会计法》及其他有关法律和法规,我部制定了《小企业会计准则》,现予印发,自 2013 年 1 月 1 日起在小企业范围内施行,鼓励小企业提前执行。我部于 2004 年 4 月 27 日发布的《小企业会计制度》(财会〔2004〕2 号)同时废止。

执行中有何问题,请及时反馈我部。

小企业会计准则

第一章 总 则

第一条 为了规范小企业会计确认、计量和报告行为,促进小企业可持续发展,发挥小企业在国民经济和社会发展中的重要作用,根据《中华人民共和国会计法》及其他有关法律和法规,制定本准则。

第二条 本准则适用于在中华人民共和国境内依法设立的、符合《中小企业划型标准规定》所规定的小型企业标准的企业。

下列三类小企业除外:

(一)股票或债券在市场上公开交易的小企业。

(二)金融机构或其他具有金融性质的小企业。

(三)企业集团内的母公司和子公司。

前款所称企业集团、母公司和子公司的定义与《企业会计准则》的规定相同。

第三条 符合本准则第二条规定的小企业,可以执行本准则,也可以执行《企业会计准则》。

(一)执行本准则的小企业,发生的交易或者事项本准则未作规范的,可以参照《企业会计准则》中的相关规定进行处理。

(二)执行《企业会计准则》的小企业,不得在执行《企业会计准则》的同时,选择执行本准则的相关规定。

(三)执行本准则的小企业公开发行股票或债券的,应当转为执行《企业会计准则》;因经营规模或企业性质变化导致不符合本准则第二条规定而成为大中型企业或金融企业的,应当从次年1月1日起转为执行《企业会计准则》。

(四)已执行《企业会计准则》的上市公司、大中型企业和小企业,不得转为执行本准则。

第四条 执行本准则的小企业转为执行《企业会计准则》时,应当按照《企业会计准则第38号——首次执行企业会计准则》等相关规定进行会计处理。

第二章 资 产

第五条 资产,是指小企业过去的交易或者事项形成的、由小企业拥有或者控制的、预期会给小企业带来经济利益的资源。

小企业的资产按照流动性,可分为流动资产和非流动资产。

第六条 小企业的资产应当按照成本计量,不计提资产减值准备。

第一节 流动资产

第七条 小企业的流动资产,是指预计在 1 年内(含 1 年,下同)或超过 1 年的一个正常营业周期内变现、出售或耗用的资产。

小企业的流动资产包括:货币资金、短期投资、应收及预付款项、存货等。

第八条 短期投资,是指小企业购入的能随时变现并且持有时间不准备超过 1 年(含 1 年,下同)的投资,如小企业以赚取差价为目的从二级市场购入的股票、债券、基金等。

短期投资应当按照以下规定进行会计处理:

(一)以支付现金取得的短期投资,应当按照购买价款和相关税费作为成本进行计量。

实际支付价款中包含的已宣告但尚未发放的现金股利或已到付息期但尚未领取的债券利息,应当单独确认为应收股利或应收利息,不计入短期投资的成本。

(二)在短期投资持有期间,被投资单位宣告分派的现金股利或在债务人应付利息日按照分期付息、一次还本债券投资的票面利率计算的利息收入,应当计入投资收益。

(三)出售短期投资,出售价款扣除其账面余额、相关税费后的净额,应当计入投资收益。

第九条 应收及预付款项,是指小企业在日常生产经营活动中发生的各项债权。包括:应收票据、应收账款、应收股利、应收利息、其他应收款等应收款项和预付账款。

应收及预付款项应当按照发生额入账。

第十条 小企业应收及预付款项符合下列条件之一的,减除可收回的金额后确认的无法收回的应收及预付款项,作为坏账损失:

(一)债务人依法宣告破产、关闭、解散、被撤销,或者被依法注销、吊销营业执照,其清算财产不足清偿的。

(二)债务人死亡,或者依法被宣告失踪、死亡,其财产或者遗产不足清偿的。

(三)债务人逾期 3 年以上未清偿,且有确凿证据证明已无力清偿债务的。

(四)与债务人达成债务重组协议或法院批准破产重整计划后,无法追偿的。

（五）因自然灾害、战争等不可抗力导致无法收回的。

（六）国务院财政、税务主管部门规定的其他条件。

应收及预付款项的坏账损失应当于实际发生时计入营业外支出，同时冲减应收及预付款项。

第十一条 存货，是指小企业在日常生产经营过程中持有以备出售的产成品或商品、处在生产过程中的在产品、将在生产过程或提供劳务过程中耗用的材料和物料等，以及小企业（农、林、牧、渔业）为出售而持有的、或在将来收获为农产品的消耗性生物资产。

小企业的存货包括：原材料、在产品、半成品、产成品、商品、周转材料、委托加工物资、消耗性生物资产等。

（一）原材料，是指小企业在生产过程中经加工改变其形态或性质并构成产品主要实体的各种原料及主要材料、辅助材料、外购半成品（外购件）、修理用备件（备品备件）、包装材料、燃料等。

（二）在产品，是指小企业正在制造尚未完工的产品。包括：正在各个生产工序加工的产品，以及已加工完毕但尚未检验或已检验但尚未办理入库手续的产品。

（三）半成品，是指小企业经过一定生产过程并已检验合格交付半成品仓库保管，但尚未制造完工成为产成品，仍需进一步加工的中间产品。

（四）产成品，是指小企业已经完成全部生产过程并已验收入库，符合标准规格和技术条件，可以按照合同规定的条件送交订货单位，或者可以作为商品对外销售的产品。

（五）商品，是指小企业（批发业、零售业）外购或委托加工完成并已验收入库用于销售的各种商品。

（六）周转材料，是指小企业能够多次使用、逐渐转移其价值但仍保持原有形态且不确认为固定资产的材料。包括：包装物、低值易耗品、小企业（建筑业）的钢模板、木模板、脚手架等。

（七）委托加工物资，是指小企业委托外单位加工的各种材料、商品等物资。

（八）消耗性生物资产，是指小企业（农、林、牧、渔业）生长中的大田作物、蔬菜、用材林以及存栏待售的牲畜等。

第十二条 小企业取得的存货，应当按照成本进行计量。

（一）外购存货的成本包括：购买价款、相关税费、运输费、装卸费、保险费以及在外购存货过程发生的其他直接费用，但不含按照税法规定可以抵扣的增值税进项税额。

（二）通过进一步加工取得存货的成本包括：直接材料、直接人工以及按照一定方法分配的制造费用。

经过 1 年期以上的制造才能达到预定可销售状态的存货发生的借款费用，也计入存货的成本。

前款所称借款费用，是指小企业因借款而发生的利息及其他相关成本。包括：借款利息、辅助费用以及因外币借款而发生的汇兑差额等。

（三）投资者投入存货的成本，应当按照评估价值确定。

（四）提供劳务的成本包括：与劳务提供直接相关的人工费、材料费和应分摊的间接费用。

（五）自行栽培、营造、繁殖或养殖的消耗性生物资产的成本，应当按照下列规定确定：

1. 自行栽培的大田作物和蔬菜的成本包括：在收获前耗用的种子、肥料、农药等材料费、人工费和应分摊的间接费用。

2. 自行营造的林木类消耗性生物资产的成本包括：郁闭前发生的造林费、抚育费、营林设施费、良种试验费、调查设计费和应分摊的间接费用。

3. 自行繁殖的育肥畜的成本包括：出售前发生的饲料费、人工费和应分摊的间接费用。

4. 水产养殖的动物和植物的成本包括：在出售或入库前耗用的苗种、饲料、肥料等材料费、人工费和应分摊的间接费用。

（六）盘盈存货的成本，应当按照同类或类似存货的市场价格或评估价值确定。

第十三条　小企业应当采用先进先出法、加权平均法或者个别计价法确定发出存货的实际成本。计价方法一经选用，不得随意变更。

对于性质和用途相似的存货，应当采用相同的成本计算方法确定发出存货的成本。

对于不能替代使用的存货、为特定项目专门购入或制造的存货以及提供的劳务，采用个别计价法确定发出存货的成本。

对于周转材料，采用一次转销法进行会计处理，在领用时按其成本计入生产成本或当期损益；金额较大的周转材料，也可以采用分次摊销法进行会计处理。出租或出借周转材料，不需要结转其成本，但应当进行备查登记。

对于已售存货，应当将其成本结转为营业成本。

第十四条　小企业应当根据生产特点和成本管理的要求，选择适合于本企业的成本核算对象、成本项目和成本计算方法。

小企业发生的各项生产费用，应当按照成本核算对象和成本项目分别归集。

（一）属于材料费、人工费等直接费用，直接计入基本生产成本和辅助生产成本。

（二）属于辅助生产车间为生产产品提供的动力等直接费用，可以先作为辅助生产成本进行归集，然后按照合理的方法分配计入基本生产成本；也可以直接计入所生产产品发生的生产成本。

（三）其他间接费用应当作为制造费用进行归集，月度终了，再按一定的分配标准，分配计入有关产品的成本。

第十五条 存货发生毁损，处置收入、可收回的责任人赔偿和保险赔款，扣除其成本、相关税费后的净额，应当计入营业外支出或营业外收入。

盘盈存货实现的收益应当计入营业外收入。

盘亏存货发生的损失应当计入营业外支出。

第二节 长期投资

第十六条 小企业的非流动资产，是指流动资产以外的资产。

小企业的非流动资产包括：长期债券投资、长期股权投资、固定资产、生产性生物资产、无形资产、长期待摊费用等。

第十七条 长期债券投资，是指小企业准备长期（在1年以上，下同）持有的债券投资。

第十八条 长期债券投资应当按照购买价款和相关税费作为成本进行计量。

实际支付价款中包含的已到付息期但尚未领取的债券利息，应当单独确认为应收利息，不计入长期债券投资的成本。

第十九条 长期债券投资在持有期间发生的应收利息应当确认为投资收益。

（一）分期付息、一次还本的长期债券投资，在债务人应付利息日按照票面利率计算的应收未收利息收入应当确认为应收利息，不增加长期债券投资的账面余额。

（二）一次还本付息的长期债券投资，在债务人应付利息日按照票面利率计算的应收未收利息收入应当增加长期债券投资的账面余额。

（三）债券的折价或者溢价在债券存续期间内于确认相关债券利息收入时采用直线法进行摊销。

第二十条 长期债券投资到期，小企业收回长期债券投资，应当冲减其账面余额。

处置长期债券投资，处置价款扣除其账面余额、相关税费后的净额，应当计入投资收益。

第二十一条 小企业长期债券投资符合本准则第十条所列条件之一

的,减除可收回的金额后确认的无法收回的长期债券投资,作为长期债券投资损失。

长期债券投资损失应当于实际发生时计入营业外支出,同时冲减长期债券投资账面余额。

第二十二条 长期股权投资,是指小企业准备长期持有的权益性投资。

第二十三条 长期股权投资应当按照成本进行计量。

(一)以支付现金取得的长期股权投资,应当按照购买价款和相关税费作为成本进行计量。

实际支付价款中包含的已宣告但尚未发放的现金股利,应当单独确认为应收股利,不计入长期股权投资的成本。

(二)通过非货币性资产交换取得的长期股权投资,应当按照换出非货币性资产的评估价值和相关税费作为成本进行计量。

第二十四条 长期股权投资应当采用成本法进行会计处理。

在长期股权投资持有期间,被投资单位宣告分派的现金股利或利润,应当按照应分得的金额确认为投资收益。

第二十五条 处置长期股权投资,处置价款扣除其成本、相关税费后的净额,应当计入投资收益。

第二十六条 小企业长期股权投资符合下列条件之一的,减除可收回的金额后确认的无法收回的长期股权投资,作为长期股权投资损失:

(一)被投资单位依法宣告破产、关闭、解散、被撤销,或者被依法注销、吊销营业执照的。

(二)被投资单位财务状况严重恶化,累计发生巨额亏损,已连续停止经营 3 年以上,且无重新恢复经营改组计划的。

(三)对被投资单位不具有控制权,投资期限届满或者投资期限已超过 10 年,且被投资单位因连续 3 年经营亏损导致资不抵债的。

(四)被投资单位财务状况严重恶化,累计发生巨额亏损,已完成清算或清算期超过 3 年以上的。

(五)国务院财政、税务主管部门规定的其他条件。

长期股权投资损失应当于实际发生时计入营业外支出,同时冲减长期股权投资账面余额。

第三节 固定资产和生产性生物资产

第二十七条 固定资产,是指小企业为生产产品、提供劳务、出租或经营管理而持有的,使用寿命超过 1 年的有形资产。

小企业的固定资产包括:房屋、建筑物、机器、机械、运输工具、设备、器具、工具等。

第二十八条　固定资产应当按照成本进行计量。

（一）外购固定资产的成本包括：购买价款、相关税费、运输费、装卸费、保险费、安装费等，但不含按照税法规定可以抵扣的增值税进项税额。

以一笔款项购入多项没有单独标价的固定资产，应当按照各项固定资产或类似资产的市场价格或评估价值比例对总成本进行分配，分别确定各项固定资产的成本。

（二）自行建造固定资产的成本，由建造该项资产在竣工决算前发生的支出（含相关的借款费用）构成。

小企业在建工程在试运转过程中形成的产品、副产品或试车收入冲减在建工程成本。

（三）投资者投入固定资产的成本，应当按照评估价值和相关税费确定。

（四）融资租入的固定资产的成本，应当按照租赁合同约定的付款总额和在签订租赁合同过程中发生的相关税费等确定。

（五）盘盈固定资产的成本，应当按照同类或者类似固定资产的市场价格或评估价值，扣除按照该项固定资产新旧程度估计的折旧后的余额确定。

第二十九条　小企业应当对所有固定资产计提折旧，但已提足折旧仍继续使用的固定资产和单独计价入账的土地不得计提折旧。

固定资产的折旧费应当根据固定资产的受益对象计入相关资产成本或者当期损益。

前款所称折旧，是指在固定资产使用寿命内，按照确定的方法对应计折旧额进行系统分摊。应计折旧额，是指应当计提折旧的固定资产的原价（成本）扣除其预计净残值后的金额。预计净残值，是指固定资产预计使用寿命已满，小企业从该项固定资产处置中获得的扣除预计处置费用后的净额。已提足折旧，是指已经提足该项固定资产的应计折旧额。

第三十条　小企业应当按照年限平均法（即直线法，下同）计提折旧。小企业的固定资产由于技术进步等原因，确需加速折旧的，可以采用双倍余额递减法和年数总和法。

小企业应当根据固定资产的性质和使用情况，并考虑税法的规定，合理确定固定资产的使用寿命和预计净残值。

固定资产的折旧方法、使用寿命、预计净残值一经确定，不得随意变更。

第三十一条　小企业应当按月计提折旧，当月增加的固定资产，当月不计提折旧，从下月起计提折旧；当月减少的固定资产，当月仍计提折旧，从下月起不计提折旧。

第三十二条　固定资产的日常修理费，应当在发生时根据固定资产的受益对象计入相关资产成本或者当期损益。

第三十三条　固定资产的改建支出,应当计入固定资产的成本,但已提足折旧的固定资产和经营租入的固定资产发生的改建支出应当计入长期待摊费用。

前款所称固定资产的改建支出,是指改变房屋或者建筑物结构、延长使用年限等发生的支出。

第三十四条　处置固定资产,处置收入扣除其账面价值、相关税费和清理费用后的净额,应当计入营业外收入或营业外支出。

前款所称固定资产的账面价值,是指固定资产原价(成本)扣减累计折旧后的金额。

盘亏固定资产发生的损失应当计入营业外支出。

第三十五条　生产性生物资产,是指小企业(农、林、牧、渔业)为生产农产品、提供劳务或出租等目的而持有的生物资产。包括:经济林、薪炭林、产畜和役畜等。

第三十六条　生产性生物资产应当按照成本进行计量。

(一)外购的生产性生物资产的成本,应当按照购买价款和相关税费确定。

(二)自行营造或繁殖的生产性生物资产的成本,应当按照下列规定确定:

1. 自行营造的林木类生产性生物资产的成本包括:达到预定生产经营目的前发生的造林费、抚育费、营林设施费、良种试验费、调查设计费和应分摊的间接费用等必要支出。

2. 自行繁殖的产畜和役畜的成本包括:达到预定生产经营目的前发生的饲料费、人工费和应分摊的间接费用等必要支出。

前款所称达到预定生产经营目的,是指生产性生物资产进入正常生产期,可以多年连续稳定产出农产品、提供劳务或出租。

第三十七条　生产性生物资产应当按照年限平均法计提折旧。

小企业(农、林、牧、渔业)应当根据生产性生物资产的性质和使用情况,并考虑税法的规定,合理确定生产性生物资产的使用寿命和预计净残值。

生产性生物资产的折旧方法、使用寿命、预计净残值一经确定,不得随意变更。

小企业(农、林、牧、渔业)应当自生产性生物资产投入使用月份的下月起按月计提折旧;停止使用的生产性生物资产,应当自停止使用月份的下月起停止计提折旧。

第四节　无形资产

第三十八条　无形资产,是指小企业为生产产品、提供劳务、出租或经营管理而持有的、没有实物形态的可辨认非货币性资产。

小企业的无形资产包括：土地使用权、专利权、商标权、著作权、非专利技术等。

自行开发建造厂房等建筑物，相关的土地使用权与建筑物应当分别进行处理。外购土地及建筑物支付的价款应当在建筑物与土地使用权之间按照合理的方法进行分配；难以合理分配的，应当全部作为固定资产。

第三十九条 无形资产应当按照成本进行计量。

（一）外购无形资产的成本包括：购买价款、相关税费和相关的其他支出（含相关的借款费用）。

（二）投资者投入的无形资产的成本，应当按照评估价值和相关税费确定。

（三）自行开发的无形资产的成本，由符合资本化条件后至达到预定用途前发生的支出（含相关的借款费用）构成。

第四十条 小企业自行开发无形资产发生的支出，同时满足下列条件的，才能确认为无形资产：

（一）完成该无形资产以使其能够使用或出售在技术上具有可行性；

（二）具有完成该无形资产并使用或出售的意图；

（三）能够证明运用该无形资产生产的产品存在市场或无形资产自身存在市场，无形资产将在内部使用的，应当证明其有用性；

（四）有足够的技术、财务资源和其他资源支持，以完成该无形资产的开发，并有能力使用或出售该无形资产；

（五）归属于该无形资产开发阶段的支出能够可靠地计量。

第四十一条 无形资产应当在其使用寿命内采用年限平均法进行摊销，根据其受益对象计入相关资产成本或者当期损益。

无形资产的摊销期自其可供使用时开始至停止使用或出售时止。有关法律规定或合同约定了使用年限的，可以按照规定或约定的使用年限分期摊销。

小企业不能可靠估计无形资产使用寿命的，摊销期不得低于10年。

第四十二条 处置无形资产，处置收入扣除其账面价值、相关税费等后的净额，应当计入营业外收入或营业外支出。

前款所称无形资产的账面价值，是指无形资产的成本扣减累计摊销后的金额。

第五节　长期待摊费用

第四十三条 小企业的长期待摊费用包括：已提足折旧的固定资产的改建支出、经营租入固定资产的改建支出、固定资产的大修理支出和其他长期待摊费用等。

前款所称固定资产的大修理支出,是指同时符合下列条件的支出:

(一)修理支出达到取得固定资产时的计税基础 50% 以上;

(二)修理后固定资产的使用寿命延长 2 年以上。

第四十四条 长期待摊费用应当在其摊销期限内采用年限平均法进行摊销,根据其受益对象计入相关资产的成本或者管理费用,并冲减长期待摊费用。

(一)已提足折旧的固定资产的改建支出,按照固定资产预计尚可使用年限分期摊销。

(二)经营租入固定资产的改建支出,按照合同约定的剩余租赁期限分期摊销。

(三)固定资产的大修理支出,按照固定资产尚可使用年限分期摊销。

(四)其他长期待摊费用,自支出发生月份的下月起分期摊销,摊销期不得低于 3 年。

第三章 负 债

第四十五条 负债,是指小企业过去的交易或者事项形成的,预期会导致经济利益流出小企业的现时义务。

小企业的负债按照其流动性,可分为流动负债和非流动负债。

第一节 流动负债

第四十六条 小企业的流动负债,是指预计在 1 年内或者超过 1 年的一个正常营业周期内清偿的债务。

小企业的流动负债包括:短期借款、应付及预收款项、应付职工薪酬、应交税费、应付利息等。

第四十七条 各项流动负债应当按照其实际发生额入账。

小企业确实无法偿付的应付款项,应当计入营业外收入。

第四十八条 短期借款应当按照借款本金和借款合同利率在应付利息日计提利息费用,计入财务费用。

第四十九条 应付职工薪酬,是指小企业为获得职工提供的服务而应付给职工的各种形式的报酬以及其他相关支出。

小企业的职工薪酬包括:

(一)职工工资、奖金、津贴和补贴。

(二)职工福利费。

(三)医疗保险费、养老保险费、失业保险费、工伤保险费和生育保险费等社会保险费。

（四）住房公积金。

（五）工会经费和职工教育经费。

（六）非货币性福利。

（七）因解除与职工的劳动关系给予的补偿。

（八）其他与获得职工提供的服务相关的支出等。

第五十条　小企业应当在职工为其提供服务的会计期间，将应付的职工薪酬确认为负债，并根据职工提供服务的受益对象，分别下列情况进行会计处理：

（一）应由生产产品、提供劳务负担的职工薪酬，计入产品成本或劳务成本。

（二）应由在建工程、无形资产开发项目负担的职工薪酬，计入固定资产成本或无形资产成本。

（三）其他职工薪酬（含因解除与职工的劳动关系给予的补偿），计入当期损益。

第二节　非流动负债

第五十一条　小企业的非流动负债，是指流动负债以外的负债。

小企业的非流动负债包括：长期借款、长期应付款等。

第五十二条　非流动负债应当按照其实际发生额入账。

长期借款应当按照借款本金和借款合同利率在应付利息日计提利息费用，计入相关资产成本或财务费用。

第四章　所有者权益

第五十三条　所有者权益，是指小企业资产扣除负债后由所有者享有的剩余权益。

小企业的所有者权益包括：实收资本（或股本，下同）、资本公积、盈余公积和未分配利润。

第五十四条　实收资本，是指投资者按照合同协议约定或相关规定投入到小企业、构成小企业注册资本的部分。

（一）小企业收到投资者以现金或非货币性资产投入的资本，应当按照其在本企业注册资本中所占的份额计入实收资本，超出的部分，应当计入资本公积。

（二）投资者根据有关规定对小企业进行增资或减资，小企业应当增加或减少实收资本。

第五十五条　资本公积，是指小企业收到的投资者出资额超过其在注册资本或股本中所占份额的部分。

小企业用资本公积转增资本,应当冲减资本公积。小企业的资本公积不得用于弥补亏损。

第五十六条 盈余公积,是指小企业按照法律规定在税后利润中提取的法定公积金和任意公积金。

小企业用盈余公积弥补亏损或者转增资本,应当冲减盈余公积。小企业的盈余公积还可以用于扩大生产经营。

第五十七条 未分配利润,是指小企业实现的净利润,经过弥补亏损、提取法定公积金和任意公积金、向投资者分配利润后,留存在本企业的、历年结存的利润。

第五章 收 入

第五十八条 收入,是指小企业在日常生产经营活动中形成的、会导致所有者权益增加、与所有者投入资本无关的经济利益的总流入。包括:销售商品收入和提供劳务收入。

第五十九条 销售商品收入,是指小企业销售商品(或产成品、材料,下同)取得的收入。

通常,小企业应当在发出商品且收到货款或取得收款权利时,确认销售商品收入。

(一)销售商品采用托收承付方式的,在办妥托收手续时确认收入。

(二)销售商品采取预收款方式的,在发出商品时确认收入。

(三)销售商品采用分期收款方式的,在合同约定的收款日期确认收入。

(四)销售商品需要安装和检验的,在购买方接受商品以及安装和检验完毕时确认收入。安装程序比较简单的,可在发出商品时确认收入。

(五)销售商品采用支付手续费方式委托代销的,在收到代销清单时确认收入。

(六)销售商品以旧换新的,销售的商品作为商品销售处理,回收的商品作为购进商品处理。

(七)采取产品分成方式取得的收入,在分得产品之日按照产品的市场价格或评估价值确定销售商品收入金额。

第六十条 小企业应当按照从购买方已收或应收的合同或协议价款,确定销售商品收入金额。

销售商品涉及现金折扣的,应当按照扣除现金折扣前的金额确定销售商品收入金额。现金折扣应当在实际发生时,计入当期损益。

销售商品涉及商业折扣的,应当按照扣除商业折扣后的金额确定销售商品收入金额。

前款所称现金折扣,是指债权人为鼓励债务人在规定的期限内付款而向债务人提供的债务扣除。商业折扣,是指小企业为促进商品销售而在商品标价上给予的价格扣除。

第六十一条　小企业已经确认销售商品收入的售出商品发生的销售退回(不论属于本年度还是属于以前年度的销售),应当在发生时冲减当期销售商品收入。

小企业已经确认销售商品收入的售出商品发生的销售折让,应当在发生时冲减当期销售商品收入。

前款所称销售退回,是指小企业售出的商品由于质量、品种不符合要求等原因发生的退货。销售折让,是指小企业因售出商品的质量不合格等原因而在售价上给予的减让。

第六十二条　小企业提供劳务的收入,是指小企业从事建筑安装、修理修配、交通运输、仓储租赁、邮电通信、咨询经纪、文化体育、科学研究、技术服务、教育培训、餐饮住宿、中介代理、卫生保健、社区服务、旅游、娱乐、加工以及其他劳务服务活动取得的收入。

第六十三条　同一会计年度内开始并完成的劳务,应当在提供劳务交易完成且收到款项或取得收款权利时,确认提供劳务收入。提供劳务收入的金额为从接受劳务方已收或应收的合同或协议价款。

劳务的开始和完成分属不同会计年度的,应当按照完工进度确认提供劳务收入。年度资产负债表日,按照提供劳务收入总额乘以完工进度扣除以前会计年度累计已确认提供劳务收入后的金额,确认本年度的提供劳务收入;同时,按照估计的提供劳务成本总额乘以完工进度扣除以前会计年度累计已确认营业成本后的金额,结转本年度营业成本。

第六十四条　小企业与其他企业签订的合同或协议包含销售商品和提供劳务时,销售商品部分和提供劳务部分能够区分且能够单独计量的,应当将销售商品的部分作为销售商品处理,将提供劳务的部分作为提供劳务处理。

销售商品部分和提供劳务部分不能够区分,或虽能区分但不能够单独计量的,应当作为销售商品处理。

第六章　费　　用

第六十五条　费用,是指小企业在日常生产经营活动中发生的、会导致所有者权益减少、与向所有者分配利润无关的经济利益的总流出。

小企业的费用包括:营业成本、营业税金及附加、销售费用、管理费用、财务费用等。

(一)营业成本,是指小企业所销售商品的成本和所提供劳务的成本。

（二）营业税金及附加,是指小企业开展日常生产经营活动应负担的消费税、营业税、城市维护建设税、资源税、土地增值税、城镇土地使用税、房产税、车船税、印花税和教育费附加、矿产资源补偿费、排污费等。

（三）销售费用,是指小企业在销售商品或提供劳务过程中发生的各种费用。包括:销售人员的职工薪酬、商品维修费、运输费、装卸费、包装费、保险费、广告费、业务宣传费、展览费等费用。

小企业（批发业、零售业）在购买商品过程中发生的费用（包括:运输费、装卸费、包装费、保险费、运输途中的合理损耗和入库前的挑选整理费等）也构成销售费用。

（四）管理费用,是指小企业为组织和管理生产经营发生的其他费用。包括:小企业在筹建期间内发生的开办费、行政管理部门发生的费用（包括:固定资产折旧费、修理费、办公费、水电费、差旅费、管理人员的职工薪酬等）、业务招待费、研究费用、技术转让费、相关长期待摊费用摊销、财产保险费、聘请中介机构费、咨询费（含顾问费）、诉讼费等费用。

（五）财务费用,是指小企业为筹集生产经营所需资金发生的筹资费用。包括:利息费用（减利息收入）、汇兑损失、银行相关手续费、小企业给予的现金折扣（减享受的现金折扣）等费用。

第六十六条　通常,小企业的费用应当在发生时按照其发生额计入当期损益。

小企业销售商品收入和提供劳务收入已予确认的,应当将已销售商品和已提供劳务的成本作为营业成本结转至当期损益。

第七章　利润及利润分配

第六十七条　利润,是指小企业在一定会计期间的经营成果。包括:营业利润、利润总额和净利润。

（一）营业利润,是指营业收入减去营业成本、营业税金及附加、销售费用、管理费用、财务费用,加上投资收益（或减去投资损失）后的金额。

前款所称营业收入,是指小企业销售商品和提供劳务实现的收入总额。投资收益,由小企业股权投资取得的现金股利（或利润）、债券投资取得的利息收入和处置股权投资和债券投资取得的处置价款扣除成本或账面余额、相关税费后的净额三部分构成。

（二）利润总额,是指营业利润加上营业外收入,减去营业外支出后的金额。

（三）净利润,是指利润总额减去所得税费用后的净额。

第六十八条　营业外收入,是指小企业非日常生产经营活动形成的、应当计入当期损益、会导致所有者权益增加、与所有者投入资本无关的经济利益的净流入。

小企业的营业外收入包括:非流动资产处置净收益、政府补助、捐赠收益、盘盈收益、汇兑收益、出租包装物和商品的租金收入、逾期未退包装物押金收益、确实无法偿付的应付款项、已作坏账损失处理后又收回的应收款项、违约金收益等。

通常,小企业的营业外收入应当在实现时按照其实现金额计入当期损益。

第六十九条　政府补助,是指小企业从政府无偿取得货币性资产或非货币性资产,但不含政府作为小企业所有者投入的资本。

(一)小企业收到与资产相关的政府补助,应当确认为递延收益,并在相关资产的使用寿命内平均分配,计入营业外收入。

收到的其他政府补助,用于补偿本企业以后期间的相关费用或亏损的,确认为递延收益,并在确认相关费用或发生亏损的期间,计入营业外收入;用于补偿本企业已发生的相关费用或亏损的,直接计入营业外收入。

(二)政府补助为货币性资产的,应当按照收到的金额计量。

政府补助为非货币性资产的,政府提供了有关凭据的,应当按照凭据上标明的金额计量;政府没有提供有关凭据的,应当按照同类或类似资产的市场价格或评估价值计量。

(三)小企业按照规定实行企业所得税、增值税、消费税、营业税等先征后返的,应当在实际收到返还的企业所得税、增值税(不含出口退税)、消费税、营业税时,计入营业外收入。

第七十条　营业外支出,是指小企业非日常生产经营活动发生的、应当计入当期损益、会导致所有者权益减少、与向所有者分配利润无关的经济利益的净流出。

小企业的营业外支出包括:存货的盘亏、毁损、报废损失,非流动资产处置净损失,坏账损失,无法收回的长期债券投资损失,无法收回的长期股权投资损失,自然灾害等不可抗力因素造成的损失,税收滞纳金,罚金,罚款,被没收财物的损失,捐赠支出,赞助支出等。

通常,小企业的营业外支出应当在发生时按照其发生额计入当期损益。

第七十一条　小企业应当按照企业所得税法规定计算的当期应纳税额,确认所得税费用。

小企业应当在利润总额的基础上,按照企业所得税法规定进行纳税调整,计算出当期应纳税所得额,按照应纳税所得额与适用所得税税率为基础计算确定当期应纳税额。

第七十二条　小企业以当年净利润弥补以前年度亏损等剩余的税后利润,可用于向投资者进行分配。

小企业(公司制)在分配当年税后利润时,应当按照公司法的规定提取法定公积金和任意公积金。

第八章　外币业务

第七十三条　小企业的外币业务由外币交易和外币财务报表折算构成。

第七十四条　外币交易,是指小企业以外币计价或者结算的交易。

小企业的外币交易包括:买入或者卖出以外币计价的商品或者劳务、借入或者借出外币资金和其他以外币计价或者结算的交易。

前款所称外币,是指小企业记账本位币以外的货币。记账本位币,是指小企业经营所处的主要经济环境中的货币。

第七十五条　小企业应当选择人民币作为记账本位币。业务收支以人民币以外的货币为主的小企业,可以选定其中一种货币作为记账本位币,但编报的财务报表应当折算为人民币财务报表。

小企业记账本位币一经确定,不得随意变更,但小企业经营所处的主要经济环境发生重大变化除外。

小企业因经营所处的主要经济环境发生重大变化,确需变更记账本位币的,应当采用变更当日的即期汇率将所有项目折算为变更后的记账本位币。

前款所称即期汇率,是指中国人民银行公布的当日人民币外汇牌价的中间价。

第七十六条　小企业对于发生的外币交易,应当将外币金额折算为记账本位币金额。

外币交易在初始确认时,采用交易发生日的即期汇率将外币金额折算为记账本位币金额;也可以采用交易当期平均汇率折算。

小企业收到投资者以外币投入的资本,应当采用交易发生日即期汇率折算,不得采用合同约定汇率和交易当期平均汇率折算。

第七十七条　小企业在资产负债表日,应当按照下列规定对外币货币性项目和外币非货币性项目进行会计处理:

(一)外币货币性项目,采用资产负债表日的即期汇率折算。因资产负债表日即期汇率与初始确认时或者前一资产负债表日即期汇率不同而产生的汇兑差额,计入当期损益。

(二)以历史成本计量的外币非货币性项目,仍采用交易发生日的即期汇率折算,不改变其记账本位币金额。

前款所称货币性项目,是指小企业持有的货币资金和将以固定或可确定的金额收取的资产或者偿付的负债。货币性项目分为货币性资产和货币性负债。货币性资产包括:库存现金、银行存款、应收账款、其他应收款等;货币性负债包括:短期借款、应付账款、其他应付款、长期借款、长期应付款等。非货币性项目,是指货币性项目以外的项目。包括:存货、长期股权投资、固定资产、无形资产等。

第七十八条 小企业对外币财务报表进行折算时,应当采用资产负债表日的即期汇率对外币资产负债表、利润表和现金流量表的所有项目进行折算。

第九章 财务报表

第七十九条 财务报表,是指对小企业财务状况、经营成果和现金流量的结构性表述。小企业的财务报表至少应当包括下列组成部分:

(一)资产负债表;

(二)利润表;

(三)现金流量表;

(四)附注。

第八十条 资产负债表,是指反映小企业在某一特定日期的财务状况的报表。

(一)资产负债表中的资产类至少应当单独列示反映下列信息的项目:

1. 货币资金;

2. 应收及预付款项;

3. 存货;

4. 长期债券投资;

5. 长期股权投资;

6. 固定资产;

7. 生产性生物资产;

8. 无形资产;

9. 长期待摊费用。

(二)资产负债表中的负债类至少应当单独列示反映下列信息的项目:

1. 短期借款;

2. 应付及预收款项;

3. 应付职工薪酬;

4. 应交税费;

5. 应付利息；

6. 长期借款；

7. 长期应付款。

（三）资产负债表中的所有者权益类至少应当单独列示反映下列信息的项目：

1. 实收资本；

2. 资本公积；

3. 盈余公积；

4. 未分配利润。

（四）资产负债表中的资产类应当包括流动资产和非流动资产的合计项目；负债类应当包括流动负债、非流动负债和负债的合计项目；所有者权益类应当包括所有者权益的合计项目。

资产负债表应当列示资产总计项目，负债和所有者权益总计项目。

第八十一条 利润表，是指反映小企业在一定会计期间的经营成果的报表。

费用应当按照功能分类，分为营业成本、营业税金及附加、销售费用、管理费用和财务费用等。

利润表至少应当单独列示反映下列信息的项目：

（一）营业收入；

（二）营业成本；

（三）营业税金及附加；

（四）销售费用；

（五）管理费用；

（六）财务费用；

（七）所得税费用；

（八）净利润。

第八十二条 现金流量表，是指反映小企业在一定会计期间现金流入和流出情况的报表。

现金流量表应当分别经营活动、投资活动和筹资活动列报现金流量。现金流量应当分别按照现金流入和现金流出总额列报。

前款所称现金，是指小企业的库存现金以及可以随时用于支付的存款和其他货币资金。

第八十三条 经营活动，是指小企业投资活动和筹资活动以外的所有交易和事项。

小企业经营活动产生的现金流量应当单独列示反映下列信息的项目：

（一）销售产成品、商品、提供劳务收到的现金；

（二）购买原材料、商品、接受劳务支付的现金；

（三）支付的职工薪酬；

（四）支付的税费。

第八十四条 投资活动，是指小企业固定资产、无形资产、其他非流动资产的购建和短期投资、长期债券投资、长期股权投资及其处置活动。

小企业投资活动产生的现金流量应当单独列示反映下列信息的项目：

（一）收回短期投资、长期债券投资和长期股权投资收到的现金；

（二）取得投资收益收到的现金；

（三）处置固定资产、无形资产和其他非流动资产收回的现金净额；

（四）短期投资、长期债券投资和长期股权投资支付的现金；

（五）购建固定资产、无形资产和其他非流动资产支付的现金。

第八十五条 筹资活动，是指导致小企业资本及债务规模和构成发生变化的活动。

小企业筹资活动产生的现金流量应当单独列示反映下列信息的项目：

（一）取得借款收到的现金；

（二）吸收投资者投资收到的现金；

（三）偿还借款本金支付的现金；

（四）偿还借款利息支付的现金；

（五）分配利润支付的现金。

第八十六条 附注，是指对在资产负债表、利润表和现金流量表等报表中列示项目的文字描述或明细资料，以及对未能在这些报表中列示项目的说明等。

附注应当按照下列顺序披露：

（一）遵循小企业会计准则的声明。

（二）短期投资、应收账款、存货、固定资产项目的说明。

（三）应付职工薪酬、应交税费项目的说明。

（四）利润分配的说明。

（五）用于对外担保的资产名称、账面余额及形成的原因；未决诉讼、未决仲裁以及对外提供担保所涉及的金额。

（六）发生严重亏损的，应当披露持续经营的计划、未来经营的方案。

（七）对已在资产负债表和利润表中列示项目与企业所得税法规定存在差异的纳税调整过程。

（八）其他需要在附注中说明的事项。

第八十七条 小企业应当根据实际发生的交易和事项，按照本准则的规定进行确认和计量,在此基础上按月或者按季编制财务报表。

第八十八条 小企业对会计政策变更、会计估计变更和会计差错更正应当采用未来适用法进行会计处理。

前款所称会计政策,是指小企业在会计确认、计量和报告中所采用的原则、基础和会计处理方法。会计估计变更,是指由于资产和负债的当前状况及预期经济利益和义务发生了变化,从而对资产或负债的账面价值或者资产的定期消耗金额进行调整。前期差错包括:计算错误、应用会计政策错误、应用会计估计错误等。未来适用法,是指将变更后的会计政策和会计估计应用于变更日及以后发生的交易或者事项,或者在会计差错发生或发现的当期更正差错的方法。

第十章 附 则

第八十九条 符合《中小企业划型标准规定》所规定的微型企业标准的企业参照执行本准则。

第九十条 本准则自 2013 年 1 月 1 日起施行。财政部 2004 年发布的《小企业会计制度》(财会〔2004〕2 号)同时废止。

附录:小企业会计准则——会计科目、主要账务处理和财务报表(略,详情请登录财政部网站)

关于修改《中华人民共和国增值税暂行条例实施细则》和《中华人民共和国营业税暂行条例实施细则》的决定

(国家税务总局审议通过 2011 年 10 月 28 日中华人民共和国财政部国家税务总局令第 65号公布 自 2011 年 11 月 1 日起施行)

为了贯彻落实国务院关于支持小型和微型企业发展的要求,财政部、国家税务总局决定对《中华人民共和国增值税暂行条例实施细则》和《中华人民共和国营业税暂行条例实施细则》的部分条款予以修改。

一、将《中华人民共和国增值税暂行条例实施细则》第三十七条第二款修改为:"增值税起征点的幅度规定如下:

(一)销售货物的,为月销售额 5000—2 万元;

（二）销售应税劳务的，为月销售额5000—2万元；

（三）按次纳税的，为每次（日）销售额300—500元。"

二、将《中华人民共和国营业税暂行条例实施细则》第二十三条第三款修改为："营业税起征点的幅度规定如下：

（一）按期纳税的，为月营业额5000—2万元；

（二）按次纳税的，为每次（日）营业额300—500元。"

本决定自2011年11月1日起施行。

《中华人民共和国增值税暂行条例实施细则》和《中华人民共和国营业税暂行条例实施细则》根据本决定作相应修改，重新公布。

中华人民共和国增值税暂行条例实施细则

（2008年12月18日财政部、国家税务总局令第50号公布　根据2011年10月28日《关于修改〈中华人民共和国增值税暂行条例实施细则〉和〈中华人民共和国营业税暂行条例实施细则〉的决定》修订）

第一条　根据《中华人民共和国增值税暂行条例》（以下简称条例），制定本细则。

第二条　条例第一条所称货物，是指有形动产，包括电力、热力、气体在内。

条例第一条所称加工，是指受托加工货物，即委托方提供原料及主要材料，受托方按照委托方的要求，制造货物并收取加工费的业务。

条例第一条所称修理修配，是指受托对损伤和丧失功能的货物进行修复，使其恢复原状和功能的业务。

第三条　条例第一条所称销售货物，是指有偿转让货物的所有权。

条例第一条所称提供加工、修理修配劳务（以下称应税劳务），是指有偿提供加工、修理修配劳务。单位或者个体工商户聘用的员工为本单位或者雇主提供加工、修理修配劳务，不包括在内。

本细则所称有偿，是指从购买方取得货币、货物或者其他经济利益。

第四条　单位或者个体工商户的下列行为，视同销售货物：

（一）将货物交付其他单位或者个人代销；

（二）销售代销货物；

（三）设有两个以上机构并实行统一核算的纳税人，将货物从一个机构

移送其他机构用于销售,但相关机构设在同一县(市)的除外;

(四)将自产或者委托加工的货物用于非增值税应税项目;

(五)将自产、委托加工的货物用于集体福利或者个人消费;

(六)将自产、委托加工或者购进的货物作为投资,提供给其他单位或者个体工商户;

(七)将自产、委托加工或者购进的货物分配给股东或者投资者;

(八)将自产、委托加工或者购进的货物无偿赠送其他单位或者个人。

第五条 一项销售行为如果既涉及货物又涉及非增值税应税劳务,为混合销售行为。除本细则第六条的规定外,从事货物的生产、批发或者零售的企业、企业性单位和个体工商户的混合销售行为,视为销售货物,应当缴纳增值税;其他单位和个人的混合销售行为,视为销售非增值税应税劳务,不缴纳增值税。

本条第一款所称非增值税应税劳务,是指属于应缴营业税的交通运输业、建筑业、金融保险业、邮电通信业、文化体育业、娱乐业、服务业税目征收范围的劳务。

本条第一款所称从事货物的生产、批发或者零售的企业、企业性单位和个体工商户,包括以从事货物的生产、批发或者零售为主,并兼营非增值税应税劳务的单位和个体工商户在内。

第六条 纳税人的下列混合销售行为,应当分别核算货物的销售额和非增值税应税劳务的营业额,并根据其销售货物的销售额计算缴纳增值税,非增值税应税劳务的营业额不缴纳增值税;未分别核算的,由主管税务机关核定其货物的销售额:

(一)销售自产货物并同时提供建筑业劳务的行为;

(二)财政部、国家税务总局规定的其他情形。

第七条 纳税人兼营非增值税应税项目的,应分别核算货物或者应税劳务的销售额和非增值税应税项目的营业额;未分别核算的,由主管税务机关核定货物或者应税劳务的销售额。

第八条 条例第一条所称在中华人民共和国境内(以下简称境内)销售货物或者提供加工、修理修配劳务,是指:

(一)销售货物的起运地或者所在地在境内;

(二)提供的应税劳务发生在境内。

第九条 条例第一条所称单位,是指企业、行政单位、事业单位、军事单位、社会团体及其他单位。

条例第一条所称个人,是指个体工商户和其他个人。

第十条 单位租赁或者承包给其他单位或者个人经营的,以承租人或者承包人为纳税人。

第十一条 小规模纳税人以外的纳税人(以下称一般纳税人)因销售货物退回或者折让而退还给购买方的增值税额,应从发生销售货物退回或者折让当期的销项税额中扣减;因购进货物退出或者折让而收回的增值税额,应从发生购进货物退出或者折让当期的进项税额中扣减。

一般纳税人销售货物或者应税劳务,开具增值税专用发票后,发生销售货物退回或者折让、开票有误等情形,应按国家税务总局的规定开具红字增值税专用发票。未按规定开具红字增值税专用发票的,增值税额不得从销项税额中扣减。

第十二条 条例第六条第一款所称价外费用,包括价外向购买方收取的手续费、补贴、基金、集资费、返还利润、奖励费、违约金、滞纳金、延期付款利息、赔偿金、代收款项、代垫款项、包装费、包装物租金、储备费、优质费、运输装卸费以及其他各种性质的价外收费。但下列项目不包括在内:

(一)受托加工应征消费税的消费品所代收代缴的消费税。

(二)同时符合以下条件的代垫运输费用:

1. 承运部门的运输费用发票开具给购买方的;

2. 纳税人将该项发票转交给购买方的。

(三)同时符合以下条件代为收取的政府性基金或者行政事业性收费:

1. 由国务院或者财政部批准设立的政府性基金,由国务院或者省级人民政府及其财政、价格主管部门批准设立的行政事业性收费;

2. 收取时开具省级以上财政部门印制的财政票据;

3. 所收款项全额上缴财政。

(四)销售货物的同时代办保险等而向购买方收取的保险费,以及向购买方收取的代购买方缴纳的车辆购置税、车辆牌照费。

第十三条 混合销售行为依照本细则第五条规定应当缴纳增值税的,其销售额为货物的销售额与非增值税应税劳务营业额的合计。

第十四条 一般纳税人销售货物或者应税劳务,采用销售额和销项税额合并定价方法的,按下列公式计算销售额:

销售额 = 含税销售额 ÷ (1 + 税率)

第十五条 纳税人按人民币以外的货币结算销售额的,其销售额的人民币折合率可以选择销售额发生的当天或者当月1日的人民币汇率中间价。纳税人应在事先确定采用何种折合率,确定后1年内不得变更。

第十六条 纳税人有条例第七条所称价格明显偏低并无正当理由或者有本细则第四条所列视同销售货物行为而无销售额者,按下列顺序确定销售额:

（一）按纳税人最近时期同类货物的平均销售价格确定。

（二）按其他纳税人最近时期同类货物的平均销售价格确定。

（三）按组成计税价格确定。组成计税价格的公式为：

组成计税价格＝成本×（1＋成本利润率）

属于应征消费税的货物，其组成计税价格中应加计消费税额。

公式中的成本是指：销售自产货物的为实际生产成本，销售外购货物的为实际采购成本。公式中的成本利润率由国家税务总局确定。

第十七条　条例第八条第二款第（三）项所称买价，包括纳税人购进农产品在农产品收购发票或者销售发票上注明的价款和按规定缴纳的烟叶税。

第十八条　条例第八条第二款第（四）项所称运输费用金额，是指运输费用结算单据上注明的运输费用（包括铁路临管线及铁路专线运输费用）、建设基金，不包括装卸费、保险费等其他杂费。

第十九条　条例第九条所称增值税扣税凭证，是指增值税专用发票、海关进口增值税专用缴款书、农产品收购发票和农产品销售发票以及运输费用结算单据。

第二十条　混合销售行为依照本细则第五条规定应当缴纳增值税的，该混合销售行为所涉及的非增值税应税劳务所用购进货物的进项税额，符合条例第八条规定的，准予从销项税额中抵扣。

第二十一条　条例第十条第（一）项所称购进货物，不包括既用于增值税应税项目（不含免征增值税项目）也用于非增值税应税项目、免征增值税（以下简称免税）项目、集体福利或者个人消费的固定资产。

前款所称固定资产，是指使用期限超过 12 个月的机器、机械、运输工具以及其他与生产经营有关的设备、工具、器具等。

第二十二条　条例第十条第（一）项所称个人消费包括纳税人的交际应酬消费。

第二十三条　条例第十条第（一）项和本细则所称非增值税应税项目，是指提供非增值税应税劳务、转让无形资产、销售不动产和不动产在建工程。

前款所称不动产是指不能移动或者移动后会引起性质、形状改变的财产，包括建筑物、构筑物和其他土地附着物。

纳税人新建、改建、扩建、修缮、装饰不动产，均属于不动产在建工程。

第二十四条　条例第十条第（二）项所称非正常损失，是指因管理不善造成被盗、丢失、霉烂变质的损失。

第二十五条　纳税人自用的应征消费税的摩托车、汽车、游艇，其进项税额不得从销项税额中抵扣。

第二十六条 一般纳税人兼营免税项目或者非增值税应税劳务而无法划分不得抵扣的进项税额的,按下列公式计算不得抵扣的进项税额:

不得抵扣的进项税额＝当月无法划分的全部进项税额×当月免税项目销售额、非增值税应税劳务营业额合计÷当月全部销售额、营业额合计

第二十七条 已抵扣进项税额的购进货物或者应税劳务,发生条例第十条规定的情形的(免税项目、非增值税应税劳务除外),应当将该项购进货物或者应税劳务的进项税额从当期的进项税额中扣减;无法确定该项进项税额的,按当期实际成本计算应扣减的进项税额。

第二十八条 条例第十一条所称小规模纳税人的标准为:

(一)从事货物生产或者提供应税劳务的纳税人,以及以从事货物生产或者提供应税劳务为主,并兼营货物批发或者零售的纳税人,年应征增值税销售额(以下简称应税销售额)在50万元以下(含本数,下同)的;

(二)除本条第一款第(一)项规定以外的纳税人,年应税销售额在80万元以下的。

本条第一款所称以从事货物生产或者提供应税劳务为主,是指纳税人的年货物生产或者提供应税劳务的销售额占年应税销售额的比重在50%以上。

第二十九条 年应税销售额超过小规模纳税人标准的其他个人按小规模纳税人纳税;非企业性单位、不经常发生应税行为的企业可选择按小规模纳税人纳税。

第三十条 小规模纳税人的销售额不包括其应纳税额。

小规模纳税人销售货物或者应税劳务采用销售额和应纳税额合并定价方法的,按下列公式计算销售额:

销售额＝含税销售额÷(1＋征收率)

第三十一条 小规模纳税人因销售货物退回或者折让退还给购买方的销售额,应从发生销售货物退回或者折让当期的销售额中扣减。

第三十二条 条例第十三条和本细则所称会计核算健全,是指能够按照国家统一的会计制度规定设置账簿,根据合法、有效凭证核算。

第三十三条 除国家税务总局另有规定外,纳税人一经认定为一般纳税人后,不得转为小规模纳税人。

第三十四条 有下列情形之一者,应按销售额依照增值税税率计算应纳税额,不得抵扣进项税额,也不得使用增值税专用发票:

(一)一般纳税人会计核算不健全,或者不能够提供准确税务资料的;

(二)除本细则第二十九条规定外,纳税人销售额超过小规模纳税人标

准,未申请办理一般纳税人认定手续的。

第三十五条 条例第十五条规定的部分免税项目的范围,限定如下:

(一)第一款第(一)项所称农业,是指种植业、养殖业、林业、牧业、水产业。

农业生产者,包括从事农业生产的单位和个人。

农产品,是指初级农产品,具体范围由财政部、国家税务总局确定。

(二)第一款第(三)项所称古旧图书,是指向社会收购的古书和旧书。

(三)第一款第(七)项所称自己使用过的物品,是指其他个人自己使用过的物品。

第三十六条 纳税人销售货物或者应税劳务适用免税规定的,可以放弃免税,依照条例的规定缴纳增值税。放弃免税后,36个月内不得再申请免税。

第三十七条 增值税起征点的适用范围限于个人。

增值税起征点的幅度规定如下:

(一)销售货物的,为月销售额5000—2万元;

(二)销售应税劳务的,为月销售额5000—2万元;

(三)按次纳税的,为每次(日)销售额300—500元。

前款所称销售额,是指本细则第三十条第一款所称小规模纳税人的销售额。

省、自治区、直辖市财政厅(局)和国家税务局应在规定的幅度内,根据实际情况确定本地区适用的起征点,并报财政部、国家税务总局备案。

第三十八条 条例第十九条第一款第(一)项规定的收讫销售款项或者取得索取销售款项凭据的当天,按销售结算方式的不同,具体为:

(一)采取直接收款方式销售货物,不论货物是否发出,均为收到销售款或者取得索取销售款凭据的当天。

(二)采取托收承付和委托银行收款方式销售货物,为发出货物并办妥托收手续的当天。

(三)采取赊销和分期收款方式销售货物,为书面合同约定的收款日期的当天,无书面合同的或者书面合同没有约定收款日期的,为货物发出的当天。

(四)采取预收货款方式销售货物,为货物发出的当天,但生产销售生产工期超过12个月的大型机械设备、船舶、飞机等货物,为收到预收款或者书面合同约定的收款日期的当天。

(五)委托其他纳税人代销货物,为收到代销单位的代销清单或者收到全部或者部分货款的当天。未收到代销清单及货款的,为发出代销货物满

180 天的当天。

（六）销售应税劳务，为提供劳务同时收讫销售款或者取得索取销售款的凭据的当天。

（七）纳税人发生本细则第四条第（三）项至第（八）项所列视同销售货物行为，为货物移送的当天。

第三十九条 条例第二十三条以 1 个季度为纳税期限的规定仅适用于小规模纳税人。小规模纳税人的具体纳税期限，由主管税务机关根据其应纳税额的大小分别核定。

第四十条 本细则自 2009 年 1 月 1 日起施行。

中华人民共和国营业税暂行条例实施细则

（2008 年 12 月 18 日财政部、国家税务总局令第 52 号
公布　根据 2011 年 10 月 28 日《关于修改〈中华人民
共和国增值税暂行条例实施细则〉和〈中华人民共和国
营业税暂行条例实施细则〉的决定》修订）

第一条 根据《中华人民共和国营业税暂行条例》（以下简称条例），制定本细则。

第二条 条例第一条所称条例规定的劳务是指属于交通运输业、建筑业、金融保险业、邮电通信业、文化体育业、娱乐业、服务业税目征收范围的劳务（以下称应税劳务）。

加工和修理、修配，不属于条例规定的劳务（以下称非应税劳务）。

第三条 条例第一条所称提供条例规定的劳务、转让无形资产或者销售不动产，是指有偿提供条例规定的劳务、有偿转让无形资产或者有偿转让不动产所有权的行为（以下称应税行为）。但单位或者个体工商户聘用的员工为本单位或者雇主提供条例规定的劳务，不包括在内。

前款所称有偿，是指取得货币、货物或者其他经济利益。

第四条 条例第一条所称在中华人民共和国境内（以下简称境内）提供条例规定的劳务、转让无形资产或者销售不动产，是指：

（一）提供或者接受条例规定劳务的单位或者个人在境内；

（二）所转让的无形资产（不含土地使用权）的接受单位或者个人在境内；

（三）所转让或者出租土地使用权的土地在境内；

（四）所销售或者出租的不动产在境内。

第五条 纳税人有下列情形之一的,视同发生应税行为：

（一）单位或者个人将不动产或者土地使用权无偿赠送其他单位或者个人；

（二）单位或者个人自己新建（以下简称自建）建筑物后销售,其所发生的自建行为；

（三）财政部、国家税务总局规定的其他情形。

第六条 一项销售行为如果既涉及应税劳务又涉及货物,为混合销售行为。除本细则第七条的规定外,从事货物的生产、批发或者零售的企业、企业性单位和个体工商户的混合销售行为,视为销售货物,不缴纳营业税；其他单位和个人的混合销售行为,视为提供应税劳务,缴纳营业税。

第一款所称货物,是指有形动产,包括电力、热力、气体在内。

第一款所称从事货物的生产、批发或者零售的企业、企业性单位和个体工商户,包括以从事货物的生产、批发或者零售为主,并兼营应税劳务的企业、企业性单位和个体工商户在内。

第七条 纳税人的下列混合销售行为,应当分别核算应税劳务的营业额和货物的销售额,其应税劳务的营业额缴纳营业税,货物销售额不缴纳营业税；未分别核算的,由主管税务机关核定其应税劳务的营业额：

（一）提供建筑业劳务的同时销售自产货物的行为；

（二）财政部、国家税务总局规定的其他情形。

第八条 纳税人兼营应税行为和货物或者非应税劳务的,应当分别核算应税行为的营业额和货物或者非应税劳务的销售额,其应税行为营业额缴纳营业税,货物或者非应税劳务销售额不缴纳营业税；未分别核算的,由主管税务机关核定其应税行为营业额。

第九条 条例第一条所称单位,是指企业、行政单位、事业单位、军事单位、社会团体及其他单位。

条例第一条所称个人,是指个体工商户和其他个人。

第十条 除本细则第十一条和第十二条的规定外,负有营业税纳税义务的单位为发生应税行为并收取货币、货物或者其他经济利益的单位,但不包括单位依法不需要办理税务登记的内设机构。

第十一条 单位以承包、承租、挂靠方式经营的,承包人、承租人、挂靠人（以下统称承包人）发生应税行为,承包人以发包人、出租人、被挂靠人（以下统称发包人）名义对外经营并由发包人承担相关法律责任的,以发包人为纳税人；否则以承包人为纳税人。

第十二条 中央铁路运营业务的纳税人为铁道部,合资铁路运营业务的纳税人为合资铁路公司,地方铁路运营业务的纳税人为地方铁路管理机构,基建临管线运营业务的纳税人为基建临管线管理机构。

第十三条 条例第五条所称价外费用,包括收取的手续费、补贴、基金、集资费、返还利润、奖励费、违约金、滞纳金、延期付款利息、赔偿金、代收款项、代垫款项、罚息及其他各种性质的价外收费,但不包括同时符合以下条件代为收取的政府性基金或者行政事业性收费:

(一)由国务院或者财政部批准设立的政府性基金,由国务院或者省级人民政府及其财政、价格主管部门批准设立的行政事业性收费;

(二)收取时开具省级以上财政部门印制的财政票据;

(三)所收款项全额上缴财政。

第十四条 纳税人的营业额计算缴纳营业税后因发生退款减除营业额的,应当退还已缴纳营业税税款或者从纳税人以后的应缴纳营业税税额中减除。

第十五条 纳税人发生应税行为,如果将价款与折扣额在同一张发票上注明的,以折扣后的价款为营业额;如果将折扣额另开发票的,不论其在财务上如何处理,均不得从营业额中扣除。

第十六条 除本细则第七条规定外,纳税人提供建筑业劳务(不含装饰劳务)的,其营业额应当包括工程所用原材料、设备及其他物资和动力价款在内,但不包括建设方提供的设备的价款。

第十七条 娱乐业的营业额为经营娱乐业收取的全部价款和价外费用,包括门票收费、台位费、点歌费、烟酒、饮料、茶水、鲜花、小吃等收费及经营娱乐业的其他各项收费。

第十八条 条例第五条第(四)项所称外汇、有价证券、期货等金融商品买卖业务,是指纳税人从事的外汇、有价证券、非货物期货和其他金融商品买卖业务。

货物期货不缴纳营业税。

第十九条 条例第六条所称符合国务院税务主管部门有关规定的凭证(以下统称合法有效凭证),是指:

(一)支付给境内单位或者个人的款项,且该单位或者个人发生的行为属于营业税或者增值税征收范围的,以该单位或者个人开具的发票为合法有效凭证;

(二)支付的行政事业性收费或者政府性基金,以开具的财政票据为合法有效凭证;

(三)支付给境外单位或者个人的款项,以该单位或者个人的签收单据为合法有效凭证,税务机关对签收单据有疑义的,可以要求其提供境外公证

机构的确认证明;

（四）国家税务总局规定的其他合法有效凭证。

第二十条　纳税人有条例第七条所称价格明显偏低并无正当理由或者本细则第五条所列视同发生应税行为而无营业额的,按下列顺序确定其营业额:

（一）按纳税人最近时期发生同类应税行为的平均价格核定;

（二）按其他纳税人最近时期发生同类应税行为的平均价格核定;

（三）按下列公式核定:

营业额＝营业成本或者工程成本×（1＋成本利润率）÷（1－营业税税率）

公式中的成本利润率,由省、自治区、直辖市税务局确定。

第二十一条　纳税人以人民币以外的货币结算营业额的,其营业额的人民币折合率可以选择营业额发生的当天或者当月 1 日的人民币汇率中间价。纳税人应当在事先确定采用何种折合率,确定后 1 年内不得变更。

第二十二条　条例第八条规定的部分免税项目的范围,限定如下:

（一）第一款第（二）项所称残疾人员个人提供的劳务,是指残疾人员本人为社会提供的劳务。

（二）第一款第（四）项所称学校和其他教育机构,是指普通学校以及经地、市级以上人民政府或者同级政府的教育行政部门批准成立、国家承认其学员学历的各类学校。

（三）第一款第（五）项所称农业机耕,是指在农业、林业、牧业中使用农业机械进行耕作(包括耕耘、种植、收割、脱粒、植物保护等)的业务;排灌,是指对农田进行灌溉或排涝的业务;病虫害防治,是指从事农业、林业、牧业、渔业的病虫害测报和防治的业务;农牧保险,是指为种植业、养殖业、牧业种植和饲养的动植物提供保险的业务;相关技术培训,是指与农业机耕、排灌、病虫害防治、植物保护业务相关以及为使农民获得农牧保险知识的技术培训业务;家禽、牲畜、水生动物的配种和疾病防治业务的免税范围,包括与该项劳务有关的提供药品和医疗用具的业务。

（四）第一款第（六）项所称纪念馆、博物馆、文化馆、文物保护单位管理机构、美术馆、展览馆、书画院、图书馆举办文化活动,是指这些单位在自己的场所举办的属于文化体育业税目征税范围的文化活动。其门票收入,是指销售第一道门票的收入。宗教场所举办文化、宗教活动的门票收入,是指寺院、宫观、清真寺和教堂举办文化、宗教活动销售门票的收入。

（五）第一款第（七）项所称为出口货物提供的保险产品,包括出口货物保险和出口信用保险。

第二十三条 条例第十条所称营业税起征点,是指纳税人营业额合计达到起征点。

营业税起征点的适用范围限于个人。

营业税起征点的幅度规定如下:

(一)按期纳税的,为月营业额 5000—2 万元;

(二)按次纳税的,为每次(日)营业额 300—500 元。

省、自治区、直辖市财政厅(局)、税务局应当在规定的幅度内,根据实际情况确定本地区适用的起征点,并报财政部、国家税务总局备案。

第二十四条 条例第十二条所称收讫营业收入款项,是指纳税人应税行为发生过程中或者完成后收取的款项。

条例第十二条所称取得索取营业收入款项凭据的当天,为书面合同确定的付款日期的当天;未签订书面合同或者书面合同未确定付款日期的,为应税行为完成的当天。

第二十五条 纳税人转让土地使用权或者销售不动产,采取预收款方式的,其纳税义务发生时间为收到预收款的当天。

纳税人提供建筑业或者租赁业劳务,采取预收款方式的,其纳税义务发生时间为收到预收款的当天。

纳税人发生本细则第五条所称将不动产或者土地使用权无偿赠送其他单位或者个人的,其纳税义务发生时间为不动产所有权、土地使用权转移的当天。

纳税人发生本细则第五条所称自建行为的,其纳税义务发生时间为销售自建建筑物的纳税义务发生时间。

第二十六条 按照条例第十四条规定,纳税人应当向应税劳务发生地、土地或者不动产所在地的主管税务机关申报纳税而自应当申报纳税之月起超过 6 个月没有申报纳税的,由其机构所在地或者居住地的主管税务机关补征税款。

第二十七条 银行、财务公司、信托投资公司、信用社、外国企业常驻代表机构的纳税期限为 1 个季度。

第二十八条 本细则自 2009 年 1 月 1 日起施行。

财政部　发展改革委　国务院扶贫办关于印发《财政专项扶贫资金管理办法》的通知

(2011 年 11 月 7 日　财农〔2011〕412 号)

有关省、自治区、直辖市财政厅(局)、发展改革委、扶贫办,新疆生产建设兵团财务局、发展改革委、扶贫办:

为贯彻落实《中国农村扶贫开发纲要(2011—2020 年)》(中发〔2011〕10 号)精神,进一步加强和规范财政专项扶贫资金使用与管理,促进提升资金使用效益,我们对《财政扶贫资金管理办法(试行)》(财农字〔2000〕18 号)进行了修订,制定了《财政专项扶贫资金管理办法》,现印发给你们,请遵照执行。

附件:1. 财政专项扶贫资金管理办法

　　　2. 关于修订《财政扶贫资金管理办法(试行)》的说明(略,详情请登录财政部网站)

附件 1:

财政专项扶贫资金管理办法

第一章　总　　则

第一条　为加强财政专项扶贫资金管理,提高资金使用效益,依据《中华人民共和国预算法》和国家有关扶贫开发方针政策等制定本办法。

第二条　财政专项扶贫资金是国家财政预算安排用于支持各省(自治区、直辖市)农村贫困地区、少数民族地区、边境地区、国有贫困农场、国有贫困林场、新疆生产建设兵团贫困团场(以下简称各地)加快经济社会发展,改善扶贫对象基本生产生活条件,增强其自我发展能力,帮助提高收入水平,促进消除农村贫困现象的专项资金。

本办法所指扶贫对象是指根据中央扶贫标准、地方扶贫标准识别认定的农村贫困家庭、贫困人口。

第三条　中央财政预算安排的财政专项扶贫资金按使用方向分为发展

资金、以工代赈资金、少数民族发展资金、"三西"农业建设专项补助资金、国有贫困农场扶贫资金、国有贫困林场扶贫资金、扶贫贷款贴息资金。

第四条　财政专项扶贫资金中的以工代赈资金依照发展改革委制定的有关以工代赈管理办法进行管理。

"三西"农业建设专项补助资金依照财政部会同国务院扶贫办制定的有关"三西"农业建设专项补助资金使用管理办法进行管理。

少数民族发展资金、国有贫困农场扶贫资金和国有贫困林场扶贫资金的管理，由财政部分别会同国家民委、农业部、国家林业局，根据资金用途的特点，依据本办法另行规定。

扶贫贷款财政贴息资金的管理由财政部会同国务院扶贫办、中国残疾人联合会，根据资金用途的特点，依据本办法另行规定。

第二章　资金预算与分配

第五条　中央财政贯彻中国农村扶贫开发纲要精神，依据减贫工作需要和财力情况，在年度预算中安排财政专项扶贫资金。

地方各级财政根据各地减贫工作需要和财力情况，每年预算安排一定规模的财政专项扶贫资金，并逐年加大投入规模。省级财政安排的财政专项扶贫资金规模应达到中央补助各省（自治区、直辖市）财政专项扶贫资金规模的一定比例，有关资金投入情况作为绩效评价的重要因素。

第六条　中央财政专项扶贫资金主要投向国家确定的连片特困地区和扶贫开发工作重点县、贫困村，其中新增部分主要用于连片特困地区。

中央财政专项扶贫资金分配坚持向西部地区（包括比照适用西部大开发政策的贫困地区）、贫困少数民族地区、贫困边境地区和贫困革命老区倾斜。

第七条　中央财政专项扶贫资金主要按照因素法进行分配。资金分配的因素主要包括各地扶贫对象规模及比例、农民人均纯收入、地方人均财力、贫困深度等客观因素和政策性因素。客观因素指标取值主要采用国家统计局等有关部门提供的数据。政策性因素主要参考国家扶贫开发政策、中央对地方扶贫工作考核及财政专项扶贫资金使用管理绩效评价情况等。

地方各级财政安排的财政专项扶贫资金应主要采取因素法分配，资金分配的因素及指标取值由各地自行确定。

第三章　资金使用与拨付

第八条　各地应按照国家扶贫开发政策要求，结合当地扶贫开发工作实际情况，紧密围绕促进减贫的目标，因地制宜确定财政专项扶贫资金使用范围。各地确定的财政专项扶贫资金使用范围必须遵循如下基本方向：

（一）围绕培育和壮大特色优势产业，支持扶贫对象发展种植业、养殖业、民族手工业和乡村旅游业；承接来料加工订单；使用农业优良品种、采用先进实用农业生产技术等。

（二）围绕改善农村贫困地区基本生产生活条件，支持修建小型公益性生产设施、小型农村饮水安全配套设施、贫困村村组道路等，支持扶贫对象实施危房改造、易地扶贫搬迁等。

（三）围绕提高农村扶贫对象就业和生产能力，对其家庭劳动力接受职业教育、参加实用技术培训给予补助。

（四）围绕帮助农村扶贫对象缓解生产性资金短缺困难，支持贫困地区建立村级发展互助资金，对扶贫贷款实行贴息等。

（五）围绕编制、审核扶贫项目规划，实施和管理财政专项扶贫资金和项目而发生的项目管理费。

第九条 财政专项扶贫资金及中央财政专项扶贫资金项目管理费不得用于下列各项支出：

（一）行政事业单位基本支出。

（二）各种奖金、津贴和福利补助。

（三）弥补企业亏损。

（四）修建楼、堂、馆、所及贫困农场、林场棚户改造以外的职工住宅。

（五）弥补预算支出缺口和偿还债务。

（六）大中型基本建设项目。

（七）交通工具及通讯设备。

（八）城市基础设施建设和城市扶贫。

（九）企业担保金。

（十）其他与本办法第八条使用规定不相符的支出。

第十条 中央财政根据补助地方财政专项扶贫资金规模（不含扶贫贷款贴息资金），按照2%的比例提取项目管理费。各地不得再以任何理由、任何方式从中央财政补助地方财政专项扶贫资金中提取任何费用。

中央财政提取的财政专项扶贫资金项目管理费，依据补助地方的财政专项扶贫资金规模（不含扶贫贷款贴息资金）分配地方使用。其中安排到县级的比例不得低于90%。

中央财政专项扶贫资金项目管理费实行分账管理，专门用于扶贫规划编制、项目评估、检查验收、成果宣传、档案管理、项目公告公示、报账管理等方面的经费开支，不得用于机构、人员开支等。

第十一条 地方财政部门可以根据扶贫开发工作需要，预算安排一定规模的财政专项扶贫资金项目管理费，或者比照中央财政提取财政专项扶贫资金项目管理费的比例，从地方财政本级安排的财政专项扶贫资金中提取项目管理费。安排或提取项目管理费的规模及具体比例、分配和使用管理办法由各地自行确定。

第十二条　各地要充分发挥财政专项扶贫资金的引导作用，拓宽扶贫开发投入渠道，加大整合支持农村贫困地区各类资金的力度，统筹安排、集中使用，以提高资金使用效益。

第十三条　财政部在国务院扶贫开发领导小组批准年度资金分配方案后，及时将中央财政专项扶贫资金拨付到各省（自治区、直辖市）财政厅（局），上划新疆生产建设兵团财政专项扶贫资金预算指标。

财政部采取提前下达预算等方式，将中央财政专项扶贫资金按一定比例提前下达各省（自治区、直辖市）财政厅（局）。

第十四条　各省（自治区、直辖市）财政厅（局）要加快财政专项扶贫资金执行进度。收到中央财政专项扶贫资金拨款文件后，及时将资金下拨到县（市、旗、区），同时将拨款文件报送财政部。

第十五条　财政专项扶贫资金使用中属于政府采购范围的，应当按照政府采购有关规定执行。

第十六条　各级财政部门及新疆生产建设兵团要按照财政国库管理制度的有关规定，及时办理财政专项扶贫资金支付手续。

第四章　资金管理与监督

第十七条　与财政专项扶贫资金使用管理相关的各部门根据以下职责分工履行财政专项扶贫资金使用管理职责：

（一）财政部门负责财政专项扶贫资金的预算安排、拨付、管理和监督检查，会同相关部门拟定补助地方财政专项扶贫资金的分配方案。

（二）财政部商国务院扶贫办拟定补助地方财政专项扶贫资金（发展资金）的分配方案。

发展改革委商财政部、国务院扶贫办拟定以工代赈资金分配方案。

国务院扶贫办商财政部汇总平衡提出统一分配方案，上报国务院扶贫开发领导小组审定。由国务院扶贫开发领导小组通知各省（自治区、直辖市）人民政府，同时抄送各省（自治区、直辖市）财政厅（局）、发展改革委和扶贫办。发展改革委下达以工代赈计划，财政部拨付资金。

（三）财政部门要加强财政专项扶贫资金的日常管理和监督检查，扶贫、发展改革、民委、农业、林业、残疾人联合会等部门要加强相关财政扶贫项目的管理，确保项目实施进度，充分发挥财政专项扶贫资金使用效益。

（四）国务院扶贫办、发展改革委、国家民委、农业部、林业局、中国残疾人联合会等部门应及时将年度财政专项扶贫资金使用管理情况报送财政部，发展改革委、国家民委、农业部、林业局、中国残疾人联合会等部门的报告同时抄送国务院扶贫办。

（五）上划新疆生产建设兵团的财政专项扶贫资金规模由财政部确定，新疆生产建设兵团财务、扶贫部门负责使用管理与监督检查。

第十八条　各省（自治区、直辖市）扶贫、民委、农垦、林业、残联等部门分别会同财政部门，根据国家、本省（自治区、直辖市）扶贫开发政策和财政部的有关要求，制定年度财政专项扶贫资金使用计划。由财政部门负责汇总，并根据中央财政专项扶贫资金下达情况按规定时间上报财政部，同时抄送国务院扶贫办。

中央财政上年度提前下达预算的所有财政专项扶贫资金，须于本年度1月底前报送资金使用计划；本年度下达预算的有关财政专项扶贫资金，须于中央财政下达预算后60个工作日内报送资金使用计划。

新疆生产建设兵团管理使用的财政专项扶贫资金，由兵团财务部门于中央财政下达预算后60个工作日内将资金使用计划报送财政部。

第十九条　财政专项扶贫资金使用计划需要明确资金具体用途、投资补助标准、项目建设内容、资金用款计划等内容，并作为绩效评价等工作的参考依据。

第二十条　各地应根据扶贫开发工作的实际情况，逐步将项目审批权限下放到县级。

第二十一条　财政专项扶贫资金支持的项目实行项目管理制度，做到资金到项目、管理到项目、核算到项目。

第二十二条　财政专项扶贫资金年度使用计划、支持的项目和资金额度要进行公告、公示，接受社会监督。

财政专项扶贫资金对扶贫对象给予补助，在所在行政村进行公告、公示。

第二十三条　财政专项扶贫资金实行报账制管理，分账核算。负责报账的具体层级由各省（自治区、直辖市）自行确定。

新疆生产建设兵团使用的财政专项扶贫资金按照财政国库管理制度的有关规定执行。

第二十四条　财政专项扶贫资金使用管理实行绩效评价制度。绩效评价结果以适当形式公布，并作为分配财政专项扶贫资金的参考依据。绩效评价制度的具体实施方案由财政部门商相关部门确定。

第二十五条　中央财政在发展资金中每年安排部分资金，根据财政部和国务院扶贫办对发展资金使用管理的绩效评价结果对有关省份给予奖励补助。

奖励补助资金的使用管理参照本办法执行。

第二十六条 各级财政和相关部门要加强对财政专项扶贫资金和项目的监督检查,配合审计、纪检、监察部门做好资金和项目的审计、检查等工作。

第二十七条 乡镇财政部门要充分发挥监管职能作用,加强对扶贫项目的巡视、检查,发现违规问题及时制止并报告上级财政部门。

第二十八条 对违反本办法规定,虚报、冒领、截留、挤占、挪用财政专项扶贫资金的单位和个人,按照《财政违法行为处罚处分条例(国务院令第427号)》有关规定处理、处罚、处分。

第五章 附 则

第二十九条 各省(自治区、直辖市)根据本办法,结合各地的实际情况制定具体实施办法,并报财政部、国务院扶贫办、发展改革委备案。新疆生产建设兵团可根据本办法制定具体实施办法,并报财政部备案。

各省(自治区、直辖市)和新疆生产建设兵团制定的具体实施办法,须进一步明确财政专项扶贫资金的具体用途、资金申报资格和程序、资金补助方式、资金使用与拨付程序、监督管理规定等内容。

第三十条 本办法自 2012 年 1 月 1 日起执行。2000 年 5 月 30 日印发的《财政部、国务院扶贫开发领导小组、国家发展计划委员会关于印发〈财政扶贫资金管理办法〉(试行)和〈财政扶贫项目管理费管理办法〉(试行)的通知》(财农字〔2000〕18 号)同时废止。

第三十一条 本办法由财政部会同国务院扶贫办、发展改革委负责解释。

财政部 工业和信息化部关于印发 《政府采购促进中小企业发展暂行办法》的通知

(2011 年 12 月 29 日 财库〔2011〕181 号)

党中央有关部门,国务院各部委、各直属机构,全国人大常委会办公厅,全国政协办公厅,高法院,高检院,有关人民团体,各省、自治区、直辖市、计划单列市财政厅（局）、工业和信息化主管部门，新疆生产建设兵团财务局、工业和信息化主管部门：

为贯彻落实《国务院关于进一步促进中小企业发展的若干意见》（国发〔2009〕36号），发挥政府采购的政策功能，促进中小企业发展，根据《中华人民共和国政府采购法》和《中华人民共和国中小企业促进法》，财政部、工业和信息化部制定了《政府采购促进中小企业发展暂行办法》。现印发给你们，请遵照执行。

政府采购促进中小企业发展暂行办法

第一条 为了发挥政府采购的政策功能，促进符合国家经济和社会发展政策目标，产品、服务、信誉较好的中小企业发展，根据《中华人民共和国政府采购法》、《中华人民共和国中小企业促进法》等有关法律法规，制定本办法。

第二条 本办法所称中小企业（含中型、小型、微型企业，下同）应当同时符合以下条件：

（一）符合中小企业划分标准；

（二）提供本企业制造的货物、承担的工程或者服务，或者提供其他中小企业制造的货物。本项所称货物不包括使用大型企业注册商标的货物。

本办法所称中小企业划分标准，是指国务院有关部门根据企业从业人员、营业收入、资产总额等指标制定的中小企业划型标准。

小型、微型企业提供中型企业制造的货物的，视同为中型企业。

第三条 任何单位和个人不得阻挠和限制中小企业自由进入本地区和本行业的政府采购市场，政府采购活动不得以注册资本金、资产总额、营业收入、从业人员、利润、纳税额等供应商的规模条件对中小企业实行差别待遇或者歧视待遇。

第四条 负有编制部门预算职责的各部门（以下简称各部门），应当加强政府采购计划的编制工作，制定向中小企业采购的具体方案，统筹确定本部门（含所属各单位，下同）面向中小企业采购的项目。在满足机构自身运转和提供公共服务基本需求的前提下，应当预留本部门年度政府采购项目预算总额的30%以上，专门面向中小企业采购，其中，预留给小型和微型企业的比例不低于60%。

采购人或者采购代理机构在组织采购活动时，应当在招标文件或谈判文件、询价文件中注明该项目专门面向中小企业或小型、微型企业采购。

第五条 对于非专门面向中小企业的项目,采购人或者采购代理机构应当在招标文件或者谈判文件、询价文件中作出规定,对小型和微型企业产品的价格给予6%—10%的扣除,用扣除后的价格参与评审,具体扣除比例由采购人或者采购代理机构确定。

参加政府采购活动的中小企业应当提供本办法规定的《中小企业声明函》(见附件)。

第六条 鼓励大中型企业和其他自然人、法人或者其他组织与小型、微型企业组成联合体共同参加非专门面向中小企业的政府采购活动。联合协议中约定,小型、微型企业的协议合同金额占到联合体协议合同总金额30%以上的,可给予联合体2%—3%的价格扣除。

联合体各方均为小型、微型企业的,联合体视同为小型、微型企业享受本办法第四条、第五条规定的扶持政策。

组成联合体的大中型企业和其他自然人、法人或者其他组织,与小型、微型企业之间不得存在投资关系。

第七条 中小企业依据本办法第四条、第五条、第六条规定的政策获取政府采购合同后,小型、微型企业不得分包或转包给大型、中型企业,中型企业不得分包或转包给大型企业。

第八条 鼓励采购人允许获得政府采购合同的大型企业依法向中小企业分包。

大型企业向中小企业分包的金额,计入面向中小企业采购的统计数额。

第九条 鼓励采购人在与中小企业签订政府采购合同时,在履约保证金、付款期限、付款方式等方面给予中小企业适当支持。采购人应当按照合同约定按时足额支付采购资金。

第十条 鼓励在政府采购活动中引入信用担保手段,为中小企业在融资、投标保证、履约保证等方面提供专业化的担保服务。

第十一条 各级财政部门和有关部门应当加大对中小企业参与政府采购的培训指导及专业化咨询服务力度,提高中小企业参与政府采购活动的能力。

第十二条 各部门应当每年第一季度向同级财政部门报告本部门上一年度面向中小企业采购的具体情况,并在财政部指定的政府采购发布媒体公开预留项目执行情况以及本部门其他项目面向中小企业采购的情况。

第十三条 各级财政部门应当积极推进政府采购信息化建设,提高政府采购信息发布透明度,提供便于中小企业获取政府采购信息的稳定渠道。

第十四条 各级财政部门会同中小企业主管部门建立健全政府采购促进中小企业发展的有关制度,加强有关政策执行情况的监督检查。

各部门负责对本部门政府采购促进中小企业发展各项工作的执行和管理。

第十五条 政府采购监督检查和投诉处理中对中小企业的认定,由企业所在地的县级以上中小企业主管部门负责。

第十六条 采购人、采购代理机构或者中小企业在政府采购活动中有违法违规行为的,依照政府采购法及有关法律法规处理。

第十七条 本办法由财政部、工业和信息化部负责解释。

第十八条 本办法自 2012 年 1 月 1 日起施行。

附:中小企业声明函(略,详情请登录财政部网站)

突发环境事件信息报告办法

(2011 年 3 月 24 日环境保护部第 1 次部务会议审议通过 2011 年 4 月 18 日中华人民共和国环境保护部令第 17 号公布 自 2011 年 5 月 1 日起施行)

第一条 为了规范突发环境事件信息报告工作,提高环境保护主管部门应对突发环境事件的能力,依据《中华人民共和国突发事件应对法》、《国家突发公共事件总体应急预案》、《国家突发环境事件应急预案》及相关法律法规的规定,制定本办法。

第二条 本办法适用于环境保护主管部门对突发环境事件的信息报告。

突发环境事件分为特别重大(Ⅰ级)、重大(Ⅱ级)、较大(Ⅲ级)和一般(Ⅳ级)四级。

核与辐射突发环境事件的信息报告按照核安全有关法律法规执行。

第三条 突发环境事件发生地设区的市级或者县级人民政府环境保护主管部门在发现或者得知突发环境事件信息后,应当立即进行核实,对突发环境事件的性质和类别做出初步认定。

对初步认定为一般(Ⅳ级)或者较大(Ⅲ级)突发环境事件的,事件发生地设区的市级或者县级人民政府环境保护主管部门应当在四小时内向本级人民政府和上一级人民政府环境保护主管部门报告。

对初步认定为重大(Ⅱ级)或者特别重大(Ⅰ级)突发环境事件的,事件发生地设区的市级或者县级人民政府环境保护主管部门应当在两小时内向本级人民政府和省级人民政府环境保护主管部门报告,同时上报环境保护部。省级人民政府环境保护主管部门接到报告后,应当进行核实并在 1 小时内报告环境保护部。

突发环境事件处置过程中事件级别发生变化的,应当按照变化后的级别报告信息。

第四条　发生下列一时无法判明等级的突发环境事件,事件发生地设区的市级或者县级人民政府环境保护主管部门应当按照重大(Ⅱ级)或者特别重大(Ⅰ级)突发环境事件的报告程序上报:

(一)对饮用水水源保护区造成或者可能造成影响的;

(二)涉及居民聚居区、学校、医院等敏感区域和敏感人群的;

(三)涉及重金属或者类金属污染的;

(四)有可能产生跨省或者跨国影响的;

(五)因环境污染引发群体性事件,或者社会影响较大的;

(六)地方人民政府环境保护主管部门认为有必要报告的其他突发环境事件。

第五条　上级人民政府环境保护主管部门先于下级人民政府环境保护主管部门获悉突发环境事件信息的,可以要求下级人民政府环境保护主管部门核实并报告相应信息。下级人民政府环境保护主管部门应当依照本办法的规定报告信息。

第六条　向环境保护部报告突发环境事件有关信息的,应当报告总值班室,同时报告环境保护部环境应急指挥领导小组办公室。环境保护部环境应急指挥领导小组办公室应当根据情况向部内相关司局通报有关信息。

第七条　环境保护部在接到下级人民政府环境保护主管部门重大(Ⅱ级)或者特别重大(Ⅰ级)突发环境事件以及其他有必要报告的突发环境事件信息后,应当及时向国务院总值班室和中共中央办公厅秘书局报告。

第八条　突发环境事件已经或者可能涉及相邻行政区域的,事件发生地环境保护主管部门应当及时通报相邻区域同级人民政府环境保护主管部门,并向本级人民政府提出向相邻区域人民政府通报的建议。接到通报的环境保护主管部门应当及时调查了解情况,并按照本办法第三条、第四条的规定报告突发环境事件信息。

第九条　上级人民政府环境保护主管部门接到下级人民政府环境保护主管部门以电话形式报告的突发环境事件信息后,应当如实、准确做好记录,并要求下级人民政府环境保护主管部门及时报告书面信息。

对于情况不够清楚、要素不全的突发环境事件信息,上级人民政府环境保护主管部门应当要求下级人民政府环境保护主管部门及时核实补充信息。

第十条　县级以上人民政府环境保护主管部门应当建立突发环境事件

信息档案,并按照有关规定向上一级人民政府环境保护主管部门报送本行政区域突发环境事件的月度、季度、半年度和年度报告以及统计情况。上一级人民政府环境保护主管部门定期对报告及统计情况进行通报。

第十一条　报告涉及国家秘密的突发环境事件信息,应当遵守国家有关保密的规定。

第十二条　突发环境事件的报告分为初报、续报和处理结果报告。

初报在发现或者得知突发环境事件后首次上报;续报在查清有关基本情况、事件发展情况后随时上报;处理结果报告在突发环境事件处理完毕后上报。

第十三条　初报应当报告突发环境事件的发生时间、地点、信息来源、事件起因和性质、基本过程、主要污染物和数量、监测数据、人员受害情况、饮用水水源地等环境敏感点受影响情况、事件发展趋势、处置情况、拟采取的措施以及下一步工作建议等初步情况,并提供可能受到突发环境事件影响的环境敏感点的分布示意图。

续报应当在初报的基础上,报告有关处置进展情况。

处理结果报告应当在初报和续报的基础上,报告处理突发环境事件的措施、过程和结果,突发环境事件潜在或者间接危害以及损失、社会影响、处理后的遗留问题、责任追究等详细情况。

第十四条　突发环境事件信息应当采用传真、网络、邮寄和面呈等方式书面报告;情况紧急时,初报可通过电话报告,但应当及时补充书面报告。

书面报告中应当载明突发环境事件报告单位、报告签发人、联系人及联系方式等内容,并尽可能提供地图、图片以及相关的多媒体资料。

第十五条　在突发环境事件信息报告工作中迟报、谎报、瞒报、漏报有关突发环境事件信息的,给予通报批评;造成后果的,对直接负责的主管人员和其他直接责任人员依法依纪给予处分;构成犯罪的,移送司法机关依法追究刑事责任。

第十六条　本办法由环境保护部解释。

第十七条　本办法自 2011 年 5 月 1 日起施行。《环境保护行政主管部门突发环境事件信息报告办法(试行)》(环发〔2006〕50 号)同时废止。

附录:

突发环境事件分级标准

按照突发事件严重性和紧急程度,突发环境事件分为特别重大(Ⅰ级)、重大(Ⅱ级)、较大(Ⅲ级)和一般(Ⅳ级)四级。

1. 特别重大（Ⅰ级）突发环境事件

凡符合下列情形之一的，为特别重大突发环境事件：

（1）因环境污染直接导致10人以上死亡或100人以上中毒的。

（2）因环境污染需疏散、转移群众5万人以上的。

（3）因环境污染造成直接经济损失1亿元以上的。

（4）因环境污染造成区域生态功能丧失或国家重点保护物种灭绝的。

（5）因环境污染造成地市级以上城市集中式饮用水水源地取水中断的。

（6）1、2类放射源失控造成大范围严重辐射污染后果的；核设施发生需要进入场外应急的严重核事故，或事故辐射后果可能影响邻省和境外的，或按照"国际核事件分级（INES）标准"属于3级以上的核事件；台湾核设施中发生的按照"国际核事件分级（INES）标准"属于4级以上的核事故；周边国家核设施中发生的按照"国际核事件分级（INES）标准"属于4级以上的核事故。

（7）跨国界突发环境事件。

2. 重大（Ⅱ级）突发环境事件

凡符合下列情形之一的，为重大突发环境事件：

（1）因环境污染直接导致3人以上10人以下死亡或50人以上100人以下中毒的；

（2）因环境污染需疏散、转移群众1万人以上5万人以下的；

（3）因环境污染造成直接经济损失2000万元以上1亿元以下的；

（4）因环境污染造成区域生态功能部分丧失或国家重点保护野生动植物种群大批死亡的；

（5）因环境污染造成县级城市集中式饮用水水源地取水中断的；

（6）重金属污染或危险化学品生产、贮运、使用过程中发生爆炸、泄漏等事件，或因倾倒、堆放、丢弃、遗撒危险废物等造成的突发环境事件发生在国家重点流域、国家级自然保护区、风景名胜区或居民聚集区、医院、学校等敏感区域的；

（7）1、2类放射源丢失、被盗、失控造成环境影响，或核设施和铀矿冶炼设施发生的达到进入场区应急状态标准的，或进口货物严重辐射超标的事件；

（8）跨省（区、市）界突发环境事件。

3. 较大（Ⅲ级）突发环境事件

凡符合下列情形之一的，为较大突发环境事件：

（1）因环境污染直接导致3人以下死亡或10人以上50人以下中毒的；

（2）因环境污染需疏散、转移群众5000人以上1万人以下的；

（3）因环境污染造成直接经济损失 500 万元以上 2000 万元以下的；

（4）因环境污染造成国家重点保护的动植物物种受到破坏的；

（5）因环境污染造成乡镇集中式饮用水水源地取水中断的；

（6）3 类放射源丢失、被盗或失控，造成环境影响的；

（7）跨地市界突发环境事件。

4. 一般（Ⅳ级）突发环境事件

除特别重大突发环境事件、重大突发环境事件、较大突发环境事件以外的突发环境事件。

房地产经纪管理办法

（2010 年 10 月 27 日住房和城乡建设部第 65 次部常务会议审议通过 2011 年 1 月 20 日中华人民共和国住房和城乡建设部、国家发展和改革委员会、人力资源和社会保障部令第 8 号发布 自 2011 年 4 月 1 日起施行）

第一章 总 则

第一条 为了规范房地产经纪活动，保护房地产交易及经纪活动当事人的合法权益，促进房地产市场健康发展，根据《中华人民共和国城市房地产管理法》、《中华人民共和国合同法》等法律法规，制定本办法。

第二条 在中华人民共和国境内从事房地产经纪活动，应当遵守本办法。

第三条 本办法所称房地产经纪，是指房地产经纪机构和房地产经纪人员为促成房地产交易，向委托人提供房地产居间、代理等服务并收取佣金的行为。

第四条 从事房地产经纪活动应当遵循自愿、平等、公平和诚实信用的原则，遵守职业规范，恪守职业道德。

第五条 县级以上人民政府建设（房地产）主管部门、价格主管部门、人力资源和社会保障主管部门应当按照职责分工，分别负责房地产经纪活动的监督和管理。

第六条 房地产经纪行业组织应当按照章程实行自律管理，向有关部门反映行业发展的意见和建议，促进房地产经纪行业发展和人员素质提高。

第二章　房地产经纪机构和人员

第七条　本办法所称房地产经纪机构,是指依法设立,从事房地产经纪活动的中介服务机构。

房地产经纪机构可以设立分支机构。

第八条　设立房地产经纪机构和分支机构,应当具有足够数量的房地产经纪人员。

本办法所称房地产经纪人员,是指从事房地产经纪活动的房地产经纪人和房地产经纪人协理。

房地产经纪机构和分支机构与其招用的房地产经纪人员,应当按照《中华人民共和国劳动合同法》的规定签订劳动合同。

第九条　国家对房地产经纪人员实行职业资格制度,纳入全国专业技术人员职业资格制度统一规划和管理。

第十条　房地产经纪人实行全国统一大纲、统一命题、统一组织的考试制度,由国务院住房和城乡建设主管部门、人力资源和社会保障主管部门共同组织实施,原则上每年举行一次。

房地产经纪人协理实行全国统一大纲,由各省、自治区、直辖市人民政府建设(房地产)主管部门、人力资源和社会保障主管部门命题并组织考试的制度,每年的考试次数根据行业发展需要确定。

第十一条　房地产经纪机构及其分支机构应当自领取营业执照之日起30日内,到所在直辖市、市、县人民政府建设(房地产)主管部门备案。

第十二条　直辖市、市、县人民政府建设(房地产)主管部门应当将房地产经纪机构及其分支机构的名称、住所、法定代表人(执行合伙人)或者负责人、注册资本、房地产经纪人员等备案信息向社会公示。

第十三条　房地产经纪机构及其分支机构变更或者终止的,应当自变更或者终止之日起30日内,办理备案变更或者注销手续。

第三章　房地产经纪活动

第十四条　房地产经纪业务应当由房地产经纪机构统一承接,服务报酬由房地产经纪机构统一收取。分支机构应当以设立该分支机构的房地产经纪机构名义承揽业务。

房地产经纪人员不得以个人名义承接房地产经纪业务和收取费用。

第十五条　房地产经纪机构及其分支机构应当在其经营场所醒目位置公示下列内容:

(一)营业执照和备案证明文件;

（二）服务项目、内容、标准；

（三）业务流程；

（四）收费项目、依据、标准；

（五）交易资金监管方式；

（六）信用档案查询方式、投诉电话及 12358 价格举报电话；

（七）政府主管部门或者行业组织制定的房地产经纪服务合同、房屋买卖合同、房屋租赁合同示范文本；

（八）法律、法规、规章规定的其他事项。

分支机构还应当公示设立该分支机构的房地产经纪机构的经营地址及联系方式。

房地产经纪机构代理销售商品房项目的，还应当在销售现场明显位置明示商品房销售委托书和批准销售商品房的有关证明文件。

第十六条 房地产经纪机构接受委托提供房地产信息、实地看房、代拟合同等房地产经纪服务的，应当与委托人签订书面房地产经纪服务合同。

房地产经纪服务合同应当包含下列内容：

（一）房地产经纪服务双方当事人的姓名（名称）、住所等情况和从事业务的房地产经纪人员情况；

（二）房地产经纪服务的项目、内容、要求以及完成的标准；

（三）服务费用及其支付方式；

（四）合同当事人的权利和义务；

（五）违约责任和纠纷解决方式。

建设（房地产）主管部门或者房地产经纪行业组织可以制定房地产经纪服务合同示范文本，供当事人选用。

第十七条 房地产经纪机构提供代办贷款、代办房地产登记等其他服务的，应当向委托人说明服务内容、收费标准等情况，经委托人同意后，另行签订合同。

第十八条 房地产经纪服务实行明码标价制度。房地产经纪机构应当遵守价格法律、法规和规章规定，在经营场所醒目位置标明房地产经纪服务项目、服务内容、收费标准以及相关房地产价格和信息。

房地产经纪机构不得收取任何未予标明的费用；不得利用虚假或者使人误解的标价内容和标价方式进行价格欺诈；一项服务可以分解为多个项目和标准的，应当明确标示每一个项目和标准，不得混合标价、捆绑标价。

第十九条 房地产经纪机构未完成房地产经纪服务合同约定事项，或者服务未达到房地产经纪服务合同约定标准的，不得收取佣金。

两家或者两家以上房地产经纪机构合作开展同一宗房地产经纪业务

的,只能按照一宗业务收取佣金,不得向委托人增加收费。

第二十条　房地产经纪机构签订的房地产经纪服务合同,应当加盖房地产经纪机构印章,并由从事该业务的一名房地产经纪人或者两名房地产经纪人协理签名。

第二十一条　房地产经纪机构签订房地产经纪服务合同前,应当向委托人说明房地产经纪服务合同和房屋买卖合同或者房屋租赁合同的相关内容,并书面告知下列事项:

(一)是否与委托房屋有利害关系;

(二)应当由委托人协助的事宜、提供的资料;

(三)委托房屋的市场参考价格;

(四)房屋交易的一般程序及可能存在的风险;

(五)房屋交易涉及的税费;

(六)经纪服务的内容及完成标准;

(七)经纪服务收费标准和支付时间;

(八)其他需要告知的事项。

房地产经纪机构根据交易当事人需要提供房地产经纪服务以外的其他服务的,应当事先经当事人书面同意并告知服务内容及收费标准。书面告知材料应当经委托人签名(盖章)确认。

第二十二条　房地产经纪机构与委托人签订房屋出售、出租经纪服务合同,应当查看委托出售、出租的房屋及房屋权属证书,委托人的身份证明等有关资料,并应当编制房屋状况说明书。经委托人书面同意后,方可以对外发布相应的房源信息。

房地产经纪机构与委托人签订房屋承购、承租经纪服务合同,应当查看委托人身份证明等有关资料。

第二十三条　委托人与房地产经纪机构签订房地产经纪服务合同,应当向房地产经纪机构提供真实有效的身份证明。委托出售、出租房屋的,还应当向房地产经纪机构提供真实有效的房屋权属证书。委托人未提供规定资料或者提供资料与实际不符的,房地产经纪机构应当拒绝接受委托。

第二十四条　房地产交易当事人约定由房地产经纪机构代收代付交易资金的,应当通过房地产经纪机构在银行开设的客户交易结算资金专用存款账户划转交易资金。

交易资金的划转应当经过房地产交易资金支付方和房地产经纪机构的签字和盖章。

第二十五条　房地产经纪机构和房地产经纪人员不得有下列行为:

(一)捏造散布涨价信息,或者与房地产开发经营单位串通捂盘惜售、炒

卖房号,操纵市场价格;

(二)对交易当事人隐瞒真实的房屋交易信息,低价收进高价卖(租)出房屋赚取差价;

(三)以隐瞒、欺诈、胁迫、贿赂等不正当手段招揽业务,诱骗消费者交易或者强制交易;

(四)泄露或者不当使用委托人的个人信息或者商业秘密,谋取不正当利益;

(五)为交易当事人规避房屋交易税费等非法目的,就同一房屋签订不同交易价款的合同提供便利;

(六)改变房屋内部结构分割出租;

(七)侵占、挪用房地产交易资金;

(八)承购、承租自己提供经纪服务的房屋;

(九)为不符合交易条件的保障性住房和禁止交易的房屋提供经纪服务;

(十)法律、法规禁止的其他行为。

第二十六条 房地产经纪机构应当建立业务记录制度,如实记录业务情况。

房地产经纪机构应当保存房地产经纪服务合同,保存期不少于5年。

第二十七条 房地产经纪行业组织应当制定房地产经纪从业规程,逐步建立并完善资信评价体系和房地产经纪房源、客源信息共享系统。

第四章 监督管理

第二十八条 建设(房地产)主管部门、价格主管部门应当通过现场巡查、合同抽查、投诉受理等方式,采取约谈、记入信用档案、媒体曝光等措施,对房地产经纪机构和房地产经纪人员进行监督。

房地产经纪机构违反人力资源和社会保障法律法规的行为,由人力资源和社会保障主管部门依法予以查处。

被检查的房地产经纪机构和房地产经纪人员应当予以配合,并根据要求提供检查所需的资料。

第二十九条 建设(房地产)主管部门、价格主管部门、人力资源和社会保障主管部门应当建立房地产经纪机构和房地产经纪人员信息共享制度。建设(房地产)主管部门应当定期将备案的房地产经纪机构情况通报同级价格主管部门、人力资源和社会保障主管部门。

第三十条 直辖市、市、县人民政府建设(房地产)主管部门应当构建统一的房地产经纪网上管理和服务平台,为备案的房地产经纪机构提供下列服务：

（一）房地产经纪机构备案信息公示；

（二）房地产交易与登记信息查询；

（三）房地产交易合同网上签订；

（四）房地产经纪信用档案公示；

（五）法律、法规和规章规定的其他事项。

经备案的房地产经纪机构可以取得网上签约资格。

第三十一条　县级以上人民政府建设（房地产）主管部门应当建立房地产经纪信用档案，并向社会公示。

县级以上人民政府建设（房地产）主管部门应当将在日常监督检查中发现的房地产经纪机构和房地产经纪人员的违法违规行为、经查证属实的被投诉举报记录等情况，作为不良信用记录记入其信用档案。

第三十二条　房地产经纪机构和房地产经纪人员应当按照规定提供真实、完整的信用档案信息。

第五章　法律责任

第三十三条　违反本办法，有下列行为之一的，由县级以上地方人民政府建设（房地产）主管部门责令限期改正，记入信用档案；对房地产经纪人员处以 1 万元罚款；对房地产经纪机构处以 1 万元以上 3 万元以下罚款：

（一）房地产经纪人员以个人名义承接房地产经纪业务和收取费用的；

（二）房地产经纪机构提供代办贷款、代办房地产登记等其他服务，未向委托人说明服务内容、收费标准等情况，并未经委托人同意的；

（三）房地产经纪服务合同未由从事该业务的一名房地产经纪人或者两名房地产经纪人协理签名的；

（四）房地产经纪机构签订房地产经纪服务合同前，不向交易当事人说明和书面告知规定事项的；

（五）房地产经纪机构未按照规定如实记录业务情况或者保存房地产经纪服务合同的。

第三十四条　违反本办法第十八条、第十九条、第二十五条第（一）项、第（二）项，构成价格违法行为的，由县级以上人民政府价格主管部门按照价格法律、法规和规章的规定，责令改正、没收违法所得、依法处以罚款；情节严重的，依法给予停业整顿等行政处罚。

第三十五条　违反本办法第二十二条，房地产经纪机构擅自对外发布房源信息的，由县级以上地方人民政府建设（房地产）主管部门责令限期改正，记入信用档案，取消网上签约资格，并处以 1 万元以上 3 万元以下罚款。

第三十六条 违反本办法第二十四条,房地产经纪机构擅自划转客户交易结算资金的,由县级以上地方人民政府建设(房地产)主管部门责令限期改正,取消网上签约资格,处以3万元罚款。

第三十七条 违反本办法第二十五条第(三)项、第(四)项、第(五)项、第(六)项、第(七)项、第(八)项、第(九)项、第(十)项的,由县级以上地方人民政府建设(房地产)主管部门责令限期改正,记入信用档案;对房地产经纪人员处以1万元罚款;对房地产经纪机构,取消网上签约资格,处以3万元罚款。

第三十八条 县级以上人民政府建设(房地产)主管部门、价格主管部门、人力资源和社会保障主管部门的工作人员在房地产经纪监督管理工作中,玩忽职守、徇私舞弊、滥用职权的,依法给予处分;构成犯罪的,依法追究刑事责任。

第六章 附 则

第三十九条 各地可以依据本办法制定实施细则。

第四十条 本办法自2011年4月1日起施行。

住房和城乡建设部
关于废止和修改部分规章的决定

(2010年12月31日住房和城乡建设部第68次常务会议审议通过 2011年1月26日中华人民共和国住房和城乡建设部令第9号公布 自2011年1月26日起施行)

经2010年12月31日第68次住房和城乡建设部常务会议审议,决定废止、修改下列规章,现予发布,自发布之日起生效。

一、废止下列规章

1.《城市房屋拆迁单位管理规定》(1991年7月8日建设部令第12号发布)

2.《城市地下水开发利用保护管理规定》(1993年12月4日建设部令第30号发布)

3.《开发区规划管理办法》(1995年6月1日建设部令第43号发布)

4.《城市异产毗连房屋管理规定》(1989年11月21日建设部令第5号

发布,根据 2001 年 8 月 15 日建设部令第 94 号修正)

5.《城市房地产中介服务管理规定》(1996 年 1 月 8 日建设部令第 50 号发布,根据 2001 年 8 月 15 日建设部令第 97 号修正)

二、修改下列规章

1. 将《城市公厕管理办法》(建设部令第 9 号)第十条第二款中的"征用"修改为"使用",第十七条中的"《城市建设档案管理暂行规定》"修改为"《城市建设档案管理规定》",第二十六条中的"《中华人民共和国治安管理处罚条例》"修改为"《中华人民共和国治安管理处罚法》"。

2. 将《城市国有土地使用权出让转让规划管理办法》(建设部令第 22 号)第一条中的"《中华人民共和国城市规划法》"修改为"《中华人民共和国城乡规划法》"。

3. 将《建制镇规划建设管理办法》(建设部令第 44 号)第一条中的"《城市规划法》"修改为"《城乡规划法》",删除第三十二条中的"征用",第四十七条中的"《治安管理处罚条例》"修改为"《治安管理处罚法》"。

4. 将《城建监察规定》(建设部令第 55 号)第七条第一项中的"《中华人民共和国城市规划法》"修改为"《中华人民共和国城乡规划法》"。

5. 将《城市建设档案管理规定》(建设部令第 90 号)第一条中的"《中华人民共和国城市规划法》"修改为"《中华人民共和国城乡规划法》"。

6. 将《城市地下空间开发利用管理规定》(建设部令第 108 号)第一条中的"《中华人民共和国城市规划法》"和第九条、第十二条中的"《城市规划法》"修改为"《中华人民共和国城乡规划法》"。

7. 将《住宅室内装饰装修管理办法》(建设部令第 110 号)第三十九条中的"《城市规划法》"修改为"《中华人民共和国城乡规划法》"。

8. 将《城市绿线管理办法》(建设部令第 112 号)第一条、第八条、第十二条、第十六条中的"《城市规划法》"修改为"《中华人民共和国城乡规划法》"。

9. 将《外商投资城市规划服务企业管理规定》(建设部令第 116 号)第一条中的"《中华人民共和国城市规划法》"修改为"《中华人民共和国城乡规划法》"。

10. 将《城市抗震防灾规划管理规定》(建设部令第 117 号)第一条、第二十三条中的"《中华人民共和国城市规划法》"修改为"《中华人民共和国城乡规划法》"。

11. 将《城市紫线管理办法》(建设部令第 119 号)第一条中的"《中华人民共和国城市规划法》"和第二十条中的"《城市规划法》"修改为"《中华人民共和国城乡规划法》"。

12. 将《城市动物园管理规定》(建设部令第 133 号)第三十一条中的"《中华人民共和国治安管理处罚条例》"修改为"《中华人民共和国治安管理处罚法》"。

13. 将《建设部关于纳入国务院决定的十五项行政许可的条件的规定》(建设部令第 135 号)的第十五项行政许可删除。

14. 将《城市地下管线工程档案管理办法》(建设部令第 136 号)第一条中的"《中华人民共和国城市规划法》"修改为"《中华人民共和国城乡规划法》"。

15. 将《城市黄线管理办法》(建设部令第 144 号)第一条、第十七条中的"《城市规划法》"修改为"《中华人民共和国城乡规划法》"。

16. 将《城市蓝线管理办法》(建设部令第 145 号)第一条、第十四条中的"《中华人民共和国城市规划法》"修改为"《中华人民共和国城乡规划法》"。

企业年金基金管理办法

(2011 年 1 月 11 日人力资源和社会保障部第 58 次部务会审议通过 中国银行业监督管理委员会、中国证券监督管理委员会、中国保险监督管理委员会审议通过 2011 年 2 月 12 日中华人民共和国人力资源和社会保障部、中国银行业监督管理委员会、中国证券监督管理委员会、中国保险监督管理委员会令第 11 号公布 自 2011 年 5 月 1 日起施行)

第一章 总 则

第一条 为维护企业年金各方当事人的合法权益,规范企业年金基金管理,根据劳动法、信托法、合同法、证券投资基金法等法律和国务院有关规定,制定本办法。

第二条 企业年金基金的受托管理、账户管理、托管、投资管理以及监督管理适用本办法。

本办法所称企业年金基金,是指根据依法制定的企业年金计划筹集的资金及其投资运营收益形成的企业补充养老保险基金。

第三条 建立企业年金计划的企业及其职工作为委托人,与企业年金理事会或者法人受托机构(以下简称受托人)签订受托管理合同。

受托人与企业年金基金账户管理机构(以下简称账户管理人)、企业年金基金托管机构(以下简称托管人)和企业年金基金投资管理机构(以下简称投资管理人)分别签订委托管理合同。

第四条 受托人应当将受托管理合同和委托管理合同报人力资源社会保障行政部门备案。

第五条 一个企业年金计划应当仅有一个受托人、一个账户管理人和一个托管人,可以根据资产规模大小选择适量的投资管理人。

第六条 同一企业年金计划中,受托人与托管人、托管人与投资管理人不得为同一人;建立企业年金计划的企业成立企业年金理事会作为受托人的,该企业与托管人不得为同一人;受托人与托管人、托管人与投资管理人、投资管理人与其他投资管理人的总经理和企业年金从业人员,不得相互兼任。

同一企业年金计划中,法人受托机构具备账户管理或者投资管理业务资格的,可以兼任账户管理人或者投资管理人。

第七条 法人受托机构兼任投资管理人时,应当建立风险控制制度,确保各项业务管理之间的独立性;设立独立的受托业务和投资业务部门,办公区域、运营管理流程和业务制度应当严格分离;直接负责的高级管理人员、受托业务和投资业务部门的工作人员不得相互兼任。

同一企业年金计划中,法人受托机构对待各投资管理人应当执行统一的标准和流程,体现公开、公平、公正原则。

第八条 企业年金基金缴费必须归集到受托财产托管账户,并在45日内划入投资资产托管账户。企业年金基金财产独立于委托人、受托人、账户管理人、托管人、投资管理人和其他为企业年金基金管理提供服务的自然人、法人或者其他组织的固有财产及其管理的其他财产。

企业年金基金财产的管理、运用或者其他情形取得的财产和收益,应当归入基金财产。

第九条 委托人、受托人、账户管理人、托管人、投资管理人和其他为企业年金基金管理提供服务的自然人、法人或者其他组织,因依法解散、被依法撤销或者被依法宣告破产等原因进行终止清算的,企业年金基金财产不属于其清算财产。

第十条 企业年金基金财产的债权,不得与委托人、受托人、账户管理人、托管人、投资管理人和其他为企业年金基金管理提供服务的自然人、法人或者其他组织固有财产的债务相互抵销。不同企业年金计划的企业年金基金的债权债务,不得相互抵销。

第十一条 非因企业年金基金财产本身承担的债务,不得对基金财产强制执行。

第十二条 受托人、账户管理人、托管人、投资管理人和其他为企业年金基金管理提供服务的自然人、法人或者其他组织必须恪尽职守,履行诚实、信用、谨慎、勤勉的义务。

第十三条 人力资源社会保障部负责制定企业年金基金管理的有关政策。人力资源社会保障行政部门对企业年金基金管理进行监管。

第二章 受 托 人

第十四条 本办法所称受托人,是指受托管理企业年金基金的符合国家规定的养老金管理公司等法人受托机构(以下简称法人受托机构)或者企业年金理事会。

第十五条 建立企业年金计划的企业,应当通过职工大会或者职工代表大会讨论确定,选择法人受托机构作为受托人,或者成立企业年金理事会作为受托人。

第十六条 企业年金理事会由企业代表和职工代表等人员组成,也可以聘请企业以外的专业人员参加,其中职工代表不少于三分之一。理事会应当配备一定数量的专职工作人员。

第十七条 企业年金理事会中的职工代表和企业以外的专业人员由职工大会、职工代表大会或者其他形式民主选举产生。企业代表由企业方聘任。

理事任期由企业年金理事会章程规定,但每届任期不得超过三年。理事任期届满,连选可以连任。

第十八条 企业年金理事会理事应当具备下列条件:

(一)具有完全民事行为能力;

(二)诚实守信,无犯罪记录;

(三)具有从事法律、金融、会计、社会保障或者其他履行企业年金理事会理事职责所必需的专业知识;

(四)具有决策能力;

(五)无个人所负数额较大的债务到期未清偿情形。

第十九条 企业年金理事会依法独立管理本企业的企业年金基金事务,不受企业方的干预,不得从事任何形式的营业性活动,不得从企业年金基金财产中提取管理费用。

第二十条 企业年金理事会会议,应当由理事本人出席;理事因故不能出席,可以书面委托其他理事代为出席,委托书中应当载明授权范围。

理事会作出决议,应当经全体理事三分之二以上通过。理事会应当对会议所议事项的决定形成会议记录，出席会议的理事应当在会议记录上签名。

第二十一条 理事应当对企业年金理事会的决议承担责任。理事会的决议违反法律、行政法规、本办法规定或者理事会章程，致使企业年金基金财产遭受损失的，理事应当承担赔偿责任。但经证明在表决时曾表明异议并记载于会议记录的，该理事可以免除责任。

企业年金理事会对外签订合同，应当由全体理事签字。

第二十二条 法人受托机构应当具备下列条件：

（一）经国家金融监管部门批准，在中国境内注册的独立法人；

（二）注册资本不少于5亿元人民币，且在任何时候都维持不少于5亿元人民币的净资产；

（三）具有完善的法人治理结构；

（四）取得企业年金基金从业资格的专职人员达到规定人数；

（五）具有符合要求的营业场所、安全防范设施和与企业年金基金受托管理业务有关的其他设施；

（六）具有完善的内部稽核监控制度和风险控制制度；

（七）近3年没有重大违法违规行为；

（八）国家规定的其他条件。

第二十三条 受托人应当履行下列职责：

（一）选择、监督、更换账户管理人、托管人、投资管理人。

（二）制定企业年金基金战略资产配置策略。

（三）根据合同对企业年金基金管理进行监督。

（四）根据合同收取企业和职工缴费，向受益人支付企业年金待遇，并在合同中约定具体的履行方式。

（五）接受委托人查询，定期向委托人提交企业年金基金管理和财务会计报告。发生重大事件时，及时向委托人和有关监管部门报告；定期向有关监管部门提交开展企业年金基金受托管理业务情况的报告。

（六）按照国家规定保存与企业年金基金管理有关的记录自合同终止之日起至少15年。

（七）国家规定和合同约定的其他职责。

第二十四条 本办法所称受益人，是指参加企业年金计划并享有受益权的企业职工。

第二十五条 有下列情形之一的，法人受托机构职责终止：

（一）违反与委托人合同约定的；

（二）利用企业年金基金财产为其谋取利益，或者为他人谋取不正当利益的；

（三）依法解散、被依法撤销、被依法宣告破产或者被依法接管的；

（四）被依法取消企业年金基金受托管理业务资格的；

（五）委托人有证据认为更换受托人符合受益人利益的；

（六）有关监管部门有充分理由和依据认为更换受托人符合受益人利益的；

（七）国家规定和合同约定的其他情形。

企业年金理事会有前款第（二）项规定情形的，企业年金理事会职责终止，由委托人选择法人受托机构担任受托人。企业年金理事会有第（一）、（三）至（七）项规定情形之一的，应当按照国家规定重新组成，或者由委托人选择法人受托机构担任受托人。

第二十六条 受托人职责终止的，委托人应当在45日内委任新的受托人。

受托人职责终止的，应当妥善保管企业年金基金受托管理资料，在45日内办理完毕受托管理业务移交手续，新受托人应当接收并行使相应职责。

第三章　账户管理人

第二十七条 本办法所称账户管理人，是指接受受托人委托管理企业年金基金账户的专业机构。

第二十八条 账户管理人应当具备下列条件：

（一）经国家有关部门批准，在中国境内注册的独立法人；

（二）注册资本不少于5亿元人民币，且在任何时候都维持不少于5亿元人民币的净资产；

（三）具有完善的法人治理结构；

（四）取得企业年金基金从业资格的专职人员达到规定人数；

（五）具有相应的企业年金基金账户信息管理系统；

（六）具有符合要求的营业场所、安全防范设施和与企业年金基金账户管理业务有关的其他设施；

（七）具有完善的内部稽核监控制度和风险控制制度；

（八）近3年没有重大违法违规行为；

（九）国家规定的其他条件。

第二十九条 账户管理人应当履行下列职责：

（一）建立企业年金基金企业账户和个人账户。

（二）记录企业、职工缴费以及企业年金基金投资收益。

（三）定期与托管人核对缴费数据以及企业年金基金账户财产变化状

况,及时将核对结果提交受托人。

(四)计算企业年金待遇。

(五)向企业和受益人提供企业年金基金企业账户和个人账户信息查询服务;向受益人提供年度权益报告。

(六)定期向受托人提交账户管理数据等信息以及企业年金基金账户管理报告;定期向有关监管部门提交开展企业年金基金账户管理业务情况的报告。

(七)按照国家规定保存企业年金基金账户管理档案自合同终止之日起至少15年。

(八)国家规定和合同约定的其他职责。

第三十条 有下列情形之一的,账户管理人职责终止:

(一)违反与受托人合同约定的;

(二)利用企业年金基金财产为其谋取利益,或者为他人谋取不正当利益的;

(三)依法解散、被依法撤销、被依法宣告破产或者被依法接管的;

(四)被依法取消企业年金基金账户管理业务资格的;

(五)受托人有证据认为更换账户管理人符合受益人利益的;

(六)有关监管部门有充分理由和依据认为更换账户管理人符合受益人利益的;

(七)国家规定和合同约定的其他情形。

第三十一条 账户管理人职责终止的,受托人应当在45日内确定新的账户管理人。

账户管理人职责终止的,应当妥善保管企业年金基金账户管理资料,在45日内办理完毕账户管理业务移交手续,新账户管理人应当接收并行使相应职责。

第四章 托 管 人

第三十二条 本办法所称托管人,是指接受受托人委托保管企业年金基金财产的商业银行。

第三十三条 托管人应当具备下列条件:

(一)经国家金融监管部门批准,在中国境内注册的独立法人;

(二)注册资本不少于50亿元人民币,且在任何时候都维持不少于50亿元人民币的净资产;

(三)具有完善的法人治理结构;

(四)设有专门的资产托管部门;

（五）取得企业年金基金从业资格的专职人员达到规定人数；

（六）具有保管企业年金基金财产的条件；

（七）具有安全高效的清算、交割系统；

（八）具有符合要求的营业场所、安全防范设施和与企业年金基金托管业务有关的其他设施；

（九）具有完善的内部稽核监控制度和风险控制制度；

（十）近3年没有重大违法违规行为；

（十一）国家规定的其他条件。

第三十四条 托管人应当履行下列职责：

（一）安全保管企业年金基金财产。

（二）以企业年金基金名义开设基金财产的资金账户和证券账户等。

（三）对所托管的不同企业年金基金财产分别设置账户，确保基金财产的完整和独立。

（四）根据受托人指令，向投资管理人分配企业年金基金财产。

（五）及时办理清算、交割事宜。

（六）负责企业年金基金会计核算和估值，复核、审查和确认投资管理人计算的基金财产净值。

（七）根据受托人指令，向受益人发放企业年金待遇。

（八）定期与账户管理人、投资管理人核对有关数据。

（九）按照规定监督投资管理人的投资运作，并定期向受托人报告投资监督情况。

（十）定期向受托人提交企业年金基金托管和财务会计报告；定期向有关监管部门提交开展企业年金基金托管业务情况的报告。

（十一）按照国家规定保存企业年金基金托管业务活动记录、账册、报表和其他相关资料自合同终止之日起至少15年。

（十二）国家规定和合同约定的其他职责。

第三十五条 托管人发现投资管理人依据交易程序尚未成立的投资指令违反法律、行政法规、其他有关规定或者合同约定的，应当拒绝执行，立即通知投资管理人，并及时向受托人和有关监管部门报告。

托管人发现投资管理人依据交易程序已经成立的投资指令违反法律、行政法规、其他有关规定或者合同约定的，应当立即通知投资管理人，并及时向受托人和有关监管部门报告。

第三十六条 有下列情形之一的，托管人职责终止：

（一）违反与受托人合同约定的；

（二）利用企业年金基金财产为其谋取利益，或者为他人谋取不正当利益的；

（三）依法解散、被依法撤销、被依法宣告破产或者被依法接管的；

（四）被依法取消企业年金基金托管业务资格的；

（五）受托人有证据认为更换托管人符合受益人利益的；

（六）有关监管部门有充分理由和依据认为更换托管人符合受益人利益的；

（七）国家规定和合同约定的其他情形。

第三十七条 托管人职责终止的，受托人应当在45日内确定新的托管人。

托管人职责终止的，应当妥善保管企业年金基金托管资料，在45日内办理完毕托管业务移交手续，新托管人应当接收并行使相应职责。

第三十八条 禁止托管人有下列行为：

（一）托管的企业年金基金财产与其固有财产混合管理；

（二）托管的企业年金基金财产与托管的其他财产混合管理；

（三）托管的不同企业年金计划、不同企业年金投资组合的企业年金基金财产混合管理；

（四）侵占、挪用托管的企业年金基金财产；

（五）国家规定和合同约定禁止的其他行为。

第五章　投资管理人

第三十九条 本办法所称投资管理人，是指接受受托人委托投资管理企业年金基金财产的专业机构。

第四十条 投资管理人应当具备下列条件：

（一）经国家金融监管部门批准，在中国境内注册，具有受托投资管理、基金管理或者资产管理资格的独立法人。

（二）具有证券资产管理业务的证券公司注册资本不少于10亿元人民币，且在任何时候都维持不少于10亿元人民币的净资产；养老金管理公司注册资本不少于5亿元人民币，且在任何时候都维持不少于5亿元人民币的净资产；信托公司注册资本不少于3亿元人民币，且在任何时候都维持不少于3亿元人民币的净资产；基金管理公司、保险资产管理公司、证券资产管理公司或者其他专业投资机构注册资本不少于1亿元人民币，且在任何时候都维持不少于1亿元人民币的净资产。

（三）具有完善的法人治理结构。

（四）取得企业年金基金从业资格的专职人员达到规定人数。

（五）具有符合要求的营业场所、安全防范设施和与企业年金基金投资管理业务有关的其他设施。

（六）具有完善的内部稽核监控制度和风险控制制度。

（七）近3年没有重大违法违规行为。

（八）国家规定的其他条件。

第四十一条 投资管理人应当履行下列职责：

（一）对企业年金基金财产进行投资。

（二）及时与托管人核对企业年金基金会计核算和估值结果。

（三）建立企业年金基金投资管理风险准备金。

（四）定期向受托人提交企业年金基金投资管理报告；定期向有关监管部门提交开展企业年金基金投资管理业务情况的报告。

（五）根据国家规定保存企业年金基金财产会计凭证、会计账簿、年度财务会计报告和投资记录自合同终止之日起至少15年。

（六）国家规定和合同约定的其他职责。

第四十二条 有下列情形之一的，投资管理人应当及时向受托人报告：

（一）企业年金基金单位净值大幅度波动的；

（二）可能使企业年金基金财产受到重大影响的有关事项；

（三）国家规定和合同约定的其他情形。

第四十三条 有下列情形之一的，投资管理人职责终止：

（一）违反与受托人合同约定的；

（二）利用企业年金基金财产为其谋取利益，或者为他人谋取不正当利益的；

（三）依法解散、被依法撤销、被依法宣告破产或者被依法接管的；

（四）被依法取消企业年金基金投资管理业务资格的；

（五）受托人有证据认为更换投资管理人符合受益人利益的；

（六）有关监管部门有充分理由和依据认为更换投资管理人符合受益人利益的；

（七）国家规定和合同约定的其他情形。

第四十四条 投资管理人职责终止的，受托人应当在45日内确定新的投资管理人。

投资管理人职责终止的，应当妥善保管企业年金基金投资管理资料，在45日内办理完毕投资管理业务移交手续，新投资管理人应当接收并行使相应职责。

第四十五条 禁止投资管理人有下列行为：

（一）将其固有财产或者他人财产混同于企业年金基金财产；

（二）不公平对待企业年金基金财产与其管理的其他财产；

（三）不公平对待其管理的不同企业年金基金财产；

（四）侵占、挪用企业年金基金财产；

（五）承诺、变相承诺保本或者保证收益；

（六）利用所管理的其他资产为企业年金计划委托人、受益人或者相关管理人谋取不正当利益；

（七）国家规定和合同约定禁止的其他行为。

第六章　基金投资

第四十六条　企业年金基金投资管理应当遵循谨慎、分散风险的原则，充分考虑企业年金基金财产的安全性、收益性和流动性，实行专业化管理。

第四十七条　企业年金基金财产限于境内投资，投资范围包括银行存款、国债、中央银行票据、债券回购、万能保险产品、投资连结保险产品、证券投资基金、股票，以及信用等级在投资级以上的金融债、企业（公司）债、可转换债（含分离交易可转换债）、短期融资券和中期票据等金融产品。

第四十八条　每个投资组合的企业年金基金财产应当由一个投资管理人管理，企业年金基金财产以投资组合为单位按照公允价值计算应当符合下列规定：

（一）投资银行活期存款、中央银行票据、债券回购等流动性产品以及货币市场基金的比例，不得低于投资组合企业年金基金财产净值的5%；清算备付金、证券清算款以及一级市场证券申购资金视为流动性资产；投资债券正回购的比例不得高于投资组合企业年金基金财产净值的40%。

（二）投资银行定期存款、协议存款、国债、金融债、企业（公司）债、短期融资券、中期票据、万能保险产品等固定收益类产品以及可转换债（含分离交易可转换债）、债券基金、投资连结保险产品（股票投资比例不高于30%）的比例，不得高于投资组合企业年金基金财产净值的95%。

（三）投资股票等权益类产品以及股票基金、混合基金、投资连结保险产品（股票投资比例高于或者等于30%）的比例，不得高于投资组合企业年金基金财产净值的30%。其中，企业年金基金不得直接投资于权证，但因投资股票、分离交易可转换债等投资品种而衍生获得的权证，应当在权证上市交易之日起10个交易日内卖出。

第四十九条　根据金融市场变化和投资运作情况，人力资源社会保障部会同中国银监会、中国证监会和中国保监会，适时对投资范围和比例进行调整。

第五十条　单个投资组合的企业年金基金财产，投资于一家企业所发行的股票，单期发行的同一品种短期融资券、中期票据、金融债、企业（公司）债、可转换债（含分离交易可转换债），单只证券投资基金，单个万能保险产品或者投资连结保险产品,分别不得超过该企业上述证券发行量、该基金份额或者该保险产品资产管理规模的 5% ;按照公允价值计算,也不得超过该投资组合企业年金基金财产净值的 10% 。

单个投资组合的企业年金基金财产,投资于经备案的符合第四十八条投资比例规定的单只养老金产品,不得超过该投资组合企业年金基金财产净值的 30% ,不受上述 10% 规定的限制。

第五十一条 投资管理人管理的企业年金基金财产投资于自己管理的金融产品须经受托人同意。

第五十二条 因证券市场波动、上市公司合并、基金规模变动等投资管理人之外的因素致使企业年金基金投资不符合本办法第四十八条、第五十条规定的比例或者合同约定的投资比例的,投资管理人应当在可上市交易之日起 10 个交易日内调整完毕。

第五十三条 企业年金基金证券交易以现货和国务院规定的其他方式进行,不得用于向他人贷款和提供担保。

投资管理人不得从事使企业年金基金财产承担无限责任的投资。

第七章 收益分配及费用

第五十四条 账户管理人应当采用份额计量方式进行账户管理,根据企业年金基金单位净值,按周或者按日足额记入企业年金基金企业账户和个人账户。

第五十五条 受托人年度提取的管理费不高于受托管理企业年金基金财产净值的 0.2% 。

第五十六条 账户管理人的管理费按照每户每月不超过 5 元人民币的限额,由建立企业年金计划的企业另行缴纳。

保留账户和退休人员账户的账户管理费可以按照合同约定由受益人自行承担,从受益人个人账户中扣除。

第五十七条 托管人年度提取的管理费不高于托管企业年金基金财产净值的 0.2% 。

第五十八条 投资管理人年度提取的管理费不高于投资管理企业年金基金财产净值的 1.2% 。

第五十九条 根据企业年金基金管理情况,人力资源社会保障部会同中国银监会、中国证监会和中国保监会,适时对有关管理费进行调整。

第六十条 投资管理人从当期收取的管理费中,提取 20% 作为企业年金基金投资管理风险准备金,专项用于弥补合同终止时所管理投资组合的企业年金基金当期委托投资资产的投资亏损。

第六十一条　当合同终止时,如所管理投资组合的企业年金基金财产净值低于当期委托投资资产的,投资管理人应当用风险准备金弥补该时点的当期委托投资资产亏损,直至该投资组合风险准备金弥补完毕;如所管理投资组合的企业年金基金当期委托投资资产没有发生投资亏损或者风险准备金弥补后有剩余的,风险准备金划归投资管理人所有。

第六十二条　企业年金基金投资管理风险准备金应当存放于投资管理人在托管人处开立的专用存款账户,余额达到投资管理人所管理投资组合基金财产净值的10%时可以不再提取。托管人不得对投资管理风险准备金账户收取费用。

第六十三条　风险准备金由投资管理人进行管理,可以投资于银行存款、国债等高流动性、低风险金融产品。风险准备金产生的投资收益,应当纳入风险准备金管理。

第八章　计划管理和信息披露

第六十四条　企业年金单一计划指受托人将单个委托人交付的企业年金基金,单独进行受托管理的企业年金计划。

企业年金集合计划指同一受托人将多个委托人交付的企业年金基金,集中进行受托管理的企业年金计划。

第六十五条　法人受托机构设立集合计划,应当制定集合计划受托管理合同,为每个集合计划确定账户管理人、托管人各一名,投资管理人至少三名;并分别与其签订委托管理合同。

集合计划受托人应当将制定的集合计划受托管理合同、签订的委托管理合同以及该集合计划的投资组合说明书报人力资源社会保障部备案。

第六十六条　一个企业年金方案的委托人只能建立一个企业年金单一计划或者参加一个企业年金集合计划。委托人加入集合计划满3年后,方可根据受托管理合同规定选择退出集合计划。

第六十七条　发生下列情形之一的,企业年金单一计划变更:

(一)企业年金计划受托人、账户管理人、托管人或者投资管理人变更;

(二)企业年金基金管理合同主要内容变更;

(三)企业年金计划名称变更;

(四)国家规定的其他情形。

发生前款规定情形时,受托人应当将相关企业年金基金管理合同重新报人力资源社会保障行政部门备案。

第六十八条　企业年金单一计划终止时,受托人应当组织清算组对企业年金基金财产进行清算。清算费用从企业年金基金财产中扣除。

清算组由企业代表、职工代表、受托人、账户管理人、托管人、投资管理人以及由受托人聘请的会计师事务所、律师事务所等组成。

清算组应当自清算工作完成后 3 个月内,向人力资源社会保障行政部门和受益人提交经会计师事务所审计以及律师事务所出具法律意见书的清算报告。

人力资源社会保障行政部门应当注销该企业年金计划。

第六十九条 受益人工作单位发生变化,新工作单位已经建立企业年金计划的,其企业年金个人账户权益应当转入新工作单位的企业年金计划管理。新工作单位没有建立企业年金计划的,其企业年金个人账户权益可以在原法人受托机构发起的集合计划设置的保留账户统一管理;原受托人是企业年金理事会的,由企业与职工协商选择法人受托机构管理。

第七十条 企业年金单一计划终止时,受益人企业年金个人账户权益应当转入原法人受托机构发起的集合计划设置的保留账户统一管理;原受托人是企业年金理事会的,由企业与职工协商选择法人受托机构管理。

第七十一条 发生以下情形之一的,受托人应当聘请会计师事务所对企业年金计划进行审计。审计费用从企业年金基金财产中扣除:

(一)企业年金计划连续运作满三个会计年度时;

(二)企业年金计划管理人职责终止时;

(三)国家规定的其他情形。

账户管理人、托管人、投资管理人应当自上述情况发生之日起配合会计师事务所对企业年金计划进行审计。受托人应当自上述情况发生之日起的 50 日内向委托人以及人力资源社会保障行政部门提交审计报告。

第七十二条 受托人应当在每季度结束后 30 日内向委托人提交企业年金基金管理季度报告;并应当在年度结束后 60 日内向委托人提交企业年金基金管理和财务会计年度报告。

第七十三条 账户管理人应当在每季度结束后 15 日内向受托人提交企业年金基金账户管理季度报告;并应当在年度结束后 45 日内向受托人提交企业年金基金账户管理年度报告。

第七十四条 托管人应当在每季度结束后 15 日内向受托人提交企业年金基金托管和财务会计季度报告;并应当在年度结束后 45 日内向受托人提交企业年金基金托管和财务会计年度报告。

第七十五条 投资管理人应当在每季度结束后 15 日内向受托人提交经托管人确认财务管理数据的企业年金基金投资组合季度报告;并应当在年度结束后 45 日内向受托人提交经托管人确认财务管理数据的企业年金基金投资管理年度报告。

第七十六条　法人受托机构、账户管理人、托管人和投资管理人发生下列情形之一的,应当及时向人力资源社会保障部报告;账户管理人、托管人和投资管理人应当同时抄报受托人:

（一）减资、合并、分立、依法解散、被依法撤销、决定申请破产或者被申请破产的;

（二）涉及重大诉讼或者仲裁的;

（三）董事长、总经理、直接负责企业年金业务的高级管理人员发生变动的;

（四）国家规定的其他情形。

第七十七条　受托人、账户管理人、托管人和投资管理人应当按照规定报告企业年金基金管理情况,并对所报告内容的真实性、完整性负责。

第九章　监督检查

第七十八条　法人受托机构、账户管理人、托管人、投资管理人开展企业年金基金管理相关业务,应当向人力资源社会保障部提出申请。法人受托机构、账户管理人、投资管理人向人力资源社会保障部提出申请前应当先经其业务监管部门同意,托管人向人力资源社会保障部提出申请前应当先向其业务监管部门备案。

第七十九条　人力资源社会保障部收到法人受托机构、账户管理人、托管人、投资管理人的申请后,应当组织专家评审委员会,按照规定进行审慎评审。经评审符合条件的,由人力资源社会保障部会同有关部门确认公告;经评审不符合条件的,应当书面通知申请人。

专家评审委员会由有关部门代表和社会专业人士组成。每次参加评审的专家应当从专家评审委员会中随机抽取产生。

第八十条　受托人、账户管理人、托管人、投资管理人开展企业年金基金管理相关业务,应当接受人力资源社会保障行政部门的监管。

法人受托机构、账户管理人、托管人和投资管理人的业务监管部门按照各自职责对其经营活动进行监督。

第八十一条　人力资源社会保障部依法履行监督管理职责,可以采取以下措施:

（一）查询、记录、复制与被调查事项有关的企业年金基金管理合同、财务会计报告等资料;

（二）询问与调查事项有关的单位和个人,要求其对有关问题做出说明、提供有关证明材料;

（三）国家规定的其他措施。

委托人、受托人、账户管理人、托管人、投资管理人和其他为企业年金基金管理提供服务的自然人、法人或者其他组织，应当积极配合检查，如实提供有关资料，不得拒绝、阻挠或者逃避检查，不得谎报、隐匿或者销毁相关证据材料。

第八十二条　人力资源社会保障部依法进行调查或者检查时，应当至少由两人共同进行，并出示证件，承担下列义务：

（一）依法履行职责，秉公执法，不得利用职务之便谋取私利；

（二）保守在调查或者检查时知悉的商业秘密；

（三）为举报人员保密。

第八十三条　法人受托机构、中央企业集团公司成立的企业年金理事会、账户管理人、托管人、投资管理人违反本办法规定或者企业年金基金管理费、信息披露相关规定的，由人力资源社会保障部责令改正。其他企业（包括中央企业子公司）成立的企业年金理事会，违反本办法规定或者企业年金基金管理费、信息披露相关规定的，由管理合同备案所在地的省、自治区、直辖市或者计划单列市人力资源社会保障行政部门责令改正。

第八十四条　受托人、账户管理人、托管人、投资管理人发生违法违规行为可能影响企业年金基金财产安全的，或者经责令改正而不改正的，由人力资源社会保障部暂停其接收新的企业年金基金管理业务。给企业年金基金财产或者受益人利益造成损害的，依法承担赔偿责任；构成犯罪的，依法追究刑事责任。

第八十五条　人力资源社会保障部将法人受托机构、账户管理人、托管人、投资管理人违法行为、处理结果以及改正情况予以记录，同时抄送业务监管部门。在企业年金基金管理资格有效期内，有三次以上违法记录或者一次以上经责令改正而不改正的，在其资格到期之后 5 年内，不再受理其开展企业年金基金管理业务的申请。

第八十六条　会计师事务所和律师事务所提供企业年金中介服务应当严格遵守相关职业准则和行业规范。

第十章　附　　则

第八十七条　企业年金基金管理，国务院另有规定的，从其规定。

第八十八条　本办法自 2011 年 5 月 1 日起施行。劳动和社会保障部、中国银行业监督管理委员会、中国证券监督管理委员会、中国保险监督管理委员会于 2004 年 2 月 23 日发布的《企业年金基金管理试行办法》（劳动保障部令第 23 号）同时废止。

关于公布住房和城乡建设部规范性
文件清理结果目录的公告

（2011 年 1 月 26 日中华人民共和国
住房和城乡建设部令公告第 894 号公布）

根据《国务院办公厅关于做好规章清理工作有关问题的通知》（国办发
〔2010〕28 号）的要求，我部认真组织开展了规范性文件清理工作，确定废止
或失效规范性文件 290 件，继续有效的规范性文件 877 件。现将《住房和城
乡建设部规范性文件清理结果目录》予以公布。

废止或失效的规范性文件目录

序号	文　号	文件名称
1	（90）建办档字第 41 号	建设部办公厅关于认真学习贯彻国办发〔1989〕57 号文件进一步加强城建档案工作的通知
2	建办〔1994〕590 号	建设部关于加强工程档案资料保证金管理的通知
3	建办〔1995〕434 号	建设部关于执行建设部《市政工程施工技术资料管理规定》的补充通知
4	建办〔1995〕637 号	建设部关于城建档案保证金问题的复函
5	建办〔1995〕697 号	建设部关于印发《城市建设档案案卷质量规定》的通知
6	建办〔1997〕194 号	建设部关于印发《城市管线工程档案管理办法》的通知
7	建办宣〔1998〕57 号	关于认真贯彻执行《高等学校学报管理办法》的通知
8	建办〔2002〕45 号	关于印发《建设部政务信息工作管理办法》的通知
9	建法〔1990〕515 号	关于印发《关于继续在部分城市建筑业进行行业管理试点的意见》的通知
10	建法〔1991〕788 号	关于印发《建设法律体系规划方案》的通知
11	建法〔1991〕798 号	关于印发《建筑市场管理规定》的通知
12	建法〔1991〕603 号	关于取水许可证管理工作问题的复函
13	建法〔1993〕105 号	关于印发《建设行政执法监督检查办法》的通知
14	建法〔1991〕99 号	关于《城市规划法》的法律溯及力问题的通知
15	建法〔1992〕873 号	关于印发《建设系统普法函授教育实施方案》的通知

序号	文　号	文件名称
16	建法〔1993〕133 号	关于发布《全民所有制建筑安装企业转换经营机制实施办法》的通知
17	建法〔1993〕631 号	关于发布《全民所有制城市供水、供气、供热企业转换经营机制实施办法》的通知
18	建法〔1994〕193 号	关于印发《关于在全国大中城市推行建筑业行业管理的意见》的通知
19	建法〔1995〕249 号	关于印发《建设部建立现代企业制度试点工作程序》的通知
20	建法〔1995〕366 号	关于确定八家房地产企业作为建设部现代企业制度试点企业的通知
21	建法〔1995〕441 号	关于确定五家直属企业作为建设部现代企业制度试点企业的通知
22	建法〔1995〕563 号	关于确定建设部企业法律顾问工作联系单位的通知
23	建法〔1995〕584 号	关于严格管理建设部所属企业到海外上市发行股票的通知
24	建法〔1995〕721 号	关于印发《建筑业企业建立现代企业制度试点指导意见》的通知
25	建法〔1996〕38 号	关于印发《房地产企业建立现代企业制度试点指导意见》的通知
26	建法〔1996〕39 号	关于印发《勘查设计企业建立现代企业制度试点指导意见》的通知
27	建法〔1996〕442 号	关于印发《在建设系统加强企业法律顾问工作的意见》的通知
28	建法〔1997〕269 号	关于印发《建设部关于深入开展学邯钢经验抓企业管理的意见》的通知
29	建法〔1997〕345 号	关于印发《建设部开展企业集团试点工作指导意见》的通知
30	建法函〔1998〕116 号	关于城镇房屋所有权证书颁发问题的复函
31	建法〔1999〕97 号	关于印发《建设系统行业依法治理工作规则》、《建设系统企业依法治理工作规则》的通知
32	建法〔1999〕317 号	关于印发《关于进一步推进建设系统国有企业改革和发展的指导意见》的通知
33	建法〔1999〕423 号	关于增补八家企业集团为建设部试点企业的通知
34	建法函〔2000〕2 号	关于批准浙江广厦建设集团为试点企业集团的通知
35	建法〔2000〕88 号	关于加强建设系统政策研究工作的通知
36	建法〔2000〕156 号	关于进一步搞好企业集团试点工作的若干意见
37	建法〔2001〕54 号	关于建立重大行政处罚备案制度以及行政复议、行政应诉案件统计报告制度的通知

序号	文号	文件名称
38	建法函〔2001〕68 号	关于增补三家企业集团为建设部试点企业集团的通知
39	建法函〔2001〕85 号	关于《城镇房屋所有权登记暂行办法》有关问题的复函
40	建法函〔2001〕161 号	对辽宁省建设厅《关于城市房屋拆迁有关问题的请示》的复函
41	建法函〔2001〕318 号	关于城市房屋拆迁有关问题的复函
42	建法函〔2001〕240 号	关于山东省建设厅请求解释《城市房屋拆迁管理条例》有关条款的复函
43	建办法函〔2002〕431 号	关于城市燃气资质管理有关问题的复函
44	建法〔2003〕233 号	关于在建设系统积极开展法律援助活动的通知
45	建办法函〔2003〕619 号	关于对《城市房屋权属登记管理办法》有关问题的复函
46	建法函〔2004〕229 号	关于印发《建设部关于在建设系统贯彻实施〈全面推进依法行政实施纲要〉的五年规划》的通知
47	建办法函〔2005〕540 号	关于对《关于要求对〈城市房屋权属登记管理办法〉第三十七条作出解释的函》的复函
48	建法函〔2006〕134 号	关于印发《建设部关于在建设系统开展法制宣传教育的第五个五年规划》的通知
49	建法〔2010〕37 号	关于印发住房城乡建设系统"五五"普法检查验收工作方案的通知
50	建房字〔1988〕373 号	建设部、国务院住房制度改革领导小组关于加强出售公有住房价格管理的通知
51	建住房〔2000〕196 号	关于进一步规范经济适用住房建设和销售行为的通知
52	建住房〔2005〕178 号	关于推进东北地区棚户区改造工作的指导意见
53	建保〔2008〕79 号	关于印发城市低收入家庭住房保障统计报表制度的通知
54	1980－12－16	国家建委关于颁发《城市规划定额指标暂行规定》的通知
55	建规〔1995〕288 号	关于印发《关于省域城镇体系规划报审工作的要求》的通知
56	建规〔1998〕6 号	关于贯彻国办发〔1998〕105 号文件加快高等院校筒子楼和危房改造工作的通知
57	建规〔1999〕135 号	关于改进和完善城市总体规划上报材料的通知
58	建规〔1999〕190 号	关于中小城市总体规划中规划人口与建设用地规模核定工作的补充通知
59	建规〔1999〕175 号	关于规范申请历史文化名城保护专项资金补助项目上报材料的通知
60	建规〔2001〕48 号	关于印发《城乡规划督察暂行办法》的通知
61	建规〔2002〕218 号	关于印发《近期建设规划工作暂行办法》、《城市规划强制性内容暂行规定》的通知
62	建规〔2005〕161 号	关于开展城乡规划效能检查的通知
63	建村〔1993〕252 号	关于颁发村镇规划设计单位专项工程设计证书的通知

序号	文　号	文件名称
64	建村〔1993〕690 号	关于印制和使用《村镇规划选址意见书》的通知
65	建标〔1995〕660 号	建设部关于加强工程建设强制性国家标准和全国统一的工程计价定额出版、发行管理的通知
66	建标〔1995〕250 号	关于依法推行建设工业产品质量认证的几点意见的通知
67	建标〔1997〕43 号	关于发布《关于在部分建设工业产品试行准用证的通知》的实施细则等三项管理细则的通知
68	建标〔2000〕248 号	关于加强《工程建设标准强制性条文》实施工作的通知
69	建标〔2002〕187 号	关于印发《〈造价工程师注册管理方法〉的实施意见》的通知
70	建房字〔1989〕408 号	建设部关于颁布城市综合开发公司资质等级标准的通知
71	(79)城发房字 17 号	国家城市建设总局关于重申制止降低公有住宅租金标准的通知
72	(79)建发办字 346 号	国家建委转发浙江省建委关于不得将房管部门统一管理的非住宅用房划给各系统自行管理的通知
73	1979 年 10 月	国家城市建设总局制定的各级房产管理员工作职责条例(试行)
74	(80)城发房字 151 号	国家城市建设总局印发关于加强城市公房管理工作的意见的函
75	(82)城发房字 77 号	国家城市建设总局关于加强城市(镇)房地产产权产籍管理工作的通知
76	(85)城住字第 527 号	城乡建设环境保护部转发天津市单位自有房产管理办法的通知
77	(86)城办字第 579 号	城乡建设环境保护部印发《房管职工业道德准则》(试行)
78	(87)城住字第 89 号	城乡建设环境保护部关于进一步加强城市私房管理工作的通知
79	(87)城住字第 198 号	城乡建设环境保护部转发福建省财政厅、建委《关于将县房管机构划归建委统一管理的通知》
80	(87)城住字第 242 号	城乡建设环境保护部关于印发《城镇房屋所有权登记暂行办法》的通知
81	(87)城住字第 246 号	城乡建设环境保护部关于加强城市房地产资料管理的通知
82	(87)城房公字第 31 号	建设部房地产业司对机关、团体、部队、企业事业单位私自购买城市私房的处理原则
83	(87)城房字第 422 号	城乡建设环境保护部关于落实城镇房屋所有权登记发证工作所需测绘保障任务的通知
84	(87)城房字第 57 号	建设部房地产业司关于加强房地产测绘工作的通知

序号	文　号	文件名称
85	(88)建房字第 15 号	建设部转发国务院机关事务管理局《关于开展中央国家机关房屋所有权登记、核发房屋所有权证工作的通知》的通知
86	(89)建房市字第 05 号	建设部房地产业司关于印发《加强房地产管理、深化改革房地产企业经营机制的若干意见》的通知
87	(89)建房字第 381 号	建设部关于严格执行房地产地籍测绘要求配制房屋所有权证附图的通知
88	(90)建房字第 212 号	建设部关于巩固房屋所有权登记工作成果,进一步加强房地产产权产籍管理的通知
89	建房字〔1990〕279 号	建设部关于贯彻国务院〔1990〕31 号文件精神,加强城市规划、房改和房地产业行业管理的通知
90	(91)建房管字第 23 号	建设部房地产业司关于在房地产管理中加快应用计算机的意见
91	建房〔1991〕584 号	关于加强城镇国有土地经营管理的通知
92	建房〔1992〕162 号	建设部关于加强城镇地产价格评估工作的通知
93	建房〔1992〕239 号	建设部关于加强商品房屋产权产籍登记管理的通知
94	建房管字〔1992〕34 号	建设部房地产业司关于成都市房屋产权登记发证权限问题请示的答复
95	建房〔1992〕579 号	建设部关于印发《城市房地产市场估价管理暂行办法》的通知
96	建房〔1993〕571 号	建设部关于加强《房屋所有权证》发放管理工作的通知
97	建房〔1994〕435 号	建设部关于认真宣传贯彻《中华人民共和国城市房地产管理法》的通知
98	建房产字〔1995〕第 02 号	关于转发广东省建委《关于严格办理房地产抵押登记手续、防止伪造〈房屋所有权证〉诈骗的紧急通知》的通知
99	建房〔1995〕第 277 号	关于加快房地产市场流通,促进商品房销售的通知
100	〔95〕建房产字第 26 号	建设部关于《房屋他项权证》有关问题请示的答复
101	建办房〔1996〕61 号	建设部办公厅关于完善与加强房地产行政管理机构的函
102	建房函〔1998〕36 号	关于对中国建设银行《关于反映房地产抵押登记有关问题的函》的复函
103	建住房市〔1998〕017 号	关于印发《房地产二、三级市场管理工作研讨会会议纪要》的通知
104	建住房〔2000〕201 号	关于印发《简化房地产交易与房屋权属登记程序的指导意见》的通知
105	2005－7－13	关于对企业事业单位购租私房有关问题的函

序号	文 号	文件名称
106	建办住房函〔2006〕374 号	关于办理房屋权属登记有关问题的复函
107	建住房〔1998〕213 号	建设部、财政部关于印发《住宅共用部位共用设施设备维修基金管理办法》的通知
108	建住房〔2003〕131 号	建设部关于印发《业主大会规程》的通知
109	建住房〔2002〕66 号	关于印发《房地产统计指标解释（试行）》的通知
110	建住房〔2002〕67 号	关于印发《房地产统计报表制度（试行）》的通知
111	建住房综函〔2002〕016 号	关于上报《房地产统计 2001 年年报和 2002 年定期报表》的函
112	建住房综函〔2002〕071 号	关于上报《房地产统计 2002 年年报和 2003 年定期报表》的函
113	建住房综函〔2004〕002 号	关于印发《房地产统计报表制度 2003 年统计年报和 2004 年定期报表》的函
114	建住房综函〔2005〕087 号	关于印发《房地产统计报表制度》（2005 年统计年报和 2006 年定期报表）的函
115	建住房综函〔2006〕124 号	关于印发《房地产统计报表制度》（2006 年统计年报和 2007 年定期报表）的函
116	建住房综函〔2007〕084 号	关于继续执行《房地产统计报表制度》的函
117	建房综函〔2009〕088 号	关于召开 2008 年度房地产统计年报会审会议的通知
118	建房综函〔2009〕061 号	关于布置《房地产市场监管统计报表制度》和《房屋概况统计报表制度》的函
119	(87)城住字第 30 号	城乡建设环境保护部关于禁止将房管部门统一经营管理的非住宅用房划拨给使用单位自管的通知
120	(88)城房字第 95 号	城乡建设环境保护部关于房屋所有权登记工作中对违章建筑处理的原则意见
121	1988 - 7 - 19	建设部关于建立和健全房地产交易所的通知
122	(88)建房管字第 34 号	建设部房地产业司关于盘江矿务局房产登记发证工作有关问题请示的批复
123	建房〔1991〕358 号	建设部关于房产作价合资或以股份形式转让是否视为房产交易的复函
124	建房〔1991〕385 号	建设部关于加强房产测量工作的通知
125	建房〔1992〕22 号	建设部关于重申不得把房管部门直管公房中非住宅用房划归使用部门管理的通知
126	(93)建房管字第 32 号	建设部房地产业司对《关于确定直管国有房屋土地使用权问题的请示》的答复

序号	文　号	文件名称
127	建房〔1993〕739 号	建设部关于国有直管公房的土地使用权登记有关问题的通知
128	建房〔1992〕462 号	建设部关于申报土地使用权涉及国有房地产权问题的复函
129	建房函〔1996〕178 号	建设部关于城市规划区房地产行政管理问题的复函
130	〔96〕建房产函第 70 号	建设部房地产业司《关于抵押届满抵押人未还清债务抵押人对抵押物是否丧失优先受偿权的请示》的复函
131	建住房市函〔1998〕006 号	关于对《关于大庆市对临时性房屋能否继续进行产权登记的请示》的复函
132	建住房〔1999〕72 号	关于加强房地产测量及房屋面积计算管理工作的通知
133	建办住房〔2000〕4 号	建设部关于进一步加强房地产测量及房屋面积计算管理工作的通知
134	建住房市函〔2001〕058 号	对《关于能否在商场内摊位办理权属登记的请示》的复函
135	建住房函〔2003〕82 号	关于对金融资产管理公司处置房地产所遇问题意见的复函
136	建房字〔1989〕625 号	关于印发全国房地产开发企业升级实施办法(试行)的通知
137	建房字〔1990〕281 号	关于加强城市综合开发公司资质管理的通知
138	建房〔1996〕181 号	住宅产业现代化试点工作大纲
139	(85)城住公字第 11 号	城乡建设环境保护部城市住宅局关于全国城镇房屋普查中保密用房普查的原则说明
140	(85)城住公字第 25 号	城乡建设环境保护部城市住宅局关于印发《全国城镇房屋普查试行质量标准及验收办法》的通知
141	(86)城住字第 51 号	城乡建设环境保护部关于开展城镇房产产权登记、核发产权证工作的通知
142	(87)城住字第 11 号	城乡建设环境保护部关于颁发《房屋所有权证》式样及房屋所有权登记发证工作的通知
143	(93)建房管字第 19 号	建设部房地产业司关于印发房地产产权管理创先达标(标准)的通知
144	建房〔1996〕314 号	建设部关于开展房屋产权验证和房屋登记工作的通知
145	〔97〕建房市字第 010 号	建设部房地产业司关于开展房地产价格评估机构资格等级评定工作有关问题
146	〔97〕建房市字第 013 号	关于 1996 年房地产估价师执业资格考试合格人员注册登记的通知
147	〔97〕建房市字第 38 号	1998 年全国房地产估价师执业资格考试有关问题的通知
148	建房〔1997〕302 号	关于认真学习宣传贯彻《城市房屋权属登记管理办法》的通知
149	〔98〕建房字第 25 号	1998 年全国房地产执业资格考试有关问题的补充通知

序号	文　号	文件名称
150	建住房市〔1999〕021 号	关于 1999 年全国房地产估价师执业资格考试有关问题的补充通知
151	建住房市〔2000〕004 号	关于举办"开放、搞活房地产市场政策与实务研讨班"的通知
152	建住房市函〔2000〕016 号	关于开展《房产测量规范》培训的通知
153	建住房〔2001〕52 号	关于 2001 年房地产价格评估机构一级资质评定有关问题的通知
154	建住房市函〔2001〕010 号	关于 2001 年全国房地产估价师执业资格考试指定辅导教材征订的函
155	建住房开函〔2001〕0107 号	关于进一步开展销售"放心房"、提供"放心中介"联合宣言活动的通知
156	建住房〔2001〕202 号	关于表彰销售"放心房"、提供"放心中介"承诺活动先进单位的通知
157	建住房市函〔2002〕078 号	关于对住房置业担保业务开展情况进行调查的函
158	建住房函〔2003〕49 号	建设部关于对 2003 年评定一级房地产价格评估机构资格有关问题的通知
159	建办住房函〔2003〕502 号	关于召开房地产估价师执业资格制度建立十周年座谈暨房地产估价学术研讨会的通知
160	建住房函〔2004〕55 号	建设部关于评定 2004 年一级房地产价格评估机构资格有关问题的通知
161	建住房〔2006〕247 号	关于成立房地产交易秩序专项整治工作协调小组及办公室的通知
162	建住房市函〔2007〕039 号	关于举办"贯彻实施《物权法》完善房地产登记制度"培训班的函
163	建房〔1997〕62 号	关于整顿全国房屋所有权登记发证秩序的通知
164	建住房〔1999〕119 号	关于进一步转变工作作风切实加强和改善房屋权属登记发证工作的通知
165	建住房〔2001〕193 号	关于清理检查房屋权属证书印制发放工作的通知
166	建办住房〔2002〕54 号	关于进一步做好整顿和规范房地产市场秩序有关问题的通知
167	建办住房函〔2003〕85 号	关于中国银行办理有关房屋权属登记问题的函
168	建住房函〔2003〕263 号	对现有住房置业担保机构进行清理检查的通知
169	建住房函〔2004〕137 号	建设部关于对房地产估价行业进行全面检查的通知
170	建住房〔2006〕166 号	关于进一步整顿规范房地产交易秩序的通知

序号	文　号	文件名称
171	建住房市函〔2007〕049 号	关于开展房地产交易与权属登记规范化管理先进单位实地考核和复检的通知
172	建住房函〔2007〕362 号	关于 2007 年全国房地产交易与权属登记规范化管理工作的通报
173	建办房函〔2009〕431 号	关于开展房地产估价报告检查工作的通知
174	建房〔1995〕第 152 号	建设部、中国人民银行关于加强与银行贷款业务相关的房地产抵押和评估管理工作的通知
175	建房〔1995〕386 号	建设部、国家工商行政管理局关于印发《商品房购销合同示范文本》的通知
176	建房〔1988〕170 号	建设部、国家物价局、国家工商行政管理局关于加强房地产交易市场管理的通知
177	建房〔1991〕491 号	建设部 国家工商行政管理局关于严格控制审批新成立房地产开发公司的通知
178	建房〔1992〕500 号	建设部、国家工商行政管理局关于房地产开发企业管理的通知
179	建房〔1993〕818 号	建设部 国家工商行政管理局 国家税务总局 国家土地管理局关于房地产开发经营机构全面检查中有关问题处理意见的通知
180	建房〔1996〕453 号	建设部 国家建材局关于建设建材部门共同合作推进住宅产业现代化工作的通知
181	(84)城住字 391 号	城乡建设环境保护部、国家统计局关于开展全国城镇房屋普查的通知
182	建住房〔2002〕123 号	建设部 国家计委 国家经贸委 财政部 国土资源部 国家工商行政管理总局 监察部关于整顿和规范房地产市场秩序的通知
183	建设〔1996〕375 号	建设部关于实施注册建筑师制度有关建筑工程资格管理问题的通知
184	建设〔1998〕194 号	关于建立《建筑智能化系统工程设计和系统集成专项资质及开展试点工作》的通知
185	建设〔1999〕9 号	关于开展换发建筑工程设计资质证书工作的通知
186	建设〔2000〕126 号	关于印发《轻型房屋钢结构工程设计专项资质管理暂行办法》和《建筑幕墙工程设计专项资质管理暂行办法》的通知
187	建设〔2001〕9 号	关于印发《关于加强建筑装饰设计市场管理的意见》和《建筑装饰设计资质分级标准》的通知
188	建设〔2000〕67 号	关于国外独资工程设计咨询企业或机构申报专项工程设计资质有关问题的通知

序号	文　号	文件名称
189	建设〔1997〕118 号	关于印发《回国（来华）定居专家注册建筑师资格确认与执业注册的暂行规定》
190	建设〔2000〕285 号	关于印发《建筑工程设计事务所管理办法》的通知
191	建市〔2007〕131 号	工程监理企业资质标准
192	建城园函〔2003〕95 号	关于印发《国家园林城市遥感调查与测试要求（试行）》的通知
193	建城园函〔2009〕89 号	关于调整国家园林城市遥感调查与测试要求的通知
194	建城〔2004〕98 号	关于印发创建"生态园林城市"实施意见的通知
195	建城〔2005〕43 号	关于印发《国家园林城市申报与评审办法》、《国家园林城市标准》的通知
196	建城〔1991〕193 号	建设部关于加强古树名木保护和管理的通知
197	(87)城建字第 281 号	关于发布《风景名胜区管理暂行条例实施办法》的通知
198	〔1986〕城城字第 171 号	关于批准颁发《动物园动物管理技术规程》的通知
199	建城〔1992〕611 号	关于动物园饲养动物调出管理问题的通知
200	1982－8－21	关于颁布《市政工程设施管理条例》的通知
201	建办质〔2003〕23 号	关于加强建设系统重大质量安全事故快报工作的通知
202	建质函〔2005〕380 号	关于印发《建设部安全事故与自然灾害预防、接报与应急处置工作程序》的通知
203	建质函〔2006〕124 号	关于印发《建设部安全生产管理委员会工作规则》的通知
204	建办质〔2005〕7 号	关于建立全国地铁安全生产管理工作联络员制度和印发《全国地铁安全生产管理工作联络员工作办法》的通知
205	(84)城抗字第 267 号	城乡建设环境保护部关于印发《设备抗震加固暂行规定》、《地震基本烈度六度地区重要城市抗震设防和加固的暂行规定》、《抗震加固技术管理办法》的通知
206	(85)城抗字 44 号	城乡建设环境保护部关于印发《城市抗震防灾规划编制工作暂行规定》的通知
207	(87)城抗字第 524 号	城乡建设环境保护部关于印发《城市抗震防灾规划编制工作补充规定》的通知
208	(88)城城办字第 66 号	建设部城市建设管理局关于重点抗震城市供水、煤气、桥梁设施做好抗震防灾的通知
209	(89)建抗字第 426 号	建设部关于印发《地震基本烈度六度区现有建筑抗震加固暂行规定》和《地震基本烈度十度区建筑抗震设防暂行规定》的通知
210	(90)建抗字第 398 号	建设部关于城市抗震防灾规划编制和评审工作有关问题的通知

序号	文　号	文件名称
211	建抗〔1990〕377号	关于印发《建筑地震破坏等级划分标准》的通知
212	建抗〔1991〕138号	关于印发《企业抗震工作暂行规定》的通知
213	(91)建抗震字第88号	建设部抗震办公室关于印发《抗震办公室震时应急预案(试行)》的通知
214	建建〔1992〕144号	关于印发《关于提高电梯质量的若干规定》的通知
215	建抗〔1993〕275号	建设部关于地震基本烈度六度地区抗震设防和抗震加固问题的通知
216	建监〔1994〕第392号	住宅工程初装饰竣工验收办法
217	建抗〔1995〕22号	关于印发《抗震设防区划编制工作暂行规定(试行)》的通知
218	建抗〔1995〕47号	关于砖房超高建造若干问题的通知
219	建监〔1996〕208号	印发《关于加强工程质量检测工作的若干意见》的通知
220	建建〔1997〕167号	关于印发《加强建筑幕墙工程管理的暂行规定》的通知
221	建监〔1998〕30号	关于进一步加强建筑幕墙工程质量管理工作的通知
222	建抗〔1998〕55号	关于在抗震设防区采用隔震技术有关问题的通知
223	建设〔1999〕176号	关于加强勘察设计质量工作的通知
224	建设〔1999〕304号	关于印发《建筑工程隔震减震产品市场准入管理暂行规定》的通知
225	建设技〔2000〕21号	关于印发《建筑工程施工图设计文件审查有关问题的指导意见》的通知
226	建建质〔2000〕38号	关于印发《建设工程质量监督机构监督工作指南》的通知
227	建设〔2000〕41号	关于印发《建设工程施工图设计文件审查暂行办法》的通知
228	建建〔2000〕151号	关于印发《关于建设工程质量监督机构深化改革的指导意见》的通知
229	建设〔2000〕167号	关于印发《建设工程勘察质量管理办法》的通知
230	建抗〔2000〕189号	关于颁发《建筑工程隔震减震产品检测资质证书》的通知
231	建抗〔2002〕112号	关于印发《建设部破坏性地震应急预案》的通知
232	建抗〔2002〕157号	关于规范建设系统地震灾情信息报送、报道工作的通知
233	建质〔2003〕46号	关于印发《超限高层建筑工程抗震设防专项审查技术要点》的通知
234	建办质函〔2005〕203号	关于建立全国村镇建设工程质量联络员制度的通知
235	建质〔2006〕220号	关于印发《超限高层建筑工程抗震设防专项审查技术要点》的通知

序号	文　号	文件名称
236	建质〔2003〕144 号	关于颁布《建筑工程勘察文件编制深度规定（试行）》的通知
237	建质〔2003〕162 号	关于印发《工程质量监督工作导则》的通知
238	建办质〔2005〕23 号	关于健全建设系统安全生产综合管理联系协调制度的通知
239	建质〔2005〕26 号	关于进一步做好建筑业 10 项新技术推广应用的通知
240	建综〔1999〕179 号	关于认真贯彻落实《中共中央办公厅、国务院办公厅关于转发"监察部、财政部、国家发展计划委员会、中国人民银行、审计署关于 1999 年落实行政事业性收费和罚没收入'收支两条线'规定工作的意见"的通知》的通知
241	建综〔1999〕178 号	关于印发《加强建设事业统计信息工作的意见》的通知
242	建综〔2000〕26 号	关于印发《城市建设统计指标体系及制度方法修订工作方案》的通知
243	建综〔2000〕155 号	关于认真做好城市基础设施国债项目建设情况清查工作的通知
244	建综〔2001〕1 号	关于认真试行《城市、县城建设综合统计报表制度（试行）》的通知
245	建综〔2001〕121 号	关于贯彻落实《国家统计局　监察部　司法部关于开展〈统计法〉和"两办通知"执行情况大检查的通知》的通知
246	建综〔2001〕257 号	关于执行城市和县城建设统计报表制度的通知
247	建综函〔2006〕198 号	建设部关于试点填报城乡建设统计报表制度的通知
248	建办综函〔2008〕226 号	关于印发《住房和城乡建设部统计报表制度汇编》的通知
249	建办综〔2004〕80 号	关于做好城市基础设施国债项目整改工作的紧急通知
250	建办综函〔2005〕62 号	关于开展城市建设统计情况调查的通知
251	建办综〔2006〕18 号	关于开展黄河流域城镇污水处理工程建设"十一五"规划编制工作的通知
252	建办综〔2006〕41 号	关于编制《全国城市饮用水供水设施改造和建设规划》的通知
253	建办综〔2006〕52 号	关于编制《全国重点镇供水设施改造和建设规划》的通知
254	建办综函〔2006〕84 号	关于开展城市集中供热管网改造"十一五"规划编制工作的通知
255	建办综函〔2006〕694 号	关于请报送城市供水管网改造国债项目实施情况的通知
256	建办综函〔2006〕815 号	关于对填报城市（县城）和村镇建设统计报表制度有关问题补充说明的函
257	建计〔1994〕667 号	关于印发《关于加强电梯管理的暂行规定》的通知

序号	文 号	文 件 名 称
258	建计〔1995〕167 号	关于印发《关于加强电梯管理的暂行规定实施细则》的通知
259	建计〔1995〕384 号	关于认真做好电梯管理工作的通知
260	建计〔1996〕31 号	关于进一步做好电梯管理工作的通知
261	建计〔1997〕1 号	关于认真贯彻执行《关于加强电梯管理的暂行规定》的通知
262	建综〔1999〕163 号	关于加强城市市政公用设施建设利用日元贷款管理工作的通知
263	建综〔2000〕118 号	关于印发《城市市政公用事业利用外资暂行规定》的通知
264	建综〔2000〕169 号	关于进一步落实"收支两条线"规定和抓好治乱减负工作的通知
265	建综〔2001〕138 号	关于进一步落实"收支两条线"规定抓好治乱减负工作的通知
266	(84)城劳字第 198 号	关于颁发《建筑安装企业百元产值工资含量包干实施办法》的通知
267	(90)建才字第 405 号	关于印发《关于房管所(站)长等五个岗位实行岗位培训制度的补充规定》的通知
268	建才〔1991〕139 号	关于对城市公共交通乘务员实行岗位培训制度的通知
269	建教〔1991〕522 号	关于印发《建设企事业单位关键岗位持证上岗管理规定》的通知
270	建教〔1991〕524 号	关于印发《贯彻〈建设企事业单位关键岗位持证上岗管理规定〉的实施意见》的通知
271	建教〔1992〕632 号	关于实行建设企事业单位审计员岗位培训制度的通知
272	建教〔1993〕273 号	关于实行村镇建设助理员岗位培训持证上岗制度的通知
273	建人〔1995〕602 号	关于印发《建设部所属企业实行新工时制度的实施意见》的通知
274	建人〔1995〕603 号	关于印发《建设部所属企业实行劳动合同制的实施意见》的通知
275	建教培〔1996〕41 号	关于实行物业管理企业经理、部门经理、管理员岗位培训持证上岗制度的通知
276	建教培〔1997〕11 号	关于实行城市客车保修检验员岗位培训持证上岗制度的通知
277	建教培〔1997〕34 号	关于实行城市建设档案馆长、城市档案管理员岗位培训持证上岗制度的通知
278	建教〔1998〕13 号	关于印发《建设类培训机构资质管理暂行规定》的通知
279	建人教专〔1998〕244 号	关于印发《全国物业管理从业人员岗位证书管理办法》及有关事项的通知

序号	文　号	文件名称
280	建人教专〔1999〕153 号	关于进一步规范物业管理从业人员岗位培训工作确保培训质量的通知
281	建人教〔2001〕162 号	关于印发《建设工程质量监督工程师资格管理暂行规定》的通知
282	(84)城环字第 351 号	关于印发《环境保护监测津贴试行办法》的通知
283	(85)城劳字第 5 号	关于印发《城市建设各行业编制定员试行标准》的通知
284	建人〔1992〕680 号	关于印发《全民所有制大中型建筑安装企业岗位技能工资制试行方案》和《全民所有制大中型建筑安装企业试行岗位技能工资制有关问题的意见》的通知
285	建教〔1994〕20 号	关于印发《中国房地产与建筑教育基金管理办法》的通知
286	建教〔1994〕60 号	关于印发《建设部关于向在产学结合、支持教育工作中做出贡献的企业和个人授予荣誉称号的暂行规定》的通知
287	建教〔1997〕293 号	关于印发《关于开展建筑业与房地产企业管理人员工商管理培训实施意见》的通知
288	建人教专〔2000〕199 号	关于开展房地产产权产籍管理人员培训的通知
289	建科〔2004〕177 号	关于印发《全国绿色建筑创新奖实施细则(试行)》的通知
290	建稽〔2007〕80 号	关于印发《建设部城乡规划督察员(组)试点工作暂行规程》的通知

继续有效规范性文件目录

序号	文　号	文件名称
1	1980 年 12 月 9 日颁发	国家建委、国家城建总局关于加强城市基本建设档案工作的通知
2	(82)建发办字 21 号	国家基本建设委员会、国家城市建设总局、国家档案局关于进一步加强城市基本建设档案工作的通知
3	1982 年 2 月 8 日颁发	国家基本建设委员会关于编制基本建设工程竣工图的几项暂行规定
4	(88)城办字第 29 号	城乡建设环境保护部关于颁发《城乡建设档案密级划分暂行规定》和《城乡建设档案保管期限暂行规定》的通知
5	建办〔1992〕141 号	建设部关于进一步加强城建档案工作的通知

序号	文　号	文件名称
6	建办档〔1993〕103 号	建设部办公厅关于印发《城市建设档案分类大纲(修订稿)》的通知
7	建办〔1995〕267 号	建设部关于做好开发区城建档案管理工作的通知
8	建办〔1997〕142 号	建设部、国家统计局关于认真做好城市市政公用设施普查资料归档工作的通知
9	建办档〔1999〕10 号	建设部办公厅关于进一步加强城建档案工作的通知
10	建办〔1999〕50 号	建设部关于认真贯彻国务院办公厅(国办发〔1999〕16 号)文件精神、做好城市基础设施建设档案工作的通知
11	建办档函〔1999〕80 号	建设部办公厅关于对建设工程项目前期文件收集问题的复函
12	建办〔2001〕103 号	建设部关于认真贯彻国务院第 279 号令和建设部第 78 号令切实加强工程档案管理工作的通知
13	建法函〔2002〕21 号	建设部关于建设工程项目前期文件原件归档问题的复函
14	建办档〔2004〕39 号	建设部办公厅关于印发《全国城建档案信息化建设规划与实施纲要》的通知
15	建办档〔2004〕42 号	建设部办公厅关于加强地下管线档案信息管理的通知
16	建办档函〔2006〕321 号	关于认真学习贯彻《中国人居环境奖申报和评选办法》等文件精神 做好建设档案工作的通知
17	建办档〔2006〕45 号	建设部办公厅关于印发《全国城乡建设档案事业"十一五"规划》的通知
18	建办〔2007〕68 号	建设部关于加强中小城市城乡建设档案工作的意见
19	建办档函〔2008〕353 号	住房和城乡建设部办公厅关于对拟定的城建档案管理办法中有关问题的复函
20	建办档函〔2008〕490 号	住房和城乡建设部办公厅关于进一步加强城建档案管理工作的意见
21	建办档〔2008〕39 号	住房城乡建设部办公厅关于积极防御地震等自然灾害充分发挥城建档案作用的通知
22	建办〔2009〕145 号	住房和城乡建设部关于印发《住房和城乡建设部政府信息公开实施办法》的通知
23	建办〔2007〕246 号	关于印发《建设部行政审批集中受理办公室工作规程》的通知
24	建办〔1992〕190 号	建设部关于印发组织记者采访团若干程序的暂行规定的通知
25	建办〔1993〕370 号	关于印发《建设部部属期刊管理暂行办法》的通知
26	建办宣〔1997〕40 号	关于严格新闻稿件送审制度的通知

序号	文　号	文件名称
27	建办宣〔1998〕16 号	关于加强编纂、出版图书音像资料管理的通知
28	建办宣〔1998〕36 号	关于加强新闻出版管理工作的通知
29	建办宣〔2002〕61 号	关于进一步加强宣传报道管理工作的通知
30	建办〔2003〕117 号	关于印发《建设部政务信息工作管理办法》的通知
31	建办厅函〔2009〕385 号	关于进一步加强和改进报刊出版经营管理工作 规范报刊主要负责人任职资格的通知
32	建法〔1992〕426 号	关于对《城市节约用水管理规定》有关条款解释的复函
33	建法〔1994〕668 号	关于对《中华人民共和国城市房地产管理法》有关条款的复函
34	建法〔1995〕245 号	关于城市抗震救灾规划审批工作有关问题的复函
35	建法函〔1997〕2 号	关于事业单位执法主体资格问题的复函
36	建法〔2000〕68 号	关于转发国务院法制办公室"对建设部《关于请求解释〈城市房地产法〉中房产管理部门的函》的复函"的通知
37	建法〔2000〕69 号	建设部关于加强青少年活动场所规划建设工作的通知
38	建法函〔2000〕204 号	关于对国企改革中职工提取住房公积金问题的复函
39	建法〔2001〕69 号	关于印发《关于建设系统依法行政的实施意见》的通知
40	建法函〔2001〕88 号	关于注销房产证是否属行政处罚问题的复函
41	建法〔2001〕91 号	关于在全国建设系统进一步执行仲裁法律制度的意见
42	建法函〔2001〕108 号	关于对《关于如何理顺设计方案招标与城市规划管理关系的请示》的复函
43	建法〔2001〕143 号	关于废止《建设工程质量监督管理规定》等 11 件规范性文件的通知
44	建法〔2001〕185 号	关于转发《关于严格执行国法函〔2000〕31 号文件进一步提高行政复议法律文书质量的通知》的通知
45	建法函〔2001〕347 号	关于《城市房地产开发经营管理条例》有关问题的复函
46	建法函〔2001〕393 号	关于对《〈关于城市出租汽车管理办法〉（建设部、公安部令63 号）是否仍具有法律效力的请示》的复函
47	建法函〔2002〕99 号	关于运用《建设工程质量管理条例》第六十七条、第三十一条的复函
48	建法函〔2002〕172 号	关于对河南省人大常委会和安徽省法制办有关问题请示的意见的函
49	建法函〔2002〕220 号	关于贯彻《关于加强领导干部学法用法工作的若干意见》，切实推进建设系统普法工作的通知

序号	文 号	文件名称
50	建法〔2002〕223号	关于印发《建设领域安全生产行政责任规定》的通知
51	建法函〔2002〕238号	关于对城市房地产转让有关问题的复函
52	建办法函〔2002〕342号	关于对城市出租汽车管理有关问题的复函
53	建办法函〔2002〕376号	关于对《建设行政处罚程序暂行规定》有关问题的复函
54	建办法函〔2002〕592号	关于如何界定拆迁项目适用新老条例的复函
55	建办法函〔2003〕7号	关于监理单位审核工程预算资格和建设工程项目承包发包有关问题的复函
56	建法〔2003〕31号	建设部关于贯彻《国务院关于进一步推进相对集中行政处罚权工作的决定》的意见
57	建办法函〔2003〕47号	关于工程造价咨询单位及造价工程师经营和执业范围问题的复函
58	建法函〔2003〕89号	关于对新疆建设兵团建设行政执法地位等问题的复函
59	建法〔2003〕114号	关于印发《建设部关于全面推进建设行政执法责任制的意见》的通知
60	建法〔2003〕164号	关于加强执法监督进一步规范行政处罚的通知
61	建办法函〔2003〕168号	关于被拆迁人选择拆迁补偿方式的复函
62	建法函〔2003〕184号	关于废止《城乡建设环境保护部关于颁发试行城市规划单位注册登记管理暂行办法的通知》等9件规范性文件的通知
63	建法〔2003〕201号	关于印发《建设部行政复议工作规程》的通知
64	建法〔2003〕242号	关于加强行政执法人员建设专业法律法规知识培训有关问题的通知
65	建办法函〔2003〕451号	关于土地储备中涉及房屋拆迁有关问题的复函
66	建办法函〔2003〕474号	关于风景名胜区建设项目规划与管理有关问题的批复
67	建办法函〔2003〕509号	关于对《物业管理条例》有关条款理解造成问题的批复
68	建办法函〔2003〕524号	关于对深圳市建设局《关于商品房主体结构质量重新核验有关问题的请示》的复函
69	建法〔2004〕108号	关于印发《建设部行政许可听证工作规定》的通知
70	建法〔2004〕109号	关于印发《建设部机关行政许可责任追究办法》的通知
71	建法〔2004〕110号	关于印发《建设部机关对被许可人监督检查的规定》的通知
72	建法〔2004〕111号	关于印发《建设部机关实施行政许可工作规程》的通知
73	建办法函〔2004〕128号	关于对拆迁人未在法定期间提出拆迁延期申请问题的复函
74	建办法函〔2004〕129号	关于对房屋拆迁管理部门能否作为拆迁人的函

序号	文 号	文件名称
75	建办法函〔2004〕385号	关于执行《物业管理企业资质管理办法》有关问题的复函
76	建法函〔2005〕102号	关于做好建设领域农民工法律知识学习培训工作的通知
77	建法〔2005〕143号	关于进一步推行建设系统政务公开的指导意见
78	建法〔2005〕144号	关于印发《建设部机关政务公开工作规程》的通知
79	建法函〔2005〕193号	关于《城市危险房屋管理规定》第十四条中危险房屋鉴定执行标准问题的函
80	建办法函〔2005〕341号	对"关于执行《住宅室内装饰装修管理办法》有关问题的请示"的复函
81	建办法函〔2005〕632号	关于对《关于国务院370号令是否适用无证经营出租汽车行为的请示》的复函
82	建法函〔2006〕23号	关于适用《建设工程质量管理条例》第58条有关问题的复函
83	建法函〔2006〕152号	关于印发《建设行政执法责任制示范文本》的通知
84	建办法函〔2006〕241号	关于对物业管理专业人员等问题的复函
85	建办法函〔2006〕323号	关于核定物业管理企业资质有关问题的复函
86	建办法函〔2007〕165号	关于对《房屋建筑和市政基础设施工程施工图设计文件审查管理办法》有关规定的复函
87	建法〔2007〕173号	关于印发《建设部机关推行行政执法责任制实施方案》的通知
88	建办法函〔2007〕178号	关于《关于风景名胜区管理有关问题的请示》的答复
89	建办法函〔2007〕311号	关于房屋拆除工程安全监管职责问题的复函
90	建办法函〔2007〕637号	关于对建筑幕墙施工是否需要领取工业产品生产许可证事宜的复函
91	建法〔2008〕151号	关于汶川地震灾区城镇居民住房重建的指导意见
92	建办法函〔2008〕222号	关于"装饰装修企业资质"和"燃气燃烧器具安装、维修企业资质"有关问题的复函
93	建法函〔2008〕288号	关于房屋建筑"承重结构"问题的复函
94	建法函〔2008〕326号	关于对河北省建设厅《关于提请解释"违法所得"具体含义的请示》的复函
95	建办法函〔2008〕351号	关于《注册建筑师条例实施细则》中有关岗位问题的复函
96	建办法函〔2008〕416号	关于对《住宅专项维修资金管理办法》有关条款意见的复函
97	建办法函〔2008〕417号	关于对城市房屋拆迁资格认定是否属于城市房屋拆迁主管部门行政审批项目的复函

序号	文 号	文件名称
98	建办法函〔2008〕428号	关于外籍公民在我国申请办理个人自建房屋有关问题的复函
99	建办法函〔2008〕430号	关于部分资质资格许可程序有关问题的复函
100	建法〔2009〕13号	关于印发《住房和城乡建设法律法规框架》等文件的通知
101	建法〔2009〕74号	关于印发住房和城乡建设部普法领导小组及其办公室组成人员的通知
102	建法函〔2009〕122号	关于对《房屋登记办法》有关条款适用问题的复函
103	建法函〔2009〕143号	关于对《关于储藏间(车库)按非住宅单独登记办证的请示》的复函
104	建法函〔2009〕278号	关于人防工程施工图审查有关事项的复函
105	建法〔2009〕297号	关于加强住房城乡建设行政复议工作的若干意见
106	建办法函〔2009〕421号	关于对重新核发建设工程规划许可证和建筑工程施工许可证有关问题的复函
107	建办法函〔2009〕436号	关于对收费还贷城市道路(含桥梁、隧道)有关问题的答复
108	建办法函〔2009〕626号	关于对燃气行业安全监管过程中相关资质证书问题的复函
109	建办法函〔2009〕627号	关于对《住宅室内装饰装修管理办法》有关问题的复函
110	建办法函〔2009〕664号	关于对注册房地产估价师有关问题的复函
111	建办法函〔2009〕912号	关于对施工图设计文件审查内容与出具审查合格书有关问题的复函
112	建法函〔2010〕2号	关于私立学校、幼儿园、医院的教育设施、医疗卫生设施能否抵押的复函
113	建法函〔2010〕35号	关于对私营盈利性医院房产能否抵押有关问题的复函
114	建法函〔2010〕56号	关于对界定违法所得问题的复函
115	建法函〔2010〕128号	关于建设工程造价鉴定报告合法性问题的复函
116	建办法函〔2010〕269号	关于《住宅共同部位共同设施设备维修基金管理办法》有关问题的复函
117	建办法函〔2010〕243号	关于对《城市供水水质管理规定》有关问题的复函
118	建房〔1992〕67号	国务院住房制度改革领导小组、建设部、国家税务总局关于印发《城镇住宅合作社管理暂行办法》的通知
119	建房改〔1999〕43号	建设部关于进一步搞好公有住房出售工作有关问题的通知
120	建住房〔1999〕209号	建设部关于进一步推进现有公有住房改革的通知
121	建房改〔1999〕227号	建设部关于加快推进住房分配货币化改革有关问题的通知

序号	文 号	文件名称
122	建房改〔2000〕105号	建设部、财政部、国家经济贸易委员会、全国总工会关于进一步深化国有企业住房制度改革加快解决职工住房问题的通知
123	建住房〔2005〕122号	建设部、民政部关于印发《城镇最低收入家庭廉租住房申请、审核及退出管理办法》的通知
124	建住房〔2006〕196号	建设部、监察部、国土资源部关于制止违规集资合作建房的通知
125	建住房〔2006〕204号	建设部关于印发《城镇廉租住房工作规范化管理实施办法》的通知
126	建住房〔2006〕205号	建设部关于印发《城镇廉租住房档案管理办法》的通知
127	建住房〔2007〕109号	关于开展旧住宅区整治改造的指导意见
128	建住房〔2007〕218号	关于印发《解决城市低收入家庭住房困难发展规划和年度计划编制指导意见》的通知
129	建住房〔2007〕258号	建设部、发展改革委、监察部、财政部、国土资源部、人民银行、税务总局关于印发《经济适用住房管理办法》的通知
130	建保〔2008〕62号	关于加强廉租住房质量管理的通知
131	建保〔2009〕91号	关于印发2009—2011年廉租住房保障规划的通知
132	建保〔2009〕139号	关于印发《城市低收入家庭保障统计报表制度》的通知
133	建保〔2009〕293号	关于印发《保障性安居工程统计报表制度》的通知
134	建保〔2009〕295号	关于推进城市和国有工矿棚户区改造工作的指导意见
135	建保〔2010〕56号	关于中央投资支持国有工矿棚户区改造有关问题的通知
136	建保〔2010〕58号	关于做好城市和国有工矿棚户区改造规划编制工作的通知
137	建保〔2010〕59号	关于加强经济适用住房管理有关问题的通知
138	建保〔2010〕62号	关于加强廉租住房管理有关问题的通知
139	建保〔2010〕87号	关于加快发展公共租赁住房的指导意见
140	建保〔2010〕91号	关于做好住房保障规划编制工作的通知
141	建规〔1998〕84号	关于做好城市规划工作促进住宅和基础设施建设的通知
142	建规〔1998〕93号	关于做好城市无障碍设施建设的通知
143	建规〔1998〕108号	关于加强省域城镇体系规划工作的通知
144	建规〔1998〕145号	关于印发省域城镇体系规划审查办法的通知
145	建规〔1998〕161号	关于印发《城市总体规划审查工作规则》的通知
146	建规〔1998〕197号	关于印发《城市规划部际联席会工作办法》的通知

序号	文　号	文件名称
147	建规〔1999〕109 号	建设部、国家文物局关于续聘增补全国历史文化名城保护专家委员会委员的通知
148	建规〔1999〕244 号	建设部关于贯彻落实《城市总体规划审查工作规则》的通知
149	建规〔2000〕76 号	关于贯彻落实《国务院办公厅关于加强和改进城乡规划工作的通知》的通知
150	建规〔2001〕142 号	关于加强地质灾害防治的规划管理工作的通知
151	建规〔2002〕196 号	建设部、文化部关于进一步做好基层公共文化设施规划和建设工作的通知
152	建规〔2002〕204 号	关于贯彻落实《国务院关于加强城乡规划监督管理的通知》的通知
153	建规〔2003〕43 号	关于加强省域城镇体系规划实施工作的通知
154	建规〔2003〕47 号	关于印发《注册城市规划师注册登记办法》的通知
155	建规〔2004〕36 号	关于加强对城市优秀近现代建筑规划保护的指导意见
156	建规〔2004〕167 号	建设部关于进一步加强和改进未成年人活动场所规划建设工作的通知
157	建规〔2004〕185 号	关于贯彻《国务院关于深化改革严格土地管理的决定》的通知
158	建规〔2004〕197 号	关于清理和控制城市建设中脱离实际的宽马路、大广场建设的通知
159	建规〔2005〕81 号	建设部关于建立派驻城乡规划督察员制度的指导意见
160	建市〔2006〕81 号	关于加强区域重大项目选址工作、严格实施房屋建筑和市政工程施工许可制度的意见
161	建规〔2006〕124 号	关于进一步做好城市规划遥感动态监测工作的通知
162	建规〔2006〕183 号	县域村镇体系规划编制暂行办法
163	建办规〔2007〕65 号	关于印发《关于贯彻落实城市总体规划指标体系的指导意见》的通知
164	建规〔2007〕88 号	关于加强省域城镇体系规划调整和修编工作管理的通知
165	建规〔2008〕15 号	关于加强城中村整治改造工作的指导意见
166	建规〔2008〕21 号	关于贯彻实施《城乡规划法》的指导意见
167	建规〔2008〕46 号	关于做好住房建设规划与住房建设年度计划制定的指导意见
168	建规〔2008〕130 号	关于汶川地震灾区城镇灾后恢复重建规划编制工作的指导意见

序号	文 号	文件名称
169	建规〔2008〕227号	住房和城乡建设部 监察部关于加强建设用地容积率管理和监督检查的通知
170	建办规〔2009〕16号	住房和城乡建设部 监察部关于成立房地产开发领域违规变更规划调整容积率问题专项治理工作领导小组及其办公室的通知
171	建规〔2009〕53号	住房和城乡建设部 监察部关于对房地产开发中违规变更规划调整容积率问题开展专项治理的通知
172	建规〔2009〕59号	关于印发《城市总体规划实施评估办法（试行）》的通知
173	计标〔1986〕288号	国家计划委员会关于加强工程建设标准定额工作的意见
174	计标〔1988〕30号	国家计划委员会印发《关于控制建设工程造价的若干规定》的通知
175	建标〔1996〕626号	建设部关于印发《工程建设标准编写规定》和《工程建设标准出版印刷规定》的通知
176	建办标〔2000〕50号	建设部办公厅印发《关于贯彻〈关于工程造价咨询机构与政府部分实行脱钩改制意见的通知〉的若干意见》的通知
177	建标〔2000〕208号	建设部关于工程造价咨询机构与政府部门实行脱钩改制的通知
178	建标〔2002〕194号	建设部关于转发《国务院清理整顿经济鉴证类社会中介机构领导小组关于规范工程造价咨询行业管理的通知》的通知
179	建办标〔2003〕48号	关于贯彻执行《建设工程工程量清单计价规范》若干问题的通知
180	建标〔2005〕69号	建设部关于由中国建设工程造价管理协会归口做好建设工程概预算人员行业自律工作的通知
181	建标〔2009〕14号	关于进一步加强工程造价（定额）管理工作的意见
182	建标标函〔2009〕50号	关于学校医院等人员密集场所抗震设防的复函
183	建标标函〔2009〕83号	关于对《商店建筑设计规范》有关问题的复函
184	建办标函〔2009〕99号	关于《城镇燃气设计规范》有关条款问题的复函
185	建办标函〔2009〕151号	关于液化石油气供应基地全压力式储罐与铁路防火间距问题的答复
186	建标函〔2010〕122号	关于玉树地震灾后重建执行建筑抗震设防标准的复函
187	建标函〔2010〕298号	关于同意安徽省统一执行夏热冬冷地区节能设计标准的函
188	〔90〕建标字第408号	建设部关于调整我部标准管理单位和印发工作准则等四个文件的通知
189	〔90〕建标字第633号	建设部关于印发《保证技术标准出版质量的暂行规定》等两个文件的通知

序号	文　号	文件名称
190	建标〔1991〕274 号	建设部关于印发"工程建设国家标准发布程序等问题的商谈纪要"的通知
191	建标〔1994〕219 号	建设部关于印发《工程建设标准局部修订管理办法》的通知
192	建标〔1995〕352 号	建设部关于印发《关于加强工程建设企业标准化工作的若干意见》的通知
193	建标〔2000〕34 号	关于实行工程建设行业标准和地方标准备案制度的通知
194	建标〔2002〕212 号	关于贯彻执行建筑工程勘察设计及施工质量验收规范若干问题的通知
195	建标〔2004〕20 号	关于印发《工程建设地方标准化工作管理规定》通知
196	建标〔2005〕124 号	关于印发《"采用不符合工程建设强制性标准的新技术、新工艺、新材料核准"行政许可实施细则》的通知
197	建标〔2006〕221 号	关于印发《工程建设标准复审管理办法》的通知
198	建标〔2008〕104 号	关于发布工程建设标准复审结果的通知
199	建标〔2008〕123 号	关于印发《工程建设标准翻译出版工作管理办法》的通知
200	建标〔2008〕182 号	关于印发《工程建设标准编写规定》的通知
201	建办标〔2001〕33 号	关于组建《工程建设标准强制性条文》(房屋建筑部分)咨询委员会的通知
202	建标标〔2000〕87 号	关于印发《工程建设标准强制性条文》管理工作的暂行规定
203	建标标〔2008〕78 号	关于印发《工程建设标准英文版出版印刷规定》的通知
204	建标标〔2008〕79 号	关于印发《工程建设标准英文版翻译细则(试行)》的通知
205	建标〔2003〕206 号	建设部、财政部关于印发《建筑安装工程费用项目组成》的通知
206	计标〔1985〕352 号	国家计划委员会、中国人民建设银行印发《关于改进工程建设概预算定额管理工作的若干规定》等三个文件的通知
207	建标〔2002〕197 号	关于印发《建设工程造价咨询合同(示范文本)》的通知
208	计资〔1983〕116 号	关于建设项目进行可行性研究的实行管理办法
209	计标〔1987〕2323 号	关于印发《关于制定工程项目建设标准的几点意见》的通知
210	〔1987〕国土〔建〕字第 144 号	关于印发《关于编制建设项目用地定额指标的几点意见》的通知
211	〔1989〕国土〔建〕字第 169 号	关于印发《工程项目建设用地指标编制工作暂行办法》的通知

序号	文　号	文件名称
212	建标〔2003〕38 号	关于加强无障碍设施建设和管理工作的通知
213	建标〔2007〕144 号	建设部 国家发展和改革委员会关于印发《工程项目建设标准编制程序规定》和《工程项目建设标准编写规定》的通知
214	2010 年第 21 号	关于在建筑施工领域质量管理体系认证中应用《工程建设施工企业质量管理规范》的公告
215	建房〔1991〕432 号	关于加强住宅小区建设管理提高住宅建设质量的通知
216	建房〔1996〕48 号	建设部关于加强房地产开发管理提高商品房质量的通知
217	建房〔1998〕102 号	关于印发《商品住宅实行住宅质量保证书和住宅使用说明书制度的规定》的通知
218	建住房〔1998〕178 号	关于贯彻《城市房地产开发经营管理条例》的通知
219	建住房〔1999〕98 号	建设部关于印发《国家康居示范工程实施大纲》的通知
220	建住房〔1999〕114 号	关于印发《商品住宅性能认定管理办法（试行）》的通知
221	建住房〔1999〕295 号	关于在住宅建设中淘汰落后产品的通知
222	建住房〔2000〕87 号	关于贯彻《房地产开发企业资质管理规定》全面清理房地产开发企业、规范企业经营行为的通知
223	建住宅〔2000〕274 号	建设部关于印发《国家康居示范工程管理办法》的通知
224	建住房〔2002〕44 号	关于规范房地产开发企业开发建设行为的通知
225	建住房〔2002〕190 号	关于印发《商品住宅装修一次到位实施细则》的通知
226	建住房〔2002〕217 号	建设部 国家计委 财政部 国土资源部 中国人民银行 国家税务总局关于加强房地产市场宏观调控促进房地产市场健康发展的若干意见
227	建住房〔2003〕60 号	关于加强房地产开发统计工作的通知
228	建住房〔2004〕7 号	关于加强协作共同做好房地产市场信息系统和预警预报体系有关工作的通知
229	建住房电〔2005〕33 号	关于贯彻《国务院办公厅转发建设部等部门关于做好稳定住房价格工作意见的通知》的通知
230	建住房〔2006〕127 号	关于加强房地产市场监测分析工作的通知
231	建住房电〔2006〕145 号	关于进一步加强住房建设规划工作的通知
232	建住房〔2006〕150 号	关于印发《国家住宅产业化基地试行办法》的通知
233	建住房〔2006〕165 号	关于落实新建住房结构比例要求的若干意见
234	建住房〔2006〕189 号	关于认真做好住房状况调查工作的通知
235	建住房函〔2007〕303 号	关于做好《房地产市场信息系统技术规范》实施工作的通知
236	建房〔2008〕215 号	关于住房城乡建设系统贯彻落实中央扩大内需促进经济增长重大决策有关问题的通知

序号	文号	文件名称
237	建房〔2009〕101 号	关于完善房地产开发企业一级资质核定工作的通知
238	建房〔2010〕83 号	关于规范商业性个人住房贷款中第二套住房认定标准的通知
239	建房〔2010〕155 号	关于进一步贯彻落实国发〔2010〕10 号文件的通知
240	(88)建房管字第 49 号	中华人民共和国建设部房地产业司、中国人民解放军后勤部基建营房部关于城镇驻军营房产权登记、发证工作中有关问题的处理意见
241	(88)建房字第 85 号	中华人民共和国建设部、中国人民解放军总后勤部关于城镇驻军营房产权登记、发证工作的通知
242	(89)建房管字第 19 号	中华人民共和国建设部房地产业司 中国人民解放军总后基建营房部关于军队营房产权登记、发证中有关问题的通知
243	(89)建房管字第 69 号	建设部房地产业司关于中国人民武装警察部队在房屋所有权登记工作中执行中国人民解放军登记发证办法的通知
244	(89)建房管字第 81 号	建设部房地产业司关于人武部改军分区房屋所有权登记等问题的通知
245	(89)建房字第 512 号	建设部印发《关于城镇房屋所有权登记中几个涉及政策性问题的原则意见》的通知
246	〔1990〕建房管字第 12 号	中华人民共和国建设部房地产业司、中国人民解放军总后勤部基建营房部关于纠正城镇驻军营房产权登记证工作中几个问题的通知
247	〔1992〕建房管字第 18 号	建设部房地产业司 中国人民解放军总后勤部关于印发《城镇驻军营房产权转移和房屋现状变更登记实施细则》的通知
248	建房〔1993〕598 号	建设部 国家土地管理局 国家工商行政管理局 国家税务总局关于加强房地产市场宏观管理促进房地产业健康持续发展的意见
249	建房〔1993〕338 号	建设部、人事部关于公布首批房地产估价师名单通知
250	(94)建房管字第 09 号	建设部关于不得给一个平方米单位产权颁发《房屋所有权证》的通知
251	建房〔1994〕493 号	建设部关于贯彻《城市房地产管理法》若干意见的通知
252	建房〔1995〕147 号	建设部 人事部关于印发《房地产估价师执业资格制度暂行规定》和《房地产估价师执业资格考试实施办法》的通知
253	建房〔1995〕433 号	建设部、国有资产管理局《关于做好行政事业单位国有资产产权登记中房产登记工作的通知》
254	建房〔1995〕472 号	建设部关于房改售房权属登记发证若干规定的通知
255	建房〔1995〕572 号	建设部关于城市规划部门审批房屋翻改扩建工程时须收验《房屋所有权证》的通知

序号	文 号	文件名称
256	建房〔1996〕401 号	建设部关于不得擅自将直管公房无偿划转给使用单位的通知
257	建房〔1996〕420 号	建设部 关于重申房地产抵押登记必须由房地产行政主管部门办理的紧急通知
258	建房〔1997〕18 号	建设部中国人民解放军总后勤部关于军队房改售房权属登记发证有关问题的通知
259	建房函〔1997〕233 号	中华人民共和国建设部关于陕西省人民政府无偿划转直管公房问题的函
260	〔1997〕建房产字第019 号	对《关于不得给一平方米单位产权颁发"房屋所有权证"的通知》的补充说明
261	建办房函〔1998〕号	建设部办公厅关于坚决制止擅自印制房屋权属证书的通知
262	建房〔1998〕136 号	关于中国人民武装警察部队营房产权登记发证工作有关问题的通知
263	建住房市〔1999〕022 号	关于中国石油化工集团整体重组改制涉及房屋产权登记手续有关问题的紧急通知
264	建住房〔2000〕96 号	关于房地产价格评估机构脱钩改制的通知
265	建住房〔2000〕108 号	关于印发《住房置业担保管理试行办法》的通知
266	建住房〔2000〕166 号	关于认真贯彻执行《房产测量规范》加强房产测绘管理的通知
267	建住房〔2000〕200 号	关于印发《商品房买卖合同示范文本》的通知
268	建住房市函〔2001〕057 号	对《关于〈房产测绘管理办法〉实施中有关问题的请示》的复函
269	建办住房函〔2001〕402 号	关于公布 2001 年全国房地产估价师执业资格考试合格人员名单及注册等有关事宜的通知
270	建住房〔2002〕74 号	关于房屋建筑面积计算与房屋权属登记有关问题的通知
271	建住房〔2002〕158 号	建设部、新闻出版总署、公安部、国家工商行政管理总局关于印发《房屋权属证书印制管理办法》的通知
272	建办住房函〔2002〕500 号	关于全国房地产经纪人执业资格认定考试合格标准及有关问题的通知
273	建住房〔2002〕251 号	关于印发《房地产交易与权属登记规范化管理考核标准》和《房地产交易与权属登记规范化管理考核办法》的通知
274	建办住房〔2002〕73 号	关于公布 2002 年全国房地产估价师执业资格考试合格人员名单及注册等有关问题的通知
275	建办住房〔2003〕4 号	关于公布首次全国房地产经纪人执业资格考试合格人员名单及注册有关问题的通知

序号	文 号	文件名称
276	建住房函〔2003〕77 号	关于贯彻《房地产交易与权属登记规范化管理考核标准》和《房地产交易与权属登记规范化管理考核办法》有关问题的通知
277	建办住房函〔2003〕658 号	关于公布 2003 年全国房地产经纪人执业资格考试合格人员名单及注册有关问题的通知
278	建办住房函〔2003〕659 号	关于公布 2003 年全国房地产估价师执业资格考试合格人员名单及注册等有关问题的通知
279	建办住房〔2004〕43 号	关于改变房地产经纪人执业资格注册管理方式有关问题的通知
280	建办住房函〔2004〕733 号	关于公布 2004 年全国房地产估价师、房地产经纪人执业资格考试合格人员名单及注册等有关问题的通知
281	建住房〔2005〕77 号	关于个人住房抵押贷款证券化涉及的抵押权变更登记有关问题的试行通知
282	建办住房函〔2005〕284 号	关于《关于房屋权属登记中如何界定不计算建筑面积的公共通道的请示》的复函
283	建办住房函〔2005〕790 号	关于公布 2005 年度全国房地产估价师、房地产经纪人执业资格考试合格人员名单及注册等有关问题的通知
284	建住房〔2006〕8 号	建设部 中国人民银行 中国银行业监督管理委员会关于规范与银行信贷业务相关的房地产抵押估价管理有关问题的通知
285	建办住房函〔2006〕315 号	关于对湖南省建设厅房屋权属登记依据请示的复函
286	建住房〔2006〕171 号	关于规范房地产市场外资准入和管理的意见
287	建住房市函〔2006〕071 号	关于与银行信贷业务相关的房地产抵押估价管理有关问题的复函
288	建住房〔2006〕244 号	关于印发《房屋权属登记信息查询暂行办法》的通知
289	建住房〔2006〕294 号	关于加强房地产估价机构监管有关问题的通知
290	建住房市函〔2006〕121 号	关于对房地产营销员、师职业资格认证有关问题的复函
291	建办住房函〔2006〕827 号	关于公布 2006 年度全国房地产估价师房地产经纪人执业资格考试合格人员名单及注册等有关问题的通知
292	建住房〔2006〕321 号	建设部 中国人民银行关于加强房地产经纪管理规范交易结算资金账户管理有关问题的通知
293	建办住房〔2007〕8 号	关于转发最高人民法院办公厅《关于房地产管理部门协助人民法院执行造成转移登记错误,人民法院对当事人提起的行政诉讼的受理及赔偿责任问题的复函》的通知
294	建办住房函〔2007〕333 号	关于更正部分人员 2006 年全国房地产估价师/房地产经纪人执业资格考试结果的通知

序号	文　号	文件名称
295	建办住房函〔2007〕459 号	关于对《关于进一步加强和改进出租房屋管理工作有关问题的通知》有关条文具体含义的复函
296	建住房〔2007〕274 号	关于进一步加强房地产经纪管理的紧急通知
297	建办住房函〔2007〕798 号	关于公布 2007 年度全国房地产估价师房地产经纪人执业资格考试合格人员名单及注册等有关问题的通知
298	建住房〔2007〕284 号	关于在商业性房地产信贷过程中依托房屋登记信息系统查询家庭住房总面积情况有关问题的通知
299	建住房市函〔2008〕006 号	对广东省建设厅婚前财产申请共有登记有关问题的复函
300	建办住房函〔2008〕220 号	关于更正部分人员 2007 年度全国房地产估价师、房地产经纪人执业资格考试结果的通知
301	建房函〔2008〕337 号	关于 2008 年全国房地产交易与权属登记规范化管理先进单位的通报
302	建房〔2009〕2 号	关于修订《房地产交易与权属登记规范化管理考核标准》的通知
303	建房〔2009〕61 号	关于做好房屋登记审核人员培训考核工作（试行）的通知
304	建住房市函〔2009〕041 号	对上海市住房保障和房屋管理局有关房屋共有建筑面积分摊问题请示的复函
305	建办住房函〔2009〕533 号	关于做好房屋登记审核人员确认工作有关问题的通知
306	建办住房函〔2009〕571 号	关于对《住房置业担保管理试行办法》有关问题的复函
307	建房市函〔2009〕89 号	全国部分城市房地产交易与权属登记有关问题研讨会会议纪要
308	建房市函〔2010〕7 号	关于对南宁市房产管理局有关境外公司间借贷涉及境内房产抵押担保问题的批复
309	建办住房函〔2010〕318 号	关于更正部分人员 2009 年度房地产经纪人资格考试结果的通知
310	建房〔2010〕53 号	关于进一步加强房地产市场监管完善商品住房预售制度有关问题的通知
311	建房市函〔2010〕003 号	关于私立学校、幼儿园、医院的教育设施、医疗设施能否抵押的复函
312	建房市函〔2010〕45 号	关于建筑面积计算标准问题请示的复函
313	建房市函〔2010〕065 号	关于适用《简化房地产交易与房屋权属登记程序的指导意见》中"初审证件真伪"规定的复函
314	建房市函〔2010〕091 号	关于对《房屋登记办法》第八十一条规定适用问题的批复
315	建房〔2010〕186 号	关于进一步规范境外机构和个人购房管理的通知

序号	文 号	文件名称
316	建住房物〔2000〕8 号	建设部关于修订全国物业管理示范住宅小区（大厦、工业区）标准及有关考评验收工作的通知
317	建住房〔2003〕122 号	建设部关于宣传、贯彻《物业管理条例》的通知
318	建住房〔2004〕130 号	建设部关于印发《前期物业管理招投标管理暂行办法》的通知
319	建住房〔2004〕155 号	建设部关于印发《前期物业服务合同（示范文本）》的通知
320	建住房〔2004〕156 号	建设部关于印发《业主临时公约（示范文本）》的通知
321	建房〔2009〕274 号	住房和城乡建设部关于印发《业主大会和业主委员会指导规则》的通知
322	建房〔2010〕165 号	住房和城乡建设部关于印发《物业承接查验办法》的通知
323	建住房〔2003〕234 号	建设部关于印发《城市房屋拆迁估价指导意见》的通知
324	建住房〔2003〕252 号	建设部关于印发《城市房屋拆迁行政裁决工作规程》的通知
325	建住房〔2004〕145 号	建设部关于印发《城镇房屋拆迁管理规范化工作的指导意见（试行）》的通知
326	建住房〔2004〕140 号	建设部、国家发展和改革委员会、监察部、国土资源部关于贯彻《国务院办公厅关于控制城镇房屋拆迁规模严格拆迁管理的通知》的通知
327	建住〔2005〕200 号	建设部关于印发《城市房屋拆迁工作规程》的通知
328	建房〔1997〕178 号	建设部关于颁发和制作全国统一房屋权属证书的通知
329	建住房市函〔1999〕005 号	关于唐民悦房改房产权认定问题的复函
330	建住房市函〔2006〕059 号	关于房屋权属证书增加防伪措施的函
331	建设〔1994〕598 号	关于建立注册建筑师制度及有关工作的通知
332	建监〔1995〕737 号	关于印发《工程建设监理规定》的通知
333	建建〔1996〕240 号	关于禁止在工程建设中垄断市场和肢解发包工程的通知
334	建监〔1996〕462 号	关于全国工程监理工程师执业资格考试工作的通知
335	建设〔1996〕624 号	关于印发《注册建筑师执业及管理工作有关问题的暂行规定》的通知
336	建设〔1997〕222 号	关于印发《注册结构工程师执业资格制度暂行规定》的通知
337	建设〔1998〕229 号	关于印发《注册结构工程师执业及管理工作有关问题的暂行规定》的通知
338	建设〔2000〕50 号	关于印发《建设工程勘察设计合同管理办法》和《建设工程勘察合同》、《建设工程设计合同》文本的通知

序号	文 号	文件名称
339	建建〔2000〕44 号	关于印发《建设工程委托监理合同（示范文本）》的通知
340	建市〔2002〕189 号	关于印发《房屋建筑工程施工旁站监理管理办法（试行）》的通知
341	建市〔2002〕214 号	建设部关于加强房屋建筑和市政基础设施工程评标专家管理的通知
342	建市〔2003〕30 号	关于培育发展工程总承包和工程项目管理企业的指导意见
343	建市〔2003〕73 号	关于印发《建设部关于外商投资建筑业企业管理规定中有关资质管理的实施办法》的通知
344	建市〔2003〕118 号	建设部关于对湖北省建设厅就政府投资工程管理试点工作指导意见的请示的批复
345	建市函〔2003〕161 号	关于工程总承包市场准入问题说明的函
346	建市〔2003〕168 号	关于印发《建设工程施工专业分包合同（示范文本）》、《建设工程施工劳务分包合同（示范文本）》的通知
347	建市〔2003〕193 号	关于做好在中国境内承包工程的外国企业资质管理有关工作的通知
348	建市〔2003〕231 号	关于印发《有形建筑市场运行和管理示范文本》的通知
349	建市〔2004〕78 号	关于印发《关于外国企业在中华人民共和国境内从事建设工程设计活动的管理暂行规定》的通知
350	建市〔2004〕137 号	关于印发《关于在房地产开发项目中推行工程建设合同担保的若干规定（试行）》的通知
351	建市函〔2004〕144 号	关于对成立铁道工程交易中心意见的函
352	建市〔2004〕159 号	关于做好外商投资建筑业企业资质管理工作有关问题的通知
353	建市〔2004〕200 号	关于印发《建设工程项目管理试行办法》的通知
354	建市〔2005〕74 号	关于印发《工程担保合同示范文本（试行）》的通知
355	建市〔2005〕131 号	关于建立和完善劳务分包制度发展建筑劳务企业的意见
356	建市函〔2005〕185 号	关于对《福建省建设厅关于招投标监管职责问题的请示》的复函
357	建市〔2005〕208 号	关于加强房屋建筑和市政基础设施工程项目施工招标投标行政监督工作的若干意见
358	建市函〔2005〕262 号	关于对《关于宁夏有形建筑市场管理有关问题的紧急请示》的复函
359	建市函〔2005〕375 号	关于建设部批准的建设工程企业办理资质证书变更和增补有关事项的通知

序号	文号	文件名称
360	建办市函〔2005〕456 号	关于工程勘察、设计、施工、监理企业及招标代理机构资质申请及年检有关问题的通知
361	建办市函〔2005〕728 号	关于开展土木工程师(岩土)注册工作的通知
362	建办市函〔2005〕789 号	关于《关于防雷工程管理有关问题的紧急请示》的复函
363	建市函〔2005〕321 号	关于委托建设部执业资格注册中心承担建造师考试注册等有关具体工作的通知
364	建市〔2005〕138 号	关于加快推进建筑市场信用体系建设工作的意见
365	建市〔2006〕6 号	关于严禁政府投资项目使用带资承包方式进行建设的通知
366	建市函〔2006〕11 号	关于建设部批准的建设工程企业资质证书增加副本和遗失补办有关问题的通知
367	建市监函〔2006〕28 号	关于印发《注册监理工程师注册管理工作规程》的通知
368	建市监函〔2006〕62 号	关于印发《注册监理工程师继续教育暂行办法》的通知
369	建市监函〔2006〕40 号	关于注册监理工程师注册和换证工作有关问题的说明
370	建市〔2006〕40 号	关于印发《建筑智能化工程设计与施工资质标准》等四个设计与施工资质标准的通知
371	建办市〔2006〕68 号	关于印发《〈建筑智能化工程设计与施工资质标准〉等四个设计与施工资质标准的实施办法》的通知
372	建市函〔2006〕76 号	关于配合商务主管部门做好外商投资建筑业企业、建设工程设计企业设立管理的通知
373	建市〔2006〕81 号	关于加强区域重大建设项目选址工作严格实施房屋建筑和市政工程施工许可制度的意见
374	建市〔2006〕87 号	关于继续开放铁路建设市场的通知
375	建办市函〔2006〕100 号	关于开展注册土木工程师(岩土)注册工作的补充通知
376	建市〔2006〕248 号	关于落实建设工程安全生产监理责任的若干意见
377	建办市函〔2006〕259 号	关于由中国建设监理协会组织开展注册监理工程师继续教育工作的通知
378	建办市函〔2006〕274 号	关于印发《建设工程企业资质申报材料清单》、《建设工程企业资质申报示范文本》和《建设工程企业资质规定和标准说明》的通知
379	建市〔2006〕326 号	关于印发《关于在建设工程项目中进一步推行工程担保制度的意见》的通知
380	建市〔2007〕9 号	关于印发《建筑市场诚信行为信息管理办法》的通知
381	建市〔2007〕18 号	关于印发《外商投资建设工程设计企业管理规定实施细则》的通知
382	建市〔2007〕72 号	关于印发《施工总承包企业特级资质标准》的通知

序号	文　号	文件名称
383	建市〔2007〕86 号	关于印发《工程设计资质标准》的通知
384	建市资函〔2007〕93 号	关于启用新版建设工程企业资质证书的通知
385	建市〔2007〕101 号	关于印发《一级建造师注册实施办法》的通知
386	建市〔2007〕171 号	关于印发《注册建造师执业工程规模标准（试行）》的通知
387	建市〔2007〕190 号	关于印发《工程监理企业资质管理规定实施意见》的通知
388	建市〔2007〕202 号	关于印发《建设工程勘察设计资质管理规定实施意见》的通知
389	建市〔2007〕229 号	关于建设工程企业发生改制、重组、分立等情况资质核定有关问题的通知
390	建市〔2007〕230 号	关于印发《工程建设项目招标代理机构资格认定办法实施意见》的通知
391	建市〔2007〕241 号	关于印发《建筑业企业资质管理规定实施意见》的通知
392	建办市函〔2007〕452 号	关于对环境工程监理有关问题的复函
393	建市〔2008〕42 号	关于印发《注册建造师施工管理签章文件目录（试行）》的通知
394	建市〔2008〕48 号	关于发布《注册建造师执业管理办法（试行）》的通知
395	建市〔2008〕63 号	关于印发《建筑工程方案设计招标投标管理办法》的通知
396	建市〔2008〕226 号	关于印发《关于大型工程监理单位创建工程项目管理企业的指导意见》的通知
397	建办市函〔2008〕438 号	关于对《关于"体育场地设施工程"归属何专业问题的请示》的复函
398	建市〔2009〕6 号	关于进一步加强建筑市场监管与服务保障扩大内需建设项目质量和效益的通知
399	建市函〔2009〕11 号	关于对调整军队勘察设计单位资质归口管理办法的意见和建议的复函
400	建办市函〔2009〕331 号	关于工程设计资质证书更换新证有关问题的通知
401	建办市函〔2009〕817 号	关于对人防工程设计资质管理有关问题的复函
402	建市函〔2009〕178 号	关于施工总承包企业特级资质有关问题的通知
403	建办市〔2007〕54 号	关于建筑业企业项目经理资质管理制度向建造师执业资格制度过渡有关问题的补充通知
404	建办市函〔2007〕233 号	关于做好《建设工程监理与相关服务收费管理规定》贯彻实施工作的通知
405	建市函〔2007〕337 号	关于启用全国建筑市场诚信信息平台的通知
406	建市资函〔2009〕34 号	关于工程设计专项资质换证工作的通知
407	建市监函〔2007〕86 号	关于新设立建筑业企业注册建造师认定的函

序号	文号	文件名称
408	建市监函〔2008〕49号	关于印发《注册建造师施工管理签章文件（试行）》的通知
409	建市〔2009〕105号	关于印发《注册土木工程师（岩土）执行及管理工作暂行规定》的通知
410	建办市函〔2009〕560号	关于进一步做好建筑市场不良行为信息上报工作的通知
411	建市〔2010〕68号	关于进一步强化住宅工程质量管理和责任的通知
412	建市〔2010〕121号	关于进一步加强项目开工建设管理确保实现"十一五"节能减排目标的通知
413	建市〔2010〕128号	关于印发《关于加强建筑市场资质资格动态监管完善企业和人员准入清出制度的指导意见》的通知
414	建市〔2010〕192号	关于印发《注册建造师继续教育管理暂行办法》的通知
415	建市函〔2010〕293号	关于报送2010年工程招标代理机构统计报表的通知
416	建办市〔2010〕46号	关于印发《建设工程企业资质评审专家管理办法》的通知
417	建办市函〔2010〕9号	关于开展注册公用设备工程师、注册电气工程师、注册化工工程师注册工作的通知
418	建市设函〔2010〕73号	关于《工程设计资质标准》实施过程中有关问题的函
419	建市资函〔2010〕93号	关于报送《建设工程企业基本信息表》的通知
420	建市施函〔2010〕80号	关于对注册有效期满的一级建造师延续注册有关问题的通知
421	建市施函〔2010〕88号	关于完善二级建造师注册信息备案工作的通知
422	建市〔2010〕88号	关于印发《房屋建筑和市政工程标准施工资格预审文件》和《房屋建筑和市政工程标准施工招标文件》的通知
423	建市〔2010〕210号	关于印发《施工总承包企业特级资质标准实施办法》的通知
424	建办市函〔2010〕283号	关于对工程设计企业开展工程总承包业务有关安全生产许可证问题的复函
425	建城〔2010〕13号	关于印发《城市综合交通体系规划编制办法》的通知
426	建城〔2010〕74号	关于城市停车设施规划建设及管理的指导意见
427	建办城〔2005〕104号	关于对燃气燃烧器具安装维修企业加强监管的复函
428	建办城函〔2008〕258号	关于对二甲醚复合燃料用作城镇燃气有关问题的复函
429	建城函〔2005〕234号	关于进一步加强城市照明节电工作的通知
430	建城〔1993〕835号	关于加强动物园野生动物移地保护工作的通知
431	建城〔2010〕80号	关于印发《城市综合交通体系规划编制导则》的通知
432	建城〔2010〕94号	关于加强城市轨道交通安防设施建设工作的指导意见
433	建城〔2003〕169号	关于开展创建"绿色交通示范城市"活动的通知

序号	文　号	文件名称
434	建城〔2006〕288 号	关于优先发展城市公共交通若干经济政策的意见
435	建城〔2010〕125 号	关于印发《国家园林城市申报与评审办法》、《国家园林城市标准》的通知
436	建城〔2010〕172 号	关于进一步加强动物园管理的意见
437	建城〔2010〕150 号	关于修订《国家园林城市遥感调查与测试要求》的通知
438	建城〔2000〕93 号	关于设立"中国人居环境奖"的通知
439	建城〔2010〕120 号	关于印发《中国人居环境奖评价指标体系（试行）》和《中国人居环境范例奖评选主题及内容》的通知
440	建城〔2008〕38 号	关于优先发展城市公共交通的意见
441	建城〔2005〕231 号	关于因公致残的人民警察乘坐市内公共交通享受与残疾人同样待遇的通知
442	建城〔2006〕286 号	关于表彰全国城市公共交通文明企业、文明路线、标兵、先进个人和优先发展城市公共交通示范城市的通报
443	建城〔2010〕92 号	关于切实加强城市照明节能管理严格控制景观照明的通知
444	建城〔2010〕14 号	关于进一步推进供热计量改革工作的意见
445	建城〔2008〕211 号	关于印发《北方采暖地区既有居住建筑供热计量改造工程验收办法》的通知
446	建城〔2008〕213 号	关于印发《供水、供气、供热等公用事业单位信息公开实施办法》的通知
447	建城〔2008〕183 号	关于印发《供热计量技术导则》的通知
448	建城〔2008〕106 号	关于印发《民用建筑供热计量管理办法》的通知
449	建城函〔2008〕58 号	关于组织开展供热计量改革示范城市工作的通知
450	建城〔2007〕250 号	关于燃气燃烧器具安装、维修企业资质管理有关事项的通知
451	建城〔2006〕274 号	关于加强非职业性一氧化碳中毒防范工作的通知
452	建城〔2006〕159 号	关于推进供热计量的实施意见
453	建城〔2006〕126 号	关于印发城镇供热、城市污水处理特许经营协议示范文本的通知
454	建城〔2005〕220 号	关于进一步推进城镇供热体制改革的意见
455	建城〔2005〕154 号	关于加强市政公用事业监管的意见
456	建城〔2004〕204 号	关于加强城市照明管理促进节约用电工作的意见
457	建城〔2004〕105 号	关于加强城镇燃气安全管理工作的通知
458	建城〔2004〕97 号	关于实施《节约能源——城市绿色照明示范工程》的通知
459	建城〔2004〕220 号	关于加强城镇燃气用户安全工作的通知

序号	文　号	文件名称
460	建城〔2004〕162 号	关于印发城市供水、管道燃气、城市生活垃圾处理特许经营协议示范文本的通知
461	建城〔2003〕148 号	关于印发《关于城镇供热体制改革试点工作的指导意见》的通知
462	建城〔1999〕259 号	关于印发《城市供用水合同》、《城市供用气合同》、《城市供用热力合同》示范文本的通知
463	建城环〔2000〕12 号	关于公布生活垃圾分类收集试点城市的通知
464	建城〔2000〕200 号	关于发布《城市生活垃圾处理及污染防治技术政策》的通知
465	建城环〔2000〕263 号	关于印发推动设立环卫工人节工作座谈会会议纪要的通知
466	建城函〔2002〕239 号	关于加强生活垃圾填埋场气体管理工作的通知
467	建城容函〔2003〕3 号	关于开展对城市生活垃圾处理厂（场）管理工作检查的通知
468	建办城〔2003〕32 号	关于转发江西省建设厅《关于进一步加强城市管理有关工作的意见》的通知
469	建办城〔2003〕34 号	关于转发《山西省人民政府办公厅关于贯彻落实城市生活垃圾处理收费制度有关问题的通知》的通知
470	建城〔2004〕225 号	关于加强城镇生活垃圾处理场站建设运营监督的意见
471	建城〔2005〕121 号	关于推广北京市东城区数字化城市管理模式的意见
472	建城函〔2005〕207 号	关于公布数字化城市管理试点城市（城区）名单的通知
473	建办城函〔2005〕404 号	关于印发《数字化城市管理模式试点实施方案》
474	建城〔2006〕13 号	关于印发《中国城乡环境卫生体系建设》的通知
475	建城容函〔2006〕59 号	关于印发《数字化城市管理信息系统建设技术指南》的通知
476	建城函〔2006〕60 号	关于公布数字化城市管理第二批试点城市（城区）名单的通知
477	建城〔2006〕243 号	关于印发《全国城镇环境卫生"十一五"规划》的通知
478	建城容函〔2007〕38 号	关于开展生活垃圾填埋场整改工作的通知
479	建办城〔2007〕42 号	关于加快推进数字化城市管理试点工作的通知
480	建办城函〔2007〕267 号	关于公布数字化城市管理第三批试点城市（城区）名单的通知
481	建城〔2007〕158 号	关于印发"城市生活垃圾经营性清扫、收集、运输服务许可证"和"城市生活垃圾经营性处置服务许可证"样式的通知
482	建城〔2007〕32 号	关于全国生活垃圾填埋场无害化处理检查情况的通报
483	建劳字〔1985〕第 5 号	城市建设各行业编制定员实行标准
484	建城〔1992〕886 号	建设部关于印发城市排水监测工作管理规定的通知
485	建城〔1998〕215 号	建设部关于加强建设项目工程质量管理的通知

序号	文　号	文件名称
486	建城〔2000〕124 号	城市污水处理及污染防治技术政策
487	建城〔2000〕140 号	关于确保城市供水工作的通知
488	建城〔2002〕234 号	建设部关于转发中央机构编制委员会办公室《关于地方水务机构有关问题的通知》的通知
489	建城〔2002〕242 号	关于加强监管确保城市供水安全的通知
490	建城〔2002〕272 号	关于印发《关于加快市政公用行业市场化进程的意见》的通知
491	建城〔2003〕171 号	关于进一步加强城市节约用水和保证供水安全工作的通知
492	建城〔2004〕153 号	建设部关于加强城镇污水处理厂运行监管的意见
493	建办城函〔2004〕731 号	关于对城市排水设施有关名词解释的函
494	建办城函〔2005〕50 号	关于加强城市排水设施安全管理工作的通知
495	建城〔2005〕179 号	关于印发《城市供水行业 2010 年技术进步发展规划及 2020 年远景目标》的通知
496	建科〔2006〕100 号	关于印发《城市污水再生利用技术政策》的通知
497	建城〔2007〕157 号	城市供水水质数据报告管理办法
498	建城〔2007〕277 号	关于印发《全国城镇污水处理信息报告、核查和评估办法》的通知
499	建城〔2007〕290 号	关于配合财政部做好城镇污水处理设施配套管网建设以奖代补工作的通知
500	建城〔2009〕23 号	关于印发《城镇污水处理厂污泥处理处置及污染防治技术政策（试行）》的通知
501	建科〔2009〕149 号	关于印发《城镇供水设施改造技术指南（试行）》的通知
502	建城函〔2010〕166 号	关于印发《城镇污水处理工作考核暂行办法》的通知
503	建城字〔1993〕784 号	关于印发《城市绿化规划建设指标的规定》的通知
504	建城字〔1994〕716 号	关于印发《关于加强城市绿地和绿化种植保护的规定》的通知
505	建城〔2000〕192 号	关于印发《城市古树名木保护管理办法》的通知
506	建城〔2002〕240 号	关于印发《城市绿地系统规划编制纲要（试行）》的通知
507	建城〔2002〕249 号	关于加强城市生物多样性保护工作的通知
508	建城〔2005〕16 号	关于印发《国家城市湿地公园管理办法（试行）》的通知
509	建城〔2005〕17 号	关于加强公园管理工作的意见
510	建城〔2005〕97 号	关于印发《城市湿地公园规划设计导则（试行）》的通知
511	建城函〔2006〕4 号	关于开展创建国家园林县城活动的通知

序号	文号	文件名称
512	建城〔2006〕67号	关于印发《国家重点公园管理办法（试行）》的通知
513	建城〔2007〕215号	关于建设节约型城市园林绿化的意见
514	建城〔2008〕85号	关于规范城市园林绿化企业资质管理的通知
515	建城园函〔2008〕154号	关于统一城市园林绿化企业资质证书编号等的通知
516	建城〔2008〕171号	关于加强城市绿地系统建设 提高城市防灾避险能力的意见
517	建城〔2009〕157号	关于修订《城市园林绿化企业资质标准》的通知
518	建城〔2009〕158号	关于印发《城市园林绿化企业一级资质申报管理工作规程》的通知
519	建城〔2009〕286号	关于印发《中国国际园林博览会管理办法》的通知
520	建城字第439号	关于发布中国国家风景名胜区徽志的通知(90)
521	建城〔1991〕107号	关于中国国家风景名胜区徽志使用办法的通知
522	建城(1991)546号	关于中国国家风景名胜区徽志设置问题的补充通知
523	建城〔1992〕812号	关于印发《风景名胜区环境卫生管理标准》的通知
524	建城〔1993〕848号	关于印发《风景名胜区建设管理规定》的通知
525	建城〔1994〕150号	关于发布《中国风景名胜区形势与展望》绿皮书的通知
526	建城〔1995〕159号	关于印发《风景名胜区安全管理标准》的通知
527	建标〔1999〕267号	关于发布国家标准《风景名胜区规划规范》的通知
528	建城〔2000〕94号	关于加强风景名胜区规划管理工作的通知
529	建城〔2001〕83号	关于发布《国家重点风景名胜区规划编制审批管理办法》的通知
530	建城函〔2001〕80号	关于对四川省风景名胜区出让、转让经营权问题的复函
531	建城〔2003〕77号	关于做好国家重点风景名胜区核心景区划定与保护工作的通知
532	建城〔2003〕126号	关于印发《国家重点风景名胜区总体规划编制报批管理规定》的通知
533	建城〔2004〕13号	关于国家重点风景名胜区总体规划报批有关事项的通知
534	建城〔2005〕56号	关于做好建立《中国国家自然遗产、国家自然与文化双遗产预备名录》工作的通知
535	建城〔2006〕80号	关于加强风景名胜区防火工作的通知
536	建城〔2007〕93号	关于印发《国家级风景名胜区徽志使用管理办法》的通知
537	建城〔2007〕270号	关于国家级风景名胜区综合整治工作的通报
538	建村〔1993〕659号	关于认真贯彻执行《村庄和集镇规划建设管理条例》的通知
539	建村〔1994〕564号	关于印发《关于加强小城镇建设的若干意见》的通知

序号	文　号	文件名称
540	建村〔1995〕476 号	关于认真贯彻《建制镇规划建设管理办法》的通知
541	建村〔1997〕90 号	关于加强村镇建筑工程质量管理的通知
542	建村〔1997〕201 号	关于命名全国小城镇建设示范镇（第一批）的决定
543	建村〔1999〕2 号	关于进一步搞好灾后重建村镇规划和房屋建设工作的通知
544	建村〔2004〕23 号	关于公布全国重点镇名单的通知
545	建村函〔2004〕273 号	关于调整和增补全国小城镇建设示范镇的通知
546	建村〔2006〕186 号	关于公布新增全国小城镇建设示范镇名单的通知
547	建村〔2008〕109 号	关于加强汶川地震灾后农房重建指导工作的通知
548	建村〔2008〕161 号	关于加强汶川地震灾后恢复重建村镇规划编制工作的通知
549	建村函〔2008〕175 号	关于印发《汶川地震灾后农房恢复重建技术导则（试行）》的通知
550	建村函〔2008〕290 号	关于派遣技术人员指导汶川地震灾后农房重建的通知
551	建村〔2000〕191 号	关于贯彻《中共中央、国务院关于促进小城镇健康发展的若干意见》的通知
552	建村〔2005〕174 号	关于村庄整治的指导意见
553	建村〔2006〕303 号	关于加强农民住房建设技术服务和管理的通知
554	建村〔2008〕58 号	关于印发《关于南方雨雪冰冻灾害地区建制镇供水设施灾后恢复重建技术指导要点》的通知
555	建村〔2009〕3 号	关于开展全国特色景观旅游名镇（村）示范工作的通知
556	建村〔2009〕115 号	关于印发《农村危险房屋技术导则（试行）》的通知
557	建村〔2009〕84 号	关于 2009 年扩大农村危房改造试点的指导意见
558	建村〔2010〕63 号	关于做好 2010 年扩大农村危房改造试点工作的通知
559	建村函〔2008〕141 号	推进县域村庄整治联系点工作的指导意见
560	建村函〔2008〕175 号	关于印发《汶川地震灾后农房恢复重建技术导则（试行）》的通知
561	建村函〔2009〕69 号	关于印发《农村危险房屋技术导则（试行）》的通知
562	建村函〔2009〕75 号	关于开展工程项目带动村镇规划一体化实施试点工作的通知
563	建村函〔2009〕167 号	关于扩大农村危房改造试点建筑节能示范的实施意见
564	建村函〔2009〕168 号	关于建设全国扩大农村危房改造试点农户档案管理信息系统的通知
565	建村函〔2010〕165 号	关于印发《扩大农村危房改造试点建筑节能示范监督检查工作要求》的通知

序号	文 号	文件名称
566	建办村函〔2007〕229 号	关于防范以支持新农村建设和村镇建设等名义进行诈骗活动的通知
567	建办村函〔2009〕616 号	关于开展村镇垃圾治理全覆盖县(市、区)统计工作的通知
568	建办村函〔2009〕959 号	关于印发《农村危房改造农户档案管理信息系统运行管理规定》的通知
569	建办村函〔2009〕964 号	关于进一步加强扩大农村危房改造试点建筑节能示范工作的通知
570	建村〔2010〕36 号	关于公布全国特色景观旅游名镇(村)示范名单(第一批)的通知
571	建村〔2010〕149 号	关于印发《分地区农村生活污水处理技术指南》的通知
572	建村〔2010〕154 号	关于开展推动建材下乡试点的通知
573	建村〔2010〕184 号	关于印发《镇(乡)域规划导则(试行)的通知》
574	建村〔2010〕203 号	关于公布村镇垃圾治理全覆盖县(市、区)名单(第一批)的通知
575	(84)城抗震字第 017 号	城乡建设部抗震办公室关于转发财政部《关于对抗震加固工程免征建筑税的复函》的通知
576	(89)建抗字第 586 号	建设部国家计委关于印发《新建工程抗震设防暂行规定》的通知
577	建监〔1997〕60 号	关于印发《建设工程质量投诉处理暂行规定》的通知
578	建建〔2000〕185 号	关于印发《房屋建筑工程质量保修书(示范文本)》的通知
579	建建〔2000〕211 号	关于印发《房屋建筑工程和市政基础设施工程实行见证取样和送检的规定》的通知
580	建设〔2001〕218 号	关于印发《梁思成建筑奖评选办法》的通知
581	建办质〔2002〕17 号	关于加强建筑工程室内环境质量管理的若干意见
582	建质〔2002〕173 号	建设部建筑业新技术应用示范工程管理办法
583	建质〔2003〕82 号	关于印发《建筑工程预防高处坠落事故若干规定》和《建筑工程预防坍塌事故若干规定》的通知
584	建质〔2003〕107 号	建设部关于加强建筑意外伤害保险工作的指导意见
585	建质〔2003〕113 号	关于印发《建设工程质量责任主体和有关机构不良记录管理办法(试行)》的通知
586	建质〔2003〕167 号	关于建设行政主管部门对工程监理企业履行质量责任加强监督的若干意见
587	建质〔2003〕177 号	关于进一步加强地铁安全管理工作的意见

序号	文 号	文件名称
588	建质〔2003〕218 号	关于积极推进工程设计责任保险工作的指导意见
589	建质函〔2003〕202 号	关于印发《工程勘察技术进步与技术政策要点》的通知
590	建质〔2004〕16 号	关于颁布《市政公用工程设计文件编制深度规定》的通知
591	建质〔2004〕18 号	关于加强住宅工程质量管理的若干意见
592	建质〔2004〕54 号	关于印发《建筑施工企业主要负责人、项目负责人和专职安全生产管理人员安全生产考核管理暂行规定》的通知
593	建质〔2004〕148 号	关于印发《建筑施工企业安全生产许可证管理规定实施意见》的报告
594	建质〔2004〕170 号	关于加强城市桥梁管理工作的通知
595	建质〔2004〕203 号	关于实施《房屋建筑和市政基础设施工程施工图设计文件审查管理办法》有关问题的通知
596	建质〔2004〕216 号	关于加强村镇建设工程质量安全管理的若干意见
597	建办质〔2004〕35 号	关于加强大型公共建筑质量安全管理的通知
598	建质〔2005〕7 号	关于印发《建设工程质量保证金管理暂行办法》的通知
599	建质〔2005〕89 号	关于印发《建筑工程安全防护、文明施工措施费用及使用管理规定》的通知
600	建质〔2005〕108 号	建设部关于印发《城市桥梁重大事故应急预案》的通知
601	建质〔2005〕109 号	关于印发《建设系统破坏性地震应急预案》的通知
602	建质〔2005〕133 号	关于推进建设工程质量保险工作意见的通知
603	建质〔2005〕145 号	关于印发《工程建设工法管理办法》的通知
604	建质〔2005〕184 号	关于印发《建筑工程安全生产监督管理工作导则》的通知
605	建质〔2005〕228 号	关于印发《滑坡崩塌地质灾害易发区域城镇工程建设安全管理指南》的通知
606	建质质函〔2005〕136 号	关于印发《市政基础设施工程实体质量监督工作指南》的通知
607	建质质函〔2005〕140 号	关于印发《房屋建筑和市政基础设施工程施工图设计文件审查示范文本》的通知
608	建质〔2006〕18 号	关于严格实施建筑施工企业安全生产许可证制度的若干补充规定
609	建办质〔2006〕43 号	关于通过统一网络平台上报建设系统安全事故的通知
610	建质〔2006〕44 号	关于做好建筑施工企业农民工参加工伤保险有关工作的通知
611	建办质〔2006〕57 号	关于建立建设系统突发公共事件月报制度的通知
612	建质〔2006〕58 号	关于进一步改善建筑业农民工作业、生活环境切实保障农民工职业健康的通知

序号	文号	文件名称
613	建质〔2006〕110号	关于进一步加强建设系统安全事故快报工作的通知
614	建质〔2006〕132号	关于进一步健全工作机制落实建设系统安全生产工作责任制的通知
615	建质电〔2006〕4号	关于加强地铁建设安全管理工作的紧急通知
616	建质〔2006〕174号	关于进一步加强建筑业技术创新工作的意见
617	建质〔2006〕192号	关于印发《民用建筑工程节能质量监督管理办法》的通知
618	建质〔2006〕291号	关于印发《既有建筑幕墙安全维护管理办法》的通知
619	建质〔2006〕302号	关于印发《全国优秀工程勘察设计奖评选办法》的通知
620	建质函〔2006〕161号	关于做好第五批全国工程勘察设计大师评选工作的通知
621	建质〔2007〕170号	关于加强建设系统防灾减灾工作的意见
622	建质电〔2007〕21号	关于加强地铁建设和运营安全管理工作的紧急通知
623	建质〔2007〕184号	关于印发《建设工程质量监督机构和人员考核管理办法》的通知
624	建质〔2007〕189号	关于建筑施工企业主要负责人、项目负责人和专职安全生产管理人员安全生产考核合格证书延期工作的指导意见
625	商改发〔2007〕205号	商务部、公安部、建设部、交通部、质检总局、环保总局关于在部分城市城市限期禁止现场搅拌砂浆工作的通知
626	建质〔2007〕223号	关于印发《绿色施工导则》的通知
627	建质〔2007〕254号	关于印发《地铁及地下工程建设风险管理指南（试行）》的通知
628	建质〔2007〕255号	关于印发《建筑施工个人劳动保护用品使用管理暂行规定》的通知
629	建质〔2007〕257号	关于印发《关于进一步规范房屋建筑和市政工程生产安全事故报告和调查处理工作的若干意见》的通知
630	建安办函〔2007〕4号	关于加强既有建筑装修、改扩建质量安全监督管理的通知
631	建质函〔2007〕379号	关于印发建设工程质量监督机构考核证书和监督人员资格证书式样的通知
632	建质函〔2008〕6号	关于成立全国城市抗震防灾规划审查委员会的通知
633	建质〔2008〕19号	关于印发《民用建筑节能工程质量监督工作导则》的通知
634	建质〔2008〕56号	关于印发《地震重点监视防御区建设系统抗震防灾工作要点》的通知
635	建质〔2008〕75号	关于印发《建筑施工特种作业人员管理规定》的通知
636	建质〔2008〕76号	关于印发《建筑起重机械备案登记办法》的通知

序号	文　号	文件名称
637	建质〔2008〕91 号	关于印发《建筑施工企业安全生产管理机构设置及专职安全生产管理人员配备办法》
638	建质〔2008〕121 号	关于印发《建筑施工企业安全生产许可证动态监管暂行办法》的通知
639	建质〔2008〕133 号	关于进一步加强住宅装饰装修管理的通知
640	建质〔2008〕136 号	关于加强汶川地震灾后恢复重建房屋建筑工程质量安全管理的通知
641	建质〔2008〕216 号	关于印发《建筑工程设计文件编制深度规定》（2008 年版）的通知
642	建质〔2008〕231 号	关于加强工程勘察质量管理工作的若干意见
643	建质电〔2008〕118 号	关于进一步加强地铁建设安全管理工作的紧急通知
644	建质〔2009〕21 号	关于印发《住房城乡建设部事故灾难应对工作规程》的通知
645	建质〔2009〕22 号	关于印发《住房城乡建设部安全生产管理委员会工作规则》的通知
646	建质函〔2009〕49 号	关于公布国家市政公用设施抗震专项论证专家库名单的通知
647	建质〔2009〕42 号	关于贯彻实施《防震减灾法》加强城乡建设抗震防灾工作的通知
648	建质〔2009〕55 号	关于进一步加强建筑工程质量监督管理的通知
649	建质〔2009〕77 号	关于切实做好全国中小学校舍安全工程有关问题的通知
650	建质〔2009〕87 号	关于印发《危险性较大的分部分项工程安全管理办法》的通知
651	建质〔2009〕124 号	关于发布《全国民用建筑工程设计技术措施》（2009 年版）的通知
652	建质〔2009〕253 号	关于印发《建筑节能工程施工技术要点》的通知
653	建质〔2009〕254 号	关于印发《建设工程高大模板支撑系统施工安全监督管理导则》的通知
654	建质〔2009〕291 号	关于做好住宅工程质量分户验收工作的通知
655	建质〔2009〕296 号	关于进一步做好建筑生产安全事故处理工作的通知
656	建质函〔2009〕136 号	关于印发住房和城乡建设部向国务院报送安全生产事故信息暂行办法的通知
657	建质函〔2009〕284 号	关于全国超限高层建筑工程抗震设防审查专家委员会换届的通知
658	建办质函〔2009〕313 号	关于开展在建地铁工程监理人员质量安全培训工作的通知

序号	文号	文件名称
659	建安〔2009〕1号	关于进一步规范住房和城乡建设系统安全生产重大及以上事故报告工作的通知
660	建质〔2010〕5号	关于印发《城市轨道交通工程安全质量管理暂行办法》的通知
661	建质〔2010〕32号	关于住房和城乡建设系统继续深入开展"安全生产年"活动的实施意见
662	建质〔2010〕52号	关于进一步做好全国中小学校舍安全工程有关工作的通知
663	建质〔2010〕70号	关于印发《市政公用设施抗震设防专项论证技术要点（室外给水、排水、燃气、热力和生活垃圾处理工程篇）》的通知
664	建质〔2010〕85号	关于进一步加强汶川地震灾后恢复重建工程质量管理的通知
665	建办质〔2010〕2号	关于印发《城市轨道交通工程质量安全联络员工作办法》的通知
666	建质〔2010〕109号	关于印发《超限高层建筑工程抗震设防专项审查技术要点》的通知
667	建质〔2010〕111号	关于做好房屋建筑和市政基础设施工程质量事故报告和调查处理工作的通知
668	建办质电〔2010〕37号	关于集中开展严厉打击建筑施工非法违法行为专项行动的通知
669	建办〔2010〕126号	关于进一步加强城市地下管线保护工作的通知
670	建质电〔2010〕53号	关于进一步加强建筑施工消防安全工作的通知
671	建质〔2010〕159号	关于贯彻实施《房屋建筑和市政基础设施工程质量监督管理规定》的通知
672	建质〔2010〕164号	关于贯彻落实《国务院关于进一步加强企业安全生产工作的通知》的实施意见
673	建质〔2010〕170号	关于做好《建筑业10项新技术（2010）》推广应用的通知
674	建质〔2010〕215号	关于发布《房屋建筑和市政基础设施工程勘察文件编制深度规定》（2010年版）的通知
675	建科〔1999〕58号	关于印发《建设部科学技术委员会章程》的通知
676	建科〔2001〕31号	关于印发《建设领域信息化工作基本要点》的通知
677	建科〔2001〕72号	关于印发《建设部关于加强技术创新工作的指导意见》的通知
678	建科〔2001〕239号	关于实施《夏热冬冷地区居住建筑节能设计标准》的通知
679	建科〔2002〕209号	关于印发《关于加强建筑涂料生产与应用管理工作的意见》的通知

序号	文　号	文件名称
680	建科〔2002〕222 号	关于印发《建设部推广应用新技术管理细则》的通知
681	建科〔2003〕54 号	关于印发《建设部专家委员会管理办法》的通知
682	建科〔2003〕150 号	关于印发《建设部信息化工作管理办法》的通知
683	建科〔2003〕214 号	关于印发《建设部专家委员会工作规则》的通知
684	建科〔2003〕237 号	关于实施《夏热冬暖地区居住建筑节能设计标准》的通知
685	建科〔2004〕25 号	关于印发《建设部建筑节能试点示范工程（小区）管理办法》的通知
686	建科〔2004〕72 号	关于印发《建设事业技术政策纲要》的通知
687	建科〔2004〕87 号	关于贯彻《国务院办公厅关于开展资源节约活动的通知》的意见
688	建科〔2004〕174 号	关于加强民用建筑工程项目建筑节能审查工作的通知
689	建科函〔2004〕183 号	关于印发《全国绿色建筑创新奖管理办法》的通知
690	建科〔2005〕55 号	关于新建居住建筑严格执行节能设计标准的通知
691	建科〔2006〕61 号	关于贯彻《国务院关于落实科学发展观加强环境保护的决定》的通知
692	建科〔2006〕76 号	关于印发《小城镇建设技术政策》的通知
693	建科〔2006〕100 号	关于印发《城市污水再生利用技术政策》的通知
694	建科〔2006〕213 号	建设部、财政部关于推进可再生能源在建筑中应用的实施意见
695	建科〔2006〕231 号	建设部关于贯彻《国务院关于加强节能工作的决定》的实施意见
696	建科〔2006〕319 号	关于印发《建筑门窗节能性能标识试点工作管理办法》的通知
697	建办科〔2007〕26 号	关于印发《建设部实施国家科技支撑计划项目管理办法（试行）》的通知
698	建科〔2007〕124 号	关于印发《聚氨酯硬泡外墙外保温工程技术导则》的通知
699	建设部公告第 659 号	建设部关于发布建设事业"十一五"推广应用和限制禁止使用技术（第一批）的公告
700	建科〔2007〕159 号	关于印发《建设部关于落实〈国务院关于印发节能减排综合性工作方针的通知〉的实施方案》的通知
701	建科〔2007〕206 号	关于印发《绿色建筑评价标识管理办法（试行）》的通知
702	建科〔2007〕205 号	关于印发《绿色建筑评价技术细则（试行）》的通知
703	建科〔2007〕216 号	关于印发《建设部"十一五"可再生能源建筑应用技术目录》的通知

序号	文　号	文件名称
704	建科〔2007〕245 号	关于加强国家机关办公建筑和大型公共建筑节能管理工作的实施意见
705	建科〔2007〕249 号	关于印发《国家机关办公建筑和大型公共建筑能源审计导则》的通知
706	建科〔2008〕80 号	关于试行民用建筑能效测评标识制度的通知
707	建科〔2008〕89 号	高等学校节约型校园建设管理与技术导则（试行）
708	建科〔2008〕90 号	关于推进高等学校节约型校园建设进一步加强高等学校节能节水工作的意见
709	建科〔2008〕95 号	关于推进北方采暖地区既有居住建筑供热计量及节能改造工作的实施意见
710	建科〔2008〕113 号	关于印发《绿色建筑评价技术细则补充说明（规划设计部分）》的通知
711	建科〔2008〕114 号	关于印发国家机关办公建筑和大型公共建筑能耗监测系统建设相关技术导则的通知
712	建科〔2008〕115 号	关于印发《公共建筑室内温度控制管理办法》的通知
713	建科〔2008〕116 号	关于印发《民用建筑节能信息公示办法》的通知
714	建科〔2008〕118 号	关于印发《民用建筑能效测评标识技术导则（试行）》的通知
715	建科〔2008〕126 号	关于印发《北方采暖地区既有居住建筑供热计量及节能改造技术导则（试行）》的通知
716	建科〔2008〕147 号	关于加强建筑节能材料和产品质量监督管理的通知
717	建科〔2008〕221 号	关于贯彻实施《民用建筑节能条例》的通知
718	建科〔2009〕109 号	关于推进一二星级绿色建筑评价标识工作的通知（本文件附件为《一二星级绿色建筑评价标识管理办法》）
719	建科节函〔2009〕146 号	关于印发《可再生能源建筑应用示范项目数据监测系统技术导则（试行）》的通知
720	建科〔2009〕149 号	关于印发《城镇供水设施改造技术指南（试行）》的通知
721	建科〔2009〕163 号	关于印发《高等学校校园建筑节能监管系统建设技术导则》及有关管理办法的通知
722	建科函〔2009〕235 号	关于印发《绿色建筑评价技术细则补充说明（运行使用部分）》的通知
723	建科〔2009〕261 号	关于印发《北方采暖地区既有居住建筑供热计量及节能改造项目验收办法》的通知
724	建科〔2009〕290 号	关于印发《住房和城乡建设部科学技术计划项目管理办法》的通知

序号	文　号	文件名称
725	建科〔2010〕31 号	关于印发《民用建筑能耗和节能信息统计报表制度》的通知
726	建科〔2010〕73 号	关于进一步加大工作力度确保完成"十一五"建筑节能任务的通知
727	建科〔2010〕84 号	关于加大工作力度确保完成北方采暖地区既有居住建筑供热计量及节能改造工作任务的通知
728	建科〔2010〕90 号	关于切实加强政府办公和大型公共建筑节能管理工作的通知
729	建科〔2010〕131 号	关于印发《绿色工业建筑评价导则》的通知
730	建科〔2010〕168 号	关于做好"城市水环境改善和饮用水安全保障"示范城市申报工作的通知
731	建科〔2010〕216 号	关于印发《全国绿色建筑创新奖实施细则》和《全国绿色建筑创新奖评审标准》的通知
732	建房改〔2000〕225 号	关于加强对住房公积金建设项目贷款和单位贷款清理回收意见的通知
733	建房改〔2001〕35 号	关于纠正住房公积金管理中心兴办经济实体、投资、参股问题的通知
734	建房改〔2002〕110 号	关于严禁在住房公积金管理机构调整工作中发生违纪违法行为的通知
735	建房改〔2002〕149 号	关于完善住房公积金决策制度的意见
736	建房改〔2002〕150 号	关于住房公积金管理机构调整工作的实施意见
737	建金管〔2003〕70 号	关于住房公积金管理中心职责和内部授权管理的指导意见
738	建办金管〔2003〕42 号	关于加快建设全国住房公积金监督管理信息系统工作有关问题的通知
739	建金管函〔2003〕238 号	关于转发铁道部《关于加快推进住房公积金管理机构调整工作的通知》的通知
740	建金管〔2004〕34 号	关于印发《住房公积金行政监督办法》的通知
741	建金管〔2004〕122 号	关于对使用住房公积金购买国债情况进行自查自纠的通知
742	建金管〔2004〕173 号	建设部关于印发《全国住房公积金监督管理信息系统管理暂行办法》的通知
743	建金管〔2005〕5 号	关于住房公积金管理若干具体问题的指导意见
744	建办金管〔2005〕18 号	关于住房公积金有关利率政策调整的通知
745	建金管资函〔2005〕32 号	关于对宁夏回族自治区建设厅请示住房公积金专户存储资金计息问题的批复
746	建金管函〔2005〕284 号	关于请加快做好住房公积金管理机构调整工作的通知

序号	文 号	文件名称
747	建金管函〔2006〕9 号	关于请组织对住房公积金购买国债中违法违规问题进行认真核查并严肃处理的通知
748	建金管函〔2006〕26 号	关于转发《财政部关于印发〈住房公积金呆账核销管理暂行办法〉的通知》的通知
749	建金管〔2006〕52 号	关于住房公积金管理几个具体问题的通知
750	建金管〔2006〕95 号	关于因公外派人员住房公积金问题的通知
751	建金管〔2006〕104 号	关于印发《关于个人住房公积金信用信息共享方案》的通知
752	建金管〔2006〕190 号	关于切实贯彻《住房公积金条例》加强整改工作的通知
753	建金管〔2006〕324 号	关于调整移交铁路行业住房公积金管理机构的通知
754	建金管资函〔2007〕17 号	关于对《广东省建设厅关于对非本市户籍人员离开工作单位后支取个人住房公积金有关问题的请示》的回复
755	建办金管函〔2007〕312 号	关于对住房公积金增值收益管理有关问题的复函
756	建保〔2008〕33 号	关于在住房公积金管理中使用组织机构代码的通知
757	建保〔2008〕93 号	关于印发《关于开展加强住房公积金管理专项治理工作的实施意见》的通知
758	建办保〔2008〕33 号	关于抗震救灾中做好住房公积金工作的紧急通知
759	建办金函〔2009〕691 号	关于进一步规范住房公积金统计数据报送工作的通知
760	建金〔2009〕160 号	关于印发利用住房公积金贷款支持保障性住房建设试点工作实施意见的通知
761	建办金函〔2009〕1025 号	关于大力开展住房公积金文明行业创建活动的通知
762	建金〔2010〕100 号	关于做好利用住房公积金贷款支持保障性住房建设试点工作的通知
763	建金〔2010〕101 号	关于印发《利用住房公积金支持保障性住房建设试点项目贷款管理办法》的通知
764	建金〔2010〕179 号	关于规范住房公积金个人住房贷款政策有关问题的通知
765	建综〔2001〕2 号	关于印发《建设部执业资格收费管理办法（试行）》的通知
766	建综〔2001〕183 号	关于印发《关于建设系统实施西部开发的工作意见》的通知
767	建综〔2001〕255 号	关于印发城市建设统计指标解释的通知
768	建综〔2002〕253 号	建设部 财政部关于废止《勘察设计行业专项事业经费管理办法》的通知
769	建办综〔2003〕33 号	关于转发《国家发展改革委办公厅关于城建档案馆技术咨询服务收费性质问题的复函》的通知

序号	文 号	文件名称
770	建综〔2004〕91 号	关于印发《建设部关于贯彻落实〈国务院关于进一步推进西部大开发的若干意见〉的意见》的通知
771	建综〔2004〕141 号	关于进一步清理整顿建设系统统一着装的通知
772	建综〔2004〕169 号	关于印发《建设部关于贯彻落实〈中共中央国务院关于实施东北地区等老工业基地振兴战略的若干意见〉的意见》的通知
773	建综〔2004〕181 号	关于布置《建筑业企业主要指标月度快速调查制度（试行）》有关工作的通知
774	建综〔2005〕160 号	建设部关于进一步做好清理市政公用设施拖欠工程款工作的意见
775	建综〔2005〕219 号	关于落实国务院批准的《〈内地与香港关于建立更紧密经贸关系的安排〉补充协议二》和《〈内地与澳门关于建立更紧密经贸关系的安排〉补充协议二》有关事项的通知
776	建综〔2005〕155 号	关于表彰全国建设统计信息工作先进单位和先进工作者的通报
777	建综〔2006〕212 号	关于落实国务院批准的《〈内地与香港关于建立更紧密经贸关系的安排〉补充协议三》和《〈内地与澳门关于建立更紧密经贸关系的安排〉补充协议三》有关事项的通知
778	建综函〔2006〕144 号	建设部关于落实内地与香港、澳门《关于建立更紧密经贸关系的安排》有关工作的通知
779	建综〔2007〕207 号	关于落实国务院批准的《〈内地与香港关于建立更紧密经贸关系的安排〉补充协议四》和《〈内地与澳门关于建立更紧密经贸关系的安排〉补充协议四》有关事项的通知
780	建综〔2008〕96 号	关于印发《北方地区城市集中供热管网改造规划》的通知
781	建综〔2008〕98 号	住房和城乡建设部 国家发展和改革委员会 财政部关于印发《全国城市燃气管网改造规划》的通知
782	建综函〔2008〕264 号	关于落实国务院批准的《〈内地与香港关于建立更紧密经贸关系的安排〉补充协议五》和《〈内地与澳门关于建立更紧密经贸关系的安排〉补充协议五》有关事项的通知
783	建计〔2009〕104 号	关于落实国务院批准的《〈内地与香港关于建立更紧密经贸关系的安排〉补充协议六》和《〈内地与澳门关于建立更紧密经贸关系的安排〉补充协议六》有关事项的通知
784	建计函〔2009〕202 号	关于继续执行《建筑业企业主要指标月度快速调查制度》有关工作的通知
785	建办综函〔2005〕29 号	关于城镇公用事业附加征收问题的复函
786	建办综函〔2005〕120 号	建设部关于对自来水水费滞纳金有关问题的复函
787	建计〔1995〕507 号	关于印发《关于中国建设机械协会等社团组织协调行业主管部门做好建设机械行业管理工作的意见》的通知
788	建计〔1995〕508 号	关于印发《关于加强建设机械行业管理的若干意见》的通知

序号	文 号	文件名称
789	建计〔1996〕145 号	关于机械式停车设备行业归口管理有关问题的通知
790	建办计函〔2009〕1007 号	关于抓紧开展城市（县城）和村镇建设统计 2009 年年报和 2010 年上半年报及年快报工作的通知
791	建计函〔2010〕300 号	关于将新批准特、一级资质建筑企业纳入月度快速调查统计范围的通知
792	建计函〔2010〕184 号	关于印发《住房和城乡建设部水体污染控制与治理科技重大专项资金管理暂行办法》的通知
793	建计函〔2010〕194 号	关于指导督促物业服务企业支持配合做好人口普查工作的通知
794	建办计函〔2010〕248 号	关于进一步做好建筑业企业主要指标月度快速调查统计工作的通知
795	建办计函〔2010〕496 号	关于组织开展统计法和统计违法违纪行为处分规定贯彻执行情况大检查的通知
796	建办计函〔2010〕888 号	关于做好城市（县城）和村镇建设统计 2010 年年报和 2011 年上半年报及年快报工作的通知
797	建计〔2010〕115 号	关于落实《〈内地与香港关于建立更紧密经贸关系的安排〉补充协议七》和《〈内地与澳门关于建立更紧密经贸关系的安排〉补充协议七》有关事项的通知
798	(86)城建字第 492 号	关于基层施工技术员（工长）培训和颁发岗位证书的通知
799	(87)城干字第 57 号	关于实行建筑企业专业管理人员岗位职务培训制度的通知
800	建人〔1992〕61 号	关于印发城市建设各行业第一批提前退休工种表的通知
801	建人〔1996〕512 号	关于印发《建筑安装工程劳动保险费用管理办法》通知
802	建人〔2009〕123 号	关于做好建筑业农民工技能培训示范工程工作的通知
803	建稽〔2006〕50 号	建设部治理建设系统商业贿赂实施方案
804	建稽〔2006〕187 号	建设部关于开展派出规划督察员试点工作的通知
805	建稽〔2006〕193 号	关于认真贯彻国办发〔2006〕37 号文件加强防治商业贿赂工作的通知
806	建稽〔2007〕87 号	关于开展房地产市场秩序专项整治的通知
807	建稽〔2007〕151 号	关于深入推进建设系统治理商业贿赂专项工作的意见
808	建稽〔2007〕281 号	关于印发《城乡规划监督检查证件管理规定》的通知
809	建办稽函〔2008〕34 号	关于调整城乡规划监督检查证件有关内容的通知
810	建稽〔2008〕92 号	关于印发《住房和城乡建设部城乡规划督察员管理暂行办法》的通知
811	建稽〔2009〕60 号	关于加强稽查执法工作的若干意见

序号	文　号	文件名称
812	建稽〔2009〕86 号	关于印发《住房和城乡建设部城乡规划督察员工作规程》的通知
813	建办稽函〔2009〕648 号	关于开展利用卫星遥感技术辅助城乡规划督察工作的通知
814	建办稽函〔2009〕775 号	关于增加呼和浩特等 15 个城市开展利用卫星遥感技术辅助城乡规划督察工作的通知
815	建稽〔2010〕4 号	关于印发《建设领域违法违规行为稽查工作管理办法》的通知
816	建稽〔2010〕102 号	关于试行住房公积金督察员制度的意见
817	建稽〔2010〕138 号	关于开展 2010 年派驻城乡规划督察员工作的通知
818	建稽〔2010〕139 号	关于印发《住房公积金督察员管理暂行办法》的通知
819	建稽〔2010〕153 号	关于印发第五批派城乡规划督察员派驻城市名单的通知
820	建稽〔2010〕218 号	关于向三亚市派驻城乡规划督察员的通知
821	建办稽函〔2010〕261 号	关于增加邯郸等 8 个城市开展利用卫星遥感技术辅助城乡规划督察工作的通知
822	(87)城办字第 585 号	城乡建设环境保护部、国家档案局关于印发《城市建设档案管理暂行办法》的通知
823	(89)建法字第 79 号	建设部关于印发宣传信息工作暂行规定的通知
824	(89)建法字第 261 号	建设部关于印发部机关对外宣传报道工作管理办法的通知
825	建规〔1991〕583 号	建设项目选址规划管理办法
826	建规〔1998〕69 号	关于加强城市地下管线规划管理的通知
827	建规〔2001〕112 号	关于印发"甲级城市规划编制单位技术装备及应用水平的基本要求"的通知
828	建规〔2002〕270 号	建设部关于加强国有土地使用权出让规划管理工作的通知
829	建规〔2003〕94 号	关于外商投资企业办理城市规划服务资格证书有关事项的通知
830	建规〔2003〕178 号	关于进一步加强和规范各类开发区规划建设管理的通知
831	建住房物〔2000〕8 号	建设部关于修订全国物业管理示范住宅小区(大厦、工业区)标准及有关考评验收工作的通知
832	建住房〔2004〕155 号	建设部关于印发《前期物业服务合同(示范文本)》的通知
833	建住房〔2004〕156 号	建设部关于印发《业主临时公约(示范文本)》的通知
834	建设〔2001〕22 号	关于颁发工程勘察资质分级标准和工程设计资质分级标准的通知
835	建设〔2001〕178 号	关于印发《工程勘察、工程设计资质分级标准补充规定》的通知

序号	文　号	文件名称
836	建建〔2001〕82 号	关于印发《建筑业企业资质等级标准》的通知
837	建城〔1997〕21 号	城市环境卫生质量标准
838	建城〔2006〕101 号	关于修订《中国人居环境奖申报和评选办法》的通知
839	建村〔2000〕36 号	关于发布《村镇规划编制办法（试行）》的通知
840	建建〔1997〕330 号	关于批准颁布《1996—2010 年建筑技术政策》的通知
841	建设〔1999〕4 号	关于印发《工程建设标准设计管理规定》的通知
842	建办建〔2000〕18 号	关于印发《房屋建筑工程和市政基础设施工程竣工验收备案表》的通知
843	建建〔2000〕142 号	关于印发《房屋建筑工程和市政基础设施工程竣工验收暂行规定》的通知
844	建质〔2004〕16 号	关于颁布《市政公用工程设计文件编制深度规定》的通知
845	建质函〔2005〕346 号	关于印发建设工程质量检测机构资质证书式样和资质申请表式样的通知
846	建质〔2006〕25 号	关于实施《建设工程质量检测管理办法》有关问题的通知
847	建金管〔2005〕123 号	关于印发《住房公积金管理中心业务管理工作考核办法（试行）》的通知
848	建金管〔2007〕222 号	关于进一步规范住房公积金管理信息公开工作的意见
849	建综〔2005〕209 号	关于印发《关于进一步加强建设统计信息工作的意见》的通知
850	(87)城劳资字第 545 号	关于城乡建设系统实行技师聘任制的实施意见
851	(88)城房字第 22 号	关于房管所（站）长等五个岗位实行岗位培训制度的通知
852	(90)建才字第 465 号	关于实行市政工程施工企业专业管理人员岗位培训制度的通知
853	建才〔1991〕47 号	关于房地产评估员等四个岗位实行岗位培训制度的通知
854	建人〔1991〕118 号	关于印发《建筑业高级技师评聘试点办法》的通知
855	建教〔1992〕806 号	关于印发《建设系统工人考核实施办法》的通知
856	建教〔1994〕267 号	关于实行建筑安装企业专业管理人员岗位培训制度的通知
857	建教〔1994〕665 号	关于印发《建设劳务资格鉴定和证书制度试行办法》的通知
858	建教培〔1995〕27 号	关于实行白蚁防治专业技术管理人员岗位培训制度的通知
859	建人〔1995〕498 号	关于印发《建设部机关和直属单位劳动工资计划管理暂行办法》的通知
860	建人〔1996〕88 号	关于颁发木工等四十个《职业技能标准》的通知
861	建人〔1996〕89 号	关于颁发木工等八个《职业资格鉴定规范》和《职业技能鉴定试题库》的通知

序号	文　号	文件名称
862	建人〔1996〕584 号	关于颁发城市供水行业《职业技能标准》、《岗位鉴定规范》和《职业技能鉴定试题库》的通知
863	建教〔1997〕117 号	关于印发《建设继续教育管理规定（试行）》的通知
864	建教〔1997〕156 号	关于印发普通中等专业学校工业与民用建筑等十四个专业培养方案的通知
865	建教〔1997〕83 号	关于印发《建筑业企业职工安全培训教育暂行规定》的通知
866	建人〔1998〕151 号	关于颁发管道工等四个职业的《职业技能岗位鉴定规范》和《职业技能鉴定试题库》的通知
867	建人教〔2000〕112 号	关于颁发园林行业绿化工等 6 个"职业技能岗位标准、鉴定规范和试题库"的通知
868	建人教〔2001〕120 号	关于颁发道路清扫工等 11 个岗位的《职业技能岗位标准》、《岗位鉴定规范》和《技能鉴定试题库》的通知
869	建人教〔2001〕197 号	关于颁发市政行业筑路工等 10 个工种的职业技能岗位鉴定规范和技能鉴定试题库的通知
870	建人教〔2002〕90 号	关于颁发燃气行业燃气管道工等 27 个"职业技能岗位标准、鉴定规范和试题库"的通知
871	建人教〔2002〕118 号	关于颁发起重机驾驶员等 9 个工种的《职业技能岗位鉴定规范》和《职业技能鉴定试题库》的通知
872	建人教〔2002〕216 号	关于颁发古建彩画工等 8 个工种（岗位）的《职业技能岗位标准》、《职业技能岗位鉴定规范》和《职业技能鉴定试题库》的通知
873	建人〔2005〕63 号	关于颁布木工等 16 个工种技师和 6 个工种高级技师《职业技能标准》、《职业技能鉴定规范》和《职业技能鉴定试题库》的通知
874	(89)建才字第 470 号	关于印发实行建筑施工企业专业管理人员岗位培训制度的补充办法和建筑施工企业专业管理人员岗位合格证书管理暂行办法的通知
875	建法〔2002〕185 号	关于印发《建设领域违法违规行为举报管理办法》的通知
876	建建〔2001〕166 号	关于印发《建筑市场稽查暂行办法》的通知
877	建办稽〔2002〕19 号	关于印发《建筑市场举报投诉受理工作管理办法》的通知

集邮市场管理办法

(2011 年 5 月 3 日第 5 次部务会议通过　2011 年
5 月 6 日中华人民共和国交通运输部令 2011 年第
6 号公布　自 2011 年 8 月 1 日起施行)

第一章　总　　则

第一条　为了加强对集邮市场的监督管理,规范集邮市场经营行为,保护消费者合法权益,促进集邮市场健康发展,根据《中华人民共和国邮政法》和国务院有关决定,制定本办法。

第二条　在中华人民共和国境内从事集邮票品经营活动、开办集邮票品集中交易市场及对集邮市场进行监督管理,适用本办法。

本办法所称集邮市场是指以集邮票品为交易对象的市场;集邮票品经营,是指以营利为目的,从事集邮票品的批销、零售、拍卖等活动,以及集邮品的制作活动;集邮票品集中交易市场,是指符合本办法第十二条规定条件,有多个集邮票品经营者入场设点,独立、公开地进行集邮票品交易的固定场所。

第三条　集邮票品包括邮资凭证和集邮品。邮资凭证包括邮票、邮资符志、邮资信封、邮资明信片、邮资邮简、邮资信卡等;集邮品,是指邮资凭证的制成品或者仿印仿制邮票图案的制成品。其他国家或者地区发行的邮资凭证进入我国境内,按照集邮品进行管理。

第四条　国务院邮政管理部门负责全国集邮市场的监督管理工作。

省、自治区、直辖市邮政管理机构(以下简称省级邮政管理机构)在国务院邮政管理部门的领导下,负责本行政区域的集邮市场监督管理工作。

国务院邮政管理部门和省级邮政管理机构统称为邮政管理部门。

第二章　经营主体管理

第五条　邮政企业应当依法开展集邮票品的制作、销售业务,按照《邮票发行监督管理办法》的规定向邮政管理部门报告邮票销售网点的分布或者变动情况,包括经营集邮品业务的销售网点的分布或者变动情况。

其他具有固定经营场所的集邮票品经营者应当在本办法施行后 20 日内或者工商登记后 20 日内到当地省级邮政管理机构办理备案手续。

第六条 办理集邮票品经营备案手续,应当提交下列材料:

(一)国务院邮政管理部门制定的经营集邮票品业务备案登记表;

(二)营业执照原件及复印件;

(三)法定代表人或者负责人的身份证明;

(四)固定经营场所合法使用的证明;

(五)国务院邮政管理部门要求提供的其他材料。

在集邮票品集中交易市场内经营集邮票品业务的,由市场开办者统一办理备案手续。

第七条 经营集邮票品业务备案情况发生变更的,集邮票品经营者应当在变更发生之日起 20 日内向原备案的省级邮政管理机构办理变更手续。

第八条 集邮票品经营者停止经营集邮票品业务,应当自停止经营 20 日前告知原备案的省级邮政管理机构,并做好善后处理工作。

第九条 举办展销会从事集邮票品展销活动的主办单位,应当在展销活动举办 15 日前,持参加展销单位目录、展销场地证明等材料,到当地省级邮政管理机构办理备案手续。

第十条 举办集邮票品拍卖活动的主办单位,应当在拍卖活动举行 15 日前,持有关拍卖集邮票品的目录,到当地省级邮政管理机构办理备案手续。

第十一条 开办集邮票品集中交易市场,应当依法取得《集邮票品集中交易市场开办许可证》。

第十二条 申请开办集邮票品集中交易市场应当具备下列条件:

(一)符合企业法人条件;

(二)注册资本不低于人民币 30 万元;

(三)有适合集邮票品交易的固定经营场所,并且符合公安、消防等管理部门对设立市场的要求;

(四)具备识别邮资凭证真伪的人员和设备;

(五)有集邮票品集中交易市场管理制度。

第十三条 申请开办集邮票品集中交易市场许可的,应当向当地省级邮政管理机构提交下列申请材料:

(一)开办集邮票品集中交易市场申请书;

(二)企业法人资格证明文件或者工商行政管理部门出具的企业名称预核准通知书;

(三)验资报告;

(四)法定代表人的身份证明;

(五)固定经营场所合法使用的证明;

（六）集邮票品集中交易市场管理制度；

（七）法律、法规、规章规定的其他材料。

联合开办集邮票品集中交易市场的，还应当提交联办各方共同签署的协议书。

第十四条 省级邮政管理机构应当自申请受理之日起20日内对申请材料审查核实，作出批准或者不予批准的决定。20日内不能作出决定的，经本行政机关负责人批准，可以延长10日，并应当将延长期限的理由告知申请人。予以批准的，颁发《集邮票品集中交易市场开办许可证》；不予批准的，书面通知申请人并说明理由。

申请人凭《集邮票品集中交易市场开办许可证》向工商行政管理部门办理注册登记。

第十五条 《集邮票品集中交易市场开办许可证》的有效期限为5年。

有效期届满，集邮票品集中交易市场经营主体（以下简称市场开办者）继续经营的，应当在《集邮票品集中交易市场开办许可证》有效期限届满30日前向发证机关提出申请，换领许可证。

第十六条 市场开办者名称、市场名称、注册资本、法定代表人、经营地址等事项发生变更的，应当及时到发证机关申请办理变更手续。

第十七条 市场开办者在《集邮票品集中交易市场开办许可证》有效期内停止经营的，应当提前书面告知发证机关，交回《集邮票品集中交易市场开办许可证》，并做好善后处理工作。

第十八条 市场开办者应当加强市场管理，规范集邮票品经营者的经营行为，建立经营者信誉档案。对于经营者在经营活动中受处罚或者被投诉等情况，市场开办者应当如实记录，并对严重违反市场管理制度的行为予以公布。

市场开办者应当建立投诉受理渠道，接受消费者投诉，并协助有关部门处理集邮票品交易纠纷。

第十九条 有下列情形之一的，省级邮政管理机构应当依法注销《集邮票品集中交易市场开办许可证》：

（一）许可证有效期满未延续的；

（二）法人资格依法被终止的；

（三）申请人取得许可证后，无正当理由超过6个月未开办集邮票品集中交易市场的，或者自行连续停业6个月以上的；

（四）在许可证有效期限内终止经营的；

（五）行政许可被依法撤销的；

（六）法律、行政法规规定的其他情形。

第二十条　《集邮票品集中交易市场开办许可证》由国务院邮政管理部门统一印制。

任何单位或者个人不得伪造、涂改、冒用、租借、买卖和非法转让《集邮票品集中交易市场开办许可证》。

第三章　经营业务管理

第二十一条　集邮票品经营者应当遵守诚实信用、公平交易的原则,严禁强买强卖、欺诈等行为。

第二十二条　制作集邮品,应当在集邮品上注明集邮品的发行单位。

使用仿印仿制邮票图案制作集邮品,应当符合国家有关仿印仿制邮票图案的规定。

第二十三条　集邮票品的进口业务由国务院邮政管理部门指定经营。未经指定,任何单位或者个人不得经营集邮票品的进口业务。

集邮票品的进口业务应当符合本规定关于集邮票品经营活动的各项规定。

第二十四条　举办集邮票品的展销和拍卖活动,以及发布集邮票品广告,应当遵守国家有关法律法规以及国务院邮政管理部门有关集邮票品管理规定。

第二十五条　集邮票品经营者不得从事下列活动:

(一)经营伪造、变造的邮资凭证;

(二)经营国家禁止流通的集邮票品;

(三)经营 1949 年 10 月 1 日以后台湾地区发行的集邮票品;

(四)经营未注明发行单位信息的集邮品;

(五)经营不符合国家规定的仿印仿制邮票图案的集邮品;

(六)经营明显具有虚假信息的集邮品;

(七)经营擅自进口的集邮票品;

(八)冒用他人名义制作或者销售集邮票品;

(九)其他违反国家有关规定的经营活动。

第二十六条　邮政企业应当严格遵守国家关于邮资凭证发行的规定,在规定的发行期内按面值或者规定售价出售邮资凭证。

第二十七条　邮政企业应当根据集邮票品经营活动和广大集邮爱好者的需要,统筹规划,组织好集邮票品的开发与制作。

邮政企业向集邮爱好者提供的集邮票品信息应当真实、准确、完整,不得隐瞒有关信息或者提供虚假信息。

第二十八条　邮政企业应当对集邮票品的制作与销售严格管理。邮政企业的集邮业务机构应当合理开发、制作、销售集邮品。

第四章　监督检查

第二十九条　邮政管理部门应当建立巡查、抽查、定期检查等制度,加强对集邮市场的管理。

集邮市场经营主体应当依法经营,接受邮政管理部门及其他有关部门的监督管理。

第三十条　《集邮票品集中交易市场开办许可证》管理实行年度报告制度。市场开办者应当在每年 4 月 30 日前向当地省级邮政管理机构提交下列材料:

(一)年度报告书,包括年度经营情况、遵守法律法规情况、受到奖励或者处罚的情况、投诉及纠纷处理情况等;

(二)上一年度的资产负债表和损益表;

(三)《集邮票品集中交易市场开办许可证》副本原件;

(四)营业执照复印件;

(五)国务院邮政管理部门要求提供的其他材料。

第三十一条　邮政管理部门依法履行监督管理职责,可以采取以下监督检查措施:

(一)进入集邮票品集中交易市场或者涉嫌发生违反本办法活动的其他场所实施检查;

(二)向有关单位和个人了解情况;

(三)查阅、复制有关文件、资料、凭证;

(四)经邮政管理部门负责人批准,查封与违反本办法活动有关的场所,扣押用于违反本办法活动的相关物品。

第三十二条　任何单位和个人发现第二十五条中所列条款的情形,均可向邮政管理部门举报。邮政管理部门接到举报后,应当及时调查处理。

第三十三条　邮政管理部门工作人员对监督检查中知悉的商业秘密,负有保密义务。

第五章　法律责任

第三十四条　违反本办法第五条、第七条、第九条、第十条有关备案管理规定的,由邮政管理部门责令改正。拒不改正的,可处以 3000 元以上 1 万元以下的罚款。

第三十五条　违反本办法第十一条、第十五条第二款有关许可管理规定的,由邮政管理部门给予警告,并可处以 1 万元以上 3 万元以下的罚款。

第三十六条 违反本办法第二十五条、第二十六条、第二十七条规定的,由邮政管理部门给予警告;情节严重的,可并处 5000 元以上 3 万元以下的罚款;构成犯罪的,依法追究刑事责任。

第三十七条 违反本办法第十八条、第三十条规定的,由邮政管理部门责令改正。情节严重的,可处 1 万元以上 3 万元以下的罚款。

第六章 附　　则

第三十八条 本办法自 2011 年 8 月 1 日起施行。2000 年颁布的《集邮市场管理办法》(国家邮政局、国家工商行政管理局第 1 号令)同时废止。

对外援助物资项目管理办法

(2011 年 3 月 14 日商务部第 48 次部务会议审议通过　2011 年 5 月 30 日中华人民共和国商务部令 2011 年第 1 号公布　自 2011 年 7 月 15 日起施行)

第一章 总　　则

第一条 为加强对外援助物资项目管理,保证项目质量,提高援助效益,适应建立符合对外援助工作实际的政府采购制度的要求,依据有关法律、行政法规,制定本办法。

第二条 本办法所称的对外援助物资项目(以下简称援外物资项目),是指在中国政府提供的无偿援助、无息或低息贷款和其他专项援助资金项下,由中国政府选定的企业向受援国提供生产、生活物资的项目。

第三条 商务部负责援外物资项目监督管理和相关资金管理,处理有关政府间事务,并委托有关机构(以下简称受托管理机构)对援外物资项目的具体实施进行管理。

驻外使馆(领馆)经济商务机构协助商务部办理有关政府间事务,负责援外物资项目实施的境外监督管理。

省、自治区、直辖市、计划单列市及新疆生产建设兵团商务主管部门(以下简称省级商务主管部门)按照属地管理原则,承担商务部交办的援外物资项目实施中有关具体事务。

第四条 承担援外物资项目实施任务以及可行性研究任务、配单任务、供货任务、货代服务任务的企业或单位,根据本办法规定和合同约定,负责项目组货并运至受援国指定地点或提供可行性研究、配单、供货、货代服务，不得将所承担的援外物资项目任务转由其他企业或单位实施。

承担援外物资项目相关任务的企业或单位和有关人员应当遵守中国和受援国的法律，尊重受援国的风俗习惯。

第五条 承担援外物资项目相关任务的企业或单位应当根据有关规定建立货物、服务质量管理制度，明确质量责任，加强质量监督管理，提高质量水平。

第六条 援外物资项目资金应当按照相关财务制度要求，专款专用，单独核算，任何单位和个人不得以任何理由挪作他用。

第二章　供货指导目录

第七条 商务部制定并发布《对外援助物资供货指导目录》(以下简称《指导目录》)，用于指导援外物资项目立项、供货清单编制、供货企业遴选等项目实施管理工作。

第八条 援外物资项目所供货物应当满足技术成熟、质量优良、合理适用要求，并符合《政府采购法》的有关规定。

中国有关法律法规禁止出口的货物和中国缔结或参加的国际条约或协定规定禁止出口的货物，不得纳入援外物资项目的供货范围。

第九条 商务部根据本办法第八条规定的原则，确定进入《指导目录》的货物品种。

第十条 商务部根据产品质量、出口量、市场占有率和品牌知名度等因素，确定《指导目录》所列货物的供货企业名录。

第三章　立　　项

第十一条 援外物资项目应当有助于受援国提高自主发展能力，促进受援国经济发展和社会进步，应对自然灾害和人道主义危机，增进受援国和中国两国人民之间的友谊与合作。

第十二条 根据受援国要求或实际需求，商务部启动援外物资项目立项可行性研究。

第十三条 商务部应当在具备以下条件的单位范围内通过招标方式确定可行性研究单位名录：

(一)依照中华人民共和国法律在中国境内设立的法人；

(二)具有与项目规模和复杂程度相适应的经济、技术等方面的专业人员；

(三)近 2 年从事过项目涉及相关货物的咨询或实施活动；

（四）近 2 年内未因承担援外物资项目可行性研究、配单、评审、实施或供货任务受过行政处罚。

商务部从可行性研究单位名录中选定进行援外物资项目可行性研究的单位。可行性研究单位，应当针对受援国需求，依据《指导目录》，根据本办法第十一条规定以及科学客观的原则编制可行性研究成果文件（含拟供货物清单），向商务部提出项目是否可行的意见。

第十四条 对于受援国提出《指导目录》以外特殊需求货物的，商务部应当在项目可行性研究中增加对该货物的专题政策评估和技术评价，并根据评估和评价结果决定是否对外提供。

第十五条 对于技术复杂或专业性强的项目，商务部可在可行性研究工作中增加实地考察环节，以全面、准确了解受援国需求和搜集编制可行性研究成果文件需要的经济技术资料。

商务部可委托承担可行性研究的单位或驻外使馆（领馆）经济商务机构进行实地考察。商务部或受托管理机构可视情派员参加考察。

第十六条 商务部依据项目可行性研究情况决定是否立项或向国务院提出立项的建议。

项目批准后，中国政府代表与受援国政府代表签订立项协议。

第四章 配 单

第十七条 援外物资项目的配单，是指编制援外物资项目供货清单、货物参考价格和项目概算，并提供配单工作报告的经济技术咨询活动。

商务部应当在具备以下条件的单位范围内通过招标方式确定配单单位名录：

（一）具有 3 人以上与项目规模和复杂程度相适应、熟悉援外物资项目管理制度的经济、技术等方面的专业人员；

（二）本办法第十三条第（一）、（三）和（四）项规定的条件。

受托管理机构从配单单位名录中选定承担援外物资项目配单任务的单位。

第十八条 配单单位应当根据援外物资项目政府间协议，在项目可行性研究成果文件的基础上，根据《指导目录》和本办法第八条规定原则编制供货清单。

第十九条 《指导目录》没有涵盖但根据本办法第十四条规定和可行性研究结果列入援外物资项目政府间协议的货物，配单单位应当按照本办法第十条规定原则推荐 3 至 6 家供货企业，并报受托管理机构确定。

第二十条 配单单位应当对供货清单内容的准确性和适用性负责，不得事先向参与援外物资项目采购的企业泄露供货清单内容,或与供货企业串通以谋取不正当利益,也不得擅自指定或变相指定单一来源产品。

第二十一条 受托管理机构对供货清单审核后,提交受援国相应机构正式确认。

未经商务部批准,任何单位和个人不得擅自变更供货清单品种、数量和主要技术参数。

第五章 项目分类和采购方式

第二十二条 援外物资项目分为以下两类:

(一)货物品种相对较多、不能由同一企业生产的项目;

(二)货物品种相对单一、可由同一企业生产的项目。

第二十三条 援外物资项目采购方式包括招标、竞争性谈判和单一来源采购。

援外物资项目招标,包括公开招标和邀请招标两种形式。

援外物资项目公开招标,是指受托管理机构通过援外物资项目招标专用网站(以下简称招标专用网)发布项目招标信息,允许所有符合条件的企业参加投标的招标方式。

援外物资项目邀请招标,是指受托管理机构通过招标专用网发布项目招标信息,根据资格预审条件和程序,邀请不少于3家企业参加投标的招标方式。

援外物资项目竞争性谈判,是指受托管理机构从具备相应条件的企业中确定不少于2家企业,经评审、谈判程序确定中标企业的采购方式。

援外物资项目单一来源采购,是指受托管理机构根据本办法规定确定唯一的候选企业,通过谈判确定中标企业和合同实质内容的采购方式。

第二十四条 对于本办法第二十二条第(一)项规定的项目,受托管理机构应当在具备相应援外物资项目实施企业资格的企业范围内,通过招标择优选定项目实施企业。符合以下情形之一的,可通过竞争性谈判在上述企业范围内择优选定项目实施企业:

(一)招标文件规定的送达投标文件截止时间前,有效投标企业仅有2家;

(二)采用招标所需时间不能满足项目实施需要。

第二十五条 对于本办法第二十二条第(二)项规定的项目,由受托管理机构组织实施。

受托管理机构应当在《指导目录》确定的供货企业名录或本办法第十九条确定的供货企业范围内,通过竞争性谈判择优选定项目供货企业。采购货物为工程机械、车辆等技术复杂或专业性强的货物,可在上述企业范围内,通过招标方式择优选定项目供货企业。

选定的项目供货企业具备相应援外物资项目实施企业资格的,受托管理机构可以将该项目交由供货企业实施。

第二十六条　符合以下情形之一的项目,可采用单一来源采购方式:

(一)本办法第二十二条第(二)项规定的项目,且符合条件的企业仅有1家;

(二)采用招标和竞争性谈判采购的,在招标文件规定的送达投标文件截止时间前,有效投标或参与竞争性谈判的企业仅有1家;

(三)需要由项目原实施企业或供货企业继续提供相关产品或服务,否则影响功能配套要求的,或增供货物金额较小、不超过原合同金额10%(最高不得超过100万元人民币);

(四)涉及抢险救灾、突发事件等紧急项目,无法按正常程序组织招标和竞争性谈判;

(五)对外工作特殊需要。

第二十七条　商务部通过招标或询价方式确定援外物资项目长期协议货代服务企业名录。

第二十八条　涉及国营贸易管理货物的项目,由经授权的国营贸易企业负责项目实施。

本办法实施前向特定国家延续性提供特定规格货物的项目,经批准,可由原实施企业继续实施该项目。

与对外援助成套项目和技术合作项目有关联的援外物资项目,不由对外援助成套项目和技术合作项目实施企业执行可能影响项目实施效果的,经批准,可由该实施企业实施项目。

第六章　采　　购

第二十九条　受托管理机构负责组织援外物资项目采购。

商务部负责对援外物资项目采购组织工作进行监督。

第三十条　商务部组建和管理援外物资项目评审专家库(以下简称评审专家库)。

第三十一条　受托管理机构在组织援外物资项目招标和竞争性谈判时,应当从评审专家库中随机抽取专家组成评审专家委员会承担评审工作。评审专家库专业类别不能涵盖的项目,评审方式由商务部决定。

受托管理机构在组织援外物资项目单一来源采购时,应当委托具备以下条件的单位承担评审工作:

（一）具有 5 人以上与项目规模和复杂程度相适应、熟悉援外物资项目管理制度的经济、技术等方面的专业人员；

（二）本办法第十三条第（一）、（三）和（四）项规定的条件。

参与项目采购活动的单位或其员工，不得承担该项目评审工作。

第三十二条 受托管理机构不得邀请 3 年内因参与援外物资项目采购或实施活动受到行政处罚的企业参与援外物资项目采购。

第三十三条 对于药品、医疗器械等国家实行生产或销售许可的货物，参与采购的实施企业或供货企业应当取得相应的销售或生产许可。

第三十四条 受托管理机构根据评审专家委员会或评审单位提出的书面评审报告和推荐的中标候选企业，确定援外物资项目实施企业或供货企业。

援外物资项目实施企业或供货企业实质性变更其采购承诺的，受托管理机构应当取消其中选资格。采用招标或竞争性谈判的，应当按中标候选次序在其他中标候选企业中选定援外物资项目实施企业或供货企业；存在以下情形之一的，应当重新组织采购：

（一）所有中标候选企业均实质性变更采购承诺；

（二）所有中标候选企业的报价明显偏离市场合理价格。

采用单一来源采购的，应当重新组织采购。

第三十五条 商务部建立援外物资项目评审结果公示和质疑处理制度。

第三十六条 商务部可将以下项目委托给受托管理机构配合实施或直接实施：

（一）受援国派员来华采购的项目；

（二）组织招标、竞争性谈判或单一来源采购时，没有企业投标或参与竞争性谈判、单一来源采购；

（三）采购失败后，因实施期限紧迫，无法按本办法规定程序重新组织招标、竞争性谈判或单一来源采购；

（四）商务部交办的其他项目。

受托管理机构配合实施本条第一款第（一）项规定项目的，应当尊重受援国采购意愿，根据受援国要求全面介绍有关货物生产销售情况并督促有关企业诚信履约。

受托管理机构直接采购实施本条第一款第（二）至（四）项规定项目的，应根据本办法第四十一条规定办理货物运输。

第七章 实　施

第三十七条　商务部委托受托管理机构与选定的援外物资项目实施企业或供货企业、货代服务企业签订实施合同或供货合同、货代服务合同，下达任务通知函。

任务通知函是企业办理援外物资采购、仓储、检验、通关、运输和相关人员出入境手续的依据。

第三十八条　援外物资项目实施企业负责组货，并根据实施合同规定将货物运至受援国指定地点及提供其他必要服务。

第三十九条　承担本办法第二十二条第（一）项规定项目的援外物资项目实施企业，应当从《指导目录》确定的供货企业名录内或本办法第十九条确定的供货企业范围内选择相应货物的供货企业。

援外物资项目实施企业（根据本办法第二十八条第二、三款确定的实施企业除外），应当从长期协议货代服务企业名录中选择货代服务企业。因航线不能覆盖或货物不在其许可的承运范围等特殊原因，名录中企业均无法承担货代服务任务的，经受托管理机构同意，可从名录外选择货代服务企业。

第四十条　承担本办法第二十二条第（二）项规定项目的供货企业，负责货物的生产或供应以及提供其他必要的服务，并根据受托管理机构的要求将货物交付给选定的货代服务企业。

货代服务企业负责提供将货物运至受援国指定地点的货代服务。

第四十一条　对于本办法第二十二条第（二）项规定项目，受托管理机构根据本办法第三十九条第二款的规定通过询价方式择优选定项目货代服务企业。

第四十二条　援外物资项目实施企业或供货企业实际提供的货物（包括品牌、规格型号、技术参数、供货数量、生产厂商、包装方式）、技术服务方案和援外物资项目实施企业或货代服务企业实际采用的运输方案（包括运输方式、发运和运抵时间、目的地）等，应与合同约定和采购承诺严格一致。

确需变更上述实质性内容的，援外物资项目实施企业或供货企业、货代服务企业必须事先经受托管理机构审核后报商务部批准。

第四十三条　援外物资项目实施企业或供货企业、货代服务企业应当承担合同规定的货物质量保证责任，对于在合同约定的质量保证期内出现的非受援国原因导致的产品质量问题，应当负责更换或修复并承担所需费用。

第四十四条　对于技术复杂或专业性强的货物，受托管理机构可委托具备相应能力的单位实施监造。

受托管理机构应通过邀请招标或竞争性谈判方式选定监造单位。

第四十五条 在项目实施过程中，援外物资项目实施企业或供货企业、货代服务企业应当及时整理、妥善保存相关项目资料。在货物对外移交后1个月内，向受托管理机构提交项目完成报告和相关项目资料。

受托管理机构应当定期向商务部报告项目执行情况。

第四十六条 援外物资项目实施企业或供货企业、货代服务企业应根据商务部的要求办理货物运输保险及其他必要的保险。属于保险责任范围内的损失，企业应当自行向保险公司索赔；未按规定办理保险的，自行承担损失。

发生保险责任范围内的损失，不影响企业履行援外物资项目实施任务或供货任务、货代服务任务。

第四十七条 援外物资项目实施过程中出现以下情况之一，并且造成项目实施成本变化时，商务部可以根据实际情况调整援外物资项目合同价款，但根据本办法第四十六条规定应当办理保险的除外：

（一）与援外物资项目实施有关的中国法律或政策调整；

（二）发生未在承保范围内的人力不可抗拒的自然灾害；

（三）发生动乱、政变、罢工、战争；

（四）出现受援国和中国外交关系变化等双边政治因素；

（五）因对外工作需要暂缓执行；

（六）受援国未能履行配套义务；

（七）经受援国政府和中国政府商定的供货内容、运输方式、目的地和运抵时限调整。

商务部批准调整合同价款的，如必要，应与受援国签署补充协议。

第四十八条 商务部负责与受援国指定机构办理援外物资项目的政府间交接手续。

第八章 监督管理

第四十九条 商务部会同国务院质量监督检验检疫主管部门和海关主管部门建立援外物资检验检疫和验放制度。

省级商务主管部门配合商务部督促所在地在其辖区内的援外物资项目实施企业或供货企业、货代服务企业严格执行援外物资检验检疫和验放制度，协调解决援外物资检验检疫和验放中的具体问题。

在中国关税境内采购发运的援外物资实行强制性检验检疫制度；在中国关税境外采购发运的援外物资实行出口地检验检疫制度。

第五十条　商务部会同国务院质量监督检验检疫主管部门和海关主管部门,组织援外物资检验检疫和验放工作联合执法检查,建立援外物资项目质量责任追究制度。

第五十一条　商务部建立承担援外物资项目任务企业警示制度,引导企业诚实守信经营。

第五十二条　商务部建立援外物资项目评估制度,对援外物资项目的实施效果进行评估。

第九章　法律责任

第五十三条　可行性研究单位或配单单位有下列行为之一的,商务部应给予警告,并处以3万元以下的罚款:

(一)提供的可行性研究意见、拟供货物清单或编制的供货清单存在重大错误,造成严重损失;

(二)违反本办法第二十条的规定,与参与采购的企业串通、事先泄露供货清单内容或擅自指定或变相指定单一来源产品;

(三)其他严重影响项目实施的行为。

第五十四条　参与援外物资项目采购活动的企业有下列行为之一的,商务部应给予警告,并处以3万元以下的罚款;已被选定为援外物资项目实施企业、供货企业或货代服务企业的,选定结果无效。违反相关法律、行政法规规定的,依照相关法律、行政法规的规定给予行政处罚;构成犯罪的,依法追究刑事责任:

(一)弄虚作假,获取不正当竞争优势;

(二)相互串通,谋取非法利益;

(三)中选企业或候选企业在采购承诺有效期内实质性变更承诺;

(四)以其他不正当行为扰乱采购活动秩序。

第五十五条　援外物资项目实施企业、供货企业或货代服务企业在援外物资项目实施过程中有下列行为之一的,除按合同规定承担赔偿责任外,商务部应给予警告,并处以3万元以下的罚款。违反相关法律、行政法规规定的,依照相关法律、行政法规的规定给予行政处罚;构成犯罪的,依法追究刑事责任:

(一)不履行合同义务或采购承诺,严重影响援外物资项目的正常实施;

(二)违反本办法第四条规定,将所承担的援外物资项目转由他人实施;

(三)挪用援外物资项目资金从事与项目无关的活动;

(四)因货物或服务质量问题对外造成不良影响;

(五)违反本办法相关规定,造成重大损失或严重不良影响。

第五十六条　援外物资项目实施企业、供货企业或货代服务企业主要负责人、项目负责人及直接责任人未履行法律法规和对外援助管理有关规定，造成严重后果的，商务部应给予其警告，并处以3万元以下罚款，建议所在单位或上级主管部门给予行政处分；违反相关法律、行政法规规定的，依照相关法律、行政法规的规定给予行政处罚；构成犯罪的，依法追究刑事责任。

第五十七条　商务部和受托管理机构工作人员在援外物资项目采购活动或管理过程中有下列行为之一，尚不构成犯罪的，视情节轻重给予相应的行政处分；构成犯罪的，依法追究刑事责任。

（一）利用职务便利索取他人财物或非法收受他人财物为他人谋取利益；

（二）滥用职权、玩忽职守或徇私舞弊，致使国家利益遭受损失；

（三）故意或过失泄露国家秘密。

第十章　附　　则

第五十八条　对外人道主义紧急救灾物资援助项目和军事援助物资项目，不适用本办法。

第五十九条　本办法所称"以上"、"以下"、"不少于"、"不超过"包含本数。

第六十条　本办法由商务部负责解释。

第六十一条　本办法自2011年7月15日起施行，《对外援助物资项目管理暂行办法》（商务部2006年第5号令）同时废止。

生活必需品市场供应应急管理办法

（2011年11月7日商务部第56次部务会议审议通过　2011年12月12日中华人民共和国商务部令2011年第4号公布　自2012年2月1日起施行）

第一章　总　　则

第一条　为了有效监测、及时控制和消除因突发事件引发的生活必需品市场异常波动，满足居民日常基本生活需要，维护正常的社会秩序，促进社会主义市场经济持续稳定健康发展，依据《中华人民共和国突发事件应对法》、《中华人民共和国传染病防治法》、《中华人民共和国国防法》、《中华人民共和国价格法》、《中华人民共和国防震减灾法》和《突发公共卫生事件应急条例》等有关法律、法规,制定本办法。

第二条 本办法所称生活必需品市场异常波动(以下简称市场异常波动),是指因突然发生的自然灾害、事故灾难、公共卫生事件、社会安全事件或其他事件,造成肉类、蔬菜、蛋品、奶制品、边销茶和卫生清洁用品等生活必需品市场供求关系突变,在较大范围内导致价格异常波动或商品脱销、滞销的状态。

第三条 本办法规定的市场异常波动按照影响范围大小,分为四级:一级市场异常波动是指全国或跨省、自治区、直辖市的市场异常波动;二级市场异常波动是指发生在一个省、自治区、直辖市较大范围或一个计划单列市、省会城市的市场异常波动;三级市场异常波动是指发生在一个设区的市较大范围的市场异常波动;四级市场异常波动是指发生在一个县内的市场异常波动。

第四条 生活必需品市场供应应急管理工作应当遵循统一协调、分级负责、分类管理、做好预案、科学监测、及时反应、处置得力的原则。

第五条 商务部成立由部长担任总指挥、分管部领导担任副总指挥的商务部应对市场异常波动指挥部,负责对全国市场异常波动应急管理工作的统一领导、组织和协调。

县级以上地方商务主管部门要成立由主要负责人担任总指挥、分管负责人担任副总指挥的应对市场异常波动指挥部,负责领导、指挥本行政区域内市场异常波动应急管理工作。

第六条 县级以上商务主管部门应当建立严格的市场异常波动防范和处置责任制,加强市场异常波动信息交流和区域合作,加强生活必需品市场供应应急管理培训,建立完善市场异常波动监测系统和必要的应急措施及手段,并保证经费。

第七条 县级以上商务主管部门,可对参加市场异常波动应急处理作出贡献的单位和人员,给予表彰和奖励。

第二章 应急准备

第八条 商务部制定全国和跨省、自治区、直辖市生活必需品市场供应应急预案。

县级以上地方商务主管部门,根据全国和跨省、自治区、直辖市生活必需品市场供应应急预案,会同有关部门,结合本地实际,制定本行政区域的生活必需品市场供应应急预案,并报上一级商务主管部门备案。

县级以上地方商务主管部门应要求有关经营生活必需品的大型批发、零售企业制定与当地生活必需品市场供应应急预案相衔接的应急方案并向其备案。

第九条 生活必需品市场供应应急预案应当包括以下主要内容：

（一）应对市场异常波动指挥部的组成，及相关部门的具体职责和分工；

（二）市场日常监测机构的运行，监测数据的综合评价、预警标准及市场异常波动的报告、通报制度；

（三）应对市场异常波动具体程序及拟采取的措施；

（四）应对市场异常波动的生活必需品货源组织、投放及销售网络；

（五）相关保障工作，如新闻发布、应急知识的宣传普及、市场监管、人力、资金、交通运输及保障应急预案落到实处的各项具体措施等；

（六）应对市场异常波动的值班制度和联络方式。

第十条 生活必需品市场供应应急预案应当根据市场变化和实施中发现的问题及时修订、补充。

第十一条 各级商务主管部门要增强对市场异常波动的防范意识和应对能力，防范市场异常波动的发生。

第十二条 各省、自治区、直辖市、计划单列市、省会城市商务主管部门，应当根据生活必需品市场供应应急预案的要求，建立完善生活必需品、应急设施、设备等物资储备制度。

第十三条 商务部负责建立完善全国生活必需品数据库，掌握生活必需品生产能力、价格、库存等基本信息。

第十四条 县级以上地方商务主管部门应当完善以大型批发、零售企业为主体的应急设施、设备、生活必需品等物资投放网络。积极协调有关部门，建立健全紧急调运机制，确保运输畅通。

第三章 监测预警

第十五条 商务部负责建立全国统一的生活必需品市场监测预警体系，实现信息共享。

县级以上地方商务主管部门，应当定期开展市场调查，及时掌握市场总需求、总供给（现有库存、本地生产能力、外地可采购能力）和销售、价格变化情况；指导列入全国生活必需品市场监测预警范围的样本企业准确、及时填报信息。

第十六条 商务部根据国民经济发展状况和居民生活消费需求的变化，负责确定和调整需要监测的生活必需品品种。

县级以上地方商务主管部门可根据当地居民消费实际情况，适当增加监测的生活必需品品种,并报商务部备案。

第十七条　监测预警工作应当根据市场异常波动的特点,科学分析、综合评价监测数据,掌握市场运行情况。

对早期发现的潜在隐患以及可能发生的市场异常波动,县级以上地方商务主管部门应及时向本级人民政府和上一级商务主管部门做出预警报告,并向有关主管部门通报。

第四章　报告与信息发布

第十八条　商务部负责建立全国市场异常波动应急报告制度和市场异常波动信息报告系统。

县级以上地方商务主管部门监测到市场异常波动或接到市场异常波动报告,应当在 2 个小时之内向本级人民政府报告,同时向上一级商务主管部门报告。

有下列情形之一的,各省、自治区、直辖市(以下简称省级)商务主管部门,应当在接到报告 1 个小时之内,向商务部报告:

(一)发生地震、泥石流、海啸、冰冻雨雪、洪水、干旱等严重自然灾害,造成市场异常波动的;

(二)发生群体性疾病、水源污染等公共卫生事件或动植物疫情,造成市场异常波动的;

(三)核泄漏、战争、恐怖袭击等引发公众恐慌,造成市场异常波动的。

第十九条　大型批发、零售企业等有关单位发现有本办法第十八条第三款规定情形之一的,应当在 1 小时内向发生地县级以上商务主管部门报告。

第二十条　各级商务主管部门监测到市场异常波动或接到市场异常波动报告,应当依照本办法规定报告的同时,立即组织力量进行调查核实、确证,采取必要的控制措施,并及时报告调查情况。

第二十一条　商务部对发生的一级或二级市场异常波动,应当立即向国务院报告,及时向国务院有关部门和军队有关部门通报,并分别向各地或相关省级商务主管部门通报。

第二十二条　在市场异常波动消除之前,地方各级商务主管部门均需执行 24 小时零报告制度。

第二十三条　任何单位和个人对市场异常波动信息,不得隐瞒、缓报、谎报、漏报或者授意他人隐瞒、缓报、谎报、漏报。

第二十四条　商务部负责建立全国市场异常波动的信息发布制度,负责向社会发布全国和跨省、自治区、直辖市的市场异常波动和应急处置工作的信息。

县级以上地方商务主管部门负责向社会发布本行政区域内市场异常波动和应急处置工作的信息。

信息发布应当及时、准确、全面。

第五章 应急处置

第二十五条 市场异常波动发生后，县级以上商务主管部门应当对市场异常波动进行综合评估，初步判断市场异常波动的级别，提出是否启动生活必需品市场供应应急预案的建议。

第二十六条 启动全国或跨省、自治区、直辖市的生活必需品市场供应应急预案，由商务部报国务院批准后实施。启动地方各级生活必需品市场供应应急预案，由地方各级商务主管部门报本级人民政府批准后实施，并向上一级商务主管部门报告。

第二十七条 市场异常波动发生后，地方各级商务主管部门，应当及时协调有关部门保证应急处置所需生活必需品的生产、运输。

针对下列突发事件，发生地县级以上商务主管部门应会同有关部门重点做好以下商品的市场供应：

（一）发生地震、泥石流、海啸等局部性地质类灾害，要重点做好方便食品、瓶装饮用水、防寒衣被、照明用品、帐篷、净水器、卫生清洁用品等市场供应；

（二）发生冰冻雨雪、洪水、干旱等大范围气象灾害，要重点做好耐储存蔬菜、粮食、肉类、鸡蛋、方便食品、照明用品、防寒衣被等市场供应；

（三）发生群体性疾病、动物疫情等易扩散公共卫生事件，要重点做好卫生清洁用品、防护用品、粮食、食用油、食盐、畜禽产品、方便食品等市场供应；

（四）发生核泄漏等事故灾难，要重点做好粮食、食用油、食盐、方便食品、瓶装饮用水、防辐射用品的市场供应。

第二十八条 针对生活必需品脱销或价格大幅上涨的市场异常波动状况，发生地县级以上商务主管部门会同有关部门可采取如下措施：

（一）及时发布市场信息，正确引导市场预期；

（二）督促流通企业组织货源，通过企业供应链采购、动用商业库存，增加市场供应；

（三）开展紧缺物资跨区域调运，进行异地生活必需品余缺调剂；

（四）组织投放政府储备物资，按照规定程序和权限，先投放地方储备物资，后投放中央储备物资；

（五）当国内生活必需品产量不足时，省级商务主管部门可报请商务部，迅速组织进口；

（六）定量、限量销售，或实行统一发放、分配；

（七）依法征用，保障人民群众基本生活需要。

第二十九条　针对生活必需品中鲜活农产品滞销的市场异常波动状况，发生地县级以上商务主管部门会同有关部门可采取如下措施：

（一）及时发布市场信息，引导生产经营；

（二）组织开展形式多样的产销对接活动；

（三）引导农产品加工企业扩大加工规模，增加采购数量；

（四）指导有储存条件的企业增加商业库存，必要时建立临时性政府储备；

（五）支持出口企业开拓国际市场，扩大滞销农产品出口。

鲜活农产品出现严重滞销情形时，发生地县级以上商务主管部门可倡导大型批发、零售企业履行社会责任，采取积极有效的救助措施。

第三十条　根据市场异常波动应急处置的需要，地方各级商务主管部门会同有关部门报本级人民政府批准后，有权统一紧急征集生活必需品、交通工具以及相关设施。有关单位和个人应当予以配合，不得以任何理由予以拒绝。

对组织企业调运投放物资产生的相关费用，以及紧急调集、征用的物资和进口商品企业的损失等，按照有关规定给予补助或补偿。

第三十一条　重大突发事件造成商业网点严重损毁，影响市场供应的，发生地县级以上商务主管部门应迅速组织建立临时性商业网点，保障生活必需品供应渠道畅通。

第三十二条　市场异常波动消除后，发生地县级以上商务主管部门应当报请本级人民政府批准后停止执行依据本办法规定采取的应急处置措施，并通报上一级商务主管部门。

第三十三条　应急处置工作结束后，发生地县级以上商务主管部门应就本次突发事件对相关生活必需品中远期市场供应的影响做出研判，提出工作建议，及时向本级人民政府和上一级商务主管部门报告，同时通报有关主管部门，并做好后续监测工作，及时向社会公布相关信息。

第六章　监督管理

第三十四条　商务部对全国市场异常波动应急处置工作进行督察和指导，地方各级商务主管部门应当予以配合。

省级商务主管部门对本行政区域内市场异常波动应急处置工作进行督

察和指导。

第三十五条 商务部应当对各省、自治区、直辖市生活必需品市场供应应急预案制定和落实情况进行检查。

省级商务主管部门负责对本行政区域内县级以上商务主管部门生活必需品市场供应应急预案制定和落实情况进行检查。

第三十六条 省级以上商务主管部门建立市场异常波动举报制度,公布报告、举报电话。任何单位和个人有权向商务主管部门报告市场异常波动隐患,有权举报不履行市场异常波动应急处置职责,或者不按照规定履行职责的情况。接到报告、举报的商务主管部门,应当立即组织对市场异常波动隐患、不履行或者不按照规定履行市场异常波动应急处置职责的情况进行调查处置。

对报告、举报市场异常波动有功的单位和个人,可予以奖励。

第七章 法律责任

第三十七条 县级以上地方商务主管部门有下列行为之一的,由上级商务主管部门责令改正,通报批评,对其主要负责人建议有关单位依法给予降级或者撤职的行政处分;造成严重危害后果的,建议依法给予开除的行政处分;构成犯罪的,提请司法机关依法追究刑事责任:

(一)未按照规定履行报告职责,隐瞒、缓报、谎报、漏报或授意他人隐瞒、缓报、谎报、漏报市场异常波动的;

(二)未按照规定完成市场异常波动应急处理所需要的设施、设备和商品等物资供应和储备的;

(三)未按照规定履行市场监测职责的;

(四)未按照规定及时采取控制措施的;

(五)在应急处置工作中玩忽职守,失职、渎职的;

(六)对上级商务主管部门的督察、指导不予配合,或者采取其他方式阻碍、干涉的。

第三十八条 生活必需品销售和储运单位及其人员有下列行为之一的,由县级以上地方人民政府有关主管部门根据情节,依法责令改正、没收违法所得、罚款、警告;造成严重危害后果,构成犯罪的,提请司法机关依法追究刑事责任:

(一)未按照规定履行市场异常波动报告职责,隐瞒、缓报、谎报或者漏报的;

(二)未按照规定报送监测资料的;

(三)购进、销售假冒伪劣商品及囤积居奇、哄抬物价的;

（四）未按照规定及时采取组织货源等预防控制措施的；

（五）拒绝服从商务主管部门调遣的；

（六）拒绝、阻碍或者不配合现场调查、资料收集及监督检查的。

第八章　附　　则

第三十九条　本办法由商务部负责解释。

第四十条　本办法自 2012 年 2 月 1 日起施行。《突发事件生活必需品应急管理暂行办法》（商务部令 2003 年第 7 号）同时废止。

商业特许经营备案管理办法

（2011 年 11 月 7 日商务部第 56 次部务会议审议通过　2011 年 12 月 12 日中华人民共和国商务部令 2011 年第 5 号发布　自 2012 年 2 月 1 日起施行）

第一条　为加强对商业特许经营活动的管理，规范特许经营市场秩序，根据《商业特许经营管理条例》（以下简称《条例》）的有关规定，制定本办法。

第二条　在中华人民共和国境内（以下简称中国境内）从事商业特许经营活动，适用本办法。

第三条　商务部及省、自治区、直辖市人民政府商务主管部门是商业特许经营的备案机关。在省、自治区、直辖市范围内从事商业特许经营活动的，向特许人所在地省、自治区、直辖市人民政府商务主管部门备案；跨省、自治区、直辖市范围从事特许经营活动的，向商务部备案。

商业特许经营实行全国联网备案。符合《条例》规定的特许人，依据本办法规定通过商务部设立的商业特许经营信息管理系统进行备案。

第四条　商务部可以根据有关规定，将跨省、自治区、直辖市范围从事商业特许经营的备案工作委托有关省、自治区、直辖市人民政府商务主管部门完成。受委托的省、自治区、直辖市人民政府商务主管部门应当自行完成备案工作，不得再委托其他任何组织和个人备案。

受委托的省、自治区、直辖市人民政府商务主管部门未依法行使备案职责的，商务部可以直接受理特许人的备案申请。

第五条　任何单位或者个人对违反本办法规定的行为，有权向商务主管部门举报，商务主管部门应当依法处理。

第六条 申请备案的特许人应当向备案机关提交以下材料:

(一)商业特许经营基本情况。

(二)中国境内全部被特许人的店铺分布情况。

(三)特许人的市场计划书。

(四)企业法人营业执照或其他主体资格证明。

(五)与特许经营活动相关的商标权、专利权及其他经营资源的注册证书。

(六)符合《条例》第七条第二款规定的证明文件。

在2007年5月1日前已经从事特许经营活动的特许人在提交申请商业特许经营备案材料时不适用于上款的规定。

(七)与中国境内的被特许人订立的第一份特许经营合同。

(八)特许经营合同样本。

(九)特许经营操作手册的目录(须注明每一章节的页数和手册的总页数,对于在特许系统内部网络上提供此类手册的,须提供估计的打印页数)。

(十)国家法律法规规定经批准方可开展特许经营的产品和服务,须提交相关主管部门的批准文件。

外商投资企业应当提交《外商投资企业批准证书》,《外商投资企业批准证书》经营范围中应当包括"以特许经营方式从事商业活动"项目。

(十一)经法定代表人签字盖章的特许人承诺。

(十二)备案机关认为应当提交的其他资料。

以上文件在中华人民共和国境外形成的,需经所在国公证机关公证(附中文译本),并经中华人民共和国驻所在国使领馆认证,或者履行中华人民共和国与所在国订立的有关条约中规定的证明手续。在香港、澳门、台湾地区形成的,应当履行相关的证明手续。

第七条 特许人应当在与中国境内的被特许人首次订立特许经营合同之日起15日内向备案机关申请备案。

第八条 特许人的以下备案信息有变化的,应当自变化之日起30日内向备案机关申请变更:

(一)特许人的工商登记信息。

(二)经营资源信息。

(三)中国境内全部被特许人的店铺分布情况。

第九条 特许人应当在每年3月31日前将其上一年度订立、撤销、终止、续签的特许经营合同情况向备案机关报告。

第十条 特许人应认真填写所有备案事项的信息,并确保所填写内容真实、准确和完整。

第十一条　备案机关应当自收到特许人提交的符合本办法第六条规定的文件、资料之日起 10 日内予以备案，并在商业特许经营信息管理系统予以公告。

特许人提交的文件、资料不完备的，备案机关可以要求其在 7 日内补充提交文件、资料。备案机关在特许人材料补充齐全之日起 10 日内予以备案。

第十二条　已完成备案的特许人有下列行为之一的，备案机关可以撤销备案，并在商业特许经营信息管理系统予以公告：

（一）特许人注销工商登记，或因特许人违法经营，被主管登记机关吊销营业执照的。

（二）备案机关收到司法机关因为特许人违法经营而作出的关于撤销备案的司法建议书。

（三）特许人隐瞒有关信息或者提供虚假信息，造成重大影响的。

（四）特许人申请撤销备案并经备案机关同意的。

（五）其他需要撤销备案的情形。

第十三条　各省、自治区、直辖市人民政府商务主管部门应当将备案及撤销备案的情况在 10 日内反馈商务部。

第十四条　备案机关应当完整准确地记录和保存特许人的备案信息材料，依法为特许人保守商业秘密。

特许人所在地的（省、自治区、直辖市或设区的市级）人民政府商务主管部门可以向通过备案的特许人出具备案证明。

第十五条　公众可通过商业特许经营信息管理系统查询以下信息：

（一）特许人的企业名称及特许经营业务使用的注册商标、企业标志、专利、专有技术等经营资源。

（二）特许人的备案时间。

（三）特许人的法定经营场所地址与联系方式、法定代表人姓名。

（四）中国境内全部被特许人的店铺分布情况。

第十六条　特许人未按照《条例》和本办法的规定办理备案的，由设区的市级以上商务主管部门责令限期备案，并处 1 万元以上 5 万元以下罚款；逾期仍不备案的，处 5 万元以上 10 万元以下罚款，并予以公告。

第十七条　特许人违反本办法第九条规定的，由设区的市级以上商务主管部门责令改正，可以处 1 万元以下的罚款；情节严重的，处 1 万元以上 5 万元以下的罚款，并予以公告。

第十八条　国外特许人在中国境内从事特许经营活动，按照本办法执行。香港、澳门特别行政区及台湾地区特许人参照本办法执行。

第十九条　相关协会组织应当依照本办法规定,加强行业自律,指导特许人依法备案。

第二十条　本办法由商务部负责解释。

第二十一条　本办法自 2012 年 2 月 1 日起施行。2007 年 5 月 1 日施行的《商业特许经营备案管理办法》(商务部 2007 年第 15 号令)同时废止。

第三方电子商务交易平台服务规范

(2011 年 4 月 12 日中华人民共和国

商务部公告 2011 年第 18 号发布)

前　言

本规范的全部技术内容为推荐性。

本规范的制定是根据国家相关法律法规,参照中华人民共和国《互联网信息服务管理办法》(国务院令 2000 年第 292 号)、商务部《关于网上交易的指导意见(暂行)》(商务部公告 2007 年第 19 号)和国家工商行政管理总局《网络商品交易及有关服务行为管理暂行办法》(国家工商行政管理总局令 2010 年第 49 号)的规定,并总结电子商务实际运作经验制定的。

本规范由中华人民共和国商务部提出。

引　言

电子商务服务业是以信息技术应用和经济发展需求为基础,对社会全局和可持续发展具有重要引领带动作用的新兴产业。中国电子商务正处在高速发展时期。加强电子商务标准化建设,对于促进经济增长方式的转变,推动经济社会又好又快发展具有重要意义。

第三方电子商务交易平台在电子商务服务业发展中具有举足轻重的作用。第三方电子商务交易平台不仅沟通了买卖双方的网上交易渠道,大幅度降低了交易成本,也开辟了电子商务服务业的一个新的领域。加强第三方电子商务交易平台的服务规范,对于维护电子商务交易秩序,促进电子商务健康快速发展,具有非常重要的作用。

为规范第三方电子商务交易平台的经营活动,保护企业和消费者合法权益,营造公平、诚信的交易环境,保障交易安全,促进电子商务的快速发展,依据中华人民共和国有关法律法规和相关政策文件制定本规范。

1. 范围

本规范规定了在中华人民共和国境内从事第三方电子商务交易平台服务和经营活动的行为规范,但法律法规另有规定的除外。

商务部负责对本规范的解释。

2. 规范性引用文件

本规范起草过程中参考了下述文件:

(1)中华人民共和国《互联网信息服务管理办法》(国务院令 2000 年第 292 号);

(2)商务部《关于网上交易的指导意见(暂行)》(商务部公告 2007 年第 19 号);

(3)国家工商行政管理总局《网络商品交易及有关服务行为管理暂行办法》(国家工商行政管理总局令 2010 年第 49 号);

(4)国家标准《电子商务模式规范》(SB/T10518—2009);

(5)国家标准《网络交易服务规范》(SB/T10519—2009);

(6)国家标准《大宗商品电子交易规范》(GB/T18769—2003);

(7)国家标准《第三方电子商务服务平台服务及其等级划分规范 B2B/B2C 电子商务服务平台》(GB/T24661.2—2009);

(8)公安部、国家保密局、国家密码管理局、国务院信息化工作办公室《信息安全等级保护管理办法》(公通字〔2007〕43 号)。

相对于上述文件,本规范突出表现出两方面的特点:

(1)规制的重点不同。本规范专注于对主体的管理,规制交易主体之间的关系,并从法律角度提出规范的条款。

(2)写作的方法不同。本规范没有对第三方交易平台的所有行为进行详细的规定,这主要是因为现有文件已经对电子商务交易活动作了详细的、静态的规定。本规范主要关注现有文件和标准没有顾及的交易主体之间关系的调整,并把这种调整看作一种动态的、系统的活动。

3. 术语和定义

3.1 电子商务

本规范所指的电子商务,系指交易当事人或参与人利用现代信息技术和计算机网络(包括互联网、移动网络和其他信息网络)所进行的各类商业活动,包括货物交易、服务交易和知识产权交易。

3.2 第三方电子商务交易平台

第三方电子商务交易平台(以下简称第三方交易平台)是指在电子商务活动中为交易双方或多方提供交易撮合及相关服务的信息网络系统总和。

3.3 平台经营者

第三方交易平台经营者(以下简称平台经营者)是指在工商行政管理部门登记注册并领取营业执照,从事第三方交易平台运营并为交易双方提供服务的自然人、法人和其他组织。

3.4 站内经营者

第三方交易平台站内经营者(以下简称站内经营者)是指在电子商务交易平台上从事交易及有关服务活动的自然人、法人和其他组织。

4. 基本原则

4.1 公正、公平、公开原则

平台经营者在制定、修改业务规则和处理争议时应当遵守公正、公平、公开原则。

4.2 业务隔离原则

平台经营者若同时在平台上从事站内经营业务的,应当将平台服务与站内经营业务分开,并在自己的第三方交易平台上予以公示。

4.3 鼓励与促进原则

鼓励依法设立和经营第三方交易平台,鼓励构建有利于平台发展的技术支撑体系。

鼓励平台经营者、行业协会和相关组织探索电子商务信用评价体系、交易安全制度,以及便捷的小额争议解决机制,保障交易的公平与安全。

5. 第三方交易平台的设立与基本行为规范

5.1 设立条件

第三方电子商务交易平台的设立应当符合下列条件:

(1)有与从事的业务和规模相适应的硬件设施;

(2)有保障交易正常运营的计算机信息系统和安全环境;

(3)有与交易平台经营规模相适应的管理人员、技术人员和客户服务人员;

(4)符合《中华人民共和国电信条例》、《互联网信息服务管理办法》、《网络商品交易及有关服务行为管理暂行办法》、《电子认证服务管理办法》等法律、法规和规章规定的其他条件。

5.2 市场准入和行政许可

平台经营者应当依法办理工商登记注册;涉及行政许可的,应当取得主管部门的行政许可。

5.3 平台经营者信息公示

平台经营者应当在其网站主页面或者从事经营活动的网页显著位置公示以下信息:

(1)营业执照、组织机构代码证、税务登记证以及各类经营许可证;

（2）互联网信息服务许可登记或经备案的电子验证标识；

（3）经营地址、邮政编码、电话号码、电子信箱等联系信息及法律文书送达地址；

（4）监管部门或消费者投诉机构的联系方式；

（5）法律、法规规定其他应披露的信息。

5.4 交易平台设施及运行环境维护

平台经营者应当保障交易平台内各类软硬件设施的正常运行，维护消防、卫生和安保等设施处于正常状态。

平台经营者应按照国家信息安全等级保护制度的有关规定和要求建设、运行、维护网上交易平台系统和辅助服务系统，落实互联网安全保护技术措施，依法实时监控交易系统运行状况，维护平台交易系统正常运行，及时处理网络安全事故。

日交易额1亿元人民币以上（含1亿元）的第三方电子商务交易平台应当设置异地灾难备份系统，建立灾难恢复体系和应急预案。

5.5 数据存储与查询

平台经营者应当妥善保存在平台上发布的交易及服务的全部信息，采取相应的技术手段保证上述资料的完整性、准确性和安全性。站内经营者和交易相对人的身份信息的保存时间自其最后一次登录之日起不少于两年；交易信息保存时间自发生之日起不少于两年。

站内经营者有权在保存期限内自助查询、下载或打印自己的交易信息。

鼓励第三方交易平台通过独立的数据服务机构对其信息进行异地备份及提供对外查询、下载或打印服务。

5.6 制订和实施平台交易管理制度

平台经营者应提供规范化的网上交易服务，建立和完善各项规章制度，包括但不限于下列制度：

（1）用户注册制度；

（2）平台交易规则；

（3）信息披露与审核制度；

（4）隐私权与商业秘密保护制度；

（5）消费者权益保护制度；

（6）广告发布审核制度；

（7）交易安全保障与数据备份制度；

（8）争议解决机制；

（9）不良信息及垃圾邮件举报处理机制；

（10）法律、法规规定的其他制度。

平台经营者应定期在本平台内组织检查网上交易管理制度的实施情况,并根据检查结果及时采取改善措施。

5.7 用户协议

平台经营者的用户协议及其修改应至少提前30日公示,涉及消费者权益的,应当抄送当地消费者权益保护机构。

用户协议应当包括但不限于以下内容:

(1)用户注册条件;

(2)交易规则;

(3)隐私及商业秘密的保护;

(4)用户协议的修改程序;

(5)争议解决方式;

(6)受我国法律管辖的约定及具体管辖地;

(7)有关责任条款。

平台经营者应采用技术等手段引导用户完整阅读用户协议,合理提示交易风险、责任限制和责任免除条款,但不得免除自身责任,加重用户义务,排除用户的法定权利。

5.8 交易规则

平台经营者应制定并公布交易规则。交易规则的修改应当至少提前30日予以公示。用户不接受修改的,可以在修改公告之日起60日内书面通知退出。平台经营者应当按照原交易规则妥善处理用户退出事宜。

5.9 终止经营

第三方交易平台歇业或者其他自身原因终止经营的,应当提前1个月通知站内经营者,并与站内经营者结清财务及相关手续。

涉及行政许可的第三方交易平台终止营业的,平台经营者应当提前1个月向行政主管部门报告;并通过合同或其他方式,确保在合理期限内继续提供对消费者的售后服务。

5.10 平台交易情况的统计

平台经营者应当做好市场交易统计工作,填报统计报表,定期向有关行政主管部门报送。

6. 平台经营者对站内经营者的管理与引导

6.1 站内经营者注册

(1)通过第三方交易平台从事商品交易及有关服务行为的自然人,需要向平台经营者提出申请,提交身份证明文件或营业执照、经营地址及联系方式等必要信息。

(2)通过第三方交易平台从事商品交易及有关服务行为的法人和其他

组织,需要向平台经营者提出申请,提交营业执照或其他获准经营的证明文件、经营地址及联系方式等必要信息。

(3)第三方电子商务交易平台应当核验站内经营者的营业执照、税务登记证和各类经营许可证。第三方电子商务交易平台对外是否显示站内经营者真实名称和姓名由平台经营者和站内经营者协商确定。

(4)平台经营者应当每年定期对实名注册的站内经营者的注册信息进行验证,对无法验证的站内经营者应予以注明。

(5)平台经营者应当加强提示,督促站内经营者履行有关法律规定和市场管理制度,增强诚信服务、文明经商的服务意识,倡导良好的经营作风和商业道德。

6.2 进场经营合同的规范指导

平台经营者在与站内经营者订立进场经营合同时,应当依法约定双方规范经营的有关权利义务、违约责任以及纠纷解决方式。该合同应当包含下列必备条款:

(1)平台经营者与站内经营者在网络商品交易及有关服务行为中不得损害国家利益和公众利益,不得损害消费者的合法权益。

(2)站内经营者必须遵守诚实守信的基本原则,严格自律,维护国家利益,承担社会责任,公平、公正、健康有序地开展网上交易,不得利用网上交易从事违法犯罪活动。

(3)站内经营者应当注意监督用户发布的信息,依法删除违反国家规定的信息,防范和减少垃圾邮件。

(4)站内经营者应当建立市场交易纠纷调解处理的有关制度,并在提供服务网店的显著位置公布纠纷处理机构及联系方式。

6.3 站内经营者行为规范

平台经营者应当通过合同或其他方式要求站内经营者遵守以下规范,督促站内经营者建立和实行各类商品信誉制度,方便消费者监督和投诉:

(1)站内经营者应合法经营,不得销售不符合国家标准或有毒有害的商品。对涉及违法经营的可以暂停或终止其交易。

(2)对涉及违法经营或侵犯消费者权益的站内经营者可以按照事先公布的程序在平台上进行公示。

(3)站内经营者应在停止经营或撤柜前3个月告知平台经营者,并配合平台经营者处理好涉及消费者或第三方的事务。

(4)站内经营者应主动配合平台经营者就消费者投诉所进行的调查和协调。

6.4 对交易信息的管理

平台经营者应对其平台上的交易信息进行合理谨慎的管理：

（1）在平台上从事经营活动的，应当公布所经营产品的名称、生产者等信息；涉及第三方许可的，还应公布许可证书、认证证书等信息。

（2）网页上显示的商品信息必须真实。对实物（有形）商品，应当从多角度多方位予以展现，不可对商品的颜色、大小、比例等做歪曲或错误的显示；对于存在瑕疵的商品应当给予充分的说明并通过图片显示。发现站内经营者发布违反法律、法规广告的，应及时采取措施制止，必要时可以停止对其提供网上交易平台服务。

（3）投诉人提供的证据能够证明站内经营者有侵权行为或发布违法信息的，平台经营者应对有关责任人予以警告，停止侵权行为，删除有害信息，并可依照投诉人的请求提供被投诉人注册的身份信息及联系方式。

（4）平台经营者应承担合理谨慎信息审查义务，对明显的侵权或违法信息，依法及时予以删除，并对站内经营者予以警告。

6.5 交易秩序维护

平台经营者应当采取合理措施，保证网上交易平台的正常运行，提供安全可靠的交易环境和公平、公正、公开的交易服务，维护交易秩序，建立并完善网上交易的信用评价体系和交易风险警示机制。

平台经营者应当合理提示用户关注交易风险，在执行用户的交易支付指令前，应当要求用户对交易明细进行确认；从事网上支付服务的经营者，在执行支付指令前，也应当要求付款人进行确认。

鼓励平台经营者设立冷静期制度，允许消费者在冷静期内无理由取消订单。

鼓励网络第三方交易平台和平台经营者向消费者提供"卖家保证金"服务。保证金用于消费者的交易损失赔付。保证金的金额、使用方式应事先向当地工商行政主管部门备案并公示。

6.6 交易错误

平台经营者应当调查核实个人用户小额交易中出现操作错误投诉，并帮助用户取消交易，但因具体情况无法撤销的除外。

6.7 货物退换

平台经营者应当通过合同或其他方式要求站内经营者依照国家有关规定，实施商品售后服务和退换货制度，对于违反商品售后服务和退换货制度规定的站内经营者，平台经营者应当受理消费者的投诉，并可依照合同追究其违约责任。

6.8 知识产权保护

平台经营者应当建立适当的工作机制,依法保护知识产权。对于权利人附有证据并通知具体地址的侵权页面、文件或链接,平台经营者应通知被投诉人,同时采取必要措施保护权利人合法权益。法律法规另有规定的除外。

平台经营者应通过合同或其他方式要求站内经营者遵守《商标法》、《反不正当竞争法》、《企业名称登记管理规定》等法律、法规、规章的规定,不得侵犯他人的注册商标专用权、企业名称权等权利。

6.9 禁止行为

第三方交易平台同时利用自有平台进行网上商品(服务)交易的,不得相互串通,利用自身便利操纵市场价格,扰乱市场秩序,损害其他经营者或者消费者的合法权益。

7. 平台经营者对消费者的合理保护

未经用户同意,平台经营者不得向任何第三方披露或转让用户名单、交易记录等数据,但法律法规另有规定的除外。

平台经营者应督促站内交易经营者出具购货凭证、服务单据及相关凭证。

消费者在网络交易平台购买商品或者接受服务,发生消费纠纷或其合法权益受到损害的,平台经营者应当向消费者提供站内经营者的真实的网站登记信息,积极协助消费者维护自身合法权益。

8. 平台经营者与相关服务提供者的协调

8.1 电子签名

鼓励依照《中华人民共和国电子签名法》的规定订立合同。标的金额高于5万元人民币的网上交易,第三方交易平台应提示交易双方使用电子签名。

8.2 电子支付

第三方电子商务交易平台采用的电子支付应当由银行或具备合法资质的非金融支付机构提供。

8.3 广告发布

平台经营者对平台内被投诉的广告信息,应当依据广告法律规定进行删除或转交广告行政主管机构处理。

第三方交易平台应约束站内经营者不得发布虚假的广告信息,不得发送垃圾邮件。

对于国家明令禁止交易的商品或服务,提供搜索服务的第三方交易平台在搜索结果展示页面应对其名称予以屏蔽或限制访问。

9. 监督管理

9.1 行业自律

鼓励第三方平台经营者依照本规范进行行业自律,支持有关行业组织对平台经营者的服务进行监督和协调。

鼓励行业协会设立消费警示制度,监督和约束有不良行为的平台经营者。

鼓励平台经营者成立行业自律组织,制定行规和行约,建立网上交易诚信体系,加强自律,推动网上交易的发展。

9.2 投诉管理

消费者协会和相关组织通过在线投诉机制受理的网上交易争议投诉,平台经营者应及时配合处理与反馈。

对于不良用户,平台经营者可以根据事先公示的程序和规则对站内经营者的市场准入进行限制。

9.3 政府监管

各级商务主管部门应当建立网上交易服务规范的监管责任制度和责任追究制度,依法对平台经营者及站内经营者的交易行为进行监督。

中国人民银行废止的规章

(2012 年 1 月 4 日中国人民银行公告〔2012〕第 1 号公布)

(共 2 件)

一、《银团贷款暂行办法》(银发〔1997〕415 号文印发)

二、《中外合资、合作经营企业中方投资人新增资本贷款管理办法》(银发〔2000〕68 号文印发)

中国人民银行废止的规范性文件

(2012 年 1 月 4 日中国人民银行公告〔2012〕第 1 号公布)

(共 22 件)

一、金融信托投资公司委托贷款业务规定(银发〔1993〕49 号)

二、关于下发《金融诈骗案件协查管理办法》的通知(银发〔1997〕195 号)

三、关于印发《进一步加强银行会计内部控制和管理的若干规定》的通知（银发〔1997〕318号）

四、关于印发《农村信用合作社管理规定》和《农村信用合作社县级联合社管理规定》的通知（银发〔1997〕390号）

五、关于印发《农村信用合作社章程（范本）》和《农村信用合作社县级联合社章程（范本）》的通知（银发〔1997〕474号）

六、关于印发《中国人民银行现场稽核规程（试行）》的通知（银发〔1997〕497号）

七、关于印发商业银行非现场监管指标报表填报说明和商业银行非现场监管报表报告书的通知（银发〔1997〕549号）

八、关于印发《农村信用合作社机构管理暂行办法》的通知（银发〔1998〕165号）

九、关于印发《农村信用合作社会计基本制度》和《农村信用合作社出纳制度》的通知（银发〔1998〕524号）

十、关于印发《关于县（市）城市信用合作社归口农村信用合作社县级联合社管理的具体意见》的通知（银发〔1999〕168号）

十一、关于印发《关于组建农村信用合作社市（地）联合社的试点工作方案》等三个文件的通知（银发〔1999〕210号）

十二、关于剥离不良贷款相应的表内应收利息处置问题的通知（银发〔2000〕145号）

十三、关于股份制商业银行及城市商业银行股东资格审核有关问题的通知（银办发〔2000〕246号）

十四、关于印发《不良贷款认定暂行办法》的通知（银发〔2000〕303号）

十五、关于执行《不良贷款认定暂行办法》的补充通知（银发〔2000〕359号）

十六、关于明确呆滞贷款划分标准的通知（银发〔2000〕363号）

十七、中国人民银行关于进一步规范股份制商业银行分支机构准入管理的通知（银发〔2001〕173号）

十八、中国人民银行关于全面推行贷款质量五级分类管理的通知（银发〔2001〕416号）

十九、中国人民银行关于信托投资公司重新登记过程中股东资格审查问题的通知（银发〔2001〕423号）

二十、中国人民银行办公厅关于加快农村信用社基本养老保险统筹移交地方有关问题的通知（银办发〔2001〕357号）

二十一、中国人民银行关于落实《股份制商业银行公司治理指引》和《股

份制商业银行独立董事和外部监事制度指引》有关问题的通知（银发〔2002〕330号）

二十二、中国人民银行关于农村信用社应收利息核算期限等若干会计财务问题的通知（银发〔2002〕356号）

中央企业境外国有资产监督管理暂行办法

（国务院国有资产监督管理委员会第102次主任办公会议审议通过　2011年6月14日国务院国有资产监督管理委员会令第26号公布　自2011年7月1日起施行）

第一章　总　　则

第一条　为加强国务院国有资产监督管理委员会（以下简称国资委）履行出资人职责的企业（以下简称中央企业）境外国有资产监督管理，规范境外企业经营行为，维护境外国有资产权益，防止国有资产流失，根据《中华人民共和国企业国有资产法》和《企业国有资产监督管理暂行条例》及相关法律、行政法规，制定本办法。

第二条　本办法适用于中央企业及其各级独资、控股子企业（以下简称各级子企业）在境外以各种形式出资所形成的国有权益的监督管理。

本办法所称境外企业，是指中央企业及其各级子企业在我国境外以及香港特别行政区、澳门特别行政区和台湾地区依据当地法律出资设立的独资及控股企业。

第三条　国资委依法对中央企业境外国有资产履行下列监督管理职责：

（一）制定中央企业境外国有资产监督管理制度，并负责组织实施和监督检查；

（二）组织开展中央企业境外国有资产产权登记、资产统计、清产核资、资产评估和绩效评价等基础管理工作；

（三）督促、指导中央企业建立健全境外国有资产经营责任体系，落实国有资产保值增值责任；

（四）依法监督管理中央企业境外投资、境外国有资产经营管理重大事项，组织协调处理境外企业重大突发事件；

（五）按照《中央企业资产损失责任追究暂行办法》组织开展境外企业

重大资产损失责任追究工作;

(六)法律、行政法规以及国有资产监督管理有关规定赋予的其他职责。

第四条 中央企业依法对所属境外企业国有资产履行下列监督管理职责:

(一)依法审核决定境外企业重大事项,组织开展境外企业国有资产基础管理工作;

(二)建立健全境外企业监管的规章制度及内部控制和风险防范机制;

(三)建立健全境外国有资产经营责任体系,对境外企业经营行为进行评价和监督,落实国有资产保值增值责任;

(四)按照《中央企业资产损失责任追究暂行办法》规定,负责或者配合国资委开展所属境外企业重大资产损失责任追究工作;

(五)协调处理所属境外企业突发事件;

(六)法律、行政法规以及国有资产监督管理有关规定赋予的其他职责。

第五条 中央企业及其各级子企业依法对境外企业享有资产收益、参与重大决策和选择管理者等出资人权利,依法制定或者参与制定其出资的境外企业章程。

中央企业及其各级子企业应当依法参与其出资的境外参股、联营、合作企业重大事项管理。

第二章 境外出资管理

第六条 中央企业应当建立健全境外出资管理制度,对境外出资实行集中管理,统一规划。

第七条 境外出资应当遵守法律、行政法规、国有资产监督管理有关规定和所在国(地区)法律,符合国民经济和社会发展规划及产业政策,符合国有经济布局和结构调整方向,符合中央企业发展战略和规划。

中央企业及其重要子企业收购、兼并境外上市公司以及重大境外出资行为应当依照法定程序报国资委备案或者核准。

第八条 境外出资应当进行可行性研究和尽职调查,评估企业财务承受能力和经营管理能力,防范经营、管理、资金、法律等风险。境外出资原则上不得设立承担无限责任的经营实体。

第九条 以非货币资产向境外出资的,应当依法进行资产评估并按照有关规定备案或者核准。

第十条 境外出资形成的产权应当由中央企业或者其各级子企业持有。根据境外相关法律规定须以个人名义持有的,应当统一由中央企业依据有关规定决定或者批准,依法办理委托出资、代持等保全国有资产的法律手续,并以书面形式报告国资委。

第十一条　中央企业应当建立健全离岸公司管理制度,规范离岸公司设立程序,加强离岸公司资金管理。新设离岸公司的,应当由中央企业决定或者批准并以书面形式报告国资委。已无存续必要的离岸公司,应当依法予以注销。

第十二条　中央企业应当将境外企业纳入本企业全面预算管理体系,明确境外企业年度预算目标,加强对境外企业重大经营事项的预算控制,及时掌握境外企业预算执行情况。

第十三条　中央企业应当将境外资金纳入本企业统一的资金管理体系,明确界定境外资金调度与使用的权限与责任,加强日常监控。具备条件的中央企业应当对境外资金实施集中管理和调度。

中央企业应当建立境外大额资金调度管控制度,对境外临时资金集中账户的资金运作实施严格审批和监督检查,定期向国资委报告境外大额资金的管理和运作情况。

第十四条　中央企业应当加强境外金融衍生业务的统一管理,明确决策程序、授权权限和操作流程,规定年度交易量、交易权限和交易流程等重要事项,并按照相关规定报国资委备案或者核准。从事境外期货、期权、远期、掉期等金融衍生业务应当严守套期保值原则,完善风险管理规定,禁止投机行为。

第十五条　中央企业应当建立外派人员管理制度,明确岗位职责、工作纪律、工资薪酬等规定,建立外派境外企业经营管理人员的定期述职和履职评估制度。

中央企业应当按照属地化管理原则,统筹境内外薪酬管理制度。不具备属地化管理条件的,中央企业应当按照法律法规有关规定,结合属地的实际情况,制定统一的外派人员薪酬管理办法,报国资委备案。

第三章　境外企业管理

第十六条　中央企业是所属境外企业监督管理的责任主体。境外企业应当定期向中央企业报告境外国有资产总量、结构、变动、收益等汇总分析情况。

第十七条　境外企业应当建立完善法人治理结构,健全资产分类管理制度和内部控制机制,定期开展资产清查,加强风险管理,对其运营管理的国有资产承担保值增值责任。

第十八条　境外企业应当依据有关规定建立健全境外国有产权管理制度,明确负责机构和工作责任,切实加强境外国有产权管理。

第十九条　境外企业应当加强投资管理,严格按照中央企业内部管理制度办理相关手续。

第二十条　境外企业应当加强预算管理,严格执行经股东(大)会、董事会或章程规定的相关权力机构审议通过的年度预算方案,加强成本费用管理,严格控制预算外支出。

第二十一条　境外企业应当建立健全法律风险防范机制,严格执行重大决策、合同的审核与管理程序。

第二十二条　境外企业应当遵循中央企业确定的融资权限。非金融类境外企业不得为其所属中央企业系统之外的企业或个人进行任何形式的融资、拆借资金或者提供担保。

第二十三条　境外企业应当加强资金管理,明确资金使用管理权限,严格执行企业主要负责人与财务负责人联签制度,大额资金支出和调度应当符合中央企业规定的审批程序和权限。

境外企业应当选择信誉良好并具有相应资质的银行作为开户行,不得以个人名义开设账户,但所在国(地区)法律另有规定的除外。境外企业账户不得转借个人或者其他机构使用。

第二十四条　境外企业应当按照法律、行政法规以及国有资产监督管理有关规定和企业章程,在符合所在国(地区)法律规定的条件下,及时、足额向出资人分配利润。

第二十五条　境外企业应当建立和完善会计核算制度,会计账簿及财务报告应当真实、完整、及时地反映企业经营成果、财务状况和资金收支情况。

第二十六条　境外企业应当通过法定程序聘请具有资质的外部审计机构对年度财务报告进行审计。暂不具备条件的,由中央企业内部审计机构进行审计。

第四章　境外企业重大事项管理

第二十七条　中央企业应当依法建立健全境外企业重大事项管理制度和报告制度,加强对境外企业重大事项的管理。

第二十八条　中央企业应当明确境外出资企业股东代表的选任条件、职责权限、报告程序和考核奖惩办法,委派股东代表参加境外企业的股东(大)会会议。股东代表应当按照委派企业的指示提出议案、发表意见、行使表决权,并将其履行职责的情况和结果及时报告委派企业。

第二十九条　境外企业有下列重大事项之一的,应当按照法定程序报中央企业核准:

（一）增加或者减少注册资本，合并、分立、解散、清算、申请破产或者变更企业组织形式；

（二）年度财务预算方案、决算方案、利润分配方案和弥补亏损方案；

（三）发行公司债券或者股票等融资活动；

（四）收购、股权投资、理财业务以及开展金融衍生业务；

（五）对外担保、对外捐赠事项；

（六）重要资产处置、产权转让；

（七）开立、变更、撤并银行账户；

（八）企业章程规定的其他事项。

第三十条 境外企业转让国有资产，导致中央企业重要子企业由国有独资转为绝对控股、绝对控股转为相对控股或者失去控股地位的，应当按照有关规定报国资委审核同意。

第三十一条 境外企业发生以下有重大影响的突发事件，应当立即报告中央企业；影响特别重大的，应当通过中央企业在24小时内向国资委报告：

（一）银行账户或者境外款项被冻结；

（二）开户银行或者存款所在的金融机构破产；

（三）重大资产损失；

（四）发生战争、重大自然灾害，重大群体性事件，以及危及人身或者财产安全的重大突发事件；

（五）受到所在国（地区）监管部门处罚产生重大不良影响；

（六）其他有重大影响的事件。

第五章 境外国有资产监督

第三十二条 国资委应当将境外企业纳入中央企业业绩考核和绩效评价范围，定期组织开展境外企业抽查审计，综合评判中央企业经营成果。

第三十三条 中央企业应当定期对境外企业经营管理、内部控制、会计信息以及国有资产运营等情况进行监督检查，建立境外企业生产经营和财务状况信息报告制度，按照规定向国资委报告有关境外企业财产状况、生产经营状况和境外国有资产总量、结构、变动、收益等情况。

第三十四条 中央企业应当加强对境外企业中方负责人的考核评价，开展任期及离任经济责任审计，并出具审计报告。重要境外企业中方负责人的经济责任审计报告应当报国资委备案。

第三十五条 国家出资企业监事会依照法律、行政法规以及国有资产监督管理有关规定，对中央企业境外国有资产进行监督检查，根据需要组织开展专项检查。

第六章　法律责任

第三十六条　境外企业有下列情形之一的,中央企业应当按照法律、行政法规以及国有资产监督管理有关规定,追究有关责任人的责任:

（一）违规为其所属中央企业系统之外的企业或者个人进行融资或者提供担保,出借银行账户;

（二）越权或者未按规定程序进行投资、调度和使用资金、处置资产;

（三）内部控制和风险防范存在严重缺陷;

（四）会计信息不真实,存有账外业务和账外资产;

（五）通过不正当交易转移利润;

（六）挪用或者截留应缴收益;

（七）未按本规定及时报告重大事项。

第三十七条　中央企业有下列情形之一,国资委应当按照法律、行政法规以及国有资产监督管理有关规定,追究相关责任人的责任:

（一）未建立境外企业国有资产监管制度;

（二）未按本办法规定履行有关核准备案程序;

（三）未按本办法规定及时报告重大事项;

（四）对境外企业管理失控,造成国有资产损失。

第七章　附　　则

第三十八条　中央企业及其各级子企业在境外设立的各类分支机构的国有资产的监督和管理参照本办法执行。

第三十九条　地方国有资产监督管理机构可以参照本办法制定所出资企业境外国有资产管理制度。

第四十条　本办法自 2011 年 7 月 1 日起施行。

中央企业境外国有产权管理暂行办法

（国务院国有资产监督管理委员会第 102 次主任办公会议审
议通过　2011 年 6 月 14 日国务院国有资产监督管理委员会
令第 27 号公布　自 2011 年 7 月 1 日起施行）

第一条　为加强和规范中央企业境外国有产权管理,根据《中华人民共和国企业国有资产法》、《企业国有资产监督管理暂行条例》（国务院令第 378 号）和国家有关法律、行政法规的规定,制定本办法。

　　第二条　国务院国有资产监督管理委员会(以下简称国资委)履行出资人职责的企业(以下简称中央企业)及其各级独资、控股子企业(以下简称各级子企业)持有的境外国有产权管理适用本办法。国家法律、行政法规另有规定的,从其规定。

　　本办法所称境外国有产权是指中央企业及其各级子企业以各种形式对境外企业出资所形成的权益。

　　前款所称境外企业,是指中央企业及其各级子企业在我国境外以及香港特别行政区、澳门特别行政区和台湾地区依据当地法律出资设立的企业。

　　第三条　中央企业是其境外国有产权管理的责任主体,应当依照我国法律、行政法规建立健全境外国有产权管理制度,同时遵守境外注册地和上市地的相关法律规定,规范境外国有产权管理行为。

　　第四条　中央企业应当完善境外企业治理结构,强化境外企业章程管理,优化境外国有产权配置,保障境外国有产权安全。

　　第五条　中央企业及其各级子企业独资或者控股的境外企业所持有的境内国有产权的管理,比照国资委境内国有产权管理的相关规定执行。

　　第六条　境外国有产权应当由中央企业或者其各级子企业持有。境外企业注册地相关法律规定须以个人名义持有的,应当统一由中央企业依据有关规定决定或者批准,依法办理委托出资等保全国有产权的法律手续,并以书面形式报告国资委。

　　第七条　中央企业应当加强对离岸公司等特殊目的公司的管理。因重组、上市、转让或者经营管理需要设立特殊目的公司的,应当由中央企业决定或者批准并以书面形式报告国资委。已无存续必要的特殊目的公司,应当及时依法予以注销。

　　第八条　中央企业及其各级子企业发生以下事项时,应当由中央企业统一向国资委申办产权登记:

　　(一)以投资、分立、合并等方式新设境外企业,或者以收购、投资入股等方式首次取得境外企业产权的。

　　(二)境外企业名称、注册地、注册资本、主营业务范围等企业基本信息发生改变,或者因企业出资人、出资额、出资比例等变化导致境外企业产权状况发生改变的。

　　(三)境外企业解散、破产,或者因产权转让、减资等原因不再保留国有产权的。

　　(四)其他需要办理产权登记的情形。

　　第九条　中央企业及其各级子企业以其拥有的境内国有产权向境外企业注

资或者转让,或者以其拥有的境外国有产权向境内企业注资或者转让,应当依照《企业国有资产评估管理暂行办法》(国资委令第 12 号)等相关规定,聘请具有相应资质的境内评估机构对标的物进行评估,并办理评估备案或者核准。

第十条 中央企业及其各级子企业独资或者控股的境外企业在境外发生转让或者受让产权、以非货币资产出资、非上市公司国有股东股权比例变动、合并分立、解散清算等经济行为时,应当聘请具有相应资质、专业经验和良好信誉的专业机构对标的物进行评估或者估值,评估项目或者估值情况应当由中央企业备案;涉及中央企业重要子企业由国有独资转为绝对控股、绝对控股转为相对控股或者失去控股地位等经济行为的,评估项目或者估值情况应当报国资委备案或者核准。

中央企业及其各级子企业独资或者控股的境外企业在进行与评估或者估值相应的经济行为时,其交易对价应当以经备案的评估或者估值结果为基准。

第十一条 境外国有产权转让等涉及国有产权变动的事项,由中央企业决定或者批准,并按国家有关法律和法规办理相关手续。其中,中央企业重要子企业由国有独资转为绝对控股、绝对控股转为相对控股或者失去控股地位的,应当报国资委审核同意。

第十二条 中央企业及其各级子企业转让境外国有产权,要多方比选意向受让方。具备条件的,应当公开征集意向受让方并竞价转让,或者进入中央企业国有产权转让交易试点机构挂牌交易。

第十三条 中央企业在本企业内部实施资产重组,转让方为中央企业及其直接或者间接全资拥有的境外企业,受让方为中央企业及其直接或者间接全资拥有的境内外企业的,转让价格可以以评估或者审计确认的净资产值为底价确定。

第十四条 境外国有产权转让价款应当按照产权转让合同约定支付,原则上应当一次付清。确需采取分期付款的,受让方须提供合法的担保。

第十五条 中央企业及其各级子企业独资或者控股的境外企业在境外首次公开发行股票,或者中央企业及其各级子企业所持有的境外注册并上市公司的股份发生变动的,由中央企业按照证券监管法律、法规决定或者批准,并将有关情况以书面形式报告国资委。境外注册并上市公司属于中央企业重要子企业的,上述事项应当由中央企业按照《国有股东转让所持上市公司股份管理暂行办法》(国资委令第 19 号)等相关规定报国资委审核同意或者备案。

第十六条 中央企业应当按照本办法落实境外国有产权管理工作责任,完善档案管理,并及时将本企业境外国有产权管理制度、负责机构等相关情况以书面形式报告国资委。

第十七条 中央企业应当每年对各级子企业执行本办法的情况进行监督检

查,并及时将检查情况以书面形式报告国资委。

国资委对中央企业境外国有产权管理情况进行不定期抽查。

第十八条 中央企业及其各级子企业有关责任人员违反国家法律、法规和本办法规定,未履行对境外国有产权的监管责任,导致国有资产损失的,由有关部门按照干部管理权限和有关法律法规给予处分;涉嫌犯罪的,依法移交司法机关处理。

第十九条 地方国有资产监督管理机构可以参照本办法制定所出资企业境外国有产权管理制度。

第二十条 本办法自 2011 年 7 月 1 日起施行。

税收违法行为检举管理办法

(2011 年 1 月 27 日国家税务总局第 1 次局务会议审议通过 2011 年 2 月 12 日国家税务总局令第 24 号公布 自 2011 年 3 月 15 日起施行)

第一章 总 则

第一条 为了保障单位、个人依法检举纳税人、扣缴义务人违反税收法律、行政法规行为(以下简称税收违法行为)的权利,规范税收违法行为检举管理工作(以下简称检举管理工作),根据《中华人民共和国税收征收管理法》及其实施细则的有关规定,制定本办法。

第二条 本办法所称税收违法行为检举是指单位、个人采用书信、互联网、传真、电话、来访等形式,向税务机关提供纳税人、扣缴义务人税收违法行为线索的行为。

采用前款所述的形式,检举税收违法行为的单位、个人称检举人;被检举的纳税人、扣缴义务人称被检举人。

检举人使用与其营业执照、身份证等符合法律、行政法规和国家有关规定的身份证件上一致的名称、姓名检举的,为实名检举;否则为匿名检举。

第三条 检举管理工作坚持依法行政、统一领导、分级负责、属地管理、严格保密的原则。

第四条 市(地)及市(地)以上税务机关稽查局设立税收违法案件举报中心(以下简称举报中心),其工作人员由所在机关根据工作需要配备;没有设立举报中心的县(区)税务机关稽查局应当指定专门部门负责税收违法行为检举管理

工作,并可挂举报中心牌子。举报中心的主要职责是:

(一)受理、处理、管理检举材料;

(二)转办、交办、督办、催办检举案件;

(三)跟踪、了解、掌握检举案件的查办情况;

(四)上报、通报举报中心工作开展情况及检举事项的查办情况;

(五)统计、分析检举管理工作的数据情况;

(六)指导、监督、检查下级税务机关举报中心的工作;

(七)负责本级检举奖金的发放和对检举人的答复工作。

第五条 税务机关应当向社会公布举报中心的电话(传真)号码、电子信箱、通讯地址及邮政编码,设立检举箱和检举接待室,并以适当方式公布与检举工作有关的法律、行政法规、规章及检举事项处理程序。

第六条 税务机关应与公安、信访、纪检、监察等单位加强联系和合作,税务系统内部应当加强沟通协调,共同做好检举管理工作。

第七条 检举税收违法行为是单位、个人的自愿行为。单位、个人因检举而产生的支出应由其自行负担。

第八条 检举事项经查证属实,为国家挽回或者减少损失的,对实名检举人按照财政部和国家税务总局的有关规定给予相应奖励。

第二章 检举事项的受理

第九条 举报中心受理检举事项的范围是:涉嫌偷税,逃避追缴欠税,骗税,虚开、伪造、非法提供、非法取得发票,以及其他税收违法行为。

第十条 实名检举和匿名检举均须受理。检举人不愿提供自己的姓名、身份、单位、地址、联系方式或者不愿公开检举行为的,税务机关应当予以尊重和保密。

检举人应当至少提供被检举人的名称或者姓名、地址、税收违法行为线索等资料。

检举人检举税收违法行为应当实事求是,对提供检举材料的真实性负责,不得诬陷、捏造事实。

举报中心受理实名检举,应当应检举人的要求向检举人出具书面回执。

第十一条 受理检举的税务人员应当文明礼貌,耐心细致,正确疏导,认真负责。

鼓励检举人尽可能提供书面检举材料。

受理口头检举,应当准确记录检举事项,交检举人阅读或者向检举人宣读,经确认无误以后由检举人签名或者盖章。检举人不愿签名或者盖章的,由受理检举的税务人员记录在案。

受理电话检举,应当细心接听,询问清楚,准确记录。

受理电话、口头检举,经检举人同意以后,可以录音或者录像。

第十二条 不属于举报中心受理范围的检举事项,举报中心应当告知检举人向有处理权的单位反映,或者将检举事项登记以后按照分类处理的规定处理。

第十三条 涉及两个或者两个以上税务机关管辖的检举事项,由所涉及的税务机关协商受理;有争议的,由其共同的上一级税务机关决定受理机关。

第三章　检举事项的处理

第十四条 举报中心将检举事项登记以后,应当按照以下方式分类处理:

(一)检举内容详细、税收违法行为线索清楚、案情重大、涉及范围广的,作为重大检举案件,经本级税务机关稽查局或者本级税务机关负责人批准,由本级税务机关稽查局直接查处或者转下级税务机关稽查局查处并督办,必要时可以向上级税务机关稽查局申请督办。

上级税务机关批示督办并指定查办单位的案件,原则上不得再下转处理。

(二)检举内容提供了一定线索,有可能存在税收违法行为的,作为一般案件,经本级税务机关稽查局负责人批准,由本级税务机关稽查局直接查处或者转下级税务机关稽查局查处。

(三)检举事项不完整或者内容不清、线索不明的,经本级税务机关稽查局负责人批准,可以暂存待查,待检举人将情况补充完整以后,再进行处理。

(四)不属于稽查局职责范围的检举事项,经本级税务机关稽查局负责人批准,移交有处理权的单位或者部门。

第十五条 上级税务机关举报中心对下级税务机关申请督办的重大检举案件,应当及时审查,提出办理意见,报该级税务机关稽查局负责人批准以后督办。

第十六条 检举事项的处理,应当在接到检举以后的 15 个工作日内办理,特殊情况除外;情况紧急的应当立即办理。

第十七条 经本级税务机关稽查局或者本级税务机关负责人批准,举报中心可以代表稽查局或者以自己的名义向下级税务机关督办、交办或者向有关单位转办检举事项。

第十八条 对上级税务机关稽查局及其举报中心督办的检举案件,除有特定时限者以外,承办部门应当在收到纸质督办函后 3 个月内上报查办结果;案情复杂无法在限期内查结的,报经督办部门批准,可以延期上报查办结果,并定期上报阶段性的查办情况。上级不要求上报查办结果的交办案件,应当定期汇总上报办理情况。

本级税务机关稽查局直接查办的检举案件,除有特定时限者以外,承办部门应当在收到纸质交办单以后 3 个月内将查办结果报告本级税务机关稽查局负责人并回复举报中心;案情复杂无法在限期内查结的,报经本级税务机关稽查局负责人批准,时限可以适当延长,同时将阶段性的查办情况报告本级税务机关稽查局负责人并回复举报中心。

第十九条 已经受理尚未查结的检举案件,再次检举的,可以作为重复案件并案处理。

已经结案的检举案件,检举人就同一事项再次检举,没有提供新的线索、资料;或者提供了新的线索、资料,经审查没有价值的,税务机关可以不再检查。

第二十条 对实名检举案件,举报中心收到承办部门回复的查办结果以后,可以应检举人的要求将与检举线索有关的查办结果简要告知检举人;检举案件查结以前,不得向检举人透露案件查处情况。

向检举人告知查办结果时,不得告知其检举线索以外的税收违法行为的查处情况,不得提供税务处理(处罚)决定书及有关案情资料。

第二十一条 上级税务机关稽查局对下级税务机关稽查局报告的督办案件处理结果,应当认真审查。对于事实不清、处理不当的,应当通知下级税务机关稽查局补充调查或者重新调查,依法处理。

第四章 检举事项的管理

第二十二条 税收违法行为的检举材料,由举报中心统一管理。税务机关其他部门收到的检举材料,应当及时移交举报中心。

第二十三条 暂存待查的检举材料,若在 2 年内未收到有价值的补充材料,经本级税务机关稽查局负责人批准以后,可以销毁。

第二十四条 举报中心必须严格管理检举材料,逐件登记检举事项的主要内容、办理情况和检举人、被检举人的基本情况。

税务机关不得将收到的检举材料退还检举人。

第二十五条 督办案件的检举材料应当确定专人管理,并按照规定承办督办案件材料的转送、报告等具体事项。

第二十六条 检举材料的保管和整理,参照《全国税务机关档案管理办法》及有关规定办理。

第二十七条 对于检举案件和有关事项的数量、类别及办理情况,每年度应当进行汇总分析,并报告上级税务机关举报中心。

上级税务机关举报中心要求专门报告的事项,应当按时报告。

第五章 权利保护

第二十八条 税务机关及其举报中心应当在自己的职责范围内依法保护检举人、被检举人的合法权利。

第二十九条　举报中心工作人员与检举事项或者检举人、被检举人有直接利害关系的,应当回避。

检举人有正当理由并且有证据证明举报中心工作人员应当回避的,经本级税务机关稽查局负责人批准以后,予以回避。

第三十条　税务机关工作人员在检举管理工作中必须严格遵守以下保密规定:

(一)检举事项的受理、登记、处理及检查、审理、执行等各个环节,应当依照国家有关法律、法规严格保密,并建立健全工作责任制,不得私自摘抄、复制、扣压、销毁检举材料。

(二)严禁泄露检举人的姓名、身份、单位、地址、联系方式等情况;严禁将检举情况透露给被检举人及与案件查处无关的人员。

(三)调查核实情况时不得出示检举信原件或者复印件,不得暴露检举人的有关信息;对匿名的检举书信及材料,除特殊情况以外,不得鉴定笔迹。

(四)宣传报道和奖励检举有功人员,未经检举人书面同意,不得公开检举人的姓名、身份、单位、地址、联系方式等情况。

第六章　法律责任

第三十一条　税务机关工作人员违反本办法规定,将检举人的检举材料或者有关情况提供给被检举人及与案件查处无关的人员的,依法给予行政处分。

第三十二条　税务机关工作人员打击报复检举人,视情节和后果,依法给予行政处分;构成犯罪的,依法追究刑事责任。

第三十三条　税务机关在检举管理工作中不履行职责、推诿、敷衍、拖延的,上级税务机关应当通报批评并责令改正;造成严重后果的,对直接负责的主管人员和其他直接责任人员依法给予行政处分。

第三十四条　检举管理工作人员不履行职责、玩忽职守、徇私舞弊,给工作造成损失的,税务机关应当给予批评教育;情节严重的,依法给予行政处分并调离工作岗位;构成犯罪的,依法追究刑事责任。

第七章　附　　则

第三十五条　各省、自治区、直辖市和计划单列市国家税务局、地方税务局根据本办法制定具体规定,并报国家税务总局备案。

第三十六条　本办法自 2011 年 3 月 15 日起施行。《国家税务总局关于印发〈税务违法案件举报管理办法〉的通知》(国税发〔1998〕53 号)同时废止。

中华人民共和国发票管理办法实施细则

(2011 年 1 月 27 日国家税务总局第 1 次局务会议审
议通过　2011 年 2 月 14 日国家税务总局令第 25 号
公布　自 2011 年 2 月 1 日起施行)

第一章　总　　则

第一条　根据《中华人民共和国发票管理办法》(以下简称《办法》)规定,制
定本实施细则。

第二条　在全国范围内统一式样的发票,由国家税务总局确定。

在省、自治区、直辖市范围内统一式样的发票,由省、自治区、直辖市国家税
务局、地方税务局(以下简称省税务机关)确定。

第三条　发票的基本联次包括存根联、发票联、记账联。存根联由收款方或
开票方留存备查;发票联由付款方或受票方作为付款原始凭证;记账联由收款方
或开票方作为记账原始凭证。

省以上税务机关可根据发票管理情况以及纳税人经营业务需要,增减除发
票联以外的其他联次,并确定其用途。

第四条　发票的基本内容包括:发票的名称、发票代码和号码、联次及用途、
客户名称、开户银行及账号、商品名称或经营项目、计量单位、数量、单价、大小写
金额、开票人、开票日期、开票单位(个人)名称(章)等。

省以上税务机关可根据经济活动以及发票管理需要,确定发票的具体内容。

第五条　有固定生产经营场所、财务和发票管理制度健全的纳税人,发票使
用量较大或统一发票式样不能满足经营活动需要的,可以向省以上税务机关申
请印有本单位名称的发票。

第二章　发票的印制

第六条　发票准印证由国家税务总局统一监制,省税务机关核发。

税务机关应当对印制发票企业实施监督管理,对不符合条件的,应当取消其
印制发票的资格。

第七条　全国统一的发票防伪措施由国家税务总局确定,省税务机关可以
根据需要增加本地区的发票防伪措施,并向国家税务总局备案。

发票防伪专用品应当按照规定专库保管,不得丢失。次品、废品应当在税务

机关监督下集中销毁。

第八条 全国统一发票监制章是税务机关管理发票的法定标志,其形状、规格、内容、印色由国家税务总局规定。

第九条 全国范围内发票换版由国家税务总局确定;省、自治区、直辖市范围内发票换版由省税务机关确定。

发票换版时,应当进行公告。

第十条 监制发票的税务机关根据需要下达发票印制通知书,被指定的印制企业必须按照要求印制。

发票印制通知书应当载明印制发票企业名称、用票单位名称、发票名称、发票代码、种类、联次、规格、印色、印制数量、起止号码、交货时间、地点等内容。

第十一条 印制发票企业印制完毕的成品应当按照规定验收后专库保管,不得丢失。废品应当及时销毁。

第三章　发票的领购

第十二条 《办法》第十五条所称经办人身份证明是指经办人的居民身份证、护照或者其他能证明经办人身份的证件。

第十三条 《办法》第十五条所称发票专用章是指用票单位和个人在其开具发票时加盖的有其名称、税务登记号、发票专用章字样的印章。

发票专用章式样由国家税务总局确定。

第十四条 税务机关对领购发票单位和个人提供的发票专用章的印模应当留存备查。

第十五条 《办法》第十五条所称领购方式是指批量供应、交旧购新或者验旧购新等方式。

第十六条 《办法》第十五条所称发票领购簿的内容应当包括用票单位和个人的名称、所属行业、购票方式、核准购票种类、开票限额、发票名称、领购日期、准购数量、起止号码、违章记录、领购人签字(盖章)、核发税务机关(章)等内容。

第十七条 《办法》第十五条所称发票使用情况是指发票领用存情况及相关开票数据。

第十八条 税务机关在发售发票时,应当按照核准的收费标准收取工本管理费,并向购票单位和个人开具收据。发票工本费征缴办法按照国家有关规定执行。

第十九条 《办法》第十六条所称书面证明是指有关业务合同、协议或者税务机关认可的其他资料。

第二十条 税务机关应当与受托代开发票的单位签订协议,明确代开发票的种类、对象、内容和相关责任等内容。

第二十一条 《办法》第十八条所称保证人,是指在中国境内具有担保能力的公民、法人或者其他经济组织。

保证人同意为领购发票的单位和个人提供担保的,应当填写担保书。担保书内容包括:担保对象、范围、期限和责任以及其他有关事项。

担保书须经购票人、保证人和税务机关签字盖章后方为有效。

第二十二条 《办法》第十八条第二款所称由保证人或者以保证金承担法律责任,是指由保证人缴纳罚款或者以保证金缴纳罚款。

第二十三条 提供保证人或者交纳保证金的具体范围由省税务机关规定。

第四章 发票的开具和保管

第二十四条 《办法》第十九条所称特殊情况下,由付款方向收款方开具发票,是指下列情况:

(一)收购单位和扣缴义务人支付个人款项时;

(二)国家税务总局认为其他需要由付款方向收款方开具发票的。

第二十五条 向消费者个人零售小额商品或者提供零星服务的,是否可免予逐笔开具发票,由省税务机关确定。

第二十六条 填开发票的单位和个人必须在发生经营业务确认营业收入时开具发票。未发生经营业务一律不准开具发票。

第二十七条 开具发票后,如发生销货退回需开红字发票的,必须收回原发票并注明"作废"字样或取得对方有效证明。

开具发票后,如发生销售折让的,必须在收回原发票并注明"作废"字样后重新开具销售发票或取得对方有效证明后开具红字发票。

第二十八条 单位和个人在开具发票时,必须做到按照号码顺序填开,填写项目齐全,内容真实,字迹清楚,全部联次一次打印,内容完全一致,并在发票联和抵扣联加盖发票专用章。

第二十九条 开具发票应当使用中文。民族自治地方可以同时使用当地通用的一种民族文字。

第三十条 《办法》第二十六条所称规定的使用区域是指国家税务总局和省税务机关规定的区域。

第三十一条 使用发票的单位和个人应当妥善保管发票。发生发票丢失情形时,应当于发现丢失当日书面报告税务机关,并登报声明作废。

第五章 发票的检查

第三十二条 《办法》第三十二条所称发票换票证仅限于在本县(市)范围

内使用。需要调出外县(市)的发票查验时,应当提请该县(市)税务机关调取发票。

第三十三条　用票单位和个人有权申请税务机关对发票的真伪进行鉴别。收到申请的税务机关应当受理并负责鉴别发票的真伪;鉴别有困难的,可以提请发票监制税务机关协助鉴别。

在伪造、变造现场以及买卖地、存放地查获的发票,由当地税务机关鉴别。

第六章　罚　　则

第三十四条　税务机关对违反发票管理法规的行为进行处罚,应当将行政处罚决定书面通知当事人;对违反发票管理法规的案件,应当立案查处。

对违反发票管理法规的行政处罚,由县以上税务机关决定;罚款额在2000元以下的,可由税务所决定。

第三十五条　《办法》第四十条所称的公告是指,税务机关应当在办税场所或者广播、电视、报纸、期刊、网络等新闻媒体上公告纳税人发票违法的情况。公告内容包括:纳税人名称、纳税人识别号、经营地点、违反发票管理法规的具体情况。

第三十六条　对违反发票管理法规情节严重构成犯罪的,税务机关应当依法移送司法机关处理。

第七章　附　　则

第三十七条　《办法》和本实施细则所称“以上”、“以下”均含本数。

第三十八条　本实施细则自2011年2月1日起施行。

国家税务总局关于修改
《车辆购置税征收管理办法》的决定

(2011年12月19日国家税务总局令
第27号发布　自2012年1月1日起施行)

国家税务总局决定对《车辆购置税征收管理办法》作如下修改:

一、增加一条,作为第六条:“购买二手车时,购买者应当向原车主索要《车辆购置税完税证明》(以下简称完税证明)。

“购买已经办理车辆购置税免税手续的二手车,购买者应当到税务机关重新办理申报缴税或免税手续。未按规定办理的,按征管法的规定处理。"

二、第十三条改为第十四条,修改为:"主管税务机关在为纳税人办理纳税申报手续时,对设有固定装置的非运输车辆应当实地验车。"

三、第十四条改为第十五条,修改为:"主管税务机关应对纳税申报资料进行审核,确定计税依据,征收税款,核发完税证明。征税车辆在完税证明征税栏加盖车购税征税专用章,免税车辆在完税证明免税栏加盖车购税征税专用章。"

四、第三十九条改为第四十条,修改为:"主管税务机关应当对已经办理纳税申报的车辆建立车辆购置税征收管理档案。"

五、删去第四十一条至第四十六条。

六、第四十八条改为第四十三条,修改为:"纳税申报表、免税申请表、补证申请表、退税申请表的样式、规格由国家税务总局统一规定,各省、自治区、直辖市和计划单列市国家税务局自行印制使用。"

七、删去附件5和附件6。

本决定自 2012 年 1 月 1 日起施行。

《车辆购置税征收管理办法》根据本决定作相应的修改并对条文顺序作相应调整,重新公布。

车辆购置税征收管理办法

(2005 年 11 月 15 日国家税务总局令第 15 号发布
根据 2011 年 12 月 19 日《国家税务总局关于修改
〈车辆购置税征收管理办法〉的决定》修订)

第一条 根据《中华人民共和国税收征收管理法》(以下简称征管法)、《中华人民共和国税收征收管理法实施细则》(以下简称征管法实施细则)和《中华人民共和国车辆购置税暂行条例》(以下简称车购税条例)制定本办法。

第二条 根据征管法实施细则第三十条、车购税条例第十二条的规定,纳税人应到下列地点办理车购税纳税申报:

(一)需要办理车辆登记注册手续的纳税人,向车辆登记注册地的主管税务机关办理纳税申报。

(二)不需要办理车辆登记注册手续的纳税人,向所在地征收车购税的主管税务机关办理纳税申报。

车购税实行一车一申报制度。

第三条 纳税人办理纳税申报时应如实填写《车辆购置税纳税申报表》（见附件1，以下简称纳税申报表），同时提供以下资料的原件和复印件。复印件和《机动车销售统一发票》（以下简称统一发票）报税联由主管税务机关留存，其他原件经主管税务机关审核后退还纳税人。

（一）车主身份证明

1. 内地居民，提供内地《居民身份证》（含居住、暂住证明）或《居民户口簿》或军人（含武警）身份证明；

2. 香港、澳门特别行政区、台湾地区居民，提供入境的身份证明和居留证明；

3. 外国人，提供入境的身份证明和居留证明；

4. 组织机构，提供《组织机构代码证书》。

（二）车辆价格证明

1. 境内购置车辆，提供统一发票（发票联和报税联）或有效凭证；

2. 进口自用车辆，提供《海关关税专用缴款书》、《海关代征消费税专用缴款书》或海关《征免税证明》。

（三）车辆合格证明

1. 国产车辆，提供整车出厂合格证明（以下简称合格证）；

2. 进口车辆，提供《中华人民共和国海关货物进口证明书》或《中华人民共和国海关监管车辆进（出）境领（销）牌照通知书》或《没收走私汽车、摩托车证明书》。

（四）税务机关要求提供的其他资料

第四条 符合车购税条例第九条免税、减税规定的车辆，纳税人在办理纳税申报时，除按本办法第三条规定提供资料外，还应根据不同情况，分别提供下列资料的原件、复印件及彩色照片。原件经主管税务机关审核后退还纳税人，复印件及彩色照片由主管税务机关留存：

（一）外国驻华使馆、领事馆和国际组织驻华机构的车辆，提供机构证明；

（二）外交人员自用车辆，提供外交部门出具的身份证明；

（三）中国人民解放军和中国人民武装警察部队列入军队武器装备订货计划的车辆，提供订货计划的证明；

（四）设有固定装置的非运输车辆，提供车辆内、外观彩色5寸照片；

（五）其他车辆，提供国务院或国务院税务主管部门的批准文件。

第五条 已经办理纳税申报的车辆发生下列情形之一的，纳税人应按本办法规定重新办理纳税申报：

（一）底盘发生更换的；

（二）免税条件消失的。

第六条 购买二手车时，购买者应当向原车主索要《车辆购置税完税证明》（以下简称完税证明）。

购买已经办理车辆购置税免税手续的二手车，购买者应当到税务机关重新办理申报缴税或免税手续。未按规定办理的，按征管法的规定处理。

第七条 底盘发生更换的车辆，计税依据为最新核发的同类型车辆最低计税价格的70%。同类型车辆是指同国别、同排量、同车长、同吨位、配置近似等（下同）。

第八条 最低计税价格是指国家税务总局依据车辆生产企业提供的车辆价格信息，参照市场平均交易价格核定的车辆购置税计税价格。

第九条 免税条件消失的车辆，自初次办理纳税申报之日起，使用年限未满10年的，计税依据为最新核发的同类型车辆最低计税价格按每满1年扣减10%，未满1年的计税依据为最新核发的同类型车辆最低计税价格；使用年限10年（含）以上的，计税依据为0。

第十条 对国家税务总局未核定最低计税价格的车辆，纳税人申报的计税价格低于同类型应税车辆最低计税价格，又无正当理由的，主管税务机关可比照已核定的同类型车辆最低计税价格征税。同类型车辆由主管税务机关确定，并报上级税务机关备案。各省、自治区、直辖市和计划单列市国家税务局应制定具体办法及时将备案的价格在本地区统一。

第十一条 车购税条例第六条"价外费用"是指销售方价外向购买方收取的基金、集资费、返还利润、补贴、违约金（延期付款利息）和手续费、包装费、储存费、优质费、运输装卸费、保管费、代收款项、代垫款项以及其他各种性质的价外收费。

第十二条 车购税条例第七条规定的"申报的计税价格低于同类型应税车辆的最低计税价格，又无正当理由的"，是指纳税人申报的计税依据低于出厂价格或进口自用车辆的计税价格。

第十三条 进口旧车、因不可抗力因素导致受损的车辆、库存超过3年的车辆、行驶8万公里以上的试验车辆、国家税务总局规定的其他车辆，凡纳税人能出具有效证明的，计税依据为其提供的统一发票或有效凭证注明的价格。

第十四条 主管税务机关在为纳税人办理纳税申报手续时，对设有固定装置的非运输车辆应当实地验车。

第十五条 主管税务机关应对纳税申报资料进行审核，确定计税依据，征收税款，核发完税证明。征税车辆在完税证明征税栏加盖车购税征税专用章,免税车辆在完税证明免税栏加盖车购税征税专用章。

第十六条 主管税务机关对设有固定装置的非运输车辆,在未接到国家税务总局批准的免税文件前,应先征税。

第十七条 主管税务机关开具的车购税缴税凭证上的应纳税额保留到元,元以下金额舍去。

第十八条 主管税务机关发现纳税人申报的计税价格低于最低计税价格,除按照规定征收车购税外,还应采集并传递统一发票价格异常信息。

第十九条 完税证明分正本和副本,按车核发、每车一证。正本由纳税人保管以备查验,副本用于办理车辆登记注册。

完税证明不得转借、涂改、买卖或者伪造。

第二十条 完税证明发生损毁、丢失的,车主在申请补办完税证明前应在《中国税务报》或由省、自治区、直辖市国家税务局指定的公开发行的报刊上刊登遗失声明,填写《换(补)车辆购置税完税证明申请表》(见附件3,以下简称补证申请表)。

第二十一条 纳税人在办理车辆登记注册前完税证明发生损毁、丢失的,主管税务机关应依据纳税人提供的车购税缴税凭证或主管税务机关车购税缴税凭证留存联,车辆合格证明,遗失声明予以补办。

第二十二条 车主在办理车辆登记注册后完税证明发生损毁、丢失的,车主向原发证税务机关申请换、补,主管税务机关应依据车主提供的《机动车行驶证》,遗失声明核发完税证明正本(副本留存)。

第二十三条 已缴车购税的车辆,发生下列情形之一的,准予纳税人申请退税:

(一)因质量原因,车辆被退回生产企业或者经销商的;

(二)应当办理车辆登记注册的车辆,公安机关车辆管理机构不予办理车辆登记注册的。

第二十四条 纳税人申请退税时,应如实填写《车辆购置税退税申请表》(见附件4,以下简称退税申请表),分别下列情况提供资料:

(一)未办理车辆登记注册的,提供生产企业或经销商开具的退车证明和退车发票、完税证明正本和副本;

(二)已办理车辆登记注册的,提供生产企业或经销商开具的退车证明和退车发票、完税证明正本、公安机关车辆管理机构出具的注销车辆号牌证明。

第二十五条 因质量原因,车辆被退回生产企业或者经销商的,纳税人申请退税时,主管税务机关依据自纳税人办理纳税申报之日起,按已缴税款每满1年扣减10%计算退税额;未满1年的,按已缴税款全额退税。

第二十六条　公安机关车辆管理机构不予办理车辆登记注册的车辆，纳税人申请退税时，主管税务机关应退还全部已缴税款。

第二十七条　符合免税条件但已征税的设有固定装置的非运输车辆，主管税务机关依据国家税务总局批准的《设有固定装置免税车辆图册》（以下简称免税图册）或免税文件，办理退税。

第二十八条　车购税条例第九条"设有固定装置的非运输车辆"是指：

1. 列入国家税务总局印发的免税图册的车辆；

2. 未列入免税图册但经国家税务总局批准免税的车辆。

第二十九条　主管税务机关依据免税图册或国家税务总局批准的免税文件为设有固定装置的非运输车辆办理免税。

第三十条　需列入免税图册的车辆，由车辆生产企业或纳税人向主管税务机关提出申请，填写《车辆购置税免（减）税申请表》（见附件2，以下简称免税申请表），提供下列资料：

（一）本办法第三条第（三）款规定的车辆合格证明原件、复印件；

（二）车辆内、外观彩色五寸照片1套；

（三）车辆内、外观彩色照片电子文档（文件大小不超过50KB，像素不低于300万，并标明车辆生产企业名称及车辆型号，仅限车辆生产企业提供）。

第三十一条　主管税务机关将审核后的免税申请表及附列的车辆合格证明复印件（原件退回申请人）、照片及电子文档一并逐级上报。其中：

（一）省、自治区、直辖市和计划单列市国家税务局分别于每年的3、6、9、12月将免税申请表及附列资料报送至国家税务总局。

（二）国家税务总局分别于申请当期的4、7、10月及次年1月将符合免税条件的车辆列入免税图册。

第三十二条　纳税人购置的尚未列入免税图册的设有固定装置的非运输车辆，在规定的申报期限内，应先办理纳税申报，缴纳税款。

第三十三条　在外留学人员（含香港、澳门地区）回国服务的（以下简称留学人员），购买1辆国产小汽车免税。

第三十四条　长期来华定居专家（以下简称来华专家）进口自用的1辆小汽车免税。

第三十五条　留学人员购置的、来华专家进口自用的符合免税条件的车辆，主管税务机关可直接办理免税事宜。

第三十六条　留学人员、来华专家在办理免税申报时，应分别下列情况提供资料：

（一）留学人员提供中华人民共和国驻留学生学习所在国的大使馆或领事馆（中央人民政府驻香港联络办公室教育科技部、中央人民政府驻澳门联络办公室宣传文化部)出具的留学证明;公安部门出具的境内居住证明、个人护照;海关核发的《回国人员购买国产小汽车准购单》。

(二)来华专家提供国家外国专家局或其授权单位核发的专家证;公安部门出具的境内居住证明。

第三十七条 防汛和森林消防部门购置的由指定厂家生产的指定型号的用于指挥、检查、调度、防汛(警)、联络的专用车辆(以下简称防汛专用车和森林消防专用车)免税。

第三十八条 防汛专用车和森林消防专用车,主管税务机关依据国务院税务主管部门批准文件审核办理免税。具体程序如下:

(一)主管部门每年向国务院税务主管部门提出免税申请;

(二)国务院税务主管部门将审核后的车辆型号、数量、流向、照片及有关证单式样通知纳税人所在地主管税务机关;

(三)主管税务机关依据国务院税务主管部门批准文件审核办理免税。

第三十九条 纳税人购置的农用三轮车免税。主管税务机关可直接办理免税事宜。

第四十条 主管税务机关应当对已经办理纳税申报的车辆建立车辆购置税征收管理档案。

第四十一条 主管税务机关应依据车购税条例第十四条规定与公安机关车辆管理机构定期交换信息。

第四十二条 完税证明的样式、规格、编号由国家税务总局统一规定并印制。

第四十三条 纳税申报表、免税申请表、补证申请表、退税申请表的样式、规格由国家税务总局统一规定,各省、自治区、直辖市和计划单列市国家税务局自行印制使用。

第四十四条 本办法由国家税务总局负责解释。各省、自治区、直辖市和计划单列市国家税务局依照本办法制定具体实施办法。

第四十五条 本办法自 2006 年 1 月 1 日起实施。以前规定与本办法有抵触的,依本办法执行。

附件:1. 车辆购置税纳税申报表(略,详情请登录税务总局网站)

2. 车辆购置税免(减)税申请表(略,详情请登录税务总局网站)

3. 换(补)车辆购置税完税证明申请表(略,详情请登录税务总局网站)

4. 车辆购置税退税申请表(略,详情请登录税务总局网站)

企业资产损失所得税税前扣除管理办法

(2011 年 3 月 31 日国家税务总局公告　2011 年第 25 号发布　自 2011 年 1 月 1 日起施行)

第一章　总　　则

第一条　根据《中华人民共和国企业所得税法》(以下简称企业所得税法)及其实施条例、《中华人民共和国税收征收管理法》(以下简称征管法)及其实施细则、《财政部　国家税务总局关于企业资产损失税前扣除政策的通知》(财税〔2009〕57 号)(以下简称《通知》)的规定,制定本办法。

第二条　本办法所称资产是指企业拥有或者控制的、用于经营管理活动相关的资产,包括现金、银行存款、应收及预付款项(包括应收票据、各类垫款、企业之间往来款项)等货币性资产,存货、固定资产、无形资产、在建工程、生产性生物资产等非货币性资产,以及债权性投资和股权(权益)性投资。

第三条　准予在企业所得税税前扣除的资产损失,是指企业在实际处置、转让上述资产过程中发生的合理损失(以下简称实际资产损失),以及企业虽未实际处置、转让上述资产,但符合《通知》和本办法规定条件计算确认的损失(以下简称法定资产损失)。

第四条　企业实际资产损失,应当在其实际发生且会计上已作损失处理的年度申报扣除;法定资产损失,应当在企业向主管税务机关提供证据资料证明该项资产已符合法定资产损失确认条件,且会计上已作损失处理的年度申报扣除。

第五条　企业发生的资产损失,应按规定的程序和要求向主管税务机关申报后方能在税前扣除。未经申报的损失,不得在税前扣除。

第六条　企业以前年度发生的资产损失未能在当年税前扣除的,可以按照本办法的规定,向税务机关说明并进行专项申报扣除。其中,属于实际资产损失,准予追补至该项损失发生年度扣除,其追补确认期限一般不得超过五年,但因计划经济体制转轨过程中遗留的资产损失、企业重组上市过程中因权属不清出现争议而未能及时扣除的资产损失、因承担国家政策性任务而形成的资产损失以及政策定性不明确而形成资产损失等特殊原因形成的资产损失,其追补确认期限经国家税务总局批准后可适当延长。属于法定资产损失,应在申报年度扣除。

企业因以前年度实际资产损失未在税前扣除而多缴的企业所得税税款,可在追补确认年度企业所得税应纳税款中予以抵扣,不足抵扣的,向以后年度递延抵扣。

企业实际资产损失发生年度扣除追补确认的损失后出现亏损的,应先调整资产损失发生年度的亏损额,再按弥补亏损的原则计算以后年度多缴的企业所得税税款,并按前款办法进行税务处理。

第二章　申报管理

第七条　企业在进行企业所得税年度汇算清缴申报时,可将资产损失申报材料和纳税资料作为企业所得税年度纳税申报表的附件一并向税务机关报送。

第八条　企业资产损失按其申报内容和要求的不同,分为清单申报和专项申报两种申报形式。其中,属于清单申报的资产损失,企业可按会计核算科目进行归类、汇总,然后再将汇总清单报送税务机关,有关会计核算资料和纳税资料留存备查;属于专项申报的资产损失,企业应逐项(或逐笔)报送申请报告,同时附送会计核算资料及其他相关的纳税资料。

企业在申报资产损失税前扣除过程中不符合上述要求的,税务机关应当要求其改正,企业拒绝改正的,税务机关有权不予受理。

第九条　下列资产损失,应以清单申报的方式向税务机关申报扣除:

(一)企业在正常经营管理活动中,按照公允价格销售、转让、变卖非货币资产的损失;

(二)企业各项存货发生的正常损耗;

(三)企业固定资产达到或超过使用年限而正常报废清理的损失;

(四)企业生产性生物资产达到或超过使用年限而正常死亡发生的资产损失;

(五)企业按照市场公平交易原则,通过各种交易场所、市场等买卖债券、股票、期货、基金以及金融衍生产品等发生的损失。

第十条　前条以外的资产损失,应以专项申报的方式向税务机关申报扣除。企业无法准确判别是否属于清单申报扣除的资产损失,可以采取专项申报的形式申报扣除。

第十一条　在中国境内跨地区经营的汇总纳税企业发生的资产损失,应按以下规定申报扣除:

(一)总机构及其分支机构发生的资产损失,除应按专项申报和清单申报的有关规定,各自向当地主管税务机关申报外,各分支机构同时还应上报总机构；

（二）总机构对各分支机构上报的资产损失，除税务机关另有规定外，应以清单申报的形式向当地主管税务机关进行申报；

（三）总机构将跨地区分支机构所属资产捆绑打包转让所发生的资产损失，由总机构向当地主管税务机关进行专项申报。

第十二条 企业因国务院决定事项形成的资产损失，应向国家税务总局提供有关资料。国家税务总局审核有关情况后，将损失情况通知相关税务机关。企业应按本办法的要求进行专项申报。

第十三条 属于专项申报的资产损失，企业因特殊原因不能在规定的时限内报送相关资料的，可以向主管税务机关提出申请，经主管税务机关同意后，可适当延期申报。

第十四条 企业应当建立健全资产损失内部核销管理制度，及时收集、整理、编制、审核、申报、保存资产损失税前扣除证据材料，方便税务机关检查。

第十五条 税务机关应按分项建档、分级管理的原则，建立企业资产损失税前扣除管理台账和纳税档案，及时进行评估。对资产损失金额较大或经评估后发现不符合资产损失税前扣除规定，或存有疑点、异常情况的资产损失，应及时进行核查。对有证据证明申报扣除的资产损失不真实、不合法的，应依法作出税收处理。

第三章　资产损失确认证据

第十六条 企业资产损失相关的证据包括具有法律效力的外部证据和特定事项的企业内部证据。

第十七条 具有法律效力的外部证据，是指司法机关、行政机关、专业技术鉴定部门等依法出具的与本企业资产损失相关的具有法律效力的书面文件，主要包括：

（一）司法机关的判决或者裁定；

（二）公安机关的立案结案证明、回复；

（三）工商部门出具的注销、吊销及停业证明；

（四）企业的破产清算公告或清偿文件；

（五）行政机关的公文；

（六）专业技术部门的鉴定报告；

（七）具有法定资质的中介机构的经济鉴定证明；

（八）仲裁机构的仲裁文书；

（九）保险公司对投保资产出具的出险调查单、理赔计算单等保险单据；

（十）符合法律规定的其他证据。

第十八条 特定事项的企业内部证据,是指会计核算制度健全、内部控制制度完善的企业,对各项资产发生毁损、报废、盘亏、死亡、变质等内部证明或承担责任的声明,主要包括:

（一）有关会计核算资料和原始凭证;

（二）资产盘点表;

（三）相关经济行为的业务合同;

（四）企业内部技术鉴定部门的鉴定文件或资料;

（五）企业内部核批文件及有关情况说明;

（六）对责任人由于经营管理责任造成损失的责任认定及赔偿情况说明;

（七）法定代表人、企业负责人和企业财务负责人对特定事项真实性承担法律责任的声明。

第四章 货币资产损失的确认

第十九条 企业货币资产损失包括现金损失、银行存款损失和应收及预付款项损失等。

第二十条 现金损失应依据以下证据材料确认:

（一）现金保管人确认的现金盘点表（包括倒推至基准日的记录）;

（二）现金保管人对于短缺的说明及相关核准文件;

（三）对责任人由于管理责任造成损失的责任认定及赔偿情况的说明;

（四）涉及刑事犯罪的,应有司法机关出具的相关材料;

（五）金融机构出具的假币收缴证明。

第二十一条 企业因金融机构清算而发生的存款类资产损失应依据以下证据材料确认:

（一）企业存款类资产的原始凭据;

（二）金融机构破产、清算的法律文件;

（三）金融机构清算后剩余资产分配情况资料。

金融机构应清算而未清算超过三年的,企业可将该款项确认为资产损失,但应有法院或破产清算管理人出具的未完成清算证明。

第二十二条 企业应收及预付款项坏账损失应依据以下相关证据材料确认:

（一）相关事项合同、协议或说明;

（二）属于债务人破产清算的,应有人民法院的破产、清算公告;

（三）属于诉讼案件的,应出具人民法院的判决书或裁决书或仲裁机构

的仲裁书,或者被法院裁定终(中)止执行的法律文书;

(四)属于债务人停止营业的,应有工商部门注销、吊销营业执照证明;

(五)属于债务人死亡、失踪的,应有公安机关等有关部门对债务人个人的死亡、失踪证明;

(六)属于债务重组的,应有债务重组协议及其债务人重组收益纳税情况说明;

(七)属于自然灾害、战争等不可抗力而无法收回的,应有债务人受灾情况说明以及放弃债权申明。

第二十三条 企业逾期三年以上的应收款项在会计上已作为损失处理的,可以作为坏账损失,但应说明情况,并出具专项报告。

第二十四条 企业逾期一年以上,单笔数额不超过五万或者不超过企业年度收入总额万分之一的应收款项,会计上已经作为损失处理的,可以作为坏账损失,但应说明情况,并出具专项报告。

第五章　非货币资产损失的确认

第二十五条 企业非货币资产损失包括存货损失、固定资产损失、无形资产损失、在建工程损失、生产性生物资产损失等。

第二十六条 存货盘亏损失,为其盘亏金额扣除责任人赔偿后的余额,应依据以下证据材料确认:

(一)存货计税成本确定依据;

(二)企业内部有关责任认定、责任人赔偿说明和内部核批文件;

(三)存货盘点表;

(四)存货保管人对于盘亏的情况说明。

第二十七条 存货报废、毁损或变质损失,为其计税成本扣除残值及责任人赔偿后的余额,应依据以下证据材料确认:

(一)存货计税成本的确定依据;

(二)企业内部关于存货报废、毁损、变质、残值情况说明及核销资料;

(三)涉及责任人赔偿的,应当有赔偿情况说明;

(四)该项损失数额较大的(指占企业该类资产计税成本 10% 以上,或减少当年应纳税所得、增加亏损 10% 以上,下同),应有专业技术鉴定意见或法定资质中介机构出具的专项报告等。

第二十八条 存货被盗损失,为其计税成本扣除保险理赔以及责任人赔偿后的余额,应依据以下证据材料确认:

(一)存货计税成本的确定依据;

(二)向公安机关的报案记录;

（三）涉及责任人和保险公司赔偿的,应有赔偿情况说明等。

第二十九条　固定资产盘亏、丢失损失,为其账面净值扣除责任人赔偿后的余额,应依据以下证据材料确认:

（一）企业内部有关责任认定和核销资料;

（二）固定资产盘点表;

（三）固定资产的计税基础相关资料;

（四）固定资产盘亏、丢失情况说明;

（五）损失金额较大的,应有专业技术鉴定报告或法定资质中介机构出具的专项报告等。

第三十条　固定资产报废、毁损损失,为其账面净值扣除残值和责任人赔偿后的余额,应依据以下证据材料确认:

（一）固定资产的计税基础相关资料;

（二）企业内部有关责任认定和核销资料;

（三）企业内部有关部门出具的鉴定材料;

（四）涉及责任赔偿的,应当有赔偿情况的说明;

（五）损失金额较大的或自然灾害等不可抗力原因造成固定资产毁损、报废的,应有专业技术鉴定意见或法定资质中介机构出具的专项报告等。

第三十一条　固定资产被盗损失,为其账面净值扣除责任人赔偿后的余额,应依据以下证据材料确认:

（一）固定资产计税基础相关资料;

（二）公安机关的报案记录,公安机关立案、破案和结案的证明材料;

（三）涉及责任赔偿的,应有赔偿责任的认定及赔偿情况的说明等。

第三十二条　在建工程停建、报废损失,为其工程项目投资账面价值扣除残值后的余额,应依据以下证据材料确认:

（一）工程项目投资账面价值确定依据;

（二）工程项目停建原因说明及相关材料;

（三）因质量原因停建、报废的工程项目和因自然灾害和意外事故停建、报废的工程项目,应出具专业技术鉴定意见和责任认定、赔偿情况的说明等。

第三十三条　工程物资发生损失,可比照本办法存货损失的规定确认。

第三十四条　生产性生物资产盘亏损失,为其账面净值扣除责任人赔偿后的余额,应依据以下证据材料确认:

（一）生产性生物资产盘点表;

（二）生产性生物资产盘亏情况说明;

（三）生产性生物资产损失金额较大的,企业应有专业技术鉴定意见和责任认定、赔偿情况的说明等。

第三十五条 因森林病虫害、疫情、死亡而产生的生产性生物资产损失,为其账面净值扣除残值、保险赔偿和责任人赔偿后的余额,应依据以下证据材料确认:

(一)损失情况说明;

(二)责任认定及其赔偿情况的说明;

(三)损失金额较大的,应有专业技术鉴定意见。

第三十六条 对被盗伐、被盗、丢失而产生的生产性生物资产损失,为其账面净值扣除保险赔偿以及责任人赔偿后的余额,应依据以下证据材料确认:

(一)生产性生物资产被盗后,向公安机关的报案记录或公安机关立案、破案和结案的证明材料;

(二)责任认定及其赔偿情况的说明。

第三十七条 企业由于未能按期赎回抵押资产,使抵押资产被拍卖或变卖,其账面净值大于变卖价值的差额,可认定为资产损失,按以下证据材料确认:

(一)抵押合同或协议书;

(二)拍卖或变卖证明、清单;

(三)会计核算资料等其他相关证据材料。

第三十八条 被其他新技术所代替或已经超过法律保护期限,已经丧失使用价值和转让价值,尚未摊销的无形资产损失,应提交以下证据备案:

(一)会计核算资料;

(二)企业内部核批文件及有关情况说明;

(三)技术鉴定意见和企业法定代表人、主要负责人和财务负责人签章证实无形资产已无使用价值或转让价值的书面申明;

(四)无形资产的法律保护期限文件。

第六章 投资损失的确认

第三十九条 企业投资损失包括债权性投资损失和股权(权益)性投资损失。

第四十条 企业债权投资损失应依据投资的原始凭证、合同或协议、会计核算资料等相关证据材料确认。下列情况债权投资损失的,还应出具相关证据材料:

(一)债务人或担保人依法被宣告破产、关闭、被解散或撤销、被吊销营业执照、失踪或者死亡等,应出具资产清偿证明或者遗产清偿证明。无法出具资产清偿证明或者遗产清偿证明,且上述事项超过三年以上的,或债权投资(包括信用卡透支和助学贷款)余额在三百万元以下的,应出具对应的债务人和担保人破产、关闭、解散证明、撤销文件、工商行政管理部门注销证明或查询证明以及追索记录等(包括司法追索、电话追索、信件追索和上门追索等原始记录)。

(二)债务人遭受重大自然灾害或意外事故,企业对其资产进行清偿和对担保人进行追偿后,未能收回的债权,应出具债务人遭受重大自然灾害或意外事故证明、保险赔偿证明、资产清偿证明等。

(三)债务人因承担法律责任,其资产不足归还所借债务,又无其他债务承担者的,应出具法院裁定证明和资产清偿证明。

(四)债务人和担保人不能偿还到期债务,企业提出诉讼或仲裁的,经人民法院对债务人和担保人强制执行,债务人和担保人均无资产可执行,人民法院裁定终结或终止(中止)执行的,应出具人民法院裁定文书。

(五)债务人和担保人不能偿还到期债务,企业提出诉讼后被驳回起诉的、人民法院不予受理或不予支持的,或经仲裁机构裁决免除(或部分免除)债务人责任,经追偿后无法收回的债权,应提交法院驳回起诉的证明,或法院不予受理或不予支持证明,或仲裁机构裁决免除债务人责任的文书。

(六)经国务院专案批准核销的债权,应提供国务院批准文件或经国务院同意后由国务院有关部门批准的文件。

第四十一条 企业股权投资损失应依据以下相关证据材料确认:

(一)股权投资计税基础证明材料;

(二)被投资企业破产公告、破产清偿文件;

(三)工商行政管理部门注销、吊销被投资单位营业执照文件;

(四)政府有关部门对被投资单位的行政处理决定文件;

(五)被投资企业终止经营、停止交易的法律或其他证明文件;

(六)被投资企业资产处置方案、成交及入账材料;

(七)企业法定代表人、主要负责人和财务负责人签章证实有关投资(权益)性损失的书面申明;

(八)会计核算资料等其他相关证据材料。

第四十二条 被投资企业依法宣告破产、关闭、解散或撤销、吊销营业执照、停止生产经营活动、失踪等,应出具资产清偿证明或者遗产清偿证明。

上述事项超过三年以上且未能完成清算的,应出具被投资企业破产、关闭、解散或撤销、吊销等的证明以及不能清算的原因说明。

第四十三条 企业委托金融机构向其他单位贷款,或委托其他经营机构进行理财,到期不能收回贷款或理财款项,按照本办法第六章有关规定进行处理。

第四十四条 企业对外提供与本企业生产经营活动有关的担保，因被担保人不能按期偿还债务而承担连带责任，经追索，被担保人无偿还能力，对无法追回的金额，比照本办法规定的应收款项损失进行处理。

与本企业生产经营活动有关的担保是指企业对外提供的与本企业应税收入、投资、融资、材料采购、产品销售等生产经营活动相关的担保。

第四十五条 企业按独立交易原则向关联企业转让资产而发生的损失，或向关联企业提供借款、担保而形成的债权损失，准予扣除，但企业应作专项说明，同时出具中介机构出具的专项报告及其相关的证明材料。

第四十六条 下列股权和债权不得作为损失在税前扣除：

（一）债务人或者担保人有经济偿还能力，未按期偿还的企业债权；

（二）违反法律、法规的规定，以各种形式、借口逃废或悬空的企业债权；

（三）行政干预逃废或悬空的企业债权；

（四）企业未向债务人和担保人追偿的债权；

（五）企业发生非经营活动的债权；

（六）其他不应当核销的企业债权和股权。

第七章 其他资产损失的确认

第四十七条 企业将不同类别的资产捆绑（打包），以拍卖、询价、竞争性谈判、招标等市场方式出售，其出售价格低于计税成本的差额，可以作为资产损失并准予在税前申报扣除，但应出具资产处置方案、各类资产作价依据、出售过程的情况说明、出售合同或协议、成交及入账证明、资产计税基础等确定依据。

第四十八条 企业正常经营业务因内部控制制度不健全而出现操作不当、不规范或因业务创新但政策不明确、不配套等原因形成的资产损失，应由企业承担的金额，可以作为资产损失并准予在税前申报扣除，但应出具损失原因证明材料或业务监管部门定性证明、损失专项说明。

第四十九条 企业因刑事案件原因形成的损失，应由企业承担的金额，或经公安机关立案侦查两年以上仍未追回的金额，可以作为资产损失并准予在税前申报扣除，但应出具公安机关、人民检察院的立案侦查情况或人民法院的判决书等损失原因证明材料。

第八章 附 则

第五十条 本办法没有涉及的资产损失事项，只要符合企业所得税法及其实施条例等法律、法规规定的，也可以向税务机关申报扣除。

第五十一条　省、自治区、直辖市和计划单列市国家税务局、地方税务局可以根据本办法制定具体实施办法。

第五十二条　本办法自 2011 年 1 月 1 日起施行，《国家税务总局关于印发〈企业资产损失税前扣除管理办法〉的通知》(国税发〔2009〕88 号)、《国家税务总局关于企业以前年度未扣除资产损失企业所得税处理问题的通知》(国税函〔2009〕772 号)、《国家税务总局关于电信企业坏账损失税前扣除问题的通知》(国税函〔2010〕196 号)同时废止。本办法生效之日前尚未进行税务处理的资产损失事项，也应按本办法执行。

个体工商户登记管理办法

(2011 年 9 月 30 日国家工商行政管理总局令
第 56 号公布　自 2011 年 11 月 1 日起施行)

第一章　总　　则

第一条　为保护个体工商户合法权益，鼓励、支持和引导个体工商户健康发展，规范个体工商户登记管理行为，依据《个体工商户条例》，制定本办法。

第二条　有经营能力的公民经工商行政管理部门登记，领取个体工商户营业执照，依法开展经营活动。

第三条　个体工商户的开业、变更和注销登记应当依照《个体工商户条例》和本办法办理。

申请办理个体工商户登记，申请人应当对申请材料的真实性负责。

第四条　工商行政管理部门是个体工商户的登记管理机关。

国家工商行政管理总局主管全国的个体工商户登记管理工作。

省、自治区、直辖市工商行政管理局和设区的市(地区)工商行政管理局负责本辖区的个体工商户登记管理工作。

县、自治县、不设区的市工商行政管理局以及市辖区工商行政管理分局为个体工商户的登记机关(以下简称登记机关)，负责本辖区内的个体工商户登记。

第五条　登记机关可以委托其下属工商行政管理所(以下简称工商所)办理个体工商户登记。

第二章　登记事项

第六条　个体工商户的登记事项包括：

（一）经营者姓名和住所；

（二）组成形式；

（三）经营范围；

（四）经营场所。

个体工商户使用名称的，名称作为登记事项。

第七条　经营者姓名和住所，是指申请登记为个体工商户的公民姓名及其户籍所在地的详细住址。

第八条　组成形式，包括个人经营和家庭经营。

家庭经营的，参加经营的家庭成员姓名应当同时备案。

第九条　经营范围，是指个体工商户开展经营活动所属的行业类别。

登记机关根据申请人申请，参照《国民经济行业分类》中的类别标准，登记个体工商户的经营范围。

第十条　经营场所，是指个体工商户营业所在地的详细地址。

个体工商户经登记机关登记的经营场所只能为一处。

第十一条　个体工商户申请使用名称的，应当按照《个体工商户名称登记管理办法》办理。

第三章　登记申请

第十二条　个人经营的，以经营者本人为申请人；家庭经营的，以家庭成员中主持经营者为申请人。

委托代理人申请开业、变更、注销登记的，应当提交申请人的委托书和代理人的身份证明或者资格证明。

第十三条　申请个体工商户登记，申请人或者其委托的代理人可以直接到经营场所所在地登记机关登记；登记机关委托其下属工商所办理个体工商户登记的，到经营场所所在地工商所登记。

申请人或者其委托的代理人可以通过邮寄、传真、电子数据交换、电子邮件等方式向经营场所所在地登记机关提交申请。通过传真、电子数据交换、电子邮件等方式提交申请的，应当提供申请人或者其代理人的联络方式及通讯地址。对登记机关予以受理的申请，申请人应当自收到受理通知书之日起 5 日内，提交与传真、电子数据交换、电子邮件内容一致的申请材料原件。

第十四条　申请个体工商户开业登记，应当提交下列文件：

（一）申请人签署的个体工商户开业登记申请书；

（二）申请人身份证明；

（三）经营场所证明；

（四）国家工商行政管理总局规定提交的其他文件。

第十五条 申请个体工商户变更登记，应当提交下列文件：

（一）申请人签署的个体工商户变更登记申请书；

（二）申请经营场所变更的，应当提交新经营场所证明；

（三）国家工商行政管理总局规定提交的其他文件。

第十六条 申请个体工商户注销登记，应当提交下列文件：

（一）申请人签署的个体工商户注销登记申请书；

（二）个体工商户营业执照正本及所有副本；

（三）国家工商行政管理总局规定提交的其他文件。

第十七条 申请开业、变更登记的经营范围涉及国家法律、行政法规或者国务院决定规定在登记前须经批准的项目的，应当在申请登记前报经国家有关部门批准，并向登记机关提交相关批准文件。

第四章 受理、审查和决定

第十八条 登记机关收到申请人提交的登记申请后，对于申请材料齐全、符合法定形式的，应当受理。

申请材料不齐全或者不符合法定形式，登记机关应当当场告知申请人需要补正的全部内容，申请人按照要求提交全部补正申请材料的，登记机关应当受理。

申请材料存在可以当场更正的错误的，登记机关应当允许申请人当场更正。

第十九条 登记机关受理登记申请，除当场予以登记的外，应当发给申请人受理通知书。

对于不符合受理条件的登记申请，登记机关不予受理，并发给申请人不予受理通知书。

申请事项依法不属于个体工商户登记范畴的，登记机关应当即时决定不予受理，并向申请人说明理由。

第二十条 申请人提交的申请材料齐全、符合法定形式的，登记机关应当当场予以登记，并发给申请人准予登记通知书。

根据法定条件和程序，需要对申请材料的实质性内容进行核实的，登记机关应当指派两名以上工作人员进行核查，并填写申请材料核查情况报告书。登记机关应当自受理登记申请之日起 15 日内作出是否准予登记的决定。

第二十一条　对于以邮寄、传真、电子数据交换、电子邮件等方式提出申请并经登记机关受理的,登记机关应当自受理登记申请之日起15日内作出是否准予登记的决定。

第二十二条　登记机关作出准予登记决定的,应当发给申请人准予个体工商户登记通知书,并在10日内发给申请人个体工商户营业执照。不予登记的,应当发给申请人不予个体工商户登记通知书。

第五章　监督管理

第二十三条　个体工商户应当每年向登记机关申请办理年度验照,登记机关依照《个体工商户验照办法》,对个体工商户的登记事项和上一年度经营情况进行审验。

第二十四条　个体工商户营业执照(以下简称营业执照)分为正本和副本,载明个体工商户的名称、经营者姓名、组成形式、经营场所、经营范围和注册号、发照机关及发照时间信息,正、副本具有同等法律效力。

第二十五条　营业执照正本应当置于个体工商户经营场所的醒目位置。

第二十六条　个体工商户变更登记涉及营业执照载明事项的,登记机关应当换发营业执照。

第二十七条　营业执照遗失或毁损的,个体工商户应当向登记机关申请补领或者更换。

营业执照遗失的,个体工商户还应当在公开发行的报刊上声明作废。

第二十八条　有下列情形之一的,登记机关或其上级机关根据利害关系人的请求或者依据职权,可以撤销个体工商户登记:

(一)登记机关工作人员滥用职权、玩忽职守作出准予登记决定的;

(二)超越法定职权作出准予登记决定的;

(三)违反法定程序作出准予登记决定的;

(四)对不具备申请资格或者不符合法定条件的申请人准予登记的;

(五)依法可以撤销登记的其他情形。

申请人以欺骗、贿赂等不正当手段取得个体工商户登记的,应当予以撤销。

依照前两款的规定撤销个体工商户登记,可能对公共利益造成重大损害的,不予撤销。

依照本条第一款的规定撤销个体工商户登记,经营者合法权益受到损害的,行政机关应当依法给予赔偿。

第二十九条　登记机关作出撤销登记决定的,应当发给原申请人撤销登记决定书。

第三十条　有关行政机关依照《个体工商户条例》第二十四条规定,通知登记机关个体工商户行政许可被撤销、吊销或者行政许可有效期届满的,登记机关应当依法撤销登记或者吊销营业执照,或者责令当事人依法办理变更登记。

第三十一条　登记机关应当依照国家工商行政管理总局有关规定,依托个体工商户登记管理数据库,利用信息化手段,开展个体工商户信用监管,促进社会信用体系建设。

第六章　登记管理信息公示、公开

第三十二条　登记机关应当在登记场所及其网站公示个体工商户登记的以下内容:

(一)登记事项;

(二)登记依据;

(三)登记条件;

(四)登记程序及期限;

(五)提交申请材料目录及申请书示范文本;

(六)登记收费标准及依据。

登记机关应申请人的要求应当就公示内容予以说明、解释。

第三十三条　公众查阅个体工商户的下列信息,登记机关应当提供:

(一)开业、变更、注销登记的相关信息;

(二)验照的相关信息;

(三)国家工商行政管理总局规定公开的其他信息。

第三十四条　个体工商户登记管理材料涉及国家秘密、商业秘密和个人隐私的,登记机关不得对外公开。

第七章　法律责任

第三十五条　个体工商户提交虚假材料骗取注册登记,或者伪造、涂改、出租、出借、转让营业执照的,由登记机关责令改正,处4000元以下的罚款;情节严重的,撤销注册登记或者吊销营业执照。

第三十六条　个体工商户登记事项变更,未办理变更登记的,由登记机关责令改正,处1500元以下的罚款;情节严重的,吊销营业执照。

第三十七条　个体工商户违反本办法第二十五条规定的,由登记机关责令限期改正;逾期未改正的,处500元以下的罚款。

第三十八条 个体工商户未在规定期限内办理年度验照的,由登记机关责令限期改正;逾期未改正的,吊销营业执照。

第八章 附 则

第三十九条 香港特别行政区、澳门特别行政区永久性居民中的中国公民,台湾地区居民可以按照国家有关规定,申请登记为个体工商户。

第四十条 个体工商户申请转变为企业组织形式的,登记机关应当依法为其提供继续使用原名称字号、保持工商登记档案延续性等市场主体组织形式转变方面的便利,及相关政策、法规和信息咨询服务。

第四十一条 个体工商户办理开业登记、变更登记,应当缴纳登记费。

个体工商户登记收费标准,按照国家有关规定执行。

第四十二条 个体工商户的登记文书格式以及营业执照的正本、副本样式,由国家工商行政管理总局制定。

第四十三条 本办法自 2011 年 11 月 1 日起施行。1987 年 9 月 5 日国家工商行政管理局发布、1998 年 12 月 3 日国家工商行政管理局令第 86 号修订的《城乡个体工商户管理暂行条例实施细则》、2004 年 7 月 23 日国家工商行政管理总局令第 13 号发布的《个体工商户登记程序规定》,同时废止。

公司债权转股权登记管理办法

(2011 年 11 月 23 日国家工商行政管理总局令
第 57 号公布 自 2012 年 1 月 1 日起施行)

第一条 为规范公司债权转股权登记管理,根据《公司法》、《公司登记管理条例》等法律、行政法规的规定,制定本办法。

第二条 本办法所称债权转股权,是指债权人以其依法享有的对在中国境内设立的有限责任公司或者股份有限公司(以下统称公司)的债权,转为公司股权,增加公司注册资本的行为。

第三条 债权转股权的登记管理,属于下列情形之一的,适用本办法:

(一)公司经营中债权人与公司之间产生的合同之债转为公司股权,债权人已经履行债权所对应的合同义务,且不违反法律、行政法规、国务院决定或者公司章程的禁止性规定;

(二)人民法院生效裁判确认的债权转为公司股权;

(三)公司破产重整或者和解期间,列入经人民法院批准的重整计划或者裁定认可的和解协议的债权转为公司股权。

第四条　用以转为股权的债权有两个以上债权人的,债权人对债权应当已经作出分割。

第五条　法律、行政法规或者国务院决定规定债权转股权须经批准的,应当依法经过批准。

第六条　债权转股权作价出资金额与其他非货币财产作价出资金额之和,不得高于公司注册资本的百分之七十。

第七条　用以转为股权的债权,应当经依法设立的资产评估机构评估。债权转股权的作价出资金额不得高于该债权的评估值。

第八条　债权转股权应当经依法设立的验资机构验资并出具验资证明。

验资证明应当包括下列内容:

(一)债权的基本情况,包括债权发生时间及原因、合同当事人姓名或者名称、合同标的、债权对应义务的履行情况;

(二)债权的评估情况,包括评估机构的名称、评估报告的文号、评估基准日、评估值;

(三)债权转股权的完成情况,包括已签订债权转股权协议、债权人免除公司对应债务、公司相关会计处理;

(四)债权转股权依法须报经批准的,其批准的情况。

第九条　债权转为股权的,公司应当依法向公司登记机关申请办理注册资本和实收资本变更登记。涉及公司其他登记事项变更的,公司应当一并申请办理变更登记。

第十条　公司申请变更登记,除按照《公司登记管理条例》和国家工商行政管理总局有关企业登记提交材料的规定执行外,还应当分别提交以下材料:

(一)属于本办法第三条第(一)项规定情形的,提交债权人和公司签署的债权转股权承诺书,双方应当对用以转为股权的债权符合该项规定作出承诺;

(二)属于本办法第三条第(二)项规定情形的,提交人民法院的裁判文书;

(三)属于本办法第三条第(三)项规定情形的,提交经人民法院批准的重整计划或者裁定认可的和解协议。

公司提交的股东(大)会决议应当确认债权作价出资金额并符合《公司法》和公司章程的规定。

第十一条　公司登记机关应当将债权转股权对应出资的出资方式登记

为"债权转股权出资"。

第十二条 公司登记机关及其工作人员办理债权转股权登记违反法律法规规定的,对直接负责的主管人员和其他责任人员,依照有关规定追究责任。

第十三条 债权人、公司以及承担评估、验资的机构违反《公司法》、《公司登记管理条例》以及本办法规定的,公司登记机关依照《公司法》、《公司登记管理条例》等有关规定处罚。

第十四条 债权转股权的公司登记信息,公司登记机关依法予以公开。

第十五条 对下列违法行为的行政处罚结果,公司登记机关应当向社会公开:

(一)债权人、公司债权转股权登记的违法行为;

(二)承担评估、验资的机构因债权转股权登记的违法行为。

前款受到行政处罚的承担评估、验资的机构名单,公司登记机关予以公示。

第十六条 对涉及债权转股权违法行为的债权人、公司以及承担验资、评估的机构等,工商行政管理机关应当及时予以记录,实施企业信用分类监管。

第十七条 本办法规定事项,法律、行政法规或者国务院决定另有规定的,从其规定。

第十八条 非公司企业法人改制为公司办理变更登记,涉及债权转为股权的,参照本办法执行。涉及国有资产管理的,按照有关规定办理。

第十九条 本办法自 2012 年 1 月 1 日起实施。

国家工商行政管理总局关于按照
《中华人民共和国行政强制法》
修改有关规章的决定

(国家工商行政管理总局局务会通过 2011 年 12 月
12 日国家工商行政管理总局令第 58 号公布 自 2012 年
1 月 1 日起施行)

为贯彻实施《中华人民共和国行政强制法》,根据《国务院关于贯彻实施〈中华人民共和国行政强制法〉的通知》(国发〔2011〕25 号)的要求,对国家工商行政管理总局制定和发布的《广告管理条例施行细则》等 5 部规章中不符合《中华人民共和国行政强制法》规定的有关内容进行如下修改,自 2012 年 1 月 1 日起施行。

一、广告管理条例施行细则

删去第二十六条中的"逾期不拆除的,强制拆除,其费用由设置、张贴者承担。"

二、企业法人登记管理条例施行细则

将第六十三条第二款修改为"登记主管机关对有上述违法行为的企业作出处罚决定后,企业逾期不提出申诉又不缴纳罚没款的,可以申请人民法院强制执行。"

三、工商行政管理机关行政赔偿实施办法

1. 删去第八条第(三)项和第二十条第(二)项(1)中的"冻结"。

2. 删去第二十七条第(二)项中的"暂停支付"和第(五)项。

四、工商行政管理暂行规定

1. 将第四十三条中的"工商行政管理机关查处各类违法行为时,可以行使下列职权"修改为"工商行政管理机关查处违法行为时,依照法律、法规规定可以行使下列职权"。

2. 将第四十三条第一款第(五)项修改为"查询违法行为人的银行账户或者申请司法机关予以冻结。"

3. 将第四十六条修改为"对拒不执行处罚决定的,工商行政管理机关依法申请人民法院强制执行。"

五、工商行政管理机关行政处罚程序规定

1. 将第三十六条中的"查封、扣押财物通知书"修改为"查封、扣押财物决定书",将"依法先行采取查封、扣押措施的,应当在法律、法规规定的期限内补办查封、扣押手续"修改为"依法先行采取查封、扣押措施的,应当在二十四小时内向工商行政管理机关负责人报告,并补办批准手续"。

2. 将第四十条中的"解除查封、扣押通知书"修改为"解除查封、扣押决定书"。

3. 删去第七十一条第(二)项中的"或者将冻结的存款划拨"。

防雷减灾管理办法

（2011 年 7 月 11 日中国气象局局务会议审议通过　2011 年 7 月 21 日中国气象局令第 20 号公布　自 2011 年 9 月 1 日起施行）

第一章　总　　则

第一条　为了加强雷电灾害防御工作，规范雷电灾害管理，提高雷电灾害防御能力和水平，保护国家利益和人民生命财产安全，维护公共安全，促进经济建设和社会发展，依据《中华人民共和国气象法》、《中华人民共和国行政许可法》和《气象灾害防御条例》等法律、法规的有关规定，制定本办法。

第二条　在中华人民共和国领域和中华人民共和国管辖的其他海域内从事雷电灾害防御活动的组织和个人，应当遵守本办法。

本办法所称雷电灾害防御（以下简称防雷减灾），是指防御和减轻雷电灾害的活动，包括雷电和雷电灾害的研究、监测、预警、风险评估、防护以及雷电灾害的调查、鉴定等。

第三条　防雷减灾工作，实行安全第一、预防为主、防治结合的原则。

第四条　国务院气象主管机构负责组织管理和指导全国防雷减灾工作。

地方各级气象主管机构在上级气象主管机构和本级人民政府的领导下，负责组织管理本行政区域内的防雷减灾工作。

国务院其他有关部门和地方各级人民政府其他有关部门应当按照职责做好本部门和本单位的防雷减灾工作，并接受同级气象主管机构的监督管理。

第五条　国家鼓励和支持防雷减灾的科学技术研究和开发，推广应用防雷科技研究成果，加强防雷标准化工作，提高防雷技术水平，开展防雷减灾科普宣传，增强全民防雷减灾意识。

第六条　外国组织和个人在中华人民共和国领域和中华人民共和国管辖的其他海域从事防雷减灾活动，应当经国务院气象主管机构会同有关部门批准，并在当地省级气象主管机构备案，接受当地省级气象主管机构的监督管理。

第二章　监测与预警

第七条　国务院气象主管机构应当组织有关部门按照合理布局、信息共享、有效利用的原则,规划全国雷电监测网,避免重复建设。

地方各级气象主管机构应当组织本行政区域内的雷电监测网建设,以防御雷电灾害。

第八条　各级气象主管机构应当加强雷电灾害预警系统的建设工作,提高雷电灾害预警和防雷减灾服务能力。

第九条　各级气象主管机构所属气象台站应当根据雷电灾害防御的需要,按照职责开展雷电监测,并及时向气象主管机构和有关灾害防御、救助部门提供雷电监测信息。

有条件的气象主管机构所属气象台站可以开展雷电预报,并及时向社会发布。

第十条　各级气象主管机构应当组织有关部门加强对雷电和雷电灾害的发生机理等基础理论和防御技术等应用理论的研究,并加强对防雷减灾技术和雷电监测、预警系统的研究和开发。

第三章　防雷工程

第十一条　各类建(构)筑物、场所和设施安装的雷电防护装置(以下简称防雷装置),应当符合国家有关防雷标准和国务院气象主管机构规定的使用要求,并由具有相应资质的单位承担设计、施工和检测。

本办法所称防雷装置,是指接闪器、引下线、接地装置、电涌保护器及其连接导体等构成的,用以防御雷电灾害的设施或者系统。

第十二条　对从事防雷工程专业设计和施工的单位实行资质认定。

本办法所称防雷工程,是指通过勘察设计和安装防雷装置形成的雷电灾害防御工程实体。

防雷工程专业设计或者施工资质分为甲、乙、丙三级。甲级资质由国务院气象主管机构认定;乙级和丙级资质由省、自治区、直辖市气象主管机构认定。

第十三条　防雷工程专业设计或者施工单位,应当按照有关规定取得相应的资质证书后,方可在其资质等级许可的范围内从事防雷工程专业设计或者施工。具体办法由国务院气象主管机构另行制定。

第十四条　防雷工程专业设计或者施工单位,应当按照相应的资质等级从事防雷工程专业设计或者施工。禁止无资质或者超出资质许可范围承担防雷工程专业设计或者施工。

第十五条 防雷装置的设计实行审核制度。

县级以上地方气象主管机构负责本行政区域内的防雷装置的设计审核。符合要求的,由负责审核的气象主管机构出具核准文件;不符合要求的,负责审核的气象主管机构提出整改要求,退回申请单位修改后重新申请设计审核。未经审核或者未取得核准文件的设计方案,不得交付施工。

第十六条 防雷工程的施工单位应当按照审核同意的设计方案进行施工,并接受当地气象主管机构监督管理。

在施工中变更和修改设计方案的,应当按照原申请程序重新申请审核。

第十七条 防雷装置实行竣工验收制度。

县级以上地方气象主管机构负责本行政区域内的防雷装置的竣工验收。

负责验收的气象主管机构接到申请后,应当根据具有相应资质的防雷装置检测机构出具的检测报告进行核实。符合要求的,由气象主管机构出具验收文件。不符合要求的,负责验收的气象主管机构提出整改要求,申请单位整改后重新申请竣工验收。未取得验收合格文件的防雷装置,不得投入使用。

第十八条 出具检测报告的防雷装置检测机构,应当对隐蔽工程进行逐项检测,并对检测结果负责。检测报告作为竣工验收的技术依据。

第四章　防雷检测

第十九条 投入使用后的防雷装置实行定期检测制度。防雷装置应当每年检测一次,对爆炸和火灾危险环境场所的防雷装置应当每半年检测一次。

第二十条 对从事防雷装置检测的机构实行资质认定。具体办法由国务院气象主管机构另行制定。

第二十一条 防雷装置检测机构对防雷装置检测后,应当出具检测报告。不合格的,提出整改意见。被检测单位拒不整改或者整改不合格的,防雷装置检测机构应当报告当地气象主管机构,由当地气象主管机构依法作出处理。

防雷装置检测机构应当执行国家有关标准和规范,出具的防雷装置检测报告必须真实可靠。

第二十二条 防雷装置所有人或受托人应当指定专人负责,做好防雷装置的日常维护工作。发现防雷装置存在隐患时,应当及时采取措施进行处理。

第二十三条 已安装防雷装置的单位或者个人应当主动委托有相应资

质的防雷装置检测机构进行定期检测,并接受当地气象主管机构和当地人民政府安全生产管理部门的管理和监督检查。

第五章　雷电灾害调查、鉴定

第二十四条　各级气象主管机构负责组织雷电灾害调查、鉴定工作。

其他有关部门和单位应当配合当地气象主管机构做好雷电灾害调查、鉴定工作。

第二十五条　遭受雷电灾害的组织和个人,应当及时向当地气象主管机构报告,并协助当地气象主管机构对雷电灾害进行调查与鉴定。

第二十六条　地方各级气象主管机构应当及时向当地人民政府和上级气象主管机构上报本行政区域内的重大雷电灾情和年度雷电灾害情况。

第二十七条　大型建设工程、重点工程、爆炸和火灾危险环境、人员密集场所等项目应当进行雷电灾害风险评估,以确保公共安全。

各级地方气象主管机构按照有关规定组织进行本行政区域内的雷电灾害风险评估工作。

第六章　防雷产品

第二十八条　防雷产品应当符合国务院气象主管机构规定的使用要求。

第二十九条　防雷产品应当由国务院气象主管机构授权的检测机构测试,测试合格并符合相关要求后方可投入使用。

申请国务院气象主管机构授权的防雷产品检测机构,应当按照国家有关规定通过计量认证、获得资格认可。

第三十条　防雷产品的使用,应当到省、自治区、直辖市气象主管机构备案,并接受省、自治区、直辖市气象主管机构的监督检查。

第七章　罚　　则

第三十一条　申请单位隐瞒有关情况、提供虚假材料申请资质认定、设计审核或者竣工验收的,有关气象主管机构不予受理或者不予行政许可,并给予警告。申请单位在 1 年内不得再次申请资质认定。

第三十二条　被许可单位以欺骗、贿赂等不正当手段取得资质、通过设计审核或者竣工验收的,有关气象主管机构按照权限给予警告,可以处 1 万元以上 3 万元以下罚款;已取得资质、通过设计审核或者竣工验收的,撤销其许可证书;被许可单位 3 年内不得再次申请资质认定;构成犯罪的,依法追究刑事责任。

第三十三条 违反本办法规定,有下列行为之一的,由县级以上气象主管机构按照权限责令改正,给予警告,可以处 5 万元以上 10 万元以下罚款;给他人造成损失的,依法承担赔偿责任;构成犯罪的,依法追究刑事责任:

(一)涂改、伪造、倒卖、出租、出借、挂靠资质证书、资格证书或者许可文件的;

(二)向负责监督检查的机构隐瞒有关情况、提供虚假材料或者拒绝提供反映其活动情况的真实材料的。

第三十四条 违反本办法规定,有下列行为之一的,由县级以上气象主管机构按照权限责令改正,给予警告,可以处 5 万元以上 10 万元以下罚款;给他人造成损失的,依法承担赔偿责任:

(一)不具备防雷装置检测、防雷工程专业设计或者施工资质,擅自从事相关活动的;

(二)超出防雷装置检测、防雷工程专业设计或者施工资质等级从事相关活动的;

(三)防雷装置设计未经当地气象主管机构审核或者审核未通过,擅自施工的;

(四)防雷装置未经当地气象主管机构验收或者未取得验收文件,擅自投入使用的。

第三十五条 违反本办法规定,有下列行为之一的,由县级以上气象主管机构按照权限责令改正,给予警告,可以处 1 万元以上 3 万元以下罚款;给他人造成损失的,依法承担赔偿责任;构成犯罪的,依法追究刑事责任:

(一)应当安装防雷装置而拒不安装的;

(二)使用不符合使用要求的防雷装置或者产品的;

(三)已有防雷装置,拒绝进行检测或者经检测不合格又拒不整改的;

(四)对重大雷电灾害事故隐瞒不报的。

第三十六条 违反本办法规定,导致雷击造成火灾、爆炸、人员伤亡以及国家财产重大损失的,由主管部门给予直接责任人行政处分;构成犯罪的,依法追究刑事责任。

第三十七条 防雷工作人员由于玩忽职守,导致重大雷电灾害事故的,由所在单位依法给予行政处分;致使国家利益和人民生命财产遭到重大损失,构成犯罪的,依法追究刑事责任。

第八章 附 则

第三十八条 从事防雷专业技术的人员应当取得资格证书。

省级气象学会负责本行政区域内防雷专业技术人员的资格认定工作。

防雷专业技术人员应当通过省级气象学会组织的考试,并取得相应的资格证书。

省级气象主管机构应当对本级气象学会开展防雷专业技术人员的资格认定工作进行监督管理。

第三十九条 本办法自 2011 年 9 月 1 日起施行。2005 年 2 月 1 日中国气象局公布的《防雷减灾管理办法》同时废止。

中国银行业监督管理委员会关于修改
《金融机构衍生产品交易业务管理暂行办法》的决定

(中国银行业监督管理委员会第 101 次主席会议通过　2011 年 1 月 5 日中国银行业监督管理委员会令 2011 年第 1 号公布　自 2011 年 1 月 5 日起施行)

中国银行业监督管理委员会决定对《金融机构衍生产品交易业务管理暂行办法》作如下修改:

一、第二条修改为:"本办法所称银行业金融机构是指依法设立的商业银行、城市信用合作社、农村信用合作社等吸收公众存款的金融机构以及政策性银行。依法设立的金融资产管理公司、信托公司、企业集团财务公司、金融租赁公司,以及经中国银行业监督管理委员会(以下简称中国银监会)批准设立的其他银行业金融机构从事衍生产品业务,适用本办法。"

二、第四条修改为:"本办法所称银行业金融机构衍生产品交易业务按照交易目的分为两类:

(一)套期保值类衍生产品交易。即银行业金融机构主动发起,为规避自有资产、负债的信用风险、市场风险或流动性风险而进行的衍生产品交易。此类交易需符合套期会计规定,并划入银行账户管理。

(二)非套期保值类衍生产品交易。即除套期保值类以外的衍生产品交易。包括由客户发起,银行业金融机构为满足客户需求提供的代客交易和银行业金融机构为对冲前述交易相关风险而进行的交易;银行业金融机构为承担做市义务持续提供市场买、卖双边价格,并按其报价与其他市场参与者进行的做市交易;以及银行业金融机构主动发起,运用自有资金,根据对市场走势的判断,以获利为目的进行的自营交易。此类交易划入交易账户管理。"

三、第四条与第五条之间增加一条:"本办法所称客户是指除金融机构以外的个人客户和机构客户。银行业金融机构向客户销售的理财产品若具有衍生产品性质,其产品设计、交易、管理适用本办法,客户准入以及销售环节适用中国银监会关于理财业务的相关规定。对个人衍生产品交易的风险评估和销售环节适用个人理财业务的相关规定。"

四、第五条修改为:"银行业金融机构开办衍生产品交易业务,应当经中国银监会批准,接受中国银监会的监督与检查。

获得衍生产品交易业务资格的银行业金融机构,应当从事与其自身风险管理能力相适应的业务活动。"

五、第六条修改为:"银行业金融机构从事与外汇、商品、能源和股权有关的衍生产品交易以及场内衍生产品交易,应当具有中国银监会批准的衍生产品交易业务资格,并遵守国家外汇管理及其他相关规定。"

六、第六条与第七条之间增加一条:"银行业金融机构开办衍生产品交易业务的资格分为以下两类:

(一)基础类资格:只能从事套期保值类衍生产品交易;

(二)普通类资格:除基础类资格可以从事的衍生产品交易之外,还可以从事非套期保值类衍生产品交易。

根据银行业金融机构的风险管理能力,监管部门可以对其具体的业务模式、产品种类等实施差别化资格管理。"

七、第七条修改为:"银行业金融机构申请基础类资格,应当具备以下条件:

(一)有健全的衍生产品交易风险管理制度和内部控制制度;

(二)具有接受相关衍生产品交易技能专门培训半年以上、从事衍生产品或相关交易 2 年以上的交易人员至少 2 名,相关风险管理人员至少 1 名,风险模型研究人员或风险分析人员至少 1 名,熟悉套期会计操作程序和制度规范的人员至少 1 名,以上人员均需专岗专人,相互不得兼任,且无不良记录;

(三)有适当的交易场所和设备;

(四)具有处理法律事务和负责内控合规检查的专业部门及相关专业人员;

(五)满足中国银监会审慎监管指标要求;

(六)中国银监会规定的其他条件。"

八、第七条与第八条之间增加一条:"银行业金融机构申请普通类资格,除具备上述基础类资格条件以外还需具备以下条件:

(一)完善的衍生产品交易前、中、后台自动联接的业务处理系统和实时的风险管理系统；

（二）衍生产品交易业务主管人员应当具备 5 年以上直接参与衍生产品交易活动或风险管理的资历，且无不良记录；

（三）严格的业务分离制度，确保套期保值类业务与非套期保值类业务的市场信息、风险管理、损益核算有效隔离；

（四）完善的市场风险、操作风险、信用风险等风险管理框架；

（五）中国银监会规定的其他条件。"

九、第八条修改为："外资银行开办衍生产品交易业务，应当向当地银监局提交由授权签字人签署的申请材料，经审查同意后，报中国银监会审批。外商独资银行、中外合资银行应当由总行统一向当地银监局提交申请材料；外国银行拟在中国境内两家以上分行开办衍生产品交易业务的，应当由其在华管理行统一向当地监管机构提交申请材料，经审查同意后，报中国银监会审批。

外国银行分行申请开办衍生产品交易业务，应当获得其总行（地区总部）的正式授权，且其母国应当具备对衍生产品交易业务进行监管的法律框架，其母国监管当局应当具备相应的监管能力。

申请开办衍生产品交易业务的外国银行分行，如果不具备第九条或第十条所列条件，其总行（地区总部）应当具备上述条件。同时该分行还应当具备以下条件：

（一）其总行（地区总部）对该分行从事衍生产品交易等方面的正式授权对交易品种和限额作出明确规定；

（二）除总行另有明确规定外，该分行的全部衍生产品交易通过对其授权的总行（地区总部）系统进行实时平盘，并由其总行（地区总部）统一进行平盘、敞口管理和风险控制。

其他由属地监管的银行业金融机构应当先向当地监管机构提交申请材料，经审查同意后，报中国银监会审批；其他由中国银监会直接监管的银行业金融机构直接向中国银监会提交申请材料，报中国银监会审批。"

十、第九条修改为："银行业金融机构申请开办衍生产品交易业务，应当向中国银监会或其派出机构报送以下文件和资料（一式三份）：

（一）开办衍生产品交易业务的申请报告、可行性报告及业务计划书或展业计划；

（二）衍生产品交易业务内部管理规章制度；

（三）衍生产品交易会计制度；

（四）主管人员和主要交易人员名单、履历；

（五）衍生产品交易风险管理制度，包括但不限于：风险敞口量化规则或

风险限额授权管理制度;

(六)交易场所、设备和系统的安全性和稳定性测试报告;

(七)中国银监会要求的其他文件和资料。

外国银行分行申请开办衍生产品交易业务,若不具备第九条或第十条所列条件,除报送其总行(地区总部)的上述文件和资料外,还应当向所在地银监局报送以下文件:

(一)其总行(地区总部)对该分行从事衍生产品交易品种和限额等方面的正式书面授权文件;

(二)除其总行另有明确规定外,其总行(地区总部)出具的确保该分行全部衍生产品交易通过总行(地区总部)交易系统进行实时平盘,并由其总行(地区总部)负责平盘、敞口管理和风险控制的承诺函。"

十一、第十一条修改为:"银行业金融机构按本办法规定提交的交易场所、设备和系统的安全性测试报告,原则上应当由第三方独立做出。"

十二、第十二条增加一项作为第二项:"新业务、产品审批制度及流程。"

十三、第十三条修改为:"中国银监会自收到银行业金融机构按照本办法提交的完整申请资料之日起三个月内予以批复。"

十四、第十五条修改为:"银行业金融机构应当根据本机构的经营目标、资本实力、管理能力和衍生产品的风险特征,确定是否适合从事衍生产品交易及适合从事的衍生产品交易品种和规模。

银行业金融机构从事衍生产品交易业务,在开展新的业务品种、开拓新市场等创新前,应当书面咨询监管部门意见。

银行业金融机构应当逐步提高自主创新能力、交易管理能力和风险管理水平,谨慎涉足自身不具备定价能力的衍生产品交易。银行业金融机构不得自主持有或向客户销售可能出现无限损失的裸卖空衍生产品,以及以衍生产品为基础资产或挂钩指标的再衍生产品。"

十五、第十六条修改为:"银行业金融机构应当按照第四条所列衍生产品交易业务的分类,建立与所从事的衍生产品交易业务性质、规模和复杂程度相适应的、完善的、可靠的市场风险、信用风险、操作风险以及法律合规风险管理体系、内部控制制度和业务处理系统,并配备履行上述风险管理、内部控制和业务处理职责所需要的具备相关业务知识和技能的工作人员。"

十六、第十七条修改为:"银行业金融机构董事会或其授权专业委员会应当定期对现行的衍生产品业务情况、风险管理政策和程序进行评价,确保其与机构的资本实力、管理水平相一致。新产品推出频繁或系统发生重大变化时,应当相应增加评估频度。"

十七、第十八条与第十九条之间增加一条:"银行业金融机构高级管理人员应当了解所从事的衍生产品交易风险;审核评估和批准衍生产品交易业务经营及其风险管理的原则、程序、组织、权限的综合管理框架;并能通过独立的风险管理部门和完善的检查报告系统,随时获取有关衍生产品交易风险状况的信息,进行相应的监督与指导。在此基础上,银行业金融机构应当每年对其自身衍生产品业务情况进行评估,并将上一年度评估报告一式两份于每年一月底之前报送监管机构。"

十八、第十九条、第二十一条与第二十九条合并修改为:"银行业金融机构要根据本机构的整体实力、自有资本、盈利能力、业务经营方针、衍生产品交易目的及对市场走向的预测选择与本机构业务相适应的测算衍生产品交易风险敞口的指标和方法。

银行业金融机构应当建立并严格执行授权和止损制度,制定并定期审查和更新各类衍生产品交易的风险敞口限额、止损限额、应急计划和压力测试的制度和指标,制定限额监控和超限额处理程序。

在进行衍生产品交易时,必须严格执行分级授权和敞口风险管理制度,任何重大交易或新的衍生产品业务都应当经董事会或其授权的专业委员会或高级管理层审批。在因市场变化或决策失误出现账面浮亏时,应当严格执行止损制度。

对在交易活动中有越权或违规行为的交易员及其主管,要实行严格问责和惩处。"

十九、第十九条与第二十条之间增加一条:"银行业金融机构应当加强对分支机构衍生产品交易业务的授权管理。对于衍生产品经营能力较弱、风险防范及管理水平较低的分支机构,应当适当上收其衍生产品的交易权限。银行业金融机构应当在相应的风险管理制度中明确重大交易风险的类别特征,并规定取消交易权限的程序。对于发生重大衍生产品交易风险的分支机构,应当及时取消其衍生产品交易权限。"

二十、第二十条修改为:"银行业金融机构从事风险计量、监测和控制的工作人员必须与从事衍生产品交易或营销的人员分开,不得相互兼任;风险计量、监测或控制人员可以直接向高级管理层报告风险状况。根据本办法第四条所列的分类标准,银行业金融机构负责从事套期保值类与非套期保值类衍生产品交易的交易人员不得相互兼任。银行业金融机构应当确保其所从事的上述不同类别衍生产品交易的相关信息相互隔离。"

二十一、第二十三条修改为:"银行业金融机构应当制定评估交易对手适当性的相关政策:包括评估交易对手是否充分了解合约的条款以及履行合约的责任,识别拟进行的衍生交易是否符合交易对手本身从事衍生交易的目的。在履行本条要求时,银行业金融机构可以根据诚实信用原则合理地依赖交易对手提供的正式书面文件。"

二十二、第二十四条修改为："银行业金融机构应当以清晰易懂、简明扼要的文字表述向客户提供衍生产品介绍和风险揭示的书面资料，相关披露以单独章节、明白清晰的方式呈现，不得以页边、页底、脚注或小字体等方式说明，内容包括但不限于：

（一）产品结构及基本交易条款的完整介绍和该产品的完整法律文本；

（二）与产品挂钩的指数、收益率或其他参数的说明；

（三）与交易相关的主要风险披露；

（四）产品现金流分析、压力测试、在一定假设和置信度之下最差可能情况的模拟情景分析与最大现金流亏损以及该假设和置信度的合理性分析；

（五）应当向客户充分揭示的其他信息。"

二十三、第二十五条修改为："银行业金融机构应当制定完善的交易对手信用风险管理制度，选择适当的方法和模型对交易对手信用风险进行评估，并采取适当的风险缓释措施。

银行业金融机构应当以适当的方式向交易对手明示相关的信用风险缓释措施可能对其产生的影响。"

二十四、第二十六条与第二十七条之间增加三条："银行业金融机构从事套期保值类衍生产品交易，应当由资产负债管理部门根据本机构的真实需求背景决定发起交易和进行交易决策。"

"银行业金融机构从事非套期保值类衍生产品交易，应当计提交易敞口的市场风险资本，市场风险资本计算方法按照《商业银行资本充足率管理办法》和《商业银行市场风险资本计量内部模型法监管指引》的相关规定执行。"

"银行业金融机构从事非套期保值类衍生产品交易，其标准法下市场风险资本不得超过银行业金融机构核心资本的3%。监管部门可以根据银行业金融机构的经营情况在该资本比例上限要求内实施动态差异化管理。标准法下市场风险资本的计算方法按照《商业银行资本充足率管理办法》的相关规定执行。"

二十五、第二十七条修改为："银行业金融机构应当根据衍生产品交易的规模与类别，建立完善的流动性风险监控与预警系统，做好充分的流动性安排，确保在市场交易异常情况下，具备足够的履约能力。"

二十六、第二十八条与第三十七条合并修改为："银行业金融机构应当建立健全控制操作风险的机制和制度，明确衍生产品交易操作和监控中的各项责任，包括但不限于：交易文件的生成和录入、交易确认、轧差割、交易复核、市值重估、异常报告、会计处理等。衍生产品交易过程中的文件和录音记录应当统一纳入档案系统管理,由职能部门定期检查。"

二十七、第二十八条与第二十九条之间增加两条:"银行业金融机构应当按照中国银监会的规定对衍生产品交易进行清算,确保履行交割责任,规范处理违约及终止事件,及时识别并控制操作风险。"

"银行业金融机构应当建立完善衍生产品交易管理信息系统,确保按产品、交易对手等进行分类的管理信息完整、有效。"

二十八、第三十二条与第三十三条之间增加一条:"银行业金融机构应当制定完善针对衍生产品交易合同等相关法律文本的评估及管理制度,至少每年根据交易对手的情况,对涉及到的衍生产品交易合同文本的效力、效果进行评估,加深理解和掌握,有效防范法律风险。"

二十九、第三十四条修改为:"银行业金融机构内审部门要定期对衍生产品交易业务风险管理制度的执行情况进行检查。对于衍生产品交易制度和业务的内审应当具有以下要素:

(一)确保配备数量充足且具备相关经验和技能的内审人员;

(二)建立内审部门向董事会的独立报告路线。"

三十、第三十五条修改为:"中国银监会可以检查银行业金融机构有关衍生产品交易业务的资料和报表、风险管理制度、内部控制制度和业务处理系统是否与其从事的衍生产品交易业务种类相适应。"

三十一、第三十八条修改为:"银行业金融机构的衍生产品交易人员(包括主管、风险管理人员、分析师、交易人员等)、机构违反本办法的有关规定违规操作,造成本机构或者客户重大损失的,该银行业金融机构应当对直接负责的高级管理人员、主管人员和直接责任人给予记过直至开除的纪律处分;构成犯罪的,移交司法机关依法追究刑事责任。"

三十二、第三十九条修改为:"银行业金融机构未经批准擅自开办衍生产品交易业务的,依据《中华人民共和国银行业监督管理法》的规定进行处罚。"

三十三、第四十条修改为:"银行业金融机构未按照本办法或者中国银监会的要求报送有关报表、资料以及披露衍生产品交易情况的,根据其性质分别按照《中华人民共和国银行业监督管理法》、《中华人民共和国商业银行法》、《中华人民共和国外资银行管理条例》等法律法规及相关规定,予以处罚。"

三十四、第四十一条修改为:"对未能有效执行衍生产品交易风险管理和内部控制制度的银行业金融机构,可以暂停或终止其衍生产品交易资格,并进行经济处罚。"

三十五、第三章《风险管理》与第四章《罚则》之间增加一章《产品营销与后续服务》共十三条：

"**第四十四条** 银行业金融机构应当高度重视衍生产品交易的风险管理工作,制定完善客户适合度评估制度,在综合考虑衍生产品分类和客户分类的基础上,对衍生产品交易进行充分的适合度评估:

(一)评估衍生产品的风险及复杂程度,对衍生产品进行相应分类,并至少每年复核一次其合理性,进行动态管理;

(二)根据客户的业务性质、衍生产品交易经验等评估其成熟度,对客户进行相应分类,并至少每年复核一次其合理性,进行动态管理。

第四十五条 银行业金融机构应当根据客户适合度评估结果,与有真实需求背景的客户进行与其风险承受能力相适应的衍生产品交易,并获取由客户提供的声明、确认函等能够证明其真实需求背景的书面材料,内容包括但不限于:

(一)与衍生产品交易直接相关的基础资产或基础负债的真实性;

(二)客户进行衍生产品交易的目的或目标;

(三)是否存在与本条第一项确认的基础资产或基础负债相关的尚未结清的衍生产品交易敞口。

第四十六条 银行业金融机构与客户交易的衍生产品的主要风险特征应当与作为真实需求背景的基础资产或基础负债的主要风险特征具有合理的相关度,在营销与交易时应当首先选择基础的、简单的、自身具备定价估值能力的衍生产品。

第四十七条 银行业金融机构应当制定完善衍生产品销售人员的内部培训、资格认定及授权管理制度,加强对销售人员的持续专业培训和职业操守教育,及时跟进针对新产品新业务的培训和资格认定,并建立严格的管理制度。通过资格认定并获得有效授权的销售人员方可向客户介绍、营销衍生产品。在向客户介绍衍生产品时,销售人员应当以适当的方式向客户明示其已通过内部资格认定并获得有效授权。

第四十八条 银行业金融机构应当以清晰易懂、简明扼要的文字表述向客户提供衍生产品介绍和风险揭示的书面资料,相关披露以单独章节、明白清晰的方式呈现,不得以页边、页底或脚注以及小字体等方式说明,内容包括但不限于:

(一)产品结构及基本交易条款的完整介绍和该产品的完整法律文本;

(二)与产品挂钩的指数、收益率或其他参数的说明;

(三)与交易相关的主要风险披露;

(四)产品现金流分析、压力测试、在一定假设和置信度之下最差可能情况的模拟情景分析与最大现金流亏损以及该假设和置信度的合理性分析;

（五）应当向客户充分揭示的其他信息。

第四十九条 在衍生产品销售过程中，银行业金融机构应当客观公允地陈述所售衍生产品的收益与风险，不得误导客户对市场的看法，不得夸大产品的优点或缩小产品的风险，不得以任何方式向客户承诺收益。

第五十条 银行业金融机构应当充分尊重客户的独立自主决策，不得将交易衍生产品作为与客户开展其他业务的附加条件。

第五十一条 银行业金融机构应当建立客户的信用评级制度，并结合客户的信用评级、财务状况、盈利能力、净资产水平、现金流量等因素，确定相关的信用风险缓释措施，限制与一定信用评级以下客户的衍生产品交易。

第五十二条 与客户达成衍生产品交易之前，银行业金融机构应当获取由客户提供的声明、确认函等形式的书面材料，内容包括但不限于：

（一）客户进行该笔衍生产品交易的合规性；

（二）衍生产品交易合同、交易指令等协议文本的签署人员是否具备有效的授权；

（三）客户是否已经完全理解该笔衍生产品交易的条款、相关风险，以及该笔交易是否符合第四十五条第二项确认的交易目的或目标；

（四）客户对该笔衍生产品交易在第四十八条第四项所述的最差可能情况是否具备足够的承受能力；

（五）需要由客户声明或确认的其他事项。

第五十三条 银行业金融机构应当及时向客户提供已交易的衍生产品的市场信息，定期将与客户交易的衍生产品的市值重估结果以评估报告、风险提示函等形式，通过信件、电子邮件、传真等可记录的方式向客户书面提供，并确保相关材料及时送达客户。当市场出现较大波动时，应当适当提高市值重估的频率，并及时向客户书面提供市值重估的结果。银行业金融机构应当至少每年对上述市值重估的频率和质量进行评估。

第五十四条 银行业金融机构对于自身不具备定价估值能力的衍生产品交易，应当向报价方获取关键的估值参数及相关信息，并通过信件、电子邮件、传真等可记录的方式向客户书面提供此类信息，以提高衍生产品市值重估的透明度。

第五十五条 银行业金融机构应当针对与客户交易的衍生产品业务种类确定科学合理的利润目标，制定科学合理的考核评价与长效激励约束机制，引导相关部门和人员诚实守信、合规操作，不得过度追求盈利，不得将与客户交易衍生产品的相关收益与员工薪酬及其所在部门的利润目标及考核激励机制简单挂钩。

第五十六条 银行业金融机构应当制定完善衍生产品交易业务的定期

后评价制度,包括对合规销售、风险控制、考核激励机制等内部管理制度的定期后评价。

银行业金融机构应当通过实地访问、电子邮件、传真、电话录音等可记录的方式建立或完善对客户的定期回访制度,针对合规销售与风险揭示等内容认真听取客户的意见,并及时反馈。"

三十六、原《金融机构衍生产品交易业务管理暂行办法》中的"金融机构"全部修改为"银行业金融机构"。

本决定自公布之日起实施。

《银行业金融机构衍生产品交易业务管理暂行办法》根据本决定作相应修改并对条款顺序作相应调整后,重新公布。

商业银行信用卡业务监督管理办法

(2010 年 7 月 22 日中国银行业监督管理委员会第 100 次主席会议通过 2011 年 1 月 13 日中国银行业监督管理委员会令 2011 年第 2 号公布 自 2011 年 1 月 13 日起施行)

第一章 总 则

第一条 为规范商业银行信用卡业务,保障客户及银行的合法权益,促进信用卡业务健康有序发展,根据《中华人民共和国银行业监督管理法》、《中华人民共和国商业银行法》、《中华人民共和国外资银行管理条例》等法律法规,制定本办法。

第二条 商业银行经营信用卡业务,应当严格遵守国家法律、法规、规章和有关政策规定,遵循平等、自愿和诚实信用的原则。

第三条 商业银行经营信用卡业务,应当依法保护客户合法权益和相关信息安全。未经客户授权,不得将相关信息用于本行信用卡业务以外的其他用途。

第四条 商业银行经营信用卡业务,应当建立健全信用卡业务风险管理和内部控制体系,严格实行授权管理,有效识别、评估、监测和控制业务风险。

第五条 商业银行经营信用卡业务,应当充分向持卡人披露相关信息,揭示业务风险,建立健全相应的投诉处理机制。

第六条 中国银监会及其派出机构依法对商业银行信用卡业务实施监

督管理。

第二章　定义和分类

第七条　本办法所称信用卡,是指记录持卡人账户相关信息,具备银行授信额度和透支功能,并为持卡人提供相关银行服务的各类介质。

第八条　本办法所称信用卡业务,是指商业银行利用具有授信额度和透支功能的银行卡提供的银行服务,主要包括发卡业务和收单业务。

第九条　本办法所称发卡业务,是指发卡银行基于对客户的评估结果,与符合条件的客户签约发放信用卡并提供的相关银行服务。

发卡业务包括营销推广、审批授信、卡片制作发放、交易授权、交易处理、交易监测、资金结算、账务处理、争议处理、增值服务和欠款催收等业务环节。

第十条　本办法所称发卡银行,是指经中国银监会批准开办信用卡发卡业务,并承担发卡业务风险管理相关责任的商业银行。

第十一条　本办法所称发卡业务服务机构,是指与发卡银行签约协助其提供信用卡业务服务的法人机构或其他组织。

第十二条　本办法所称收单业务,是指商业银行为商户等提供的受理信用卡,并完成相关资金结算的服务。

收单业务包括商户资质审核、商户培训、受理终端安装维护管理、获取交易授权、处理交易信息、交易监测、资金垫付、资金结算、争议处理和增值服务等业务环节。

第十三条　本办法所称收单银行,是指依据合同为特约商户提供信用卡收单业务服务或为信用卡收单业务提供结算服务,并承担收单业务风险管理相关责任的商业银行。

第十四条　本办法所称收单业务服务机构,是指与收单银行或收单业务的结算银行签约协助其提供信用卡收单业务服务的法人机构或其他组织。

第十五条　商业银行发行的信用卡按照发行对象不同,分为个人卡和单位卡。其中,单位卡按照用途分为商务差旅卡和商务采购卡。

商务差旅卡,是指商业银行与政府部门、法人机构或其他组织签订合同建立差旅费用报销还款关系,为其工作人员提供日常商务支出和财务报销服务的信用卡。

商务采购卡,是指商业银行与政府部门、法人机构或其他组织签订合同建立采购支出报销还款关系,为其提供办公用品、办公事项等采购支出相关服务的信用卡。

第十六条 本办法所称学生,是指在教育机构脱产就读的学生。

第三章 业务准入

第十七条 商业银行申请开办信用卡业务,应当满足以下基本条件:

(一)公司治理良好,主要审慎监管指标符合中国银监会有关规定,具备与业务发展相适应的组织机构和规章制度,内部控制、风险管理和问责机制健全有效;

(二)信誉良好,具有完善、有效的内控机制和案件防控体系,最近3年内无重大违法违规行为和重大恶性案件;

(三)具备符合任职资格条件的董事、高级管理人员和合格从业人员。高级管理人员中应当具备有信用卡业务专业知识和管理经验的人员至少1名,具备开展信用卡业务必需的技术人员和管理人员,并全面实施分级授权管理;

(四)具备与业务经营相适应的营业场所、相关设施和必备的信息技术资源;

(五)已在境内建立符合法律法规和业务管理要求的业务系统,具有保障相关业务系统信息安全和运行质量的技术能力;

(六)开办外币信用卡业务的,应当具有经国务院外汇管理部门批准的结汇、售汇业务资格和中国银监会批准的外汇业务资格(或外汇业务范围);

(七)符合中国银监会规定的其他审慎性条件。

第十八条 商业银行开办信用卡发卡业务除符合第十七条规定的条件外,还应当符合以下条件:

(一)注册资本为实缴资本,且不低于人民币5亿元或等值可兑换货币;

(二)具备办理零售业务的良好基础。最近3年个人存贷款业务规模和业务结构稳定,个人存贷款业务客户规模和客户结构良好,银行卡业务运行情况良好,身份证件验证系统和征信系统的连接和使用情况良好;

(三)具备办理信用卡业务的专业系统,在境内建有发卡业务主机、信用卡业务申请管理系统、信用评估管理系统、信用卡账户管理系统、信用卡交易授权系统、信用卡交易监测和伪冒交易预警系统、信用卡客户服务中心系统、催收业务管理系统等专业化运营基础设施,相关设施通过了必要的安全检测和业务测试,能够保障客户资料和业务数据的完整性和安全性;

(四)符合商业银行业务经营总体战略和发展规划,有利于提高总体业务竞争能力,能够根据业务发展实际情况持续开展业务成本计量、业务规模监测和基本盈亏平衡测算等工作。

第十九条 商业银行开办信用卡收单业务除符合第十七条规定的条件

外,还应当符合以下条件:

(一)注册资本为实缴资本,且不低于人民币1亿元或等值可兑换货币;

(二)具备开办收单业务的良好业务基础。最近3年企业贷款业务规模和业务结构稳定,企业贷款业务客户规模和客户结构较为稳定,身份证件验证系统和征信系统连接和使用情况良好;

(三)具备办理收单业务的专业系统支持,在境内建有收单业务主机、特约商户申请管理系统、特约商户信用评估管理系统、商户结算账户管理系统、账务管理系统、收单交易监测和伪冒交易预警系统、交易授权系统等专业化运营基础设施,相关设施通过了必要的安全检测和业务测试,能够保障客户资料和业务数据的完整性和安全性;

(四)符合商业银行业务经营总体战略和发展规划,有利于提高业务竞争能力,能够根据业务发展实际情况持续开展业务成本计量、业务规模监测和基本盈亏平衡测算等工作。

第二十条 商业银行开办发卡和收单业务应当按规定程序报中国银监会及其派出机构审批。

全国性商业银行申请开办信用卡业务,由其总行(公司)向中国银监会申请审批。

按照有关规定只能在特定城市或地区从事业务经营活动的商业银行,申请开办信用卡业务,由其总行(公司)向注册地中国银监会派出机构提出申请,经初审同意后,由注册地中国银监会派出机构上报中国银监会审批。

外资法人银行申请开办信用卡业务,应当向注册地中国银监会派出机构提出申请,经初审同意后,由注册地中国银监会派出机构上报中国银监会审批。

第二十一条 商业银行申请开办信用卡发卡或收单业务之前,应当根据需要就拟申请的业务与中国银监会及其相关派出机构沟通,说明拟申请的信用卡业务运营模式、各环节业务流程和风险控制流程设计、业务系统和基础设施建设方案,并根据沟通情况,对有关业务环节进行调整和完善。

第二十二条 商业银行申请开办信用卡业务,可以在一个申请报告中同时申请不同种类的信用卡业务,但在申请中应当注明所申请的信用卡业务种类。

第二十三条 商业银行向中国银监会及其派出机构申请开办信用卡业务,应当提交以下文件资料(一式三份):

(一)开办信用卡业务的申请书;

(二)信用卡业务可行性报告;

(三)信用卡业务发展规划和业务管理制度;

(四)信用卡章程,内容应当至少包括信用卡的名称、种类、功能、用途、发行对象、申领条件、申领手续、使用范围（包括使用方面的限制）及使用方法、信用卡账户适用的利率、面向持卡人的收费项目和收费水平、商业银行、持卡人及其他有关当事人的权利、义务等；

（五）信用卡卡样设计草案或可受理信用卡种类；

（六）信用卡业务运营设施、业务系统和灾备系统介绍；

（七）相关身份证件验证系统和征信系统连接和使用情况介绍；

（八）信用卡业务系统和灾备系统测试报告和安全评估报告；

（九）信用卡业务运行应急方案和业务连续性计划；

（十）信用卡业务风险管理体系建设和相应的规章制度；

（十一）信用卡业务的管理部门、职责分工、主要负责人介绍；

（十二）申请机构联系人、联系电话、联系地址、传真、电子邮箱等联系方式；

（十三）中国银监会及其派出机构按照审慎性原则要求提供的其他文件和资料。

第二十四条 商业银行应当由内部专门机构或委托其他专业机构进行独立的安全评估。安全评估报告应当至少包括董事会或总行（总公司）高级管理层对信用卡业务风险管理体系建设和相关规章制度的审定情况、各业务环节信息资料的保护措施设置情况、持续监测记录和追踪预警异常业务行为（含入侵事故或系统漏洞）的流程设计、外挂系统或外部接入系统的安全措施设置、评估期等方面的内容。

第二十五条 全国性商业银行筹建信用卡中心等分行级专营机构的，应当由其总行（公司）向中国银监会提出申请。

按照有关规定只能在特定城市或地区从事业务经营活动的商业银行，筹建信用卡中心等分行级专营机构，应当由其总行（公司）向注册地中国银监会派出机构提出申请，经初审同意后，由注册地中国银监会派出机构报中国银监会审批。

外资法人银行筹建信用卡中心等分行级专营机构，应当向其注册地中国银监会派出机构提出申请，经初审同意后，由注册地中国银监会派出机构报中国银监会审批。

信用卡中心等分行级专营机构的开业申请由其注册地中国银监会派出机构受理和批准。

第二十六条 商业银行信用卡中心等分行级专营机构的分支机构，筹建和开业应当按照规定程序报其拟设地中国银监会派出机构审批。拟设地中国银监会派出机构作出批准或不批准的书面决定，并抄送分行级专营机构注册地中国银监会派出机构。

第二十七条　注册地中国银监会派出机构自收到完整申请材料之日起20日内审查完毕并将审查意见及完整申请材料报中国银监会。

中国银监会自收到完整的信用卡业务申请材料之日起3个月内，做出批准或不批准的书面决定；决定不批准的，应当说明理由。

对于中国银监会或其派出机构未批准的信用卡业务类型，商业银行在达到相关要求后可以按照有关规定重新申请。

第二十八条　商业银行新增信用卡业务产品种类、增加信用卡业务功能、增设信用卡受理渠道等，或接受委托作为发卡业务服务机构和收单业务服务机构开办相关业务，应当参照第二十三条的有关规定，在开办业务之前一个月，将相关材料(一式三份)向中国银监会及其相关派出机构报告。

第二十九条　已实现业务数据集中处理的商业银行，获准开办信用卡业务后，可以授权其分支机构开办部分或全部信用卡业务。获得授权的分支机构开办相关信用卡业务，应当提前30个工作日持中国银监会批准文件、总行授权文件及其他相关材料向注册地中国银监会派出机构报告。

第三十条　商业银行为其他机构(非特约商户)开展收单业务提供结算服务，应当提前30个工作日持中国银监会批准文件、总行授权文件、合作机构营业执照和法人详细信息、合作机构相关业务情况和财务状况、业务流程设计材料、书面合同、负责对合作机构进行合规管理的承诺书、风险事件和违法活动的应急处理制度、其他相关材料向当地中国银监会派出机构报告。

第三十一条　已开办信用卡业务的商业银行按照规划决定终止全部或部分类型的信用卡业务应当参照申请开办该业务的程序报中国银监会及其派出机构审批。

商业银行决定终止全部或部分类型的信用卡业务之前，应当根据需要就拟申请停办的业务与中国银监会或其相关派出机构沟通，说明拟申请终止业务的原因、风险状况、公告内容和渠道、应急预案等，并根据沟通情况进行调整和完善。

第三十二条　商业银行向中国银监会及其派出机构申请终止信用卡业务，应当提交以下文件资料(一式三份)：

(一)拟终止信用卡业务的申请书；

(二)终止信用卡业务的风险评估报告；

(三)终止信用卡业务的公告方案；

(四)终止业务过程中重大问题的应急预案；

(五)负责终止业务的部门、职责分工和主要负责人；

(六)申请机构联系人、联系电话、联系地址、传真、电子邮箱等联系方式；

（七）中国银监会及其派出机构按照审慎性原则要求提供的其他文件和资料。

经中国银监会及其相关派出机构同意后,商业银行应当通过网点公告、银行网站、客户服务热线、电子银行、其他媒体等多种渠道予以公告,公告持续期限自公告之日起不得少于90天。

第三十三条　商业银行终止信用卡业务或停止提供部分类型信用卡业务后,需要重新开办信用卡业务或部分类型信用卡业务的,按相关规定重新办理申请、审批、报告等手续。

第四章　发卡业务管理

第三十四条　发卡银行应当建立信用卡卡片管理制度,明确卡片、密码、函件、信封、制卡文件以及相关工作人员操作密码的生成、交接、保管、保密、使用监控、检查等环节的管理职责和操作规程,防范重大风险事故的发生。

第三十五条　商业银行应当建立信用卡业务申请材料管理系统,由总行(总公司、外资法人银行)对信用卡申请材料统一编号,并对申请材料信息录入、使用、销毁等实施登记制度。

第三十六条　信用卡卡面应当对持卡人充分披露以下基本信息:发卡银行法人名称、品牌标志及防伪标志、卡片种类(信用卡、贷记卡、准贷记卡等)、卡号、持卡人姓名拼音(外文姓名)、有效期、持卡人签名条、安全校验码、注意事项、客户服务电话、银行网站地址。

第三十七条　发卡银行印制的信用卡申请材料文本应当至少包含以下要素:

（一）申请人信息:编号、申请人姓名、有效身份证件名称、证件号码、单位名称、单位地址、住宅地址、账单寄送地址、联系电话、联系人姓名、联系人电话、联系人验证信息、其他验证信息等;

（二）合同信息:领用合同(协议)、信用卡章程、重要提示、合同信息变更的通知方式等;

（三）费用信息:主要收费项目和收费水平、收费信息查询渠道、收费信息变更的通知方式等;

（四）其他信息:申请人已持有的信用卡及其授信额度、申请人声明、申请人确认栏和签名栏、发卡银行服务电话和银行网站、投诉渠道等。

"重要提示"应当在信用卡申请材料中以醒目方式列示,至少包括申请信用卡的基本条件、所需基本申请资料、计结息规则、年费/滞纳金/超限费收取方式、阅读领用合同(协议)并签字的提示、申请人信息的安全保密提示、非法使用信用卡行为相关的法律责任和处理措施的提示、其他对申请人信用和权利义务有重大影响的内容等信息。

申请人确认栏应当载明以下语句，并要求客户抄录后签名："本人已阅读全部申请材料，充分了解并清楚知晓该信用卡产品的相关信息，愿意遵守领用合同（协议）的各项规则。"

第三十八条　发卡银行应当公开、明确告知申请人需提交的申请材料和基本要求，申请材料必须由申请人本人亲自签名，不得在客户不知情或违背客户意愿的情况下发卡。

发卡银行受理的信用卡附属卡申请材料必须由主卡持卡人以亲自签名、客户服务电话录音、电子签名或持卡人和发卡银行双方均认可的方式确认。

第三十九条　发卡银行应当建立信用卡营销管理制度，对营销人员进行系统培训、登记考核和规范管理，不得对营销人员采用单一以发卡数量计件提成的考核方式。信用卡营销行为应当符合以下条件：

（一）营销宣传材料真实准确，不得有虚假、误导性陈述或重大遗漏，不得有夸大或片面的宣传。应当由持卡人承担的费用必须公开透明，风险提示应当以明显的、易于理解的文字印制在宣传材料和产品（服务）申请材料中，提示内容的表述应当真实、清晰、充分，示范的案例应当具有代表性。

（二）营销人员必须佩戴所属银行的标识，明示所属发卡银行及客户投诉电话，使用统一印制的信用卡产品（服务）宣传材料，对信用卡收费项目、计结息政策和业务风险等进行充分的信息披露和风险提示，确认申请人提交的重要证明材料无涂改痕迹，确认申请人已经知晓和理解上述信息，确认申请人已经在申请材料上签名，并留存相关证据，不得进行误导性和欺骗性的宣传解释。遇到客户对宣传材料的真实性和可靠性有任何疑问时，应当提供相关信息查询渠道。

（三）营销人员应当公开明确告知申请信用卡需提交的申请资料和基本要求，督促信用卡申请人完整、正确、真实地填写申请材料，并审核身份证件（原件）和必要的证明材料（原件）。营销人员不得向客户承诺发卡，不得以快速发卡、以卡办卡、以名片办卡等名义营销信用卡。

（四）营销人员应当严格遵守对客户资料保密的原则，不得泄露客户信息，不得将信用卡营销工作转包或分包。发卡银行应当严格禁止营销人员从事本行以外的信用卡营销活动，并对营销人员收到申请人资料和送交审核的时间间隔和保密措施作出明确的制度规定，不得在未征得信用卡申请人同意的情况下，将申请人资料用于其他产品和服务的交叉销售。

（五）营销人员开展电话营销时，除遵守（一）至（四）条的相关规定外，必须留存清晰的录音资料,录音资料应当至少保存2年备查。

第四十条　发卡银行应当建立健全信用卡申请人资信审核制度,明确管理架构和内部控制机制。

第四十一条　发卡银行应当对信用卡申请人开展资信调查,充分核实并完整记录申请人有效身份、财务状况、消费和信贷记录等信息,并确认申请人拥有固定工作、稳定的收入来源或可靠的还款保障。

第四十二条　发卡银行应当根据总体风险管理要求确定信用卡申请材料的必填(选)要素,对信用卡申请材料出现漏填(选)必填信息或必选选项、他人代办(单位代办商务差旅卡和商务采购卡、主卡持卡人代办附属卡除外)、他人代签名、申请材料未签名等情况的,不得核发信用卡。

对信用卡申请材料出现疑点信息、漏填审核意见、各级审核人员未签名(签章、输入工作代码)或系统审核记录缺失等情况的,不得核发信用卡。

第四十三条　对首次申请本行信用卡的客户,不得采取全程系统自动发卡方式核发信用卡。

信用卡申请人有以下情况时,应当从严审核,加强风险防控:

(一)在身份信息系统中留有相关可疑信息或违法犯罪记录;

(二)在征信系统中无信贷记录;

(三)在征信系统中有不良记录;

(四)在征信系统中有多家银行贷款或信用卡授信记录;

(五)单位代办商务差旅卡和商务采购卡;

(六)其他渠道获得的风险信息。

第四十四条　发卡银行不得向未满十八周岁的客户核发信用卡(附属卡除外)。

第四十五条　向符合条件的同一申请人核发学生信用卡的发卡银行不得超过两家(附属卡除外)。

在发放学生信用卡之前,发卡银行必须落实第二还款来源,取得第二还款来源方(父母、监护人或其他管理人等)愿意代为还款的书面担保材料,并确认第二还款来源方身份的真实性。在提高学生信用卡额度之前,发卡银行必须取得第二还款来源方(父母、监护人或其他管理人等)表示同意并愿意代为还款的书面担保材料。

商业银行应当按照审慎原则制定学生信用卡业务的管理制度,根据业务发展实际情况评估、测算和合理确定本行学生信用卡的首次授信额度和根据用卡情况调整后的最高授信额度。学生信用卡不得超限额使用。

第四十六条　发卡银行应当在银行网站上公开披露与教育机构以向学生营销信用卡为目的签订的协议。

发卡银行在任何教育机构的校园内向学生开展信用卡营销活动,必须就开展营销活动的具体地点、日期、时间和活动内容提前告知相关教育机构并取得该教育机构的同意。

第四十七条 发卡银行应当提供信用卡申请处理进度和结果的查询渠道。

第四十八条 发卡银行发放信用卡应当符合安全管理要求,卡片和密码应当分别送达并提示持卡人接收。信用卡卡片发放时,应当向持卡人书面告知信用卡账单日期、信用卡章程、安全用卡须知、客户服务电话、服务和收费信息查询渠道等信息,以便持卡人安全使用信用卡。

第四十九条 发卡银行应当建立信用卡激活操作规程,激活前应当对信用卡持卡人身份信息进行核对。不得激活领用合同(协议)未经申请人签名确认、未经激活程序确认持卡人身份的信用卡。对新发信用卡、挂失换卡、毁损换卡、到期换卡等必须激活后才能为持卡人开通使用。

信用卡未经持卡人激活,不得扣收任何费用。在特殊情况下,持卡人以书面、客户服务电话录音、电子签名、持卡人和发卡银行双方均认可的方式单独授权扣收的费用,以及换卡时已形成的债权债务关系除外。

信用卡未经持卡人激活并使用,不得发放任何礼品或礼券。

第五十条 发卡银行应当建立信用卡授信管理制度,根据持卡人资信状况、用卡情况和风险信息对信用卡授信额度进行动态管理,并及时按照约定方式通知持卡人,必要时可以要求持卡人落实第二还款来源或要求其提供担保。

发卡银行应当对持卡人名下的多个信用卡账户授信额度、分期付款总体授信额度、附属卡授信额度、现金提取授信额度、超授信额度用卡服务的最高授信额度等合并管理,设定总授信额度上限。商务采购卡的现金提取授信额度应当设置为零。

第五十一条 在已通过信用卡领用合同(协议)、书面协议、电子银行记录或客户服务电话录音等进行约定的前提下,发卡银行可以对超过 6 个月未发生交易的信用卡调减授信额度,但必须提前 3 个工作日按照约定方式明确告知持卡人。

第五十二条 发卡银行应当建立信用卡业务风险管理制度。发卡银行从公安机关、司法机关、持卡人本人、亲属、交易监测或其他渠道获悉持卡人出现身份证件被盗用、家庭财务状况恶化、还款能力下降、预留联系方式失效、资信状况恶化、有非正常用卡行为等风险信息时,应当立即停止上调额度、超授信额度用卡服务授权、分期业务授权等可能扩大信用风险的操作,并视情况采取提高交易监测力度、调减授信额度、止付、冻结或落实第二还款来源等风险管理措施。

第五十三条 信用卡未经持卡人申请并开通超授信额度用卡服务,不得以任何形式扣收超限费。持卡人可以采用口头(客户服务电话录音)、电子、书面的方式开通或取消超授信额度用卡服务。

发卡银行必须在为持卡人开通超授信额度用卡服务之前,提供关于超限费收费形式和计算方式的信息,并明确告知持卡人具有取消超授信额度用卡服务的权利。发卡银行收取超限费后,应当在对账单中明确列出相应账单周期中的超限费金额。

第五十四条 经持卡人申请开通超授信额度用卡服务后,发卡银行在一个账单周期内只能提供一次超授信额度用卡服务,在一个账单周期内只能收取一次超限费。如果在两个连续的账单周期内,持卡人连续要求支付超限费以完成超过授信额度的透支交易,发卡银行必须在第二个账单周期结束后立即停止超授信额度用卡服务,直至信用卡未结清款项减少到信用卡原授信额度以下才能根据持卡人的再次申请重新开通超授信额度用卡服务。

第五十五条 发卡银行不得为信用卡转账(转出)和支取现金提供超授信额度用卡服务。信用卡透支转账(转出)和支取现金的金额两者合计不得超过信用卡的现金提取授信额度。

第五十六条 发卡银行应当制定信用卡交易授权和风险监测管理制度,配备必要的设备、系统和人员,确保 24 小时交易授权和实时监控,对出现可疑交易的信用卡账户应当及时采取与持卡人联系确认、调整授信额度、锁定账户、紧急止付等风险管理措施。

发卡银行应当对可疑交易采取电话核实、联系收单银行、调单或实地走访等方式进行风险排查并及时处理,必要时应当及时向公安机关报案。

第五十七条 发卡银行应当在信用卡领用合同(协议)中明确规定以持卡人相关资产偿还信用卡贷款的具体操作流程,在未获得持卡人授权的情况下,不得以持卡人资产直接抵偿信用卡应收账款。国家法律法规另有规定的除外。

发卡银行收到持卡人还款时,按照以下顺序对其信用卡账户的各项欠款进行冲还:逾期 1—90 天(含)的,按照先应收利息或各项费用、后本金的顺序进行冲还;逾期 91 天以上的,按照先本金、后应收利息或各项费用的顺序进行冲还。

第五十八条 发卡银行通过自助渠道提供信用卡查询和支付服务必须校验密码或信用卡校验码。对确实无法校验密码或信用卡校验码的,发卡银行应当根据交易类型、风险性质和风险特征,确定自助渠道信用卡服务的相关信息校验规则,以保障安全用卡。

第五十九条 发卡银行应当提供 24 小时挂失服务,通过营业网点、客户服务电话或电子银行等渠道及时受理持卡人挂失申请并采取相应的风险管控措施。

第六十条 发卡银行应当提供信息查询服务,通过银行网站、用卡手册、电子银行等多种渠道向持卡人公示信用卡产品和服务、使用说明、章程、领用合同(协议)、收费项目和标准、风险提示等信息。

第六十一条 发卡银行应当提供对账服务。对账单应当至少包括交易日期、交易金额、交易币种、交易商户名称或代码、本期还款金额、本期最低还款金额、到期还款日、注意事项、发卡银行服务电话等要素。对账服务的具体形式由发卡银行和持卡人自行约定。

发卡银行向持卡人提供对账单及其他服务凭证时,应当对信用卡卡号进行部分屏蔽,不得显示完整的卡号信息。银行柜台办理业务打印的业务凭证除外。

第六十二条 发卡银行应当提供投诉处理服务,根据信用卡产品(服务)特点和复杂程度建立统一、高效的投诉处理工作程序,明确投诉处理的管理部门,公开披露投诉处理渠道。

第六十三条 发卡银行应当提供信用卡到期换卡服务,为符合到期换卡条件的持卡人换卡。持卡人提出到期不续卡、不换卡、销户的除外。

对持卡人在信用卡有效期内未激活的信用卡账户,发卡银行不得提供到期换卡服务。

第六十四条 发卡银行应当提供信用卡销户服务,在确认信用卡账户没有未结清款项后及时为持卡人销户。信用卡销户时,商务采购卡账户余额应当转回其对应的单位结算账户。

在通过信用卡领用合同(协议)或书面协议对通知方式进行约定的前提下,发卡银行应当提前 45 天以上采用明确、简洁、易懂的语言将信用卡章程、产品服务等即将发生变更的事项通知持卡人。

第六十五条 信用卡业务计结息操作,遵照国家有关部门的规定执行。

第六十六条 发卡银行应当建立信用卡欠款催收管理制度,规范信用卡催收策略、权限、流程和方式,有效控制业务风险。发卡银行不得对催收人员采用单一以欠款回收金额提成的考核方式。

第六十七条 发卡银行应当及时就即将到期的透支金额、还款日期等信息提醒持卡人。持卡人提供不实信息、变更联系方式未通知发卡银行等情况除外。

第六十八条 发卡银行应当对债务人本人及其担保人进行催收,不得对与债务无关的第三人进行催收,不得采用暴力、胁迫、恐吓或辱骂等不当催收行为。对催收过程应当进行录音,录音资料至少保存 2 年备查。

第六十九条　信用卡催收函件应当对持卡人充分披露以下基本信息:持卡人姓名和欠款余额,催收事由和相关法规,持卡人相关权利和义务,查询账户状态、还款、提出异议和提供相关证据的途径,发卡银行联系方式,相关业务公章,监管机构规定的其他内容。

发卡银行收到持卡人对信用卡催收提出的异议,应当及时对相关信用卡账户进行备注,并开展核实处理工作。

第七十条　在特殊情况下,确认信用卡欠款金额超出持卡人还款能力、且持卡人仍有还款意愿的,发卡银行可以与持卡人平等协商,达成个性化分期还款协议。个性化分期还款协议的最长期限不得超过 5 年。

个性化分期还款协议的内容应当至少包括:

(一)欠款余额、结构、币种;

(二)还款周期、方式、币种、日期和每期还款金额;

(三)还款期间是否计收年费、利息和其他费用;

(四)持卡人在个性化分期还款协议相关款项未全部结清前,不得向任何银行申领信用卡的承诺;

(五)双方的权利义务和违约责任;

(六)与还款有关的其他事项。

双方达成一致意见并签署分期还款协议的,发卡银行及其发卡业务服务机构应当停止对该持卡人的催收,持卡人不履行分期还款协议的情况除外。达成口头还款协议的,发卡银行必须留存录音资料。录音资料留存时间至少截至欠款结清日。

第七十一条　发卡银行不得将信用卡发卡营销、领用合同(协议)签约、授信审批、交易授权、交易监测、资金结算等核心业务外包给发卡业务服务机构。

第五章　收单业务管理

第七十二条　收单银行应当明确收单业务的牵头管理部门,承担协调处理特约商户资质审核、登记管理、机具管理、垫付资金管理、风险管理、应急处置等的职责。

第七十三条　收单银行应当加强对特约商户资质的审核,实行商户实名制,不得设定虚假商户。特约商户资料应当至少包括营业执照、税务登记证件或相关纳税证明、法定代表人或负责人身份证件、财务状况或业务规模、经营期限等。收单银行应当对特约商户进行定期或不定期现场调查,认真核实并及时更新特约商户资料。

收单银行不得因与特约商户有其他业务往来而降低资质审核标准和检查要求,对批发类、咨询类、投资类、中介类、公益类、低扣率商户或可能出现高风险的商户应当从严审核。

第七十四条 收单银行不得将个人银行结算账户设置为特约商户的单位结算账户,已纳入单位银行结算账户管理的除外。

收单银行应当为特约商户、特约商户服务机构等提供安全的结算服务,并承担相应的监督管理职责,确保所服务机构受理信用卡的业务合法合规。

第七十五条 收单银行签约的特约商户应当至少满足以下基本条件:

(一)合法设立的法人机构或其他组织;

(二)从事的业务和行业符合国家法律、法规和政策规定;

(三)未成为本行或他行发卡业务服务机构;

(四)商户、商户负责人(或法定代表人)未在征信系统、银行卡组织的风险信息共享系统、同业风险信息共享系统中留有可疑信息或风险信息。

第七十六条 收单银行对从事网上交易的商户,应当进行严格的审核和评估,以技术手段确保数据安全和资金安全。商业银行不得与网站上未明确标注如下信息的网络商户或第三方支付平台签订收单业务相关合同:

(一)客户服务电话号码及邮箱地址;

(二)安全管理的声明;

(三)退货(退款)政策和具体流程;

(四)保护客户隐私的声明;

(五)客户信息使用行为的管理要求;

(六)其他商业银行相关管理制度要求具备的信息。

收单银行应当按照外包管理要求对签约的第三方支付平台进行监督管理,并有责任对与第三方支付平台签约的商户进行不定期的资质审核或交易行为抽查,以确保为从事合法业务的商户提供服务。

第七十七条 收单银行应当严格按照国家法律法规、相关行业规范和业务规则设置商户名称、商户编码、商户类别码、商户服务类别码等,留存真实完整的商户地址、受理终端安装地点和使用范围、受理终端绑定通讯方式和号码、法定代表人(或负责人)、联系人、联系电话等信息,加强特约商户培训和交易检查工作,并真实、准确、完整地传递信用卡交易信息,为发卡银行开展信用卡交易授权和风险监测提供准确的信息。

收单银行要求第三方支付平台提供的交易明细信息,必须包括交易对象在第三方支付平台上的识别编号,以便协助持卡人保护自身合法权益。

第七十八条 收单银行应当确保特约商户按照联网通用原则受理信用卡,不得出现商户拒绝受理符合联网通用管理要求的信用卡,或商户因持卡人使用信用卡而向持卡人收取附加费用等行为。

第七十九条 收单银行应当建立特约商户管理制度,根据商户类型和业务特点对商户实行分类管理,严格控制交易处理程序和退款程序,不得因与特约商户有其他业务往来而降低对特约商户交易的检查要求。

第八十条 收单银行应当对特约商户的风险进行综合评估和分类管理,及时掌握其经营范围、场所、法定代表人或负责人、银行卡受理终端装机地址和使用范围等重要信息的变更情况,不断完善交易监控机制。收单银行应当对特约商户建立不定期现场核查制度,重点核对其银行卡受理终端使用范围、装机地址、装机编号是否与已签订的协议一致。

对通过邮寄、电话、电视和网络等方式销售商品或服务的特约商户,收单银行应当采取特殊的风险控制措施,加强交易情况监测,增加现场核查频度。

第八十一条 收单银行应当根据特约商户的业务性质、业务特征、营业情况,对特约商户设定动态营业额上限。对特约商户交易量突增、频繁出现大额交易、整数金额交易、交易额与经营状况明显不符、争议款项过高、退款交易过多、退款额过高、拖欠退款额过高、出现退款欺诈、非法交易、商户经营内容与商户类别码不符,或收到发卡银行风险提示等情况,收单银行应当及时调查处理,并及时采取有效措施,降低出现收单业务损失的风险。

第八十二条 对确认已出现虚假申请、信用卡套现、测录客户数据资料、泄露账户和交易信息、恶意倒闭等欺诈行为的特约商户,收单银行应当及时采取撤除受理终端、妥善留存交易记录等相关证据并提交公安机关处理、列入黑名单、录入银行卡风险信息系统、与相关银行卡组织共享风险信息等有效的风险控制措施。

第八十三条 收单银行应当建立相互独立的市场营销和风险管理机制,负责市场拓展、商户资质审核、服务和授权、异常交易监测、受理终端密钥管理、受理终端密钥下载、受理终端程序灌装等职能的人员和岗位,不得相互兼岗。

第八十四条 收单银行应当建立健全收单业务受理终端管理机制,设立管理台账,及时登记和更新受理终端安装地点、使用情况和不定期检查情况。

对特约商户提出的新增、更换、维护受理终端的要求,收单银行应当履行必要的核实程序,发现特约商户有移机使用、出租、出借或超出其经营范围使用受理终端的情况,应当立即采取撤除受理终端、妥善留存交易记录相关证据等有效的风险管理措施,并将特约商户、商户法定代表人(负责人)姓名、商户法定代表人(负责人)身份证件等有关信息录入银行卡风险信息共享系统。

第八十五条　收单银行应当加强对收单业务移动受理终端的管理,确保不同的终端设备使用不同的终端主密钥并定期更换。收单银行应当严格审核特约商户安装移动受理终端的申请,除航空、餐饮、交通罚款、上门收费、移动售货、物流配送确有使用移动受理终端需求的商户外,其他类型商户未经收单银行总行审核批准不得安装移动受理终端。

第八十六条　收单银行应当采用严格的技术手段对收单业务移动受理终端的使用进行监控,并不定期进行回访,确保收单业务移动受理终端未超出签约范围跨地区使用。

第八十七条　收单银行应当确保对收单业务受理终端所有打印凭条上的信用卡号码进行部分屏蔽,转账交易的转入卡号、预授权交易预留卡号和IC卡脱机交易除外。

收单银行和收单服务机构应当确保业务系统只能存储用于交易清分、资金结算、差错处理所必需的最基本的账户信息,不得以任何形式存储信用卡磁道信息、卡片验证码、个人标识码等信息。

第八十八条　收单银行应当与特约商户签订收单业务合同。收单业务合同至少应当明确以下事项:双方的权利义务关系,业务流程、收单业务管理主体、法律责任和经济责任,移动受理终端和无卡交易行为的管理主体、法律责任和经济责任,协助调查处理的责任和内容,保证金条款,保密条款,数据安全条款,其他条款。

第八十九条　收单银行、收单业务服务机构合作应当与特约商户签订收单业务合同。收单业务合同至少应当明确以下事项:收单业务营销主体,收单业务管理主体,各方的权利义务关系,各方的法律责任和经济责任,移动受理终端相关法律责任和经济责任,无卡交易相关法律责任和经济责任,协助调查处理的责任和内容,保证金条款,保密条款,数据安全条款等。

第九十条　收单银行不得将特约商户审核和签约、资金结算、后续检查和抽查、受理终端密钥管理和密钥下载工作外包给收单业务服务机构。

第六章　业务风险管理

第九十一条　商业银行应当制定明确的信用卡业务发展战略和风险管理规划,建立健全信用卡业务内部控制、授权管理和风险管理体系、组织、制度、流程和岗位,明确分工和相关职责。

商业银行可以基于自愿和保密原则,对信用卡业务中出现不良行为的营销人员、持卡人、特约商户、服务机构等有关风险信息进行共享,加强在风险管理方面的合作。

第九十二条 商业银行应当对信用卡风险资产实行分类管理,分类标准如下:

(一)正常类:持卡人能够按照事先约定的还款规则在到期还款日前(含)足额偿还应付款项。

(二)关注类:持卡人未按事先约定的还款规则在到期还款日足额偿还应付款项,逾期天数在 1—90 天(含)。

(三)次级类:持卡人未按事先约定的还款规则在到期还款日足额偿还应付款项,逾期天数为 91—120 天(含)。

(四)可疑类:持卡人未按事先约定的还款规则在到期还款日足额偿还应付款项,逾期天数在 121—180 天(含)。

(五)损失类:持卡人未按事先约定的还款规则在到期还款日足额偿还应付款项,逾期天数超过 180 天。

在业务系统能够支持、分类操作合法合规、分类方法和数据测算方式已经中国银监会及其相关派出机构审批同意等前提下,鼓励商业银行采用更为审慎的信用卡资产分类标准,持续关注和定期比对与之相关的准备金计提、风险资产计量等环节的重要风险管理指标,并采取相应的风险控制措施。

第九十三条 商业银行应当建立健全信用卡业务操作风险的防控制度和应急预案,有效防范操作风险。以下风险资产应当直接列入相应类别:

(一)持卡人因使用诈骗方式申领、使用信用卡造成的风险资产,一经确认,应当直接列入可疑类或损失类。

(二)因内部作案或内外勾结作案造成的风险资产应当直接列入可疑类或损失类。

(三)因系统故障、操作失误造成的风险资产应当直接列入可疑类或损失类。

(四)签订个性化分期还款协议后尚未偿还的风险资产应当直接列入次级类或可疑类。

第九十四条 发卡银行应当对信用卡风险资产质量变动情况进行持续监测,相关准备金计提遵照国家有关部门的规定执行。

第九十五条 发卡银行应当加强信用卡风险资产认定和核销管理工作,及时确认并核销。信用卡业务的呆账认定依据、认定范围、核销条件等遵照国家有关部门的规定执行。

第九十六条 发卡银行应当建立科学合理的风险监测指标,适时采取相应的风险控制措施。

第九十七条 发卡银行应当根据信用卡业务发展情况,使用计量模型辅助开展信用卡业务风险管理工作,制定模型开发、测试、验证、重检、调整、监测、维护、审计等相关管理制度,明确计量模型的使用范围。

第九十八条 发卡银行应当严格执行资本充足率监管要求,将未使用的信用卡授信额度,纳入承诺项目中的"其他承诺"子项计算表外加权风险资产,适用50%的信用转换系数和根据信用卡交易主体确定的相应风险权重。

第九十九条 商业银行应当对单位卡实施单一客户授信集中风险管理,定期集中计算单位卡授信和垫款额度总和,持续监测单位卡合同签约方在本行所有贷款授信额度及其使用情况,并定期开展单位卡相关交易真实性和用途适用性的检查工作,防止出现套取流动资金贷款的行为。

第七章 监督管理

第一百条 中国银监会及其派出机构依法对信用卡业务实施非现场监管和现场检查,对信用卡业务风险进行监测和评估,并对信用卡业务相关行业自律组织进行指导和监督。

在实施现场检查和风险评估的过程中,相关检查和评估人员应当遵守商业银行信用卡业务安全管理的有关规定。

第一百零一条 商业银行开办信用卡业务应当按照有关规定向中国银监会报送信用卡业务统计数据和管理信息。

第一百零二条 商业银行应当定期对信用卡业务发展与管理情况进行自我评估,按年编制《信用卡业务年度评估报告》。

第一百零三条 商业银行《信用卡业务年度评估报告》应当至少包括以下内容:

(一)本年度信用卡业务组织架构和高管人员配置总体情况;

(二)全年信用卡业务基本经营情况分析;

(三)信用卡业务总体资产结构和资产质量;

(四)不同类型的信用卡业务资产结构和资产质量;

(五)信用卡业务主要风险分析和风险管理情况;

(六)信用卡业务合规管理和内控管理情况;

(七)已外包的各项信用卡业务经营管理情况;

(八)投诉处理情况;

(九)下一年度信用卡业务发展规划;

(十)监管机构要求报告的其他事项。

第一百零四条 全国性商业银行《信用卡业务年度评估报告》应当于下一年度3月底之前报送中国银监会(一式两份),抄送总行(公司)或外资法人银行注册地中国银监会派出机构。

按照有关规定只能在特定城市或地区从事业务经营活动的商业银行、商业银行授权开办部分或全部信用卡业务的分支机构（含营运中心等）应当于下一年度3月底之前参照第一百零三条的规定将相关材料报送当地中国银监会派出机构。

第一百零五条 商业银行应当建立信用卡业务重大安全事故和风险事件报告制度，与中国银监会及其派出机构保持经常性沟通。出现重大安全事故和风险事件后24小时内应当向中国银监会及其相关派出机构报告，并随时关注事态发展，及时报送后续情况。

第一百零六条 中国银监会对信用卡业务实施现场检查时，应当按照现场检查有关规定组成检查工作组并进行相关业务培训，应当邀请相关商业银行的信用卡业务管理和技术人员介绍其信用卡业务总体框架、运营管理模式、重要业务运营系统和重要电子设备管理要求等。

第一百零七条 商业银行不符合本办法规定的条件，擅自开办信用卡业务的，中国银监会及其相关派出机构应当责令商业银行立即停止开办的信用卡业务，并依据《中华人民共和国银行业监督管理法》第四十五条规定采取相关监管措施。

第一百零八条 商业银行违反本办法规定经营信用卡业务的，中国银监会或其相关派出机构应当责令商业银行限期改正。商业银行逾期未改正的，中国银监会及其派出机构依据《中华人民共和国银行业监督管理法》第三十七条、第四十六条、第四十七条规定采取相关监管措施。

第一百零九条 商业银行在开展信用卡业务过程中，违反审慎经营原则导致信用卡业务存在较大风险隐患、合作的机构从事或被犯罪分子利用从事违法违规活动1年内达到2次的，由中国银监会或其派出机构立即暂停该商业银行相关新发卡业务或发展新特约商户的资格，责令限期改正；逾期未改正或安全隐患在短时间内难以解决的，中国银监会及其派出机构除采取《中华人民共和国银行业监督管理法》第四十六条规定的监管措施外，还可以视情况分别采取以下措施：

（一）责令商业银行、相关分支机构或相关专营机构限制（或暂停）信用卡发卡业务或收单业务；

（二）责令商业银行、相关分支机构或相关专营机构限制（或暂停）发展新的信用卡业务持卡人；

（三）责令商业银行、相关分支机构或相关专营机构限制（或暂停）发展新的信用卡业务特约商户；

（四）责令停止批准增设营运中心等；

（五）责令停止开办新业务；

（六）其他审慎性监管措施。

第一百一十条 商业银行、相关分支机构或相关营运中心整改后，应当向中国银监会或其相关派出机构提交整改情况报告。中国银监会或其相关派出机构验收确认符合审慎经营规则和本办法相关规定的，自验收完毕之日起三日内解除对其采取的有关监管措施。

第一百一十一条 商业银行在开展信用卡业务过程中，违反其他有关法律、行政法规和规章的，由中国银监会及其派出机构依据相关法律、行政法规和规章督促整改，并采取相应的监管措施。

第八章 附 则

第一百一十二条 本办法由中国银监会负责解释。

第一百一十三条 本办法颁布之前制定的相关信用卡管理规定与本办法不一致的，以本办法为准。

第一百一十四条 在中华人民共和国境内经中国银监会批准设立的其他银行业金融机构开展信用卡业务，适用本办法的有关规定。

第一百一十五条 本办法自公布之日起施行。此前已开办相关业务且不符本办法规定的，半年内要调整完毕。

商业银行贷款损失准备管理办法

（中国银行业监督管理委员会第 110 次主席办公会议审议通过 2011 年 7 月 27 日中国银行业监督管理委员会令 2011 年第 4 号公布 自 2012 年 1 月 1 日起施行）

第一章 总 则

第一条 为加强审慎监管，提升商业银行贷款损失准备的动态性和前瞻性，增强商业银行风险防范能力，促进商业银行稳健运行，根据《中华人民共和国银行业监督管理法》和《中华人民共和国商业银行法》，制定本办法。

第二条 本办法适用于中华人民共和国境内依法设立的商业银行，包括中资银行、外商独资银行和中外合资银行。

第三条 本办法所称贷款损失准备是指商业银行在成本中列支、用以抵御贷款风险的准备金,不包括在利润分配中计提的一般风险准备。

第四条 中国银行业监督管理委员会及其派出机构(以下简称银行业监管机构)根据本办法对商业银行贷款损失准备实施监督管理。

第五条 商业银行贷款损失准备不得低于银行业监管机构设定的监管标准。

第二章 监管标准

第六条 银行业监管机构设置贷款拨备率和拨备覆盖率指标考核商业银行贷款损失准备的充足性。

贷款拨备率为贷款损失准备与各项贷款余额之比;拨备覆盖率为贷款损失准备与不良贷款余额之比。

第七条 贷款拨备率基本标准为2.5%,拨备覆盖率基本标准为150%。该两项标准中的较高者为商业银行贷款损失准备的监管标准。

第八条 银行业监管机构依据经济周期、宏观经济政策、产业政策、商业银行整体贷款分类偏离度、贷款损失变化趋势等因素对商业银行贷款损失准备监管标准进行动态调整。

第九条 银行业监管机构依据业务特点、贷款质量、信用风险管理水平、贷款分类偏离度、呆账核销等因素对单家商业银行应达到的贷款损失准备监管标准进行差异化调整。

第十条 商业银行应当按照银行业监管机构资本充足率管理有关规定确定贷款损失准备的资本属性。

第三章 管理要求

第十一条 商业银行董事会对管理层制定的贷款损失准备管理制度及其重大变更进行审批,并对贷款损失准备管理负最终责任。

第十二条 商业银行管理层负责建立完备的识别、计量、监测和报告贷款风险的管理制度,审慎评估贷款风险,确保贷款损失准备能够充分覆盖贷款风险。

第十三条 商业银行贷款损失准备管理制度应当包括:

(一)贷款损失准备计提政策、程序、方法和模型;

(二)职责分工、业务流程和监督机制;

(三)贷款损失、呆账核销及准备计提等信息统计制度;

(四)信息披露要求;

(五)其他管理制度。

第十四条 商业银行应当建立完善的贷款风险管理系统,在风险识别、计量和数据信息等方面为贷款损失准备管理提供有效支持。

第十五条　商业银行应当定期对贷款损失准备管理制度进行检查和评估,及时完善相关管理制度。

第十六条　商业银行应当在半年度、年度财务报告中披露贷款损失准备相关信息,包括但不限于:

(一)本期及上年同期贷款拨备率和拨备覆盖率;

(二)本期及上年同期贷款损失准备余额;

(三)本期计提、转回、核销数额。

第四章　监管措施

第十七条　银行业监管机构定期评估商业银行贷款损失准备制度与相关管理系统的科学性、完备性、有效性和可操作性,并将评估情况反馈董事会和管理层。

第十八条　商业银行应当按月向银行业监管机构提供贷款损失准备相关信息,包括但不限于:

(一)贷款损失准备期初、期末余额;

(二)本期计提、转回、核销数额;

(三)贷款拨备率、拨备覆盖率期初、期末数值。

第十九条　银行业监管机构定期与外部审计机构沟通信息,掌握外部审计机构对商业银行贷款损失准备的调整情况和相关意见。

第二十条　银行业监管机构应当建立商业银行贷款损失数据统计分析制度,对贷款损失数据进行跟踪、统计和分析,为科学设定和动态调整贷款损失准备监管标准提供数据支持。

第二十一条　银行业监管机构按月对商业银行贷款拨备率和拨备覆盖率进行监测和分析,对贷款损失准备异常变化进行调查或现场检查。

第二十二条　银行业监管机构应当将商业银行贷款损失准备制度建设和执行情况作为风险监管的重要内容。

第二十三条　商业银行贷款损失准备连续 3 个月低于监管标准的,银行业监管机构向商业银行发出风险提示,并提出整改要求;连续 6 个月低于监管标准的,银行业监管机构根据《中华人民共和国银行业监督管理法》的规定,采取相应监管措施。

第二十四条　银行业监管机构经检查认定商业银行以弄虚作假手段达到监管标准的,责令其限期整改,并按照《中华人民共和国银行业监督管理法》相关规定实施行政处罚。

第五章 附 则

第二十五条 商业银行之外的银行业金融机构参照执行本办法。

第二十六条 银行业监管机构确定的系统重要性银行应当于2013年底前达标。非系统重要性银行应当于2016年底前达标,2016年底前未达标的,应当制定达标规划,并向银行业监管机构报告,最晚于2018年底达标。

第二十七条 本办法由中国银行业监督管理委员会负责解释。

第二十八条 本办法自2012年1月1日起施行。

商业银行理财产品销售管理办法

(中国银行业监督管理委员会第109次主席会议通过
2011年8月28日中国银行业监督管理委员会令
2011年第5号公布 自2012年1月1日起施行)

第一章 总 则

第一条 为规范商业银行理财产品销售活动,促进商业银行理财业务健康发展,根据《中华人民共和国银行业监督管理法》、《中华人民共和国商业银行法》及其他相关法律、行政法规,制定本办法。

第二条 本办法所称商业银行理财产品(以下简称理财产品)销售是指商业银行将本行开发设计的理财产品向个人客户和机构客户(以下统称客户)宣传推介、销售、办理申购、赎回等行为。

第三条 商业银行开展理财产品销售活动,应当遵守法律、行政法规等相关规定,不得损害国家利益、社会公共利益和客户合法权益。

第四条 中国银监会及其派出机构依照相关法律、行政法规和本办法等相关规定,对理财产品销售活动实施监督管理。

第二章 基本原则

第五条 商业银行销售理财产品,应当遵循诚实守信、勤勉尽责、如实告知原则。

第六条 商业银行销售理财产品,应当遵循公平、公开、公正原则,充分揭示风险,保护客户合法权益,不得对客户进行误导销售。

第七条 商业银行销售理财产品,应当进行合规性审查,准确界定销售活动包含的法律关系,防范合规风险。

第八条 商业银行销售理财产品,应当做到成本可算、风险可控、信息充分披露。

第九条 商业银行销售理财产品,应当遵循风险匹配原则,禁止误导客户购买与其风险承受能力不相符合的理财产品。

风险匹配原则是指商业银行只能向客户销售风险评级等于或低于其风险承受能力评级的理财产品。

第十条 商业银行销售理财产品,应当加强客户风险提示和投资者教育。

第三章 宣传销售文本管理

第十一条 本办法所称宣传销售文本分为两类。

一是宣传材料,指商业银行为宣传推介理财产品向客户分发或者公布,使客户可以获得的书面、电子或其他介质的信息,包括:

(一)宣传单、手册、信函等面向客户的宣传资料;

(二)电话、传真、短信、邮件等;

(三)报纸、海报、电子显示屏、电影、互联网等以及其他音像、通讯资料;

(四)其他相关资料。

二是销售文件,包括:理财产品销售协议书、理财产品说明书、风险揭示书、客户权益须知等;经客户签字确认的销售文件,商业银行和客户双方均应留存。

第十二条 商业银行应当加强对理财产品宣传销售文本制作和发放的管理,宣传销售文本应当由商业银行总行统一管理和授权,分支机构未经总行授权不得擅自制作和分发宣传销售文本。

第十三条 理财产品宣传销售文本应当全面、客观反映理财产品的重要特性和与产品有关的重要事实,语言表述应当真实、准确和清晰,不得有下列情形:

(一)虚假记载、误导性陈述或者重大遗漏;

(二)违规承诺收益或者承担损失;

(三)夸大或者片面宣传理财产品,违规使用安全、保证、承诺、保险、避险、有保障、高收益、无风险等与产品风险收益特性不匹配的表述;

(四)登载单位或者个人的推荐性文字;

(五)在未提供客观证据的情况下,使用"业绩优良"、"名列前茅"、"位居前列"、"最有价值"、"首只"、"最大"、"最好"、"最强"、"唯一"等夸大过往业绩的表述;

（六）其他易使客户忽视风险的情形。

第十四条　理财产品宣传销售文本只能登载商业银行开发设计的该款理财产品或风险等级和结构相同的同类理财产品过往平均业绩及最好、最差业绩，同时应当遵守下列规定：

（一）引用的统计数据、图表和资料应当真实、准确、全面，并注明来源，不得引用未经核实的数据；

（二）真实、准确、合理地表述理财产品业绩和商业银行管理水平；

（三）在宣传销售文本中应当明确提示，产品过往业绩不代表其未来表现，不构成新发理财产品业绩表现的保证。

如理财产品宣传销售文本中使用模拟数据的，必须注明模拟数据。

第十五条　理财产品宣传销售文本提及第三方专业机构评价结果的，应当列明第三方专业评价机构名称及刊登或发布评价的渠道与日期。

第十六条　理财产品宣传销售文本中出现表达收益率或收益区间字样的，应当在销售文件中提供科学、合理的测算依据和测算方式，以醒目文字提醒客户，"测算收益不等于实际收益，投资须谨慎"。

如不能提供科学、合理的测算依据和测算方式，则理财产品宣传销售文本中不得出现产品收益率或收益区间等类似表述。

向客户表述的收益率测算依据和测算方式应当简明、清晰，不得使用小概率事件夸大产品收益率或收益区间，误导客户。

第十七条　理财产品宣传材料应当在醒目位置提示客户，"理财非存款、产品有风险、投资须谨慎"。

第十八条　理财产品销售文件应当包含专页风险揭示书，风险揭示书应当使用通俗易懂的语言，并至少包含以下内容：

（一）在醒目位置提示客户，"理财非存款、产品有风险、投资须谨慎"。

（二）提示客户，"如影响您风险承受能力的因素发生变化，请及时完成风险承受能力评估"。

（三）提示客户注意投资风险，仔细阅读理财产品销售文件，了解理财产品具体情况。

（四）本理财产品类型、期限、风险评级结果、适合购买的客户，并配以示例说明最不利投资情形下的投资结果。

（五）保证收益理财产品风险揭示应当至少包含以下表述："本理财产品有投资风险，只能保证获得合同明确承诺的收益，您应充分认识投资风险，谨慎投资"。

（六）保本浮动收益理财产品的风险揭示应当至少包含以下表述："本理财产品有投资风险，只保障理财资金本金，不保证理财收益，您应当充分认识投资风险,谨慎投资"。

(七)非保本浮动收益理财产品的风险揭示应当至少包含以下内容:本理财产品不保证本金和收益,并根据理财产品风险评级提示客户可能会因市场变动而蒙受损失的程度,以及需要充分认识投资风险,谨慎投资等内容。

(八)客户风险承受能力评级,由客户填写。

(九)风险揭示书还应当设计客户风险确认语句抄录,包括确认语句栏和签字栏;确认语句栏应当完整载明的风险确认语句为:"本人已经阅读风险揭示,愿意承担投资风险",并在此语句下预留足够空间供客户完整抄录和签名确认。

第十九条 理财产品销售文件应当包含专页客户权益须知,客户权益须知应当至少包括以下内容:

(一)客户办理理财产品的流程;

(二)客户风险承受能力评估流程、评级具体含义以及适合购买的理财产品等相关内容;

(三)商业银行向客户进行信息披露的方式、渠道和频率等;

(四)客户向商业银行投诉的方式和程序;

(五)商业银行联络方式及其他需要向客户说明的内容。

第二十条 理财产品销售文件应当载明投资范围、投资资产种类和各投资资产种类的投资比例,并确保在理财产品存续期间按照销售文件约定比例合理浮动。

市场发生重大变化导致投资比例暂时超出浮动区间且可能对客户预期收益产生重大影响的,应当及时向客户进行信息披露。

商业银行根据市场情况调整投资范围、投资品种或投资比例,应当按照有关规定进行信息披露后方可调整;客户不接受的,应当允许客户按照销售文件的约定提前赎回理财产品。

第二十一条 理财产品销售文件应当载明收取销售费、托管费、投资管理费等相关收费项目、收费条件、收费标准和收费方式。销售文件未载明的收费项目,不得向客户收取。

商业银行根据相关法律和国家政策规定,需要对已约定的收费项目、条件、标准和方式进行调整时,应当按照有关规定进行信息披露后方可调整;客户不接受的,应当允许客户按照销售文件的约定提前赎回理财产品。

第二十二条 商业银行应当按照销售文件约定及时、准确地进行信息披露;产品结束或终止时的信息披露内容应当包括但不限于实际投资资产种类、投资品种、投资比例、销售费、托管费、投资管理费和客户收益等。理财产品未达到预期收益的,应当详细披露相关信息。

第二十三条　理财产品名称应当恰当反映产品属性,不得使用带有诱惑性、误导性和承诺性的称谓以及易引发争议的模糊性语言。

理财产品名称中含有拟投资资产名称的,拟投资该资产的比例须达到该理财产品规模的 50%(含)以上;对挂钩性结构化理财产品,名称中含有挂钩资产名称的,需要在名称中明确所挂钩标的资产占理财资金的比例或明确是用本金投资的预期收益挂钩标的资产。

第四章　理财产品风险评级

第二十四条　商业银行应当采用科学、合理的方法对拟销售的理财产品自主进行风险评级,制定风险管控措施,进行分级审核批准。

理财产品风险评级结果应当以风险等级体现,由低到高至少包括五个等级,并可根据实际情况进一步细分。

第二十五条　商业银行应当根据风险匹配原则在理财产品风险评级与客户风险承受能力评估之间建立对应关系;应当在理财产品销售文件中明确提示产品适合销售的客户范围,并在销售系统中设置销售限制措施。

第二十六条　商业银行对理财产品进行风险评级的依据应当包括但不限于以下因素:

(一)理财产品投资范围、投资资产和投资比例;

(二)理财产品期限、成本、收益测算;

(三)本行开发设计的同类理财产品过往业绩;

(四)理财产品运营过程中存在的各类风险。

第五章　客户风险承受能力评估

第二十七条　商业银行应当对客户风险承受能力进行评估,确定客户风险承受能力评级,由低到高至少包括五级,并可根据实际情况进一步细分。

第二十八条　商业银行应当在客户首次购买理财产品前在本行网点进行风险承受能力评估。风险承受能力评估依据至少应当包括客户年龄、财务状况、投资经验、投资目的、收益预期、风险偏好、流动性要求、风险认识以及风险损失承受程度等。

商业银行对超过 65 岁(含)的客户进行风险承受能力评估时,应当充分考虑客户年龄、相关投资经验等因素。

商业银行完成客户风险承受能力评估后应当将风险承受能力评估结果告知客户,由客户签名确认后留存。

第二十九条　商业银行应当定期或不定期地采用当面或网上银行方式对客户进行风险承受能力持续评估。

超过一年未进行风险承受能力评估或发生可能影响自身风险承受能力情况的客户,再次购买理财产品时,应当在商业银行网点或其网上银行完成风险承受能力评估,评估结果应当由客户签名确认;未进行评估,商业银行不得再次向其销售理财产品。

第三十条　商业银行应当制定本行统一的客户风险承受能力评估书。

商业银行应当在客户风险承受能力评估书中明确提示,如客户发生可能影响其自身风险承受能力的情形,再次购买理财产品时应当主动要求商业银行对其进行风险承受能力评估。

第三十一条　商业银行为私人银行客户和高资产净值客户提供理财产品销售服务应当按照本办法规定进行客户风险承受能力评估。

私人银行客户是指金融净资产达到 600 万元人民币及以上的商业银行客户;商业银行在提供服务时,由客户提供相关证明并签字确认。

高资产净值客户是满足下列条件之一的商业银行客户:

（一）单笔认购理财产品不少于 100 万元人民币的自然人;

（二）认购理财产品时,个人或家庭金融净资产总计超过 100 万元人民币,且能提供相关证明的自然人;

（三）个人收入在最近 3 年每年超过 20 万元人民币或者家庭合计收入在最近 3 年内每年超过 30 万元人民币,且能提供相关证明的自然人。

第三十二条　商业银行分支机构理财产品销售部门负责人或经授权的业务主管人员应当定期对已完成的客户风险承受能力评估书进行审核。

第三十三条　商业银行应当建立客户风险承受能力评估信息管理系统,用于测评、记录和留存客户风险承受能力评估内容和结果。

第六章　理财产品销售管理

第三十四条　商业银行不得销售无市场分析预测、无风险管控预案、无风险评级、不能独立测算的理财产品,不得销售风险收益严重不对称的含有复杂金融衍生工具的理财产品。

第三十五条　商业银行不得无条件向客户承诺高于同期存款利率的保证收益率;高于同期存款利率的保证收益,应当是对客户有附加条件的保证收益。

商业银行向客户承诺保证收益的附加条件可以是对理财产品期限调整、币种转换等权利,也可以是对最终支付货币和工具的选择权利等,承诺保证收益的附加条件所产生的投资风险应当由客户承担,并应当在销售文件明确告知客户。

商业银行不得承诺或变相承诺除保证收益以外的任何可获得收益。

第三十六条 商业银行不得将存款单独作为理财产品销售,不得将理财产品与存款进行强制性搭配销售。

商业银行不得将理财产品作为存款进行宣传销售,不得违反国家利率管理政策变相高息揽储。

第三十七条 商业银行从事理财产品销售活动,不得有下列情形:

(一)通过销售或购买理财产品方式调节监管指标,进行监管套利;

(二)将理财产品与其他产品进行捆绑销售;

(三)采取抽奖、回扣或者赠送实物等方式销售理财产品;

(四)通过理财产品进行利益输送;

(五)挪用客户认购、申购、赎回资金;

(六)销售人员代替客户签署文件;

(七)中国银监会规定禁止的其他情形。

第三十八条 商业银行应当根据理财产品风险评级、潜在客户群的风险承受能力评级,为理财产品设置适当的单一客户销售起点金额。

风险评级为一级和二级的理财产品,单一客户销售起点金额不得低于5万元人民币;风险评级为三级和四级的理财产品,单一客户销售起点金额不得低于10万元人民币;风险评级为五级的理财产品,单一客户销售起点金额不得低于20万元人民币。

第三十九条 商业银行不得通过电视、电台渠道对具体理财产品进行宣传;通过电话、传真、短信、邮件等方式开展理财产品宣传时,如客户明确表示不同意,商业银行不得再通过此种方式向客户开展理财产品宣传。

第四十条 商业银行通过本行网上银行销售理财产品时,应当遵守本办法第二十八条规定;销售过程应有醒目的风险提示,风险确认不得低于网点标准,销售过程应当保留完整记录。

第四十一条 商业银行通过本行电话银行销售理财产品时,应当遵守本办法第二十八条规定;销售人员应当是具有理财从业资格的银行人员,销售过程应当使用统一的规范用语,妥善保管客户信息,履行相应的保密义务。

商业银行通过本行电话银行向客户销售理财产品应当征得客户同意,明确告知客户销售的是理财产品,不得误导客户;销售过程的风险确认不得低于网点标准,销售过程应当录音并妥善保存。

第四十二条 商业银行销售风险评级为四级(含)以上理财产品时,除非与客户书面约定,否则应当在商业银行网点进行。

第四十三条 商业银行向私人银行客户销售专门为其设计开发的理财产品或投资组合时,双方应当签订专门的理财服务协议,销售活动可按服务协议约定方式进行,但应当确保销售过程符合相关法律法规规定。

第四十四条 商业银行向机构客户销售理财产品不适用本办法有关客户风险承受能力评估、风险确认语句抄录的相关规定,但应当确保销售过程符合相关法律法规及本办法其他条款规定。

商业银行向机构客户销售专门为其设计开发的理财产品,双方应当签订专门的理财服务协议,销售活动可以按服务协议约定方式执行,但应当确保销售过程符合相关法律法规规定。

第四十五条 对于单笔投资金额较大的客户,商业银行应当在完成销售前将包括销售文件在内的认购资料至少报经商业银行分支机构销售部门负责人审核或其授权的业务主管人员审核;单笔金额标准和审核权限,由商业银行根据理财产品特性和本行风险管理要求制定。

已经完成销售的理财产品销售文件,应至少报经商业银行分支机构理财产品销售部门负责人或其授权的业务主管人员定期审核。

第四十六条 客户购买风险较高或单笔金额较大的理财产品,除非双方书面约定,否则商业银行应当在划款时以电话等方式与客户进行最后确认;如果客户不同意购买该理财产品,商业银行应当遵从客户意愿,解除已签订的销售文件。

风险较高和单笔金额较大的标准,由商业银行根据理财产品特性和本行风险管理要求制定。

第四十七条 商业银行不得将其他商业银行或其他金融机构开发设计的理财产品标记本行标识后作为自有理财产品销售。

商业银行代理销售其他商业银行理财产品应当遵守本办法规定,进行充分的风险审查并承担相应责任。

第四十八条 商业银行应当建立异常销售的监控、记录、报告和处理制度,重点关注理财产品销售业务中的不当销售和误导销售行为,至少应当包括以下异常情况:

（一）客户频繁开立、撤销理财账户;

（二）客户风险承受能力与理财产品风险不匹配;

（三）商业银行超过约定时间进行资金划付;

（四）其他应当关注的异常情况。

第七章　销售人员管理

第四十九条 本办法所称销售人员是指商业银行面向客户从事理财产

品宣传推介、销售、办理申购和赎回等相关活动的人员。

第五十条　销售人员除应当具备理财产品销售资格以及相关法律法规、金融、财务等专业知识和技能外,还应当满足以下要求:

(一)对理财业务相关法律、法规和监管规定等有充分了解和认识;

(二)遵守监管部门和商业银行制定的理财业务人员职业道德标准或守则;

(三)掌握所宣传销售的理财产品或向客户提供咨询顾问意见所涉及理财产品的特性,对有关理财产品市场有所认识和理解;

(四)具备相应的学历水平和工作经验;

(五)具备监管部门要求的行业资格。

第五十一条　销售人员从事理财产品销售活动,应当遵循以下原则:

(一)勤勉尽职原则。销售人员应当以对客户高度负责的态度执业,认真履行各项职责。

(二)诚实守信原则。销售人员应当忠实于客户,以诚实、公正的态度、合法的方式执业,如实告知客户可能影响其利益的重要情况和理财产品风险评级情况。

(三)公平对待客户原则。在理财产品销售活动中发生分歧或矛盾时,销售人员应当公平对待客户,不得损害客户合法权益。

(四)专业胜任原则。销售人员应当具备理财产品销售的专业资格和技能,胜任理财产品销售工作。

第五十二条　销售人员在向客户宣传销售理财产品时,应当先做自我介绍,尊重客户意愿,不得在客户不愿或不便的情况下进行宣传销售。

第五十三条　销售人员在为客户办理理财产品认购手续前,应当遵守本办法规定,特别注意以下事项:

(一)有效识别客户身份;

(二)向客户介绍理财产品销售业务流程、收费标准及方式等;

(三)了解客户风险承受能力评估情况、投资期限和流动性要求;

(四)提醒客户阅读销售文件,特别是风险揭示书和权益须知;

(五)确认客户抄录了风险确认语句。

第五十四条　销售人员从事理财产品销售活动,不得有下列情形:

(一)在销售活动中为自己或他人牟取不正当利益,承诺进行利益输送,通过给予他人财物或利益,或接受他人给予的财物或利益等形式进行商业贿赂;

(二)诋毁其他机构的理财产品或销售人员;

(三)散布虚假信息,扰乱市场秩序;

（四）违规接受客户全权委托，私自代理客户进行理财产品认购、申购、赎回等交易；

（五）违规对客户做出盈亏承诺，或与客户以口头或书面形式约定利益分成或亏损分担；

（六）挪用客户交易资金或理财产品；

（七）擅自更改客户交易指令；

（八）其他可能有损客户合法权益和所在机构声誉的行为。

第五十五条 商业银行应当向销售人员提供每年不少于 20 小时的培训，确保销售人员掌握理财业务监管政策、规章制度，熟悉理财产品宣传销售文本、产品风险特性等专业知识。

培训记录应当详细记载培训要求、方式、时间及考核结果等，未达到培训要求的销售人员应当暂停从事理财产品销售活动。

第五十六条 商业银行应当建立健全销售人员资格考核、继续培训、跟踪评价等管理制度，不得对销售人员采用以销售业绩作为单一考核和奖励指标的考核方法，并应当将客户投诉情况、误导销售以及其他违规行为纳入考核指标体系。

商业银行应当对销售人员在销售活动中出现的违规行为进行问责处理，将其纳入本行人力资源评价考核系统，持续跟踪考核。

对于频繁被客户投诉、查证属实的销售人员，应当将其调离销售岗位；情节严重的应当按照本办法规定承担相应法律责任。

第八章　销售内控制度

第五十七条 商业银行董事会和高级管理层应当充分了解理财产品销售可能存在的合规风险、操作风险、法律风险、声誉风险等，密切关注理财产品销售过程中各项风险管控措施的执行情况，确保理财产品销售的各项管理制度和风险控制措施体现充分了解客户和符合客户利益的原则。

第五十八条 商业银行应当明确规定理财产品销售的管理部门，根据国家有关法律法规及销售业务的性质和自身特点建立科学、透明的理财产品销售管理体系和决策程序，高效、严谨的业务运营系统，健全、有效的内部监督系统，以及应急处理机制。

第五十九条 商业银行应当建立包括理财产品风险评级、客户风险承受能力评估、销售活动风险评估等在内的科学严密的风险管理体系和内部控制制度，对内外部风险进行识别、评估和管理，规范销售行为，确保将合适的产品销售给合适的客户。

第六十条 商业银行应当建立健全符合本行情况的理财产品销售授权

控制体系,加强对分支机构的管理,有效控制分支机构的销售风险。授权管理应当至少包括:

(一)明确规定分支机构的业务权限;

(二)制定统一的标准化销售服务规程,提高分支机构的销售服务质量;

(三)统一信息技术系统和平台,确保客户信息的有效管理和客户资金安全;

(四)建立清晰的报告路线,保持信息渠道畅通;

(五)加强对分支机构的监督管理,采取定期核对、现场核查、风险评估等方式有效控制分支机构的风险。

第六十一条 商业银行应当建立理财产品销售业务账户管理制度,确保各类账户的开立和使用符合法律法规和相关监管规定,保障理财产品销售资金的安全和账户的有序管理。

第六十二条 商业银行应当制定理财产品销售业务基本规程,对开户、销户、资料变更等账户类业务,认购、申购、赎回、转换等交易类业务做出规定。

第六十三条 商业银行应当建立全面、透明、快捷和有效的客户投诉处理体系,具体应当包括:

(一)有专门的部门受理和处理客户投诉;

(二)建立客户投诉处理机制,至少应当包括投诉处理流程、调查程序、解决方案、客户反馈程序、内部反馈程序等;

(三)为客户提供合理的投诉途径,确保客户了解投诉的途径、方法及程序,采用本行统一标准,公平和公正地处理投诉;

(四)向社会公布受理客户投诉的方式,包括电话、邮件、信函以及现场投诉等并公布投诉处理规则;

(五)准确记录投诉内容,所有投诉应当保留记录并存档,投诉电话应当录音;

(六)评估客户投诉风险,采取适当措施,及时妥善处理客户投诉;

(七)定期根据客户投诉总结相关问题,形成分析报告,及时发现业务风险,完善内控制度。

第六十四条 商业银行应当依法建立客户信息管理制度和保密制度,防范客户信息被不当使用。

第六十五条 商业银行应当建立文档保存制度,妥善保存理财产品销售环节涉及的所有文件、记录、录音等相关资料。

第六十六条 商业银行应当具备与管控理财产品销售风险相适应的技术支持系统和后台保障能力,尽快建立完整的销售信息管理系统,设置必要的信息管理岗位,确保销售管理系统安全运行。

第六十七条 商业银行应当建立和完善理财产品销售质量控制制度,制定实施内部监督和独立审核措施,配备必要的人员,对本行理财产品销售人员的操守资质、服务合规性和服务质量等进行内部调查和监督。

内部调查应当采用多样化的方式进行。对理财产品销售质量进行调查时,内部调查监督人员还应当亲自或委托适当的人员,以客户身份进行调查。

内部调查监督人员应当在审查销售服务记录、合同和其他材料等基础上,重点检查是否存在不当销售的情况。

第九章　监督管理

第六十八条 中国银监会及其派出机构根据审慎监管要求,对商业银行理财产品销售活动进行非现场监管和现场检查。

第六十九条 商业银行销售理财产品实行报告制,报告期间,不得对报告的理财产品开展宣传销售活动。

商业银行总行或授权分支机构开发设计的理财产品,应当由商业银行总行负责报告,报告材料应当经商业银行主管理财业务的高级管理人员审核批准。

商业银行总行应当在销售前 10 日,将以下材料向中国银监会负责法人机构监管的部门或属地银监局报告(外国银行分行参照执行):

(一)理财产品的可行性评估报告,主要内容包括:产品基本特性、目标客户群、拟销售时间和规模、拟销售地区、理财资金投向、投资组合安排、资金成本与收益测算、含有预期收益率的理财产品的收益测算方式和测算依据、产品风险评估及管控措施等;

(二)内部审核文件;

(三)对理财产品投资管理人、托管人、投资顾问等相关方的尽职调查文件;

(四)与理财产品投资管理人、托管人、投资顾问等相关方签署的法律文件;

(五)理财产品销售文件,包括理财产品销售协议书、理财产品说明书、风险揭示书、客户权益须知等;

(六)理财产品宣传材料,包括银行营业网点、银行官方网站和银行委托第三方网站向客户提供的理财产品宣传材料,以及通过各种媒体投放的产品广告等;

(七)报告材料联络人的具体联系方式;

（八）中国银监会及其派出机构要求的其他材料。

商业银行向机构客户和私人银行客户销售专门为其开发设计的理财产品不适用本条规定。

第七十条　商业银行分支机构应当在开始发售理财产品之日起 5 日内，将以下材料向所在地中国银监会派出机构报告：

（一）总行理财产品发售授权书；

（二）理财产品销售文件，包括理财产品协议书、理财产品说明书、风险揭示书、客户权益须知等；

（三）理财产品宣传材料，包括银行营业网点、银行官方网站和银行委托第三方网站向客户提供的产品宣传材料，以及通过各种媒体投放的产品广告等；

（四）报告材料联络人的具体联系方式；

（五）中国银监会及其派出机构要求的其他材料。

商业银行向机构客户和私人银行客户销售专门为其开发设计的理财产品不适用本条规定。

第七十一条　商业银行应当确保报告材料的真实性和完整性。报告材料不齐全或者不符合形式要求的，应当按照中国银监会或其派出机构的要求进行补充报送或调整后重新报送。

第七十二条　商业银行理财业务有下列情形之一的，应当及时向中国银监会或其派出机构报告：

（一）发生群体性事件、重大投诉等重大事件；

（二）挪用客户资金或资产；

（三）投资交易对手或其他信用关联方发生重大信用违约事件，可能造成理财产品重大亏损；

（四）理财产品出现重大亏损；

（五）销售中出现的其他重大违法违规行为。

第七十三条　商业银行应当根据中国银监会的规定对理财产品销售进行月度、季度和年度统计分析，报送中国银监会及其派出机构。

商业银行应当在每个会计年度结束时编制本年度理财业务发展报告，应当至少包括销售情况、投资情况、收益分配、客户投诉情况等，于下一年度 2 月底前报送中国银监会及其派出机构。

第十章　法律责任

第七十四条　商业银行违反本办法规定开展理财产品销售的，中国银监会或其派出机构责令限期改正，情节严重或者逾期不改正的，中国银监会或其派出机构可以区别不同情形,根据《中华人民共和国银行业监督管理法》第三十七条规定采取相应监管措施。

第七十五条 商业银行开展理财产品销售业务有下列情形之一的,由中国银监会或其派出机构责令限期改正,除按照本办法第七十四条规定采取相关监管措施外,还可以并处20万以上50万元以下罚款;涉嫌犯罪的,依法移送司法机关:

(一)违规开展理财产品销售造成客户或银行重大经济损失的;

(二)泄露或不当使用客户个人资料和交易记录造成严重后果的;

(三)挪用客户资产的;

(四)利用理财业务从事洗钱、逃税等违法犯罪活动的;

(五)其他严重违反审慎经营规则的。

第七十六条 商业银行违反法律、行政法规以及国家有关银行业监督管理规定的,中国银监会或其派出机构除依照本办法第七十四条和第七十五条规定处理外,还可以区别不同情形,按照《中华人民共和国银行业监督管理法》第四十八条规定采取相应监管措施。

第十一章 附 则

第七十七条 本办法中的"日"指工作日。

第七十八条 农村合作银行、城市信用社、农村信用社等其他银行业金融机构开展理财产品销售业务,参照本办法执行。

第七十九条 本办法由中国银监会负责解释。

第八十条 本办法自2012年1月1日起施行。

保险公司保险业务转让管理暂行办法

(2011年8月22日中国保险监督管理委员会主席办公会审议通过 2011年8月26日中国保险监督管理委员会令2011年第1号公布 自2011年10月1日起施行)

第一条 为了规范保险公司保险业务转让行为,保护投保人、被保险人和受益人的合法权益,维护保险市场秩序,根据《中华人民共和国保险法》(以下简称《保险法》),制定本办法。

第二条 中国保险监督管理委员会(以下简称中国保监会)根据法律和国务院授权,对保险公司保险业务转让行为实施监督管理。

第三条 保险公司转让全部或者部分保险业务,应当经中国保监会批准。

前款所称的"部分保险业务"的标准,由中国保监会另行规定。

第四条 保险公司转让保险业务,应当遵循自愿、公开、公平、公正的原则。

第五条 保险公司转让保险业务,不得泄露在此过程中获悉的商业秘密和个人隐私,不得损害投保人、被保险人和受益人的合法权益。

第六条 保险业务转让双方应当在平等协商基础上订立保险业务转让协议。

第七条 保险业务受让方保险公司应当承担转让方保险公司依照原保险合同对投保人、被保险人和受益人负有的义务。

第八条 保险业务受让方保险公司应当符合下列条件:

(一)受让的保险业务在其业务范围之内;

(二)公司治理结构完善,内控制度健全;

(三)偿付能力充足,且受让保险业务后,其偿付能力符合中国保监会的相关规定;

(四)最近 2 年内无受金融监管机构重大行政处罚的记录;

(五)在受让业务的保单最初签发地设有分支机构;

(六)已进行经营管理受让业务的可行性研究;

(七)中国保监会规定的其他条件。

第九条 保险业务转让双方应当聘请律师事务所、会计师事务所等专业中介机构,对转让的保险业务的价值、合规性等方面进行评估。

第十条 保险业务转让双方应当按照中国保监会的有关规定,对转让业务的责任准备金进行评估,确保充分、合理。

第十一条 保险公司转让或者受让保险业务,应当经董事会或者股东会、股东大会批准;转让全部保险业务的,应当经股东会、股东大会批准。

第十二条 保险业务转让双方应当向中国保监会提交下列材料一式三份:

(一)保险业务转让双方的基本情况;

(二)保险业务转让协议;

(三)保险业务转让程序安排;

(四)经营管理受让保险业务的可行性方案;

(五)专业中介机构的评估报告;

(六)转让业务的责任准备金评估报告;

(七)受让方保险公司上一年度偿付能力报告和受让业务对受让方保险

公司偿付能力影响的分析报告；

（八）保险业务转让双方的董事会或者股东会、股东大会作出的批准保险业务转让协议的文件；

（九）中国保监会规定提交的其他材料。

其中，第（三）项、第（五）项和第（六）项须双方共同签字确认。

第十三条 中国保监会批准保险业务转让后，转让方保险公司应当及时将受让方保险公司基本信息、转让方案概要及责任承担等相关事宜书面告知相关投保人、被保险人，并征得相关投保人、被保险人的同意；人身保险合同的被保险人死亡的，转让方保险公司应当书面告知受益人并征得其同意。

保险业务转让双方应当合理实施业务转让方案，妥善处置业务转让相关事宜。

第十四条 中国保监会批准保险业务转让后，保险业务转让双方应当在中国保监会指定的报纸上联合公告，公告次数不得少于 3 次，同时在各自的互联网网站进行公告，公告期不得少于 1 个月。

第十五条 保险公司转让全部保险业务，依法终止其业务活动的，应当在转让协议履行完毕之日起 15 个工作日内向中国保监会办理保险许可证注销手续，并向工商行政管理部门办理相关手续。

保险公司转让部分保险业务，涉及保险许可证事项变更的，应当在转让协议履行完毕之日起 15 个工作日内，按照中国保监会的有关规定办理变更手续。

第十六条 保险公司违反本办法进行保险业务转让的，由中国保监会责令其限期改正，并依法进行处罚。

第十七条 《保险法》第二十八条规定的再保险、第九十二条、第一百三十九条规定的保险业务转让，不适用本办法。

保险公司转让保险业务，不得违反《保险法》第八十九条第二款的规定。

第十八条 中国保监会对保险公司保险业务转让另有规定的，从其规定。

第十九条 本办法由中国保监会负责解释。

第二十条 本办法自 2011 年 10 月 1 日起施行。

关于修改《中国证券监督管理委员会冻结、查封实施办法》的决定

(2010 年 12 月 7 日中国证券监督管理委员会第 287 次主席办公会议审议通过　2011 年 5 月 23 日中国证券监督管理委员会令第 71 号公布　自 2011 年 10 月 1 日起施行)

一、第五条增加一项，作为第四项："当事人因涉嫌严重违法而被立案调查，且其涉案场所、账户或者人员已经被执法部门调查的"。

二、第十一条中的"冻结、查封通知书"修改为"冻结通知书或者查封通知书"。

三、第十二条和第十三条修改为第十二条、第十三条和第十四条，具体表述为：

"第十二条　实施冻结，应当依照有关规定，向协助执行部门出示冻结决定书，送达冻结通知书，并在实施冻结后及时向当事人送达冻结决定书。当事人应当将被冻结情况告知其控制的涉案财产的名义持有人。"

"第十三条　实施查封，应当依照有关规定向当事人送达查封决定书。需要有关部门协助的，还应当向协助执行部门送达查封通知书。"

"实施查封后，应当制作现场笔录和查封清单。查封清单一式两份，由当事人和实施部门分别保存。"

"第十四条　冻结或者查封应当由两名以上执法人员实施。"

"执法人员在实施冻结或者查封时应当出示有效证件。"

四、第十四条第二款中的"调查人员"修改为"执法人员"。

五、第十七条修改为："冻结证券，其金额应当以冻结实施日前一交易日收市后的市值计算。

"冻结证券时，中国证券监督管理委员会及其派出机构可以明确被冻结的证券是否限制卖出。

"限制证券卖出的，由证券公司或者证券登记结算机构协助执行冻结。冻结期间，证券持有人可以提出出售部分或者全部被冻结证券的请求，经申请部门审查认为确有必要的，可以解除卖出限制，并监督证券持有人依法出售，同时将所得资金转入相关资金账户予以冻结。

"不限制证券卖出的，由证券公司等控制资金账户的单位协助执行冻

结。冻结期间,证券持有人可以依法出售部分或者全部被冻结的证券,同时将所得资金转入相关资金账户予以冻结。

"证券公司协助执行冻结的,应当于当日将冻结信息发送证券登记结算机构。

"证券被冻结后,不得进行转托管或转指定,不得设定抵押、质押等权利,不得进行非交易过户,不得进行重复冻结。"

六、第二十一条修改为:"当事人逾期不履行处罚决定的,中国证券监督管理委员会可以依法申请人民法院强制执行冻结、查封的涉案财产。"

本决定自 2011 年 10 月 1 日起施行。

《中国证券监督管理委员会冻结、查封实施办法》根据本决定作相应修改,重新公布。

中国证券监督管理委员会冻结、查封实施办法

（2005 年 12 月 28 日中国证券监督管理委员会第 169 次主席办公会议审议通过 根据 2011 年 5 月 23 日中国证券监督管理委员会《关于修改〈中国证券监督管理委员会冻结、查封实施办法〉的决定》修订）

第一条 为了保护投资者和当事人的合法权益,及时有效查处证券违法行为,规范冻结、查封工作,维护市场秩序,根据《中华人民共和国证券法》及相关法律法规,制定本办法。

第二条 中国证券监督管理委员会及其派出机构依法履行职责,有权冻结、查封涉案当事人的违法资金、证券等涉案财产或者重要证据。

第三条 冻结、查封违法资金、证券等涉案财产或者重要证据,必须依照本办法规定的程序提交申请,经法律部门审查,报中国证券监督管理委员会主要负责人批准,制作决定书、通知书,由执法人员实施。

第四条 中国证券监督管理委员会案件调查部门、案件审理部门及派出机构在对证券违法案件进行调查、审理或者执行时,发现存在下列情形之一的,可以申请冻结、查封:

（一）已经转移、隐匿违法资金、证券等涉案财产的;

（二）可能转移、隐匿违法资金、证券等涉案财产的;

（三）已经隐匿、伪造、毁损重要证据的;

（四）可能隐匿、伪造、毁损重要证据的;

（五）其他需要及时冻结、查封的情形。

第五条　有下列情形之一的，视为可能转移或者隐匿违法资金、证券等涉案财产：

（一）涉案当事人本人开立的资金账户、证券账户和银行账户或由其实际控制的资金账户、证券账户和银行账户，以及与其有关联的资金账户、证券账户和银行账户中存放的违法资金、证券，部分已经被转移或者隐匿的；

（二）被举报的违法资金、证券等涉案财产已经或者将要被转移、隐匿并提供具体的转移或者隐匿线索的；

（三）通过与他人签订合同等形式，拟将违法资金、证券等涉案财产作为合同标的物或者以偿还贷款、支付合同价款等名义转移占有的；

（四）当事人因涉嫌严重违法而被立案调查，且其涉案场所、账户或者人员已经被执法部门调查的；

（五）其他有证据证明有转移或者隐匿违法资金、证券等涉案财产迹象的。

第六条　有下列特征之一的，视为重要证据：

（一）对案件调查有重大影响的；

（二）对案件定性有关键作用的；

（三）不可替代或者具有唯一性的；

（四）其他重要证据。

第七条　中国证券监督管理委员会案件调查部门、案件审理部门及派出机构需要实施冻结、查封时，应当提交申请，经部门或者派出机构主要负责人批准，交法律部门审查。业务监管部门在履行监管职责中发现需要采取冻结、查封措施的，应当及时通报案件调查部门实施冻结、查封。

第八条　冻结、查封申请书应当载明下列事项：

（一）被冻结、查封当事人姓名或者名称、地址等基本情况；

（二）申请冻结、查封的具体事项，包括涉案财产或者重要证据的名称、代码、数量、金额、地址等；

（三）主要违法事实与申请冻结、查封的理由；

（四）其他需要说明的事项。

第九条　负责审查的法律部门应当及时处理冻结、查封申请，出具审核意见，并制作冻结、查封决定书，报中国证券监督管理委员会主要负责人批准。

第十条　冻结、查封决定书应当载明下列事项：

（一）被冻结、查封当事人姓名或者名称、地址等基本情况；

（二）冻结、查封的理由和依据；

（三）冻结、查封财产或者证据的名称、数量和期限；

（四）申请行政复议的途径；

（五）中国证券监督管理委员会公章和日期。

第十一条 申请书、决定书经批准后，由申请部门负责实施。实施冻结、查封的部门应当制作冻结通知书或者查封通知书，通知书应当载明下列事项：

（一）协助冻结、查封的单位名称；

（二）冻结、查封的法律依据；

（三）冻结、查封的财产或者证据所在机构的名称或者地址；

（四）冻结、查封的财产或者证据的名称、数额等；

（五）冻结、查封的起止时间；

（六）其他需要说明的事项；

（七）中国证券监督管理委员会公章和日期。

第十二条 实施冻结，应当依照有关规定，向协助执行部门出示冻结决定书，送达冻结通知书，并在实施冻结后及时向当事人送达冻结决定书。当事人应当将被冻结情况告知其控制的涉案财产的名义持有人。

第十三条 实施查封，应当依照有关规定向当事人送达查封决定书。需要有关部门协助的，还应当向协助执行部门送达查封通知书。

实施查封后，应当制作现场笔录和查封清单。查封清单一式两份，由当事人和实施部门分别保存。

第十四条 冻结或者查封应当由两名以上执法人员实施。

执法人员在实施冻结或者查封时应当出示有效证件。

第十五条 现场笔录应当载明下列事项：

（一）冻结、查封的时间、地点；

（二）实施冻结、查封的单位和个人；

（三）被冻结、查封的单位和个人；

（四）协助冻结、查封的单位和个人；

（五）冻结、查封的具体事项，包括涉案财产或者重要证据的名称、代码、数量、金额、地址等；

（六）当事人的陈述和申辩；

（七）其他应当载明的事项。

现场笔录和清单由当事人、见证人和执法人员签名或者盖章，当事人不在现场或者当事人、见证人拒绝签名或者盖章的，应当在笔录中予以注明。

第十六条 查封可以采取下列方式：

（一）查封动产的，应当在该动产上加贴封条或者采取其他足以公示查封的适当方式；

（二）查封已登记的不动产、特定动产及其他财产权的，应当张贴封条或者公告，并通知有关登记机关办理查封登记手续；

（三）查封未登记的不动产、特定动产及其他财产权的，应当张贴封条或者公告，并告知法定权属登记机关；

（四）查封重要证据的，应当加贴封条或者采取其他足以公示查封的适当方式；

（五）其他合法的方式。

第十七条　冻结、查封的期限为 6 个月。因特殊原因需要延长的，应当在冻结、查封期满前 10 日内办理继续冻结、查封手续。每次继续冻结、查封期限最长不超过 6 个月。

逾期未办理继续冻结、查封手续的，视为自动撤销冻结、查封。

第十八条　冻结证券，其金额应当以冻结实施日前一交易日收市后的市值计算。

冻结证券时，中国证券监督管理委员会及其派出机构可以明确被冻结的证券是否限制卖出。

限制证券卖出的，由证券公司或者证券登记结算机构协助执行冻结。冻结期间，证券持有人可以提出出售部分或者全部被冻结证券的请求，经申请部门审查认为确有必要的，可以解除卖出限制，并监督证券持有人依法出售，同时将所得资金转入相关资金账户予以冻结。

不限制证券卖出的，由证券公司等控制资金账户的单位协助执行冻结。冻结期间，证券持有人可以依法出售部分或者全部被冻结的证券，同时将所得资金转入相关资金账户予以冻结。

证券公司协助执行冻结的，应当于当日将冻结信息发送证券登记结算机构。

证券被冻结后，不得进行转托管或转指定，不得设定抵押、质押等权利，不得进行非交易过户，不得进行重复冻结。

第十九条　有下列情形之一的，经中国证券监督管理委员会主要负责人批准，应当及时解除冻结、查封措施：

（一）已经完成调查、处罚的；

（二）经查证，确实与案件无关的；

（三）当事人提供相应担保的；

（四）其他应当及时解除冻结、查封的情形。

第二十条　冻结、查封财产的数额应当与违法行为的情节或者行政处罚决定的金额相适应。

第二十一条　案件调查结束后,当事人的违法行为涉嫌犯罪需要移送公安机关的,应当将冻结、查封的证据、材料一并移送。

第二十二条　当事人逾期不履行处罚决定的,中国证券监督管理委员会可以依法申请人民法院强制执行冻结、查封的涉案财产。

第二十三条　解除冻结、查封参照实施冻结、查封程序办理。

第二十四条　当事人对冻结、查封决定不服的,可以依法向中国证券监督管理委员会申请行政复议。

行政复议期间,冻结、查封措施不停止执行,但是有下列情形之一的,可以停止执行:

(一)实施部门认为需要停止执行并批准的;

(二)当事人申请停止执行并批准的;

(三)法律、法规规定应当停止执行的。

第二十五条　未按规定程序实施冻结、查封,给当事人的合法财产造成重大损失的,依法给予赔偿;对直接负责的主管人员和直接责任人员给予行政处分;构成犯罪的,依法追究刑事责任。

第二十六条　当事人和协助执行单位拒绝、阻碍中国证券监督管理委员会执法人员实施冻结、查封措施,未使用暴力、威胁方法的,依法给予治安管理处罚;构成犯罪的,依法追究刑事责任。

第二十七条　本办法由中国证券监督管理委员会负责解释。

第二十八条　本办法自 2006 年 1 月 1 日起施行。

期货公司分类监管规定

(2011 年 4 月 12 日中国证券监督管理委员会公告
〔2011〕9 号公布　自 2011 年 4 月 12 日起施行)

第一章　总　　则

第一条　为有效实施对期货公司的监督管理,引导期货公司进一步深化中介职能定位,促进期货公司持续规范健康发展和做优做强,全面提升期货行业服务国民经济能力,根据《期货交易管理条例》、《期货公司管理办法》等有关规定,制定本规定。

第二条　期货公司分类是指以期货公司风险管理能力为基础,结合公司市场竞争力、培育和发展机构投资者状况、持续合规状况,按照本规定评价和确定期货公司的类别。

  第三条 中国证监会根据市场发展情况和审慎监管原则,在征求期货行业等有关方面意见的基础上,制定并适时调整期货公司分类的评价指标与标准。

  第四条 期货公司的分类评价由中国证监会及其派出机构组织实施,坚持依法合规、客观公正的原则。

  第五条 中国证监会设立期货公司分类监管评审委员会(以下简称评审委员会),负责评审等事宜。

  评审委员会由中国证监会、中国期货业协会、中国期货保证金监控中心有限责任公司(以下简称期货保证金监控中心)和期货交易所相关人员组成。评审委员会的产生办法、组织结构、工作程序和议事规则由中国证监会另行规定。

  第六条 参与期货公司分类评价工作的人员应当具备相应的专业素质、业务能力和监管经验,在工作中坚持原则、廉洁奉公、勤勉尽责。

  第七条 中国证监会及其派出机构根据分类结果,合理配置监管资源,对不同类别的期货公司实施区别对待的监管政策。

  分类评价不能替代中国证监会及其派出机构的监管措施。

第二章 评价指标

  第八条 期货公司的风险管理能力主要根据期货公司客户资产保护、资本充足、公司治理、内部控制、信息系统安全、信息公示等6类评价指标,按照《期货公司风险管理能力评价指标与标准》(见附件)进行评价,体现期货公司对各种风险的控制能力和管理能力。

  (一)客户资产保护。主要反映期货公司客户资产安全保障机制、客户资产安全性、客户服务及客户管理水平等情况,体现其操作风险管理能力。

  (二)资本充足。主要反映期货公司以净资本为核心的风险监管指标及管理情况,体现其资本实力及流动性状况。

  (三)公司治理。主要反映期货公司治理和规范运作情况,体现其合规风险管理能力。

  (四)内部控制。主要反映期货公司内部控制制度有效运行情况,体现其内部控制管理水平。

  (五)信息系统安全。主要反映期货公司信息系统的稳定与安全情况,体现其技术风险管理能力。

  (六)信息公示。主要反映期货公司信息公示的及时性、真实性、准确性、完整性,体现其诚信风险管理能力。

第九条 期货公司市场竞争力主要根据期货公司在评价期内的业务规模、成本管理能力、盈利能力等情况进行评价,包括以下内容:

(一)日均客户权益总额;

(二)期货业务收入;

(三)成本管理能力;

(四)净利润;

(五)净资产收益率。

第十条 期货公司培育和发展机构投资者状况主要根据期货公司为产业客户服务的情况,以及在优化期货市场投资者结构方面所发挥的作用进行评价,包括以下内容:

(一)机构客户日均持仓;

(二)机构客户日均权益;

(三)机构客户日均权益增长量。

第十一条 期货公司持续合规状况主要根据期货公司在评价期内发生的违规行为,期货行业自律组织采取的纪律处分,中国证监会及其派出机构采取的监管措施、行政处罚,或者司法机关采取的刑事处罚进行评价。

第三章 评价方法

第十二条 设定正常经营的期货公司基准分为100分。在基准分的基础上,根据期货公司风险管理能力、市场竞争力、培育和发展机构投资者状况、持续合规状况等评价指标与标准,进行相应加分或扣分以确定期货公司的评价计分。

第十三条 期货公司客户资产保护、资本充足、公司治理、内部控制、信息系统安全、信息公示等6类风险管理能力评价指标不符合具体评价标准的,每项扣0.5分。

第十四条 期货公司市场竞争力符合以下条件的,按照以下原则给予相应加分:

(一)期货公司评价期内日均客户权益总额位于行业前5名、6至10名、11至20名、21至30名、31至40名、41至50名的,分别加2分、1.5分、1分、0.75分、0.5分、0.25分。期货公司评价期内持仓成交比低于全行业平均水平50%的,该指标不予加分。

(二)期货公司评价期内期货业务收入位于行业前10名、11至20名、21至30名、31至40名、41至60名、61名至排名中位数的,分别加4分、3分、2分、1.5分、1分、0.5分。期货公司评价期内商品期货手续费率或金融期货手续费率低于全行业平均水平50%的,该指标不予加分。

（三）期货公司评价期内成本管理能力位于行业前 5 名、6 至 10 名、11 至 20 名、21 至 30 名、31 至 40 名、41 至 50 名的，分别加 1 分、0.8 分、0.6 分、0.4 分、0.2 分、0.1 分。期货公司评价期内期货业务盈利低于全行业平均水平的，该指标不予加分。

（四）期货公司评价期内净利润位于行业前 5 名、6 至 10 名、11 至 20 名、21 至 30 名、31 至 40 名、41 至 50 名的，分别加 2 分、1.5 分、1 分、0.75 分、0.5 分、0.25 分。期货公司评价期内营业部部均手续费收入低于全行业平均水平的，该指标不予加分。

（五）期货公司评价期内净资产收益率位于行业前 10 名、11 至 20 名、21 至 30 名、31 至 40 名、41 至 50 名的，分别加 0.5 分、0.4 分、0.3 分、0.2 分、0.1 分。

期货公司风险管理能力与持续合规状况指标得分低于规定分值的，市场竞争力指标不予加分。

第十五条 期货公司培育和发展机构投资者状况符合以下条件的，按照以下原则给予相应加分：

（一）机构客户日均持仓位于行业前 5 名、6 至 10 名、11 至 20 名、21 至 30 名、31 至 40 名、41 至 50 名的，分别加 2 分、1.5 分、1 分、0.75 分、0.5 分、0.25 分；

（二）机构客户日均权益位于行业前 5 名、6 至 10 名、11 至 20 名、21 至 30 名、31 至 40 名、41 至 50 名的，分别加 2 分、1.5 分、1 分、0.75 分、0.5 分、0.25 分；

（三）机构客户日均权益增长量位于行业前 10 名、11 至 20 名、21 至 30 名、31 至 40 名、41 至 50 名的，分别加 0.5 分、0.4 分、0.3 分、0.2 分、0.1 分。

第十六条 期货公司在评价期内发生以下情形时，按照以下原则进行扣分：

（一）风险监管指标未达到监管标准的，每次扣 1 分；风险监管指标预警的，每次扣 0.5 分。

（二）期货保证金监控中心重大预警，经核实为期货公司原因的，每次扣 0.5 分；期货保证金监控中心一般预警，经核实为期货公司原因的，每次扣 0.25 分，最高扣 3 分。

（三）违规使用自有资金，或者为股东、实际控制人或者其他关联人提供融资，对外担保的，每次扣 2 分。

（四）允许客户在保证金不足的情况下进行开仓交易的，每次扣 2 分。

（五）错单和穿仓损失金额超过当期提取的风险准备金额 10% 的，扣 2 分。

（六）审计报告及审阅报告被出具非标准审计意见或审阅意见的，每次扣3分。

（七）任用不具有期货从业资格的人员从事期货业务的，每人次扣0.1分，最高扣2分。

（八）任用未取得任职资格的董事、监事、高级管理人员的，每人次扣2分。

（九）董事长、高级管理人员存在3个月以上缺位的，每人次扣2分；独立董事存在3个月以上缺位的，每人次扣1分；董事（含独立董事）、监事（含监事会主席）不符合公司章程规定，存在3个月以上缺位的，每人次扣0.25分。

（十）未经许可或报备变更股权的，每次扣10分。

（十一）未经许可设立、变更经营场所的，每次扣10分。

（十二）未按规定使用分类评价结果的，每次扣1分。

（十三）开展期货投资咨询等创新业务不符合有关业务规则的，每次扣0.5分。

第十七条　期货公司在评价期内被中国证监会及其派出机构采取监管措施、行政处罚或者被司法机关刑事处罚的，按照以下原则进行扣分：

（一）被下达责令整改通知书，或者董事、监事和高级管理人员因对公司违法违规行为负有责任被监管谈话的，每次扣2分。

（二）被采取《期货交易管理条例》第五十九条第二款第（二）至（七）项监管措施的，每次扣3分。

（三）董事、监事和高级管理人员因对公司违法违规行为负有责任被警告或者罚款的，每次扣3分；被暂停、撤销任职资格或者被认定为不适当人选的，每次扣5分；被采取一定期限市场禁入措施的，每次扣8分；被采取永久性市场禁入措施的，每次扣10分。

（四）被采取《期货交易管理条例》第五十九条第二款第（一）项监管措施的，每次扣10分。

（五）被警告的，每次扣12分；被罚款或者没收违法所得的，每次扣15分。

（六）被撤销部分业务许可、关闭分支机构，或者被刑事处罚的，每次扣20分。

第十八条　期货公司营业部被采取本规定第十七条所述监管措施的，营业部所在地中国证监会派出机构应及时告知期货公司住所地中国证监会派出机构。

期货公司营业部按本规定第十七条所述原则进行扣分。

第十九条　期货公司被中国期货业协会训诫、公开谴责、暂停会员部分权利的，每次扣 0.5 分；被暂停会员资格的，每次扣 1 分；被取消会员资格的，每次扣 2 分。期货公司从业人员被中国期货业协会纪律惩戒的，每人次扣 0.25 分。期货公司及其从业人员因同一违规事项被纪律惩戒的，从高扣分。

期货公司被期货交易所下发监管意见函的，每次扣 0.25 分；被警告、书面警示、通报批评、公开谴责、强行平仓（期货公司有正当理由未在规定期限内执行强行平仓的除外）、罚款、没收违规所得的，每次扣 0.5 分；被暂停或限制业务、暂停或调整会员资格的，每次扣 1 分；被取消会员资格、市场禁入的，每次扣 2 分。

第二十条　期货公司违规行为已被采取纪律处分、监管措施、行政处罚、刑事处罚的，或者同一违规行为被采取多项纪律处分、监管措施、行政处罚、刑事处罚的，按扣分最高的项目进行扣分，不重复扣分；不同违规行为被采取同一纪律处分、监管措施、行政处罚、刑事处罚的，应当分别计算，合计扣分。

期货公司因同一事项在不同评价期被分别采取纪律处分、监管措施、行政处罚、刑事处罚的，按最高分值扣分；同一事项在以前评价期已被扣分但未达到最高分值扣分的，按最高分值与已扣分值的差额扣分。

期货公司违规行为被采取纪律处分、监管措施、行政处罚、刑事处罚的，无论控股股东或者实际控制人是否发生变更，均应按相应的规定予以扣分。

第二十一条　期货公司被采取本规定第十七条第（一）项规定的监管措施时，能在规定的时间内完成整改且通过中国证监会派出机构验收的，对相应的监管措施可以不予扣分，但仍需按照违规行为进行扣分。

期货公司主动上报违规行为的，如果该行为不属于本规定第二十九条第一款所列违规情形，经评审委员会认可后可以减半扣分。

第二十二条　期货公司符合以下条件的，按照以下原则给予相应加分：

（一）在评价期内与其他期货公司进行合并且在评价期内已获中国证监会核准的，可加 4 分。

（二）期货公司剩余净资本达到 1 亿元整数倍的，每 1 倍数加 0.5 分，最高加 2 分。但期货公司风险监管指标在评价期内出现预警或不达标情形的，不予加分。

第二十三条　中国证监会派出机构可以根据期货公司在评价期内配合日常监管、落实专项监管工作及整改完成情况，对期货公司进行酌情扣分，最高可扣 2 分。

第二十四条　期货公司信息技术建设、自有资金管理等方面内容纳入分类评价的有关规定，根据期货市场发展情况和监管工作需要另行制定。

第四章 公司类别

第二十五条 根据期货公司评价计分的高低,将期货公司分为 A (AAA、AA、A)、B(BBB、BB、B)、C(CCC、CC、C)、D、E 等 5 类 11 个级别。

(一)A 类公司风险管理能力、市场竞争力、培育和发展机构投资者状况、持续合规状况的综合评价在行业内最高,能够较好控制业务风险;

(二)B 类公司风险管理能力、市场竞争力、培育和发展机构投资者状况、持续合规状况的综合评价在行业内较高,能够控制业务风险;

(三)C 类公司风险管理能力、市场竞争力、培育和发展机构投资者状况、持续合规状况的综合评价在行业内一般,风险管理能力与业务规模基本匹配;

(四)D 类公司风险管理能力、市场竞争力、培育和发展机构投资者状况、持续合规状况的综合评价在行业内较低,潜在风险可能超过公司可承受范围;

(五)E 类公司潜在风险已经变为现实风险,已被采取风险处置措施。

第二十六条 A(AAA、AA、A)、B(BBB、BB、B)、C(CCC、CC、C)、D 等 4 类 10 个级别的公司,由中国证监会每年结合行业发展状况和以前年度分类结果,根据全部期货公司评价计分的分布情况,按照一定的分值区间确定。

第二十七条 期货公司日均客户权益总额未达到全国期货公司日均客户权益总额平均水平的,不得评为 A 类公司。

第二十八条 被依法采取责令停业整顿、指定其他机构托管、接管等风险处置措施的期货公司,定为 E 类公司。

第二十九条 期货公司在评价期内存在股东虚假出资、股东抽逃出资、挪用客户保证金、超范围经营、信息系统不符合监管要求、日常经营及自评中向中国证监会及其派出机构、期货保证金监控中心报送虚假材料等情形的,将公司类别下调 3 个级别;情节严重的,直接评为 D 类。

期货公司在自评时,若不如实标注存在问题,存在遗漏、隐瞒等情况,将在应扣分事项上加倍扣分。

第三十条 期货公司未在规定日期之前上报自评结果的,将公司类别下调 1 个级别;未在确定分类结果期限之前上报自评结果的,直接评为 D 类。

第三十一条 期货公司状况发生重大变化或者出现异常且足以导致公司分类类别调整的,评审委员会有权根据有关情况及时对相关期货公司的分类进行动态调整。期货公司在持续经营过程中,业务规模、财务状况、股权结构等方面情况的变化,不属于动态调整的范围。

上述分类调整属于调高期货公司类别的,期货公司评价指标应当自评价结果确定后持续 6 个月以上满足与调高类别相应的标准。E 类公司最高可调至 C 类 C 级,D 类公司最高可调至 C 类 CCC 级,A、B、C 类公司不予调高类别。

期货公司申请动态调整的,应当经公司住所地中国证监会派出机构初审同意后上报评审委员会。

第三十二条　期货公司合并的,合并后的存续公司在上一年评价期内不存在本规定第二十九条第一款所列违规情形,且截至申请日违规事项全部整改完成,合并后的存续公司可以自收到中国证监会核准期货公司合并的批复文件之日起,申请将其上一年分类结果调整为原合并各方分类结果中的较高者。合并后的存续公司申请调整分类结果的,应当经公司住所地中国证监会派出机构初审同意后上报评审委员会。

第五章　组织实施

第三十三条　期货公司分类评价采取期货公司自评、中国证监会派出机构初审、评审委员会复核和评审、中国证监会确认评价结果的方法。

第三十四条　期货公司分类评价每年进行 1 次,风险管理能力及持续合规状况评价指标以上一年度 4 月 1 日至本年度 3 月 31 日为评价期;涉及的财务数据、经营数据原则上以上一年度经审计报表为准。

第三十五条　期货公司应当按照本规定进行自评,对照评价指标与标准,如实反映存在的问题及被采取的纪律处分、监管措施、行政处罚、刑事处罚等,经公司法定代表人和公司经营管理负责人、首席风险官签署确认后,于每年 4 月 15 日之前将自评结果上报公司住所地中国证监会派出机构。

第三十六条　中国证监会派出机构在期货公司自评的基础上,根据日常监管掌握的情况,对期货公司自评结果进行初审和评价计分,于每年 5 月 15 日之前将初审结果上报评审委员会。

第三十七条　在初审过程中,中国证监会派出机构应当就有关问题进行核查,并与期货公司核对情况,确认事实。

第三十八条　评审委员会在中国证监会派出机构初审的基础上组织复核,并根据复核结果评审确定期货公司的类别。期货公司分类结果由中国证监会确认后生效。

第三十九条　期货公司因不可抗力或其他特殊情形,认为有必要申请扣分豁免的,应当提交相应证明材料,经中国证监会派出机构初审后由评审委员会复核并审议决定。

第四十条　中国证监会于每年 7 月 15 日之前将期货公司的具体得分及

所属类别书面告知期货公司。

第四十一条 期货公司对评价结果有异议的,可在收到分类结果通知之日起1个月内提出书面申诉。期货公司提出书面申诉的,应当经公司住所地中国证监会派出机构初审同意后上报评审委员会。

第四十二条 对于在自评时隐瞒重大事项或者报送、提供的信息和资料有虚假记载、误导性陈述或者重大遗漏的期货公司,中国证监会派出机构应当对签署确认意见的公司法定代表人和经理层人员采取相应监管措施,记入诚信档案。

第四十三条 中国证监会派出机构在日常监管工作中,对期货公司发生的违规行为和异常情况应当及时调查、迅速采取适当的监管措施并记入监管档案,在此基础上对期货公司进行客观、公正的初审和评价计分。

第四十四条 中国证监会派出机构对期货公司的违法违规行为是否及时、充分采取相应监管措施,以及期货公司分类初审的质量,是落实辖区监管责任制,考评中国证监会派出机构期货监管工作绩效的重要依据。

第六章　分类结果的使用

第四十五条 中国证监会按照分类监管原则,对不同类别的期货公司在监管资源分配、现场检查和非现场检查频率等方面区别对待。

第四十六条 期货公司分类结果将作为期货公司申请增加业务种类、新设营业网点等事项的审慎性条件。

第四十七条 期货公司分类结果将作为确定新业务试点范围和推广顺序的依据。

第四十八条 期货公司分类结果将作为确定期货投资者保障基金不同缴纳比例的依据。

第四十九条 期货公司分类结果主要供中国证监会及其派出机构、各期货交易所、期货保证金监控中心、中国期货业协会等机构使用。

期货公司不得将分类结果用于广告、宣传、营销等商业目的。

第七章　附　　则

第五十条 本规定下列用语的含义:

(一)期货保证金监控中心重大预警,是指由于期货公司保证金封闭圈内自有资金不足或者保证金出现缺口等事项而导致的预警,以及期货保证金监控中心认定的其他重大预警情形。

(二)期货保证金监控中心一般预警,是指除上述重大预警以外的其他预警。

（三）期货业务收入，是指期货经纪业务手续费收入以及其他经中国证监会批准开展的期货经营业务收入。

（四）成本管理能力，是指期货公司期货业务收入/（业务管理费＋营业税金及附加＋佣金支出）。

（五）净资产收益率，是指净利润/净资产。

（六）机构客户日均持仓，是指期货公司在各期货品种上的机构客户（即非自然人客户，下同）日均持仓占比之和，按下列公式计算：

1. 某公司在某期货品种上的机构客户日均持仓占比（P）：

$$P = \frac{(a_1 + a_2 + \cdots + a_i)/i}{(A_1 + A_2 + \cdots + A_i)/i}$$

其中，i＝评价期内的交易天数；a＝某公司在某期货品种上的当日机构客户持仓量；A＝该品种的当日机构客户总持仓。

2. 某公司在各期货品种上的机构客户日均持仓占比之和：

$$\sum Pr$$

其中，r＝期货品种。黄大豆一号和黄大豆二号、硬麦和强麦、螺纹钢和线材均作为一个品种计算。

（七）机构客户日均权益，是指期货公司机构客户的日均客户权益。

（八）机构客户日均权益增长量，是指本评价期机构客户日均权益－上一个评价期机构客户日均权益。

（九）持仓成交比，是指日均持仓量/日均成交量。

（十）手续费率，是指手续费收入/成交金额。

（十一）期货业务盈利，是指期货公司期货业务收入－（业务管理费＋营业税金及附加＋佣金支出）。

（十二）营业部部均手续费收入，是指手续费收入/营业部数量。期货公司总部未向公司住所地中国证监会派出机构备案不开展经营业务的，视为1个营业部。

（十三）剩余净资本，是指期货公司净资本扣除按规定与其业务规模相匹配的净资本之后的部分。

第五十一条　本规定自公布之日起施行。2009年8月17日公布的《期货公司分类监管规定（试行）》（证监会公告〔2009〕22号）同时废止。

附件：期货公司风险管理能力评价指标与标准（略）

信息披露违法行为行政责任认定规则

(2011年4月29日中国证券监督管理委员会公告〔2011〕11号公布　自2011年9月29日起施行)

第一章　总　　则

第一条　为规范信息披露违法行政责任认定工作,引导、督促发行人、上市公司及其控股股东、实际控制人、收购人等信息披露义务人(以下统称信息披露义务人)及其有关责任人员依法履行信息披露义务,保护投资者合法权益,根据《中华人民共和国证券法》(以下简称《证券法》)、《中华人民共和国行政处罚法》(以下简称《行政处罚法》)和其他相关法律、行政法规等,结合证券监管实践,制定本规则。

第二条　《证券法》规定的信息披露违法行为行政责任认定适用本规则。

第三条　信息披露义务人应当按照有关信息披露法律、行政法规、规章和规范性文件,以及证券交易所业务规则等规定,真实、准确、完整、及时、公平披露信息。

发行人、上市公司的董事、监事、高级管理人员应当为公司和全体股东的利益服务,诚实守信,忠实、勤勉地履行职责,独立作出适当判断,保护投资者的合法权益,保证信息披露真实、准确、完整、及时、公平。

第四条　认定信息披露违法行为行政责任,应当根据有关信息披露法律、行政法规、规章和规范性文件,以及证券交易所业务规则等规定,遵循专业标准和职业道德,运用逻辑判断和监管工作经验,审查运用证据,全面、客观、公正地认定事实,依法处理。

第五条　信息披露违法行为情节严重,涉嫌犯罪的,证监会依法移送司法机关追究刑事责任。

依法给予行政处罚或者采取市场禁入措施的,按照规定记入证券期货诚信档案。

依法不予处罚或者市场禁入的,可以根据情节采取相应的行政监管措施并记入证券期货诚信档案。

第六条　在信息披露中保荐人、证券服务机构及其人员未勤勉尽责,或者制作、出具的文件有虚假记载、误导性陈述或者重大遗漏的,证监会依法认定其责任和予以行政处罚。

第二章　信息披露违法行为认定

第七条　信息披露义务人未按照法律、行政法规、规章和规范性文件，以及证券交易所业务规则规定的信息披露(包括报告,下同)期限、方式等要求及时、公平披露信息,应当认定构成未按照规定披露信息的信息披露违法行为。

第八条　信息披露义务人在信息披露文件中对所披露内容进行不真实记载,包括发生业务不入账、虚构业务入账、不按照相关规定进行会计核算和编制财务会计报告,以及其他在信息披露中记载的事实与真实情况不符的,应当认定构成所披露的信息有虚假记载的信息披露违法行为。

第九条　信息披露义务人在信息披露文件中或者通过其他信息发布渠道、载体,作出不完整、不准确陈述,致使或者可能致使投资者对其投资行为发生错误判断的,应当认定构成所披露的信息有误导性陈述的信息披露违法行为。

第十条　信息披露义务人在信息披露文件中未按照法律、行政法规、规章和规范性文件以及证券交易所业务规则关于重大事件或者重要事项信息披露要求披露信息,遗漏重大事项的,应当认定构成所披露的信息有重大遗漏的信息披露违法行为。

第三章　信息披露义务人信息披露违法的责任认定

第十一条　信息披露义务人行为构成信息披露违法的,应当根据其违法行为的客观方面和主观方面等综合审查认定其责任。

第十二条　认定信息披露违法行为的客观方面通常要考虑以下情形:

(一)违法披露信息包括重大差错更正信息中虚增或者虚减资产、营业收入及净利润的数额及其占当期所披露数的比重,是否因此资不抵债,是否因此发生盈亏变化,是否因此满足证券发行、股权激励计划实施、利润承诺条件,是否因此避免被特别处理,是否因此满足取消特别处理要求,是否因此满足恢复上市交易条件等;

(二)未按照规定披露的重大担保、诉讼、仲裁、关联交易以及其他重大事项所涉及的数额及其占公司最近一期经审计总资产、净资产、营业收入的比重,未按照规定及时披露信息时间长短等;

(三)信息披露违法所涉及事项对投资者投资判断的影响大小;

(四)信息披露违法后果,包括是否导致欺诈发行、欺诈上市、骗取重大资产重组许可、收购要约豁免、暂停上市、终止上市,给上市公司、股东、债权

人或者其他人造成直接损失数额大小,以及未按照规定披露信息造成该公司证券交易的异常程度等;

(五)信息披露违法的次数,是否多次提供虚假或者隐瞒重要事实的财务会计报告,或者多次对依法应当披露的其他重要信息不按照规定披露;

(六)社会影响的恶劣程度;

(七)其他需要考虑的情形。

第十三条 认定信息披露义务人信息披露违法主观方面通常要考虑以下情形:

(一)信息披露义务人为单位的,在单位内部是否存在违法共谋,信息披露违法所涉及的具体事项是否是经董事会、公司办公会等会议研究决定或者由负责人员决定实施的,是否只是单位内部个人行为造成的;

(二)信息披露义务人的主观状态,信息披露违法是否是故意的欺诈行为,是否是不够谨慎、疏忽大意的过失行为;

(三)信息披露违法行为发生后的态度,公司董事、监事、高级管理人员知道信息披露违法后是否继续掩饰,是否采取适当措施进行补救;

(四)与证券监管机构的配合程度,当发现信息披露违法后,公司董事、监事、高级管理人员是否向证监会报告,是否在调查中积极配合,是否对调查机关欺诈、隐瞒,是否有干扰、阻碍调查情况;

(五)其他需要考虑的情形。

第十四条 其他违法行为引起信息披露义务人信息披露违法的,通常综合考虑以下情形认定责任:

(一)信息披露义务人是否存在过错,有无实施信息披露违法行为的故意,是否存在信息披露违法的过失;

(二)信息披露义务人是否因违法行为直接获益或者以其他方式获取利益,是否因违法行为止损或者避损,公司投资者是否因该项违法行为遭受重大损失;

(三)信息披露违法责任是否能被其他违法行为责任所吸收,认定其他违法行为行政责任、刑事责任是否能更好体现对违法行为的惩处;

(四)其他需要考虑的情形。

前款所称其他违法行为,包括上市公司的董事、监事、高级管理人员违背对公司的忠实义务,利用职务便利,操纵上市公司从事损害公司利益行为;上市公司的控股股东或者实际控制人,指使上市公司董事、监事、高级管理人员从事损害公司利益行为;上市公司董事、监事、高级管理人员和持股5%以上股东违法买卖公司股票行为;公司工作人员挪用资金、职务侵占等行为;配合证券市场内幕交易、操纵市场以及其他可能致使信息披露义务人信息披露违法的行为。

第四章 信息披露违法行为责任人员及其责任认定

第十五条 发生信息披露违法行为的,依照法律、行政法规、规章规定,对负有保证信息披露真实、准确、完整、及时和公平义务的董事、监事、高级管理人员,应当视情形认定其为直接负责的主管人员或者其他直接责任人员承担行政责任,但其能够证明已尽忠实、勤勉义务,没有过错的除外。

第十六条 信息披露违法行为的责任人员可以提交公司章程,载明职责分工和职责履行情况的材料,相关会议纪要或者会议记录以及其他证据来证明自身没有过错。

第十七条 董事、监事、高级管理人员之外的其他人员,确有证据证明其行为与信息披露违法行为具有直接因果关系,包括实际承担或者履行董事、监事或者高级管理人员的职责,组织、参与、实施了公司信息披露违法行为或者直接导致信息披露违法的,应当视情形认定其为直接负责的主管人员或者其他直接责任人员。

第十八条 有证据证明因信息披露义务人受控股股东、实际控制人指使,未按照规定披露信息,或者所披露的信息有虚假记载、误导性陈述或者重大遗漏的,在认定信息披露义务人责任的同时,应当认定信息披露义务人控股股东、实际控制人的信息披露违法责任。信息披露义务人的控股股东、实际控制人是法人的,其负责人应当认定为直接负责的主管人员。

控股股东、实际控制人直接授意、指挥从事信息披露违法行为,或者隐瞒应当披露信息、不告知应当披露信息的,应当认定控股股东、实际控制人指使从事信息披露违法行为。

第十九条 信息披露违法责任人员的责任大小,可以从以下方面考虑责任人员与案件中认定的信息披露违法的事实、性质、情节、社会危害后果的关系,综合分析认定:

(一)在信息披露违法行为发生过程中所起的作用。对于认定的信息披露违法事项是起主要作用还是次要作用,是否组织、策划、参与、实施信息披露违法行为,是积极参加还是被动参加。

(二)知情程度和态度。对于信息披露违法所涉事项及其内容是否知情,是否反映、报告,是否采取措施有效避免或者减少损害后果,是否放任违法行为发生。

(三)职务、具体职责及履行职责情况。认定的信息披露违法事项是否与责任人员的职务、具体职责存在直接关系,责任人员是否忠实、勤勉履行职责,有无懈怠、放弃履行职责,是否履行职责预防、发现和阻止信息披露违法行为发生。

（四）专业背景。是否存在责任人员有专业背景，对于信息披露中与其专业背景有关违法事项应当发现而未予指出的情况，如专业会计人士对于会计问题、专业技术人员对于技术问题等未予指出。

（五）其他影响责任认定的情况。

第二十条　认定从轻或者减轻处罚的考虑情形：

（一）未直接参与信息披露违法行为；

（二）在信息披露违法行为被发现前，及时主动要求公司采取纠正措施或者向证券监管机构报告；

（三）在获悉公司信息披露违法后，向公司有关主管人员或者公司上级主管提出质疑并采取了适当措施；

（四）配合证券监管机构调查且有立功表现；

（五）受他人胁迫参与信息披露违法行为；

（六）其他需要考虑的情形。

第二十一条　认定为不予行政处罚的考虑情形：

（一）当事人对认定的信息披露违法事项提出具体异议记载于董事会、监事会、公司办公会会议记录等，并在上述会议中投反对票的；

（二）当事人在信息披露违法事实所涉及期间，由于不可抗力、失去人身自由等无法正常履行职责的；

（三）对公司信息披露违法行为不负有主要责任的人员在公司信息披露违法行为发生后及时向公司和证券交易所、证券监管机构报告的；

（四）其他需要考虑的情形。

第二十二条　任何下列情形，不得单独作为不予处罚情形认定：

（一）不直接从事经营管理；

（二）能力不足、无相关职业背景；

（三）任职时间短、不了解情况；

（四）相信专业机构或者专业人员出具的意见和报告；

（五）受到股东、实际控制人控制或者其他外部干预。

第二十三条　下列情形认定为应当从重处罚情形：

（一）不配合证券监管机构监管，或者拒绝、阻碍证券监管机构及其工作人员执法，甚至以暴力、威胁及其他手段干扰执法；

（二）在信息披露违法案件中变造、隐瞒、毁灭证据，或者提供伪证，妨碍调查；

（三）两次以上违反信息披露规定并受到行政处罚或者证券交易所纪律处分；

（四）在信息披露上有不良诚信记录并记入证券期货诚信档案；

（五）证监会认定的其他情形。

第五章　附　　则

第二十四条　本规则自公布之日起施行。本规则施行前尚未做出处理决定的案件适用本规则。

关于上市公司建立内幕信息
知情人登记管理制度的规定

（2011 年 10 月 25 日中国证券监督管理委员会公告
〔2011〕30 号公布　自 2011 年 11 月 25 日起施行）

第一条　为完善上市公司内幕信息管理制度，做好内幕信息保密工作，有效防范和打击内幕交易等证券违法违规行为，根据《证券法》、《上市公司信息披露管理办法》等法律法规和规章，制定本规定。

第二条　本规定所称内幕信息知情人，是指《证券法》第七十四条规定的有关人员。

第三条　本规定所称内幕信息，是指根据《证券法》第七十五条规定，涉及上市公司的经营、财务或者对公司证券及其衍生品种交易价格有重大影响的尚未公开的信息。

第四条　内幕信息知情人在内幕信息公开前负有保密义务。

第五条　上市公司应当根据本规定，建立内幕信息知情人登记管理制度，对内幕信息的保密管理及在内幕信息依法公开披露前的内幕信息知情人的登记管理作出规定。

第六条　在内幕信息依法公开披露前，上市公司应当按照本规定填写上市公司内幕信息知情人档案（必备项目见附件），及时记录商议筹划、论证咨询、合同订立等阶段及报告、传递、编制、决议、披露等环节的内幕信息知情人名单，及其知悉内幕信息的时间、地点、依据、方式、内容等信息。

第七条　上市公司董事会应当保证内幕信息知情人档案真实、准确和完整，董事长为主要责任人。董事会秘书负责办理上市公司内幕信息知情人的登记入档事宜。

上市公司监事会应当对内幕信息知情人登记管理制度实施情况进行

监督。

第八条 上市公司的股东、实际控制人及其关联方研究、发起涉及上市公司的重大事项,以及发生对上市公司股价有重大影响的其他事项时,应当填写本单位内幕信息知情人的档案。

证券公司、证券服务机构、律师事务所等中介机构接受委托从事证券服务业务,该受托事项对上市公司股价有重大影响的,应当填写本机构内幕信息知情人的档案。

收购人、重大资产重组交易对方以及涉及上市公司并对上市公司股价有重大影响事项的其他发起方,应当填写本单位内幕信息知情人的档案。

上述主体应当根据事项进程将内幕信息知情人档案分阶段送达相关上市公司,但完整的内幕信息知情人档案的送达时间不得晚于内幕信息公开披露的时间。内幕信息知情人档案应当按照本规定第六条的要求进行填写。

上市公司应当做好其所知悉的内幕信息流转环节的内幕信息知情人的登记,并做好第一款至第三款涉及各方内幕信息知情人档案的汇总。

第九条 行政管理部门人员接触到上市公司内幕信息的,应当按照相关行政部门的要求做好登记工作。

上市公司在披露前按照相关法律法规政策要求需经常性向相关行政管理部门报送信息的,在报送部门、内容等未发生重大变化的情况下,可将其视为同一内幕信息事项,在同一张表格中登记行政管理部门的名称,并持续登记报送信息的时间。除上述情况外,内幕信息流转涉及到行政管理部门时,上市公司应当按照一事一记的方式在知情人档案中登记行政管理部门的名称、接触内幕信息的原因以及知悉内幕信息的时间。

第十条 上市公司进行收购、重大资产重组、发行证券、合并、分立、回购股份等重大事项,除按照本规定第六条填写上市公司内幕信息知情人档案外,还应当制作重大事项进展备忘录,内容包括但不限于筹划决策过程中各个关键时点的时间、参与筹划决策人员名单、筹划决策方式等。上市公司应当督促备忘录涉及的相关人员在备忘录上签名确认。

第十一条 上市公司内幕信息知情人登记管理制度中应当包括对公司下属各部门、分公司、控股子公司及上市公司能够对其实施重大影响的参股公司的内幕信息管理的内容,明确上述主体的内部报告义务、报告程序和有关人员的信息披露职责。

上市公司内幕信息知情人登记管理制度中应当明确内幕信息知情人的保密义务、违反保密规定责任和通过签订保密协议、禁止内幕交易告知书等必要方式将上述事项告知有关人员等内容。

第十二条 上市公司根据中国证监会的规定,对内幕信息知情人买卖本公司股票及其衍生品种的情况进行自查。发现内幕信息知情人进行内幕交易、泄露内幕信息或者建议他人利用内幕信息进行交易的,上市公司应当进行核实并依据其内幕信息知情人登记管理制度对相关人员进行责任追究,并在2个工作日内将有关情况及处理结果报送公司注册地中国证监会派出机构。

第十三条 上市公司应当及时补充完善内幕信息知情人档案信息。内幕信息知情人档案自记录(含补充完善)之日起至少保存10年。中国证监会及其派出机构、证券交易所可查询内幕信息知情人档案。

上市公司进行本规定第十条所列重大事项的,应当在内幕信息依法公开披露后及时将内幕信息知情人档案及重大事项进程备忘录报送证券交易所。证券交易所可视情况要求上市公司披露重大事项进程备忘录中的相关内容。

第十四条 中国证监会及其派出机构可以根据《上市公司现场检查办法》的规定,对上市公司内幕信息知情人登记管理制度的建立、执行和上市公司内幕信息知情人档案保管情况进行现场检查。

第十五条 有下列情形之一的,中国证监会可以对上市公司及相关主体采取责令改正、监管谈话、出具警示函等监管管理措施;情节严重的,可以认定相关人员为不适当人选,或者对其采取市场禁入措施:

(一)未按照本规定的要求建立内幕信息知情人登记管理制度;

(二)未按照本规定的要求报送内幕信息知情人档案、重大事项进程备忘录;

(三)内幕信息知情人档案、重大事项进程备忘录有虚假、重大遗漏和重大错误;

(四)拒不配合上市公司进行内幕信息知情人登记。

中国证监会依照前款规定采取监督管理措施,涉及国有控股上市公司或其控股股东的,通报有关国有资产监督管理机构。

发现内幕信息知情人泄露内幕信息、进行内幕交易或者建议他人利用内幕信息进行交易等情形的,中国证监会将对有关单位和个人进行立案稽查,涉嫌犯罪的,依法移送司法机关追究刑事责任。

第十六条 本规定自2011年11月25日起施行。

附件:上市公司内幕信息知情人档案格式(略,详情请登录证监会网站)

关于修改上市公司重大资产重组与
配套融资相关规定的决定

(2011 年 4 月 27 日中国证券监督管理委员会第 294 次主
席办公会议审议通过　2011 年 8 月 1 日中国证券监督管
理委员会令第 73 号公布　自 2011 年 9 月 1 日起施行)

为了贯彻落实《国务院关于促进企业兼并重组的意见》(国发〔2010〕27
号)的有关规定,支持企业利用资本市场开展兼并重组,促进行业整合和产
业升级,进一步规范、引导借壳上市活动,完善上市公司发行股份购买资产
的制度规定,鼓励上市公司以股权、现金及其他金融创新方式作为兼并重组
的支付手段,拓宽兼并重组融资渠道,提高兼并重组效率。现就有关事项决
定如下:

一、在《上市公司重大资产重组管理办法》(以下简称《重组办法》)第十
一条后增加一条,作为第十二条:"自控制权发生变更之日起,上市公司向收
购人购买的资产总额,占上市公司控制权发生变更的前一个会计年度经审
计的合并财务会计报告期末资产总额的比例达到 100% 以上的,除符合本办
法第十条、第四十二条规定的要求外,上市公司购买的资产对应的经营实体
持续经营时间应当在 3 年以上,最近两个会计年度净利润均为正数且累计
超过人民币 2000 万元。上市公司购买的资产属于金融、创业投资等特定行
业的,由中国证监会另行规定。

前款规定的重大资产重组完成后,上市公司应当符合中国证监会关于
上市公司治理与规范运作的相关规定,在业务、资产、财务、人员、机构等方
面独立于控股股东、实际控制人及其控制的其他企业,与控股股东、实际控
制人及其控制的其他企业间不存在同业竞争或者显失公平的关联交易。"

二、将《重组办法》第十二条中的"计算前条规定的比例时"修改为"计
算本办法第十一条、第十二条规定的比例时"。

将该条第一款第(四)项修改为:"上市公司在 12 个月内连续对同一或
者相关资产进行购买、出售的,以其累计数分别计算相应数额。已按照本办
法的规定报经中国证监会核准的资产交易行为,无须纳入累计计算的范围,
但本办法第十二条规定情形除外。"

三、将《重组办法》第十七条中的"上市公司拟进行本办法第二十七条第

一款第（一）、（二）项规定的重大资产重组以及发行股份购买资产的"修改为"上市公司拟进行本办法第二十八条第一款第（一）至（三）项规定的重大资产重组以及发行股份购买资产的"。

四、在《重组办法》第二十七条第一款中增加一项，作为该款第（一）项："符合本办法第十二条的规定"。

五、将《重组办法》第三十五条修改为："独立财务顾问应当按照中国证监会的相关规定，对实施重大资产重组的上市公司履行持续督导职责。持续督导的期限自中国证监会核准本次重大资产重组之日起，应当不少于一个会计年度。实施本办法第十二条规定的重大资产重组，持续督导的期限自中国证监会核准本次重大资产重组之日起，应当不少于3个会计年度。"

六、在《重组办法》第三十六条中增加一款，作为第二款："独立财务顾问还应当结合本办法第十二条规定的重大资产重组实施完毕后的第二、三个会计年度的年报，自年报披露之日起15日内，对前款第（二）至（六）项事项出具持续督导意见，向派出机构报告，并予以公告。"

七、在《重组办法》第四十一条中增加一款，作为第二款："上市公司为促进行业或者产业整合，增强与现有主营业务的协同效应，在其控制权不发生变更的情况下，可以向控股股东、实际控制人或者其控制的关联人之外的特定对象发行股份购买资产，发行股份数量不低于发行后上市公司总股本的5%；发行股份数量低于发行后上市公司总股本的5%的，主板、中小板上市公司拟购买资产的交易金额不低于1亿元人民币，创业板上市公司拟购买资产的交易金额不低于5000万元人民币。"

八、在《重组办法》第四十一条后增加一条，作为第四十三条："上市公司发行股份购买资产的，可以同时募集部分配套资金，其定价方式按照现行相关规定办理。"

九、将《上市公司非公开发行股票实施细则》（以下简称《实施细则》）第六条修改为："发行方案涉及中国证监会规定的重大资产重组的，其配套融资按照现行相关规定办理。"

十、本决定自2011年9月1日起施行。

《重组办法》、《实施细则》根据本决定作相应的修改，重新公布。

上市公司重大资产重组管理办法

(2008 年 3 月 24 日中国证券监督管理委员会第 224
次主席办公会议审议通过 根据 2011 年 8 月 1 日中
国证券监督管理委员会《关于修改上市公司重大资
产重组与配套融资相关规定的决定》修订)

第一章 总 则

第一条 为了规范上市公司重大资产重组行为,保护上市公司和投资
者的合法权益,促进上市公司质量不断提高,维护证券市场秩序和社会公共
利益,根据《公司法》、《证券法》等法律、行政法规的规定,制定本办法。

第二条 本办法适用于上市公司及其控股或者控制的公司在日常经营
活动之外购买、出售资产或者通过其他方式进行资产交易达到规定的比例,
导致上市公司的主营业务、资产、收入发生重大变化的资产交易行为(以下
简称重大资产重组)。

上市公司发行股份购买资产应当符合本办法的规定。

上市公司按照经中国证券监督管理委员会(以下简称中国证监会)核准
的发行证券文件披露的募集资金用途,使用募集资金购买资产、对外投资的
行为,不适用本办法。

第三条 任何单位和个人不得利用重大资产重组损害上市公司及其股
东的合法权益。

第四条 上市公司实施重大资产重组,有关各方必须及时、公平地披露
或者提供信息,保证所披露或者提供信息的真实、准确、完整,不得有虚假记
载、误导性陈述或者重大遗漏。

第五条 上市公司的董事、监事和高级管理人员在重大资产重组活动
中,应当诚实守信、勤勉尽责,维护公司资产的安全,保护公司和全体股东的
合法权益。

第六条 为重大资产重组提供服务的证券服务机构和人员,应当遵守
法律、行政法规和中国证监会的有关规定,遵循本行业公认的业务标准和道
德规范,严格履行职责,不得谋取不正当利益,并应当对其所制作、出具文件
的真实性、准确性和完整性承担责任。

第七条 任何单位和个人对所知悉的重大资产重组信息在依法披露前

负有保密义务。

禁止任何单位和个人利用重大资产重组信息从事内幕交易、操纵证券市场等违法活动。

第八条 中国证监会依法对上市公司重大资产重组行为进行监管。

第九条 中国证监会在发行审核委员会中设立上市公司并购重组审核委员会(以下简称并购重组委),以投票方式对提交其审议的重大资产重组申请进行表决,提出审核意见。

第二章　重大资产重组的原则和标准

第十条 上市公司实施重大资产重组,应当符合下列要求:

(一)符合国家产业政策和有关环境保护、土地管理、反垄断等法律和行政法规的规定;

(二)不会导致上市公司不符合股票上市条件;

(三)重大资产重组所涉及的资产定价公允,不存在损害上市公司和股东合法权益的情形;

(四)重大资产重组所涉及的资产权属清晰,资产过户或者转移不存在法律障碍,相关债权债务处理合法;

(五)有利于上市公司增强持续经营能力,不存在可能导致上市公司重组后主要资产为现金或者无具体经营业务的情形;

(六)有利于上市公司在业务、资产、财务、人员、机构等方面与实际控制人及其关联人保持独立,符合中国证监会关于上市公司独立性的相关规定;

(七)有利于上市公司形成或者保持健全有效的法人治理结构。

第十一条 上市公司及其控股或者控制的公司购买、出售资产,达到下列标准之一的,构成重大资产重组:

(一)购买、出售的资产总额占上市公司最近一个会计年度经审计的合并财务会计报告期末资产总额的比例达到50%以上;

(二)购买、出售的资产在最近一个会计年度所产生的营业收入占上市公司同期经审计的合并财务会计报告营业收入的比例达到50%以上;

(三)购买、出售的资产净额占上市公司最近一个会计年度经审计的合并财务会计报告期末净资产额的比例达到50%以上,且超过5000万元人民币。

购买、出售资产未达到前款规定标准,但中国证监会发现存在可能损害上市公司或者投资者合法权益的重大问题的,可以根据审慎监管原则责令上市公司按照本办法的规定补充披露相关信息、暂停交易并报送申请文件。

第十二条 自控制权发生变更之日起,上市公司向收购人购买的资产总额,占上市公司控制权发生变更的前一个会计年度经审计的合并财务会计报告期末资产总额的比例达到100%以上的,除符合本办法第十条、第四十二条规定的要求外,上市公司购买的资产对应的经营实体持续经营时间应当在3年以上,最近两个会计年度净利润均为正数且累计超过人民币2000万元。上市公司购买的资产属于金融、创业投资等特定行业的,由中国证监会另行规定。

前款规定的重大资产重组完成后,上市公司应当符合中国证监会关于上市公司治理与规范运作的相关规定,在业务、资产、财务、人员、机构等方面独立于控股股东、实际控制人及其控制的其他企业,与控股股东、实际控制人及其控制的其他企业间不存在同业竞争或者显失公平的关联交易。

第十三条 计算本办法第十一条、第十二条规定的比例时,应当遵守下列规定:

(一)购买的资产为股权的,其资产总额以被投资企业的资产总额与该项投资所占股权比例的乘积和成交金额二者中的较高者为准,营业收入以被投资企业的营业收入与该项投资所占股权比例的乘积为准,资产净额以被投资企业的净资产额与该项投资所占股权比例的乘积和成交金额二者中的较高者为准;出售的资产为股权的,其资产总额、营业收入以及资产净额分别以被投资企业的资产总额、营业收入以及净资产额与该项投资所占股权比例的乘积为准。

购买股权导致上市公司取得被投资企业控股权的,其资产总额以被投资企业的资产总额和成交金额二者中的较高者为准,营业收入以被投资企业的营业收入为准,资产净额以被投资企业的净资产额和成交金额二者中的较高者为准;出售股权导致上市公司丧失被投资企业控股权的,其资产总额、营业收入以及资产净额分别以被投资企业的资产总额、营业收入以及净资产额为准。

(二)购买的资产为非股权资产的,其资产总额以该资产的账面值和成交金额二者中的较高者为准,资产净额以相关资产与负债的账面值差额和成交金额二者中的较高者为准;出售的资产为非股权资产的,其资产总额、资产净额分别以该资产的账面值、相关资产与负债账面值的差额为准;该非股权资产不涉及负债的,不适用第十一条第一款第(三)项规定的资产净额标准。

(三)上市公司同时购买、出售资产的,应当分别计算购买、出售资产的相关比例,并以二者中比例较高者为准。

(四)上市公司在12个月内连续对同一或者相关资产进行购买、出售的,以其累计数分别计算相应数额。已按照本办法的规定报经中国证监会核准的资产交易行为,无须纳入累计计算的范围,但本办法第十二条规定情形除外。

交易标的资产属于同一交易方所有或者控制,或者属于相同或者相近的业务范围,或者中国证监会认定的其他情形下,可以认定为同一或者相关资产。

第十四条 本办法第二条所称通过其他方式进行资产交易,包括:

(一)与他人新设企业、对已设立的企业增资或者减资;

(二)受托经营、租赁其他企业资产或者将经营性资产委托他人经营、租赁;

(三)接受附义务的资产赠与或者对外捐赠资产;

(四)中国证监会根据审慎监管原则认定的其他情形。

上述资产交易实质上构成购买、出售资产,且按照本办法规定的标准计算的相关比例达到 50% 以上的,应当按本办法的规定履行信息披露等相关义务并报送申请文件。

第三章 重大资产重组的程序

第十五条 上市公司与交易对方就重大资产重组事宜进行初步磋商时,应当立即采取必要且充分的保密措施,制定严格有效的保密制度,限定相关敏感信息的知悉范围。上市公司及交易对方聘请证券服务机构的,应当立即与所聘请的证券服务机构签署保密协议。

上市公司关于重大资产重组的董事会决议公告前,相关信息已在媒体上传播或者公司股票交易出现异常波动的,上市公司应当立即将有关计划、方案或者相关事项的现状以及相关进展情况和风险因素等予以公告,并按照有关信息披露规则办理其他相关事宜。

第十六条 上市公司应当聘请独立财务顾问、律师事务所以及具有相关证券业务资格的会计师事务所等证券服务机构就重大资产重组出具意见。

独立财务顾问和律师事务所应当审慎核查重大资产重组是否构成关联交易,并依据核查确认的相关事实发表明确意见。重大资产重组涉及关联交易的,独立财务顾问应当就本次重组对上市公司非关联股东的影响发表明确意见。

资产交易定价以资产评估结果为依据的,上市公司应当聘请具有相关证券业务资格的资产评估机构出具资产评估报告。

证券服务机构在其出具的意见中采用其他证券服务机构或者人员的专业意见的,仍然应当进行尽职调查,审慎核查其采用的专业意见的内容,并对利用其他证券服务机构或者人员的专业意见所形成的结论负责。

第十七条 上市公司及交易对方与证券服务机构签订聘用合同后,非因正当事由不得更换证券服务机构。确有正当事由需要更换证券服务机构的,应当在申请材料中披露更换的具体原因以及证券服务机构的陈述意见。

第十八条 上市公司购买资产的,应当提供拟购买资产的盈利预测报告。上市公司拟进行本办法第二十八条第一款第(一)至(三)项规定的重大资产重组以及发行股份购买资产的,还应当提供上市公司的盈利预测报告。盈利预测报告应当经具有相关证券业务资格的会计师事务所审核。

上市公司确有充分理由无法提供上述盈利预测报告的,应当说明原因,在上市公司重大资产重组报告书(或者发行股份购买资产报告书,下同)中作出特别风险提示,并在管理层讨论与分析部分就本次重组对上市公司持续经营能力和未来发展前景的影响进行详细分析。

第十九条 重大资产重组中相关资产以资产评估结果作为定价依据的,资产评估机构原则上应当采取两种以上评估方法进行评估。

上市公司董事会应当对评估机构的独立性、评估假设前提的合理性、评估方法与评估目的的相关性以及评估定价的公允性发表明确意见。上市公司独立董事应当对评估机构的独立性、评估假设前提的合理性和评估定价的公允性发表独立意见。

第二十条 上市公司进行重大资产重组,应当由董事会依法作出决议,并提交股东大会批准。

上市公司董事会应当就重大资产重组是否构成关联交易作出明确判断,并作为董事会决议事项予以披露。

上市公司独立董事应当在充分了解相关信息的基础上,就重大资产重组发表独立意见。重大资产重组构成关联交易的,独立董事可以另行聘请独立财务顾问就本次交易对上市公司非关联股东的影响发表意见。上市公司应当积极配合独立董事调阅相关材料,并通过安排实地调查、组织证券服务机构汇报等方式,为独立董事履行职责提供必要的支持和便利。

第二十一条 上市公司应当在董事会作出重大资产重组决议后的次一工作日至少披露下列文件,同时抄报上市公司所在地的中国证监会派出机构(以下简称派出机构):

(一)董事会决议及独立董事的意见;

(二)上市公司重大资产重组预案。

本次重组的重大资产重组报告书、独立财务顾问报告、法律意见书以及重组涉及的审计报告、资产评估报告和经审核的盈利预测报告至迟应当与召开股东大会的通知同时公告。

本条第一款第(二)项及第二款规定的信息披露文件的内容与格式另行规定。

上市公司应当在至少一种中国证监会指定的报刊公告董事会决议、独立董事的意见和重大资产重组报告书摘要,并应当在证券交易所网站全文披露重大资产重组报告书及相关证券服务机构的报告或者意见。

第二十二条 上市公司股东大会就重大资产重组作出的决议,至少应当包括下列事项:

(一)本次重大资产重组的方式、交易标的和交易对方;

(二)交易价格或者价格区间;

(三)定价方式或者定价依据;

(四)相关资产自定价基准日至交割日期间损益的归属;

(五)相关资产办理权属转移的合同义务和违约责任;

(六)决议的有效期;

(七)对董事会办理本次重大资产重组事宜的具体授权;

(八)其他需要明确的事项。

第二十三条 上市公司股东大会就重大资产重组事项作出决议,必须经出席会议的股东所持表决权的2/3以上通过。

上市公司重大资产重组事宜与本公司股东或者其关联人存在关联关系的,股东大会就重大资产重组事项进行表决时,关联股东应当回避表决。

交易对方已经与上市公司控股股东就受让上市公司股权或者向上市公司推荐董事达成协议或者默契,可能导致上市公司的实际控制权发生变化的,上市公司控股股东及其关联人应当回避表决。

上市公司就重大资产重组事宜召开股东大会,应当以现场会议形式召开,并应当提供网络投票或者其他合法方式为股东参加股东大会提供便利。

第二十四条 上市公司应当在股东大会作出重大资产重组决议后的次一工作日公告该决议,并按照中国证监会的有关规定编制申请文件,委托独立财务顾问在3个工作日内向中国证监会申报,同时抄报派出机构。

第二十五条 上市公司全体董事、监事、高级管理人员应当出具承诺,保证重大资产重组申请文件不存在虚假记载、误导性陈述或者重大遗漏。

第二十六条 中国证监会依照法定条件和法定程序对重大资产重组申请作出予以核准或者不予核准的决定。

中国证监会在审核期间提出反馈意见要求上市公司作出书面解释、说明的,上市公司应当自收到反馈意见之日起30日内提供书面回复意见,独立财务顾问应当配合上市公司提供书面回复意见。逾期未提供的,上市公司应当在到期日的次日就本次重大资产重组的进展情况及未能及时提供回复意见的具体原因等予以公告。

第二十七条 中国证监会审核期间,上市公司拟对交易对象、交易标的、交易价格等作出变更,构成对重组方案重大调整的,应当在董事会表决通过后重新提交股东大会审议,并按照本办法的规定向中国证监会重新报送重大资产重组申请文件,同时作出公告。

在中国证监会审核期间,上市公司董事会决议终止或者撤回本次重大资产重组申请的,应当说明原因,予以公告,并按照公司章程的规定提交股东大会审议。

第二十八条 上市公司重大资产重组存在下列情形之一的,应当提交并购重组委审核:

(一)符合本办法第十二条的规定;

(二)上市公司出售资产的总额和购买资产的总额占其最近一个会计年度经审计的合并财务会计报告期末资产总额的比例均达到70%以上;

(三)上市公司出售全部经营性资产,同时购买其他资产;

(四)中国证监会在审核中认为需要提交并购重组委审核的其他情形。

重大资产重组不存在前款规定情形,但存在下列情形之一的,上市公司可以向中国证监会申请将本次重组方案提交并购重组委审核:

(一)上市公司购买的资产为符合本办法第五十条规定的完整经营实体且业绩需要模拟计算的;

(二)上市公司对中国证监会有关职能部门提出的反馈意见表示异议的。

第二十九条 上市公司在收到中国证监会关于召开并购重组委工作会议审核其重大资产重组申请的通知后,应当立即予以公告,并申请办理并购重组委工作会议期间直至其表决结果披露前的停牌事宜。

上市公司在收到并购重组委关于其重大资产重组申请的表决结果后,应当在次一工作日公告表决结果并申请复牌。公告应当说明,公司在收到中国证监会作出的予以核准或者不予核准的决定后将再行公告。

第三十条 上市公司收到中国证监会就其重大资产重组申请作出的予以核准或者不予核准的决定后,应当在次一工作日予以公告。

中国证监会予以核准的,上市公司应当在公告核准决定的同时,按照相关信息披露准则的规定补充披露相关文件。

第三十一条 中国证监会核准上市公司重大资产重组申请的,上市公司应当及时实施重组方案,并于实施完毕之日起3个工作日内编制实施情况报告书,向中国证监会及其派出机构、证券交易所提交书面报告,并予以公告。

上市公司聘请的独立财务顾问和律师事务所应当对重大资产重组的实施过程、资产过户事宜和相关后续事项的合规性及风险进行核查，发表明确的结论性意见。独立财务顾问和律师事务所出具的意见应当与实施情况报告书同时报告、公告。

第三十二条 自收到中国证监会核准文件之日起 60 日内，本次重大资产重组未实施完毕的，上市公司应当于期满后次一工作日将实施进展情况报告中国证监会及其派出机构，并予以公告；此后每 30 日应当公告一次，直至实施完毕。超过 12 个月未实施完毕的，核准文件失效。

第三十三条 上市公司在实施重大资产重组的过程中，发生法律、法规要求披露的重大事项的，应当及时向中国证监会及其派出机构报告。该事项导致本次重组发生实质性变动的，须重新报经中国证监会核准。

第三十四条 根据本办法第十八条规定提供盈利预测报告的，上市公司应当在重大资产重组实施完毕后的有关年度报告中单独披露上市公司及相关资产的实际盈利数与利润预测数的差异情况，并由会计师事务所对此出具专项审核意见。

资产评估机构采取收益现值法、假设开发法等基于未来收益预期的估值方法对拟购买资产进行评估并作为定价参考依据的，上市公司应当在重大资产重组实施完毕后 3 年内的年度报告中单独披露相关资产的实际盈利数与评估报告中利润预测数的差异情况，并由会计师事务所对此出具专项审核意见；交易对方应当与上市公司就相关资产实际盈利数不足利润预测数的情况签订明确可行的补偿协议。

第三十五条 上市公司重大资产重组发生下列情形的，独立财务顾问应当及时出具核查意见，向中国证监会及其派出机构报告，并予以公告：

（一）中国证监会作出核准决定前，上市公司对交易对象、交易标的、交易价格等作出变更，构成对原重组方案重大调整的；

（二）中国证监会作出核准决定后，上市公司在实施重组过程中发生重大事项，导致原重组方案发生实质性变动的。

第三十六条 独立财务顾问应当按照中国证监会的相关规定，对实施重大资产重组的上市公司履行持续督导职责。持续督导的期限自中国证监会核准本次重大资产重组之日起，应当不少于一个会计年度。实施本办法第十二条规定的重大资产重组，持续督导的期限自中国证监会核准本次重大资产重组之日起，应当不少于 3 个会计年度。

第三十七条 独立财务顾问应当结合上市公司重大资产重组当年和实施完毕后的第一个会计年度的年报，自年报披露之日起 15 日内，对重大资产重组实施的下列事项出具持续督导意见，向派出机构报告，并予以公告：

（一）交易资产的交付或者过户情况；

（二）交易各方当事人承诺的履行情况；

（三）盈利预测的实现情况；

（四）管理层讨论与分析部分提及的各项业务的发展现状；

（五）公司治理结构与运行情况；

（六）与已公布的重组方案存在差异的其他事项。

独立财务顾问还应当结合本办法第十二条规定的重大资产重组实施完毕后的第二、三个会计年度的年报，自年报披露之日起15日内，对前款第（二）至（六）项事项出具持续督导意见，向派出机构报告，并予以公告。

第四章　重大资产重组的信息管理

第三十八条　上市公司筹划、实施重大资产重组，相关信息披露义务人应当公平地向所有投资者披露可能对上市公司股票交易价格产生较大影响的相关信息（以下简称股价敏感信息），不得有选择性地向特定对象提前泄露。

第三十九条　上市公司的股东、实际控制人以及参与重大资产重组筹划、论证、决策等环节的其他相关机构和人员，应当及时、准确地向上市公司通报有关信息，并配合上市公司及时、准确、完整地进行披露。上市公司获悉股价敏感信息的，应当及时向证券交易所申请停牌并披露。

第四十条　上市公司及其董事、监事、高级管理人员，重大资产重组的交易对方及其关联方，交易对方及其关联方的董事、监事、高级管理人员或者主要负责人，交易各方聘请的证券服务机构及其从业人员，参与重大资产重组筹划、论证、决策、审批等环节的相关机构和人员，以及因直系亲属关系、提供服务和业务往来等知悉或者可能知悉股价敏感信息的其他相关机构和人员，在重大资产重组的股价敏感信息依法披露前负有保密义务，禁止利用该信息进行内幕交易。

第四十一条　上市公司筹划重大资产重组事项，应当详细记载筹划过程中每一具体环节的进展情况，包括商议相关方案、形成相关意向、签署相关协议或者意向书的具体时间、地点、参与机构和人员、商议和决议内容等，制作书面的交易进程备忘录并予以妥当保存。参与每一具体环节的所有人员应当即时在备忘录上签名确认。

上市公司预计筹划中的重大资产重组事项难以保密或者已经泄露的，应当及时向证券交易所申请停牌，直至真实、准确、完整地披露相关信息。停牌期间，上市公司应当至少每周发布一次事件进展情况公告。

上市公司股票交易价格因重大资产重组的市场传闻发生异常波动时，

上市公司应当及时向证券交易所申请停牌,核实有无影响上市公司股票交易价格的重组事项并予以澄清,不得以相关事项存在不确定性为由不履行信息披露义务。

第五章　发行股份购买资产的特别规定

第四十二条　上市公司发行股份购买资产,应当符合下列规定:

(一)有利于提高上市公司资产质量、改善公司财务状况和增强持续盈利能力;有利于上市公司减少关联交易和避免同业竞争,增强独立性。

(二)上市公司最近一年及一期财务会计报告被注册会计师出具无保留意见审计报告;被出具保留意见、否定意见或者无法表示意见的审计报告的,须经注册会计师专项核查确认,该保留意见、否定意见或者无法表示意见所涉及事项的重大影响已经消除或者将通过本次交易予以消除。

(三)上市公司发行股份所购买的资产,应当为权属清晰的经营性资产,并能在约定期限内办理完毕权属转移手续。

(四)中国证监会规定的其他条件。

上市公司为促进行业或者产业整合,增强与现有主营业务的协同效应,在其控制权不发生变更的情况下,可以向控股股东、实际控制人或者其控制的关联人之外的特定对象发行股份购买资产,发行股份数量不低于发行后上市公司总股本的5%;发行股份数量低于发行后上市公司总股本的5%的,主板、中小板上市公司拟购买资产的交易金额不低于1亿元人民币,创业板上市公司拟购买资产的交易金额不低于5000万元人民币。

特定对象以现金或者资产认购上市公司非公开发行的股份后,上市公司用同一次非公开发行所募集的资金向该特定对象购买资产的,视同上市公司发行股份购买资产。

第四十三条　上市公司发行股份购买资产的,可以同时募集部分配套资金,其定价方式按照现行相关规定办理。

第四十四条　上市公司发行股份的价格不得低于本次发行股份购买资产的董事会决议公告日前20个交易日公司股票交易均价。

前款所称交易均价的计算公式为:董事会决议公告日前20个交易日公司股票交易均价＝决议公告日前20个交易日公司股票交易总额/决议公告日前20个交易日公司股票交易总量。

第四十五条　特定对象以资产认购而取得的上市公司股份,自股份发行结束之日起12个月内不得转让;属于下列情形之一的,36个月内不得转让:

(一)特定对象为上市公司控股股东、实际控制人或者其控制的关联人;

（二）特定对象通过认购本次发行的股份取得上市公司的实际控制权；

（三）特定对象取得本次发行的股份时，对其用于认购股份的资产持续拥有权益的时间不足 12 个月。

第四十六条 上市公司申请发行股份购买资产，应当提交并购重组委审核。

第四十七条 上市公司发行股份购买资产导致特定对象持有或者控制的股份达到法定比例的，应当按照《上市公司收购管理办法》（证监会令第 56 号）的规定履行相关义务。

特定对象因认购上市公司发行股份导致其持有或者控制的股份比例超过 30% 或者在 30% 以上继续增加，且上市公司股东大会同意其免于发出要约的，可以在上市公司向中国证监会报送发行股份申请的同时，提出豁免要约义务的申请。

第四十八条 中国证监会核准上市公司发行股份购买资产的申请后，上市公司应当及时实施。向特定对象购买的相关资产过户至上市公司后，上市公司聘请的独立财务顾问和律师事务所应当对资产过户事宜和相关后续事项的合规性及风险进行核查，并发表明确意见。上市公司应当在相关资产过户完成后 3 个工作日内就过户情况作出公告，并向中国证监会及其派出机构提交书面报告，公告和报告中应当包括独立财务顾问和律师事务所的结论性意见。

上市公司完成前款规定的公告、报告后，可以到证券交易所、证券登记结算公司为认购股份的特定对象申请办理证券登记手续。

第六章　重大资产重组后申请发行新股或者公司债券

第四十九条 经并购重组委审核后获得核准的重大资产重组实施完毕后，上市公司申请公开发行新股或者公司债券，同时符合下列条件的，本次重大资产重组前的业绩在审核时可以模拟计算：

（一）进入上市公司的资产是完整经营实体；

（二）本次重大资产重组实施完毕后，重组方的承诺事项已经如期履行，上市公司经营稳定、运行良好；

（三）本次重大资产重组实施完毕后，上市公司和相关资产实现的利润达到盈利预测水平。

上市公司在本次重大资产重组前不符合中国证监会规定的公开发行证券条件，或者本次重组导致上市公司实际控制人发生变化的，上市公司申请公开发行新股或者公司债券，距本次重组交易完成的时间应当不少于一个完整会计年度。

第五十条　本办法所称完整经营实体,应当符合下列条件:

(一)经营业务和经营资产独立、完整,且在最近两年未发生重大变化;

(二)在进入上市公司前已在同一实际控制人之下持续经营两年以上;

(三)在进入上市公司之前实行独立核算,或者虽未独立核算,但与其经营业务相关的收入、费用在会计核算上能够清晰划分;

(四)上市公司与该经营实体的主要高级管理人员签订聘用合同或者采取其他方式,就该经营实体在交易完成后的持续经营和管理作出恰当安排。

第七章　监督管理和法律责任

第五十一条　未经核准擅自实施重大资产重组的,责令改正,可以采取监管谈话、出具警示函等监管措施;情节严重的,处以警告、罚款,并可以对有关责任人员采取市场禁入的措施。

第五十二条　上市公司或者其他信息披露义务人未按照本办法规定报送重大资产重组有关报告,或者报送的报告有虚假记载、误导性陈述或者重大遗漏的,责令改正,依照《证券法》第一百九十三条予以处罚;情节严重的,责令停止重组活动,并可以对有关责任人员采取市场禁入的措施。

第五十三条　上市公司或者其他信息披露义务人未按照规定披露重大资产重组信息,或者所披露的信息存在虚假记载、误导性陈述或者重大遗漏的,责令改正,依照《证券法》第一百九十三条规定予以处罚;情节严重的,责令停止重组活动,并可以对有关责任人员采取市场禁入的措施;涉嫌犯罪的,依法移送司法机关追究刑事责任。

第五十四条　上市公司董事、监事和高级管理人员在重大资产重组中,未履行诚实守信、勤勉尽责义务,导致重组方案损害上市公司利益的,责令改正,采取监管谈话、出具警示函等监管措施;情节严重的,处以警告、罚款,并可以采取市场禁入的措施;涉嫌犯罪的,依法移送司法机关追究刑事责任。

第五十五条　为重大资产重组出具财务顾问报告、审计报告、法律意见、资产评估报告及其他专业文件的证券服务机构及其从业人员未履行诚实守信、勤勉尽责义务,违反行业规范、业务规则,或者未依法履行报告和公告义务、持续督导义务的,责令改正,采取监管谈话、出具警示函等监管措施;情节严重的,依照《证券法》第二百二十六条予以处罚。

前款规定的证券服务机构及其从业人员所制作、出具的文件存在虚假记载、误导性陈述或者重大遗漏的,责令改正,依照《证券法》第二百二十三条予以处罚;情节严重的,可以采取市场禁入的措施;涉嫌犯罪的,依法移送司法机关追究刑事责任。

第五十六条　重大资产重组实施完毕后,凡不属于上市公司管理层事前无法获知且事后无法控制的原因,上市公司或者购买资产实现的利润未达到盈利预测报告或者资产评估报告预测金额的 80%,或者实际运营情况与重大资产重组报告书中管理层讨论与分析部分存在较大差距的,上市公司的董事长、总经理以及对此承担相应责任的会计师事务所、财务顾问、资产评估机构及其从业人员应当在上市公司披露年度报告的同时,在同一报刊上作出解释,并向投资者公开道歉;实现利润未达到预测金额 50% 的,可以对上市公司、相关机构及其责任人员采取监管谈话、出具警示函、责令定期报告等监管措施。

　　第五十七条　任何知悉重大资产重组信息的人员在相关信息依法公开前,泄露该信息、买卖或者建议他人买卖相关上市公司证券、利用重大资产重组散布虚假信息、操纵证券市场或者进行欺诈活动的,依照《证券法》第二百零二条、第二百零三条、第二百零七条予以处罚;涉嫌犯罪的,依法移送司法机关追究刑事责任。

第八章　附　　则

　　第五十八条　本办法自 2008 年 5 月 18 日起施行。中国证监会发布的《关于上市公司重大购买、出售、置换资产若干问题的通知》(证监公司字〔2001〕105 号)同时废止。

上市公司非公开发行股票实施细则

(2011 年修订)

第一章　总　　则

　　第一条　为规范上市公司非公开发行股票行为,根据《上市公司证券发行管理办法》(证监会令第 30 号 以下简称《管理办法》)的有关规定,制定本细则。

　　第二条　上市公司非公开发行股票,应当有利于减少关联交易、避免同业竞争、增强独立性;应当有利于提高资产质量、改善财务状况、增强持续盈利能力。

　　第三条　上市公司董事、监事、高级管理人员、保荐人和承销商、为本次发行出具专项文件的专业人员及其所在机构,以及上市公司控股股东、实际控制人及其知情人员,应当遵守有关法律法规和规章,勤勉尽责,不得利用上市公司非公开发行股票谋取不正当利益,禁止泄露内幕信息和利用内幕信息进行证券交易或者操纵证券交易价格。

第四条　上市公司的控股股东、实际控制人和本次发行对象,应当按照有关规定及时向上市公司提供信息,配合上市公司真实、准确、完整地履行信息披露义务。

第五条　保荐人、上市公司选择非公开发行股票的发行对象和确定发行价格,应当遵循公平、公正原则,体现上市公司和全体股东的最大利益。

第六条　发行方案涉及中国证监会规定的重大资产重组的,其配套融资按照现行相关规定办理。

第二章　发行对象与认购条件

第七条　《管理办法》所称"定价基准日",是指计算发行底价的基准日。定价基准日可以为关于本次非公开发行股票的董事会决议公告日、股东大会决议公告日,也可以为发行期的首日。上市公司应按不低于该发行底价的价格发行股票。

《管理办法》所称"定价基准日前 20 个交易日股票交易均价"的计算公式为:定价基准日前 20 个交易日股票交易均价 = 定价基准日前 20 个交易日股票交易总额/定价基准日前 20 个交易日股票交易总量。

第八条　《管理办法》所称"发行对象不超过 10 名",是指认购并获得本次非公开发行股票的法人、自然人或者其他合法投资组织不超过 10 名。

证券投资基金管理公司以其管理的 2 只以上基金认购的,视为一个发行对象。

信托公司作为发行对象,只能以自有资金认购。

第九条　发行对象属于下列情形之一的,具体发行对象及其认购价格或者定价原则应当由上市公司董事会的非公开发行股票决议确定,并经股东大会批准;认购的股份自发行结束之日起 36 个月内不得转让:

(一)上市公司的控股股东、实际控制人或其控制的关联人;

(二)通过认购本次发行的股份取得上市公司实际控制权的投资者;

(三)董事会拟引入的境内外战略投资者。

第十条　发行对象属于本细则第九条规定以外的情形的,上市公司应当在取得发行核准批文后,按照本细则的规定以竞价方式确定发行价格和发行对象。发行对象认购的股份自发行结束之日起 12 个月内不得转让。

第三章　董事会与股东大会决议

第十一条　上市公司申请非公开发行股票,应当按照《管理办法》的相关规定召开董事会、股东大会,并按规定及时披露信息。

第十二条　董事会决议确定具体发行对象的,上市公司应当在召开董事会的当日或者前1日与相应发行对象签订附条件生效的股份认购合同。

前款所述认购合同应载明该发行对象拟认购股份的数量或数量区间、认购价格或定价原则、限售期,同时约定本次发行一经上市公司董事会、股东大会批准并经中国证监会核准,该合同即应生效。

第十三条　上市公司董事会作出非公开发行股票决议,应当符合下列规定:

(一)应当按照《管理办法》的规定选择确定本次发行的定价基准日,并提请股东大会批准。

(二)董事会决议确定具体发行对象的,董事会决议应当确定具体的发行对象名称及其认购价格或定价原则、认购数量或者数量区间、限售期;发行对象与公司签订的附条件生效的股份认购合同应当经董事会批准。

(三)董事会决议未确定具体发行对象的,董事会决议应当明确发行对象的范围和资格,定价原则、限售期。

(四)本次非公开发行股票的数量不确定的,董事会决议应当明确数量区间(含上限和下限)。董事会决议还应当明确,上市公司的股票在定价基准日至发行日期间除权、除息的,发行数量和发行底价是否相应调整。

(五)董事会决议应当明确本次募集资金数量的上限、拟投入项目的资金需要总数量、本次募集资金投入数量、其余资金的筹措渠道。募集资金用于补充流动资金或者偿还银行贷款的,应当说明补充流动资金或者偿还银行贷款的具体数额;募集资金用于收购资产的,应当明确交易对方、标的资产、作价原则等事项。

第十四条　董事会决议经表决通过后,上市公司应当在2个交易日内披露。

董事会应当按照《公开发行证券的公司信息披露内容与格式准则第25号——上市公司非公开发行股票预案和发行情况报告书》的要求编制非公开发行股票预案,作为董事会决议的附件,与董事会决议同时刊登。

第十五条　本次发行涉及资产审计、评估或者上市公司盈利预测的,资产审计结果、评估结果和经审核的盈利预测报告至迟应随召开股东大会的通知同时公告。

第十六条 非公开发行股票的董事会决议公告后,出现以下情况需要重新召开董事会的,应当由董事会重新确定本次发行的定价基准日:

(一)本次非公开发行股票股东大会决议的有效期已过;

(二)本次发行方案发生变化;

(三)其他对本次发行定价具有重大影响的事项。

第十七条 上市公司股东大会就非公开发行股票作出的决定,至少应当包括《管理办法》和本细则规定须提交股东大会批准的事项。

《管理办法》所称应当回避表决的"特定的股东及其关联人",是指董事会决议已确定为本次发行对象的股东及其关联人。

第四章 核准与发行

第十八条 股东大会批准本次发行后,上市公司可向中国证监会提交发行申请文件。

申请文件应当按照本细则附件1《上市公司非公开发行股票申请文件目录》的有关规定编制。

第十九条 保荐人和发行人律师应当各司其职,勤勉尽责,对本次非公开发行股票申请的合规性审慎地履行尽职调查职责。

保荐人出具的发行保荐书和发行人律师出具的法律意见书,应当对照中国证监会的各项规定逐项发表明确的结论性意见,并载明得出每项结论的查证过程及事实依据。

第二十条 中国证监会按照《管理办法》规定的程序审核非公开发行股票申请。

上市公司收到中国证监会发行审核委员会关于本次发行申请获得通过或者未获通过的结果后,应当在次一交易日予以公告,并在公告中说明,公司收到中国证监会作出的予以核准或者不予核准的决定后,将另行公告。

第二十一条 上市公司取得核准批文后,应当在批文的有效期内,按照《证券发行与承销管理办法》(证监会令第37号)的有关规定发行股票。

上市公司收到中国证监会予以核准决定后作出的公告中,应当公告本次发行的保荐人,并公开上市公司和保荐人指定办理本次发行的负责人及其有效联系方式。

上市公司、保荐人对非公开发行股票进行推介或者向特定对象提供投资价值研究报告的,不得采用任何公开方式,且不得早于上市公司董事会关于非公开发行股票的决议公告之日。

第二十二条 董事会决议确定具体发行对象的,上市公司在取得核准批文后,应当按照本细则第九条的规定和认购合同的约定发行股票。

第二十三条 董事会决议未确定具体发行对象的,在取得中国证监会的核准批文后,由上市公司及保荐人在批文的有效期内选择发行时间;在发行期起始的前1日,保荐人应当向符合条件的特定对象提供认购邀请书。

第二十四条 认购邀请书发送对象的名单由上市公司及保荐人共同确定。

认购邀请书发送对象的名单除应当包含董事会决议公告后已经提交认购意向书的投资者、公司前20名股东外,还应当包含符合《证券发行与承销管理办法》规定条件的下列询价对象:

(一)不少于20家证券投资基金管理公司;

(二)不少于10家证券公司;

(三)不少于5家保险机构投资者。

第二十五条 认购邀请书应当按照公正、透明的原则,事先约定选择发行对象、确定认购价格、分配认购数量等事项的操作规则。

认购邀请书及其申购报价表参照本细则附件2的范本制作,发送时由上市公司加盖公章,由保荐代表人签署。

第二十六条 认购邀请书发出后,上市公司及保荐人应当在认购邀请书约定的时间内收集特定投资者签署的申购报价表。

在申购报价期间,上市公司、保荐人应当确保任何工作人员不泄露发行对象的申购报价情况,申购报价过程应当由发行人律师现场见证。

第二十七条 申购报价结束后,上市公司及保荐人应当对有效申购按照报价高低进行累计统计,按照价格优先的原则合理确定发行对象、发行价格和发行股数。

第二十八条 发行结果确定后,上市公司应当与发行对象签订正式认购合同,发行对象应当按照合同约定缴款。

发行对象的认购资金应先划入保荐人为本次发行专门开立的账户,验资完毕后,扣除相关费用再划入发行人募集资金专项存储账户。

第二十九条 验资完成后的次一交易日,上市公司和保荐人应当向中国证监会提交《证券发行与承销管理办法》第五十条规定的备案材料。

发行情况报告书应当按照《公开发行证券的公司信息披露内容与格式准则第25号——上市公司非公开发行股票预案和发行情况报告书》的要求编制。

第三十条 保荐人关于本次发行过程和认购对象合规性的报告应当详细记载本次发行的全部过程,列示发行对象的申购报价情况及其获得配售的情况,并对发行结果是否公平、公正,是否符合非公开发行股票的有关规定发表意见。

报价在发行价格之上的特定对象未获得配售或者被调减配售数量的,保荐人应当向该特定对象说明理由,并在报告书中说明情况。

第三十一条 发行人律师关于本次发行过程和认购对象合规性的报告应当详细认证本次发行的全部过程,并对发行过程的合规性、发行结果是否公平、公正,是否符合非公开发行股票的有关规定发表明确意见。

发行人律师应当对认购邀请书、申购报价表、正式签署的股份认购合同及其他有关法律文书进行见证,并在报告书中确认有关法律文书合法有效。

第五章 附 则

第三十二条 本细则自发布之日起实施。

第三十三条 本细则的附件包括《上市公司非公开发行股票申请文件目录》、《〈认购邀请书〉和〈申购报价单〉范本》。

附件:1. 上市公司非公开发行股票申请文件目录(略,详情请登录证监会网站)
2. 《认购邀请书》和《申购报价单》范本(略,详情请登录证监会网站)

中国银行业监督管理委员会
关于修改《金融机构衍生产品
交易业务管理暂行办法》的决定

(中国银行业监督管理委员会第 101 次主席会议通过 2011 年 1 月 5 日中国银行业监督管理委员会令 2011 年第 1 号公布 自 2011 年 1 月 5 日起施行)

中国银行业监督管理委员会决定对《金融机构衍生产品交易业务管理暂行办法》作如下修改:

一、第二条修改为:"本办法所称银行业金融机构是指依法设立的商业银行、城市信用合作社、农村信用合作社等吸收公众存款的金融机构以及政策性银行。依法设立的金融资产管理公司、信托公司、企业集团财务公司、金融租赁公司,以及经中国银行业监督管理委员会(以下简称中国银监会)批准设立的其他银行业金融机构从事衍生产品业务,适用本办法。"

二、第四条修改为:"本办法所称银行业金融机构衍生产品交易业务按照交易目的分为两类:

(一)套期保值类衍生产品交易。即银行业金融机构主动发起,为规避自有资产、负债的信用风险、市场风险或流动性风险而进行的衍生产品交易。此类交易需符合套期会计规定,并划入银行账户管理。

(二)非套期保值类衍生产品交易。即除套期保值类以外的衍生产品交易。包括由客户发起,银行业金融机构为满足客户需求提供的代客交易和银行业金融机构为对冲前述交易相关风险而进行的交易;银行业金融机构为承担做市义务持续提供市场买、卖双边价格,并按其报价与其他市场参与者进行的做市交易;以及银行业金融机构主动发起,运用自有资金,根据对市场走势的判断,以获利为目的的进行的自营交易。此类交易划入交易账户管理。"

三、第四条与第五条之间增加一条:"本办法所称客户是指除金融机构以外的个人客户和机构客户。银行业金融机构向客户销售的理财产品若具有衍生产品性质,其产品设计、交易、管理适用本办法,客户准入以及销售环节适用中国银监会关于理财业务的相关规定。对个人衍生产品交易的风险评估和销售环节适用个人理财业务的相关规定。"

四、第五条修改为:"银行业金融机构开办衍生产品交易业务,应当经中国银监会批准,接受中国银监会的监督与检查。

获得衍生产品交易业务资格的银行业金融机构,应当从事与其自身风险管理能力相适应的业务活动。"

五、第六条修改为:"银行业金融机构从事与外汇、商品、能源和股权有关的衍生产品交易以及场内衍生产品交易,应当具有中国银监会批准的衍生产品交易业务资格,并遵守国家外汇管理及其他相关规定。"

六、第六条与第七条之间增加一条:"银行业金融机构开办衍生产品交易业务的资格分为以下两类:

(一)基础类资格:只能从事套期保值类衍生产品交易;

(二)普通类资格:除基础类资格可以从事的衍生产品交易之外,还可以从事非套期保值类衍生产品交易。

根据银行业金融机构的风险管理能力,监管部门可以对其具体的业务模式、产品种类等实施差别化资格管理。"

七、第七条修改为:"银行业金融机构申请基础类资格,应当具备以下条件：

（一）有健全的衍生产品交易风险管理制度和内部控制制度；

（二）具有接受相关衍生产品交易技能专门培训半年以上、从事衍生产品或相关交易 2 年以上的交易人员至少 2 名，相关风险管理人员至少 1 名，风险模型研究人员或风险分析人员至少 1 名，熟悉套期会计操作程序和制度规范的人员至少 1 名，以上人员均需专岗专人，相互不得兼任，且无不良记录；

（三）有适当的交易场所和设备；

（四）具有处理法律事务和负责内控合规检查的专业部门及相关专业人员；

（五）满足中国银监会审慎监管指标要求；

（六）中国银监会规定的其他条件。"

八、第七条与第八条之间增加一条："银行业金融机构申请普通类资格，除具备上述基础类资格条件以外还需具备以下条件：

（一）完善的衍生产品交易前、中、后台自动联接的业务处理系统和实时的风险管理系统；

（二）衍生产品交易业务主管人员应当具备 5 年以上直接参与衍生产品交易活动或风险管理的资历，且无不良记录；

（三）严格的业务分离制度，确保套期保值类业务与非套期保值类业务的市场信息、风险管理、损益核算有效隔离；

（四）完善的市场风险、操作风险、信用风险等风险管理框架；

（五）中国银监会规定的其他条件。"

九、第八条修改为："外资银行开办衍生产品交易业务，应当向当地银监局提交由授权签字人签署的申请材料，经审查同意后，报中国银监会审批。外商独资银行、中外合资银行应当由总行统一向当地银监局提交申请材料；外国银行拟在中国境内两家以上分行开办衍生产品交易业务的，应当由其在华管理行统一向当地监管机构提交申请材料，经审查同意后，报中国银监会审批。

外国银行分行申请开办衍生产品交易业务，应当获得其总行（地区总部）的正式授权，且其母国应当具备对衍生产品交易业务进行监管的法律框架，其母国监管当局应当具备相应的监管能力。

申请开办衍生产品交易业务的外国银行分行，如果不具备第九条或第十条所列条件，其总行（地区总部）应当具备上述条件。同时该分行还应当具备以下条件：

（一）其总行（地区总部）对该分行从事衍生产品交易等方面的正式授权对交易品种和限额作出明确规定；

（二）除总行另有明确规定外，该分行的全部衍生产品交易通过对其授权的总行（地区总部）系统进行实时平盘，并由其总行（地区总部）统一进行平盘、敞口管理和风险控制。

其他由属地监管的银行业金融机构应当先向当地监管机构提交申请材料，经审查同意后，报中国银监会审批；其他由中国银监会直接监管的银行业金融机构直接向中国银监会提交申请材料，报中国银监会审批。"

十、第九条修改为："银行业金融机构申请开办衍生产品交易业务，应当向中国银监会或其派出机构报送以下文件和资料（一式三份）：

（一）开办衍生产品交易业务的申请报告、可行性报告及业务计划书或展业计划；

（二）衍生产品交易业务内部管理规章制度；

（三）衍生产品交易会计制度；

（四）主管人员和主要交易人员名单、履历；

（五）衍生产品交易风险管理制度，包括但不限于：风险敞口量化规则或风险限额授权管理制度；

（六）交易场所、设备和系统的安全性和稳定性测试报告；

（七）中国银监会要求的其他文件和资料。

外国银行分行申请开办衍生产品交易业务，若不具备第九条或第十条所列条件，除报送其总行（地区总部）的上述文件和资料外，还应当向所在地银监局报送以下文件：

（一）其总行（地区总部）对该分行从事衍生产品交易品种和限额等方面的正式书面授权文件；

（二）除其总行另有明确规定外，其总行（地区总部）出具的确保该分行全部衍生产品交易通过总行（地区总部）交易系统进行实时平盘，并由其总行（地区总部）负责平盘、敞口管理和风险控制的承诺函。"

十一、第十一条修改为："银行业金融机构按本办法规定提交的交易场所、设备和系统的安全性测试报告，原则上应当由第三方独立做出。"

十二、第十二条增加一项作为第二项："新业务、产品审批制度及流程。"

十三、第十三条修改为："中国银监会自收到银行业金融机构按照本办法提交的完整申请资料之日起三个月内予以批复。"

十四、第十五条修改为："银行业金融机构应当根据本机构的经营目标、资本实力、管理能力和衍生产品的风险特征,确定是否适合从事衍生产品交易及适合从事的衍生产品交易品种和规模。

银行业金融机构从事衍生产品交易业务,在开展新的业务品种、开拓新市场等创新前,应当书面咨询监管部门意见。

银行业金融机构应当逐步提高自主创新能力、交易管理能力和风险管理水平,谨慎涉足自身不具备定价能力的衍生产品交易。银行业金融机构不得自主持有或向客户销售可能出现无限损失的裸卖空衍生产品,以及以衍生产品为基础资产或挂钩指标的再衍生产品。"

十五、第十六条修改为:"银行业金融机构应当按照第四条所列衍生产品交易业务的分类,建立与所从事的衍生产品交易业务性质、规模和复杂程度相适应的、完善的、可靠的市场风险、信用风险、操作风险以及法律合规风险管理体系、内部控制制度和业务处理系统,并配备履行上述风险管理、内部控制和业务处理职责所需要的具备相关业务知识和技能的工作人员。"

十六、第十七条修改为:"银行业金融机构董事会或其授权专业委员会应当定期对现行的衍生产品业务情况、风险管理政策和程序进行评价,确保其与机构的资本实力、管理水平相一致。新产品推出频繁或系统发生重大变化时,应当相应增加评估频度。"

十七、第十八条与第十九条之间增加一条:"银行业金融机构高级管理人员应当了解所从事的衍生产品交易风险;审核评估和批准衍生产品交易业务经营及其风险管理的原则、程序、组织、权限的综合管理框架;并能通过独立的风险管理部门和完善的检查报告系统,随时获取有关衍生产品交易风险状况的信息,进行相应的监督与指导。在此基础上,银行业金融机构应当每年对其自身衍生产品业务情况进行评估,并将上一年度评估报告一式两份于每年一月底之前报送监管机构。"

十八、第十九条、第二十一条与第二十九条合并修改为:"银行业金融机构要根据本机构的整体实力、自有资本、盈利能力、业务经营方针、衍生产品交易目的及对市场走向的预测选择与本机构业务相适应的测算衍生产品交易风险敞口的指标和方法。

银行业金融机构应当建立并严格执行授权和止损制度,制定并定期检查和更新各类衍生产品交易的风险敞口限额、止损限额、应急计划和压力测试的制度和指标,制定限额监控和超限额处理程序。

在进行衍生产品交易时,必须严格执行分级授权和敞口风险管理制度,任何重大交易或新的衍生产品业务都应当经董事会或其授权的专业委员会或高级管理层审批。在因市场变化或决策失误出现账面浮亏时,应当严格执行止损制度。

对在交易活动中有越权或违规行为的交易员及其主管,要实行严格问责和惩处。"

十九、第十九条与第二十条之间增加一条:"银行业金融机构应当加强对分支机构衍生产品交易业务的授权管理。对于衍生产品经营能力较弱、风险防范及管理水平较低的分支机构,应当适当上收其衍生产品的交易权限。银行业金融机构应当在相应的风险管理制度中明确重大交易风险的类别特征,并规定取消交易权限的程序。对于发生重大衍生产品交易风险的分支机构,应当及时取消其衍生产品交易权限。"

二十、第二十条修改为:"银行业金融机构从事风险计量、监测和控制的工作人员必须与从事衍生产品交易或营销的人员分开,不得相互兼任;风险计量、监测或控制人员可以直接向高级管理层报告风险状况。根据本办法第四条所列的分类标准,银行业金融机构负责从事套期保值类与非套期保值类衍生产品交易的交易人员不得相互兼任。银行业金融机构应当确保其所从事的上述不同类别衍生产品交易的相关信息相互隔离。"

二十一、第二十三条修改为:"银行业金融机构应当制定评估交易对手适当性的相关政策:包括评估交易对手是否充分了解合约的条款以及履行合约的责任,识别拟进行的衍生交易是否符合交易对手本身从事衍生交易的目的。在履行本条要求时,银行业金融机构可以根据诚实信用原则合理地依赖交易对手提供的正式书面文件。"

二十二、第二十四条修改为:"银行业金融机构应当以清晰易懂、简明扼要的文字表述向客户提供衍生产品介绍和风险揭示的书面资料,相关披露以单独章节、明白清晰的方式呈现,不得以页边、页底、脚注或小字体等方式说明,内容包括但不限于:

(一)产品结构及基本交易条款的完整介绍和该产品的完整法律文本;

(二)与产品挂钩的指数、收益率或其他参数的说明;

(三)与交易相关的主要风险披露;

(四)产品现金流分析、压力测试、在一定假设和置信度之下最差可能情况的模拟情景分析与最大现金亏损以及该假设和置信度的合理性分析;

(五)应当向客户充分揭示的其他信息。"

二十三、第二十五条修改为:"银行业金融机构应当制定完善的交易对手信用风险管理制度,选择适当的方法和模型对交易对手信用风险进行评估,并采取适当的风险缓释措施。

银行业金融机构应当以适当的方式向交易对手明示相关的信用风险缓

释措施可能对其产生的影响。"

二十四、第二十六条与第二十七条之间增加三条:"银行业金融机构从事套期保值类衍生产品交易,应当由资产负债管理部门根据本机构的真实需求背景决定发起交易和进行交易决策。"

"银行业金融机构从事非套期保值类衍生产品交易,应当计提交易敞口的市场风险资本,市场风险资本计算方法按照《商业银行资本充足率管理办法》和《商业银行市场风险资本计量内部模型法监管指引》的相关规定执行。"

"银行业金融机构从事非套期保值类衍生产品交易,其标准法下市场风险资本不得超过银行业金融机构核心资本的3%。监管部门可以根据银行业金融机构的经营情况在该资本比例上限要求内实施动态差异化管理。标准法下市场风险资本的计算方法按照《商业银行资本充足率管理办法》的相关规定执行。"

二十五、第二十七条修改为:"银行业金融机构应当根据衍生产品交易的规模与类别,建立完善的流动性风险监控与预警系统,做好充分的流动性安排,确保在市场交易异常情况下,具备足够的履约能力。"

二十六、第二十八条与第三十七条合并修改为:"银行业金融机构应当建立健全控制操作风险的机制和制度,明确衍生产品交易操作和监控中的各项责任,包括但不限于:交易文件的生成和录入、交易确认、轧差交割、交易复核、市值重估、异常报告、会计处理等。衍生产品交易过程中的文件和录音记录应当统一纳入档案系统管理,由职能部门定期检查。"

二十七、第二十八条与第二十九条之间增加两条:"银行业金融机构应当按照中国银监会的规定对衍生产品交易进行清算,确保履行交割责任,规范处理违约及终止事件,及时识别并控制操作风险。"

"银行业金融机构应当建立完善衍生产品交易管理信息系统,确保按产品、交易对手等进行分类的管理信息完整、有效。"

二十八、第三十二条与第三十三条之间增加一条:"银行业金融机构应当制定完善针对衍生产品交易合同等相关法律文本的评估及管理制度,至少每年根据交易对手的情况,对涉及到的衍生产品交易合同文本的效力、效果进行评估,加深理解和掌握,有效防范法律风险。"

二十九、第三十四条修改为:"银行业金融机构内审部门要定期对衍生产品交易业务风险管理制度的执行情况进行检查。对于衍生产品交易制度和业务的内审应当具有以下要素:

(一)确保配备数量充足且具备相关经验和技能的内审人员;

(二)建立内审部门向董事会的独立报告路线。"

三十、第三十五条修改为："中国银监会可以检查银行业金融机构有关衍生产品交易业务的资料和报表、风险管理制度、内部控制制度和业务处理系统是否与其从事的衍生产品交易业务种类相适应。"

三十一、第三十八条修改为："银行业金融机构的衍生产品交易人员（包括主管、风险管理人员、分析师、交易人员等）、机构违反本办法的有关规定违规操作，造成本机构或者客户重大损失的，该银行业金融机构应当对直接负责的高级管理人员、主管人员和直接责任人给予记过直至开除的纪律处分；构成犯罪的，移交司法机关依法追究刑事责任。"

三十二、第三十九条修改为："银行业金融机构未经批准擅自开办衍生产品交易业务的，依据《中华人民共和国银行业监督管理法》的规定进行处罚。"

三十三、第四十条修改为："银行业金融机构未按照本办法或者中国银监会的要求报送有关报表、资料以及披露衍生产品交易情况的，根据其性质分别按照《中华人民共和国银行业监督管理法》、《中华人民共和国商业银行法》、《中华人民共和国外资银行管理条例》等法律法规及相关规定，予以处罚。"

三十四、第四十一条修改为："对未能有效执行衍生产品交易风险管理和内部控制制度的银行业金融机构，可以暂停或终止其衍生产品交易资格，并进行经济处罚。"

三十五、第三章《风险管理》与第四章《罚则》之间增加一章《产品营销与后续服务》共十三条：

"第四十四条　银行业金融机构应当高度重视衍生产品交易的风险管理工作，制定完善客户适合度评估制度，在综合考虑衍生产品分类和客户分类的基础上，对衍生产品交易进行充分的适合度评估：

（一）评估衍生产品的风险及复杂程度，对衍生产品进行相应分类，并至少每年复核一次其合理性，进行动态管理；

（二）根据客户的业务性质、衍生产品交易经验等评估其成熟度，对客户进行相应分类，并至少每年复核一次其合理性，进行动态管理。

第四十五条　银行业金融机构应当根据客户适合度评估结果，与有真实需求背景的客户进行与其风险承受能力相适应的衍生产品交易，并获取由客户提供的声明、确认函等能够证明其真实需求背景的书面材料，内容包括但不限于：

（一）与衍生产品交易直接相关的基础资产或基础负债的真实性；

（二）客户进行衍生产品交易的目的或目标；

（三）是否存在与本条第一项确认的基础资产或基础负债相关的尚未结

清的衍生产品交易敞口。

第四十六条　银行业金融机构与客户交易的衍生产品的主要风险特征应当与作为真实需求背景的基础资产或基础负债的主要风险特征具有合理的相关度,在营销与交易时应当首先选择基础的、简单的、自身具备定价估值能力的衍生产品。

第四十七条　银行业金融机构应当制定完善衍生产品销售人员的内部培训、资格认定及授权管理制度,加强对销售人员的持续专业培训和职业操守教育,及时跟进针对新产品新业务的培训和资格认定,并建立严格的管理制度。通过资格认定并获得有效授权的销售人员方可向客户介绍、营销衍生产品。在向客户介绍衍生产品时,销售人员应当以适当的方式向客户明示其已通过内部资格认定并获得有效授权。

第四十八条　银行业金融机构应当以清晰易懂、简明扼要的文字表述向客户提供衍生产品介绍和风险揭示的书面资料,相关披露以单独章节、明白清晰的方式呈现,不得以页边、页底或脚注以及小字体等方式说明,内容包括但不限于:

(一)产品结构及基本交易条款的完整介绍和该产品的完整法律文本;

(二)与产品挂钩的指数、收益率或其他参数的说明;

(三)与交易相关的主要风险披露;

(四)产品现金流分析、压力测试、在一定假设和置信度之下最差可能情况的模拟情景分析与最大现金流亏损以及该假设和置信度的合理性分析;

(五)应当向客户充分揭示的其他信息。

第四十九条　在衍生产品销售过程中,银行业金融机构应当客观公允地陈述所售衍生产品的收益与风险,不得误导客户对市场的看法,不得夸大产品的优点或缩小产品的风险,不得以任何方式向客户承诺收益。

第五十条　银行业金融机构应当充分尊重客户的独立自主决策,不得将交易衍生产品作为与客户开展其他业务的附加条件。

第五十一条　银行业金融机构应当建立客户的信用评级制度,并结合客户的信用评级、财务状况、盈利能力、净资产水平、现金流量等因素,确定相关的信用风险缓释措施,限制与一定信用评级以下客户的衍生产品交易。

第五十二条　与客户达成衍生产品交易之前,银行业金融机构应当获取由客户提供的声明、确认函等形式的书面材料,内容包括但不限于:

(一)客户进行该笔衍生产品交易的合规性;

(二)衍生产品交易合同、交易指令等协议文本的签署人员是否具备有效的授权;

(三)客户是否已经完全理解该笔衍生产品交易的条款、相关风险,以及该笔交易是否符合第四十五条第二项确认的交易目的或目标；

（四）客户对该笔衍生产品交易在第四十八条第四项所述的最差可能情况是否具备足够的承受能力；

（五）需要由客户声明或确认的其他事项。

第五十三条　银行业金融机构应当及时向客户提供已交易的衍生产品的市场信息,定期将与客户交易的衍生产品的市值重估结果以评估报告、风险提示函等形式,通过信件、电子邮件、传真等可记录的方式向客户书面提供,并确保相关材料及时送达客户。当市场出现较大波动时,应当适当提高市值重估的频率,并及时向客户书面提供市值重估的结果。银行业金融机构应当至少每年对上述市值重估的频率和质量进行评估。

第五十四条　银行业金融机构对于自身不具备定价估值能力的衍生产品交易,应当向报价方获取关键的估值参数及相关信息,并通过信件、电子邮件、传真等可记录的方式向客户书面提供此类信息,以提高衍生产品市值重估的透明度。

第五十五条　银行业金融机构应当针对与客户交易的衍生产品业务种类确定科学合理的利润目标,制定科学合理的考核评价与长效激励约束机制,引导相关部门和人员诚实守信、合规操作,不得过度追求盈利,不得将与客户交易衍生产品的相关收益与员工薪酬及其所在部门的利润目标及考核激励机制简单挂钩。

第五十六条　银行业金融机构应当制定完善衍生产品交易业务的定期后评价制度,包括对合规销售、风险控制、考核激励机制等内部管理制度的定期后评价。

银行业金融机构应当通过实地访问、电子邮件、传真、电话录音等可记录的方式建立或完善对客户的定期回访制度,针对合规销售与风险揭示等内容认真听取客户的意见,并及时反馈。"

三十六、原《金融机构衍生产品交易业务管理暂行办法》中的"金融机构"全部修改为"银行业金融机构"。

本决定自公布之日起实施。

《银行业金融机构衍生产品交易业务管理暂行办法》根据本决定作相应修改并对条款顺序作相应调整后,重新公布。

银行业金融机构衍生产品交易业务管理暂行办法

(根据中国银行业监督管理委员会第 101 次
主席会议《关于修改〈金融机构衍生产品交易
业务管理暂行办法〉的决定》修订)

第一章　总　　则

第一条　为规范银行业金融机构衍生产品业务,有效控制银行业金融机构衍生产品业务风险,根据《中华人民共和国银行业监督管理法》、《中华人民共和国商业银行法》及其他有关法律法规,制定本办法。

第二条　本办法所称银行业金融机构是指依法设立的商业银行、城市信用合作社、农村信用合作社等吸收公众存款的金融机构以及政策性银行。依法设立的金融资产管理公司、信托公司、企业集团财务公司、金融租赁公司,以及经中国银行业监督管理委员会(以下简称中国银监会)批准设立的其他银行业金融机构从事衍生产品业务,适用本办法。

第三条　本办法所称衍生产品是一种金融合约,其价值取决于一种或多种基础资产或指数,合约的基本种类包括远期、期货、掉期(互换)和期权。衍生产品还包括具有远期、期货、掉期(互换)和期权中一种或多种特征的混合金融工具。

第四条　本办法所称银行业金融机构衍生产品交易业务按照交易目的分为两类:

(一)套期保值类衍生产品交易。即银行业金融机构主动发起,为规避自有资产、负债的信用风险、市场风险或流动性风险而进行的衍生产品交易。此类交易需符合套期会计规定,并划入银行账户管理。

(二)非套期保值类衍生产品交易。即除套期保值类以外的衍生产品交易。包括由客户发起,银行业金融机构为满足客户需求提供的代客交易和银行业金融机构为对冲前述交易相关风险而进行的交易;银行业金融机构为承担做市义务持续提供市场买、卖双边价格,并按其报价与其他市场参与者进行的做市交易;以及银行业金融机构主动发起,运用自有资金,根据对市场走势的判断,以获利为目的进行的自营交易。此类交易划入交易账户管理。

第五条　本办法所称客户是指除金融机构以外的个人客户和机构客

户。银行业金融机构向客户销售的理财产品若具有衍生产品性质,其产品设计、交易、管理适用本办法,客户准入以及销售环节适用中国银监会关于理财业务的相关规定。对个人衍生产品交易的风险评估和销售环节适用个人理财业务的相关规定。

第六条 银行业金融机构开办衍生产品交易业务,应当经中国银监会批准,接受中国银监会的监督与检查。

获得衍生产品交易业务资格的银行业金融机构,应当从事与其自身风险管理能力相适应的业务活动。

第七条 银行业金融机构从事与外汇、商品、能源和股权有关的衍生产品交易以及场内衍生产品交易,应当具有中国银监会批准的衍生产品交易业务资格,并遵守国家外汇管理及其他相关规定。

第二章　市场准入管理

第八条 银行业金融机构开办衍生产品交易业务的资格分为以下两类:

(一)基础类资格:只能从事套期保值类衍生产品交易;

(二)普通类资格:除基础类资格可以从事的衍生产品交易之外,还可以从事非套期保值类衍生产品交易。根据银行业金融机构的风险管理能力,监管部门可以对其具体的业务模式、产品种类等实施差别化资格管理。

第九条 银行业金融机构申请基础类资格,应当具备以下条件:

(一)有健全的衍生产品交易风险管理制度和内部控制制度;

(二)具有接受相关衍生产品交易技能专门培训半年以上、从事衍生产品或相关交易 2 年以上的交易人员至少 2 名,相关风险管理人员至少 1 名,风险模型研究人员或风险分析人员至少 1 名,熟悉套期会计操作程序和制度规范的人员至少 1 名,以上人员均需专岗专人,相互不得兼任,且无不良记录;

(三)有适当的交易场所和设备;

(四)具有处理法律事务和负责内控合规检查的专业部门及相关专业人员;

(五)满足中国银监会审慎监管指标要求;

(六)中国银监会规定的其他条件。

第十条 银行业金融机构申请普通类资格,除具备上述基础类资格条件以外还需具备以下条件:

(一)完善的衍生产品交易前、中、后台自动联接的业务处理系统和实时风险管理系统;

（二）衍生产品交易业务主管人员应当具备5年以上直接参与衍生产品交易活动或风险管理的资历，且无不良记录；

（三）严格的业务分离制度，确保套期保值类业务与非套期保值类业务的市场信息、风险管理、损益核算有效隔离；

（四）完善的市场风险、操作风险、信用风险等风险管理框架；

（五）中国银监会规定的其他条件。

第十一条 外资银行开办衍生产品交易业务，应当向当地监管机构提交由授权签字人签署的申请材料，经审查同意后，报中国银监会审批。外商独资银行、中外合资银行应当由总行统一向当地监管机构提交申请材料；外国银行拟在中国境内两家以上分行开办衍生产品交易业务的，应当由其在华管理行统一向当地监管机构提交申请材料，经审查同意后，报中国银监会审批。

外国银行分行申请开办衍生产品交易业务，应当获得其总行（地区总部）的正式授权，其母国应当具备对衍生产品交易业务进行监管的法律框架，其母国监管当局应当具备相应的监管能力。

申请开办衍生产品交易业务的外国银行分行，如果不具备第九条或第十条所列条件，其总行（地区总部）应当具备上述条件。同时该分行还应当具备以下条件：

（一）其总行（地区总部）对该分行从事衍生产品交易等方面的正式授权对交易品种和限额作出明确规定；

（二）除总行另有明确规定外，该分行的全部衍生产品交易统一通过对其授权的总行（地区总部）系统进行实时平盘，并由其总行（地区总部）统一进行平盘、敞口管理和风险控制。

其他由属地监管的银行业金融机构应当先向当地监管机构提交申请材料，经审查同意后，报中国银监会审批；其他由中国银监会直接监管的银行业金融机构直接向中国银监会提交申请材料，报中国银监会审批。

第十二条 银行业金融机构申请开办衍生产品交易业务，应当向中国银监会或其派出机构报送以下文件和资料（一式三份）：

（一）开办衍生产品交易业务的申请报告、可行性报告及业务计划书或展业计划；

（二）衍生产品交易业务内部管理规章制度；

（三）衍生产品交易会计制度；

（四）主管人员和主要交易人员名单、履历；

（五）衍生产品交易风险管理制度，包括但不限于：风险敞口量化规则或风险限额授权管理制度；

（六）交易场所、设备和系统的安全性和稳定性测试报告；

（七）中国银监会要求的其他文件和资料。

外国银行分行申请开办衍生产品交易业务,若不具备第九条或第十条所列条件,该分行除报送其总行（地区总部）的上述文件和资料外,同时还应当向所在地银监局报送以下文件：

（一）其总行（地区总部）对该分行从事衍生产品交易品种和限额等方面的正式书面授权文件；

（二）除其总行另有明确规定外,其总行（地区总部）出具的确保该分行全部衍生产品交易通过总行（地区总部）交易系统进行实时平盘,并由其总行（地区总部）负责进行平盘、敞口管理和风险控制的承诺函。

第十三条 银行业金融机构提交的衍生产品交易会计制度,应当符合我国有关会计标准。我国未规定的,应当符合有关国际标准。外国银行分行可以遵从其母国/总行会计标准。

第十四条 银行业金融机构按本办法规定提交的交易场所、设备和系统的安全性测试报告,原则上应当由第三方独立做出。

第十五条 银行业金融机构开办衍生产品交易业务内部管理规章制度应当至少包括以下内容：

（一）衍生产品交易业务的指导原则、业务操作规程（业务操作规程应当体现交易前台、中台与后台分离的原则）和针对突发事件的应急计划；

（二）新业务、新产品审批制度及流程；

（三）交易品种及其风险控制制度；

（四）衍生产品交易的风险模型指标及量化管理指标；

（五）风险管理制度和内部审计制度；

（六）衍生产品交易业务研究与开发的管理制度及后评价制度；

（七）交易员守则；

（八）交易主管人员岗位责任制度,对各级主管人员与交易员的问责制度和激励约束机制；

（九）对前、中、后台主管人员及工作人员的培训计划；

（十）中国银监会规定的其他内容。

第十六条 中国银监会自收到银行业金融机构按照本办法提交的完整申请资料之日起三个月内予以批复。

第十七条 银行业金融机构法人授权其分支机构办理衍生产品交易业务,须对其风险管理能力进行严格审核,并出具有关交易品种和限额等方面的正式书面授权文件；境内分支机构办理衍生产品交易业务须统一通过其总行（部）系统进行实时平盘,并由总行（部）统一进行平盘、敞口管理和风险控制。

上述分支机构应当在收到其总行(部)授权或授权发生变动之日起30日内,持其总行(部)的授权文件向当地银监局报告。

外国银行分行所获授权发生变动时,应当及时主动向中国银监会报告。

第三章　风险管理

第十八条　银行业金融机构应当根据本机构的经营目标、资本实力、管理能力和衍生产品的风险特征,确定是否适合从事衍生产品交易及适合从事的衍生产品交易品种和规模。

银行业金融机构从事衍生产品交易业务,在开展新的业务品种、开拓新市场等创新前,应当书面咨询监管部门意见。

银行业金融机构应当逐步提高自主创新能力、交易管理能力和风险管理水平,谨慎涉足自身不具备定价能力的衍生产品交易。银行业金融机构不得自主持有或向客户销售可能出现无限损失的裸卖空衍生产品,以及以衍生产品为基础资产或挂钩指标的再衍生产品。

第十九条　银行业金融机构应当按照第四条所列衍生产品交易业务的分类,建立与所从事的衍生产品交易业务性质、规模和复杂程度相适应的、完善的、可靠的市场风险、信用风险、操作风险以及法律合规风险管理体系和制度、内部控制制度和业务处理系统,并配备履行上述风险管理、内部控制和业务处理职责所需要的具备相关业务知识和技能的工作人员。

第二十条　银行业金融机构董事会或其授权专业委员会应当定期对现行的衍生产品业务情况、风险管理政策和程序进行评价,确保其与机构的资本实力、管理水平相一致。新产品推出频繁或系统发生重大变化时,应当相应增加评估频度。

第二十一条　银行业金融机构高级管理人员应当了解所从事的衍生产品交易风险;审核评估和批准衍生产品交易业务经营及其风险管理的原则、程序、组织、权限的综合管理框架;并能通过独立的风险管理部门和完善的检查报告系统,随时获取有关衍生产品交易风险状况的信息,进行相应的监督与指导。在此基础上,银行业金融机构应当每年一次对其自身衍生产品业务情况进行评估,并将上一年度评估报告一式两份于每年一月底之前报送监管机构。

第二十二条　银行业金融机构要根据本机构的整体实力、自有资本、盈利能力、业务经营方针、衍生产品交易目的及对市场走向的预测,选择与本机构业务相适应的测算衍生产品交易风险敞口的指标和方法。

银行业金融机构应当建立并严格执行授权和止损制度,制定并定期审查更新各类衍生产品交易的风险敞口限额、止损限额、应急计划和压力测试的制度和指标,制定限额监控和超限额处理程序。

在进行衍生产品交易时,必须严格执行分级授权和敞口风险管理制度,任何重大交易或新的衍生产品业务都应当经由董事会或其授权的专业委员会或高级管理层审批。在因市场变化或决策失误出现账面浮亏时,应当严格执行止损制度。

对在交易活动中有越权或违规行为的交易员及其主管,要实行严格问责和惩处。

第二十三条 银行业金融机构应当加强对分支机构衍生产品交易业务的授权与管理。对于衍生产品经营能力较弱、风险防范及管理水平较低的分支机构,应当适当上收其衍生产品的交易权限。银行业金融机构应当在相应的风险管理制度中明确重大交易风险的类别特征,并规定取消交易权限的程序。对于发生重大衍生产品交易风险的分支机构,应当及时取消其衍生产品的交易权限。

第二十四条 银行业金融机构从事风险计量、监测和控制的工作人员必须与从事衍生产品交易或营销的人员分开,不得相互兼任;风险计量、监测或控制人员可以直接向高级管理层报告风险状况。根据本办法第四条所列的分类标准,银行业金融机构负责从事套期保值类与非套期保值类衍生产品交易的交易人员不得相互兼任。银行业金融机构应当确保其所从事的上述不同类别衍生产品交易的相关信息相互隔离。

第二十五条 银行业金融机构应当制定明确的交易员、分析员、销售人员等从业人员资格认定标准,根据衍生产品交易及风险管理的复杂性对业务销售人员及其他有关业务人员进行培训,确保其具备必要的技能和资格。

第二十六条 银行业金融机构要制定合理的成本和资产分析测算制度和科学规范的激励约束机制,不得将衍生产品交易和风险管理人员的收入与当期绩效简单挂钩,避免其过度追求利益,增加交易风险。

第二十七条 银行业金融机构应当对衍生产品交易主管和交易员实行定期轮岗和强制带薪休假。

第二十八条 银行业金融机构内审部门要定期对衍生产品交易业务风险管理制度的执行情况进行检查。对于衍生产品交易制度和业务的内审应当具有以下要素:

(一)确保配备数量充足且具备相关经验和技能的内审人员;

(二)建立内审部门向董事会的独立报告路线。

第二十九条 银行业金融机构应当建立健全控制法律风险的机制和制度,严格审查交易对手的法律地位和交易资格。银行业金融机构与交易对手签订衍生产品交易合约时应当参照国际及国内市场惯例,充分考虑发生违约事件后采取法律手段追索保全的可操作性等因素,采取有效措施防范交易合约起草、谈判和签订等过程中的法律风险。

第三十条　银行业金融机构应当制定完善针对衍生产品交易合同等法律文本的评估及管理制度,至少每年根据交易对手的情况,对涉及到的衍生产品交易合同文本的效力、效果进行评估,加深理解和掌握,有效防范法律风险。

第三十一条　银行业金融机构应当制定评估交易对手适当性的相关政策:包括评估交易对手是否充分了解合约的条款以及履行合约的责任,识别拟进行的衍生交易是否符合交易对手本身从事衍生交易的目的。在履行本条要求时,银行业金融机构可以根据诚实信用原则合理地依赖交易对手提供的正式书面文件。

第三十二条　银行业金融机构应当制定完善的交易对手信用风险管理制度,选择适当的方法和模型对交易对手信用风险进行评估,并采取适当的风险缓释措施。

银行业金融机构应当以适当的方式向交易对手明示相关的信用风险缓释措施可能对其产生的影响。

第三十三条　银行业金融机构应当运用适当的风险评估方法或模型对衍生产品交易的市场风险进行评估,按市价原则管理市场风险(衍生产品的市值评估可以合理利用第三方独立估值报价),调整交易规模、类别及风险敞口水平。

第三十四条　银行业金融机构从事套期保值类衍生产品交易,应当由资产负债管理部门根据本机构的真实需求背景决定发起交易和进行交易决策。

第三十五条　银行业金融机构从事非套期保值类衍生产品交易,应当计提此类衍生产品交易敞口的市场风险资本,市场风险资本计算方法按照《商业银行资本充足率管理办法》和《商业银行市场风险资本计量内部模型法监管指引》的相关规定执行。

第三十六条　银行业金融机构从事非套期保值类衍生产品交易,其标准法下市场风险资本不得超过银行业金融机构核心资本的3%。监管部门可根据银行业金融机构的经营情况在该资本比例上限要求内实施动态差异化管理。标准法下市场风险资本的计算方法按照《商业银行资本充足率管理办法》的相关规定执行。

第三十七条　银行业金融机构应当根据衍生产品交易的规模与类别,建立完善的流动性风险监控与预警系统,做好充分的流动性安排,确保在市场交易异常情况下,具备足够的履约能力。

第三十八条　银行业金融机构应当建立健全控制操作风险的机制和制度,明确衍生产品交易操作和监控中的各项责任,包括但不限于:交易文件的生成和录入、交易确认、轧差交割、交易复核、市值重估、异常报告、会计处理等。衍生产品交易过程中的文件和录音记录应当统一纳入档案系统管理,由职能部门定期检查。

第三十九条　银行业金融机构应当按照中国银监会的规定对从事的衍生产品交易进行清算,确保履行交割责任,规范处理违约及终止事件,及时识别并控制操作风险。

第四十条　银行业金融机构应当建立完善衍生产品交易管理信息系统,确保按产品、交易对手等进行分类的管理信息完整、有效。

第四十一条　银行业金融机构应当按照中国银监会的规定报送与衍生产品交易有关的会计、统计报表及其他报告。

银行业金融机构应当按照中国银监会关于信息披露的规定,对外披露从事衍生产品交易的风险状况、损失状况、利润变化及异常情况。

第四十二条　银行业金融机构从事衍生产品交易出现重大业务风险或重大业务损失时,应当迅速采取有效措施,制止损失继续扩大,同时将有关情况及时主动向中国银监会报告。

银行业金融机构所从事的衍生产品交易、运行系统、风险管理系统等发生重大变动时,应当及时主动向中国银监会报告具体情况。

第四十三条　中国银监会可以检查银行业金融机构有关衍生产品交易业务的资料和报表、风险管理制度、内部控制制度和业务处理系统是否与其从事的衍生产品交易业务种类相适应。

第四章　产品营销与后续服务

第四十四条　银行业金融机构应当高度重视衍生产品交易的风险管理工作,制定完善客户适合度评估制度,在综合考虑衍生产品分类和客户分类的基础上,对衍生产品交易进行充分的适合度评估:

(一)评估衍生产品的风险及复杂程度,对衍生产品进行相应分类,并至少每年复核一次其合理性,进行动态管理;

(二)根据客户的业务性质、衍生产品交易经验等评估其成熟度,对客户进行相应分类,并至少每年复核一次其合理性,进行动态管理。

第四十五条　银行业金融机构应当根据客户适合度评估结果,与有真实需求背景的客户进行与其风险承受能力相适应的衍生产品交易,并获取由客户提供的声明、确认函等能够证明其真实需求背景的书面材料,内容包括但不限于：

（一）与衍生产品交易直接相关的基础资产或基础负债的真实性；

（二）客户进行衍生产品交易的目的或目标；

（三）是否存在与本条第一项确认的基础资产或基础负债相关的尚未结清的衍生产品交易敞口。

第四十六条 银行业金融机构与客户交易的衍生产品的主要风险特征应当与作为真实需求背景的基础资产或基础负债的主要风险特征具有合理的相关度，在营销与交易时应当首先选择基础的、简单的、自身具备定价估值能力的衍生产品。

第四十七条 银行业金融机构应当制定完善衍生产品销售人员的内部培训、资格认定及授权管理制度，加强对销售人员的持续专业培训和职业操守教育，及时跟进针对新产品新业务的培训和资格认定，并建立严格的管理制度。通过资格认定并获得有效授权的销售人员方可向客户介绍、营销衍生产品。在向客户介绍衍生产品时，销售人员应当以适当的方式向客户明示其已通过内部资格认定并获得有效授权。

第四十八条 银行业金融机构应当以清晰易懂、简明扼要的文字表述向客户提供衍生产品介绍和风险揭示的书面资料，相关披露以单独章节、明白清晰的方式呈现，不得以页边、页底或脚注以及小字体等方式说明，内容包括但不限于：

（一）产品结构及基本交易条款的完整介绍和该产品的完整法律文本；

（二）与产品挂钩的指数、收益率或其他参数的说明；

（三）与交易相关的主要风险披露；

（四）产品现金流分析、压力测试、在一定假设和置信度之下最差可能情况的模拟情景分析与最大现金流亏损以及该假设和置信度的合理性分析；

（五）应当向客户充分揭示的其他信息。

第四十九条 在衍生产品销售过程中，银行业金融机构应当客观公允地陈述所售衍生产品的收益与风险，不得误导客户对市场的看法，不得夸大产品的优点或缩小产品的风险，不得以任何方式向客户承诺收益。

第五十条 银行业金融机构应当充分尊重客户的独立自主决策，不得将交易衍生产品作为与客户开展其他业务的附加条件。

第五十一条 银行业金融机构应当建立客户的信用评级制度，并结合客户的信用评级、财务状况、盈利能力、净资产水平、现金流量等因素，确定相关的信用风险缓释措施，限制与一定信用评级以下客户的衍生产品交易。

第五十二条 与客户达成衍生产品交易之前，银行业金融机构应当获取由客户提供的声明、确认函等形式的书面材料，内容包括但不限于：

（一）客户进行该笔衍生产品交易的合规性；

（二）衍生产品交易合同、交易指令等协议文本的签署人员是否获得有效的授权；

（三）客户是否已经完全理解该笔衍生产品交易的条款、相关风险，以及该笔交易是否符合第四十五条第二项确认的交易目的或目标；

（四）客户对于该笔衍生产品交易在第四十八条第四项所述最差可能情况下是否具备足够的承受能力；

（五）需要由客户声明或确认的其他事项。

第五十三条 银行业金融机构应当及时向客户提供已交易的衍生产品的市场信息，定期将与客户交易的衍生产品的市值重估结果以评估报告、风险提示函等形式，通过信件、电子邮件、传真等可记录的方式向客户书面提供，并确保相关材料及时送达客户。当市场出现较大波动时，应当适当提高市值重估频率，并及时向客户书面提供市值重估结果。银行业金融机构应当至少每年对上述市值重估的频率和质量进行评估。

第五十四条 银行业金融机构对于自身不具备定价估值能力的衍生产品交易，应当向报价方获取关键的估值参数及相关信息，并通过信件、电子邮件、传真等可记录的方式向客户书面提供此类信息，以提高衍生产品市值重估的透明度。

第五十五条 银行业金融机构应当针对与客户交易的衍生产品业务种类确定科学合理的利润目标，制定科学合理的考核评价与长效激励约束机制，引导相关部门和人员诚实守信、合规操作，不得过度追求盈利，不得将与客户交易衍生产品的相关收益与员工薪酬及其所在部门的利润目标及考核激励机制简单挂钩。

第五十六条 银行业金融机构应当制定完善衍生产品交易业务的定期后评价制度，包括对合规销售、风险控制、考核激励机制等内部管理制度的定期后评价。

银行业金融机构应当通过实地访问、电子邮件、传真、电话录音等可记录的方式建立完善对客户的定期回访制度，针对合规销售与风险揭示等内容认真听取客户的意见，并及时反馈。

第五章 罚 则

第五十七条 银行业金融机构未经批准擅自开办衍生产品交易业务的，依据《中华人民共和国银行业监督管理法》的规定进行处罚。

第五十八条 对未能有效执行衍生产品交易风险管理和内部控制制度的银行业金融机构，可以暂停或终止其衍生产品交易资格，并进行经济处罚。

第五十九条 银行业金融机构未按照本办法或者中国银监会的要求报送有关报表、资料以及披露衍生产品交易情况的,根据其性质分别按照《中华人民共和国银行业监督管理法》、《中华人民共和国商业银行法》、《中华人民共和国外资银行管理条例》等法律法规及相关规定,予以处罚。

第六十条 银行业金融机构的衍生产品交易人员(包括主管、风险管理人员、分析师、交易人员等)、机构违反本办法有关规定违规操作,造成本机构或者客户重大经济损失的,该银行业金融机构应当对直接负责的高级管理人员、主管人员和直接责任人给予记过至开除的纪律处分;构成犯罪的,移交司法机关依法追究刑事责任。

第六章 附 则

第六十一条 本办法由中国银监会负责解释。

第六十二条 此前公布的有关银行业金融机构衍生产品交易的规定,与本办法相抵触的,以本办法为准。对于本办法规定的内容,法律或行政法规另有规定的,从其规定。

行政法律类

中华人民共和国非物质文化遗产法

（2011 年 2 月 25 日中华人民共和国第十一届全国人民代
表大会常务委员会第十九次会议通过　中华人民共和国
主席令第四十二号公布　自 2011 年 6 月 1 日起试行）

目　　录

第一章　总　　则

第一条　为了继承和弘扬中华民族优秀传统文化，促进社会主义精神文明建设，加强非物质文化遗产保护、保存工作，制定本法。

第二条　本法所称非物质文化遗产，是指各族人民世代相传并视为其文化遗产组成部分的各种传统文化表现形式，以及与传统文化表现形式相关的实物和场所。包括：

（一）传统口头文学以及作为其载体的语言；

（二）传统美术、书法、音乐、舞蹈、戏剧、曲艺和杂技；

（三）传统技艺、医药和历法；

（四）传统礼仪、节庆等民俗；

（五）传统体育和游艺；

（六）其他非物质文化遗产。

属于非物质文化遗产组成部分的实物和场所，凡属文物的，适用《中华人民共和国文物保护法》的有关规定。

第三条　国家对非物质文化遗产采取认定、记录、建档等措施予以保存，对体现中华民族优秀传统文化，具有历史、文学、艺术、科学价值的非物质文化遗产采取传承、传播等措施予以保护。

第四条　保护非物质文化遗产，应当注重其真实性、整体性和传承性，有利于增强中华民族的文化认同，有利于维护国家统一和民族团结，有利于促进社会和谐和可持续发展。

第五条　使用非物质文化遗产，应当尊重其形式和内涵。

禁止以歪曲、贬损等方式使用非物质文化遗产。

第六条　县级以上人民政府应当将非物质文化遗产保护、保存工作纳入本级国民经济和社会发展规划，并将保护、保存经费列入本级财政预算。

国家扶持民族地区、边远地区、贫困地区的非物质文化遗产保护、保存工作。

第七条　国务院文化主管部门负责全国非物质文化遗产的保护、保存工作；县级以上地方人民政府文化主管部门负责本行政区域内非物质文化遗产的保护、保存工作。

县级以上人民政府其他有关部门在各自职责范围内，负责有关非物质文化遗产的保护、保存工作。

第八条　县级以上人民政府应当加强对非物质文化遗产保护工作的宣传，提高全社会保护非物质文化遗产的意识。

第九条　国家鼓励和支持公民、法人和其他组织参与非物质文化遗产保护工作。

第十条　对在非物质文化遗产保护工作中做出显著贡献的组织和个人，按照国家有关规定予以表彰、奖励。

第二章　非物质文化遗产的调查

第十一条　县级以上人民政府根据非物质文化遗产保护、保存工作需要，组织非物质文化遗产调查。非物质文化遗产调查由文化主管部门负责进行。

县级以上人民政府其他有关部门可以对其工作领域内的非物质文化遗产进行调查。

第十二条　文化主管部门和其他有关部门进行非物质文化遗产调查，应当对非物质文化遗产予以认定、记录、建档，建立健全调查信息共享机制。

文化主管部门和其他有关部门进行非物质文化遗产调查，应当收集属于非物质文化遗产组成部分的代表性实物，整理调查工作中取得的资料，并妥善保存，防止损毁、流失。其他有关部门取得的实物图片、资料复制件，应当汇交给同级文化主管部门。

第十三条　文化主管部门应当全面了解非物质文化遗产有关情况，建立非物质文化遗产档案及相关数据库。除依法应当保密的外，非物质文化遗产档案及相关数据信息应当公开，便于公众查阅。

第十四条 公民、法人和其他组织可以依法进行非物质文化遗产调查。

第十五条 境外组织或者个人在中华人民共和国境内进行非物质文化遗产调查，应当报经省、自治区、直辖市人民政府文化主管部门批准；调查在两个以上省、自治区、直辖市行政区域进行的，应当报经国务院文化主管部门批准；调查结束后，应当向批准调查的文化主管部门提交调查报告和调查中取得的实物图片、资料复制件。

境外组织在中华人民共和国境内进行非物质文化遗产调查，应当与境内非物质文化遗产学术研究机构合作进行。

第十六条 进行非物质文化遗产调查，应当征得调查对象的同意，尊重其风俗习惯，不得损害其合法权益。

第十七条 对通过调查或者其他途径发现的濒临消失的非物质文化遗产项目，县级人民政府文化主管部门应当立即予以记录并收集有关实物，或者采取其他抢救性保存措施；对需要传承的，应当采取有效措施支持传承。

第三章　非物质文化遗产代表性项目名录

第十八条 国务院建立国家级非物质文化遗产代表性项目名录，将体现中华民族优秀传统文化，具有重大历史、文学、艺术、科学价值的非物质文化遗产项目列入名录予以保护。

省、自治区、直辖市人民政府建立地方非物质文化遗产代表性项目名录，将本行政区域内体现中华民族优秀传统文化，具有历史、文学、艺术、科学价值的非物质文化遗产项目列入名录予以保护。

第十九条 省、自治区、直辖市人民政府可以从本省、自治区、直辖市非物质文化遗产代表性项目名录中向国务院文化主管部门推荐列入国家级非物质文化遗产代表性项目名录的项目。推荐时应当提交下列材料：

（一）项目介绍，包括项目的名称、历史、现状和价值；

（二）传承情况介绍，包括传承范围、传承谱系、传承人的技艺水平、传承活动的社会影响；

（三）保护要求，包括保护应当达到的目标和应当采取的措施、步骤、管理制度；

（四）有助于说明项目的视听资料等材料。

第二十条 公民、法人和其他组织认为某项非物质文化遗产体现中华民族优秀传统文化，具有重大历史、文学、艺术、科学价值的，可以向省、自治区、直辖市人民政府或者国务院文化主管部门提出列入国家级非物质文化遗产代表性项目名录的建议。

第二十一条 相同的非物质文化遗产项目，其形式和内涵在两个以上地区均保持完整的，可以同时列入国家级非物质文化遗产代表性项目名录。

第二十二条 国务院文化主管部门应当组织专家评审小组和专家评审委员会，对推荐或者建议列入国家级非物质文化遗产代表性项目名录的非物质文化遗产项目进行初评和审议。

初评意见应当经专家评审小组成员过半数通过。专家评审委员会对初评意见进行审议，提出审议意见。

评审工作应当遵循公开、公平、公正的原则。

第二十三条 国务院文化主管部门应当将拟列入国家级非物质文化遗产代表性项目名录的项目予以公示，征求公众意见。公示时间不得少于二十日。

第二十四条 国务院文化主管部门根据专家评审委员会的审议意见和公示结果，拟订国家级非物质文化遗产代表性项目名录，报国务院批准、公布。

第二十五条 国务院文化主管部门应当组织制定保护规划，对国家级非物质文化遗产代表性项目予以保护。

省、自治区、直辖市人民政府文化主管部门应当组织制定保护规划，对本级人民政府批准公布的地方非物质文化遗产代表性项目予以保护。

制定非物质文化遗产代表性项目保护规划，应当对濒临消失的非物质文化遗产代表性项目予以重点保护。

第二十六条 对非物质文化遗产代表性项目集中、特色鲜明、形式和内涵保持完整的特定区域，当地文化主管部门可以制定专项保护规划，报经本级人民政府批准后，实行区域性整体保护。确定对非物质文化遗产实行区域性整体保护，应当尊重当地居民的意愿，并保护属于非物质文化遗产组成部分的实物和场所，避免遭受破坏。

实行区域性整体保护涉及非物质文化遗产集中地村镇或者街区空间规划的，应当由当地城乡规划主管部门依据相关法规制定专项保护规划。

第二十七条 国务院文化主管部门和省、自治区、直辖市人民政府文化主管部门应当对非物质文化遗产代表性项目保护规划的实施情况进行监督检查；发现保护规划未能有效实施的，应当及时纠正、处理。

第四章　非物质文化遗产的传承与传播

第二十八条 国家鼓励和支持开展非物质文化遗产代表性项目的传

承、传播。

第二十九条　国务院文化主管部门和省、自治区、直辖市人民政府文化主管部门对本级人民政府批准公布的非物质文化遗产代表性项目，可以认定代表性传承人。

非物质文化遗产代表性项目的代表性传承人应当符合下列条件：

（一）熟练掌握其传承的非物质文化遗产；

（二）在特定领域内具有代表性，并在一定区域内具有较大影响；

（三）积极开展传承活动。

认定非物质文化遗产代表性项目的代表性传承人，应当参照执行本法有关非物质文化遗产代表性项目评审的规定，并将所认定的代表性传承人名单予以公布。

第三十条　县级以上人民政府文化主管部门根据需要，采取下列措施，支持非物质文化遗产代表性项目的代表性传承人开展传承、传播活动：

（一）提供必要的传承场所；

（二）提供必要的经费资助其开展授徒、传艺、交流等活动；

（三）支持其参与社会公益性活动；

（四）支持其开展传承、传播活动的其他措施。

第三十一条　非物质文化遗产代表性项目的代表性传承人应当履行下列义务：

（一）开展传承活动，培养后继人才；

（二）妥善保存相关的实物、资料；

（三）配合文化主管部门和其他有关部门进行非物质文化遗产调查；

（四）参与非物质文化遗产公益性宣传。

非物质文化遗产代表性项目的代表性传承人无正当理由不履行前款规定义务的，文化主管部门可以取消其代表性传承人资格，重新认定该项目的代表性传承人；丧失传承能力的，文化主管部门可以重新认定该项目的代表性传承人。

第三十二条　县级以上人民政府应当结合实际情况，采取有效措施，组织文化主管部门和其他有关部门宣传、展示非物质文化遗产代表性项目。

第三十三条　国家鼓励开展与非物质文化遗产有关的科学技术研究和非物质文化遗产保护、保存方法研究，鼓励开展非物质文化遗产的记录和非物质文化遗产代表性项目的整理、出版等活动。

第三十四条　学校应当按照国务院教育主管部门的规定，开展相关的非物质文化遗产教育。

新闻媒体应当开展非物质文化遗产代表性项目的宣传，普及非物质文化遗产知识。

第三十五条　图书馆、文化馆、博物馆、科技馆等公共文化机构和非物质文化遗产学术研究机构、保护机构以及利用财政性资金举办的文艺表演团体、演出场所经营单位等，应当根据各自业务范围，开展非物质文化遗产的整理、研究、学术交流和非物质文化遗产代表性项目的宣传、展示。

第三十六条　国家鼓励和支持公民、法人和其他组织依法设立非物质文化遗产展示场所和传承场所，展示和传承非物质文化遗产代表性项目。

第三十七条　国家鼓励和支持发挥非物质文化遗产资源的特殊优势，在有效保护的基础上，合理利用非物质文化遗产代表性项目开发具有地方、民族特色和市场潜力的文化产品和文化服务。

开发利用非物质文化遗产代表性项目的，应当支持代表性传承人开展传承活动，保护属于该项目组成部分的实物和场所。

县级以上地方人民政府应当对合理利用非物质文化遗产代表性项目的单位予以扶持。单位合理利用非物质文化遗产代表性项目的，依法享受国家规定的税收优惠。

第五章　法律责任

第三十八条　文化主管部门和其他有关部门的工作人员在非物质文化遗产保护、保存工作中玩忽职守、滥用职权、徇私舞弊的，依法给予处分。

第三十九条　文化主管部门和其他有关部门的工作人员进行非物质文化遗产调查时侵犯调查对象风俗习惯，造成严重后果的，依法给予处分。

第四十条　违反本法规定，破坏属于非物质文化遗产组成部分的实物和场所的，依法承担民事责任；构成违反治安管理行为的，依法给予治安管理处罚。

第四十一条　境外组织违反本法第十五条规定的，由文化主管部门责令改正，给予警告，没收违法所得及调查中取得的实物、资料；情节严重的，并处十万元以上五十万元以下的罚款。

境外个人违反本法第十五条第一款规定的，由文化主管部门责令改正，给予警告，没收违法所得及调查中取得的实物、资料；情节严重的，并处一万元以上五万元以下的罚款。

第四十二条　违反本法规定，构成犯罪的，依法追究刑事责任。

第六章　附　　则

第四十三条　建立地方非物质文化遗产代表性项目名录的办法，由省、自治区、直辖市参照本法有关规定制定。

第四十四条 使用非物质文化遗产涉及知识产权的，适用有关法律、行政法规的规定。

对传统医药、传统工艺美术等的保护，其他法律、行政法规另有规定的，依照其规定。

第四十五条 本法自 2011 年 6 月 1 日起施行。

关于《中华人民共和国非物质
文化遗产法（草案）》的说明

——2010 年 8 月 23 日在第十一届全国人民代
表大会常务委员会第十六次会议上

文化部部长 蔡 武

全国人民代表大会常务委员会：

我受国务院的委托，现对《中华人民共和国非物质文化遗产法（草案）》作说明。

非物质文化遗产是指各族人民世代相传并视为其文化遗产组成部分的各种传统文化表现形式，以及与传统文化表现形式相关的实物和场所。党中央、国务院高度重视非物质文化遗产保护、保存工作，制定了一系列方针、政策，我国非物质文化遗产保护、保存工作取得了显著成效。但是，非物质文化遗产日益受到现代生活方式的冲击，一些依靠口传身授予以传承的文化遗产不断消失，许多传统技艺面临人亡艺绝的危险，大量具有历史、文学、艺术、科学价值的珍贵实物遭到毁弃，亟须通过立法明确有关制度，进一步加强和完善非物质文化遗产保护、保存工作。我国已于 2004 年 8 月加入了联合国教科文组织《保护非物质文化遗产公约》（以下简称《公约》）。《公约》要求缔约国采取法律措施，确保非物质文化遗产得到保护、弘扬和展示。为履行《公约》规定的义务，也有必要制定非物质文化遗产法。

文化部在总结实践经验、广泛调查研究的基础上，起草了《中华人民共和国非物质文化遗产法（草案送审稿）》（以下简称送审稿），于 2006 年 9 月报请国务院审议。收到此件后，国务院法制办先后 5 次征求有关部门、单位和部门地方政府以及一些专家、学者的意思；到云南、福建、新疆等地调研，了解地方保护、保存非物质文化遗产的经验；4 次召开专家论证会，就重点、难点问题进行研讨。在此基础上，国务院法制办会同文化部对送审稿进行反复研究、修改，形成了《中华人民共和国非物质文化遗产法（草案）》（以下简称草案）。草案已经国务院第 115 次常务会议讨论通过。

一、关于立法的总体思路

一是对不同的非物质文化遗产采取不同的措施，对所有的非物质文化遗产采取认定、记录、建档等措施予以保存，对具有历史、文学、艺术、科学价值的非物质文化遗产采取传承、传播等措施予以保护。二是发挥政府主导作用，鼓励和支持社会各方面积极参与。三是正确处理保护、保存与利用的关系。四是与《公约》的有关规定保持一致。

二、关于本法的调整对象

根据《公约》的规定，本法调整的非物质文化遗产包括：传统口头文学及其语言载体，传统美术、书法、音乐、舞蹈、戏剧和曲艺，传统技艺、医药和历法，传统礼仪、节庆等民俗，传统体育、游艺和杂技以及其他非物质文化遗产。需要说明的是，《公约》规定的"非物质文化遗产"，不仅包括无形遗产，还包括与传统文化表现形式相关的实物和工具、道具等，以及定期举行传统文化活动或者集中展现传统文化表现形式的场所。据此，草案不仅对无形遗产的保护、保存作了规定，还对与传统文化表现形式相关的实物和场所的保护、保存作了规定。

三、关于非物质文化遗产的调查

调查工作是保护非物质文化遗产的基础。对此，草案主要作了以下规定：

一是行政机关开展非物质文化遗产调查的职责和境内外合作进行非物质文化遗产调查的审批。草案根据非物质文化遗产保护、保存工作的实际要求，规定县级政府应当定期组织非物质文化遗产调查，设区的市级以上政府可以组织非物质文化遗产调查，具体调查工作由文化主管部门负责实施；县级以上政府其他部门报经本级政府批准，可以对工作领域内的非物质文化遗产进行调查。同时，草案规定：境外组织可经批准后与境内非物质文化遗产学术研究机构合作进行非物质文化遗产调查。

二是实施调查的具体规则。草案规定，实施非物质文化遗产调查，应当征得被调查对象的同意，尊重其风俗习惯，不得损害其合法权益。同时，草案还对调查规定了具体要求。

三是调查成果的利用制度。草案规定，文化主管部门在对非物质文化遗产实施调查后，还应当开展以下工作：建立并公开非物质文化遗产档案及相关数据库；对通过调查发现的濒临消失的非物质文化遗产项目立即采取抢救性保护、保存措施。

四、关于非物质文化遗产代表性项目名录

非物质文化遗产数量庞大，种类繁多。建立非物质文化遗产代表性项目名录，有利于突出保护重点。为此，草案主要作了以下规定：

一是建立名录的政府层级。草案规定，国务院和省、自治区、直辖市政府分别建立国家和地方非物质文化遗产代表性项目名录，对具有历史、文学、艺术、科学价值的非物质文化遗产项目予以保护。

二是建立名录的程序规范。为了保证政府作出的决定既具有社会公信力，又符合非物质文化遗产保护工作的需要，在名录建立过程中，需要充分发挥专家的作用。为此，草案对专家评审机构和评审程序作了明确规定：国务院文化主管部门应当组织专家评审小组和专家评审委员会，对有关项目进行评审。省、自治区、直辖市政府建立名录的程序则由省、自治区、直辖市人大或者其常委会，或者省、自治区、直辖市政府规定。

三是对列入名录项目的保护制度。草案规定了制定保护规划、对特定区域实行区域性整体保护、对保护规划实施情况进行监督检查等多项具体制度。

五、关于非物质文化遗产的传承与传播

传承与传播是对需要继承与弘扬的非物质文化遗产进行保护的关键环节。为此，草案主要作了以下规定：

一是对代表性传承人的支持措施。草案规定，国务院和省、自治区、直辖市政府的文化主管部门对本级政府批准公布的非物质文化遗产代表性项目，可以认定代表性传承人；同时规定了代表性传承人的认定条件、主要义务以及支持其开展传承活动的具体措施。

二是国家促进非物质文化遗产传播的各项措施。草案规定，地方各级政府应当采取有效措施宣传非物质文化遗产代表性项目，县级以上政府文化主管部门应当组织开展非物质文化遗产代表性项目展示活动；国家鼓励开展相关科研活动，鼓励设立专题博物馆、传承场所；国家支持合理利用非物质文化遗产代表性项目开发文化产品和文化服务，发展文化产业等。

三是学校、新闻媒体、公共文化机构等在传播非物质文化遗产方面的职责。草案规定，学校应当将非物质文化遗产教育纳入相关课程，因地制宜开展教育活动；报刊等新闻媒体应当结合自身特点开展有关宣传、普及活动；公共文化机构等应当根据各自业务范围，开展整理、研究、宣传、展示等有关活动。

此外，草案还对违反本法有关规定的行为规定了相应的法律责任。

《中华人民共和国非物质文化遗产法（草案）》和以上说明是否妥当，请审议。

全国人民代表大会常务委员会关于修改
《中华人民共和国道路交通安全法》的决定

(2011 年 4 月 22 日第十一届全国人民代表大会常务委员
会第二十次会议通过　2011 年 4 月 22 日中华人民共和
国主席令第四十七号公布　自 2011 年 5 月 1 日起施行)

　　第十一届全国人民代表大会常务委员会第二十次会议决定对《中华人民共和国道路交通安全法》作如下修改:

　　一、将第九十一条修改为:"饮酒后驾驶机动车的,处暂扣六个月机动车驾驶证,并处一千元以上二千元以下罚款。因饮酒后驾驶机动车被处罚,再次饮酒后驾驶机动车的,处十日以下拘留,并处一千元以上二千元以下罚款,吊销机动车驾驶证。

　　"醉酒驾驶机动车的,由公安机关交通管理部门约束至酒醒,吊销机动车驾驶证,依法追究刑事责任;五年内不得重新取得机动车驾驶证。

　　"饮酒后驾驶营运机动车的,处十五日拘留,并处五千元罚款,吊销机动车驾驶证,五年内不得重新取得机动车驾驶证。

　　"醉酒驾驶营运机动车的,由公安机关交通管理部门约束至酒醒,吊销机动车驾驶证,依法追究刑事责任;十年内不得重新取得机动车驾驶证,重新取得机动车驾驶证后,不得驾驶营运机动车。

　　"饮酒后或者醉酒驾驶机动车发生重大交通事故,构成犯罪的,依法追究刑事责任,并由公安机关交通管理部门吊销机动车驾驶证,终生不得重新取得机动车驾驶证。"

　　二、将第九十六条第一款修改为:"伪造、变造或者使用伪造、变造的机动车登记证书、号牌、行驶证、驾驶证的,由公安机关交通管理部门予以收缴,扣留该机动车,处十五日以下拘留,并处二千元以上五千元以下罚款;构成犯罪的,依法追究刑事责任。

　　"伪造、变造或者使用伪造、变造的检验合格标志、保险标志的,由公安机关交通管理部门予以收缴,扣留该机动车,处十日以下拘留,并处一千元以上三千元以下罚款;构成犯罪的,依法追究刑事责任。

　　"使用其他车辆的机动车登记证书、号牌、行驶证、检验合格标志、保险标志的，由公安机关交通管理部门予以收缴，扣留该机动车，处二千元以上五千元以下罚款。"

原第九十六条第二款作为第四款。

三、本决定自 2011 年 5 月 1 日起施行。

《中华人民共和国道路交通安全法》根据本决定作相应的修改，重新公布。

中华人民共和国道路交通安全法

（2003 年 10 月 28 日第十届全国人民代表大会常务委员会第五次会议通过 根据 2007 年 12 月 29 日第十届全国人民代表大会常务委员会第三十一次会议《关于修改〈中华人民共和国道路交通安全法〉的决定》第一次修正 根据 2011 年 4 月 22 日第十一届全国人民代表大会常务委员会第二十次会议《关于修改〈中华人民共和国道路交通安全法〉的决定》第二次修正）

目 录

第一章 总 则

第一条 为了维护道路交通秩序，预防和减少交通事故，保护人身安全，保护公民、法人和其他组织的财产安全及其他合法权益，提高通行效率，制定本法。

第二条 中华人民共和国境内的车辆驾驶人、行人、乘车人以及与道路交通活动有关的单位和个人，都应当遵守本法。

第三条 道路交通安全工作，应当遵循依法管理、方便群众的原则，保障道路交通有序、安全、畅通。

第四条 各级人民政府应当保障道路交通安全管理工作与经济建设和社会发展相适应。

县级以上地方各级人民政府应当适应道路交通发展的需要，依据道路交通安全法律、法规和国家有关政策，制定道路交通安全管理规划，并组织实施。

第五条 国务院公安部门负责全国道路交通安全管理工作。县级以上地方各级人民政府公安机关交通管理部门负责本行政区域内的道路交通安全管理工作。

县级以上各级人民政府交通、建设管理部门依据各自职责，负责有关的道路交通工作。

第六条 各级人民政府应当经常进行道路交通安全教育，提高公民的道路交通安全意识。

公安机关交通管理部门及其交通警察执行职务时，应当加强道路交通安全法律、法规的宣传，并模范遵守道路交通安全法律、法规。

机关、部队、企业事业单位、社会团体以及其他组织，应当对本单位的人员进行道路交通安全教育。

教育行政部门、学校应当将道路交通安全教育纳入法制教育的内容。

新闻、出版、广播、电视等有关单位，有进行道路交通安全教育的义务。

第七条 对道路交通安全管理工作，应当加强科学研究，推广、使用先进的管理方法、技术、设备。

第二章 车辆和驾驶人

第一节 机动车、非机动车

第八条 国家对机动车实行登记制度。机动车经公安机关交通管理部门登记后，方可上道路行驶。尚未登记的机动车，需要临时上道路行驶的，应当取得临时通行牌证。

第九条 申请机动车登记，应当提交以下证明、凭证：

（一）机动车所有人的身份证明；

（二）机动车来历证明；

（三）机动车整车出厂合格证明或者进口机动车进口凭证；

（四）车辆购置税的完税证明或者免税凭证；

（五）法律、行政法规规定应当在机动车登记时提交的其他证明、凭证。

公安机关交通管理部门应当自受理申请之日起五个工作日内完成机动车登记审查工作，对符合前款规定条件的，应当发放机动车登记证书、号牌和行驶证；对不符合前款规定条件的，应当向申请人说明不予登记的理由。

公安机关交通管理部门以外的任何单位或者个人不得发放机动车号牌或者要求机动车悬挂其他号牌，本法另有规定的除外。

机动车登记证书、号牌、行驶证的式样由国务院公安部门规定并监制。

第十条 准予登记的机动车应当符合机动车国家安全技术标准。申请机动车登记时，应当接受对该机动车的安全技术检验。但是，经国家机动车产品主管部门依据机动车国家安全技术标准认定的企业生产的机动车型，该车型的新车在出厂时经检验符合机动车国家安全技术标准，获得检验合格证的，免予安全技术检验。

第十一条 驾驶机动车上道路行驶，应当悬挂机动车号牌，放置检验合格标志、保险标志，并随车携带机动车行驶证。

机动车号牌应当按照规定悬挂并保持清晰、完整，不得故意遮挡、污损。

任何单位和个人不得收缴、扣留机动车号牌。

第十二条 有下列情形之一的，应当办理相应的登记：

（一）机动车所有权发生转移的；

（二）机动车登记内容变更的；

（三）机动车用作抵押的；

（四）机动车报废的。

第十三条 对登记后上道路行驶的机动车，应当依照法律、行政法规的规定，根据车辆用途、载客载货数量、使用年限等不同情况，定期进行安全技术检验。对提供机动车行驶证和机动车第三者责任强制保险单的，机动车安全技术检验机构应当予以检验，任何单位不得附加其他条件。对符合机动车国家安全技术标准的，公安机关交通管理部门应当发给检验合格标志。

对机动车的安全技术检验实行社会化。具体办法由国务院规定。

机动车安全技术检验实行社会化的地方，任何单位不得要求机动车到指定的场所进行检验。

公安机关交通管理部门、机动车安全技术检验机构不得要求机动车到指定的场所进行维修、保养。

机动车安全技术检验机构对机动车检验收取费用，应当严格执行国务院价格主管部门核定的收费标准。

第十四条 国家实行机动车强制报废制度，根据机动车的安全技术状况和不同用途，规定不同的报废标准。

应当报废的机动车必须及时办理注销登记。

达到报废标准的机动车不得上道路行驶。报废的大型客、货车及其他营运车辆应当在公安机关交通管理部门的监督下解体。

第十五条 警车、消防车、救护车、工程救险车应当按照规定喷涂标志图案，安装警报器、标志灯具。其他机动车不得喷涂、安装、使用上述车辆专用的或者与其相类似的标志图案、警报器或者标志灯具。

警车、消防车、救护车、工程救险车应当严格按照规定的用途和条件使用。

公路监督检查的专用车辆，应当依照公路法的规定，设置统一的标志和示警灯。

第十六条 任何单位或者个人不得有下列行为：

（一）拼装机动车或者擅自改变机动车已登记的结构、构造或者特征；

（二）改变机动车型号、发动机号、车架号或者车辆识别代号；

（三）伪造、变造或者使用伪造、变造的机动车登记证书、号牌、行驶证、检验合格标志、保险标志；

（四）使用其他机动车的登记证书、号牌、行驶证、检验合格标志、保险标志。

第十七条 国家实行机动车第三者责任强制保险制度，设立道路交通事故社会救助基金。具体办法由国务院规定。

第十八条 依法应当登记的非机动车，经公安机关交通管理部门登记后，方可上道路行驶。

依法应当登记的非机动车的种类，由省、自治区、直辖市人民政府根据当地实际情况规定。

非机动车的外形尺寸、质量、制动器、车铃和夜间反光装置，应当符合非机动车安全技术标准。

第二节 机动车驾驶人

第十九条 驾驶机动车，应当依法取得机动车驾驶证。

申请机动车驾驶证，应当符合国务院公安部门规定的驾驶许可条件；经考试合格后，由公安机关交通管理部门发给相应类别的机动车驾驶证。

持有境外机动车驾驶证的人，符合国务院公安部门规定的驾驶许可条件，经公安机关交通管理部门考核合格的，可以发给中国的机动车驾驶证。

驾驶人应当按照驾驶证载明的准驾车型驾驶机动车；驾驶机动车时，应当随身携带机动车驾驶证。

公安机关交通管理部门以外的任何单位或者个人，不得收缴、扣留机动车驾驶证。

第二十条 机动车的驾驶培训实行社会化，由交通主管部门对驾驶培训学校、驾驶培训班实行资格管理，其中专门的拖拉机驾驶培训学校、驾驶培训班由农业（农业机械）主管部门实行资格管理。

驾驶培训学校、驾驶培训班应当严格按照国家有关规定，对学员进行道路交通安全法律、法规、驾驶技能的培训，确保培训质量。

任何国家机关以及驾驶培训和考试主管部门不得举办或者参与举办驾驶培训学校、驾驶培训班。

第二十一条 驾驶人驾驶机动车上道路行驶前，应当对机动车的安全技术性能进行认真检查；不得驾驶安全设施不全或者机件不符合技术标准等具有安全隐患的机动车。

第二十二条 机动车驾驶人应当遵守道路交通安全法律、法规的规定，按照操作规范安全驾驶、文明驾驶。

饮酒、服用国家管制的精神药品或者麻醉药品，或者患有妨碍安全驾驶机动车的疾病，或者过度疲劳影响安全驾驶的，不得驾驶机动车。

任何人不得强迫、指使、纵容驾驶人违反道路交通安全法律、法规和机动车安全驾驶要求驾驶机动车。

第二十三条 公安机关交通管理部门依照法律、行政法规的规定，定期对机动车驾驶证实施审验。

第二十四条 公安机关交通管理部门对机动车驾驶人违反道路交通安全法律、法规的行为，除依法给予行政处罚外，实行累积记分制度。公安机关交通管理部门对累积记分达到规定分值的机动车驾驶人，扣留机动车驾驶证，对其进行道路交通安全法律、法规教育，重新考试；考试合格的，发还其机动车驾驶证。

对遵守道路交通安全法律、法规，在一年内无累积记分的机动车驾驶人，可以延长机动车驾驶证的审验期。具体办法由国务院公安部门规定。

第三章　道路通行条件

第二十五条　全国实行统一的道路交通信号。

交通信号包括交通信号灯、交通标志、交通标线和交通警察的指挥。

交通信号灯、交通标志、交通标线的设置应当符合道路交通安全、畅通的要求和国家标准，并保持清晰、醒目、准确、完好。

根据通行需要，应当及时增设、调换、更新道路交通信号。增设、调换、更新限制性的道路交通信号，应当提前向社会公告，广泛进行宣传。

第二十六条　交通信号灯由红灯、绿灯、黄灯组成。红灯表示禁止通行，绿灯表示准许通行，黄灯表示警示。

第二十七条　铁路与道路平面交叉的道口，应当设置警示灯、警示标志或者安全防护设施。无人看守的铁路道口，应当在距道口一定距离处设置警示标志。

第二十八条　任何单位和个人不得擅自设置、移动、占用、损毁交通信号灯、交通标志、交通标线。

道路两侧及隔离带上种植的树木或者其他植物，设置的广告牌、管线等，应当与交通设施保持必要的距离，不得遮挡路灯、交通信号灯、交通标志，不得妨碍安全视距，不得影响通行。

第二十九条　道路、停车场和道路配套设施的规划、设计、建设，应当符合道路交通安全、畅通的要求，并根据交通需求及时调整。

公安机关交通管理部门发现已经投入使用的道路存在交通事故频发路段，或者停车场、道路配套设施存在交通安全严重隐患的，应当及时向当地人民政府报告，并提出防范交通事故、消除隐患的建议，当地人民政府应当及时作出处理决定。

第三十条　道路出现坍塌、坑漕、水毁、隆起等损毁或者交通信号灯、交通标志、交通标线等交通设施损毁、灭失的，道路、交通设施的养护部门或者管理部门应当设置警示标志并及时修复。

公安机关交通管理部门发现前款情形，危及交通安全，尚未设置警示标志的，应当及时采取安全措施，疏导交通，并通知道路、交通设施的养护部门或者管理部门。

第三十一条　未经许可，任何单位和个人不得占用道路从事非交通活动。

第三十二条　因工程建设需要占用、挖掘道路，或者跨越、穿越道路架设、增设管线设施，应当事先征得道路主管部门的同意；影响交通安全的，还应当征得公安机关交通管理部门的同意。

施工作业单位应当在经批准的路段和时间内施工作业，并在距离施工作业地点来车方向安全距离处设置明显的安全警示标志，采取防护措施；施工作业完毕，应当迅速清除道路上的障碍物，消除安全隐患，经道路主管部门和公安机关交通管理部门验收合格，符合通行要求后，方可恢复通行。

对未中断交通的施工作业道路，公安机关交通管理部门应当加强交通安全监督检查，维护道路交通秩序。

第三十三条　新建、改建、扩建的公共建筑、商业街区、居住区、大（中）型建筑等，应当配建、增建停车场；停车泊位不足的，应当及时改建或者扩建；投入使用的停车场不得擅自停止使用或者改作他用。

在城市道路范围内，在不影响行人、车辆通行的情况下，政府有关部门可以施划停车泊位。

第三十四条　学校、幼儿园、医院、养老院门前的道路没有行人过街设施的，应当施划人行横道线，设置提示标志。

城市主要道路的人行道，应当按照规划设置盲道。盲道的设置应当符合国家标准。

第四章　道路通行规定

第一节　一般规定

第三十五条　机动车、非机动车实行右侧通行。

第三十六条　根据道路条件和通行需要，道路划分为机动车道、非机动车道和人行道的，机动车、非机动车、行人实行分道通行。没有划分机动车道、非机动车道和人行道的，机动车在道路中间通行，非机动车和行人在道路两侧通行。

第三十七条　道路划设专用车道的，在专用车道内，只准许规定的车辆通行，其他车辆不得进入专用车道内行驶。

第三十八条　车辆、行人应当按照交通信号通行；遇有交通警察现场指挥时，应当按照交通警察的指挥通行；在没有交通信号的道路上，应当在确保安全、畅通的原则下通行。

第三十九条　公安机关交通管理部门根据道路和交通流量的具体情况，可以对机动车、非机动车、行人采取疏导、限制通行、禁止通行等措施。遇有大型群众性活动、大范围施工等情况，需要采取限制交通的措施，或者作出与公众的道路交通活动直接有关的决定，应当提前向社会公告。

第四十条 遇有自然灾害、恶劣气象条件或者重大交通事故等严重影响交通安全的情形，采取其他措施难以保证交通安全时，公安机关交通管理部门可以实行交通管制。

第四十一条 有关道路通行的其他具体规定，由国务院规定。

第二节 机动车通行规定

第四十二条 机动车上道路行驶，不得超过限速标志标明的最高时速。在没有限速标志的路段，应当保持安全车速。

夜间行驶或者在容易发生危险的路段行驶，以及遇有沙尘、冰雹、雨、雪、雾、结冰等气象条件时，应当降低行驶速度。

第四十三条 同车道行驶的机动车，后车应当与前车保持足以采取紧急制动措施的安全距离。有下列情形之一的，不得超车：

（一）前车正在左转弯、掉头、超车的；

（二）与对面来车有会车可能的；

（三）前车为执行紧急任务的警车、消防车、救护车、工程救险车的；

（四）行经铁路道口、交叉路口、窄桥、弯道、陡坡、隧道、人行横道、市区交通流量大的路段等没有超车条件的。

第四十四条 机动车通过交叉路口，应当按照交通信号灯、交通标志、交通标线或者交通警察的指挥通过；通过没有交通信号灯、交通标志、交通标线或者交通警察指挥的交叉路口时，应当减速慢行，并让行人和优先通行的车辆先行。

第四十五条 机动车遇有前方车辆停车排队等候或者缓慢行驶时，不得借道超车或者占用对面车道，不得穿插等候的车辆。

在车道减少的路段、路口，或者在没有交通信号灯、交通标志、交通标线或者交通警察指挥的交叉路口遇到停车排队等候或者缓慢行驶时，机动车应当依次交替通行。

第四十六条 机动车通过铁路道口时，应当按照交通信号或者管理人员的指挥通行；没有交通信号或者管理人员的，应当减速或者停车，在确认安全后通过。

第四十七条 机动车行经人行横道时，应当减速行驶；遇行人正在通过人行横道，应当停车让行。

机动车行经没有交通信号的道路时，遇行人横过道路，应当避让。

第四十八条 机动车载物应当符合核定的载质量，严禁超载；载物的长、宽、高不得违反装载要求，不得遗洒、飘散载运物。

机动车运载超限的不可解体的物品，影响交通安全的，应当按照公安机关交通管理部门指定的时间、路线、速度行驶，悬挂明显标志。在公路上运载超限的不可解体的物品，并应当依照公路法的规定执行。

机动车载运爆炸物品、易燃易爆化学物品以及剧毒、放射性等危险物品，应当经公安机关批准后，按指定的时间、路线、速度行驶，悬挂警示标志并采取必要的安全措施。

第四十九条　机动车载人不得超过核定的人数，客运机动车不得违反规定载货。

第五十条　禁止货运机动车载客。

货运机动车需要附载作业人员的，应当设置保护作业人员的安全措施。

第五十一条　机动车行驶时，驾驶人、乘坐人员应当按规定使用安全带，摩托车驾驶人及乘坐人员应当按规定戴安全头盔。

第五十二条　机动车在道路上发生故障，需要停车排除故障时，驾驶人应当立即开启危险报警闪光灯，将机动车移至不妨碍交通的地方停放；难以移动的，应当持续开启危险报警闪光灯，并在来车方向设置警告标志等措施扩大示警距离，必要时迅速报警。

第五十三条　警车、消防车、救护车、工程救险车执行紧急任务时，可以使用警报器、标志灯具；在确保安全的前提下，不受行驶路线、行驶方向、行驶速度和信号灯的限制，其他车辆和行人应当让行。

警车、消防车、救护车、工程救险车非执行紧急任务时，不得使用警报器、标志灯具，不享有前款规定的道路优先通行权。

第五十四条　道路养护车辆、工程作业车进行作业时，在不影响过往车辆通行的前提下，其行驶路线和方向不受交通标志、标线限制，过往车辆和人员应当注意避让。

洒水车、清扫车等机动车应当按照安全作业标准作业；在不影响其他车辆通行的情况下，可以不受车辆分道行驶的限制，但是不得逆向行驶。

第五十五条　高速公路、大中城市中心城区内的道路，禁止拖拉机通行。其他禁止拖拉机通行的道路，由省、自治区、直辖市人民政府根据当地实际情况规定。

在允许拖拉机通行的道路上，拖拉机可以从事货运，但是不得用于载人。

第五十六条　机动车应当在规定地点停放。禁止在人行道上停放机动车；但是，依照本法第三十三条规定施划的停车泊位除外。

在道路上临时停车的，不得妨碍其他车辆和行人通行。

第三节　非机动车通行规定

第五十七条　驾驶非机动车在道路上行驶应当遵守有关交通安全的规定。非机动车应当在非机动车道内行驶；在没有非机动车道的道路上，应当靠车行道的右侧行驶。

第五十八条　残疾人机动轮椅车、电动自行车在非机动车道内行驶时，最高时速不得超过十五公里。

第五十九条　非机动车应当在规定地点停放。未设停放地点的，非机动车停放不得妨碍其他车辆和行人通行。

第六十条　驾驭畜力车，应当使用驯服的牲畜；驾驭畜力车横过道路时，驾驭人应当下车牵引牲畜；驾驭人离开车辆时，应当拴系牲畜。

第四节　行人和乘车人通行规定

第六十一条　行人应当在人行道内行走，没有人行道的靠路边行走。

第六十二条　行人通过路口或者横过道路，应当走人行横道或者过街设施；通过有交通信号灯的人行横道，应当按照交通信号灯指示通行；通过没有交通信号灯、人行横道的路口，或者在没有过街设施的路段横过道路，应当在确认安全后通过。

第六十三条　行人不得跨越、倚坐道路隔离设施，不得扒车、强行拦车或者实施妨碍道路交通安全的其他行为。

第六十四条　学龄前儿童以及不能辨认或者不能控制自己行为的精神疾病患者、智力障碍者在道路上通行，应当由其监护人、监护人委托的人或者对其负有管理、保护职责的人带领。

盲人在道路上通行，应当使用盲杖或者采取其他导盲手段，车辆应当避让盲人。

第六十五条　行人通过铁路道口时，应当按照交通信号或者管理人员的指挥通行；没有交通信号和管理人员的，应当在确认无火车驶临后，迅速通过。

第六十六条　乘车人不得携带易燃易爆等危险物品，不得向车外抛洒物品，不得有影响驾驶人安全驾驶的行为。

第五节　高速公路的特别规定

第六十七条　行人、非机动车、拖拉机、轮式专用机械车、铰接式客车、全挂拖斗车以及其他设计最高时速低于七十公里的机动车，不得进入高速公路。高速公路限速标志标明的最高时速不得超过一百二十公里。

第六十八条　机动车在高速公路上发生故障时，应当依照本法第五十二条的有关规定办理；但是，警告标志应当设置在故障车来车方向一百五十米以外，车上人员应当迅速转移到右侧路肩上或者应急车道内，并且迅速报警。

机动车在高速公路上发生故障或者交通事故，无法正常行驶的，应当由救援车、清障车拖曳、牵引。

第六十九条　任何单位、个人不得在高速公路上拦截检查行驶的车辆，公安机关的人民警察依法执行紧急公务除外。

第五章　交通事故处理

第七十条　在道路上发生交通事故，车辆驾驶人应当立即停车，保护现场；造成人身伤亡的，车辆驾驶人应当立即抢救受伤人员，并迅速报告执勤的交通警察或者公安机关交通管理部门。因抢救受伤人员变动现场的，应当标明位置。乘车人、过往车辆驾驶人、过往行人应当予以协助。

在道路上发生交通事故，未造成人身伤亡，当事人对事实及成因无争议的，可以即行撤离现场，恢复交通，自行协商处理损害赔偿事宜；不即行撤离现场的，应当迅速报告执勤的交通警察或者公安机关交通管理部门。

在道路上发生交通事故，仅造成轻微财产损失，并且基本事实清楚的，当事人应当先撤离现场再进行协商处理。

第七十一条　车辆发生交通事故后逃逸的，事故现场目击人员和其他知情人员应当向公安机关交通管理部门或者交通警察举报。举报属实的，公安机关交通管理部门应当给予奖励。

第七十二条　公安机关交通管理部门接到交通事故报警后，应当立即派交通警察赶赴现场，先组织抢救受伤人员，并采取措施，尽快恢复交通。

交通警察应当对交通事故现场进行勘验、检查，收集证据；因收集证据的需要，可以扣留事故车辆，但是应当妥善保管，以备核查。

对当事人的生理、精神状况等专业性较强的检验，公安机关交通管理部门应当委托专门机构进行鉴定。鉴定结论应当由鉴定人签名。

第七十三条　公安机关交通管理部门应当根据交通事故现场勘验、检查、调查情况和有关的检验、鉴定结论，及时制作交通事故认定书，作为处理交通事故的证据。交通事故认定书应当载明交通事故的基本事实、成因和当事人的责任，并送达当事人。

第七十四条　对交通事故损害赔偿的争议，当事人可以请求公安机关交通管理部门调解，也可以直接向人民法院提起民事诉讼。

经公安机关交通管理部门调解，当事人未达成协议或者调解书生效后不履行的，当事人可以向人民法院提起民事诉讼。

第七十五条 医疗机构对交通事故中的受伤人员应当及时抢救，不得因抢救费用未及时支付而拖延救治。肇事车辆参加机动车第三者责任强制保险的，由保险公司在责任限额范围内支付抢救费用；抢救费用超过责任限额的，未参加机动车第三者责任强制保险或者肇事后逃逸的，由道路交通事故社会救助基金先行垫付部分或者全部抢救费用，道路交通事故社会救助基金管理机构有权向交通事故责任人追偿。

第七十六条 机动车发生交通事故造成人身伤亡、财产损失的，由保险公司在机动车第三者责任强制保险责任限额范围内予以赔偿；不足的部分，按照下列规定承担赔偿责任：

（一）机动车之间发生交通事故的，由有过错的一方承担赔偿责任；双方都有过错的，按照各自过错的比例分担责任。

（二）机动车与非机动车驾驶人、行人之间发生交通事故，非机动车驾驶人、行人没有过错的，由机动车一方承担赔偿责任；有证据证明非机动车驾驶人、行人有过错的，根据过错程度适当减轻机动车一方的赔偿责任；机动车一方没有过错的，承担不超过百分之十的赔偿责任。

交通事故的损失是由非机动车驾驶人、行人故意碰撞机动车造成的，机动车一方不承担赔偿责任。

第七十七条 车辆在道路以外通行时发生的事故，公安机关交通管理部门接到报案的，参照本法有关规定办理。

第六章　执法监督

第七十八条 公安机关交通管理部门应当加强对交通警察的管理，提高交通警察的素质和管理道路交通的水平。

公安机关交通管理部门应当对交通警察进行法制和交通安全管理业务培训、考核。交通警察经考核不合格的，不得上岗执行职务。

第七十九条 公安机关交通管理部门及其交通警察实施道路交通安全管理，应当依据法定的职权和程序，简化办事手续，做到公正、严格、文明、高效。

第八十条 交通警察执行职务时，应当按照规定着装，佩带人民警察标志，持有人民警察证件，保持警容严整，举止端庄，指挥规范。

第八十一条 依照本法发放牌证等收取工本费，应当严格执行国务院价格主管部门核定的收费标准，并全部上缴国库。

第八十二条 公安机关交通管理部门依法实施罚款的行政处罚，应当依照有关法律、行政法规的规定，实施罚款决定与罚款收缴分离；收缴的罚款以及依法没收的违法所得,应当全部上缴国库。

第八十三条 交通警察调查处理道路交通安全违法行为和交通事故,有下列情形之一的,应当回避:

(一)是本案的当事人或者当事人的近亲属;

(二)本人或者其近亲属与本案有利害关系;

(三)与本案当事人有其他关系,可能影响案件的公正处理。

第八十四条 公安机关交通管理部门及其交通警察的行政执法活动,应当接受行政监察机关依法实施的监督。

公安机关督察部门应当对公安机关交通管理部门及其交通警察执行法律、法规和遵守纪律的情况依法进行监督。

上级公安机关交通管理部门应当对下级公安机关交通管理部门的执法活动进行监督。

第八十五条 公安机关交通管理部门及其交通警察执行职务,应当自觉接受社会和公民的监督。

任何单位和个人都有权对公安机关交通管理部门及其交通警察不严格执法以及违法违纪行为进行检举、控告。收到检举、控告的机关,应当依据职责及时查处。

第八十六条 任何单位不得给公安机关交通管理部门下达或者变相下达罚款指标;公安机关交通管理部门不得以罚款数额作为考核交通警察的标准。

公安机关交通管理部门及其交通警察对超越法律、法规规定的指令,有权拒绝执行,并同时向上级机关报告。

第七章 法律责任

第八十七条 公安机关交通管理部门及其交通警察对道路交通安全违法行为,应当及时纠正。

公安机关交通管理部门及其交通警察应当依据事实和本法的有关规定对道路交通安全违法行为予以处罚。对于情节轻微,未影响道路通行的,指出违法行为,给予口头警告后放行。

第八十八条 对道路交通安全违法行为的处罚种类包括:警告、罚款、暂扣或者吊销机动车驾驶证、拘留。

第八十九条 行人、乘车人、非机动车驾驶人违反道路交通安全法律、法规关于道路通行规定的,处警告或者五元以上五十元以下罚款;非机动车驾驶人拒绝接受罚款处罚的,可以扣留其非机动车。

第九十条 机动车驾驶人违反道路交通安全法律、法规关于道路通行规定的，处警告或者二十元以上二百元以下罚款。本法另有规定的，依照规定处罚。

第九十一条 饮酒后驾驶机动车的，处暂扣六个月机动车驾驶证，并处一千元以上二千元以下罚款。因饮酒后驾驶机动车被处罚，再次饮酒后驾驶机动车的，处十日以下拘留，并处一千元以上二千元以下罚款，吊销机动车驾驶证。

醉酒驾驶机动车的，由公安机关交通管理部门约束至酒醒，吊销机动车驾驶证，依法追究刑事责任；五年内不得重新取得机动车驾驶证。

饮酒后驾驶营运机动车的，处十五日拘留，并处五千元罚款，吊销机动车驾驶证，五年内不得重新取得机动车驾驶证。

醉酒驾驶营运机动车的，由公安机关交通管理部门约束至酒醒，吊销机动车驾驶证，依法追究刑事责任；十年内不得重新取得机动车驾驶证，重新取得机动车驾驶证后，不得驾驶营运机动车。

饮酒后或者醉酒驾驶机动车发生重大交通事故，构成犯罪的，依法追究刑事责任，并由公安机关交通管理部门吊销机动车驾驶证，终生不得重新取得机动车驾驶证。

第九十二条 公路客运车辆载客超过额定乘员的，处二百元以上五百元以下罚款；超过额定乘员百分之二十或者违反规定载货的，处五百元以上二千元以下罚款。

货运机动车超过核定载质量的，处二百元以上五百元以下罚款；超过核定载质量百分之三十或者违反规定载客的，处五百元以上二千元以下罚款。

有前两款行为的，由公安机关交通管理部门扣留机动车至违法状态消除。

运输单位的车辆有本条第一款、第二款规定的情形，经处罚不改的，对直接负责的主管人员处二千元以上五千元以下罚款。

第九十三条 对违反道路交通安全法律、法规关于机动车停放、临时停车规定的，可以指出违法行为，并予以口头警告，令其立即驶离。

机动车驾驶人不在现场或者虽在现场但拒绝立即驶离，妨碍其他车辆、行人通行的，处二十元以上二百元以下罚款，并可以将该机动车拖移至不妨碍交通的地点或者公安机关交通管理部门指定的地点停放。公安机关交通管理部门拖车不得向当事人收取费用，并应当及时告知当事人停放地点。

因采取不正确的方法拖车造成机动车损坏的，应当依法承担补偿责任。

第九十四条　机动车安全技术检验机构实施机动车安全技术检验超过国务院价格主管部门核定的收费标准收取费用的，退还多收取的费用，并由价格主管部门依照《中华人民共和国价格法》的有关规定给予处罚。

机动车安全技术检验机构不按照机动车国家安全技术标准进行检验，出具虚假检验结果的，由公安机关交通管理部门处所收检验费用五倍以上十倍以下罚款，并依法撤销其检验资格；构成犯罪的，依法追究刑事责任。

第九十五条　上道路行驶的机动车未悬挂机动车号牌，未放置检验合格标志、保险标志，或者未随车携带行驶证、驾驶证的，公安机关交通管理部门应当扣留机动车，通知当事人提供相应的牌证、标志或者补办相应手续，并可以依照本法第九十条的规定予以处罚。当事人提供相应的牌证、标志或者补办相应手续的，应当及时退还机动车。

故意遮挡、污损或者不按规定安装机动车号牌的，依照本法第九十条的规定予以处罚。

第九十六条　伪造、变造或者使用伪造、变造的机动车登记证书、号牌、行驶证、驾驶证的，由公安机关交通管理部门予以收缴，扣留该机动车，处十五日以下拘留，并处二千元以上五千元以下罚款；构成犯罪的，依法追究刑事责任。

伪造、变造或者使用伪造、变造的检验合格标志、保险标志的，由公安机关交通管理部门予以收缴，扣留该机动车，处十日以下拘留，并处一千元以上三千元以下罚款；构成犯罪的，依法追究刑事责任。

使用其他车辆的机动车登记证书、号牌、行驶证、检验合格标志、保险标志的，由公安机关交通管理部门予以收缴，扣留该机动车，处二千元以上五千元以下罚款。

当事人提供相应的合法证明或者补办相应手续的，应当及时退还机动车。

第九十七条　非法安装警报器、标志灯具的，由公安机关交通管理部门强制拆除，予以收缴，并处二百元以上二千元以下罚款。

第九十八条　机动车所有人、管理人未按照国家规定投保机动车第三者责任强制保险的，由公安机关交通管理部门扣留车辆至依照规定投保后，并处依照规定投保最低责任限额应缴纳的保险费的二倍罚款。

依照前款缴纳的罚款全部纳入道路交通事故社会救助基金。具体办法由国务院规定。

第九十九条　有下列行为之一的，由公安机关交通管理部门处二百元以上二千元以下罚款：

（一）未取得机动车驾驶证、机动车驾驶证被吊销或者机动车驾驶证被暂扣期间驾驶机动车的；

（二）将机动车交由未取得机动车驾驶证或者机动车驾驶证被吊销、暂扣的人驾驶的；

（三）造成交通事故后逃逸，尚不构成犯罪的；

（四）机动车行驶超过规定时速百分之五十的；

（五）强迫机动车驾驶人违反道路交通安全法律、法规和机动车安全驾驶要求驾驶机动车，造成交通事故，尚不构成犯罪的；

（六）违反交通管制的规定强行通行，不听劝阻的；

（七）故意损毁、移动、涂改交通设施，造成危害后果，尚不构成犯罪的；

（八）非法拦截、扣留机动车辆，不听劝阻，造成交通严重阻塞或者较大财产损失的。

行为人有前款第二项、第四项情形之一的，可以并处吊销机动车驾驶证；有第一项、第三项、第五项至第八项情形之一的，可以并处十五日以下拘留。

第一百条 驾驶拼装的机动车或者已达到报废标准的机动车上道路行驶的，公安机关交通管理部门应当予以收缴，强制报废。

对驾驶前款所列机动车上道路行驶的驾驶人，处二百元以上二千元以下罚款，并吊销机动车驾驶证。

出售已达到报废标准的机动车的，没收违法所得，处销售金额等额的罚款，对该机动车依照本条第一款的规定处理。

第一百零一条 违反道路交通安全法律、法规的规定，发生重大交通事故，构成犯罪的，依法追究刑事责任，并由公安机关交通管理部门吊销机动车驾驶证。

造成交通事故后逃逸的，由公安机关交通管理部门吊销机动车驾驶证，且终生不得重新取得机动车驾驶证。

第一百零二条 对六个月内发生二次以上特大交通事故负有主要责任或者全部责任的专业运输单位，由公安机关交通管理部门责令消除安全隐患，未消除安全隐患的机动车，禁止上道路行驶。

第一百零三条 国家机动车产品主管部门未按照机动车国家安全技术标准严格审查，许可不合格机动车型投入生产的，对负有责任的主管人员和其他直接责任人员给予降级或者撤职的行政处分。

机动车生产企业经国家机动车产品主管部门许可生产的机动车型，不执行机动车国家安全技术标准或者不严格进行机动车成品质量检验，致使质量不合格的机动车出厂销售的，由质量技术监督部门依照《中华人民共和国产品质量法》的有关规定给予处罚。

擅自生产、销售未经国家机动车产品主管部门许可生产的机动车型的，没收非法生产、销售的机动车成品及配件，可以并处非法产品价值三倍以上五倍以下罚款；有营业执照的，由工商行政管理部门吊销营业执照，没有营业执照的，予以查封。

生产、销售拼装的机动车或者生产、销售擅自改装的机动车的，依照本条第三款的规定处罚。

有本条第二款、第三款、第四款所列违法行为，生产或者销售不符合机动车国家安全技术标准的机动车，构成犯罪的，依法追究刑事责任。

第一百零四条 未经批准，擅自挖掘道路、占用道路施工或者从事其他影响道路交通安全活动的，由道路主管部门责令停止违法行为，并恢复原状，可以依法给予罚款；致使通行的人员、车辆及其他财产遭受损失的，依法承担赔偿责任。

有前款行为，影响道路交通安全活动的，公安机关交通管理部门可以责令停止违法行为，迅速恢复交通。

第一百零五条 道路施工作业或者道路出现损毁，未及时设置警示标志、未采取防护措施，或者应当设置交通信号灯、交通标志、交通标线而没有设置或者应当及时变更交通信号灯、交通标志、交通标线而没有及时变更，致使通行的人员、车辆及其他财产遭受损失的，负有相关职责的单位应当依法承担赔偿责任。

第一百零六条 在道路两侧及隔离带上种植树木、其他植物或者设置广告牌、管线等，遮挡路灯、交通信号灯、交通标志，妨碍安全视距的，由公安机关交通管理部门责令行为人排除妨碍；拒不执行的，处二百元以上二千元以下罚款，并强制排除妨碍，所需费用由行为人负担。

第一百零七条 对道路交通违法行为人予以警告、二百元以下罚款，交通警察可以当场作出行政处罚决定，并出具行政处罚决定书。

行政处罚决定书应当载明当事人的违法事实、行政处罚的依据、处罚内容、时间、地点以及处罚机关名称，并由执法人员签名或者盖章。

第一百零八条 当事人应当自收到罚款的行政处罚决定书之日起十五日内，到指定的银行缴纳罚款。

对行人、乘车人和非机动车驾驶人的罚款，当事人无异议的，可以当场予以收缴罚款。

罚款应当开具省、自治区、直辖市财政部门统一制发的罚款收据；不出具财政部门统一制发的罚款收据的，当事人有权拒绝缴纳罚款。

第一百零九条　当事人逾期不履行行政处罚决定的，作出行政处罚决定的行政机关可以采取下列措施：

（一）到期不缴纳罚款的，每日按罚款数额的百分之三加处罚款；

（二）申请人民法院强制执行。

第一百一十条　执行职务的交通警察认为应当对道路交通违法行为人给予暂扣或者吊销机动车驾驶证处罚的，可以先予扣留机动车驾驶证，并在二十四小时内将案件移交公安机关交通管理部门处理。

道路交通违法行为人应当在十五日内到公安机关交通管理部门接受处理。无正当理由逾期未接受处理的，吊销机动车驾驶证。

公安机关交通管理部门暂扣或者吊销机动车驾驶证的，应当出具行政处罚决定书。

第一百一十一条　对违反本法规定予以拘留的行政处罚，由县、市公安局、公安分局或者相当于县一级的公安机关裁决。

第一百一十二条　公安机关交通管理部门扣留机动车、非机动车，应当当场出具凭证，并告知当事人在规定期限内到公安机关交通管理部门接受处理。

公安机关交通管理部门对被扣留的车辆应当妥善保管，不得使用。

逾期不来接受处理，并且经公告三个月仍不来接受处理的，对扣留的车辆依法处理。

第一百一十三条　暂扣机动车驾驶证的期限从处罚决定生效之日起计算；处罚决定生效前先予扣留机动车驾驶证的，扣留一日折抵暂扣期限一日。

吊销机动车驾驶证后重新申请领取机动车驾驶证的期限，按照机动车驾驶证管理规定办理。

第一百一十四条　公安机关交通管理部门根据交通技术监控记录资料，可以对违法的机动车所有人或者管理人依法予以处罚。对能够确定驾驶人的，可以依照本法的规定依法予以处罚。

第一百一十五条　交通警察有下列行为之一的，依法给予行政处分：

（一）为不符合法定条件的机动车发放机动车登记证书、号牌、行驶证、检验合格标志的；

（二）批准不符合法定条件的机动车安装、使用警车、消防车、救护车、工程救险车的警报器、标志灯具，喷涂标志图案的；

（三）为不符合驾驶许可条件、未经考试或者考试不合格人员发放机动车驾驶证的；

（四）不执行罚款决定与罚款收缴分离制度或者不按规定将依法收取

的费用、收缴的罚款及没收的违法所得全部上缴国库的;

(五)举办或者参与举办驾驶学校或者驾驶培训班、机动车修理厂或者收费停车场等经营活动的;

(六)利用职务上的便利收受他人财物或者谋取其他利益的;

(七)违法扣留车辆、机动车行驶证、驾驶证、车辆号牌的;

(八)使用依法扣留的车辆的;

(九)当场收取罚款不开具罚款收据或者不如实填写罚款额的;

(十)徇私舞弊,不公正处理交通事故的;

(十一)故意刁难,拖延办理机动车牌证的;

(十二)非执行紧急任务时使用警报器、标志灯具的;

(十三)违反规定拦截、检查正常行驶的车辆的;

(十四)非执行紧急公务时拦截搭乘机动车的;

(十五)不履行法定职责的。

公安机关交通管理部门有前款所列行为之一的,对直接负责的主管人员和其他直接责任人员给予相应的行政处分。

第一百一十六条 依照本法第一百一十五条的规定,给予交通警察行政处分的,在作出行政处分决定前,可以停止其执行职务;必要时,可以予以禁闭。

依照本法第一百一十五条的规定,交通警察受到降级或者撤职行政处分的,可以予以辞退。

交通警察受到开除处分或者被辞退的,应当取消警衔;受到撤职以下行政处分的交通警察,应当降低警衔。

第一百一十七条 交通警察利用职权非法占有公共财物,索取、收受贿赂,或者滥用职权、玩忽职守,构成犯罪的,依法追究刑事责任。

第一百一十八条 公安机关交通管理部门及其交通警察有本法第一百一十五条所列行为之一,给当事人造成损失的,应当依法承担赔偿责任。

第八章 附 则

第一百一十九条 本法中下列用语的含义:

(一)"道路",是指公路、城市道路和虽在单位管辖范围但允许社会机动车通行的地方,包括广场、公共停车场等用于公众通行的场所。

(二)"车辆",是指机动车和非机动车。

(三)"机动车",是指以动力装置驱动或者牵引,上道路行驶的供人员乘用或者用于运送物品以及进行工程专项作业的轮式车辆。

(四)"非机动车",是指以人力或者畜力驱动,上道路行驶的交通工具，以及虽有动力装置驱动但设计最高时速、空车质量、外形尺寸符合有关国家标准的残疾人机动轮椅车、电动自行车等交通工具。

（五）"交通事故"，是指车辆在道路上因过错或者意外造成的人身伤亡或者财产损失的事件。

第一百二十条 中国人民解放军和中国人民武装警察部队在编机动车牌证、在编机动车检验以及机动车驾驶人考核工作，由中国人民解放军、中国人民武装警察部队有关部门负责。

第一百二十一条 对上道路行驶的拖拉机，由农业（农业机械）主管部门行使本法第八条、第九条、第十三条、第十九条、第二十三条规定的公安机关交通管理部门的管理职权。

农业（农业机械）主管部门依照前款规定行使职权，应当遵守本法有关规定，并接受公安机关交通管理部门的监督；对违反规定的，依照本法有关规定追究法律责任。

本法施行前由农业（农业机械）主管部门发放的机动车牌证，在本法施行后继续有效。

第一百二十二条 国家对入境的境外机动车的道路交通安全实施统一管理。

第一百二十三条 省、自治区、直辖市人民代表大会常务委员会可以根据本地区的实际情况，在本法规定的罚款幅度内，规定具体的执行标准。

第一百二十四条 本法自 2004 年 5 月 1 日起施行。

关于《中华人民共和国道路交通安全法修正案（草案）》的说明

——2011 年 4 月 20 日在第十一届全国人民代表大会常务委员会第二十次会议上

公安部副部长 杨焕宁

全国人民代表大会常务委员会：

我受国务院的委托，现对《中华人民共和国道路交通安全法修正案（草案）》作如下说明。

将于 2011 年 5 月 1 日起施行的刑法修正案（八）规定："在道路上驾

驶机动车追逐竞驶，情节恶劣的，或者在道路上醉酒驾驶机动车的，处拘役，并处罚金。有前款行为，同时构成其他犯罪的，依照处罚较重的规定定罪处罚。"为了与这一规定相衔接，需要修改道路交通安全法的相关规定。公安部于2009年11月向国务院报送了《关于提请修改〈道路交通安全法〉酒后驾驶相关条款的请示》。在此基础上，国务院法制办公室会同公安部共同研究，形成了《中华人民共和国道路交通安全法修正案（草案）》（以下简称草案），并征求了全国人大内务司法委员会、全国人大常委会法制工作委员会、交通运输部、农业部等中央单位及31个省、自治区、直辖市人民政府的意见。目前草案已经国务院第148次常务会议讨论并原则通过。现将草案的主要内容说明如下：

一、修改了对醉酒后驾驶机动车违法行为人拘留的规定

刑法修正案（八）对醉酒驾驶机动车的行为作出刑事处罚规定后，不需要再对醉酒驾驶机动车的行为人实行拘留处罚，因此，删去了道路交通安全法对醉酒后驾驶机动车违法行为人拘留的规定，同时将暂扣机动车驾驶证的处罚改为吊销机动车驾驶证，且5年内不得重新取得机动车驾驶证；对醉酒后驾驶营运机动车的，将暂扣机动车驾驶证的处罚改为吊销机动车驾驶证，且10年内不得重新取得机动车驾驶证；重新取得机动车驾驶证后，不得驾驶营运机动车。

二、加大了对饮酒后驾驶机动车违法行为的行政处罚

为了与刑法修正案（八）对醉酒驾驶违法行为刑事处罚的规定相衔接，有效惩治饮酒后驾驶机动车的违法行为，草案加大了对饮酒后驾驶机动车违法行为的行政处罚：对饮酒后驾驶机动车的，将罚款从200元以上500元以下提高至1000元以上2000元以下，将暂扣机动车驾驶证的期限从1个月以上3个月以下改为6个月，并对因饮酒后驾驶机动车被处罚后，再次饮酒后驾驶机动车的，处10日拘留和2000元罚款，并处吊销机动车驾驶证。对饮酒后驾驶营运机动车的，增加了15日拘留的处罚，将罚款从500元提高至5000元，并将暂扣机动车驾驶证的处罚改为吊销机动车驾驶证，且5年内不得重新取得机动车驾驶证。

此外，对饮酒后驾驶机动车发生重大交通事故构成犯罪的，规定依法追究刑事责任，并吊销机动车驾驶证，且终生不得重新取得机动车驾驶证。

三、加大了对伪造、变造机动车牌证及使用假牌证违法行为的行政处罚

鉴于伪造、变造机动车牌证及使用假牌证违法行为的社会危害性日益突出，道路交通安全法第九十六条存在明显的罚与过不相适应的问题，为了有效惩治这一违法行为，草案作了以下修改：

一是对伪造、变造或者使用伪造、变造的机动车登记证书、号牌、行驶证、驾驶证的，增加了 15 日拘留的处罚，并将罚款从 200 元以上 2000 元以下提高至 5000 元。

二是对伪造、变造或者使用伪造、变造的检验合格标志、保险标志的行为，增加了 10 日以下拘留的处罚，并将罚款从 200 元以上 2000 元以下提高至 3000 元。

三是对使用其他车辆的机动车登记证书、号牌、行驶证、检验合格标志、保险标志的，将罚款从 200 元以上 2000 元以下提高至 5000 元。

《中华人民共和国道路交通安全法修正案（草案）》和以上说明是否妥当，请审议。

中华人民共和国行政强制法

（2011 年 6 月 30 日第十一届全国人民代表大会常务委员会第二十一次会议通过　2011 年 6 月 30 日中华人民共和国主席令第四十九号公布　自 2012 年 1 月 1 日起施行）

目　　录

第一章 总 则

第一条 为了规范行政强制的设定和实施，保障和监督行政机关依法履行职责，维护公共利益和社会秩序，保护公民、法人和其他组织的合法权益，根据宪法，制定本法。

第二条 本法所称行政强制，包括行政强制措施和行政强制执行。

行政强制措施，是指行政机关在行政管理过程中，为制止违法行为、防止证据损毁、避免危害发生、控制危险扩大等情形，依法对公民的人身自由实施暂时性限制，或者对公民、法人或者其他组织的财物实施暂时性控制的行为。

行政强制执行，是指行政机关或者行政机关申请人民法院，对不履行行政决定的公民、法人或者其他组织，依法强制履行义务的行为。

第三条 行政强制的设定和实施，适用本法。

发生或者即将发生自然灾害、事故灾难、公共卫生事件或者社会安全事件等突发事件，行政机关采取应急措施或者临时措施，依照有关法律、行政法规的规定执行。

行政机关采取金融业审慎监管措施、进出境货物强制性技术监控措施，依照有关法律、行政法规的规定执行。

第四条 行政强制的设定和实施，应当依照法定的权限、范围、条件和程序。

第五条 行政强制的设定和实施，应当适当。采用非强制手段可以达到行政管理目的的，不得设定和实施行政强制。

第六条 实施行政强制，应当坚持教育与强制相结合。

第七条 行政机关及其工作人员不得利用行政强制权为单位或者个人谋取利益。

第八条 公民、法人或者其他组织对行政机关实施行政强制，享有陈述权、申辩权；有权依法申请行政复议或者提起行政诉讼；因行政机关违法实施行政强制受到损害的，有权依法要求赔偿。

公民、法人或者其他组织因人民法院在强制执行中有违法行为或者扩大强制执行范围受到损害的，有权依法要求赔偿。

第二章 行政强制的种类和设定

第九条 行政强制措施的种类：

（一）限制公民人身自由；

（二）查封场所、设施或者财物；

（三）扣押财物；

（四）冻结存款、汇款；

（五）其他行政强制措施。

第十条 行政强制措施由法律设定。

尚未制定法律，且属于国务院行政管理职权事项的，行政法规可以设定除本法第九条第一项、第四项和应当由法律规定的行政强制措施以外的其他行政强制措施。

尚未制定法律、行政法规，且属于地方性事务的，地方性法规可以设定本法第九条第二项、第三项的行政强制措施。

法律、法规以外的其他规范性文件不得设定行政强制措施。

第十一条 法律对行政强制措施的对象、条件、种类作了规定的，行政法规、地方性法规不得作出扩大规定。

法律中未设定行政强制措施的，行政法规、地方性法规不得设定行政强制措施。但是，法律规定特定事项由行政法规规定具体管理措施的，行政法规可以设定除本法第九条第一项、第四项和应当由法律规定的行政强制措施以外的其他行政强制措施。

第十二条 行政强制执行的方式：

（一）加处罚款或者滞纳金；

（二）划拨存款、汇款；

（三）拍卖或者依法处理查封、扣押的场所、设施或者财物；

（四）排除妨碍、恢复原状；

（五）代履行；

（六）其他强制执行方式。

第十三条 行政强制执行由法律设定。

法律没有规定行政机关强制执行的，作出行政决定的行政机关应当申请人民法院强制执行。

第十四条 起草法律草案、法规草案，拟设定行政强制的，起草单位应当采取听证会、论证会等形式听取意见，并向制定机关说明设定该行政强制的必要性、可能产生的影响以及听取和采纳意见的情况。

第十五条 行政强制的设定机关应当定期对其设定的行政强制进行评价，并对不适当的行政强制及时予以修改或者废止。

行政强制的实施机关可以对已设定的行政强制的实施情况及存在的必要性适时进行评价，并将意见报告该行政强制的设定机关。

公民、法人或者其他组织可以向行政强制的设定机关和实施机关就行政强制的设定和实施提出意见和建议。有关机关应当认真研究论证，并以适当方式予以反馈。

第三章　行政强制措施实施程序

第一节　一般规定

第十六条　行政机关履行行政管理职责，依照法律、法规的规定，实施行政强制措施。

违法行为情节显著轻微或者没有明显社会危害的，可以不采取行政强制措施。

第十七条　行政强制措施由法律、法规规定的行政机关在法定职权范围内实施。行政强制措施权不得委托。

依据《中华人民共和国行政处罚法》的规定行使相对集中行政处罚权的行政机关，可以实施法律、法规规定的与行政处罚权有关的行政强制措施。

行政强制措施应当由行政机关具备资格的行政执法人员实施，其他人员不得实施。

第十八条　行政机关实施行政强制措施应当遵守下列规定：

（一）实施前须向行政机关负责人报告并经批准；

（二）由两名以上行政执法人员实施；

（三）出示执法身份证件；

（四）通知当事人到场；

（五）当场告知当事人采取行政强制措施的理由、依据以及当事人依法享有的权利、救济途径；

（六）听取当事人的陈述和申辩；

（七）制作现场笔录；

（八）现场笔录由当事人和行政执法人员签名或者盖章，当事人拒绝的，在笔录中予以注明；

（九）当事人不到场的，邀请见证人到场，由见证人和行政执法人员在现场笔录上签名或者盖章；

（十）法律、法规规定的其他程序。

第十九条　情况紧急，需要当场实施行政强制措施的，行政执法人员应当在二十四小时内向行政机关负责人报告，并补办批准手续。行政机关负责人认为不应当采取行政强制措施的，应当立即解除。

第二十条　依照法律规定实施限制公民人身自由的行政强制措施，除应当履行本法第十八条规定的程序外，还应当遵守下列规定：

（一）当场告知或者实施行政强制措施后立即通知当事人家属实施行

政强制措施的行政机关、地点和期限；

（二）在紧急情况下当场实施行政强制措施的，在返回行政机关后，立即向行政机关负责人报告并补办批准手续；

（三）法律规定的其他程序。

实施限制人身自由的行政强制措施不得超过法定期限。实施行政强制措施的目的已经达到或者条件已经消失，应当立即解除。

第二十一条 违法行为涉嫌犯罪应当移送司法机关的，行政机关应当将查封、扣押、冻结的财物一并移送，并书面告知当事人。

第二节 查封、扣押

第二十二条 查封、扣押应当由法律、法规规定的行政机关实施，其他任何行政机关或者组织不得实施。

第二十三条 查封、扣押限于涉案的场所、设施或者财物，不得查封、扣押与违法行为无关的场所、设施或者财物；不得查封、扣押公民个人及其所扶养家属的生活必需品。

当事人的场所、设施或者财物已被其他国家机关依法查封的，不得重复查封。

第二十四条 行政机关决定实施查封、扣押的，应当履行本法第十八条规定的程序，制作并当场交付查封、扣押决定书和清单。

查封、扣押决定书应当载明下列事项：

（一）当事人的姓名或者名称、地址；

（二）查封、扣押的理由、依据和期限；

（三）查封、扣押场所、设施或者财物的名称、数量等；

（四）申请行政复议或者提起行政诉讼的途径和期限；

（五）行政机关的名称、印章和日期。

查封、扣押清单一式二份，由当事人和行政机关分别保存。

第二十五条 查封、扣押的期限不得超过三十日；情况复杂的，经行政机关负责人批准，可以延长，但是延长期限不得超过三十日。法律、行政法规另有规定的除外。

延长查封、扣押的决定应当及时书面告知当事人，并说明理由。

对物品需要进行检测、检验、检疫或者技术鉴定的，查封、扣押的期间不包括检测、检验、检疫或者技术鉴定的期间。检测、检验、检疫或者技术鉴定的期间应当明确，并书面告知当事人。检测、检验、检疫或者技术鉴定的费用由行政机关承担。

第二十六条 对查封、扣押的场所、设施或者财物，行政机关应当妥善保管，不得使用或者损毁；造成损失的，应当承担赔偿责任。

对查封的场所、设施或者财物，行政机关可以委托第三人保管，第三人不得损毁或者擅自转移、处置。因第三人的原因造成的损失，行政机关先行赔付后，有权向第三人追偿。

因查封、扣押发生的保管费用由行政机关承担。

第二十七条 行政机关采取查封、扣押措施后，应当及时查清事实，在本法第二十五条规定的期限内作出处理决定。对违法事实清楚，依法应当没收的非法财物予以没收；法律、行政法规规定应当销毁的，依法销毁；应当解除查封、扣押的，作出解除查封、扣押的决定。

第二十八条 有下列情形之一的，行政机关应当及时作出解除查封、扣押决定：

（一）当事人没有违法行为；

（二）查封、扣押的场所、设施或者财物与违法行为无关；

（三）行政机关对违法行为已经作出处理决定，不再需要查封、扣押；

（四）查封、扣押期限已经届满；

（五）其他不再需要采取查封、扣押措施的情形。

解除查封、扣押应当立即退还财物；已将鲜活物品或者其他不易保管的财物拍卖或者变卖的，退还拍卖或者变卖所得款项。变卖价格明显低于市场价格，给当事人造成损失的，应当给予补偿。

第三节 冻 结

第二十九条 冻结存款、汇款应当由法律规定的行政机关实施，不得委托给其他行政机关或者组织；其他任何行政机关或者组织不得冻结存款、汇款。

冻结存款、汇款的数额应当与违法行为涉及的金额相当；已被其他国家机关依法冻结的，不得重复冻结。

第三十条 行政机关依照法律规定决定实施冻结存款、汇款的，应当履行本法第十八条第一项、第二项、第三项、第七项规定的程序，并向金融机构交付冻结通知书。

金融机构接到行政机关依法作出的冻结通知书后，应当立即予以冻结，不得拖延，不得在冻结前向当事人泄露信息。

法律规定以外的行政机关或者组织要求冻结当事人存款、汇款的，金融机构应当拒绝。

第三十一条 依照法律规定冻结存款、汇款的，作出决定的行政机关应当在三日内向当事人交付冻结决定书。冻结决定书应当载明下列事项：

（一）当事人的姓名或者名称、地址；

（二）冻结的理由、依据和期限；

（三）冻结的账号和数额；

（四）申请行政复议或者提起行政诉讼的途径和期限；

（五）行政机关的名称、印章和日期。

第三十二条 自冻结存款、汇款之日起三十日内，行政机关应当作出处理决定或者作出解除冻结决定；情况复杂的，经行政机关负责人批准，可以延长，但是延长期限不得超过三十日。法律另有规定的除外。

延长冻结的决定应当及时书面告知当事人，并说明理由。

第三十三条 有下列情形之一的，行政机关应当及时作出解除冻结决定：

（一）当事人没有违法行为；

（二）冻结的存款、汇款与违法行为无关；

（三）行政机关对违法行为已经作出处理决定，不再需要冻结；

（四）冻结期限已经届满；

（五）其他不再需要采取冻结措施的情形。

行政机关作出解除冻结决定的，应当及时通知金融机构和当事人。金融机构接到通知后，应当立即解除冻结。

行政机关逾期未作出处理决定或者解除冻结决定的，金融机构应当自冻结期满之日起解除冻结。

第四章 行政机关强制执行程序

第一节 一般规定

第三十四条 行政机关依法作出行政决定后，当事人在行政机关决定的期限内不履行义务的，具有行政强制执行权的行政机关依照本章规定强制执行。

第三十五条 行政机关作出强制执行决定前，应当事先催告当事人履行义务。催告应当以书面形式作出，并载明下列事项：

（一）履行义务的期限；

（二）履行义务的方式；

（三）涉及金钱给付的，应当有明确的金额和给付方式；

（四）当事人依法享有的陈述权和申辩权。

第三十六条 当事人收到催告书后有权进行陈述和申辩。行政机关应当充分听取当事人的意见，对当事人提出的事实、理由和证据，应当进行记录、复核。当事人提出的事实、理由或者证据成立的，行政机关应当采纳。

第三十七条 经催告，当事人逾期仍不履行行政决定，且无正当理由的，行政机关可以作出强制执行决定。

强制执行决定应当以书面形式作出，并载明下列事项：

（一）当事人的姓名或者名称、地址；

（二）强制执行的理由和依据；

（三）强制执行的方式和时间；

（四）申请行政复议或者提起行政诉讼的途径和期限；

（五）行政机关的名称、印章和日期。

在催告期间，对有证据证明有转移或者隐匿财物迹象的，行政机关可以作出立即强制执行决定。

第三十八条 催告书、行政强制执行决定书应当直接送达当事人。当事人拒绝接收或者无法直接送达当事人的，应当依照《中华人民共和国民事诉讼法》的有关规定送达。

第三十九条 有下列情形之一的，中止执行：

（一）当事人履行行政决定确有困难或者暂无履行能力的；

（二）第三人对执行标的主张权利，确有理由的；

（三）执行可能造成难以弥补的损失，且中止执行不损害公共利益的；

（四）行政机关认为需要中止执行的其他情形。

中止执行的情形消失后，行政机关应当恢复执行。对没有明显社会危害，当事人确无能力履行，中止执行满三年未恢复执行的，行政机关不再执行。

第四十条 有下列情形之一的，终结执行：

（一）公民死亡，无遗产可供执行，又无义务承受人的；

（二）法人或者其他组织终止，无财产可供执行，又无义务承受人的；

（三）执行标的灭失的；

（四）据以执行的行政决定被撤销的；

（五）行政机关认为需要终结执行的其他情形。

第四十一条 在执行中或者执行完毕后，据以执行的行政决定被撤销、变更，或者执行错误的，应当恢复原状或者退还财物；不能恢复原状或者退还财物的，依法给予赔偿。

第四十二条 实施行政强制执行，行政机关可以在不损害公共利益和他人合法权益的情况下，与当事人达成执行协议。执行协议可以约定分阶段履行；当事人采取补救措施的，可以减免加处的罚款或者滞纳金。

执行协议应当履行。当事人不履行执行协议的，行政机关应当恢复强制执行。

第四十三条 行政机关不得在夜间或者法定节假日实施行政强制执

行。但是，情况紧急的除外。

行政机关不得对居民生活采取停止供水、供电、供热、供燃气等方式迫使当事人履行相关行政决定。

第四十四条 对违法的建筑物、构筑物、设施等需要强制拆除的，应当由行政机关予以公告，限期当事人自行拆除。当事人在法定期限内不申请行政复议或者提起行政诉讼，又不拆除的，行政机关可以依法强制拆除。

第二节 金钱给付义务的执行

第四十五条 行政机关依法作出金钱给付义务的行政决定，当事人逾期不履行的，行政机关可以依法加处罚款或者滞纳金。加处罚款或者滞纳金的标准应当告知当事人。

加处罚款或者滞纳金的数额不得超出金钱给付义务的数额。

第四十六条 行政机关依照本法第四十五条规定实施加处罚款或者滞纳金超过三十日，经催告当事人仍不履行的，具有行政强制执行权的行政机关可以强制执行。

行政机关实施强制执行前，需要采取查封、扣押、冻结措施的，依照本法第三章规定办理。

没有行政强制执行权的行政机关应当申请人民法院强制执行。但是，当事人在法定期限内不申请行政复议或者提起行政诉讼，经催告仍不履行的，在实施行政管理过程中已经采取查封、扣押措施的行政机关，可以将查封、扣押的财物依法拍卖抵缴罚款。

第四十七条 划拨存款、汇款应当由法律规定的行政机关决定，并书面通知金融机构。金融机构接到行政机关依法作出划拨存款、汇款的决定后，应当立即划拨。

法律规定以外的行政机关或者组织要求划拨当事人存款、汇款的，金融机构应当拒绝。

第四十八条 依法拍卖财物，由行政机关委托拍卖机构依照《中华人民共和国拍卖法》的规定办理。

第四十九条 划拨的存款、汇款以及拍卖和依法处理所得的款项应当上缴国库或者划入财政专户。任何行政机关或者个人不得以任何形式截留、私分或者变相私分。

第三节 代 履 行

第五十条 行政机关依法作出要求当事人履行排除妨碍、恢复原状等义务的行政决定，当事人逾期不履行，经催告仍不履行，其后果已经或者将危害交通安全、造成环境污染或者破坏自然资源的，行政机关可以代履行，或者委托没有利害关系的第三人代履行。

第五十一条 代履行应当遵守下列规定：

（一）代履行前送达决定书，代履行决定书应当载明当事人的姓名或者名称、地址、代履行的理由和依据、方式和时间、标的、费用预算以及代履行人；

（二）代履行三日前，催告当事人履行，当事人履行的，停止代履行；

（三）代履行时，作出决定的行政机关应当派员到场监督；

（四）代履行完毕，行政机关到场监督的工作人员、代履行人和当事人或者见证人应当在执行文书上签名或者盖章。

代履行的费用按照成本合理确定，由当事人承担。但是，法律另有规定的除外。

代履行不得采用暴力、胁迫以及其他非法方式。

第五十二条 需要立即清除道路、河道、航道或者公共场所的遗洒物、障碍物或者污染物，当事人不能清除的，行政机关可以决定立即实施代履行；当事人不在场的，行政机关应当在事后立即通知当事人，并依法作出处理。

第五章　申请人民法院强制执行

第五十三条 当事人在法定期限内不申请行政复议或者提起行政诉讼，又不履行行政决定的，没有行政强制执行权的行政机关可以自期限届满之日起三个月内，依照本章规定申请人民法院强制执行。

第五十四条 行政机关申请人民法院强制执行前，应当催告当事人履行义务。催告书送达十日后当事人仍未履行义务的，行政机关可以向所在地有管辖权的人民法院申请强制执行；执行对象是不动产的，向不动产所在地有管辖权的人民法院申请强制执行。

第五十五条 行政机关向人民法院申请强制执行，应当提供下列材料：

（一）强制执行申请书；

（二）行政决定书及作出决定的事实、理由和依据；

（三）当事人的意见及行政机关催告情况；

（四）申请强制执行标的情况；

（五）法律、行政法规规定的其他材料。

强制执行申请书应当由行政机关负责人签名，加盖行政机关的印章，并注明日期。

第五十六条　人民法院接到行政机关强制执行的申请，应当在五日内受理。

行政机关对人民法院不予受理的裁定有异议的，可以在十五日内向上一级人民法院申请复议，上一级人民法院应当自收到复议申请之日起十五日内作出是否受理的裁定。

第五十七条　人民法院对行政机关强制执行的申请进行书面审查，对符合本法第五十五条规定，且行政决定具备法定执行效力的，除本法第五十八条规定的情形外，人民法院应当自受理之日起七日内作出执行裁定。

第五十八条　人民法院发现有下列情形之一的，在作出裁定前可以听取被执行人和行政机关的意见：

（一）明显缺乏事实根据的；

（二）明显缺乏法律、法规依据的；

（三）其他明显违法并损害被执行人合法权益的。

人民法院应当自受理之日起三十日内作出是否执行的裁定。裁定不予执行的，应当说明理由，并在五日内将不予执行的裁定送达行政机关。

行政机关对人民法院不予执行的裁定有异议的，可以自收到裁定之日起十五日内向上一级人民法院申请复议，上一级人民法院应当自收到复议申请之日起三十日内作出是否执行的裁定。

第五十九条　因情况紧急，为保障公共安全，行政机关可以申请人民法院立即执行。经人民法院院长批准，人民法院应当自作出执行裁定之日起五日内执行。

第六十条　行政机关申请人民法院强制执行，不缴纳申请费。强制执行的费用由被执行人承担。

人民法院以划拨、拍卖方式强制执行的，可以在划拨、拍卖后将强制执行的费用扣除。

依法拍卖财物，由人民法院委托拍卖机构依照《中华人民共和国拍卖法》的规定办理。

划拨的存款、汇款以及拍卖和依法处理所得的款项应当上缴国库或者划入财政专户，不得以任何形式截留、私分或者变相私分。

第六章　法律责任

第六十一条　行政机关实施行政强制，有下列情形之一的，由上级行政机关或者有关部门责令改正，对直接负责的主管人员和其他直接责任人员依法给予处分：

（一）没有法律、法规依据的；

（二）改变行政强制对象、条件、方式的；

（三）违反法定程序实施行政强制的；

（四）违反本法规定，在夜间或者法定节假日实施行政强制执行的；

（五）对居民生活采取停止供水、供电、供热、供燃气等方式迫使当事人履行相关行政决定的；

（六）有其他违法实施行政强制情形的。

第六十二条 违反本法规定，行政机关有下列情形之一的，由上级行政机关或者有关部门责令改正，对直接负责的主管人员和其他直接责任人员依法给予处分：

（一）扩大查封、扣押、冻结范围的；

（二）使用或者损毁查封、扣押场所、设施或者财物的；

（三）在查封、扣押法定期间不作出处理决定或者未依法及时解除查封、扣押的；

（四）在冻结存款、汇款法定期间不作出处理决定或者未依法及时解除冻结的。

第六十三条 行政机关将查封、扣押的财物或者划拨的存款、汇款以及拍卖和依法处理所得的款项，截留、私分或者变相私分的，由财政部门或者有关部门予以追缴；对直接负责的主管人员和其他直接责任人员依法给予记大过、降级、撤职或者开除的处分。

行政机关工作人员利用职务上的便利，将查封、扣押的场所、设施或者财物据为己有的，由上级行政机关或者有关部门责令改正，依法给予记大过、降级、撤职或者开除的处分。

第六十四条 行政机关及其工作人员利用行政强制权为单位或者个人谋取利益的，由上级行政机关或者有关部门责令改正，对直接负责的主管人员和其他直接责任人员依法给予处分。

第六十五条 违反本法规定，金融机构有下列行为之一的，由金融业监督管理机构责令改正，对直接负责的主管人员和其他直接责任人员依法给予处分：

（一）在冻结前向当事人泄露信息的；

（二）对应当立即冻结、划拨的存款、汇款不冻结或者不划拨，致使存款、汇款转移的；

（三）将不应当冻结、划拨的存款、汇款予以冻结或者划拨的；

（四）未及时解除冻结存款、汇款的。

第六十六条 违反本法规定，金融机构将款项划入国库或者财政专户以外的其他账户的，由金融业监督管理机构责令改正，并处以违法划拨款项二倍的罚款；对直接负责的主管人员和其他直接责任人员依法给予处分。

违反本法规定，行政机关、人民法院指令金融机构将款项划入国库或者财政专户以外的其他账户的，对直接负责的主管人员和其他直接责任人员依法给予处分。

第六十七条　人民法院及其工作人员在强制执行中有违法行为或者扩大强制执行范围的，对直接负责的主管人员和其他直接责任人员依法给予处分。

第六十八条　违反本法规定，给公民、法人或者其他组织造成损失的，依法给予赔偿。

违反本法规定，构成犯罪的，依法追究刑事责任。

第七章　附　　则

第六十九条　本法中十日以内期限的规定是指工作日，不含法定节假日。

第七十条　法律、行政法规授权的具有管理公共事务职能的组织在法定授权范围内，以自己的名义实施行政强制，适用本法有关行政机关的规定。

第七十一条　本法自 2012 年 1 月 1 日起施行。

关于《中华人民共和国
行政强制法（草案）》的说明

——2005 年 12 月 24 日在第十届全国人民代表
大会常务委员会第十九次会议上

全国人大常委会法制工作委员会副主任　信春鹰

全国人民代表大会常务委员会：

我受委员长会议的委托，作关于《中华人民共和国行政强制法（草案）》的说明。

根据九届全国人大常委会立法规划，法制工作委员会从 1999 年 3 月开始行政强制法的起草工作。在多次调研并广泛征求国务院有关部门、地方人大和一些全国人大代表、专家的意见的基础上，形成了行政强制法（草案）。现将草案的几个主要问题说明如下：

一、关于起草本法的指导思想

行政强制制度涉及行政管理的效率，也涉及对公民的人身权和财产权的处分或者限制。因此，依法规范行政强制权，既是依法行政的需要，也是维护公民合法权益的需要。目前，由于没有统一的法律规范，一些行政机关在执法过程中，既存在对某些严重违法行为因缺乏强制手段处理不力的情况，也存在行政强制手段滥用的情况。主要问题是：（1）哪些机关可以设定行政强制措施，不明确；（2）行政强制措施的具体形式繁多，同一行政强制措施有多种表述，缺乏规范；（3）有些没有强制权的行政机关自行实施强制措施，甚至授权、委托其他组织实施行政强制措施；（4）缺乏程序性规定，有些行政机关在采取强制措施时随意性较大，对公民、法人或者其他组织的合法权益造成侵害；（5）行政机关履行行政管理职责时，缺少必要的手段，致使一些严重违法行为得不到有效处理。起草工作总的指导思想是，推进依法行政，维护公民权益，既赋予行政机关必要的强制手段，保障行政机关依法履行职责，维护公共利益和公共秩序，又对行政强制行为进行规范，避免和防止权力的滥用，保护公民、法人和其他组织的合法权益。

二、关于本法的调整范围

本法的调整范围包括行政强制措施和行政强制执行两方面内容。考虑到有关行政机关对发生自然灾害、事故灾难、公共卫生事件或者社会安全事件等突发事件采取的应急措施或者临时措施；对金融业采取的审慎监管措施；对进出境货物采取的强制性技术监控措施，有其特殊性，需要适用特别规定，因此，草案明确规定，对上述几种措施，依照有关法律、行政法规规定执行。

三、关于行政强制的原则

行政强制涉及公民、法人的人身权、财产权，实施行政强制必须遵循一定的原则。草案规定了实施行政强制应当遵循的原则：1. 法定原则。"设定行政强制必须依照本法规定。""实施行政强制必须有法律、法规依据，依照本法规定的程序实施。未经法律、法规授权，任何机关或者组织不得实施行政强制。"2. 适当原则。"设定行政强制应当适当，兼顾公共利益和当事人的合法权益。""实施行政强制应当依照法定条件，正确适用法律、法规，选择适当的行政强制方式，以最小损害当事人的权益为限度。"3. 不得滥用原则。"行政强制措施不得滥用。实施非强制性管理措施可以达到行政管理目的，不得实施行政强制措施。"4. 和解原则。"实施行政强制执行，行政机关可以在不损害公共利益和他人利益的情况下，与当事人达成执行和解。"同时强调，实施行政强制措施应当听取当事人的陈述与申辩；实施行政强制执行，应当事先进行督促催告；实施行政强制必须严格依法进行，文明执法。

四、关于行政强制的方式

行政强制方式包括行政强制措施方式和行政强制执行方式。现行法律、法规规定的行政强制措施的方式较多。对繁杂多样的强制措施进行分类，有利于对行政强制的规范。草案将行政强制措施的方式分为：对公民人身自由的暂时性限制；对场所、设施或者财物的查封；对财物的扣押；对存款、汇款、有价证券等的冻结；法律规定的其他行政强制措施。将行政强制执行的方式分为：排除妨碍、恢复原状等义务的代履行；加处罚款或者滞纳金的执行罚；划拨存款、汇款、兑现有价证券；将查封、扣押的财物拍卖或者依法处理；法律规定的其他行政强制执行方式。

五、关于行政强制的设定权

根据依法行政的要求，应当对行政强制的设定权作出明确的规定。草案规定："行政强制由法律设定。""尚未制定法律，且属于国务院行政管理职权事项的，行政法规可以设定对涉嫌违法的场所、设施和财物的查封或者对涉嫌违法的财物的扣押的行政强制措施，以及除本法第十条第一项、第四项、第五项规定以外的其他行政强制措施。""不制定法律、行政法规，且属于地方性事务的，地方性法规可以设定对涉嫌违法的场所、设施和财物的查封或者涉嫌违法的财物的扣押的行政强制措施。"为保证法制统一，草案还规定："法律已经设定行政强制的，行政法规、地方性法规不得对法律规定的行政强制措施的对象、条件以及方式的范围作出扩大规定"。"已经制定了法律，但法律中没有设定行政强制的，行政法规、地方性法规不得增设行政强制。"对行政强制执行，草案规定："实施行政强制执行的行政机关由法律规定。""法律没有规定行政机关强制执行的，作出行政决定的行政机关应当申请人民法院强制执行。"

六、关于行政强制措施实施程序

行政强制措施的实施具有两大特点，即时性和强制性。即时性特点要求程序简便易行；强制性特点要求对行政强制行为必须有必要的程序控制。草案规定："行政机关履行行政管理职责，在制止违法行为、防止证据损毁、避免危害发生、控制危险扩大的情况下，可以依照法律、法规的规定，实施行政强制措施。"除此情况外，"行政机关不得实施行政强制措施。"草案还规定了现场实施强制措施的一般程序。

七、关于行政强制执行制度

我国现行的行政强制执行制度是，法律规定行政机关强制执行的，行政机关可以依法自己强制执行；法律没有规定行政机关强制执行的，作出行政决定的行政机关应当申请人民法院强制执行。行政强制法草案针对目前强制执行中存在的一些问题，对行政机关的强制执行和申请人民法院强制执行分别作出规定。

对依法有强制执行权的行政机关的强制执行，草案规定：行政机关依法作出行政决定后，当事人在行政机关决定的期限内不履行义务的，依照法律规定有强制执行权的行政机关可以依照本法第四章的规定予以强制执行；对没有行政强制执行权的行政机关应当申请人民法院强制执行。但是，在实施行政管理过程中已经采取查封、扣押行政强制措施的行政机关，可以将查封、扣押的财物依法拍卖抵缴罚款。

关于行政机关申请人民法院强制执行程序，草案对申请前的催告、申请要求、法院审查方式、审查期限、执行方式以及收费等均作出具体规定，明确人民法院对行政机关强制执行的申请进行书面审查。申请材料符合本法规定，且行政决定具有法定执行效力的，人民法院应当自受理之日起五日内作出执行裁定。"行政机关申请人民法院强制执行，不缴纳申请费。""强制执行的费用由被执行人承担。"

《中华人民共和国行政强制法（草案）》和以上说明是否妥当，请审议。

全国人民代表大会常务委员会
关于修改《中华人民共和国兵役法》的决定

（2011 年 10 月 29 日第十一届全国人民代表大会常务委员会第二十三次会议通过　2011 年 10 月 29 日中华人民共和国主席令第五十号公布　自 2011 年 10 月 29 日起施行）

第十一届全国人民代表大会常务委员会第二十三次会议决定对《中华人民共和国兵役法》作如下修改：

一、将第五条修改为："兵役分为现役和预备役。在中国人民解放军服现役的称现役军人；经过登记，预编到现役部队、编入预备役部队、编入民兵组织服预备役的或者以其他形式服预备役的，称预备役人员。"

二、将第六条修改为："现役军人和预备役人员，必须遵守宪法和法律，履行公民的义务，同时享有公民的权利；由于服兵役而产生的权利和义务，由本法和其他相关法律法规规定。"

三、将第七条第二款修改为："预备役人员必须按照规定参加军事训练、执行军事勤务，随时准备参军参战，保卫祖国。"

四、第十一条增加一款，作为第二款："县级以上地方各级人民政府组织兵役机关和有关部门组成征集工作机构，负责组织实施征集工作。"

五、将第十二条第一款修改为："每年十二月三十一日以前年满十八周岁的男性公民，应当被征集服现役。当年未被征集的，在二十二周岁以前仍可以被征集服现役，普通高等学校毕业生的征集年龄可以放宽至二十四周岁。"

第三款修改为："根据军队需要和本人自愿，可以征集当年十二月三十一日以前年满十七周岁未满十八周岁的公民服现役。"

六、将第十三条修改为："国家实行兵役登记制度。每年十二月三十一日以前年满十八周岁的男性公民，都应当在当年六月三十日以前，按照县、自治县、市、市辖区的兵役机关的安排，进行兵役登记。经兵役登记并初步审查合格的，称应征公民。"

七、增加一条，作为第十五条："在征集期间，应征公民被征集服现役，同时被机关、团体、企业事业单位招收录用或者聘用的，应当优先履行服兵役义务；有关机关、团体、企业事业单位应当服从国防和军队建设的需要，支持兵员征集工作。"

八、将第十五条改为第十六条，修改为："应征公民是维持家庭生活唯一劳动力的，可以缓征。"

九、将第十六条改为第十七条，修改为："应征公民正在被依法侦查、起诉、审判的或者被判处徒刑、拘役、管制正在服刑的，不征集。"

十、将第十七条改为第十八条，修改为："现役士兵包括义务兵役制士兵和志愿兵役制士兵，义务兵役制士兵称义务兵，志愿兵役制士兵称士官。"

十一、将第十九条改为第二十条，修改为："义务兵服现役期满，根据军队需要和本人自愿，经团级以上单位批准，可以改为士官。根据军队需要，可以直接从非军事部门具有专业技能的公民中招收士官。

"士官实行分级服现役制度。士官服现役的期限一般不超过三十年，年龄不超过五十五周岁。

"士官分级服现役的办法和直接从非军事部门招收士官的办法，由国务院、中央军事委员会规定。"

十二、将第二十条改为第二十一条，增加一款，作为第二款："士兵退出现役的时间为部队宣布退出现役命令之日。"

十三、将第二十一条改为第二十二条，第二款修改为："退出现役的士兵，由部队确定服预备役的，自退出现役之日起四十日内，到安置地的县、自治县、市、市辖区的兵役机关办理预备役登记。"

十四、将第二十二条改为第二十三条，修改为："依照本法第十三条规定经过兵役登记的应征公民，未被征集服现役的，办理士兵预备役登记。"

十五、将第二十三条改为第二十四条，修改为："士兵预备役的年龄，为十八周岁至三十五周岁，根据需要可以适当延长。具体办法由国务院、中央军事委员会规定。"

十六、将第二十四条改为第二十五条，第二款修改为："第一类士兵预备役包括下列人员：

"（一）预编到现役部队的预备役士兵；

"（二）编入预备役部队的预备役士兵；

"（三）经过预备役登记编入基干民兵组织的人员。"

第三款修改为："第二类士兵预备役包括下列人员：

"（一）经过预备役登记编入普通民兵组织的人员；

"（二）其他经过预备役登记确定服士兵预备役的人员。"

第四款修改为："预备役士兵达到服预备役最高年龄的，退出预备役。"

十七、将第二十五条改为第二十六条，修改为："现役军官由下列人员补充：

"（一）选拔优秀士兵和普通高中毕业生入军队院校学习毕业的学员；

"（二）选拔普通高等学校毕业的国防生和其他应届优秀毕业生；

"（三）直接提升具有普通高等学校本科以上学历表现优秀的士兵；

"（四）改任现役军官的文职干部；

"（五）招收军队以外的专业技术人员和其他人员。

"战时根据需要，可以从士兵、征召的预备役军官和非军事部门的人员中直接任命军官。"

十八、将第二十九条改为第三十条，第一款修改为："退出现役转入预备役的军官，退出现役确定服军官预备役的士兵，在到达安置地以后的三十日内，到当地县、自治县、市、市辖区的兵役机关办理预备役军官登记。"

第二款修改为："选拔担任预备役军官职务的专职人民武装干部、民兵干部、普通高等学校毕业生、非军事部门的人员，由工作单位或者户口所在地的县、自治县、市、市辖区的兵役机关报请上级军事机关批准并进行登记，服军官预备役。”

十九、将第三十一条改为第三十二条，修改为："学员完成学业考试合格的，由院校发给毕业证书，按照规定任命为现役军官、文职干部或者士官。"

二十、将第三十二条改为第三十三条，修改为："学员学完规定的科目，考试不合格的，由院校发给结业证书，回入学前户口所在地；就读期间其父母已办理户口迁移手续的，可以回父母现户口所在地，由县、自治县、市、市辖区的人民政府按照国家有关规定接收安置。"

二十一、将第三十三条改为第三十四条，修改为："学员因患慢性病或者其他原因不宜在军队院校继续学习，经批准退学的，由院校发给肄业证书，回入学前户口所在地；就读期间其父母已办理户口迁移手续的，可以回父母现户口所在地，由县、自治县、市、市辖区的人民政府按照国家有关规定接收安置。"

二十二、将第三十四条改为第三十五条，修改为："学员被开除学籍的，回入学前户口所在地；就读期间其父母已办理户口迁移手续的，可以回父母现户口所在地，由县、自治县、市、市辖区的人民政府按照国家有关规定办理。"

二十三、增加一条，作为第三十六条："军队根据国防建设的需要，可以依托普通高等学校招收、选拔培养国防生。国防生在校学习期间享受国防奖学金待遇，应当参加军事训练、政治教育，履行国防生培养协议规定的其他义务；毕业后应当履行培养协议到军队服现役，按照规定办理入伍手续，任命为现役军官或者文职干部。

"国防生在校学习期间，按照有关规定不宜继续作为国防生培养，但符合所在学校普通生培养要求的，经军队有关部门批准，可以转为普通生；被开除学籍或者作退学处理的，由所在学校按照国家有关规定办理。"

二十四、将第三十六条改为第三十八条，修改为："民兵是不脱产的群众武装组织，是中国人民解放军的助手和后备力量。

"民兵的任务是：

"（一）参加社会主义现代化建设；

"（二）执行战备勤务，参加防卫作战，抵抗侵略，保卫祖国；

"（三）为现役部队补充兵员；

"（四）协助维护社会秩序，参加抢险救灾。"

二十五、将第三十七条改为第三十九条，修改为："乡、民族乡、镇、街道和企业事业单位建立民兵组织。凡十八周岁至三十五周岁符合服兵役条件的男性公民，经所在地人民政府兵役机关确定编入民兵组织的，应当参加民兵组织。

"根据需要，可以吸收十八周岁以上的女性公民、三十五周岁以上的男性公民参加民兵组织。

"国家发布动员令后，动员范围内的民兵，不得脱离民兵组织；未经所在地的县、自治县、市、市辖区人民政府兵役机关批准，不得离开民兵组织所在地。"

二十六、将第三十八条改为第四十条，修改为："民兵组织分为基干民兵组织和普通民兵组织。基干民兵组织是民兵组织的骨干力量，主要由退出现役的士兵以及经过军事训练和选定参加军事训练或者具有专业技术特长的未服过现役的人员组成。基干民兵组织可以在一定区域内从若干单位抽选人员编组。普通民兵组织，由符合服兵役条件未参加基干民兵组织的公民按照地域或者单位编组。"

二十七、将第三十九条改为第四十一条，修改为："预备役士兵的军事训练，在现役部队、预备役部队、民兵组织中进行，或者采取其他组织形式进行。

"未服过现役预编到现役部队、编入预备役部队和编入基干民兵组织的预备役士兵，在十八周岁至二十四周岁期间，应当参加三十日至四十日的军事训练；其中专业技术兵的训练时间，按照实际需要确定。服过现役和受过军事训练的预备役士兵的复习训练，以及其他预备役士兵的军事训练，按照中央军事委员会的规定进行。"

二十八、将第四十条改为第四十二条，修改为："预备役军官在服预备役期间，应当参加三个月至六个月的军事训练；预编到现役部队和在预备役部队任职的，参加军事训练的时间可以适当延长。"

二十九、将第四十二条改为第四十四条，修改为："预备役人员参加军事训练、执行军事勤务的伙食、交通等补助费用按照国家有关规定执行。预备役人员是机关、团体、企业事业单位工作人员或者职工的，参加军事训练、执行军事勤务期间，其所在单位应当保持其原有的工资、奖金和福利待遇；其他预备役人员参加军事训练、执行军事勤务的误工补贴按照国家有关规定执行。"

三十、将第四十八条改为第五十条，第二项修改为："预备役人员、国防生随时准备应召服现役，在接到通知后，必须准时到指定的地点报到；"

第四项修改为："交通运输部门应当优先运送应召的预备役人员、国防生和返回部队的现役军人。"

三十一、将第四十九条改为第五十一条，修改为："战时根据需要，国务院和中央军事委员会可以决定征召三十六周岁至四十五周岁的男性公民服现役，可以决定延长公民服现役的期限。"

三十二、增加一条，作为第五十三条："国家保障现役军人享有与其履行职责相适应的待遇。现役军人的待遇应当与国民经济发展相协调，与社会进步相适应。

"军官实行职务军衔等级工资制，士官实行军衔级别工资制，义务兵享受供给制生活待遇。现役军人享受规定的津贴、补贴和奖励工资。国家建立军人工资的正常增长机制。

"现役军人享受规定的休假、疗养、医疗、住房等福利待遇。国家根据经济社会发展水平提高现役军人的福利待遇。

"国家实行军人保险制度，与社会保险制度相衔接。军人服现役期间，享受规定的军人保险待遇。军人退出现役后，按照国家有关规定接续养老、医疗、失业等社会保险关系，享受相应的社会保险待遇。现役军人配偶随军未就业期间，按照国家有关规定享受相应的保障待遇。"

三十三、增加一条，作为第五十四条："国家建立健全以扶持就业为主，自主就业、安排工作、退休、供养以及继续完成学业等多种方式相结合的士兵退出现役安置制度。"

三十四、增加一条，作为第五十五条："现役军人入伍前已被普通高等学校录取或者是正在普通高等学校就学的学生，服役期间保留入学资格或者学籍，退出现役后两年内允许入学或者复学，并按照国家有关规定享受奖学金、助学金和减免学费等优待；入学或者复学后参加国防生选拔、参加国家组织的农村基层服务项目人选选拔，以及毕业后参加军官人选选拔的，优先录取。

"义务兵和服现役不满十二年的士官入伍前是机关、团体、企业事业单位工作人员或者职工的，服役期间保留人事关系或者劳动关系；退出现役后可以选择复职复工。

"义务兵和士官服现役期间，入伍前依法取得的农村土地承包经营权，应当保留。"

三十五、将第五十一条改为第五十六条，修改为："现役军人，残疾军人，退出现役军人，烈士、因公牺牲、病故军人遗属，现役军人家属，应当受到社会的尊重，受到国家和社会的优待。军官、士官的家属随军、就业、工作调动以及子女教育，享受国家和社会的优待。"

三十六、将第五十二条、第五十三条、第五十七条改为第五十七条，修改为："现役军人因战、因公、因病致残的，按照国家规定评定残疾等级，发给残疾军人证，享受国家规定的待遇和残疾抚恤金。因工作需要继续服现役的残疾军人，由所在部队按照规定发给残疾抚恤金。

"现役军人因战、因公、因病致残的，按照国家规定的评定残疾等级采取安排工作、供养、退休等方式妥善安置。有劳动能力的退出现役的残疾军人，优先享受国家规定的残疾人就业优惠政策。

"残疾军人、患慢性病的军人退出现役后，由安置地的县级以上地方人民政府按照国务院、中央军事委员会的有关规定负责接收安置；其中，患过慢性病旧病复发需要治疗的，由当地医疗机构负责给予治疗，所需医疗和生活费用，本人经济困难的，按照国家规定给予补助。

"现役军人、残疾军人参观游览公园、博物馆、展览馆、名胜古迹享受优待；优先购票乘坐境内运行的火车、轮船、长途汽车以及民航班机；其中，残疾军人按照规定享受减收正常票价的优待，免费乘坐市内公共汽车、电车和轨道交通工具。义务兵从部队发出的平信，免费邮递。"

三十七、将第五十四条改为第五十八条，修改为："义务兵服现役期间，其家庭由当地人民政府给予优待，优待标准不低于当地平均生活水平，具体办法由省、自治区、直辖市人民政府规定。"

三十八、将第五十五条改为第五十九条，修改为："现役军人牺牲、病故，由国家发给其遗属一次性抚恤金；其遗属无固定收入，不能维持生活，或者符合国家规定的其他条件的，由国家另行发给定期抚恤金。"

三十九、将第五十六条改为第六十条，修改为："义务兵退出现役，按照国家规定发给退役金，由安置地的县级以上地方人民政府接收，根据当地的实际情况，可以发给经济补助。

"义务兵退出现役，安置地的县级以上地方人民政府应当组织其免费参加职业教育、技能培训，经考试考核合格的，发给相应的学历证书、职业资格证书并推荐就业。退出现役义务兵就业享受国家扶持优惠政策。

"义务兵退出现役，可以免试进入中等职业学校学习；报考普通高等学校以及接受成人教育的，享受加分以及其他优惠政策；在国家规定的年限内考入普通高等学校或者进入中等职业学校学习的，享受国家发给的助学金。

"义务兵退出现役，报考公务员、应聘事业单位职位的，在军队服现役经历视为基层工作经历，同等条件下应当优先录用或者聘用。

"服现役期间平时荣获二等功以上奖励或者战时荣获三等功以上奖励以及属于烈士子女和因战致残被评定为五级至八级残疾等级的义务兵退出现役，由安置地的县级以上地方人民政府安排工作；待安排工作期间由当地人民政府按照国家有关规定发给生活补助费；本人自愿选择自主就业的，依照本条第一款至第四款规定办理。

"国家根据经济社会发展水平，适时调整退役金的标准。退出现役士兵安置所需经费，由中央和地方各级人民政府共同负担。"

四十、将第五十八条改为第六十一条，修改为："士官退出现役，服现役不满十二年的，依照本法第六十条规定的办法安置。

"士官退出现役，服现役满十二年的，由安置地的县级以上地方人民政府安排工作；待安排工作期间由当地人民政府按照国家有关规定发给生活补助费；本人自愿选择自主就业的，依照本法第六十条第一款至第四款的规定办理。

"士官服现役满三十年或者年满五十五周岁的，作退休安置。

"士官在服现役期间因战、因公、因病致残丧失工作能力的，按照国家有关规定安置。"

四十一、增加一条，作为第六十二条："士兵退出现役安置的具体办法由国务院、中央军事委员会规定。"

四十二、将第五十九条改为第六十三条，修改为："军官退出现役，国家采取转业、复员、退休等办法予以妥善安置。作转业安置的，按照有关规定实行计划分配和自主择业相结合的方式安置；作复员安置的，按照有关规定由安置地人民政府接收安置，享受有关就业优惠政策；符合退休条件的，退出现役后按照有关规定作退休安置。

"军官在服现役期间因战、因公、因病致残丧失工作能力的，按照国家有关规定安置。"

四十三、增加一条，作为第六十四条："机关、团体、企业事业单位有接收安置退出现役军人的义务，在招收录用工作人员或者聘用职工时，同等条件下应当优先招收录用退出现役军人；对依照本法第六十条、第六十一条、第六十三条规定安排工作的退出现役军人，应当按照国家安置任务和要求做好落实工作。

"军人服现役年限计算为工龄，退出现役后与所在单位工作年限累计计算。

"国家鼓励和支持机关、团体、企业事业单位接收安置退出现役军人。接收安置单位按照国家规定享受税收优惠等政策。"

四十四、将第六十条改为第六十五条，修改为："民兵、预备役人员因参战、参加军事训练、执行军事勤务牺牲、致残的，学生因参加军事训练牺牲、致残的，由当地人民政府依照军人抚恤优待条例的有关规定给予抚恤优待。"

四十五、将第六十一条改为第六十六条，第一款第三项修改为："预备役人员拒绝、逃避参加军事训练、执行军事勤务和征召的。"

第二款修改为："有前款第二项行为，拒不改正的，不得录用为公务员或者参照公务员法管理的工作人员，两年内不得出国（境）或者升学。"

增加一款，作为第三款："国防生违反培养协议规定，不履行相应义务的，依法承担违约责任，根据情节，由所在学校作退学等处理；毕业后拒绝服现役的，依法承担违约责任，并依照本条第二款的规定处理。"

将第三款改为第四款，修改为："战时有本条第一款第二项、第三项或者第三款行为，构成犯罪的，依法追究刑事责任。"

四十六、将第六十二条改为第六十七条，增加一款，作为第二款："现役军人有前款行为被军队除名、开除军籍或者被依法追究刑事责任的，不得录用为公务员或者参照公务员法管理的工作人员，两年内不得出国（境）或者升学。"

四十七、将第六十三条改为第六十八条，修改为："机关、团体、企业事业单位拒绝完成本法规定的兵役工作任务的，阻挠公民履行兵役义务的，拒绝接收、安置退出现役军人的，或者有其他妨害兵役工作行为的，由县级以上地方人民政府责令改正，并可以处以罚款；对单位负有责任的领导人员、直接负责的主管人员和其他直接责任人员，依法予以处罚。"

四十八、增加一条，作为第七十一条："县级以上地方人民政府对违反本法的单位和个人的处罚，由县级以上地方人民政府兵役机关会同行政监察、公安、民政、卫生、教育、人力资源和社会保障等部门具体办理。"

四十九、将第六十七条改为第七十三条，修改为："中国人民解放军根据需要配备文职干部。本法有关军官的规定适用于文职干部。"

此外，将第五章章名修改为"军队院校从青年学生中招收的学员"；第八章章名修改为"普通高等学校和普通高中学生的军事训练"；第十章章名修改为"现役军人的待遇和退出现役的安置"；第十一章章名修改为"法律责任"；第二十六条、第四十三条、第四十四条、第四十六条中的"高等院校"修改为"普通高等学校"；第三十条中的"军事院校"修改为"军队院校"；第四十五条、第四十六条中的"高级中学"修改为"普通高中"；第四十五条中的"相当于高级中学的学校"修改为"中等职业学校"；第六十五条中的"行政处分"修改为"处分"，并对条文顺序作相应调整。

本决定自公布之日起施行。

《中华人民共和国兵役法》根据本决定作相应修改，重新公布。

中华人民共和国兵役法

(1984 年 5 月 31 日第六届全国人民代表大会第二次会议通过 1984 年 5 月 31 日中华人民共和国主席令第十四号公布 根据 1998 年 12 月 29 日第九届全国人民代表大会常务委员会第六次会议《关于修改〈中华人民共和国兵役法〉的决定》第一次修正 根据 2009 年 8 月 27 日第十一届全国人民代表大会常务委员会第十次会议《关于修改部分法律的决定》第二次修正 根据 2011 年 10 月 29 日第十一届全国人民代表大会常务委员会第二十三次会议《关于修改〈中华人民共和国兵役法〉的决定》第三次修正)

目　　录

第一章　总　　则

第一条　根据中华人民共和国宪法第五十五条"保卫祖国、抵抗侵略是中华人民共和国每一个公民的神圣职责。依照法律服兵役和参加民兵组织是中华人民共和国公民的光荣义务"和其他有关条款的规定，制定本法。

第二条　中华人民共和国实行义务兵与志愿兵相结合、民兵与预备役相结合的兵役制度。

第三条 中华人民共和国公民，不分民族、种族、职业、家庭出身、宗教信仰和教育程度，都有义务依照本法的规定服兵役。

有严重生理缺陷或者严重残疾不适合服兵役的人，免服兵役。

依照法律被剥夺政治权利的人，不得服兵役。

第四条 中华人民共和国的武装力量，由中国人民解放军、中国人民武装警察部队和民兵组成。

第五条 兵役分为现役和预备役。在中国人民解放军服现役的称现役军人；经过登记，预编到现役部队、编入预备役部队、编入民兵组织服预备役的或者以其他形式服预备役的，称预备役人员。

第六条 现役军人和预备役人员，必须遵守宪法和法律，履行公民的义务，同时享有公民的权利；由于服兵役而产生的权利和义务，由本法和其他相关法律法规规定。

第七条 现役军人必须遵守军队的条令和条例，忠于职守，随时为保卫祖国而战斗。

预备役人员必须按照规定参加军事训练、执行军事勤务，随时准备参军参战，保卫祖国。

第八条 现役军人和预备役人员建立功勋的，得授予勋章、奖章或者荣誉称号。

第九条 中国人民解放军实行军衔制度。

第十条 全国的兵役工作，在国务院、中央军事委员会领导下，由国防部负责。

各军区按照国防部赋予的任务，负责办理本区域的兵役工作。

省军区（卫戍区、警备区）、军分区（警备区）和县、自治县、市、市辖区的人民武装部，兼各该级人民政府的兵役机关，在上级军事机关和同级人民政府领导下，负责办理本区域的兵役工作。

机关、团体、企业事业单位和乡、民族乡、镇的人民政府，依照本法的规定完成兵役工作任务。兵役工作业务，在设有人民武装部的单位，由人民武装部办理；不设人民武装部的单位，确定一个部门办理。

第二章　平时征集

第十一条 全国每年征集服现役的人数、要求和时间，由国务院和中央军事委员会的命令规定。

县级以上地方各级人民政府组织兵役机关和有关部门组成征集工作机构，负责组织实施征集工作。

第十二条 每年十二月三十一日以前年满十八周岁的男性公民，应当被征集服现役。当年未被征集的，在二十二周岁以前仍可以被征集服现役，普通高等学校毕业生的征集年龄可以放宽至二十四周岁。

根据军队需要，可以按照前款规定征集女性公民服现役。

根据军队需要和本人自愿，可以征集当年十二月三十一日以前年满十七周岁未满十八周岁的公民服现役。

第十三条 国家实行兵役登记制度。每年十二月三十一日以前年满十八周岁的男性公民，都应当在当年六月三十日以前，按照县、自治县、市、市辖区的兵役机关的安排，进行兵役登记。经兵役登记并初步审查合格的，称应征公民。

第十四条 在征集期间，应征公民应当按照县、自治县、市、市辖区的兵役机关的通知，按时到指定的体格检查站进行体格检查。

应征公民符合服现役条件，并经县、自治县、市、市辖区的兵役机关批准的，被征集服现役。

第十五条 在征集期间，应征公民被征集服现役，同时被机关、团体、企业事业单位招收录用或者聘用的，应当优先履行服兵役义务；有关机关、团体、企业事业单位应当服从国防和军队建设的需要，支持兵员征集工作。

第十六条 应征公民是维持家庭生活唯一劳动力的，可以缓征。

第十七条 应征公民正在被依法侦查、起诉、审判的或者被判处徒刑、拘役、管制正在服刑的，不征集。

第三章　士兵的现役和预备役

第十八条 现役士兵包括义务兵役制士兵和志愿兵役制士兵，义务兵役制士兵称义务兵，志愿兵役制士兵称士官。

第十九条 义务兵服现役的期限为二年。

第二十条 义务兵服现役期满，根据军队需要和本人自愿，经团级以上单位批准，可以改为士官。根据军队需要，可以直接从非军事部门具有专业技能的公民中招收士官。

士官实行分级服现役制度。士官服现役的期限一般不超过三十年，年龄不超过五十五周岁。

士官分级服现役的办法和直接从非军事部门招收士官的办法，由国务院、中央军事委员会规定。

第二十一条 士兵服现役期满，应当退出现役。因军队编制员额缩减需要退出现役的，经军队医院诊断证明本人健康状况不适合继续服现役的，或者因其他特殊原因需要退出现役的，经师级以上机关批准，可以提前退出现役。

士兵退出现役的时间为部队宣布退出现役命令之日。

第二十二条 士兵退出现役时，符合预备役条件的，由部队确定服士兵预备役；经过考核，适合担任军官职务的，服军官预备役。

退出现役的士兵，由部队确定服预备役的，自退出现役之日起四十日内，到安置地的县、自治县、市、市辖区的兵役机关办理预备役登记。

第二十三条 依照本法第十三条规定经过兵役登记的应征公民，未被征集服现役的，办理士兵预备役登记。

第二十四条 士兵预备役的年龄，为十八周岁至三十五周岁，根据需要可以适当延长。具体办法由国务院、中央军事委员会规定。

第二十五条 士兵预备役分为第一类和第二类。

第一类士兵预备役包括下列人员：

（一）预编到现役部队的预备役士兵；

（二）编入预备役部队的预备役士兵；

（三）经过预备役登记编入基干民兵组织的人员。

第二类士兵预备役包括下列人员：

（一）经过预备役登记编入普通民兵组织的人员；

（二）其他经过预备役登记确定服士兵预备役的人员。

预备役士兵达到服预备役最高年龄的，退出预备役。

第四章 军官的现役和预备役

第二十六条 现役军官由下列人员补充：

（一）选拔优秀士兵和普通高中毕业生入军队院校学习毕业的学员；

（二）选拔普通高等学校毕业的国防生和其他应届优秀毕业生；

（三）直接提升具有普通高等学校本科以上学历表现优秀的士兵；

（四）改任现役军官的文职干部；

（五）招收军队以外的专业技术人员和其他人员。

战时根据需要，可以从士兵、征召的预备役军官和非军事部门的人员中直接任命军官。

第二十七条 预备役军官包括下列人员：

（一）退出现役转入预备役的军官；

（二）确定服军官预备役的退出现役的士兵；

（三）确定服军官预备役的普通高等学校毕业学生；

（四）确定服军官预备役的专职人民武装干部和民兵干部；

（五）确定服军官预备役的非军事部门的干部和专业技术人员。

第二十八条 军官服现役和服预备役的最高年龄由《中华人民共和国现役军官法》和《中华人民共和国预备役军官法》规定。

第二十九条 现役军官按照规定服已满最高年龄的，退出现役；未满最高年龄因特殊情况需要退出现役的，经批准可以退出现役。

军官退出现役时，符合服预备役条件的，转入军官预备役。

第三十条 退出现役转入预备役的军官，退出现役确定服军官预备役的士兵，在到达安置地以后的三十日内，到当地县、自治县、市、市辖区的兵役机关办理预备役军官登记。

选拔担任预备役军官职务的专职人民武装干部、民兵干部、普通高等学校毕业生、非军事部门的人员，由工作单位或者户口所在地的县、自治县、市、市辖区的兵役机关报请上级军事机关批准并进行登记，服军官预备役。

预备役军官按照规定服预备役已满最高年龄的，退出预备役。

第五章 军队院校从青年学生中招收的学员

第三十一条 根据军队建设的需要，军队院校可以从青年学生中招收学员。招收学员的年龄，不受征集服现役年龄的限制。

第三十二条 学员完成学业考试合格的，由院校发给毕业证书，按照规定任命为现役军官、文职干部或者士官。

第三十三条 学员学完规定的科目，考试不合格的，由院校发给结业证书，回入学前户口所在地；就读期间其父母已办理户口迁移手续的，可以回父母现户口所在地，由县、自治县、市、市辖区的人民政府按照国家有关规定接收安置。

第三十四条 学员因患慢性病或者其他原因不宜在军队院校继续学习，经批准退学的，由院校发给肄业证书，回入学前户口所在地；就读期间其父母已办理户口迁移手续的，可以回父母现户口所在地，由县、自治县、市、市辖区的人民政府按照国家有关规定接收安置。

第三十五条 学员被开除学籍的，回入学前户口所在地；就读期间其父母已办理户口迁移手续的，可以回父母现户口所在地，由县、自治县、市、市辖区的人民政府按照国家有关规定办理。

第三十六条 军队根据国防建设的需要，可以依托普通高等学校招收、选拔培养国防生。国防生在校学习期间享受国防奖学金待遇，应当参加军事训练、政治教育，履行国防生培养协议规定的其他义务；毕业后应当履行培养协议到军队服现役，按照规定办理入伍手续，任命为现役军官或者文职干部。

国防生在校学习期间，按照有关规定不宜继续作为国防生培养，但符合所在学校普通生培养要求的，经军队有关部门批准，可以转为普通生；被开除学籍或者作退学处理的，由所在学校按照国家有关规定办理。

第三十七条　本法第三十二条、第三十三条、第三十四条、第三十五条的规定，也适用于从现役士兵中招收的学员。

第六章　民　　兵

第三十八条　民兵是不脱产的群众武装组织，是中国人民解放军的助手和后备力量。

民兵的任务是：

（一）参加社会主义现代化建设；

（二）执行战备勤务，参加防卫作战，抵抗侵略，保卫祖国；

（三）为现役部队补充兵员；

（四）协助维护社会秩序，参加抢险救灾。

第三十九条　乡、民族乡、镇、街道和企业事业单位建立民兵组织。凡十八周岁至三十五周岁符合服兵役条件的男性公民，经所在地人民政府兵役机关确定编入民兵组织的，应当参加民兵组织。

根据需要，可以吸收十八周岁以上的女性公民、三十五周岁以上的男性公民参加民兵组织。

国家发布动员令后，动员范围内的民兵，不得脱离民兵组织；未经所在地的县、自治县、市、市辖区人民政府兵役机关批准，不得离开民兵组织所在地。

第四十条　民兵组织分为基干民兵组织和普通民兵组织。基干民兵组织是民兵组织的骨干力量，主要由退出现役的士兵以及经过军事训练和选定参加军事训练或者具有专业技术特长的未服过现役的人员组成。基干民兵组织可以在一定区域内从若干单位抽选人员编组。普通民兵组织，由符合服兵役条件未参加基干民兵组织的公民按照地域或者单位编组。

第七章　预备役人员的军事训练

第四十一条　预备役士兵的军事训练，在现役部队、预备役部队、民兵组织中进行，或者采取其他组织形式进行。

未服过现役预到现役部队、编入预备役部队和编入基干民兵组织的预备役士兵，在十八周岁至二十四周岁期间，应当参加三十日至四十日的军事训练；其中专业技术兵的训练时间，按照实际需要确定。服过现役和受过军事训练的预备役士兵的复习训练，以及其他预备役士兵的军事训练，按照中央军事委员会的规定进行。

第四十二条　预备役军官在服预备役期间，应当参加三个月至六个月的军事训练；预编到现役部队和在预备役部队任职的，参加军事训练的时间可以适当延长。

第四十三条　国务院和中央军事委员会在必要的时候，可以决定预备役人员参加应急训练。

第四十四条　预备役人员参加军事训练、执行军事勤务的伙食、交通等补助费用按照国家有关规定执行。预备役人员是机关、团体、企业事业单位工作人员或者职工的，参加军事训练、执行军事勤务期间，其所在单位应当保持其原有的工资、奖金和福利待遇；其他预备役人员参加军事训练、执行军事勤务的误工补贴按照国家有关规定执行。

第八章　普通高等学校和普通高中学生的军事训练

第四十五条　普通高等学校的学生在就学期间，必须接受基本军事训练。

根据国防建设的需要，对适合担任军官职务的学生，再进行短期集中训练，考核合格的，经军事机关批准，服军官预备役。

第四十六条　普通高等学校设军事训练机构，配备军事教员，组织实施学生的军事训练。

第四十五条第二款规定的培养预备役军官的短期集中训练，由军事部门派出现役军官与普通高等学校军事训练机构共同组织实施。

第四十七条　普通高中和中等职业学校，配备军事教员，对学生实施军事训练。

第四十八条　普通高等学校和普通高中学生的军事训练，由教育部、国防部负责。教育部门和军事部门设学生军事训练的工作机构或者配备专人，承办学生军事训练工作。

第九章　战时兵员动员

第四十九条　为了对付敌人的突然袭击，抵抗侵略，各级人民政府、各级军事机关，在平时必须做好战时兵员动员的准备工作。

第五十条　在国家发布动员令以后，各级人民政府、各级军事机关，必须迅速实施动员：

（一）现役军人停止退出现役，休假、探亲的军人必须立即归队；

（二）预备役人员、国防生随时准备应召服现役，在接到通知后，必须准时到指定的地点报到；

（三）机关、团体、企业事业单位和乡、民族乡、镇的人民政府负责人，必须组织本单位被征召的预备役人员，按照规定的时间、地点报到；

（四）交通运输部门应当优先运送应召的预备役人员、国防生和返回部队的现役军人。

第五十一条　战时根据需要，国务院和中央军事委员会可以决定征召三十六周岁至四十五周岁的男性公民服现役，可以决定延长公民服现役的期限。

第五十二条　战争结束后，需要复员的现役军人，根据国务院和中央军事委员会的复员命令，分期分批地退出现役，由各级人民政府妥善安置。

第十章　现役军人的待遇和退出现役的安置

第五十三条　国家保障现役军人享有与其履行职责相适应的待遇。现役军人的待遇应当与国民经济发展相协调，与社会进步相适应。

军官实行职务军衔等级工资制，士官实行军衔级别工资制，义务兵享受供给制生活待遇。现役军人享受规定的津贴、补贴和奖励工资。国家建立军人工资的正常增长机制。

现役军人享受规定的休假、疗养、医疗、住房等福利待遇。国家根据经济社会发展水平提高现役军人的福利待遇。

国家实行军人保险制度，与社会保险制度相衔接。军人服现役期间，享受规定的军人保险待遇。军人退出现役后，按照国家有关规定接续养老、医疗、失业等社会保险关系，享受相应的社会保险待遇。现役军人配偶随军未就业期间，按照国家有关规定享受相应的保障待遇。

第五十四条　国家建立健全以扶持就业为主，自主就业、安排工作、退休、供养以及继续完成学业等多种方式相结合的士兵退出现役安置制度。

第五十五条　现役军人入伍前已被普通高等学校录取或者是正在普通高等学校就学的学生，服役期间保留入学资格或者学籍，退出现役后两年内允许入学或者复学，并按照国家有关规定享受奖学金、助学金和减免学费等优待；入学或者复学后参加国防生选拔、参加国家组织的农村基层服务项目人选选拔，以及毕业后参加军官人选选拔的，优先录取。

义务兵和服现役不满十二年的士官入伍前是机关、团体、企业事业单位工作人员或者职工的，服役期间保留人事关系或者劳动关系；退出现役后可以选择复职复工。

义务兵和士官服现役期间，入伍前依法取得的农村土地承包经营权，应当保留。

第五十六条 现役军人，残疾军人，退出现役军人，烈士、因公牺牲、病故军人遗属，现役军人家属，应当受到社会的尊重，受到国家和社会的优待。军官、士官的家属随军、就业、工作调动以及子女教育，享受国家和社会的优待。

第五十七条 现役军人因战、因公、因病致残的，按照国家规定评定残疾等级，发给残疾军人证，享受国家规定的待遇和残疾抚恤金。因工作需要继续服现役的残疾军人，由所在部队按照规定发给残疾抚恤金。

现役军人因战、因公、因病致残的，按照国家规定的评定残疾等级采取安排工作、供养、退休等方式妥善安置。有劳动能力的退出现役的残疾军人，优先享受国家规定的残疾人就业优惠政策。

残疾军人、患慢性病的军人退出现役后，由安置地的县级以上地方人民政府按照国务院、中央军事委员会的有关规定负责接收安置；其中，患过慢性病旧病复发需要治疗的，由当地医疗机构负责给予治疗，所需医疗和生活费用，本人经济困难的，按照国家规定给予补助。

现役军人、残疾军人参观游览公园、博物馆、展览馆、名胜古迹享受优待；优先购票乘坐境内运行的火车、轮船、长途汽车以及民航班机；其中，残疾军人按照规定享受减收正常票价的优待，免费乘坐市内公共汽车、电车和轨道交通工具。义务兵从部队发出的平信，免费邮递。

第五十八条 义务兵服现役期间，其家庭由当地人民政府给予优待，优待标准不低于当地平均生活水平，具体办法由省、自治区、直辖市人民政府规定。

第五十九条 现役军人牺牲、病故，由国家发给其遗属一次性抚恤金；其遗属无固定收入，不能维持生活，或者符合国家规定的其他条件的，由国家另行发给定期抚恤金。

第六十条 义务兵退出现役，按照国家规定发给退役金，由安置地的县级以上地方人民政府接收，根据当地的实际情况，可以发给经济补助。

义务兵退出现役，安置地的县级以上地方人民政府应当组织其免费参加职业教育、技能培训，经考试考核合格的，发给相应的学历证书、职业资格证书并推荐就业。退出现役义务兵就业享受国家扶持优惠政策。

义务兵退出现役，可以免试进入中等职业学校学习；报考普通高等学校以及接受成人教育的，享受加分以及其他优惠政策；在国家规定的年限内考入普通高等学校或者进入中等职业学校学习的，享受国家发给的助学金。

义务兵退出现役，报考公务员、应聘事业单位职位的，在军队服现役经历视为基层工作经历，同等条件下应当优先录用或者聘用。

服现役期间平时荣获二等功以上奖励或者战时荣获三等功以上奖励以及属于烈士子女和因战致残被评定为五级至八级残疾等级的义务兵退出现役，由安置地的县级以上地方人民政府安排工作；待安排工作期间由当地人民政府按照国家有关规定发给生活补助费；本人自愿选择自主就业的，依照本条第一款至第四款规定办理。

国家根据经济社会发展水平，适时调整退役金的标准。退出现役士兵安置所需经费，由中央和地方各级人民政府共同负担。

第六十一条　士官退出现役，服现役不满十二年的，依照本法第六十条规定的办法安置。

士官退出现役，服现役满十二年的，由安置地的县级以上地方人民政府安排工作；待安排工作期间由当地人民政府按照国家有关规定发给生活补助费；本人自愿选择自主就业的，依照本法第六十条第一款至第四款的规定办理。

士官服现役满三十年或者年满五十五周岁的，作退休安置。

士官在服现役期间因战、因公、因病致残丧失工作能力的，按照国家有关规定安置。

第六十二条　士兵退出现役安置的具体办法由国务院、中央军事委员会规定。

第六十三条　军官退出现役，国家采取转业、复员、退休等办法予以妥善安置。作转业安置的，按照有关规定实行计划分配和自主择业相结合的方式安置；作复员安置的，按照有关规定由安置地人民政府接收安置，享受有关就业优惠政策；符合退休条件的，退出现役后按照有关规定作退休安置。

军官在服现役期间因战、因公、因病致残丧失工作能力的，按照国家有关规定安置。

第六十四条　机关、团体、企业事业单位有接收安置退出现役军人的义务，在招收录用工作人员或者聘用职工时，同等条件下应当优先招收录用退出现役军人；对依照本法第六十条、第六十一条、第六十三条规定安排工作的退出现役军人，应当按照国家安置任务和要求做好落实工作。

军人服现役年限计算为工龄，退出现役后与所在单位工作年限累计计算。

国家鼓励和支持机关、团体、企业事业单位接收安置退出现役军人。接收安置单位按照国家规定享受税收优惠等政策。

第六十五条　民兵、预备役人员因参战、参加军事训练、执行军事勤务牺牲、致残的，学生因参加军事训练牺牲、致残的，由当地人民政府依照军人抚恤优待条例的有关规定给予抚恤优待。

第十一章　法律责任

第六十六条　有服兵役义务的公民有下列行为之一的，由县级人民政府责令限期改正；逾期不改的，由县级人民政府强制其履行兵役义务，并可以处以罚款：

（一）拒绝、逃避兵役登记和体格检查的；

（二）应征公民拒绝、逃避征集的；

（三）预备役人员拒绝、逃避参加军事训练、执行军事勤务和征召的。

有前款第二项行为，拒不改正的，不得录用为公务员或者参照公务员法管理的工作人员，两年内不得出国（境）或者升学。

国防生违反培养协议规定，不履行相应义务的，依法承担违约责任，根据情节，由所在学校作退学等处理；毕业后拒绝服现役的，依法承担违约责任，并依照本条第二款的规定处理。

战时有本条第一款第二项、第三项或者第三款行为，构成犯罪的，依法追究刑事责任。

第六十七条　现役军人以逃避服兵役为目的，拒绝履行职责或者逃离部队的，按照中央军事委员会的规定给予处分；构成犯罪的，依法追究刑事责任。

现役军人有前款行为被军队除名、开除军籍或者被依法追究刑事责任的，不得录用为公务员或者参照公务员法管理的工作人员，两年内不得出国（境）或者升学。

明知是逃离部队的军人而雇用的，由县级人民政府责令改正，并处以罚款；构成犯罪的，依法追究刑事责任。

第六十八条　机关、团体、企业事业单位拒绝完成本法规定的兵役工作任务的，阻挠公民履行兵役义务的，拒绝接收、安置退出现役军人的，或者有其他妨害兵役工作行为的，由县级以上地方人民政府责令改正，并可以处以罚款；对单位负有责任的领导人员、直接负责的主管人员和其他直接责任人员，依法予以处罚。

第六十九条　扰乱兵役工作秩序，或者阻碍兵役工作人员依法执行职务的，依照治安管理处罚法的规定给予处罚；使用暴力、威胁方法，构成犯罪的，依法追究刑事责任。

第七十条　国家工作人员和军人在兵役工作中，有下列行为之一，构成犯罪的，依法追究刑事责任；尚不构成犯罪的，给予处分：

（一）收受贿赂的；

（二）滥用职权或者玩忽职守的；

（三）徇私舞弊，接送不合格兵员的。

第七十一条　县级以上地方人民政府对违反本法的单位和个人的处罚，由县级以上地方人民政府兵役机关会同行政监察、公安、民政、卫生、教育、人力资源和社会保障等部门具体办理。

第十二章　附　　则

第七十二条　本法适用于中国人民武装警察部队。

第七十三条　中国人民解放军根据需要配备文职干部。本法有关军官的规定适用于文职干部。

第七十四条　本法自 1984 年 10 月 1 日起施行。

全国人民代表大会常务委员会关于修改
《中华人民共和国居民身份证法》的决定

（2011 年 10 月 29 日第十一届全国人民代表大会常务委员
会第二十三次会议通过　2011 年 10 月 29 日中华人民共和
国主席令第五十一号公布　自 2012 年 1 月 1 日起施行）

第十一届全国人民代表大会常务委员会第二十三次会议决定对《中华人民共和国居民身份证法》作如下修改：

一、将第三条第一款修改为："居民身份证登记的项目包括：姓名、性别、民族、出生日期、常住户口所在地住址、公民身份号码、本人相片、指纹信息、证件的有效期和签发机关。"

第三条增加一款，作为第三款："公民申请领取、换领、补领居民身份证，应当登记指纹信息。"

二、将第十一条第一款修改为："国家决定换发新一代居民身份证、居民身份证有效期满、公民姓名变更或者证件严重损坏不能辨认的，公民应当换领新证；居民身份证登记项目出现错误的，公安机关应当及时更正，换发新证；领取新证时，必须交回原证。居民身份证丢失的，应当申请补领。"

三、第十三条增加一款，作为第二款："有关单位及其工作人员对履行职责或者提供服务过程中获得的居民身份证记载的公民个人信息，应当予以保密。"

四、第十五条第一款增加一项，作为第四项："（四）在火车站、长途汽车站、港口、码头、机场或者在重大活动期间设区的市级人民政府规定的场所，需要查明有关人员身份的。"

五、增加一条，作为第十九条："国家机关或者金融、电信、交通、教育、医疗等单位的工作人员泄露在履行职责或者提供服务过程中获得的居民身份证记载的公民个人信息，构成犯罪的，依法追究刑事责任；尚不构成犯罪的，由公安机关处十日以上十五日以下拘留，并处五千元罚款，有违法所得的，没收违法所得。

"单位有前款行为，构成犯罪的，依法追究刑事责任；尚不构成犯罪的，由公安机关对其直接负责的主管人员和其他直接责任人员，处十日以上十五日以下拘留，并处十万元以上五十万元以下罚款，有违法所得的，没收违法所得。

"有前两款行为，对他人造成损害的，依法承担民事责任。"

六、将第二十二条改为第二十三条，第二款修改为："依照《中华人民共和国居民身份证条例》领取的居民身份证，自 2013 年 1 月 1 日起停止使用。依照本法在 2012 年 1 月 1 日以前领取的居民身份证，在其有效期内，继续有效。"

增加一款，作为第三款："国家决定换发新一代居民身份证后，原居民身份证的停止使用日期由国务院决定。"

本决定自 2012 年 1 月 1 日起施行。

《中华人民共和国居民身份证法》根据本决定作相应修改，重新公布。

中华人民共和国居民身份证法

(2003 年 6 月 28 日第十届全国人民代表大会常务委员会
第三次会议通过 根据 2011 年 10 月 29 日第十一届全国
人民代表大会常务委员会第二十三次会议《关于修改
〈中华人民共和国居民身份证法〉的决定》修正)

目 录

第一章 总 则

第一条 为了证明居住在中华人民共和国境内的公民的身份,保障公民的合法权益,便利公民进行社会活动,维护社会秩序,制定本法。

第二条 居住在中华人民共和国境内的年满十六周岁的中国公民,应当依照本法的规定申请领取居民身份证;未满十六周岁的中国公民,可以依照本法的规定申请领取居民身份证。

第三条 居民身份证登记的项目包括:姓名、性别、民族、出生日期、常住户口所在地住址、公民身份号码、本人相片、指纹信息、证件的有效期和签发机关。

公民身份号码是每个公民唯一的、终身不变的身份代码,由公安机关按照公民身份号码国家标准编制。

公民申请领取、换领、补领居民身份证,应当登记指纹信息。

第四条 居民身份证使用规范汉字和符合国家标准的数字符号填写。

民族自治地方的自治机关根据本地区的实际情况,对居民身份证用汉字登记的内容,可以决定同时使用实行区域自治的民族的文字或者选用一种当地通用的文字。

第五条 十六周岁以上公民的居民身份证的有效期为十年、二十年、长期。十六周岁至二十五周岁的,发给有效期十年的居民身份证;二十六周岁至四十五周岁的,发给有效期二十年的居民身份证;四十六周岁以上的,发给长期有效的居民身份证。

未满十六周岁的公民,自愿申请领取居民身份证的,发给有效期五年的居民身份证。

第六条 居民身份证式样由国务院公安部门制定。居民身份证由公安机关统一制作、发放。

居民身份证具备视读与机读两种功能,视读、机读的内容限于本法第三条第一款规定的项目。

公安机关及其人民警察对因制作、发放、查验、扣押居民身份证而知悉的公民的个人信息,应当予以保密。

第二章 申领和发放

第七条 公民应当自年满十六周岁之日起三个月内,向常住户口所在地的公安机关申请领取居民身份证。

未满十六周岁的公民,由监护人代为申请领取居民身份证。

第八条 居民身份证由居民常住户口所在地的县级人民政府公安机关签发。

第九条 香港同胞、澳门同胞、台湾同胞迁入内地定居的,华侨回国定居的,以及外国人、无国籍人在中华人民共和国境内定居并被批准加入或者恢复中华人民共和国国籍的,在办理常住户口登记时,应当依照本法规定申请领取居民身份证。

第十条 申请领取居民身份证,应当填写《居民身份证申领登记表》,交验居民户口簿。

第十一条 国家决定换发新一代居民身份证、居民身份证有效期满、公民姓名变更或者证件严重损坏不能辨认的,公民应当换领新证;居民身份证登记项目出现错误的,公安机关应当及时更正,换发新证;领取新证时,必须交回原证。居民身份证丢失的,应当申请补领。

未满十六周岁公民的居民身份证有前款情形的,可以申请换领、换发或者补领新证。

公民办理常住户口迁移手续时,公安机关应当在居民身份证的机读项目中记载公民常住户口所在地址变动的情况,并告知本人。

第十二条 公民申请领取、换领、补领居民身份证,公安机关应当按照规定及时予以办理。公安机关应当自公民提交《居民身份证申领登记表》之日起六十日内发放居民身份证;交通不便的地区,办理时间可以适当延长,但延长的时间不得超过三十日。

公民在申请领取、换领、补领居民身份证期间，急需使用居民身份证的，可以申请领取临时居民身份证，公安机关应当按照规定及时予以办理。具体办法由国务院公安部门规定。

第三章　使用和查验

第十三条　公民从事有关活动，需要证明身份的，有权使用居民身份证证明身份，有关单位及其工作人员不得拒绝。

有关单位及其工作人员对履行职责或者提供服务过程中获得的居民身份证记载的公民个人信息，应当予以保密。

第十四条　有下列情形之一的，公民应当出示居民身份证证明身份：

（一）常住户口登记项目变更；

（二）兵役登记；

（三）婚姻登记、收养登记；

（四）申请办理出境手续；

（五）法律、行政法规规定需要用居民身份证证明身份的其他情形。

依照本法规定未取得居民身份证的公民，从事前款规定的有关活动，可以使用符合国家规定的其他证明方式证明身份。

第十五条　人民警察依法执行职务，遇有下列情形之一的，经出示执法证件，可以查验居民身份证：

（一）对有违法犯罪嫌疑的人员，需要查明身份的；

（二）依法实施现场管制时，需要查明有关人员身份的；

（三）发生严重危害社会治安突发事件时，需要查明现场有关人员身份的；

（四）在火车站、长途汽车站、港口、码头、机场或者在重大活动期间设区的市级人民政府规定的场所，需要查明有关人员身份的；

（五）法律规定需要查明身份的其他情形。

有前款所列情形之一，拒绝人民警察查验居民身份证的，依照有关法律规定，分别不同情形，采取措施予以处理。

任何组织或者个人不得扣押居民身份证。但是，公安机关依照《中华人民共和国刑事诉讼法》执行监视居住强制措施的情形除外。

第四章　法律责任

第十六条　有下列行为之一的，由公安机关给予警告，并处二百元以下罚款，有违法所得的，没收违法所得：

（一）使用虚假证明材料骗领居民身份证的；

（二）出租、出借、转让居民身份证的；

（三）非法扣押他人居民身份证的。

第十七条　有下列行为之一的，由公安机关处二百元以上一千元以下罚款，或者处十日以下拘留，有违法所得的，没收违法所得：

（一）冒用他人居民身份证或者使用骗领的居民身份证的；

（二）购买、出售、使用伪造、变造的居民身份证的。

伪造、变造的居民身份证和骗领的居民身份证，由公安机关予以收缴。

第十八条　伪造、变造居民身份证的，依法追究刑事责任。

有本法第十六条、第十七条所列行为之一，从事犯罪活动的，依法追究刑事责任。

第十九条　国家机关或者金融、电信、交通、教育、医疗等单位的工作人员泄露在履行职责或者提供服务过程中获得的居民身份证记载的公民个人信息，构成犯罪的，依法追究刑事责任；尚不构成犯罪的，由公安机关处十日以上十五日以下拘留，并处五千元罚款，有违法所得的，没收违法所得。

单位有前款行为，构成犯罪的，依法追究刑事责任；尚不构成犯罪的，由公安机关对其直接负责的主管人员和其他直接责任人员，处十日以上十五日以下拘留，并处十万元以上五十万元以下罚款，有违法所得的，没收违法所得。

有前两款行为，对他人造成损害的，依法承担民事责任。

第二十条　人民警察有下列行为之一的，根据情节轻重，依法给予行政处分；构成犯罪的，依法追究刑事责任：

（一）利用制作、发放、查验居民身份证的便利，收受他人财物或者谋取其他利益的；

（二）非法变更公民身份号码，或者在居民身份证上登载本法第三条第一款规定项目以外的信息或者故意登载虚假信息的；

（三）无正当理由不在法定期限内发放居民身份证的；

（四）违反规定查验、扣押居民身份证，侵害公民合法权益的；

（五）泄露因制作、发放、查验、扣押居民身份证而知悉的公民个人信息，侵害公民合法权益的。

第五章　附　　则

第二十一条　公民申请领取、换领、补领居民身份证，应当缴纳证件工本费。居民身份证工本费标准，由国务院价格主管部门会同国务院财政部门核定。

对城市中领取最低生活保障金的居民、农村中有特殊生活困难的居民，在其初次申请领取和换领居民身份证时，免收工本费。对其他生活确有困难的居民，在其初次申请领取和换领居民身份证时，可以减收工本费。免收和减收工本费的具体办法，由国务院财政部门会同国务院价格主管部门规定。

公安机关收取的居民身份证工本费，全部上缴国库。

第二十二条 现役的人民解放军军人、人民武装警察申请领取和发放居民身份证的具体办法，由国务院和中央军事委员会另行规定。

第二十三条 本法自 2004 年 1 月 1 日起施行，《中华人民共和国居民身份证条例》同时废止。

依照《中华人民共和国居民身份证条例》领取的居民身份证，自 2013 年 1 月 1 日起停止使用。依照本法在 2012 年 1 月 1 日以前领取的居民身份证，在其有效期内，继续有效。

国家决定换发新一代居民身份证后，原居民身份证的停止使用日期由国务院决定。

关于《中华人民共和国居民
身份证法修正案（草案）》的说明

——2011 年 10 月 24 日在第十一届全国人民代表
大会常务委员会第二十三次会议上

公安部副部长　杨焕宁

全国人民代表大会常务委员会：

我受国务院的委托，现对《中华人民共和国居民身份证法修正案（草案）》作说明。

《中华人民共和国居民身份证法》自 2004 年实施以来，为证明公民的身份、保障公民合法权益、便利公民进行社会活动发挥了重要作用。为了进一步提高居民身份证的防伪性能，夯实社会管理的人口信息基础，需要尽快结束第一代居民身份证与第二代居民身份证同时并用的局面，在第二代居民身份证的登记项目中加入指纹信息并确保公民个人信息安全，同时，需要完善人民警察依法查验居民身份证的规定。为了从制度上解决上述问题，公安部起草了《中华人民共和国居民身份证法修正案（送审稿）》报送国务院审议。在此基础上，国务院法制办会同公安部共同研究，形成了《中华人民共和国居民身份证法修正案（草案）》（以下简称草案），并征求了中央有关单位和地方人民政府的意见。目前草案已经国务院第172次常务会议讨论通过。现将草案的主要内容说明如下：

一、关于明确第一代居民身份证废止期限

2004年居民身份证法实施以来，公安部组织开展了集中换发第二代居民身份证（以下简称二代证）工作。到2010年末，全国已有10.4亿人领取了二代证。但是，根据居民身份证法的规定，公民依照《中华人民共和国居民身份证条例》领取的第一代居民身份证（以下简称一代证），在其有效期内可以继续使用，形成了一代证、二代证并用的局面。由于当时技术条件所限，一代证防伪性能差，容易被伪造，由此引发的非法制售、使用一代证违法犯罪问题较为突出。对此，社会各界不断呼吁停止使用一代证，以充分发挥二代证的管理效能和社会效益。

目前，全国持有一代证尚未换领二代证的公民人数已很少。为尽快改变一代证、二代证并用的局面，同时给尚未换证的群众留有充足时间换领二代证，按照草案年内公布施行的工作安排，草案将居民身份证法第二十二条第二款修改为：依照《中华人民共和国居民身份证条例》领取的居民身份证，自2013年1月1日起停止使用。同时，考虑到我国经济社会的快速发展以及证件管理技术的不断更新，为了避免每换一次新证就要修改一次法律，草案在居民身份证法第二十二条增加一款作为第三款，规定：国家决定换发新一代居民身份证，原居民身份证的停止使用日期由国务院决定。

二、关于在居民身份证登记项目中增加指纹信息

在居民身份证中加入指纹信息，国家机关以及金融、电信、交通、教育、医疗等单位可以通过机读快速、准确地进行人证同一性认定，有助于维护国家安全和社会稳定，有利于提高工作效率，有效防范冒用他人居民身份证以及伪造、变造居民身份证等违法犯罪行为的发生，并在金融机构清理问题账户、落实存款实名制等方面发挥重要作用。需要说明的是，在居民身份证中登记的指纹信息，是数字化的指纹特征点，不能被还原成指纹图像，能够有效保护公民的指纹信息安全。二代证中使用的专用芯片在设计定型时已经预留了指纹信息储存区，增加指纹信息不必更换证件式样和芯片。

随着经济社会的发展，指纹等人体生物特征信息被越来越广泛地应用于身份证件中。目前，世界上100多个实行身份证制度的国家和地区中，有 56 个在证件中加入指纹信息，主要有：韩国、印度、马来西亚、新加坡、西班牙、荷兰、葡萄牙、巴西、阿根廷、哥伦比亚、南非、肯尼亚等。此外，在美国、加拿大、澳大利亚等没有全国统一身份证的国家，有些州（省）规定在社保卡、驾照等证件中加入指纹信息。目前，我国社会各界对在居民身份证件中加入指纹信息的认识也逐渐趋于一致。

经过反复研究论证，并借鉴其他国家和地区的成功经验，草案在居民身份证法第三条第一款规定的居民身份证登记内容中增加了指纹信息项目，在居民身份证法第三条中增加一款作为第三款：公民申请领取、换领、补领居民身份证的，应当登记指纹信息。

为了进一步规范居民身份证的换领，草案将居民身份证法第十一条第一款修改为：国家决定换发新一代居民身份证、居民身份证有效期满、居民身份证登记项目信息变更或者证件严重损坏不能辨认的，应当申请换领新证；居民身份证登记项目出现错误的，公安机关应当及时更正，换发新证；领取新证时，必须交回原证。居民身份证丢失的，应当申请补领。

根据上述规定，对已经领取居民身份证的公民登记指纹信息可以通过换领、补领居民身份证逐步实现，无需大规模集中采集指纹信息。同时，国家机关以及金融、电信、交通、教育、医疗等单位也可以通过为登记指纹信息的持证人提供更加快速、便捷的服务等方式，引导、鼓励公民自愿登记指纹信息，缩短居民身份证登记指纹信息的周期。

三、关于公民个人信息的安全保护

为了防止公民的指纹等个人信息被非法泄露，依法保护公民的合法权益，需要进一步严格保密义务和保密责任。为此，草案在居民身份证法第十三条中增加一款，作为第二款：有关单位及其工作人员对履行职责或者提供服务过程中获得的公民个人信息，应当予以保密。同时，相应地在第四章"法律责任"增加一条，作为第十九条：国家机关或者金融、电信、交通、教育、医疗等单位的工作人员泄露在履行职责或者提供服务过程中获得的公民个人信息，构成犯罪的，依法追究刑事责任；尚不构成犯罪的，由公安机关处十日以上十五日以下拘留，有违法所得的，没收违法所得，并处五千元罚款。单位有前款行为，构成犯罪的，依法追究刑事责任；尚不构成犯罪的，由公安机关对其直接负责的主管人员和其他直接责任人员，处十日以上十五日以下拘留，单位有违法所得的，没收违法所得，并处十万元以上五十万元以下罚款。

四、关于人民警察查验居民身份证的情形

居民身份证法对人民警察依法执行职务查验居民身份证的情形作出了规定，为公安机关及时、准确确认公民身份，有效维护公共秩序和社会治安发挥了积极作用。但从基层执法实践看，居民身份证法规定的四种查验情形范围过窄，难以适应当前公共安全的复杂形势。为了有效维护公共安全和社会管理秩序，草案在居民身份证法第十五条第一款中增加了一种人民警察依法执行职务可以查验居民身份证的情形：在火车站、长途汽车站、港口、码头、机场或者在重大活动期间设区的市级人民政府规定的场所，需要查明有关人员身份的。

《中华人民共和国居民身份证法修正案（草案）》和以上说明是否妥当，请予审议。

全国人民代表大会常务委员会关于修改
《中华人民共和国职业病防治法》的决定

（2011 年 12 月 31 日第十一届全国人民代表大会常务委员会第二十四次会议通过　2011 年 12 月 31 日中华人民共和国主席令第五十二号公布　自 2011 年 12 月 31 日起施行）

第十一届全国人民代表大会常务委员会第二十四次会议决定对《中华人民共和国职业病防治法》作如下修改：

一、将第二条第二款修改为："本法所称职业病，是指企业、事业单位和个体经济组织等用人单位的劳动者在职业活动中，因接触粉尘、放射性物质和其他有毒、有害因素而引起的疾病。"

第三款修改为："职业病的分类和目录由国务院卫生行政部门会同国务院安全生产监督管理部门、劳动保障行政部门制定、调整并公布。"

二、将第三条修改为："职业病防治工作坚持预防为主、防治结合的方针，建立用人单位负责、行政机关监管、行业自律、职工参与和社会监督的机制，实行分类管理、综合治理。"

三、在第四条中增加一款，作为第三款："工会组织依法对职业病防治工作进行监督，维护劳动者的合法权益。用人单位制定或者修改有关职业病防治的规章制度，应当听取工会组织的意见。"

四、增加一条，作为第六条："用人单位的主要负责人对本单位的职业病防治工作全面负责。"

五、将第七条改为第八条，修改为："国家鼓励和支持研制、开发、推广、应用有利于职业病防治和保护劳动者健康的新技术、新工艺、新设备、新材料，加强对职业病的机理和发生规律的基础研究，提高职业病防治科学技术水平；积极采用有效的职业病防治技术、工艺、设备、材料；限制使用或者淘汰职业病危害严重的技术、工艺、设备、材料。

"国家鼓励和支持职业病医疗康复机构的建设。"

六、将第八条改为第九条，第二款修改为："国务院安全生产监督管理部门、卫生行政部门、劳动保障行政部门依照本法和国务院确定的职责，负责全国职业病防治的监督管理工作。国务院有关部门在各自的职责范围内负责职业病防治的有关监督管理工作。"

第三款修改为："县级以上地方人民政府安全生产监督管理部门、卫生行政部门、劳动保障行政部门依据各自职责，负责本行政区域内职业病防治的监督管理工作。县级以上地方人民政府有关部门在各自的职责范围内负责职业病防治的有关监督管理工作。"

增加一款，作为第四款："县级以上人民政府安全生产监督管理部门、卫生行政部门、劳动保障行政部门（以下统称职业卫生监督管理部门）应当加强沟通，密切配合，按照各自职责分工，依法行使职权，承担责任。"

七、将第九条改为第十条，增加一款，作为第二款："县级以上地方人民政府统一负责、领导、组织、协调本行政区域的职业病防治工作，建立健全职业病防治工作体制、机制，统一领导、指挥职业卫生突发事件应对工作；加强职业病防治能力建设和服务体系建设，完善、落实职业病防治工作责任制。"

第二款作为第三款，修改为："乡、民族乡、镇的人民政府应当认真执行本法，支持职业卫生监督管理部门依法履行职责。"

八、将第十条改为第十一条，修改为："县级以上人民政府职业卫生监督管理部门应当加强对职业病防治的宣传教育，普及职业病防治的知识，增强用人单位的职业病防治观念，提高劳动者的职业健康意识、自我保护意识和行使职业卫生保护权利的能力。"

九、将第十一条改为第十二条，修改为："有关防治职业病的国家职业卫生标准，由国务院卫生行政部门组织制定并公布。

"国务院卫生行政部门应当组织开展重点职业病监测和专项调查，对职业健康风险进行评估，为制定职业卫生标准和职业病防治政策提供科学依据。

"县级以上地方人民政府卫生行政部门应当定期对本行政区域的职业病防治情况进行统计和调查分析。"

十、将第十二条改为第十三条，第一款修改为："任何单位和个人有权对违反本法的行为进行检举和控告。有关部门收到相关的检举和控告后，应当及时处理。"

十一、增加一条，作为第十四条："用人单位应当依照法律、法规要求，严格遵守国家职业卫生标准，落实职业病预防措施，从源头上控制和消除职业病危害。"

十二、将第十四条改为第十六条，修改为："国家建立职业病危害项目申报制度。

"用人单位工作场所存在职业病目录所列职业病的危害因素的，应当及时、如实向所在地安全生产监督管理部门申报危害项目，接受监督。

"职业病危害因素分类目录由国务院卫生行政部门会同国务院安全生产监督管理部门制定、调整并公布。职业病危害项目申报的具体办法由国务院安全生产监督管理部门制定。"

十三、将第十五条改为第十七条，第三款修改为："建设项目职业病危害分类管理办法由国务院安全生产监督管理部门制定。"

十四、将第十六条改为第十八条，第二款修改为："职业病危害严重的建设项目的防护设施设计，应当经安全生产监督管理部门审查，符合国家职业卫生标准和卫生要求的，方可施工。"

十五、将第十八条改为第二十条，修改为："国家对从事放射性、高毒、高危粉尘等作业实行特殊管理。具体管理办法由国务院制定。"

十六、增加一条，作为第二十二条："用人单位应当保障职业病防治所需的资金投入，不得挤占、挪用，并对因资金投入不足导致的后果承担责任。"

十七、增加一条，作为第二十八条："职业卫生技术服务机构依法从事职业病危害因素检测、评价工作，接受安全生产监督管理部门的监督检查。安全生产监督管理部门应当依法履行监督职责。"

十八、将第三十一条改为第三十五条，第一款修改为："用人单位的主要负责人和职业卫生管理人员应当接受职业卫生培训，遵守职业病防治法律、法规，依法组织本单位的职业病防治工作。"

第三款修改为："劳动者应当学习和掌握相关的职业卫生知识，增强职业病防范意识，遵守职业病防治法律、法规、规章和操作规程，正确使用、维护职业病防护设备和个人使用的职业病防护用品，发现职业病危害事故隐患应当及时报告。"

十九、将第三十四条改为第三十八条，第一款修改为："发生或者可能发生急性职业病危害事故时，用人单位应当立即采取应急救援和控制措施，并及时报告所在地安全生产监督管理部门和有关部门。安全生产监督管理部门接到报告后，应当及时会同有关部门组织调查处理；必要时，可以采取临时控制措施。卫生行政部门应当组织做好医疗救治工作。"

二十、将第三十七条改为第四十一条，第一款修改为："工会组织应当督促并协助用人单位开展职业卫生宣传教育和培训，有权对用人单位的职业病防治工作提出意见和建议，依法代表劳动者与用人单位签订劳动安全卫生专项集体合同，与用人单位就劳动者反映的有关职业病防治的问题进行协调并督促解决。"

二十一、增加一条，作为第四十三条："职业卫生监督管理部门应当按照职责分工，加强对用人单位落实职业病防护管理措施情况的监督检查，依法行使职权，承担责任。"

二十二、将第三十九条改为第四十四条，修改为："医疗卫生机构承担职业病诊断，应当经省、自治区、直辖市人民政府卫生行政部门批准。省、自治区、直辖市人民政府卫生行政部门应当向社会公布本行政区域内承担职业病诊断的医疗卫生机构的名单。

"承担职业病诊断的医疗卫生机构应当具备下列条件：

"（一）持有《医疗机构执业许可证》；

"（二）具有与开展职业病诊断相适应的医疗卫生技术人员；

"（三）具有与开展职业病诊断相适应的仪器、设备；

"（四）具有健全的职业病诊断质量管理制度。

"承担职业病诊断的医疗卫生机构不得拒绝劳动者进行职业病诊断的要求。"

二十三、将第四十条改为第四十五条，修改为："劳动者可以在用人单位所在地、本人户籍所在地或者经常居住地依法承担职业病诊断的医疗卫生机构进行职业病诊断。"

二十四、将第四十二条改为第四十七条，第一款第二项修改为："职业病危害接触史和工作场所职业病危害因素情况"。

第二款修改为："没有证据否定职业病危害因素与病人临床表现之间的必然联系的，应当诊断为职业病。"

二十五、将第四十三条改为第五十一条，修改为："用人单位和医疗卫生机构发现职业病病人或者疑似职业病病人时，应当及时向所在地卫生行政部门和安全生产监督管理部门报告。确诊为职业病的，用人单位还应当向所在地劳动保障行政部门报告。接到报告的部门应当依法作出处理。"

二十六、将第四十八条修改为："用人单位应当如实提供职业病诊断、鉴定所需的劳动者职业史和职业病危害接触史、工作场所职业病危害因素检测结果等资料；安全生产监督管理部门应当监督检查和督促用人单位提供上述资料；劳动者和有关机构也应当提供与职业病诊断、鉴定有关的资料。

"职业病诊断、鉴定机构需要了解工作场所职业病危害因素情况时，可以对工作场所进行现场调查，也可以向安全生产监督管理部门提出，安全生产监督管理部门应当在十日内组织现场调查。用人单位不得拒绝、阻挠。"

二十七、增加一条，作为第四十九条："职业病诊断、鉴定过程中，用人单位不提供工作场所职业病危害因素检测结果等资料的，诊断、鉴定机构应当结合劳动者的临床表现、辅助检查结果和劳动者的职业史、职业病危害接触史，并参考劳动者的自述、安全生产监督管理部门提供的日常监督检查信息等，作出职业病诊断、鉴定结论。

"劳动者对用人单位提供的工作场所职业病危害因素检测结果等资料有异议，或者因劳动者的用人单位解散、破产，无用人单位提供上述资料的，诊断、鉴定机构应当提请安全生产监督管理部门进行调查，安全生产监督管理部门应当自接到申请之日起三十日内对存在异议的资料或者工作场所职业病危害因素情况作出判定；有关部门应当配合。"

二十八、增加一条，作为第五十条："职业病诊断、鉴定过程中，在确认劳动者职业史、职业病危害接触史时，当事人对劳动关系、工种、工作岗位或者在岗时间有争议的，可以向当地的劳动人事争议仲裁委员会申请仲裁；接到申请的劳动人事争议仲裁委员会应当受理，并在三十日内作出裁决。

"当事人在仲裁过程中对自己提出的主张，有责任提供证据。劳动者无法提供由用人单位掌握管理的与仲裁主张有关的证据的，仲裁庭应当要求用人单位在指定期限内提供；用人单位在指定期限内不提供的，应当承担不利后果。

"劳动者对仲裁裁决不服的，可以依法向人民法院提起诉讼。

"用人单位对仲裁裁决不服的，可以在职业病诊断、鉴定程序结束之日起十五日内依法向人民法院提起诉讼；诉讼期间，劳动者的治疗费用按照职业病待遇规定的途径支付。"

二十九、将第五十条改为第五十七条，第一款修改为："用人单位应当保障职业病病人依法享受国家规定的职业病待遇。"

三十、将第五十三条改为第六十条，修改为："劳动者被诊断患有职业病，但用人单位没有依法参加工伤保险的，其医疗和生活保障由该用人单位承担。"

三十一、将第五十四条改为第六十一条，第二款修改为："用人单位在发生分立、合并、解散、破产等情形时，应当对从事接触职业病危害的作业的劳动者进行健康检查，并按照国家有关规定妥善安置职业病病人。"

三十二、增加一条，作为第六十二条："用人单位已经不存在或者无法确认劳动关系的职业病病人，可以向地方人民政府民政部门申请医疗救助和生活等方面的救助。

"地方各级人民政府应当根据本地区的实际情况，采取其他措施，使前款规定的职业病病人获得医疗救治。"

三十三、将第五十五条改为第六十三条，修改为："县级以上人民政府职业卫生监督管理部门依照职业病防治法律、法规、国家职业卫生标准和卫生要求，依据职责划分，对职业病防治工作进行监督检查。"

三十四、将第六十二条改为第七十条，第一项修改为："未按照规定进行职业病危害预评价或者未提交职业病危害预评价报告，或者职业病危害预评价报告未经安全生产监督管理部门审核同意，开工建设的。"

第三项修改为："职业病危害严重的建设项目，其职业病防护设施设计未经安全生产监督管理部门审查，或者不符合国家职业卫生标准和卫生要求施工的。"

三十五、将第六十四条改为第七十二条，增加一项，作为第五项："未依照本法规定在劳动者离开用人单位时提供职业健康监护档案复印件的。"

三十六、将第六十五条改为第七十三条，将第九项修改为："拒绝职业卫生监督管理部门监督检查的。"

增加二项，作为第十项、第十一项："（十）隐瞒、伪造、篡改、毁损职业健康监护档案、工作场所职业病危害因素检测评价结果等相关资料，或者拒不提供职业病诊断、鉴定所需资料的；

"（十一）未按照规定承担职业病诊断、鉴定费用和职业病病人的医疗、生活保障费用的。"

三十七、将第七十五条改为第八十三条，修改为："卫生行政部门、安全生产监督管理部门不按照规定报告职业病和职业病危害事故的，由上一级行政部门责令改正，通报批评，给予警告；虚报、瞒报的，对单位负责人、直接负责的主管人员和其他直接责任人员依法给予降级、撤职或者开除的处分。"

三十八、增加一条，作为第八十四条："违反本法第十七条、第十八条规定，有关部门擅自批准建设项目或者发放施工许可的，对该部门直接负责的主管人员和其他直接责任人员，由监察机关或者上级机关依法给予记过直至开除的处分。"

三十九、将第七十六条改为第八十五条，修改为："县级以上地方人民政府在职业病防治工作中未依照本法履行职责，本行政区域出现重大职业病危害事故、造成严重社会影响的，依法对直接负责的主管人员和其他直接责任人员给予记大过直至开除的处分。

"县级以上人民政府职业卫生监督管理部门不履行本法规定的职责，滥用职权、玩忽职守、徇私舞弊，依法对直接负责的主管人员和其他直接责任人员给予记大过或者降级的处分；造成职业病危害事故或者其他严重后果的，依法给予撤职或者开除的处分。"

四十、增加一条，作为第八十六条："违反本法规定，构成犯罪的，依法追究刑事责任。"

四十一、将第七十八条改为第八十八条，增加一款，作为第二款："劳务派遣用工单位应当履行本法规定的用人单位的义务。"

四十二、增加一条，作为第八十九条："对医疗机构放射性职业病危害控制的监督管理，由卫生行政部门依照本法的规定实施。"

四十三、将第一条中的"促进经济发展"修改为"促进经济社会发展"。

将第六条、第五十一条、第五十二条中的"工伤社会保险"修改为"工伤保险"。

将第十九条第一项中的"职业卫生专业人员"修改为"职业卫生管理人员"。

将第二十一条中的"新技术、新工艺、新材料"修改为"新技术、新工艺、新设备、新材料"。将第二十一条、第二十九条、第六十八条第一项中的"技术、工艺、材料"修改为"技术、工艺、设备、材料"。

删去第三十条第三款中的"或者终止"。

将第三十二条第一款、第六十四条第四项中的"如实告知"修改为"书面告知"。

将第四十六条第三款中的"职业病诊断鉴定费用"修改为"职业病诊断、鉴定费用"。

将第七十二条、第七十三条中的"认证"修改为"认可"。

四十四、将第十三条第六项、第二十六条第二款中的"国务院卫生行政部门"修改为"国务院卫生行政部门、安全生产监督管理部门"。

将第十五条第一款、第十六条第三款、第五十六条、第五十七条、第六十条、第六十二条、第六十三条、第六十四条、第六十五条、第六十六条、第六十八条、第七十条中的"卫生行政部门"修改为"安全生产监督管理部门"。

将第十七条、第二十四条第三款中的"省级以上人民政府卫生行政部门资质认证的"修改为"国务院安全生产监督管理部门或者设区的市级以上地方人民政府安全生产监督管理部门按照职责分工给予资质认可的"。

将第二十四条第二款中的"国务院卫生行政部门"修改为"国务院安全生产监督管理部门","所在地卫生行政部门"修改为"所在地安全生产监督管理部门"。

将第三十二条第一款中的"国务院卫生行政部门"修改为"国务院安全生产监督管理部门、卫生行政部门"。

将第六十一条第二款中的"卫生行政部门"修改为"职业卫生监督管理部门"。

将第六十七条中的"卫生行政部门"修改为"有关主管部门依据职责分工"。

将第七十二条、第七十三条中的"卫生行政部门"修改为"安全生产监督管理部门和卫生行政部门依据职责分工"。

四十五、将第六十三条中的"二万元以下"修改为"十万元以下"。

将第六十四条中的"二万元以上五万元以下"修改为"五万元以上十万元以下"。

将第七十条中的"三十万元以下"修改为"五十万元以下"。

本决定自公布之日起施行。本决定施行前，职业卫生技术服务机构已经取得资质认可的，该资质认可继续有效。

《中华人民共和国职业病防治法》根据本决定作相应修改，重新公布。

中华人民共和国职业病防治法

(2001 年 10 月 27 日第九届全国人民代表大会常务委员
会第二十四次会议通过　根据 2011 年 12 月 31 日第十一
届全国人民代表大会常务委员会第二十四次会议《关于
修改〈中华人民共和国职业病防治法〉的决定》修正)

目　录

第一章　总　　则

第一条　为了预防、控制和消除职业病危害，防治职业病，保护劳动者健康及其相关权益，促进经济社会发展，根据宪法，制定本法。

第二条　本法适用于中华人民共和国领域内的职业病防治活动。

本法所称职业病，是指企业、事业单位和个体经济组织等用人单位的劳动者在职业活动中，因接触粉尘、放射性物质和其他有毒、有害因素而引起的疾病。

职业病的分类和目录由国务院卫生行政部门会同国务院安全生产监督管理部门、劳动保障行政部门制定、调整并公布。

第三条　职业病防治工作坚持预防为主、防治结合的方针，建立用人单位负责、行政机关监管、行业自律、职工参与和社会监督的机制，实行分类管理、综合治理。

第四条　劳动者依法享有职业卫生保护的权利。

用人单位应当为劳动者创造符合国家职业卫生标准和卫生要求的工作环境和条件，并采取措施保障劳动者获得职业卫生保护。

工会组织依法对职业病防治工作进行监督，维护劳动者的合法权益。用人单位制定或者修改有关职业病防治的规章制度，应当听取工会组织的意见。

第五条　用人单位应当建立、健全职业病防治责任制，加强对职业病防治的管理，提高职业病防治水平，对本单位产生的职业病危害承担责任。

第六条　用人单位的主要负责人对本单位的职业病防治工作全面负责。

第七条　用人单位必须依法参加工伤保险。

国务院和县级以上地方人民政府劳动保障行政部门应当加强对工伤保险的监督管理，确保劳动者依法享受工伤保险待遇。

第八条　国家鼓励和支持研制、开发、推广、应用有利于职业病防治和保护劳动者健康的新技术、新工艺、新设备、新材料，加强对职业病的机理和发生规律的基础研究，提高职业病防治科学技术水平；积极采用有效的职业病防治技术、工艺、设备、材料；限制使用或者淘汰职业病危害严重的技术、工艺、设备、材料。

国家鼓励和支持职业病医疗康复机构的建设。

第九条 国家实行职业卫生监督制度。

国务院安全生产监督管理部门、卫生行政部门、劳动保障行政部门依照本法和国务院确定的职责，负责全国职业病防治的监督管理工作。国务院有关部门在各自的职责范围内负责职业病防治的有关监督管理工作。

县级以上地方人民政府安全生产监督管理部门、卫生行政部门、劳动保障行政部门依据各自职责，负责本行政区域内职业病防治的监督管理工作。县级以上地方人民政府有关部门在各自的职责范围内负责职业病防治的有关监督管理工作。

县级以上人民政府安全生产监督管理部门、卫生行政部门、劳动保障行政部门（以下统称职业卫生监督管理部门）应当加强沟通，密切配合，按照各自职责分工，依法行使职权，承担责任。

第十条 国务院和县级以上地方人民政府应当制定职业病防治规划，将其纳入国民经济和社会发展计划，并组织实施。

县级以上地方人民政府统一负责、领导、组织、协调本行政区域的职业病防治工作，建立健全职业病防治工作体制、机制，统一领导、指挥职业卫生突发事件应对工作；加强职业病防治能力建设和服务体系建设，完善、落实职业病防治工作责任制。

乡、民族乡、镇的人民政府应当认真执行本法，支持职业卫生监督管理部门依法履行职责。

第十一条 县级以上人民政府职业卫生监督管理部门应当加强对职业病防治的宣传教育，普及职业病防治的知识，增强用人单位的职业病防治观念，提高劳动者的职业健康意识、自我保护意识和行使职业卫生保护权利的能力。

第十二条 有关防治职业病的国家职业卫生标准，由国务院卫生行政部门组织制定并公布。

国务院卫生行政部门应当组织开展重点职业病监测和专项调查，对职业健康风险进行评估，为制定职业卫生标准和职业病防治政策提供科学依据。

县级以上地方人民政府卫生行政部门应当定期对本行政区域的职业病防治情况进行统计和调查分析。

第十三条 任何单位和个人有权对违反本法的行为进行检举和控告。有关部门收到相关的检举和控告后，应当及时处理。

对防治职业病成绩显著的单位和个人，给予奖励。

第二章　前期预防

第十四条　用人单位应当依照法律、法规要求，严格遵守国家职业卫生标准，落实职业病预防措施，从源头上控制和消除职业病危害。

第十五条　产生职业病危害的用人单位的设立除应当符合法律、行政法规规定的设立条件外，其工作场所还应当符合下列职业卫生要求：

（一）职业病危害因素的强度或者浓度符合国家职业卫生标准；

（二）有与职业病危害防护相适应的设施；

（三）生产布局合理，符合有害与无害作业分开的原则；

（四）有配套的更衣间、洗浴间、孕妇休息间等卫生设施；

（五）设备、工具、用具等设施符合保护劳动者生理、心理健康的要求；

（六）法律、行政法规和国务院卫生行政部门、安全生产监督管理部门关于保护劳动者健康的其他要求。

第十六条　国家建立职业病危害项目申报制度。

用人单位工作场所存在职业病目录所列职业病的危害因素的，应当及时、如实向所在地安全生产监督管理部门申报危害项目，接受监督。

职业病危害因素分类目录由国务院卫生行政部门会同国务院安全生产监督管理部门制定、调整并公布。职业病危害项目申报的具体办法由国务院安全生产监督管理部门制定。

第十七条　新建、扩建、改建建设项目和技术改造、技术引进项目（以下统称建设项目）可能产生职业病危害的，建设单位在可行性论证阶段应当向安全生产监督管理部门提交职业病危害预评价报告。安全生产监督管理部门应当自收到职业病危害预评价报告之日起三十日内，作出审核决定并书面通知建设单位。未提交预评价报告或者预评价报告未经安全生产监督管理部门审核同意的，有关部门不得批准该建设项目。

职业病危害预评价报告应当对建设项目可能产生的职业病危害因素及其对工作场所和劳动者健康的影响作出评价，确定危害类别和职业病防护措施。

建设项目职业病危害分类管理办法由国务院安全生产监督管理部门制定。

第十八条　建设项目的职业病防护设施所需费用应当纳入建设项目工程预算，并与主体工程同时设计，同时施工，同时投入生产和使用。

职业病危害严重的建设项目的防护设施设计，应当经安全生产监督管理部门审查，符合国家职业卫生标准和卫生要求的，方可施工。

建设项目在竣工验收前，建设单位应当进行职业病危害控制效果评价。建设项目竣工验收时，其职业病防护设施经安全生产监督管理部门验收合格后，方可投入正式生产和使用。

第十九条　职业病危害预评价、职业病危害控制效果评价由依法设立的取得国务院安全生产监督管理部门或者设区的市级以上地方人民政府安全生产监督管理部门按照职责分工给予资质认可的职业卫生技术服务机构进行。职业卫生技术服务机构所作评价应当客观、真实。

第二十条　国家对从事放射性、高毒、高危粉尘等作业实行特殊管理。具体管理办法由国务院制定。

第三章　劳动过程中的防护与管理

第二十一条　用人单位应当采取下列职业病防治管理措施：

（一）设置或者指定职业卫生管理机构或者组织，配备专职或者兼职的职业卫生管理人员，负责本单位的职业病防治工作；

（二）制定职业病防治计划和实施方案；

（三）建立、健全职业卫生管理制度和操作规程；

（四）建立、健全职业卫生档案和劳动者健康监护档案；

（五）建立、健全工作场所职业病危害因素监测及评价制度；

（六）建立、健全职业病危害事故应急救援预案。

第二十二条　用人单位应当保障职业病防治所需的资金投入，不得挤占、挪用，并对因资金投入不足导致的后果承担责任。

第二十三条　用人单位必须采用有效的职业病防护设施，并为劳动者提供个人使用的职业病防护用品。

用人单位为劳动者个人提供的职业病防护用品必须符合防治职业病的要求；不符合要求的，不得使用。

第二十四条　用人单位应当优先采用有利于防治职业病和保护劳动者健康的新技术、新工艺、新设备、新材料，逐步替代职业病危害严重的技术、工艺、设备、材料。

第二十五条　产生职业病危害的用人单位，应当在醒目位置设置公告栏，公布有关职业病防治的规章制度、操作规程、职业病危害事故应急救援措施和工作场所职业病危害因素检测结果。

对产生严重职业病危害的作业岗位，应当在其醒目位置，设置警示标识和中文警示说明。警示说明应当载明产生职业病危害的种类、后果、预防以及应急救治措施等内容。

第二十六条　对可能发生急性职业损伤的有毒、有害工作场所，用人单位应当设置报警装置，配置现场急救用品、冲洗设备、应急撤离通道和必要的泄险区。

对放射工作场所和放射性同位素的运输、贮存，用人单位必须配置防护设备和报警装置，保证接触放射线的工作人员佩戴个人剂量计。

对职业病防护设备、应急救援设施和个人使用的职业病防护用品，用人单位应当进行经常性的维护、检修，定期检测其性能和效果，确保其处于正常状态，不得擅自拆除或者停止使用。

第二十七条　用人单位应当实施由专人负责的职业病危害因素日常监测，并确保监测系统处于正常运行状态。

用人单位应当按照国务院安全生产监督管理部门的规定，定期对工作场所进行职业病危害因素检测、评价。检测、评价结果存入用人单位职业卫生档案，定期向所在地安全生产监督管理部门报告并向劳动者公布。

职业病危害因素检测、评价由依法设立的取得国务院安全生产监督管理部门或者设区的市级以上地方人民政府安全生产监督管理部门按照职责分工给予资质认可的职业卫生技术服务机构进行。职业卫生技术服务机构所作检测、评价应当客观、真实。

发现工作场所职业病危害因素不符合国家职业卫生标准和卫生要求时，用人单位应当立即采取相应治理措施，仍然达不到国家职业卫生标准和卫生要求的，必须停止存在职业病危害因素的作业；职业病危害因素经治理后，符合国家职业卫生标准和卫生要求的，方可重新作业。

第二十八条　职业卫生技术服务机构依法从事职业病危害因素检测、评价工作，接受安全生产监督管理部门的监督检查。安全生产监督管理部门应当依法履行监督职责。

第二十九条　向用人单位提供可能产生职业病危害的设备的，应当提供中文说明书，并在设备的醒目位置设置警示标识和中文警示说明。警示说明应当载明设备性能、可能产生的职业病危害、安全操作和维护注意事项、职业病防护以及应急救治措施等内容。

第三十条　向用人单位提供可能产生职业病危害的化学品、放射性同位素和含有放射性物质的材料的，应当提供中文说明书。说明书应当载明产品特性、主要成份、存在的有害因素、可能产生的危害后果、安全使用注意事项、职业病防护以及应急救治措施等内容。产品包装应当有醒目的警示标识和中文警示说明。贮存上述材料的场所应当在规定的部位设置危险物品标识或者放射性警示标识。

国内首次使用或者首次进口与职业病危害有关的化学材料，使用单位或者进口单位按照国家规定经国务院有关部门批准后，应当向国务院卫生行政部门、安全生产监督管理部门报送该化学材料的毒性鉴定以及经有关部门登记注册或者批准进口的文件等资料。

进口放射性同位素、射线装置和含有放射性物质的物品的，按照国家有关规定办理。

第三十一条　任何单位和个人不得生产、经营、进口和使用国家明令禁止使用的可能产生职业病危害的设备或者材料。

第三十二条　任何单位和个人不得将产生职业病危害的作业转移给不具备职业病防护条件的单位和个人。不具备职业病防护条件的单位和个人不得接受产生职业病危害的作业。

第三十三条　用人单位对采用的技术、工艺、设备、材料，应当知悉其产生的职业病危害，对有职业病危害的技术、工艺、设备、材料隐瞒其危害而采用的，对所造成的职业病危害后果承担责任。

第三十四条　用人单位与劳动者订立劳动合同（含聘用合同，下同）时，应当将工作过程中可能产生的职业病危害及其后果、职业病防护措施和待遇等如实告知劳动者，并在劳动合同中写明，不得隐瞒或者欺骗。

劳动者在已订立劳动合同期间因工作岗位或者工作内容变更，从事与所订立劳动合同中未告知的存在职业病危害的作业时，用人单位应当依照前款规定，向劳动者履行如实告知的义务，并协商变更原劳动合同相关条款。

用人单位违反前两款规定的，劳动者有权拒绝从事存在职业病危害的作业，用人单位不得因此解除与劳动者所订立的劳动合同。

第三十五条　用人单位的主要负责人和职业卫生管理人员应当接受职业卫生培训，遵守职业病防治法律、法规，依法组织本单位的职业病防治工作。

用人单位应当对劳动者进行上岗前的职业卫生培训和在岗期间的定期职业卫生培训，普及职业卫生知识，督促劳动者遵守职业病防治法律、法规、规章和操作规程，指导劳动者正确使用职业病防护设备和个人使用的职业病防护用品。

劳动者应当学习和掌握相关的职业卫生知识，增强职业病防范意识，遵守职业病防治法律、法规、规章和操作规程，正确使用、维护职业病防护设备和个人使用的职业病防护用品，发现职业病危害事故隐患应当及时报告。

劳动者不履行前款规定义务的，用人单位应当对其进行教育。

第三十六条　对从事接触职业病危害的作业的劳动者，用人单位应当按照国务院安全生产监督管理部门、卫生行政部门的规定组织上岗前、在岗期间和离岗时的职业健康检查，并将检查结果书面告知劳动者。职业健康检查费用由用人单位承担。

用人单位不得安排未经上岗前职业健康检查的劳动者从事接触职业病危害的作业；不得安排有职业禁忌的劳动者从事其所禁忌的作业；对在职业健康检查中发现有与所从事的职业相关的健康损害的劳动者，应当调离原工作岗位，并妥善安置；对未进行离岗前职业健康检查的劳动者不得解除或者终止与其订立的劳动合同。

职业健康检查应当由省级以上人民政府卫生行政部门批准的医疗卫生机构承担。

第三十七条 用人单位应当为劳动者建立职业健康监护档案，并按照规定的期限妥善保存。

职业健康监护档案应当包括劳动者的职业史、职业病危害接触史、职业健康检查结果和职业病诊疗等有关个人健康资料。

劳动者离开用人单位时，有权索取本人职业健康监护档案复印件，用人单位应当如实、无偿提供，并在所提供的复印件上签章。

第三十八条 发生或者可能发生急性职业病危害事故时，用人单位应当立即采取应急救援和控制措施，并及时报告所在地安全生产监督管理部门和有关部门。安全生产监督管理部门接到报告后，应当及时会同有关部门组织调查处理；必要时，可以采取临时控制措施。卫生行政部门应当组织做好医疗救治工作。

对遭受或者可能遭受急性职业病危害的劳动者，用人单位应当及时组织救治、进行健康检查和医学观察，所需费用由用人单位承担。

第三十九条 用人单位不得安排未成年工从事接触职业病危害的作业；不得安排孕期、哺乳期的女职工从事对本人和胎儿、婴儿有危害的作业。

第四十条 劳动者享有下列职业卫生保护权利：

（一）获得职业卫生教育、培训；

（二）获得职业健康检查、职业病诊疗、康复等职业病防治服务；

（三）了解工作场所产生或者可能产生的职业病危害因素、危害后果和应当采取的职业病防护措施；

（四）要求用人单位提供符合防治职业病要求的职业病防护设施和个人使用的职业病防护用品，改善工作条件；

（五）对违反职业病防治法律、法规以及危及生命健康的行为提出批评、检举和控告；

（六）拒绝违章指挥和强令进行没有职业病防护措施的作业；

（七）参与用人单位职业卫生工作的民主管理，对职业病防治工作提出意见和建议。

用人单位应当保障劳动者行使前款所列权利。因劳动者依法行使正当权利而降低其工资、福利等待遇或者解除、终止与其订立的劳动合同的，其行为无效。

第四十一条 工会组织应当督促并协助用人单位开展职业卫生宣传教育和培训，有权对用人单位的职业病防治工作提出意见和建议，依法代表劳动者与用人单位签订劳动安全卫生专项集体合同，与用人单位就劳动者反映的有关职业病防治的问题进行协调并督促解决。

工会组织对用人单位违反职业病防治法律、法规，侵犯劳动者合法权益的行为，有权要求纠正；产生严重职业病危害时，有权要求采取防护措施，或者向政府有关部门建议采取强制性措施；发生职业病危害事故时，有权参与事故调查处理；发现危及劳动者生命健康的情形时，有权向用人单位建议组织劳动者撤离危险现场，用人单位应当立即作出处理。

第四十二条 用人单位按照职业病防治要求，用于预防和治理职业病危害、工作场所卫生检测、健康监护和职业卫生培训等费用，按照国家有关规定，在生产成本中据实列支。

第四十三条 职业卫生监督管理部门应当按照职责分工，加强对用人单位落实职业病防护管理措施情况的监督检查，依法行使职权，承担责任。

第四章　职业病诊断与职业病病人保障

第四十四条 医疗卫生机构承担职业病诊断，应当经省、自治区、直辖市人民政府卫生行政部门批准。省、自治区、直辖市人民政府卫生行政部门应当向社会公布本行政区域内承担职业病诊断的医疗卫生机构的名单。

承担职业病诊断的医疗卫生机构应当具备下列条件：

（一）持有《医疗机构执业许可证》；

（二）具有与开展职业病诊断相适应的医疗卫生技术人员；

（三）具有与开展职业病诊断相适应的仪器、设备；

（四）具有健全的职业病诊断质量管理制度。

承担职业病诊断的医疗卫生机构不得拒绝劳动者进行职业病诊断的要求。

第四十五条 劳动者可以在用人单位所在地、本人户籍所在地或者经常居住地依法承担职业病诊断的医疗卫生机构进行职业病诊断。

第四十六条　职业病诊断标准和职业病诊断、鉴定办法由国务院卫生行政部门制定。职业病伤残等级的鉴定办法由国务院劳动保障行政部门会同国务院卫生行政部门制定。

第四十七条　职业病诊断，应当综合分析下列因素：

（一）病人的职业史；

（二）职业病危害接触史和工作场所职业病危害因素情况；

（三）临床表现以及辅助检查结果等。

没有证据否定职业病危害因素与病人临床表现之间的必然联系的，应当诊断为职业病。

承担职业病诊断的医疗卫生机构在进行职业病诊断时，应当组织三名以上取得职业病诊断资格的执业医师集体诊断。

职业病诊断证明书应当由参与诊断的医师共同签署，并经承担职业病诊断的医疗卫生机构审核盖章。

第四十八条　用人单位应当如实提供职业病诊断、鉴定所需的劳动者职业史和职业病危害接触史、工作场所职业病危害因素检测结果等资料；安全生产监督管理部门应当监督检查和督促用人单位提供上述资料；劳动者和有关机构也应当提供与职业病诊断、鉴定有关的资料。

职业病诊断、鉴定机构需要了解工作场所职业病危害因素情况时，可以对工作场所进行现场调查，也可以向安全生产监督管理部门提出，安全生产监督管理部门应当在十日内组织现场调查。用人单位不得拒绝、阻挠。

第四十九条　职业病诊断、鉴定过程中，用人单位不提供工作场所职业病危害因素检测结果等资料的，诊断、鉴定机构应当结合劳动者的临床表现、辅助检查结果和劳动者的职业史、职业病危害接触史，并参考劳动者的自述、安全生产监督管理部门提供的日常监督检查信息等，作出职业病诊断、鉴定结论。

劳动者对用人单位提供的工作场所职业病危害因素检测结果等资料有异议，或者因劳动者的用人单位解散、破产，无用人单位提供上述资料的，诊断、鉴定机构应当提请安全生产监督管理部门进行调查，安全生产监督管理部门应当自接到申请之日起三十日内对存在异议的资料或者工作场所职业病危害因素情况作出判定；有关部门应当配合。

第五十条　职业病诊断、鉴定过程中，在确认劳动者职业史、职业病危害接触史时，当事人对劳动关系、工种、工作岗位或者在岗时间有争议的，可以向当地的劳动人事争议仲裁委员会申请仲裁；接到申请的劳动人事争议仲裁委员会应当受理，并在三十日内作出裁决。

当事人在仲裁过程中对自己提出的主张，有责任提供证据。劳动者无法提供由用人单位掌握管理的与仲裁主张有关的证据的，仲裁庭应当要求用人单位在指定期限内提供；用人单位在指定期限内不提供的，应当承担不利后果。

劳动者对仲裁裁决不服的，可以依法向人民法院提起诉讼。

用人单位对仲裁裁决不服的，可以在职业病诊断、鉴定程序结束之日起十五日内依法向人民法院提起诉讼；诉讼期间，劳动者的治疗费用按照职业病待遇规定的途径支付。

第五十一条 用人单位和医疗卫生机构发现职业病病人或者疑似职业病病人时，应当及时向所在地卫生行政部门和安全生产监督管理部门报告。确诊为职业病的，用人单位还应当向所在地劳动保障行政部门报告。接到报告的部门应当依法作出处理。

第五十二条 县级以上地方人民政府卫生行政部门负责本行政区域内的职业病统计报告的管理工作，并按照规定上报。

第五十三条 当事人对职业病诊断有异议的，可以向作出诊断的医疗卫生机构所在地地方人民政府卫生行政部门申请鉴定。

职业病诊断争议由设区的市级以上地方人民政府卫生行政部门根据当事人的申请，组织职业病诊断鉴定委员会进行鉴定。

当事人对设区的市级职业病诊断鉴定委员会的鉴定结论不服的，可以向省、自治区、直辖市人民政府卫生行政部门申请再鉴定。

第五十四条 职业病诊断鉴定委员会由相关专业的专家组成。

省、自治区、直辖市人民政府卫生行政部门应当设立相关的专家库，需要对职业病争议作出诊断鉴定时，由当事人或者当事人委托有关卫生行政部门从专家库中以随机抽取的方式确定参加诊断鉴定委员会的专家。

职业病诊断鉴定委员会应当按照国务院卫生行政部门颁布的职业病诊断标准和职业病诊断、鉴定办法进行职业病诊断鉴定，向当事人出具职业病诊断鉴定书。职业病诊断、鉴定费用由用人单位承担。

第五十五条 职业病诊断鉴定委员会组成人员应当遵守职业道德，客观、公正地进行诊断鉴定，并承担相应的责任。职业病诊断鉴定委员会组成人员不得私下接触当事人，不得收受当事人的财物或者其他好处，与当事人有利害关系的，应当回避。

人民法院受理有关案件需要进行职业病鉴定时，应当从省、自治区、直辖市人民政府卫生行政部门依法设立的相关的专家库中选取参加鉴定的专家。

第五十六条 医疗卫生机构发现疑似职业病病人时，应当告知劳动者本人并及时通知用人单位。

用人单位应当及时安排对疑似职业病病人进行诊断；在疑似职业病病人诊断或者医学观察期间，不得解除或者终止与其订立的劳动合同。

疑似职业病病人在诊断、医学观察期间的费用，由用人单位承担。

第五十七条　用人单位应当保障职业病病人依法享受国家规定的职业病待遇。

用人单位应当按照国家有关规定，安排职业病病人进行治疗、康复和定期检查。

用人单位对不适宜继续从事原工作的职业病病人，应当调离原岗位，并妥善安置。

用人单位对从事接触职业病危害的作业的劳动者，应当给予适当岗位津贴。

第五十八条　职业病病人的诊疗、康复费用，伤残以及丧失劳动能力的职业病病人的社会保障，按照国家有关工伤保险的规定执行。

第五十九条　职业病病人除依法享有工伤保险外，依照有关民事法律，尚有获得赔偿的权利的，有权向用人单位提出赔偿要求。

第六十条　劳动者被诊断患有职业病，但用人单位没有依法参加工伤保险的，其医疗和生活保障由该用人单位承担。

第六十一条　职业病病人变动工作单位，其依法享有的待遇不变。

用人单位在发生分立、合并、解散、破产等情形时，应当对从事接触职业病危害的作业的劳动者进行健康检查，并按照国家有关规定妥善安置职业病病人。

第六十二条　用人单位已经不存在或者无法确认劳动关系的职业病病人，可以向地方人民政府民政部门申请医疗救助和生活等方面的救助。

地方各级人民政府应当根据本地区的实际情况，采取其他措施，使前款规定的职业病病人获得医疗救治。

第五章　监督检查

第六十三条　县级以上人民政府职业卫生监督管理部门依照职业病防治法律、法规、国家职业卫生标准和卫生要求，依据职责划分，对职业病防治工作进行监督检查。

第六十四条　安全生产监督管理部门履行监督检查职责时，有权采取下列措施：

（一）进入被检查单位和职业病危害现场，了解情况，调查取证；

（二）查阅或者复制与违反职业病防治法律、法规的行为有关的资料和采集样品；

（三）责令违反职业病防治法律、法规的单位和个人停止违法行为。

第六十五条 发生职业病危害事故或者有证据证明危害状态可能导致职业病危害事故发生时，安全生产监督管理部门可以采取下列临时控制措施：

（一）责令暂停导致职业病危害事故的作业；

（二）封存造成职业病危害事故或者可能导致职业病危害事故发生的材料和设备；

（三）组织控制职业病危害事故现场。

在职业病危害事故或者危害状态得到有效控制后，安全生产监督管理部门应当及时解除控制措施。

第六十六条 职业卫生监督执法人员依法执行职务时，应当出示监督执法证件。

职业卫生监督执法人员应当忠于职守，秉公执法，严格遵守执法规范；涉及用人单位的秘密的，应当为其保密。

第六十七条 职业卫生监督执法人员依法执行职务时，被检查单位应当接受检查并予以支持配合，不得拒绝和阻碍。

第六十八条 安全生产监督管理部门及其职业卫生监督执法人员履行职责时，不得有下列行为：

（一）对不符合法定条件的，发给建设项目有关证明文件、资质证明文件或者予以批准；

（二）对已经取得有关证明文件的，不履行监督检查职责；

（三）发现用人单位存在职业病危害的，可能造成职业病危害事故，不及时依法采取控制措施；

（四）其他违反本法的行为。

第六十九条 职业卫生监督执法人员应当依法经过资格认定。

职业卫生监督管理部门应当加强队伍建设，提高职业卫生监督执法人员的政治、业务素质，依照本法和其他有关法律、法规的规定，建立、健全内部监督制度，对其工作人员执行法律、法规和遵守纪律的情况，进行监督检查。

第六章　法律责任

第七十条 建设单位违反本法规定，有下列行为之一的，由安全生产监督管理部门给予警告，责令限期改正；逾期不改正的，处十万元以上五十万元以下的罚款；情节严重的，责令停止产生职业病危害的作业，或者提请有关人民政府按照国务院规定的权限责令停建、关闭：

（一）未按照规定进行职业病危害预评价或者未提交职业病危害预评价报告，或者职业病危害预评价报告未经安全生产监督管理部门审核同意，开工建设的；

（二）建设项目的职业病防护设施未按照规定与主体工程同时投入生产和使用的；

（三）职业病危害严重的建设项目，其职业病防护设施设计未经安全生产监督管理部门审查，或者不符合国家职业卫生标准和卫生要求施工的；

（四）未按照规定对职业病防护设施进行职业病危害控制效果评价、未经安全生产监督管理部门验收或者验收不合格，擅自投入使用的。

第七十一条　违反本法规定，有下列行为之一的，由安全生产监督管理部门给予警告，责令限期改正；逾期不改正的，处十万元以下的罚款：

（一）工作场所职业病危害因素检测、评价结果没有存档、上报、公布的；

（二）未采取本法第二十一条规定的职业病防治管理措施的；

（三）未按照规定公布有关职业病防治的规章制度、操作规程、职业病危害事故应急救援措施的；

（四）未按照规定组织劳动者进行职业卫生培训，或者未对劳动者个人职业病防护采取指导、督促措施的；

（五）国内首次使用或者首次进口与职业病危害有关的化学材料，未按照规定报送毒性鉴定资料以及经有关部门登记注册或者批准进口的文件的。

第七十二条　用人单位违反本法规定，有下列行为之一的，由安全生产监督管理部门责令限期改正，给予警告，可以并处五万元以上十万元以下的罚款：

（一）未按照规定及时、如实向安全生产监督管理部门申报产生职业病危害的项目的；

（二）未实施由专人负责的职业病危害因素日常监测，或者监测系统不能正常监测的；

（三）订立或者变更劳动合同时，未告知劳动者职业病危害真实情况的；

（四）未按照规定组织职业健康检查、建立职业健康监护档案或者未将检查结果书面告知劳动者的；

（五）未依照本法规定在劳动者离开用人单位时提供职业健康监护档

案复印件的。

第七十三条　用人单位违反本法规定，有下列行为之一的，由安全生产监督管理部门给予警告，责令限期改正，逾期不改正的，处五万元以上二十万元以下的罚款；情节严重的，责令停止产生职业病危害的作业，或者提请有关人民政府按照国务院规定的权限责令关闭：

（一）工作场所职业病危害因素的强度或者浓度超过国家职业卫生标准的；

（二）未提供职业病防护设施和个人使用的职业病防护用品，或者提供的职业病防护设施和个人使用的职业病防护用品不符合国家职业卫生标准和卫生要求的；

（三）对职业病防护设备、应急救援设施和个人使用的职业病防护用品未按照规定进行维护、检修、检测，或者不能保持正常运行、使用状态的；

（四）未按照规定对工作场所职业病危害因素进行检测、评价的；

（五）工作场所职业病危害因素经治理仍然达不到国家职业卫生标准和卫生要求时，未停止存在职业病危害因素的作业的；

（六）未按照规定安排职业病病人、疑似职业病病人进行诊治的；

（七）发生或者可能发生急性职业病危害事故时，未立即采取应急救援和控制措施或者未按照规定及时报告的；

（八）未按照规定在产生严重职业病危害的作业岗位醒目位置设置警示标识和中文警示说明的；

（九）拒绝职业卫生监督管理部门监督检查的；

（十）隐瞒、伪造、篡改、毁损职业健康监护档案、工作场所职业病危害因素检测评价结果等相关资料，或者拒不提供职业病诊断、鉴定所需资料的；

（十一）未按照规定承担职业病诊断、鉴定费用和职业病病人的医疗、生活保障费用的。

第七十四条　向用人单位提供可能产生职业病危害的设备、材料，未按照规定提供中文说明书或者设置警示标识和中文警示说明的，由安全生产监督管理部门责令限期改正，给予警告，并处五万元以上二十万元以下的罚款。

第七十五条　用人单位和医疗卫生机构未按照规定报告职业病、疑似职业病的，由有关主管部门依据职责分工责令限期改正，给予警告，可以并处一万元以下的罚款；弄虚作假的，并处二万元以上五万元以下的罚款；对直接负责的主管人员和其他直接责任人员，可以依法给予降级或者撤职的处分。

第七十六条 违反本法规定，有下列情形之一的，由安全生产监督管理部门责令限期治理，并处五万元以上三十万元以下的罚款；情节严重的，责令停止产生职业病危害的作业，或者提请有关人民政府按照国务院规定的权限责令关闭：

（一）隐瞒技术、工艺、设备、材料所产生的职业病危害而采用的；

（二）隐瞒本单位职业卫生真实情况的；

（三）可能发生急性职业损伤的有毒、有害工作场所、放射工作场所或者放射性同位素的运输、贮存不符合本法第二十六条规定的；

（四）使用国家明令禁止使用的可能产生职业病危害的设备或者材料的；

（五）将产生职业病危害的作业转移给没有职业病防护条件的单位和个人，或者没有职业病防护条件的单位和个人接受产生职业病危害的作业的；

（六）擅自拆除、停止使用职业病防护设备或者应急救援设施的；

（七）安排未经职业健康检查的劳动者、有职业禁忌的劳动者、未成年工或者孕期、哺乳期女职工从事接触职业病危害的作业或者禁忌作业的；

（八）违章指挥和强令劳动者进行没有职业病防护措施的作业的。

第七十七条 生产、经营或者进口国家明令禁止使用的可能产生职业病危害的设备或者材料的，依照有关法律、行政法规的规定给予处罚。

第七十八条 用人单位违反本法规定，已经对劳动者生命健康造成严重损害的，由安全生产监督管理部门责令停止产生职业病危害的作业，或者提请有关人民政府按照国务院规定的权限责令关闭，并处十万元以上五十万元以下的罚款。

第七十九条 用人单位违反本法规定，造成重大职业病危害事故或者其他严重后果，构成犯罪的，对直接负责的主管人员和其他直接责任人员，依法追究刑事责任。

第八十条 未取得职业卫生技术服务资质认可擅自从事职业卫生技术服务的，或者医疗卫生机构未经批准擅自从事职业健康检查、职业病诊断的，由安全生产监督管理部门和卫生行政部门依据职责分工责令立即停止违法行为，没收违法所得；违法所得五千元以上的，并处违法所得二倍以上十倍以下的罚款；没有违法所得或者违法所得不足五千元的，并处五千元以上五万元以下的罚款；情节严重的，对直接负责的主管人员和其他直接责任人员，依法给予降级、撤职或者开除的处分。

第八十一条　从事职业卫生技术服务的机构和承担职业健康检查、职业病诊断的医疗卫生机构违反本法规定，有下列行为之一的，由安全生产监督管理部门和卫生行政部门依据职责分工责令立即停止违法行为，给予警告，没收违法所得；违法所得五千元以上的，并处违法所得二倍以上五倍以下的罚款；没有违法所得或者违法所得不足五千元的，并处五千元以上二万元以下的罚款；情节严重的，由原认可或者批准机关取消其相应的资格；对直接负责的主管人员和其他直接责任人员，依法给予降级、撤职或者开除的处分；构成犯罪的，依法追究刑事责任：

（一）超出资质认可或者批准范围从事职业卫生技术服务或者职业健康检查、职业病诊断的；

（二）不按照本法规定履行法定职责的；

（三）出具虚假证明文件的。

第八十二条　职业病诊断鉴定委员会组成人员收受职业病诊断争议当事人的财物或者其他好处的，给予警告，没收收受的财物，可以并处三千元以上五万元以下的罚款，取消其担任职业病诊断鉴定委员会组成人员的资格，并从省、自治区、直辖市人民政府卫生行政部门设立的专家库中予以除名。

第八十三条　卫生行政部门、安全生产监督管理部门不按照规定报告职业病和职业病危害事故的，由上一级行政部门责令改正，通报批评，给予警告；虚报、瞒报的，对单位负责人、直接负责的主管人员和其他直接责任人员依法给予降级、撤职或者开除的处分。

第八十四条　违反本法第十七条、第十八条规定，有关部门擅自批准建设项目或者发放施工许可的，对该部门直接负责的主管人员和其他直接责任人员，由监察机关或者上级机关依法给予记过直至开除的处分。

第八十五条　县级以上地方人民政府在职业病防治工作中未依照本法履行职责，本行政区域出现重大职业病危害事故、造成严重社会影响的，依法对直接负责的主管人员和其他直接责任人员给予记大过直至开除的处分。

县级以上人民政府职业卫生监督管理部门不履行本法规定的职责，滥用职权、玩忽职守、徇私舞弊，依法对直接负责的主管人员和其他直接责任人员给予记大过或者降级的处分；造成职业病危害事故或者其他严重后果的，依法给予撤职或者开除的处分。

第八十六条　违反本法规定，构成犯罪的，依法追究刑事责任。

第七章　附　　则

第八十七条　本法下列用语的含义:

职业病危害,是指对从事职业活动的劳动者可能导致职业病的各种危害。职业病危害因素包括:职业活动中存在的各种有害的化学、物理、生物因素以及在作业过程中产生的其他职业有害因素。

职业禁忌,是指劳动者从事特定职业或者接触特定职业病危害因素时,比一般职业人群更易于遭受职业病危害和罹患职业病或者可能导致原有自身疾病病情加重,或者在从事作业过程中诱发可能导致对他人生命健康构成危险的疾病的个人特殊生理或者病理状态。

第八十八条　本法第二条规定的用人单位以外的单位,产生职业病危害的,其职业病防治活动可以参照本法执行。

劳务派遣用工单位应当履行本法规定的用人单位的义务。

中国人民解放军参照执行本法的办法,由国务院、中央军事委员会制定。

第八十九条　对医疗机构放射性职业病危害控制的监督管理,由卫生行政部门依照本法的规定实施。

第九十条　本法自 2002 年 5 月 1 日起施行。

关于《中华人民共和国
职业病防治法修正案(草案)》的说明

—— 2001 年 6 月 27 日在第十一届全国人民代
表大会常务委员会第二十一次会议上

卫生部部长　陈　竺

全国人民代表大会常务委员会:

我受国务院委托,现对《中华人民共和国职业病防治法修正案(草案)》作说明。

2010 年 3 月,卫生部向国务院报送了《中华人民共和国职业病防治法(修正案草案)(送审稿)》。收到送审稿后,法制办先后三次大范围征求意见,并于 2010 年 11 月 5 日至 11 月 19 日就有关职业病诊断鉴定制度的条文向全社会公开征求意见;赴地方调研;召开专家会和部门协调会;走访全国人大常委会法工委、中央编办、高法院、全国总工会等有关单位，汇报工作情况和难点问题，听取他们的意见；经国务院副秘书长协调，请我国 11 个驻外使领馆协助收集所在国的职业病防治制度相关资料，并请国家图书馆协助收集有关国家的资料，对国外情况作了研究；会同卫生部、中国疾病预防控制中心，对全国的职业病诊断机构进行问卷调查，在北京、河北、吉林、甘肃、江苏、重庆等六省市采用现场访谈的方式进行专项调查。审查过程中，法制办会同卫生部、安全监管总局、人力资源社会保障部，综合各方面情况对送审稿作了多次修改，就主要制度先后拟定了四个方案，最后在深入研究、不断讨论、反复协商的基础上，形成了《中华人民共和国职业病防治法修正案（草案）》（以下简称草案）。草案已经国务院第 153 次常务会议讨论通过。现将草案主要内容说明如下：

一、修改职业病防治法要解决的主要问题和总体思路

现行职业病防治法自 2002 年 5 月 1 日起施行。该法对职业病的预防、治疗和职业病待遇保障各环节作了规范：在项目建设阶段，规定了职业病危害预评价制度和职业卫生防护设施"三同时"制度；在劳动过程的职业病防护方面，规定了用人单位的一系列义务，如应当如实告知劳动者所从事岗位的职业病危害，定期检测工作场所的危害因素并向监管部门报告检测结果，采用有效的职业病防护设施并为劳动者提供个人使用的职业病防护用品，组织劳动者进行健康检查并为其建立职业健康监护档案，等等；在职业病诊断治疗方面，规定诊断须由三名以上执业医师集体作出，明确了职业病诊断应综合考虑的因素及原则等，并授权卫生部制定具体的职业病诊断、鉴定管理办法；在职业病待遇保障方面，明确职业病病人的诊疗、康复费用及相关社会保障按照工伤社会保险的规定执行，同时考虑到劳动者频繁变动用人单位等实际情况，还规定了用人单位在发生分立、合并、解散、破产等情形时应妥善处理职业病病人的义务，以及最后用人单位与先前用人单位的责任划分。应当说，现行职业病防治法的各项制度，特别是职业病预防和职业病待遇保障制度，总体是科学、可行的。该法施行九年来，对遏制职业病高发势头确实起到了积极作用。

但是，目前我国的职业病防治工作形势总体还比较严峻；与职业病相关的事件时有发生，在社会上产生了不好的影响，个别的还演变成了群体性事件。这些事件暴露出部分用人单位不履行法定的职业病预防义务，职业病诊断难，职业病待遇、主要是"老工伤"待遇落实难等问题还比较突出。关于用人单位不履行职业病预防义务问题，主要是由于法律执行不严格和不到位，应当通过加大执法力度、严格依法监管加以解决；同时，监管体制不顺也是原因之一。2010 年 10 月 8 日，中央编办公布了《关于职业卫生监管部门职责分工的通知》(中央编办发〔2010〕104 号),明确了国家一级的职业卫生监管体制,监管体制问题正在逐步解决。关于职业病待遇问题,2010 年 12 月 20 日,国务院修订了《工伤保险条例》,职业病病人可以享受的待遇得到进一步提高;2011 年 1 月 12 日,国务院常务会议又专门研究了"老工伤"问题,明确分阶段将"老工伤"纳入工伤保险统筹管理。至此,职业病预防、待遇问题都有了比较完善的制度性安排;而职业病诊断问题则凸显为职业病防治工作相对薄弱的环节。

完善的职业病诊断制度既可以为劳动者顺利、便捷地进行职业病诊断,尽快落实职业病待遇提供法律保障,也可以通过合理分配职业病诊断过程中的各方义务来有效引导甚至倒逼用人单位依法落实各项职业病预防措施,从而真正实现"预防为主、防治结合"的职业病防治工作方针。因此,完全可以说,职业病诊断制度在整个职业病防治工作中居于承前启后的重要地位,对明确职业病防治责任、落实职业待遇、保证职业病防治法全面严格实施发挥着关键性作用。职业病诊断是归因诊断,除了依据劳动者的临床表现和辅助检查结果外,还要综合分析劳动者的职业史、职业病危害接触史、工作场所职业病危害因素检测资料等因素。实践中,职业病诊断难,主要就难在劳动者无法提供职业病诊断所需资料以及劳动者和用人单位对这些资料有争议时诊断机构无法作出判断。尽管这两种情况涉及的劳动者在职业病诊断中所占比例不大,但不能及时进行职业病诊断对身患职业病的劳动者权益所造成的损害,是其不能承受的;同时,这些个案还容易引起舆论炒作,引发群众不满,影响社会稳定。为此,有必要对现行职业病防治法特别是职业病诊断制度作出修改,增加关于资料获取、争议解决途径等的规定。

国务院领导对职业病防治法修改工作高度重视,社会各方高度关注,全国人大常委会和国务院都已将职业病防治法修订列入了今年的一档立法项目。在修改职业病防治法过程中,我们在总体思路上主要把握了以下三点:一是进一步强化用人单位在职业病诊断中的责任,通过具体制度倒逼用人单位自觉履行提供职业病诊断所需资料进而落实预防措施的义务。二是按照方便劳动者、简化程序的总体要求,区别情况,运用劳动仲裁、行政判定等方式解决职业病诊断所需资料的争议问题。三是通过制度设置向保护劳动者权益倾斜,有针对性地解决劳动者在职业病诊断中可能遇到的困难。

二、草案的主要内容

(一)消除职业病诊断的受理门槛。草案一方面明确了职业病诊断机构应当具备的条件,使符合条件的医疗卫生机构都可以取得职业病诊断机构资质,增加劳动者自主选择诊断机构的机会;另一方面规定了职业病诊断机构不得拒绝劳动者进行职业病诊断的要求。

（二）简化劳动仲裁程序，使制度设置向保护劳动者权益倾斜。依照劳动争议调解仲裁法，解决涉及劳动关系等事项的争议须进行劳动仲裁。实践中，职业病诊断也已经引入劳动仲裁机制。但是，根据该法规定，劳动争议仲裁委员会可以决定是否受理仲裁申请；法定的审理期限为45日，案情复杂的还可以延长15日；当事人对仲裁裁决不服的，可以在15日内提起诉讼。为保证职业病诊断工作顺利开展，切实保护劳动者权益，草案对职业病诊断中提出的劳动仲裁规定了特殊的程序要求：（1）在确认劳动者职业史、职业病危害接触史时，当事人对劳动关系、工种、工作岗位或者在岗时间有争议的，可以向当地的劳动人事争议仲裁委员会申请仲裁；接到申请的劳动仲裁机构应当受理。（2）劳动仲裁机构应当在30日内作出裁决。（3）仲裁过程中，劳动者无法提供由用人单位掌握管理的与仲裁主张有关的证据，仲裁庭应当要求用人单位在指定期限内提供；用人单位在指定期限内不提供的，应当承担不利后果。（4）用人单位对仲裁裁决不服、拟向人民法院提起诉讼的，应当在职业病诊断、鉴定程序结束之日起15日内提起诉讼；诉讼期间，劳动者的治疗费用按照职业病待遇规定的途径支付。

（三）规定监管部门在特定情况下对有争议资料作出判定的职责。草案规定：劳动者对用人单位提供的工作场所职业病危害因素检测资料等有异议，或者因劳动者的用人单位解散、破产，无用人单位提供上述资料的，诊断机构应当提请负责工作场所职业卫生监督管理的部门进行调查，由该部门对存在异议的资料或者工作场所职业病危害因素状况作出判定；有关部门应当配合。

（四）明确诊断机构在法定情形下应当参考劳动者的自述作出职业病诊断结论。草案一方面规定，用人单位应当如实提供劳动者职业史、职业病危害接触史等资料，并对用人单位隐瞒、损毁与职业病诊断相关资料或者不依法提供上述资料的行为设定了严格的法律责任；另一方面规定，在职业病诊断过程中，用人单位不提供工作场所职业病危害因素检测资料的，诊断机构应当结合劳动者的临床表现、辅助检查结果和劳动者的职业史、职业病危害接触史，并参考劳动者的自述等，作出职业病诊断结论。

此外，为完善职业病防治法律制度，草案规定职业病防治工作要建立用人单位负责、行政机关监管、行业协会规范、职工群众和社会监督的机制；为进一步发挥工会组织作用，草案规定了工会组织依法对职业病防治工作进行监督，维护劳动者的合法权益等。

《中华人民共和国职业病防治法修正案（草案）》和以上说明是否妥当，请审议。

危险化学品安全管理条例

(2002 年 1 月 26 日中华人民共和国国务院令第 344
号公布　2011 年 2 月 16 日国务院第 144 次常务会
议修订通过　2011 年 3 月 2 日中华人民共和国国务
院令第 591 号公布　自 2011 年 12 月 1 日起施行)

第一章　总　　则

第一条　为了加强危险化学品的安全管理，预防和减少危险化学品事故，保障人民群众生命财产安全，保护环境，制定本条例。

第二条　危险化学品生产、储存、使用、经营和运输的安全管理，适用本条例。

废弃危险化学品的处置，依照有关环境保护的法律、行政法规和国家有关规定执行。

第三条　本条例所称危险化学品，是指具有毒害、腐蚀、爆炸、燃烧、助燃等性质，对人体、设施、环境具有危害的剧毒化学品和其他化学品。

危险化学品目录，由国务院安全生产监督管理部门会同国务院工业和信息化、公安、环境保护、卫生、质量监督检验检疫、交通运输、铁路、民用航空、农业主管部门，根据化学品危险特性的鉴别和分类标准确定、公布，并适时调整。

第四条　危险化学品安全管理，应当坚持安全第一、预防为主、综合治理的方针，强化和落实企业的主体责任。

生产、储存、使用、经营、运输危险化学品的单位（以下统称危险化学品单位）的主要负责人对本单位的危险化学品安全管理工作全面负责。

危险化学品单位应当具备法律、行政法规规定和国家标准、行业标准要求的安全条件，建立、健全安全管理规章制度和岗位安全责任制度，对从业人员进行安全教育、法制教育和岗位技术培训。从业人员应当接受教育和培训，考核合格后上岗作业；对有资格要求的岗位，应当配备依法取得相应资格的人员。

第五条　任何单位和个人不得生产、经营、使用国家禁止生产、经营、使用的危险化学品。

国家对危险化学品的使用有限制性规定的，任何单位和个人不得违反限制性规定使用危险化学品。

第六条 对危险化学品的生产、储存、使用、经营、运输实施安全监督管理的有关部门（以下统称负有危险化学品安全监督管理职责的部门），依照下列规定履行职责：

（一）安全生产监督管理部门负责危险化学品安全监督管理综合工作，组织确定、公布、调整危险化学品目录，对新建、改建、扩建生产、储存危险化学品（包括使用长输管道输送危险化学品，下同）的建设项目进行安全条件审查，核发危险化学品安全生产许可证、危险化学品安全使用许可证和危险化学品经营许可证，并负责危险化学品登记工作。

（二）公安机关负责危险化学品的公共安全管理，核发剧毒化学品购买许可证、剧毒化学品道路运输通行证，并负责危险化学品运输车辆的道路交通安全管理。

（三）质量监督检验检疫部门负责核发危险化学品及其包装物、容器（不包括储存危险化学品的固定式大型储罐，下同）生产企业的工业产品生产许可证，并依法对其产品质量实施监督，负责对进出口危险化学品及其包装实施检验。

（四）环境保护主管部门负责废弃危险化学品处置的监督管理，组织危险化学品的环境危害性鉴定和环境风险程度评估，确定实施重点环境管理的危险化学品，负责危险化学品环境管理登记和新化学物质环境管理登记；依照职责分工调查相关危险化学品环境污染事故和生态破坏事件，负责危险化学品事故现场的应急环境监测。

（五）交通运输主管部门负责危险化学品道路运输、水路运输的许可以及运输工具的安全管理，对危险化学品水路运输安全实施监督，负责危险化学品道路运输企业、水路运输企业驾驶人员、船员、装卸管理人员、押运人员、申报人员、集装箱装箱现场检查员的资格认定。铁路主管部门负责危险化学品铁路运输的安全管理，负责危险化学品铁路运输承运人、托运人的资质审批及其运输工具的安全管理。民用航空主管部门负责危险化学品航空运输以及航空运输企业及其运输工具的安全管理。

（六）卫生主管部门负责危险化学品毒性鉴定的管理，负责组织、协调危险化学品事故受伤人员的医疗卫生救援工作。

（七）工商行政管理部门依据有关部门的许可证件，核发危险化学品生产、储存、经营、运输企业营业执照，查处危险化学品经营企业违法采购危险化学品的行为。

（八）邮政管理部门负责依法查处寄递危险化学品的行为。

第七条 负有危险化学品安全监督管理职责的部门依法进行监督检查，可以采取下列措施：

（一）进入危险化学品作业场所实施现场检查，向有关单位和人员了解情况，查阅、复制有关文件、资料；

（二）发现危险化学品事故隐患，责令立即消除或者限期消除；

（三）对不符合法律、行政法规、规章规定或者国家标准、行业标准要求的设施、设备、装置、器材、运输工具，责令立即停止使用；

（四）经本部门主要负责人批准，查封违法生产、储存、使用、经营危险化学品的场所，扣押违法生产、储存、使用、经营、运输的危险化学品以及用于违法生产、使用、运输危险化学品的原材料、设备、运输工具；

（五）发现影响危险化学品安全的违法行为，当场予以纠正或者责令限期改正。

负有危险化学品安全监督管理职责的部门依法进行监督检查，监督检查人员不得少于2人，并应当出示执法证件；有关单位和个人对依法进行的监督检查应当予以配合，不得拒绝、阻碍。

第八条 县级以上人民政府应当建立危险化学品安全监督管理工作协调机制，支持、督促负有危险化学品安全监督管理职责的部门依法履行职责，协调、解决危险化学品安全监督管理工作中的重大问题。

负有危险化学品安全监督管理职责的部门应当相互配合、密切协作，依法加强对危险化学品的安全监督管理。

第九条 任何单位和个人对违反本条例规定的行为，有权向负有危险化学品安全监督管理职责的部门举报。负有危险化学品安全监督管理职责的部门接到举报，应当及时依法处理；对不属于本部门职责的，应当及时移送有关部门处理。

第十条 国家鼓励危险化学品生产企业和使用危险化学品从事生产的企业采用有利于提高安全保障水平的先进技术、工艺、设备以及自动控制系统，鼓励对危险化学品实行专门储存、统一配送、集中销售。

第二章　生产、储存安全

第十一条 国家对危险化学品的生产、储存实行统筹规划、合理布局。

国务院工业和信息化主管部门以及国务院其他有关部门依据各自职责，负责危险化学品生产、储存的行业规划和布局。

地方人民政府组织编制城乡规划，应当根据本地区的实际情况，按照确保安全的原则，规划适当区域专门用于危险化学品的生产、储存。

第十二条　新建、改建、扩建生产、储存危险化学品的建设项目（以下简称建设项目），应当由安全生产监督管理部门进行安全条件审查。

建设单位应当对建设项目进行安全条件论证，委托具备国家规定的资质条件的机构对建设项目进行安全评价，并将安全条件论证和安全评价的情况报告报建设项目所在地设区的市级以上人民政府安全生产监督管理部门；安全生产监督管理部门应当自收到报告之日起45日内作出审查决定，并书面通知建设单位。具体办法由国务院安全生产监督管理部门制定。

新建、改建、扩建储存、装卸危险化学品的港口建设项目，由港口行政管理部门按照国务院交通运输主管部门的规定进行安全条件审查。

第十三条　生产、储存危险化学品的单位，应当对其铺设的危险化学品管道设置明显标志，并对危险化学品管道定期检查、检测。

进行可能危及危险化学品管道安全的施工作业，施工单位应当在开工的7日前书面通知管道所属单位，并与管道所属单位共同制定应急预案，采取相应的安全防护措施。管道所属单位应当指派专门人员到现场进行管道安全保护指导。

第十四条　危险化学品生产企业进行生产前，应当依照《安全生产许可证条例》的规定，取得危险化学品安全生产许可证。

生产列入国家实行生产许可证制度的工业产品目录的危险化学品的企业，应当依照《中华人民共和国工业产品生产许可证管理条例》的规定，取得工业产品生产许可证。

负责颁发危险化学品安全生产许可证、工业产品生产许可证的部门，应当将其颁发许可证的情况及时向同级工业和信息化主管部门、环境保护主管部门和公安机关通报。

第十五条　危险化学品生产企业应当提供与其生产的危险化学品相符的化学品安全技术说明书，并在危险化学品包装（包括外包装件）上粘贴或者拴挂与包装内危险化学品相符的化学品安全标签。化学品安全技术说明书和化学品安全标签所载明的内容应当符合国家标准的要求。

危险化学品生产企业发现其生产的危险化学品有新的危险特性的，应当立即公告，并及时修订其化学品安全技术说明书和化学品安全标签。

第十六条　生产实施重点环境管理的危险化学品的企业，应当按照国务院环境保护主管部门的规定，将该危险化学品向环境中释放等相关信息向环境保护主管部门报告。环境保护主管部门可以根据情况采取相应的环境风险控制措施。

第十七条　危险化学品的包装应当符合法律、行政法规、规章的规定以及国家标准、行业标准的要求。

危险化学品包装物、容器的材质以及危险化学品包装的型式、规格、方法和单件质量（重量），应当与所包装的危险化学品的性质和用途相适应。

第十八条　生产列入国家实行生产许可证制度的工业产品目录的危险化学品包装物、容器的企业，应当依照《中华人民共和国工业产品生产许可证管理条例》的规定，取得工业产品生产许可证；其生产的危险化学品包装物、容器经国务院质量监督检验检疫部门认定的检验机构检验合格，方可出厂销售。

运输危险化学品的船舶及其配载的容器，应当按照国家船舶检验规范进行生产，并经海事管理机构认定的船舶检验机构检验合格，方可投入使用。

对重复使用的危险化学品包装物、容器，使用单位在重复使用前应当进行检查；发现存在安全隐患的，应当维修或者更换。使用单位应当对检查情况作出记录，记录的保存期限不得少于2年。

第十九条　危险化学品生产装置或者储存数量构成重大危险源的危险化学品储存设施（运输工具加油站、加气站除外），与下列场所、设施、区域的距离应当符合国家有关规定：

（一）居住区以及商业中心、公园等人员密集场所；

（二）学校、医院、影剧院、体育场（馆）等公共设施；

（三）饮用水源、水厂以及水源保护区；

（四）车站、码头（依法经许可从事危险化学品装卸作业的除外）、机场以及通信干线、通信枢纽、铁路线路、道路交通干线、水路交通干线、地铁风亭以及地铁站出入口；

（五）基本农田保护区、基本草原、畜禽遗传资源保护区、畜禽规模化养殖场（养殖小区）、渔业水域以及种子、种畜禽、水产苗种生产基地；

（六）河流、湖泊、风景名胜区、自然保护区；

（七）军事禁区、军事管理区；

（八）法律、行政法规规定的其他场所、设施、区域。

已建的危险化学品生产装置或者储存数量构成重大危险源的危险化学品储存设施不符合前款规定的，由所在地设区的市级人民政府安全生产监督管理部门会同有关部门监督其所属单位在规定期限内进行整改；需要转产、停产、搬迁、关闭的，由本级人民政府决定并组织实施。

储存数量构成重大危险源的危险化学品储存设施的选址，应当避开地震活动断层和容易发生洪灾、地质灾害的区域。

本条例所称重大危险源，是指生产、储存、使用或者搬运危险化学品，且危险化学品的数量等于或者超过临界量的单元（包括场所和设施）。

第二十条　生产、储存危险化学品的单位，应当根据其生产、储存的危险化学品的种类和危险特性，在作业场所设置相应的监测、监控、通风、防晒、调温、防火、灭火、防爆、泄压、防毒、中和、防潮、防雷、防静电、防腐、防泄漏以及防护围堤或者隔离操作等安全设施、设备，并按照国家标准、行业标准或者国家有关规定对安全设施、设备进行经常性维护、保养，保证安全设施、设备的正常使用。

生产、储存危险化学品的单位，应当在其作业场所和安全设施、设备上设置明显的安全警示标志。

第二十一条　生产、储存危险化学品的单位，应当在其作业场所设置通信、报警装置，并保证处于适用状态。

第二十二条　生产、储存危险化学品的企业，应当委托具备国家规定的资质条件的机构，对本企业的安全生产条件每3年进行一次安全评价，提出安全评价报告。安全评价报告的内容应当包括对安全生产条件存在的问题进行整改的方案。

生产、储存危险化学品的企业，应当将安全评价报告以及整改方案的落实情况报所在地县级人民政府安全生产监督管理部门备案。在港区内储存危险化学品的企业，应当将安全评价报告以及整改方案的落实情况报港口行政管理部门备案。

第二十三条　生产、储存剧毒化学品或者国务院公安部门规定的可用于制造爆炸物品的危险化学品（以下简称易制爆危险化学品）的单位，应当如实记录其生产、储存的剧毒化学品、易制爆危险化学品的数量、流向，并采取必要的安全防范措施，防止剧毒化学品、易制爆危险化学品丢失或者被盗；发现剧毒化学品、易制爆危险化学品丢失或者被盗的，应当立即向当地公安机关报告。

生产、储存剧毒化学品、易制爆危险化学品的单位，应当设置治安保卫机构，配备专职治安保卫人员。

第二十四条　危险化学品应当储存在专用仓库、专用场地或者专用储存室（以下统称专用仓库）内，并由专人负责管理；剧毒化学品以及储存数量构成重大危险源的其他危险化学品，应当在专用仓库内单独存放，并实行双人收发、双人保管制度。

危险化学品的储存方式、方法以及储存数量应当符合国家标准或者国家有关规定。

第二十五条　储存危险化学品的单位应当建立危险化学品出入库核查、登记制度。

对剧毒化学品以及储存数量构成重大危险源的其他危险化学品，储存单位应当将其储存数量、储存地点以及管理人员的情况，报所在地县级人民政府安全生产监督管理部门（在港区内储存的，报港口行政管理部门）和公安机关备案。

第二十六条　危险化学品专用仓库应当符合国家标准、行业标准的要求，并设置明显的标志。储存剧毒化学品、易制爆危险化学品的专用仓库，应当按照国家有关规定设置相应的技术防范设施。

储存危险化学品的单位应当对其危险化学品专用仓库的安全设施、设备定期进行检测、检验。

第二十七条　生产、储存危险化学品的单位转产、停产、停业或者解散的，应当采取有效措施，及时、妥善处置其危险化学品生产装置、储存设施以及库存的危险化学品，不得丢弃危险化学品；处置方案应当报所在地县级人民政府安全生产监督管理部门、工业和信息化主管部门、环境保护主管部门和公安机关备案。安全生产监督管理部门应当会同环境保护主管部门和公安机关对处置情况进行监督检查，发现未依照规定处置的，应当责令其立即处置。

第三章　使用安全

第二十八条　使用危险化学品的单位，其使用条件（包括工艺）应当符合法律、行政法规的规定和国家标准、行业标准的要求，并根据所使用的危险化学品的种类、危险特性以及使用量和使用方式，建立、健全使用危险化学品的安全管理规章制度和安全操作规程，保证危险化学品的安全使用。

第二十九条　使用危险化学品从事生产并且使用量达到规定数量的化工企业（属于危险化学品生产企业的除外，下同），应当依照本条例的规定取得危险化学品安全使用许可证。

前款规定的危险化学品使用量的数量标准，由国务院安全生产监督管理部门会同国务院公安部门、农业主管部门确定并公布。

第三十条　申请危险化学品安全使用许可证的化工企业，除应当符合本条例第二十八条的规定外，还应当具备下列条件：

（一）有与所使用的危险化学品相适应的专业技术人员；

（二）有安全管理机构和专职安全管理人员；

（三）有符合国家规定的危险化学品事故应急预案和必要的应急救援

器材、设备；

（四）依法进行了安全评价。

第三十一条　申请危险化学品安全使用许可证的化工企业，应当向所在地设区的市级人民政府安全生产监督管理部门提出申请，并提交其符合本条例第三十条规定条件的证明材料。设区的市级人民政府安全生产监督管理部门应当依法进行审查，自收到证明材料之日起 45 日内作出批准或者不予批准的决定。予以批准的，颁发危险化学品安全使用许可证；不予批准的，书面通知申请人并说明理由。

安全生产监督管理部门应当将其颁发危险化学品安全使用许可证的情况及时向同级环境保护主管部门和公安机关通报。

第三十二条　本条例第十六条关于生产实施重点环境管理的危险化学品的企业的规定，适用于使用实施重点环境管理的危险化学品从事生产的企业；第二十条、第二十一条、第二十三条第一款、第二十七条关于生产、储存危险化学品的单位的规定，适用于使用危险化学品的单位；第二十二条关于生产、储存危险化学品的企业的规定，适用于使用危险化学品从事生产的企业。

第四章　经营安全

第三十三条　国家对危险化学品经营（包括仓储经营，下同）实行许可制度。未经许可，任何单位和个人不得经营危险化学品。

依法设立的危险化学品生产企业在其厂区范围内销售本企业生产的危险化学品，不需要取得危险化学品经营许可。

依照《中华人民共和国港口法》的规定取得港口经营许可证的港口经营人，在港区内从事危险化学品仓储经营，不需要取得危险化学品经营许可。

第三十四条　从事危险化学品经营的企业应当具备下列条件：

（一）有符合国家标准、行业标准的经营场所，储存危险化学品的，还应当有符合国家标准、行业标准的储存设施；

（二）从业人员经过专业技术培训并经考核合格；

（三）有健全的安全管理规章制度；

（四）有专职安全管理人员；

（五）有符合国家规定的危险化学品事故应急预案和必要的应急救援器材、设备；

（六）法律、法规规定的其他条件。

第三十五条　从事剧毒化学品、易制爆危险化学品经营的企业，应当向所在地设区的市级人民政府安全生产监督管理部门提出申请，从事其他危险化学品经营的企业，应当向所在地县级人民政府安全生产监督管理部门提出申请（有储存设施的，应当向所在地设区的市级人民政府安全生产监督管理部门提出申请）。申请人应当提交其符合本条例第三十四条规定条件的证明材料。设区的市级人民政府安全生产监督管理部门或者县级人民政府安全生产监督管理部门应当依法进行审查，并对申请人的经营场所、储存设施进行现场核查，自收到证明材料之日起 30 日内作出批准或者不予批准的决定。予以批准的，颁发危险化学品经营许可证；不予批准的，书面通知申请人并说明理由。

设区的市级人民政府安全生产监督管理部门和县级人民政府安全生产监督管理部门应当将其颁发危险化学品经营许可证的情况及时向同级环境保护主管部门和公安机关通报。

申请人持危险化学品经营许可证向工商行政管理部门办理登记手续后，方可从事危险化学品经营活动。法律、行政法规或者国务院规定经营危险化学品还需要经其他有关部门许可的，申请人向工商行政管理部门办理登记手续时还应当持相应的许可证件。

第三十六条 危险化学品经营企业储存危险化学品的，应当遵守本条例第二章关于储存危险化学品的规定。危险化学品商店内只能存放民用小包装的危险化学品。

第三十七条 危险化学品经营企业不得向未经许可从事危险化学品生产、经营活动的企业采购危险化学品，不得经营没有化学品安全技术说明书或者化学品安全标签的危险化学品。

第三十八条 依法取得危险化学品安全生产许可证、危险化学品安全使用许可证、危险化学品经营许可证的企业，凭相应的许可证件购买剧毒化学品、易制爆危险化学品。民用爆炸物品生产企业凭民用爆炸物品生产许可证购买易制爆危险化学品。

前款规定以外的单位购买剧毒化学品的，应当向所在地县级人民政府公安机关申请取得剧毒化学品购买许可证；购买易制爆危险化学品的，应当持本单位出具的合法用途说明。

个人不得购买剧毒化学品（属于剧毒化学品的农药除外）和易制爆危险化学品。

第三十九条 申请取得剧毒化学品购买许可证，申请人应当向所在地县级人民政府公安机关提交下列材料：

（一）营业执照或者法人证书（登记证书）的复印件；

（二）拟购买的剧毒化学品品种、数量的说明；

（三）购买剧毒化学品用途的说明；

（四）经办人的身份证明。

县级人民政府公安机关应当自收到前款规定的材料之日起 3 日内，作出批准或者不予批准的决定。予以批准的，颁发剧毒化学品购买许可证；不予批准的，书面通知申请人并说明理由。

剧毒化学品购买许可证管理办法由国务院公安部门制定。

第四十条　危险化学品生产企业、经营企业销售剧毒化学品、易制爆危险化学品，应当查验本条例第三十八条第一款、第二款规定的相关许可证件或者证明文件，不得向不具有相关许可证件或者证明文件的单位销售剧毒化学品、易制爆危险化学品。对持剧毒化学品购买许可证购买剧毒化学品的，应当按照许可证载明的品种、数量销售。

禁止向个人销售剧毒化学品（属于剧毒化学品的农药除外）和易制爆危险化学品。

第四十一条　危险化学品生产企业、经营企业销售剧毒化学品、易制爆危险化学品，应当如实记录购买单位的名称、地址、经办人的姓名、身份证号码以及所购买的剧毒化学品、易制爆危险化学品的品种、数量、用途。销售记录以及经办人的身份证明复印件、相关许可证件复印件或者证明文件的保存期限不得少于 1 年。

剧毒化学品、易制爆危险化学品的销售企业、购买单位应当在销售、购买后 5 日内，将所销售、购买的剧毒化学品、易制爆危险化学品的品种、数量以及流向信息报所在地县级人民政府公安机关备案，并输入计算机系统。

第四十二条　使用剧毒化学品、易制爆危险化学品的单位不得出借、转让其购买的剧毒化学品、易制爆危险化学品；因转产、停产、搬迁、关闭等确需转让的，应当向具有本条例第三十八条第一款、第二款规定的相关许可证件或者证明文件的单位转让，并在转让后将有关情况及时向所在地县级人民政府公安机关报告。

第五章　运输安全

第四十三条　从事危险化学品道路运输、水路运输的，应当分别依照有关道路运输、水路运输的法律、行政法规的规定，取得危险货物道路运输许可、危险货物水路运输许可，并向工商行政管理部门办理登记手续。

危险化学品道路运输企业、水路运输企业应当配备专职安全管理人员。

第四十四条　危险化学品道路运输企业、水路运输企业的驾驶人员、船员、装卸管理人员、押运人员、申报人员、集装箱装箱现场检查员应当经交通运输主管部门考核合格，取得从业资格。具体办法由国务院交通运输主管部门制定。

危险化学品的装卸作业应当遵守安全作业标准、规程和制度，并在装卸管理人员的现场指挥或者监控下进行。水路运输危险化学品的集装箱装箱作业应当在集装箱装箱现场检查员的指挥或者监控下进行，并符合积载、隔离的规范和要求；装箱作业完毕后，集装箱装箱现场检查员应当签署装箱证明书。

第四十五条 运输危险化学品，应当根据危险化学品的危险特性采取相应的安全防护措施，并配备必要的防护用品和应急救援器材。

用于运输危险化学品的槽罐以及其他容器应当封口严密，能够防止危险化学品在运输过程中因温度、湿度或者压力的变化发生渗漏、洒漏；槽罐以及其他容器的溢流和泄压装置应当设置准确、起闭灵活。

运输危险化学品的驾驶人员、船员、装卸管理人员、押运人员、申报人员、集装箱装箱现场检查员，应当了解所运输的危险化学品的危险特性及其包装物、容器的使用要求和出现危险情况时的应急处置方法。

第四十六条 通过道路运输危险化学品的，托运人应当委托依法取得危险货物道路运输许可的企业承运。

第四十七条 通过道路运输危险化学品的，应当按照运输车辆的核定载质量装载危险化学品，不得超载。

危险化学品运输车辆应当符合国家标准要求的安全技术条件，并按照国家有关规定定期进行安全技术检验。

危险化学品运输车辆应当悬挂或者喷涂符合国家标准要求的警示标志。

第四十八条 通过道路运输危险化学品的，应当配备押运人员，并保证所运输的危险化学品处于押运人员的监控之下。

运输危险化学品途中因住宿或者发生影响正常运输的情况，需要较长时间停车的，驾驶人员、押运人员应当采取相应的安全防范措施；运输剧毒化学品或者易制爆危险化学品的，还应当向当地公安机关报告。

第四十九条 未经公安机关批准，运输危险化学品的车辆不得进入危险化学品运输车辆限制通行的区域。危险化学品运输车辆限制通行的区域由县级人民政府公安机关划定，并设置明显的标志。

第五十条 通过道路运输剧毒化学品的，托运人应当向运输始发地或者目的地县级人民政府公安机关申请剧毒化学品道路运输通行证。

申请剧毒化学品道路运输通行证，托运人应当向县级人民政府公安机关提交下列材料：

（一）拟运输的剧毒化学品品种、数量的说明；

（二）运输始发地、目的地、运输时间和运输路线的说明；

（三）承运人取得危险货物道路运输许可、运输车辆取得营运证以及驾驶人员、押运人员取得上岗资格的证明文件；

（四）本条例第三十八条第一款、第二款规定的购买剧毒化学品的相关许可证件，或者海关出具的进出口证明文件。

县级人民政府公安机关应当自收到前款规定的材料之日起 7 日内，作出批准或者不予批准的决定。予以批准的，颁发剧毒化学品道路运输通行证；不予批准的，书面通知申请人并说明理由。

剧毒化学品道路运输通行证管理办法由国务院公安部门制定。

第五十一条 剧毒化学品、易制爆危险化学品在道路运输途中丢失、被盗、被抢或者出现流散、泄漏等情况的，驾驶人员、押运人员应当立即采取相应的警示措施和安全措施，并向当地公安机关报告。公安机关接到报告后，应当根据实际情况立即向安全生产监督管理部门、环境保护主管部门、卫生主管部门通报。有关部门应当采取必要的应急处置措施。

第五十二条 通过水路运输危险化学品的，应当遵守法律、行政法规以及国务院交通运输主管部门关于危险货物水路运输安全的规定。

第五十三条 海事管理机构应当根据危险化学品的种类和危险特性，确定船舶运输危险化学品的相关安全运输条件。

拟交付船舶运输的化学品的相关安全运输条件不明确的，应当经国家海事管理机构认定的机构进行评估，明确相关安全运输条件并经海事管理机构确认后，方可交付船舶运输。

第五十四条 禁止通过内河封闭水域运输剧毒化学品以及国家规定禁止通过内河运输的其他危险化学品。

前款规定以外的内河水域，禁止运输国家规定禁止通过内河运输的剧毒化学品以及其他危险化学品。

禁止通过内河运输的剧毒化学品以及其他危险化学品的范围，由国务院交通运输主管部门会同国务院环境保护主管部门、工业和信息化主管部门、安全生产监督管理部门，根据危险化学品的危险特性、危险化学品对人体和水环境的危害程度以及消除危害后果的难易程度等因素规定并公布。

第五十五条 国务院交通运输主管部门应当根据危险化学品的危险特性，对通过内河运输本条例第五十四条规定以外的危险化学品（以下简称通过内河运输危险化学品）实行分类管理，对各类危险化学品的运输方式、包装规范和安全防护措施等分别作出规定并监督实施。

第五十六条　通过内河运输危险化学品，应当由依法取得危险货物水路运输许可的水路运输企业承运，其他单位和个人不得承运。托运人应当委托依法取得危险货物水路运输许可的水路运输企业承运，不得委托其他单位和个人承运。

第五十七条　通过内河运输危险化学品，应当使用依法取得危险货物适装证书的运输船舶。水路运输企业应当针对所运输的危险化学品的危险特性，制定运输船舶危险化学品事故应急救援预案，并为运输船舶配备充足、有效的应急救援器材和设备。

通过内河运输危险化学品的船舶，其所有人或者经营人应当取得船舶污染损害责任保险证书或者财务担保证明。船舶污染损害责任保险证书或者财务担保证明的副本应当随船携带。

第五十八条　通过内河运输危险化学品，危险化学品包装物的材质、型式、强度以及包装方法应当符合水路运输危险化学品包装规范的要求。国务院交通运输主管部门对单船运输的危险化学品数量有限制性规定的，承运人应当按照规定安排运输数量。

第五十九条　用于危险化学品运输作业的内河码头、泊位应当符合国家有关安全规范，与饮用水取水口保持国家规定的距离。有关管理单位应当制定码头、泊位危险化学品事故应急预案，并为码头、泊位配备充足、有效的应急救援器材和设备。

用于危险化学品运输作业的内河码头、泊位，经交通运输主管部门按照国家有关规定验收合格后方可投入使用。

第六十条　船舶载运危险化学品进出内河港口，应当将危险化学品的名称、危险特性、包装以及进出港时间等事项，事先报告海事管理机构。海事管理机构接到报告后，应当在国务院交通运输主管部门规定的时间内作出是否同意的决定，通知报告人，同时通报港口行政管理部门。定船舶、定航线、定货种的船舶可以定期报告。

在内河港口内进行危险化学品的装卸、过驳作业，应当将危险化学品的名称、危险特性、包装和作业的时间、地点等事项报告港口行政管理部门。港口行政管理部门接到报告后，应当在国务院交通运输主管部门规定的时间内作出是否同意的决定，通知报告人，同时通报海事管理机构。

载运危险化学品的船舶在内河航行，通过过船建筑物的，应当提前向交通运输主管部门申报，并接受交通运输主管部门的管理。

第六十一条　载运危险化学品的船舶在内河航行、装卸或者停泊，应当悬挂专用的警示标志，按照规定显示专用信号。

载运危险化学品的船舶在内河航行，按照国务院交通运输主管部门的规定需要引航的，应当申请引航。

第六十二条 载运危险化学品的船舶在内河航行，应当遵守法律、行政法规和国家其他有关饮用水水源保护的规定。内河航道发展规划应当与依法经批准的饮用水水源保护区划定方案相协调。

第六十三条 托运危险化学品的，托运人应当向承运人说明所托运的危险化学品的种类、数量、危险特性以及发生危险情况的应急处置措施，并按照国家有关规定对所托运的危险化学品妥善包装，在外包装上设置相应的标志。

运输危险化学品需要添加抑制剂或者稳定剂的，托运人应当添加，并将有关情况告知承运人。

第六十四条 托运人不得在托运的普通货物中夹带危险化学品，不得将危险化学品匿报或者谎报为普通货物托运。

任何单位和个人不得交寄危险化学品或者在邮件、快件内夹带危险化学品，不得将危险化学品匿报或者谎报为普通物品交寄。邮政企业、快递企业不得收寄危险化学品。

对涉嫌违反本条第一款、第二款规定的，交通运输主管部门、邮政管理部门可以依法开拆查验。

第六十五条 通过铁路、航空运输危险化学品的安全管理，依照有关铁路、航空运输的法律、行政法规、规章的规定执行。

第六章　危险化学品登记与事故应急救援

第六十六条 国家实行危险化学品登记制度，为危险化学品安全管理以及危险化学品事故预防和应急救援提供技术、信息支持。

第六十七条 危险化学品生产企业、进口企业，应当向国务院安全生产监督管理部门负责危险化学品登记的机构（以下简称危险化学品登记机构）办理危险化学品登记。

危险化学品登记包括下列内容：

（一）分类和标签信息；

（二）物理、化学性质；

（三）主要用途；

（四）危险特性；

（五）储存、使用、运输的安全要求；

（六）出现危险情况的应急处置措施。

对同一企业生产、进口的同一品种的危险化学品，不进行重复登记。

危险化学品生产企业、进口企业发现其生产、进口的危险化学品有新的危险特性的，应当及时向危险化学品登记机构办理登记内容变更手续。

危险化学品登记的具体办法由国务院安全生产监督管理部门制定。

第六十八条 危险化学品登记机构应当定期向工业和信息化、环境保护、公安、卫生、交通运输、铁路、质量监督检验检疫等部门提供危险化学品登记的有关信息和资料。

第六十九条 县级以上地方人民政府安全生产监督管理部门应当会同工业和信息化、环境保护、公安、卫生、交通运输、铁路、质量监督检验检疫等部门，根据本地区实际情况，制定危险化学品事故应急预案，报本级人民政府批准。

第七十条 危险化学品单位应当制定本单位危险化学品事故应急预案，配备应急救援人员和必要的应急救援器材、设备，并定期组织应急救援演练。

危险化学品单位应当将其危险化学品事故应急预案报所在地设区的市级人民政府安全生产监督管理部门备案。

第七十一条 发生危险化学品事故，事故单位主要负责人应当立即按照本单位危险化学品应急预案组织救援，并向当地安全生产监督管理部门和环境保护、公安、卫生主管部门报告；道路运输、水路运输过程中发生危险化学品事故的，驾驶人员、船员或者押运人员还应当向事故发生地交通运输主管部门报告。

第七十二条 发生危险化学品事故，有关地方人民政府应当立即组织安全生产监督管理、环境保护、公安、卫生、交通运输等有关部门，按照本地区危险化学品事故应急预案组织实施救援，不得拖延、推诿。

有关地方人民政府及其有关部门应当按照下列规定，采取必要的应急处置措施，减少事故损失，防止事故蔓延、扩大：

（一）立即组织营救和救治受害人员，疏散、撤离或者采取其他措施保护危害区域内的其他人员；

（二）迅速控制危害源，测定危险化学品的性质、事故的危害区域及危害程度；

（三）针对事故对人体、动植物、土壤、水源、大气造成的现实危害和可能产生的危害，迅速采取封闭、隔离、洗消等措施；

（四）对危险化学品事故造成的环境污染和生态破坏状况进行监测、评估，并采取相应的环境污染治理和生态修复措施。

第七十三条 有关危险化学品单位应当为危险化学品事故应急救援提供技术指导和必要的协助。

第七十四条　危险化学品事故造成环境污染的，由设区的市级以上人民政府环境保护主管部门统一发布有关信息。

第七章　法律责任

第七十五条　生产、经营、使用国家禁止生产、经营、使用的危险化学品的，由安全生产监督管理部门责令停止生产、经营、使用活动，处20万元以上50万元以下的罚款，有违法所得的，没收违法所得；构成犯罪的，依法追究刑事责任。

有前款规定行为的，安全生产监督管理部门还应当责令其对所生产、经营、使用的危险化学品进行无害化处理。

违反国家关于危险化学品使用的限制性规定使用危险化学品的，依照本条第一款的规定处理。

第七十六条　未经安全条件审查，新建、改建、扩建生产、储存危险化学品的建设项目的，由安全生产监督管理部门责令停止建设，限期改正；逾期不改正的，处50万元以上100万元以下的罚款；构成犯罪的，依法追究刑事责任。

未经安全条件审查，新建、改建、扩建储存、装卸危险化学品的港口建设项目的，由港口行政管理部门依照前款规定予以处罚。

第七十七条　未依法取得危险化学品安全生产许可证从事危险化学品生产，或者未依法取得工业产品生产许可证从事危险化学品及其包装物、容器生产的，分别依照《安全生产许可证条例》、《中华人民共和国工业产品生产许可证管理条例》的规定处罚。

违反本条例规定，化工企业未取得危险化学品安全使用许可证，使用危险化学品从事生产的，由安全生产监督管理部门责令限期改正，处10万元以上20万元以下的罚款；逾期不改正的，责令停产整顿。

违反本条例规定，未取得危险化学品经营许可证从事危险化学品经营的，由安全生产监督管理部门责令停止经营活动，没收违法经营的危险化学品以及违法所得，并处10万元以上20万元以下的罚款；构成犯罪的，依法追究刑事责任。

第七十八条　有下列情形之一的，由安全生产监督管理部门责令改正，可以处5万元以下的罚款；拒不改正的，处5万元以上10万元以下的罚款；情节严重的，责令停产停业整顿：

（一）生产、储存危险化学品的单位未对其铺设的危险化学品管道设置明显的标志，或者未对危险化学品管道定期检查、检测的；

（二）进行可能危及危险化学品管道安全的施工作业，施工单位未按照规定书面通知管道所属单位，或者未与管道所属单位共同制定应急预案、采取相应的安全防护措施，或者管道所属单位未指派专门人员到现场进行管道安全保护指导的；

（三）危险化学品生产企业未提供化学品安全技术说明书，或者未在包装（包括外包装件）上粘贴、拴挂化学品安全标签的；

（四）危险化学品生产企业提供的化学品安全技术说明书与其生产的危险化学品不相符，或者在包装（包括外包装件）粘贴、拴挂的化学品安全标签与包装内危险化学品不相符，或者化学品安全技术说明书、化学品安全标签所载明的内容不符合国家标准要求的；

（五）危险化学品生产企业发现其生产的危险化学品有新的危险特性不立即公告，或者不及时修订其化学品安全技术说明书和化学品安全标签的；

（六）危险化学品经营企业经营没有化学品安全技术说明书和化学品安全标签的危险化学品的；

（七）危险化学品包装物、容器的材质以及包装的型式、规格、方法和单件质量（重量）与所包装的危险化学品的性质和用途不相适应的；

（八）生产、储存危险化学品的单位未在作业场所和安全设施、设备上设置明显的安全警示标志，或者未在作业场所设置通信、报警装置的；

（九）危险化学品专用仓库未设专人负责管理，或者对储存的剧毒化学品以及储存数量构成重大危险源的其他危险化学品未实行双人收发、双人保管制度的；

（十）储存危险化学品的单位未建立危险化学品出入库核查、登记制度的；

（十一）危险化学品专用仓库未设置明显标志的；

（十二）危险化学品生产企业、进口企业不办理危险化学品登记，或者发现其生产、进口的危险化学品有新的危险特性不办理危险化学品登记内容变更手续的。

从事危险化学品仓储经营的港口经营人有前款规定情形的，由港口行政管理部门依照前款规定予以处罚。储存剧毒化学品、易制爆危险化学品的专用仓库未按照国家有关规定设置相应的技术防范设施的，由公安机关依照前款规定予以处罚。

生产、储存剧毒化学品、易制爆危险化学品的单位未设置治安保卫机构、配备专职治安保卫人员的，依照《企业事业单位内部治安保卫条例》的规定处罚。

第七十九条 危险化学品包装物、容器生产企业销售未经检验或者经检验不合格的危险化学品包装物、容器的，由质量监督检验检疫部门责令改正，处 10 万元以上 20 万元以下的罚款，有违法所得的，没收违法所得；拒不改正的，责令停产停业整顿；构成犯罪的，依法追究刑事责任。

将未经检验合格的运输危险化学品的船舶及其配载的容器投入使用的，由海事管理机构依照前款规定予以处罚。

第八十条　生产、储存、使用危险化学品的单位有下列情形之一的，由安全生产监督管理部门责令改正，处 5 万元以上 10 万元以下的罚款；拒不改正的，责令停产停业整顿直至由原发证机关吊销其相关许可证件，并由工商行政管理部门责令其办理经营范围变更登记或者吊销其营业执照；有关责任人员构成犯罪的，依法追究刑事责任：

（一）对重复使用的危险化学品包装物、容器，在重复使用前不进行检查的；

（二）未根据其生产、储存的危险化学品的种类和危险特性，在作业场所设置相关安全设施、设备，或者未按照国家标准、行业标准或者国家有关规定对安全设施、设备进行经常性维护、保养的；

（三）未依照本条例规定对其安全生产条件定期进行安全评价的；

（四）未将危险化学品储存在专用仓库内，或者未将剧毒化学品以及储存数量构成重大危险源的其他危险化学品在专用仓库内单独存放的；

（五）危险化学品的储存方式、方法或者储存数量不符合国家标准或者国家有关规定的；

（六）危险化学品专用仓库不符合国家标准、行业标准的要求的；

（七）未对危险化学品专用仓库的安全设施、设备定期进行检测、检验的。

从事危险化学品仓储经营的港口经营人有前款规定情形的，由港口行政管理部门依照前款规定予以处罚。

第八十一条　有下列情形之一的，由公安机关责令改正，可以处 1 万元以下的罚款；拒不改正的，处 1 万元以上 5 万元以下的罚款：

（一）生产、储存、使用剧毒化学品、易制爆危险化学品的单位不如实记录生产、储存、使用的剧毒化学品、易制爆危险化学品的数量、流向的；

（二）生产、储存、使用剧毒化学品、易制爆危险化学品的单位发现剧毒化学品、易制爆危险化学品丢失或者被盗，不立即向公安机关报告的；

（三）储存剧毒化学品的单位未将剧毒化学品的储存数量、储存地点以及管理人员的情况报所在地县级人民政府公安机关备案的；

（四）危险化学品生产企业、经营企业不如实记录剧毒化学品、易制爆危险化学品购买单位的名称、地址、经办人的姓名、身份证号码以及所购买的剧毒化学品、易制爆危险化学品的品种、数量、用途，或者保存销售记录和相关材料的时间少于1年的；

（五）剧毒化学品、易制爆危险化学品的销售企业、购买单位未在规定的时限内将所销售、购买的剧毒化学品、易制爆危险化学品的品种、数量以及流向信息报所在地县级人民政府公安机关备案的；

（六）使用剧毒化学品、易制爆危险化学品的单位依照本条例规定转让其购买的剧毒化学品、易制爆危险化学品，未将有关情况向所在地县级人民政府公安机关报告的。

生产、储存危险化学品的企业或者使用危险化学品从事生产的企业未按照本条例规定将安全评价报告以及整改方案的落实情况报安全生产监督管理部门或者港口行政管理部门备案，或者储存危险化学品的单位未将其剧毒化学品以及储存数量构成重大危险源的其他危险化学品的储存数量、储存地点以及管理人员的情况报安全生产监督管理部门或者港口行政管理部门备案的，分别由安全生产监督管理部门或者港口行政管理部门依照前款规定予以处罚。

生产实施重点环境管理的危险化学品的企业或者使用实施重点环境管理的危险化学品从事生产的企业未按照规定将相关信息向环境保护主管部门报告的，由环境保护主管部门依照本条第一款的规定予以处罚。

第八十二条 生产、储存、使用危险化学品的单位转产、停产、停业或者解散，未采取有效措施及时、妥善处置其危险化学品生产装置、储存设施以及库存的危险化学品，或者丢弃危险化学品的，由安全生产监督管理部门责令改正，处5万元以上10万元以下的罚款；构成犯罪的，依法追究刑事责任。

生产、储存、使用危险化学品的单位转产、停产、停业或者解散，未依照本条例规定将其危险化学品生产装置、储存设施以及库存危险化学品的处置方案报有关部门备案的，分别由有关部门责令改正，可以处1万元以下的罚款；拒不改正的，处1万元以上5万元以下的罚款。

第八十三条 危险化学品经营企业向未经许可违法从事危险化学品生产、经营活动的企业采购危险化学品的，由工商行政管理部门责令改正，处10万元以上20万元以下的罚款；拒不改正的，责令停业整顿直至由原发证机关吊销其危险化学品经营许可证，并由工商行政管理部门责令其办理经营范围变更登记或者吊销其营业执照。

第八十四条 危险化学品生产企业、经营企业有下列情形之一的，由安全生产监督管理部门责令改正，没收违法所得，并处 10 万元以上 20 万元以下的罚款；拒不改正的，责令停产停业整顿直至吊销其危险化学品安全生产许可证、危险化学品经营许可证，并由工商行政管理部门责令其办理经营范围变更登记或者吊销其营业执照：

（一）向不具有本条例第三十八条第一款、第二款规定的相关许可证件或者证明文件的单位销售剧毒化学品、易制爆危险化学品的；

（二）不按照剧毒化学品购买许可证载明的品种、数量销售剧毒化学品的；

（三）向个人销售剧毒化学品（属于剧毒化学品的农药除外）、易制爆危险化学品的。

不具有本条例第三十八条第一款、第二款规定的相关许可证件或者证明文件的单位购买剧毒化学品、易制爆危险化学品，或者个人购买剧毒化学品（属于剧毒化学品的农药除外）、易制爆危险化学品的，由公安机关没收所购买的剧毒化学品、易制爆危险化学品，可以并处 5000 元以下的罚款。

使用剧毒化学品、易制爆危险化学品的单位出借或者向不具有本条例第三十八条第一款、第二款规定的相关许可证件的单位转让其购买的剧毒化学品、易制爆危险化学品，或者向个人转让其购买的剧毒化学品（属于剧毒化学品的农药除外）、易制爆危险化学品的，由公安机关责令改正，处 10 万元以上 20 万元以下的罚款；拒不改正的，责令停产停业整顿。

第八十五条 未依法取得危险货物道路运输许可、危险货物水路运输许可，从事危险化学品道路运输、水路运输的，分别依照有关道路运输、水路运输的法律、行政法规的规定处罚。

第八十六条 有下列情形之一的，由交通运输主管部门责令改正，处 5 万元以上 10 万元以下的罚款；拒不改正的，责令停产停业整顿；构成犯罪的，依法追究刑事责任：

（一）危险化学品道路运输企业、水路运输企业的驾驶人员、船员、装卸管理人员、押运人员、申报人员、集装箱装箱现场检查员未取得从业资格上岗作业的；

（二）运输危险化学品，未根据危险化学品的危险特性采取相应的安全防护措施，或者未配备必要的防护用品和应急救援器材的；

（三）使用未依法取得危险货物适装证书的船舶，通过内河运输危险化学品的；

（四）通过内河运输危险化学品的承运人违反国务院交通运输主管部门对单船运输的危险化学品数量的限制性规定运输危险化学品的；

（五）用于危险化学品运输作业的内河码头、泊位不符合国家有关安全规范，或者未与饮用水取水口保持国家规定的安全距离，或者未经交通运输主管部门验收合格投入使用的；

（六）托运人不向承运人说明所托运的危险化学品的种类、数量、危险特性以及发生危险情况的应急处置措施，或者未按照国家有关规定对所托运的危险化学品妥善包装并在外包装上设置相应标志的；

（七）运输危险化学品需要添加抑制剂或者稳定剂，托运人未添加或者未将有关情况告知承运人的。

第八十七条 有下列情形之一的，由交通运输主管部门责令改正，处10万元以上20万元以下的罚款，有违法所得的，没收违法所得；拒不改正的，责令停产停业整顿；构成犯罪的，依法追究刑事责任：

（一）委托未依法取得危险货物道路运输许可、危险货物水路运输许可的企业承运危险化学品的；

（二）通过内河封闭水域运输剧毒化学品以及国家规定禁止通过内河运输的其他危险化学品的；

（三）通过内河运输国家规定禁止通过内河运输的剧毒化学品以及其他危险化学品的；

（四）在托运的普通货物中夹带危险化学品，或者将危险化学品谎报或者匿报为普通货物托运的。

在邮件、快件内夹带危险化学品，或者将危险化学品谎报为普通物品交寄的，依法给予治安管理处罚；构成犯罪的，依法追究刑事责任。

邮政企业、快递企业收寄危险化学品的，依照《中华人民共和国邮政法》的规定处罚。

第八十八条 有下列情形之一的，由公安机关责令改正，处5万元以上10万元以下的罚款；构成违反治安管理行为的，依法给予治安管理处罚；构成犯罪的，依法追究刑事责任：

（一）超过运输车辆的核定载质量装载危险化学品的；

（二）使用安全技术条件不符合国家标准要求的车辆运输危险化学品的；

（三）运输危险化学品的车辆未经公安机关批准进入危险化学品运输车辆限制通行的区域的；

（四）未取得剧毒化学品道路运输通行证，通过道路运输剧毒化学品的。

第八十九条 有下列情形之一的，由公安机关责令改正，处1万元以上5万元以下的罚款；构成违反治安管理行为的，依法给予治安管理处罚：

（一）危险化学品运输车辆未悬挂或者喷涂警示标志，或者悬挂或者喷涂的警示标志不符合国家标准要求的；

（二）通过道路运输危险化学品，不配备押运人员的；

（三）运输剧毒化学品或者易制爆危险化学品途中需要较长时间停车，驾驶人员、押运人员不向当地公安机关报告的；

（四）剧毒化学品、易制爆危险化学品在道路运输途中丢失、被盗、被抢或者发生流散、泄漏等情况，驾驶人员、押运人员不采取必要的警示措施和安全措施，或者不向当地公安机关报告的。

第九十条 对发生交通事故负有全部责任或者主要责任的危险化学品道路运输企业，由公安机关责令消除安全隐患，未消除安全隐患的危险化学品运输车辆，禁止上道路行驶。

第九十一条 有下列情形之一的，由交通运输主管部门责令改正，可以处 1 万元以下的罚款；拒不改正的，处 1 万元以上 5 万元以下的罚款：

（一）危险化学品道路运输企业、水路运输企业未配备专职安全管理人员的；

（二）用于危险化学品运输作业的内河码头、泊位的管理单位未制定码头、泊位危险化学品事故应急救援预案，或者未为码头、泊位配备充足、有效的应急救援器材和设备的。

第九十二条 有下列情形之一的，依照《中华人民共和国内河交通安全管理条例》的规定处罚：

（一）通过内河运输危险化学品的水路运输企业未制定运输船舶危险化学品事故应急救援预案，或者未为运输船舶配备充足、有效的应急救援器材和设备的；

（二）通过内河运输危险化学品的船舶的所有人或者经营人未取得船舶污染损害责任保险证书或者财务担保证明的；

（三）船舶载运危险化学品进出内河港口，未将有关事项事先报告海事管理机构并经其同意的；

（四）载运危险化学品的船舶在内河航行、装卸或者停泊，未悬挂专用的警示标志，或者未按照规定显示专用信号，或者未按照规定申请引航的。

未向港口行政管理部门报告并经其同意，在港口内进行危险化学品的装卸、过驳作业的，依照《中华人民共和国港口法》的规定处罚。

第九十三条 伪造、变造或者出租、出借、转让危险化学品安全生产许可证、工业产品生产许可证，或者使用伪造、变造的危险化学品安全生产许可证、工业产品生产许可证的，分别依照《安全生产许可证条例》、《中华人民共和国工业产品生产许可证管理条例》的规定处罚。

伪造、变造或者出租、出借、转让本条例规定的其他许可证，或者使用伪造、变造的本条例规定的其他许可证的，分别由相关许可证的颁发管理机关处 10 万元以上 20 万元以下的罚款，有违法所得的，没收违法所得；构成违反治安管理行为的，依法给予治安管理处罚；构成犯罪的，依法追究刑事责任。

第九十四条 危险化学品单位发生危险化学品事故，其主要负责人不立即组织救援或者不立即向有关部门报告的，依照《生产安全事故报告和调查处理条例》的规定处罚。

危险化学品单位发生危险化学品事故，造成他人人身伤害或者财产损失的，依法承担赔偿责任。

第九十五条 发生危险化学品事故，有关地方人民政府及其有关部门不立即组织实施救援，或者不采取必要的应急处置措施减少事故损失，防止事故蔓延、扩大的，对直接负责的主管人员和其他直接责任人员依法给予处分；构成犯罪的，依法追究刑事责任。

第九十六条 负有危险化学品安全监督管理职责的部门的工作人员，在危险化学品安全监督管理工作中滥用职权、玩忽职守、徇私舞弊，构成犯罪的，依法追究刑事责任；尚不构成犯罪的，依法给予处分。

第八章 附 则

第九十七条 监控化学品、属于危险化学品的药品和农药的安全管理，依照本条例的规定执行；法律、行政法规另有规定的，依照其规定。

民用爆炸物品、烟花爆竹、放射性物品、核能物质以及用于国防科研生产的危险化学品的安全管理，不适用本条例。

法律、行政法规对燃气的安全管理另有规定的，依照其规定。

危险化学品容器属于特种设备的，其安全管理依照有关特种设备安全的法律、行政法规的规定执行。

第九十八条 危险化学品的进出口管理，依照有关对外贸易的法律、行政法规、规章的规定执行；进口的危险化学品的储存、使用、经营、运输的安全管理，依照本条例的规定执行。

危险化学品环境管理登记和新化学物质环境管理登记，依照有关环境保护的法律、行政法规、规章的规定执行。危险化学品环境管理登记，按照国家有关规定收取费用。

第九十九条 公众发现、捡拾的无主危险化学品，由公安机关接收。

公安机关接收或者有关部门依法没收的危险化学品，需要进行无害化处理的，交由环境保护主管部门组织其认定的专业单位进行处理，或者交由有关危险化学品生产企业进行处理。处理所需费用由国家财政负担。

第一百条 化学品的危险特性尚未确定的，由国务院安全生产监督管理部门、国务院环境保护主管部门、国务院卫生主管部门分别负责组织对该化学品的物理危险性、环境危害性、毒理特性进行鉴定。根据鉴定结果，需要调整危险化学品目录的，依照本条例第三条第二款的规定办理。

第一百零一条 本条例施行前已经使用危险化学品从事生产的化工企业，依照本条例规定需要取得危险化学品安全使用许可证的，应当在国务院安全生产监督管理部门规定的期限内，申请取得危险化学品安全使用许可证。

第一百零二条 本条例自 2011 年 12 月 1 日起施行。

土地复垦条例

（2011 年 2 月 22 日国务院第 145 次常务会议通过 2011 年 3 月 5 日中华人民共和国国务院令第 592 号公布 自 2011 年 3 月 5 日起施行）

第一章 总 则

第一条 为了落实十分珍惜、合理利用土地和切实保护耕地的基本国策，规范土地复垦活动，加强土地复垦管理，提高土地利用的社会效益、经济效益和生态效益，根据《中华人民共和国土地管理法》，制定本条例。

第二条 本条例所称土地复垦，是指对生产建设活动和自然灾害损毁的土地，采取整治措施，使其达到可供利用状态的活动。

第三条 生产建设活动损毁的土地，按照"谁损毁，谁复垦"的原则，由生产建设单位或者个人（以下称土地复垦义务人）负责复垦。但是，由于历史原因无法确定土地复垦义务人的生产建设活动损毁的土地（以下称历史遗留损毁土地），由县级以上人民政府负责组织复垦。

自然灾害损毁的土地，由县级以上人民政府负责组织复垦。

第四条 生产建设活动应当节约集约利用土地，不占或者少占耕地；对依法占用的土地应当采取有效措施，减少土地损毁面积，降低土地损毁程度。

土地复垦应当坚持科学规划、因地制宜、综合治理、经济可行、合理利用的原则。复垦的土地应当优先用于农业。

第五条 国务院国土资源主管部门负责全国土地复垦的监督管理工作。县级以上地方人民政府国土资源主管部门负责本行政区域土地复垦的监督管理工作。

县级以上人民政府其他有关部门依照本条例的规定和各自的职责做好土地复垦有关工作。

第六条 编制土地复垦方案、实施土地复垦工程、进行土地复垦验收等活动，应当遵守土地复垦国家标准；没有国家标准的，应当遵守土地复垦行业标准。

制定土地复垦国家标准和行业标准，应当根据土地损毁的类型、程度、自然地理条件和复垦的可行性等因素，分类确定不同类型损毁土地的复垦方式、目标和要求等。

第七条 县级以上地方人民政府国土资源主管部门应当建立土地复垦监测制度，及时掌握本行政区域土地资源损毁和土地复垦效果等情况。

国务院国土资源主管部门和省、自治区、直辖市人民政府国土资源主管部门应当建立健全土地复垦信息管理系统，收集、汇总和发布土地复垦数据信息。

第八条 县级以上人民政府国土资源主管部门应当依据职责加强对土地复垦情况的监督检查。被检查的单位或者个人应当如实反映情况，提供必要的资料。

任何单位和个人不得扰乱、阻挠土地复垦工作，破坏土地复垦工程、设施和设备。

第九条 国家鼓励和支持土地复垦科学研究和技术创新，推广先进的土地复垦技术。

对在土地复垦工作中作出突出贡献的单位和个人，由县级以上人民政府给予表彰。

第二章　生产建设活动损毁土地的复垦

第十条 下列损毁土地由土地复垦义务人负责复垦：

（一）露天采矿、烧制砖瓦、挖沙取土等地表挖掘所损毁的土地；

（二）地下采矿等造成地表塌陷的土地；

（三）堆放采矿剥离物、废石、矿渣、粉煤灰等固体废弃物压占的土地；

（四）能源、交通、水利等基础设施建设和其他生产建设活动临时占用所损毁的土地。

第十一条 土地复垦义务人应当按照土地复垦标准和国务院国土资源主管部门的规定编制土地复垦方案。

第十二条 土地复垦方案应当包括下列内容：

（一）项目概况和项目区土地利用状况；

（二）损毁土地的分析预测和土地复垦的可行性评价；

（三）土地复垦的目标任务；

（四）土地复垦应当达到的质量要求和采取的措施；

（五）土地复垦工程和投资估（概）算；

（六）土地复垦费用的安排；

（七）土地复垦工作计划与进度安排；

（八）国务院国土资源主管部门规定的其他内容。

第十三条 土地复垦义务人应当在办理建设用地申请或者采矿权申请手续时，随有关报批材料报送土地复垦方案。

土地复垦义务人未编制土地复垦方案或者土地复垦方案不符合要求的，有批准权的人民政府不得批准建设用地，有批准权的国土资源主管部门不得颁发采矿许可证。

本条例施行前已经办理建设用地手续或者领取采矿许可证，本条例施行后继续从事生产建设活动造成土地损毁的，土地复垦义务人应当按照国务院国土资源主管部门的规定补充编制土地复垦方案。

第十四条 土地复垦义务人应当按照土地复垦方案开展土地复垦工作。矿山企业还应当对土地损毁情况进行动态监测和评价。

生产建设周期长、需要分阶段实施复垦的，土地复垦义务人应当对土地复垦工作与生产建设活动统一规划、统筹实施，根据生产建设进度确定各阶段土地复垦的目标任务、工程规划设计、费用安排、工程实施进度和完成期限等。

第十五条 土地复垦义务人应当将土地复垦费用列入生产成本或者建设项目总投资。

第十六条 土地复垦义务人应当建立土地复垦质量控制制度，遵守土地复垦标准和环境保护标准，保护土壤质量与生态环境，避免污染土壤和地下水。

土地复垦义务人应当首先对拟损毁的耕地、林地、牧草地进行表土剥离，剥离的表土用于被损毁土地的复垦。

禁止将重金属污染物或者其他有毒有害物质用作回填或者充填材料。受重金属污染物或者其他有毒有害物质污染的土地复垦后，达不到国家有关标准的，不得用于种植食用农作物。

第十七条　土地复垦义务人应当于每年 12 月 31 日前向县级以上地方人民政府国土资源主管部门报告当年的土地损毁情况、土地复垦费用使用情况以及土地复垦工程实施情况。

县级以上地方人民政府国土资源主管部门应当加强对土地复垦义务人使用土地复垦费用和实施土地复垦工程的监督。

第十八条　土地复垦义务人不复垦，或者复垦验收中经整改仍不合格的，应当缴纳土地复垦费，由有关国土资源主管部门代为组织复垦。

确定土地复垦费的数额，应当综合考虑损毁前的土地类型、实际损毁面积、损毁程度、复垦标准、复垦用途和完成复垦任务所需的工程量等因素。土地复垦费的具体征收使用管理办法，由国务院财政、价格主管部门商国务院有关部门制定。

土地复垦义务人缴纳的土地复垦费专项用于土地复垦。任何单位和个人不得截留、挤占、挪用。

第十九条　土地复垦义务人对在生产建设活动中损毁的由其他单位或者个人使用的国有土地或者农民集体所有的土地，除负责复垦外，还应当向遭受损失的单位或者个人支付损失补偿费。

损失补偿费由土地复垦义务人与遭受损失的单位或者个人按照造成的实际损失协商确定；协商不成的，可以向土地所在地人民政府国土资源主管部门申请调解或者依法向人民法院提起民事诉讼。

第二十条　土地复垦义务人不依法履行土地复垦义务的，在申请新的建设用地时，有批准权的人民政府不得批准；在申请新的采矿许可证或者申请采矿许可证延续、变更、注销时，有批准权的国土资源主管部门不得批准。

第三章　历史遗留损毁土地和自然灾害损毁土地的复垦

第二十一条　县级以上人民政府国土资源主管部门应当对历史遗留损毁土地和自然灾害损毁土地进行调查评价。

第二十二条　县级以上人民政府国土资源主管部门应当在调查评价的基础上，根据土地利用总体规划编制土地复垦专项规划，确定复垦的重点区域以及复垦的目标任务和要求，报本级人民政府批准后组织实施。

第二十三条　对历史遗留损毁土地和自然灾害损毁土地，县级以上人民政府应当投入资金进行复垦，或者按照"谁投资，谁受益"的原则，吸引社会投资进行复垦。土地权利人明确的，可以采取扶持、优惠措施，鼓励土地权利人自行复垦。

第二十四条　国家对历史遗留损毁土地和自然灾害损毁土地的复垦按项目实施管理。

县级以上人民政府国土资源主管部门应当根据土地复垦专项规划和年度土地复垦资金安排情况确定年度复垦项目。

第二十五条　政府投资进行复垦的，负责组织实施土地复垦项目的国土资源主管部门应当组织编制土地复垦项目设计书，明确复垦项目的位置、面积、目标任务、工程规划设计、实施进度及完成期限等。

土地权利人自行复垦或者社会投资进行复垦的，土地权利人或者投资单位、个人应当组织编制土地复垦项目设计书，并报负责组织实施土地复垦项目的国土资源主管部门审查同意后实施。

第二十六条　政府投资进行复垦的，有关国土资源主管部门应当依照招标投标法律法规的规定，通过公开招标的方式确定土地复垦项目的施工单位。

土地权利人自行复垦或者社会投资进行复垦的，土地复垦项目的施工单位由土地权利人或者投资单位、个人依法自行确定。

第二十七条　土地复垦项目的施工单位应当按照土地复垦项目设计书进行复垦。

负责组织实施土地复垦项目的国土资源主管部门应当健全项目管理制度，加强项目实施中的指导、管理和监督。

第四章　土地复垦验收

第二十八条　土地复垦义务人按照土地复垦方案的要求完成土地复垦任务后，应当按照国务院国土资源主管部门的规定向所在地县级以上地方人民政府国土资源主管部门申请验收，接到申请的国土资源主管部门应当会同同级农业、林业、环境保护等有关部门进行验收。

进行土地复垦验收，应当邀请有关专家进行现场踏勘，查验复垦后的土地是否符合土地复垦标准以及土地复垦方案的要求，核实复垦后的土地类型、面积和质量等情况，并将初步验收结果公告，听取相关权利人的意见。相关权利人对土地复垦完成情况提出异议的，国土资源主管部门应当会同有关部门进一步核查，并将核查情况向相关权利人反馈；情况属实的，应当向土地复垦义务人提出整改意见。

第二十九条　负责组织验收的国土资源主管部门应当会同有关部门在接到土地复垦验收申请之日起60个工作日内完成验收，经验收合格的，向土地复垦义务人出具验收合格确认书；经验收不合格的，向土地复垦义务人出具书面整改意见，列明需要整改的事项，由土地复垦义务人整改完成后重新申请验收。

第三十条　政府投资的土地复垦项目竣工后，负责组织实施土地复垦项目的国土资源主管部门应当按照本条例第二十八条第二款的规定进行初步验收。初步验收完成后，负责组织实施土地复垦项目的国土资源主管部门应当按照国务院国土资源主管部门的规定向上级人民政府国土资源主管部门申请最终验收。上级人民政府国土资源主管部门应当会同有关部门及时组织验收。

土地权利人自行复垦或者社会投资进行复垦的土地复垦项目竣工后，由负责组织实施土地复垦项目的国土资源主管部门会同有关部门进行验收。

第三十一条　复垦为农用地的，负责组织验收的国土资源主管部门应当会同有关部门在验收合格后的 5 年内对土地复垦效果进行跟踪评价，并提出改善土地质量的建议和措施。

第五章　　土地复垦激励措施

第三十二条　土地复垦义务人在规定的期限内将生产建设活动损毁的耕地、林地、牧草地等农用地复垦恢复原状的，依照国家有关税收法律法规的规定退还已经缴纳的耕地占用税。

第三十三条　社会投资复垦的历史遗留损毁土地或者自然灾害损毁土地，属于无使用权人的国有土地的，经县级以上人民政府依法批准，可以确定给投资单位或者个人长期从事种植业、林业、畜牧业或者渔业生产。

社会投资复垦的历史遗留损毁土地或者自然灾害损毁土地，属于农民集体所有土地或者有使用权人的国有土地的，有关国土资源主管部门应当组织投资单位或者个人与土地权利人签订土地复垦协议，明确复垦的目标任务以及复垦后的土地使用和收益分配。

第三十四条　历史遗留损毁和自然灾害损毁的国有土地的使用权人，以及历史遗留损毁和自然灾害损毁的农民集体所有土地的所有权人、使用权人，自行将损毁土地复垦为耕地的，由县级以上地方人民政府给予补贴。

第三十五条　县级以上地方人民政府将历史遗留损毁和自然灾害损毁的建设用地复垦为耕地的，按照国家有关规定可以作为本省、自治区、直辖市内进行非农建设占用耕地时的补充耕地指标。

第六章　　法律责任

第三十六条　负有土地复垦监督管理职责的部门及其工作人员有下列

行为之一的，对直接负责的主管人员和其他直接责任人员，依法给予处分；直接负责的主管人员和其他直接责任人员构成犯罪的，依法追究刑事责任：

（一）违反本条例规定批准建设用地或者批准采矿许可证及采矿许可证的延续、变更、注销的；

（二）截留、挤占、挪用土地复垦费的；

（三）在土地复垦验收中弄虚作假的；

（四）不依法履行监督管理职责或者对发现的违反本条例的行为不依法查处的；

（五）在审查土地复垦方案、实施土地复垦项目、组织土地复垦验收以及实施监督检查过程中，索取、收受他人财物或者谋取其他利益的；

（六）其他徇私舞弊、滥用职权、玩忽职守行为。

第三十七条 本条例施行前已经办理建设用地手续或者领取采矿许可证，本条例施行后继续从事生产建设活动造成土地损毁的土地复垦义务人未按照规定补充编制土地复垦方案的，由县级以上地方人民政府国土资源主管部门责令限期改正；逾期不改正的，处10万元以上20万元以下的罚款。

第三十八条 土地复垦义务人未按照规定将土地复垦费用列入生产成本或者建设项目总投资的，由县级以上地方人民政府国土资源主管部门责令限期改正；逾期不改正的，处10万元以上50万元以下的罚款。

第三十九条 土地复垦义务人未按照规定对拟损毁的耕地、林地、牧草地进行表土剥离，由县级以上地方人民政府国土资源主管部门责令限期改正；逾期不改正的，按照应当进行表土剥离的土地面积处每公顷1万元的罚款。

第四十条 土地复垦义务人将重金属污染物或者其他有毒有害物质用作回填或者充填材料的，由县级以上地方人民政府环境保护主管部门责令停止违法行为，限期采取治理措施，消除污染，处10万元以上50万元以下的罚款；逾期不采取治理措施的，环境保护主管部门可以指定有治理能力的单位代为治理，所需费用由违法者承担。

第四十一条 土地复垦义务人未按照规定报告土地损毁情况、土地复垦费用使用情况或者土地复垦工程实施情况的，由县级以上地方人民政府国土资源主管部门责令限期改正；逾期不改正的，处2万元以上5万元以下的罚款。

第四十二条 土地复垦义务人依照本条例规定应当缴纳土地复垦费而不缴纳的，由县级以上地方人民政府国土资源主管部门责令限期缴纳；逾期不缴纳的，处应缴纳土地复垦费1倍以上2倍以下的罚款，土地复垦义务人为矿山企业的，由颁发采矿许可证的机关吊销采矿许可证。

第四十三条 土地复垦义务人拒绝、阻碍国土资源主管部门监督检查，或者在接受监督检查时弄虚作假的，由国土资源主管部门责令改正，处2万元以上5万元以下的罚款；有关责任人员构成违反治安管理行为的，由公安机关依法予以治安管理处罚；有关责任人员构成犯罪的，依法追究刑事责任。

破坏土地复垦工程、设施和设备，构成违反治安管理行为的，由公安机关依法予以治安管理处罚；构成犯罪的，依法追究刑事责任。

第七章 附 则

第四十四条 本条例自公布之日起施行。1988年11月8日国务院发布的《土地复垦规定》同时废止。

公路安全保护条例

（2011年2月16日国务院第144次常务会议通过 2011年3月7日中华人民共和国国务院令第593号公布 自2011年7月1日起施行）

第一章 总 则

第一条 为了加强公路保护，保障公路完好、安全和畅通，根据《中华人民共和国公路法》，制定本条例。

第二条 各级人民政府应当加强对公路保护工作的领导，依法履行公路保护职责。

第三条 国务院交通运输主管部门主管全国公路保护工作。

县级以上地方人民政府交通运输主管部门主管本行政区域的公路保护工作；但是，县级以上地方人民政府交通运输主管部门对国道、省道的保护职责，由省、自治区、直辖市人民政府确定。

公路管理机构依照本条例的规定具体负责公路保护的监督管理工作。

第四条 县级以上各级人民政府发展改革、工业和信息化、公安、工商、质检等部门按照职责分工，依法开展公路保护的相关工作。

第五条 县级以上各级人民政府应当将政府及其有关部门从事公路管

理、养护所需经费以及公路管理机构行使公路行政管理职能所需经费纳入本级人民政府财政预算。但是，专用公路的公路保护经费除外。

第六条 县级以上各级人民政府交通运输主管部门应当综合考虑国家有关车辆技术标准、公路使用状况等因素，逐步提高公路建设、管理和养护水平，努力满足国民经济和社会发展以及人民群众生产、生活需要。

第七条 县级以上各级人民政府交通运输主管部门应当依照《中华人民共和国突发事件应对法》的规定，制定地震、泥石流、雨雪冰冻灾害等损毁公路的突发事件（以下简称公路突发事件）应急预案，报本级人民政府批准后实施。

公路管理机构、公路经营企业应当根据交通运输主管部门制定的公路突发事件应急预案，组建应急队伍，并定期组织应急演练。

第八条 国家建立健全公路突发事件应急物资储备保障制度，完善应急物资储备、调配体系，确保发生公路突发事件时能够满足应急处置工作的需要。

第九条 任何单位和个人不得破坏、损坏、非法占用或者非法利用公路、公路用地和公路附属设施。

第二章　公路线路

第十条 公路管理机构应当建立健全公路管理档案，对公路、公路用地和公路附属设施调查核实、登记造册。

第十一条 县级以上地方人民政府应当根据保障公路运行安全和节约用地的原则以及公路发展的需要，组织交通运输、国土资源等部门划定公路建筑控制区的范围。

公路建筑控制区的范围，从公路用地外缘起向外的距离标准为：

（一）国道不少于20米；

（二）省道不少于15米；

（三）县道不少于10米；

（四）乡道不少于5米。

属于高速公路的，公路建筑控制区的范围从公路用地外缘起向外的距离标准不少于30米。

公路弯道内侧、互通立交以及平面交叉道口的建筑控制区范围根据安全视距等要求确定。

第十二条 新建、改建公路的建筑控制区的范围，应当自公路初步设计批准之日起30日内，由公路沿线县级以上地方人民政府依照本条例划定并公告。

公路建筑控制区与铁路线路安全保护区、航道保护范围、河道管理范围或者水工程管理和保护范围重叠的，经公路管理机构和铁路管理机构、航道管理机构、水行政主管部门或者流域管理机构协商后划定。

第十三条　在公路建筑控制区内，除公路保护需要外，禁止修建建筑物和地面构筑物；公路建筑控制区划定前已经合法修建的不得扩建，因公路建设或者保障公路运行安全等原因需要拆除的应当依法给予补偿。

在公路建筑控制区外修建的建筑物、地面构筑物以及其他设施不得遮挡公路标志，不得妨碍安全视距。

第十四条　新建村镇、开发区、学校和货物集散地、大型商业网点、农贸市场等公共场所，与公路建筑控制区边界外缘的距离应当符合下列标准，并尽可能在公路一侧建设：

（一）国道、省道不少于50米；

（二）县道、乡道不少于20米。

第十五条　新建、改建公路与既有城市道路、铁路、通信等线路交叉或者新建、改建城市道路、铁路、通信等线路与既有公路交叉的，建设费用由新建、改建单位承担；城市道路、铁路、通信等线路的管理部门、单位或者公路管理机构要求提高既有建设标准而增加的费用，由提出要求的部门或者单位承担。

需要改变既有公路与城市道路、铁路、通信等线路交叉方式的，按照公平合理的原则分担建设费用。

第十六条　禁止将公路作为检验车辆制动性能的试车场地。

禁止在公路、公路用地范围内摆摊设点、堆放物品、倾倒垃圾、设置障碍、挖沟引水、打场晒粮、种植作物、放养牲畜、采石、取土、采空作业、焚烧物品、利用公路边沟排放污物或者进行其他损坏、污染公路和影响公路畅通的行为。

第十七条　禁止在下列范围内从事采矿、采石、取土、爆破作业等危及公路、公路桥梁、公路隧道、公路渡口安全的活动：

（一）国道、省道、县道的公路用地外缘起向外100米、乡道的公路用地外缘起向外50米；

（二）公路渡口和中型以上公路桥梁周围200米；

（三）公路隧道上方和洞口外100米。

在前款规定的范围内，因抢险、防汛需要修筑堤坝、压缩或者拓宽河床的，应当经省、自治区、直辖市人民政府交通运输主管部门会同水行政主管部门或者流域管理机构批准，并采取安全防护措施方可进行。

第十八条　除按照国家有关规定设立的为车辆补充燃料的场所、设施外，禁止在下列范围内设立生产、储存、销售易燃、易爆、剧毒、放射性等危险物品的场所、设施：

（一）公路用地外缘起向外 100 米；

（二）公路渡口和中型以上公路桥梁周围 200 米；

（三）公路隧道上方和洞口外 100 米。

第十九条　禁止擅自在中型以上公路桥梁跨越的河道上下游各 1000 米范围内抽取地下水、架设浮桥以及修建其他危及公路桥梁安全的设施。

在前款规定的范围内，确需进行抽取地下水、架设浮桥等活动的，应当经水行政主管部门、流域管理机构等有关单位会同公路管理机构批准，并采取安全防护措施方可进行。

第二十条　禁止在公路桥梁跨越的河道上下游的下列范围内采砂：

（一）特大型公路桥梁跨越的河道上游 500 米，下游 3000 米；

（二）大型公路桥梁跨越的河道上游 500 米，下游 2000 米；

（三）中小型公路桥梁跨越的河道上游 500 米，下游 1000 米。

第二十一条　在公路桥梁跨越的河道上下游各 500 米范围内依法进行疏浚作业的，应当符合公路桥梁安全要求，经公路管理机构确认安全方可作业。

第二十二条　禁止利用公路桥梁进行牵拉、吊装等危及公路桥梁安全的施工作业。

禁止利用公路桥梁（含桥下空间）、公路隧道、涵洞堆放物品，搭建设施以及铺设高压电线和输送易燃、易爆或者其他有毒有害气体、液体的管道。

第二十三条　公路桥梁跨越航道的，建设单位应当按照国家有关规定设置桥梁航标、桥柱标、桥梁水尺标，并按照国家标准、行业标准设置桥区水上航标和桥墩防撞装置。桥区水上航标由航标管理机构负责维护。

通过公路桥梁的船舶应当符合公路桥梁通航净空要求，严格遵守航行规则，不得在公路桥梁下停泊或者系缆。

第二十四条　重要的公路桥梁和公路隧道按照《中华人民共和国人民武装警察法》和国务院、中央军委的有关规定由中国人民武装警察部队守护。

第二十五条　禁止损坏、擅自移动、涂改、遮挡公路附属设施或者利用公路附属设施架设管道、悬挂物品。

第二十六条　禁止破坏公路、公路用地范围内的绿化物。需要更新采伐护路林的，应当向公路管理机构提出申请，经批准方可更新采伐，并及时补种；不能及时补种的，应当交纳补种所需费用，由公路管理机构代为补种。

第二十七条 进行下列涉路施工活动，建设单位应当向公路管理机构提出申请：

（一）因修建铁路、机场、供电、水利、通信等建设工程需要占用、挖掘公路、公路用地或者使公路改线；

（二）跨越、穿越公路修建桥梁、渡槽或者架设、埋设管道、电缆等设施；

（三）在公路用地范围内架设、埋设管道、电缆等设施；

（四）利用公路桥梁、公路隧道、涵洞铺设电缆等设施；

（五）利用跨越公路的设施悬挂非公路标志；

（六）在公路上增设或者改造平面交叉道口；

（七）在公路建筑控制区内埋设管道、电缆等设施。

第二十八条 申请进行涉路施工活动的建设单位应当向公路管理机构提交下列材料：

（一）符合有关技术标准、规范要求的设计和施工方案；

（二）保障公路、公路附属设施质量和安全的技术评价报告；

（三）处置施工险情和意外事故的应急方案。

公路管理机构应当自受理申请之日起 20 日内作出许可或者不予许可的决定；影响交通安全的，应当征得公安机关交通管理部门的同意；涉及经营性公路的，应当征求公路经营企业的意见；不予许可的，公路管理机构应当书面通知申请人并说明理由。

第二十九条 建设单位应当按照许可的设计和施工方案进行施工作业，并落实保障公路、公路附属设施质量和安全的防护措施。

涉路施工完毕，公路管理机构应当对公路、公路附属设施是否达到规定的技术标准以及施工是否符合保障公路、公路附属设施质量和安全的要求进行验收；影响交通安全的，还应当经公安机关交通管理部门验收。

涉路工程设施的所有人、管理人应当加强维护和管理，确保工程设施不影响公路的完好、安全和畅通。

第三章 公路通行

第三十条 车辆的外廓尺寸、轴荷和总质量应当符合国家有关车辆外廓尺寸、轴荷、质量限值等机动车安全技术标准，不符合标准的不得生产、销售。

第三十一条 公安机关交通管理部门办理车辆登记，应当当场查验，对不符合机动车国家安全技术标准的车辆不予登记。

第三十二条 运输不可解体物品需要改装车辆的，应当由具有相应资质的车辆生产企业按照规定的车型和技术参数进行改装。

第三十三条 超过公路、公路桥梁、公路隧道限载、限高、限宽、限长标准的车辆，不得在公路、公路桥梁或者公路隧道行驶；超过汽车渡船限载、限高、限宽、限长标准的车辆，不得使用汽车渡船。

公路、公路桥梁、公路隧道限载、限高、限宽、限长标准调整的，公路管理机构、公路经营企业应当及时变更限载、限高、限宽、限长标志；需要绕行的，还应当标明绕行路线。

第三十四条 县级人民政府交通运输主管部门或者乡级人民政府可以根据保护乡道、村道的需要，在乡道、村道的出入口设置必要的限高、限宽设施，但是不得影响消防和卫生急救等应急通行需要，不得向通行车辆收费。

第三十五条 车辆载运不可解体物品，车货总体的外廓尺寸或者总质量超过公路、公路桥梁、公路隧道的限载、限高、限宽、限长标准，确需在公路、公路桥梁、公路隧道行驶的，从事运输的单位和个人应当向公路管理机构申请公路超限运输许可。

第三十六条 申请公路超限运输许可按照下列规定办理：

（一）跨省、自治区、直辖市进行超限运输的，向公路沿线各省、自治区、直辖市公路管理机构提出申请，由起运地省、自治区、直辖市公路管理机构统一受理，并协调公路沿线各省、自治区、直辖市公路管理机构对超限运输申请进行审批，必要时可以由国务院交通运输主管部门统一协调处理；

（二）在省、自治区范围内跨设区的市进行超限运输，或者在直辖市范围内跨区、县进行超限运输的，向省、自治区、直辖市公路管理机构提出申请，由省、自治区、直辖市公路管理机构受理并审批；

（三）在设区的市范围内跨区、县进行超限运输的，向设区的市公路管理机构提出申请，由设区的市公路管理机构受理并审批；

（四）在区、县范围内进行超限运输的，向区、县公路管理机构提出申请，由区、县公路管理机构受理并审批。

公路超限运输影响交通安全的，公路管理机构在审批超限运输申请时，应当征求公安机关交通管理部门意见。

第三十七条 公路管理机构审批超限运输申请，应当根据实际情况勘测通行路线，需要采取加固、改造措施的，可以与申请人签订有关协议，制定相应的加固、改造方案。

公路管理机构应当根据其制定的加固、改造方案，对通行的公路桥梁、涵洞等设施进行加固、改造；必要时应当对超限运输车辆进行监管。

第三十八条　公路管理机构批准超限运输申请的，应当为超限运输车辆配发国务院交通运输主管部门规定式样的超限运输车辆通行证。

经批准进行超限运输的车辆，应当随车携带超限运输车辆通行证，按照指定的时间、路线和速度行驶，并悬挂明显标志。

禁止租借、转让超限运输车辆通行证。禁止使用伪造、变造的超限运输车辆通行证。

第三十九条　经省、自治区、直辖市人民政府批准，有关交通运输主管部门可以设立固定超限检测站点，配备必要的设备和人员。

固定超限检测站点应当规范执法，并公布监督电话。公路管理机构应当加强对固定超限检测站点的管理。

第四十条　公路管理机构在监督检查中发现车辆超过公路、公路桥梁、公路隧道或者汽车渡船的限载、限高、限宽、限长标准的，应当就近引导至固定超限检测站点进行处理。

车辆应当按照超限检测指示标志或者公路管理机构监督检查人员的指挥接受超限检测，不得故意堵塞固定超限检测站点通行车道、强行通过固定超限检测站点或者以其他方式扰乱超限检测秩序，不得采取短途驳载等方式逃避超限检测。

禁止通过引路绕行等方式为不符合国家有关载运标准的车辆逃避超限检测提供便利。

第四十一条　煤炭、水泥等货物集散地以及货运站等场所的经营人、管理人应当采取有效措施，防止不符合国家有关载运标准的车辆出场（站）。

道路运输管理机构应当加强对煤炭、水泥等货物集散地以及货运站等场所的监督检查，制止不符合国家有关载运标准的车辆出场（站）。

任何单位和个人不得指使、强令车辆驾驶人超限运输货物，不得阻碍道路运输管理机构依法进行监督检查。

第四十二条　载运易燃、易爆、剧毒、放射性等危险物品的车辆，应当符合国家有关安全管理规定，并避免通过特大型公路桥梁或者特长公路隧道；确需通过特大型公路桥梁或者特长公路隧道的，负责审批易燃、易爆、剧毒、放射性等危险物品运输许可的机关应当提前将行驶时间、路线通知特大型公路桥梁或者特长公路隧道的管理单位，并对在特大型公路桥梁或者特长公路隧道行驶的车辆进行现场监管。

第四十三条　车辆应当规范装载，装载物不得触地拖行。车辆装载物易掉落、遗洒或者飘散的，应当采取厢式密闭等有效防护措施方可在公路上行驶。

公路上行驶车辆的装载物掉落、遗洒或者飘散的，车辆驾驶人、押运人员应当及时采取措施处理；无法处理的，应当在掉落、遗洒或者飘散物来车方向适当距离外设置警示标志，并迅速报告公路管理机构或者公安机关交通管理部门。其他人员发现公路上有影响交通安全的障碍物的，也应当及时报告公路管理机构或者公安机关交通管理部门。公安机关交通管理部门应当责令改正车辆装载物掉落、遗洒、飘散等违法行为；公路管理机构、公路经营企业应当及时清除掉落、遗洒、飘散在公路上的障碍物。

车辆装载物掉落、遗洒、飘散后，车辆驾驶人、押运人员未及时采取措施处理，造成他人人身、财产损害的，道路运输企业、车辆驾驶人应当依法承担赔偿责任。

第四章　公路养护

第四十四条　公路管理机构、公路经营企业应当加强公路养护，保证公路经常处于良好技术状态。

前款所称良好技术状态，是指公路自身的物理状态符合有关技术标准的要求，包括路面平整，路肩、边坡平顺，有关设施完好。

第四十五条　公路养护应当按照国务院交通运输主管部门规定的技术规范和操作规程实施作业。

第四十六条　从事公路养护作业的单位应当具备下列资质条件：

（一）有一定数量的符合要求的技术人员；

（二）有与公路养护作业相适应的技术设备；

（三）有与公路养护作业相适应的作业经历；

（四）国务院交通运输主管部门规定的其他条件。

公路养护作业单位资质管理办法由国务院交通运输主管部门另行制定。

第四十七条　公路管理机构、公路经营企业应当按照国务院交通运输主管部门的规定对公路进行巡查，并制作巡查记录；发现公路坍塌、坑槽、隆起等损毁的，应当及时设置警示标志，并采取措施修复。

公安机关交通管理部门发现公路坍塌、坑槽、隆起等损毁，危及交通安全的，应当及时采取措施，疏导交通，并通知公路管理机构或者公路经营企业。

其他人员发现公路坍塌、坑槽、隆起等损毁的，应当及时向公路管理机构、公安机关交通管理部门报告。

第四十八条　公路管理机构、公路经营企业应当定期对公路、公路桥梁、公路隧道进行检测和评定，保证其技术状态符合有关技术标准；对经检测发现不符合车辆通行安全要求的，应当进行维修，及时向社会公告，并通知公安机关交通管理部门。

第四十九条　公路管理机构、公路经营企业应当定期检查公路隧道的排水、通风、照明、监控、报警、消防、救助等设施，保持设施处于完好状态。

第五十条　公路管理机构应当统筹安排公路养护作业计划，避免集中进行公路养护作业造成交通堵塞。

在省、自治区、直辖市交界区域进行公路养护作业，可能造成交通堵塞的，有关公路管理机构、公安机关交通管理部门应当事先书面通报相邻的省、自治区、直辖市公路管理机构、公安机关交通管理部门，共同制定疏导预案，确定分流路线。

第五十一条　公路养护作业需要封闭公路的，或者占用半幅公路进行作业，作业路段长度在2公里以上，并且作业期限超过30日的，除紧急情况外，公路养护作业单位应当在作业开始之日前5日向社会公告，明确绕行路线，并在绕行处设置标志；不能绕行的，应当修建临时道路。

第五十二条　公路养护作业人员作业时，应当穿着统一的安全标志服。公路养护车辆、机械设备作业时，应当设置明显的作业标志，开启危险报警闪光灯。

第五十三条　发生公路突发事件影响通行的，公路管理机构、公路经营企业应当及时修复公路、恢复通行。设区的市级以上人民政府交通运输主管部门应当根据修复公路、恢复通行的需要，及时调集抢修力量，统筹安排有关作业计划，下达路网调度指令，配合有关部门组织绕行、分流。

设区的市级以上公路管理机构应当按照国务院交通运输主管部门的规定收集、汇总公路损毁、公路交通流量等信息，开展公路突发事件的监测、预报和预警工作，并利用多种方式及时向社会发布有关公路运行信息。

第五十四条　中国人民武装警察交通部队按照国家有关规定承担公路、公路桥梁、公路隧道等设施的抢修任务。

第五十五条　公路永久性停止使用的，应当按照国务院交通运输主管部门规定的程序核准后作报废处理，并向社会公告。

公路报废后的土地使用管理依照有关土地管理的法律、行政法规执行。

第五章　法律责任

第五十六条　违反本条例的规定，有下列情形之一的，由公路管理机构责令限期拆除，可以处5万元以下的罚款。逾期不拆除的，由公路管理机构拆除，有关费用由违法行为人承担：

（一）在公路建筑控制区内修建、扩建建筑物、地面构筑物或者未经许可埋设管道、电缆等设施的；

（二）在公路建筑控制区外修建的建筑物、地面构筑物以及其他设施遮挡公路标志或者妨碍安全视距的。

第五十七条　违反本条例第十八条、第十九条、第二十三条规定的，由安全生产监督管理部门、水行政主管部门、流域管理机构、海事管理机构等有关单位依法处理。

第五十八条　违反本条例第二十条规定的，由水行政主管部门或者流域管理机构责令改正，可以处3万元以下的罚款。

第五十九条　违反本条例第二十二条规定的，由公路管理机构责令改正，处2万元以上10万元以下的罚款。

第六十条　违反本条例的规定，有下列行为之一的，由公路管理机构责令改正，可以处3万元以下的罚款：

（一）损坏、擅自移动、涂改、遮挡公路附属设施或者利用公路附属设施架设管道、悬挂物品，可能危及公路安全的；

（二）涉路工程设施影响公路完好、安全和畅通的。

第六十一条　违反本条例的规定，未经批准更新采伐护路林的，由公路管理机构责令补种，没收违法所得，并处采伐林木价值3倍以上5倍以下的罚款。

第六十二条　违反本条例的规定，未经许可进行本条例第二十七条第一项至第五项规定的涉路施工活动的，由公路管理机构责令改正，可以处3万元以下的罚款；未经许可进行本条例第二十七条第六项规定的涉路施工活动的，由公路管理机构责令改正，处5万元以下的罚款。

第六十三条　违反本条例的规定，非法生产、销售外廓尺寸、轴荷、总质量不符合国家有关车辆外廓尺寸、轴荷、质量限值等机动车安全技术标准的车辆的，依照《中华人民共和国道路交通安全法》的有关规定处罚。

具有国家规定资质的车辆生产企业未按照规定车型和技术参数改装车辆的，由原发证机关责令改正，处4万元以上20万元以下的罚款；拒不改正的，吊销其资质证书。

第六十四条 违反本条例的规定，在公路上行驶的车辆，车货总体的外廓尺寸、轴荷或者总质量超过公路、公路桥梁、公路隧道、汽车渡船限定标准的，由公路管理机构责令改正，可以处 3 万元以下的罚款。

第六十五条 违反本条例的规定，经批准进行超限运输的车辆，未按照指定时间、路线和速度行驶的，由公路管理机构或者公安机关交通管理部门责令改正；拒不改正的，公路管理机构或者公安机关交通管理部门可以扣留车辆。

未随车携带超限运输车辆通行证的，由公路管理机构扣留车辆，责令车辆驾驶人提供超限运输车辆通行证或者相应的证明。

租借、转让超限运输车辆通行证的，由公路管理机构没收超限运输车辆通行证，处 1000 元以上 5000 元以下的罚款。使用伪造、变造的超限运输车辆通行证的，由公路管理机构没收伪造、变造的超限运输车辆通行证，处 3 万元以下的罚款。

第六十六条 对 1 年内违法超限运输超过 3 次的货运车辆，由道路运输管理机构吊销其车辆营运证；对 1 年内违法超限运输超过 3 次的货运车辆驾驶人，由道路运输管理机构责令其停止从事营业性运输；道路运输企业 1 年内违法超限运输的货运车辆超过本单位货运车辆总数 10% 的，由道路运输管理机构责令道路运输企业停业整顿；情节严重的，吊销其道路运输经营许可证，并向社会公告。

第六十七条 违反本条例的规定，有下列行为之一的，由公路管理机构强制拖离或者扣留车辆，处 3 万元以下的罚款：

（一）采取故意堵塞固定超限检测站点通行车道、强行通过固定超限检测站点等方式扰乱超限检测秩序的；

（二）采取短途驳载等方式逃避超限检测的。

第六十八条 违反本条例的规定，指使、强令车辆驾驶人超限运输货物的，由道路运输管理机构责令改正，处 3 万元以下的罚款。

第六十九条 车辆装载物触地拖行、掉落、遗洒或者飘散，造成公路路面损坏、污染的，由公路管理机构责令改正，处 5000 元以下的罚款。

第七十条 违反本条例的规定，公路养护作业单位未按照国务院交通运输主管部门规定的技术规范和操作规程进行公路养护作业的，由公路管理机构责令改正，处 1 万元以上 5 万元以下的罚款；拒不改正的，吊销其资质证书。

第七十一条 造成公路、公路附属设施损坏的单位和个人应当立即报告公路管理机构，接受公路管理机构的现场调查处理；危及交通安全的，还应当设置警示标志或者采取其他安全防护措施，并迅速报告公安机关交通管理部门。

发生交通事故造成公路、公路附属设施损坏的，公安机关交通管理部门在处理交通事故时应当及时通知有关公路管理机构到场调查处理。

第七十二条　造成公路、公路附属设施损坏，拒不接受公路管理机构现场调查处理的，公路管理机构可以扣留车辆、工具。

公路管理机构扣留车辆、工具的，应当当场出具凭证，并告知当事人在规定期限内到公路管理机构接受处理。逾期不接受处理，并且经公告3个月仍不来接受处理的，对扣留的车辆、工具，由公路管理机构依法处理。

公路管理机构对被扣留的车辆、工具应当妥善保管，不得使用。

第七十三条　违反本条例的规定，公路管理机构工作人员有下列行为之一的，依法给予处分：

（一）违法实施行政许可的；

（二）违反规定拦截、检查正常行驶的车辆的；

（三）未及时采取措施处理公路坍塌、坑槽、隆起等损毁的；

（四）违法扣留车辆、工具或者使用依法扣留的车辆、工具的；

（五）有其他玩忽职守、徇私舞弊、滥用职权行为的。

公路管理机构有前款所列行为之一的，对负有直接责任的主管人员和其他直接责任人员依法给予处分。

第七十四条　违反本条例的规定，构成违反治安管理行为的，由公安机关依法给予治安管理处罚；构成犯罪的，依法追究刑事责任。

第六章　附　　则

第七十五条　村道的管理和养护工作，由乡级人民政府参照本条例的规定执行。

专用公路的保护不适用本条例。

第七十六条　军事运输使用公路按照国务院、中央军事委员会的有关规定执行。

第七十七条　本条例自2011年7月1日起施行。1987年10月13日国务院发布的《中华人民共和国公路管理条例》同时废止。

国务院关于修改《出版管理条例》的决定

（2011 年 3 月 16 日国务院第 147 次常务会议通过 2011 年 3 月 19 日中华人民共和国国务院令第 594 号公布 自 2011 年 3 月 19 日起施行）

国务院决定对《出版管理条例》作如下修改：

一、将第一条、第十条、第四十八条中的"出版事业"修改为"出版产业和出版事业"。

二、将第三条修改为："出版活动必须坚持为人民服务、为社会主义服务的方向，坚持以马克思列宁主义、毛泽东思想、邓小平理论和'三个代表'重要思想为指导，贯彻落实科学发展观，传播和积累有益于提高民族素质、有益于经济发展和社会进步的科学技术和文化知识，弘扬民族优秀文化，促进国际文化交流，丰富和提高人民的精神生活。"

三、将第六条至第八条、第十条、第十一条、第十四条、第十五条、第十九条、第二十条、第三十二条、第三十四条、第四十三条至第四十五条、第四十七条、第五十三条、第五十五条至第五十七条、第五十九条、第六十一条、第六十二条中的"出版行政部门"修改为"出版行政主管部门"。

四、将第七条中的"可以检查与违法活动有关的物品"修改为"可以检查与涉嫌违法活动有关的物品和经营场所"。

五、将第十二条修改为："设立出版单位，由其主办单位向所在地省、自治区、直辖市人民政府出版行政主管部门提出申请；省、自治区、直辖市人民政府出版行政主管部门审核同意后，报国务院出版行政主管部门审批。设立的出版单位为事业单位的，还应当办理机构编制审批手续。"

六、将第十四条中的"自收到设立出版单位的申请之日起 90 日内"修改为"自受理设立出版单位的申请之日起 60 日内"。

七、将第十五条第二款修改为："出版单位领取出版许可证后，属于事业单位法人的，持出版许可证向事业单位登记管理机关登记，依法领取事业单位法人证书；属于企业法人的，持出版许可证向工商行政管理部门登记，依法领取营业执照。"

八、将第十七条修改为："出版单位变更名称、主办单位或者其主管机关、业务范围、资本结构，合并或者分立，设立分支机构，出版新的报纸、期刊，或者报纸、期刊变更名称的，应当依照本条例第十二条、第十三条的规定办理审批手续。出版单位属于事业单位法人的，还应当持批准文件到事业单位登记管理机关办理相应的登记手续；属于企业法人的，还应当持批准文件到工商行政管理部门办理相应的登记手续。

"出版单位除前款所列变更事项外的其他事项的变更，应当经主办单位及其主管机关审查同意，向所在地省、自治区、直辖市人民政府出版行政主管部门申请变更登记，并报国务院出版行政主管部门备案。出版单位属于事业单位法人的，还应当持批准文件到事业单位登记管理机关办理变更登记；属于企业法人的，还应当持批准文件到工商行政管理部门办理变更登记。"

九、将第十八条修改为："出版单位中止出版活动的，应当向所在地省、自治区、直辖市人民政府出版行政主管部门备案并说明理由和期限；出版单位中止出版活动不得超过180日。

"出版单位终止出版活动的，由主办单位提出申请并经主管机关同意后，由主办单位向所在地省、自治区、直辖市人民政府出版行政主管部门办理注销登记，并报国务院出版行政主管部门备案。出版单位属于事业单位法人的，还应当持批准文件到事业单位登记管理机关办理注销登记；属于企业法人的，还应当持批准文件到工商行政管理部门办理注销登记。"

十、将第二十一条改为第四十九条，修改为："出版行政主管部门应当加强对本行政区域内出版单位出版活动的日常监督管理；出版单位的主办单位及其主管机关对所属出版单位出版活动负有直接管理责任，并应当配合出版行政主管部门督促所属出版单位执行各项管理规定。

"出版单位和出版物进口经营单位应当按照国务院出版行政主管部门的规定，将从事出版活动和出版物进口活动的情况向出版行政主管部门提出书面报告。"

十一、将第二十二条改为第二十一条，增加一款，作为第二款："出版单位及其从业人员不得利用出版活动谋取其他不正当利益。"

十二、将第二十三条改为第二十二条，修改为："出版单位应当按照国家有关规定向国家图书馆、中国版本图书馆和国务院出版行政主管部门免费送交样本。"

十三、将第二十九条改为第二十八条，将第一款修改为："出版物必须按照国家的有关规定载明作者、出版者、印刷者或者复制者、发行者的名称、地址，书号、刊号或者版号，在版编目数据，出版日期、刊期以及其他有关事项。"

增加一款，作为第三款："出版物使用语言文字必须符合国家法律规定和有关标准、规范。"

十四、将第三十一条改为第三十条，修改为："中学小学教科书由国务院教育行政主管部门审定；其出版、发行单位应当具有适应教科书出版、发行业务需要的资金、组织机构和人员等条件，并取得国务院出版行政主管部门批准的教科书出版、发行资质。纳入政府采购范围的中学小学教科书，其发行单位按照《中华人民共和国政府采购法》的有关规定确定。其他任何单位或者个人不得从事中学小学教科书的出版、发行业务。"

十五、将第三十二条改为第三十一条，删去第一款中的"公安机关"。

十六、将第三十六条、第三十七条合并后修改，作为第三十五条："从事出版物总发行业务的单位，经所在地省、自治区、直辖市人民政府出版行政主管部门审核后，报国务院出版行政主管部门批准。国务院出版行政主管部门应当自受理申请之日起 60 日内，作出批准或者不批准的决定。

"从事出版物批发业务的单位，须经省、自治区、直辖市人民政府出版行政主管部门审核许可。

"从事出版物零售业务的单位和个体工商户，须经县级人民政府出版行政主管部门审核许可。

"从事出版物连锁经营业务的单位，在省、自治区、直辖市范围内经营的，应当经其总部所在地省、自治区、直辖市人民政府出版行政主管部门批准；跨省或者在全国范围内经营的，应当经其总部所在地省、自治区、直辖市人民政府出版行政主管部门审核后，报国务院出版行政主管部门批准。国务院出版行政主管部门应当自受理申请之日起 60 日内，作出批准或者不批准的决定。

"从事出版物发行业务的单位和个体工商户经出版行政主管部门批准、取得《出版物经营许可证》，并向工商行政管理部门依法领取营业执照后，方可从事出版物发行业务。"

十七、增加一条，作为第三十六条："通过互联网等信息网络从事出版物发行业务的单位或者个体工商户，应当依照本条例规定取得《出版物经营许可证》。

"提供网络交易平台服务的经营者应当对申请通过网络交易平台从事出版物发行业务的单位或者个体工商户的经营主体身份进行审查，验证其《出版物经营许可证》。"

十八、增加一条，作为第三十七条："从事出版物发行业务的单位和个体工商户变更《出版物经营许可证》登记事项，或者兼并、合并、分立的，应当依照本条例第三十五条的规定办理审批手续，并持批准文件到工商行政管理部门办理相应的登记手续。

"从事出版物发行业务的单位和个体工商户终止经营活动的,应当到工商行政管理部门办理注销登记,并向原批准的出版行政主管部门备案。"

十九、将第三十九条修改为:"国家允许设立从事图书、报纸、期刊、电子出版物发行业务的中外合资经营企业、中外合作经营企业、外资企业。"

二十、将第四十一条修改为:"出版物进口业务,由依照本条例设立的出版物进口经营单位经营;其他单位和个人不得从事出版物进口业务。"

二十一、将第四十二条第一款第二项修改为"有符合国务院出版行政主管部门认定的主办单位及其主管机关",第四项修改为"具有进口出版物内容审查能力",删去第二款。

二十二、增加一条,作为第四十四条:"出版物进口经营单位变更名称、业务范围、资本结构、主办单位或者其主管机关,合并或者分立,设立分支机构,应当依照本条例第四十二条、第四十三条的规定办理审批手续,并持批准文件到工商行政管理部门办理相应的登记手续。"

二十三、将第四十六条改为第四十七条,修改为:"发行进口出版物的,必须从依法设立的出版物进口经营单位进货。"

二十四、增加一章,作为第六章,章名为"监督与管理"。

二十五、增加一条,作为第五十条:"出版行政主管部门履行下列职责:

"(一)对出版物的出版、印刷、复制、发行、进口单位进行行业监管,实施准入和退出管理;

"(二)对出版活动进行监管,对违反本条例的行为进行查处;

"(三)对出版物内容和质量进行监管;

"(四)根据国家有关规定对出版从业人员进行管理。"

二十六、增加一条,作为第五十一条:"出版行政主管部门根据有关规定和标准,对出版物的内容、编校、印刷或者复制、装帧设计等方面质量实施监督检查。"

二十七、增加一条,作为第五十二条:"国务院出版行政主管部门制定出版单位综合评估办法,对出版单位分类实施综合评估。

"出版物的出版、印刷或者复制、发行和进口经营单位不再具备行政许可的法定条件的,由出版行政主管部门责令限期改正;逾期仍未改正的,由原发证机关撤销行政许可。"

二十八、增加一条,作为第五十三条:"国家对在出版单位从事出版专业技术工作的人员实行职业资格制度;出版专业技术人员通过国家专业技术人员资格考试取得专业技术资格。具体办法由国务院人力资源社会保障主管部门、国务院出版行政主管部门共同制定。"

二十九、将第四十九条改为第五十五条，修改为："国家支持、鼓励下列优秀的、重点的出版物的出版：

"（一）对阐述、传播宪法确定的基本原则有重大作用的；

"（二）对弘扬社会主义核心价值体系，在人民中进行爱国主义、集体主义、社会主义和民族团结教育以及弘扬社会公德、职业道德、家庭美德有重要意义的；

"（三）对弘扬民族优秀文化，促进国际文化交流有重大作用的；

"（四）对推进文化创新，及时反映国内外新的科学文化成果有重大贡献的；

"（五）对服务农业、农村和农民，促进公共文化服务有重大作用的；

"（六）其他具有重要思想价值、科学价值或者文化艺术价值的。"

三十、将第五十二条改为第五十八条，修改为："对为发展、繁荣出版产业和出版事业作出重要贡献的单位和个人，按照国家有关规定给予奖励。"

三十一、将第五十四条改为第六十条，修改为："出版行政主管部门或者其他有关部门的工作人员，利用职务上的便利收受他人财物或者其他好处，批准不符合法定设立条件的出版、印刷或者复制、进口、发行单位，或者不履行监督职责，或者发现违法行为不予查处，造成严重后果的，依法给予降级直至开除的处分；构成犯罪的，依照刑法关于受贿罪、滥用职权罪、玩忽职守罪或者其他罪的规定，依法追究刑事责任。"

三十二、将第五十五条至第五十七条、第五十九条中的"并处1万元以上5万元以下的罚款"修改为"可以处5万元以下的罚款"。

三十三、将第五十九条改为第六十五条，增加一项，作为第一项："出版单位委托未取得出版物印刷或者复制许可的单位印刷或者复制出版物的。"

将第四项改为第五项，修改为："印刷或者复制单位、发行单位或者个体工商户印刷或者复制、发行未署出版单位名称的出版物的。"

将第五项改为第六项，修改为："出版、印刷、发行单位出版、印刷、发行未经依法审定的中学小学教科书，或者非依照本条例规定确定的单位从事中学小学教科书的出版、发行业务的。"

三十四、将第六十条改为第六十六条，修改为："出版单位有下列行为之一的，由出版行政主管部门责令停止违法行为，给予警告，没收违法经营的出版物、违法所得，违法经营额1万元以上的，并处违法经营额5

倍以上 10 倍以下的罚款；违法经营额不足 1 万元的，可以处 5 万元以下的罚款；情节严重的，责令限期停业整顿或者由原发证机关吊销许可证：

"（一）出售或者以其他形式转让本出版单位的名称、书号、刊号、版号、版面，或者出租本单位的名称、刊号的；

"（二）利用出版活动谋取其他不正当利益的。"

三十五、将第六十一条改为第六十七条，删去第一项中的"刊期"；增加一项，作为第六项："出版单位擅自中止出版活动超过 180 日的"。

增加一项，作为第七项："出版物发行单位、出版物进口经营单位未依照本条例的规定办理变更审批手续的"。

增加一项，作为第八项："出版物质量不符合有关规定和标准的"。

三十六、将第六十四条改为第七十条，修改为："单位违反本条例，被处以吊销许可证行政处罚的，应当按照国家有关规定到事业单位登记管理机关或者工商行政管理部门办理注销登记或者变更登记；逾期未办理的，由事业单位登记管理机关撤销登记或者由工商行政管理部门吊销营业执照。"

三十七、将第六十五条改为第七十一条，增加一款，作为第二款："出版从业人员违反本条例规定，情节严重的，由原发证机关吊销其资格证书。"

三十八、将第六十七条改为第七十三条，修改为："行政法规对音像制品和电子出版物的出版、复制、进口、发行另有规定的，适用其规定。

"接受境外机构或者个人赠送出版物的管理办法、订户订购境外出版物的管理办法、网络出版审批和管理办法，由国务院出版行政主管部门根据本条例的原则另行制定。"

本决定自公布之日起施行。

《出版管理条例》根据本决定作相应的修改并对章的序号和条款顺序作相应调整，重新公布。

出版管理条例

（2001 年 12 月 25 日中华人民共和国国务院令第 343 号公布　根据 2011 年 3 月 19 日《国务院关于修改〈出版管理条例〉的决定》修订）

第一章　总　　则

第一条　为了加强对出版活动的管理，发展和繁荣有中国特色社会主义出版产业和出版事业，保障公民依法行使出版自由的权利，促进社会主义精神文明和物质文明建设，根据宪法，制定本条例。

第二条　在中华人民共和国境内从事出版活动，适用本条例。

本条例所称出版活动，包括出版物的出版、印刷或者复制、进口、发行。

本条例所称出版物，是指报纸、期刊、图书、音像制品、电子出版物等。

第三条　出版活动必须坚持为人民服务、为社会主义服务的方向，坚持以马克思列宁主义、毛泽东思想、邓小平理论和"三个代表"重要思想为指导，贯彻落实科学发展观，传播和积累有益于提高民族素质、有益于经济发展和社会进步的科学技术和文化知识，弘扬民族优秀文化，促进国际文化交流，丰富和提高人民的精神生活。

第四条　从事出版活动，应当将社会效益放在首位，实现社会效益与经济效益相结合。

第五条　公民依法行使出版自由的权利，各级人民政府应当予以保障。

公民在行使出版自由的权利的时候，必须遵守宪法和法律，不得反对宪法确定的基本原则，不得损害国家的、社会的、集体的利益和其他公民的合法的自由和权利。

第六条　国务院出版行政主管部门负责全国的出版活动的监督管理工作。国务院其他有关部门按照国务院规定的职责分工，负责有关的出版活动的监督管理工作。

县级以上地方各级人民政府负责出版管理的部门（以下简称出版行政主管部门）负责本行政区域内出版活动的监督管理工作。县级以上地方各级人民政府其他有关部门在各自的职责范围内，负责有关的出版活动的监督管理工作。

第七条　出版行政主管部门根据已经取得的违法嫌疑证据或者举报，对涉嫌违法从事出版物出版、印刷或者复制、进口、发行等活动的行为进行查处时，可以检查与涉嫌违法活动有关的物品和经营场所；对有证据证明是与违法活动有关的物品，可以查封或者扣押。

第八条　出版行业的社会团体按照其章程，在出版行政主管部门的指导下，实行自律管理。

第二章　出版单位的设立与管理

第九条　报纸、期刊、图书、音像制品和电子出版物等应当由出版单位出版。

本条例所称出版单位，包括报社、期刊社、图书出版社、音像出版社和电子出版物出版社等。

法人出版报纸、期刊，不设立报社、期刊社的，其设立的报纸编辑部、期刊编辑部视为出版单位。

第十条　国务院出版行政主管部门制定全国出版单位总量、结构、布局的规划，指导、协调出版产业和出版事业发展。

第十一条　设立出版单位，应当具备下列条件：

（一）有出版单位的名称、章程；

（二）有符合国务院出版行政主管部门认定的主办单位及其主管机关；

（三）有确定的业务范围；

（四）有 30 万元以上的注册资本和固定的工作场所；

（五）有适应业务范围需要的组织机构和符合国家规定的资格条件的编辑出版专业人员；

（六）法律、行政法规规定的其他条件。

审批设立出版单位，除依照前款所列条件外，还应当符合国家关于出版单位总量、结构、布局的规划。

第十二条　设立出版单位，由其主办单位向所在地省、自治区、直辖市人民政府出版行政主管部门提出申请；省、自治区、直辖市人民政府出版行政主管部门审核同意后，报国务院出版行政主管部门审批。设立的出版单位为事业单位的，还应当办理机构编制审批手续。

第十三条　设立出版单位的申请书应当载明下列事项：

（一）出版单位的名称、地址；

（二）出版单位的主办单位及其主管机关的名称、地址；

（三）出版单位的法定代表人或者主要负责人的姓名、住址、资格证明文件；

（四）出版单位的资金来源及数额。

设立报社、期刊社或者报纸编辑部、期刊编辑部的，申请书还应当载明报纸或者期刊的名称、刊期、开版或者开本、印刷场所。

申请书应当附具出版单位的章程和设立出版单位的主办单位及其主管机关的有关证明材料。

第十四条　国务院出版行政主管部门应当自受理设立出版单位的申请之日起 60 日内，作出批准或者不批准的决定，并由省、自治区、直辖市人民政府出版行政主管部门书面通知主办单位；不批准的，应当说明理由。

第十五条　设立出版单位的主办单位应当自收到批准决定之日起 60 日内，向所在地省、自治区、直辖市人民政府出版行政主管部门登记，领取出版许可证。登记事项由国务院出版行政主管部门规定。

出版单位领取出版许可证后，属于事业单位法人的，持出版许可证向事业单位登记管理机关登记，依法领取事业单位法人证书；属于企业法人的，持出版许可证向工商行政管理部门登记，依法领取营业执照。

第十六条　报社、期刊社、图书出版社、音像出版社和电子出版物出版社等应当具备法人条件，经核准登记后，取得法人资格，以其全部法人财产独立承担民事责任。

依照本条例第九条第三款的规定，视为出版单位的报纸编辑部、期刊编辑部不具有法人资格，其民事责任由其主办单位承担。

第十七条　出版单位变更名称、主办单位或者其主管机关、业务范围、资本结构，合并或者分立，设立分支机构，出版新的报纸、期刊，或者报纸、期刊变更名称的，应当依照本条例第十二条、第十三条的规定办理审批手续。出版单位属于事业单位法人的，还应当持批准文件到事业单位登记管理机关办理相应的登记手续；属于企业法人的，还应当持批准文件到工商行政管理部门办理相应的登记手续。

出版单位除前款所列变更事项外的其他事项的变更，应当经主办单位及其主管机关审查同意，向所在地省、自治区、直辖市人民政府出版行政主管部门申请变更登记，并报国务院出版行政主管部门备案。出版单位属于事业单位法人的，还应当持批准文件到事业单位登记管理机关办理变更登记；属于企业法人的，还应当持批准文件到工商行政管理部门办理变更登记。

第十八条　出版单位中止出版活动的，应当向所在地省、自治区、直辖市人民政府出版行政主管部门备案并说明理由和期限；出版单位中止出版活动不得超过 180 日。

出版单位终止出版活动的，由主办单位提出申请并经主管机关同意后，由主办单位向所在地省、自治区、直辖市人民政府出版行政主管部门办理注销登记，并报国务院出版行政主管部门备案。出版单位属于事业单位法人的，还应当持批准文件到事业单位登记管理机关办理注销登记；属于企业法人的，还应当持批准文件到工商行政管理部门办理注销登记。

第十九条　图书出版社、音像出版社和电子出版物出版社自登记之日起满 180 日未从事出版活动的，报社、期刊社自登记之日起满 90 日未出版报纸、期刊的，由原登记的出版行政主管部门注销登记，并报国务院出版行政主管部门备案。

因不可抗力或者其他正当理由发生前款所列情形的，出版单位可以向原登记的出版行政主管部门申请延期。

第二十条　图书出版社、音像出版社和电子出版物出版社的年度出版计划及涉及国家安全、社会安定等方面的重大选题，应当经所在地省、自治区、直辖市人民政府出版行政主管部门审核后报国务院出版行政主管部门备案；涉及重大选题，未在出版前报备案的出版物，不得出版。具体办法由国务院出版行政主管部门制定。

期刊社的重大选题，应当依照前款规定办理备案手续。

第二十一条　出版单位不得向任何单位或者个人出售或者以其他形式转让本单位的名称、书号、刊号或者版号、版面，并不得出租本单位的名称、刊号。

出版单位及其从业人员不得利用出版活动谋取其他不正当利益。

第二十二条　出版单位应当按照国家有关规定向国家图书馆、中国版本图书馆和国务院出版行政主管部门免费送交样本。

第三章　出版物的出版

第二十三条　公民可以依照本条例规定，在出版物上自由表达自己对国家事务、经济和文化事业、社会事务的见解和意愿，自由发表自己从事科学研究、文学艺术创作和其他文化活动的成果。

合法出版物受法律保护，任何组织和个人不得非法干扰、阻止、破坏出版物的出版。

第二十四条　出版单位实行编辑责任制度，保障出版物刊载的内容符合本条例的规定。

第二十五条　任何出版物不得含有下列内容：

（一）反对宪法确定的基本原则的；

（二）危害国家统一、主权和领土完整的；

（三）泄露国家秘密、危害国家安全或者损害国家荣誉和利益的；

（四）煽动民族仇恨、民族歧视，破坏民族团结，或者侵害民族风俗、习惯的；

（五）宣扬邪教、迷信的；

（六）扰乱社会秩序，破坏社会稳定的；

（七）宣扬淫秽、赌博、暴力或者教唆犯罪的；

（八）侮辱或者诽谤他人，侵害他人合法权益的；

（九）危害社会公德或者民族优秀文化传统的；

（十）有法律、行政法规和国家规定禁止的其他内容。

第二十六条 以未成年人为对象的出版物不得含有诱发未成年人模仿违反社会公德的行为和违法犯罪的行为的内容，不得含有恐怖、残酷等妨害未成年人身心健康的内容。

第二十七条 出版物的内容不真实或者不公正，致使公民、法人或者其他组织的合法权益受到侵害的，其出版单位应当公开更正，消除影响，并依法承担其他民事责任。

报纸、期刊发表的作品内容不真实或者不公正，致使公民、法人或者其他组织的合法权益受到侵害的，当事人有权要求有关出版单位更正或者答辩，有关出版单位应当在其近期出版的报纸、期刊上予以发表；拒绝发表的，当事人可以向人民法院提起诉讼。

第二十八条 出版物必须按照国家的有关规定载明作者、出版者、印刷者或者复制者、发行者的名称、地址，书号、刊号或者版号，在版编目数据，出版日期、刊期以及其他有关事项。

出版物的规格、开本、版式、装帧、校对等必须符合国家标准和规范要求，保证出版物的质量。

出版物使用语言文字必须符合国家法律规定和有关标准、规范。

第二十九条 任何单位和个人不得伪造、假冒出版单位名称或者报纸、期刊名称出版出版物。

第三十条 中学小学教科书由国务院教育行政主管部门审定；其出版、发行单位应当具有适应教科书出版、发行业务需要的资金、组织机构和人员等条件，并取得国务院出版行政主管部门批准的教科书出版、发行资质。纳入政府采购范围的中学小学教科书，其发行单位按照《中华人民共和国政府采购法》的有关规定确定。其他任何单位或者个人不得从事中学小学教科书的出版、发行业务。

第四章　出版物的印刷或者复制和发行

第三十一条　从事出版物印刷或者复制业务的单位，应当向所在地省、自治区、直辖市人民政府出版行政主管部门提出申请，经审核许可，并依照国家有关规定到工商行政管理部门办理相关手续后，方可从事出版物的印刷或者复制。

未经许可并办理相关手续的，不得印刷报纸、期刊、图书，不得复制音像制品、电子出版物。

第三十二条　出版单位不得委托未取得出版物印刷或者复制许可的单位印刷或者复制出版物。

出版单位委托印刷或者复制单位印刷或者复制出版物的，必须提供符合国家规定的印刷或者复制出版物的有关证明，并依法与印刷或者复制单位签订合同。

印刷或者复制单位不得接受非出版单位和个人的委托印刷报纸、期刊、图书或者复制音像制品、电子出版物，不得擅自印刷、发行报纸、期刊、图书或者复制、发行音像制品、电子出版物。

第三十三条　印刷或者复制单位经所在地省、自治区、直辖市人民政府出版行政主管部门批准，可以承接境外出版物的印刷或者复制业务；但是，印刷或者复制的境外出版物必须全部运输出境，不得在境内发行。

境外委托印刷或者复制的出版物的内容，应当经省、自治区、直辖市人民政府出版行政主管部门审核。委托人应当持有著作权人授权书，并向著作权行政管理部门登记。

第三十四条　印刷或者复制单位应当自完成出版物的印刷或者复制之日起2年内，留存一份承接的出版物样本备查。

第三十五条　从事出版物总发行业务的单位，经所在地省、自治区、直辖市人民政府出版行政主管部门审核后，报国务院出版行政主管部门批准。国务院出版行政主管部门应当自受理申请之日起60日内，作出批准或者不批准的决定。

从事出版物批发业务的单位，须经省、自治区、直辖市人民政府出版行政主管部门审核许可。

从事出版物零售业务的单位和个体工商户，须经县级人民政府出版行政主管部门审核许可。

从事出版物连锁经营业务的单位，在省、自治区、直辖市范围内经营的，应当经其总部所在地省、自治区、直辖市人民政府出版行政主管部门批准；跨省或者在全国范围内经营的，应当经其总部所在地省、自治区、直辖市人民政府出版行政主管部门审核后，报国务院出版行政主管部门批准。国务院出版行政主管部门应当自受理申请之日起 60 日内，作出批准或者不批准的决定。

从事出版物发行业务的单位和个体工商户经出版行政主管部门批准、取得《出版物经营许可证》，并向工商行政管理部门依法领取营业执照后，方可从事出版物发行业务。

第三十六条 通过互联网等信息网络从事出版物发行业务的单位或者个体工商户，应当依照本条例规定取得《出版物经营许可证》。

提供网络交易平台服务的经营者应当对申请通过网络交易平台从事出版物发行业务的单位或者个体工商户的经营主体身份进行审查，验证其《出版物经营许可证》。

第三十七条 从事出版物发行业务的单位和个体工商户变更《出版物经营许可证》登记事项，或者兼并、合并、分立的，应当依照本条例第三十五条的规定办理审批手续，并持批准文件到工商行政管理部门办理相应的登记手续。

从事出版物发行业务的单位和个体工商户终止经营活动的，应当到工商行政管理部门办理注销登记，并向原批准的出版行政主管部门备案。

第三十八条 出版单位可以发行本出版单位出版的出版物，不得发行其他出版单位出版的出版物。

第三十九条 国家允许设立从事图书、报纸、期刊、电子出版物发行业务的中外合资经营企业、中外合作经营企业、外资企业。

第四十条 印刷或者复制单位、发行单位不得印刷或者复制、发行有下列情形之一的出版物：

（一）含有本条例第二十五条、第二十六条禁止内容的；

（二）非法进口的；

（三）伪造、假冒出版单位名称或者报纸、期刊名称的；

（四）未署出版单位名称的；

（五）中学小学教科书未经依法审定的；

（六）侵犯他人著作权的。

第五章　出版物的进口

第四十一条 出版物进口业务，由依照本条例设立的出版物进口经营单位经营；其他单位和个人不得从事出版物进口业务。

第四十二条 设立出版物进口经营单位，应当具备下列条件：

（一）有出版物进口经营单位的名称、章程；

（二）有符合国务院出版行政主管部门认定的主办单位及其主管机关；

（三）有确定的业务范围；

（四）具有进口出版物内容审查能力；

（五）有与出版物进口业务相适应的资金；

（六）有固定的经营场所；

（七）法律、行政法规和国家规定的其他条件。

第四十三条 设立出版物进口经营单位，应当向国务院出版行政主管部门提出申请，经审查批准，取得国务院出版行政主管部门核发的出版物进口经营许可证后，持证到工商行政管理部门依法领取营业执照。

设立出版物进口经营单位，还应当依照对外贸易法律、行政法规的规定办理相应手续。

第四十四条 出版物进口经营单位变更名称、业务范围、资本结构、主办单位或者其主管机关，合并或者分立，设立分支机构，应当依照本条例第四十二条、第四十三条的规定办理审批手续，并持批准文件到工商行政管理部门办理相应的登记手续。

第四十五条 出版物进口经营单位进口的出版物，不得含有本条例第二十五条、第二十六条禁止的内容。

出版物进口经营单位负责对其进口的出版物进行内容审查。省级以上人民政府出版行政主管部门可以对出版物进口经营单位进口的出版物直接进行内容审查。出版物进口经营单位无法判断其进口的出版物是否含有本条例第二十五条、第二十六条禁止内容的，可以请求省级以上人民政府出版行政主管部门进行内容审查。省级以上人民政府出版行政主管部门应出版物进口经营单位的请求，对其进口的出版物进行内容审查的，可以按照国务院价格主管部门批准的标准收取费用。

国务院出版行政主管部门可以禁止特定出版物的进口。

第四十六条 出版物进口经营单位应当在进口出版物前将拟进口的出版物目录报省级以上人民政府出版行政主管部门备案；省级以上人民政府出版行政主管部门发现有禁止进口的或者暂缓进口的出版物的，应当及时通知出版物进口经营单位并通报海关。对通报禁止进口或者暂缓进口的出版物，出版物进口经营单位不得进口，海关不得放行。

出版物进口备案的具体办法由国务院出版行政主管部门制定。

第四十七条 发行进口出版物的，必须从依法设立的出版物进口经营单位进货。

第四十八条 出版物进口经营单位在境内举办境外出版物展览，必须报经国务院出版行政主管部门批准。未经批准，任何单位和个人不得举办境外出版物展览。

依照前款规定展览的境外出版物需要销售的，应当按照国家有关规定办理相关手续。

第六章　监督与管理

第四十九条　出版行政主管部门应当加强对本行政区域内出版单位出版活动的日常监督管理；出版单位的主办单位及其主管机关对所属出版单位出版活动负有直接管理责任，并应当配合出版行政主管部门督促所属出版单位执行各项管理规定。

出版单位和出版物进口经营单位应当按照国务院出版行政主管部门的规定，将从事出版活动和出版物进口活动的情况向出版行政主管部门提出书面报告。

第五十条　出版行政主管部门履行下列职责：

（一）对出版物的出版、印刷、复制、发行、进口单位进行行业监管，实施准入和退出管理；

（二）对出版活动进行监管，对违反本条例的行为进行查处；

（三）对出版物内容和质量进行监管；

（四）根据国家有关规定对出版从业人员进行管理。

第五十一条　出版行政主管部门根据有关规定和标准，对出版物的内容、编校、印刷或者复制、装帧设计等方面质量实施监督检查。

第五十二条　国务院出版行政主管部门制定出版单位综合评估办法，对出版单位分类实施综合评估。

出版物的出版、印刷或者复制、发行和进口经营单位不再具备行政许可的法定条件的，由出版行政主管部门责令限期改正；逾期仍未改正的，由原发证机关撤销行政许可。

第五十三条　国家对在出版单位从事出版专业技术工作的人员实行职业资格制度；出版专业技术人员通过国家专业技术人员资格考试取得专业技术资格。具体办法由国务院人力资源社会保障主管部门、国务院出版行政主管部门共同制定。

第七章　保障与奖励

第五十四条　国家制定有关政策，保障、促进出版产业和出版事业的发展与繁荣。

第五十五条　国家支持、鼓励下列优秀的、重点的出版物的出版：

（一）对阐述、传播宪法确定的基本原则有重大作用的；

（二）对弘扬社会主义核心价值体系，在人民中进行爱国主义、集体主义、社会主义和民族团结教育以及弘扬社会公德、职业道德、家庭美德有重要意义的；

（三）对弘扬民族优秀文化，促进国际文化交流有重大作用的；

（四）对推进文化创新，及时反映国内外新的科学文化成果有重大贡献的；

（五）对服务农业、农村和农民，促进公共文化服务有重大作用的；

（六）其他具有重要思想价值、科学价值或者文化艺术价值的。

第五十六条 国家对教科书的出版发行，予以保障。

国家扶持少数民族语言文字出版物和盲文出版物的出版发行。

国家对在少数民族地区、边疆地区、经济不发达地区和在农村发行出版物，实行优惠政策。

第五十七条 报纸、期刊交由邮政企业发行的，邮政企业应当保证按照合同约定及时、准确发行。

承运出版物的运输企业，应当对出版物的运输提供方便。

第五十八条 对为发展、繁荣出版产业和出版事业作出重要贡献的单位和个人，按照国家有关规定给予奖励。

第五十九条 对非法干扰、阻止和破坏出版物出版、印刷或者复制、进口、发行的行为，县级以上各级人民政府出版行政主管部门及其他有关部门，应当及时采取措施，予以制止。

第八章　法律责任

第六十条 出版行政主管部门或者其他有关部门的工作人员，利用职务上的便利收受他人财物或者其他好处，批准不符合法定设立条件的出版、印刷或者复制、进口、发行单位，或者不履行监督职责，或者发现违法行为不予查处，造成严重后果的，依法给予降级直至开除的处分；构成犯罪的，依照刑法关于受贿罪、滥用职权罪、玩忽职守罪或者其他罪的规定，依法追究刑事责任。

第六十一条 未经批准，擅自设立出版物的出版、印刷或者复制、进口、发行单位，或者擅自从事出版物的出版、印刷或者复制、进口、发行业务，假冒出版单位名称或者伪造、假冒报纸、期刊名称出版出版物的，由出版行政主管部门、工商行政管理部门依照法定职权予以取缔；依照刑法关于非法经营罪的规定，依法追究刑事责任；尚不够刑事处罚的，没收出版物、违法所得和从事违法活动的专用工具、设备，违法经营额 1 万元以上的，并处违法经营额 5 倍以上 10 倍以下的罚款，违法经营额不足 1 万元的,可以处 5 万元以下的罚款;侵犯他人合法权益的,依法承担民事责任。

第六十二条 有下列行为之一,触犯刑律的,依照刑法有关规定,依法追究刑事责任;尚不够刑事处罚的,由出版行政主管部门责令限期停业整顿,没收出版物、违法所得,违法经营额 1 万元以上的,并处违法经营额 5 倍以上 10 倍以下的罚款;违法经营额不足 1 万元的,可以处 5 万元以下的罚款;情节严重的,由原发证机关吊销许可证:

(一)出版、进口含有本条例第二十五条、第二十六条禁止内容的出版物的;

(二)明知或者应知出版物含有本条例第二十五条、第二十六条禁止内容而印刷或者复制、发行的;

(三)明知或者应知他人出版含有本条例第二十五条、第二十六条禁止内容的出版物而向其出售或者以其他形式转让本出版单位的名称、书号、刊号、版号、版面,或者出租本单位的名称、刊号的。

第六十三条 有下列行为之一的,由出版行政主管部门责令停止违法行为,没收出版物、违法所得,违法经营额 1 万元以上的,并处违法经营额 5 倍以上 10 倍以下的罚款;违法经营额不足 1 万元的,可以处 5 万元以下的罚款;情节严重的,责令限期停业整顿或者由原发证机关吊销许可证:

(一)进口、印刷或者复制、发行国务院出版行政主管部门禁止进口的出版物的;

(二)印刷或者复制走私的境外出版物的;

(三)发行进口出版物未从本条例规定的出版物进口经营单位进货的。

第六十四条 走私出版物的,依照刑法关于走私罪的规定,依法追究刑事责任;尚不够刑事处罚的,由海关依照海关法的规定给予行政处罚。

第六十五条 有下列行为之一的,由出版行政主管部门没收出版物、违法所得,违法经营额 1 万元以上的,并处违法经营额 5 倍以上 10 倍以下的罚款;违法经营额不足 1 万元的,可以处 5 万元以下的罚款;情节严重的,责令限期停业整顿或者由原发证机关吊销许可证:

(一)出版单位委托未取得出版物印刷或者复制许可的单位印刷或者复制出版物的;

(二)印刷或者复制单位未取得印刷或者复制许可而印刷或者复制出版物的;

(三)印刷或者复制单位接受非出版单位和个人的委托印刷或者复制出版物的;

（四）印刷或者复制单位未履行法定手续印刷或者复制境外出版物的，印刷或者复制的境外出版物没有全部运输出境的；

（五）印刷或者复制单位、发行单位或者个体工商户印刷或者复制、发行未署出版单位名称的出版物的；

（六）出版、印刷、发行单位出版、印刷、发行未经依法审定的中学小学教科书，或者非依照本条例规定确定的单位从事中学小学教科书的出版、发行业务的。

第六十六条 出版单位有下列行为之一的，由出版行政主管部门责令停止违法行为，给予警告，没收违法经营的出版物、违法所得，违法经营额 1 万元以上的，并处违法经营额 5 倍以上 10 倍以下的罚款；违法经营额不足 1 万元的，可以处 5 万元以下的罚款；情节严重的，责令限期停业整顿或者由原发证机关吊销许可证：

（一）出售或者以其他形式转让本出版单位的名称、书号、刊号、版号、版面，或者出租本单位的名称、刊号的；

（二）利用出版活动谋取其他不正当利益的。

第六十七条 有下列行为之一的，由出版行政主管部门责令改正，给予警告；情节严重的，责令限期停业整顿或者由原发证机关吊销许可证：

（一）出版单位变更名称、主办单位或者其主管机关、业务范围，合并或者分立，出版新的报纸、期刊，或者报纸、期刊改变名称，以及出版单位变更其他事项，未依照本条例的规定到出版行政主管部门办理审批、变更登记手续的；

（二）出版单位未将其年度出版计划和涉及国家安全、社会安定等方面的重大选题备案的；

（三）出版单位未依照本条例的规定送交出版物的样本的；

（四）印刷或者复制单位未依照本条例的规定留存备查的材料的；

（五）出版进口经营单位未将其进口的出版物目录报送备案的；

（六）出版单位擅自中止出版活动超过 180 日的；

（七）出版物发行单位、出版物进口经营单位未依照本条例的规定办理变更审批手续的；

（八）出版物质量不符合有关规定和标准的。

第六十八条 未经批准，举办境外出版物展览的，由出版行政主管部门责令停止违法行为，没收出版物、违法所得；情节严重的，责令限期停业整顿或者由原发证机关吊销许可证。

第六十九条 印刷或者复制、批发、零售、出租、散发含有本条例第二十五条、第二十六条禁止内容的出版物或者其他非法出版物的，当事人对非法出版物的来源作出说明、指认，经查证属实的，没收出版物、违法所得，可以减轻或者免除其他行政处罚。

第七十条　单位违反本条例，被处以吊销许可证行政处罚的，应当按照国家有关规定到事业单位登记管理机关或者工商行政管理部门办理注销登记或者变更登记；逾期未办理的，由事业单位登记管理机关撤销登记或者由工商行政管理部门吊销营业执照。

第七十一条　单位违反本条例被处以吊销许可证行政处罚的，其法定代表人或者主要负责人自许可证被吊销之日起 10 年内不得担任出版、印刷或者复制、进口、发行单位的法定代表人或者主要负责人。

出版从业人员违反本条例规定，情节严重的，由原发证机关吊销其资格证书。

第七十二条　依照本条例的规定实施罚款的行政处罚，应当依照有关法律、行政法规的规定，实行罚款决定与罚款收缴分离；收缴的罚款必须全部上缴国库。

第九章　附　　则

第七十三条　行政法规对音像制品和电子出版物的出版、复制、进口、发行另有规定的，适用其规定。

接受境外机构或者个人赠送出版物的管理办法、订户订购境外出版物的管理办法、网络出版审批和管理办法，由国务院出版行政主管部门根据本条例的原则另行制定。

第七十四条　本条例自 2002 年 2 月 1 日起施行。1997 年 1 月 2 日国务院发布的《出版管理条例》同时废止。

国务院关于修改《音像制品管理条例》的决定

（2011 年 3 月 16 日国务院第 147 次常务会议通过　2011 年 3 月 19 日中华人民共和国国务院令第 595 号公布　自 2011 年 3 月 19 日起施行）

国务院决定对《音像制品管理条例》作如下修改：

一、将第四条修改为："国务院出版行政主管部门负责全国音像制品的出版、制作、复制、进口、批发、零售和出租的监督管理工作；国务院其他有关行政部门按照国务院规定的职责分工，负责有关的音像制品经营活动的监督管理工作。

"县级以上地方人民政府负责出版管理的行政主管部门（以下简称出版行政主管部门）负责本行政区域内音像制品的出版、制作、复制、进口、批发、零售和出租的监督管理工作；县级以上地方人民政府其他有关行政部门在各自的职责范围内负责有关的音像制品经营活动的监督管理工作。"

二、删去第五条第一款、第十九条、第二十四条、第三十一条、第三十二条、第三十三条、第三十九条、第四十四条、第四十七条中的"出租"，删去第三十九条、第四十七条中的"放映"。

三、将第六条修改为："国务院出版行政主管部门负责制定音像业的发展规划，确定全国音像出版单位、音像复制单位的总量、布局和结构。"

四、将第八条至第十一条、第十四条、第十五条、第十七条、第十八条、第二十一条、第二十二条、第二十五条、第三十九条、第四十条、第四十二条至第四十四条中的"出版行政部门"修改为"出版行政主管部门"。

五、将第九条、第十七条、第二十一条中的"自收到申请书之日起60日内"修改为"自受理申请之日起60日内"。

六、将第十二条第二款修改为："音像出版单位应当按照国家有关规定向国家图书馆、中国版本图书馆和国务院出版行政主管部门免费送交样本。"

七、将第二十一条、第四十二条中的"《音像制品复制许可证》"修改为"《复制经营许可证》"，将第三十二条中的"《音像制品经营许可证》"修改为"《出版物经营许可证》"。

八、将第二十三条第一款修改为："音像复制单位接受委托复制音像制品的，应当按照国家有关规定，与委托的出版单位订立复制委托合同；验证委托的出版单位的《音像制品出版许可证》、营业执照副本、盖章的音像制品复制委托书以及出版单位取得的授权书；接受委托复制的音像制品属于非卖品的，应当验证委托单位的身份证明和委托单位出具的音像制品非卖品复制委托书。"

九、将第二十六条修改为："音像复制单位接受委托复制境外音像制品的，应当经省、自治区、直辖市人民政府出版行政主管部门批准，并持著作权人的授权书依法到著作权行政管理部门登记；复制的音像制品应当全部运输出境，不得在境内发行。"

十、将第二十七条修改为："音像制品成品进口业务由国务院出版行政主管部门批准的音像制品成品进口经营单位经营；未经批准，任何单位或者个人不得经营音像制品成品进口业务。"

十一、删去第三十二条第一款中的"申请设立全国性音像制品连锁经营单位，应当由其总部所在地省、自治区、直辖市人民政府文化行政部门审核同意后，报国务院文化行政部门审批"。

十二、将第三十三条、第三十六条、第四十七条中的"个人"修改为"个体工商户"。

十三、将第三十五条修改为："国家允许设立从事音像制品发行业务的中外合作经营企业。"

十四、将第三十七条修改为："出版行政主管部门或者其他有关行政部门及其工作人员，利用职务上的便利收受他人财物或者其他好处，批准不符合法定设立条件的音像制品出版、制作、复制、进口、批发、零售单位，或者不履行监督职责，或者发现违法行为不予查处，造成严重后果的，对负有责任的主管人员和其他直接责任人员依法给予降级直至开除的处分；构成犯罪的，依照刑法关于受贿罪、滥用职权罪、玩忽职守罪或者其他罪的规定，依法追究刑事责任。"

十五、将第三十八条中的"行政处分"修改为"处分"。

十六、将第三十九条中的"并处 5 万元以下的罚款"、第四十条中的"可以并处 5 万元以下的罚款"和第四十二条、第四十三条、第四十五条中的"并处 1 万元以上 5 万元以下的罚款"修改为"可以处 5 万元以下的罚款"。

十七、删去第四十条、第四十四条中的"文化行政部门"，将第二十八条、第三十条、第三十二条、第三十三条、第三十六条、第四十二条、第四十五条中的"文化行政部门"修改为"出版行政主管部门"。

十八、删去第四十五条第四项。

十九、将第四十九条修改为："除本条例第三十五条外，电子出版物的出版、制作、复制、进口、批发、零售等活动适用本条例。"

本决定自公布之日起施行。

《音像制品管理条例》根据本决定作相应的修改，重新公布。

音像制品管理条例

(2001 年 12 月 25 日中华人民共和国国务院令第 341 号公布 根据 2011 年 3 月 19 日《国务院关于修改〈音像制品管理条例〉的决定》修订)

第一章 总 则

第一条 为了加强音像制品的管理，促进音像业的健康发展和繁荣，丰富人民群众的文化生活，促进社会主义物质文明和精神文明建设，制定本条例。

第二条 本条例适用于录有内容的录音带、录像带、唱片、激光唱盘和激光视盘等音像制品的出版、制作、复制、进口、批发、零售、出租等活动。

音像制品用于广播电视播放的，适用广播电视法律、行政法规。

第三条 出版、制作、复制、进口、批发、零售、出租音像制品，应当遵守宪法和有关法律、法规，坚持为人民服务和为社会主义服务的方向，传播有益于经济发展和社会进步的思想、道德、科学技术和文化知识。

音像制品禁止载有下列内容：

（一）反对宪法确定的基本原则的；

（二）危害国家统一、主权和领土完整的；

（三）泄露国家秘密、危害国家安全或者损害国家荣誉和利益的；

（四）煽动民族仇恨、民族歧视，破坏民族团结，或者侵害民族风俗、习惯的；

（五）宣扬邪教、迷信的；

（六）扰乱社会秩序，破坏社会稳定的；

（七）宣扬淫秽、赌博、暴力或者教唆犯罪的；

（八）侮辱或者诽谤他人，侵害他人合法权益的；

（九）危害社会公德或者民族优秀文化传统的；

（十）有法律、行政法规和国家规定禁止的其他内容的。

第四条 国务院出版行政主管部门负责全国音像制品的出版、制作、复制、进口、批发、零售和出租的监督管理工作；国务院其他有关行政部门按照国务院规定的职责分工，负责有关的音像制品经营活动的监督管理工作。

县级以上地方人民政府负责出版管理的行政主管部门（以下简称出版行政主管部门）负责本行政区域内音像制品的出版、制作、复制、进口、批发、零售和出租的监督管理工作；县级以上地方人民政府其他有关行政部门在各自的职责范围内负责有关的音像制品经营活动的监督管理工作。

第五条 国家对出版、制作、复制、进口、批发、零售音像制品，实行许可制度；未经许可，任何单位和个人不得从事音像制品的出版、制作、复制、进口、批发、零售等活动。

依照本条例发放的许可证和批准文件，不得出租、出借、出售或者以其他任何形式转让。

第六条 国务院出版行政主管部门负责制定音像业的发展规划，确定全国音像出版单位、音像复制单位的总量、布局和结构。

第七条 音像制品经营活动的监督管理部门及其工作人员不得从事或者变相从事音像制品经营活动，并不得参与或者变相参与音像制品经营单位的经营活动。

第二章 出 版

第八条 设立音像出版单位，应当具备下列条件：

（一）有音像出版单位的名称、章程；

（二）有符合国务院出版行政主管部门认定的主办单位及其主管机关；

（三）有确定的业务范围；

（四）有适应业务范围需要的组织机构和符合国家规定的资格条件的音像出版专业人员；

（五）有适应业务范围需要的资金、设备和工作场所；

（六）法律、行政法规规定的其他条件。

审批设立音像出版单位，除依照前款所列条件外，还应当符合音像出版单位总量、布局和结构的规划。

第九条 申请设立音像出版单位，由所在地省、自治区、直辖市人民政府出版行政主管部门审核同意后，报国务院出版行政主管部门审批。国务院出版行政主管部门应当自受理申请之日起 60 日内作出批准或者不批准的决定，并通知申请人。批准的，发给《音像制品出版许可证》，由申请人持《音像制品出版许可证》到工商行政管理部门登记，依法领取营业执照；不批准的，应当说明理由。

申请书应当载明下列内容：

（一）音像出版单位的名称、地址；

（二）音像出版单位的主办单位及其主管机关的名称、地址；

（三）音像出版单位的法定代表人或者主要负责人的姓名、住址、资格证明文件；

（四）音像出版单位的资金来源和数额。

第十条　音像出版单位变更名称、主办单位或者其主管机关、业务范围，或者兼并其他音像出版单位，或者因合并、分立而设立新的音像出版单位的，应当依照本条例第九条的规定办理审批手续，并到原登记的工商行政管理部门办理相应的登记手续。

音像出版单位变更地址、法定代表人或者主要负责人，或者终止出版经营活动的，应当到原登记的工商行政管理部门办理变更登记或者注销登记，并向国务院出版行政主管部门备案。

第十一条　音像出版单位的年度出版计划和涉及国家安全、社会安定等方面的重大选题，应当经所在地省、自治区、直辖市人民政府出版行政主管部门审核后报国务院出版行政主管部门备案；重大选题音像制品未在出版前报备案的，不得出版。

第十二条　音像出版单位应当在其出版的音像制品及其包装的明显位置，标明出版单位的名称、地址和音像制品的版号、出版时间、著作权人等事项；出版进口的音像制品，还应当标明进口批准文号。

音像出版单位应当按照国家有关规定向国家图书馆、中国版本图书馆和国务院出版行政主管部门免费送交样本。

第十三条　音像出版单位不得向任何单位或者个人出租、出借、出售或者以其他任何形式转让本单位的名称，不得向任何单位或者个人出售或者以其他形式转让本单位的版号。

第十四条　任何单位和个人不得以购买、租用、借用、擅自使用音像出版单位的名称或者购买、伪造版号等形式从事音像制品出版活动。

图书出版社、报社、期刊社、电子出版物出版社，不得出版非配合本版出版物的音像制品；但是，可以按照国务院出版行政主管部门的规定，出版配合本版出版物的音像制品，并参照音像出版单位享有权利、承担义务。

第十五条　音像出版单位可以与香港特别行政区、澳门特别行政区、台湾地区或者外国的组织、个人合作制作音像制品。具体办法由国务院出版行政主管部门制定。

第十六条　音像出版单位实行编辑责任制度，保证音像制品的内容符合本条例的规定。

第十七条　音像出版单位以外的单位申请设立独立从事音像制品的制作业务的单位（以下简称音像制作单位），由所在地省、自治区、直辖市人民政府出版行政主管部门审批。省、自治区、直辖市人民政府出版行政主管部门应当自受理申请之日起 60 日内作出批准或者不批准的决定，并通知申请人。批准的，发给《音像制品制作许可证》，由申请人持《音像制品制作许可证》到工商行政管理部门登记，依法领取营业执照；不批准的，应当说明理由。广播、电视节目制作经营单位的设立，依照有关法律、行政法规的规定办理。

申请书应当载明下列内容：

（一）音像制作单位的名称、地址；

（二）音像制作单位的法定代表人或者主要负责人的姓名、住址、资格证明文件；

（三）音像制作单位的资金来源和数额。

审批设立音像制作单位，除依照前款所列条件外，还应当兼顾音像制作单位总量、布局和结构。

第十八条　音像制作单位变更名称、业务范围，或者兼并其他音像制作单位，或者因合并、分立而设立新的音像制作单位的，应当依照本条例第十七条的规定办理审批手续，并到原登记的工商行政管理部门办理相应的登记手续。

音像制作单位变更地址、法定代表人或者主要负责人，或者终止制作经营活动的，应当到原登记的工商行政管理部门办理变更登记或者注销登记，并向省、自治区、直辖市人民政府出版行政主管部门备案。

第十九条　音像出版单位不得委托未取得《音像制品制作许可证》的单位制作音像制品。

音像制作单位接受委托制作音像制品的，应当按照国家有关规定，与委托的出版单位订立制作委托合同；验证委托的出版单位的《音像制品出版许可证》或者本版出版物的证明及由委托的出版单位盖章的音像制品制作委托书。

音像制作单位不得出版、复制、批发、零售音像制品。

第三章　复　　制

第二十条　设立音像复制单位应当具备下列条件：

（一）有音像复制单位的名称、章程；

（二）有确定的业务范围；

（三）有适应业务范围需要的组织机构和人员；

（四）有适应业务范围需要的资金、设备和复制场所；

（五）法律、行政法规规定的其他条件。

审批设立音像复制单位，除依照前款所列条件外，还应当符合音像复制单位总量、布局和结构的规划。

第二十一条 申请设立音像复制单位，由所在地省、自治区、直辖市人民政府出版行政主管部门审核同意后，报国务院出版行政主管部门审批。国务院出版行政主管部门应当自受理申请之日起 60 日内作出批准或者不批准的决定，并通知申请人。批准的，发给《复制经营许可证》，由申请人持《复制经营许可证》到工商行政管理部门登记，依法领取营业执照；不批准的，应当说明理由。

申请书应当载明下列内容：

（一）音像复制单位的名称、地址；

（二）音像复制单位的法定代表人或者主要负责人的姓名、住址；

（三）音像复制单位的资金来源和数额。

第二十二条 音像复制单位变更业务范围，或者兼并其他音像复制单位，或者因合并、分立而设立新的音像复制单位的，应当依照本条例第二十一条的规定办理审批手续，并到工商行政管理部门办理相应的登记手续。

音像复制单位变更名称、地址、法定代表人或者主要负责人，或者终止复制经营活动，应当到原登记的工商行政管理部门办理变更登记或者注销登记，并向国务院出版行政主管部门备案。

第二十三条 音像复制单位接受委托复制音像制品的，应当按照国家有关规定，与委托的出版单位订立复制委托合同；验证委托的出版单位的《音像制品出版许可证》、营业执照副本、盖章的音像制品复制委托书以及出版单位取得的授权书；接受委托复制的音像制品属于非卖品的，应当验证委托单位的身份证明和委托单位出具的音像制品非卖品复制委托书。

音像复制单位应当自完成音像制品复制之日起 2 年内，保存委托合同和所复制的音像制品的样本以及验证的有关证明文件的副本，以备查验。

第二十四条 音像复制单位不得接受非音像出版单位或者个人的委托复制经营性的音像制品；不得自行复制音像制品；不得批发、零售音像制品。

第二十五条 从事光盘复制的音像复制单位复制光盘，必须使用蚀刻有国务院出版行政主管部门核发的激光数码储存片来源识别码的注塑模具。

第二十六条 音像复制单位接受委托复制境外音像制品的，应当经省、自治区、直辖市人民政府出版行政主管部门批准，并持著作权人的授权书依法到著作权行政管理部门登记；复制的音像制品应当全部运输出境，不得在境内发行。

第四章 进　口

第二十七条　音像制品成品进口业务由国务院出版行政主管部门批准的音像制品成品进口经营单位经营；未经批准，任何单位或者个人不得经营音像制品成品进口业务。

第二十八条　进口用于出版的音像制品，以及进口用于批发、零售、出租等的音像制品成品，应当报国务院出版行政主管部门进行内容审查。

国务院出版行政主管部门应当自收到音像制品内容审查申请书之日起30日内作出批准或者不批准的决定，并通知申请人。批准的，发给批准文件；不批准的，应当说明理由。

进口用于出版的音像制品的单位、音像制品成品进口经营单位应当持国务院出版行政主管部门的批准文件到海关办理进口手续。

第二十九条　进口用于出版的音像制品，其著作权事项应当向国务院著作权行政管理部门登记。

第三十条　进口供研究、教学参考的音像制品，应当委托音像制品成品进口经营单位依照本条例第二十八条的规定办理。

进口用于展览、展示的音像制品，经国务院出版行政主管部门批准后，到海关办理临时进口手续。

依照本条规定进口的音像制品，不得进行经营性复制、批发、零售、出租和放映。

第五章 批发、零售和出租

第三十一条　设立音像制品批发、零售单位，应当具备下列条件：

（一）有音像制品批发、零售单位的名称、章程；

（二）有确定的业务范围；

（三）有适应业务范围需要的组织机构和人员；

（四）有适应业务范围需要的资金和场所；

（五）法律、行政法规规定的其他条件。

第三十二条　申请设立音像制品批发单位，应当报所在地省、自治区、直辖市人民政府出版行政主管部门审批。申请从事音像制品零售业务，应当报县级地方人民政府出版行政主管部门审批。出版行政主管部门应当自受理申请书之日起30日内作出批准或者不批准的决定，并通知申请人。批准的，应当发给《出版物经营许可证》，由申请人持《出版物经营许可证》到工商行政管理部门登记，依法领取营业执照；不批准的，应当说明理由。

《出版物经营许可证》应当注明音像制品经营活动的种类。

第三十三条　音像制品批发、零售单位变更名称、业务范围，或者兼并其他音像制品批发、零售单位，或者因合并、分立而设立新的音像制品批发、零售单位的，应当依照本条例第三十二条的规定办理审批手续，并到原登记的工商行政管理部门办理相应的登记手续。

音像制品批发、零售单位变更地址、法定代表人或者主要负责人或者终止经营活动，从事音像制品零售经营活动的个体工商户变更业务范围、地址或者终止经营活动的，应当到原登记的工商行政管理部门办理变更登记或者注销登记，并向原批准的出版行政主管部门备案。

第三十四条　音像出版单位可以按照国家有关规定，批发、零售本单位出版的音像制品。从事非本单位出版的音像制品的批发、零售业务的，应当依照本条例第三十二条的规定办理审批手续，并到原登记的工商行政管理部门办理登记手续。

第三十五条　国家允许设立从事音像制品发行业务的中外合作经营企业。

第三十六条　音像制品批发单位和从事音像制品零售、出租等业务的单位或者个体工商户，不得经营非音像出版单位出版的音像制品或者非音像复制单位复制的音像制品，不得经营未经国务院出版行政主管部门批准进口的音像制品，不得经营侵犯他人著作权的音像制品。

第六章　罚　　则

第三十七条　出版行政主管部门或者其他有关行政部门及其工作人员，利用职务上的便利收受他人财物或者其他好处，批准不符合法定设立条件的音像制品出版、制作、复制、进口、批发、零售单位，或者不履行监督职责，或者发现违法行为不予查处，造成严重后果的，对负有责任的主管人员和其他直接责任人员依法给予降级直至开除的处分；构成犯罪的，依照刑法关于受贿罪、滥用职权罪、玩忽职守罪或者其他罪的规定，依法追究刑事责任。

第三十八条　音像制品经营活动的监督管理部门的工作人员从事或者变相从事音像制品经营活动的，参与或者变相参与音像制品经营单位的经营活动的，依法给予撤职或者开除的处分。

音像制品经营活动的监督管理部门有前款所列行为的，对负有责任的主管人员和其他直接责任人员依照前款规定处罚。

第三十九条 未经批准，擅自设立音像制品出版、制作、复制、进口、批发、零售单位，擅自从事音像制品出版、制作、复制业务或者进口、批发、零售经营活动的，由出版行政主管部门、工商行政管理部门依照法定职权予以取缔；依照刑法关于非法经营罪的规定，依法追究刑事责任；尚不够刑事处罚的，没收违法经营的音像制品和违法所得以及进行违法活动的专用工具、设备；违法经营额 1 万元以上的，并处违法经营额 5 倍以上 10 倍以下的罚款；违法经营额不足 1 万元的，可以处 5 万元以下的罚款。

第四十条 出版含有本条例第三条第二款禁止内容的音像制品，或者制作、复制、批发、零售、出租、放映明知或者应知含有本条例第三条第二款禁止内容的音像制品的，依照刑法有关规定，依法追究刑事责任；尚不够刑事处罚的，由出版行政主管部门、公安部门依据各自职权责令停业整顿，没收违法经营的音像制品和违法所得；违法经营额 1 万元以上的，并处违法经营额 5 倍以上 10 倍以下的罚款；违法经营额不足 1 万元的，可以处 5 万元以下的罚款；情节严重的，并由原发证机关吊销许可证。

第四十一条 走私音像制品的，依照刑法关于走私罪的规定，依法追究刑事责任；尚不够刑事处罚的，由海关依法给予行政处罚。

第四十二条 有下列行为之一的，由出版行政主管部门责令停止违法行为，给予警告，没收违法经营的音像制品和违法所得；违法经营额 1 万元以上的，并处违法经营额 5 倍以上 10 倍以下的罚款；违法经营额不足 1 万元的，可以处 5 万元以下的罚款；情节严重的，并责令停业整顿或者由原发证机关吊销许可证：

（一）音像出版单位向其他单位、个人出租、出借、出售或者以其他任何形式转让本单位的名称，出售或者以其他形式转让本单位的版号的；

（二）音像出版单位委托未取得《音像制品制作许可证》的单位制作音像制品，或者委托未取得《复制经营许可证》的单位复制音像制品的；

（三）音像出版单位出版未经国务院出版行政主管部门批准擅自进口的音像制品的；

（四）音像制作单位、音像复制单位未依照本条例的规定验证音像出版单位的委托书、有关证明的；

（五）音像复制单位擅自复制他人的音像制品，或者接受非音像出版单位、个人的委托复制经营性的音像制品，或者自行复制音像制品的。

第四十三条 音像出版单位违反国家有关规定与香港特别行政区、澳门特别行政区、台湾地区或者外国的组织、个人合作制作音像制品，音像复制单位违反国家有关规定接受委托复制境外音像制品，未经省、自治区、直辖市人民政府出版行政主管部门审核同意，或者未将复制的境外音像制品全部运输出境的，由省、自治区、直辖市人民政府出版行政主管部门责令改正，没收违法经营的音像制品和违法所得；违法经营额 1 万元以上的，并处违法经营额 5 倍以上 10 倍以下的罚款；违法经营额不足 1 万元的，可以处 5 万元以下的罚款；情节严重的，并由原发证机关吊销许可证。

第四十四条 有下列行为之一的，由出版行政主管部门责令改正，给予警告；情节严重的，并责令停业整顿或者由原发证机关吊销许可证：

（一）音像出版单位未将其年度出版计划和涉及国家安全、社会安定等方面的重大选题报国务院出版行政主管部门备案的；

（二）音像制品出版、制作、复制、批发、零售单位变更名称、地址、法定代表人或者主要负责人、业务范围等，未依照本条例规定办理审批、备案手续的；

（三）音像出版单位未在其出版的音像制品及其包装的明显位置标明本条例规定的内容的；

（四）音像出版单位未依照本条例的规定送交样本的；

（五）音像复制单位未依照本条例的规定留存备查的材料的；

（六）从事光盘复制的音像复制单位复制光盘，使用未蚀刻国务院出版行政主管部门核发的激光数码储存片来源识别码的注塑模具的。

第四十五条 有下列行为之一的，由出版行政主管部门责令停止违法行为，给予警告，没收违法经营的音像制品和违法所得；违法经营额 1 万元以上的，并处违法经营额 5 倍以上 10 倍以下的罚款；违法经营额不足 1 万元的，可以处 5 万元以下的罚款；情节严重的，并责令停业整顿或者由原发证机关吊销许可证：

（一）批发、零售、出租、放映非音像出版单位出版的音像制品或者非音像复制单位复制的音像制品的；

（二）批发、零售、出租或者放映未经国务院出版行政主管部门批准进口的音像制品的；

（三）批发、零售、出租、放映供研究、教学参考或者用于展览、展示的进口音像制品的。

第四十六条 单位违反本条例的规定，被处以吊销许可证行政处罚的，应当到工商行政管理部门办理变更登记或者注销登记；逾期未办理的，由工商行政管理部门吊销营业执照。

第四十七条 单位违反本条例的规定，被处以吊销许可证行政处罚的，其法定代表人或者主要负责人自许可证被吊销之日起 10 年内不得担任音像制品出版、制作、复制、进口、批发、零售单位的法定代表人或者主要负责人。

从事音像制品零售业务的个体工商户违反本条例的规定，被处以吊销许可证行政处罚的，自许可证被吊销之日起 10 年内不得从事音像制品零售业务。

第四十八条 依照本条例的规定实施罚款的行政处罚，应当依照有关法律、行政法规的规定，实行罚款决定与罚款收缴分离；收缴的罚款必须全部上缴国库。

第七章 附　　则

第四十九条 除本条例第三十五条外，电子出版物的出版、制作、复制、进口、批发、零售等活动适用本条例。

第五十条 依照本条例发放许可证，除按照法定标准收取成本费外，不得收取其他任何费用。

第五十一条 本条例自 2002 年 2 月 1 日起施行。1994 年 8 月 25 日国务院发布的《音像制品管理条例》同时废止。

军工关键设备设施管理条例

（2011 年 6 月 24 日中华人民共和国国务院、中华人民共和国中央军事委员会令第 598 号公布　自 2011 年 10 月 1 日起施行）

第一条 为了保持和提高国防科研生产能力，加强军工关键设备设施的管理，保障军工关键设备设施的安全、完整和有效使用，制定本条例。

第二条 本条例所称军工关键设备设施，是指直接用于武器装备科研生产的重要的实验设施、工艺设备、试验及测试设备等专用的军工设备设施。

军工关键设备设施的目录，由国务院国防科技工业主管部门会同军队武器装备主管部门、国务院国有资产监督管理机构和国务院有关部门制定。

第三条 国家对军工关键设备设施实行登记管理，对使用国家财政资金购建的用于武器装备总体、关键分系统、核心配套产品科研生产的军工关键设备设施的处置实行审批管理。

第四条 国务院国防科技工业主管部门会同国务院有关部门依照本条例规定，对全国军工关键设备设施进行管理。

省、自治区、直辖市人民政府负责国防科技工业管理的部门会同同级有关部门依照本条例规定，对有关军工关键设备设施进行管理。

第五条 军工关键设备设施管理，应当遵循严格责任、分工负责、方便有效的原则。

第六条 占有、使用军工关键设备设施的企业、事业单位（以下简称企业、事业单位）及其工作人员，负责军工关键设备设施管理的部门、单位及其工作人员，对知悉的国家秘密和商业秘密负有保密义务。

第七条 中央管理的企业负责办理所属单位军工关键设备设施的登记。国务院教育主管部门负责办理所属高等学校军工关键设备设施的登记。中国科学院负责办理所属科研机构军工关键设备设施的登记。

省、自治区、直辖市人民政府负责国防科技工业管理的部门负责办理本行政区域内前款规定以外的企业、事业单位军工关键设备设施的登记。

第八条 企业、事业单位应当自军工关键设备设施投入使用之日起30日内向负责登记的部门、单位提交载明下列内容的文件材料，办理登记手续：

（一）企业、事业单位的名称、住所等基本情况；

（二）军工关键设备设施的名称、产地、价值、性能、状态、资金来源、权属等基本情况。

企业、事业单位应当对其提交的文件材料的真实性负责。

第九条 负责登记的部门、单位应当自收到提交的文件材料之日起30日内办结登记，并对军工关键设备设施赋予专用代码。

第十条 军工关键设备设施登记的具体内容和专用代码，由国务院国防科技工业主管部门统一规定和分配。

第十一条 企业、事业单位占有、使用的军工关键设备设施损毁、报废、灭失或者权属发生变更的，应当自上述事实发生之日起30日内向负责登记的部门、单位报告。负责登记的部门、单位应当及时变更登记信息。

第十二条 负责登记的部门、单位应当按照国务院国防科技工业主管部门的规定将登记信息报送国务院国防科技工业主管部门。

国务院国防科技工业主管部门和负责登记的部门、单位可以根据需要，对登记信息进行核查。

第十三条 企业、事业单位应当建立健全军工关键设备设施使用管理制度，保证军工关键设备设施的安全、完整和有效使用，并对其占有、使用的军工关键设备设施的名称、规格、性能、状态、数量、权属等基本情况作完整记录。

第十四条 企业、事业单位应当按照国务院国防科技工业主管部门的规定，在需要特殊管控的军工关键设施外围划定安全控制范围，并在其外沿设置安全警戒标志。

第十五条 企业、事业单位改变其占有、使用的军工关键设备设施的用途的，应当向负责登记的部门、单位提交有关文件材料，办理补充登记。负责登记的部门、单位应当按照国务院国防科技工业主管部门的规定向国务院国防科技工业主管部门报送补充登记信息。

企业、事业单位改变使用国家财政资金购建的军工关键设备设施的用途，影响武器装备科研生产任务完成的，国务院国防科技工业主管部门应当及时予以纠正。

第十六条 企业、事业单位拟通过转让、租赁等方式处置使用国家财政资金购建的用于武器装备总体、关键分系统、核心配套产品科研生产的军工关键设备设施，应当经国务院国防科技工业主管部门批准。申请批准应当提交载明下列内容的文件材料：

（一）军工关键设备设施的名称、数量、价值、性能、使用等情况；

（二）不影响承担武器装备科研生产任务的情况说明；

（三）处置的原因及方式；

（四）受让人或者承租人的基本情况。

第十七条 国务院国防科技工业主管部门应当自收到处置申请之日起30日内，作出批准或者不予批准的决定。作出批准决定的，国务院国防科技工业主管部门应当向申请人颁发批准文件；作出不予批准决定的，国务院国防科技工业主管部门应当书面通知申请人，并说明理由。

国务院国防科技工业主管部门作出批准或者不予批准的决定，应当征求军队武器装备主管部门、国务院国有资产监督管理机构和国务院有关部门的意见。涉及国防科研生产能力、结构和布局调整的，应当按照国家有关规定会同军队武器装备主管部门、国务院国有资产监督管理机构和国务院有关部门，作出批准或者不予批准的决定。

企业、事业单位取得批准文件后，应当依照本条例第十一条的规定及时向负责登记的部门、单位报告。

第十八条 国有资产监督管理机构等有关部门依照法定职责和程序决定企业、事业单位合并、分立、改制、解散、申请破产等重大事项，涉及使用国家财政资金购建的用于武器装备总体、关键分系统、核心配套产品科研生产的军工关键设备设施权属变更的，应当征求国防科技工业主管部门的意见。

第十九条 企业、事业单位未依照本条例规定办理军工关键设备设施登记，或者其占有、使用的军工关键设备设施损毁、报废、灭失或者权属发生变更未及时向负责登记的部门、单位报告的，责令限期改正；逾期未改正的，处以 1 万元以上 2 万元以下罚款。

第二十条 企业、事业单位提交虚假文件材料办理登记的，责令改正，处以 1 万元以上 2 万元以下罚款。

第二十一条 企业、事业单位违反本条例规定，未经批准处置使用国家财政资金购建的用于武器装备总体、关键分系统、核心配套产品科研生产的军工关键设备设施的，责令限期改正，处以 50 万元以上 100 万元以下罚款，对直接负责的主管人员和其他直接责任人员处以 5000 元以上 2 万元以下罚款；有违法所得的，没收违法所得。

第二十二条 企业、事业单位以欺骗、贿赂等不正当手段取得有关军工关键设备设施处置的批准文件的，处以 5 万元以上 20 万元以下罚款；对违法取得的批准文件依法予以撤销。

第二十三条 本条例规定的行政处罚，由国务院国防科技工业主管部门决定。但是，对本条例第七条第二款规定的企业、事业单位有本条例第十九条规定的违法行为的行政处罚，由省、自治区、直辖市人民政府负责国防科技工业管理的部门决定。

第二十四条 负责军工关键设备设施登记管理、处置审批管理的部门、单位的工作人员滥用职权、玩忽职守、徇私舞弊的，依法给予处分；构成犯罪的，依法追究刑事责任。

第二十五条 本条例自 2011 年 10 月 1 日起施行。

戒毒条例

（2011 年 6 月 22 日国务院第 160 次常务会议通过　2011 年 6 月 26 日中华人民共和国国务院令第 597 号公布　自 2011 年 6 月 26 日起施行）

第一章　总　　则

第一条 为了规范戒毒工作，帮助吸毒成瘾人员戒除毒瘾，维护社会秩序，根据《中华人民共和国禁毒法》，制定本条例。

第二条　县级以上人民政府应当建立政府统一领导，禁毒委员会组织、协调、指导，有关部门各负其责，社会力量广泛参与的戒毒工作体制。

戒毒工作坚持以人为本、科学戒毒、综合矫治、关怀救助的原则，采取自愿戒毒、社区戒毒、强制隔离戒毒、社区康复等多种措施，建立戒毒治疗、康复指导、救助服务兼备的工作体系。

第三条　县级以上人民政府应当按照国家有关规定将戒毒工作所需经费列入本级财政预算。

第四条　县级以上地方人民政府设立的禁毒委员会可以组织公安机关、卫生行政和药品监督管理部门开展吸毒监测、调查，并向社会公开监测、调查结果。

县级以上地方人民政府公安机关负责对涉嫌吸毒人员进行检测，对吸毒人员进行登记并依法实行动态管控，依法责令社区戒毒、决定强制隔离戒毒、责令社区康复，管理公安机关的强制隔离戒毒场所、戒毒康复场所，对社区戒毒、社区康复工作提供指导和支持。

设区的市级以上地方人民政府司法行政部门负责管理司法行政部门的强制隔离戒毒场所、戒毒康复场所，对社区戒毒、社区康复工作提供指导和支持。

县级以上地方人民政府卫生行政部门负责戒毒医疗机构的监督管理，会同公安机关、司法行政等部门制定戒毒医疗机构设置规划，对戒毒医疗服务提供指导和支持。

县级以上地方人民政府民政、人力资源社会保障、教育等部门依据各自的职责，对社区戒毒、社区康复工作提供康复和职业技能培训等指导和支持。

第五条　乡（镇）人民政府、城市街道办事处负责社区戒毒、社区康复工作。

第六条　县级、设区的市级人民政府需要设置强制隔离戒毒场所、戒毒康复场所的，应当合理布局，报省、自治区、直辖市人民政府批准，并纳入当地国民经济和社会发展规划。

强制隔离戒毒场所、戒毒康复场所的建设标准，由国务院建设部门、发展改革部门会同国务院公安部门、司法行政部门制定。

第七条　戒毒人员在入学、就业、享受社会保障等方面不受歧视。

对戒毒人员戒毒的个人信息应当依法予以保密。对戒断 3 年未复吸的人员，不再实行动态管控。

第八条　国家鼓励、扶持社会组织、企业、事业单位和个人参与戒毒科研、戒毒社会服务和戒毒社会公益事业。

对在戒毒工作中有显著成绩和突出贡献的，按照国家有关规定给予表彰、奖励。

第二章　自愿戒毒

第九条　国家鼓励吸毒成瘾人员自行戒除毒瘾。吸毒人员可以自行到戒毒医疗机构接受戒毒治疗。对自愿接受戒毒治疗的吸毒人员，公安机关对其原吸毒行为不予处罚。

第十条　戒毒医疗机构应当与自愿戒毒人员或者其监护人签订自愿戒毒协议，就戒毒方法、戒毒期限、戒毒的个人信息保密、戒毒人员应当遵守的规章制度、终止戒毒治疗的情形等作出约定，并应当载明戒毒疗效、戒毒治疗风险。

第十一条　戒毒医疗机构应当履行下列义务：

（一）对自愿戒毒人员开展艾滋病等传染病的预防、咨询教育；

（二）对自愿戒毒人员采取脱毒治疗、心理康复、行为矫治等多种治疗措施，并应当符合国务院卫生行政部门制定的戒毒治疗规范；

（三）采用科学、规范的诊疗技术和方法，使用的药物、医院制剂、医疗器械应当符合国家有关规定；

（四）依法加强药品管理，防止麻醉药品、精神药品流失滥用。

第十二条　符合参加戒毒药物维持治疗条件的戒毒人员，由本人申请，并经登记，可以参加戒毒药物维持治疗。登记参加戒毒药物维持治疗的戒毒人员的信息应当及时报公安机关备案。

戒毒药物维持治疗的管理办法，由国务院卫生行政部门会同国务院公安部门、药品监督管理部门制定。

第三章　社区戒毒

第十三条　对吸毒成瘾人员，县级、设区的市级人民政府公安机关可以责令其接受社区戒毒，并出具责令社区戒毒决定书，送达本人及其家属，通知本人户籍所在地或者现居住地乡（镇）人民政府、城市街道办事处。

第十四条　社区戒毒人员应当自收到责令社区戒毒决定书之日起15日内到社区戒毒执行地乡（镇）人民政府、城市街道办事处报到，无正当理由逾期不报到的，视为拒绝接受社区戒毒。

社区戒毒的期限为3年，自报到之日起计算。

第十五条　乡（镇）人民政府、城市街道办事处应当根据工作需要成立社区戒毒工作领导小组，配备社区戒毒专职工作人员，制定社区戒毒工作计划，落实社区戒毒措施。

第十六条　乡（镇）人民政府、城市街道办事处，应当在社区戒毒人员报到后及时与其签订社区戒毒协议，明确社区戒毒的具体措施、社区戒毒人员应当遵守的规定以及违反社区戒毒协议应承担的责任。

第十七条　社区戒毒专职工作人员、社区民警、社区医务人员、社区戒毒人员的家庭成员以及禁毒志愿者共同组成社区戒毒工作小组具体实施社区戒毒。

第十八条　乡（镇）人民政府、城市街道办事处和社区戒毒工作小组应当采取下列措施管理、帮助社区戒毒人员：

（一）戒毒知识辅导；

（二）教育、劝诫；

（三）职业技能培训，职业指导，就学、就业、就医援助；

（四）帮助戒毒人员戒除毒瘾的其他措施。

第十九条　社区戒毒人员应当遵守下列规定：

（一）履行社区戒毒协议；

（二）根据公安机关的要求，定期接受检测；

（三）离开社区戒毒执行地所在县（市、区）3 日以上的，须书面报告。

第二十条　社区戒毒人员在社区戒毒期间，逃避或者拒绝接受检测 3 次以上，擅自离开社区戒毒执行地所在县（市、区）3 次以上或者累计超过 30 日的，属于《中华人民共和国禁毒法》规定的"严重违反社区戒毒协议"。

第二十一条　社区戒毒人员拒绝接受社区戒毒，在社区戒毒期间又吸食、注射毒品，以及严重违反社区戒毒协议的，社区戒毒专职工作人员应当及时向当地公安机关报告。

第二十二条　社区戒毒人员的户籍所在地或者现居住地发生变化，需要变更社区戒毒执行地的，社区戒毒执行地乡（镇）人民政府、城市街道办事处应当将有关材料转送至变更后的乡（镇）人民政府、城市街道办事处。

社区戒毒人员应当自社区戒毒执行地变更之日起 15 日内前往变更后的乡（镇）人民政府、城市街道办事处报到，社区戒毒时间自报到之日起连续计算。

变更后的乡（镇）人民政府、城市街道办事处，应当按照本条例第十六条的规定，与社区戒毒人员签订新的社区戒毒协议，继续执行社区戒毒。

第二十三条　社区戒毒自期满之日起解除。社区戒毒执行地公安机关应当出具解除社区戒毒通知书送达社区戒毒人员本人及其家属，并在7日内通知社区戒毒执行地乡（镇）人民政府、城市街道办事处。

第二十四条　社区戒毒人员被依法收监执行刑罚、采取强制性教育措施的，社区戒毒终止。

社区戒毒人员被依法拘留、逮捕的，社区戒毒中止，由羁押场所给予必要的戒毒治疗，释放后继续接受社区戒毒。

第四章　强制隔离戒毒

第二十五条　吸毒成瘾人员有《中华人民共和国禁毒法》第三十八条第一款所列情形之一的，由县级、设区的市级人民政府公安机关作出强制隔离戒毒的决定。

对于吸毒成瘾严重，通过社区戒毒难以戒除毒瘾的人员，县级、设区的市级人民政府公安机关可以直接作出强制隔离戒毒的决定。

吸毒成瘾人员自愿接受强制隔离戒毒的，经强制隔离戒毒场所所在地县级、设区的市级人民政府公安机关同意，可以进入强制隔离戒毒场所戒毒。强制隔离戒毒场所应当与其就戒毒治疗期限、戒毒治疗措施等作出约定。

第二十六条　对依照《中华人民共和国禁毒法》第三十九条第一款规定不适用强制隔离戒毒的吸毒成瘾人员，县级、设区的市级人民政府公安机关应当作出社区戒毒的决定，依照本条例第三章的规定进行社区戒毒。

第二十七条　强制隔离戒毒的期限为2年，自作出强制隔离戒毒决定之日起计算。

被强制隔离戒毒的人员在公安机关的强制隔离戒毒场所执行强制隔离戒毒3个月至6个月后，转至司法行政部门的强制隔离戒毒场所继续执行强制隔离戒毒。

执行前款规定不具备条件的省、自治区、直辖市，由公安机关和司法行政部门共同提出意见报省、自治区、直辖市人民政府决定具体执行方案，但在公安机关的强制隔离戒毒场所执行强制隔离戒毒的时间不得超过12个月。

第二十八条　强制隔离戒毒场所对强制隔离戒毒人员的身体和携带物品进行检查时发现的毒品等违禁品，应当依法处理；对生活必需品以外的其他物品，由强制隔离戒毒场所代为保管。

女性强制隔离戒毒人员的身体检查，应当由女性工作人员进行。

第二十九条　强制隔离戒毒场所设立戒毒医疗机构应当经所在地省、自治区、直辖市人民政府卫生行政部门批准。强制隔离戒毒场所应当配备设施设备及必要的管理人员，依法为强制隔离戒毒人员提供科学规范的戒毒治疗、心理治疗、身体康复训练和卫生、道德、法制教育，开展职业技能培训。

第三十条　强制隔离戒毒场所应当根据强制隔离戒毒人员的性别、年龄、患病等情况对强制隔离戒毒人员实行分别管理；对吸食不同种类毒品的，应当有针对性地采取必要的治疗措施；根据戒毒治疗的不同阶段和强制隔离戒毒人员的表现，实行逐步适应社会的分级管理。

第三十一条　强制隔离戒毒人员患严重疾病，不出所治疗可能危及生命的，经强制隔离戒毒场所主管机关批准，并报强制隔离戒毒决定机关备案，强制隔离戒毒场所可以允许其所外就医。所外就医的费用由强制隔离戒毒人员本人承担。

所外就医期间，强制隔离戒毒期限连续计算。对于健康状况不再适宜回所执行强制隔离戒毒的，强制隔离戒毒场所应当向强制隔离戒毒决定机关提出变更为社区戒毒的建议，强制隔离戒毒决定机关应当自收到建议之日起7日内，作出是否批准的决定。经批准变更为社区戒毒的，已执行的强制隔离戒毒期限折抵社区戒毒期限。

第三十二条　强制隔离戒毒人员脱逃的，强制隔离戒毒场所应当立即通知所在地县级人民政府公安机关，并配合公安机关追回脱逃人员。被追回的强制隔离戒毒人员应当继续执行强制隔离戒毒，脱逃期间不计入强制隔离戒毒期限。被追回的强制隔离戒毒人员不得提前解除强制隔离戒毒。

第三十三条　对强制隔离戒毒场所依照《中华人民共和国禁毒法》第四十七条第二款、第三款规定提出的提前解除强制隔离戒毒、延长戒毒期限的意见，强制隔离戒毒决定机关应当自收到意见之日起7日内，作出是否批准的决定。对提前解除强制隔离戒毒或者延长强制隔离戒毒期限的，批准机关应当出具提前解除强制隔离戒毒决定书或者延长强制隔离戒毒期限决定书，送达被决定人，并在送达后24小时以内通知被决定人的家属、所在单位以及其户籍所在地或者现居住地公安派出所。

第三十四条　解除强制隔离戒毒的，强制隔离戒毒场所应当在解除强制隔离戒毒3日前通知强制隔离戒毒决定机关，出具解除强制隔离戒毒证明书送达戒毒人员本人，并通知其家属、所在单位、其户籍所在地或者现居住地公安派出所将其领回。

第三十五条　强制隔离戒毒诊断评估办法由国务院公安部门、司法行政部门会同国务院卫生行政部门制定。

第三十六条　强制隔离戒毒人员被依法收监执行刑罚、采取强制性教育措施或者被依法拘留、逮捕的，由监管场所、羁押场所给予必要的戒毒治疗，强制隔离戒毒的时间连续计算；刑罚执行完毕时、解除强制性教育措施时或者释放时强制隔离戒毒尚未期满的，继续执行强制隔离戒毒。

第五章　社区康复

第三十七条　对解除强制隔离戒毒的人员，强制隔离戒毒的决定机关可以责令其接受不超过3年的社区康复。

社区康复在当事人户籍所在地或者现居住地乡（镇）人民政府、城市街道办事处执行，经当事人同意，也可以在戒毒康复场所中执行。

第三十八条　被责令接受社区康复的人员，应当自收到责令社区康复决定书之日起15日内到户籍所在地或者现居住地乡（镇）人民政府、城市街道办事处报到，签订社区康复协议。

被责令接受社区康复的人员拒绝接受社区康复或者严重违反社区康复协议，并再次吸食、注射毒品被决定强制隔离戒毒的，强制隔离戒毒不得提前解除。

第三十九条　负责社区康复工作的人员应当为社区康复人员提供必要的心理治疗和辅导、职业技能培训、职业指导以及就学、就业、就医援助。

第四十条　社区康复自期满之日起解除。社区康复执行地公安机关出具解除社区康复通知书送达社区康复人员本人及其家属，并在7日内通知社区康复执行地乡（镇）人民政府、城市街道办事处。

第四十一条　自愿戒毒人员、社区戒毒、社区康复的人员可以自愿与戒毒康复场所签订协议，到戒毒康复场所戒毒康复、生活和劳动。

戒毒康复场所应当配备必要的管理人员和医务人员，为戒毒人员提供戒毒康复、职业技能培训和生产劳动条件。

第四十二条　戒毒康复场所应当加强管理，严禁毒品流入，并建立戒毒康复人员自我管理、自我教育、自我服务的机制。

戒毒康复场所组织戒毒人员参加生产劳动，应当参照国家劳动用工制度的规定支付劳动报酬。

第六章　法律责任

第四十三条　公安、司法行政、卫生行政等有关部门工作人员泄露戒毒人员个人信息的，依法给予处分；构成犯罪的，依法追究刑事责任。

第四十四条　乡（镇）人民政府、城市街道办事处负责社区戒毒、社区康复工作的人员有下列行为之一的，依法给予处分：

（一）未与社区戒毒、社区康复人员签订社区戒毒、社区康复协议，不落实社区戒毒、社区康复措施的；

（二）不履行本条例第二十一条规定的报告义务的；

（三）其他不履行社区戒毒、社区康复监督职责的行为。

第四十五条　强制隔离戒毒场所的工作人员有下列行为之一的，依法给予处分；构成犯罪的，依法追究刑事责任：

（一）侮辱、虐待、体罚强制隔离戒毒人员的；

（二）收受、索要财物的；

（三）擅自使用、损毁、处理没收或者代为保管的财物的；

（四）为强制隔离戒毒人员提供麻醉药品、精神药品或者违反规定传递其他物品的；

（五）在强制隔离戒毒诊断评估工作中弄虚作假的；

（六）私放强制隔离戒毒人员的；

（七）其他徇私舞弊、玩忽职守、不履行法定职责的行为。

第七章　附　　则

第四十六条　本条例自公布之日起施行。1995 年 1 月 12 日国务院发布的《强制戒毒办法》同时废止。

电力安全事故应急处置和调查处理条例

（2011 年 6 月 15 日国务院第 159 次常务会议通过　2011 年 7 月 7 日中华人民共和国国务院令第 599 号发布　自 2011 年 9 月 1 日起施行）

第一章　总　　则

第一条　为了加强电力安全事故的应急处置工作，规范电力安全事故的调查处理，控制、减轻和消除电力安全事故损害，制定本条例。

第二条　本条例所称电力安全事故，是指电力生产或者电网运行过程中发生的影响电力系统安全稳定运行或者影响电力正常供应的事故（包括热电厂发生的影响热力正常供应的事故）。

第三条　根据电力安全事故（以下简称事故）影响电力系统安全稳定

运行或者影响电力（热力）正常供应的程度，事故分为特别重大事故、重大事故、较大事故和一般事故。事故等级划分标准由本条例附表列示。事故等级划分标准的部分项目需要调整的，由国务院电力监管机构提出方案，报国务院批准。

由独立的或者通过单一输电线路与外省连接的省级电网供电的省级人民政府所在地城市，以及由单一输电线路或者单一变电站供电的其他设区的市、县级市，其电网减供负荷或者造成供电用户停电的事故等级划分标准，由国务院电力监管机构另行制定，报国务院批准。

第四条 国务院电力监管机构应当加强电力安全监督管理，依法建立健全事故应急处置和调查处理的各项制度，组织或者参与事故的调查处理。

国务院电力监管机构、国务院能源主管部门和国务院其他有关部门、地方人民政府及有关部门按照国家规定的权限和程序，组织、协调、参与事故的应急处置工作。

第五条 电力企业、电力用户以及其他有关单位和个人，应当遵守电力安全管理规定，落实事故预防措施，防止和避免事故发生。

县级以上地方人民政府有关部门确定的重要电力用户，应当按照国务院电力监管机构的规定配置自备应急电源，并加强安全使用管理。

第六条 事故发生后，电力企业和其他有关单位应当按照规定及时、准确报告事故情况，开展应急处置工作，防止事故扩大，减轻事故损害。电力企业应当尽快恢复电力生产、电网运行和电力（热力）正常供应。

第七条 任何单位和个人不得阻挠和干涉对事故的报告、应急处置和依法调查处理。

第二章　事故报告

第八条 事故发生后，事故现场有关人员应当立即向发电厂、变电站运行值班人员、电力调度机构值班人员或者本企业现场负责人报告。有关人员接到报告后，应当立即向上一级电力调度机构和本企业负责人报告。本企业负责人接到报告后，应当立即向国务院电力监管机构设在当地的派出机构（以下简称事故发生地电力监管机构）、县级以上人民政府安全生产监督管理部门报告；热电厂事故影响热力正常供应的，还应当向供热管理部门报告；事故涉及水电厂（站）大坝安全的，还应当同时向有管辖权的水行政主管部门或者流域管理机构报告。

电力企业及其有关人员不得迟报、漏报或者瞒报、谎报事故情况。

第九条 事故发生地电力监管机构接到事故报告后，应当立即核实有关情况，向国务院电力监管机构报告；事故造成供电用户停电的，应当同时通报事故发生地县级以上地方人民政府。

对特别重大事故、重大事故，国务院电力监管机构接到事故报告后应当立即报告国务院，并通报国务院安全生产监督管理部门、国务院能源主管部门等有关部门。

第十条 事故报告应当包括下列内容：

（一）事故发生的时间、地点（区域）以及事故发生单位；

（二）已知的电力设备、设施损坏情况，停运的发电（供热）机组数量、电网减供负荷或者发电厂减少出力的数值、停电（停热）范围；

（三）事故原因的初步判断；

（四）事故发生后采取的措施、电网运行方式、发电机组运行状况以及事故控制情况；

（五）其他应当报告的情况。

事故报告后出现新情况的，应当及时补报。

第十一条 事故发生后，有关单位和人员应当妥善保护事故现场以及工作日志、工作票、操作票等相关材料，及时保存故障录波图、电力调度数据、发电机组运行数据和输变电设备运行数据等相关资料，并在事故调查组成立后将相关材料、资料移交事故调查组。

因抢救人员或者采取恢复电力生产、电网运行和电力供应等紧急措施，需要改变事故现场、移动电力设备的，应当作出标记、绘制现场简图，妥善保存重要痕迹、物证，并作出书面记录。

任何单位和个人不得故意破坏事故现场，不得伪造、隐匿或者毁灭相关证据。

第三章 事故应急处置

第十二条 国务院电力监管机构依照《中华人民共和国突发事件应对法》和《国家突发公共事件总体应急预案》，组织编制国家处置电网大面积停电事件应急预案，报国务院批准。

有关地方人民政府应当依照法律、行政法规和国家处置电网大面积停电事件应急预案，组织制定本行政区域处置电网大面积停电事件应急预案。

处置电网大面积停电事件应急预案应当对应急组织指挥体系及职责，应急处置的各项措施，以及人员、资金、物资、技术等应急保障作出具体规定。

第十三条 电力企业应当按照国家有关规定，制定本企业事故应急预案。

电力监管机构应当指导电力企业加强电力应急救援队伍建设，完善应急物资储备制度。

第十四条 事故发生后，有关电力企业应当立即采取相应的紧急处置措施，控制事故范围，防止发生电网系统性崩溃和瓦解；事故危及人身和设备安全的，发电厂、变电站运行值班人员可以按照有关规定，立即采取停运发电机组和输变电设备等紧急处置措施。

事故造成电力设备、设施损坏的，有关电力企业应当立即组织抢修。

第十五条 根据事故的具体情况，电力调度机构可以发布开启或者关停发电机组、调整发电机组有功和无功负荷、调整电网运行方式、调整供电调度计划等电力调度命令，发电企业、电力用户应当执行。

事故可能导致破坏电力系统稳定和电网大面积停电的，电力调度机构有权决定采取拉限负荷、解列电网、解列发电机组等必要措施。

第十六条 事故造成电网大面积停电的，国务院电力监管机构和国务院其他有关部门、有关地方人民政府、电力企业应当按照国家有关规定，启动相应的应急预案，成立应急指挥机构，尽快恢复电网运行和电力供应，防止各种次生灾害的发生。

第十七条 事故造成电网大面积停电的，有关地方人民政府及有关部门应当立即组织开展下列应急处置工作：

（一）加强对停电地区关系国计民生、国家安全和公共安全的重点单位的安全保卫，防范破坏社会秩序的行为，维护社会稳定；

（二）及时排除因停电发生的各种险情；

（三）事故造成重大人员伤亡或者需要紧急转移、安置受困人员的，及时组织实施救治、转移、安置工作；

（四）加强停电地区道路交通指挥和疏导，做好铁路、民航运输以及通信保障工作；

（五）组织应急物资的紧急生产和调用，保证电网恢复运行所需物资和居民基本生活资料的供给。

第十八条 事故造成重要电力用户供电中断的，重要电力用户应当按照有关技术要求迅速启动自备应急电源；启动自备应急电源无效的，电网企业应当提供必要的支援。

事故造成地铁、机场、高层建筑、商场、影剧院、体育场馆等人员聚集场所停电的，应当迅速启用应急照明，组织人员有序疏散。

第十九条 恢复电网运行和电力供应，应当优先保证重要电厂厂用电源、重要输变电设备、电力主干网架的恢复，优先恢复重要电力用户、重要城市、重点地区的电力供应。

第二十条 事故应急指挥机构或者电力监管机构应当按照有关规定，统一、准确、及时发布有关事故影响范围、处置工作进度、预计恢复供电时间等信息。

第四章 事故调查处理

第二十一条 特别重大事故由国务院或者国务院授权的部门组织事故调查组进行调查。

重大事故由国务院电力监管机构组织事故调查组进行调查。

较大事故、一般事故由事故发生地电力监管机构组织事故调查组进行调查。国务院电力监管机构认为必要的，可以组织事故调查组对较大事故进行调查。

未造成供电用户停电的一般事故，事故发生地电力监管机构也可以委托事故发生单位调查处理。

第二十二条 根据事故的具体情况，事故调查组由电力监管机构、有关地方人民政府、安全生产监督管理部门、负有安全生产监督管理职责的有关部门派人组成；有关人员涉嫌失职、渎职或者涉嫌犯罪的，应当邀请监察机关、公安机关、人民检察院派人参加。

根据事故调查工作的需要，事故调查组可以聘请有关专家协助调查。

事故调查组组长由组织事故调查组的机关指定。

第二十三条 事故调查组应当按照国家有关规定开展事故调查，并在下列期限内向组织事故调查组的机关提交事故调查报告：

（一）特别重大事故和重大事故的调查期限为 60 日；特殊情况下，经组织事故调查组的机关批准，可以适当延长，但延长的期限不得超过60 日。

（二）较大事故和一般事故的调查期限为 45 日；特殊情况下，经组织事故调查组的机关批准，可以适当延长，但延长的期限不得超过 45 日。

事故调查期限自事故发生之日起计算。

第二十四条 事故调查报告应当包括下列内容：

（一）事故发生单位概况和事故发生经过；

（二）事故造成的直接经济损失和事故对电网运行、电力（热力）正常供应的影响情况；

（三）事故发生的原因和事故性质；

（四）事故应急处置和恢复电力生产、电网运行的情况；

（五）事故责任认定和对事故责任单位、责任人的处理建议；

（六）事故防范和整改措施。

事故调查报告应当附具有关证据材料和技术分析报告。事故调查组成员应当在事故调查报告上签字。

第二十五条 事故调查报告报经组织事故调查组的机关同意，事故调查工作即告结束；委托事故发生单位调查的一般事故，事故调查报告应当报经事故发生地电力监管机构同意。

有关机关应当依法对事故发生单位和有关人员进行处罚，对负有事故责任的国家工作人员给予处分。

事故发生单位应当对本单位负有事故责任的人员进行处理。

第二十六条 事故发生单位和有关人员应当认真吸取事故教训，落实事故防范和整改措施，防止事故再次发生。

电力监管机构、安全生产监督管理部门和负有安全生产监督管理职责的有关部门应当对事故发生单位和有关人员落实事故防范和整改措施的情况进行监督检查。

第五章 法律责任

第二十七条 发生事故的电力企业主要负责人有下列行为之一的，由电力监管机构处其上一年年收入 40% 至 80% 的罚款；属于国家工作人员的，并依法给予处分；构成犯罪的，依法追究刑事责任：

（一）不立即组织事故抢救的；

（二）迟报或者漏报事故的；

（三）在事故调查处理期间擅离职守的。

第二十八条 发生事故的电力企业及其有关人员有下列行为之一的，由电力监管机构对电力企业处 100 万元以上 500 万元以下的罚款；对主要负责人、直接负责的主管人员和其他直接责任人员处其上一年年收入 60% 至 100% 的罚款，属于国家工作人员的，并依法给予处分；构成违反治安管理行为的，由公安机关依法给予治安管理处罚；构成犯罪的，依法追究刑事责任：

（一）谎报或者瞒报事故的；

（二）伪造或者故意破坏事故现场的；

（三）转移、隐匿资金、财产，或者销毁有关证据、资料的；

（四）拒绝接受调查或者拒绝提供有关情况和资料的；

（五）在事故调查中作伪证或者指使他人作伪证的；

（六）事故发生后逃匿的。

第二十九条 电力企业对事故发生负有责任的，由电力监管机构依照下列规定处以罚款：

（一）发生一般事故的，处 10 万元以上 20 万元以下的罚款；

（二）发生较大事故的，处 20 万元以上 50 万元以下的罚款；

（三）发生重大事故的，处 50 万元以上 200 万元以下的罚款；

（四）发生特别重大事故的，处 200 万元以上 500 万元以下的罚款。

第三十条　电力企业主要负责人未依法履行安全生产管理职责，导致事故发生的，由电力监管机构依照下列规定处以罚款；属于国家工作人员的，并依法给予处分；构成犯罪的，依法追究刑事责任：

（一）发生一般事故的，处其上一年年收入 30% 的罚款；

（二）发生较大事故的，处其上一年年收入 40% 的罚款；

（三）发生重大事故的，处其上一年年收入 60% 的罚款；

（四）发生特别重大事故的，处其上一年年收入 80% 的罚款。

第三十一条　电力企业主要负责人依照本条例第二十七条、第二十八条、第三十条规定受到撤职处分或者刑事处罚的，自受处分之日或者刑罚执行完毕之日起 5 年内，不得担任任何生产经营单位主要负责人。

第三十二条　电力监管机构、有关地方人民政府以及其他负有安全生产监督管理职责的有关部门有下列行为之一的，对直接负责的主管人员和其他直接责任人员依法给予处分；直接负责的主管人员和其他直接责任人员构成犯罪的，依法追究刑事责任：

（一）不立即组织事故抢救的；

（二）迟报、漏报或者瞒报、谎报事故的；

（三）阻碍、干涉事故调查工作的；

（四）在事故调查中作伪证或者指使他人作伪证的。

第三十三条　参与事故调查的人员在事故调查中有下列行为之一的，依法给予处分；构成犯罪的，依法追究刑事责任：

（一）对事故调查工作不负责任，致使事故调查工作有重大疏漏的；

（二）包庇、袒护负有事故责任的人员或者借机打击报复的。

第六章　附　　则

第三十四条　发生本条例规定的事故，同时造成人员伤亡或者直接经济损失，依照本条例确定的事故等级与依照《生产安全事故报告和调查处理条例》确定的事故等级不同的，按事故等级较高者确定事故等级，依照本条例的规定调查处理；事故造成人员伤亡，构成《生产安全事故报告和调查处理条例》规定的重大事故或者特别重大事故的，依照《生产安全事故报告和调查处理条例》的规定调查处理。

电力生产或者电网运行过程中发生发电设备或者输变电设备损坏，造成直接经济损失的事故，未影响电力系统安全稳定运行以及电力正常供应的，由电力监管机构依照《生产安全事故报告和调查处理条例》的规定组成事故调查组对重大事故、较大事故、一般事故进行调查处理。

第三十五条 本条例对事故报告和调查处理未作规定的，适用《生产安全事故报告和调查处理条例》的规定。

第三十六条 核电厂核事故的应急处置和调查处理，依照《核电厂核事故应急管理条例》的规定执行。

第三十七条 本条例自 2011 年 9 月 1 日起施行。

附件：

电力安全事故等级划分标准

判定项 事故等级	造成电网减供负荷的比例	造成城市供电用户停电的比例	发电厂或者变电站因安全故障造成全厂（站）对外停电的影响和持续时间	发电机组因安全故障停运的时间和后果	供热机组对外停止供热的时间
特别重大事故	区域性电网减供负荷30%以上 电网负荷20000兆瓦以上的省、自治区电网，减供负荷30%以上 电网负荷5000兆瓦以上20000兆瓦以下的省、自治区电网，减供负荷40%以上 直辖市电网减供负荷50%以上 电网负荷2000兆瓦以上的省、自治区人民政府所在地城市电网减供负荷60%以上	直辖市60%以上供电用户停电 电网负荷2000兆瓦以上的省、自治区人民政府所在地城市70%以上供电用户停电			
重大事故	区域性电网减供负荷10%以上30%以下 电网负荷20000兆瓦以上的省、自治区电网，减供负荷13%以上30%以下 电网负荷5000兆瓦以上20000兆瓦以下的省、自治区电网，减供负荷16%以上40%以下 电网负荷1000兆瓦以	直辖市30%以上60%以下供电用户停电 省、自治区人民政府所在地城市50%以上供电用户停电（电网负荷			

判定项 事故等级	造成电网减供负荷的比例	造成城市供电用户停电的比例	发电厂或者变电站因安全故障造成全厂（站）对外停电的影响和持续时间	发电机组因安全故障停运的时间和后果	供热机组对外停止供热的时间
	上5000兆瓦以下的省、自治区电网，减供负荷50%以上 直辖市电网减供负荷20%以上50%以下 省、自治区人民政府所在地城市电网减供负荷40%以上（电网负荷2000兆瓦以上的，减供负荷40%以上60%以下） 电网负荷600兆瓦以上的其他设区的市电网减供负荷60%以上	2000兆瓦以上的，50%以上70%以下 电网负荷600兆瓦以上的其他设区的市70%以上供电用户停电			
较大事故	区域性电网减供负荷7%以上10%以下 电网负荷20000兆瓦以上的省、自治区电网，减供负荷10%以上13%以下 电网负荷5000兆瓦以上20000兆瓦以下的省、自治区电网，减供负荷12%以上16%以下 电网负荷1000兆瓦以上5000兆瓦以下的省、自治区电网，减供负荷20%以上40%以上 电网负荷1000兆瓦以下的省、自治区电网，减供负荷40%以上 直辖市电网减供负荷10%以上20%以下 省、自治区人民政府所在地城市电网减供负荷20%以上40%以下 其他设区的市电网减供负荷40%以上（电网负荷600兆瓦以上的，减供负荷40%以上60%以下） 电网负荷150兆瓦以上的县级市电网减供负荷60%以上	直辖市15%以上30%以下供电用户停电 省、自治区人民政府所在地城市30%以上50%以下供电用户停电 其他设区的市50%以上供电用户停电（电网负荷600兆瓦以上的，50%以上70%以下） 电网负荷150兆瓦以上的县级市70%以上供电用户停电	发电厂或者220千伏以上变电站因安全故障造成全厂（站）对外停电，导致周边电压监视控制点电压低于调度机构规定的电压曲线值20%并且持续时间30分钟以上，或者导致周边电压监视控制点电压低于调度机构规定的电压曲线值10%并且持续时间1小时以上	发电机组因安全故障停止运行超过行业标准规定的大修时间两周，并导致电网减供负荷	供热机组装机容量200兆瓦以上的热电厂，在当地人民政府规定的采暖期内同时发生2台以上供热机组因安全故障停止运行，造成全厂对外停止供热并且持续时间48小时以上

判定项 事故等级	造成电网减供负荷的比例	造成城市供电用户停电的比例	发电厂或者变电站因安全故障造成全厂（站）对外停电的影响和持续时间	发电机组因安全故障停运的时间和后果	供热机组对外停止供热的时间
一般事故	区域性电网减供负荷4%以上7%以下 电网负荷20000兆瓦以上的省、自治区电网，减供负荷5%以上10%以下 电网负荷5000兆瓦以上20000兆瓦以下的省、自治区电网，减供负荷6%以上12%以下 电网负荷1000兆瓦以上5000兆瓦以下的省、自治区电网，减供负荷10%以上20%以下 电网负荷1000兆瓦以下的省、自治区电网，减供负荷25%以上40%以下 直辖市电网减供负荷5%以上10%以下 省、自治区人民政府所在地城市电网减供负荷10%以上20%以下 其他设区的市电网减供负荷20%以上40%以下 县级市减供负荷40%以上（电网负荷150兆瓦以上的，减供负荷40%以上60%以下）	直辖市10%以上15%以下供电用户停电 省、自治区人民政府所在地城市15%以上30%以下供电用户停电 其他设区的市30%以上50%以下供电用户停电 县级市50%以上供电用户停电（电网负荷150兆瓦以上的，50%以上70%以下）	发电厂或者220千伏以上变电站因安全故障造成全厂（站）对外停电，导致周边电压监视控制点电压低于调度机构规定的电压曲线值5%以上并且持续时间2小时以上	发电机组因安全故障停止运行超过行业标准规定的小修时间两周，并导致电网减供负荷	供热机组装机容量200兆瓦以上的热电厂，在当地人民政府规定的采暖期内同时发生2台以上供热机组因安全故障停止运行，造成全厂对外停止供热并且持续时间24小时以上

注：1. 符合本表所列情形之一的，即构成相应等级的电力安全事故。

2. 本表中所称的"以上"包括本数，"以下"不包括本数。

3. 本表下列用语的含义：

（1）电网负荷，是指电力调度机构统一调度的电网在事故发生起始时刻的实际负荷；

（2）电网减供负荷，是指电力调度机构统一调度的电网在事故发生期间的实际负荷最大减少量；

（3）全厂对外停电，是指发电厂对外有功负荷降到零（虽电网经发电厂母线传送的负荷没有停止，仍视为全厂对外停电）；

（4）发电机组因安全故障停止运行，是指并网运行的发电机组（包括各种类型的电站锅炉、汽轮机、燃气轮机、水轮机、发电机和主变压器等主要发电设备），在未经电力调度机构允许的情况下，因安全故障需要停止运行的状态。

烈士褒扬条例

(2011 年 7 月 20 日国务院第 164 次常务会议通过　2011 年 7 月 26 日中华人民共和国国务院令第 601 号公布　自 2011 年 8 月 1 日起施行)

第一章　总　　则

第一条　为了弘扬烈士精神，抚恤优待烈士遗属，制定本条例。

第二条　公民在保卫祖国和社会主义建设事业中牺牲被评定为烈士的，依照本条例的规定予以褒扬。烈士的遗属，依照本条例的规定享受抚恤优待。

第三条　国家对烈士遗属给予的抚恤优待应当随经济社会的发展逐步提高，保障烈士遗属的生活不低于当地居民的平均生活水平。

全社会应当支持烈士褒扬工作，优待帮扶烈士遗属。

国家鼓励公民、法人和其他组织为烈士褒扬和烈士遗属抚恤优待提供捐助。

第四条　烈士褒扬和烈士遗属抚恤优待经费列入财政预算。

烈士褒扬和烈士遗属抚恤优待经费应当专款专用，接受财政部门、审计机关的监督。

第五条　县级以上人民政府应当加强对烈士纪念设施的保护和管理，为纪念烈士提供良好的场所。

各级人民政府应当把宣传烈士事迹作为社会主义精神文明建设的重要内容，培养公民的爱国主义、集体主义精神和社会主义道德风尚。机关、团体、企业事业单位应当采取多种形式纪念烈士，学习、宣传烈士事迹。

第六条　国务院民政部门负责全国的烈士褒扬工作。县级以上地方人民政府民政部门负责本行政区域的烈士褒扬工作。

第七条　对在烈士褒扬工作中做出显著成绩的单位和个人，按照国家有关规定给予表彰、奖励。

第二章　烈士的评定

第八条　公民牺牲符合下列情形之一的，评定为烈士：

（一）在依法查处违法犯罪行为、执行国家安全工作任务、执行反恐怖任务和处置突发事件中牺牲的；

（二）抢险救灾或者其他为了抢救、保护国家财产、集体财产、公民生命财产牺牲的；

（三）在执行外交任务或者国家派遣的对外援助、维持国际和平任务中牺牲的；

（四）在执行武器装备科研试验任务中牺牲的；

（五）其他牺牲情节特别突出，堪为楷模的。

现役军人牺牲，预备役人员、民兵、民工以及其他人员因参战、参加军事演习和军事训练、执行军事勤务牺牲应当评定烈士的，依照《军人抚恤优待条例》的有关规定评定。

第九条 申报烈士的，由死者生前所在工作单位、死者遗属或者事件发生地的组织、公民向死者生前工作单位所在地、死者遗属户口所在地或者事件发生地的县级人民政府民政部门提供有关死者牺牲情节的材料，由收到材料的县级人民政府民政部门调查核实后提出评定烈士的报告，报本级人民政府审核。

属于本条例第八条第一款第一项、第二项规定情形的，由县级人民政府提出评定烈士的报告并逐级上报至省、自治区、直辖市人民政府审查评定。评定为烈士的，由省、自治区、直辖市人民政府送国务院民政部门备案。

属于本条例第八条第一款第三项、第四项规定情形的，由国务院有关部门提出评定烈士的报告，送国务院民政部门审查评定。

属于本条例第八条第一款第五项规定情形的，由县级人民政府提出评定烈士的报告并逐级上报至省、自治区、直辖市人民政府，由省、自治区、直辖市人民政府审查后送国务院民政部门审查评定。

第十条 烈士证书由烈士遗属户口所在地的县级人民政府民政部门向烈士遗属颁发。

第三章　烈士褒扬金和烈士遗属的抚恤优待

第十一条 国家建立烈士褒扬金制度。烈士褒扬金标准为烈士牺牲时上一年度全国城镇居民人均可支配收入的 30 倍。战时，参战牺牲的烈士褒扬金标准可以适当提高。

烈士褒扬金由颁发烈士证书的县级人民政府民政部门发给烈士的父母或者抚养人、配偶、子女；没有父母或者抚养人、配偶、子女的，发给烈士未满 18 周岁的兄弟姐妹和已满 18 周岁但无生活来源且由烈士生前供养的兄弟姐妹。

第十二条　烈士遗属除享受本条例第十一条规定的烈士褒扬金外，属于《军人抚恤优待条例》以及相关规定适用范围的，还享受因公牺牲一次性抚恤金；属于《工伤保险条例》以及相关规定适用范围的，还享受一次性工亡补助金以及相当于烈士本人 40 个月工资的烈士遗属特别补助金。

不属于前款规定范围的烈士遗属，由县级人民政府民政部门发给一次性抚恤金，标准为烈士牺牲时上一年度全国城镇居民人均可支配收入的 20 倍加 40 个月的中国人民解放军排职少尉军官工资。

第十三条　符合下列条件之一的烈士遗属，享受定期抚恤金：

（一）烈士的父母或者抚养人、配偶无劳动能力、无生活来源，或者收入水平低于当地居民的平均生活水平的；

（二）烈士的子女未满 18 周岁，或者已满 18 周岁但因残疾或者正在上学而无生活来源的；

（三）由烈士生前供养的兄弟姐妹未满 18 周岁，或者已满 18 周岁但因正在上学而无生活来源的。

符合前款规定条件享受定期抚恤金的烈士遗属，由其户口所在地的县级人民政府民政部门发给定期抚恤金领取证，凭证领取定期抚恤金。

第十四条　烈士生前的配偶再婚后继续赡养烈士父母，继续抚养烈士未满 18 周岁或者已满 18 周岁但无劳动能力、无生活来源且由烈士生前供养的兄弟姐妹的，由其户口所在地的县级人民政府民政部门参照烈士遗属定期抚恤金的标准给予补助。

第十五条　定期抚恤金标准参照全国城乡居民家庭人均收入水平确定。定期抚恤金的标准及其调整办法，由国务院民政部门会同国务院财政部门规定。

烈士遗属享受定期抚恤金后仍达不到当地居民的平均生活水平的，由县级人民政府予以补助。

第十六条　享受定期抚恤金的烈士遗属户口迁移的，应当同时办理定期抚恤金转移手续。户口迁出地的县级人民政府民政部门发放当年的定期抚恤金；户口迁入地的县级人民政府民政部门凭定期抚恤金转移证明，从第二年 1 月起发放定期抚恤金。

第十七条　烈士遗属不再符合本条例规定的享受定期抚恤金条件的，应当注销其定期抚恤金领取证，停发定期抚恤金。

享受定期抚恤金的烈士遗属死亡的，增发 6 个月其原享受的定期抚恤金作为丧葬补助费，同时注销其定期抚恤金领取证，停发定期抚恤金。

第十八条　烈士遗属享受相应的医疗优惠待遇，具体办法由省、自治区、直辖市人民政府规定。

第十九条　烈士的子女、兄弟姐妹本人自愿，且符合征兵条件的，在同等条件下优先批准其服现役。烈士的子女符合公务员考录条件的，在同等条件下优先录用为公务员。

烈士子女接受学前教育和义务教育的，应当按照国家有关规定予以优待；在公办幼儿园接受学前教育的，免交保教费。烈士子女报考普通高中、中等职业学校、高等学校研究生的，在同等条件下优先录取；报考高等学校本、专科的，可以按照国家有关规定降低分数要求投档；在公办学校就读的，免交学费、杂费，并享受国家规定的各项助学政策。

烈士遗属符合就业条件的，由当地人民政府人力资源社会保障部门优先提供就业服务。烈士遗属已经就业，用人单位经济性裁员时，应当优先留用。烈士遗属从事个体经营的，工商、税务等部门应当优先办理证照，烈士遗属在经营期间享受国家和当地人民政府规定的优惠政策。

第二十条　符合住房保障条件的烈士遗属承租廉租住房、购买经济适用住房的，县级以上地方人民政府有关部门应当给予优先、优惠照顾。家住农村的烈士遗属住房有困难的，由当地人民政府帮助解决。

第二十一条　男年满60周岁、女年满55周岁的孤老烈士遗属本人自愿的，可以在光荣院、敬老院集中供养。

各类社会福利机构应当优先接收烈士遗属。

第二十二条　烈士遗属因犯罪被判处有期徒刑、剥夺政治权利或者被司法机关通缉期间，中止其享受的抚恤和优待；被判处死刑、无期徒刑的，取消其烈士遗属抚恤和优待资格。

第四章　烈士纪念设施的保护和管理

第二十三条　按照国家有关规定修建的烈士陵园、纪念堂馆、纪念碑亭、纪念塔祠、纪念塑像、烈士骨灰堂、烈士墓等烈士纪念设施，受法律保护。

第二十四条　国家对烈士纪念设施实行分级保护。分级的具体标准由国务院民政部门规定。

国家级烈士纪念设施，由国务院民政部门报国务院批准后公布。地方各级烈士纪念设施，由县级以上地方人民政府民政部门报本级人民政府批准后公布，并报上一级人民政府民政部门备案。

各级人民政府应当确定烈士纪念设施保护单位，并划定烈士纪念设施保护范围。

第二十五条　烈士纪念设施应当免费向社会开放。

烈士纪念设施保护单位应当健全管理工作规范，维护纪念烈士活动的秩序，提高管理和服务水平。

第二十六条　各级人民政府应当组织收集、整理烈士史料，编纂烈士英名录。

烈士纪念设施保护单位应当搜集、整理、保管、陈列烈士遗物和事迹史料。属于文物的，依照有关法律、法规的规定予以保护。

第二十七条　县级以上人民政府有关部门应当做好烈士纪念设施的保护和管理工作。未经批准，不得新建、改建、扩建或者迁移烈士纪念设施。

第二十八条　任何单位或者个人不得侵占烈士纪念设施保护范围内的土地和设施。禁止在烈士纪念设施保护范围内进行其他工程建设。

任何单位或者个人不得在烈士纪念设施保护范围内为烈士以外的其他人修建纪念设施或者安放骨灰、埋葬遗体。

第二十九条　在烈士纪念设施保护范围内不得从事与纪念烈士无关的活动。禁止以任何方式破坏、污损烈士纪念设施。

第三十条　烈士在烈士陵园安葬。未在烈士陵园安葬的，县级以上人民政府征得烈士遗属同意，可以迁移到烈士陵园安葬，或者予以集中安葬。

第三十一条　烈士陵园所在地人民政府民政部门对前来烈士陵园祭扫的烈士遗属，应当做好接待服务工作；对自行前来祭扫经济上确有困难的，给予适当补助。

烈士遗属户口所在地人民政府民政部门组织烈士遗属前往烈士陵园祭扫的，应当妥善安排，确保安全。

第五章　法律责任

第三十二条　行政机关公务员在烈士褒扬和抚恤优待工作中有下列情形之一的，依法给予处分；构成犯罪的，依法追究刑事责任：

（一）违反本条例规定评定烈士或者审批抚恤优待的；

（二）未按照规定的标准、数额、对象审批或者发放烈士褒扬金或者抚恤金的；

（三）利用职务便利谋取私利的。

第三十三条　行政机关公务员、烈士纪念设施保护单位工作人员贪污、挪用烈士褒扬经费的，由上级人民政府民政部门责令退回、追回，依法给予处分；构成犯罪的，依法追究刑事责任。

第三十四条　未经批准迁移烈士纪念设施，非法侵占烈士纪念设施保护范围内的土地、设施，破坏、污损烈士纪念设施，或者在烈士纪念设施保护范围内为烈士以外的其他人修建纪念设施、安放骨灰、埋葬遗体的，由烈士纪念设施保护单位的上级主管部门责令改正，恢复原状、原貌；造成损失的，依法承担赔偿责任；构成犯罪的，依法追究刑事责任。

第三十五条　负有烈士遗属优待义务的单位不履行优待义务的，由县级人民政府民政部门责令限期改正；逾期不改正的，处2000元以上1万元以下的罚款；属于国有或者国有控股企业、财政拨款的事业单位的，对直接负责的主管人员和其他直接责任人员依法给予处分。

第三十六条　冒领烈士褒扬金、抚恤金，出具假证明或者伪造证件、印章骗取烈士褒扬金或者抚恤金的，由民政部门责令退回非法所得；构成犯罪的，依法追究刑事责任。

第六章　附　　则

第三十七条　本条例所称战时，是指国家宣布进入战争状态、部队受领作战任务或者遭敌突然袭击时。

第三十八条　军队评定的烈士，由中国人民解放军总政治部送国务院民政部门备案。

第三十九条　烈士证书、烈士通知书由国务院民政部门印制。

第四十条　位于境外的中国烈士纪念设施的保护，由国务院民政部门会同外交部等有关部门办理。

第四十一条　本条例自2011年8月1日起施行。1980年6月4日国务院发布的《革命烈士褒扬条例》同时废止。

国务院　中央军事委员会
关于修改《军人抚恤优待条例》的决定

（2011年7月29日中华人民共和国国务院、中华人民共和国中央军事委员会令第602号公布　自2011年8月1日起施行）

国务院、中央军事委员会决定对《军人抚恤优待条例》作如下修改：

一、将第八条第一款修改为："现役军人死亡，符合下列情形之一的，批准为烈士：

"（一）对敌作战死亡，或者对敌作战负伤在医疗终结前因伤死亡的；

"（二）因执行任务遭敌人或者犯罪分子杀害，或者被俘、被捕后不屈遭敌人杀害或者被折磨致死的；

"（三）为抢救和保护国家财产、人民生命财产或者执行反恐怖任务和处置突发事件死亡的；

"（四）因执行军事演习、战备航行飞行、空降和导弹发射训练、试航试飞任务以及参加武器装备科研试验死亡的；

"（五）在执行外交任务或者国家派遣的对外援助、维持国际和平任务中牺牲的；

"（六）其他死难情节特别突出，堪为楷模的。"

将第三款修改为："批准烈士，属于因战死亡的，由军队团级以上单位政治机关批准；属于非因战死亡的，由军队军级以上单位政治机关批准；属于本条第一款第六项规定情形的，由中国人民解放军总政治部批准。"

二、增加一条，作为第十二条："现役军人死亡被批准为烈士的，依照《烈士褒扬条例》的规定发给烈士遗属烈士褒扬金。"

三、将第十二条改为第十三条，第一款修改为："现役军人死亡，根据其死亡性质和死亡时的月工资标准，由县级人民政府民政部门发给其遗属一次性抚恤金，标准是：烈士和因公牺牲的，为上一年度全国城镇居民人均可支配收入的20倍加本人40个月的工资；病故的，为上一年度全国城镇居民人均可支配收入的2倍加本人40个月的工资。月工资或者津贴低于排职少尉军官工资标准的，按照排职少尉军官工资标准计算。"

四、增加一条，作为第三十二条："烈士遗属依照《烈士褒扬条例》的规定享受优待。"

五、将第三十二条改为第三十四条，第三款修改为："残疾军人、复员军人、带病回乡退伍军人以及因公牺牲军人遗属、病故军人遗属享受医疗优惠待遇。具体办法由省、自治区、直辖市人民政府规定。"

六、将第三十六条改为第三十八条，修改为："因公牺牲军人、病故军人的子女、兄弟姐妹，本人自愿应征并且符合征兵条件的，优先批准服现役。"

七、将第三十七条改为第三十九条，第二款修改为："残疾军人、因公牺牲军人子女、一级至四级残疾军人的子女，驻边疆国境的县（市）、沙漠区、国家确定的边远地区中的三类地区和军队确定的特、一、二类岛屿部队现役军人的子女报考普通高中、中等职业学校、高等学校，在录取时按照国家有关规定给予优待；接受学历教育的，在同等条件下优先享受国家规定的各项助学政策。现役军人子女的入学、入托，在同等条件下优先接收。具体办法由国务院民政部门会同国务院教育部门规定。"

八、将第三十八条改为第四十条，修改为："残疾军人、复员军人、带病回乡退伍军人、因公牺牲军人遗属、病故军人遗属承租、购买住房依照有关规定享受优先、优惠待遇。居住农村的抚恤优待对象住房有困难的，由地方人民政府帮助解决。具体办法由省、自治区、直辖市人民政府规定。"

九、将第五十条改为第五十二条，第一款修改为："军队离休、退休干部和退休士官的抚恤优待，依照本条例有关现役军人抚恤优待的规定执行。"

十、将第二十一条第二款、第三十二条第一款中的"劳动保障部门"和第三十九条中的"劳动保障部门、人事部门"修改为"人力资源社会保障部门"。

此外，对部分条款顺序作了相应调整。

本决定自 2011 年 8 月 1 日起施行。

《军人抚恤优待条例》根据本决定作相应修改，重新公布。

军人抚恤优待条例

(2004 年 8 月 1 日中华人民共和国国务院、中华人民共和国中央军事委员会令第 413 号公布 根据 2011 年 7 月 29 日《国务院、中央军事委员会关于修改〈军人抚恤优待条例〉的决定》修订)

第一章 总 则

第一条 为了保障国家对军人的抚恤优待，激励军人保卫祖国、建设祖国的献身精神，加强国防和军队建设，根据《中华人民共和国国防法》、《中华人民共和国兵役法》等有关法律，制定本条例。

第二条 中国人民解放军现役军人（以下简称现役军人）、服现役或者退出现役的残疾军人以及复员军人、退伍军人、烈士遗属、因公牺牲军人遗属、病故军人遗属、现役军人家属，是本条例规定的抚恤优待对象，依照本条例的规定享受抚恤优待。

第三条 军人的抚恤优待，实行国家和社会相结合的方针，保障军人的抚恤优待与国民经济和社会发展相适应，保障抚恤优待对象的生活不低于当地的平均生活水平。

全社会应当关怀、尊重抚恤优待对象，开展各种形式的拥军优属活动。

国家鼓励社会组织和个人对军人抚恤优待事业提供捐助。

第四条 国家和社会应当重视和加强军人抚恤优待工作。

军人抚恤优待所需经费由国务院和地方各级人民政府分级负担。中央和地方财政安排的军人抚恤优待经费，专款专用，并接受财政、审计部门的监督。

第五条 国务院民政部门主管全国的军人抚恤优待工作；县级以上地方人民政府民政部门主管本行政区域内的军人抚恤优待工作。

国家机关、社会团体、企业事业单位应当依法履行各自的军人抚恤优待责任和义务。

第六条 各级人民政府对在军人抚恤优待工作中作出显著成绩的单位和个人，给予表彰和奖励。

第二章　死亡抚恤

第七条 现役军人死亡被批准为烈士、被确认为因公牺牲或者病故的，其遗属依照本条例的规定享受抚恤。

第八条 现役军人死亡，符合下列情形之一的，批准为烈士：

（一）对敌作战死亡，或者对敌作战负伤在医疗终结前因伤死亡的；

（二）因执行任务遭敌人或者犯罪分子杀害，或者被俘、被捕后不屈遭敌人杀害或者被折磨致死的；

（三）为抢救和保护国家财产、人民生命财产或者执行反恐怖任务和处置突发事件死亡的；

（四）因执行军事演习、战备航行飞行、空降和导弹发射训练、试航试飞任务以及参加武器装备科研试验死亡的；

（五）在执行外交任务或者国家派遣的对外援助、维持国际和平任务中牺牲的；

（六）其他死难情节特别突出，堪为楷模的。

现役军人在执行对敌作战、边海防执勤或者抢险救灾任务中失踪，经法定程序宣告死亡的，按照烈士对待。

批准烈士，属于因战死亡的，由军队团级以上单位政治机关批准；属于非因战死亡的，由军队军级以上单位政治机关批准；属于本条第一款第六项规定情形的，由中国人民解放军总政治部批准。

第九条 现役军人死亡，符合下列情形之一的，确认为因公牺牲：

（一）在执行任务中或者在上下班途中，由于意外事件死亡的；

（二）被认定为因战、因公致残后因旧伤复发死亡的；

（三）因患职业病死亡的；

（四）在执行任务中或者在工作岗位上因病猝然死亡，或者因医疗事故死亡的；

（五）其他因公死亡的。

现役军人在执行对敌作战、边海防执勤或者抢险救灾以外的其他任务中失踪，经法定程序宣告死亡的，按照因公牺牲对待。

现役军人因公牺牲，由军队团级以上单位政治机关确认；属于本条第一款第五项规定情形的，由军队军级以上单位政治机关确认。

第十条 现役军人除第九条第一款第三项、第四项规定情形以外，因其他疾病死亡的，确认为病故。

现役军人非执行任务死亡或者失踪，经法定程序宣告死亡的，按照病故对待。

现役军人病故，由军队团级以上单位政治机关确认。

第十一条 对烈士遗属、因公牺牲军人遗属、病故军人遗属，由县级人民政府民政部门分别发给《中华人民共和国烈士证明书》、《中华人民共和国军人因公牺牲证明书》、《中华人民共和国军人病故证明书》。

第十二条 现役军人死亡被批准为烈士的，依照《烈士褒扬条例》的规定发给烈士遗属烈士褒扬金。

第十三条 现役军人死亡，根据其死亡性质和死亡时的月工资标准，由县级人民政府民政部门发给其遗属一次性抚恤金，标准是：烈士和因公牺牲的，为上一年度全国城镇居民人均可支配收入的 20 倍加本人 40 个月的工资；病故的，为上一年度全国城镇居民人均可支配收入的 2 倍加本人 40 个月的工资。月工资或者津贴低于排职少尉军官工资标准的，按照排职少尉军官工资标准计算。

获得荣誉称号或者立功的烈士、因公牺牲军人、病故军人，其遗属在应当享受的一次性抚恤金的基础上，由县级人民政府民政部门按照下列比例增发一次性抚恤金：

（一）获得中央军事委员会授予荣誉称号的，增发 35%；

（二）获得军队军区级单位授予荣誉称号的，增发 30%；

（三）立一等功的，增发 25%；

（四）立二等功的，增发 15%；

（五）立三等功的，增发 5%。

多次获得荣誉称号或者立功的烈士、因公牺牲军人、病故军人，其遗属由县级人民政府民政部门按照其中最高等级奖励的增发比例，增发一次性抚恤金。

第十四条　对生前作出特殊贡献的烈士、因公牺牲军人、病故军人，除按照本条例规定发给其遗属一次性抚恤金外，军队可以按照有关规定发给其遗属一次性特别抚恤金。

第十五条　一次性抚恤金发给烈士、因公牺牲军人、病故军人的父母（抚养人）、配偶、子女；没有父母（抚养人）、配偶、子女的，发给未满18周岁的兄弟姐妹和已满18周岁但无生活费来源且由该军人生前供养的兄弟姐妹。

第十六条　对符合下列条件之一的烈士遗属、因公牺牲军人遗属、病故军人遗属，发给定期抚恤金：

（一）父母（抚养人）、配偶无劳动能力、无生活费来源，或者收入水平低于当地居民平均生活水平的；

（二）子女未满18周岁或者已满18周岁但因上学或者残疾无生活费来源的；

（三）兄弟姐妹未满18周岁或者已满18周岁但因上学无生活费来源且由该军人生前供养的。

对符合享受定期抚恤金条件的遗属，由县级人民政府民政部门发给《定期抚恤金领取证》。

第十七条　定期抚恤金标准应当参照全国城乡居民家庭人均收入水平确定。定期抚恤金的标准及其调整办法，由国务院民政部门会同国务院财政部门规定。

第十八条　县级以上地方人民政府对依靠定期抚恤金生活仍有困难的烈士遗属、因公牺牲军人遗属、病故军人遗属，可以增发抚恤金或者采取其他方式予以补助，保障其生活不低于当地的平均生活水平。

第十九条　享受定期抚恤金的烈士遗属、因公牺牲军人遗属、病故军人遗属死亡的，增发6个月其原享受的定期抚恤金，作为丧葬补助费，同时注销其领取定期抚恤金的证件。

第二十条　现役军人失踪，经法定程序宣告死亡的，在其被批准为烈士、确认为因公牺牲或者病故后，又经法定程序撤销对其死亡宣告的，由原批准或者确认机关取消其烈士、因公牺牲军人或者病故军人资格，并由发证机关收回有关证件，终止其家属原享受的抚恤待遇。

第三章　残疾抚恤

第二十一条　现役军人残疾被认定为因战致残、因公致残或者因病致残的，依照本条例的规定享受抚恤。

因第八条第一款规定的情形之一导致残疾的，认定为因战致残；因第九条第一款规定的情形之一导致残疾的，认定为因公致残；义务兵和初级士官因第九条第一款第三项、第四项规定情形以外的疾病导致残疾的，认定为因病致残。

第二十二条 残疾的等级，根据劳动功能障碍程度和生活自理障碍程度确定，由重到轻分为一级至十级。

残疾等级的具体评定标准由国务院民政部门、人力资源社会保障部门、卫生部门会同军队有关部门规定。

第二十三条 现役军人因战、因公致残，医疗终结后符合评定残疾等级条件的，应当评定残疾等级。义务兵和初级士官因病致残符合评定残疾等级条件，本人（精神病患者由其利害关系人）提出申请的，也应当评定残疾等级。

因战、因公致残，残疾等级被评定为一级至十级的，享受抚恤；因病致残，残疾等级被评定为一级至六级的，享受抚恤。

第二十四条 因战、因公、因病致残性质的认定和残疾等级的评定权限是：

（一）义务兵和初级士官的残疾，由军队军级以上单位卫生部门认定和评定；

（二）现役军官、文职干部和中级以上士官的残疾，由军队军区级以上单位卫生部门认定和评定；

（三）退出现役的军人和移交政府安置的军队离休、退休干部需要认定残疾性质和评定残疾等级的，由省级人民政府民政部门认定和评定。

评定残疾等级，应当依据医疗卫生专家小组出具的残疾等级医学鉴定意见。

残疾军人由认定残疾性质和评定残疾等级的机关发给《中华人民共和国残疾军人证》。

第二十五条 现役军人因战、因公致残，未及时评定残疾等级，退出现役后或者医疗终结满3年后，本人（精神病患者由其利害关系人）申请补办评定残疾等级，有档案记载或者有原始医疗证明的，可以评定残疾等级。

现役军人被评定残疾等级后，在服现役期间或者退出现役后残疾情况发生严重恶化，原定残疾等级与残疾情况明显不符，本人（精神病患者由其利害关系人）申请调整残疾等级的，可以重新评定残疾等级。

第二十六条 退出现役的残疾军人，按照残疾等级享受残疾抚恤金。残疾抚恤金由县级人民政府民政部门发给。

因工作需要继续服现役的残疾军人，经军队军级以上单位批准，由所在部队按照规定发给残疾抚恤金。

第二十七条　残疾军人的抚恤金标准应当参照全国职工平均工资水平确定。残疾抚恤金的标准以及一级至十级残疾军人享受残疾抚恤金的具体办法，由国务院民政部门会同国务院财政部门规定。

县级以上地方人民政府对依靠残疾抚恤金生活仍有困难的残疾军人，可以增发残疾抚恤金或者采取其他方式予以补助，保障其生活不低于当地的平均生活水平。

第二十八条　退出现役的因战、因公致残的残疾军人因旧伤复发死亡的，由县级人民政府民政部门按照因公牺牲军人的抚恤金标准发给其遗属一次性抚恤金，其遗属享受因公牺牲军人遗属抚恤待遇。

退出现役的因战、因公、因病致残的残疾军人因病死亡的，对其遗属增发12个月的残疾抚恤金，作为丧葬补助费；其中，因战、因公致残的一级至四级残疾军人因病死亡的，其遗属享受病故军人遗属抚恤待遇。

第二十九条　退出现役的一级至四级残疾军人，由国家供养终身；其中，对需要长年医疗或者独身一人不便分散安置的，经省级人民政府民政部门批准，可以集中供养。

第三十条　对分散安置的一级至四级残疾军人发给护理费，护理费的标准为：

（一）因战、因公一级和二级残疾的，为当地职工月平均工资的50%；

（二）因战、因公三级和四级残疾的，为当地职工月平均工资的40%；

（三）因病一级至四级残疾的，为当地职工月平均工资的30%。

退出现役的残疾军人的护理费，由县级以上地方人民政府民政部门发给；未退出现役的残疾军人的护理费，经军队军级以上单位批准，由所在部队发给。

第三十一条　残疾军人需要配制假肢、代步三轮车等辅助器械，正在服现役的，由军队军级以上单位负责解决；退出现役的，由省级人民政府民政部门负责解决。

第四章　优　　待

第三十二条　烈士遗属依照《烈士褒扬条例》的规定享受优待。

第三十三条　义务兵服现役期间，其家庭由当地人民政府发给优待金或者给予其他优待，优待标准不低于当地平均生活水平。

义务兵和初级士官入伍前是国家机关、社会团体、企业事业单位职工（含合同制人员）的，退出现役后，允许复工复职，并享受不低于本单位同岗位（工种）、同工龄职工的各项待遇；服现役期间，其家属继续享受该单位职工家属的有关福利待遇。

义务兵和初级士官入伍前的承包地（山、林）等，应当保留；服现役期间，除依照国家有关规定和承包合同的约定缴纳有关税费外，免除其他负担。

义务兵从部队发出的平信，免费邮递。

第三十四条　国家对一级至六级残疾军人的医疗费用按照规定予以保障，由所在医疗保险统筹地区社会保险经办机构单独列账管理。具体办法由国务院民政部门会同国务院人力资源社会保障部门、财政部门规定。

七级至十级残疾军人旧伤复发的医疗费用，已经参加工伤保险的，由工伤保险基金支付，未参加工伤保险，有工作的由工作单位解决，没有工作的由当地县级以上地方人民政府负责解决；七级至十级残疾军人旧伤复发以外的医疗费用，未参加医疗保险且本人支付有困难的，由当地县级以上地方人民政府酌情给予补助。

残疾军人、复员军人、带病回乡退伍军人以及因公牺牲军人遗属、病故军人遗属享受医疗优惠待遇。具体办法由省、自治区、直辖市人民政府规定。

中央财政对抚恤优待对象人数较多的困难地区给予适当补助，用于帮助解决抚恤优待对象的医疗费用困难问题。

第三十五条　在国家机关、社会团体、企业事业单位工作的残疾军人，享受与所在单位工伤人员同等的生活福利和医疗待遇。所在单位不得因其残疾将其辞退、解聘或者解除劳动关系。

第三十六条　现役军人凭有效证件、残疾军人凭《中华人民共和国残疾军人证》优先购票乘坐境内运行的火车、轮船、长途公共汽车以及民航班机；残疾军人享受减收正常票价50%的优待。

现役军人凭有效证件乘坐市内公共汽车、电车和轨道交通工具享受优待，具体办法由有关城市人民政府规定。残疾军人凭《中华人民共和国残疾军人证》免费乘坐市内公共汽车、电车和轨道交通工具。

第三十七条　现役军人、残疾军人凭有效证件参观游览公园、博物馆、名胜古迹享受优待，具体办法由公园、博物馆、名胜古迹管理单位所在地的县级以上地方人民政府规定。

第三十八条　因公牺牲军人、病故军人的子女、兄弟姐妹，本人自愿应征并且符合征兵条件的，优先批准服现役。

第三十九条　义务兵和初级士官退出现役后，报考国家公务员、高等学校和中等职业学校，在与其他考生同等条件下优先录取。

残疾军人、因公牺牲军人子女、一级至四级残疾军人的子女、驻边疆国境的县（市）、沙漠区、国家确定的边远地区中的三类地区和军队确定的特、一、二类岛屿部队现役军人的子女报考普通高中、中等职业学校、高等学校，在录取时按照国家有关规定给予优待；接受学历教育的，在同等条件下优先享受国家规定的各项助学政策。现役军人子女的入学、入托，在同等条件下优先接收。具体办法由国务院民政部门会同国务院教育部门规定。

第四十条 残疾军人、复员军人、带病回乡退伍军人、因公牺牲军人遗属、病故军人遗属承租、购买住房依照有关规定享受优先、优惠待遇。居住农村的抚恤优待对象住房有困难的，由地方人民政府帮助解决。具体办法由省、自治区、直辖市人民政府规定。

第四十一条 经军队师（旅）级以上单位政治机关批准随军的现役军官家属、文职干部家属、士官家属，由驻军所在地的公安机关办理落户手续。随军前是国家机关、社会团体、企业事业单位职工的，驻军所在地人民政府人力资源社会保障部门应当接收和妥善安置；随军前没有工作单位的，驻军所在地人民政府应当根据本人的实际情况作出相应安置；对自谋职业的，按照国家有关规定减免有关费用。

第四十二条 驻边疆国境的县（市）、沙漠区、国家确定的边远地区中的三类地区和军队确定的特、一、二类岛屿部队的现役军官、文职干部、士官，其符合随军条件无法随军的家属，所在地人民政府应当妥善安置，保障其生活不低于当地的平均生活水平。

第四十三条 随军的烈士遗属、因公牺牲军人遗属和病故军人遗属移交地方人民政府安置的，享受本条例和当地人民政府规定的抚恤优待。

第四十四条 复员军人生活困难的，按照规定的条件，由当地人民政府民政部门给予定期定量补助，逐步改善其生活条件。

第四十五条 国家兴办优抚医院、光荣院，治疗或者集中供养孤老和生活不能自理的抚恤优待对象。

各类社会福利机构应当优先接收抚恤优待对象。

第五章 法律责任

第四十六条 军人抚恤优待管理单位及其工作人员挪用、截留、私分军人抚恤优待经费，构成犯罪的，依法追究相关责任人员的刑事责任；尚不构成犯罪的，对相关责任人员依法给予行政处分或者纪律处分。被挪用、截留、私分的军人抚恤优待经费，由上一级人民政府民政部门、军队有关部门责令追回。

第四十七条　军人抚恤优待管理单位及其工作人员、参与军人抚恤优待工作的单位及工作人员有下列行为之一的，由其上级主管部门责令改正；情节严重，构成犯罪的，依法追究相关责任人员的刑事责任；尚不构成犯罪的，对相关责任人员依法给予行政处分或者纪律处分：

（一）违反规定审批军人抚恤待遇的；

（二）在审批军人抚恤待遇工作中出具虚假诊断、鉴定、证明的；

（三）不按规定的标准、数额、对象审批或者发放抚恤金、补助金、优待金的；

（四）在军人抚恤优待工作中利用职权谋取私利的。

第四十八条　负有军人优待义务的单位不履行优待义务的，由县级人民政府民政部门责令限期履行义务；逾期仍未履行的，处以2000元以上1万元以下罚款。对直接负责的主管人员和其他直接责任人员依法给予行政处分、纪律处分。因不履行优待义务使抚恤优待对象受到损失的，应当依法承担赔偿责任。

第四十九条　抚恤优待对象有下列行为之一的，由县级人民政府民政部门给予警告，限期退回非法所得；情节严重的，停止其享受的抚恤、优待；构成犯罪的，依法追究刑事责任：

（一）冒领抚恤金、优待金、补助金的；

（二）虚报病情骗取医药费的；

（三）出具假证明，伪造证件、印章骗取抚恤金、优待金、补助金的。

第五十条　抚恤优待对象被判处有期徒刑、剥夺政治权利或者被通缉期间，中止其抚恤优待；被判处死刑、无期徒刑的，取消其抚恤优待资格。

第六章　附　　则

第五十一条　本条例适用于中国人民武装警察部队。

第五十二条　军队离休、退休干部和退休士官的抚恤优待，依照本条例有关现役军人抚恤优待的规定执行。

因参战伤亡的民兵、民工的抚恤，因参加军事演习、军事训练和执行军事勤务伤亡的预备役人员、民兵、民工以及其他人员的抚恤，参照本条例的有关规定办理。

第五十三条　本条例所称的复员军人，是指在1954年10月31日之前入伍、后经批准从部队复员的人员；带病回乡退伍军人，是指在服现役期间患病，尚未达到评定残疾等级条件并有军队医院证明，从部队退伍的人员。

第五十四条　本条例自 2004 年 10 月 1 日起施行。1988 年 7 月 18 日国务院发布的《军人抚恤优待条例》同时废止。

公安机关督察条例

（1997 年 6 月 20 日中华人民共和国国务院令第 220
号发布　2011 年 8 月 24 日国务院第 169 次常务会
议修订通过　2011 年 8 月 31 日中华人民共和国国
务院令第 603 号公布　自 2011 年 10 月 1 日起施行）

第一条　为了完善公安机关监督机制，保障公安机关及其人民警察依法履行职责、行使职权和遵守纪律，根据《中华人民共和国人民警察法》的规定，制定本条例。

第二条　公安部督察委员会领导全国公安机关的督察工作，负责对公安部所属单位和下级公安机关及其人民警察依法履行职责、行使职权和遵守纪律的情况进行监督，对公安部部长负责。公安部督察机构承担公安部督察委员会办事机构职能。

县级以上地方各级人民政府公安机关督察机构，负责对本级公安机关所属单位和下级公安机关及其人民警察依法履行职责、行使职权和遵守纪律的情况进行监督，对上一级公安机关督察机构和本级公安机关行政首长负责。

县级以上地方各级人民政府公安机关的督察机构为执法勤务机构，由专职人员组成，实行队建制。

第三条　公安部设督察长，由公安部一名副职领导成员担任。

县级以上地方各级人民政府公安机关设督察长，由公安机关行政首长兼任。

第四条　督察机构对公安机关及其人民警察依法履行职责、行使职权和遵守纪律的下列事项，进行现场督察：

（一）重要的警务部署、措施、活动的组织实施情况；

（二）重大社会活动的秩序维护和重点地区、场所治安管理的组织实施情况；

（三）治安突发事件的处置情况；

（四）刑事案件、治安案件的受理、立案、侦查、调查、处罚和强制措施的实施情况；

（五）治安、交通、户政、出入境、边防、消防、警卫等公安行政管理法律、法规的执行情况；

（六）使用武器、警械以及警用车辆、警用标志的情况；

（七）处置公民报警、请求救助和控告申诉的情况；

（八）文明执勤、文明执法和遵守警容风纪规定的情况；

（九）组织管理和警务保障的情况；

（十）公安机关及其人民警察依法履行职责、行使职权和遵守纪律的其他情况。

第五条 督察机构可以向本级公安机关所属单位和下级公安机关派出督察人员进行督察，也可以指令下级公安机关督察机构对专门事项进行督察。

第六条 县级以上地方各级人民政府公安机关督察机构查处违法违纪行为，应当向上一级公安机关督察机构报告查处情况；下级公安机关督察机构查处不力的，上级公安机关督察机构可以直接进行督察。

第七条 督察机构可以派出督察人员参加本级公安机关或者下级公安机关的警务工作会议和重大警务活动的部署。

第八条 督察机构应当开展警务评议活动，听取国家机关、社会团体、企业事业组织和人民群众对公安机关及其人民警察的意见。

第九条 督察机构对群众投诉的正在发生的公安机关及其人民警察违法违纪行为，应当及时出警，按照规定给予现场处置，并将处理结果及时反馈投诉人。

投诉人的投诉事项已经进入信访、行政复议或者行政诉讼程序的，督察机构应当将投诉材料移交有关部门。

第十条 督察机构对本级公安机关所属单位和下级公安机关拒不执行法律、法规和上级决定、命令的，可以责令执行；对本级公安机关所属单位或者下级公安机关作出的错误决定、命令，可以决定撤销或者变更，报本级公安机关行政首长批准后执行。

第十一条 督察人员在现场督察中发现公安机关人民警察违法违纪的，可以采取下列措施，当场处置：

（一）对违反警容风纪规定的，可以当场予以纠正；

（二）对违反规定使用武器、警械以及警用车辆、警用标志的，可以扣留其武器、警械、警用车辆、警用标志；

（三）对违法违纪情节严重、影响恶劣的，以及拒绝、阻碍督察人员执行现场督察工作任务的，必要时，可以带离现场。

第十二条 督察机构认为公安机关人民警察违反纪律需要采取停止执

行职务、禁闭措施的，由督察机构作出决定，报本级公安机关督察长批准后执行。

停止执行职务的期限为 10 日以上 60 日以下；禁闭的期限为 1 日以上 7 日以下。

第十三条 督察机构认为公安机关人民警察需要给予处分或者降低警衔、取消警衔的，督察机构应当提出建议，移送有关部门依法处理。

督察机构在督察工作中发现公安机关人民警察涉嫌犯罪的，移送司法机关依法处理。

第十四条 公安机关人民警察对停止执行职务和禁闭决定不服的，可以在被停止执行职务或者被禁闭期间向作出决定的公安机关的上一级公安机关提出申诉。由公安部督察机构作出的停止执行职务、禁闭的决定，受理申诉的机关是公安部督察委员会。

受理申诉的公安机关对不服停止执行职务的申诉，应当自收到申诉之日起 5 日内作出是否撤销停止执行职务的决定；对不服禁闭的申诉，应当在收到申诉之时起 24 小时内作出是否撤销禁闭的决定。

申诉期间，停止执行职务、禁闭决定不停止执行。

受理申诉的公安机关认为停止执行职务、禁闭决定确有错误的，应当予以撤销，并在适当范围内为当事人消除影响，恢复名誉。

第十五条 督察人员在督察工作中，必须实事求是，严格依法办事，接受监督。

督察机构及其督察人员对于公安机关及其人民警察依法履行职责、行使职权的行为应当予以维护。

第十六条 督察人员应当具备下列条件：

（一）坚持原则，忠于职守，清正廉洁，不徇私情，严守纪律；

（二）具有大学专科以上学历和法律专业知识、公安业务知识；

（三）具有 3 年以上公安工作经历和一定的组织管理能力；

（四）经过专门培训合格。

第十七条 督察人员执行督察任务，应当佩带督察标志或者出示督察证件。

督察标志和督察证件的式样由公安部制定。

第十八条 本条例自 2011 年 10 月 1 日起施行。

退役士兵安置条例

(2011 年 10 月 29 日中华人民共和国国务院、
中华人民共和国中央军事委员会令第 609 号
公布 自 2011 年 11 月 1 日起施行)

第一章 总 则

第一条 为了规范退役士兵安置工作,保障退役士兵的合法权益,根据《中华人民共和国兵役法》,制定本条例。

第二条 本条例所称退役士兵,是指依照《中国人民解放军现役士兵服役条例》的规定退出现役的义务兵和士官。

第三条 国家建立以扶持就业为主,自主就业、安排工作、退休、供养等多种方式相结合的退役士兵安置制度,妥善安置退役士兵。

退役士兵安置所需经费,由中央和地方各级人民政府共同负担。

第四条 全社会应当尊重、优待退役士兵,支持退役士兵安置工作。

国家机关、社会团体、企业事业单位,都有接收安置退役士兵的义务,在招收录用工作人员或者聘用职工时,同等条件下应当优先招收录用退役士兵。退役士兵报考公务员、应聘事业单位职位的,在军队服现役经历视为基层工作经历。接收安置退役士兵的单位,按照国家规定享受优惠政策。

第五条 国务院退役士兵安置工作主管部门负责全国的退役士兵安置工作。

县级以上地方人民政府退役士兵安置工作主管部门负责本行政区域的退役士兵安置工作。

人民政府有关部门和军队有关部门应当在各自职责范围内做好退役士兵安置工作。

第六条 退役士兵应当遵守有关退役士兵安置的法律法规,服从人民政府的安置。

第七条 对在退役士兵安置工作中作出突出贡献的单位和个人,按照国家有关规定给予表彰、奖励。

第二章　移交和接收

第八条　国务院退役士兵安置工作主管部门和中国人民解放军总参谋部应当制定全国退役士兵的年度移交、接收计划。

第九条　退役士兵所在部队应当依照本条例的规定，将退役士兵移交安置地县级以上人民政府退役士兵安置工作主管部门。安置地县级以上人民政府退役士兵安置工作主管部门负责接收退役士兵。

第十条　退役士兵安置地为退役士兵入伍时的户口所在地。但是，入伍时是普通高等学校在校学生的退役士兵，退出现役后不复学的，其安置地为入学前的户口所在地。

第十一条　退役士兵有下列情形之一的，可以易地安置：

（一）服现役期间父母户口所在地变更的，可以在父母现户口所在地安置；

（二）符合军队有关现役士兵结婚规定且结婚满 2 年的，可以在配偶或者配偶父母户口所在地安置；

（三）因其他特殊情况，由部队师（旅）级单位出具证明，经省级以上人民政府退役士兵安置工作主管部门批准易地安置的。

易地安置的退役士兵享受与安置地退役士兵同等安置待遇。

第十二条　退役士兵有下列情形之一的，根据本人申请，可以由省级以上人民政府退役士兵安置工作主管部门按照有利于退役士兵生活的原则确定其安置地：

（一）因战致残的；

（二）服现役期间平时荣获二等功以上奖励或者战时荣获三等功以上奖励的；

（三）是烈士子女的；

（四）父母双亡的。

第十三条　自主就业的退役士兵应当自被批准退出现役之日起 30 日内，持退出现役证件、介绍信到安置地县级人民政府退役士兵安置工作主管部门报到。

安排工作的退役士兵应当在规定的时间内，持接收安置通知书、退出现役证件和介绍信到规定的安置地人民政府退役士兵安置工作主管部门报到。

退休、供养的退役士兵应当到规定的安置地人民政府退役士兵安置工作主管部门报到。

第十四条　退役士兵所在部队应当按照国家档案管理的有关规定，在士兵退役时将其档案及时移交安置地县级以上人民政府退役士兵安置工作主管部门。

退役士兵安置工作主管部门应当于退役士兵报到时为其开具落户介绍信。公安机关凭退役士兵安置工作主管部门开具的落户介绍信，为退役士兵办理户口登记。

第十五条 自主就业和安排工作的退役士兵的档案，由安置地退役士兵安置工作主管部门按照国家档案管理有关规定办理。

退休、供养的退役士兵的档案，由安置地退役士兵安置工作主管部门移交服务管理单位。

第十六条 退役士兵发生与服役有关的问题，由其原部队负责处理；发生与安置有关的问题，由安置地人民政府负责处理。

第十七条 退役士兵无正当理由不按照规定时间报到超过 30 天的，视为放弃安置待遇。

第三章 安　　置

第一节　自主就业

第十八条 义务兵和服现役不满 12 年的士官退出现役的，由人民政府扶持自主就业。

第十九条 对自主就业的退役士兵，由部队发给一次性退役金，一次性退役金由中央财政专项安排；地方人民政府可以根据当地实际情况给予经济补助，经济补助标准及发放办法由省、自治区、直辖市人民政府规定。

一次性退役金和一次性经济补助按照国家规定免征个人所得税。

各级人民政府应当加强对退役士兵自主就业的指导和服务。县级以上地方人民政府应当采取组织职业介绍、就业推荐、专场招聘会等方式，扶持退役士兵自主就业。

第二十条 国家根据国民经济发展水平、全国职工年平均工资收入和军人职业特殊性等因素确定退役金标准，并适时调整。国务院退役士兵安置工作主管部门、军队有关部门会同国务院财政部门负责确定和调整退役金标准的具体工作。

自主就业的退役士兵根据服现役年限领取一次性退役金。服现役年限不满 6 个月的按照 6 个月计算，超过 6 个月不满 1 年的按照 1 年计算。

获得荣誉称号或者立功的退役士兵，由部队按照下列比例增发一次性退役金：

（一）获得中央军事委员会、军队军区级单位授予荣誉称号，或者荣获一等功的，增发15%；

（二）荣获二等功的，增发10%；

（三）荣获三等功的，增发5%。

多次获得荣誉称号或者立功的退役士兵，由部队按照其中最高等级奖励的增发比例，增发一次性退役金。

第二十一条 县级以上地方人民政府退役士兵安置工作主管部门应当组织自主就业的退役士兵参加职业教育和技能培训，经考试考核合格的，发给相应的学历证书、职业资格证书并推荐就业。退役士兵退役1年内参加职业教育和技能培训的，费用由县级以上人民政府承担；退役士兵退役1年以上参加职业教育和技能培训的，按照国家相关政策执行。

自主就业退役士兵的职业教育和技能培训经费列入县级以上人民政府财政预算。

第二十二条 各级人民政府举办的公共就业人才服务机构，应当免费为退役士兵提供档案管理、职业介绍和职业指导服务。

国家鼓励其他人力资源服务机构为自主就业的退役士兵提供免费服务。

第二十三条 对从事个体经营的退役士兵，按照国家规定给予税收优惠，给予小额担保贷款扶持，从事微利项目的给予财政贴息。除国家限制行业外，自其在工商行政管理部门首次注册登记之日起3年内，免收管理类、登记类和证照类的行政事业性收费。

第二十四条 国家鼓励用人单位招收录用或者聘用自主就业的退役士兵，用人单位招收录用或者聘用自主就业退役士兵符合规定条件的，依法享受税收等优惠。

第二十五条 自主就业的退役士兵入伍前是国家机关、社会团体、企业事业单位工作人员或者职工的，退出现役后可以选择复职复工，其工资、福利和其他待遇不得低于本单位同等条件人员的平均水平。

第二十六条 自主就业的退役士兵入伍前通过家庭承包方式承包的农村土地，承包期内不得违法收回或者强制流转；通过招标、拍卖、公开协商等非家庭承包方式承包的农村土地，承包期内其家庭成员可以继续承包；承包的农村土地被依法征收、征用或者占用的，与其他农村集体经济组织成员享有同等权利。

自主就业的退役士兵回入伍时户口所在地落户，属于农村集体经济组织成员但没有承包农村土地的，可以申请承包农村土地，村民委员会或者村民小组应当优先解决。

第二十七条 有劳动能力的残疾退役士兵，优先享受国家规定的残疾人就业优惠政策。

第二十八条 自主就业的退役士兵进入中等职业学校学习、报考成人高等学校或者普通高等学校的，按照国家有关规定享受优待。

入伍前已被普通高等学校录取并保留入学资格或者正在普通高等学校就学的退役士兵，退出现役后2年内允许入学或者复学，并按照国家有关规定享受奖学金、助学金和减免学费等优待，家庭经济困难的，按照国家有关规定给予资助；入学后或者复学期间可以免修公共体育、军事技能和军事理论等课程，直接获得学分；入学或者复学后参加国防生选拔、参加国家组织的农村基层服务项目人选选拔，以及毕业后参加军官人选选拔的，优先录取。

第二节 安排工作

第二十九条 退役士兵符合下列条件之一的，由人民政府安排工作：

（一）士官服现役满12年的；

（二）服现役期间平时荣获二等功以上奖励或者战时荣获三等功以上奖励的；

（三）因战致残被评定为5级至8级残疾等级的；

（四）是烈士子女的。

符合前款规定条件的退役士兵在艰苦地区和特殊岗位服现役的，优先安排工作；因精神障碍基本丧失工作能力的，予以妥善安置。

符合安排工作条件的退役士兵，退役时自愿选择自主就业的，依照本条例第三章第一节的规定办理。

第三十条 国务院退役士兵安置工作主管部门和中国人民解放军总参谋部应当制定下达全国需由人民政府安排工作退役士兵的年度安置计划。

第三十一条 中央国家机关及其管理的在京企业事业单位接收安排退役士兵工作任务，由国务院退役士兵安置工作主管部门下达。中央国家机关京外直属机构、中央国家机关管理的京外企业事业单位接收安排退役士兵工作任务，由所在地县级以上地方人民政府按照属地管理的原则下达。

第三十二条 县级以上地方人民政府，应当根据符合安排工作条件的退役士兵人数和用人单位的实际情况，下达安排退役士兵工作的任务，并依法向社会公开。

对安排退役士兵工作任务较重的县（市），可以由上一级人民政府在本行政区域内统筹安排。

第三十三条 安置地县级以上地方人民政府应当按照属地管理的原则，对符合安排工作条件的退役士兵进行安置，保障其第一次就业。

第三十四条 国家机关、事业单位、国有以及国有控股和国有资本占主导地位的企业招收录用或者聘用人员的，应当在同等条件下优先招收录用或者聘用退役士兵。

第三十五条　安置地人民政府应当在接收退役士兵的 6 个月内，完成本年度安排退役士兵工作的任务。

退役士兵待安排工作期间，安置地人民政府应当按照不低于当地最低生活水平的标准，按月发给生活补助费。

第三十六条　承担安排退役士兵工作任务的单位应当按时完成所在地人民政府下达的安排退役士兵工作任务，在退役士兵安置工作主管部门开出介绍信 1 个月内安排退役士兵上岗，与退役士兵依法签订期限不少于 3 年的劳动合同或者聘用合同。

合同存续期内单位依法关闭、破产、改制的，退役士兵与所在单位其他人员一同执行国家的有关规定。

接收退役士兵的单位裁减人员的，应当优先留用退役士兵。

第三十七条　由人民政府安排工作的退役士兵，服现役年限和符合本条例规定的待安排工作时间计算为工龄，享受所在单位同等条件人员的工资、福利待遇。

第三十八条　非因退役士兵本人原因，接收单位未按照规定安排退役士兵上岗的，应当从所在地人民政府退役士兵安置工作主管部门开出介绍信的当月起，按照不低于本单位同等条件人员平均工资 80% 的标准逐月发给退役士兵生活费至其上岗为止。

第三十九条　对安排工作的残疾退役士兵，所在单位不得因其残疾与其解除劳动关系或者人事关系。

安排工作的因战、因公致残退役士兵，享受与所在单位工伤人员同等的生活福利和医疗待遇。

第四十条　符合安排工作条件的退役士兵无正当理由拒不服从安置地人民政府安排工作的，视为放弃安排工作待遇；在待安排工作期间被依法追究刑事责任的，取消其安排工作待遇。

第三节　退休与供养

第四十一条　中级以上士官符合下列条件之一的，作退休安置：

（一）年满 55 周岁的；

（二）服现役满 30 年的；

（三）因战、因公致残被评定为 1 级至 6 级残疾等级的；

（四）经军队医院证明和军级以上单位卫生部门审核确认因病基本丧失工作能力的。

退休的退役士官，其生活、住房、医疗等保障，按照国家有关规定执行。

中级以上士官因战致残被评定为 5 级至 6 级残疾等级，本人自愿放弃退休安置选择由人民政府安排工作的，可以依照本条例第三章第二节的规定办理。

第四十二条 被评定为 1 级至 4 级残疾等级的义务兵和初级士官退出现役的，由国家供养终身。

国家供养的残疾退役士兵，其生活、住房、医疗等保障，按照国家有关规定执行。

国家供养分为集中供养和分散供养。

分散供养的残疾退役士兵购（建）房所需经费的标准，按照安置地县（市）经济适用住房平均价格和 60 平方米的建筑面积确定；没有经济适用住房的地区按照普通商品住房价格确定。购（建）房所需经费由中央财政专项安排，不足部分由地方财政解决。购（建）房屋产权归分散供养的残疾退役士兵所有。分散供养的残疾退役士兵自行解决住房的，按照上述标准将购（建）房费用发给本人。

第四十三条 因战、因公致残被评定为 1 级至 4 级残疾等级的中级以上士官，本人自愿放弃退休安置的，可以选择由国家供养。

第四章　保险关系的接续

第四十四条 退役士兵服现役年限计算为工龄，与所在单位工作年限累计计算，享受国家和所在单位规定的与工龄有关的相应待遇。

第四十五条 军队的军人保险管理部门与地方的社会保险经办机构，应当按照国家有关规定为退役士兵办理保险关系转移接续手续。

对自主就业的退役士兵，凭退役士兵安置工作主管部门出具的介绍信，由社会保险经办机构按照国家有关规定办理保险关系接续手续。对安排工作的退役士兵，由接收单位按照国家有关规定办理保险关系接续手续。

第四十六条 退役士兵到城镇企业就业或者在城镇从事个体经营、以灵活方式就业的，按照国家有关规定参加职工基本养老保险，服现役年限视同职工基本养老保险缴费年限，并与实际缴费年限合并计算。退役士兵回农村的，按照国家有关规定参加新型农村社会养老保险。

退役士兵在服现役期间建立的军人退役养老保险与其退役后参加基本养老保险的关系接续，由军队的军人保险管理部门和安置地社会保险经办机构按照国家有关规定办理。

退役士兵服现役年限视同职工基本养老保险缴费年限的养老保险待遇

计发办法，按照国家有关规定执行。

第四十七条 退役士兵到各类用人单位工作的，应当随所在单位参加职工基本医疗保险；以灵活方式就业或者暂未实现就业的，可以参加职工基本医疗保险、城镇居民基本医疗保险或者新型农村合作医疗。退役士兵参加基本医疗保险的，其军人退役医疗保险金，按照国家有关规定转入退役士兵安置地的社会保险经办机构。实行工龄视同参加基本医疗保险缴费年限规定的地区，退役士兵的服现役年限视同参保缴费年限。

第四十八条 退役士兵就业应当随所在单位参加失业保险，其服现役年限视同失业保险缴费年限，并与实际缴费年限合并计算。参加失业保险的退役士兵失业，并符合《失业保险条例》规定条件的，按照规定享受失业保险待遇和相应的促进再就业服务。

第五章　法律责任

第四十九条 退役士兵安置工作主管部门及其工作人员、参与退役士兵安置工作的单位及其工作人员有下列行为之一的，由其上级主管部门责令改正，对相关责任人员依法给予处分；相关责任人员构成犯罪的，依法追究刑事责任：

（一）违反规定审批退役士兵安置待遇的；

（二）在审批退役士兵安置工作中出具虚假鉴定、证明的；

（三）在退役士兵安置工作中利用职权谋取私利的。

第五十条 接收安置退役士兵的单位违反本条例的规定，有下列情形之一的，由当地人民政府退役士兵安置工作主管部门责令限期改正；逾期不改的，对国家机关、社会团体、事业单位主要负责人和直接责任人员依法给予处分，对企业按照涉及退役士兵人数乘以当地上年度城镇职工平均工资10倍的金额处以罚款，并对接收单位及其主要负责人予以通报批评：

（一）拒绝或者无故拖延执行人民政府下达的安排退役士兵工作任务的；

（二）未依法与退役士兵签订劳动合同、聘用合同的；

（三）与残疾退役士兵解除劳动关系或者人事关系的。

第五十一条 退役士兵弄虚作假骗取安置待遇的，由安置地人民政府退役士兵安置工作主管部门取消相关安置待遇。

第六章　附　则

第五十二条 本条例适用于中国人民武装警察部队。

第五十三条 本条例自 2011 年 11 月 1 日起施行。

1987 年 12 月 12 日国务院发布的《退伍义务兵安置条例》，1999 年 12月 13 日国务院、中央军委下发的《中国人民解放军士官退出现役安置暂行办法》同时废止。

本条例施行以前入伍、施行以后退出现役的士兵，执行本条例，本人自愿的，也可以按照入伍时国家有关退役士兵安置的规定执行。

放射性废物安全管理条例

（2011 年 11 月 30 日国务院第 183 次常务会议通过　2011 年 12 月 20 日中华人民共和国国务院令第 612 号公布　自 2012 年 3 月 1 日起施行）

第一章　总　　则

第一条　为了加强对放射性废物的安全管理，保护环境，保障人体健康，根据《中华人民共和国放射性污染防治法》，制定本条例。

第二条　本条例所称放射性废物，是指含有放射性核素或者被放射性核素污染，其放射性核素浓度或者比活度大于国家确定的清洁解控水平，预期不再使用的废弃物。

第三条　放射性废物的处理、贮存和处置及其监督管理等活动，适用本条例。

本条例所称处理，是指为了能够安全和经济地运输、贮存、处置放射性废物，通过净化、浓缩、固化、压缩和包装等手段，改变放射性废物的属性、形态和体积的活动。

本条例所称贮存，是指将废旧放射源和其他放射性固体废物临时放置于专门建造的设施内进行保管的活动。

本条例所称处置，是指将废旧放射源和其他放射性固体废物最终放置于专门建造的设施内并不再回取的活动。

第四条　放射性废物的安全管理，应当坚持减量化、无害化和妥善处置、永久安全的原则。

第五条　国务院环境保护主管部门统一负责全国放射性废物的安全监督管理工作。

国务院核工业行业主管部门和其他有关部门，依照本条例的规定和各自的职责负责放射性废物的有关管理工作。

县级以上地方人民政府环境保护主管部门和其他有关部门依照本条例的规定和各自的职责负责本行政区域放射性废物的有关管理工作。

第六条 国家对放射性废物实行分类管理。

根据放射性废物的特性及其对人体健康和环境的潜在危害程度，将放射性废物分为高水平放射性废物、中水平放射性废物和低水平放射性废物。

第七条 放射性废物的处理、贮存和处置活动，应当遵守国家有关放射性污染防治标准和国务院环境保护主管部门的规定。

第八条 国务院环境保护主管部门会同国务院核工业行业主管部门和其他有关部门建立全国放射性废物管理信息系统，实现信息共享。

国家鼓励、支持放射性废物安全管理的科学研究和技术开发利用，推广先进的放射性废物安全管理技术。

第九条 任何单位和个人对违反本条例规定的行为，有权向县级以上人民政府环境保护主管部门或者其他有关部门举报。接到举报的部门应当及时调查处理，并为举报人保密；经调查情况属实的，对举报人给予奖励。

第二章　放射性废物的处理和贮存

第十条 核设施营运单位应当将其产生的不能回收利用并不能返回原生产单位或者出口方的废旧放射源（以下简称废旧放射源），送交取得相应许可证的放射性固体废物贮存单位集中贮存，或者直接送交取得相应许可证的放射性固体废物处置单位处置。

核设施营运单位应当对其产生的除废旧放射源以外的放射性固体废物和不能经净化排放的放射性废液进行处理，使其转变为稳定的、标准化的固体废物后自行贮存，并及时送交取得相应许可证的放射性固体废物处置单位处置。

第十一条 核技术利用单位应当对其产生的不能经净化排放的放射性废液进行处理，转变为放射性固体废物。

核技术利用单位应当及时将其产生的废旧放射源和其他放射性固体废物，送交取得相应许可证的放射性固体废物贮存单位集中贮存，或者直接送交取得相应许可证的放射性固体废物处置单位处置。

第十二条 专门从事放射性固体废物贮存活动的单位，应当符合下列条件，并依照本条例的规定申请领取放射性固体废物贮存许可证：

（一）有法人资格；

（二）有能保证贮存设施安全运行的组织机构和 3 名以上放射性废物管理、辐射防护、环境监测方面的专业技术人员，其中至少有 1 名注册核安全工程师；

（三）有符合国家有关放射性污染防治标准和国务院环境保护主管部门规定的放射性固体废物接收、贮存设施和场所，以及放射性检测、辐射防护与环境监测设备；

（四）有健全的管理制度以及符合核安全监督管理要求的质量保证体系，包括质量保证大纲、贮存设施运行监测计划、辐射环境监测计划和应急方案等。

核设施营运单位利用与核设施配套建设的贮存设施，贮存本单位产生的放射性固体废物的，不需要申请领取贮存许可证；贮存其他单位产生的放射性固体废物的，应当依照本条例的规定申请领取贮存许可证。

第十三条 申请领取放射性固体废物贮存许可证的单位，应当向国务院环境保护主管部门提出书面申请，并提交其符合本条例第十二条规定条件的证明材料。

国务院环境保护主管部门应当自受理申请之日起 20 个工作日内完成审查，对符合条件的颁发许可证，予以公告；对不符合条件的，书面通知申请单位并说明理由。

国务院环境保护主管部门在审查过程中，应当组织专家进行技术评审，并征求国务院其他有关部门的意见。技术评审所需时间应当书面告知申请单位。

第十四条 放射性固体废物贮存许可证应当载明下列内容：

（一）单位的名称、地址和法定代表人；

（二）准予从事的活动种类、范围和规模；

（三）有效期限；

（四）发证机关、发证日期和证书编号。

第十五条 放射性固体废物贮存单位变更单位名称、地址、法定代表人的，应当自变更登记之日起 20 日内，向国务院环境保护主管部门申请办理许可证变更手续。

放射性固体废物贮存单位需要变更许可证规定的活动种类、范围和规模的，应当按照原申请程序向国务院环境保护主管部门重新申请领取许可证。

第十六条 放射性固体废物贮存许可证的有效期为 10 年。

许可证有效期届满，放射性固体废物贮存单位需要继续从事贮存活动的，应当于许可证有效期届满 90 日前，向国务院环境保护主管部门提出延续申请。

国务院环境保护主管部门应当在许可证有效期届满前完成审查，对符合条件的准予延续；对不符合条件的，书面通知申请单位并说明理由。

第十七条 放射性固体废物贮存单位应当按照国家有关放射性污染防治标准和国务院环境保护主管部门的规定，对其接收的废旧放射源和其他放射性固体废物进行分类存放和清理，及时予以清洁解控或者送交取得相应许可证的放射性固体废物处置单位处置。

放射性固体废物贮存单位应当建立放射性固体废物贮存情况记录档案，如实完整地记录贮存的放射性固体废物的来源、数量、特征、贮存位置、清洁解控、送交处置等与贮存活动有关的事项。

放射性固体废物贮存单位应当根据贮存设施的自然环境和放射性固体废物特性采取必要的防护措施，保证在规定的贮存期限内贮存设施、容器的完好和放射性固体废物的安全，并确保放射性固体废物能够安全回取。

第十八条 放射性固体废物贮存单位应当根据贮存设施运行监测计划和辐射环境监测计划，对贮存设施进行安全性检查，并对贮存设施周围的地下水、地表水、土壤和空气进行放射性监测。

放射性固体废物贮存单位应当如实记录监测数据，发现安全隐患或者周围环境中放射性核素超过国家规定的标准的，应当立即查找原因，采取相应的防范措施，并向所在地省、自治区、直辖市人民政府环境保护主管部门报告。构成辐射事故的，应当立即启动本单位的应急方案，并依照《中华人民共和国放射性污染防治法》、《放射性同位素与射线装置安全和防护条例》的规定进行报告，开展有关事故应急工作。

第十九条 将废旧放射源和其他放射性固体废物送交放射性固体废物贮存、处置单位贮存、处置时，送交方应当一并提供放射性固体废物的种类、数量、活度等资料和废旧放射源的原始档案，并按照规定承担贮存、处置的费用。

第三章　放射性废物的处置

第二十条 国务院核工业行业主管部门会同国务院环境保护主管部门根据地质、环境、社会经济条件和放射性固体废物处置的需要，在征求国务院有关部门意见并进行环境影响评价的基础上编制放射性固体废物处置场所选址规划，报国务院批准后实施。

有关地方人民政府应当根据放射性固体废物处置场所选址规划，提供放射性固体废物处置场所的建设用地，并采取有效措施支持放射性固体废物的处置。

第二十一条　建造放射性固体废物处置设施，应当按照放射性固体废物处置场所选址技术导则和标准的要求，与居住区、水源保护区、交通干道、工厂和企业等场所保持严格的安全防护距离，并对场址的地质构造、水文地质等自然条件以及社会经济条件进行充分研究论证。

第二十二条　建造放射性固体废物处置设施，应当符合放射性固体废物处置场所选址规划，并依法办理选址批准手续和建造许可证。不符合选址规划或者选址技术导则、标准的，不得批准选址或者建造。

高水平放射性固体废物和 α 放射性固体废物深地质处置设施的工程和安全技术研究、地下实验、选址和建造，由国务院核工业行业主管部门组织实施。

第二十三条　专门从事放射性固体废物处置活动的单位，应当符合下列条件，并依照本条例的规定申请领取放射性固体废物处置许可证：

（一）有国有或者国有控股的企业法人资格。

（二）有能保证处置设施安全运行的组织机构和专业技术人员。低、中水平放射性固体废物处置单位应当具有 10 名以上放射性废物管理、辐射防护、环境监测方面的专业技术人员，其中至少有 3 名注册核安全工程师；高水平放射性固体废物和 α 放射性固体废物处置单位应当具有 20 名以上放射性废物管理、辐射防护、环境监测方面的专业技术人员，其中至少有 5 名注册核安全工程师。

（三）有符合国家有关放射性污染防治标准和国务院环境保护主管部门规定的放射性固体废物接收、处置设施和场所，以及放射性检测、辐射防护与环境监测设备。低、中水平放射性固体废物处置设施关闭后应满足 300 年以上的安全隔离要求；高水平放射性固体废物和 α 放射性固体废物深地质处置设施关闭后应满足 1 万年以上的安全隔离要求。

（四）有相应数额的注册资金。低、中水平放射性固体废物处置单位的注册资金应不少于 3000 万元；高水平放射性固体废物和 α 放射性固体废物处置单位的注册资金应不少于 1 亿元。

（五）有能保证其处置活动持续进行直至安全监护期满的财务担保。

（六）有健全的管理制度以及符合核安全监督管理要求的质量保证体系，包括质量保证大纲、处置设施运行监测计划、辐射环境监测计划和应急方案等。

第二十四条　放射性固体废物处置许可证的申请、变更、延续的审批权限和程序，以及许可证的内容、有效期限，依照本条例第十三条至第十六条的规定执行。

第二十五条　放射性固体废物处置单位应当按照国家有关放射性污染

防治标准和国务院环境保护主管部门的规定，对其接收的放射性固体废物进行处置。

放射性固体废物处置单位应当建立放射性固体废物处置情况记录档案，如实记录处置的放射性固体废物的来源、数量、特征、存放位置等与处置活动有关的事项。放射性固体废物处置情况记录档案应当永久保存。

第二十六条　放射性固体废物处置单位应当根据处置设施运行监测计划和辐射环境监测计划，对处置设施进行安全性检查，并对处置设施周围的地下水、地表水、土壤和空气进行放射性监测。

放射性固体废物处置单位应当如实记录监测数据，发现安全隐患或者周围环境中放射性核素超过国家规定的标准的，应当立即查找原因，采取相应的防范措施，并向国务院环境保护主管部门和核工业行业主管部门报告。构成辐射事故的，应当立即启动本单位的应急方案，并依照《中华人民共和国放射性污染防治法》、《放射性同位素与射线装置安全和防护条例》的规定进行报告，开展有关事故应急工作。

第二十七条　放射性固体废物处置设施设计服役期届满，或者处置的放射性固体废物已达到该设施的设计容量，或者所在地区的地质构造或者水文地质等条件发生重大变化导致处置设施不适宜继续处置放射性固体废物的，应当依法办理关闭手续，并在划定的区域设置永久性标记。

关闭放射性固体废物处置设施的，处置单位应当编制处置设施安全监护计划，报国务院环境保护主管部门批准。

放射性固体废物处置设施依法关闭后，处置单位应当按照经批准的安全监护计划，对关闭后的处置设施进行安全监护。放射性固体废物处置单位因破产、吊销许可证等原因终止的，处置设施关闭和安全监护所需费用由提供财务担保的单位承担。

第四章　监督管理

第二十八条　县级以上人民政府环境保护主管部门和其他有关部门，依照《中华人民共和国放射性污染防治法》和本条例的规定，对放射性废物处理、贮存和处置等活动的安全性进行监督检查。

第二十九条　县级以上人民政府环境保护主管部门和其他有关部门进行监督检查时，有权采取下列措施：

（一）向被检查单位的法定代表人和其他有关人员调查、了解情况；

（二）进入被检查单位进行现场监测、检查或者核查；

（三）查阅、复制相关文件、记录以及其他有关资料；

（四）要求被检查单位提交有关情况说明或者后续处理报告。

被检查单位应当予以配合，如实反映情况，提供必要的资料，不得拒绝和阻碍。

县级以上人民政府环境保护主管部门和其他有关部门的监督检查人员依法进行监督检查时，应当出示证件，并为被检查单位保守技术秘密和业务秘密。

第三十条 核设施营运单位、核技术利用单位和放射性固体废物贮存、处置单位，应当按照放射性废物危害的大小，建立健全相应级别的安全保卫制度，采取相应的技术防范措施和人员防范措施，并适时开展放射性废物污染事故应急演练。

第三十一条 核设施营运单位、核技术利用单位和放射性固体废物贮存、处置单位，应当对其直接从事放射性废物处理、贮存和处置活动的工作人员进行核与辐射安全知识以及专业操作技术的培训，并进行考核；考核合格的，方可从事该项工作。

第三十二条 核设施营运单位、核技术利用单位和放射性固体废物贮存单位应当按照国务院环境保护主管部门的规定定期如实报告放射性废物产生、排放、处理、贮存、清洁解控和送交处置等情况。

放射性固体废物处置单位应当于每年 3 月 31 日前，向国务院环境保护主管部门和核工业行业主管部门如实报告上一年度放射性固体废物接收、处置和设施运行等情况。

第三十三条 禁止将废旧放射源和其他放射性固体废物送交无相应许可证的单位贮存、处置或者擅自处置。

禁止无许可证或者不按照许可证规定的活动种类、范围、规模和期限从事放射性固体废物贮存、处置活动。

第三十四条 禁止将放射性废物和被放射性污染的物品输入中华人民共和国境内或者经中华人民共和国境内转移。具体办法由国务院环境保护主管部门会同国务院商务主管部门、海关总署、国家出入境检验检疫主管部门制定。

第五章　法律责任

第三十五条 负有放射性废物安全监督管理职责的部门及其工作人员违反本条例规定，有下列行为之一的，对直接负责的主管人员和其他直接责任人员，依法给予处分；直接负责的主管人员和其他直接责任人员构成犯罪的，依法追究刑事责任：

（一）违反本条例规定核发放射性固体废物贮存、处置许可证的；

（二）违反本条例规定批准不符合选址规划或者选址技术导则、标准的处置设施选址或者建造的；

（三）对发现的违反本条例的行为不依法查处的；

（四）在办理放射性固体废物贮存、处置许可证以及实施监督检查过程中，索取、收受他人财物或者谋取其他利益的；

（五）其他徇私舞弊、滥用职权、玩忽职守行为。

第三十六条 违反本条例规定，核设施营运单位、核技术利用单位有下列行为之一的，由审批该单位立项环境影响评价文件的环境保护主管部门责令停止违法行为，限期改正；逾期不改正的，指定有相应许可证的单位代为贮存或者处置，所需费用由核设施营运单位、核技术利用单位承担，可以处 20 万元以下的罚款；构成犯罪的，依法追究刑事责任：

（一）核设施营运单位未按照规定，将其产生的废旧放射源送交贮存、处置，或者将其产生的其他放射性固体废物送交处置的；

（二）核技术利用单位未按照规定，将其产生的废旧放射源或者其他放射性固体废物送交贮存、处置的。

第三十七条 违反本条例规定，有下列行为之一的，由县级以上人民政府环境保护主管部门责令停止违法行为，限期改正，处 10 万元以上 20 万元以下的罚款；造成环境污染的，责令限期采取治理措施消除污染，逾期不采取治理措施，经催告仍不治理的，可以指定有治理能力的单位代为治理，所需费用由违法者承担；构成犯罪的，依法追究刑事责任：

（一）核设施营运单位将废旧放射源送交无相应许可证的单位贮存、处置，或者将其他放射性固体废物送交无相应许可证的单位处置，或者擅自处置的；

（二）核技术利用单位将废旧放射源或者其他放射性固体废物送交无相应许可证的单位贮存、处置，或者擅自处置的；

（三）放射性固体废物贮存单位将废旧放射源或者其他放射性固体废物送交无相应许可证的单位处置，或者擅自处置的。

第三十八条 违反本条例规定，有下列行为之一的，由省级以上人民政府环境保护主管部门责令停产停业或者吊销许可证；有违法所得的，没收违法所得；违法所得 10 万元以上的，并处违法所得 1 倍以上 5 倍以下的罚款；没有违法所得或者违法所得不足 10 万元的，并处 5 万元以上 10 万元以下的罚款；造成环境污染的，责令限期采取治理措施消除污染，逾期不采取治理措施，经催告仍不治理的，可以指定有治理能力的单位代为治理，所需费用由违法者承担；构成犯罪的，依法追究刑事责任：

（一）未经许可，擅自从事废旧放射源或者其他放射性固体废物的贮存、处置活动的；

（二）放射性固体废物贮存、处置单位未按照许可证规定的活动种类、范围、规模、期限从事废旧放射源或者其他放射性固体废物的贮存、处置活动的；

（三）放射性固体废物贮存、处置单位未按照国家有关放射性污染防治标准和国务院环境保护主管部门的规定贮存、处置废旧放射源或者其他放射性固体废物的。

第三十九条 放射性固体废物贮存、处置单位未按照规定建立情况记录档案，或者未按照规定进行如实记录的，由省级以上人民政府环境保护主管部门责令限期改正，处1万元以上5万元以下的罚款；逾期不改正的，处5万元以上10万元以下的罚款。

第四十条 核设施营运单位、核技术利用单位或者放射性固体废物贮存、处置单位未按照本条例第三十二条的规定如实报告有关情况的，由县级以上人民政府环境保护主管部门责令限期改正，处1万元以上5万元以下的罚款；逾期不改正的，处5万元以上10万元以下的罚款。

第四十一条 违反本条例规定，拒绝、阻碍环境保护主管部门或者其他有关部门的监督检查，或者在接受监督检查时弄虚作假的，由监督检查部门责令改正，处2万元以下的罚款；构成违反治安管理行为的，由公安机关依法给予治安管理处罚；构成犯罪的，依法追究刑事责任。

第四十二条 核设施营运单位、核技术利用单位或者放射性固体废物贮存、处置单位未按照规定对有关工作人员进行技术培训和考核的，由县级以上人民政府环境保护主管部门责令限期改正，处1万元以上5万元以下的罚款；逾期不改正的，处5万元以上10万元以下的罚款。

第四十三条 违反本条例规定，向中华人民共和国境内输入放射性废物或者被放射性污染的物品，或者经中华人民共和国境内转移放射性废物或者被放射性污染的物品的，由海关责令退运该放射性废物或者被放射性污染的物品，并处50万元以上100万元以下的罚款；构成犯罪的，依法追究刑事责任。

第六章 附　　则

第四十四条 军用设施、装备所产生的放射性废物的安全管理，依照《中华人民共和国放射性污染防治法》第六十条的规定执行。

第四十五条 放射性废物运输的安全管理、放射性废物造成污染事故的应急处理，以及劳动者在职业活动中接触放射性废物造成的职业病防治，依照有关法律、行政法规的规定执行。

第四十六条 本条例自2012年3月1日起施行。

最高人民法院关于审理政府信息公开行政案件若干问题的规定

(2010 年 12 月 13 日最高人民法院审判委员会第 1505 次会议通过　2011 年 7 月 29 日最高人民法院公告公布　自 2011 年 8 月 13 日起施行　法释〔2011〕17 号)

为正确审理政府信息公开行政案件，根据《中华人民共和国行政诉讼法》、《中华人民共和国政府信息公开条例》等法律、行政法规的规定，结合行政审判实际，制定本规定。

第一条　公民、法人或者其他组织认为下列政府信息公开工作中的具体行政行为侵犯其合法权益，依法提起行政诉讼的，人民法院应当受理：

（一）向行政机关申请获取政府信息，行政机关拒绝提供或者逾期不予答复的；

（二）认为行政机关提供的政府信息不符合其在申请中要求的内容或者法律、法规规定的适当形式的；

（三）认为行政机关主动公开或者依他人申请公开政府信息侵犯其商业秘密、个人隐私的；

（四）认为行政机关提供的与其自身相关的政府信息记录不准确，要求该行政机关予以更正，该行政机关拒绝更正、逾期不予答复或者不予转送有权机关处理的；

（五）认为行政机关在政府信息公开工作中的其他具体行政行为侵犯其合法权益的。

公民、法人或者其他组织认为政府信息公开行政行为侵犯其合法权益造成损害的，可以一并或单独提起行政赔偿诉讼。

第二条　公民、法人或者其他组织对下列行为不服提起行政诉讼的，人民法院不予受理：

（一）因申请内容不明确，行政机关要求申请人作出更改、补充且对申请人权利义务不产生实际影响的告知行为；

（二）要求行政机关提供政府公报、报纸、杂志等公开出版物，行政机关予以拒绝的；

（三）要求行政机关为其制作、搜集政府信息，或者对若干政府信息进行汇总、分析、加工，行政机关予以拒绝的；

（四）行政程序中的当事人、利害关系人以政府信息公开名义申请查阅案卷材料，行政机关告知其应当按照相关法律、法规的规定办理的。

第三条　公民、法人或者其他组织认为行政机关不依法履行主动公开政府信息义务，直接向人民法院提起诉讼的，应当告知其先向行政机关申请获取相关政府信息。对行政机关的答复或者逾期不予答复不服的，可以向人民法院提起诉讼。

第四条　公民、法人或者其他组织对国务院部门、地方各级人民政府及县级以上地方人民政府部门依申请公开政府信息行政行为不服提起诉讼的，以作出答复的机关为被告；逾期未作出答复的，以受理申请的机关为被告。

公民、法人或者其他组织对主动公开政府信息行政行为不服提起诉讼的，以公开该政府信息的机关为被告。

公民、法人或者其他组织对法律、法规授权的具有管理公共事务职能的组织公开政府信息的行为不服提起诉讼的，以该组织为被告。

有下列情形之一的，应当以在对外发生法律效力的文书上署名的机关为被告：

（一）政府信息公开与否的答复依法报经有权机关批准的；

（二）政府信息是否可以公开系由国家保密行政管理部门或者省、自治区、直辖市保密行政管理部门确定的；

（三）行政机关在公开政府信息前与有关行政机关进行沟通、确认的。

第五条　被告拒绝向原告提供政府信息的，应当对拒绝的根据以及履行法定告知和说明理由义务的情况举证。

因公共利益决定公开涉及商业秘密、个人隐私政府信息的，被告应当对认定公共利益以及不公开可能对公共利益造成重大影响的理由进行举证和说明。

被告拒绝更正与原告相关的政府信息记录的，应当对拒绝的理由进行举证和说明。

被告能够证明政府信息涉及国家秘密，请求在诉讼中不予提交的，人民法院应当准许。

被告主张政府信息不存在，原告能够提供该政府信息系由被告制作或者保存的相关线索的，可以申请人民法院调取证据。

被告以政府信息与申请人自身生产、生活、科研等特殊需要无关为由不予提供的，人民法院可以要求原告对特殊需要事由作出说明。

原告起诉被告拒绝更正政府信息记录的，应当提供其向被告提出过更正申请以及政府信息与其自身相关且记录不准确的事实根据。

第六条　人民法院审理政府信息公开行政案件，应当视情采取适当的审理方式，以避免泄露涉及国家秘密、商业秘密、个人隐私或者法律规定的其他应当保密的政府信息。

第七条　政府信息由被告的档案机构或者档案工作人员保管的，适用《中华人民共和国政府信息公开条例》的规定。

政府信息已经移交各级国家档案馆的，依照有关档案管理的法律、行政法规和国家有关规定执行。

第八条　政府信息涉及国家秘密、商业秘密、个人隐私的，人民法院应当认定属于不予公开范围。

政府信息涉及商业秘密、个人隐私，但权利人同意公开，或者不公开可能对公共利益造成重大影响的，不受前款规定的限制。

第九条　被告对依法应当公开的政府信息拒绝或者部分拒绝公开的，人民法院应当撤销或者部分撤销被诉不予公开决定，并判决被告在一定期限内公开。尚需被告调查、裁量的，判决其在一定期限内重新答复。

被告提供的政府信息不符合申请人要求的内容或者法律、法规规定的适当形式的，人民法院应当判决被告按照申请人要求的内容或者法律、法规规定的适当形式提供。

人民法院经审理认为被告不予公开的政府信息内容可以作区分处理的，应当判决被告限期公开可以公开的内容。

被告依法应当更正而不更正与原告相关的政府信息记录的，人民法院应当判决被告在一定期限内更正。尚需被告调查、裁量的，判决其在一定期限内重新答复。被告无权更正的，判决其转送有权更正的行政机关处理。

第十条　被告对原告要求公开或者更正政府信息的申请无正当理由逾期不予答复的，人民法院应当判决被告在一定期限内答复。原告一并请求判决被告公开或者更正政府信息且理由成立的，参照第九条的规定处理。

第十一条　被告公开政府信息涉及原告商业秘密、个人隐私且不存在公共利益等法定事由的，人民法院应当判决确认公开政府信息的行为违法，并可以责令被告采取相应的补救措施；造成损害的，根据原告请求依法判决被告承担赔偿责任。政府信息尚未公开的，应当判决行政机关不得公开。

诉讼期间，原告申请停止公开涉及其商业秘密、个人隐私的政府信息，人民法院经审查认为公开该政府信息会造成难以弥补的损失，并且停止公开不损害公共利益的，可以依照《中华人民共和国行政诉讼法》第四十四条的规定，裁定暂时停止公开。

第十二条 有下列情形之一，被告已经履行法定告知或者说明理由义务的，人民法院应当判决驳回原告的诉讼请求：

（一）不属于政府信息、政府信息不存在、依法属于不予公开范围或者依法不属于被告公开的；

（二）申请公开的政府信息已经向公众公开，被告已经告知申请人获取该政府信息的方式和途径的；

（三）起诉被告逾期不予答复，理由不成立的；

（四）以政府信息侵犯其商业秘密、个人隐私为由反对公开，理由不成立的；

（五）要求被告更正与其自身相关的政府信息记录，理由不成立的；

（六）不能合理说明申请获取政府信息系根据自身生产、生活、科研等特殊需要，且被告据此不予提供的；

（七）无法按照申请人要求的形式提供政府信息，且被告已通过安排申请人查阅相关资料、提供复制件或者其他适当形式提供的；

（八）其他应当判决驳回诉讼请求的情形。

第十三条 最高人民法院以前所作的司法解释及规范性文件，凡与本规定不一致的，按本规定执行。

科学技术部关于对部分规范性文件予以废止或宣布失效的决定

（科学技术部 2011 年度第 2 次部务会议审议通过　2011 年 1 月 26 日中华人民共和国科学技术部令第 14 号公布　自 2011 年 1 月 26 日起施行）

为了适应新时期科学技术事业发展的需要，建设有利于自主创新的法制环境，根据国务院办公厅《关于做好规章清理工作有关问题的通知》（国办发〔2010〕28 号）要求，科学技术部对所发布的规章和规范性文件进行了清理，对与其他部门联合发布的文件征求了有关部门的意见。现决定对《科技开发企业审批登记暂行办法》等 68 件规范性文件予以废止，对《二十三种大型精密仪器管理试行办法》等 28 件规范性文件宣布失效。

科学技术部决定废止或宣布
失效的规范性文件目录

一、决定废止的规范性文件目录（68 件）

1. 科技开发企业审批登记暂行办法

发文单位：国家科学技术委员会 国家工商行政管理局

发文时间：1987 年 11 月 2 日

文　　号：（87）国科发综字 0810 号

说　　明：统一适用《公司法》和《公司登记管理条例》（国务院令第 451 号）的规定。

2. 关于加强科技开发企业登记管理的暂行规定

发文单位：国家科学技术委员会 国家工商行政管理局

发文时间：1990 年 3 月 14 日

文　　号：（90）国科发策字 183 号

说　　明：统一适用《公司法》和《公司登记管理条例》（国务院令第 451 号）的规定。

3. 全国性自然科学学术组织的审批和复查、备案问题暂行办法

发文单位：国家科学技术委员会

发文时间：1986 年 1 月 2 日

文　　号：（86）国科发综字 0013 号

说　　明：统一适用《社会团体登记管理条例》（1998 年国务院令 250 号）的规定。

4. 从事集体科技企业产权界定业务的中介机构资格认定的暂行规定

发文单位：国家科学技术委员会 国家国有资产管理局

发文时间：1996 年 12 月 6 日

文　　号：国科发政字〔1996〕545 号

5. 集体科技企业国有资产产权界定和产权纠纷调处工作试行规则

发文单位：国家科学技术委员会 国家国有资产管理局

发文时间：1996 年 12 月 7 日

文　　号：国科发政字〔1996〕546 号

6. 关于在国家高新技术产业开发区创办高新技术股份有限公司若干问题的暂行规定

发文单位：国家科学技术委员会 国家经济体制改革委员会

发文时间：1992 年 11 月 19 日

文　　号：（92）国科发改字 796 号

说　　明：统一适用《公司法》的规定。

7.《关于在国家高技术产业开发区创办高新技术股份有限公司若干问题的暂行规定》的几点说明

发文单位：国家科学技术委员会 国家经济体制改革委员会

发文时间：1993 年 3 月 19 日

文　　号：（93）国科发改字 198 号

说　　明：统一适用《公司法》的规定。

8. 全民所有制技术开发型科研机构技术经济承包责任制暂行办法

发文单位：国家科学技术委员会 人事部 财政部 国家税务局

发文时间：1992 年 8 月 15 日

文　　号：〔1992〕国科发改字第 545 号

9. 全民所有制技术开发型科研机构技术经济承包责任制暂行办法实施细则

发文单位：国家科学技术委员会 人事部 财政部

发文时间：1993 年 12 月 4 日

文　　号：〔1993〕国科发改字第 676 号

10. 关于分流人才、调整结构、进一步深化科技体制改革的若干意见

发文单位：国家科学技术委员会 国家经济体制改革委员会

发文时间：1992 年 8 月 27 日

文　　号：（92）国科发改字 567 号

11. 关于对转制科研机构富余人员分流安置的办法

发文单位：科学技术部 人事部 劳动和社会保障部

发文时间：2001 年 7 月 6 日

文　　号：国科发政字〔2001〕230 号

12. 关于申报对非教育系统回国留学人员科研资助经费问题的通知

发文单位：国家科学技术委员会

发文时间：1987 年 2 月 20 日

文　　号：〔87〕国科发干字 0111 号

13. 科技人员出国工作若干问题暂行规定

发文单位：国家科学技术委员会

发文时间：1992 年 7 月 17 日

文　　号：（92）国科发改字 487 号

14. 关于设立专业组、学科组的若干规定

发文单位：国家科学技术委员会

发文时间：1979 年 12 月 14 日

文　　号：(79) 国科发计字 752 号

15. 技术引进工作审查暂行办法

发文单位：国家科学技术委员会　国家进出口委员会

发文时间：1981 年 12 月 23 日

文　　号：(81) 国科发计字第 809 号

说　　明：已被《禁止进口限制进口技术管理办法》(商务部　科技部令 2009 年第 1 号) 和《中国禁止进口限制进口技术目录》(商务部　科技部令 2007 年第 7 号) 代替。

16. 关于对涉外科技展览会、博览会及科技表演进行科技保密审查的通知

发文单位：国家科技保密办公室

发文时间：1988 年 12 月 5 日

文　　号：(88) 国科密字 005 号

说　　明：已被《对外科技交流保密提醒制度》(国保发〔2002〕7 号)、《科学技术保密规定》(国家科委　国家保密局令第 20 号)、《国家秘密技术项目持有单位管理暂行办法》(1998 年国科发成字〔1998〕003 号) 代替。

17. 八六三计划奖励暂行办法

发文单位：国家科学技术委员会

发文时间：1988 年 12 月 15 日

文　　号：(88) 国科发新字 823 号

说　　明：统一适用《国家科学技术奖励条例》(国务院令 396 号) 和《国家科学技术奖励条例实施细则》(科学技术部令第 1 号、第 9 号、第 13 号) 的规定。

18. "八六三计划" 科技成果管理暂行规定

发文单位：国家科学技术委员会

发文时间：1989 年 11 月 14 日

文　　号：(89) 国科发成字 655 号

说　　明：已被《关于加强国家科技计划成果管理的暂行规定》(国科发计字〔2003〕196 号) 代替。

19. 八六三计划专家委员会 (组) 选聘换届的原则和程序

发文单位：国家科学技术委员会

发文时间：1991 年 2 月 13 日

文　　号：（91）国科发高字 105 号

20. 国家科委高技术计划专家工作考核办法（修订稿）

发文单位：国家科学技术委员会

发文时间：1991 年 2 月 27 日

文　　号：（91）国科发高字 136 号

21. 部门参与八六三计划组织实施意见（试行）

发文单位：国家科学技术委员会

发文时间：1992 年 1 月 14 日

文　　号：（92）国科发高字 031 号

22. 国家级科技成果推广计划年度计划项目选项评审认定实施办法

发文单位：国家科学技术委员会

发文时间：1994 年 9 月 26 日

文　　号：国科发计字〔1994〕238 号

23. 科技开发贷款项目管理暂行规定

发文单位：国家科学技术委员会

发文时间：1995 年 9 月 21 日

文　　号：国科发计字〔1995〕368 号

24. 关于实施"星火计划"的暂行规定

发文单位：国家科学技术委员会

发文时间：1986 年 6 月 10 日

文　　号：（86）国科发综字 0390 号

说　　明：已被《星火计划管理办法》（国科发农社字〔2002〕1 号）
代替。

25. 星火计划管理办法（试行）

发文单位：国家科学技术委员会

发文时间：1996 年 4 月 19 日

文　　号：国科发计字〔1996〕165 号

说　　明：已被《星火计划管理办法》（国科发农社字〔2002〕1 号）
代替。

26. 建立科技评估机构应具备的基本条件

发文单位：国家科学技术委员会

发文时间：1998 年 2 月 20 日

文　　号：国科发计字〔1998〕052 号

27. 科技评估管理暂行办法

发文单位：科学技术部

发文时间：2000 年 12 月 28 日

文　　号：国科发计字〔2000〕588 号

28. 科技评估、科技项目招标投标工作资格认定暂行办法

发文单位：科学技术部

发文时间：2001 年 1 月 4 日

文　　号：国科发计字〔2001〕4 号

29. 关于自然科学类期刊审批手续的通知

发文单位：国家科学技术委员会

发文时间：1982 年 8 月 24 日

文　　号：（82）国科发条字 148 号

说　　明：统一适用新闻出版总署相关规定。

30. 全国科技情报刊物暂行管理办法

发文单位：国家科学技术委员会

发文时间：1985 年 9 月 10 日

文　　号：（85）国科发情字 893 号

说　　明：统一适用新闻出版总署相关规定。

31. 国家科学技术委员会 863 计划经费管理实施细则（试行）

发文单位：国家科学技术委员会

发文时间：1987 年 8 月 31 日

文　　号：（87）国科发条字 0627 号

说　　明：已被《国家高技术研究发展计划（863 计划）专项经费管理办法》（财教〔2006〕163 号）代替。

32. 国家科委关于"863"计划自由外汇使用的暂行规定

发文单位：国家科学技术委员会

发文时间：1990 年 2 月 6 日

文　　号：（90）国科发财字 065 号

33. "863"计划非贸易外汇额度管理办法（试行）

发文单位：国家科学技术委员会

发文时间：1990 年 7 月 16 日

文　　号：（90）国科发财字第 501 号

34. 科学技术期刊审读办法

发文单位：国家科学技术委员会

发文时间：1992 年 5 月 5 日

文　　号：（92）国科发情字 304 号

说　　明：统一适用新闻出版总署相关规定。

35. 国家自然科学基金委员会事业收入管理暂行办法

发文单位：国家科学技术委员会　财政部

发文时间：1992 年 9 月 24 日

文　　号：（92）国科发财字 661 号

36. 国家科委"八六三"计划国有资产管理暂行规定（试行）

发文单位：国家科学技术委员会

发文时间：1993 年 3 月 12 日

文　　号：（93）国科发财字 132 号

说　　明：已被 2006 年《国家高技术研究发展计划（863 计划）专项经费管理办法》（财教〔2006〕163 号）代替。

37. 科技期刊作者、审者、编者工作准则

发文单位：国家科学技术委员会

发文时间：1994 年 8 月 2 日

文　　号：国科发信字〔1994〕149 号

说　　明：统一适用新闻出版总署相关规定。

38. 关于落实中办发〔1999〕30 号文件精神调整科技期刊结构的通知

发文单位：科学技术部

发文时间：1999 年 12 月 22 日

文　　号：国科发财字〔1999〕614 号

说　　明：统一适用新闻出版总署相关规定。

39. 关于严肃财经纪律，加强科技经费管理的通知

发文单位：国家科学技术委员会

发文时间：1993 年 8 月 18 日

文　　号：（93）国科发财字 441 号

说　　明：新的经费管理要求已在各类计划经费管理办法中体现。

40. 计算机集成制造系统应用示范工程实施办法

发文单位：国家科学技术委员会

发文时间：1997 年 5 月 27 日

文　　号：国科发高字〔1997〕250 号

41. 生产力促进中心管理办法

发文单位：科学技术部

发文时间：2003 年 12 月 15 日

文　　号：国科发高字〔2003〕433 号

说　　明：省级以下生产力促进中心由省级科学技术部门进行认定和管理，国家级示范生产力促进中心的认定和管理适用《国家级示范生产力促进中心认定和管理办法》（国科发高字〔2007〕403号）和《国家级示范生产力促进中心绩效评价工作细则》（国科办高字〔2007〕75号）。

42. 中欧伽利略计划合作专项内部管理暂行办法

发文单位：科学技术部高新技术发展及产业化司

发文时间：2005年9月22日

文　　号：国科高函〔2005〕57号

说　　明：已被《中欧伽利略计划合作专项内部管理暂行办法（修订版）》（国科高函〔2005〕62号）代替。

43. 重点开放实验室运行补助费管理暂行办法

发文单位：国家科学技术委员会

发文时间：1989年12月6日

文　　号：（89）国科发高字700号

说　　明：国家重点实验室运行补助费已调整为国家（重点）实验室引导经费，其使用按照《国家重点实验室建设与运行管理办法》（国科发基〔2008〕539号）和《国家重点实验室专项经费管理办法》（财教〔2008〕531号）执行。

44. 开放实验室运行补助费管理办法和评议细则

发文单位：国家科学技术委员会

发文时间：1991年8月8日

文　　号：（91）国科发高字565号

说　　明：国家重点实验室运行补助费已调整为国家（重点）实验室引导经费，其使用按照《国家重点实验室建设与运行管理办法》（国科发基〔2008〕539号）和《国家重点实验室专项经费管理办法》（财教〔2008〕531号）执行。

45. 农作物品种资源对外交换和国外引种的暂行管理办法

发文单位：国家科学技术委员会　国家农业委员会

发文时间：1980年4月12日

文　　号：（80）国科发四字366号

说　　明：统一适用《种子法》等法律法规的规定。

46. 县（市）科技工作达标验收实施细则（试行）

发文单位：国家科学技术委员会体制改革司

发文时间：1992年4月6日

文　　号：（92）国科改字018号

说　　明：已被《科技兴县（市）专项管理办法》（国科发农字〔2007〕476号）代替。

47. 关于开展科技特派员基层创业行动试点工作的若干意见

发文单位：科学技术部　人事部

发文时间：2004年12月31日

文　　号：国科发政字〔2004〕542号

说　　明：已被《关于深入开展科技特派员农村科技创业行动的意见》（国科发农〔2009〕242号）代替。

48.《药品非临床研究质量管理规定（试行）》实施指南（试行）

发文单位：国家科学技术委员会

发文时间：1996年8月6日

文　　号：国科发社字〔1996〕342号

49.《药品非临床研究质量管理规定（试行）》执行情况验收检查指南（试行）

发文单位：国家科学技术委员会

发文时间：1996年8月6日

文　　号：国科发社字〔1996〕342号

50. 我国履行《联合国气候变化框架公约》过程中对外开展在试验阶段共同执行活动项目合作的暂行管理办法

发文单位：国家科学技术委员会　外交部　国家计划委员会　中国气象局

发文时间：1997年9月29日

文　　号：国科发社字〔1997〕473号

51. 传染性非典型肺炎病毒研究实验室暂行管理办法

发文单位：科学技术部　卫生部　国家食品药品监督管理局　国家环境保护总局

发文时间：2003年5月7日

文　　号：国科发农社字〔2003〕129号

说　　明：统一适用《病源微生物实验室生物安全管理条例》（国务院令第424号）的规定。

52. 传染性非典型肺炎病毒的毒种保存、使用和感染动物模型的暂行管理办法

发文单位：科学技术部　卫生部　国家食品药品监督管理局　国家环境保护总局

发文时间：2003年5月7日

文　　号：国科发农社字〔2003〕129号

说　　明：统一适用《病源微生物实验室生物安全管理条例》（国务院令第424号）的规定。

53. 关于进一步加强非典型肺炎研究生物安全管理工作的紧急通知

发文单位：科学技术部

发文时间：2003年6月6日

文　　号：国科发农社字〔2003〕175号

说　　明：统一适用《病源微生物实验室生物安全管理条例》（国务院令第424号）的规定。

54. 关于生物安全三级实验室建设与管理有关事项的通知

发文单位：科学技术部

发文时间：2003年6月27日

文　　号：国科发农社字〔2003〕212号

说　　明：统一适用《病源微生物实验室生物安全管理条例》（国务院令第424号）的规定。

55.《发明奖励条例》若干条款的说明及《发明申报书》编写格式

发文单位：国家科学技术委员会

发文时间：1983年1月26日

文　　号：（83）国科发管字044号

说　　明：统一适用《国家科学技术奖励条例》（国务院令第396号）、《国家科学技术奖励条例实施细则》（科学技术部令第1号、第9号、第13号）的规定。

56. 关于改进国家发明奖报批程序的通知

发文单位：国家科学技术委员会

发文时间：1986年2月17日

文　　号：〔1986〕国科发奖字第0086号

说　　明：统一适用《国家科学技术奖励条例》（国务院令第396号）、《国家科学技术奖励条例实施细则》（科学技术部令第1号、第9号、第13号）的规定。

57. 国家科技进步奖科技著作评审工作暂行规定

发文单位：国家科学技术委员会

发文时间：1997年4月16日

文　　号：国科发奖字〔1997〕162号

58. 国家科学技术奖励推荐和评审工作的补充规定

发文单位：国家科学技术委员会

发文时间：1997 年 8 月 1 日

文　　号：国科发奖字〔1997〕353 号

说　　明：已被《国家科学技术奖励条例实施细则》（科学技术部令第 1 号、第 9 号、第 13 号）代替。

59. 国家科技成果推广项目奖励暂行规定

发文单位：国家科学技术委员会

发文时间：1998 年 2 月 10 日

文　　号：国科发奖字〔1998〕033 号

60. 关于科学技术研究成果管理的规定

发文单位：国家科学技术委员会

发文时间：1984 年 2 月 22 日

文　　号：（84）国科发管字 141 号

61. 中华人民共和国国家科学技术委员会关于同苏联、东欧国家相互有偿转让科技成果的管理办法（试行）

发文单位：国家科学技术委员会

发文时间：1988 年 6 月 18 日

文　　号：（88）国科发成字 330 号

62. 对药品、医疗器械、食品与饮料、化妆品科学技术成果鉴定的补充规定

发文单位：国家科学技术委员会

发文时间：1990 年 1 月 9 日

文　　号：（90）国科发成字 024 号

说　　明：已被《科学技术成果鉴定办法》（国家科学技术委员会令第 19 号）代替。

63. 关于技术市场统计工作的若干规定

发文单位：国家科学技术委员会　国家统计局

发文时间：1986 年 6 月 15 日

文　　号：（86）国科发成字 0503 号

说　　明：已被《技术市场统计工作规定》（国科发市字〔1990〕092 号）代替。

64. 国家科学技术委员会火炬奖励办法（试行）

发文单位：国家科学技术委员会

发文时间：1995 年 12 月 20 日

文　　号：国科发火字〔1995〕507号

65. 火炬计划统计管理办法

发文单位：国家科学技术委员会火炬计划办公室　国家科学技术委员会综合计划司

发文时间：1996年1月11日

文　　号：国科火字〔1996〕02号

说　　明：已被《火炬计划统计工作管理办法》（国科发火字〔2003〕30号）代替。

66. 国家高新技术产品目录

发文单位：国家科学技术委员会

发文时间：1997年8月4日

文　　号：国科发火字〔1997〕357号

说　　明：已被《中国高新技术产品目录2006》（国科发计字〔2006〕370号）代替。

67. 关于国家高新技术产业开发区外高新技术企业认定工作有关执行规定的通知

发文单位：科学技术部火炬中心

发文时间：2000年11月3日

文　　号：国科火字〔2000〕120号

说　　明：统一适用《高新技术企业认定管理办法》（国科发火〔2008〕172号）的规定。

68. 高新技术创业服务中心管理办法

发文单位：科学技术部

发文时间：2005年1月13日

文　　号：国科发火字〔2005〕15号

说　　明：已被《科技企业孵化器认定和管理办法》（国科发高〔2010〕680号）代替。

二、决定宣布失效的规范性文件目录（28件）

1. 二十三种大型精密仪器管理试行办法

发文单位：国家科学技术委员会

发文时间：1979年10月5日

文　　号：（79）国科发条字578号

2. 关于启动重要技术标准研究专项企业试点工作的通知

发文单位：科学技术部　国家质量监督检验检疫总局

发文时间：2004年8月16日

文　　号：国科发计字〔2004〕260 号

3. 关于科技情报刊物政策性补贴的规定

发文单位：国家科学技术委员会

发文时间：1980 年 7 月 7 日

文　　号：（80）国科发研字 482 号

4. 关于科技情报刊物公开发行的规定（试行草案）

发文单位：国家科学技术委员会

发文时间：1980 年 5 月 26 日

文　　号：（80）国科发研字 396 号

5. 新型器材出口工作试行办法

发文单位：国家科学技术委员会

发文时间：1981 年 1 月 31 日

文　　号：（81）国科发二字 040 号

6. 全国科学技术情报工作条例

发文单位：国家科学技术委员会

发文时间：1984 年 4 月 30 日

文　　号：（84）国科发情字 340 号

7. 国家科委科技项目借款管理暂行办法

发文单位：国家科学技术委员会

发文时间：1986 年 9 月 22 日

文　　号：（86）国科发条字 0658 号

8. 省（自治区、直辖市）分析测试中心考核办法

发文单位：国家科学技术委员会

发文时间：1987 年 11 月 27 日

文　　号：（87）国科发条字 0842 号

9. 省（自治区、直辖市）计算中心考核办法

发文单位：国家科学技术委员会

发文时间：1987 年 11 月 27 日

文　　号：（87）国科发条字 0850 号

10. 军工技术转民用科技开发贷款项目管理办法（试行）

发文单位：国家科学技术委员会

发文时间：1989 年 6 月 7 日

文　　号：（89）国科发成字 301 号

11. 关于进入大中型工业企业科研单位科学事业费管理办法

发文单位：国家科学技术委员会

发文时间：1989 年 5 月 18 日

文　　号：(89) 国科发财字 263 号

12. 国家科委"八六三"计划统配物资管理暂行规定

发文单位：国家科学技术委员会

发文时间：1989 年 12 月 11 日

文　　号：(89) 国科发财字 714 号

13. 科技开发贷款项目管理办法（试行）

发文单位：国家科学技术委员会　中国工商银行

发文时间：1990 年 4 月 21 日

文　　号：(90) 国科发财字 289 号

14. 关于实行差额预算管理的技术开发类型科研单位交纳"两项基金"计算办法的通知

发文单位：国家科学技术委员会　财政部

发文时间：1989 年 12 月 13 日

文　　号：〔1989〕国科发财字 723 号

15. 国家科委科学实验统配物资管理暂行规定

发文单位：国家科学技术委员会

发文时间：1990 年 6 月 14 日

文　　号：(90) 国科发财字 433 号

16. 科技企业会计核算规程

发文单位：国家科学技术委员会

发文时间：1993 年 5 月 15 日

文　　号：(93) 国科发财字 275 号

17. 科技周转金管理办法

发文单位：国家科学技术委员会　财政部

发文时间：1996 年 7 月 18 日

文　　号：国科发财字〔1996〕320 号

18. 制造业信息化科技工程"甩图纸"、"甩帐表"示范企业评估指导意见

发文单位：科学技术部高新技术及产业化司

发文时间：2008 年 10 月 23 日

文　　号：国科高便字〔2008〕229 号

19. 国家基础性研究重大关键项目计划编制和立项暂行办法

发文单位：国家科学技术委员会

发文时间：1991 年 7 月 22 日

文　　号：(91) 国科发高字 521 号

20. 国家基础性研究重大关键项目管理暂行办法

发文单位：国家科学技术委员会

发文时间：1991 年 7 月 31 日

文　　号：（91）国科发高字 537 号

21. 攀登计划财务管理暂行办法

发文单位：国家科学技术委员会

发文时间：1993 年 3 月 3 日

文　　号：（93）国科发高字 110 号

22. 《国家基础性研究重大关键项目计划编制、立项暂行办法》的补充规定

发文单位：国家科学技术委员会

发文时间：1993 年 6 月 10 日

文　　号：（93）国科发高字 342 号

23. 国家重大科技专项"功能基因组和生物芯片"管理实施细则

发文单位：科学技术部农村与社会发展司

发文时间：2003 年 6 月 18 日

文　　号：国科农社函（2003）57 号

24. 技术合同仲裁文书

发文单位：国家科学技术委员会技术合同仲裁委员会

发文时间：1992 年 6 月 19 日

文　　号：〔92〕国科仲字 001 号

25. 技术合同仲裁员办案须知

发文单位：国家科学技术委员会技术合同仲裁委员会

发文时间：1993 年 3 月 20 日

文　　号：〔93〕国科仲字 006 号

26. 火炬计划标志使用管理办法

发文单位：国家科学技术委员会火炬计划办公室

发文时间：1996 年 12 月 17 日

文　　号：国科火字〔1996〕110 号

27. 技术经纪资格认定暂行办法

发文单位：国家科学技术委员会

发文时间：1997 年 9 月 11 日

文　　号：国科发市字〔1997〕433 号

28. 关于加强技术交易会管理的通知

发文单位：国家科学技术委员会

发文时间：1997 年 4 月 24 日

文　　号：国科发市字〔1997〕193 号

科学技术部现行有效规章和规范性文件目录

（2011 年 1 月 26 日中华人民共和国科
学技术部公告 2011 年第 1 号公布）

**一、现行有效规章目录（13 件，不含其他部门牵头、会同科技部制定
的规章）**

1. 国家科学技术奖励条例实施细则

发文单位：科学技术部

发文时间与文号：1999 年 12 月 26 日科学技术部令第 1 号发布，2004
年 12 月 27 日科学技术部令第 9 号第一次修改，2008 年 12 月 23 日科学技
术部令第 13 号第二次修改。

2. 省、部级科学技术奖励管理办法

发文单位：科学技术部

发文时间：1999 年 12 月 26 日

文　　号：科学技术部令第 2 号

3. 社会力量设立科学技术奖管理办法

发文单位：科学技术部

发文时间与文号：1999 年 12 月 26 日科学技术部令第 3 号发布，2006
年 2 月 5 日科学技术部令第 10 号修改。

4. 国家科技计划管理暂行规定

发文单位：科学技术部

发文时间：2001 年 1 月 20 日

文　　号：科学技术部令第 4 号

5. 国家科技计划项目管理暂行办法

发文单位：科学技术部

发文时间：2001 年 1 月 20 日

文　　号：科学技术部令第 5 号

6. 关于受理香港、澳门特别行政区推荐国家科学技术奖的规定

发文单位：科学技术部

发文时间：2003 年 1 月 16 日

文　　号：科学技术部令第 6 号

7. 国家科技计划项目评估评审行为准则与督查办法

发文单位：科学技术部

发文时间：2003 年 1 月 29 日

文　　号：科学技术部令第 7 号

8. 科学技术部规章制定程序的规定

发文单位：科学技术部

发文时间：2003 年 8 月 4 日

文　　号：科学技术部令第 8 号

9. 国家科技计划实施中科研不端行为处理办法（试行）

发文单位：科学技术部

发文时间：2006 年 11 月 7 日

文　　号：科学技术部令第 11 号

10. 关于废止部分规章与规范性文件的决定

发文单位：科学技术部

发文时间：2008 年 1 月 25 日

文　　号：科学技术部令第 12 号

11. 基因工程安全管理办法

发文单位：国家科学技术委员会

发文时间：1993 年 12 月 24 日

文　　号：国家科学技术委员会令第 17 号

12. 科学技术成果鉴定办法

发文单位：国家科学技术委员会

发文时间：1994 年 10 月 26 日

文　　号：国家科学技术委员会令第 19 号

13. 科学技术保密规定

发文单位：国家科学技术委员会 国家保密局

发文时间：1995 年 1 月 6 日

文　　号：国家科学技术委员会令第 20 号

二、现行有效规范性文件目录（135 件，不含其他部门牵头会同科技部制定的规范性文件）

1. 科技类民办非企业单位登记审查与管理暂行办法

发文单位：科学技术部 民政部

发文时间：2000 年 5 月 24 日

文　　号：国科发政字〔2000〕209 号

2. 关于大力发展科技中介机构的意见

发文单位：科学技术部

发文时间：2002 年 12 月 20 日

文　　号：国科发政字〔2002〕488 号

3. 关于废止以高新技术成果出资入股有关文件的通知

发文单位：科学技术部 国家工商行政管理总局

发文时间：2006 年 5 月 23 日

文　　号：国科发政字〔2006〕150 号

4. 国家科委行政复议办法（试行）

发文单位：国家科学技术委员会

发文时间：1991 年 7 月 31 日

文　　号：(91) 国科发策字 534 号

5. 关于科技工作者行为准则的若干意见

发文单位：科学技术部 教育部 中国科学院 中国工程院 中国科学技术协会

发文时间：1999 年 11 月 18 日

文　　号：国科发政字〔1999〕524 号

6. 关于加强与科技有关的知识产权保护和管理工作的若干意见

发文单位：科学技术部

发文时间：2000 年 12 月 13 日

文　　号：国科发政字〔2000〕569 号

7. 关于加强国家科技计划知识产权管理工作的规定

发文单位：科学技术部

发文时间：2003 年 4 月 4 日

文　　号：国科发政字〔2003〕94 号

8. 关于提高知识产权信息利用和服务能力　推进知识产权信息服务平台建设的若干意见

发文单位：科学技术部 国家知识产权局

发文时间：2006 年 12 月 31 日

文　　号：国科发政字〔2006〕562 号

9. 部门属社会公益类科研机构体制改革工作评估验收指导意见（试行）

发文单位：科学技术部 财政部 中央机构编制委员会办公室

发文时间：2004 年 7 月 30 日

文　　号：国科发政字〔2004〕242 号

10. 集体科技企业产权界定若干问题的暂行规定

发文单位：国家科学技术委员会 国家国有资产管理局

发文时间：1996 年 2 月 27 日

文　　号：国科发政字〔1996〕075 号

11. 关于加大对公益类科研机构稳定支持的若干意见

发文单位：科学技术部 财政部 中央机构编制委员会办公室

发文时间：2007 年 12 月 29 日

文　　号：国科发政字〔2007〕765 号

12. 关于科技管理干部岗位专业知识培训工作的意见

发文单位：国家科学技术委员会

发文时间：1991 年 7 月 20 日

文　　号：(91) 国科发改字 513 号

13. 科普税收优惠政策实施办法

发文单位：科学技术部 财政部 国家税务总局 海关总署 新闻出版总署

发文时间：2003 年 11 月 14 日

文　　号：国科发政字〔2003〕416 号

14. 全国科普工作统计实施方案

发文单位：科学技术部

发文时间：2003 年 12 月 26 日

文　　号：国科发政字〔2003〕455 号

15. 关于科研机构和大学向社会开放开展科普活动的若干意见

发文单位：科学技术部 中共中央宣传部 国家发展和改革委员会 教育部 财政部 中国科学技术协会 中国科学院

发文时间：2006 年 11 月 30 日

文　　号：国科发政字〔2006〕494 号

16. 关于动员广大科技人员服务企业的意见

发文单位：科学技术部 教育部 国务院国有资产监督管理委员会 中国科学院 中国工程院 国家自然科学基金委员会 中国科学技术协会

发文时间：2009 年 3 月 24 日

文　　号：国科发政〔2009〕131 号

17. 关于推动产业技术创新战略联盟构建的指导意见

发文单位：科学技术部 财政部 教育部 国务院国有资产监督管理委员会 中华全国总工会 国家开发银行

发文时间：2008 年 12 月 30 日

文　　号：国科发政〔2008〕770 号

18. 关于推动产业技术创新战略联盟构建与发展的实施办法（试行）

发文单位：科学技术部

发文时间：2009 年 12 月 1 日

文　　　号：国科发政〔2009〕648 号

19. 国家工程技术研究中心暂行管理办法

发文单位：国家科学技术委员会

发文时间：1993 年 2 月 4 日

文　　　号：（93）国科发计字 060 号

20. 国家级火炬计划项目管理办法

发文单位：国家科学技术委员会

发文时间：1994 年 9 月 24 日

文　　　号：国科发计字〔1994〕231 号

21. 国家重点新产品计划管理办法

发文单位：国家科学技术委员会 国家税务总局 国家工商行政管理局 对外贸易经济合作部 国家技术监督局 国家环境保护局 国家外国专家局 劳动部

发文时间：1997 年 11 月 29 日

文　　　号：国科发计字〔1997〕503 号

22. 国家秘密技术项目持有单位管理暂行办法

发文单位：国家科学技术委员会 国家保密局

发文时间：1998 年 1 月 4 日

文　　　号：国科发成字〔1998〕003 号

23. 科技查新规范

发文单位：科学技术部

发文时间：2000 年 12 月 7 日

文　　　号：国科发计字〔2000〕544 号

24. 科技项目招标投标管理暂行办法

发文单位：科学技术部

发文时间：2000 年 12 月 28 日

文　　　号：国科发计字〔2000〕589 号

25. 国家科技计划项目编号、编码规范

发文单位：科学技术部

发文时间：2001 年 8 月 12 日

文　　　号：国科发计字〔2001〕287 号

26. 科学技术部 863 计划保密规定

发文单位：科学技术部

发文时间：2002 年 2 月 4 日

文　　号：国科发计字〔2002〕40 号

27. 国家科技计划项目承担人员管理的暂行办法

发文单位：科学技术部

发文时间：2002 年 4 月 30 日

文　　号：国科发计字〔2002〕123 号

28. 国家高技术研究发展计划（863 计划）文档材料管理办法（试行）

发文单位：科学技术部高技术计划联合办公室

发文时间：2003 年 3 月 25 日

文　　号：国科计（联）函〔2003〕2 号

29. 关于加强国家科技计划成果管理的暂行规定

发文单位：科学技术部

发文时间：2003 年 6 月 18 日

文　　号：国科发计字〔2003〕196 号

30. 国家 863 计划产业化促进中心认定和管理办法（试行）

发文单位：科学技术部

发文时间：2003 年 7 月 18 日

文　　号：国科发计字〔2003〕232 号

31. 关于改进科学技术评价工作的决定

发文单位：科学技术部 教育部 中国科学院 中国工程院 国家自然科学
基金委员会

发文时间：2003 年 8 月 5 日

文　　号：国科发基字〔2003〕142 号

32. 科学技术评价办法（试行）

发文单位：科学技术部

发文时间：2003 年 9 月 20 日

文　　号：国科发基字〔2003〕308 号

33. 关于在国家科技计划管理中建立信用管理制度的决定

发文单位：科学技术部

发文时间：2004 年 7 月 21 日

文　　号：国科发计字〔2004〕225 号

34. 科技型中小企业技术创新基金项目管理暂行办法

发文单位：科学技术部 财政部

发文时间：2005 年 3 月 2 日

文　　号：国科发计字〔2005〕60 号

35. 科技富民强县专项行动计划实施方案（试行）

发文单位：科学技术部 财政部

发文时间：2005 年 7 月 4 日

文　　号：国科发计字〔2005〕264 号

36. 关于国家科技计划管理改革的若干意见

发文单位：科学技术部

发文时间：2006 年 1 月 17 日

文　　号：国科发计字〔2006〕23 号

37. 关于加强科技部科技计划管理和健全监督制约机制的意见

发文单位：科学技术部

发文时间：2006 年 6 月 16 日

文　　号：国科发计字〔2006〕218 号

38. 国家软科学研究计划管理办法

发文单位：科学技术部

发文时间：2007 年 3 月 6 日

文　　号：国科发办字〔2007〕87 号

39. 国家高技术研究发展计划（863 计划）管理办法

发文单位：科学技术部 中国人民解放军总装备部 财政部

发文时间：2006 年 7 月 31 日

文　　号：国科发计字〔2006〕329 号

40. 国家重点基础研究发展计划管理办法

发文单位：科学技术部 财政部

发文时间：2006 年 7 月 31 日

文　　号：国科发计字〔2006〕330 号

41. 国家科技支撑计划管理暂行办法

发文单位：科学技术部 财政部

发文时间：2006 年 7 月 31 日

文　　号：国科发计字〔2006〕331 号

42. 我国应掌握自主知识产权的关键技术和产品目录

发文单位：科学技术部 国家发展和改革委员会 国防科学技术工业委员会 财政部 商务部 国家质量监督检验检疫总局 国家知识产权局 中国人民解放军总装备部

发文时间：2006 年 12 月 21 日

文　　号：国科发计字〔2006〕540 号

43. 国家自主创新产品认定管理办法（试行）

发文单位：科学技术部 国家发展和改革委员会 财政部

发文时间：2006 年 12 月 26 日

文　　号：国科发计字〔2006〕539 号

44. 关于在重大项目实施中加强创新人才培养的暂行办法

发文单位：科学技术部

发文时间：2007 年 1 月 5 日

文　　号：国科发计字〔2007〕2 号

45. 科技计划支持重要技术标准研究与应用的实施细则

发文单位：科学技术部 国家质量监督检验检疫总局 国家发展和改革
委员会 财政部

发文时间：2007 年 1 月 15 日

文　　号：国科发计字〔2007〕24 号

46. 国家科技计划支持产业技术创新战略联盟暂行规定

发文单位：科学技术部

发文时间：2008 年 6 月 27 日

文　　号：国科发计〔2008〕338 号

47. 关于进一步推动国家科技基础条件平台开放共享工作的通知

发文单位：科学技术部 财政部

发文时间：2008 年 12 月 10 日

文　　号：国科发计〔2008〕722 号

48. 关于做好支持科技人员服务企业工作的通知

发文单位：科学技术部

发文时间：2009 年 4 月 29 日

文　　号：国科发计〔2009〕190 号

49. 国家秘密技术出口审查规定

发文单位：科学技术部 国家保密局 对外贸易经济合作部

发文时间：1998 年 10 月 30 日

文　　号：国科发计字〔1998〕425 号

50. 国家科技重大专项管理暂行规定

发文单位：科学技术部 国家发展和改革委员会 财政部

发文时间：2008 年 8 月 6 日

文　　号：国科发计〔2008〕453 号

51. 国家科技重大专项知识产权管理暂行规定

发文单位：科学技术部 国家发展和改革委员会 财政部 国家知识产权局

发文时间：2010 年 7 月 1 日

文　　号：国科发专〔2010〕264 号

52. 关于科学事业费管理的暂行规定

发文单位：国家科学技术委员会 财政部

发文时间：1987 年 2 月 27 日

文　　号：(87) 国科发条字第 0125 号

53. 关于科研单位减少科学事业费拨款比例的核定办法

发文单位：国家科学技术委员会

发文时间：1987 年 6 月 20 日

文　　号：(87) 国科发条字 0422 号

54. 关于科研单位建立三项基金的规定

发文单位：国家科学技术委员会 财政部

发文时间：1987 年 9 月 22 日

文　　号：(87) 国科发条字 0708 号

55. 国家分析测试中心管理暂行办法

发文单位：国家科学技术委员会

发文时间：1987 年 11 月 27 日

文　　号：(87) 国科发条字 0849 号

56. 关于科研单位实行经济核算制的通知

发文单位：国家科学技术委员会 财政部

发文时间：1988 年 9 月 20 日

文　　号：〔1988〕国科发条字 637 号

57. 关于加强科研单位收入财务管理的暂行办法

发文单位：国家科学技术委员会 财政部

发文时间：1993 年 9 月 1 日

文　　号：(93) 国科发财字 475 号

58. 国家科学技术学术著作出版基金管理办法

发文单位：国家科学技术委员会 财政部 新闻出版署

发文时间：1997 年 3 月 11 日

文　　号：国科发财字〔1997〕104 号

59. 实验动物质量管理办法

发文单位：国家科学技术委员会 国家技术监督局

发文时间：1997 年 12 月 11 日

文　　号：国科发财字〔1997〕593 号

60. 省级实验动物质量检测机构技术审查准则

发文单位：科学技术部条件财务司

发文时间：1998 年 9 月 12 日

文　　号：国科财字〔1998〕059 号

61. 省级实验动物质量检测机构技术审查细则

发文单位：科学技术部条件财务司

发文时间：1998 年 9 月 12 日

文　　号：国科财字〔1998〕059 号

62. 国家啮齿类实验动物种子中心引种、供种实施细则

发文单位：科学技术部条件财务司

发文时间：1998 年 10 月 6 日

文　　号：国科财字〔1998〕048 号

63. 国家实验动物种子中心管理办法

发文单位：科学技术部

发文时间：1998 年 5 月 12 日

文　　号：国科发财字〔1998〕174 号

64. 国家大型科学仪器中心管理暂行办法

发文单位：科学技术部

发文时间：1998 年 6 月 11 日

文　　号：国科发财字〔1998〕198 号

65. 科研院所技术开发研究专项资金管理暂行办法

发文单位：科学技术部 财政部

发文时间：1999 年 9 月 3 日

文　　号：国科发财字〔1999〕365 号

66. 国家工程技术图书馆章程

发文单位：科学技术部

发文时间：2000 年 8 月 4 日

文　　号：国科发财字〔2000〕338 号

67. 中央级科研院所科技基础性工作专项资金管理暂行办法

发文单位：科学技术部 财政部

发文时间：2000 年 4 月 25 日

文　　号：国科发财字〔2000〕176 号

68. 实验动物许可证管理办法（试行）

发文单位：科学技术部 卫生部 教育部 农业部 国家质量监督检验检疫总局 国家中医药管理局 中国人民解放军总后勤部卫生部

发文时间：2001 年 12 月 6 日

文　　号：国科发财字〔2001〕545 号

69. 科技文献信息专项经费管理暂行办法

发文单位：科学技术部 财政部

发文时间：2001 年 9 月 20 日

文　　号：国科发财字〔2001〕366 号

70. 农业科技成果转化资金项目管理暂行办法

发文单位：科学技术部办公厅 财政部办公厅

发文时间：2001 年 8 月 28 日

文　　号：国科办财字〔2001〕417 号

71. 国家高技术研究发展计划课题预算评估规范（试行）

发文单位：科学技术部

发文时间：2002 年 2 月 1 日

文　　号：国科发财字〔2002〕35 号

72. 国家高技术研究发展计划课题预算评审规范（试行）

发文单位：科学技术部

发文时间：2002 年 2 月 1 日

文　　号：国科发财字〔2002〕35 号

73. 国家科研计划课题招标投标管理暂行办法

发文单位：科学技术部 财政部 国家计划委员会 国家经济贸易委员会

发文时间：2002 年 5 月 28 日

文　　号：国科发财字〔2002〕165 号

74. 国家科研计划课题评估评审暂行办法

发文单位：科学技术部 财政部 国家计划委员会 国家经济贸易委员会

发文时间：2002 年 5 月 28 日

文　　号：国科发财字〔2002〕165 号

75. 科学仪器设备升级改造专项管理暂行办法

发文单位：科学技术部

发文时间：2005 年 4 月 6 日

文　　号：国科发财字〔2005〕93 号

76. 关于严肃财经纪律 规范国家科技计划课题经费使用和加强监管的通知

发文单位：科学技术部

发文时间：2005 年 11 月 16 日

文　　号：国科发财字〔2005〕462 号

77. 科技部科技计划课题预算评估评审规范

发文单位：科学技术部

发文时间：2006 年 4 月 7 日

文　　号：国科发财字〔2006〕99 号

78. 科技部科技计划课题经费国库支付管理暂行办法

发文单位：科学技术部

发文时间：2006 年 4 月 13 日

文　　号：国科发财字〔2006〕113 号

79. 科技部科技计划课题预算评估评审实施细则（暂行）

发文单位：科学技术部

发文时间：2006 年 10 月 8 日

文　　号：国科发财字〔2006〕405 号

80. 科技型中小企业贷款平台建设指引

发文单位：科学技术部办公厅 国家开发银行办公厅

发文时间：2006 年 3 月 27 日

文　　号：国科办财字〔2006〕21 号

81. 关于善待实验动物的指导性意见

发文单位：科学技术部

发文时间：2006 年 9 月 30 日

文　　号：国科发财字〔2006〕398 号

82. 关于进一步发挥信用保险作用 支持高新技术企业发展有关问题的

通知

发文单位：科学技术部 中国出口信用保险公司

发文时间：2007 年 5 月 10 日

文　　号：国科发财字〔2007〕254 号

83. 国家科技计划和专项经费监督管理暂行办法

发文单位：科学技术部

发文时间：2007 年 7 月 2 日

文　　号：国科发财字〔2007〕393 号

84. 关于开展科技保险创新试点工作的通知

发文单位：科学技术部办公厅 中国保险监督管理委员会办公厅

发文时间：2007 年 3 月 22 日

文　　号：国科办财字〔2007〕24 号

85. 关于鼓励科研项目单位吸纳和稳定高校毕业生就业的若干意见

发文单位：科学技术部 教育部 财政部 人力资源和社会保障部 国家自然科学基金委员会

发文时间：2009 年 2 月 27 日

文　　号：国科发财〔2009〕97 号

86. 关于外商投资创业投资企业 创业投资管理企业审批有关事项的通知

发文单位：科学技术部

发文时间：2009 年 3 月 30 日

文　　号：国科发财〔2009〕140 号

87. 关于开展科技专家参与科技型中小企业贷款项目评审工作的通知

发文单位：科学技术部 中国银行业监督管理委员会

发文时间：2010 年 2 月 2 日

文　　号：国科发财〔2010〕44 号

88. 关于进一步加强科研项目吸纳高校毕业生就业有关工作的通知

发文单位：科学技术部办公厅 教育部办公厅 财政部办公厅

发文时间：2010 年 3 月 24 日

文　　号：国科办财〔2010〕20 号

89. 关于加强对科技型中小企业金融服务的指导意见

发文单位：科学技术部 中国农业银行

发文时间：2003 年 1 月 7 日

文　　号：国科发财字〔2003〕27 号

90. 关于放射性同位素及制品供销工作管理的通知

发文单位：国家科学技术委员会 卫生部 公安部 能源部

发文时间：1991 年 10 月 4 日

文　　号：（91）国科发高字 732 号

91. 关于进一步加快生产力促进中心发展的意见

发文单位：科学技术部

发文时间：2004 年 9 月 3 日

文　　号：国科发高字〔2004〕283 号

92. 中欧伽利略计划合作专项内部管理暂行办法（修订版）

发文单位：科学技术部高新技术及产业化司

发文时间：2005 年 11 月 7 日

文　　号：国科高函〔2005〕62 号

93. 国家大学科技园认定和管理办法

发文单位：科学技术部 教育部

发文时间：2010 年 10 月 15 日

文　　号：国科发高〔2010〕628 号

94. 科技企业孵化器认定和管理办法

发文单位：科学技术部

发文时间：2010 年 11 月 29 日

文　　号：国科发高〔2010〕680 号

95. 国家级示范生产力促进中心认定和管理办法

发文单位：科学技术部

发文时间：2007 年 7 月 5 日

文　　号：国科发高字〔2007〕403 号

96. 国家级示范生产力促进中心绩效评价工作细则

发文单位：科学技术部办公厅

发文时间：2007 年 10 月 26 日

文　　号：国科办高字〔2007〕75 号

97. 关于开展国家重点实验室公众开放活动的通知

发文单位：科学技术部

发文时间：2004 年 9 月 1 日

文　　号：国科发基字〔2004〕277 号

98. 关于进一步推动科研基地和科研基础设施向企业及社会开放的若
干意见

发文单位：科学技术部

发文时间：2006 年 12 月 31 日

文　　号：国科发基字〔2006〕558 号

99. 关于依托转制院所和企业建设国家重点实验室的指导意见

发文单位：科学技术部

发文时间：2006 年 12 月 31 日

文　　号：国科发基字〔2006〕559 号

100. 国家重点实验室建设与运行管理办法

发文单位：科学技术部 财政部

发文时间：2008 年 8 月 29 日

文　　号：国科发基〔2008〕539 号

101. 国家重点实验室评估规则

发文单位：科学技术部

发文时间：2008 年 12 月 17 日

文　　号：国科发基〔2008〕731 号

102. 关于促进磁约束核聚变研究人才培养工作的指导意见

发文单位：科学技术部 教育部 中国科学院 中国核工业集团公司

发文时间：2010 年 6 月 13 日

文　　号：国科发基〔2010〕317 号

103. 关于农业信息化科技工作的若干意见

发文单位：科学技术部

发文时间：1999 年 3 月 15 日

文　　号：国科发高字〔1999〕097 号

104. 国家 863 计划智能化农业信息技术应用示范工程实施办法

发文单位：科学技术部

发文时间：1999 年 3 月 15 日

文　　号：国科发高字〔1999〕097 号

105. 农业科技园区管理办法（试行）

发文单位：科学技术部

发文时间：2001 年 7 月 6 日

文　　号：国科发农社字〔2001〕229 号

106. 星火计划管理办法

发文单位：科学技术部

发文时间：2002 年 1 月 4 日

文　　号：国科发农社字〔2002〕1 号

107. 农业科技成果转化资金项目监理和验收办法

发文单位：科学技术部

发文时间：2002 年 10 月 28 日

文　　号：国科发农社字〔2002〕370 号

108. 星火科技培训管理细则

发文单位：科学技术部星火计划办公室

发文时间：2003 年 2 月 23 日

文　　号：国科星办字〔2003〕7 号

109. 星火学校建设实施方案

发文单位：科学技术部星火计划办公室

发文时间：2004 年 4 月 30 日

文　　号：国科星办字〔2004〕4 号

110. 农村科技服务体系建设管理细则（试行）

发文单位：科学技术部星火计划办公室

发文时间：2004 年 5 月 26 日

文　　号：国科星办字〔2004〕8 号

111. 关于加强农村实用科技人才培养的若干意见

发文单位：科学技术部 教育部 财政部 劳动和社会保障部 国家税务总局 中国科学技术协会

发文时间：2007 年 12 月 24 日

文　　号：国科发农字〔2007〕793 号

112. 关于深入开展科技特派员农村科技创业行动的意见

发文单位：科学技术部 人力资源和社会保障部 农业部 教育部 中共中央宣传部 国家林业局 共青团中央 中国银行业监督管理委员会

发文时间：2009 年 5 月 31 日

文　　号：国科发农〔2009〕242 号

113. 科技富民强县专项行动计划绩效考评实施细则

发文单位：科学技术部 财政部

发文时间：2009 年 10 月 16 日

文　　号：国科发农〔2009〕591 号

114. 关于国际科技合作项目知识产权管理的暂行规定

发文单位：科学技术部

发文时间：2006 年 11 月 29 日

文　　号：国科发外字〔2006〕479 号

115. 关于支持重点科研机构进一步扩大国际科技合作的意见

发文单位：科学技术部 国家外国专家局

发文时间：2007 年 9 月 10 日

文　　号：国科发外字〔2007〕567 号

116. 科技成果评价试点工作方案

发文单位：科学技术部办公厅

发文时间：2009 年 10 月 9 日

文　　号：国科办奖〔2009〕63 号

117. 科技成果评价试点暂行办法

发文单位：科学技术部办公厅

发文时间：2009 年 10 月 9 日

文　　号：国科办奖〔2009〕63 号

118. 科技成果鉴定规程

发文单位：国家科学技术委员会

发文时间：1995 年 2 月 23 日

文　　号：国科发成字〔1995〕048 号

119. 科技成果登记办法

发文单位：科学技术部

发文时间：2000 年 12 月 7 日

文　　号：国科发计字〔2000〕542 号

120. 技术市场统计工作规定

发文单位：国家科学技术委员会 国家统计局

发文时间：1990 年 2 月 12 日

文　　号：（90）国科发市字 092 号

121. 国家高新技术产业开发区管理暂行办法

发文单位：国家科学技术委员会

发文时间：1996 年 2 月 9 日

文　　号：国科发火字〔1996〕061 号

122. 全国技术市场统计调查方案

发文单位：科学技术部发展计划司

发文时间：1999 年 5 月 18 日

文　　号：国科计字〔1999〕024 号

123. 科技兴贸行动计划

发文单位：科学技术部 对外贸易经济合作部

发文时间：1999 年 6 月 3 日

文　　号：国科发计字〔1999〕219 号

124. 国家高新技术产业开发区高新技术产品出口基地认定暂行办法

发文单位：科学技术部 对外贸易经济合作部

发文时间：1999 年 11 月 16 日

文　　号：国科发计字〔1999〕523 号

125. 国家火炬计划软件产业基地认定条件和办法

发文单位：科学技术部

发文时间：2000 年 8 月 3 日

文　　号：国科发火字〔2000〕337 号

126. 技术合同认定登记管理办法

发文单位：科学技术部 财政部 国家税务总局

发文时间：2000 年 2 月 16 日

文　　号：国科发政字〔2000〕063 号

127. 技术合同认定规则

发文单位：科学技术部

发文时间：2001 年 7 月 18 日

文　　号：国科发政字〔2001〕253 号

128. 技术合同示范文本

发文单位：科学技术部

发文时间：2001 年 7 月 18 日

文　　号：国科发政字〔2001〕244 号

129. 国家火炬计划软件产业基地骨干企业认定条件和办法

发文单位：科学技术部火炬中心

发文时间：2003 年 11 月 13 日

文　　号：国科火字〔2003〕108 号

130. 火炬计划统计工作管理办法

发文单位：科学技术部

发文时间：2003 年 1 月 24 日

文　　号：国科发火字〔2003〕30 号

131. 中国高新技术产品目录（2006）

发文单位：科学技术部 财政部 国家税务总局

发文时间：2006 年 9 月 8 日

文　　号：国科发计字〔2006〕370 号

132. 国家技术转移示范机构管理办法

发文单位：科学技术部

发文时间：2007 年 9 月 10 日

文　　号：国科发火字〔2007〕565 号

133. 高新技术企业认定管理办法工作指引

发文单位：科学技术部 财政部 国家税务总局

发文时间：2008 年 7 月 8 日

文　　号：国科发火〔2008〕362 号

134. 国家火炬计划重点高新技术企业管理办法

发文单位：科学技术部火炬中心

发文时间：2010 年 7 月 9 日

文　　号：国科火字〔2010〕179 号

135. 中国高新技术产品出口目录（2006）

发文单位：科学技术部 财政部 国家税务总局 海关总署

发文时间：2006 年 1 月 9 日

文　　　号：国科发计字〔2006〕16 号

公安部现行有效规章及规范性文件目录

（截至 2010 年 11 月）

（2011 年 1 月 18 日中华人民共和国公安部公告公布）

一、部门规章

序号	部门规章名称	公布日期及令号
1	港口治安管理规定	1989 年 3 月 4 日公安部、交通部令第 3 号公布　自 1989 年 4 月 1 日起施行
2	仓库防火安全管理规则	1990 年 4 月 10 日公安部令第 6 号公布施行
3	高层居民住宅楼防火管理规则	1992 年 10 月 12 日公安部令第 11 号公布施行
4	机动车号牌生产管理办法	1993 年 5 月 13 日公安部令第 13 号公布施行
5	公安机关和公安干警十不准的规定	1993 年 9 月 24 日公安部令第 14 号公布施行
6	城市人民警察巡逻规定	1994 年 2 月 24 日公安部令第 17 号公布施行
7	集贸市场消防安全管理办法	1994 年 12 月 25 日公安部、国家工商行政管理局令第 19 号公布施行
8	公安机关对被管制、剥夺政治权利、缓刑、假释、保外就医罪犯的监督管理规定	1995 年 2 月 21 日公安部令第 23 号公布施行
9	租赁房屋治安管理规定	1995 年 3 月 6 日公安部令第 24 号公布施行
10	暂住证申领办法	1995 年 6 月 2 日公安部令第 25 号公布施行
11	公安机关警务督察队工作规定	1997 年 9 月 10 日公安部令第 31 号公布施行
12	计算机信息系统安全专用产品检测和销售许可证管理办法	1997 年 12 月 12 日公安部令第 32 号公布施行
13	公安机关警戒带使用管理办法	1998 年 3 月 11 日公安部令第 34 号公布施行
14	公安机关办理刑事案件程序规定	1998 年 5 月 14 日公安部令第 35 号公布施行
	公安机关办理刑事案件程序规定修正案	2007 年 10 月 25 日公安部令第 95 号公布　自 2007 年 12 月 1 日起施行
15	机动车修理业、报废机动车回收业治安管理办法	1999 年 3 月 25 日公安部令第 38 号公布施行

序号	部门规章名称	公布日期及令号
16	公共娱乐场所消防安全管理规定	1994 年 12 月 29 日公安部部长办公会议通过 1999 年 5 月 25 日公安部令第 39 号修订公布施行
17	公安机关内部执法监督工作规定	1999 年 6 月 11 日公安部令第 40 号公布施行
18	公安机关人民警察执法过错责任追究规定	1999 年 6 月 11 日公安部令第 41 号公布施行
19	中华人民共和国边境管理区通行证管理办法	1999 年 9 月 4 日公安部令第 42 号公布施行
20	沿海船舶边防治安管理规定	2000 年 2 月 15 日公安部令第 47 号公布　自 2000 年 5 月 1 日起施行
21	人民警察警徽使用管理规定	2000 年 3 月 27 日公安部令第 48 号公布施行
22	强制戒毒所管理办法	2000 年 4 月 17 日公安部令第 49 号公布施行
23	收容教育所管理办法	2000 年 4 月 24 日公安部令第 50 号公布施行
24	计算机病毒防治管理办法	2000 年 4 月 26 日公安部令第 51 号公布施行
25	公安机关人民警察内务条令	2000 年 6 月 1 日公安部令第 53 号公布施行
26	公安机关督察条例实施办法	2001 年 1 月 2 日公安部令第 55 号公布施行
27	人民警察制式服装及其标志管理规定	2001 年 3 月 16 日公安部令第 57 号公布施行
28	公路巡逻民警中队警务规范	2001 年 5 月 23 日公安部令第 58 号公布施行
29	因私出入境中介活动管理办法	2001 年 6 月 6 日公安部、国家工商行政管理总局令第 59 号公布施行
30	公安机关执法质量考核评议规定	2001 年 10 月 10 日公安部令第 60 号公布施行
31	机关、团体、企业、事业单位消防安全管理规定	2001 年 11 月 14 日公安部令第 61 号公布　自 2002 年 5 月 1 日起施行
32	公安机关人民警察训练条令	2001 年 11 月 26 日公安部令第 62 号公布施行
33	台湾渔船停泊点边防治安管理办法	2001 年 12 月 11 日公安部令第 63 号公布　自 2002 年 3 月 1 日起施行
34	公安机关办理行政复议案件程序规定	2002 年 11 月 2 日公安部令第 65 号公布　自 2003 年 1 月 1 日起施行
35	公安机关人民警察奖励条令	2003 年 7 月 24 日公安部令第 66 号公布　自 2003 年 9 月 1 日起施行
36	外国人在中国永久居留审批管理办法	2004 年 8 月 15 日公安部、外交部令第 74 号公布施行
37	公安机关适用继续盘问规定	2004 年 7 月 12 日公安部令第 75 号公布　自 2004 年 10 月 1 日起施行

序号	部门规章名称	公布日期及令号
38	剧毒化学品购买和公路运输许可证件管理办法	2005 年 5 月 25 日公安部令第 77 号公布　自 2005 年 8 月 1 日施行
39	中华人民共和国临时居民身份证管理办法	2005 年 6 月 7 日公安部令第 78 号公布　自 2005 月 10 月 1 日施行
40	公安机关信访工作规定	2005 年 8 月 18 日公安部令第 79 号公布施行
41	公安机关行政许可工作规定	2005 年 9 月 17 日公安部令第 80 号公布　自 2005 年 12 月 1 日起施行
42	互联网安全保护技术措施规定	2005 年 12 月 13 日公安部令第 82 号公布　自 2006 年 3 月 1 日起施行
43	公安机关鉴定机构登记管理办法	2005 年 12 月 29 日公安部令第 83 号公布　自 2006 年 3 月 1 日起施行
44	公安机关鉴定人登记管理办法	2005 年 12 月 29 日公安部令第 84 号公布　自 2006 年 3 月 1 日起施行
45	保安培训机构管理办法	2005 年 12 月 31 日公安部令第 85 号公布　自 2006 年 3 月 1 日起施行
46	金融机构营业场所和金库安全防范设施建设许可实施办法	2005 年 12 月 31 日公安部令第 86 号公布　自 2006 年 2 月 1 日起施行
47	易制毒化学品购销和运输管理办法	2006 年 8 月 22 日公安部令第 87 号公布　自 2006 年 10 月 1 日起施行
48	公安机关办理行政案件程序规定	2003 年 8 月 26 日公安部部长办公会议通过　2006 年 8 月 24 日公安部令第 88 号修订公布施行
	公安机关办理行政案件程序规定修正案	2010 年 11 月 26 日公安部令第 113 号公布施行
49	警车管理规定	1995 年 6 月 29 日公安部部长办公会议通过　2006 年 11 月 29 日公安部令第 89 号修订公布施行
50	临时入境机动车和驾驶人管理规定	1988 年 12 月 21 日公安部部务会议通过　2006 年 12 月 1 日公安部令第 90 号修订公布　自 2007 年 1 月 1 日起施行
51	机动车驾驶证申领和使用规定	2004 年 4 月 30 日公安部部长办公会议通过　2006 年 12 月 20 日公安部令第 91 号修订公布　自 2007 年 4 月 1 日起施行
52	公安机关人民警察着装管理规定	2000 年 8 月 8 日公安部部长办公会议通过　2007 年 6 月 5 日公安部令第 92 号修订公布施行
53	公安机关监督检查企业事业单位内部治安保卫工作规定	2007 年 6 月 16 日公安部令第 93 号公布　自 2007 年 10 月 1 日施行

序号	部门规章名称	公布日期及令号
54	公安机关海上执法工作规定	2007 年 9 月 26 日公安部令第 94 号公布　自 2007 年 12 月 1 日起施行
55	中华人民共和国普通护照和出入境通行证签发管理办法	2007 年 10 月 25 日公安部令第 96 号公布　自 2007 年 12 月 25 日起施行
56	公安机关人民警察证使用管理规定	2005 年 11 月 7 日公安部部长办公会议通过　2008 年 2 月 28 日公安部令第 97 号修订公布施行
57	看守所留所执行刑罚罪犯管理办法	2008 年 2 月 29 日公安部令第 98 号公布　自 2008 年 7 月 1 日起施行
58	国际航班载运人员信息预报实施办法	2008 年 3 月 12 日公安部、民用航空总局令第 99 号公布　自 2008 年 5 月 1 日起施行
59	机动车登记规定	2004 年 4 月 30 日公安部部长办公会议通过　2008 年 5 月 27 日公安部令第 102 号修订公布　自 2008 年 10 月 1 日起施行
60	娱乐场所治安管理办法	2008 年 6 月 3 日公安部令第 103 号公布　自 2008 年 10 月 1 日起施行
61	道路交通事故处理程序规定	2008 年 8 月 17 日公安部令第 104 号公布　自 2009 年 1 月 1 日起施行
62	道路交通安全违法行为处理程序规定	2004 年 4 月 30 日公安部部长办公会议通过　2008 年 12 月 20 日公安部令第 105 号修订公布　自 2009 年 4 月 1 日起施行
63	建设工程消防监督管理规定	1996 年 9 月 26 日公安部部长办公会议通过　2009 年 4 月 30 日公安部令第 106 号修订公布　自 2009 年 5 月 1 日起施行
64	消防监督检查规定	1998 年 9 月 1 日公安部部长办公会议通过　2009 年 4 月 30 日公安部令第 107 号修订公布　自 2009 年 5 月 1 日起施行
65	火灾调查规定	1999 年 3 月 2 日公安部部长办公会议通过　2009 年 4 月 30 日公安部令第 108 号修订公布　自 2009 年 5 月 1 日起施行
66	社会消防安全教育培训规定	2009 年 4 月 13 日公安部、教育部、民政部、人力资源和社会保障部、住房和城乡建设部、文化部、国家广播电影电视总局、国家安全生产监督管理总局、国家旅游局令第 109 号公布　自 2009 年 6 月 1 日起施行
67	吸毒检测程序规定	2009 年 9 月 27 日公安部令第 110 号公布　自 2010 年 1 月 1 日起施行
68	公安部关于修改《机动车驾驶证申领和使用规定》的决定	2009 年 12 月 7 日公安部令第 111 号公布　自 2010 年 4 月 1 日起施行
69	公安机关实施保安服务管理条例办法	2010 年 2 月 3 日公安部令第 112 号公布施行

二、规范性文件

综 合 类

序号	规范性文件名称	发布机关、日期及发文字号
1	公安部关于印发《中华人民共和国人民警察法》宣传提纲的通知	1995 年 2 月 28 日公安部　公通字〔1995〕16 号
2	公安部关于印发公安机关执行《人民警察法》有关问题的解释的通知	1995 年 7 月 15 日公安部　公发〔1995〕14 号
3	公安部关于贯彻实施《人民警察使用警械和武器条例》的通知	1996 年 1 月 26 日公安部　公通字〔1996〕7 号
4	公安部关于公安机关是否申领地方政府统一制发的《行政执法证》的问题的批复	1996 年 12 月 12 日公安部　公复字〔1996〕12 号
5	关于印发《普通公安院校招收公安英烈子女保送生的暂行规定》的通知	2000 年 4 月 3 日公安部政治部　公政治〔2000〕28 号
6	关于印发《公安普通高等院校招生工作暂行办法》的通知	2000 年 4 月 3 日公安部政治部　公政治〔2000〕137 号
7	公安部关于加强公安法制建设的决定	2000 年 6 月 3 日公安部　公发〔2000〕6 号
8	公安部关于废止部分联合会签文件的通知	2000 年 10 月 13 日公安部　公通字〔2000〕90 号
9	公安部关于执行《内地公安机关与香港警方相互通报机制的安排》有关问题的通知	2000 年 11 月 23 日公安部　公通字〔2000〕100 号
10	关于印发《公安机关接受民警伤亡抚恤捐赠管理办法》的通知	2000 年 11 月 27 日公安部人事训练局　公人〔2000〕495 号
11	公安部关于废止部分规范性文件的通知	2001 年 4 月 5 日公安部　公通字〔2001〕16 号
12	公安部关于执行《内地公安机关与澳门特区政府保安司关于建立相互通报机制的安排》有关问题的通知	2001 年 6 月 20 日公安部　公通字〔2001〕45 号
13	公安部关于刑事拘留时间可否折抵行政拘留时间问题的批复	2004 年 3 月 4 日公安部　公复字〔2004〕1 号
14	公安部关于深入学习和贯彻实施《中华人民共和国宪法》的通知	2004 年 3 月 24 日公安部　公通字〔2004〕27 号
15	公安部关于印发《关于解决执法突出问题推进公安执法制度建设的工作计划》的通知	2004 年 6 月 15 日公安部　公通字〔2004〕41 号
16	公安部关于印发《继续盘问法律文书格式》的通知	2004 年 7 月 27 日公安部　公通字〔2004〕60 号
17	公安部关于保留修改废止部门规章及规范性文件的通知	2004 年 8 月 19 日公安部　公通字〔2004〕71 号

序号	部门规章名称	公布日期及令号
18	公安部关于贯彻实施《公安机关适用继续盘问规定》的通知	2004 年 9 月 2 日公安部　公通字〔2004〕64 号
19	公安部关于缉私警察如何适用继续盘问有关问题的批复	2004 年 12 月 14 日公安部　公复字〔2004〕5 号
20	最高人民检察院、公安部关于切实加强公安检察干警执法权益保护工作的通知	2005 年 10 月 25 日最高人民检察院、公安部　公通字〔2005〕76 号
21	公安部关于修改和废止部分部门规章及规范性文件的通知	2006 年 1 月 20 日公安部　公通字〔2006〕11 号
22	公安部关于印发《公安行政法律文书（式样）（试行）》的通知	2006 年 2 月 20 日公安部　公通字〔2006〕21 号
23	公安部关于印发《公安机关法制部门工作规范》的通知	2006 年 12 月 18 日公安部　公通字〔2006〕82 号
24	公安部关于印发《关于进一步提高公安队伍法律素质的指导意见》的通知	2006 年 12 月 29 日公安部　公通字〔2006〕86 号
25	公安部关于公安机关办理行政案件中鉴定意见告知方式问题的批复	2007 年 9 月 4 日公安部　公复字〔2007〕5 号
26	最高人民法院、最高人民检察院、公安部关于办理海上发生的违法犯罪案件有关问题的通知	2007 年 9 月 17 日最高人民法院、最高人民检察院、公安部　公通字〔2007〕60 号
27	关于印发《公安边防消防警卫部队接收普通高等学校毕业生工作实施细则》的通知	2008 年 9 月 13 日公安部政治部　公政治〔2008〕379 号
28	公安部关于印发《公安机关涉案财物管理若干规定》的通知	2010 年 11 月 4 日公安部　公通字〔2010〕57 号

治安管理

序号	规范性文件名称	发布机关、日期及发文字号
1	公安部第三局关于公共户口集体迁移办理迁移证问题	1954 年 6 月 9 日公安部治安管理局　〔54〕公治户字第 80 号
2	公安部关于健全机关、团体、学校、企业（包括工地）等单位户口登记管理制度的通知	1956 年 1 月 7 日公安部　〔56〕公治字第 1 号
3	关于户口登记条例中几项条款具体执行意见的通知	1958 年 1 月 10 日公安部　〔58〕公治字第 8 号
4	公安部三局关于执行户口登记条例的初步意见	1958 年 4 月公安部治安管理局
5	关于加强户口簿册、证件、印章管理工作的通知	1975 年 12 月 16 日公安部治安管理局　公三〔1975〕372 号

序号	规范性文件名称	发布机关、日期及发文字号
6	转发总政治部关于审批部队干部家属随军的通知	1976 年 7 月 14 日公安部　公发〔1976〕26 号
7	公安部关于认真贯彻《国务院批转〈公安部关于处理户口迁移的规定〉的通知》的意见	1977 年 11 月 22 日公安部　公发〔1977〕47 号
8	关于武装、边防、消防民警现役干部家属随队审批问题的通知	1979 年 7 月 5 日公安部　公发〔1979〕102 号
9	关于女船员子女落户问题的通知	1981 年 1 月 13 日公安部治安管理局　公三〔1981〕019 号
10	公安部、粮食部转发广东省公安厅、粮食厅关于台湾回归定居人员户口和粮食供应问题的通知	1981 年 1 月 21 日公安部、粮食部　〔81〕公发（政）154 号
11	公安部关于台胞回归大陆定居落户问题的通知	1981 年 4 月 28 日公安部　公一发〔1981〕1142 号
12	关于重新统一内河《船舶户口簿》、《船民证》、《临时船民证》的通知	1982 年 2 月 27 日公安部　〔82〕公发（治）36 号
13	公安部三局、教育部学生管理司关于无户口青年要求报考大学问题的复文	1982 年 5 月 6 日公安部治安管理局、教育部学生管理司　公信传〔82〕185 号
14	公安部关于整顿非公安部门成立的"派出所"、"民警队"、"专业警察"的通知	1982 年 6 月 3 日公安部
15	公安部、劳动人事部关于刑满留场（厂）就业人员有关待遇问题的通知	1983 年 5 月 4 日公安部、劳动人事部　〔83〕公发（劳）51 号
16	关于犯人刑满释放后落户和安置的联合通知	1983 年 5 月 5 日公安部、劳动人事部、农牧渔业部、教育部、商业部　〔83〕公发（劳）47 号
17	关于收管处理淫秽物品的通知	1983 年 12 月 22 日公安部　〔83〕公发（治）165 号
18	关于改革和加强特种行业管理工作的通知	1985 年 3 月 21 日公安部　〔85〕公发 21 号
19	公安部印发《关于加强国防工业保卫工作的意见》的通知	1985 年 6 月 3 日公安部　〔85〕公发 37 号
20	关于居民身份证使用民族文字和民族成分填写问题的通知	1986 年 2 月 1 日公安部、国家民族事务委员会〔86〕公　（治）字 14 号
21	关于在经济体制改革中加强和改革企业保卫工作的通知	1986 年 6 月 24 日国家经委、公安部　〔86〕公发 19 号
22	公安部关于不得随意更改户口簿出生年月日的通知	1986 年 9 月 2 日公安部　公信传〔86〕594 号

序号	规范性文件名称	发布机关、日期及发文字号
23	公安部、财政部关于企业事业单位保卫机构装备器材配备和经费开支意见的通知	1987 年 1 月 26 日公安部、财政部　〔87〕公发 6 号
24	公安部关于印发《关于组建保安服务公司的报告》的通知	1988 年 7 月 2 日公安部　〔88〕公发 14 号
25	公安部转发《关于新形势下加强城乡治保会工作的意见》的通知	1988 年 9 月 30 日公安部　〔88〕公发 21 号
26	公安部印发《关于继续加强群众性治安联防工作的请示》的通知	1988 年 10 月 24 日公安部　〔88〕公发 22 号文件
27	关于加强出生登记工作的通知	1988 年 10 月 25 日公安部、国家计划生育委员会〔88〕公（治）字 106 号
28	公安部转发国务院办公厅《关于研究打击取缔卖淫嫖娼活动的会议纪要》的通知	1989 年 2 月 14 日公安部　〔89〕公（治）字 20 号
29	关于改善和提高居民住宅整体安全防范能力的通知	1989 年 2 月 23 日公安部、建设部　〔89〕公（治）字 22 号
30	公安部关于解决城市公安派出所工作改革中的几个问题的意见	1989 年 5 月 25 日公安部　〔89〕公发 10 号
31	关于禁止为企业领导人配发警械和提供"私人保镖"式服务的通知	1989 年 11 月 6 日公安部　〔89〕公（治）字 90 号
32	关于禁止生产、销售、使用仿真手枪式电击器的通知	1989 年 11 月 7 日公安部　〔89〕公（治）字 94 号
33	关于对"常住人口待定"人员范围有关问题的复函	1990 年 1 月 10 日公安部治安管理局　公治〔1990〕020 号
34	关于启用乡（镇）人民政府户口专用章的通知	1990 年 3 月 14 日公安部　公通字〔1990〕30 号
35	公安部三局关于企业单位刻制公章问题的批复	1991 年 2 月 25 日公安部治安管理局　公发电〔91〕198 号
36	公安部三局关于公安机关在旧货业管理中对嫌疑物品能否暂扣的请示的批复	1991 年 4 月 16 日公安部治安管理局　公发电〔91〕455 号
37	公安部政治部关于贯彻《国务院、中央军委批转总政治部关于重新规定军官家属随军条件请示的通知》的通知	1991 年 10 月 9 日公安部政治部　公政治干〔1991〕490 号
38	关于认真贯彻执行全国人大常委会《关于严禁卖淫嫖娼的决定》的通知	1991 年 11 月 23 日公安部　公通字〔1991〕105 号
39	军工产品储存库风险等级和安全防范级别的规定	1992 年 3 月 30 日　公共安全行业标准 GA 26－92

序号	规范性文件名称	发布机关、日期及发文字号
40	关于被收养子女户口和粮食供应关系迁移问题的通知	1992 年 5 月 16 日公安部、商业部　公通字〔1992〕59 号
41	公安部关于对外国人、华侨、港澳台人员卖淫嫖娼实行收容教育问题的批复	1992 年 7 月 24 日公安部　公复字〔1992〕7 号
42	公安部关于加强治安联防队伍建设的通知	1993 年 6 月 19 日公安部　公通字〔1993〕44 号
43	公安部关于禁止开设"私人侦探所"性质的民间机构的通知	1993 年 9 月 7 日公安部　公通字〔1993〕91 号
44	关于严厉打击盗窃、破坏铁路、油田、电力、通讯等器材设备的犯罪活动的通知	1993 年 12 月 1 日最高人民法院、最高人民检察院、公安部　公发〔1993〕10 号
45	关于启用新的户口迁移证、户口准迁证的通知	1994 年 7 月 11 日公安部　公通字〔1994〕62 号
46	关于印发《核材料国际运输实物保护规定》的通知	1994 年 7 月 12 日公安部、国家原子能机构　公通字〔1994〕60 号
47	关于坚决制止继续出卖非农业户口的通知	1994 年 8 月 2 日公安部、财政部、中国人民银行　公发〔1994〕13 号
48	公安部三局对关于在国外注册公司在国内刻制公章的请示的批复	1994 年 9 月 24 日公安部治安管理局　公治〔1994〕791 号
49	公安部三局关于对《关于申请生产QJ－1 型安全自动灭火弹的报告》的批复	1994 年 10 月 25 日公安部治安管理局　公治〔1994〕857 号
50	关于加强农村治保会工作的意见	1994 年 11 月 21 日中央社会治安综合治理委员会、公安部、民政部、农业部　公发〔1994〕18 号
51	关于干部、工人调动办理户口迁移手续有关问题的通知	1994 年 12 月 10 日公安部、人事部、劳动部　公通字〔1994〕97 号
52	公安部印发《关于企业事业单位公安机构体制改革实施办法》的通知	1995 年 1 月 16 日公安部　公通字〔1995〕5 号
53	关于新户口迁移证件使用和制发等有关问题的补充通知	1995 年 3 月 8 日公安部户政局　公户政〔1995〕023 号
54	关于坚决取缔非法刻制印章摊点严厉查处伪造印章违法犯罪活动的通知	1995 年 3 月 16 日公安部、国家工商行政管理局　公通字〔1995〕24 号
55	关于印发《关于〈爆破作业人员安全技术考核标准〉的实施意见》的通知	1995 年 5 月 22 日公安部治安管理局　公治〔1995〕207 号
56	公安部关于改革企业事业单位公安机构体制有关问题的通知	1995 年 5 月 29 日公安部　公通字〔1995〕45 号
57	关于实施《暂住证申领办法》有关问题的通知	1995 年 7 月 17 日公安部　公通字〔1995〕54 号

序号	规范性文件名称	发布机关、日期及发文字号
58	关于不得随意加盖和套印户口专用章的批复	1995 年 11 月 27 日公安部　公复字〔1995〕007 号
59	关于启用新的常住人口登记表和居民户口簿有关事项的通知	1995 年 12 月 19 日公安部　公通字〔1995〕91 号
60	关于机动车修理业纳入特种行业管理的批复	1995 年 12 月 19 日公安部　公复字〔1995〕10 号
61	关于印制新的常住人口登记表和居民户口簿有关事项的通知	1996 年 1 月 29 日公安部户政局　公户政〔1996〕012 号
62	关于修改户口迁移证件有关内容的通知	1996 年 1 月 29 日公安部户政局　公户政〔1996〕013 号
63	关于做好水上簿证牌管理工作的批复	1996 年 2 月 14 日公安部　公复字〔1996〕1 号
64	公安部户政局关于对出国人员出具户籍证明有关问题的复函	1996 年 5 月 15 日公安部户政局　公户政〔1996〕054 号
65	关于印发启用新的常住人口登记表、居民户口簿工作座谈会纪要和有关问题解答的通知	1996 年 5 月 15 日公安部户政局　公户政〔1996〕062 号
66	关于启用新的暂住人口登记表的通知	1996 年 5 月 23 日公安部　公通字〔1996〕31 号
67	关于"农转非专用章"不属于户口专用章范畴的复函	1996 年 6 月 5 日公安部户政局　公户政〔1996〕068 号
68	关于贯彻实施《中华人民共和国枪支管理法》的通知	1996 年 7 月 5 日公安部　公通字〔1996〕38 号
69	关于转发总参办公厅、总政办公厅《关于执行〈中华人民共和国枪支管理法〉几个问题的通知》的通知	1996 年 10 月 18 日公安部治安管理局　公治〔1996〕881 号
70	关于划定猎区、牧区严格猎枪配置管理的批复	1997 年 1 月 22 日公安部　公复字〔1997〕1 号
71	公安部关于启用新版枪支管理证件的通知	1997 年 2 月 26 日公安部　公通字〔1997〕12 号
72	公安部关于修改暂住人口统计报表的通知	1997 年 4 月 8 日公安部　公通字〔1997〕18 号
73	关于办理普通高校和中专学校从农村招收自费生委培生户口迁移问题请示的批复	1997 年 5 月 16 日公安部户政局　公户政〔1997〕083 号
74	公安部关于对废旧金属收购业治安管理中有关问题的批复	1997 年 6 月 25 日公安部　公复字〔1997〕4 号

序号	规范性文件名称	发布机关、日期及发文字号
75	对《关于申办赴台定居台胞、台属户籍证明事的函》的复函	1997 年 9 月 8 日公安部　公户政〔1997〕150 号
76	关于进一步加强营业性射击场管理的通知	1997 年 9 月 16 日公安部治安管理局　公治〔1997〕846 号
77	印发《关于小城镇户籍管理制度改革试点和完善农村户籍管理制度有关问题的解答》的通知	1997 年 10 月 9 日公安部　公通字〔1997〕56 号
78	关于对高等院校等在校学生转学退学户口迁移问题请示的批复	1997 年 10 月 16 日公安部户政局　公户政〔1997〕170 号
79	关于军事院校招收地方学员办理户口迁移有关问题的批复	1997 年 12 月 31 日公安部户政局　公户政〔1997〕214 号
80	关于转发国家计委、财政部《关于变更枪支管理证件收费项目的通知》和《关于新版枪支管理证件收费标准的通知》及有关问题的通知	1998 年 2 月 19 日公安部　公治〔1998〕114 号
81	关于认真做好城市特困户居民家属等落户审批工作有关问题的通知	1998 年 3 月 3 日公安部户政局　公户政〔1998〕025 号
82	国家重点建设项目治安保卫工作暂行规定	1998 年 5 月 18 日公安部、国家发展计划委员会　公通字〔1998〕38 号
83	关于印发《办理户口、居民身份证工作规范》的通知	1998 年 7 月 24 日公安部　公通字〔1998〕56 号
84	公安部关于公安派出所受理刑事案件有关问题的通知	1998 年 8 月 5 日公安部　公通字〔1998〕59 号
85	关于贯彻落实《国务院批转公安部关于解决当前户口管理工作中几个突出问题意见的通知》有关问题的通知	1998 年 9 月 4 日公安部　公通字〔1998〕65 号
86	关于运动员携带射击运动枪支外出训练比赛办理有关手续的复函	1998 年 9 月 24 日公安部　公治〔1998〕868 号
87	关于民用机场购置驱鸟枪支有关问题的复函	1998 年 9 月 24 日公安部　公治〔1998〕869 号
88	关于对门（楼）牌编制管理工作有关问题的批复	1998 年 10 月 26 日公安部　公复字〔1998〕5 号
89	公安部关于印发《公安派出所实行公共娱乐服务场所治安管理责任制暂行规定》的通知	1998 年 11 月 3 日公安部　公通字〔1998〕73 号
90	公安部关于携带、藏匿淫秽 VCD 是否属于传播淫秽物品问题的批复	1998 年 11 月 9 日公安部　公复字〔1998〕6 号

序号	规范性文件名称	发布机关、日期及发文字号
91	公安部对《关于鉴定淫秽物品有关问题的请示》的批复	1998 年 11 月 27 日公安部　公复字〔1998〕8 号
92	关于进一步加强流动人口通报协查工作的通知	1999 年 5 月 6 日公安部治安管理局　公治〔1999〕645 号
93	公安部、国家工商行政管理局关于做好中央管理企业脱钩后印章管理工作的通知	1999 年 5 月 20 日公安部、国家工商行政管理局　公通字〔1999〕36 号
94	关于规范民用枪支配售调拨管理等有关事项的通知	1999 年 5 月 27 日公安部　公治〔1999〕744 号
95	关于重新制定民用枪支编号规则的通知	1999 年 9 月 27 日公安部　公治〔1999〕1180 号
96	关于加强弩管理的通知	1999 年 9 月 28 日公安部、国家工商行政管理局　公治〔1999〕1646 号
97	关于实施《公安机关公务用枪管理使用规定》有关问题的通知	1999 年 10 月 10 日公安部　公治〔1999〕1587 号
98	关于办理民用枪持枪证工作有关事项的通知	1999 年 11 月 26 日公安部治安管理局　公治〔1999〕1802 号
99	关于贯彻执行《旅馆业治安管理信息系统标准》的通知	1999 年 12 月 30 日公安部　公通字〔1999〕100 号
100	关于印发《射击运动枪支配置办法》的通知	2000 年 1 月 3 日公安部、国家体育总局　公通字〔2000〕1 号
101	关于为气枪制造企业重新核发《民用枪支（弹药）制造许可证》及加强气枪管理有关事项的通知	2000 年 1 月 11 日公安部　公治〔2000〕13 号
102	关于印发《公安部关于保安服务公司规范管理的若干规定》的通知	2000 年 2 月 27 日公安部　公通字〔2000〕13 号
103	关于公安部光盘生产源鉴定中心行使行政、司法鉴定权有关问题的通知	2000 年 3 月 9 日最高人民法院、最高人民检察院、公安部、司法部、新闻出版署　公通字〔2000〕21 号
104	关于认真做好三峡工程外迁移民户口迁移工作的通知	2000 年 3 月 27 日公安部治安管理局　公治〔2000〕107 号
105	关于贯彻执行《印章治安管理信息系统标准》的通知	2000 年 4 月 25 日公安部　公通字〔2000〕36 号
106	关于对门（楼）牌编制管理工作有关问题的批复	2000 年 6 月 6 日公安部　公治〔2000〕248 号
107	关于认真做好已获解救的妇女儿童落户工作的通知	2000 年 6 月 7 日公安部　公治〔2000〕249 号

序号	规范性文件名称	发布机关、日期及发文字号
108	关于印发《关于进一步加强爆破工程技术人员培训考核工作的实施意见》的通知	2000 年 6 月 13 日公安部治安管理局　公治〔2000〕261 号
109	公安部关于治安拘留时间如何计算问题的批复	2000 年 8 月 21 日公安部　公复字〔2000〕8 号
110	关于同意禁止拍卖公司拍卖旧式武器的批复	2000 年 9 月 21 日公安部治安管理局　公治办〔2000〕1185 号
111	关于确定气枪制造企业代码的通知	2000 年 12 月 13 日公安部　公治〔2000〕468 号
112	公安部关于对同性之间以钱财为媒介的性行为定性处理问题的批复	2001 年 2 月 28 日公安部　公复字〔2001〕4 号
113	关于认真做好民用枪支配售配购使用管理工作的通知	2001 年 3 月 15 日公安部　公治〔2001〕14 号
114	关于转发《国家粮食局关于取消〈市镇居民粮食供应转移证明〉的通知》的通知	2001 年 3 月 23 日公安部治安管理局　公传发〔2001〕693 号
115	公安部关于对少数民族人员佩戴刀具乘坐火车如何处理问题的批复	2001 年 4 月 28 日公安部　公复字〔2001〕6 号
116	关于加强办理非法制造、买卖、运输枪支、弹药、爆炸物等刑事案件工作有关问题的通知	2001 年 5 月 29 日公安部、最高人民法院、最高人民检察院　公通字〔2001〕30 号
117	关于对出国人员所生子女落户问题的批复	2001 年 5 月 31 日公安部　公复字〔2001〕9 号
118	关于对工业雷管实施编号管理有关问题的通知	2001 年 6 月 4 日公安部、国防科工委　公通字〔2001〕36 号
119	关于对中国公民姓名用字有关问题的答复	2001 年 6 月 14 日公安部治安管理局　公治〔2001〕60 号
120	关于贯彻落实《国务院批转公安部关于推进小城镇户籍管理制度改革意见的通知》有关问题的通知	2001 年 6 月 26 日公安部　公通字〔2001〕49 号
121	公安部办公厅关于我国公安机关对外国驻华领事馆内发生的治安案件是否有管辖权问题的答复	2001 年 8 月 1 日公安部办公厅　公法〔2001〕172 号
122	关于抓紧建立民用爆炸物品信息管理系统有关问题的通知	2001 年 9 月 10 日公安部　公通字〔2001〕74 号
123	关于认定仿真枪有关问题的通知	2001 年 11 月 30 日公安部　公通字〔2001〕90 号

序号	规范性文件名称	发布机关、日期及发文字号
124	关于严厉查处博彩性赛马活动的通知	2002 年 2 月 26 日公安部、监察部、国家工商行政管理总局、国家体育总局、国家旅游局 公通字〔2002〕11 号
125	公安派出所执法执勤工作规范	2002 年 3 月 11 日公安部 公通字〔2002〕13 号
126	关于加强公安机关枪支弹药和武器库（室）管理的补充通知	2002 年 4 月 17 日公安部 公治〔2002〕41 号
127	关于父母离婚后子女姓名变更有关问题的批复	2002 年 5 月 21 日公安部 公治〔2002〕74 号
128	公安部关于对彩弹枪按照枪支进行管理的通知	2002 年 6 月 7 日公安部 公治〔2002〕82 号
129	公安部关于改革和加强公安派出所工作的决定	2002 年 6 月 14 日公安部 公发〔2002〕6 号
130	公安部三局关于办理涉外通婚人员户口问题的批复	2002 年 8 月 5 日公安部治安管理局 公治〔2002〕116 号
131	公安部三局关于公民实施变性手术后变更户口登记性别项目有关问题的批复	2002 年 9 月 4 日公安部治安管理局 公治〔2002〕131 号
132	关于工业雷管编码打号补码管理的通知	2003 年 3 月 17 日公安部治安管理局、国防科工委民爆器材监督管理局 公治〔2003〕31 号
133	关于进一步改进暂住人口管理和服务工作切实保护暂住人口合法权益的通知	2003 年 6 月 10 日公安部治安管理局 公治〔2003〕81 号
134	关于当前依法加强社会治安管理的通知	2003 年 7 月 19 日公安部 公通字〔2003〕52 号
135	公安部关于对多次以同一理由递交数份申请书申请游行示威如何处理的批复	2003 年 12 月 30 日公安部 公复字〔2003〕7 号
136	公安部关于转发《财政部国家发展改革委关于第二代居民身份证工本费减免政策的通知》的通知	2004 年 2 月 26 日公安部 公通字〔2004〕15 号
137	公安部关于贯彻执行机动车修理业、报废机动车回收拆解和印刷业治安管理信息系统标准的通知	2004 年 3 月 1 日公安部 公通字〔2004〕19 号
138	公安派出所等级评定办法	2004 年 3 月 12 日公安部 公通字〔2004〕24 号
139	公安部关于进一步加强公安派出所建设的意见	2004 年 4 月 14 日公安部 公通字〔2004〕30 号
140	关于对城市拆迁地区空挂户人员换发第二代居民身份证有关问题的批复	2004 年 5 月 20 日公安部治安管理局 公治〔2004〕155 号

序号	规范性文件名称	发布机关、日期及发文字号
141	关于第二代居民身份证证件工本费有关问题的通知	2004 年 6 月 28 日公安部治安管理局　公治〔2004〕176 号
142	公安部关于规范统一全国公安派出所外观标识的通知	2004 年 8 月 3 日公安部　公治〔2004〕199 号
143	公安部三局关于切实加强暂住户口登记和暂住证办理工作的通知	2004 年 8 月 3 日公安部治安管理局　公治〔2004〕201 号
144	关于对海南省公安厅换发二代证工作领导小组《关于由企业投资建立人像采集系统的函》的复函	2004 年 11 月 22 日公安部治安管理局　公治办〔2004〕1110 号
145	关于印发《公民申领第二代居民身份证交验用于扫描的相片要求》的通知	2004 年 12 月 16 日公安部治安管理局　公治办〔2004〕1195 号
146	公安部关于印发《公安部关于切实加强公安特警队伍建设的意见》的通知	2005 年 3 月 4 日公安部　公通字〔2005〕6 号
147	关于办理赌博违法案件适用法律若干问题的通知	2005 年 5 月 25 日公安部　公通字〔2005〕30 号
148	关于传发《公安机关维护校园及周边治安秩序八条措施》的通知	2005 年 6 月 15 日公安部　公传发〔2005〕1968 号
149	关于贯彻执行《剧毒化学品购买和公路运输许可证件管理办法》有关问题的通知	2005 年 6 月 30 日公安部　公通字〔2005〕38 号
150	公安部关于印发《保安押运公司管理暂行规定》的通知	2005 年 7 月 2 日公安部　公通字〔2005〕41 号
151	关于规范使用"毛南族"名称有关问题的通知	2005 年 7 月 26 日公安部治安管理局　公治〔2005〕196 号
152	关于认真做好制发新版临时居民身份证工作的通知	2005 年 9 月 9 日公安部治安管理局　公治〔2005〕242 号
153	公安部关于做好贯彻实施《中华人民共和国治安管理处罚法》准备工作的通知	2005 年 9 月 16 日公安部　公通字〔2005〕64 号
154	关于对《关于入籍外国人和部分少数民族因民族称谓无法制作二代证问题的请示》的批复	2005 年 9 月 23 日公安部治安管理局　公治办〔2005〕1071 号
155	关于印发《办理公民户口和居民身份证件工作中住址项目填写规范》的通知	2005 年 10 月 16 日公安部治安管理局　公治〔2005〕269 号
156	关于免费配发第二代居民身份证保护套的通知	2005 年 10 月 20 日公安部治安管理局　公治办〔2005〕1178 号

序号	规范性文件名称	发布机关、日期及发文字号
157	关于将江苏等部分地区使用非国家标准行政区划代码编制的公民身份号码予以备案的通知	2005 年 11 月 13 日公安部办公厅　公治〔2005〕293 号
158	公安部关于对公民户口身份证件曾用名和别名项目填写问题的批复	2005 年 12 月 3 日公安部　公复字〔2005〕6 号
159	公安部关于对核发剧毒化学品购买凭证有关问题的批复	2005 年 12 月 19 日公安部　公复字〔2005〕5 号
160	关于规范违反治安管理行为名称的意见	2005 年 12 月 28 日公安部　公通字〔2005〕95 号
161	关于建立派出所和刑警队办理刑事案件工作机制的意见	2005 年 12 月 31 日公安部　公通字〔2005〕100 号
162	公安部关于进一步强化工作措施切实加大禁赌工作力度的通知	2006 年 1 月 20 日公安部　公通字〔2006〕8 号
163	公安部关于印发《公安机关执行〈中华人民共和国治安管理处罚法〉有关问题的解释》的通知	2006 年 1 月 23 日公安部　公通字〔2006〕12 号
164	公安部关于认真贯彻执行《娱乐场所管理条例》有关问题的通知	2006 年 3 月 9 日公安部　公通字〔2006〕27 号
165	关于办理居民身份证时不再提交常住人口登记表照片的通知	2006 年 4 月 11 日公安部治安管理局　公治办〔2006〕499 号
166	关于对《关于实施办理公民户口和居民身份证件工作中住址项目填写规范有关问题的请示》的批复	2006 年 4 月 27 日公安部治安管理局　公治办〔2006〕634 号
167	公安部关于贯彻落实《国务院关于解决农民工问题的若干意见》有关问题的通知	2006 年 5 月 9 日公安部　公通字〔2006〕41 号
168	公安部关于适用《治安管理处罚法》第七十六条有关问题的批复	2006 年 5 月 11 日公安部　公复字〔2006〕1 号
169	公安部关于涉弩违法犯罪行为的处理及性能鉴定问题的批复	2006 年 5 月 25 日公安部　公复字〔2006〕2 号
170	关于对已领居民身份证的公民在办理注销户口时是否收缴居民身份证问题的批复	2006 年 6 月 15 日公安部　公治〔2006〕246 号
171	关于整顿规范矿产资源开发秩序和关闭矿山期间切实加强爆炸物品管理严防流失的通知	2006 年 6 月 20 日公安部、国土资源部、国家安全生产监督管理总局、国家煤矿安全监察局　公通字〔2006〕47 号
172	关于停止制发第一代居民身份证的通知	2006 年 6 月 26 日公安部　公传发〔2006〕1240 号

序号	规范性文件名称	发布机关、日期及发文字号
173	公安部关于实施社区和农村警务战略的决定	2006 年 9 月 19 日公安部　公发〔2006〕5 号
174	公安部关于父母一方亡故另一方再婚后未成年子女姓名更改有关问题处理意见的通知	2006 年 9 月 28 日公安部　公治〔2006〕304 号
175	关于严厉打击涉及伪造变造居民身份证违法犯罪活动的通知	2006 年 9 月 30 日公安部　公传发〔2006〕1388 号
176	关于贯彻执行《民用爆炸物品安全管理条例》有关问题的通知	2006 年 10 月 8 日公安部　公通字〔2006〕70 号
177	公安部关于对以气体等为动力发射金属弹丸或者其他物质的仿真枪认定问题的批复	2006 年 10 月 11 日公安部　公复字〔2006〕5 号
178	公安部、国家安全部、国家工商行政管理总局关于组织开展私人侦探、讨债等调查机构调查清理工作的通知	2006 年 10 月 13 日公安部、国家安全部、国家工商行政管理总局　公通字〔2006〕73 号
179	公安部三局关于被监外执行人员恢复户口有关问题的批复	2006 年 10 月 27 日公安部治安管理局　公治〔2006〕327 号
180	公安部三局关于对弄虚作假非法落户被注销户口人员在原迁出地恢复户口有关问题的批复	2006 年 12 月 5 日公安部治安管理局　公治〔2006〕360 号
181	关于进一步加强烟花爆竹道路运输及燃放活动安全监管工作的通知	2006 年 12 月 8 日公安部　公治〔2006〕368 号
182	关于集中开展纠正公民身份号码跨省重号工作的通知	2006 年 12 月 8 日公安部　公治〔2006〕369 号
183	公安部关于印发《公安机关执行〈中华人民共和国治安管理处罚法〉有关问题的解释（二）》的通知	2007 年 1 月 8 日公安部　公通字〔2007〕1 号
184	公安部关于印发《管制刀具认定标准》的通知	2007 年 1 月 14 日公安部　公通字〔2007〕2 号
185	关于能否使用佛教法名、伊斯兰教经名登记户口办理居民身份证有关问题的批复	2007 年 2 月 16 日公安部　公治〔2007〕50 号
186	公安部、国家工商行政管理总局关于规范开锁经营单位经营行为加强开锁行业管理的通知	2007 年 4 月 4 日公安部、国家工商行政管理总局　公通字〔2007〕17 号
187	公安部关于严密防范和严厉打击涉枪违法犯罪活动的通知	2007 年 4 月 25 日公安部　公通字〔2007〕22 号
188	公安部关于强化娱乐场所治安管理加大禁毒禁娼工作力度的通知	2007 年 7 月 10 日公安部　公通字〔2007〕48 号

序号	规范性文件名称	发布机关、日期及发文字号
189	公安部关于进一步加强废旧金属收购业治安管理工作的通知	2007 年 11 月 9 日公安部　公通字〔2007〕70 号
190	公安部关于公民申请个人集会游行示威如何处置的批复	2007 年 12 月 14 日公安部　公复字〔2007〕7 号
191	公安部关于印发《公安特警队建设规范》的通知	2007 年 12 月 27 日公安部　公通字〔2007〕87 号
192	关于对查处打击非法生产经营烟花爆竹行为牵头单位有关问题的批复	2008 年 1 月 9 日公安部　公治〔2008〕11 号
193	关于印发《关于开展调整边境游异地办证政策试点工作的意见》的通知	2008 年 1 月 10 日中央组织部、中央宣传部、中央社会治安综合治理委员会办公室、最高人民法院、最高人民检察院、公安部、国家安全部、监察部、财政部、信息产业部、海关总署、国家旅游局、银监会　公通字〔2008〕2 号
194	公安部关于对办理涉及硝酸铵案件有关问题的批复	2008 年 1 月 10 日公安部　公复字〔2008〕1 号
195	公安部关于森林公安机关执行《中华人民共和国治安管理处罚法》有关问题的批复	2008 年 1 月 10 日公安部　公法〔2008〕18 号
196	关于为部分民用枪支（弹药）制造企业重新核发制造许可证的通知	2008 年 1 月 22 日公安部　公治〔2008〕30 号
197	公安部关于印发《仿真枪认定标准》的通知	2008 年 2 月 19 日公安部　公通字〔2008〕8 号
198	关于进一步规范办理港澳台居民回内地定居户口登记有关人口信息数据项录入工作的通知	2008 年 2 月 29 日公安部治安管理局　公治〔2008〕73 号
199	公安部关于对民用爆炸物品生产销售企业许可行为认定有关问题的批复	2008 年 3 月 26 日公安部　公复字〔2008〕2 号
200	关于进一步严密户口登记和居民身份证件管理若干问题的通知	2008 年 4 月 23 日公安部　公传发〔2008〕180 号
201	公安部关于切实加强管制刀具管理工作的通知	2008 年 4 月 29 日公安部　公通字〔2008〕23 号
202	关于进一步加强公务用枪管理工作的通知	2008 年 6 月 10 日最高人民法院、最高人民检察院、公安部、国家安全部、司法部、中国人民银行、中国银行业监督管理委员会　公通字〔2008〕28 号
203	公安部关于各级公安机关建立公务用枪管理委员会的通知	2008 年 5 月 19 日公安部　公通字〔2008〕24 号

序号	规范性文件名称	发布机关、日期及发文字号
204	关于认真贯彻公安部等三部门部署大力推进军队对外有偿服务宾馆招待所旅馆业治安管理信息系统建设的通知	2008 年 7 月 1 日公安部治安管理局　公治明发〔2008〕125 号
205	公安部关于贯彻执行《娱乐场所治安管理办法》有关问题的通知	2008 年 7 月 2 日公安部　公通字〔2008〕34 号
206	关于切实加强仿真枪查禁工作的通知	2008 年 7 月 14 日公安部　公传发〔2008〕322 号
207	公安部三局关于公民手术变性后变更户口登记性别项目有关问题的批复	2008 年 8 月 23 日公安部治安管理局　公治〔2008〕478 号
208	关于对穿青人、僼家人制作第二代居民身份证相关问题的批复	2008 年 8 月 27 日公安部治安管理局　公治〔2008〕374 号
209	公安部关于对居民身份证姓名登记项目能否使用规范汉字以外文字和符号填写问题的批复	2008 年 10 月 31 日公安部　公复字〔2008〕6 号
210	关于处理因历史原因导致公民身份号码编制采用非国标区划代码问题的通知	2008 年 11 月 14 日公安部治安管理局　公治明发〔2008〕238 号
211	公安部关于印发《关于进一步加强防范打击涉枪违法犯罪协作工作机制建设的意见》的通知	2008 年 11 月 18 日公安部　公通字〔2008〕51 号
212	公安部关于印发《人民警察盘查规范》的通知	2008 年 11 月 28 日公安部　公通字〔2008〕55 号
213	关于印发《环京公安检查站管理工作规范（试行）》的通知	2008 年 12 月 25 日公安部　公治〔2008〕600 号
214	关于将冷光烟花纳入烟花爆竹管理的批复	2009 年 1 月 8 日公安部治安管理局　公治〔2009〕15 号
215	关于组织开展利用手机传播淫秽视频违法犯罪活动专项治理工作的通知	2009 年 1 月 20 日公安部、工业和信息化部、文化部、工商总局、新闻出版总署　公治〔2009〕35 号
216	关于对部队机场装备驱鸟猎枪安全监管有关问题的批复	2009 年 2 月 5 日公安部　公治〔2009〕49 号
217	关于进一步加强民用单质炸药流向监控工作的通知	2009 年 3 月 18 日公安部治安管理局、工业和信息化部安全生产司　公治〔2009〕128 号
218	关于执行烟花爆竹道路运输许可有关问题的批复	2009 年 4 月 9 日公安部　公治〔2009〕165 号
219	关于严格执行民用爆炸物品购买、运输许可证由县级人民政府公安机关受理、审批的通知	2009 年 5 月 27 日公安部　公治〔2009〕288 号

序号	规范性文件名称	发布机关、日期及发文字号
220	关于严厉打击侵害未成年人违法犯罪活动切实保护未成年人健康成长的通知	2009 年 6 月 1 日公安部　公传发〔2009〕174 号
221	关于同意新疆鼠疫防治机构继续保留使用小口径步枪的复函	2009 年 6 月 19 日公安部办公厅　公治〔2009〕338 号
222	关于规范涉案枪支弹药称谓的通知	2009 年 7 月 6 日公安部办公厅　公治〔2009〕354 号
223	关于贯彻执行《民用爆炸物品储存库治安防范要求》和《小型民用爆炸物品储存库安全规范》有关事项的通知	2009 年 7 月 7 日公安部办公厅　公治〔2009〕358 号
224	关于为部分民用枪支（弹药）制造企业重新核发制造许可证的通知	2009 年 8 月 9 日公安部　公治〔2009〕416 号
225	公安部三局关于对因家庭矛盾导致户内成员无法使用本户居民户口簿有关问题的批复	2009 年 8 月 31 日公安部治安管理局　公治〔2009〕459 号
226	关于加强制造维修枪支弹药企业枪支弹药和专用零部件报废销毁安全管理工作的通知	2009 年 9 月 27 日公安部、国家国防科技工业局、总装备部　公治〔2009〕570 号
227	公安部三局关于对宁波诺丁汉大学本科学生户口迁移问题处理意见的批复	2009 年 12 月 1 日公安部治安管理局　公治〔2009〕583 号
228	关于贯彻执行《爆破作业单位民用爆炸物品储存库安全评价导则》有关事项的通知	2009 年 12 月 24 日公安部办公厅　公治〔2009〕627 号
229	关于对处置未投入使用具有赌博功能的电子游戏机有关问题的批复	2010 年 1 月 5 日公安局　公治〔2010〕4 号
230	关于贯彻执行《娱乐服务场所治安管理信息规范》的通知	2010 年 1 月 7 日公安部办公厅　公治〔2010〕7 号
231	关于对《关于启用随县行政区划代码开展治安户政管理等业务工作的请示》的批复	2010 年 1 月 25 日公安部　公治〔2010〕39 号
232	公安部关于将陶瓷类刀具纳入管制刀具管理问题的批复	2010 年 4 月 7 日公安部　公复字〔2010〕1 号
233	公安部、人力资源和社会保障部关于规范留学回国人员落户工作有关政策的通知	2010 年 4 月 15 日公安部、人力资源和社会保障部　公通字〔2010〕19 号
234	关于公安机关民用爆炸物品购买、运输和爆破作业行政许可有关问题的批复	2010 年 5 月 11 日公安部治安管理局　公治〔2010〕181 号
235	公安部关于对出售带有淫秽内容的文物的行为可否以治安管理处罚问题的批复	2010 年 5 月 22 日公安部　公复字〔2010〕3 号

序号	规范性文件名称	发布机关、日期及发文字号
236	关于开展娱乐服务场所治安管理信息系统送检工作的通知	2010 年 6 月 2 日公安部治安管理局　公治明发〔2010〕101 号
237	关于对更新二代证膜打印设备有关问题的答复	2010 年 6 月 7 日公安部治安管理局　公治〔2010〕303 号
238	关于进一步加强刑满释放解除劳教人员安置帮教工作的通知	2010 年 7 月 10 日公安部　公治〔2010〕367 号
239	关于进一步加强弩治安管理的通知	2010 年 7 月 10 日公安部　公治〔2010〕360 号
240	关于不得采取游街示众等有损公民人格尊严的执法方式的通知	2010 年 7 月 20 日公安部治安管理局　公治明发〔2010〕198 号
241	关于对旅馆业旅客身份证件认定问题的批复	2010 年 7 月 29 日公安部治安管理局　公治〔2010〕395 号
242	关于印发《银行业金融机构安全评估办法》的通知	2010 年 7 月 30 日公安部、中国银行业监督管理委员会　公通字〔2010〕34 号
243	公安部关于如何执行《治安管理处罚法》第十八条规定问题的批复	2010 年 8 月 3 日公安部　公复字〔2010〕4 号
244	关于印发《国家保安员资格考试大纲》的通知	2010 年 8 月 23 日公安部办公厅　公治〔2010〕447 号
245	关于进一步加强学校幼儿园安全防范工作建立健全长效工作机制的意见	2010 年 8 月 23 日中央社会治安综合治理委员会办公室、教育部、公安部　公通字〔2010〕38 号
246	公安部关于印发《公安机关执行保安服务管理条例若干问题的解释》的通知	2010 年 9 月 16 日公安部　公通字〔2010〕43 号
247	关于加强开锁行业管理严厉打击利用开锁技术违法犯罪的通知	2010 年 9 月 20 日公安部、人力资源和社会保障部、工商总局　公通字〔2010〕44 号
248	关于做好保安员资格考试发证有关工作的通知	2010 年 10 月 19 日公安部　公治〔2010〕543 号

出入境和边防管理

序号	规范性文件名称	发布机关、日期及发文字号
1	公安部关于做好来大陆探亲旅游台湾同胞的边防管理工作的通知	1987 年 12 月 2 日公安部　〔87〕公边字 111 号
2	公安部关于对从台湾直接来大陆的台湾船舶实施边防管理的几个问题的通知	1988 年 8 月 16 日公安部　公（边）字〔1988〕73 号

序号	规范性文件名称	发布机关、日期及发文字号
3	公安部、财政部、国家物价局关于调整《机动车辆进出经济特区查验证》等证件收费标准的通知	1990 年 10 月 10 日公安部、财政部、国家物价局公边〔1990〕24 号
4	公安部关于停止外地公安机关在深圳、珠海特区开展办理边境通行证业务的通知	1994 年 6 月 6 日公安部　公通字〔1994〕46 号
5	公安部关于将越境人员收审站改为边防拘留审查所的批复	1995 年 12 月 30 日公安部　公边〔1996〕25 号
6	公安部关于加强深圳特区管理线管理工作的通知	1997 年 4 月 21 日公安部　公边〔1997〕16 号
7	公安部、铁道部关于前往边境管理区人员持有效证件购票乘车问题的通知	1999 年 3 月 8 日公安部、铁道部　公通字〔1999〕3 号
8	公安边防缉私奖励办法（试行）	1999 年 12 月 6 日公安部边防管理局
9	公安部关于公安边防部队办理刑事案件有关问题的通知	2000 年 3 月 31 日公安部　公通字〔2000〕29 号
10	公安部关于妨害国（边）境管理犯罪案件立案标准及有关问题的通知	2000 年 3 月 31 日公安部　公通字〔2000〕30 号
11	公安部关于印发《公安边防派出所等级评定实施办法》的通知	2003 年 1 月 15 日公安部　公通字〔2003〕5 号
12	公安部关于印发《公安边防派出所工作规范》的通知	2003 年 1 月 20 日公安部　公通字〔2003〕6 号
13	公安部关于公安边防部门行政复议有关问题的通知	2003 年 3 月 20 日公安部　公边〔2003〕6 号
14	公安部边防管理局关于做好深圳珠海特区边防管理改革有关工作的通知	2003 年 4 月 30 日公安部边防管理局　公边司〔2003〕117 号
15	公安部关于简化办理深圳珠海特区《边境通行证》手续等问题的通知	2003 年 5 月 6 日公安部　公边〔2003〕11 号
16	公安边防部门执法过错责任追究规定	2004 年 4 月 20 日公安部边防管理局　公边司〔2004〕104 号
17	公安边防部门内部执法监督工作规定	2004 年 4 月 20 日公安部边防管理局　公边司〔2004〕104 号
18	公安部边防管理局关于加强公安边防法制工作的决定	2004 年 4 月 20 日公安部边防管理局　公边司〔2004〕103 号
19	公安边防部门侦查协作规定（暂行）	2004 年 4 月 22 日公安部边防管理局　公边司〔2004〕96 号
20	公安部关于印发《公安机关处置边境地区大规模非法越境事件工作预案》的通知	2004 年 8 月 4 日公安部　公边〔2004〕15 号

序号	规范性文件名称	发布机关、日期及发文字号
21	关于对逾期非法居留的台湾居民执行罚款处罚设置最高限额的通知	2005 年 10 月 14 日公安部　公境〔2005〕1671 号
22	公安边防部门执法质量考核评议暂行办法	2006 年 4 月 18 日公安部边防管理局　公边司〔2006〕125 号
23	关于台湾居民在大陆租赁或自购住房办理暂住登记问题的批复	2006 年 9 月 28 日公安部出入境管理局　公境台〔2006〕1671 号
24	公安部边防局关于印发《公安边防部队粤港粤澳边界边防执勤规范（试行）》的通知	2006 年 12 月 29 日公安部边防管理局　公边司〔2006〕443 号
25	海警舰艇条令（试行）	2007 年 2 月 1 日公安部边防管理局
26	海警舰艇训练考核大纲（试行）	2007 年 2 月 1 日公安部边防管理局
27	公安边防法制机构工作规范	2007 年 4 月 16 日公安部边防管理局
28	公安边防民警岗位执法资格考试认证办法	2007 年 4 月 27 日公安部边防管理局
29	最高人民法院、最高人民检察院、公安部关于办理海上发生的违法犯罪案件有关问题的通知	2007 年 9 月 17 日最高人民法院、最高人民检察院、公安部　公通字〔2007〕60 号
30	公安部边防管理局关于贯彻实施《公安机关海上执法工作规定》有关问题的通知	2007 年 9 月 28 日公安部边防管理局　公边司〔2007〕331 号
31	公安部关于贯彻实施《公安机关海上执法工作规定》的通知	2007 年 9 月 29 日公安部　公通字〔2007〕63 号
32	公安部边防管理局海警勤务规定	2007 年 10 月 23 日公安部边防管理局
33	公安边防部门缉私工作规定	2007 年 10 月 23 日公安部边防管理局
34	公安部边防管理局关于海上执法工作若干问题的意见	2008 年 1 月 25 日公安部边防管理局　公边司〔2008〕39 号
35	公安部关于调整限期出境审批权限的通知	2008 年 3 月 3 日公安部　公通字〔2008〕12 号
36	公安边防海警接处警工作规范	2008 年 6 月 30 日公安部边防管理局
37	公安部关于公安边防海警根据《沿海船舶边防治安管理规定》处二百元以下罚款或者警告能否适用当场处罚程序问题的批复	2008 年 9 月 28 日公安部　公复字〔2008〕4 号
38	关于同意在厦门开展暂住人员赴台湾旅游试点工作的批复	2008 年 12 月 15 日公安部出入境管理局　公境台〔2008〕2927 号

犯罪侦查

序号	规范性文件名称	发布机关、日期及发文字号
1	公安部关于我国公民在国外犯罪经外国审判后回国如何依法处理问题的批复	1996 年 6 月 6 日公安部　公复字〔1996〕9 号
2	公安部关于对公安机关因侦查破案需要可否检查军车问题的批复	1998 年 12 月 16 日公安部　公复字〔1998〕9 号
3	公安部办公厅关于印发《通过外交途径办理刑事司法协助案件的若干程序》的通知	1999 年 1 月 4 日公安部办公厅　公办〔1999〕1 号
4	公安部关于如何处理无法查清身份的外国籍犯罪嫌疑人问题的批复	1999 年 1 月 11 日公安部　公复字〔1999〕1 号
5	公安部关于贯彻执行《预防未成年人犯罪法》的通知	1999 年 8 月 2 日公安部　公通字〔1999〕58 号
6	最高人民法院、最高人民检察院、公安部、国家安全部关于取保候审若干问题的规定	1999 年 8 月 4 日最高人民法院、最高人民检察院、公安部、国家安全部　公通字〔1999〕39 号
7	公安部关于印发《公安部关于打击拐卖妇女儿童犯罪适用法律和政策有关问题的意见》的通知	2000 年 3 月 17 日公安部　公通字〔2000〕25 号
8	公安部关于受害人居住地公安机关可否对诈骗犯罪案件立案侦查问题的批复	2000 年 10 月 16 日公安部　公复字〔2000〕10 号
9	公安部关于刑事追诉期限有关问题的批复	2000 年 10 月 25 日公安部　公复字〔2000〕11 号
10	公安部关于监视居住期满后能否对犯罪嫌疑人采取取保候审强制措施问题的批复	2000 年 12 月 12 日公安部　公复字〔2000〕13 号
11	公安部关于刑事案件管辖分工有关问题的批复	2001 年 1 月 2 日公安部　公复字〔2001〕1 号
12	公安机关经侦部门缉捕工作情况报告制度	2001 年 8 月 1 日公安部经济犯罪侦查局　公经〔2001〕858 号
13	最高人民法院、最高人民检察院、公安部关于旅客列车上发生的刑事案件管辖问题的通知	2001 年 8 月 23 日最高人民法院、最高人民检察院、公安部　公通字〔2001〕70 号
14	公安机关经侦部门境外缉捕工作暂行规定	2001 年 9 月 27 日公安部经济犯罪侦查局　公经〔2001〕1110 号
15	公安部关于如何没收逃跑犯罪嫌疑人保证金问题的批复	2001 年 12 月 26 日公安部　公复字〔2001〕22 号
16	关于规范公安机关经侦部门赴港调查取证工作有关事项的通知	2001 年 12 月 27 日公安部经济犯罪侦查局　公经〔2001〕477 号

序号	规范性文件名称	发布机关、日期及发文字号
17	最高人民法院、最高人民检察院、公安部关于依法严厉打击抢劫抢夺等多发性犯罪有关问题的通知	2002 年 7 月 30 日最高人民法院、最高人民检察院、公安部　公通字〔2002〕41 号
18	公安部关于印发《公安机关刑事法律文书格式（2002 版）》的通知	2002 年 12 月 18 日公安部　公通字〔2002〕69 号
19	公安部关于对侵犯著作权案件中尚未印制完成的侵权复制品如何计算非法经营数额问题的批复	2003 年 6 月 20 日公安部　公复字〔2003〕2 号
20	关于印发《公安部、国家外汇管理局外汇领域反洗钱合作规定》的通知	2003 年 11 月 5 日公安部　公通字〔2003〕73 号
21	关于可疑交易线索核查工作的合作规定	2005 年 3 月 10 日公安部、中国人民银行　公通字〔2005〕15 号
22	公安机关办理经济犯罪案件的若干规定	2005 年 12 月 31 日公安部　公通字〔2005〕101 号
23	关于在打击侵犯商标专用权违法犯罪工作中加强衔接配合的暂行规定	2006 年 1 月 13 日公安部、国家工商行政管理总局　公通字〔2006〕9 号
24	公安部关于印发《公安机关适用刑事羁押期限规定》的通知	2006 年 1 月 27 日公安部　公通字〔2006〕17 号
25	关于加强知识产权执法协作的暂行规定	2006 年 3 月 24 日公安部、海关总署　公通字〔2006〕33 号
26	关于在打击侵犯著作权违法犯罪工作中加强衔接配合的暂行规定	2006 年 3 月 26 日公安部、国家版权局　公通字〔2006〕35 号
27	关于加强经侦情报信息工作的通知	2006 年 3 月 26 日公安部经济犯罪侦查局　公经〔2006〕362 号
28	公安部关于村民委员会可否构成单位犯罪主体问题的批复	2007 年 3 月 1 日公安部　公复字〔2007〕1 号
29	公安部经济犯罪侦查局对经侦系统执法规范化建设和执法监督案件考核办法（试行）	2007 年 4 月 29 日公安部经济犯罪侦查局　公经〔2007〕940 号
30	公安部关于取消使用计算机打印的刑事法律文书骑缝章和骑缝字号问题的批复	2007 年 6 月 13 日公安部　公复字〔2007〕4 号
31	关于印发《重大涉税案件联合协查暂行规定》的通知	2007 年 11 月 7 日公安部经济犯罪侦查局　公经〔2007〕2576 号
32	关于印发《公安机关经侦部门管辖的经济犯罪案件统计规定》的通知	2007 年 12 月 4 日公安部经济犯罪侦查局　公经〔2007〕2807 号
33	公安部经济犯罪侦查局反洗钱资金协查程序规定（试行）	2008 年 2 月 28 日公安部经济犯罪侦查局　公经反洗钱〔2008〕72 号

序号	规范性文件名称	发布机关、日期及发文字号
34	公安部关于正确执行《公安机关办理刑事案件程序规定》第一百九十九条的批复	2008 年 10 月 22 日公安部　公复字〔2008〕5 号
35	关于印发《关于地方公安机关经侦部门自侦经济犯罪大要案件报告与部督案件工作程序规定》的通知	2009 年 5 月 31 日公安部经济犯罪侦查局　公经〔2009〕155 号
36	打击假币犯罪跨省区协调配合暂行办法	2009 年 6 月 2 日公安部经济犯罪侦查局　公经〔2009〕224 号
37	公安部经侦局情报信息工作考核奖励办法	2009 年 7 月 14 日公安部经济犯罪侦查局　公经〔2009〕291 号
38	公安部、中国人民银行关于进一步加强反假币工作的通知	2009 年 8 月 31 日公安部、中国人民银行　公通字〔2009〕43 号
39	最高人民法院、最高人民检察院、公安部关于严厉打击假币犯罪活动的通知	2009 年 9 月 15 日最高人民法院、最高人民检察院、公安部　公通字〔2009〕45 号
40	关于印发《经侦工作绩效考核办法》的通知	2010 年 1 月 5 日公安部经济犯罪侦查局　公经〔2010〕2 号
41	最高人民检察院、公安部关于印发《公安机关管辖的刑事案件立案追诉标准的规定（二）》的通知	2010 年 5 月 18 日最高人民检察院、公安部　公通字〔2010〕23 号
42	最高人民法院、最高人民检察院、公安部关于严厉打击发票违法犯罪活动的通知	2010 年 6 月 9 日最高人民法院、最高人民检察院、公安部　公通字〔2010〕28 号
43	公安部关于倒卖伪造变造火车票案件管辖问题的批复	2010 年 8 月 31 日公安部　公复字〔2010〕5 号
44	公安部关于铁路建设施工工地发生的刑事案件管辖问题的批复	2010 年 8 月 31 日公安部　公复字〔2010〕6 号

消防管理

序号	规范性文件名称	发布机关、日期及发文字号
1	关于火警电话"09"、匪警电话"00"两个号码改为"119"和"110"的通知	1959 年 10 月 22 日公安部　（59）公消字第 65 号
2	关于定期公布火灾统计数字加强消防宣传的通知	1985 年 3 月 2 日中共中央宣传部、公安部、广播电视部、国家统计局　〔85〕公发 17 号
3	关于改变企业单位实行义务兵役制的消防队体制的通知	1985 年 4 月 3 日公安部、总参谋部、劳动人事部、民政部、财政部　〔85〕公发 26 号
4	关于企业单位义务兵役制消防队集体转业劳动指标的通知	1985 年 5 月 14 日劳动人事部、公安部

序号	规范性文件名称	发布机关、日期及发文字号
5	高层建筑消防管理规则	1986 年 5 月 13 日公安部 〔86〕公（消）字 41 号
6	企业事业单位专职消防队组织条例	1987 年 1 月 19 日国家经委、公安部、劳动人事部、财政部 〔87〕公发 1 号
7	城市消防规划建设管理规定	1989 年 9 月 1 日公安部、建设部、国家计委、财政部 〔89〕公（消）字 70 号
8	关于印发《铁路、交通、民航系统消防监督职责范围协调会纪要》的通知	1989 年 12 月 7 日公安部消防局、铁道部公安局、交通部公安局、民航公安局 〔1989〕公消发 292 号
9	公安部关于试行《火灾间接经济损失额计算方法》的通知	1992 年 10 月 7 日公安部 公通字〔1992〕151 号
10	关于在非必要场所停止再配置哈龙灭火器的通知	1994 年 11 月 11 日公安部、国家环境保护局 公通字〔1994〕94 号
11	关于城镇使用新型复合燃料有关安全问题的通知	1995 年 3 月 29 日公安部消防局、劳动部职业安全卫生与锅炉压力容器监察局、建设部城建司 公消〔1995〕97 号
12	关于加强电气工程、电器产品质量管理防止发生火灾事故的通知	1995 年 9 月 5 日公安部、建设部、机械工业部、技术监督局、轻工总会 公通字〔1995〕64 号
13	关于落实"在非必要场所停止再配置哈龙灭火器的通知"的通知	1995 年 10 月 12 日公安部消防局 公消〔1995〕300 号
14	公安部关于加强和改进火灾统计工作的通知	1996 年 8 月 12 日公安部 公通字〔1996〕47 号
15	公安部、劳动部、国家统计局关于重新印发《火灾统计管理规定》的通知	1996 年 11 月 11 日公安部、劳动部、国家统计局 公通字〔1996〕82 号
16	公安部关于做好预防和处置毒气事件、化学品爆炸等特种灾害事故工作的通知	1996 年 11 月 28 日公安部 公通字〔1996〕80 号
17	关于推广景德镇"妈妈防火团"长期做好消防工作经验的通知	1997 年 5 月 14 日公安部消防局、全国妇联宣传部 公通字〔1997〕138 号
18	关于印发《消防设施专项工程设计证书管理办法》和《消防设施专项工程设计资格分级标准》的通知	1997 年 11 月 23 日公安部、建设部 公通字〔1997〕60 号
19	关于禁止将 1202 作为灭火剂销售和使用的通知	1998 年 2 月 18 日公安部消防局 公消〔1998〕030 号
20	关于禁止流动加油车在市区道路加油营业的通知	1998 年 8 月 28 日公安部、经贸委 公通字〔1998〕62 号
21	关于逐步淘汰哈龙固定灭火系统和哈龙灭火器有关问题的通知	1999 年 2 月 1 日公安部消防局 公消〔1999〕031 号

序号	规范性文件名称	发布机关、日期及发文字号
22	公安部关于公安消防机构办理刑事案件有关问题的通知	1999年4月5日公安部　公通字〔1999〕19号
23	关于印发《消防水源管理规定》的通知	2000年9月9日公安部消防局　公消〔2000〕67号
24	关于加强地铁及城市隧道消防安全工作的通知	2000年12月18日公安部消防局　公消〔2000〕426号
25	关于加强消防宣传工作的通知	2001年2月21日中宣部、公安部、国家广电总局　公通字〔2001〕6号
26	公安部对《关于公共娱乐场所有关问题的请示》的批复	2001年3月13日公安部　公消（2001）61号
27	关于进一步加强哈龙替代品及其替代技术管理的通知	2001年8月1日公安部消防局　公消〔2001〕217号
28	关于消防设施工程专业承包企业资质管理工作若干问题的通知	2001年8月16日公安部、建设部　公通字〔2001〕67号
29	公安部关于实施《机关、团体、企业、事业单位消防安全管理规定》有关问题的通知（附：《消防安全重点单位界定标准》）	2001年12月27日公安部　公通字〔2001〕97号
30	关于利用消防站开展社会化消防安全宣传教育工作的通知	2002年3月21日公安部、教育部、民政部、司法部、国家广电总局、国家安监局、全国总工会、共青团中央、全国妇联、全国少工委　公通字〔2002〕17号
31	对实施《机关、团体、企业、事业单位消防安全管理规定》有关问题请示的批复	2002年4月24日公安部　公消字〔2002〕122号
32	关于认真贯彻执行国务院《危险化学品安全管理条例》切实加强危险化学品公共安全管理的通知	2002年5月27日公安部　公通字（2002）31号
33	公安部关于进一步加强和规范公安消防部队抢险救援工作的通知	2002年9月26日公安部　公通字〔2002〕48号
34	关于进一步加强城市社区消防工作的通知	2002年11月22日公安部、民政部　公通字〔2002〕61号
35	关于进一步加强小城镇消防规划建设工作的通知	2002年12月5日公安部、建设部　公通字〔2002〕66号
36	关于取消公安消防机构对消防设施专业承包企业资质初审有关问题的通知	2003年1月18日公安部、建设部　公通字〔2003〕10号
37	关于印发《消防员防护装备配备标准（试行）》和《消防特勤队（站）装备配备标准（试行）》的通知	2003年2月14日公安部消防局　公消〔2003〕034号

序号	规范性文件名称	发布机关、日期及发文字号
38	关于贯彻落实《公安部三十项便民利民措施》第三十项有关工作的通知	2003 年 8 月 20 日公安部消防局　公消〔2003〕204 号
39	关于印发《关于进一步落实消防工作责任制的若干意见》的通知	2004 年 4 月 28 日公安部、监督部、国家安监局　公发〔2004〕4 号
40	关于进一步加强城镇消防规划和公共消防设施建设的通知	2004 年 4 月 30 日公安部、国家发展改革委、建设部　公通字〔2004〕34 号
41	关于认真贯彻实施《关于进一步落实消防工作责任制的若干意见》的通知	2004 年 5 月 14 日公安部消防局　公消〔2004〕174 号
42	关于充分发挥新闻媒体作用进一步加强消防舆论监督工作的通知	2004 年 6 月 24 日中宣部、公安部、国家广电总局　公通字〔2004〕45 号
43	公安部消防局关于印发《重要火灾和处置灾害事故信息报告及处理规定（试行）》的通知	2004 年 8 月 2 日公安部消防局　公消〔2004〕306 号
44	关于印发《加强城市社区消防工作的通知》的通知	2005 年 2 月 28 日公安部、中央综治办、民政部　公通字〔2005〕10 号
45	关于营业性健身、休闲类公共娱乐场所范围的批复	2005 年 7 月 27 日公安部法制局　公法〔2005〕241 号
46	关于做好灭火救援现场紧急救护工作的通知	2005 年 10 月 12 日公安部、卫生部　公通字〔2005〕72 号
47	关于印发《公安部消防产品合格评定中心管理办法》的通知	2005 年 12 月 15 日公安部消防局　公消〔2005〕547 号
48	关于积极推进火灾公众责任保险切实加强火灾防范和风险管理工作的通知	2006 年 3 月 24 日公安部、中国保险监督管理委员　公通字〔2006〕34 号
49	关于印发《消防国际标准化管理暂行办法》的通知	2006 年 4 月 5 日公安部消防局　公消〔2006〕123 号
50	关于切实加强出租屋消防安全管理的通知	2006 年 5 月 20 日公安部消防局　公消〔2006〕182 号
51	关于认真贯彻落实国务院《关于进一步加强消防工作的意见》的通知	2006 年 5 月 29 日公安部消防局　公消〔2006〕210 号
52	关于印发《重大火灾隐患判定、督办及立案办法（试行）》的通知	2006 年 5 月 30 日公安部消防局　公消〔2006〕194 号
53	关于做好哈龙 1211 淘汰项目完成后有关工作的通知	2006 年 6 月 1 日公安部消防局　公消〔2006〕221 号
54	公安部关于认真贯彻落实《国务院关于进一步加强消防工作的意见》的通知	2006 年 8 月 8 日公安部　公通字〔2006〕55 号

序号	规范性文件名称	发布机关、日期及发文字号
55	关于印发《关于加强多种形式消防队伍建设发展的意见》的通知	2006年9月8日公安部、国家发展改革委、财政部、劳动保障部、交通部　公通字〔2006〕59号
56	关于印发《国家消防产品质量监督检验中心业务工作管理办法》的通知	2007年1月21日公安部消防局　公消〔2007〕29号
57	关于加快推进消防规划编制工作的通知	2007年1月23日公安部消防局　公消〔2007〕35号
58	关于印发《阻燃制品标识管理办法（试行）》的通知	2007年4月10日公安部消防局　公消〔2007〕122号
59	关于印发《加强社会主义新农村建设消防工作的指导意见》的通知	2007年5月27日中央综治办、公安部、国家发展改革委、民政部、财政部、建设部、农业部　公通字〔2007〕34号
60	关于贯彻公共安全行业标准加强消防监督有关问题的通知	2007年6月20日公安部消防局　公消〔2007〕226号
61	公安部关于调整火灾等级标准的通知	2007年6月26日公安部　公传发〔2007〕245号
62	关于推行消防便民服务五项措施的通知	2007年8月2日公安部消防局　公消〔2007〕297号
63	公安部消防局关于认真落实重要火灾报告制度的通知	2007年9月14日公安部消防局　公消〔2007〕370号
64	关于进一步加强公共场所阻燃制品管理工作的通知	2007年12月7日公安部消防局　公消〔2007〕503号
65	关于印发《中华人民共和国公安部关于人员密集场所加强消防安全管理的通告》的通知	2007年12月18日公安部　公传发〔2007〕529号
66	关于《废止严格限制火灾自动报警等七类主要消防产品新上项目通知》的通知	2008年1月29日公安部消防局　公消〔2008〕40号
67	关于公安部消防产品合格评定中心执行国家有关产业政策的批复	2008年4月2日公安部消防局　公消〔2008〕149号
68	关于推行《消防控制室管理及应急程序》的通知	2008年5月30日公安部消防局　公消〔2008〕273号
69	关于建筑工程消防行政许可中有关前置条件问题的批复	2008年7月7日公安部　公消〔2008〕350号
70	关于印发《最高人民检察院、公安部关于公安机关管辖的刑事案件立案追诉标准的规定（一）》的通知	2008年7月14日最高人民检察院、公安部　公通字〔2008〕36号
71	关于民办教育机构设置场所是否属于营业性场所问题的答复意见	2008年8月3日公安部消防局　公消〔2008〕404号

序号	规范性文件名称	发布机关、日期及发文字号
72	关于贯彻实施失火案和消防责任事故案立案追诉标准加强公安消防刑事执法工作的通知	2008 年 8 月 23 日公安部　公消〔2008〕432 号
73	关于印发《推进和规范城市消防安全远程监控系统建设应用的指导意见》的通知	2008 年 9 月 22 日公安部消防局　公消〔2008〕466 号
74	关于印发阻燃制品检验及证书、标识发放工作座谈会纪要的通知	2008 年 10 月 24 日公安部消防局　公消〔2008〕520 号
75	公安部关于贯彻实施《中华人民共和国消防法》的通知	2008 年 11 月 12 日公安部　公通字〔2008〕50 号
76	关于印发《〈中华人民共和国消防法〉宣传提纲》的通知	2008 年 11 月 12 日公安部　公消〔2008〕555 号
77	关于深入推进人员密集场所消防安全标准化管理工作的通知	2008 年 11 月 12 日公安部消防局　公消〔2008〕548 号
78	关于进一步推进消防行业特有工种职业技能鉴定工作的通知	2008 年 11 月 14 日公安部消防局　公消〔2008〕556 号
79	关于印发《建设工程消防性能化设计评估应用管理暂行规定》的通知	2009 年 2 月 5 日公安部消防局　公消〔2009〕52 号
80	关于落实《重要火灾和处置灾害事故信息报告及处理规定（试行）》的补充通知	2009 年 2 月 13 日公安部消防局　公消〔2009〕66 号
81	公安部关于印发《消防安全违法行为名称规范》的通知	2009 年 3 月 3 日公安部　公通字〔2009〕11 号
82	关于印发《人员密集场所消防安全检查要点》的通知	2009 年 3 月 20 日公安部消防局　公消〔2009〕125 号
83	公安部、住房和城乡建设部关于进一步加强建设工程施工现场消防安全工作的通知	2009 年 3 月 25 日公安部、住房和城乡建设部　公消〔2009〕131 号
84	公安部关于印发《公安消防部队执勤战斗条令》的通知	2009 年 4 月 17 日公安部　公通字〔2009〕23 号
85	关于贯彻实施《建设工程消防监督管理规定》、《消防监督检查规定》、《火灾事故调查规定》有关问题的通知	2009 年 5 月 6 日公安部消防局　公消〔2009〕199 号
86	公安部关于印发公安消防行政法律文书（式样）及相关文件的通知	2009 年 5 月 8 日公安部　公通字〔2009〕21 号
87	公安部关于废止和修改消防工作部门规章及规范性文件的通知	2009 年 5 月 21 日公安部　公通字〔2009〕29 号

序号	规范性文件名称	发布机关、日期及发文字号
88	关于印发《公安机关消防刑侦部门火灾调查工作协作规定》的通知	2009 年 6 月 22 日公安部 公消〔2009〕279 号
89	关于贯彻执行《建设工程消防验收评定规则》的通知	2009 年 6 月 22 日公安部消防局 公消〔2009〕297 号
90	关于贯彻执行《火灾现场勘验规则》行业标准的通知	2009 年 7 月 31 日公安部消防局 公消〔2009〕349 号
91	关于加强社会福利机构消防安全监督管理工作的通知	2009 年 9 月 14 日公安部消防局 公消〔2009〕408 号
92	公安部、住房和城乡建设部关于印发《民用建筑外保温系统及外墙装饰防火暂行规定》的通知	2009 年 9 月 25 日公安部、住房和城乡建设部 公通字〔2009〕46 号
93	关于印发《消防产品信息发布管理办法（试行）》的通知	2009 年 10 月 23 日公安部消防局 公消〔2009〕460 号
94	关于印发《消防安全监管司局级联席会议会议纪要》的通知	2009 年 11 月 10 日公安部消防局 公消〔2009〕475 号

计算机信息管理

序号	规范性文件名称	发布机关、日期及发文字号
1	公安部关于防病毒卡等产品属于计算机安全专用产品的批复	1995 年 12 月 13 日公安部 公复字〔1995〕9 号
2	关于对一些外国驻华使领馆及外国驻华机构来电询问有关计算机国际联网备案问题的答复意见的函	1996 年 3 月 6 日公安部 公算〔1996〕38 号
3	关于"联网备案通知"中有关外国使领馆及外国驻华机构备案事宜的说明	1996 年 3 月 6 日公安部网络安全保卫局 公算〔1996〕40 号
4	公安部关于加强信息网络国际联网信息安全管理的通知	1996 年 7 月 1 日公安部 公通字〔1996〕40 号
5	关于颁发"安全专用产品销售许可证"有关事项的通知	1998 年 4 月 22 日公安部网络安全保卫局 公算〔1998〕194 号
6	关于印发《金融机构计算机信息系统安全保护工作暂行规定》的通知	1998 年 8 月 31 日公安部、中国人民银行 公通字〔1998〕63 号
7	关于对出售没有申领销售许可证的计算机信息系统安全专用产品的单位进行处罚问题的批复	1999 年 3 月 12 日公安部 公信安〔1999〕44 号
8	关于进一步加强互联网备案管理工作的通知	1999 年 8 月 17 日公安部网络安全保卫局 公信安〔1999〕179 号

序号	规范性文件名称	发布机关、日期及发文字号
9	关于对违反公安部32号令有关问题的请示的答复	1999年11月3日公安部网络安全保卫局　公信安〔1999〕239号
10	公安部关于加强政府宣传网站安全保护管理工作的通知	2000年2月13日公安部　公通字〔2000〕8号
11	关于执行《计算机信息网络国际联网安全保护管理办法》中有关问题的通知	2000年2月13日公安部　公信安〔2000〕21号
12	关于计算机犯罪案件管辖分工问题的通知	2000年7月25日公安部　公通字〔2000〕63号
13	关于印发《联网单位安全员管理办法（试行）》的通知	2000年9月29日公安部网络安全保卫局　公信安〔2000〕260号
14	关于对《刑法》第二百八十五条、第二百八十六条有关问题的答复	2001年5月29日公安部网络安全保卫局　公信安〔2001〕263号
15	关于主机托管网站不履行安全保护义务的处罚对象及管辖权问题的答复	2002年1月25日公安部网络安全保卫局　公信安〔2002〕34号
16	关于进一步改进计算机信息网络国际联网备案管理工作的通知	2002年4月16日公安部网络安全保卫局　公信安〔2002〕128号
17	关于对利用网络漏洞进行攻击但未造成危害后果的行为如何处罚的答复	2002年9月27日公安部网络安全保卫局　公信安〔2002〕486号
18	关于地方公安机关与铁路公安机关公共信息网络安全监察工作管辖分工问题的批复	2002年10月16日公安部　公信安〔2002〕502号
19	关于对《计算机信息网络国际联网安全保护管理办法》条款中"他人"适用问题的答复	2003年4月11日公安部网络安全保卫局　公信安〔2003〕146号
20	关于信息安全等级保护工作的实施意见	2004年9月17日公安部、国家保密局、国家密码管理委员会办公室、国务院信息化工作办公室　公通字〔2004〕66号
21	关于开展信息网络安全专业技术人员继续教育工作的通知	2006年5月26日公安部、人事部　公信安〔2006〕526号
22	信息安全等级保护管理办法	2007年6月22日公安部、国家保密局、国家密码管理局、国务院信息化工作办公室　公通字〔2007〕43号
23	信息安全等级保护备案实施细则	2007年10月26日公安部网络安全保卫局　公信安〔2007〕1360号
24	公安机关信息安全等级保护检查工作规范（试行）	2008年6月10日公安部网络安全保卫局　公信安〔2008〕736号

序号	规范性文件名称	发布机关、日期及发文字号
25	信息安全等级保护测评工作管理规范（试行）	2010 年 3 月 12 日公安部网络安全保卫局　公信安〔2010〕303 号
26	关于办理网络赌博犯罪案件适用法律若干问题的意见	2010 年 8 月 31 日最高人民法院、最高人民检察院、公安部　公通字〔2010〕40 号

监所管理

序号	规范性文件名称	发布机关、日期及发文字号
1	公安部、卫生部关于解决看守所患病犯人治疗问题的通知	1979 年 6 月 20 日公安部、卫生部
2	最高人民法院、最高人民检察院、公安部关于严厉打击看守所在押犯于羁押期间进行犯罪活动的通知	1983 年 9 月 5 日最高人民法院、最高人民检察院、公安部
3	最高人民法院、最高人民检察院、公安部、司法部关于抓紧审查处理看守所在押人犯的通知	1985 年 4 月 6 日最高人民法院、最高人民检察院、公安部、司法部　〔85〕公发 27 号
4	公安部、城乡建设环境保护部关于看守所修建工作有关问题的通知	1985 年 9 月 4 日公安部、城乡建设环境保护部
5	最高人民检察院、公安部、司法部关于劳教人员应当一律送劳教场所收容的通知	1987 年 2 月 17 日最高人民检察院、公安部、司法部　〔87〕公（审）15 号
6	治安拘留所管理办法（试行）	1990 年 1 月 3 日公安部　公通字〔1990〕4 号
7	公安部关于看守所使用械具问题的通知	1991 年 6 月 7 日公安部　公通字〔1991〕38 号
8	中华人民共和国看守所条例实施办法（试行）	1991 年 10 月 5 日公安部　公通字〔1991〕87 号
9	最高人民法院、最高人民检察院、公安部关于依法文明管理看守所在押人犯的通知	1992 年 11 月 14 日最高人民法院、最高人民检察院、公安部　公通字〔1992〕139 号
10	公安部关于印发《公安机关看守所安全大检查与值班巡视暂行规定》的通知	1993 年 7 月 20 日公安部　公通字〔1993〕69 号
11	公安部印发《关于看守所事故、重大事件分类和报告制度暂行规定》的通知	1995 年 1 月 20 日公安部　公审〔1995〕20 号
12	公安部、财政部关于印发《看守所在押人员伙食实物量标准》的通知	1996 年 1 月 21 日公安部、财政部　公通字〔1996〕6 号
13	关于主动接受人大、政协对看守所工作检查监督问题的通知	1997 年 1 月 15 日公安部　公通字〔1997〕3 号

序号	规范性文件名称	发布机关、日期及发文字号
14	公安部关于是否允许办案单位将在押犯罪嫌疑人、被告人提出看守所讯问的答复	1997 年 5 月 12 日公安部 公审〔1997〕40 号
15	公安部关于开展"严格执法，文明管理"看守所创建活动的通知	1998 年 3 月 26 日公安部 公监管〔1998〕4 号
16	公安部关于做好看守所有关工作记录的通知	1998 年 8 月 12 日公安部 公监管〔1998〕46 号
17	公安部关于印发《看守所在押人员行为规范》的通知	1998 年 8 月 12 日公安部 公监管〔1998〕45 号
18	公安部关于印发《看守所民警业务考试办法》的通知	1998 年 8 月 28 日公安部 公监管〔1998〕048 号
19	最高人民法院、最高人民检察院、公安部关于羁押犯罪嫌疑人、被告人实行换押制度的通知	1999 年 10 月 27 日最高人民法院、最高人民检察院、公安部 公通字〔1999〕83 号
20	收容教育所等级评定办法	2000 年 11 月 27 日公安部 公通字〔2000〕104 号
21	强制戒毒所等级评定办法	2000 年 11 月 27 日公安部 公通字〔2000〕102 号
22	公安部关于对被判处拘役的罪犯在执行期间回家问题的批复	2001 年 1 月 31 日公安部 公复字〔2001〕2 号
23	公安部监所管理局关于印发《看守所民警执勤行为规范（试行）》的通知	2001 年 5 月 25 日公安部监所管理局 公监管〔2001〕92 号
24	公安部监所管理局关于印发《治安拘留所被拘留人行为规范》的通知	2001 年 6 月 18 日公安部监所管理局 公监管〔2001〕112 号
25	公安部关于不宜在看守所内执行死刑问题的批复	2001 年 11 月 20 日公安部 公复字〔2001〕20 号
26	公安部监所管理局对看守所留押服刑罪犯请假办理结婚手续如何处理的答复	2003 年 2 月 19 日公安部监所管理局 公监管〔2003〕28 号
27	公安部监所管理局关于做好看守所、拘役所服刑人员刑满释放时衔接工作的通知	2003 年 3 月 19 日公安部监所管理局 公监管〔2003〕36 号
28	公安部关于印发《看守所等级评定办法》的通知	2003 年 3 月 26 日公安部 公通字〔2003〕22 号
29	公安部监所管理局关于在看守所监室内安装空调问题的答复	2004 年 6 月 11 日公安部监所管理局 公监管〔2004〕64 号
30	对人民检察院驻所检察室能否搬入监区内办公的答复	2004 年 7 月 15 日公安部监所管理局 公监管〔2004〕93 号

序号	规范性文件名称	发布机关、日期及发文字号
31	公安部关于进一步加强看守所工作的意见	2004 年 12 月 1 日公安部　公通字〔2004〕82 号
32	公安部关于下发《看守所基础工作台账式样》的通知	2005 年 3 月 30 日公安部　公监管〔2005〕48 号
33	公安部监所管理局关于对开设刑事案件诉讼进程查询系统有关问题的批复	2005 年 3 月 30 日公安部监所管理局　公监管〔2005〕55 号
34	公安部关于印发《看守所组织在押人员劳动管理办法》的通知	2005 年 5 月 14 日公安部　公通字〔2005〕26 号
35	公安部监所管理局关于印发《看守所对有"牢头狱霸"行为的在押人员实施严管的规定》的通知	2005 年 5 月 23 日公安部监所管理局　公监管〔2005〕92 号
36	公安部监所管理局关于加强看守所在押人员财物管理的通知	2005 年 6 月 1 日公安部监所管理局　公监管〔2005〕104 号
37	公安部监所管理局对看守所在押人员涉及民事诉讼的能否出庭应诉问题的批复	2005 年 6 月 30 日公安部监所管理局　公监管〔2005〕132 号
38	公安部监所管理局关于印发《看守所新收押人员过渡管理办法》的通知	2005 年 7 月 26 日公安部监所管理局　公监管〔2005〕148 号
39	公安部监所管理局关于对检察机关直接受理侦查的案件在看守所讯问犯罪嫌疑人时能否自行进行录音录像问题的批复	2005 年 9 月 8 日公安部监所管理局　公监管〔2005〕181 号
40	公安部关于做好撤销拘役所有关工作的通知	2005 年 12 月 27 日公安部　公通字〔2005〕96 号
41	关于印发《加强看守所基础工作实施方案》和《看守所基础工作规范手册》的通知	2006 年 3 月 16 日公安部监所管理局　公监管〔2006〕43 号
42	关于印发《看守所勤务模式改革指导意见》的通知	2006 年 4 月 27 日公安部监所管理局　公监管〔2006〕85 号
43	关于被告人出庭时是否着马甲问题的批复	2006 年 5 月 15 日公安部监所管理局　公监管〔2006〕92 号
44	关于加强公安监管舆论宣传工作的通知	2009 年 4 月 10 日公安部监所管理局　公监管〔2009〕75 号
45	关于印发《看守所防范和打击"牢头狱霸"十条规定》的通知	2009 年 5 月 7 日公安部监所管理局　公监管〔2009〕113 号
46	关于印发《关于加强公安监管文化建设的意见》的通知	2009 年 5 月 11 日公安部监所管理局　公监管〔2009〕116 号
47	公安部关于对看守所女性在押人员实行集中关押管理的通知	2009 年 5 月 14 日公安部　公监管〔2009〕27 号

序号	规范性文件名称	发布机关、日期及发文字号
48	关于公安机关督察民警凭督察证件进入监管场所开展现场督察的通知	2009 年 5 月 14 日公安部监所管理局　公监管〔2009〕122 号
49	关于进一步加强公安监管战线先进典型培树宣传工作的通知	2009 年 6 月 15 日公安部监所管理局　公监管〔2009〕162 号
50	关于禁止看守所使用留所服刑罪犯从事工勤工作的通知	2009 年 6 月 19 日公安部监所管理局　公监管〔2009〕175 号
51	公安部关于进一步加强和改进公安监管工作的意见	2009 年 7 月 20 日公安部　　公通字〔2009〕36 号
52	关于推行看守所电子台帐的通知	2009 年 8 月 13 日公安部监所管理局　公监管〔2009〕222 号
53	公安部监所管理局关于修订看守所等级评定标准的通知	2009 年 8 月 25 日公安部监所管理局　公监管〔2009〕234 号
54	关于印发《关于做好监管场所突发敏感事件舆论引导工作的意见》的通知	2009 年 8 月 27 日公安部监所管理局　公监管〔2009〕240 号
55	公安部监所管理局关于禁止看守所为在押人员自费加餐的通知	2009 年 9 月 23 日公安部监所管理局　公监管〔2009〕271 号
56	关于公安机关强制隔离戒毒所使用美沙酮等麻醉药品和精神药品有关问题的通知	2009 年 11 月 17 日公安部、卫生部　公通字〔2009〕53 号
57	公安部、卫生部关于切实加强和改进公安监管场所医疗卫生工作的通知	2009 年 12 月 25 日公安部、卫生部　公通字〔2009〕60 号
58	关于加强公安监管民警教育训练工作的通知	2010 年 1 月 22 日公安部监所管理局　公监管〔2010〕39 号
59	关于依法将罪犯投送监狱执行刑罚的通知	2010 年 1 月 26 日公安部监所管理局　公监管〔2010〕46 号
60	关于看守所讯问室必须用金属防护网分隔的通知	2010 年 1 月 27 日公安部监所管理局　公监管〔2010〕50 号
61	关于看守所使用警用约束带问题的通知	2010 年 3 月 3 日公安部监所管理局　公监管〔2010〕107 号
62	关于加强公安监管场所被监管人员死亡事件信息报送工作的通知	2010 年 3 月 24 日公安部监所管理局　公监管〔2010〕134 号
63	关于全面推开看守所对社会开放工作的通知	2010 年 4 月 9 日公安部监所管理局　公监管〔2010〕160 号
64	关于在看守所监室内全面推行床位制的通知	2010 年 4 月 10 日公安部监所管理局　公监管〔2010〕179 号
65	关于建立看守所与在押人员家属联系制度的通知	2010 年 4 月 20 日公安部监所管理局　公监管〔2010〕172 号

序号	规范性文件名称	发布机关、日期及发文字号
66	关于规范和加强看守所管理确保在押人员身体健康的通知	2010 年 5 月 10 日公安部监所管理局　公监管〔2010〕214 号
67	关于看守所严格依法使用械具的通知	2010 年 6 月 30 日公安部监所管理局　公监管〔2010〕272 号
68	关于采取积极措施全面实行看守所对社会开放的通知	2010 年 7 月 26 日公安部监所管理局　公监管〔2010〕304 号
69	关于看守所对具有严重危险行为的在押人员可以使用禁闭性约束措施的通知	2010 年 7 月 26 日公安部监所管理局　公监管〔2010〕309 号
70	关于印发《关于看守所预防在押人员自杀的指导意见》的通知	2010 年 7 月 26 日公安部监所管理局　公监管〔2010〕310 号

道路交通管理

序号	规范性文件名称	发布机关、日期及发文字号
1	停车场建设和管理暂行规定	1988 年 10 月 3 日公安部、建设部　〔88〕公（交管）字 90 号
2	关于公安交通警察队名称问题的批复	1991 年 1 月 20 日公安部　公复字〔1991〕1 号
3	关于驾驶和乘坐小型客车必须使用安全带的通告	1992 年 11 月 15 日公安部
4	关于贯彻实施《国务院办公厅关于加强进口汽车牌证管理的通知》有关问题的通知	1993 年 9 月 18 日公安部、海关总署、国家工商行政管理局　公发〔1993〕7 号
5	关于组建公路巡逻民警队在公路上实施统一执法工作的通知	1996 年 9 月 9 日公安部　公通字〔1996〕58 号
6	关于实施《汽车报废标准》有关事项的通知	1997 年 11 月 18 日公安部　公交管〔1997〕261 号
7	关于印发《公安机关交通民警岗位培训规定（试行）》的通知	1998 年 5 月 15 日公安部交通管理局　公交管〔1998〕116 号
8	关于轻型载货汽车报废标准实施日期的通知	1998 年 7 月 30 日公安部交通管理局　公交管〔1998〕201 号
9	关于转发海关启用新版《监管车辆进出境领销牌照通知书》和《监管车辆解除监管证明书》的通知	1999 年 6 月 8 日公安部交通管理局　公交管〔1999〕137 号
10	关于港澳地区入出内地车辆启用"九二"式车辆号牌的批复	2000 年 6 月 19 日公安部　公交管〔2000〕112 号

序号	规范性文件名称	发布机关、日期及发文字号
11	关于实施《关于调整汽车报废标准若干规定的通知》有关问题的通知	2001 年 1 月 6 日公安部　公交管〔2001〕2 号
12	关于对军车驾驶员交通违章交通事故实施抄告制度的通知	2001 年 6 月 4 日公安部　公通字〔2001〕34 号
13	关于转发《国家计委、财政部关于机动车登记证书工本费和机动车抵押登记费收费标准的通知》的通知	2001 年 10 月 25 日公安部交通管理局　公交管〔2001〕181 号
14	关于建立交通事故快速抢救机制的通知	2002 年 1 月 10 日公安部、卫生部　公通字〔2002〕8 号
15	关于进一步落实军车驾驶员交通违章交通事故抄告制度的通知	2002 年 7 月 8 日公安部交通管理局、总参谋部军务部、总后勤部军事交通运输部　公交管〔2002〕77 号
16	关于贯彻实施《中华人民共和国道路交通安全法》的通知	2003 年 11 月 12 日公安部　公通字〔2003〕74 号
17	预防道路交通事故"五整顿""三加强"实施意见	2004 年 4 月 30 日公安部、国家发展和改革委员会、交通部、农业部、国家安全生产监督管理局　公通字〔2004〕33 号
18	交通事故统计暂行规定	2004 年 5 月 20 日公安部交通管理局　公交管〔2004〕92 号
19	关于加强公路施工管理确保交通畅通的紧急通知	2004 年 9 月 16 日公安部、交通部　公传发〔2004〕2844 号
20	公安部交通管理局关于海关总署启用新版《没收走私汽车、摩托车证明书》有关工作的通知	2005 年 1 月 27 日公安部交通管理局　公交管〔2005〕13 号
21	道路交通违法业务处理系统建设指导意见	2005 年 3 月 10 日公安部交通管理局　公交管〔2005〕31 号
22	车辆管理所等级评定办法	2005 年 6 月 8 日公安部　公通字〔2005〕33 号
23	公安机关维护校园及周边治安秩序八条措施	2005 年 6 月 15 日公安部　公传发〔2005〕1968 号
24	关于贯彻执行《剧毒化学品购买和公路运输许可证件管理办法》有关问题的通知	2005 年 6 月 30 日公安部　公通字〔2005〕38 号
25	预防群死群伤特大道路交通事故工作意见	2005 年 8 月 2 日公安部、交通部、国家安全监管总局　公通字〔2005〕49 号
26	关于印发《办理剧毒化学品公路运输通行证业务工作规范》的通知	2005 年 9 月 22 日公安部交通管理局　公交管〔2005〕148 号

序号	规范性文件名称	发布机关、日期及发文字号
27	关于海关总署启用新版汽车用《货物进口证明书》有关工作的通知	2005 年 10 月 13 日公安部交通管理局　公交管〔2005〕156 号
28	关于印发《机动车驾驶人考试员资格管理办法》的通知	2005 年 11 月 20 日公安部交通管理局　公交管〔2005〕179 号
29	关于海关总署启用新版《货物进口证明书》有关工作的通知	2005 年 12 月 12 日公安部交通管理局　公交管〔2005〕189 号
30	关于进一步加强中小学校交通安全工作的通知	2005 年 12 月 16 日公安部、教育部　公通字〔2005〕94 号
31	关于进一步规范公安民警驾驶警车执行警务活动及执勤用语的通知	2006 年 2 月 21 日公安部　公通字〔2006〕20 号
32	一次死亡 10 人以上特大交通事故处置程序规定	2006 年 3 月 30 日公安部交通管理局　公交管办〔2006〕94 号
33	深入落实"五整顿""三加强"工作措施继续开展"平安畅通县区"活动实施意见	2006 年 5 月 16 日全国道路交通安全工作部际联席会议　公交管〔2006〕84 号
34	交通事故处理岗位正规化建设标准	2006 年 5 月 29 日公安部交通管理局　公交管〔2006〕92 号
35	关于转发海关总署公告的通知	2006 年 6 月 21 日公安部交通管理局
36	关于国家税务总局启用新版《机动车销售统一发票》有关情况的通知	2006 年 6 月 26 日公安部交通管理局　公交管〔2006〕109 号
37	关于加强县级公安交通管理部门车辆管理工作的意见	2006 年 6 月 27 日公安部　公交管〔2006〕111 号
38	关于贯彻实施《机动车交通事故责任强制保险条例》的通知	2006 年 6 月 30 日公安部　公交管〔2006〕115 号
39	关于推广应用交警队信息平台的通知	2006 年 7 月 4 日公安部交通管理局　公交管〔2006〕116 号
40	关于执行《机动车运行安全技术条件》国家标准第 1 号修改单的通知	2006 年 9 月 18 日公安部交通管理局　公交管〔2006〕142 号
41	关于印发《机动车驾驶人考试工作纪律》的通知	2006 年 9 月 22 日公安部交通管理局　公交管〔2006〕144 号
42	剧毒化学品公路运输信息管理系统建设指导意见	2006 年 10 月 9 日公安部交通管理局　公交管〔2006〕152 号
43	关于加强交通警察执勤执法考核评价工作的通知	2006 年 10 月 19 日公安部交通管理局　公交管〔2006〕154 号
44	关于转发国家发改委《关于规范三轮汽车、低速货车管理有关事项的通知》的通知	2006 年 11 月 13 日公安部交通管理局

序号	规范性文件名称	发布机关、日期及发文字号
45	关于加强高速公路交通安全工作的通知	2006 年 12 月 19 日公安部、交通部　公通字〔2006〕84 号
46	关于印发《全国道路交通事故信息系统建设指导意见》的通知	2006 年 12 月 25 日公安部交通管理局　公交管〔2006〕183 号
47	关于建立道路交通安全气象信息交换和发布制度的通知	2007 年 1 月 29 日公安部、中国气象局　公交管〔2007〕22 号
48	关于农村公安派出所参与道路交通安全工作的通知	2007 年 2 月 2 日公安部　公通字〔2007〕4 号
49	关于规范残疾人机动轮椅车运营问题维护社会稳定的意见	2007 年 5 月 11 日公安部、民政部、劳动和社会保障部、建设部、交通部、国家工商行政管理总局、中国残疾人联合会　公通字〔2007〕28 号
50	公安交警队和车辆管理所标识制作及设置规范	2007 年 5 月 21 日公安部　公交管〔2007〕102 号
51	交警队正规化建设标准	2007 年 7 月 16 日公安部交通管理局　公交管〔2007〕135 号
52	关于规范使用道路交通技术监控设备的通知	2007 年 7 月 20 日公安部　公通字〔2007〕54 号
53	关于县级公安交通管理机构名称的答复	2007 年 7 月 20 日公安部交通管理局　公交管〔2007〕140 号
54	车辆管理所正规化建设标准	2007 年 8 月 8 日公安部交通管理局　公交管〔2007〕146 号
55	关于印发《中华人民共和国公安部关于发布交通警察手势信号的通告》的通知	2007 年 8 月 13 日公安部　公通字〔2007〕53 号
56	关于实施国家标准《机动车运行安全技术条件》（GB7258—2004）第 2 号修改单的通知	2007 年 8 月 23 日公安部、教育部　公交管〔2007〕162 号
57	关于加强交通管理警力和经费保障的指导意见	2007 年 8 月 24 日公安部　公交管〔2007〕163 号
58	关于贯彻执行《中华人民共和国机动车号牌》行业标准的通知	2007 年 10 月 12 日公安部交通管理局　公交管〔2007〕198 号
59	关于海关总署改进汽车《货物进口证明书》防伪技术的通知	2007 年 12 月 7 日公安部交通管理局　公交管办〔2007〕440 号
60	全国公安交通管理信息系统运行管理规定	2008 年 1 月 21 日公安部交通管理局　公交管〔2008〕23 号
61	关于加强公安交通管理科技应用的意见	2008 年 1 月 22 日公安部交通管理局　公交管〔2008〕22 号

序号	规范性文件名称	发布机关、日期及发文字号
62	道路交通违法信息系统使用暂行规定	2008 年 1 月 28 日公安部交通管理局　公交管〔2008〕32 号
63	关于实施《道路交通管理标准体系表》指导性技术文件的通知	2008 年 3 月 3 日公安部交通管理局　公交管〔2008〕51 号
64	关于贯彻执行《中华人民共和国机动车驾驶证件》行业标准的通知	2008 年 3 月 24 日公安部交通管理局　公交管〔2008〕62 号
65	印发《关于加强涉及军车号牌及相关证件违法犯罪活动查处工作的意见》的通知	2008 年 4 月 22 日公安部、交通运输部、中国人民解放军总参谋部、中国人民解放军总政治部、中国人民解放军总后勤部　政保〔2008〕7 号
66	关于加强交通协管员队伍建设的指导意见	2008 年 4 月 30 日公安部　公交管〔2008〕88 号
67	关于贯彻落实公安部《关于加强交通协管员队伍建设的指导意见》的通知	2008 年 6 月 4 日公安部交通管理局　公交管〔2008〕124 号
68	关于加强机动车驾驶培训质量监督工作的通知	2008 年 6 月 20 日公安部交通管理局　公交管〔2008〕135 号
69	关于推广应用道路交通事故处理信息系统的通知	2008 年 6 月 26 日公安部交通管理局　公交管〔2008〕137 号
70	公安机关全面推进创建平安畅通县区活动进一步深化和拓展"五整顿""三加强"工作措施的意见	2008 年 7 月 9 日公安部　公交管〔2008〕153 号
71	关于转发海关总署有关《货物进口证明书》填写要求等规定的通知	2008 年 8 月 5 日公安部交通管理局
72	关于贯彻执行《中华人民共和国机动车行驶证》行业标准的通知	2008 年 8 月 14 日公安部交通管理局　公交管〔2008〕181 号
73	机动车登记工作规范	2008 年 8 月 16 日公安部　公交管〔2008〕185 号
74	关于加强机动车车身反光标识粘贴等工作的通知	2008 年 8 月 27 日公安部交通管理局　公交管〔2008〕190 号
75	关于进一步深化和拓展道路交通安全"五整顿""三加强"工作措施的意见	2008 年 9 月 5 日全国道路交通安全工作部际联席会议　公交管〔2008〕199 号
76	交通警察道路执勤执法工作规范	2008 年 11 月 15 日公安部　公通字〔2008〕58 号
77	关于进一步推进交通管理信息化工作的意见	2008 年 12 月 3 日公安部交通管理局　公交管〔2008〕252 号
78	高速公路交通应急管理程序规定	2008 年 12 月 3 日公安部　公通字〔2008〕54 号

序号	规范性文件名称	发布机关、日期及发文字号
79	关于贯彻实施《机动车号牌专用固封装置》行业标准的通知	2008 年 12 月 10 日公安部交通管理局　公交管〔2008〕263 号
80	关于印发《道路交通事故处理工作规范》的通知	2008 年 12 月 24 日公安部　公交管〔2008〕277 号
81	关于转发国家税务总局有关《机动车销售统一发票》打印要求的通知	2009 年 1 月 9 日公安部交通管理局
82	关于进一步规范道路交通事故报告工作的通知	2009 年 2 月 9 日公安部交通管理局　公交管〔2009〕27 号
83	关于印发《道路交通安全违法行为处理法律文书（式样）》的通知	2009 年 2 月 27 日公安部　公通字〔2009〕10 号
84	关于实施《闯红灯自动记录系统通用技术条件》等两项公共安全行业标准的通知	2009 年 3 月 3 日公安部交通管理局　公交管〔2009〕38 号
85	道路交通违法信息系统升级改造方案	2009 年 3 月 5 日公安部交通管理局　公交管〔2009〕43 号
86	关于做好汽车摩托车下乡交通管理工作的通知	2009 年 3 月 20 日公安部　公交管〔2009〕48 号
87	关于启用《道路交通事故接报信息表》的通知	2009 年 4 月 23 日公安部交通管理局　公交管〔2009〕68 号
88	公安部关于进一步加强和改进道路交通管理工作的意见	2009 年 5 月 12 日公安部　公通字〔2009〕24 号
89	关于印发《交通管理服务群众十项措施》的通知	2009 年 5 月 15 日公安部交通管理局　公交管〔2009〕91 号
90	关于建立健全交警系统走访群众工作长效机制的通知	2009 年 5 月 29 日公安部交通管理局　公交管〔2009〕106 号
91	关于实施《道路交通安全违法行为图像取证技术规范》和《机动车号牌图像自动识别技术规范》公共安全行业标准的通知	2009 年 6 月 17 日公安部交通管理局　公交管〔2009〕128 号
92	关于同意撤销西藏自治区公安厅驻青海格尔木和四川双流车辆管理所的批复	2009 年 6 月 23 日公安部交通管理局　公交管〔2009〕137 号
93	关于印发《道路交通事故处理信息系统使用规定》的通知	2009 年 6 月 23 日公安部交通管理局　公交管〔2009〕138 号
94	关于印发《关于进一步加强道路交通安全工作的意见》的通知	2009 年 7 月 1 日全国道路交通安全工作部际联席会议　公交管〔2009〕147 号
95	关于加强道路交通事故应急救援工作的通知	2009 年 7 月 23 日公安部　公交管〔2009〕176 号

序号	规范性文件名称	发布机关、日期及发文字号
96	关于进一步加强道路交通违法信息系统管理和应用的通知	2009 年 7 月 27 日公安部交通管理局　公交管〔2009〕180 号
97	关于实施《血液酒精含量的检验方法》和《唾液酒精检测试纸条》等两项公共安全行业标准的通知	2009 年 7 月 30 日公安部交通管理局　公交管〔2009〕183 号
98	关于实施《机动车驾驶人考试场地及其设施设置规范》公共安全行业标准的通知	2009 年 8 月 27 日公安部交通管理局　公交管〔2009〕204 号
99	关于印发《交警队信息平台使用规定（试行）》的通知	2009 年 9 月 7 日公安部交通管理局　公交管〔2009〕220 号
100	关于公安机关贯彻执行《道路交通事故社会救助基金管理试行办法》有关工作要求的通知	2009 年 10 月 28 日公安部　公交管〔2009〕261 号
101	关于实施《校车标识》等国家和行业标准的通知	2009 年 11 月 11 日公安部交通管理局　公交管〔2009〕273 号
102	关于建立健全严格查处酒后驾驶长效工作机制的指导意见	2009 年 12 月 22 日公安部　公交管〔2009〕302 号
103	关于实施《警车、消防车、救护车、工程救险车标志灯具》国家标准的通知	2009 年 12 月 28 日公安部交通管理局　公交管〔2009〕306 号
104	关于进一步加强交通管理信息系统安全工作的意见	2010 年 1 月 14 日公安部交通管理局　公交管〔2010〕12 号
105	关于实行酒后驾驶与机动车交强险费率联系浮动制度的通知	2010 年 1 月 20 日公安部、中国保险监督管理委员会　公通字〔2010〕8 号
106	关于调整部分交通违法行为代码的通知	2010 年 2 月 25 日公安部交通管理局　公交管〔2010〕45 号
107	关于加强和改进道路交通事故处理工作深入推进社会矛盾化解的意见	2010 年 3 月 2 日公安部交通管理局　公交管〔2010〕47 号
108	关于实施《机动车驾驶证业务信息采集和驾驶证件签注规范》和《机动车驾驶证件（GA482—2008）第 1 号修改单》行业标准的通知	2010 年 3 月 12 日公安部交通管理局　公交管〔2010〕57 号
109	关于印发《机动车驾驶证业务工作规范》的通知	2010 年 3 月 25 日公安部　公交管〔2010〕66 号
110	关于实施《机动车安全技术检验项目和方法》（GB21861—2008）第 1 号修改单的通知	2010 年 4 月 2 日公安部交通管理局　公交管〔2010〕70 号
111	关于印发《交警系统落实三项重点工作指导意见》的通知	2010 年 4 月 30 日公安部交通管理局　公交管〔2010〕95 号

序号	规范性文件名称	发布机关、日期及发文字号
112	关于印发《交警系统推进社会管理创新工作的意见》的通知	2010 年 5 月 5 日公安部交通管理局　公交管〔2010〕99 号
113	关于印发《国务院关于加强道路交通安全管理工作情况的报告》的通知	2010 年 5 月 16 日公安部　公发〔2010〕7 号
114	关于印发《整治车辆和驾驶人业务非法中介进一步落实便民服务措施的意见》的通知	2010 年 6 月 2 日公安部交通管理局　公交管〔2010〕144 号
115	关于实施《闯红灯自动记录系统验收技术规范》和《公安交通指挥系统建设技术规范》行业标准的通知	2010 年 6 月 4 日公安部交通管理局　公交管〔2010〕146 号
116	关于推行人民调解委员会调解道路交通事故民事损害赔偿工作的通知	2010 年 6 月 23 日公安部、司法部、中国保险监督管理委员会　公通字〔2010〕29 号
117	关于印发《公安交通管理综合应用平台建设指导意见》的通知	2010 年 8 月 12 日公安部交通管理局　公交管〔2010〕196 号
118	关于印发《交警系统推进社会管理创新工作措施》的通知	2010 年 8 月 13 日公安部交通管理局　公交管〔2010〕201 号
119	关于中国人民解放军总后勤部换发车辆驾驶证的通知	2010 年 8 月 17 日公安部交通管理局　公交管〔2010〕204 号

禁毒管理

序号	规范性文件名称	发布机关、日期及发文字号
1	公安部关于毒品案件立案标准的通知	1988 年 7 月 13 日公安部　〔1988〕公（刑）字第 60 号
2	公安部关于对吸食、注射毒品人员成瘾标准界定问题的批复	1998 年 4 月 22 日公安部　公复字〔1998〕3 号
3	公安机关缴获毒品管理规定	2001 年 8 月 23 日公安部禁毒局　公禁毒〔2001〕218 号
4	毒品案件侦查协作规定	2002 年 5 月 15 日公安部禁毒局　公禁毒〔2002〕153 号
5	公安部关于认定海洛因有关问题的批复	2002 年 6 月 28 日公安部　公禁毒〔2002〕236 号
6	关于启用易制毒化学品购买和运输证明的通知	2006 年 6 月 5 日公安部禁毒局　公禁毒〔2006〕335 号
7	关于汽车蓄电池标准液是否列入管制问题的答复	2006 年 12 月 29 日公安部禁毒局　公禁毒〔2006〕891 号
8	国内卫星遥感监测非法种植罂粟工作规程	2007 年 6 月 12 日国家禁毒委员会办公室　禁毒办通〔2007〕55 号

序号	规范性文件名称	发布机关、日期及发文字号
9	公安部关于无运输备案证明承运易制毒化学品如何适用法律问题的批复	2007 年 11 月 19 日公安部　公复字〔2007〕6 号
10	办理毒品犯罪案件适用法律若干问题的意见	2007 年 12 月 26 日最高人民法院、最高人民检察院、公安部　公通字〔2007〕84 号
11	公安部关于对查获异地吸毒人员处理问题的批复	2008 年 5 月 4 日公安部　公复字〔2008〕3 号
12	关于部队单位购买使用易制毒化学品事的答复	2008 年 5 月 4 日公安部禁毒局　公禁毒〔2008〕244 号
13	公安部关于印发公安机关戒毒法律文书（式样）的通知	2008 年 5 月 28 日公安部　公通字〔2008〕25 号
14	关于做好新旧戒毒体制衔接有关问题的通知	2008 年 7 月 1 日公安部　公禁毒〔2008〕346 号
15	公安部、商务部、卫生部、海关总署、安全监管局、食品药品监管局关于将羟亚胺列管的公告	2008 年 7 月 8 日公安部、商务部、卫生部、海关总署、安全监管总局、食品药品监管局
16	公安部毒品目标案件管理办法	2008 年 11 月 18 日公安部禁毒局　公禁毒〔2008〕618 号
17	公安部关于执行《中华人民共和国禁毒法》有关问题的批复	2008 年 12 月 23 日公安部　公复字〔2008〕7 号
18	公安部关于在成品药中非法添加阿普唑仑和曲马多进行销售能否认定为制造贩卖毒品有关问题的批复	2009 年 3 月 19 日公安部　公复字〔2009〕1 号
19	吸毒人员登记办法	2009 年 5 月 13 日公安部、司法部、卫生部　公通字〔2009〕26 号
20	关于办理制毒物品犯罪案件适用法律若干问题的意见	2009 年 6 月 23 日最高人民法院、最高人民检察院、公安部　公通字〔2009〕33 号
21	关于进一步加强易制毒化学品管制工作的指导意见	2009 年 6 月 25 日公安部、商务部、海关总署、工商总局、安全监管总局、国家食品药品监督管理局　公通字〔2009〕34 号
22	易制毒化学品信息员管理办法（试行）	2009 年 9 月 15 日国家禁毒委员会办公室　禁毒办通〔2009〕75 号
23	公安部毒品目标案件考核工作办法	2009 年 10 月 26 日公安部禁毒局　公禁毒〔2009〕666 号
24	关于社区戒毒人员出国（境）有关问题的批复	2009 年 11 月 12 日公安部　公复字〔2009〕4 号
25	关于废止和修改部分禁毒工作部门规章及规范性文件的通知	2009 年 12 月 11 日公安部　公通字〔2009〕56 号

序号	规范性文件名称	发布机关、日期及发文字号
26	关于对去除糖衣包装的新康泰克药品混合颗粒能否认定为制毒物品的意见	2010 年 3 月 28 日公安部禁毒局　公禁毒〔2010〕166 号
27	关于深化全民禁毒宣传教育工作的指导意见	2010 年 7 月 16 日国家禁毒委员会办公室、中共中央宣传部、中央对外宣传办公室、中央社会治安综合治理委员会办公室、公安部、教育部、卫生部、民政部、司法部、人力资源和社会保障部、商务部、文化部、国家工商行政管理总局、国家广播电影电视总局、国家新闻出版总署、全国总工会、共青团中央、全国妇联　禁毒办发〔2010〕1 号

安全保卫

序号	规范性文件名称	发布机关、日期及发文字号
1	关于外商独资企业从事安防工程建设有关事项的通知	2000 年 6 月 14 日公安部　公科〔2000〕16 号
2	关于公安机关实施《安全技术防范产品管理办法》有关问题的通知	2000 年 9 月 26 日公安部　公科〔2000〕26 号
3	关于印发《公安部授权的安防检验机构管理规定》的通知	2001 年 4 月 11 日公安部科技局　公科安〔2001〕9 号
4	关于贯彻实施《安全技术防范产品管理办法》有关问题的补充通知	2001 年 6 月 20 日公安部科技局　公科安〔2001〕18 号
5	关于规范安全技术防范行业管理工作几个问题的通知	2004 年 8 月 3 日公安部　公科〔2004〕50 号
6	关于加强对列入强制性产品认证目录内的安全技术防范产品质量监督管理的通知	2005 年 7 月 20 日公安部、国家质量监督检验检疫总局、国家认证认可监督管理委员会　公通字〔2005〕48 号
7	关于印发部分安防产品统一检验细则的通知	2006 年 8 月 1 日公安部科技局　公科安〔2006〕27 号

行政强制措施

序号	规范性文件名称	发布机关、日期及发文字号
1	公安部关于少年犯管教所收押、收容范围的通知	1982 年 3 月 23 日公安部　〔82〕公发（劳）51 号
2	公安部关于修改《劳动教养试行办法》第十九条的通知	1983 年 4 月 30 日公安部　〔83〕公发（教）50 号
3	公安部关于劳动教养审批工作改由法制司负责指导的通知	1992 年 3 月 9 日公安部　公通字〔1992〕20 号

序号	规范性文件名称	发布机关、日期及发文字号
4	公安部关于对不满十四岁的少年犯罪人员收容教养问题的通知	1993 年 4 月 26 日公安部　公通字〔1993〕39 号
5	公安部关于印发《公安机关办理未成年人违法犯罪案件的规定》的通知	1995 年 10 月 23 日公安部　公发〔1995〕17 号
6	公安部关于对少年收容教养人员提前解除或减少收容教养期限的批准权限问题的批复	1997 年 12 月 3 日公安部　公复字〔1997〕7 号
7	公安部关于对刑事拘留、治安拘留期限是否折抵收容教育期限问题的批复	1997 年 12 月 11 日公安部　公复字〔1997〕8 号
8	公安部关于审批劳动教养案件有关程序问题的批复	1999 年 6 月 9 日公安部　公复字〔1999〕3 号
9	公安部关于重听和低视力残疾人能否适用劳动教养问题的批复	2001 年 7 月 5 日公安部　公复字〔2001〕12 号
10	公安部关于印发《公安机关办理劳动教养案件规定》的通知	2002 年 4 月 12 日公安部　公通字〔2002〕21 号
11	公安部关于印发《劳动教养法律文书格式（试行）》的通知	2002 年 5 月 23 日公安部　公通字〔2002〕30 号
12	公安部关于对部分有关收容教养的涉密文件予以解密的通知	2002 年 6 月 28 日公安部　公传发〔2002〕1947 号
13	公安部关于废止部分有关劳动教养的规范性文件的通知	2002 年 9 月 20 日公安部　公通字〔2002〕49 号
14	公安部关于废止有关收容遣送的规范性文件的通知	2003 年 7 月 11 日公安部　公通字〔2003〕50 号
15	公安部关于对取得外国永久居留权的中国公民能否劳动教养问题的批复	2003 年 9 月 10 日公安部　公复字〔2003〕4 号
16	公安部关于被劳动教养人员在逃跑期间违法犯罪问题如何处理问题的批复	2003 年 10 月 13 日公安部　公复字〔2003〕6 号
17	公安部关于如何理解《公安机关办理劳动教养案件规定》第九条第二款的批复	2004 年 11 月 26 日公安部　公复字〔2004〕4 号
18	公安部关于作出劳动教养决定时是否可以没收违法所得和非法财物问题的批复	2005 年 6 月 14 日公安部　公复字〔2005〕2 号
19	公安部关于《公安机关办理劳动教养案件规定》第四十八条如何理解问题的批复	2005 年 11 月 22 日公安部　公复字〔2005〕4 号
20	公安部关于对强制隔离戒毒与劳动教养能否合并执行问题的批复	2009 年 4 月 1 日公安部　公复字〔2009〕2 号
21	公安部关于对未成年卖淫嫖娼人员能否收容教育问题的批复	2010 年 9 月 29 日公安部　公复字〔2010〕7 号

序号	规范性文件名称	发布机关、日期及发文字号
1	公安部关于实施《中华人民共和国行政复议法》中有关问题的批复	2000 年 3 月 3 日公安部　公复字〔2000〕2 号
2	公安部关于适用《行政复议法》第二十八条第二款有关问题的批复	2000 年 4 月 19 日公安部　公复字〔2000〕4 号
3	公安部关于对公安机关督察机构是否有权撤销下级公安机关行政处罚决定问题的批复	2002 年 12 月 25 日公安部　公复字〔2002〕8 号
4	公安部关于办理行政复议案件有关法律适用问题的批复	2003 年 6 月 4 日公安部　公复字〔2003〕1 号
5	公安部关于建立健全信访工作长效机制的意见	2005 年 12 月 16 日公安部　公发〔2005〕22 号
6	关于公安机关处置信访活动中违法犯罪行为适用法律的指导意见	2008 年 7 月 6 日公安部　公通〔2008〕35 号
7	公安部关于公安机关贯彻实施《中央政法委员会关于进一步加强和改进涉法涉诉信访工作的意见》的意见	2009 年 9 月 19 日公安部　公通字〔2009〕47 号
8	公安部关于规范公安机关信访事项终结工作的指导意见	2010 年 3 月 10 日公安部　公通〔2010〕12 号
9	公安部关于印发《公安国家赔偿法律文书（式样）》的通知	2010 年 9 月 17 日公安部　公通字〔2010〕48 号
10	公安部关于贯彻执行国家赔偿法有关问题的通知	2010 年 9 月 18 日公安部　公通字〔2010〕47 号

公安部决定废止的规范性文件目录

（2011 年 1 月 18 日中华人民共和国公安部公告公布）

治安管理

序号	规范性文件名称	发布日期及文号
1	公安部关于犯人释放和地富改变成分后的两个户口问题的通知	1957 年 10 月 24 日公安部　〔57〕公治字第 278 号
2	关于管制、拘役、缓刑、假释、监外执行、监视居住的具体执行办法的通知	1979 年 12 月 28 日公安部　公发（1979）185 号
3	关于执行《中华人民共和国国民用爆炸物品管理条例》的通知	1984 年 2 月 23 日公安部　〔84〕公发（治）24 号

序号	规范性文件名称	发布日期及文号
4	关于统一居民身份证申领登记手续及编号方法的通知	1985 年 3 月 14 日公安部　〔85〕公（治）字 31 号
5	关于审查鉴定淫秽录像带问题的通知	1985 年 8 月 26 日公安部　〔85〕公（治）字 151 号
6	公安部关于在户口迁移手续中应注明居民身份证情况的通知	1986 年 6 月 30 日公安部　公三〔1986〕0544 号
7	公安部关于认真执行《国务院办公厅关于切实加强民用爆炸物品管理的通知》的通知	1987 年 10 月 6 日公安部　〔87〕公（治）字 94 号
8	关于江西省发证办《关于归国难民是否应发身份证问题的请示》的批复	1989 年 6 月 17 日公安部治安管理局　公三〔1989〕350 号
9	关于在全国实施居民身份证使用和查验制度的通告	1989 年 9 月 8 日公安部
10	公安部关于印发《临时身份证管理暂行规定》的通知	1989 年 9 月 11 日公安部　〔89〕公发 18 号
11	公安部关于制发临时身份证有关问题的通知	1989 年 9 月 12 日公安部　〔89〕公（治）字 72 号
12	关于为赌博提供的交通工具能否予以没收的批复	1989 年 9 月 16 日公安部　〔89〕公（治）字 75 号
13	公安部关于在居民身份证查验、核查工作中不准乱罚款乱收费的通知	1989 年 10 月 23 日公安部　公发电（89）1311 号
14	关于进一步做好保安服务业工作的通知	1992 年 5 月 27 日公安部　公发〔1992〕16 号
15	关于制作居民身份证快证问题的批复	1992 年 10 月 27 日公安部治安管理局　公治〔1992〕903 号
16	关于严格执行居民身份证、临时身份证发放范围规定的通知	1993 年 1 月 7 日公安部　公通字〔1993〕4 号
17	公安部关于加强和改进临时身份证管理工作的通知	1993 年 2 月 20 日公安部　公通字〔1993〕17 号
18	公安部三局关于《关于模型火箭生产、销售、储运问题请示》的复函	1993 年 4 月 13 日公安部治安管理局　公治〔1993〕295 号
19	关于组建爆炸物品服务公司加强爆炸物品安全管理的通知	1993 年 7 月 14 日公安部、国内贸易部　公通字〔1993〕80 号
20	转发《国家计委、财政部关于特种行业许可证收费标准的通知》的通知	1994 年 7 月 26 日公安部　公通字〔1994〕65 号

序号	规范性文件名称	发布日期及文号
21	关于军队所属的企业、事业单位使用爆破器材是否适用《中华人民共和国民用爆炸物品管理条例》的批复	1995 年 4 月 18 日公安部　公治〔1995〕178 号
22	公安部关于转发《国家计划委员会、财政部关于防伪居民身份证收费标准的通知》的通知	1995 年 7 月 27 日公安部　公通字〔1995〕56 号
23	关于贯彻执行《小型民用爆破器材仓库安全标准》的通知	1996 年 12 月 17 日公安部治安管理局　公治〔1996〕1025 号
24	公安部关于加强民用爆炸物品安全监督管理的通知	1997 年 2 月 11 日公安部　公通字〔1997〕10 号
25	关于现有制造民用枪支企业重新审核申请许可证事项的通知	1997 年 6 月 17 日公安部　公通字〔1997〕34 号
26	关于加强射击运动枪支管理的通知	1997 年 6 月 19 日公安部、国家体委　公通字〔1997〕35 号
27	关于国内公民收养弃婴等落户问题的通知	1997 年 9 月 29 日公安部　公通字〔1997〕54 号
28	公安部、国家经贸委关于印发《国有企业治安保卫工作暂行规定》的通知	1997 年 10 月 5 日公安部、国家经贸委　公通字〔1997〕55 号
29	公安部三局关于双石－2 推进剂不纳入爆炸物品管理的批复	1997 年 11 月 7 日公安部治安管理局　公治〔1997〕1003 号
30	公安部三局关于服刑人员可否从事爆破作业的批复	1997 年 12 月 1 日公安部治安管理局　公治〔1997〕1072 号
31	公安部关于开展民用爆炸物品安全大检查加强农村"三小"企业民用爆破器材管理工作的通知	1998 年 3 月 30 日公安部　公通字〔1998〕19 号
32	公安部三局关于清理整顿保安培训机构问题的批复	1998 年 5 月 13 日公安部治安管理局　公治〔1998〕365 号
33	关于为民用枪支制造企业重新核发《民用枪支（弹药）制造许可证》的通知	1998 年 10 月 26 日公安部　公治〔1998〕987 号
34	关于居民身份证编号有关问题的批复	1998 年 11 月 19 日公安部治安管理局　公治〔1998〕1076 号
35	关于整治农村爆炸物品安全管理秩序大力推进组建和规范民用爆炸物品管理服务站工作的意见	1999 年 2 月 27 日公安部治安管理局　公治〔1999〕254 号
36	公安部关于死因已查明但家属对鉴定结论不服的尸体如何处理问题的批复	2000 年 9 月 14 日公安部　公法〔2000〕146 号

序号	规范性文件名称	发布日期及文号
37	关于为气枪制造企业换发《民用枪支（弹药）制造许可证》的通知	2003 年 1 月 8 日公安部　公治〔2003〕003 号
38	关于为气枪制造企业重新核发《民用枪支（弹药）制造许可证》的通知	2003 年 4 月 15 日公安部　公治〔2003〕44 号
39	公安部关于公安机关在防治非典型肺炎工作中依法履行职责有关问题的通知	2003 年 5 月 22 日公安部　公通字〔2003〕39 号

出入境和边防管理

序号	规范性文件名称	发布日期及文号
1	公安部关于对外国人和无国籍人以及港澳台居民采取留置措施有关问题的批复	2001 年 10 月 18 日公安部　公复字〔2001〕16 号
2	公安部关于海警执法有关问题的通知	2004 年 1 月 12 日公安部　公通字〔2004〕1 号

犯罪侦查

序号	规范性文件名称	发布日期及文号
1	关于开展经侦民警任职资格考试的通知	2000 年 7 月 4 日公安部政治部　公政治部〔2000〕284 号
2	公安部经济犯罪侦查局关于地方公安机关经侦部门自侦大要案件报告与督办暂行办法	2007 年 3 月 27 日公安部经济犯罪侦查局　公经〔2007〕736 号
3	公安部经侦局情报信息工作考核奖励办法（试行）	2007 年 9 月 28 日公安部经济犯罪侦查局　公经〔2007〕2251 号
4	全国经侦系统 2008 年工作绩效考核办法	2008 年 4 月 24 日公安部经济犯罪侦查局　公经政〔2008〕51 号
5	公安部经侦局经侦情报信息等级评定办法（试行）	2008 年 7 月 18 日公安部经济犯罪侦查局　公经情报〔2008〕73 号

消防管理

序号	规范性文件名称	发布日期及文号
1	关于颁发《消防产品质量监督检验暂行管理办法》的通知	1983 年 3 月 2 日公安部、国家标准局　〔83〕公发（消）26 号
2	关于印发《基层公安消防监督工作建设规定》的通知	1998 年 12 月 18 日公安部消防局　公消〔1998〕288 号
3	关于实施消防监督检查工作若干问题的通知	1999 年 9 月 20 日公安部　公消〔1999〕290 号

序号	规范性文件名称	发布日期及文号
4	关于淘汰火灾探测器手工插焊电子元器件生产工艺的通知	2000 年 10 月 25 日公安部消防局、公安部消防产品行业管理办公室　公消〔2000〕343 号
5	关于 2001 年度哈龙淘汰执行项目企业项目验收后有关问题的通知	2003 年 4 月 10 日公安部消防局　公消〔2003〕028 号
6	关于切实加强易燃易爆化学物品消防安全工作的通知	2004 年 5 月 11 日公安部消防局　公消〔2004〕163 号
7	关于贯彻实施《中华人民共和国行政许可法》切实做好消防行政许可工作的通知	2004 年 6 月 11 日公安部消防局　公消〔2004〕215 号
8	关于加强商住楼消防安全工作的通知	2004 年 8 月 2 日公安部消防局　公消〔2004〕310 号
9	关于坚决制止擅自生产销售消防车产品的通知	2006 年 7 月 28 日公安部消防局　公消〔2006〕309 号
10	关于印发《建筑工程消防验收评定暂行办法》的通知	2007 年 11 月 22 日公安部消防局　公消〔2007〕479 号
11	关于印发《火灾现场勘验暂行规则》的通知	2008 年 1 月 15 日公安部消防局　公消〔2008〕21 号
12	关于印发《公安部消防局关于加强消防执法规范化建设的工作方案》和《公安部消防局关于加强消防执法规范化建设的实施意见》的通知	2008 年 3 月 24 日公安部消防局　公消〔2008〕131 号
13	关于消防产品监督管理有关问题的答复	2009 年 1 月 23 日公安部消防局　公消〔2009〕42 号

计算机信息管理

序号	规范性文件名称	发布日期及文号
1	关于开展计算机安全员培训工作的通知	1999 年 3 月 29 日公安部、人事部　公通字〔1999〕17 号
2	关于对盗用他人国际互联网账号的行为如何处理问题的批复	2001 年 4 月 10 日公安部网络安全保卫局　公信安〔2001〕186 号
3	公安部关于加强互联网上网服务营业场所安全管理工作的通知	2001 年 4 月 16 日公安部　公通字〔2001〕17 号
4	关于公安机关开展"网吧"等互联网上网服务营业场所专项治理工作有关事项的通知	2002 年 7 月 19 日公安部　公传发〔2002〕2221 号
5	关于对《关于如何处罚盗用他人网上游戏账号等行为的请示》的答复	2002 年 9 月 16 日公安部网络安全保卫局　公信安〔2002〕445 号
6	关于印发《信息安全等级保护管理办法（试行）》的通知	2006 年 1 月 17 日公安部、国家保密局、国家密码管理局、国务院信息化工作办公室　公通字〔2006〕7 号

序号	规范性文件名称	发布日期及文号
1	公安部关于看守所不准使用电警棍的通知	1995 年 2 月 28 日公安部　公通字〔1995〕10 号
2	公安部监所管理局关于印发《治安拘留所达标办法》的通知	2001 年 5 月 29 日公安部监所管理局　公监管〔2001〕95 号

监督救济

序号	规范性文件名称	发布日期及文号
1	公安部关于认真做好实施《国家赔偿法》准备工作的通知	1994 年 7 月 6 日公安部　公通字〔1994〕55 号
2	公安部关于加强公安信访工作的意见	1995 年 1 月 10 日公安部　公发〔1995〕3 号
3	公安部关于公安机关贯彻实施《国家赔偿法》有关问题的通知	1995 年 2 月 13 日公安部　公通字〔1995〕11 号
4	公安部关于对地方政府法制机构可否受理对交通事故责任认定的复议申请的批复	2000 年 2 月 15 日公安部　公复字〔2000〕1 号
5	公安部关于对因拒绝交纳罚款而被裁决拘留不服能够申请行政复议的批复	2000 年 5 月 24 日公安部　公复字〔2000〕5 号
6	公安部关于印发《公安部办理行政复议案件程序规定》的通知	2000 年 10 月 24 日公安部　公发〔2000〕14 号
7	公安部关于办理行政复议案件有关问题的批复	2001 年 2 月 14 日公安部　公复字〔2001〕3 号
8	公安部关于使用行政复议法律文书的批复	2001 年 4 月 30 日公安部　公复字〔2001〕7 号
9	公安部关于治安拘留所等行政监管场所被监管人员打死打伤其他被监管人员是否给予国家赔偿问题的批复	2001 年 6 月 8 日公安部　公复字〔2001〕10 号
10	公安部关于车辆管理所机动车登记行为行政复议管辖问题的批复	2003 年 7 月 27 日公安部　公复字〔2003〕3 号
11	公安部关于公安机关不履行法定职责行政复议案件适用法律依据问题的批复	2004 年 10 月 18 日公安部　公复字〔2004〕3 号

吸毒成瘾认定办法

（2010 年 11 月 19 日公安部部长会议通过并经卫生部同意 2011 年 1 月 30 日中华人民共和国公安部、中华人民共和国卫生部令第 115 号发布 自 2011 年 4 月 1 日起施行）

第一条 为规范吸毒成瘾认定工作，科学认定吸毒成瘾人员，依法对吸毒成瘾人员采取戒毒措施和提供戒毒治疗，根据《中华人民共和国禁毒法》，制定本办法。

第二条 本办法所称吸毒成瘾，是指吸毒人员因反复使用毒品而导致的慢性复发性脑病，表现为不顾不良后果、强迫性寻求及使用毒品的行为，同时伴有不同程度的个人健康及社会功能损害。

第三条 本办法所称吸毒成瘾认定，是指公安机关或者其委托的戒毒医疗机构通过对吸毒人员进行人体生物样本检测、收集其吸毒证据或者根据生理、心理、精神的症状、体征等情况，判断其是否成瘾以及是否成瘾严重的工作。

本办法所称戒毒医疗机构，是指符合《戒毒医疗服务管理暂行办法》规定的专科戒毒医院和设有戒毒治疗科室的其他医疗机构。

第四条 公安机关在执法活动中发现吸毒人员，应当进行吸毒成瘾认定；因技术原因认定有困难的，可以委托有资质的戒毒医疗机构进行认定。

第五条 承担吸毒成瘾认定工作的戒毒医疗机构，由省级卫生行政部门会同同级公安机关指定。

第六条 公安机关认定吸毒成瘾，应当由两名以上人民警察进行，并在作出人体生物样本检测结论的二十四小时内提出认定意见，由认定人员签名，经所在单位负责人审核，加盖所在单位印章。

有关证据材料，应当作为认定意见的组成部分。

第七条 吸毒人员同时具备以下情形的，公安机关认定其吸毒成瘾：

（一）经人体生物样本检测证明其体内含有毒品成份；

（二）有证据证明其有使用毒品行为；

（三）有戒断症状或者有证据证明吸毒史，包括曾经因使用毒品被公安机关查处或者曾经进行自愿戒毒等情形。

戒断症状的具体情形，参照卫生部制定的《阿片类药物依赖诊断治疗指导原则》和《苯丙胺类药物依赖诊断治疗指导原则》确定。

第八条 吸毒成瘾人员具有下列情形之一的，公安机关认定其吸毒成瘾严重：

（一）曾经被责令社区戒毒、强制隔离戒毒（含《禁毒法》实施以前被强制戒毒或者劳教戒毒）、社区康复或者参加过戒毒药物维持治疗，再次吸食、注射毒品的；

（二）有证据证明其采取注射方式使用毒品或者多次使用两类以上毒品的；

（三）有证据证明其使用毒品后伴有聚众淫乱、自伤自残或者暴力侵犯他人人身、财产安全等行为的。

第九条 公安机关在吸毒成瘾认定过程中实施人体生物样本检测，依照公安部制定的《吸毒检测程序规定》的有关规定执行。

第十条 公安机关承担吸毒成瘾认定工作的人民警察，应当同时具备以下条件：

（一）具有二级警员以上警衔及两年以上相关执法工作经历；

（二）经省级公安机关、卫生行政部门组织培训并考核合格。

第十一条 公安机关委托戒毒医疗机构进行吸毒成瘾认定的，应当在吸毒人员末次吸毒的 72 小时内予以委托并提交委托函。超过 72 小时委托的，戒毒医疗机构可以不予受理。

第十二条 承担吸毒成瘾认定工作的戒毒医疗机构及其医务人员，应当依照《戒毒医疗服务管理暂行办法》的有关规定进行吸毒成瘾认定工作。

第十三条 戒毒医疗机构认定吸毒成瘾，应当由两名承担吸毒成瘾认定工作的医师进行。

第十四条 承担吸毒成瘾认定工作的医师，应当同时具备以下条件：

（一）符合《戒毒医疗服务管理暂行办法》的有关规定；

（二）从事戒毒医疗工作不少于三年；

（三）具有中级以上专业技术职务任职资格。

第十五条 戒毒医疗机构对吸毒人员采集病史和体格检查时，委托认定的公安机关应当派有关人员在场协助。

第十六条 戒毒医疗机构认为需要对吸毒人员进行人体生物样本检测的，委托认定的公安机关应当协助提供现场采集的检测样本。

戒毒医疗机构认为需要重新采集其他人体生物检测样本的，委托认定的公安机关应当予以协助。

第十七条 戒毒医疗机构使用的检测试剂，应当是经国家食品药品监督管理局批准的产品，并避免与常见药物发生交叉反应。

第十八条　戒毒医疗机构及其医务人员应当依照诊疗规范、常规和有关规定，结合吸毒人员的病史、精神症状检查、体格检查和人体生物样本检测结果等，对吸毒人员进行吸毒成瘾认定。

第十九条　戒毒医疗机构应当自接受委托认定之日起三个工作日内出具吸毒成瘾认定报告，由认定人员签名并加盖戒毒医疗机构公章。认定报告一式二份，一份交委托认定的公安机关，一份留存备查。

第二十条　委托戒毒医疗机构进行吸毒成瘾认定的费用由委托单位承担。

第二十一条　各级公安机关、卫生行政部门应当加强对吸毒成瘾认定工作的指导和管理。

第二十二条　任何单位和个人不得违反规定泄露承担吸毒成瘾认定工作相关工作人员及被认定人员的信息。

第二十三条　公安机关、戒毒医疗机构以及承担认定工作的相关人员违反本办法规定的，依照有关法律法规追究责任。

第二十四条　本办法自 2011 年 4 月 1 日起施行。

公安部关于修改《中华人民共和国普通护照和出入境通行证签发管理办法》的决定

（2011 年 11 月 23 日公安部部长会议通过　2011 年 12 月 20 日中华人民共和国公安部令第 118 号公布　自 2012 年 3 月 1 日起施行）

为规范电子普通护照的申请、审批签发和管理，公安部决定对《中华人民共和国普通护照和出入境通行证签发管理办法》作如下修改：

一、在第二条后增加一条，作为第三条："公安机关出入境管理机构应当参照国际技术标准，逐步推广签发含有电子芯片的普通护照（以下简称电子普通护照），提高护照的防伪性能。

"电子芯片存储普通护照的登记项目资料和持证人的面部肖像、指纹信息等。"

二、在第四条后增加一条，作为第六条："公安机关出入境管理机构受理十六周岁以上公民的电子普通护照申请，应当现场采集申请人的指纹信息。不满十六周岁的公民申请电子普通护照，监护人同意提供申请人指纹信息的，公安机关出入境管理机构可以现场采集。

"申请人因指纹缺失、损坏无法按捺指纹的，可以不采集指纹信息。"

三、在第十二条后增加一条，作为第十五条："电子普通护照采取加密措施，确保电子芯片存储的指纹信息仅限于普通护照签发机关和出入境边防检查机关在出入境管理时读取、核验和使用。"

四、在第十二条后再增加一条，作为第十六条："普通护照签发机关、出入境边防检查机关及其工作人员对在出入境管理工作中知悉的公民个人信息，应当予以保密。"

五、本决定自 2012 年 3 月 1 日起施行。

《中华人民共和国普通护照和出入境通行证签发管理办法》根据本决定作相应修改，重新公布。

中华人民共和国普通护照和出入境通行证签发管理办法

（2007 年 10 月 25 日中华人民共和国公安部令第 96 号发布　根据 2011 年 12 月 20 日《公安部关于修改〈中华人民共和国普通护照和出入境通行证签发管理办法〉的决定》修正）

第一条　为了规范中华人民共和国普通护照和出入境通行证的申请、审批签发和管理，保障中华人民共和国公民申请普通护照和出入境通行证的权利，根据《中华人民共和国护照法》（以下简称护照法）的规定，制定本办法。

第二条　本办法适用于公民向公安机关出入境管理机构申请普通护照和出入境通行证。

第三条　公安机关出入境管理机构应当参照国际技术标准，逐步推广签发含有电子芯片的普通护照（以下简称电子普通护照），提高护照的防伪性能。

电子芯片存储普通护照的登记项目资料和持证人的面部肖像、指纹信息等。

第四条　公民申请普通护照，应当由本人向其户籍所在地县级以上地方人民政府公安机关出入境管理机构提出，并提交下列真实有效的材料：

（一）近期免冠照片一张以及填写完整的《中国公民因私出国（境）申请表》（以下简称申请表）。

（二）居民身份证和户口簿及复印件；在居民身份证领取、换领、补领期间，可以提交临时居民身份证和户口簿及复印件。

（三）未满 16 周岁的公民，应当由其监护人陪同，并提交其监护人出具的同意出境的意见、监护人的居民身份证或者户口簿、护照及复印件。

（四）国家工作人员应当按照有关规定，提交本人所属工作单位或者上级主管单位按照人事管理权限审批后出具的同意出境的证明。

（五）省级地方人民政府公安机关出入境管理机构报经公安部出入境管理机构批准，要求提交的其他材料。

现役军人申请普通护照，按照管理权限履行报批手续后，由本人向所属部队驻地县级以上地方人民政府公安机关出入境管理机构提出。

第五条 有下列情形之一的，公民可以向其户籍所在地县级以上地方人民政府公安机关出入境管理机构申请加急办理普通护照，并提交相应材料：

（一）出国奔丧、探望危重病人的；

（二）出国留学的开学日期临近的；

（三）前往国入境许可或者签证有效期即将届满的；

（四）省级地方人民政府公安机关出入境管理机构认可的其他紧急事由。

第六条 公安机关出入境管理机构受理 16 周岁以上公民的电子普通护照申请，应当现场采集申请人的指纹信息。不满 16 周岁的公民申请电子普通护照，监护人同意提供申请人指纹信息的，公安机关出入境管理机构可以现场采集。

申请人因指纹缺失、损坏无法按捺指纹的，可以不采集指纹信息。

第七条 公安机关出入境管理机构收到申请材料后，应当询问申请人。对申请材料齐全且符合法定形式的，应当当场受理；对申请材料不齐全或者不符合法定形式的，应当一次告知申请人需要补正的全部内容。

第八条 公安机关出入境管理机构受理普通护照的申请后，应当将申请材料报送具有审批签发权的公安机关出入境管理机构进行审批。对符合签发规定的，以公安部出入境管理机构的名义签发普通护照；对不符合规定不予签发的，应当向申请人书面说明理由，并告知申请人享有依法申请行政复议或者提起行政诉讼的权利。

第九条 普通护照持有人具有下列情形之一的，可以向其户籍所在地县级以上地方人民政府公安机关出入境管理机构申请变更加注，并提交普通护照及复印件以及需要作变更加注事项的证明材料：

（一）有曾用名、繁体汉字姓名、外文姓名或者非标准汉语拼音姓名的；

（二）相貌发生较大变化，需要作近期照片加注的；

（三）公安部出入境管理机构认可的其他情形。

第十条 具有下列情形之一的，普通护照持有人可以向其户籍所在地县级以上地方人民政府公安机关出入境管理机构申请换发普通护照：

（一）签证页即将使用完毕的；

（二）有效期不足 6 个月的，或者有效期在 6 个月以上但有材料证明该有效期不符合前往国要求的；

（三）公安部出入境管理机构认可的其他情形。

第十一条 公民申请换发普通护照，除提交本办法第四条规定的材料外，应当提交原普通护照及复印件。

定居国外的公民短期回国申请换发普通护照的，应当向其暂住地县级以上地方人民政府公安机关出入境管理机构提出，并提交原普通护照、定居国外的证明以及暂住地公安机关出具的暂住证明及复印件。

第十二条 普通护照损毁、遗失、被盗的，公民可以向其户籍所在地县级以上地方人民政府公安机关出入境管理机构申请补发。申请时，除提交本办法第四条规定的材料外，应当提交相关材料：

（一）因证件损毁申请补发的，提交损毁的证件及损毁原因说明；

（二）因证件遗失或者被盗申请补发的，提交报失证明和遗失或者被盗情况说明。

定居国外的公民短期回国申请补发普通护照，应当向其暂住地县级以上地方人民政府公安机关出入境管理机构提出，除应当按照前款提交相应材料外，应当提交定居国外的证明以及暂住地公安机关出具的暂住证明及复印件。

第十三条 公安机关出入境管理机构为公民换发、补发普通护照时，应当宣布原普通护照作废。换发普通护照时，应当将公民原普通护照右上角裁去；原普通护照上有前往国有效入境许可的，可将封底、封面右上角裁去，退还本人。

第十四条 公民申请普通护照或者申请普通护照变更加注、换发、补发的，公安机关出入境管理机构应当自收到申请材料之日起 15 日内签发。有本办法第五条规定情形的，公安机关出入境管理机构应当自收到申请材料之日起 5 个工作日内签发。

在偏远地区或者交通不便地区或者因特殊情况，不能按期签发普通护照的，经省级地方人民政府公安机关出入境管理机构负责人批准，签发时间可以延长至 30 日。偏远地区或者交通不便地区的范围由省级地方人民政府公安机关出入境管理机构确定，报公安部出入境管理机构备案后对外公布。

第十五条 电子普通护照采取加密措施，确保电子芯片存储的指纹信息仅限于普通护照签发机关和出入境边防检查机关在出入境管理时读取、核验和使用。

第十六条 普通护照签发机关、出入境边防检查机关及其工作人员对在出入境管理工作中知悉的公民个人信息，应当予以保密。

第十七条 申请人具有下列情形之一的，公安机关出入境管理机构不予签发普通护照：

（一）不具有中华人民共和国国籍的；

（二）无法证明身份的；

（三）在申请过程中弄虚作假的；

（四）被判处刑罚正在服刑的；

（五）人民法院通知有未了结的民事案件不能出境的；

（六）属于刑事案件被告人或者犯罪嫌疑人的；

（七）国务院有关主管部门认为出境后将对国家安全造成危害或者对国家利益造成重大损失的。

公民因妨害国（边）境管理受到刑事处罚或者因非法出境、非法居留、非法就业被遣返回国的，公安机关出入境管理机构自其刑罚执行完毕或者被遣返回国之日起6个月至3年以内不予签发普通护照。

第十八条 公安机关出入境管理机构签发普通护照后，发现持照人具有本办法第十七条规定情形的，可以宣布其所持普通护照作废。

第十九条 宣布公安机关出入境管理机构签发的普通护照作废，由普通护照的审批签发机关或者上级公安机关出入境管理机构作出。

第二十条 公民从事边境贸易、边境旅游服务或者参加经国务院或者国务院主管部门批准的边境旅游线路边境旅游的，可以由本人向边境地区县级以上地方人民政府公安机关出入境管理机构申请出入境通行证，并从公安部规定的口岸出入境。

公民从事边境贸易、边境旅游服务的，可为其签发1年多次出入境有效或者3个月1次出入境有效的出入境通行证；公民参加经国务院或者国务院主管部门批准的边境旅游线路边境旅游的，可为其签发3个月1次出入境有效的出入境通行证。

第二十一条 边境地区公民申请出入境通行证，应当提交本办法第四条规定的材料。

非边境地区公民申请出入境通行证，应当提交本办法第四条第一款第（一）、（三）、（四）、（五）项规定的材料，居民身份证或者户口簿及复印件，以及下列与申请事由相关的证明材料：

（一）从事边境贸易的，提交在边境地区工商行政管理部门登记注册的经营者出具的有关证明材料；

（二）从事边境旅游服务的，提交所在的经国家旅游局批准的边境旅游组团社出具的证明材料和本人导游证；

（三）参加边境旅游的，提交经国家旅游局批准的边境旅游组团社出具的相关材料。

第二十二条 边境地区公安机关出入境管理机构应当对公民提交的出入境通行证申请材料进行审核。对非边境地区公民提交的申请材料有疑问的，应当向其户籍所在地公安机关出入境管理机构或者其所属工作单位核实。

第二十三条 出入境通行证不予变更加注或者换发。除 1 年多次出入境有效的出入境通行证外，出入境通行证不予补发。

第二十四条 对公民具有本办法第十七条规定情形之一的，公安机关出入境管理机构不予签发出入境通行证。

第二十五条 公民领取普通护照、出入境通行证后，应当在持证人签名栏签署本人姓名。

第二十六条 公民退出中国国籍的，应当将所持普通护照、出入境通行证交还公安机关出入境管理机构或者中华人民共和国驻外使馆、领馆或者外交部委托的其他驻外机构。公民持《前往港澳通行证》赴港澳地区定居的，应当将所持普通护照交还公安机关出入境管理机构。

第二十七条 公民在申请、换发、补发普通护照以及申请变更加注时，提交虚假或者通过非法途径获取的材料的，或者冒用他人身份证件骗取普通护照的，依护照法第十七条的规定处理。

第二十八条 公安机关出入境管理机构应当将申请普通护照、出入境通行证的依据、条件、程序、时限、收费标准以及需要提交的全部材料的目录和申请表示范文本等在接待场所公布。

第二十九条 出入境通行证的受理和审批签发程序、签发时限、宣布作废、收缴、式样制定和监制，以及对相关违法行为的处罚等参照普通护照的有关规定执行。

第三十条 受理、审批签发普通护照、出入境通行证的公安机关出入境管理机构应当经公安部确定，并向社会公布。对具有下列情形之一的公安机关出入境管理机构，公安部可以暂停或者终止其普通护照、出入境通行证受理、审批签发权，并确定代为行使受理、审批签发权的公安机关出入境管理机构：

（一）因情况变化不再具备受理、审批签发普通护照、出入境通行证条件的；

（二）违法违规受理、审批签发普通护照、出入境通行证的；

（三）公安部规定的其他应当暂停或者终止受理、审批签发权的情形。

第三十一条 当毗邻国家的边境地区发生恐怖活动、瘟疫或者重大自然灾害以及出现公安部规定的其他情形的，公安部可以暂停或者终止边境地区公安机关出入境管理机构为非边境地区公民签发出入境通行证。

第三十二条 公安机关出入境管理机构应当严格按照国务院价格行政部门会同国务院财政部门规定的标准，收取普通护照、出入境通行证的办证费用。

第三十三条 本办法自 2007 年 12 月 15 日起施行。本办法施行前公安部制定的有关规定与本办法不一致的，以本办法为准。

优抚医院管理办法

（2011 年 6 月 2 日民政部部务会议通过　2011 年 6 月 9 日中华人民共和国民政部令第 41 号公布　自 2011 年 8 月 1 日起施行）

第一条 为了加强优抚医院管理，服务国防和军队建设，根据《军人抚恤优待条例》和国家有关规定，制定本办法。

第二条 优抚医院是国家为残疾军人和在服役期间患严重慢性病、精神疾病的复员退伍军人等优抚对象提供医疗和供养服务的优抚事业单位。

优抚医院包括荣誉军人康复医院、复员退伍军人慢性病医院、复员退伍军人精神病医院和综合性优抚医院。

优抚医院坚持全心全意为优抚对象服务的办院宗旨。

第三条 国务院民政部门主管全国优抚医院工作。县级以上地方人民政府民政部门主管本行政区域内优抚医院工作。

优抚医院接受卫生行政部门的监督管理。

第四条 国家兴办优抚医院，所需经费列入各级政府财政预算。优抚医院建设与发展应当纳入当地经济和社会发展总体规划和卫生事业发展规划，建设水平应当与当地经济和社会发展相适应。

第五条 省级人民政府民政部门应当根据优抚对象数量和医疗供养需求情况，制定本行政区域内优抚医院布局规划，并报民政部备案。

县级以上地方人民政府设置优抚医院，应当符合国家有关规定和优抚医院布局规划。

第六条 民政部门应当支持有条件的优抚医院在医疗、科研、教学等方面全面发展，积极争创等级医院。

省级人民政府民政部门管理的优抚医院应当达到三级医院标准，设区的市级人民政府民政部门管理的优抚医院应当达到二级医院标准。

第七条 优抚医院在建设、用地、水电、燃气、供暖、电信等方面享受国家有关优惠政策。

鼓励自然人、法人和其他组织对优抚医院提供捐助和服务。

优抚医院各项经费应当专款专用，接受财政、审计部门和社会的监督。

第八条 对在优抚医院工作中成绩显著的单位和个人，按照有关规定给予表彰和奖励。

第九条 优抚医院根据主管部门下达的任务，收治下列优抚对象：

（一）需要常年医疗或者独身一人不便分散安置的一级至四级残疾军人；

（二）在服役期间患严重慢性病的残疾军人和带病回乡复员退伍军人；

（三）在服役期间患精神疾病，需要住院治疗的复员退伍军人；

（四）短期疗养的优抚对象；

（五）主管部门安排收治的其他人员。

第十条 优抚医院应当为在院优抚对象提供良好的医疗服务和生活保障，主要包括：

（一）健康检查；

（二）疾病诊断、治疗和护理；

（三）康复训练；

（四）健康指导；

（五）精神慰藉；

（六）生活必需品供给；

（七）生活照料；

（八）文体活动。

第十一条 优抚医院应当加强对在院优抚对象的思想政治工作，发挥优抚对象在光荣传统教育中的重要作用。

第十二条 优抚医院针对在院残疾军人的残情特点，实施科学有效的医学治疗，探索常见后遗症、并发症的防治方法，促进生理机能恢复，提高残疾军人生活质量。

第十三条 优抚医院应当采取积极措施，控制在院慢性病患者病情，减轻其痛苦，降低慢性疾病对患者造成的生理和心理影响。

第十四条 优抚医院对在院精神疾病患者进行综合治疗，促进患者精神康复。

对精神病患者实行分级管理，预防发生自杀、自伤、伤人、出走等行为。

第十五条 优抚医院应当规范入院、出院程序。

属于第九条规定收治范围的优抚对象，可以由本人（精神病患者由其利害关系人）提出申请，经县级人民政府民政部门审核，由优抚医院根据主管部门下达的任务和计划安排入院。省级人民政府民政部门可以指定优抚医院收治符合条件的优抚对象。

在院优抚对象基本治愈或者病情稳定，符合出院条件的，由优抚医院办理出院手续。按照有关政策应当分散安置的，由其常住户口所在地民政部门给予妥善安置。

在院优抚对象病故的，优抚医院应当及时报告主管部门，并协助优抚对象常住户口所在地民政部门妥善办理丧葬事宜。

第十六条 民政部门应当定期组织优抚医院开展巡回医疗活动，积极为院外优抚对象提供医疗服务。

第十七条 优抚医院应当在做好优抚对象服务工作的基础上，积极履行医疗机构职责，发挥自身医疗专业特长，为社会提供优质医疗服务。

优抚医院应当通过社会服务提升业务能力，改善医疗条件，不断提高优抚对象医疗和供养水平。

第十八条 优抚医院适用国家有关医疗机构管理的法律法规和相关规定，执行卫生行政部门有关医疗机构的相关标准。

第十九条 优抚医院实行院长负责制，科室实行主任（科长）负责制。

第二十条 优抚医院建立职工代表大会制度，保障职工参与医院的民主决策、民主管理和民主监督。

第二十一条 优抚医院建立完整的医护管理、感染控制、药品使用、医疗事故预防等规章制度，提高医院质量管理水平。

第二十二条 优抚医院实行岗位责任制，设立专业技术、行政管理、工勤和社工等岗位并明确相关职责。

第二十三条 优抚医院应当加强医院文化建设，积极宣传优抚对象的光荣事迹，形成有拥军特色的医院文化。

第二十四条 优抚医院应当完善人才培养和引进机制，积极培养和引进学科带头人，建立一支适应现代化医院发展要求的技术和管理人才队伍。

第二十五条 优抚医院应当加强与军队医院、其他社会医院的合作与交流，开展共建活动，在人才、技术等领域实现资源共享和互补。

第二十六条 优抚医院的土地、房屋、设施、设备和其他财产归优抚医院管理和使用，任何单位和个人不得侵占。

第二十七条 优抚对象应当遵守优抚医院各项规章制度，尊重医护人员工作，自觉配合医护人员的管理。对违反相关规定的，由优抚医院或者主管部门进行批评教育。

第二十八条 本办法自 2011 年 8 月 1 日起施行。

民政信访工作办法

(2011 年 6 月 30 日民政部部务会议通过　2011 年 7 月 1 日中华人民共和国民政部令第 43 号公布　自 2011 年 9 月 1 日起施行)

第一章　总　　则

第一条 为了加强民政信访工作，保护信访人的合法权益，维护信访秩序，促进社会和谐稳定，根据《信访条例》和国家有关规定，结合民政工作实际，制定本办法。

第二条 本办法所称信访，是指公民、法人或者其他组织采取书信、电话、走访、电子邮件、传真等形式，向民政部门反映情况，提出建议、意见或者投诉请求，依法由民政部门处理的活动。

第三条 民政信访工作遵循下列原则：

（一）属地管理、分级负责；

（二）依法处理与疏导教育相结合。

第四条 各级民政部门应当成立民政信访工作领导小组，建立统一领导，各负其责、分工协作、齐抓共管的信访工作格局。

各级民政部门负责人应当阅批重要来信、接待重要来访、定期听取信访工作汇报，研究解决信访工作中的突出问题。

第五条 各级民政部门应当完善依法、科学、民主决策机制、重大决策社会风险评估机制、信访问题排查化解机制、信访督办工作机制，从源头上减少和预防社会矛盾的发生，及时将矛盾纠纷化解在基层。

第六条　各级民政部门应当强化对信访工作的考核，实行信访工作责任制，对信访工作中失职、渎职行为，依法追究有关责任人员的责任；对在信访工作中做出突出成绩的单位和个人给予奖励。

第二章　信访工作机构和人员

第七条　各级民政部门的信访工作机构负责落实信访工作领导小组布置的各项任务，承办日常信访工作。

地方各级民政部门在本级人民政府领导和上级民政部门指导下开展信访工作。

信访接待场所应当设置无障碍设施，方便残疾人、老年人进行信访活动。

第八条　各级民政部门内设机构应当按业务分工承办职权范围内的信访事宜。对本部门信访工作机构转办的信访事项，应当认真、及时办理，并在规定时限内回复办理结果。

第九条　民政信访工作机构履行下列职责：

（一）受理信访人提出的信访事项；

（二）向信访人宣传有关法律、法规、规章和政策，提供有关信访事项的咨询服务；

（三）向本级民政部门有关内设机构、下级民政部门转送、交办信访事项；

（四）承办上级民政部门和本级人民政府交办处理的信访事项；

（五）督促检查、协调信访事项的处理和落实情况；

（六）研究、分析信访情况，及时提出完善政策或者改进工作的建议；

（七）总结交流信访工作经验，指导下级民政部门的信访工作；

（八）向本级民政部门和上一级民政部门定期报送信访情况分析统计报告。

第十条　民政信访工作人员遵守下列规定：

（一）尊重信访人，不得刁难、歧视信访人；

（二）恪尽职守，秉公办事，依法及时处理信访事项，不得推诿、敷衍、拖延；

（三）妥善保管信访材料，不得丢失、隐匿或者擅自销毁；

（四）遵守保密制度，不得将信访人的检举、揭发材料及有关情况透露或者转给被检举、揭发的人员或者单位；

（五）与信访事项或者信访人有直接利害关系的，应当回避。

第十一条 各级民政部门应当重视对信访干部的培养、使用和交流。民政信访工作人员享受本级人民政府的信访岗位津贴。

第三章 信访渠道

第十二条 民政部门应当在信访接待场所、本部门网站或者通过其他方式向社会公布下列事项：

（一）信访工作机构的通信地址、电子信箱、投诉电话、信访接待的时间和地点；

（二）本部门信访事项受理范围；

（三）与民政信访工作有关的法律、法规、规章和信访事项的处理程序；

（四）查询信访事项处理进展及结果的方式；

（五）其他为信访人提供便利的相关事项。

第十三条 建立设区的市、县两级人民政府民政部门负责人信访接待日制度，协调解决相关信访问题；对信访人反映的突出问题，可以约访信访人，并协调解决相关信访问题。

第十四条 各级民政部门应当定期下访，听取群众的意见和建议，建立健全民政舆情汇集和分析机制。

第十五条 各级民政部门应当充分利用现有政务信息网络资源，提高信访工作信息化水平，为信访人在当地提出信访事项、查询信访事项办理情况提供便利。

第十六条 各级民政部门应当建立有利于迅速解决矛盾纠纷的工作机制，可以邀请相关社会工作服务机构、法律援助机构等参与信访工作。

第四章 信访事项的受理

第十七条 民政信访工作机构收到信访事项后，应当进行登记。

登记内容包括：登记号、登记人、信访人姓名、性别、住址、收到信访事项的日期、信访事项摘要、联系方式。

第十八条 民政信访工作的受理范围根据同级人民政府规定的工作职能确定。

民政信访工作机构对信访事项，按下列方式处理：

（一）属于本级民政部门工作职能范围的信访事项，应当直接受理，并根据所反映问题的性质、内容确定办理机构。

（二）信访事项涉及下级民政部门的，应当转下级民政部门办理。对其中的重要信访事项，可以向下级民政部门进行交办，要求其在规定的期限内反馈结果，并提交办结报告。

（三）属于本级民政部门所属单位办理的信访事项，应当转送或者交办相关单位办理。

（四）已经或者依法应当通过诉讼、仲裁、行政复议等法定途径解决的信访事项，应当告知信访人依照有关法律、行政法规规定的程序向有关机关提出。

（五）依法不属于民政部门业务范围的事项，应当口头或者书面告知信访人向有权处理的人民政府或者部门提出。

第十九条 民政信访工作机构能够当场受理信访事项的，应当当场受理并出具受理通知；不能当场受理的，应当自收到信访事项之日起 15 日内决定是否受理并书面告知信访人。对重复信访、信访人的姓名（名称）、住址不清楚的除外。

第二十条 民政信访工作机构应当建立信访事项处理预案。对可能造成社会影响的重大、紧急信访事项和信访信息，应及时向本级人民政府和上级民政部门报告，并在职责范围内采取措施，果断处理，防止不良影响的发生、扩大。

第五章　信访事项的办理和督办

第二十一条 各级民政部门对其办理的信访事项，应当依照国务院《信访条例》第三十二条的有关规定作出信访处理意见，并书面答复信访人。

第二十二条 民政信访工作机构对于以下情形，分别按照下列方式处理：

（一）信访事项已经解决并且信访人接受办理结果，经信访人签字同意，可以视同书面答复；

（二）多人提出共同信访事项的，可以对代表人作出答复；

（三）咨询及建议、意见类信访事项，可以口头或者书面答复。

第二十三条 信访事项应当自受理之日起 60 日内办结；情况复杂的，经本级民政部门负责人批准，可以适当延长办结期限，但延长期限不得超过 30 日，并应当告知信访人延期理由。

第二十四条 信访人对民政部门作出的信访事项处理意见不服的，可以依照《信访条例》和国务院有关规定申请复查或者复核。

收到复查或者复核请求的民政部门应当自收到复查或者复核请求之日起 30 日内提出复查或者复核意见，并书面答复信访人。

信访事项的办理、复查意见作出后，信访人无正当理由未在规定期限内提出复查、复核申请的，或者信访人对复核意见不服，仍以同一事实和理由提出投诉请求的，各级民政部门不再受理。

第二十五条 下级民政部门有下列情况之一的，上级民政部门应当督办，并提出改进建议：

（一）应当受理而拒不受理信访事项的；

（二）未按规定的办理期限办结信访事项的；

（三）未按规定程序办理信访事项的；

（四）未按规定反馈重要信访事项办理结果的；

（五）办理信访事项推诿、敷衍、拖延的；

（六）不执行信访处理意见或者复查、复核意见的；

（七）其他需要督办的情形。

收到督办意见和建议的机构应当在 30 日内书面反馈情况；未采纳督办意见和建议的，应当说明理由。

第二十六条 下级民政部门及其人员在信访工作中有推诿、敷衍、拖延、弄虚作假以及无正当理由拒不接受督办意见和建议等行为，造成严重后果的，上级民政部门可以依法建议有关部门对直接负责的主管人员和其他直接责任人员给予行政处分。

第二十七条 信访工作人员在信访接待场所发现信访人不遵守信访秩序，在信访过程中采取过激行为的，应当进行劝阻、批评或者教育；对拒不听从劝阻，可能导致事态扩大的，及时报请公安机关依法进行处置。

第六章 附 则

第二十八条 在信访事项办理过程中形成的文件、材料由信访工作机构按照档案管理的有关规定统一归档。

第二十九条 本办法自 2011 年 9 月 1 日起施行。1999 年 12 月 23 日民政部发布的《民政信访工作办法》同时废止。

财政部关于印发《党政机关
公务用车预算决算管理办法》的通知

（2011 年 2 月 25 日 财行〔2011〕9 号）

党中央有关部门，国务院各部委、各直属机构，全国人大常委会办公厅，全国政协办公厅，高法院，高检院，有关人民团体，各省、自治区、直辖市、计划单列市财政厅（局），新疆生产建设兵团财务局：

为了加强和规范党政机关公务用车预算、决算管理，根据《党政机关公务用车配备使用管理办法》（中办发〔2011〕2号）等有关规定，我们制定了《党政机关公务用车预算决算管理办法》。现印发给你们，请遵照执行。执行中遇到的问题，请及时向我部反映。

党政机关公务用车预算决算管理办法

第一章 总 则

第一条 为了规范和加强党政机关公务用车预算决算管理，提高资金使用效益，降低行政成本，促进党风廉政建设，根据《党政机关公务用车配备使用管理办法》（中办发〔2011〕2号）和《中华人民共和国预算法》等国家法律法规，制定本办法。

第二条 各级党政机关及其所属行政单位的公务用车预算决算管理适用本办法。

各级党政机关包括各级共产党机关、人大机关、行政机关、政协机关、审判机关、检察机关、民主党派机关等。

第三条 本办法所称公务用车预算决算管理，是指为了保证党政机关公务用车的配备更新和正常使用，对所安排的公务用车购置费用和运行费用实施的预算编制、预算执行、决算编制等管理工作。

第四条 本办法所称公务用车，是指党政机关用于履行公务的机动车辆，分为一般公务用车、领导干部用车、执法执勤用车、特种专业技术用车和其他用车。

一般公务用车是指用于办理公务、机要通信等公务活动的机动车辆。

领导干部用车是指用于领导干部公务活动的机动车辆。

执法执勤用车是指用于办案、监察、稽查、税务征管等执法执勤公务的专用机动车辆。

特种专业技术用车是指加装特殊专业设备，用于通讯指挥、技术侦查、刑事勘查、抢险救灾、检验检疫、环境监测、救护、工程技术等的机动车辆。

其他用车是指上述四种用车之外的机动车辆，如大中型载客车辆、载货车辆等。

第五条 党政机关配备更新公务用车应当严格执行中央有关文件规定

的配备标准。

第六条 党政机关公务用车实行编制管理。车辆编制按照中央有关文件规定，根据人员编制、领导职数和工作需要等因素确定。

第二章 公务用车配备更新计划

第七条 各有关部门根据公务用车的配备更新标准、编制数量和现状，在编制部门预算之前，编制年度公务用车配备更新计划，作为财政部门安排公务用车预算的重要依据。

第八条 中央和国家机关本级一般公务用车和部级干部用车配备更新计划，分别归口由国务院机关事务管理局、中共中央直属机关事务管理局、全国人大常委会办公厅机关事务管理局、全国政协办公厅机关事务管理局（以下简称四个管理局）负责编制。

中央和国家机关本级执法执勤用车、特种专业技术用车和其他用车配备更新计划，由各部门负责编制。

第九条 中央垂直管理部门所属单位的一般公务用车、执法执勤用车、特种专业技术用车和其他用车配备更新计划，由各主管部门负责编制。

第十条 地方各级党政机关公务用车配备更新计划，由地方各有关部门负责编制。

第三章 公务用车购置费用预算编制

第十一条 公务用车购置费用包括公务用车购置价款、车辆购置税和其他相关支出。

第十二条 对各有关部门编制的年度公务用车配备更新计划，财政部门应当按照公务用车管理规定严格审核。在此基础上，统筹安排公务用车购置费用，并实行严格管理。

第十三条 中央和国家机关本级一般公务用车和部级干部用车购置费用，分别归口列入四个管理局的部门预算。

中央和国家机关本级执法执勤用车、特种专业技术用车和其他用车购置费用，列入各部门的部门预算。

第十四条 中央垂直管理部门所属单位的一般公务用车、执法执勤用车、特种专业技术用车和其他用车购置费用，列入各主管部门的部门预算。

第十五条 地方各级党政机关公务用车购置费用，按照地方部门预算管理有关规定，列入地方各有关部门的部门预算。

第十六条 在编制部门预算时，党政机关公务用车购置费用列《政府收支分类科目》支出经济分类科目"基本建设支出"类或者"其他资本性支出"类下的"公务用车购置"款级科目。预算编制没有细化到经济分类的，应当将"公务用车购置"预算单独列示。

第四章 公务用车运行费用预算编制

第十七条 公务用车运行费用包括公务用车燃料费、维修费、保险费、过路过桥费、停车费和其他相关支出。

第十八条 财政部门应当根据实际需要，结合政府财力状况，科学制定公务用车运行费用定额标准。

第十九条 财政部门根据各单位编制内公务用车数量和运行费用定额标准，核定公务用车运行费用预算，按照隶属关系列入各部门的部门预算。

第二十条 在编制部门预算时，党政机关公务用车运行费用列《政府收支分类科目》支出经济分类科目"商品和服务支出"类下的"公务用车运行维护费"款级科目。预算编制没有细化到经济分类的，应当将"公务用车运行维护费"预算单独列示。

第五章 公务用车预算执行和决算编制

第二十一条 公务用车预算下达后，各部门、各单位应当严格执行，原则上不予调整。因特殊情况确需调整的，应当按照规定程序报经财政部门审批。资金支付按财政国库管理制度有关规定执行。

第二十二条 年度终了，各部门在编制部门年度决算时，应当统计汇总本部门及其所属单位公务用车增减变动和预算执行情况，并就有关情况作出说明，报送财政部门。

第二十三条 地方各级财政部门在审核批复本级各部门年度决算、汇总编制本级和本地区部门决算时，应当统计汇总党政机关公务用车增减变动和预算执行情况，并就有关情况作出说明。

第二十四条 财政部在汇总编制中央本级和全国部门决算时，负责统计汇总中央本级和地方各级党政机关公务用车增减变动和预算执行情况。

第六章 附 则

第二十五条 参照公务员法管理并执行行政单位财务会计制度的事业单位和社会团体的公务用车预算决算管理，依照本办法执行。

第二十六条　地方各级财政部门可以根据本办法及上级财政部门的规定，制定本地区和本级的具体办法，并报上一级财政部门备案。

第二十七条　本办法自发布之日起施行。此前有关公务用车预算决算管理的规定，凡与本办法不一致的，按照本办法执行。

财政部　教育部关于印发
《国家公派出国教师生活待遇管理规定》的通知

(2011 年 6 月 24 日　财教〔2011〕194 号)

各省、自治区、直辖市、计划单列市财政厅（局）、教育厅（教委、教育局），新疆生产建设兵团财务局、教育局，各中央直属学校，驻外使、领馆教育（文化）处（组）：

为适应国内外情况的发展变化，结合国家公派出国教师工作实际，我们制定了《国家公派出国教师生活待遇管理规定》，现印发你们，从 2011 年 7 月 1 日起执行，以前有关国家公派出国教师待遇方面的规定同时废止。

国家公派出国教师生活待遇管理规定

第一章　总　　则

第一条　为促进中外教师交流，加强国际汉语教学和教育援外工作，充分调动公派出国教师（以下简称出国教师）的积极性，进一步完善出国教师的管理，特制订本规定。

第二条　本规定适用于履行我国政府对外文化、教育交流协议和双边协议，执行出国任教任务且在国外连续任教半年以上（含半年），并由中国政府提供资助的出国教师。

第二章　工资及津贴补贴

第三条　出国教师在国外任教期间，根据出国教师国内职称，按以下标准计发国外工资：

级　别	职　别	工资标准
一级	教授、研究员	2100
二级	副教授、副研究员	1900
三级	讲师、助理研究员	1700
四级	助教、实习研究员	1500

第四条　孔子学院中方院长享受岗位津贴，标准为每人每月 400 美元，用于开展工作必需的对外交往和通讯等支出。

第五条　为体现对艰苦地区的倾斜，鼓励到艰苦地区任教，在艰苦地区任教的出国教师享受艰苦地区津贴。按艰苦程度不同，艰苦地区分为五类，由低到高依次为一、二、三、四、五类。各类艰苦地区名单详见附件。

各类艰苦地区津贴标准为：

一类地区：每人每月 180 美元；

二类地区：每人每月 500 美元；

三类地区：每人每月 820 美元；

四类地区：每人每月 1150 美元；

五类地区：每人每月 1500 美元。

第六条　出国教师国外任教期间，如聘请方不提供交通工具和相关费用的，国家按以下标准提供交通补贴：

非艰苦及一类艰苦地区：每人每月 400 美元；

二类及以上艰苦地区：每人每月 600 美元。

第七条　经外交部、财政部批准，我国驻外非外交人员享受战乱补贴的，在同一地区任教的出国教师也同时享受。发放标准和办法参照财政部、外交部有关规定和通知执行。

出国教师任教城市或国家发生严重战乱（严重骚乱、武装冲突、内战或国家间交战），对出国教师工作生活造成严重影响的，经批准后，出国教师可停止任教活动，撤离回国。需要继续执行的，应报国内有关部门批准。

第八条　国家为出国教师提供一次性安置费 3000 美元，用于办理居留、注册等各种手续，购置必要的家具家电、教学设备及其他安置开支等。

出国教师使用安置费在国外购置的一切物品归出国教师个人所有，并由出国教师按照任教国的法律和规定自行处置。

第九条　出国教师在同一地点连任，国家从第二任期开始，每任期提供安置费400美元，用于家具家电及教学设备的维修。

第十条　出国教师赴任前可领取一次性出国补贴3000元人民币，用于支付公证、护照签证、体检等费用及赴离任、休假、探亲期间的国内旅费。

第十一条　出国教师配偶享受配偶补贴。随任配偶补贴标准每月500美元，不随任配偶补贴标准每月200美元。艰苦地区随任配偶，同时享受出国教师艰苦地区津贴标准1/3的艰苦地区津贴。无配偶或配偶在境外公费留学、进修或有工资收入的，不享受配偶补贴。配偶随任期间，所在单位应保留其公职。

第十二条　对年度考核为称职（合格）及以上的出国教师发放年终一次性奖金，奖金标准为本人全年月平均国外工资。

第三章　国外开支与收入

第十三条　出国教师在国外任教期间，除医疗费、租房费和国际旅费以外发生的一切费用原则上自理。

第十四条　出国教师在任教地的住房，按协议由国外聘用方提供的，国家不再报销租房费用；如聘用方不提供住房或不报销租房费用的，由出国教师按照本规定第十五条确定的标准提出自行租房申请，报教育部审批。

第十五条　出国教师自行在外租房的，教授、副教授租房标准为二室一厅、建筑面积不超过80平方米，讲师、助教租房标准为一室一厅、建筑面积不超过60平方米。教育部对出国教师的租房申请和房租费预算进行汇总、审核，报财政部批准后执行。

第十六条　出国教师任期期间，在国内、任教国或在第三国看病所发生的挂号费、药费、检查费、治疗费、住院费以及其他属于公费医疗范围的开支，不分级别，采用分段计算、由个人和国家分别负担的办法。

（一）在一个自然年度内，医药费支出在240美元及以下的，全部由出国教师个人负担；

（二）全年医药费支出在240—600美元的部分，出国教师个人负担30%，其余由国家报销；

（三）全年医药费支出在600—6000美元的部分，出国教师个人负担5%，其余由国家报销；

（四）全年医药费支出在6000美元以上的部分，全部由国家报销。

如聘用方提供医疗保险或报销医疗费，国家不再报销出国教师医疗费。

第十七条　在疟疾、登革热、霍乱、伤风、麻风病高发区任教的出国教师，预防和治疗上述疾病的药品费、医疗费和防疫费由国家全额报销。

第十八条　不属于公费医疗范围的开支（如镶牙、洗牙、购买补药发生的支出）全部由出国教师个人自理。

第十九条　出国教师在任教国投保医疗保险的费用，按上述分段办法和比例报销。

第二十条　出国教师因公负伤的，挂号费、检查费、住院费、医药费等由国家全额报销，住院期间伙食费由个人据实缴纳；因交通或其他事故受伤的，责任方给予的赔偿归个人，个人须偿还国家为此支付的医药费等有关费用。

第二十一条　出国教师配偶随任、探亲期间的医药费开支，按以上规定执行。

第二十二条　出国教师和配偶赴离任、公费休假或探亲的国际旅费，按协议规定由聘用方提供的，国家不再报销；聘用方不提供的，在教育部规定的标准内实报实销。

第二十三条　因教育部工作要求，出国教师临时回国或到第三国参加有关活动，旅费可由国家支付。

第二十四条　出国教师和配偶赴离任、公费休假或探亲，以及出国教师因公出差乘坐交通工具的种类由个人决定，报销的最高座位等次为飞机经济舱、火车硬卧车厢和轮船三等舱。

第二十五条　出国教师任期为二年或以上的，在国外任教满一年后可回国休假一次或到配偶学习和工作的第三国探亲一次，国际旅费按规定报销。

第二十六条　出国教师在国外任教期间，其配偶可以选择随任或探亲，随任配偶可按出国教师规定回国休假一次。

不随任配偶在出国教师国外任教满一年后，可到出国教师任教地公费探亲一次，如放弃探亲，可转给出国教师本人使用。

第二十七条　出国教师回国或到第三国休假、探亲，均须报请我驻当地使领馆批准，并利用任教单位假期出行，不得影响正常教学工作和合同的执行。

第二十八条　出国教师及其配偶公费休假或探亲期限最长不超过两个月。出国教师休假和探亲期间，艰苦地区津贴停发，超过批准期限，停发国外工资和各项津贴补贴；随任配偶休假期间，艰苦地区津贴停发，配偶补贴按不随任配偶补贴标准发放；不随任配偶探亲期间，在批准的探亲期限内，按随任配偶标准享受艰苦地区津贴和配偶补贴。

第二十九条 出国教师应邀参加任教国举办的学术会议，参会费用自理。任教期间到第三国或回国参加学术会议，须经任教单位同意并报教育部批准，参会费用自理。

第三十条 出国教师任教期间，聘用方支付的各项收入及给予报销的有关费用之和等于或高于本规定所规定的国外工资、津贴补贴、房租和往返国际旅费之和的，收入全部留归个人，国家不再发放和报销任何费用；如低于本规定的，不足部分由国家补足，同时个人任教期间所发生的一切费用均自理。

第四章　经费的管理与结算

第三十一条 出国教师经费由教育部核拨我驻外使领馆和教育部指定机构。出国教师经费具体核算、发放和管理由我驻外使领馆和教育部指定机构负责。

第三十二条 出国教师的国外工资和津贴补贴按离境和离任教国国境之日计算。在国外任教时间不满一个月的，国外工资和各项津贴补贴按日标准乘以实际天数计算，其中日标准按月标准除以当月一个月的实有天数计算。任教期限以教师派遣部门的通知为准。

第三十三条 出国教师赴任前，可从国内预先领取任教期限一半并且不超过一年的国外工资，亦可到达任教国后，凭教育部有关证明到我驻外使领馆或教育部指定机构领取。

第三十四条 出国教师的国外工资和津贴补贴一律以美元计发，由出国教师个人兑换任教国货币并承担兑换汇率差价损溢和手续费。

第三十五条 出国教师从国外聘用方获得的工资和津贴补贴等收入是当地货币，在任期结束时有结余，且不能兑换自由外汇的，可凭工资等收入单据将当地货币交给我驻外使领馆，按照交给时外交部规定的外汇内部比价折算美元，回国后凭使领馆开具的证明办理结算，但与我驻外使领馆兑换的当地货币，不得多于国外聘用方发放的工资和补贴数额的三分之二。

第三十六条 出国教师国外收入、支出的当地货币，按取得收入、发生支出当月外交部规定的内部折算率计算成美元数，回国后办理结算。

第三十七条 出国教师任期结束回国，须在回国一个月之内持有关证明材料到指定机构办理有关经费结算手续，逾期不结算者，按天扣除其应得工资和津贴补贴的 5%。

第三十八条 出国教师在国外死亡,其国外工资及各项津贴补贴,从死亡之次月停发,抚恤金由出国教师所在单位按国内有关规定发放给家属。若任教国发给抚恤金或赔偿费的,应首先抵支按规定应由个人负担的医疗费用,剩余部分归其家属所有。

第五章 其 他

第三十九条 出国教师和配偶出国,原则上应按因私渠道办理出国手续,如因特殊原因需按因公出国办理,须报教育部批准。

第四十条 出国教师自离境之日起,其国内工资、津贴和补贴停发。出国教师在国外任教期间,工龄连续计算。出国教师国外任教期间的养老、失业、医疗保险和公积金,所在单位应视同其在职并按有关规定办理。

第四十一条 国内院校和事业单位为了加强与国外院校在文化和语言上交流合作,自行向国外派遣汉语教师和国外单位为汉语教学在本地聘请的汉语教师的费用,原则上由派遣单位或聘用单位解决。

第四十二条 出国教师参加国内职称评定时,其在国外任教期间的教学工作量按国内满教学工作量计算;期间编写并被采用的教材、教学大纲、课程设计方案、有价值的调研报告等应作为科研成果;有赴二类(含)以上艰苦地区任教经历的出国教师,在评定职称时应予以优先考虑。

第四十三条 经批准,教师参加出国选拔培训的差旅费,由教师所在单位按国内出差的有关规定报销。

第六章 附 则

第四十四条 本规定由财政部、教育部负责解释。

第四十五条 本规定自 2011 年 7 月 1 日起执行。《教育部 财政部关于印发〈国家公派出国教师生活待遇管理规定〉的通知》(教财〔2005〕16 号)同时废止。

附件:

实施艰苦地区津贴范围和类别名单

一、一类 (41 个)

亚洲(9 个):蒙古、巴基斯坦、印度、孟买、加尔各答、印尼、泗水、胡志明、巴勒斯坦;

非洲（7个）：博茨瓦纳、莱索托、纳米比亚、赞比亚、肯尼亚、津巴布韦、阿尔及利亚；

欧洲（11个）：土库曼斯坦、波兰、革但斯克、波黑、亚美尼亚、塔吉克斯坦、白俄罗斯、乌克兰、敖德萨、格鲁吉亚、马其顿；

美洲（11个）：巴拿马、苏里南、古巴、圣卢西亚、秘鲁、瓜亚基尔、巴兰基亚、多米尼加、多米尼克、格林纳达、哥斯达黎加；

大洋洲（3个）：斐济、萨摩亚、帕皮提。

二、二类（31个）

亚洲（12个）：越南、老挝、柬埔寨、缅甸、曼德勒、斯里兰卡、尼泊尔、卡拉奇、孟加拉、也门、阿富汗、伊拉克；

非洲（10个）：乌干达、卢旺达、布隆迪、坦桑尼亚、桑给巴尔、莫桑比克、马达加斯加、喀麦隆、塞内加尔、塔马塔夫；

欧洲（3个）：塞尔维亚、黑山、阿尔巴尼亚；

美洲（1个）：海地；

大洋洲（5个）：巴新、瓦努阿图、马绍尔、密克罗尼西亚、汤加。

三、三类（26个）

亚洲（2个）：亚丁、东帝汶；

非洲（18个）：埃塞俄比亚、科摩罗、中非、尼日利亚、拉各斯、佛得角、安哥拉、圣普、刚果（布）、刚果（金）、加蓬、杜阿拉、贝宁、多哥、加纳、科特迪瓦、冈比亚、索马里（备用）；

美洲（4个）：墨西哥、圭亚那、厄瓜多尔、哥伦比亚；

大洋洲（2个）：基里巴斯、瑙鲁。

四、四类（14个）

非洲（14个）：赤道几内亚、几内亚、几内亚比绍、毛里塔尼亚、尼日尔、马里、苏丹、马拉维、吉布提、布基纳法索、塞拉利昂、厄立特里亚、利比里亚、乍得。

五、五类（1个）

美洲（1个）：玻利维亚。

财政部　民政部关于印发《中央财政流浪乞讨人员救助补助资金管理办法》的通知

（2011 年 9 月 14 日　财社〔2011〕190 号）

各省、自治区、直辖市财政厅（局）、民政厅（局），新疆生产建设兵团财务局、民政局：

为规范和加强中央财政流浪乞讨人员救助补助资金管理，切实提高资金使用效益，现将《中央财政流浪乞讨人员救助补助资金管理办法》印发给你们，请遵照执行。执行中如有问题，请及时反馈。

中央财政流浪乞讨人员救助补助资金管理办法

第一章　总　　则

第一条　为规范和加强中央财政流浪乞讨人员救助补助资金管理，提高资金使用效益，支持各地做好流浪乞讨人员救助工作，根据《城市生活无着的流浪乞讨人员救助管理办法》（国务院令第 381 号）、《国务院办公厅关于加强和改进流浪未成年人救助保护工作的意见》（国办发〔2011〕39 号）、《财政部　民政部　中央机构编制委员会办公室关于实施城市生活无着的流浪乞讨人员救助管理办法有关机构编制和经费问题的通知》（财社〔2003〕83 号）和财政部专项补助资金管理有关规定，特制定本办法。

第二条　本办法所称中央财政流浪乞讨人员救助补助资金（以下简称补助资金），是指中央财政设立的用于补助各地区开展流浪乞讨人员救助的专项资金。

第三条　补助资金实行中央对省级政府专项转移支付。各级财政部门负责将流浪乞讨人员救助资金纳入同级预算，筹集、分配、下达、支付和监督管理补助资金。各级民政部门负责指导和组织实施流浪乞讨人员救助工作。

第四条　补助资金使用管理要坚持公开、公平、公正原则。

第二章　资金申请与分配

第五条　省级民政和财政部门于每年 1 月底前将上年度本省（区、市）流浪乞讨人员救助情况及补助资金使用管理情况、当年工作实施方案和补助资金申请报告联合上报民政部和财政部。

第六条　民政部汇总整理各地上报情况，于每年 3 月底前提出当年补助资金的分配建议，报财政部审核后于当年 5 月底前分配下达补助资金。

第七条　中央财政按因素法分配补助资金，主要参考因素包括上年度各地区流浪乞讨人员救助任务、地方财政资金安排以及救助工作绩效等。

第八条　省级财政部门收到补助资金后，与本省（区、市）安排的流浪乞讨人员救助补助资金统筹使用，并会同同级民政部门制定本省（区、市）流浪乞讨人员救助资金分配方案，1 个月内拨付到下级财政部门。市、县级财政部门也要积极安排流浪乞讨人员救助资金，将上级和本级财政安排的补助资金及时落实到位。资金支付按照财政国库管理制度有关规定执行。地方各级财政部门要采取有效措施，加快预算执行进度，提高预算执行的均衡性和有效性。

第三章　资金使用管理与考核

第九条　补助资金要专款专用，用于流浪乞讨人员生活救助、医疗救治、教育矫治、返乡救助和临时安置等救助保护支出。

第十条　补助资金不得用于救助机构运转、设备购置和基础设施维修改造等支出。任何组织、机构、个人不得以任何形式平调、挤占、挪用、骗取补助资金。

第十一条　地方各级民政部门要建立流浪乞讨人员救助工作绩效评价制度，对流浪乞讨人员救助人次数、是否积极开展主动救助、是否发生重大责任事故、特殊救助对象跨省（区、市）接送的协作配合、流浪未成年人救助保护等情况进行综合考评。

第十二条　地方各级财政部门要建立流浪乞讨人员救助补助资金绩效评价制度，对流浪乞讨人员救助资金的预算安排、预算执行、使用管理等情况进行考核。

第十三条　各级民政、财政部门要加强基础管理工作，加强基础数据的搜集和整理，保证基础数据的准确性和真实性。

第四章　监督管理

第十四条　各级财政部门应会同民政部门建立健全流浪乞讨人员救助

补助资金监管机制，要定期、不定期地对流浪乞讨人员救助补助资金的管理使用进行检查，及时发现和纠正问题。

第十五条 财政部驻各地财政监察专员办事处在规定的职权范围内，依法对中央财政流浪乞讨人员救助补助资金进行监督检查。

第十六条 对虚报冒领、贪污挪用、挥霍浪费补助资金的单位和个人，按规定严肃查处。构成犯罪的，移交司法机关依法查处。

第十七条 各级财政、民政部门要自觉接受审计、监察等部门和社会的监督检查。

第五章 附 则

第十八条 各省、自治区、直辖市及新疆生产建设兵团财政（务）、民政部门，可以根据本办法，结合各地实际，制定具体实施办法，并报财政部、民政部备案。

第十九条 本办法自公布之日起实施，由财政部、民政部负责解释。

实施《中华人民共和国社会保险法》若干规定

（人力资源和社会保障部第 67 次部务会审议通过
2011 年 6 月 29 日中华人民共和国人力资源部和社会
保障部令第 13 号公布 自 2011 年 7 月 1 日起施行）

为了实施《中华人民共和国社会保险法》（以下简称社会保险法），制定本规定。

第一章 关于基本养老保险

第一条 社会保险法第十五条规定的统筹养老金，按照国务院规定的基础养老金计发办法计发。

第二条 参加职工基本养老保险的个人达到法定退休年龄时，累计缴费不足 15 年的，可以延长缴费至满 15 年。社会保险法实施前参保、延长缴费 5 年后仍不足 15 年的，可以一次性缴费至满 15 年。

第三条 参加职工基本养老保险的个人达到法定退休年龄后，累计缴费不足 15 年（含依照第二条规定延长缴费）的，可以申请转入户籍所在地新型农村社会养老保险或者城镇居民社会养老保险，享受相应的养老保险待遇。

参加职工基本养老保险的个人达到法定退休年龄后，累计缴费不足 15 年（含依照第二条规定延长缴费），且未转入新型农村社会养老保险或者城镇居民社会养老保险的，个人可以书面申请终止职工基本养老保险关系。社会保险经办机构收到申请后，应当书面告知其转入新型农村社会养老保险或者城镇居民社会养老保险的权利以及终止职工基本养老保险关系的后果，经本人书面确认后，终止其职工基本养老保险关系，并将个人账户储存额一次性支付给本人。

第四条 参加职工基本养老保险的个人跨省流动就业，达到法定退休年龄时累计缴费不足 15 年的，按照《国务院办公厅关于转发人力资源社会保障部财政部城镇企业职工基本养老保险关系转移接续暂行办法的通知》（国办发〔2009〕66 号）有关待遇领取地的规定确定继续缴费地后，按照本规定第二条办理。

第五条 参加职工基本养老保险的个人跨省流动就业，符合按月领取基本养老金条件时，基本养老金分段计算、统一支付的具体办法，按照《国务院办公厅关于转发人力资源社会保障部财政部城镇企业职工基本养老保险关系转移接续暂行办法的通知》（国办发〔2009〕66 号）执行。

第六条 职工基本养老保险个人账户不得提前支取。个人在达到法定的领取基本养老金条件前离境定居的，其个人账户予以保留，达到法定领取条件时，按照国家规定享受相应的养老保险待遇。其中，丧失中华人民共和国国籍的，可以在其离境时或者离境后书面申请终止职工基本养老保险关系。社会保险经办机构收到申请后，应当书面告知其保留个人账户的权利以及终止职工基本养老保险关系的后果，经本人书面确认后，终止其职工基本养老保险关系，并将个人账户储存额一次性支付给本人。

参加职工基本养老保险的个人死亡后，其个人账户中的余额可以全部依法继承。

第二章　关于基本医疗保险

第七条 社会保险法第二十七条规定的退休人员享受基本医疗保险待遇的缴费年限按照各地规定执行。

参加职工基本医疗保险的个人，基本医疗保险关系转移接续时，基本医疗保险缴费年限累计计算。

第八条 参保人员在协议医疗机构发生的医疗费用，符合基本医疗保险药品目录、诊疗项目、医疗服务设施标准的，按照国家规定从基本医疗保险基金中支付。

参保人员确需急诊、抢救的，可以在非协议医疗机构就医；因抢救必须使用的药品可以适当放宽范围。参保人员急诊、抢救的医疗服务具体管理办法由统筹地区根据当地实际情况制定。

第三章 关于工伤保险

第九条 职工（包括非全日制从业人员）在两个或者两个以上用人单位同时就业的，各用人单位应当分别为职工缴纳工伤保险费。职工发生工伤，由职工受到伤害时工作的单位依法承担工伤保险责任。

第十条 社会保险法第三十七条第二项中的醉酒标准，按照《车辆驾驶人员血液、呼气酒精含量阈值与检验》（GB19522—2004）执行。公安机关交通管理部门、医疗机构等有关单位依法出具的检测结论、诊断证明等材料，可以作为认定醉酒的依据。

第十一条 社会保险法第三十八条第八项中的因工死亡补助金是指《工伤保险条例》第三十九条的一次性工亡补助金，标准为工伤发生时上一年度全国城镇居民人均可支配收入的20倍。

上一年度全国城镇居民人均可支配收入以国家统计局公布的数据为准。

第十二条 社会保险法第三十九条第一项治疗工伤期间的工资福利，按照《工伤保险条例》第三十三条有关职工在停工留薪期内应当享受的工资福利和护理等待遇的规定执行。

第四章 关于失业保险

第十三条 失业人员符合社会保险法第四十五条规定条件的，可以申请领取失业保险金并享受其他失业保险待遇。其中，非因本人意愿中断就业包括下列情形：

（一）依照劳动合同法第四十四条第一项、第四项、第五项规定终止劳动合同的；

（二）由用人单位依照劳动合同法第三十九条、第四十条、第四十一条规定解除劳动合同的；

（三）用人单位依照劳动合同法第三十六条规定向劳动者提出解除劳动合同并与劳动者协商一致解除劳动合同的；

（四）由用人单位提出解除聘用合同或者被用人单位辞退、除名、开除的；

（五）劳动者本人依照劳动合同法第三十八条规定解除劳动合同的；

（六）法律、法规、规章规定的其他情形。

第十四条 失业人员领取失业保险金后重新就业的，再次失业时，缴费时间重新计算。失业人员因当期不符合失业保险金领取条件的，原有缴费时间予以保留，重新就业并参保的，缴费时间累计计算。

第十五条　失业人员在领取失业保险金期间，应当积极求职，接受职业介绍和职业培训。失业人员接受职业介绍、职业培训的补贴由失业保险基金按照规定支付。

第五章　关于基金管理和经办服务

第十六条　社会保险基金预算、决算草案的编制、审核和批准，依照《国务院关于试行社会保险基金预算的意见》（国发〔2010〕2 号）的规定执行。

第十七条　社会保险经办机构应当每年至少一次将参保人员个人权益记录单通过邮寄方式寄送本人。同时，社会保险经办机构可以通过手机短信或者电子邮件等方式向参保人员发送个人权益记录。

第十八条　社会保险行政部门、社会保险经办机构及其工作人员应当依法为用人单位和个人的信息保密，不得违法向他人泄露下列信息：

（一）涉及用人单位商业秘密或者公开后可能损害用人单位合法利益的信息；

（二）涉及个人权益的信息。

第六章　关于法律责任

第十九条　用人单位在终止或者解除劳动合同时拒不向职工出具终止或者解除劳动关系证明，导致职工无法享受社会保险待遇的，用人单位应当依法承担赔偿责任。

第二十条　职工应当缴纳的社会保险费由用人单位代扣代缴。用人单位未依法代扣代缴的，由社会保险费征收机构责令用人单位限期代缴，并自欠缴之日起向用人单位按日加收万分之五的滞纳金。用人单位不得要求职工承担滞纳金。

第二十一条　用人单位因不可抗力造成生产经营出现严重困难的，经省级人民政府社会保险行政部门批准后，可以暂缓缴纳一定期限的社会保险费，期限一般不超过一年。暂缓缴费期间，免收滞纳金。到期后，用人单位应当缴纳相应的社会保险费。

第二十二条　用人单位按照社会保险法第六十三条的规定，提供担保并与社会保险费征收机构签订缓缴协议的，免收缓缴期间的滞纳金。

第二十三条　用人单位按照本规定第二十一条、第二十二条缓缴社会保险费期间，不影响其职工依法享受社会保险待遇。

第二十四条 用人单位未按月将缴纳社会保险费的明细情况告知职工本人的，由社会保险行政部门责令改正；逾期不改的，按照《劳动保障监察条例》第三十条的规定处理。

第二十五条 医疗机构、药品经营单位等社会保险服务机构以欺诈、伪造证明材料或者其他手段骗取社会保险基金支出的，由社会保险行政部门责令退回骗取的社会保险金，处骗取金额2倍以上5倍以下的罚款。对与社会保险经办机构签订服务协议的医疗机构、药品经营单位，由社会保险经办机构按照协议追究责任，情节严重的，可以解除与其签订的服务协议。对有执业资格的直接负责的主管人员和其他直接责任人员，由社会保险行政部门建议授予其执业资格的有关主管部门依法吊销其执业资格。

第二十六条 社会保险经办机构、社会保险费征收机构、社会保险基金投资运营机构、开设社会保险基金专户的机构和专户管理银行及其工作人员有下列违法情形的，由社会保险行政部门按照社会保险法第九十一条的规定查处：

（一）将应征和已征的社会保险基金，采取隐藏、非法放置等手段，未按规定征缴、入账的；

（二）违规将社会保险基金转入社会保险基金专户以外的账户的；

（三）侵吞社会保险基金的；

（四）将各项社会保险基金互相挤占或者其他社会保障基金挤占社会保险基金的；

（五）将社会保险基金用于平衡财政预算，兴建、改建办公场所和支付人员经费、运行费用、管理费用的；

（六）违反国家规定的投资运营政策的。

第七章 其 他

第二十七条 职工与所在用人单位发生社会保险争议的，可以依照《中华人民共和国劳动争议调解仲裁法》、《劳动人事争议仲裁办案规则》的规定，申请调解、仲裁，提起诉讼。

职工认为用人单位有未按时足额为其缴纳社会保险费等侵害其社会保险权益行为的，也可以要求社会保险行政部门或者社会保险费征收机构依法处理。社会保险行政部门或者社会保险费征收机构应当按照社会保险法和《劳动保障监察条例》等相关规定处理。在处理过程中，用人单位对双方的劳动关系提出异议的，社会保险行政部门应当依法查明相关事实后继续处理。

第二十八条 在社会保险经办机构征收社会保险费的地区，社会保险行政部门应当依法履行社会保险法第六十三条所规定的有关行政部门的职责。

第二十九条 2011 年 7 月 1 日后对用人单位未按时足额缴纳社会保险费的处理，按照社会保险法和本规定执行；对 2011 年 7 月 1 日前发生的用人单位未按时足额缴纳社会保险费的行为，按照国家和地方人民政府的有关规定执行。

第三十条 本规定自 2011 年 7 月 1 日起施行。

人力资源社会保障部关于印发人力资源和社会保障事业发展"十二五"规划纲要的通知

(2011 年 6 月 2 日　人社部发〔2011〕71 号)

各省、自治区、直辖市人力资源社会保障厅（局），福建省公务员局，新疆生产建设兵团人事局、劳动保障局，各副省级市人力资源社会保障（人事、劳动保障）局：

为贯彻落实党的十七届五中全会和十一届全国人大四次会议精神，依据《中华人民共和国国民经济和社会发展第十二个五年规划纲要》，我部组织制定了《人力资源和社会保障事业发展"十二五"规划纲要》（以下简称《规划纲要》）。现印发给你们，请结合实际认真贯彻执行。

《规划纲要》是在全面建设小康社会关键时期编制的一项重要规划，是未来五年人力资源和社会保障工作的重要指导性文件。制定实施《规划纲要》是深入贯彻落实科学发展观、着力保障和改善民生、大力实施人才强国战略的重要举措。各级人力资源社会保障部门要充分认识实施《规划纲要》的重要意义，高度重视《规划纲要》的实施工作，切实加强对规划实施的组织领导。要认真学习《规划纲要》，紧紧围绕"民生为本、人才优先"的工作主线，深刻理解"十二五"时期人力资源和社会保障工作的总体思路、重要指标、重点任务、重大举措和重点项目，进一步增强做好人力资源和社会保障工作的责任感和使命感。要建立规划实施责任制，将《规划纲要》确定的各项目标任务分解到年度、落实到部门、具体到人员。要加强规划实施情况的监督检查和考核评估，确保各项指标和重点任务落实到位。要开展广泛深入的宣传活动，让党和政府的各项惠民利民政策深入人心，赢得广大群众的理解和支持，营造有利于《规划纲要》实施的良好舆论氛围。

各地要根据《规划纲要》精神，结合本地实际，抓紧编制本地区的人力资源和社会保障事业发展"十二五"规划，形成完备的规划体系。

人力资源和社会保障事业
发展"十二五"规划纲要

人力资源和社会保障事业发展"十二五"规划纲要，根据《中华人民共和国国民经济和社会发展第十二个五年规划纲要》编制，主要阐明"十二五"时期人力资源和社会保障事业发展的总体思路、发展目标、主要任务和重大政策措施，是未来五年人力资源和社会保障工作的重要指导性文件。

第一章　民生为本人才优先　开创事业发展新局面

第一节　发展环境

"十一五"时期是我国发展史上极不平凡的五年，也是人力资源和社会保障事业迈出重要步伐、取得突出成绩的五年。五年来，面对国内外环境复杂多变、国际金融危机巨大冲击、汶川特大地震等重大自然灾害多发频发等重大挑战，人力资源社会保障部门坚决贯彻党中央、国务院的决策部署，迎难而上，努力拼搏，全面完成了"十一五"时期各项任务。积极就业政策体系更加完善，就业规模持续扩大，就业局势保持稳定。覆盖城乡居民的社会保障体系框架初步形成，社会保障制度建设实现重大突破，社会保险待遇水平大幅提高。人才资源总量不断增长，人才队伍素质明显提高，为经济社会发展提供了有力的人才和智力支持。公务员制度不断完善、队伍建设不断加强，事业单位人事制度改革稳步推进，军队转业干部安置任务圆满完成。工资收入分配制度改革取得阶段性成果，职工工资水平稳步提高。劳动关系协调机制、劳动争议调处机制和劳动保障监察执法机制逐步完善，劳动关系总体保持和谐稳定。"十一五"时期人力资源和社会保障事业的快速发展，为保障和改善民生、维护改革发展稳定大局做出了重要贡献，也为今后事业发展奠定了坚实基础。

专栏1："十一五"规划主要指标实现情况

指　　标	2005 年基数	"十一五"规划目标	2010 年完成数
五年城镇新增就业人数（万人）	〔4200〕	〔4500〕	〔5771〕
城镇登记失业率（%）	4.2	5	4.1
五年转移农业劳动力（万人）	〔4000〕	〔4500〕	〔4500〕
城镇基本养老保险参保人数（亿人）	1.74	2.23	2.57
城镇基本医疗保险参保人数（亿人）	1.38	3	4.32①
失业保险参保人数（亿人）	1.06	1.2	1.34
工伤保险参保人数（亿人）	0.85	1.4	1.62
生育保险参保人数（亿人）	0.54	0.8	1.23
专业技术人才总量（万人）	4196	—	4686②
技能劳动者总量（万人）	9100	11000	11200
技师和高级技师占技能劳动者总量的比重(%)	4.2	5	5
高级工占技能劳动者总量的比重（%）	17.6	20	20.5

注：〔　〕表示过去五年累计数；①4.32亿人包括城镇职工基本医疗保险和城镇居民基本医疗保险参保人数，2005年基数和"十一五"规划目标不含居民基本医疗保险参保人数；②为2008年末数据。

"十二五"时期是全面建设小康社会的关键时期，是深化改革开放、加快转变经济发展方式的攻坚时期，人力资源和社会保障事业面临着新的发展机遇和一系列有利条件。党中央、国务院高度重视保障和改善民生，大力实施人才强国战略和就业优先战略，将人力资源和社会保障事业摆在经济社会发展更加突出的位置，为事业发展提供了坚强保证。我国发展仍处于可以大有作为的重要战略机遇期，工业化、信息化、城镇化、市场化、国际化深入发展，为事业发展创造了良好环境。我国经济继续保持平稳较快发展，加快转变经济发展方式，坚持扩大内需特别是消费需求的战略，为事业发展提供了强大动力。人力资源和社会保障法律制度体系逐步健全，应对危机和复杂局面的体制机制初步形成，为事业发展打下了坚实基础。

同时必须清醒地看到，"十二五"时期，人力资源和社会保障事业发展仍面临着诸多挑战。从国际看，国际金融危机影响深远，世界经济增长速度减缓，各种形式的保护主义抬头，我国发展的外部环境更趋复杂。从国内看，我国发展中不平衡、不协调、不可持续的问题依然突出，制约科学发展的体制机制障碍依然较多。从事业发展自身看，也还面临许多深层次矛盾和突出问题。主要表现在：就业形势更加复杂，就业总量压力和结构性矛盾并存，高校毕业生等重点群体就业问题依然十分突出；社会保障体系在体现公平性、适应流动性、保证可持续性等方面均有待加强；人才队伍建设与更好实施人才强国战略的要求还不相适应，高层次创新型人才成长发展机制尚不健全；充满生机活力的选人用人机制和科学的评价机制尚未形成；职工工资正常增长机制和支付保障机制还不完善，工资收入分配差距较大；劳动关系协调机制、纠纷调处机制和劳动监察执法机制还不完善，劳动关系领域进入矛盾多发期；人力资源和社会保障公共服务能力比较薄弱，难以满足人民群众日益增长的公共服务需求。我们必须深刻认识"十二五"时期人力资源和社会保障事业面临的新形势新任务新要求，紧紧抓住机遇，积极应对挑战，加快解决突出矛盾和问题，开创人力资源和社会保障事业发展新局面。

第二节　指导思想

高举中国特色社会主义伟大旗帜，以邓小平理论和"三个代表"重要思想为指导，深入贯彻落实科学发展观，适应加快转变经济发展方式的新要求，顺应城乡人民过上更好生活的新期待，坚持以民生为本、人才优先为主线，实施就业优先战略和人才强国战略，健全覆盖城乡居民的社会保障体系，深化机关事业单位人事制度改革，合理调整工资收入分配关系，构建和谐劳动关系，提升基本公共服务能力，努力实现人力资源和社会保障事业全面协调可持续发展。基本要求是：

——坚持服务大局。紧紧围绕党和国家中心工作和改革发展稳定大局，坚决贯彻落实中央决策部署，适应加快转变经济发展方式的要求，坚持强化政府责任和培育完善市场机制相结合，进一步健全和完善政策法规体系，为促进经济平稳较快发展、社会和谐稳定、人民生活改善做出积极贡献。

——坚持以人为本。把保障和改善民生作为工作的出发点和落脚点，着力解决人民群众最关心、最直接、最现实的就业、社会保障、收入分配等利益问题，使广大人民群众共享改革发展成果。牢固树立人才优先的理念，尊重人才成长规律，完善人才工作体制机制，促进人的全面发展。

——坚持改革创新。进一步解放思想，深化对人力资源和社会保障事业发展规律的认识，创新思维观念、体制机制、管理方式方法。充分考虑各方面的承受能力和可能产生的影响，把握好改革的力度、时机、节奏，坚定不移地推进改革创新。

——坚持统筹协调。从我国基本国情出发，与国民经济和社会发展相适应，统筹城乡就业和社会保障政策，统筹区域人力资源和社会保障事业发展，统筹企业、机关、事业单位人力资源和社会保障政策，统筹以高层次和高技能人才为重点的各类人才队伍建设，推进人力资源和社会保障事业协调发展。

——坚持强化基础。以建立健全符合国情、比较完整、覆盖城乡、可持续的基本公共服务体系为目标，大力加强人力资源和社会保障公共服务体系基础建设，健全基层公共服务工作体系、人员队伍和信息网络，加快实现规范化、标准化、信息化，提高公共服务可及性和水平，为广大人民群众提供优质高效的服务。

第三节　主要目标

未来五年人力资源和社会保障事业发展的主要目标是：

——努力实现充分就业。就业规模持续扩大，就业结构进一步优化，就业局势保持稳定。五年城镇新增就业 4500 万人，转移农业劳动力 4000 万人，城镇登记失业率控制在 5% 以内。

——基本实现人人享有社会保险。社会保险覆盖范围进一步扩大，新型农村社会养老保险和城镇居民社会养老保险实现制度全覆盖，城镇职工和居民参加基本养老保险人数达到 3.57 亿人，农村居民参保人数达到 4.5 亿人。城乡基本医疗保险参保人数达到 13.2 亿人，其中，城镇职工基本医疗保险参保人数达到 2.6 亿人。失业保险参保人数达到 1.6 亿人。工伤保险参保人数达到 2.1 亿人。生育保险参保人数达到 1.5 亿人。社会保障水平稳步提高，企业退休人员基本养老金稳定增长，60 岁以上农村居民和城镇非就业居民普遍享受政府提供的基础养老金待遇，并逐步提高待遇水平。职工医保、居民医保和新农合在政策范围内住院医疗费用支付比例分别达到 75%、70%、70%。全国统一的社会保障卡发放数量达到 8 亿张，覆盖 60% 人口。

——造就宏大的高素质人才队伍。全国人才资源总量达到 1.56 亿人。其中，专业技术人才总量达到 6800 万人左右，高技能人才总量达到 3400 万人。高、中、初级专业技术人才比例为 10∶38∶52，从事研究开发的科学家和工程师达到 200 万人/年，每万劳动力中研发人员达到 33 人/年。

——人事制度改革不断深化。公务员法配套法规体系和管理机制更加健全，科学分类制度基本形成，公务员队伍整体素质和能力全面提升。建立权责清晰、分类科学、机制灵活、监管有力并符合各类事业单位特点的人事管理制度。军队转业干部得到妥善安置，军转安置工作机制进一步健全，军转安置政策制度逐步完善。

——加快形成合理有序的工资收入分配格局。符合机关、事业单位和企业不同特点的工资收入分配制度进一步完善，企业工资正常增长机制和支付保障机制逐步健全，机关、事业单位工资水平决定和调整机制不断完善。职工工资水平合理较快增长，遏制并逐步缩小不合理的工资差距。最低工资标准年均增长13%以上，绝大多数地区最低工资标准达到当地城镇从业人员平均工资的40%以上。

——劳动关系更加和谐稳定。各类企业全面实施劳动合同制度，集体协商和集体合同制度普遍建立，企业劳动合同签订率达到90%，集体合同签订率达到80%。中国特色的协调劳动关系三方机制进一步完善。劳动标准体系更加健全。劳动人事争议处理机制更加完善，基层劳动争议调解组织和仲裁院实体化基本建设取得明显进展，劳动人事争议案件得到及时有效处理，劳动人事争议仲裁结案率达到90%。劳动保障监察执法体系更加完善，以网格化、网络化管理为基础的预防预警机制基本建立，劳动者权益得到有效维护。

——公共服务能力明显提升。人力资源和社会保障基本公共服务机构比较健全、设施设备更加完善、信息网络互联互通、服务流程科学规范、服务队伍素质优良、服务水平显著提高，为广大人民群众提供规范、便捷、高效的公共服务。

专栏2："十二五"时期主要指标			
指　　标	2010年基数	2015年目标	属　　性
一、就业			
1. 城镇新增就业人数（万人）	〔5771〕	〔4500〕	预期性
2. 城镇登记失业率（%）	4.1	<5	预期性
3. 转移农业劳动力（万人）	〔4500〕	〔4000〕	预期性
二、社会保障			
4. 城镇基本养老保险参保人数（亿人）	2.57	3.57①	约束性
5. 新型农村社会养老保险参保人数（亿人）	1	4.5	预期性
6. 城乡基本医疗保险参保人数（亿人）	12.6	13.2	约束性
7. 失业保险参保人数（亿人）	1.34	1.6	约束性
8. 工伤保险参保人数（亿人）	1.62	2.1	约束性
9. 生育保险参保人数（亿人）	1.23	1.5	约束性
10. 社会保障卡发卡数量（亿张）	1	8	预期性
三、人才队伍建设			
11. 人才资源总量（亿人）	1.14②	1.56	预期性
12. 专业技术人才总量（万人）	4686③	6800	预期性

专栏 2："十二五"时期主要指标			
指　标	2010 年基数	2015 年目标	属　性
13. 高、中、初级专业技术人才比例		10：38：52	预期性
14. 高技能人才总量（万人）	2863	3400	预期性
四、工资和劳动关系			
15. 最低工资标准年均增长率（%）	12.5	>13	预期性
16. 企业劳动合同签订率（%）	65	90	预期性
17. 企业集体合同签订率（%）	50	80	预期性
18. 劳动人事争议仲裁结案率（%）	80	90	预期性

注：〔　〕表示五年累计数；①3.57 亿人包括城镇职工基本养老保险和城镇居民社会养老保险参保人数；②、③为 2008 年末数据。

第二章　实施就业优先战略　努力实现充分就业

坚持把促进就业放在经济社会发展的优先位置，健全劳动者自主择业、市场调节就业、政府促进就业相结合的机制，创造平等就业机会，提高就业质量，努力实现充分就业。

第一节　实施更加积极的就业政策

实行更加有利于促进就业的产业、贸易、财政、税收、金融等政策，完善促进就业的综合政策体系。建立健全政府投资和重大项目建设带动就业机制，在推进战略性新兴产业发展中开拓就业新领域，在经济结构调整中拓展就业空间，形成经济发展与扩大就业良性互动的长效机制。大力发展劳动密集型产业、服务业和小型微型企业，千方百计扩大就业和创业规模。鼓励发展家庭服务业，充分发挥家庭服务业对促进就业的作用，推动一批中小型家庭服务企业做专做精，树立一批知名家庭服务品牌。完善税费减免、岗位补贴、培训补贴、社会保险补贴、技能鉴定补贴等政策，支持劳动者自谋职业和自主创业，鼓励企业吸纳重点群体人员就业。实施鼓励劳动者多渠道、多形式灵活就业的扶持政策。

第二节　促进创业带动就业

完善和落实小额担保贷款、财政贴息、税费减免、场地安排等鼓励自主创业政策，优化创业政策环境。进一步健全创业培训体系，加强创业培训，不断提高劳动者创业能力。健全创业服务体系，为创业者提供项目信息、政策咨询、开业指导、融资服务、人力资源服务和跟踪扶持。充分利用现有资源，建设一批示范性创业孵化基地和创业园区，推进创业型城市建设。弘扬创业精神，树立一批创业典型，营造良好的创业舆论环境。

第三节　促进重点群体就业

积极促进青年就业，将高校毕业生就业放在就业工作的首位，加强对高校毕业生就业服务和政策扶持，破除影响毕业生流动就业的制度性障碍，畅通大学生到城乡基层、中西部地区和中小企业就业及自主创业的渠道。继续组织实施高校毕业生"三支一扶"计划。支持高校毕业生参加就业见习和职业培训，加大对就业困难高校毕业生的援助力度。多渠道促进农业劳动力转移就业，促进农民工融入城市。加强就业信息引导，搭建劳务信息对接平台，加强企业用工指导和职业培训，努力缓解就业结构性矛盾，促进农业劳动力平稳有序外出务工。完善就业援助政策，多渠道开发公益性岗位，形成及时有效帮助城镇就业困难人员和零就业家庭就业的长效机制。全面推进充分就业社区建设，为部分地区率先实现充分就业奠定基础。进一步加强妇女、少数民族、退役士兵、残疾人等群体就业工作，消除就业歧视，营造公平就业的社会环境。

第四节　构建就业和失业调控机制

完善就业失业登记管理办法，形成全国统一的就业失业管理制度。建立覆盖全国的就业信息监测制度，实现各类劳动者就业状况、享受政策和接受服务信息的全国共享。建立失业统计报告制度，完善城镇调查失业率统计。健全失业监测预警制度，开展就业需求预测。加强危机情况下失业风险的预防和有效调控，鼓励企业切实履行稳定就业的社会责任，缩短失业周期。完善就业与社会保障联动机制，增强就业的稳定性，提高就业质量。

专栏 3：促进充分就业行动计划

01	扩大城乡就业规模。城镇年均新增就业 900 万人，年均转移农业劳动力 800 万人。
02	免费公共就业服务。为城乡劳动者免费提供就业信息、就业政策咨询、职业介绍、就业指导、就业失业登记、创业指导、劳动人事争议调解仲裁等服务。
03	加大就业援助力度。为就业困难人员和零就业家庭提供就业援助，实行精细化、长效化的优先扶持和重点帮助。开发更多社区服务、交通协管、保洁、绿化等公益性岗位。
04	促进创业带动就业。推进创业型城市建设，鼓励有条件的城市建设创业孵化基地。
05	就业失业信息监测。加强就业公共服务网络建设，实现就业信息全国联网。建立全国就业信息监测制度，开展就业需求预测。开展重大政策出台对就业影响的评估。建立健全失业监测预警制度，适时发布失业预警信息。
06	大力发展家庭服务业。重点发展家政服务、养老服务、社区照料服务、病患陪护等家庭服务业。推进家庭服务业公益性信息服务平台建设。实施家庭服务从业人员定向培训工程。开展千户百强家庭服务企业创建活动。
07	促进统筹城乡就业。统筹规划和管理城乡就业工作，推动建立城乡一体化的人力资源市场，健全保障城乡劳动者平等就业的制度，促进城乡劳动者充分就业和平等就业。

第五节 大力加强职业培训

健全面向全体劳动者的职业培训制度，建立覆盖对象广泛、培训形式多样、管理运作规范、保障措施健全的职业培训工作新机制。加强职业技能培训能力建设，统筹利用各类职业培训资源，建立以职业院校、企业和各类职业培训机构为载体的职业培训体系。落实职业培训和职业技能鉴定补贴政策，大力开展就业技能培训、岗位技能提升培训和创业培训，加快构建劳动者终身职业培训体系。面向城乡各类有就业要求和培训愿望的劳动者开展多种形式的就业技能培训，使他们达到上岗要求或掌握初级以上职业技能，着力提高培训后的就业率。进一步健全企业职工培训制度，鼓励企业通过多种形式开展在岗职工技能提升培训。鼓励有创业要求和培训愿望、具备一定创业条件的城乡各类劳动者，以及处于创业初期的创业者参加创业培训，提高受培训者的创业能力。"十二五"期间，力争使新进入人力资源市场的劳动者都有机会接受相应的职业培训，使企业技能岗位的职工得到至少一次技能提升培训，使每个有培训愿望的创业者都参加一次创业培训。

专栏4：职业培训促就业计划
01 开展就业技能培训。对农村转移就业劳动者和城镇登记失业人员，重点开展初级技能培训；对城乡未继续升学的应届初高中毕业生等新成长劳动力开展劳动预备制培训；对企业新录用人员开展岗前培训；对退役士兵开展免费职业技能培训。
02 开展岗位技能提升培训。通过在岗培训、脱产培训、业务研修、技能竞赛等多种形式，提升企业在岗职工的技能水平。
03 开展创业培训。开展创业意识教育、创业项目指导和企业经营管理培训。
04 加强职业培训基础能力建设。支持职业技能实训基地建设和职业技能鉴定机构建设。完善职业分类制度，加快国家职业技能标准和鉴定题库的开发与更新。加强职业培训教材和师资队伍建设。开展职业技能竞赛。
05 完善职业培训补贴政策。对参加就业技能培训或创业培训的，按规定给予职业培训补贴和职业技能鉴定补贴。城乡未继续升学的应届初高中毕业生参加劳动预备制培训，对其中农村学员和城市家庭经济困难学员给予一定生活费补贴。

第六节 健全统一规范灵活的人力资源市场

充分发挥市场机制在促进就业和配置人力资源中的基础性作用。完成劳动力市场与人才市场的统一和改革，健全人力资源市场运行机制和监管体系。整合人力资源市场管理职能，统一市场管理法规和政策制度，消除人力资源市场城乡分割、身份分割和地区分割。整合公共职业介绍和人才交流服务机构，完善覆盖城乡的公共就业和人才服务体系。全面推进就业服务的制度化、专业化、标准化和信息化，健全城乡均等的公共就业和人才服务制度，全面落实对劳动者的免费公共就业和人才服务、对困难人员的就业援助和对特定群体的专项服务。加强公共就业和人才服务信息网络建设，加强人力资源供求信息采集和发布，促进信息资源共享。

第七节　发展人力资源服务业

加快建立专业化、信息化、产业化、国际化的人力资源服务体系，实现基本公共服务充分保障、市场经营性服务产业逐步壮大、高端服务业务快速发展、人力资源开发配置和服务就业能力明显提升。以产业引导、政策扶持和环境营造为重点，规范发展人事代理、人才推荐、人员培训、劳务派遣等人力资源服务，构建多层次、多元化的人力资源服务机构集群。实施人力资源服务品牌推进战略，打造一批知名的人力资源服务品牌。推动人力资源服务产业园区发展，完善人力资源服务链，形成集聚效应。推进人力资源服务创新，提升服务供给能力和水平。加快政府所属人力资源服务机构体制改革，积极稳妥地推进公共服务与经营性服务分离。鼓励人力资源服务机构走出国门，为我国企业开拓国际市场提供人力资源服务。

专栏5：人力资源服务业发展推进计划
01　建设人力资源服务产业园区。在中心城市建立人力资源服务业集聚发展的平台，通过优惠政策引导人力资源服务机构入驻，发挥园区培育、孵化、展示、交易的功能。
02　培育人力资源服务品牌。通过人力资源服务博览会、机构等级评定、行业发展报告等方式，加大人力资源服务机构和服务新产品的推介力度，培育本土人力资源服务品牌。
03　发展行业性、专业性人力资源服务机构。围绕国家战略和区域产业发展战略，推进行业性、专业性人力资源服务发展，形成产业人才信息集散平台。
04　加快推进政府所属人力资源服务机构改革。实现公共服务与经营性服务的分离，转变政府职能，为行业发展创造良好环境。

第三章　健全社会保障体系　基本实现人人享有社会保障

坚持广覆盖、保基本、多层次、可持续方针，加快推进覆盖城乡居民的社会保障体系建设，稳步提高保障水平，为全面建设小康社会构建水平适度、持续稳定的社会保障网。

第一节　完善社会保险制度

新型农村社会养老保险制度和城镇居民社会养老保险制度，在试点的基础上全面实施，实现制度全覆盖。完善城镇职工养老保险制度，进一步做实基本养老保险个人账户。推动机关事业单位养老保险制度改革。完善基本医疗保险制度。强化失业保险制度保障生活、预防失业、促进就业功能。建立健全工伤预防、经济补偿、职业康复相结合的工伤保险制度体系。完善生育保险制度。制定优惠鼓励政策，发展企业年金、职业年金和补充医疗保险。鼓励商业保险公司等社会机构提供与社会保险相衔接的产品和服务。

第二节　扩大社会保险覆盖范围

继续扩大各项社会保险覆盖范围，将符合条件的各类群体纳入相应的社会保险制度，重点做好城乡居民、农民工、非公有制经济组织从业人员、灵活就业人员的参保工作。将大学生全部纳入城镇居民基本医疗保险制度。完善和落实被征地农民的社会保障政策。制定激励政策，引导和鼓励各类人员及早参保、长期参保和连续参保。继续解决体制转轨的历史遗留问题，将各类关闭破产企业退休人员和困难企业职工纳入基本医疗保障体系，将未参保集体企业退休人员纳入基本养老保险制度，将企业"老工伤人员"全部纳入工伤保险统筹管理。积极推进城乡残疾人和各类困难群体参加社会保险。

专栏6：社会保险扩面计划

01	新农保实现制度全覆盖。新农保试点范围逐步扩大，覆盖所有县市及绝大部分农村人口。
02	建立城镇居民养老保险制度。启动城镇居民社会养老保险制度试点，覆盖大部分未就业无养老保险的城镇居民。
03	扩大城镇职工基本养老保险覆盖面。城镇职工基本养老保险参保人数进一步增加。将未参保集体企业退休人员纳入基本养老保险保障范围。推动事业单位养老保险制度改革。探索机关公务员养老保险制度改革。
04	医疗保险基本覆盖城乡人口。职工基本医疗保险、城镇居民基本医疗保险、新型农村合作医疗三项基本医疗保险参保人数新增6000万人以上，实现全民享有基本医疗保障。
05	扩大失业、工伤、生育保险覆盖面。失业保险参保人数达到1.6亿人。将企业老工伤人员全部纳入工伤保险统筹管理，工伤保险参保人数达到2.1亿人。生育保险参保人数达到1.5亿人。

第三节　稳步提高社会保险待遇水平

根据经济社会发展情况和各方面承受能力，统筹提高各项社会保险待遇水平。继续提高企业退休人员基本养老金水平，建立基本养老金正常调整机制。普遍开展居民医保、新农合门诊医疗费用统筹，逐步将门诊常见病、多发病纳入保障范围。逐步提高基本医疗保险最高支付限额和住院费用支付比例，均衡职工医保、居民医保、新农合的待遇水平。扩大失业保险基金支付范围，健全失业保险金正常调整机制。推进以职业康复为重点的工伤康复工作，提高工伤职工重返就业岗位的比例。

01	养老保险。企业退休人员基本养老金稳定增长。60 岁以上农村居民和城镇非就业居民享受基础养老金待遇。提高新农保和城镇居民养老保险基础养老金水平。
02	医疗保险。财政对城镇居民基本医疗保险和新农合的补助标准逐步提高，政策范围内居民和新农合的住院医疗费用支付比例提高到 70% 以上，城乡居民普遍开展门诊医疗费用统筹，政策范围内职工医保住院医疗费用支付比例提高到 75%。
03	失业、工伤、生育保险。适当扩大失业保险基金支出范围，健全失业保险待遇正常调整机制。适当提高工伤保险和生育保险待遇水平。加强工伤预防和工伤康复工作。
04	补充保险。积极发展企业年金、职业年金和补充医疗保险，完善多层次社会保障体系。

第四节 加快城乡社会保障统筹

制定和完善城乡社会保险制度衔接办法，统筹城乡居民社会养老保险和基本医疗保险政策，完善各项社会保险关系跨区域转移接续办法。探索建立统筹城乡的社会保障管理体制，逐步推进城乡居民养老、医疗保险统一经办管理。稳步提高各项社会保险统筹层次，全面落实城镇职工基本养老保险省级统筹，实现基础养老金全国统筹。新农保和城镇居民养老保险实现省级管理。全面实现医疗、失业、工伤、生育保险地市级统筹，逐步建立省级调剂金制度，积极推进省级统筹。

第五节 强化社会保险基金监督管理

建立健全社会保险基金预决算制度，健全行政监督与社会监督相结合的监管体系，提升社会保险基金监管技术和能力。完善社会保险反欺诈制度，建立医疗费用全国异地协查机制，实现对社会保险基金征收、管理、支付和运营全程监管，加大社会保险基金非现场监督力度，确保基金安全。积极稳妥开展养老保险基金投资运营，实现保值增值。

第六节 提升社会保险管理服务

加强社会保险经办机构能力建设，推进社会保险经办服务规范化、信息化、专业化建设，健全管理体制，整合经办资源，科学核定人员编制，加强经办机构服务设施建设，规范服务流程，提升管理手段。全面推进基本医疗费用即时结算，加快实现异地就医结算。全面建立公民社会保险登记制度，发放社会保障卡。健全社会保险社会化管理服务体系，将 80% 的企业离退休人员纳入社区管理。

第四章 实施人才强国战略 建设高素质人才队伍

贯彻落实《国家中长期人才发展规划纲要（2010—2020 年）》，大力实施人才强国战略，坚持服务发展、人才优先、以用为本、创新机制、高端引领、整体开发的指导方针，以高层次和高技能人才为重点，统筹推进各类人才队伍建设。

第一节　加强公务员队伍建设

大力加强公务员队伍建设，努力建设一支政治坚定、业务精湛、作风过硬、人民满意的公务员队伍。坚持"凡进必考"，加大竞争性选拔公务员工作力度，进一步优化公务员队伍来源结构，构建来自基层和生产一线的干部培养选拔链。以推动科学发展、促进社会和谐、服务人民满意为主题，深入开展带头创先争优、争做人民满意的公务员活动。加强公务员职业道德建设，以忠于国家、服务人民、恪尽职守、公正廉洁为主要内容，树立公务员队伍的良好形象。实施《2011—2015年行政机关公务员培训纲要》，实施大规模培训公务员计划，提升公务员队伍能力素质，加快建立更加开放、更具活力、更有实效的中国特色公务员培训体系。研究加强基层公务员队伍建设的有效措施，不断拓宽队伍来源，拓展职业发展空间，强化基层公务员宗旨意识，转变作风，提升执行力。

专栏8：公务员队伍能力建设计划

01　大规模培训公务员计划。全国公务员参训率进一步提高，新录用公务员全员参加初任培训，任职培训制度进一步落实，乡镇、街道和公共服务部门基层公务员培训一遍，全国公务员培训管理者培训一遍。

02　加强公务员管理信息系统建设。建设分级分类管理的公务员数据库，建立覆盖中央、省、市、县四级的公务员管理信息系统。

03　加强公务员考试测评基地和题库建设。

第二节　加强专业技术人才队伍建设

实施专业技术人才队伍建设中长期规划。扩大以高层次人才为重点的专业技术人才队伍规模，突出培养造就创新型科技人才，重视培养领军人才和复合型人才，大力开发经济社会发展重点领域急需紧缺专门人才，提高专业技术人才创新创业能力。完善政府特殊津贴制度和有突出贡献中青年专家选拔制度，进一步实施并完善新世纪百千万人才工程，制定不同层次、不同类别、不同地区人才培养计划，构建国家高级专家培养选拔体系。加快推进职称制度改革，统筹推进专业技术职称和职业资格制度改革，健全职称制度框架体系。规范专业技术人员职业资格准入，建立健全专业技术人员职业水平评价制度，完善专业技术职务任职评价制度。完善吸引留学人员回国工作政策体系，加快留学人员回国服务体系建设，配合有关部门实施海外高层次人才引进计划，实施中国留学人员回国创业启动支持计划和海外赤子为国服务行动计划。加大留学人员科技活动项目择优资助和高层次留学人才回国资助力度，继续推进回国（来华）定居专家工作，加强留学人员创业园建设。推进博士后分级管理体制改革，稳步扩大博士后科研流动站和工作站规模，发挥博士后制度在高校院所科研团队建设和企业技术创新中的作用，加大多元投入，提高培养质量。实施专业技术人才知识更新工程，开展大规模的专业技术人才继续教育。加强专业技术人员继续教育制度建设，构建分层分类的专业技术人员继续教育体系。实施万名专家服务基层行动计划，建设人事考试基地、专家服务基地和继续教育基地，加强基层专业技术人才队伍建设。

第三节　加强技能人才队伍建设

坚持提升能力、以用为本、高端引领、整体推动，充分发挥政府指导调控作用和市场在高技能人才资源开发和配置中的基础性作用，健全面向全体劳动者的职业培训制度。以实施国家高技能人才振兴计划为龙头，国家重点支持急需紧缺行业（领域）高级技师培训，加强高技能人才培训基地和技能大师工作室建设，培养造就一批高技能领军人才，引领和带动高技能人才队伍建设和发展。以提升职业素质和职业技能为核心，进一步完善以培养、评价、使用、激励为重点的高技能人才工作体系。逐步完善以企业为主体、职业院校为基础，学校教育与企业培养紧密联系、政府推动与社会支持相结合的高技能人才培养体系，形成有利于高技能人才成长和发挥作用的制度环境和社会氛围，推动技能劳动者队伍的发展壮大和整体素质的提高。修订中华人民共和国职业分类大典。加强高技能人才师资培养。探索制定高技能人才与工程技术人才职业发展贯通办法。逐步完善社会化职业技能鉴定、企业高技能人才评价、院校职业资格认证和专项职业能力考核办法，进一步提高高技能人才经济待遇和社会地位。广泛开展职业技能竞赛和岗位练兵活动。完善国家高技能人才评选表彰制度。

第四节　创新人才工作体制机制

坚持党管人才原则，充分发挥政府人力资源管理部门作用，建立健全政府宏观管理、市场有效配置、单位自主用人、人才自主择业的体制机制，不断完善人才管理运行机制，进一步规范人才评价、流动等环节中的行政审批事项。以国家发展需要和社会需求为导向，以提高思想道德素质和创新能力为核心，完善终身教育体系和人才培养机制。建立以岗位职责要求为基础，以品德、能力和业绩为导向，科学化、社会化的人才评价发现机制。改革人才选拔使用方式，科学合理使用人才，形成有利于各类人才脱颖而出、充分施展才能的选人用人机制。完善人才流动配置机制，畅通人才流动渠道。健全人力资源市场服务功能，加强人才服务体系建设，提升人才服务能力和水平。实施促进人才发展的公共服务政策，创新政府提供人才公共服务的方式，大力开发公共服务新产品。围绕国家区域和产业发展战略，推进区域人才合作，加强产业人才配置。完善与工作业绩紧密联系、充分体现人才价值、有利于激发人才活力的激励机制，保障人才合法权益。加快建立国家荣誉制度。实施更加开放的人才国际化政策，健全人才吸引机制，开发利用国内外人才市场和资源。完善农村实用人才评价表彰制度，营造有利于农村实用人才成长和发挥作用的良好环境。建立农村实用人才定期调查制度。

专栏9：人才队伍建设重大工程

01 专业技术人才知识更新工程
在经济社会发展重点领域，每年培训100万名高层次、急需紧缺和骨干专业技术人才。依托高等院校、科研院所和大型企业，建设一批国家级继续教育基地。

02 国家高技能人才振兴计划
（1）高级技师培训。发挥行业、企业和职业院校作用，国家每年重点支持5万名左右经济社会发展急需紧缺行业（领域）高级技师培训。
（2）高技能人才培训基地建设。依托大型骨干企业（集团）、重点职业院校和培训机构，每年建设80个左右国家级高技能人才培训基地。
（3）技能大师工作室建设。鼓励各级政府、行业企业，依托生产服务一线优秀高技能人才所在单位建设一批技能大师工作室。依托中华技能大赛获奖者、全国技术能手和掌握传统技能、民间绝技的技能大师，每年建设100个左右国家级技能大师工作室。

03 高层次人才培养工程
（1）留学人员创业园建设。全国新建各级各类留学人员创业园30家。实施中国留学人员回国创业启动支持计划，每年资助至少400名留学回国创业人员。实施海外赤子为国服务行动计划，每年资助60项海外留学人才为国服务活动。
（2）专家服务基地建设。在现有专家大院、专家服务站、科技110等专家服务机构的基础上，再建设一批专家服务基地，推进科技成果转化。
（3）加强博士后公寓建设，改善博士后人才工作生活条件。

第五章　深化人事制度改革
形成充满生机活力的用人机制

贯彻落实《2010—2020年深化干部人事制度改革规划纲要》，创新和完善选拔任用机制，健全考核评价制度，促进形成广纳群贤、人尽其才、能上能下、公平公正、充满活力的人事管理制度。

第一节　完善公务员制度

加强公务员法配套法规建设，深入开展公务员法律法规学习宣传活动，加大监督检查力度，推动公务员法和配套法规贯彻实施。健全公务员管理机制，加快推进公务员分类管理，健全综合管理类公务员管理办法，建立专业技术类、行政执法类公务员职务序列和管理办法。完善公务员职位聘任制度。完善公务员选用机制，坚持和完善从基层一线考录公务员的制度和办法，从2012年起，中央机关和省级机关录用公务员，除部分特殊职位外，均从具有两年以上基层工作经历的人员中考录。健全竞争性选拔公务员办法。建立和完善体现科学发展观和正确政绩观要求的公务员考核评价体系，改进考核办法，强化对公务员的激励保障和监督约束。

第二节　深化事业单位人事制度改革

按照干部人事制度改革和分类推进事业单位改革的总体要求，以健全聘用制度和岗位管理制度为重点，创新管理体制，转换用人机制，搞活用人制度，建立权责清晰、分类科学、机制灵活、监管有力的事业单位人事管理制度。完善合同用人机制、公平竞争机制、绩效评价机制、人员退出机制和监督管理机制。健全岗位管理制度，全面推行公开招聘和竞聘上岗。

第三节　推进中国特色退役军官安置制度建设

积极稳妥地改进军队转业干部安置办法，建立健全公平公正公开的安置机制，逐步完善军转安置政策法规体系，推进中国特色退役军官安置制度建设。进一步拓宽安置渠道，全力完成计划分配军队转业干部安置任务。积极推进军转干部自主择业工作，大力扶持自主择业军转干部就业创业。加强军队转业干部教育培训。认真做好企业军转干部解困和维稳工作。

第六章　深化工资制度改革
形成合理有序的收入分配格局

坚持和完善按劳分配为主体、多种分配方式并存的分配制度，正确处理效率与公平的关系，加快形成合理有序的工资收入分配格局，促进提高居民收入在国民收入分配中的比重、劳动报酬在初次分配中的比重，努力实现劳动报酬增长和劳动生产率提高同步。

第一节　完善企业工资收入分配制度

按照市场机制调节、企业自主分配、平等协商确定、政府监督指导的原则，形成反映劳动力市场供求关系和企业经济效益的工资决定机制和增长机制。积极稳妥扩大工资集体协商覆盖范围。改革国有企业工资总额管理办法，加强对部分行业工资总额和工资水平的双重调控，缩小行业间工资水平差距。进一步规范国有企业、国有控股金融机构负责人薪酬管理，使企业负责人薪酬结构合理、水平适当、管理规范。加强企业工资支付保障制度建设，在建设领域和容易发生工资拖欠的其他行业普遍建立工资保证金，在市县建立欠薪应急周转金，完善并落实工程总承包企业清偿欠薪负责制、解决工资拖欠问题属地政府负责制、劳动保障监察执法和刑事司法联动打击恶意欠薪机制，基本实现职工工资特别是农民工工资无拖欠。

第二节　完善机关事业单位工资收入分配制度

完善机关事业单位工作人员工资正常调整机制。继续推进规范公务员津贴补贴工作，研究实施地区附加津贴制度，建立健全职务职级并行制度，加大向基层和艰苦边远地区倾斜力度，逐步提高基层和艰苦边远地区工资收入水平。根据事业单位改革总体要求，深化事业单位工作人员收入分配制度改革。巩固义务教育学校、公共卫生与基层医疗卫生事业单位实施绩效工资成效，按照"分类指导、分步实施、因地制宜、稳慎推进"要求，落实其他事业单位实施绩效工资。加大对高层次人才的激励力度，加强对事业单位主要负责人收入分配的监督管理，制定工作人员兼职兼薪管理办法。

第三节　加强工资收入分配宏观调控和指导

完善最低工资制度，逐步提高最低工资标准。进一步完善工资指导线制度，探索发布全国企业职工工资增长指导意见，引导企业合理进行工资分配。完善人力资源市场工资指导价位制度和行业人工成本信息指导制度，建立统一规范的企业薪酬调查和信息发布制度，为企业和劳动者开展工资集体协商提供参考依据。建立公务员和企业相当人员工资水平调查比较制度，为机关、事业单位工作人员工资正常调整提供科学依据。实行有利于促进劳动密集型小企业提高职工工资收入的财税扶持政策。

第七章　构建和谐劳动关系　维护劳动者合法权益

加强劳动关系工作体系建设，加快健全劳动关系协调机制、劳动争议调处机制和劳动保障监察执法机制，切实维护劳动者和企业双方的合法权益，逐步建立规范有序、公正合理、互利共赢、和谐稳定的社会主义新型劳动关系。

第一节　全面推行劳动合同制度

巩固大中型企业劳动合同签订率，提高小企业和农民工劳动合同签订率。全面推进劳动用工备案制度建设，建立全国统一的劳动用工数据库，加强对企业劳动用工的动态管理。健全劳务派遣规定，加强对劳务派遣用工的规范引导。完善企业裁员机制，规范企业规模裁员行为。在经济结构调整和国有企业改革中，妥善处理劳动关系，维护劳动者合法权益。

第二节　大力推行集体协商和集体合同制度

完善集体协商机制，以企业集体协商为主体，以行业性、区域性集体协商为补充，努力扩大集体合同制度覆盖面，提高集体协商的实效性。加强集体协商代表培训，提高协商能力。推进企业民主管理。

第三节　改善劳动条件

加快劳动标准体系建设。适时修订工作时间、休息休假、女职工和未成年工特殊劳动保护标准。推动劳动定额定员国家标准、行业标准的制修订工作,指导企业制定实施科学合理的劳动定额、计件单价。推进企业改善劳动条件,促进劳动者实现体面劳动。

第四节　健全协调劳动关系三方机制

加强和创新三方机制组织建设,完善三方机制职能,充分发挥政府、工会和企业方面代表在拟订劳动标准、调节收入分配、促进集体协商等方面的重要作用,努力形成企业和职工利益共享机制。完善依托三方机制及时介入和有效协调处理集体协商争议的办法。开展和谐劳动关系创建活动。

专栏 10：构建和谐劳动关系计划

01　提高劳动合同和集体合同签订率。企业劳动合同签订率达到 90%,集体合同签订率达到 80%。

02　开展和谐劳动关系创建活动。以中小企业和非公企业为重点,在全国各类企业、工业园区和乡镇、街道(社区)普遍开展和谐劳动关系创建活动,参加创建活动的企业覆盖面达到 85%。加强基层劳动关系协调员队伍建设。

03　制修订劳动标准。完善劳动标准体系,制修订劳动定额国家标准和一批重点行业劳动定额标准。

04　劳动人事争议仲裁院建设。加强劳动人事争议处理服务设施建设,支持建设一批劳动人事争议仲裁院。加强基层劳动人事争议调解仲裁队伍建设。

05　劳动保障监察网格化管理。在全国逐步建立网格化管理体制,形成覆盖城乡的劳动用工监控网。建立监察协管员队伍,加强劳动保障监察服务设施建设,改善劳动保障监察执法条件,支持建设一批示范性劳动保障监察网格管理服务中心。

第五节　加强劳动人事争议处理效能建设

坚持"预防为主、基层为主、调解为主"的方针,指导企业建立健全内部劳动争议协商解决机制。建立健全重大集体劳动人事争议应急调处机制。加快基层调解组织建设步伐,加强市、县劳动人事争议仲裁院建设,充实基层调解人员和仲裁办案辅助人员。完善仲裁办案制度,规范办案程序,提高争议处理效能和专业化水平。

第六节　加强劳动保障监察工作体系建设

加大对用人单位和人力资源市场的监管力度,全面推进网格化、网络化管理,实现监察执法向主动预防和统筹城乡转变。建立完善劳动保障监察、拖欠工资刑事案件移送等监察法规制度,健全违法行为预防预警和多部门综合治理机制,及时查处违法案件,有效处置劳动保障违法行为引发的群体性事件,切实维护劳动者合法权益和社会稳定。加强基层监察机构队伍建设和监察服务设施建设，实现监察机构标准化、执法规范化、人员专业化。

第七节　加强农民工权益保护

大力加强农民工工作，建立促进农民工进入城镇落户的政策体系和工作机制。改善农民工公共服务，促进农民工融入城市，推动解决农民工在就业、培训、社会保障、住房、医疗、子女教育、文化生活、权益保护等方面平等享受基本公共服务。

专栏11：农民工权益保障计划

01　促进农业富余劳动力转移就业。加强就业信息引导，开展劳务输出对接，加强劳务品牌培育和推介，建设一批特色劳务基地。促进农民工就近就地转移就业，鼓励扶持农民工返乡创业。

02　加强农民工职业技能培训。推进农村中等职业教育免费进程，重点培养技能适用型和技术熟练型农民工，提高农民工就业能力。建立农民工基本培训补贴制度，推进农民工培训资金省级统筹。

03　维护农民工合法权益。促进城乡劳动者平等就业，提高农民工工资水平，促进农民工与城镇就业人员同工同酬。提高农民工劳动合同签订率。将与企业建立稳定劳动关系的农民工纳入城镇职工基本养老和医疗保险，推动企业和农民工依法参加工伤保险和失业保险，提高社会保险参保率。

04　加强农民工公共服务基础能力建设。在农业富余劳动力流动较为集中的中心城市建立农民工综合服务中心，为农民工有序融入城市创造良好环境和有利条件。

第八章　加强基础能力建设　提升公共服务水平

适应人力资源和社会保障事业快速发展的形势，健全完善人力资源和社会保障公共服务体系，加强公共就业、社会保险、调解仲裁和劳动保障监察等服务设施建设，推行社会保障一卡通，全面提高公共服务能力和水平，为广大人民群众提供规范、便捷、高效的公共服务。

第一节　加强公共服务设施建设

坚持统筹规划、因地制宜、整合资源、适度集中的原则，大力推进人力资源和社会保障公共服务设施建设。加强省级、地市级人力资源市场建设，主要提供公共就业、人力资源市场、劳动关系协调、劳动人事争议调解仲裁、劳动保障监察等服务功能。加强省级、地市级社会保障服务中心建设，主要提供各项社会保险参保缴费、社会保险关系转移、异地就医结算等服务功能。加强省级、地市级职业技能实训基地建设，主要包括就业实训基地、技能培训中心、技能鉴定中心等，不断改善职业培训能力。加强国家级和区域性工伤康复示范中心建设，实现分层次、相互衔接、特色互补的工伤康复服务格局。

重点加强县及县以下劳动就业和社会保障综合服务中心建设。以公共就业服务、职业技能培训、人力资源服务、社会保险经办、劳动关系协调、劳动人事争议调解仲裁、劳动保障监察等功能为重点，整合资源，建立一站式公共服务平台，形成布局合理、设施完善、功能齐全、管理规范、流程科学的服务体系，全面提升基层服务能力和水平，满足人民群众日益增长的公共服务需求。

专栏12：基层劳动就业和社会保障综合服务中心建设工程

"十二五"期间，建设一批县级、乡镇（街道）级劳动就业和社会保障综合服务中心，争取全国所有街道、乡镇都建立劳动就业和社会保障服务中心，所有社区、行政村都设立劳动就业和社会保障服务站。国家对基础设施建设给予适当补贴。

第二节　加快推进信息化建设

以推行社会保障一卡通为重点，实施人力资源和社会保障信息化建设工程。完善各级人力资源社会保障数据中心功能，建成覆盖全国、联通城乡、安全可靠的信息网络。建设统一的跨地区信息交换和结算平台，支持各级各类业务协同办理，提升信息化服务水平。加快发行全国统一的社会保障卡，实现社会保障卡在养老、医疗、失业、工伤、生育五项社会保险中的应用，并逐步拓展到就业服务、劳动关系、人才服务、人力资源开发、人事管理等领域。

专栏13：人力资源和社会保障信息化建设工程（金保工程二期）

01	完善中央、省、市三级数据中心。推进中央、省、市三级网络互联，推动数据中心与各类经办服务机构联网，并将网络向街道、社区、乡镇等各类基层服务网点延伸。
02	建设统一的社会保险管理信息系统、就业服务管理信息系统、人事人才管理信息系统、劳动关系管理信息系统。完善基金监督应用系统和宏观决策支持系统。加强各业务领域间数据共享和系统整合，推进与相关部门的信息交换与共享。
03	全面发行社会保障卡，积极推进社会保障卡应用，发卡数量达到8亿张，覆盖60%人口。
04	完善联网数据采集系统，扩展数据采集业务范围。
05	加快12333电话咨询服务中心建设，实现各级12333电话咨询服务联动。完善基层信息平台建设，推动社会保障卡信息服务延伸到城乡社区。
06	建设统一的网络安全信任体系，建设中央和省级灾备中心。

第三节　推进公共服务标准化建设

建立健全人力资源和社会保障公共服务标准体系，开展公共就业服务、社会保险服务、人事人才管理、劳动关系、调解仲裁和劳动保障监察等领域标准的制修订，科学确定人力资源和社会保障公共服务范围、服务内容、服务流程，以及提供服务所需的设施设备、人员配备、经费保障等标准，努力提高服务水平。开展标准化试点，加强标准体系宣传贯彻，充分发挥标准化对事业的技术支撑和基础保障作用。

第四节　加强系统队伍建设

加强人力资源和社会保障系统队伍建设。科学合理配置工作人员，严把人员"入口关"，通过公开招聘等形式，吸纳高校毕业生充实基层劳动就业和社会保障公共服务队伍，优化人员结构。加强干部队伍能力建设，完善分级分类的干部教育培训体系，大规模开展系统干部培训，探索经办人员持证上岗制度。加强干部队伍作风建设，深入开展创建优质服务窗口活动，增强服务意识，规范服务行为，提高服务水平。努力建设一支政治坚定、业务精湛、作风过硬、人民满意的干部队伍，为人力资源和社会保障事业发展提供坚强的人才保障。

专栏14：人力资源和社会保障系统人才培养计划

01 培训3000名县级人力资源和社会保障局长。

02 社会保险经办机构"百千万"人才培养工程，培养造就100名左右精湛掌握社会保险政策、精通业务管理的领导人才；培养1000名左右社会保险经办相关专业领域的业务专家；培养10000名左右岗位管理能手和业务标兵。

03 加强人力资源和社会保障培训基地、教材、师资、网络建设，提升培训能力。

第九章　强化综合保障措施　完成规划目标任务

"十二五"时期人力资源和社会保障事业改革发展任务艰巨，必须广泛动员各方力量，完善保障措施，努力实现本规划确定的各项目标任务。

第一节　健全法规体系

完善人力资源和社会保障法律法规体系，全面贯彻实施公务员法和劳动法、劳动合同法、就业促进法、劳动争议调解仲裁法、社会保险法，制订与社会保险法配套的法律法规，制订基本劳动标准、国家勋章和荣誉称号、人力资源开发促进等方面的法律；制订职业技能培训和鉴定条例、人力资源市场管理条例、事业单位人事管理条例、集体协商和集体合同条例、企业工资条例、外国人来中国就业管理条例、国务院表彰奖励条例、专业技术人才继续教育条例、职业资格设置管理条例、失业保险条例（修订）、基本医疗保险条例、社会保险基金监督管理条例、女职工劳动保护规定（修订）等行政法规。加强法规章和规范性文件清理，规范行政审批行为。加强普法宣传教育，全面实施人力资源和社会保障"六五"普法规划。建立和完善行政执法责任制和评议考核制度，强化行政监督和问责制度，规范行政执法行为，不断提高依法行政意识和能力。

第二节　加大财政投入

建立政府对人力资源和社会保障事业的正常投入机制和各级政府的分

担机制，各级政府应加大对人力资源和社会保障事业的投入，将其列入公共财政支出的重点领域，保障人力资源和社会保障重大项目的实施。加大财政对就业专项资金的投入力度，逐步提高社会保障支出占财政支出的比重。进一步加大人才发展资金投入力度，通过税收、贴息等优惠政策，鼓励和引导社会、用人单位、个人投资人才资源开发。

第三节　实施重大项目

坚持工程项目为事业发展服务、为重点工作服务、为基层基础建设服务的原则。针对人力资源和社会保障公共服务领域的关键部位和薄弱环节，实施一批基础性和示范性的重大项目，实现重大政策措施和重大工程项目有机结合，促进人力资源和社会保障基础设施改善和管理服务能力提升。加强项目实施的组织领导，明确项目实施责任主体，认真做好立项审批、资金筹集、项目实施、竣工验收各项工作，确保项目保质保量如期完成。

第四节　强化科研支撑

建立理论研究、技术开发与人力资源和社会保障事业发展的良性互动机制，进一步推动科研创新，形成有中国特色的人力资源和社会保障理论体系，为事业发展提供系统科学的理论指导和技术支撑。加强重点领域基础理论研究和重大政策研究，大力推广科研成果应用。建立完善人力资源和社会保障专家库、资料库和基础数据库，建立数据分析系统和专家决策支持系统。整合人力资源和社会保障科研资源。

第五节　加强统计监测

健全统一管理、分工负责的统计调查管理体制，建立常规调查、抽样调查、快速调查、统计监测等多元统计调查体系。建立统计数据采集应急体系，针对人力资源和社会保障重点、热点、难点问题，实行动态统计监测，提高统计快速反应能力。搭建统计分析交流平台，完善统计分析和决策咨询机制。加快建立完善各级人力资源和社会保障统计数据库，尽快实现统计数据采集、汇总和分析自动化。

第六节　协调区域发展

按照国家区域发展总体战略和主体功能区战略部署，充分发挥不同地区比较优势，建立地区间劳动力供求信息共享机制，促进人力资源合理流动。推动东部地区加快产业升级和经济结构调整，大力推进素质就业。指导中西部地区结合产业梯次转移，大力发展劳动密集型产业和企业，引导更多劳动力就地就近转移就业。支持少数民族地区发展经济扩大就业。实施东部带西部、城市带农村的人才对口支持政策，引导人才向西部和农村流动。落实对口援疆、援藏、援青工作部署。支持革命老区、民族地区、边疆地区和贫困地区的人力资源和社会保障事业发展。深化内地与香港、澳门和台湾地区人力资源和社会保障领域的交流与合作。

第七节　加强国际合作

加强人力资源和社会保障领域国际交流，充分利用多双边外交舞台，营造有利的外部环境。充分发挥我发展中大国的特殊作用，积极参与相关国际组织规则、标准的制定和修订，维护我国的合法权益。适时推进批准国际劳工公约，切实履行相应义务。积极开展南南合作。健全国际职员管理体制机制，加强国际职员培养、选拔和管理服务，提高我国在国际组织中的代表性。积极推进双边社会保险互免协定的谈判与实施。加大人力资源和社会保障法律法规与实践的对外宣传力度，在人员培训、项目合作和学术研究等领域拓宽对外交流合作渠道，为我国人力资源和社会保障事业发展提供支持。

第八节　强化规划实施

加强规划实施的统筹协调、宏观指导和宣传动员，制定规划目标任务分解落实方案和重大项目实施管理办法，建立规划实施情况监测、评估和绩效考核机制。把规划重点指标的完成情况纳入政府综合考核体系，作为考核各级政府实践科学发展观和解决民生问题的重要依据。各地区人力资源社会保障部门依据本规划，结合实际，制定实施本地区人力资源和社会保障事业发展规划，形成全国人力资源和社会保障规划体系。

社会保险个人权益记录管理办法

（人力资源和社会保障部第 67 次部务会审议通过　2011年 6 月 29 日中华人民共和国人力资源和社会保障部令第14 号公布　自 2011 年 7 月 1 日起施行）

第一章　总　　则

第一条　为了维护参保人员的合法权益，规范社会保险个人权益记录管理，根据《中华人民共和国社会保险法》等相关法律法规的规定，制定本办法。

第二条　本办法所称社会保险个人权益记录，是指以纸质材料和电子数据等载体记录的反映参保人员及其用人单位履行社会保险义务、享受社会保险权益状况的信息，包括下列内容：

（一）参保人员及其用人单位社会保险登记信息；

（二）参保人员及其用人单位缴纳社会保险费、获得相关补贴的信息；

（三）参保人员享受社会保险待遇资格及领取待遇的信息；

（四）参保人员缴费年限和个人账户信息；

（五）其他反映社会保险个人权益的信息。

第三条 社会保险经办机构负责社会保险个人权益记录管理，提供与社会保险个人权益记录相关的服务。

人力资源社会保障信息化综合管理机构（以下简称信息机构）对社会保险个人权益记录提供技术支持和安全保障服务。

人力资源社会保障行政部门对社会保险个人权益记录管理实施监督。

第四条 社会保险个人权益记录遵循及时、完整、准确、安全、保密原则，任何单位和个人不得用于商业交易或者营利活动，也不得违法向他人泄露。

第二章　采集和审核

第五条 社会保险经办机构通过业务经办、统计、调查等方式获取参保人员相关社会保险个人权益信息，同时，应当与社会保险费征收机构、工商、民政、公安、机构编制等部门通报的情况进行核对。

与社会保险经办机构签订服务协议的医疗机构、药品经营单位、工伤康复机构、辅助器具安装配置机构、相关金融机构等（以下简称社会保险服务机构）和参保人员及其用人单位应当及时、准确提供社会保险个人权益信息，社会保险经办机构应当按照规定程序进行核查。

第六条 社会保险经办机构应当依据业务经办原始资料及时采集社会保险个人权益信息。

通过互联网经办社会保险业务采集社会保险个人权益信息的，应当采取相应的安全措施。

社会保险经办机构应当在经办前台完成社会保险个人权益信息采集工作，不得在后台数据库直接录入、修改数据。

社会保险个人权益记录中缴费数额、待遇标准、个人账户储存额、缴费年限等待遇计发的数据，应当根据事先设定的业务规则，通过社会保险信息系统对原始采集数据进行计算处理后生成。

第七条 社会保险经办机构应当建立社会保险个人权益信息采集的初审、审核、复核、审批制度，明确岗位职责，并在社会保险信息系统中进行岗位权限设置。

第三章 保管和维护

第八条 社会保险经办机构和信息机构应当配备社会保险个人权益记录保管的场所和设施设备，建立并完善人力资源社会保障业务专网。

第九条 社会保险个人权益数据保管应当符合以下要求：

（一）建立完善的社会保险个人权益数据存储管理办法；

（二）定期对社会保险个人权益数据的保管、可读取、备份记录状况等进行测试，发现问题及时处理；

（三）社会保险个人权益数据应当定期备份，备份介质异地存放；

（四）保管的软硬件环境、存储载体等发生变化时，应当及时对社会保险个人权益数据进行迁移、转换，并保留原有数据备查。

第十条 参保人员流动就业办理社会保险关系转移时，新参保地社会保险经办机构应当及时做好社会保险个人权益记录的接收和管理工作；原参保地社会保险经办机构在将社会保险个人权益记录转出后，应当按照规定保留原有记录备查。

第十一条 社会保险经办机构应当安排专门工作人员对社会保险个人权益数据进行管理和日常维护，检查记录的完整性、合规性，并按照规定程序修正和补充。

社会保险经办机构不得委托其他单位或者个人单独负责社会保险个人权益数据维护工作。其他单位或者个人协助维护的，社会保险经办机构应当与其签订保密协议。

第十二条 社会保险经办机构应当建立社会保险个人权益记录维护日志，对社会保险个人权益数据维护的时间、内容、维护原因、处理方法和责任人等进行登记。

第十三条 社会保险个人权益信息的采集、保管和维护等环节涉及的书面材料应当存档备查。

第四章 查询和使用

第十四条 社会保险经办机构应当向参保人员及其用人单位开放社会保险个人权益记录查询程序，界定可供查询的内容，通过社会保险经办机构网点、自助终端或者电话、网站等方式提供查询服务。

第十五条 社会保险经办机构网点应当设立专门窗口向参保人员及其用人单位提供免费查询服务。

参保人员向社会保险经办机构查询本人社会保险个人权益记录的，需持本人有效身份证件；参保人员委托他人向社会保险经办机构查询本人社会保险个人权益记录的，被委托人需持书面委托材料和本人有效身份证件。需要书面查询结果或者出具本人参保缴费、待遇享受等书面证明的，社会保险经办机构应当按照规定提供。

参保用人单位凭有效证明文件可以向社会保险经办机构免费查询本单位缴费情况，以及职工在本单位工作期间涉及本办法第二条第一项、第二项相关内容。

第十六条 参保人员或者用人单位对社会保险个人权益记录存在异议时，可以向社会保险经办机构提出书面核查申请，并提供相关证明材料。社会保险经办机构应当进行复核，确实存在错误的，应当改正。

第十七条 人力资源社会保障行政部门、信息机构基于宏观管理、决策以及信息系统开发等目的，需要使用社会保险个人权益记录的，社会保险经办机构应当依据业务需求规定范围提供。非因依法履行工作职责需要的，所提供的内容不得包含可以直接识别个人身份的信息。

第十八条 有关行政部门、司法机关等因履行工作职责，依法需要查询社会保险个人权益记录的，社会保险经办机构依法按照规定的查询对象和记录项目提供查询。

第十九条 其他申请查询社会保险个人权益记录的单位，应当向社会保险经办机构提出书面申请。申请应当包括下列内容：

（一）申请单位的有效证明文件、单位名称、联系方式；

（二）查询目的和法律依据；

（三）查询的内容。

第二十条 社会保险经办机构收到依前条规定提出的查询申请后，应当进行审核，并按照下列情形分别作出处理：

（一）对依法应当予以提供的，按照规定程序提供；

（二）对无法律依据的，应当向申请人作出说明。

第二十一条 社会保险经办机构应当对除参保人员本人及其用人单位以外的其他单位查询社会保险个人权益记录的情况进行登记。

第二十二条 社会保险经办机构不得向任何单位和个人提供数据库全库交换或者提供超出规定查询范围的信息。

第五章　保密和安全管理

第二十三条 建立社会保险个人权益记录保密制度。人力资源社会保障行政部门、社会保险经办机构、信息机构、社会保险服务机构、信息技术服务商及其工作人员对在工作中获知的社会保险个人权益记录承担保密责任，不得违法向他人泄露。

第二十四条　依据本办法第十八条规定查询社会保险个人权益记录的有关行政部门和司法机关，不得将获取的社会保险个人权益记录用作约定之外的其他用途，也不得违法向他人泄露。

第二十五条　信息机构和社会保险经办机构应当建立健全社会保险信息系统安全防护体系和安全管理制度，加强应急预案管理和灾难恢复演练，确保社会保险个人权益数据安全。

第二十六条　信息机构应当按照社会保险经办机构的要求，建立社会保险个人权益数据库用户管理制度，明确系统管理员、数据库管理员、业务经办用户和信息查询用户的职责，实行用户身份认证和权限控制。

系统管理员、数据库管理员不得兼职业务经办用户或者信息查询用户。

第六章　法律责任

第二十七条　人力资源社会保障行政部门及其他有关行政部门、司法机关违反保密义务的，应当依法承担法律责任。

第二十八条　社会保险经办机构、信息机构及其工作人员有下列行为之一的，由人力资源社会保障行政部门责令改正；对直接负责的主管人员和其他直接责任人员依法给予处分；给社会保险基金、用人单位或者个人造成损失的，依法承担赔偿责任；构成违反治安管理行为的，由公安机关依法予以处罚；构成犯罪的，依法追究刑事责任：

（一）未及时、完整、准确记载社会保险个人权益信息的；

（二）系统管理员、数据库管理员兼职业务经办用户或者信息查询用户的；

（三）与用人单位或者个人恶意串通，伪造、篡改社会保险个人权益记录或者提供虚假社会保险个人权益信息的；

（四）丢失、破坏、违反规定销毁社会保险个人权益记录的；

（五）擅自提供、复制、公布、出售或者变相交易社会保险个人权益记录的；

（六）违反安全管理规定，将社会保险个人权益数据委托其他单位或个人单独管理和维护的。

第二十九条　社会保险服务机构、信息技术服务商以及按照本办法第十九条规定获取个人权益记录的单位及其工作人员，将社会保险个人权益记录用于与社会保险经办机构约定以外用途，或者造成社会保险个人权益信息泄露的，依法对直接负责的主管人员和其他直接责任人员给予处分；给社会保险基金、用人单位或者个人造成损失的，依法承担赔偿责任；构成违反治安管理行为的，由公安机关依法予以处罚；构成犯罪的，依法追究刑事责任。

第三十条 任何组织和个人非法提供、复制、公布、出售或者变相交易社会保险个人权益记录，有违法所得的，由人力资源社会保障行政部门没收违法所得；属于社会保险服务机构、信息技术服务商的，可由社会保险经办机构与其解除服务协议；依法对直接负责的主管人员和其他直接责任人员给予处分；给社会保险基金、用人单位或者个人造成损失的，依法承担赔偿责任；构成违反治安管理行为的，由公安机关依法予以处罚；构成犯罪的，依法追究刑事责任。

第七章 附　则

第三十一条 社会保险个人权益记录管理涉及会计等材料，国家对其有特别规定的，从其规定。

法律、行政法规规定有关业务接受其他监管部门监督管理的，依照其规定执行。

第三十二条 本办法自 2011 年 7 月 1 日起施行。

社会保险基金先行支付暂行办法

（人力资源和社会保障部第 67 次部务会审议通过
2011 年 6 月 29 日中华人民共和国人力资源和社会
保障部令第 15 号公布　自 2011 年 7 月 1 日起施行）

第一条 为了维护公民的社会保险合法权益，规范社会保险基金先行支付管理，根据《中华人民共和国社会保险法》（以下简称社会保险法）和《工伤保险条例》，制定本办法。

第二条 参加基本医疗保险的职工或者居民（以下简称个人）由于第三人的侵权行为造成伤病的，其医疗费用应当由第三人按照确定的责任大小依法承担。超过第三人责任部分的医疗费用，由基本医疗保险基金按照国家规定支付。

前款规定中应当由第三人支付的医疗费用，第三人不支付或者无法确定第三人的，在医疗费用结算时，个人可以向参保地社会保险经办机构书面申请基本医疗保险基金先行支付，并告知造成其伤病的原因和第三人不支付医疗费用或者无法确定第三人的情况。

第三条 社会保险经办机构接到个人根据第二条规定提出的申请后，经审核确定其参加基本医疗保险的，应当按照统筹地区基本医疗保险基金支付的规定先行支付相应部分的医疗费用。

第四条 个人由于第三人的侵权行为造成伤病被认定为工伤，第三人不支付工伤医疗费用或者无法确定第三人的，个人或者其近亲属可以持工伤认定决定书和有关材料向社会保险经办机构书面申请工伤保险基金先行支付，并告知第三人不支付或者无法确定第三人的情况。

第五条 社会保险经办机构接到个人根据第四条规定提出的申请后，应当审查个人获得基本医疗保险基金先行支付和其所在单位缴纳工伤保险费等情况，并按照下列情形分别处理：

（一）对于个人所在用人单位已经依法缴纳工伤保险费，且在认定工伤之前基本医疗保险基金有先行支付的，社会保险经办机构应当按照工伤保险有关规定，用工伤保险基金先行支付超出基本医疗保险基金先行支付部分的医疗费用，并向基本医疗保险基金退还先行支付的费用；

（二）对于个人所在用人单位已经依法缴纳工伤保险费，在认定工伤之前基本医疗保险基金无先行支付的，社会保险经办机构应当用工伤保险基金先行支付工伤医疗费用；

（三）对于个人所在用人单位未依法缴纳工伤保险费，且在认定工伤之前基本医疗保险基金有先行支付的，社会保险经办机构应当在3个工作日内向用人单位发出书面催告通知，要求用人单位在5个工作日内依法支付超出基本医疗保险基金先行支付部分的医疗费用，并向基本医疗保险基金偿还先行支付的医疗费用。用人单位在规定时间内不支付其余部分医疗费用的，社会保险经办机构应当用工伤保险基金先行支付；

（四）对于个人所在用人单位未依法缴纳工伤保险费，在认定工伤之前基本医疗保险基金无先行支付的，社会保险经办机构应当在3个工作日向用人单位发出书面催告通知，要求用人单位在5个工作日内依法支付全部工伤医疗费用；用人单位在规定时间内不支付的，社会保险经办机构应当用工伤保险基金先行支付。

第六条 职工所在用人单位未依法缴纳工伤保险费，发生工伤事故的，用人单位应当采取措施及时救治，并按照规定的工伤保险待遇项目和标准支付费用。

职工被认定为工伤后，有下列情形之一的，职工或者其近亲属可以持工伤认定决定书和有关材料向社会保险经办机构书面申请先行支付工伤保险待遇：

（一）用人单位被依法吊销营业执照或者撤销登记、备案的；

（二）用人单位拒绝支付全部或者部分费用的；

（三）依法经仲裁、诉讼后仍不能获得工伤保险待遇，法院出具中止执行文书的；

（四）职工认为用人单位不支付的其他情形。

第七条 社会保险经办机构收到职工或者其近亲属根据第六条规定提出的申请后，应当在3个工作日内向用人单位发出书面催告通知，要求其在5个工作日内予以核实并依法支付工伤保险待遇，告知其如在规定期限内不按时足额支付的，工伤保险基金在按照规定先行支付后，取得要求其偿还的权利。

第八条 用人单位未按照第七条规定按时足额支付的，社会保险经办机构应当按照社会保险法和《工伤保险条例》的规定，先行支付工伤保险待遇项目中应当由工伤保险基金支付的项目。

第九条 个人或者其近亲属提出先行支付医疗费用、工伤医疗费用或者工伤保险待遇申请，社会保险经办机构经审核不符合先行支付条件的，应当在收到申请后5个工作日内作出不予先行支付的决定，并书面通知申请人。

第十条 个人申请先行支付医疗费用、工伤医疗费用或者工伤保险待遇的，应当提交所有医疗诊断、鉴定等费用的原始票据等证据。社会保险经办机构应当保留所有原始票据等证据，要求申请人在先行支付凭据上签字确认，凭原始票据等证据先行支付医疗费用、工伤医疗费用或者工伤保险待遇。

个人因向第三人或者用人单位请求赔偿需要医疗费用、工伤医疗费用或者工伤保险待遇的原始票据等证据的，可以向社会保险经办机构索取复印件，并将第三人或者用人单位赔偿情况及时告知社会保险经办机构。

第十一条 个人已经从第三人或者用人单位处获得医疗费用、工伤医疗费用或者工伤保险待遇的，应当主动将先行支付金额中应当由第三人承担的部分或者工伤保险基金先行支付的工伤保险待遇退还给基本医疗保险基金或者工伤保险基金，社会保险经办机构不再向第三人或者用人单位追偿。

个人拒不退还的，社会保险经办机构可以从以后支付的相关待遇中扣减其应当退还的数额，或者向人民法院提起诉讼。

第十二条 社会保险经办机构按照本办法第三条规定先行支付医疗费用或者按照第五条第一项、第二项规定先行支付工伤医疗费用后，有关部门确定了第三人责任的，应当要求第三人按照确定的责任大小依法偿还先行支付数额中的相应部分。第三人逾期不偿还的，社会保险经办机构应当依法向人民法院提起诉讼。

第十三条　社会保险经办机构按照本办法第五条第三项、第四项和第六条、第七条、第八条的规定先行支付工伤保险待遇后，应当责令用人单位在 10 日内偿还。

用人单位逾期不偿还的，社会保险经办机构可以按照社会保险法第六十三条的规定，向银行和其他金融机构查询其存款账户，申请县级以上社会保险行政部门作出划拨应偿还款项的决定，并书面通知用人单位开户银行或者其他金融机构划拨其应当偿还的数额。

用人单位账户余额少于应当偿还数额的，社会保险经办机构可以要求其提供担保，签订延期还款协议。

用人单位未按时足额偿还且未提供担保的，社会保险经办机构可以申请人民法院扣押、查封、拍卖其价值相当于应当偿还数额的财产，以拍卖所得偿还所欠数额。

第十四条　社会保险经办机构向用人单位追偿工伤保险待遇发生的合理费用以及用人单位逾期偿还部分的利息损失等，应当由用人单位承担。

第十五条　用人单位不支付依法应当由其支付的工伤保险待遇项目的，职工可以依法申请仲裁、提起诉讼。

第十六条　个人隐瞒已经从第三人或者用人单位处获得医疗费用、工伤医疗费用或者工伤保险待遇，向社会保险经办机构申请并获得社会保险基金先行支付的，按照社会保险法第八十八条的规定处理。

第十七条　用人单位对社会保险经办机构作出先行支付的追偿决定不服或者对社会保险行政部门作出的划拨决定不服的，可以依法申请行政复议或者提起行政诉讼。

个人或者其近亲属对社会保险经办机构作出不予先行支付的决定不服或者对先行支付的数额不服的，可以依法申请行政复议或者提起行政诉讼。

第十八条　本办法自 2011 年 7 月 1 日起施行。

中组部　人力资源社会保障部　总政治部
关于修改人事争议处理规定的通知

（2011 年 8 月 15 日　人社部发〔2011〕88 号）

各省、自治区、直辖市党委组织部、政府人力资源社会保障厅（局），福建省公务员局，新疆生产建设兵团党委组织部、人事局，中央和国家机关各部委、各人民团体干部（人事）部门，各军区、各军兵种、各总部、军事科学院、国防大学、国防科学技术大学、武警部队政治部：

2007 年，中组部、人事部、总政治部联合印发了《人事争议处理规定》（国人部发〔2007〕109 号）。为贯彻《中华人民共和国劳动争议调解仲裁法》（中华人民共和国主席令第 80 号）关于仲裁案件属地管辖的要求，更好地处理人事争议仲裁案件，决定对《人事争议处理规定》进行修改，现通知如下：

一、将第六条第一款"中央机关及所属事业单位人事争议仲裁委员会设在人事部"删去。

二、将第十三条第一款"中央机关、直属机构、直属事业单位及其在京所属事业单位的人事争议由中央机关及所属事业单位人事争议仲裁委员会处理"修改为"中央机关、直属机构、直属事业单位及其在京所属单位的人事争议由北京市负责处理人事争议的仲裁机构处理，也可由北京市根据情况授权所在地的区（县）负责处理人事争议的仲裁机构处理。"

三、将第十五条最后一句"驻京部队聘用单位与文职人员的人事争议，由中央机关及所属事业单位人事争议仲裁委员会处理"删去。

本修改决定自公布之日起施行。《人事争议处理规定》根据本修改决定作相应修正，重新发布。

人事争议处理规定

第一章　总　　则

第一条　为公正及时地处理人事争议，保护当事人的合法权益，根据

《中华人民共和国公务员法》、《中国人民解放军文职人员条例》等有关法律法规，制定本规定。

第二条　本规定适用于下列人事争议：

（一）实施公务员法的机关与聘任制公务员之间、参照《中华人民共和国公务员法》管理的机关（单位）与聘任工作人员之间因履行聘任合同发生的争议。

（二）事业单位与工作人员之间因解除人事关系、履行聘用合同发生的争议。

（三）社团组织与工作人员之间因解除人事关系、履行聘用合同发生的争议。

（四）军队聘用单位与文职人员之间因履行聘用合同发生的争议。

（五）依照法律、法规规定可以仲裁的其他人事争议。

第三条　人事争议发生后，当事人可以协商解决；不愿协商或者协商不成的，可以向主管部门申请调解，其中军队聘用单位与文职人员的人事争议，可以向聘用单位的上一级单位申请调解；不愿调解或调解不成的，可以向人事争议仲裁委员会申请仲裁。当事人也可以直接向人事争议仲裁委员会申请仲裁。当事人对仲裁裁决不服的，可以向人民法院提起诉讼。

第四条　当事人在人事争议处理中的地位平等，适用法律、法规平等。

当事人有使用本民族语言文字申请仲裁的权利。人事争议仲裁委员会对于不熟悉当地通用语言文字的当事人，应当为他们翻译。

第五条　处理人事争议，应当注重调解，遵循合法、公正、及时的原则，以事实为依据，以法律为准绳。

第二章　组织机构

第六条　省（自治区、直辖市）、副省级市、地（市、州、盟）、县（市、区、旗）设立人事争议仲裁委员会。

人事争议仲裁委员会独立办案，相互之间无隶属关系。

第七条　人事争议仲裁委员会由公务员主管部门代表、聘任（用）单位代表、工会组织代表、受聘人员代表以及人事、法律专家组成。人事争议仲裁委员会组成人员应当是单数，设主任1名、副主任2至4名、委员若干名。

同级人民政府分管人事工作的负责人或者政府人事行政部门的主要负责人任人事争议仲裁委员会主任。

第八条　人事争议仲裁委员会实行少数服从多数原则，不同意见应如实记录。

第九条 人事争议仲裁委员会的职责是:

(一)负责处理管辖范围内的人事争议。

(二)决定仲裁员的聘任和解聘。

(三)法律、法规规定由人事争议仲裁委员会承担的其他职责。

第十条 人事争议仲裁委员会下设办事机构,其职责是:负责人事争议案件的受理、仲裁文书送达、档案管理以及仲裁员的考核、培训等日常工作,办理人事争议仲裁委员会授权的其他事宜。办事机构设在同级人民政府人事部门。

第十一条 人事争议仲裁委员会处理人事争议案件实行仲裁庭制度,仲裁庭是人事争议仲裁委员会处理人事争议案件的基本形式。仲裁庭一般由3名仲裁员组成。人事争议仲裁委员会指定1名仲裁员担任首席仲裁员,主持仲裁庭工作;另两名仲裁员可由双方当事人各选定1名,也可由人事争议仲裁委员会指定。简单的人事争议案件,经双方当事人同意,人事争议仲裁委员会可以指定1名仲裁员独任处理。

第十二条 人事争议仲裁委员会可以聘任有关部门的工作人员、专家学者和律师为专职或兼职仲裁员。仲裁员的职责是:受人事争议仲裁委员会的委托或当事人的选择,负责人事争议案件的具体处理工作。

兼职仲裁员与专职仲裁员在仲裁活动中享有同等权利。

兼职仲裁员进行仲裁活动时,所在单位应当给予支持。

第三章 管 辖

第十三条 中央机关、直属机构、直属事业单位及其在京所属单位的人事争议由北京市负责处理人事争议的仲裁机构处理,也可由北京市根据情况授权所在地的区(县)负责处理人事争议的仲裁机构处理。

中央机关在京外垂直管理机构以及中央机关、直属机构、直属事业单位在京外所属单位的人事争议,由所在地的省(自治区、直辖市)设立的人事争议仲裁委员会处理,也可由省(自治区、直辖市)根据情况授权所在地的人事争议仲裁委员会处理。

第十四条 省(自治区、直辖市)、副省级市、地(市、州、盟)、县(市、区、旗)人事争议仲裁委员会的管辖范围,由省(自治区、直辖市)确定。

第十五条 军队聘用单位与文职人员的人事争议,一般由聘用单位所在地的县(市、区、旗)人事争议仲裁委员会处理,其中师级聘用单位与文职人员的人事争议,由所在地的地(市、州、盟)、副省级市人事争议仲裁委员会处理，军级以上聘用单位与文职人员的人事争议由所在地的省（自治区、直辖市）人事争议仲裁委员会处理。

第四章 仲　裁

第十六条　当事人从知道或应当知道其权利受到侵害之日起 60 日内，以书面形式向有管辖权的人事争议仲裁委员会申请仲裁。

当事人因不可抗力或者有其他正当理由超过申请仲裁时效，经人事争议仲裁委员会调查确认的，人事争议仲裁委员会应当受理。

第十七条　当事人向人事争议仲裁委员会申请仲裁，应当提交仲裁申请书，并按被申请人人数递交副本。

仲裁申请书应当载明下列事项：

（一）申请人和被申请人姓名、性别、年龄、职业及职务、工作单位、住所和联系方式。申请人或被申请人是单位的，应写明单位的名称、住所、法定代表人或者主要负责人的姓名、职务和联系方式。

（二）仲裁请求和所依据的事实、理由。

（三）证据和证据来源、证人姓名和住所。

发生人事争议的一方在 5 人以上，并且有共同的仲裁请求和理由的，可以推举 1 至 2 名代表参加仲裁活动。代表人放弃、变更仲裁请求或者承认对方的仲裁请求，进行和解，必须经过被代表的当事人同意。

第十八条　人事争议仲裁委员会在收到仲裁申请书之日起 10 个工作日内，认为不符合受理条件的，应当书面通知申请人不予受理，并说明理由；认为符合受理条件的，应当受理，将受理通知书送达申请人，将仲裁申请书副本送达被申请人。

第十九条　被申请人应当在收到仲裁申请书副本之日起 10 个工作日内提交答辩书。被申请人没有按时提交或者不提交答辩书的，不影响仲裁的进行。

第二十条　仲裁应当公开开庭进行，涉及国家、军队秘密和个人隐私的除外。涉及商业秘密，当事人申请不公开开庭的，可以不公开开庭。当事人协议不开庭的，仲裁庭可以书面仲裁。

第二十一条　人事争议仲裁委员会应当在开庭审理人事争议案件 5 个工作日前，将开庭时间、地点、仲裁庭组成人员等书面通知当事人。申请人经书面通知无正当理由不到庭，或者到庭后未经仲裁庭许可中途退庭的，视为撤回仲裁申请。被申请人经书面通知无正当理由不到庭，或者未经仲裁庭许可中途退庭的，可以缺席裁决。

当事人有正当理由的，在开庭前可以申请延期开庭，是否延期由仲裁庭决定。

第二十二条　仲裁庭处理人事争议应注重调解。自受理案件到作出裁决前，都要积极促使当事人双方自愿达成调解协议。

当事人经调解自愿达成书面协议的，仲裁庭应当根据调解协议的内容制作仲裁调解书。协议内容不得违反法律法规，不得侵犯社会公共利益和他人的合法权益。

调解书由仲裁庭成员署名，加盖人事争议仲裁委员会印章。调解书送达后，即发生法律效力。

当庭调解未达成协议或者仲裁调解书送达前当事人反悔的，仲裁庭应当及时进行仲裁裁决。

第二十三条　当事人应当对自己的主张提供证据。仲裁庭认为有关证据由用人单位提供更方便的，应要求用人单位提供。

用人单位作出解除人事关系和不同意工作人员要求辞职或终止聘任（用）合同引发的人事争议，由用人单位负责举证。

仲裁庭认为需要调查取证的，可以自行取证。

第二十四条　人事争议仲裁委员会在处理人事争议时，有权向有关单位查阅与案件有关的档案、资料和其他证明材料，并有权向知情人调查，有关单位和个人不得拒绝并应当如实提供相关材料。人事争议仲裁委员会及其工作人员对调查人事争议案件中涉及的国家秘密、军队秘密、商业秘密和个人隐私应当保密。

第二十五条　当事人的举证材料应在仲裁庭上出示，并进行质证。只有经过质证认定的事实和证据，才能作为仲裁裁决的依据。

第二十六条　当事人在仲裁过程中有权进行辩论。辩论终结时，仲裁庭应当征询当事人的最后意见。

第二十七条　仲裁庭应当将开庭情况记入笔录。当事人和其他仲裁参与人认为对自己陈述的记录有遗漏或者差错的，有权申请补正。如果不予补正，应当记录该申请，并注明不予补正的原因。

笔录由仲裁员、书记员、当事人和其他仲裁参与人署名或者盖章。

第二十八条　仲裁裁决应当按照多数仲裁员的意见作出，少数仲裁员的不同意见应当记入笔录。

仲裁庭对重大、疑难以及仲裁不能形成多数处理意见案件的处理，应当提交人事争议仲裁委员会讨论决定；人事争议仲裁委员会作出的决定，仲裁庭必须执行。

仲裁庭应当在裁决作出后5个工作日内制作裁决书。裁决书由仲裁庭成员署名并加盖人事争议仲裁委员会印章。

第二十九条　仲裁庭处理人事争议案件，一般应当在受理案件之日起90日内结案。需要延期的，经人事争议仲裁委员会批准，可以适当延期，但是延长的期限不得超过30日。

第三十条　当事人、法定代理人可以委托1至2名律师或其他代理人进行仲裁活动。委托律师和其他代理人进行仲裁活动，应当向人事争议仲裁委员会提交有委托人签名或盖章的委托书。委托书应当明确委托事项和权限。

第三十一条　有下列情形之一的，仲裁员应当自行申请回避，当事人和代理人有权以口头或书面方式申请其回避：

（一）是案件的当事人、代理人或者当事人、代理人的近亲属。

（二）与案件有利害关系。

（三）与案件当事人、代理人有其他关系，可能影响公正仲裁的。

前款规定适用于书记员、鉴定人员、勘验人员和翻译人员。

第三十二条　当事人对仲裁裁决不服的，可以按照《中华人民共和国公务员法》、《中国人民解放军文职人员条例》以及最高人民法院相关司法解释的规定，自收到裁决书之日起15日内向人民法院提起诉讼；逾期不起诉的，裁决书即发生法律效力。

第三十三条　对发生法律效力的调解书或者裁决书，当事人必须履行。一方当事人逾期不履行的，另一方当事人可以依照国家有关法律法规和最高人民法院相关司法解释的规定申请人民法院执行。

第五章　罚　则

第三十四条　当事人及有关人员在仲裁过程中有下列行为之一的，人事争议仲裁委员会应当予以批评教育、责令改正；触犯法律的，提请司法机关依法追究法律责任：

（一）干扰仲裁活动，阻碍仲裁工作人员工作的。

（二）拒绝提供有关文件、资料和其他证明材料的。

（三）提供虚假情况的。

（四）对仲裁工作人员、仲裁参与人、证人进行打击报复的。

（五）其他应予以批评教育、责令改正或应依法追究法律责任的行为。

第三十五条　仲裁工作人员在仲裁活动中有徇私舞弊、收受贿赂、敲诈勒索、滥用职权等侵犯当事人合法权益行为的，由所在单位或上级机关给予处分；是仲裁员的，由人事争议仲裁委员会予以解聘；触犯法律的，提请司法机关依法追究法律责任。

第六章 附　　则

第三十六条　因考核、职务任免、职称评审等发生的人事争议，按照有关规定处理。

第三十七条　本规定由中共中央组织部、人力资源和社会保障部、中国人民解放军总政治部负责解释，省、自治区、直辖市可根据本规定制定实施办法。

第三十八条　本规定自 2007 年 10 月 1 日起施行，1997 年人事部发布的《人事争议处理暂行规定》（人发〔1997〕71 号）同时废止。

固体废物进口管理办法

（2011 年 4 月 8 日中华人民共和国环境保护部、商务部、国家发展和改革委员会、海关总署、国家质量监督检验检疫总局令第 12 号公布　自 2011 年 8 月 1 日起施行）

第一章 总　　则

第一条　为了规范固体废物进口环境管理，防止进口固体废物污染环境，根据《中华人民共和国固体废物污染环境防治法》和有关法律、行政法规，制定本办法。

第二条　本办法所称固体废物，是指在生产、生活和其他活动中产生的丧失原有利用价值或者虽未丧失利用价值但被抛弃或者放弃的固态、半固态、液态和置于容器中的气态的物品、物质以及法律、行政法规规定纳入固体废物管理的物品、物质。

本办法所称固体废物进口，是指将中华人民共和国境外的固体废物运入中华人民共和国境内的活动。

第三条　本办法适用于以任何方式进口固体废物的活动。

通过赠送、出口退运进境、提供样品等方式将固体废物运入中华人民共和国境内的，进境修理产生的未复运出境固体废物以及出境修理或者出料加工中产生的复运进境固体废物的，除另有规定外，也适用本办法。

第四条　禁止转让固体废物进口相关许可证。

本办法所称转让固体废物进口相关许可证，是指：

（一）出售或者出租、出借固体废物进口相关许可证；

（二）使用购买或者租用、借用的固体废物进口相关许可证进口固体废物；

（三）将进口的固体废物全部或者部分转让给固体废物进口相关许可证载明的利用企业以外的单位或者个人。

第五条 禁止中华人民共和国境外的固体废物进境倾倒、堆放、处置。

禁止固体废物转口贸易。

未取得固体废物进口相关许可证的进口固体废物不得存入海关监管场所，包括保税区、出口加工区、保税物流园区、保税港区等海关特殊监管区域和保税物流中心（A/B型）、保税仓库等海关保税监管场所（以下简称"海关特殊监管区域和场所"）。

除另有规定外，进口固体废物不得办理转关手续（废纸除外）。

第六条 国务院环境保护行政主管部门对全国固体废物进口环境管理工作实施统一监督管理。国务院商务主管部门、国务院经济综合宏观调控部门、海关总署和国务院质量监督检验检疫部门在各自的职责范围内负责固体废物进口相关管理工作。

县级以上地方环境保护行政主管部门对本行政区域内固体废物进口环境管理工作实施监督管理。各级商务主管部门、经济综合宏观调控部门、海关、出入境检验检疫部门在各自职责范围内对固体废物进口实施相关监督管理。

国务院环境保护行政主管部门会同国务院商务主管部门、国务院经济综合宏观调控部门、海关总署、国务院质量监督检验检疫部门建立固体废物进口管理工作协调机制，实行固体废物进口管理信息共享，协调处理固体废物进口及经营活动监督管理工作的重要事务。

第七条 任何单位和个人有权向各级环境保护行政主管部门、商务主管部门、经济综合宏观调控部门、海关和出入境检验检疫部门，检举违反固体废物进口监管程序和进口固体废物造成污染的行为。

第二章 一般规定

第八条 禁止进口危险废物。禁止经中华人民共和国过境转移危险废物。

禁止以热能回收为目的进口固体废物。

禁止进口不能用作原料或者不能以无害化方式利用的固体废物。

禁止进口境内产生量或者堆存量大且尚未得到充分利用的固体废物。

禁止进口尚无适用国家环境保护控制标准或者相关技术规范等强制性

要求的固体废物。

禁止以凭指示交货（TO ORDER）方式承运固体废物入境。

第九条 对可以弥补境内资源短缺，且根据国家经济、技术条件能够以无害化方式利用的可用作原料的固体废物，按照其加工利用过程的污染排放强度，实行限制进口和自动许可进口分类管理。

第十条 国务院环境保护行政主管部门会同国务院商务主管部门、国务院经济综合宏观调控部门、海关总署、国务院质量监督检验检疫部门制定、调整并公布禁止进口、限制进口和自动许可进口的固体废物目录。

第十一条 禁止进口列入禁止进口目录的固体废物。

进口列入限制进口或者自动许可进口目录的固体废物，必须取得固体废物进口相关许可证。

第十二条 进口固体废物应当采取防扬散、防流失、防渗漏或者其他防止污染环境的措施。

第十三条 进口固体废物的装运、申报应当符合海关规定，有关规定由海关总署另行制定。

第十四条 进口固体废物必须符合进口可用作原料的固体废物环境保护控制标准或者相关技术规范等强制性要求。经检验检疫，不符合进口可用作原料的固体废物环境保护控制标准或者相关技术规范等强制性要求的固体废物，不得进口。

第十五条 申请和审批进口固体废物，按照风险最小化原则，实行"就近口岸"报关。

第十六条 国家对进口可用作原料的固体废物的国外供货商实行注册登记制度。向中国出口可用作原料的固体废物的国外供货商，应当取得国务院质量监督检验检疫部门颁发的注册登记证书。

国家对进口可用作原料的固体废物的国内收货人实行注册登记制度。进口可用作原料的固体废物的国内收货人在签订对外贸易合同前，应当取得国务院质量监督检验检疫部门颁发的注册登记证书。

第十七条 国务院环境保护行政主管部门对加工利用进口废五金电器、废电线电缆、废电机等环境风险较大的固体废物的企业，实行定点企业资质认定管理。管理办法由国务院环境保护行政主管部门制定。

第十八条 国家鼓励限制进口的固体废物在设定的进口废物"圈区管理"园区内加工利用。

进口废物"圈区管理"应当符合法律、法规和国家标准要求。进口废物"圈区管理"园区的建设规范和要求由国务院环境保护行政主管部门会同国务院商务主管部门、国务院经济综合宏观调控部门、海关总署、国务院质量监督检验检疫部门制定。

第十九条　出口加工区内的进口固体废物利用企业以加工贸易方式进口固体废物的，必须持有固体废物进口相关许可证。

出口加工区以外的进口固体废物利用企业以加工贸易方式进口固体废物的，必须持有商务主管部门签发的有效的《加工贸易业务批准证》、海关核发的有效的加工贸易手册（账册）和固体废物进口相关许可证。

以加工贸易方式进口的固体废物或者加工成品因故无法出口需内销的，加工贸易企业无须再次申领固体废物进口相关许可证；未经加工的原进口固体废物仅限留作本企业自用。

第三章　固体废物进口许可管理

第二十条　进口列入限制进口目录的固体废物，应当经国务院环境保护行政主管部门会同国务院对外贸易主管部门审查许可。进口列入自动许可进口目录的固体废物，应当依法办理自动许可手续。

第二十一条　固体废物进口相关许可证当年有效。

固体废物进口相关许可证应当在有效期内使用，无论是否使用完毕逾期均自行失效。

固体废物进口相关许可证因故在有效期内未使用完的，利用企业应当在有效期届满 30 日前向发证机关提出延期申请。发证机关扣除已使用的数量后，重新签发固体废物进口相关许可证，并在备注栏中注明"延期使用"和原证证号。

固体废物进口相关许可证只能延期一次，延期最长不超过 60 日。

第二十二条　固体废物进口相关许可证实行"一证一关"管理。一般情况下固体废物进口相关许可证为"非一批一证"制，如要实行"一批一证"，应当同时在固体废物进口相关许可证备注栏内打印"一批一证"字样。

"一证一关"指固体废物进口相关许可证只能在一个海关报关；"一批一证"指固体废物进口相关许可证在有效期内一次报关使用；"非一批一证"指固体废物进口相关许可证在有效期内可以多次报关使用，由海关逐批签注核减进口数量，最后一批进口时，允许溢装上限为固体废物进口相关许可证实际余额的 3%，且不论是否仍有余额，海关将在签注后留存正本存档。

第二十三条　固体废物进口相关许可证上载明的事项发生变化的，利用企业应当按照申请程序重新申请领取固体废物进口相关许可证。

发证机关受理申请后，注销原证，并公告注销的证书编号。

第二十四条 进口固体废物审批管理所需费用，按照国家有关规定执行。

第四章 检验检疫与海关手续

第二十五条 进口固体废物的承运人在受理承运业务时，应当要求货运委托人提供下列证明材料：

（一）固体废物进口相关许可证；

（二）进口可用作原料的固体废物国内收货人注册登记证书；

（三）进口可用作原料的固体废物国外供货商注册登记证书；

（四）进口可用作原料的固体废物装运前检验证书。

第二十六条 对进口固体废物，由国务院质量监督检验检疫部门指定的装运前检验机构实施装运前检验；检验合格的，出具装运前检验证书。

进口的固体废物运抵固体废物进口相关许可证列明的口岸后，国内收货人应当持固体废物进口相关许可证报检验检疫联、装运前检验证书以及其他必要单证，向口岸出入境检验检疫机构报检。

出入境检验检疫机构经检验检疫，对符合国家环境保护控制标准或者相关技术规范等强制性要求的，出具《入境货物通关单》，并备注"经初步检验检疫，未发现不符合国家环境保护控制标准要求的物质"；对不符合国家环境保护控制标准或者相关技术规范等强制性要求的，出具检验检疫处理通知书，并及时通知口岸海关和口岸所在地省、自治区、直辖市环境保护行政主管部门。

口岸所在地省、自治区、直辖市环境保护行政主管部门收到进口固体废物检验检疫不合格的通知后，应当及时通知利用企业所在地省、自治区、直辖市环境保护行政主管部门和国务院环境保护行政主管部门。

对于检验结果不服的，申请人应当根据进出口商品复验工作的有关规定申请复验。国务院质量监督检验检疫部门或者出入境检验检疫机构可以根据检验工作的实际情况，会同同级环境保护行政主管部门共同实施复验工作。

第二十七条 除另有规定外，对限制进口类或者自动许可进口类可用作原料的固体废物，应当持固体废物进口相关许可证和出入境检验检疫机构出具的《入境货物通关单》等有关单证向海关办理进口验放手续。

第二十八条 进口者对海关将其所进口的货物纳入固体废物管理范围不服的，可以依法申请行政复议，也可以向人民法院提起行政诉讼。

海关怀疑进口货物的收货人申报的进口货物为固体废物的，可以要求收货人送口岸检验检疫部门进行固体废物属性检验，必要时，海关可以直接送口岸检验检疫部门进行固体废物属性检验，并按照检验结果处理。

口岸检验检疫部门应当出具检验结果，并注明是否属于固体废物。

海关或者收货人对口岸所在地检验检疫部门的检验结论有异议的，国务院环境保护行政主管部门会同海关总署、国务院质量监督检验检疫部门指定专门鉴别机构对进口的货物、物品是否属于固体废物和固体废物类别进行鉴别。

《固体废物鉴别导则》及有关鉴别程序和办法由国务院环境保护行政主管部门会同海关总署、国务院质量监督检验检疫部门制定。

检验或者鉴别期间，海关不接受企业担保放行的申请。对货物在检验或者鉴别期间产生的相关费用以及损失，由进口货物的收货人自行承担。

本条所涉进口固体废物的鉴别，应当以《固体废物鉴别导则》为依据。

第二十九条 将境外的固体废物进境倾倒、堆放、处置的，进口属于禁止进口的固体废物或者未经许可擅自进口固体废物的，以及检验不合格的进口固体废物，由口岸海关依法责令进口者或者承运人在规定的期限内将有关固体废物原状退运至原出口国，进口者或者承运人承担相应责任和费用，并不免除其办理海关手续的义务，进口者或者承运人不得放弃有关固体废物。

收货人无法确认的进境固体废物，由承运人向海关提出退运申请或者可以由海关依法责令承运人退运。承运人承担相应责任和费用，并不免除其办理海关手续的义务。

第三十条 对当事人拒不退运或者超过 3 个月不退运出境的固体废物，口岸海关会同口岸出入境检验检疫机构和口岸所在地环境保护行政主管部门对进口者或者承运人采取强制措施予以退运。

第三十一条 对确属无法退运出境或者海关决定不予退运的固体废物，经进口者向口岸海关申请（进口者不明时由承运人或者负有连带责任的第三人申请），参考就近原则，由海关以拍卖或者委托方式移交省、自治区、直辖市环境保护行政主管部门认定的具有无害化利用或者处置能力的单位进行综合利用或者无害化处置，相关滞港费用和处置费用由进口者承担，进口者不明的由承运人承担。

对委托综合利用或者无害化处置扣除处理费用后产生的收益，应当由具有无害化利用或者处置能力的单位交由海关上缴国库。各级海关未经批准，不得拍卖国家禁止进口的固体废物。具体管理办法由海关总署会同国务院环境保护行政主管部门另行制定。

第三十二条 海关应当将退运等后续处理情况通报出入境检验检疫机

构和口岸所在地省、自治区、直辖市环境保护行政主管部门。

口岸所在地省、自治区、直辖市环境保护行政主管部门应当通知进口固体废物利用企业所在地省、自治区、直辖市环境保护行政主管部门和国务院环境保护行政主管部门。

出入境检验检疫机构和环境保护行政主管部门应当根据具体情况对有关单位做出处理。

第五章　监督管理

第三十三条　进口的固体废物必须全部由固体废物进口相关许可证载明的利用企业作为原料利用。

第三十四条　进口固体废物利用企业应当以环境无害化方式对进口的固体废物进行加工利用。

由海关以拍卖或者委托方式移交处理的进口固体废物的利用或者处置单位，必须对所承担的进口固体废物全部进行综合利用或者无害化处置。

第三十五条　进口固体废物利用企业应当建立经营情况记录簿，如实记载每批进口固体废物的来源、种类、重量或者数量、去向，接收、拆解、利用、贮存的时间，运输者的名称和联系方式，进口固体废物加工利用后的残余物种类、重量或者数量、去向等情况。经营记录簿及相关单据、影像资料等原始凭证应当至少保存5年。

进口固体废物利用企业应当对污染物排放进行日常定期监测。监测报告应当至少保存5年。

进口固体废物利用企业应当按照国务院环境保护行政主管部门的规定，定期向所在地省、自治区、直辖市环境保护行政主管部门报告进口固体废物经营情况和环境监测情况。省、自治区、直辖市环境保护行政主管部门汇总后报国务院环境保护行政主管部门。

固体废物的进口者、代理商、承运人等其他经营单位，应当记录所代理的进口固体废物的来源、种类、重量或者数量、去向等情况，并接受有关部门的监督检查。记录资料及相关单据、影像资料等原始凭证应当至少保存3年。

第三十六条　省、自治区、直辖市环境保护行政主管部门应当组织对进口固体废物利用企业进行实地检查和监督性监测，发现有下列情形之一的，应当在5个工作日内报知国务院环境保护行政主管部门：

（一）隐瞒有关情况或者提供虚假材料申请固体废物进口相关许可证或者转让固体废物进口相关许可证；

（二）超过国家或者地方规定的污染物排放标准，或者超过总量控制指标排放污染物；

（三）对进口固体废物加工利用后的残余物未进行无害化利用或者处置；

（四）未按规定报告进口固体废物经营情况和环境监测情况，或者在报告时弄虚作假。

国务院环境保护行政主管部门和省、自治区、直辖市环境保护行政主管部门应当将有关情况记录存档，作为审批固体废物进口相关许可证的依据。

各级环境保护行政主管部门、商务主管部门、经济综合宏观调控部门、海关、出入境检验检疫部门，有权依据各自的职责对与进口固体废物有关的单位进行监督检查。

被检查的单位应当如实反映情况，提供必要的材料。检查机关应当为被检查的单位保守技术秘密和业务秘密。

检查机关进行现场检查时，可以采取现场监测、采集样品、查阅或者复制相关资料等措施。

检查人员进行现场检查，应当出示证件。

第六章　海关特殊监管区域和场所的特别规定

第三十七条　固体废物从境外进入海关特殊监管区域和场所时，有关单位应当申领固体废物进口相关许可证，并申请检验检疫。固体废物从海关特殊监管区域和场所进口到境内区外或者在海关特殊监管区域和场所之间进出的，无需办理固体废物进口相关许可证。

第三十八条　海关特殊监管区域和场所内单位不得以转口货物为名存放进口固体废物。

第三十九条　海关特殊监管区域和场所内单位产生的未复运出境的残次品、废品、边角料、受灾货物等，如属于限制进口或者自动许可进口的固体废物，其在境内与海关特殊监管区域和场所之间进出，或者在海关特殊监管区域和场所之间进出，免于提交固体废物进口相关许可证。出入境检验检疫机构不实施检验。

第四十条　海关特殊监管区域和场所内单位产生的未复运出境的残次品、废品、边角料、受灾货物等，如属于禁止进口的固体废物，需出区进行利用或者处置的，应当由产生单位或者收集单位向海关特殊监管区域和场所行政管理部门和所在地设区的市级环境保护行政主管部门提出申请，并提交如下申请材料：

（一）转移固体废物出区申请书；

（二）申请单位和接收单位签订的合同；

（三）接收单位的经年检合格的营业执照；

（四）拟转移的区内固体废物的产生过程及工艺、成分分析报告、物理化学性质登记表；

（五）接收单位利用或者处置废物方式的说明，包括废物利用或者处置设施的地点、类型、处理能力及利用或者处置过程中产生的废气、废水、废渣的处理方法等的介绍资料；

（六）证明接收单位能对区内固体废物以环境无害化方式进行利用或者处置的材料；出区废物是危险废物的，须提供接收单位所持的《危险废物经营许可证》复印件，并加盖接收单位章。

第四十一条 海关特殊监管区域和场所行政管理部门和所在地设区的市级环境保护行政主管部门受理出区申请后，作出准予或者不准予出区的决定，批准文件有效期 1 年。

出入境检验检疫机构凭海关特殊监管区域和场所行政管理部门和所在地设区的市级环境保护行政主管部门批准文件办理通关单，并对固体废物免于实施检验。海关凭海关特殊监管区域和场所行政管理部门和所在地设区的市级环境保护行政主管部门批准文件按规定办理有关手续。

第四十二条 海关特殊监管区域和场所内单位产生的固体废物，出区跨省转移、贮存、处置的，须按照《中华人民共和国固体废物污染环境防治法》第二十三条的规定向有关省、自治区、直辖市环境保护行政主管部门提出申请。

海关特殊监管区域和场所内单位产生的固体废物属于危险废物或者废弃电器电子产品的，出区时须依法执行危险废物管理或者废弃电器电子产品管理的有关制度。

第七章 罚 则

第四十三条 违反本办法规定，将中华人民共和国境外的固体废物进境倾倒、堆放、处置，进口属于禁止进口的固体废物或者未经许可擅自进口限制进口的固体废物，或者以原料利用为名进口不能用作原料的固体废物的，由海关依据《中华人民共和国固体废物污染环境防治法》第七十八条的规定追究法律责任，并可以由发证机关撤销其固体废物进口相关许可证。

违反本办法规定，以进口固体废物名义经中华人民共和国过境转移危险废物的，由海关依据《中华人民共和国固体废物污染环境防治法》

第七十九条的规定追究法律责任，并可以由发证机关撤销其固体废物进口相关许可证。

违反本办法规定，走私进口固体废物的，由海关按照有关法律、行政法规的规定进行处罚；构成犯罪的，依法追究刑事责任。

第四十四条 对已经非法入境的固体废物，按照《中华人民共和国固体废物污染环境防治法》第八十条的规定进行处理。

第四十五条 违反本办法规定，转让固体废物进口相关许可证的，由发证机关撤销其固体废物进口相关许可证；构成犯罪的，依法追究刑事责任。

第四十六条 以欺骗、贿赂等不正当手段取得固体废物进口相关许可证的，依据《中华人民共和国行政许可法》的规定，由发证机关撤销其固体废物进口相关许可证；构成犯罪的，依法追究刑事责任。

第四十七条 违反本办法规定，对进口固体废物加工利用后的残余物未进行无害化利用或者处置的，由所在地县级以上环境保护行政主管部门根据《中华人民共和国固体废物污染环境防治法》第六十八条第（二）项的规定责令停止违法行为，限期改正，并处1万元以上10万元以下的罚款；逾期拒不改正的，可以由发证机关撤销其固体废物进口相关许可证。造成污染环境事故的，按照《固体废物污染环境防治法》第八十二条的规定办理。

第四十八条 违反本办法规定，未执行经营情况记录簿制度、未履行日常环境监测或者未按规定报告进口固体废物经营情况和环境环境监测情况的，由所在地县级以上环境保护行政主管部门责令限期改正，可以并处3万元以下罚款；逾期拒不改正的，可以由发证机关撤销其固体废物进口相关许可证。

第四十九条 违反检验检疫有关规定进口固体废物的，按照《中华人民共和国进出口商品检验法》、《中华人民共和国进出口商品检验法实施条例》等规定进行处罚。

违反海关有关规定进口固体废物的，按照《中华人民共和国海关法》和《中华人民共和国海关行政处罚实施条例》等规定进行处罚。

擅自进口禁止进口、不符合国家环境保护控制标准或者相关技术规范强制性要求的固体废物，经海关责令退运，超过3个月怠于履行退运义务的，由海关依照《中华人民共和国海关行政处罚实施条例》的规定进行处罚。

第五十条 进口固体废物监督管理人员贪污受贿、玩忽职守、徇私舞弊或者滥用职权，依法给予行政处分；构成犯罪的，依法追究刑事责任。

第八章 附 则

第五十一条 本办法中由设区的市级环境保护行政主管部门行使的监管职责，在直辖市行政区域以及省、自治区直辖的县级行政区域内，由省、自治区、直辖市环境保护行政主管部门行使。

第五十二条 固体废物运抵关境即视为进口行为发生。

第五十三条 进口固体废物利用企业是指实际从事进口固体废物拆解、加工利用活动的企业。

第五十四条 来自中国香港、澳门特别行政区和中国台湾地区固体废物的进口管理依照本办法执行。

第五十五条 本办法自 2011 年 8 月 1 日起施行。

国务院环境保护行政主管部门、国务院商务主管部门、国务院经济综合宏观调控部门、海关总署、国务院质量监督检验检疫部门在本办法实施前根据各自职责发布的进口固体废物管理有关规定、通知与本办法不一致的，以本办法为准。

公路超限检测站管理办法

(2011 年 6 月 10 日第 6 次部务会议通过 2011 年 6 月 24 日中华人民共和国交通运输部令 2011 年第 7 号公布 自 2011 年 8 月 1 日起施行)

第一章 总 则

第一条 为加强和规范公路超限检测站管理，保障车辆超限治理工作依法有效进行，根据《中华人民共和国公路法》和《公路安全保护条例》，制定本办法。

第二条 本办法所称公路超限检测站，是指为保障公路完好、安全和畅通，在公路上设立的，对车辆实施超限检测，认定、查处和纠正违法行为的执法场所和设施。

第三条 公路超限检测站的管理，应当遵循统一领导、分级负责、规范运行、依法监管的原则。

交通运输部主管全国公路超限检测站的监督管理工作。

省、自治区、直辖市人民政府交通运输主管部门主管本行政区域内公路超限检测站的监督管理工作，并负责公路超限检测站的规划、验收等工作。

市、县级人民政府交通运输主管部门根据《中华人民共和国公路法》、《公路安全保护条例》等法律、法规、规章的规定主管本行政区域内公路超限检测站的监督管理工作。

公路超限检测站的建设、运行等具体监督管理工作，由公路管理机构负责。

第四条　公路超限检测站作为公路管理机构的派出机构，其主要职责是：

（一）宣传、贯彻、执行国家有关车辆超限治理的法律、法规、规章和政策；

（二）制定公路超限检测站的各项管理制度；

（三）依法对在公路上行驶的车辆进行超限检测，认定、查处和纠正违法行为；

（四）监督当事人对超限运输车辆采取卸载、分装等消除违法状态的改正措施；

（五）收集、整理、上报有关检测、执法等数据和动态信息；

（六）管理、维护公路超限检测站的设施、设备和信息系统；

（七）法律、法规规定的其他职责。

第五条　县级以上各级人民政府交通运输主管部门应当在经批准的公路管理经费预算中统筹安排公路超限检测站的建设和运行经费，并实行专款专用。任何单位和个人不得截留、挤占或者挪用。

第六条　县级以上地方人民政府交通运输主管部门可以结合本地区实际，在本级人民政府的统一领导下，会同有关部门组织路政管理、交通警察等执法人员依照各自职责，在公路超限检测站内对超限运输车辆实施联合执法。

第二章　规划建设

第七条　公路超限检测站按照布局和作用，分为Ⅰ类检测站和Ⅱ类检测站：

（一）Ⅰ类检测站主要用于监控国道或者省道的省界入口、多条国道或者省道的交汇点、跨省货物运输的主通道等全国性公路网的重要路段和节点；

（二）Ⅱ类检测站主要用于监控港口码头、厂矿等货物集散地、货运站的主要出入路段以及省内货物运输的主通道等区域性公路网的重要路段和节点。

第八条 公路超限检测站的设置，应当按照统一规划、合理布局、总量控制、适时调整的原则，由省、自治区、直辖市人民政府交通运输主管部门提出方案，报请本级人民政府批准；其中，Ⅰ类检测站的设置还应当符合交通运输部有关超限检测站的规划。

经批准设置的公路超限检测站，未经原批准机关同意，不得擅自撤销或者变更用途。

第九条 公路超限检测站的全称按照"公路管理机构名称＋超限检测站所在地名称＋超限检测站"的形式统一命名，其颜色、标识等外观要求应当符合附件1、附件2的规定。

第十条 公路超限检测站的建设，除符合有关技术规范的要求外，还应当遵循下列原则：

（一）选址优先考虑公路网的关键节点；

（二）尽量选择视线开阔，用水、用电方便，生活便利的地点；

（三）以港湾式的建设方式为主，因客观条件限制，确需远离公路主线建设的，应当修建连接公路主线与检测站区的辅道；

（四）统筹考虑公路网运行监测、公路突发事件应急物资储备等因素，充分利用公路沿线现有设施、设备、人力、信息等资源，增强检测站的综合功能，降低运行成本。

第十一条 建设公路超限检测站，应当根据车辆超限检测的需要，合理设置下列功能区域及设施：

（一）检测、执法处理、卸载、停车等车辆超限检测基本功能区；

（二）站区交通安全、交通导流、视频监控、网络通讯、照明和其他车辆超限检测辅助设施；

（三）必要的日常办公和生活设施。

对于交通流量较大、治理工作任务较重的公路超限检测站，可以在公路主线上设置不停车预检设施，对超限运输车辆进行预先识别。

第十二条 公路超限检测站应当在入口前方一定距离内按照附件3的规定设置检测站专用标志，对行驶车辆进行提示。

第十三条 公路超限检测站应当加强信息化建设，其信息系统应当符合交通运输部颁发的数据交换标准，并满足远程查询证照和违法记录信息、站内执法信息化以及部、省、站三级联网管理的需要。

第十四条 公路超限检测站建成后，省、自治区、直辖市人民政府交通运输主管部门应当按照国家有关规定和标准组织验收。验收合格后方可投入使用。

第十五条　新建、改建公路时，有经批准设置的公路超限检测站的，应当将其作为公路附属设施的组成部分，一并列入工程预算，与公路同步设计、同步建设、同步运行。

第十六条　省、自治区、直辖市人民政府交通运输主管部门应当组织有关部门定期对辖区内公路超限检测站的整体布局进行后评估，并可以根据交通流量、车辆超限变化情况等因素，适时对超限检测站进行合理调整。

第三章　运行管理

第十七条　公路超限检测站应当建立健全工作制度，参照附件 4 的规定规范检测、处罚、卸载等工作流程，并在显著位置设置公告栏，公示有关批准文书、工作流程、收费项目与标准、计量检测设备合格证等信息。

第十八条　公路超限检测站实行 24 小时工作制。因特殊情况确需暂停工作的，应当报经省、自治区、直辖市公路管理机构批准。

省、自治区、直辖市公路管理机构应当制定公路超限检测站运行管理办法，加强对公路超限检测站的组织管理和监督考核。

第十九条　公路超限检测站实行站长负责制。公路管理机构应当加强对站长、副站长的选拔和考核管理工作，实行站长定期轮岗交流制度。

第二十条　公路超限检测站应当根据检测执法工作流程，明确车辆引导、超限检测、行政处罚、卸载分装、流动检测、设备维护等不同岗位的工作职责，并结合当地实际，按照部颁Ⅰ类和Ⅱ类检测站的标准配备相应的路政执法人员。

第二十一条　公路超限检测站应当根据检测路段交通流量、车辆出行结构等因素合理配置下列超限检测执法设备：

（一）经依法定期检定合格的有关车辆计量检测设备；

（二）卸载、分装货物或者清除障碍的相关机械设备；

（三）执行公路监督检查任务的专用车辆；

（四）用于调查取证、执法文书处理、通讯对讲、安全防护等与超限检测执法有关的其他设备。

第二十二条　公路超限检测站应当在站区内设置监督意见箱、开水桶、急救箱、卫生间等便民服务设施，并保持站内外环境整洁。

第二十三条　公路超限检测站应当加强对站内设施、设备的保管和维护，确保设施、设备处于良好运行状态。

第二十四条　公路超限检测站应当加强站区交通疏导，引导车辆有序检测，避免造成公路主线车辆拥堵。要结合实际情况制定突发事件应急预案，及时做好应急处置与安全防范等工作。

第四章　执法管理

第二十五条　公路超限检测应当采取固定检测为主的工作方式。

对于检测站附近路网密度较大、故意绕行逃避检测或者短途超限运输情形严重的地区，公路超限检测站可以按照省、自治区、直辖市人民政府交通运输主管部门的有关规定，利用移动检测设备等流动检测方式进行监督检查。经流动检测认定的违法超限运输车辆，应当就近引导至公路超限检测站进行处理。

禁止在高速公路主线上开展流动检测。

第二十六条　车辆违法超限运输的认定，应当经过依法检定合格的有关计量检测设备检测。

禁止通过目测的方式认定车辆违法超限运输。

第二十七条　经检测认定车辆存在违法超限运输情形的，公路超限检测站执法人员应当按照以下要求进行处理：

（一）对运载可分载货物的，应当责令当事人采取卸载、分装等改正措施，消除违法状态；对整车运输鲜活农产品以及易燃、易爆危险品的，按照有关规定处理。

（二）对运载不可解体大件物品且未办理超限运输许可手续的，应当责令当事人停止违法行为，接受调查处理，并告知当事人到有关部门申请办理超限运输许可手续。

第二十八条　对经检测发现不存在违法超限运输情形的车辆，或者经复检确认消除违法状态并依法处理完毕的车辆，应当立即放行。

第二十九条　公路超限检测站执法人员对车辆进行超限检测时，不得收取检测费用；对停放在公路超限检测站内接受调查处理的超限运输车辆，不得收取停车费用。

需要协助卸载、分装超限货物或者保管卸载货物的，相关收费标准应当按照省、自治区、直辖市人民政府物价部门核定的标准执行。卸载货物超过保管期限经通知当事人仍不领取的，可以按照有关规定予以处理。

第三十条　公路超限检测站执法人员依法实施罚款处罚，应当依照有关法律、行政法规的规定，实行罚款决定与罚款收缴分离；收缴的罚款应当全部上缴国库。

公路超限检测站执法人员依法当场收缴罚款的，应当向当事人出具省、自治区、直辖市财政部门统一制发的罚款收据；未出具的，当事人有权拒绝缴纳罚款。

禁止任何单位和个人向公路超限检测站执法人员下达或者变相下达罚款指标。

第三十一条 公路超限检测站执法人员应当按照规定利用车辆超限管理信息系统开展检测、执法工作，并及时将有关数据上报公路管理机构。

省、自治区、直辖市公路管理机构应当定期对超限运输违法信息进行整理和汇总，并抄送相关部门，由其对道路运输企业、货运车辆及其驾驶人依法处理。

第三十二条 公路超限检测站执法人员进行超限检测和执法时应当严格遵守法定程序，实施行政处罚时应当由2名以上执法人员参加，并向当事人出示有效执法证件。

在公路超限检测站从事后勤保障等工作，不具有执法证件的人员不得参与拦截车辆、检查证件、实施行政处罚等执法活动。

第三十三条 路政管理、交通警察等执法人员在公路超限检测站对超限运输车辆实施联合执法时，应当各司其职，密切合作，信息共享，严格执法。

第三十四条 公路超限检测站执法人员应当按照国家有关规定佩戴标志、持证上岗，坚持依法行政、文明执法、行为规范，做到着装规范、风纪严整、举止端庄、热情服务。

第三十五条 公路超限检测站执法人员在工作中，严禁下列行为：

（一）未按照规定佩戴标志或者未持证上岗；

（二）辱骂、殴打当事人；

（三）当场收缴罚款不开具罚款收据或者不如实填写罚款数额；

（四）擅自使用扣留车辆、私自处理卸载货物；

（五）对未消除违法状态的超限运输车辆予以放行；

（六）接受与执法有关的吃请、馈赠；

（七）包庇、袒护和纵容违法行为；

（八）指使或者协助外部人员带车绕行、闯卡；

（九）从事与职权相关的经营活动；

（十）贪污、挪用经费、罚没款。

第三十六条 省、自治区、直辖市公路管理机构应当设立公开电话，及时受理群众的投诉举报。同时通过政府网站、公路超限检测站公告栏等方式公示有关信息，接受社会监督。

第五章　法律责任

第三十七条 公路超限检测站违反本办法有关规定的，由县级以上人民政府交通运输主管部门责令改正，对负有直接责任的主管人员和其他直接责任人员依法给予处分，并由省、自治区、直辖市人民政府交通运输主管部门予以通报；情节严重的，由交通运输部予以通报。

第三十八条 公路超限检测站执法人员违反本办法第三十五条规定的，取消其行政执法资格，调离执法岗位；情节严重的，予以辞退或者开除公职；构成犯罪的，依法追究刑事责任。涉及驻站其他部门执法人员的，由交通运输主管部门向其主管部门予以通报。

第三十九条 公路超限检测站执法人员违法行使职权侵犯当事人的合法权益造成损害的，应当依照《中华人民共和国国家赔偿法》的有关规定给予赔偿。

第四十条 车辆所有人、驾驶人及其他人员采取故意堵塞公路超限检测站通行车道、强行通过公路超限检测站等方式扰乱超限检测秩序，或者采取短途驳载等方式逃避超限检测的，由公路管理机构强制拖离或者扣留车辆，处3万元以下的罚款；构成违反治安管理行为的，依法给予治安管理处罚；构成犯罪的，依法追究刑事责任。

第六章 附　　则

第四十一条 本办法自2011年8月1日起施行。

附件：1. 公路超限检测站外观形象（略，详情请登录交通运输网站）

　　　2. 超限检测专用标识（略，详情请登录交通运输网站）

　　　3. 公路超限检测站专用标识（略，详情请登录交通运输网站）

　　　4. 公路超限检测站检测执法工作流程参考示意图（略，详情请登录交通运输网站）

交通运输突发事件应急管理规定

（2011年9月22日第10次部务会议通过　2011年11月14日中华人民共和国交通运输部令2011年第9号公布　自2012年1月1日起施行）

第一章 总　　则

第一条 为规范交通运输突发事件应对活动，控制、减轻和消除突发事件引起的危害，根据《中华人民共和国突发事件应对法》和有关法律、行政法规，制定本规定。

第二条 交通运输突发事件的应急准备、监测与预警、应急处置、终止与善后等活动，适用本规定。

本规定所称交通运输突发事件，是指突然发生，造成或者可能造成交通运输设施毁损，交通运输中断、阻塞，重大船舶污染及海上溢油应急处置等，需要采取应急处置措施，疏散或者救援人员，提供应急运输保障的自然灾害、事故灾难、公共卫生事件和社会安全事件。

第三条 国务院交通运输主管部门主管全国交通运输突发事件应急管理工作。

县级以上各级交通运输主管部门按照职责分工负责本辖区内交通运输突发事件应急管理工作。

第四条 交通运输突发事件应对活动应当遵循属地管理原则，在各级地方人民政府的统一领导下，建立分级负责、分类管理、协调联动的交通运输应急管理体制。

第五条 县级以上各级交通运输主管部门应当会同有关部门建立应急联动协作机制，共同加强交通运输突发事件应急管理工作。

第二章　应急准备

第六条 国务院交通运输主管部门负责编制并发布国家交通运输应急保障体系建设规划，统筹规划、建设国家级交通运输突发事件应急队伍、应急装备和应急物资保障基地，储备应急运力，相关内容纳入国家应急保障体系规划。

各省、自治区、直辖市交通运输主管部门负责编制并发布地方交通运输应急保障体系建设规划，统筹规划、建设本辖区应急队伍、应急装备和应急物资保障基地，储备应急运力，相关内容纳入地方应急保障体系规划。

第七条 国务院交通运输主管部门应当根据国家突发事件总体应急预案和相关专项应急预案，制定交通运输突发事件部门应急预案。

县级以上各级交通运输主管部门应当根据本级地方人民政府和上级交通运输主管部门制定的相关突发事件应急预案，制定本部门交通运输突发事件应急预案。

交通运输企业应当按照所在地交通运输主管部门制定的交通运输突发事件应急预案，制定本单位交通运输突发事件应急预案。

第八条 应急预案应当根据有关法律、法规的规定，针对交通运输突发事件的性质、特点、社会危害程度以及可能需要提供的交通运输应急保障措施，明确应急管理的组织指挥体系与职责、监测与预警、处置程序、应急保障措施、恢复与重建、培训与演练等具体内容。

第九条　应急预案的制定、修订程序应当符合国家相关规定。应急预案涉及其他相关部门职能的，在制定过程中应当征求各相关部门的意见。

第十条　交通运输主管部门制定的应急预案应当与本级人民政府及上级交通运输主管部门制定的相关应急预案衔接一致。

第十一条　交通运输主管部门制定的应急预案应当报上级交通运输主管部门和本级人民政府备案。

公共交通工具、重点港口和场站的经营单位以及储运易燃易爆物品、危险化学品、放射性物品等危险物品的交通运输企业所制定的应急预案，应当向所属地交通运输主管部门备案。

第十二条　应急预案应当根据实际需要、情势变化和演练验证，适时修订。

第十三条　交通运输主管部门、交通运输企业应当按照有关规划和应急预案的要求，根据应急工作的实际需要，建立健全应急装备和应急物资储备、维护、管理和调拨制度，储备必需的应急物资和运力，配备必要的专用应急指挥交通工具和应急通信装备，并确保应急物资装备处于正常使用状态。

第十四条　交通运输主管部门可以根据交通运输突发事件应急处置的实际需要，统筹规划、建设交通运输专业应急队伍。

交通运输企业应当根据实际需要，建立由本单位职工组成的专职或者兼职应急队伍。

第十五条　交通运输主管部门应当加强应急队伍应急能力和人员素质建设，加强专业应急队伍与非专业应急队伍的合作、联合培训及演练，提高协同应急能力。

交通运输主管部门可以根据应急处置的需要，与其他应急力量提供单位建立必要的应急合作关系。

第十六条　交通运输主管部门应当将本辖区内应急装备、应急物资、运力储备和应急队伍的实时情况及时报上级交通运输主管部门和本级人民政府备案。

交通运输企业应当将本单位应急装备、应急物资、运力储备和应急队伍的实时情况及时报所在地交通运输主管部门备案。

第十七条　所有列入应急队伍的交通运输应急人员，其所属单位应当为其购买人身意外伤害保险，配备必要的防护装备和器材，减少应急人员的人身风险。

第十八条　交通运输主管部门可以根据应急处置实际需要鼓励志愿者参与交通运输突发事件应对活动。

第十九条　交通运输主管部门可以建立专家咨询制度，聘请专家或者专业机构，为交通运输突发事件应对活动提供相关意见和支持。

第二十条　交通运输主管部门应当建立健全交通运输突发事件应急培训制度，并结合交通运输的实际情况和需要，组织开展交通运输应急知识的宣传普及活动。

交通运输企业应当按照交通运输主管部门制定的应急预案的有关要求，制订年度应急培训计划，组织开展应急培训工作。

第二十一条　交通运输主管部门、交通运输企业应当根据本地区、本单位交通运输突发事件的类型和特点，制订应急演练计划，定期组织开展交通运输突发事件应急演练。

第二十二条　交通运输主管部门应当鼓励、扶持研究开发用于交通运输突发事件预防、监测、预警、应急处置和救援的新技术、新设备和新工具。

第二十三条　交通运输主管部门应当根据本级人民政府财政预算情况，编列应急资金年度预算，设立突发事件应急工作专项资金。

交通运输企业应当安排应急专项经费，保障交通运输突发事件应急工作的需要。

应急专项资金和经费主要用于应急预案编制及修订、应急培训演练、应急装备和队伍建设、日常应急管理、应急宣传以及应急处置措施等。

第三章　监测与预警

第二十四条　交通运输主管部门应当建立并完善交通运输突发事件信息管理制度，及时收集、统计、分析、报告交通运输突发事件信息。

交通运输主管部门应当与各有关部门建立信息共享机制，及时获取与交通运输有关的突发事件信息。

第二十五条　交通运输主管部门应当建立交通运输突发事件风险评估机制，对影响或者可能影响交通运输的相关信息及时进行汇总分析，必要时同相关部门进行会商，评估突发事件发生的可能性及可能造成的损害，研究确定应对措施，制定应对方案。对可能发生重大或者特别重大突发事件的，应当立即向本级人民政府及上一级交通运输主管部门报告相关信息。

第二十六条　交通运输主管部门负责本辖区内交通运输突发事件危险源管理工作。对危险源、危险区域进行调查、登记、风险评估，组织检查、监控，并责令有关单位采取安全防范措施。

交通运输企业应当组织开展企业内交通运输突发事件危险源辨识、评估工作，采取相应安全防范措施，加强危险源监控与管理，并按规定及时向交通运输主管部门报告。

第二十七条 交通运输主管部门应当根据自然灾害、事故灾难、公共卫生事件和社会安全事件的种类和特点，建立健全交通运输突发事件基础信息数据库，配备必要的监测设备、设施和人员，对突发事件易发区域加强监测。

第二十八条 交通运输主管部门应当建立交通运输突发事件应急指挥通信系统。

第二十九条 交通运输主管部门、交通运输企业应当建立应急值班制度，根据交通运输突发事件的种类、特点和实际需要，配备必要值班设施和人员。

第三十条 县级以上地方人民政府宣布进入预警期后，交通运输主管部门应当根据预警级别和可能发生的交通运输突发事件的特点，采取下列措施：

（一）启动相应的交通运输突发事件应急预案；

（二）根据需要启动应急协作机制，加强与相关部门的协调沟通；

（三）按照所属地方人民政府和上级交通运输主管部门的要求，指导交通运输企业采取相关预防措施；

（四）加强对突发事件发生、发展情况的跟踪监测，加强值班和信息报告；

（五）按照地方人民政府的授权，发布相关信息，宣传避免、减轻危害的常识，提出采取特定措施避免或者减轻危害的建议、劝告；

（六）组织应急救援队伍和相关人员进入待命状态，调集应急处置所需的运力和装备，检测用于疏运转移的交通运输工具和应急通信设备，确保其处于良好状态；

（七）加强对交通运输枢纽、重点通航建筑物、重点场站、重点港口、码头、重点运输线路及航道的巡查维护；

（八）法律、法规或者所属地方人民政府提出的其他应急措施。

第三十一条 交通运输主管部门应当根据事态发展以及所属地方人民政府的决定，相应调整或者停止所采取的措施。

第四章　应急处置

第三十二条 交通运输突发事件的应急处置应当在各级人民政府的统

一领导下进行。

第三十三条　交通运输突发事件发生后，发生地交通运输主管部门应当立即启动相应的应急预案，在本级人民政府的领导下，组织、部署交通运输突发事件的应急处置工作。

第三十四条　交通运输突发事件发生后，负责或者参与应急处置的交通运输主管部门应当根据有关规定和实际需要，采取以下措施：

（一）组织运力疏散、撤离受困人员，组织搜救突发事件中的遇险人员，组织应急物资运输；

（二）调集人员、物资、设备、工具，对受损的交通基础设施进行抢修、抢通或搭建临时性设施；

（三）对危险源和危险区域进行控制，设立警示标志；

（四）采取必要措施，防止次生、衍生灾害发生；

（五）必要时请求本级人民政府和上级交通运输主管部门协调有关部门，启动联合机制，开展联合应急行动；

（六）按照应急预案规定的程序报告突发事件信息以及应急处置的进展情况；

（七）建立新闻发言人制度，按照本级人民政府的委托或者授权及相关规定，统一、及时、准确地向社会和媒体发布应急处置信息；

（八）其他有利于控制、减轻和消除危害的必要措施。

第三十五条　交通运输突发事件超出本级交通运输主管部门处置能力或管辖范围的，交通运输主管部门可以采取以下措施：

（一）根据应急处置需要请求上级交通运输主管部门在资金、物资、设备设施、应急队伍等方面给予支持；

（二）请求上级交通运输主管部门协调突发事件发生地周边交通运输主管部门给予支持；

（三）请求上级交通运输主管部门派出现场工作组及有关专业技术人员给予指导；

（四）按照建立的应急协作机制，协调有关部门参与应急处置。

第三十六条　在需要组织开展大规模人员疏散、物资疏运的情况下，交通运输主管部门应当根据本级人民政府或者上级交通运输主管部门的指令，及时组织运力参与应急运输。

第三十七条　交通运输企业应当加强对本单位应急设备、设施、队伍的日常管理，保证应急处置工作及时、有效开展。

交通运输突发事件应急处置过程中，交通运输企业应当接受交通运输主管部门的组织、调度和指挥。

第三十八条 交通运输主管部门根据应急处置工作的需要，可以征用有关单位和个人的交通运输工具、相关设备和其他物资。有关单位和个人应当予以配合。

第五章　终止与善后

第三十九条 交通运输突发事件的威胁和危害得到控制或者消除后，负责应急处置的交通运输主管部门应当按照相关人民政府的决定停止执行应急处置措施，并按照有关要求采取必要措施，防止发生次生、衍生事件。

第四十条 交通运输突发事件应急处置结束后，负责应急处置工作的交通运输主管部门应当对应急处置工作进行评估，并向上级交通运输主管部门和本级人民政府报告。

第四十一条 交通运输突发事件应急处置结束后，交通运输主管部门应当根据国家有关扶持遭受突发事件影响行业和地区发展的政策规定以及本级人民政府的恢复重建规划，制定相应的交通运输恢复重建计划并组织实施，重建受损的交通基础设施，消除突发事件造成的破坏及影响。

第四十二条 因应急处置工作需要被征用的交通运输工具、装备和物资在使用完毕应当及时返还。交通运输工具、装备、物资被征用或者征用后毁损、灭失的，应当按照相关法律法规予以补偿。

第六章　监督检查

第四十三条 交通运输主管部门应当建立健全交通运输突发事件应急管理监督检查和考核机制。

监督检查应当包含以下内容：

（一）应急组织机构建立情况；

（二）应急预案制订及实施情况；

（三）应急物资储备情况；

（四）应急队伍建设情况；

（五）危险源监测情况；

（六）信息管理、报送、发布及宣传情况；

（七）应急培训及演练情况；

（八）应急专项资金和经费落实情况；

（九）突发事件应急处置评估情况。

第四十四条 交通运输主管部门应当加强对辖区内交通运输企业等单位应急工作的指导和监督。

第四十五条 违反本规定影响交通运输突发事件应对活动有效进行的，由其上级交通运输主管部门责令改正、通报批评；情节严重的，对直接负责的主管人员和其他直接责任人员按照有关规定给予相应处分；造成严重后果的，由有关部门依法给予处罚或追究相应责任。

第七章 附 则

第四十六条 海事管理机构及各级地方人民政府交通运输主管部门对水上交通安全和防治船舶污染等突发事件的应对活动，依照有关法律法规执行。

一般生产安全事故的应急处置，依照国家有关法律法规执行。

第四十七条 本规定自 2012 年 1 月 1 日起实施。

中华人民共和国海上船舶
污染事故调查处理规定

（2011 年 9 月 22 日第 10 次部务会议通过 2011 年 11 月 14 日中华人民共和国交通运输部令 2011 年第 10 号公布 自 2012 年 2 月 1 日起施行）

第一章 总 则

第一条 为了规范船舶污染事故调查处理工作，依据《中华人民共和国海洋环境保护法》、《中华人民共和国防治船舶污染海洋环境管理条例》等规定，制定本规定。

第二条 本规定适用于造成中华人民共和国管辖海域污染的船舶污染事故的调查处理。

第三条 国务院交通运输主管部门主管船舶污染事故调查处理工作。

国家海事管理机构负责指导、管理和实施船舶污染事故调查处理工作。

各级海事管理机构依照各自职责负责具体开展船舶污染事故调查处理工作。

第四条 船舶污染事故调查处理应当遵循及时、客观、公平、公正的原则，查明事故原因，认定事故责任。

第二章 事故报告

第五条 发现船舶及其有关水上交通事故、作业活动造成或者可能造成海洋环境污染的单位和个人，应当立即将有关情况向就近的海事管理机构报告。海事管理机构接到报告后，应当按照应急预案的要求进行报告和通报。

第六条 发生污染事故的船舶、有关作业单位，应当在采取应急措施的同时及时、妥善地保存相关事故信息，立即向就近的海事管理机构报告以下事项：

（一）船舶的名称、国籍、呼号、识别号或者编号；

（二）船舶所有人、经营人或者管理人、污染损害赔偿责任保险人的名称、地址和联系方式；

（三）相关水文和气象情况；

（四）污染物的种类、基本特性、数量、装载位置等情况；

（五）事故原因或者事故原因的初步判断；

（六）事故污染情况；

（七）已经采取或者准备采取的污染控制、清除措施以及救助要求；

（八）签订了船舶污染清除协议的，还应当报告船舶污染清除单位的名称和联系方式；

（九）船舶、有关作业单位认为需要报告的其他事项。

船舶、有关作业单位向海事管理机构报告后，经核实发现报告内容与事实情况不符的，应当立即对报告内容予以更正。

第七条 发生污染事故的船舶、有关作业单位，应当在事故发生后 24 小时内向就近的海事管理机构提交《船舶污染事故报告书》。因特殊情况不能在规定时间内提交《船舶污染事故报告书》的，经海事管理机构同意后可予适当延迟，但最长不得超过 48 小时。

《船舶污染事故报告书》至少应当包括以下内容：

（一）船舶及船舶所有人、经营人或者管理人的有关情况；

（二）污染事故概况；

（三）应急处置情况；

（四）污染损害赔偿责任保险情况；

（五）其他与事故有关的事项。

第八条 中国籍船舶在中华人民共和国管辖海域外发生的船舶污染事故，其所有人或经营人应当立即向船籍港所在地直属海事管理机构报告，并在 48 小时内提交《船舶污染事故报告书》；船舶应当在到达国内第一港口之前提前 24 小时向船籍港直属海事管理机构报告，并接受调查处理。

第九条　船舶污染事故报告后出现的新情况及污染事故的处置进展情况，船舶、有关单位应当及时补充报告。

第三章　事故调查

第十条　船舶污染事故调查处理依照下列规定组织实施：

（一）特别重大船舶污染事故由国务院或者国务院授权国务院交通运输主管部门等部门组织事故调查处理；

（二）重大船舶污染事故由国家海事管理机构组织事故调查处理；

（三）较大船舶污染事故由事故发生地直属海事管理机构负责调查处理；

（四）一般船舶污染事故由事故发生地海事管理机构负责事故调查处理。

船舶污染事故发生地不明的，由事故发现地海事管理机构负责调查处理。事故发生地或者事故发现地跨管辖区域或者相关海事管理机构对管辖权有争议的，由共同的上级海事管理机构确定调查处理机构。

在中华人民共和国管辖海域外发生的船舶污染事故，造成中华人民共和国管辖海域污染的，调查处理机构由国家海事管理机构指定。

中国籍船舶在中华人民共和国管辖海域外发生重大及以上船舶污染事故造成或者可能造成严重影响的，国家海事管理机构可派员开展事故调查。

船舶污染事故给渔业造成损害的，应当吸收渔业主管部门参与调查处理；给军事港口水域造成损害的，应当吸收军队有关主管部门参与调查处理。

第十一条　船舶因发生海上交通事故造成海洋环境污染的，海事管理机构对船舶污染事故的调查应当与船舶交通事故的调查同时进行。

第十二条　海事管理机构接到船舶污染事故报告后，应当及时进行核查取证，开展现场调查工作。

经核实不属于船舶污染事故的，及时通报相关部门处理。

第十三条　船舶污染事故调查应当由至少两名船舶污染事故调查人员实施。

船舶污染事故调查人员应当经过国家海事管理机构组织的培训，具有相应的船舶污染事故调查处理能力。

第十四条　发生下列情况时，船舶污染事故调查处理机构可以组织开展国际、国内船舶污染事故协查：

（一）污染事故肇事船舶逃逸的；

（二）污染事故嫌疑船舶已经开航离港的；

（三）辖区发生污染事故但暂时无法确认污染来源，经分析可能为过往船舶所为的；

（四）其他需要组织协查的情况。

国际间的船舶污染事故协查，由国家海事管理机构统一组织协调。

第十五条 船舶污染事故调查处理机构调查船舶污染事故，应当勘验事故现场，检查相关船舶，询问相关人员，收集证据，查明事故原因。

第十六条 下列材料可以作为船舶污染事故调查的证据：

（一）书证、物证、视听资料；

（二）证人证言；

（三）当事人陈述；

（四）鉴定结论；

（五）勘验笔录、调查笔录、现场笔录；

（六）其他可以证明事实的证据。

第十七条 船舶污染事故的当事人和其他有关人员应当配合调查，如实反映情况和提供资料，不得伪造、隐匿、毁灭证据或者以其他方式妨碍调查取证。

船舶污染事故的当事人和其他有关人员提供的书证、物证、视听资料应当是原件原物，提供抄录件、复印件、照片等非原件原物的，应当签字确认；拒绝确认的，事故调查人员应当注明有关情况。

第十八条 船舶污染事故调查处理机构根据调查处理工作的需要可以行使以下职权：

（一）责令船舶污染事故当事人提供相关技术鉴定或者检验、检测报告；

（二）暂扣相应的证书、文书、资料；

（三）禁止船舶驶离港口或者责令停航、改航、驶往指定地点、停止作业、暂扣船舶。

第四章　鉴定机构的认定

第十九条 从事船舶污染事故技术鉴定或者检测、检验工作的鉴定机构，应当经国务院交通运输主管部门认定。

第二十条 船舶污染事故调查处理机构、船舶及其污染损害赔偿责任保险人和船舶污染事故受损害方，在船舶污染事故调查处理过程中需要委托有关机构进行技术鉴定或者检验、检测的，应当委托经国务院交通运输主管部门认定的机构进行。

未经国务院交通运输主管部门认定的机构所出具的鉴定结论不得作为船舶污染事故调查处理的证据。

第二十一条 从事船舶污染事故技术鉴定、检验、检测工作的机构提出认定申请的，应当符合以下要求：

（一）具有独立法人资格；

（二）能够开展船舶污染源技术鉴定、船舶污染事故原因技术分析、船舶污染物泄漏量技术分析以及船舶污染损害鉴定等一项或者多项工作；

（三）开展任何一项工作至少具有 3 名高级以上技术职称且在相应技术领域具有 3 年以上工作经验的专业技术人员；

（四）近 5 年参加至少 3 起船舶污染事故的技术鉴定、检验、检测工作；

（五）具有已通过国家实验室认可和国家实验室资质认定的，且配备了开展船舶污染事故技术鉴定、检验、检测所必需的仪器设备、技术资料的实验室；

（六）能够独立出具技术鉴定、检验、检测报告；

（七）建立了相应的工作质量管理制度。

第二十二条 申请鉴定机构认定的，应当向国家海事管理机构提交表明其符合本规定第二十一条要求的材料。

国家海事管理机构应当及时对申请人是否符合要求进行审查，提出审查意见报国务院交通运输主管部门。国务院交通运输主管部门作出是否予以认定的决定后告知申请人。

第二十三条 鉴定机构应当于每年 1 月 31 日前将下列情况向国家海事管理机构备案：

（一）上一年度开展船舶污染事故技术鉴定、检验、检测工作情况；

（二）船舶污染事故技术鉴定、检测、检验能力变化情况；

（三）技术鉴定、检测、检验结论在船舶污染事故处理、诉讼和仲裁中的采信情况。

国家海事管理机构应当在收到鉴定机构递交的年度备案材料后，对鉴定机构是否符合本规定的要求进行核查。对不符合认定要求的，责令其限期改正；逾期不改正的，国家海事管理机构报国务院交通运输主管部门批准后依法撤销认定。

国务院交通运输主管部门应当于每年 3 月 31 日之前，向社会公布认定的鉴定机构名单。

第二十四条 鉴定机构有下列情况之一的，船舶污染事故调查处理机构应当不予采信其鉴定结论，并责令其限期改正；逾期不改正的，国家海事管理机构报国务院交通运输主管部门批准后应当依法撤销认定：

（一）未按照有关法律、法规和技术规范的要求开展技术鉴定、检测、检验工作的；

（二）船舶污染事故技术鉴定、检测、检验报告出现重大错误，与事实情况明显不符的；

（三）鉴定机构出具虚假报告的。

第五章　事故处理

第二十五条　船舶污染事故调查处理机构应当根据船舶污染事故现场勘验、检查、调查情况和有关的技术鉴定、检验、检测报告，完成船舶污染事故调查。

第二十六条　船舶污染事故调查处理机构应当自事故调查结束之日起20个工作日内制作《船舶污染事故认定书》，并送达当事人。

《船舶污染事故认定书》应当载明事故基本情况、事故原因和事故责任。

海事管理机构在接到船舶污染事故报告或者发现船舶污染事故之日起6个月内无法查明污染源或者无法找到造成污染船舶的，经船舶污染事故调查处理机构负责人批准可以终止事故调查，并在《船舶污染事故认定书》中注明终止调查的原因。

第二十七条　船舶污染事故当事人对事故认定不服的，可以在收到《船舶污染事故认定书》之日起15日内，向船舶污染事故调查处理机构或者其上级机构申请一次重新认定。

第二十八条　造成海洋环境污染的船舶应当在开航前缴清海事管理机构为减轻污染损害而采取的清除、打捞、拖航、引航过驳等应急处置措施的相关费用或者提供相应的财务担保。

财务担保应当是现金担保、由境内银行或者境内保险机构提供的信用担保。

第二十九条　重大以上船舶污染事故的调查处理报告应当向国务院交通运输主管部门备案。其中重大以上船舶海上溢油事故的调查处理情况，国务院交通运输主管部门应当向国家海上溢油应急处置部际联席会议通报。

第三十条　海上船舶污染事故调查处理的信息发布应当及时、准确。

海上船舶污染事故调查处理信息，由负责组织调查处理工作的机构审核后按照新闻发布的相关规定发布。参与事故调查处理的单位或者个人不得擅自发布相关信息。

第三十一条　船舶污染事故引起的污染损害赔偿争议，当事人可以向海事管理机构申请调解，海事管理机构也可以主动调解。

当事人一方拒绝调解的，海事管理机构不得调解。

征得所有当事人同意后，调解可以邀请其他利害关系人参加。

第三十二条　调解人员应当按照有关法律、法规的规定，对船舶污染损害赔偿争议进行调解。调解成功的，由各方当事人共同签署《船舶污染事故民事纠纷调解协议书》。

《船舶污染事故民事纠纷调解协议书》由当事人各执一份，调查处理机构留存一份。

第三十三条　在调解过程中，当事人向人民法院提起诉讼或者申请仲裁的，应当及时通知海事管理机构，调解自动终止。

当事人中途退出调解的，应当向海事管理机构提交退出调解的书面申请，海事管理机构应当终止调解，并及时通知其他当事人。

海事管理机构调解不成，或者在3个月内未达成调解协议的，应当终止调解。

第六章　法律责任

第三十四条　船舶、有关作业单位违反本规定的，海事管理机构应当责令改正；拒不改正的，海事管理机构可以责令停止作业、强制卸载，禁止船舶进出港口、靠泊、过境停留，或者责令停航、改航、离境、驶向指定地点。

第三十五条　违反本规定，船舶污染事故的当事人和其他有关人员有下列行为之一的，由海事管理机构处以1万元以上5万元以下的罚款：

（一）未如实向组织事故调查处理的机关或者海事管理机构反映情况的；

（二）伪造、隐匿、毁灭证据或者以其他方式妨碍调查取证的。

第三十六条　发生船舶污染事故，船舶、有关作业单位迟报、漏报事故的，对船舶、有关作业单位，由海事管理机构处5万元以上25万元以下的罚款；对直接负责的主管人员和其他直接责任人员，由海事管理机构处1万元以上5万元以下的罚款。直接负责的主管人员和其他直接责任人员属于船员的，并处给予暂扣适任证书或者其他有关证件3个月至6个月的处罚。

本条所称迟报、漏报包括下列情形：

（一）发生船舶污染事故后，未立即向就近的海事管理机构报告的，因不可抗力无法报告的除外；

（二）船舶污染事故报告的内容与事实情况不符，未及时对报告内容予以更正的；

（三）未在规定时限内向海事管理机构提交《船舶污染事故报告书》的；

（四）提交的《船舶污染事故报告书》内容不完整。

第三十七条　发生船舶污染事故，船舶、有关作业单位瞒报、谎报事故的，对船舶、有关作业单位，由海事管理机构处 25 万元以上 50 万元以下的罚款；对直接负责的主管人员和其他直接责任人员，由海事管理机构处 5 万元以上 10 万元以下的罚款。直接负责的主管人员和其他直接责任人员属于船员的，并处给予吊销适任证书或者其他有关证件的处罚。

本条所称瞒报、谎报包括下列情形：

（一）发生船舶污染事故后，故意不向海事管理机构报告的；

（二）发现船舶污染事故报告的内容与事实情况不符，故意不对报告内容予以更正的；

（三）发生船舶污染事故后，编造虚假信息或者伪造、变造证据，不如实向海事管理机构报告的；

（四）提交《船舶污染事故报告书》弄虚作假的。

第三十八条　在事故调查结束后，海事管理机构对造成船舶污染事故的责任船舶、有关作业单位按照污染事故直接损失的 30% 处以罚款，但最高不得超过 30 万元。负有直接责任的主管人员和其他直接责任人员属于国家工作人员的，依法给予行政处分。

直接经济损失是指与船舶污染事故有直接因果关系而造成的财产毁损、减少的实际价值。包括：

（一）为防止或者减轻船舶污染损害采取预防措施所发生的费用，以及预防措施造成的进一步灭失或者损害；

（二）船舶污染事故造成该船舶之外的财产损害；

（三）对受污染的环境已采取或将要采取合理恢复措施的费用。

第三十九条　船舶污染事故造成珊瑚礁、红树林等海洋生态系统及海洋水产资源、海洋保护区破坏的，海事管理机构应当责令相关责任船舶、作业单位限期改正和采取补救措施，并处 1 万元以上 10 万元以下的罚款；有违法所得的，没收其违法所得。

第七章　附　　则

第四十条　国务院交通运输主管部门所辖港区水域内军事船舶和港区水域外渔业船舶、军事船舶污染事故的调查处理，国家法律、行政法规另有规定的，从其规定。

第四十一条　《船舶污染事故报告书》、《船舶污染事故认定书》、《船舶污染事故民事纠纷调解协议书》及《船舶污染事故民事纠纷调解终止通知书》的格式由国家海事管理机构规定。

第四十二条　本规定自2012年2月1日起施行。

关于修改《公路建设市场管理办法》的决定

(2011年10月9日交通部第11次部务会议通过
2011年11月30日中华人民共和国交通运输部令2011
年第11号公布　自2011年11月30日起施行)

交通运输部决定将《公路建设市场管理办法》第三十八条修改为："施工单位可以将非关键性工程或者适合专业化队伍施工的工程分包给具有相应资格条件的单位，并对分包工程负连带责任。允许分包的工程范围应当在招标文件中规定。分包工程不得再次分包，严禁转包。

任何单位和个人不得违反规定指定分包、指定采购或者分割工程。

项目法人应当加强对施工单位工程分包的管理，所有分包合同须经监理审查，并报项目法人备案。"

此外，对条文部分文字作相应的修改。

本决定自公布之日起实行。

《公路建设市场管理办法》根据本决定作相应修正，重新公布。

公路建设市场管理办法

(2004年12月21日发布　2011年10月9日第11次部
务会议通过　根据《关于修改〈公路建设市场管理办
法〉的决定》修正　自2011年11月30日起施行)

第一章　总　　则

第一条　为加强公路建设市场管理，规范公路建设市场秩序，保证公路工程质量，促进公路建设市场健康发展，根据《中华人民共和国公路法》、《中华人民共和国招标投标法》、《建设工程质量管理条例》，制定本办法。

第二条　本办法适用于各级交通运输主管部门对公路建设市场的监督管理活动。

第三条　公路建设市场遵循公平、公正、公开、诚信的原则。

第四条　国家建立和完善统一、开放、竞争、有序的公路建设市场，禁止任何形式的地区封锁。

第五条　本办法中下列用语的含义是指：

公路建设市场主体是指公路建设的从业单位和从业人员。

从业单位是指从事公路建设的项目法人，项目建设管理单位，咨询、勘察、设计、施工、监理、试验检测单位，提供相关服务的社会中介机构以及设备和材料的供应单位。

从业人员是指从事公路建设活动的人员。

第二章　管理职责

第六条　公路建设市场管理实行统一管理、分级负责。

第七条　国务院交通运输主管部门负责全国公路建设市场的监督管理工作，主要职责是：

（一）贯彻执行国家有关法律、法规，制定全国公路建设市场管理的规章制度；

（二）组织制定和监督执行公路建设的技术标准、规范和规程；

（三）依法实施公路建设市场准入管理、市场动态管理，并依法对全国公路建设市场进行监督检查；

（四）建立公路建设行业评标专家库，加强评标专家管理；

（五）发布全国公路建设市场信息；

（六）指导和监督省级地方人民政府交通运输主管部门的公路建设市场管理工作；

（七）依法受理举报和投诉，依法查处公路建设市场违法行为；

（八）法律、行政法规规定的其他职责。

第八条　省级人民政府交通运输主管部门负责本行政区域内公路建设市场的监督管理工作，主要职责是：

（一）贯彻执行国家有关法律、法规、规章和公路建设技术标准、规范和规程，结合本行政区域内的实际情况，制定具体的管理制度；

（二）依法实施公路建设市场准入管理，对本行政区域内公路建设市场实施动态管理和监督检查；

（三）建立本地区公路建设招标评标专家库，加强评标专家管理；

（四）发布本行政区域公路建设市场信息，并按规定向国务院交通运输主管部门报送本行政区域公路建设市场的信息；

（五）指导和监督下级交通运输主管部门的公路建设市场管理工作；

（六）依法受理举报和投诉，依法查处本行政区域内公路建设市场违法行为；

（七）法律、法规、规章规定的其他职责。

第九条 省级以下地方人民政府交通运输主管部门负责本行政区域内公路建设市场的监督管理工作，主要职责是：

（一）贯彻执行国家有关法律、法规、规章和公路建设技术标准、规范和规程；

（二）配合省级地方人民政府交通运输主管部门进行公路建设市场准入管理和动态管理；

（三）对本行政区域内公路建设市场进行监督检查；

（四）依法受理举报和投诉，依法查处本行政区域内公路建设市场违法行为；

（五）法律、法规、规章规定的其他职责。

第三章 市场准入管理

第十条 凡符合法律、法规规定的市场准入条件的从业单位和从业人员均可进入公路建设市场，任何单位和个人不得对公路建设市场实行地方保护，不得对符合市场准入条件的从业单位和从业人员实行歧视待遇。

第十一条 公路建设项目依法实行项目法人负责制。项目法人可自行管理公路建设项目，也可委托具备法人资格的项目建设管理单位进行项目管理。

项目法人或者其委托的项目建设管理单位的组织机构、主要负责人的技术和管理能力应当满足拟建项目的管理需要，符合国务院交通运输主管部门有关规定的要求。

第十二条 收费公路建设项目法人和项目建设管理单位进入公路建设市场实行备案制度。

收费公路建设项目可行性研究报告批准或依法核准后，项目投资主体应当成立或者明确项目法人。项目法人应当按照项目管理的隶属关系将其或者其委托的项目建设管理单位的有关情况报交通运输主管部门备案。

对不符合规定要求的项目法人或者项目建设管理单位，交通运输主管部门应当提出整改要求。

第十三条　公路工程勘察、设计、施工、监理、试验检测等从业单位应当按照法律、法规的规定，取得有关管理部门颁发的相应资质后，方可进入公路建设市场。

第十四条　法律、法规对公路建设从业人员的执业资格作出规定的，从业人员应当依法取得相应的执业资格后，方可进入公路建设市场。

第四章　市场主体行为管理

第十五条　公路建设从业单位和从业人员在公路建设市场中必须严格遵守国家有关法律、法规和规章，严格执行公路建设行业的强制性标准、各类技术规范及规程的要求。

第十六条　公路建设项目法人必须严格执行国家规定的基本建设程序，不得违反或者擅自简化基本建设程序。

第十七条　公路建设项目法人负责组织有关专家或者委托有相应工程咨询或者设计资质的单位，对施工图设计文件进行审查。施工图设计文件审查的主要内容包括：

（一）是否采纳工程可行性研究报告、初步设计批复意见；

（二）是否符合公路工程强制性标准、有关技术规范和规程要求；

（三）施工图设计文件是否齐全，是否达到规定的技术深度要求；

（四）工程结构设计是否符合安全和稳定性要求。

第十八条　公路建设项目法人应当按照项目管理隶属关系将施工图设计文件报交通运输主管部门审批。施工图设计文件未经审批的，不得使用。

第十九条　申请施工图设计文件审批应当向相关的交通运输主管部门提交以下材料：

（一）施工图设计的全套文件；

（二）专家或者委托的审查单位对施工图设计文件的审查意见；

（三）项目法人认为需要提交的其他说明材料。

第二十条　交通运输主管部门应当自收到完整齐备的申请材料之日起20日内审查完毕。经审查合格的，批准使用，并将许可决定及时通知申请人。审查不合格的，不予批准使用，应当书面通知申请人并说明理由。

第二十一条　公路建设项目法人应当按照公开、公平、公正的原则，依法组织公路建设项目的招标投标工作。不得规避招标，不得对潜在的投标人和投标人实行歧视政策，不得实行地方保护和暗箱操作。

第二十二条　公路工程的勘察、设计、施工、监理单位和设备、材料供应单位应当依法投标，不得弄虚作假，不得串通投标，不得以行贿等不合法手段谋取中标。

第二十三条 公路建设项目法人与中标人应当根据招标文件和投标文件签订合同，不得附加不合理、不公正条款，不得签订虚假合同。

国家投资的公路建设项目，项目法人与施工、监理单位应当按照国务院交通运输主管部门的规定，签订廉政合同。

第二十四条 公路建设项目依法实行施工许可制度。国家和国务院交通运输主管部门确定的重点公路建设项目的施工许可由国务院交通运输主管部门实施，其他公路建设项目的施工许可按照项目管理权限由县级以上地方人民政府交通运输主管部门实施。

第二十五条 项目施工应当具备以下条件：

（一）项目已列入公路建设年度计划；

（二）施工图设计文件已经完成并经审批同意；

（三）建设资金已经落实，并经交通运输主管部门审计；

（四）征地手续已办理，拆迁基本完成；

（五）施工、监理单位已依法确定；

（六）已办理质量监督手续，已落实保证质量和安全的措施。

第二十六条 项目法人在申请施工许可时应当向相关的交通运输主管部门提交以下材料：

（一）施工图设计文件批复；

（二）交通运输主管部门对建设资金落实情况的审计意见；

（三）国土资源部门关于征地的批复或者控制性用地的批复；

（四）建设项目各合同段的施工单位和监理单位名单、合同价情况；

（五）应当报备的资格预审报告、招标文件和评标报告；

（六）已办理的质量监督手续材料；

（七）保证工程质量和安全措施的材料。

第二十七条 交通运输主管部门应当自收到完整齐备的申请材料之日起20日内作出行政许可决定。予以许可的，应当将许可决定及时通知申请人；不予许可的，应当书面通知申请人并说明理由。

第二十八条 公路建设从业单位应当按照合同约定全面履行义务：

（一）项目法人应当按照合同约定履行相应的职责，为项目实施创造良好的条件。

（二）勘察、设计单位应当按照合同约定，按期提供勘察设计资料和设计文件。工程实施过程中，应当按照合同约定派驻设计代表，提供设计后续服务。

（三）施工单位应当按照合同约定组织施工，管理和技术人员及施工设备应当及时到位，以满足工程需要。要均衡组织生产，加强现场管理，确保工程质量和进度，做到文明施工和安全生产。

（四）监理单位应当按照合同约定配备人员和设备，建立相应的现场监理机构，健全监理管理制度，保持监理人员稳定，确保对工程的有效监理。

（五）设备和材料供应单位应当按照合同约定，确保供货质量和时间，做好售后服务工作。

（六）试验检测单位应当按照试验规程和合同约定进行取样、试验和检测，提供真实、完整的试验检测资料。

第二十九条　公路工程实行政府监督、法人管理、社会监理、企业自检的质量保证体系。交通运输主管部门及其所属的质量监督机构对工程质量负监督责任，项目法人对工程质量负管理责任，勘察设计单位对勘察设计质量负责，施工单位对施工质量负责，监理单位对工程质量负现场管理责任，试验检测单位对试验检测结果负责，其他从业单位和从业人员按照有关规定对其产品或者服务质量负相应责任。

第三十条　各级交通运输主管部门及其所属的质量监督机构对工程建设项目进行监督检查时，公路建设从业单位和从业人员应当积极配合，不得拒绝和阻挠。

第三十一条　公路建设从业单位和从业人员应当严格执行国家有关安全生产的法律、法规、国家标准及行业标准，建立健全安全生产的各项规章制度，明确安全责任，落实安全措施，履行安全管理的职责。

第三十二条　发生工程质量、安全事故后，从业单位应当按照有关规定及时报有关主管部门，不得拖延和隐瞒。

第三十三条　公路建设项目法人应当合理确定建设工期，严格按照合同工期组织项目建设。项目法人不得随意要求更改合同工期。如遇特殊情况，确需缩短合同工期的，经合同双方协商一致，可以缩短合同工期，但应当采取措施，确保工程质量，并按照合同规定给予经济补偿。

第三十四条　公路建设项目法人应当按照国家有关规定管理和使用公路建设资金，做到专款专用，专户储存；按照工程进度，及时支付工程款；按照规定的期限及时退还保证金、办理工程结算。不得拖欠工程款和征地拆迁款，不得挤占挪用建设资金。

施工单位应当加强工程款管理，做到专款专用，不得拖欠分包人的工程款和农民工工资；项目法人对工程款使用情况进行监督检查时，施工单位应当积极配合，不得阻挠和拒绝。

第三十五条　公路建设从业单位和从业人员应当严格执行国家和地方

有关环境保护和土地管理的规定，采取有效措施保护环境和节约用地。

第三十六条 公路建设项目法人、监理单位和施工单位对勘察设计中存在的问题应当及时提出设计变更的意见，并依法履行审批手续。设计变更应当符合国家制定的技术标准和设计规范要求。

任何单位和个人不得借设计变更虚报工程量或者提高单价。

重大工程变更设计应当按有关规定报原初步设计审批部门批准。

第三十七条 勘察、设计单位经项目法人批准，可以将工程设计中跨专业或者有特殊要求的勘察、设计工作委托给有相应资质条件的单位，但不得转包或者二次分包。

监理工作不得分包或者转包。

第三十八条 施工单位可以将非关键性工程或者适合专业化队伍施工的工程分包给具有相应资格条件的单位，并对分包工程负连带责任。允许分包的工程范围应当在招标文件中规定。分包工程不得再次分包，严禁转包。

任何单位和个人不得违反规定指定分包、指定采购或者分割工程。

项目法人应当加强对施工单位工程分包的管理，所有分包合同须经监理审查，并报项目法人备案。

第三十九条 施工单位可以直接招用农民工或者将劳务作业发包给具有劳务分包资质的劳务分包人。施工单位招用农民工的，应当依法签订劳动合同，并将劳动合同报项目监理工程师和项目法人备案。

施工单位和劳务分包人应当按照合同按时支付劳务工资，落实各项劳动保护措施，确保农民工安全。

劳务分包人应当接受施工单位的管理，按照技术规范要求进行劳务作业。劳务分包人不得将其分包的劳务作业再次分包。

第四十条 项目法人和监理单位应当加强对施工单位使用农民工的管理，对不签订劳动合同、非法使用农民工的，或者拖延和克扣农民工工资的，要予以纠正。拒不纠正的，项目法人要及时将有关情况报交通运输主管部门调查处理。

第四十一条 项目法人应当按照交通部《公路工程竣（交）工验收办法》的规定及时组织项目的交工验收，并报请交通运输主管部门进行竣工验收。

第五章　动态管理

第四十二条 各级交通运输主管部门应当加强对公路建设从业单位和从业人员的市场行为的动态管理。应当建立举报投诉制度，查处违法行为，对有关责任单位和责任人依法进行处理。

第四十三条　国务院交通运输主管部门和省级地方人民政府交通运输主管部门应当建立公路建设市场的信用管理体系，对进入公路建设市场的从业单位和主要从业人员在招投标活动、签订合同和履行合同中的信用情况进行记录并向社会公布。

第四十四条　公路工程勘察、设计、施工、监理等从业单位应当按照项目管理的隶属关系，向交通运输主管部门提供本单位的基本情况、承接任务情况和其他动态信息，并对所提供信息的真实性、准确性和完整性负责。项目法人应当将其他从业单位在建设项目中的履约情况，按照项目管理的隶属关系报交通运输主管部门，由交通运输主管部门核实后记入从业单位信用记录中。

第四十五条　从业单位和主要从业人员的信用记录应当作为公路建设项目招标资格审查和评标工作的重要依据。

第六章　法律责任

第四十六条　对公路建设从业单位和从业人员违反本办法规定进行的处罚，国家有关法律、法规和交通运输部规章已有规定的，适用其规定；没有规定的，由交通运输主管部门根据各自的职责按照本办法规定进行处罚。

第四十七条　项目法人违反本办法规定，实行地方保护的或者对公路建设从业单位和从业人员实行歧视待遇的，由交通运输主管部门责令改正。

第四十八条　从业单位违反本办法规定，在申请公路建设从业许可时，隐瞒有关情况或者提供虚假材料的，行政机关不予受理或者不予行政许可，并给予警告；行政许可申请人在1年内不得再次申请该行政许可。

被许可人以欺骗、贿赂等不正当手段取得从业许可的，行政机关应当依照法律、法规给予行政处罚；申请人在3年内不得再次申请该行政许可；构成犯罪的，依法追究刑事责任。

第四十九条　投标人相互串通投标或者与招标人串通投标的，投标人以向招标人或者评标委员会成员行贿的手段谋取中标的，中标无效，处中标项目金额5‰以上10‰以下的罚款，对单位直接负责的主管人员和其他直接责任人员处单位罚款数额5%以上10%以下的罚款；有违法所得的，并处没收违法所得；情节严重的，取消其1年至2年内参加依法必须进行招标的项目的投标资格并予以公告；构成犯罪的，依法追究刑事责任。给他人造成损失的，依法承担赔偿责任。

第五十条　投标人以他人名义投标或者以其他方式弄虚作假，骗取中标的，中标无效，给招标人造成损失的，依法承担赔偿责任；构成犯罪的，依法追究刑事责任。

依法必须进行招标的项目的投标人有前款所列行为尚未构成犯罪的，处中标项目金额5‰以上10‰以下的罚款，对单位直接负责的主管人员和其他直接责任人员处单位罚款数额5%以上10%以下的罚款；有违法所得的，并处没收违法所得；情节严重的，取消其1年至3年内参加依法必须进行招标的项目的投标资格并予以公告。

第五十一条　项目法人违反本办法规定，拖欠工程款和征地拆迁款的，由交通运输主管部门责令改正，并由有关部门依法对有关责任人员给予行政处分。

第五十二条　除因不可抗力不能履行合同的，中标人不按照与招标人订立的合同履行施工质量、施工工期等义务，造成重大或者特大质量和安全事故，或者造成工期延误的，取消其2年至5年内参加依法必须进行招标的项目的投标资格并予以公告。

第五十三条　施工单位有以下违法违规行为的，由交通运输主管部门责令改正，并由有关部门依法对有关责任人员给予行政处分。

（一）违反本办法规定，拖欠分包人工程款和农民工工资的；

（二）违反本办法规定，造成生态环境破坏和乱占土地的；

（三）违反本办法规定，在变更设计中弄虚作假的；

（四）违反本办法规定，不按规定签订劳动合同的。

第五十四条　违反本办法规定，承包单位将承包的工程转包或者违法分包的，责令改正，没收违法所得，对勘察、设计单位处合同约定的勘察费、设计费25%以上50%以下的罚款；对施工单位处工程合同价款5‰以上10‰以下的罚款；可以责令停业整顿，降低资质等级；情节严重的，吊销资质证书。

工程监理单位转让工程监理业务的，责令改正，没收违法所得，处合同约定的监理酬金25%以上50%以下的罚款；可以责令停业整顿，降低资质等级；情节严重的，吊销资质证书。

第五十五条　公路建设从业单位违反本办法规定，在向交通运输主管部门填报有关市场信息时弄虚作假的，由交通运输主管部门责令改正。

第五十六条　各级交通运输主管部门和其所属的质量监督机构的工作人员违反本办法规定，在建设市场管理中徇私舞弊、滥用职权或者玩忽职守的，按照国家有关规定处理。构成犯罪的，由司法部门依法追究刑事责任。

第七章 附 则

第五十七条 本办法由交通运输部负责解释。

第五十八条 本办法自 2005 年 3 月 1 日起施行。交通部 1996 年 7 月 11 日公布的《公路建设市场管理办法》同时废止。

交通运输部关于印发交通运输部
安全生产约谈办法的通知

（2011 年 12 月 22 日 交安监发〔2011〕777 号）

各省、自治区、直辖市、新疆生产建设兵团交通运输厅（局、委），天津市、上海市交通运输和港口管理局，部属各单位，有关交通运输企业：

为贯彻落实《国务院关于坚持科学发展安全发展促进安全生产形势持续稳定好转的意见》（国发〔2011〕40 号）有关要求，进一步加强交通运输安全生产法制建设，部制定了《交通运输部安全生产约谈办法（试行）》。现印发给你们，请遵照执行。

交通运输部安全生产约谈办法（试行）

第一条 为进一步加强交通运输行业安全生产监督管理，促进政府安全监管和企业安全生产主体责任的落实，依据国务院有关要求，结合交通运输的实际，制定本办法。

第二条 本办法适用于交通运输部组织的安全生产约谈工作。

第三条 本办法所称安全生产约谈，是指交通运输部与被约谈单位进行的安全生产诚勉谈话。

第四条 交通运输部安委会办公室负责约谈的具体组织工作，部内相关司局、部海事局、救捞局按职责分工参与约谈工作。

第五条 交通运输行业公路、水路生产运输或建设施工，出现下列情况之一时，部应约请相关单位进行安全生产诚勉谈话：

（一）未落实国家或部有关安全生产工作部署；

（二）挂牌督办的安全隐患，未在规定期限内完成整改或采取相应措施的；

（三）发生重大及以上安全生产事故，存在漏报、谎报或瞒报的；

（四）6个月内发生2次及以上重大安全生产事故或连续发生多起较大安全生产事故并造成较大损失或影响的；

（五）发生特别重大安全生产事故；

（六）有必要进行约谈的其他情况。

第六条 约谈形式分为集体约谈和个别约谈。

在相近时间内2个以上地区或单位发生第五条所列情况的，由部领导或部安全总监主持集体约谈；个别地区或单位发生第五条所列情况的，由部领导、安全总监或安委办领导主持个别约谈。

第七条 被约谈单位是指存在第五条所列情况之一的省级交通运输主管部门、部直属单位、中央管理的交通运输企业。

第八条 被约谈单位主要负责人或分管安全工作的负责人应按要求参加约谈。

第九条 约谈以谈话形式进行。约谈时，约谈人听取被约谈单位对有关情况的陈述，并针对被约谈单位存在的问题进行质询，提出具体整改要求。

第十条 约谈时，被约谈单位应陈述下列情况：

（一）未落实国家或部有关安全生产部署的，应陈述未开展相关工作的原因，下一步整改计划和措施；

（二）挂牌督办仍存在隐患的，应陈述未进行隐患整改或逾期未完成整改的原因，下一步整改计划和实施方案；

（三）发生安全生产事故的，应陈述事故发生的原因，相关处理情况，吸取的教训，已采取或将采取的措施；

（四）漏报、谎报或瞒报安全生产事故的，应陈述事件的处理情况，对违规行为的认识和相关整改措施。

第十一条 约谈由部领导、部安委办或部内相关司局、部海事局、救捞局提出，由部安委办提前10天书面通知被约谈单位，告知约谈事项、约谈时间、约谈地点。

需部领导或安全总监主持的约谈，应报部领导或安全总监批准后下发约谈通知书。

第十二条 被约谈单位收到约谈通知书后，应在收到约谈通知2个工作日内以书面或电话形式确认通知事项。

第十三条 部安委办承担约谈记录工作，负责起草约谈纪要。约谈纪要印发至被约谈单位和参加约谈的所有单位。

第十四条 被约谈单位应在约谈结束后 10 个工作日内将整改方案以书面形式报部，并应及时报告整改方案执行情况。

第十五条 部安委办应组织部内相关司局、部海事局、救捞局跟踪、督办整改方案执行情况，必要时进行现场检查。

第十六条 部安委办应将约谈记录和被约谈单位上报的材料等资料立卷存档。

第十七条 被约谈单位无故不参加约谈或未认真落实约谈要求的，约谈单位应给予通报批评。因约谈事项未落实或落实不到位而引发安全生产事故的，按有关法律法规的规定由相关部门追究被约谈单位及相关人员责任。

第十八条 各省级交通运输主管部门、部直属单位可参照本办法的有关规定，制定本地区、本系统的安全生产约谈机制。

第十九条 本办法自颁布之日起试行。

附件：1. 交通运输部安全生产约谈通知书（略，详情请登录交通运输部网站）

2. 交通运输部安全生产约谈记录（略，详情请登录交通运输部网站）

农作物种子生产经营许可管理办法

（2011 年农业部第 4 次常务会议审议通过　2011 年 8 月 22 日中华人民共和国农业部令 2011 年第 3 号公布　自 2011 年 9 月 25 日起施行）

第一章　总　则

第一条 为加强农作物种子生产、经营许可管理，规范农作物种子生产、经营秩序，根据《中华人民共和国种子法》，制定本办法。

第二条 农作物种子生产、经营许可证的申请、审核、核发和监管，适用本办法。

第三条 县级以上人民政府农业行政主管部门按照职责分工，负责农作物种子生产、经营许可证的受理、审核、核发和监管工作。

第四条 负责审核、核发农作物种子生产、经营许可证的农业行政主管部门，应当将农作物种子生产、经营许可证的办理条件、程序等在办公场所公示。

第五条 农业行政主管部门应当按照有利于保障农业生产安全、提升农作物品种选育和生产水平、促进公平竞争的原则，依法发放农作物种子生产、经营许可证。

第二章　生产许可

第六条 生产主要农作物商品种子的，应当依法取得主要农作物种子生产许可证（以下简称种子生产许可证）。

主要农作物杂交种子及其亲本种子、常规种原种种子的生产许可证由生产所在地县级人民政府农业行政主管部门审核，省级人民政府农业行政主管部门核发。其他主要农作物的种子生产许可证由生产所在地县级以上地方人民政府农业行政主管部门核发。

生产所在地为非主要农作物，在其他省（自治区、直辖市）为主要农作物，生产者申请办理种子生产许可证的，生产所在地农业行政主管部门应当受理并依法核发。

第七条 申请领取种子生产许可证，应当具备以下条件：

（一）申请杂交稻、杂交玉米种子及其亲本种子生产许可证的，注册资本不少于3000万元；申请其他主要农作物种子生产许可证的，注册资本不少于500万元。

（二）生产的品种通过品种审定；生产具有植物新品权的种子，还应当征得品种权人的书面同意。

（三）具有完好的净度分析台、电子秤、置床设备、电泳仪、电泳槽、样品粉碎机、烘箱、生物显微镜、电冰箱各1台（套）以上，电子天平（感量百分之一、千分之一和万分之一）1套以上，扦样器、分样器、发芽箱各2台（套）以上；申请杂交稻、杂交玉米种子生产许可证的，还应当配备PCR扩增仪、酸度计、高压灭菌锅、磁力搅拌器、恒温水浴锅、高速冷冻离心机、成套移液器各1台（套）以上。

（四）检验室100平方米以上；申请杂交稻、杂交玉米种子及其亲本种子生产许可证的，检验室150平方米以上。

（五）有仓库500平方米以上，晒场1000平方米以上或者相应的种子干燥设施设备。

（六）有专职的种子生产技术人员、贮藏技术人员和经省级以上人民政府农业行政主管部门考核合格的种子检验人员（涵盖田间检验、扦样和室内检验，下同）各3名以上；其中，生产杂交稻、杂交玉米种子及其亲本种子的，种子生产技术人员和种子检验人员各5名以上。

（七）生产地点无检疫性有害生物。

（八）符合种子生产规程要求的隔离和生产条件。

（九）农业部规定的其他条件。

第八条 申请种子生产许可证，应当提交以下材料：

（一）种子生产许可证申请表。

（二）验资报告或者申请之日前 1 年内的年度会计报表及中介机构审计报告等注册资本证明材料复印件；种子检验等设备清单和购置发票复印件；在生产地所在省（自治区、直辖市）的种子检验室、仓库的产权证明复印件；在生产地所在省（自治区、直辖市）的晒场的产权证明（或租赁协议）复印件，或者种子干燥设施设备的产权证明复印件；计量检定机构出具的涉及计量的检验设备检定证书复印件；相关设施设备的情况说明及实景照片。

（三）种子生产、贮藏、检验技术人员资质证明和劳动合同复印件。

（四）种子生产地点检疫证明。

（五）品种审定证书复印件。

（六）生产具有植物新品种权的种子，提交品种权人的书面同意证明。

（七）种子生产安全隔离和生产条件说明。

（八）农业部规定的其他材料。

种子生产许可证申请者已取得相应作物的种子经营许可证的，免于提交前款第二项规定的材料和种子贮藏、检验技术人员资质证明及劳动合同复印件，但应当提交种子经营许可证复印件。

第九条 审核机关应当自受理申请之日起 20 个工作日内完成审核工作。审核时应当对生产地点、晒场或者干燥设施设备、贮藏设施、检验设施设备等进行实地考察并查验有关证明材料原件（对具有相应作物种子经营许可证的只考察生产地点）。具备本办法规定条件的，签署审核意见，上报核发机关；审核不予通过的，书面通知申请人并说明理由。

核发机关应当自收到审核意见和申请材料之日起 20 个工作日内完成核发工作。核发机关认为有必要的，可以进行实地考察。符合条件的，发给种子生产许可证并予公告；不符合条件的，书面通知申请人并说明理由。

第十条 种子生产许可证应当注明许可证编号、企业名称、住所、法定代表人、注册资本、发证机关、公告文号、发证时间，以及生产种子的作物种类、品种名称、审定编号、植物新品种权号、生产地点、有效期限等项目。

许可证编号为"_（×）农种生许字（×）第×号"。其中，第一个括号内为发证机关简称,第二个括号内为首次发证年号,第三个号码为四位顺序号;"_"上标注生产种子的类型:B为杂交稻和杂交玉米种子及其亲本种子,C为其他主要农作物种子。

第十一条 种子生产许可证有效期3年。同一企业在生产许可证有效期内向同一核发机关申请增加生产同类作物品种的,由核发机关在原证上加注相应品种,不再另行发放生产许可证。

种子生产许可证有效期满后,种子生产者需在同一核发机关申领新证的,应当在许可证期满70日前重新提出申请。

第三章 经营许可

第十二条 经营农作物种子的,应当依法取得农作物种子经营许可证(以下简称种子经营许可证)。

主要农作物杂交种子及其亲本种子、常规种原种种子经营许可证,由种子经营者所在地县级人民政府农业行政主管部门审核,省级人民政府农业行政主管部门核发。

下列种子经营许可证,由种子经营者所在地省级人民政府农业行政主管部门审核,农业部核发:

(一)从事种子进出口业务的公司的种子经营许可证;

(二)实行选育、生产、经营相结合,注册资本达到1亿元以上的公司的种子经营许可证。

其他农作物种子经营许可证,由种子经营者所在地县级以上地方人民政府农业行政主管部门核发。

第十三条 申请杂交稻、杂交玉米种子及其亲本种子经营许可证,应当具备以下条件:

(一)注册资本不少于3000万元,固定资产不少于1000万元。

(二)具有完好的净度分析台、电子秤、置床设备、电泳仪、电泳槽、样品粉碎机、烘箱、生物显微镜、电冰箱各1台(套)以上,电子天平(感量百分之一、千分之一和万分之一)1套以上,扦样器、分样器、发芽箱各2台(套)以上,PCR扩增仪、酸度计、高压灭菌锅、磁力搅拌器、恒温水浴锅、高速冷冻离心机、成套移液器各1台(套)以上;检验室150平方米以上。

(三)有符合本办法第七条第五项要求的种子仓库、晒场或者相应的干燥设施设备,营业场所300平方米以上。

(四)具有种子加工成套设备,总加工能力杂交玉米种子不低于10吨/小时,杂交稻种子不低于5吨/小时,加工厂房500平方米以上。

（五）有专职种子加工技术人员 5 名以上，种子贮藏技术人员 3 名以上，经省级以上人民政府农业行政主管部门考核合格的种子检验人员 5 名以上。

（六）农业部规定的其他条件。

第十四条 申请杂交稻、杂交玉米种子及其亲本种子以外的应当加工、包装的农作物种子经营许可证，应当具备以下条件。

（一）申请主要农作物种子经营许可证的，注册资本不少于 500 万元，固定资产不少于 250 万元；申请非主要农作物种子经营许可证的，注册资本不少于 200 万元，固定资产不少于 100 万元。

（二）具有完好的净度分析台、电子秤、置床设备、电泳仪、电泳槽、样品粉碎机、烘箱、生物显微镜、电冰箱各 1 台（套）以上，电子天平（感量百分之一、千分之一和万分之一）1 套以上，扦样器、分样器、发芽箱各 2 台（套）以上；检验室 100 平方米以上。

（三）经营主要农作物种子的，有符合本办法第七条第五项要求的种子仓库、晒场或者相应的干燥设施设备，营业场所 200 平方米以上；经营非主要农作物种子的，有仓库 300 平方米以上，晒场 500 平方米以上或者相应的干燥设施设备，营业场所 200 平方米以上。

（四）经营常规稻、小麦种子的，种子加工成套设备总加工能力 10 吨/小时以上；经营大豆种子的，种子加工成套设备总加工能力 3 吨/小时以上；经营棉花、油菜种子的，种子加工成套设备总加工能力 1 吨/小时以上；经营其他农作物种子的，具有相应的种子加工设备。

（五）经营主要农作物种子的，种子加工厂房 500 平方米以上；经营非主要农作物种子的，种子加工厂房 200 平方米以上。

（六）有专职的种子加工技术人员、贮藏技术人员和经省级以上人民政府农业行政主管部门考核合格的种子检验人员各 3 名以上。

申请农业部规定的可以不经加工、包装的农作物种子经营许可证的，其注册资本和固定资产应当符合前款第一项的规定，种子检验、仓储设施设备和人员的具体要求由省级人民政府农业行政主管部门规定，报农业部备案。

第十五条 从事种子进出口业务的公司申请种子经营许可证，应当具备以下条件：

（一）注册资本不少于 3000 万元，固定资产不少于 1000 万元；

（二）本办法规定的核发相应农作物种子经营许可证的其他条件。

第十六条 实行选育、生产、经营相结合，注册资本达到 1 亿元以上的公司，申请种子经营许可证的，应当具备以下条件：

（一）固定资产不少于5000万元。

（二）具有完好的净度分析台、电子秤、置床设备、电泳仪、电泳槽、样品粉碎机、烘箱、生物显微镜、电冰箱各2台（套）以上，电子天平（感量百分之一、千分之一和万分之一）2套以上，扦样器、分样器、发芽箱各3台（套）以上，PCR扩增仪、酸度计、高压灭菌锅、磁力搅拌器、恒温水浴锅、高速冷冻离心机、成套移液器各2台（套）以上；检验室200平方米以上。

（三）申请经营主要农作物种子的，有仓库1500平方米以上，晒场3000平方米以上或者相应的种子干燥设施设备，营业场所500平方米以上；申请经营非主要农作物种子的，有仓库300平方米以上，晒场500平方米以上或者相应的种子干燥设施设备，营业场所300平方米以上。

（四）申请经营杂交稻和杂交玉米种子及其亲本种子的，应当配备与其种子经营规模相适应的种子干燥设施设备，杂交稻种子及其亲本种子加工成套设备总加工能力达到10吨/小时以上，杂交玉米种子及其亲本种子加工成套设备总加工能力达到20吨/小时以上，加工厂房800平方米以上；申请经营其他农作物种子的，加工能力和加工厂房达到本办法第十四条第四、五项的相应要求。

（五）有专职的种子生产、加工、贮藏技术人员和经省级以上人民政府农业行政主管部门考核合格的种子检验人员各5名以上。

（六）有专门的育种机构，固定的育种人员和工作经费，年科研经费投入不得低于年利润的10%；自有科研实验室300平方米以上，稳定的育种用地100亩以上，其中，在全国3个以上不同生态区各有3个以上的测试点，每个点有10亩以上试验用地以及相应的播种、收获、考种设施设备；有专职从事科研育种的中级以上职称（或者相关专业本科以上学历）研究人员5名以上；生产经营主要农作物种子的，每种作物还应当有从事科研育种的专职高级职称（或者相关专业硕士以上学历）研究人员1名以上。

（七）有稳定的种子生产基地。其中，经营主要农作物种子的，基地5000亩以上；经营其他农作物种子的，基地500亩以上。

（八）有健全的售后服务体系。

（九）申请经营主要农作物种子的，有2个以上以申请企业名义单独申请并通过国家级审定的品种，或者5个以上以申请企业名义单独申请并至少在3省（自治区、直辖市）通过省级审定的品种；申请经营非主要农作物种子的，有5个以上以申请企业名义单独获得植物新品种权的品种。

（十）申请经营作物种类的种子经营量在申请之日前3年内（不含申

请当年），有 1 年以上占全国该种类作物种子市场份额的 1% 以上。自主知识产权品种的经营量占公司经营总量的比例 10% 以上。

（十一）农业部规定的其他条件。

第十七条 申请种子经营许可证，应当提交以下材料：

（一）农作物种子经营许可证申请表。

（二）验资报告或者申请之日前 1 年内的年度会计报表及中介机构审计报告等注册资本和固定资产证明材料复印件；申请单位性质、资本构成等基本情况证明材料。

（三）种子检验、加工等设施设备清单和购置发票复印件；种子检验室、加工厂房、仓库的产权证明复印件；晒场的产权证明（或租赁协议）复印件，或者种子干燥设施设备的产权证明复印件；计量检定机构出具的涉及计量的检验、包装设备检定证书复印件；相关设施设备的情况说明及实景照片。

（四）种子检验、加工、贮藏等有关技术人员的资质证明和劳动合同复印件。

（五）农业部规定的其他材料。

第十八条 实行选育、生产、经营相结合的公司，申请农业部核发农作物种子经营许可证的，除提交第十七条规定的材料外，还应当提交下列材料：

（一）育种机构情况说明；科研育种设施设备的自有产权证明复印件及实景照片；科研育种和品种试验用地 5 年以上流转协议复印件。

（二）育种人员的职称（或学历）证明材料及劳动合同复印件。

（三）申请之日前 3 年的年度会计报表及中介机构审计报告复印件。

（四）品种审定证书或者植物新品种权证书复印件，具有品种自主生产经营权的证明；申请之日前 3 年申请许可作物的种子经营量、经营额及占全国市场份额的说明及相关证明；自主知识产权品种的种子经营量、经营额说明及相关证明。

（五）申请之日前 3 年的种子生产基地证明材料，包括制种地点（具体到村）、制种面积、基地村（组）联系人和受委托制种人电话表，以及 10 份制种合同的复印件，或者土地流转协议复印件。

（六）健全的售后服务体系证明材料，包括售后服务制度和售后服务网络建设情况等。

（七）有效期届满前重新申请的，还应当提供原种子经营许可证有效期内种子生产经营和科研育种情况的证明材料。

第十九条 审核机关应当自受理申请之日起 20 个工作日内完成审核

工作。审核机关应当对营业场所、加工仓储设施、检验设施设备进行实地考察并查验有关证明材料原件。具备本办法规定条件的，签署审核意见，上报核发机关；审核不予通过的，书面通知申请人并说明理由。

核发机关应当自收到申请材料和审核意见之日起 20 个工作日内完成核发工作。核发机关认为有必要的，可以进行实地考察。符合条件的，发给种子经营许可证并予公告；不符合条件的，书面通知申请人并说明理由。

第二十条　种子经营许可证应当注明许可证编号、企业名称、住所、法定代表人、注册资本、发证机关、公告文号、发证日期，以及经营作物范围、经营方式、有效区域、有效期限等项目：

（一）许可证编号为"_（×）农种经许字（×）第×号"，第一个括号内为发证机关简称，第二个括号为首次发证年号，第三个号码为四位顺序号；"_"上标注经营类型：A 为农业部核发，实行选育、生产、经营相结合的；B 为杂交稻和杂交玉米种子及其亲本种子；C 为杂交稻、杂交玉米以外的主要农作物种子；D 为非主要农作物种子；E 为从事种子进出口业务。

（二）经营作物范围，主要农作物填写作物名称，非主要农作物填写蔬菜、花卉、麻类等作物类别。

（三）种子经营方式，填写加工、包装、批发、零售或进出口。

（四）有效区域按行政区域填写，最大不超过核发机关管辖范围，由核发机关决定。

第二十一条　种子经营许可证有效期为 5 年。在有效期内变更许可证标注项目的，应当按照原申请程序办理变更手续，并提供相应证明材料。

经营许可证期满后继续从事种子经营的，种子经营者应当在期满 6 个月前重新申请。

第二十二条　种子经营者专门经营不再分装的包装种子的，或者受具有种子经营许可证的种子经营者以书面委托代销其种子的，可以不办理种子经营许可证，但应当有固定的营业场所。

专门经营不再分装的包装种子的，购进种子时应当与具备种子经营许可证的种子企业签订购销合同。

受具有种子经营许可证的种子经营者委托代销其种子的，应当与委托方签订委托代销合同。

第二十三条　种子经营者在经营许可证规定的有效区域设立分支机构的，应当到工商行政管理机关办理工商登记，并在取得或变更营业执照后15 日内，向当地县级人民政府农业行政主管部门和原发证机关备案。备案时应提交种子经营许可证、营业执照的复印件以及分支机构的住所、经营方式、负责人姓名、联系电话等材料。

第四章　监督管理

第二十四条　主要农作物种子生产者应当按照种子生产许可证的规定组织种子生产。种子生产者应当建立种子生产档案，并在播种后 30 日内，将生产地点、品种名称、生产面积等信息向生产所在地县级人民政府农业行政主管部门报告。县级人民政府农业行政主管部门应当将生产信息汇总后逐级上报至农业部。

第二十五条　种子经营者应当建立种子经营档案，载明种子来源、加工、贮藏、运输和质量检测各环节的简要说明及责任人、销售去向等内容。

种子经营企业应当在每年 5 月底前将上一年度主要经营活动向发证机关报告。发证机关应当将种子经营信息汇总后上报农业部。

第二十六条　县级以上人民政府农业行政主管部门应当对种子生产、经营者的种子生产、经营行为进行监督检查。

第二十七条　在许可证有效期内，有下列情形之一的，发证机关应当注销许可证，并予以公告：

（一）种子生产、经营者停止生产、经营活动 1 年以上的；

（二）种子生产、经营者不再具备本办法规定的许可条件，经限期整改仍达不到要求的。

第二十八条　申请人隐瞒有关情况或者提供虚假材料申请种子生产、经营许可证的，农业行政主管部门应当不予许可，并通报有关情况。申请人在 1 年内不得再次申请种子生产、经营许可证。

申请人以欺骗、贿赂等不正当手段取得种子生产、经营许可证的，农业行政主管部门应当撤销行政许可，并通报有关情况。申请人在 3 年内不得再次申请种子生产、经营许可证。

第二十九条　上级农业行政主管部门应当对下级农业行政主管部门的种子生产经营许可行为进行监督检查。有下列情形之一的，责令改正，对直接负责的主管人员和其他直接责任人依法给予行政处分；构成犯罪的，依法移送司法机关追究刑事责任：

（一）未按核发权限发放种子生产、经营许可证的；

（二）擅自降低核发标准发放种子生产、经营许可证的；

（三）其他未依法核发种子生产、经营许可证的。

第三十条　农业行政主管部门依法吊销、撤销、注销违法行为人的种子生产、经营许可证的，应当在决定作出后 5 个工作日内通知工商行政管理机关依法注销或变更营业执照。

第三十一条　农业行政主管部门应当建立种子生产和经营许可管理网

上查询系统，公布相关许可信息，但依法需要保密的除外。

对管理过程中获知的种子生产、经营者的商业秘密，农业行政主管部门及其工作人员应当依法保密。

第五章 附 则

第三十二条 本办法所称种子生产，是指种植、采收、晾晒或者烘干种子的活动。

本办法所称种子经营，是指对生产的种子进行清选、分级、干燥、包衣等加工处理，以及包装、标识、销售的活动。

第三十三条 本办法所称种子加工成套设备，是指主机和配套系统相互匹配并固定安装在加工厂房内，实现种子精选、计量和包装流水作业功能的种子加工系统。主机主要包括风筛清选机（风选部分应具有前后吸风道，双沉降室；筛选部分应具有三层以上筛片）、重力式清选机和电脑计量包装喷码设备；配套系统主要包括输送系统、储存系统、除尘系统、除杂系统和电控系统。杂交水稻种子的加工成套设备还包括能够完成长度清选作业的窝眼筒清选机。

本办法所称固定资产，是指企业为生产产品、提供劳务、出租或者经营管理而持有的、使用时间超过 12 个月的非货币性资产，包括房屋、建筑物、机器、机械、运输工具以及其他与生产经营活动有关的设备、器具、工具等。

第三十四条 本办法规定的种子科研、生产、加工、检验、贮藏等人员，应当与所在企业签订有 3 年以上的劳动合同。

本办法规定的种子生产、加工、检验设施设备，以及种子检验室、仓库、种子干燥设施设备、加工厂房，应当为申请企业自有产权。

第三十五条 转基因农作物种子生产、经营许可规定，由农业部另行制定。

第三十六条 没有设立农业行政主管部门的区（县、市），种子生产、经营许可证由地（市）级人民政府农业行政主管部门审核。

第三十七条 农作物种子生产、经营许可证由农业部统一印制，相关表格格式由农业部统一制定。

第三十八条 本办法自 2011 年 9 月 25 日起施行。农业部 2001 年 2 月 26 日发布、2004 年 7 月 1 日修订的《农作物种子生产经营许可证管理办法》（农业部令第 48 号）同时废止。农业部在本办法施行前发布的有关种子生产、经营许可的规定与本办法不一致的，适用本办法。

本办法施行之日前已取得农作物种子生产许可证，且有效期在本办法施行之日至 2012 年 4 月 1 日届满的企业，其种子生产许可证的有效期自动延展至 2012 年 4 月 1 日；已取得农作物种子经营许可证，且有效期在本办法施行之日至 2012 年 9 月 25 日届满的企业，其种子经营许可证的有效期自动延展至 2012 年 9 月 25 日。

附：

关于《农作物种子生产经营许可管理办法》的说明（略，详情请登录农业部网站）

文化部关于废止部分规章和规范性文件的决定

（文化部部务会议审议通过　2011 年 1 月 24 日中华人民共和国文化部令第 50 号发布　自 2011 年 1 月 24 日起施行）

为全面推进依法行政，根据《国务院办公厅关于做好规章清理工作有关问题的通知》（国办发〔2010〕28 号）要求，我部对现行的部门规章和规范性文件进行了全面清理。经研究，决定废止部分规章和规范性文件。现将废止的规章和规范性文件目录予以公布。

一、废止规章目录

序号	规章名称	文号
1	营业性歌舞娱乐场所管理办法	文化部令第 6 号，文化部令第 13 号修订
2	文化科技项目管理办法	文化部令第 9 号

二、废止规范性文件目录

序号	规范性文件名称	文号
1	文化科技成果转化推广管理暂行办法	文科发〔1997〕44 号
2	文化科技成果评估规则（试行）	文科发〔1997〕45 号
3	文化部、教育部关于印发《关于加强全国社会艺术水平考级管理工作的原则意见》的通知	文教科发〔2000〕50 号
4	文化部、教育部关于印发中等艺术学校设置标准（试行）的通知	文教科发〔2001〕55 号
5	文化部办公厅关于印发《营业性演出许可证和演出场所经营单位、个体演员、个体演出经纪人备案证明式样、规格及填写规范》的通知	办市发〔2005〕32 号

对外承包工程项目投标（议标）管理办法

（中华人民共和国商务部、银监会、保监会审议通过
2011年12月7日中华人民共和国商务部、中国银行业监
督管理委员会、中国保险监督管理委员会令2011年第3号
公布　自2012年1月15日起施行）

第一章　总　　则

第一条　为加强对外承包工程项目投标（议标）核准管理，规范对外承包工程项目投标（议标）活动，保障对外承包工程项目经济效益与社会效益，促进对外承包工程健康发展，根据《对外承包工程管理条例》和《国务院对确需保留的行政审批项目设定行政许可的决定》，制定本办法。

第二条　依法取得对外承包工程资格的企业或其他单位（以下统称单位）以投标或议标方式承包合同报价金额不低于500万美元的境外建设工程项目，应当在对外投标或议标前按照本办法规定办理对外承包工程项目投标（议标）核准（以下简称对外承包工程项目核准）。

第三条　本办法所称对外承包工程项目是指中国的单位承包境外建设工程项目，包括咨询、勘察、设计、监理、招标、造价、采购、施工、安装、调试、运营、管理等活动。

第四条　商务部负责对外承包工程项目核准工作。

商务部建立对外承包工程项目数据库系统管理对外承包工程项目

核准。

第五条 国家鼓励对外承包工程使用人民币进行计价结算、申请融资、办理保函等业务。开展上述业务应当符合《跨境贸易人民币结算试点管理办法》等有关规定。

第二章　对外承包工程项目核准

第六条 对外承包工程的单位应当通过对外承包工程项目数据库系统申请对外承包工程项目核准。

申请核准应当提供以下材料：

（一）项目情况说明；

（二）中国驻项目所在国使馆（领馆）经商机构出具的意见；

（三）有关商会出具的意见；

（四）需境内金融机构提供信贷或信用保险的项目，需提交境内金融机构出具的承贷或承保意向函。

第七条 中国驻项目所在国使馆（领馆）经商机构应当在对外承包工程的单位根据本办法第六条第一款提出申请后通过对外承包工程项目数据库系统提出明确意见。中国驻项目所在国使馆（领馆）经商机构在提出意见时应当综合考虑外经贸政策、驻在国安全风险、项目环保与可能涉及的多国利益以及企业业务开展情况、突发事件报送和项目外派劳务人员等问题。

第八条 有关商会应当在中国驻项目所在国使馆（领馆）经商机构出具意见后通过对外承包工程项目数据库系统提出明确意见。有关商会在提出意见时应当综合考虑企业公平竞争和行业自律等有关情况。

第九条 商务部在收到本办法第六条第二款规定的完备材料之日起3个工作日内予以审查。符合条件的，予以网上核准，并向申请单位颁发《对外承包工程项目投标（议标）核准证》（以下简称《核准证》）。

第十条 具有下列情形之一的，不予办理对外承包工程项目核准：

（一）申请单位受到商务部或者其他部门暂停经营对外承包工程或相关业务的处罚尚未期满；

（二）申请核准前3年内因实施对外承包工程项目的不规范经营行为或重大失误给中国与项目所在国双边关系和经贸合作造成严重影响；

（三）申请核准前3年内参加对外承包工程项目投标（议标）时擅自以中国政府或者金融机构的名义对外承诺融资；

（四）申请核准前2年内未按规定向商务主管部门报告其开展对外承包工程的情况，或未按规定向有关部门报送业务统计资料；

（五）申请核准前 3 年内不遵守《境外中资企业机构和人员安全管理规定》，并导致重大事故；

（六）申请核准前 2 年内未按《对外承包工程管理条例》要求向中国驻工程项目所在国使馆（领馆）报告订立工程项目合同情况或不接受使馆（领馆）在突发事件防范、工程质量、安全生产及外派人员保护等方面的指导；

（七）申请核准前 3 年内曾因以欺骗、贿赂等不正当手段取得《核准证》被商务部撤销核准。

第三章　监督管理

第十一条　获得对外承包工程项目核准的单位，可以就相关项目向境内金融机构申请办理保函、信贷或信用保险，向境内金融机构申请项目保函、信贷或信用保险时，应当提交《核准证》等相关文件。

第十二条　境内金融机构不得向未依据本办法办理对外承包工程项目核准的单位开立保函、提供信贷或信用保险。

第十三条　获得对外承包工程项目核准的单位应当在项目评标结果公布后 10 个工作日内，在对外承包工程项目数据库系统上填报评标结果。

中标单位应当在开工后每个月在对外承包工程项目数据库系统上填报项目实施进展情况，直至对外承包工程项目合同义务终止。

第四章　法律责任

第十四条　申请对外承包工程项目核准的单位隐瞒有关情况或者伪造相关证明、提交虚假材料的，商务部不予核准，并给予警告，责令改正；情节严重或拒不改正的，处 3 万元以下罚款；并可对其主要负责人处 1 万元以下罚款。

申请对外承包工程项目核准的单位以欺骗、贿赂等不正当手段取得《核准证》的，由商务部撤销核准，并给予警告，处 3 万元以下罚款；并可对其主要负责人处 1 万元以下罚款；发生《对外承包工程管理条例》第二十五条、第二十六条规定情形的，由商务主管部门根据《对外承包工程管理条例》第二十五条、第二十六条规定在一定期限内禁止对外承包新的工程项目直至吊销对外承包工程资格证书。

第十五条　对外承包工程的单位未按照本办法规定办理对外承包工程项目核准的，商务部给予警告，处 3 万元以下罚款；并可对其主要负责人处 1 万元以下罚款；发生《对外承包工程管理条例》第二十五条、第二十六条规定情形的，由商务主管部门根据《对外承包工程管理条例》第二十五条、第二十六条规定在一定期限内禁止对外承包新的工程项目直至吊销对外承包工程资格证书。

第十六条 商务部、中国驻项目所在国使馆（领馆）经商机构、有关商会的工作人员在办理对外承包工程项目核准、出具意见工作中，玩忽职守、徇私舞弊或者滥用职权，构成犯罪的，依法追究刑事责任；尚不构成犯罪的，依法给予处分。

第十七条 金融机构违反本办法规定为对外承包工程的单位开立保函、提供信贷或信用保险的，中国银行业监督管理委员会、中国保险监督管理委员会根据有关金融监督管理的法律、法规和规章的规定给予处罚。

第五章 附 则

第十八条 《核准证》由商务部统一印制。

第十九条 中国内地的单位在香港特别行政区、澳门特别行政区、台湾地区承包工程项目的投标（议标）管理，参照本办法的规定执行。

第二十条 机电产品、大型机械和成套设备出口，不适用本办法。

第二十一条 本办法所称"不低于"、"以下"均含本数。

第二十二条 本办法由商务部会同中国银行业监督管理委员会、中国保险监督管理委员会负责解释。

第二十三条 本办法自 2012 年 1 月 15 日起施行。《对外贸易经济合作部 中国人民银行关于下发〈对外承包工程项目投标（议标）许可暂行办法〉的通知》（〔1999〕外经贸合发第 699 号）、《对外贸易经济合作部 中国人民银行 财政部关于印发〈对外承包工程项目投标（议标）许可暂行办法〉补充规定的通知》（外经贸合发〔2001〕285 号）和《商务部 中国人民银行 财政部关于〈对外承包工程项目投标（议标）许可暂行办法〉补充规定的通知》（商合发〔2005〕20 号）同时废止。

互联网文化管理暂行规定

（2011 年 2 月 11 日文化部部务会议审议通过
2011 年 2 月 17 日中华人民共和国文化部令第
51 号公布 自 2011 年 4 月 1 日起施行）

第一条 为了加强对互联网文化的管理，保障互联网文化单位的合法权益，促进我国互联网文化健康、有序地发展，根据《全国人民代表大会常务委员会关于维护互联网安全的决定》和《互联网信息服务管理办法》以及国家法律法规有关规定，制定本规定。

第二条 本规定所称互联网文化产品是指通过互联网生产、传播和流通的文化产品，主要包括：

（一）专门为互联网而生产的网络音乐娱乐、网络游戏、网络演出剧（节）目、网络表演、网络艺术品、网络动漫等互联网文化产品；

（二）将音乐娱乐、游戏、演出剧（节）目、表演、艺术品、动漫等文化产品以一定的技术手段制作、复制到互联网上传播的互联网文化产品。

第三条 本规定所称互联网文化活动是指提供互联网文化产品及其服务的活动，主要包括：

（一）互联网文化产品的制作、复制、进口、发行、播放等活动；

（二）将文化产品登载在互联网上，或者通过互联网、移动通信网等信息网络发送到计算机、固定电话机、移动电话机、电视机、游戏机等用户端以及网吧等互联网上网服务营业场所，供用户浏览、欣赏、使用或者下载的在线传播行为；

（三）互联网文化产品的展览、比赛等活动。

互联网文化活动分为经营性和非经营性两类。经营性互联网文化活动是指以营利为目的，通过向上网用户收费或者以电子商务、广告、赞助等方式获取利益，提供互联网文化产品及其服务的活动。非经营性互联网文化活动是指不以营利为目的向上网用户提供互联网文化产品及其服务的活动。

第四条 本规定所称互联网文化单位，是指经文化行政部门和电信管理机构批准或者备案，从事互联网文化活动的互联网信息服务提供者。

在中华人民共和国境内从事互联网文化活动，适用本规定。

第五条 从事互联网文化活动应当遵守宪法和有关法律、法规，坚持为人民服务、为社会主义服务的方向，弘扬民族优秀文化，传播有益于提高公众文化素质、推动经济发展、促进社会进步的思想道德、科学技术和文化知识，丰富人民的精神生活。

第六条 文化部负责制定互联网文化发展与管理的方针、政策和规划，监督管理全国互联网文化活动。

省、自治区、直辖市人民政府文化行政部门对申请从事经营性互联网文化活动的单位进行审批，对从事非经营性互联网文化活动的单位进行备案。

县级以上人民政府文化行政部门负责本行政区域内互联网文化活动的监督管理工作。县级以上人民政府文化行政部门或者文化市场综合执法机构对从事互联网文化活动违反国家有关法规的行为实施处罚。

第七条　申请设立经营性互联网文化单位，应当符合《互联网信息服务管理办法》的有关规定，并具备以下条件：

（一）单位的名称、住所、组织机构和章程；

（二）确定的互联网文化活动范围；

（三）适应互联网文化活动需要并取得相应从业资格的8名以上业务管理人员和专业技术人员；

（四）适应互联网文化活动需要的设备、工作场所以及相应的经营管理技术措施；

（五）不低于100万元的注册资金，其中申请从事网络游戏经营活动的应当具备不低于1000万元的注册资金；

（六）符合法律、行政法规和国家有关规定的条件。

审批设立经营性互联网文化单位，除依照前款所列条件外，还应当符合互联网文化单位总量、结构和布局的规划。

第八条　申请设立经营性互联网文化单位，应当向所在地省、自治区、直辖市人民政府文化行政部门提出申请，由省、自治区、直辖市人民政府文化行政部门审核批准。

第九条　申请设立经营性互联网文化单位，应当提交下列文件：

（一）申请书；

（二）企业名称预先核准通知书或者营业执照和章程；

（三）资金来源、数额及其信用证明文件；

（四）法定代表人、主要负责人及主要经营管理人员、专业技术人员的资格证明和身份证明文件；

（五）工作场所使用权证明文件；

（六）业务发展报告；

（七）依法需要提交的其他文件。

对申请设立经营性互联网文化单位的，省、自治区、直辖市人民政府文化行政部门应当自受理申请之日起20日内做出批准或者不批准的决定。批准的，核发《网络文化经营许可证》，并向社会公告；不批准的，应当书面通知申请人并说明理由。

《网络文化经营许可证》有效期为3年。有效期届满，需继续从事经营的，应当于有效期届满30日前申请续办。

第十条　非经营性互联网文化单位，应当自设立之日起60日内向所在地省、自治区、直辖市人民政府文化行政部门备案，并提交下列文件：

（一）备案报告书；

（二）章程；

（三）资金来源、数额及其信用证明文件；

（四）法定代表人或者主要负责人、主要经营管理人员、专业技术人员的资格证明和身份证明文件；

（五）工作场所使用权证明文件；

（六）需要提交的其他文件。

第十一条 申请设立经营性互联网文化单位经批准后，应当持《网络文化经营许可证》，按照《互联网信息服务管理办法》的有关规定，到所在地电信管理机构或者国务院信息产业主管部门办理相关手续。

第十二条 互联网文化单位应当在其网站主页的显著位置标明文化行政部门颁发的《网络文化经营许可证》编号或者备案编号，标明国务院信息产业主管部门或者省、自治区、直辖市电信管理机构颁发的经营许可证编号或者备案编号。

第十三条 经营性互联网文化单位变更单位名称、网站名称、网站域名、法定代表人、注册地址、经营地址、注册资金、股权结构以及许可经营范围的，应当自变更之日起 20 日内到所在地省、自治区、直辖市人民政府文化行政部门办理变更手续。

非经营性互联网文化单位变更名称、地址、法定代表人或者主要负责人、业务范围的，应当自变更之日起 60 日内到所在地省、自治区、直辖市人民政府文化行政部门办理备案手续。

第十四条 经营性互联网文化单位终止互联网文化活动的，应当自终止之日起 30 日内到所在地省、自治区、直辖市人民政府文化行政部门办理注销手续。

经营性互联网文化单位自取得《网络文化经营许可证》并依法办理企业登记之日起满 180 日未开展互联网文化活动的，由原审核的省、自治区、直辖市人民政府文化行政部门注销《网络文化经营许可证》，同时通知相关省、自治区、直辖市电信管理机构。

非经营性互联网文化单位停止互联网文化活动的，由原备案的省、自治区、直辖市人民政府文化行政部门注销备案，同时通知相关省、自治区、直辖市电信管理机构。

第十五条 经营进口互联网文化产品的活动应当由取得文化行政部门核发的《网络文化经营许可证》的经营性互联网文化单位实施，进口互联网文化产品应当报文化部进行内容审查。

文化部应当自受理内容审查申请之日起 20 日内（不包括专家评审所需时间）做出批准或者不批准的决定。批准的，发给批准文件；不批准的，应当说明理由。

经批准的进口互联网文化产品应当在其显著位置标明文化部的批准文号，不得擅自变更产品名称或者增删产品内容。自批准之日起1年内未在国内经营的，进口单位应当报文化部备案并说明原因；决定终止进口的，文化部撤销其批准文号。

经营性互联网文化单位经营的国产互联网文化产品应当自正式经营起30日内报省级以上文化行政部门备案，并在其显著位置标明文化部备案编号，具体办法另行规定。

第十六条　互联网文化单位不得提供载有以下内容的文化产品：

（一）反对宪法确定的基本原则的；

（二）危害国家统一、主权和领土完整的；

（三）泄露国家秘密、危害国家安全或者损害国家荣誉和利益的；

（四）煽动民族仇恨、民族歧视，破坏民族团结，或者侵害民族风俗、习惯的；

（五）宣扬邪教、迷信的；

（六）散布谣言，扰乱社会秩序，破坏社会稳定的；

（七）宣扬淫秽、赌博、暴力或者教唆犯罪的；

（八）侮辱或者诽谤他人，侵害他人合法权益的；

（九）危害社会公德或者民族优秀文化传统的；

（十）有法律、行政法规和国家规定禁止的其他内容的。

第十七条　互联网文化单位提供的文化产品，使公民、法人或者其他组织的合法利益受到侵害的，互联网文化单位应当依法承担民事责任。

第十八条　互联网文化单位应当建立自审制度，明确专门部门，配备专业人员负责互联网文化产品内容和活动的自查与管理，保障互联网文化产品内容和活动的合法性。

第十九条　互联网文化单位发现所提供的互联网文化产品含有本规定第十六条所列内容之一的，应当立即停止提供，保存有关记录，向所在地省、自治区、直辖市人民政府文化行政部门报告并抄报文化部。

第二十条　互联网文化单位应当记录备份所提供的文化产品内容及其时间、互联网地址或者域名；记录备份应当保存60日，并在国家有关部门依法查询时予以提供。

第二十一条　未经批准，擅自从事经营性互联网文化活动的，由县级以上人民政府文化行政部门或者文化市场综合执法机构依据《无照经营查处取缔办法》的规定予以查处。

第二十二条　非经营性互联网文化单位违反本规定第十条，逾期未办理备案手续的，由县级以上人民政府文化行政部门或者文化市场综合执法机构责令限期改正；拒不改正的，责令停止互联网文化活动，并处 1000 元以下罚款。

第二十三条　经营性互联网文化单位违反本规定第十二条的，由县级以上人民政府文化行政部门或者文化市场综合执法机构责令限期改正，并可根据情节轻重处 1 万元以下罚款。

非经营性互联网文化单位违反本规定第十二条的，由县级以上人民政府文化行政部门或者文化市场综合执法机构责令限期改正；拒不改正的，责令停止互联网文化活动，并处 500 元以下罚款。

第二十四条　经营性互联网文化单位违反本规定第十三条的，由县级以上人民政府文化部门或者文化市场综合执法机构责令改正，没收违法所得，并处 1 万元以上 3 万元以下罚款；情节严重的，责令停业整顿直至吊销《网络文化经营许可证》；构成犯罪的，依法追究刑事责任。

非经营性互联网文化单位违反本规定第十三条的，由县级以上人民政府文化行政部门或者文化市场综合执法机构责令限期改正；拒不改正的，责令停止互联网文化活动，并处 1000 元以下罚款。

第二十五条　经营性互联网文化单位违反本规定第十五条，经营进口互联网文化产品未在其显著位置标明文化部批准文号、经营国产互联网文化产品未在其显著位置标明文化部备案编号的，由县级以上人民政府文化行政部门或者文化市场综合执法机构责令改正，并可根据情节轻重处 1 万元以下罚款。

第二十六条　经营性互联网文化单位违反本规定第十五条，擅自变更进口互联网文化产品的名称或者增删内容的，由县级以上人民政府文化行政部门或者文化市场综合执法机构责令停止提供，没收违法所得，并处 1 万元以上 3 万元以下罚款；情节严重的，责令停业整顿直至吊销《网络文化经营许可证》；构成犯罪的，依法追究刑事责任。

第二十七条　经营性互联网文化单位违反本规定第十五条，经营国产互联网文化产品逾期未报文化行政部门备案的，由县级以上人民政府文化行政部门或者文化市场综合执法机构责令改正，并可根据情节轻重处 2 万元以下罚款。

第二十八条　经营性互联网文化单位提供含有本规定第十六条禁止内容的互联网文化产品，或者提供未经文化部批准进口的互联网文化产品的，由县级以上人民政府文化行政部门或者文化市场综合执法机构责令停止提供，没收违法所得，并处 1 万元以上 3 万元以下罚款；情节严重的，责令停业整顿直至吊销《网络文化经营许可证》；构成犯罪的，依法追究刑事责任。

非经营性互联网文化单位，提供含有本规定第十六条禁止内容的互联网文化产品，或者提供未经文化部批准进口的互联网文化产品的，由县级以上人民政府文化行政部门或者文化市场综合执法机构责令停止提供，处1000元以下罚款；构成犯罪的，依法追究刑事责任。

第二十九条 经营性互联网文化单位违反本规定第十八条的，由县级以上人民政府文化行政部门或者文化市场综合执法机构责令改正，并可根据情节轻重处2万元以下罚款。

第三十条 经营性互联网文化单位违反本规定第十九条的，由县级以上人民政府文化行政部门或者文化市场综合执法机构予以警告，责令限期改正，并处1万元以下罚款。

第三十一条 违反本规定第二十条的，由省、自治区、直辖市电信管理机构责令改正；情节严重的，由省、自治区、直辖市电信管理机构责令停业整顿或者责令暂时关闭网站。

第三十二条 本规定所称文化市场综合执法机构是指依照国家有关法律、法规和规章的规定，相对集中地行使文化领域行政处罚权以及相关监督检查权、行政强制权的行政执法机构。

第三十三条 文化行政部门或者文化市场综合执法机构查处违法经营活动，依照实施违法经营行为的企业注册地或者企业实际经营地进行管辖；企业注册地和实际经营地无法确定的，由从事违法经营活动网站的信息服务许可地或者备案地进行管辖；没有许可或者备案的，由该网站服务器所在地管辖；网站服务器设置在境外的，由违法行为发生地进行管辖。

第三十四条 本规定自2011年4月1日起施行。2003年5月10日发布、2004年7月1日修订的《互联网文化管理暂行规定》同时废止。

药品生产质量管理规范（2010年修订）

（2010年10月19日卫生部部务会议审议通过
2011年1月17日中华人民共和国卫生部令第
79号公布 自2011年3月1日起施行）

第一章 总 则

第一条 为规范药品生产质量管理，根据《中华人民共和国药品管理法》、《中华人民共和国药品管理法实施条例》，制定本规范。

第二条 企业应当建立药品质量管理体系。该体系应当涵盖影响药品质量的所有因素，包括确保药品质量符合预定用途的有组织、有计划的全部活动。

第三条 本规范作为质量管理体系的一部分，是药品生产管理和质量控制的基本要求，旨在最大限度地降低药品生产过程中污染、交叉污染以及混淆、差错等风险，确保持续稳定地生产出符合预定用途和注册要求的药品。

第四条 企业应当严格执行本规范，坚持诚实守信，禁止任何虚假、欺骗行为。

第二章 质量管理

第一节 原 则

第五条 企业应当建立符合药品质量管理要求的质量目标，将药品注册的有关安全、有效和质量可控的所有要求，系统地贯彻到药品生产、控制及产品放行、贮存、发运的全过程中，确保所生产的药品符合预定用途和注册要求。

第六条 企业高层管理人员应当确保实现既定的质量目标，不同层次的人员以及供应商、经销商应当共同参与并承担各自的责任。

第七条 企业应当配备足够的、符合要求的人员、厂房、设施和设备，为实现质量目标提供必要的条件。

第二节 质量保证

第八条 质量保证是质量管理体系的一部分。企业必须建立质量保证系统，同时建立完整的文件体系，以保证系统有效运行。

第九条 质量保证系统应当确保：

（一）药品的设计与研发体现本规范的要求；

（二）生产管理和质量控制活动符合本规范的要求；

（三）管理职责明确；

（四）采购和使用的原辅料和包装材料正确无误；

（五）中间产品得到有效控制；

（六）确认、验证的实施；

（七）严格按照规程进行生产、检查、检验和复核；

（八）每批产品经质量受权人批准后方可放行；

（九）在贮存、发运和随后的各种操作过程中有保证药品质量的适当措施；

（十）按照自检操作规程，定期检查评估质量保证系统的有效性和适用性。

第十条 药品生产质量管理的基本要求：

（一）制定生产工艺，系统地回顾并证明其可持续稳定地生产出符合要求的产品；

（二）生产工艺及其重大变更均经过验证；

（三）配备所需的资源，至少包括：

1. 具有适当的资质并经培训合格的人员；

2. 足够的厂房和空间；

3. 适用的设备和维修保障；

4. 正确的原辅料、包装材料和标签；

5. 经批准的工艺规程和操作规程；

6. 适当的贮运条件。

（四）应当使用准确、易懂的语言制定操作规程；

（五）操作人员经过培训，能够按照操作规程正确操作；

（六）生产全过程应当有记录，偏差均经过调查并记录；

（七）批记录和发运记录应当能够追溯批产品的完整历史，并妥善保存、便于查阅；

（八）降低药品发运过程中的质量风险；

（九）建立药品召回系统，确保能够召回任何一批已发运销售的产品；

（十）调查导致药品投诉和质量缺陷的原因，并采取措施，防止类似质量缺陷再次发生。

第三节 质量控制

第十一条 质量控制包括相应的组织机构、文件系统以及取样、检验等，确保物料或产品在放行前完成必要的检验，确认其质量符合要求。

第十二条 质量控制的基本要求：

（一）应当配备适当的设施、设备、仪器和经过培训的人员，有效、可靠地完成所有质量控制的相关活动。

（二）应当有批准的操作规程，用于原辅料、包装材料、中间产品、待包装产品和成品的取样、检查、检验以及产品的稳定性考察，必要时进行环境监测，以确保符合本规范的要求。

（三）由经授权的人员按照规定的方法对原辅料、包装材料、中间产品、待包装产品和成品取样。

（四）检验方法应当经过验证或确认。

（五）取样、检查、检验应当有记录，偏差应当经过调查并记录。

（六）物料、中间产品、待包装产品和成品必须按照质量标准进行检查和检验，并有记录。

（七）物料和最终包装的成品应当有足够的留样，以备必要的检查或检验；除最终包装容器过大的成品外，成品的留样包装应当与最终包装相同。

第四节　质量风险管理

第十三条　质量风险管理是在整个产品生命周期中采用前瞻或回顾的方式，对质量风险进行评估、控制、沟通、审核的系统过程。

第十四条　应当根据科学知识及经验对质量风险进行评估，以保证产品质量。

第十五条　质量风险管理过程所采用的方法、措施、形式及形成的文件应当与存在风险的级别相适应。

第三章　机构与人员

第一节　原　　则

第十六条　企业应当建立与药品生产相适应的管理机构，并有组织机构图。

企业应当设立独立的质量管理部门，履行质量保证和质量控制的职责。质量管理部门可以分别设立质量保证部门和质量控制部门。

第十七条　质量管理部门应当参与所有与质量有关的活动，负责审核所有与本规范有关的文件。质量管理部门人员不得将职责委托给其他部门的人员。

第十八条　企业应当配备足够数量并具有适当资质（含学历、培训和实践经验）的管理和操作人员，应当明确规定每个部门和每个岗位的职责。岗位职责不得遗漏，交叉的职责应当有明确规定。每个人所承担的职责不应当过多。

所有人员应当明确并理解自己的职责，熟悉与其职责相关的要求，并接受必要的培训，包括上岗前培训和继续培训。

第十九条　职责通常不得委托给他人。确需委托的，其职责可委托给具有相当资质的指定人员。

第二节　关键人员

第二十条　关键人员应当为企业的全职人员，至少应当包括企业负责人、生产管理负责人、质量管理负责人和质量受权人。

质量管理负责人和生产管理负责人不得互相兼任。质量管理负责人和质量受权人可以兼任。应当制定操作规程确保质量受权人独立履行职责，不受企业负责人和其他人员的干扰。

第二十一条　企业负责人

企业负责人是药品质量的主要责任人，全面负责企业日常管理。为确保企业实现质量目标并按照本规范要求生产药品，企业负责人应当负责提供必要的资源，合理计划、组织和协调，保证质量管理部门独立履行其职责。

第二十二条　生产管理负责人

（一）资质：

生产管理负责人应当至少具有药学或相关专业本科学历（或中级专业技术职称或执业药师资格），具有至少三年从事药品生产和质量管理的实践经验，其中至少有一年的药品生产管理经验，接受过与所生产产品相关的专业知识培训。

（二）主要职责：

1. 确保药品按照批准的工艺规程生产、贮存，以保证药品质量；

2. 确保严格执行与生产操作相关的各种操作规程；

3. 确保批生产记录和批包装记录经过指定人员审核并送交质量管理部门；

4. 确保厂房和设备的维护保养，以保持其良好的运行状态；

5. 确保完成各种必要的验证工作；

6. 确保生产相关人员经过必要的上岗前培训和继续培训，并根据实际需要调整培训内容。

第二十三条　质量管理负责人

（一）资质：

质量管理负责人应当至少具有药学或相关专业本科学历（或中级专业技术职称或执业药师资格），具有至少五年从事药品生产和质量管理的实践经验，其中至少一年的药品质量管理经验，接受过与所生产产品相关的专业知识培训。

（二）主要职责：

1. 确保原辅料、包装材料、中间产品、待包装产品和成品符合经注册批准的要求和质量标准；

2. 确保在产品放行前完成对批记录的审核；

3. 确保完成所有必要的检验；

4. 批准质量标准、取样方法、检验方法和其他质量管理的操作规程；

5. 审核和批准所有与质量有关的变更；

6. 确保所有重大偏差和检验结果超标已经过调查并得到及时处理；

7. 批准并监督委托检验；

8. 监督厂房和设备的维护，以保持其良好的运行状态；

9. 确保完成各种必要的确认或验证工作，审核和批准确认或验证方案和报告；

10. 确保完成自检；

11. 评估和批准物料供应商；

12. 确保所有与产品质量有关的投诉已经过调查，并得到及时、正确的处理；

13. 确保完成产品的持续稳定性考察计划，提供稳定性考察的数据；

14. 确保完成产品质量回顾分析；

15. 确保质量控制和质量保证人员都已经过必要的上岗前培训和继续培训，并根据实际需要调整培训内容。

第二十四条 生产管理负责人和质量管理负责人通常有下列共同的职责：

（一）审核和批准产品的工艺规程、操作规程等文件；

（二）监督厂区卫生状况；

（三）确保关键设备经过确认；

（四）确保完成生产工艺验证；

（五）确保企业所有相关人员都已经过必要的上岗前培训和继续培训，并根据实际需要调整培训内容；

（六）批准并监督委托生产；

（七）确定和监控物料和产品的贮存条件；

（八）保存记录；

（九）监督本规范执行状况；

（十）监控影响产品质量的因素。

第二十五条 质量受权人

（一）资质：

质量受权人应当至少具有药学或相关专业本科学历（或中级专业技术职称或执业药师资格），具有至少五年从事药品生产和质量管理的实践经验，从事过药品生产过程控制和质量检验工作。

质量受权人应当具有必要的专业理论知识，并经过与产品放行有关的培训，方能独立履行其职责。

（二）主要职责：

1. 参与企业质量体系建立、内部自检、外部质量审计、验证以及药品不良反应报告、产品召回等质量管理活动；

2. 承担产品放行的职责，确保每一批已放行产品的生产、检验均符合相关法规、药品注册要求和质量标准；

3. 在产品放行前，质量受权人必须按照上述第 2 项的要求出具产品放行审核记录，并纳入批记录。

第三节　培　　训

第二十六条　企业应当指定部门或专人负责培训管理工作，应当有经生产管理负责人或质量管理负责人审核或批准的培训方案或计划，培训记录应当予以保存。

第二十七条　与药品生产、质量有关的所有人员都应当经过培训，培训的内容应当与岗位的要求相适应。除进行本规范理论和实践的培训外，还应当有相关法规、相应岗位的职责、技能的培训，并定期评估培训的实际效果。

第二十八条　高风险操作区（如高活性、高毒性、传染性、高致敏性物料的生产区）的工作人员应当接受专门的培训。

第四节　人员卫生

第二十九条　所有人员都应当接受卫生要求的培训，企业应当建立人员卫生操作规程，最大限度地降低人员对药品生产造成污染的风险。

第三十条　人员卫生操作规程应当包括与健康、卫生习惯及人员着装相关的内容。生产区和质量控制区的人员应当正确理解相关的人员卫生操作规程。企业应当采取措施确保人员卫生操作规程的执行。

第三十一条　企业应当对人员健康进行管理，并建立健康档案。直接接触药品的生产人员上岗前应当接受健康检查，以后每年至少进行一次健康检查。

第三十二条　企业应当采取适当措施，避免体表有伤口、患有传染病或其他可能污染药品疾病的人员从事直接接触药品的生产。

第三十三条　参观人员和未经培训的人员不得进入生产区和质量控制区，特殊情况确需进入的，应当事先对个人卫生、更衣等事项进行指导。

第三十四条　任何进入生产区的人员均应当按照规定更衣。工作服的选材、式样及穿戴方式应当与所从事的工作和空气洁净度级别要求相适应。

第三十五条　进入洁净生产区的人员不得化妆和佩带饰物。

第三十六条　生产区、仓储区应当禁止吸烟和饮食，禁止存放食品、饮料、香烟和个人用药品等非生产用物品。

第三十七条 操作人员应当避免裸手直接接触药品、与药品直接接触的包装材料和设备表面。

第四章 厂房与设施

第一节 原 则

第三十八条 厂房的选址、设计、布局、建造、改造和维护必须符合药品生产要求,应当能够最大限度地避免污染、交叉污染、混淆和差错,便于清洁、操作和维护。

第三十九条 应当根据厂房及生产防护措施综合考虑选址,厂房所处的环境应当能够最大限度地降低物料或产品遭受污染的风险。

第四十条 企业应当有整洁的生产环境;厂区的地面、路面及运输等不应当对药品的生产造成污染;生产、行政、生活和辅助区的总体布局应当合理,不得互相妨碍;厂区和厂房内的人、物流走向应当合理。

第四十一条 应当对厂房进行适当维护,并确保维修活动不影响药品的质量。应当按照详细的书面操作规程对厂房进行清洁或必要的消毒。

第四十二条 厂房应当有适当的照明、温度、湿度和通风,确保生产和贮存的产品质量以及相关设备性能不会直接或间接地受到影响。

第四十三条 厂房、设施的设计和安装应当能够有效防止昆虫或其它动物进入。应当采取必要的措施,避免所使用的灭鼠药、杀虫剂、烟熏剂等对设备、物料、产品造成污染。

第四十四条 应当采取适当措施,防止未经批准人员的进入。生产、贮存和质量控制区不应当作为非本区工作人员的直接通道。

第四十五条 应当保存厂房、公用设施、固定管道建造或改造后的竣工图纸。

第二节 生 产 区

第四十六条 为降低污染和交叉污染的风险,厂房、生产设施和设备应当根据所生产药品的特性、工艺流程及相应洁净度级别要求合理设计、布局和使用,并符合下列要求:

(一)应当综合考虑药品的特性、工艺和预定用途等因素,确定厂房、生产设施和设备多产品共用的可行性,并有相应评估报告。

(二)生产特殊性质的药品,如高致敏性药品(如青霉素类)或生物制品(如卡介苗或其他用活性微生物制备而成的药品),必须采用专用和独立的厂房、生产设施和设备。青霉素类药品产尘量大的操作区域应当保持相对负压,排至室外的废气应当经过净化处理并符合要求,排风口应当远离其他空气净化系统的进风口。

（三）生产β-内酰胺结构类药品、性激素类避孕药品必须使用专用设施（如独立的空气净化系统）和设备，并与其他药品生产区严格分开。

（四）生产某些激素类、细胞毒性类、高活性化学药品应当使用专用设施（如独立的空气净化系统）和设备；特殊情况下，如采取特别防护措施并经过必要的验证，上述药品制剂则可通过阶段性生产方式共用同一生产设施和设备。

（五）用于上述第（二）、（三）、（四）项的空气净化系统，其排风应当经过净化处理。

（六）药品生产厂房不得用于生产对药品质量有不利影响的非药用产品。

第四十七条 生产区和贮存区应当有足够的空间，确保有序地存放设备、物料、中间产品、待包装产品和成品，避免不同产品或物料的混淆、交叉污染，避免生产或质量控制操作发生遗漏或差错。

第四十八条 应当根据药品品种、生产操作要求及外部环境状况等配置空调净化系统，使生产区有效通风，并有温度、湿度控制和空气净化过滤，保证药品的生产环境符合要求。

洁净区与非洁净区之间、不同级别洁净区之间的压差应当不低于10帕斯卡。必要时，相同洁净度级别的不同功能区域（操作间）之间也应当保持适当的压差梯度。

口服液体和固体制剂、腔道用药（含直肠用药）、表皮外用药品等非无菌制剂生产的暴露工序区域及其直接接触药品的包装材料最终处理的暴露工序区域，应当参照"无菌药品"附录中 D 级洁净区的要求设置，企业可根据产品的标准和特性对该区域采取适当的微生物监控措施。

第四十九条 洁净区的内表面（墙壁、地面、天棚）应当平整光滑、无裂缝、接口严密、无颗粒物脱落，避免积尘，便于有效清洁，必要时应当进行消毒。

第五十条 各种管道、照明设施、风口和其他公用设施的设计和安装应当避免出现不易清洁的部位，应当尽可能在生产区外部对其进行维护。

第五十一条 排水设施应当大小适宜，并安装防止倒灌的装置。应当尽可能避免明沟排水；不可避免时，明沟宜浅，以方便清洁和消毒。

第五十二条 制剂的原辅料称量通常应当在专门设计的称量室内进行。

第五十三条 产尘操作间（如干燥物料或产品的取样、称量、混合、包装等操作间）应当保持相对负压或采取专门的措施，防止粉尘扩散、避免交叉污染并便于清洁。

第五十四条 用于药品包装的厂房或区域应当合理设计和布局，以避免混淆或交叉污染。如同一区域内有数条包装线，应当有隔离措施。

第五十五条 生产区应当有适度的照明，目视操作区域的照明应当满足操作要求。

第五十六条 生产区内可设中间控制区域，但中间控制操作不得给药品带来质量风险。

第三节　仓 储 区

第五十七条 仓储区应当有足够的空间，确保有序存放待验、合格、不合格、退货或召回的原辅料、包装材料、中间产品、待包装产品和成品等各类物料和产品。

第五十八条 仓储区的设计和建造应当确保良好的仓储条件，并有通风和照明设施。仓储区应当能够满足物料或产品的贮存条件（如温湿度、避光）和安全贮存的要求，并进行检查和监控。

第五十九条 高活性的物料或产品以及印刷包装材料应当贮存于安全的区域。

第六十条 接收、发放和发运区域应当能够保护物料、产品免受外界天气（如雨、雪）的影响。接收区的布局和设施应当能够确保到货物料在进入仓储区前可对外包装进行必要的清洁。

第六十一条 如采用单独的隔离区域贮存待验物料，待验区应当有醒目的标识，且只限于经批准的人员出入。

不合格、退货或召回的物料或产品应当隔离存放。

如果采用其他方法替代物理隔离，则该方法应当具有同等的安全性。

第六十二条 通常应当有单独的物料取样区。取样区的空气洁净度级别应当与生产要求一致。如在其他区域或采用其他方式取样，应当能够防止污染或交叉污染。

第四节　质量控制区

第六十三条 质量控制实验室通常应当与生产区分开。生物检定、微生物和放射性同位素的实验室还应当彼此分开。

第六十四条 实验室的设计应当确保其适用于预定的用途，并能够避免混淆和交叉污染，应当有足够的区域用于样品处置、留样和稳定性考察样品的存放以及记录的保存。

第六十五条 必要时，应当设置专门的仪器室，使灵敏度高的仪器免受静电、震动、潮湿或其他外界因素的干扰。

第六十六条 处理生物样品或放射性样品等特殊物品的实验室应当符合国家的有关要求。

第六十七条 实验动物房应当与其他区域严格分开，其设计、建造应当符合国家有关规定，并设有独立的空气处理设施以及动物的专用通道。

第五节 辅 助 区

第六十八条 休息室的设置不应当对生产区、仓储区和质量控制区造成不良影响。

第六十九条 更衣室和盥洗室应当方便人员进出，并与使用人数相适应。盥洗室不得与生产区和仓储区直接相通。

第七十条 维修间应当尽可能远离生产区。存放在洁净区内的维修用备件和工具，应当放置在专门的房间或工具柜中。

第五章 设 备

第一节 原 则

第七十一条 设备的设计、选型、安装、改造和维护必须符合预定用途，应当尽可能降低产生污染、交叉污染、混淆和差错的风险，便于操作、清洁、维护，以及必要时进行的消毒或灭菌。

第七十二条 应当建立设备使用、清洁、维护和维修的操作规程，并保存相应的操作记录。

第七十三条 应当建立并保存设备采购、安装、确认的文件和记录。

第二节 设计和安装

第七十四条 生产设备不得对药品质量产生任何不利影响。与药品直接接触的生产设备表面应当平整、光洁、易清洗或消毒、耐腐蚀，不得与药品发生化学反应、吸附药品或向药品中释放物质。

第七十五条 应当配备有适当量程和精度的衡器、量具、仪器和仪表。

第七十六条 应当选择适当的清洗、清洁设备，并防止这类设备成为污染源。

第七十七条 设备所用的润滑剂、冷却剂等不得对药品或容器造成污染，应当尽可能使用食用级或级别相当的润滑剂。

第七十八条 生产用模具的采购、验收、保管、维护、发放及报废应当制定相应操作规程，设专人专柜保管，并有相应记录。

第三节 维护和维修

第七十九条 设备的维护和维修不得影响产品质量。

第八十条　应当制定设备的预防性维护计划和操作规程，设备的维护和维修应当有相应的记录。

第八十一条　经改造或重大维修的设备应当进行再确认，符合要求后方可用于生产。

第四节　使用和清洁

第八十二条　主要生产和检验设备都应当有明确的操作规程。

第八十三条　生产设备应当在确认的参数范围内使用。

第八十四条　应当按照详细规定的操作规程清洁生产设备。

生产设备清洁的操作规程应当规定具体而完整的清洁方法、清洁用设备或工具、清洁剂的名称和配制方法、去除前一批次标识的方法、保护已清洁设备在使用前免受污染的方法、已清洁设备最长的保存时限、使用前检查设备清洁状况的方法，使操作者能以可重现的、有效的方式对各类设备进行清洁。

如需拆装设备，还应当规定设备拆装的顺序和方法；如需对设备消毒或灭菌，还应当规定消毒或灭菌的具体方法、消毒剂的名称和配制方法。必要时，还应当规定设备生产结束至清洁前所允许的最长间隔时限。

第八十五条　已清洁的生产设备应当在清洁、干燥的条件下存放。

第八十六条　用于药品生产或检验的设备和仪器，应当有使用日志，记录内容包括使用、清洁、维护和维修情况以及日期、时间、所生产及检验的药品名称、规格和批号等。

第八十七条　生产设备应当有明显的状态标识，标明设备编号和内容物（如名称、规格、批号）；没有内容物的应当标明清洁状态。

第八十八条　不合格的设备如有可能应当搬出生产和质量控制区，未搬出前，应当有醒目的状态标识。

第八十九条　主要固定管道应当标明内容物名称和流向。

第五节　校　　准

第九十条　应当按照操作规程和校准计划定期对生产和检验用衡器、量具、仪表、记录和控制设备以及仪器进行校准和检查，并保存相关记录。校准的量程范围应当涵盖实际生产和检验的使用范围。

第九十一条　应当确保生产和检验使用的关键衡器、量具、仪表、记录和控制设备以及仪器经过校准，所得出的数据准确、可靠。

第九十二条　应当使用计量标准器具进行校准，且所用计量标准器具应当符合国家有关规定。校准记录应当标明所用计量标准器具的名称、编号、校准有效期和计量合格证明编号，确保记录的可追溯性。

第九十三条 衡器、量具、仪表、用于记录和控制的设备以及仪器应当有明显的标识，标明其校准有效期。

第九十四条 不得使用未经校准、超过校准有效期、失准的衡器、量具、仪表以及用于记录和控制的设备、仪器。

第九十五条 在生产、包装、仓储过程中使用自动或电子设备的，应当按照操作规程定期进行校准和检查，确保其操作功能正常。校准和检查应当有相应的记录。

第六节 制药用水

第九十六条 制药用水应当适合其用途，并符合《中华人民共和国药典》的质量标准及相关要求。制药用水至少应当采用饮用水。

第九十七条 水处理设备及其输送系统的设计、安装、运行和维护应当确保制药用水达到设定的质量标准。水处理设备的运行不得超出其设计能力。

第九十八条 纯化水、注射用水储罐和输送管道所用材料应当无毒、耐腐蚀；储罐的通气口应当安装不脱落纤维的疏水性除菌滤器；管道的设计和安装应当避免死角、盲管。

第九十九条 纯化水、注射用水的制备、贮存和分配应当能够防止微生物的滋生。纯化水可采用循环，注射用水可采用70℃以上保温循环。

第一百条 应当对制药用水及原水的水质进行定期监测，并有相应的记录。

第一百零一条 应当按照操作规程对纯化水、注射用水管道进行清洗消毒，并有相关记录。发现制药用水微生物污染达到警戒限度、纠偏限度时应当按照操作规程处理。

第六章 物料与产品

第一节 原 则

第一百零二条 药品生产所用的原辅料、与药品直接接触的包装材料应当符合相应的质量标准。药品上直接印字所用油墨应当符合食用标准要求。

进口原辅料应当符合国家相关的进口管理规定。

第一百零三条 应当建立物料和产品的操作规程，确保物料和产品的正确接收、贮存、发放、使用和发运，防止污染、交叉污染、混淆和差错。

物料和产品的处理应当按照操作规程或工艺规程执行，并有记录。

第一百零四条 物料供应商的确定及变更应当进行质量评估，并经质量管理部门批准后方可采购。

第一百零五条 物料和产品的运输应当能够满足其保证质量的要求，对运输有特殊要求的，其运输条件应当予以确认。

第一百零六条 原辅料、与药品直接接触的包装材料和印刷包装材料的接收应当有操作规程，所有到货物料均应当检查，以确保与订单一致，并确认供应商已经质量管理部门批准。

物料的外包装应当有标签，并注明规定的信息。必要时，还应当进行清洁，发现外包装损坏或其他可能影响物料质量的问题，应当向质量管理部门报告并进行调查和记录。

每次接收均应当有记录，内容包括：

（一）交货单和包装容器上所注物料的名称；

（二）企业内部所用物料名称和（或）代码；

（三）接收日期；

（四）供应商和生产商（如不同）的名称；

（五）供应商和生产商（如不同）标识的批号；

（六）接收总量和包装容器数量；

（七）接收后企业指定的批号或流水号；

（八）有关说明（如包装状况）。

第一百零七条 物料接收和成品生产后应当及时按照待验管理，直至放行。

第一百零八条 物料和产品应当根据其性质有序分批贮存和周转，发放及发运应当符合先进先出和近效期先出的原则。

第一百零九条 使用计算机化仓储管理的，应当有相应的操作规程，防止因系统故障、停机等特殊情况而造成物料和产品的混淆和差错。

使用完全计算机化仓储管理系统进行识别的，物料、产品等相关信息可不必以书面可读的方式标出。

第二节　原辅料

第一百一十条 应当制定相应的操作规程，采取核对或检验等适当措施，确认每一包装内的原辅料正确无误。

第一百一十一条 一次接收数个批次的物料，应当按批取样、检验、放行。

第一百一十二条 仓储区内的原辅料应当有适当的标识，并至少标明下述内容：

（一）指定的物料名称和企业内部的物料代码；

（二）企业接收时设定的批号；

（三）物料质量状态（如待验、合格、不合格、已取样）；

（四）有效期或复验期。

第一百一十三条　只有经质量管理部门批准放行并在有效期或复验期内的原辅料方可使用。

第一百一十四条　原辅料应当按照有效期或复验期贮存。贮存期内，如发现对质量有不良影响的特殊情况，应当进行复验。

第一百一十五条　应当由指定人员按照操作规程进行配料，核对物料后，精确称量或计量，并作好标识。

第一百一十六条　配制的每一物料及其重量或体积应当由他人独立进行复核，并有复核记录。

第一百一十七条　用于同一批药品生产的所有配料应当集中存放，并作好标识。

第三节　中间产品和待包装产品

第一百一十八条　中间产品和待包装产品应当在适当的条件下贮存。

第一百一十九条　中间产品和待包装产品应当有明确的标识，并至少标明下述内容：

（一）产品名称和企业内部的产品代码；

（二）产品批号；

（三）数量或重量（如毛重、净重等）；

（四）生产工序（必要时）；

（五）产品质量状态（必要时，如待验、合格、不合格、已取样）。

第四节　包装材料

第一百二十条　与药品直接接触的包装材料和印刷包装材料的管理和控制要求与原辅料相同。

第一百二十一条　包装材料应当由专人按照操作规程发放，并采取措施避免混淆和差错，确保用于药品生产的包装材料正确无误。

第一百二十二条　应当建立印刷包装材料设计、审核、批准的操作规程，确保印刷包装材料印制的内容与药品监督管理部门核准的一致，并建立专门的文档，保存经签名批准的印刷包装材料原版实样。

第一百二十三条　印刷包装材料的版本变更时，应当采取措施，确保产品所用印刷包装材料的版本正确无误。宜收回作废的旧版印刷模版并予以销毁。

第一百二十四条　印刷包装材料应当设置专门区域妥善存放，未经批准人员不得进入。切割式标签或其他散装印刷包装材料应当分别置于密闭容器内储运，以防混淆。

第一百二十五条　印刷包装材料应当由专人保管，并按照操作规程和需求量发放。

第一百二十六条　每批或每次发放的与药品直接接触的包装材料或印刷包装材料，均应当有识别标志，标明所用产品的名称和批号。

第一百二十七条　过期或废弃的印刷包装材料应当予以销毁并记录。

第五节　成　　品

第一百二十八条　成品放行前应当待验贮存。

第一百二十九条　成品的贮存条件应当符合药品注册批准的要求。

第六节　特殊管理的物料和产品

第一百三十条　麻醉药品、精神药品、医疗用毒性药品（包括药材）、放射性药品、药品类易制毒化学品及易燃、易爆和其他危险品的验收、贮存、管理应当执行国家有关的规定。

第七节　其　　他

第一百三十一条　不合格的物料、中间产品、待包装产品和成品的每个包装容器上均应当有清晰醒目的标志，并在隔离区内妥善保存。

第一百三十二条　不合格的物料、中间产品、待包装产品和成品的处理应当经质量管理负责人批准，并有记录。

第一百三十三条　产品回收需经预先批准，并对相关的质量风险进行充分评估，根据评估结论决定是否回收。回收应当按照预定的操作规程进行，并有相应记录。回收处理后的产品应当按照回收处理中最早批次产品的生产日期确定有效期。

第一百三十四条　制剂产品不得进行重新加工。不合格的制剂中间产品、待包装产品和成品一般不得进行返工。只有不影响产品质量、符合相应质量标准，且根据预定、经批准的操作规程以及对相关风险充分评估后，才允许返工处理。返工应当有相应记录。

第一百三十五条　对返工或重新加工或回收合并后生产的成品，质量管理部门应当考虑需要进行额外相关项目的检验和稳定性考察。

第一百三十六条　企业应当建立药品退货的操作规程，并有相应的记录，内容至少应当包括：产品名称、批号、规格、数量、退货单位及地址、退货原因及日期、最终处理意见。

同一产品同一批号不同渠道的退货应当分别记录、存放和处理。

第一百三十七条　只有经检查、检验和调查，有证据证明退货质量未受影响，且经质量管理部门根据操作规程评价后，方可考虑将退货重新包装、重新发运销售。评价考虑的因素至少应当包括药品的性质、所需的贮存条件、药品的现状、历史，以及发运与退货之间的间隔时间等因素。不符合贮存和运输要求的退货，应当在质量管理部门监督下予以销毁。对退货质量存有怀疑时，不得重新发运。

对退货进行回收处理的，回收后的产品应当符合预定的质量标准和第一百三十三条的要求。

退货处理的过程和结果应当有相应记录。

第七章　确认与验证

第一百三十八条　企业应当确定需要进行的确认或验证工作，以证明有关操作的关键要素能够得到有效控制。确认或验证的范围和程度应当经过风险评估来确定。

第一百三十九条　企业的厂房、设施、设备和检验仪器应当经过确认，应当采用经过验证的生产工艺、操作规程和检验方法进行生产、操作和检验，并保持持续的验证状态。

第一百四十条　应当建立确认与验证的文件和记录，并能以文件和记录证明达到以下预定的目标：

（一）设计确认应当证明厂房、设施、设备的设计符合预定用途和本规范要求；

（二）安装确认应当证明厂房、设施、设备的建造和安装符合设计标准；

（三）运行确认应当证明厂房、设施、设备的运行符合设计标准；

（四）性能确认应当证明厂房、设施、设备在正常操作方法和工艺条件下能够持续符合标准；

（五）工艺验证应当证明一个生产工艺按照规定的工艺参数能够持续生产出符合预定用途和注册要求的产品。

第一百四十一条　采用新的生产处方或生产工艺前，应当验证其常规生产的适用性。生产工艺在使用规定的原辅料和设备条件下，应当能够始终生产出符合预定用途和注册要求的产品。

第一百四十二条　当影响产品质量的主要因素，如原辅料、与药品直接接触的包装材料、生产设备、生产环境（或厂房）、生产工艺、检验方法等发生变更时，应当进行确认或验证。必要时，还应当经药品监督管理部门批准。

第一百四十三条　清洁方法应当经过验证，证实其清洁的效果，以有效防止污染和交叉污染。清洁验证应当综合考虑设备使用情况、所使用的清洁剂和消毒剂、取样方法和位置以及相应的取样回收率、残留物的性质和限度、残留物检验方法的灵敏度等因素。

第一百四十四条 确认和验证不是一次性的行为。首次确认或验证后，应当根据产品质量回顾分析情况进行再确认或再验证。关键的生产工艺和操作规程应当定期进行再验证，确保其能够达到预期结果。

第一百四十五条 企业应当制定验证总计划，以文件形式说明确认与验证工作的关键信息。

第一百四十六条 验证总计划或其他相关文件中应当作出规定，确保厂房、设施、设备、检验仪器、生产工艺、操作规程和检验方法等能够保持持续稳定。

第一百四十七条 应当根据确认或验证的对象制定确认或验证方案，并经审核、批准。确认或验证方案应当明确职责。

第一百四十八条 确认或验证应当按照预先确定和批准的方案实施，并有记录。确认或验证工作完成后，应当写出报告，并经审核、批准。确认或验证的结果和结论（包括评价和建议）应当有记录并存档。

第一百四十九条 应当根据验证的结果确认工艺规程和操作规程。

第八章 文件管理

第一节 原 则

第一百五十条 文件是质量保证系统的基本要素。企业必须有内容正确的书面质量标准、生产处方和工艺规程、操作规程以及记录等文件。

第一百五十一条 企业应当建立文件管理的操作规程，系统地设计、制定、审核、批准和发放文件。与本规范有关的文件应当经质量管理部门的审核。

第一百五十二条 文件的内容应当与药品生产许可、药品注册等相关要求一致，并有助于追溯每批产品的历史情况。

第一百五十三条 文件的起草、修订、审核、批准、替换或撤销、复制、保管和销毁等应当按照操作规程管理，并有相应的文件分发、撤销、复制、销毁记录。

第一百五十四条 文件的起草、修订、审核、批准均应当由适当的人员签名并注明日期。

第一百五十五条 文件应当标明题目、种类、目的以及文件编号和版本号。文字应当确切、清晰、易懂，不能模棱两可。

第一百五十六条 文件应当分类存放、条理分明，便于查阅。

第一百五十七条 原版文件复制时，不得产生任何差错；复制的文件应当清晰可辨。

第一百五十八条 文件应当定期审核、修订；文件修订后，应当按照规定管理，防止旧版文件的误用。分发、使用的文件应当为批准的现行文本，已撤销的或旧版文件除留档备查外，不得在工作现场出现。

第一百五十九条 与本规范有关的每项活动均应当有记录，以保证产品生产、质量控制和质量保证等活动可以追溯。记录应当留有填写数据的足够空格。记录应当及时填写，内容真实，字迹清晰、易读，不易擦除。

第一百六十条 应当尽可能采用生产和检验设备自动打印的记录、图谱和曲线图等，并标明产品或样品的名称、批号和记录设备的信息，操作人应当签注姓名和日期。

第一百六十一条 记录应当保持清洁，不得撕毁和任意涂改。记录填写的任何更改都应当签注姓名和日期，并使原有信息仍清晰可辨，必要时，应当说明更改的理由。记录如需重新誊写，则原有记录不得销毁，应当作为重新誊写记录的附件保存。

第一百六十二条 每批药品应当有批记录，包括批生产记录、批包装记录、批检验记录和药品放行审核记录等与本批产品有关的记录。批记录应当由质量管理部门负责管理，至少保存至药品有效期后一年。

质量标准、工艺规程、操作规程、稳定性考察、确认、验证、变更等其他重要文件应当长期保存。

第一百六十三条 如使用电子数据处理系统、照相技术或其他可靠方式记录数据资料，应当有所用系统的操作规程；记录的准确性应当经过核对。

使用电子数据处理系统的，只有经授权的人员方可输入或更改数据，更改和删除情况应当有记录；应当使用密码或其他方式来控制系统的登录；关键数据输入后，应当由他人独立进行复核。

用电子方法保存的批记录，应当采用磁带、缩微胶卷、纸质副本或其他方法进行备份，以确保记录的安全，且数据资料在保存期内便于查阅。

第二节　质量标准

第一百六十四条 物料和成品应当有经批准的现行质量标准；必要时，中间产品或待包装产品也应当有质量标准。

第一百六十五条 物料的质量标准一般应当包括：

（一）物料的基本信息：

1. 企业统一指定的物料名称和内部使用的物料代码；

2. 质量标准的依据；

3. 经批准的供应商；

4. 印刷包装材料的实样或样稿。

（二）取样、检验方法或相关操作规程编号。

（三）定性和定量的限度要求。

（四）贮存条件和注意事项。

（五）有效期或复验期。

第一百六十六条　外购或外销的中间产品和待包装产品应当有质量标准；如果中间产品的检验结果用于成品的质量评价，则应当制定与成品质量标准相对应的中间产品质量标准。

第一百六十七条　成品的质量标准应当包括：

（一）产品名称以及产品代码；

（二）对应的产品处方编号（如有）；

（三）产品规格和包装形式；

（四）取样、检验方法或相关操作规程编号；

（五）定性和定量的限度要求；

（六）贮存条件和注意事项；

（七）有效期。

第三节　工艺规程

第一百六十八条　每种药品的每个生产批量均应当有经企业批准的工艺规程，不同药品规格的每种包装形式均应当有各自的包装操作要求。工艺规程的制定应当以注册批准的工艺为依据。

第一百六十九条　工艺规程不得任意更改。如需更改，应当按照相关的操作规程修订、审核、批准。

第一百七十条　制剂的工艺规程的内容至少应当包括：

（一）生产处方：

1. 产品名称和产品代码。

2. 产品剂型、规格和批量。

3. 所用原辅料清单（包括生产过程中使用，但不在成品中出现的物料），阐明每一物料的指定名称、代码和用量；如原辅料的用量需要折算时，还应当说明计算方法。

（二）生产操作要求：

1. 对生产场所和所用设备的说明（如操作间的位置和编号、洁净度级别、必要的温湿度要求、设备型号和编号等）；

2. 关键设备的准备（如清洗、组装、校准、灭菌等）所采用的方法或相应操作规程编号；

3. 详细的生产步骤和工艺参数说明（如物料的核对、预处理、加入物料的顺序、混合时间、温度等）；

4. 所有中间控制方法及标准；

5. 预期的最终产量限度，必要时，还应当说明中间产品的产量限度，以及物料平衡的计算方法和限度；

6. 待包装产品的贮存要求，包括容器、标签及特殊贮存条件；

7. 需要说明的注意事项。

（三）包装操作要求：

1. 以最终包装容器中产品的数量、重量或体积表示的包装形式；

2. 所需全部包装材料的完整清单，包括包装材料的名称、数量、规格、类型以及与质量标准有关的每一包装材料的代码；

3. 印刷包装材料的实样或复制品，并标明产品批号、有效期打印位置；

4. 需要说明的注意事项，包括对生产区和设备进行的检查，在包装操作开始前，确认包装生产线的清场已经完成等；

5. 包装操作步骤的说明，包括重要的辅助性操作和所用设备的注意事项、包装材料使用前的核对；

6. 中间控制的详细操作，包括取样方法及标准；

7. 待包装产品、印刷包装材料的物料平衡计算方法和限度。

第四节　批生产记录

第一百七十一条　每批产品均应当有相应的批生产记录，可追溯该批产品的生产历史以及与质量有关的情况。

第一百七十二条　批生产记录应当依据现行批准的工艺规程的相关内容制定。记录的设计应当避免填写差错。批生产记录的每一页应当标注产品的名称、规格和批号。

第一百七十三条　原版空白的批生产记录应当经生产管理负责人和质量管理负责人审核和批准。批生产记录的复制和发放均应当按照操作规程进行控制并有记录，每批产品的生产只能发放一份原版空白批生产记录的复制件。

第一百七十四条　在生产过程中，进行每项操作时应当及时记录，操作结束后，应当由生产操作人员确认并签注姓名和日期。

第一百七十五条　批生产记录的内容应当包括：

（一）产品名称、规格、批号。

（二）生产以及中间工序开始、结束的日期和时间。

（三）每一生产工序的负责人签名。

（四）生产步骤操作人员的签名；必要时，还应当有操作（如称量）复核人员的签名。

（五）每一原辅料的批号以及实际称量的数量（包括投入的回收或返工处理产品的批号及数量）。

（六）相关生产操作或活动、工艺参数及控制范围，以及所用主要生产设备的编号。

（七）中间控制结果的记录以及操作人员的签名。

（八）不同生产工序所得产量及必要时的物料平衡计算。

（九）对特殊问题或异常事件的记录，包括对偏离工艺规程的偏差情况的详细说明或调查报告，并经签字批准。

第五节 批包装记录

第一百七十六条 每批产品或每批中部分产品的包装，都应当有批包装记录，以便追溯该批产品包装操作以及与质量有关的情况。

第一百七十七条 批包装记录应当依据工艺规程中与包装相关的内容制定。记录的设计应当注意避免填写差错。批包装记录的每一页均应当标注所包装产品的名称、规格、包装形式和批号。

第一百七十八条 批包装记录应当有待包装产品的批号、数量以及成品的批号和计划数量。原版空白的批包装记录的审核、批准、复制和发放的要求与原版空白的批生产记录相同。

第一百七十九条 在包装过程中，进行每项操作时应当及时记录，操作结束后，应当由包装操作人员确认并签注姓名和日期。

第一百八十条 批包装记录的内容包括：

（一）产品名称、规格、包装形式、批号、生产日期和有效期。

（二）包装操作日期和时间。

（三）包装操作负责人签名。

（四）包装工序的操作人员签名。

（五）每一包装材料的名称、批号和实际使用的数量。

（六）根据工艺规程所进行的检查记录，包括中间控制结果。

（七）包装操作的详细情况，包括所用设备及包装生产线的编号。

（八）所用印刷包装材料的实样，并印有批号、有效期及其他打印内容；不易随批包装记录归档的印刷包装材料可采用印有上述内容的复制品。

（九）对特殊问题或异常事件的记录，包括对偏离工艺规程的偏差情况的详细说明或调查报告，并经签字批准。

（十）所有印刷包装材料和待包装产品的名称、代码，以及发放、使用、销毁或退库的数量、实际产量以及物料平衡检查。

第一百八十一条　操作规程的内容应当包括：题目、编号、版本号、颁发部门、生效日期、分发部门以及制定人、审核人、批准人的签名并注明日期，标题、正文及变更历史。

第一百八十二条　厂房、设备、物料、文件和记录应当有编号（或代码），并制定编制编号（或代码）的操作规程，确保编号（或代码）的唯一性。

第一百八十三条　下述活动也应当有相应的操作规程，其过程和结果应当有记录：

（一）确认和验证；

（二）设备的装配和校准；

（三）厂房和设备的维护、清洁和消毒；

（四）培训、更衣及卫生等与人员相关的事宜；

（五）环境监测；

（六）虫害控制；

（七）变更控制；

（八）偏差处理；

（九）投诉；

（十）药品召回；

（十一）退货。

第九章　生产管理

第一节　原　　则

第一百八十四条　所有药品的生产和包装均应当按照批准的工艺规程和操作规程进行操作并有相关记录，以确保药品达到规定的质量标准，并符合药品生产许可和注册批准的要求。

第一百八十五条　应当建立划分产品生产批次的操作规程，生产批次的划分应当能够确保同一批次产品质量和特性的均一性。

第一百八十六条　应当建立编制药品批号和确定生产日期的操作规程。每批药品均应当编制唯一的批号。除另有法定要求外，生产日期不得迟于产品成型或灌装（封）前经最后混合的操作开始日期，不得以产品包装日期作为生产日期。

第一百八十七条　每批产品应当检查产量和物料平衡，确保物料平衡符合设定的限度。如有差异，必须查明原因，确认无潜在质量风险后，方可按照正常产品处理。

第一百八十八条 不得在同一生产操作间同时进行不同品种和规格药品的生产操作，除非没有发生混淆或交叉污染的可能。

第一百八十九条 在生产的每一阶段，应当保护产品和物料免受微生物和其他污染。

第一百九十条 在干燥物料或产品，尤其是高活性、高毒性或高致敏性物料或产品的生产过程中，应当采取特殊措施，防止粉尘的产生和扩散。

第一百九十一条 生产期间使用的所有物料、中间产品或待包装产品的容器及主要设备、必要的操作室应当贴签标识或以其他方式标明生产中的产品或物料名称、规格和批号，如有必要，还应当标明生产工序。

第一百九十二条 容器、设备或设施所用标识应当清晰明了，标识的格式应当经企业相关部门批准。除在标识上使用文字说明外，还可采用不同的颜色区分被标识物的状态（如待验、合格、不合格或已清洁等）。

第一百九十三条 应当检查产品从一个区域输送至另一个区域的管道和其他设备连接，确保连接正确无误。

第一百九十四条 每次生产结束后应当进行清场，确保设备和工作场所没有遗留与本次生产有关的物料、产品和文件。下次生产开始前，应当对前次清场情况进行确认。

第一百九十五条 应当尽可能避免出现任何偏离工艺规程或操作规程的偏差。一旦出现偏差，应当按照偏差处理操作规程执行。

第一百九十六条 生产厂房应当仅限于经批准的人员出入。

第二节 防止生产过程中的污染和交叉污染

第一百九十七条 生产过程中应当尽可能采取措施，防止污染和交叉污染，如：

（一）在分隔的区域内生产不同品种的药品。

（二）采用阶段性生产方式。

（三）设置必要的气锁间和排风；空气洁净度级别不同的区域应当有压差控制。

（四）应当降低未经处理或未经充分处理的空气再次进入生产区导致污染的风险。

（五）在易产生交叉污染的生产区内，操作人员应当穿戴该区域专用的防护服。

（六）采用经过验证或已知有效的清洁和去污染操作规程进行设备清

洁；必要时，应当对与物料直接接触的设备表面的残留物进行检测。

（七）采用密闭系统生产。

（八）干燥设备的进风应当有空气过滤器，排风应当有防止空气倒流装置。

（九）生产和清洁过程中应当避免使用易碎、易脱屑、易发霉器具；使用筛网时，应当有防止因筛网断裂而造成污染的措施。

（十）液体制剂的配制、过滤、灌封、灭菌等工序应当在规定时间内完成。

（十一）软膏剂、乳膏剂、凝胶剂等半固体制剂以及栓剂的中间产品应当规定贮存期和贮存条件。

第一百九十八条 应当定期检查防止污染和交叉污染的措施并评估其适用性和有效性。

第三节 生产操作

第一百九十九条 生产开始前应当进行检查，确保设备和工作场所没有上批遗留的产品、文件或与本批产品生产无关的物料，设备处于已清洁及待用状态。检查结果应当有记录。

生产操作前，还应当核对物料或中间产品的名称、代码、批号和标识，确保生产所用物料或中间产品正确且符合要求。

第二百条 应当进行中间控制和必要的环境监测，并予以记录。

第二百零一条 每批药品的每一生产阶段完成后必须由生产操作人员清场，并填写清场记录。清场记录内容包括：操作间编号、产品名称、批号、生产工序、清场日期、检查项目及结果、清场负责人及复核人签名。清场记录应当纳入批生产记录。

第四节 包装操作

第二百零二条 包装操作规程应当规定降低污染和交叉污染、混淆或差错风险的措施。

第二百零三条 包装开始前应当进行检查，确保工作场所、包装生产线、印刷机及其他设备已处于清洁或待用状态，无上批遗留的产品、文件或与本批产品包装无关的物料。检查结果应当有记录。

第二百零四条 包装操作前，还应当检查所领用的包装材料正确无误，核对待包装产品和所用包装材料的名称、规格、数量、质量状态，且与工艺规程相符。

第二百零五条 每一包装操作场所或包装生产线，应当有标识标明包装中的产品名称、规格、批号和批量的生产状态。

第二百零六条　有数条包装线同时进行包装时，应当采取隔离或其他有效防止污染、交叉污染或混淆的措施。

第二百零七条　待用分装容器在分装前应当保持清洁，避免容器中有玻璃碎屑、金属颗粒等污染物。

第二百零八条　产品分装、封口后应当及时贴签。未能及时贴签时，应当按照相关的操作规程操作，避免发生混淆或贴错标签等差错。

第二百零九条　单独打印或包装过程中在线打印的信息（如产品批号或有效期）均应当进行检查，确保其正确无误，并予以记录。如手工打印，应当增加检查频次。

第二百一十条　使用切割式标签或在包装线以外单独打印标签，应当采取专门措施，防止混淆。

第二百一十一条　应当对电子读码机、标签计数器或其他类似装置的功能进行检查，确保其准确运行。检查应当有记录。

第二百一十二条　包装材料上印刷或模压的内容应当清晰，不易褪色和擦除。

第二百一十三条　包装期间，产品的中间控制检查应当至少包括下述内容：

（一）包装外观；

（二）包装是否完整；

（三）产品和包装材料是否正确；

（四）打印信息是否正确；

（五）在线监控装置的功能是否正常。

样品从包装生产线取走后不应当再返还，以防止产品混淆或污染。

第二百一十四条　因包装过程产生异常情况而需要重新包装产品的，必须经专门检查、调查并由指定人员批准。重新包装应当有详细记录。

第二百一十五条　在物料平衡检查中，发现待包装产品、印刷包装材料以及成品数量有显著差异时，应当进行调查，未得出结论前，成品不得放行。

第二百一十六条　包装结束时，已打印批号的剩余包装材料应当由专人负责全部计数销毁，并有记录。如将未打印批号的印刷包装材料退库，应当按照操作规程执行。

第十章　质量控制与质量保证

第一节　质量控制实验室管理

第二百一十七条　质量控制实验室的人员、设施、设备应当与产品性质和生产规模相适应。

企业通常不得进行委托检验，确需委托检验的，应当按照第十一章中委托检验部分的规定，委托外部实验室进行检验，但应当在检验报告中予以说明。

第二百一十八条 质量控制负责人应当具有足够的管理实验室的资质和经验，可以管理同一企业的一个或多个实验室。

第二百一十九条 质量控制实验室的检验人员至少应当具有相关专业中专或高中以上学历，并经过与所从事的检验操作相关的实践培训且通过考核。

第二百二十条 质量控制实验室应当配备药典、标准图谱等必要的工具书，以及标准品或对照品等相关的标准物质。

第二百二十一条 质量控制实验室的文件应当符合第八章的原则，并符合下列要求：

（一）质量控制实验室应当至少有下列详细文件：

1. 质量标准；

2. 取样操作规程和记录；

3. 检验操作规程和记录（包括检验记录或实验室工作记事簿）；

4. 检验报告或证书；

5. 必要的环境监测操作规程、记录和报告；

6. 必要的检验方法验证报告和记录；

7. 仪器校准和设备使用、清洁、维护的操作规程及记录。

（二）每批药品的检验记录应当包括中间产品、待包装产品和成品的质量检验记录，可追溯该批药品所有相关的质量检验情况。

（三）宜采用便于趋势分析的方法保存某些数据（如检验数据、环境监测数据、制药用水的微生物监测数据）。

（四）除与批记录相关的资料信息外，还应当保存其他原始资料或记录，以方便查阅。

第二百二十二条 取样应当至少符合以下要求：

（一）质量管理部门的人员有权进入生产区和仓储区进行取样及调查。

（二）应当按照经批准的操作规程取样，操作规程应当详细规定：

1. 经授权的取样人；

2. 取样方法；

3. 所用器具；

4. 样品量；

5. 分样的方法；

6. 存放样品容器的类型和状态；

7. 取样后剩余部分及样品的处置和标识；

8. 取样注意事项，包括为降低取样过程产生的各种风险所采取的预防措施，尤其是无菌或有害物料的取样以及防止取样过程中污染和交叉污染的注意事项；

9. 贮存条件；

10. 取样器具的清洁方法和贮存要求。

（三）取样方法应当科学、合理，以保证样品的代表性。

（四）留样应当能够代表被取样批次的产品或物料，也可抽取其他样品来监控生产过程中最重要的环节（如生产的开始或结束）。

（五）样品的容器应当贴有标签，注明样品名称、批号、取样日期、取自哪一包装容器、取样人等信息。

（六）样品应当按照规定的贮存要求保存。

第二百二十三条 物料和不同生产阶段产品的检验应当至少符合以下要求：

（一）企业应当确保药品按照注册批准的方法进行全项检验。

（二）符合下列情形之一的，应当对检验方法进行验证：

1. 采用新的检验方法；

2. 检验方法需变更的；

3. 采用《中华人民共和国药典》及其他法定标准未收载的检验方法；

4. 法规规定的其他需要验证的检验方法。

（三）对不需要进行验证的检验方法，企业应当对检验方法进行确认，以确保检验数据准确、可靠。

（四）检验应当有书面操作规程，规定所用方法、仪器和设备，检验操作规程的内容应当与经确认或验证的检验方法一致。

（五）检验应当有可追溯的记录并应当复核，确保结果与记录一致。所有计算均应当严格核对。

（六）检验记录应当至少包括以下内容：

1. 产品或物料的名称、剂型、规格、批号或供货批号，必要时注明供应商和生产商（如不同）的名称或来源；

2. 依据的质量标准和检验操作规程；

3. 检验所用的仪器或设备的型号和编号；

4. 检验所用的试液和培养基的配制批号、对照品或标准品的来源和批号；

5. 检验所用动物的相关信息；

6. 检验过程，包括对照品溶液的配制、各项具体的检验操作、必要的环境温湿度；

7. 检验结果，包括观察情况、计算和图谱或曲线图，以及依据的检验报告编号；

8. 检验日期；

9. 检验人员的签名和日期；

10. 检验、计算复核人员的签名和日期。

（七）所有中间控制（包括生产人员所进行的中间控制），均应当按照经质量管理部门批准的方法进行，检验应当有记录。

（八）应当对实验室容量分析用玻璃仪器、试剂、试液、对照品以及培养基进行质量检查。

（九）必要时应当将检验用实验动物在使用前进行检验或隔离检疫。饲养和管理应当符合相关的实验动物管理规定。动物应当有标识，并应当保存使用的历史记录。

第二百二十四条 质量控制实验室应当建立检验结果超标调查的操作规程。任何检验结果超标都必须按照操作规程进行完整的调查，并有相应的记录。

第二百二十五条 企业按规定保存的、用于药品质量追溯或调查的物料、产品样品为留样。用于产品稳定性考察的样品不属于留样。

留样应当至少符合以下要求：

（一）应当按照操作规程对留样进行管理。

（二）留样应当能够代表被取样批次的物料或产品。

（三）成品的留样：

1. 每批药品均应当有留样；如果一批药品分成数次进行包装，则每次包装至少应当保留一件最小市售包装的成品。

2. 留样的包装形式应当与药品市售包装形式相同，原料药的留样如无法采用市售包装形式的，可采用模拟包装。

3. 每批药品的留样数量一般至少应当能够确保按照注册批准的质量标准完成两次全检（无菌检查和热原检查等除外）。

4. 如果不影响留样的包装完整性，保存期间内至少应当每年对留样进行一次目视观察，如有异常，应当进行彻底调查并采取相应的处理措施。

5. 留样观察应当有记录。

6. 留样应当按照注册批准的贮存条件至少保存至药品有效期后一年。

7. 如企业终止药品生产或关闭的，应当将留样转交受权单位保存，并告知当地药品监督管理部门，以便在必要时可随时取得留样。

（四）物料的留样：

1. 制剂生产用每批原辅料和与药品直接接触的包装材料均应当有留样。与药品直接接触的包装材料（如输液瓶），如成品已有留样，可不必单独留样。

2. 物料的留样量应当至少满足鉴别的需要。

3. 除稳定性较差的原辅料外，用于制剂生产的原辅料（不包括生产过程中使用的溶剂、气体或制药用水）和与药品直接接触的包装材料的留样应当至少保存至产品放行后二年。如果物料的有效期较短，则留样时间可相应缩短。

4. 物料的留样应当按照规定的条件贮存，必要时还应当适当包装密封。

第二百二十六条　试剂、试液、培养基和检定菌的管理应当至少符合以下要求：

（一）试剂和培养基应当从可靠的供应商处采购，必要时应当对供应商进行评估。

（二）应当有接收试剂、试液、培养基的记录，必要时，应当在试剂、试液、培养基的容器上标注接收日期。

（三）应当按照相关规定或使用说明配制、贮存和使用试剂、试液和培养基。特殊情况下，在接收或使用前，还应当对试剂进行鉴别或其他检验。

（四）试液和已配制的培养基应当标注配制批号、配制日期和配制人员姓名，并有配制（包括灭菌）记录。不稳定的试剂、试液和培养基应当标注有效期及特殊贮存条件。标准液、滴定液还应当标注最后一次标化的日期和校正因子，并有标化记录。

（五）配制的培养基应当进行适用性检查，并有相关记录。应当有培养基使用记录。

（六）应当有检验所需的各种检定菌，并建立检定菌保存、传代、使用、销毁的操作规程和相应记录。

（七）检定菌应当有适当的标识，内容至少包括菌种名称、编号、代次、传代日期、传代操作人。

（八）检定菌应当按照规定的条件贮存，贮存的方式和时间不应当对检定菌的生长特性有不利影响。

第二百二十七条　标准品或对照品的管理应当至少符合以下要求：

（一）标准品或对照品应当按照规定贮存和使用。

（二）标准品或对照品应当有适当的标识，内容至少包括名称、批号、制备日期（如有）、有效期（如有）、首次开启日期、含量或效价、贮存条件。

（三）企业如需自制工作标准品或对照品，应当建立工作标准品或对照品的质量标准以及制备、鉴别、检验、批准和贮存的操作规程，每批工作标准品或对照品应当用法定标准品或对照品进行标化，并确定有效期，还应当通过定期标化证明工作标准品或对照品的效价或含量在有效期内保持稳定。标化的过程和结果应当有相应的记录。

第二节　物料和产品放行

第二百二十八条　应当分别建立物料和产品批准放行的操作规程，明确批准放行的标准、职责，并有相应的记录。

第二百二十九条　物料的放行应当至少符合以下要求：

（一）物料的质量评价内容应当至少包括生产商的检验报告、物料包装完整性和密封性的检查情况和检验结果；

（二）物料的质量评价应当有明确的结论，如批准放行、不合格或其他决定；

（三）物料应当由指定人员签名批准放行。

第二百三十条　产品的放行应当至少符合以下要求：

（一）在批准放行前，应当对每批药品进行质量评价，保证药品及其生产应当符合注册和本规范要求，并确认以下各项内容：

1. 主要生产工艺和检验方法经过验证。

2. 已完成所有必需的检查、检验，并综合考虑实际生产条件和生产记录。

3. 所有必需的生产和质量控制均已完成并经相关主管人员签名。

4. 变更已按照相关规程处理完毕，需要经药品监督管理部门批准的变更已得到批准。

5. 对变更或偏差已完成所有必要的取样、检查、检验和审核。

6. 所有与该批产品有关的偏差均已有明确的解释或说明，或者已经过彻底调查和适当处理；如偏差还涉及其他批次产品，应当一并处理。

（二）药品的质量评价应当有明确的结论，如批准放行、不合格或其他决定。

（三）每批药品均应当由质量受权人签名批准放行。

（四）疫苗类制品、血液制品、用于血源筛查的体外诊断试剂以及国家食品药品监督管理局规定的其他生物制品放行前还应当取得批签发合格证明。

第三节　持续稳定性考察

第二百三十一条　持续稳定性考察的目的是在有效期内监控已上市药品的质量，以发现药品与生产相关的稳定性问题（如杂质含量或溶度特性的变化），并确定药品能够在标示的贮存条件下，符合质量标准的各项要求。

第二百三十二条　持续稳定性考察主要针对市售包装药品，但也需兼顾待包装产品。例如，当待包装产品在完成包装前，或从生产厂运输到包装厂，还需要长期贮存时，应当在相应的环境条件下，评估其对包装后产品稳定性的影响。此外，还应当考虑对贮存时间较长的中间产品进行考察。

第二百三十三条　持续稳定性考察应当有考察方案，结果应当有报告。用于持续稳定性考察的设备（尤其是稳定性试验设备或设施）应当按照第七章和第五章的要求进行确认和维护。

第二百三十四条　持续稳定性考察的时间应当涵盖药品有效期，考察方案应当至少包括以下内容：

（一）每种规格、每个生产批量药品的考察批次数；

（二）相关的物理、化学、微生物和生物学检验方法，可考虑采用稳定性考察专属的检验方法；

（三）检验方法依据；

（四）合格标准；

（五）容器密封系统的描述；

（六）试验间隔时间（测试时间点）；

（七）贮存条件（应当采用与药品标示贮存条件相对应的《中华人民共和国药典》规定的长期稳定性试验标准条件）；

（八）检验项目，如检验项目少于成品质量标准所包含的项目，应当说明理由。

第二百三十五条　考察批次数和检验频次应当能够获得足够的数据，以供趋势分析。通常情况下，每种规格、每种内包装形式的药品，至少每年应当考察一个批次，除非当年没有生产。

第二百三十六条　某些情况下，持续稳定性考察中应当额外增加批次数，如重大变更或生产和包装有重大偏差的药品应当列入稳定性考察。此外，重新加工、返工或回收的批次，也应当考虑列入考察，除非已经过验证和稳定性考察。

第二百三十七条　关键人员，尤其是质量受权人，应当了解持续稳定性考察的结果。当持续稳定性考察不在待包装产品和成品的生产企业进行时，则相关各方之间应当有书面协议，且均应当保存持续稳定性考察的结果以供药品监督管理部门审查。

第二百三十八条 应当对不符合质量标准的结果或重要的异常趋势进行调查。对任何已确认的不符合质量标准的结果或重大不良趋势，企业都应当考虑是否可能对已上市药品造成影响，必要时应当实施召回，调查结果以及采取的措施应当报告当地药品监督管理部门。

第二百三十九条 应当根据所获得的全部数据资料，包括考察的阶段性结论，撰写总结报告并保存。应当定期审核总结报告。

第四节　变更控制

第二百四十条 企业应当建立变更控制系统，对所有影响产品质量的变更进行评估和管理。需要经药品监督管理部门批准的变更应当在得到批准后方可实施。

第二百四十一条 应当建立操作规程，规定原辅料、包装材料、质量标准、检验方法、操作规程、厂房、设施、设备、仪器、生产工艺和计算机软件变更的申请、评估、审核、批准和实施。质量管理部门应当指定专人负责变更控制。

第二百四十二条 变更都应当评估其对产品质量的潜在影响。企业可以根据变更的性质、范围、对产品质量潜在影响的程度将变更分类（如主要、次要变更）。判断变更所需的验证、额外的检验以及稳定性考察应当有科学依据。

第二百四十三条 与产品质量有关的变更由申请部门提出后，应当经评估、制定实施计划并明确实施职责，最终由质量管理部门审核批准。变更实施应当有相应的完整记录。

第二百四十四条 改变原辅料、与药品直接接触的包装材料、生产工艺、主要生产设备以及其他影响药品质量的主要因素时，还应当对变更实施后最初至少三个批次的药品质量进行评估。如果变更可能影响药品的有效期，则质量评估还应当包括对变更实施后生产的药品进行稳定性考察。

第二百四十五条 变更实施时，应当确保与变更相关的文件均已修订。

第二百四十六条 质量管理部门应当保存所有变更的文件和记录。

第五节　偏差处理

第二百四十七条 各部门负责人应当确保所有人员正确执行生产工艺、质量标准、检验方法和操作规程，防止偏差的产生。

第二百四十八条 企业应当建立偏差处理的操作规程，规定偏差的报告、记录、调查、处理以及所采取的纠正措施，并有相应的记录。

第二百四十九条 任何偏差都应当评估其对产品质量的潜在影响。企业可以根据偏差的性质、范围、对产品质量潜在影响的程度将偏差分类（如重大、次要偏差），对重大偏差的评估还应当考虑是否需要对产品进行额外的检验以及对产品有效期的影响，必要时，应当对涉及重大偏差的产品进行稳定性考察。

第二百五十条 任何偏离生产工艺、物料平衡限度、质量标准、检验方法、操作规程等的情况均应当有记录，并立即报告主管人员及质量管理部门，应当有清楚的说明，重大偏差应当由质量管理部门会同其他部门进行彻底调查，并有调查报告。偏差调查报告应当由质量管理部门的指定人员审核并签字。

企业还应当采取预防措施有效防止类似偏差的再次发生。

第二百五十一条 质量管理部门应当负责偏差的分类，保存偏差调查、处理的文件和记录。

第六节 纠正措施和预防措施

第二百五十二条 企业应当建立纠正措施和预防措施系统，对投诉、召回、偏差、自检或外部检查结果、工艺性能和质量监测趋势等进行调查并采取纠正和预防措施。调查的深度和形式应当与风险的级别相适应。纠正措施和预防措施系统应当能够增进对产品和工艺的理解，改进产品和工艺。

第二百五十三条 企业应当建立实施纠正和预防措施的操作规程，内容至少包括：

（一）对投诉、召回、偏差、自检或外部检查结果、工艺性能和质量监测趋势以及其他来源的质量数据进行分析，确定已有和潜在的质量问题。必要时，应当采用适当的统计学方法。

（二）调查与产品、工艺和质量保证系统有关的原因。

（三）确定所需采取的纠正和预防措施，防止问题的再次发生。

（四）评估纠正和预防措施的合理性、有效性和充分性。

（五）对实施纠正和预防措施过程中所有发生的变更应当予以记录。

（六）确保相关信息已传递到质量受权人和预防问题再次发生的直接负责人。

（七）确保相关信息及其纠正和预防措施已通过高层管理人员的评审。

第二百五十四条 实施纠正和预防措施应当有文件记录，并由质量管理部门保存。

第七节　供应商的评估和批准

第二百五十五条　质量管理部门应当对所有生产用物料的供应商进行质量评估，会同有关部门对主要物料供应商（尤其是生产商）的质量体系进行现场质量审计，并对质量评估不符合要求的供应商行使否决权。

主要物料的确定应当综合考虑企业所生产的药品质量风险、物料用量以及物料对药品质量的影响程度等因素。

企业法定代表人、企业负责人及其他部门的人员不得干扰或妨碍质量管理部门对物料供应商独立作出质量评估。

第二百五十六条　应当建立物料供应商评估和批准的操作规程，明确供应商的资质、选择的原则、质量评估方式、评估标准、物料供应商批准的程序。

如质量评估需采用现场质量审计方式的，还应当明确审计内容、周期、审计人员的组成及资质。需采用样品小批量试生产的，还应当明确生产批量、生产工艺、产品质量标准、稳定性考察方案。

第二百五十七条　质量管理部门应当指定专人负责物料供应商质量评估和现场质量审计，分发经批准的合格供应商名单。被指定的人员应当具有相关的法规和专业知识，具有足够的质量评估和现场质量审计的实践经验。

第二百五十八条　现场质量审计应当核实供应商资质证明文件和检验报告的真实性，核实是否具备检验条件。应当对其人员机构、厂房设施和设备、物料管理、生产工艺流程和生产管理、质量控制实验室的设备、仪器、文件管理等进行检查，以全面评估其质量保证系统。现场质量审计应当有报告。

第二百五十九条　必要时，应当对主要物料供应商提供的样品进行小批量试生产，并对试生产的药品进行稳定性考察。

第二百六十条　质量管理部门对物料供应商的评估至少应当包括：供应商的资质证明文件、质量标准、检验报告、企业对物料样品的检验数据和报告。如进行现场质量审计和样品小批量试生产的，还应当包括现场质量审计报告，以及小试产品的质量检验报告和稳定性考察报告。

第二百六十一条　改变物料供应商，应当对新的供应商进行质量评估；改变主要物料供应商的，还需要对产品进行相关的验证及稳定性考察。

第二百六十二条　质量管理部门应当向物料管理部门分发经批准的合格供应商名单，该名单内容至少包括物料名称、规格、质量标准、生产商名称和地址、经销商（如有）名称等，并及时更新。

第二百六十三条　质量管理部门应当与主要物料供应商签订质量协议，在协议中应当明确双方所承担的质量责任。

第二百六十四条　质量管理部门应当定期对物料供应商进行评估或现场质量审计，回顾分析物料质量检验结果、质量投诉和不合格处理记录。如物料出现质量问题或生产条件、工艺、质量标准和检验方法等可能影响质量的关键因素发生重大改变时，还应当尽快进行相关的现场质量审计。

第二百六十五条　企业应当对每家物料供应商建立质量档案，档案内容应当包括供应商的资质证明文件、质量协议、质量标准、样品检验数据和报告、供应商的检验报告、现场质量审计报告、产品稳定性考察报告、定期的质量回顾分析报告等。

第八节　产品质量回顾分析

第二百六十六条　应当按照操作规程，每年对所有生产的药品按品种进行产品质量回顾分析，以确认工艺稳定可靠，以及原辅料、成品现行质量标准的适用性，及时发现不良趋势，确定产品及工艺改进的方向。应当考虑以往回顾分析的历史数据，还应当对产品质量回顾分析的有效性进行自检。

当有合理的科学依据时，可按照产品的剂型分类进行质量回顾，如固体制剂、液体制剂和无菌制剂等。

回顾分析应当有报告。

企业至少应当对下列情形进行回顾分析：

（一）产品所用原辅料的所有变更，尤其是来自新供应商的原辅料；

（二）关键中间控制点及成品的检验结果；

（三）所有不符合质量标准的批次及其调查；

（四）所有重大偏差及相关的调查、所采取的整改措施和预防措施的有效性；

（五）生产工艺或检验方法等的所有变更；

（六）已批准或备案的药品注册所有变更；

（七）稳定性考察的结果及任何不良趋势；

（八）所有因质量原因造成的退货、投诉、召回及调查；

（九）与产品工艺或设备相关的纠正措施的执行情况和效果；

（十）新获批准和有变更的药品，按照注册要求上市后应当完成的工作情况；

（十一）相关设备和设施，如空调净化系统、水系统、压缩空气等的确认状态；

（十二）委托生产或检验的技术合同履行情况。

第二百六十七条 应当对回顾分析的结果进行评估，提出是否需要采取纠正和预防措施或进行再确认或再验证的评估意见及理由，并及时、有效地完成整改。

第二百六十八条 药品委托生产时，委托方和受托方之间应当有书面的技术协议，规定产品质量回顾分析中各方的责任，确保产品质量回顾分析按时进行并符合要求。

第九节 投诉与不良反应报告

第二百六十九条 应当建立药品不良反应报告和监测管理制度，设立专门机构并配备专职人员负责管理。

第二百七十条 应当主动收集药品不良反应，对不良反应应当详细记录、评价、调查和处理，及时采取措施控制可能存在的风险，并按照要求向药品监督管理部门报告。

第二百七十一条 应当建立操作规程，规定投诉登记、评价、调查和处理的程序，并规定因可能的产品缺陷发生投诉时所采取的措施，包括考虑是否有必要从市场召回药品。

第二百七十二条 应当有专人及足够的辅助人员负责进行质量投诉的调查和处理，所有投诉、调查的信息应当向质量受权人通报。

第二百七十三条 所有投诉都应当登记与审核，与产品质量缺陷有关的投诉，应当详细记录投诉的各个细节，并进行调查。

第二百七十四条 发现或怀疑某批药品存在缺陷，应当考虑检查其他批次的药品，查明其是否受到影响。

第二百七十五条 投诉调查和处理应当有记录，并注明所查相关批次产品的信息。

第二百七十六条 应当定期回顾分析投诉记录，以便发现需要警觉、重复出现以及可能需要从市场召回药品的问题，并采取相应措施。

第二百七十七条 企业出现生产失误、药品变质或其他重大质量问题，应当及时采取相应措施，必要时还应当向当地药品监督管理部门报告。

第十一章 委托生产与委托检验

第一节 原 则

第二百七十八条 为确保委托生产产品的质量和委托检验的准确性和可靠性，委托方和受托方必须签订书面合同，明确规定各方责任、委托生产或委托检验的内容及相关的技术事项。

第二百七十九条 委托生产或委托检验的所有活动，包括在技术或其他方面拟采取的任何变更，均应当符合药品生产许可和注册的有关要求。

第二节 委 托 方

第二百八十条 委托方应当对受托方进行评估，对受托方的条件、技术水平、质量管理情况进行现场考核，确认其具有完成受托工作的能力，并能保证符合本规范的要求。

第二百八十一条 委托方应当向受托方提供所有必要的资料，以使受托方能够按照药品注册和其他法定要求正确实施所委托的操作。

委托方应当使受托方充分了解与产品或操作相关的各种问题，包括产品或操作对受托方的环境、厂房、设备、人员及其他物料或产品可能造成的危害。

第二百八十二条 委托方应当对受托生产或检验的全过程进行监督。

第二百八十三条 委托方应当确保物料和产品符合相应的质量标准。

第三节 受 托 方

第二百八十四条 受托方必须具备足够的厂房、设备、知识和经验以及人员，满足委托方所委托的生产或检验工作的要求。

第二百八十五条 受托方应当确保所收到委托方提供的物料、中间产品和待包装产品适用于预定用途。

第二百八十六条 受托方不得从事对委托生产或检验的产品质量有不利影响的活动。

第四节 合 同

第二百八十七条 委托方与受托方之间签订的合同应当详细规定各自的产品生产和控制职责，其中的技术性条款应当由具有制药技术、检验专业知识和熟悉本规范的主管人员拟订。委托生产及检验的各项工作必须符合药品生产许可和药品注册的有关要求并经双方同意。

第二百八十八条 合同应当详细规定质量受权人批准放行每批药品的程序，确保每批产品都已按照药品注册的要求完成生产和检验。

第二百八十九条 合同应当规定何方负责物料的采购、检验、放行、生产和质量控制（包括中间控制），还应当规定何方负责取样和检验。

在委托检验的情况下，合同应当规定受托方是否在委托方的厂房内取样。

第二百九十条 合同应当规定由受托方保存的生产、检验和发运记录及样品，委托方应当能够随时调阅或检查；出现投诉、怀疑产品有质量缺陷或召回时，委托方应当能够方便地查阅所有与评价产品质量相关的记录。

第二百九十一条 合同应当明确规定委托方可以对受托方进行检查或现场质量审计。

第二百九十二条 委托检验合同应当明确受托方有义务接受药品监督管理部门检查。

第十二章　产品发运与召回

第一节　原　　则

第二百九十三条 企业应当建立产品召回系统，必要时可迅速、有效地从市场召回任何一批存在安全隐患的产品。

第二百九十四条 因质量原因退货和召回的产品，均应当按照规定监督销毁，有证据证明退货产品质量未受影响的除外。

第二节　发　　运

第二百九十五条 每批产品均应当有发运记录。根据发运记录，应当能够追查每批产品的销售情况，必要时应当能够及时全部追回，发运记录内容应当包括：产品名称、规格、批号、数量、收货单位和地址、联系方式、发货日期、运输方式等。

第二百九十六条 药品发运的零头包装只限两个批号为一个合箱，合箱外应当标明全部批号，并建立合箱记录。

第二百九十七条 发运记录应当至少保存至药品有效期后一年。

第三节　召　　回

第二百九十八条 应当制定召回操作规程，确保召回工作的有效性。

第二百九十九条 应当指定专人负责组织协调召回工作，并配备足够数量的人员。产品召回负责人应当独立于销售和市场部门；如产品召回负责人不是质量受权人，则应当向质量受权人通报召回处理情况。

第三百条 召回应当能够随时启动，并迅速实施。

第三百零一条 因产品存在安全隐患决定从市场召回的，应当立即向当地药品监督管理部门报告。

第三百零二条 产品召回负责人应当能够迅速查阅到药品发运记录。

第三百零三条 已召回的产品应当有标识，并单独、妥善贮存，等待最终处理决定。

第三百零四条 召回的进展过程应当有记录，并有最终报告。产品发运数量、已召回数量以及数量平衡情况应当在报告中予以说明。

第三百零五条 应当定期对产品召回系统的有效性进行评估。

第十三章 自 检

第一节 原 则

第三百零六条 质量管理部门应当定期组织对企业进行自检，监控本规范的实施情况，评估企业是否符合本规范要求，并提出必要的纠正和预防措施。

第二节 自 检

第三百零七条 自检应当有计划，对机构与人员、厂房与设施、设备、物料与产品、确认与验证、文件管理、生产管理、质量控制与质量保证、委托生产与委托检验、产品发运与召回等项目定期进行检查。

第三百零八条 应当由企业指定人员进行独立、系统、全面的自检，也可由外部人员或专家进行独立的质量审计。

第三百零九条 自检应当有记录。自检完成后应当有自检报告，内容至少包括自检过程中观察到的所有情况、评价的结论以及提出纠正和预防措施的建议。自检情况应当报告企业高层管理人员。

第十四章 附 则

第三百一十条 本规范为药品生产质量管理的基本要求。对无菌药品、生物制品、血液制品等药品或生产质量管理活动的特殊要求，由国家食品药品监督管理局以附录方式另行制定。

第三百一十一条 企业可以采用经过验证的替代方法，达到本规范的要求。

第三百一十二条 本规范下列术语（按汉语拼音排序）的含义是：

（一）包装

待包装产品变成成品所需的所有操作步骤，包括分装、贴签等。但无菌生产工艺中产品的无菌灌装，以及最终灭菌产品的灌装等不视为包装。

（二）包装材料

药品包装所用的材料，包括与药品直接接触的包装材料和容器、印刷包装材料，但不包括发运用的外包装材料。

（三）操作规程

经批准用来指导设备操作、维护与清洁、验证、环境控制、取样和检验等药品生产活动的通用性文件，也称标准操作规程。

（四）产品

包括药品的中间产品、待包装产品和成品。

（五）产品生命周期

产品从最初的研发、上市直至退市的所有阶段。

（六）成品

已完成所有生产操作步骤和最终包装的产品。

（七）重新加工

将某一生产工序生产的不符合质量标准的一批中间产品或待包装产品的一部分或全部，采用不同的生产工艺进行再加工，以符合预定的质量标准。

（八）待包装产品

尚未进行包装但已完成所有其他加工工序的产品。

（九）待验

指原辅料、包装材料、中间产品、待包装产品或成品，采用物理手段或其他有效方式将其隔离或区分，在允许用于投料生产或上市销售之前贮存、等待作出放行决定的状态。

（十）发放

指生产过程中物料、中间产品、待包装产品、文件、生产用模具等在企业内部流转的一系列操作。

（十一）复验期

原辅料、包装材料贮存一定时间后，为确保其仍适用于预定用途，由企业确定的需重新检验的日期。

（十二）发运

指企业将产品发送到经销商或用户的一系列操作，包括配货、运输等。

（十三）返工

将某一生产工序生产的不符合质量标准的一批中间产品或待包装产品、成品的一部分或全部返回到之前的工序，采用相同的生产工艺进行再加工，以符合预定的质量标准。

（十四）放行

对一批物料或产品进行质量评价，作出批准使用或投放市场或其他决定的操作。

（十五）高层管理人员

在企业内部最高层指挥和控制企业、具有调动资源的权力和职责的人员。

（十六）工艺规程

为生产特定数量的成品而制定的一个或一套文件，包括生产处方、生产操作要求和包装操作要求，规定原辅料和包装材料的数量、工艺参数和条件、加工说明（包括中间控制）、注意事项等内容。

（十七）供应商

指物料、设备、仪器、试剂、服务等的提供方，如生产商、经销商等。

（十八）回收

在某一特定的生产阶段，将以前生产的一批或数批符合相应质量要求的产品的一部分或全部，加入另一批次中的操作。

（十九）计算机化系统

用于报告或自动控制的集成系统，包括数据输入、电子处理和信息输出。

（二十）交叉污染

不同原料、辅料及产品之间发生的相互污染。

（二十一）校准

在规定条件下，确定测量、记录、控制仪器或系统的示值（尤指称量）或实物量具所代表的量值，与对应的参照标准量值之间关系的一系列活动。

（二十二）阶段性生产方式

指在共用生产区内，在一段时间内集中生产某一产品，再对相应的共用生产区、设施、设备、工器具等进行彻底清洁，更换生产另一种产品的方式。

（二十三）洁净区

需要对环境中尘粒及微生物数量进行控制的房间（区域），其建筑结构、装备及其使用应当能够减少该区域内污染物的引入、产生和滞留。

（二十四）警戒限度

系统的关键参数超出正常范围，但未达到纠偏限度，需要引起警觉，可能需要采取纠正措施的限度标准。

（二十五）纠偏限度

系统的关键参数超出可接受标准，需要进行调查并采取纠正措施的限度标准。

（二十六）检验结果超标

检验结果超出法定标准及企业制定标准的所有情形。

（二十七）批

经一个或若干加工过程生产的、具有预期均一质量和特性的一定数量的原辅料、包装材料或成品。为完成某些生产操作步骤，可能有必要将一批产品分成若干亚批，最终合并成为一个均一的批。在连续生产情况下，批必须与生产中具有预期均一特性的确定数量的产品相对应，批量可以是固定数量或固定时间段内生产的产品量。

例如，口服或外用的固体、半固体制剂在成型或分装前使用同一台混合设备一次混合所生产的均质产品为一批；口服或外用的液体制剂以灌装（封）前经最后混合的药液所生产的均质产品为一批。

（二十八）批号

用于识别一个特定批的具有唯一性的数字和（或）字母的组合。

（二十九）批记录

用于记述每批药品生产、质量检验和放行审核的所有文件和记录，可追溯所有与成品质量有关的历史信息。

（三十）气锁间

设置于两个或数个房间之间（如不同洁净度级别的房间之间）的具有两扇或多扇门的隔离空间。设置气锁间的目的是在人员或物料出入时，对气流进行控制。气锁间有人员气锁间和物料气锁间。

（三十一）企业

在本规范中如无特别说明，企业特指药品生产企业。

（三十二）确认

证明厂房、设施、设备能正确运行并可达到预期结果的一系列活动。

（三十三）退货

将药品退还给企业的活动。

（三十四）文件

本规范所指的文件包括质量标准、工艺规程、操作规程、记录、报告等。

（三十五）物料

指原料、辅料和包装材料等。

例如，化学药品制剂的原料是指原料药；生物制品的原料是指原材料；中药制剂的原料是指中药材、中药饮片和外购中药提取物；原料药的原料是指用于原料药生产的除包装材料以外的其他物料。

（三十六）物料平衡

产品或物料实际产量或实际用量及收集到的损耗之和与理论产量或理论用量之间的比较，并考虑可允许的偏差范围。

（三十七）污染

在生产、取样、包装或重新包装、贮存或运输等操作过程中，原辅料、中间产品、待包装产品、成品受到具有化学或微生物特性的杂质或异物的不利影响。

（三十八）验证

证明任何操作规程（或方法）、生产工艺或系统能够达到预期结果的一系列活动。

（三十九）印刷包装材料

指具有特定式样和印刷内容的包装材料，如印字铝箔、标签、说明书、纸盒等。

（四十）原辅料

除包装材料之外，药品生产中使用的任何物料。

（四十一）中间产品

指完成部分加工步骤的产品，尚需进一步加工方可成为待包装产品。

（四十二）中间控制

也称过程控制，指为确保产品符合有关标准，生产中对工艺过程加以监控，以便在必要时进行调节而做的各项检查。可将对环境或设备控制视作中间控制的一部分。

第三百一十三条　本规范自 2011 年 3 月 1 日起施行。按照《中华人民共和国药品管理法》第九条规定，具体实施办法和实施步骤由国家食品药品监督管理局规定。

卫生部关于印发《食品安全地方标准管理办法》的通知

（2011 年 3 月 2 日　卫监督发〔2011〕17 号）

各省、自治区、直辖市卫生厅（局），新疆生产建设兵团卫生局，中国疾病预防控制中心、卫生部卫生监督中心：

为规范食品安全地方标准管理工作，根据《食品安全法》及其实施条例，我部组织制定了《食品安全地方标准管理办法》。现印发给你们，请遵照执行。

食品安全地方标准管理办法

第一条　为规范食品安全地方标准管理，根据《中华人民共和国食品安全法》及其实施条例等有关规定，制定本办法。

第二条　食品安全地方标准的制定、公布、备案等工作适用本办法。

省级卫生行政部门负责制定、公布、解释食品安全地方标准。卫生部负责食品安全地方标准备案。

第三条　没有食品安全国家标准，但需要在省、自治区、直辖市范围内统一实施的，可以制定食品安全地方标准。

食品安全地方标准包括食品及原料、生产经营过程的卫生要求、与食品安全有关的质量要求、检验方法与规程等食品安全技术要求。食品添加剂、食品相关产品、新资源食品、保健食品不得制定食品安全地方标准。

第四条　食品生产经营者应当依照生产企业所在地的食品安全地方标准组织生产经营。

第五条　制定食品安全地方标准应当以保障公众健康为宗旨，以食品安全风险评估结果为依据，充分考虑地方食品特点和饮食习惯，做到科学合理、公开透明、安全可靠。

第六条　食品安全地方标准的制定、公布具体程序参照《食品安全国家标准管理办法》执行。

第七条　食品安全地方标准编号应当符合下列规定：

食品安全地方标准编号由代号、顺序号和年代号三部分组成。

汉语拼音字母"DBS"加上省、自治区、直辖市行政区划代码前两位数再加斜线，组成食品安全地方标准代号。

食品安全地方标准编号示例：

DBS××/×××－××××

代号　　顺序号　　年代号

第八条　省级卫生行政部门应当在食品安全地方标准公布之日起20日内报卫生部备案，应当提交下列材料：

（一）报送文件；

（二）标准文本；

（三）编制说明。

第九条　卫生部对符合备案条件的食品安全地方标准，予以备案。

第十条　卫生部定期公布省、自治区、直辖市食品安全地方标准备案情况，指导地方标准制定工作。

第十一条　省级卫生行政部门应当组织卫生监督机构、相关单位对食品安全地方标准的执行情况进行跟踪评价，评价情况应当及时通报相关部门。

第十二条　食品安全地方标准实施后，省级卫生行政部门应当根据科学技术发展、相关食品安全标准制定和跟踪评价结果等情况，组织卫生监督机构对标准复审，确定其继续有效、修订或废止。复审周期原则上不超过五年。

食品安全国家标准公布实施后，相应的食品安全地方标准应当废止。

第十三条 食品安全地方标准修订后，省级卫生行政部门应当在公布后20日内重新报送卫生部备案。

食品安全地方标准废止后，省级卫生行政部门应当在废止后20日内向卫生部报送有关废止标准的文件。

第十四条 对食品安全地方标准有异议时，可以向省级卫生行政部门提出意见，省级卫生行政部门应当及时处理。

第十五条 批准发布的食品安全地方标准属科技成果，作为标准主要起草人专业技术资格的评审依据。

第十六条 省级卫生行政部门可根据本办法制定实施细则。

第十七条 本办法自公布之日起施行。

公共场所卫生管理条例实施细则

（2011年2月14日卫生部部务会议审议通过
2011年3月10日中华人民共和国卫生部令第
80号发布 自2011年5月1日起施行）

第一章 总 则

第一条 根据《公共场所卫生管理条例》的规定，制定本细则。

第二条 公共场所经营者在经营活动中，应当遵守有关卫生法律、行政法规和部门规章以及相关的卫生标准、规范，开展公共场所卫生知识宣传，预防传染病和保障公众健康，为顾客提供良好的卫生环境。

第三条 卫生部主管全国公共场所卫生监督管理工作。

县级以上地方各级人民政府卫生行政部门负责本行政区域的公共场所卫生监督管理工作。

国境口岸及出入境交通工具的卫生监督管理工作由出入境检验检疫机构按照有关法律法规的规定执行。

铁路部门所属的卫生主管部门负责对管辖范围内的车站、等候室、铁路客车以及主要为本系统职工服务的公共场所的卫生监督管理工作。

第四条 县级以上地方各级人民政府卫生行政部门应当根据公共场所

卫生监督管理需要，建立健全公共场所卫生监督队伍和公共场所卫生监测体系，制定公共场所卫生监督计划并组织实施。

第五条 鼓励和支持公共场所行业组织开展行业自律教育，引导公共场所经营者依法经营，推动行业诚信建设，宣传、普及公共场所卫生知识。

第六条 任何单位或者个人对违反本细则的行为，有权举报。接到举报的卫生行政部门应当及时调查处理，并按照规定予以答复。

第二章　卫生管理

第七条 公共场所的法定代表人或者负责人是其经营场所卫生安全的第一责任人。

公共场所卫生管理条例实施细则公共场所经营者应当设立卫生管理部门或者配备专（兼）职卫生管理人员，具体负责本公共场所的卫生工作，建立健全卫生管理制度和卫生管理档案。

第八条 公共场所卫生管理档案应当主要包括下列内容：

（一）卫生管理部门、人员设置情况及卫生管理制度；

（二）空气、微小气候（湿度、温度、风速）、水质、采光、照明、噪声的检测情况；

（三）顾客用品用具的清洗、消毒、更换及检测情况；

（四）卫生设施的使用、维护、检查情况；

（五）集中空调通风系统的清洗、消毒情况；

（六）安排从业人员健康检查情况和培训考核情况；

（七）公共卫生用品进货索证管理情况；

（八）公共场所危害健康事故应急预案或者方案；

（九）省、自治区、直辖市卫生行政部门要求记录的其他情况。

公共场所卫生管理档案应当有专人管理，分类记录，至少保存两年。

第九条 公共场所经营者应当建立卫生培训制度，组织从业人员学习相关卫生法律知识和公共场所卫生知识，并进行考核。对考核不合格的，不得安排上岗。

第十条 公共场所经营者应当组织从业人员每年进行健康检查，从业人员在取得有效健康合格证明后方可上岗。

患有痢疾、伤寒、甲型病毒性肝炎、戊型病毒性肝炎等消化道传染病的人员，以及患有活动性肺结核、化脓性或者渗出性皮肤病等疾病的人员，治愈前不得从事直接为顾客服务的工作。

第十一条 公共场所经营者应当保持公共场所空气流通，室内空气质量应当符合国家卫生标准和要求。

公共场所采用集中空调通风系统的，应当符合公共场所集中空调通风系统相关卫生规范和规定的要求。

第十二条　公共场所经营者提供给顾客使用的生活饮用水应当符合国家生活饮用水卫生标准要求。游泳场（馆）和公共浴室水质应当符合国家卫生标准和要求。

第十三条　公共场所的采光照明、噪声应当符合国家卫生标准和要求。

公共场所应当尽量采用自然光。自然采光不足的，公共场所经营者应当配置与其经营场所规模相适应的照明设施。

公共场所经营者应当采取措施降低噪声。

第十四条　公共场所经营者提供给顾客使用的用品用具应当保证卫生安全，可以反复使用的用品用具应当一客一换，按照有关卫生标准和要求清洗、消毒、保洁。禁止重复使用一次性用品用具。

第十五条　公共场所经营者应当根据经营规模、项目设置清洗、消毒、保洁、盥洗等设施设备和公共卫生间。

公共场所经营者应当建立卫生设施设备维护制度，定期检查卫生设施设备，确保其正常运行，不得擅自拆除、改造或者挪作他用。公共场所设置的卫生间，应当有单独通风排气设施，保持清洁无异味。

第十六条　公共场所经营者应当配备安全、有效的预防控制蚊、蝇、蟑螂、鼠和其他病媒生物的设施设备及废弃物存放专用设施设备，并保证相关设施设备的正常使用，及时清运废弃物。

第十七条　公共场所的选址、设计、装修应当符合国家相关标准和规范的要求。

公共场所室内装饰装修期间不得营业。进行局部装饰装修的，经营者应当采取有效措施，保证营业的非装饰装修区域室内空气质量合格。

第十八条　室内公共场所禁止吸烟。公共场所经营者应当设置醒目的禁止吸烟警语和标志。

室外公共场所设置的吸烟区不得位于行人必经的通道上。

公共场所不得设置自动售烟机。

公共场所经营者应当开展吸烟危害健康的宣传，并配备专（兼）职人员对吸烟者进行劝阻。

第十九条　公共场所经营者应当按照卫生标准、规范的要求对公共场所的空气、微小气候、水质、采光、照明、噪声、顾客用品用具等进行卫生检测，检测每年不得少于一次；检测结果不符合卫生标准、规范要求的应当及时整改。

公共场所经营者不具备检测能力的,可以委托检测。

公共场所经营者应当在醒目位置如实公示检测结果。

第二十条 公共场所经营者应当制定公共场所危害健康事故应急预案或者方案,定期检查公共场所各项卫生制度、措施的落实情况,及时消除危害公众健康的隐患。

第二十一条 公共场所发生危害健康事故的,经营者应当立即处置,防止危害扩大,并及时向县级人民政府卫生行政部门报告。

任何单位或者个人对危害健康事故不得隐瞒、缓报、谎报或者授意他人隐瞒、缓报、谎报。

第三章 卫生监督

第二十二条 国家对公共场所实行卫生许可证管理。

公共场所经营者应当按照规定向县级以上地方人民政府卫生行政部门申请卫生许可证。未取得卫生许可证的,不得营业。

公共场所卫生监督的具体范围由省、自治区、直辖市人民政府卫生行政部门公布。

第二十三条 公共场所经营者申请卫生许可证的,应当提交下列资料:

(一)卫生许可证申请表;

(二)法定代表人或者负责人身份证明;

(三)公共场所地址方位示意图、平面图和卫生设施平面布局图;

(四)公共场所卫生检测或者评价报告;

(五)公共场所卫生管理制度;

(六)省、自治区、直辖市卫生行政部门要求提供的其他材料。

使用集中空调通风系统的,还应当提供集中空调通风系统卫生检测或者评价报告。

第二十四条 县级以上地方人民政府卫生行政部门应当自受理公共场所卫生许可申请之日起20日内,对申报资料进行审查,对现场进行审核,符合规定条件的,作出准予公共场所卫生许可的决定;对不符合规定条件的,作出不予行政许可的决定并书面说明理由。

第二十五条 公共场所卫生许可证应当载明编号、单位名称、法定代表人或者负责人、经营项目、经营场所地址、发证机关、发证时间、有效期限。

公共场所卫生许可证有效期限为4年,每2年复核1次。

公共场所卫生许可证应当在经营场所醒目位置公示。

第二十六条 公共场所进行新建、改建、扩建的,应当符合有关卫生标准和要求,经营者应当按照有关规定办理预防性卫生审查手续。

预防性卫生审查程序和具体要求由省、自治区、直辖市人民政府卫生行政部门制定。

第二十七条　公共场所经营者变更单位名称、法定代表人或者负责人的，应当向原发证卫生行政部门办理变更手续。

公共场所经营者变更经营项目、经营场所地址的，应当向县级以上地方人民政府卫生行政部门重新申请卫生许可证。

公共场所经营者需要延续卫生许可证的，应当在卫生许可证有效期届满 30 日前，向原发证卫生行政部门提出申请。

第二十八条　县级以上人民政府卫生行政部门应当组织对公共场所的健康危害因素进行监测、分析，为制定法律法规、卫生标准和实施监督管理提供科学依据。

县级以上疾病预防控制机构应当承担卫生行政部门下达的公共场所健康危害因素监测任务。

第二十九条　县级以上地方人民政府卫生行政部门应当对公共场所卫生监督实施量化分级管理，促进公共场所自身卫生管理，增强卫生监督信息透明度。

第三十条　县级以上地方人民政府卫生行政部门应当根据卫生监督量化评价的结果确定公共场所的卫生信誉度等级和日常监督频次。

公共场所卫生信誉度等级应当在公共场所醒目位置公示。

第三十一条　县级以上地方人民政府卫生行政部门对公共场所进行监督检查，应当依据有关卫生标准和要求，采取现场卫生监测、采样、查阅和复制文件、询问等方法，有关单位和个人不得拒绝或者隐瞒。

第三十二条　县级以上人民政府卫生行政部门应当加强公共场所卫生监督抽检，并将抽检结果向社会公布。

第三十三条　县级以上地方人民政府卫生行政部门对发生危害健康事故的公共场所，可以依法采取封闭场所、封存相关物品等临时控制措施。

经检验，属于被污染的场所、物品，应当进行消毒或者销毁；对未被污染的场所、物品或者经消毒后可以使用的物品，应当解除控制措施。

第三十四条　开展公共场所卫生检验、检测、评价等业务的技术服务机构，应当具有相应专业技术能力，按照有关卫生标准、规范的要求开展工作，不得出具虚假检验、检测、评价等报告。

技术服务机构的专业技术能力由省、自治区、直辖市人民政府卫生行政部门组织考核。

第四章　法律责任

第三十五条　对未依法取得公共场所卫生许可证擅自营业的，由县级以上地方人民政府卫生行政部门责令限期改正，给予警告，并处以 500 元以上 5000 元以下罚款；有下列情形之一的，处以 5000 元以上 3 万元以下罚款：

（一）擅自营业曾受过卫生行政部门处罚的；

（二）擅自营业时间在 3 个月以上的；

（三）以涂改、转让、倒卖、伪造的卫生许可证擅自营业的。

对涂改、转让、倒卖有效卫生许可证的，由原发证的卫生行政部门予以注销。

第三十六条　公共场所经营者有下列情形之一的，由县级以上地方人民政府卫生行政部门责令限期改正，给予警告，并可处以 2000 元以下罚款；逾期不改正，造成公共场所卫生质量不符合卫生标准和要求的，处以 2000 元以上 2 万元以下罚款；情节严重的，可以依法责令停业整顿，直至吊销卫生许可证：

（一）未按照规定对公共场所的空气、微小气候、水质、采光、照明、噪声、顾客用品用具等进行卫生检测的；

（二）未按照规定对顾客用品用具进行清洗、消毒、保洁，或者重复使用一次性用品用具的。

第三十七条　公共场所经营者有下列情形之一的，由县级以上地方人民政府卫生行政部门责令限期改正；逾期不改的，给予警告，并处以 1000 元以上 1 万元以下罚款；对拒绝监督的，处以 1 万元以上 3 万元以下罚款；情节严重的，可以依法责令停业整顿，直至吊销卫生许可证：

（一）未按照规定建立卫生管理制度、设立卫生管理部门或者配备专（兼）职卫生管理人员，或者未建立卫生管理档案的；

（二）未按照规定组织从业人员进行相关卫生法律知识和公共场所卫生知识培训，或者安排未经相关卫生法律知识和公共场所卫生知识培训考核的从业人员上岗的；

（三）未按照规定设置与其经营规模、项目相适应的清洗、消毒、保洁、盥洗等设施设备和公共卫生间，或者擅自停止使用、拆除上述设施设备，或者挪作他用的；

（四）未按照规定配备预防控制鼠、蚊、蝇、蟑螂和其他病媒生物的设施设备以及废弃物存放专用设施设备，或者擅自停止使用、拆除预防控制鼠、蚊、蝇、蟑螂和其他病媒生物的设施设备以及废弃物存放专用设施设备的；

（五）未按照规定索取公共卫生用品检验合格证明和其他相关资料的；

（六）未按照规定对公共场所新建、改建、扩建项目办理预防性卫生审查手续的；

（七）公共场所集中空调通风系统未经卫生检测或者评价不合格而投入使用的；

（八）未按照规定公示公共场所卫生许可证、卫生检测结果和卫生信誉度等级的；

（九）未按照规定办理公共场所卫生许可证复核手续的。

第三十八条 公共场所经营者安排未获得有效健康合格证明的从业人员从事直接为顾客服务工作的，由县级以上地方人民政府卫生行政部门责令限期改正，给予警告，并处以 500 元以上 5000 元以下罚款；逾期不改正的，处以 5000 元以上 1.5 万元以下罚款。

第三十九条 公共场所经营者对发生的危害健康事故未立即采取处置措施，导致危害扩大，或者隐瞒、缓报、谎报的，由县级以上地方人民政府卫生行政部门处以 5000 元以上 3 万元以下罚款；情节严重的，可以依法责令停业整顿，直至吊销卫生许可证。构成犯罪的，依法追究刑事责任。

第四十条 公共场所经营者违反其他卫生法律、行政法规规定，应当给予行政处罚的，按照有关卫生法律、行政法规规定进行处罚。

第四十一条 县级以上人民政府卫生行政部门及其工作人员玩忽职守、滥用职权、收取贿赂的，由有关部门对单位负责人、直接负责的主管人员和其他责任人员依法给予行政处分。构成犯罪的，依法追究刑事责任。

第五章 附 则

第四十二条 本细则下列用语的含义：

集中空调通风系统，指为使房间或者封闭空间空气温度、湿度、洁净度和气流速度等参数达到设定的要求，而对空气进行集中处理、输送、分配的所有设备、管道及附件、仪器仪表的总和。

公共场所危害健康事故，指公共场所内发生的传染病疫情或者因空气质量、水质不符合卫生标准、用品用具或者设施受到污染导致的危害公众健康事故。

第四十三条 本细则自 2011 年 5 月 1 日起实施。卫生部 1991 年 3 月 11 日发布的《公共场所卫生管理条例实施细则》同时废止。

卫生部关于印发《食品相关产品新品种行政许可管理规定》的通知

（2011 年 3 月 24 日 卫监督发〔2011〕25 号）

各省、自治区、直辖市卫生厅（局），新疆生产建设兵团卫生局，中国疾病预防控制中心、卫生部卫生监督中心；

为贯彻《食品安全法》及其实施条例，规范食品相关产品新品种行政许可工作，我部组织制定了《食品相关产品新品种行政许可管理规定》。现印发给你们，请遵照执行，并将执行中的有关问题及时反馈我部。

食品相关产品新品种行政许可管理规定

第一条 为规范食品相关产品新品种的安全性评估和许可工作，根据《食品安全法》及其实施条例的规定，制定本规定。

第二条 本规定所称食品相关产品新品种，是指用于食品包装材料、容器、洗涤剂、消毒剂和用于食品生产经营的工具、设备的新材料、新原料或新添加剂，具体包括：

（一）尚未列入食品安全国家标准或者卫生部公告允许使用的食品包装材料、容器及其添加剂；

（二）扩大使用范围或者使用量的食品包装材料、容器及其添加剂；

（三）尚未列入食品用消毒剂、洗涤剂原料名单的新原料；

（四）食品生产经营用工具、设备中直接接触食品的新材料、新添加剂。

第三条 食品相关产品应当符合下列要求：

（一）用途明确，具有技术必要性；

（二）在正常合理使用情况下不对人体健康产生危害；

（三）不造成食品成分、结构或色香味等性质的改变；

（四）在达到预期效果时尽可能降低使用量。

第四条 卫生部负责食品相关产品新品种许可工作，制订安全性评估技术规范，并指定卫生部卫生监督中心作为食品相关产品新品种技术审评机构（以下简称审评机构），负责食品相关产品新品种的申报受理、组织安全性评估、技术审核和报批等工作。

第五条 申请食品相关产品新品种许可的单位或个人（以下简称申请人），应当向审评机构提出申请，并提交下列材料：

（一）申请表；

（二）理化特性；

（三）技术必要性、用途及使用条件；

（四）生产工艺；

（五）质量规格要求、检验方法及检验报告；

（六）毒理学安全性评估资料；

（七）迁移量和/或残留量、估计膳食暴露量及其评估方法；

（八）国内外允许使用情况的资料或证明文件；

（九）其他有助于评估的资料。

申请食品用消毒剂、洗涤剂新原料的，可以免予提交第七项资料。

申请食品包装材料、容器、工具、设备用新添加剂的，还应当提交使用范围、使用量等资料。

申请食品包装材料、容器、工具、设备用添加剂扩大使用范围或使用量的，应当提交第一项、第三项、第六项、第七项及使用范围、使用量等资料。

第六条 申请首次进口食品相关产品新品种的，除提交第五条规定的材料外，还应当提交以下材料：

（一）出口国（地区）相关部门或者机构出具的允许该产品在本国（地区）生产或者销售的证明材料；

（二）生产企业所在国（地区）有关机构或者组织出具的对生产企业审查或者认证的证明材料；

（三）受委托申请人应当提交委托申报的委托书；

（四）中文译文应当有中国公证机关的公证。

第七条 申请人应当如实提交有关材料，反映真实情况，并对申请材料的真实性负责，承担法律后果。

第八条 申请人应当在其提交的资料中注明不涉及商业秘密，可以向社会公开的内容。

第九条 审评机构应当在受理后 60 日内组织医学、食品、化工、材料等方面的专家，对食品相关产品新品种的安全性进行技术评审，并作出技术评审结论。对技术评审过程中需要补充资料的，审评机构应当及时书面一次性告知申请人，申请人应当按照要求及时补充有关资料。

根据技术评审需要，审评机构可以要求申请人现场解答有关技术问题，申请人应当予以配合。必要时，可以组织专家对食品相关产品新品种研制及生产现场进行核实、评价。

需要对相关资料和检验结果进行验证试验的，审评机构应当将检验项目、检验批次、检验方法等要求告知申请人。验证试验应当在取得资质认定的检验机构进行。对尚无食品安全国家标准检验方法的，应当首先对检验方法进行验证。

第十条 食品相关产品新品种行政许可的具体程序按照《行政许可法》、《卫生行政许可管理办法》等有关规定执行。

第十一条 审评机构应当在评审过程中向社会公开征求意见。

根据技术评审结论，卫生部对符合食品安全要求的食品相关产品新品种准予许可并予以公告。对不符合要求的，不予许可并书面说明理由。符合卫生部公告要求的食品相关产品（包括进口食品相关产品），不需再次申请许可。

第十二条 卫生部根据食品相关产品安全性评估结果，按照食品安全国家标准管理的有关规定制订公布相应食品安全国家标准。

相应的食品安全国家标准公布后，原公告自动废止。

第十三条 有下列情况之一的，卫生部应当及时组织专家对已批准的食品相关产品进行重新评估：

（一）随着科学技术的发展，对食品相关产品的安全性产生质疑的；

（二）有证据表明食品相关产品的安全性可能存在问题的。

经重新评价认为不符合食品安全要求的，卫生部可以公告撤销已批准的食品相关产品品种或者修订其使用范围和用量。

第十四条 使用《可用于食品的消毒剂原料（成分）名单》中所列原料生产消毒剂的，应当执行《传染病防治法》、《消毒管理办法》及卫生部有关规定。

第十五条 审评机构对食品相关产品新品种审批资料实行档案管理，建立食品相关产品新品种审批数据库，并按照有关规定提供检索和咨询服务。

第十六条 本规定由卫生部负责解释，自 2011 年 6 月 1 日起施行。

医疗器械召回管理办法（试行）

（2010 年 6 月 28 日卫生部部务会议审议通过 2011 年 5 月 20 日中华人民共和国卫生部令第 82 号发布 自 2011 年 7 月 1 日起施行）

第一章 总 则

第一条 为加强对医疗器械的监督管理，保障人体健康和生命安全，根据《医疗器械监督管理条例》、《国务院关于加强食品等产品安全监督管理的特别规定》，制定本办法。

第二条 在中华人民共和国境内销售的医疗器械的召回及其监督管理，适用本办法。

第三条 本办法所称医疗器械召回，是指医疗器械生产企业按照规定的程序对其已上市销售的存在缺陷的某一类别、型号或者批次的产品，采取警示、检查、修理、重新标签、修改并完善说明书、软件升级、替换、收回、销毁等方式消除缺陷的行为。

第四条 本办法所称缺陷，是指医疗器械在正常使用情况下存在可能危及人体健康和生命安全的不合理的风险。

第五条 医疗器械生产企业是控制与消除产品缺陷的主体，应当对其生产的产品安全负责。

第六条 医疗器械生产企业应当按照本办法的规定建立和完善医疗器械召回制度，收集医疗器械安全的相关信息，对可能存在缺陷的医疗器械进行调查、评估，及时召回存在缺陷的医疗器械。

医疗器械经营企业、使用单位应当协助医疗器械生产企业履行召回义务，按照召回计划的要求及时传达、反馈医疗器械召回信息，控制和收回存在缺陷的医疗器械。

第七条 医疗器械经营企业、使用单位发现其经营、使用的医疗器械存在缺陷的，应当立即暂停销售或者使用该医疗器械，及时通知医疗器械生产企业或者供货商，并向所在地省、自治区、直辖市药品监督管理部门报告；使用单位为医疗机构的，还应当同时向所在地省、自治区、直辖市卫生行政部门报告。

医疗器械经营企业、使用单位所在地省、自治区、直辖市药品监督管理部门收到报告后，应当及时通报医疗器械生产企业所在地省、自治区、直辖市药品监督管理部门。

第八条 召回医疗器械的生产企业、进口医疗器械的境外制造厂商在中国境内指定的代理人所在地省、自治区、直辖市药品监督管理部门负责医疗器械召回的监督管理工作，其他省、自治区、直辖市药品监督管理部门应当配合、协助做好本辖区内医疗器械召回的有关工作。

国家食品药品监督管理局监督全国医疗器械召回的管理工作。

第九条 国家食品药品监督管理局和省、自治区、直辖市药品监督管理部门应当建立医疗器械召回信息通报和公开制度，及时向同级卫生行政部门通报相关信息，采取有效途径向社会公布存在缺陷的医疗器械信息和医疗器械召回的情况。

第二章　医疗器械缺陷的调查与评估

第十条 医疗器械生产企业应当建立健全医疗器械质量管理体系和医疗器械不良事件监测系统，收集、记录医疗器械的质量问题与医疗器械不良事件信息，对收集的信息进行分析，对医疗器械可能存在的缺陷进行调查和评估。

医疗器械经营企业、使用单位应当配合医疗器械生产企业开展有关医疗器械缺陷的调查，并提供有关资料。

第十一条 医疗器械生产企业应当按照规定及时将收集的医疗器械不良事件信息向药品监督管理部门报告，药品监督管理部门可以对医疗器械不良事件信息或者可能存在的缺陷进行分析和调查，医疗器械生产企业、经营企业、使用单位应当予以协助。

第十二条 对医疗器械缺陷进行评估的主要内容包括：

（一）在使用医疗器械过程中是否发生过故障或者伤害；

（二）在现有使用环境下是否会造成伤害，是否有科学文献、研究、相关试验或者验证能够解释伤害发生的原因；

（三）伤害所涉及的地区范围和人群特点；

（四）对人体健康造成的伤害程度；

（五）伤害发生的概率；

（六）发生伤害的短期和长期后果；

（七）其他可能对人体造成伤害的因素。

第十三条 根据医疗器械缺陷的严重程度，医疗器械召回分为：

（一）一级召回：使用该医疗器械可能或者已经引起严重健康危害的；

（二）二级召回：使用该医疗器械可能或者已经引起暂时的或者可逆的健康危害的；

（三）三级召回：使用该医疗器械引起危害的可能性较小但仍需要召回的。

医疗器械生产企业应当根据召回分级与医疗器械销售和使用情况，科学设计召回计划并组织实施。

第三章　主动召回

第十四条 医疗器械生产企业按照本办法第十条、第十二条的要求进行调查评估后，发现医疗器械存在缺陷的，应当立即决定召回。

进口医疗器械的境外制造厂商在境外实施医疗器械召回的，应当通知其在中国境内指定的代理人及时报告国家食品药品监督管理局；在境内进行召回的，由其在中国境内指定的代理人按照本办法的规定负责具体实施。

第十五条 医疗器械生产企业做出医疗器械召回决定的，一级召回在1日内，二级召回在3日内，三级召回在7日内，通知到有关医疗器械经营企业、使用单位或者告知使用者。

召回通知至少应当包括以下内容：

（一）召回医疗器械名称、批次等基本信息；

（二）召回的原因；

（三）召回的要求，如立即暂停销售和使用该产品、将召回通知转发到相关经营企业或者使用单位等；

（四）召回医疗器械的处理方式。

第十六条 医疗器械生产企业做出医疗器械召回决定的，应当立即书面告知所在地省、自治区、直辖市药品监督管理部门，并且在 5 日内填写《医疗器械召回事件报告表》（见附表 1），将调查评估报告和召回计划同时提交给所在地省、自治区、直辖市药品监督管理部门备案。

省、自治区、直辖市药品监督管理部门应当将一级召回的有关情况及时报告国家食品药品监督管理局。

第十七条 调查评估报告应当包括以下内容：

（一）召回医疗器械的具体情况，包括名称、批次等基本信息；

（二）实施召回的原因；

（三）调查评估结果；

（四）召回分级。

召回计划应当包括以下内容：

（一）医疗器械生产销售情况及拟召回的数量；

（二）召回措施的具体内容，包括实施的组织、范围和时限等；

（三）召回信息的公布途径与范围；

（四）召回的预期效果；

（五）医疗器械召回后的处理措施。

第十八条 药品监督管理部门可以根据实际情况组织专家对医疗器械生产企业提交的召回计划进行评估，认为医疗器械生产企业所采取的措施不能有效消除缺陷的，应当要求医疗器械生产企业采取提高召回等级、扩大召回范围、缩短召回时间或者改变召回产品的处理方式等更为有效的措施。

第十九条 医疗器械生产企业对上报的召回计划进行变更的，应当及时报药品监督管理部门备案。

第二十条 医疗器械生产企业在实施召回的过程中，应当根据召回计划定期向药品监督管理部门提交《召回计划实施情况报告》（见附表 2），报告召回计划实施情况。

第二十一条 医疗器械生产企业对召回医疗器械的处理应当有详细的记录，并向医疗器械生产企业所在地省、自治区、直辖市药品监督管理部门报告。对通过警示、检查、修理、重新标签、修改并完善说明书、软件升级、替换、销毁等方式能够消除产品缺陷的，可以在产品所在地完成上述行为。需要销毁的，应当在销毁地药品监督管理部门监督下销毁。

第二十二条 医疗器械生产企业在召回完成后，应当对召回效果进行评价，并在召回完成后 10 日内向药品监督管理部门提交医疗器械召回总结报告。

第二十三条 药品监督管理部门应当自收到总结报告之日起 10 日内对报告进行审查，并对召回效果进行评价。审查和评价结论应当以书面形式通知医疗器械生产企业并抄送同级卫生行政部门。

经过审查和评价，认为召回不彻底，尚未有效消除缺陷的，药品监督管理部门应当要求医疗器械生产企业重新召回。

第四章 责令召回

第二十四条 药品监督管理部门经过调查评估，认为存在本办法第四条所称的缺陷，医疗器械生产企业应当召回医疗器械而未主动召回的，应当责令医疗器械生产企业召回医疗器械。

必要时，药品监督管理部门应当要求医疗器械生产企业、经营企业和使用单位立即暂停销售或者使用、告知使用者立即暂停使用该医疗器械。

第二十五条 药品监督管理部门做出责令召回决定，应当将责令召回通知书送达医疗器械生产企业或者进口医疗器械生产企业的国内代理商，通知书包括以下内容：

（一）召回医疗器械的具体情况，包括名称、批次等基本信息；

（二）实施召回的原因；

（三）调查评估结果；

（四）召回要求，包括范围和时限等。

第二十六条 医疗器械生产企业收到责令召回通知书后，应当按照本办法第十五条、第十六条的规定通知医疗器械经营企业和使用单位或者告知使用者，制定、提交召回计划，并组织实施。

第二十七条 医疗器械生产企业应当按照本办法第十九条、第二十条、第二十一条、第二十二条的规定向药品监督管理部门报告医疗器械召回的相关情况，进行召回医疗器械的后续处理。

药品监督管理部门应当按照本办法第二十三条的规定对医疗器械生产企业提交的医疗器械召回总结报告进行审查，并对召回效果进行评价，及时通报同级卫生行政部门。经过审查和评价，认为召回不彻底，尚未有效消除缺陷的，药品监督管理部门应当要求医疗器械生产企业重新召回。

第五章　法律责任

第二十八条　药品监督管理部门确认医疗器械生产企业因违反法律、法规、规章规定造成上市医疗器械存在缺陷，依法应当给予行政处罚，但该企业已经采取召回措施主动消除或者减轻危害后果的，依照《行政处罚法》的规定从轻或者减轻处罚；违法行为轻微并及时纠正，没有造成危害后果的，不予处罚。

医疗器械生产企业召回医疗器械的，不免除其依法应当承担的其他法律责任。

第二十九条　医疗器械生产企业违反本办法规定，发现医疗器械存在缺陷而没有主动召回医疗器械的，责令召回医疗器械，并处应召回医疗器械货值金额3倍的罚款；造成严重后果的，由原发证部门吊销医疗器械产品注册证书，直至吊销《医疗器械生产企业许可证》。

第三十条　医疗器械生产企业违反本办法第二十四条规定，拒绝召回医疗器械的，处应召回医疗器械货值金额3倍的罚款；造成严重后果的，由原发证部门吊销医疗器械产品注册证书，直至吊销《医疗器械生产企业许可证》。

第三十一条　医疗器械生产企业有下列情形之一的，予以警告，责令限期改正，并处3万元以下罚款：

（一）违反本办法第十五条规定，未在规定时间内将召回医疗器械的决定通知到医疗器械经营企业、使用单位或者告知使用者的；

（二）违反本办法第十八条、第二十三条第二款、第二十七条第二款规定，未按照药品监督管理部门要求采取改正措施或者重新召回医疗器械的；

（三）违反本办法第二十一条规定，未对召回医疗器械的处理做详细记录或者未向药品监督管理部门报告的。

第三十二条　医疗器械生产企业有下列情形之一的，予以警告，责令限期改正；逾期未改正的，处3万元以下罚款：

（一）未按本办法规定建立医疗器械召回制度的；

（二）拒绝协助药品监督管理部门开展调查的；

（三）未按照本办法规定提交《医疗器械召回事件报告表》、调查评估报告和召回计划、医疗器械召回计划实施情况和总结报告的；

（四）变更召回计划，未报药品监督管理部门备案的。

第三十三条　医疗器械经营企业、使用单位违反本办法第七条第一款规定的，责令停止销售、使用存在缺陷的医疗器械，并处1000元以上3万元以下罚款；造成严重后果的，由原发证部门吊销《医疗器械经营企业许可证》。

第三十四条 医疗器械经营企业、使用单位拒绝配合有关医疗器械缺陷调查、拒绝协助医疗器械生产企业召回医疗器械的，予以警告，责令改正；拒不改正的，处3万元以下罚款。

第三十五条 药品监督管理部门及其工作人员不履行职责或者滥用职权的，按照有关法律、法规规定予以处理。

第六章 附 则

第三十六条 召回的医疗器械已经植入人体的，医疗器械生产企业应当与医疗机构和患者共同协商，根据召回的不同原因，提出对患者的处理意见和应采取的预案措施。

第三十七条 召回的医疗器械给患者造成损害的，患者可以向生产企业请求赔偿，也可以向医疗器械经营企业、使用单位请求赔偿。患者向医疗器械经营企业、使用单位请求赔偿的，医疗器械经营企业、使用单位赔偿后，有权向负有责任的生产企业追偿。

第三十八条 本办法自2011年7月1日起施行。

附表：1. 医疗器械召回事件报告表（略，详情请登录卫生部网站）

　　　2. 召回计划实施情况报告（略，详情请登录卫生部网站）

卫生部决定废止的部门规章目录（7件）

（2011年4月11日卫生部部务会议审议通过
2011年6月23日中华人民共和国卫生部令第
83号发布 自2011年6月23日起施行）

序号	规章名称	公布机关	公布日期
1	全国城乡孕产期保健质量标准和要求	卫生部	1985.6.1
2	卫生部部属医学科学研究机构人员编制原则（试行）	卫生部	1985.6.30
3	妇产科专科医院组织编制原则（试行）	卫生部	1986.6.30
4	全国城市围产保健管理办法（试行）	卫生部	1987.4.20
5	农村孕产妇系统保健管理办法（试行）	卫生部	1989.2.10
6	家庭接生常规（试行）	卫生部	1989.2.10
7	学生集体用餐卫生监督办法	卫生部	1996.8.27

海关总署　国家发展和改革委员会
决定废止的规范性文件目录

（2011 年 1 月 27 日中华人民共和国海关总署、中
华人民共和国国家发展和改革委员会公告 2011
年第 12 号发布　2011 年 1 月 27 日起施行）

序号	文号	名称
1	署税〔2000〕76 号	海关总署、国家经贸委关于下发《原糖加工贸易单耗标准》的通知
2	署税〔2000〕99 号	海关总署、国家经贸委关于下发《书籍加工贸易单耗标准（HDB0003—1999）》的通知
3	署税〔2001〕41 号	海关总署、国家经贸委关于下发《夹层玻璃加工贸易单耗标准》的通知

质量技术监督行政处罚程序规定

（2011 年 1 月 13 日国家质量监督检验检疫总局局务会
议审议通过　2011 年 3 月 2 日国家质量监督检验检疫
总局令第 137 号公布　自 2011 年 7 月 1 日起施行）

第一章　总　　则

第一条　为了规范质量技术监督行政处罚程序，保障质量技术监督部门有效实施行政管理，保护公民、法人和其他组织的合法权益，根据《中华人民共和国行政处罚法》等法律法规的规定，制定本规定。

第二条　各级质量技术监督部门办理行政处罚案件，适用本规定。法律、法规另有规定的，依照其规定。

第三条　办理行政处罚案件，应当做到事实清楚，证据确凿，程序合法，法律、法规、规章适用准确，处罚合理、公正，执法文书使用正确、规范。

第四条　质量技术监督部门应当加强系统内部门之间办案协作。

办理行政处罚案件时，需要其他部门协助的，可以提出协查请求；接到协查请求的，应当予以协助和配合。发现违法行为需要由其他部门进一步处理的，应当及时通报。

第五条　质量技术监督部门应当加强对本级案件承办机构和下级质量技术监督部门办理行政处罚案件的监督检查。

上级质量技术监督部门对下级质量技术监督部门办理的重大行政处罚案件，可以进行督办。

第六条　质量技术监督部门办理行政处罚案件实行回避制度。案件承办人员、审理人员和听证人员与案件有直接利害关系的，应当回避。

当事人或者前款规定人员本人申请回避，应当在行政处罚决定作出之前提出，由质量技术监督部门主要负责人作出是否回避的决定。质量技术监督部门主要负责人是否回避由上一级质量技术监督部门决定。

第二章　管　　辖

第七条　行政处罚案件由违法行为发生地的县级以上质量技术监督部门管辖。

有管辖权的质量技术监督部门在本行政区域之外开展调查取证等活动的，应当通报相关质量技术监督部门。必要时逐级报请共同的上一级质量技术监督部门做好协调工作。相关质量技术监督部门应当予以协助和配合。

第八条　质量技术监督部门之间对管辖权发生争议的，报请共同的上一级质量技术监督部门指定管辖。

有管辖权的质量技术监督部门由于特殊原因不能行使管辖权或者上级质量技术监督部门认为需要指定管辖的，可以指定管辖。

第九条　上级质量技术监督部门在必要时，可以直接办理下级质量技术监督部门管辖的行政处罚案件。

对重大、复杂的行政处罚案件，下级质量技术监督部门可以报请上级质量技术监督部门办理。

第十条　质量技术监督部门发现办理的案件不属于本机关管辖的，应当将案件移送有管辖权的质量技术监督部门。

受移送的质量技术监督部门对管辖权有异议的，应当报请共同的上一级质量技术监督部门指定管辖，不得再自行移送。

第十一条　质量技术监督部门发现办理的案件属于其他行政管理部门管辖的，应当依法移送其他有关部门。

质量技术监督部门发现违法行为涉嫌犯罪的，应当依照有关规定将案件移送司法机关。

第三章　行政处罚的一般程序

第十二条　质量技术监督部门对依据监督检查职权或者通过举报、投诉、其他部门移送、上级部门交办等途径发现的违法行为线索，应当自发现之日起 15 日内组织核查，并决定是否立案。

检验、检测、检定、鉴定等所需时间，不计入前款规定期限。

立案案件应当报请质量技术监督部门负责人批准，并按照本规定程序办理，直至结案。

第十三条　质量技术监督部门在调查取证时，案件承办人员不得少于两人，应当向当事人或者有关人员出示行政执法证件，并记录在案。

第十四条　案件承办人员应当对案件进行全面调查，收集认定案件事实的证据。

书证、物证、视听资料、证人证言、当事人陈述、现场笔录以及检验、检测、检定或者鉴定结果等，经查证属实后作为认定案件事实的证据。

第十五条　现场检查由案件承办人员进行，可以邀请法定检验、检测、检定、鉴定机构的人员或者有关技术人员参加。现场检查应当通知当事人到场。当事人拒不到场的，不影响检查的进行，承办人员应当在笔录中载明情况。

现场检查情况应当如实记入现场检查笔录，由当事人签署意见，并签名或者盖章。必要时，可以采取拍照、录像等方式记录现场情况。

第十六条　案件承办人员对当事人或者有关证明人的询问调查应当个别进行。询问前应当收集、核对被询问人的身份证明，并告知其权利和义务。

询问调查应当制作笔录，经被询问人确认无误后在笔录上逐页签名或者盖章。笔录如有差错、遗漏，应当允许其更正或者补充，更正或者补充部分应当由被询问人以签名、盖章或者押印等方式确认。

第十七条　案件承办人员应当收集与案件有关的原始证明材料作为证据。收集原始证明材料有困难的，可以提取复制件、影印件或者抄录本等，并由证据提供人标明"经核对与原件无误"。

收集、提取的证据应当注明出证日期、证据出处，并由案件承办人员、证据提供人签名或者盖章。

第十八条　案件承办人员在调查取证过程中，可以要求当事人或者有关证明人提供与案件有关的证明材料。根据需要可以采取录音、录像和拍照等方式收集证据。

第十九条 案件调查中发现的涉嫌假冒产品，可以交由被假冒的企业进行鉴别。经质量技术监督部门查证后，可以将企业出具的鉴别证明材料作为认定案件事实的证据。

出具证明材料的企业对其证明内容负责，并依法承担相应的法律责任。

第二十条 质量技术监督部门收集证据时，可以采取抽样取证的方法。

所抽样品需要检验、检测、检定或者鉴定的，应当委托具有法定资质的机构进行。检验、检测、检定或者鉴定结果应当告知当事人。法律、法规、规章对复检有规定的，应当同时告知当事人复检权利。

第二十一条 在证据可能灭失或者以后难以取得的情况下，质量技术监督部门可以对与涉嫌违法行为有关的证据采取先行登记保存措施。

采取或者解除先行登记保存措施，应当经质量技术监督部门负责人批准。

第二十二条 对于先行登记保存的证据，应当在 7 日内作出以下处理决定。逾期未作出处理决定的，先行登记保存措施自动解除。

（一）根据情况及时采取记录、复制、拍照、录像等证据保全措施；

（二）根据有关法律、法规规定采取查封、扣押、封存等行政强制措施；

（三）违法事实不成立，或者违法事实成立但依法不应当予以查封、扣押、封存的，解除先行登记保存措施。

第二十三条 质量技术监督部门在办理行政处罚案件中，可以依据法律、法规、规章的规定采取查封、扣押、封存等行政强制措施。

经调查，不需要继续采取行政强制措施的，应当及时解除行政强制措施。

采取或者解除行政强制措施，应当经质量技术监督部门负责人批准。

第二十四条 调查取证过程中，出现当事人拒绝接受调查、当事人或者有关人员拒绝在相应执法文书上签名或者盖章等情况的，案件承办人员应当在执法文书或者其他有关材料上载明情况，并以录音、录像等视听资料加以证明。

必要时，案件承办人员可以邀请第三方作为见证人。

第二十五条 因涉嫌违法的自然人死亡或者法人、其他组织终止，并且无权利义务承受人等原因，致使调查无法继续进行的，案件承办机构可以报请质量技术监督部门主要负责人批准后，决定终止调查并结案。

第二十六条　各级质量技术监督部门应当设立行政处罚案件审理委员会，实行案件集体审理制度。

行政处罚案件的审理，按照《质量技术监督行政处罚案件审理规定》的有关规定执行。

第二十七条　对当事人拟作出行政处罚的，应当告知当事人违法事实、处罚依据及理由、处罚种类及幅度，并告知当事人依法享有的陈述、申辩、听证等权利。

质量技术监督部门应当充分听取当事人的陈述和申辩，不得因当事人申辩而加重处罚。

第二十八条　质量技术监督部门对当事人提出的事实、理由和证据，应当进行复核。案件复核按照《质量技术监督行政处罚案件审理规定》的有关规定执行。

第二十九条　质量技术监督部门对当事人依法给予行政处罚的，应当制作行政处罚决定书，载明当事人姓名或者名称及地址、违法事实及证据、处罚依据及理由、处罚种类及幅度、处罚履行方式及期限、救济途径及期限、作出处罚决定的行政机关名称及日期等内容，并加盖作出行政处罚决定的行政机关的印章。

行政处罚决定书应当自作出之日起 7 日内按照本规定第七章的有关规定送达当事人。

第三十条　质量技术监督部门实施行政处罚，依法责令当事人改正或者限期改正违法行为。

责令限期改正的期限按照法律、法规、规章或者技术规范的规定执行。法律、法规、规章或者技术规范没有规定的，改正期限一般不超过 30 日；确有必要超过 30 日的，应当根据案件实际情况确定，并报请质量技术监督部门负责人批准。

第三十一条　因案件管辖或者其他依法需要报请上级质量技术监督部门决定的案件，下级质量技术监督部门应当及时上报。上级质量技术监督部门应当自接到上报材料之日起 15 日内作出决定。

第三十二条　质量技术监督部门办理行政处罚案件，应当自立案之日起 3 个月内作出处理决定。因案情复杂不能按期作出处理决定的，经质量技术监督部门主要负责人批准，可以延长 30 日。案情特别复杂，经延期仍不能作出处理决定的，应当报请上一级质量技术监督部门批准，适当延长办案期限。

案件办理过程中听证、公告、检验、检测、检定或者鉴定以及发生行政复议或者行政诉讼的，所需时间不计入前款规定期限。

第四章　行政处罚的听证程序

第三十三条　质量技术监督部门拟作出以下行政处罚决定之一的，应当告知当事人有要求举行听证的权利。自告知次日起算，当事人享有在3日内提出听证申请的权利：

（一）责令停产停业的；

（二）吊销质量技术监督部门核发的许可证的；

（三）处以较大数额罚款的。

前款（三）项规定的较大数额罚款的标准，按照地方性法规、地方政府规章等有关规范性文件的规定执行。地方性法规、地方政府规章等有关规范性文件未做规定的，较大数额罚款的标准为3万元以上（含3万元）。

第三十四条　质量技术监督部门设立的行政处罚案件审理委员会下设办公室（以下简称案审办），负责听证的具体组织工作。

第三十五条　当事人要求听证的，应当以书面形式提出听证申请；当事人口头提出申请的，案审办应当将当事人基本情况、听证请求事项以及事实和理由记录在案，并由当事人签名或者签章。

当事人逾期未提出听证申请的，视为放弃听证的权利。

第三十六条　质量技术监督部门应当自接到当事人听证申请之日起15日内，按照以下要求组织听证：

（一）确定听证主持人和记录员。听证主持人由质量技术监督部门主要负责人指定非本案承办人员担任，听证记录员由案审办有关人员担任。

（二）确定听证参加人。听证参加人包括案件承办人员以及当事人。当事人可以委托1至2名代理人参加听证，委托代理人参加听证的，应当提交书面委托书。

（三）确定听证主要内容。案审办向听证主持人提交当事人基本情况、违法事实、证据、拟处罚意见以及听证申请等有关材料。

（四）确定听证时间和地点。案审办应当在举行听证的7日前，将听证的时间、地点通知当事人。

第三十七条　当事人在举行听证之前，提出撤回听证申请的，应当准许，并记录在案。

当事人无正当理由不出席听证的，视为撤回听证申请。

第三十八条　除涉及国家秘密、商业秘密或者个人隐私的案件，听证会应当公开举行。听证会按照以下程序进行：

（一）主持人宣布听证会纪律；

（二）核对听证参加人姓名、年龄、身份，告知听证参加人权利、义务；

（三）案件承办人员提出当事人违法事实、证据以及处罚意见；

（四）当事人进行申辩和质证；

（五）主持人宣布听证会结束。

第三十九条　听证主持人负责维持听证会秩序，保障听证参加人依法行使陈述、申辩的权利；同时享有询问听证参加人的权利。

当事人或者其委托代理人无正当理由放弃申辩和质证权利退出听证会的，主持人可以宣布听证终止。

第四十条　听证会结束后，听证笔录应当当场交听证主持人以及听证参加人审核无误后签名或者盖章。

案审办应当将听证笔录和案件有关材料一并提交行政处罚案件审理委员会进行重新审理。

第四十一条　质量技术监督部门对未依法告知当事人听证权利或者未依法组织听证的，其作出的行政处罚决定无效。

第五章　行政处罚的简易程序

第四十二条　对于违法事实清楚、证据确凿，依法应当对公民处以 50 元以下、对法人或者其他组织处以 1000 元以下罚款或者警告的行政处罚的，可以当场作出行政处罚决定。

第四十三条　案件承办人员在实施当场处罚时，应当收集必要的物证、书证、当事人陈述、现场笔录等证据，并使用统一的当场处罚决定书。

前款规定的当场处罚决定书应当载明当事人的违法事实、行政处罚依据、罚款数额、时间、地点以及行政机关的名称，并由案件承办人员及当事人签名或者盖章后，当场交付当事人。当事人拒绝签名或者盖章的，案件承办人员应当注明情况。

第四十四条　案件承办人员实施当场处罚，当场收缴罚款的，应当依照《中华人民共和国行政处罚法》的有关规定执行。

第四十五条　案件承办人员适用简易程序实施当场处罚的，应当符合本规定第十三条、第二十七条、第五十六条的规定。

第六章　行政处罚的执行和结案

第四十六条　行政处罚决定书一经送达，即发生法律效力。行政复议或者行政诉讼期间，行政处罚决定不停止执行，法律另有规定的除外。

第四十七条 当事人未按行政处罚决定规定的期限缴纳罚款的，质量技术监督部门可以每日按罚款数额的3%加处罚款。

第四十八条 当事人不履行行政处罚决定的，质量技术监督部门可以依法申请人民法院强制执行。

申请人民法院强制执行的期限为当事人的法定起诉期限届满之日起180日内。

第四十九条 当事人确有经济困难，需要延期或者分期缴纳罚款的，应当提出书面申请。经质量技术监督部门主要负责人批准，可以延期或者分期缴纳。

第五十条 对罚没物品的处置，按照《质量技术监督罚没物品管理和处置办法》的有关规定执行。

第五十一条 对依法解除登记保存或者行政强制措施，需要返还涉案物品的，应当及时予以返还。

当事人下落不明或者无法确定涉案物品所有人的，应当采取公告方式告知领取。公告期满仍无人领取的，经质量技术监督部门主要负责人批准，将涉案物品上缴或者依法拍卖后将所得款项上缴国库。

第五十二条 有以下情形之一的，经质量技术监督部门主要负责人批准，可以中止行政处罚决定的执行：

（一）行政复议或者行政诉讼期间，依法需要中止执行的；

（二）申请人民法院强制执行，人民法院裁定中止执行的；

（三）其他需要中止执行的。

第五十三条 因自然人死亡或者法人、其他组织终止，并且无权利义务承受人等原因，致使行政处罚决定无法继续执行的，经质量技术监督部门主要负责人批准，可以终止行政处罚决定的执行。

第五十四条 有以下情形之一的，经质量技术监督部门负责人批准后，予以结案：

（一）行政处罚决定执行完毕的；

（二）经人民法院判决或者裁定后，执行完毕的；

（三）不予行政处罚的；

（四）案件移送有管辖权部门或者司法机关的；

（五）决定终止调查的；

（六）决定终止行政处罚决定执行的。

第五十五条 质量技术监督部门对以下案件，应当在结案后15日内向上一级质量技术监督部门报告、备案：

（一）上级质量技术监督部门督办的案件；

（二）指定管辖的案件；

（三）在本行政区域内有重大影响的案件；

（四）向司法机关移送的案件；

（五）经人民政府行政复议或者行政诉讼结案的案件。

质量技术监督部门对于本级人民政府交办的案件或者在本行政区域内有重大影响的案件，应当及时向本级人民政府报告。

第五十六条 案件办理过程中形成的材料，应当按照档案管理的有关规定立卷存档。

第七章 期间与送达

第五十七条 期间包括法定期间和质量技术监督部门指定的期间。

期间以时、日、月、年计算，期间开始的时和日不计算在内。

期间届满的最后一日是节假日的，以节假日后的第一日为期间届满的日期。

期间不包括在途的时间，执法文书在期满前交邮的，不算过期。

第五十八条 送达执法文书应当使用送达回证，由受送达人在送达回证上载明收到日期，签名或者盖章。

受送达人在送达回证上的签收日期为送达日期。

第五十九条 送达执法文书，应当直接送交受送达人。受送达人是公民的，本人不在时交与其同住的成年家属签收；受送达人是法人或者其他组织的，应当由法人的法定代表人、其他组织的主要负责人或者该法人、组织的委托代理人、负责收件的人签收。签收日期为送达日期。

第六十条 受送达人拒绝接收执法文书的，送达人可以邀请有关基层组织等第三方的见证人员到场，说明情况，在送达回证上载明拒收事由和日期，由送达人、见证人签名或者盖章，把执法文书留在受送达人的住所，即视为送达。

留置送达应当采用录音、录像等方式记录送达情况。

第六十一条 直接送达执法文书有困难的，可以委托基层质量技术监督部门或者有关基层组织代为送达，也可以邮寄送达。

邮寄送达的，以邮寄回执上载明的收件日期为送达日期。

第六十二条 采取本规定第五十九条、第六十条、第六十一条规定的方式无法送达的，可以公告送达。公告送达，可以在受送达人原住所地张贴公告，也可以根据实际情况，通过报纸、电视或者互联网等新闻媒体发布公告。自发出公告之日起，经过60日，即视为送达。

公告送达，应当在案卷中载明公告送达的原因和经过。

第八章　附　则

第六十三条　法律、法规授权的质量技术监督执法机构办理行政处罚案件，依照本规定执行。

第六十四条　本规定由国家质量监督检验检疫总局负责解释。

第六十五条　本规定自 2011 年 7 月 1 日起施行。原国家技术监督局 1990 年 7 月 16 日公布的《技术监督行政案件办理程序的规定》、1995 年 12 月 8 日公布的《技术监督行政案件现场处罚规定》、1996 年 9 月 18 日公布的《技术监督行政案件听证工作规则》同时废止。

质量技术监督行政处罚案件审理规定

（2011 年 1 月 13 日国家质量监督检验检疫总局局务会议审议通过　2011 年 3 月 2 日国家质量监督检验检疫总局令第 138 号公布　自 2011 年 7 月 1 日起施行）

第一条　为了规范质量技术监督行政处罚案件审理工作，根据《中华人民共和国行政处罚法》等法律法规的规定，制定本规定。

第二条　各级质量技术监督部门审理、复核行政处罚案件，适用本规定。

第三条　各级质量技术监督部门应当设立行政处罚案件审理委员会（以下称案审委），负责对立案查处的行政处罚案件进行集体审理。

第四条　案审委应当由 5 名以上的单数委员组成，其中主任委员、副主任委员各 1 名。主任委员由质量技术监督部门主要负责人或者其委托的负责人担任，副主任委员由质量技术监督部门有关负责人担任。

县（区）级质量技术监督部门可以根据人员编制等实际情况设置案审委委员。

案审委委员应当由取得行政执法证件的人员担任。

第五条　案审委审理案件实行会议制度。案审会议由主任委员或者其委托的副主任委员主持。

第六条　对拟作出责令停产停业、吊销许可证、较大数额罚款决定的，或者情节复杂、影响重大的行政处罚案件，应当由 2/3 以上委员进行集体审理。对其他行政处罚案件，可以由 3 名以上委员进行集体审理。

较大数额罚款的标准，由省级质量技术监督部门结合本地实际确定。

第七条 案审委应当下设办公室（或者专职工作人员，下同）。案审委办公室（以下简称案审办）应当按照查审分离的原则设置。

案审办的主要工作职责包括：

（一）对行政处罚案件进行初审；

（二）召集案审会议，组织整理审理记录；

（三）按照案审委提出的处理意见，组织案件承办机构制作相应的执法文书，并履行相关的报批手续；

（四）组织行政处罚案件复核及听证工作；

（五）组织对下级质量技术监督部门报批案件的审查；

（六）承担案审委的其他日常工作。

第八条 案件承办机构应当在案件调查终结后，将案件调查终结报告以及案件的全部材料提交案审办进行初审。

案件调查终结报告应当载明以下事项：

（一）案由及当事人的基本情况；

（二）调查经过及采取强制措施的情况；

（三）调查认定的违法事实及主要证据；

（四）当事人在调查过程中提出的申辩事实及理由；

（五）违法行为性质及定性依据；

（六）拟处理意见及其依据；

（七）从轻、减轻或者从重处罚等其他需要说明的事项。

第九条 案审办应当自接到案件材料后5个工作日内，完成对案件的初审工作。初审内容主要包括：

（一）对案件是否具有管辖权；

（二）违法主体认定是否准确；

（三）办案程序是否符合法定要求；

（四）案件事实是否清楚，证据是否确凿充分，执法文书是否规范；

（五）适用法律依据是否准确；

（六）处理建议是否合法、适当；

（七）处罚裁量是否合理、公正；

（八）违法行为是否涉嫌犯罪，并需要移送司法机关。

第十条 案审办对案件进行初审后，应当提出初审意见，按照本规定第六条的规定报请案审委集体审理。

案审办初审时发现案件需要进行补充调查或者案件材料需要补正的，应当向案件承办机构提出补充调查或者补正的建议。

第十一条 案审会议按照以下程序进行：

（一）会议主持人宣布本次会议参加人员是否符合规定，说明本次会议审理案件的数量及审理程序等；

（二）案件承办人员介绍案情及拟处理意见；

（三）案审办介绍案件的初审意见；

（四）参加会议委员对案件的管辖权、违法事实、证据、办案程序、法律依据、当事人申辩事实及理由等内容进行审议，并发表意见；

（五）参加会议委员对拟处理意见的合法性及合理性进行审议，并形成结论性的处理意见；

（六）会议主持人宣布案审会议结束。

案件承办人员可以列席案审会议。

第十二条 案审委应当对案件进行全面审理，并提出以下处理意见：

（一）对违法事实清楚、证据确凿的，依法给予行政处罚；

（二）对违法事实不能成立、违法行为已过追诉时效或者违法主体依法不予行政处罚的，不予行政处罚；

（三）对违法行为轻微并及时纠正，没有造成危害后果的，不予行政处罚；

（四）对违法行为需要由其他部门进一步处理的，向有关部门提出行政建议；

（五）对违法行为依法不属于本部门管辖或者依法需要追究刑事责任的，移送有管辖权的部门或者司法机关；

（六）对违法行为需要补充调查或者案件材料需要补正的，提出补充调查或者补正等处理意见。

案件审理可以根据需要，征求有关部门的专家意见。专家意见应当记录在案。

第十三条 案审会议应当形成审理记录，经参加会议的案审委委员确认签字，存入行政处罚案卷。具备条件的可以同时采集录像、录音等视听资料，作为文字记录的辅助材料存入案卷。

第十四条 质量技术监督部门应当在案审会议结束后，根据案审委提出的处理意见制作并送达行政处罚告知、不予行政处罚、行政建议、案件移送等相应的执法文书。

作出不予行政处罚、行政建议、案件移送等决定的，应当报请质量技术监督部门主要负责人批准。

第十五条 当事人对行政处罚告知内容未提出陈述、申辩或者在法定期限内未要求听证的，质量技术监督部门应当及时制作行政处罚决定书，报请案审委主任委员批准后送达并执行。

第十六条　当事人提出新的申辩事实及理由的，案审办应当组织进行复核，并报请案审委重新审理。

经过听证的案件，案审办应当报请案审委重新审理。

第十七条　案审委对本规定第十六条规定的案件重新审理后，维持原处理意见的，质量技术监督部门应当及时制作行政处罚决定书，依法送达并执行。

案审委改变原认定的违法事实、证据、处罚依据或者处罚种类及幅度的，应当重新履行行政处罚告知程序。

经复核重审作出的行政处罚决定，应当报请质量技术监督部门主要负责人批准。

第十八条　行政处罚决定一经作出，不得擅自改变。确有法定事由需要改变行政处罚决定的，应当经案审委重新审理决定，并报请质量技术监督部门主要负责人批准。

第十九条　案审办负责督促案件承办机构及时对案件进行立卷存档以及对《质量技术监督行政处罚程序规定》第五十五条规定的案件报告、备案。

第二十条　上级质量技术监督部门对下级质量技术监督部门因案件管辖、延期或者其他依法需要报请决定的案件，应当由案审办组织进行审查，并报请案审委主任委员批准决定。

第二十一条　本规定由国家质量监督检验检疫总局负责解释。

第二十二条　本规定自 2011 年 7 月 1 日起施行。原国家技术监督局 1996 年 9 月 18 日公布的《技术监督行政案件审理工作规则》同时废止。

国家质量监督检验检疫总局关于
修改《口岸艾滋病防治管理办法》的决定

（2010 年 11 月 23 日国家质量监督检验检疫总局局务
会议审议通过　2011 年 4 月 8 日国家质量监督检验检
疫总局令第 139 号公布　自 2011 年 4 月 8 日起施行）

根据《国务院关于修改〈中华人民共和国国境卫生检疫法实施细则〉的决定》（中华人民共和国国务院令第 574 号），国家质量监督检验检疫总局决定对《口岸艾滋病防治管理办法》（国家质量监督检验检疫总局令第

96 号）作如下修改：

一、题目修改为："口岸艾滋病预防控制管理办法"。

二、第八条修改为："患有艾滋病或者感染艾滋病毒的入境人员，在入境时应当如实向检验检疫机构申报，检验检疫机构应当对其进行健康咨询，并及时通知其目的地的疾病预防控制部门。"

三、删除第九条。

四、删除第十六条第二款。

本决定自公布之日起施行。

《口岸艾滋病防治管理办法》根据本决定作相应的修订，重新公布。

口岸艾滋病预防控制管理办法

（2007 年 6 月 28 日国家质量监督检验检疫总局令第 96 号公布　根据 2011 年 4 月 8 日《国家质量监督检验检疫总局关于修改〈口岸艾滋病防治管理办法〉的决定》修订）

第一章　总　　则

第一条　为了做好国境口岸艾滋病的预防、控制工作，保障人体健康和口岸公共卫生，依据《中华人民共和国国境卫生检疫法》及其实施细则和《艾滋病防治条例》等法律法规的规定，制定本办法。

第二条　本办法适用于口岸艾滋病的检疫、监测、疫情报告及控制、宣传教育等工作。

第三条　国家质量监督检验检疫总局（以下简称国家质检总局）主管全国口岸艾滋病预防控制工作，负责制定口岸艾滋病预防控制总体规划，对全国口岸艾滋病预防控制工作进行组织、协调和管理。

第四条　国家质检总局设在各地的出入境检验检疫机构（以下简称检验检疫机构）负责制定所辖口岸区域艾滋病预防控制的工作计划，对口岸艾滋病预防控制工作进行组织、协调和管理，实施检疫、监测、疫情报告及控制、开展宣传教育。

第五条　检验检疫机构应当配合当地政府做好艾滋病预防控制工作，与地方各级卫生行政主管部门、疾病预防控制机构、公安机关、边防检查机关等建立协作机制，将口岸监控艾滋病的措施与地方的预防控制行动计划接轨，共同做好口岸艾滋病预防控制及病毒感染者和艾滋病病人的监控工作。

第六条 检验检疫机构应当在出入境口岸加强艾滋病防治的宣传教育工作，对入出境人员有针对性地提供艾滋病防治的咨询和指导，并设立咨询电话，向社会公布。

第二章 口岸检疫

第七条 检验检疫机构应当加强对入出境人员以及入出境微生物、人体组织、生物制品、血液及其制品等物品（以下简称特殊物品）的检疫和监督管理工作。

第八条 患有艾滋病或者感染艾滋病病毒的入境人员，在入境时应当如实向检验检疫机构申报，检验检疫机构应当对其进行健康咨询，并及时通知其目的地的疾病预防控制部门。

第九条 申请出境1年以上的中国公民以及在国际通航的交通工具上工作的中国籍员工，应当持有检验检疫机构或者县级以上医院出具的含艾滋病检测结果的有效健康检查证明。

第十条 申请来华居留的境外人员，应当到检验检疫机构进行健康体检，凭检验检疫机构出具的含艾滋病检测结果的有效健康检查证明到公安机关办理居留手续。

第三章 口岸监测

第十一条 国家质检总局应当建立健全口岸艾滋病监测网络。检验检疫机构根据口岸艾滋病流行趋势，设立口岸艾滋病监测点，并报国家质检总局备案。

检验检疫机构按照国务院卫生行政主管部门和国家质检总局制定的艾滋病监测工作规范，开展艾滋病的监测工作，根据疫情变化情况和流行趋势，加强入出境重点人群的艾滋病监测。

第十二条 国家质检总局根据口岸艾滋病预防控制工作的需要，确定艾滋病筛查实验室和确证实验室。艾滋病筛查和确证实验室应当按照国家菌（毒）种和实验室生物安全管理的有关规定开展工作。

检验检疫机构承担艾滋病检测工作的实验室应当符合国务院卫生主管部门的标准和规范并经验收合格，方可开展艾滋病病毒抗体及相关检测工作。

第十三条 检验检疫机构为自愿接受艾滋病咨询和检测的人员提供咨询和筛查检测，发现艾滋病病毒抗体阳性的，应当及时将样本送艾滋病确证实验室进行确证。

第十四条　检验检疫机构应当按照国家有关规定，严格执行标准操作规程、生物安全管理制度及消毒管理制度，防止艾滋病医源性感染的发生。

第四章　疫情报告及控制

第十五条　检验检疫机构及其工作人员发现艾滋病病毒感染者和艾滋病病人时，应当按照出入境口岸卫生检疫信息报告的相关规定报告疫情。

第十六条　检验检疫机构应当按照有关法律法规的规定及时向当地卫生行政部门通报口岸艾滋病疫情信息。

第十七条　检验检疫机构应当对检出的艾滋病病毒感染者、艾滋病病人进行流行病学调查，提供艾滋病防治咨询服务。艾滋病病毒感染者、艾滋病病人应当配合检验检疫机构的调查工作并接受相应的医学指导。

第十八条　检验检疫机构为掌握或者控制艾滋病疫情进行相关调查时，被调查单位和个人必须提供真实信息，不得隐瞒或者编造虚假信息。

未经本人或者其监护人同意，检验检疫机构及其工作人员不得公开艾滋病病毒感染者、艾滋病病人的相关信息。

第十九条　检验检疫机构应当对有证据证明可能被艾滋病病毒污染的物品，进行封存、检验或者消毒。经检验，属于被艾滋病病毒污染的物品，应当进行卫生处理或者予以销毁。

第五章　保障措施

第二十条　口岸艾滋病预防控制经费由国家质检总局纳入预算，设立检验检疫机构艾滋病防治专项经费项目，用于艾滋病实验室建设及口岸艾滋病的预防控制工作。

第二十一条　检验检疫机构负责所辖口岸艾滋病预防控制专业队伍建设，配备合格的专业人员，开展专业技能的培训。

第二十二条　艾滋病预防控制资金要保证专款专用，提高资金使用效益，严禁截留或者挪作他用。

第六章　法律责任

第二十三条　任何单位和个人违反本办法规定，不配合检验检疫机构进行艾滋病疫情调查和控制的，检验检疫机构应当责令其改正；情节严重的，根据《中华人民共和国国境卫生检疫法》及其实施细则的有关规定予以处罚；构成犯罪的，依法追究刑事责任。

第二十四条　检验检疫机构未依照本办法的规定履行艾滋病预防控制

管理和监督保障职责的，根据《艾滋病防治条例》的有关规定，由上级机关责令改正，通报批评。

第二十五条 检验检疫机构工作人员违反本办法规定有下列情形，造成艾滋病传播、流行以及其他严重后果的，由其所在单位依法给予行政处分；构成犯罪的，依法追究刑事责任：

（一）未依法履行艾滋病疫情监测、报告、通报或者公布职责，或者隐瞒、谎报、缓报和漏报艾滋病疫情的；

（二）发生或者可能发生艾滋病传播时未及时采取预防控制措施的；

（三）未依法履行监督检查职责，发现违法行为不及时查处的；

（四）未按照技术规范和要求进行艾滋病病毒相关检测的；

（五）故意泄露艾滋病病毒感染者、艾滋病病人涉及个人隐私的有关信息、资料的；

（六）其他失职、渎职行为。

第七章 附　则

第二十六条 本办法由国家质检总局负责解释。

第二十七条 本办法自 2007 年 12 月 1 日起施行。此前规定与本办法不一致的，以本办法为准。

国家质量监督检验检疫总局关于修改
《特种设备作业人员监督管理办法》的决定

（2010 年 11 月 23 日国家质量监督检验检疫总局局务会议审议通过 2011 年 5 月 8 日国家质量监督检验检疫总局令第 140 号公布 自 2011 年 7 月 1 日起施行）

国家质量监督检验检疫总局决定对《特种设备作业人员监督管理办法》作如下修改：

一、第二条第一款修改为："锅炉、压力容器（含气瓶）、压力管道、电梯、起重机械、客运索道、大型游乐设施、场（厂）内专用机动车辆等特种设备的作业人员及其相关管理人员统称特种设备作业人员。特种设备作业人员作业种类与项目目录由国家质量监督检验检疫总局统一发布。"

二、第四条修改为："申请《特种设备作业人员证》的人员，应当首先向省级质量技术监督部门指定的特种设备作业人员考试机构（以下简称考试机构）报名参加考试。

对特种设备作业人员数量较少不需要在各省、自治区、直辖市设立考试机构的，由国家质检总局指定考试机构。"

三、第六条修改为："特种设备作业人员考核发证工作由县以上质量技术监督部门分级负责。省级质量技术监督部门决定具体的发证分级范围，负责对考核发证工作的日常监督管理。

申请人经指定的考试机构考试合格的，持考试合格凭证向考试场所所在地的发证部门申请办理《特种设备作业人员证》。"

四、删除第十条第一款第（四）项。

五、第十一条第一款改为："用人单位应当对作业人员进行安全教育和培训，保证特种设备作业人员具备必要的特种设备安全作业知识、作业技能和及时进行知识更新。作业人员未能参加用人单位培训的，可以选择专业培训机构进行培训。"

六、第二十条增加一款，作为第二款："用人单位可以指定一名本单位管理人员作为特种设备安全管理负责人，具体负责前款规定的相关工作。"

七、第二十二条修改为："《特种设备作业人员证》每4年复审一次。持证人员应当在复审期届满3个月前，向发证部门提出复审申请。对持证人员在4年内符合有关安全技术规范规定的不间断作业要求和安全、节能教育培训要求，且无违章操作或者管理等不良记录、未造成事故的，发证部门应当按照有关安全技术规范的规定准予复审合格，并在证书正本上加盖发证部门复审合格章。

复审不合格、逾期未复审的，其《特种设备作业人员证》予以注销。"

八、增加一条，作为第二十三条："有下列情形之一的，应当撤销《特种设备作业人员证》：

（一）持证作业人员以考试作弊或者其他欺骗方式取得《特种设备作业人员证》的；

（二）持证作业人员违反特种设备的操作规程和有关的安全规章制度操作，情节严重的；

（三）持证作业人员在作业过程中发现事故隐患或者其他不安全因素未立即报告，情节严重的；

（四）考试机构或者发证部门工作人员滥用职权、玩忽职守、违反法定程序或者超越发证范围考核发证的；

（五）依法可以撤销的其他情形。

违反前款第（一）项规定的，持证人 3 年内不得再次申请《特种设备作业人员证》。"

九、第二十七条增加一款作为第二款："发证部门应当在发证或者复审合格后 20 个工作日内，将特种设备作业人员相关信息录入国家质检总局特种设备作业人员公示查询系统。"

十、删除第三十条。

十一、第三十六条修改为："特种设备作业人员未取得《特种设备作业人员证》上岗作业，或者用人单位未对特种设备作业人员进行安全教育和培训的，按照《特种设备安全监察条例》第八十六条的规定对用人单位予以处罚。"

十二、第三十八条修改为："考试收费按照财政和价格主管部门的规定执行。省级质量技术监督部门负责对本辖区内《特种设备作业人员证》考试收费工作进行监督检查，并按有关规定通报相关部门。"

十三、第三十九条修改为："本办法不适用于从事房屋建筑工地和市政工程工地起重机械、场（厂）内专用机动车辆作业及其相关管理的人员。"

十四、删除附件《特种设备作业人员作业种类与项目目录》。

此外，对条文的顺序作相应的调整和修改。

本决定自 2011 年 7 月 1 日起施行。

《特种设备作业人员监督管理办法》根据本决定作相应的修订，重新公布。

特种设备作业人员监督管理办法

（2005 年 1 月 10 日国家质量监督检验检疫总局令第 70 号公布　根据 2011 年 5 月 3 日《国家质量监督检验检疫总局关于修改〈特种设备作业人员监督管理办法〉的决定》修订）

第一章　总　　则

第一条　为了加强特种设备作业人员监督管理工作，规范作业人员考核发证程序，保障特种设备安全运行，根据《中华人民共和国行政许可法》、《特种设备安全监察条例》和《国务院对确需保留的行政审批项目设定行政许可的决定》，制定本办法。

第二条　锅炉、压力容器（含气瓶）、压力管道、电梯、起重机械、客运索道、大型游乐设施、场（厂）内专用机动车辆等特种设备的作业人员及其相关管理人员统称特种设备作业人员。特种设备作业人员作业种类与项目目录由国家质量监督检验检疫总局统一发布。

从事特种设备作业的人员应当按照本办法的规定，经考核合格取得《特种设备作业人员证》，方可从事相应的作业或者管理工作。

第三条　国家质量监督检验检疫总局（以下简称国家质检总局）负责全国特种设备作业人员的监督管理，县以上质量技术监督部门负责本辖区内的特种设备作业人员的监督管理。

第四条　申请《特种设备作业人员证》的人员，应当首先向省级质量技术监督部门指定的特种设备作业人员考试机构（以下简称考试机构）报名参加考试。

对特种设备作业人员数量较少不需要在各省、自治区、直辖市设立考试机构的，由国家质检总局指定考试机构。

第五条　特种设备生产、使用单位（以下统称用人单位）应当聘（雇）用取得《特种设备作业人员证》的人员从事相关管理和作业工作，并对作业人员进行严格管理。

特种设备作业人员应当持证上岗，按章操作，发现隐患及时处置或者报告。

第二章　考试和审核发证程序

第六条　特种设备作业人员考核发证工作由县以上质量技术监督部门分级负责。省级质量技术监督部门决定具体的发证分级范围，负责对考核发证工作的日常监督管理。

申请人经指定的考试机构考试合格的，持考试合格凭证向考试场所所在地的发证部门申请办理《特种设备作业人员证》。

第七条　特种设备作业人员考试机构应当具备相应的场所、设备、师资、监考人员以及健全的考试管理制度等必备条件和能力，经发证部门批准，方可承担考试工作。

发证部门应当对考试机构进行监督，发现问题及时处理。

第八条　特种设备作业人员考试和审核发证程序包括：考试报名、考试、领证申请、受理、审核、发证。

第九条　发证部门和考试机构应当在办公处所公布本办法、考试和审核发证程序、考试作业人员种类、报考具体条件、收费依据和标准、考试机构名称及地点、考试计划等事项。其中，考试报名时间、考试科目、考试地点、考试时间等具体考试计划事项，应当在举行考试之日 2 个月前公布。

有条件的应当在有关网站、新闻媒体上公布。

第十条　申请《特种设备作业人员证》的人员应当符合下列条件：

（一）年龄在 18 周岁以上；

（二）身体健康并满足申请从事的作业种类对身体的特殊要求；

（三）有与申请作业种类相适应的文化程度；

（四）具有相应的安全技术知识与技能；

（五）符合安全技术规范规定的其他要求。

作业人员的具体条件应当按照相关安全技术规范的规定执行。

第十一条　用人单位应当对作业人员进行安全教育和培训，保证特种设备作业人员具备必要的特种设备安全作业知识、作业技能和及时进行知识更新。作业人员未能参加用人单位培训的，可以选择专业培训机构进行培训。

作业人员培训的内容按照国家质检总局制定的相关作业人员培训考核大纲等安全技术规范执行。

第十二条　符合条件的申请人员应当向考试机构提交有关证明材料，报名参加考试。

第十三条　考试机构应当制订和认真落实特种设备作业人员的考试组织工作的各项规章制度，严格按照公开、公正、公平的原则，组织实施特种设备作业人员的考试，确保考试工作质量。

第十四条　考试结束后，考试机构应当在 20 个工作日内将考试结果告知申请人，并公布考试成绩。

第十五条　考试合格的人员，凭考试结果通知单和其他相关证明材料，向发证部门申请办理《特种设备作业人员证》。

第十六条　发证部门应当在 5 个工作日内对报送材料进行审查，或者告知申请人补正申请材料，并作出是否受理的决定。能够当场审查的，应当当场办理。

第十七条　对同意受理的申请，发证部门应当在 20 个工作日内完成审核批准手续。准予发证的，在 10 个工作日内向申请人颁发《特种设备作业人员证》；不予发证的，应当书面说明理由。

第十八条　特种设备作业人员考核发证工作遵循便民、公开、高效的原则。为方便申请人办理考核发证事项，发证部门可以将受理和发放证书的地点设在考试报名地点，并在报名考试时委托考试机构对申请人是否符合报考条件进行审查，考试合格后发证部门可以直接办理受理手续和审核、发证事项。

第三章　证书使用及监督管理

第十九条　持有《特种设备作业人员证》的人员，必须经用人单位的法定代表人（负责人）或者其授权人雇（聘）用后，方可在许可的项目范围内作业。

第二十条　用人单位应当加强对特种设备作业现场和作业人员的管理，履行下列义务：

（一）制订特种设备操作规程和有关安全管理制度；

（二）聘用持证作业人员，并建立特种设备作业人员管理档案；

（三）对作业人员进行安全教育和培训；

（四）确保持证上岗和按章操作；

（五）提供必要的安全作业条件；

（六）其他规定的义务。

用人单位可以指定一名本单位管理人员作为特种设备安全管理负责人，具体负责前款规定的相关工作。

第二十一条　特种设备作业人员应当遵守以下规定：

（一）作业时随身携带证件，并自觉接受用人单位的安全管理和质量技术监督部门的监督检查；

（二）积极参加特种设备安全教育和安全技术培训；

（三）严格执行特种设备操作规程和有关安全规章制度；

（四）拒绝违章指挥；

（五）发现事故隐患或者不安全因素应当立即向现场管理人员和单位有关负责人报告；

（六）其他有关规定。

第二十二条　《特种设备作业人员证》每4年复审一次。持证人员应当在复审期届满3个月前，向发证部门提出复审申请。对持证人员在4年内符合有关安全技术规范规定的不间断作业要求和安全、节能教育培训要求，且无违章操作或者管理等不良记录、未造成事故的，发证部门应当按照有关安全技术规范的规定准予复审合格，并在证书正本上加盖发证部门复审合格章。

复审不合格、逾期未复审的，其《特种设备作业人员证》予以注销。

第二十三条　有下列情形之一的，应当撤销《特种设备作业人员证》：

（一）持证作业人员以考试作弊或者以其他欺骗方式取得《特种设备作业人员证》的；

（二）持证作业人员违反特种设备的操作规程和有关的安全规章制度操作，情节严重的；

（三）持证作业人员在作业过程中发现事故隐患或者其他不安全因素未立即报告，情节严重的；

（四）考试机构或者发证部门工作人员滥用职权、玩忽职守、违反法定程序或者超越发证范围考核发证的；

（五）依法可以撤销的其他情形。

违反前款第（一）项规定的，持证人3年内不得再次申请《特种设备作业人员证》。

第二十四条 《特种设备作业人员证》遗失或者损毁的，持证人应当及时报告发证部门，并在当地媒体予以公告。查证属实的，由发证部门补办证书。

第二十五条 任何单位和个人不得非法印制、伪造、涂改、倒卖、出租或者出借《特种设备作业人员证》。

第二十六条 各级质量技术监督部门应当对特种设备作业活动进行监督检查，查处违法作业行为。

第二十七条 发证部门应当加强对考试机构的监督管理，及时纠正违规行为，必要时应当派人现场监督考试的有关活动。

第二十八条 发证部门要建立特种设备作业人员监督管理档案，记录考核发证、复审和监督检查的情况。发证、复审及监督检查情况要定期向社会公布。

发证部门应当在发证或者复审合格后20个工作日内，将特种设备作业人员相关信息录入国家质检总局特种设备作业人员公示查询系统。

第二十九条 特种设备作业人员考试报名、考试、领证申请、受理、审核、发证等环节的具体规定，以及考试机构的设立、《特种设备作业人员证》的注销和复审等事项，按照国家质检总局制定的特种设备作业人员考核规则等安全技术规范执行。

第四章 罚 则

第三十条 申请人隐瞒有关情况或者提供虚假材料申请《特种设备作业人员证》的，不予受理或者不予批准发证，并在1年内不得再次申请《特种设备作业人员证》。

第三十一条 有下列情形之一的，责令用人单位改正，并处1000元以上3万元以下罚款：

（一）违章指挥特种设备作业的；

（二）作业人员违反特种设备的操作规程和有关的安全规章制度操作，或者在作业过程中发现事故隐患或者其他不安全因素未立即向现场管理人员和单位有关负责人报告，用人单位未给予批评教育或者处分的。

第三十二条　非法印制、伪造、涂改、倒卖、出租、出借《特种设备作业人员证》，或者使用非法印制、伪造、涂改、倒卖、出租、出借《特种设备作业人员证》的，处 1000 元以下罚款；构成犯罪的，依法追究刑事责任。

第三十三条　发证部门未按规定程序组织考试和审核发证，或者发证部门未对考试机构严格监督管理影响特种设备作业人员考试质量的，由上一级发证部门责令整改；情节严重的，其负责的特种设备作业人员的考核工作由上一级发证部门组织实施。

第三十四条　考试机构未按规定程序组织考试工作，责令整改；情节严重的，暂停或者撤销其批准。

第三十五条　发证部门或者考试机构工作人员滥用职权、玩忽职守、以权谋私的，应当依法给予行政处分；构成犯罪的，依法追究刑事责任。

第三十六条　特种设备作业人员未取得《特种设备作业人员证》上岗作业，或用人单位未对特种设备作业人员进行安全教育和培训的，按照《特种设备安全监察条例》第八十六条的规定对用人单位予以处罚。

第五章　附　　则

第三十七条　《特种设备作业人员证》的格式、印制等事项由国家质检总局统一规定。

第三十八条　考试收费按照财政和价格主管部门的规定执行。省级质量技术监督部门负责对本辖区内《特种设备作业人员证》考试收费工作进行监督检查，并按有关规定通报相关部门。

第三十九条　本办法不适用于从事房屋建筑工地和市政工程工地起重机械、场（厂）内专用机动车辆作业及其相关管理的人员。

第四十条　本办法由国家质检总局负责解释。

第四十一条　本办法自 2005 年 7 月 1 日起施行。原有规定与本办法要求不一致的，以本办法为准。

认证机构管理办法

(2011 年 1 月 13 日国家质量监督检验检疫总局局务会
议审议通过 2011 年 7 月 20 日国家质量监督检验检
疫总局令第 141 号公布 自 2011 年 9 月 1 日起施行)

第一章 总 则

第一条 为加强对认证机构的监督管理,规范认证活动,提高认证有
效性,根据《中华人民共和国认证认可条例》(以下简称认证认可条例)
等有关法律、行政法规的规定,制定本办法。

第二条 本办法所称认证机构是指依法经批准设立,独立从事产品、
服务和管理体系符合标准、相关技术规范要求的合格评定活动,并具有法
人资格的证明机构。

第三条 在中华人民共和国境内从事认证活动,以及对认证机构的监
督管理,适用本办法。

第四条 国家质量监督检验检疫总局(以下简称国家质检总局)统一
负责认证机构的监督管理工作。

国家认证认可监督管理委员会(以下简称国家认监委)负责认证机构
的设立和相关审批及其从业活动的监督管理工作。

省、自治区、直辖市人民政府质量技术监督部门(以下简称省级质量
技术监督部门)和直属出入境检验检疫机构(以下简称直属检验检疫机
构)依照本办法的规定,按照职责分工负责所辖区域内认证活动的监督管
理工作。

第五条 认证机构从事认证活动应当遵循公正公开、客观独立、诚实
信用的原则,维护社会信用体系。

第六条 认证机构及其人员对其从业活动中所知悉的国家秘密、商业
秘密和技术秘密负有保密义务。

第二章 设立与审批

第七条 设立认证机构,应当经国家认监委批准,并依法取得法人资
格后,方可从事批准范围内的认证活动。

未经批准,任何单位和个人不得从事认证活动。

第八条 设立认证机构，应当具备下列条件：

（一）具有固定的办公场所和必备设施。

（二）具有符合认证认可要求的章程和管理制度；属于认证新领域的，还应当具有可行性研究报告。

（三）注册资本不得少于人民币300万元；出资人符合国家有关法律法规以及相关规定要求，并提供相关资信证明。

（四）具有10名以上相应领域执业资格和能力的专职认证人员。

（五）认证机构董事长、总经理（主任）和管理者代表（以下统称高级管理人员）应当符合国家有关法律、法规以及国家质检总局、国家认监委相关规定要求，具备履行职务所必需的管理能力。

（六）其他法律法规规定的条件。

从事产品认证活动的认证机构，还应当具备与从事相关产品认证活动相适应的检测、检查等技术能力。

第九条 外方投资者在中国境内设立认证机构除应当具备本办法第八条规定的条件外，还应当符合下列要求：

（一）外方投资者为在中国境外具有3年以上相应领域认证从业经历的机构，具有所在国家或者地区有关当局的合法登记，无不良记录。

（二）外方投资者取得其所在国家或者地区认可机构相应领域的认可或者有关当局的承认。

（三）设立中外合资、合作经营认证机构的中国合营、合作者应当为经国家认监委批准的具有3年以上认证从业经历的认证机构或者依法取得资质认定的检查机构、实验室，并无不良从业记录；外方投资者应当符合本条第一、二项。

外方投资者在中国境内设立认证机构还应当符合有关外商投资法律、行政法规和国家有关外商投资产业指导政策等规定。

第十条 设立认证机构的审批程序：

（一）设立认证机构的申请人（以下简称申请人），应当向国家认监委提出申请，并提交符合本办法第八条、第九条规定条件的有效证明文件和材料。

（二）国家认监委应当对申请人提交的申请材料进行初步审查，并自收到申请材料之日起5日内作出受理或者不予受理申请的书面决定，对申请材料不齐全或者不符合法定形式的，应当一次性告知申请人需要补正的全部内容。

（三）国家认监委应当自受理认证机构设立申请之日起90日内，作出是否批准的决定。决定批准的，向申请人出具认证机构设立通知书，决定不予批准的，应当书面通知申请人，并说明理由。

（四）国家认监委应当根据需要组织有关专家对申请人的认证、检测等技术能力进行评审，并书面告知申请人。专家评审的时间为 30 日，不计算在国家认监委作出批准的期限内。

（五）申请人凭国家认监委出具的认证机构设立通知书，依法办理有关登记手续，凭依法办理的登记手续领取《认证机构批准书》。

（六）国家认监委应当向社会公告，并在其网站上公布依法设立的认证机构名录。

国家认监委实施认证机构审批工作中应当遵循资源合理配置、便利高效、公开透明的原则。

第十一条　《认证机构批准书》有效期为 4 年。

认证机构需要延续《认证机构批准书》有效期的，应当在《认证机构批准书》有效期届满前 90 日向国家认监委提出申请。

国家认监委应当对提出延续申请的认证机构按照本办法规定的设立条件和审批程序进行复查，并在《认证机构批准书》有效期届满前作出是否准予延续的决定。

第十二条　认证机构设立子公司、分公司应当依照认证机构审批程序进行，经国家认监委批准，并依法取得公司登记机关登记后，方可从事批准范围内的认证活动。

第十三条　认证机构设立子公司应当符合下列条件：

（一）认证机构从业 2 年以上，并且 2 年内无违法违规行为；

（二）子公司符合本办法第八条规定的设立条件，同时符合其他法律、行政法规的规定；

（三）子公司由认证机构全资或者控股。

第十四条　认证机构设立分公司应当符合下列条件：

（一）认证机构从业 2 年以上，并且 2 年内无违法违规行为；

（二）分公司具有固定的办公场所和必备设施；

（三）分公司具有 5 名以上相应领域执业资格和能力的专职认证人员；

（四）分公司所在地具有获得本机构认证的组织；

（五）分公司具有符合认证认可的相关管理制度；

（六）其他法律法规规定的条件。

第十五条　认证机构可以设立从事批准范围内的业务宣传和推广活动的办事机构，并自设立之日起 30 日内，中资认证机构向办事机构所在地省级质量技术监督部门备案；外商投资认证机构向办事机构所在地直属检验检疫机构备案。备案内容包括：名称、地址、负责人、业务范围、隶属认证机构等。

省级质量技术监督部门和直属检验检疫机构应当公布依法备案的办事机构名录，并向国家认监委报送所辖区域内备案的认证机构所属办事机构的名录。

第十六条 境外认证机构可以在中国境内设立从事其业务范围内的宣传和推广活动的代表机构，并自设立之日起30日内向国家认监委备案。备案内容包括：名称、地址、负责人、登记证明文件、国外认可机构证明文件、隶属认证机构等。

国家认监委应当公布依法备案的代表机构名录。

第十七条 认证机构通过合约方式分包境外认证机构的认证业务，应当经国家认监委批准，并承担因分包而造成的认证风险和相关责任。

申请从事分包业务的认证机构应当首先取得相应认证领域的从业批准。

第十八条 有下列情形之一的，认证机构应当依法向国家认监委申请办理相关变更手续：

（一）认证机构缩小批准业务范围的；

（二）认证机构变更法人性质、股东、注册资本的；

（三）认证机构合并或者分立的；

（四）认证机构变更名称、住所、法定代表人、高级管理人员的；

（五）认证机构发生其他重大事项变更的。

认证机构申请扩大业务范围的，认证机构应当从业1年以上，并且1年内无违法违规行为。

扩大业务范围的申请由国家认监委参照本办法第十条的规定予以办理。

第三章 行为规范

第十九条 认证机构应当公正、独立和客观开展认证活动，建立风险防范机制，对其认证活动可能引发的风险和责任，采取合理、有效措施，并承担相应的社会责任。

认证机构及其子公司、分公司、办事机构不得与认证咨询机构和认证委托人在资产、管理或者人员上存在利益关系。

第二十条 认证机构应当建立保证认证活动规范有效的质量体系，按照认证基本规范和认证规则规定的程序实施认证，并作出认证结论。

国家认监委尚未制定认证规则的，认证机构可以自行制定认证规则，并报国家认监委备案。

第二十一条 认证机构应当通过网站或者以其他形式公布其认证范围、认证规则、收费标准以及其设立的子公司、分公司和办事机构的名称、业务范围、地址等信息内容，并保证信息内容真实、有效。

第二十二条 认证机构及其分公司、子公司同时开展活动时，除应当遵守法律法规规定的责任义务外，还应当遵守以下要求：

（一）认证机构在工商注册登记的地址，为核心办公场所，统一发布和报送认证信息。

（二）认证机构有多个办公场所开展认证活动时，应当确保所有办公场所采用相同质量管理体系和程序，控制所有人员和认证过程。

第二十三条 认证机构应当建立健全认证人员管理制度，定期对认证人员的能力进行培训和评价，保证认证人员的能力持续符合要求，并确保认证审核过程中具备合理数量的专职认证人员和技术专家。

认证机构不得聘任或者使用国家法律法规禁止从事认证活动的人员。

第二十四条 认证机构应当对认证委托人委托认证的领域、产品和内容是否符合相关法律法规以及其法人资格等资质情况进行核实，根据认证委托人的规模、性质和组织及产品的复杂程度，对认证全过程进行策划，制定具体实施、检测、检查和监督等方案，并委派具有相应能力的认证人员和技术专家实施认证。

第二十五条 认证机构应当按照认证基本规范、认证规则规定的程序对认证全过程实施有效控制，确保认证和产品测试过程完整、客观、真实，并具有可追溯性，不得增加、减少或者遗漏认证程序和活动，并配备具有相应能力和专业的认证人员对上述过程进行评价。

认证机构应当制定相应程序对认证结果进行评定和有效控制，并对认证证书发放、暂停或者撤销有明确规定及评价要求。

第二十六条 认证机构应当对认证全过程做出完整记录，保留相应认证资料。记录应当真实、准确，以证实认证活动得到有效实施。记录、资料应当使用中文，归档留存时间应当与认证证书有效期一致。

第二十七条 认证机构及其认证人员应当及时做出认证结论，并保证认证结论客观、真实。认证结论经认证人员签字，由认证机构提供给认证委托人。认证机构及其认证人员应当对认证结果负责并承担相应法律责任。

第二十八条 认证机构对认证结论符合要求的，应当及时向认证委托人出具认证证书、准许使用认证标志，认证证书应当经认证机构授权的人员签发。

认证证书应当载明获证组织的名称、地址、覆盖范围或者产品、认证依据的标准或者相关技术规范、有效期等内容，认证证书所含内容应当符合认证实施的实际情况。

认证机构的认证证书式样应当在确定后 30 日内报国家认监委备案。

认证机构应当向公众提供查询认证证书有效性的方式。

第二十九条 经合并或者分立的认证机构应当对其发生变更之前出具的认证证书作出处理，并按照规定程序转换相关认证证书。

认证机构被注销、撤销批准资格后，持有该机构有效认证证书的获证组织，可以向经国家认监委批准的认证机构转换认证证书；受理证书转换的认证机构应该按照规定程序进行转换，并将转换结果报告国家认监委。

第三十条 认证机构应当要求获证组织在认证范围内正确使用认证证书和认证标志，对误用和未按照规定使用认证证书和认证标志的，应当采取有效的纠正措施。

第三十一条 认证机构应当按照认证基本规范、认证规则的要求对其认证的产品、服务、管理体系实施有效的跟踪监督，确定合理的监督检查频次，以保证通过认证的产品、服务、管理体系持续符合认证要求；对不能持续符合认证要求的，认证机构应当暂停或者撤销其认证证书，及时向社会公布，并采取有效措施避免无效认证证书和认证标志继续使用。

第三十二条 认证机构设立的子公司、分公司应当以认证机构的名义从事其批准范围内的认证活动，并依照本办法的规定和认证基本规范、认证规则的要求开展工作。

认证机构子公司、分公司不得以其他形式设立与认证活动有关的机构或者委托他人从事认证活动。

第三十三条 认证机构设立的办事机构和境外认证机构在中国境内设立的代表机构及人员，不得从事签订认证合同、组织现场审核（检查）、出具审核（检查）报告、实施认证决定、收取认证费用等活动，不得直接或者变相从事认证培训和认证咨询活动。

第四章　监督检查

第三十四条 国家质检总局、国家认监委对认证机构遵守认证认可条例和本办法的情况进行监督。

国家认监委负责对认证机构的运行情况进行检查，对认证结果和认证活动进行抽查，并公布检查、抽查结果和相关认证机构及获证组织名单。

第三十五条 国家认监委对认证机构实行认证业务信息报送和年度工作报告审查制度。

认证机构应当按照相关规定向国家认监委报送认证业务信息，包括：

获得认证的组织详细情况、暂停或撤销认证证书情况以及与认证结果相关的业务信息情况。

国家认监委应当及时汇总认证机构报送的相关信息和数据，并予以公布。

认证机构应当于每年 2 月底之前将上一年度工作报告报送国家认监委，报告内容包括：从业基本情况、人员、业务状况、质量分析以及符合国家资质要求的会计师事务所出具的财务会计审计报告等。

第三十六条 各级质量技术监督部门和各地出入境检验检疫机构（以下统称地方认证监督管理部门）应当按照各自职责，定期对所辖区域的认证活动实施监督，查处认证违法行为，并建立相应的监督协调工作机制。

第三十七条 国家质检总局、国家认监委应当对省级质量技术监督部门和直属检验检疫机构实施的认证机构办事机构备案以及认证执法工作进行监督和指导。

省级质量技术监督部门应当对所属市、县质量技术监督部门实施的认证执法工作进行监督和指导。直属检验检疫机构应当对其所属分支出入境检验检疫机构实施的认证执法工作进行监督指导。

省级质量技术监督部门和直属检验检疫机构应当于每年 3 月底之前将上一年度所辖区域认证监督管理工作情况报送国家认监委。

第三十八条 国家认监委和地方认证监督管理部门在行政管理中发现下列问题，经调查核实后，应当给予认证机构告诫并责令其改正：

（一）设立的办事机构未向所在地省级认证监管部门备案的；

（二）境外认证机构在中国境内设立的代表机构未向国家认监委备案的；

（三）自行制定的认证规则未向国家认监委备案的；

（四）认证机构的高级管理人员违反本办法有关规定的；

（五）认证证书、认证标志未备案或者向获证组织、产品出具的证书、标志与备案证书、标志不符的。

第三十九条 国家鼓励认证机构通过认可机构的认可，以证明其实施认证的能力符合要求；法律、行政法规规定应当取得认可的，认证机构应当按照法定要求通过认可。

认可机构应当对取得认可的认证机构进行有效跟踪监督，对认证结果的符合性进行抽查。对不能持续符合认可要求的认证机构，应当作出暂停或者撤销认可资格的处理。对认可监督中发现的违法违规行为，及时报告国家认监委。

第四十条 认证认可协会应当加强认证机构的行业自律管理工作，对认证机构遵守法律法规、履行行业自律规范的情况进行评议，发现认证机构的违法违规行为，应当及时向国家认监委报告。

第四十一条　认证机构和获证组织应当对国家认监委和地方认证监督管理部门实施的监督检查工作予以配合和协助，对有关事项的询问和调查如实提供相关材料和信息。

第四十二条　对于获证组织出现产品质量安全事故、环境污染或者职业健康安全事故以及经行政机关监督抽查中发现不符合法定要求产品的，认证机构应当根据具体情形依法暂停或者撤销认证证书，及时向国家认监委、地方认证监督管理部门以及相关部门通报，并配合有关行政机关对获证组织进行跟踪监督检查。

第四十三条　认证机构有下列情形之一的，国家认监委应当依法办理《认证机构批准书》注销手续：

（一）《认证机构批准书》有效期届满，未申请延续的；

（二）《认证机构批准书》有效期届满，经复查不符合延续批准决定的；

（三）认证机构依法终止的；

（四）法律法规规定的应当注销的其他情形。

第四十四条　有下列情形之一的，国家认监委根据利害关系人的请求或者依据职权，可以撤销对认证机构作出的批准决定：

（一）国家认监委工作人员滥用职权、玩忽职守作出批准决定的；

（二）超越法定职权作出批准决定的；

（三）违反法定程序作出批准决定的；

（四）对不具备申请资格或者不符合法定条件的申请人准予批准的；

（五）认证机构已经不具备或者不能持续符合法定条件和能力的；

（六）依法可以撤销批准决定的其他情形。

第四十五条　任何单位和个人对认证活动中的违法违规行为，有权向国家质检总局、国家认监委或者地方认证监督管理部门投诉或者举报，国家认监委或者地方认证监督管理部门应当及时调查处理，并为举报人保密。

第五章　法律责任

第四十六条　申请人隐瞒有关情况或者提供虚假材料申请认证机构设立等审批事项的，国家认监委不予受理或者不予批准，并给予警告；申请人在 1 年内不得再次申请设立认证机构等审批事项。

第四十七条　申请人以欺骗、贿赂等不正当手段获得认证机构设立等审批事项批准证书的，国家认监委应当撤销其批准证书；申请人在 3 年内不得再次申请设立认证机构。

第四十八条 认证机构未经批准，擅自设立子公司或分公司从事认证活动的，地方认证监管部门应当责令其子公司或分公司停止认证活动，处 10 万元以上 50 万元以下罚款，有违法所得的，没收违法所得；国家认监委给予认证机构停业整顿 6 个月，对负有责任的认证人员，给予停止执业 1 年的处罚；情节严重的，国家认监委撤销认证机构批准证书，对负有责任的认证人员，撤销其执业资格，并予公布。

第四十九条 认证机构设立的办事机构从事签订认证合同、组织现场审核（检查）、出具审核（检查）报告、实施认证决定、收取认证费用等认证活动的，地方认证监管部门应当撤销其备案，处 10 万元以上 50 万元以下罚款，有违法所得的，没收违法所得；国家认监委给予认证机构停业整顿 6 个月，对负有责任的认证人员，给予停止执业 1 年的处罚，并予公布。

第五十条 境外认证机构在中国境内设立的代表机构从事签订认证合同、组织现场审核（检查）、出具审核（检查）报告、实施认证决定、收取认证费用等认证活动的，地方认证监管部门应当责令其停止违法行为，处 10 万元以上 50 万元以下罚款，有违法所得的，没收违法所得；情节严重的，国家认监委应当撤销其备案，并予公布。

第五十一条 认证机构设立的子公司、分公司以其他形式设立机构或者委托他人从事认证活动的，地方认证监管部门应当处 10 万元以上 50 万元以下罚款，有违法所得的，没收违法所得；国家认监委撤销子公司、分公司的批准资格，并对其认证机构停业整顿 6 个月，对负有责任的认证人员，给予停止执业 1 年的处罚；情节严重的，国家认监委撤销认证机构批准证书，对负有责任的认证人员，撤销其执业资格，并予公布。

第五十二条 认证机构未经国家认监委批准，分包境外认证机构认证业务的，国家认监委应当责令其改正，给予警告；情节严重的，给予其停业整顿 6 个月，并予公布；对负有责任的认证人员，给予停止执业 1 年的处罚；有违法所得的，没收违法所得。

第五十三条 认证机构有下列情形之一的，国家认监委或者地方认证监管部门应当责令其改正，给予警告，并予以公布：

（一）专职认证人员发生变更，其数量和执业资格不符合要求的；

（二）认证机构发生变更事项，未按照规定办理变更手续的；

（三）未按时提交年度审查报告、获证组织等信息或者提交的材料失实的；

（四）其他违反本办法规定的。

第五十四条　认证机构有下列情形之一的，国家认监委或者地方认证监管部门应当责令其限期改正，逾期未改正的，可以处 3 万元以下罚款：

（一）对已经暂停和撤销的认证证书，未向社会公布的；

（二）未向认证委托人提供认证审核文件的；

（三）审核时间严重不足，低于认证基本规范、认证规则规定的；

（四）从事认证咨询活动的；

（五）获证组织的产品不符合相关法律法规要求或者产品生产标准未按照法定要求备案，认证机构未按照规定暂停其认证证书或者未采取其他纠正措施的；

（六）在行政机关的监督检查中，拒绝提供反映其从业活动的情况或者隐瞒有关情况、提供虚假材料的；

（七）其他违反本办法规定的。

第五十五条　认证机构有下列情形之一的，地方认证监管部门应当责令其改正，处 5 万元以上 10 万元以下罚款，有违法所得的，没收违法所得；情节严重的，国家认监委应当责令其停业整顿 6 个月直至撤销其批准证书，并予公布：

（一）聘用未经国家注册（确认）的人员或者使用不符合认证要求和能力的人员从事认证审核、检查活动的；

（二）增加、减少、遗漏认证基本规范、认证规则规定程序要求，认证人员未到审核现场或者未对认证委托人的纠正措施进行有效验证即出具认证证书的；

（三）内部管理混乱、多办公场所作出认证决定，导致未按照认证基本规范、认证规则的程序和要求对其认证的产品、服务、管理体系实施有效的认证或者跟踪监督，造成不良社会影响的；

（四）认证的产品、服务、管理体系不能持续符合认证要求，认证机构未按照规定暂停或者撤销认证证书，并对外公布的；

（五）其他违反认证基本规范、认证规则规定的。

第五十六条　认证机构有下列情形之一的，地方认证监管部门应当责令其改正，处 10 万元以上 20 万元以下罚款，有违法所得的，没收违法所得；情节严重的，国家认监委应当撤销其批准证书，并予公布：

（一）超出批准范围开展认证活动的；

（二）涂改、伪造《认证机构批准书》，或者以其他形式非法转让批准资格的；

（三）停业整顿期间，继续从事认证活动的；

（四）停业整顿期满后，仍未按照整改要求从事认证活动的。

第五十七条　认证机构存在出具虚假认证结论或者出具的结论严重失实的，国家认监委应当撤销其批准证书，并予公布；对直接负责的主管人员给予警告，对负有直接责任认证人员，撤销其执业资格；构成犯罪的，依法追究刑事责任；造成损失的，依法承担赔偿责任。

第五十八条　对于认证机构的其他违法行为，依照《认证认可条例》等有关法律法规予以处罚。

第五十九条　国家认监委和地方认证监管部门及其工作人员应当依法对认证活动实施监督，有滥用职权、徇私舞弊、玩忽职守等违法行为的，依法给予行政处分；构成犯罪的，依法追究刑事责任。

第六章　附　　则

第六十条　香港、澳门和台湾地区的认证机构在大陆设立认证机构或者代表机构，依照本办法第二章关于境外认证机构的规定办理相关审批手续，并遵守本办法的规定。

第六十一条　本办法由国家质检总局解释。

第六十二条　本办法自 2011 年 9 月 1 日起施行。

进出口食品添加剂检验检疫监督管理工作规范

（2011 年 4 月 18 日国家质量监督检验检疫总局公告
2011 年第 52 号公布　自 2011 年 6 月 1 日起施行）

第一章　总　　则

第一条　为规范进出口食品添加剂检验监管工作，确保进出口产品质量安全，保护公众人身健康，根据《中华人民共和国食品安全法》及其实施条例、《中华人民共和国进出口商品检验法》及其实施条例、《中华人民共和国进出境动植物检疫法》及其实施条例，以及《国务院关于加强食品等产品安全监督管理的特别规定》等有关法律法规规定，制定本规范。

第二条　本规范适用于列入《出入境检验检疫机构实施检验检疫的进出境商品目录》内进出口食品添加剂的检验检疫监督管理工作。

食品添加剂的使用和非食品添加剂用化工原料的检验检疫监督管理不适用本规范，依照有关规定执行。

第三条 国家质量监督检验检疫总局（以下简称国家质检总局）统一管理全国进出口食品添加剂的检验检疫和监督管理工作。

国家质检总局设在各地的出入境检验检疫机构（以下简称检验检疫机构）负责所辖区域进出口食品添加剂的检验检疫和监督管理工作。

第二章　食品添加剂进口

第四条 进口食品添加剂应当符合下列条件之一：

（一）有食品安全国家标准的；

（二）经国务院卫生行政管理部门批准、发布列入我国允许使用食品添加剂目录的；

（三）列入《食品添加剂使用卫生标准》（GB2760）、《食品营养强化剂使用卫生标准》（GB14880）的；

（四）列入"食品安全法实施前已有进口记录但尚无食品安全国家标准的食品添加剂目录"（见附录）的。

除符合上列四项条件之一外，应当办理进境动植物检疫许可的，还应取得进境动植物检疫许可证。

第五条 进口食品添加剂应当有包装、中文标签、中文说明书。中文标签、中文说明书应当符合中国法律法规的规定和食品安全国家标准的要求。

食品添加剂说明书应置于食品添加剂的外包装以内，并避免与添加剂直接接触。

进口食品添加剂标签、说明书和包装不得分离。

第六条 食品添加剂的标签应直接标注在最小销售单元包装上。

食品添加剂标签应标明以下事项：

（一）名称（相关标准中的通用名称）、规格、净含量；

（二）成分（表）或配料（表），采用相关标准中的通用名称；

（三）原产国（地）及境内代理商的名称、地址、联系方式；

（四）生产日期（批号）和保质期；

（五）产品标准代号；

（六）符合本规范第四条（二）的食品添加剂标签，应标明卫生部准予进口的证明文件号和经卫生部批准或认可的产品质量标准；

（七）贮存条件；

（八）使用范围、用量、使用方法；

（九）复合添加剂中各单一品种的通用名称、辅料的名称和含量，按含量由大到小排列（各单一品种必须具有相同的使用范围）；

（十）"食品添加剂"字样；

（十一）中国食品安全法律、法规或者食品安全国家标准规定必须标明的其他事项。

第七条 食品添加剂进口企业（以下称进口企业）应按照规定向海关报关地的检验检疫机构报检，报检时应当提供如下资料：

（一）注明产品用途（食品加工用）的贸易合同，或者贸易合同中买卖双方出具的用途声明（食品加工用）。

（二）食品添加剂完整的成分说明。

（三）进口企业是经营企业的，应提供加盖进口企业公章的工商营业执照或经营许可证复印件；进口企业是食品生产企业的，应提供加盖进口企业公章的食品生产许可证复印件。

（四）特殊情况下还应提供下列材料：

1. 需办理进境检疫审批的，应提供进境动植物检疫许可证。

2. 首次进口食品添加剂新品种，应提供卫生部准予进口的有关证明文件和经卫生部批准或认可的产品质量标准和检验方法标准文本。

3. 首次进口食品添加剂，应提供进口食品添加剂中文标签样张、说明书，并应在报检前经检验检疫机构审核合格。

4. 进口食品添加剂全部用来加工后复出口的，应提供输入国或者地区的相关标准或技术要求，或者在合同中注明产品质量安全项目和指标要求。

5. 检验检疫机构要求的其他资料。

第八条 检验检疫机构对进口企业提交的报检材料进行审核，符合要求的，受理报检。

第九条 检验检疫机构按照以下要求对进口食品添加剂实施检验检疫：

（一）食品安全国家标准；

（二）双边协议、议定书、备忘录；

（三）国家质检总局、卫生部《关于进口食品、食品添加剂检验有关适用标准问题的公告》（2009年第72号公告）附件中列明的进口食品添加剂适用标准；

（四）首次进口添加剂新品种的，应当按照卫生部批准或认可的产品质量标准和检验方法标准检验；

（五）食品安全法实施前已有进口记录但尚无食品安全国家标准的，在食品安全国家标准发布实施之前，按照卫生部指定标准检验，没有卫生部指定标准的按原进口记录中指定的标准实施检验；

（六）国家质检总局规定的检验检疫要求；

（七）贸易合同中高于本条（一）至（六）规定的技术要求。

第十条 进口食品添加剂的内外包装和运输工具应符合相关食品质量安全要求，并经检验检疫合格。

进口食品添加剂属于危险品的，其包装容器应符合危险货物包装容器管理的相关要求。

第十一条 检验检疫机构按照相关检验规程和标准对进口食品添加剂实施现场检验检疫。

（一）核对货物的名称、数（重）量、包装、生产日期、承载工具号码、输出国家或者地区等是否与所提供的报检单证相符。

（二）检查标签、说明书是否与经检验检疫机构审核合格的样张和样本一致；检查标签、说明书的内容是否符合中国法律法规的规定和食品安全国家标准的要求。

（三）检查包装、容器是否完好，是否超过保质期，有无腐败变质，承运工具是否清洁、卫生。

（四）其他需要实施现场检验检疫的项目。

第十二条 现场检验检疫有下列情形之一的，检验检疫机构可直接判定为不合格：

（一）不属于本规范第四条规定的食品添加剂品种的；

（二）无生产、保质期，超过保质期或者腐败变质的；

（三）感官检查发现产品的色、香、味、形态、组织等存在异常情况，混有异物或被污染的；

（四）容器、包装密封不良、破损、渗漏严重，内容物受到污染的；

（五）使用来自国际组织宣布为严重核污染地区的原料生产的；

（六）货证不符；

（七）标签及说明书内容与报检前向检验检疫机构提供的样张和样本不一致；

（八）其他不符合中国法律法规规定、食品安全国家标准或者质检总局检验检疫要求的情况。

第十三条 检验检疫机构按照相关检验规程、标准规定的要求抽取检测样品，送实验室对质量规格、安全卫生项目和标签内容的真实性、准确性进行检测验证。

取样量应满足检测及存样的需要。检测样品采集、传递、制备、贮存等全过程应受控，不应有污染，以保证所检样品的真实性。

第十四条 经检验检疫合格的，检验检疫机构出具合格证明。合格证明中应注明判定产品合格所依据的标准，包括标准的名称、编号。

第十五条 经检验检疫不合格的，按以下方式处理：

（一）涉及安全卫生项目不合格的，出具不合格证明，责成进口企业按规定程序实施退运或销毁。

不合格证明中应注明判定产品不合格所依据的标准，包括标准的名称、编号。

（二）非安全卫生项目不合格的，可在检验检疫机构的监督下进行技术处理或改作他用，经重新检验合格后，方可销售、使用。

第十六条 检验检疫机构应当按照有关规定将进口食品添加剂不合格信息及时报国家质检总局。

第十七条 进口食品添加剂分港卸货的，先期卸货港检验检疫机构应当以书面形式将检验检疫结果及处理情况及时通知其他分卸港所在地检验检疫机构；需要对外出证的，由卸毕港检验检疫机构汇总后出具证书。

第十八条 进口企业应当建立食品添加剂质量信息档案，如实记录以下内容：

（一）进口时向检验检疫机构申报的报检号、品名、数/重量、包装、生产和输出国家或者地区、生产日期、保质期等内容；

（二）国外出口商、境外生产企业名称及其在所在国家或者地区获得的资质证书号；

（三）进口食品添加剂中文标签样张、中文说明书样本；

（四）检验检疫机构签发的检验检疫证单；

（五）进口食品添加剂流向等信息。

档案保存期限不得少于 2 年，且不能少于保质期。

第十九条 检验检疫机构对进口企业的质量信息档案进行审查，审查不合格的，将其列入不良记录企业名单，对其进口的食品添加剂实施加严检验检疫措施。

第三章　食品添加剂出口

第二十条 食品添加剂出口企业（以下简称出口企业）应当保证其出口的食品添加剂符合进口国家或者地区技术法规、标准及合同要求。

进口国家或者地区无相关标准且合同未有要求的，应当保证出口食品添加剂符合中国食品安全国家标准；无食品安全国家标准的，应当符合食品安全地方标准；无食品安全国家标准和食品安全地方标准的，应当符合经省级卫生行政部门备案的企业标准。

第二十一条 检验检疫机构按照《出口工业产品企业分类管理办法》

（质检总局令第 113 号），对食品添加剂生产企业实施分类管理。

第二十二条 出口食品添加剂应当符合下列要求：

（一）获得生产许可；

（二）食品安全法实施之前获得卫生许可，且卫生许可证在有效期内；

（三）应当获得并已经获得法律、法规要求的其他许可。

第二十三条 出口食品添加剂应当有包装、标签、说明书。

（一）标签应当直接标注在最小销售单元的包装上。

（二）说明书应置于食品添加剂的外包装以内，并避免与添加剂直接接触。

（三）标签、说明书和包装是一个整体，不得分离。

第二十四条 出口食品添加剂内外包装应符合相关食品质量安全要求，其承载工具需要进行适载检验的应按规定进行适载检验，并经检验检疫合格。

出口食品添加剂属于危险品的，其包装容器应符合危险货物包装容器管理的相关要求。

第二十五条 出口食品添加剂标签应标明以下事项：

（一）名称（标准中的通用名称）、规格、净含量；

（二）生产日期（生产批次号）和保质期；

（三）成分（表）或配料（表）；

（四）产品标准代号；

（五）贮存条件；

（六）"食品添加剂"字样；

（七）进口国家或者地区对食品添加剂标签的其他要求。

第二十六条 出口企业应当对拟出口的食品添加剂按照相关标准进行检验，并在检验合格后向产地检验检疫机构报检，报检时应提供下列材料：

（一）注明产品用途（食品加工用）的贸易合同，或者贸易合同中买卖双方出具的用途声明（食品加工用）。

（二）产品检验合格证明原件。检验合格证明中应列明检验依据的标准，包括标准的名称、编号。

（三）出口企业是经营企业的，应提供工商营业执照或者经营许可证复印件。

（四）食品添加剂标签样张和说明书样本。

（五）国家质检总局要求的其他材料。

第二十七条 检验检疫机构对出口企业提交的报检材料进行审核，符合要求的，受理报检。

第二十八条 检验检疫机构按照下列要求对出口食品添加剂实施检验检疫：

（一）进口国家或者地区技术法规、标准；

（二）双边协议、议定书、备忘录；

（三）合同中列明的质量规格要求；

（四）没有本条（一）至（三）的，可以按照中国食品安全国家标准检验；

（五）没有本条（一）至（四）的，可以按照中国食品安全地方标准检验；

（六）没有本条（一）至（五）的，可以按照经省级卫生行政部门备案的企业标准检验；

（七）国家质检总局规定的其他检验检疫要求。

第二十九条 检验检疫机构按照相关检验规程和标准对出口食品添加剂实施现场检验检疫：

（一）核对货物的名称、数（重）量、生产日期、批号、包装、唛头、出口企业名称等是否与报检时提供的资料相符。

（二）核对货物标签是否与报检时提供的标签样张一致，检查标签中与质量有关内容的真实性、准确性。

（三）包装、容器是否完好，有无潮湿发霉现象，有无腐败变质，有无异味。

（四）其他需要实施现场检验检疫的项目。

第三十条 现场检验检疫合格后，检验检疫机构对来自不同监管类别生产企业的产品按照相关检验规程、标准要求，对抽取的检测样品进行规格、安全卫生项目和标签内容的符合性检测验证，必要时对标签上所有标识的内容进行检测。

取样量应满足检验、检测及存样的需要。检测样品采集、传递、制备、贮存的全过程应受控，不应有污染，以保证所检样品的真实性。

第三十一条 经检验检疫合格的，出具《出境货物通关单》或《出境货物换证凭单》，根据需要出具检验证书。检验证单中注明判定产品合格所依据的标准，包括标准的名称和编号。

第三十二条 检验检疫不合格的，按以下方式处理：

（一）经有效方法处理并重新检验检疫合格的，按本规范第三十一条办理；

（二）无有效处理方法或者经过处理后重新检验检疫仍不合格的，出具不合格证明，不准出口。

第三十三条　口岸检验检疫机构按照出口货物查验换证的相关规定查验货物。

（一）查验合格的，签发合格证明，准予出口。

（二）查验不合格的，不予放行，并将有关信息通报产地检验检疫机构，必要时抽取检测样本，进行质量规格、安全卫生项目检测。产地检验检疫机构应根据不合格情况采取相应监管措施。

第三十四条　检验检疫机构应当按照相关规定建立生产企业分类管理档案和出口企业诚信档案，建立良好记录和不良记录企业名单。

第三十五条　出口企业应当建立质量信息档案并接受检验检疫机构的核查。产品信息档案应至少包括出口产品的如下信息：

（一）出口报检号、品名、数（重）量、包装、进口国家或者地区、生产批次号；

（二）境外进口企业名称；

（三）国内供货企业名称及相关批准文件号；

（四）食品添加剂标签样张、说明书样本；

（五）检验检疫机构出具的检验检疫证单。

档案保存期不得少于 2 年，且不能少于保质期。

第三十六条　出口食品添加剂被境内外检验检疫机构检出有质量安全卫生问题的，检验检疫机构核实有关情况后，实施严格检验检疫监管措施。

第四章　监督管理

第三十七条　国家质检总局对进出口食品添加剂实施风险预警和快速反应制度。

进出口食品添加剂检验检疫监管中发现严重质量安全问题或疫情的，或者境内外发生的食品安全事故、国内有关部门通报或者用户投诉食品出现质量安全卫生问题涉及进出口食品添加剂的，国家质检总局应当及时采取风险预警或者控制措施，并向国务院卫生行政等部门通报。

第三十八条　检验检疫机构在检验检疫监管过程中发现严重质量安全问题可能影响到食品安全或者获知有关风险信息后，应当启动食品安全应急处置预案，开展追溯调查，按照有关规定进行处理，并于 24 小时内逐级上报至国家质检总局。

第三十九条　进出口企业发现其生产、经营的食品添加剂存在安全隐患，可能影响食品安全，或者其出口产品在境外涉嫌引发食品安全事件时，应当采取控制或者避免危害发生的措施，主动召回产品，并向所在地检验检疫机构报告。检验检疫机构对召回实施监督管理。

进出口企业不履行召回义务的，由所在地直属检验检疫机构向其发出责令召回通知书，并报告国家质检总局。国家质检总局按有关规定进行处理。

第四十条　对经国务院卫生行政部门信息核实，风险已经明确，或经风险评估后确认有风险的出入境食品添加剂，国家质检总局可采取快速反应措施。

第四十一条　进出保税区、出口加工区等的食品添加剂，以及进境非贸易性的食品添加剂样品的检验检疫监督管理，按照国家质检总局的有关规定办理。

第五章　附　　则

第四十二条　本规范下列用语的含义是：

（一）食品添加剂，指可以作为改善食品品质和色、香、味以及为防腐、保鲜和加工工艺的需要而加入食品中的人工合成或者天然物质。

（二）非食品添加剂用化工原料，是指与食品添加剂具有相同化学构成，进出口时共用同一个 HS 编码，但不用于食品生产加工的化学物质。在进出口报检时以"非食品加工用"，与食品添加剂区分。

（三）产品检验合格证明，是指具备全项目出厂检验能力的生产企业自行检验出具的，或不具备产品出厂检验能力的生产企业或者出口企业委托有资质的检验机构进行检验并出具的证明其产品检验合格的文件。

第四十三条　本规范由国家质检总局负责解释。

第四十四条　本规范自 2011 年 6 月 1 日起施行。自施行之日起，其他相关进出口食品添加剂检验检疫管理规定与本规范不一致的，以本规范为准。

国家质量监督检验检疫总局
现行有效规范性文件目录

(2011 年 5 月 20 日国家质量监督检验检疫总局令公告 2011 年第 71 号发布)

序号	文件名称	文号	发文部门	发布时间
1	出口商品质量许可证管理办法	〔87〕国检监字512 号	国家商检局	1987. 11. 25
2	强制性产品认证标志管理办法	国家认监委 2001年第 1 号公告	国家认监委	2001. 12. 3
3	进口食品国外生产企业注册程序	国认注(2001)35 号	国家认监委	2001
4	认证认可申诉、投诉处理办法	国家认监委 2002年第 2 号公告	国家认监委	2002. 3. 5
5	国家认可机构监督管理办法	国认可〔2002〕20 号	国家认监委	2002. 4. 4
6	认证机构及认证培训、咨询机构审批登记与监督管理办法	国认可联〔2002〕21 号	国家认监委	2002. 4. 2
7	食品生产企业危害分析与关键控制点(HACCP)管理体系认证管理规定	国家认监委 2002年第 3 号公告	国家认监委	2002. 3. 20
8	出口食品生产企业申请国外卫生注册管理办法	国家认监委 2002年第 15 号公告	国家认监委	2002. 12. 19
9	无公害农产品标志管理办法	农业部、国家认监委 2002 年第 231 号公告联合发布	农业部、国家认监委	2002. 11. 25
10	国家认证认可监督管理委员会实施认证认可行政处罚若干规定	国家认监委 2003年第 17 号公告	国家认监委	2003. 12. 9
11	无公害农产品产地认定程序	农业部、国家认监委 2003 年第 264 号公告联合发布	农业部、国家认监委	2003. 4. 17
12	无公害农产品认证程序	农业部、国家认监委 2003 年第 264 号公告联合发布	农业部、国家认监委	2003. 4. 17
13	绿色市场认证管理办法	国家认监委、商务部 2003 年第 14 号公告联合发布	国家认监委、商务部	2003. 10. 23
14	饲料产品认证管理办法	国家认监委 2003年第 19 号公告	国家认监委	2003. 12. 31

序号	文件名称	文号	发文部门	发布时间
15	认证机构、检查机构、实验室取得境外认可机构认可备案管理办法	国家认监委 2004 年第 4 号公告	国家认监委	2004.2.20
16	强制性产品认证检查员管理办法	国家认监委 2004 年第 29 号公告	国家认监委	2004.12.3
17	无需办理强制性产品认证或可免予办理强制性产品认证的条件	国家认监委 2005 年第 3 号公告	国家认监委	2005.3.3
18	软件过程能力及成熟度评估管理办法	国家认监委 2005 年第 4 号公告	国家认监委	2005.3.2
19	体育服务认证管理办法	国家认监委、国家体育总局2005 年第 32 号公告联合发布	国家认监委、国家体育总局	2005.11.10
20	认证技术规范管理办法	国家认监委 2006 年第 3 号公告	国家认监委	2006.1.23
21	实验室能力验证实施办法	国家认监委 2006 年第 9 号公告	国家认监委	2006.3.13
22	国家产品质量监督检验中心授权管理办法	国家认监委 2007 年第 23 号公告	国家认监委	2007.9.12
23	实验室资质认定评审员管理办法	国家认监委 2007 年第 24 号公告	国家认监委	2007.9.12
24	强制性产品认证证书注销、暂停、撤销实施规则	国家认监委 2008 年第 19 号公告	国家认监委	2008.6.24
25	免予强制性产品认证的特殊用途进口产品检测处理程序	国家认监委 2008 年第 38 号公告	国家认监委	2008.12.11
26	强制性产品认证实施规则中涉及 ODM 模式的补充规定	国家认监委 2009 年第 30 号公告	国家认监委	2009.6.4
27	产品质量监督检验站管理办法（试行）	国标发〔83〕319 号	国家标准局	1983.8.5
28	国家级产品质量监督检验测试中心基本条件	国标发〔84〕208 号	国家标准局	1984.5.10
29	企业事业单位和社会团体代码管理办法	技监局发〔1993〕14 号	国家技术监督局、中编办、国家计委、国家科委、公安部、民政部、财政部、劳动部、外经贸部、中国人民银行、国家统计局、国家税务总局、国家信息中心	1993.7.13

序号	文件名称	文号	发文部门	发布时间
30	关于进一步加强行业标准备案管理工作的通知	技监局标发〔1996〕244 号	国家技术监督局	1996.9.4
31	采用快速程序制定国家标准的管理规定	技监局标发〔1998〕03 号	国家技术监督局	1998.1.8
32	国家标准化指导性技术文件管理规定	质技监局标发〔1998〕181号	国家质量技术监督局	1998.12.24
33	关于规范使用国家标准和行业标准代号的通知	质技监局标发〔1999〕193号	国家质量技术监督局	1999.8.24
34	关于对备案的行业标准、地方标准实行公告制度的通知	质技监局标发〔1999〕279号	国家质量技术监督局	1999.12.28
35	关于强制性标准实行条文强制的若干规定	质技监局标发〔2000〕36号	国家质量技术监督局	2000.2.22
36	商品条码印刷资格认定工作实施办法	质技监局政发〔2000〕16号	国家质量技术监督局	2000.7.29
37	关于推进采用国际标准的若干意见	国质检标联〔2002〕209 号	国家质检总局、国家发计委、国家经贸委、科技部、财政部、外经贸部、国家标准委	2002.7.23
38	国际标准化活动项目经费管理暂行规定	国质检财〔2003〕132 号	国家质检总局	2003.4.29
39	关于调整国家标准计划项目编制方式的通知	国标委计划〔2004〕10 号	国家标准委	2004.3.1
40	关于国家标准制修订计划项目管理的实施意见	国标委计划〔2004〕28 号	国家标准委	2004.3.19
41	关于国家标准复审管理的实施意见	国标委计划〔2004〕28 号	国家标准委	2004.3.19
42	采用快速程序制修订应急国家标准的规定	国标委计划联〔2004〕35号	国家标准委、国家发展改革委	2004.3.29
43	关于对全国专业标准化技术委员会实行分类管理的通知	国标委计划〔2004〕45 号	国家标准委	2004.5.13
44	关于电子版国际标准分发及使用的通知	国标委国际〔2004〕61 号	国家标准委	2004.6.21
45	标准网络出版发行管理规定（试行）	国标委计划〔2005〕66 号	国家标准委	2005.8.31
46	关于加强 ISO/IEC 标准投票文件和正式国际标准文本管理的通知	国标委国际〔2006〕66 号	国家标准委	2006.8.29

序号	文件名称	文号	发文部门	发布时间
47	ISO 和 IEC 标准出版物版权保护管理规定（试行）	国标委外〔2007〕5 号	国家标准委	2007. 1. 15
48	国家农业标准化示范区管理办法（试行）	国标委农〔2007〕81 号	国家标准委	2007. 10. 22
49	全国专业标准化技术委员会管理规定	国标委办〔2009〕3 号	国家标准委	2009. 1. 22
50	关于进一步加强国家标准制修订管理确保国家标准质量的意见	国标委办〔2009〕4 号	国家标准委	2009. 1. 22
51	企业产品标准管理规定	国质检联〔2009〕84 号	国家质检总局、国家标准委	2009. 3. 12
52	地理信息标准化工作管理规定	国标委服务联〔2009〕25 号	国家标准委、国家测绘局	2009. 4. 1
53	关于标准制定工作组组建和管理有关事项的通知	国标委综合〔2009〕32 号	国家标准委	2009. 5. 20
54	服务业标准化试点实施细则	国标委服务联〔2009〕47 号	国家标准委、国家发改委	2009. 7. 3
55	循环经济标准化试点工作指导意见	国标委工一联〔2009〕48 号	国家标准委、国家发改委	2009. 7. 3
56	关于进一步加强地方标准化工作的意见	国标委服务〔2009〕49 号	国家标准委	2009. 7. 6
57	关于国家标准批准发布公告及行业标准、地方标准备案公告格式的通知	国标委综合〔2009〕87 号	国家标准委	2009. 10. 29
58	中国标准创新贡献奖管理办法	国质检标联〔2009〕383 号	国家质检总局、国家标准委	2009. 9. 8
59	ISO 常任理事国中国工作委员会管理规定	国标委外〔2009〕95 号	国家标准委	2009. 11. 26
60	关于食品安全国家标准编号工作的意见	国标委农联〔2009〕99 号	国家标准委、卫生部	2009. 12. 14
61	国家高薪技术产业标准化示范区考核验收办法	国标委工二〔2010〕29 号	国家标准委	2010. 5. 17
62	国家标准修改单管理规定	国标委综合〔2010〕39 号	国家标准委	2010. 6. 8
63	国家实物标准暂行管理办法	国标发〔1986〕04 号	国家标准局	1986. 1. 2
64	信息分类编码标准化管理办法	国标发〔1988〕115 号	国家标准局	1988. 5. 7

序号	文件名称	文号	发文部门	发布时间
65	参加国际标准化组织和国际电工委员会技术活动的管理办法	技监局标发〔1992〕372 号	国家技术监督局	1992.10.20
66	采用国际标准产品标志管理办法（试行）	技监局标函〔1993〕502 号	国家技术监督局	1993.12.3
67	采用国际标准产品标志管理办法（试行）实施细则	技监局标函〔1994〕195 号	国家技术监督局	1994.5.10
68	标准出版管理办法	技监局政发〔1997〕118 号	国家技术监督局、国家新闻出版署	1997.8.8
69	关于进一步加强标准出版发行工作的意见	技监局标发〔1997〕143 号	国家技术监督局	1997.10.5
70	国家标准英文版翻译出版管理暂行办法	质技监局发〔1998〕18 号	国家质量技术监督局	1998.4.22
71	关于加强强制性标准管理的若干规定	国标委计划〔2002〕15 号	国家标准委	2002.2.24
72	农业标准化示范项目经费管理暂行规定	国质检财〔2003〕127 号	国家质检总局	2003.4.29
73	关于进一步加强标准版权保护，规范标准出版发行工作的意见	国质检标联〔2004〕361 号	国家质检总局、国家标准委	2004.8.20
74	关于进一步加强标准版权保护规范标准出版发行工作的通知	国标委计划联〔2006〕36 号	国家标准委、国家认监委	2006.5.29
75	棉花复检仲裁办法	国标发〔1986〕174 号	国家标准局	1986.7.31
76	棉花品级实物标准管理办法	国标发〔1986〕174 号	国家标准局	1986.7.31
77	关于印发《国家储备棉公证检验实施办法（试行）》的通知	质技监局政发〔1999〕211 号	国家质量技术监督局、国家发展计划委员会、财政部、中华全国供销合作总社、中国农业发展银行、国家纺织工业局	1999.9.2
78	关于贯彻落实《国务院关于深化棉花流通体制改革的决定》的通知	质技监局监发〔1999〕18 号	国家质量技术监督局	1999.1.20
79	关于加强对棉农宣传教育防止棉花混入异性纤维工作的通知	质技监局政发〔1999〕208 号	国家质量技术监督局、国家广播电影电视总局	1999.9.3

序号	文件名称	文号	发文部门	发布时间
80	关于印发棉花公证检验专项经费管理暂行办法的通知	财经字〔2000〕299号	财政部、国家质检总局	2000.5.30
81	关于印发《棉花质量公证检验监督抽验办法》的通知	国质检法函〔2001〕674号	国家质检总局	2001.12.29
82	关于对部分棉花加工机械产品实行生产许可证制度的通知	国质检监函〔2002〕39号	国家质检总局	2002.1.30
83	关于加强棉花质量监督管理防范信贷风险的通知	国质检执联〔2002〕288号	国家质检总局、中国农业发展银行	2002.9.28
84	关于印发《经营性棉花国家公证检验工作程序和检验规程》等文件的通知	中纤局棉发〔2001〕153号	中国纤维检验局	2001.11.27
85	棉花质量监督检查中统一使用《棉花质量检验报告》的规定	中纤局法发〔2001〕157号	中国纤维检验局	2001.12.12
86	关于印发棉花质量检验体制改革方案的通知	发改经贸〔2003〕2225号	国家发改委、质检总局、财政部、供销总社、农发行	2003.12.17
87	关于发布《期货交割棉公证检验实施办法（试行）》的通知	中纤局棉发〔2004〕35号	中国纤维检验局	2004.6.26
88	仪器化公证检验棉花重量结算规范（试行）	《关于印发棉花质量检验体制改革有关技术文件的通知》附件2	棉花质量检验体制改革领导小组	2005.9.21
89	仪器化公证检验棉花异性纤维检验技术规范（试行）	《关于印发棉花质量检验体制改革有关技术文件的通知》附件3	棉花质量检验体制改革领导小组	2005.9.21
90	棉花质量公证检验信息管理系统条码编码规则	《关于印发棉花质量检验体制改革有关技术文件的通知》附件6	棉花质量检验体制改革领导小组	2005.9.21
91	棉花质量仪器化公证检验申报、审核、退出程序暂行规定	《关于印发棉花质量检验体制改革有关技术文件的通知》附件7	棉花质量检验体制改革领导小组	2005.9.21
92	关于印发《期货交割棉公证检验实施办法补充规定》的通知	中纤局棉发〔2005〕88号	中国纤维检验局	2005.10.17
93	关于发布《棉花质量监督检查工作实施细则》的通知	中纤局棉发〔2006〕69号	中国纤维检验局	2006.8.26

序号	文件名称	文号	发文部门	发布时间
94	关于印发《棉花品级实物标准管理办法实施细则》的通知	中纤局棉发〔2006〕99 号	中国纤维检验局	2006.12.5
95	关于发布《棉花加工企业质量保证能力审查和复查工作实施办法》和《棉花加工企业质量信用分类监督管理办法（试行）》的通知	中纤局棉发〔2007〕82 号	中国纤维检验局	2007.8.31
96	棉花质量仪器化公证检验加工企业抽样管理办法（试行）	中纤局办发〔2009〕112 号附件 2	中国纤维检验局	2009.9.27
97	国务院办公厅关于羊毛产销和质量等问题的函	国办函〔1993〕2 号	国务院办公厅	1993.1.3
98	关于加强化纤质量监督执法工作的通知	技监局监函〔1994〕153 号	国家质量技术监督局	1994.4.20
99	国务院办公厅关于加强羊绒产销管理的通知	国办发〔1995〕52 号	国务院办公厅	1995.10.19
100	国务院办公厅转发国家茧丝绸协调小组、中国纺织总会关于调整缫丝绢纺加工能力意见的通知	国办发〔1997〕16 号	国务院办公厅	1997.5.7
101	关于印发《缫丝绢纺准产证制度实施办法》的通知	国经贸外经〔1998〕479 号	国家经贸委、中国人行、国家工商局、国家质监局	1998.8.3
102	国务院办公厅转发国家经贸委关于深化蚕茧流通体制改革意见的通知	国办发〔2001〕44 号	国务院办公厅	2001.6.13
103	关于印发《鲜茧收购资格中质量保证的基本条件（暂行）》的通知	质检办监联〔2001〕232 号	国家质检总局办公厅、国家经贸委办公厅	2001.10.26
104	关于贯彻执行《茧丝流通办法》的意见	中纤局综发〔2002〕20 号	中国纤维检验局	2002.3.28
105	关于开展 2004 年国家生丝公证检验试点工作的通知	中纤局综发〔2004〕28 号	中国纤维检验局	2004.5.12
106	山羊绒公证检验工作程序和检验规程	中纤局综发〔2005〕39 号	中国纤维检验局	2005.4.28
107	《2004 年国家生丝公证检验试点工作程序和检验规程（暂行）》补充规定	中纤局综发〔2005〕38 号附件 1	中国纤维检验局	2005.4.29
108	关于开展麻类纤维公证检验试点工作的通知	中纤局综发〔2005〕46 号	中国纤维检验局	2005.6.1

序号	文件名称	文号	发文部门	发布时间
109	关于发布《非棉纤维公证检验任务分配调整管理办法》、《非棉纤维公证检验经费管理办法》的通知	中纤局综发〔2006〕89号	中国纤维检验局	2006.11.8
110	关于做好桑蚕干茧公证检验前期准备工作的通知	中纤局综发〔2007〕2号	中国纤维检验局	2007.1.24
111	关于印发《经营性桑蚕干茧公证检验工作规程（试行）》和《茧丝交易市场桑蚕干茧公证检验实施办法（试行）》的通知	中纤局综发〔2007〕47号	中国纤维检验局	2007.5.22
112	桑蚕干茧公证检验实验室验收细则（试行）、桑蚕干茧公证检验人员管理办法（试行）、桑蚕干茧公证检验廉洁自律规定	中纤局综发〔2007〕60号附件1、2、3	中国纤维检验局	2007.7.2
113	关于印发《桑蚕干茧检验操作规程（试行）》的通知	中纤局综发〔2007〕93号	中国纤维检验局	2007.9.28
114	非棉纤维公证检验企业申报与退出程序（试行）	中纤局综发〔2007〕108号	中国纤维检验局	2007.11.15
115	非棉纤维公证检验工作质量考核办法、非棉纤维公证检验监督抽验实施办法	中纤局综发〔2009〕68号	中国纤维检验局	2009.6.3
116	毛绒纤维质量监督检查工作实施规则	中纤局办发〔2009〕112号附件4	中国纤维检验局	2009.9.27
117	关于对已购入存在质量问题的絮棉制品提供免费检验服务的通知	中纤局法发〔2002〕32号	中国纤维检验局	2002.5.16
118	关于印发《絮用纤维制品禁止使用原料管理办法（试行）的通知》	国质检执联〔2002〕204号	国家质检总局、国家经贸委、卫生部、国家工商行政总局	2002.7.16
119	关于加强集团购买絮用纤维制品质量监督工作的意见	国质检执联〔2002〕299号	国家质检总局、国家经贸委、卫生部、教育部、国家旅游局	2002.10.9
120	关于印发《弹簧软床垫生产加工企业监管规定》的通知	国质检执〔2004〕203号	国家质检总局	2004.5.9
121	关于在打击制售"黑心棉"违法行为中质监与环保部门加强配合的通知	国质检执联函〔2007〕133号	国家质量监督检验检疫总局、国家环保总局	2007.2.14
122	转发《关于在打击制售"黑心棉"违法行为中质监与环保部门加强配合的通知》的通知	中纤局法发〔2007〕15号	中国纤维检验局	2007.3.9

序号	文件名称	文号	发文部门	发布时间
123	关于印发《专业纤检机构履行重点区域监管职责办法（试行）》的通知	中纤局法发〔2007〕75号	中国纤维检验局	2007.7.26
124	关于印发《专业纤检机构履行重点区域监管职责办法（试行）》有关问题的说明的通知	中纤局法发〔2007〕91号	中国纤维检验局	2007.9.25
125	国家质量监督检验检疫总局、教育部关于加强高校学生床上用品质量监督管理工作的通知	国质检执联〔2008〕168号	国家质检总局、教育部	2008.4.16
126	关于转发《国家质量监督检验检疫总局、教育部关于加强高校学生床上用品质量监督管理工作的通知》的通知	中纤局法发〔2008〕38号	中国纤维检验局	2008.4.24
127	关于印发《再加工纤维质量行为规范（试行）》的通知	中纤局法发〔2008〕97号	中国纤维检验局	2008.9.16
128	高校集团购买学生床上用品质量监控工作实施细则（试行）	中纤局办发〔2009〕112号附件3	中国纤维检验局	2009.9.27
129	关于印发《再加工纤维质量行为规范（试行）》有关问题的说明的通知	中纤局法发〔2008〕107号	中国纤维检验局	2008.10.21
130	关于继续做好企业质量档案建档相关工作的通知	中纤局法发〔2009〕40号	中国纤维检验局	2009.4.13
131	关于推动建立絮用纤维制品生产企业行业自律组织的通知	中纤局法发〔2009〕101号	中国纤维检验局	2009.8.21
132	广西大宗茧丝交易市场厂检丝重量检验项目公正检验实施办法（试行）	中纤综发〔2010〕47号	中国纤维检验局	2010.7.1
133	期货交割棉公正检验实施办法	中纤局棉发〔2010〕65号	中国纤维检验局	2010.8.9
134	全国棉花交易市场交易棉公正检验实施办法	中纤局棉发〔2010〕82号	中国纤维检验局	2010.9.14
135	关于印发《棉花质量检验师执业资格制度暂行规定》的通知	人发〔2000〕70号	人事部、国家质量技术监督局	2000.6.16
136	关于印发《棉花质量检验师考前培训管理暂行办法》的通知	质技监职办〔2000〕007号	国家质量技术监督局、职业资格制度工作领导小组办公室	2000.10.25
137	关于印发《棉花质量检验师岗位设置及职责暂行规定》的通知	质技监局人发〔2000〕189号	国家质量技术监督局	2000.10.26

序号	文件名称	文号	发文部门	发布时间
138	关于印发《棉花质量检验师继续教育暂行规定》的通知	国质检人〔2002〕176 号	国家质检总局	2002.7.1
139	关于印发《棉花质量检验师执业资格考试实施办法》的通知	国质检人〔2002〕309 号	国家质检总局	2002.10.25
140	关于转发《国家发展改革委、财政部关于棉花质量检验师执业资格考试收费标准的通知》的通知	质检办科函〔2003〕211 号	国家质检总局办公厅	2003.6.13
141	关于印发《棉花质量检验师执业资格注册管理办法》的通知	国质检人〔2004〕499 号	国家质检总局	2004.11.16
142	关于印发 2008 年全国非棉纤维质量监督工作会议文件的通知	中纤局综发〔2008〕37 号	中国纤维检验局	2008.4.23
143	粮食陈化鉴定管理办法	质技监局监发〔1999〕150 号	国家质量技术监督局、国家发展计划委员会、财政部、国家粮食储备局	1999.5.19
144	金银饰品标识管理规定	质技监局监发〔99〕89 号	国家质量技术监督局	1999.3.29
145	产品标识标注规定	技监局质发〔1997〕172 号	国家技术监督局	1997.11.7
146	质量技术监督执法工作大案要案报告和督查制度	质技监局发〔1998〕167 号	国家质量技术监督局	1998.12.7
147	出入境检验检疫系统受理司法调查规定	国检法〔1999〕119 号	国家检验检疫局	1999.7.26
148	关于外国及国际组织驻华官方机构自用物品进境检验检疫有关事项的公告	国家质检总局 2008 年第 79 号公告	国家质检总局	2008.7.9
149	关于印发《进出境邮寄物检疫管理办法》的通知	国质检联〔2001〕34 号	国家质检总局、邮政局	2001.6.15
150	关于加强对出入境旅客携带、邮寄及快递进出境应检物品检验检疫管理工作的通知	署监发〔2001〕212 号	海关总署、国家质检总局	2001.4.20
151	关于印发《设立出口加工区的审批标准和程序》的通知	署加发〔2004〕102 号	海关总署、发改委、财政部、国土资源部、商务部、税务总局、工商总局、质检总局、外汇局	2004.4.8
152	关于发布实施《出口商品批次监督管理办法》的联合通知	国检务联字第280 号	质检总局、经委、商贸部	1987.7.18

序号	文件名称	文号	发文部门	发布时间
153	关于印发《实施"未再加工证明"签证管理规定（试行）》的通知	国检务〔1996〕72号	国家质检总局	1996.3.29
154	关于禁止受理发菜及其制品出口报检的通知	国检法函〔2000〕129号	国家质检总局	2000.6.23
155	关于印发《出入境检验检疫电子报检管理办法（试行）》和《出入境检验检疫电子转单管理办法》的通知	国质检〔2001〕51号	国家质检总局	2001.7.17
156	关于印发《出口加工区检验检疫监督管理办法》的通知	国检法〔2001〕63号	国家质检总局	2001.3.9
157	关于取消检验检疫报检预录入的紧急通知	国质检函〔2001〕151号	国家质检总局	2001.6.11
158	关于印发《报检员资格全国统一考试办法（暂行）》的通知	国质检通函〔2002〕904号	国家质检总局	2002.12.30
159	关于实施《出入境检验检疫收费办法》有关问题的通知	国质检通函〔2004〕219号	国家质检总局	2004.3.31
160	关于凭电子密钥开展电子申报的通知	国质检通函〔2004〕388号	国家质检总局	2004.5.26
161	关于进一步加强和规范代理报检管理的通知	国质检通〔2005〕202号	国家质检总局	2005.6.30
162	关于印发《出入境检验检疫签证管理办法》的通知	国质检通〔2009〕38号	国家质检总局	2009.1.23
163	出入境检验检疫企业信用管理工作规范（试行）	国质检通函〔2009〕118号	国家质检总局	2009.3.18
164	中华人民共和国普遍优惠制原产地证明书签证管理办法	国检务〔1989〕443号	国家商检局	1989.8.21
165	关于下发《中华人民共和国普遍优惠制原产地证明书签证管理办法实施细则》的通知	国检务〔1990〕317号	国家商检局	1990.9.28
166	关于下发《签发旅游零售商品普惠制原产地证明书的管理规定（试行）》的通知	国检务〔1992〕397号	国家商检局	1992.10.16
167	关于下发《关于加强普惠制产证签证调查几点意见》和《产证签证人员资格审批管理规定（试行）》的通知	国检务〔1993〕248号	国家商检局	1993.7.20
168	关于印发《原产地证电子签证管理办法》的通知	国检法〔2000〕227号	国家检验检疫局	2000.11.3

序号	文件名称	文号	发文部门	发布时间
169	关于印发《原产地标记管理规定》和《原产地标记管理规定实施办法》的通知	国检法〔2001〕51号	国家检验检疫局	2001.3.5
170	关于印发《〈曼谷协定〉优惠原产地证明书签证管理规定》的通知	国质检通〔2002〕285号	国家质检总局	2002.9.25
171	中华人民共和国实施金伯利进程国际证书制度管理规定联合公告	2002年联合公告第132号	国家质检总局、海关总署、外经贸部	2002.12.29
172	2003年输欧盟蘑菇罐头第7号公告	2003年第7号联合公告	商务部、国家质检总局	2003.4.3
173	关于《中国—巴基斯坦伊斯兰共和国优惠贸易安排》公告	2003年联合公告第79号	国家质检总局、海关总署	2003.12.30
174	关于发布《中国—东盟自由贸易区原产地规则》的公告	2003年第81号联合公告	海关总署、商务部、国家质检总局	2003.12.30
175	关于签发《中国—东盟自由贸易区》优惠原产地证明书的通知	国质检通〔2003〕481号	国家质检总局	2003.12.31
176	关于对《中国与巴基斯坦优惠贸易安排》项下产品签发优惠原产地证书的通知	国质检通〔2003〕489号	国家质检总局	2003.12.31
177	关于全面实施中国—东盟自贸区货物贸易协定签发原产地证书FORM E的通知	国质检通〔2005〕227号	国家质检总局	2005.7.15
178	关于调整航空口岸旅客申明卡的通知	国质检通函〔2005〕434号	国家质检总局	2005.6.13
179	关于公布《中国—东盟自贸区原产地规则》项下"产品特定原产地标准（第一批）"的公告	2005年第32号联合公告	商务部、海关总署、质检总局	2005.7.15
180	关于签发中国—巴基斯坦自由贸易区原产地证书的通知	国质检通函〔2005〕1010号	国家质检总局	2005.12.26
181	关于中巴自贸区早期收获实施的联合公告	2005年第66号	海关总署、国家质检总局	2005.12.29
182	关于发布《中国—巴基斯坦自由贸易区原产地规则》的公告	2005年第67号	海关总署、商务部、国家质量监督检验检疫总局	2005.12.29
183	关于签发中国—智利自由贸易区原产地证书FORME的通知	国质检通函〔2006〕768号	国家质检总局	2006.9.20
184	关于对人类食品和动物饲料添加剂及原料产品实施出入境检验检疫的公告	2007年第70号	国家质检总局、商务部、海关总署	2007.4.30

序号	文件名称	文号	发文部门	发布时间
185	关于对人类食品和动物饲料添加剂及原料产品实施出入境检验检疫有关问题的通知	国质检通函〔2007〕209 号	国家质检总局	2007.5.14
186	关于签发中国—新西兰自由贸易区优惠原产地证明书有关事项的通知	国质检通函〔2008〕654 号	国家质检总局	2008.9.19
187	关于签发《中国—新加坡自由贸易协定》优惠原产地证明书的公告	国家质检总局 2008 年 139 号公告	国家质检总局	2008.12.19
188	关于发布中国—新加坡自由贸易协定原产地规则的联合公告	2008 年第 100 号公告	海关总署、商务部、国家质检总局	2008.12.31
189	关于签发中国—新加坡自由贸易区优惠原产地证明书有关事项的通知	国质检通〔2008〕604 号	国家质检总局	2008.12.16
190	关于签发中国—秘鲁自由贸易区优惠原产地证明书有关事项的通知	国质检通〔2010〕90 号	国家质检总局	2010.2.23
191	关于中国启用检验检疫电子证书系统的照会	国质检外函〔2010〕48 号	国家质检总局	2010.1.28
192	关于东盟自贸区联合公告	2003 年联合公告第 77 号	国家质检总局、海关总署	2003.12.29
193	实施《中华人民共和国国境口岸卫生监督办法》若干规定的通知	（83）卫防字第 5 号	卫生部	1983.3.10
194	关于对进口废钢船进行卫生检疫的通知	（84）卫防字第 86 号	卫生部	1984.12.8
195	关于用于专利程序的微生物菌（毒）种、培养物入境检疫暂行规定		卫生部、农牧渔业部、中国专利局	1985.9.10
196	卫生部转发《关于进口废旧船舶检查检验和交接工作的若干规定》	〔86〕卫防检辽第 175 号	卫生部	1986.10.20
197	关于禁止进口旧麻袋的联合通知	〔86〕卫防字第 77 号	卫生部、海关总署、外经贸部	1986.10.31
198	进口废旧物品卫生检疫管理规定	卫生部(88)卫防字第 47 号	卫生部	1988.5.14
199	关于施行《国境卫生检疫法》及其《实施细则》有关事宜的通知	卫检总法字〔1990〕第 65 号	卫生检疫总所、海关总署监管一司	1990.5.12
200	关于印发《国境卫生检疫卫生管理规程（试行）》和《国境卫生检疫卫生处理方法》的通知	卫检总监字〔1990〕第 53 号	卫生检疫总所	1990.6.4

序号	文件名称	文号	发文部门	发布时间
201	关于对《国境卫生检疫法实施细则》有关条款的解释	卫检发〔1991〕第2号	卫生部	1991.5.29
202	关于尸体运输管理的若干规定	民事发〔1993〕2号	民政部、公安部、外交部、铁道部、交通部、卫生部、海关总署、民用航空局	1993.3.30
203	贯彻国务院办公厅《关于国际通行船舶上的中国籍员工健康证明有关问题的处理意见》的通知	卫检发〔1993〕第2号	卫生部、交通部	1993.10.29
204	关于《实施电讯卫生检疫的规定》的通知	卫检发〔1995〕第1号	卫生部、交通部	1995.2.30
205	关于实施电讯卫生检疫的补充规定	卫检总海字〔1995〕第91号	卫生检疫总所	1995.4.27
206	卫生检疫局下发船舶卫生检查评分标准	卫检总海便字〔95〕第12号	国家卫生检疫局	1995.6.14
207	往来香港船舶、飞机卫生检疫管理有关规则	卫办发〔1997〕第30号	卫生部	1997.9.11
208	关于执行《进口废旧物品卫生检疫管理规程》和《进口废旧物品卫生处理规程》的通知	卫检海字〔1997〕第390号	国家卫检局	1997.11.24
209	关于遗体入出境事宜有关问题的通知	民事发〔1998〕11号	民政部、海关总署、国家检验检疫局	1998.9.22
210	关于执行《进出境航空器卫生监督评分标准》和《进出境客运列车卫生监督评分标准》的通知	国检卫〔1999〕69号	国家检验检疫局	1999.5.12
211	关于承认日本国立公立医院对来华常驻人员健康检查结果的通知	国质检卫函〔2001〕381号	国家质检总局	2001.9.5
212	关于做好外使馆工作人员未成年子女自费随任体检工作的通知	国质检卫函〔2001〕425号	国家质检总局	2001.10.8
213	关于印发《国境口岸及出入境交通工具医学媒介生物监测规定》的通知	国质检〔2001〕61号	国家质检总局	2001.10.31
214	关于印发《卫生检疫风险预警及快速反应管理实施细则》的通知	国质检卫〔2002〕42号	国家质检总局	2002.3.1
215	关于印发《国境口岸卫生监督员管理办法》的通知	国质检卫〔2002〕85号	国家质检总局	2002.3.27
216	关于印发《出入境人员结核病监测要求》和《出入境检验检疫系统结核病实验室检测工作规范》的通知	国质检卫〔2002〕113号	国家质检总局	2002.4.29

序号	文件名称	文号	发文部门	发布时间
217	关于加强国境口岸卫生处理药物安全使用的通知	国质检卫函〔2002〕303 号	国家质检总局	2002.5.24
218	关于加强进口废旧物品卫生检疫监管工作的通知	国质检卫函〔2003〕163 号	国家质检总局	2003.3.7
219	关于加强医用特殊物品出入境卫生检疫管理的通知	卫科教发〔2003〕第230 号	卫生部、国家质检总局	2003.8.6
220	关于印发《出入境口岸猴痘防治预案》的通知	国质检卫联〔2003〕283 号	国家质检总局	2003.8.28
221	关于国际航班实施预报旅客信息的通知	民航运发〔2003〕141 号	民航总局、卫生部、国家质检总局	2003.9.2
222	关于印发《口岸出入境货物储存场地卫生监督管理规定》的通知	国质检卫2004 第193 号	国家质检总局	2004.5.9
223	关于印发《出入口岸食物中毒应急处理预案》的通知	国质检卫〔2004〕475 号	国家质检总局	2004.11.4
224	关于印发《京九、沪九直通车运行途中突发公共卫生事件处置预案》的通知	国质检卫联〔2004〕176 号	国家质检总局、公安部、铁道部、卫生部、海关总署	2004.4.23
225	关于印发《关于加强外来传染病传播媒介预警应急工作的意见》的通知	国质检卫〔2004〕185 号	国家质检总局	2004.4.28
226	关于印发《关于进一步加强口岸食品卫生监督工作的意见》的通知	国质检卫〔2004〕379 号	国家质检总局	2004.8.31
227	关于加强外派劳务人员体检工作的通知	国质检卫联〔2005〕86 号	国家质检总局、商务部	2005.3.11
228	关于加强预防控制传染病境外传入和通过交通工具传播的通知	卫应急发〔2005〕247 号	卫生部、国家质检总局、铁道部、交通部、民航总局	2005.6.17
229	关于印发《口岸应对流感大流行应急技术方案（试行）》的通知	国质检卫函〔2005〕791 号	国家质检总局	2005.9.29
230	关于印发《口岸人禽流感卫生检疫应对指导方案》的通知	国质检卫〔2005〕423 号	国家质检总局	2005.11.14
231	关于公布口岸卫生处理药品器械审核结果及筛选、采购、使用等相关事宜的通知	国质检卫函〔2005〕882 号	国家质检总局	2005.11.8
232	关于使用《就诊方便卡》有关事项的通知	国质检卫联函〔2006〕30号	国家质检总局、卫生部	2006.1.13

序号	文件名称	文号	发文部门	发布时间
233	关于同意中检集团澳门有限公司办理卫生体检业务的批复	国质检卫函〔2006〕275号	国家质检总局	2006.5.10
234	关于印发《口岸卫生处理事故应急处置技术方案（试行）》的通知	国质检卫〔2006〕385号	国家质检总局	2006.8.29
235	关于口岸突发公共卫生事件应急报告细则的通知	国质检卫函〔2006〕451号	国家质检总局	2006.10.13
236	关于加强保健中心业务工作管理的通知	国质检卫〔2006〕471号	国家质检总局	2006.10.25
237	关于在口岸食品生产经营单位推行食品卫生监督分级管理的通知	国质检卫〔2006〕116号	国家质检总局	2006.3.29
238	关于做好朝觐人员体检和预防接种工作的通知	国质检卫函〔2007〕721号	国家质检总局	2007.8.28
239	关于航空口岸出入境人员健康申报制度改革的通知	国质检卫〔2007〕649号	国家质检总局	2007.12.19
240	关于加强口岸公共场所中央空调系统卫生监督防止军团菌滋生蔓延的通知	国质检卫函〔2007〕299号	国家质检总局	2007.5.8
241	关于严格规范口岸传染病监测工作的紧急通知	国质检卫函〔2008〕34号	国家质检总局	2008.1.18
242	关于印发口岸传染病排查处置及核辐射事件监测处置等技术方案的通知	国质检卫〔2008〕270号	国家质检总局	2008.5.20
243	关于印发《船舶免予卫生控制措施证书/船舶卫生控制措施证书检查签发工作规范（试行）》的通知	国质检卫〔2008〕544号	国家质检总局	2008.10.22
244	关于印发《中华人民共和国国家质量检验检疫总局与香港特别行政区卫生署在航行香港—内地珠江三角洲小型船舶卫生监督领域的合作安排》的通知	国质检卫〔2008〕586号	国家质检总局	2008.12.1
245	关于印发《检验检疫系统体外生物诊断试剂、疫苗使用性评审办法（试行）》的通知	国质检卫〔2009〕106号	国家质检总局	2009.6.17
246	关于印发《国际航行邮轮群体性疾病突发事件应急处置技术方案》的通知	国质检卫〔2009〕72号	国家质检总局	2009.2.25
247	关于转发《卫生部关于修改〈公共场所卫生管理条例实施细则〉等规范性文件部分内容的通知》的通知	质检办卫〔2010〕341号	国家质检总局办公厅	2010.4.21

序号	文件名称	文号	发文部门	发布时间
248	国务院批转农业部关于严防地中海实蝇传入国内的紧急报告的通知	国发〔1981〕167号	国务院	1981.11.30
249	关于进一步加强烟叶检疫管理的通知	〔1989〕农（检疫）字第3号	农业部	1989.9.1
250	关于严防口蹄疫从香港传入内地的紧急通知	〔1990〕农（检疫）字第1号	农业部	1990.2.20
251	关于毗邻国家进口动物及动物产品检疫问题的通知	〔1990〕农（检疫）字第6号	农业部	1990.5.9
252	关于严防牛海绵状脑病传入我国的通知	〔1990〕农（检疫）字第8号	农业部	1990.6.1
253	关于下发《进境动物检疫管理办法》等五个动物检疫规章的通知	总检动字〔1992〕第10号	动植物检疫总所	1992.4.25
254	关于公布《中华人民共和国进境动物一、二类传染病、寄生虫病名录》和《中华人民共和国禁止携带、邮寄进境的动物、动物产品和其他检疫物名录》通知	〔1992〕农（检疫）字第12号	农业部	1992.6.8
255	关于从蒙古进口动物产品有关检疫问题的通知	总检动字〔1992〕21号	动植物检疫总所	1992.12.11
256	关于印发《中华人民共和国动植物检疫总所关于进出境植物检疫监督管理办法》的通知	总检植字〔1993〕8号	动植物检疫总所	1993.2.19
257	关于加强对进境观赏动物实施检疫管理的通知	总检动字〔1993〕5号	动植物检疫总所	1993.4.14
258	关于实施《关于旅客携带伴侣犬、猫进境的管理规定》的通知	〔1993〕农（检疫）字第3号	农业部	1993.12.12
259	关于进口美国华盛顿州苹果有关具体问题的通知	总检植字〔1994〕10号	动植物检疫总所	1994.6.28
260	关于禁止从扎伊尔进口猴子、猩猩灵长类动物的通知	农检疫发〔1995〕8号	农业部	1995.6.13
261	关于禁止缅甸偶蹄动物、动物产品和动物源性饲料进境的紧急通知	农检疫发〔1996〕2号	农业部	1996.2.15
262	关于重申严防牛海绵状脑病传入我国的通知	农检疫发〔1996〕3号	农业部	1996.3.29
263	关于暂停从博茨瓦纳进口牛及牛产品的紧急通知	动植检动字〔1996〕30号	动植物检疫局	1996.5.16

序号	文件名称	文号	发文部门	发布时间
264	农业部关于加强有关废旧物品进口检疫管理的通知	农检疫发〔1996〕4号	农业部	1996.6.5
265	关于严防口蹄疫从以色列传入我国的通知	农检疫发〔1996〕6号	农业部	1996.6.26
266	关于严防痒病传入我国的通知	农检疫发〔1996〕7号	农业部	1996.7.12
267	关于严防痒病传入我国有关问题的通知	动植检动字〔1996〕78号	动植物检疫局	1996.8.13
268	关于印发《航行港澳小型船舶动植物检疫管理办法》的通知	动植检动字〔1996〕88号	动植物检疫局	1996.8.29
269	关于印发"进境旅客携带《中华人民共和国进出境动植物检疫法》管制物品名单"的通知	动植检植字〔1996〕26号	动植物检疫局	1996.8.29
270	关于严防痒病传入我国的补充通知	农检疫发〔1997〕1号	农业部	1997.3.29
271	关于同意加利福尼亚Kings县鲜食葡萄输华的通知	动植检植字〔1998〕5号	动植物检疫局	1998.2.24
272	关于出口退回的动物产品检疫审批有关问题的通知	动植检动函〔1998〕43号	动植物检疫局	1998.3.27
273	关于禁止从俄罗斯进口牛及其产品的规定	农业部1998年第2号公告	农业部	1998.9.1
274	关于禁止从哈萨克斯坦共和国进口偶蹄动物及其产品的规定	农业部1998年第6号公告	农业部	1998.11.3
275	关于严防口蹄疫从泰国传入我国的通知	国检动函〔1998〕273号	国家检验检疫局	1998.12.3
276	关于印发《熏蒸消毒监督管理办法（试行）》及《帐幕、集装箱、简易熏蒸库熏蒸操作规程》的通知	国检动〔1998〕121号	国家检验检疫局	1998.12.24
277	关于禁止从缅甸联邦进口偶蹄动物及其产品的规定	农业部令1999年第7号	农业部	1999.1.20
278	关于禁止从科威特、马拉维、巴林、以色列输入偶蹄动物及其产品的公告	国家检验检疫局1999年第2号公告	国家检验检疫局	1999.2.4
279	关于禁止从马达加斯加输入猪及其产品的公告	国家检验检疫局1999年第4号公告	国家检验检疫局	1999.2.23
280	关于禁止从巴西输入偶蹄动物及其产品的公告	国家检验检疫局1999年第5号公告	国家检验检疫局	1999.2.23

序号	文件名称	文号	发文部门	发布时间
281	关于禁止从塞内加尔输入猪及其产品的公告	国家检验检疫局1999年第7号公告	国家检验检疫局	1999.3.5
282	关于禁止从马来西亚、吉尔吉斯斯坦输入偶蹄动物及其产品的公告	国家检验检疫局1999年第6号公告	国家检验检疫局	1999.3.5
283	关于禁止从以色列、巴西、马来西亚、吉尔吉斯斯坦和阿尔及利亚进口偶蹄动物及其产品的规定	农业部1999年第9号公告	农业部	1999.3.23
284	关于禁止从马来西亚进口猪及其产品的规定	农业部1999年第11号公告	农业部	1999.4.5
285	关于禁止从阿根廷和意大利两国进口猪及其产品的规定	农业部1999年第17号公告	农业部	1999.4.5
286	关于禁止阿尔及利亚、突尼斯、摩洛哥输入偶蹄动物及其产品的公告	国家检验检疫局1999年第8号公告	国家检验检疫局	1999.4.6
287	关于禁止从约旦输入偶蹄动物（包括猪、牛、羊等）及其产品的公告	国家检验检疫局1999年第9号公告	国家检验检疫局	1999.5.12
288	关于禁止从南非输入马属及其产品的公告	国家检验检疫局1999年第10号公告	国家检验检疫局	1999.5.12
289	关于禁止从几内亚输入偶蹄动物及其产品的公告	国家检验检疫局1999年第11号公告	国家检验检疫局	1999.5.12
290	关于进一步加强国外引种检疫审批管理工作的通知	农农发〔1999〕7号	农业部、国家检检疫局	1999.6.3
291	关于禁止从津巴布韦输入马属动物及其产品的公告	国家检验检疫局1999年第12号公告	国家检验检疫局	1999.6.16
292	关于禁止从土库曼斯坦进口偶蹄动物及其产品的规定	1999年第19号	农业部	1999.6.24
293	关于对比利时等国二恶英污染事件处理意见的补充通知	外经贸部等七部委1999年第7号公告	外经贸部等七部委	1999.7.2
294	关于禁止从克罗地亚输入猪、野猪及其产品的公告	国家检验检疫局1999年第18号公告	国家检验检疫局	1999.8.4
295	关于禁止从津巴布韦、秘鲁输入偶蹄动物及其产品的公告	国家检验检疫局1999年第17号公告	国家检验检疫局	1999.8.4
296	关于禁止从博茨瓦纳输入猪、野猪及其产品的公告	国家检验检疫局1999年第16号公告	国家检验检疫局	1999.8.4

序号	文件名称	文号	发文部门	发布时间
297	关于禁止从土耳其、保加利亚和希腊三国进口羊和牛及其产品的规定	1999 年第 21 号	农业部	1999. 8. 30
298	关于禁止从赞比亚输入偶蹄动物及其产品的公告	国家检验检疫局 1999 年第 19 号公告	国家检验检疫局	1999. 9. 14
299	关于禁止从伊朗输入偶蹄动物及其产品的公告	国家检验检疫局 1999 年第 21 号公告	国家检验检疫局	1999. 9. 15
300	关于禁止从菲律宾、哈萨克斯坦输入偶蹄动物及其产品的公告	国家检验检疫局 1999 年第 22 号公告	国家检验检疫局	1999. 9. 29
301	关于解除对比利时部分产品进口禁令的通知	外经贸部等七部委 1999 年第 9 号公告	外经贸部等七部委	1999. 10. 25
302	关于禁止从加纳输入猪及其产品的公告	国家检验检疫局 1999 年第 24 号公告	国家检验检疫局	1999. 11. 2
303	关于禁止从伊朗、土耳其、秘鲁和菲律宾口偶蹄动物及其产品的规定	农业部 1999 年第 25 号公告	农业部	1999. 11. 10
304	关于禁止从土耳其输入偶蹄动物及其产品的公告	国家检验检疫局 1999 年第 25 号公告	国家检验检疫局	1999. 11. 11
305	关于贯彻实施国家局第 3、4、5、6 号令有关问题的通知	国检动函〔1999〕500 号	国家检验检疫局	1999. 12. 17
306	关于禁止从意大利输入禽鸟及其产品的公告	国家检验检疫局 2000 年第 3 公告	国家检验检疫局	2000. 1. 21
307	关于禁止从葡萄牙共和国进口猪及其产品的规定	农业部 2000 年第 28 号公告	农业部	2000. 1. 21
308	关于禁止从法国、卢森堡输入禽鸟及其产品的公告	国家检验检疫局 2000 年第 4 公告	国家检验检疫局	2000. 1. 21
309	关于允许自美国全境进口各种类型的小麦的公告	农业部、对外贸易经济合作部、国家检验检疫局 2000 年第 114 号	农业部、对外贸易经济合作部、国家检验检疫局	2000. 3. 20
310	关于同意美国部分州柑橘输华的公告	农业部、对外贸易经济合作部、国家检验检疫局公告 2000 年第 115 号	农业部、对外贸易经济合作部、国家检验检疫局	2000. 3. 20

序号	文件名称	文号	发文部门	发布时间
311	关于加拿大输华马铃薯种薯有关事项的公告	国家检验检疫局2000年第8公告	国家检验检疫局	2000.3.24
312	关于执行进出口粮食饲料检验方法标准问题的通知	国检动函〔2000〕213号	国家检验检疫局	2000.4.26
313	关于入境木制品货物检疫问题的通知	国检动函〔2000〕211号	国家检验检疫局	2000.4.26
314	关于禁止从蒙古国输入偶蹄动物及其产品的公告	国家检验检疫局2000年第10号公告	国家检验检疫局	2000.5.7
315	关于禁止从墨西哥输入禽鸟及其产品的公告	国家检验检疫局2000年第13号公告	国家检验检疫局	2000.5.11
316	关于禁止从保加利亚输入猪、野猪及其产品的公告	国家检验检疫局2000年第12号公告	国家检验检疫局	2000.5.11
317	关于禁止从俄罗斯输入偶蹄动物及其产品的公告	国家检验检疫局2000年第14号公告	国家检验检疫局	2000.5.15
318	关于对供港澳活畜检验检疫单证签证兽医官备案的通知	国检动函〔2000〕263号	国家检验检疫局	2000.5.26
319	关于恢复从法国进口禽鸟及其产品的公告	国家检验检疫局2000年第15号公告	国家检验检疫局	2000.6.2
320	关于禁止从阿根廷和塔吉克斯坦输入偶蹄动物及其产品的公告	国家检验检疫局2000年第20号公告	国家检验检疫局	2000.8.31
321	关于重申严防疯牛病传入我国的紧急通知	国检发明电〔2000〕55号	国家检验检疫局	2000.12.13
322	关于贯彻实施《供港澳活禽检验检疫管理办法》有关问题的通知	国检动函〔2000〕697号	国家检验检疫局	2000.12.13
323	关于加强肉骨粉等动物性饲料产品管理的通知	农牧发〔2000〕21号	农业部	2000.12.30
324	关于严格执行《关于加强肉骨粉等动物性饲料产品管理的通知》有关问题的通知	国检明发〔2001〕4号	国家检验检疫局	2001.1.22
325	关于调整进口原木检疫要求的公告	国家检验检疫局、海关总署、国家林业局、农业部、外经贸部2001年第2号公告	国家检验检疫局、海关总署、国家林业局、农业部、外经贸部	2001.2.6
326	关于取消从乌拉圭东岸共和国进口偶蹄动物及其产品的禁止措施的公告	农业部、国家检验检疫局公告2001年第142号	农业部、国家检验检疫局	2001.2.21

序号	文件名称	文号	发文部门	发布时间
327	关于防止瑞典新城疫传入我国的公告	农业部、国家检验检疫局公告 2001 年第 146 号	农业部、国家检验检疫局	2001. 3. 1
328	关于防止疯牛病和痒病传入我国的公告	农业部、国家检验检疫局公告 2001 年第 144 号	农业部、国家检验检疫局	2001. 3. 1
329	关于防止疯牛病传入我国的公告	农业部、国家检验检疫局公告 2001 年第 143 号	农业部、国家检验检疫局	2001. 3. 1
330	关于允许进口美国烟叶的公告	农业部、国家检验检疫局公告 2001 年第 151 号	农业部、国家检验检疫局	2001. 3. 19
331	关于防止以色列新城疫传入我国的公告	农业部、国家检验检疫局公告 2001 年第 148 号	农业部、国家检验检疫局	2001. 3. 19
332	关于防止法国、阿根廷、沙特阿拉伯和印度口蹄疫传入我国的公告	农业部、国家检验检疫局公告 2001 年第 149 号	农业部、国家检验检疫局	2001. 3. 19
333	关于暂停从有椰心叶甲发生的国家及地区进口棕榈科植物种苗的公告	农业部、林业局、国家检验检疫局公告 2001 年第 154 号	农业部、林业局、国家检验检疫局	2001. 3. 26
334	关于防止疯牛病传入我国的公告	卫生部、国家检验检疫局公告 2001 年第 1 号	卫生部、国家检验检疫局	2001. 3. 27
335	关于加强对暗褐断眼天牛检疫的通知	质检办动函〔2001〕2 号	质检总局	2001. 4. 13
336	关于防止蒙古口蹄疫传入我国的公告	农业部、国家检验检疫局公告 2001 年第 156 号	农业部、国家检验检疫局	2001. 4. 21
337	国家质量监督检验检疫总局关于严防口蹄疫从蒙古国传入我国的紧急通知	国质检函〔2001〕46 号	国家质检总局	2001. 5. 10
338	关于执行进口原木检疫要求（2001 年第 2 号公告）有关问题的通知	国质检联〔2001〕43 号	国家质检总局、海关总署、国家林业局、农业部、外经贸部	2001. 6. 28
339	关于印发《中国进境原木除害处理方法及技术要求》的通知	国质检函〔2001〕202 号	国家质检总局	2001. 6. 29
340	关于加强对进口培养基检疫管理的通知	国质检联〔2001〕48 号	国家质检总局、农业部、海关总署	2001. 7. 13
341	关于恢复从法国、爱尔兰进口偶蹄动物及其产品的公告	农业部、国家检验检疫局公告 2001 年第 167 号	农业部、国家检验检疫局	2001. 7. 25

序号	文件名称	文号	发文部门	发布时间
342	关于印发《进出境邮寄物检疫管理办法》的通知	国质检联〔2001〕34号	质检总局、国家邮政总局	2001.7.26
343	关于恢复从荷兰进口偶蹄动物及其产品的公告	农业部、质检总局公告2001年第173号	农业部、国家检验检疫局	2001.9.29
344	关于严防炭疽传入我国加强进出境邮寄物、快件和旅客携带物检验检疫的紧急通知	国质检动联〔2001〕154号	质检总局、国家邮政总局	2001.10.17
345	关于同意法国有关地区的苹果果实按照议定书确定的检疫条件输华的公告	质检总局2001年第29号公告	国家质检总局	2001.11.2
346	关于进一步加强进境检疫审批管理的通知	国质检动函〔2001〕575号	国家质检总局	2001.11.29
347	关于日本、斯洛伐克和斯洛文尼亚发生疯牛病的通知	国质检动函〔2001〕576号	国家质检总局	2001.11.30
348	关于对进口加拿大烤烟有关要求的公告	质检总局2001年第37号公告	国家质检总局	2001.12.7
349	关于对供港食用动物及动物产品药物残留控制的公告	质检总局2001年第44号公告	国家质检总局	2001.12.20
350	国家质量监督检验检疫总局关于做好供港食用动物药物残留检验监测工作的通知	国质检动函〔2001〕638号	国家质检总局	2001.12.21
351	关于芬兰、奥地利发生疯牛病的通知	国质检动函〔2001〕643号	国家质检总局	2001.12.21
352	关于禁止从加蓬输入灵长类动物及其产品的公告	质检总局2001年第45号公告	国家质检总局	2001.12.28
353	关于公布须办理检疫审批的进境动植物、动植物产品和其他检疫物名录的公告	质检总局2002年第2号公告	国家质检总局	2002.1.8
354	关于防止科索沃兔热病传入我国的公告	质检总局2002年第8号公告	国家质检总局	2002.2.1
355	关于对菲律宾凤梨、香蕉种苗等采取临时紧急检疫措施的公告	质检总局、农业部、林业局2002年第10号公告	国家质检总局、农业部、林业局	2002.2.19
356	关于防止疯牛病传入我国的公告	卫生部、质检总局公告2002年第1号	卫生部、国家质检总局	2002.3.4
357	关于印发《出入境动植物检验检疫风险预警及快速反应管理规定实施细则》的通知	国质检动〔2002〕80号	国家质检总局	2002.3.20

序号	文件名称	文号	发文部门	发布时间
358	关于韩国实施进口谷物杂草检疫新规定的通知	国质检动函〔2002〕368号	国家质检总局	2002.6.18
359	关于严防蒙古口蹄疫传入我国的通知	国质检动函〔2002〕527号	国家质检总局	2002.8.2
360	恢复从巴西12个州进口偶蹄动物及其产品	2002年第213号	国家质检总局	2002.8.9
361	关于恢复从巴西联邦共和国进口禽鸟及其产品的公告	农业部、质检总局公告2002年第212号	农业部、国家质检总局	2002.8.9
362	关于进境动植物检疫审批有关问题的通知	国质检动函〔2002〕559号	国家质检总局	2002.8.14
363	关于巴拉圭进口喷干牛血细胞粉、喷干牛血浆蛋白粉的通知	国质检动函〔2002〕777号	国家质检总局	2002.11.6
364	关于对供港动物及其产品的生产、经营和检验检疫的有关要求的公告	质检总局2002年第118号公告	国家质检总局	2002.11.18
365	关于同意新疆边境地区进口中亚五国偶蹄动物皮毛的函	国质检动联函〔2002〕871号	国家质检总局、农业部	2002.12.12
366	关于严防食人鲳等有害生物传入的通知	国质检动函〔2002〕897号	国家质检总局	2002.12.27
367	关于印发日本新修订的进口中国产稻草动植物检疫要求的通知	国质检动函〔2002〕900号	国家质检总局	2002.12.30
368	关于防止芬兰痒病传入我国的公告	农业部、质检总局公告2003年第240号	农业部、国家质检总局	2003.1.16
369	关于对荷兰香蕉穿孔线虫寄主植物及栽培介质采取临时紧急检疫措施的公告	质检总局2003年第8号公告	国家质检总局	2003.2.14
370	关于启用《进境动植物检疫许可证管理系统》,开通检疫许可证网上审批的公告	质检总局2003年第36号公告	国家质检总局	2003.4.16
371	关于自2003年6月1日起,取消玉米淀粉、马铃薯淀粉等8类植物产品的进境动植物检疫审批规定的公告	质检总局2003年第43号公告	国家质检总局	2003.5.8
372	国家质检总局、农业部关于防止疯牛病从加拿大传入我国的紧急通知	农牧发〔2003〕11号	农业部	2003.5.25
373	关于加强进口大豆小麦等散装农产品定点加工监管的通知	国质检动〔2003〕465号	国家质检总局	2003.6.18

序号	文件名称	文号	发文部门	发布时间
374	关于允许直接或间接从英国进口符合我国法律法规规定的偶蹄动物及其产品的公告	农业部、质检总局公告 2003 年第 286 号	农业部、国家质检总局	2003.7.2
375	关于禁止从美国和非洲进口草原犬鼠、冈比亚大鼠、松鼠等啮齿动物、野兔及其产品的公告	农业部、质检总局公告 2003 年第 285 号	农业部、国家质检总局	2003.7.2
376	关于进口饲料级混合油管理有关事宜的公告	联合公告 2003 年第 287 号	农业部、国家质检总局	2003.7.23
377	国家质检总局关于对供港澳活鸡实施禽流感免疫措施的通知	国质检〔2003〕228 号	国家质检总局	2003.7.31
378	关于保证供应香港的动物、动物产品药物残留符合香港特别行政区最高限量的食品安全要求的公告	质检总局 2003 年第 85 号公告	国家质检总局	2003.9.16
379	关于严防周边国家小反刍兽疫传入我国的警示通报	国质检动函〔2003〕817 号	国家质检总局	2003.10.10
380	关于从日本和印度尼西亚进口鲤科鱼类的风险警示通报	国质检动函〔2003〕917 号	国家质检总局	2003.11.26
381	关于防止韩国禽流感传入我国的公告	农业部、质检总局公告 2003 年第 323 号	农业部、国家质检总局	2003.12.22
382	国家质检总局、农业部关于暂行禁止来自美国的牛及其相关产品入境的紧急通知	农牧发〔2003〕23 号	农业部	2003.12.25
383	关于防止越南禽流感传入我国的公告	农业部、质检总局公告 2004 年第 333 号	农业部、国家质检总局	2004.1.14
384	关于防止塔吉克斯坦口蹄疫传入我国的公告	农业部、质检总局公告 2004 年第 335 号	农业部、国家质检总局	2004.1.14
385	关于防止日本禽流感传入我国的公告	农业部、质检总局公告 2004 年第 337 号	农业部、国家质检总局	2004.1.14
386	关于防止韩国古典猪瘟传入我国的公告	农业部、质检总局公告 2004 年第 334 号	农业部、国家质检总局	2004.1.14
387	关于加强进口活禽和种蛋检验检疫工作的通知	国质检动函〔2004〕71 号	国家质检总局	2004.2.6
388	关于加强监管检疫　做好高致病性禽流感防治工作的紧急通知	国质检动联〔2004〕54 号	国家质检总局、工商总局、海关总署、商务部、农业部、铁道部、交通部、民航总局	2004.2.6
389	关于进一步做好当前动物及其产品检验检疫工作的通知	国质检〔2004〕66 号	国家质检总局	2004.2.15

序号	文件名称	文号	发文部门	发布时间
390	关于印发《进境动物预检人员管理办法》的通知	国质检动〔2004〕111号	国家质检总局	2004.3.17
391	关于向乌拉圭出口荔枝和龙眼有关问题的公告	质检总局2004年第51号公告	国家质检总局	2004.5.14
392	关于向澳大利亚出口龙眼、荔枝有关问题的公告	质检总局2004年第53号公告	国家质检总局	2004.5.18
393	关于允许从澳大利亚维多利亚州进口符合中国相关法律法规规定的有关禽鸟及其产品的公告	农业部、质检总局公告2004年第371号	农业部、国家质检总局	2004.5.21
394	关于对智利输华猕猴桃、苹果实施新的检疫要求的通知	国质检动函〔2004〕235号	国家质检总局	2004.6.1
395	关于允许从法国进口符合中国相关法律法规规定的有关家猪及其产品的公告	农业部、质检总局公告2004年第383号	农业部、国家质检总局	2004.6.3
396	关于进一步规范和明确进境大中动物检验检疫工作程序及要求的通知	国质检动函〔2004〕440号	国家质检总局	2004.6.7
397	关于允许印度芒果进口的公告	质检总局2004年第70号公告	国家质检总局	2004.6.9
398	关于办理进境动植物检疫审批有关事项的公告	质检总局2004年第73号公告	国家质检总局	2004.6.16
399	关于向韩国出口灵长类实验动物有关问题的通知	国质检动〔2004〕295号	国家质检总局	2004.6.29
400	关于防止越南禽流感传入我国的公告	质检总局2004年第108号公告	国家质检总局	2004.8.20
401	关于取消部分动植物产品的进境检疫审批的公告	质检总局2004年第111号公告	国家质检总局	2004.8.30
402	关于对2004年5月1日欧盟新增加的10个成员国的木质包装暂不实行2002年第58号公告的公告	质检总局2004年第122号公告	国家质检总局	2004.9.6
403	关于取消从牛海绵状脑病国家或地区进口有关动物及其产品的禁令的公告	农业部、质检总局公告2004年第407号	农业部、国家质检总局	2004.9.28
404	关于允许从荷兰进口符合中国相关法律法规规定的有关禽类及其产品的公告	农业部、质检总局公告2004年第416号	农业部、国家质检总局	2004.10.25
405	关于同意进口乌拉圭大豆的通知	国质检动函〔2004〕883号	国家质检总局	2004.10.26

序号	文件名称	文号	发文部门	发布时间
406	关于严防境外禽流感疫情传入等事项的通知	国质检动函〔2004〕897 号	国家质检总局	2004.11.2
407	关于解除此前农业部与国家质量监督检验检疫总局联合公告第241、253、269 和 344 号关于禁止从美国有关地区进口禽鸟及其产品的措施的公告	农业部、质检总局公告 2004 年第 422 号	农业部、国家质检总局	2004.11.9
408	关于输智利水果有关要求的公告	质检总局 2004 年第 175 号公告	国家质检总局	2004.12.3
409	关于输阿根廷苹果和梨有关要求的公告	质检总局 2004 年第 176 号公告	国家质检总局	2004.12.3
410	关于输泰国水果有关要求的公告	质检总局 2004 年第 193 号公告	国家质检总局	2004.12.14
411	关于允许佛罗里达州部分 4 县的柑橘输往中国的公告	质检总局 2004 年第 208 号公告	国家质检总局	2004.12.31
412	关于公布出境货物木质包装有关要求的公告	质检总局 2005 年第 4 号公告	国家质检总局	2005.1.13
413	关于公布进境货物木质包装有关要求的公告	质检总局 2005 年第 11 号公告	国家质检总局	2005.1.31
414	关于输墨苹果有关要求的公告	质检总局 2005 年第 27 号公告	国家质检总局	2005.2.18
415	关于输秘苹果有关要求的公告	质检总局 2005 年第 26 号公告	国家质检总局	2005.2.18
416	关于公布确认的木质包装检疫除害处理方法及标识要求的公告	质检总局 2005 年第 32 号公告	国家质检总局	2005.2.22
417	关于实施出境木质包装检疫管理办法有关问题的通知	国质检动函〔2005〕90 号	国家质检总局	2005.2.26
418	关于贯彻实施《进境牛羊临时隔离场建设的要求》标准的通知	质检办函〔2005〕48 号	国家质检总局	2005.3.7
419	关于防止朝鲜禽流感传入我国的公告	农业部、质检总局公告 2005 年第 486 号	农业部、国家质检总局	2005.4.1
420	关于允许从比利时进口符合中国相关法律法规规定的家猪及其产品的公告	农业部、质检总局公告 2005 年第 489 号	农业部、国家质检总局	2005.4.14
421	关于向毛里求斯出口水果有关要求的公告	质检总局 2005 年第 93 号公告	国家质检总局	2005.6.17
422	关于做好《进境水果检验检疫监督管理办法》实施有关工作的通知	国质检动函〔2005〕478 号	国家质检总局	2005.6.24

序号	文件名称	文号	发文部门	发布时间
423	关于印发《进出境重大动物疫情应急处置预案》的通知	国质检动〔2005〕205号	国家质检总局	2005.6.30
424	关于防止哈萨克斯坦禽流感传入我国的公告	农业部、质检总局公告2005年第531号	农业部、国家质检总局	2005.8.15
425	关于输墨梨有关要求的公告	质检总局2005年第142号公告	国家质检总局	2005.9.20
426	关于动物和动物产品出口日本有关事项的公告	质检总局2005年第143号公告	国家质检总局	2005.9.29
427	关于防止巴西O型口蹄疫传入我国的公告	农业部、质检总局公告2005年第565号	农业部、国家质检总局	2005.10.13
428	关于中国苹果、梨向墨西哥出口的公告	总局公告2005年第154号	国家质检总局	2005.10.25
429	关于批准莆田进口木材检疫除害处理区投入使用的函	国质检函〔2005〕871号	国家质检总局	2005.11.4
430	关于印发《进出境高致病性禽流感疫情应急处置实施方案》的通知	国质检动〔2005〕438号	国家质检总局	2005.11.18
431	关于同意进口尼日利亚木薯干的通知	国质检动〔2005〕442号	国家质检总局	2005.11.18
432	关于中国苹果获准输往秘鲁、菲律宾的公告	质检总局2005年第174号公告	国家质检总局	2005.12.7
433	关于印发《进口大豆期货交割检验检疫监督管理要求（试行）》的通知	国质检动函〔2005〕1004号	国家质检总局	2005.12.22
434	关于向南非出口狗咬胶（源自猪皮、牛皮）兽医卫生证书的通知	国质检动函〔2006〕57号	国家质检总局	2006.1.27
435	关于认可中检集团澳门有限公司经澳门中转内地水果实施预检验的通知	国质检动函〔2006〕58号	国家质检总局	2006.2.6
436	关于暂停从伊拉克进口禽类及其产品的紧急通知	国质检明发〔2006〕11号	国家质检总局	2006.2.7
437	关于禁止从沙特尼日利亚进口禽类及其产品的紧急通知	国质检明发〔2006〕12号	国家质检总局	2006.2.10
438	关于暂停从印度进口禽类及其产品的紧急通知	国质检明发〔2006〕15号	国家质检总局	2006.2.20
439	关于防止埃及口蹄疫传入的公告	农业部、质检总局公告2006年第618号	农业部、国家质检总局	2006.3.2
440	关于斯洛伐克、匈牙利、波黑、瑞士、格鲁吉亚、塞尔维亚发现野生候鸟感染高致病性禽流感的紧急通知	国质检明发〔2006〕20号	国家质检总局	2006.3.3

序号	文件名称	文号	发文部门	发布时间
441	关于有关国家暴发禽流感疫情的公告	农业部、质检总局公告 2006 年第 619 号	农业部、国家质检总局	2006. 3. 6
442	关于瑞典发生疯牛病的警示通报	国质检动函〔2006〕147 号	国家质检总局	2006. 3. 17
443	关于进一步加强进境皮毛检验检疫工作的通知	国质检动函〔2006〕156 号	国家质检总局	2006. 3. 24
444	关于防止喀麦隆、缅甸禽流感传入的公告	农业部、质检总局公告 2006 年第 628 号	农业部、国家质检总局	2006. 3. 24
445	关于防止约旦禽流感传入的公告	农业部、质检总局公告 2006 年第 633 号	农业部、国家质检总局	2006. 4. 3
446	关于防止人感染高致病性禽流感的公告	质检总局 2006 年第 46 号公告	国家质检总局	2006. 4. 4
447	关于印发《进出境重大植物疫情应急处置预案》的通知	国质检动函〔2006〕134 号	国家质检总局	2006. 4. 5
448	关于捷克、英国发现野生候鸟感染高致病性禽流感的紧急通知	国质检动函〔2006〕201 号	国家质检总局	2006. 4. 14
449	关于对英国新城疫解禁的公告	农业部、质检总局公告 2006 年第 640 号	农业部、国家质检总局	2006. 4. 18
450	关于布基纳法索、德国发生高致病性禽流感的公告	农业部、质检总局公告 2006 年第 639 号	农业部、国家质检总局	2006. 4. 18
451	关于扩大台湾水果、蔬菜和水产品准入种类的公告	质检总局 2006 年第 58 号公告	国家质检总局	2006. 4. 19
452	关于允许美国水果从深圳蛇口、盐田港入境的通知	国质检动函〔2006〕259 号	国家质检总局	2006. 4. 29
453	关于科特迪瓦发生高致病性禽流感的公告	农业部、质检总局公告 2006 年第 648 号	农业部、国家质检总局	2006. 5. 15
454	关于英国发生 H7N3 亚型低致病性禽流感疫情的紧急通知	国质检动函〔2006〕297 号	国家质检总局	2006. 5. 17
455	关于严防越南、缅甸口蹄疫传入我国的紧急通知	国质检动函〔2006〕301 号	国家质检总局	2006. 5. 17
456	关于印发阿根廷输华非人类食用鱼粉鱼油兽医卫生证书样本的通知	国质检动函〔2006〕309 号	国家质检总局	2006. 5. 22
457	关于博茨瓦纳发生口蹄疫的公告	农业部、质检总局公告 2006 年第 651 号	农业部、国家质检总局	2006. 5. 24
458	关于同意进口法国水洗羽绒羽毛、宠物食品及接受相关卫生证书的通知	国质检动函〔2006〕363 号	国家质检总局	2006. 6. 7

序号	文件名称	文号	发文部门	发布时间
459	关于吉布提发生禽流感的公告	农业部、质检总局公告 2006 年第 669 号	农业部、国家质检总局	2006.6.10
460	关于苏丹、匈牙利发生禽流感的公告	农业部、质检总局公告 2006 年第 674 号	农业部、国家质检总局	2006.6.19
461	关于同意进口阿根廷宠物食品、法国种猪、南非生牛皮及接受相关卫生证书的通知	国质检动函〔2006〕451 号	国家质检总局	2006.6.26
462	关于西班牙发现野生候鸟感染高致病性禽流感的紧急通知	国质检明发〔2006〕51 号	国家质检总局	2006.7.14
463	关于调整进出境货物木质包装溴甲烷熏蒸处理技术要求的公告	质检总局 2006 年第 105 号公告	国家质检总局	2006.7.26
464	关于允许巴基斯坦芒果、柑橘从广州、深圳口岸入境等问题的通知	国质检动函〔2006〕566 号	国家质检总局	2006.7.27
465	关于上网公布进出口水果果园、包装厂名单的通知	国质检动函〔2006〕604 号	国家质检总局	2006.8.2
466	关于受理进口荷兰牛精液申报及启用相关卫生证书的通知	国质检动函〔2006〕617 号	国家质检总局	2006.8.8
467	关于对出口食品、农产品试行免验制度的公告	质检总局 2006 年第 150 号公告	国家质检总局	2006.10.9
468	关于同意进口乌拉圭活牛牛精液牛胚胎及下发相关卫生证书样本的通知	国质检动函〔2006〕840 号	国家质检总局	2006.10.23
469	沪台海上小额贸易有关水果检验检疫	国质检动函〔2006〕867 号	国家质检总局	2006.11.3
470	关于部分稻草产品恢复输日和强化检验检疫管理的通知	国质检动函〔2006〕904 号	国家质检总局	2006.11.17
471	关于允许南非柑橘从广州、深圳口岸入境的通知	国质检动函〔2007〕8 号	国家质检总局	2007.1.10
472	关于恢复进口美国加州 Fresno 县柑橘的通知	国质检动函〔2007〕50 号	国家质检总局	2007.1.22
473	关于防止人高致病性禽流感疫情传播的公告	质检总局 2007 年第 37 号公告	国家质检总局	2007.2.26
474	科威特高致病性禽流感公告	农业部、质检总局公告 2007 年第 823 号	农业部、国家质检总局	2007.3.6
475	希腊口蹄疫解禁令	农业部、质检总局公告 2007 年第 828 号	农业部、国家质检总局	2007.3.8

序号	文件名称	文号	发文部门	发布时间
476	关于防治旅客携带玉米种子等禁止进境物入境的警示通报	国质检动函〔2007〕215 号	国家质检总局	2007.3.26
477	关于印发《进境集装箱装运粮谷现场检验检疫操作规程（试行）》的通知	国质检动〔2007〕162 号	国家质检总局	2007.4.12
478	孟加拉国发生 H5N1 亚型高致病性禽流感	农业部、质检总局公告 2007 年第 849 号	农业部、国家质检总局	2007.4.17
479	加纳发生 H5N1 亚型高致病性禽流感	农业部、质检总局公告 2007 年第 859 号	农业部、国家质检总局	2007.5.12
480	关于允许从巴西部分州进口禽类及其产品的公告	农业部、质检总局公告 2007 年第 860 号	农业部、国家质检总局	2007.5.18
481	关于智利第三区突发地中海实蝇的警示通报	国质检动函〔2007〕346 号	国家质检总局	2007.5.22
482	关于允许从匈牙利进口禽类及其产品的公告	农业部、质检总局公告 2007 年第 861 号	农业部、国家质检总局	2007.5.23
483	关于做好《进境植物检疫性有害生物名录》实施工作的通知	国质检动函〔2007〕516 号	国家质检总局	2007.7.3
484	关于启用向新加坡出口宠物食品新兽医卫生证书的通知	国质检动函〔2007〕526 号	国家质检总局	2007.7.5
485	关于防止美国禽流感传入我国的公告	农业部、质检总局公告 2007 年第 885 号	农业部、国家质检总局	2007.7.23
486	关于防止捷克禽流感传入我国的公告	农业部、质检总局公告 2007 年第 884 号	农业部、国家质检总局	2007.7.23
487	关于防止格鲁吉亚非洲猪瘟传入我国的公告	农业部、质检总局公告 2007 年第 886 号	农业部、国家质检总局	2007.7.23
488	关于防止德国禽流感传入我国的公告	农业部、质检总局公告 2007 年第 887 号	农业部、国家质检总局	2007.7.23
489	关于做好出口粮食检验检疫工作的通知	国质检动函〔2007〕660 号	国家质检总局	2007.8.8
490	关于做好稻草恢复对日出口检验检疫工作的通知	国质检动〔2007〕405 号	国家质检总局	2007.8.17
491	关于进一步加强进出境水果检验检疫工作的通知	国质检动函〔2007〕699 号	国家质检总局	2007.8.20
492	关于防止高致病性禽流感传入的公告	质检总局 2007 年第 122 号公告	国家质检总局	2007.8.23
493	关于同意在大连长兴岛建立进口木材检疫除害处理区的函	国质检动函〔2007〕718 号	国家质检总局	2007.8.26

序号	文件名称	文号	发文部门	发布时间
494	关于防止亚美尼亚非洲猪瘟传入我国的公告	农业部、质检总局公告2007年第906号	农业部、国家质检总局	2007.9.3
495	关于印发《贯彻落实全国质量工作会议精神做好进出口农产品质量安全专项整治工作的意见》的通知	国质检动〔2007〕436号	国家质检总局	2007.9.20
496	关于允许从巴西进口偶蹄动物及其产品的公告	农业部、质检总局公告2007年第918号	农业部、国家质检总局	2007.9.30
497	关于加强进出境种苗花卉检验检疫工作的通知	国质检动函〔2007〕831号	国家质检总局	2007.9.30
498	关于中国苹果、梨出口南非的公告	质检总局2007年第157号公告	国家质检总局	2007.10.22
499	关于做好当前出境水果检验检疫工作有关问题的通知	国质检动函〔2007〕890号	国家质检总局	2007.10.31
500	关于防止越南霍乱疫情传入我国的公告	质检总局2007年第163号公告	国家质检总局	2007.11.9
501	关于防止旅客携带日本牛肉入境的警示通报	国质检动函〔2007〕941号	国家质检总局	2007.11.12
502	关于加强出口动物和非食用动物产品企业注册管理的通知	国质检动〔2007〕529号	国家质检总局	2007.11.15
503	关于允许从南非进口家禽及家禽产品的公告	农业部、质检总局公告2007年第933号	农业部、国家质检总局	2007.11.20
504	关于防止塞浦路斯O型口蹄疫传入我国的公告	农业部、质检总局公告2007年第934号	农业部、国家质检总局	2007.11.23
505	关于允许从阿根廷无口蹄疫地区进口偶蹄动物及其产品的公告	农业部、质检总局公告2007年第935号	农业部、国家质检总局	2007.11.29
506	关于印发《进出境农产品和食品质量安全重大突发事件应急处置预案》的通知	国质检动〔2007〕586号	国家质检总局	2007.12.3
507	关于防止纳米比亚口蹄疫传入我国的公告	农业部、质检总局公告2007年第939号	农业部、国家质检总局	2007.12.3
508	关于新增西班牙、埃及和墨西哥水果入境口岸的通知	国质检动函〔2007〕1064号	国家质检总局	2007.12.29
509	关于从法国进口有关生物制品检验检疫问题的通知	国质检动函〔2007〕1063号	国家质检总局	2007.12.29
510	关于允许从德国进口家猪及其相关产品的公告	农业部、质检总局公告2008年第963号	农业部、国家质检总局	2008.1.5

序号	文件名称	文号	发文部门	发布时间
511	关于防止人感染高致病性禽流感疫病疫情传播的公告	质检总局 2008 年第 6 号公告	国家质检总局	2008.1.15
512	关于进一步加强出境竹木草制品检验检疫监管工作的通知	国质检动函〔2008〕69 号	国家质检总局	2008.2.1
513	关于加强出口植物产品企业注册登记管理的通知	国质检动函〔2008〕106 号	国家质检总局	2008.2.22
514	关于允许从法国德塞夫勒省进口家禽及家禽产品的公告	农业部、质检总局公告 2008 年第 999 号	农业部、国家质检总局	2008.3.13
515	关于允许从丹麦进口禽类及其产品的公告	农业部、质检总局公告 2008 年第 1000 号	农业部、国家质检总局	2008.3.13
516	关于防止土耳其高致病性禽流感传入我国的公告	农业部、质检总局公告 2008 年第 1010 号	农业部、国家质检总局	2008.4.2
517	关于做好重点产品质量专项整治有关木制品检疫工作的通知	国质检动函〔2008〕207 号	国家质检总局	2008.4.14
518	关于同意天津原木处理区采用真空熏蒸处理方法的批复	国质检动函〔2008〕212 号	国家质检总局	2008.4.15
519	关于加强熏蒸除害处理检疫监管工作的通知	国质检动函〔2008〕262 号	国家质检总局	2008.4.30
520	关于允许从美国部分州进口禽类及其产品的公告	农业部、质检总局公告 2008 年第 1055 号	农业部、国家质检总局	2008.7.1
521	关于防止美国低致病性禽流感传入我国的公告	农业部、质检总局公告 2008 年第 1056 号	农业部、国家质检总局	2008.7.1
522	关于同意在岚山口岸建立进口木材检疫除害处理区的函	国质检动函〔2008〕497 号	国家质检总局	2008.7.2
523	关于印发《出口农产品免验工作规范》的通知	国质检动〔2008〕356 号	国家质检总局	2008.7.18
524	允许从英国进口符合相关规定的偶蹄动物及其产品的公告	质检总局、农业部 2008 年第 89 号公告	国家质检总局、农业部	2008.7.25
525	关于加强进境木材检验检疫监管工作的意见	国质检动函〔2008〕620 号	国家质检总局	2008.9.2
526	关于批准太仓进口木材检疫除害处理区投入使用的函	国质检动函〔2008〕647 号	国家质检总局	2008.9.17
527	关于加强进出口饲料三聚氰胺监控的紧急通知	国质检动函〔2008〕644 号	国家质检总局	2008.9.17
528	关于防止美国禽流感传入我国的公告	质检总局、农业部 2008 年第 110 号公告	国家质检总局、农业部	2008.9.27

序号	文件名称	文号	发文部门	发布时间
529	关于防止多哥禽流感传入我国的公告	质检总局、农业部2008年第115号联合公告	国家质检总局、农业部	2008.10.16
530	关于防止俄国猪瘟传入我国的公告	质检总局、农业部2008年第125号联合公告	国家质检总局、农业部	2008.11.19
531	关于进一步做好进出口饲料三聚氰胺监控有关问题的通知	国质检动函〔2008〕810号	国家质检总局	2008.12.8
532	关于加强进出口饲料二恶英监控的紧急通知	国质检动函〔2008〕825号	国家质检总局	2008.12.12
533	关于印发《进口美国苜蓿饲草卫生与植物卫生要求》的通知	国质检动函〔2008〕868号	国家质检总局	2008.12.29
534	关于同意进口摩洛哥柑橘的函	国质检外函〔2009〕7号	国家质检总局	2009.1.7
535	关于同意深圳湾和大铲湾为进口水果指定入境口岸的批复	国质检动函〔2009〕9号	国家质检总局	2009.1.8
536	关于防止菲律宾雷斯顿埃博拉病毒传入我国的公告	联合公告2009年第6号	国家质检总局、农业部	2009.1.14
537	关于防止尼泊尔高致病性禽流感传入我国的公告	联合公告2009年第13号	国家质检总局、农业部	2009.2.6
538	关于印发《马拉维烟叶进境植物检疫要求》的通知	国质检动函〔2009〕62号	国家质检总局	2009.2.10
539	关于防止加拿大低致病性禽流感传入我国的公告	联合公告2009年第14号	国家质检总局、农业部	2009.2.13
540	关于防止法国低致病性禽流感传入我国的公告	联合公告2009年第15号	国家质检总局、农业部	2009.2.13
541	关于加强和规范凭祥口岸进境水果检验检疫工作的通知	国质检动函〔2009〕113号	国家质检总局	2009.3.18
542	关于向韩国出口水生动物有关事项的通知	质检办动函〔2009〕180号	国家质检总局	2009.3.18
543	关于印发加拿大对华出口食用活水生动物卫生证书样本的通知	国质检动函〔2009〕130号	国家质检总局	2009.3.24
544	关于泰国启用新版植物检疫证书的通知	国质检动函〔2009〕131号	国家质检总局	2009.3.24
545	关于防止美国肯塔基州低致病性禽流感传入我国的公告	联合公告2009年第28号	国家质检总局、农业部	2009.4.17

序号	文件名称	文号	发文部门	发布时间
546	关于下发意大利输华牛皮和绵羊、山羊生皮兽医卫生证书样本的通知	国质检动函〔2009〕193 号	国家质检总局	2009.4.24
547	关于印发澳大利亚输华食用水生动物卫生证书样本的通知	国质检动函〔2009〕198 号	国家质检总局	2009.4.29
548	关于进一步加强进出境猪甲型H1N1 流感检验检疫工作的通知	国质检〔2009〕178 号	国家质检总局	2009.5.4
549	关于防止荷兰新城疫传入我国的公告	联合公告 2009 年第 45 号	国家质检总局、农业部	2009.5.13
550	关于印发西班牙输华原羊毛卫生证书样本的通知	国质检动函〔2009〕264 号	国家质检总局	2009.5.15
551	关于修订加拿大输华贝类兽医卫生证书及相关事宜的通知	国质检动函〔2009〕401 号	国家质检总局	2009.6.22
552	关于解除对波兰高致病性禽流感禁令的公告	联合公告 2009 年第 63 号	国家质检总局、农业部	2009.6.22
553	关于印发《泰国水果过境第三国输往中国检验检疫要求》的通知	国质检动函〔2009〕432 号	国家质检总局	2009.7.3
554	关于印发哥斯达黎加输华牛皮卫生证书样本的通知	国质检动函〔2009〕455 号	国家质检总局	2009.7.10
555	关于从栎树猝死病发生国家或地区进口寄主植物检疫要求的公告	总局公告 2009 年第 70 号	国家质检总局	2009.7.10
556	关于印发英国轮华食用螃蟹等水生动物卫生证书样本的通知	国质检动函〔2009〕458 号	国家质检总局	2009.7.13
557	关于印发芬兰输华生牛皮卫生证书样本的通知	国质检动函〔2009〕481 号	国家质检总局	2009.7.21
558	关于印发加拿大输华种用鳗鲕卫生证书样本的通知	国质检动函〔2009〕555 号	国家质检总局	2009.8.17
559	关于印发意大利输华牛精液健康证书样本的通知	国质检动函〔2009〕564 号	国家质检总局	2009.8.18
560	关于印发《试进口菲利普莫里斯公司混配烟片植物检疫要求》的通知	国质检动函〔2009〕563 号	国家质检总局	2009.8.18
561	关于印发爱尔兰输华牛精液卫生证书样本的通知	国质检动函〔2009〕567 号	国家质检总局	2009.8.21
562	关于发布进出口饲料和饲料添加剂风险级别及检验检疫监管方式的公告	质检总局公告第 79 号	国家质检总局	2009.8.27

序号	文件名称	文号	发文部门	发布时间
563	关于印发《秘鲁柑橘进境植物检疫要求》的通知	国质检动函〔2009〕596 号	国家质检总局	2009.9.3
564	关于允许进口秘鲁柑橘的函	国质检外函〔2009〕612 号	国家质检总局	2009.9.8
565	关于印发《中国柑橘输往秘鲁植物检疫要求》的通知	国质检外函〔2009〕610 号	国家质检总局	2009.9.8
566	关于印发新西兰输华牛卫生证书样本的通知	国质检动函〔2009〕615 号	国家质检总局	2009.9.9
567	关于印发《进出境水生动物质量安全监测工作规范》的通知	国质检动〔2009〕387 号	国家质检总局	2009.9.9
568	关于印发芬兰输华精液卫生证书样本的通知	国质检动函〔2009〕674 号	国家质检总局	2009.10.10
569	关于解除巴西部分地区口蹄疫禁令的公告	联合公告 2009 年第 123 号	国家质检总局、农业部	2009.11.3
570	关于同意试进口法国猕猴桃的函	国质检外函〔2009〕712 号	国家质检总局	2009.11.4
571	关于进口油菜籽实施紧急检疫措施的公告	总局公告 2009 年第 101 号	国家质检总局	2009.11.9
572	关于印发瑞典输华牛精液卫生证书样本的通知	国质检动函〔2009〕714 号	国家质检总局	2009.11.11
573	关于防止英国汉普郡低致病性禽流感传入我国的公告	联合公告 2009 年第 110 号	国家质检总局、农业部	2009.11.20
574	关于解除对英国高致病性禽流感与新城疫禁令的公告	联合公告 2009 年第 109 号	国家质检总局、农业部	2009.11.23
575	关于修订中智水果植物检疫要求的通知	国质检动〔2009〕763 号	国家质检总局	2009.11.25
576	关于防止西班牙新城疫传入我国的公告	联合公告 2009 年第 121 号	国家质检总局、农业部	2009.12.11
577	关于《进境动物隔离检疫场使用监督管理办法》配套文件的公告	联合公告 2009 年第 116 号	国家质检总局、农业部	2009.12.14
578	关于防止法国德塞夫勒省低致病性禽流感传入我国的公告	联合公告 2009 年第 122 号	国家质检总局、农业部	2009.12.16
579	关于印发《法国猕猴桃进境植物检疫要求》的通知	国质检动函〔2009〕847 号	国家质检总局	2009.12.18
580	关于解除对智利第五区高致病性禽流感禁令的公告	联合公告 2009 年第 124 号	国家质检总局、农业部	2009.12.23

序号	文件名称	文号	发文部门	发布时间
581	关于解除对泰国高致病性禽流感禁令的公告	联合公告 2009 年第 139 号	国家质检总局、农业部	2009.12.30
582	关于采取进口植物种苗指定入境口岸措施的公告	总局公告 2009 年第 133 号	国家质检总局	2009.12.31
583	关于防止美国宾西法尼亚州、德克萨斯州低致病性禽流感传入我国的公告	联合公告 2010 年第 6 号	国家质检总局、农业部	2010.1.5
584	关于防止韩国口蹄疫传入我国的公告	联合公告 2010 年第 7 号	国家质检总局、农业部	2010.1.15
585	关于印发荷兰牛胚胎健康证书样本的通知	国质检动函〔2010〕28 号	国家质检总局	2010.1.19
586	关于同意青岛保税区开展境外烟叶仓储转运业务的批复	国质检动函〔2010〕75 号	国家质检总局	2010.1.21
587	关于启用丹麦输华食用水生动物和水貂卫生证书的通知	国质检动函〔2010〕92 号	国家质检总局	2010.2.21
588	关于解除对墨西哥、美国和加拿大甲型 H1N1 流感禁令的公告	联合公告 2010 年第 12 号	国家质检总局、农业部	2010.2.23
589	关于同意桂林两江国际机场作为进境水果指定口岸的批复	国质检动函〔2010〕125 号	国家质检总局	2010.2.25
590	关于防止不丹高致病性禽流感传入我国的公告	联合公告 2010 年第 27 号	国家质检总局、农业部	2010.3.12
591	关于印发加拿大输华猴和狐猴卫生证书样本的通知	国质检动函〔2010〕126 号	国家质检总局	2010.3.15
592	关于印发匈牙利输华日龄鸭、鹅及其种蛋卫生证书样本的通知	国质检动函〔2010〕160 号	国家质检总局	2010.4.2
593	关于解除对比利时低致病性禽流感禁令的公告	联合公告 2010 年第 41 号	国家质检总局、农业部	2010.4.15
594	关于防止日本口蹄疫传入我国的公告	联合公告 2010 年第 45 号	国家质检总局、农业部	2010.4.30
595	关于下发新的加拿大输华动物皮张、羊毛、非食用明胶和加工猪血产品卫生证书样本的通知	国质检动函〔2010〕200 号	国家质检总局	2010.4.22
596	关于下发加拿大输华活猪甲型 H1N1 流感临时卫生证明式样的通知	国质检动函〔2010〕204 号	国家质检总局	2010.4.28
597	关于印发《摩洛哥柑橘进境植物检疫要求》的通知	国质检动函〔2010〕207 号	国家质检总局	2010.4.29

序号	文件名称	文号	发文部门	发布时间
598	关于防止荷兰低致病性禽流感传入我国的公告	联合公告 2010 年第 61 号	国家质检总局、农业部	2010.5.31
599	关于有条件恢复进口疯牛病国家牛油脂的公告	2010 年第 73 号	国家质检总局、农业部	2010.7.22
600	关于允许从口蹄疫国家进口相关产品的公告	2010 年第 99 号	国家质检总局、农业部	2010.9.7
601	关于进口罗汉松植物检疫措施要求的公告	2010 年第 132 号	国家质检总局	2010.11.23
602	关于解除对美国爱达荷州、肯塔基州低致病性禽流感禁令的公告	2010 年第 140 号	国家质检总局、农业部	2010.12.13
603	关于解除对希腊禽流感禁令的公告	2010 年第 147 号	国家质检总局、农业部	2010.12.15
604	关于防止加拿大马尼托巴省低致病性禽流感传入我国的公告	2010 年第 148 号	国家质检总局、农业部	2010.12.15
605	关于批准山东青岛流亭机场等为进口植物种苗指定入境口岸的公告	2010 年第 157 号	国家质检总局	2010.12.23
606	关于实施进口植物种苗指定入境口岸措施有关事项的通知	国质检函〔2010〕146 号	国家质检总局	2010.3.25
607	关于《发布海运出口危险货物包装检验管理办法（试行）》的联合通知	(85) 国检四联字 217 号	原国家经委、原对外经济贸易部、交通部、原国家商检局	1985.5.20
608	关于执行《海运出口危险货物包装检验管理办法》有关问题的通知	(85) 交海字 1318 号	交通部、原国家商检局	1985.6.15
609	关于海运出口气体危险货物包装检验问题的补充通知	(86) 交海字 740 号	交通部、原国家商检局	1986.10.7
610	出口商品运输包装检验管理办法（试行）	国家商检局令 3 号	原国家商检局	1990.10.20
611	关于使用"出口商品运输包装代码、代号"的通知	国检鉴〔1990〕412 号	原国家商检局	1990.11.14
612	关于对海运出口危险货物包装实施检验周期和包装标记的通知	国检鉴〔1990〕251 号	原国家商检局	1990.8.6
613	出口商品运输包装检验工作若干规定	国检鉴〔1991〕293 号	原国家商检局	1991.11.15
614	关于《海运出口危险货物包装检验管理办法（试行）》补充规定的通知	(91) 交运字 251 号	原国务院生产委员会、交通部、原对外经济贸易部、原国家商检局	1991.4.5

序号	文件名称	文号	发文部门	发布时间
615	关于发布《空运出口危险货物包装检验管理办法（试行）》的联合通知	国检务联〔1995〕2号	原国家商检局、原中国民用航空总局、原国家计划委员会、原对外经济贸易部	1995.1.5
616	关于转发《国务院办公厅关于坚决控制境外废物向我国转移的紧急通知》的通知	国检检〔1995〕309号	原国家商检局	1995.11.17
617	焦炭出口管理暂行管理办法	外经贸管发〔1995〕第436号	外经贸部、国家商检局	1995.7.20
618	关于对海运出口危险货物小型气体容器包装实施检验和管理的通知	国检务联〔1995〕第229号	原国家商检局、交通部	1995.8.19
619	关于颁布《废物进口环境保护管理暂行规定》的通知	环控〔1996〕204号	环保局、对外经济合作部、海关总署、国家工商局、国家商检局	1996.3.1
620	关于对进口废物实施检验有关问题的通知	国检检联〔1996〕11号	国家进出口商品检验局、海关总署、环境保护局	1996.5.14
621	关于颁布《关于废物进口环境保护管理暂行规定的补充规定》的通知	环控〔1996〕629号	国家环境保护局、对外贸易经济合作部、海关总署、国家工商局、国家商检局	1996.7.26
622	关于转发《国务院办公厅关于严禁受放射性污染的废旧金属进口的紧急通知》的通知	国检检函〔1997〕56号	原国家商检局	1997.3.21
623	关于执行《出口烟花爆竹检验管理办法》有关问题的通知	国检检函〔2000〕280号	原出入境检验疫局	2000.6.2
624	关于发布《铁路运输出口危险货物包装容器检验管理办法（试行）的通知》	国检检联〔2000〕18号	原国家出入境检验检疫局、铁道部、原国家计委、原外经贸部	2000.1.19
625	关于对进出口电池产品汞含量实施强制检验的通知	国检检〔2000〕218号	国家检验检疫局	2000.10.28
626	关于执行《进出境集装箱检验检疫管理办法》有关问题的通知	国检检〔2000〕234号	国家检验检疫局	2000.11.27
627	关于印发《进出口电池产品汞含量检验监管办法》的通知	国检检〔2000〕244号	国家检验检疫局	2000.12.4

序号	文件名称	文号	发文部门	发布时间
628	关于对未列入《出入境检验检疫机构实施检验检疫的进出境商品目录》的出入境货物检验检疫通关放行问题的通知	国检法联〔2000〕28号	国家环境保护局、对外贸易经济合作部、海关总署、国家出入境检验检疫局	2000.2.3
629	进出境集装箱场站登记细则	国质检〔2001〕60号	国家质检总局	2001.7.30
630	关于明确易腐烂变质食品、冷冻品编码的通知	国质检函〔2001〕314号	国家质检总局	2001.8.14
631	关于新造集装箱出口检验检疫有关问题的通知	国质检检函〔2001〕556号	国家质检总局	2001.11.21
632	关于公布《禁止进口货物目录（第二批）》的公告	联合公告2001年第37号	对外贸易经济合作部、海关总署、国家质检总局	2001.12.27
633	关于对出口打火机、点火枪类商品实施法定检验的通知	国检检联〔2001〕52号	原国家出入境检验检疫局、原外经贸部、海关总署	2001.3.1
634	关于对出口打火机、点火枪类商品实施法定检验有关问题的补充通知	国检检函〔2001〕213号	原国家出入境检验检疫局	2001.4.9
635	关于印发《进口涂料检验监管工作操作程序》和《进口石材检验监管工作操作程序》的通知	国质检检〔2002〕134号	国家质检总局	2002.5.29
636	关于印发《进口许可制度民用商品入境验证工作程序》的通知	国质检检〔2002〕48号	国家质检总局	2002.7.1
637	关于对强制性产品认证目录中实施法定检验的进口许可制度民用商品入境验证管理工作有关要求的通知	国质检检函〔2003〕第832号	国家质检总局	2003.10.22
638	加强进口铜精矿、锌精矿、铅精矿和室内装饰用石材放射性检验监管的公告	总局2003年第117号公告	国家质检总局	2003.12.18
639	国家局公告2003年第122号	总局2003年第122号公告	国家质检总局	2003.12.29
640	关于印发《进出口商品检验鉴定人员资格考试暂行办法》的通知	国质检检〔2004〕120号	国家质检总局	2004.3.22
641	中国向塞拉利昂出口的商品实施装运前检验的有关要求通知	2004年第7号公告	国家质检总局	2004.1.17
642	关于加强对轻重烧镁出口管理的公告	商务部、海关总署、质检总局联合公告2004年第70号	商务部、海关总署、质检总局	2004.11.10

序号	文件名称	文号	发文部门	发布时间
643	关于印发《出境集装箱检验检疫工作程序（试行）》等的通知	国质检检〔2004〕497号	国家质检总局	2004.11.12
644	关于执行商务部、海关总署、国家质量监督检验检疫总局、国家环境保护总局2004年第66号公告的通知	国质检检函〔2004〕1028号	国家质检总局	2004.12.15
645	关于加强出口大型烟花检验监管工作的通知	国质检检函〔2004〕1054号	国家质检总局	2004.12.29
646	关于加强进出口危险货物安全监督管理有关问题的紧急通知	国质检检函〔2004〕318号	国家质检总局	2004.4.30
647	关于颁布《进口机动车辆制造厂名称和车辆品牌中英文对照表（2004年版）》的公告	国家质检总局、公安部、海关总署、国家环保总局公告2004年第52号	国家质检总局、公安部、海关总署、国家环保总局	2004.5.11
648	关于印发《出口商品免验工作规范（试行）》及有关问题的通知	国质检检〔2004〕第266号	质检总局	2004.6.16
649	国家质检总局公告	2005年第9号	质检总局	2005.1.21
650	《关于限制电池产品汞含量的规定》的通知	轻总行管〔1997〕14号	轻工总会、国家经贸委、国内贸易部、外经贸部、国家工商行政管理局、国家环保局、海关总署、国家技术监督局、国家商检局	1997.12.31
651	关于进口使用过轮胎检验监管有关问题的通知	国质检检函〔2003〕142号	质检总局	2003.2.25
652	关于家用电冰箱、房间空气调节器能源效率标识制度实施有关问题通知	发改环资〔2005〕505	发改委	2005.3.28
653	商务部、发展改革委、海关总署、质检总局、国家认监委关于规范摩托车产品出口秩序的通知	商机电发〔2005〕699号	商务部、发展改革委、海关总署、质检总局、国家认监委	2005.12.28
654	关于对进口家用电冰箱、房间空气调节器能源效率标识进行检验监督管理有关问题的通知	国质检检〔2005〕140号	质检总局	2005.5.10
655	关于进一步加强进口机动车产品认证监管和入境验证工作的通知	国质检认联〔2005〕338号	质检总局	2005.9.23
656	商务部、海关总署、质检总局、国家环境保护总局2005年第117号公告	商务部、海关总署、质检总局、国家环境保护总局2005年第117号公告	商务部、海关总署、质检总局、国家环境保护总局	2006.1.13

序号	文件名称	文号	发文部门	发布时间
657	商务部、发展改革委、海关总署、质检总局、国家认监委关于规范汽车出口秩序的通知	商产发〔2006〕629号	商务部、发展改革委、海关总署、质检总局、国家认监委	2006.12.31
658	商务部、发展改革委、海关总署、质检总局、国家认监委关于规范摩托车产品出口秩序的补充通知	商机电发〔2006〕44号	商务部、发展改革委、海关总署、质检总局、国家认监委	2006.2.15
659	关于调整进出口锅炉压力容器、压力管道检验监管工作的通知	国质检检〔2006〕107号	质检总局	2006.3.24
660	关于加强出口原电池产品检验监管有关工作的紧急通知	国质检检函〔2007〕294号	质检总局	2007.4.30
661	商务部、海关总署、质检总局关于进一步简化旧机电设备进口手续的通知	商产发〔2009〕166号	商务部、海关总署、质检总局	2009.4.10
662	关于印发《对外援助物资检验管理办法（试行）》的通知	国检检联〔1998〕113号	原对外贸易经济合作部与原国家出入境检验检疫局	1998.4.7
663	环保总局、外经贸部、海关总署、质检总局2001年207号公告（关于进口CFC－12空调制冷压缩剂压缩机）	环保总局、外经贸部、海关总署、质检总局2001年207号公告	环保总局、外经贸部、海关总署、质检总局	2001.12.23
664	关于公布指定进口旧机电产品装运前检验机构及人员名单公告	2008年第142号	质检总局	2008.12.25
665	关于调整出口自行车、灯具、洗衣机、插头插座、收录音机等产品检验监管模式的通知	国质检检〔2002〕128号	质检总局	2002.5.20
666	关于加强对出口汽车安全质量检验的通知	国质检检〔2004〕271号	质检总局	2004.6.23
667	关于进一步加强进口心脏起搏器检验监督工作的通知	国质检检函〔2005〕260号	质检总局	2005.4.27
668	关于应对欧盟ROHS指令及出口电子电气产品中限用物质检验监管工作的通知	国质检检函〔2006〕441号	质检总局	2006.6.22
669	关于承担进出口机动车安全技术检验机构监督管理工作有关事项的通知	国质检检函〔2006〕452号	质检总局	2006.6.26
670	关于对出口全地形车实施强制检验监管有关问题的通知	国质检检函〔2007〕767号	质检总局	2007.9.12
671	关于进口汽车质量安全监督管理有关要求的通知	国质检检〔2009〕138号	质检总局	2009.4.10

序号	文件名称	文号	发文部门	发布时间
672	进口成套设备检验和监督管理实施细则	国检监〔1993〕38 号	国家进出口商品检验局	1993. 3. 9
673	关于公布首批承担进出口机动车安全技术检验任务的机构名单的通知	国质检检〔2005〕308 号	质检总局	2005. 9. 7
674	关于对进口非色散位移单模光纤实施检验的通知	国质检检函〔2004〕659 号	质检总局	2004. 8. 13
675	关于调整进口旧机电产品检验监管工作的通知	国质检检〔2009〕605 号	质检总局	2009. 12. 30
676	关于废止《关于进口第七类废物有关问题的通知》(环发〔2000〕19 号）的通知	环发〔2005〕4 号	国家环境保护总局、商务部、海关总署、质检总局	2005. 1. 13
677	关于启用新版可用作原料的固体废物进口许可证的联合公告	联合公告 2005 年第 47 号	环保部、海关总署、质检总局	2005. 10. 8
678	关于进一步加强家用电冰箱、房间空气调节器能源效率标识监督检查工作的通知	国质检法联〔2005〕417 号	国家质检总局	2005. 11. 7
679	关于对旧船舶和旧飞机不适用进口旧机电产品备案管理的通知	国家质检总局、海关总署、商务部（国质检检联〔2005〕482 号）	国家质检总局、海关总署、商务部	2005. 11. 29
680	关于发布《进口可用作原料的固体废物环境保护控制标准·骨废料》等 13 项国家环境保护标准的公告	公告 2005 年第 59 号	环保总局	2005. 12. 14
681	关于做好进口一次性使用卫生用品法定检验监管工作的通知	国质检检函〔2005〕1042 号	国家质检总局	2005. 12. 31
682	关于印发《进出口商品检验鉴定人员资格全国统一考试工作规范》的通知	国质检检〔2005〕92 号	国家质检总局	2005. 3. 24
683	公布进口心脏起搏器的检验监管事项	2005 年公告 68 号	国家质检总局	2005. 4. 27
684	国家质检总局推荐的可承担电子电气设备六种有害物质检测的实验室名录	总局 2005 年第 87 号公告	国家质检总局	2005. 5. 25
685	国家质检总局推荐的第二批具备电子电气设备 6 种有害物质检测能力的实验室名单	总局 2005 年第 100 号公告	国家质检总局	2005. 7. 21
686	禁止进出口贡含量大于电池重量 0.0001% 的碱性锌锰电池	总局 2005 年公告 82 号	国家质检总局	2005. 8. 30

序号	文件名称	文号	发文部门	发布时间
687	国家质检总局、发改委、信息产业部、商务部、海关总署、国家工商行政管理总局、国家环境保护总局、国家认证认可监督管理委员会 2005 年第 134 号公告	国家质检总局、发改委、信息产业部、商务部、海关总署、国家工商行政管理总局、国家环境保护总局、国家认证认可监督管理委员会 2005 年第 134 号公告	国家质检总局、发改委、信息产业部、商务部、海关总署、国家工商行政管理总局、国家环境保护总局、国家认证认可监督管理委员会	2005. 9. 2
688	关于公布进口铜精矿中砷等有害元素限量的公告	三部委联合公告 2006 年第 49 号	国家质检总局	2006. 4. 5
689	关于加强对出口与食品接触器皿、餐厨具等消费品检验监督有关工作的通知	国质检检函〔2006〕242 号	国家质检总局	2006. 4. 24
690	关于印发《国家质检总局〈关于"十一五"期间促进机电产品扩大出口、转变出口增长方式、提高出口增长质量和效益的指导性意见〉》的通知	国质检检〔2006〕11 号	国家质检总局	2006. 1. 18
691	关于对进口捐赠医疗器械加强监督管理的公告	公告 2006 年第 17 号	国家质检总局	2006. 2. 15
692	关于推荐第三批可承担电子电气产品有毒有害物质检测实验室的公告	总局 2006 年第 51 号公告	国家质检总局	2006. 3. 27
693	关于发布《固体废物鉴别导则(试行)》的公告	联合公告 2006 年第 11 号	环保部、发改委、商务部、海关总署、质检总局	2006. 3. 9
694	进出口食品包装容器、包装材料实施检验监管工作管理规定	国质检检〔2006〕135 号	国家质检总局	2006. 4. 10
695	关于对出口埃塞俄比亚产品实施装运前检验的公告	2006 年第 102 号	国家质检总局	2006. 7. 14
696	关于印发《出口工业产品货物退运追溯调查管理工作规范(试行)》的通知	国质检检函〔2006〕第 603 号	国家质检总局	2006. 8. 2
697	关于墨西哥公布对纺织品及服装新标签规定的通知	国质检检函〔2006〕688 号	国家质检总局	2006. 8. 24
698	关于印发《出口电子电器产品中限用物质项目检验监管工作程序(试行)》的通知	国质检检函〔2006〕155 号	国家质检总局	2006. 8. 25
699	关于规范进口废物原料境外供货企业申请装运前检验的公告	总局公告 2007 年第 164 号	国家质检总局	2007. 11. 14

序号	文件名称	文号	发文部门	发布时间
700	关于对出口木制品及木制家具实施检验监管工作的通知	国质检检函〔2007〕1011号	国家质检总局	2007.12.14
701	关于印发《进出口商品监督抽查工作指导意见》的通知	国质检检〔2007〕119号	国家质检总局	2007.3.15
702	关于张家港进口废汽车压件试点园区环境管理的通知	环办〔2007〕49号	国家环境保护总局、海关总署、国家质检总局办公厅	2007.4.4
703	关于加强输台湾地区胶合板检验监管的警示通报	国质检检函〔2007〕235号	国家质检总局	2007.4.9
704	关于进口碳化钨废碎料、含铜大于10%的铜冶炼转炉渣（用于铜冶炼的原料）、其他铜冶炼渣（用于修船业的除锈磨料）暂实行限制进口管理的通知	环办〔2007〕96号	环境保护总局办公厅、发改委、商务部、海关总署、国家质检总局	2007.7.10
705	关于明确授权的进口废物原料装运前检验机构业务范围和区域的公告	总局公告2007年第112号	国家质检总局	2007.7.25
706	商务部办公厅、海关总署办公厅、环保总局办公厅、质检总局办公厅关于2007年第17号公告有关事项的补充通知	商产字〔2007〕65号	商务部办公厅、海关总署办公厅、环保总局办公厅、质检总局办公厅	2007.7.6
707	关于加强出口玩具检验监管和质量许可工作的紧急通知	国质检检函〔2007〕671号	国家质检总局	2007.8.10
708	关于对全地形车等产品进行强制出口检验管理的公告	总局2007年第131号公告	国家质检总局	2007.8.31
709	关于下放出口危包质量许可证审批权的通知	国质检检函〔2007〕661号	国家质检总局	2007.8.8
710	国家质量监督检验检疫总局《关于批准境外从事进口旧机电产品装运前检验机构及检验人员资格的公告（第二批）》	总局2007年第132号公告	国家质检总局	2007.9.5
711	关于加强进口捐赠衣物等轻纺产品检验监管的通知	国质检检函〔2008〕84号	国家质检总局	2008.2.4
712	关于加强国外召回工业产品监管工作的通知	国质检检函〔2008〕101号	国家质检总局	2008.2.21
713	关于加强皮革、毛皮及制品有害化学物质检测的通知	国质检检函〔2008〕202号	国家质检总局	2008.4.9
714	对进口机动车辆识别代码（VIN）实施入境验证管理的公告	总局、公安部联合公告2008年3号	国家质检总局、公安部	2008.1.2

序号	文件名称	文号	发文部门	发布时间
715	关于发布固体废物属性鉴别机构名单及鉴别程序的通知	环发〔2008〕18 号	国家环境保护总局、海关总署、国家质量监督检验检疫总局	2008. 1. 22
716	关于发布《禁止进口固体废物目录》、《限制进口类可用作原料的固体废物目录》和《自动许可进口类可用作原料的固体废物目录》的公告	联合公告 2008 年第 11 号	环保部、发改委、商务部、海关总署、质检总局	2008. 1. 29
717	关于印发《进口棉花境外供货企业质量信用评估管理规定（试行）》的通知	国质检检〔2008〕582 号	国家质检总局	2008. 11. 28
718	关于国家环保总局等五部门 2008 年 11 号公告中使用过的废塑料袋、膜、网的有关说明的通知	环办〔2008〕23 号	国家环境保护总局办公厅、海关总署办公厅、国家质检总局办公厅	2008. 2. 28
719	关于停止出口美国三轮全地形车受理报检和检验的紧急通知	国质检检函〔2008〕595 号	质检总局	2008. 8. 18
720	关于实施进口棉花境外供货企业登记管理的公告	总局 2008 年第 87 号公告	国家质检总局	2008. 8. 5
721	关于停止对出口纺织品服装实施标识查验的通知	国质检检函〔2009〕100 号	国家质检总局	2009. 3. 10
722	关于欧委会发布禁止含有富马酸二甲酯的产品投放市场决议的通告	风险警示通告 2009 年 1 号	国家质检总局	2009. 3. 30
723	关于欧委会发布新玩具安全指令的通告	风险警示通告 2009 年 3 号	国家质检总局	2009. 7. 13
724	关于印发《出口工业产品企业分类指南（试行）》的通知	国质检检〔2009〕328 号	国家质检总局	2009. 7. 24
725	关于贯彻执行《进口可用作原料的固体废物检验检疫监督管理办法》的通知	国质检检〔2009〕475 号	国家质检总局	2009. 10. 27
726	关于公布《进口可用作原料的固体废物国外供货商注册登记管理实施细则》的公告	总局公告 2009 年第 98 号	国家质检总局	2009. 10. 30
727	关于《进口废物管理目录》变更部分海关商品编号和海关商品名称的公告	联合公告 2009 年第 78 号	环境保护部、海关总署、国家质检总局	2009. 12. 31
728	关于对出口埃及工业产品实施装运前检验的通知	国质检检函〔2009〕168 号	国家质检总局	2009. 4. 13

序号	文件名称	文号	发文部门	发布时间
729	海关总署、环境保护部、商务部、质检总局关于出口加工区边角料、废品、残次品出区处理问题的通知	署加发〔2009〕172号	海关总署、环境保护部、商务部、国家质检总局	2009.4.21
730	关于对出口埃及工业产品实施装运前检验的公告	2009年第25号	国家质检总局	2009.4.3
731	关于进口食品、食品添加剂检验有关适用标准问题的公告	质检总局、卫生部2009年第72号公告	质检总局、卫生部	2009.7.22
732	关于执行《进口废物管理目录（2009年）》的通知	国质检检函〔2009〕505号	国家质检总局	2009.7.28
733	关于调整进口废物管理目录的公告	联合公告2009年第36号	环境保护部、商务部、国家发展和改革委员会、海关总署、国家质检总局	2009.7.3
734	关于公布《进口可用作原料的固体废物国内收货人注册登记管理实施细则（试行）》的公告	总局公告2009年第91号	国家质检总局	2009.9.25
735	关于禁止使用镉及镉合金材料生产饰品的紧急通知	国质检检函〔2010〕55号	国家质检总局	2010.1.22
736	关于批准境外从事进口旧机电产品装运前检验机构及检验人员资格的公告	2010年第2号	国家质检总局	2010.1.5
737	关于公布境外从事进口旧机电产品装运前检验机构及检验人员名单的公告	2010年第18号	国家质检总局	2010.2.24
738	关于阿拉伯埃及共和国贸易工业部签署法令实施进口工业品装运前检验的公告	2010年第46号公告	国家质检总局	2010.5.6
739	关于执行《关于明确授权的进口废物原料装运前检验机构业务范围和区域的公告》有关问题的通知	国质检检函〔2007〕605号	国家质检总局	2007.7.25
740	关于批准续延境外从事进口旧机电产品装运前检验机构及检验人员资格的公告	公告〔2010〕152号	国家质检总局	2010.12.20
741	关于批准境外从事进口旧机电产品装运前检验机构及检验人员资格的公告	公告〔2010〕123号	国家质检总局	2010.11.4
742	关于丰田汽车公司部分车型加速踏板和制动系统缺陷的风险警示通告	警示通告（2010）1号	国家质检总局	2010.2.20

序号	文件名称	文号	发文部门	发布时间
743	关于解除雪佛兰科帕奇越野车有关处置措施的公告	公告〔2010〕49号	国家质检总局	2010.5.11
744	关于解除对部分进口雷诺车型的处理措施的公告	公告〔2010〕56号	国家质检总局	2010.5.27
745	关于公布进口可用作原料的固体废物国外供货商有效注册登记资格的公告	总局公告2010年第83号	质检总局	2010.8.6
746	关于公布2010年第一批注销、撤销进口废物原料国内收货人注册资格名单的公告	总局公告2010年第78号	质检总局	2010.8.2
747	关于公布第七批取得进口废物原料检验检疫资格人员名单的通知	国质检检函〔2010〕49号	质检总局	2010.1.29
748	关于公布获得第二批出口危险货物包装、出口烟花爆竹、出口打火机持证上岗检验资格人员名单的通知	国质检检函〔2010〕21号	国家质检总局	2010.1.7
749	关于印发第九批准予登记的进口棉花境外供货企业名单的通知	国质检检〔2010〕203号	国家质检总局	2010.4.16
750	国家局公告2003年第122号	总局2003年第122号公告	国家质检总局	2003.12.29
751	关于印发《进出口商品检验鉴定人员资格考试暂行办法》的通知	国质检检〔2004〕120号	国家质检总局	2004.3.22
752	国家局公告2004年第97号	总局2004年第97号公告	国家质检总局	2004.7.20
753	国家局公告2005年第10号	总局2005年第10号公告	国家质检总局	2005.1.28
754	国家局公告2005年第47号	总局2005年第47号公告	国家质检总局	2005.4.6
755	国家局公告2005年第70号	总局2005年第70号公告	国家质检总局	2005.4.30
756	国家局公告2005年第183号	总局2005年第183号公告	国家质检总局	2005.12.21
757	国家局公告2006年第134号	总局2006年第134号公告	国家质检总局	2006.9.13
758	国家局公告2007年第65号	总局2007年第65号公告	国家质检总局	2007.4.19
759	国家局公告2008年第2号	总局2008年第2号公告	国家质检总局	2008.1.2

序号	文件名称	文号	发文部门	发布时间
760	国家局公告 2008 年第 69 号	总局 2008 年第 69 号公告	国家质检总局	2008.6.11
761	国家局公告 2008 年第 129 号	总局 2008 年第 129 号公告	国家质检总局	2008.12.9
762	国家局公告 2009 年第 73 号	总局 2009 年第 73 号公告	国家质检总局	2009.7.27
763	国家局公告 2010 年第 1 号	总局 2010 年第 1 号公告	国家质检总局	2010.1.8
764	国家局公告 2010 年第 107 号	总局 2010 年第 107 号公告	国家质检总局	2010.9.25
765	国家局公告 2010 年第 160 号	总局 2010 年第 160 号公告	国家质检总局	2010.12.27
766	关于印发《对日本输出禽肉的动物卫生》等的要求的通知	国质检食函〔2003〕68 号	国家质检总局	2003.1.21
767	关于加强出口大米检验检疫工作的通知	国质检食函〔2003〕92 号	国家质检总局	2003.1.30
768	关于做好实施《关于输日冷冻菠菜安全性问题的讨论记录》的通知	国质检食函〔2003〕139 号	国家质检总局	2003.2.24
769	关于进一步加强出口肠衣等动物源性食品检验检疫工作的通知	国质检食函〔2003〕218 号	国家质检总局	2003.3.24
770	关于印发《内地供港澳冰鲜禽肉检验检疫要求》的通知	国质检食〔2003〕109 号	国家质检总局	2003.4.22
771	关于印发中国输乌拉圭大蒜和乌拉圭输华大米检疫议定书的通知	国质检食函〔2003〕322 号	国家质检总局	2003.5.8
772	关于实行新的进境水产品卫生证书的通知	国质检食函〔2003〕476 号	国家质检总局	2003.6.20
773	关于认可第二批进口水产品卫生证书的通知	国质检食函〔2003〕513 号	国家质检总局	2003.7.3
774	关于向韩国出口动物产品兽医卫生证书问题的通知	国质检食函〔2003〕539 号	国家质检总局	2003.7.9
775	关于印发《出口禽肉及其制品检验检疫要求（试行）》的通知	国质检食〔2003〕212 号	国家质检总局	2003.7.17
776	关于输欧盟红辣椒及其产品中严禁使用苏丹红一号化工染料的紧急通知	国质检食函〔2003〕620 号	国家质检总局	2003.8.1

序号	文件名称	文号	发文部门	发布时间
777	关于恢复对日本出口鸡肉的通知	国质检食〔2003〕267号	国家质检总局	2003.8.27
778	关于印发《出口鳗鱼产品检验检疫和监管要求（试行）》的通知	国质检食函〔2003〕681号	国家质检总局	2003.9.2
779	关于印发《出口淡水小龙虾及其制品检验检疫管理规范》的通知	国质检食〔2003〕295号	国家质检总局	2003.9.12
780	关于认可第三批进口水产品卫生证书的通知	国质检食函〔2003〕733号	国家质检总局	2003.9.18
781	关于对出口食品开展环己烷氨基磺酸检验的通知	国质检食函〔2003〕837号	国家质检总局	2003.10.28
782	关于恢复对马来西亚出口禽肉的通知	国质检食联〔2003〕407号	国家质检总局	2003.11.20
783	国家质检总局、河南省人民政府关于建立合作机制促进河南重点农产品出口的工作方案	国质检食函〔2003〕950号	国家质检总局、河南省人民政府	2003.12.11
784	国家质量监督检验检疫总局、福建省人民政府关于全面恢复福建鳗鱼对日出口促进和扩大农产品出口的工作方案	国质检食函〔2003〕951号	国家质检总局、福建省人民政府	2003.12.11
785	关于加强出口牛肉制品检验检疫工作的紧急通知	国质检食〔2003〕988号	国家质检总局	2003.12.26
786	关于日本解除我部分输日蔬菜命令检查的通知	国质检食函〔2004〕149号	国家质检总局	2004.3.10
787	关于恢复冰鲜及冷冻禽肉供港有关问题的通知	国质检食函〔2004〕169号	国家质检总局	2004.3.17
788	关于加强对输韩调味品、辣椒及辣椒面检验检疫的通知	国质检食函〔2004〕215号	国家质检总局	2004.3.27
789	关于出口鳗鱼产品检验监管有关问题的补充通知	国质检食函〔2004〕220号	国家质检总局	2004.3.30
790	关于加强对输日粉丝检验检疫工作的通知	国质检食函〔2004〕431号	国家质检总局	2004.6.4
791	关于暂停向香港出口含有马兜铃酸中药材的通知	国质检食函〔2004〕505号	国家质检总局	2004.6.28
792	关于进一步加强出口茶叶检验检疫的紧急通知	国质检食函〔2004〕605号	国家质检总局	2004.7.29
793	关于进一步加强对出口欧盟动物源性食品检验检疫和监督管理工作的通知	国质检食联〔2004〕336号	国家质检总局	2004.7.29

序号	文件名称	文号	发文部门	发布时间
794	关于输日薏仁米、辣椒干的警示通报	国质检食函〔2004〕717号	国家质检总局	2004.9.1
795	关于实施出口植物源性食品残留物质监控计划的通知	国质检食〔2004〕385号	国家质检总局	2004.9.7
796	关于进一步做好进境动植物源性食品检疫审批工作的通知	国质检食函〔2004〕803号	国家质检总局	2004.9.28
797	关于进口大豆油检验监督事宜的通知	国质检食函〔2004〕809号	国家质检总局	2004.9.29
798	关于进一步做好进口食用植物油检验工作的通知	国质检食函〔2005〕52号	国家质检总局	2005.1.25
799	关于日方确认注册烤鳗厂及其备案养鳗场对日出口鳗鱼产品的通知	国质检食函〔2005〕115号	国家质检总局	2005.3.9
800	关于欧盟委员会2005/34/EC决议有关事项的通知	国质检食函〔2005〕207号	国家质检总局	2005.4.14
801	关于恢复受理出口大米报检的通知	国质检食函〔2005〕213号	国家质检总局	2005.4.14
802	关于对日出具苏丹红检测结果的通知	国质检食函〔2005〕224号	国家质检总局	2005.4.18
803	关于俄罗斯取消对我国鱼、海生动物和兔肉产品暂时限制措施的紧急通知	国质检食函〔2005〕237号	国家质检总局	2005.4.21
804	关于印发泰国新版水产品卫生证书的通知	国质检食函〔2005〕281号	国家质检总局	2005.4.30
805	关于加拿大启用新版兽医卫生证书的通知	国质检食函〔2005〕350号	国家质检总局	2005.5.20
806	关于出口新加坡贝类产品有关事项的通知	国质检食函〔2004〕411号	国家质检总局	2005.6.2
807	关于对出口加工用肉兔饲养场实行检验检疫备案管理的通知	国质检食函〔2005〕424号	国家质检总局	2005.6.10
808	关于加强审核丹麦动物源性食品出口卫生证书的通知	国质检食函〔2005〕526号	国家质检总局	2005.7.1
809	关于对出口蜂产品养蜂基地实行检验检疫备案管理的通知	国质检食函〔2005〕777号	国家质检总局	2005.9.22
810	关于印发《关于加强出口食品生产源头管理的指导意见》的通知	国质检食〔2005〕367号	国家质检总局	2005.10.12
811	关于印发中泰新鲜蔬菜、熟制禽肉、泰输华鳄鱼肉卫生议定书的通知	国质检食〔2005〕445号	国家质检总局	2005.11.28

序号	文件名称	文号	发文部门	发布时间
812	关于禁止旅客携带泰国"红牛"饮料入境的公告	2006 年 第 45 号公告	国家质检总局	2006.3.24
813	关于做好进出口食品、化妆品标签审核制度调整后有关工作的通知	国质检食函〔2006〕106 号	国家质检总局	2006.3.24
814	关于加强对进出口染发用化妆品检验和标签审核工作的通知	国质检食函〔2006〕243	国家质检总局	2006.4.22
815	关于印发《进出口食品、化妆品标签检验规程（试行）》的通知	国质检食函〔2006〕293 号	国家质检总局	2006.5.12
816	关于在网上公布出口水产品检验检疫备案企业及捕捞船名单的通知	国质检食函〔2006〕506 号	国家质检总局	2006.7.7
817	关于进一步加强出口花生检验检疫监督管理工作的通知	国质检食函〔2006〕613 号	国家质检总局	2006.8.7
818	关于印发欧盟决议 2006/504/EC 的通知	国质检食函〔2006〕634 号	国家质检总局	2006.8.14
819	关于输日蒜薹及其制品的警示通报	国质检食函〔2006〕654 号	国家质检总局	2006.8.18
820	关于输日白木耳毒死蜱超标的警示通报	国质检食函〔2006〕702 号	国家质检总局	2006.8.29
821	关于秘鲁启用输华水产品卫生证书的通知	国质检食函〔2006〕720 号	国家质检总局	2006.8.31
822	关于输日豌豆产品的警示通报	国质检食函〔2006〕733 号	国家质检总局	2006.9.6
823	关于出口水产品多聚磷酸盐超标问题的警示通报	国质检食函〔2006〕738 号	国家质检总局	2006.9.8
824	关于加强进口橄榄油检验监管工作的通知	国质检食函〔2006〕763 号	国家质检总局	2006.9.19
825	关于波兰输华猪/羊肠衣卫生证书有关问题的通知	国质检食函〔2006〕762 号	国家质检总局	2006.9.19
826	关于加强输日食品农产品针对性检验的通知	国质检食函〔2006〕769 号	国家质检总局	2006.9.20
827	关于中国输日香菇的警示通报	国质检食函〔2006〕776 号	国家质检总局	2006.9.25
828	关于输日松茸农残超标的警示通报	国质检食函〔2006〕777 号	国家质检总局	2006.9.25
829	关于印发《从澳大利亚进口可食用养殖鹿产品的兽医卫生要求议定书》及有关卫生证书样本	国质检食函〔2006〕791 号	国家质检总局	2006.9.27

序号	文件名称	文号	发文部门	发布时间
830	关于新加坡从高致病性禽流感疫区进口蛋制品和熟制禽肉卫生要求的通知	国质检食函〔2006〕797 号	国家质检总局	2006.10.9
831	关于同意阿根廷两家企业肉类产品进口的通知	国质检食函〔2006〕799 号	国家质检总局	2006.10.10
832	关于启用俄罗斯"中国国家展"参展肉品和水产品新卫生证书的通知	国质检食函〔2007〕160 号	国家质检总局	2007.3.5
833	关于输日绿茶三唑磷超标的警示通报	国质检食函〔2007〕182 号	国家质检总局	2007.3.9
834	关于输日未成熟豌豆、青刀豆、青梗菜和糯米粉农残超标的警示通报	国质检食函〔2007〕218 号	国家质检总局	2007.3.26
835	关于加强对水产品中使用"鱼浮灵"等增氧剂进行检测的通知	国质检食函〔2007〕227 号	国家质检总局	2007.4.2
836	关于重申暂停对俄罗斯出口肉类产品检验检疫的通知	国质检食函〔2007〕254 号	国家质检总局	2007.4.2
837	关于输日胡萝卜农残超标的警示通报	国质检食函〔2007〕262 号	国家质检总局	2007.4.18
838	关于进出口"油鱼"和鳕鱼的警示通报	国质检食函〔2007〕657 号	国家质检总局	2007.8.8
839	关于加强食品非法出口整治有关问题的通知	国质检食联函〔2008〕17 号	国家质检总局	2008.1.4
840	关于输日未成熟豌豆及其加工品的警示通报	国质检食函〔2008〕38 号	国家质检总局	2008.1.21
841	关于中国输日芝麻农残超标的警示通报	国质检食函〔2008〕71 号	国家质检总局	2008.2.2
842	关于内地供港蔬菜重金属和农残超标的警示通报	国质检食函〔2008〕83 号	国家质检总局	2008.2.3
843	关于加强出口冷冻加工食品检验的警示通报	国质检食函〔2008〕113 号	国家质检总局	2008.2.26
844	关于输日胡萝卜及其简单加工品的警示通报	国质检食函〔2008〕117 号	国家质检总局	2008.3.3
845	关于解除对智利 2 家禽肉加工企业警示通报的通知	国质检食函〔2008〕206 号	国家质检总局	2008.4.14
846	关于加强出口植物源性食品原料种植基地检验检疫备案管理的通知	国质检食函〔2008〕261 号	国家质检总局	2008.4.30

序号	文件名称	文号	发文部门	发布时间
847	关于加强输日食品中放射性残留检测的通知	国质检食函〔2008〕384号	国家质检总局	2008.6.5
848	关于加强控制菜豆象传入传出工作的通知	国质检食函〔2008〕686号	国家质检总局	2008.9.28
849	关于进一步加强进出口食品检验和监管工作的通知	国质检明发函〔2008〕61号	国家质检总局	2008.9.29
850	关于做好输智新鲜胡葱检验检疫工作的通知	国质检食函〔2009〕375号	国家质检总局	2009.6.16
851	关于做好进口食品境外出口商或代理商备案准备工作的通知	国质检食函〔2009〕618号	国家质检总局	2009.9.10
852	关于做好供港澳蔬菜检验检疫监督管理工作的通知	国质检食函〔2009〕629号	国家质检总局	2009.9.16
853	关于加强进口乳清粉过氧化苯甲酰、苯甲酸检测的通知	国质检食函〔2009〕638号	国家质检总局	2009.9.18
854	关于转发国家发改委、国家粮食局和国家标准委《关于对进口大米品质进行检验的复函》的通知	质检办食〔2004〕206号	国家质检总局办公厅	2004.6.21
855	部分商品修理更换退货责任规定	国经贸〔1995〕458号	国家技术监督局、国家经济贸易委员会、国家工商行政管理局、财政部联合发布	1995.8.25
856	全国重点工业城市质量信息网管理办法	技监局管发（89）255号	国家技术监督局	1989.5.10
857	部分商品修理更换退货责任规定条文释义	技监局质发〔1996〕53号	国家质量技术监督局	1996.2.15
858	设备监理管理暂行办法	国质检质联〔2001〕174号	国家质检总局、国家发展计划委员会、国家经济贸易委员会	2001.11.1
859	关于印发《中国名牌产品标志管理办法》的通知	国质检质〔2002〕37号	国家质检总局	2002.2.26
860	质量专业技术人员职业资格注册登记管理暂行办法	国质检人〔2003〕145号	国家质检总局	2003.5.21
861	关于印发《注册设备监理师执业资格制度暂行规定》、《注册设备监理师执业资格考试实施办法》和《注册设备监理师执业资格考试认定办法》的通知	国人发〔2003〕40号	人事部、国家质检总局	2003.10.29

序号	文件名称	文号	发文部门	发布时间
862	关于印发《注册设备监理师执业资格注册管理办法》的通知	国质检人〔2005〕50 号	国家质检总局	2005.1.7
863	关于印发《注册设备监理师继续教育暂行规定》的通知	国质检人〔2007〕255 号	国家质检总局	2007.6.4
864	关于印发《产品防伪监督管理办法实施细则》的通知	国质检质〔2003〕246 号	国家质检总局	2003.8.7
865	关于印发《防伪技术评审工作管理规定》的通知	全国防伪办〔2005〕3 号	全国防伪办	2005.4.12
866	国家质量监督检验检疫总局关于加强企业质量信用监管工作的意见	国质检质〔2006〕464 号	国家质检总局	2006.10.24
867	关于发布《制备标准物质办理许可证的具体规定》的通知	〔1988〕量局工字第127 号	国家技术监督局	1988.4.20
868	标准物质管理办法	〔87〕量局法字第231 号	国家计量局	1987.7.10
869	计量检定印、证管理办法	〔87〕量局法字第231 号	国家计量局	1987.7.10
870	仲裁检定和计量调解办法	〔87〕量局法字第373 号	国家计量局	1987.10.12
871	计量监督员管理办法	〔87〕量局法字第231 号	国家计量局	1987.7.10
872	中华人民共和国计量法条文解释	〔87〕量局法字第174 号	国家计量局	1987.5.30
873	中华人民共和国强制检定的工作计量器具明细目录	〔87〕量局法字第188 号	国家计量局	1987.5.28
874	中华人民共和国依法管理的计量器具目录	〔87〕量局法字第231 号	国家计量局	1987.7.10
875	关于允许台式弹簧度盘秤作为4级准确度秤销售和使用的通知	技监局量发〔1988〕124 号	国家技术监督局	1988.9.15
876	关于在科学研究和工程技术部门间进一步实施我国法定计量单位的具体规定	技监局量发〔1988〕227 号	国家技术监督局	1988.12.27
877	关于对黄金、白银生产、加工和销售加强计量监督管理的通知	技监局量发〔1989〕032 号	国家技术监督局	1989.1.27
878	关于在我国统一进行电压、电阻单位改值的通知	技监局量发〔1989〕486 号	国家技术监督局	1989.10.27
879	关于纺织工业系统推行法定计量单位—特克斯制的通知	〔1990〕纺科字第24 号	国家技术监督局	1990.6.4

序号	文件名称	文号	发文部门	发布时间
880	关于在我国统一施行"1990 年国际温标"实施办法	技监局量发〔1990〕553 号	国家技术监督局	1990.11.23
881	关于改革全国土地面积计量单位的通知	技监局量发〔1990〕660 号	国家技术监督局	1990.12.28
882	关于推行"国际法制计量组织证书制度"的通知	技监局量发〔1991〕369 号	国家技术监督局	1991.9.10
883	关于限制英制刻度和米制、英制双刻度计量器具使用、生产和销售的意见	技监局量发〔1992〕033 号	国家技术监督局	1992.6.30
884	关于在我国统一进行光辐射计量单位值的通知	技监局量函〔1993〕014 号	国家技术监督局	1993.1.20
885	关于对强制检定工作计量器具采用首次强检标志管理的通知	技监局量函〔1993〕158 号	国家技术监督局	1993.4.20
886	关于血压计量单位使用规定的通知	技监局发〔1993〕012 号	国家技术监督局	1993.5.3
887	关于印发《加强企业计量工作的若干意见》的通知	技监局量函〔1993〕403 号	国家技术监督局	1993.9.18
888	关于标准物质使用许可证标志的通知	技监局量函〔1994〕158 号	国家技术监督局	1994.4.23
889	关于在公众贸易中限制使用杆秤的通知	技监局发〔1994〕16 号	国家技术监督局、国家工商行政管理局	1994.9.23
890	关于加强计量器具进口管理的通知	国机进综〔1996〕35 号	国家机电产品进出口办公室、国家技术监督局	1996.12.30
891	关于对国外和台、港、澳地区的计量检定及进口计量器具定型鉴定收费标准的通知	计价费〔1997〕897 号	国家计划委员会、财政部、国家技术监督局	1997.5.22
892	关于明确医用超声、激光和辐射源监督管理范围的通知	技监局量发〔1998〕49 号	国家技术监督局	1998.3.22
893	关于血压计量单位使用规定的补充通知	质技监局量函〔1998〕126 号	国家技术监督局	1998.7.27
894	关于对外商在中国设立计量器具维修站停发《修理计量器具许可证》的通知	质技监局量发〔1998〕128 号	国家质量技术监督局	1998.10.23
895	关于进口计量器具实施检定有关问题的通知	质技监局量发〔1998〕154 号	国家质量技术监督局	1998.11.19
896	关于国务院已授权我局对《中华人民共和国强制检定的工作计量器具目录》进行调整的通知	质技监局政发〔1999〕14 号	国家质量技术监督局	1999.1.19

序号	文件名称	文号	发文部门	发布时间
897	关于调整《中华人民共和国强制检定的工作计量器具目录》的通知	质技监局政发〔1999〕15号	国家质量技术监督局	1999.1.20
898	关于发布《首批重点管理的计量器具目录》的通知	质技监局政发〔1999〕41号	国家质量技术监督局	1999.2.21
899	关于重新发布《国家轨道衡计量分站管理办法》的通知	质技监局量发〔1999〕167号	国家质量技术监督局	1999.7.6
900	关于加强用于贸易结算电能表强制检定监督管理的通知	质技监局量发〔1999〕171号	国家质量技术监督局	1999.7.13
901	关于印发《关于加强中小企业计量工作意见》的通知	质技监局量发〔1999〕176号	国家质量技术监督局、国家经济贸易委员会	1999.7.20
902	关于印发《全国计量标准、计量检定人员考核委员会章程》的通知	质技监局量函〔1999〕251号	国家质量技术监督局	1999.9.29
903	关于住宅建设中对电能表等计量器具安装使用前实施首次强制检定的通知	质技监局量发〔1999〕230号	国家质量技术监督局	1999.10.15
904	关于印发《计量标准考评员管理规定》的通知	质技监局量函〔1999〕300号	国家质量技术监督局	1999.11.17
905	关于批准发布《出租汽车税控计价器定型鉴定大纲》和《出租汽车税控计价器制造许可证考核规范》的通知	质技监局量发〔1999〕264号	国家质量技术监督局	1999.12.2
906	关于生产使用出租车税控计价器有关问题的通知	质技监局量发〔2000〕13号	国家质量技术监督局、国家税务总局	2000.1.18
907	关于淘汰DD28型单相电能表等落后产品的通知	质技监局量发〔2000〕50号	国家质量技术监督局	2000.3.16
908	关于印发《中小企业计量检测保证规范》的通知	质技监局量发〔2000〕61号	国家质量技术监督局	2000.4.3
909	关于制止在计量器具监督管理中参与经营等活动的通知	质技监局量发〔2000〕78号	国家质量技术监督局	2000.5.15
910	关于DD28型单相电能表等淘汰产品销售问题的通知	质技监局量发〔2000〕85号	国家质量技术监督局	2000.6.5
911	关于批准发布《多功能电能表定型鉴定大纲》等5个技术文件的通知	质技监局量发〔2000〕110号	国家质量技术监督局	2000.7.17
912	关于加强医用强制检定计量器具监督管理的通知	质技监局量发〔2000〕111号	国家质量技术监督局	2000.7.19

序号	文件名称	文号	发文部门	发布时间
913	关于发布实施衡器、煤气表、水表制造计量器具许可证考核必备条件的通知	质技监局量发〔2000〕117号	国家质量技术监督局	2000. 7. 31
914	关于印发《法定计量检定机构考评员管理规范》的通知	质技监局量发〔2000〕143号	国家质量技术监督局	2000. 8. 31
915	关于加强调整强制检定工作计量器具检定周期管理工作的通知	质技监局量发〔2000〕182号	国家质量技术监督局	2000. 10. 23
916	关于对电能表停止颁发工业产品生产许可证的通知	质技监局量发〔2000〕209号	国家质量技术监督局	2000. 11. 17
917	关于印发《关于停止生产销售非税控加油机和非税控计价器的通告》的通知	国税发〔2000〕198号	国家税务总局、国家质量技术监督局	2000. 12. 22
918	关于印发《定量包装商品生产企业计量保证能力评价规定》的通知	质技监局量发〔2001〕55号	国家质量技术监督局	2001. 4. 6
919	关于调整《中华人民共和国强制检定的工作计量器具目录》的通知	国质检量〔2001〕162号	国家质量技术监督局	2001. 10. 26
920	关于对IC卡税控燃油加油机实施计量监督管理的通知	国质检量联〔2001〕189号	国家质量技术监督局、国家税务总局	2001. 12. 7
921	关于制造计量器具企业设立的维修站不再办理《修理计量器具许可证》的通知	国质检量函〔2001〕622号	国家质量技术监督局	2001. 12. 19
922	关于开展定量包装商品生产企业计量保证能力评价工作有关问题的通知	国质检量函〔2002〕211号	国家质检总局	2002. 4. 12
923	关于进一步加强"医用三源"计量监督管理工作的通知	国质检量函〔2002〕230号	国家质检总局	2002. 8. 5
924	关于将汽车里程表从《中华人民共和国强制检定的工作计量器具目录》取消的通知	国质检发〔2002〕386号	国家质检总局	2002. 12. 27
925	关于对燃油加油机采用强制检定合格标志管理的通知	国质检量函〔2003〕154号	国家质检总局	2003. 2. 20
926	关于加强电话计时计费装置计量监督管理的通知	国质检量函〔2003〕282号	国家质检总局	2003. 4. 22
927	关于贯彻落实《加油站计量监督管理办法》有关问题的通知	质检办量函〔2003〕230号	国家质检总局	2003. 6. 18
928	关于明确氨基酸分析仪等属于进口计量器具管理范畴的函	质检办量函〔2003〕124号	国家质检总局	2003. 10. 8

序号	文件名称	文号	发文部门	发布时间
929	关于开展定量包装商品生产企业计量保证能力评价工作有关问题的通知	国质检量函〔2003〕803号	国家质检总局	2003.10.10
930	关于调整税控加油机、出租汽车税控计价器型式批准和制造许可证办理程序的通知	国税函〔2004〕662号	国家税务总局、国家质检总局	2004.5.25
931	关于制定并公布强制检定的工作计量器具检定期限的通知	国质检量〔2004〕427号	国家质检总局	2004.6.4
932	关于强制检定的工作计量器具检定期限的通知	国质检量〔2004〕738号	国家质检总局	2004.9.8
933	关于印发《测量管理体系认证管理办法》的通知	国质检量联〔2005〕213号	国家质检总局	2005.6.28
934	关于印发《加强能源计量工作的意见》的通知	国质检量联〔2005〕247号	国家质检总局	2005.7.23
935	关于印发新版《检定证书》和《检定结果通知书》封面格式式样的通知	国质检量函〔2005〕861号	国家质检总局	2005.10.31
936	关于启用新版《检定证书》和《检定结果通知书》封面格式式样有关问题补充说明的通知	国质检量函〔2006〕13号	国家质检总局	2006.1.13
937	注册计量师制度暂行规定	国人部发〔2006〕40号	人事部	2006.4.26
938	注册计量师资格考试实施办法	国人部发〔2006〕40号	人事部	2006.4.26
939	注册计量师资格考核认定办法	国人部发〔2006〕40号	人事部	2006.4.26
940	大区国家计量测试中心工作管理暂行规定	国质检量〔2006〕223号	国家质检总局	2006.5.26
941	关于配料秤、配料系统等办理计量器具许可证有关问题的通知	国质检量函〔2006〕343号	国家质检总局	2006.6.2
942	关于标准物质许可监督管理有关问题的通知	国质检量函〔2006〕442号	国家质检总局	2006.6.23
943	关于加强煤矿安全计量工作的意见	国质检量联〔2006〕285号	国家质检总局、国家煤矿安全监察局	2006.6.26
944	关于界定差压式流量计范围的通知	国质检量函〔2006〕564号	国家质检总局	2006.7.25
945	关于发布《全国专业计量技术委员会章程》的通知	国质检量〔2007〕4号	国家质检总局	2007.1.15

序号	文件名称	文号	发文部门	发布时间
946	关于定量包装商品净含量标注问题的通知	质检办量函〔2007〕30号	国家质检总局	2007.1.20
947	关于 JJGD43—2006（燃油加油机）中流量测量变换器型式批准相关问题的通知	国质检量函〔2007〕114号	国家质检总局	2007.2.15
948	关于发布《重点管理的计量器具目录（第二批）》的通知	国质检量函〔2007〕837号	国家质检总局	2007.10.9
949	关于推进商业服务业诚信计量体系建设工作有关要求的通知	国质检量函〔2007〕912号	国家质检总局	2007.11.8
950	关于公布《商业服务业诚信计量行为规范》的公告	〔2007〕162号公告	国家质检总局	2007.11.8
951	关于加强红外线体温检测仪型式批准管理的通知	国质检量〔2007〕542号	国家质检总局	2007.11.19
952	关于电能表检定规程有关问题的通知	国质检量函〔2007〕950号	国家质检总局	2007.11.22
953	关于对原授权承担计量器具新产品型式评价任务的单位重新评估的通知	国质检量函〔2008〕150号	国家质检总局	2008.3.12
954	关于发布催化燃烧型甲烷测定器（报警仪、传感器）、光干涉式甲烷测定器、粉尘采样器制造计量器具许可证考核必备条件的通知	国质检量函〔2008〕190号	国家质检总局	2008.4.7
955	关于"家庭用"衡器管理有关问题的通知	国质检量函〔2008〕283号	国家质检总局	2008.5.8
956	关于发布热能表制造计量器具许可证考核必备条件的通知	国质检量函〔2008〕556号	国家质检总局	2008.7.31
957	关于简化考核计量标准项目（第一批）的通知	国质检量函〔2008〕633号	国家质检总局	2008.8.19
958	关于进一步规范计量标准考核工作的通知	国质检量函〔2008〕776号	国家质检总局	2008.11.2
959	关于进一步加强在用加油机监督管理的通知	质检办量函〔2009〕727号	国家质检总局	2009.7.28
960	关于进一步推进供热计量改革工作的意见	建城〔2010〕14号	国家质检总局、发展改革委、住房和城乡建设部、财政部	2010.2.8
961	关于进一步加强供热计量监督管理工作的通知	国质检量函〔2010〕175号	国家质检总局	2010.4.12

序号	文件名称	文号	发文部门	发布时间
962	关于企业使用的非强检计量器具由企业依法自主管理的公告	〔1999〕6 号公告	国家质量技术监督局	1999. 3. 19
963	公布"中华人民共和国依法管理的计量器具目录（型式批准）部分"	〔2005〕145 号公告	国家质检总局	2005. 10. 8
964	中华人民共和国进口计量器具型式审查目录	〔2006〕5 号公告	国家质检总局	2006. 1. 13
965	强制检定计量器具检定印证的暂行规定	〔1986〕量局监字第333 号	国家计量局	1986. 9. 27
966	关于颁发《强制检定的工作计量器具实施检定的有关规定（试行）》的通知	技监局量发〔1991〕374 号	国家技术监督局	1991. 8. 6
967	关于发布《全国计量检定人员考核规则》的通知	技监局量发〔1991〕376 号	国家技术监督局	1991. 8. 1
968	关于对实施《计量违法行为处罚细则》有关问题补充规定的通知	技监局法发〔1992〕041 号	国家技术监督局	1992. 2. 3
969	关于在国内制造专供出口的计量器具有关问题的通知	质技监局量函〔1998〕004 号	国家质量技术监督局	1998. 8. 18
970	关于印发《社会公正计量行（站）计量认证考核规范》的通知	质技监局量发〔1999〕130 号	国家质量技术监督局	1999. 5. 25
971	关于加强社会公正计量行（站）监督管理的通知	质技监局量发〔1999〕131 号	国家质量技术监督局	1999. 5. 26
972	关于印发《定量包装商品生产企业计量保证能力评价规范"及"定量包装商品计量保证能力合格标志图形使用规定》的通知	质技监局量函〔2001〕106 号	国家质量技术监督局	2001. 4. 6
973	关于加强定量包装生产企业计量保证能力评价工作的通知	国质检量函〔2006〕114 号	国家质检总局	2006. 2. 27
974	关于锅炉压力容器压力管道特种设备行业检验检测仪器、设备强制检定工作的意见	质检办〔2001〕174 号	国家质检总局	2001. 8. 9
975	关于加强嘉年华等游乐活动中大型游乐设施安全监察工作的通知	国质检特设函〔2004〕116 号	国家质检总局	2004. 2. 24
976	关于进一步加强客运索道安全监察工作的通知	国质检特〔2004〕495 号	国家质检总局	2004. 11. 12
977	关于加强临时进口移动式压力容器检验及监督管理工作的通知	国质检特函〔2005〕191 号	国家质检总局	2005. 4. 6
978	关于锅炉压力容器制造许可管理工作有关问题的意见	国质检特函〔2005〕203 号	国家质检总局	2005. 4. 13

序号	文件名称	文号	发文部门	发布时间
979	关于印发《特种设备行政许可鉴定评审管理与监督规则》的通知	国质检特〔2005〕220号	国家质检总局	2005.6.8
980	关于进一步加强尿素合成塔生产使用检验工作的通知	国质检特函〔2005〕689号	国家质检总局	2005.8.24
981	关于锅炉压力容器安全监察工作有关问题的意见	质检办特函〔2006〕144号	国家质检总局	2006.3.27
982	关于加强压力管道安全监察工作的意见	国质检特〔2006〕148号	国家质检总局	2006.4.17
983	关于将石油天然气工业用焊接钢管等5类工业产品实行特种设备制造许可证管理的通知	国质检特〔2006〕162号	国家质检总局	2006.4.20
984	关于调整大型游乐设施分级并做好大型游乐设施检验和型式试验工作的通知	国质检特函〔2007〕373号	国家质检总局	2007.5.13
985	关于进一步完善锅炉压力容器压力管道安全监察工作的通知	国质检特函〔2007〕402号	国家质检总局	2007.6.7
986	关于进一步做好特种设备行政许可工作有关问题的通知	质检办特函〔2007〕575号	国家质检总局	2007.11.1
987	关于印发《特种设备现场安全监督检查规则（试行）》和《特种设备重点监控工作要求》的通知	国质检特函〔2007〕910号	国家质检总局	2007.11.7
988	关于加强地下储气井安全监察工作的通知	质检办特〔2008〕637号	国家质检总局	2008.10.31
989	关于开展西气东输二线长输管道安全监察工作的通知	质检办特函〔2009〕209号	国家质检总局	2009.3.26
990	关于实施特种设备行政许可调整改革工作有关问题的通知	国质检特〔2009〕478号	国家质检总局	2009.10.29
991	关于简化《特种设备安装改造维修告知书》的通知	质检办特函〔2009〕1186号	国家质检总局	2009.12.31
992	关于做好目录调整阶段场（厂）内专用机动车辆安全监察相关工作的通知	质检办特〔2010〕200号	国家质检总局	2010.3.4
993	关于调整改革特种设备行政许可工作的公告	总局公告2009年第67号	国家质检总局	2009.7.6
994	关于实施《特种设备安全监察条例》若干问题的意见	国质检法〔2003〕206号	国家质检总局	2003.7.11
995	关于实施新修改的《特种设备安全监察条例》若干问题的意见	国质检法〔2009〕192号	国家质检总局	2009.5.7

序号	文件名称	文号	发文部门	发布时间
996	关于开展基于风险的检验（RBI）技术试点应用工作的通知	国质检特〔2006〕198号	国家质检总局	2006.5.12
997	进出口锅炉压力容器监督管理办法（试行）	劳人锅〔1985〕4号	原劳动人事部	1985.11.1
998	压力管道安全管理与监察规定	劳部发〔1996〕140号	原劳动部	1996.7.1
999	医用氧舱安全管理规定	质技监局锅发〔1999〕218号	国家质量技术监督局	1999.9.18
1000	关于贯彻《医用氧舱安全管理规定》有关问题的意见	质技监办发〔2001〕2号	国家质量技术监督局、卫生部	2001.1.2
1001	关于印发《特种设备行政许可实施办法（试行）》的通知	国质检锅〔2003〕172号	国家质检总局	2003.6.3
1002	关于原行业主管部门发证过期产品不再办理更名或补领生产许可证的通知	全许办〔2002〕77号	全许办	2002.11.6
1003	关于下发部分补证产品更换证书程序的通知	全许办〔2002〕81号	全许办	2002.11.8
1004	关于印发《产品质量监督抽查全国统一文书》的通知	国质检监函〔2004〕546号	国家质量监督检验检疫总局	2004.12.8
1005	关于公布《工业产品生产许可证上报申请材料规定》的通知	全许办〔2005〕50号	全许办	2005.10.9
1006	关于公布工业产品生产许可证申请、变更、补领、备案等申请文书格式的通知	全许办〔2005〕51号	全许办	2005.10.9
1007	关于公布工业产品生产许可证产品检验机构申请文书格式的通知	全许办〔2005〕53号	全许办	2005.10.9
1008	关于公布《工业产品生产许可证审查工作监督检查规定》的通知	全许办〔2005〕54号	全许办	2005.10.9
1009	关于公布工业产品生产许可证证书副本有关内容的通知	全许办〔2005〕55号	全许办	2005.10.9
1010	关于做好标注生产许可证标志（QS）和编号过渡工作的通知	全许办〔2005〕58号	全许办	2005.11.2
1011	关于工业产品生产许可工作中严格执行国家产业政策有关问题的通知	国质检监联〔2006〕632号	国家质检总局、国家发展改革委	2006.11.9
1012	关于印发《工业产品生产许可省级发证工作规范》的通知	国质检监〔2006〕413号	国家质量监督检验检疫总局	2006.9.15

序号	文件名称	文号	发文部门	发布时间
1013	关于印发《关于建立长效监管机制进一步规范工业产品生产许可工作的意见》的通知	国质检监〔2006〕499 号	国家质检总局	2006.11.2
1014	关于印发《关于进一步加强获证企业后续监管工作的实施意见》的通知	国质检监〔2006〕500 号	国家质检总局	2006.11.2
1015	关于进一步加强对国家监督抽查不合格获证企业监管的通知	全许办〔2008〕58 号	全许办	2008.12.22
1016	关于印发《机动车安全技术检验机构检验资格许可办理程序》等 5 个规范性文件的通知	国质检监〔2009〕521 号	国家质检总局	2009.11.26
1017	产品质量监督抽查实施规范管理规定(试行)	质检监函〔2010〕21 号	国家质检总局	2010.3.26
1018	国家质量监督检验检疫总局关于企业产品生产许可证标志的公告	2010 年第 39 号公告	国家质检总局	2010.4.21
1019	关于修订《产品质量监督抽查实施规范(第一批)》的公告	2010 年第 65 号	国家质检总局	2010.7.13
1020	关于公布《工业产品生产许可证核查人员管理规定》的通知	全许办〔2005〕52 号	全许办	2005.10.9
1021	关于印发《关于加强产品质量检验机构监督管理的若干意见》的通知	国质检监〔2007〕24 号	国家质检总局	2007.1.24
1022	关于严格时限开展工业产品生产许可工作的通知	全许办〔2009〕01 号	全许办	2009.1.6
1023	关于加强液态奶标识标注管理的通知	国质检食监联〔2007〕520 号	国家质检总局	2007.11.9
1024	关于实施《化妆品标识管理规定》有关事项的通知	国质检食监〔2008〕381 号	国家质检总局	2008.8.4
1025	关于印发《乳制品生产企业落实质量安全主体责任监督检查规定》的通知	国质检食监〔2009〕437 号	国家质检总局	2009.9.27
1026	关于印发《关于依法规范食品加工企业的指导意见》的通知	国质检食监联〔2009〕470 号	国家质检总局	2009.10.12
1027	白酒查处公告	2004 年第 5 号	国家质检总局	2004.1.15
1028	食品添加剂无证查处公告	2005 年第 202 号	国家质检总局	2005.12.31
1029	关于对食品用塑料包装、容器、工具等制品实施市场准入制度的公告	2006 年第 133 号	国家质检总局	2006.9.8

序号	文件名称	文号	发文部门	发布时间
1030	关于严格液态奶生产日期标注有关问题的公告	2006 年第 186 号	国家质检总局	2006.12.25
1031	关于将二甘醇纳入牙膏产品市场准入监管项目的公告	2007 年第 88 号	国家质检总局	2007.6.11
1032	关于禁止用二甘醇作为牙膏原料的公告	2007 年第 107 号	国家质检总局	2007.7.11
1033	关于开展食品用塑料包装容器工具等制品生产许可证无证查处工作的公告	2007 年第 123 号	国家质检总局	2007.8.23
1034	关于开展牙膏等产品生产许可证无证查处工作的公告	2008 年第 34 号	国家质检总局	2008.3.25
1035	关于开展食品用纸包装、容器等制品生产许可证无证查处工作的公告	2009 年第 48 号	国家质检总局	2009.5.17
1036	关于实施新修改的《食品标识管理规定》有关事项的公告	2009 年第 100 号	国家质检总局	2009.10.22
1037	关于食品生产加工企业落实质量安全主体责任监督检查规定的公告	2009 年第 119 号	国家质检总局	2009.12.23
1038	关于使用企业食品生产许可证标志有关事项的公告	2010 年第 34 号	国家质检总局	2010.4.12
1039	关于开展餐具洗涤剂生产许可证无证查处工作的公告	2010 年第 55 号	国家质检总局	2010.5.27
1040	关于调整部分食品生产许可工作的公告	2010 年第 75 号	国家质检总局	2010.7.26
1041	关于发布《食品添加剂生产许可审查通则》的公告	2010 年第 81 号	国家质检总局	2010.8.5
1042	关于调整压力锅等产品生产许可工作的公告	2010 年第 136 号	国家质检总局	2010.12.7
1043	关于食品添加剂生产许可工作的公告	2010 年第 137 号	国家质检总局	2010.12.7
1044	关于发布食品生产许可审查通则（2010 版）的公告	2010 年第 88 号	国家质检总局	2010.8.23
1045	关于发布《企业生产婴幼儿配方乳粉许可条件审查细则（2010 版）》和《企业生产乳制品许可条件审查细则（2010 版）》的公告	2010 年第 119 号	国家质检总局	2010.11.1

序号	文件名称	文号	发文部门	发布时间
1046	关于印发省级食品生产许可工作规范的通知	国质检〔2005〕336号	国家质检总局	2005
1047	2005年第102号公告	2005年第102号公告	国家质检总局	2005.7.26
1048	关于公布第二批省级食品生产许可证产品目录的公告	2006年第120号	国家质检总局	2006.8.25
1049	关于授权省级质量技术监督部门对部分白酒实施食品生产许的公告	2006年第137号	国家质检总局	2006.9.18
1050	关于公布第三批省级质量技术监督部门发放食品生产许可证产品目录的公告	2006年第202号	国家质检总局	2006.12.27
1051	关于公布第四批省级质量技术监督部门发放食品生产许可证产品目录的公告	2008年第120号	国家质检总局	2008.10.30
1052	关于食品生产许可证编号和证书管理的通知	国质检监函〔2005〕711号	国家质检总局	2005.8.29
1053	关于印发《食品安全突发事件应急反应预案》的通知	国质检监〔2005〕428号	国家质检总局	2005.11.17
1054	关于印发《复原乳专项监管工作规范》的通知	国质检食监函〔2006〕747号	国家质检总局	2006.9.13
1055	食用电烤炉无证查处公告	2002年第34号	国家质检总局	2002.4.16
1056	压力锅、化妆品、餐具洗涤剂、婴幼儿配方乳粉无证查处公告	2003年第77号	国家质检总局	2003.8.8
1057	食用酒精、香料香精无证查处公告	2004年第92号	国家质检总局	2004.7.13
1058	关于严禁在食品生产加工中使用回收食品作为生产原料等有关问题的通知	国质检食监〔2006〕619号	国家质检总局	2006.12.13
1059	关于印发糖果制品等13类食品生产许可证审查细则的通知	国质检监〔2004〕557号	国家质检总局	2004.12.23
1060	关于印发小麦粉等15类食品生产许可证审查细则(修订)的通知	国质检监〔2005〕15号	国家质检总局	2005.1.17
1061	关于加强食品生产许可证发证检验工作的通知	国质检监函〔2005〕775号	国家质检总局	2005.9.22
1062	关于发布食品生产许可证审查细则修改单的通知	国质检监函〔2005〕776号	国家质检总局	2005.9.26

序号	文件名称	文 号	发文部门	发布时间
1063	关于加强对食品中铝残留量检验的通知	国质检食监函〔2006〕108 号	国家质检总局	2006.6.22
1064	关于发布《茶叶生产许可证审查细则（2006 版）》和部分食品生产许可证审查细则修改单的通知	国质检食监函〔2006〕462 号	国家质检总局	2006.6.27
1065	关于印发《食品用包装、容器、工具等制品生产许可通则》及《食品用塑料包装、容器、工具等制品生产许可审查细则》的通知	国质检食监〔2006〕334 号	国家质检总局	2006.7.18
1066	关于印发《牙膏产品生产许可实施细则》的通知	国质检食监函〔2006〕686 号	国家质检总局	2006.8.23
1067	关于印发糕点等 7 类食品生产许可证审查细则的通知	国质检食监〔2006〕365 号	国家质检总局	2006.8.25
1068	关于做好白酒产品生产许可证期满换证工作的通知	国质检食监〔2006〕428 号	国家质检总局	2006.9.29
1069	关于印发食用植物油等 26 个食品生产许可证细则的通知	国质检食监〔2006〕646 号	国家质检总局	2006.12.27
1070	关于印发《食品用纸包装、容器等制品生产许可实施细则》的通知	国质检食监〔2007〕279 号	国家质检总局	2007.6.18
1071	关于印发《压力锅产品生产许可实施细则》的通知	国质检食监〔2007〕519 号	国家质检总局	2007.11.8
1072	关于印发《餐具洗涤剂产品生产许可实施细则》的通知	国质检食监〔2008〕18 号	国家质检总局	2008.1.9
1073	关于加强乳制品生产许可工作的通知	国质检食监函〔2008〕757 号	国家质检总局	2008.11.12
1074	关于发布饮料产品生产许可证审查细则（2006 版）修改单的通知	国质检食监函〔2009〕19 号	国家质检总局	2009.1.14
1075	关于发布蜂花粉及蜂产品制品生产许可证审查细则（2006 版）修改单的通知	国质检食监函〔2009〕588 号	国家质检总局	2009.8.3
1076	关于印发《质量技术监督执法打假督查工作实施办法》的通知	国质检执〔2009〕367 号	国家质检总局	2009.8.14
1077	关于印发《一次性生活用纸生产加工企业监督整治规定》的通知	国质检执〔2003〕289 号	国家质检总局	2003.9.11
1078	关于印发《对"地条钢"生产企业和窝点断电实施办法》的通知	国质检执联〔2004〕386 号	国家质检总局	2004.9.6
1079	关于印发《关于深入开展区域性产品质量问题整治工作的实施意见》的通知	国质检执〔2009〕71 号	国家质检总局	2009.2.25

序号	文件名称	文号	发文部门	发布时间
1080	关于印发《儿童玩具召回信息与风险评估管理办法》的通知	国质检质〔2008〕66号	国家质检总局	2008.1.31
1081	关于印发《缺陷汽车产品召回信息系统管理办法》及《缺陷汽车产品召回专家库建设与管理办法》的通知	国质检质〔2004〕245号	国家质检总局	2004.6.4
1082	关于印发《缺陷汽车产品调查和认定实施办法》及《缺陷汽车产品检测与实验监督管理办法》的通知	国质检质〔2004〕264号	国家质检总局	2004.6.17
1083	国家质量技术监督局关于实施《中华人民共和国产品质量法》若干问题的意见	质技监局政发〔2001〕43号	国家质量技术监督局	2001.3.15
1084	《中华人民共和国产品质量法》条文释义	技监局法函〔1993〕345号	国家技术监督局	1993.8.3

国家质量监督检验检疫总局
决定废止的规范性文件目录

（2011年5月20日国家质量监督检验检疫总局公告 2011年第71号发布）

序号	文件名称	文号	发文部门	发布时间
1	计量/审查认可（验收）获证检测机构监督管理办法	国认实〔2002〕50号	国家认监委	2002.9.4
2	对采用国际标准的工业产品实行优质优价的规定	国标发〔1987〕095号	国家标准局、国家物价局	1987.3.31
3	关于规范使用标准代号的通知	质技监局标函〔1998〕52号	国家质量技术监督局	1998.11.24
4	关于批准、发布国家标准实行公告制度的通知	质技监局标发〔1998〕159号	国家质量技术监督局	1998.12.3
5	关于切实做好2001年度棉花质量监督工作的通知	国质检质〔2001〕87号	国家质量监督检验检疫总局	2001.8.24
6	关于做好棉花收购、加工单位质量保证能力审查认定工作的通知的通知	质技监局监发〔1999〕46号	国家质量技术监督局	1999.2.13
7	关于开展严厉打击棉花掺杂使假违法行为专项行动的紧急通知	质技监局监发〔2000〕215号	国家质量技术监督局	2000.11.28

序号	文件名称	文号	发文部门	发布时间
8	国务院办公厅关于立即开展棉花打假专项行动的紧急通知	国办发明电〔2000〕37 号	国务院办公厅	2000.11.30
9	关于继续深入开展棉花打假专项行动的通知	中纤局法发〔2000〕134 号	中国纤维检验局	2000.12.29
10	关于加强麻类纤维质量管理与质量监督的通知	技监局发〔1993〕21 号	国家质监局、农业部、国内贸易部、纺织总会、工商局	1993.8.20
11	关于涤纶长丝产品质量行业统检工作有关问题的函	技监局监函〔1997〕229 号	国家质量技术监督局	1997
12	关于贯彻落实国家茧丝绸协调小组、国家计划委员会《关于1997年蚕茧价格政策和收购管理的通知》	国茧办〔1997〕2 号	国家质量技术监督局	1997.2.5
13	关于贯彻落实《国家计委、国家茧丝绸协调小组关于1998年价格政策及收购管理的通知》的通知	质技监局函〔1998〕39 号	国家质量技术监督局	1998.5.13
14	关于印发《茧丝价格和流通管理办法》的通知	国经贸〔1998〕315 号	国家经贸委、国家计委、国家工商行政管理局、国家质监局	1998.5.22
15	关于加强茧丝质量监督工作的通知	质技监局监发〔1999〕141 号	国家质量技术监督局	1999.6.7
16	非棉纤维公证检验工作质量考核办法（试行）	中纤局综〔2007〕108 号附件 1	中国纤维检验局	2007.11.15
17	非棉纤维公证检验监督抽验实施办法（试行）	中纤局综发〔2007〕108 号附件 2	中国纤维检验局	2007.11.15
18	关于开展山羊绒公证检验试点工作的通知	中纤局综发〔2004〕24 号	中国纤维检验局	2004.4.29
19	关于发送《关于开展山羊绒公证检验试点工作的通知》（中纤局综发〔2004〕24 号）的补充通知	中纤局函〔2004〕11 号	中国纤维检验局	2004.5.9
20	关于发送山羊绒公证检验试点工作有关规定的通知	中纤局综发〔2004〕47 号	中国纤维检验局	2004.8.16
21	关于在纤维质量监督管理和检验中授权专业纤维检验机构实施技术监督行政处罚的规定	技监局法发〔1990〕544 号	国家质量技术监督局	1990.10.24
22	关于印发中国纤维检验局《关于实施纤维质量技术监督执法工作的意见》的通知	技监局法发〔1991〕113 号	国家质量技术监督局	1991.3.11

序号	文件名称	文号	发文部门	发布时间
23	关于对专业纤维检验机构行政执法主体资格问题的复函	技监法函〔1993〕011号	国家质量技术监督局	1993.10.5
24	关于重申专业纤维检验机构行政执法主体资格的通知	技监局政发〔1997〕115号	国家质量技术监督局	1997.7.28
25	国家技术监督局关于技术监督行政案件办理程序补充规定的函	技监局法发〔1992〕577号	国家技术监督局	1992.12.10
26	商检行政执法证管理办法	国检法〔1997〕171号	国家商检局	1997.4.30
27	商检行政执法和行政执法监督检查规定	国检法〔1997〕190号	国家商检局	1997.5.15
28	关于现行商检法规、规章效力问题的通知	国检政函〔1993〕54号	国家商检局	1993.4.7
29	农业机械产品修理更换退货责任规定条文释义	技监局发〔1998〕49号	国家质量技术监督局、国家工商行政管理局	1998.7.7
30	关于中国名牌产品有效期由三年延长为五年有关问题的通知	质检质函〔2008〕36号	国家质检总局质量司	2008.7.9
31	关于印发《制造计量器具许可证考核规范》的通知	国质检量〔2004〕268号	国家质检总局	2004.6.23
32	关于进一步加强集贸市场计量监督管理的通知	技监局量发〔1989〕189号	国家技术监督局	1989.4.3
33	关于制造、修理计量器具许可证监督管理有关问题的通知	质技监局量发〔1999〕108号	国家质量技术监督局	1999.4.23
34	关于几种新发证产品如何实施查处无证产品工作的通知	全许办〔2001〕25号	全许办	2001.10.12
35	关于委托加工企业备案问题的通知	全许办〔2001〕38号	全许办	2001.12.3
36	关于规范使用《工业产品生产许可证受理通知书》和《工业产品生产许可证审查不合格通知书》的通知	全许办〔2002〕41号	全许办	2002.6.12
37	关于进一步明确生产许可证补证与换证工作关系的通知	全许办〔2002〕57号	全许办	2002.8.12
38	关于汽车产品质量监督检查有关问题的通知	国质检函〔2001〕174号	国家质检总局	2001.6.18
39	关于转炉汽化冷却装置的管理问题的意见	劳安锅局字〔1996〕34号	劳动部职锅局	1996.4.15

序号	文件名称	文号	发文部门	发布时间
40	关于锅炉房内分汽缸（分水缸）安全监察问题的通知	劳部发〔1996〕419 号	劳动部	1996.12.18
41	关于加强燃油（气）锅炉安全性能调试工作的通知	质技监锅字〔1999〕32 号	国家质监局锅炉局	1999.5.17
42	关于加强液化石油气站安全监察与管理的通知	质技监锅发〔1999〕143 号	国家质监局	1999.6.7
43	关于做好锅炉安装质量监督检验有关问题的通知	质技监锅发〔1999〕162 号	国家质监局	1999.7.2
44	关于燃油（气）锅炉安全性能调试工作补充事项的通知	质技监锅字〔1999〕61 号	国家质监局锅炉局	1999.10.14
45	关于加强环氧乙烷储运容器安全管理的通知	质技监锅字〔2000〕95 号	国家质监局锅炉局	2000.12.13
46	特种设备检验检测机构管理规定	国质检锅〔2003〕249	国家质检总局	2003.8.8
47	关于印发《特种设备行政许可分级实施范围》的通知	国质检锅〔2003〕250	国家质检总局	2003.8.8
48	关于开展危险化学品罐车专项检查整治工作的通知	国质检特联〔2004〕249 号	国家质检总局	2004.6.3
49	关于落实《道路运输危险化学品安全专项整治方案》有关意见的通知	国质检特函〔2005〕618 号	国家质检总局	2005.8.7
50	关于冶金起重机械整治工作有关意见的通知	质检办特〔2007〕375 号	国家质检总局办公厅	2007.7.23
51	关于印发起重机械专项治理攻坚战实施方案的通知	国质检特〔2007〕377 号	国家质检总局	2007.8.8
52	关于进一步加强特种设备安全监察工作的通知	国质检特〔2007〕427 号	国家质检总局	2007.9.6
53	关于开展川气东送长输管道安全监察工作的通知	国质检特函（2007）798 号	国家质检总局	2007.9.22
54	关于起重机械专项治理工作有关问题的通知	国质检特函〔2007〕901 号	国家质检总局	2007.11.2
55	关于指导地震灾区特种设备检验和修复工作的意见	国质检特函〔2008〕329 号	国家质检总局	2008.5.19
56	关于开展压力管道元件和起重机械转向整治工作有关问题的通知	质检办特〔2008〕347 号	国家质检总局	2008.6.30
57	关于进一步做好电站锅炉检验工作的通知	国质检锅函〔2002〕218 号	国家质检总局	2002.5.29

序号	文件名称	文号	发文部门	发布时间
58	关于开展特种设备隐患排查和起重机械专项整治行动的通知	国质检特函〔2007〕355 号	国家质检总局	2007.5.24
59	关于查处无证生产小麦粉等五类食品的通知	国质检监函〔2003〕923 号	国家质检总局	2003.12.1
60	关于实施《食品标识管理规定》有关事项的公告	2008 年第 78 号	国家质检总局	2008.7.4
61	关于换（发）食用酒精产品生产许可证工作有关问题的通知	国质检监函〔2003〕231 号	国家质检总局	2003.3.27
62	关于换（发）食用化工产品生产许可证工作有关问题的通知	国质检监函〔2003〕355 号	国家质检总局	2003.5.20
63	关于加强液态奶监督检查工作的通知	国质检食监联〔2005〕447 号	国家质检总局	2005.11.23
64	关于糖果制品等 13 类食品须持证生产的公告	2006 年第 131 号	国家质检总局	2006.9.7
65	关于第一批 16 种使用 QS 标志的食品质量安全公告	2007 年第 121 号	国家质检总局	2007.8.20
66	关于进一步加强液态奶监督管理的通知	国质检食监函〔2007〕111 号	国家质检总局	2007.2.25
67	关于进一步加强液态奶监管工作的通知	国质检食监联〔2007〕245 号	国家质检总局	2007.5.29
68	关于加强对乳制品生产加工企业的监督检查严厉打击掺杂掺假行为的通知	国质检食监函〔2008〕105 号	国家质检总局	2008.2.27
69	关于液态奶重点生产企业驻厂监管工作有关问题的批复	国质检食监函〔2008〕439 号	国家质检总局	2008.6.25
70	关于质检部门打击违法添加剂非食用物质和滥用食品添加剂的通知	国质检食监函〔2008〕872 号	国家质检总局	2008.12.30
71	关于印发《打击取缔土炼油活动实施办法》的通知	国质检执〔2002〕139 号	国家质检总局	2002.6.5
72	关于印发《落实整治区域性化肥质量问题责任制试行办法》的通知	国质检执〔2004〕521 号	国家质检总局	2004.11.29
73	关于自理报检单位报检员实施凭证报检有关问题的通知	质检通函〔2007〕109 号	国家质检总局通关司	2007.4.30
74	关于代理报检单位实行凭证报检的通知	质检通函〔2006〕194 号	国家质检总局通关司	2006.6.30

序号	文件名称	文号	发文部门	发布时间
75	关于进一步加强霍乱防控工作的通知		国家质检总局	2005.9.20
76	关于加强口岸食品卫生监督工作的通知	质检卫函〔2005〕51 号	质检总局卫生司	2005.6.22
77	关于贯彻落实全国质量工作会议精神进一步做好口岸食品卫生监督工作的意见	质检卫函〔2007〕50 号	质检总局卫生司	2007.8.9
78	关于切实加强口岸食品卫生监督工作的通知	质检卫函〔2008〕93 号	质检总局卫生司	2008.10.8
79	关于切实加强卫生检疫工作保障口岸卫生安全的通知	质检卫函〔2008〕124 号	质检总局卫生司	2008.12.29
80	关于印发《高致病性禽流感疫情进出境检验检疫应急预案（试行）》的通知	国质检动〔2004〕63 号	国家质检总局	2004.2.11
81	关于加强进口动物临时隔离检疫场管理的通知	国质检动函〔2004〕106 号	国家质检总局	2004.2.19
82	关于进口奶牛临时隔离检疫场建设有关问题的通知	质检动函〔2004〕354 号	国家质检总局	2004.10.28
83	关于从香港进口热炸猪油和热炸猪油渣有关问题的通知	质检动函〔2004〕393 号	国家质检总局	2004.12.3
84	关于增加允许产自台湾地区进入大陆的水果种类的公告	质检总局 2005 年第 83 号公告	国家质检总局	2005.5.23
85	关于防止禽流感传入我国的公告	质检总局 2005 年第 157 号公告	国家质检总局	2005.11.2
86	关于进境货物木质包装检疫新规定正式实施有关问题的公告	质检总局 2006 年第 2 号公告	国家质检总局	2006.1.1
87	关于公布获得向中国（IVF）胚胎资格的加拿大企业名单的公告	质检总局 2006 年第 168 号公告	国家质检总局	2006.11.10
88	关于进一步加强进出口饲料及饲料添加剂检验检疫和监督管理的通知	质检动函〔2008〕35 号	国家质检总局	2008.3.20
89	关于加强棉麻类产品检疫监管的警示通报	国质检动函〔2008〕218 号	国家质检总局	2008.4.16
90	关于做好第七届中国花卉博览会境外展品入境检验检疫工作的通知	国质检动函〔2009〕174 号	国家质检总局	2009.4.15
91	关于对进口实验用雪貂检疫问题的复函	国质检动函〔2009〕300 号	国家质检总局	2009.5.27

序号	文件名称	文号	发文部门	发布时间
92	关于加强输欧星天牛寄主植物检验检疫监管的通知	质检动函〔2009〕182号	国家质检总局	2009.7.23
93	关于加强供港澳动物检验检疫工作的紧急通知	质检动函〔2009〕310号	国家质检总局	2009.12.26
94	关于做好第10届亚太兰花大会境外展品入境检验检疫工作的通知	国质检动函〔2010〕33号	国家质检总局	2010.1.21
95	关于印发《进口鱼检疫工作程序（试行）》等四个工作程序的通知	农（检疫）字〔1991〕第2号	动植物检疫局	1991.4.9
96	关于同意从荷兰引进种禽种蛋的通知	总检动字〔1994〕2号	农业部	1994.3.24
97	关于印发《进出境动物临时隔离检疫场管理办法》的通知	动植检动字〔1996〕123号	动植物检疫局	1996.11.27
98	关于同意从荷兰输入猪及其产品的通知	国检办函〔1998〕193号	国家出入境检验检疫局	1998.9.25
99	关于禁止从摩洛哥和突尼斯两国进口偶蹄动物及其产品的规定	1999年第12号	国家出入境检验检疫局	1999.4.16
100	关于解决经俄罗斯、蒙古国过境乌兹别克斯坦等国动物产品问题的紧急通知	国检动函〔2000〕305号	国家出入境检验检疫局	2000.6.15
101	关于对经俄罗斯、蒙古国过境进口中亚三国动物皮毛检疫监管有关问题的紧急通知	国检动函〔2000〕338号	国家出入境检验检疫局	2000.6.28
102	关于同意在蒙古国更换车皮的进口哈萨克斯坦牛羊皮入境的通知	国检动函〔2000〕369号	国家出入境检验检疫局	2000.7.11
103	关于以色列发生疯牛病的预警通报	国质检动函〔2002〕375号	国家质检总局	2002.6.19
104	关于日本恢复进口蹄角粉、骨粒、骨炭的通知	质检动函〔2002〕198号	国家质检总局	2002.11.1
105	关于加强进境动物源性饲料检验检疫监督管理的警示通报	国质检动函〔2003〕684号	国家质检总局	2003.8.26
106	关于停止或暂停发生高致病禽流感疫情的省、自治区和直辖市出口禽类及其产品的措施有关问题的公告	国家质检总局2004年第17号公告	国家质检总局	2004.2.6
107	关于允许向日本出口非人灵长类实验动物的公告	国家质检总局2004年第21号公告	国家质检总局	2004.2.24
108	关于进一步加强对韩粗饲料检验检疫工作的通知	国质检动函〔2004〕139号	国家质检总局	2004.3.9

序号	文件名称	文号	发文部门	发布时间
109	关于恢复活禽供香港有关事项的通知	国质检动函〔2004〕259号	国家质检总局	2004.4.16
110	关于对进境非食用动物产品生产、加工、存放企业进行考核和清理整顿的通知	质检动函〔2004〕146号	国家质检总局	2004.5.19
111	关于向日本、韩国出口活鳗鱼有关事项的公告	国家质检总局2004年第115号公告	国家质检总局	2004.9.3
112	关于公布向韩国出口非人灵长类实验动物有关要求的公告	国家质检总局2004年第90号公告	国家质检总局	2004.9.29
113	关于公布截至2005年6月获得允许向日本和韩国出口灵长类实验动物资格的单位名单的公告	国家质检总局2005年第98号公告	国家质检总局	2005.7.11
114	关于进一步加强出口水生动物检验检疫管理工作的通知	国质检明发〔2005〕77号	国家质检总局	2005.9.30
115	关于加强出口水生动物和水产品药残监测和检测的紧急通知	国质检明发〔2005〕113号	国家质检总局	2005.12.15
116	关于开展进出口鱼粉中孔雀石绿检测的通知	国质检动函〔2006〕951号	国家质检总局	2006.12.5
117	关于公布新增5家美国输华非反刍动物源性饲料生产企业的公告	2006年第90号公告	国家质检总局	2006.6.30
118	关于加强植物源性蛋白类产品出口检疫工作的紧急通知	国质检动函〔2007〕269号	国家质检总局	2007.4.20
119	关于进一步加强出口宠物食品检验检疫工作的警示通报	国质检动函〔2007〕1043号	国家质检总局	2007.12.23
120	关于进一步加强进出口饲料及饲料添加剂检验检疫和监督管理的通知	质检动函〔2008〕35号	国家质检总局	2008.3.20
121	关于进境鱼粉呋喃西林检测有关问题的通知	国质检动函〔2008〕189号	国家质检总局	2008.4.3
122	关于加强进出口饲料三聚氰胺监控的紧急通知	国质检动函〔2008〕644号	国家质检总局	2008.9.17
123	关于下发荷兰输华代乳粉卫生证书样本的通知	质检动函〔2009〕29号	国家质检总局	2009.2.6
124	关于向韩国出口水生动物临时性措施的通知	质检动函〔2009〕38号	国家质检总局	2009.2.20
125	关于同意深圳口岸截获非法入境罗汉松树检疫处理方案的批复	国质检动函〔2009〕199号	国家质检总局	2009.4.29

序号	文件名称	文号	发文部门	发布时间
126	关于下发秘鲁输华鱼粉卫生证书签字兽医管名单和签名的通知	质检动函〔2009〕136号	国家质检总局	2009.5.26
127	关于同意进口俄罗斯小麦的函	国质检外函〔2009〕353号	国家质检总局	2009.6.8
128	关于下发智利输华鱼粉、鱼油卫生证书签字兽医管名单和签名的通知	质检动函〔2009〕176号	国家质检总局	2009.7.16
129	关于对进境美国苜蓿饲草实施检疫有关问题的通知	质检动函〔2009〕230号	国家质检总局	2009.9.14
130	关于出口俄罗斯宠物食品检验检疫有关问题的通知	质检动函〔2009〕264号	国家质检总局	2009.11.1
131	关于调查水生动物检疫实验室检测能力和水生动物疫病监测情况的通知	质检动函〔2009〕267号	国家质检总局	2009.11.5
132	关于同意上海世博会引进小叶青冈检疫处理方案的复函	质检动函〔2009〕295号	国家质检总局	2009.12.15
133	关于湖南两猪场甲型H1N1流感监测发现阳性情况的通报	质检动函〔2009〕313号	国家质检总局	2009.12.30
134	关于支持重庆举办第10届亚太兰花大会相关检验检疫事宜的复函	国质检动函〔2010〕4号	国家质检总局	2010.1.5
135	关于美国输华大豆第12次发现种衣剂大豆污染情况的紧急通报	国质检外函〔2010〕42号	国家质检总局	2010.1.28
136	关于美国TCK疫麦处理意见的复函	质检动函〔2010〕81号	国家质检总局	2010.5.11
137	关于对防城港截获一批生物有机肥处理意见的复函	质检动函〔2010〕82号	国家质检总局	2010.5.11
138	关于同意非法入境八十四株罗汉松处理意见的复函	质检动函〔2010〕84号	国家质检总局	2010.5.14
139	关于巴西输华大豆发现种衣剂大豆污染情况的通报	国质检外函〔2010〕312号	国家质检总局	2010.5.24
140	关于做好出境粮谷种苗检验检疫技术支持工作的通知	质检动函〔2010〕110号	国家质检总局	2010.6.4
141	国家局公告2003年第40号	总局2003年第40号公告	国家质检总局	2003.4.24
142	关于加强进口旧电视机等产品检验监管工作的通知	质检动函〔2005〕173号	国家质检总局检验监管司	2005.10.13

序号	文件名称	文号	发文部门	发布时间
143	关于进口废钢轨和废机车部件实施检验检疫的通知	质检检函〔2006〕58号	国家质检总局检验监管司	2006.4.26
144	关于下发《进出口轮胎检验监管工作会议纪要》的通知	质检检函〔2004〕71号	国家质检总局检验监管司	2004.6.28
145	关于答复福建局进口旧复印机有关"技术处理"问题的函	质检检函〔2002〕70号	国家质检总局检验监管司	2002.9.10
146	关于进口旧机电产品检验监督管理工作有关问题的说明	质检检函〔2003〕85号	国家质检总局检验监管司	2003.12.4
147	关于进口旧的造纸设备备案请示的批复	质检检函〔2004〕146号	国家质检总局检验监管司	2004.10.18
148	关于成立进出口机电产品检验监管专家组的通知	质检检函〔2005〕6号	国家质检总局检验监管司	2005.1.18
149	关于重申进口旧机电产品备案工作纪律的紧急通知	质检检函〔2005〕9号	国家质检总局检验监管司	2005.1.18
150	关于《关于对天津世贸保税汽车物流中心有限公司库存进口汽车能否接受报检的请示》的批复	质检检函〔2005〕5号	国家质检总局检验监管司	2005.1.4
151	关于转发海关总署《政策法规司关于中联重工科技发展有限公司和三一重工股份有限公司进口部分车辆检验问题的通知》的通知	质检检函〔2005〕39号	国家质检总局检验监管司	2005.3.17
152	关于暂停受理奔驰相关型号缺陷进口汽车报检、办理相关检验检疫手段和相关事宜的通知	质检检函〔2005〕49号	国家质检总局检验监管司	2005.4.6
153	关于对进口旧船舶和旧飞机不受理备案的通知	质检检函〔2005〕95号	国家质检总局检验监管司	2005.6.8
154	关于调整总局办理进口旧机电产品备案目录的通知	质检检函〔2006〕2号	国家质检总局检验监管司	2006.1.9
155	转发《关于执行进口汽车口岸检验的有关问题的函》的通知（直接转发）	质检检函〔2006〕252号	国家质检总局检验监管司	2006.12.31
156	关于推荐第一批符合RoHS指令要求的生产企业名录的通知	质检检函〔2006〕14号	国家质检总局检验监管司	2006.2.20
157	关于进一步推进工业产品出口企业分类管理工作的指导性意见	质检检函〔2007〕56号	国家质检总局检验监管司	2007.3.26
158	关于对出口小家电产品实施法定检验的通知	商检局、外贸易部、海关国检联〔1999〕383号	商检局、外贸易部、海关	1999.12.16

序号	文件名称	文号	发文部门	发布时间
159	关于进一步促进机电产品出口的通知	国质检检〔2002〕29号	国家质检总局	2002.2.1
160	国家局公告2003年第40号	总局2003年第40号公告	国家质检总局	2003.4.24
161	2003年《国家质检总局办理备案的进口旧机电产品目录》	总局公告2003年第39号	国家质检总局	2003.4.24
162	关于对部分进口旧机电产品加强检验监管的警示通报	国质检检函〔2004〕954号	国家质检总局	2004.11.16
163	关于公布第一批符合欧盟RoHS指令原材料和元器件生产企业的公告	总局2006年第81号公告	国家质检总局	2006.6.2
164	关于批准境外从事进口旧机电产品装运前检验机构及检验人员资格的公告	总局公告2006年第135号	国家质检总局	2006.9.14
165	2008年加工贸易禁止类商品目录	商务部、海关总署公告2008年第22号	商务部、海关总署	2008.4.5
166	重点旧机电产品进口目录	商务部、海关总署、质检总局2008年第37号公告	商务部、海关总署、质检总局	2008.4.9
167	关于认可美国National Consultants Inc. 和NorthAmerica Marine Surveyors Assn两公司为进口废物原料装运前检验机构的公告	总局公告2005年第136号	国家质检总局	2005.9.9
168	对进口石材、涂料实施法定检验	国家质检总局、外贸部、海关总署2001年第14号公告	国家质检总局、外经贸部、海关总署	2001.8.30
169	关于同意日中商品检查株式会社承担韩国输往中国废物的装运前检验工作的批复	国检检〔1997〕354号	国家商检局	1997.12.5
170	关于严格执行进口废塑料环境保护控制标准的通知	环办〔2003〕66号	国家环境保护总局、海关总署、国家质检总局办公厅	2003.7.15
171	关于公布2001年出口危险货物包装容器全国统检合格企业名单的通知	国质检检函〔2002〕43号	国家质检总局	2002.1.29
172	关于印发《出口危险品打火机检验工作会议纪要》的通知	检检函（1999）027号	原国家出入境检验检疫局	1999.4.13
173	关于进口磷矿石检验问题的通知	国检检函〔1991〕351号	国家质检总局	1991.7.25

序号	文件名称	文号	发文部门	发布时间
174	关于加强进口硅酮结构密封胶检验管理的通知	国检检〔1997〕311号	国家质检总局	1997.10.14
175	关于进口硅酮结构密封胶检验有关问题的补充通知	国检办〔1998〕70号	国家质检总局	1998.9.17
176	关于转发《关于批准硅酮结构密封胶进口企业产品认定的通知》和《关于硅酮结构密封胶第一季度抽查结果和有关问题的通知》	检检函〔1999〕011号	国家质检总局检验监管司	1999.2.24
177	关于转发《关于硅酮结构密封胶企业和产品认定有效期通知》的通知	检检函〔2000〕044号转国经贸胶办文〔2000〕40号	国家质检总局检验监管司	2000.8.16
178	关于加强进口农药检验的通知	检检化便函〔1992〕03号	国家商检局	1992.5.7
179	关于加强进口矿产品放射性检验监管有关问题的警示通报	国质检检函〔2004〕390号	国家质检总局	2004.5.24
180	关于下发《2004年全国进出口煤炭检验监管工作会议纪要》有关问题的通知	质检检函〔2004〕75号	国家质检总局检验监管司	2004.7.5
181	关于加强进出口煤炭检验监管有关问题的补充通知	质检检函〔2005〕196号	国家质检总局检验监管司	2005.11.17
182	关于出口煤炭生产加工企业分级动态管理有关要求的通知	质检检函〔2005〕201号	国家质检总局检验监管司	2005.11.23
183	关于下发"进出口煤炭检验监管工作会议"总结讲话的通知	质检检函〔2005〕186号	国家质检总局检验监管司	2005.11.3
184	关于进出口煤炭检验监管有关规定的通知	国质检检函〔2005〕314号	国家质检总局	2005.9.12
185	关于加强对出口钢铁产品检验监管的通知	质检检函〔2008〕21号	国家质检总局检验监管司	2008.1.31
186	关于发送《种类表》内金属材料初验抽样暂行规定的函	〔83〕国检二字第522号	国家质检总局	1983.11.26
187	关于印发《出口纱线检验管理规定（试行）》的通知	国检〔1991〕274号	国家商检局	1991.10.23
188	关于加强出口玩具检验监管有关工作的通知	国检〔2007〕942号	国家质检总局检验监管司	2007.11.21
189	关于监督乳制品生产企业落实质量安全责任的意见	国质检明发〔2008〕56号	国家质检总局	2008.9.25
190	关于对泰森公司输华特需肉类实施检验检疫监管的通知	质检食函〔2008〕153号	国家质检总局	2008.5.29

序号	文件名称	文号	发文部门	发布时间
191	关于进口食品安全卫生问题的警示通报	国质检食函〔2008〕260号	国家质检总局	2008.4.30
192	关于印发《2007年度进出口动物源性食品残留物质监控工作报告》的通知	国质检食〔2008〕190号	国家质检总局	2008.4.29
193	关于印发《中华人民共和国2008年度进出口动物源性食品残留物质监控抽样与检测计划》的通知	国质检食〔2008〕139号	国家质检总局	2008.3.28
194	关于加强对进口动物源性食品检验把关的警示通报	国质检食函〔2008〕144号	国家质检总局	2008.3.13
195	关于进口动物源性食品安全卫生问题的警示通报	国质检食函〔2008〕119号	国家质检总局	2008.3.4
196	关于从严查处非法出口棒棒糖事的通知	质检办食函〔2008〕81号	国家质检总局	2008.3.3
197	关于进口动物源性食品安全卫生问题的警示通报	国质检食函〔2008〕40号	国家质检总局	2008.1.21
198	关于做好第二批日本输华精米检验检疫工作的通知	质检食函〔2007〕415号	国家质检总局	2007.12.27
199	关于解除对韩国KP-046和KP-070两家企业警示通报的通知	国质检食函〔2007〕913号	国家质检总局	2007.11.8
200	关于进一步做好出口食品原料种植养殖基地日常监管和清理工作的通知	质检食函〔2007〕352号	国家质检总局	2007.11.1
201	全国生产加工食品质量安全专项整治实施细则	国质检食监〔2007〕424号	国家质检总局	2007.9.6
202	关于进口越南水产品的警示通报	质检食函〔2007〕244号	国家质检总局	2007.8.6
203	关于进口美国冻肉产品的警示通报	国质检食函〔2007〕379号	国家质检总局	2007.6.1
204	关于对出口禽肉企业实验室进行考核验收的通知	质检食函〔2007〕142号	国家质检总局	2007.5.22
205	关于印发《食品生产加工企业食品添加物质使用备案管理办法（试行）》的通知	国质检食监〔2007〕172号	国家质检总局	2007.4.19
206	关于印发《中华人民共和国2007年度出口动物源性食品、进出口动物源性食品残留物质监控抽样与检测计划》的通知	国质检食〔2007〕136号	国家质检总局	2007.3.26

序号	文件名称	文号	发文部门	发布时间
207	关于做好出口食品、农产品免验企业推荐工作的紧急通知	国质检食函〔2006〕798号	国家质检总局	2006.10.9
208	关于日本输华食品的警示通报	国质检食函〔2006〕770号	国家质检总局	2006.9.21
209	关于尼日利亚输华芝麻铅含量超标的警示通报	国质检食函〔2006〕731号	国家质检总局	2006.9.5
210	关于出口动物源性食品的警示通报	国质检食函〔2006〕729号	国家质检总局	2006.9.4
211	关于从进口印尼棕榈油中检出甲苯污染的警示通报	国质检食函〔2006〕687号	国家质检总局	2006.8.24
212	关于韩国输华护肤用化妆品的警示通报	国质检食函〔2006〕696号	国家质检总局	2006.8.23
213	关于对美国、澳大利亚、韩国水产品的警示通报	国质检食函〔2006〕626号	国家质检总局	2006.8.11
214	关于对进境肉类产品的警示通报	国质检食函〔2006〕627号	国家质检总局	2006.8.11
215	关于输日葱类产品的警示通报	国质检食函〔2006〕625号	国家质检总局	2006.8.11
216	关于波兰输华化妆品有关检验检疫要求的通知	国质检食函〔2006〕616号	国家质检总局	2006.8.8
217	关于芬兰输华化妆品证书变更等有关问题的通知	国质检食函〔2006〕610号	国家质检总局	2006.8.7
218	关于输日水产品药物残留超标的警示通报	国质检食函〔2006〕587号	国家质检总局	2006.8.2
219	关于从美国进口的冻螺肉中检出山夫登堡沙门氏菌警示通报	国质检食函〔2006〕586号	国家质检总局	2006.8.1
220	关于对澳大利亚出口鱼类产品的警示通报	国质检食函〔2006〕569号	国家质检总局	2006.7.26
221	关于对进口巧克力的警示通报	国质检食函〔2006〕505号	国家质检总局	2006.7.7
222	关于进一步加强出口食品监督管理工作的紧急通知	国质检食联〔2004〕289号	国家质检总局	2006.6.25
223	关于进口丹麦鲱鱼产品的警示通报	国质检食函〔2004〕489号	国家质检总局	2006.6.23
224	关于对进口美国冻禽产品的警示通报	国质检食函〔2006〕440号	国家质检总局	2006.6.22

序号	文件名称	文号	发文部门	发布时间
225	关于在进口韩国食品中发现安全卫生问题的警示通报	质检食函〔2006〕79 号	国家质检总局	2006.5.17
226	关于德国北莱茵—威斯特法伦州输华化妆品证书有关问题的通知	国质检食函〔2006〕272 号	国家质检总局	2006.5.8
227	关于加强输日蔬菜水果重金属含量检测工作的通知	国质检食函〔2006〕247 号	国家质检总局	2006.4.25
228	关于解除对丹麦 338 号企业警示通报的通知	国质检食函〔2006〕246 号	国家质检总局	2006.4.18
226	关于进口越南叉尾鱼、黑虎虾的警示通报	国质检食函〔2006〕204 号	国家质检总局	2006.4.17
230	关于对进境肉类产品和水产品的警示通报	国质检食函〔2006〕65 号	国家质检总局	2006.1.28
231	关于对韩国输华发用化妆品的警示通报	国质检食函〔2006〕64 号	国家质检总局	2006.1.18
232	关于对进境美国冻鸡产品和冻猪副产品的警示通报	国质检食函〔2006〕31 号	国家质检总局	2006.1.17
233	关于出口鳗鱼及其产品实施孔雀石绿和结晶紫检测的警示通报	国质检食函〔2005〕562 号	国家质检总局	2005.7.15
234	关于德国汉堡市更改输华化妆品证书有关问题的通知	国质检食函〔2005〕516 号	国家质检总局	2005.6.30
235	关于英国更改输华化妆品证书签发人的通知	国质检食函〔2005〕517 号	国家质检总局	2005.6.30
236	关于对进口加拿大水产品的警示通报	国质检食函〔2005〕459 号	国家质检总局	2005.6.17
237	关于开展欧盟、日本茶叶农残普查检测工作的通知	质检食函〔2005〕91 号	国家质检总局	2005.6.17
238	关于对从泰国进口水生动物加强检验检疫的预警通报	国质检动函〔2005〕378 号	国家质检总局	2005.5.31
239	关于做好 2005 年粮食出口检验检疫工作的通知	国质检食函〔2005〕316 号	国家质检总局	2005.5.17
240	关于德国不来梅市输华化妆品证书有关问题的通知	国质检食函〔2005〕204 号	国家质检总局	2005.4.15
241	关于继续加强对进出口食品中苏丹红系列成分检验监管的通知	国质检食函〔2005〕140 号	国家质检总局	2005.3.24
242	关于公布进境动物源性食品生产、加工、存放企业名单的通知	质检食函〔2005〕48 号	国家质检总局	2005.3.21

序号	文件名称	文号	发文部门	发布时间
243	关于上报对欧出口水产品整改计划的紧急通知	国质检食联函〔2005〕109号	国家质检总局	2005.3.8
244	关于分担输日大米农残检测项目的函	质检食函〔2004〕293号	国家质检总局	2004.12.10
245	关于我国输日蜂王浆链霉素超标的警示通报	国质检食函〔2004〕924号	国家质检总局	2004.11.11
246	关于输日新鲜豌豆及其加工品的警示通报	国质检食函〔2004〕882号	国家质检总局	2004.10.26
247	关于全面做好对日韩出口水产品检验监管工作的通知	国质检食联〔2004〕393号	国家质检总局	2004.9.13
248	关于加强输日熟制禽肉检验检疫监管工作的通知	国质检食联函〔2004〕740号	国家质检总局	2004.9.9
249	关于印发《进出口食品标签审核操作规程》和《进出口化妆品标签审核操作规程》的通知	国质检食〔2004〕359号	国家质检总局	2004.8.17
250	关于加强对日出口烤鳗备案养鳗场清理整顿的通知	国质检食函〔2004〕418号	国家质检总局	2004.6.3
251	关于加强对进口预包装食品标签监督检验管理的通知	国质检食〔2004〕242号	国家质检总局	2004.6.3
252	关于加强进出口活贝及其产品贝类毒素检测的通知	国质检食函〔2004〕395号	国家质检总局	2004.5.27
253	关于美国输华化妆品有关检验检疫事项的通知	国质检食函〔2004〕362号	国家质检总局	2004.5.18
254	关于进一步加强食品质量安全市场准入管理工作的通知	国质检监〔2004〕133号	国家质检总局	2004.4.1
255	关于对美国宝洁公司生产的佳洁士深层美白牙贴的警示通报	国质检食函〔2004〕207号	国家质检总局	2004.3.26
256	关于印发《2003年度中国进出口动物及动物源性食品残留监控工作报告》的通知	国质检食函〔2004〕166号	国家质检总局	2004.3.17
257	关于台湾输大陆化妆品的警示通报	国质检食函〔2004〕157号	国家质检总局	2004.3.15
258	关于对印度、尼日利亚、斯里兰卡、缅甸输华芝麻的警示通报	国质检食函〔2004〕132号	国家质检总局	2004.3.5
259	关于更改日本厚生劳动省输华化妆品证书的通知	国质检食函〔2004〕133号	国家质检总局	2004.3.5

序号	文件名称	文号	发文部门	发布时间
260	关于加强输日蔬菜检验检疫的通知	质检食函〔2004〕014 号	国家质检总局	2004.1.19
261	关于印度输华芝麻的警示通报	国质检食函〔2004〕19 号	国家质检总局	2004.1.17
262	关于出口水产品氯霉素残留警示通报	国质检食函〔2003〕980 号	国家质检总局	2003.12.23
263	关于越南输华花生黄曲霉毒素超标的警示通报	国质检食函〔2003〕994 号	国家质检总局	2003.12.23
264	关于对日出口烤鳗的警示通报	国质检食函〔2003〕922 号	国家质检总局	2003.12.1
265	关于对进口丹麦冻红虾产品的警示通报	国质检食函〔2003〕924 号	国家质检总局	2003.12.1
266	关于从德国进口化妆品检验检疫管理有关问题的通知	国质检食函〔2003〕891 号	国家质检总局	2003.11.20
267	关于进口缅甸冰鲜鲥鱼产品和进口美国冻猪产品的警示通报	国质检食函〔2003〕886 号	国家质检总局	2003.11.17
268	关于对进口美国冻猪、冻鸡、牛百叶产品的警示通报	国质检食函〔2003〕827 号	国家质检总局	2003.10.17
269	关于从西班牙进口化妆品检验检疫管理有关问题的通知	国质检食函〔2003〕789 号	国家质检总局	2003.9.30
270	关于从瑞士进口化妆品检验检疫管理有关问题的通知	国质检食函〔2003〕790 号	国家质检总局	2003.9.30
271	关于恢复对日出口鳗鱼产品有关问题的通知	国质检食函〔2003〕782 号	国家质检总局	2003.9.25
272	关于对进口丹麦冻虾产品的警示通报	国质检食函〔2003〕702 号	国家质检总局	2003.9.11
273	关于对进口美国冻鸡产品的警示通报	国质检食函〔2003〕703 号	国家质检总局	2003.9.11
274	关于从日本进口冷冻樱鲷鱼检出汞超标的警示通报	国质检食函〔2003〕653 号	国家质检总局	2003.8.18
275	关于输日鳗鱼召回、复检、退运和恢复出口的函	质检食函〔2003〕106 号	国家质检总局	2003.8.15
276	关于从新西兰进口鹿尾巴产品中检出致病菌的警示通报	国质检食函〔2003〕612 号	国家质检总局	2003.7.31
277	关于对进境肉类存放冷库进行检查的通知	国质检食函〔2003〕609 号	国家质检总局	2003.7.30

序号	文件名称	文号	发文部门	发布时间
278	关于对进口美国鸡肉肠产品的警示通报	国质检食函〔2003〕611号	国家质检总局	2003.7.30
279	关于对接待欧盟残留监控考察团准备工作进行预检的函	质检办食联函〔2003〕286号	国家质检总局	2003.7.23
280	关于查处进口红牛饮料的通知	国质检食〔2003〕215号	国家质检总局	2003.7.21
281	关于进一步加强出口鳗鱼产品检验检疫及监督管理工作的通知	质检食函〔2003〕92号	国家质检总局	2003.7.17
282	关于从捷克进口化妆品检验检疫管理有关问题的通知	国质检食函〔2003〕555号	国家质检总局	2003.7.14
283	关于对进口泰国干鱼骨产品的警示通报	国质检食函〔2003〕543号	国家质检总局	2003.7.10
284	关于对韩国出口水产品的警示通报	国质检食函〔2003〕526号	国家质检总局	2003.7.3
285	关于对进口美国冻鸡翼尖及全翼产品的警示通报	国质检食函〔2003〕500号	国家质检总局	2003.6.30
286	关于美国输华冷冻薯条的警示通报	国质检食函〔2003〕483号	国家质检总局	2003.6.24
287	关于对加拿大出口水产品的警示通报	国质检食函〔2003〕468号	国家质检总局	2003.6.19
288	关于对从美国进口冻猪肾产品的警示通报	国质检食函〔2003〕450号	国家质检总局	2003.6.16
289	关于对从新加坡进口熏鳕鱼产品的警示通报	国质检食函〔2003〕418号	国家质检总局	2003.6.6
290	关于进口丹麦冻猪产品的警示通报	国质检食函〔2003〕420号	国家质检总局	2003.6.6
291	关于输日萝卜的警示通报	国质检食函〔2003〕416号	国家质检总局	2003.6.5
292	关于对日本出口水产品的警示通报	国质检食函〔2003〕412号	国家质检总局	2003.6.3
293	关于下发进口动物源性食品残留监控有关表单的通知	质检食函〔2003〕70号	国家质检总局	2003.6.2
294	关于对进口加拿大西洋参的警示通报	国质检食函〔2003〕387号	国家质检总局	2003.5.28
295	关于从韩国进口贝类产品的警示通报	国质检食函〔2003〕371号	国家质检总局	2003.5.22

序号	文件名称	文号	发文部门	发布时间
296	关于对欧盟出口水产品的警示通报	国质检食函〔2003〕346 号	国家质检总局	2003.5.16
297	关于对出口欧盟肠衣被检出氯霉素的警示通报	国质检食函〔2003〕309 号	国家质检总局	2003.5.7
298	关于出口烤鳗被检出恩诺沙星残留问题的函	质检食函〔2004〕62 号	国家质检总局	2003.5.1
299	关于对进口冻肉产品的警示通报	国质检食函〔2003〕261 号	国家质检总局	2003.4.11
300	关于请做好接待欧盟残留监控考察团准备工作的函	国质检食联函〔2003〕253 号	国家质检总局	2003.4.8
301	关于印发 2002 年度出口动物和动物源性食品残留物质监控报告和 2003 年度出口动物及动物源性食品、进口动物源性食品残留物质监控抽样及检测计划有关事项的通知	国质检食函〔2003〕252 号	国家质检总局	2003.4.7
302	关于对加拿大进口水产品的警示通报	国质检食函〔2003〕246 号	国家质检总局	2003.4.2
303	关于对挪威进口水产品的警示通报	国质检食函〔2003〕242 号	国家质检总局	2003.3.31
304	关于对墨西哥进口冻鱿鱼产品的警示通报	国质检食函〔2003〕237 号	国家质检总局	2003.3.28
305	关于对印度尼西亚输华棕榈油的警示通报	国质检食函〔2003〕129 号	国家质检总局	2003.2.20
306	关于对日本输华喂哺餐具、塑料盒的警示通报	国质检食函〔2003〕105 号	国家质检总局	2003.2.13
307	关于接待日本代表团考察输日冷冻菠菜安全质量有关问题的通知	质检办食〔2003〕20 号	国家质检总局	2003.2.13
308	关于对美国进口冻鸡产品的警示通报	国质检食函〔2003〕64 号	国家质检总局	2003.1.21
309	关于对印度尼西亚、哥伦比亚、巴西、越南、危地马拉和肯尼亚输华咖啡豆的警示通报	国质检食函〔2003〕43 号	国家质检总局	2003.1.10
310	关于对意大利输华咖啡及其制品的警示通报	国质检食函〔2003〕18 号	国家质检总局	2003.1.7
311	关于对比利时进口冻鸡产品的警示通报	国质检食函〔2003〕9 号	国家质检总局	2003.1.2

序号	文件名称	文号	发文部门	发布时间
312	禁止在食品中使用次硫酸氢纳甲醛（吊白块）产品的监督管理规定	国质检执〔2002〕183 号	国家质检总局	2002.7.9
313	关于印发《韩国禁止的进境植物及植物产品》的通知	国检动函〔2000〕108 号	国家检验检疫局	2000.9.1
314	关于加强对法国等欧共体国家出口食品检验的通知	国检检〔1995〕17 号	国家商检局	1995.1.24
315	进出口食品标签管理办法（试行）	国检检函〔1994〕158 号	国家商检局、外经贸部	1994.5.24
316	关于颁发《关于进口食品卫生监督检验工作使用激光全息防伪标志的通知》的通知	卫检总食字〔1993〕367 号	卫生检疫总所	1993.12.16
317	关于对日出口蜂蜜检验抗生素项目的通知	国检检〔1992〕74 号	国家商检局	1992.3.12
318	出口鳗鱼养殖场登记管理办法		国家商检局	1989.5.18
319	关于切实加强出口花生检验监管工作的函	质检食函〔2005〕62 号	国家质检总局食品局	2005.4.18
320	关于出口食品加施检验检疫标志实施时间的通知	质检食函〔2007〕275 号	国家质检总局食品局	2007.8.28
321	关于出口食品加施检验检疫标志的公告	2007 年第 85 号公告	国家质检总局	2007.6.1
322	关于严查伪造检验单证及非法进口食品的通知	国质检食函〔2005〕201 号	国家质检总局	2005.4.11
323	关于加强对水产品中使用"鱼浮灵"等增氧剂进行检测的通知	国质检食函〔2007〕227 号	国家质检总局	2007.4.2
324	关于进一步加强出口鳗鱼产品检验监管工作的通知	质检食函〔2004〕32 号	国家质检总局食品局	2003.3.1
325	关于进一步加强出口淡水小龙虾产品检验检疫及监督管理工作的紧急通知	质检食函〔2003〕103 号	国家质检总局食品局	2003.8.
326	关于对供港澳活猪和猪肉检测乙类促效剂的通知	国检办函〔1998〕139 号	国家检验检疫局	1998.9.1
327	关于停止从比利时、荷兰、德国、法国进口动物、动物产品和相关食品的紧急通知	国检动函〔1999〕215 号	国家检验检疫局	1999.6.11
328	关于出口肠衣被检出氯霉素、多氯联苯和硝基呋喃类的警示通报	国质检食函〔2003〕135 号	国家质检总局	2003.2.24

序号	文件名称	文号	发文部门	发布时间
329	关于中德食品质量安全与技术合作项目建议的函	国质检食函〔2003〕436号	国家质检总局	2003.6.11
330	关于对2003年上半年在进境动物源性食品检验检疫工作中成绩突出单位予以表彰的通报	国质检食〔2003〕230号	国家质检总局	2003.7.31
331	关于对中加《小农户适应全球市场发展项目》有关意见的函	国质检食函〔2003〕913号	国家质检总局	2003.11.27
332	关于解除对美国8家企业暂停对华出口肉类产品警示通报的通知	国质检食函〔2004〕295号	国家质检总局	2004.4.28
333	关于印发《中华人民共和国2005年度出口动物及动物源性食品、进口动物源性食品残留物质监控计划》及有关事项的通知	国质检食〔2005〕102号	国家质检总局	2005.4.1
334	关于对低压电器产品型号保护问题的答复意见的函	国质检法函〔2003〕281号	国家质检总局	2003.4.22
335	关于对进出口食品开展对位红检测的通知	国质检食函〔2005〕318号	国家质检总局	2005.5.17
336	关于输日薏米产品的警示通报	国质检食函〔2006〕732号	国家质检总局	2006.9.6
337	关于禁止从意大利进口猪及其产品的公告	国家检验检疫局1999年第1号公告	国家检验检疫局	1999.2.4
338	农林部、卫生部、交通部、外贸部、民航总局、铁道部关于严防非洲猪瘟传入我国的联合通知	(78)农林（牧）字第69号	农业部	1978.7.18
339	农业部畜牧总局关于严防非洲猪瘟传入我国的紧急联合通知的补充函	(79)农业（牧医）字第252号	农业部	1979.7.7
340	关于允许艾滋病感染者南非宪法法院法官埃德温·卡梅隆入境的请示	国质检卫〔2010〕10号	国家质检总局	2010.1.9
341	关于加强口岸冬春季节呼吸道传染病防控工作的通知	国质检卫函〔2010〕26号	国家质检总局	2010.1.8
342	关于继续做好春节期间甲型H1N1流感疫情防控和信息上报工作的通知	质检办卫〔2010〕114号	国家质检总局	2010.2.8
343	关于通报表扬北京出入境检验疫局圆满完成海地地震遇难中国维和警察议题包机检疫工作的通知	质检办卫〔2010〕206号	国家质检总局	2010.3.5

序号	文件名称	文号	发文部门	发布时间
344	关于《可能造成国际关注的突发公共卫生事件通报规则》意见的函	质检办卫函〔2010〕610号	国家质检总局	2010.6.9
345	关于印发2010年度进出境水生动物疫病监测计划的通知	国质检动〔2010〕160号	国家质检总局	2010.3.30
346	关于印发2010年广州亚运会马术比赛检疫工作2010年工作方案的通知	国质检动函〔2010〕31号	国家质检总局	2010.1.19
347	关于韩国对紧扣中国香蕉穿孔线虫寄主植物实施建议限制措施的紧急通知	国质检动函〔2010〕83号	国家质检总局	2010.2.21
348	关于做好2010年国家外来有害生物监测工作的通知	国质检动函〔2010〕184号	国家质检总局	2010.4.15
349	关于印发《进出口食用农产品和饲料安全风险监控计划》的通知	国质检动〔2010〕239号	国家质检总局	2010.5.6
350	关于进一步做好进出境水生动物疫病监控工作的通知	国质检动函〔2010〕543号	国家质检总局	20140.8.6
351	关于印发《第16届亚运会马术比赛测试赛进出境参赛马检验检疫工作方案》的通知	国质检动函〔2010〕663号	国家质检总局	2010.9.9

出口食品生产企业备案管理规定

（2011年6月21日国家质量监督检验检疫总局局务会议审议通过 2011年7月26日国家质量监督检验检疫总局令第142号公布 自2011年10月1日起施行）

第一章 总 则

第一条 为了加强出口食品生产企业食品安全卫生管理，规范出口食品生产企业备案管理工作，依据《中华人民共和国食品安全法》、《中华人民共和国进出口商品检验法》及其实施条例等有关法律、行政法规的规定，制定本规定。

第二条 国家实行出口食品生产企业备案管理制度。

第三条 在中华人民共和国境内的出口食品生产企业备案管理工作适

用本规定。

第四条 国家质量监督检验检疫总局（以下简称国家质检总局）统一管理全国出口食品生产企业备案工作。

国家认证认可监督管理委员会（以下简称国家认监委）组织实施全国出口食品生产企业备案管理工作。

国家质检总局设在各地的出入境检验检疫机构（以下简称检验检疫机构）具体实施所辖区域内出口食品生产企业备案和监督检查工作。

第五条 出口食品生产企业应当建立和实施以危害分析和预防控制措施为核心的食品安全卫生控制体系，并保证体系有效运行，确保出口食品生产、加工、储存过程持续符合我国有关法定要求和相关进口国（地区）的法律法规要求以及出口食品生产企业安全卫生要求。

第二章 备案内容与程序

第六条 出口食品生产企业未依法履行备案法定义务或者经备案审查不符合要求的，其产品不予出口。

第七条 出口食品生产企业备案时，应当提交书面申请和以下相关文件、证明性材料，并对其备案材料的真实性负责：

（一）营业执照、组织机构代码证、法定代表人或者授权负责人的身份证明；

（二）企业承诺符合出口食品生产企业卫生要求和进口国（地区）要求的自我声明和自查报告；

（三）企业生产条件（厂区平面图、车间平面图）、产品生产加工工艺、关键加工环节等信息、食品原辅料和食品添加剂使用以及企业卫生质量管理人员和专业技术人员资质等基本情况；

（四）建立和实施食品安全卫生控制体系的基本情况；

（五）依法应当取得食品生产许可以及其他行政许可的，提供相关许可证照；

（六）其他通过认证以及企业内部实验室资质等有关情况。

第八条 直属检验检疫机构应当自出口食品生产企业申请备案之日起5日内，对出口食品生产企业提交的备案材料进行初步审查，材料齐全并符合法定形式的，予以受理；材料不齐全或者不符合法定形式的，应当一次告知出口食品生产企业需要补正的全部内容。

为便利企业出口，直属检验检疫机构可以根据工作需要，委托其分支机构受理备案申请并组织实施评审工作。

第九条 直属检验检疫机构自受理备案申请之日起10日内，组成评审组，对出口食品生产企业提交的备案材料的符合性情况进行文件审核。

需要对出口食品生产企业实施现场检查的，应当在 30 日内完成。因企业自身原因导致无法按时完成文件审核和现场检查的，延长时间不计算在规定时限内。

从事评审的人员应当经国家认监委或者直属检验检疫机构考核合格。

第十条 有下列情形之一的，直属检验检疫机构应当对出口食品生产企业实施现场检查：

（一）进口国（地区）有特殊注册要求的；

（二）必须实施危害分析与关键控制点（HACCP）体系验证的；

（三）未纳入食品生产许可管理的；

（四）根据出口食品风险程度和实际工作情况需要实施现场检查的。

国家认监委制定、调整并公布必须实施危害分析与关键控制点（HACCP）体系验证的出口食品生产企业范围。

经直属检验检疫机构确认，有效的第三方认证等符合性评定结果可以被采用。

第十一条 评审组应当在完成出口食品生产企业评审工作 5 日内，完成评审报告，并提交直属检验检疫机构。

直属检验检疫机构应当自收到评审报告之日起 10 日内，对评审报告进行审查，并做出是否备案的决定。符合备案要求的，颁发《出口食品生产企业备案证明》（以下简称《备案证明》）；不予备案的，应当书面告知出口食品生产企业，并说明理由。

直属检验检疫机构应当及时将出口食品生产企业备案名录报国家认监委，国家认监委统一汇总公布，并报国家质检总局。

第十二条 《备案证明》有效期为 4 年。

出口食品生产企业需要延续依法取得的《备案证明》有效期的，应当至少在《备案证明》有效期届满前 3 个月，向其所在地直属检验检疫机构提出延续备案申请。

直属检验检疫机构应当对提出延续备案申请的出口食品生产企业进行复查，经复查符合备案要求的，予以换发《备案证明》。

第十三条 直属检验检疫机构按照出口食品生产企业备案编号规则对予以备案的出口食品生产企业进行编号管理。

第十四条 出口食品生产企业的企业名称、法定代表人、营业执照等备案事项发生变更的，应当自发生变更之日起 15 日内，向所在地直属检验检疫机构办理备案变更手续。

第十五条 出口食品生产企业生产地址搬迁、新建或者改建生产车间以及食品安全卫生控制体系发生重大变更等情况的，应当在变更前向所在地直属检验检疫机构报告，并重新办理相关备案事项。

第三章　备案管理

第十六条　国家认监委对直属检验检疫机构实施的出口食品生产企业备案工作进行指导、监督。

直属检验检疫机构应当依法对辖区内的出口食品生产企业进行监督检查，发现违法违规行为的，应当及时查处，并将处理结果上报国家认监委。

第十七条　直属检验检疫机构应当根据有关规定和出口食品风险程度，制定相应备案监管工作方案和年度计划，确定对不同类型产品的出口食品生产企业的监督检查频次，并报国家认监委。

对仅通过文件审核予以备案的出口食品生产企业，直属检验检疫机构应当结合出口食品的抽检情况，根据需要进行现场检查。

第十八条　出口食品企业应当建立食品安全卫生控制体系运行及出口食品生产记录档案，保存期限不得少于2年。

出口食品生产企业应当于每年1月底前向其所在地直属检验检疫机构提交上一年度报告。

第十九条　直属检验检疫机构应当建立出口食品生产企业备案管理档案，及时汇总信息并纳入企业信誉记录，审查出口食品生产企业年度报告，对存在相关问题的出口食品生产企业，应当加强监督、检查。

直属检验检疫机构应当将有关出口食品生产企业备案工作情况向所在地人民政府通报。

第二十条　出口食品生产企业发生食品安全卫生问题的，应当及时向所在地直属检验检疫机构报告，并提交相关材料、原因分析和整改计划。直属检验检疫机构应当对出口食品生产企业的整改情况进行现场监督检查。

第二十一条　出口食品生产企业有下列情况之一的，直属检验检疫局应当注销《备案证明》，予以公布，并向国家认监委报告：

（一）《备案证明》有效期届满，未申请延续的；

（二）《备案证明》有效期届满，经复查不符合延续备案要求的；

（三）出口食品生产企业依法终止的；

（四）2年内未出口食品的；

（五）法律法规定的应当注销的其他情形。

第二十二条　出口食品生产企业有下列情况之一的，直属检验检疫机构应当责令其限期整改，整改期间暂停使用《备案证明》，并予以公布：

（一）出口食品安全卫生管理存在隐患，不能确保其产品安全卫生的；

（二）出口食品生产企业出口的产品因安全卫生方面的问题被进口国（地区）主管当局通报的；

（三）出口食品经检验检疫时发现存在安全卫生问题的；

（四）不能持续保证食品安全卫生控制体系有效运行的；

（五）未依照本规定办理变更或者重新备案事项的。

第二十三条　出口食品生产企业有下列情况之一的，直属检验检疫机构应当撤销《备案证明》，予以公布，并向国家认监委报告：

（一）出口食品发生重大安全卫生事故的；

（二）不能持续符合我国食品有关法定要求和进口国（地区）法律法规标准要求的；

（三）以欺骗、贿赂等不正当手段取得《备案证明》的；

（四）向检验检疫机构隐瞒有关情况、提供虚假材料或者拒绝提供其活动情况的真实材料的；

（五）出租、出借、转让、倒卖、涂改《备案证明》的；

（六）拒不接受监督管理的；

（七）出口食品生产、加工过程中非法添加非食用物质、违规使用食品添加剂以及采用不适合人类食用的方法生产、加工食品等行为的。

因前款第（三）项行为被撤销《备案证明》的，出口食品生产企业3年内不得再次申请备案；因其他行为被撤销《备案证明》的，出口食品生产企业1年内不得再次申请备案。

第二十四条　出口食品生产企业违反《中华人民共和国食品安全法》、《中华人民共和国进出口商品检验法》及其实施条例等有关法律、行政法规规定的，依照相关规定予以处罚。

第二十五条　国家认监委和检验检疫机构的工作人员在实施备案和监督管理工作中，滥用职权、徇私舞弊、玩忽职守的，依法给予行政处分；构成犯罪的，依法追究刑事责任。

第四章　附　　则

第二十六条　出口食品生产企业需要办理国外卫生注册的，应当按照本规定取得《备案证明》，依据我国和进口国有关要求，向其所在地直属检验检疫机构提出申请，并由国家认监委统一对外推荐。

第二十七条　本规定所称的出口食品生产企业不包括出口食品添加剂、食品相关产品的生产、加工、储存企业。

第二十八条　供港澳食品、边境小额和互市贸易出口食品，国家质检总局有规定的，从其规定。

第二十九条　本规定由国家质量监督检验检疫总局负责解释。

第三十条　本规定自 2011 年 10 月 1 日起施行。原国家质量监督检验检疫总局 2002 年 4 月 19 日公布的《出口食品生产企业卫生注册登记管理规定》同时废止。

进出口食品安全管理办法

（2010 年 7 月 22 日国家质量监督检验检疫总局局务会议审议通过　2011 年 9 月 13 日国家质量监督检验检疫总局令第 144 号公布　自 2012 年 3 月 1 日起施行）

第一章　总　　则

第一条　为保证进出口食品安全，保护人类、动植物生命和健康，根据《中华人民共和国食品安全法》（以下简称食品安全法）及其实施条例、《中华人民共和国进出口商品检验法》及其实施条例、《中华人民共和国进出境动植物检疫法》及其实施条例和《国务院关于加强食品等产品安全监督管理的特别规定》等法律法规的规定，制定本办法。

第二条　本办法适用于进出口食品的检验检疫及监督管理。

进出口食品添加剂、食品相关产品、水果、食用活动物的安全管理依照有关规定执行。

第三条　国家质量监督检验检疫总局（以下简称国家质检总局）主管全国进出口食品安全监督管理工作。

国家质检总局设在各地的出入境检验检疫机构（以下简称检验检疫机构）在国家质检总局的统一领导下，依法做好进出口食品安全监督管理工作。

第四条　国家质检总局对进口食品境外生产企业实施注册管理，对向中国境内出口食品的出口商或者代理商实施备案管理，对进口食品实施检验，对出口食品生产企业实施备案管理，对出口食品原料种植、养殖场实施备案管理，对出口食品实施监督、抽检，对进出口食品实施分类管理、对进出口食品生产经营者实施诚信管理。

第五条　进出口食品生产经营者应当依法从事生产经营活动，对社会和公众负责，保证食品安全，诚实守信，接受社会监督，承担社会责任。

第六条　检验检疫机构从事进出口食品安全监督管理的人员（以下简称检验检疫人员）应当具有相关的专业知识，尽职尽责。

第二章　食品进口

第七条　国家质检总局依据中国法律法规规定对向中国出口食品的国家或者地区的食品安全管理体系和食品安全状况进行评估，并根据进口食品安全监督管理需要进行回顾性审查。

国家质检总局依据中国法律法规规定、食品安全国家标准要求、国内外疫情疫病和有毒有害物质风险分析结果，结合前款规定的评估和审查结果，确定相应的检验检疫要求。

第八条　进口食品应当符合中国食品安全国家标准和相关检验检疫要求。食品安全国家标准公布前，按照现行食用农产品质量安全标准、食品卫生标准、食品质量标准和有关食品的行业标准中强制执行的标准实施检验。

首次进口尚无食品安全国家标准的食品，进口商应当向检验检疫机构提交国务院卫生行政部门出具的许可证明文件，检验检疫机构应当按照国务院卫生行政部门的要求进行检验。

第九条　国家质检总局对向中国境内出口食品的境外食品生产企业实施注册制度，注册工作按照国家质检总局相关规定执行。

向中国境内出口食品的出口商或者代理商应当向国家质检总局备案。申请备案的出口商或者代理商应当按照备案要求提供企业备案信息，并对信息的真实性负责。

注册和备案名单应当在总局网站公布。

第十条　进口食品需要办理进境动植物检疫审批手续的，应当取得《中华人民共和国进境动植物检疫许可证》后方可进口。

第十一条　对进口可能存在动植物疫情疫病或者有毒有害物质的高风险食品实行指定口岸入境。指定口岸条件及名录由国家质检总局制定并公布。

第十二条　进口食品的进口商或者其代理人应当按照规定，持下列材料向海关报关地的检验检疫机构报检：

（一）合同、发票、装箱单、提单等必要的凭证；

（二）相关批准文件；

（三）法律法规、双边协定、议定书以及其他规定要求提交的输出国家（地区）官方检疫（卫生）证书；

（四）首次进口预包装食品，应当提供进口食品标签样张和翻译件；

（五）首次进口尚无食品安全国家标准的食品，应当提供本办法第八条规定的许可证明文件；

（六）进口食品应当随附的其他证书或者证明文件。

报检时，进口商或者其代理人应当将所进口的食品按照品名、品牌、原产国（地区）、规格、数/重量、总值、生产日期（批号）及国家质检总局规定的其他内容逐一申报。

第十三条　检验检疫机构对进口商或者其代理人提交的报检材料进行审核，符合要求的，受理报检。

第十四条　进口食品的包装和运输工具应当符合安全卫生要求。

第十五条　进口预包装食品的中文标签、中文说明书应当符合中国法律法规的规定和食品安全国家标准的要求。

第十六条　检验检疫机构应当对标签内容是否符合法律法规和食品安全国家标准要求以及与质量有关内容的真实性、准确性进行检验，包括格式版面检验和标签标注内容的符合性检测。

进口食品标签、说明书中强调获奖、获证、产区及其他内容的，或者强调含有特殊成分的，应当提供相应证明材料。

第十七条　进口食品在取得检验检疫合格证明之前，应当存放在检验检疫机构指定或者认可的监管场所，未经检验检疫机构许可，任何单位和个人不得动用。

第十八条　进口食品经检验检疫合格的，由检验检疫机构出具合格证明，准予销售、使用。检验检疫机构出具的合格证明应当逐一列明货物品名、品牌、原产国（地区）、规格、数/重量、生产日期（批号），没有品牌、规格的，应当标明"无"。

进口食品经检验检疫不合格的，由检验检疫机构出具不合格证明。涉及安全、健康、环境保护项目不合格的，由检验检疫机构责令当事人销毁，或者出具退货处理通知单，由进口商办理退运手续。其他项目不合格的，可以在检验检疫机构的监督下进行技术处理，经重新检验合格后，方可销售、使用。

第十九条　检验检疫机构对进口食品的进口商实施备案管理。进口商应当事先向所在地检验检疫机构申请备案，并提供以下材料：

（一）填制准确完备的进口商备案申请表；

（二）工商营业执照、组织机构代码证书、法定代表人身份证明、对外贸易经营者备案登记表等的复印件并交验正本；

（三）企业质量安全管理制度；

（四）与食品安全相关的组织机构设置、部门职能和岗位职责；

（五）拟经营的食品种类、存放地点；

（六）2年内曾从事食品进口、加工和销售的，应当提供相关说明（食品品种、数量）；

（七）自理报检的，应当提供自理报检单位备案登记证明书复印件并交验正本。

检验检疫机构核实企业提供的信息后，准予备案。

第二十条　进口食品的进口商应当建立食品进口和销售记录制度，如实记录进口食品的卫生证书编号、品名、规格、数量、生产日期（批号）、保质期、出口商和购货者名称及联系方式、交货日期等内容。记录应当真实，保存期限不得少于2年。

检验检疫机构应当对本辖区内进口商的进口和销售记录进行检查。

第二十一条　国家质检总局对进口食品安全实行风险监测制度，组织制定和实施年度进口食品安全风险监测计划。

检验检疫机构根据国家质检总局进口食品安全风险监测计划，组织对进口食品进行风险监测，上报结果。

检验检疫机构应当根据进口食品安全风险监测结果，在风险分析的基础上调整对相关进口食品的检验检疫和监管措施。

第二十二条　进口食品原料全部用于加工后复出口的，检验检疫机构按照出口食品目的国（地区）技术规范的强制性要求或者贸易合同要求进行检验。

第二十三条　检验检疫机构发现不符合法定要求的进口食品时，可以将不符合法定要求的进口食品境外生产企业和出口商、国内进口商、报检人、代理人列入不良记录名单；对有违法行为并受到行政处罚的，可以将其列入违法企业名单并对外公布。

第三章　食品出口

第二十四条　出口食品生产经营者应当保证其出口食品符合进口国家（地区）的标准或者合同要求。

进口国家（地区）无相关标准且合同未有要求的，应当保证出口食品符合中国食品安全国家标准。

第二十五条　出口食品生产企业应当建立完善的质量安全管理体系。

出口食品生产企业应当建立原料、辅料、食品添加剂、包装材料容器等进货查验记录制度。

出口食品生产企业应当建立生产记录档案，如实记录食品生产过程的安全管理情况。

出口食品生产企业应当建立出厂检验记录制度，依照本办法规定的要求对其出口食品进行检验，检验合格后方可报检。

上述记录应当真实，保存期限不得少于2年。

第二十六条　国家质检总局对出口食品生产企业实施备案制度，备案工作按照国家质检总局相关规定执行。

第二十七条　检验检疫机构负责对辖区内出口食品生产企业质量安全管理体系运行情况进行监督管理。

第二十八条　国家质检总局对出口食品原料种植、养殖场实施备案管理。出口食品原料种植、养殖场应当向所在地检验检疫机构办理备案手续。

实施备案管理的原料品种目录（以下称目录）和备案条件由国家质检总局另行制定。出口食品的原料列入目录的，应当来自备案的种植、养殖场。

国家质检总局统一公布备案的原料种植、养殖场名单。

第二十九条　备案种植、养殖场所在地检验检疫机构对备案种植、养殖场实施监督、检查，对达不到备案要求的，及时向所在地政府相关主管部门、出口食品生产企业所在地检验检疫机构通报。

生产企业所在地检验检疫机构应当及时向备案种植、养殖场所在地检验检疫机构通报种植、养殖场提供原料的质量安全和卫生情况。

第三十条　种植、养殖场应当建立原料的生产记录制度，生产记录应当真实，记录保存期限不得少于2年。备案种植、养殖场应当依照进口国家（地区）食品安全标准和中国有关规定使用农业化学投入品，并建立疫情疫病监测制度。备案种植、养殖场应当为其生产的每一批原料出具出口食品加工原料供货证明文件。

第三十一条　国家质检总局对出口食品安全实施风险监测制度，组织制定和实施年度出口食品安全风险监测计划。

检验检疫机构根据国家质检总局出口食品安全风险监测计划，组织对本辖区内出口食品实施监测，上报结果。

检验检疫机构应当根据出口食品安全风险监测结果，在风险分析基础上调整对相关出口食品的检验检疫和监管措施。

第三十二条　出口食品的出口商或者其代理人应当按照规定，持合同、发票、装箱单、出厂合格证明、出口食品加工原料供货证明文件等必要的凭证和相关批准文件向出口食品生产企业所在地检验检疫机构报检。报检时，应当将所出口的食品按照品名、规格、数/重量、生产日期逐一申报。

第三十三条 直属检验检疫局根据出口食品分类管理要求、本地出口食品品种、以往出口情况、安全记录和进口国家（地区）要求等相关信息，通过风险分析制定本辖区出口食品抽检方案。

检验检疫机构按照抽检方案和相应的工作规范、规程以及有关要求对出口食品实施抽检。

有双边协定的，按照其要求对出口食品实施抽检。

第三十四条 出口食品符合出口要求的，由检验检疫机构按照规定出具通关证明，并根据需要出具证书。出口食品进口国家（地区）对证书形式和内容有新要求的，经国家质检总局批准后，检验检疫机构方可对证书进行变更。

出口食品经检验检疫不合格的，由检验检疫机构出具不合格证明。依法可以进行技术处理的，应当在检验检疫机构的监督下进行技术处理，合格后方准出口；依法不能进行技术处理或者经技术处理后仍不合格的，不准出口。

第三十五条 出口食品的包装和运输方式应当符合安全卫生要求，并经检验检疫合格。

第三十六条 对装运出口易腐烂变质食品、冷冻食品的集装箱、船舱、飞机、车辆等运载工具，承运人、装箱单位或者其代理人应当在装运前向检验检疫机构申请清洁、卫生、冷藏、密固等适载检验；未经检验或者经检验不合格的，不准装运。

第三十七条 出口食品生产企业应当在运输包装上注明生产企业名称、备案号、产品品名、生产批号和生产日期。检验检疫机构应当在出具的证单中注明上述信息。进口国家（地区）或者合同有特殊要求的，在保证产品可追溯的前提下，经直属检验检疫局同意，标注内容可以适当调整。

需要加施检验检疫标志的，按照国家质检总局规定加施。

第三十八条 出口食品经产地检验检疫机构检验检疫符合出口要求运往口岸的，产地检验检疫机构可以采取监视装载、加施封识或者其他方式实施监督管理。

第三十九条 出口食品经产地检验检疫机构检验检疫符合出口要求的，口岸检验检疫机构按照规定实施抽查，口岸抽查不合格的，不得出口。

口岸检验检疫机构应当将有关信息及时通报产地检验检疫机构，并按照规定上报。产地检验检疫机构应当根据不合格原因采取相应监管措施。

第四十条　检验检疫机构发现不符合法定要求的出口食品时，可以将其生产经营者列入不良记录名单；对有违法行为并受到行政处罚的，可以将其列入违法企业名单并对外公布。

第四章　风险预警及相关措施

第四十一条　国家质检总局对进出口食品实施风险预警制度。

进出口食品中发现严重食品安全问题或者疫情的，以及境内外发生食品安全事件或者疫情可能影响到进出口食品安全的，国家质检总局和检验检疫机构应当及时采取风险预警及控制措施。

第四十二条　国家质检总局和检验检疫机构应当建立进出口食品安全信息收集网络，收集和整理食品安全信息，主要包括：

（一）检验检疫机构对进出口食品实施检验检疫发现的食品安全信息；

（二）行业协会、消费者反映的进口食品安全信息；

（三）国际组织、境外政府机构发布的食品安全信息、风险预警信息，以及境外行业协会等组织、消费者反映的食品安全信息；

（四）其他食品安全信息。

第四十三条　检验检疫机构对经核准、整理的食品安全信息，按照规定的要求和程序向国家质检总局报告并向地方政府、有关部门通报。

第四十四条　国家质检总局和直属检验检疫局按照相关规定对收集到的食品安全信息进行风险分析研判，确定风险信息级别。

第四十五条　国家质检总局和直属检验检疫局应当根据食品安全风险信息的级别发布风险预警通报。国家质检总局视情况可以发布风险预警通告，并决定采取以下控制措施：

（一）有条件地限制进出口，包括严密监控、加严检验、责令召回等；

（二）禁止进出口，就地销毁或者作退运处理；

（三）启动进出口食品安全应急处置预案。

检验检疫机构负责组织实施风险预警及控制措施。

第四十六条　国家质检总局可以参照国际通行做法，对不确定的风险直接发布风险预警通报或者风险预警通告，并采取本办法第四十五条规定的控制措施。同时及时收集和补充有关信息和资料，进行风险分析。

第四十七条　进出口食品安全风险已不存在或者已降低到可接受的程度时，应当及时解除风险预警通报和风险预警通告及控制措施。

第四十八条　进口食品存在安全问题，已经或者可能对人体健康和生命安全造成损害的，进口食品进口商应当主动召回并向所在地检验检疫机构报告。进口食品进口商应当向社会公布有关信息，通知销售者停止销售，告知消费者停止使用，做好召回食品情况记录。

检验检疫机构接到报告后应当组织核查，根据产品影响范围按照规定上报。

进口食品进口商不主动实施召回的，由直属检验检疫局向其发出责令召回通知书并报告国家质检总局。必要时，国家质检总局可以责令其召回。国家质检总局可以发布风险预警通报或者风险预警通告，并采取本办法第四十五条规定的措施以及其他避免危害发生的措施。

第四十九条　发现出口的食品存在安全问题，已经或者可能对人体健康和生命安全造成损害的，出口食品生产经营者应当采取措施，避免和减少损害的发生，并立即向所在地检验检疫机构报告。

第五十条　检验检疫机构在依法履行进出口食品检验检疫监督管理职责时有权采取下列措施：

（一）进入生产经营场所实施现场检查；

（二）查阅、复制、查封、扣押有关合同、票据、账簿以及其他有关资料；

（三）查封、扣押不符合法定要求的产品，违法使用的原料、辅料、添加剂、农业投入品以及用于违法生产的工具、设备；

（四）查封存在危害人体健康和生命安全重大隐患的生产经营场所。

第五十一条　检验检疫机构应当按照有关规定将采取的控制措施向国家质检总局报告并向地方政府、有关部门通报。

国家质检总局按照有关规定将相关食品安全信息及采取的控制措施向有关部门通报。

第五章　法律责任

第五十二条　违反本办法第十七条指定场所监管相关规定，没有违法所得的，由检验检疫机构责令改正，处1万元以下罚款。

第五十三条　销售、使用经检验不符合食品安全国家标准的进口食品，由检验检疫机构按照食品安全法第八十九条、第八十五条的规定给予处罚。

第五十四条　进口商有下列情形之一的，由检验检疫机构按照食品安全法第八十九条、第八十七条的规定给予处罚：

（一）未建立食品进口和销售记录制度的；

（二）建立的食品进口和销售记录没有如实记录进口食品的卫生证书编号、品名、规格、数量、生产日期（批号）、保质期、出口商和购货者名称及联系方式、交货日期等内容的；

（三）建立的食品进口和销售记录保存期限少于2年的。

第五十五条　出口食品原料种植、养殖场有下列情形之一的，由检验检疫机构责令改正，有违法所得的，处违法所得3倍以下罚款，最高不超过3万元；没有违法所得的，处1万元以下罚款：

（一）出口食品原料种植、养殖过程中违规使用农业化学投入品的；

（二）相关记录不真实或者保存期限少于2年的。

出口食品生产企业生产出口食品使用的原料未按照规定来自备案基地的，按照前款规定给予处罚。

第五十六条　有下列情形之一的，由检验检疫机构按照食品安全法第八十九条、第八十五条的规定给予处罚：

（一）未报检或者未经监督、抽检合格擅自出口的；

（二）擅自调换经检验检疫机构监督、抽检并已出具检验检疫证明的出口食品的。

第五十七条　进出口食品生产经营者、检验检疫机构及检验检疫人员有其他违法行为的，按照相关法律法规的规定处理。

第六章　附　　则

第五十八条　进出口食品生产经营者包括进出口食品的生产企业、进出口商和代理商。

第五十九条　进出海关特殊监管区域的食品以及边境小额和互市贸易进出口食品的检验检疫监督管理，按照国家质检总局有关规定办理。

第六十条　以快件、邮寄和旅客携带方式进出口食品的，应当符合国家质检总局相关规定。

第六十一条　进出口用作样品、礼品、赠品、展示品等非贸易性的食品，进口用作免税经营的、使领馆自用的食品，出口用作使领馆、中国企业驻外人员等自用的食品，按照国家有关规定办理。

第六十二条　供香港、澳门特别行政区、台湾地区的食品，国家有另行规定的，从其规定。

第六十三条　本办法由国家质检总局负责解释。

第六十四条　本办法自2012年3月1日起施行。

有线广播电视运营服务管理暂行规定

（国家广播电影电视总局 2011 年 9 月 14 日局务会议
审议通过　2011 年 12 月 2 日国家广播电影电视总
局令第 67 号发布　自 2012 年 3 月 1 日起施行）

第一章　总　　则

第一条　为了规范有线广播电视运营服务行为，提高服务质量，维护
用户合法权益，根据《广播电视管理条例》，制定本规定。

第二条　本规定所称有线广播电视运营服务，是指依法设立的有线广
播电视运营服务提供者，利用有线广播电视传输覆盖网向用户提供服务的
活动。

第三条　有线广播电视运营服务工作应当遵循用户为本、安全畅通、
公平合理、公益优先的原则。

有线广播电视运营服务提供者应当按照科学审慎、安全可靠、提高效
率的原则，加快有线广播电视数字化转换，持续改进服务质量，使有线广
播电视网络成为国家信息化服务的普及平台。

第四条　有线广播电视运营服务监督管理工作应当遵循公开、公平、
公正的原则，实行政府监管、行业自律、社会监督相结合的机制，促进有
线广播电视运营服务提供者不断提升公共服务水平，提高用户覆盖率和服
务质量。

第五条　国务院广播影视行政部门负责全国有线广播电视运营服务监
督管理工作。

县级以上地方人民政府广播影视行政部门负责本行政区域内的有线广
播电视运营服务监督管理工作。

第六条　县级以上人民政府广播影视行政部门按照有关规定，对在有
线广播电视运营服务工作中做出突出贡献的组织、个人给予奖励。

第二章　服务要求

第七条　有线广播电视运营服务提供者应当向社会公布其业务种类、
服务范围、服务时限、资费标准，并向省、自治区、直辖市人民政府广播
影视行政部门备案。

有线广播电视运营服务提供者向用户提供的业务质量指标和服务质量指标应当符合国家和行业标准、要求。

第八条　有线广播电视运营服务提供者应当向社会公布所传送的基本收视频道目录。

基本收视频道的数量应当符合国务院广播影视行政部门的规定。基本收视频道中应当包括国务院广播影视行政部门要求转播的广播电视节目和县级以上地方人民政府广播影视行政部门要求转播的经国务院广播影视行政部门批准的本地广播电视节目。

第九条　有线广播电视运营服务提供者在由模拟电视向数字电视整体转换过程中，应当在国务院广播影视行政部门规定的时间内保留一定数量的模拟电视节目供用户选择收看。

鼓励有线广播电视运营服务提供者利用有线广播电视传输覆盖网传送广播节目。

第十条　除下列情况外，有线广播电视运营服务提供者不得更改所传送的基本收视频道：

（一）国务院广播影视行政部门依法做出的决定；

（二）信号源不符合传送条件或者已停止播出的；

（三）与节目提供方的协议有效期满或者节目提供方承担违约责任的；

（四）法律、行政法规、规章规定的其它情形。

终止传送基本收视频道的，有线广播电视运营服务提供者应当向所涉及用户公告，并采取措施保证基本收视频道数量。有前款第（二）项规定情形的，有线广播电视运营服务提供者应当于当日向省、自治区、直辖市人民政府广播影视行政部门报告。

第十一条　有线广播电视运营服务提供者停止经营某项业务时，应当提前30日通知所涉及用户，并公平合理地做好用户善后工作。

第十二条　有线广播电视运营服务提供者应当以书面或者其它形式，明确与用户的权利和义务。格式合同条款应当公平合理、准确全面、简单明了，并采取适当方式提醒用户注意免除或者限制服务提供者责任的条款。

第十三条　有线广播电视运营服务提供者应当根据网络规模和用户分布情况设置服务网点，合理安排服务时间，方便用户办理有关事项。

有线广播电视运营服务提供者应当按照当地人民政府的要求，向残疾人和行动不便的老年人等用户提供便捷的服务。

第十四条　有线广播电视运营服务提供者向用户提供的服务项目应当包括安装、业务开通、迁移、变更、暂停、恢复、终止（注销）、故障维修、缴费、咨询、投诉和公告等内容。

第十五条 有线广播电视运营服务提供者应当在用户办理业务时，真实准确地向用户说明该项业务的功能、使用范围、取消方式、资费标准及缴纳办法、服务保障、客服电话等内容。

第十六条 有线广播电视运营服务提供者在接到用户的安装或者业务开通申请后，对城镇地区的用户应当在 2 个工作日内答复，对农村或者交通不便地区的用户应当在 5 个工作日内答复；未予受理的，应当向用户告知原因。

第十七条 有线广播电视运营服务提供者应当设立统一的客服电话，为用户提供 7×24 小时故障报修、咨询和投诉等服务。其中故障报修应当提供 7×24 小时人工服务。

第十八条 有线广播电视运营服务提供者接到用户故障报修后，需要上门维修的，应当自接报后 24 小时内与用户预约上门维修时间。

第十九条 城镇用户的网络和设备故障，有线广播电视运营服务提供者应当自接报之日的次日起或者用户同意的上门维修时间起 24 小时内修复，重大故障应当在 48 小时内修复；农村或者交通不便地区用户的故障，有线广播电视运营服务提供者应当自接报之日的次日起或者用户同意的上门维修时间起 72 小时内修复。

第二十条 因不可抗力原因造成不能按时上门维修或者修复的，有线广播电视运营服务提供者应当及时向用户说明，修复时限从不可抗力原因消失后开始计算。

第二十一条 有线广播电视运营服务提供者委派的上门维修人员应当遵守预约时间，出示工作证明并佩带本单位标识，爱护用户设施。需要收取费用的，应当事先向用户说明。

第二十二条 有线广播电视运营服务提供者更改、调整数字广播电视频道序号，或者因系统设备及线路计划检修、设备搬迁、工程割接、网络及软件升级等可预见的原因影响用户收看或者使用的，应当提前 72 小时向所涉及的用户公告；影响用户的时间超过 24 小时的，应当同时向所在地县级以上地方人民政府广播影视行政部门报告。

前款规定的原因消除后，有线广播电视运营服务提供者应当及时恢复服务。

第二十三条 因不可抗力、重大网络故障或者突发性事件影响用户使用的，有线广播电视运营服务提供者应当向所涉及用户公告；因其它不可预见的原因影响用户使用的，可以不予公告，但应当在用户咨询时告知原因。

第二十四条 有线广播电视运营服务提供者应当执行国家有关价格管理的规定，明码标价，需要调整资费标准、计费方式等重要事项时，应当向用户公告。

有线广播电视运营服务提供者应当为用户缴费和查询费用等提供便利，并为用户免费提供一年内的缴费记录查询。

第二十五条 用户逾期未按照约定缴纳有线广播电视基本收视维护费的，有线广播电视运营服务提供者可以暂停或者终止相应业务服务，但应当提前 24 小时通知用户。暂停服务期间，不得终止中央电视台第一套节目信号传送服务。

用户补足应缴费用的，有线广播电视运营服务提供者应当及时恢复服务，最迟不得超过 24 小时。

第二十六条 有线广播电视运营服务提供者应当建立用户投诉处理机制，形成包括受理、调查、处理、反馈、评估、报告、改进、存档等环节的完整工作流程。对用户关于服务的投诉，应当在 15 个工作日内答复。

有线广播电视运营服务提供者收到广播影视行政部门或者其设立的投诉处理机构转来的用户投诉后，应当在要求的期限内完成有关投诉处理事宜；不能按时完成的，应当向有关广播影视行政部门或者投诉处理机构提前说明情况。

第二十七条 有线广播电视运营服务提供者如需委托其它单位向用户提供安装、故障维修、缴费等服务，应当选择有相应技术实力、服务和管理能力、在工商管理机构注册登记、无不良记录的单位，并应当签订委托协议，对受委托单位进行定期检查和评估，加强日常管理。

受委托单位因其服务行为与用户产生纠纷的，由有线广播电视运营服务提供者依法承担责任。

第二十八条 有线广播电视运营服务提供者应当建立用户信息安全监管体系，如实登记用户个人信息，并依法负有保密义务。未经用户许可，不得泄露用户个人信息。

第二十九条 有线广播电视运营服务提供者应当按照国务院广播影视行政部门的要求，对从业人员进行服务规范方面的培训。

第三十条 有线广播电视运营服务提供者应当配合广播影视行政部门依法实施的监督检查，如实提供有关资料和情况。

第三十一条 有线广播电视运营服务提供者应当建立健全服务质量管理体系，按照省、自治区、直辖市以上人民政府广播影视行政部门的要求，对本单位服务质量进行自查，并向社会公布本单位服务质量状况。

有线广播电视运营服务提供者应当每年将自查情况通过省、自治区、直辖市人民政府广播影视行政部门向国务院广播影视行政部门报告。

第三十二条　为应对突发事件，有线广播电视运营服务提供者应当按照所在地人民政府的部署和要求，接受广播影视行政部门的指挥调度以及对有线网络资源的调配。

第三十三条　有线广播电视运营服务提供者应当创造条件，积极整合、运营和管理城市社区有线电视系统，向其用户提供符合本规定要求的服务。

第三章　监督管理

第三十四条　省、自治区、直辖市以上人民政府广播影视行政部门应当制定工作规划，组织开展有线广播电视运营服务质量评价活动，及时掌握服务动态，督促有线广播电视运营服务提供者不断提高服务质量。

第三十五条　国务院广播影视行政部门制定全国有线广播电视运营服务质量评价的具体标准，并指导、监督省、自治区、直辖市人民政府广播影视行政部门的有关具体实施工作。

全国有线广播电视运营服务质量评价的具体标准应当将用户满意度作为服务质量评价的核心指标。

第三十六条　省、自治区、直辖市以上人民政府广播影视行政部门应当不定期组织对本行政区域内有线广播电视运营服务提供者的服务质量进行抽查，并向社会公布抽查结果。

第三十七条　县级以上人民政府广播影视行政部门应当根据实际情况建立有线广播电视运营服务投诉处理机构，积极处理和妥善解决用户投诉，并将用户投诉情况作为有线广播电视运营服务质量评价的指标和内容。

第三十八条　广播影视行政部门或者投诉处理机构接到用户投诉后，应当予以记录并及时调查、处理；用户需要回复意见的，应当将处理结果告知用户。

第三十九条　广播影视行政部门的工作人员在监督检查有线广播电视运营服务质量和处理用户投诉时，可以行使下列职权：

（一）询问被检查的单位及有关人员，并要求提供相关资料；

（二）进入被检查单位的工作场所，查询、复制有关资料和原始记录。

第四十条　广播影视行政部门的工作人员实施的监督检查工作应当由两名以上工作人员共同进行。执法人员应当出示执法证件，并对查询、复制的资料依法负有保密义务。

第四十一条　县级以上人民政府广播影视行政部门可以聘请社会义务监督员，对有线广播电视运营服务提供者侵害用户权益的行为和有关部门工作人员在监督检查工作中的违法失职行为进行监督。

第四章 法律责任

第四十二条 有线广播电视运营服务提供者违反本规定第七条、第八条、第十条、第二十八条、第三十条、第三十一条的，由县级以上人民政府广播影视行政部门责令改正，给予警告；情节严重的，并处 1 万元以上 3 万元以下的罚款。

第四十三条 有线广播电视运营服务提供者违反本规定第十一条、第二十二条、第二十三条的，由县级以上人民政府广播影视行政部门责令改正，给予警告；情节严重的，并处 5000 元以上 2 万元以下的罚款。

第四十四条 有线广播电视运营服务提供者违反本规定第十七条、第十八条、第十九条、第二十一条、第二十六条、第二十九条的，由县级以上人民政府广播影视行政部门给予警告；情节严重的，并处 5000 元以下的罚款。

第四十五条 广播影视行政部门、投诉处理机构的工作人员未按照本规定履行职责或者有其它滥用职权、玩忽职守、徇私舞弊行为的，依法给予处分。

第五章 附 则

第四十六条 有线广播电视运营服务的具体技术指标和要求，由国务院广播影视行政部门另行制定。

第四十七条 有线广播电视运营服务提供者可以根据所服务区域实际情况，制定不低于本规定要求的具体服务标准。

第四十八条 本规定自 2012 年 3 月 1 日起施行。

新闻出版总署废止第五批规范性文件的决定

（2010 年 12 月 29 日新闻出版总署第 2 次署务
会议通过 2011 年 3 月 1 日新闻出版总署令第
50 号公布 自 2011 年 3 月 1 日起施行）

为全面推进依法行政，加强新闻出版法治政府建设，新闻出版总署组织了第五批规范性文件集中清理工作，决定废止 161 件规范性文件。现予公布，自公布之日起生效。

新闻出版总署决定废止的第五批规范性文件目录

序号	发布机关	文件名称	文号	发布时间
1	邮电部、出版总署	通知报纸按季征订制度暂缓实行及按月价计算报费办法	（53）邮发字第357号 （53）出报字第145号	1953－4－2
2	出版总署	关于统一规定各级报纸、杂志的创刊、停刊和改变刊期、刊名、开张、定价等事项批准、备案及登记的呈报程序的通知	（54）出报（刊）字第4号	1954－1－7
3	出版总署	关于调整部分农民报纸和少数民族报纸定价的规定	（54）出报（刊）字第154号	1954－9－6
4	文化部	修订全国报纸缴送样本办法的通知	（56）文陈出字第348号	1956－7－12
5	文化部、中国人民银行	关于国外广告商、公司、私人在我国报纸、杂志刊登广告收取外汇费用的通知	（57）文部出字第928号 （57）银国汇第253号	1957－11－21
6	国家出版局	图书租（供）型造货工作的暂行规定	（80）出版字第420号	1980－6－25
7	国家出版局	关于期刊登记问题的通知	（82）出版字第89号	1982－2－9
8	国家出版局	关于转发《〈新华文摘〉的编辑方针和审稿制度》的通知	（82）出版字第93号	1982－2－10
9	国家出版局	关于过期报刊（包括影缩本、缩微胶片）出口问题的通知	（82）文办字第198号	1982－3－26
10	国家出版局、教育部、铁道部、交通部、邮电部	关于优先运输大中小学教科书做到课前到书的联合通知	（82）出会字第6号	1982－4－30
11	国家出版局、商业部	关于组织有条件的城市商店开展图书代销工作的联合通知	（82）出会字第7号	1982－5－4
12	国家出版局	关于图书发行体制改革工作的通知	（82）文出字第754号	1982－7－10
13	文化部	关于进一步做好图书发行体制改革工作并准备召开经验交流会议的通知	文出字（83）684号	1983－4－5
14	文化部	关于停止向版本二库缴送样本的通知	（83）出综字第533号	1983－8－29

序号	发布机关	文件名称	文号	发布时间
15	文化部	关于对当前图书发行工作中存在的问题的意见	（85）出综字第276号	1985 - 7 - 16
16	文化部	关于出版社不要自行办理教材征订的通知	文出字（85）1127号	1985 - 7 - 17
17	文化部	关于不得变相出版期刊的通知	文出字〔1985〕1265号	1985 - 8 - 5
18	国家出版局	关于发展集体个体书店和加强管理的原则规定	（86）出发字第783号	1986 - 9 - 9
19	国家出版局	对当前图书发行改革中出现的一些错误倾向的通报	（86）出发字第858号	1986 - 10 - 10
20	新闻出版署	关于统一印发报纸、期刊、出版社重新登记注册表的通知	（87）新出期字第436号	1987 - 7 - 3
21	新闻出版署	关于报送报刊整顿进展情况的通知	（87）新出办字540号	1987 - 8 - 14
22	新闻出版署、劳动人事部	关于出版印刷行业贯彻执行《关于实行技师聘任制的暂行规定》的实施意见	（87）新出人字第613号	1987 - 8 - 27
23	新闻出版署、海关总署	关于办理去港澳印刷审批手续的通知	新出印〔1987〕第1003号	1987 - 12 - 11
24	新闻出版署	关于执行《关于港澳台报刊进口管理的规定》的实施细则	（87）新出发字第1070号	1987 - 12 - 21
25	新闻出版署	关于中央单位内部报刊整顿、登记事宜的通知	（88）新出期字第272号	1988 - 3 - 31
26	新闻出版署	关于要求正式期刊将国家统一刊号刊印在封底下部的通知	（88）新出期字第437号	1988 - 5 - 4
27	中共中央宣传部、新闻出版署	关于印发出版社改革、图书发行体制改革的意见的通知	（88）新出办字422号	1988 - 5 - 6
28	新闻出版署	关于重申严禁淫秽出版物的规定	（88）新出办字第714号	1988 - 7 - 5
29	新闻出版署	关于在新闻出版企业17个工种中试行提前退休的通知	（88）新出人字第1250号	1988 - 10 - 31
30	新闻出版署	关于做好集体、个体、私营书店（摊）重新登记工作的通知	（90）新出发字第44号	1990 - 1 - 23
31	新闻出版署	关于对部分进行调整的报刊重新登记注册的通知	（90）新出报字第215号	1990 - 2 - 23
32	新闻出版署	关于对涉及苏联、东欧国家的图书的出版加强管理的通知	新出图字〔1990〕449号	1990 - 4 - 9

序号	发布机关	文件名称	文号	发布时间
33	中共中央宣传部、新闻出版署、财政部、国家税务局	关于禁止在进口书报刊的供应工作中收受"回扣"的规定	（90）新出联字第620号	1990 - 5 - 23
34	新闻出版署、邮电部	关于新华书店、出版社办理邮寄大宗图书目录和征订单手续问题的通知	（90）新出联字第1157号	1990 - 8 - 22
35	新闻出版署	关于期刊社重新核发记者证的通知	（90）新出期字第1626号	1990 - 12 - 17
36	新闻出版署	关于1991年期刊增刊审批办法	（91）新出期字第135号	1991 - 2 - 20
37	新闻出版署	关于统一换发《期刊登记证》的通知	（91）新出期字第259号	1991 - 3 - 26
38	新闻出版署	关于印发《常备图书目录》（第一批）及《关于常备图书出版、印刷、发行管理的暂行规定》的通知	（91）新出发字第278号	1991 - 4 - 2
39	新闻出版署	关于更换报纸登记证的通知	（91）新出报字第391号	1991 - 5 - 3
40	新闻出版署	关于核定外国文学出版任务的通知	（91）新出图字第846号	1991 - 7 - 10
41	新闻出版署	关于图书总发行单位审核登记的通知	（91）新出发字第925号	1991 - 7 - 25
42	新闻出版署	新闻出版署重申《关于征集图书、杂志、报纸样本办法》的通知	（91）新出图字第990号	1991 - 9 - 11
43	新闻出版署	关于中等职业教育教材发行问题的复函	（91）新出发字第1209号	1991 - 10 - 7
44	新闻出版署	关于境外出版单位不得在大陆擅自设立办事机构及从事出版活动的批复	（92）新出外82号	1992 - 1 - 23
45	新闻出版署	印发《〈常备图书目录〉（第一批）的落实情况和下一步工作的意见》的通知	（92）新出发160号	1992 - 2 - 19
46	新闻出版署	关于继续做好中小学教材出版、印制、发行工作的通知	（92）新出发848号	1992 - 6 - 17
47	新闻出版署	关于转发河北省教委、河北省新闻出版局《关于中小学课本及教学辅助用书出版发行有关问题的通知》的通知	（93）新出发67号	1993 - 2 - 3
48	新闻出版署	关于在出版物上使用条码的通知	（93）新出技137号	1993 - 2 - 24

序号	发布机关	文件名称	文号	发布时间
49	新闻出版署	关于在出版物上全面推广使用条码的通知	（93）新出技1070号	1993－8－9
50	新闻出版署	关于贯彻执行中宣部、新闻出版署《关于禁止"买卖书号"的通知》的办法	（93）新出图1556号	1993－11－26
51	新闻出版署	关于严格实施中国标准音像制品编码的通知	（93）新出音1622号	1993－12－13
52	新闻出版署、国务院新闻办公室	关于海外报刊不得在内地自行征订发行的通知	（94）新出联1号	1994－3－11
53	新闻出版署	关于禁止在我境内与外资合办报纸、期刊和出版社的通知	（94）新出外214号	1994－3－30
54	新闻出版署	关于对书号使用总量进行宏观控制的通知	（94）新出图387号	1994－5－26
55	新闻出版署	关于加强书刊产品印制质量管理的意见	（94）新出技480号	1994－6－22
56	新闻出版署	关于禁止"收费约稿"的通知	（94）新出图556号	1994－7－18
57	新闻出版署	关于实行《出版社年检登记制度（试行）》的通知	（94）新出图610号	1994－7－27
58	新闻出版署	关于转发最高人民检察院《关于严厉打击走私、制作、贩卖、传播淫秽物品和非法出版物的通知》的通知	（94）新出办874号	1994－10－7
59	新闻出版署	关于推荐"常备图书"全国定点销售单位的通知	（94）新出发927号	1994－10－25
60	新闻出版署	关于进一步做好清理内部报刊工作的通知	（94）新出办975号	1994－11－23
61	新闻出版署	关于加强和改进中国标准音像制品编码管理的通知	（95）新出音7号	1995－1－4
62	新闻出版署	关于加强古籍整理今译图书出版管理的通知	新出图〔1995〕19号	1995－1－13
63	新闻出版署	关于书号总量宏观调控的通知	（95）新出图24号	1995－1－13
64	新闻出版署	关于出版1996年挂历最高限价指导意见的通知	（95）新出计242号	1995－3－11
65	新闻出版署	关于加强文摘类报刊管理的通知	（95）新出报985号	1995－8－2

序号	发布机关	文件名称	文号	发布时间
66	新闻出版署	关于印发《常备书目》（1995年）有关事项的通知	（95）新出发1061号	1995 - 8 - 16
67	新闻出版署	关于出版"名录"类图书的管理规定	（95）新出图1060号	1995 - 8 - 17
68	新闻出版署、文化部、国家工商局	关于实施激光数码储存片来源识别码（SID码）的通知	（95）新出联15号	1995 - 8 - 23
69	新闻出版署	关于限期蚀刻SID码的紧急通知	新出音管〔1995〕61号	1995 - 8 - 31
70	新闻出版署	新闻出版署关于使用统一的《书刊征订发行委托书》的通知	（96）新出发64号	1996 - 2 - 12
71	新闻出版署	关于严禁未经批准的单位和个人进销港报的通知	（96）新出外77号	1996 - 2 - 13
72	新闻出版署	新闻出版署关于进一步在出版物上全面推广使用条码的通知	（96）新出技150号	1996 - 3 - 12
73	新闻出版署	关于实施《电子出版物管理暂行规定》若干问题的通知	（96）新出音365号	1996 - 5 - 28
74	新闻出版署	关于图书推销工作中应当注意的问题的通知	（96）新出发461号	1996 - 7 - 1
75	新闻出版署	关于对工具类图书进行质量检查的通知	（97）新出图123号	1997 - 3 - 20
76	新闻出版署	关于全国各出版社书号核发办法的通知	（97）新出图143号	1997 - 3 - 25
77	新闻出版署	关于重申不得随意印发"十五大"报告和新党章的紧急通知	（97）新出图846号	1997 - 9 - 11
78	新闻出版署	关于清理音像复制业和审核登记音像复制单位的通知	新出音〔1997〕484号	1997 - 12 - 24
79	新闻出版署	关于报刊管理贯彻执行《内部资料性出版物管理办法》有关问题的通知	（98）新出期6号	1998 - 1 - 7
80	新闻出版署	关于对音像出版单位使用版号实行总量控制的通知	新出音〔1998〕83号	1998 - 1 - 26
81	新闻出版署	关于建立信息参考类期刊刊号系列的通知	（98）新出期111号	1998 - 2 - 13
82	新闻出版署	关于建立高校学报类期刊刊号系列的通知	（98）新出期109号	1998 - 2 - 13

序号	发布机关	文件名称	文号	发布时间
83	新闻出版署、劳动部	关于对图书发行员实行职业资格证书制度的通知	（98）新出联4号	1998－3－6
84	新闻出版署	关于设立高校校报类报纸刊号系列的通知	（98）新出报324号	1998－3－18
85	新闻出版署	关于全国统一换发记者证的通知	（98）新出报404号	1998－4－24
86	新闻出版署	关于应按（91）新出图字第990号文件规定缴送样书的通知	（98）新出图563号	1998－6－10
87	新闻出版署	关于"高校校报类"等三类报纸另列刊号系列的通知	（98）新出报748号	1998－7－8
88	新闻出版署、公安部、国家工商局	关于对全国印刷业进行全面清理整顿的通知	新出联〔1998〕30号	1998－10－23
89	文化部	关于音像制品总批发单位审批管理工作有关事项的通知	文市发〔1998〕78号	1998－11－11
90	文化部	关于音像制品连锁经营管理问题的通知	市函〔1998〕401号	1998－11－20
91	新闻出版署	关于加强版号管理和规范使用中国标准音像制品编码的通知	新出音〔1999〕155号	1999－3－3
92	新闻出版署	关于报纸年度核验和重新登记的通知	新出报刊〔1999〕216号	1999－3－12
93	新闻出版署	关于期刊核验及重新登记的通知	新出报刊〔1999〕242号	1999－3－17
94	新闻出版署	关于归口管理统一组织法兰克福书展的通知	新出外〔1999〕500号	1999－5－4
95	全国"扫黄""打非"工作小组办公室、新闻出版署、国家版权局	关于进一步贯彻落实最高人民法院《关于审理非法出版物刑事案件具体应用法律若干问题的解释》的通知	新出联〔1999〕7号	1999－6－4
96	新闻出版署	关于印发《2000年出版物印刷企业总量、结构、布局宏观调控规划》的通知	新出技〔1999〕680号	1999－6－4
97	新闻出版署、公安部、国家工商局	关于印发《清理整顿印刷业工作验收条件及办法》的通知	新出联〔1999〕14号	1999－6－29
98	新闻出版署	关于清理整顿印刷业工作中两个具体问题的补充通知	新出技〔1999〕911号	1999－7－15

序号	发布机关	文件名称	文号	发布时间
99	新闻出版署	关于重申有关法轮功出版物处理意见的通知	新出图〔1999〕933号	1999－7－22
100	新闻出版署	关于查禁印刷法轮功类非法出版物，进一步加强出版物印刷管理的通知	新出技〔1999〕989号	1999－8－5
101	新闻出版署	关于国务院办事机构所办期刊与其脱离主办关系等问题的通知	新出报刊〔1999〕1187号	1999－10－11
102	新闻出版署	关于落实中央"两办"30号文件调整报刊结构的意见	新出报刊〔1999〕1299号	1999－11－11
103	新闻出版署	关于贯彻国家电脑软件产品（电子出版物）税收优惠政策有关问题的通知	新出技〔1999〕1336号	1999－11－23
104	新闻出版署	关于《关于期刊核验及重新登记的通知》的补充通知	新出报刊〔1999〕1372号	1999－12－2
105	新闻出版总署	关于进一步加强报刊摘转稿件管理的通知	新出报刊〔2000〕201号	2000－2－25
106	新闻出版署	关于进一步加强时事政治类、综合文化生活类、信息文摘类和学术理论类期刊管理的通知	新出报刊〔2000〕753号	2000－3－2
107	新闻出版署	关于限定气功、练功类音像制品的出版单位的通知	新出音〔2000〕454号	2000－4－14
108	新闻出版署	关于清理整顿军事报刊的通知	新出报刊〔2000〕772号	2000－6－30
109	新闻出版署	关于坚决制止发表和出版政治观点错误的文章和图书的通知	新出办〔2001〕1288号	2000－9－28
110	全国"扫黄""打非"工作小组办公室、新闻出版署、教育部、国家版权局	关于坚决制止各级各类学校使用盗版教材的通知	新出联〔2000〕31号	2000－9－29
111	全国"扫黄""打非"工作小组办公室、新闻出版署	关于进一步加强报刊管理的意见	新出联〔2000〕33号	2000－10－17
112	新闻出版署	关于继续做好出版物征订发行委托有关工作的批复	新出发〔2000〕1621号	2000－11－28
113	全国"扫黄""打非"工作小组办公室、新闻出版署、文化部、国家工商局	关于取缔、关闭、限期整治有关出版物市场的通知	新出联〔2000〕46号	2000－12－20

序号	发布机关	文件名称	文号	发布时间
114	新闻出版署	关于严格审核期刊封面刊登党和国家领导人图片的通知	新出报刊〔2001〕141号	2001 - 2 - 22
115	新闻出版署	关于印发《建设"中国期刊方阵"工作方案》的通知	新出报刊〔2001〕472号	2001 - 4 - 24
116	新闻出版署	关于进一步调整高校学报结构的通知	新出报刊〔2001〕513号	2001 - 4 - 28
117	新闻出版总署	关于进一步加强和改进报刊审读工作的通知	新出报刊〔2001〕826号	2001 - 6 - 18
118	新闻出版总署	关于印发《关于坚决制止报刊摊派，切实做好当前减轻农民负担工作实施方案》并开展专项检查的通知	新出报刊〔2001〕901号	2001 - 7 - 3
119	新闻出版总署	关于进一步加强社会生活类报刊管理的通知	新出报刊〔2001〕902号	2001 - 7 - 3
120	新闻出版总署	关于维护报纸正常发行秩序的通知	新出报刊〔2001〕962号	2001 - 7 - 16
121	全国"扫黄""打非"工作小组办公室、新闻出版总署、公安部、工商总局、质检总局	关于整顿和规范印刷市场秩序的通知	新出联〔2001〕16号	2001 - 8 - 22
122	新闻出版总署	关于认真贯彻落实《印刷业管理条例》的通知	新出技〔2001〕1362号	2001 - 9 - 20
123	新闻出版总署	关于中小学教材发行费用标准的通知	新出发〔2001〕1376号	2001 - 9 - 28
124	新闻出版总署	关于限量进口伊斯兰教类书刊的通知	新外出〔2001〕1524号	2001 - 11 - 13
125	新闻出版总署	关于做好《出版物征订发行委托书》印制发放工作的通知	新出办〔2002〕245号	2002 - 3 - 7
126	新闻出版总署	关于加强实验教材用书发行管理的紧急通知	新出发〔2002〕564号	2002 - 5 - 9
127	新闻出版总署	关于印发《关于贯彻落实〈关于深化新闻出版广播影视业改革的若干意见〉的实施细则》的通知	新出办〔2002〕591号	2002 - 5 - 17
128	新闻出版总署	关于加强中越友好宣传和文化交流力度的通知	新出外〔2002〕911号	2002 - 8 - 2
129	新闻出版总署	关于切实加强对印刷复制企业监管的通知	（2002）新出明电13号	2002 - 8 - 8

序号	发布机关	文件名称	文号	发布时间
130	新闻出版总署	关于禁止报纸期刊刊载以军队名义发布医疗广告的通知	新出报刊〔2002〕1198号	2002－10－8
131	新闻出版总署	关于进一步规范出版物订货、展销活动的紧急通知	新出办〔2002〕1345号	2002－11－27
132	新闻出版总署	关于报送限期整改印刷企业基本情况的通知	新出印〔2002〕1468号	2002－12－24
133	新闻出版总署	关于国家期刊获奖徽标使用办法的通知	新出报刊〔2003〕115号	2003－1－13
134	新闻出版总署	关于印发《印刷企业"十五"后三年总量、结构、布局宏观调控指导意见》的通知	新出印〔2003〕389号	2003－4－11
135	全国"扫黄""打非"工作小组办公室、新闻出版总署、工商总局、质检总局	关于印发《关于对不符合资格条件的印刷单位进行限期整改的方案》的通知	新出联〔2003〕11号	2003－6－25
136	全国"扫黄""打非"工作小组办公室、新闻出版总署、教育部、国家版权局	关于开展2003年秋季盗版教材、教辅读物专项治理行动的通知	新出联〔2003〕15号	2003－7－17
137	新闻出版总署	关于全国统一换发新闻记者证的通知	新出报刊〔2003〕1222号	2003－11－20
138	新闻出版总署	关于委托省级新闻出版行政部门代行部分报刊审批权限的通知	新出报刊〔2003〕1410号	2003－12－11
139	新闻出版总署	关于坚决禁止违法印刷活动和取缔非法出版物的通知	新出监管〔2004〕900号	2004－7－21
140	中共中央宣传部、全国"扫黄""打非"工作小组办公室、全国整规领导小组办公室、新闻出版总署、公安部、工商总局、质检总局、国家版权局	关于印发印刷复制业专项整治工作方案的通知	新出联〔2004〕22号	2004－10－8
141	新闻出版总署	关于文摘、选刊类期刊不得转载和编摘非法出版物内容的通知	新出报刊〔2004〕1347号	2004－12－17

序号	发布机关	文件名称	文号	发布时间
142	新闻出版总署	关于重申报刊应遵守出版宗旨规范出版秩序的通知	新出报刊〔2004〕1366号	2004-12-27
143	新闻出版总署	关于认真贯彻落实《新闻记者证管理办法》及《报社记者站管理办法》的通知	新出报刊〔2005〕139号	2005-3-4
144	新闻出版总署、科技部	关于调整科技期刊申报程序和审批办法的通知	新出联〔2005〕9号	2005-4-20
145	新闻出版总署、信息产业部、教育部、国务院新闻办公室、全国妇联、共青团中央	关于开展"全国中小学生网络安全与德育教育活动"的通知	新出联〔2005〕10号	2005-5-10
146	新闻出版总署	关于加强对报刊刊载广告的管理杜绝虚假违法广告的通知	新出报刊〔2005〕507号	2005-5-23
147	新闻出版总署	关于严格控制人体美术和人体艺术音像制品出版的通知	新出音〔2005〕880号	2005-8-22
148	中共中央宣传部、国务院纠风办、新闻出版总署	关于开展规范报刊发行秩序工作的通知	新出联〔2005〕14号	2005-8-24
149	新闻出版总署	关于印发《全国书市申办条件》的通知	新出厅字〔2005〕266号	2005-11-2
150	新闻出版总署	关于开展规范报刊社记者站管理专项工作的通知	新出报刊〔2006〕428号	2006-4-25
151	新闻出版总署	关于认真做好查处违规光盘复制单位专项行动停业整顿单位验收工作的通知	新出印〔2006〕556号	2006-5-31
152	新闻出版总署	关于做好第13届北京国际图书博览会版权输出工作暨办好出版交流活动的通知	新出外〔2006〕836号	2006-8-14
153	新闻出版总署	关于进一步规范报社记者站管理的通知	新出报刊〔2007〕271号	2007-3-18
154	全国"扫黄""打非"工作小组办公室、新闻出版总署	关于加强少数民族语言文字出版物出版、印刷管理和市场监管的通知	新出联〔2007〕6号	2007-4-16

序号	发布机关	文件名称	文号	发布时间
155	全国"扫黄""打非"工作小组办公室、新闻出版总署	关于开展印刷复制业专项检查行动的通知	新出联〔2008〕3号	2008-5-8
156	新闻出版总署	关于加强音像制品市场建设与管理的通知	新出厅字〔2008〕268号	2008-10-17
157	新闻出版总署	关于开展对印刷、复制企业，出版物市场进行专项检查的通知	新出印发〔2009〕191号	2009-2-20
158	新闻出版总署	关于开展迎接新中国成立60周年出版物印刷复制质量监督检测活动的通知	新出印发〔2009〕264号	2009-3-10
159	新闻出版总署	关于在十九届全国图书交易博览会期间对参展图书印制质量进行检测的通知	新出印发〔2009〕299号	2009-3-25
160	新闻出版总署	关于转发中央八部门《整治手机媒体低俗之风工作方案》的通知	新出机字〔2009〕125号	2009-4-14
161	新闻出版总署	关于对印刷复制企业和图书市场加强监管工作的通知	新出厅字〔2009〕368号	2009-9-7

订户订购进口出版物管理办法

（2011年3月17日新闻出版总署第1次署务会议通过 2011年3月25日国家新闻出版总署令第51号公布 自2011年3月25日起施行）

第一条 为了满足国内单位和个人、在华外国机构、外商投资企业外籍人士和港、澳、台人士对进口出版物的阅读需求，加强对进口出版物的管理，根据《出版管理条例》和有关法律、法规，制定本办法。

第二条 在中国境内订户订购进口出版物适用本办法。

本办法所称进口出版物，是指由出版物进口经营单位进口的，在外国以及在中国香港特别行政区、澳门特别行政区和台湾地区出版的图书、报纸（含过期报纸）、期刊（含过期期刊）、电子出版物等。

本办法所称出版物进口经营单位，是指依照《出版管理条例》设立的从事出版物进口业务的单位。

本办法所称订户，是指通过出版物进口经营单位订购进口出版物的国内单位和个人、在华外国机构、外商投资企业和在华长期工作、学习、生活的外籍人士以及港、澳、台人士。

本办法所称订购，是指订户为满足本单位或者本人的阅读需求，向出版物进口经营单位预订购买进口出版物。

第三条 进口出版物分为限定发行范围的和非限定发行范围的两类，国家对其发行实行分类管理。

进口限定发行范围的报纸、期刊、图书、电子出版物等实行订户订购、分类供应的发行方式；非限定发行范围的进口报纸、期刊实行自愿订户订购和市场销售相结合的发行方式；非限定发行范围的进口图书、电子出版物等实行市场销售的发行方式。

限定发行范围的进口报纸、期刊、图书、电子出版物的种类由新闻出版总署确定。

第四条 订户订购进口出版物由出版物进口经营单位经营。其中，订户订购限定发行范围的进口报纸、期刊、图书、电子出版物的业务，须由新闻出版总署指定的出版物进口经营单位经营。

未经新闻出版总署批准，任何单位和个人不得从事订户订购进口出版物的经营活动。

出版物进口经营单位委托非出版物进口经营单位代理征订或者代理配送进口出版物，须事先报新闻出版总署同意。

第五条 国内单位订户订购非限定发行范围的进口报纸、期刊，持单位订购申请书，直接到新闻出版总署批准的报纸、期刊进口经营单位办理订购手续。国内个人订户应通过所在单位办理订购手续。

第六条 可以订购限定发行范围的进口报纸、期刊、图书和电子出版物的国内单位订户由新闻出版总署确定。

第七条 国内单位订户订购限定发行范围的进口报纸、期刊、图书、电子出版物等，中央单位订户由所属中央各部委审批；地方单位订户经所在地省、自治区、直辖市新闻出版行政部门审核后报送同级党委宣传部审批。获得批准的订户持单位订购申请书和有关批准文件，到新闻出版总署指定的出版物进口经营单位办理订购手续。

国内单位订户订购限定发行范围的进口报纸、期刊、图书、电子出版物等，应制定相应的使用管理办法。

第八条 在华外国机构、外商投资企业和在华长期工作、学习、生活的外籍人士和港、澳、台人士订购进口报纸、期刊，应持单位订购申请书或者本人身份证明，到新闻出版总署批准或者指定的报纸、期刊进口经营单位办理订购手续。

第九条　出版物进口经营单位负责对订购限定发行范围的进口报纸、期刊、图书、电子出版物的订户进行审核，并将审核后的订户名单、拟订购进口报纸、期刊、图书、电子出版物的品种和数量报送新闻出版总署批准。出版物进口经营单位依照批准后的订户名单及进口报纸、期刊、图书、电子出版物的品种和数量供应订户。

第十条　未经批准，擅自从事进口出版物的订户订购业务，按照《出版管理条例》第六十一条处罚。

违反本办法其他规定的，由新闻出版行政部门责令改正，给予警告；情节严重的，并处 3 万元以下的罚款。

第十一条　本办法自公布之日起施行。新闻出版总署 2004 年 12 月 31 日颁布的《订户订购进口出版物管理办法》同时废止。

出版物市场管理规定

（2011 年 3 月 17 日新闻出版总署第 1 次署务会议和商务部通过　2011 年 3 月 25 日国家新闻出版总署、商务部令第 52 号公布　自 2011 年 3 月 25 日起施行）

第一章　总　　则

第一条　为规范出版物发行活动及其监督管理，建立全国统一、开放、竞争、有序的出版物市场体系，发展社会主义出版产业，根据《出版管理条例》和有关法律、行政法规，制定本规定。

第二条　本规定适用于出版物发行活动及其监督管理。

本规定所称出版物，是指图书、报纸、期刊、音像制品、电子出版物等。

本规定所称发行，包括总发行、批发、零售以及出租、展销等活动。

总发行是指由唯一供货商向其他出版物经营者销售出版物。

批发是指供货商向其他出版物经营者销售出版物。

零售是指经营者直接向消费者销售出版物。

出租是指经营者以收取租金的形式向读者提供出版物。

展销是指主办者在一定场所、时间内组织出版物经营者集中展览、销售、订购出版物。

第三条 国家对出版物发行依法实行许可制度，未经许可，任何单位和个人不得从事出版物发行活动。本规定另有规定的除外。

第四条 新闻出版总署负责全国出版物发行活动的监督管理，负责制定全国出版物发行业发展规划。

省、自治区、直辖市新闻出版行政部门负责本行政区域内出版物发行活动的监督管理，制定本省、自治区、直辖市出版物发行业发展规划。省级以下各级人民政府新闻出版行政部门负责本行政区域内出版物发行活动的监督管理。

制定出版物发行业发展规划须经科学论证，遵循合法公正、符合实际、促进发展的原则。

第五条 发行行业的社会团体按照其章程，在新闻出版行政部门的指导下，实行自律管理。

第二章　出版物发行单位设立

第六条 设立出版物总发行企业或者其他单位从事出版物总发行业务，应当具备下列条件：

（一）有确定的企业名称和经营范围；

（二）以出版物发行为主营业务；

（三）有与出版物总发行业务相适应的组织机构和发行人员，至少一名负责人应当具有高级以上出版物发行员职业资格或者新闻出版总署认可的与出版物发行专业相关的中级以上专业技术资格；

（四）有与出版物总发行业务相适应的设备和固定的经营场所，经营场所的营业面积不少于 1000 平方米；

（五）注册资本不少于 2000 万元；

（六）具备健全的管理制度并具有符合行业标准的信息管理系统；

（七）最近三年内未受到新闻出版行政部门行政处罚，无其他严重违法记录。

除出版物总发行企业依法设立的从事总发行业务的分公司外，总发行单位应为公司制法人。

第七条 申请设立出版物总发行企业或者其他单位申请从事出版物总发行业务，须向所在地省、自治区、直辖市新闻出版行政部门提交申请材料，经其审核后，报新闻出版总署审批。

新闻出版总署应当自受理申请之日起 60 个工作日内作出批准或者不予批准的决定，并书面告知申请人。批准的，由新闻出版总署颁发《出版物经营许可证》，申请人持《出版物经营许可证》到工商行政管理部门依法办理相关手续；不予批准的，应当书面说明理由。

申请材料包括下列书面材料：

（一）申请书，载明单位基本情况及申请事项；

（二）组织机构和章程；

（三）注册资本信用证明；

（四）经营场所的情况和使用权证明；

（五）法定代表人及主要负责人的身份证明；

（六）负责人的发行员职业资格证书或其他专业技术资格证明材料；

（七）企业信息管理系统情况的证明材料；

（八）其他需要的证明材料。

第八条 设立出版物批发企业或者其他单位从事出版物批发业务，应当具备下列条件：

（一）有确定的企业名称和经营范围；

（二）有与出版物批发业务相适应的组织机构和发行人员，至少一名负责人应当具有中级以上出版物发行员职业资格或者新闻出版总署认可的与出版物发行专业相关的中级以上专业技术资格；

（三）有与出版物批发业务相适应的设备和固定的经营场所，其中进入出版物批发市场的单店营业面积不少于 50 平方米，独立设置经营场所的营业面积不少于 200 平方米；

（四）注册资本不少于 500 万元；

（五）具备健全的管理制度并具有符合行业标准的信息管理系统；

（六）最近三年内未受到新闻出版行政部门行政处罚，无其他严重违法记录。

除出版物发行企业依法设立的从事批发业务的分公司外，批发单位应为公司制法人。

第九条 申请设立出版物批发企业或者其他单位申请从事出版物批发业务，须向所在地地市级新闻出版行政部门提交申请材料，经审核后报省、自治区、直辖市新闻出版行政部门审批。

省、自治区、直辖市新闻出版行政部门自受理申请之日起 20 个工作日内作出批准或者不予批准的决定，并书面告知申请人。批准的，由省、自治区、直辖市新闻出版行政部门颁发《出版物经营许可证》，并报新闻出版总署备案。申请人持《出版物经营许可证》到工商行政管理部门依法办理相关手续。不予批准的，应当书面说明理由。

申请材料包括下列书面材料：

（一）申请书，载明单位基本情况及申请事项；

（二）企业章程；

（三）注册资本信用证明；

（四）经营场所的情况及使用权证明；

（五）法定代表人及主要负责人的身份证明；

（六）负责人的发行员职业资格证书或其他专业技术资格证明材料；

（七）企业信息管理系统情况的证明材料；

（八）其他需要的证明材料。

第十条 设立出版物零售企业或者其他单位、个人从事出版物零售业务，应当具备下列条件：

（一）有确定的名称和经营范围；

（二）至少一名负责人应当具有初级以上出版物发行员职业资格或者新闻出版总署认可的与出版物发行专业相关的初级以上专业技术资格；

（三）有固定的经营场所。

第十一条 申请设立出版物零售企业或者其他单位、个人申请从事出版物零售业务，须向所在地县级人民政府新闻出版行政部门提交申请材料。

县级新闻出版行政部门应当自受理申请之日起 20 个工作日内作出批准或者不予批准的决定，并书面告知申请人。批准的，由县级人民政府新闻出版行政部门颁发《出版物经营许可证》，并同时报上一级新闻出版行政部门备案，其中营业面积在 5000 平方米以上的应同时报省、自治区、直辖市新闻出版行政部门备案。申请人持《出版物经营许可证》到工商行政管理部门依法办理相关手续。不予批准的，应当书面说明理由。

申请材料包括下列书面材料：

（一）申请书，载明单位基本情况及申请事项；

（二）经营场所的使用权证明；

（三）经营者的身份证明和发行员职业资格证书或其他专业技术资格证明材料。

第十二条 设立出版物出租企业或者其他单位、个人从事出版物出租业务，应当于取得营业执照后 15 日内持营业执照复印件及经营地址、法定代表人或者主要负责人情况等材料到当地县级人民政府新闻出版行政部门备案。

第十三条 设立出版物连锁经营企业或者其他连锁经营企业从事出版物连锁经营业务，应当具备下列条件：

（一）有确定的企业名称和经营范围；

（二）符合连锁经营的组织形式和经营方式；

（三）注册资本不少于 300 万元，其中从事全国性连锁经营的不少于 1000 万元；

（四）有 10 个以上的直营连锁门店；

（五）有与出版物连锁业务相适应的组织机构和发行人员，至少一名负责人应当具有中级以上出版物发行员职业资格或者新闻出版总署认可的与出版物发行专业相关的中级以上专业技术资格；

（六）有与出版物连锁业务相适应的设备和固定的经营场所，其中样本店的经营面积不少于 500 平方米；

（七）具备健全的管理制度并具有符合行业标准的信息管理系统；

（八）最近三年内未受到新闻出版行政部门行政处罚，无其他严重违法记录。

第十四条 申请设立出版物连锁经营企业或者其他连锁经营企业申请从事出版物连锁经营业务，须向总部所在地地市级新闻出版行政部门提交申请材料。经审核后报省、自治区、直辖市新闻出版行政部门审批；省、自治区、直辖市新闻出版行政部门自受理申请之日起 20 个工作日内作出批准或者不予批准的决定，并书面告知申请人。批准的，由省、自治区、直辖市新闻出版行政部门颁发《出版物经营许可证》，并报新闻出版总署备案；不予批准的，应当书面说明理由。

申请设立全国性出版物连锁经营企业或者其他连锁经营企业申请从事全国性出版物连锁经营业务，须向总部所在地省、自治区、直辖市新闻出版行政部门提交申请材料，经审核后报新闻出版总署审批。新闻出版总署应当自受理申请之日起 60 个工作日内作出批准或者不予批准的决定，并书面告知申请人。批准的，由新闻出版总署颁发《出版物经营许可证》。申请人持《出版物经营许可证》到工商行政管理部门依法办理相关手续。不予批准的，应当书面说明理由。申请材料包括下列书面材料：

（一）申请书，载明企业基本情况、申请事项等；

（二）组织机构和章程；

（三）注册资本信用证明；

（四）总部和连锁门店经营场所名单及使用权证明；

（五）法定代表人及主要负责人的身份证明；

（六）负责人的发行员职业资格证书或其他专业技术资格证明材料；

（七）企业信息管理系统使用情况证明材料；

（八）其他需要的证明材料。

第十五条 出版物连锁经营企业设立直营连锁门店不需单独办理《出版物经营许可证》，可以凭出版物连锁经营企业总部的《出版物经营许可证》复印件到门店所在地县级人民政府新闻出版行政部门备案后，到工商行政管理部门依法领取非法人的营业执照。

出版物连锁经营企业开设非直营连锁门店，连锁门店须按照本规定第十条、第十一条的有关规定办理审批手续，已具有《出版物经营许可证》的除外。

第十六条 国家允许设立从事图书、报纸、期刊、电子出版物发行活动的中外合资经营企业、中外合作经营企业和外资企业，允许设立从事音像制品发行活动的中外合作经营企业；其中，从事图书、报纸、期刊连锁经营业务，连锁门店超过30家的，不允许外资控股；外国投资者不得以变相参股方式违反上述有关30家连锁门店的限制。

设立外商投资出版物总发行、批发、零售、连锁经营企业应具备的条件及新闻出版行政部门的审批程序按本规定第六条至第十五条的有关规定执行；申请人获得新闻出版行政部门批准文件后，还须按照有关法律、法规向商务主管部门提出申请，办理外商投资审批手续，并于获得批准后90天内持批准文件和《外商投资企业批准证书》到原批准的新闻出版行政部门领取《出版物经营许可证》。申请人持《出版物经营许可证》和《外商投资企业批准证书》向所在地工商行政管理部门依法领取营业执照。

第十七条 通过互联网等信息网络从事出版物发行业务的单位或者个人，应当依照本规定取得《出版物经营许可证》，外商投资企业还应按照相关规定办理外商投资审批手续。

已经取得《出版物经营许可证》的出版物发行单位在批准的经营范围内通过互联网等信息网络从事出版物发行业务，应自开展网络出版物发行业务15日内到原批准的新闻出版行政部门备案。

第十八条 申请设立从事出版物发行的书友会、读者俱乐部或者其他类似组织，按照本规定第十条、第十一条的规定办理。

出版物发行企业可以设立不具备法人资格的书友会、读者俱乐部或者其他类似组织，无需审批，但应于设立后15日内持相关材料到原批准的新闻出版行政部门备案。

第十九条 出版物发行单位可在原批准的新闻出版行政部门所辖行政区域一定地点及时间内，设立临时零售点开展其业务范围内的出版物销售活动，但须提前到设点所在地县级新闻出版行政部门履行备案手续，并须遵守所在地其他有关管理规定。

第二十条 出版物总发行单位可以从事出版物批发、零售业务；出版物批发单位可以从事出版物零售业务。

出版物发行单位设立不具备法人资格的发行分支机构，根据拟设分支机构的业务范围，分别按照设立出版物总发行、批发、零售单位的有关规定办理审批手续。

出版单位设立发行本版出版物的不具备法人资格的发行分支机构，出版单位须持《出版物经营许可证》复印件及分支机构设立地址、人员情况等相关材料于分支机构设立后 15 日内到分支机构所在地省、自治区、直辖市新闻出版行政部门备案。

第二十一条　从事出版物发行业务的单位和个人变更《出版物经营许可证》登记事项，或者兼并、合并、分立的，应当依照本办法到原批准的新闻出版行政部门办理审批手续，并持批准文件到工商行政管理部门办理相应的登记手续，外商投资企业还应按照相关规定办理外商投资审批手续。

从事出版物发行业务的单位和个人终止经营活动的，应当到工商行政管理部门办理注销登记，并向原批准的新闻出版行政部门备案。

第三章　出版物发行活动管理

第二十二条　任何组织和个人不得发行下列出版物：

（一）含有《出版管理条例》禁止内容的违禁出版物；

（二）各种非法出版物，包括：未经批准擅自出版、印刷或者复制的出版物，伪造、假冒出版单位或者报刊名称出版的出版物，非法进口的出版物；

（三）侵犯他人著作权或者专有出版权的出版物；

（四）新闻出版行政部门明令禁止出版、印刷或者复制、发行的出版物。

第二十三条　内部发行的出版物不得公开宣传、陈列、展示、销售。

内部资料性出版物只能在本系统、本行业或者本单位内部免费分发，任何组织和个人不得发行。

第二十四条　从事出版物发行业务的单位和个人在发行活动中应当遵循公平、合法、诚实守信的原则，依法订立供销合同，不得损害消费者的合法权益。

从事出版物发行业务的单位和个人，必须遵守下列规定：

（一）从依法设立的出版发行单位进货；发行进口出版物的，须从依法设立的出版物进口经营单位进货。

（二）将出版物发行进销货清单等有关非财务票据至少保存两年，以备查验。

（三）不得超出新闻出版行政部门核准的经营范围经营。

（四）不得张贴和散发有法律、法规禁止内容的或者有欺诈性文字的征订单、广告和宣传画。

（五）不得擅自更改出版物版权页。

（六）《出版物经营许可证》应在经营场所明显处张挂；利用信息网络从事出版物发行业务的，应在其网站主页面或者从事经营活动的网页醒目位置公开《出版物经营许可证》和营业执照登载的有关信息或链接标识。

（七）不得涂改、变造、出租、出借、出售或者以其他任何形式转让《出版物经营许可证》和批准文件。

第二十五条 出版物发行单位应当建立职业培训制度，按照《中华人民共和国劳动法》和国家确定的职业分类以及出版物发行员职业技能标准，组织本单位从业人员参加经过国家劳动行政部门批准的考核鉴定机构所实施的职业技能鉴定考核。

第二十六条 出版单位对本版出版物具有总发行权。

出版单位不得向无出版物总发行权的单位转让或者变相转让出版物总发行权，不得委托无出版物批发权的单位批发出版物或者代理出版物批发业务，不得委托非出版物发行单位发行出版物。

第二十七条 建立发行出版物的网络交易平台应向所在地省、自治区、直辖市新闻出版行政部门备案，接受新闻出版行政部门的指导与监督管理。

提供出版物发行网络交易平台服务的经营者，应当对申请通过网络交易平台从事出版物发行的经营主体身份进行审查，核实经营主体的营业执照、《出版物经营许可证》，并留存证照复印件备查。不得向无证无照、证照不齐的经营者提供网络交易平台服务。

提供出版物发行网络交易平台服务的经营者，发现在网络交易平台内从事各类违法活动的，应当采取有效措施予以制止，并及时向所在地新闻出版行政部门报告。

第二十八条 省、自治区、直辖市新闻出版行政部门和全国性出版、发行行业协会，可以申请主办全国性的出版物展销活动，并须提前6个月报新闻出版总署审批。

全国性出版、发行行业协会可以主办跨省专业性出版物展销活动；市、县级新闻出版行政部门和省级出版、发行协会可以主办地方性的出版物展销活动；主办单位须提前2个月报所在地省、自治区、直辖市新闻出版行政部门备案。

第二十九条 中学小学教科书发行单位应当具有适应教科书发行业务需要的资金、组织机构和人员等条件，并取得新闻出版总署批准的教科书发行资质。纳入政府采购范围的中学小学教科书，其发行单位还须按照《中华人民共和国政府采购法》的有关规定确定。其他任何单位或者个人不得从事中学小学教科书的发行业务。

中小学教科书发行管理办法由新闻出版总署另行制定。

第三十条　任何单位和个人不得从事本规定第二十二条所列出版物的征订、储存、运输、邮寄、投递、散发、附送等活动。

从事出版物储存、运输、投递活动，应当接受新闻出版行政部门的监督检查。

第三十一条　从事出版物发行业务的单位和个人应当按照新闻出版行政部门的规定接受年度核验，并按照《中华人民共和国统计法》、《新闻出版统计管理办法》及有关规定如实报送统计资料，不得以任何借口拒报、迟报、虚报、瞒报以及伪造和篡改统计资料。

出版物发行单位不再具备行政许可的法定条件的，由新闻出版行政部门责令限期改正；逾期仍未改正的，由原发证机关撤销《出版物经营许可证》。

第四章　罚　　则

第三十二条　未经批准，擅自设立出版物发行单位，或者擅自从事出版物发行业务的，依照《出版管理条例》第六十一条处罚。

未经批准擅自设立发行分支机构、出版物批发市场，擅自主办全国性出版物展销活动或者不符合本条例规定的主办单位擅自主办地方性或者跨省专业性出版物展销活动的，按照前款处罚。

第三十三条　发行违禁出版物的，依照《出版管理条例》第六十二条处罚。

发行新闻出版总署禁止进口的出版物，或者发行进口出版物未从依法批准的出版物进口经营单位进货的，依照《出版管理条例》第六十三条处罚。

发行其他非法出版物和新闻出版行政部门明令禁止出版、印刷或者复制、发行的出版物的，依照《出版管理条例》第六十五条处罚。

发行违禁出版物或者非法出版物的，当事人对其来源作出说明、指认，经查证属实的，没收出版物和非法所得，可以减轻或免除其他行政处罚。

第三十四条　违反本规定发行侵犯他人著作权或者专有出版权的出版物的，依照《中华人民共和国著作权法》和《中华人民共和国著作权法实施条例》的规定处罚。

第三十五条　发行未经依法审定的中学小学教科书，或者未经法定方式确定的单位从事中学小学教科书的发行业务的，依照《出版管理条例》第六十五条处罚。

第三十六条　出版物发行单位未依照规定办理变更审批手续的，按照《出版管理条例》第六十七条处罚。

第三十七条　单位违反本规定被吊销《出版物经营许可证》的，由原发证单位吊销其法定代表人或者主要负责人及直接责任人的出版物发行员职业资格证书；其法定代表人或者主要负责人自许可证被吊销之日起10年内不得担任发行单位的法定代表人或者主要负责人。

第三十八条　违反本规定，有下列行为之一的，由新闻出版行政部门责令停止违法行为，予以警告，并处3万元以下罚款：

（一）未能提供近两年的出版物发行进销货清单等有关非财务票据的；

（二）超出新闻出版行政部门核准的经营范围经营的；

（三）张贴和散发有法律、法规禁止内容的或者有欺诈性文字的征订单、广告和宣传画的；

（四）擅自更改出版物版权页的；

（五）《出版物经营许可证》未在经营场所明显处张挂或未在网页醒目位置公开《出版物经营许可证》和营业执照登载的有关信息或链接标识的；

（六）出售、出借、出租、转让或擅自涂改、变造《出版物经营许可证》的；

（七）发行内部资料性出版物的，或公开宣传、陈列、销售规定应由内部发行的出版物的；

（八）向无总发行权的单位转让或者变相转让出版物总发行权，委托无出版物批发权的单位批发出版物或代理出版物批发业务，委托非出版物发行单位发行出版物的；

（九）提供出版物网络交易平台服务的经营者未按本规定履行有关审查及管理责任的；

（十）应按本规定进行备案而未备案的；

（十一）不按规定接受年度核检的。

第三十九条　征订、储存、运输、邮寄、投递、散发、附送本规定第二十二条所列出版物的，按照本规定第三十三条进行处罚。

第四十条　违反本规定第三十一条未报送统计数据的，按照新闻出版总署《新闻出版统计管理办法》处理。

第五章　附　　则

第四十一条　香港特别行政区、澳门特别行政区、台湾地区的投资者在其他省、自治区、直辖市设立出版物发行企业，按照本规定第十六条办理，并作如下补充规定：

（一）允许香港、澳门服务提供者在内地以独资、合资形式提供音像制品（含后电影产品）的发行服务；

（二）对于同一香港、澳门服务提供者在内地从事图书、报纸、期刊连锁经营，允许其控股，但出资比例不得超过65%；

（三）香港、澳门服务提供者应分别符合《内地与香港关于建立更紧密经贸关系的安排》及《内地与澳门关于建立更紧密经贸关系的安排》中关于"服务提供者"定义及相关规定的要求，取得香港、澳门服务提供者证明书。

第四十二条 除已依法设立的出版物批发市场外，各省、自治区、直辖市不得再设立或者变相设立出版物批发市场；进入出版物批发市场的经营单位在出版物销售前，须将出版物样本报送批发市场管理机构审验，报送审验的出版物样本必须与所销售的出版物一致。

第四十三条 本规定所称全国性连锁经营，是指跨省、自治区、直辖市连锁经营。

第四十四条 《出版物经营许可证》正、副本的样式由新闻出版总署规定，由新闻出版总署或者省、自治区、直辖市新闻出版行政部门统一印制。

第四十五条 本规定自公布之日起施行，此前新闻出版总署和有关部门颁布的《出版物市场管理规定》、《音像制品批发、零售、出租管理办法》、《外商投资图书、报纸、期刊分销企业管理办法》和《中外合作音像制品分销企业管理办法》及有关补充规定同时废止，本规定施行前与本规定不一致的其他规定不再执行。

音像制品进口管理办法

（2011 年 3 月 17 日新闻出版总署第 1 次署务会议和海关总署通过 2011 年 4 月 6 日国家新闻出版总署、中华人民共和国海关总署令第 53 号公布 自 2011 年 4 月 6 日起施行）

第一章 总 则

第一条 为了加强对音像制品进口的管理，促进国际文化交流与合作，丰富人民群众的文化生活，根据《音像制品管理条例》及国家有关规定，制定本办法。

第二条 本办法所称音像制品，是指录有内容的录音带、录像带、唱片、激光唱盘、激光视盘等。

第三条 凡从外国进口音像制品成品和进口用于出版及其他用途的音像制品，适用本办法。

前款所称出版，包括利用信息网络出版。

音像制品用于广播电视播放的，适用广播电视法律、行政法规。

第四条 新闻出版总署负责全国音像制品进口的监督管理和内容审查等工作。

县级以上地方人民政府新闻出版行政部门依照本办法负责本行政区域内的进口音像制品的监督管理工作。

各级海关在其职责范围内负责音像制品进口的监督管理工作。

第五条 音像制品进口经营活动应当遵守宪法和有关法律、法规，坚持为人民服务和为社会主义服务的方向，传播有益于经济发展和社会进步的思想、道德、科学技术和文化知识。

第六条 国家禁止进口有下列内容的音像制品：

（一）反对宪法确定的基本原则的；

（二）危害国家统一、主权和领土完整的；

（三）泄漏国家秘密、危害国家安全或者损害国家荣誉和利益的；

（四）煽动民族仇恨、民族歧视，破坏民族团结，或者侵害民族风俗、习惯的；

（五）宣扬邪教、迷信的；

（六）扰乱社会秩序，破坏社会稳定的；

（七）宣扬淫秽、赌博、暴力或者教唆犯罪的；

（八）侮辱或者诽谤他人，侵害他人合法权益的；

（九）危害社会公德或者民族优秀文化传统的；

（十）有法律、行政法规和国家规定禁止的其他内容的。

第七条 国家对设立音像制品成品进口单位实行许可制度。

第二章 进口单位

第八条 音像制品成品进口业务由新闻出版总署批准的音像制品成品进口单位经营；未经批准，任何单位或者个人不得从事音像制品成品进口业务。

第九条 设立音像制品成品进口经营单位，应当具备以下条件：

（一）有音像制品进口经营单位的名称、章程；

（二）有符合新闻出版总署认定条件的主办单位及其主管机关；

（三）有确定的业务范围；

（四）具有进口音像制品内容初审能力；

（五）有与音像制品进口业务相适应的资金；

（六）有固定的经营场所；

（七）法律、行政法规和国家规定的其他条件。

第十条 设立音像制品成品进口经营单位，应当向新闻出版总署提出申请，经审查批准，取得新闻出版总署核发的音像制品进口经营许可证件后，持证到工商行政管理部门依法领取营业执照。

设立音像制品进口经营单位，还应当依照对外贸易法律、行政法规的规定办理相应手续。

第十一条 图书馆、音像资料馆、科研机构、学校等单位进口供研究、教学参考的音像制品成品，应当委托新闻出版总署批准的音像制品成品进口经营单位办理进口审批手续。

第十二条 音像出版单位可以在批准的出版业务范围内从事进口音像制品的出版业务。

第三章 进口审查

第十三条 国家对进口音像制品实行许可管理制度，应在进口前报新闻出版总署进行内容审查，审查批准取得许可文件后方可进口。

第十四条 新闻出版总署设立音像制品内容审查委员会，负责审查进口音像制品的内容。委员会下设办公室，负责进口音像制品内容审查的日常工作。

第十五条 进口音像制品成品，由音像制品成品进口经营单位向新闻出版总署提出申请并报送以下文件和材料：

（一）进口录音或录像制品报审表；

（二）进口协议草案或订单；

（三）节目样片、中外文歌词；

（四）内容审查所需的其他材料。

第十六条 进口用于出版的音像制品，应当向新闻出版总署提出申请并报送以下文件和材料：

（一）进口录音或录像制品报审表；

（二）版权贸易协议中外文文本草案，原始版权证明书，版权授权书和国家版权局的登记文件；

（三）节目样片；

（四）中外文曲目、歌词或对白；

（五）内容审查所需的其他材料。

第十七条 进口用于展览、展示的音像制品，由展览、展示活动主办单位提出申请，并将音像制品目录和样片报新闻出版总署进行内容审查。海关按暂时进口货物管理。

第十八条 进口单位不得擅自更改报送新闻出版总署进行内容审查样片原有的名称和内容。

第十九条 新闻出版总署自受理进口音像制品申请之日起 30 日内作出批准或者不批准的决定。批准的，发给进口音像制品批准单；不批准的，应当说明理由。

进口音像制品批准单内容不得更改，如需修改，应重新办理。进口音像制品批准单一次报关使用有效，不得累计使用。其中，属于音像制品成品的，批准单当年有效；属于用于出版的音像制品的，批准单有效期限为 1 年。

第四章 进口管理

第二十条 未经审查批准进口的音像制品，任何单位和个人不得出版、复制、批发、零售、出租和营业性放映。

第二十一条 任何单位和个人不得将供研究、教学参考或者用于展览、展示的进口音像制品进行经营性复制、批发、零售、出租和营业性放映。

用于展览、展示的进口音像制品确需在境内销售、赠送的，在销售、赠送前，必须依照本办法按成品进口重新办理批准手续。

第二十二条 进口单位与外方签订的音像制品进口协议或者合同应当符合中国法律、法规的规定。

第二十三条 出版进口音像制品，应当符合新闻出版总署批准文件要求，不得擅自变更节目名称和增删节目内容，要使用经批准的中文节目名称；外语节目应当在音像制品及封面包装上标明中外文名称；出版进口音像制品必须在音像制品及其包装的明显位置标明国家版权局的登记文号和新闻出版总署进口批准文号；利用信息网络出版进口音像制品必须在相关节目页面标明以上信息。

第二十四条 在经批准进口出版的音像制品版权授权期限内，音像制品进口经营单位不得进口该音像制品成品。

第二十五条 出版进口音像制品使用的语言文字应当符合国家公布的语言文字规范。

第二十六条 进口单位持新闻出版总署进口音像制品批准单向海关办理音像制品的进口报关手续。

第二十七条　个人携带和邮寄音像制品进出境，应以自用、合理数量为限，并按照海关有关规定办理。

第二十八条　随机器设备同时进口以及进口后随机器设备复出口的记录操作系统、设备说明、专用软件等内容的音像制品，不适用本办法，海关验核进口单位提供的合同、发票等有效单证验放。

第五章　罚　　则

第二十九条　未经批准，擅自从事音像制品成品进口经营活动的，依照《音像制品管理条例》第三十九条的有关规定给予处罚。

第三十条　有下列行为之一的，由县级以上新闻出版行政部门责令停止违法行为，给予警告，没收违法音像制品和违法所得；违法经营额 1 万元以上的，并处违法经营额 5 倍以上 10 倍以下的罚款；违法经营额不足 1 万元的，并处 5 万元以下罚款；情节严重的，并责令停业整顿或者由原发证机关吊销许可证：

（一）出版未经新闻出版总署批准擅自进口的音像制品；

（二）批发、零售、出租或者放映未经新闻出版总署批准进口的音像制品的；

（三）批发、零售、出租、放映供研究、教学参考或者用于展览、展示的进口音像制品的。

第三十一条　违反本办法，出版进口音像制品未标明本办法规定内容的，由省级以上新闻出版行政部门责令改正，给予警告，情节严重的，并责令停业整顿或者由原发证机关吊销许可证。

第三十二条　违反本办法，有下列行为之一的，由省级以上新闻出版行政部门责令改正，给予警告，可并处 3 万元以下的罚款：

（一）出版进口音像制品使用语言文字不符合国家公布的语言文字规范的；

（二）出版进口音像制品，违反本办法擅自变更节目名称、增删节目内容的。

擅自增删经审查批准进口的音像制品内容导致其含有本办法第六条规定的禁止内容的，按照《音像制品管理条例》有关条款进行处罚。

第三十三条　违反海关法及有关管理规定的，由海关依法处理。

第六章　附　　则

第三十四条　从中国香港特别行政区、澳门特别行政区和台湾地区进口音像制品，参照本办法执行。

第三十五条　电子出版物的进口参照本办法执行。

第三十六条　本办法由新闻出版总署负责解释。涉及海关业务的，由海关总署负责解释。

第三十七条　本办法自公布之日起施行，2002 年 6 月 1 日文化部、海关总署发布的《音像制品进口管理办法》同时废止。

新闻出版总署关于印发《新闻采编人员不良从业行为记录登记办法》的通知

（2011 年 5 月 17 日　新出政发〔2011〕8 号）

各省、自治区、直辖市新闻出版局，新疆生产建设兵团新闻出版局，解放军总政治部宣传部新闻出版局，中央和国家机关各部委、各民主党派、各人民团体报刊主管部门，中央主要新闻单位：

新闻采编队伍建设是我国新闻事业发展的重要组成部分，加强和改进新闻采编队伍管理工作，是新闻媒体长远发展的根本，是增强新闻媒体社会公信力的基础。针对近年来新闻采编队伍中存在的虚假新闻、有偿新闻以及其他利用新闻采访活动谋取不正当利益等问题，有必要在全国逐步建立和完善新闻采编人员不良从业行为记录登记制度，通过不良行为记录的档案管理，限制和禁止存在严重违法问题的新闻采编人员继续从事新闻采编工作，进一步净化新闻采编队伍，遏制新闻违法活动，加强新闻采编队伍的诚信体系建设，建立健康有序的新闻采访秩序，保障新闻记者依法开展新闻采编活动。

现将《新闻采编人员不良从业行为记录登记办法》印发给你们，请结合实际认真贯彻执行。

新闻采编人员不良从业行为记录登记办法

第一条　为规范新闻采编行为，净化新闻采编队伍，遏制新闻违法活动，建立健康有序的新闻采访秩序，保障新闻记者依法开展新闻采编活动，根据国务院《出版管理条例》、新闻出版总署《新闻记者证管理办法》和有关规定，制定本办法。

第二条　本办法适用于中华人民共和国境内从事新闻采编活动的人员不良从业行为记录的管理。

第三条　本办法所称新闻采编人员，是指境内新闻机构编制内或者经正式聘用，专职从事新闻采编岗位工作的人员。

第四条　本办法所称的新闻采编人员不良从业行为包括以下方面：

（一）以提供虚假、伪造的证明文件等欺骗手段申领新闻记者证。

（二）利用新闻采编工作之便从事广告、发行等经营活动。

（三）被吊销新闻记者证且未满5年的人员从事新闻采编活动。

（四）编写虚假新闻，包括在采写新闻报道中采取凭空捏造，无中生有；隐瞒事实，制造假象等方式，造成发表的新闻报道与事实严重不符的行为。

（五）从事有偿新闻活动，包括为发表新闻报道而主动索取或者被动收受被采访对象或者利益关系人财物等行为。

（六）徇私隐匿应报道的新闻事实，包括为不发表新闻报道而主动索取或者被动收受被采访对象或者利益关系人财物等行为。

（七）其他以新闻采访为名谋取不正当利益，包括利用舆论监督进行敲诈勒索、打击报复等滥用新闻采访权利的活动。

（八）因新闻采编违法活动被追究刑事责任。

（九）其他违反新闻出版管理法规、规章等有关规定的行为。

第五条　新闻出版总署负责全国新闻采编人员不良从业行为记录的登记和管理工作；地方各级新闻出版行政部门负责本行政区域新闻采编人员不良从业行为记录登记的申报和审核工作；各新闻机构负责本新闻机构新闻采编人员不良从业行为记录登记的申报工作。

第六条　各级新闻出版行政部门和各新闻机构发现本行政区域或者本新闻机构内有新闻采编人员涉嫌存在本办法第四条规定的行为，须参照有关规定进行调查，调查终结并取得相关证据后，须按照本办法规定，填写《新闻采编人员不良从业行为记录登记表》。

对违反新闻出版法规规章应予处罚的，新闻出版行政部门须在填写《新闻采编人员不良从业行为记录登记表》前，依法做出行政处罚。

第七条　各级新闻出版行政部门的行政处罚决定书和各级人民法院的判决书等有效文书可以作为新闻采编不良从业行为记录的认定依据。

第八条　地方各级新闻出版行政部门和各新闻机构在《新闻采编人员不良从业行为记录登记表》签署处理意见后，须附相关有效证据，在10日内向上级新闻出版行政部门申报，经省级新闻出版行政部门审核后，报新闻出版总署登记。

新闻出版总署可以依据本办法直接对新闻采编人员不良从业行为记录进行登记。

第九条 省级以上新闻出版行政部门在确定新闻采编人员不良从业行为记录前，应事先向当事人告知拟将其列入新闻采编不良从业行为记录的事实、理由和依据，当事人应在接到告知书之日起 7 日内提出陈述和申辩。

以新闻出版行政部门的行政处罚决定书和人民法院的判决书等有效文书作为认定新闻采编不良从业行为记录依据的，无须另行告知当事人。

第十条 新闻出版总署根据登记结果建立全国新闻采编人员不良从业行为记录查询系统，定期通报情节恶劣或者造成严重影响的不良从业行为，社会公众可以通过中国记者网查询不良从业行为记录。

第十一条 被列入不良记录的人员对不良从业行为的认定存在异议，可向新闻出版行政部门申请撤销不良记录的登记，并提供相关有效证据，经省级以上新闻出版行政部门重新调查核实后，根据调查结果由新闻出版总署做出撤销登记或者不撤销登记的决定，并以书面形式告知当事人。

第十二条 各级新闻出版行政部门和各新闻机构须严格限制有不良记录的人员继续从事新闻采编工作，对存在本办法第四条规定的不良从业行为的，自不良从业行为记录登记之日起，按照以下规定期限限制从事新闻采编工作：

（一）存在本办法第四条第（一）项或者第（二）项规定情形的，3 年内不得从事新闻采编工作；

（二）存在本办法第四条第（三）项规定情形的，限业期限增加 3 年；

（三）存在本办法第四条第（四）项至第（七）项规定情形之一或者被吊销新闻记者证的，5 年内不得从事新闻采编工作；

（四）存在本办法第四条第（八）项规定情形的，终身不得从事新闻采编工作；

（五）存在本办法第四条第（九）项规定情形的，视情节严重程度，3 至 5 年内不得从事新闻采编工作。

第十三条 被列入不良从业行为记录的新闻采编人员限业期满后，由新闻出版总署注销其不良从业行为记录登记，留存其不良从业行为记录档案。

第十四条 被列入不良从业行为记录的新闻采编人员重新获得新闻采编从业资格后，3 年内再次违反新闻出版法规的，终身不得从事新闻采编工作。

第十五条 新闻机构对本单位人员存在的不良从业行为隐瞒不报，或者有意拖延缓报，新闻出版行政部门可视情节轻重，采取下列行政措施：

（一）通报批评；

（二）责令公开检讨；

（三）责令改正；

（四）暂停核发新闻记者证；

（五）在年度核验中给予缓验；

（六）责成主管单位、主办单位监督整改。

第十六条 非新闻采编人员（包括境内新闻机构的非新闻采编岗位工作人员和其他社会人员）违法从事新闻采编活动参照适用本办法。

第十七条 本办法自发布之日起施行。

附件：新闻采编人员不良从业行为记录登记表（略，详情请登录新闻
出版总署网站）

国家版权局废止第四批规范性文件的决定

（2010 年 12 月 29 日国家版权局第 2 次局务
会议通过　2011 年 3 月 1 日国家版权局令第
9 号公布　自 2011 年 3 月 1 日起施行）

为全面推进依法行政，加强法治政府建设，国家版权局组织了第四批规范性文件集中清理工作，决定废止 53 件规范性文件。现予公布，自公布之日起生效。

国家版权局决定废止的第四批规范性文件目录

序号	发布机关	文件名称	文　号	发布日期
1	文化部	关于降低期刊稿费及取消期刊、丛刊、丛书编辑费的通知	（65）文出李字261号	1965
2	出版总署	为出版翻译书籍应刊载原本版权说明的通知	（51）编字第3号	1951－1－12
3	民族事务委员会、出版总署	关于从汉文书籍译成少数民族文字的图书可免付汉文著译者稿酬的联合通报	民办（53）字第37号　（53）出版字第51号	1953－5－19
4	出版总署	关于纠正任意翻印图书现象的规定	（53）出机字第270号	1953－11－12
5	出版总署	通知各地出版社出版翻译书籍时在版权页上应刊载原本版权说明	（53）出译字第299号	1953－12－28

序号	发布机关	文件名称	文　号	发布日期
6	出版总署	关于停止出版文学名著的改写本或通俗本的规定	（54）出机字第21号	1954－1－15
7	出版总署	翻译出版外国著作对原著作人是否支付稿酬的意见	（54）出机字第50号	1954－2－2
8	出版总署	关于私营出版社"买版权"书移转出版后的稿酬处理意见	（54）出机字第257号	1954－7－2
9	出版总署	关于翻印苏联出版的中文版书籍的稿酬的处理原则	（54）出版字第72号	1954－7－3
10	文化部	颁发"关于同苏联、人民民主国家互相在对方报刊上发表稿件的稿酬收授办法的规定"的通知	（55）文厅秘字第169号	1955－5－19
11	文化部	关于国营剧团试行付给剧作者剧本上演报酬的通知	（56）文沈艺戏字第252号	1956－12－14
12	文化部	颁发"关于文学和社会科学书籍稿酬的暂行规定草案"，请北京、上海两地有关出版社试行附：关于文学和社会科学书籍稿酬的暂行规定（草案）	（58）文钱出字第433号	1958－7－14
13	文化部	关于降低稿酬标准的几个问题的通知	（59）文出钱字第184号	1959－3－24
14	文化部	关于在北京、上海两地有关出版社继续试行"关于文学和社会科学书籍稿酬的暂行规定"的通知附：关于文学和社会科学书籍稿酬的暂行规定	（59）文出钱字第1059号	1959－10－19
15	文化部	关于1958年后曾降低稿酬标准一半计酬的出版物的稿酬处理原则的通知	（59）出版字第117号	1959－10－19
16	文化部、对外文化联络委员会	文化部、对外文化联络委员会通知翻译朝鲜书籍须征求朝方意见出书后应向朝方寄赠样本	（60）文出夏字第334号　（60）联四罗字第564号	1960－3－18
17	文化部	答复关于出版已故作者作品付酬问题	（60）文出字第598号	1960－5－14
18	文化部	关于兄弟国家报刊互相约稿供稿稿酬处理的通知	（60）文出齐字第1376号	1960－11－12
19	文化部	请贯彻执行中央关于废除版税制，彻底改革稿酬制度的批示	（60）文出齐字第255号	1961－3－21
20	文化部	各地出版社应贯彻执行中央关于废除版税制，彻底改革稿酬制度的批示	（61）文出胡字第503号	1961－5－5

序号	发布机关	文件名称	文　号	发布日期
21	文化部	复关于外国专家、外侨编写的书稿的处理问题	（61）文出平字第677号	1961－6－3
22	文化部	关于正确执行稿酬制度，恰当掌握稿酬标准的通知	（61）文出齐字第1216号	1961－8－28
23	文化部	关于理工农医各科教材稿酬问题的意见	（61）文出胡字第1399号	1961－9－28
24	文化部	文化部颁发"关于故事片各类稿酬的暂行办法"自1963年起试行的通知 附：文化部关于故事片各类稿酬的暂行办法	（62）文电夏字第2202号	1962－12－11
25	文化部	关于古籍注释的印数稿酬问题	（63）文出胡字第715号	1963－5－11
26	文化部	关于恢复1959年颁发施行的稿酬暂行规定的通知	（64）文出齐字第774号	1964－5－22
27	文化部	关于暂行停付印数稿酬的通知	（64）文厅出字第1602号	1964－10－27
28	文化部	关于改革稿酬制度的通知	（64）文厅出字第1812号	1964－12－21
29	文化部	关于一次支付稿酬的说明	（65）出版字第103号	1965－6－2
30	国家出版局	关于试行新闻出版稿酬及补贴办法的通知 附：国家出版局关于新闻出版稿酬及补贴试行办法的请示报告（1977年9月2日） 新闻出版稿酬及补贴试行办法（1977年9月）	（77）出版字第361号	1977－10－12
31	国家出版局	关于修订《辞源》稿酬标准及有关问题的通知	（79）出版字第196号	1979－4－20
32	国家出版局	转发人民美术出版社关于美术出版物稿酬暂行办法的通知 附：人民美术出版社美术出版物稿酬暂行办法	（80）出版字第543号	1980－8－12
33	国家出版局	对《周恩来选集》稿酬问题的批复	（81）出版字第514号	1981－7－22
34	国家出版局	关于纠正文学类作品重复出版问题的通知	文出字（83）第1269号	1983－6－10

序号	发布机关	文件名称	文　号	发布日期
35	文化部	关于稿酬问题的几点答复	（84）出综字第133号	1984－3－15
36	文化部	关于修订故事片各类稿酬规定的通知 附：关于故事片各类稿酬的规定	文电字1604号	1984－9－20
37	文化部	关于印发科教片各类稿酬暂行规定的通知 附：关于科学教育影片各类稿酬的暂行规定	电字496号	1984－10－30
38	文化部	关于实行《美术出版物稿酬试行办法》的通知 附：美术出版物稿酬试行办法 美术出版物稿酬标准（1984年12月起试行）	（85）出综字第35号	1985－1－5
39	文化部	关于颁发《付给戏剧作者上演报酬的试行办法》的通知 附：付给戏剧作者上演报酬的试行办法	文艺字（85）第35号	1985－2－25
40	国家版权局	关于《涉及博物馆所收藏作品的版权问题》的复函	(86)权字第60号	1986－11－10
41	国家版权局	关于适当提高美术出版物稿酬的通知	(90)权字第12号	1990－7－10
42	国家版权局	关于诗词稿酬计算方法的复文	(90)权字第20号	1990－9－10
43	国家版权局	关于指定中国版权研究会为临时收转使用作品报酬机构的公告	国家版权局第1号公告	1991－8－10
44	国家版权局	由北京市版权局负责中央级出版社涉及台港澳图书版权贸易合同审核的通知	国权〔1993〕3号	1993－2－10
45	国家版权局	关于同意中国版权研究会以"中国著作权使用报酬收转中心"名义对外开展法定许可报酬收转工作的批复	国权〔1993〕25号	1993－4－9
46	国家版权局	关于为特定目的使用外国作品特定复制本的通知	国权〔1993〕28号	1993－4－20
47	国家版权局	关于重申未经批准不得进行涉外版权代理的通知	国权〔1995〕51号	1995－10－10
48	国家版权局	关于报送以图书出版形式授权境外出版作品情况的通知	国权〔1996〕37号	1996－12－17

序号	发布机关	文件名称	文 号	发布日期
49	国家版权局	关于加强涉外著作权贸易代理机构管理的通知	国权〔1997〕14 号	1997－6－23
50	国家版权局	关于发布《反盗版信息》的通知	国权〔1998〕20 号	1998－5－15
51	国家版权局	关于古籍"标点"等著作权问题的答复	权办〔1999〕18 号	1999－7－12
52	国家版权局	关于同意成立中国文字作品著作权协会的批复	国权〔2000〕5 号	2000－2－29
53	国家版权局	关于对通过信息网络侵权传播他人作品等行为实施行政处罚法律适用问题的意见	国权〔2002〕21 号	2002－7－11

尾矿库安全监督管理规定

（2011 年 4 月 18 日国家安全生产监督管理总局局长办公会议审议通过 2011 年 5 月 4 日国家安全生产监督管理总局令第 38 号公布 自 2011 年 7 月 1 日起施行）

第一章 总 则

第一条 为了预防和减少尾矿库生产安全事故，保障人民群众生命和财产安全，根据《安全生产法》、《矿山安全法》等有关法律、行政法规，制定本规定。

第二条 尾矿库的建设、运行、回采、闭库及其安全管理与监督工作，适用本规定。

核工业矿山尾矿库、电厂灰渣库的安全监督管理工作，不适用本规定。

第三条 尾矿库建设、运行、回采、闭库的安全技术要求以及尾矿库等别划分标准，按照《尾矿库安全技术规程》（AQ2006—2005）执行。

第四条 尾矿库生产经营单位（以下简称生产经营单位）应当建立健全尾矿库安全生产责任制，建立健全安全生产规章制度和安全技术操作规程，对尾矿库实施有效的安全管理。

第五条 生产经营单位应当保证尾矿库具备安全生产条件所必需的资金投入，建立相应的安全管理机构或者配备相应的安全管理人员、专业技术人员。

第六条 生产经营单位主要负责人和安全管理人员应当依照有关规定经培训考核合格并取得安全资格证书后，方可任职。

直接从事尾矿库放矿、筑坝、巡坝、排洪和排渗设施操作的作业人员必须取得特种作业操作证书，方可上岗作业。

第七条 国家安全生产监督管理总局负责对国务院或者国务院有关部门审批、核准、备案的尾矿库建设项目进行安全设施设计审查和竣工验收。

前款规定以外的其他尾矿库建设项目安全设施设计审查和竣工验收，由省级安全生产监督管理部门按照分级管理的原则作出规定。

尾矿库日常安全生产监督管理工作，实行分级负责、属地监管原则，由省级安全生产监督管理部门结合本行政区域实际制定具体规定，报国家安全生产监督管理总局备案。

第八条 鼓励生产经营单位应用尾矿库在线监测、尾矿充填、干式排尾、尾矿综合利用等先进适用技术。

一等、二等、三等尾矿库应当安装在线监测系统。

鼓励生产经营单位将尾矿回采再利用后进行回填。

第二章 尾矿库建设

第九条 尾矿库建设项目包括新建、改建、扩建以及回采、闭库的尾矿库建设工程。

尾矿库建设项目安全设施设计审查与竣工验收应当符合有关法律、行政法规及《非煤矿矿山建设项目安全设施设计审查与竣工验收办法》的规定。

第十条 尾矿库的勘察单位应当具有矿山工程或者岩土工程类勘察资质。设计单位应当具有金属非金属矿山工程设计资质。安全评价单位应当具有尾矿库评价资质。施工单位应当具有矿山工程施工资质。施工监理单位应当具有矿山工程监理资质。

尾矿库的勘察、设计、安全评价、施工、监理等单位除符合前款规定外，还应当按照尾矿库的等别符合下列规定：

（一）一等、二等、三等尾矿库建设项目，其勘察、设计、安全评价、监理单位具有甲级资质，施工单位具有总承包一级或者特级资质；

（二）四等、五等尾矿库建设项目，其勘察、设计、安全评价、监理单位具有乙级或者乙级以上资质，施工单位具有总承包三级或者三级以上资质，或者专业承包一级、二级资质。

第十一条 尾矿库建设项目初步设计应当包括安全设施设计，并编制安全专篇。安全专篇应当对尾矿库库址及尾矿坝稳定性、尾矿库防洪能力、排洪设施和安全观测设施的可靠性进行充分论证。

第十二条 尾矿库库址应当由设计单位根据库容、坝高、库区地形条件、水文地质、气象、下游居民区和重要工业构筑物等情况，经科学论证后，合理确定。

第十三条 尾矿库建设项目应当进行安全设施设计并经安全生产监督管理部门审查批准后方可施工。无安全设施设计或者安全设施设计未经审查批准的，不得施工。

严禁未经设计并审查批准擅自加高尾矿库坝体。

第十四条 尾矿库施工应当执行有关法律、行政法规和国家标准、行业标准的规定，严格按照设计施工，确保工程质量，并做好施工记录。

生产经营单位应当建立尾矿库工程档案和日常管理档案，特别是隐蔽工程档案、安全检查档案和隐患排查治理档案，并长期保存。

第十五条 施工中需要对设计进行局部修改的，应当经原设计单位同意；对涉及尾矿库库址、等别、排洪方式、尾矿坝坝型等重大设计变更的，应当报原审批部门批准。

第十六条 尾矿库建设项目安全设施试运行应当向安全生产监督管理部门备案，试运行时间不得超过6个月，且尾砂排放不得超过初期坝坝顶标高。试运行结束后，应当向安全生产监督管理部门申请安全设施竣工验收。

第十七条 尾矿库建设项目安全设施经安全生产监督管理部门验收合格后，生产经营单位应当及时按照《非煤矿矿山企业安全生产许可证实施办法》的有关规定，申请尾矿库安全生产许可证。未依法取得安全生产许可证的尾矿库，不得投入生产运行。

生产经营单位在申请尾矿库安全生产许可证时，对于验收申请时已提交的符合颁证条件的文件、资料可以不再提交；安全生产监督管理部门在审核颁发安全生产许可证时，可以不再审查。

第三章 尾矿库运行

第十八条 对生产运行的尾矿库，未经技术论证和安全生产监督管理部门的批准，任何单位和个人不得对下列事项进行变更：

（一）筑坝方式；

（二）排放方式；

（三）尾矿物化特性；

（四）坝型、坝外坡坡比、最终堆积标高和最终坝轴线的位置；

（五）坝体防渗、排渗及反滤层的设置；

（六）排洪系统的形式、布置及尺寸；

（七）设计以外的尾矿、废料或者废水进库等。

第十九条 尾矿库应当每3年至少进行1次安全现状评价。安全现状评价应当符合国家标准或者行业标准的要求。

尾矿库安全现状评价工作应当有能够进行尾矿坝稳定性验算、尾矿库水文计算、构筑物计算的专业技术人员参加。

上游式尾矿坝堆积至1/2至2/3最终设计坝高时，应当对坝体进行1次全面勘察，并进行稳定性专项评价。

第二十条 尾矿库经安全现状评价或者专家论证被确定为危库、险库和病库的，生产经营单位应当分别采取下列措施：

（一）确定为危库的，应当立即停产，进行抢险，并向尾矿库所在地县级人民政府、安全生产监督管理部门和上级主管单位报告；

（二）确定为险库的，应当立即停产，在限定的时间内消除险情，并向尾矿库所在地县级人民政府、安全生产监督管理部门和上级主管单位报告；

（三）确定为病库的，应当在限定的时间内按照正常库标准进行整治，消除事故隐患。

第二十一条 生产经营单位应当建立健全防汛责任制，实施24小时监测监控和值班值守，并针对可能发生的垮坝、漫顶、排洪设施损毁等生产安全事故和影响尾矿库运行的洪水、泥石流、山体滑坡、地震等重大险情制定并及时修订应急救援预案，配备必要的应急救援器材、设备，放置在便于应急时使用的地方。

应急预案应当按照规定报相应的安全生产监督管理部门备案，并每年至少进行一次演练。

第二十二条 生产经营单位应当编制尾矿库年度、季度作业计划，严格按照作业计划生产运行，做好记录并长期保存。

第二十三条 生产经营单位应当建立尾矿库事故隐患排查治理制度，按照本规定和《尾矿库安全技术规程》的规定，定期组织尾矿库专项检查，对发现的事故隐患及时进行治理，并建立隐患排查治理档案。

第二十四条 尾矿库出现下列重大险情之一的，生产经营单位应当按照安全监管权限和职责立即报告当地县级安全生产监督管理部门和人民政府，并启动应急预案，进行抢险：

（一）坝体出现严重的管涌、流土等现象的；

（二）坝体出现严重裂缝、坍塌和滑动迹象的；

（三）库内水位超过限制的最高洪水位的；

（四）在用排水井倒塌或者排水管（洞）坍塌堵塞的；

（五）其他危及尾矿库安全的重大险情。

第二十五条 尾矿库发生坝体坍塌、洪水漫顶等事故时，生产经营单位应当立即启动应急预案，进行抢险，防止事故扩大，避免和减少人员伤亡及财产损失，并立即报告当地县级安全生产监督管理部门和人民政府。

第二十六条 未经生产经营单位进行技术论证并同意，以及尾矿库建设项目安全设施设计原审批部门批准，任何单位和个人不得在库区从事爆破、采砂、地下采矿等危害尾矿库安全的作业。

第四章 尾矿库回采和闭库

第二十七条 尾矿回采再利用工程应当进行回采勘察、安全预评价和回采设计，回采设计应当包括安全设施设计，并编制安全专篇。

安全预评价报告应当向安全生产监督管理部门备案。回采安全设施设计应当报安全生产监督管理部门审查批准。

生产经营单位应当按照回采设计实施尾矿回采，并在尾矿回采期间进行日常安全管理和检查，防止尾矿回采作业对尾矿坝安全造成影响。

尾矿全部回采后不再进行排尾作业的，生产经营单位应当及时报安全生产监督管理部门履行尾矿库注销手续。具体办法由省级安全生产监督管理部门制定。

第二十八条 尾矿库运行到设计最终标高或者不再进行排尾作业的，应当在一年内完成闭库。特殊情况不能按期完成闭库的，应当报经相应的安全生产监督管理部门同意后方可延期，但延长期限不得超过 6 个月。

库容小于 10 万立方米且总坝高低于 10 米的小型尾矿库闭库程序，由省级安全生产监督管理部门根据本地实际制定。

第二十九条 尾矿库运行到设计最终标高的前 12 个月内，生产经营单位应当进行闭库前的安全现状评价和闭库设计，闭库设计应当包括安全设施设计，并编制安全专篇。

闭库安全设施设计应当经有关安全生产监督管理部门审查批准。

第三十条 生产经营单位申请尾矿库闭库工程安全设施验收，应当具备下列条件：

（一）尾矿库已停止使用；

（二）闭库前的安全现状评价报告已报有关安全生产监督管理部门备案；

（三）尾矿库闭库工程安全设施设计已经有关安全生产监督管理部门审查批准；

（四）有完备的闭库工程安全设施施工记录、竣工报告、竣工图和施工监理报告等；

（五）法律、行政法规和国家标准、行业标准规定的其他条件。

第三十一条　生产经营单位向安全生产监督管理部门提交尾矿库闭库工程安全设施验收申请报告，应当包括下列内容及资料：

（一）尾矿库库址所在行政区域位置、占地面积及尾矿库下游村庄、居民等情况；

（二）尾矿库建设和运行时间以及在建设和运行中曾经出现过的重大问题及其处理措施；

（三）尾矿库主要技术参数，包括初期坝结构、筑坝材料、堆坝方式、坝高、总库容、尾矿坝外坡坡比、尾矿粒度、尾矿堆积量、防洪排水形式等；

（四）闭库工程安全设施设计及审批文件；

（五）闭库工程安全设施设计的主要工程措施和闭库工程施工概况；

（六）闭库工程安全验收评价报告；

（七）闭库工程安全设施竣工报告及竣工图；

（八）施工监理报告；

（九）其他相关资料。

第三十二条　尾矿库闭库工作及闭库后的安全管理由原生产经营单位负责。对解散或者关闭破产的生产经营单位，其已关闭或者废弃的尾矿库的管理工作，由生产经营单位出资人或其上级主管单位负责；无上级主管单位或者出资人不明确的，由安全生产监督管理部门提请县级以上人民政府指定管理单位。

第五章　监督管理

第三十三条　安全生产监督管理部门应当严格按照有关法律、行政法规、国家标准、行业标准以及本规定要求和"分级属地"的原则，进行尾矿库建设项目安全设施设计审查、竣工验收和闭库工程安全设施验收；不符合规定条件的，不得批准或者通过验收。进行审查或者验收，不得收取费用。

第三十四条　安全生产监督管理部门应当建立本行政区域内尾矿库安全生产监督检查档案，记录监督检查结果、生产安全事故及违法行为查处等情况。

第三十五条　安全生产监督管理部门应当加强对尾矿库生产经营单位安全生产的监督检查，对检查中发现的事故隐患和违法违规生产行为，依法作出处理。

第三十六条　安全生产监督管理部门应当建立尾矿库安全生产举报制度，公开举报电话、信箱或者电子邮件地址，受理有关举报；对受理的举报，应当认真调查核实；经查证属实的，应当依法作出处理。

第三十七条　安全生产监督管理部门应当加强本行政区域内生产经营单位应急预案的备案管理，并将尾矿库事故应急救援纳入地方各级人民政府应急救援体系。

第六章　法律责任

第三十八条　安全生产监督管理部门的工作人员，未依法履行尾矿库安全监督管理职责的，依照有关规定给予行政处分。

第三十九条　生产经营单位或者尾矿库管理单位违反本规定第八条第二款、第十九条、第二十条、第二十一条、第二十二条、第二十三条、第二十四条、第二十六条、第二十九条第一款规定的，给予警告，并处 1 万元以上 3 万元以下的罚款；对主管人员和直接责任人员由其所在单位或者上级主管单位给予行政处分；构成犯罪的，依法追究刑事责任。

第四十条　生产经营单位或者尾矿库管理单位违反本规定第十八条规定的，给予警告，并处 3 万元的罚款；情节严重的，依法责令停产整顿或者提请县级以上地方人民政府按照规定权限予以关闭。

第四十一条　生产经营单位违反本规定第二十八条第一款规定不主动实施闭库的，给予警告，并处 3 万元的罚款。

第四十二条　本规定规定的行政处罚由安全生产监督管理部门决定。

法律、行政法规对行政处罚决定机关和处罚种类、幅度另有规定的，依照其规定。

第七章　附　　则

第四十三条　本规定自 2011 年 7 月 1 日起施行。国家安全生产监督管理总局 2006 年公布的《尾矿库安全监督管理规定》（国家安全生产监督管理总局令第 6 号）同时废止。

小型露天采石场安全管理与监督检查规定

(2011 年 4 月 18 日国家安全生产监督管理总局局长办公会议审议通过 2011 年 5 月 4 日国家安全生产监督管理总局令第 39 号公布 自 2011 年 7 月 1 日起施行)

第一章 总 则

第一条 为预防和减少小型露天采石场生产安全事故，保障从业人员的安全与健康，根据《安全生产法》、《矿山安全法》、《安全生产许可证条例》等有关法律、行政法规，制定本规定。

第二条 年生产规模不超过 50 万吨的山坡型露天采石作业单位（以下统称小型露天采石场）的安全生产及对其监督管理，适用本规定。

开采型材和金属矿产资源的小型露天矿山的安全生产及对其监督管理，不适用本规定。

第三条 县级以上地方人民政府安全生产监督管理部门对小型露天采石场的安全生产实施监督管理。所辖区域内有小型露天采石场的乡（镇）应当明确负责安全生产工作的管理人员及其职责。

第二章 安全生产保障

第四条 小型露天采石场主要负责人对本单位的安全生产工作负总责，应当组织制定和落实安全生产责任制，改善劳动条件和作业环境，保证安全生产投入的有效实施。

主要负责人经安全生产监督管理部门考核合格并取得安全资格证书后，方可任职。

第五条 小型露天采石场应当建立健全安全生产管理制度和岗位安全操作规程，至少配备 1 名专职安全生产管理人员。

安全生产管理人员应当按照国家有关规定取得安全资格证书后，方可任职。

第六条 小型露天采石场应当至少配备 1 名专业技术人员，或者聘用专业技术人员、注册安全工程师、委托相关技术服务机构为其提供安全生产管理服务。

第七条 小型露天采石场新进矿山的作业人员应当接受不少于 40 小

时的安全培训，已在岗的作业人员应当每年接受不少于 20 小时的安全再培训。

特种作业人员必须按照国家有关规定经专门的安全技术培训并考核合格，取得特种作业操作证书后，方可上岗作业。

第八条　小型露天采石场必须参加工伤保险，按照国家有关规定提取和使用安全生产费用。

第九条　新建、改建、扩建小型露天采石场应当由具有建设主管部门认定资质的设计单位编制开采设计或者开采方案。采石场布置和开采方式发生重大变化时，应当重新编制开采设计或者开采方案，并由原审查部门审查批准。

第十条　小型露天采石场新建、改建、扩建工程项目安全设施应当按照规定履行设计审查和竣工验收审批程序。

对于不需要进行上部剥离作业的新建小型露天采石场，符合有关安全生产法律、法规、标准要求，经安全生产监督管理部门检查同意，可以不进行安全设施竣工验收，直接依法申请领取安全生产许可证。

第十一条　小型露天采石场应当依法取得非煤矿矿山企业安全生产许可证。未取得安全生产许可证的，不得从事生产活动。

在安全生产许可证有效期内采矿许可证到期失效的，小型露天采石场应当在采矿许可证到期前 15 日内向原安全生产许可证颁发管理机关报告，并交回安全生产许可证正本和副本。

第十二条　相邻的采石场开采范围之间最小距离应当大于 300 米。对可能危及对方生产安全的，双方应当签订安全生产管理协议，明确各自的安全生产管理职责和应当采取的安全措施，指定专门人员进行安全检查与协调。

第十三条　小型露天采石场应当采用中深孔爆破，严禁采用扩壶爆破、掏底崩落、掏挖开采和不分层的"一面墙"等开采方式。

不具备实施中深孔爆破条件的，由所在地安全生产监督管理部门聘请有关专家进行论证，经论证符合要求的，方可采用浅孔爆破开采。

小型露天采石场实施中深孔爆破条件的审核办法，由省级安全生产监督管理部门制定。

第十四条　不采用爆破方式直接使用挖掘机进行采矿作业的，台阶高度不得超过挖掘机最大挖掘高度。

第十五条　小型露天采石场应当采用台阶式开采。不能采用台阶式开采的，应当自上而下分层顺序开采。

分层开采的分层高度、最大开采高度（第一分层的坡顶线到最后一分层的坡底线的垂直距离）和最终边坡角由设计确定，实施浅孔爆破作业时，分层数不得超过 6 个，最大开采高度不得超过 30 米；实施中深孔爆破作业时，分层高度不得超过 20 米，分层数不得超过 3 个，最大开采高度不得超过 60 米。

分层开采的凿岩平台宽度由设计确定，最小凿岩平台宽度不得小于 4 米。

分层开采的底部装运平台宽度由设计确定，且应当满足调车作业所需的最小平台宽度要求。

第十六条 小型露天采石场应当遵守国家有关民用爆炸物品和爆破作业的安全规定，由具有相应资格的爆破作业人员进行爆破，设置爆破警戒范围，实行定时爆破制度。不得在爆破警戒范围内避炮。

禁止在雷雨、大雾、大风等恶劣天气条件下进行爆破作业。雷电高发地区应当选用非电起爆系统。

第十七条 对爆破后产生的大块矿岩应当采用机械方式进行破碎，不得使用爆破方式进行二次破碎。

第十八条 承包爆破作业的专业服务单位应当取得爆破作业单位许可证，承包采矿和剥离作业的采掘施工单位应当持有非煤矿矿山企业安全生产许可证。

第十九条 采石场上部需要剥离的，剥离工作面应当超前于开采工作面 4 米以上。

第二十条 小型露天采石场在作业前和作业中以及每次爆破后，应当对坡面进行安全检查。发现工作面有裂痕，或者在坡面上有浮石、危石和伞檐体可能塌落时，应当立即停止作业并撤离人员至安全地点，采取安全措施和消除隐患。

采石场的入口道路及相关危险源点应当设置安全警示标志，严禁任何人员在边坡底部休息和停留。

第二十一条 在坡面上进行排险作业时，作业人员应当系安全带，不得站在危石、浮石上及悬空作业。严禁在同一坡面上下双层或者多层同时作业。

距工作台阶坡底线 50 米范围内不得从事碎石加工作业。

第二十二条 小型露天采石场应当采用机械铲装作业，严禁使用人工装运矿岩。

同一工作面有两台铲装机械作业时，最小间距应当大于铲装机械最大回转半径的 2 倍。

严禁自卸汽车运载易燃、易爆物品；严禁超载运输；装载与运输作业时，严禁在驾驶室外侧、车斗内站人。

第二十三条 废石、废渣应当排放到废石场。废石场的设置应当符合设计要求和有关安全规定。顺山或顺沟排放废石、废渣的，应当有防止泥石流的具体措施。

第二十四条 电气设备应当有接地、过流、漏电保护装置。变电所应当有独立的避雷系统和防火、防潮与防止小动物窜入带电部位的措施。

第二十五条 小型露天采石场应当制定完善的防洪措施。对开采境界上方汇水影响安全的，应当设置截水沟。

第二十六条 小型露天采石场应当制定应急救援预案，建立兼职救援队伍，明确救援人员的职责，并与邻近的矿山救护队或者其他具备救护条件的单位签订救护协议。发生生产安全事故时，应当立即组织抢救，并在1小时内向当地安全生产监督管理部门报告。

第二十七条 小型露天采石场应当加强粉尘检测和防治工作，采取有效措施防治职业危害，建立职工健康档案，为从业人员提供符合国家标准或者行业标准的劳动防护用品和劳动保护设施，并指导监督其正确使用。

第二十八条 小型露天采石场应当在每年年末测绘采石场开采现状平面图和剖面图，并归档管理。

第三章　监督检查

第二十九条 安全生产监督管理部门应当加强对小型露天采石场的监督检查，对检查中发现的事故隐患和安全生产违法违规行为，依法作出现场处理或者实施行政处罚。

第三十条 安全生产监督管理部门应当建立健全本行政区域内小型露天采石场的安全生产档案，记录监督检查结果、生产安全事故和违法行为查处等情况。

第三十一条 对于未委托具备相应资质的设计单位编制开采设计或者开采方案，以及周边300米范围内存在生产生活设施的小型露天采石场，安全生产监督管理部门不得对其进行审查和验收。

第三十二条 安全生产监督管理部门应当加强对小型露天采石场实施中深孔爆破条件的监督检查。严格限制小型露天采石场采用浅孔爆破开采方式。

第三十三条 安全生产监督管理部门应当督促小型露天采石场加强对承包作业的采掘施工单位的管理，明确双方安全生产责任。

第三十四条 安全生产监督管理部门应当加强本行政区域内小型露天采石场应急预案的管理，督促乡（镇）人民政府做好事故应急救援的协调工作。

第四章　法律责任

第三十五条　安全生产监督管理部门及其工作人员违反法律法规和本规定，未依法履行对小型露天采石场安全生产监督检查职责的，依法给予行政处分。

第三十六条　违反本规定第六条规定的，责令限期改正，并处 1 万元以下的罚款。

第三十七条　违反本规定第十条第一款规定的，责令限期改正；逾期未改正的，责令停止建设或者停产停业整顿，可以并处 5 万元以下的罚款。

第三十八条　违反本规定第十一条第一款规定的，责令停止生产，没收违法所得，并处 10 万元以上 50 万元以下的罚款。

第三十九条　违反本规定第十二条、第十三条第一、二款、第十四条、第十五条、第十六条、第十七条、第十九条、第二十条第一款、第二十一条、第二十二条规定的，给予警告，并处 1 万元以上 3 万元以下的罚款。

第四十条　违反本规定第二十三条、第二十四条、第二十五条、第二十八条规定的，给予警告，并处 2 万元以下的罚款。

第四十一条　本规定规定的行政处罚由安全生产监督管理部门决定。法律、行政法规对行政处罚另有规定的，依照其规定。

第五章　附　　则

第四十二条　省、自治区、直辖市人民政府安全生产监督管理部门可以根据本规定制定实施细则，报国家安全生产监督管理总局备案。

第四十三条　本规定自 2011 年 7 月 1 日起施行。2004 年 12 月 28 日原国家安全生产监督管理局（国家煤矿安全监察局）公布的《小型露天采石场安全生产暂行规定》〔原国家安全生产监督管理局（国家煤矿安全监察局）令第 19 号〕同时废止。

国家安全监管总局关于修改
《〈生产安全事故报告和调查处理条例〉
罚款处罚暂行规定》部分条款的决定

(2011 年 8 月 29 日国家安全生产监督管理总局局长办公
会议审议通过　2011 年 9 月 1 日国家安全生产监督管理
总局令第 42 号公布　自 2011 年 11 月 1 日起施行)

国家安全生产监督管理总局决定对《〈生产安全事故报告和调查处理
条例〉罚款处罚暂行规定》部分条款作如下修改:

一、第五条第三项修改为:"故意不如实报告事故发生的时间、地点、初步原因、性质、伤亡人数和涉险人数、直接经济损失等有关内容的,属于谎报。"

第四项修改为:"隐瞒已经发生的事故,超过规定时限未向安全监管监察部门和有关部门报告,经查证属实的,属于瞒报。"

二、第十二条增加一款,作为第一款:"事故发生单位有《条例》第三十六条第一项规定行为之一的,处 200 万元的罚款;同时贻误事故抢救或者造成事故扩大或者影响事故调查的,处 300 万元的罚款;同时贻误事故抢救或者造成事故扩大或者影响事故调查,手段恶劣,情节严重的,处500 万元的罚款。"

原第一款调整为第二款,并修改为:"事故发生单位有《条例》第三十六条第二至六项规定行为之一的,处 100 万元以上 200 万元以下的罚款;同时贻误事故抢救或者造成事故扩大或者影响事故调查的,处 200 万元以上 300 万元以下的罚款;同时贻误事故抢救或者造成事故扩大或者影响事故调查,手段恶劣,情节严重的,处 300 万元以上 500 万元以下的罚款。"

三、删除第十三条第一项。

第三项修改为:"谎报、瞒报事故或者事故发生后逃匿的,处上一年年收入 100% 的罚款。"

四、第十四条增加一款,作为第二款:"事故发生单位有本条第一款规定的行为且谎报或者瞒报事故的,处 20 万元的罚款。"

五、第十五条增加一款,作为第二款:"事故发生单位对较大事故发生负有责任且有谎报或者瞒报行为的,处 50 万元的罚款。"

六、第十六条增加一款，作为第二款："事故发生单位对重大事故发生负有责任且有谎报或者瞒报行为的，处 200 万元的罚款。"

七、第十七条增加一款，作为第二款："事故发生单位有本条第一款规定的行为且谎报或者瞒报事故的，处 500 万元的罚款。"

八、删除第二十二条。

本决定自 2011 年 11 月 1 日起施行。

《〈生产安全事故报告和调查处理条例〉罚款处罚暂行规定》根据本决定作相应的修订，重新公布。

《生产安全事故报告和调查处理条例》
罚款处罚暂行规定

(2007 年 7 月 12 日国家安全生产监督管理总局令第 13 号公布　根据 2011 年 9 月 1 日《国家安全监管总局关于修改〈《生产安全事故报告和调查处理条例》罚款处罚暂行规定〉的决定》修订)

第一条　为防止和减少生产安全事故，严格追究生产安全事故发生单位及其有关责任人员的法律责任，正确适用事故罚款的行政处罚，依照《生产安全事故报告和调查处理条例》（以下简称《条例》）的规定，制定本规定。

第二条　安全生产监督管理部门和煤矿安全监察机构对生产安全事故发生单位（以下简称事故发生单位）及其主要负责人、直接负责的主管人员和其他责任人员等有关责任人员实施罚款的行政处罚，适用本规定。

法律、行政法规对行政处罚的种类、幅度和决定机关另有规定的，依照其规定。

第三条　本规定所称事故发生单位是指对事故发生负有责任的生产经营单位。

本规定所称主要负责人是指有限责任公司、股份有限公司的董事长或者总经理或者个人经营的投资人，其他生产经营单位的厂长、经理、局长、矿长（含实际控制人、投资人）等人员。

第四条　本规定所称事故发生单位主要负责人、直接负责的主管人员和其他直接责任人员的上一年年收入，属于国有生产经营单位的，是指该单位上级主管部门所确定的上一年年收入总额；属于非国有生产经营单位的，是指经财务、税务部门核定的上一年年收入总额。

第五条 《条例》所称的迟报、漏报、谎报和瞒报，依照下列情形认定：

（一）报告事故的时间超过规定时限的，属于迟报；

（二）因过失对应当上报的事故或者事故发生的时间、地点、类别、伤亡人数、直接经济损失等内容遗漏未报的，属于漏报；

（三）故意不如实报告事故发生的时间、地点、初步原因、性质、伤亡人数和涉险人数、直接经济损失等有关内容的，属于谎报；

（四）隐瞒已经发生的事故，超过规定时限未向安全监管监察部门和有关部门报告，经查证属实的，属于瞒报。

第六条 对事故发生单位及其有关责任人员处以罚款的行政处罚，依照下列规定决定：

（一）对发生特别重大事故的单位及其有关责任人员罚款的行政处罚，由国家安全生产监督管理总局决定；

（二）对发生重大事故的单位及其有关责任人员罚款的行政处罚，由省级人民政府安全生产监督管理部门决定；

（三）对发生较大事故的单位及其有关责任人员罚款的行政处罚，由设区的市级人民政府安全生产监督管理部门决定；

（四）对发生一般事故的单位及其有关责任人员罚款的行政处罚，由县级人民政府安全生产监督管理部门决定。

上级安全生产监督管理部门可以指定下一级安全生产监督管理部门对事故发生单位及其有关责任人员实施行政处罚。

第七条 对煤矿事故发生单位及其有关责任人员处以罚款的行政处罚，依照下列规定执行：

（一）对发生特别重大事故的煤矿及其有关责任人员罚款的行政处罚，由国家煤矿安全监察局决定；

（二）对发生重大事故和较大事故的煤矿及其有关责任人员罚款的行政处罚，由省级煤矿安全监察机构决定；

（三）对发生一般事故的煤矿及其有关责任人员罚款的行政处罚，由省级煤矿安全监察机构所属分局决定。

上级煤矿安全监察机构可以指定下一级煤矿安全监察机构对事故发生单位及其有关责任人员实施行政处罚。

第八条 特别重大事故以下等级事故，事故发生地与事故发生单位所在地不在同一个县级以上行政区域的，由事故发生地的安全生产监督管理部门或者煤矿安全监察机构依照本规定第六条或者第七条规定的权限实施行政处罚。

第九条 安全生产监督管理部门和煤矿安全监察机构对事故发生单位及其有关责任人员实施罚款的行政处罚，依照《安全生产违法行为行政处罚办法》规定的程序执行。

第十条 事故发生单位及其有关责任人员对安全生产监督管理部门和煤矿安全监察机构给予的行政处罚，享有陈述、申辩的权利；对行政处罚不服的，有权依法申请行政复议或者提起行政诉讼。

第十一条 事故发生单位主要负责人有《条例》第三十五条规定的行为之一的，依照下列规定处以罚款：

（一）事故发生单位主要负责人在事故发生后不立即组织事故抢救的，处上一年年收入80%的罚款；

（二）事故发生单位主要负责人迟报或者漏报事故的，处上一年年收入40%至60%的罚款；

（三）事故发生单位主要负责人在事故调查处理期间擅离职守的，处上一年年收入60%至80%的罚款。

第十二条 事故发生单位有《条例》第三十六条第一项规定行为之一的，处200万元的罚款；同时贻误事故抢救或者造成事故扩大或者影响事故调查的，处300万元的罚款；同时贻误事故抢救或者造成事故扩大或者影响事故调查，手段恶劣，情节严重的，处500万元的罚款。

事故发生单位有《条例》第三十六条第二至六项规定行为之一的，处100万元以上200万元以下的罚款；同时贻误事故抢救或者造成事故扩大或者影响事故调查的，处200万元以上300万元以下的罚款；同时贻误事故抢救或者造成事故扩大或者影响事故调查，手段恶劣，情节严重的，处300万元以上500万元以下的罚款。

第十三条 事故发生单位的主要负责人、直接负责的主管人员和其他直接责任人员有《条例》第三十六条规定的行为之一的，依照下列规定处以罚款：

（一）伪造、故意破坏事故现场，或者转移、隐匿资金、财产、销毁有关证据、资料，或者拒绝接受调查，或者拒绝提供有关情况和资料，或者在事故调查中作伪证，或者指使他人作伪证的，处上一年年收入80%至90%的罚款；

（二）谎报、瞒报事故或者事故发生后逃匿的，处上一年年收入100%的罚款。

第十四条 事故发生单位对造成3人以下死亡，或者3人以上10人以下重伤（包括急性工业中毒），或者300万元以上1000万元以下直接经济损失的事故负有责任的，处10万元以上20万元以下的罚款。

事故发生单位有本条第一款规定的行为且谎报或者瞒报事故的，处20万元的罚款。

第十五条 事故发生单位对较大事故发生负有责任的，依照下列规定处以罚款：

（一）造成3人以上6人以下死亡，或者10人以上30人以下重伤（包括急性工业中毒），或者1000万元以上3000万元以下直接经济损失的，处20万元以上30万元以下的罚款；

（二）造成6人以上10人以下死亡，或者30人以上50人以下重伤（包括急性工业中毒），或者3000万元以上5000万元以下直接经济损失的，处30万元以上50万元以下的罚款。

事故发生单位对较大事故发生负有责任且有谎报或者瞒报行为的，处50万元的罚款。

第十六条 事故发生单位对重大事故发生负有责任的，依照下列规定处以罚款：

（一）造成10人以上15人以下死亡，或者50人以上70人以下重伤（包括急性工业中毒），或者5000万元以上7000万元以下直接经济损失的，处50万元以上100万元以下的罚款；

（二）造成15人以上30人以下死亡，或者70人以上100人以下重伤（包括急性工业中毒），或者7000万元以上1亿元以下直接经济损失的，处100万元以上200万元以下的罚款。

事故发生单位对重大事故发生负有责任且有谎报或者瞒报行为的，处200万元的罚款。

第十七条 事故发生单位对特别重大事故发生负有责任的，处200万元以上500万元以下的罚款。

事故发生单位有本条第一款规定的行为且谎报或者瞒报事故的，处500万元的罚款。

第十八条 事故发生单位主要负责人未依法履行安全生产管理职责，导致事故发生的，依照下列规定处以罚款：

（一）发生一般事故的，处上一年年收入30%的罚款；

（二）发生较大事故的，处上一年年收入40%的罚款；

（三）发生重大事故的，处上一年年收入60%的罚款；

（四）发生特别重大事故的，处上一年年收入80%的罚款。

第十九条 法律、行政法规对发生事故的单位及其有关责任人员规定的罚款幅度与本规定不同的，按照较高的幅度处以罚款，但对同一违法行为不得重复罚款。

第二十条 违反《条例》和本规定，事故发生单位及其有关责任人员有两种以上应当处以罚款的行为的，安全生产监督管理部门或者煤矿安全监察机构应当分别裁量，合并作出处罚决定。

第二十一条 对事故发生负有责任的其他单位及其有关责任人员处以罚款的行政处罚，依照相关法律、法规和规章的规定实施。

第二十二条 本规定自公布之日起施行。

国家级森林公园管理办法

（2011年4月12日国家林业局局务会议审议通过 2011年5月20日国家林业局令第27号公布 自2011年8月1日起施行）

第一条 为了规范国家级森林公园管理，保护和合理利用森林风景资源，发展森林生态旅游，促进生态文明建设，制定本办法。

第二条 国家级森林公园的管理，适用本办法。

国家级森林公园的设立、撤销、合并、改变经营范围或者变更隶属关系，依照《国家级森林公园设立、撤销、合并、改变经营范围或者变更隶属关系审批管理办法》的有关规定办理。

第三条 国家林业局主管全国国家级森林公园的监督管理工作。

县级以上地方人民政府林业主管部门主管本行政区域内国家级森林公园的监督管理工作。

第四条 县级以上地方人民政府林业主管部门应当指导本行政区域内的国家级森林公园经营管理机构配备管理和技术人员，负责森林风景资源的保护和利用。

第五条 国家级森林公园的主体功能是保护森林风景资源和生物多样性、普及生态文化知识、开展森林生态旅游。

国家级森林公园的建设和经营应当遵循"严格保护、科学规划、统一管理、合理利用、协调发展"的原则。

第六条 国家级森林公园总体规划是国家级森林公园建设经营和监督管理的依据。任何单位或者个人不得违反国家级森林公园总体规划从事森林公园的建设和经营。

第七条 国家级森林公园应当自批准设立之日起18个月内，编制完成国家级森林公园总体规划；国家级森林公园合并或者改变经营范围的，应当自批准之日起 12 个月内修改完成总体规划。

国家级森林公园总体规划的规划期一般为 10 年。

第八条 国家级森林公园总体规划，应当突出森林风景资源的自然特性、文化内涵和地方特色，并符合下列要求：

（一）充分保护森林风景资源、生物多样性和现有森林植被；

（二）充分展示和传播生态文化知识，增强公众生态文明道德意识；

（三）便于森林生态旅游活动的组织与开展，以及公众对自然与环境的充分体验；

（四）以自然景观为主，严格控制人造景点的设置；

（五）严格控制滑雪场、索道等对景观和环境有较大影响的项目建设。

国家级森林公园总体规划还应当包括森林生态旅游、森林防火、旅游安全等专项规划。

第九条 已建国家级森林公园的范围与国家级自然保护区重合或者交叉的，国家级森林公园总体规划应当与国家级自然保护区总体规划相互协调；对重合或者交叉区域，应当按照自然保护区有关法律法规管理。

第十条 国家级森林公园总体规划，应当委托具有相应资质的单位，按照有关标准和规程编制。

编制国家级森林公园总体规划，应当广泛征求有关部门、公众和专家的意见；报送审核（批）国家级森林公园总体规划时应当对征求意见及其采纳情况进行说明。

第十一条 国家级森林公园总体规划，由省、自治区、直辖市林业主管部门组织专家评审并审核后，报国家林业局批准。

经批准的国家级森林公园总体规划 5 年内不得修改；因国家或者省级重点工程建设需要修改的，应当报国家林业局同意。

在国家级森林公园设立后、总体规划批准前，不得在森林公园内新建永久性建筑、构筑物等人工设施。

第十二条 国家林业局批准的国家级森林公园总体规划，应当自批准之日起 30 日内予以公开，公众有权查阅。

第十三条 国家级森林公园内的建设项目应当符合总体规划的要求，其选址、规模、风格和色彩等应当与周边景观与环境相协调，相应的废水、废物处理和防火设施应当同时设计、同时施工、同时使用。

国家级森林公园内已建或者在建的建设项目不符合总体规划要求的，应当按照总体规划逐步进行改造、拆除或者迁出。

在国家级森林公园内进行建设活动的，应当采取措施保护景观和环境；施工结束后，应当及时整理场地，美化绿化环境。

第十四条 国家级森林公园经营管理机构应当依法编制并组织实施森林经营方案，加强森林公园内森林、林木的保护、培育和管理。

因提高森林风景资源质量或者开展森林生态旅游的需要，可以对国家级森林公园内的林木进行抚育和更新性质的采伐。

第十五条 严格控制建设项目使用国家级森林公园林地，但是因保护森林及其他风景资源、建设森林防火设施和林业生态文化示范基地、保障游客安全等直接为林业生产服务的工程设施除外。

建设项目确需使用国家级森林公园林地的，应当避免或者减少对森林景观、生态以及旅游活动的影响，并依法办理林地占用、征收审核审批手续。建设项目可能对森林公园景观和生态造成较大影响或者导致森林风景资源质量明显降低的，应当在取得国家级森林公园撤销或者改变经营范围的行政许可后，依法办理林地占用、征收审核审批手续。

第十六条 因国家级森林公园总体规划的实施，给国家级森林公园内的当事人造成损失的，依法给予补偿。

第十七条 国家级森林公园经营管理机构应当对森林公园内的森林风景资源和生物多样性进行调查，建立保护管理档案，并制定相应的保护措施。

国家级森林公园经营管理机构应当加强对重要森林风景资源的监测，必要时，可以划定重点保护区域。

国家级森林公园经营管理机构应当严格保护森林公园内的天然林、珍贵树木，培育具有地方特色的风景林木，保持当地森林景观优势特征，提高森林风景资源的游览、观赏和科普价值。

第十八条 在国家级森林公园内禁止从事下列活动：

（一）擅自采折、采挖花草、树木、药材等植物；

（二）非法猎捕、杀害野生动物；

（三）刻画、污损树木、岩石和文物古迹及葬坟；

（四）损毁或者擅自移动园内设施；

（五）未经处理直接排放生活污水和超标准的废水、废气，乱倒垃圾、废渣、废物及其他污染物；

（六）在非指定的吸烟区吸烟和在非指定区域野外用火、焚烧香蜡纸烛、燃放烟花爆竹；

（七）擅自摆摊设点、兜售物品；

（八）擅自围、填、堵、截自然水系；

（九）法律、法规、规章禁止的其他活动。

国家级森林公园经营管理机构应当通过标示牌、宣传单等形式将森林风景资源保护的注意事项告知旅游者。

第十九条　在国家级森林公园内开展影视拍摄或者大型文艺演出等活动的，国家级森林公园经营管理机构应当根据承办单位的活动计划对森林公园景观与生态的影响进行评估，并报省、自治区、直辖市人民政府林业主管部门备案。

国家级森林公园经营管理机构应当监督承办单位按照备案的活动计划开展影视拍摄或者大型文艺演出等活动；对所搭建的临时设施，承办单位应当在国家级森林公园经营管理机构规定的期限内拆除，并恢复原状。

第二十条　经有关部门批准，国家级森林公园可以出售门票和收取相关费用。国家级森林公园的门票和其他经营收入应当按照国家有关规定使用，并主要用于森林风景资源的培育、保护及森林公园的建设、维护和管理。

国家级森林公园可以根据实际情况采取减免门票或者设立免费开放日等方式，为老年人、儿童、学生、现役军人、残疾人等特殊群体游览提供便利。国家另有规定的，从其规定。

第二十一条　国家级森林公园的建设和经营，应当由国家级森林公园经营管理机构负责；需要与其他单位、个人以合资、合作等方式联合进行的，应当报省级以上人民政府林业主管部门备案。

单位和个人参与国家级森林公园的建设和经营，应当符合国家级森林公园总体规划并服从国家级森林公园经营管理机构的统一管理。

国家级森林公园建设和经营管理的主体发生变动的，应当依法向国家林业局申请办理国家级森林公园被许可人变更手续。

第二十二条　国家级森林公园经营管理机构应当对森林公园的范围进行公示和标界立桩。

国家级森林公园经营管理机构应当按照规定使用中国国家森林公园专用标志。未经国家林业局同意，任何单位和个人不得使用国家级森林公园的名称和专用标志。

第二十三条　国家级森林公园经营管理机构应当建立健全解说系统，开辟展示场所，对古树名木和主要景观景物设置解说牌示，提供宣传品和解说服务，应用现代信息技术向公众介绍自然科普知识和社会历史文化知识。

第二十四条　国家级森林公园经营管理机构应当在危险地段设置安全防护设施和安全警示标识，制定突发事件应急预案。

没有安全保障的区域，不得对公众开放。

国家鼓励国家级森林公园采取购买责任保险的方式，提高旅游安全事故的应对能力。

第二十五条　国家级森林公园经营管理机构应当根据国家级森林公园总体规划确定的游客容量组织安排旅游活动，不得超过最大游客容量接待旅游者。

进入国家级森林公园的交通工具，应当按照规定路线行驶，并在指定地点停放。

国家鼓励在国家级森林公园内使用低碳、节能、环保的交通工具。

第二十六条　国家级森林公园经营管理机构应当建立健全森林防火制度，落实防火责任制，加强防火宣传和用火管理，建立森林火灾扑救队伍，配备必要的防火设施与设备。

第二十七条　国家级森林公园经营管理机构应当引导森林公园内及周边的居民发展具有地方特色的、无污染的种植、养殖和林副产品加工业，鼓励其从事与森林公园相关的资源管护和旅游接待等活动。

第二十八条　国家级森林公园经营管理机构应当建立健全信息报送制度，按照要求向县级以上人民政府林业主管部门报送森林风景资源保护、利用等方面的情况。

第二十九条　县级以上人民政府林业主管部门应当健全监督管理制度，加强对国家级森林公园总体规划、专项规划及其他经营管理活动的监督检查。国家级森林公园经营管理机构应当配合监督检查，如实提供有关材料。

第三十条　在国家级森林公园内有违反本办法的行为，森林法和野生动物保护法等法律法规已有明确规定的，县级以上人民政府林业主管部门依法予以从重处罚。

第三十一条　违反本办法规定的下列行为，由县级以上人民政府林业主管部门对直接负责的主管人员或者其他直接责任人员依法给予处分，或者建议有关主管部门给予处分：

（一）未按照规定编制总体规划、擅自变更总体规划或者未按照总体规划进行建设活动的；

（二）未按照规定从事森林公园建设和经营的；

（三）建设项目对森林公园景观和生态造成较大影响或者导致森林风景资源质量明显降低，未事先取得国家级森林公园撤销或者改变经营范围的许可的；

（四）国家级森林公园建设和经营管理的主体发生变动，未依法办理国家级森林公园被许可人变更手续的。

第三十二条　国家级森林公园未按照规定编制总体规划或者未按照总体规划进行建设、经责令整改仍达不到要求并导致国家级森林公园主体功能无法发挥的，国家林业局可以将国家级森林公园撤销。

国家级森林公园的森林风景资源质量下降，经中国森林风景资源评价委员会专家评审，达不到国家级森林公园风景资源质量等级标准的，国家林业局应当将国家级森林公园撤销。

被撤销的国家级森林公园，3年内不得再次申请设立国家级森林公园。

第三十三条　县级以上人民政府林业主管部门及其工作人员在监督管理国家级森林公园工作中，滥用职权、徇私舞弊的，依法给予处分；情节严重、构成犯罪的，依法追究刑事责任。

第三十四条　本办法自2011年8月1日起施行。

文物局关于发布
《文物复制拓印管理办法》的通知

（2011年11月27日　文物政发〔2011〕1号）

各省、自治区、直辖市文物局（文化厅）：

《文物复制拓印管理办法》已经国家文物局2011年1月20日第1次局务会议审议通过，现予发布，自发布之日起施行。

特此通知。

文物复制拓印管理办法

第一条　为加强文物复制、拓印管理，根据《中华人民共和国文物保护法》、《中华人民共和国文物保护法实施条例》和国务院有关行政审批的决定，制定本办法。

第二条　馆藏文物的复制、拓印，适用本办法；馆藏文物的仿制，不适用本办法。

第三条　文物复制是指依照文物的体量、形制、质地、纹饰、文字、图案等历史信息，基本采用原技艺方法和工作流程，制作与原文物相同制品的活动；文物拓印是指在文物本体覆盖一定的材料，通过摹印文物上的纹饰、文字、图案等，制作拓片的活动。

第四条 文物本体及其内容涉及国家秘密的，复制、拓印活动应当按照国家保密法律法规的规定执行。

前款规定的文物及其内容的密级，按照国家保密法律法规的规定确定。

第五条 复制、拓印文物，不得对文物造成损害。

未依法区分等级的文物不得复制、拓印。因文物保存状况和文物本体特点不适宜复制、拓印的，不得复制、拓印。

为科学研究、陈列展览需要拓印文物的，元代及元代以前的，应当翻刻副版拓印；元代以后的，可以使用文物原件拓印。在文物原件上拓印的，禁止使用尖硬器具捶打。

批量制作文物复制品、拓片，不得使用文物原件。

第六条 利用文物原件进行复制、拓印应坚持少而精的原则，严格控制复制品、拓片数量。文物复制品应有表明复制的标识和数量编号，文物拓片应当标明拓印单位、时间和数量编号。

第七条 从事文物复制、拓印的单位，应当依法取得相应等级的资质证书。

第八条 复制、拓印文物，应当依法履行审批手续。

第九条 文物复制、拓印报批材料应当包括文物的收藏单位或管理机构名称，文物名称、等级、时代、质地，文物来源或所处地点，文物照片，复制品、拓片用途及数量，复制、拓印方案，文物复制、拓印单位资质等级以及合同草案等内容。

第十条 文物收藏单位或管理机构与从事文物复制、拓印的单位签订的文物复制、拓印合同草案，应当包括合作各方的名称和地址，复制品或拓片的种类、数量、质量，复制或拓印的时间、地点及方法，文物安全责任，文物资料的交接和使用方式，有关知识产权的归属，复制品或拓片的交付，违约责任，争议解决办法等内容。

第十一条 为陈列展览、科学研究等用途制作的文物复制品、拓片，应当予以登记并妥善保管，不得挪作他用。

第十二条 为销售等目的制作的文物复制品、拓片，应附有制作说明书。说明书内容应当包括文物名称、时代，文物收藏单位或管理机构名称，复制品、拓片的名称，复制或拓印单位名称，监制单位名称，制作时间，复制品或拓片数量编号。

第十三条 未经文物行政主管部门同意，国有文物收藏单位或管理机构及其工作人员不得向任何单位或个人提供文物复制、拓印模具和技术资料。

第十四条 违反本办法规定，造成文物或国家权益损害的，依法追究有关责任单位和个人的法律责任。

第十五条 不可移动文物的单体文物的复制、拓印，参照本办法执行。不可移动文物的单体文物的仿制、仿建、复建，按照国家有关规定执行。

第十六条 本办法自发布之日起施行。国家文物局 1979 年 9 月 4 日发布的《拓印古代石刻的暂行规定》，1998 年 8 月 20 日发布的《文物复制暂行管理办法》同时废止。

最高人民法院关于审理涉及农村
集体土地行政案件若干问题的规定

(2011 年 5 月 9 日最高人民法院审判委员会第
1522 次会议通过 2011 年 8 月 7 日最高人民法
院公告公布 自 2011 年 9 月 5 日起施行 法释
〔2011〕20 号)

为正确审理涉及农村集体土地的行政案件，根据《中华人民共和国物权法》、《中华人民共和国土地管理法》和《中华人民共和国行政诉讼法》等有关法律规定，结合行政审判实际，制定本规定。

第一条 农村集体土地的权利人或者利害关系人（以下简称土地权利人）认为行政机关作出的涉及农村集体土地的行政行为侵犯其合法权益，提起诉讼的，属于人民法院行政诉讼的受案范围。

第二条 土地登记机构根据人民法院生效裁判文书、协助执行通知书或者仲裁机构的法律文书办理的土地权属登记行为，土地权利人不服提起诉讼的，人民法院不予受理，但土地权利人认为登记内容与有关文书内容不一致的除外。

第三条 村民委员会或者农村集体经济组织对涉及农村集体土地的行政行为不起诉的，过半数的村民可以以集体经济组织名义提起诉讼。

农村集体经济组织成员全部转为城镇居民后，对涉及农村集体土地的行政行为不服的，过半数的原集体经济组织成员可以提起诉讼。

第四条 土地使用权人或者实际使用人对行政机关作出涉及其使用

或实际使用的集体土地的行政行为不服的，可以以自己的名义提起诉讼。

第五条　土地权利人认为土地储备机构作出的行为侵犯其依法享有的农村集体土地所有权或使用权的，向人民法院提起诉讼的，应当以土地储备机构所隶属的土地管理部门为被告。

第六条　土地权利人认为乡级以上人民政府作出的土地确权决定侵犯其依法享有的农村集体土地所有权或者使用权，经复议后向人民法院提起诉讼的，人民法院应当依法受理。

法律、法规规定应当先申请行政复议的土地行政案件，复议机关作出不受理复议申请的决定或者以不符合受理条件为由驳回复议申请，复议申请人不服的，应当以复议机关为被告向人民法院提起诉讼。

第七条　土地权利人认为行政机关作出的行政处罚、行政强制措施等行政行为侵犯其依法享有的农村集体土地所有权或者使用权，直接向人民法院提起诉讼的，人民法院应当依法受理。

第八条　土地权属登记（包括土地权属证书）在生效裁判和仲裁裁决中作为定案证据，利害关系人对该登记行为提起诉讼的，人民法院应当依法受理。

第九条　涉及农村集体土地的行政决定以公告方式送达的，起诉期限自公告确定的期限届满之日起计算。

第十条　土地权利人对土地管理部门组织实施过程中确定的土地补偿有异议，直接向人民法院提起诉讼的，人民法院不予受理，但应当告知土地权利人先申请行政机关裁决。

第十一条　土地权利人以土地管理部门超过两年对非法占地行为进行处罚违法，向人民法院起诉的，人民法院应当按照行政处罚法第二十九条第二款的规定处理。

第十二条　征收农村集体土地时涉及被征收土地上的房屋及其他不动产，土地权利人可以请求依照物权法第四十二条第二款的规定给予补偿的。

征收农村集体土地时未就被征收土地上的房屋及其他不动产进行安置补偿，补偿安置时房屋所在地已纳入城市规划区，土地权利人请求参照执行国有土地上房屋征收补偿标准的，人民法院一般应予支持，但应当扣除已经取得的土地补偿费。

第十三条　在审理土地行政案件中，人民法院经当事人同意进行协调的期间，不计算在审理期限内。当事人不同意继续协商的，人民法院应当及时审理，并恢复计算审理期限。

第十四条 县级以上人民政府土地管理部门根据土地管理法实施条例第四十五条的规定，申请人民法院执行其作出的责令交出土地决定的，应当符合下列条件：

（一）征收土地方案已经有权机关依法批准；

（二）市、县人民政府和土地管理部门已经依照土地管理法和土地管理法实施条例规定的程序实施征地行为；

（三）被征收土地所有权人、使用人已经依法得到安置补偿或者无正当理由拒绝接受安置补偿，且拒不交出土地，已经影响到征收工作的正常进行；

（四）符合最高人民法院《关于执行〈中华人民共和国行政诉讼法〉若干问题的解释》第八十六条规定的条件。

人民法院对符合条件的申请，应当裁定予以受理，并通知申请人；对不符合条件的申请，应当裁定不予受理。

第十五条 最高人民法院以前所作的司法解释与本规定不一致的，以本规定为准。

邮政业消费者申诉处理办法

（2011 年 6 月 24 日　国邮发〔2011〕116 号）

第一章　总　　则

第一条 为了维护邮政业消费者的合法权益，依法公正处理消费者申诉，促进邮政业服务质量的提高，根据《中华人民共和国邮政法》等有关法律、法规，制定本办法。

第二条 邮政业消费者申诉处理机构处理消费者对邮政企业和快递企业服务质量提出异议的申诉，适用本办法。

第三条 申诉处理应当以事实为依据，以法律为准绳，坚持合法、公正、合理的原则。

第四条 申诉处理机构对邮政业消费者的申诉实行调解制度。

第二章　机　　构

第五条 邮政业消费者申诉处理机构，是指国家邮政局和省、自治区、直辖市邮政管理局邮政业消费者申诉受理中心（以下简称国家邮政局申诉中心、省邮政管理局申诉中心，统称邮政管理部门申诉中心）。

第六条 邮政管理部门申诉中心应配置相应人员和基本设施，依法处理消费者申诉。

第七条 邮政管理部门申诉中心及其人员对涉及国家秘密、企业商业秘密和消费者个人隐私的内容负有保密责任。

第八条 国家邮政局申诉中心主要职责：

（一）负责全国邮政业消费者申诉工作的管理和监督；

（二）帮助解答消费者关于邮政服务、快递业务相关法律、法规、规章及相关规范性文件、服务标准的咨询；

（三）负责邮政业消费者申诉、举报、表扬、批评、建议等相关问题的受理、转办、催办、督办、回访、结案等工作；

（四）负责处理政府相关部门转办的邮政业服务质量问题；

（五）监督检查各省邮政管理局申诉中心对邮政业消费者申诉的处理工作，对重大服务质量问题会同相关部门依法进行调查处理并予以通报；

（六）负责全国邮政业消费者申诉的统计、存档工作，汇总、分析全国邮政业消费者申诉情况；

（七）负责起草国家邮政局邮政业消费者申诉情况通告；

（八）国家邮政局授权的其他职能。

第九条 省邮政管理局申诉中心主要职责：

（一）负责本省（区、市）受理和国家邮政局转办的消费者申诉、举报、表扬、批评、建议等相关问题的转办、催办、督办、调查、调解、回访与结案工作；

（二）帮助解答消费者关于邮政服务、快递业务相关法律、法规、规章及相关规范性文件、服务标准的咨询；

（三）负责处理本省（区、市）政府相关部门转办的邮政业服务质量问题；

（四）负责处理其他省邮政管理局申诉中心转来的消费者申诉；

（五）负责本省（区、市）邮政业消费者申诉的统计、存档工作，汇总、分析本省（区、市）邮政业消费者申诉情况，并按月向国家邮政局申诉中心上报消费者申诉处理情况；

（六）负责起草本省（区、市）邮政业消费者申诉情况通告；

（七）省邮政管理局授权的其他职能。

第三章 受 理

第十条 邮政业消费者申诉专用电话为"12305"（省会区号－

12305）。消费者可以采用电话申诉或登录国家邮政局和各省、自治区、直辖市邮政管理局网站申诉，也可以采用书信或传真形式申诉。

第十一条　邮政管理部门申诉中心要认真受理邮政业消费者的申诉，工作时间应有专人值守"12305"申诉电话，保证消费者申诉渠道畅通。

邮政管理部门申诉中心应自接到消费者申诉之日起30日内答复申诉人。

第十二条　消费者申诉应当符合下列条件：

（一）申诉人是与申诉事件有直接利害关系的当事人（寄件人或收件人）。

（二）有明确的被申诉人。

（三）有具体的事实根据。

（四）向邮政企业、快递企业投诉后7日未得到答复；或对企业处理和答复不满意；或邮政企业、快递企业投诉渠道不畅通，投诉无人受理。

（五）消费者申诉时，要提供与申诉事件有关的有效信息，包括：申诉人姓名、联系电话；邮（快）件号码、寄件时间、寄件人和收件人地址；被申诉人名称、申诉诉求、理由、相关证据、企业对投诉处理的结果等。

（六）申诉人应当在交寄邮（快）件之日起或与邮政企业、快递企业发生服务争议之日起1年内对需申诉事件提出申诉。

第十三条　邮政管理部门申诉中心对有下列情形之一的申诉不予受理：

（一）不符合本办法第十二条所规定的申诉条件的；

（二）诉求事项不属于申诉范围的（不涉及邮政企业、快递企业服务问题的）；

（三）申诉人与被申诉人已经达成和解协议并执行，申诉人没有新的诉求内容的；

（四）邮政管理部门已经就申诉事项进行过调解或同一事项重复申诉的；

（五）人民法院或仲裁机构等部门已经受理或者处理的；

（六）国家法律、法规及规章另有规定的。

第十四条　消费者采用电话形式申诉，申诉中心一般情况下应当场答复是否受理，不能当场答复的应于两个工作日内答复申诉人是否受理。消费者网上申诉或以书信、传真形式申诉，申诉中心应于两个工作日内受理。对于不受理的申诉，应当告知申诉人不予受理的理由。

第四章 处 理

第十五条 邮政管理部门申诉中心处理申诉的主要依据包括：

（一）《中华人民共和国邮政法》、《邮政法实施细则》、《中华人民共和国合同法》、《中华人民共和国消费者权益保护法》、《邮政普遍服务监督管理办法》、《快递市场管理办法》、《邮票发行监督管理办法》等国家有关法律法规、部门规章；

（二）《邮政普遍服务标准》、《快递服务标准》等有关国家标准、行业标准；

（三）申诉处理机构处理申诉规范性文件和其他有关规范性文件；

（四）消费者与邮政企业或快递企业签订的书面格式合同（邮件详情单、快递详情单）；

（五）邮政企业和快递企业对外公布的有关承诺。

第十六条 邮政管理部门申诉中心应当在受理消费者申诉之后，于两个工作日内将消费者申诉内容转给相关部门或被申诉人。

国家邮政局受理的申诉一般情况下按照属地管理的原则转给相关省邮政管理局申诉中心办理。

第十七条 对于消费者举报邮政企业或快递企业违反有关法律、法规、规章等规定的，申诉中心转给相关部门处理。

第十八条 被申诉企业收到邮政管理部门转办的申诉后应妥善处理，并与申诉人及时沟通。

（一）对确认企业负有责任的申诉，应按规定赔偿消费者损失或向消费者致歉；

（二）如在处理收件人申诉中涉及赔偿问题应赔偿寄件人的，由企业负责联系寄件人按规定理赔；

（三）对确认企业无责的申诉，应将详细情况和企业无责理由与申诉人沟通并解释；

（四）企业内部责任划分，由企业自行处理，不得相互推诿。

第十九条 被申诉企业应自收到转办申诉之日起 15 日内向转办邮政管理部门答复处理结果。

答复内容应包括：调查结果、企业责任；与申诉人达成的处理意见、赔偿金额或解释与道歉情况；申诉人对处理意见是否满意；企业申诉处理人及联系电话等。

如企业收到转办申诉 15 日内尚未处理完毕，应向转办邮政管理部门说明处理进展情况、处理原则、与申诉人协商结果等，并在此件申诉处理完毕后及时向邮政管理部门反馈处理结果。

第二十条　邮政管理部门申诉中心收到企业对申诉处理结果的答复后，应及时回访消费者核实处理情况并征询消费者对申诉处理是否满意。

第二十一条　邮政管理部门申诉中心回访消费者后，同时符合下列条件，属于被申诉人与申诉人协商和解的申诉，可以作案处理：

（一）企业的处理符合双方当事人的约定或相关规定；

（二）企业的答复与回访消费者实际处理情况相符。

第二十二条　邮政管理部门申诉中心回访消费者后或经过调查后，有下列情形之一的，应要求企业重新处理并于5日内重新答复处理结果：

（一）企业的处理不符合双方当事人的约定或相关规定；

（二）消费者反映实际处理情况与企业答复不符。

申诉中心收到企业再次答复后应再次回访消费者核实情况后结案。

第二十三条　邮政管理部门申诉中心回访消费者，初次联系无果的，应隔日再次联系，仍无法联系的可作结案处理。

第二十四条　对于被申诉人与申诉人未能协商和解的申诉，邮政管理部门申诉中心可以进行调解。

第二十五条　邮政管理部门申诉中心督办企业及时处理申诉，对于不按规定时限答复处理结果的企业，应在申诉情况通告中点名批评并向社会公布。

第二十六条　对于严重侵害消费者利益的申诉，邮政管理部门申诉中心可以会同相关部门组织进行调查。经查证后依据相关法律、法规和规章，由相关部门对被申诉人进行行政处罚。

第五章　调　查

第二十七条　邮政管理部门根据有关法律、法规和规章的规定，可以向申诉人、被申诉人了解情况、收集证据或者召集有关当事人进行调查。

第二十八条　调查人员可行使下列权利：

（一）向当事人和有关人员询问申诉情况；

（二）要求有关单位和个人提供相关材料和证明；

（三）查阅、复制有关材料等。

第二十九条　调查应当由两名或两名以上工作人员共同进行，调查时应当出示有效证件和有关证明，并应当制作调查笔录。

第三十条　被调查人员应如实回答调查人员的询问，必要时提供相关证据。

第三十一条　需要对有关邮（快）件、物品进行检测或者鉴定的，应交由国家邮政局及省、自治区、直辖市邮政管理局指定的检测或者鉴定机构进行检测、鉴定。被申诉的邮政企业或快递企业应当予以配合。

第三十二条 调查人员依法公正地行使调查权，不得与申诉人、被申诉人及其他相关人发生直接或间接利益关系。

第六章 调 解

第三十三条 同时满足下列情形的，邮政管理部门申诉中心可以组织双方当事人进行调解：

（一）属于邮政管理部门受理范围的申诉；

（二）申诉人与被申诉人已经就申诉事项进行协商，但未能和解的；

（三）申诉人与被申诉人同意由邮政管理部门进行调解的。

第三十四条 申诉中心就当事人所争议的事项进行调解，以电话或网上调解为主，达成一致意见的，可以作结案处理。

第三十五条 申诉中心调解无效的或者消费者对调解结果不满意的，争议双方可向人民法院提起诉讼。

第七章 附 则

第三十六条 国家邮政局和各省、自治区、直辖市邮政管理局定期向社会通告邮政业消费者申诉情况。

第三十七条 本办法由国家邮政局负责解释，自 2011 年 7 月 1 日起施行。

电力争议纠纷调解规定

（2011 年 9 月 20 日国家电力监管委员会主席办公会议审议通过 2011 年 9 月 30 日国家电力监管委员会令第 30 号公布 自 2012 年 1 月 1 日起施行）

第一条 为了规范电力争议纠纷调解行为，完善电力争议纠纷调解制度，及时解决电力争议纠纷，根据国家有关规定，制定本规定。

第二条 国家电力监管委员会及其派出机构（以下简称电力监管机构）调解电力争议纠纷，适用本规定。

第三条 电力监管机构调解电力争议纠纷，遵循下列原则：

（一）在当事人自愿、平等基础上进行调解；

（二）不违背法律、行政法规和国家政策，公平合理；

（三）尊重当事人的权利，不得因调解而阻止当事人依法通过仲裁、司法等途径维护自己的权利。

第四条 当事人可以向电力监管机构申请调解，电力监管机构也可以主动调解。当事人一方明确拒绝调解的，不得调解。

第五条 当事人向电力监管机构申请调解，应当符合下列条件：

（一）申请人与电力争议纠纷有直接利害关系；

（二）有明确的被申请人；

（三）有具体的调解请求、事实和理由；

（四）争议纠纷事项属于电力监管机构管辖。

第六条 电力监管机构收到调解申请后，应当在七日内决定是否受理并且通知当事人。

第七条 符合本规定第五条规定条件的调解申请，被申请人同意调解的，电力监管机构应当受理。电力监管机构主动调解的，双方当事人同意即为受理。

第八条 调解申请有下列情形之一的，电力监管机构不予受理：

（一）被申请人明确拒绝调解的；

（二）已经就争议纠纷事项提起仲裁或者诉讼的；

（三）不符合本规定第五条规定条件的。

电力监管机构决定不予受理的，应当向当事人说明理由。

第九条 电力监管机构调解电力争议纠纷，应当根据争议纠纷复杂程度和争议纠纷标的大小，指定一名或者三名调解员进行调解。

第十条 调解员进行调解工作，不得偏袒一方当事人，不得利用调解工作的便利牟取不正当利益，不得泄露当事人的商业秘密和个人隐私。

调解员应当由公道正派、熟悉电力、法律、经济等业务知识的人员担任。

调解员的具体管理办法另行规定。

第十一条 当事人认为调解员与电力争议纠纷有利害关系或者其他关系可能影响公正调解的，可以向电力监管机构申请调解员回避。调解员认为自己与电力争议纠纷有利害关系或者其他关系，可能影响公正调解的，应当自行申请回避。

调解员是否回避，由电力监管机构负责人决定。

第十二条 当事人可以委托代理人参加调解。委托代理人代理的，被委托人应当提交授权委托书。授权委托书应当由委托人签名或者盖章，载明委托代理人姓名、性别、年龄、身份证明、联系方式、委托期限和代理权限。

第十三条 电力争议纠纷涉及第三人的，应当通知第三人参加。

第十四条 调解员可以采取下列方式调解电力争议纠纷：

（一）根据已掌握的情况向当事人提出争议纠纷解决建议；

（二）单独会见一方当事人或者同时会见各方当事人；

（三）以书面或者口头方式征求一方当事人或者各方当事人的意见；

（四）要求当事人提出争议纠纷解决建议或者方案；

（五）经当事人同意，聘请与争议纠纷各方无利害关系的专家或者机构对争议纠纷事项提供咨询建议或者鉴定意见；

（六）有利于当事人达成一致的其他方式。

第十五条 调解过程中，当事人应当如实陈述事实，遵守调解秩序，尊重调解员和对方当事人。

第十六条 调解过程中，当事人有下列情形之一的，电力监管机构可以终止调解：

（一）隐瞒重要事实、提供虚假情况的；

（二）故意拖延时间的；

（三）无正当理由缺席或者以其他方式表明退出调解的；

（四）就电力争议纠纷事项提起仲裁或者诉讼的；

（五）影响调解正常进行的其他情况。

第十七条 调解结果涉及第三人利益的，应当征得第三人同意。第三人不同意的，终止调解。

第十八条 调解应当自受理之日起三个月内结案。因情况复杂，在规定时间内不能结案的，可以适当延长，但最长不超过六个月。

第十九条 调解达不成协议的，终止调解。

第二十条 调解达成协议的，电力监管机构可以制作调解书。调解书可以载明下列事项：

（一）当事人的基本情况；

（二）电力争议纠纷的主要事实、争议纠纷事项以及各方当事人的责任；

（三）当事人达成调解协议的内容，履行的方式、期限。

调解书应当由调解员以及当事人签名或者盖章，并且加盖电力监管机构印章。电力监管机构应当将调解书及时送达当事人。

第二十一条 当事人应当履行调解书。调解书中有关民事权利义务的内容，具有民事合同的性质，法律另有规定的除外。

具有民事权利义务内容的调解书，当事人可以申请有管辖权的人民法院确认其效力。

第二十二条 具有给付内容的调解书，当事人可以按照《中华人民共和国公证法》的规定申请公证机关依法赋予强制执行效力。债务人不履行或者不适当履行具有强制执行效力的公证文书的，债权人可以依法向有管辖权的人民法院申请执行。

第二十三条 具有给付内容的调解书，债权人可以依据《中华人民共和国民事诉讼法》，向有管辖权的人民法院申请支付令。

第二十四条 参与调解的人员应当依法保守在调解过程中获知的涉及国家秘密、商业秘密和个人隐私的信息。

第二十五条 电力监管机构调解电力争议纠纷不收取任何费用。

第二十六条 发电厂与电网并网、电网与电网互联，并网双方或者互联双方达不成协议引起的争议纠纷，依照《电力并网互联争议处理规定》处理。

第二十七条 本规定自 2012 年 1 月 1 日起施行。2005 年 3 月 28 日国家电力监管委员会发布的《电力争议调解暂行办法》同时废止。

企业劳动争议协商调解规定

（人力资源和社会保障部第 76 次部务会议审议通过 2011 年 11 月 30 日中华人民共和国人力资源和社会保障部令第 17 号公布 自 2012 年 1 月 1 日起施行）

第一章 总 则

第一条 为规范企业劳动争议协商、调解行为，促进劳动关系和谐稳定，根据《中华人民共和国劳动争议调解仲裁法》，制定本规定。

第二条 企业劳动争议协商、调解，适用本规定。

第三条 企业应当依法执行职工大会、职工代表大会、厂务公开等民主管理制度，建立集体协商、集体合同制度，维护劳动关系和谐稳定。

第四条 企业应当建立劳资双方沟通对话机制，畅通劳动者利益诉求表达渠道。

劳动者认为企业在履行劳动合同、集体合同，执行劳动保障法律、法规和企业劳动规章制度等方面存在问题的，可以向企业劳动争议调解委员会（以下简称调解委员会）提出。调解委员会应当及时核实情况，协调企业进行整改或者向劳动者做出说明。

劳动者也可以通过调解委员会向企业提出其他合理诉求。调解委员会应当及时向企业转达，并向劳动者反馈情况。

第五条 企业应当加强对劳动者的人文关怀，关心劳动者的诉求，关注劳动者的心理健康，引导劳动者理性维权，预防劳动争议发生。

第六条 协商、调解劳动争议，应当根据事实和有关法律法规的规定，遵循平等、自愿、合法、公正、及时的原则。

第七条 人力资源和社会保障行政部门应当指导企业开展劳动争议预防调解工作，具体履行下列职责：

（一）指导企业遵守劳动保障法律、法规和政策；

（二）督促企业建立劳动争议预防预警机制；

（三）协调工会、企业代表组织建立企业重大集体性劳动争议应急调解协调机制，共同推动企业劳动争议预防调解工作；

（四）检查辖区内调解委员会的组织建设、制度建设和队伍建设情况。

第二章 协 商

第八条 发生劳动争议，一方当事人可以通过与另一方当事人约见、面谈等方式协商解决。

第九条 劳动者可以要求所在企业工会参与或者协助其与企业进行协商。工会也可以主动参与劳动争议的协商处理，维护劳动者合法权益。

劳动者可以委托其他组织或者个人作为其代表进行协商。

第十条 一方当事人提出协商要求后，另一方当事人应当积极做出口头或者书面回应。5 日内不做出回应的，视为不愿协商。

协商的期限由当事人书面约定，在约定的期限内没有达成一致的，视为协商不成。当事人可以书面约定延长期限。

第十一条 协商达成一致，应当签订书面和解协议。和解协议对双方当事人具有约束力，当事人应当履行。

经仲裁庭审查，和解协议程序和内容合法有效的，仲裁庭可以将其作为证据使用。但是，当事人为达成和解的目的作出妥协所涉及的对争议事实的认可，不得在其后的仲裁中作为对其不利的证据。

第十二条 发生劳动争议，当事人不愿协商、协商不成或者达成和解协议后，一方当事人在约定的期限内不履行和解协议的，可以依法向调解委员会或者乡镇、街道劳动就业社会保障服务所（中心）等其他依法设立的调解组织申请调解，也可以依法向劳动人事争议仲裁委员会（以下简称仲裁委员会）申请仲裁。

第三章 调 解

第十三条 大中型企业应当依法设立调解委员会，并配备专职或者兼职工作人员。

有分公司、分店、分厂的企业，可以根据需要在分支机构设立调解委员会。总部调解委员会指导分支机构调解委员会开展劳动争议预防调解工作。

调解委员会可以根据需要在车间、工段、班组设立调解小组。

第十四条 小微型企业可以设立调解委员会，也可以由劳动者和企业共同推举人员，开展调解工作。

第十五条 调解委员会由劳动者代表和企业代表组成，人数由双方协商确定，双方人数应当对等。劳动者代表由工会委员会成员担任或者由全体劳动者推举产生，企业代表由企业负责人指定。调解委员会主任由工会委员会成员或者双方推举的人员担任。

第十六条 调解委员会履行下列职责：

（一）宣传劳动保障法律、法规和政策；

（二）对本企业发生的劳动争议进行调解；

（三）监督和解协议、调解协议的履行；

（四）聘任、解聘和管理调解员；

（五）参与协调履行劳动合同、集体合同、执行企业劳动规章制度等方面出现的问题；

（六）参与研究涉及劳动者切身利益的重大方案；

（七）协助企业建立劳动争议预防预警机制。

第十七条 调解员履行下列职责：

（一）关注本企业劳动关系状况，及时向调解委员会报告；

（二）接受调解委员会指派，调解劳动争议案件；

（三）监督和解协议、调解协议的履行；

（四）完成调解委员会交办的其他工作。

第十八条 调解员应当公道正派、联系群众、热心调解工作，具有一定劳动保障法律政策知识和沟通协调能力。调解员由调解委员会聘任的本企业工作人员担任，调解委员会成员均为调解员。

第十九条 调解员的聘期至少为 1 年，可以续聘。调解员不能履行调解职责时，调解委员会应当及时调整。

第二十条 调解员依法履行调解职责，需要占用生产或者工作时间的，企业应当予以支持，并按照正常出勤对待。

第二十一条　发生劳动争议，当事人可以口头或者书面形式向调解委员会提出调解申请。

申请内容应当包括申请人基本情况、调解请求、事实与理由。

口头申请的，调解委员会应当当场记录。

第二十二条　调解委员会接到调解申请后，对属于劳动争议受理范围且双方当事人同意调解的，应当在3个工作日内受理。对不属于劳动争议受理范围或者一方当事人不同意调解的，应当做好记录，并书面通知申请人。

第二十三条　发生劳动争议，当事人没有提出调解申请，调解委员会可以在征得双方当事人同意后主动调解。

第二十四条　调解委员会调解劳动争议一般不公开进行。但是，双方当事人要求公开调解的除外。

第二十五条　调解委员会根据案件情况指定调解员或者调解小组进行调解，在征得当事人同意后，也可以邀请有关单位和个人协助调解。

调解员应当全面听取双方当事人的陈述，采取灵活多样的方式方法，开展耐心、细致的说服疏导工作，帮助当事人自愿达成调解协议。

第二十六条　经调解达成调解协议的，由调解委员会制作调解协议书。调解协议书应当写明双方当事人基本情况、调解请求事项、调解的结果和协议履行期限、履行方式等。

调解协议书由双方当事人签名或者盖章，经调解员签名并加盖调解委员会印章后生效。

调解协议书一式三份，双方当事人和调解委员会各执一份。

第二十七条　生效的调解协议对双方当事人具有约束力，当事人应当履行。

双方当事人可以自调解协议生效之日起15日内共同向仲裁委员会提出仲裁审查申请。仲裁委员会受理后，应当对调解协议进行审查，并根据《劳动人事争议仲裁办案规则》第五十四条规定，对程序和内容合法有效的调解协议，出具调解书。

第二十八条　双方当事人未按前条规定提出仲裁审查申请，一方当事人在约定的期限内不履行调解协议的，另一方当事人可以依法申请仲裁。

仲裁委员会受理仲裁申请后，应当对调解协议进行审查，调解协议合法有效且不损害公共利益或者第三人合法利益的，在没有新证据出现的情况下，仲裁委员会可以依据调解协议作出仲裁裁决。

第二十九条　调解委员会调解劳动争议，应当自受理调解申请之日起15日内结束。但是，双方当事人同意延期的可以延长。

在前款规定期限内未达成调解协议的，视为调解不成。

第三十条 当事人不愿调解、调解不成或者达成调解协议后，一方当事人在约定的期限内不履行调解协议的，调解委员会应当做好记录，由双方当事人签名或者盖章，并书面告知当事人可以向仲裁委员会申请仲裁。

第三十一条 有下列情形之一的，按照《劳动人事争议仲裁办案规则》第十条的规定属于仲裁时效中断，从中断时起，仲裁时效期间重新计算：

（一）一方当事人提出协商要求后，另一方当事人不同意协商或者在5日内不做出回应的；

（二）在约定的协商期限内，一方或者双方当事人不同意继续协商的；

（三）在约定的协商期限内未达成一致的；

（四）达成和解协议后，一方或者双方当事人在约定的期限内不履行和解协议的；

（五）一方当事人提出调解申请后，另一方当事人不同意调解的；

（六）调解委员会受理调解申请后，在第二十九条规定的期限内一方或者双方当事人不同意调解的；

（七）在第二十九条规定的期限内未达成调解协议的；

（八）达成调解协议后，一方当事人在约定期限内不履行调解协议的。

第三十二条 调解委员会应当建立健全调解登记、调解记录、督促履行、档案管理、业务培训、统计报告、工作考评等制度。

第三十三条 企业应当支持调解委员会开展调解工作，提供办公场所，保障工作经费。

第三十四条 企业未按照本规定成立调解委员会，劳动争议或者群体性事件频发，影响劳动关系和谐，造成重大社会影响的，由县级以上人力资源和社会保障行政部门予以通报；违反法律法规定的，依法予以处理。

第三十五条 调解员在调解过程中存在严重失职或者违法违纪行为，侵害当事人合法权益的，调解委员会应当予以解聘。

第四章 附　　则

第三十六条 民办非企业单位、社会团体开展劳动争议协商、调解工作参照本规定执行。

第三十七条 本规定自 2012 年 1 月 1 日起施行。

国际法类

全国人民代表大会常务委员会关于批准
《中华人民共和国和阿尔及利亚民主
人民共和国关于民事和商事司法协助的条约》的决定

(2011 年 6 月 30 日第十一届全国人民代表大会常务委员
会第二十一次会议通过)

第十一届全国人民代表大会常务委员会第二十一次会议决定：批准
2010 年 1 月 10 日由外交部部长杨洁篪代表中华人民共和国在阿尔及尔签
署的《中华人民共和国和阿尔及利亚民主人民共和国关于民事和商事司法
协助的条约》。

中华人民共和国和阿尔及利亚民主人民共和国
关于民事和商事司法协助的条约

中华人民共和国和阿尔及利亚民主人民共和国（以下称双方），

在相互尊重主权和平等互利的基础上，为加强两国在司法领域的合
作，达成协议如下：

第一章　总　　则

第一条　司法合作的义务

双方承诺应对方请求相互提供民事和商事司法协助。

第二条　司法保护

一、一方国民在另一方境内，在人身权利和财产权利方面应当享有与
另一方国民同等的司法保护。

二、一方国民有权在与另一方国民同等的条件下，在另一方法院进行
诉讼。

三、本条第一款和第二款的规定亦适用于在任何一方境内依该方法律
成立的法人。

第三条　诉讼费用担保

一、一方对于另一方国民，不得因为该人系外国人或者在其境内没有

住所或者居所而要求该人提供诉讼费用保证金和任何名义的担保存款。

二、本条第一款的规定亦适用于在任何一方境内并依该方法律成立的法人。

第四条　法律援助和诉讼费用

一、任何一方国民在另一方境内，在遵守另一方法律的条件下，有权享有与另一方国民同等的法律援助或者诉讼费用减免。

二、如果申请人在一方境内有住所或者居所，应当由该方主管机关出具申请人的经济困难证明；如果申请人在第三国有住所或者居所，应当由申请人所属国在第三国的外交或者领事代表机关出具该证明。

三、负责提供法律援助或者作出诉讼费用减免决定的主管机关可以要求提供补充材料。

第五条　联系途径

一、除本条约另有规定外，双方应当通过中央机关提出和答复司法协助请求。

中央机关在中华人民共和国方面为司法部，在阿尔及利亚民主人民共和国方面为司法部。

二、任何一方如果变更其对中央机关的指定，应当通过外交途径通知另一方。

第六条　司法协助适用的法律

双方应当根据各自本国法律执行司法协助请求，但是本条约另有规定的除外。

第七条　司法协助的范围

本条约规定的司法协助包括：

（一）送达司法文书；

（二）调查取证；

（三）承认与执行法院裁判文书以及仲裁裁决；

（四）交换法律资料；

（五）不违背被请求方法律的其他形式的协助。

第八条　司法协助的拒绝

一、被请求方如果认为提供司法协助将有损本国的主权、安全或者公共秩序，或者被请求的合作超出本国司法机关的职权范围，应当拒绝提供司法协助。

二、被请求方应当将拒绝的理由告知请求方。

第九条　司法协助请求的形式和内容

一、司法协助请求应当以书面形式提出，并包括下列内容：

（一）提出请求的司法机关；

（二）必要时，被请求的司法机关；

（三）诉讼涉及的人员的姓名、身份、国籍以及住所或者居所，法人的地址；

（四）必要时，当事人代理人的姓名和地址；

（五）请求的事项和所附文件；

（六）请求涉及的诉讼的性质和案情摘要；

（七）执行请求所需的其他材料。

二、在送达裁判文书的情况下，如果裁判文书未写明上诉期限和途径，应当在请求书中说明请求方法律规定的上诉期限和途径。

三、被请求方如果认为请求方提供的材料不足以使其根据本条约的规定执行请求，可以要求请求方提供补充材料。

第十条　书面联系的文字

司法协助请求书及其辅助文件，应当使用请求方的文字，并附英文译文。

第十一条　司法协助的费用

一、被请求方应当负担执行请求所产生的费用，但是请求方应当负担下列费用：

（一）有关人员按照本条约第十八条的规定，前往、停留于和离开请求方的费用和津贴，这些费用和津贴应当根据费用发生地的标准和规定支付；

（二）按照特殊方式执行请求的费用；

（三）鉴定的费用；

（四）翻译，包括笔译和口译的费用。

二、请求方应当根据要求，预付由其承担的费用。

三、如果执行请求明显地需要超常性质的费用，双方应当协商决定执行请求的条件。

第二章　送达司法文书和代为调查取证

第十二条　执行送达司法文书的请求

一、被请求方应当按照本国法律规定的方式送达司法文书。

二、在不违背本国法律的情况下，被请求方应当按照请求方明示要求的特殊方式送达司法文书。

三、被请求机关如果无权执行请求，应当将该项请求移送有权执行的主管机关，以便执行。

四、被请求方如果无法执行请求，应当将请求书及其辅助文件退回请求方，并说明妨碍送达的原因。

第十三条　通知送达司法文书的结果

被请求方应当将送达结果书面通知请求方，并附由受送达人签名并注明日期的送达回证，或者送达机关出具的说明送达行为、方式和日期的证明。如果受送达人拒绝签名或者拒收，应当在送达回证或者证明中说明。

第十四条　调查取证的范围

双方法院可以在民事和商事方面相互请求代为进行必要的调查，包括代为询问当事人、证人和鉴定人，代为调取证据，以及代为进行鉴定和司法勘验。

第十五条　调查取证的执行

一、代为调查取证应由被请求方司法机关按照本国法律规定的程序在其境内执行。

二、被请求机关应当根据请求机关的明确要求，采取如下措施：

（一）在不违反本国法律的情况下，按照特殊方式执行调查取证；

（二）及时通知请求方执行调查取证的日期和地点，以便有关当事人或者其代理人根据被请求方的法律到场。

三、被请求机关如果无权执行调查取证，应当将该项请求移交有权执行的机关。

四、在不能执行请求的情况下，被请求方应当将请求书及其辅助文件退还请求方，并告知无法执行的原因。

第十六条　送达司法文书或者调查取证时确认地址

一、如果司法协助请求涉及的人员的地址不完全或者不正确，被请求方中央机关仍应当接收该请求。在此情况下，被请求方可以要求请求方提供补充材料，以便确认该人地址。

二、如果仍然无法确定地址，被请求方中央机关应当通知请求方中央机关，并退回请求书及其辅助文件。

第十七条　拒绝作证

一、根据本条约被要求作证的人员，如果被请求方法律允许该人在被请求方提起的诉讼中的类似情形下不作证，可以拒绝作证。

二、如果根据本条约被要求作证的人员主张，根据请求方法律有拒绝作证的权利或者特权，不妨碍取证的进行，但应将该人的主张告知请求方中央机关。

第十八条　在请求方出庭作证

一、请求方可以请求被请求方协助，邀请有关人员作为证人或者鉴定人出庭，并应当告知该人可获得的费用和津贴。

二、被请求方应当将该人的答复迅速通知请求方。

三、请求方应当在不迟于预定的出庭日 60 天前将要求有关人员在请求方境内出庭作证的邀请向被请求方提出。在紧急情况下，被请求方可以同意缩短该期限。

第十九条　证人和鉴定人的保护

一、请求方对于到达其境内的证人或者鉴定人，不得因该人在入境前的任何作为或者不作为而予以起诉、羁押、处罚或者采取其他限制人身自由的措施，也不得要求该人在请求所未涉及的任何其他诉讼程序中作证，除非事先取得被请求方和该人同意。

二、如果上述人员在被正式通知无须继续停留后 15 天内未离开请求方，或者离开后又自愿返回，则本条第一款不再适用，但该期限不包括该人因本人无法控制的原因而未离开请求方的时间。

三、如果本条第一款中所述人员拒绝作证，不得对其施加任何处罚，或者采取任何限制其人身自由的强制措施。

第二十条　外交或者领事代表机关的职能

一方可以通过本国派驻另一方的外交或者领事代表机关向另一方境内的本国国民送达司法文书和司法外文书，但应当遵守另一方的法律，并且不得采取任何强制措施。

第三章　裁判文书和仲裁裁决的承认和执行

第二十一条　承认和执行裁判文书的范围

一、一方应当根据本条约规定的条件，采取措施承认和执行另一方的下列裁判文书：

（一）法院在民事和商事案件中作出的裁判文书；

（二）审理刑事案件的法院就民事权利作出的裁判文书。

二、本条的规定不适用于下列案件中作出的裁判文书：

（一）遗嘱和继承；

（二）破产；

（三）除扶养案件外的临时保全措施。

第二十二条　承认和执行的拒绝

除本条约第八条的规定外，对于本条约第二十一条第一款所述的裁判文书，在下列情况下也可以拒绝承认和执行：

（一）根据裁判文书作出方的法律，该裁判文书尚未生效或者不具有执行效力；

（二）根据被请求方的法律，作出裁判文书的法院无管辖权；

（三）根据裁判文书作出方的法律，缺席的败诉方当事人未经合法传唤，或者无诉讼行为能力的当事人没有得到适当代理；

（四）被请求方法院正在审理相同当事人之间就同一事实和标的提起的案件，或者已经作出生效裁判文书，或者已经承认或者执行第三国法院作出的裁判文书。

第二十三条　承认和执行的程序

一、申请人应当直接向被请求方有管辖权的法院提出承认或者执行的申请。

二、承认和执行应当适用被请求方法律规定的程序。

三、有管辖权的法院应当仅限于审查被请求承认和执行的裁判文书是否符合本条约规定的条件。该法院应当依职权进行审查，并将审查结果写入裁判文书。

四、如有必要，法院在决定承认和执行时，应当采取必要措施，以与本国裁判文书相同的方式公布被承认和执行的裁判文书。

五、被请求方可以全部或者部分承认和执行裁判文书。

六、被承认和执行的裁判文书在被请求方境内应当与被请求方作出的裁判文书具有同等效力。

第二十四条　申请承认和执行应附的文件

一、申请承认或者执行裁判文书的申请人，应当递交下列文件：

（一）经证明无误的裁判文书的副本；

（二）证明裁判文书是终局的文件；

（三）证明已经向败诉方当事人送达裁判文书以及无诉讼行为能力的当事人已经得到适当代理的文件；

（四）如果是缺席裁判，且裁判文书未表明当事人得到合法传唤，证明已传唤缺席当事人出庭的文件。

二、申请书、裁判文书以及上述文件，均应当附有经证明无误的被请求方文字的译文。

第二十五条　仲裁裁决的承认与执行

双方应当根据一九五八年六月十日在纽约联合国大会通过的承认及执行外国仲裁裁决公约，相互承认和执行在对方境内作出的仲裁裁决。

第四章　其他规定

第二十六条　认证的免除

通过本条约第五条规定的途径转递的文件，免除任何形式的认证。文件应当由主管机关签署、盖章。

第二十七条 官方文件的证明效力

一、在一方境内制作的官方文件在另一方境内与另一方相同性质的文件享有同等证明效力。

二、如果有关官方文件的真实性受到质疑，可以请求制作该文件的机关予以核实。

第二十八条 交换资料和文献

双方承诺根据请求，相互交换本条约框架下的法律以及司法实践的资料和文献。

第二十九条 争议的解决

因解释或者实施本条约所产生的任何争议或者任何具体事项，双方应当通过协商解决。

第五章 最后条款

第三十条 批准

本条约须经双方根据各自国内法律程序予以批准。

第三十一条 生效

一、本条约自互换批准书之日起 30 天后生效。

二、本条约可以经双方书面协议随时予以修订。

三、任何一方可以随时通过外交途径，以书面形式通知另一方终止本条约。本条约自该通知发出之日起 180 天后终止。

下列签署人经各自政府适当授权，签署本条约，以昭信守。

本条约于二〇一〇年一月十日订于阿尔及尔，一式两份，每份均用中文和阿拉伯文写成，两种文本同等作准。

中华人民共和国代表　　阿尔及利亚民主

外交部长　　　　人民共和国代表

杨洁篪　　　外交部长穆拉德·梅德西

全国人民代表大会常务委员会关于批准 《中华人民共和国和俄罗斯联邦关于打击恐怖 主义、分裂主义和极端主义的合作协定》的决定

(2011 年 12 月 31 日第十一届全国人民代表大会常务委 员会第二十四次会议通过)

第十一届全国人民代表大会常务委员会第二十四次会议决定：批准 2010 年 9 月 27 日由外交部部长杨洁篪代表中华人民共和国在北京签署的 《中华人民共和国和俄罗斯联邦关于打击恐怖主义、分裂主义和极端主义 的合作协定》。

中华人民共和国和俄罗斯联邦 关于打击恐怖主义、分裂主义和极端主义的合作协定

中华人民共和国和俄罗斯联邦（以下称双方），

遵循《联合国宪章》关于维持国际和平与安全、鼓励睦邻友好关系以 及国家间合作的宗旨和原则；

尊重平等、相互尊重主权、保障领土完整和安全、不干涉内政和维护 人权的原则；

为进一步加强双方在 2001 年 6 月 15 日在上海签署的《打击恐怖主义、 分裂主义和极端主义上海公约》（以下简称上海公约）和 2009 年 6 月 16 日在叶卡捷琳堡签署的《上海合作组织反恐怖主义公约》框架内打击恐怖 主义、分裂主义和极端主义的合作；

达成协议如下：

第一条

本协定包括以下行为：

（一）上海公约第一条第一款所指行为；

（二）为实施上海公约第一条第一款所指行为成立组织，以及领导和 参加上述组织；

（三）为实施上海公约第一条第一款所指行为提供资金和物资，包括

技术和武器；

（四）招募其他人员参与实施上海公约第一条第一款所指行为；

（五）明知有关资金源于或者用于上海公约第一条第一款所指行为，仍掩藏或者隐瞒其真实性质、来源、用途、使用方法以及将其转移；

（六）为实施上海公约第一条第一款所指行为使用核材料、放射物或放射源，或者有毒的、毒害性、危险性化学或生物物质；

（七）为实施上海公约第一条第一款所指行为对人员进行培训；

（八）本条第一至第六项所述行为的预备和未遂。

第二条

对于双方均认为构成犯罪的本协定第一条所指行为，不论其种类和名称，本协定对双方适用。

第三条

一、在适用本协定过程中，双方应将本协定所包括的行为视为可依据各自国内法律和双方均参加的国际条约进行相互引渡的犯罪行为。

二、双方应当采取必要措施，包括适当时立法，以使本协定所包括的行为受到与其情节轻重相符的惩罚。

三、双方以本协定，对双方生效后的《上海合作组织反恐怖主义公约》及其他双方均参加的国际条约为基础开展预防和打击恐怖主义合作。

第四条

双方根据上海公约第四条指定的中央主管机关亦为本协定的中央主管机关。

第五条

双方中央主管机关为执行本协定，在各自国家法律权限框架内直接联系，并为此利用现有合作机制，或在必要时建立新的合作机制，包括：

（一）在预防和打击本协定包括行为的框架内进行情报交流；

（二）进行中央主管机关及（或）其他部门以及专家定期会晤和磋商，为打击本协定所包括的行为通报情况、交换意见和协调行动；

（三）应一方中央主管机关的请求，举行非例行会晤和磋商。

第六条

双方边境事务中央主管机关可建立会晤机制，在不违反双方国内法律和双方均参加的国际条约的情况下，就发生在双方边境地区的本协定包括行为直接联系与协作。

第七条

一、双方中央主管机关将就本协定包括行为交换以下包括上海公约第七条所列内容在内的，双方感兴趣的情报：

（一）为实施本协定包括行为所成立的组织情况及其成员情况，在可能情况下，包括组织的名称、结构、主要活动及其成员的姓名、国籍、住所或居所、外表特征、照片、指纹及其他有助于确定和辨认他们的资料；

（二）为实施本协定包括行为所成立的组织在另一方境内的计划，及其进行人员培训和培训地点（基地）的情报；

（三）包括利用第三国领土针对另一方的准备实施、正在实施和已经实施的本协定包括行为的情报；

（四）为实施本协定涵盖行为所成立的组织及其成员非法制造、储存、流通、使用或威胁使用毒害性、爆炸性、放射性物质、放射源、核材料、枪支弹药、引爆装置、大规模杀伤性武器，以及可用于制造上述各项的原料和设备的情报；

（五）为实施本协定包括行为所成立的组织及其成员针对任何一方国家元首及其他国家领导人、外交代表机关、领事机构、国际组织工作人员、重要高级代表团、公众活动安全和重要设施等实施恐怖活动或者威胁实施恐怖活动的情报；

（六）为实施本协定包括行为所成立的组织非法制造和传播恐怖主义、分裂主义、极端主义思想的宣传品（印刷品、音像制品及其他任何形式的物品）的情报；

（七）为实施本协定包括行为所成立的组织及其成员的资金来源和渠道等方面的情报；

（八）为实施本协定包括行为所成立的组织活动的特点、规律、方法和手段等方面的情报；

（九）具有一方国籍、位于另一方境内的涉嫌从事本协定包括行为的任何人员的个人资料、身份证件种类和号码、住所或居所、照片等情况；

（十）为实施本协定包括行为提供技术、武器、资金、物资和（或）培训的组织或人员的情报；

（十一）发现、预防和制止本协定包括行为的经验等。

二、双方采取一切必要措施，切实保护在本协定框架下提供的秘密情报，保障其完好无损。

三、未经提供方事先书面同意，双方在执行本协定过程中取得的情报不得向第三方提供，亦不得向外界公布。

第八条

为打击本协定所包括的行为，双方可：

（一）在两国间已缔结的国际条约及各自国内法律允许范围内，协商简化有关程序；

（二）根据双方国内法律和双方均参加的国际条约，应对方请求协助侦查刑事案件。

第九条

为执行上海公约和本协定，双方以单独协定为基础，加强在科研活动、技术交流、开发及提高特种技术、合作生产特种器材和装备等方面的合作。

第十条

除非另有约定，双方自行承担与执行本协定有关的费用。

第十一条

双方中央主管机关在本协定范围内开展合作的工作语言为中文和俄文。

第十二条

本协定解释或执行中的争议，由双方通过包括外交途径在内的磋商和谈判予以解决。

第十三条

经双方同意，可以对本协定进行修订和补充，并签署单独的议定书。

第十四条

本协定须经批准，并自双方互换批准书之日起第三十天开始生效。

第十五条

一、本协定无限期有效。

二、双方均可终止本协定。本协定自一方收到另一方通过外交途径提出终止本协定的书面通知之日起一年后失效。如上海公约对双方当中的一方失效，则本协定亦同时失效。

本协定于二〇一〇年九月二十七日在北京签订，一式两份，分别用中文和俄文写成，两种文本同等作准。

中华人民共和国代表　　俄罗斯联邦代表

杨洁篪　　谢尔盖·拉夫罗夫

全国人民代表大会常务委员会
关于批准《中华人民共和国和
意大利共和国引渡条约》的决定

(2011 年 12 月 31 日第十一届全国人民代表大会常务委员会第二十四次会议通过)

第十一届全国人民代表大会常务委员会第二十四次会议决定：批准 2010 年 10 月 7 日由外交部部长杨洁篪代表中华人民共和国在罗马签署的《中华人民共和国和意大利共和国引渡条约》。

中华人民共和国和意大利共和国引渡条约

中华人民共和国和意大利共和国（以下称双方），在相互尊重主权和平等互利的基础上，为促进两国在打击犯罪方面的有效合作，决定缔结本条约，并达成协议如下：

第一条　引渡义务

双方有义务根据本条约的规定，应对方请求，相互引渡在一方发现的被另一方通缉的人员，以便对其进行刑事诉讼或者执行徒刑。

第二条　可引渡的犯罪

一、根据双方法律构成犯罪的行为，并且符合下列条件之一的，应当是可引渡的犯罪：

（一）为进行刑事诉讼而请求引渡的，根据双方法律，对于该犯罪均可判处一年以上徒刑；

（二）为执行徒刑而请求引渡的，在提出引渡请求时，尚未服完的刑期至少为六个月。

二、根据本条第一款确定某一行为是否根据双方法律均构成犯罪时，不应考虑双方法律是否将该行为归入同一犯罪种类或者使用同一罪名。

三、如果引渡请求涉及两个以上根据双方法律均构成犯罪的行为，只要其中有一项行为符合本条第一款规定的条件，被请求方即可以针对上述各项行为同意引渡。

四、如果引渡请求所针对的犯罪涉及赋税、关税、外汇管制或者其他税务事项，被请求方不得单独以其法律没有规定同类赋税、关税、外汇管制或者其他税务事项的条款为由拒绝引渡。

第三条　应当拒绝引渡的理由

有下列情形之一的，应当拒绝引渡：

（一）如果引渡请求所针对的犯罪是政治犯罪，或者被请求方已经给予被请求引渡人受庇护的权利。为此目的，恐怖主义犯罪不能被视为政治性质的犯罪，双方均为缔约国的国际条约、公约和协定不认为是政治犯罪的也应除外；

（二）被请求方有充分理由认为，请求引渡的目的是基于被请求引渡人的种族、性别、宗教、国籍或者政治见解而对该人进行起诉或者处罚，或者该人在司法程序中的地位将会因为上述任何原因受到损害；

（三）引渡请求所针对的犯罪根据被请求方法律仅构成军事犯罪；

（四）如果引渡请求所针对的犯罪已经在被请求方被个案赦免或普遍赦免，或受其他情况影响，导致该犯罪或判决不复存在；

（五）被请求方已经对被请求引渡人就引渡请求所针对的犯罪作出生效判决或者终止刑事诉讼程序；

（六）如有充分理由相信，被请求引渡人在请求方就引渡请求所针对的犯罪曾经遭受或者可能遭受酷刑或者其他残忍、不人道或者有辱人格的待遇或者处罚；

（七）如果准予引渡可能会损害被请求方的主权、安全、公共秩序或其他重大利益，或者导致与其本国法律基本原则相抵触的后果，包括被请求方法律禁止的刑罚种类的执行。

第四条　可以拒绝引渡的理由

有下列情形之一的，可以拒绝引渡：

（一）被请求方根据本国法律对引渡请求所针对的犯罪具有刑事管辖权，并且被请求引渡人因该犯罪正在或将要被提起刑事诉讼；

（二）被请求方在考虑了犯罪的严重性和请求方利益的情况下，认为由于被请求引渡人的年龄、健康等原因，引渡不符合人道主义考虑。

第五条　国民不引渡

一、双方均有权拒绝引渡本国国民。

二、如果不同意引渡，被请求方应当根据请求方的请求，将该案件提交主管机关以便根据国内法提起刑事诉讼。为此目的，请求方应当向被请求方提供证据、文件或任何其他由其掌握的有用材料。

三、被请求方应当迅速将请求的结果通知请求方。

第六条　指定机关

为本条约的目的，双方指定转递引渡请求并且彼此进行直接联系的机关是中华人民共和国外交部和意大利共和国司法部。

第七条　引渡请求及所需文件

一、引渡请求必须以书面形式提出并包含：

（一）请求机关的名称；

（二）被请求引渡人的姓名、出生日期、性别、国籍、职业、住所地或居所地、身份证件的详情以及其他有助于确定其身份和可能所在地的资料；如有可能，有关其外表特征的描述，该人的照片和指纹；

（三）引渡请求所针对的犯罪事实的说明，包括犯罪的时间、发生的地点、行为和结果；

（四）该项犯罪的罪名、可能被判处的刑罚以及有关刑事管辖权的法律规定；

（五）有关追诉时效或者执行判决期限的法律规定。

二、除本条第一款规定外，

（一）旨在对被请求引渡人进行刑事诉讼的引渡请求还应当附有请求方主管机关签发的经核正无误的逮捕证的副本；

（二）旨在对被请求引渡人执行刑罚的引渡请求还应当附有经核正无误的生效判决书的副本和关于已经执行刑期的说明。

三、请求方根据本条第一款和第二款提交的引渡请求书和其他有关文件，应当由请求方的主管机关正式签署或者盖章，并应当附有被请求方文字的译文，但双方另有约定的除外。

第八条　补充材料

一、如果请求方为引渡请求所提交的材料不足以使被请求方根据本条约作出决定，被请求方可要求请求方在四十五天内提供必要的补充材料。

二、未能在本条第一款所规定的期限内提交补充材料应当被视为放弃请求，但是不妨碍请求方就同一犯罪对同一人重新提出引渡请求。

第九条　临时羁押

一、在紧急情况下，请求方可以为提出引渡请求的目的，请求临时羁押被请求引渡人。此种请求可以通过本条约第六条规定的指定机关、国际刑事警察组织或者双方同意的其他途径以书面形式提出。

二、临时羁押请求应当包括本条约第七条所列内容，并说明即将提出正式引渡请求。

三、被请求方应当将请求的结果迅速通知请求方。

四、如果被请求引渡人被羁押三十天后，被请求方指定机关仍未收到正式引渡请求，临时羁押和任何可能有的强制措施应当被解除。经请求方合理要求，上述期限可以延长十五天。

五、如果被请求方随后收到了正式的引渡请求，则根据本条第四款解除的临时羁押不妨碍对被请求引渡人的引渡。

第十条　对引渡请求作出决定

一、被请求方应当根据本国法律规定的程序处理引渡请求，并且迅速将决定通知请求方。

二、被请求方如果全部或者部分拒绝引渡请求，应当将理由告知请求方。

第十一条　移交被引渡人

一、如果被请求方同意引渡，双方应当迅速商定执行引渡的时间、地点等有关事宜。移交被请求引渡人的期限应为请求方收到同意引渡的通知之日起四十天。

二、如果请求方未在本条第一款规定的期限内接收被引渡人，被请求方应当立即释放该人，并且可以拒绝请求方就同一犯罪再次提出的引渡该人的请求，但本条第三款另有规定的除外。

三、如果一方因为其无法控制的原因不能在商定的期间内移交或者接收被引渡人，应当立即通知另一方。双方应当再次商定移交的日期，并适用本条第二款的规定。

四、被引渡人在请求方的刑事诉讼终结或者服刑完毕之前逃回被请求方的，该人可以根据请求方就同一犯罪再次提出的引渡请求，被重新引渡，请求方无需提交本条约第七条所规定的文件。

第十二条　暂缓移交和临时移交

一、如果被请求引渡人正在被请求方因为引渡请求所针对的犯罪之外的犯罪被提起刑事诉讼或者服刑，被请求方可以在作出同意引渡的决定后，暂缓引渡该人直至诉讼终结或者服刑完毕。被请求方应当将暂缓引渡事项通知请求方。

二、但是，经请求方请求，被请求方在本国法律允许范围内，可以将被请求引渡人临时移交给请求方，以便其开展正在进行的刑事诉讼。双方应商定临时移交的时间和方式。被临时移交人在请求方境内期间应当羁押并且在商定的期限内应被送还给被请求方。上述羁押的时间应该计算在被请求方尚未执行的刑期内。

第十三条　数国提出的引渡请求

如果被请求方收到请求方和其他一个或多个国家同时对同一人就同一

犯罪或者不同犯罪提出的引渡请求时，被请求方在决定向哪一方引渡该人时，应当考虑所有相关情形，特别是如下情形：

（一）请求是否根据条约提出；

（二）各种犯罪的严重性；

（三）犯罪发生的时间和地点；

（四）被请求引渡人的国籍和通常的居住地；

（五）各项请求提出的先后；

（六）再向第三国引渡的可能性。

第十四条　特定规则

一、除同意引渡所针对的犯罪外，请求方对于根据本条约被引渡的人，不得就该人在引渡前所实施的其他犯罪进行刑事诉讼或者执行刑罚，除非：

（一）被请求方同意。在这种情况下，被请求方可以要求请求方提供本条约第七条所规定的文件或者材料；

（二）该人在可以自由离开请求方之日后的三十天内未离开。但是由于其无法控制的原因未能离开请求方的时间不计算在此期限内；

（三）该人在离开请求方后又自愿回到该国。

二、除上述第（二）项和第（三）项外，被请求引渡人被引渡到请求方后，第三国因该人被移交前的犯罪向请求方请求引渡该人，请求方应征得被请求方的同意。被请求方可以要求提交本条约第七条所规定的文件和材料。

第十五条　移交物品

一、应请求方请求，被请求方应当在本国法律允许的范围内，扣押在其境内发现的犯罪所得、犯罪工具以及可作为证据的物品，并且在同意引渡的情况下，将这些物品移交给请求方。

二、在同意引渡的情况下，即使因为被请求引渡人死亡、失踪或者脱逃而无法实施引渡，本条第一款提到的物品仍然可以移交。

三、被请求方为审理其他未决刑事诉讼案件，可以推迟移交上述财物直至诉讼终结，或者在请求方承诺返还的条件下临时移交这些物品。

四、移交上述物品不得损害被请求方或者任何第三方对该物品的合法权益。如果存在此种权益，请求方应当在诉讼结束之后尽快将被移交的物品无偿返还给被请求方或者第三方。

第十六条　过　　境

一、任何一方，在不违反本国法律的情况下，应当批准另一方从第三国引渡人员从本国领土过境。

二、申请过境的一方应通过指定机关向过境方提交过境请求，过境请求应包含对过境人的描述和案件事实的简要介绍。

三、如果采用航空运输且没有在过境方降落的计划，则无需获得同意。如果发生未计划的降落，只要过境方在九十六小时内收到过境请求，过境方应当羁押过境人直至完成过境。

第十七条　通报结果

请求方应当根据被请求方的要求，迅速向被请求方通报有关对被引渡人进行刑事诉讼、执行刑罚或者将该人再引渡给第三国的情况。

第十八条　费　用

一、被请求方应当为引渡请求产生的程序作出必要安排，并承担相应费用。

二、被请求方应当承担在其境内逮捕被请求引渡人、在移交给请求方前羁押该人以及扣押和保管本条约第十五条所提及的物品的有关费用。

三、请求方应当承担将被引渡人及扣押的任何物品从被请求方运往请求方而产生的费用。

第十九条　与其他条约的关系

本条约不影响双方根据双方均为缔约方的其他条约开展引渡合作。

第二十条　争议的解决

由于本条约的解释或者适用所产生的任何争议，应当通过外交途径协商解决。

第二十一条　生效、修订和终止

一、双方应当相互正式通知已完成各自国内批准程序，本条约自收到后一份通知之日后第三十天生效。

二、本条约可以经双方书面协议随时予以修订。此类修订应当按照本条第一款规定的相同程序生效，并构成本条约的一部分。

三、本条约的有效期不受限制。任何一方可以随时通过外交途径，以书面形式通知另一方终止本条约。本条约在该通知发出之日后第一百八十天终止。本条约的终止不影响条约终止前已经开始的引渡程序。

四、本条约适用于其生效后提出的任何请求，即使有关犯罪发生于本条约生效前。

下列签署人经各自政府适当授权，签署本条约，以昭信守。

本条约于二〇一〇年十月七日订于罗马，一式两份，每份均用中文、意大利文和英文写成，三种文本同等作准。如遇解释上的分歧，以英文本为准。

中华人民共和国代表　　意大利共和国代表

杨洁篪　　安杰利诺·阿尔法诺

全国人民代表大会常务委员会关于批准《中华人民共和国政府和意大利共和国政府关于刑事司法协助的条约》的决定

（2011 年 12 月 31 日第十一届全国人民代表大会常务委员会第二十四次会议通过）

第十一届全国人民代表大会常务委员会第二十四次会议决定：批准 2010 年 10 月 7 日由外交部部长杨洁篪代表中华人民共和国政府在罗马签署的《中华人民共和国政府和意大利共和国政府关于刑事司法协助的条约》。

中华人民共和国政府和意大利共和国政府关于刑事司法协助的条约

中华人民共和国政府与意大利共和国政府（以下称双方），在相互尊重国家主权和平等互利的基础上，为促进两国在刑事司法协助领域的有效合作，决定缔结本条约，并达成协议如下：

第一条　适用范围

一、双方根据本条约的规定，相互提供最广泛的刑事司法协助。

二、相关协助包括：

（一）送达刑事诉讼文书；

（二）获取证言或者陈述；

（三）获取和提供鉴定结论；

（四）提供文件、记录和证据；

（五）查找和辨认人员；

（六）进行司法勘验或者检查场所或者物品；

（七）移送在押人员以便作证或者参与其他诉讼活动；

（八）进行调查、搜查、冻结和扣押财物；

（九）没收犯罪所得和犯罪物品；

（十）通报刑事诉讼结果和提供司法记录信息；

（十一）交流法律信息；

（十二）不违背被请求方法律的其他任何形式的协助。

三、本条约不适用于：

（一）对于人员的引渡；

（二）执行请求方所作出的刑事裁决和决定，但是被请求方法律和本条约允许的情况除外；

（三）移交被判刑人以便服刑；

（四）刑事诉讼的转移。

四、本条约仅适用于双方之间的相互司法协助。

第二条　中央机关

一、为本条约的目的，双方指定的中央机关应相互转递请求，并就司法协助事项直接进行联系。

二、中央机关在中华人民共和国方面为司法部，在意大利共和国方面为司法部。

三、任何一方如变更其对中央机关的指定，应当通过外交途径通知另一方。

第三条　拒绝或者推迟协助

一、存在下列情形之一的，被请求方可以拒绝提供协助：

（一）请求涉及的行为根据被请求方法律不构成犯罪；

（二）被请求方认为请求涉及的犯罪是政治性质的犯罪，但恐怖主义犯罪和双方均为缔约方的国际公约不认为是政治犯罪的除外；

（三）根据请求方法律，请求涉及的犯罪纯属军事性质的犯罪；

（四）被请求方有充分理由认为，请求的目的是基于某人的种族、性别、宗教、国籍或者政治见解而对该人进行侦查、起诉、处罚或者其他诉讼程序，或者该人的地位可能由于上述任何原因受到损害；

（五）被请求方正在对请求所涉及的同一犯罪嫌疑人或者被告人就同一犯罪进行刑事诉讼，或者已经终止刑事诉讼，或者已经作出终审判决；

（六）被请求方认为，接受请求将损害本国主权、安全、公共秩序或者其他重大公共利益，或者其后果与本国法律的基本原则相抵触。

二、如果提供协助将会妨碍正在被请求方进行的刑事诉讼程序，被请求方可以推迟提供协助。

三、在根据本条拒绝或者推迟协助前，被请求方应当考虑是否可以在其认为必要的条件下准予协助。请求方如果接受附条件的协助，则应当遵守这些条件。

四、被请求方如果拒绝或者推迟协助，应当将拒绝或者推迟的理由通知请求方。

第四条 请求的形式和内容

一、请求应当以书面形式提出，并且由请求机关根据本国法律规定签署或者盖章。

二、请求应包括以下内容：

（一）请求所涉及刑事诉讼程序的主管机关的名称；

（二）请求所涉及犯罪的性质的说明和事实的描述以及可适用的法律规定；

（三）对于请求提供的协助事项的说明。

三、在必要和可能的范围内，请求还应当包括以下内容：

（一）关于被取证人员的身份和居住地的信息；

（二）关于受送达人的身份、居住地以及该人在诉讼中的身份的信息；

（三）关于需查找或者辨别的人员的身份及下落的信息；

（四）关于需勘验或者检查的场所或者物品的说明；

（五）希望在执行请求时遵循的特别程序及理由的说明；

（六）关于搜查的地点和查询、冻结、扣押的财物的说明；

（七）保密需要及其理由的说明；

（八）关于被邀请前往请求方境内的证人或者鉴定人有权得到的津贴和费用的说明；

（九）有助于执行请求的其他信息。

四、如果被请求方认为请求所含内容不能满足本条约规定的条件，可要求获得进一步信息。

五、根据本条提出的请求和辅助文件，应当附有被请求方文字的译文。

第五条 请求的执行

一、被请求方应当按照本国法律及时执行请求。

二、被请求方在不违背本国法律的范围内，可以按照请求方要求的方式执行请求。

三、在可能且不违反各自法律的范围内，双方可以在具体情况下商定使用视频会议获取证人证言。

四、被请求方应当将执行请求的结果及时通知请求方。如果无法提供所请求的协助，被请求方应当立即将原因通知请求方。

第六条 保密和特定用途

一、如果请求方提出要求，被请求方应当对请求包括其内容和辅助文件，以及在执行请求时所获取的文件予以保密。如果不违反保密要求则无法执行请求，被请求方应当将此情况通知请求方，由请求方决定该项请求是否仍应予以执行。

二、如果被请求方提出要求，请求方应当对被请求方提供的信息和证据予以保密，或者仅在被请求方指明的条件和方式下使用。

三、未经被请求方的事先同意，请求方不得为了请求所述案件以外的任何其他目的使用根据本条约所获得的信息或者证据。

第七条 送达文书

一、被请求方应当根据本国法律并依请求，送达请求方递交的文书。

二、被请求方在执行送达后，应当向请求方出具证明。送达证明应当包括送达日期、地点和送达方式的说明，并且应当由送达文书的机关签署或者盖章。如果无法执行送达，则应当通知请求方，并且说明原因。

第八条 调取证据

一、被请求方应当根据本国法律调取证据并移交给请求方。

二、如果请求涉及移交文件或者记录，被请求方可以移交经证明的副本或者影印件；在请求方明示要求移交原件的情况下，被请求方应当尽可能满足此项要求。

三、在不违背被请求方法律的前提下，根据本条移交给请求方的文件和其他物品，应当按照请求方要求的形式予以证明，以便使其可以依请求方法律得以接受。

四、请求方应当根据被请求方的要求，尽快向其归还被移交的文件或记录的原件以及物品。

五、被请求方在不违背本国法律的范围内，可以准许请求中指明的人员到场，并允许这些人员通过被请求方的主管机关就与司法协助有关的事项提问。为此目的，被请求方应当及时将执行请求的时间和地点通知请求方。

第九条 拒绝作证

一、根据本条约被要求作证的人员，如果被请求方法律允许该人在被请求方提起的诉讼中的类似情形下不作证，可以拒绝作证。

二、根据本条约被要求作证的人员，也可以在请求方法律允许的所有情形下拒绝作证，只要该方在请求书中予以明确说明。

第十条　证人和鉴定人在请求方作证

一、被请求方应当根据请求方的请求，邀请有关人员作为证人和鉴定人在请求方主管机关作证。请求方应当说明需向该人支付的津贴、费用的范围。被请求方应当将该人的答复迅速通知请求方。

二、邀请在请求方境内作证的文书送达请求，应当在不迟于预定出庭日期六十天前递交给被请求方。在紧急情形下，被请求方可以同意在较短期限内转交。

第十一条　在押人员的临时移送

一、经请求方请求，被请求方可以将在其境内的在押人员临时移送至请求方境内以便在主管机关作证或者参与其他诉讼活动，条件是该人同意，而且双方已经就移送事项及相关条件事先达成书面协议。

二、请求方应当对被移送人进行羁押。

三、在本条第一款所述活动结束后，请求方应当尽快将该被移送人送回被请求方。

四、为本条的目的，该被移送人在请求方被羁押的期间，应当折抵在被请求方判处的刑期。

第十二条　证人和鉴定人的保护

一、请求方对于到达其境内的证人或者鉴定人，不得由于该人在入境前的任何作为或者不作为对其进行侦查、起诉、逮捕或者采取其他限制人身自由的措施，也不得强迫该人在请求所未涉及的诉讼程序中作证或者参与其他任何活动，除非事先取得被请求方和该人的同意。

二、如果上述人员在被正式通知无需继续停留后十五天内未离开请求方，或者离开后又自愿返回，则不再适用本条第一款。但是，该期限不应包括由于该人无法控制的原因而未能离开请求方领土的期间。

三、对于拒绝根据第十条或第十一条作证或者参与其他诉讼活动的人员，不得由于此种拒绝而施加任何刑罚或者采取任何限制其人身自由的强制措施。

第十三条　调查、搜查、冻结和扣押

一、被请求方应当根据本国法律并在可能的范围内，执行调查财物、搜查、冻结和扣押犯罪证据材料和相关物品的请求。

二、被请求方应当向请求方提供执行本条第一款所述请求的有关情况。

三、在保证善意第三人的权利和返还合法所有人的可能性的情况下，被请求方根据请求方的要求，可以将根据本国法律扣押的财物移交给请求方。如果被请求方就移交提出条件，请求方应当遵守这些条件。

第十四条 银行信息查询

一、被请求方应当根据请求方的要求迅速查询某一作为犯罪嫌疑人或者被告人的自然人或法人是否在其境内银行持有一个或者多个银行账户。被请求方应当立即向请求方通报有关查询结果。

二、双方不能以银行保密为由拒绝提供本条规定的协助。

第十五条 扣押和没收犯罪所得及物品

一、被请求方应当根据请求确定犯罪所得或者犯罪物品是否位于其境内，并且应当将调查结果通知请求方。在提出这种请求时，请求方应当将其认为上述犯罪所得及物品可能位于被请求方境内的理由通知被请求方。

二、如果本条第一款所指的犯罪所得或者犯罪物品已被找到，被请求方应当根据请求，按照本国法律的规定采取措施，以便冻结、扣押和没收这些犯罪所得及物品。

三、在双方商定的条件下，被请求方可以根据请求方的请求，将犯罪所得或者物品的全部或者部分，或者出售这些资产的所得，移交给请求方。

四、在适用本条时，被请求方和第三人对这些财物的合法权利应当受到尊重。

第十六条 交换刑事诉讼情况

为在请求方进行的刑事诉讼之目的，被请求方应当向请求方提供请求方国民在被请求方境内涉及的刑事诉讼、以前的犯罪记录及所受处罚的情况。

第十七条 交流法律信息

双方可以根据请求，相互交流各自国家现行的或者曾经有效的与履行本条约有关的法律和司法实践的信息。

第十八条 免除认证

根据本条约转递的文件无需任何形式的认证。

第十九条 费用

一、被请求方应当负担执行请求所产生的费用。但是，请求方应当负担下列费用：

（一）有关人员按照第八条第五款的规定，旅行和在被请求方停留的费用；

（二）有关人员按照第十条的规定，旅行和在请求方停留的费用和津贴；

（三）执行第十一条所规定的请求的费用；

（四）鉴定人的费用和报酬；

（五）笔译和口译的费用和报酬；

（六）监管和移交财物的费用。

二、如果执行请求明显地需要超常性质的费用，双方应当进行协商，以便确定执行请求的条件以及费用分摊的标准。

第二十条　其他合作基础

本条约不妨碍双方依照其他可适用的国际协定或本国法律提供相互协助。

第二十一条　争议的解决

由于本条约的解释和适用产生的争议，应当由双方中央机关协商解决。如果双方不能达成协议，则应当通过外交途径协商解决。

第二十二条　生效和终止

一、本条约须经批准，批准书在罗马互换。

二、条约自互换批准书之日后第三十天生效。

三、任何一方可以随时通过外交途径，以书面形式通知终止本条约。终止自该通知发出之日后第一百八十天生效。

四、本条约适用于其生效后提出的请求，即使有关作为或者不作为发生于本条约生效前。

下列签署人经各自政府适当授权、签署本条约，以昭信守。

本条约于二〇一〇年十月七日订于罗马，一式两份，每份均以中文、意文和英文写成，三种文本同等作准。如遇解释上的分歧，以英文本为准。

中华人民共和国　　意大利共和国

政府代表　　政府代表

杨洁篪　　安杰利诺·阿尔法诺

检察工作类

最高人民法院　最高人民检察院关于印发
《关于对民事审判活动与行政诉讼实行
法律监督的若干意见（试行）》的通知

（2011 年 3 月 10 日　高检会〔2011〕1 号）

各省、自治区、直辖市高级人民法院、人民检察院，解放军军事法院、军事检察院，新疆维吾尔自治区高级人民法院生产建设兵团分院、新疆生产建设兵团人民检察院：

为落实中央关于"完善检察机关对民事、行政诉讼实施法律监督的范围和程序"的改革任务，最高人民法院和最高人民检察院制定了《关于对民事审判活动与行政诉讼实行法律监督的若干意见（试行）》，现印发给你们，请认真遵照执行。各地在执行中如遇到问题，请及时报告最高人民法院、最高人民检察院。

关于对民事审判活动与行政诉讼
实行法律监督的若干意见（试行）

第一条　为了完善检察机关对民事审判活动、行政诉讼实行法律监督的范围和程序，维护司法公正，根据宪法和法律，结合司法实践，制定本意见。

第二条　根据《中华人民共和国民事诉讼法》第十四条和《中华人民共和国行政诉讼法》第十条的规定，人民检察院对民事审判活动、行政诉讼实行法律监督。

第三条　人民检察院对于已经发生法律效力的判决、裁定、调解，有下列情形之一的，可以向当事人或者案外人调查核实：

（一）可能损害国家利益、社会公共利益的；

（二）民事诉讼的当事人或者行政诉讼的原告、第三人在原审中因客观原因不能自行收集证据，书面申请人民法院调查收集，人民法院应当调查收集而未调查收集的；

（三）民事审判、行政诉讼活动违反法定程序，可能影响案件正确判决、裁定的。

第四条 当事人在一审判决、裁定生效前向人民检察院申请抗诉的，人民检察院应当告知其依照法律规定提出上诉。当事人对可以上诉的一审判决、裁定在发生法律效力后提出申诉的，应当说明未提出上诉的理由；没有正当理由的，不予受理。

第五条 最高人民检察院对各级人民法院已经发生法律效力的民事判决、裁定，上级人民检察院对下级人民法院已经发生法律效力的民事判决、裁定，经过立案审查，发现有《中华人民共和国民事诉讼法》第一百七十九条规定情形之一，符合抗诉条件的，应当依照《中华人民共和国民事诉讼法》第一百八十七条之规定，向同级人民法院提出抗诉。

人民检察院发现人民法院已经发生法律效力的行政判决和不予受理、驳回起诉、管辖权异议等行政裁定，有《中华人民共和国行政诉讼法》第六十四条规定情形的，应当提出抗诉。

第六条 人民检察院发现人民法院已经发生法律效力的民事调解、行政赔偿调解损害国家利益、社会公共利益的，应当提出抗诉。

第七条 地方各级人民检察院对符合本意见第五条、第六条规定情形的判决、裁定、调解，经检察委员会决定，可以向同级人民法院提出再审检察建议。

人民法院收到再审检察建议后，应当在三个月内进行审查并将审查结果书面回复人民检察院。人民法院认为需要再审的，应当通知当事人。人民检察院认为人民法院不予再审的决定不当的，应当提请上级人民检察院提出抗诉。

第八条 人民法院裁定驳回再审申请后，当事人又向人民检察院申诉的，人民检察院对驳回再审申请的裁定不应当提出抗诉。人民检察院经审查认为原生效判决、裁定、调解符合抗诉条件的，应当提出抗诉。人民法院经审理查明，抗诉事由与被驳回的当事人申请再审事由实质相同的，可以判决维持原判。

第九条 人民法院的审判活动有本意见第五条、第六条以外违反法律规定情形，不适用再审程序的，人民检察院应当向人民法院提出检察建议。

当事人认为人民法院的审判活动存在前款规定情形，经提出异议人民法院未予纠正，向人民检察院申诉的，人民检察院应当受理。

第十条 人民检察院提出检察建议的，人民法院应当在一个月内作出处理并将处理情况书面回复人民检察院。

人民检察院对人民法院的回复意见有异议的，可以通过上一级人民检察院向上一级人民法院提出。上一级人民法院认为人民检察院的意见正确的，应当监督下级人民法院及时纠正。

第十一条　人民检察院办理行政申诉案件，发现行政机关有违反法律规定、可能影响人民法院公正审理的行为，应当向行政机关提出检察建议，并将相关情况告知人民法院。

第十二条　人民检察院办理民事、行政申诉案件，经审查认为人民法院的审判活动合法、裁判正确的，应当及时将审查结果告知相关当事人并说明理由，做好服判息诉工作。

人民检察院办理民事申诉、行政赔偿诉讼申诉案件，当事人双方有和解意愿、符合和解条件的，可以建议当事人自行和解。

第十三条　人民法院审理抗诉案件，应当通知人民检察院派员出席法庭。

检察人员出席再审法庭的任务是：

（一）宣读抗诉书；

（二）对人民检察院依职权调查收集的、包括有利于和不利于申诉人的证据予以出示，并对当事人提出的问题予以说明。

检察人员发现庭审活动违法的，应当待庭审结束或者休庭之后，向检察长报告，以人民检察院的名义提出检察建议。

第十四条　人民检察院办理民事、行政诉讼监督案件，应当依法履行法律监督职责，严格遵守办案规则以及相关检察纪律规范，不得谋取任何私利，不得滥用监督权力。

第十五条　人民法院发现检察监督行为违反法律或者检察纪律的，可以向人民检察院提出书面建议，人民检察院应当在一个月内将处理结果书面回复人民法院；人民法院对于人民检察院的回复意见有异议的，可以通过上一级人民法院向上一级人民检察院提出。上一级人民检察院认为人民法院建议正确的，应当要求下级人民检察院及时纠正。

第十六条　人民检察院和人民法院应当建立相应的沟通协调机制，及时解决实践中出现的相关问题。

最高人民法院　最高人民检察院
关于在部分地方开展民事执行活动
法律监督试点工作的通知

（2011 年 3 月 10 日　高检会〔2011〕2 号）

山西、内蒙古、上海、浙江、福建、江西、山东、湖北、广东、陕西、甘肃、宁夏等省（自治区、直辖市）高级人民法院、人民检察院：

为了贯彻落实中央司法体制和工作机制改革精神，规范人民法院执行行为，支持人民法院依法执行，最高人民法院与最高人民检察院商定，在部分地方开展民事执行活动法律监督的试点工作。现就有关问题通知如下：

一、各试点省、自治区、直辖市高级人民法院、人民检察院可以协商选定适当数量的中级人民法院、基层人民法院以及相应的人民检察院作为试点单位，分别报最高人民法院、最高人民检察院备案。

二、人民检察院可以依当事人、利害关系人的申请，对下列民事执行活动实施法律监督：

（一）人民法院收到执行案款后超过规定期限未将案款支付给申请执行人的，有正当理由的除外；

（二）当事人、利害关系人依据《中华人民共和国民事诉讼法》第二百零二条之规定向人民法院提出书面异议或者复议申请，人民法院在收到书面异议、复议申请后，无正当理由未在法定期限内作出裁定的；

（三）人民法院自立案之日起超过两年未采取适当执行措施，且无正当理由的；

（四）被执行人提供了足以保障执行的款物，并经申请执行人认可后，人民法院无正当理由仍然执行被执行人其他财产，严重损害当事人合法权益的；

（五）人民法院的执行行为严重损害国家利益、社会公共利益的。

三、人民检察院对符合本通知第二条规定情形的民事执行活动，应当经检察委员会决定并通过提出书面检察建议的方式对同级或者下级人民法院的民事执行活动实施法律监督。

人民法院应当在收到检察建议后一个月内作出处理并将处理情况书面回复人民检察院。

人民检察院对人民法院的回复意见有异议的，可以通过上一级人民检察院向上一级人民法院提出。上一级人民法院认为人民检察院的意见正确的，应当监督下级人民法院及时纠正。

　　四、当事人或者利害关系人认为人民法院的民事执行活动违法，损害了自己合法权益，直接向人民检察院申诉的，人民检察院应当告知其依照法律规定向人民法院提出异议、申请复议或者申诉。

　　五、对于国家机关等特殊主体为被执行人的执行案件，人民法院因不当干预难以执行的，人民检察院应当向相关国家机关等提出检察建议。

　　六、人民检察院对民事执行活动进行法律监督，应当依法履行职责，不得滥用监督权力；检察人员违法行使职权的，应当追究责任人员的纪律和法律责任。

　　七、人民法院发现检察监督行为违反法律或者检察纪律的，可以向人民检察院提出书面建议。人民检察院应当在收到书面建议后一个月内作出处理并将处理情况书面回复人民法院；人民法院对于人民检察院的回复有异议的，可以通过上一级人民法院向上一级人民检察院提出。上一级人民检察院认为人民法院建议正确的，应当要求下级人民检察院及时纠正。

　　八、人民检察院对人民法院执行行政判决、裁定、行政赔偿调解和行政决定的活动实施法律监督，其范围和程序参照本通知执行。

　　九、各试点省、自治区、直辖市高级人民法院、人民检察院应当密切配合，共同研究，加强对试点工作的指导，并及时向最高人民法院、最高人民检察院报告试点工作开展情况，以保证试点工作积极稳妥地开展。

最高人民检察院关于印发《最高人民检察院关于实行人民监督员制度的规定》的通知

（2010 年 10 月 29 日　高检发〔2010〕21 号）

各省、自治区、直辖市人民检察院，军事检察院，新疆生产建设兵团人民检察院：

　　《最高人民检察院关于实行人民监督员制度的规定》（以下简称《规定》）已经最高人民检察院第十一届检察委员会第四十五次会议通过，现印发你们，请遵照执行。现就有关问题通知如下：

　　一、高度重视，确保全面推行人民监督员制度工作顺利进行。全面推行人民监督员制度，是贯彻落实中央决策部署、深化检察体制和工作机制改革的一项重要任务，对于发展和完善中国特色社会主义检察制度，保证检察机关依法独立公正行使检察权，更加扎实有效地做好新形势下的各项检察工作，具有十分重要的意义。各级检察机关要深刻认识全面推行人民监督员制度的必要性和重要性，把这项工作摆上重要议事日程，精心组织，周密部署，确保各项工作顺利推进，取得实效。

二、加强指导，认真落实各项部署和要求。各级检察机关要根据中央要求和最高人民检察院部署，认真做好全面推行人民监督员制度的各项工作，特别是要做好全面推行与试点工作的衔接，确保平稳过渡、有序推进。已经开展试点工作的检察院，要根据新的规定和要求，进一步规范人民监督员工作；尚未开展试点工作的检察院，要尽快启动人民监督员工作，从一开始就保证各项工作规范运行、良性发展。对试点期间已经选任的人民监督员，任期未届满的，要由上级检察院按照新的要求予以确认，以保证工作的连续性和严肃性。

三、加强调查研究，及时研究解决工作中的问题。各级检察机关特别是上级检察院要深入基层、深入实际，认真开展调查研究，针对全面推行人民监督员制度工作中出现的新情况、新问题，及时研究提出解决问题的对策和意见。最高人民检察院要加强对《规定》执行情况的调查研究，在总结经验的基础上，适时对《规定》进行修订和完善。

四、加强理论研究，积极推进人民监督员制度法制化。各级检察机关要结合工作实际，及时总结实践经验，认真开展理论研究和立法论证工作，积极推进人民监督员制度的法制化，努力形成长效机制。

各地在执行《规定》中遇到的重要问题，要及时层报最高人民检察院。

最高人民检察院关于实行人民监督员制度的规定

(2010 年 10 月 26 日最高人民检察院第十一届检察委员会第四十五次会议通过)

第一章　总　　则

第一条　为了加强对人民检察院办理直接受理立案侦查案件工作的监督，提高执法水平和办案质量，确保依法公正履行检察职能，维护社会公平正义，根据宪法、人民检察院组织法等有关法律，结合检察工作实际，制定本规定。

第二条　人民检察院办理直接受理立案侦查案件，实行人民监督员制度。

人民监督员依照本规定对人民检察院办理直接受理立案侦查案件工作实施监督。

第三条　地市级以上人民检察院应当确定相关机构负责人民监督员工作，县级人民检察院可以确定相关机构或者专人负责人民监督员工作。

第二章　人民监督员的选任

第四条　人民监督员应当具备下列条件：

（一）拥护中华人民共和国宪法；

（二）有选举权和被选举权；

（三）年满二十三周岁；

（四）公道正派，有一定的文化水平；

（五）身体健康。

第五条　下列人员不得担任人民监督员：

（一）受过刑事处罚或者正在受到刑事追究的；

（二）受过劳动教养或者行政拘留处罚的；

（三）被开除公职或者开除留用的。

第六条　下列人员不宜担任人民监督员：

（一）党委、政府及其组成部门的负责人；

（二）人民代表大会常务委员会组成人员；

（三）人民法院、人民检察院、公安机关、国家安全机关、司法行政机关的在职人员；

（四）执业律师、人民陪审员；

（五）其他因职务原因可能影响履行人民监督员职责的人员。

第七条　省级以下人民检察院人民监督员由上一级人民检察院组织选任；有条件的省、自治区、直辖市可以由省级人民检察院统一组织选任人民监督员。

省级人民检察院可以选择一个或者两个地市开展"人民监督员选任委员会"选任、管理人民监督员试点工作。试点办法另行规定。

第八条　省级、地市级人民检察院应当根据本辖区案件数量、人口、民族等因素合理确定人民监督员的名额及分布。

第九条　省级、地市级人民检察院可以商请机关、团体、企业事业单位和基层组织推荐人民监督员人选；公民个人可以向本人工作单位所在地或者住所地的人民检察院自荐报名。

第十条 选任人民监督员，应当提前向社会公告人民监督员的选任条件、程序和名额、任职期限等相关事项。

第十一条 省级、地市级人民检察院根据本规定第四条至第六条的规定，组织对推荐和自荐人选进行考察，提出拟任人民监督员人选并向社会公示，公示时间不少于七日。公示中发现有不符合人民监督员选任条件的，应当取消其拟任资格。

第十二条 拟任人民监督员人选经过公示后，由省级、地市级人民检察院作出选任决定并颁发证书。

省级、地市级人民检察院应当将选任的人民监督员名单向社会公布。

第十三条 人民监督员每届任期五年，连续任职不得超过两届。

第十四条 具有下列情形之一的，人民监督员可以辞去职务：

（一）因职务调整，出现本规定第六条规定情形的；

（二）不愿继续担任人民监督员的。

人民监督员辞去职务的，作出选任决定的人民检察院应当向社会公布。

第十五条 人民监督员具有下列情形之一的，作出选任决定的人民检察院应当解除其职务并向社会公布：

（一）不再符合本规定第四条规定条件的；

（二）具有本规定第五条规定情形的；

（三）违反本规定，造成不良后果的。

第十六条 增补人民监督员依照本规定执行。

第三章 人民监督员的职责

第十七条 人民监督员对人民检察院办理直接受理立案侦查案件的下列情形实施监督：

（一）应当立案而不立案或者不应当立案而立案的；

（二）超期羁押或者检察机关延长羁押期限决定不正确的；

（三）违法搜查、扣押、冻结或者违法处理扣押、冻结款物的；

（四）拟撤销案件的；

（五）拟不起诉的；

（六）应当给予刑事赔偿而不依法予以赔偿的；

（七）检察人员在办案中有徇私舞弊、贪赃枉法、刑讯逼供、暴力取证等违法违纪情况的。

第十八条 人民监督员应邀参加人民检察院组织的有关执法检查活动，发现有违法违纪情况的，可以提出意见和建议。

第十九条 人民监督员可以对其他检察工作、检察队伍建设等提出意见和建议。

第二十条 人民监督员履行监督职责，应当遵守国家法律、法规和有关纪律规定，不得妨碍案件公正处理。

第四章　监督工作程序

第二十一条 省级以下人民检察院提交人民监督员监督的案件，由上一级人民检察院组织人民监督员监督。

省级人民检察院统一选任人民监督员的，省级以下人民检察院提交人民监督员监督的案件，可以由地市级或者由省级人民检察院组织人民监督员监督。

省级、地市级人民检察院应当根据交通、区域等情况确定本辖区人民检察院承办案件的监督地点。

第二十二条 省级以下人民检察院承办的案件具有本规定第十七条第四项或者第五项情形的，承办部门应当在提出拟处理决定之日起三日内将拟处理决定、主要证据目录、相关法律规定等材料通过本院人民监督员办事机构或者专人报送上一级人民检察院，并做好接受监督的准备。

第二十三条 人民监督员认为人民检察院办理直接受理立案侦查案件具有本规定第十七条第一项、第二项、第三项、第六项或者第七项情形，要求启动人民监督员监督程序的，人民监督员办事机构或者专人应当进行审查，并在三日内提出拟办意见报检察长批准。不属于本院管辖的，移送有管辖权的人民检察院按本规定办理；属于本院管辖的，按照下列分工移送有关部门办理：

（一）应当立案而不立案或者不应当立案而立案的，由侦查监督部门承办。

（二）办案中超期羁押的，由监所检察部门承办；延长羁押期限不当的，由侦查监督部门承办。

（三）违法搜查、扣押、冻结的，根据诉讼阶段分别由侦查监督、公诉、控申部门会同计财部门承办。

（四）涉案款物处理不当的，由涉案款物处理部门会同计财部门承办。

（五）应当给予刑事赔偿而不依法予以赔偿的，由赔偿工作部门承办。

（六）检察人员在办案中有徇私舞弊、贪赃枉法、刑讯逼供、暴力取证等违法违纪情形的，由纪检监察部门承办。

人民监督员反映的情况不属于上述情形之一的，由人民监督员办事机构根据业务分工情况报检察长批准后移送有关部门处理。

第二十四条　省级以下人民检察院相关部门承办第二十三条规定情形的，应当在收到人民监督员办事机构或者专人移送的相关材料之日起三十日内将拟处理意见、主要证据目录、相关法律规定等材料通过本院人民监督员办事机构或者专人报送上一级人民检察院，并做好接受监督的准备。

第二十五条　人民监督员办事机构或者专人收到案件承办部门移送的有关案件材料后，应当及时审查。对于材料不齐备的，应当要求承办部门补充移送。

第二十六条　上一级人民监督员办事机构在受理案件后，一般应当确定三名人民监督员参加案件监督工作。重大案件或者在当地有重大影响的案件，应当确定五名以上人民监督员参加案件监督工作。

第二十七条　参加案件监督的人民监督员，应当以随机抽选的方式确定。

参加案件监督的人民监督员确定后，人民监督员办事机构应当及时通知参加案件监督的人民监督员和案件承办部门，并告知监督案件的时间和地点。

第二十八条　案件监督工作应当依照下列步骤进行：

（一）人民监督员办事机构向人民监督员提交拟处理决定（意见）书、主要证据目录、相关法律规定及有关材料；

（二）案件承办人向人民监督员介绍案情，说明拟处理决定（意见）的理由和依据；

（三）案件承办人回答人民监督员提出的问题；

（四）人民监督员进行评议和表决。

第二十九条　案件监督中，案件承办人必要时可以向人民监督员出示相关案件材料，或者播放相关视听资料。

第三十条　人民监督员应当推举一人主持会议，并根据案件情况独立进行评议和表决。

人民监督员在评议时，可以对案件事实、证据和法律适用情况、办案程序、是否同意检察机关拟处理决定（意见）及案件的社会反映等充分发表意见。

人民监督员在评议后，应当形成表决意见，制作《人民监督员表决意见书》，说明表决情况、结果和理由。

人民监督员进行评议和表决时，案件承办人和其他工作人员应当回避。

第三十一条　人民检察院应当根据案件诉讼程序、办案期限等实际，及时组织人民监督员进行监督，不得因人民监督员的监督而超过法定办案期限；犯罪嫌疑人在押的，不得因人民监督员的监督而超期羁押。

第三十二条　组织案件监督的人民监督员办事机构应当及时将人民监督员评议情况和表决意见移送承办案件的人民检察院。

第三十三条　承办案件的人民检察院应当对人民监督员的表决意见进行审查。检察长不同意人民监督员表决意见的，应当提交检察委员会讨论决定。检察委员会应当根据案件事实和法律规定，全面审查、认真研究人民监督员的评议和表决意见，依法作出决定。

第三十四条　组织案件监督的人民监督员办事机构应当在检察长或者检察委员会作出决定之日起二日内，将检察长或者检察委员会决定告知参加监督的人民监督员。检察委员会的决定与人民监督员表决意见不一致的，应当向参加监督的人民监督员作出必要的说明。

第三十五条　依照本规定应当接受人民监督员监督而径行作出处理决定的，上级人民检察院应当予以通报，必要时可以责令下级人民检察院依照本规定启动人民监督员监督程序。

第五章　人民监督员履行职责的保障

第三十六条　人民检察院应当为人民监督员履行职责提供下列条件：

（一）适时通报人民检察院重大工作部署、决策和其他检察工作情况；

（二）每年至少一次向人民监督员通报办理直接受理立案侦查案件工作情况；

（三）邀请人民监督员参加、列席有关会议，参与执法检查、案件公开审查和听证等活动；

（四）提供履行监督职责所需的工作场所；

（五）帮助人民监督员了解和掌握相关法律知识、检察业务知识；

（六）提供履行职责所必需的其他条件。

第三十七条　人民检察院应当严格遵照本规定接受人民监督员的监督，不得诱导、限制、规避人民监督员对案件的监督，不得干扰人民监督员对案件的评议和表决，不得泄露人民监督员的评议、表决情况。

第三十八条　对于打击报复人民监督员或者阻碍其履行职责的，应当交有关部门依法依纪处理；构成犯罪的，依法追究刑事责任。

第三十九条　人民检察院应当加强与人民监督员工作单位或者有关部门的沟通协商，取得支持，确保人民监督员有条件参加监督活动。

第四十条　人民监督员因履行职责所支出的交通、住宿、就餐、通讯等费用，人民检察院应当给予适当补助。

第四十一条　人民检察院为实施人民监督员制度所必需的经费，列入人民检察院公用经费保障范围。

第六章　人民监督员办事机构的职责

第四十二条　人民监督员办事机构应当履行下列职责：

（一）承办人民监督员的选任、解除、增补等工作；

（二）受理人民监督员或者案件承办部门提交、移送的有关案件材料，组织人民监督员监督、评议案件，向案件承办部门通报案件监督情况，向人民监督员反馈监督案件处理结果；

（三）受理、移送和督办人民监督员对检察工作及检察队伍建设提出的意见和建议，反馈办理情况；

（四）总结分析人民监督员工作，开展工作调研和理论研究；

（五）承办检察长、检察委员会以及上级人民检察院人民监督员办事机构交办的其他相关工作。

第四十三条　省级以下人民检察院人民监督员办事机构应当在检察长或者检察委员会作出决定后七日内，将已监督的案件有关情况报上一级人民检察院人民监督员办事机构备案。

第四十四条　人民监督员办事机构应当定期对案件监督质量和效果进行分析，向检察长或者检察委员会报告，同时书面报告上一级人民检察院人民监督员办事机构。

第四十五条　依照《人民检察院诉讼文书立卷归档办法》等规定，明确由相关业务部门归档的，由业务部门按照监督流程，将有关文书及材料按照目录顺序归档。

没有明确由业务部门归档的其他文书及材料，由组织案件监督的人民检察院人民监督员办事机构归档。对交由业务部门归档的文书和材料，人民监督员办事机构应当复印，并按照案件监督的流程整理归档。

第七章　附　　则

第四十六条　本规定所称"省级以下人民检察院"，不包括省级人民检察院。

第四十七条　军事检察院、铁路运输检察院参照本规定执行。

第四十八条　本规定自发布之日起施行，2004年7月5日修订的《最高人民检察院关于实行人民监督员制度的规定（试行）》、2005年12月27日施行的《最高人民检察院关于人民监督员监督"五种情形"的实施规则

（试行）》同时废止。

第四十九条　本规定由最高人民检察院负责解释。

附件：人民监督员工作文书样式（略）

最高人民检察院关于印发《人民检察院
检察委员会议题标准（试行）》的通知

（2010 年 12 月 30 日　高检发研字〔2010〕11 号）

各省、自治区、直辖市人民检察院，军事检察院，新疆生产建设兵团人民检察院：

《人民检察院检察委员会议题标准（试行）》已经 2010 年 11 月 15 日最高人民检察院第十一届检察委员会第四十七次会议通过，现印发你们，请认真贯彻执行。试行中遇到的问题请报告最高人民检察院。

人民检察院检察委员会议题标准（试行）

（2010 年 11 月 15 日最高人民检察院第十一届检察委员会第四十七次会议通过）

第一条　为了规范人民检察院检察委员会审议的议题材料，确保检察委员会议事质量，提高工作效率，根据《人民检察院检察委员会组织条例》、《人民检察院检察委员会议事和工作规则》等规定，结合工作实际，制定本标准。

第二条　提请检察委员会审议的议题，应当属于《人民检察院检察委员会议事和工作规则》第三条规定的事项和案件。

第三条　提请检察委员会审议的事项，应当主题明确，内容清楚，经过全面研究论证，议题材料齐备；提请检察委员会审议的案件，应当事实清楚，证据确实、充分，或者符合规定的条件，议题材料齐备。

第四条　提请检察委员会审议的议题，承办部门应当向检察委员会办事机构提交议题材料。议题材料包括议题呈批件或者登记表、议题报告，以及其他与议题有关的材料组成的附件。

第五条 提请检察委员会审议的司法解释、规范性文件等事项，议题报告应当包括司法解释、规范性文件审议稿和起草情况说明。

起草情况说明的主要内容包括：

（一）立项来源或者事项缘由和背景；

（二）研究起草和修改过程；

（三）征求有关部门、地方检察机关或者专家意见情况；

（四）具体说明文件审议稿的主要条文，包括各方面提出的意见、争议焦点、承办部门研究意见和理由。

第六条 提请检察委员会审议的人民检察院工作报告等其他事项，议题报告应当包括文件审议稿和起草情况说明。

起草情况说明的主要内容包括：

（一）事项缘由和背景；

（二）研究起草和修改过程；

（三）征求意见情况；

（四）对有关问题的研究意见和理由。必要时，具体说明审议稿主要条文或者主要部分，包括各有关部门提出的意见、争议焦点等。

第七条 提请检察委员会审议的司法解释、规范性文件和其他事项，根据议题的具体情况，提供以下材料作为附件：

（一）下级人民检察院的请示以及该院检察委员会会议纪要；

（二）有关单位、部门回复的书面意见或者电话记录；

（三）本院有关内设机构、下级人民检察院回复的书面意见或者回复意见综述；

（四）检察委员会专职委员或者本院检察委员会办事机构的审查意见；

（五）调查研究报告、座谈会以及专家咨询会等相关会议综合材料；

（六）反映有关社会影响的书面材料；

（七）法律、法规、司法解释以及其他规范性文件等有关规定。必要时，附相关指导性案例或者具有参考价值的典型案例等。

第八条 提请检察委员会审议的刑事案件，议题报告的主要内容包括：

（一）提请检察委员会审议决定的问题；

（二）案件来源和案件基本情况；

（三）诉讼过程，以及相关单位、部门认定的基本案件事实和适用法律情况；

（四）分歧意见或者诉争要点；

（五）承办部门工作情况、审查认定的案件事实和证据；

（六）其他需要说明的问题；

（七）承办检察官意见、承办部门讨论情况；

（八）承办部门的审查结论和理由。

根据议题具体情况，征求有关部门或者专家等意见的，议题报告还应当写明有关部门、专家等意见；依据有关规定应当接受人民监督员监督的案件，议题报告还应当写明人民监督员监督、评议情况和表决意见。

刑事申诉案件，议题报告还应当写明：原生效法律文书认定的事实和适用法律情况，申诉理由、依据和要求等。

刑事赔偿案件，议题报告还应当写明：原生效法律文书认定的事实和适用法律情况，申请赔偿的理由、依据和要求，与赔偿请求人协商的情况等。向人民法院赔偿委员会提出重新审查意见的，议题报告还应当写明人民法院赔偿委员会决定的内容，提出重新审查意见的理由、法律依据等。

下级人民检察院提请抗诉的刑事案件，议题报告还应当写明：人民法院判决、裁定内容，提请抗诉理由和申诉理由，提请抗诉的人民检察院检察委员会审议的情况和意见以及检察长的意见。

第九条　提请检察委员会审议的民事、行政抗诉案件，议题报告的主要内容包括：

（一）提请检察委员会审议决定的问题；

（二）案件来源和案件基本情况；

（三）诉讼过程，以及有关人民法院裁判、执行的情况；

（四）申诉人申请抗诉或者下级人民检察院提请抗诉的理由、证据和法律依据；

（五）分歧意见或者诉争要点；

（六）承办部门工作情况、审查认定的案件事实和证据；

（七）其他需要说明的问题；

（八）承办检察官意见、承办部门讨论情况；

（九）承办部门的审查结论和理由。

征求有关部门或者专家等意见的，议题报告还应当写明有关部门、专家等意见。

第十条　提请检察委员会审议的刑事案件和民事、行政抗诉案件，根据议题的具体情况，提供以下材料作为附件：

（一）下级人民检察院的请示以及该院检察委员会会议纪要；

（二）此前本院检察委员会有关本案的会议纪要以及其他有关研究审议本案的会议综合材料，起诉书稿、不起诉决定书稿、抗诉书稿等。抗诉案件、申诉案件，还应当附判决书、裁定书、不起诉决定书等有关法律文书以及申诉书等；

（三）承办部门集体讨论会议纪要或者记录，专家咨询意见或者专家咨询会等相关会议综合材料；

（四）有关单位、部门、本院有关内设机构回复的书面意见或者回复意见综述；

（五）检察委员会专职委员或者本院检察委员会办事机构的审查意见；

（六）诉讼当事人及其代理人的辩护或者代理意见；

（七）反映有关社会影响的书面材料；

（八）法律、法规、司法解释以及其他规范性文件等有关规定。必要时，附案件重要证据，案件事实或者法律关系示意图，相关指导性案例或者具有参考价值的典型案例。

第十一条 检察委员会办事机构依据《人民检察院检察委员会议事和工作规则》和本标准对议题材料进行审查，不符合标准的，应当提出意见并退回承办部门修改、补充。承办部门提交的议题报告，应当标明密级。

第十二条 提请检察委员会审议的议题材料，应当按照统一格式印制纸质文本或者制作电子文本。

第十三条 本标准自发布之日起试行。1999 年 12 月 30 日最高人民检察院第九届检察委员会第五十次会议通过的《最高人民检察院检察委员会议案标准（试行）》同时废止。

附件：1.《人民检察院检察委员会议题》封面样式（略）

2.《人民检察院检察委员会会议纪要》样式（略）

3.《人民检察院检察委员会决定事项通知书》样式（略）

4.《人民检察院检察委员会决定事项执行情况反馈表》样式（略）

最高人民检察院关于印发
《〈最高人民检察院检务督察
工作暂行规定〉实施办法》的通知

（2011 年 1 月 10 日　高检发纪字〔2011〕2 号）

各省、自治区、直辖市人民检察院，军事检察院，新疆生产建设兵团人民检察院：

《〈最高人民检察院检务督察工作暂行规定〉实施办法》已于 2010 年 12 月 8 日经最高人民检察院检务督察委员会会议通过，现印发你们，请结合实际，参照本实施办法制定本单位的检务督察工作实施细则。

《最高人民检察院检务督察工作暂行规定》实施办法

（2010 年 12 月 8 日最高人民检察院检务督察委员会议通过）

第一章　总　　则

第一条　为规范检务督察工作，保证检务督察工作的顺利开展，根据《最高人民检察院检务督察工作暂行规定》（以下简称《暂行规定》），制定本办法。

第二条　检务督察工作的主要任务是依照法律和规定对被督察对象实施督察，保障检察机关及其工作人员依法履行职责，正确行使职权，严肃检察纪律，确保检令畅通，促进严格、公正、文明、廉洁执法，维护检察机关的良好形象。

第三条　检务督察工作必须服从服务于检察中心工作，贯彻从严治检的方针，坚持在适用法律和纪律上人人平等，坚持预防、教育与惩处相结合，坚持监督检查与促进工作相统一。

第四条　检务督察工作机构及其督察人员必须坚持以事实为根据，以法律法规和检察纪律为准绳，依法履行职责，正确行使职权。

第五条　各级检察机关及其工作人员应当自觉接受最高人民检察院检务督察机构及其督察人员的督察。

第二章　检务督察机构、人员和职责

第六条　最高人民检察院设立检务督察委员会，由督察长、副督察长和委员组成。其中，督察长一名，由院领导担任；副督察长二名，分别由政治部和纪检监察部门负责同志担任；委员若干名，分别由相关部门主要负责同志担任。

最高人民检察院检务督察委员会督察长、副督察长的人选由最高人民检察院检察长提名，院党组会议研究决定；检务督察委员会委员的人选由督察长提名，报检察长批准。

第七条　最高人民检察院检务督察委员会实行督察长负责制，在检察长领导下开展工作，其主要职责是：

（一）领导和组织检察机关检务督察工作；

（二）制定检务督察工作制度；

（三）审查和批准检务督察工作年度计划和执行情况报告；

（四）听取检务督察工作汇报；

（五）研究处置督察中发现的违法违纪问题并作出督察决定；

（六）完成检察长交办的其他任务。

第八条 最高人民检察院督察委员会每半年向检察长报告一次检察机关检务督察工作的情况。

对重大事项的督察情况随时向检察长报告。

第九条 最高人民检察院检务督察委员会根据工作需要召开工作会议，研究审定重大事项，由督察长召集。必要时，可安排有关部门、单位或人员列席会议。

第十条 最高人民检察院检务督察委员会下设检务督察室，是检务督察委员会的常设办事机构，设在纪检组（监察局）内，受最高人民检察院检务督察委员会和纪检组（监察局）领导并对其负责。配备主任一名、副主任二名、工作人员若干名。

第十一条 最高人民检察院检务督察室的主要职责：

（一）对全国各级人民检察院及其工作人员依法履行职责、行使职权、遵章守纪、检风检容的情况进行督察；

（二）指导和协调地方各级人民检察院和专门人民检察院的检务督察工作；

（三）了解和掌握地方各级人民检察院和专门人民检察院检务督察机构履行职责的情况；

（四）起草检务督察工作决定和工作制度；

（五）制定最高人民检察院检务督察工作方案；

（六）组织、指导检务督察人员的教育和培训；

（七）完成最高人民检察院检务督察委员会交办的其他任务。

第十二条 检务督察人员包括专职人员和兼职人员。检务督察委员会成员单位配备1—2名兼职督察人员。根据督察工作需要，还可从机关及直属事业单位和地方检察机关临时抽调督察人员。检务督察人员须具备下列条件：

（一）坚持原则，忠诚公正，清廉文明，不徇私情，严守纪律；

（二）具有督察工作所必需的法律专业知识、检察业务知识；

（三）具有大学本科以上学历；

（四）具有三年以上检察工作经历和一定的组织协调能力。

第十三条　最高人民检察院检务督察机构应当对督察人员组织专门培训后才准予参加督察活动。

第十四条　最高人民检察院检务督察机构及其督察人员应当自觉接受检察机关及其工作人员和社会各界的监督，依照法律和纪律规定履行职责、行使职权，严格遵守下列规定：

（一）不得违反检察纪律和检察职业道德，损害检察机关形象；

（二）不得干扰被督察单位和人员依法办理案件；

（三）不得利用督察工作之便谋取不正当利益；

（四）不得接受被督察单位和人员的财物、宴请及安排的娱乐活动；

（五）不得对告状求助群众、单位采取冷漠、生硬、推诿、蛮横态度；

（六）不得泄露督察和办案工作秘密。

第十五条　检务督察人员玩忽职守、滥用职权的，视情节给予批评教育、组织处理或者纪律处分，涉嫌犯罪的，依法追究刑事责任。

被督察对象发现最高人民检察院检务督察人员有违纪违法行为的，可以向最高人民检察院纪检监察部门或者督察长举报。

第三章　检务督察的事项、方式和工作要求

第十六条　最高人民检察院检务督察机构及其督察人员依据《暂行规定》第八条规定的事项和第十条规定的工作方式开展督察工作。

第十七条　开展检务督察活动一般应当按照立项、审批、实施和处理等程序进行，经督察长审核后报检察长批准。

对重大事项的督察，须经检务督察委员会研究通过并报检察长批准，由督察长组织实施。

第十八条　最高人民检察院检务督察机构根据督察内容和工作需要，可以采取明察、暗访督察、突击督察、现场督察、专项督察、交叉督察等不同的方式。

第十九条　最高人民检察院检务督察机构可以根据检务督察工作的需要，组织有关业务部门共同督察。

第二十条　开展检务督察活动应当成立督察组，实行督察组组长负责制，依照法律和规定履行督察职责。

第二十一条　检务督察人员在执行任务时，不得少于二人。

督察人员执行明察任务时，可以着检察服或便装，必须主动向被督察对象出示督察证件和工作证件，并使用文明用语。暗访时，严格按照《最高人民检察院检务督察暗访工作规则（试行）》和批准的工作方案开展

工作。

执行暗访和突击督察等任务时，督察组事先不得与被督察对象联系。

第二十二条　最高人民检察院检务督察机构及其督察人员应当了解最高人民检察院重大决策部署、决议、决定等情况，可以参加或者列席与督察事项有关的会议，并且根据情况及时做出督察工作的安排。

第二十三条　被督察的单位、部门和人员应当根据督察人员的要求，提供与督察事项有关的文件资料，如实汇报情况和回答提出的问题。

督察人员有权对于督察事项有关的资料进行查阅或者复制。

第二十四条　对检察机关执法办案活动的现场督察，须经被督察单位核实检务督察人员的身份后进行。

第二十五条　执行现场督察任务时，督察人员应当如实填写《最高人民检察院检务督察现场督察记录》并由被督察对象签名，可以通过录音、摄影、摄像和酒精检测等手段，获取相关信息资料。

必要时，可以邀请有关部门和专业人员配合督察工作。

第二十六条　执行督察任务时，一般按照逐级督察并反馈情况的程序进行，可以直接深入基层检察院督察。

第四章　检务督察的权限和处理

第二十七条　检务督察人员在督察中发现检察人员有下列损害检容风纪的行为，应当当场予以纠正：

（一）违反最高人民检察院禁酒令的；

（二）在应当着装的公务场合不按规定穿着制式服装的；

（三）着制式服装仪表不整、举止不端，有损检察人员形象的；

（四）非因公务着制式服装进入营业性娱乐场所的；

（五）有其他损害检容风纪行为的。

第二十八条　检务督察人员在督察中发现检察机关及检察人员有下列违反规定使用警用车辆的，应当现场处置，必要时可以暂扣警用车辆：

（一）不按规定使用警车，滥用警灯、警报器，不按规定携带警车牌证或者挪用、转借警车牌证的；

（二）私自喷涂警车外观标志，安装警灯、警报器以及伪造、涂改警车牌照的；

（三）非因紧急公务将警车停放在酒店、旅游、文化娱乐等场所的；

（四）警车私用的；

（五）无照驾驶警车和酒后驾驶警车的；

（六）将警车借给非检察机关工作人员使用的；

（七）有其他违反警车管理规定情况的。

第二十九条 检务督察人员在督察中发现检察机关及检察人员违反下列（一）、（二）项规定的，应当责令纠正；违反下列（三）至（六）项规定的，可以当场暂扣枪支、警械：

（一）枪弹库房不具备安全存放条件的；

（二）枪弹管理未实行"双人双锁"制度的；

（三）无持枪证而佩带枪支的；

（四）违反规定携带枪支、警械进入禁入区域、场所的；

（五）违反规定配枪和持有警械的；

（六）携带枪支或警械饮酒的；

（七）有其他违反枪支、警械使用管理规定情况的。

第三十条 检务督察人员在督察中暂扣违反规定使用的警车及枪支、警械等警用装备时，应当及时取证，如实记录并向督察长或副督察长报告，填写统一印制的《最高人民检察院检务督察现场扣留凭证》及《最高人民检察院检务督察扣留物品清单》。

第三十一条 检务督察人员对正在发生的违法违纪行为或者有损检察机关形象的行为有权进行现场处置，要求行为人停止错误行为并说明情况，必要时通知其所在单位领导到场协助处置。

对一般性违规的责任人员，督察人员可以当场责令纠正并进行批评教育；必要时，可以通知其所在单位。

对违法违纪的责任人员，可以在责令纠正后向被督察单位或者上级单位提出组织处理或者纪律处分的意见和建议。

对违法违纪情节严重、影响恶劣或者抗拒督察的，可以建议所在单位检察长暂停执行其职务，并在查清事实后进行处理。

第三十二条 检务督察人员现场督察发现被督察对象涉嫌违法违纪或者执法过错线索，应当及时移交有关单位或部门调查，并督报结果。情况紧急的，经督察长批准后，可以在职责范围内进行初步调查核实。

第三十三条 检务督察人员在现场督察中遇到检察机关及其人员违法违纪或失职行为的重大情况，应当立即向督察长或副督察长报告。对需要采取紧急措施的事项，可以协调被督察单位先期稳慎处置。

第三十四条 检务督察机构对被督察对象检察业务工作、检察事务工作或者队伍管理上存在的问题，应当提出督察建议并督促整改。必要时，经报督察长批准，签发《最高人民检察院检务督察建议书》，并要求被督察对象限期落实督察建议。

第三十五条 被督察对象应当在督察结束后的一个月内，以书面形式逐级向最高人民检察院反馈整改落实情况。检务督察机构应适时组织回访督察，对在规定时间内没有整改到位的，追究相关人员的责任。

第三十六条　对督察中发现的带有普遍性、倾向性的问题，可以提出督察建议，经院检务督察委员会或院党组研究决定后，要求院机关相关业务部门予以落实。

第三十七条　对被督察对象违反法律法规和决议、决定的行为，可以责令被督察对象予以纠正；对重大事项，必须向检察长汇报后采取相应措施。

第三十八条　检务督察中发现的问题和对有关责任人员的处理情况，及时向全国检察机关进行通报并提出整改要求。

第三十九条　检察机关及其工作人员有下列行为之一的，应当责令检讨或者通报批评；情节严重的，应当追究纪律或者法律责任：

（一）妨碍、干扰、拒绝检务督察部门及检务督察人员依照规定进行督察的；

（二）隐瞒事实真相，伪造或者隐匿、毁灭证据的；

（三）故意包庇违纪违法人员的；

（四）拒不执行督察决定，或者无正当理由拒不采纳督察建议的；

（五）打击、报复检举人、控告人或者督察人员的；

（六）有其他严重影响督察工作正常进行行为的。

第五章　附　　则

第四十条　最高人民检察院检务督察工作所需经费列入专项经费预算。根据督察任务需要，配备必要的通讯工具、摄录器材、酒精测试仪等装备。

第四十一条　各省、自治区、直辖市人民检察院可以参照本办法制定检务督察工作实施细则。

第四十二条　本办法由最高人民检察院检务督察委员会负责解释。

第四十三条　本办法自发布之日起施行。

最高人民检察院关于充分发挥检察职能参与加强和创新社会管理的意见（摘要）

（2011 年 10 月 8 日最高人民检察院第十一届检察委员会
第六十五次会议审议通过 2011 年 12 月 1 日印发）

为深入贯彻落实《中共中央、国务院关于加强和创新社会管理的意见》，充分发挥检察机关在加强和创新社会管理、建设中国特色社会主义社会管理体系中的职能作用，促进社会既充满活力又和谐稳定，现提出如下意见。

一、提高思想认识，进一步明确检察机关参与加强和创新社会管理的总体思路和基本原则

1. 深刻认识检察机关参与加强和创新社会管理面临的新任务新要求。当前，我国既处于发展的重要战略机遇期，又处于社会矛盾凸显期，社会管理领域还存在不少突出问题，迫切需要妥善解决。中央强调，加强和创新社会管理，是继续抓住和用好我国发展重要战略机遇期、推进党和国家事业的必然要求，是构建社会主义和谐社会的必然要求，是维护最广大人民根本利益的必然要求，是提高党的执政能力和巩固党的执政地位的必然要求，对实现全面建设小康社会宏伟目标、实现国家长治久安具有重大战略意义。社会管理与检察工作密切相关，既是检察机关履行职责的重要内容、发挥职能的重要领域，也是检察机关必须承担的重要社会责任。检察机关作为国家法律监督机关，担负着维护人民合法权益、维护社会公平正义、维护社会和谐稳定、维护社会主义法制统一尊严权威、促进反腐倡廉建设、促进经济社会发展的神圣使命，积极参与加强和创新社会管理是新形势下检察机关面临的重大课题。各级检察机关要从全局和战略的高度，充分认识加强和创新社会管理的重要性和紧迫性，进一步增强责任感和使命感，切实把思想和行动统一到中央的重大决策部署上来，主动融入党委领导、政府负责、社会协同、公众参与的社会管理格局，积极参与加强和创新社会管理，充分发挥法律监督职能作用，切实保障宪法和法律的有效实施，促进提高社会管理法治化、科学化水平，更好地推动经济社会协调发展。

2. 检察机关参与加强和创新社会管理的总体思路。以邓小平理论和

"三个代表"重要思想为指导，深入贯彻落实科学发展观，全面贯彻党的十七大和十七届三中、四中、五中、六中全会精神，认真贯彻落实《中共中央、国务院关于加强和创新社会管理的意见》，按照最大限度激发社会活力、最大限度增加和谐因素、最大限度减少不和谐因素的总要求，以维护群众权益为根本，以推进社会管理法治化为重点，以执法办案为依托，以改革创新为动力，完善检察机关参与加强和创新社会管理的机制、措施，充分运用打击、预防、监督、教育、保护等手段，着力解决影响社会和谐稳定的突出问题，推动完善中国特色社会主义社会管理体系，努力为经济社会又好又快发展营造良好的社会环境和法治环境。

3. 检察机关参与加强和创新社会管理的基本原则。

——坚持党委领导、融入格局。紧紧依靠各级党委的领导，主动融入党委领导、政府负责、社会协同、公众参与的社会管理格局，加强与其他政法机关、政府相关职能部门和社会各方面力量的协调配合，切实做好检察环节的各项工作，形成加强和创新社会管理的合力。

——坚持以人为本、执法为民。始终把人民放在心中最高位置，把群众满意作为参与加强和创新社会管理的出发点和落脚点，着力促进解决群众关心的权益保障、公平正义、社会治安、文明执法、反对腐败等突出问题，着力服务以改善民生为重点的社会建设。

——坚持立足职能、推进法治。坚定不移落实依法治国基本方略，坚持社会主义法治原则，正确履行宪法和法律赋予的法律监督职责，促进依法行政、公正司法，推动中国特色社会主义社会管理法律法规制度的制定、完善和实施，弘扬社会主义法治精神，增强全社会法治意识，提高社会管理法治化水平。

——坚持严格履职、依法参与。以执法办案为中心，强化法律监督，强化自身监督，做到严格、公正、文明、规范执法，不违背法律规定，不超越检察职权，通过全面正确履行检察职责，促进加强和创新社会管理。

——坚持源头治理、综合施策。围绕社会管理的重点、难点和薄弱环节，立足职能积极延伸检察工作触角，加强与其他部门的协调配合，综合运用法律、政策、教育、疏导等手段，从源头上堵塞社会管理漏洞、化解社会矛盾、促进社会和谐。

——坚持改革创新、务求实效。适应社会管理面临的新形势新任务，认真总结检察机关参与加强和创新社会管理的经验做法，积极稳妥地推进理念思路创新、体制机制创新、方法手段创新，提高工作的针对性和有效性。

二、强化法律监督，切实发挥执法办案在检察机关参与加强和创新社会管理中的基础性作用

4. 依法打击影响社会和谐稳定的刑事犯罪。以解决影响社会和谐稳定的突出问题为突破口，认真履行批捕、起诉等职责，坚决依法打击境内外敌对势力的渗透颠覆破坏活动，依法严厉打击危害社会治安和公共安全的严重暴力犯罪、黑恶势力犯罪、多发性侵财犯罪和"黄赌毒"等犯罪，依法打击走私、骗税、制假售假、操纵股市、非法集资、传销、金融诈骗等犯罪，维护良好社会秩序。

5. 突出查办社会管理领域的职务犯罪。严肃查办发生在领导机关、领导干部和职能部门中的职务犯罪案件；严肃查办社会管理权力集中部门和岗位的职务犯罪案件；严肃查办农村基层政权组织和关键岗位以权谋私、侵害群众切身利益的职务犯罪案件；严肃查办破坏生态资源、引发群体性事件和充当黑恶势力"保护伞"的职务犯罪案件；严肃查办国家机关工作人员利用职权实施的侵犯公民人身权利、民主权利犯罪案件；加大惩治商业贿赂犯罪力度，促进国家工作人员依法行政、依法管理。

6. 强化诉讼监督在督促和保障社会管理中的作用。抓住社会管理中人民群众反映强烈的突出问题，完善与其他执法司法机关的工作联动机制，综合运用监督立案撤案、抗诉、纠正违法、检察建议、检察意见、违法行为调查等手段，强化对刑事诉讼、民事审判和行政诉讼的法律监督，切实保障诉讼参与人的诉讼权利和其他合法权益，促进司法公信建设；完善和规范督促起诉、支持起诉等工作，促进有关社会管理主体依法履行管理职能，促进社会管理依法有序进行。

7. 全面贯彻宽严相济刑事政策。在依法严厉打击严重刑事犯罪的同时，认真贯彻对轻微犯罪"两减少、两扩大"的要求，充分运用不批捕、不起诉等措施，对轻微犯罪依法从宽处理；健全逮捕必要性审查制度；完善落实轻微刑事案件快速办理机制和当事人达成和解的轻微刑事案件的办理机制，探索建立批捕、起诉阶段为盲、聋、哑、未成年人等犯罪嫌疑人提供法律援助的工作机制。进一步完善量刑建议制度。在办理重大敏感案件时，严格依法把握宽严尺度，统筹考虑办案的法律效果、政治效果和社会效果。

三、完善检察环节维护群众权益机制，把群众工作作为检察机关参与加强和创新社会管理的经常性、根本性工作

8. 健全群众诉求表达机制。坚持检察长接待日制度，健全下访、巡访、联合接待制度，推行12309举报电话、民生检察服务热线、视频接访等方便群众反映问题和诉求的措施。在有条件的地方建立综合性受理接待中心、查询窗口，推进集控告、申诉、投诉、咨询、查询等于一体的"阳光检务"信息平台建设，畅通群众诉求表达渠道，依法妥善处理群众合理诉求。

9. 健全群众权益保障机制。完善专项监督工作机制，围绕农村土地征用、城镇房屋征收拆迁、企业改制、涉农利益、教育医疗、社会保障、环境保护、安全生产、食品药品安全、城市公共服务管理、涉法涉诉等方面群众反映强烈问题，有针对性地加大法律监督工作力度。积极参与食品药品安全专项整治，依法严厉打击食品药品领域犯罪活动，依法介入重大安全生产责任事故调查，严肃查处事故背后的国家机关工作人员渎职犯罪案件，促进公共安全体系建设。依法打击招工诈骗、强迫劳动、雇佣童工从事危重劳动、恶意欠薪等刑事犯罪，切实加强对涉及劳动争议民事行政申诉案件的法律监督，平等保护合法劳动关系，维护劳动者合法权益。加强对残疾人、流浪乞讨人员、进城务工人员和留守老人、妇女、儿童等弱势群体的司法保护。

10. 健全参与社会矛盾调处机制。健全检察环节矛盾纠纷排查化解机制，加强社会稳定形势、重大敏感案件和热点敏感问题分析研判，把排查、预防和化解矛盾纳入执法办案每个环节。完善检调对接工作机制，对符合条件的轻微刑事案件、民事申诉案件，依托人民调解组织等矛盾纠纷调处平台，合力化解社会矛盾。完善检察机关法律文书说理制度，注重法理情结合，有效化解矛盾纠纷。完善刑事申诉案件公开审查程序规定，增强办理刑事申诉案件的透明度，促进息诉罢访和矛盾化解。健全刑事被害人救助制度，依法对确有困难的被害人或其近亲属提供救助，体现司法人文关怀。

11. 健全执法办案风险评估预警机制。认真落实《关于加强检察机关执法办案风险评估预警工作的意见》，在执法办案过程中，对检察执法行为是否存在引发不稳定因素、激化社会矛盾等风险及时分析研判，加强预警通报，主动做好风险防范和矛盾化解工作。按照"谁评估、谁负责"的原则，落实风险评估责任。完善执法办案风险分析研判、分级评估和预警化解等制度，科学制定处置预案，防止因执法不当激化矛盾或引发新的矛盾。

12. 健全涉检信访工作机制。建立涉检信访排查清理常态化机制，建立上下级检察院共同处理重大涉检信访案件制度，推行涉检信访案件纠错机制。探索建立涉检信访救助基金制度，妥善解决"法度之外、情理之中"的问题。

13. 健全民意收集转化机制。完善与人大代表、政协委员经常性联系机制，建立与各民主党派、工商联、无党派人士定期联络机制，健全人民监督员、特约检察员等制度。广泛开展"检察开放日"活动，注重利用互联网等新兴媒体收集社情民意，多元化、常态性地征求群众意见。完善检察机关重大决策专家咨询和征求意见制度，促进依法、科学、民主决策。

四、围绕重点地区、重点人群、重点领域，积极参与加强和创新社会管理

14. 积极参与社会治安防控体系建设。认真落实检察环节综合治理措施，积极参与平安创建活动，积极参加治安重点地区和重点场所的排查和整治。会同有关部门加强校园及周边治安综合治理，依法打击针对师生的犯罪，维护校园及师生安全。

15. 促进完善对流动人口的服务管理。加强对流动人口犯罪的分析，深入研究发案原因、特点和规律，及时提出对策建议，督促相关部门加强服务与管理。有条件的地方要积极配合党委、政府及有关部门在社区、企业建立帮教基地，促进涉嫌犯罪流动人员与本地涉嫌犯罪人员平等适用强制措施。

16. 会同有关部门落实刑释解教人员安置帮教政策。与司法行政机关等有关部门密切配合，帮助解决刑释解教人员在就业、生活、家庭等方面的实际困难，使他们更好地融入社会，减少重新犯罪。

17. 积极参与社区矫正体系建设。加强对社区矫正各执法环节的法律监督，促进社区矫正工作依法规范开展。推动建立检察机关与人民法院、公安机关和司法行政机关等部门的信息共享机制，实现对社区矫正的动态监督。积极参加社区矫正工作联席会议，参与制定和完善社区矫正方面的规章制度，通过监督加强对社区服刑人员的教育转化，提升矫正效果。依法受理社区服刑人员控告和申诉，维护其合法权益。

18. 加强未成年人犯罪检察工作。贯彻"教育、感化、挽救"方针和"教育为主、惩罚为辅"的原则，努力减少对未成年犯罪嫌疑人的批捕、起诉和监禁。推进未成年人刑事检察专门机构建设，建立专人办案和分案起诉制度，依法保护未成年犯罪嫌疑人、被告人诉讼权利。探索建立完善未成年人犯罪案件附条件不起诉制度以及有条件地封存未成年人的轻罪犯罪记录制度。探索建立未成年人犯罪案件批捕、起诉、诉讼监督和预防一体化工作模式，积极开展诉前引导、庭审感化、案后帮教，加强对涉嫌犯罪未成年人的教育矫治。

19. 积极参与对非公有制经济组织、社会组织、信息网络的服务管理。依法打击侵害非公有制经济组织、社会组织合法权益的犯罪，保障其依法经营和开展活动。依法打击利用信息网络实施的犯罪活动，净化网络环境；依法打击非法侵入计算机信息系统等针对信息网络的犯罪活动，保护国家重要信息网络安全。推进检察门户网站规范化建设，加大检察信息网络正面宣传力度。健全涉检网络舆情监测、预警、分析研判、应对引导机制，妥善应对涉检重大舆情。

五、立足检察职能，拓展检察机关参与加强和创新社会管理的方法途径

20. 不断深化犯罪预防。建立健全刑事犯罪状况定期分析制度，完善落实职务犯罪预防年度报告制度，结合执法办案，注重发现社会管理中存在的深层次问题，向党委、人大、政府和有关部门提供完善政策、加强管理、科学决策的参考意见。建立健全职务犯罪侦防一体化机制，分析研究职务犯罪易发多发的社会管理领域和环节，综合运用预防咨询、预防调查、预防检察建议等措施，深入开展个案预防、行业预防和专项预防。结合打击制假售假、坑蒙拐骗等刑事犯罪和查办商业等领域职务犯罪，推动检察机关与有关社会征信系统的联网对接，完善行贿犯罪档案查询制度，促进政务诚信、商务诚信、社会诚信建设。推进预防职务犯罪教育基地建设，加强预防宣传和警示教育，强化源头治理。

21. 切实发挥检察建议的作用。针对执法办案中发现的社会管理漏洞和制度缺陷，及时向发案单位、相关职能部门提出健全管理机制的检察建议，促进正确实施法律法规，完善社会管理服务，预防和减少违法犯罪。建立健全检察建议同步跟进机制，推动社会管理体制机制创新。探索建立个案监督和类案监督相结合的综合监督机制，对社会管理中的普遍性、倾向性、苗头性问题深入调查研究，提出治理对策建议。完善落实检察建议反馈、跟踪回访等制度，充分发挥检察建议在加强和创新社会管理中的警示、预防、督促、规范等作用。

22. 完善行政执法与刑事司法衔接机制。贯彻落实关于加强行政执法与刑事司法衔接工作的意见，建立健全与公安、监察、行政执法等机关的联席会议、案件咨询、重大案件情况通报等制度。加快推进"网上衔接、信息共享"平台建设，建立完善信息共享范围、录入时限和责任追究制度。认真开展调查处理举报、建议移送案件、立案监督、职务犯罪查处等工作，促进行政执法机关加强和改进社会管理与公共服务。

23. 积极推动社会管理法制建设和法制宣传。结合检察工作实际，积极提出加强社会管理的立法建议，促进形成完备的社会管理法律法规体系。充分发挥检察机关对社会道德的保护和引导作用，依法促进公共道德建设。加强法治文化建设和法治文化宣传，认真落实"六五"普法规划，深入开展检察官进社区、进企业、进学校、进农村活动，结合执法办案加强法制宣传教育，大力弘扬社会主义法治精神，正确引导群众树立法治观念，促进形成自觉学法尊法守法用法、维护法律尊严和法律秩序的良好氛围。

24. 加强基层检察院建设。加强检察文化建设，实施文化育检工程，进一步增强基层检察人员的创造力、凝聚力、战斗力。坚持人、财、物向基层倾斜，全面推进基层检察院执法规范化、队伍专业化、管理科学化、保障现代化建设，筑牢参与加强和创新基层社会管理服务的一线平台。切实强化对基层执法司法活动的监督，就地解决群众反映的突出问题，促进基层社会管理创新。

25. 不断拓展服务基层的新途径。坚持重心下移、检力下沉，积极探索巡回检察，稳步推进派出检察室建设。建立健全与基层综治部门、公安派出所、人民法庭、司法所等部门资源共享、协作联动机制，更好融入政府主导的基层社会服务管理网络，实现矛盾联调、问题联治、工作联动、平安联创。

六、加强组织领导，不断提升参与加强和创新社会管理的能力和水平

26. 强化组织领导。各级检察院党组要把参与加强和创新社会管理工作摆到更加突出的位置，认真研究工作思路和具体措施，健全组织领导体系，完善考核评价机制，明确责任和要求，切实抓好各项工作的落实。上级检察机关要加强综合协调、督促检查和分类指导，注意总结推广成功经验，帮助解决基层在工作中遇到的问题。

27. 深入推进公正廉洁执法。坚持以党的建设带动队伍建设，全面加强检察队伍的思想政治建设、职业道德建设、素质能力建设和自身反腐倡廉建设，强化对自身执法活动的内外部监督制约，依托信息化建设积极推进检察管理，提升检察工作效能，提升公正廉洁执法水平和执法公信力，确保在检察环节不发生严重影响社会和谐稳定的事件。

28. 提高应急处置能力。坚持预防和应急并重、常态和非常态结合的原则，建立健全检察机关突发事件应急体系，提高对群体性事件、个人极端暴力事件、重大办案安全事故的预知、预警、预防、应急处置水平。

29. 提高群众工作能力。大力加强检察人员群众工作能力的教育培训，教育引导检察人员牢固树立群众观点，坚定群众立场，提高做群众工作的本领。积极组织新进检察人员和年轻干警下基层锻炼，积累群众工作经验。深入研究检察机关群众工作的新情况新问题，不断探索新形势下专群结合的新途径新机制，更好地联系群众、依靠群众、服务群众。

30. 加强社会管理知识培训。强化对检察人员社会管理知识的培训，着力提高维护社会秩序、促进社会和谐、应对社会风险、化解社会矛盾的能力。各级检察院领导干部要深入学习中央关于加强和创新社会管理的决策部署，深入学习社会管理知识，深入研究社会管理规律，掌握相关理论和科学分析形势的方法。国家检察官学院及其分院要主动适应加强和创新社会管理的要求，增设社会管理相关课程，加强相关教材、师资队伍建设，为检察机关参与加强和创新社会管理培养专门人才。